Lieber Leser

Unabhängigkeit, Kompetenz und
Aufmerksamkeit: dies waren schon immer
die Maximen die Der Rote Michelin
in den Mittelpunkt seiner Dienstleistung
für den Leser gestellt hat.

Die Unabhängigkeit des Roten Michelin
ist die seiner Inspektoren. Sie besuchen Hotels
und Restaurants und bezahlen alle ihre
Rechnungen, und dies unter Wahrung ihrer
vollen Anonymität.

Es ist auch die des Führers selbst,
der auf seinen Seiten jede Form der Werbung
nach wie vor ablehnt.

Kompetent ist Der Rote Michelin durch seine
passionierten und fachlich gut ausgebildeten
Inspektoren. Das ganze Jahr über sind sie für
Sie unterwegs wie ganz normale, nur etwas
aufmerksamere Reisende.

Der Rote Michelin ist Ihnen Begleiter
und Berater, hat immer ein offenes Ohr für Sie.
Die sehr zahlreichen Zuschriften, die wir jedes
Jahr erhalten, liefern wertvolle Hinweise
für die jeweils nächste Ausgabe.

Dadurch ist Der Rote Michelin stets in der Lage
eine zuverlässige, aktuelle und für alle Budgets
passende Auswahl zu bieten. Besuchen Sie auch
unsere Homepage: www.michelin-travel.com.

Der Rote Michelin lebt für Sie und entwickelt
sich mit Ihrer Hilfe weiter:

Schreiben Sie uns! _____

Inhaltsverzeichnis

Blau umrandete Seiten
Einige Tips für Ihre Reifen

Wahl eines Hotels, eines Restaurants

Die Auswahl der in diesem Führer aufgeführten Hotels und Restaurants ist für Reisende gedacht. In jeder Kategorie drückt die Reihenfolge der Betriebe (sie sind nach ihrem Komfort klassifiziert) eine weitere Rangordnung aus.

Kategorien

🏨	XXXXX	*Großer Luxus und Tradition*
🏨	XXXX	*Großer Komfort*
🏨	XXX	*Sehr komfortabel*
🏨	XX	*Mit gutem Komfort*
🏨	X	*Mit Standard-Komfort*
🏠		*Bürgerlich*
M		*Hotel mit moderner Einrichtung*
garni		*Hotel ohne Restaurant*
	mit Zim	*Restaurant vermietet auch Zimmer*

Annehmlichkeiten

Manche Häuser sind im Führer durch rote Symbole gekennzeichnet (s. unten.) Der Aufenthalt in diesen ist wegen der schönen, ruhigen Lage, der nicht alltäglichen Einrichtung und Atmosphäre sowie dem gebotenen Service besonders angenehm und erholsam.

🏨 bis 🏠		*Angenehme Hotels*
XXXXX bis X		*Angenehme Restaurants*
« Park »		*Besondere Annehmlichkeit*
🕊		*Sehr ruhiges, oder abgelegenes und ruhiges Hotel*
🕊		*Ruhiges Hotel*
≤ Rhein		*Reizvolle Aussicht*
≤		*Interessante oder weite Sicht*

Die Übersichtskarten S. 50 – S. 61, auf denen die Orte mit besonders angenehmen oder sehr ruhigen Häusern eingezeichnet sind, helfen Ihnen bei der Reisevorbereitung. Teilen Sie uns bitte nach der Reise Ihre Erfahrungen und Meinungen mit. Sie helfen uns damit, den Führer weiter zu verbessern.

Einrichtung

Die meisten der empfohlenen Hotels verfügen über Zimmer, die alle oder doch zum größten Teil mit Telefon, Bad oder Dusche ausgestattet sind. In den Häusern der Kategorien 🏠 und 🏡 können diese jedoch in einigen Zimmern fehlen.

30 Z	Anzahl der Zimmer
|♦|	Fahrstuhl
▤	Klimaanlage
TV	Fernsehen im Zimmer
🚭	Haus teilweise reserviert für Nichtraucher
📞	Modem-, Faxanschluß im Zimmer
🚻	Für Körperbehinderte leicht zugänglich
🛝	Spezielle Einrichtungen/Angebote für Kinder
🌳	Garten-, Terrassenrestaurant
🏊 🏊	Freibad, Hallenbad oder Thermalhallenbad
♨	Badeabteilung, Thermalkur
🏌 🏋 ⌂s	Fitneßraum – Kneippabteilung – Sauna – Dampfbad
⛱ 🌿	Strandbad – Liegewiese, Garten
🎾	Hoteleigener Tennisplatz
🏌18 🐎	Golfplatz und Lochzahl – Reitpferde
🛎 150	Konferenzräume mit Höchstkapazität
🚗	Hotelgarage, überdachter Parkplatz (wird gewöhnlich berechnet)
P	Parkplatz reserviert für Gäste
🐕	Hunde sind unerwünscht (im ganzen Haus bzw. in den Zimmern oder im Restaurant)
Fax	Telefonische Dokumentenübermittlung
Mai-Okt.	Öffnungszeit (Saisonhotel), vom Hotelier mitgeteilt
nur Saison	Unbestimmte Öffnungszeit eines Saisonhotels. Häuser ohne Angabe von Schließungszeiten sind ganzjährig geöffnet.

Küche

Die Sterne

*Einige Häuser verdienen wegen ihrer
überdurchschnittlich guten Küche Ihre besondere
Beachtung. Auf diese Häuser weisen die Sterne hin.
Bei den mit « Stern » ausgezeichneten Betrieben
nennen wir maximal drei kulinarische Spezialitäten,
die Sie probieren sollten.*

❀❀❀ **Eine der besten Küchen : eine Reise wert**
*Man ißt hier immer sehr gut, öfters auch
exzellent. Große Weine, tadelloser Service,
elegante Atmosphäre... entsprechende Preise.*

❀❀ **Eine hervorragende Küche : verdient einen Umweg**
Ausgesuchte Menus und Weine... angemessene Preise.

❀ **Eine sehr gute Küche : verdient Ihre besondere
Beachtung**
*Der Stern bedeutet eine angenehme Unterbrechung
Ihrer Reise.
Vergleichen Sie aber bitte nicht den Stern
eines sehr teuren Luxusrestaurants mit dem Stern
eines kleineren oder mittleren Hauses, wo man Ihnen
zu einem annehmbaren Preis eine ebenfalls
vorzügliche Mahlzeit reicht.*

⊛ Der "Bib Gourmand"

Sorgfältig zubereitete, preiswerte Mahlzeiten
*Für Sie wird es interessant sein, auch solche Häuser
kennenzulernen, die eine sehr gute, vorzugsweise
regionale Küche zu einem besonders günstigen
Preis/Leistungs-Verhältnis bieten.
Im Text sind die betreffenden Restaurants durch das rote
Symbol ⊛ "Bib Gourmand" und* Menu *kenntlich gemacht,
z. B* Menu 30/45.

*Siehe Karte der Sterne ❀❀❀, ❀❀, ❀
und "Bib Gourmand" ⊛ S. 50 bis S. 61.
Siehe auch ⊜ nächste Seite.*

Biere und Weine : siehe S. 62, 64, 65, 66

Preise

Die in diesem Führer genannten Preise wurden uns im Sommer 2000 angegeben, es sind Hoch-saisonpreise. Sie können sich mit den Preisen von Waren und Dienstleistungen ändern.
Sie enthalten Bedienung und MWSt.
Es sind Inklusivpreise, die sich nur noch durch die evtl. zu zahlende Kurtaxe erhöhen können.

Erfahrungsgemäß werden bei größeren Veranstaltungen, Messen und Ausstellungen (siehe Seiten am Ende des Führers) in vielen Städten und deren Umgebung erhöhte Preise verlangt.

*Die Namen der Hotels und Restaurants, die ihre Preise genannt haben, sind **fettgedruckt**. Gleichzeitig haben sich diese Häuser verpflichtet, die von den Hoteliers selbst angegebenen Preise den Benutzern des Michelin-Führers zu berechnen.*

Halten Sie beim Betreten des Hotels den Führer in der Hand. Sie zeigen damit, daß Sie aufgrund dieser Empfehlung gekommen sind.

Mahlzeiten

          ⊗   **Mahlzeiten** *(3-gängig)* **unter** 25 DM

Feste Menupreise :

Menu 25/65   *Mindestpreis* 25 DM, *Höchstpreis* 65 DM

Mahlzeiten « à la carte »

Menu à la carte 44/82   *Der erste Preis entspricht einer einfachen Mahlzeit und umfaßt Suppe, Hauptgericht, Dessert. Der zweite Preis entspricht einer reichlicheren Mahlzeit (mit Spezialität) bestehend aus: Vorspeise, Hauptgericht, Käse oder Dessert.*

          ⌀   *Preiswerte offene Weine*

Zimmer

31 Z	*Anzahl der Zimmer.*
☐ 90/150	*Mindest- und Höchstpreis für Einzelzimmer –*
170/210	*Mindest- und Höchstpreis für Doppelzimmer inkl. Frühstück.*
☐ 30	*Preis des Frühstücks.*
Suiten und Junior Suiten	*Preise auf Anfrage*

Halbpension

1/2 P 20/40   *Aufschlag zum Zimmerpreis für Halbpension
pro Person und Tag während der Hauptsaison.
Es ist ratsam, sich beim Hotelier vor der Anreise
nach den genauen Bedingungen zu erkundigen.*

Anzahlung

*Einige Hoteliers verlangen eine Anzahlung.
Diese ist als Garantie sowohl für den Hotelier
als auch für den Gast anzusehen.
Es ist ratsam, sich beim Hotelier nach den genauen
Bedingungen und Preisen zu erkundigen.*

Kreditkarten

AE ① ⑩ VISA JCB   *Akzeptierte Kreditkarten:
American Express, Diner's Club, Mastercard (Eurocard),
Visa, Japan Credit Bureau*

Städte

In alphabetischer Reihenfolge
(ä = ae, ö = oe, ü = ue, ß = ss)

✉ 78267 Aach	*Postleitzahl und Name des Verteilerpostamtes*
L	*Landeshauptstadt*
413 R 20	*Nummer der Michelin-Karte mit Koordinaten bzw.*
987 ③	*Faltseite*
24 000 Ew.	*Einwohnerzahl*
Höhe 175 m	*Höhe*
Heilbad	
Kneippkurort	
Heilklimatischer	
Kurort-Luftkurort	*Art des Ortes*
Seebad	
Erholungsort	
Wintersport	
800/1 000 m	*Höhe des Wintersportgeländes und Maximal-Höhe, die mit Kabinenbahn oder Lift erreicht werden kann*
⛷ 2	*Anzahl der Kabinenbahnen*
⛷ 4	*Anzahl der Schlepp- oder Sessellifts*
⛷	*Langlaufloipen*
AX A	*Markierung auf dem Stadtplan*
❊ ≤	*Rundblick, Aussichtspunkt*
⛳18	*Golfplatz mit Lochzahl*
✈	*Flughafen*
🚗	*Ladestelle für Autoreisezüge – Nähere Auskünfte bei allen Fahrkartenausgaben*
⛴ ⛴	*Autofähre, Personenfähre*
🛈	*Informationsstelle*
ADAC	*Allgemeiner Deutscher Automobilclub*

Sehenswürdigkeiten

Bewertung

★★★   *Eine Reise wert*
★★   *Verdient einen Umweg*
★   *Sehenswert*

Lage

Sehenswert   *In der Stadt*
Ausflugsziel   *In der Umgebung der Stadt*
N, S, O, W   *Im Norden, Süden, Osten, Westen der Stadt.*
über ①, ④   *Zu erreichen über die Ausfallstraße ① bzw. ④, die auf dem Stadtplan und der Michelin-Karte identisch gekennzeichnet sind*
6 km   *Entfernung in Kilometern*

Reiseinformationen

Deutsche Zentrale für Tourismus (DZT)
Beethovenstr. 69, 60325 Frankfurt, 𝄢 (069) 97 46 40, Fax 751903.

ADAC : *Adressen im jeweiligen Ortstext*
𝄢 01805/10 11 12
(Servicenummer, bundeseinheitlich)
𝄢 (01802) 22 22 22
(Notrufnummer, bundeseinheitlich).

AvD : *Lyoner Str. 16, 60528 Frankfurt – Niederrad, 𝄢 (069) 6 60 60, Fax 6606789, Notruf (gebührenfrei) 𝄢 (0800) 990 99 09.*

ACE : *Schmidener Str. 233, 70374 Stuttgart, 𝄢 01802-33 66 77, Fax 01802-33 66 78, Notruf : 𝄢 0180-234 35 36.*

9

Umgebungskarten

Denken Sie daran sie zu benutzen _____

Die Umgebungskarte erleichtert Ihnen die Suche nach einem Hotel oder Restaurant in der Nähe einer größeren Stadt.

Wenn Sie zum Beispiel eine gute Adresse in der Nähe von München suchen, gibt Ihnen die Umgebungskarte schnell einen Überblick über alle Orte, die in diesem Führer erwähnt sind.

Innerhalb der in Kontrastfarbe gedruckten Grenze liegen die Orte, die in einem Zeitraum von 30 Minuten mit dem Auto zu erreichen sind...

Anmerkung :

Alle Orte die auf einer Umgebungskarte verzeichnet sind haben im Ortsblock einen Hinweis.
Der entsprechende Ortsname ist in diesem Falle in den Entfernungsangaben in „BLAU" gedruckt.

Beispiel :

Sie finden FREISING auf der Umgebungskarte von München

FREISING *Bayern* 四19 四20 *U 19, 42400 Ew – Höhe 448 m*

Sehenswert : *Domberg★ – Dom★ (Chorgestühl★, Benediktuskapelle★)*

🛈 *Touristinformation, Marienplatz 7,* ✉ *85354,* ℘ *(08161) 5 41 22, Fax (08161) 54231*
Berlin 564 – München 34 – Ingolstadt 56 – Landshut 36 – Nürnberg 144

- ● Ort mit mindestens je einem empfohlenen Hotel und Restaurant
- ● Ort mit mindestens je einem empfohlenen Restaurant
- □ Ort mit mindestens einem empfohlenen Hotel garni

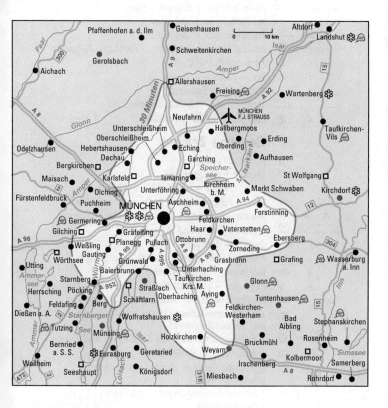

*Die Umgebungs-
karten finden
Sie auf der
Themenkarte
S. 50 bis S. 61.*

11

Stadtpläne

□ ● *Hotels*
■ ● *Restaurants*

Sehenswürdigkeiten

Sehenswertes Gebäude
Sehenswerter Sakralbau

Straßen

Autobahn, Schnellstraße
❶ ❶ *Nummern der Anschlußstellen : Autobahnein –*
und/oder –ausfahrt
Hauptverkehrsstraße
← ◄ ⁚⁚⁚⁚⁚⁚ *Einbahnstraße – Gesperrte Straße,*
mit Verkehrsbeschränkungen
Fußgängerzone – Straßenbahn
Karlstr. 🅿 🄿 *Einkaufsstraße – Parkplatz – Parkhaus, Tiefgarage*
🅿 *Park-and-Ride-Plätze*
⊥ ╫ ╫ *Tor – Passage – Tunnel*
Bahnhof und Bahnlinie
⊡⊹⊹⊹⊹⊙ ⊡⊙⊙⊙⊙⊡ *Standseilbahn – Seilschwebebahn*
△ 🄵 *Bewegliche Brücke – Autofähre*

Sonstige Zeichen

🄸 *Informationsstelle*
☪ 🕎 *Moschee – Synagoge*
● ◎ ∴ ⵣ ℟ *Turm – Ruine – Windmühle – Wasserturm*
🌳 tᵗt ⚘ *Garten, Park, Wäldchen – Friedhof – Bildstock*
○ ⚑ ⚞ ⚡ *Stadion – Golfplatz – Pferderennbahn – Eisbahn*
⚲ ⚱ ▨ ▨ *Freibad – Hallenbad*
◄ ☀ *Aussicht – Rundblick*
■ ● ✿ ⚓ *Denkmal – Brunnen – Fabrik – Leuchtturm*
⚓ 🚌 *Jachthafen – Autobusbahnhof*
✈ ⊖ *Flughafen – U-Bahnstation, unterirdischer S-Bahnhof*
⛴ ⛴ *Schiffsverbindungen : Autofähre – Personenfähre*
③ *Straßenkennzeichnung (identisch auf Michelin-Stadtplänen*
und -Abschnittskarten)
🏤 ✆ *Hauptpostamt (postlagernde Sendungen) und Telefon*
✚ ✉ *Krankenhaus – Markthalle*
▨ ▭ *Öffentliches Gebäude, durch einen Buchstaben*
gekennzeichnet :
L R *- Sitz der Landesregierung – Rathaus*
J *- Gerichtsgebäude*
M T U *- Museum – Theater – Universität, Hochschule*
POL *- Polizei (in größeren Städten Polizeipräsidium)*
ADAC *Automobilclub*

Ami lecteur

Indépendance, compétence et écoute : depuis toujours Le Guide Rouge a placé ces valeurs au cœur de son service aux lecteurs.

L'indépendance pour Le Guide Rouge, c'est celle de ses inspecteurs qui visitent les hôtels et les restaurants et règlent toutes leurs additions, dans un total anonymat. C'est aussi celle du Guide lui-même qui refuse toute forme de publicité dans ses pages.

La compétence du Guide Rouge passe par celle de ses inspecteurs, professionnels passionnés, qui toute l'année explorent, testent, goûtent, apprécient, comme de simples voyageurs particulièrement attentifs.

À la fois complice et conseiller, Le Guide Rouge est continuellement à votre écoute. Des milliers d'appréciations sur les hôtels et les restaurants sont ainsi reçues chaque année et constituent autant de témoignages précieux qui viendront orienter la prochaine édition.

C'est de cette façon que Le Guide Rouge peut vous proposer une sélection toujours fiable, actualisée et adaptée à tous les budgets. Retrouvez-la aujourd'hui sur le site www.michelin-travel.com.

Le Guide Rouge vit et progresse pour vous et grâce à vous : écrivez-nous ! —————

Sommaire

Pages bordées de bleu
Des conseils pour vos pneus

Le choix d'un hôtel, d'un restaurant

*Ce guide vous propose une sélection d'hôtels
et restaurants établie à l'usage de l'automobiliste
de passage. Les établissements, classés
selon leur confort, sont cités par ordre de préférence
dans chaque catégorie.*

Catégories

🏨	XXXXX	*Grand luxe et tradition*
🏨	XXXX	*Grand confort*
🏨	XXX	*Très confortable :*
🏨	XX	*De bon confort*
🏠	X	*Assez confortable*
⛺		*Simple mais convenable*
M		*Dans sa catégorie, hôtel d'équipement moderne*
garni		*L'hôtel n'a pas de restaurant*
	mit Zim	*Le restaurant possède des chambres*

Agrément et tranquillité

*Certains établissements se distinguent dans le guide
par les symboles rouges indiqués ci-après.
Le séjour dans ces hôtels se révèle particulièrement
agréable ou reposant. Cela peut tenir d'une part
au caractère de l'édifice, au décor original, au site,
à l'accueil et aux services qui sont proposés,
d'autre part à la tranquillité des lieux.*

🏨 à 🏠		*Hôtels agréables*
XXXXX à X		*Restaurants agréables*
« Park »		*Élément particulièrement agréable*
	🖐	*Hôtel très tranquille ou isolé et tranquille*
	🖐	*Hôtel tranquille*
⩽ Rhein		*Vue exceptionnelle*
⩽		*Vue intéressante ou étendue.*

*Les localités possédant des établissements agréables
ou très tranquilles sont repérées sur les cartes
pages 50 à 61.*

*Consultez-les pour la préparation de vos voyages
et donnez-nous vos appréciations à votre retour,
vous faciliterez ainsi nos enquêtes.*

L'installation

Les chambres des hôtels que nous recommandons possèdent, en général, le téléphone et des installations sanitaires complètes. Il est toutefois possible que dans les catégories 🏠 et ⚘, certaines chambres en soient dépourvues.

30 Z	Nombre de chambres
	Ascenseur
	Air conditionné
TV	Télévision dans la chambre
	Établissement en partie réservé aux non-fumeurs
	Prise Modem – Fax dans la chambre
	Accessible aux handicapés physiques
	Equipements d'accueil pour les enfants
	Repas servis au jardin ou en terrasse
	Piscine : de plein air ou couverte
	Balnéothérapie, Cure thermale
	Salle de remise en forme – Cure Kneipp – Sauna
	Plage aménagée – Jardin de repos
	Tennis à l'hôtel
18	Golf et nombre de trous – Chevaux de selle
150	Salles de conférences : capacité maximum
	Garage dans l'hôtel (généralement payant)
P	Parking réservé à la clientèle
	Accès interdit aux chiens (dans tout ou partie de l'établissement)
Fax	Transmission de documents par télécopie
Mai-Okt.	Période d'ouverture, communiquée par l'hôtelier
nur Saison	Ouverture probable en saison mais dates non précisées. En l'absence de mention, l'établissement est ouvert toute l'année.

La table

Les étoiles

*Certains établissements méritent d'être signalés
à votre attention pour la qualité de leur cuisine.
Nous les distinguons par
les étoiles de bonne table.*

*Nous indiquons, pour ces établissements,
trois spécialités culinaires qui pourront orienter
votre choix.*

❃❃❃ **Une des meilleures tables, vaut le voyage**
*On y mange toujours très bien, parfois merveilleusement.
Grands vins, service impeccable, cadre élégant...
Prix en conséquence.*

❃❃ **Table excellente, mérite un détour**
*Spécialités et vins de choix...
Attendez-vous à une dépense en rapport.*

❃ **Une très bonne table dans sa catégorie**
*L'étoile marque une bonne étape sur votre itinéraire.
Mais ne comparez pas l'étoile d'un établissement
de luxe à prix élevés avec celle d'une petite maison
où, à prix raisonnables, on sert également une cuisine
de qualité.*

Le "Bib Gourmand"

Repas soignés à prix modérés

*Vous souhaitez parfois trouver des tables
plus simples, à prix modérés ; c'est pourquoi
nous avons sélectionné des restaurants proposant,
pour un rapport qualité-prix particulièrement
favorable, un repas soigné, souvent de type régional.
Ces restaurants sont signalés par ☞ le* "Bib Gourmand"
et Menu *en rouge.*
Ex. Menu 30/45.

Consultez les cartes des étoiles de bonne table ❃❃❃,
❃❃, ❃ *et des* "Bib Gourmand" ☞ Menu, *pages 50 à 61.
Voir aussi* ☞ *page suivante.*

La bière et les vins : voir p. 62, 64, 67 et 68

Les prix

Les prix que nous indiquons dans ce guide
ont été établis en été 2000, et s'appliquent
à la **haute saison**. Ils sont susceptibles de
modifications, notamment en cas de variations
des prix des biens et services. Ils s'entendent taxes
et services compris. Aucune majoration ne doit
figurer sur votre note, sauf éventuellement la taxe
de séjour.

A l'occasion de certaines manifestations
commerciales ou touristiques (voir les dernières
pages), les prix demandés par les hôteliers risquent
d'être sensiblement majorés dans certaines villes
jusqu'à leurs lointains environs.

Les hôtels et restaurants figurent en gros caractères
lorsque les hôteliers nous ont donné
tous leurs prix et se sont engagés,
sous leur propre responsabilité,
à les appliquer aux touristes
de passage porteurs de notre guide.

*Entrez à l'hôtel le Guide à la main, vous montrerez
ainsi qu'il vous conduit là en confiance.*

Repas

⊗ *Établissement proposant un repas simple
à* **moins de** 25 DM

Menus à prix fixe :

Menu 25/65 *minimum* 25 *maximum* 65

Repas à la carte

Menu à la carte 44/82 *Le premier prix correspond à un repas normal
comprenant : potage, plat garni et dessert.
Le 2ᵉ prix concerne un repas plus complet
(avec spécialité) comprenant : entrée, plat garni,
fromage ou dessert.*

⚱ *Vin de table en carafe à prix modéré.*

Chambres

31 Z

🛏 90/150-170/210

🛏 30

Suites et junior suites

Nombre de chambre
Prix d'une chambre pour une personne
minimum/maximum – Prix d'une chambre pour deux
personnes minimum/maximum petit déjeuner compris
Prix du petit déjeuner
Se renseigner auprès de l'hôtelier

Demi-pension

1/2 P 20/40

Supplément pour la demi-pension
par personne et par jour, en saison.
Il est indispensable de s'entendre par avance
avec l'hôtelier pour conclure un arrangement définitif.

Les arrhes

Certains hôteliers demandent le versement d'arrhes.
Il s'agit d'un dépôt-garantie qui engage l'hôtelier
comme le client. Bien faire préciser les dispositions
de cette garantie.

Cartes de crédit

Cartes de crédit acceptées par l'établissement
American Express, Diner's Club, Mastercard (Eurocard),
Visa, Japan Crédit Bureau

Les villes

Classées par ordre alphabétique
(mais ä = ae, ö = oe, ü = ue, ß = ss)

✉ 78267 Aach	*Numéro de code postal et nom du bureau distributeur du courrier*
L	*Capitale de « Land »*
413 R 20	*Numéro de la Carte Michelin et carroyage*
987 ③	*ou numéro du pli*
24 000 Ew	*Population*
Höhe 175 m	*Altitude de la localité*
Heilbad	*Station thermale*
Kneippkurort	*Station de cures Kneipp*
Heilklimatischer	*Station climatique*
Kurort-Luftkurort	*Station climatique*
Seebad	*Station balnéaire*
Erholungsort	*Station de villégiature*
Wintersport	*Sports d'hiver*
800/1 000 m	*Altitude de la station et altitude maximum atteinte par les rémontées mécaniques*
🚡 2	*Nombre de téléphériques ou télécabines*
🚠 4	*Nombre de remonte-pentes et télésièges*
🎿	*Ski de fond*
AX A	*Lettres repérant un emplacement sur le plan*
☀ ≼	*Panorama, vue*
⛳18	*Golf et nombre de trous*
✈	*Aéroport*
🚗	*Localité desservie par train-auto. Renseignements aux guichets*
⛴ ⛴	*Transports maritimes : passagers et voitures, passagers seulement*
🛈	*Information touristique*
ADAC	*Automobile Club d'Allemagne*

Les curiosités

Intérêt

★★★   *Vaut le voyage*
★★   *Mérite un détour*
★   *Intéressant*

Situation

Sehenswert   *Dans la ville*
Ausflugsziel   *Aux environs de la ville*
N, S, O, W   *La curiosité est située : au Nord, au Sud, à l'Est, ou à l'Ouest*
über ①, ④   *On s'y rend par la sortie ① ou ④ repérée*
   par le même signe sur le plan du Guide
   et sur la carte
6 km   *Distance en kilomètres*

Les cartes
de voisinage

Avez-vous pensé à les consulter ?

*Vous souhaitez trouver une bonne adresse,
par exemple aux environs de München ?
Consultez la carte qui accompagne le plan
de la ville.*

*La "carte de voisinage" (ci-contre) attire votre
attention sur toutes les localités citées au Guide
autour de la ville choisie, et particulièrement celles
qui sont accessibles en automobile en moins
de 30 minutes (limite en couleur).*

*Les "cartes de voisinage" vous permettent ainsi
le repérage rapide de toutes les ressources proposées
par le Guide autour des métropoles régionales.*

Nota :

*Lorsqu'une localité est présente sur une "carte
de voisinage", sa métropole de rattachement
est imprimée en BLEU sur la ligne des distances
de ville à ville.*

Exemple :

FREISING *Bayern* ▨▨▨ ▨▨▨ *U 19, 42400 Ew – Höhe
448 m*

Sehenswert : *Domberg★ – Dom★ (Chorgestühl★,
Benediktuskapelle★)*

*Vous trouverez
FREISING sur la
carte de voisinage
de München*

🛈 *Touristinformation, Marienplatz 7,* ✉ *85354,
☎ (08161) 5 41 22, Fax (08161) 54231*
*Berlin 564 – München 34 – Ingolstadt 56 – Landshut 36
– Nürnberg 144*

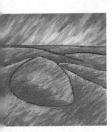

● *Localité possédant au moins un hôtel et un restaurant cités au Guide*
● *Localité possédant au moins un restaurant cité au Guide*
□ *Localité possédant au moins un hôtel sans restaurant cité au Guide*

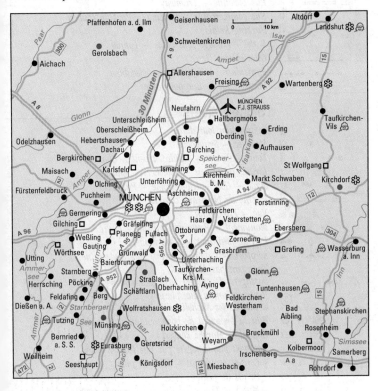

Toutes les « cartes de voisinage » sont localisées sur la carte thématique pages 50 à 61.

Les plans

□ ● *Hôtels*
■ ● *Restaurants*

Curiosités

Bâtiment intéressant
Édifice religieux intéressant

Voirie

Autoroute, route à chaussées séparées
Echangeurs numérotés : complet, partiel
Grande voie de circulation
Sens unique – Rue impraticable, réglementée
Rue piétonne – Tramway
Karlstr. **P** P *Rue commerçante – Parking – Parking couvert*
Parking Relais
Porte – Passage sous voûte – Tunnel
Gare et voie ferrée
Funiculaire – Téléphérique, télécabine
Pont mobile – Bac pour autos

Signes divers

Information touristique
Mosquée – Synagogue
Tour – Ruines – Moulin à vent – Château d'eau
Jardin, parc, bois – Cimetière – Calvaire
Stade – Golf – Hippodrome – Patinoire
Piscine de plein air, couverte
Vue – Panorama
Monument – Fontaine – Usine – Phare
Port de plaisance – Gare routière
Aéroport – Station de métro, gare souterraine
Transport par bateau :
passagers et voitures, passagers seulement
③ *Repère commun aux plans*
et aux cartes Michelin détaillées
Bureau principal de poste restante et téléphone
Hôpital – Marché couvert
Bâtiment public repéré par une lettre :
L R *– Conseil provincial – Hôtel de ville*
J *– Palais de justice*
M T U *– Musée – Théâtre – Université, grande école*
POL. *– Police (commissariat central)*
ADAC *Automobile Club*

24

Dear Reader

With the principal aim of providing a service to our readers, the strength of The Red Guide has always been our independence, expertise and appreciation.

The independence of The Red Guide is unquestionable:
Firstly, our inspectors visit anonymously and always settle their own bills. Secondly, the Guide retains its impartiality by refusing to include any form of publicity.

The Guide relies on the expertise of our inspectors; dedicated professionals who spend every year travelling inconspicuously around the country seeking out, testing and digesting a wide range of accommodation and cuisine.

And as much as the Guide is written for you, it is also influenced by you. Every year we receive thousands of comments, recommendations and appreciations, all of which contribute to the following year's edition.

These key values mean that every year The Red Guide gives you a reliable, accurate and up-to-date selection to suit every occasion and every pocket.

Look out for us on-line at www.michelin-travel.com.

The Red Guide is influenced by you and is developed for your benefit, which is all the more reason to send us your comments!

Contents

Pages bordered in blue
Useful tips for your tyres

Choosing a hotel
or restaurant

*This guide offers a selection of hotels
and restaurants to help the motorist on his travels.
In each category establishments are listed in order of
preference according to the degree of comfort they offer.*

Categories

🏨	XXXXX	*Luxury in the traditional style*
🏨	XXXX	*Top class comfort*
🏨	XXX	*Very comfortable*
🏨	XX	*Comfortable*
🏨	X	*Quite comfortable*
🏛		*Simple comfort*
M		*In its category, hotel with modern amenities*
garni		*The hotel has no restaurant*
	mit Zim	*The restaurant also offers accommodation*

Peaceful atmosphere and setting

*Certain establishments are distinguished
in the guide by the red symbols shown below.
Your stay in such hotels will be particularly pleasant
or restful, owing to the character of the building,
its decor, the setting, the welcome and services
offered, or simply the peace and quiet to be enjoyed
there.*

🏨 to 🏛	*Pleasant hotels*
XXXXX to X	*Pleasant restaurants*
« Park »	*Particularly attractive feature*
🐾	*Very quiet or quiet, secluded hotel*
🐾	*Quiet hotel*
≤ Rhein	*Exceptional view*
≤	*Interesting or extensive view*

*The maps on pages 50 to 61 indicate places
with such peaceful, pleasant hotels and restaurants.
By consulting them before setting out and sending
us your comments on your return you can help us
with our enquiries.*

Hotel facilities

In general the hotels we recommend have direct dial phone, full bathroom and toilet facilities in each room. This may not be the case, however, for certain rooms in categories 🏠 and 🎄.

30 Z	*Number of rooms*
|$|	*Lift (elevator)*
▤	*Air conditioning*
TV	*Television in room*
⇜✕	*Hotel partly reserved for non-smokers*
☎	*Modem – Fax point in the bedrooms*
⚐	*Accessible to disabled people*
⚲	*Special facilities for children*
☂	*Meals served in garden or on terrace*
⌓ ☒	*Outdoor or indoor swimming pool*
⚘	*Hydrotherapy*
⅃ ⚘ ⩲s	*Exercise room – Kneipp cure service – Sauna*
⛺ ⚘	*Beach with bathing facilities – Garden*
⚝	*Hotel tennis court*
18 ⚞	*Golf course and number of holes – Horse riding*
⚖ 150	*Equipped conference hall (maximum capacity)*
⇋	*Hotel garage (additional charge in most cases)*
P	*Car park for customers only*
⚸	*Dogs are excluded from all or part of the hotel*
Fax	*Telephone document transmission*
Mai-Okt.	*Dates when open, as indicated by the hotelier*
nur Saison	*Probably open for the season – precise dates not available.*

Where no date or season is shown, establishments are open all year round.

Cuisine

Stars

*Certain establishments deserve to be brought
to your attention for the particularly fine quality
of their cooking.* **Michelin stars** *are awarded
for the standard of meals served.*

*For such restaurants we list three
culinary specialities to assist you in your choice.*

✿✿✿ Exceptional cuisine, worth a special journey
*One always eats here extremely well, sometimes
superbly. Fine wines, faultless service, elegant
surroundings. One will pay accordingly !*

✿✿ Excellent cooking, worth a detour
*Specialities and wines of first class quality.
This will be reflected in the price.*

✿ A very good restaurant in its category
*The star indicates a good place to stop on your journey.
But beware of comparing the star given
to an expensive « de luxe » establishment to that
of a simple restaurant where you can appreciate
fine cuisine at a reasonable price.*

⊛ The "Bib Gourmand"
Good food at moderate prices

*You may also like to know of other restaurants
with less elaborate, moderately priced menus
that offer good value for money and serve carefully
prepared meals, often of regional cooking.
In the guide such establishments are marked
⊛ the* **"Bib Gourmand"** *and* Menu *in red just before
the price of the menu, for example* Menu 30/45.

*Please refer to the map of star-rated restaurants ✿✿✿,
✿✿, ✿ and the* **"Bib Gourmand"** *⊛ (pp 50 to 61).
See also ⊜ following pages.*

Beer and wine : see pages 63, 64, 69 and 70

Prices

The prices indicated in this Guide, supplied
in summer 2000, apply to **high season**.
Changes may arise if goods and service costs
are revised. The rates include tax and service
and no extra charge should appear on your bill,
with the possible exception of visitors' tax.

In the case of certain trade exhibitions or tourist
events (see end of guide), prices demanded
by hoteliers are liable to reasonable increases
in certain cities and for some distance
in the area around them.

Hotels and restaurants in bold type have supplied
details of all their rates and have assumed
responsibility for maintaining them
for all travellers in possession of this guide.

Your recommendation is selfevident if you always
walk into a hotel, Guide in hand.

Meals

**Establishment serving a simple meal
for less than** 25 DM

Set meals

Menu 25/65   Lowest 25 and highest 65 prices for set meals

« A la carte » meals

Menu à la carte 44/82   The first figure is for a plain meal and includes soup,
main dish of the day with vegetables and dessert.
The second figure is for a fuller meal
(with « spécialité ») and includes hors d'œuvre
or soup, main dish with vegetables, cheese or dessert.

Table wine at a moderate price

Rooms

31 Z *Number of rooms*
⌂ 90/150 *Lowest/highest price for single rooms –*
170/210 *lowest/highest price for double rooms breakfast included*
⌂ 30 *Price for breakfast*
Suites and Junior suites *Check with the hotelier for prices*

Half board

1/2 P 20/40 *This supplement per person per day should be*
added to the cost of the room in order to obtain
the half-board price. It is advisable to agree on terms
with the hotelier before arriving.

Deposits

Some hotels will require a deposit, which confirms
the commitment of customer and hotelier alike.
Make sure the terms of the agreement are clear.

Credit cards

 Credit cards accepted by the establishment
American Express, Diner's Club, Mastercard (Eurocard),
Visa, Japan Credit Bureau

Towns

in alphabetical order
(but ä = ae, ö = oe, ü = ue, ß = ss)

✉ 78267 Aach	*Postal number and Post Office serving the town*
L	*Capital of « Land »*
413 R 20	*Michelin map number, co-ordinates*
987 ③	*or fold*
24 000 Ew	*Population*
Höhe 175 m	*Altitude (in metres)*
Heilbad	*Spa*
Kneippkurort	*Health resort (Kneipp)*
Heilklimatischer	*Health resort*
Kurort-Luftkurort	*Health resort*
Seebad	*Seaside resort*
Erholungsort	*Holiday resort*
Wintersport	*Winter sports*
800/1 000 m	*Altitude (in metres) of resort and highest point reached by lifts*
🚡 2	*Number of cable-cars*
⛷ 4	*Number of ski and chairlifts*
⛷	*Cross-country skiing*
AX A	*Letters giving the location of a place on the town plan*
※ ≤	*Panoramic view, view*
🏌18	*Golf course and number of holes*
✈	*Airport*
🚗	*Place with a motorail connection, further information from ticket office*
⛴ ⛵	*Shipping line : passengers and cars, passengers only*
🛈	*Tourist Information Centre*
ADAC	*German Automobile Club*

32

Sights

Star-rating

★★★	*Worth a journey*
★★	*Worth a detour*
★	*Interesting*

Location

Sehenswert	*Sights in town*
Ausflugsziel	*On the outskirts*
N, S, O, W	*The sight lies north, south, east or west of the town*
über ①, ④	*Sign on town plan and on the Michelin road map indicating the road leading to a place of interest*
6 km	*Distance in kilometres*

Local maps

May we suggest that you consult them

*Should you be looking for a hotel or a restaurant
not too far from München for example,
you can consult the map along with the town plan.
The local map (opposite) draws your attention
to all places arround the town or city selected,
provided they are mentioned in the Guide.
Places located within a thirty minute drive
are clearly identified by the use
of a different coloured background.
The various facilities recommended
near the different regional capitals can be located
quickly and easily.*

Note :

*Entries in the Guide provide Information
on distances to nearby towns. Whenever a place
appears on one of the local maps, the name
of the town or city to witch it is attached
is printed "BLUE"*

Example :

FREISING *Bayern* **419 420** *U 19, 42400 Ew – Höhe
448 m*
Sehenswert : *Domberg★ – Dom★ (Chorgestühl★,
Benediktuskapelle★)*
🛈 *Touristinformation, Marienplatz 7,* ✉ *85354,*
☎ *(08161) 5 41 22, Fax (08161) 54231*
Berlin 564 – München *34 – Ingolstadt 56 – Landshut 36
– Nürnberg 144*

*FREISING is to
be found on the
local map
München.*

- *Place with at least one hotel and restaurant included in the Guide*
- *Place with at least one restaurant included in the Guide*
- *Place with at least one Hotel, without restaurant included in the Guide*

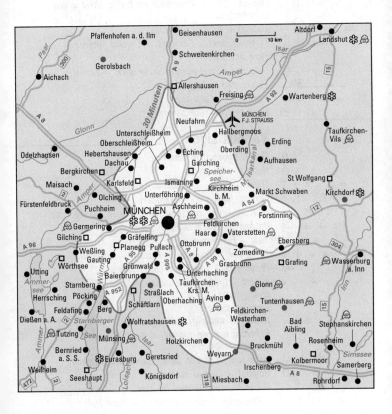

*All the local maps
are indicated on
the thematic map on
pages 50 to 61.*

Town plans

□ ●	*Hotels*
■ ●	*Restaurants*

Sights

Place of interest
Interesting place of worship

Roads

Motorway, dual carriageway
Numbered junctions : complete, limited
Major thoroughfare
One-way street – Unsuitable for traffic, street subject to restrictions
Pedestrian street – Tramway
Karlstr. **P P** *Shopping street – Car park – Covered parking*
R *Park and Ride*
Gateway – Street passing under arch – Tunnel
Station and railway
Funicular – Cable-car
△ **F** *Lever bridge – Car ferry*

Various signs

i *Tourist Information Centre*
☪ ✡ *Mosque – Synagogue*
● ● ∴ *Tower – Ruins – Windmill – Water tower*
Garden, park, wood – Cemetery – Cross
Stadium – Golf course – Racecourse – Skating rink
Outdoor or indoor swimming pool
View – Panorama
■ ◎ ☼ *Monument – Fountain – Factory – Lighthouse*
Pleasure boat harbour – Coach station
✈ *Airport – Underground station, S-Bahn station underground*
Ferry services :
passengers and cars, passengers only
③ *Reference number common to town plans and Michelin maps*
Main post office with poste restante and telephone
Hospital – Covered market
Public buildings located by letter :
L R *- Provincial Government Office – Town Hall*
J *- Law Courts*
M T U *- Museum – Theatre – University, College*
POL. *- Police (in large towns police headquarters)*
ADAC *Automobile Club*

Amico lettore

*Indipendenza, competenza e attenzione :
da sempre La Guida Rossa ha collocato
questi valori al centro del suo servizio
al lettori.*

*L'indipendenza è, per La Guida Rossa,
quella dei suoi ispettori, che visitano gli
alberghi e i ristoranti pagando sempre il
conto, in totale anonimato. È anche quella
di una Guida che all'interno delle sue
pagine rifiuta ogni forma di pubblicità.*

*La competenza per La Guida Rossa passa
attraverso quella dei suoi ispettori,
professionisti appassionati, che durante
l'anno cercano, verificano, assaggiano,
valutano, come dei semplici viaggiatori,
ma particolarmente attenti.*

*Ad un tempo complice e consigliere,
La Guida Rossa è costantemente attenta
ai vostri suggerimenti.*

*Ogni anno infatti riceviamo numerosissime
informazioni su alberghi e ristoranti :
costituiscono osservazioni preziose che
andranno ad orientare la prossima edizione.*

*È per questi motivi che La Guida Rossa è
in grado di proporvi una selezione sempre
affidabile, aggiornata e adatta a tutte
le tasche. Oggi la potete trovare anche
sul sito www.michelin-travel.com.*

*La Guida Rossa vive e si evolve per voi
e grazie a voi : scriveteci !* _____

Sommario

Pagine bordate di blu
Consigli per i vostri pneumatici

La scelta di un albergo, di un ristorante

Questa guida propone una selezione di alberghi e ristoranti per orientare la scelta dell'automobilista. Gli esercizi, classificati in base al confort che offrono, vengono citati in ordine di preferenza per ogni categoria.

Categorie

🏨🏨🏨	✕✕✕✕✕	*Gran lusso e tradizione*
🏨🏨🏨	✕✕✕✕	*Gran confort*
🏨🏨	✕✕✕	*Molto confortevole*
🏨	✕✕	*Di buon confort*
🏠	✕	*Abbastanza confortevole*
🏡		*Semplice, ma conveniente*
M		*Nella sua categoria, albergo con installazioni moderne*
garni		*L'albergo non ha ristorante*
	mit Zim	*Il ristorante dispone di camere*

Amenità e tranquillità

Alcuni esercizi sono evidenziati nella guida dai simboli rossi indicati qui di seguito. Il soggiorno in questi alberghi si rivela particolarmente ameno o riposante.

Ciò può dipendere sia dalle caratteristiche dell'edificio, dalle decorazioni non comuni, dalla sua posizione e dal servizio offerto, sia dalla tranquillità dei luoghi.

🏨🏨🏨	🏠	*Alberghi ameni*
✕✕✕✕✕	✕	*Ristoranti ameni*
« Park »		*Un particolare piacevole*
	✍	*Albergo molto tranquillo o isolato e tranquillo*
	✍	*Albergo tranquillo*
	≼ Rhein	*Vista eccezionale*
	≼	*Vista interessante o estesa*

Le località che possiedono degli esercizi ameni o molto tranquilli sono riportate sulle carte da pagina 50 a 61.

Consultatele per la preparazione dei vostri viaggi e, al ritorno, inviateci i vostri pareri ; in tal modo agevolerete le nostre inchieste.

Installazioni

Le camere degli alberghi che raccomandiamo
possiedono, generalmente, telefono
e delle installazioni sanitarie complete.
È possibile tuttavia che nelle categorie 🏠 e ⌂
alcune camere ne siano sprovviste.

30 Z	Numero di camere
|$|	Ascensore
▤	Aria condizionata
TV	Televisione in camera
⇥	Esercizio riservato in parte ai non fumatori
☏	Presa Modem – Fax in camera
♿	Agevole accesso per i portatori di handicap
🛝	Attrezzatura per accoglienza e ricreazione dei bambini
☂	Pasti serviti in giardino o in terrazza
⚊ ▨	Piscina : all'aperto, coperta
♨	Idroterapia, Cura termale
🏋 🧘 ⊜s	Palestra – Cura Kneipp – Sauna
⛱ ⚘	Spiaggia attrezzata – Giardino
✗	Tennis appartenente all'albergo
⛳18 🐎	Golf e numero di buche – Cavalli da sella
🏛 150	Sale per conferenze : capienza massima
🚗	Garage nell'albergo (generalmente a pagamento)
P	Parcheggio riservato alla clientela
🐕	Accesso vietato ai cani (in tutto o in parte dell'esercizio)
Fax	Trasmissione telefonica di documenti
Mai-Okt.	Periodo di apertura, comunicato dall'albergatore
nur Saison	Probabile apertura in stagione, ma periodo non precisato. Gli esercizi senza tali menzioni sono aperti tutto l'anno.

La tavola

Le stelle

*Alcuni esercizi meritano di essere segnalati
alla vostra attenzione per la qualità
particolare della loro cucina ;
li abbiamo evidenziati
con le « stelle di ottima tavola ».*

*Per ognuno di questi ristoranti indichiamo
tre specialità culinarie che potranno aiutarvi
nella scelta.*

✿✿✿ Una delle migliori tavole, vale il viaggio
*Vi si mangia sempre molto bene, a volte
meravigliosamente, grandi vini, servizio impeccabile,
ambientazione accurata... Prezzi conformi.*

✿✿ Tavola eccellente, merita una deviazione
*Specialità e vini scelti... Aspettatevi una spesa
in proporzione.*

✿ Un'ottima tavola nella sua categoria
*La stella indica una tappa gastronomica
sul vostro itinerario.
Non mettete però a confronto la stella di un esercizio
di lusso, dai prezzi elevati, con quella di un piccolo
esercizio dove, a prezzi ragionevoli, viene offerta
una cucina di qualità.*

Il "Bib Gourmand"

Pasti accurati a prezzi contenuti

*Talvolta desiderate trovare delle tavole più semplici
a prezzi contenuti. Per questo motivo abbiamo
selezionato dei ristoranti che, per un rapporto
qualità-prezzo particolarmente favorevole,
offrono un pasto accurato spesso
a carattere tipicamente regionale.
Questi ristoranti sono evidenziati nel testo con
il "Bib Gourmand"* 🐷 *e* Menu. *Es.* Menu 30/45.

Consultate le carte con stelle ✿✿✿, ✿✿, ✿ *e con*
"Bib Gourmand" 🐷 *(pagine 50 a 61).*
Vedere anche 🐷 *a pagina seguente.*

La birra e i vini : vedere p. 63, 64, 71 e 72

I prezzi

I prezzi che indichiamo in questa guida sono
stati stabiliti nell'estate 2000, si riferiscono
all' **alta stagione**. Potranno pertanto subire
delle variazioni in relazione ai cambiamenti
dei prezzi di beni e servizi. Essi s'intendono
comprensivi di tasse e servizio. Nessuna
maggiorazione deve figurare sul vostro conto, salvo
eventualmente la tassa di soggiorno. In occasione
di alcune manifestazioni commerciali o turistiche
(vedere le ultime pagine), i prezzi richiesti dagli
albergatori potrebbero subire un sensibile aumento
nelle località interessate e nei loro dintorni.

Gli alberghi e ristoranti vengono menzionati
in carattere grassetto quando gli albergatori ci hanno
comunicato tutti i loro prezzi e si sono impegnati,
sotto la propria responsabilità, ad applicarli ai
turisti di passaggio, in possesso della nostra guida.

Entrate nell'albergo con la Guida alla mano,
dimostrando in tal modo la fiducia
in chi vi ha indirizzato.

Pasti

   Esercizio che offre un pasto semplice **per meno di**
25 DM

Menu a prezzo fisso :
Menu 25/65   minimo 25 massimo 65.

Pasto alla carta
Menu à la carte 44/82   Il primo prezzo corrisponde ad un pasto semplice
comprendente : minestra, piatto con contorno e dessert.
Il secondo prezzo corrisponde ad un pasto più
completo (con specialità) comprendente : antipasto,
piatto con contorno, formaggio o dessert.

   Vino da tavola a prezzo modico

Camere

31 Z	*Numero di camere.*
90/150	*Prezzo minimo/massimo per una camera singola –*
170/210	*prezzo minimo/massimo per una camera per due persone, compresa la prima colazione*
30	*Prezzo della prima colazione*
Suite e Junior suite	*Informarsi presso l'albergatore*

Mezza pensione

1/2 P 20/40

*Questo supplemento per persona al giorno
va aggiunto al prezo della camera per ottenere
quello della mezza pensione.
É indispensabile contattare precedentemente
l'albergatore per raggiungere un accordo definitivo.*

La caparra

*Alcuni albergatori chiedono il versamento
di una caparra. Si tratta di un deposito-garanzia
che impegna tanto l'albergatore che il cliente.
Vi consigliamo di farvi precisare le norme
riguardanti la reciproca garanzia di tale caparra.*

Carte di credito

AE ⓓ ⓜⓒ VISA JCB

Carte di credito accettate dall'esercizio

*American Express, Diner's Club, Mastercard (Eurocard),
Visa, Japan Credit Bureau*

Le città

Elencate in ordine alfabetico
(ma ä = ae, ö = oe, ü = ue, ß = ss)

✉ 78267 Aach	*Numero di codice e sede dell'Ufficio postale*
Ⓛ	*Capoluogo di « Land »*
𝟜𝟙𝟛 R 20	*Numero della carta Michelin e del riquadro*
𝟡𝟠𝟟 ③	*o numero della piega*
24 000 Ew	*Popolazione*
Höhe 175 m	*Altitudine*
Heilbad	*Stazione termale*
Kneippkurort	*Stazione di cure Kneipp*
Heilklimatischer	*Stazione climatica*
Kurort-Luftkurort	*Stazione climatica*
Seebad	*Stazione balneare*
Erholungsort	*Stazione di villeggiatura*
Wintersport	*Sport invernali*
800/1 000 m	*Altitudine della località ed altitudine massima raggiungibile con gli impianti di risalita*
⛷ 2	*Numero di funivie o cabinovie*
⚡ 4	*Numero di sciovie e seggiovie*
⚐	*Sci di fondo*
AX B	*Lettere indicanti l'ubicazione sulla pianta*
✳ ⋹	*Panorama, vista*
▗18	*Golf e numero di buche*
✈	*Aeroporto*
🚗	*Località con servizio auto su treno. Informarsi agli sportelli*
🚤 ⛴	*Trasporti marittimi : passeggeri ed autovetture, solo passeggeri*
🛈	*Ufficio informazioni turistiche*
ADAC	*Automobile Club Tedesco*

Luoghi d'interesse

Grado di interesse

★★★   *Vale il viaggio*

★★   *Merita una deviazione*

★   *Interessante*

Ubicazione

Sehenswert   *Nella città*

Ausflugsziel   *Nei dintorni della città*

N, S, O, W   *Il luogo si trova : a Nord, a Sud, a Est, a Ovest*

über ①. ④   *Ci si va dall'uscita ① o ④ indicata con lo stesso segno sulla pianta*

6 km   *Distanza chilometrica*

Le carte dei dintorni

Sapete come usarle ?

*Se desiderate, per esempio, trovare un buon
indirizzo nei dintorni di München,
la carta dei dintorni (qui accanto) richiama
la vostra attenzione su tutte le località citate
nella guida che si trovino nei dintorni della città
prescelta, e in particolare su quelle raggiungibli n
automobile in meno di 30 minuti (limite
di colore).*

*In tal modo, le carte dei dintorni permettono
la localizzazione rapida di tutte le risorse proposte
dalla Guida nei dintorni delle metropoli regionali.*

Nota :

*Quando una località è presente su una carta
dei dintorni la città a cui ci si riferisce è scritta
in "BLU" nella linea delle distanze da città a città.*

Esempio :

FREISING *Bayern* ⁴¹⁹ ⁴²⁰ *U 19, 42400 Ew – Höhe
448 m*

Sehenswert : *Domberg★ – Dom★ (Chorgestühl★,
Benediktuskapelle★)*

*Troverete FREISING
sulla carta
dei dintorni
di München*

🛈 *Touristinformation, Marienplatz 7, ✉ 85354,
✆ (08161) 5 41 22, Fax (08161) 54231*
*Berlin 564 – München 34 – Ingolstadt 56 – Landshut 36
– Nürnberg 144*

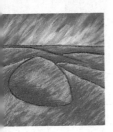

● *Località con almeno un albergo ed un ristorante segnalati in Guida*
● *Località con almeno un ristorante segnalato in Guida*
□ *Località con almeno un albergo senza ristorante segnalato in Guida*

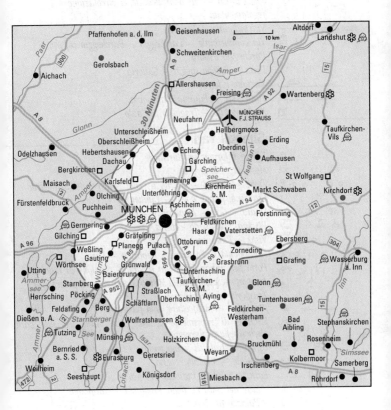

Tutte le "carte dei dintorni" sono localizzate sulla carta tematica a pagine 50 a 61.

Le piante

□ ● *Alberghi*
■ ● *Ristoranti*

Curiosità

Edificio interessante
Costruzione religiosa interessante

Viabilità

Autostrada, strada a carreggiate separate
Svincoli numerati : completo, parziale
Grande via di circolazione
Senso unico – Via impraticabile, a circolazione regolamentata
Via pedonale – Tranvia
Karlstr. *Via commerciale – Parcheggio – Parcheggio coperto*
Parcheggio Ristoro
Porta – Sottopassaggio – Galleria
Stazione e ferrovia
Funicolare – Funivia, Cabinovia
Ponte mobile – Traghetto per auto

Simboli vari

Ufficio informazioni turistiche
Moschea – Sinagoga
Torre – Ruderi – Mulino a vento – Torre dell'acquedotto
Giardino, parco, bosco – Cimitero – Calvario
Stadio – Golf – Ippodromo – Pattinaggio
Piscina : all'aperto, coperta
Vista – Panorama
Monumento – Fontana – Fabbrica – Faro
Porto per imbarcazioni da diporto – Stazione di autobus
Aeroporto – Stazione della Metropolitana, stazione sotterranea
Trasporto con traghetto :
passeggeri ed autovetture, solo passeggeri
③ *Simbolo di riferimento comune alle piante ed alle carte Michelin particolareggiate*
Ufficio centrale di fermo posta e telefono
Ospedale – Mercato coperto
Edificio pubblico indicato con lettera :
L R *- Sede del Governo della Provincia – Municipio*
J *- Palazzo di Giustizia*
M T U *- Museo – Teatro – Università*
POL *- Polizia (Questura, nelle grandi città)*
ADAC *Automobile Club*

48

❀❀❀ *Die Sterne* _____

❀❀ *Les étoiles* _____

❀ *The stars* _____

Le stelle _____

"Bib Gourmand"

Menu 30/45 *Sorgfältig zubereitete preiswerte Mahlzeiten* _____

Repas soignés à prix modérés _____

Good food at moderate prices _____

Pasti accurati a prezzi contenuti _____

Annehmlichkeit _____

🏠🏠🏠 .... 🏠 *L'agrément* _____

ХХХХХ...Х *Peaceful atmosphere and setting* _____

Amenità e tranquillità _____

Stadt mit Umgebungskarte _____

Carte de voisinage : voir à la ville choisie _

Town with a local map _____

Città con carta dei dintorni _____

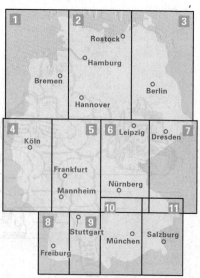

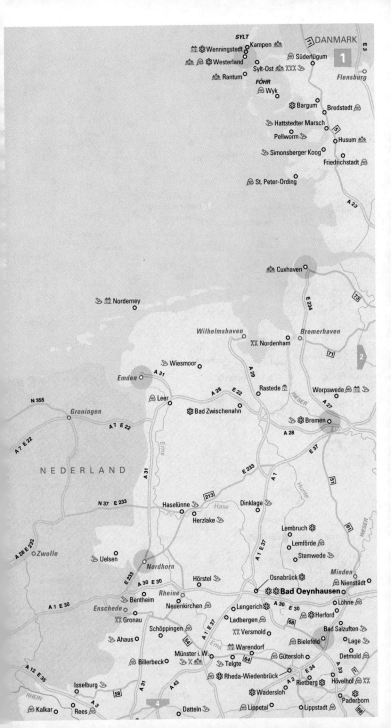

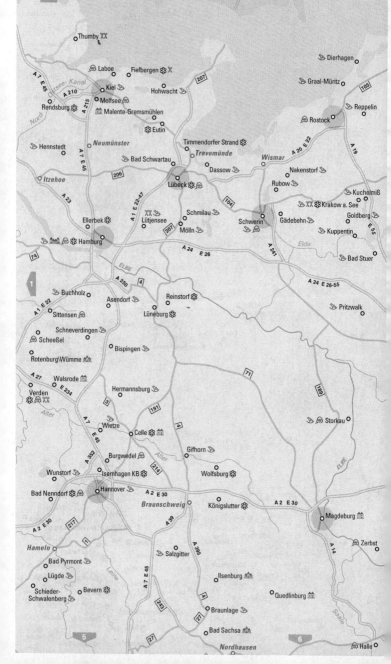

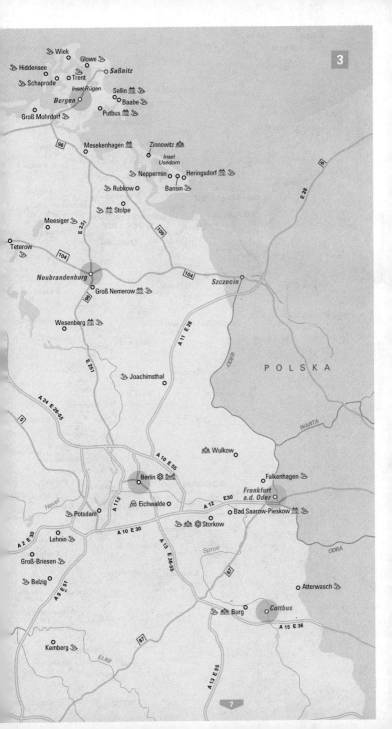

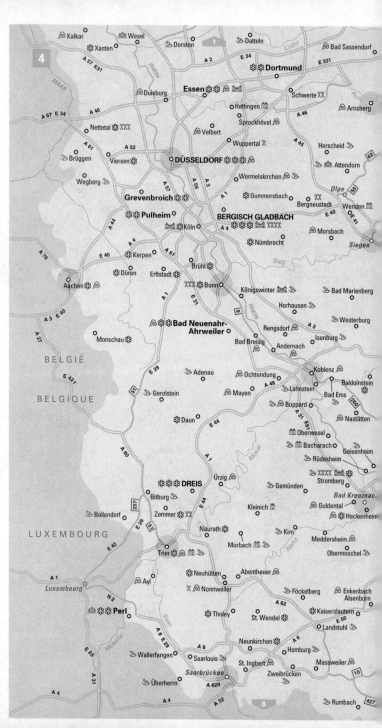

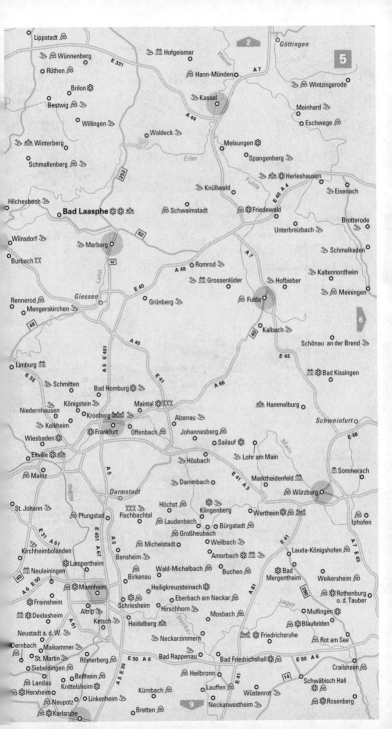

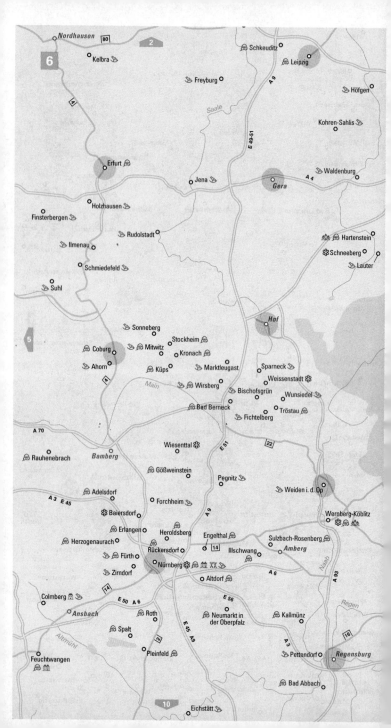

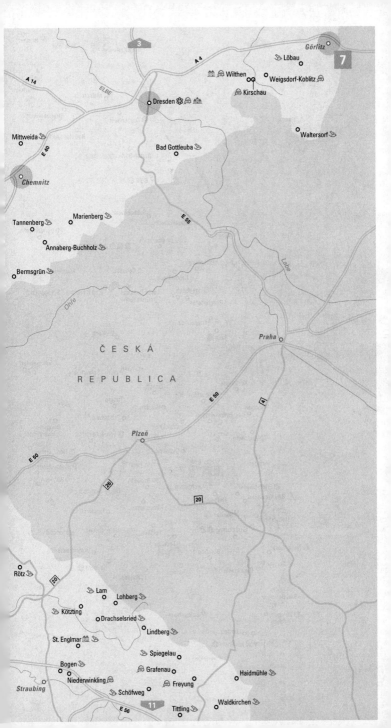

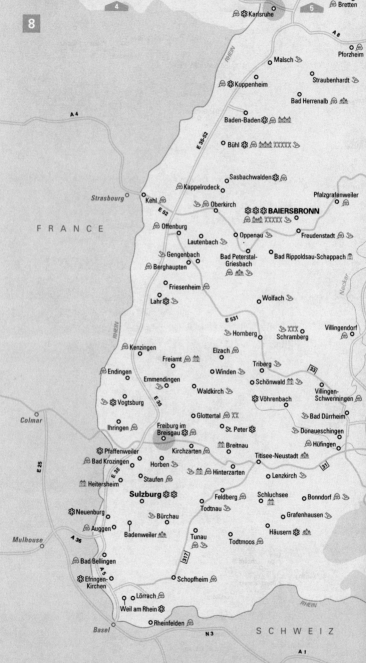

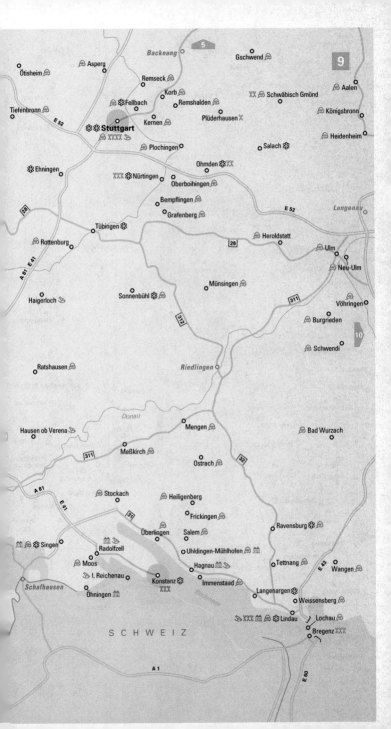

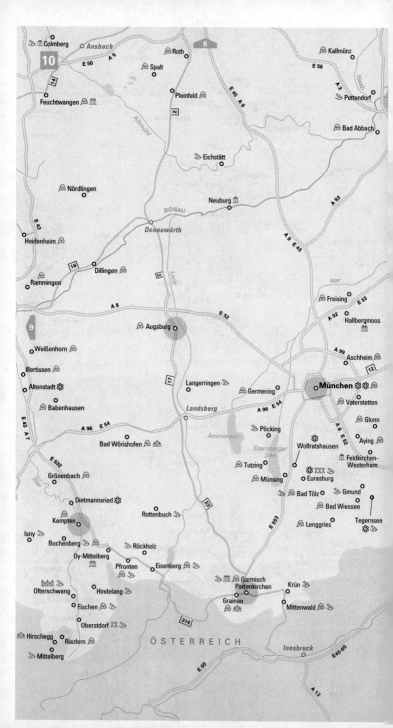

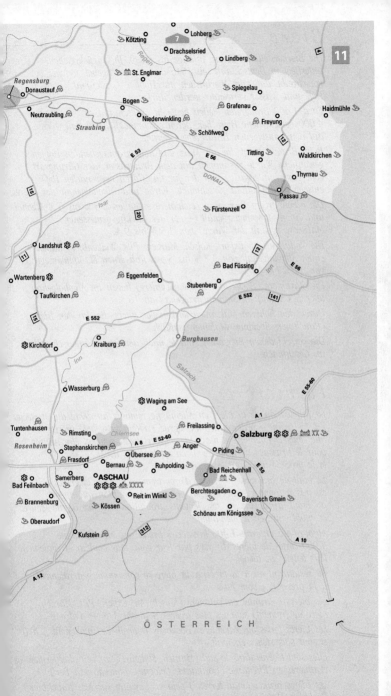

Kötzting
Lohberg
7
Drachselsried
Lindberg
St. Englmar
Spiegelau
Regensburg
Donaustauf
Grafenau
Haidmühle
Bogen
Niederwinkling
Freyung
Neutraubling
Straubing
Schöfweg
E 53
E 56
Tittling
Waldkirchen
12
DONAU
Thyrnau
15
Isar
Passau
20
Fürstenzell
Landshut
Wartenberg
Eggenfelden
Bad Füssing
E 56
Taufkirchen
Stubenberg
15
E 552
141
E 552
Burghausen
Inn
Kirchdorf
Kraiburg
Salzach
E 55-60
Wasserburg
Waging am See
A 1
Tuntenhausen
Rimsting
Freilassing
Salzburg
Rosenheim
Chiemsee
A 8
E 52-60
Anger
Stephanskirchen
Übersee
Piding
Frasdorf
Bernau
Ruhpolding
E 55
Samerberg
ASCHAU
Bad Reichenhall
Bad Feilnbach
Reit im Winkl
Berchtesgaden
Bayerisch Gmain
Brannenburg
Kössen
Schönau am Königssee
Oberaudorf
312
Kufstein
A 10
A 12

Ö S T E R R E I C H

Biere

Die Bierherstellung, deren Anfänge bis ins 9. Jh. zurückreichen, unterliegt in Deutschland seit 1516 dem Reinheitsgebot, welches vorschreibt, daß zum Bierbrauen nur Hopfen, Gerstenmalz, Hefe und Wasser verwendet werden dürfen.

Etwa 1 400 Brauereien stellen heute in Deutschland ca. 4 000 verschiedene Biere her, deren geschmackliche Vielfalt auf den hauseigenen Braurezepten beruht.

Beim Brauen prägt die aus Malz und dem aromagebenden Hopfen gewonnene Würze zusammen mit dem Brauwasser, der Gärungsart (obergärig, untergärig) und der für das Gären verwendeten Hefe entscheidend Qualität, Geschmack, Farbe und Alkoholgehalt des Bieres.

Die alkoholfreien Biere und Leichtbiere enthalten 0,5 % bis 3 % Alkohol und einen Stammwürzgehalt (= vor der Gärung gemessener Malzextraktgehalt der Würze) von 1,5 % bis 9 %.

Die Vollbiere (Alt, Export, Kölsch, Märzen, Pils, Weizenbier) haben einen Alkoholgehalt von 3,7 % bis 5,5 % und einen Stammwürzegehalt von 11 % bis 15 %.

Die Starkbiere (Bock- und Doppelbockbiere) liegen im Alkoholgehalt über 5,3 % und im Stammwürzegehalt ab 16 %.

Durch den höheren Malzanteil wirken vor allem die dunklen Biere (Rauchbier, Bockbier, Malzbier) süßlich.

Die verschiedenen Biersorten sind je nach der Region unterschiedlich im Geschmack.

La bière

La fabrication de la bière en Allemagne remonte au début du 9ᵉ siècle. En 1516 une « ordonnance d'intégrité » (Reinheitsgebot) précise que seuls le houblon, le malt, la levure et l'eau peuvent être utilisés pour le brassage de la bière. Il en est toujours ainsi et le procédé utilisé est le suivant :

Le malt de brasserie – grains d'orge trempés, germés et grillés – est mis à tremper et à cuire en présence de houblon qui apporte au moût, ainsi élaboré, ses éléments aromatiques. Grâce à une levure, ce moût entre en fermentation.

Aujourd'hui environ 1 400 brasseries produisent en Allemagne 4 000 sortes de bières diverses par leur goût, leur couleur et également leur teneur en alcool.

Au restaurant ou à la taverne, la bière se consomme généralement à la pression « vom Fass ».

Les bières courantes ou Vollbiere (Kölsch, Alt, Export, Pils, Märzen, bière de froment) sont les plus légères et titrent 3 à 4° d'alcool.

Les bières fortes ou Starkbiere (Bockbier, Doppelbock) atteignent 5 à 6° et sont plus riches en malt.

Elles sont légères dans le Sud (Munich, Stuttgart), un peu plus fermentées et amères en Rhénanie (Dortmund, Cologne), douceâtres à Berlin.

Les bières brunes (malt torréfié) peuvent paraître sucrées (Rauchbier, Bockbier, Malzbier).

Beer

Beer has been brewed in Germany since the beginning of 9C. In 1516 a decree on quality (Reinheitsgebot) was passed which stated that only hops, malt, yeast and water should be used for brewing.
This still applies and the following method is used :

Brewer's malt – obtained from barley after soaking, germination and roasting – is mixed with water and hops which flavour the must, and boiled. Yeast is added and the must is left to ferment.

Today about 1400 breweries in Germany produce 4000 kinds of beer which vary in taste, colour and alcohol content.

In restaurants and bars, beer is generally on draught "vom Fass".

Popular beers or Vollbiere (Kölsch, Alt, Export, Pils, Märzen and beer from wheatgerm) are light and 3-4 % proof.

Strong beers or Starkbiere (Bockbier, Doppelbock) are rich in malt and 5-6 % proof.

These are light in the South (Munich, Stuttgart), stronger and more bitter in Rhineland (Dortmund, Cologne) and sweeter in Berlin.

Dark beers (roasted malt) may seem rather sugary (Rauchbier, Bockbier, Malzbier).

La birra

La fabbricazione della birra in Germania risale all'inizio del nono secolo. Nel 1516, un « ordinanza d'integrità » (Reinheitsgebot) precisa che, per la produzione della birra, possono essere solamente adoperati il luppolo, il malto, il lievito e l'acqua. Ciò è rimasto immutato e il processo impiegato è il seguente :

Il malto – derivato da semi d'orzo macerati, germinati e tostati – viene macerato e tostato unitamente al luppolo che aggiunge al mosto, elaborato in tal modo, le sue componenti aromatiche. Grazie all'apporto di un lievito, questo mosto entra in fermentazione.

Oggigiorno, circa 1400 birrerie producono in Germania 4000 tipi di birra diversi per il loro gusto, colore e la loro gradazione alcolica.

Nei ristoranti o nelle taverne, la birra viene consumata alla spina « vom Fass ».

Le birre comuni o Vollbiere (Kölsch, Alt, Export, Pils, Märzen, birra di frumento) sono le più leggere e raggiungono una gradazione alcolica di 3 o 4°.

Le birre forti o Starkbiere (Bockbier, Doppelbock) raggiungono una gradazione alcolica di 5 o 6° e sono le più ricche di malto.

Esse sono leggere nel Sud (Monaco, Stuttgart), leggermente più fermentate e amare in Renania (Dortmund, Colonia), dolciastre a Berlino.

Le birre scure (malto torrefatto) possono sembrare dolcificate (Rauchbier, Bockbier, Malzbier).

Weinbaugebiete
Carte du vignoble
Map of the vineyards
Carta dei vigneti

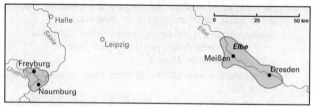

Neben den Spitzengewächsen gibt es in vielen Regionen gebietstypische Weine, die – am Ort verkostet – für manche Überraschung gut sind.

En dehors des grands crus, il existe en maintes régions des vins locaux qui, bus sur place, vous réserveront d'heureuses surprises.

In addition to the fine wines there are many wines, best drunk in their region of origin and which you will find extremely pleasant.

Al di fuori dei grandi vini, esistono in molte regioni dei vini locali che, bevuti sul posto, Vi riserveranno piacevoli sorprese.

Weine

*Auf einer Gesamtanbaufläche von ca. 104 000 ha
gedeiht in dreizehn bestimmten Anbaugebieten (Ahr, Mittelrhein,
Mosel-Saar-Ruwer, Nahe, Rheingau, Rheinhessen,
Hessische Bergstraße, Franken, Pfalz, Württemberg, Baden,
Saale-Unstrut, Elbtal) eine Vielfalt von Weinen unterschiedlichsten
Charakters, geprägt von der Verschiedenartigkeit der Böden,
vom Klima und von der Rebsorte.*

Die Wichtigsten Weine

Hauptanbaugebiet	Rebsorten und Charakteristik
	Weißwein
Baden	**Gutedel** *leicht, aromatisch*
Württemberg	**Kerner** *rieslingähnlich, rassig*
Franken, Rheinhessen, Baden, Nahe, Elbtal, Saale-Unstrut Pfalz	**Müller-Thurgau** *würzig-süffig, feine Säure*
Mittelrhein, Mosel-Saar-Ruwer, Rheingau Pfalz	**Riesling** *rassig, spritzig, elegant, feine Fruchtsäure*
Baden	**Ruländer (Grauburgunder)** *kräftig, füllig, gehaltvoll*
Franken, Rheinhessen, Nahe, Pfalz	**Silvaner** *fruchtig, blumig, kräftig*
Baden, Elbtal	**(Gewürz-) Traminer** *würzig, harmonisch*
Baden, Elbtal, Saale-Unstrut	**Weißburgunder** *blumig, fruchtig, elegant*
	Rotwein
Württemberg	**Lemberger** *kernig, kräftig, wuchtig*
Ahr, Pfalz	**Portugieser** *leicht, süffig, mundig frisch*
Württemberg	**Schwarzriesling** *zart, fruchtig*
Ahr, Baden	**(blauer) Spätburgunder** *rubinfarben, samtig, körperreich*
Württemberg	**Trollinger** *leicht, frisch, fruchtig*

Rebsorten und Charakteristik

Rotlinge

Badisch Rotgold *Mischung aus Grauburgunder und blauem Spätburgunder, meist im Verhältnis 3 : 1.*

Schillerwein *Aus roten und weißen Trauben, die gemeinsam gekeltert wurden.*

Weißherbst *Aus roten Trauben, die nach der Weißwein-Methode (nach dem Mahlen kommen die Trauben sofort auf die Presse) gekeltert wurden*

Das Weingesetz von 1971 und 1982 teilt die deutschen Weine in 4 Güteklassen ein :

deutscher Tafelwein *muß aus einer der 4 Tafelweinregionen stammen (Tafelwein, ohne den Zusatz « deutscher » kann mit Weinen aus EG-Ländern verschnitten sein).*

Landwein *trägt eine allgemeine Herkunftsbezeichnung (z. B. Pfälzer Landwein), darf nur aus amtlich zugelassenen Rebsorten gewonnen werden, muß mindestens 55 Öchslegrade haben und darf nur trocken oder halbtrocken sein.*

Qualitätswein bestimmter Anbaugebiete *muß aus einem der deutschen Anbaugebiete stammen und auf dem Etikett eine Prüfnummer haben.*

Qualitätswein mit Prädikat *darf nur aus einem einzigen Bereich innerhalb der deutschen Anbaugebiete stammen, muß auf dem Etikett eine Prüfnummer haben und eines der 6 Prädikate besitzen : Kabinett, Spätlese, Auslese, Beerenauslese, Trockenbeeren-auslese, Eiswein.*
Eiswein wird aus Trauben gewonnen, die nach Frost von mindestens – 7 ºC gelesen wurden.

Les vins

*En Allemagne le vignoble s'étend sur plus de 104 000 ha. Les vins
les plus connus proviennent principalement des 13 régions suivantes :
Ahr, Mittelrhein (Rhin moyen), Mosel-Saar-Ruwer, Nahe, Rheingau,
Rheinhessen (Hesse rhénane), Hessische Bergstraße (Montagne
de Hesse), Franken (Franconie), Pfalz (Palatinat),
Württemberg (Wurtemberg), Baden (Pays de Bade), Vallée de l'Elbe
(entre Dresde et Meissen), Saale et l'Unstrut (entre Naumburg et Feyburg).*

Principaux vins

Principales régions	Cépages et caractéristiques
	Vins blancs
Pays de Bade	**Gutedel** *léger, bouqueté*
Wurtemberg	**Kerner** *proche du Riesling*
Franconie, Hesse rhénane, Pays de Bade, Nahe, vallée de l'Elbe, région de Saale-Unstrut, Palatinat	**Müller-Thurgau** *vigoureux, nerveux*
Rhin moyen Moselle-Sarre-Ruwer, Rheingau, Palatinat	**Riesling** *racé, élégant, au fruité légèrement acidulé*
Pays de Bade	**Ruländer** *puissant, rond, riche*
Franconie, Hesse rhénane, Nahe, Palatinat	**Silvaner** *fruité, bouqueté, puissant*
Pays de Bade, vallée de l'Elbe	**Traminer, Gewürztraminer** *épicé, harmonieux*
Pays de Bade, vallée de l'Elbe, région de Saale-Unstrut	**Weißburgunder** *bouqueté, fruité, élégant*
	Vins rouges
Wurtemberg	**Lemberger** *charnu, puissant*
Ahr	**Portugieser** *léger, gouleyant, frais*
Wurtemberg	**Schwarzriesling** *tendre, fruité*
Ahr, Pays de Bade	**(blauer) Spätburgunder** *de couleur rubis, velouté*
Wurtemberg	**Trollinger** *léger, frais, fruité*

Cépages et caractéristiques

Vins rosés

Badisch Rotgold *Assemblage de Grauburgunder (pinot gris) et de Spätburgunder (pinot noir) dans la plupart des cas dans la proportion 3 : 1.*

Schillerwein *Raisins noirs et blancs pressurés ensembles.*

Weißherbst *Raisins noirs pressurés immédiatement, puis fermentation du moût sans la râfle.*

La législation de 1971 et de 1982 classe les vins allemands en 4 catégories :

Tafelwein ou deutscher Tafelwein, *vins de table, sans provenance précise, pouvant être des coupages, soit de vins de la C.E.E., soit de vins exclusivement allemands.*

Landwein *porte une appellation d'origine générale (ex. Pfälzer Landwein), et ne peut provenir que de cépages officiellement reconnus ; il doit avoir au minimum 55° Öchsle et ne peut être que sec ou demi sec.*

Qualitätswein bestimmter Anbaugebiete, *vins de qualité supérieure, ils portent un numéro de contrôle officiel et ont pour origine une des régions (Ex. : Baden) déterminées.*

Qualitätswein mit Prädikat, *vins strictement contrôlés, ils représentent l'aristocratie du vignoble, ils proviennent d'un seul vignoble d'appellation et portent en général un numéro de contrôle et l'une des dénominations suivantes : Kabinett (réserve spéciale), Spätlese (récolte tardive), Auslese (récolte tardive, raisins sélectionnés), Beerenauslese, Trockenbeerenauslese (vins liquoreux), Eiswein. Les « Eiswein » (vins des glaces) sont obtenus à partir de raisins récoltés après une gelée d'au moins −7 °C.*

Wines

The vineyards of Germany extend over 104 000 ha – 257 000 acres and 13 regions : Ahr, Mittelrhein, Mosel-Saar-Ruwer, Nahe, Rheingau, Rheinhessen, Hessische Bergstraße, Franken (Franconia), Pfalz (Palatinate), Württemberg, Baden, Elbe Valley (Dresden-Meissen), Saale and Unstrut (Naumburg-Feyburg).

Principal wines

Main regions	Grape stock and characteristics
	White wines
Baden	**Gutedel** *light, fragrant*
Württemberg	**Kerner** *similar to Riesling*
Franconia, Rheinhessen, Baden, Nahe, valley of the Elbe, Saale-Unstrut region, Palatinate	**Müller-Thurgau** *potent, lively*
Mittelrhein, Mosel-Saar-Ru wer, Rheingau, Palatinate	**Riesling** *noble, elegant, slightly acidic and fruity*
Baden	**Ruländer** *potent, smooth, robust*
Franconia, Rheinhessen, Nahe, Palatinate	**Silvaner** *fruity, good bouquet, potent*
Baden, valley of the Elbe	**Traminer, Gewürztraminer** *spicy, smooth*
Baden, valley of the Elbe, Saale-Unstrut region	**Weißburgunder** *delicate bouquet, fruity, elegant*
	Red wines
Baden	**Badisch Rotgold** *noble, robust, elegant*
Württemberg	**Lemberger** *full bodied, potent*
Ahr	**Portugieser** *light, smooth, fresh*
Württemberg	**Schwarzriesling** *delicate, fruity*
Ahr, Baden	**(blauer) Spätburgunder** *ruby colour, velvety*
Württemberg	**Trollinger** *light, fresh, fruity*

Grape stock and characteristics

Rosé wines

Badisch Rotgold *Blend of Grauburgunder and Spätburgunder, mostly 3 parts to 1.*

Schillerwein *Red and green grapes pressed together.*

Weißherbst *Red grapes are pressed immediately then the must is left to ferment after extraction of the stems.*

Following legislation in 1971 and 1982, German wines fall into 4 categories:

Tafelwein or deutscher Tafelwein *are table wines with no clearly defined region of origin, and which in effect may be a blending of other Common Market wines or of purely German ones.*

Landwein *are medium quality wines between the table wines and the Qualitätswein b. A. which carry a general appellation of origin (i.e. Pfälzer Landwein) and can only be made from officially approved grapes, must have 55° "Öchslegrade" minimum and must be dry or medium dry.*

Qualitätswein bestimmter Anbaugebiete, *are wines of superior quality which carry an official control number and originate from one of the clearly defined regions (Gebiet) e.g. Moselle, Baden, Rhine.*

Qualitätswein mit Prädikat, *are strictly controlled wines of prime quality. These wines are grown and made in a clearly defined and limited area or vineyard and generally carry an official control number and one of the following special descriptions: Kabinett (a perfect reserve wine), Spätlese (wine from late harvest grapes), Auslese (wine from specially selected grapes), Beerenauslese, Trockenbeerenauslese (sweet wines), Eiswein. Eiswein (ice wines) are produced from grapes harvested after a minimum −7 °C frost.*

I vini

Il vigneto della Germania si estende su più di 104.000 ettari. Esso comporta 13 regioni : Ahr, Mittelrhein (Reno medio), Mosel-Saar-Ruwer, Nahe, Rheingau, Rheinhessen (Hesse renano), Hessische Bergstraße (montagna di Hesse), Franken (Franconia), Pfalz (Palatinato), Württemberg, Baden, Valle dell'Elba (Dresda e Meissen), Saale e Unstrut (Naumburg e Friburgo).

Vini principali

Principali regioni	Vitigni e caratteristiche
	Vini bianchi
Baden	**Gutedel** *leggero, aromatico*
Württemberg	**Kerner** *molto simile al Riesling*
Franconia, Hesse renano, Baden, Nahe, Valle di Elbe, regione Saale-Unstrut, Palatinato	**Müller-Thurgau** *vigoroso*
Reno medio, Mosella-Sarre-Ruwer, Rheingau, Palatinato	**Riesling** *aristocratico, elegante, fruttato leggermente acidulo*
Baden	**Ruländer** *forte, corposo, robusto*
Franconia, Hesse renano, Nahe, Palatinato	**Silvaner** *fruttato, aromatico, forte*
Baden, valle di Elbe	**Traminer (Gewürz-)** *corposo, armonico*
Baden, valle di Elbe, regione Saale-Unstrut	**Weißburgunder** *aromatico, fruttato, elegante*
	Vini rossi
Baden	**Badisch Rotgold** *aristocratico, robusto, elegante*
Württemberg	**Lemberger** *corposo, forte*
Ahr	**Portugieser** *leggero, fresco*
Württemberg	**Schwarzriesling** *morbido, fruttato*
Ahr, Baden	**(blauer) Spätburgunder** *colore rubino, vellutato, pieno, corposo*
Württemberg	**Trollinger** *leggero, fresco, fruttato*

Vitigni e caratteristiche

Vini rosé

Badisch Rotgold *miscela di Grauburgunder (pinot grigio) e Spatburgunder (pinot nero), nella maggior parte dei casi in proporzione 3 : 1.*

Schillerwein *miscuglio di uve nere e bianche pigiate insieme.*

Weissherbst *pigiatura immediata di uve nere, seguita da fermentazione del mosto, senza graspi.*

La legislazione del 1971 e del 1982 classifica i vini tedeschi in 4 categorie :

Tafelwein o deutscher Tafelwein : *vini da tavola, senza provenienza precisa, possono essere di taglio, sia per i vini della C.E.E. che per vini esclusivamente tedeschi.*

Landwein : *in termini di qualità è una via di mezzo fra il vino da tavola e il Qualitätswein b.A., è contrassegnato da denominazione di origine generale (es. : Pfälzer Landwein) e proviene esclusivamente da uve ufficialmente riconosciute ; deve raggiungere minimo 55° Öchsle e può essere solo secco o semi secco.*

Qualitätswein bestimmter Anbaugebiete : *vini di qualità superiore, sono contrassegnati da un numero di controllo ufficiale e provengono da una delle regioni (Gebiet) determinate (Mosel, Baden, Rhein...)*

Qualitätswein mit Prädikat : *vini rigorosamente controllati, rappresentano l'aristocrazia del vigneto, provengono da un unico vigneto di denominazione e sono generalmente contrassegnati da un numero di controllo ufficiale e una delle seguenti denominazioni : Kabinett (riserva speciale), Spätlese (raccolta tardiva), Auslese (raccolta tardiva, uve selezionate), Beerenauslese, Trockenbeerenauslese (vini liquorosi), Eiswein. Gli « Eiswein » (vini dei ghiacci) si ottengono a partire da una raccolta dopo una gelata di almeno −7ºC.*

Städte

in alphabetischer Reihenfolge

(ä = ae, ö = oe, ü = ue)

Villes

classées par ordre alphabétique

(mais ä = ae, ö = oe, ü = ue)

Towns

in alphabetical order

(but ä = ae, ö = oe, ü = ue)

Città

in ordine alfabetico

(se non che ä = ae, ö = oe, ü = ue)

BREGENZ, KÖSSEN, KUFSTEIN, SALZBURG (Österreich)
sind in der alphabetischen Reihenfolge.

AACHEN Nordrhein-Westfalen **417** N 2 – 253 000 Ew – Höhe 174 m – Heilbad.

Sehenswert : Dom★★ (Domschatzkammer★★★, Ambo Heinrichs II★★★, Pala d'Oro★★★, Karlsschrein★★★, Marmorthron★ Karls des Großen) BZ – Couven-Museum★ BY M1 – Suermondt-Ludwig-Museum★ CZ **M2**.

Ausflugsziel : Kornelimünster (Abteikirche★) ④ : 10 km.

🛪 Aachen-Seffent (über ⑨), Schurzelter Str. 300, ℘ (0241) 1 25 01.
Kongreßzentrum Eurogress (CY), ℘ (0241) 15 10 11.

🛈 Verkehrsverein - Informationsbüro Elisenbrunnen, Friedrich-Wilhelm-Platz, ⊠ 52062, ℘ (0241) 1 80 29 60, Fax (0241) 1802931 – **ADAC,** Strangenhäuschen 16.

Berlin 637 ③ – Düsseldorf 81 ③ – Antwerpen 140 ⑨ – Bonn 91 ③ – Bruxelles 142 ⑥ – Köln 69 ③ – Liège 54 ⑥ – Luxemburg 182 ⑥

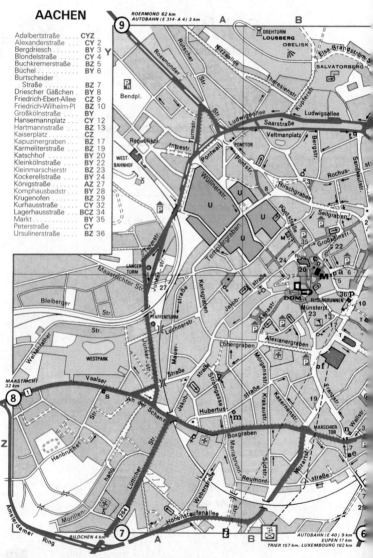

AACHEN

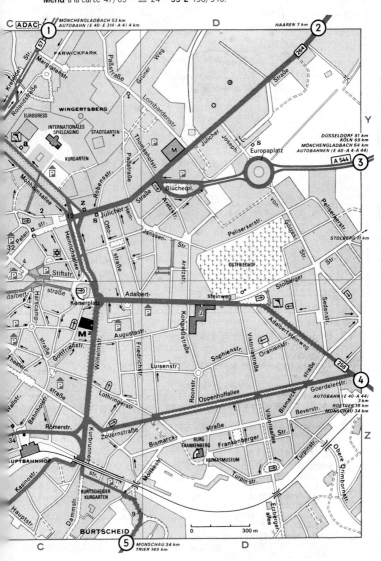

Dorint Quellenhof, Monheimsallee 52, ✉ 52062, ℰ (0241) 9 13 20, *Info.AAHQUE@ d orint.com, Fax (0241) 9132100,* « Terrasse mit ≤ », Massage, 🔥, 🔲 – 📶, ✱ Zim, 🖿 📺 📞 ⚹ ☎ 📧 – 🔒 700. 🄰🄴 ⓞ 🄼ⓞ 𝘝𝘐𝘚𝘈 CY a

Menu *(geschl. Sonntag - Montag) (nur Abendessen)* à la carte 63/119 – **La Brasserie :** **Menu** à la carte 52/95 – ☍ 36 – **174 Z** 350/645 – 400/695, 4 Suiten.

Holiday Inn Ⓜ, Krefelder Str. 221 (B 57), ✉ 52070, ℰ (0241) 1 80 30, *SALES-MANAGER.HIAachen@Queensgruppe.de, Fax (0241) 1803444,* Biergarten – 📶, ✱ Zim, 📺 📞 ⚹ 📧 – 🔒 25. 🄰🄴 ⓞ 🄼ⓞ 𝘝𝘐𝘚𝘈 𝗝𝗖𝗕. ✱ Rest über ①

Menu à la carte 47/69 – ☍ 24 – **99 Z** 198/310.

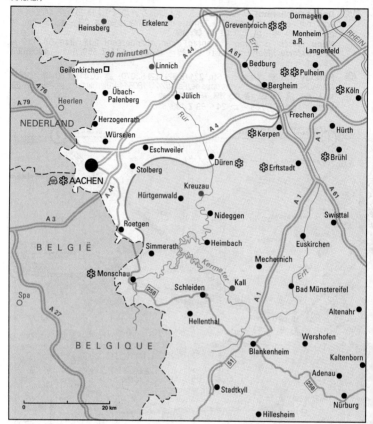

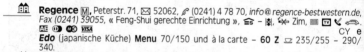

🏨 **Regence** Ⓜ, Peterstr. 71, ⊠ 52062, ℰ (0241) 4 78 70, *info@regence-bestwestern.de*, *Fax (0241) 39055*, « Feng-Shui gerechte Einrichtung », ⊆s – |≇|, ↔ Zim, ▤ ⊡ ✔ ⇔.
🅰🅴 ⓪ ⓜ🅲 𝗩𝗜𝗦𝗔
CY e
Edo (japanische Küche) **Menu** 70/150 und à la carte – **60 Z** ⊆ 235/255 – 290/340.

🏨 **Novotel**, Joseph-von-Görres-Straße (Am Europaplatz), ⊠ 52068, ℰ (0241) 1 68 70, *H0482@accor-hotels.com, Fax (0241) 163911*, ☂, ▤, ☞ – |≇|, ↔ Zim, ▤ ⊡ ✔ ℗ – 🔬 150. 🅰🅴 ⓪ ⓜ🅲 𝗩𝗜𝗦𝗔 ᴊᴄʙ
DY s
Menu à la carte 37/63 – **118 Z** ⊆ 185/211 – 208/234.

🏨 **Pannonia** garni, Jülicher Str. 10, ⊠ 52070, ℰ (0241) 5 10 60, *H1703@accor-hotels.com, Fax (0241) 501180* – |≇|, ↔ Zim, ⊡ ✔ ⇔ – 🔬 20. 🅰🅴 ⓪ ⓜ🅲 𝗩𝗜𝗦𝗔
CY s
103 Z ⊆ 185/260 – 235/300.

🏨 **Royal** Ⓜ garni, Jülicher Str. 1, ⊠ 52070, ℰ (0241) 18 22 80, *info@royal.bestwestern.de*, *Fax (0241) 18228699* – |≇|, ↔ Zim, ▤ ⊡ ✔ ⇔. 🅰🅴 ⓪ ⓜ🅲 𝗩𝗜𝗦𝗔
CY z
36 Z ⊆ 215/235 – 270/450.

🏨 **Aquis-Grana-Hotel**, Büchel 32, ⊠ 52062, ℰ (0241) 44 30, *aquishotel@aol.com*, *Fax (0241) 443137* – |≇| ⊡ ♿ ⇔ – 🔬 40. 🅰🅴 ⓪ ⓜ🅲 𝗩𝗜𝗦𝗔
BY a
geschl. 23. - 28. Dez. – **Menu** *(geschl. Samstag - Sonntag) (nur Abendessen)* à la carte 41/64 – **97 Z** ⊆ 195/225 – 235/285.

🏨 **Burtscheider Markt** 🍴 garni, Burtscheider Markt 14, ⊠ 52066, ℰ (0241) 60 00 00, *Fax (0241) 6000020* – |≇| ↔ ⊡ ✔ ♿. 🅰🅴 ⓪ ⓜ🅲 𝗩𝗜𝗦𝗔 über Dammstraße CZ
30 Z ⊆ 130/180 – 190/260.

Brülls am Dom garni, Rommelsgasse 2 (Hühnermarkt), ⊠ 52062, ℘ (0241) 3 17 04,
Fax (0241) 404326 – 📺 📞. 🛠️   BY c
geschl. 23. Dez. - Anfang Jan. – **10 Z** ⊊ 130/165 – 185/210.

Benelux garni, Franzstr. 21, ⊠ 52064, ℘ (0241) 40 00 30, Fax (0241) 22345, *Ⅰ₅* – 🛗
✜ 📺 📞 ⇔. 🝙 📺   BZ f
geschl. 23. Dez. - 3. Jan. – **33 Z** ⊊ 155/210 – 200/260.

Am Marschiertor garni, Wallstr. 1, ⊠ 52064, ℘ (0241) 3 19 41, *hotel.marschierto
r@t-online.de*, Fax (0241) 31944 – 🛗 ✜ – 🔏 🝙 ⓸ 🝙 📺   BZ n
geschl. Weihnachten - Neujahr – **50 Z** ⊊ 130/155 – 170/195.

Lousberg garni, Saarstr. 108, ⊠ 52062, ℘ (0241) 2 03 31, *Hotel-Lousberg@t-online
.de*, Fax (0241) 22047 – 🛗 📺 ⇔. 🝙 ⓸ 🝙 📺. 🛠️   BY t
geschl. Weihnachten - Neujahr – **30 Z** ⊊ 113/160 – 170/180.

Marx garni, Hubertusstr. 33, ⊠ 52064, ℘ (0241) 3 75 41, *info@hotel-marx.de*,
Fax (0241) 26705 – 🛗 ✜ 📺 🅿. 🝙 📺   AZ m
34 Z ⊊ 85/120 – 110/160.

Gala, Monheimsallee 44 (im Casino), ⊠ 52062, ℘ (0241) 15 30 13, Fax (0241) 158578
– 🍽. 🝙 ⓸ 🝙 📺   CY
geschl. Sonntag - Montag – **Menu** *(nur Abendessen)* (Tischbestellung ratsam) 115/150 und
à la carte – **Palm-Bistro** *(geschl. Samstagmittag)* **Menu** à la carte 45/60
Spez. Geräucherte Entenbrust mit roter Currysauce. Geschmorte Kalbsbacke mit Meer-
rettich-Senfkruste und glasierten Schalotten. Schokoladenravioli mit kandierten Tomaten
und Ingwerrahmeis.

La Bécasse (Lang), Hanbrucher Str. 1, ⊠ 52064, ℘ (0241) 7 44 44, *Labecasse@t-on
line.de* – 🍽. ⓸ 🝙 📺   AZ s
geschl. Samstagmittag, Sonntag - Montagmittag – **Menu** (französische Küche) (abends
Tischbestellung ratsam) 105 à la carte 81/116
Spez. Roher Fisch mit Kaviar. Fischsuppe. Ente aus dem Ofen.

Kohlibri, Sonnenscheinstr. 80/Ecke Neuenhofstraße, ⊠ 52078, ℘ (0241) 5 68 85 00,
Fax (0241) 5688560, ≼, 🎍 – 🛗 🍽 🅿. 🔏 40. 🝙 ⓸ 🝙 📺
geschl. Montag – **Menu** à la carte 59/92.   über Adalbertsteinweg DZ

Da Salvatore, Bahnhofplatz 5, ⊠ 52064, ℘ (0241) 3 13 77, Fax (0241) 29992 – 🝙
⓸ 🝙 📺   CZ w
Menu (italienische Küche) à la carte 40/81.

Tradition, Burtscheider Str. 11, ⊠ 52064, ℘ (0241) 4 48 42, Fax (0241) 408108 – 🝙
⓸ 🝙 📺   BZ e
geschl. über Karneval, Dienstag - Mittwochmittag – **Menu** (abends Tischbestellung ratsam)
à la carte 34/78.

Elisenbrunnen, Friedrich-Wilhelm-Platz 14, ⊠ 52062, ℘ (0241) 2 97 72,
Fax (0241) 49962, 🎍 – 🝙 ⓸ 🝙 📺   BZ p
Menu 40 à la carte 40/71.

In Aachen-Eilendorf *über ④ und Madrider Ring : 2 km :*

Charlemagne, von-Coels-Str. 199, ⊠ 52080, ℘ (0241) 9 51 94 44, Fax (0241) 9519446,
« Gartenterrasse » – 🝙 📺
geschl. über Karneval 2 Wochen, Montag - Dienstag – **Menu** (nur Abendessen) 70 à la carte
82/98.

In Aachen-Kornelimünster *über ④ : 10 km :*

Zur Abtei, Napoleonsberg 132 (B 258), ⊠ 52076, ℘ (02408) 92 55 00,
Fax (02408) 4151, 🎍, « Individuelle Einrichtung » – 📺 ⇔ – 🔏 20. 🝙 ⓸ 🝙 📺
Menu *(geschl. Jan., Donnerstag)* 50 à la carte 64/90 – **12 Z** ⊊ 100/150 – 160/200.

St. Benedikt (Kreus), Benediktusplatz 12, ⊠ 52076, ℘ (02408) 28 88, *st-benedikt
@t-online.de*, Fax (02408) 2877
*geschl. Mitte - Ende April, Ende Juli - Mitte Aug., Weihnachten - Anfang Jan., Sonntag -
Montag* – **Menu** (nur Abendessen) (Tischbestellung erforderlich) 85/110 à la carte 74/88
Spez. Feines vom Kaninchen mit Trüffelsahne. St. Jakobsmuscheln mit kleinen Gemüsen.
Seeteufel mit Rote Bete-Butter.

In Aachen-Lichtenbusch *über ⑤ : 8 km :*

Schweizer Hof garni, Werkstr. 16 (Oberforstbach), ⊠ 52076, ℘ (02408) 9 45 30, *post
@schweizerhof-aachen.de*, Fax (02408) 9453117, 🎾(Halle) Squash – 🛗 ✜ 📺 📞 🅿 –
🔏 40. 🝙 ⓸ 🝙 📺
45 Z ⊊ 108/120 – 160/180.

In Aachen-Richterich *über ⑨ : 5 km :*

Schloß Schönau, Schönauer Allee 20, ⊠ 52072, ℘ (0241) 17 35 77,
Fax (0241) 173577, 🎍 – 🝙 ⓸ 🝙 📺 ᴊᴄʙ
geschl. Feb. 1 Woche, Juli - Aug. 3 Wochen, Montag – **Menu** (wochentags nur Abendessen)
(Tischbestellung ratsam) à la carte 63/83 – **Schänke :** Menu à la carte 34/62.

In Aachen-Walheim *über ④ : 12 km :*

XX **Brunnenhof** mit Zim, Schleidener Str. 132 (B 258), ⊠ 52076, 𝒫 (02408) 5 88 50, *info @ brunnenhof-aachen.de*, Fax (02408) 588588, 🌫 – 📺 🅿 – 🚗 15. 🖭 ⓪ ⚏ 𝘝𝘐𝘚𝘈
Menu à la carte 59/88 – **10 Z** 🖙 89/98 – 160/190.

An der B 258 Richtung Monschau *über ⑤ : 12 km :*

XX **Gut Kalkhäuschen**, Schleidener Str. 400, ⊠ 52076 Aachen-Walheim, 𝒫 (02408) 5 83 10 – 🅿 🌫
geschl. Montag – **Menu** *(nur Abendessen)* (Tischbestellung ratsam) (italienische Küche) 100 à la carte 71/81.

An der Straße Verlautenheide-Stolberg *über ③ : 9 km :*

XXX **Gut Schwarzenbruch**, Schwarzenbruch 1, ⊠ 52222 Stolberg, 𝒫 (02402) 2 22 75, *schwarzenbruch@ aol.com*, Fax (02402) 4432, 🌫, « Stilvolle Einrichtung » – 🅿 – 🚗 40. 🖭 ⚏
Menu à la carte 68/90.

AALEN *Baden-Württemberg* 419 420 *T 14 – 67 000 Ew – Höhe 433 m – Wintersport : 450/520 m ⛷1 ⛸.*

🖪 *Touristik-Service, Marktplatz 2, ⊠ 73430, 𝒫 (07361) 52 23 58, Fax (07361) 521907.*
ADAC, *Südlicher Stadtgraben 11.*
Berlin 560 – Stuttgart 78 – Augsburg 119 – Heilbronn 131 – Nürnberg 132 – Ulm (Donau) 67 – Würzburg 135.

🏨 **Treff Hotel Limes-Thermen** Ⓜ 🐾, Osterbucher Platz 1, ⊠ 73431, 𝒫 (07361) 94 40, *treff-hotel-aalen@t-online.de*, Fax (07361) 944550, ≤, 🌫, direkter Zugang zu den Limes-Thermen – 🛗, ✳ Zim, 📺 & 🅿 – 🚗 140. 🖭 ⓪ ⚏ 𝘝𝘐𝘚𝘈 𝘑𝘊𝘉. 🌫 Rest
Menu à la carte 42/72 – **146 Z** 🖙 190/250.

🏨 **Antik,** Stuttgarter Str. 45, ⊠ 73430, 𝒫 (07361) 5 71 60 (Hotel) 57 16 20 (Rest.), *anti k@ hotel-antik.de*, Fax (07361) 571625, 🌫 – 📺 📞 🚗 🅿 – 🚗 30. 🖭 ⓪ ⚏ 𝘝𝘐𝘚𝘈
Menu *(geschl. Samstag)* (wochentags nur Abendessen) (italienische Küche) à la carte 36/66 – **54 Z** 🖙 99/130 – 130/220.

🏨 **Ratshotel** garni, Friedrichstr. 7, ⊠ 73430, 𝒫 (07361) 9 58 40, *g.schiehlen@ aalener -ratshotel.de*, Fax (07361) 958470 – 🛗 📺 📞 🚗 🅿 🖭 ⓪ ⚏ 𝘝𝘐𝘚𝘈
42 Z 🖙 95/115 – 138/146.

🏨 **Grauleshof,** Ziegelstr. 155, ⊠ 73431, 𝒫 (07361) 3 24 69, Fax (07361) 36218, Biergarten – 📺 🚗 🅿 🖭 ⚏ 𝘝𝘐𝘚𝘈. 🌫
geschl. Mitte - Ende Aug. – **Menu** *(geschl. Montag, Samstagmittag)* à la carte 28/58 – **9 Z** 🖙 70/85 – 120/140.

XX **Eichenhof** mit Zim, Stadionweg 1, ⊠ 73430, 𝒫 (07361) 4 10 20, Fax (07361) 46688, 🌫 – 📺 🚗 🅿 🖭 ⓪ ⚏ 𝘝𝘐𝘚𝘈. 🌫 Zim
geschl. Ende Mai - Anfang Juni, Ende Okt. - Anfang Nov. – **Menu** *(geschl. Montag)* à la carte 34/66 – **9 Z** 🖙 75/85 – 130/150.

X **Zum Falken,** Schubartstr. 12, ⊠ 73430, 𝒫 (07361) 6 27 80, Fax (07361) 62791, Biergarten – 🅿 ⚏
geschl. Anfang Aug. 2 Wochen – **Menu** *(geschl. Sonntagabend, Montag)* à la carte 30/64.

In Aalen-Ebnat *Süd-Ost : 8 km :*

X **Landgasthof Lamm** mit Zim, Unterkochener Str. 16, ⊠ 73432, 𝒫 (07367) 24 12, *Lamm-Ebnat@ t-online.de*, Fax (07367) 4912, Biergarten – 📺 🚗 🅿 – 🚗 50. ⚏ 🌫 Zim
geschl. Feb. 2 Wochen – **Menu** *(geschl. Ende Juli - Mitte Aug., Montagabend, Dienstag)* à la carte 33/75 ⛊ – **7 Z** 🖙 48/55 – 110.

In Aalen-Röthardt *Nord-Ost : 4 km :*

🏨 **Vogthof** 🐾, Bergbaustr. 28, ⊠ 73433, 𝒫 (07361) 7 36 88, Fax (07361) 77882, 🌫 – 📺 🚗 🅿 🖭 ⓪ ⚏ 𝘝𝘐𝘚𝘈
geschl. Ende Jan. - Anfang Feb. 2 Wochen – **Menu** *(geschl. Sept. 2 Wochen, Freitag, letzter Sonntagabend im Monat)* à la carte 28/62 – **14 Z** 🖙 72/115.

In Aalen-Unterkochen *Süd-Ost : 4 km :*

🏨🏨 **Das Goldene Lamm** (mit Gästehaus), Kocherstr. 8, ⊠ 73432, 𝒫 (07361) 9 86 80, *rezeption@ das-goldene-lamm.de*, Fax (07361) 986898, 🌫 – 🛗, ✳ Zim, 📺 📞 & 🚗 🅿 – 🚗 80. 🖭 ⓪ ⚏ 𝘝𝘐𝘚𝘈
Menu *(geschl. 24. - 28. Dez.)* à la carte 47/74 – **50 Z** 🖙 95/155 – 169/225.

🏛 **Scholz**, Aalener Str. 80, ✉ 73432, ℰ (07361) 56 70(Hotel) 88 08 40(Rest.), *hotel@h otel-scholz.de*, Fax (07361) 567200, Biergarten, « Garten » – |த|, ⇔ Zim, 📺 ✵ ⇔ 🅿
– 🔬 60. 🅰🅴 ⓞ 🐵 🆅🅸🆂🅰
Menu *(geschl. 23. Dez. - 6. Jan.) (wochentags nur Abendessen)* à la carte 28/57 – **51 Z** ⇆ 98/140 – 150/190.

🏠 **Läuterhäusle**, Waldhäuser Str. 109, ✉ 73432, ℰ (07361) 9 88 90, *Laeuterhaeusle @ t-online.de*, Fax (07361) 988949, 🌳 – 📺 ✵ 🅿
Menu *(geschl. Montag) (wochentags nur Abendessen)* à la carte 30/60 – **14 Z** ⇆ 78/98 – 128/148.

In Aalen-Waldhausen *Ost : 9,5 km :*

🏛 **Adler**, Deutschordenstr. 8, ✉ 73432, ℰ (07367) 95 00, *Adler-Aalen@ t-online.de*, Fax (07367) 950400, 🌳, ⇔, 🔳, ✐ – |த|, ⇔ Zim, 📺 ✵ 🕭 ⇔ 🅿 – 🔬 40. 🅰🅴 🐵
🆅🅸🆂🅰 🅹🅲🅱. 💱 Rest
Menu à la carte 39/75 – **32 Z** ⇆ 105/125 – 155/165.

🏠 **Alte Linde**, Albstr. 121, ✉ 73432, ℰ (07367) 20 01, Fax (07367) 2003 – 📺 ⇔ 🅿
– 🔬 30. 🐵 🆅🅸🆂🅰
geschl. Aug. 1 Woche, Nov. 3 Wochen – **Menu** *(geschl. Mittwoch)* à la carte 31/56 – **18 Z** ⇆ 70/115.

ABBACH, BAD *Bayern* 🄑🄒🄐 *T 20 – 9 000 Ew – Höhe 374 m – Heilbad.*
🏌 🄸🄸 *Gut Deutenhof (Süd-West : 5 km, über Bad Abbach-Lengfeld), ℰ (09405) 9 53 20.*
🄱 *Kurverwaltung, Kaiser-Karl V.-Allee 5, ✉ 93077, ℰ (09405) 9 59 90, Fax (09405) 959920.*
Berlin 496 – München 109 – Regensburg 15 – Ingolstadt 62 – Landshut 63 – Nürnberg 112 – Straubing 56.

🏠 **Elisabeth** 💱 garni, Ratsdienerweg 8, ✉ 93077, ℰ (09405) 9 50 90, *reservierung@ h otelappartementhaus-elisabeth.de*, Fax (09405) 950977, ⇔, ✐ – ⇔ 📺 ⇔ 🅿 🐵 🆅🅸🆂🅰. 💱
30 Z ⇆ 75/140.

In Bad Abbach-Lengfeld *Süd-West : 5 km über die B 16 :*

🏡 **Gut Deutenhof** 💱 mit Zim, Deutenhof 2 (beim Golfplatz), ✉ 93077, ℰ (09405) 95 32 30, *reception@ gut-deutenhof.de*, Fax (09405) 953239, 🌳 – ⇔ Zim, 📺 ✵ 🅿 –
🔬 60. 🅰🅴 ⓞ 🐵 🆅🅸🆂🅰. 💱 Zim
geschl. Mitte Jan. - Mitte Feb. – **Menu** *(geschl. Montag) (Nov. - März Dienstag - Freitag nur Abendessen)* à la carte 40/75 – **13 Z** ⇆ 110/138 – 158/218.

ABENSBERG *Bayern* 🄑🄒🄐 *T 19 – 12 500 Ew – Höhe 371 m.*
🄱 *Fremdenverkehrsamt, Stadtplatz 1, ✉ 93326, ℰ (09443) 91 03 17, Fax (09443) 910318.*
Berlin 521 – München 89 – Regensburg 39 – Ingolstadt 39 – Landshut 46.

🏛 **Altstadt Hotel** 🅼 garni, Osterriedergasse 2, ✉ 93326, ℰ (09443) 9 15 40, *kneitin ger@ abensberg.de*, Fax (09443) 915455, ⇔ – |த| 📺 ✵ 🅿 🅰🅴 🐵 🆅🅸🆂🅰 🅹🅲🅱
22 Z ⇆ 80/90 – 130/150.

🏠 **Jungbräu**, Weinbergerstr. 6, ✉ 93326, ℰ (09443) 9 10 70, Fax (09443) 910733, Biergarten
geschl. Weihnachten - Neujahr – **Menu** *(geschl. Montag)* à la carte 25/62 – **17 Z** ⇆ 65/75 – 110/130.

In Siegenburg *Süd : 6 km :*

🍴 **Bräustüberl**, Hopfenstr. 3, ✉ 93354, ℰ (09444) 4 53, Fax (09444) 8614, 🌳 – 🅿 🅰🅴 ⓞ 🐵 🆅🅸🆂🅰
geschl. Ende Sept. - Anfang Okt., Montag – **Menu** à la carte 26/51.

ABENTHEUER *Rheinland-Pfalz* 🄐🄒🄙 *R 5 – 500 Ew – Höhe 420 m – Erholungsort.*
Berlin 705 – Mainz 116 – Trier 66 – Idar-Oberstein 22.

🍴🍴 **La Cachette**, Böckingstr. 11, ✉ 55767, ℰ (06782) 57 22, Fax (06782) 9440, 🌳, Biergarten, « Ehemaliges Jagdschloss a.d. 18.Jh. » – 🅿
geschl. Mitte Jan. - Mitte Feb., Sonntagabend - Montag – **Menu** *(wochentags nur Abendessen)* 65/75 à la carte 45/66.

ABSTATT *Baden-Württemberg* 🄑🄐🄙 *S 11 – 4 000 Ew – Höhe 264 m.*
Berlin 602 – Stuttgart 40 – Heilbronn 11 – Schwäbisch Hall 40.

🍴🍴 **Sperbers Restaurant**, Rathausstr. 25, ✉ 74232, ℰ (07062) 6 70 01, Fax (07062) 67002, 🌳, « Historisches Gebäude a.d. 18.Jh. » – 🅿 🅰🅴 ⓞ 🐵 🆅🅸🆂🅰
Menu 49 *(mittags)* à la carte 60/86, - *(Umzug Anfang 2001 : Hotel Sperber, Heilbronner Str. 16, 30 Z).*

ABTSWIND Bayern **419 420** Q 15 – 700 Ew – Höhe 265 m.

Berlin 469 – München 249 – Würzburg 38 – Nürnberg 79.

命 **Zur Schwane** (mit Gästehaus), Hauptstr. 10, ⊠ 97355, ℰ (09383) 60 51,
Fax (09383) 6052 – 📺 🚗 📱 – 🔬 20. 📭 ⓾ VISA
Menu (geschl. Montag) à la carte 21/48 ⅃ – **10 Z** ⬚ 78/80 – 118/146.

命 **Weinstube Zur Linde** garni, Ebracher Gasse 2, ⊠ 97355, ℰ (09383) 18 58,
Fax (09383) 6448 – 🕬 📱
9 Z ⬚ 63/75 – 85/95.

✗ **Weingut Behringer,** Rehweiler Str. 7 (Ost : 2 km), ⊠ 97355, ℰ (09383) 9 73 70, Behr
🚗 inger-Weingut@t-online.de, Fax (09383) 973724, 🍴 – 📱
geschl. Mitte Dez. - Mitte Feb., Montag - Dienstag – **Menu** à la carte 21/51 ⅃.

ACHERN Baden-Württemberg **419** U 8 – 22 300 Ew – Höhe 143 m.

🛈 Achern-Schwarzwald-Information Tour Point, Hauptstr. 13, ⊠ 77855, ℰ (07841)
2 92 99, Fax (07841) 25552.

Berlin 725 – Stuttgart 127 – Karlsruhe 54 – Offenburg 26 – Strasbourg 36.

🏢 **Schwarzwälder Hof,** Kirchstr. 38, ⊠ 77855, ℰ (07841) 6 96 80, info@hotel-sha.de,
Fax (07841) 29526, 🍴 – 🕬 Zim, 📺 🚗 📱 – 🔬 20. 📭 ⓾ VISA
geschl. Mitte - Ende Aug., 1. - 7. Nov. – **Menu** (geschl. Sonntagabend - Montag) à la carte
34/68 – **20 Z** ⬚ 89/115 – 138/190.

In Achern-Oberachern Süd-Ost : 1,5 km :

✗ **Zum Hirsch** mit Zim, Oberacherner Str. 26, ⊠ 77855, ℰ (07841) 2 15 79,
🚗 Fax (07841) 29268, 🍴 – 📺 📱 ⓾ ⓾ VISA
geschl. Anfang Nov. 1 Woche – **Menu** (geschl. Montag - Dienstagmittag) à la carte 33/68
– **5 Z** ⬚ 80/90 – 150.

In Achern-Önsbach Süd-West : 4 km :

✗✗ **Adler,** Rathausstr. 5, ⊠ 77855, ℰ (07841) 41 04, Fax (07841) 270857, 🍴, (restau-
🚗 riertes Fachwerkhaus a.d.J. 1724) – 📱 ⓾
geschl. über Fastnacht 2 Wochen, Aug. 3 Wochen, Donnerstag – **Menu** (wochentags nur
Abendessen) à la carte 44/72.

ACHIM Niedersachsen **416** G 11 – 31 000 Ew – Höhe 20 m.

📌 📌 Achim-Badenermoor (Nord-Ost : 6 km), Roedenbeckstr. 55, ℰ (04202) 9 74 00.

Berlin 371 – Hannover 102 – Bremen 24 – Verden an der Aller 21.

🏢 **Gieschen's Hotel,** Obernstr. 12, ⊠ 28832, ℰ (04202) 8 84 80, info@gieschens- hote
l.de, Fax (04202) 8848100, 🍴 – 🕬 Zim, 📺 📱 – 🔬 80. 📭 ⓾ ⓾ VISA
Menu à la carte 39/67 – **43 Z** ⬚ 110/150.

In Achim-Uphusen Nord-West : 5,5 km :

🏢 **Novotel Bremer Kreuz,** zum Klümoor, ⊠ 28832, ℰ (04202) 52 80, H0488@acco
r-hotels.com, Fax (04202) 84457, 🍴, ⤢ (geheizt), 🌲 – 📶, 🕬 Zim, 📺 📱 🚗 📱 – 🔬 220.
📭 ⓾ ⓾ VISA JCB
Menu à la carte 35/64 – **115 Z** ⬚ 158/181.

ACHSLACH Bayern **420** T 22 – 1 100 Ew – Höhe 600 m – Wintersport : 600/800 m 🎿1 🎿.

Berlin 521 – München 163 – Passau 68 – Cham 41 – Deggendorf 19.

In Achslach-Kalteck Süd : 4 km – Höhe 750 m

命 **Berghotel Kalteck** 🦅, Kalteck 9, ⊠ 94250, ℰ (09905) 83 26, Fax (09905) 263, ≤,
🍴, 🛌, 🔲, 🍴 – 📱 🚗 ⓾
geschl. 4. März - 28. April, 22. Okt. - 22. Dez. – **Menu** à la carte 25/48 – **23 Z** ⬚ 69/90
– 110/170, 3 Suiten – ½ P 16.

ACHTERWEHR Schleswig-Holstein siehe Kiel.

ADELSDORF Bayern **419 420** Q 16 – 6 500 Ew – Höhe 260 m.

Berlin 426 – München 210 – Nürnberg 41 – Bamberg 34 – Würzburg 80.

🏢 **Drei Kronen,** Hauptstr. 6, ⊠ 91325, ℰ (09195) 92 00, info@3kronen.de,
Fax (09195) 920480, 🍴, Biergarten, 🛌, 🔲 – 📶, 🕬 Zim, 📺 🚗 📱 – 🔬 70
Menu à la carte 28/56 – **46 Z** ⬚ 95/105 – 150/200.

In Adelsdorf-Neuhaus *Süd-Ost : 4 km :*

🏠 **Zum Löwenbräu** ⟂, Neuhauser Hauptstr. 3, ✉ 91325, ✆ (09195) 72 21, *Zum-Lo ewenbraeu@t-online.de, Fax (09195) 8746,* 🍽 – 🍴 Zim, 📺 ☐, ✆ Zim
Menu *(geschl. 19. Feb. - 7. März, 30. Juli. - 15. Aug., Montag - Dienstag)* à la carte 23/44
– **14 Z** ⌑ 90/120 – 140/180.

🗙 **Landgasthof Niebler** mit Zim, Neuhauser Hauptstr. 30, ✉ 91325, ✆ (09195) 86 82,
Fax (09195) 4468, 🍽 – ☐, ⓪ � *VISA.* ✆ Zim
Menu *(geschl. Montagmittag, Mittwoch)* à la carte 26/52 – **12 Z** ⌑ 50/55 – 80/90.

ADENAU *Rheinland-Pfalz* 🄬🄶🄷 *O 4 – 2 900 Ew – Höhe 300 m.*

🄱 *Tourist Information, Kirchstr. 15,* ✉ *53518,* ✆ *(02691) 3 05 16, Fax (02691) 30518.*
Berlin 644 – Mainz 163 – Aachen 125 – Bonn 48 – Koblenz 72 – Trier 95.

🏨 **Landhaus Sonnenhof** ⟂, Auf dem Hirzenstein 1, ✉ 53518, ✆ (02691) 70 34, *Info
@sonnenhof-adenau.de, Fax (02691) 8664,* « Gartenterrasse », ⌁, 🌴 – 🛗, 🍴 Zim, 📺
🌣 ☐ – 🛎 70. 🄰🄴 � *VISA*
geschl. 5. - 31. Jan. – Menu à la carte 39/70 *(auch vegetarische Gerichte)* – **38 Z**
⌑ 100/120 – 150/200.

🏨 **Zum Wilden Schwein,** Hauptstr. 117, ✉ 53518, ✆ (02691) 91 09 20,
Fax (02691) 9109292, 🍽 – 📺 🚗 ☐, � *VISA*
Menu à la carte 42/63 – **23 Z** ⌑ 90/140 – 140/200.

🗙🗙 **Historisches Haus-Blaue Ecke** mit Zim, Markt 4, ✉ 53518, ✆ (02691) 20 05, *t-on
line@blaue-ecke.de, Fax (02691) 3805,* 🍽, « Fachwerkhaus a.d.J.1578 » – 📺 🚗 ☐, 🄰🄴
⓪ 🌒 *VISA*
geschl. 5. - 23. Feb. – Menu *(geschl. Nov. - April Montag - Dienstagmittag)* à la carte 37/67
– **8 Z** ⌑ 130 – 150/180.

In Kaltenborn-Jammelshofen *Ost : 10 km, nahe der B 412 :*

🏠 **Waldhotel** ⟂, Bergstr. 18, ✉ 53520, ✆ (02691) 20 31, *Wald-Hotel@gmx.de,
Fax (02691) 7630,* ⟨, 🍽 – ☐, 🄰🄴 🌒 *VISA*
Menu à la carte 26/55 – **23 Z** ⌑ 75/120 – 120/180.

AERZEN *Niedersachsen siehe Hameln.*

AHAUS *Nordrhein-Westfalen* 🄬🄶🄷 *J 5 – 35 000 Ew – Höhe 50 m.*

🌫 *Ahaus-Alstätte, Schmäinghook 36,* ✆ *(02567) 4 05.*
🄱 *Verkehrsverein, Schloßstr. 16a,* ✉ *48683,* ✆ *(02561) 44 44 44, Fax (02561) 444445.*
*Berlin 522 – Düsseldorf 116 – Nordhorn 51 – Bocholt 49 – Enschede 26 – Münster (West-
falen) 55.*

🏨 **Ratshotel Rudolph,** Coesfelder Str. 21, ✉ 48683, ✆ (02561) 91 10,
Fax (02561) 911300, 🍽, Biergarten, ⌁, 🄻 – 🛗, 🍴 Zim, 📺 🌣 ☐ – 🛎 80. 🄰🄴 ⓪ 🌒
VISA
La Toscana (italienische Küche) *(geschl. Montag) (wochentags nur Abendessen)* Menu à la
carte 43/66 – **39 Z** ⌑ 138/168 – 186/196, 3 Suiten.

🏨 **Oldenkott,** Oldenkottplatz 3, ✉ 48683, ✆ (02561) 91 00, *Fax (02561) 91099,* 🍽 –
🛗, 🍴 Zim, 📺 – 🛎 40. 🄰🄴 ⓪ 🌒 *VISA*
Speisekammer : Menu à la carte 35/71 – **20 Z** ⌑ 138/158 – 186.

In Ahaus-Alstätte *Nord-West : 9,5 km :*

🏨 **Golfhotel Ahaus** 🄼 ⟂, Schmäinghook 36, ✉ 48683, ✆ (02567) 3 80, *Golfhotel.
Ahaus@t-online.de, Fax (02567) 38200,* 🍽, « Elegante Einrichtung », ⌁, 🌫 – 🛗 📺 ⟨
🌣 ☐ – 🛎 40. 🄰🄴 ⓪ 🌒 *VISA.* ✆ Rest
Ambiente : Menu à la carte 57/69 – *Bistro :* Menu à la carte 31/43 – **49 Z** ⌑ 185 –
220/320.

In Ahaus-Graes *Nord : 6 km :*

🏠 **Landhotel Elkemann** (mit Gästehaus), Eper Str. 2, ✉ 48683, ✆ (02561) 9 34 10,
elkemann@-t-online.de, Fax (02561) 934188 – 📺 ☐ – 🛎 40. 🄰🄴 ⓪ 🌒 *VISA.* ✆ Zim
Menu *(wochentags nur Abendessen)* à la carte 32/55 *(auch vegetarische Gerichte)* – **36 Z**
⌑ 61/104 – 112/152.

In Ahaus-Ottenstein *West : 7 km :*

🗙🗙 **Haus im Flör** ⟂ mit Zim, Hörsteloe 49 (Nord : 2 km Richtung Alstätte), ✉ 48683,
✆ (02567) 93 99 90, *Fax (02567) 9399946,* 🍽, « Garten », 🌴 – 📺 🚗 ☐, 🄰🄴 ⓪ 🌒
VISA. ✆
geschl. Juli - Aug. 2 Wochen – Menu *(geschl. Feb. 2 Wochen, Montagmittag, Freitagmittag,
Samstagmittag)* à la carte 45/77 – **19 Z** ⌑ 120/160.

AHAUS

In Ahaus-Wüllen *Süd-West : 3 km :*

🏠 **Hof zum Ahaus,** Argentréstr. 10, ✉ 48683, ✆ (02561) 9 80 50, *hofzumahaus@t-o*
🍴 *nline.de, Fax (02561) 980523 –* 📺 🅿️ 🆎 ⓜ🅾 VISA
geschl. 22. Dez. - 3. Jan. – **Menu** *(geschl. Mittwoch) (nur Abendessen)* à la carte 24/42 –
14 Z 🛏 68/125.

AHLBECK *Mecklenburg-Vorpommern siehe Usedom (Insel).*

AHLEN *Nordrhein-Westfalen* **417** *K 7 – 51 200 Ew – Höhe 83 m.*
Berlin 447 – Düsseldorf 124 – Bielefeld 69 – Hamm in Westfalen 13 – Münster (Westfalen) 34.

In Ahlen-Tönnishäuschen *Nord : 6 km :*

🍴 **Landgasthof Tönnishäuschen,** Tönnishäuschen 7, ✉ 59227, ✆ (02528) 14 54, *land*
gasthof-toennishaeuschen@t-online.de, Fax (02528) 3693, ☂ – 🅿️ 🆎 ⓞ ⓜ🅾 VISA JCB
geschl. nach Karneval 3 Wochen, Okt. 1 Woche, Dienstag – **Menu** à la carte 31/56 *(auch*
vegetarische Gerichte).

In Ahlen-Vorhelm *Nord-Ost : 7 km :*

🏠 **Witte,** Hauptstr. 32, ✉ 59227, ✆ (02528) 88 86, *Fax (02528) 3110,* ☂ – 📺 🅿️ – 🍴 60.
🆎 ⓜ🅾 VISA
Menu *(geschl. Juli - Aug. 2 Wochen)* à la carte 35/64 – **27 Z** 🛏 85/110 – 140/160.

AHORN *Bayern siehe Coburg.*

AHRENSBURG *Schleswig-Holstein* **415 416** *E 14 – 27 000 Ew – Höhe 25 m.*
🏌 *Ahrensburg, Am Haidschlag 39,* ✆ (04102) 5 13 09.
Berlin 276 – Kiel 79 – Hamburg 36 – Lübeck 47.

🏨 **Park Hotel** M, Lübecker Str. 10a, ✉ 22926, ✆ (04102) 23 00, *info@parkhotel-ahr*
ensburg.de, Fax (04102) 230100, ☂, 🅵, 🚿 – 📶, 🚭 Zim, 🍴 Rest, 📺 🎧 🚗 🅿️ –
🍴 160. 🆎 ⓞ ⓜ🅾 VISA JCB
Marron : Menu 49/59 à la carte 56/75 – **109 Z** 🛏 155/240 – 175/260.

🏠 **Am Schloss,** Am Alten Markt 17, ✉ 22926, ✆ (04102) 80 55, *Hotel_am_Schloss@T-*
ONLINE.DE, Fax (04102) 1801, ☂, 🚿 – 📶 🚭 Zim, 📺 🎧 🚗 🅿️ – 🍴 80. 🆎 ⓞ ⓜ🅾 VISA
Menu 35 à la carte 40/60 – **79 Z** 🛏 135/190 – 175/230.

🏠 **Ringhotel Ahrensburg** garni, Ahrensfelder Weg 48, ✉ 22926, ✆ (04102) 5 15 60,
Ahrensburg@ringhotels.de, Fax (04102) 515656 – 🚭 📺 🎧 🅿️ – 🍴 15. 🆎 ⓞ ⓜ🅾 VISA
24 Z 🛏 145/156 – 182/203.

AHRENSHOOP *Mecklenburg-Vorpommern* **416** *C 21 – 900 Ew – Seebad.*
🅱 *Kurverwaltung, Kirchnersgang 2,* ✉ 18347, ✆ (038220) 2 34, *Fax (038220) 300.*
Berlin 259 – Schwerin 130 – Rostock 46 – Stralsund 65.

🏠 **Café Namenlos** (mit Gästehäusern), Am Schifferberg 2, ✉ 18347, ✆ (038220) 60 60,
info@cafe-namenlos.de, Fax (038220) 606301, ☂, « Rustikale Zimmereinrichtung »,
Massage, 🚿, 🏊, 🚿 – 🚭 Zim, 📺 🅿️ – 🍴 50
Menu à la carte 32/87 – **35 Z** 🛏 95/170 – 200/250, 17 Suiten – ½ P 30.

🏠 **Haus Antje** garni, Hauptstr. 1, ✉ 18347, ✆ (038220) 69 80, *HausAntje@t-online.de,*
Fax (038220) 69850, 🚿 – 📶 🚭 🎧 🅿️ VISA
22 Z 🛏 110/140 – 170/190, 5 Suiten.

🏠 **Der Fischländer,** Dorfstr. 47e, ✉ 18347, ✆ (038220) 69 50, *HotelDerFischlaender*
@t-online.de, Fax (038226) 69555, ☂, « Einrichtung im Landhausstil », 🚿 – 📶, 🚭 Zim,
📺 🎧 🚗 🅿️ ⓜ🅾 VISA
Menu *(im Winter nur Abendessen)* à la carte 34/58 – **33 Z** 🛏 150/160 – 190/230 –
½ P 35.

🏠 **Haus am Meer,** Dorfstr. 36, ✉ 18347, ✆ (038220) 8 08 16, *haus-am-meer@travel*
charme.com, Fax (038220) 80610, ☂, 🚿 – 🚭 Zim, 📺 🅿️ 🆎 ⓞ ⓜ🅾 VISA. 🚫 Rest
Menu *(Nov. - April Garni)* à la carte 35/48 – **24 Z** 🛏 225 – 255/275 – ½ P 30.

🏠 **Möwe,** Schifferweg 16, ✉ 18347, ✆ (038220) 60 80, *Fax (038220) 80616,* ☂, 🚿 –
🚭 Zim, 📺 🅿️
Menu à la carte 27/63 – **24 Z** 🛏 133/143 – 194/206 – ½ P 28.

In Ahrenshoop-Niehagen *Süd : 2,5 km :*

🏠 **Landhaus Morgensünn** M garni (mit Gästehaus Susewind), Bauernreihe 4d,
✉ 18347, ✆ (038220) 64 10, *Fax (038220) 64126,* « Einrichtung im Landhausstil », 🅵,
🚿, 🏊, 🚿 – 🚭 📺 🅿️ VISA
29 Z 🛏 165/240.

AIBLING, BAD Bayern 🔢🔢🔢 W 20 – 16 600 Ew – Höhe 501 m – Moorheilbad.

🔲 🔲 Schloß Maxlrain, (Nord : 5 km), *ℰ (08061) 14 03.

🔲 Kurverwaltung, W.-Leibl-Platz 3, ✉ 83043, *ℰ (08061) 9 08 00, Fax (08061) 37156.

Berlin 636 – München 61 – Garmisch-Partenkirchen 98 – Salzburg 92 – Rosenheim 12.

🏨 **Romantik Hotel Lindner** (mit Gästehaus) 🦢, Marienplatz 5, ✉ 83043, *ℰ (08061) 9 06 30, lindner@romantik.de, Fax (08061) 30535, 🍽, « Stilvolle Einrichtung », 🌳 – 🐾 Zim, 📺 🖅 🖭 – 🛗 20. 🝙 ⑩ 🝚 𝖵𝖨𝖲𝖠
Menu à la carte 45/73 – **26 Z** 🛏 140/200 – 220/290 – ½ P 40.

🏨 **St. Georg** 🦢, Ghersburgstr. 18, ✉ 83043, *ℰ (08061) 49 70, reservation@sanktgeorg.com, Fax (08061) 497105, 🍽, Massage, ⌁, 🎿, 🛋, 🏊, 🌳, 🐾 – 🛗, 🐾 Zim, 📺 🛋 🖅 🖭 – 🛗 170. 🝙 ⑩ 🝚 𝖵𝖨𝖲𝖠. 🍴 Rest
Menu à la carte 33/54 – **219 Z** 🛏 195/205 – 230/300, 10 Suiten – ½ P 30.

🏨 **Schmelmer Hof**, Schwimmbadstr. 15/Ecke Äußere Kolbermoorer Straße, ✉ 83043, *ℰ (08061) 49 20, info@schmelmer-hof.de, Fax (08061) 492551, 🍽, Massage, ⌁, 🎿, 🛋, 🌳 – 🛗 🖅 🖭 – 🛗 80. 🝙 ⑩ 🝚 𝖵𝖨𝖲𝖠. 🍴 Rest
Menu à la carte 30/63 – **Da Bacco** (italienische Küche) (nur Abendessen) Menu à la carte 35/59 – **112 Z** 🛏 168/198 – 238/298 – ½ P 35.

🏨 **Lindl-Hof,** Harthauser Str. 35, ✉ 83043, *ℰ (08061) 4 90 80(Hotel) 9 21 35(Rest.), Fax (08061) 490860, 🍽, 🎿, 🌳 – 📺 🖅 🖭 🖭 🍴 Zim
Menu (geschl. Samstag) (nur Abendessen) à la carte 31/67 – **34 Z** 🛏 85/130.

🏨 **Bihler** 🦢 (mit Gästehaus), Katharinenstr. 8, ✉ 83043, *ℰ (08061) 9 07 50, info@hotel-bihler.de, Fax (08061) 9075150, « Gartenterrasse », 🎿, 🌳 – 📺 🖅 🖭 🍴 Zim
geschl. Mitte Jan. - Mitte Feb. - Menu (geschl. Donnerstag) à la carte 29/63 – **23 Z** 🛏 80/120 – 150/170 – ½ P 27.

AICHACH Bayern 🔢🔢🔢 🔢🔢🔢 U 17 – 15 500 Ew – Höhe 445 m.

Berlin 565 – München 68 – Augsburg 24 – Ingolstadt 53 – Ulm (Donau) 98.

🏨 **Bauerntanz,** Stadtplatz 18, ✉ 86551, *ℰ (08251) 8 95 50, Fax (08251) 52804 – 🖃 📺 🖭 🝙 ⑩ 🝚 𝖵𝖨𝖲𝖠
Menu (geschl. Anfang - Mitte Aug., Sonntagabend - Montag) à la carte 28/52 – **16 Z** 🛏 75/110.

🍴 **Gasthof Specht** (mit 🏨 Anbau), Stadtplatz 43, ✉ 86551, *ℰ (08251) 8 75 20, Christina.Specht@t-online.de, Fax (08251) 875252, 🍽 – 📺 🖭 🝚 𝖵𝖨𝖲𝖠. 🍴 Zim
Menu (geschl. Anfang Juni 2 Wochen, Ende Aug. 2 Wochen, Samstag, Sonntagabend) à la carte 21/43 – **37 Z** 🛏 90 – 120/150.

In Aichach-Sulzbach Süd-West : 5 km :

🍴 **Zum Tavernwirt,** Tränkstr. 6, ✉ 86551, *ℰ (08251) 71 54, Martin.Wastl@zum-tavernwirt.de, Fax (08251) 53410, Biergarten – 🖭
geschl. Montag - Dienstag - Menu (wochentags nur Abendessen) à la carte 38/76.

In Aichach-Untergriesbach :

🏨 **Gasthof Wagner** 🦢, Harthofstr. 38, ✉ 86551, *ℰ (08251) 8 97 70, Kasper.Wagner@t-online.de, Fax (08251) 897750, 🍽 – 📺 🖭 – 🛗 25. 🝙 🝚 𝖵𝖨𝖲𝖠
geschl. Anfang - Mitte Aug. – Menu (geschl. Dienstag) à la carte 22/42 🍴 – **31 Z** 🛏 60/70 – 90/110.

AICHELBERG Baden-Württemberg 🔢🔢🔢 U 12 – 850 Ew – Höhe 400 m.

Ausflugsziel : Holzmaden : Museum Hauff★, West : 3 km.

Berlin 614 – Stuttgart 48 – Göppingen 12 – Kirchheim unter Teck 11 – Ulm (Donau) 51.

🏨 **Panorama** 🦢, Boller Str. 11, ✉ 73101, *ℰ (07164) 91 25 20, Fax (07164) 9125230, ⇐ – 📺 🖅 🖭 – 🛗 30. 🝚 𝖵𝖨𝖲𝖠
Menu (geschl. Mitte Aug. 2 Wochen, Freitag) à la carte 34/65 – **16 Z** 🛏 82/135.

AICHTAL Baden-Württemberg 🔢🔢🔢 U 11 – 8 400 Ew – Höhe 385 m.

Berlin 637 – Stuttgart 27 – Reutlingen 19 – Ulm (Donau) 74.

In Aichtal-Grötzingen :

🏨 **Aichtaler Hof** 🅼, Raiffeisenstr. 5, ✉ 72631, *ℰ (07127) 95 90, Fax (07127) 959959, 🍽, 🎿 – 🖃, 🐾 Zim, 📺 🖾 🛋 🖅 🖭 – 🛗 100. 🝙 ⑩ 🝚 𝖵𝖨𝖲𝖠
Menu à la carte 30/58 – **59 Z** 🛏 145 – 154/210.

AITERN Baden-Württemberg siehe Schönau im Schwarzwald.

83

ALBERSDORF *Schleswig-Holstein* **415** *D 11 – 3 800 Ew – Höhe 6 m – Luftkurort.*
Berlin 376 – Kiel 72 – Cuxhaven 119 – Itzehoe 37 – Neumünster 59 – Rendsburg 36.

🏛 **Ramundt**, Friedrichstr. 1, ✉ 25767, ℰ (04835) 2 21, Fax (04835) 222 – 📺 ⇔ 🅿, 𝘝𝘐𝘚𝘈
Menu *(geschl. Sonntag) (Mittwoch - Montag nur Abendessen)* à la carte 29/45 – **11 Z**
⌷ 75/100 – 130/160.

ALBERSWEILER *Rheinland-Pfalz* **417 419** *S 8 – 2 000 Ew – Höhe 200 m.*
Berlin 668 – Mainz 110 – Mannheim 51 – Karlsruhe 48 – Landau in der Pfalz 8 – Pirmasens 37.

🏛 **Traube** ⌘ garni, Trifelsring 11, ✉ 76857, ℰ (06345) 95 95 10, *hrita@t-online.de*,
Fax (06345) 9595280, ☒ (geheizt) – 👐 📺 📞 🅿 ⌘
15 Z ⌷ 80/128.

ALBSTADT *Baden-Württemberg* **419** *V 11 – 50 000 Ew – Höhe 730 m – Wintersport : 600/975 m*
⌥6 ⌀.
Ausflugsziel : Raichberg★, ⇐★, N : 11 km.

🅱 *Tourist-Information, Albstadt-Ebingen, Marktstraße 35, ✉ 72458, ℰ (07431)*
16 01 2 04, Fax (07431) 1601227.
Berlin 721 – Stuttgart 98 – Konstanz 99 – Freiburg im Breisgau 132 – Ulm (Donau) 97.

In Albstadt-Ebingen :

XX **In der Breite** mit Zim, Flanderstr. 97, ✉ 72458, ℰ (07431) 9 00 70, *info@hotel-b*
reite.de, Fax (07431) 900777, �´ – 👐 Zim, 📺 ⇔ 🅿 ⌘ Rest
geschl. Aug. 3 Wochen – **Menu** *(geschl. Samstagmittag, Montag)* à la carte 33/65 – **12 Z**
⌷ 84/110 – 145/160.

In Albstadt-Tailfingen :

🏛 **Blume-Post**, Gerhardstr. 10, ✉ 72461, ℰ (07432) 98 40 40, Fax (07432) 9840427 –
📶, 👐 Zim, 📞 ⇔ 🅿 – ⌂ 25. 🆎 𝘝𝘐𝘚𝘈. ⌘ Rest
Menu *(geschl. Aug. 3 Wochen, Samstag - Sonntag)* à la carte 28/49 – **23 Z** ⌷ 92/102 –
132/152.

ALDERSBACH *Bayern* **420** *U 23 – 3 500 Ew – Höhe 324 m.*
Berlin 594 – München 158 – Passau 32 – Regensburg 111 – Salzburg 122.

🏛 **Mayerhofer,** Ritter-Tuschl-Str. 2, ✉ 94501, ℰ (08543) 9 63 90, *briefkasten@maye*
⇔ *rhofer.org*, Fax (08543) 963939, Biergarten, ⛩ – 👐 Zim, 📺 📞 🅿 🆎 𝘝𝘐𝘚𝘈
geschl. Anfang Nov. 3 Wochen – **Menu** *(geschl. Montag, Freitag)* à la carte 22/52 ⌥ – **32 Z**
⌷ 60/85 – 95/130.

ALEXANDERSBAD, BAD *Bayern* **420** *P 20 – 1 500 Ew – Höhe 590 m – Heilbad.*
🅱 *Kurverwaltung, Markgrafenstr. 28 (Altes Kurhaus), ✉ 95680 ℰ (09232) 9 92 50,*
Fax (09232) 992525.
Berlin 356 – München 262 – Weiden in der Oberpfalz 53 – Bayreuth 46 – Hof 58.

🏨 **Alexandersbad** ⌘, Markgrafenstr. 24, ✉ 95680, ℰ (09232) 88 90, *info@Hotel-Al*
exandersbad.de, Fax (09232) 889461, ⛩, Massage, ⌥, ⌀, ⚐, ☒, ⌘(Halle) Squash –
📶, 👐 Zim, 📺 ⇔ 🅿 – ⌂ 70. 🆎 ⓞ 🆎 𝘝𝘐𝘚𝘈
Menu à la carte 38/66 – **150 Z** ⌷ 110/135 – 180/220 – ½ P 30.

ALEXISBAD *Sachsen-Anhalt siehe Harzgerode.*

ALF *Rheinland-Pfalz* **417** *P 5 – 1 200 Ew – Höhe 95 m.*
Ausflugsziele : Marienburg : Lage★★ (⇐★★) Süd : 2 km.
Berlin 671 – Mainz 108 – Trier 61 – Koblenz 84.

🏛 **Bömer's**, Ferdinand-Remy-Str. 27, ✉ 56859, ℰ (06542) 23 10, Fax (06542) 1275, ⛩,
⛩ – 📶, 👐 Zim, 📺 🅿
geschl. Anfang Jan. - Ostern, Mitte Nov. - 21. Dez. – **Menu** *(nur Abendessen)* à la carte
25/48 ⌥ – **33 Z** ⌷ 80/90 – 140/170.

ALFDORF *Baden-Württemberg* **419** *T 13 – 5 700 Ew – Höhe 500 m.*
Berlin 594 – Stuttgart 54 – Schwäbisch Gmünd 12 – Schwäbisch Hall 40.

In Alfdorf-Haghof *West : 5 km :*

🏨 **Haghof** ⌘, Haghof 3, ✉ 73553, ℰ (07182) 9 28 00, *LandhotelHaghof@t-online.de*,
Fax (07182) 928088, ⛩, ⚐, ☒, ⛩ – 📶, 👐 Zim, 📺 📞 ⇔ 🅿 – ⌂ 40. 🆎 🆎 𝘝𝘐𝘚𝘈
Menu à la carte 40/72 *(auch vegetarisches Menu)* – **43 Z** ⌷ 125/155 – 160/185.

ALFELD (LEINE) *Niedersachsen* 🏷️ K 13 – 23 400 Ew – Höhe 93 m.

  🖼 *Rheden, Schloßstr. 1 (Nord-West : 9 km),* 🏌 *(05182) 5 23 36.*

  🏛 *Tourist-Information, Marktplatz 12,* ✉ *31061,* 🏌 *(05181) 1 94 33, Fax (05181) 703239.*

  Berlin 312 – Hannover 46 – Göttingen 66 – Hildesheim 26 – Kassel 108.

  🏨 **Am Schlehberg** ⤴, Heinrich-Rinne-Str. 37, ✉ 31061, 🏌 (05181) 8 53 10, *AmSchlehberg@AOL.Com, Fax (05181) 853158,* ≤, 🌳 – ⤵ 📺 🅿 🆎 ⑩ 𝑽𝑰𝑺𝑨.
    🏊 Zim
    Menu *(geschl. Freitag, Sonntagabend) (wochentags nur Abendessen)* à la carte 34/62 –
    28 Z ⊇ 110/180 – 160/250.

In Alfeld-Hörsum *Süd-Ost : 3,5 km :*

  🏨 **Zur Eule** ⤴, Horststr. 45, ✉ 31061, 🏌 (05181) 46 61, Fax (05181) 25790, 🔳 , 🌳
    – 📺 🅿 🆎 ⑩
    Menu *(geschl. Montag)* à la carte 26/60 – **32 Z** ⊇ 70/80 – 110/140.

  🏨 **Haus Rosemarie** garni, Horststr. 52, ✉ 31061, 🏌 (05181) 34 33, Fax (05181) 27365,
    🌳 – 🚗 🅿 🆎 ⓪ ⑩ 𝑽𝑰𝑺𝑨 – **12 Z** ⊇ 65/120.

In Alfeld-Warzen *West : 2,5 Km :*

  🍴 **Grüner Wald** *(mit Gästehaus),* Am Knick 7, ✉ 31061, 🏌 (05181) 2 42 48, *info@hot*
    el-gasthof-gruener-wald.de, Fax (05181) 280248, 🌳 – ⤵ Zim, 📺 📞 🅿 ⑩
    𝑽𝑰𝑺𝑨 🏊
    geschl. Anfang Jan. 2 Wochen – **Menu** *(geschl. Montag, Samstagmittag)* à la carte 36/68
    – **17 Z** ⊇ 98/110 – 150/170.

ALFTER *Nordrhein-Westfalen* 🏷️ N 5 – 20 000 Ew – Höhe 173 m.

  Berlin 602 – Düsseldorf 74 – Bonn 13 – Aachen 89 – Köln 24.

  🥂 **Herrenhaus Buchholz,** Buchholzweg 1 (Nord-West : 2 km), ✉ 53347, 🏌 (02222)
    6 00 05, Fax (02222) 61469, « Gartenterrasse » – 🅿 – 🔏 40. ⓪ ⑩ 𝑽𝑰𝑺𝑨
    geschl. Montag – **Menu** *(Tischbestellung ratsam)* à la carte 59/96.

ALKEN *Rheinland-Pfalz* 🏷️ P 6 – 700 Ew – Höhe 85 m.

  Berlin 622 – Mainz 93 – Koblenz 21 – Trier 116 – Cochem 28.

  🏨 **Landhaus Müller** *(mit Gästehaus),* Moselstr. 6, ✉ 56332, 🏌 (02605) 95 25 12,
    Fax (02605) 8126, ≤, 🌳, 🚢 – 🍽 Rest, 📺 🚗 🅿 ⑩
    geschl. Mitte Jan. - Mitte Feb. – **Menu** *(geschl. Nov. - April Dienstag)* à la carte 28/55 🍸
    – **21 Z** ⊇ 75/85 – 120/140.

  🥂 **Burg Thurant** mit Zim, Moselstr. 15, ✉ 56332, 🏌 (02605) 35 81, Fax (02605) 2152,
    🌳 – 🚗 🅿 ⑩
    geschl. Feb. – **Menu** *(geschl. Montag - Dienstagmittag)* à la carte 40/70 – **6 Z** ⊇ 70/90
    – 110/150.

ALLENBACH *Rheinland-Pfalz siehe Idar-Oberstein.*

ALLERSBERG *Bayern* 🏷️ S 17 – 7 800 Ew – Höhe 384 m.

  Berlin 450 – München 139 – Nürnberg 33 – Ingolstadt 65 – Regensburg 94.

  🏨 **Café Kattenbeck** garni, Marktplatz 12, ✉ 90584, 🏌 (09176) 9 83 00,
    Fax (09176) 1702 – 📺 🚗 🅿 🆎 ⓪ ⑩ 𝑽𝑰𝑺𝑨
    23 Z ⊇ 70/85 – 100/125.

An der Straße nach Nürnberg *Nord : 6 km :*

  🥂 **Faberhof,** ✉ 90602 Pyrbaum, 🏌 (09180) 6 13, Fax (09180) 2977, 🌳 – 🅿 ⑩
    geschl. Dienstag – **Menu** à la carte 48/70.

ALLERSHAUSEN *Bayern* 🏷️ U 18 – 4 600 Ew – Höhe 442 m.

  Berlin 550 – München 36 – Regensburg 91 – Freising 13 – Ingolstadt 43.

  🏨 **Zum Gock'l** ⤴ garni, Breimannweg 19, ✉ 85391, 🏌 (08166) 81 78, Fax (08166) 3614
    ⤵ 📺 🚗 🅿 ⑩ 𝑽𝑰𝑺𝑨
    22 Z ⊇ 88/108 – 128/168.

ALPE ECK *Bayern siehe Sonthofen.*

ALPIRSBACH Baden-Württemberg **419** U 9 – 7 000 Ew – Höhe 441 m – Luftkurort – Wintersport : 628/749 m ≰ 2 ⚐.

Sehenswert : *Ehemaliges Kloster★*.

🛈 *Tourist Information, Hauptstr. 20 (B 294),* ✉ 72275, ✆ (07444) 9 51 62 81, Fax (07444) 9516283.

Berlin 726 – Stuttgart 99 – Freiburg im Breisgau 78 – Schramberg 19 – Villingen-Schwenningen 51.

🏠 **Rössle,** *Aischbachstr. 5,* ✉ 72275, ✆ (07444) 95 60 40, *roessle@alpirsbach.com,* Fax (07444) 2368 – 🛗 🍽 🅿 ⚙ 𝖵𝖨𝖲𝖠
geschl. Mitte Okt. - Anfang Nov. – **Menu** *(geschl. Mittwoch)* à la carte 32/59 – **26 Z**
⇄ 69/79 – 110/120 – ½ P 21.

In Alpirsbach-Aischfeld *Ost : 5 km :*

🏠 **Sonne,** *Im Aischfeld 2,* ✉ 72275, ✆ (07444) 23 30, *SONNE.ALPIRSBACH@t-online.de,* Fax (07444) 2353, 😊, 🚗 – 📺 🅿 ⓪ ⚙ 𝖵𝖨𝖲𝖠
geschl. 10.- 20 Jan. – **Menu** *(geschl. Dienstag)* à la carte 28/48 ⚘ – **23 Z** ⇄ 53/73 – 90/110 – ½ P 16.

ALSFELD Hessen **417** N 11 – 18 000 Ew – Höhe 264 m.

Sehenswert : *Marktplatz★ – Rathaus★ – Rittergasse (Fachwerkhäuser★).*

🛈 *Touristcenter Alsfeld, Rittergasse 3,* ✉ 36304, ✆ (06631) 18 21 65, Fax (06631) 182210.

Berlin 442 – Wiesbaden 128 – Fulda 43 – Frankfurt am Main 107 – Kassel 93.

🏠 **Zum Schwalbennest,** *Pfarrwiesenweg 12,* ✉ 36304, ✆ (06631) 50 61, *Hotel.Schwalbennest@t.online.de,* Fax (06631) 71081, Biergarten – 🛗, 🍽 Zim, 📺 🅿 – 🏛 50. ⚙
𝖵𝖨𝖲𝖠, 🍽 Rest
geschl. 3. - 14. Jan. – **Menu** *(wochentags nur Abendessen)* à la carte 28/49 – **65 Z**
⇄ 80/100 – 120/140.

🏠 **Klingelhöffer** *(mit Gästehäusern), Hersfelder Str. 47,* ✉ 36304, ✆ (06631) 20 73, *Hotel.Klingelhoeffer@t-online.de,* Fax (06631) 71064 – 📺 🅿 – 🏛 45. 🅰🅴 ⓪ ⚙ 𝖵𝖨𝖲𝖠
Menu *(geschl. Sonntagabend)* à la carte 25/51 – **38 Z** ⇄ 78/88 – 120/138.

In Alsfeld-Eudorf *Nord-Ost : 3 km :*

🏠 **Zur Schmiede** *(mit Gästehaus), Ziegenhainer Str. 26 (B 254),* ✉ 36304, ✆ (06631) 79 38 30, *zur.schmiede@t-online.de,* Fax (06631) 7938360, Biergarten, 🚗, 🐎 – 🛗, 🍽 Zim, 📺 ✆ 🍽 🅿 – 🏛 250. 🅰🅴 ⓪ ⚙ 𝖵𝖨𝖲𝖠
Menu à la carte 30/54 ⚘ – **54 Z** ⇄ 75/90 – 120/140.

🏠 **Zum Schäferhof,** *Ziegenhainer Str. 30 (B 254),* ✉ 36304, ✆ (06631) 9 66 00, Fax (06631) 966060, 😊, 🚗 – 🛗, 🍽 Zim, 📺 ✆ 🍽 🅿 – 🏛 120. 🅰🅴 ⓪ ⚙ 𝖵𝖨𝖲𝖠
Menu à la carte 26/53 – **23 Z** ⇄ 80/100 – 140/160.

In Romrod *Süd-West : 6 km über die B 49 :*

🏨 **Landhotel Vogelsberg** 🦢, *Kneippstr. 1 (Süd : 1 km),* ✉ 36329, ✆ (06636) 8 90, *landhotel@mail.vogelsberg-online.de,* Fax (06636) 89427, 😊, ♨, ⊜, 🅇, 🚗, 🎾(Halle) – 🛗, 🍽 Zim, 📺 ✆ 🍽 🅿 – 🏛 100. 🅰🅴 ⓪ ⚙ 𝖵𝖨𝖲𝖠, 🍽 Rest
Menu à la carte 36/59 – **100 Z** ⇄ 130/160 – 190.

ALTBACH Baden-Württemberg siehe Plochingen.

ALTDORF Bayern **419** **420** R 18 – 12 900 Ew – Höhe 446 m.
Berlin 436 – München 176 – Nürnberg 29 – Regensburg 80.

🏠 **Alte Nagelschmiede,** *Oberer Markt 13,* ✉ 90518, ✆ (09187) 9 52 70, *Nagelschmiede@t-online.de,* Fax (09187) 952727, 😊 – 📺 🅿
Menu *(geschl. Mitte Aug. 2 Wochen, Sonntag)* à la carte 34/61 – **23 Z** ⇄ 80/100 – 130/180.

🍴 **Rotes Ross,** *Oberer Markt 5,* ✉ 90518, ✆ (09187) 52 72, Fax (09187) 804854 – ⚙
𝖵𝖨𝖲𝖠
geschl. Mitte Aug. - Mitte Sept., 24. Dez. - 5. Jan., Montag, Donnerstagabend – **Menu** *(Tischbestellung ratsam)* à la carte 29/53 *(auch vegetarische Gerichte).*

ALTDORF Bayern siehe Landshut.

ALTEFÄHR Mecklenburg-Vorpommern siehe Rügen (Insel).

ALTENA Nordrhein-Westfalen **411** M 7 – 24 000 Ew – Höhe 159 m.

Berlin 514 – *Düsseldorf 86* – Hagen 25 – Iserlohn 16 – Lüdenscheid 14.

In Altena-Großendrescheid Süd-West : 10 km, in Altroggenrahmede rechts ab :

🏠 **Gasthof Spelsberg** ⚘, Großendrescheid 17, ⊠ 58762, ℘ (02352) 9 58 00,
Fax (02352) 958088, ≤, 佘, 屚 – 🆃🆅 **P** – 🕭 30
Menu (geschl. Juli - Aug. 4 Wochen, Dienstag) à la carte 32/59 – **14 Z** � 98/105 –
145/155.

ALTENAHR Rheinland-Pfalz **417** O 4 – 2 000 Ew – Höhe 169 m.

🅱 Verkehrsverein, Haus des Gastes, Altenburger Str. 1a, ⊠ 53505, ℘ (02643) 84 48,
Fax (02643) 3516.

Berlin 624 – Mainz 163 – *Bonn 31* – *Aachen 105* – Euskirchen 29 – Koblenz 62 – Trier
113.

🏠 **Zur Post**, Brückenstr. 2, ⊠ 53505, ℘ (02643) 93 10, *Info@Hotelzur-Post.de*,
Fax (02643) 931200, 佘, ≋s – 🆃🆅 **P** – 🕭 40. 🅞 🆎 **VISA**
geschl. 20. Nov. - 20. Dez. – **Menu** à la carte 25/59 – **53 Z** ⊑ 70/95 – 130/ 170.

🍴🍴 **Wein-Gasthaus Schäferkarre**, Brückenstr. 29, ⊠ 53505, ℘ (02643) 71 28,
Fax (02643) 1247, (Restauriertes Winzerhaus a.d.J. 1716) – 🅰🅴 🅞 🆎 **VISA**. 🛇
geschl. 20. Dez. - Ende Jan., Montag – **Menu** à la carte 38/63.

ALTENBERG Sachsen **418** N 25 – 5 700 Ew – Höhe 754 m – Wintersport : 760/827 m ✠2 🎿.

🅱 Fremdenverkehrsamt, Rathaus, Platz des Bergmanns 2, ⊠ 01773, ℘ (035056) 3 33 41,
Fax (035056) 33366.

Berlin 233 – *Dresden 42* – Chemnitz 74 – Leipzig 154.

🏠 **Am Skihang** ⚘, Am Skihang 1, ⊠ 01773, ℘ (035056) 3 16 10, Fax (035056) 31618,
≋ ≤, Biergarten, ≋s – 🛇 Zim, – 🕭 30. **VISA**
Menu (geschl. Nov.) à la carte 20/39 – **19 Z** ⊑ 75/85 – 100/140 – ½ P 15.

In Altenberg-Hirschsprung Nord : 4 km :

🏠 **Ladenmühle** ⚘ (mit Gästehaus), Bielatalstr. 8, ⊠ 01773, ℘ (035056) 34 50, *hotel
@ladenmuehle.de*, Fax (035056) 345291, 佘, ≋s, 屚 – 🆃🆅 **P** – 🕭 30. 🅰🅴 🅞 🆎 **VISA**
Menu à la carte 28/46 – **46 Z** ⊑ 85/95 – 110 – ½ P 23.

In Altenberg-Oberbärenburg Nord-West : 7 km :

🏠🏠 **Zum Bären** ⚘, Talblick 6, ⊠ 01776, ℘ (035052) 6 10, *hotel@zum-baeren.de*,
Fax (035052) 61222, 佘, ≋s, 🖲, 屚 – ⧉, 🛇 Zim, 🆃🆅 ⟲ **P** – 🕭 80. 🅰🅴 🅞 🆎 **VISA**
Menu à la carte 36/56 – **38 Z** ⊑ 99/120 – 140/150 – ½ P 25.

🏠 **Berghotel Friedrichshöhe**, Ahornallee 1, ⊠ 01776, ℘ (035052) 2 80, *berghotel
-friedrichshoehe@t-online.de*, Fax (035052) 28150, ≋s, 🖲, – ⧉, 🛇 Zim, 🆃🆅 **P** – 🕭 25.
🆎 **VISA**
Menu (nur Abendessen) à la carte 26/42 – **38 Z** ⊑ 110/150 – ½ P 23.

ALTENBERGE Nordrhein-Westfalen **411** J 6 – 8 000 Ew – Höhe 104 m.

Berlin 486 – *Düsseldorf 138* – *Nordhorn 70* – Enschede 49 – Münster (Westfalen) 15.

🏠 **Stüer** (mit Gästehäusern), Laerstr. 6, ⊠ 48341, ℘ (02505) 9 33 10, *info@hotel-stue
er.de*, Fax (02505) 933193, 佘, ≋s, 屚 – 🆃🆅 🔧 🅿 **P** – 🕭 80. 🅰🅴 🅞 🆎 **VISA**. 🛇 Rest
Menu à la carte 31/64 – **54 Z** ⊑ 98/144.

ALTENBURG Thüringen **418** N 21 – 45 000 Ew – Höhe 227 m.

Sehenswert : Rathaus und Markt★ – Schloß (Schloßkirche★) – Lindenau-Museum★ (Sammlung frühitalienischer Malerei★★).

🅱 Fremdenverkehrsamt, Moritzstr. 21 (Eingang Kornmarkt), ⊠ 04600, ℘ (03447)
59 41 74, Fax (03447) 594179.

Berlin 229 – Erfurt 115 – *Gera 39* – Zwickau 33 – Leipzig 49.

🏠🏠 **Parkhotel** 🅼, August-Bebel-Str. 16, ⊠ 04600, ℘ (03447) 58 30, *empfang@parkho
tel-altenburg.bestwestern.de*, Fax (03447) 583444 – ⧉, 🛇 Zim, 🆃🆅 🔧 🅿 **P** – 🕭 80. 🅰🅴
🅞 🆎 **VISA**
Menu (Montag - Freitag nur Abendessen) à la carte 26/56 – **65 Z** ⊑ 105/130 – 150/170.

🏠🏠 **Astor** 🅼, Bahnhofstr. 4, ⊠ 04600, ℘ (03447) 58 70, Fax (03447) 587444 – ⧉, 🛇 Zim,
🆃🆅 🅿 **P** – 🕭 40. 🅞 🆎 **JCB**
Menu à la carte 28/54 – **89 Z** ⊑ 115/135 – 155/175.

🏠 **Am Rossplan**, Roßplan 8, ✉ 04600, ✆ (03447) 5 66 10, Fax (03447) 566161, ☞ –
🍴 📺 ⇦ 🅿 – 🚪 25. 🅰🅴 🆀🅾 𝗩𝗜𝗦𝗔
Menu à la carte 24/48 – **27 Z** ⊑ 80/120.

🏠 **Treppengasse** ☞ garni, Treppengasse 5, ✉ 04600, ✆ (03447) 31 35 49,
Fax (03447) 313549, ☞ – 📺 🅿 🆀🅾 𝗩𝗜𝗦𝗔 ✿
13 Z ⊑ 78 – 80/110.

✕ **Ratskeller**, Markt 1, ✉ 04600, ✆ (03447) 31 12 26, Info@Ratskeller-Altenburg.de,
Fax (03447) 506918, ☞ – 🅰🅴 ⓞ 🆀🅾 𝗩𝗜𝗦𝗔
Menu à la carte 23/47.

ALTENHOLZ Schleswig-Holstein siehe Kiel.

ALTENKIRCHEN IM WESTERWALD Rheinland-Pfalz **417** N 6 – 6 000 Ew – Höhe 245 m.
Berlin 582 – Mainz 110 – Bonn 52 – Koblenz 56 – Köln 65 – Limburg an der Lahn 50.

🏘 **Glockenspitze**, Hochstr. 23, ✉ 57610, ✆ (02681) 8 00 50, info@glockenspitze.de,
Fax (02681) 800599, ☞, ☞, ✕(Halle), Zugang zum öffentlichen 🔲 – 🍴 📺 🅿 – 🚪 70.
🅰🅴 ⓞ 🆀🅾 𝗩𝗜𝗦𝗔 𝗝𝗖𝗕
Menu (geschl. Sonntagabend) à la carte 39/75 – **46 Z** ⊑ 149/169 – 195/209.

ALTENKUNSTADT Bayern siehe Burgkunstadt.

ALTENMARKT AN DER ALZ Bayern **420** V 21 – 3 300 Ew – Höhe 490 m.
Berlin 657 – München 82 – Bad Reichenhall 52 – Rosenheim 44 – Salzburg 60.

🏠 **Im Trauntal**, Grassacher Str. 2 (B 304), ✉ 83352, ✆ (08621) 40 05, Fax (08621) 4009,
☞ – ↤ Zim, 📺 ⇦ 🅿 – 🚪 15. 🆀🅾 𝗩𝗜𝗦𝗔
Menu (geschl. Samstagmittag) à la carte 30/56 – **18 Z** ⊑ 88/99 – 110/160.

ALTENMEDINGEN Niedersachsen siehe Bevensen, Bad.

ALTENSTADT Bayern **419 420** V 14 – 4 500 Ew – Höhe 530 m.
Berlin 638 – München 165 – Augsburg 78 – Bregenz 93 – Kempten (Allgäu) 58 – Ulm
(Donau) 36.

🏠 **Zur Sonne** (mit Gästehaus), Bahnhofstr. 8, ✉ 89281, ✆ (08337) 72 60,
Fax (08337) 726300, ☞ – 📺 ⇦ 🅿 🆀🅾
Menu (geschl. Aug. 3 Wochen, Sonntag) à la carte 24/41 ⌘ – **25 Z** ⊑ 65/98.

In **Altenstadt-Illereichen** :

✕✕✕ **Landhotel Schloßwirtschaft** (Aspacher) ☞ (mit Zim. und Gästehaus), Kirchplatz 2,
❀ ✉ 89281, ✆ (08337) 7 41 00, Fax (08337) 741020, ☞, ☞ – ↤ Rest, 📺 ⇦ 🅿 🆀🅾
𝗩𝗜𝗦𝗔
Menu (geschl. Montag) (abends Tischbestellung ratsam) à la carte 84/120 – **10 Z** ⊑ 116
– 160/220
Spez. Mille-feuille von der Gänsestopfleber. Crépinette vom Zander mit Thymianjus. Milch-
zicklein mit Parmesanravioli und Olivenbrotsoufflé.

ALTENSTADT (WETTERAUKREIS) Hessen **417** P 10 – 12 000 Ew – Höhe 124 m.
Berlin 519 – Wiesbaden 67 – Frankfurt am Main 30 – Gießen 49.

🏠 **Zum schwarzen Adler**, Vogelsbergstr. 2, ✉ 63674, ✆ (06047) 9 64 70,
Fax (06047) 964727, Biergarten, « Renoviertes Fachwerkhaus a.d.J. 1662 » – 🍴 📺 🅰🅴
🆀🅾 𝗩𝗜𝗦𝗔
Menu (geschl. Samstagmittag) à la carte 34/65 – **15 Z** ⊑ 90/100 – 140.

ALTENSTEIG Baden-Württemberg **419** U 9 – 11 000 Ew – Höhe 504 m – Luftkurort – Wintersport : 561/584 m ✚1 ✚.
Sehenswert : Lage★.

🅱 Städt. Verkehrsamt, Rosenstr. 28 (ev. Gemeindehaus), ✉ 72213, ✆ (07453) 66 33, Fax
(07453) 3249.
Berlin 689 – Stuttgart 68 – Karlsruhe 79 – Tübingen 48 – Freudenstadt 25.

🏠 **Gasthof zur Traube**, Rosenstr. 6, ✉ 72213, ✆ (07453) 9 47 30, Fax (07453) 947355
– ✔ ⇦ 🅿 🅰🅴 ⓞ 🆀🅾 𝗩𝗜𝗦𝗔
geschl. 20. Okt. - 20. Nov. – **Menu** (geschl. Montag) à la carte 29/57 – **24 Z** ⊑ 60/70 –
104/120 – ½ P 20.

In Altensteig-Spielberg *Süd-West : 5 km :*

Ⓧ **Ochsen** mit Zim, Römerstr. 2, ✉ 72213, ℰ (07453) 61 22, *info@ochsen-spielberg.de*, Fax (07453) 1448, 🏡, 🖘 – 🚗 🅿
geschl. Aug. 1 Woche – **Menu** *(geschl. Montag)* à la carte 29/50 – **9 Z** ⊡ 70/80 – 110/130.

In Altensteig-Überberg *Nord-West : 2 km :*

🏠 **Hirsch** (mit Gästehaus), Simmersfelder Str. 24, ✉ 72213, ℰ (07453) 82 90, Fax (07453) 50989, 🖘, 🖙 – 📺 🖘 🅿
Menu à la carte 31/64 ⅃ – **16 Z** ⊡ 55/85 – 130/170 – ½ P 28.

In Altensteig-Wart *Nord-Ost : 7 km :*

🏰 **Sonnenbühl** Ⓜ 🌤, Wildbader Str. 44, ✉ 72213, ℰ (07458) 77 10, *info@hotel-son nenbuehl.de*, Fax (07458) 771111, 🏡, Massage, ⚓, 🏖, 🖘, 🔲, 🖙, ✗ – 📱, ✦ Zim, 📺 📞 ⨽ 🖘 🅿 – 🔬 300. ⅍ ⓪ 🐵 🗺. ✗ Rest
Menu à la carte 43/69 – **126 Z** ⊡ 135/170 – 170/270 – ½ P 32.

ALTENTREPTOW *Mecklenburg-Vorpommern* 416 *E 23 – 7 500 Ew – Höhe 15 m.*
Berlin 158 – Schwerin 140 – Neubrandenburg 17 – Greifswald 51 – Stralsund 84.

🏠 **Am Markt**, Marktplatz 1, ✉ 17087, ℰ (03961) 2 58 20, *HotelamMarkt@T-online.de*, 🖘 Fax (03961) 258299, Biergarten – 📱, ✦ Zim, 📺 📞 ⨽ 🅿 ⅍ 🐵 🗺
Menu à la carte 21/42 – **29 Z** ⊡ 100/110 – 150/155.

ALTÖTTING *Bayern* 420 *V 22 – 12 000 Ew – Höhe 402 m – Wallfahrtsort Schatzkammer der Pfarrkirche (Goldenes Rössl★).*
🄑 *Wallfahrts- und Verkehrsbüro, Kapellplatz 2a, ✉ 84503, ℰ (08671) 80 69, Fax (08671) 85858. – Berlin 625 – München 93 – Bad Reichenhall 75 – Passau 83 – Salzburg 66.*

🏠 **Zur Post**, Kapellplatz 2, ✉ 84503, ℰ (08671) 50 40, *info@zurpostaltoetting.de*, Fax (08671) 6214, 🏡, 🖘, 🔲 – 📱 ✦ 📺 🅿 – 🔬 140. ⅍ ⓪ 🐵 🗺
Menu à la carte 33/65 – **93 Z** ⊡ 145/210 – 200/290 – ½ P 30.

In Teising *West : 5 km :*

Ⓧ **Gasthof Hutter,** Hauptstr. 17 (B 12), ✉ 84576, ℰ (08633) 2 07, Fax (08633) 207, 🏡 🖘 geschl. Nov. 3 Wochen, Dienstagabend - Mittwoch – **Menu** à la carte 22/44.

In Tüßling-Bräu im Moos *Süd-West : 9,5 km über Tüßling, vor Mörmoosen links ab :*

Ⓧ **Bräu im Moos,** Bräu im Moos 1, ✉ 84577, ℰ (08633) 10 41, *BraeuimMoos@t-onlin e.de*, Fax (08633) 7941, Biergarten, Brauerei-Museum, Hirschgehege – 🖙 🅿
geschl. Jan. - Mitte Feb., Montag – **Menu** à la carte 29/58.

In Tüßling-Kiefering *Süd-West : 6 km über die B 299 :*

🏠 **Bauernsepp** 🌤, Kiefering 42, ✉ 84577, ℰ (08633) 89 40, *Bauernsepp@t-online.de*, Fax (08633) 894200, « Innenhofterrasse », ✗ – 📺 🅿 – 🔬 50. ⅍ 🐵 🗺
Menu à la carte 32/72 – **38 Z** ⊡ 85/95 – 125/200 – ½ P 38.

ALTRIP *Rheinland-Pfalz siehe Ludwigshafen am Rhein.*

ALZENAU *Bayern* 417 *P 11 – 19 000 Ew – Höhe 114 m.*
🄑 *Städt. Verkehrsamt, Rathaus, Hanauer Str. 1, ✉ 63755, ℰ (06023) 50 21 12, Fax (06023) 30497.*
Berlin 527 – München 378 – Frankfurt am Main 41 – Aschaffenburg 19.

In Alzenau-Hörstein *Süd : 4 km :*

🏠 **Käfernberg** 🌤, Mömbriser Str. 9, ✉ 63755, ℰ (06023) 94 10, *kaefernberg-hotel @t-online.de*, Fax (06023) 941115, ✧, 🏡, « Restaurant im alpenländischen Stil », 🖘 – 📱 📺 🅿 – 🔬 50. ⅍ 🐵 🗺
Menu *(geschl. Anfang - Mitte Aug., Samstagmittag, Sonntag)* à la carte 46/71 – **30 Z** ⊡ 80/150 – 178/215.

In Alzenau-Wasserlos *Süd-Ost : 2 km :*

🏠 **Schloßberg** 🌤, Schloßberg 2, ✉ 63755, ℰ (06023) 9 48 80, Fax (06023) 948813, ✧ Maintal, 🏡, « Schöne Lage in den Weinbergen » – ✦ Zim, 📺 📞 🅿 – 🔬 25. ⅍ 🐵 🗺
geschl. Ende Jan. - Mitte Feb. – **Menu** à la carte 69/94 – **18 Z** ⊡ 158/188 – 188/208.

🏠 **Krone am Park** 🌤 garni, Hellersweg 1, ✉ 63755, ℰ (06023) 60 52, Fax (06023) 8724, ✧, 🏖, 🖘, 🖙, ✗ – 📱 📺 🅿 – 🔬 20. ⅍ 🐵 🗺
geschl. Weihnachten - Anfang Jan. – **28 Z** ⊡ 128/198 – 184/278.

🏠 **Krone**, Hahnenkammstr. 37, ✉ 63755, ℰ (06023) 60 25, Fax (06023) 31660 – 📺 🅿 – 🔬 30. ⅍ 🐵 🗺
geschl. Ende Juli - Mitte Aug., Weihnachten - Anfang Jan. – **Menu** *(geschl. Sonntagabend - Montagmittag)* à la carte 44/69 – **22 Z** ⊡ 82/125 – 175.

ALZEY

ALZEY Rheinland-Pfalz **417** Q 8 – 18 000 Ew – Höhe 173 m.

8 Stadtverwaltung Alzey - Kulturamt, Ernst-Ludwig-Str. 42, ⊠ 55232, ℰ (06731) 49 53 05, Fax (06731) 495555.

Berlin 600 – Mainz 34 – Bad Kreuznach 34 – Mannheim 52 – Darmstadt 48 – Kaiserslautern 48 – Worms 28.

Am Schloss ⌂, Amtgasse 39, ⊠ 55232, ℰ (06731) 9 42 24, ebert@hotelamschlos s.com, Fax (06731) 942255, ☞ – 🔟 ⅆ 🅿 – 🔬 50. 🖭 🚾 🚾
Menu à la carte 43/66 – **25 Z** ⊑ 115/125 – 145/155.

Rheinhessen-Treff, Industriestr. 13 (Ost : 1 km, nahe der Autobahn), ⊠ 55232, ℰ (06731) 40 30, rheinhessentreffhotel@t-online.de, Fax (06731) 403106, ☞, ⅋, ✻ (Halle) Squash – 🛊, ⅋ Zim, 🔟 ℭ ⅆ 🅿 – 🔬 220. 🖭 ① 🚾 🚾 🎴
Menu à la carte 34/63 – **142 Z** ⊑ 120/140 – 170/190.

L'échalote, Bahnhofstr. 29, ⊠ 55232, ℰ (06731) 5 52 83, Fax (06731) 943664, ☞ geschl. Samstagmittag, Sonntagabend – **Menu** à la carte 54/81.

In Lonsheim Nord-West : 5 km :

Landhotel Ellernhof ⌂ garni, Ellerngasse 5, ⊠ 55237, ℰ (06734) 2 60, Fax (06734) 8442 – 🔟 🅿 🚾 🚾
11 Z ⊑ 80/90 – 120/130.

AMBERG

AMBERG Bayern **420** R 19 – 43 000 Ew – Höhe 374 m.

Sehenswert : Deutsche Schulkirche★ AZ **A** – Wallfahrtskirche Maria-Hilf (Fresken★) BY **B**.
8 Tourist-Information, Zeughausstr. 1a, ⊠ 92224, ℰ (09621) 1 02 39, Fax (09621) 10863.

ADAC, Kaiser-Wilhelm-Ring 29a.

Berlin 434 ⑤ – München 204 ⑤ – Weiden in der Oberpfalz 53 ② – Bayreuth 79 ⑥ – Nürnberg 61 ⑤ – Regensburg 64 ③

AMBERG

Äußere Raigeringer Straße	**BY** 2	Fleurystraße	**AY** 12	Nürnberger Straße	**AY** 34
Barbarastraße	**BY** 4	Hallstätterstraße	**BY** 15	Pfistermeisterstraße	**BY** 37
Berliner Straße	**BY** 5	Kastler Straße	**AY** 18	Raigeringer Straße	**BY** 39
Bruno-Hofer-Straße	**BY** 6	Katharinenfriedhofstr	**AY** 19	Schießstätteweg	**AY** 47
Dr.-Filchner-Straße	**BY** 7	Kleinraigering	**BY** 21	Schlachthausstraße	**AY** 48
Drahthammerstraße	**BY** 9	Kochkellerstraße	**AY** 23	Sebastianstraße	**AY** 53
		Kümmersbrucker Str.	**BY** 26	Sechserstraße	**AY** 55
		Langangerweg	**AY** 28	Werner-von-Siemens-Str.	**AY** 63
		Merianstraße	**BY** 31	Wingershofer Straße	**AY** 64

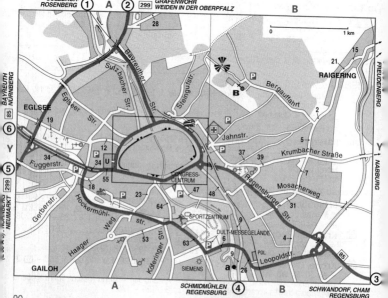

90

AMBERG

Bahnhofstraße	**BZ**	
Fleurystraße	**AZ**	12
Franziskanergasse	**AZ**	14
Georgenstraße	**AZ**	
Kasernstraße	**BZ**	17
Malteserplatz	**AZ**	29
Marktplatz	**BZ**	
Nabburger Torplatz	**BZ**	32
Obere Nabburger Str.	**BZ**	36
Rathausstraße	**BZ**	40
Regierungsstraße	**AZ**	42
Roßmarkt	**AZ**	44
Salzstadelplatz	**BZ**	45
Schlachthausstraße	**BYZ**	48
Schloßgraben	**AZ**	50
Schrannenplatz	**AZ**	52
Seminargasse	**AZ**	56
Steinhofgasse	**AZ**	58
Untere Nabburger Str	**BZ**	
Viehmarktgasse	**AZ**	60
Vilstorplatz	**AZ**	61
Ziegeltorplatz	**BZ**	69

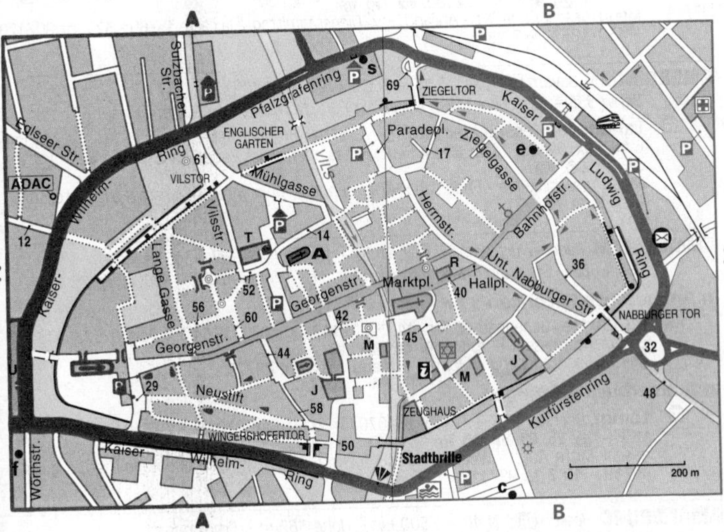

Drahthammer Schlößl, Drahthammer Str. 30, ✉ 92224, ✆ (09621) 70 30, *Fax (09621) 88424,* , « Historisches Hammerschloßgebäude a.d.J. 1820 mit Anbau », - TV - P - 70. AE VISA BY a
Menu *(geschl. Ende Dez. - 6. Jan.)* à la carte 42/65 - **44 Z** 89/285 - 159/299.

Mercure M garni, Schießstätteweg 10, ✉ 92224, ✆ (09621) 48 30, *H2843@accor-hotels.com, Fax (09621) 483444* - TV P - 25. AE VISA JCB BZ c
110 Z 177/222.

Allee Parkhotel Maximilian garni, Pfalzgrafenring 1, ✉ 92224, ✆ (09621) 33 00, *Info@allee-parkhotel-maximilian.de, Fax (09621) 330330,* « Moderne Einrichtung », - TV P - 30. AE VISA AZ s
47 Z 98/225 - 130/285.

Fleischmann, Wörthstr. 4, ✉ 92224, ✆ (09621) 1 51 32, *Fax (09621) 33986* - TV . VISA. Rest AZ f
geschl. 24. Dez. - 6. Jan. - **Menu** *(nur Abendessen)* (Restaurant nur für Hausgäste) - **29 Z** 85/90 - 130.

Brunner garni, Batteriegasse 3, ✉ 92224, ✆ (09621) 49 70, *Hotel-Brunner@t-online.de, Fax (09621) 497155* - TV P. AE VISA JCB BZ e
geschl. 24. - 29. Dez. - **40 Z** 85/100 - 140/160.

Casino - Altdeutsche Stube, Schrannenplatz 8, ✉ 92224, ✆ (09621) 2 26 64, *Fax (09621) 22066,* - 40. AE VISA AZ T
geschl. Aug. 2 Wochen, Mai - Sept. Sonntagabend - **Menu** à la carte 42/74.

In Ursensollen-Oberleinsiedl *Süd-West : 7 km über Haager Weg A :*

Garni , Oberleinsiedl 3b, ✉ 92289, ✆ (09628) 9 20 00, *HOTELKLEINDIENST@T-ONLINE.DE, Fax (09628) 920049,* , , - TV P. AE VISA
17 Z 52/65 - 84/90.

Le ottime tavole

Per voi abbiamo contraddistinto alcuni ristoranti con
Menu , ✿, ✿✿ o ✿✿✿.

AMELINGHAUSEN Niedersachsen **405 406** G 14 – 3 400 Ew – Höhe 65 m – Erholungsort.
🖪 Tourist-Information, Lüneburger Str. 55, ✉ 21385, 𝒫 (04132) 93 05 50, Fax (04132) 930551.
Berlin 294 – Hannover 104 – Hamburg 67 – Lüneburg 26.

🏠 **Schenck's Gasthaus** (mit Gästehaus 🦢), Lüneburger Str. 48 (B 209), ✉ 21385, 𝒫 (04132) 31 40, schencks-gasthaus@t-online.de, Fax (04132) 31498, 🏤, ⊆s, 🔲 – 🕸 Zim, 🔟 🚗 🅿 – 🛦 80. ⓞ 🐠 𝗩𝗜𝗦𝗔
Menu (geschl. Ende Okt. - Anfang Nov., Dienstagmittag) à la carte 35/60 – **37 Z** � 80/120 – 130/185 – ½ P 28.

AMERDINGEN Bayern **419 420** T 15 – 750 Ew – Höhe 530 m.
Berlin 535 – München 132 – Augsburg 63 – Nördlingen 17 – Ulm (Donau) 67.

🏠 **Landhotel Kesseltaler Hof** 🦢, Graf-Stauffenberg-Str. 21, ✉ 86735, 𝒫 (09089) 6 16, Fax (09089) 1412, 🏤, « Renoviertes ehemaliges Bauernhaus », ⊆s, 🚗 – 🔟 🅿 – 🛦 20. 🐠 𝗩𝗜𝗦𝗔
Menu (geschl. Mitte - Ende Jan., Mitte - Ende Aug., Montag - Dienstag) à la carte 34/62 – **14 Z** ⊆ 70/100.

AMMERBUCH Baden-Württemberg **419** U 10 – 10 000 Ew – Höhe 365 m.
Berlin 668 – Stuttgart 40 – Freudenstadt 51 – Pforzheim 67 – Reutlingen 25.

In Ammerbuch-Entringen :
✕✕ **Im Gärtle,** Bebenhauser Str. 44, ✉ 72119, 𝒫 (07073) 64 35, Fax (07073) 913100, « Gartenterrasse » – 🅿. 𝗔𝗘 ⓞ 🐠 𝗩𝗜𝗦𝗔. ✁
geschl. Sonntagabend - Montag – **Menu** à la carte 49/78.

In Ammerbuch-Pfäffingen :
🏠 **Lamm,** Dorfstr. 42, ✉ 72119, 𝒫 (07073) 30 50, Fax (07073) 30513, 🏤 – 🕸 Zim, 🔟 📞 🅿 – 🛦 25. 𝗔𝗘 ⓞ 🐠 𝗩𝗜𝗦𝗔
geschl. Mitte Aug. 1 Woche – **Menu** (geschl. Samstagmittag, Montagmittag) à la carte 42/69 – **19 Z** ⊆ 99/118 – 150/170.

AMÖNEBURG Hessen **417** N 10 – 5 500 Ew – Höhe 362 m – Erholungsort.
Berlin 464 – Wiesbaden 125 – Marburg 22 – Kassel 81 – Bad Hersfeld 71 – Giessen 34.

✕✕ **Dombäcker** mit Zim, Am Markt 18, ✉ 35287, 𝒫 (06422) 9 40 90, Fax (06421) 51495, 🏤 – 🕸 Zim, 🔟 📞 – 🛦 15
geschl. Anfang Jan. 1 Woche, Juli - Aug. 2 Wochen – **Menu** (geschl. Montag) à la carte 44/68 – **7 Z** ⊆ 110 – 150/190.

AMORBACH Bayern **417 419** R 11 – 5 000 Ew – Höhe 166 m – Luftkurort.
Sehenswert : Abteikirche★ (Chorgitter★, Bibliothek★, Grüner Saal★).
🖪 Verkehrsamt, Altes Rathaus, Marktplatz 1, ✉ 63916, 𝒫 (09373) 2 09 40, Fax (09373) 29833.
Berlin 569 – München 353 – Würzburg 73 – Aschaffenburg 47 – Darmstadt 69 – Heidelberg 67.

🏠 **Badischer Hof,** Am Stadttor 4, ✉ 63916, 𝒫 (09373) 95 05, Fax (09373) 950300, 🏤 – 🕸 Zim, 🔟 🚗 🅿 – 🛦 20. 𝗔𝗘 ⓞ 🐠 𝗩𝗜𝗦𝗔
Menu (geschl. über Fasching 2 Wochen) à la carte 30/57 – **27 Z** ⊆ 85/95 – 190 – ½ P 28.

🏠 **Post,** Schmiedgasse 2, ✉ 63916, 𝒫 (09373) 14 10, service@hotelpost-amorbach.de, Fax (09373) 1456, 🏤, ⊆s, 🚗 – 📱 🔟 🚗 🅿. 𝗔𝗘 ⓞ 🐠
geschl. Jan. – **Menu** (geschl. Montag) à la carte 45/69 – **18 Z** ⊆ 90/95 – 113/180 – ½ P 28.

Im Otterbachtal West : 3 km über Amorsbrunner Straße :
🏠🏠 **Der Schafhof** 🦢, ✉ 63916 Amorbach, 𝒫 (09373) 9 73 30, Der.Schafhof.Amorbach
🕸 @t-online.de, Fax (09373) 4120, ≤, 🏤, (ehem. Klostergut), ⊆s, 🚗, ✕ – 📱 🔟 📞 🅿 – 🛦 40. 𝗔𝗘 ⓞ 🐠 𝗝𝗖𝗕
Abtstube (bemerkenswerte Weinkarte) (geschl. Montag - Dienstag) **Menu** à la carte 83/114 – **Benediktinerstube** (geschl. Mittwoch - Donnerstag) **Menu** à la carte 42/60 – **24 Z** ⊆ 190 – 240/300 – ½ P 75
Spez. Gänseleberterrine. Lammrücken mit Kräutern überbacken und Thymian-Knoblauchjus. Variation von der Bitterschokolade.

In Amorbach-Boxbrunn Nord-West : 10 km :
🏛 **Bayerischer Hof,** Hauptstr. 8 (B 47), ✉ 63916, 𝒫 (09373) 14 35, Fax (09373) 3208
⊆s – 🅿.
geschl. Jan. 3 Wochen, Juni 2 Wochen – **Menu** (geschl. Donnerstag - Freitag) à la carte 24/47 ⑂ – **15 Z** ⊆ 48/70 – 105/130 – ½ P 22.

AMPFING Bayern **420** V 21 – 5100 Ew – Höhe 415 m.

Berlin 644 – München 74 – Regensburg 110 – Landshut 60 – Salzburg 89.

🏨 **Fohlenhof,** Zangberger Str. 23, ✉ 84539, ℰ (08636) 98 50, hotel-fohlenhof@t-onli
ne.de, Fax (08636) 985100, 🍴 – 📺 ⚫ ☎ – 🔏 50. 🖭 🕕 🚾
Menu (geschl. Aug., Samstag, Sonntagabend) (wochentags nur Abendessen) à la carte
33/66 – **35 Z** ⊆ 95/100 – 140/160.

AMRUM (Insel) Schleswig-Holstein **415** C 8 – Seeheilbad – Insel der Nordfriesischen Inselgruppe.

Ausflugsziele : Die Halligen★ (per Schiff).

🚢 von Dagebüll (ca. 2 Std.). Für PKW Voranmeldung bei Wyker Dampfschiffs-Reederei
GmbH in Wyk auf Föhr, ℰ (04681) 8 01 40, Fax (04681) 80116.
ab Hafen Dagebüll : Berlin 469 – Kiel 131 – Sylt (Westerland) 22 – Flensburg 62 – Niebüll 20.

Nebel – 1050 Ew.

🛈 Kurverwaltung, Hööwjaat 1a, ✉ 25946, ℰ (04682) 9 43 00, Fax (04682) 943030.

🏠 **Ekke Nekkepenn** 🦆 garni, Waasterstigh 19, ✉ 25946, ℰ (04682) 9 45 60, ekken
ekkepenn@t-online.de, Fax (04682) 945630 – 📺 ☎ 🅿
9 Z ⊆ 100 – 160/190, 4 Suiten.

Norddorf – 600 Ew.

🛈 Kurverwaltung, ✉ 25946, ℰ (04682) 9 47 00, Fax (04682) 947094.

🏨 **Hüttmann** 🦆 (mit Gästehäuser), Ual Saarepswai 2, ✉ 25946, ℰ (04682) 92 20, Info
@hotel-Huettmann.com, Fax (04682) 922113, <, 🍴, **ℐ♨**, **≋s**, 🌲 – 😾 📺 🅿 – 🔏 20
Menu à la carte 43/88 – **58 Z** ⊆ 125/160 – 215/295, 9 Suiten – ½ P 40.

🏨 **Seeblick** 🦆 (mit Gästehäusern), Strunwai 13, ✉ 25946, ℰ (04682) 92 10, Seeblick
-Amrum@t-online.de, Fax (04682) 2574, 🍴, Massage, 🕿, **ℐ♨**, **≋s**, 🔲, 🌲, 🎾(Halle) –
🔳, 😾 Rest, 🍽 Rest, 📺 🚗 🅿 – 🔏 70. 🕕 🚾
Jever-Deel : Menu à la carte 35/65 – **50 Z** ⊆ 140/160 – 238/300, 7 Suiten – ½ P 40.

🏠 **Ual Öömrang Wiartshüs** 🦆, Bräätlun 4, ✉ 25946, ℰ (04682) 8 36,
Fax (04682) 1432, 🍴, « Altfriesische Kate ; Seemannsstube », **≋s**, 🌲 – 📺 🅿
geschl. 10. Jan. - 21. Feb. – **Menu** (geschl. Nov. - März Mittwoch) à la carte 38/69 – **10 Z**
⊆ 90/180 – ½ P 30.

🏠 **Graf Luckner** 🦆, Madelwai 4, ✉ 25946, ℰ (04682) 9 45 00, Graf.Luckner@t-onlin
e.de, Fax (04682) 945037, 🍴, 🌲 – 😾 Rest, 📺 🅿
geschl. Nov. – **Menu** (geschl. Sept. - Mai Mittwoch) (nur Abendessen) à la carte 35/73 –
18 Z ⊆ 78/145 – 160/200 – ½ P 30.

Wittdün – 700 Ew.

🛈 Bädergemeinschaft Amrum, Am Fähranleger, ✉ 25946, ℰ (04682) 94 70 20, Fax
(04682) 940320.

🏨 **Weiße Düne,** Achtern Strand 6, ✉ 25946, ℰ (04682) 94 00 00, seesemann@weiss
e-duene.de, Fax (04682) 4359, 🍴, **ℐ♨**, 🔲, 🌲 – 📺 🅿 🚾
Menu (geschl. Montag) à la carte 40/72 – **13 Z** ⊆ 185 – 240/290 – ½ P 35.

🏠 **Strandhotel Vierjahreszeiten** 🦆 garni, Obere Wandelbahn 16, ✉ 25946,
ℰ (04682) 3 50, Fax (04682) 35350, <, **≋s** – 📺 🅿
35 Z ⊆ 100/165 – 180/210.

ANDERNACH Rheinland-Pfalz **417** O 6 – 28000 Ew – Höhe 65 m.

🛈 Informations- und Citymanagement, Markt 18, ✉ 56626, ℰ (02632) 94 93 99, Fax
(02632) 949396.
Berlin 608 – Mainz 120 – Koblenz 19 – Bonn 43 – Mayen 23.

🏨 **Fischer,** Am Helmwartsturm 4, ✉ 56626, ℰ (02632) 9 63 60, Fax (02632) 963640, 🍴
– 🔳 📺. 🖭 🕕 🚾
geschl. Juli - Aug. 2 Wochen – Menu (geschl. Sonntag) 45 à la carte 52/80 – **20 Z**
⊆ 125/140 – 180/240.

🏨 **Villa am Rhein,** Konrad-Adenauer-Allee 3, ✉ 56626, ℰ (02632) 9 27 40, villa-am-rh
ein@T-online.de, Fax (02632) 927450, <, 🍴 – 😾 Zim, 📺 🚗 🅿 – 🔏 20. 🖭 🕕 🚾
Menu (geschl. Samstag) à la carte 41/67 – **25 Z** ⊆ 105/160.

🏨 **Alte Kanzlei,** Steinweg 30, ✉ 56626, ℰ (02632) 9 66 60, info@alte-kanzlei.de,
Fax (02632) 966633, 🍴, « Haus a.d.J. 1677 ; Gewölbekeller-Restaurant im alpenländischen
Stil ; Hofterrasse », **≋s** – 📺. 🖭 🕕 🚾
Menu (geschl. Sonntag) (nur Abendessen) à la carte 48/75 – **13 Z** ⊆ 105/125 – 160/180.

🏠 **Am Martinsberg** 🦆 garni, Frankenstr. 6, ✉ 56626, ℰ (02632) 4 55 22,
Fax (02632) 1406 – 😾 📺 🚗 🅿 🚾. 🎾
30 Z ⊆ 80/130.

ANGELBACHTAL Baden-Württemberg 🔢🔢 S 10 – 4 600 Ew – Höhe 154 m.
   Berlin 625 – Stuttgart 91 – Karlsruhe 55 – Heilbronn 40 – Mannheim 44.

In Angelbachtal-Michelfeld :

🏨 **Schloß Michelfeld**, Friedrichstr. 2, ⊠ 74918, ℰ (07265) 70 41, info@schlosshotel
   michelfeld.de, Fax (07265) 279, 🌣 – 📺 🅿 – 🔬 30. 🆎 ◑ 📵 𝗩𝗜𝗦𝗔
   Menu (geschl. Montag) à la carte 61/87 – **21 Z** 🖙 110/145 – 160/225.

🍴 **Engel** mit Zim, Friedrichstr. 7, ⊠ 74918, ℰ (07265) 9 12 50, Fax (07265) 7030 – 📺 🅿.
   📵 𝗩𝗜𝗦𝗔
   geschl. über Fastnacht 1 Woche, Mitte - Ende Nov. – **Menu** (geschl. Donnerstag) à la carte
   29/62 – **5 Z** 🖙 75/95 – 115/125.

ANGER Bayern 🔢🔢 W 22 – 4 200 Ew – Höhe 500 m – Luftkurort.
   🛈 Verkehrsamt, Dorfplatz 4, ⊠ 83454, ℰ (08656) 98 89 22, Fax (08656) 988921.
   Berlin 716 – München 122 – Bad Reichenhall 13 – Rosenheim 75 – Salzburg 19.

🏡 **Alpenhof**, Dorfplatz 15, ⊠ 83454, ℰ (08656) 98 48 70, gasthof@alpenhof-anger.de,
🏖 Fax (08656) 9848735, 🌣 – 📺. 📵
   geschl. Ende Jan. - Anfang Feb., Nov. – **Menu** (geschl. Montag - Dienstagmittag) 20 (mittags)
   à la carte 29/56 – **18 Z** 🖙 51/70 – 88/110.

In Anger-Aufham Süd : 3 km :

🎿 **Hölbinger Alm** 🍃, Kirchenstr. 53, ⊠ 83454, ℰ (08656) 5 78, Schoendorfer@Hoel
🍴 binger-Alm.de, Fax (08656) 1732, ≤, 🌣, 🐎 – 📺 ⇐ 🅿.
   geschl. Nov. – **Menu** (geschl. Montag, Jan. - April Montag - Dienstag) à la carte 24/54 –
   18 Z 🖙 57/69 – 96/110 – ½ P 18.

   *Die im **Michelin-Führer***
   verwendeten Schrifttypen und Symbole haben -
   ***fett** oder dünn gedruckt, rot oder **schwarz** -*
   jeweils eine andere Bedeutung. Lesen Sie daher die Erklärungen aufmerk-
   sam durch.

ANGERMÜNDE Brandenburg 🔢🔢 G 26 – 11 500 Ew – Höhe 45 m.
   Berlin 77 – Potsdam 114 – Neubrandenburg 99 – Prenzlau 41 – Frankfurt (Oder) 106.

🏨 **Weiss**, Puschkinallee 11, ⊠ 16278, ℰ (03331) 2 18 54, Fax (03331) 23366, 🌣 – 🗓 📺
   🕭 🅿 – 🔬 35. 📵 𝗩𝗜𝗦𝗔
   Menu à la carte 29/52 (auch vegetarische Gerichte) – **17 Z** 🖙 95/120 – 130/180.

ANIF Österreich siehe Salzburg.

ANKLAM Mecklenburg-Vorpommern 🔢🔢 E 25 – 17 500 Ew – Höhe 6 m.
   🛈 Anklam-Information, Kleiner Wall 11, ⊠ 17389, ℰ (03971) 21 05 41, Fax (03971)
   835156.
   Berlin 179 – Schwerin 182 – Neubrandenburg 49 – Rügen (Bergen) 94 – Stralsund 77.

🏠 **Center-Hotel** garni, Markt 7, ⊠ 17389, ℰ (03971) 2 92 60, center-hotel@t-online.de,
   Fax (03971) 292625 – 🗓 ⇆ 📺 ⇐. 🆎 ◑ 📵 𝗩𝗜𝗦𝗔
   🖙 10 – **13 Z** 85/125.

🏠 **Am Stadtwall** garni, Demminer Str. 5, ⊠ 17389, ℰ (03971) 83 31 36,
   Fax (03971) 833137 – 📺 🅿. 🆎 📵 𝗩𝗜𝗦𝗔
   19 Z 🖙 98/149.

In Auerose Süd-Ost : 6 km :

🏠 **Auerose**, Dorfstr. 3a (Nahe der B 109), ⊠ 17398, ℰ (039726) 2 03 13,
   Fax (039726) 20365, 🐎 – 📺 ⇐ 🅿. 🆎 📵 𝗩𝗜𝗦𝗔
   Menu (nur Abendessen) (Restaurant nur für Hausgäste) – **16 Z** 🖙 89/119.

In Rubkow-Bömitz Nord : 12 km :

🏨 **Landhotel Bömitz** 🍃, Dorfstr. 14, ⊠ 17390, ℰ (039724) 2 25 40, info@landhot
   el-boemitz.de, Fax (039724) 22541, 🌣, « Gutshof a.d. 18.Jh. », 🐎 – 📺 🅿. 🆎
   📵 𝗩𝗜𝗦𝗔
   von Hertell (Tischbestellung erforderlich) (geschl. Feb., Montag - Dienstag) (nur Abendessen) **Menu** à la carte 43/64 – **Jägerstube** : **Menu** à la carte 29/51 – **18 Z** 🖙 90/105
   – 140/150.

ANKUM *Niedersachsen* 📖 *I 7 – 6 000 Ew – Höhe 54 m.*

   🏌 *Ankum-Westerholte (Süd : 6 km),* 𝒫 *(05466) 3 01.*

   Berlin 435 – Hannover 149 – Bielefeld 85 – Nordhorn 64 – Bremen 103 – Osnabrück 40.

🏨   **Artland-Sporthotel** 🦮, Tütinger Str. 28, ⊠ 49577, 𝒫 *(05462) 88 20, artlandspo
   rthotel@ t-online.de, Fax (05462) 882888, 🛎, 🔲, 🎾(Halle) – ⫯, ⇌ Zim, 📺 🎬 – 🔬 50.
   🖭 ⑩ 🐾 𝘝𝘐𝘚𝘈
   Menu à la carte 38/67 – **59 Z** ⊑ 109/119 – 160/170.

🏨   **Schmidt,** Hauptstr. 35, ⊠ 49577, 𝒫 *(05462) 88 90, Fax (05462) 88988,* 🎄, 🛎 – 📺
   🎬 – 🔬 20. 🖭 ⑩ 🐾 𝘝𝘐𝘚𝘈
   Menu à la carte 35/60 – **19 Z** ⊑ 80/90 – 110/130 – ½ P 30.

ANNABERG-BUCHHOLZ *Sachsen* 📖 📖 *O 23 – 24 500 Ew – Höhe 832 m.*

   Sehenswert : St. Annen-Kirche★★, Schöne Pforte★★, Kanzel★, Bergaltar★.

   🚩 *Tourist-Information, Markt 1,* ⊠ *09456,* 𝒫 *(03733) 42 51 39, Fax (03733) 425138.*

   Berlin 295 – Dresden 94 – Chemnitz 31 – Leipzig 108.

🏨   **Wilder Mann** Ⓜ, Markt 13, ⊠ 09456, 𝒫 *(03733) 14 40, Fax (03733) 144100,*
   « Restaurant Silberbaum mit spätgotischer Holzbalkendecke a.d.J. 1509 », 🛎 – ⫯,
   ⇌ Zim, 📺 🎬 ⇔ – 🔬 50. 🖭 ⑩ 🐾 𝘝𝘐𝘚𝘈
   Silberbaum : **Menu** à la carte 28/49 – **65 Z** ⊑ 140/180.

🏨   **Goldene Sonne,** Adam-Ries-Str. 11, ⊠ 09456, 𝒫 *(03733) 2 21 83, contact@ golden
   e-sonne.de, Fax (03733) 24987, 🎄 – ⫯ 📺. 🖭 🐾 𝘝𝘐𝘚𝘈
   Menu à la carte 24/44 – **26 Z** ⊑ 95/110 – 135/140.

🏨   **Parkhotel Waldschlößchen,** Waldschlößchenpark 1, ⊠ 09456, 𝒫 *(03733) 6 77 40,*
   info@ parkhotel-waldschloesschen.de, Fax (03733) 677444, 🎄 – ⫯ 📺 🎬 – 🔬 20. 🖭 ⑩
   🐾 𝘝𝘐𝘚𝘈
   Menu à la carte 23/52 – **27 Z** ⊑ 100/120 – 150.

🏨   **Berghotel Pöhlberg** 🦮, (auf dem Pöhlberg, Ost : 1,5 km), ⊠ 09456, 𝒫 *(03733)*
   1 83 20, Fax 183229, ≤ Erzgebirge, Biergarten, Aussichtsturm – 📺 🎬. 🐾
   Menu à la carte 26/44 – **13 Z** ⊑ 90/110 – 130/160.

ANRÖCHTE *Nordrhein-Westfalen* 📖 *L 8 – 9 300 Ew – Höhe 200 m.*

   Berlin 449 – Düsseldorf 134 – Arnsberg 43 – Lippstadt 13 – Meschede 30 – Soest 21.

🏠   **Buddeus,** Hauptstr. 128, ⊠ 59609, 𝒫 *(02947) 39 95, Fax (02947) 4876* – 📺 ⇔ 🎬.
   🐾 𝘝𝘐𝘚𝘈
   Menu *(geschl. 22. Dez. - 10. Jan., Freitag)* à la carte 29/60 – **25 Z** ⊑ 65/110.

ANSBACH *Bayern* 📖 📖 *S 15 – 40 500 Ew – Höhe 409 m.*

   Sehenswert : Residenz★ (Fayencenzimmer★★, Spiegelkabinett★).

   🏌 *Schloß Colmberg (Nord-West : 17 km),* 𝒫 *(09803) 6 00 ;* 🏌 *Lichtenau, Weickershof 1
   (Ost : 9 km),* 𝒫 *(09827) 9 20 40.*

   🚩 *Amt für Kultur und Touristik, Johann-Sebastian-Bach-Platz 1,* ⊠ *91522,* 𝒫 *(0981)
   5 12 43, Fax (0981) 51365.*

   ADAC, *Residenzstr. 2.*

   Berlin 481 – München 202 – Nürnberg 61 – Stuttgart 162 – Würzburg 78.

🏨   **Am DrechselsGarten** 🦮, Am Drechselsgarten 1, ⊠ 91522, 𝒫 *(0981) 8 90 20, info
   @ drechselsgarten.bestwestern.de, Fax (0981) 8902605,* ≤, 🎄, 🛎 – ⫯, ⇌ Zim, 📺 🎬
   🎬 – 🔬 45. 🖭 ⑩ 🐾 𝘝𝘐𝘚𝘈
   geschl. Anfang Jan. 1 Woche – **Menu** à la carte 44/70 – **50 Z** ⊑ 170/200 – 210/250.

🏨   **Bürger-Palais** garni, Neustadt 48, ⊠ 91522, 𝒫 *(0981) 9 51 31, Fax (0981) 95600,*
   « Modernisiertes Barockhaus ; elegante Einrichtung » – 📺 – 🔬 20. 🖭 ⑩ 🐾 𝘝𝘐𝘚𝘈
   12 Z ⊑ 160 – 200/220.

🏨   **Schwarzer Bock,** Pfarrstr. 31, ⊠ 91522, 𝒫 *(0981) 42 12 40, SchwarzerBock@ t-on
   line.de, Fax (0981) 4212424, 🎄 – 📺 🎬. 🐾
   Menu *(geschl. Sonntagabend)* à la carte 31/69 – **16 Z** ⊑ 80/115 – 140/195.

🏨   **Windmühle,** Rummelsberger Str. 1 (B 14), ⊠ 91522, 𝒫 *(0981) 1 50 88, info@ hotel
   -windmuehle.de, Fax (0981) 17980, 🎄 – ⫯ 📺 🎬 🎬 – 🔬 40. 🖭 ⑩ 🐾 𝘝𝘐𝘚𝘈
   geschl. Anfang Jan. 2 Wochen – **Menu** à la carte 26/55 – **34 Z** ⊑ 100/160.

In Ansbach-Brodswinden *Süd-Ost : 7 km über die B 13 :*

🏨   **Landgasthof Kaeßer** 🦮 (mit Gästehaus), Brodswinden 23, ⊠ 91522, 𝒫 *(0981)*
   97 01 80, Fax (0981) 9701850, 🎄, 🌳 – ⇌ Zim, 📺 🎬 ⇔ 🎬. 🖭 🐾 𝘝𝘐𝘚𝘈
   Menu *(geschl. 30. Dez. - 5 Jan., Samstag)* à la carte 24/54 🍷 – **19 Z** ⊑ 90/100 – 140.

APFELSTÄDT Thüringen siehe Erfurt.

APOLDA Thüringen 🔲🔲 M 18 – 27 000 Ew – Höhe 182 m.

Ausflugsziel : Naumburg : Dom St. Peter und Paul★★ (Stifterfiguren★★★, Lettner★) – St. Wenzel-Kirche★ Nord-Ost : 27 km.

🔋 Apolda-Information, Markt 16, ✉ 99510, 𝒫 (03644) 56 26 42, Fax (03644) 558339.

Berlin 255 – Erfurt 46 – Jena 17 – Weimar 17 – Leipzig 96.

🏨 **Am Schloss** M, Jenaer Str. 2, ✉ 99510, 𝒫 (03644) 58 00, reservierung@hotel-apo lda.de, Fax (03644) 580100, 🍴, 🈸 – 📳, 🔆 Zim, 🍴 Rest, 📺 📞 ♿ 🚗 🅿 – 🔏 100.
🆎 ⓪ 🐾 𝐕𝐈𝐒𝐀 𝐉𝐂𝐁
Menu à la carte 29/62 – **111 Z** ⟷ 130/180 – 220/260.

🏨 **2 Länder** M, Erfurter Str. 31, ✉ 99510, 𝒫 (03644) 5 02 20, Hotel-2-Laender@t-on line.de, Fax (03644) 502240 – 🔆 Zim, 📺 ♿ 🅿 – 🔏 15. 🆎 ⓪ 🐾 𝐕𝐈𝐒𝐀 🍽 Rest
Menu (geschl. Freitag - Sonntag) (nur Abendessen) (Restaurant nur für Hausgäste) – **35 Z** ⟷ 85/95 – 110/120.

APPENWEIER Baden-Württemberg 🔲🔲 U 7 – 8 800 Ew – Höhe 137 m.

Berlin 737 – Stuttgart 143 – Karlsruhe 67 – Freudenstadt 50 – Strasbourg 22 – Baden-Baden 47.

🏠 **Hanauer Hof,** Ortenauer Str. 50 (B 3), ✉ 77767, 𝒫 (07805) 9 56 60, info@hanauer -hof.de, Fax (07805) 5365, 🍴 – 📳, 🔆 Zim, 📺 🅿 – 🔏 25. 🆎 ⓪ 🐾 𝐕𝐈𝐒𝐀 🍽 Rest
Menu (geschl. Samstagmittag) à la carte 28/65 – **27 Z** ⟷ 80/90 – 120/135.

ARENDSEE Sachsen-Anhalt 🔲🔲 H 18 – 3 000 Ew – Höhe 26 m.

🔋 Fremdenverkehrsinformation, Töbelmannstr. 1, Haus des Gastes, ✉ 39619, 𝒫 (039384) 2 71 64, Fax (039384) 27480.

Berlin 162 – Magdeburg 116 – Schwerin 119.

🏨 **Deutsches Haus,** Friedensstr. 91, ✉ 39619, 𝒫 (039384) 25 00, deutsches.haus.ban nier@t-online.de, Fax (039384) 21771, 🍴, 🐾 – 📺 📞 🅿 – 🔏 20. 🆎 ⓪ 🐾 𝐕𝐈𝐒𝐀
Menu à la carte 27/55 – **15 Z** ⟷ 92/102 – 128/148.

🏠 **Stadt Arendsee,** Friedensstr. 113, ✉ 39619, 𝒫 (039384) 22 34, hotel- stadt.arend see@gmx.de, Fax (039384) 27290 – 📺 🅿 – 🔏 80. 🆎 🐾 𝐕𝐈𝐒𝐀 🍽 Zim
Menu (geschl. Sonntagabend - Montagmittag) à la carte 31/59 – **11 Z** ⟷ 85/120.

ARGENBÜHL Baden-Württemberg 🔲🔲 🔲🔲 W 13 – 5 600 Ew – Höhe 600 m – Erholungsort.

🔋 Gästeamt Argenbühl, Kirchstr. 9, Eisenharz, ✉ 88260, 𝒫 (07566) 94 02 10, Fax (07566) 940299.

Berlin 707 – Stuttgart 194 – Konstanz 95 – Ravensburg 34 – Ulm (Donau) 98 – Bregenz 38.

In Argenbühl-Eglofs :

🐟 **Zur Rose** 🐾, Dorfplatz 7, ✉ 88260, 𝒫 (07566) 3 36, Fax (07566) 1678, ≤, 🍴, 🈸 🍴 – 🅿 – 🔏 25. 🐾 𝐕𝐈𝐒𝐀
Menu (geschl. Aug. 2 Wochen, Montag) à la carte 24/54 – **25 Z** ⟷ 55/65 – 74/110 – ½ P 24.

ARNSBERG Nordrhein-Westfalen 🔲🔲 L 8 – 78 000 Ew – Höhe 230 m.

🛫 Neheim-Hüsten (Nord-West : 9 km), 𝒫 (02932) 3 15 46.

🔋 Verkehrsverein, Neumarkt 6, ✉ 59821, 𝒫 (02931) 40 55, Fax (02931) 12331.

ADAC, Graf-Gottfried-Str. 20 (Neheim-Hüsten).

Berlin 482 – Düsseldorf 129 – Dortmund 62 – Hamm in Westfalen 42 – Meschede 22.

Umgebungsplan siehe gegenüberliegende Seite

🏨 **Menge,** Ruhrstr. 60, ✉ 59821, 𝒫 (02931) 5 25 20, info@Hotel-Menge.de, Fax (02931) 525250, 🍴, « Garten », 🐾 – 📺 🚗 🅿 – 🔏 20. 🆎 ⓪ 🐾 𝐕𝐈𝐒𝐀
Menu (geschl. Juli - Aug. 3 Wochen, Sonntag - Montag) (nur Abendessen) à la carte 43/76 – **18 Z** ⟷ 95/115 – 140/180.

🏨 **Zum Landsberger Hof,** Alter Markt 18, ✉ 59821, 𝒫 (02931) 8 90 20, LANDSBER-GERHOF@t-online.de, Fax (02931) 890230, 🍴 – 📺 🅿 ⓪ 🐾 𝐕𝐈𝐒𝐀
Menu (geschl. Anfang - Mitte März, Mittwoch) à la carte 35/65 – **10 Z** ⟷ 95/150.

🏠 **Altes Backhaus,** Alter Markt 27, ✉ 59821, 𝒫 (02931) 5 22 00, info@altesbackhau s.de, Fax (02931) 522020, 🍴, « Gemütlich-rustikale Einrichtung » – 📺 📞 🆎 🐾 𝐕𝐈𝐒𝐀
Menu (geschl. Montagmittag) à la carte 33/69 – **6 Z** ⟷ 90/150.

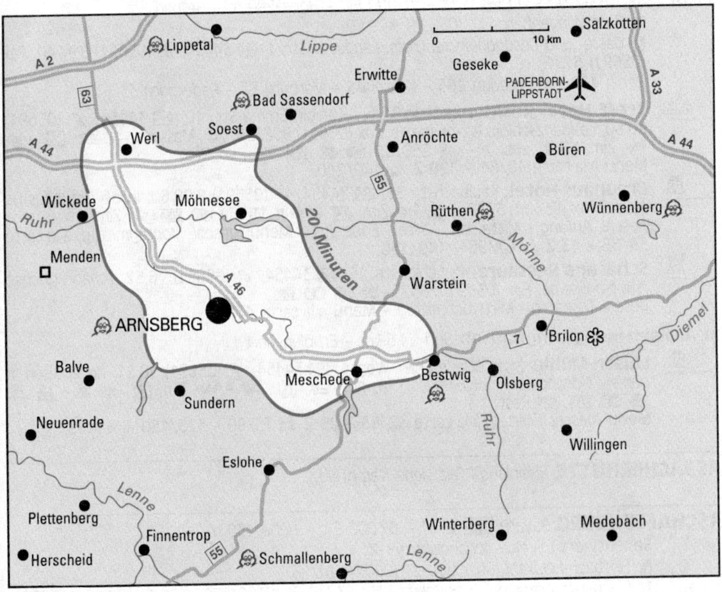

In Arnsberg-Neheim *Nord-West : 9 km*

Dorint, Zu den Drei Bänken, ✉ 59757, ✆ (02932) 20 01, *Info.ZCAARN@dorint.com, Fax (02932) 200228*, ≤, 🍽, « Badelandschaft », Massage, ♨, ⌂, ▣ - |♦|, ⇹ Zim, TV ✆ P - 🏃 170. AE ⓓ MC VISA JCB. ⇹ Rest
Menu à la carte 45/70 – **163 Z** ☐ 200/220 – 290/310, 11 Suiten.

Waldhaus-Rodelhaus, Zu den Drei Bänken 1, ✉ 59757, ✆ (02932) 9 70 40, *info@rodelhaus.dinet.de, Fax (02932) 22437*, ≤, 🍽, ⌂ - TV P - 🏃 50. AE ⓓ MC VISA. ⇹
Menu *(geschl. 7. - 23. Jan., Juli 3 Wochen, Dienstag)* à la carte 32/58 – **21 Z** ☐ 82/85 – 145/150.

ARNSTADT *Thüringen* **418** *N 16 – 29 000 Ew – Höhe 285 m.*

Sehenswert : *Neues Palais (Puppen-Sammlung★).*

ℹ *Arnstadt-Information, Markt 3, ✉ 99310, ✆ (03628) 60 20 49, Fax (03628) 745748.*

Berlin 311 – Erfurt 20 – Coburg 872 – Eisenach 63 – Gera 85.

Krone, Am Bahnhof 8, ✉ 99310, ✆ (03628) 7 70 60, *KRONE2000@aol.com, Fax (03628) 602484*, 🍽 - TV ✆ P - 🏃 50. AE ⓓ MC VISA
Menu à la carte 32/52 – **40 Z** ☐ 100/110 – 130/170.

Anders, Gehrener Str. 22, ✉ 99310, ✆ (03628) 74 53, *hotel-anders@t-online.de, Fax (03628) 745444*, 🍽, ⌂ - |♦| TV ✆ ♿ P - 🏃 20. AE ⓓ MC VISA
geschl. 2. - 21. Jan. – **Menu** à la carte 28/44 – **37 Z** ☐ 99 – 140/155.

Brauhaushotel M, Brauhausstr. 3, ✉ 99310, ✆ (03628) 60 74 00, *info@stadtbrauerei-arnstadt.de, Fax (03628) 607444*, Biergarten, ⌂ - TV P - 🏃 50. AE ⓓ MC VISA. ⇹ Rest
Menu à la carte 28/50 – **41 Z** ☐ 89 – 115/129.

In Eischleben *Nord : 7 km :*

Krone, Erfurter Landstr. 22 (B 4), ✉ 99334, ✆ (03628) 7 58 77, *g.m.Krone@t-online.de, Fax (03628) 640375*, Biergarten – ⇹ Zim, TV P. MC VISA
Menu à la carte 28/48 – **10 Z** ☐ 86/99 – 131.

In Holzhausen *Nord-West : 5 km :*

Veste Wachsenburg 🐌 mit Zim, ✉ 99310, ✆ (03628) 7 42 40, *Fax (03628) 742461*, ≤ Thüringer Wald-Vorland, (Burganlage a.d. 17.Jh.), « Stilvolle Einrichtung ; Innenhofterrasse » – TV P. MC VISA
Menu *(geschl. Sonntagabend, Okt. - April Sonntagabend - Montag)* à la carte 37/79 – **9 Z** ☐ 100/140 – 170/220.

AROLSEN, BAD Hessen **417** L 11 – 18 000 Ew – Höhe 290 m – Heilbad.

⌦ Zum Wiggenberg, ℰ (05691) 9 79 50.

🛈 Gäste- und Gesundheitszentrum, Landauer Str. 1, ✉ 34454, ℰ (05691) 8 94 40, Fax (05691) 5121.

Berlin 428 – Wiesbaden 205 – Kassel 45 – Marburg 85 – Paderborn 55.

🏨 **Treff Hotel Residenzschloß** ⌂, Königin-Emma-Str. 10, ✉ 34454, ℰ (05691) 80 80, residenzschloss@t-online.de, Fax (05691) 808529, ☼, Massage, ♣, ≘s, 🔲 – 📶, ⇔ Zim, 📺 ⌇ ⇔ 🅿 – 🔬 250. 🆎 �ⓞ ⓥⓞ 🆓 ❄ Rest
Menu à la carte 40/61 – **120 Z** ⊇ 140/210.

🏨 **Brauhaus-Hotel,** Kaulbachstr. 33, ✉ 34454, ℰ (05691) 8 98 60, Info@Brauhaus-Hotel.de, Fax (05691) 6942 – 📶, ⇔ Zim, 📺 ⌇ ⇔ 🅿 🆎 ⓞ ⓥⓞ ❄ Zim geschl. Anfang - Mitte Jan., Mitte - Ende Juli – **Menu** (geschl. Montagmittag) à la carte 33/56 – **13 Z** ⊇ 87/95 – 140/150.

🍴 **Schäfer's Restaurant,** Schloßstr. 15, ✉ 34454, ℰ (05691) 76 52, schaefers-cheers@t-online.de, Fax (05691) 7652 – 🆎 ⓞ ⓥⓞ ⓥⓘⓢⓐ geschl. Dienstag - Mittwochmittag – **Menu** à la carte 47/72.

In Arolsen-Mengeringhausen Süd : 4,5 km – Erholungsort :

🏨 **Luisen-Mühle** ⌂, Luisenmühler Weg 1, ✉ 34454, ℰ (05691) 30 21, hotel.luisen-muehle@t-online.de, Fax (05691) 2578, ☼, ≘s, 🔲, ⇋ – ⇔ Zim, 📺 ⇔ 🅿 – 🔬 25. ⓞ ⓥⓞ ⓥⓘⓢⓐ ❄ Rest
Menu (geschl. Freitag) à la carte 32/53 – **25 Z** ⊇ 75/90 – 125/150 – ½ P 25.

ASBACHERHÜTTE Rheinland-Pfalz siehe Kempfeld.

ASCHAFFENBURG Bayern **417** Q 11 – 67 000 Ew – Höhe 130 m.

Sehenswert : Schloß Johannisburg★ Z.

⌦ Hösbach-Feldkahl (über ②), ℰ (06024) 8 01 87.

🛈 Tourist-Information, Schloßplatz 1, ✉ 63739, ℰ (06021) 39 58 00, Fax (06021) 395802.

ADAC, Wermbachstr. 10.

Berlin 552 ④ – München 354 ① – Frankfurt am Main 45 ④ – Darmstadt 40 ③ – Würzburg 78 ①

Stadtplan siehe gegenüberliegende Seite

🏨 **Post,** Goldbacher Str. 19, ✉ 63739, ℰ (06021) 33 40, info@post-ab.de, Fax (06021) 13483, ≘s, 🔲 – 📶, ⇔ Zim, ▤ Zim, 📺 ⌇ ⇔ 🅿 – 🔬 35. 🆎 ⓞ ⓥⓞ ⓥⓘⓢⓐ
Bistro Oscar : Menu à la carte 27/58 – **71 Z** ⊇ 128/183 – 200/265.   Y p

🏨 **Aschaffenburger Hof,** Frohsinnstr. 11 (Einfahrt Weißenburger Str. 20), ✉ 63739, ℰ (06021) 2 14 41, Fax (06021) 27298, ☼ – 📶 📺 ⇔ 🅿 – 🔬 25. 🆎 ⓞ ⓥⓞ ⓥⓘⓢⓐ   Y a
Menu (geschl. 1. - 20. Aug., Freitag - Samstag) (nur Abendessen, Sonntag nur Mittagessen) à la carte 39/77 (auch vegetarische Gerichte) – **62 Z** ⊇ 108/148 – 158/220.

🏨 **Wilder Mann,** Löherstr. 51, ✉ 63739, ℰ (06021) 30 20, HOTEL-WM@AOL.COM, Fax (06021) 302234 – 📶 📺 ⌇ ⇔ 🅿 – 🔬 60. 🆎 ⓞ ⓥⓞ ⓥⓘⓢⓐ   Z e
geschl. 22. Dez. - 7. Jan. – **Menu** à la carte 40/72 – **69 Z** ⊇ 105/135 – 145/180.

🏨 **City Hotel** garni, Frohsinnstr. 23, ✉ 63739, ℰ (06021) 2 15 15, City-Hotel-Aschaffenburg@t-online.de, Fax (06021) 21514 – 📶 📺. 🆎 ⓞ ⓥⓞ ⓥⓘⓢⓐ   Y e
40 Z ⊇ 108/148 – 158/218.

🏨 **Zum Goldenen Ochsen,** Karlstr. 16, ✉ 63739, ℰ (06021) 2 31 32, GOchsen@AOL.COM, Fax (06021) 25785 – 📺 ⌇ 🅿 – 🔬 25. 🆎 ⓞ ⓥⓞ ⓥⓘⓢⓐ   Y b
Menu (geschl. Aug. 3 Wochen, Montagmittag) à la carte 29/56 ⅋ – **38 Z** ⊇ 99/102 – 140/155.

🏨 **Dalberg** ⌂, Pfaffengasse 12, ✉ 63739, ℰ (06021) 35 60, Fax (06021) 219894 – 📶, ⇔ Zim, 📺 ⌇ ⇔ 🅿. 🆎 ⓞ ⓥⓞ ⓥⓘⓢⓐ   Z c
Menu (geschl. Sonn- und Feiertage) (Montag - Freitag nur Abendessen) à la carte 23/59 – **26 Z** ⊇ 135/155 – 205/240.

🏨 **Café Fischer** garni, Weißenburger Str. 32, ✉ 63739, ℰ (06021) 3 42 50, Fax (06021) 29727 – 📶 📺. 🆎 ⓞ ⓥⓞ ⓥⓘⓢⓐ ❄   Y r
24 Z ⊇ 95/105 – 135/165.

🍴 **Schlossweinstuben,** im Schloss Johannisburg, ✉ 63739, ℰ (06021) 1 24 40, pschweickard@t-online.de, Fax (06021) 23131, ☼   Z
geschl. 27. Dez. - 1. Jan., Montag – **Menu** à la carte 30/50 ⅋.

In Aschaffenburg-Nilkheim über ③ : 5 km :

🏨 **Classico** Ⓜ ⌂ garni, Geschwister-Scholl-Platz 10, ✉ 63741, ℰ (06021) 8 49 00, Fax (06021) 849040 – 📶 📺 ⌇ ⇔ 🅿. 🆎 ⓞ ⓥⓞ ⓥⓘⓢⓐ
geschl. 20. Dez. - 7. Jan. – **24 Z** ⊇ 100/120 – 150/180.

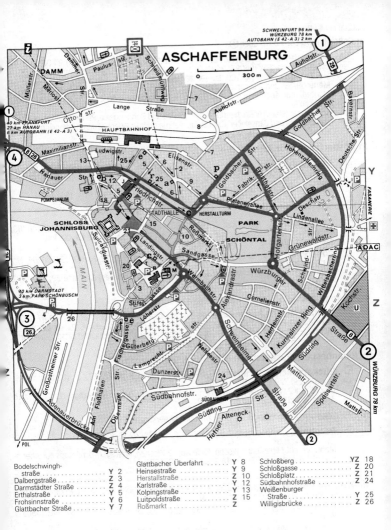

ASCHAFFENBURG

In Aschaffenburg-Schweinheim über ② :

🏠 **Altes Sudhaus** garni, Schweinheimer Str. 117, ⊠ 63743, ℘ (06021) 96 06 09, *Fax (06021) 970103 –* 🛊 📺 🄿 🖭 ⓘ ⓜ🕏 𝐕𝐈𝐒𝐀 𝐉𝐂𝐁
15 Z ⊇ 70 – 140.

In Haibach über ② : 4,5 km :

🏠 **Spessartstuben,** Jahnstr. 7, ⊠ 63808, ℘ (06021) 6 36 60, *Reservierung@hotel-sp essartstuben.de, Fax (06021) 636666,* ⊜ᯔ – 📺 🄿 ⓜ🕏 𝐕𝐈𝐒𝐀
Menu *(geschl. Feb. 2 Wochen, Aug. 3 Wochen, Samstag)* à la carte 33/78 – **28 Z** ⊇ 98/105
– 135/145.

🏠 **Edel** garni, Zum Stadion 17, ⊠ 63808, ℘ (06021) 6 30 30, *Fax (06021) 66070 –* 📺 🄿
🖭 𝐕𝐈𝐒𝐀 🛠
10 Z ⊇ 70/85 – 100/130.

🏠 **Zur Post** garni, Industriestraße Ost 19 (B 8), ⊠ 63808, ℘ (06021) 6 30 40, *Fax (06021) 630413 –* 🖘 📺 🄿 🖭 ⓘ ⓜ🕏 𝐕𝐈𝐒𝐀 𝐉𝐂𝐁ᯒ 🛠
18 Z ⊇ 95/110 – 138/160.

99

In Sailauf *Nord-Ost : 8 km über ① :*

🏨 ❀ **Schlosshotel Weyberhöfe,** Nahe der B 26, ⊠ 63877, ℘ (06093) 94 00, info@w
eyberhoefe.de, Fax (06093) 940100, ㋔, « Jagdschloß a. d. J. 1265 ; Park », 🐾, 🔲 –
📺 Zim, 📺 ✆ 🖭 – 🅰 200. 🖭 ⓞ 🐾 𝘝𝘐𝘚𝘈
Menu 59/96 und à la carte – *Carême* (geschl. 1. - 14. Jan., Aug. 3 Wochen, Sonntag -
Montag) (nur Abendessen) **Menu** 99/189 und à la carte – **40 Z** ⊊ 260/345 – 380/520,
5 Suiten
Spez. Karamelisierter Rochenflügel mit Chorizo und Bohnengelee. Rehbockrücken mit Rosi-
nenspitzkohl und Gänseleber. Café au lait-Rahmeis mit Pralinenbiskuit und eingelegten Apri-
kosen.

In Hösbach-Bahnhof *über ① : 8 km :*

🏨 **Gerber,** Aschaffenburger Str. 12, ⊠ 63768, ℘ (06021) 59 40, Hotelgerber@Compus
erve.com, Fax (06021) 594100, ㋔ – 📶, 📺 Zim, 📺 ✆ 🚗 🖭 – 🅰 35. 🖭 ⓞ 🐾 𝘝𝘐𝘚𝘈
𝗝𝗖𝗕
Menu *(geschl. Sonntagabend)* à la carte 36/61 – **50 Z** ⊊ 119/134 – 159/186.

In Hösbach-Winzenhohl *über ② : 6,5 km, in Haibach-Ortsmitte links ab :*

🏨 **Klingerhof** 🛇, Am Hügel 7, ⊠ 63768, ℘ (06021) 64 60, Fax (06021) 646180,
≤ Spessart, ㋔, Biergarten, 🐾, 🔲, 🌳 – 📶 📺 🖭 – 🅰 75. 🖭 𝘝𝘐𝘚𝘈
Menu à la carte 37/49 – **50 Z** ⊊ 115/125 – 150/190.

🏠 **Zur Sonne,** Haibacher Str. 108, ⊠ 63768, ℘ (06021) 6 99 72, Fax (06021) 60201, ㋔
– 📺 🖭 🖭 🐾 𝘝𝘐𝘚𝘈
geschl. Aug. 3 Wochen – **Menu** *(geschl. Sonntagabend, Dienstag)* à la carte 29/65 – **11 Z**
⊊ 90/140.

In Johannesberg *Nord : 8 km über Müllerstraße Y :*

✕✕ **Sonne - Meier's Restaurant** mit Zim, Hauptstr. 2, ⊠ 63867, ℘ (06021) 47 00 77,
Fax (06021) 413964, « Gartenterrasse », 🌳 – ✂ Rest, 📺 🚗 🖭 🖭 ⓞ 🐾 𝘝𝘐𝘚𝘈
Menu *(geschl. Ende Aug. - Mitte Sept., Montagmittag)* (Tischbestellung ratsam) à la carte
64/100 – **5 Z** ⊊ 78/98 – 123.

In Johannesberg-Rückersbach *Nord : 10 km über Müllerstraße Y :*

🏠 **Rückersbacher Schlucht** 🛇, Hörsteiner Str. 33, ⊠ 63867, ℘ (06029) 14 41,
Fax (06029) 7798, ㋔, Biergarten – 🖭
geschl. Juni 2 Wochen, Aug. 2 Wochen – **Menu** *(geschl. Montag - Dienstagmittag)* à la carte
37/61 ⅃ – **15 Z** ⊊ 55/78 – 90/128.

In Johannesberg-Steinbach *Nord : 8 km über Müllerstraße Y :*

🏠 **Berghof** 🛇, Heppenberg 7, ⊠ 63867, ℘ (06021) 42 38 31, Fax (06021) 412050, ≤,
㋔ – 📺 🚗 🖭
Menu *(geschl. Mitte Juni 1 Woche, Ende Aug. 2 Wochen, Freitag) (wochentags nur Abendessen)* à la carte 32/53 ⅃ – **16 Z** ⊊ 70 – 90/120.

ASCHAU IM CHIEMGAU *Bayern* 🔳🔳🔳 *W 20 – 5 200 Ew – Höhe 615 m – Luftkurort – Wintersport : 700/1 550 m ✰1 ✰5 ✰.*

🅱 *Kurverwaltung, Kampenwandstr. 38, ⊠ 83229, ℘ (08052) 90 49 37, Fax (08052)
904945.*

Berlin 671 – München 82 – Bad Reichenhall 60 – Salzburg 64 – Rosenheim 23.

🏛 **Residenz Heinz Winkler** 🛇, Kirchplatz 1, ⊠ 83229, ℘ (08052) 1 79 90, RESIDENZ-
HEINZ-WINKLER@t-online.de, Fax (08052) 179966, ≤ Kampenwand, « Elegante Hotelan-
lage mit restauriertem Postgasthof a.d. 15. Jh. », Massage, 🐾, 🌳 – 📶 ✂ 📺 ✆ 🚗
🖭 ⓞ 🐾 𝘝𝘐𝘚𝘈 𝗝𝗖𝗕
Menu siehe **Restaurant Heinz Winkler** separat erwähnt – ⊊ 30 – **33 Z** 250 – 320/490,
13 Suiten.

🏨 **Burghotel,** Kampenwandstr. 94, ⊠ 83229, ℘ (08052) 90 80, info@burghotel-ascha
u.de, Fax (08052) 908200, ㋔, Biergarten, 🐾 – 📶, 📺 Zim, 📺 🚗 🖭 – 🅰 130. 🖭
ⓞ 🐾 𝘝𝘐𝘚𝘈
Menu à la carte 37/65 – **80 Z** ⊊ 103/118 – 164/194 – ½ P 31.

🏠 **Aschauer Hof** garni, Frasdorfer Str. 4, ⊠ 83229, ℘ (08052) 1 79 50,
Fax (08052) 1795390, 🐾 – ✂ 📺 ✆ 🖭 🐾
25 Z ⊊ 95/160 – 140/220.

🏠 **Edeltraud** garni, Narzissenweg 15, ⊠ 83229, ℘ (08052) 9 06 70, Fax (08052) 5170,
≤, 🌳 – 📺 🚗 🖭
geschl. Ende Okt. - 25. Dez. – **16 Z** ⊊ 62/72 – 104/124.

Alpengasthof Brucker ⬦, Schloßbergstr. 12, ⬛ 83229, ✆ (08052) 49 87, Fax (08052) 1564, Biergarten, ☞ – **P.** ⬦ Zim
geschl. 2. Nov. - 5. Dez. – **Menu** (geschl. Mittwochabend - Donnerstag, Jan. - März Mittwoch - Donnerstag) à la carte 22/43 ⬦ – **10 Z** ⬦ 48/52 – 78/92.

Restaurant Heinz Winkler – Residenz Heinz Winkler, Kirchplatz 1, ⬛ 83229, ✆ (08052) 1 79 90, RESIDENZ-HEINZ-WINKLER@t-online.de, Fax (08052) 179966, ☞ – **P.**
⬦ ⬦ **VISA** **JCB**. ⬦
geschl. Montagmittag – **Menu** 175/225 à la carte 88/146
Spez. Carpaccio von Hummer mit Zitronen-Thymiannage. Suprême von der Taube mit Petersilienmousseline soussliert. Lauwarmer Schokoladenkuchen mit Rumsahne und Kokosnußeis.

ASCHEBERG Nordrhein-Westfalen 987 K 6 – 15000 Ew – Höhe 65 m.
⬦ Ascheberg-Herbern, Horn 7, ✆ (02599) 9 22 22 ; ⬦ Nordkirchen-Piekenbrock (Süd-West : 11 km), ✆ (02596) 91 90.
⬦ Verkehrsverein, Katharinenplatz 1, ⬛ 59387, ✆ (02593) 6 09 36, Fax (02593) 7525.
Berlin 470 – Düsseldorf 115 – Dortmund 50 – Hamm in Westfalen 24 – Münster (Westfalen) 24.

Goldener Stern, Appelhofstr. 5, ⬛ 59387, ✆ (02593) 9 57 60, goldenerstern@online-home.de, Fax (02593) 957628 – ⬦ Zim, **TV** ⬦ ⬦ **P.** – **A** 20. ⬦ **VISA**. ⬦ Zim
Menu (geschl. Sonntag) à la carte 29/42 – **19 Z** ⬦ 76/80 – 126/130.

In Ascheberg-Davensberg Nord-West : 2 km :

Clemens-August (mit Gästehaus), Burgstr. 54, ⬛ 59387, ✆ (02593) 60 40, C.STATT-MANN@AOL.COM, Fax (02593) 604178, ☞, ⬦ – ⬦ **TV** **P.** – **A** 80. ⬦ **VISA**
Menu (geschl. Sonntagabend - Montag) à la carte 27/53 – **73 Z** ⬦ 65/70 – 110/120.

ASCHERSLEBEN Sachsen-Anhalt 988 K 18 – 29700 Ew – Höhe 112 m.
⬦ Schloß Meisdorf, in Meisdorf, Petersberger Trifft 33 (Süd-West : 12 km, über Ermsleben), ✆ (034743) 9 84 50.
⬦ Verkehrsverein, Taubenstr. 6, ⬛ 06449, ✆ (03473) 42 46, Fax (03473) 812897.
Berlin 201 – Magdeburg 50 – Halberstadt 36 – Halle 53 – Nordhausen 77.

Ascania **M**, Jüdendorf 1, ⬛ 06449, ✆ (03473) 95 20, ascaniahotel@top-ip.de, Fax (03473) 952150, ☞, ⬦ – ⬦, ⬦ Zim, **TV** ⬦ ⬦ ⬦ **P.** – **A** 60. ⬦ ⬦ ⬦ **VISA**
Menu à la carte 36/59 – **44 Z** ⬦ 130/196.

ASCHHEIM Bayern siehe München.

ASENDORF Niedersachsen siehe Jesteburg.

ASPACH Baden-Württemberg siehe Backnang.

ASPERG Baden-Württemberg 989 T 11 – 12000 Ew – Höhe 270 m.
Berlin 617 – Stuttgart 21 – Heilbronn 38 – Ludwigsburg 5 – Pforzheim 54.

Adler, Stuttgarter Str. 2, ⬛ 71679, ✆ (07141) 2 66 00, info@hotel-adler-asperg.com, Fax (07141) 266060, ☞, ⬦, ⬦ – ⬦, ⬦ Zim, ⬦ Rest, **TV** ⬦ ⬦ **P.** – **A** 120. ⬦ ⬦
⬦ **VISA** **JCB**
Schwabenstube (Tischbestellung ratsam) (geschl. Montagmittag) **Menu** à la carte 60/98 – **Brasserie Adlerstube** (geschl. Samstag, Sonn- und Feiertage) **Menu** à la carte 36/58 – **71 Z** ⬦ 175/215 – 218/300.

Landgasthof Lamm, Lammstr. 1, ⬛ 71679, ✆ (07141) 2 64 10, Fax (07141) 264150, ☞ – **TV** **P.** ⬦ ⬦ ⬦ **VISA**
Menu (geschl. Juli - Aug. 3 Wochen, Montag) à la carte 35/69 – **15 Z** ⬦ 115/125 – 155/165.

Bären, Königstr. 8, ⬛ 71679, ✆ (07141) 2 65 60, Fax (07141) 65478, ☞ – **TV** **P.** ⬦
⬦ ⬦ **VISA**
geschl. über Fasching, 16. Aug. - 6. Sept. – **Menu** (geschl. Montag) à la carte 28/64 (auch vegetarische Gerichte) ⬦ – **16 Z** ⬦ 94/105 – 148/155.

In Tamm Nord-West : 2,5 km :

Historischer Gasthof Ochsen, Hauptstr. 40, ⬛ 71732, ✆ (07141) 6 93 30, Fax (07141) 693330, ☞, « Restauriertes Fachwerkhaus a.d. 18. Jh. » – **TV** ⬦ **P.** ⬦ ⬦
VISA
Menu à la carte 59/91 – **17 Z** ⬦ 140/150 – 185/195.

ATERITZ Sachsen-Anhalt siehe Kemberg.

ATTENDORN Nordrhein-Westfalen 👁️👁️👁️ M 7 – 24 000 Ew – Höhe 255 m.
Sehenswert : Attahöhle★.

📷 Attendorn-Niederhelden, Repetalstr. 219 (Ost : 7 km), 𝒫 (02721) 13 10.
🎫 Tourist Information, Rathauspassage, ✉ 57439, 𝒫 (02722) 6 42 29, Fax (02722) 4775.
Berlin 539 – Düsseldorf 131 – *Siegen 41* – Lüdenscheid 37.

🏨 **Rauch** garni, Wasserstr. 6, ✉ 57439, 𝒫 (02722) 9 24 20, Fax (02722) 924233 – 🌐 📺
P. 🅰🅴 ⓪ 🆆🆂 𝗩𝗜𝗦𝗔
13 Z 🛏 99/140 – 150/190.

An der Straße nach Helden Ost : 3,5 km :

🏰 **Burghotel Schnellenberg** 🦌 , ✉ 57439 Attendorn, 𝒫 (02722) 69 40, info@bur
g-schnellenberg.de, Fax (02722) 694169, ≤, 🌳, « Burg a. d. 13. Jh. ; Burgkapelle ;
Burgmuseum », 🌞 – 📺 ☎ 🚗 **P.** – 🔱 80. 🆆🆂 Rest
geschl. Jan. 2 Wochen – **Menu** à la carte 50/92 – **42 Z** 🛏 170/195 – 230/365.

In Attendorn-Niederhelden Ost : 8 km :

🏨 **Romantik Hotel Haus Platte,** Repetalstr. 219, ✉ 57439, 𝒫 (02721) 13 10, *haus
-platte@romantik.de*, Fax (02721) 131415, 🌳, ☎, 🔲, 🌿, ⚓ (Halle) – 🌐 Zim, 📺 ☎
🚗 **P.** – 🔱 60. 🌞 Rest
Menu (geschl. 16. - 25. Dez.) à la carte 46/76 – **50 Z** 🛏 95/155 – 240/290.

🏨 **Landhotel Struck** (mit Gästehaus), Repetalstr. 245, ✉ 57439, 𝒫 (02721) 1 39 40,
info@landhotel-struck.de, Fax (02721) 20161, 🌳, ☎, 🔲, 🌿 – 🌐 Zim, 📺 ☎ 🚗 **P.**
– 🔱 70. 🆔 🆆🆂 𝗩𝗜𝗦𝗔
Menu à la carte 42/75 – **49 Z** 🛏 115/160 – 180/280.

ATTERWASCH Brandenburg siehe Guben.

AUE Sachsen 👁️👁️👁️ 👁️👁️👁️ O 22 – 22 000 Ew – Höhe 343 m.
🎫 Stadtinformation, Goethestr. 5, ✉ 08280, 𝒫 (03771) 28 11 25, Fax (03771) 22709.
Berlin 295 – Dresden 122 – *Chemnitz 35* – Zwickau 23.

🏨 **Blauer Engel,** Altmarkt 1, ✉ 08280, 𝒫 (03771) 59 20, *Blauer-Engel-Aue@online.de,*
Fax (03771) 23173, ☎ – 🛗, 🌐 Zim, 📺 ☎ **P.** – 🔱 20. 🅰🅴 ⓪ 🆆🆂 𝗩𝗜𝗦𝗔
Menu à la carte 32/61 – **61 Z** 🛏 110/130 – 170.

AUERBACH (VOGTLAND) Sachsen 👁️👁️👁️ 👁️👁️👁️ O 21 – 21 000 Ew – Höhe 480 m.
🎫 Fremdenverkehrsamt, Schloßstr. 10, ✉ 08209, 𝒫 (03744) 8 14 50, Fax (03744) 81437.
Berlin 305 – Dresden 147 – *Gera 58* – Plauen 24.

In Auerbach-Schnarrtanne Ost : 6 km :

🍴🍴 **Renoir,** Schönheider Str. 235, ✉ 08209, 𝒫 (03744) 21 51 19, Fax (03744) 215119,
« Kleine Gallerie » – **P.** 🆆🆂 𝗩𝗜𝗦𝗔
geschl. Montag - Dienstagmittag – **Menu** à la carte 27/58.

AUERBACH IN DER OBERPFALZ Bayern 👁️👁️👁️ Q 18 – 9 800 Ew – Höhe 435 m.
Berlin 395 – München 212 – *Nürnberg 67* – Bayreuth 42 – Regensburg 102 – Weiden in
der Oberpfalz 49.

🏨 **Goldner Löwe,** Unterer Markt 9, ✉ 91275, 𝒫 (09643) 17 65, @ *t-online.2289540107,*
Fax (09643) 4670 – 🛗, 🌐 Zim, 🍽 Rest, 📺 ☎ 🚗 **P.** – 🔱 80. 🅰🅴 ⓪ 🆆🆂 𝗩𝗜𝗦𝗔 🌞 Rest
Menu à la carte 37/84 – **27 Z** 🛏 90/200 – 160/260.

AUEROSE Mecklenburg-Vorpommern siehe Anklam.

AUETAL Niedersachsen 👁️👁️👁️ J 11 – 6 200 Ew – Höhe 160 m.
Berlin 327 – *Hannover 50* – Bückeburg 19 – Hameln 21 – Obernkirchen 19.

In Auetal-Rehren :

🏨 **Waldhotel Mühlenhof,** Zur Obersburg 7, ✉ 31749, 𝒫 (05752) 92 88 80, *info@w
aldhotelmuehlenhof.de*, Fax (05752) 9288877, ☎, 🏊, 🔲, 🌿 – 🛗 📺 🚗 **P.** – 🔱 20.
🆆🆂 Rest
geschl. 1. Nov. - 20. Dez. – **Menu** (Restaurant nur für Hausgäste) – **50 Z** 🛏 70/90 –
130/150.

AUFHAUSEN Bayern siehe Erding.

AUFSESS Bayern **420** Q 17 – 1 400 Ew – Höhe 426 m.
　　Berlin 388 – München 231 – Coburg 75 – Bayreuth 31 – Nürnberg 61 – Bamberg 29.

　🏵 **Brauereigasthof Sonnenhof**, Im Tal 70, ✉ 91347, 𝒫 (09198) 9 29 20, INFO@ SON-
　　NENHOF.COM, Fax (09198) 9292290, 🌫, ⅏ (geheizt), 🛋 – 📺 🄿 – 🕍 40.
　　🐵 𝘝𝘐𝘚𝘈
　　geschl. Jan. 2 Wochen, Nov. - Dez. 2 Wochen – **Menu** (geschl. Dienstag) à la carte 26/48
　　🍷 – **18 Z** ⊆ 65/75 – 100/116.

AUGGEN Baden-Württemberg **419** W 6 – 2 000 Ew – Höhe 266 m.
　　Berlin 833 – Stuttgart 240 – Freiburg im Breisgau 35 – Basel 31 – Mulhouse 28.

　🏥 **Gästehaus Zur Krone** garni, Hauptstr. 6, ✉ 79424, 𝒫 (07631) 17 84 50, hotelKro
　　ne-auggen@t-online.de, Fax (07631) 16913, « Garten », ☎, 🔲, ⅏ – 🛗 📺 📞 🄿 ᴬᴱ
　　🐵 𝘝𝘐𝘚𝘈
　　32 Z ⊆ 110/140 – 155/240.

　🍴 **Zur Krone**, Hauptstr. 12, ✉ 79424, 𝒫 (07631) 25 56, Fax (07631) 16182 – 🄿 🐵
　🍷 𝘝𝘐𝘚𝘈
　　geschl. Mittwoch – **Menu** à la carte 43/79.

　🍴 **Bären** mit Zim, Bahnhofstr. 1 (B 3), ✉ 79424, 𝒫 (07631) 23 06, 🌫 – 🚗 🄿
　　geschl. 28. Dez. - 15. Jan. – **Menu** (geschl. Donnerstag - Freitagmittag) à la carte 29/60
　　🍷 – **7 Z** ⊆ 60/80 – 90/140.

AUGSBURG Bayern **419 420** U 16 – 265 000 Ew – Höhe 496 m.
　　Sehenswert: Fuggerei★ Y – Maximilianstraße★ Z – St. Ulrich- und Afra-Kirche★ (Sim-
　　pertuskapelle : Baldachin mit Statuen★) Z – Hoher Dom (Südportal★★ des Chores,
　　Türflügel★, Prophetenfenster★, Gemälde★ von Holbein dem Älteren) Y – Städtische
　　Kunstsammlungen (Festsaal★★) Z **M1** – St. Anna-Kirche (Fuggerkapelle★) Y B – Staats-
　　galerie in der Kunsthalle★ X **M4**.
　　� Bobingen-Burgwalden (über ④ : 17 km), 𝒫 (08234) 56 21 ; � Leitershofen (3 km
　　über Augsburger Straße), 𝒫 (0821) 43 49 19 ; � Gessertshausen (Süd-West :
　　15 km über ⑤), 𝒫 (08238) 78 44 ; � Lindauer Str. 56 (Süd : 4 km über ④) 𝒫 (0821)
　　90 65 00.
　　🛈 Tourist-Information, Bahnhofstr. 7, ✉ 86150, 𝒫 (0821) 50 20 70, Fax (0821) 5020745.
　　🛈 Tourist-Information, Rathausplatz, ✉ 86150, 𝒫 (0821) 5 02 07 24.
　　ADAC, Ernst-Reuter-Platz 3.
　　Berlin 560 ① – München 68 ① – Ulm (Donau) 80 ⑥

Stadtpläne siehe nächste Seiten

　🏨 **Steigenberger Drei Mohren**, Maximilianstr. 40, ✉ 86150, 𝒫 (0821) 5 03 60, AUGS-
　　BURG@STEIGENBERGER.de, Fax (0821) 157864, « Gartenterrasse » – 🛗, ⅙ Zim, 🍴 Rest,
　　📺 📞 🄿 – 🕍 250. ᴬᴱ ① 🐵 𝘝𝘐𝘚𝘈 Rest　　　　　　　　　　　　　　　　Z a
　　Maximilians (geschl. Sonn- und Feiertage abends) **Menu** à la carte 49/74 – **Bistro 3M** :
　　Menu à la carte 41/64 – **107 Z** ⊆ 235/295 – 310/385, 5 Suiten.

　🏨 **Romantik Hotel Augsburger Hof**, Auf dem Kreuz 2, ✉ 86152, 𝒫 (0821) 34 30 50,
　🍷 augsburger-hof@romantik.de, Fax (0821) 3430555, 🌫, ☎ – 🛗 📺 📞 🚗. ᴬᴱ 🐵
　　𝘝𝘐𝘚𝘈 𝘑𝘊𝘉　　　　　　　　　　　　　　　　　　　　　　　　　　　　　X v
　　Menu à la carte 49/80 – **36 Z** ⊆ 125/205 – 140/250.

　🏨 **Augusta**, Ludwigstr. 2, ✉ 86152, 𝒫 (0821) 5 01 40, Fax (0821) 5014605, ☎ – 🛗,
　　⅙ Zim, 📺 📞 🔌 – 🕍 70. ᴬᴱ ① 🐵 𝘝𝘐𝘚𝘈　　　　　　　　　　　　　　　Y v
　　Menu (geschl. 6. - 19. Aug., Sonntagabend) à la carte 34/66 – **107 Z** ⊆ 188/202 –
　　236/286.

　🏨 **Riegele**, Viktoriastr. 4, ✉ 86150, 𝒫 (0821) 50 90 00, mail@hotel-riegele.de,
　　Fax (0821) 517746, 🌫 – 📺 📞 🔌 – 🕍 80. ᴬᴱ ① 🐵 𝘝𝘐𝘚𝘈 𝘑𝘊𝘉　　　　　　X r
　　Menu (geschl. 15. - 25. Aug.) à la carte 42/71 – **28 Z** ⊆ 110/170 – 170/230.

　🏨 **InterCityHotel** Ⓜ, Halderstr. 29, ✉ 86150, 𝒫 (0821) 5 03 90, augsburg@intercity
　　hotel.de, Fax (0821) 5039999 – 🛗, ⅙ Zim, 📺 📞 🔌 🚗 – 🕍 25. ᴬᴱ ① 🐵 𝘝𝘐𝘚𝘈 𝘑𝘊𝘉
　　🍴 Rest　　　　　　　　　　　　　　　　　　　　　　　　　　　　　X a
　　Menu (geschl. Samstag, Sonntag) (nur Abendessen) à la carte 33/59 – **120 Z** ⊆ 210/260.

　🏨 **Altstadthotel Ulrich** garni, Kapuzingergasse 6, ✉ 86150, 𝒫 (0821) 3 46 10, Altsta
　　dthotel.Ulrich@t-online.de, Fax (0821) 3461346 – 🛗 ⅙ Zim 📺 📞 – 🕍 15. ᴬᴱ ① 🐵
　　𝘝𝘐𝘚𝘈　　　　　　　　　　　　　　　　　　　　　　　　　　　　　Z e
　　32 Z ⊆ 110/150 – 160/210.

Am Rathaus Ⓜ garni, Am Hinteren Perlachberg 1, ✉ 86150, ℘ (0821) 34 64 90, *rathaus@hps-hotels.de*, Fax (0821) 3464999 – 🛗 ✺ 📺 📞 ⇔ 🚗. ⟡ ⓘ ⓌⓈ
𝘝𝘐𝘚𝘈 𝘑𝘊𝘉   Y a
32 Z ⊑ 115/170 – 170/210.

Dom-Hotel garni, Frauentorstr. 8, ✉ 86152, ℘ (0821) 34 39 30, *info@domhotel-augsburg.de*, Fax (0821) 34393200, ⇌, 🔲 – 🛗 ✺ 📺 📞 ⇔ 🅿 – 🔬 15. ⟡ ⓘ ⓌⓈ
𝘝𝘐𝘚𝘈 𝘑𝘊𝘉   Y c
52 Z ⊑ 125/155 – 145/235, 5 Suiten.

Ost am Kö garni, Fuggerstr. 4, ✉ 86150, ℘ (0821) 50 20 40, *ulrich@ostamkoe.de*, Fax (0821) 5020444, ⇌ – 🛗 ✺ 📺 📞. ⟡ ⓘ ⓌⓈ 𝘝𝘐𝘚𝘈
                                      Y z
60 Z ⊑ 105/130 – 160/220.

Ibis, Hermanstr. 25, ✉ 86150, ℘ (0821) 5 03 10, *H1092@accor-hotels.com*, Fax (0821) 5031300 – 🛗, ✺ Zim, 📺 📞 ♿ ⇔ – 🔬 50. ⟡ ⓘ ⓌⓈ 𝘝𝘐𝘚𝘈
                                      Z t
Menu 26 – ⊑ 16 – **104 Z** 100.

Die Ecke, Elias-Holl-Platz 2, ✉ 86150, ℘ (0821) 51 06 00, *info@dieecke.com*, Fax (0821) 311992, ☂ – ⟡ ⓘ ⓌⓈ 𝘝𝘐𝘚𝘈
                                      Y n
Menu 36 (mittags) à la carte 48/83.

Fuggerei-Stube, Jakoberstr. 26, ✉ 86152, ℘ (0821) 3 08 70, *Fuggereistube@t-online.de*, Fax (0821) 159023 – ⟡ ⓘ ⓌⓈ 𝘝𝘐𝘚𝘈   Y s
geschl. 13. - 20. Okt., Sonn- und Feiertage abends, Montag – **Menu** (Tischbestellung ratsam) à la carte 29/68.

In Augsburg-Göggingen *über* ④ :

Terratel garni, Nanette-Streicher-Str. 4, ✉ 86199, ℘ (0821) 90 60 40, *HOTEL.TERRATEL@T-ONLINE.DE*, Fax (0821) 9060450, Massage, ↦, ⇌, 🔲 – 🛗 ✺ 📺 📞 ⇔ 🅿. ⟡ ⓘ ⓌⓈ 𝘝𝘐𝘚𝘈. ✺
22 Z ⊑ 100/135 – 150/170.

In Augsburg-Haunstetten *über* ③: 7 km:

Prinz Leopold, Bgm.-Widmeier-Str. 54, ✉ 86179, ℘ (0821) 8 07 70, *prinz-leopold@t-online.de*, Fax (0821) 8077333, ☂ – 🛗 📺 🅿 – 🔬 100. ⟡ ⓌⓈ 𝘝𝘐𝘚𝘈
Menu *(geschl. Sonntagabend - Montag) (Dienstag - Donnerstag nur Abendessen)* à la carte 34/63 – **37 Z** ⊑ 130/150 – 160/190.

In Augsburg-Lechhausen :

CIRA Hotel (Boarding House), Kurt-Schumacher-Str. 6, ✉ 86165, ℘ (0821) 7 94 40, *info@cira-hotel.de*, Fax (0821) 7944450, ☂ – 🛗, ✺ Zim, 📺 📞 ♿ ⇔ 🅿 – 🔬 40. ⟡ ⓘ ⓌⓈ 𝘝𝘐𝘚𝘈. ✺ Rest
geschl. 23. Dez. - 5. Jan. – **Menu** *(geschl. Samstagmittag, Sonntag)* à la carte 36/67 – **77 Z** ⊑ 155/215 – 205/265, 5 Suiten.   *über Neuburger Str.X und Blücherstr.*

Wirtshaus am Lech, Leipziger Str. 50, ✉ 86169, ℘ (0821) 70 70 74, Fax (0821) 707084, ☂, Biergarten – 🅿 – *geschl. Donnerstag* – **Menu** à la carte 27/62. X s

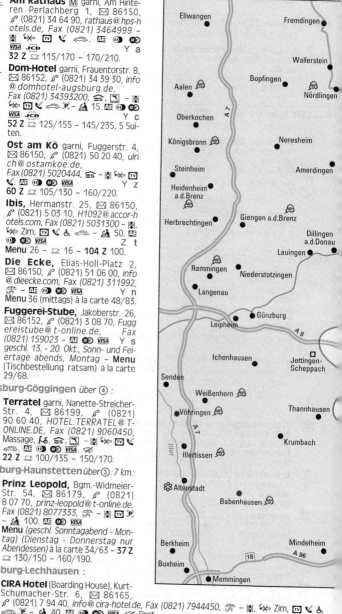

Ellwangen · Fremdingen · Wallerstein · Aalen · Bopfingen · Nördlingen · Oberkochen · Königsbronn · Neresheim · Steinheim · Amerdingen · Heidenheim a.d.Brenz · Herbrechtingen · Giengen a.d.Brenz · Dillingen a.d.Donau · Lauingen · Rammingen · Niederstotzingen · Langenau · Günzburg · Leipheim · Ichenhausen · Jettingen-Scheppach · Senden · Weißenhorn · Vöhringen · Thannhausen · Krumbach · Illertissen · Altenstadt · Babenhausen · Berkheim · Mindelheim · Buxheim · Memmingen

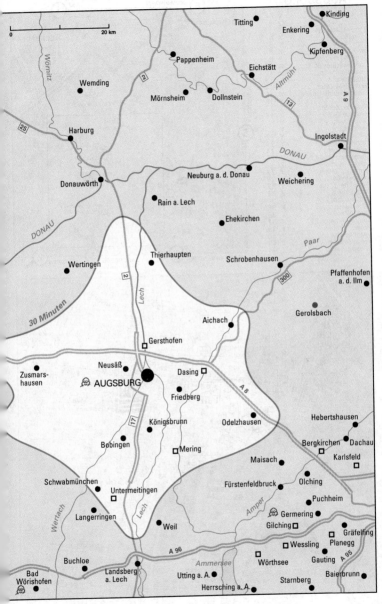

In Augsburg-Oberhausen *über* ⑥ :

🏨 **Alpenhof** (mit Gästehaus), Donauwörther Str. 233, ✉ 86154, 𝄞 (0821) 4 20 40, *info @ alpenhof-hotel.de, Fax (0821) 4204200, 🍴, 🍽, 🖂 – 🛗, 🔅 Zim, 📺 📞 🚗 🅿 –
🔒 200. 🆎 ① 🅜🅞 𝘝𝘐𝘚𝘈
Menu à la carte 35/74 – **130 Z** 🛏 129/199 – 228/298.

AUGSBURG

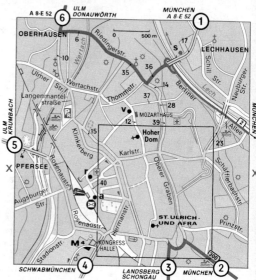

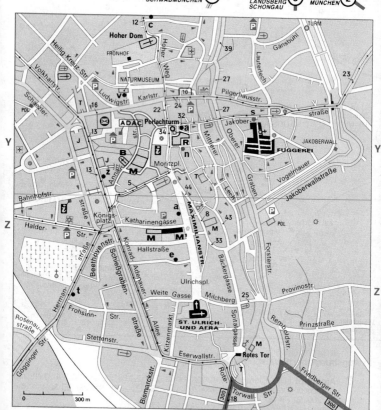

106

AUGUSTUSBURG *Sachsen* 418 *N 23 – 2 100 Ew – Höhe 470 m.*

Sehenswert : *Schloß Augustusburg (Jagdtier- und Vogelkundemuseum★, Motorradmuseum★★).*

🛈 *Fremdenverkehrsamt, Marienberger Str. 24,* ✉ *09573,* 𝄐 *(037291) 3 95 50, Fax (037291) 39.555.*

Berlin 260 – Dresden 96 – Chemnitz 21 – Zwickau 52.

🏛 **Cafe Friedrich** ⌀, Hans-Planer-Str. 1, ✉ 09573, 𝄐 (037291) 66 66, *hotel@cafe-f riedrich.de, Fax (037291) 60052,* 🍴 – ☎ 🖼 🅿 🖭 🖭 🖭
Menu à la carte 20/47 – **11 Z** ⌸ 75/85 – 100/140.

🏛 **Morgensonne,** Morgensternstr. 2, ✉ 09573, 𝄐 (037291) 2 05 08, *service@hotel-m orgensonne.de, Fax (037291) 6582,* 🍴 – ☎ 🖼 🅿 🖭 🖭
Menu *(nur Abendessen)* (Restaurant nur für Hausgäste) – **12 Z** ⌸ 85/120.

AUMÜHLE *Schleswig-Holstein* 415 416 *F 14 – 3 500 Ew – Höhe 35 m.*

🏌 *Dassendorf (Süd-Ost : 5 km),* 𝄐 *(04104) 61 20.*
Berlin 266 – Kiel 104 – Hamburg 33 – Lübeck 57.

🍴🍴 **Fürst Bismarck Mühle** mit Zim, Mühlenweg 3, ✉ 21521, 𝄐 (04104) 20 28, *Fax (04104) 1200,* « Gartenterrasse » – ☎ 🅿 🖭 🖭
Menu *(geschl. Mittwoch)* à la carte 56/80 – **7 Z** ⌸ 120/190.

AURICH (OSTFRIESLAND) *Niedersachsen* 415 *F 6 – 40 000 Ew – Höhe 8 m.*

🛈 *Verkehrsverein, Norderstr. 32,* ✉ *26603,* 𝄐 *(04941) 44 64, Fax (04941) 10655.*

ADAC, *Esenser Str. 122a.*

Berlin 506 – Hannover 241 – Emden 26 – Oldenburg 70 – Wilhelmshaven 51.

🏨 **Stadt Aurich,** Hoheberger Weg 17, ✉ 26603, 𝄐 (04941) 43 31, *info@hotel-stadt-aurich.com, Fax (04941) 62572,* 🍴, ⌀ – 🛗, ✦ Zim, ☎ 🅿 – 🔬 50. 🖭 ⓞ 🖭 🖭
Menu *(Okt. - April nur Abendessen)* à la carte 30/66 – **49 Z** ⌸ 89/120 – 149/180.

🏨 **Brems Garten,** Kirchdorfer Str. 7, ✉ 26603, 𝄐 (04941) 92 00, *brems-garten@nwn.de, Fax (04941) 920920,* 🍴 – ☎ 🅿 – 🔬 300. 🖭 ⓞ 🖭 🖭 🖭
Menu à la carte 36/62 – **29 Z** ⌸ 85/95 – 130/170.

In Aurich-Wallinghausen *Ost : 3 km :*

🏨 **Köhlers Forsthaus** ⌀, Hoheberger Weg 192, ✉ 26605, 𝄐 (04941) 1 79 20, *Fax (04941) 179217,* 🍴, « Garten », ⌀, ⌷ – ☎ 🔧 🅿 – 🔬 80. ⓞ 🖭 🖭
Menu à la carte 40/62 – **50 Z** ⌸ 88/140 – 160/240.

In Aurich-Wiesens *Süd-Ost : 6 km :*

🍴🍴 **Waldhof** ⌀ mit Zim, Zum alten Moor 10, ✉ 26605, 𝄐 (04941) 9 57 50, *Fax (04941) 66579,* « Park ; Gartenterrasse », ⌷ – ☎ 🖭 🅿 🖭
Menu *(geschl. Montag)* (Okt. - Mai Dienstag - Freitag nur Abendessen) à la carte 43/64 – **8 Z** ⌸ 95/110 – 165/250.

AYING *Bayern* 420 *W 19 – 3 000 Ew – Höhe 611 m – Wintersport :* ⛷.
Berlin 613 – München 29 – Rosenheim 34.

🏨 **Brauereigasthof Aying,** Zornedinger Str. 2, ✉ 85653, 𝄐 (08095) 9 06 50, *braue reigasthof@ayinger-bier.de, Fax (08095) 906566,* Biergarten, « Zimmereinrichtung im Landhausstil » – ☎ 🍴 🅿 – 🔬 80. 🖭 ⓞ 🖭 🖭
Menu à la carte 35/82 – **28 Z** ⌸ 160/200 – 250/320.

AYL *Rheinland-Pfalz* 417 *R 3 – 1 200 Ew – Höhe 160 m.*
Berlin 739 – Mainz 178 – Trier 21 – Merzig 28 – Saarburg 3,5.

🏛 **Weinhaus Ayler Kupp** ⌀, Trierer Str. 49, ✉ 54441, 𝄐 (06581) 30 31, *Ayler-Kupp@t-online.de, Fax (06581) 2344,* « Gartenterrasse », 🍴 – ☎ 🅿 ⓞ 🖭 🖭
geschl. 20. Dez. - Ende Jan. – **Menu** *(geschl. Sonntag - Montag)* à la carte 41/71 – **12 Z** ⌸ 90/105 – 120/150.

BAABE *Mecklenburg-Vorpommern siehe Rügen (Insel).*

BABENHAUSEN Bayern 🔲🔲🔲 V 14 – 5000 Ew – Höhe 563 m – Erholungsort.

Berlin 612 – München 112 – Augsburg 66 – Memmingen 22 – Ulm (Donau) 39.

☒ **Post**, Stadtgasse 1, ✉ 87727, ✆ (08333) 13 03
🅰🅔 ⓐⓑ 🆆🅔 𝗩𝗜𝗦𝗔
geschl. Mitte - Ende Aug., Montag - Dienstag – Menu à la carte 38/64.

BABENHAUSEN Hessen 🔲🔲🔲 Q 10 – 16000 Ew – Höhe 126 m.

Berlin 559 – Wiesbaden 63 – Frankfurt am Main 48 – Darmstadt 26 – Aschaffenburg 14.

In Babenhausen-Langstadt : Süd : 4 km :

🏨 **Zur Bretzel** garni, Bürgermeistergasse 2, ✉ 64832, ✆ (06073) 8 77 42,
Fax (06073) 9749 – 📺 🄿 🅰🅔 🆆🅔 𝗩𝗜𝗦𝗔 . 🍽
geschl. Anfang Jan. 1 Woche, Juni - Juli 3 Wochen – **17 Z** ⊑ 58/85 – 100/130.

BACHARACH Rheinland-Pfalz 🔲🔲🔲 P 7 – 2600 Ew – Höhe 80 m.

Sehenswert : Markt★ – Posthof★ – Burg Stahleck (Aussichtsturm ≤★★).

🅱 Rhein-Nahe Touristik, Oberstr. 1, ✉ 55422, ✆ (06743) 29 68, Fax (06743) 3155.
Berlin 615 – Mainz 50 – Bad Kreuznach 35 – Koblenz 50.

🏨 **Park-Hotel,** Marktstr. 8, ✉ 55422, ✆ (06743) 14 22, Park-Hotel-Bacharach@t-online
.de, Fax (06743) 1541, ⇔, 📗 – 📗 📺 🚗 🄿 🆆🅔 𝗩𝗜𝗦𝗔
Mitte März - Mitte Nov. – **Menu** à la carte 34/63 – **25 Z** ⊑ 98/160 – 140/200 – ½ P 25.

🏨 **Altkölnischer Hof,** Blücherstr. 2, ✉ 55422, ✆ (06743) 13 39, Fax (06743) 2793, ☕
– 📗 📺 🚗 🄿 🅰🅔 🆆🅔 𝗩𝗜𝗦𝗔 🍽 Zim
April - Okt. – **Menu** à la carte 37/64 – **18 Z** ⊑ 90/140 – 130/190 – ½ P 30.

In Bacharach-Henschhausen Nord-West : 4 km :

🏨🏨 **Landhaus Delle** ⌂, Gutenfelsstr. 16, ✉ 55422, ✆ (06743) 17 65, Fax (06743) 1011,
☞ – ⇔ Zim, 📺 🄿 🅰🅔 🆆🅔 𝗩𝗜𝗦𝗔 . 🍽
Ostern - Mitte Okt. – **Menu** (nur Abendessen) (Restaurant nur für Hausgäste) – **7 Z** ⊑ 245
– 294/382.

BACKNANG Baden-Württemberg 🔲🔲🔲 T 12 – 34000 Ew – Höhe 271 m.

🅱 Stadtinformation, Am Rathaus 1, ✉ 71522, ✆ (07191) 89 42 56, Fax (07191) 894100.
Berlin 589 – Stuttgart 36 – Heilbronn 36 – Schwäbisch Gmünd 42 – Schwäbisch Hall 37.

🏨🏨 **Gerberhof** Ⓜ garni, Wilhelmstr. 16, ✉ 71522, ✆ (07191) 97 70, gerberhof-backnan
g@t-online.de, Fax (07191) 977377 – 📗 ⇔ 📺 ✆ 🚗 🅰🅔 ⓐⓑ 🆆🅔 𝗩𝗜𝗦𝗔
42 Z ⊑ 130/160 – 170.

🏨🏨 **Am Südtor** Ⓜ garni, Stuttgarter Str. 139, ✉ 71522, ✆ (07191) 14 40, Reservierun
g@HotelSuedtor.de, Fax (07191) 144144 – 📗 ⇔ 📺 ✆ 🚗 🄿 – 🄰 45. 🅰🅔 ⓐⓑ 🆆🅔 𝗩𝗜𝗦𝗔
geschl. 20. Dez. - 10. Jan. – **67 Z** ⊑ 120/160.

🏨 **Bitzer** garni, Eugen-Adolff-Str. 29, ✉ 71522, ✆ (07191) 9 63 35, Fax (07191) 87636 –
⇔ 📺 ✆ 🚗 🄿 🆆🅔 𝗩𝗜𝗦𝗔
geschl. 22. Dez. - 10. Jan. – **32 Z** ⊑ 89/128 – 128/148.

🏨 **Holzwarth** garni, Eduard-Breuninger-Str. 2, ✉ 71522, ✆ (07191) 3 25 50,
Fax (07191) 325520 – 📺 🆆🅔 𝗩𝗜𝗦𝗔
15 Z ⊑ 85/130.

☒☒ **Backnanger Stuben,** Bahnhofstr. 7 (Bürgerhaus), ✉ 71522, ✆ (07191) 3 25 60, info
@backnanger-stuben.de, Fax (07191) 325626 – 🄰 30. 🅰🅔 ⓐⓑ 🆆🅔 𝗩𝗜𝗦𝗔
geschl. Ende Aug. - Anfang Sep., Dienstag – **Menu** à la carte 39/62.

In Aspach-Großaspach Nord-West : 4 km :

☒☒ **Lamm,** Hauptstr. 23, ✉ 71546, ✆ (07191) 2 02 71, Fax (07191) 23131 – 🄿 🆆🅔 𝗩𝗜𝗦𝗔
geschl. Aug. 2 Wochen, Sonntagabend - Montag – **Menu** à la carte 46/75.

BAD... .

siehe unter dem Eigennamen des Ortes (z. B. Bad Orb siehe Orb, Bad).

voir au nom propre de la localité (ex. : Bad Orb voir Orb, Bad).

see under second part of town name (e.g. for Bad Orb see under Orb, Bad).

vedere nome proprio della località (es. : Bad Orb vedere Orb, Bad).

BADEN-BADEN *Baden-Württemberg* 🔢 *T 8 – 50 000 Ew – Höhe 181 m – Heilbad.*

Sehenswert : Lichtentaler Allee★★ BZ – Kurhaus (Spielsäle★) BZ – Stadtmuseum im Baldreit★ BY – Gönneranlage★ – Stiftskirche (Sandsteinkruzifix★) CY.

Ausflugsziele : Ruine Yburg ❊★★ über Fremersbergstr. AX – Merkur ≤★ AX – Autobahnkirche★, über ① : 8 km – Schwarzwaldhochstraße (Höhenstraße★★ von Baden-Baden bis Freudenstadt) – Badische Weinstraße (Rebland★) – Gernsbach (Rathaus★), über Beuerner Str. AX.

🛫 *Baden-Baden, Fremersbergstr. 127 (AX), ℰ (07221) 2 35 79.*

🛈 *Tourist-Information, Kaiserallee, (Trinkhalle), ⊠ 76530, ℰ (07221) 27 52 00, Fax (07221) 275202.*

🛈 *Tourist-Information, Schwarzwaldstr. 52 (Autobahnzubringer über ①), ⊠ 76530, ℰ (07221) 27 52 00, Fax (07221) 275202.*

ADAC, *Lange Str. 57.*

Berlin 709 ① – Stuttgart 112 ① – Karlsruhe 38 ① – Freiburg 112 ① – Strasbourg 61 ①

Stadtplan siehe nächste Seite

🏨 **Brenner's Park-Hotel** ⸙, Schillerstr. 6, ⊠ 76530, ℰ (07221) 90 00, *info@brenn ers.com, Fax (07221) 38772,* ≤, 盦, « Park ; Caféterrasse », Massage, ♣, ↿ (Brenner's Spa), 疬, ⊆s, 🔲, ⇗ – 📱, ☰ Rest, 📺 ⇔ – 🔏 60. 🆎 ⑩ ⑳ 𝖵𝖨𝖲𝖠 𝖩𝖢𝖡. ⸙ Rest
BZ **a**
Park-Restaurant : Menu à la carte 92/120 – *Schwarzwaldstube : Menu* à la carte 90/120 – ⇌ 35 – **100 Z** 350/680 – 520/980, 12 Suiten – ½ P 80.

🏨 **Steigenberger Europäischer Hof,** Kaiserallee 2, ⊠ 76530, ℰ (07221) 93 30, *euro paeischer.hof@steigenberger.de, Fax (07221) 28831,* ≤, ⊆s – 📱, ⸙⇝ Zim, ☰ Rest, 📺
📱 – 🔏 70. 🆎 ⑩ ⑳ 𝖵𝖨𝖲𝖠 𝖩𝖢𝖡. ⸙ Rest
BY **b**
Menu à la carte 61/82 – **128 Z** ⇌ 215/290 – 330/460, 4 Suiten – ½ P 58.

🏨 **Steigenberger Badischer Hof,** Lange Str. 47, ⊠ 76530, ℰ (07221) 93 40, *badischer-hof@steigenberger.de, Fax (07221) 934470,* 佶, Massage, ♣, ⊆s, 疬 (Thermal), 🔲, ⇗ – 📱, ⸙⇝ Zim, 📺 ⸙ ⇔ – 🔏 150. 🆎 ⑩ ⑳ 𝖵𝖨𝖲𝖠 𝖩𝖢𝖡. ⸙ Rest
BY **e**
Menu à la carte 52/82 – **139 Z** ⇌ 228/318 – 318/408, 4 Suiten – ½ P 54.

🏨 **Belle Epoque** garni, Maria-Viktoria-Straße 2c, ⊠ 76530, ℰ (07221) 30 06 60, *info @HotelBelleEpoque.de, Fax (07221) 300666,* « Villa a.d.J. 1870 in einem kleinen Park » – ☰ 📺 ⸙ 📱 – 🔏 30. 🆎 ⑩ ⑳ 𝖵𝖨𝖲𝖠 𝖩𝖢𝖡. ⸙
CZ **s**
16 Z ⇌ 295/395 – 295/475.

🏨 **Quisisana** ⸙, Bismarckstr. 21, ⊠ 76530, ℰ (07221) 36 90, *info@privathotel-quisis ana.de, Fax (07221) 369269,* Massage, ♣, ↿, 疬, ⊆s, 🔲, ⇗ – 📱, ⸙⇝ Rest, 📺 ⇔
📱 – 🔏 15. 🆎 ⑩ ⑳ 𝖵𝖨𝖲𝖠. ⸙ Rest
AX **n**
geschl. 10. - 31. Jan. – Menu a la carte 48/69 – **60 Z** ⇌ 260/380 – 320/440, 6 Suiten – ½ P 45.

🏨 **Holland Hotel Sophienpark,** Sophienstr. 14, ⊠ 76530, ℰ (07221) 35 60, *Fax (07221) 356121,* 佶, « Park » – 📱, ⸙⇝ Zim, 📺 ⸙ ⸙ 📱 – 🔏 60. 🆎 ⑩ ⑳ 𝖵𝖨𝖲𝖠
⸙ Rest
CY **z**
Parkrestaurant (nur Lunchbuffet) **Menu** 36/38 – *Bauernstuben* (geschl. Juli - Aug., Sonntag) (nur Abendessen) **Menu** à la carte 47/78 – **73 Z** ⇌ 230/320 – 340, 3 Suiten – ½ P 20.

🏨 **Queens** ⸙, Falkenstr. 2, ⊠ 76530, ℰ (07221) 21 90, *ReservationQ.Baden-Baden@Qu eensgruppe.de, Fax (07221) 219519,* 佶, ⊆s, 🔲, ⇗ – 📱, ⸙⇝ Zim, 📺 ⸙ ⸙ ⇔ 📱 –
🔏 90. 🆎 ⑩ ⑳ 𝖵𝖨𝖲𝖠
AX **e**
Menu à la carte 45/78 – **121 Z** ⇌ 265/360 – 320/425 – ½ P 38.

🏨 **Romantik Hotel Der kleine Prinz,** Lichtentaler Str. 36, ⊠ 76530, ℰ (07221) 34 66 00, *info@derkleineprinz.de, Fax (07221) 3466059,* « Elegante, individuelle Einrichtung » – 📱 📺 ⸙ ⇔ – 🔏 20. 🆎 ⑩ ⑳ 𝖵𝖨𝖲𝖠 𝖩𝖢𝖡. ⸙ Rest
CZ **u**
Menu à la carte 83/104 – **40 Z** ⇌ 195/375 – 295/475, 6 Suiten – ½ P 50.

🏨 **Bad-Hotel Zum Hirsch** ⸙, Hirschstr. 1, ⊠ 76530, ℰ (07221) 93 90, *zum-hirsch @steigenberger.de, Fax (07221) 38148,* « Ballsaal », Massage, ♣ – 📱, ⸙⇝ Zim, 📺 📱 –
🔏 100. 🆎 ⑩ ⑳ 𝖵𝖨𝖲𝖠 𝖩𝖢𝖡. ⸙ Rest
BY **g**
Menu (nur Abendessen) (Restaurant nur für Hausgäste) – **58 Z** ⇌ 158/200 – 260/290 – ½ P 48.

🏨 **Atlantic** ⸙, Sophienstr. 2a, ⊠ 76530, ℰ (07221) 36 10, Fax (07221) 26260, 佶 – 📱
⸙⇝ 📺 📱. ⑳ ⸙ Rest
BZ **r**
Menu à la carte 37/55 – **51 Z** ⇌ 130/210 – 220/320.

🏨 **Tannenhof** ⸙, Hans-Bredow-Str. 20, ⊠ 76530, ℰ (07221) 30 09 90, *Fax (07221) 3009951,* ≤, 佶, ⊆s, ⇗ – 📱 📺 ⸙ – 🔏 40. 🆎 ⑩ ⑳ 𝖵𝖨𝖲𝖠
AX **s**
Piemonte (italienische Küche) (geschl. 1. - 20. Aug., Samstagmittag, Sonntag) **Menu** à la carte 48/77 – **27 Z** ⇌ 125/190 – 180/260 – ½ P 36.

BADEN-BADEN

*Les plans de villes
sont orientés
le Nord en haut.*

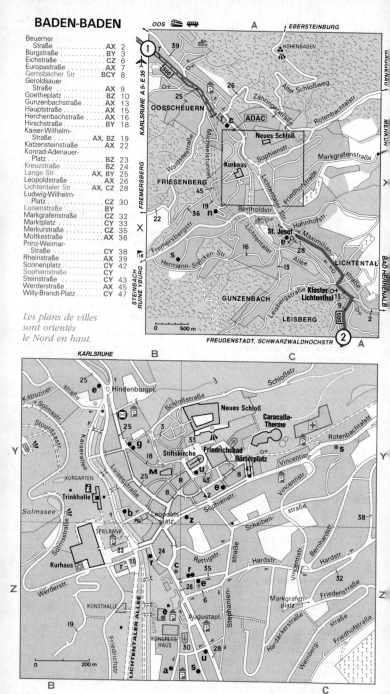

🏨 **Merkur,** Merkurstr. 8, ✉ 76530, ✆ (07221) 30 30, *HotMerkur@aol.com*, *Fax (07221) 303333* – 📱 ✎ 📺 ✆ ⇔ – 🅰 20. 🆎 ⓪ ⓪ 𝗩𝗜𝗦𝗔 ᴊᴄʙ. ✸ Zim CZ e
Sterntaler : Menu à la carte 37/68 – **37 Z** ⊇ 130/170 – 170/220 – ½ P 35.

🏨 **Colmar** 📎 garni, Lange Str. 34, ✉ 76530, ✆ (07221) 9 38 90, *Fax (07221) 938950* – BY g
📱 ✎ 📺 🅿. 🆎 𝗩𝗜𝗦𝗔
26 Z ⊇ 145/160 – 180/220.

🏨 **Etol** garni, Merkurstr. 7, ✉ 76530, ✆ (07221) 3 60 40, *Fax (07221) 360444* – 📺 ⇔ CZ r
🅿. 🆎 ⓪ ⓪ 𝗩𝗜𝗦𝗔 ᴊᴄʙ. ✸
18 Z ⊇ 140/180 – 190/220.

🏨 **Deutscher Kaiser,** Merkurstr. 9, ✉ 76530, ✆ (07221) 27 00, *deutscher-kaiser@t-o*
nline.de, Fax (07221) 270270 – 📱 📺 ✆ ⇔. 🆎 ⓪ ⓪ 𝗩𝗜𝗦𝗔 CZ r
Menu *(geschl. Jan. - Feb., Sonntag) (nur Abendessen)* (Restaurant nur für Hausgäste) – **28 Z**
⊇ 150/190 – 180/240 – ½ P 38.

🏨 **Römerhof** garni, Sophienstr. 25, ✉ 76530, ✆ (07221) 2 34 15, *Fax (07221) 391707*
– 📱 ⇔. 🆎 ⓪ 𝗩𝗜𝗦𝗔 ᴊᴄʙ CY e
Mitte Dez. - Mitte Feb. geschl. – **24 Z** ⊇ 90/100 – 170/180.

🏨 **Am Markt,** Marktplatz 18, ✉ 76530, ✆ (07221) 2 70 40, *hotel.am.markt.bad@t-onli*
ne.de, Fax (07221) 270444, 🍴 – 📱. 🆎 ⓪ ⓪ 𝗩𝗜𝗦𝗔. ✸ Rest CY u
Menu *(nur Abendessen)* (Restaurant nur für Hausgäste) – **25 Z** ⊇ 83/120 – 125/160.

🍴🍴 **Le Jardin de France** (Bernhard), Rotenbachtalstr. 10, ✉ 76530, ✆ (07221)
🌸 3 00 78 60, *jardin.france@t-online.de, Fax (07221) 3007870,* « Modern-elegante
Einrichtung » – ✎ Zim, 📺. 🆎 ⓪ ⓪ 𝗩𝗜𝗦𝗔 CY s
geschl. Anfang - Mitte Aug., 27. Dez. - 5. Jan., Montag - Dienstagmittag – **Menu** (abends
Tischbestellung ratsam) 75/122 und à la carte 65/111
Spez. Gebratene Entenleber mit Mandeln und Balsamicojus. Seewolf und Langustinen mit
Beurre Blanc. Lauwarmer Kirschauflauf mit Quarkeis.

🍴🍴 **Medici,** Augustaplatz 8, ✉ 76530, ✆ (07221) 20 06, *m.keizers@medici.de,*
Fax (07221) 2007, 🍴, « Fin de siecle-Architektur mit modernem Ambiente » – 🆎 ⓪
⓪ 𝗩𝗜𝗦𝗔. ✸ BZ e
geschl. Montag – **Menu** *(nur Abendessen)* (Tischbestellung ratsam) à la carte 55/77.

🍴🍴 **Papalangi,** Lichtentaler Str. 13, ✉ 76530, ✆ (07221) 3 16 16, *Fax (07221) 32788,*
« Modernes Ambiente ; ständig wechselnde Bilderausstellung ; Innenhofterrasse » – 🆎 ⓪ ⓪
𝗩𝗜𝗦𝗔 BZ c
geschl. Jan. 2 Wochen, Sonntag - Montag – **Menu** à la carte 68/120.

🍴🍴 **Klosterschänke,** an der Straße nach Steinbach, ✉ 76530, ✆ (07221) 2 58 54,
Fax (07221) 25870, ⇐, 🍴 – 🅿. ⓪ 𝗩𝗜𝗦𝗔   über Fremersbergstr. AX
geschl. Anfang - Mitte Aug., 20. Dez.- Mitte Jan., Montag - Dienstagmittag – **Menu** à la carte
42/64.

In Baden-Baden-Gaisbach *Süd-Ost : 5 km über Beuerner Str.* AX :

🏨 **Waldhotel Forellenhof** 📎, Gaisbach 91, ✉ 76534, ✆ (07221) 97 40,
Fax (07221) 974299, 🍴, (eigene Forellenzucht), 🌹 – 📱 📺 ⇔ 🅿 – 🅰 20. 🆎 ⓪ ⓪ 𝗩𝗜𝗦𝗔
geschl. Jan. - Feb. Montag - Donnerstag – **Menu** à la carte 42/64 – **23 Z** ⊇ 125/175 –
160/220 – ½ P 38.

In Baden-Baden-Geroldsau *über ② : 5 km :*

🏨 **Auerhahn,** Geroldsauer Str. 160 (B 500), ✉ 76534, ✆ (07221) 9 78 80, *GasthausAu*
🏡 *erhahn@t-online.de, Fax (07221) 7432,* 🍴 – 📺 ⇔ 🅿 – 🅰 15. 🆎 ⓪ 𝗩𝗜𝗦𝗔 ᴊᴄʙ
Menu à la carte 33/69 – **28 Z** ⊇ 92/128 – 120/166 – ½ P 32.

In Baden-Baden-Neuweier *Süd-West : 10 km über Fremersbergstr.* AX :

🏨 **Rebenhof** 📎, Weinstr. 58, ✉ 76534, ✆ (07223) 9 63 10, *Fax (07223) 963131,*
⇐ Weinberge und Rheinebene, 🍴, 🌹 – 📱 📺 ✆ ⇔ 🅿 – 🅰 15. 🆎 ⓪ 𝗩𝗜𝗦𝗔
geschl. 21. Jan. - 4. Feb. – **Menu** *(geschl. Sonntag - Montagmittag)* à la carte 40/66 – **18 Z**
⊇ 100/150 – 160/200 – ½ P 35.

🏨 **Heiligenstein** 📎, Heiligensteinstr. 19a, ✉ 76534, ✆ (07223) 9 61 40, *Hotel-Heilige*
nstein@t-online.de, Fax (07223) 961450, ⇐, 🍴, 🍴, 🌹 – 📱, ✎ Zim, 📺 ✆ 🅿 – 🅰 25.
⓪ 𝗩𝗜𝗦𝗔
geschl. 20. - 27. Dez. – **Menu** *(geschl. Montag) (nur Abendessen)* à la carte 41/67 – **30 Z**
⊇ 98/150 – 165/300 – ½ P 40.

🏨 **Röderhof** 📎 garni, Im Nußgärtel 2, ✉ 76534, ✆ (07223) 8 08 37 90,
Fax (07223) 80837931, 🌹 – 📺 🅿. ⓪ 𝗩𝗜𝗦𝗔
15 Z ⊇ 75/85 – 100/150.

🏨 **Altenberg** 📎 (mit Gästehaus), Schartenbergstr. 6, ✉ 76534, ✆ (07223) 5 72 36, *velten*
-baden-baden@t-online.de, Fax (07223) 60460, 🍴, 🍴, 🌳, 🌹 – 📺 🅿. ⓪ 𝗩𝗜𝗦𝗔. ✸ Rest
Menu *(geschl. 5. - 25. Jan., Donnerstag)* à la carte 29/64 – **20 Z** ⊇ 70/110 – 110/160
– ½ P 26.

XX **Zum Alde Gott** (Serr), Weinstr. 10, ✉ 76534, ✆ (07223) 55 13, Fax (07223) 60624,
₤₃ ≤, ☂ – 🅿. 🆎 ⓜ🆎 𝘝𝘐𝘚𝘈
geschl. Jan. 3 Wochen, Donnerstag - Freitagmittag – **Menu** 59 (mittags)/115 à la carte
82/116
Spez. Carpaccio vom Kaninchen mit Thunfischsauce. Heilbutt mit Entenleber und Basilikumbutter. Lammedaillons mit Olivenkruste und Bärlauch-Couscous.

XX **Schloß Neuweier**, Mauerbergstr. 21, ✉ 76534, ✆ (07223) 96 14 99, beckschloss
@exmail.de, Fax (07223) 961550, « Restauriertes Schloss a.d. 16.Jh., Gartenterrasse » –
🅿. 🆎 ⓜ🆎 𝘝𝘐𝘚𝘈
geschl. 23. Dez. - 1. Jan., Dienstag – **Menu** 43 (mittags) à la carte 59/98.

XX **Zum Lamm** mit Zim, Mauerbergstr. 34, ✉ 76534, ✆ (07223) 9 64 60,
⊛ Fax (07223) 964690, « Rustikale Einrichtung; Gartenterrasse » – 📺 🅿. 🆎 ⓜ🆎 𝘝𝘐𝘚𝘈
Menu (geschl. 10. - 28. Feb., Donnerstag) (nur Abendessen) à la carte 60/85 – **Mauer-
bergstube** (geschl. 10. - 28 Feb., Donnerstag, Samstagmittag) Menu à la carte 46/70 –
11 Z ⊊ 110/120 – 130/160 – ½ P 58.

XX **Traube** (mit Zim. und Gästehaus), Mauerbergstr. 107, ✉ 76534, ✆ (07223) 9 68 20,
⊛ Fax (07223) 6764, ☎, ✿ – 📺 ⇦ 🅿 – 🔏 15. ⓜ🆎 𝘝𝘐𝘚𝘈
Menu (geschl. Mittwoch) 40 à la carte 47/89 – **16 Z** ⊊ 85/155 – 138/220 – ½ P 35.

XX **Rebstock** ⊛ mit Zim, Schloßackerweg 3, ✉ 76534, ✆ (07223) 5 72 40,
Fax (07223) 959634, ☂, ✿ – 📺 🅿 ⓜ🆎 𝘝𝘐𝘚𝘈
geschl. Jan. 2 Wochen – **Menu** (geschl. Montag - Dienstag) à la carte 35/76 – **4 Z** ⊊ 75/125
– ½ P 35.

In Baden-Baden - Oberbeuern Süd-Ost : 3 km über Beuerner Str. AX :

XX **Waldhorn** mit Zim, Beuerner Str. 54, ✉ 76534, ✆ (07221) 7 22 88, Fax (07221) 73488,
« Gartenterrasse » – 📺 🅿. 🆎 ⓜ🆎 𝘝𝘐𝘚𝘈
geschl. nach Fastnacht 2 Wochen, Aug. 2 Wochen – **Menu** (geschl. Sonntagabend - Montag)
(Tischbestellung ratsam) à la carte 53/85 – **11 Z** ⊊ 75/105 – 130/170.

In Baden-Baden - Sandweier Nord-West : 8 km über Rheinstr. AX :

🏠 **Blume**, Mühlstr. 24, ✉ 76532, ✆ (07221) 9 50 30, info@Hotel-Blume.de,
Fax (07221) 950370, ☂, ☎, ✿ – 📱 📺 🅿 – 🔏 60. ⓜ🆎 𝘝𝘐𝘚𝘈. ⊗ Rest
Menu à la carte 38/62 – **29 Z** ⊊ 110/130 – 180 – ½ P 25.

In Baden-Baden - Umweg Süd-West : 8,5 km über Fremersbergstraße AX :

🏠 **Zum Weinberg** (mit Gästehaus), Umweger Str. 68, ✉ 76534, ✆ (07223) 9 69 70,
Fax (07223) 969730, ☂, ☎, ✿ – 📺 🅿. ⓞ ⓜ🆎 𝘝𝘐𝘚𝘈
Menu (geschl. Feb. - März 3 Wochen, Dienstag - Mittwochmittag) à la carte 35/72 – **11 Z**
⊊ 92/110 – 140/160 – ½ P 35.

XX **Bocksbeutel** mit Zim, Umweger Str. 103, ✉ 76534, ✆ (07223) 94 08 00,
Fax (07223) 9408029, ≤ Rheinebene, ☂, « Elegante Einrichtung », ☎ – 📺 🅿. 🆎 ⓜ🆎
𝘝𝘐𝘚𝘈
Menu (geschl. Sonntagabend) à la carte 56/93 – **10 Z** ⊊ 90/120 – 150/190.

In Baden-Baden - Varnhalt Süd-West : 6 km über Fremersbergstr. AX :

🏠 **Haus Rebland**, Umweger Str. 133, ✉ 76534, ✆ (07223) 5 20 47, Fax (07223) 60496,
≤ Weinberge und Rheinebene, ☂, ☎, 🔳, ✿ – 📺 🅿. ⓞ 𝘝𝘐𝘚𝘈
geschl. 15. Nov. - 15. Dez. – **Menu** (geschl. Mittwoch) à la carte 38/63 – **24 Z** ⊊ 90/110
– 140/170 – ½ P 28.

An der Autobahn A 5 über ① :

🏠 **Rasthaus Baden-Baden**, Am Rasthof 4, ✉ 76532, ✆ (07221) 6 50 43, info@rast
haus-badenbaden.bestwestern.de, Fax (07221) 17661, ☂ – 📱 ⊁ 📺 ♿ ⇦ 🅿 – 🔏 50.
🆎 ⓜ🆎 𝘝𝘐𝘚𝘈
Menu (auch Self-Service) à la carte 37/53 – **39 Z** ⊊ 140/180 – 195/210.

An der Schwarzwaldhochstraße : Hotel Bühlerhöhe siehe unter Bühl

---

Besonders angenehme Hotels oder Restaurants
sind im Führer rot gekennzeichnet.

Sie können uns helfen, wenn Sie uns die Häuser angeben,
in denen Sie sich besonders wohl gefühlt haben.

Jährlich erscheint eine komplett überarbeitete Ausgabe
aller Roten **Michelin**-Führer.

ᝨᝨᝨᝨ ... 🏠

XXXXX ... X

BADENWEILER *Baden-Württemberg* 🔟🔢🔟 *W 7 – 3 700 Ew – Höhe 426 m – Heilbad.*

Sehenswert : Kurpark★★ – Burgruine ≤★.

Ausflugsziele : Blauen : Aussichtsturm ⋇★★, Süd-Ost : 8 km – Schloß Bürgeln★, Süd : 8 km.

🛈 *Tourist-Information, Ernst-Eisenlohr-Str. 4, ⊠ 79410, ℘ (07632) 79 93 00, Fax (07632) 799399.*

Berlin 834 – Stuttgart 242 – Freiburg im Breisgau 36 – Basel 45 – Mulhouse 30.

🏨🏨🏨 **Römerbad** ⟨⟩, Schloßplatz 1, ⊠ 79410, ℘ (07632) 7 00, info@hotel-roemerbad.de, Fax (07632) 70200, « Park », Massage, ≘s, 🔲 (Thermal), 🔲, 🐎, 🦵, – 🛗 📺 ⋇⋇ ⟨⟩ 🅿 – 🔬 80. 🆎 ⓞ ⓞⓞ 🆅🆂🅰. 🦵 Rest
Menu à la carte 59/98 – **82 Z** ⊇ 260/330 – 360/435, 9 Suiten – ½ P 60.

🏨🏨 **Schwarzmatt** ⟨⟩, Schwarzmattstr. 6a, ⊠ 79410, ℘ (07632) 8 20 10, Hotelschwarzma tt.badenweiler@t-online.de, Fax (07632) 820120, 🐎, 🔲, – 🛗 📺 ⟨⟩ 🅿 – 🔬 40. 🦵 Rest
Menu (Tischbestellung ratsam) à la carte 75/92 – **41 Z** ⊇ 285 – 336/516, 5 Suiten – ½ P 30/40.

🏨🏨 **Meridian** ⟨⟩, Blauenstr. 15, ⊠ 79410, ℘ (07632) 75 30, pkmeridian@aol.com, Fax (07632) 753444, « Wellnessbereich », Massage, 🦵, ≘s, 🔲, 🐎 – 🛗, ⋇ Zim, 📺 🤙 ⟨⟩ 🅿 – 🔬 20. ⓞ ⓞⓞ 🆅🆂🅰. 🦵
Menu (nur Abendessen) (Restaurant nur für Hausgäste) – **56 Z** ⊇ 165/230 – 400/470 – ½ P 20.

🏨🏨 **Parkhotel Weißes Haus** ⟨⟩, Wilhelmstr. 6, ⊠ 79410, ℘ (07632) 8 23 70, Parkho telWeissesHaus@T.Online.de, Fax (07632) 5045, ≤, 🐎, « Park », Massage, ≘s, 🐎, – 🛗, ⋇ Zim, 📺 ⟨⟩ 🅿 – 🔬 25. 🆎 ⓞ ⓞⓞ 🆅🆂🅰. 🦵
geschl. 7. Jan. - 14. Feb. – **Menu** à la carte 53/79 – **34 Z** ⊇ 95/180 – 180/260 – ½ P 35.

🏨🏨 **Ritter,** Friedrichstr. 2, ⊠ 79410, ℘ (07632) 83 10, info@Hotelritter.de, Fax (07632) 831299, 🐎, « Garten », Massage, 🦵, ≘s, 🔲, – 🛗 📺 🅿 – 🔬 30. 🆎 ⓞⓞ 🆅🆂🅰. 🦵 Rest
Menu à la carte 39/69 – **75 Z** ⊇ 115/272 – 240/320, 3 Suiten – ½ P 30.

🏨🏨 **Anna** ⟨⟩, Oberer Kirchweg 2, ⊠ 79410, ℘ (07632) 79 70, hotel-anna@t-online.de, Fax (07632) 797150, ≤, ≘s, 🔲 (Thermal), 🐎 – 🛗 📺 🅿. 🦵 Rest
geschl. Dez. - Jan. – **Menu** (Restaurant nur für Hausgäste) – **37 Z** ⊇ 108/138 – 186/256 – ½ P 25.

🏨🏨 **Romantik Hotel Zur Sonne** ⟨⟩, Moltkestr. 4, ⊠ 79410, ℘ (07632) 7 50 80, hote l@zur-sonne.de, Fax (07632) 750865, 🐎, 🐎 – 📺 ⟨⟩ 🅿. 🆎 ⓞ ⓞⓞ 🆅🆂🅰
Menu à la carte 43/85 – **35 Z** ⊇ 85/130 – 175/250 – ½ P 30.

🏨🏨 **Schloßberg** ⟨⟩ garni, Schloßbergstr. 3, ⊠ 79410, ℘ (07632) 8 21 80, Fax (07632) 6376, ≤, ≘s, – 🛗 📺 🤙 🅿. 🆅🆂🅰. 🦵
geschl. Mitte Nov. - 20. Dez., 7. Jan. - Mitte Feb. – **20 Z** ⊇ 95/100 – 180/250.

🏨🏨 **Eckerlin** ⟨⟩, Römerstr. 2, ⊠ 79410, ℘ (07632) 83 20, info@hotel-eckerlin.de, Fax (07632) 832299, ≤, 🐎, « Garten », ≘s, 🔲, 🔲, 🐎 – 🛗 📺 🅿 – 🔬 40. 🆎 ⓞ ⓞⓞ 🆅🆂🅰
Menu à la carte 33/65 – **52 Z** ⊇ 117/164 – 214/254 – ½ P 30/40.

🏨🏨 **Post** ⟨⟩, Sofienstr. 1, ⊠ 79410, ℘ (07632) 50 51, info@privathotel-post.de, Fax (07632) 5123, 🐎, Massage, ≘s, 🔲, 🐎 – 🛗 📺 🅿 – 🔬 25. ⓞⓞ 🆅🆂🅰
geschl. 6. Jan. - 20. Feb. – **Menu** à la carte 36/70 – **50 Z** ⊇ 90/147 – 196/298 – ½ P 29.

🏨🏨 **Rebekka und Brühl** ⟨⟩ garni, Glasbachweg 19, ⊠ 79410, ℘ (07632) 8 20 20, Fax (07632) 820299, 🐎 – ⋇ 📺 🅿
geschl. Mitte Nov. - Mitte Dez. – **18 Z** ⊇ 105/160 – 185/225.

🏨 **Schnepple** ⟨⟩, Hebelweg 15, ⊠ 79410, ℘ (07632) 8 28 30, Hotel.Schnepple@t-onli ne.de, Fax (07632) 828320, Massage, 🐎 – 🛗 📺 ⟨⟩ 🅿. 🆎 ⓞⓞ 🆅🆂🅰. 🦵 Rest
Menu (nur Abendessen) (Restaurant nur für Hausgäste) – **18 Z** ⊇ 75/90 – 130/160 – ½ P 25.

🏨 **Schlössle** ⟨⟩ garni, Kanderner Str. 4, ⊠ 79410, ℘ (07632) 2 40, Fax (07632) 821031, 🔲 (geheizt), 🐎 – 📺 🅿
geschl. Dez. - März – **14 Z** ⊇ 70/140 – 130/170.

In Badenweiler-Lipburg *Süd-West : 3 km :*

🛖 **Landgasthof Schwanen** ⟨⟩, Ernst-Scheffelt-Str. 5, ⊠ 79410, ℘ (07632) 8 20 90, webmaster@gasthof-schwanen.de, Fax (07632) 820944, 🐎, 🐎 – ⋇ Zim, 📺 🅿. 🆎 ⓞⓞ 🆅🆂🅰
geschl. 7. Jan. - 15. Feb. – **Menu** (geschl. Donnerstag, im Winter auch Mittwoch) à la carte 35/70 🦴 – **17 Z** ⊇ 85 – 120/196 – ½ P 28.

In Badenweiler-Sehringen *Süd : 3 km :*

🛖 **Gasthof zum grünen Baum** ⟨⟩, Sehringer Str. 19, ⊠ 79410, ℘ (07632) 74 11, Fax (07632) 1580, ≤, 🐎 – ⟨⟩ 🅿
geschl. 15. Dez. - 1. Feb. – **Menu** (geschl. Montag) à la carte 27/61 – **15 Z** ⊇ 65/70 – 130/140 – ½ P 32.

BÄRENFELS Sachsen ⟨418⟩ N 24 25 – 300 Ew – Höhe 750 m.
Berlin 215 – Dresden 35 – Chemnitz 66.

🏠 **Felsenburg** 🦌, Böhmische Str. 20, ⊠ 01776, ✆ (035052) 2 04 50, hotel.felsenbur
g@t-online.de, Fax (035052) 20340, 🍴, 🌲 – 📺 🅿️ – 🔒 20. ⚠️
Menu (geschl. Montagmittag, Dienstagmittag) à la carte 28/46 – **14 Z** ⊇ 73/83 – 86/96
– ½ P 20.

BAHLINGEN Baden-Württemberg ⟨419⟩ V 7 – 3 400 Ew – Höhe 248 m.
Berlin 789 – Stuttgart 190 – Freiburg im Breisgau 23 – Offenburg 48.

🏠 **Zum Lamm**, Hauptstr. 49, ⊠ 79353, ✆ (07663) 9 38 70, info@Lamm-bahlingen.de,
Fax (07663) 938777, 🍴, ⊜ – 📺 🚗 🅿️ – 🔒 25. ⚠️ ⚙️ 🆅🆂🅰
Menu (geschl. Sonntag) à la carte 30/60 – **28 Z** ⊇ 78/88 – 82/144.

BAIERBRUNN Bayern ⟨419⟩⟨420⟩ V 18 – 2 400 Ew – Höhe 638 m.
Berlin 601 – München 17 – Augsburg 77 – Garmisch-Partenkirchen 72.

🏠🏠 **Strobl** garni, Wolfratshauser Str. 54a, ⊠ 82065, ✆ (089) 7 44 20 70, info@hotel-str
obl.de, Fax (089) 7931173 – ⤸ 📺 🦽 🅿️ ⚠️ ⓪ ⚙️ 🆅🆂🅰
20 Z ⊇ 98/125 – 130/170.

In Baierbrunn-Buchenhain Nord-Ost : 1 km :

🏠 **Waldgasthof Buchenhain,** Am Klettergarten 7, ⊠ 82065, ✆ (089) 7 93 01 24, hote
lbuchenhain@t-online.de, Fax (089) 7938701, 🍴 – 📶 📺 🅿️ ⚠️ ⚙️ 🆅🆂🅰 🦌 Zim
geschl. Mitte Dez. - Mitte Jan. – **Menu** (geschl. Freitag) à la carte 29/63 – **40 Z** ⊇ 95/130
– 140/170.

BAIERSBRONN Baden-Württemberg ⟨419⟩ U 9 – 16 500 Ew – Höhe 550 m – Luftkurort – Wintersport : 584/1 065 m ≰ 11 ⚐.
🅱 Baiersbronn Touristik, Rosenplatz 3, ⊠ 72270, ✆ (07442) 8 41 40, Fax (07442)
841448.
Berlin 720 ② – Stuttgart 100 ② – Karlsruhe 70 ③ – Freudenstadt 7 ② – Baden-Baden
50 ③

Stadtplan siehe gegenüberliegende Seite

🏠🏠 **Rose**, Bildstöckleweg 2, ⊠ 72270, ✆ (07442) 8 49 40, info@hotelrose.de,
Fax (07442) 849494, ⊜, 🔲, 🌲 – 📶 📺 🚗 🅿️ – 🔒 15. ⚠️ ⚙️ 🆅🆂🅰
🦌 Zim   AX h
geschl. 15. Nov. - 16. Dez. – **Menu** (geschl. Dienstag) à la carte 32/67 – **35 Z** ⊇ 85/90
– 158/200 – ½ P 28.

🏠🏠 **Falken**, Oberdorfstr. 95, ⊠ 72270, ✆ (07442) 8 40 70, info@hotel-falken.de,
Fax (07442) 50525, 🍴, ⊜, 🌲 – 📶, ⤸ Rest, 📺 🅿️ ⚠️ ⚙️ 🆅🆂🅰   AY s
Menu (geschl. Nov., Dienstag) à la carte 32/55 – **21 Z** ⊇ 73/85 – 130/146 – ½ P 25.

🏠🏠 **Rosengarten** 🦌, Bildstöckleweg 35, ⊠ 72270, ✆ (07442) 8 43 40, hotelrosengart
en@hotmail.com, Fax (07442) 843434, 🍴, ⊜, 🔲 – 📺 🅿️ 🦌 Zim   AX a
geschl. Anfang Nov. - Mitte Dez. – **Menu** (geschl. Mittwoch, Donnerstagabend) à la carte
31/61 – **27 Z** ⊇ 75/82 – 126/180 – ½ P 20.

🏠 **Pappel**, Oberdorfstr. 1, ⊠ 72270, ✆ (07442) 8 41 20, Fax (07442) 841250, ⊜ – 📶
📺 🅿️   AY t
geschl. Jan. 3 Wochen, Ende Okt.- Anfang Nov. – **Menu** (geschl. Mittwoch) à la carte 27/53
– **20 Z** ⊇ 65/75 – 130/160 – ½ P 22.

🏠 **Krone**, Freudenstädter Str. 32, ⊠ 72270, ✆ (07442) 8 41 10, Fax (07442) 4408, ⊜,
🔲 – 📶, ⤸ Zim, 📺 🚗 🅿️   AY r
geschl. 10. Jan. - 5. Feb., 10. Nov. - 15. Dez. – **Menu** (geschl. Montag, Freitagmittag) à la carte
30/58 – **43 Z** ⊇ 60/90 – 120/152 – ½ P 19.

🏠 **Miller-Wagner**, Forbachstr. 4, ⊠ 72270, ✆ (07442) 8 45 30, info@miller-wagner.de,
Fax (07442) 8454110 – 📶, 🦌 Rest   AX e
geschl. 6. Nov. - 12. Dez. – **Menu** à la carte 29/53 – **18 Z** ⊇ 55/95 – 110/130 – ½ P 22.

🏠 **Haus Petra** garni, Oberdorfstr. 142, ⊠ 72270, ✆ (07442) 27 53, Fax (07442) 3825,
🌲 – 📺 🚗 🅿️   AY a
19 Z ⊇ 56/74 – 90/125.

In Baiersbronn-Tonbach Nord : 2 km :

🏠🏠🏠 **Traube Tonbach** 🦌, Tonbachstr. 237, ⊠ 72270, ✆ (07442) 49 20, traube-tonbac
h@t-online.de, Fax (07442) 492692, ≤, « Gartenterrasse ; Hauskapelle », Massage, ♨, ℉🦶,
🔥, ⊜, 🔲 (geheizt), 🔲, 🌲, ❄ (Halle) – 📶 📺 ⚡ 🚗 🅿️ – 🔒 40. 🦌   BZ n
Menu (Restaurant nur für Hausgäste) - siehe auch Rest. **Schwarzwaldstube** und **Köhlerstube** separat erwähnt – **175 Z** ⊇ 193/323 – 358/542, 10 Suiten – ½ P 30.

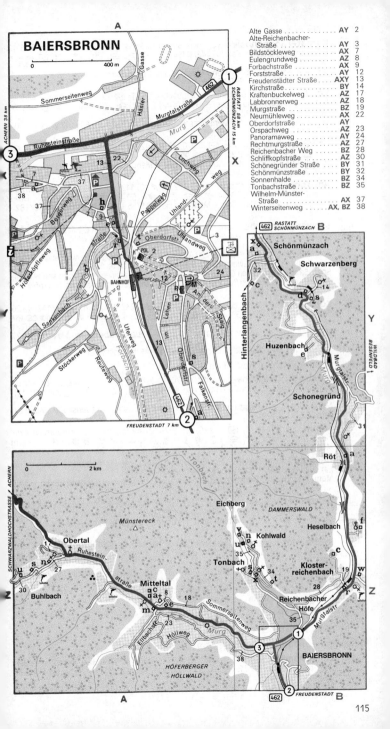

BAIERSBRONN

0 — 400 m

115

🏠 **Kurhotel Sonnenhalde** ⬡, Obere Sonnenhalde 63, ✉ 72270, ✆ (07442) 8 45 40, info@sonnenhalde.de, Fax (07442) 8454110, ≼, 斧, ≘s, ⬛, ≈ – ☸ 📺 ⬅ 🅿.
✻ Rest
BZ **t**
geschl. 6. Nov. - 12. Dez. – **Menu** (geschl. Mittwoch) à la carte 38/64 – **33 Z** ⊊ 78/200
– 160/265, 3 Suiten – ½ P 25/30.

🏠 **Waldlust** ⬡ (mit Gästehaus), Tonbachstr. 174, ✉ 72270, ✆ (07442) 83 50, hotel@waldlust-tonbach.de, Fax (07442) 2127, ≘s, ⬛, ≈ – ☸ 📺 ⬅ 🅿.
✻ Zim
BZ **x**
geschl. 6. Nov. - 15. Dez. – **Menu** (geschl. Dienstag) à la carte 30/68 – **42 Z** ⊊ 72/90 –
132/174 – ½ P 22.

🏠 **Tanne**, Tonbachstr. 243, ✉ 72270, ✆ (07442) 83 30, Fax (07442) 833100, ≼, 斧,
≘s, ⬛, ≈ – ☸, ✻ Rest, 📺 ⬅ 🅿 – 🕿 25
BZ **v**
geschl. April 1 Woche, Mitte Nov. - Mitte Dez. – **Menu** (geschl. Montag) à la carte 35/79
– **53 Z** ⊊ 90/113 – 154/216 – ½ P 7.

🏠 **Am Tonbach**, Tonbachstr. 177, ✉ 72270, ✆ (07442) 18 00 80, info@hotel-am-ton
bach.de, Fax (07442) 1800844, 斧, ≘s, ⬛, ≈ – 📺 ⬅ 🅿. ⓦⓢ VISA
BZ **s**
geschl. Mitte Nov. - Mitte Dez. – **Menu** à la carte 31/55 – **16 Z** ⊊ 94/129 – 168/182 –
½ P 23.

✕✕✕✕✕
✿✿✿ **Schwarzwaldstube** - Hotel Traube Tonbach, Tonbachstr. 237, ✉ 72270, ✆ (07442)
49 26 65, traube-tonbach@t-online.de, Fax (07442) 492692, ≼ – 🔲 🅿. AE ① ⓦⓢ VISA
✻
BZ **u**
geschl. 8. Jan. - 1. Feb., 30. Juli - 28. Aug., Montag - Dienstag – **Menu** (Tischbestellung
erforderlich, bemerkenswerte Weinkarte) 178/220 à la carte 108/151
Spez. Salat von gegrillten Gemüsen mit geräucherten Sardinenfilets. Sauté von Hummer
mit Gemüsecouscous und Currysauce. Gebratene Gänseleber mit glasierten Zimtäpfeln und
Trüffelsauce.

✕✕✕
Köhlerstube - Hotel Traube Tonbach, Tonbachstr. 237, ✉ 72270, ✆ (07442) 49 20,
Fax (07442) 492692, ≼, 斧, « Behaglich-rustikale Restauranträume » – 🅿. AE ① ⓦⓢ VISA
✻
BZ **u**
Menu (Tischbestellung ratsam) à la carte 73/97 – **Bauernstube** : **Menu** à la carte 50/77.

Im Murgtal, Richtung Schwarzwaldhochstraße :

In Baiersbronn-Mitteltal West : 4 km :

🏨 **Bareiss** ⬡, Gärtenbühlweg 14, ✉ 72270, ✆ (07442) 4 70, hotelbareiss@t-online.de,
Fax (07442) 47320, ≼, « Gartenterrasse », Massage, ♨, ⅃₆, ♨, ≘s, ≈ (geheizt), ⬛,
≈, ✻ – ☸ Zim, 🍴 Rest, 📺 ✓ ⬅ 🅿. ✻ Rest
AZ **e**
Menu siehe Rest. **Bareiss** und **Dorfstuben** separat erwähnt – **Kaminstube** : Menu à la
carte 65/90 – **120 Z** ⊊ 291/415 – 568/830, 10 Suiten – ½ P 10.

🏠 **Lamm**, Ellbachstr. 4, ✉ 72270, ✆ (07442) 49 80, info@Lamm-mitteltal.de,
Fax (07442) 49878, 斧, ≘s, ⬛, ≈ – ☸ 📺 ✓ ⬅ 🅿. AE ① ⓦⓢ VISA
AZ **m**
Menu à la carte 35/62 – **46 Z** ⊊ 65/140 – 186/266 – ½ P 30.

🏠 **Ödenhof**, Ödenhofweg 9, ✉ 72270, ✆ (07442) 8 40 90, hotelinfo@oedenhof.de,
Fax (07442) 840919, ⅃₆, ≘s, ⬛, ≈ – ☸ 🅿. ✻ Rest
AZ **a**
Menu (geschl. Jan.) (Abendessen nur für Hausgäste) à la carte 29/53 – **33 Z**
⊊ 67/77 – 124/204 – ½ P 16.

🏠 **Birkenhof**, Ödenhofweg 17, ✉ 72270, ✆ (07442) 8 42 40, birkenhof-mitteltal@t-o
nline.de, Fax (07442) 842444, ≈ – ☸ ✻ 📺 🅿.
AZ **c**
geschl. 10. Jan. - 7. Feb. – **Menu** (geschl. Mittwoch) à la carte 35/78 – **25 Z** ⊊ 77/90 –
114/188 – ½ P 23.

✕✕✕✕✕
✿✿ **Restaurant Bareiss** - Hotel Bareiss, Gärtenbühlweg 14, ✉ 72270, ✆ (07442) 4 70,
restaurant-bareiss@t-online.de, Fax (07442) 47320, ≼, 斧 – 🍴 🅿. AE ① ⓦⓢ
VISA. ✻
AZ **e**
geschl. 4. Juni - 6. Juli, 18. Nov. - 24. Dez., Montag - Dienstag – **Menu** (Tischbestellung
erforderlich, bemerkenswerte Weinkarte) 165/195 à la carte 109/150
Spez. Variation von Langustinen. Steinbutt mit Pinienkernen gratiniert. Gebratene Taube
und Gänsestopfleber mit Portweintortellini.

✕
Dorfstuben - Hotel Bareiss, Gärtenbühlweg 14, ✉ 72270, ✆ (07442) 4 70,
Fax (07442) 47320 – 🅿. AE ① ⓦⓢ VISA. ✻
AZ **e**
Menu à la carte 46/70.

In Baiersbronn-Obertal Nord-West : 7 km :

🏠 **Engel Obertal** ⬡, Rechtmurgstr. 28, ✉ 72270, ✆ (07449) 8 50, hotel-engel-obert
al@t-online.de, Fax (07449) 85200, 斧, Massage, ⅃₆, ≘s, ⬛, ≈, ✻ – ☸, ✻ Rest,
🍴 Rest, 📺 ✓ 🕸 ⬅ 🅿 – 🕿 20. ✻ Rest
AZ **n**
Menu à la carte 42/95 (auch vegetarisches Menu) – **77 Z** ⊊ 144/220 – 288/380, 4 Suiten
– ½ P 32.

🏛 **Sigwart** ⬛, Am Hänger 24 (Buhlbach), ✉ 72270, 𝒫 (07449) 9 26 20, *info@hotel-si
gwart.de*, Fax (07449) 926241, ≼, 🍴 – 🍴× Rest, 📺 ℙ. 🆖 𝑉𝐼𝑆𝐴   AZ u
geschl. 15. Nov. - 15. Dez. – **Menu** *(nur Abendessen)* (Restaurant nur für Hausgäste) – **18 Z**
⬜ 64 – 92/124 – ½ P 20.

🏊 **Blume** ⬛, Rechtmurgstr. 108 (Buhlbach), ✉ 72270, 𝒫 (07449) 80 77,
Fax (07449) 8009, Biergarten, 🍴 – 🍴× Zim, 📺 ⬛ ℙ   AZ s
geschl. Mitte Nov. - Mitte Dez. – **Menu** *(geschl. Mittwoch)* à la carte 28/46 – **16 Z** ⬜ 70
– 100/150.

An der Schwarzwaldhochstraße *Nord-West : 18 km, Richtung Achern, ab B 500 Richtung
Freudenstadt :*

🏛 **Schliffkopf-Hotel** Ⓜ – Höhe 1025 m, ✉ 72270 Baiersbronn, 𝒫 (07449) 92 00, *info
@schliffkopf.de*, Fax (07449) 920199, ≼ Schwarzwald, 🍴, Massage, 🆓, 🔒, 🔲 – 🛗,
🍴× Zim, 📺 📞 ⬛ ℙ – 🅰 40
Menu à la carte 40/89 – **65 Z** ⬜ 165/175 – 220/330 – ½ P 50.

Im Murgtal, Richtung Forbach :

In Baiersbronn-Klosterreichenbach *Nord-Ost : 3 km :*

🏛 **Ailwaldhof** ⬛, Ailwald 1, ✉ 72270, 𝒫 (07442) 83 60, Fax (07442) 836200, ≼, 🍴,
≋, 🔲, 🍴 – 🛗, 🍴× Zim, 📺 📞 ⬛ ℙ. 🆖 𝑉𝐼𝑆𝐴. 🍴 Rest   BZ c
Jakob-Friedrich : **Menu** à la carte 36/85 – **26 Z** ⬜ 125/165 – 216/320, 3 Suiten –
½ P 30.

🏛 **Heselbacher Hof** ⬛, Heselbacher Weg 72, ✉ 72270, 𝒫 (07442) 83 80, *info@hes
elbacher-hof.de*, Fax (07442) 838100, ≼, 🍴, ≋, 🔲, 🍴 – 🛗 📺 📞 ⬛ ℙ – 🅰 20
geschl. Anfang Nov. - Mitte Dez. – **Menu** *(geschl. Montag)* à la carte 32/63 – **41 Z**
⬜ 97/114 – 168/270 – ½ P 10.   BZ f

🏊 **Ochsen,** Musbacher Str. 5, ✉ 72270, 𝒫 (07442) 22 22, *Gasthaus.Ochsen@t-online.de*,
Fax (07442) 2217, 🍴, 🍴 – 📺 ⬛ ℙ. 🍴 Zim   BZ w
geschl. April 3 Wochen, Ende Nov. - Mitte Dez. – **Menu** *(geschl. Dienstag)* à la carte 25/56
– **16 Z** ⬜ 57 – 88/110 – ½ P 15.

In Baiersbronn-Röt *Nord-Ost : 7 km :*

🏛 **Sonne,** Murgtalstr. 323 (B 462), ✉ 72270, 𝒫 (07442) 18 01 50, *info@SONNE.ROET.DE*,
Fax (07442) 1801599, 🍴, ≋, 🔲, 🍴 – 📺 ℙ   BZ a
geschl. Mitte Nov. - Mitte Dez. – **Menu** à la carte 28/61 – **36 Z** ⬜ 82/111 – 154/190 –
½ P 29.

In Baiersbronn-Schwarzenberg *Nord : 13 km :*

🏛 **Sackmann,** Murgtalstr. 602 (B 462), ✉ 72270, 𝒫 (07447) 28 90, *info-hotel-sackman
n@t-online.de*, Fax (07447) 289400, 🍴, Massage, 🔱, 🆓, 🔒, ≋, 🔲, 🍴 – 🛗, 🍴× Zim,
📺 📞 ⬛ ℙ – 🅰 40   BY s
Menu siehe Rest. *Schloßberg* separat erwähnt – *Anita Stube :* Menu à la carte 47/77
– **65 Z** ⬜ 100/124 – 192/328 – ½ P 26.

🏛 **Löwen,** Murgtalstr. 604 (B 462), ✉ 72270, 𝒫 (07447) 93 20, *info@loewen-schwarze
nberg.de*, Fax (07447) 1049, 🍴 – 🛗 📺 ℙ. 🆖 𝑉𝐼𝑆𝐴. 🍴 Rest   BY d
Menu à la carte 36/68 – **28 Z** ⬜ 71/96 – 142/188 – ½ P 22.

🕸 **Schloßberg** – Hotel Sackmann, Murgtalstr. 602 (B 462), ✉ 72270, 𝒫 (07447) 28 90,
❀ *info-hotel-sackmann@t-online.de*, Fax (07447) 289400 – ℙ. 🅰🅴 ⓞ 🆖 𝑉𝐼𝑆𝐴. 🍴
geschl. 10. - 21. Jan., 25. Juli - 12. Aug., Montag - Dienstag – **Menu** *(nur Abendessen)*
115/155 à la carte 78/125
Spez. Gänseallerlei mit Bohnenkrautsabayon und Rahmspinat. Lotuswurzelessenz mit Meerwolf. Kabeljau im Sternanissud mit geschmorten Gemüsen und Kartoffelmus.

In Baiersbronn-Schönmünzach *Nord : 14,5 km :*

🏛 **Holzschuh's Schwarzwaldhotel,** Murgtalstr. 655 (B 462), ✉ 72270, 𝒫 (07447)
9 46 30, *holzschuh@schwarzwaldhotel.de*, Fax (07447) 946349, 🍴, 🆓, Massage, 🔱, 🔒,
≋, 🍴 – 🛗, 🍴× Zim, 📺 ⬛ ℙ – 🅰 20. 🍴 Rest   BY x
geschl. 15. Nov. - 15. Dez. – **Menu** *(geschl. Dienstagmittag)* à la carte 36/66 – **30 Z**
⬜ 85/180 – 170/220 – ½ P 27.

🏛 **Sonnenhof** ⬛, Schifferstr. 36, ✉ 72270, 𝒫 (07447) 93 00, *info@hotel-sonnenhof.de*,
Fax (07447) 930333, 🍴, ≋, 🔲, – 🛗 📺 ℙ. 🍴 Rest   BY a
geschl. Mitte Nov. - Mitte Dez. – **Menu** à la carte 31/67 – **42 Z** ⬜ 78/95 – 132/194 –
½ P 24.

🏛 **Elisabeth** ⬛, Schönmünzstr. 63, ✉ 72270, 𝒫 (07447) 93 10, *info@hotel-elisabeth.de*,
Fax (07447) 931100, 🍴, ≋, 🔲, – 🛗, 🍴× Zim, 📺 ⬛ ℙ. 🆖   BY c
geschl. 15. Nov. - 15. Dez. – **Menu** *(geschl. Montag)* à la carte 33/68 – **26 Z** ⬜ 96/115
– 218/220 – ½ P 27.

In Baiersbronn-Hinterlangenbach West : 10,5 km ab Schönmünzach BY :

🏨 **Forsthaus Auerhahn** 🦌 (mit Gästehaus), ✉ 72270, 𝒫 (07447) 93 40, hotel@fo
rsthaus-auerhahn.de, Fax (07447) 934199, 🍴, Wildgehege, ⬛s, 🔲, 🚿, 🎾 – 📶,
🏊 Rest, 📺 🚗 🅿
geschl. Mitte Nov. - Mitte Dez. – **Menu** (geschl. Dienstagabend) à la carte 32/62 – **30 Z**
🛏 115/155 – 230/260 – ½ P 26.

BAIERSDORF Bayern siehe Erlangen.

BALDUINSTEIN Rheinland-Pfalz 📖 O 7 – 600 Ew – Höhe 105 m.
  Berlin 557 – Mainz 69 – Koblenz 54 – Limburg an der Lahn 10.

🏨 **Zum Bären,** Bahnhofstr. 24, ✉ 65558, 𝒫 (06432) 8 10 91, Fax (06432) 83643, Bier-
✿ garten – 📺 🅿 – 🔬 30. ⒜Ⓔ ⓞ 🅥🅘🅢🅐
geschl. 28. Feb. - Ende März – **Menu** (geschl. Dienstag) (Tischbestellung ratsam) (bemerkenswerte Weinkarte) à la carte 68/107 – **Weinstube** (geschl. Dienstag) **Menu** à la carte
51/69 – **10 Z** 🛏 85/135 – 160/260
Spez. Gänsestopfleber mit Holunderblütengelee. Steinbutt mit Kartoffelschuppen. Lammrücken mit Rucolakruste und geschmorten Artischocken.

Dans ce guide
un même symbole, un même mot,
*imprimé en **noir** ou en rouge, en maigre ou en **gras**,*
n'ont pas tout à fait la même signification.
Lisez attentivement les pages explicatives.

BALINGEN Baden-Württemberg 📖 V 10 – 34 000 Ew – Höhe 517 m.
  Ausflugsziel : Lochenstein ≼* vom Gipfelkreuz, Süd : 8 km.
  ADAC, Wilhelm-Kraut-Str. 46.
  Berlin 711 – Stuttgart 82 – Konstanz 109 – Freiburg im Breisgau 116 – Tübingen 36 –
  Ulm (Donau) 134.

🏨 **Hamann,** Neue Str. 11, ✉ 72336, 𝒫 (07433) 95 00, Fax (07433) 5123, 🍴 – 📶, 🏊 Zim,
📺 📞 🚗, ⒜Ⓔ ⓞ 🅥🅘🅢🅐
Menu à la carte 31/70 (auch vegetarische Gerichte) – **50 Z** 🛏 105/140 – 170/200.

🏨 **Thum,** Klausenweg 20, ✉ 72336, 𝒫 (07433) 9 69 00, hotel.thum@t-
online.de, Fax (07433) 969044, 🍴 – 📶, 🏊 Zim, 📺 📞 🚗 🅿 – 🔬 30. ⓞ
ⓞ 🅥🅘🅢🅐
Menu (geschl. Anfang Jan. 1 Woche, Samstag) à la carte 28/66 – **25 Z** 🛏 95/120 –
160/200.

BALJE Niedersachsen 📖 E 11 – 1 100 Ew – Höhe 2 m.
  Berlin 393 – Hannover 218 – Cuxhaven 41 – Bremerhaven 74 – Hamburg 114.

In Balje-Hörne Süd-West : 5 km :

🏨 **Zwei Linden,** Itzwördener Str. 4, ✉ 21730, 𝒫 (04753) 8 43 00, Fax (04753) 843030,
🍴, 🚿 – 📺 🚗 🅿 ⓞ
Menu (geschl. Montagmittag) à la carte 26/47 – **13 Z** 🛏 75 – 100/120.

BALLENSTEDT Sachsen-Anhalt 📖 K 17 – 7 600 Ew – Höhe 225 m.
  📷 Schloß Meisdorf, in Meisdorf (Süd-West : 6 km), Petersberger Trifft 33, 𝒫 (034743)
  9 84 50.
  🖂 Tourist-Information, Allee 37, ✉ 06493, 𝒫 (039483) 2 63, Fax (039483) 263.
  Berlin 220 – Magdeburg 66 – Halle 71 – Nordhausen 58 – Quedlinburg 14.

🏨 **Schlosshotel Großer Gasthof,** Schloßplatz 1, ✉ 06493, 𝒫 (039483) 5 10,
Fax (039483) 51222, 🍴, Massage, ⬛s, 🔲 – 📶, 🏊 Zim, 📺 📞 🅿 – 🔬 70. ⒜Ⓔ ⓞ ⓞ
🅥🅘🅢🅐
Menu à la carte 35/68 – **50 Z** 🛏 198 – 252/299.

BALLSTEDT Thüringen siehe Weimar.

BALTRUM (Insel) *Niedersachsen* **415** *E 6 – 500 Ew – Seeheilbad – Insel der Ostfriesischen Inselgruppe, Autos nicht zugelassen.*

⛴ *von Neßmersiel (ca. 30 min.), 𝒫 (04939) 9 13 00.*

🛈 *Pavillon am Anleger, ✉ 26579, 𝒫 (04939) 91 40 03, Fax (04939) 914005.*

ab Fährhafen Neßmersiel : Berlin 536 – Hannover 269 – Emden 50 – Aurich (Ostfriesland) 28 – Norden 17 – Wilhelmshaven 70.

🏠 **Strandhof** ❀ (mit Appartmenthaus), Nr. 123, ✉ 26579, 𝒫 (04939) 8 90, *Strandhof-Baltrum@t-online.de*, Fax (04939) 8913, 🌰, ☎s, 🍴 – 📺
Mitte März - Okt. – **Menu** *(geschl. außer Saison Mittwoch)* à la carte 32/60 – **44 Z** 😐 95 – 170/231 – ½ P 20.

🏠 **Dünenschlößchen** ❀, Ostdorf 48, ✉ 26579, 𝒫 (04939) 9 12 30, *duenenschloesschen@t-online.de*, Fax (04939) 912313, ≤, 🍴 – |⌘|, ❀ Rest.
Mitte März - Mitte Okt. – **Menu** *(geschl. Montag)* à la carte 32/72 – **42 Z** 😐 80/115 – 150/180 – ½ P 18.

🏠 **Witthus** ❀ (mit Gästehaus), Nr. 137, ✉ 26579, 𝒫 (04939) 99 00 00, *witthus.baltrum@t-online.de*, Fax (04939) 990001, ≤, 🌰 – 📺, ❀ Zim
geschl. Anfang Jan. - Mitte März, Nov. - 26. Dez. – **Menu** à la carte 37/70 – **11 Z** 😐 90/120 – 150/170.

BALVE *Nordrhein-Westfalen* **417** *M 7 – 12 000 Ew – Höhe 250 m.*
Berlin 510 – Düsseldorf 101 – Arnsberg 20 – Hagen 38 – Plettenberg 16.

In Balve-Binolen *Nord : 5 km :*

🏠 **Haus Recke**, an der B 515, ✉ 58802, 𝒫 (02379) 2 09, *haus-recke@t-online.de*, Fax (02379) 293, 🌰, 🍴 – 📺 ⟾ 🅿 – 🔬 30. 🖭 🚗 🆅🆂🆀
Menu *(geschl. 5. - 16. Feb., 5. - 22. Nov., Montag)* à la carte 32/75 – **10 Z** 😐 85/110 – 159/195.

In Balve-Eisborn *Nord : 9 km :*

🏠 **Antoniushütte** ❀ (mit Gästehaus), Eisborner Dorfstr. 10, ✉ 58802, 𝒫 (02379) 91 50, *info@hotel-antoniushütte.de*, Fax (02379) 644, 🌰 – ❀ Zim, 📺 👍 🅿 – 🔬 100. 🚗 🆅🆂🆀
Menu à la carte 38/70 – **74 Z** 😐 90/130 – 160/230.

🏠 **Zur Post** ❀ (mit Gästehaus), Eisborner Dorfstr. 3, ✉ 58802, 𝒫 (02379) 91 60, *PONY@HOTEL-ZUR-POST-EISBORN.DE*, Fax (02379) 916200, 🌰, 𝄞, ☎s, 🗔, 🍴 – |⌘| 📺 👍 🅿 – 🔬 60. 🖭 ⓞ 🚗 🆅🆂🆀
geschl. Juli - Aug. 3 Wochen – **Menu** à la carte 36/63 – **50 Z** 😐 99 – 156/180.

BAMBERG *Bayern* **419 420** *Q 16 – 70 000 Ew – Höhe 260 m.*
*Sehenswert : Dom★★ (Bamberger Reiter★★★, St.-Heinrichs-Grab★★★) BZ – Altes Rathaus★ BCZ – Diözesanmuseum★ BZ **M** – Alte Hofhaltung (Innenhof★★) BZ – Neue Residenz : Rosengarten ≤★ BZ.*

🏞 *Breitengüßbach, Gut Leimershof (Nord-Ost : 16 km über ⑤), 𝒫 (09547) 71 09 ; 🏞 Bamberg, Äußere Zollnerstraße (Nord-Ost : 2 km), 𝒫 (0951) 3 00 75 83.*

🛈 *Tourismus u. Kongreß Service, Geyerswörthstr. 3, ✉ 96047, 𝒫 (0951) 87 11 61, Fax (0951) 871960.*

ADAC, *Schützenstr. 4a (Parkhaus).*

Berlin 406 ① – München 232 ② – Coburg 53 ① – Nürnberg 61 ② – Würzburg 96 ② – Erfurt 154 ⑤

Stadtplan siehe nächste Seite

🏰 **Residenzschloss** 🅼, Untere Sandstr. 32, ✉ 96049, 𝒫 (0951) 6 09 10, *info@hotel-residenzschloss.de*, Fax (0951) 6091701, 🌰, « Hauskapelle », 𝄞, ☎s – |⌘|, ❀ Zim, 📺 👍 👍 ⟾ – 🔬 180. 🖭 ⓞ 🚗 🆅🆂🆀 🅹🅲🅱 ❀ Rest   BY r
Menu à la carte 59/81 – **185 Z** 😐 238/288 – 298/338, 4 Suiten.

🏰 **Bamberger Hof - Bellevue**, Schönleinsplatz 4, ✉ 96047, 𝒫 (0951) 9 85 50, *info@bambergerhof.de*, Fax (0951) 985562, 🌰 – |⌘| 📺 👍 ⟾ – 🔬 30. 🖭 ⓞ 🚗 🆅🆂🆀 ❀ Rest
Menu *(geschl. Sonntag)* à la carte 45/86 – **50 Z** 😐 175/210 – 260/295, 5 Suiten.   CZ e

🏠 **Romantik Hotel Weinhaus Messerschmitt**, Lange Str. 41, ✉ 96047, 𝒫 (0951) 2 78 66, *HotelMesserschmitt@t-online.de*, Fax (0951) 26141, « Brunnhofterrasse » – ❀ Zim, 📺 👍 – 🔬 60. 🖭 ⓞ 🚗 🆅🆂🆀 🅹🅲🅱 ❀ Zim   CZ x
Menu à la carte 49/75 – **17 Z** 😐 135/165 – 210/265.

🏠 **St. Nepomuk** ❀ (mit Gästehäusern), Obere Mühlbrücke 9, ✉ 96049, 𝒫 (0951) 9 84 20, *gruener@hotel-nepomuk.de*, Fax (0951) 9842100, ≤, « Ehemalige Mühle in der Regnitz gelegen » – |⌘|, ❀ Zim, 📺 👍 ⟾ – 🔬 30. ⓞ 🚗 🆅🆂🆀 🅹🅲🅱   CZ a
Menu à la carte 49/95 – **47 Z** 😐 130/166 – 200/240, 3 Suiten.

🏠 **Berliner Ring** garni, Pödeldorfer Str. 146, ✉ 96050, 𝒫 (0951) 91 50 50, *Hotel-garni-Berlinerring@t-online.de*, Fax (0951) 14715 – |⌘| ❀ 📺 👍 ⟾ 🅿 🖭 🆅🆂🆀 ❀   AX a
40 Z 😐 98/110 – 148/178.

BAMBERG

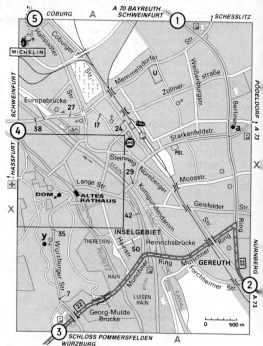

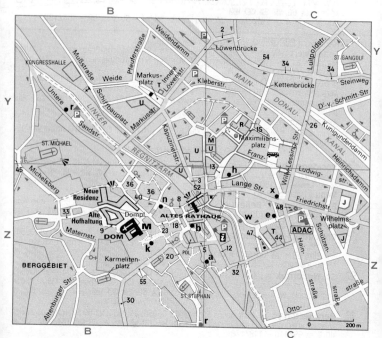

🏠 **Barock-Hotel am Dom** 🐾 garni, Vorderer Bach 4, ⊠ 96049, ✆ (0951) 5 40 31,
Fax (0951) 54021 – 🛗 📺 🕭 🔒 ⒶⒺ ⓪ ⓪⓪ 𝘝𝘐𝘚𝘈   BZ **k**
geschl. Feb., 24. - 27. Dez. – **19 Z** ⊊ 100/105 – 150/160.

🏠 **Wilde Rose,** Keßlerstr. 7, ⊠ 96047, ✆ (0951) 98 18 20, Fax (0951) 22071 – 📺. ⒶⒺ ⓪⓪
𝘝𝘐𝘚𝘈. 🐾   CZ **h**
Menu (geschl. Sonntagabend) à la carte 29/59 – **29 Z** ⊊ 100/110 – 155.

🏠 **Alt Ringlein** (mit Gästehaus), Dominikanerstr. 9, ⊠ 96049, ✆ (0951) 9 53 20, hotel
@ alt-ringlein.com, Fax (0951) 9532500, 🍽 – 🛗 📺 🛏 ⒶⒺ ⓪ ⓪⓪ 𝘝𝘐𝘚𝘈   BZ **n**
Menu (geschl. Feb. 2 Wochen, Sonntagabend) à la carte 28/60 – **50 Z** ⊊ 95/130 –
130/180.

🏠 **Brudermühle,** Schranne 1, ⊠ 96049, ✆ (0951) 95 52 20, Fax (0951) 9552255, 🍽 –
📺 – 🛏 20. ⓪ ⓪⓪ 𝘝𝘐𝘚𝘈   BZ **b**
Menu (geschl. Sept. - Mai Montag) à la carte 27/62 – **19 Z** ⊊ 140/150 – 210/230.

🏠 **Altenburgblick** 🐾 garni, Panzerleite 59, ⊠ 96049, ✆ (0951) 9 53 10, hotel@ alte
nburgblick.de, Fax (0951) 9531444, ← – 🛗 🛁 📺 🅿. ⒶⒺ ⓪⓪ 𝘝𝘐𝘚𝘈   AX **y**
42 Z ⊊ 90/105 – 140/160.

🍴 **Würzburger Weinstuben,** Zinkenwörth 6, ⊠ 96047, ✆ (0951) 2 26 67,
Fax (0951) 22656, 🍽 – ⒶⒺ ⓪ ⓪⓪ 𝘝𝘐𝘚𝘈 𝘑𝘊𝘉   CZ **w**
geschl. Dienstagabend - Mittwoch – **Menu** à la carte 40/67.

In Bamberg-Bug über ③ : 4 km :

☕ **Lieb-Café Bug** 🐾, Am Regnitzufer 23, ⊠ 96049, ✆ (0951) 5 60 78,
🍳 Fax (0951) 5009502, 🍽 – 🅿. 🐾 Zim
Menu (geschl. Nov., Freitag, Sonn- und Feiertage abends) à la carte 23/47 🍸 – **15 Z**
⊊ 42/97 – 70/103.

In Bamberg-Gaustadt über ④ : 4 : km :

🏠 **Brauereigasthof Kaiserdom,** Gaustadter Hauptstr. 26, ⊠ 96049, ✆ (0951)
96 51 40, purKlingseis@ t-online.de, Fax (0951) 9651444, 🍽, « Brauereigasthof mit
moderner Einrichtung » – 📺 🛏 🅿 – 🛏 20. ⓪⓪ 𝘝𝘐𝘚𝘈. 🐾 Zim
Menu (geschl. Mitte - Ende Jan., Aug. 1 Woche, Sonntagabend - Montag) (wochentags nur
Abendessen) à la carte 40/65 – **19 Z** ⊊ 94/119.

In Hallstadt über ⑤ : 4 km :

🏠🏠 **Country Inn,** Lichtenfelser Str. 35, ⊠ 96103, ✆ (0951) 9 72 70, Fax (0951) 972790,
🍽, ⇌ – 🛏 Zim, 📺 📞 🛏 – 🛏 40. ⒶⒺ ⓪ ⓪⓪ 𝘝𝘐𝘚𝘈 𝘑𝘊𝘉
Goldener Adler (geschl. Sonntag) **Menu** à la carte 39/65 – **57 Z** ⊊ 135/154 –
185/198.

🏠 **Frankenland,** Bamberger Str. 76, ⊠ 96103, ✆ (0951) 7 12 21, Fax (0951) 73685 – 🛗
🍳 📺 🛏 🅿. ⒶⒺ ⓪⓪ 𝘝𝘐𝘚𝘈
Menu (geschl. Freitag) (wochentags nur Abendessen) à la carte 21/44 🍸 – **39 Z** ⊊ 79/80
– 110/120.

In Stegaurach über ③ : 5 km :

🏠🏠 **Der Krug,** Mühlendorfer Str. 4, ⊠ 96135, ✆ (0951) 99 49 90, hotel@ der-krug.de,
Fax (0951) 9949910, 🍽, Biergarten, 🛠, ⇌, 🎱, 🌳 – 🛏 Zim, 📺 📞 🛏 🅿 – 🛏 40.
ⒶⒺ ⓪⓪ 𝘝𝘐𝘚𝘈. 🐾 Zim
Menu (geschl. 6. - 23. Jan., Dienstag) à la carte 29/61 – **26 Z** ⊊ 110 – 170/210.

In Kemmern über ⑤ : 5 km :

🏠🏠 **Rosenhof** Ⓜ, Hauptstr. 68, ⊠ 96164, ✆ (09544) 92 40, info@ hotel-rosenhof.com,
Fax (09544) 924240, 🍽 – 🛗 Zim, 📺 📞 🅿 – 🛏 25. ⓪⓪ 𝘝𝘐𝘚𝘈
Menu à la carte 29/63 – **36 Z** ⊊ 96/147.

MICHELIN-REIFENWERKE KGaA. ⊠96103 Hallstadt (über ⑤ : 5 km), Michelinstr. 130,
✆ (0951) 79 10 Fax (0951) 791231.

BANNESDORF Schleswig-Holstein siehe Fehmarn (Insel).

BANSIN Mecklenburg-Vorpommern siehe Usedom (Insel).

BANTIKOW Brandenburg siehe Kyritz.

BANZKOW Mecklenburg-Vorpommern siehe Schwerin.

BARGTEHEIDE Schleswig-Holstein 📖📖 E 14 – 11 000 Ew – Höhe 48 m.

🏌 Gut Jersbek (West : 3 km), ℰ (04532) 2 09 50.

Berlin 279 – Kiel 73 – Hamburg 29 – Lübeck 38 – Bad Oldesloe 14.

  🏠 **Papendoor**, Lindenstr. 1, ✉ 22941, ℰ (04532) 20 39 00, kontakt@hotelpapendoor.de, Fax (04532) 203901, �_, 📺 ⇔ 🅿 🖭 ⓪ 🐾 💳

       Menu (geschl. Sonn- und Feiertage) à la carte 27/54 – **25 Z** ⊇ 115 – 145/175.

BARGUM Schleswig-Holstein 📖📖 B 10 – 800 Ew – Höhe 3 m.

Berlin 451 – Kiel 111 – Sylt (Westerland) 41 – Flensburg 37 – Schleswig 63.

  XXX **Andresen's Gasthof** mit Zim, Dörpstraat 63 (B 5), ✉ 25842, ℰ (04672) 10 98,
  🌸 Fax (04672) 1099, « Geschmackvoll eingerichtete Restauranträume in friesischem Stil ;
Garten mit Terrasse » – 📺 🖭 🐾

       geschl. Mitte Jan. - Mitte Feb., Mitte - Ende Sept. – **Menu** (geschl. Montag - Dienstag)
(Mittwoch - Donnerstag nur Abendessen) (Tischbestellung erforderlich) à la carte 84/105
– **5 Z** ⊇ 135/195

       Spez. Austernmousse mit gebratenen St. Jakobsmuscheln und altem Balsamico. Husumer
Deichlamm. Gebrannte Holundercreme mit Erdbeer-Minzsorbet (Saison).

BARK Schleswig-Holstein siehe Segeberg, Bad.

BARLEBEN Sachsen-Anhalt siehe Magdeburg.

BARNSTORF Niedersachsen 📖📖 H 9 – 5 300 Ew – Höhe 30 m.

Berlin 395 – Hannover 105 – Bremen 59 – Osnabrück 67.

  🏨 **Roshop**, Am Markt 6, ✉ 49406, ℰ (05442) 98 00, info@hotel-roshop.de,
Fax (05442) 980444, �, 🍽, 🔲, 🌿 – 🛗, ⇔ Zim, 🍴 Rest, 📺 📞 ⅙ ⇔ 🅿 – 🔬 80.
🖭 🐾 💳

       Menu à la carte 37/74 – **63 Z** ⊇ 99/130 – 155/190.

BARSINGHAUSEN Niedersachsen 📖📖 J 12 – 36 000 Ew – Höhe 100 m.

🅱 Barsinghausen-Info, Deisterstr. 2, ✉ 30890, ℰ (05105) 60 07 21, Fax (05105) 65632.

Berlin 315 – Hannover 25 – Bielefeld 87 – Hameln 42 – Osnabrück 117.

  🏨 **Gilde Sporthotel Fuchsbachtal** 🏌, Bergstr. 54, ✉ 30890, ℰ (05105) 77 60, Spor
thotel@T-online.de, Fax (05105) 776333, �, 🍸, 🍽, 🔲, 🎾 – 🛗, ⇔ Zim, 📺 📞 ⅙
🅿 – 🔬 130. 🖭 🐾 💳

       Menu à la carte 41/76 – **77 Z** ⊇ 140/240 – 185/350.

  🏨 **Stadthotel** Ⓜ garni, Egestorfer Str. 6, ✉ 30890, ℰ (05105) 6 50 95, info@Stadth
otel-Barsinghausen.de, Fax (05105) 9890 – 📺 📞 🅿 – 🔬 40. 🖭 ⓪ 🐾 💳
geschl. 22. Dez. - 2. Jan. – **40 Z** ⊇ 120/130 – 160/170.

An der B 65, nahe der A 2, Abfahrt Bad Nenndorf Nord-Ost : 5 km :

  🏨 **Echo Hotel**, Kronskamp 2, ✉ 30890 Barsinghausen-Bantorf, ℰ (05105) 52 70, info
@echo.de, Fax (05105) 527199 – ⇔ Zim, 🍴 Zim, 📺 📞 🅿 – 🔬 30. 🖭 ⓪
🐾

       Menu (nur Abendessen) à la carte 27/45 – **64 Z** ⊇ 128/170.

BARTH Mecklenburg-Vorpommern 📖📖 C 22 – 10 400 Ew – Höhe 5 m.

🅱 Barth-Information, Lange Str. 16, ✉ 18356, ℰ (038231) 24 64, Fax (038231) 2464.

Berlin 272 – Schwerin 155 – Rostock 59 – Stralsund 33.

  🏨 **Speicher Barth**, Am Osthafen 2, ✉ 18356, ℰ (038231) 6 33 00, Speicher@ringho
tels.de, Fax (038231) 63400, ⇐ Barther Bodden, �, « Modernes Hotel in einem ehemaligen Getreidespeicher a.d.19.Jh. », 🍸, 🍽 – 🛗, ⇔ Zim, 📺 📞 ⅙ 🅿 – 🔬 120. 🖭 🐾
💳

       Menu à la carte 39/53 – **43 Z** ⊇ 125/155 – 210/350, 13 Suiten.

  🏨 **Pommernhotel**, Divitzer Weg 2, ✉ 18356, ℰ (038231) 8 20 00, webmaster@pom
mernhotel.de, Fax (038231) 82006, � – 📺 ⅙ 🅿 – 🔬 25. 🖭 🐾 💳 🦋 Rest
Menu à la carte 26/50 – **31 Z** ⊇ 110 – 155/165.

  🏠 **Stadt Barth**, Lange Str. 58, ✉ 18356, ℰ (038231) 6 23, HBG-Hotel@t-online.de,
Fax (038231) 62599, 🦽 – 🛗 📺 🅿 – 🔬 25. 🖭 ⓪ 🐾 💳
Menu à la carte 27/46 – **45 Z** ⊇ 80/100 – 125/150.

BARTHOLOMÄ Baden-Württemberg ████ ████ T 13 – 1 800 Ew – Höhe 642 m – Wintersport : ⛷.
Berlin 573 – Stuttgart 75 – Aalen 16 – Heidenheim an der Brenz 18 – Schwäbisch Gmünd 21.

An der Straße nach Steinheim Süd-Ost : 3 km :

🏛 **Landhotel Wental,** ✉ 73566 Bartholomä, 𝒫 (07173) 97 81 90, info@wental.de,
Fax (07173) 9781940, 🍴, 🌳 – 📺 ⇐⊜ 🅿 – 🍴 25. 🆎 ⓪ 🐵 𝓥𝓘𝓢𝓐 🇯🇨🇧
Menu (geschl. Montag) à la carte 29/52 – **27 Z** ⊑ 80/110 – 120/130 – ½ P 28.

BASDORF Brandenburg ████ H 24 – 3 500 Ew – Höhe 55 m.
Berlin 26 – Potsdam 55 – Neubrandenburg 121 – Frankfurt (Oder) 119.

🏛 **Barnimer Hof** 🅼, Am Markt 9, ✉ 16352, 𝒫 (033397) 78 70, Hotel.Barnimer.Hof@g
mx.de, Fax (033397) 78777, 🍴 – 🔌 📺 📞 🅿 – 🍴 40. 🆎 ⓪ 🐵 𝓥𝓘𝓢𝓐
Menu à la carte 36/66 – **22 Z** ⊑ 137 – 172/192.

BATTENBERG Rheinland-Pfalz siehe Grünstadt.

BATTENBERG AN DER EDER Hessen ████ M 9 – 5 400 Ew – Höhe 349 m.
Berlin 464 – Wiesbaden 151 – Marburg 34 – Kassel 85 – Siegen 71.

🏖 **Rohde** 🦢, Hauptstr. 53, ✉ 35088, 𝒫 (06452) 9 33 30, Fax (06452) 933350, 🍴, 🌳
⊜ – 📺 ⇐⊜ 🅿 🆎 🐵
Menu (geschl. Samstagmittag) à la carte 24/46 – **12 Z** ⊑ 65 – 122/130.

BAUNATAL Hessen ████ M 12 – 25 400 Ew – Höhe 180 m.
Berlin 398 – Wiesbaden 218 – Kassel 14 – Göttingen 57 – Marburg 82.

In Baunatal-Altenbauna :

🏛 **Ambassador,** Friedrich-Ebert-Allee 1, ✉ 34225, 𝒫 (0561) 4 99 30, info@ambassad
or-baunatal.bestwestern.de, Fax (0561) 4993500, 🍴, ⩥ – 🔌, ⇖ Zim, 📺 📞 ⇐⊜ 🅿 –
🍴 120. 🆎 ⓪ 🐵 𝓥𝓘𝓢𝓐 🇯🇨🇧
Menu à la carte 32/59 – **120 Z** ⊑ 148/198.

BAUTZEN Sachsen ████ M 27 – 43 000 Ew – Höhe 219 m.
Sehenswert : Dom St. Peter★ – Stadtbefestigung★ – Alte Wasserkunst★.
Ausflugsziele : Löbau : König-Friedrich-August-Turm★ – Obercunnersdorf★.
🚩 Tourist-Information, Hauptmarkt 1, ✉ 02625, 𝒫 (03591) 4 20 16, Fax (03591)
534309.
ADAC, Steinstr. 26.
Berlin 200 – Dresden 65 – Görlitz 47 – Cottbus 75.

🏛 **Holiday Inn** 🅼, Wendischer Graben 20, ✉ 02625, 𝒫 (03591) 49 20, holiday-inn@g
ux.de, Fax (03591) 492100, ⩥ – 🔌, ⇖ Zim, ▥ Rest, 📺 📞 ⅋ 🅿 – 🍴 90. 🆎 ⓪ 🐵
𝓥𝓘𝓢𝓐 🇯🇨🇧
Menu à la carte 34/58 – **157 Z** ⊑ 163/183 – 211/231, 6 Suiten.

🏛 **Goldener Adler,** Hauptmarkt 4, ✉ 02625, 𝒫 (03591) 4 86 60, Fax (03591) 486620
– 🔌 📺 📞 🅿 – 🍴 20. 🆎 🐵 𝓥𝓘𝓢𝓐 ⛷
Menu à la carte 26/47 – **30 Z** ⊑ 115/135 – 155/195.

🏛 **Residence,** Wilthener Str. 32 (Gewerbepark), ✉ 02625, 𝒫 (03591) 35 57 00, Hotel.
Residence@akzent.de, Fax (03591) 355705, 🍴 – ⇖ Zim, 📺 📞 ⅋ 🅿 – 🍴 100. 🆎 🐵
𝓥𝓘𝓢𝓐
Menu à la carte 26/48 – **19 Z** ⊑ 110/115 – 130/145.

🍴🍴 **Schloss-Schänke** 🦢 mit Zim, Burgplatz 5, ✉ 02625, 𝒫 (03591) 30 49 90,
Fax (03591) 490198, 🍴 – 📺 🅿 🆎 🐵 𝓥𝓘𝓢𝓐
Menu (Jan. - Feb. nur Abendessen) à la carte 38/64 – **6 Z** ⊑ 90/140 – 120/190.

In Bautzen-Burk Nord-Ost : 3 km :

🏛 **Spree Hotel** 🦢, An den Steinbrüchen, ✉ 02625, 𝒫 (03591) 2 13 00, spreehotel@t
-online.de, Fax (03591) 213010, ⩥ – 🔌, ⇖ Zim, ▥ Rest, 📺 📞 ⅋ 🅿 – 🍴 70. 🆎 🐵
𝓥𝓘𝓢𝓐
Menu à la carte 31/54 – **81 Z** ⊑ 140/170.

BAYERISCH EISENSTEIN Bayern **420** S 23 – 1 600 Ew – Höhe 724 m – Luftkurort – Wintersport : 724/1 456 m ⚡7 ⚐.
  Ausflugsziel : Hindenburg-Kanzel ≤★, Nord-West : 9 km.
  🛈 Verkehrsamt, Schulbergstr. 1, ⊠ 94252, ℰ (09925) 3 27, Fax (09925) 478.
  Berlin 463 – München 193 – Passau 75 – Straubing 85.

🏠 **Eisensteiner Hof,** Anton-Pech-Weg 14, ⊠ 94252, ℰ (09925) 9 41 20, eisensteiner
⊜ .hof@t-online.de, Fax (09925) 941230, 佘, ⊜s – ⧤ 🅃🅅 🄿. ⓞ ⓜⓢ 𝒱𝐼𝑆𝐴
  geschl. 15. Nov. - 15. Dez. – **Menu** à la carte 23/45 – **21 Z** ⊃ 75 – 100/120 – ½ P 18.

🏠 **Waldspitze,** Hauptstr. 4, ⊠ 94252, ℰ (09925) 9 41 00, Waldwinkel-Hotels@t-online.
⊜ de, Fax (09925) 9410199, 佘, ⊜s, ◨ – ⧤ 🅃🅅 🄿.
  geschl. Nov. - Mitte Dez. – **Menu** à la carte 23/55 – **56 Z** ⊃ 76/160 – ½ P 18.

BAYERISCH GMAIN Bayern siehe Reichenhall, Bad.

BAYERSOIEN, BAD Bayern **419 420** W 17 – 1 100 Ew – Höhe 812 m – Luftkurort und Moorheilbad.
  Ausflugsziel : Echelsbacher Brücke★ Nord : 3 km.
  🛈 Kur- und Touristikinformation, Dorfstr. 45, ⊠ 82435, ℰ (08845) 18 90, Fax (08845) 9000.
  Berlin 642 – München 102 – Garmisch-Partenkirchen 35 – Kempten (Allgäu) 73 – Weilheim 38.

🏨 **Parkhotel** ⬙, Am Kurpark 1, ⊠ 82435, ℰ (08845) 1 20, parkhotel.bayersoien@t-o
  nline.de, Fax (08845) 8398, ≤, 佘, Massage, ♨, 𝑓ऀ, ≗, ⊜s, ◨, 佘 – ⧤, ⥼ Rest, 🅃🅅
  ℃ ⬥ ⊜ 🄿 – ⧤ 70. ◧⧤ 🄿.
  Menu à la carte 50/72 (auch Diät) – **59 Z** ⊃ 145/204 – 198/284, 4 Suiten – ½ P 38.

🏠 **Haus am Kapellenberg** ⬙, Eckweg 8, ⊠ 82435, ℰ (08845) 5 22, Fax (08845) 7203,
⊜ ≤, 佘, 佘 – 🄿.
  Menu (geschl. Nov. - 20. Dez., Dienstag) à la carte 24/55 – **14 Z** ⊃ 48/55 – 76/96.

⬙ **Metzgerwirt,** Dorfstr. 39, ⊠ 82435, ℰ (08845) 7 40 80, Fax (08845) 740833 – 🅃🅅
  🄿. ◧⧤ ⓜⓢ 𝒱𝐼𝑆𝐴
  geschl. 20. Nov. - 15. Dez. – **Menu** à la carte 26/55 – **10 Z** ⊃ 65/70 – 104/110 – ½ P 21.

BAYREUTH Bayern **420** Q 18 – 73 000 Ew – Höhe 340 m.
  Sehenswert : Markgräfliches Opernhaus★ Y – Richard-Wagner-Museum★ Z **M1** – Neues Schloß (Innenausstattung★) Z.
  Ausflugsziel : Schloß Eremitage★ : Schloßpark★ 4 km über ②.
          Festspiel-Preise : siehe Seite 6
          Prix pendant le festival : voir p. 18
          Prices during tourist events : see p. 30
          Prezzi duranti i festival : vedere p. 42.
  ✈ Bindlacher Berg, über ① : 7 km, ℰ (09208) 8 22.
  🛈 Kongress- und Tourismuszentrale, Luitpoldplatz 9, ⊠ 95444, ℰ (0921) 8 85 88, Fax (0921) 88555 – **ADAC**, Hohenzollernring 64.
  Berlin 358 ① – München 231 ③ – Coburg 67 ⑤ – Nürnberg 80 ③ – Regensburg 159 ③ – Bamberg 65 ⑤

          Stadtplan siehe gegenüberliegende Seite

🏨 **Treff Hotel Residenzschloss,** Erlanger Str. 37, ⊠ 95444, ℰ (0921) 7 58 50,
  Fax (0921) 7585601, 佘, ⊜s – ⧤, ⥼ Zim, ▤ Rest, 🅃🅅 ⬥ ⊜ – ⧤ 110. ◧⧤ ⓞ ⓜⓢ
  𝒱𝐼𝑆𝐴 ⺟𝒸𝒷   Z a
  Menu à la carte 49/72 – **104 Z** ⊃ 220/280, 3 Suiten.

🏨 **Arvena Kongreß Hotel** M, Eduard-Bayerlein-Str. 5a, ⊠ 95445, ℰ (0921) 72 70,
  Fax (0921) 727115, 佘, 𝑓ऀ, ⊜s – ⧤, ⥼ Zim, 🅃🅅 ℃ ⬥ ⊜ 🄿 – ⧤ 380. ◧⧤ ⓞ ⓜⓢ 𝒱𝐼𝑆𝐴
  Menu à la carte 46/64 – **196 Z** ⊃ 195/247 – 205/279.   Y b

🏨 **Treff Hotel Rheingold** M, Austr. 2/Unteres Tor, ⊠ 95445, ℰ (0921) 7 56 50,
  Fax (0921) 7565801, 佘, ⊜s, ◨ – ⧤, ⥼ Zim, 🅃🅅 ℃ ⬥ ⊜ 🄿 – ⧤ 200. ◧⧤ ⓞ ⓜⓢ
  𝒱𝐼𝑆𝐴 ⺟𝒸𝒷   Y g
  Menu à la carte 41/68 (auch vegetarische Gerichte) – **146 Z** ⊃ 165/215 – 195/270.

🏨 **Goldener Anker,** Opernstr. 6, ⊠ 95444, ℰ (0921) 6 50 51, Fax (0921) 65500 – 🅃🅅
  ⊜, ◧⧤ ⓞ 𝒱𝐼𝑆𝐴 ⺟, ⥼ Rest   Y r
  geschl. Weihnachten - Mitte Jan. – **Menu** (geschl. Dienstag) (nur Abendessen) 55/95 und
  à la carte – **35 Z** ⊃ 120/180 – 170/250.

🏨 **Bayerischer Hof,** Bahnhofstr. 14, ⊠ 95444, ℰ (0921) 7 86 00, hotel@bayerischer-hof.
  de, Fax (0921) 7860560, ⊜s, ◨, 佘 – ⧤, ⥼ Zim, 🅃🅅 ⬥ ⊜ 🄿 – ⧤ 30. ◧⧤ ⓞ ⓜⓢ 𝒱𝐼𝑆𝐴 Y e
  geschl. 2. - 10. Jan. – **Gendarmerie :** « Restaurant im Bistro-Stil » **Menu** à la carte 37/71
  – ⊃ 18 – **50 Z** 109/159 – 169/235.

BAYREUTH

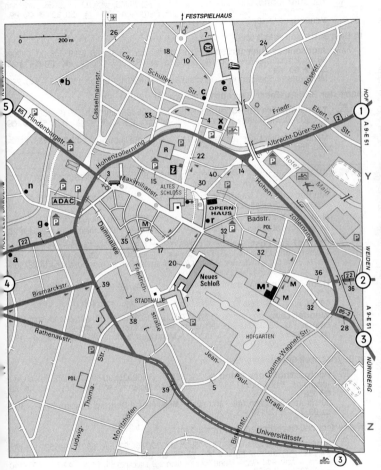

🏠 **Kolpinghaus,** Kolpingstr. 5, ✉ 95444, ℰ (0921) 8 80 70, *AkzentHotel.Bayreuth@t-o
nline.de.de, Fax (0921) 880715,* 🏤 – 🛗, 🔄 Zim, 📺 🅿 – 🔏 250. 🆎 ① 🌕
🆅🆂🅰 🅹🅲🅱 Y X
Menu à la carte 34/69 – **41 Z** ⌑ 105/210 – 170/320.

🏠 **Goldener Hirsch** garni, Bahnhofstr. 13, ✉ 95444, ℰ (0921) 2 30 46, *Goldener.Hirsc
h@bayreuth-online.de, Fax (0921) 22483* – 🔄 📺 🚗 🅿 – 🔏 30. ① 🌕 🆅🆂🅰 Y c
40 Z ⌑ 90/140 – 130/200.

🏠 **Goldener Löwe,** Kulmbacher Str. 30, ✉ 95445, ℰ (0921) 74 60 60, Fax (0921) 47777,
🏤, « Fränkische Gaststuben » – 📺 🅿 🆎 ① 🌕 🆅🆂🅰 Y n
Menu (geschl. Juni 2 Wochen, Sonntagabend, Feiertage) (abends Tischbestellung ratsam)
à la carte 26/53 🍴 – **12 Z** ⌑ 80/135 – 130/185.

※※ **Bürgerreuth** ⬠ mit Zim, An der Bürgerreuth 20, ⊠ 95445, 𝒫 (0921) 7 84 00, *emai l@ minuzzi.com*, Fax (0921) 784024, ☞ – 🆃🆅 🄿 🄰🄴 ⓦⓔ 𝚅𝙸𝚂𝙰
Menu (italienische Küche) à la carte 39/76 – **8 Z** ⊡ 90/118 – 138/168.

über Bürgerreuther Straße **Y**

In Bayreuth-Oberkonnersreuth über ③ : 3 km :

※※ **Zur Sudpfanne,** Oberkonnersreuther Str. 6, ⊠ 95448, 𝒫 (0921) 5 28 83, *Sudpfann e@ Sudpfanne.com*, Fax (0921) 515011, ☞, Biergarten – 🄿 – 🄐 150. 🄰🄴 ⓞ ⓦⓔ 𝚅𝙸𝚂𝙰
Menu à la carte 59/87.

In Bayreuth-Wolfsbach über ③ : 6 km :

※※※ **Jagdschloss Thiergarten** mit Zim, Oberthiergärtner Str. 36, ⊠ 95448, 𝒫 (09209) 98 40, *Schlosshotel-Thiergarten@ t-online.de*, Fax (09209) 98429, ☞, ☞ – 🆃🆅 🄿 – 🄐 25. 🄰🄴 ⓞ ⓦⓔ 𝚅𝙸𝚂𝙰
Menu (geschl. Sonntagabend - Montag) à la carte 65/91 – **8 Z** ⊡ 130/190 – 240/290.

Nahe der BAB-Ausfahrt Bayreuth-Nord über ① : 2 km :

🏨 **Transmar-Travel-Hotel,** Bühlstr. 12, ⊠ 95463 Bindlach, 𝒫 (09208) 68 60, Fax (09208) 686100, ☞, 🖘 – 🄵, 🖙 Zim, 🆃🆅 ✆ 🄿 – 🄐 400. 🄰🄴 ⓞ ⓦⓔ 𝚅𝙸𝚂𝙰 🄹🄲🄱
Menu (Restaurant nur für Hausgäste) 30/60 und à la carte – **147 Z** ⊡ 138/210 – 180/260.

BAYRISCHZELL Bayern 🄸🄹🄾 W 20 – 1 600 Ew – Höhe 802 m – Heilklimatischer Kurort – Win- tersport : 800/1800 m ✯ 1 ❧ 20 ⛷.
Ausflugsziele : Wendelstein ☀✯✯ (❧ ab Bayrischzell-Osterhofen) – Ursprungpaß-Straße✯ (von Bayrischzell nach Kufstein).
🛈 Kurverwaltung, Kirchplatz 2, ⊠ 83735, 𝒫 (08023) 6 48, Fax (08023) 1034.
Berlin 664 – München 77 – Garmisch-Partenkirchen 96 – Rosenheim 37 – Miesbach 23.

🏨 **Gasthof zur Post,** Schulstr. 3, ⊠ 83735, 𝒫 (08023) 2 26, *Gasthof.zur.Post.Bayrisc hzell@ t-online.de*, Fax (08023) 775, ☞, ☞ – 🆃🆅 ⬛ 🄿 🄰🄴 ⓞ ⓦⓔ 𝚅𝙸𝚂𝙰
geschl. Ende Okt. - Mitte Dez. – **Menu** (geschl. ausser Saison Dienstag) à la carte 28/56 – **43 Z** ⊡ 65/100 – 130/210 – ½ P 25.

🏨 **Haus Effland** ⬠ garni, Tannermühlstr. 14, ⊠ 83735, 𝒫 (08023) 2 63, Fax (08023) 1413, 🖘, 🄻, ☞ – 🆃🆅 🄿
geschl. April 2 Wochen, Nov. - Mitte Dez. – **14 Z** ⊡ 75 – 128/170.

🏫 **Wendelstein,** Ursprungstr. 1, ⊠ 83735, 𝒫 (08023) 8 08 90, *hotel.wendelstein@ t-o nline.de*, Fax (08023) 808969, Biergarten, ☞ – 🖙 Rest, 🆃🆅 🄿 ⓦⓔ 𝚅𝙸𝚂𝙰
geschl. April 2 Wochen, Nov. - Mitte Dez. – **Menu** (geschl. Montag) à la carte 25/64 – **19 Z** ⊡ 47/100 – 90/160 – ½ P 22.

In Bayrischzell-Geitau Nord-West : 5 km :

🏨
🕸 **Postgasthof Rote Wand** ⬠, ⊠ 83735, 𝒫 (08023) 90 50, *GasthofRoteWand@ t -online.de*, Fax (08023) 656, ≼, « Gartenterrasse », ☞ – 🖙 Rest, ⬛ 🄿 🄰🄴 ⓦⓔ 𝚅𝙸𝚂𝙰
geschl. April 2 Wochen, Nov. - Mitte Dez. – **Menu** (geschl. Dienstag) à la carte 24/57 – **30 Z** ⊡ 60/70 – 110/130 – ½ P 25.

In Bayrischzell-Osterhofen Nord-West : 3 km :

🏨 **Alpenhof,** Osterhofen 1, ⊠ 83735, 𝒫 (08023) 9 06 50, Fax (08023) 906520, ≼, ☞, 🄵, 🖘, 🄻, ☞ – 🄵 🆃🆅 ⬛ 🄿 – 🄐 25. ⓦⓔ 𝚅𝙸𝚂𝙰
geschl. 4. Nov. - 14. Dez. – **Menu** (geschl. Montag) à la carte 31/71 ⅋ – **42 Z** ⊡ 107/110 – 189/209 – ½ P 28.

BEBRA Hessen 🄸🄹🄷 🄸🄹🄸 N 13 – 16 500 Ew – Höhe 205 m.
Berlin 395 – Wiesbaden 182 – Kassel 60 – Bad Hersfeld 15 – Erfurt 120.

🏨 **Röse,** Hersfelder Str. 1, ⊠ 36179, 𝒫 (06622) 93 90, *info@ hotel-roese.de*, Fax (06622) 939393, Biergarten, « Saunalandschaft », 🄻 – 🖙 Zim, 🆃🆅 ✆ 🄿 – 🄐 100. ⓞ ⓦⓔ 𝚅𝙸𝚂𝙰
Menu (geschl. Nov. - März Sonntagabend) à la carte 38/60 – **45 Z** ⊡ 95/119 – 128/189.

🏨 **Hessischer Hof,** Kasseler Str. 4, ⊠ 36179, 𝒫 (06622) 93 60, Fax (06622) 936123 – 🖙 Zim, 🆃🆅 ✆ 🄿 – 🄐 150. 🄰🄴 ⓞ ⓦⓔ 𝚅𝙸𝚂𝙰
Menu (geschl. Samstagmittag) à la carte 29/55 – **27 Z** ⊡ 89/135.

BECKUM Nordrhein-Westfalen **417** K 8 – 38 500 Ew – Höhe 110 m.
  🐾 Bauernschaft Ebbecke (Süd : 7 km über die B 475), ℰ (02527) 81 91.
  Berlin 438 – Düsseldorf 130 – Bielefeld 58 – Hamm in Westfalen 20 – Lippstadt 25 –
  Münster (Westfalen) 41.

Am Höxberg Süd : 1,5 km :

🏨 **Höxberg** ♨, Soestwarte 1, ✉ 59269, ℰ (02521) 8 30 40, HotelHoexberg@ t-online.de,
  Fax (02521) 830470, 🍴, 🚬 – 🔆 Zim, 📺 ✆ 🔥 🚗 🅿 – 🔏 40. 🆎 ① ◑◐ 𝘝𝘐𝘚𝘈
  Menu à la carte 45/74 – **41 Z** 🚪 129/207.

✗✗ **Zur Windmühle** mit Zim, Unterberg II/33, ✉ 59269, ℰ (02521) 8 60 30, info@ net
  tebrock.de, Fax (02521) 860313, 🍴 – 📺 🅿 🆎 ◑◐ 𝘝𝘐𝘚𝘈.
  geschl. Juli - Aug. 3 Wochen, Montag – Menu (wochentags nur Abendessen) (bemerkenswerte Weinkarte) à la carte 44/82 – **9 Z** 🚪 80/140.

In Beckum-Vellern Nord-Ost : 4 km :

🏨 **Alt Vellern,** Dorfstr. 21, ✉ 59269, ℰ (02521) 8 71 70, info@ alt-vellern.de,
  Fax (02521) 871758, 🍴, « Gemütliche Stuben im westfälischen Stil » – 📳 📺 ✆ 🚗 🅿
  – 🔏 15. 🆎 ① ◑◐ 𝘝𝘐𝘚𝘈 🅹🅲🅱. ✻ Zim
  Menu (geschl. Sonntagmittag, Freitagabend - Samstagmittag) à la carte 42/79 – **33 Z**
  🚪 110/140 – 170/298.

BEDBURG Nordrhein-Westfalen **417** N 3 – 20 000 Ew – Höhe 70 m.
  Berlin 602 – Düsseldorf 50 – Aachen 56 – Köln 36 – Mönchengladbach 29.

In Bedburg-Kaster Nord-West : 2,5 km :

🏨 **Landhaus Danielshof,** Hauptstr. 3, ✉ 50181, ℰ (02272) 98 00, info@ danielshoft.de,
  Fax (02272) 980200, 🍴, « Ehemaliger Gutshof mit Park » – 📳, 🔆 Zim, 📺 🅿 – 🔏 60.
  🆎 ① ◑◐ 𝘝𝘐𝘚𝘈
  Menu à la carte 38/64 – **39 Z** 🚪 99/152 – 190/220.

BEDERKESA, BAD Niedersachsen **415** F 10 – 5 100 Ew – Höhe 10 m – Moorheilbad.
  🐾 Gut Hainmühlen, (Süd-Ost : 6 km), ℰ (04708) 92 00 36.
  🅱 Tourist-Information, Amtsstr. 8, ✉ 27624, ℰ (04745) 9 43 30, Fax (04745) 943322.
  Berlin 400 – Hannover 198 – Cuxhaven 42 – Bremerhaven 25 – Hamburg 108.

🏨 **Romantik Hotel Waldschlößchen Bösehof** ♨, Hauptmann-Böse-Str. 19,
  ✉ 27624, ℰ (04745) 94 80, boesehof@ t-online.de, Fax (04745) 948200, ≼, 🍴,
  « Gartenanlage mit Teich » , 🚬, 🔲 – 📳, 🔆 Zim, 📺 ✆ 🚗 🅿 – 🔏 40. 🆎 ① ◑◐ 𝘝𝘐𝘚𝘈
  Menu à la carte 49/81 – **48 Z** 🚪 85/240 – 190/300 – ½ P 38.

BEELEN Nordrhein-Westfalen **417** K 8 – 5 000 Ew – Höhe 52 m.
  Berlin 433 – Düsseldorf 148 – Bielefeld 39 – Münster (Westfalen) 37.

✗✗ **Hemfelder Hof** mit Zim, Clarholzer Str. 21 (Süd-Ost : 3 km, an der B 64, Richtung Paderborn), ✉ 48361, ℰ (02586) 2 15, Fax (02586) 8624, 🍴 – 📺 🚗 🅿 ◑◐
  Menu (geschl. Juli 2 Wochen, Freitag - Samstagmittag) à la carte 47/78 – **11 Z** 🚪 75/85
  – 130.

BEERFELDEN Hessen **417 419** R 10 – 4 000 Ew – Höhe 427 m – Erholungsort – Wintersport :
  450/550 m, ✝1, ✈.
  🐾 Beerfelden-Hetzbach (Nord-West : 5 km), ℰ (06068) 91 20 50.
  🅱 Verkehrsbüro Beerfelder Land, Metzkeil 1, ✉ 64743, ℰ (06068) 93 03 20, Fax (06068)
  3529.
  Berlin 605 – Wiesbaden 106 – Mannheim 62 – Darmstadt 61 – Heidelberg 44.

🏠 **Schwanen,** Metzkeil 4, ✉ 64743, ℰ (06068) 22 27, Fax (06068) 2325, 🍴 – 📺. 🆎
  ① ◑◐ 𝘝𝘐𝘚𝘈 ✻ Zim
  geschl. Feb. 2 Wochen, Okt. 2 Wochen – Menu (geschl. Feb. 1 Woche, Juli 2 Wochen, Nov.
  2 Wochen, Montag) à la carte 31/56 (auch vegetarische Gerichte) 🍷 – **7 Z** 🚪 60/65 –
  120/130 – ½ P 20.

In Beerfelden-Gammelsbach Süd : 7 km :

🏠 **Grüner Baum,** Neckartalstr. 65, ✉ 64743, ℰ (06068) 21 56, Fax (06068) 47265, 🍴
  – 📺 🅿 ◑◐ 𝘝𝘐𝘚𝘈
  geschl. Mitte Jan. - Mitte Feb. – Menu (geschl. Dienstag) à la carte 27/62 🍷 – **10 Z** 🚪 54/71
  – 78/118 – ½ P 14.

Auf dem Krähberg *Nord-Ost : 10 km :*

🏛 **Reussenkreuz** 🍴 (mit Gästehaus), ✉ 64759 Sensbachtal, 🖋 (06068) 22 63,
Fax (06068) 4651, ⬩, 🛋, ⇌s, 🚗 – 📺 ⇌ 🅿 – 🏊 15. 🐵 𝖵𝖨𝖲𝖠
Menu à la carte 31/66 🍷 – **20 Z** ⇌ 68/75 – 136/156.

BEESKOW *Brandenburg* 416 418 *J 26 – 9 700 Ew – Höhe 40 m.*

🚩 *Märkische Tourismus-Zentrale, Berliner Str. 30,* ✉ *15848,* 🖋 *(03366) 2 29 49, Fax (03366) 253654.*
Berlin 92 – Potsdam 127 – Frankfurt (Oder) 28 – Fürstenwalde 22.

🏛 **Zum Schwan,** Berliner Str. 31 (B 246/B 87), ✉ 15848, 🖋 (03366) 3 39 80, *hotel-sc hwan@ t-online.de,* Fax (03366) 3398339, Biergarten – ⇌ Zim, 📺 ☎ 🅿 – 🏊 20. 🖽 ⓞ 🐵 𝖵𝖨𝖲𝖠, ⇌ Zim
Menu à la carte 27/48 – **35 Z** ⇌ 84/95 – 140.

BEILNGRIES *Bayern* 419 420 *S 18 – 8 400 Ew – Höhe 372 m – Erholungsort.*

🚩 *Touristik-Verband, Hauptstr. 14 (Haus des Gastes),* ✉ *92339,* 🖋 *(08461) 84 35, Fax (08461) 9661.*
Berlin 482 – München 108 – Nürnberg 76 – Ingolstadt 35 – Regensburg 51.

🏛🏛 **Die Gams** (mit Gästehaus), Hauptstr. 16, ✉ 92339, 🖋 (08461) 61 00, *info@ hotel-ga ms.de,* Fax (08461) 610100, 🌳, ⇌s – 🛗, ⇌ Zim, 📺 ☎ ⇌ 🅿 – 🏊 80. 🖽 ⓞ 🐵 𝖵𝖨𝖲𝖠
Menu à la carte 31/69 – **62 Z** ⇌ 105/135 – 150/190 – ½ P 28.

🏛🏛 **Gasthof Gallus,** Neumarkter Str. 25, ✉ 92339, 🖋 (08461) 2 47, *hotel-gallus@ t-onl ine.de,* Fax (08461) 7680, 🌳, ⇌s, 🚗 – 🛗, ⇌ Zim, 📺 ☎ 🅿 – 🏊 120. 🖽 ⓞ 🐵 𝖵𝖨𝖲𝖠
Menu à la carte 34/66 – **60 Z** ⇌ 95/170 – 140/205 – ½ P 35.

🏛🏛 **Fuchs-Bräu,** Hauptstr. 23, ✉ 92339, 🖋 (08461) 65 20, *fuchsbraeu.hotel@ t-online.de,* Fax (08461) 8357, Biergarten, ⇌s, 📺 – 🛗 ⇌ 📺 ♿ 🅿 – 🏊 70. 🖽 ⓞ 🐵 𝖵𝖨𝖲𝖠
Menu à la carte 27/56 – **67 Z** ⇌ 90/115 – 135/145 – ½ P 27.

🏛 **Zur Krone,** Hauptstr. 20, ✉ 92339, 🖋 (08461) 65 30, Fax (08461) 653190, Biergarten,
⇌s – ☎ 🅿 – 🏊 30. ⓞ
Menu à la carte 21/41 – **53 Z** ⇌ 65/95 – 98/120 – ½ P 23.

🏛 **Goldener Hahn,** Hauptstr. 44, ✉ 92339, 🖋 (08461) 6 41 30, Fax (08461) 641389,
(Brauerei-Gasthof), Biergarten, ⇌s – 🛗 📺 ☎ ♿ 🅿 – 🏊 30
Menu à la carte 23/43 – **46 Z** ⇌ 75/85 – 114/134 – ½ P 27.

In Beilngries-Hirschberg *West : 3,5 km :*

🏛 **Zum Hirschen** 🍴, Hirschberg 4, ✉ 92339, 🖋 (08461) 5 20, *Zum.hirschen@ t-onlin e.de,* Fax (08461) 9676, Biergarten, ⇌s, 🚗 – 📺 🅿 – 🏊 20. 🐵 𝖵𝖨𝖲𝖠
geschl. Nov. 2 Wochen – **Menu** *(geschl. Montag)* à la carte 21/42 – **34 Z** ⇌ 65/100 – ½ P 15.

BEILSTEIN *Baden-Württemberg* 419 *S 11 – 5 400 Ew – Höhe 258 m.*
Berlin 598 – Stuttgart 43 – Heilbronn 16 – Schwäbisch Hall 47.

🍴🍴 **Alte Bauernschänke,** Heerweg 19 / Ecke Wunnensteinstraße, ✉ 71717, 🖋 (07062) 33 27, Fax (07062) 930228, 🌳 – 🅿. 🖽 ⓞ 🐵 𝖵𝖨𝖲𝖠
geschl. April 2 Wochen, Sept. 3 Wochen, Donnerstag - Freitagmittag, Samstagmittag –
Menu à la carte 41/76 🍷.

BEILSTEIN *Rheinland-Pfalz* 417 *P 5 – 150 Ew – Höhe 86 m.*
Sehenswert : Burg Metternich ⬩★.
Berlin 655 – Mainz 111 – Koblenz 48 – Trier 102 – Bernkastel-Kues 68 – Cochem 11.

🏛 **Haus Burgfrieden,** Im Mühlental 17, ✉ 56814, 🖋 (02673) 9 36 39,
Fax (02673) 936388, 🛁, ⇌s – 🛗 📺 🅿.
April - Okt. – **Menu** à la carte 28/63 – **39 Z** ⇌ 75/130 – 120/170.

🏛 **Am Klosterberg** 🍴 garni, Auf dem Teich 8, ✉ 56814, 🖋 (02673) 18 50, *Lipmann @ t-online.de,* Fax (02673) 1287 – 📺 ⇌ 🅿
Ostern - Anfang Nov. – **24 Z** ⇌ 75/85 – 110/150.

🏛 **Villa Beilstein,** Fürst-Metternich-Str. 6, ✉ 56814, 🖋 (02673) 18 87, Fax (02673) 1378, 🌳 – ⇌ Zim, 📺 ☎. 🖽 ⓞ 🐵 𝖵𝖨𝖲𝖠 𝖩𝖢𝖡
Mitte März - Mitte Nov. – **Menu** à la carte 32/67 – **11 Z** ⇌ 130 – 150/170.

🍴 **Haus Lipmann** mit Zim, Marktplatz 3, ✉ 56814, 🖋 (02673) 15 73, *hotel.haus.lipma nn@ t-online.de,* Fax (02673) 1521, ⬩, « Rittersaal ; Gartenterrasse » – 📺 🅿
April - Okt. – **Menu** à la carte 29/55 🍷 – **5 Z** ⇌ 150/160.

BELGERN Sachsen 418 L 23 – 4 800 Ew – Höhe 95 m.
Berlin 143 – Dresden 77 – Leipzig 66 – Wittenberg 61.

🏠 **Alte Post,** Markt 13, ✉ 04874, ☏ (034224) 44 40, *Alte Post Belgern@aol.com,*
Fax (034224) 44434 – 📺 📞 🄿 – 🛁 25. 🐾 💳
geschl. Anfang Jan. 1 Woche – **Menu** *(geschl. Montag) (wochentags nur Abendessen)* à la
carte 36/59 – **10 Z** ⊆ 110/130 – 145/155.

BELLHEIM Rheinland-Pfalz 417 419 S 8 – 7 000 Ew – Höhe 110 m.
Berlin 659 – Mainz 126 – Karlsruhe 33 – Landau in der Pfalz 13 – Speyer 22.

🏠 **Lindner,** Postgrabenstr. 54, ✉ 76756, ☏ (07272) 97 20 60, Fax (07272) 9720630, 🌣
– 📺 📞 🄿 🐾 💳
Menu *(geschl. Anfang Jan. 1 Woche, Juni - Juli 3 Wochen, Montag - Dienstagmittag)* (Tischbestellung ratsam) à la carte 32/70 – **15 Z** ⊆ 90/130.

✗✗ **Bellheimer Braustübl** mit Zim, Hauptstr. 78, ✉ 76756, ☏ (07272) 7 55 00, *Braus*
tueblBellh.@aol.com, Fax (07272) 74013, « Innenhofterrasse » – 📺 ⟷ 🄿 – 🛁 40. 🐾
💳
geschl. 27. Dez. - 9. Jan., Juli 2 Wochen – **Menu** *(geschl. Montag - Dienstag)* (Tischbestellung
ratsam) à la carte 42/85 ⅃ – **7 Z** ⊆ 80/120.

In Knittelsheim *West : 2 km :*

✗✗ **Steverding's Isenhof,** Hauptstr. 15a, ✉ 76879, ☏ (06348) 57 00, Fax (06348) 5917,
🌣 🌣, « Renoviertes Bauernhaus a.d. 14. Jh. ; rustikale Einrichtung » – 🄿 🌣
geschl. 2. - 12. Jan., Ende Juli - Mitte Aug., Sonntag - Montag – **Menu** *(wochentags nur*
Abendessen) (Tischbestellung ratsam) 115/145 und à la carte
Spez. Angeldorsch mit gebratenen Gemüsen und Gartenkräuteremulsion. Suprême von
Taube und Stubenküken mit Spitzkohlstrudel und Gänseleber. Schokoladentropfen mit
Aprikosenschaum gefüllt.

In Zeiskam *Nord-West : 4,5 km :*

🏠 **Zeiskamer Mühle** 🐾, Hauptstr. 87 (Süd : 1,5 km), ✉ 67378, ☏ (06347) 9 74 00,
Fax (06347) 974066, 🌣 – 📶 📺 🄿 🄰🄴 ① 🐾 💳
Menu *(geschl. Feb. 2 Wochen, Montagmittag, Donnerstag)* à la carte 36/77 ⅃ – **17 Z**
⊆ 85/125.

BELLINGEN, BAD Baden-Württemberg 419 W 6 – 3 400 Ew – Höhe 256 m – Heilbad.
🏕 Bad Bellingen (Süd : 3 km über Bamlach), ☏ (07635) 82 28 62.
🟦 Tourist-Info, Rheinstr. 25, ✉ 79415, ☏ (07635) 82 11 00, Fax (07635) 808290.
Berlin 841 – Stuttgart 247 – Freiburg im Breisgau 44 – Müllheim 12 – Basel 27.

🏠 **Landgasthof Schwanen** (mit Gästehaus Rheintalblick), Rheinstr. 50, ✉ 79415,
☏ (07635) 13 14, *HotelSchwanen@t-online.de,* Fax (07635) 2331, 🌣, « Gasthof a.d.J.
1717 », 🌿 – ✖ Rest, 📺 🄶 🄿 🐾 💳
geschl. 10. Jan. - 1. Feb. – **Menu** *(geschl. Dienstag - Mittwochmittag)* à la carte 42/73 –
24 Z ⊆ 83/96 – 130/170 – ½ P 27.

🏠 **Paracelsus,** Akazienweg 1, ✉ 79415, ☏ (07635) 8 10 40, *Hotel.Paracelsus@t-online*
.de, Fax (07635) 3354, Massage, 🌿 – 📺 🄿 🐾 💳 🌣
geschl. Dez. - Jan. – **Menu** *(nur Abendessen)* (Restaurant nur für Hausgäste) – **23 Z** ⊆ 97
– 170/210 – ½ P 27.

🏠 **Markushof-Quellenhof,** Badstr. 6, ✉ 79415, ☏ (07635) 3 10 80,
Fax (07635) 310888, 🌣, Massage, 🍸, – 📺 ⟷ 🄿 🐾 💳 🌣 Zim
geschl. 8. Jan. - 7. Feb. – **Menu** *(geschl. Mittwoch, Nov. - März Dienstagabend - Mittwoch)*
à la carte 35/66 – **53 Z** ⊆ 85/120 – 155/180 – ½ P 28.

🏠 **Kaiserhof,** Rheinstr. 68, ✉ 79415, ☏ (07635) 6 00, *edgarkaiser@hotmail.com,*
Fax (07635) 824804, 🌣, 🌿 – 📺 🄿 🄰🄴 ① 🐾 💳
geschl. Mitte Dez. - Mitte Jan. – **Menu** *(geschl. Donnerstag)* à la carte 33/72 ⅃ – **15 Z**
⊆ 80/100 – 160/180 – ½ P 22.

🏠 **Birkenhof,** Rheinstr. 76, ✉ 79415, ☏ (07635) 6 23, Fax (07635) 2546, 🌿 – ✖ Zim,
📺 🄶 🄿 🐾
geschl. Dez. - Jan. – **Menu** (Restaurant nur für Pensionsgäste) – **15 Z** ⊆ 70/90 – 130/140
– ½ P 20.

🏠 **Therme** garni, Rheinstr. 72, ✉ 79415, ☏ (07635) 93 48, Fax (07635) 8622, 🌣, 🌿 –
📺 🄿 🐾
geschl. Mitte Dez. - Mitte Jan. – **15 Z** ⊆ 50/80 – 100/160.

✗ **Berghofstüble,** über Markus-Ruf-Str. (Nord-Ost : 1,5 km), ✉ 79415, ☏ (07635) 12 93,
Fax (07635) 3772, ≤, 🌣, « Gartenterrasse » – 🄿 💳
geschl. Feb. 2 Wochen, Juni 2 Wochen, Montag - Dienstag – **Menu** à la carte 42/83.

In Bad Bellingen-Hertingen *Ost : 3 km :*

🏠🏠 **Hebelhof-Römerbrunnen,** Bellinger Str. 5, ✉ 79415, ☏ (07635) 81 90 50, *Hebelhof-Hertingen@t-online.de, Fax (07635) 8190518,* �, Massage, ☎s, 🔲, 🛏 – 📺 ☜
🅿, 🆗 𝘝𝘐𝘚𝘈
geschl. 8. - 26. Jan. – **Menu** *(geschl. Donnerstag - Freitagmittag)* à la carte 44/80 – **18 Z** ⊇ 85/115 – 160/190 – ½ P 35.

BELM *Niedersachsen siehe Osnabrück.*

BELZIG *Brandenburg* 𝟜𝟙𝟞 𝟜𝟙𝟠 *J 21* – *8 000 Ew* – *Höhe 80 m.*
🇧 *Tourist-Information, Straße der Einheit 5,* ✉ 14806, ☏ (033841) 3 48 15, *Fax (033841) 34817.*
Berlin 87 – *Potsdam 57* – *Brandenburg 35* – *Cottbus 150* – *Dessau 57* – *Magdeburg 72.*

🏠 **Burghotel,** Wittenberger Str. 14, ✉ 14806, ☏ (033841) 3 12 96, *Fax (033841) 31297,*
≼, Biergarten, ☎s – 📺 🅿 – 🔏 40. 🆎 🆗 𝘝𝘐𝘚𝘈
Menu à la carte 27/52 – **34 Z** 75/80 – 120.

In Lüsse *Ost : 6 km :*

🏠 **Landhaus Sternberg,** Dorfstr. 31, ✉ 14806, ☏ (033841) 3 35 18,
☜ *Fax (033841) 34075,* Biergarten, 🌱 – 📺 🅿, 🆗
Menu à la carte 21/42 – **9 Z** ⊇ 85 – 96/150.

Außerhalb *Nord : 7 km über die B 102 :*

🏠 **Fläminghof Wernicke** 🐾, Wenddoche 2, ✉ 14806, ☏ (033846) 4 00 40,
☜ *Fax (033846) 40039,* 🌱, Biergarten, ☜, 🐾, (Halle) – 🐾 Zim, 📺 🅿
Menu *(geschl. Montagmittag)* à la carte 24/45 – **14 Z** ⊇ 85 – 110/130.

🏠 **Fläming-Hotel Wenddoche** 🐾, Wenddoche, ✉ 14806, ☏ (033846) 59 90, *Flaeminghotel@t-online.de, Fax (033846) 40020,* 🌱, ☎s, 🌱 – 📺 🅿 – 🔏 40. 🆎 🆗 𝘝𝘐𝘚𝘈
Menu *(Montag - Freitag nur Abendessen)* à la carte 31/52 – **32 Z** ⊇ 60/85 – 100/120.

BEMPFLINGEN *Baden-Württemberg* 𝟜𝟙𝟡 *U 11* – *3 100 Ew* – *Höhe 336 m.*
Berlin 667 – *Stuttgart 30* – *Reutlingen 13* – *Tübingen 21* – *Ulm (Donau) 71.*

※※※ **Krone,** Brunnenweg 40, ✉ 72658, ☏ (07123) 3 10 83, *Fax (07123) 35985* – 🅿
🖤 *geschl. 23. Dez. - 8. Jan., Juli - Aug. 3 Wochen, Montag, Sonntag, Feiertage, Mittwochmittag*
– Menu *(abends Tischbestellung ratsam)* à la carte 50/109.

BENDESTORF *Niedersachsen* 𝟜𝟙𝟝 𝟜𝟙𝟞 *F 13* – *2 000 Ew* – *Höhe 50 m* – *Luftkurort.*
Berlin 306 – *Hannover 130* – *Hamburg 39* – *Lüneburg 40.*

🏠🏠 **Landhaus Meinsbur** 🐾, Gartenstr. 2, ✉ 21227, ☏ (04183) 7 79 90, *info@meinsbur.de, Fax (04183) 6087,* « Ehemaliges Bauernhaus mit geschmackvoller Einrichtung ; Gartenterrasse » – 📺 🅿 – 🔏 15. 🆎 🅾 🆗 𝘝𝘐𝘚𝘈
Menu à la carte 50/73 – **17 Z** ⊇ 110/160 – 190/270.

BENDORF *Rheinland-Pfalz* 𝟜𝟙𝟟 *O 6* – *16 000 Ew* – *Höhe 67 m.*
Berlin 593 – *Mainz 101* – *Koblenz 12* – *Bonn 63* – *Limburg an der Lahn 42.*

🏠🏠 **Berghotel Rheinblick** 🐾, Remystr. 79, ✉ 56170, ☏ (02622) 12 71 27, *berghotel@rheinblick.de, Fax (02622) 14323,* ≼ Rheintal, 🌱, 🌱, 🐾 – 🔲 📺 📞 ☜ 🅿 – 🔏 30.
🆎 🅾 🆗 𝘝𝘐𝘚𝘈
geschl. 22. Dez. - 4. Jan. – **Menu** *(geschl. Freitag)* à la carte 36/79 – **30 Z** ⊇ 110/150 – 160/200.

※※ **Weinhaus Syré,** Engersport 12, ✉ 56170, ☏ (02622) 25 81, *Fax (02622) 2502,* 🌱
– 🅿, 🆗
geschl. Anfang Jan. 1 Woche, Juni 3 Wochen, Montag - Dienstag – **Menu** *(wochentags nur Abendessen)* 48/98 und à la carte *(auch vegetarische Gerichte).*

BENEDIKTBEUERN *Bayern* 𝟜𝟙𝟡 𝟜𝟚𝟘 *W 18* – *3 200 Ew* – *Höhe 615 m* – *Erholungsort.*
Sehenswert : Ehemalige Klosterkirche *(Anastasia-Kapelle★).*
🇧 *Verkehrsamt, Prälatenstr. 3,* ✉ 83671, ☏ (08857) 2 48, *Fax (08857) 9470.*
Berlin 650 – *München 61* – *Garmisch-Partenkirchen 41* – *Bad Tölz 15.*

✕ **Klosterbräustüberl,** Zeiler Weg 2, ✉ 83671, ☏ (08857) 94 07, *Fax (08857) 9408,*
☜ Biergarten – 🅿, 🆎 🅾 🆗 𝘝𝘐𝘚𝘈
Menu à la carte 23/45.

BENNECKENSTEIN Sachsen-Anhalt 🔲🔲🔲 K 16 – 3 000 Ew – Höhe 560 m – Wintersport : 🎿.
🅱 Kurverwaltung, Haus des Gastes, Straße der Einheit 5, ✉ 38877, 𝒫 (039457) 26 12,
Fax (039457) 2613.
Berlin 250 – Magdeburg 99 – Erfurt 98 – Nordhausen 24 – Wernigerode 29 – Halberstadt 45.

🏠 **Harzhaus** 🦶, Heringsbrunnen 1, ✉ 38877, 𝒫 (039457) 9 40, Fax (039457) 94499, 🍽,
🍴, 🐎, 🎯 (Halle) – 📺 🛁 🅿 – 🔼 30. 🎭
36 Z.

BENNINGEN Baden-Württemberg siehe Marbach am Neckar.

BENSHEIM AN DER BERGSTRASSE Hessen 🔲🔲🔲 🔲🔲🔲 Q 9 – 37 000 Ew – Höhe 115 m.
Ausflugsziel : Staatspark Fürstenlager★★ Nord : 3 km.
🏌 Bensheim, über Berliner Ring (Süd : 1 km), 𝒫 (06251) 6 77 32.
🅱 Tourist-Information, Rodensteinstr. 19, ✉ 64625, 𝒫 (06251) 1 41 17, Fax (06251)
14123 – ADAC, Bahnhofstr. 9.
Berlin 593 – Wiesbaden 66 – Mannheim 37 – Darmstadt 26 – Heidelberg 35 – Mainz 59
– Worms 20.

🏨 **Alleehotel Europa-Residenz** 📖, Europa-Allee 45, ✉ 64625, 𝒫 (06251) 10 50, alle
ehotel@alleehotel.de, Fax (06251) 105100, 🍽, 🍴 – 🛗, ⟵ Zim, 📺 📞 🅿 – 🔼 140. 🄰🄴
🄾 🄼🄾 🆅🅸🆂🅰
Sankt Georg : Menu à la carte 42/69 – **Vinothek** : Menu à la carte 28/49 – **155 Z**
⊏ 153/192 – 192/231.

🏨 **Treff Hotel** 📖 garni, Wormser Str. 14, ✉ 64625, 𝒫 (06251) 10 10, treffbens@aol
.com, Fax (06251) 4063, 🎁, 🍴 – 🛗, ⟵ Zim, 📺 📞 🅿 – 🔼 60. 🄰🄴 🄾 🄼🄾 🆅🅸🆂🅰 🅹🄲🄱
108 Z ⊏ 155 – 170/200.

🏨 **Felix** 📖, Dammstr. 46, ✉ 64625, 𝒫 (06251) 8 00 60, office@hotelfelix.de,
Fax (06251) 800660, 🍽, 🍴 – 🛗, ⟵ Zim, 📺 📞 🛁 🅿 – 🔼 50. 🄰🄴 🄾 🄼🄾 🆅🅸🆂🅰
Zur Post : Menu à la carte 31/61 – **33 Z** ⊏ 135/160 – 170/205.

🏠 **Bacchus**, Rodensteinstr. 30, ✉ 64625, 𝒫 (06251) 3 90 91(Hotel) 6 59 72(Rest.), Hote
l-Bacchus@t-online.de, Fax (06251) 67608, 🍽 – 🛗 📺 🛁 🅿 🄰🄴 🄾 🄼🄾 🆅🅸🆂🅰 🅹🄲🄱
Bacchus Keller (geschl. Ende Juli - Mitte Aug., Dienstag) (nur Abendessen) Menu à la carte
45/64 – **40 Z** ⊏ 110/155 – 155/175.

In Bensheim-Auerbach – Luftkurort :

🏠 **Poststuben** 🦶 (mit Gästehaus), Schloßstr. 28, ✉ 64625, 𝒫 (06251) 7 29 87,
Fax (06251) 74743, 🍽, « Behagliches Restaurant » – 📺 ⟵ 🅿 🄰🄴 🄾 🄼🄾 🆅🅸🆂🅰
Menu (geschl. Jan. 1 Woche, Juli - Aug. 3 Wochen, Sonntagabend - Montag) à la carte 39/68
– **20 Z** ⊏ 100/120 – 140/170.

🏠 **Parkhotel Herrenhaus** 🦶, Im Staatspark Fürstenlager (Ost : 1 km), ✉ 64625,
𝒫 (06251) 7 09 00, Parkhotel-Herrenhaus@t-online.de, Fax (06251) 78473, 🍽, 🐎 – 📺
⟵ 🅿 🄼🄾 🆅🅸🆂🅰
Menu (abends Tischbestellung erforderlich) à la carte 42/78 – **9 Z** ⊏ 135/165 – 215/265.

BENTHEIM, BAD Niedersachsen 🔲🔲🔲 J 5 – 14 300 Ew – Höhe 96 m – Heilbad.
🏌 Bad Bentheim-Sieringhoek (Süd : 2 km), 𝒫 (05922) 67 00.
🅱 Verkehrsamt, Schloßstr. 18, ✉ 48455, 𝒫 (05922) 9 83 30, Fax (05922) 983320.
Berlin 491 – Hannover 207 – Nordhorn 19 – Enschede 29 – Münster (Westfalen) 56 –
Osnabrück 75.

🏨 **Großfeld** 🦶 (mit Gästehäusern), Schloßstr. 6, ✉ 48455, 𝒫 (05922) 8 28, info@gro
ssfeld.de, Fax (05922) 4349, 🍴, 🔳, 🍽 – 🛗 📺 🛁 🅿 – 🔼 35. 🄰🄴 🄾 🄼🄾 🎭 Rest
Menu à la carte 38/78 – **140 Z** ⊏ 90/120 – 180/240, 10 Suiten – ½ P 30.

🏨 **Am Berghang** 🦶, Am Kathagen 69, ✉ 48455, 𝒫 (05922) 9 84 80, info@hotel-am
-berghang.de, Fax (05922) 984848, 🍽, 🍴, 🔳, – 📺 🅿 🎭
Menu à la carte 33/54 – **29 Z** ⊏ 109/139 – 185/205 – ½ P 42.

🏨 **Bentheimer Hof**, Am Bahndamm 1, ✉ 48455, 𝒫 (05922) 9 83 80,
Fax (05922) 983814, 🍽, « Ehemaliges Bahnhofsgebäude » – 🛗, ⟵ Zim, 📺 📞 🅿 🄾
🆅🅸🆂🅰 🎭 Rest
Menu (geschl. Montag) à la carte 55/80 – **Bistro** : Menu à la carte 32/58 – **20 Z**
⊏ 120/130 – 160/240 – ½ P 35.

🏠 **Diana**, Bahnhofstr. 16, ✉ 48455, 𝒫 (05922) 9 89 20, Info@Kurhaus-hotel-diana.de,
Fax (05922) 989231, 🍽, 🍴, 🄰🄴 🄾 🄼🄾 🆅🅸🆂🅰 🎭 Rest
Menu (geschl. Jan. 2 Wochen) à la carte 31/57 – **20 Z** ⊏ 95/105 – 150/180.

🏠 **Kurhaus** 🦶, Am Bade 1 (Kurzentrum), ✉ 48455, 𝒫 (05922) 9 83 10, info@Kurhau
s-hotel-diana.de, Fax (05922) 983114, Biergarten – 🛗 📺 🅿 – 🔼 250. 🄰🄴 🄾 🄼🄾 🆅🅸🆂🅰
Menu à la carte 31/48 – **16 Z** ⊏ 95/150.

In Bad Bentheim-Gildehaus *West : 4 km – Erholungsort :*

🏨 **Waldseiter Hof** ⑤, An der Waldseite 7 (Nord: 2,5 km), ✉ 48455, ℰ (05924) 7 85 50, *waldseite@aol.com, Fax (05924) 785510,* 🍴, « Modernisierter Gutshof in einer Parkanlage », ⇌, ⌷ – ⇥ Zim, 📺 ⒸⓉ 🅿 – 🔬 15. 🄰🄴 ⓞ ⓦⓢ 𝐕𝐈𝐒𝐀
Menu *(geschl. Nov. - März Montag)* à la carte 37/64 – **18 Z** ⇌ 100/130 – 160/200 – ½ P 30.

🏨 **Niedersächsischer Hof** ⑤, Am Mühlenberg 5, ✉ 48455, ℰ (05924) 7 86 60, *Hotel@Niedersaechsischer-Hof.de, Fax (05924) 786633,* 🍴, ⇌, 🗖, ⌷ – 📺 🅿 – 🔬 25. ⓦⓢ 𝐕𝐈𝐒𝐀
Menu à la carte 38/78 – **25 Z** ⇌ 90/110 – 170/190 – ½ P 25.

BERCHING *Bayern* 🄼🄸🄺 🄼🄸🄺 *S 18 – 8 500 Ew – Höhe 390 m – Erholungsort.*

🅱 *Verkehrsamt, Pettenkoferplatz 12 (Rathaus),* ✉ 92334, ℰ (08462) 2 05 13, *Fax (08462) 20590.*

Berlin 474 – München 114 – Nürnberg 60 – Ingolstadt 41 – Regensburg 45.

🏨 **Gewürzmühle** (mit Gästehaus), Gredinger Str. 2, ✉ 92334, ℰ (08462) 9 40 10, *Gewuerzmuehle@t-online.de, Fax (08462) 940155,* 🍴, « Landhotel mit moderner Einrichtung », Massage, ⇌, ⌸ – 📺 ⒸⓉ 🅿 – 🔬 60. 🄰🄴 ⓞ ⓦⓢ 𝐕𝐈𝐒𝐀
Menu *(geschl. Aug. 2 Wochen, Sonntag)* à la carte 32/50 – **34 Z** ⇌ 75/95 – 120/140.

🏨 **Altstadthotel Winkler** 🄼 (mit 🌳 Brauerei-Gasthof), Reichenauplatz 22, ✉ 92334, ⊜ ℰ (08462) 2 73 31, Fax (08462) 27128, 🍴, ⇌ – 📶, ⇥ Zim, 📺 🅿 – 🔬 30. 🄰🄴 ⓦⓢ 𝐕𝐈𝐒𝐀 🄹🄲🄱
Menu *(geschl. Sonntagabend)* à la carte 21/50 – **21 Z** ⇌ 68/120.

🏨 **Blaue Traube**, Pettenkoferplatz 3, ✉ 92334, ℰ (08462) 12 50, *RosiBuchberger@aol.com, Fax (08462) 27329,* 🍴 – 📺 🅿
⊜ **Menu** *(geschl. Okt. - April Mittwochabend)* à la carte 22/54 ⑂ – **27 Z** ⇌ 65/75 – 95.

BERCHTESGADEN *Bayern* 🄼🄸🄺 *X 22 – 8 200 Ew – Höhe 540 m – Heilklimatischer Kurort – Wintersport : 530/1 800 m ⚡2 ⚡ 29.*

Sehenswert : Schloßplatz★ – Schloß (Dormitorium★) – Salzbergwerk★.

Ausflugsziele : Deutsche Alpenstraße★★★ (von Berchtesgaden bis Lindau) – Kehlsteinstraße★★★ – Kehlstein ❄★★ (nur mit RVO - Bus ab Obersalzberg : Ost : 4 km) – Roßfeld-Ringstraße ⩽★★ (Ost : 7 km über die B 425).

🅂 *Obersalzberg, Salzbergstr. 33,* ℰ (08652) 21 00.

🅱 *Kurdirektion, Königsseer Str. 2,* ✉ 83471, ℰ (08652) 96 70, Fax (08652) 967400.

Berlin 744 ① – München 154 ① – Bad Reichenhall 20 ② – Kitzbühel 77 ② – Salzburg 23①

🏨 **Fischer**, Königsseer Str. 51, ✉ 83471, ℰ (08652) 95 50, *info@hotel-fischer.de, Fax (08652) 64873,* ⩽, ⇌, 🗖 – 📶 📺 ⟿ 🅿. ⓦⓢ 𝐕𝐈𝐒𝐀. 🍴 Rest
geschl. 17. März - 6. April, 28. Okt. - 18. Dez. – **Menu** *(geschl. Montagmittag, Dienstagmittag)* à la carte 32/55 – **54 Z** ⇌ 95/131 – 188/250 – ½ P 10. über Königsseer Str.

🏨 **Vier Jahreszeiten**, Maximilianstr. 20, ✉ 83471, ℰ (08652) 95 20, *millers-hotel@t-online.de, Fax (08652) 5029,* ⩽, ⇌, 🗖 – 📶 📺 ⟿ 🅿 – 🔬 35. 🄰🄴 ⓞ ⓦⓢ 𝐕𝐈𝐒𝐀
Menu à la carte 32/70 – **59 Z** ⇌ 98/200 – 150/260 – ½ P 32.
a

🏨 **Alpenhotel Kronprinz** ⑤, Am Brandholz, ✉ 83471, ℰ (08652) 60 70, *Kronprinz. Treff@t-online.de, Fax (08652) 607120,* ⩽, 🍴, ⇌, ⌷ – 📶 📺 ⟿ 🅿 – 🔬 20. 🄰🄴 ⓞ ⓦⓢ 𝐕𝐈𝐒𝐀. 🍴 Rest über Kälbersteinstraße
Menu à la carte 34/52 – **66 Z** ⇌ 121/163 – 188/272 – ½ P 29.

🏨 **Rosenbichl** ⑤, Rosenhofweg 24, ✉ 83471, ℰ (08652) 9 44 00, *hotel.rosenbichl@t-online.de, Fax (08652) 944040,* ⩽, Massage, ⇌, ⌷ – ⇥ 📺 ⟿ 🅿. ⓦⓢ. 🍴 über Locksteinstraße
geschl. 15. Nov. - 15. Dez. – **Menu** *(nur Abendessen)* (Restaurant nur für Hausgäste) – **17 Z** ⇌ 75/90 – 138/190 – ½ P 23.

🏨 **Krone** ⑤, Am Rad 5, ✉ 83471, ℰ (08652) 9 46 00, Fax (08652) 946010, ⩽, « Gemütlich eingerichtete Zimmer im Bauernstil », ⇌, ⌷ – 📶, ⇥ Rest, 📺 🅿. ⓦⓢ. 🍴 über Locksteinstraße
geschl. Ende Okt. - 20. Dez. – **Menu** *(nur Abendessen)* (Restaurant nur für Hausgäste) – **19 Z** ⇌ 74/92 – 128/164 – ½ P 18.

🏨 **Alpenhotel Weiherbach** ⑤, Weiherbachweg 6, ✉ 83471, ℰ (08652) 97 88 80, Fax (08652) 9788888, ⩽, ⇌, 🗖, ⌷ – 📶 📺 🅿. 🍴 über Locksteinstraße
geschl. 8. Nov. - 19. Dez. – **Menu** *(nur Abendessen)* (Restaurant nur für Hausgäste) – **22 Z** ⇌ 75/110 – 108/180.

BERCHTESGADEN

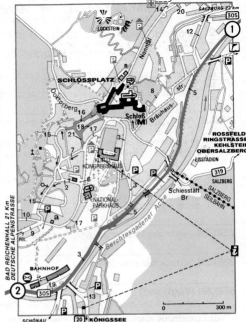

Benutzen Sie
auf Ihren Reisen in Europa
die Michelin-
Länderkarten
1:400 000 bis 1:1 000 000.

Pour parcourir l'Europe
utilisez les cartes Michelin
Grandes Routes
1/400 000 à 1/1 000 000.

An der Roßfeld-Ringstraße *Ost : 7 km :*

🏨 **Grenzgasthaus Neuhäusl** ⌂, Wildmoos 45 – Höhe 850 m,
✉ 83471 Berchtesgaden, ✆ (08652) 94 00, *neuhaeusl@berchtesgaden.com*,
Fax (08652) 64637, ≤ Untersberg, Kehlstein, 🍽, ⌂s, 🚗 – 🛗 TV 🚐 P.
geschl. 20. April - 1. Mai, 15. Nov. - 15. Dez. – **Menu** *(geschl. Dienstag)* à la carte 27/48
– **26 Z** ⌂ 76/91 – 150/160, 3 Suiten – ½ P 23.

🏨 **Alpenhotel Denninglehen** ⌂, Am Priesterstein 7 – Höhe 900 m,
✉ 83471 Berchtesgaden, ✆ (08652) 50 85, *Info@Denninglehen.de*, Fax (08652) 64710,
≤ Berchtesgadener Berge, 🍽, Massage, ⌂s, 🏊, 🚗 – 🛗, ⌂ Rest, TV P.
⌂ Rest
geschl. 1. - 18. Dez., 15. - 29. Jan. – **Menu** *(nur Abendessen)* à la carte 36/60 – **24 Z**
⌂ 105/120 – 166/222 – ½ P 37.

BERG *Bayern* 419 420 *W 18 – 7 000 Ew – Höhe 630 m.*
　⛴ Berg-Leoni, Rottmannweg 5, ✆ (08041) 32 10.
　Berlin 616 – München 30 – Garmisch-Partenkirchen 69 – Starnberg 6.

🏨 **Schloss Berg** ⌂, Seestr. 17, ✉ 82335, ✆ (08151) 96 30, *Hotel.Schloss.Berg@t-onl*
ine.de, Fax (08151) 96352, ≤ Starnberger See, Biergarten, « Seeterrasse », ⌂s, 🐴, 🚗
– 🛗 TV ✆ 🐾 – 🅰 35. AE ① VISA
Menu à la carte 36/83 – **50 Z** ⌂ 175/275 – 194/350 – ½ P 33.

BERG *Bayern* 418 420 *O 19 – 2 800 Ew – Höhe 614 m.*
　Berlin 302 – München 286 – Hof 19 – Bayreuth 57 – Nürnberg 130.

In Berg-Rudolphstein *Nord : 7 km :*

🏨 **Saalehotel**, Panoramastr. 50, ✉ 95180, ✆ (09293) 94 10, Fax (09293) 941666, 🍽,
⌂s, 🏊, 🚗 – 🛗 TV P – 🅰 50. AE ① ⑩ VISA
Menu à la carte 30/53 – **34 Z** ⌂ 125/180 – ½ P 25.

Don't get lost, use **Michelin Maps** which are kept up to date.

BERG BEI NEUMARKT (OBERPFALZ) *Bayern* 𝟦𝟣𝟫 𝟦𝟤𝟢 *R 18 – 6 000 Ew – Höhe 406 m.*
  Berlin 445 – München 145 – Nürnberg 38 – Amberg 50 – Regensburg 71.

🏠 **Lindenhof,** Rosenbergstr. 13, ✉ 92348, ℰ (09189) 41 00, Fax (09189) 410410, 🍴
🕸 – 🛗 📺 ✆ 🅿 – 🔥 20. 🕸 💳 VISA. 🕸 Zim
  geschl. Weihnachten.- Anfang Jan. – **Menu** *(geschl. Montagmittag)* à la carte 24/34 – **44 Z**
  🖃 60/80 – 90/110.

🏠 **Knör,** Hauptstr. 4, ✉ 92348, ℰ (09189) 4 41 70, Fax (09189) 441775, – 🛗 📺 🖘 🅿.
🕸 🖭 ① 🕸 VISA. 🕸 Zim
  Menu *(geschl. Montagmittag)* à la carte 22/44 ⅃ – **25 Z** 🖃 60/70 – 90/100.

BERGEN *Bayern* 𝟦𝟤𝟢 *W 21 – 4 500 Ew – Höhe 554 m – Luftkurort – Wintersport : 550/1 670 m*
  ⏚ 1 ≤ 5 ⏚.
  🛈 *Verkehrsamt, Raiffeisenplatz 4,* ✉ 83346, ℰ (08662) 83 21, Fax (08662) 5855.
  Berlin 700 – München 105 – Bad Reichenhall 37 – Salzburg 42 – Traunstein 10 – Rosen-
  heim 46.

🏠 **Säulner Hof** 🕸, Hochplattenstr. 1, ✉ 83346, ℰ (08662) 86 55, Fax (08662) 5957, 🍴
  – 📺 🅿. 🕸
  geschl. Jan. 3 Wochen, Nov. - 20. Dez. – **Menu** *(nur Abendessen)* (Restaurant nur für Hausgäste) – **14 Z** 🖃 65/110 – ½ P 23.

BERGEN *Mecklenburg-Vorpommern siehe Rügen (Insel).*

BERGEN *Niedersachsen siehe Celle.*

BERGEN (Vogtland) *Sachsen* 𝟦𝟣𝟪 𝟦𝟤𝟢 *O 20 – 1.150 Ew – Höhe 450 m.*
  Berlin 303 – Dresden 145 – Gera 60 – Hof 45 – Plauen 20.

🏨 **Landhaus Marienstein** 🕸, Thomas-Müntzer-Str. 9, ✉ 08239, ℰ (037463) 85 10,
  HotelLandhausMarienstein@t-online.de, Fax (037463) 851109, « Terrasse mit ≤ », 🕸,
  🍴 – 🛗 📺 ⅃ 🅿 – 🔥 30. 🖭 ① 🕸 VISA
  Menu à la carte 30/60 – **16 Z** 🖃 98/110 – 160/190 – ½ P 25.

BERGGIESSHÜBEL *Sachsen* 𝟦𝟣𝟪 *N 25 – 1 800 Ew – Höhe 350 m – Kneippkurort.*
  Berlin 224 – Dresden 31 – Chemnitz 106.

In Bad Gottleuba-Augustusberg *Süd : 4,5 km :*

🏨 **Augustusberg** 🕸, Augustusberg 15, ✉ 01816, ℰ (035023) 6 25 04, augustusber
  g@t-online.de, Fax (035023) 62597, ≤ Bad Gottleuba, 🍴, 🕸, 🍴 – 📺 ✆ 🅿 – 🔥 40.
  🖭 🕸 VISA. 🕸 Rest
  Menu *(geschl. 7. - 15. Jan.)* à la carte 25/42 – **24 Z** 🖃 75/95 – 100/140 – ½ P 20.

BERGHAUPTEN *Baden-Württemberg siehe Gengenbach.*

BERGHAUSEN *Rheinland-Pfalz siehe Katzenelnbogen.*

BERGHEIM *Österreich siehe Salzburg.*

BERGHEIM *Nordrhein-Westfalen* 𝟦𝟣𝟩 *N 3 – 60 000 Ew – Höhe 69 m.*
  Berlin 590 – Düsseldorf 56 – Aachen 58 – Bonn 53 – Mönchengladbach 38 – Köln 26.

🏨 **Meyer** garni, Beisselstr. 3, ✉ 50126, ℰ (02271) 80 60, Fax (02271) 41722, 🕸 – 📺
  🅿. 🕸 VISA
  geschl. Weihnachten - Neujahr – **20 Z** 🖃 110/180.

🏠 **Parkhotel,** Kirchstr. 12, ✉ 50126, ℰ (02271) 4 70 80, Fax (02271) 470840, 🍴 – 📺
  🖘. 🖭 ① 🕸 VISA. 🕸
  Menu à la carte 25/75 – **25 Z** 🖃 90/120 – 240.

BERGHÜLEN *Baden-Württemberg siehe Merklingen.*

BERGISCH GLADBACH *Nordrhein-Westfalen* 🔢 *N 5 – 104 000 Ew – Höhe 86 m.*

🏌 *Bensberg-Refrath,* 🎫 *(02204) 6 31 14.*

ADAC, *Bensberger Str. 99.*

Berlin 571 – Düsseldorf 46 – Bonn 40 – Köln 17.

🏨 **Schloßhotel Lerbach** ⬗, Lerbacher Weg, ✉ 51465, 🎫 (02202) 20 40, *info@schl osshotel-lerbach.com*, Fax (02202) 204940, 😒, « Modernisiertes Schloß in einer Parkanlage », Massage, 🚗, 🔲, 🐎, 🎾 – 🛗 📺 📞 – 🏥 60. 🆎 ⓞ ⓦ 𝚅𝙸𝚂𝙰. ⛛ Rest
Menu siehe *Restaurant Dieter Müller* separat erwähnt – *Schloss Schänke :* Menu à la carte 61/82 – **54 Z** ⬭ 360/590 – 440/700, 7 Suiten.

🏨 **Gronauer Tannenhof**, Robert-Schuman-Str. 2, ✉ 51469, 🎫 (02202) 9 41 40, *serv ice@gronauer-tannenhof.de*, Fax (02202) 941444, 😒 – 🛗 📺 ⬅ 📞 – 🏥 50. 🆎 ⓞ ⓦ 𝚅𝙸𝚂𝙰. ⛛
Menu à la carte 39/58 – **32 Z** ⬭ 150/240 – 200/280.

🏨 **Zur Post** garni, Johann-Wilhelm-Lindlar-Str. 7, ✉ 51465, 🎫 (02202) 93 65 60, Fax (02202) 9365656 – 🛗 📺 📞 🆎 ⓞ ⓦ 𝚅𝙸𝚂𝙰
10 Z ⬭ 150/240.

🍴🍴🍴 **Restaurant Dieter Müller** - Schloßhotel Lerbach, Lerbacher Weg, ✉ 51465, ✿✿✿ 🎫 (02202) 20 40, Fax (02202) 204940 – 📞 🆎 ⓞ ⓦ 𝚅𝙸𝚂𝙰. ⛛ *geschl. 1. - 15. Jan., Juli - Aug. 3 Wochen, Sonntag - Montag –* **Menu** (Tischbestellung ratsam) 99 (mittags)/215 à la carte 127/171
Spez. Trilogie von der Gänsestopfleber mit Trauben in Verjus du Périgord. Überbackene St. Jakobsmuscheln mit Trüffelbutter. Kalbsfilet mit gebratener Gänseleber und gefülltem Kalbsschwanz.

🍴🍴 **Eggemann's Restaurant Les Trois**, Bensberger Str. 102, ✉ 51469, 🎫 (02202) 3 61 34, *info@les-trois.de*, Fax (02202) 32505 – 📞 ⓦ 𝚅𝙸𝚂𝙰
Menu (Tischbestellung ratsam) à la carte 64/94.

In Bergisch Gladbach-Bensberg :

🏨 **Grandhotel Schloss Bensberg** ⬗, Kadettenstraße, ✉ 51429, 🎫 (02204) 4 20, *info@schlossbensberg.com*, Fax (02204) 42888, ≼, « Barockschlossanlage a.d. 17.Jh. », 🏋, 😒, 🔲 – 🛗, ↞ Zim, 🔲 📺 📞 📞 – 🏥 300. 🆎 ⓞ ⓦ 𝚅𝙸𝚂𝙰 𝙹𝙲𝙱. ⛛ Rest
Vendôme (geschl. Jan. 2 Wochen, Juli - Aug. 3 Wochen, Dienstag - Mittwoch) **Menu** à la carte 98/160 – **Jan Wellem** (geschl. Sonntag - Montag) (Donnerstag - Samstag nur Abendessen) **Menu** à la carte 51/98 – **Enoteca** (italienische Küche) (geschl. Dienstag) **Menu** à la carte 47/67 – ⬭ 35 – **120 Z** 390/550 – 470/600, 27 Suiten.

🏨 **Romantik Waldhotel Mangold** ⬗, Am Milchbornbach 39, ✉ 51429, 🎫 (02204) 9 55 50, *waldhotel@romantik.de*, Fax (02204) 955560, 😒, 🐎 – ↞ Zim, 📺 📞 📞 – 🏥 70. 🆎 ⓦ 𝚅𝙸𝚂𝙰. ⛛ Zim
Waldstuben (geschl. 27. Dez.- 10. Jan., Sonntagabend - Montag) **Menu** à la carte 65/100 – **22 Z** ⬭ 200/275 – 240/320.

🏨 **Malerwinkel** garni, Fischbachstr. 3 (am Rathaus), ✉ 51429, 🎫 (02204) 9 50 40, *info @malerwinkel-hotel.de*, Fax (02204) 9504100, « Renovierte Fachwerkhäuser a.d. 18.Jh. », Massage, 😒 – ↞ 📺 📞 📞 🆎 ⓞ ⓦ 𝚅𝙸𝚂𝙰 𝙹𝙲𝙱
geschl. 23. Dez. - 2. Jan. – **29 Z** ⬭ 145/265 – 209/390.

🍴🍴 **Das Fachwerkhaus**, Burggraben 37, ✉ 51429, 🎫 (02204) 5 49 11, Fax (02204) 57641, 😒, « Rustikale Einrichtung »
geschl. über Karneval 2 Wochen, Juli - Aug. 3 Wochen, Montag - Dienstag – **Menu** (Tischbestellung ratsam) à la carte 69/88.

BERGKIRCHEN *Bayern siehe Dachau.*

BERGLEN *Baden-Württemberg siehe Winnenden.*

BERGNEUSTADT *Nordrhein-Westfalen* 🔢 *M 6 – 21 000 Ew – Höhe 254 m.*

Berlin 558 – Düsseldorf 89 – Köln 57 – Olpe 20 – Siegen 47.

🏨 **Feste Neustadt**, Hauptstr. 19 (Altstadt), ✉ 51702, 🎫 (02261) 4 17 95, Fax (02261) 48021, 😒 – 📺 ⬅ 📞 ⓦ 𝚅𝙸𝚂𝙰. ⛛ Rest
geschl. 22. Dez. - 6. Jan., Juli 3 Wochen – **Menu** (geschl. Sonntagabend - Montag) à la carte 31/60 – **14 Z** ⬭ 85/160.

In Bergneustadt-Niederrengse *Nord-Ost : 7 km :*

XX **Rengser Mühle** ⚲ *mit Zim,* ⊠ *51702,* ℰ *(02763) 9 14 50, info@rengser-muehle.de,* *Fax (02763) 914520,* 🌳 *,* « *Rustikale gemütliche Einrichtung* » – ⇄ Zim, 📺 ✆ 🄿 🄰🄴 ●🅜●.
🕸
Menu *(geschl. Montag - Dienstag)* à la carte 49/74 – **4 Z** � 120/160.

BERGRHEINFELD *Bayern siehe Schweinfurt.*

Benachrichtigen Sie sofort das Hotel,
wenn Sie ein bestelltes Zimmer nicht belegen können.

BERGZABERN, BAD *Rheinland-Pfalz* **419** *S 8 – 7 700 Ew – Höhe 200 m – Heilklimatischer Kurort*
– Kneippheilbad.
Sehenswert : *Gasthaus zum Engel★.*
Ausflugsziel : *Gleiszellen (Winzergasse★).*
🛈 *Büro für Tourismus, Kurtalstr. 25 (im Thermalhallenbad),* ⊠ *76887,* ℰ *(06343) 9 34 00,* *Fax (06343) 934040.*
Berlin 683 – Mainz 127 – Karlsruhe 39 – Landau in der Pfalz 15 – Pirmasens 42 – Wis-
sembourg 10.

🏨 **Petronella,** Kurtalstr. 47 (B 427), ⊠ 76887, ℰ (06343) 10 75, Fax (06343) 5313,
« Gartenterrasse », Massage, ♨, 😑 – 🛗 📺 🄿 – 🏛 30. ⓞ ●🅜● 𝘝𝘐𝘚𝘈. 🕸 Rest
Menu *(geschl. Jan. - Feb. 3 Wochen)* à la carte 52/82 – **48 Z** ⊏ 90/120 – 145/210 –
½ P 25.

🏨 **Seeblick,** Kurtalstr. 71 (B 427), ⊠ 76887, ℰ (06343) 70 40, Fax (06343) 704100, 🔳
– 🛗 📺 🄿. 🕸 Rest
geschl. Mitte Jan. - Mitte Feb. – **Menu** (Restaurant nur für Hausgäste) – **54 Z** ⊏ 85/105
– 155/190 – ½ P 25.

🏨 **Pfälzer Wald,** Kurtalstr. 77 (B 427), ⊠ 76887, ℰ (06343) 10 56, hotel@hotel-pfael
zer-wald.de, Fax (06343) 4893, 🌳, 🐎 – 📺 🄿. 🄰🄴 ●🅜● 𝘝𝘐𝘚𝘈. 🕸 Zim
Menu *(geschl. 20. Dez. - 28. Feb.) (nur Abendessen)* à la carte 33/50 🍴 – **25 Z** ⊏ 85/90
– 140/170.

X **Weinstube Weinschlössel,** Kurtalstr. 10 (B 427), ⊠ 76887, ℰ (06343) 38 60, 🌳
☜ *geschl. Mittwochmittag, Samstag* – **Menu** *(Nov. - März nur Abendessen)* à la carte 24/45 🍴.

In Gleiszellen-Gleishorbach *Nord : 4,5 km :*

🏨 **Südpfalz-Terrassen** ⚲, Winzergasse 42 (Gleiszellen), ⊠ 76889, ℰ (06343) 7 00 00,
HotelSuedpfalzTerrassen@t-online.de, Fax (06343) 5952, ≤, 🌳, 😑, 🔳, 🐎 – 🛗 📺 🄿
– 🏛 80. 🄰🄴 ●🅜● 𝘝𝘐𝘚𝘈
geschl. Jan., Juli 2 Wochen, 19. - 25. Dez. – **Menu** *(geschl. Montag)* à la carte 35/68 – **93 Z**
⊏ 108/138 – 170/230 – ½ P 25.

🏨 **Zum Lam** ⚲, Winzergasse 37 (Gleiszellen), ⊠ 76889, ℰ (06343) 93 92 12, info@zu
m-lam.de, Fax (06343) 939213, Biergarten, « Fachwerkhaus a.d.18. Jh. ; Gartenterrasse »,
🐎 – 📺 🄿. ●🅜●
geschl. Jan. – **Menu** *(geschl. Mittwoch) (Nov. - April nur Abendessen)* à la carte 43/67 🍴
– **11 Z** ⊏ 90 – 120/160.

BERKA, BAD *Thüringen* **418** *N 17 – 7 400 Ew – Höhe 275 m – Heilbad.*
🛈 *Kurverwaltung, Goetheallee 2,* ⊠ *99438,* ℰ *(036458) 57 90, Fax (036458) 57999.*
Berlin 286 – Erfurt 31 – Jena 30 – Suhl 66 – Weimar 13.

🏨 **Hubertushof,** Tannrodaer Str. 3, ⊠ 99438, ℰ (036458) 3 50, Fax (036458) 35150,
🌳, 😑 – 🛗, ⇄ Zim, 🍽 Rest, 📺 ✆ 🄿 – 🏛 20. 🄰🄴 ●🅜● 𝘝𝘐𝘚𝘈
Menu à la carte 36/64 – **30 Z** ⊏ 130/170 – 150/185 – ½ P 25.

🏨 **Am Goethebrunnen** ⚲, Goetheallee 2, ⊠ 99438, ℰ (036458) 57 10,
Fax (036458) 57112, 🌳 – ⇄ Zim, 📺 🄿 – 🏛 20. 🄰🄴 ⓞ ●🅜● 𝘝𝘐𝘚𝘈
Menu à la carte 29/52 *(auch vegetarische Gerichte)* – **11 Z** ⊏ 95/110 – 120/150 – ½ P 15.

BERKHEIM *Baden-Württemberg* **419 420** *V 14 – 2 000 Ew – Höhe 580 m.*
Berlin 657 – Stuttgart 138 – Kempten 53 – Augsburg 103 – Memmingen 11 – Ravensburg
65 – Ulm (Donau) 46.

🏨 **Ochsen,** Alte Steige 1, ⊠ 88450, ℰ (08395) 9 29 29, Fax (08395) 92955, 🌳 – 📺 🄿.
☜ ●🅜● 𝘝𝘐𝘚𝘈
Menu *(geschl. Sonntag)* à la carte 19/55 *(auch vegetarische Gerichte)* 🍴 – **15 Z** ⊏ 55/65
– 100/110.

BERLEBURG, BAD Nordrhein-Westfalen **417** M 9 – 23 000 Ew – Höhe 450 m – Kneippheilbad – Wintersport : 500/750 m ✦2 ♨.

🛈 Tourist-Information, Poststr. 44 (B 480), ✉ 57319, ✆ (02751) 9 36 33, Fax (02751) 936343.

Berlin 494 – Düsseldorf 174 – Siegen 42 – Frankenberg an der Eder 46 – Meschede 56.

🏠 Westfälischer Hof, Astenbergstr. 6 (B 480), ✉ 57319, ✆ (02751) 9 24 90, 0275192490-0001@ t-online.de, Fax (02751) 924959, 🍽 , Massage, ♨, 🚿 – 🛏 Zim, 📺 🌐 🚗 🅿 – 🕍 20. 🖭 ⓪ 🐙 *VISA*. 🛠 Rest
Menu à la carte 38/62 – **38 Z** ☲ 70/90 – 140/180 – ½ P 30.

An der Straße nach Hallenberg Nord-Ost : 6 km :

👁 Erholung, ✉ 57319 Bad Berleburg-Laibach, ✆ (02751) 72 18, Fax (02751) 2866, ≤, 🍽 , 🚗 – 🛏 Rest, 📺 🌐 🅿
Menu (geschl. Montag) à la carte 28/59 – **16 Z** ☲ 75/78 – 136/140 – ½ P 25.

In Bad Berleburg-Raumland Süd : 4 km :

👁 Raumland, Hinterstöppel 7, ✉ 57319, ✆ (02751) 5 18 60, Fax (02751) 53254, 🍽 – 📺 🅿 🐙 *VISA*. 🛠
Menu (geschl. Sonntagabend) à la carte 28/49 – **8 Z** ☲ 58/64 – 110/124 – ½ P 19.

In Bad Berleburg-Wingeshausen West : 14 km :

🍴 Weber 🌳 mit Zim, Inselweg 5, ✉ 57319, ✆ (02759) 4 12, Fax (02759) 540, 🍽 , 🌲 – 🅿 🛠 Zim
geschl. 15. - 30. Juli, 1. - 15. Nov. – **Menu** (geschl. Montag - Dienstag) à la carte 32/70 – **5 Z** ☲ 50/70 – 120.

BERLIN

[L] *Berlin* 416 418 ㉓, ㉔ – *Bundeshauptstadt – 3 500 000 Ew – Höhe 40 m*

Frankfurt/Oder 105 ① *– Hamburg 289* ⑧ *– Hannover 288* ⑤ *– Leipzig 183* ⑤ *–*
Rostock 222 ⑧.

PRAKTISCHE HINWEISE

🛈 *Berlin Tourismus Marketing GmbH – Information im Europa-Center (Budapester Straße)*
✉ *10787,* ℰ *(030) 25 00 25, Information im Brandenburer Tor (Seitenflügel)*

ADAC, *Berlin-Wilmersdorf, Bundesallee 29-30*

🛋 🏌 *Berlin-Wannsee, Golfweg 22,* ℰ *(030) 8 06 70 60*

🏌 *Berlin-Gatow, Kladower Damm 182,* ℰ *(030) 3 65 77 25*

🏌 *Gross Kienitz (Süd : 23 km),* ℰ *(033708) 53 70*

🛋 🏌 *Kallin, an der B273 (Nord-West : 32 km),* ℰ *(033230) 89 40*

🏌 *Mahlow, Kiefernweg (Süd : 20 km),* ℰ *(033379) 37 05 95*

🛋 *Potsdam, Tremmener Landstraße (West : 38 km),* ℰ *(033233) 8 02 44*

🛋 🛋 *Seddiner See, Zum Weiher 44 (Süd-West : 37 km),* ℰ *(033205) 73 20*

🛋 *Stolper Heide, Am Golfplatz 1 (Nord : 20 km),* ℰ *(03303) 54 92 14*

✈ *Berlin-Tegel EX,* ℰ *(0180) 5 00 01 86*

✈ *Berlin-Schönefeld (Süd : 25 km)* ℰ *(0180) 5 00 01 86*

✈ *Berlin-Tempelhof GZ,* ℰ *(0180) 5 00 01 86*

Deutsche Lufthansa City Center, Kurfürstendamm 220, ℰ *(030) 88 75 33 75*

🚗 *Berlin-Wannsee, Nibelungenstraße*

Messegelände am Funkturm BU ℰ *(030) 3 03 80, Fax (030) 30382325*

HAUPTSEHENSWÜRDIGKEITEN

Museen, Galerien, Sammlungen : *Museumsinsel*★★★ PY : *Pergamon-Museum (Antikensammlung*★★★, *Pergamon-Altar*★★★, *Markttor von Milet*★★*)* – *Vorderasiatisches Museum*★ *(Prozessionsstraße und Ischtartor*★★*)* – *Museum für Islamische Kunst*★★ – *Alte Nationalgalerie*★★ **M¹** – *Bodemuseum* **M²** *(Ägyptisches Museum und Papyrussammlung*★★, *Gemäldegalerie*★*)* – *Altes Museum*★★ **M³** *(Hildesheimer Silberfund*★★★*)* – *Kulturforum*★★★ NZ : *Philharmonie* NZ **T¹** – *Musikinstrumenten Museum* NZ – *Gemäldegalerie*★★★ GY **M⁴⁰** – *Kunstgewerbemuseum*★★ **M⁴** *(Welfenschatz*★★★, *Lüneburger Ratssilber*★★★*)* – *Neue Nationalgalerie*★★ NZ **M⁵** – *Staatsbliothek preußischer Kulturbesitz*★ NZ – *Deutsches Historisches Museum*★★ *(Zeughaus)*PY – *Friedrichswerdersche Kirche*★ PZ *(Schinkelmuseum*★*)* – *Museumszentrum Dahlem* BV : *Museum für Völkerkunde*★★★ *(Museum für Indische Kunst*★★*)* – *Skulpturengalerie*★★ – *Museum für Deutsche Volkskunde*★ – *Schloß Charlottenburg*★★ EY : *Historische Räume*★★ *(Porzellan-Kabinett*★★, *Eosander-Kapelle*★, *Kronprinzsilber*★★*)* – *Knobelsdorff-Flügel*★★ *(Goldene Galerie*★★, *Winterkammer*★, *Gallerie der Romantik*★★*)* – *Museum für Vor und Frühgeschichte*★ – *Sammlung Berggruen*★★ EY **M¹³** – *Bröhan Museum*★ EY **M¹³** – *Ägyptisches Museum*★★★ EY **M⁶** *(Nofretete*★★★*)* – *Schloßgarten*★★ *(Schinkel-Pavillon*★, *Belvedere*★, *Mausoleum*★*)* – *Hamburger Bahnhof* – *Museum für Gegenwart*★★ NX – *Museum für Naturkunde*★ NX – *Deutsches Technik Museum*★★ GZ **M⁸** – *Käthe-Kollwitz Museum*★ LXY **M⁹** – *Brücke Museum*★ BV **M³⁶** – *Märkisches Museum*★ RZ – *Bauhaus-Archiv*★ MX – *Museum für Post und Kommunikation*★ PZ **M⁷**

Parks, Gärten, Seen : *Tiergarten*★★ MX – *Zoologischer Garten*★★★ MX – *Wannsee*★★ AV *(Volkspark Klein Glienicke*★★*)* – *Havel*★★ *und Pfaueninsel*★★ AV – *Tegeler See*★★ BT – *Großer Müggelsee*★★ – *Grunewald*★★ AUV *(Jagdschloß Grunewald*★ **M²⁸** – *Botanischer Garten (Dahlem)*★★ BV **B¹** – *Viktoria-Park*★ GZ

Gebäude, Straßen, Plätze : *Martin-Gropius-Bau*★★ NZ – *Brandenburger Tor*★★ NZ – *Reichstag*★ NY *(Panorama-Plattform*★★*)* – *Unter den Linden*★ NPZ – *Staatsoper Unter den Linden*★ PZ – *Gendarmenmarkt*★★ PZ : *(Schauspielhaus*★★, *Deutscher Dom*★, *Französischer Dom*★*)* – *Zeughaus*★★ PY – *Berliner Dom*★ PY *(Innenraum*★★*)* – *Alexanderplatz*★ RY – *Nikolaiviertel*★ RZ – *Friedrichstraße*★ PYZ – *Oranienburger Straße*★ PY – *Kurfürstendamm*★ LXY *(Kaiser-Wilhelm-Gedächtniskirche*★*)* – *Olympia-Stadion*★ AU – *Funkturm*★ EY – *Spandauer Zitadelle*★ AU – *Schloss Tegel*★ BT

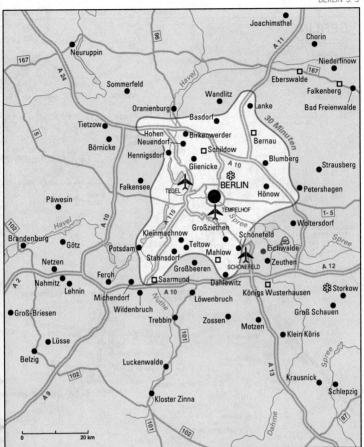

BERLIN

0 2 km

● S-Bahn

HAMBURG A 10·E55: ROSTOCK

FROHNAU

NIEDER-NEUENDORF

Ruppiner Chaussee

BERLINER FORST TEGEL

HERMSDORF

Dorfstr.

Alt-Heiligensee

Heiligensee straße

Oranienburger Damm

SIEDLUNG SCHÖNWALDE

Sandhauser Str.

TEGEL

Waidmannsluster Damm

WITTENAU

BERLINER FORST SPANDAU

Schönwalder Allee

KONRADSHÖHE

Villa Borsig

436

446

431

Holzhauser Str.

430

Bernauer Str.

TEGELER SEE

TEGELORT

Straße

REINICKENDORF

467

476

Falkenseer Chaussee

Niederneuendorfer Allee

488

JUNGFERN-HEIDE

Berlin-Tegel

410

GARTENSTADT STAAKEN

497

ZITADELLE

Gartenfelder Str.

SIEMENSSTADT

AB. KR. REINICKENDORF

A 111

SPANDAU

464

b

S¹

A 100

R

409 Spree

425

u

HAMBURG LÜBECK

455

Brunsbütteler Damm

Heerstr.

Wilhelm Str.

OLYMPIA-STADION

487

Spandauer Damm

West-end

SCHLOSS CHARLOTTENBURG

Alt-Moabit

Bismarckstr.

Straße

ZO

Gatower Chaussee

Potsdamer Chaussee

Weinmeister-horn

Schildhorn

412

Teufelsberg △120

Avus

Messegelände

KURFÜRSTEN-DAMM

damm

SCHÖNEBERG

GATOW

BERLINER FORST

WILMERSDORF

GRUNEWALD

Havel-chaussee

TURM

A 115·E 51

GRUNEWALD

Königsallee

Grunewaldsee

M 28

469

479

A 100

HAVEL

Lindwerder

Onkel Weg

Hütten Weg

M 36

448

482

481

DAHLEM

B¹

421

Ritterfelddamm

Kladower Damm

Krumme Lanke

Argentinische Allee

Clayallee

490

STEGLITZ

KLADOW

SCHWANEN-WERDER

Schlachtensee

ONKEL-TOMS-HÜTTE

473

Berliner Str.

Drakestr.

440

427

PFAUEN-INSEL

407

451

x

Große Wannsee

MEXIKOPL

NIKOLASSEE

ZEHLENDORF

LICHTERFELDE

b

Kaiser-Wilhelm-

WANNSEE

BERLINER

103

r

Königstraße

Potsdamer

Chaussee

M

454

452

Teltower Damm

Dahlemer Weg

Goerzallee

439

478

Lilienthalpa.

POTSDAM

FORST

DÜPPEL

18

A 115·E 51

KLEINMACHNOW

c

Osdorfer Str.

HALLE LEIPZIG

TELTOW

DRESDEN

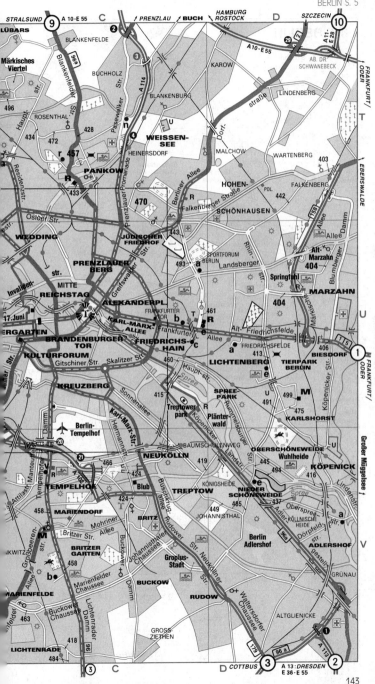

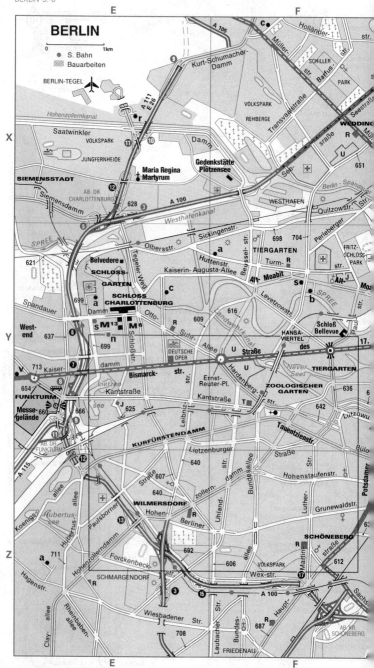

BERLIN

0   1km

- ● S. Bahn
- ▨ Bauarbeiten

BERLIN-TEGEL

A 105

Holländer- str.

Kurt-Schumacher-Damm

A 111 E 26

SCHILLER

Müller-

Barfus-

PARK

VOLKSPARK REHBERGE

Transvaalstraße

Seestr.

WEDDING

R

straße

Müller

U

651

Hohenzollernkanal

Saatwinkler

VOLKSPARK

SIEMENSSTADT

JUNGFERNHEIDE

Maria Regina Martyrum

Gedenkstätte Plötzensee

Berlin - Spanda

X

AB. DR. CHARLOTTENBURG

628

A 100

WESTHAFEN

Quitzowstr. Str.

Siemensdamm

Westhafenkanal

SPREE

Olbersstr.

Sickingenstr.

698 704

Perleberger

FRITZ-SCHLOSS PARK

621

Belvedere

SCHLOSS GARTEN

Tegeler Weg

a

TIERGARTEN

Huttenstr.

Turm-

R

Kaiserin- Augusta-Allee

Alt- Moabit

Alt J

699

SCHLOSS CHARLOTTENBURG

a

c

Otto-

S b SPREE

Spandauer

Damm

Levetzowstr.

616

Schloß

West-

637

Suhr-

R

609

HANSA-

Bellevue

end

S M 13

M

Allee

VIERTEL

des

17.

699

n

Schloßstr.

DEUTSCHE OPER

U Straße

Neuer See

TIERGARTEN

V 713 Kaiser-

damm

U

Hardenberg-

654

Bismarck- str.

Ernst-Reuter-Pl.

ZOOLOGISCHER

636

FUNKTURM

Lietzen

Kantstraße

str.

GARTEN

642

Lützow

Messe-gelände

660 666

J 625

Kantstraße

T

AB. DR. FUNKTURM

KURFÜRSTENDAMM

Tauentzienstr.

A 115

Lietzenburger str.

Straße

640

Bundes

Hohenstaufenstr.

Potsdamer

allee

allee

607

640

zollern-

damm

allee

Straße

WILMERSDORF

Hohen-

R

Berliner

Uhland-

Grunewaldstr.

Hubertus-

Paulsborner

13

straße

SCHÖNEBERG

Koenigs

see

692

R

Z

a 711

Hagenstr.

Hohenzollerndamm

Forckenbeck-

606

VOLKSPARK

Martin

612

SCHMARGENDORF

R

str.

Wex-str.

17

Sachs

Clay- allee

Rheinbaben-allee

3

15

A 100

Haupt-

AB. DR. SCHÖNEBERG

Wiesbadener Str.

708

Laubacher Str.

Bundes-

687

FRIEDENAU

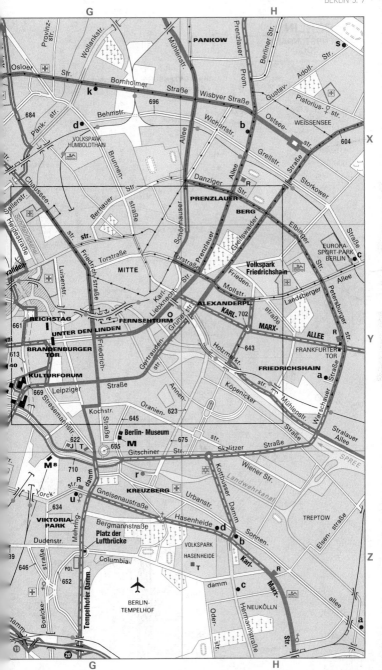

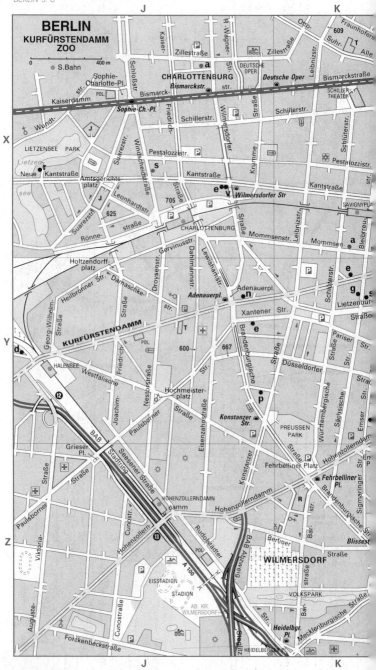

BERLIN
KURFÜRSTENDAMM
ZOO

0   ● S.Bahn   400 m

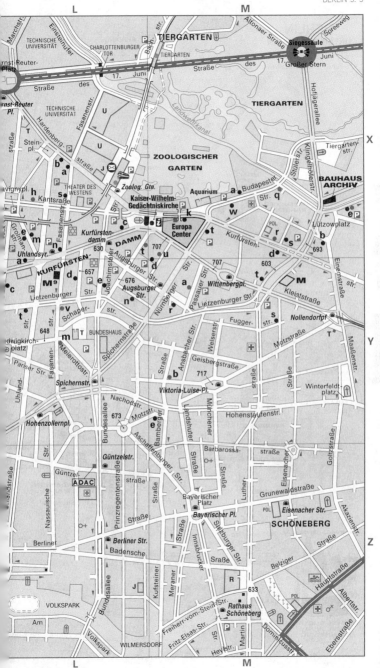

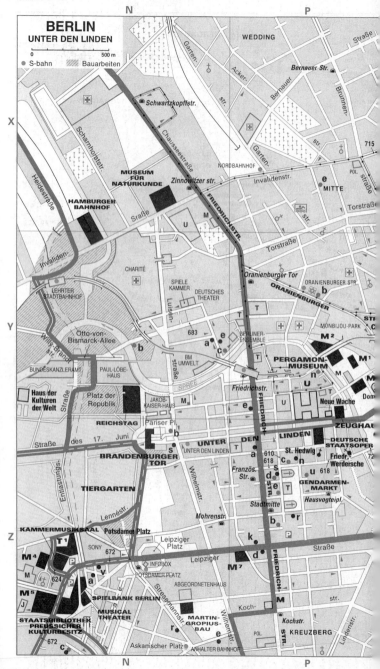

BERLIN
UNTER DEN LINDEN

0   500 m

● S-bahn   ▨ Bauarbeiten

WEDDING

Straße

Gartenstr.

Acker-

Bernauer Str.

Bernauer

Brunnen str.

715

Schwartzkopffstr.

Chausseestraße

NORDBAHNHOF

Garten-

POL. straße

MUSEUM FÜR NATURKUNDE

Zinnowitzer str.

Invalidenstr.

e

MITTE

HAMBURGER BAHNHOF

Straße

FRIEDRICHSTR.

Torstraße

Heidestraße

Scharnhorststr.

U

M

Torstraße

Invaliden-

CHARITÉ

SPIELE KAMMER

Oranienburger Tor

ORANIENBURGER STR.

ORANIENBURGER

b

LEHRTER STADTBAHNHOF

DEUTSCHES THEATER

Luisenstraße

T

T

STR.

MONBIJOU-PARK

c

Otto-von-Bismarck-Allee

683

BERLINER ENSEMBLE

M²

M¹

Willy-Brandt-str.

b

a

e

c

T

PERGAMON-MUSEUM

M

M

BUNDESKANZLERAMT

BM UMWELT

SPREE

Friedrichstr.

U

n

Haus der Kulturen der Welt

PAUL-LÖBE-HAUS

Platz der Republik

JAKOB-KAISER-HAUS

M

e

U

H

Neue Wache

Dom

Straße

REICHSTAG

Pariser Pl.

S

UNTER

DEN

LINDEN

ZEUGHAU

ZEUGHAUS

Straße   des   17. Juni

BRANDENBURGER TOR

UNTER DEN LINDEN

T

a

St. Hedwig

610

n

DEUTSCHE STAATSOPER

Friedr.-Werdersche

72

Wilhelmstr.

Französ. Str.

618

u

618

S

c

d

TIERGARTEN

Lennéstr.

Stadtmitte

e

T

GENDARMEN-MARKT

Hausvogteipl.

Mohrenstr.

b

r

KAMMERMUSIKSAAL   Potsdamer Platz

Leipziger Platz

k

d

Straße

T¹

M⁴

SONY

672

Leipziger

P

M⁷

FRIEDRICHSTR.

M

624

a

INFOBOX

POTSDAMER PLATZ

ABGEORDNETENHAUS

Stresemannstr.

M⁵

J

SPIELBANK BERLIN

Koch-

str.

MUSICAL THEATER

MARTIN-GROPIUS-BAU

Wilhelmstr.

Kochstr.

KREUZBERG

Lindenstr.

STAATSBIBLIOTHEK PREUSSICHER KULTURBESITZ

672

c

r

e

Askanischer Platz   ANHALTER BAHNHOF

POL.

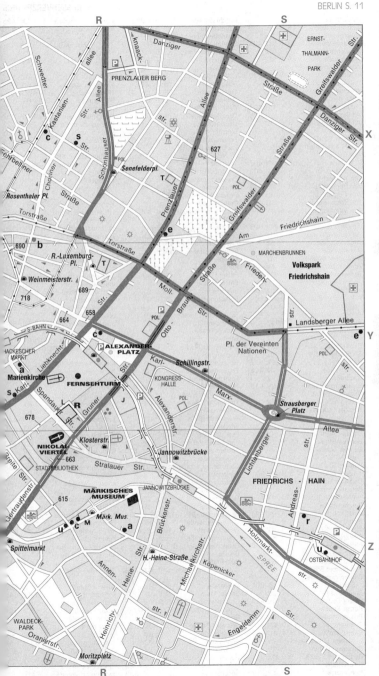

Alphabetisches Verzeichnis der Hotels und Restaurants
Liste alphabétique des hôtels et restaurants

Im Zentrum :

In Charlottenburg, Mitte, Schöneberg, Tiergarten und Wilmersdorf Stadtplan
Berlin : Seite 4 - 9 :

Adlon, Unter den Linden 77, ✉ 10117, ✆ (030) 2 26 10, adlon@Kempinski.com,
Fax (030) 22612222, 🍴, Massage, ₤ᴬ, ⬛, ⬛ – ⬛, ✤ Zim, ⬛ ⬛ 📺 ✆ & �car – 🅰 250
🆎 ⓞ ⬛ 𝘝𝘐𝘚𝘈 🆓 ⬛ Rest   NZ s
Menu à la carte 76/108 – **Lorenz Adlon** separat erwähnt – ⬚ 52 – **337 Z** 440/690 –
610/760, 37 Suiten.

Four Seasons, Charlottenstr. 49, ✉ 10117, ✆ (030) 2 03 38, ber.reservation@four
seasons.com, Fax (030) 20336166, 🍴, Massage, ₤ᴬ, ⬛ – ⬛, ✤ Zim, ⬛ 📺 ✆ & �car
– 🅰 75. 🆎 ⓞ ⬛ 𝘝𝘐𝘚𝘈 🆓 ⬛ Rest   PZ n
Seasons : Menu à la carte 82/106 – ⬚ 43 – **204 Z** 390/490 – 460/560, 42 Suiten.

Grand Hyatt, Marlene-Dietrich-Platz 2, ✉ 10785, ✆ (030) 25 53 12 34,
Fax (030) 25531235, 🍴, Massage, ₤ᴬ, ⬛, ⬛ – ⬛, ✤ Zim, ⬛ ⬛ 📺 ✆ & �car – 🅰 440
🆎 ⓞ ⬛ 𝘝𝘐𝘚𝘈 ⬛ Rest   NZ a
Vox : Menu 86/112 – **Tizian** (italienische Küche) Menu à la carte 52/72 – ⬚ 35 – **340 Z**
360/650 – 400/690, 15 Suiten.

Kempinski Hotel Bristol, Kurfürstendamm 27, ✉ 10719, ✆ (030) 88 43 40, ber1
reservation@kempinski.com, Fax (030) 8836075, 🍴, Massage, ₤ᴬ, ⬛, ⬛ – ⬛, ✤ Zim
📺 ✆ & �car – 🅰 250. 🆎 ⓞ ⬛ 𝘝𝘐𝘚𝘈 🆓 ⬛ Rest   LX r
Kempinski Grill (geschl. Aug. 3 Wochen, Montag) Menu à la carte 87/128 – **Kempinski**
Eck : Menu à la carte 41/75 – ⬚ 38 – **301 Z** 395/545 – 460/610, 29 Suiten.

Grand Hotel Esplanade, Lützowufer 15, ✉ 10785, ✆ (030) 25 47 80, info@esp
anade.de, Fax (030) 2651171, Tagungsschiff mit eigenem Anleger, « Modernes Hotel mit
integrierter Sammlung zeitgenössischer Kunst », Massage, ₤ᴬ, ⬛, ⬛ – ⬛, ✤ Zim,
📺 ✆ & �car – 🅰 260. 🆎 ⓞ ⬛ 𝘝𝘐𝘚𝘈 🆓 ⬛ Rest   MX e
Menu siehe Rest. **Harlekin** separat erwähnt – **Eckkneipe :** Menu à la carte 37/63 –
⬚ 35 – **387 Z** 380/430 – 430/550, 25 Suiten.

The Westin Grand, Friedrichstr. 158, ✉ 10117, ✆ (030) 2 02 70, INFO@WESTIN
GRAND.COM, Fax (030) 20273362, Massage, ₤ᴬ, ⬛, ⬛ – ⬛, ✤ Zim, 📺 ✆ & – 🅰 100
🆎 ⓞ ⬛ 𝘝𝘐𝘚𝘈 ⬛ Rest   PZ a
Menu à la carte 58/89 – ⬚ 36 – **358 Z** 396/600 – 446/650, 20 Suiten.

Palace, Budapester Str. 42 (im Europa-Center), ✉ 10789, ✆ (030) 2 50 20, hotel@p
alace.de, Fax (030) 25021161, freier Zugang zu den Thermen – ⬛, ✤ Zim, 📺 ✆ & �car
– 🅰 300. 🆎 ⓞ ⬛ 𝘝𝘐𝘚𝘈 ⬛ Rest   MX h
Menu siehe Rest. **First Floor** separat erwähnt – **Alt Nürnberg** (geschl. Juli - Aug. 3
Wochen) Menu à la carte 37/60 – ⬚ 36 – **282 Z** 375/540 – 425/590, 24 Suiten.

Hilton, Mohrenstr. 30, ✉ 10117, ✆ (030) 2 02 30, info_berlin@hilton.com,
Fax (030) 20234269, 🍴, Massage, ₤ᴬ, ⬛, ⬛ – ⬛, ✤ Zim, ⬛ ⬛ 📺 ✆ & �car – 🅰 300
🆎 ⓞ ⬛ 𝘝𝘐𝘚𝘈 🆓   PZ
Fellini (italienische Küche) (nur Abendessen) Menu à la carte 56/76 – **Mark Brandenburg**
(auch vegetarische Gerichte) Menu à la carte 43/69 – ⬚ 35 – **500 Z** 340/570 – 380/610
12 Suiten.

Inter-Continental, Budapester Str. 2, ✉ 10787, ✆ (030) 2 60 20, berlin@interco.
ti.com, Fax (030) 26022600, 🍴, Massage, ⬛, ⬛ – ⬛, ✤ Zim, ⬛ 📺 ✆ & �car – 🅰
🅰 800. 🆎 ⓞ ⬛ 𝘝𝘐𝘚𝘈 🆓 ⬛ Rest   MX x
Menu siehe Rest. **Zum Hugenotten** separat erwähnt – **L.A. Café :** Menu à la carte 50/61
– ⬚ 37 – **510 Z** 375/510 – 425/560, 40 Suiten.

Steigenberger Berlin, Los-Angeles-Platz 1, ✉ 10789, ✆ (030) 2 12 70, Steigenb
rgerBerlin@Compuserve.de, Fax (030) 2127117, 🍴, Massage, ⬛, ⬛ – ⬛, ✤ Zim, ⬛
📺 ✆ & �car – 🅰 300. 🆎 ⓞ ⬛ 𝘝𝘐𝘚𝘈 🆓 ⬛ Rest   MY t
Parkrestaurant (geschl. 17. Juli - 23. Aug., Sonntag - Montag) (nur Abendessen) Menu
à la carte 70/100 – **Berliner Stube :** Menu à la carte 44/69 – ⬚ 33 – **397 Z** 420/590
– 480/640, 11 Suiten.

Berlin, Lützowplatz 17, ✉ 10785, ✆ (030) 2 60 50, info@hotel-berlin.de,
Fax (030) 26052716, 🍴, Massage, ₤ᴬ, ⬛ – ⬛, ✤ Zim, ⬛ Rest, 📺 ✆ �car 🅿 – 🅰 400
🆎 ⓞ ⬛ 𝘝𝘐𝘚𝘈 🆓 ⬛ Rest   MX
Menu à la carte 26/38 – **701 Z** ⬚ 274/440 – 333/470, 7 Suiten.

Dorint Schweizerhof Ⓜ, Budapester Str. 21, ✉ 10787, ✆ (030) 2 69 60, info
BERSCH@dorint.com, Fax (030) 26961000, Massage, ₤ᴬ, ⬛, ⬛ – ⬛, ✤ Zim, ⬛
✆ & �car – 🅰 450. 🆎 ⓞ ⬛ 𝘝𝘐𝘚𝘈 ⬛ Rest   MX v
Menu à la carte 56/82 – ⬚ 35 – **384 Z** 395/465 – 445/515, 24 Suiten.

Brandenburger Hof Ⓜ, Eislebener Str. 14, ✉ 10789, ✆ (030) 21 40 50, info@b
andenburger-hof.com, Fax (030) 21405100, 🍴, « Modernisiertes Wilhelminisches Stadt
palais mit Bauhaus-Einrichtung » – ⬛ 📺 ✆ �car – 🅰 30. 🆎 ⓞ ⬛ 𝘝𝘐𝘚𝘈 🆓   LY l
Menu siehe Rest. **Die Quadriga** separat erwähnt – **Der Wintergarten :** Menu à la carte
60/92 – **82 Z** ⬚ 280/415 – 345/745.

🏨 **Dorint Am Gendarmenmarkt** M, Charlottenstr. 50, ⊠ 10117, ℘ (030) 20 37 50, *Info.BERGEN@dorint.com*, Fax (030) 20375100, ₲, ≘s – |≛|, ↦ Zim, 🖼 📺 🖲 & 🔥 100. 🖭 ⓪ 🐠 *VISA*
PZ s
Aigner : Menu à la carte 57/92 – ⊑ 40 – **92 Z** 355/415 – 395/455.

🏨 **Maritim proArte** M, Friedrichstr. 151, ⊠ 10117, ℘ (030) 2 03 35, *info.bpa@maritim.de, Fax (030) 20334209*, ₲, ≘s, 🔲 – |≛|, ↦ Zim, 🖼 📺 🖲 & 🚙 – 🔥 600. 🖭 ⓪ 🐠 *VISA* JCB, ⅍ Rest
PY e
Galerie : Menu à la carte 53/75 – *Atelier* (nur Abendessen) Menu à la carte 61/90 – ⊑ 34 – **403 Z** 329/409 – 348/468, 28 Suiten.

🏨 **Crowne Plaza** M, Nürnberger Str. 65, ⊠ 10787, ℘ (030) 21 00 70, *INFO@CROWNE-PLAZA.DE*, Fax (030) 2132009, Massage, ≘s, 🔲 – |≛|, ↦ Zim, 🖼 📺 🖲 & 🚙 🖪. 🔥 380. 🖭 ⓪ 🐠 *VISA* JCB, ⅍ Rest
MX t
Menu *(geschl. Sonntagabend)* à la carte 48/68 – ⊑ 32 – **425 Z** 495/545, 10 Suiten.

🏨 **Madison** M, Potsdamer Str. 3, ⊠ 10785, ℘ (030) 5 90 05 00 00, *welcome@madison-berlin.de*, Fax (030) 590050500, 🍽, Massage, ≘s – |≛|, ↦ Zim, 📺 🖲 & 🚙 – 🔥 20. 🖭 ⓪ 🐠 *VISA*
NZ v
Menu à la carte 60/80 – ⊑ 30 – **169 Z** 220/550 – 300/600, 17 Suiten.

🏨 **Sorat Hotel Spree-Bogen** M 🔸, Alt-Moabit 99, ⊠ 10559, ℘ (030) 39 92 00, *spree-bogen@SORAT-Hotels.com*, Fax (030) 39920999, 🍽, ≘s – |≛|, ↦ Zim, 🖼 📺 🖲 & 🚙 – 🔥 200. 🖭 ⓪ 🐠 *VISA* JCB
FY b
Menu *(geschl. Aug. 2 Wochen)* à la carte 47/80 – **221 Z** ⊑ 248/298 – 318/358.

🏨 **Savoy**, Fasanenstr. 9, ⊠ 10623, ℘ (030) 31 10 30, *info@savoy-hotels.com*, Fax (030) 31103333, 🍽, ₲, ≘s – |≛|, ↦ Zim, 📺 🖲 – 🔥 40. 🖭 ⓪ 🐠 *VISA*
LX s
Menu à la carte 50/68 – ⊑ 28 – **125 Z** 276/376 – 372/472, 18 Suiten.

🏨 **Mondial**, Kurfürstendamm 47, ⊠ 10707, ℘ (030) 88 41 10, *hotel-mondial@t-online.de*, Fax (030) 88411150, 🍽, ≘s, 🔲 – |≛| 📺 🖲 & 🚙 – 🔥 50. 🖭 ⓪ 🐠 *VISA* JCB
KY e
Menu à la carte 47/69 – **75 Z** ⊑ 220/380 – 280/480.

🏨 **President**, An der Urania 16, ⊠ 10787, ℘ (030) 21 90 30, *INFO@PRESIDENT.BESTWESTERN.DE*, Fax (030) 2186120, ₲, ≘s – |≛|, ↦ Zim, 🖼 📺 🖲 🚙 🖪 – 🔥 75. 🖭 ⓪ 🐠 *VISA*
MY t
Menu *(geschl. Sonntagabend)* à la carte 50/74 – **186 Z** ⊑ 250/310 – 300/380.

🏨 **Alexander Plaza** M, Rosenstr. 1, ⊠ 10178, ℘ (030) 24 00 10, *info@alexander-plaza.com*, Fax (030) 24001777, 🍽, Massage, ₲, ≘s – |≛|, ↦ Zim, 🖼 📺 🖲 🚙 – 🔥 80. 🖭 ⓪ 🐠 *VISA* JCB
RY a
Menu à la carte 45/61 – ⊑ 25 – **92 Z** 235/365 – 265/385.

🏨 **Großer Kurfürst** M garni, Neue Roßstr. 11, ⊠ 10179, ℘ (030) 24 60 00, *grosserkurfuerst@deraghotels.de*, Fax (030) 24600300, ₲, ≘s – |≛| ↦ 🖼 📺 🖲 & – 🔥 20. 🖭 ⓪ 🐠 *VISA*
RZ c
144 Z ⊑ 295/320 – 330/355, 7 Suiten.

🏨 **Residenzhotel Henriette** garni, Neue Roßstr.13, ⊠ 10179, ℘ (030) 24 60 09 00, *henriette@deraghotels.de*, Fax (030) 24600940 – |≛| ↦ 📺 🖲 &. 🖭 ⓪ 🐠 *VISA* RZ u
54 Z ⊑ 320/355.

🏨 **Astron** M, Leipziger Str. 106, ⊠ 10117, ℘ (030) 20 37 60, *Berlin-mitte@astron-hotels.de*, Fax (030) 20376600, ≘s – |≛|, ↦ Zim, 🖼 📺 🖲 & 🚙 – 🔥 150. 🖭 ⓪ 🐠 *VISA* JCB, ⅍ Rest
PZ k
Menu à la carte 52/80 – *Grissini* (italienische Küche) Menu à la carte 37/54 – ⊑ 28 – **392 Z** 245/380 – 245/650.

🏨 **Seehof** M, Lietzensee-Ufer 11, ⊠ 14057, ℘ (030) 32 00 20, *HOTELSEEHOFBERLIN@t-online.de*, Fax (030) 32002251, ≤, « Gartenterrasse », ≘s, 🔲 – |≛|, ↦ Zim, 📺 🚙 – 🔥 25. 🖭 ⓪ 🐠 *VISA*
JX r
Menu à la carte 58/90 – ⊑ 29 – **77 Z** 235/335.

🏨 **Alsterhof**, Augsburger Str. 5, ⊠ 10789, ℘ (030) 21 24 20, *info@alsterhof.com*, Fax (030) 2183949, Biergarten, Massage, ≘s, 🔲 – |≛|, ↦ Zim, 📺 🖲 🚙 – 🔥 40. 🖭 ⓪ 🐠 *VISA* JCB, ⅍ Rest
MY r
Alsters (geschl. Sonntag) Menu à la carte 44/64 – *Zum Lit-Fass* (nur Abendessen) Menu à la carte 32/53 – **200 Z** ⊑ 265/365 – 335/450.

🏨 **art'otel Ermelerhaus** M, Wallstr. 70, ⊠ 10179, ℘ (030) 24 06 20, *berlin@artotel.de*, Fax (030) 24062222, 🍽, « Rekonstruiertes Patrizierhaus mit modernem Hotelanbau » – |≛|, ↦ Zim, 🖼 Zim, 📺 🖲 & 🚙 – 🔥 45. 🖭 ⓪ 🐠 *VISA* JCB
RZ c
Ermelerhaus (geschl. Juni - Aug., Sonntag - Montag) (nur Abendessen) Menu à la carte 62/80 – *Raabe - Diele :* Menu à la carte 43/56 – **95 Z** ⊑ 235/335 – 275/375.

🏨 **Hollywood Media Hotel** M garni, Kurfürstendamm 202, ⊠ 10719, ℘ (030) 88 91 00, *info@hollywood-media-hotel.de*, Fax (030) 88910280 – |≛| ↦ 📺 🖲 & 🚙 – 🔥 90. 🖭 ⓪ 🐠 *VISA* JCB
LY r
185 Z ⊑ 195/340 – 235/380, 12 Suiten.

155

🏨 **Luisenhof,** Köpenicker Str. 92, ✉ 10179, 𝒫 (030) 2 41 59 06, *info@luisenhof.de,*
Fax (030) 2792983, « Elegante Einrichtung » – 劇 🆃🆅 ✆ – 🔬 30. 🖭
VISA **JCB**   RZ a
Menu *(geschl. Sonntag)* à la carte 29/61 – **27 Z** 220/290 – 265/390.

🏨 **Berlin Excelsior Hotel,** Hardenbergstr. 14, ✉ 10623, 𝒫 (030) 3 15 50, *info@hot*
el-excelsior.de, Fax (030) 31551002, 🍴 – 劇, ✳ Zim, 🍽 Rest, 🆃🆅 🚗 🅿 – 🔬 60. 🖭
🝆 🖭 **VISA** **JCB** ✀ Rest   LX b
Menu *(geschl. Sonntag - Montag)* à la carte 32/64 – **317 Z** 🍽 250/385 – 310/415,
3 Suiten.

🏨 **Domicil** M, Kantstr. 111a, ✉ 10627, 𝒫 (030) 32 90 30, *info@hotel-domicil-berlin.de,*
Fax (030) 32903299, 🍴 – 劇, ✳ Zim, 🆃🆅 ✆ ♿ – 🔬 50. 🖭 🝆 🖭 **VISA**   JX v
Menu à la carte 36/65 – **70 Z** 🍽 240 – 260/280, 8 Suiten.

🏨 **Hamburg,** Landgrafenstr. 4, ✉ 10787, 𝒫 (030) 26 47 70, *hoham@t-online.de,*
Fax (030) 2629394, 🍴 – 劇, ✳ Zim, 🆃🆅 🚗 🅿 – 🔬 60. 🖭 🝆 🖭 **VISA** **JCB**
✀ Rest   MX s
Menu à la carte 46/77 – **200 Z** 🍽 211/246 – 268/380.

🏨 **Residenz,** Meinekestr. 9, ✉ 10719, 𝒫 (030) 88 44 30, *info@hotel-residenz.com,*
Fax (030) 8824726 – 劇, ✳ Zim, 🆃🆅 🖭 🝆 🖭 **VISA** ✀ Rest   LY o
Menu à la carte 58/78 – 🍽 25 – **88 Z** 220/310 – 310/370, 5 Suiten.

🏨 **Bleibtreu-Hotel** M, Bleibtreustr. 31, ✉ 10707, 𝒫 (030) 88 47 40, *info@bleibtreu.c*
om, Fax (030) 88474444, 🍴, « Einrichtung mit Designer-Möbeln », Massage, ☎ – 劇
✳ Zim, 🆃🆅 ✆ ♿ 🅿 🖭 🝆 🖭 **VISA** **JCB** ✀ Rest   KY s
Menu à la carte 54/85 – 🍽 28 – **60 Z** 276/376 – 372/472.

🏨 **Hecker's Hotel,** Grolmanstr. 35, ✉ 10623, 𝒫 (030) 8 89 00, *info@heckers-hotel.com,*
Fax (030) 8890260 – 劇, ✳ Zim, 🆃🆅 🚗 🅿 🖭 🝆 🖭 **VISA** **JCB** ✀ Rest   LX e
Cassambalis *(geschl. Sonntagmittag)* **Menu** 30 (Lunchbuffet) à la carte 52/82 – 🍽 28 –
72 Z 230/370 – 280/370.

🏨 **Hackescher Markt** garni, Große Präsidentenstr. 8, ✉ 10178, 𝒫 (030) 28 00 30,
info@hackescher-markt.com, Fax (030) 28003111 – 劇 ✳ 🆃🆅 ✆ 🚗 🖭 🝆
🖭 **VISA**   PY o
🍽 25 – **31 Z** 260/310 – 280/330.

🏨 **Kanthotel** garni, Kantstr. 111, ✉ 10627, 𝒫 (030) 32 30 20, *info@bestwestern.Kant*
hotel.com, Fax (030) 3240952 – 劇 ✳ 🆃🆅 ✆ ♿ 🚗. 🖭 🝆 🖭 **VISA** **JCB**   JX x
70 Z 🍽 265/290 – 285/350.

🏨 **Sorat Art'otel** M, Joachimstaler Str. 29, ✉ 10719, 𝒫 (030) 88 44 70, *art-ote*
@SORAT-Hotels.com, Fax (030) 88447700, 🍴 – 劇, ✳ Zim, 🍽 🆃🆅 ✆ ♿ 🚗
🔬 65   LY e
Menu *(geschl. Sonntag)* à la carte 34/69 – **133 Z** 🍽 235/275 – 275/305.

🏨 **Kronprinz** garni, Kronprinzendamm 1, ✉ 10711, 𝒫 (030) 89 60 30, *reception@kron*
prinz-hotel.de, Fax (030) 8931215, (restauriertes Haus a.d.J. 1894) – 劇 ✳ 🆃🆅 ✆ – 🔬 25
🖭 🝆 🖭 **VISA** **JCB**   JY c
70 Z 🍽 210/260 – 280/330.

🏨 **Sylter Hof,** Kurfürstenstr. 114, ✉ 10787, 𝒫 (030) 2 12 00, *info@sylterhof-berlin.de,*
Fax (030) 2142826 – 劇, ✳ Zim, 🆃🆅 ✆ 🅿 – 🔬 90. 🖭 🝆 🖭 **VISA**   MX c
Menu *(geschl. Sonntag)* à la carte 27/56 – **160 Z** 🍽 188/256, 18 Suiten.

🏨 **Concept Hotel,** Grolmanstr. 41, ✉ 10623, 𝒫 (030) 88 42 60, *info@concept-hotel.c*
om, Fax (030) 88426820, 🍴, Massage, ☎ – 劇, ✳ Zim, 🆃🆅 ♿ 🚗 – 🔬 85. 🖭 🝆
🖭 **VISA** **JCB**   LX m
Menu à la carte 35/64 – **153 Z** 🍽 220/280 – 280/350, 5 Suiten.

🏨 **Holiday Inn Garden Court** garni, Bleibtreustr. 25, ✉ 10707, 𝒫 (030) 88 09 30,
berlinhigc@aol.com, Fax (030) 88093939 – 劇 ✳ 🆃🆅 🅿 – 🔬 15. 🖭 🝆 🖭
VISA **JCB**   KY c
🍽 25 – **73 Z** 285/325.

🏨 **Albrechtshof,** Albrechtstr. 8, ✉ 10117, 𝒫 (030) 30 88 60, *Albrechtshof-Hotel@t-*
nline.de, Fax (030) 30886100, 🍴 – 劇, ✳ Zim, 🆃🆅 ✆ 🅿 – 🔬 50. 🖭 🝆 🖭 **VISA** **JCB**
✀ Rest   NY v
Menu à la carte 35/67 – **107 Z** 🍽 220 – 280/380.

🏨 **Park Consul** garni, Alt-Moabit 86a, ✉ 10555, 𝒫 (030) 39 07 80, *pcberlin@consul-*
otels.com, Fax (030) 39078900 – 劇 ✳ 🆃🆅 ✆ 🚗. 🖭 🝆 🖭 **VISA** **JCB**   FY v
52 Z 🍽 290/340.

🏨 **Forum Hotel,** Alexanderplatz, ✉ 10178, 𝒫 (030) 2 38 90, *forumhotel@interconti.c*
om, Fax (030) 23894305, ☎ – 劇, ✳ Zim, 🆃🆅 ✆ 🚗 – 🔬 240. 🖭 🝆 🖭 **VISA**
JCB ✀ Rest   RY u
Menu à la carte 32/72 – 🍽 26 – **1006 Z** 210/480 – 260/530.

Avalon M garni, Emserstr. 6, ✉ 10719, ✆ (030) 86 09 70, berlin@avalon-hotel.de –
🔋 ✲ 📺 ❮ ⅋ ⟵ – 🍴 40. AE ① ⓂⓄ VISA
KY f
94 Z ⟱ 199/290 – 239/340.

Villa Kastania, Kastanienallee 20, ✉ 14052, ✆ (030) 3 00 00 20, Fax (030) 30000210,
🏡, ⚙s, ⬛ – 🔋 ✲ Zim, 📺 ❮ ⅋ 🅿 – 🍴 20. AE Ⓞ VISA JCB
EY v
Menu à la carte 40/72 – ⟱ 20 – **43 Z** 170/270 – 225/300.

Schloßparkhotel ⤴, Heubnerweg 2a, ✉ 14059, ✆ (030) 3 26 90 30,
Fax (030) 3258861, ⬛, ⚟ – 🔋 ✲ Zim, 📺 ❮ 🅿 – 🍴 50. AE ① ⓂⓄ VISA   EY a
Menu à la carte 32/63 – **39 Z** ⟱ 210/290 – 250/330.

California garni, Kurfürstendamm 35, ✉ 10719, ✆ (030) 88 01 20, info@hotel-calif
ornia.de, Fax (030) 88012111 – 🔋 ✲ 📺 ❮ ⟵ AE ① ⓂⓄ VISA JCB. ✳   LY a
50 Z ⟱ 194/275 – 244/305.

Boulevard garni, Kurfürstendamm 12, ✉ 10719, ✆ (030) 88 42 50, info@hotel-bou
levard.com, Fax (030) 88425450 – 🔋 ✲ 📺 ❮ – 🍴 25. AE ① ⓂⓄ VISA   LX c
57 Z ⟱ 195/230 – 214/368.

Kurfürstendamm am Adenauerplatz garni, Kurfürstendamm 68, ✉ 10707,
✆ (030) 88 46 30, info@hotel-kurfuerstendamm.de, Fax (030) 8825528 – 🔋 📺 ❮ 🅿 –
🍴 30. AE ① ⓂⓄ VISA JCB
JY n
34 Z ⟱ 180/270, 4 Suiten.

Scandotel Castor garni, Fuggerstr. 8, ✉ 10777, ✆ (030) 21 30 30, SCANDOTEL@t
-online.de, Fax (030) 21303160 – 🔋 ✲ 📺 ❮ AE ① ⓂⓄ VISA JCB   MY s
78 Z ⟱ 235/290.

Fjord Hotel garni, Bissingzeile 13, ✉ 10785, ✆ (030) 25 47 20, FjordHotelBerlin@t
-online.de, Fax (030) 25472111 – 🔋 ✲ 📺 ⟵ 🅿. AE ⓂⓄ VISA. ✳   NZ c
57 Z ⟱ 167/196.

Berlin-Plaza garni, Knesebeckstr. 63, ✉ 10719, ✆ (030) 88 41 30, info@plazahotel.de,
Fax (030) 88413754, 🏡 – 🔋 ✲ Zim, 📺 ❮ ⟵ 🅿 – 🍴 20. AE ① ⓂⓄ VISA JCB   LY c
Menu à la carte 32/56 – **131 Z** ⟱ 205/290 – 280/352.

Delta garni, Pohlstr. 58, ✉ 10785, ✆ (030) 26 00 20, Delta.Hotel.Berlin@t-online.de,
Fax (030) 26002111 – 🔋 ✲ 📺 ⟵. AE ① ⓂⓄ VISA JCB   FY c
⟱ 17 – **47 Z** ⟱ 135/260.

Alfa-Hotel garni, Ufnaustr. 1, ✉ 10553, ✆ (030) 3 44 00 31, Fax (030) 3452111 – 🔋
✲ 📺 ❮ ⟵ – 🍴 35. AE ① ⓂⓄ VISA JCB   FY a
33 Z ⟱ 170/230 – 190/260.

Econtel garni, Sömmeringstr. 24, ✉ 10589, ✆ (030) 34 68 10, INFO@BERLIN.ECONTEL.
DE, Fax (030) 34681163 – 🔋 ✲ 📺 ❮ ⟵ – 🍴 35. AE ⓂⓄ VISA   EY c
⟱ 23 – **205 Z** 149/166 – 176.

Astoria garni, Fasanenstr. 2, ✉ 10623, ✆ (030) 3 12 40 67, AstoriaHotel@t-online.de,
Fax (030) 3125027 – 🔋 📺 ❮. AE ① ⓂⓄ VISA JCB   LX a
32 Z ⟱ 196/208 – 242/289.

Pension Wittelsbach garni, Wittelsbacherstr. 22, ✉ 10707, ✆ (030) 8 64 98 40,
Fax (030) 8621532 – 🔋 ✲ 📺 ⛹ ⟵. AE ① ⓂⓄ VISA JCB   JY p
31 Z ⟱ 130/180 – 220/250.

Imperial, Lietzenburger Str. 79, ✉ 10719, ✆ (030) 88 00 50, Imperial.Hotel.Berlin@t
-online.de, Fax (030) 8824579, 🏡, ⚙s, ⬛ – 🔋 ✲ Zim, 📺 ⟵ – 🍴 40. AE ① ⓂⓄ
VISA JCB
LY t
Menu à la carte 35/55 – **81 Z** ⟱ 175/195 – 265/400.

Allegra garni, Albrechtstr. 17, ✉ 10117, ✆ (030) 30 88 66 10, Fax (030) 30886579 –
🔋 ✲ 📺 ❮ ⅋ 🅿. AE ① ⓂⓄ VISA JCB   NY e
78 Z ⟱ 190 – 245/320.

Atrium-Hotel garni, Motzstr. 87, ✉ 10779, ✆ (030) 21 49 10, Fax (030) 2117563 –
🔋 📺. ⓂⓄ VISA   MY e
22 Z ⟱ 108/140 – 170.

Kubrat, Leipziger Str. 21, ✉ 10117, ✆ (030) 2 01 20 54, Hotel-Kubrat@t-online.de,
Fax (030) 2012057 – 🔋 📺 🅿. AE ⓂⓄ VISA JCB. ✳   PZ d
Menu (geschl. Sonntag) (nur Abendessen) à la carte 31/53 – **36 Z** ⟱ 140/160 –
180/250.

Agon garni, Xantener Str. 4, ✉ 10707, ✆ (030) 8 85 99 30, info@hotel-agon.de,
Fax (030) 885993123 – 🔋 ✲ 📺 ❮ 🅿 – 🍴 15. AE ① ⓂⓄ VISA JCB   JY e
60 Z ⟱ 149/189 – 199/269.

Kastanienhof garni, Kastanienallee 65, ✉ 10119, ✆ (030) 44 30 50, info@hotel- Kast
anienhof-berlin.de, Fax (030) 44305111 – 🔋 📺 – 🍴 15. ⓂⓄ VISA JCB. ✳   RX c
36 Z ⟱ 140/170 – 190/240.

ⅩⅩⅩⅩⅩ **Lorenz Adlon** - Hotel Adlon, Unter den Linden 77, ⌧ 10117, ℰ (030) 22 61 19 60, *Fax (030) 22612222* – 🖥 🚗. 🆎 ⓪ 🆚 𝗩𝗜𝗦𝗔 𝗝𝗖𝗕. 🕱
NZ s
geschl. Aug., Sonntag - Montag – **Menu** 96/133.

ⅩⅩⅩⅩ **Zum Hugenotten** - Hotel Inter-Continental, Budapester Str. 2, ⌧ 10787, ℰ (030) 🕉 26 02 12 63, *berlin@ interconti.com, Fax (030) 26022600* – 🖥 𝗣. 🆎 ⓪ 🆚 𝗩𝗜𝗦𝗔 𝗝𝗖𝗕. 🕱
MX a
geschl. Ende Juli - Aug., Sonntag – **Menu** *(nur Abendessen)* (bemerkenswerte Weinkarte) à la carte 108/131
Spez. Fischeintopf mit Olivenbrotcroûtons und Safran-Knoblauchmayonnaise. Geschmortes und Gebratenes vom Milchkalb. Schokoladenvariation.

ⅩⅩⅩⅩ **First Floor** - Hotel Palace, Budapester Str. 45 (im Europa-Center), ⌧ 10789, ℰ (030) 🕉 25 02 10 20, *f&b@ palace.de, Fax (030) 25021197* – 🆎 ⓪ 🆚 𝗩𝗜𝗦𝗔. 🕱 MX k
geschl. 23. Juli - 19. Aug., Samstagmittag – **Menu** à la carte 92/152
Spez. Lauwarmer Hummersalat mit braisierten Artischocken und Trüffel. Loup de mer mit Fenchelbrandade und Sternanisbutter. Kalbskotelett mit Gänseleber und Bries gefüllt.

ⅩⅩⅩⅩ **Margaux,** Unter den Linden 78 (Eingang Wilhelmstrasse), ⌧ 10117, ℰ (030) 🕉 22 65 26 11, *Info@ Margaux-Berlin.de, Fax (030) 22652612*, ⌖ – 🖥. 🆎 ⓪ 🆚
𝗩𝗜𝗦𝗔. 🕱
NZ b
geschl. April 3 Wochen, Ende Juli - Mitte Aug., Sonntag – **Menu** (bemwerkenswerte Weinkarte) 78 (mittags) à la carte 102/169
Spez. Dicke Bohnen in Gelee von Bresse-Geflügel. Gefüllte Taubenbrust mit Staudensellerie und Orangen parfümiert. Warmer Schokoladenkuchen mit Zwergorangenragoût und Grand-Marniereis.

ⅩⅩⅩⅩ **Harlekin** - Grand Hotel Esplanade, Lützowufer 15, ⌧ 10785, ℰ (030) 2 54 78 86 30, *info@ esplanade.de, Fax (030) 254788222*, ⌖ – 🖥. 🆎 ⓪ 🆚 𝗩𝗜𝗦𝗔 𝗝𝗖𝗕. 🕱 MX e
geschl. 1. - 10. Jan., Sonntag - Montag – **Menu** *(nur Abendessen)* à la carte 99/135.

ⅩⅩⅩ **Rockendorf's Restaurant**, Passauer Str. 5, ⌧ 10789, ℰ (030) 21 99 21 70, *rock* 🕉 *endorfsrestaurant@ web.de, Fax (030) 21992174* – 🖥 ⌖. 🆎 ⓪ 🆚 𝗩𝗜𝗦𝗔
MY a
geschl. Sonntag – **Menu** 105/220 – *Berlin (geschl. Sonntag)* Menu à la carte 55/100
Spez. Wildlachs mit Orangenglasur. Taubenbrust mit Couscous und kandiertem Knoblauch. Gratiniertes Limonenparfait mit Korianderpflaumen.

ⅩⅩⅩ **Bamberger Reiter** (Fischer), Regensburger Str. 7, ⌧ 10777, ℰ (030) 2 18 42 82, 🕉 *bamberger-reiter@ t-online.de, Fax (030) 21474799*, ⌖ – 🆎 🆚 𝗩𝗜𝗦𝗔
MY b
geschl. Sonntag - Montag – **Menu** *(nur Abendessen)* (Tischbestellung ratsam) 105/185 und à la carte – *à Coté (geschl. Feb. 2 Wochen)* Menu à la carte 47/65
Spez. Gebratene Gänsemastleber mit Balsamicozwetschgen. Hummer mit Cognacbutter und Radiccio-Risotto. Rehrücken mit Sellerie-Apfel-Chutney und Pommes Maxime.

ⅩⅩⅩ **Die Quadriga** - Hotel Brandenburger Hof, Eislebener Str. 14, ⌧ 10789, ℰ (030) 🕉 21 40 56 50, *info@ brandenburger-hof.com, Fax (030) 21405100* – 🆎 ⓪ 🆚 𝗩𝗜𝗦𝗔 𝗝𝗖𝗕. 🕱
LY n
geschl. 1. - 14. Jan., 23. Juli - 19. Aug., Samstag - Sonntag – **Menu** *(nur Abendessen)* à la carte 82/126
Spez. Gegrillte St. Jakobsmuscheln mit Kokosnuss-Blumenkohlpüree. Zweierlei vom Lammrücken mit Meeresböhnchen und Ratatouille-Ravioli. Karamelisierter Limonenflan mit Banensalat und Passionsfruchtsorbet.

ⅩⅩ **Adermann,** Oranienburger Str. 27, ⌧ 10117, ℰ (030) 28 38 73 71, *Fax (030) 28387372* – 𝗣. 🆎 ⓪ 🆚 𝗩𝗜𝗦𝗔. 🕱
PY b
geschl. Jan. 3 Wochen, Sonntag - Montag – **Menu** *(nur Abendessen)* 120/180 und à la carte.

ⅩⅩ **Alt Luxemburg** (Wannemacher), Windscheidstr. 31, ⌧ 10627, ℰ (030) 3 23 87 30, 🕉 *Fax (030) 3274003* – 🖥. 🆎 ⓪ 🆚 𝗩𝗜𝗦𝗔
JX s
geschl. Sonntag – **Menu** *(nur Abendessen)* (Tischbestellung ratsam) 125/140 à la carte 88/112
Spez. Gebratene Gänsestopfleber mit Ananas-Paprika-Chutney. Hummercremesuppe. Gebratenes Kalbsbries mit Spargelrisotto.

ⅩⅩ **VAU,** Jägerstr. 54, ⌧ 10117, ℰ (030) 2 02 97 30, *vau@ viehhauser.de,* 🕉 *Fax (030) 20297311*, ⌖, « Bistro-Restaurant im Designer Stil » – 🆎 ⓪ 🆚 𝗩𝗜𝗦𝗔
🕱
PZ u
geschl. Sonntag – **Menu** à la carte 101/138
Spez. Kartoffelschmarrn mit Kaviar. St. Pierre mit Saucisse Lyonnaise und Rucola. Schulterschezel in Balsamico geschmort.

ⅩⅩ **Ponte Vecchio,** Spielhagenstr. 3, ⌧ 10585, ℰ (030) 3 42 19 99, *Fax (030) 3421999* – ⓪
JX a
geschl. Juli - Aug. 4 Wochen, Dienstag – **Menu** *(nur Abendessen)* (Tischbestellung erforderlich, italienische Küche) à la carte 58/96.

XX **Ana e Bruno**, Sophie-Charlotten-Str. 101, ✉ 14059, ℘ (030) 3 25 71 10, Fax (030) 3226895 – AE. ⁂
EY s
geschl. Anfang Jan. 1 Woche, Mitte Juni - Anfang Juli, Sonntag - Montag – **Menu** (nur Abendessen)(italienische Küche, bemerkenswertes Angebot ital. Weine) à la carte 104/119.

XX **Kaiserstuben**, Am Kupfergraben 6a, ✉ 10117, ℘ (030) 20 45 29 80, Fax (030) 20452981, ☆ – AE ① ◎ VISA
PY n
geschl. Sonntag - Montag – **Menu** (nur Abendessen) (Tischbestellung ratsam) à la carte 76/100.

XX **IL Sorriso**, Kurfürstenstr. 76, ✉ 10787, ℘ (030) 2 62 13 13, Fax (030) 2650277, ☆ – P. AE ① ◎ VISA. ⁂
MX r
geschl. 22. Dez. - 5. Jan., Sonntag – **Menu** (abends Tischbestellung ratsam, italienische Küche) à la carte 54/84.

XX **Stil**, Kantstr. 17, ✉ 10623, ℘ (030) 3 15 18 60, STILRESTAURANT@geux.de, Fax (030) 31518611 – ▤ – ♨ 150. ① ◎ VISA
LX h
geschl. Sonntag **Menu** 39 (mittags) à la carte 44/90.

XX **Paris-Moskau**, Alt-Moabit 141, ✉ 10557, ℘ (030) 3 94 20 81, Fax (030) 3942602, ☆
GY s
geschl. Aug. 2 Wochen – **Menu** (nur Abendessen)(Tischbestellung ratsam) à la carte 61/88.

XX **Peppino**, Fasanenstr. 65, ✉ 10719, ℘ (030) 8 83 67 22, Fax (030) 88624781, ☆ – AE ◎
LY v
geschl. Aug. 3 Wochen, Sonntag – **Menu** (italienische Küche) à la carte 64/83.

XX **Funkturm-Restaurant**, Messedamm 22, ✉ 14055, ℘ (030) 30 38 29 96, Fax (030) 30381997, ≤ Berlin – 🛗. AE ① ◎ VISA. ⁂
EY
geschl. Juli, Montag – **Menu** (Tischbestellung ratsam) à la carte 55/79.

XX **Heising**, Rankestr. 32, ✉ 10789, ℘ (030) 2 13 39 52, Fax (030) 3024186 – ▤ LX t
geschl. Juli - Aug. 2 Wochen, Sonntag – **Menu** (nur Abendessen) (Tischbestellung ratsam) 89.

XX **Du Pont**, Budapester Str. 1, ✉ 10787, ℘ (030)2 61 88 11, Fax (030) 2618811, ☆ –
MX q
AE ① ◎ VISA
geschl. Samstagmittag, Sonn- und Fertage mittags – **Menu** 50 (mittags) à la carte 65/99.

XX **Trio**, Klausenerplatz 14, ✉ 14059, ℘ (030) 3 21 77 82
EY n
geschl. Jan. 3 Wochen, Aug. 3 Wochen, Mittwoch - Donnerstag – **Menu** (nur Abendessen) (Tischbestellung ratsam) à la carte 47/79.

XX **Bacco**, Marburger Str. 5, ✉ 10789, ℘ (030) 2 11 86 87, info@bacco.de, Fax (030) 2115230 – AE ◎ VISA. ⁂
MX u
geschl. Sonntagmittag, Juli - Aug. Sonntag – **Menu** (Juli - Aug. nur Abendessen) (italienische Küche) à la carte 57/87.

XX **Borchardt**, Französische Str. 47, ✉ 10117, ℘ (030) 20 38 71 10, Fax (030) 20387150, « Innenhofterrasse » – AE VISA
PZ c
Menu à la carte 62/83.

XX **Guy**, Jägerstr. 59 (Innenhof), ✉ 10117, ℘ (030) 20 94 26 00, info@guy-restaurant, Fax (030) 20942610, ☆ – AE ◎ VISA. ⁂ Rest
PZ d
Menu 32 (mittags) à la carte 79/95.

XX **Engelbrecht**, Schiffbauerdamm 6, ✉ 10117, ℘ (030) 28 59 85 85, Fax (030) 28598587 – AE ◎ VISA
NY c
geschl. Sonntag, Juli - Aug. Sonntag - Montag – **Menu** (nur Abendessen) à la carte 53/73.

XX **Viehhauser im Presseclub**, Schiffbauerdamm 40, ✉ 10117, ℘ (030) 2 06 16 70, VIP@viehhauser.de, Fax (030) 20616767 – ♨ 200. AE ◎ VISA
NY b
Menu 78/96 à la carte 53/72.

X **Portalis**, Kronenstr. 55, ✉ 10117, ℘ (030) 20 45 54 96, portalis@t-online.de, Fax (030) 20455498 – AE ◎ VISA
PZ b
geschl. Jan. 1 Woche, Juli - Aug. 2 Wochen, Sonntag - Montag, Feiertage – **Menu** 54 (mittags) à la carte 77/101
Spez. St. Petersfisch mit Erbsenpüree und Minze. Geschmorte Milchlammschulter mit cremigen Bohnen und Kartoffeltörtchen. Dessert von Erdbeeren und Topfen.

X **Die Weltbühne**, Gormannstr. 14, ✉ 10119, ℘ (030) 28 00 94 44, wbb@die-weltbuehne.de, Fax (030) 28009449, ☆ – AE ① VISA
RX b
Menu à la carte 60/95.

X **Maxwell**, Bergstr. 22 (Eingang im Hof), ✉ 10115, ℘ (030) 2 80 71 21, maxwell.Berlin@t-online.de, Fax (030) 28599848, « Haus a.d. Zeit der Jahrhundertwende ; Innenhofterrasse » – AE ① ◎ VISA. ⁂
PX e
geschl. Samstagmittag, Sonntagmittag **Menu** (Tischbestellung ratsam) à la carte 67/88.

X **Am Karlsbad**, Am Karlsbad 11, ✉ 10785, ℘ (030) 2 64 53 49, Fax (030) 2644240, ☆, (Modernes Restaurant im Bistro-Stil) – P. ◎ VISA
NZ c
geschl. Samstagmittag, Sonntag - Montag – **Menu** à la carte 56/83.

X **Maothai,** Meierottostr. 1, ⊠ 10719, ℘ (030) 8 83 28 23, *maothai@snafu.de*,
Fax (030) 88675658, 🌳 – AE ① M⊙ VISA
Menu (Montag - Freitag nur Abendessen) (thailändische Küche) à la carte 38/84.
LY m

X **Lutter und Wegner,** Charlottenstr. 56, ⊠ 10117, ℘ (030) 2 02 95 40, *laggnergm*
bh@bln.de, Fax (030) 20295425, 🌳, « Gemütliche Weinstube » – AE M⊙ VISA   PZ e
Menu 32 (mittags) à la carte 49/90.

X **Marjellchen,** Mommsenstr. 9, ⊠ 10629, ℘ (030) 8 83 26 76, *Fax (030) 88729890*, 🌳
– AE M⊙ VISA JCB
geschl. Sonntag – **Menu** *(nur Abendessen)* à la carte 45/79.
KX a

In den Bezirken :

In Berlin-Buchholz *Stadtplan Berlin : S. 5 :*

🏠 **Businesshotel** garni, Pasewalker Str. 97, ⊠ 13127, ℘ (030) 47 69 80, *info@busine*
sshotel.de, Fax (030) 47698453 – |≢| 😋 TV 🍴 ᕳ ⇔ P. AE M⊙ VISA JCB   CT n
98 Z 🍽 99/140 – 195.

In Berlin-Friedrichshain *Stadtplan Berlin : S. 5 u. 7 u. 11 :*

🏨 **Inn Side Residence-Hotel** Ⓜ, Lange Str. 31, ⊠ 10243, ℘ 29 30 30, *berlin*
@innside.de, Fax (030) 29303199, 🌳, ⊜s – |≢|, 😋 Zim, TV 🍴 ᕳ – 🏛 35. AE ①
M⊙ VISA JCB
SZ r
Menu à la carte 50/65 – 🍽 26 – **133 Z** 265/285 – 305/325.

🏨 **Astron** Ⓜ, Landsberger Allee 26, ⊠ 10249, ℘ (030) 4 22 61 30, *Berlin-alexanderpla*
tz@astron-hotels.de, Fax (030) 422613300, 🌳, ⊜s – |≢|, 😋 Zim, ⬛ TV 🍴 ᕳ ⇔
– 🏛 160. AE ① M⊙ VISA JCB. 🍽 Rest
SY e
Menu à la carte 43/79 – 🍽 23 – **225 Z** 190/320 – 320.

🏨 **Mercure City Ost** Ⓜ garni, Frankfurter Allee 73a/Ecke Voigtstraße, ⊠ 10247,
℘ (030) 42 83 10, *H2821@accor-hotels.com, Fax (030) 42831831* – |≢| 😋 ⬛ TV – 🏛 25.
AE ① M⊙ VISA
CU b
120 Z 🍽 163/243 – 186/296, 4 Suiten.

🏨 **Upstalsboom Hotel Friedrichshain,** Gubener Str. 42, ⊠ 10243, ℘ (030) 29 37 50,
friedrichshain@upstalsboom.de, Fax (030) 29375777, 🛁, ⊜s – |≢|, 😋 Zim, TV 🍴 ⇔
– 🏛 50. AE ① M⊙ VISA
HY a
Menu à la carte 36/53 – **169 Z** 🍽 160/290 – 165/330.

🏨 **InterCityHotel** Ⓜ, Am Ostbahnhof 5, ⊠ 10243, ℘ (030) 29 36 80, *berlin@intercit*
yhotel.com, Fax (030) 29368599 – |≢|, 😋 Zim, ⬛ Rest, TV 🍴 ᕳ – 🏛 100. AE ① M⊙ VISA
🍽 Rest
SZ u
Menu à la carte 34/54 – 🍽 22 – **163 Z** 245/285 – 285/335.

🏠 **Tulip Inn** Ⓜ, Gürtelstr. 41, ⊠ 10247, ℘ (030) 29 38 30, *tulip-inn-bln-frh@debitel.net*,
Fax (030) 29383222, ⊜s – |≢|, 😋 Zim, ⬛ TV ᕳ ⇔. AE ① M⊙ VISA JCB.
🍽 Rest
CU c
Menu *(geschl. Sonntag) (nur Abendessen)* à la carte 32/57 – **60 Z** 🍽 165/220 – 195/270.

In Berlin-Grunewald *Stadtplan Berlin : S. 4 u. 6 :*

🏯 **The Ritz Carlton Schlosshotel,** Brahmsstr. 10, ⊠ 14193, ℘ (030) 89 58 40,
Fax (030) 89584800, 🌳, « Ehemaliges Palais », Massage, 🛁, ⊜s, 🔲 – |≢|, 😋 Zim, ⬛
TV 🍴 ⇔ P. – 🏛 40. AE ① M⊙ VISA JCB. 🍽
EZ a
Vivaldi *(geschl. Sonntag) (nur Abendessen)* **Menu** à la carte 90/120 – 🍽 38 – **54 Z**
495/795, 12 Suiten.

In Berlin-Hohenschönhausen *Stadtplan Berlin : S. 5 :*

🏨 **Quality Hotel Wilhelmsberg** Ⓜ, Landsberger Allee 203, ⊠ 13055, ℘ (030)
97 80 80, *wilhelmsberg@quality-hotel-berlin.de, Fax (030) 97808450*, ⊜s – |≢|, 😋 Zim,
TV P. – 🏛 120. AE ① M⊙ VISA
CU a
Menu *(geschl. Sonntagabend)* à la carte 30/49 – **310 Z** 🍽 210/230 – 215/290, 5 Suiten.

In Berlin-Köpenick *Stadtplan Berlin : S. 5 :*

🏨 **Courtyard by Marriott** Ⓜ, Grünauer Str. 1, ⊠ 12557, ℘ (030) 65 47 90, *courty*
ardberlin@t-online.de, Fax (030) 65479550, 🌳, 🛁, ⊜s – |≢|, 😋 Zim, ⬛ TV 🍴 ᕳ ⇔
– 🏛 300. AE ① M⊙ VISA
DV a
Menu 28 (Buffet) à la carte 42/63 – 🍽 23 – **190 Z** 179/189.

In Berlin-Kreuzberg *Stadtplan Berlin : S. 7 u. 10 :*

🏨 **Stuttgarter Hof,** Anhalter Str. 9, ⊠ 10963, ℘ (030) 26 48 30, *030264830@-onlin*
e.de, Fax (030) 26483900, ⊜s – |≢|, 😋 Zim, TV 🍴 ⇔ – 🏛 25. AE ① M⊙ VISA JCB
NZ e
Menu *(geschl. Sonntag)* à la carte 39/73 – **110 Z** 🍽 255/325 – 285/400.

🏨 **Ludwig van Beethoven** garni, Hasenheide 14, ⊠ 10967, ℘ (030) 6 95 70 00, *info@ho*
tel-ludwig-van-beethoven.de, Fax (030) 695700150 – |≢| 😋 TV P. – 🏛 15. AE ① M⊙ VISA
68 Z 🍽 165/215.
HZ d

🏨 **Antares** garni, Stresemannstr. 97, ✉ 10963, ✆ (030) 25 41 60, info@hotel-antares.
com, Fax (030) 2615027, 🕿 – 📶 📺 📞 🚗 P – 🏛 40. AE ① ⓪ VISA. ✆　NZ　r
🍴 20 – 85 Z 170/270 – 210/320, 4 Suiten.

🏨 **Riehmers Hofgarten**, Yorckstr. 83, ✉ 10965, ✆ (030) 78 09 88 00, rhg@snafu.de,
Fax (030) 78098808, � – 📶 📺 🚗 AE ① ⓪ VISA　　　GZ　u
e.t.a. hoffmann (geschl. Jan. 2 Wochen, Sonntag) (nur Abendessen) **Menu** à la carte
95/125 – **21 Z** 🍴 170/220 – 230/280.

🍴🍴 **Altes Zollhaus**, Carl-Herz-Ufer 30, ✉ 10961, ✆ (030) 6 92 33 00, Fax (030) 6923566
– AE ① ⓪ VISA　　　　　　　　　　　　　　GZ　r
geschl. Montag - Dienstag – **Menu** (nur Abendessen) 59/99.

In Berlin-Lichtenberg Stadtplan Berlin : S. 5 :

🏨 **Abacus Tierpark Hotel** M, Franz-Mett-Str. 3, ✉ 10319, ✆ (030) 5 16 20, info@a
bacus-hotel.de, Fax (030) 5162400 – 📶, ✤ Zim, 📺 📞 🏖 P – 🏛 250. AE ① ⓪ VISA
Menu 37 (Buffet) und à la carte – **278 Z** 🍴 190/260 – 240/280.　DU　e

🏨 **City Consul** M, Rathausstr. 2, ✉ 10367, ✆ (030) 55 75 70, ccberlin@consul-hotels.
com, Fax (030) 55757272, 🕿 – 📶, ✤ Zim, 🚗 – 🏛 25. AE ① ⓪
VISA JCB　　　　　　　　　　　　　　　　　CU　e
Menu à la carte 34/56 – **99 Z** 🍴 178/228 – 203/248.

🏨 **Nova** garni, Weitlingstr. 15, ✉ 10317, ✆ (030) 5 25 24 66, info@hotel-nova.de,
Fax (030) 5252432 – 📶 📺. AE ① ⓪ VISA JCB　　　　　DU　a
40 Z 🍴 140/160 – 190/220.

In Berlin-Lichterfelde Stadtplan Berlin : S. 4 :

🏨 **Villa Toscana** garni, Bahnhofstr. 19, ✉ 12207, ✆ (030) 7 68 92 70, hotel@villa-tos
cana.de, Fax (030) 7734488, « Garten » – 📶 📺. AE ① ⓪ VISA JCB. ✆　BV　b
16 Z 🍴 155/175 – 195.

In Berlin-Mariendorf Stadtplan Berlin : S. 5 :

🏨🏨 **Landhaus Alpinia**, Säntisstr. 32, ✉ 12107, ✆ (030) 76 17 70 (Hotel) 7 41 99 98 (Rest.),
info@alpina-berlin.de, Fax (030) 7419835, « Gartenterrasse », 🕿 – 📶, ✤ Zim, 📺 📞
🚗 – 🏛 20. ⓪ VISA　　　　　　　　　　　　CV　b
geschl. 21. Dez.- 2. Jan. – *Villa Rossini* (wochentags nur Abendessen) **Menu** à la carte
37/69 – **58 Z** 🍴 220/320 – 295/350.

In Berlin-Neukölln Stadtplan Berlin : S. 7 :

🏨🏨 **Estrel** M, Sonnenallee 225, ✉ 12057, ✆ (030) 6 83 10, Hotel@Estrel.com,
Fax (030) 68312345, Biergarten, Massage, 🏖, 🕿 – 📶, ✤ Zim, 📺 📞 🏖 ♣ 🚗 –
🏛 2700. AE ① ⓪ VISA JCB　　　　　　　　　　HZ　a
Sans Souci (nur Abendessen) **Menu** à la carte 45/76 – *Portofino* (italienische Küche)
Menu à la carte 41/61 – *Estrel-Stube* (nur Abendessen) **Menu** à la carte 33/51 – 🍴 27
– **1125 Z** 225/375 – 245/395, 80 Suiten.

🏨🏨 **Mercure**, Hermannstr. 214, ✉ 12049, ✆ (030) 62 78 00, H1894@accor-hotels.com,
Fax (030) 62780111, 🏖, 🕿 – 📶, ✤ Zim, 🖿 📺 📞 🚗 – 🏛 250. AE ① ⓪ VISA JCB.
✆ Rest　　　　　　　　　　　　　　　　　　HZ　c
Menu à la carte 38/63 – 🍴 23 – **216 Z** 197/217.

🏨 **Euro-Hotel** garni, Sonnenallee 6, ✉ 12047, ✆ (030) 61 38 20, info@euro-hotel.net,
Fax (030) 61382222 – 📶 ✤ 📺 📞 – 🏛 50. AE ① ⓪ VISA JCB　HZ　b
70 Z 🍴 172/265 – 197/295.

In Berlin-Pankow Stadtplan Berlin : S. 5 :

🏨 **Solitaire** M, Hermann-Hesse-Str. 64, ✉ 13156, ✆ (030) 91 60 10, info@solitaire.de,
Fax (030) 91601100, Massage, 🕿 – 📶, ✤ Zim, 📺 🏖 P – 🏛 30. AE ① ⓪
VISA JCB　　　　　　　　　　　　　　　　　CT　r
Zur fröhlichen Pfalz (Weinstube) (geschl. Dienstag, wochentags nur Abendessen) **Menu**
à la carte 36/69 – **48 Z** 🍴 139 – 169/179.

In Berlin Prenzlauer Berg Stadtplan Berlin : S. 7 u. 11 :

🏨 **Park Plaza** M, Storkower Str. 160, ✉ 10407, ✆ (030) 42 18 10, ppberlin@parkplaz
aww.com, Fax (030) 42181234 – 📶, ✤ Zim, 🖿 📺 📞 🏖 – 🏛 75. AE ① ⓪
VISA JCB　　　　　　　　　　　　　　　　　HY　c
Menu à la carte 40/62 – **155 Z** 🍴 194/233 – 235/325.

🏨 **Holiday Inn City Center East** M garni, Prenzlauer Allee 169, ✉ 10409, ✆ (030)
44 66 10, Holidayinn@circle-hotels.com, Fax (030) 44661661 – 📶 ✤ 📺 📞 🏖 –
🏛 40. AE ① ⓪ VISA JCB　　　　　　　　　　　HX　b
🍴 25 **122 Z** 190/320 – 230/350.

Ibis, Prenzlauer Allee 4, ✉ 10405, ✆ (030) 44 33 30, *h0357@accor-hotels.com*,
Fax (030) 44333111 – |≜|, ↔ Zim, 🖪 📺 ✓ ⅙. ✗ Rest
Menu *(nur Abendessen)* à la carte 26/32 – ⊆ 15 – **198 Z** 139/159.　　RX e

Jurine garni, Schwedter Str. 15, ✉ 10119, ✆ (030) 4 43 29 90, *mail@hotel-jurine.de*,
Fax (030) 44329999 – |≜| ↔ Zim, 📺 ✓ ⅙. ⟲. 🖽 ⓄⒹ ⓄⓄ 🆅🆂🅰
⊆ 20 – **53 Z** 150/210 – 190/280.　　RX s

In Berlin-Reinickendorf *Stadtplan Berlin : S. 4 u. 5 u. 6 :*

Dorint Budget Hotel Airport Tegel, Gotthardstr. 96, ✉ 13403, ✆ (030) 49 88 40,
info.berteg@Dorint.com, Fax (030) 49884555 – |≜|, ↔ Zim, 📺 ✓ ⟲ 🅿 – ⅍ 70. 🖽
ⓄⒹ ⓄⓄ 🆅🆂🅰 🆓🆑🅱
Menu à la carte 35/53 – ⊆ 21 – **303 Z** 175/195 – 195/285.　　FX c

Rheinsberg am See, Finsterwalder Str. 64, ✉ 13435, ✆ (030) 4 02 10 02, *info@h
otel-rheinsberg.com, Fax (030) 4035057,* « Gartenterrasse am See », Massage, ₷, ⓢ,
⅃, ⬚, ☀ – |≜|, ↔ Zim, 📺 ✓ 🅿 – ⅍ 30. ⓄⓄ 🆅🆂🅰
Menu à la carte 37/68 – **81 Z** ⊆ 199/249.　　CT e

Carat garni, Ollenhauerstr. 111, ✉ 13403, ✆ (030) 41 09 70, *Fax (030) 41097444* – |≜|
↔ 📺 ✓ 🅿 – ⅍ 40. 🖽 ⓄⓄ 🆅🆂🅰 🆓🆑🅱
41 Z ⊆ 160/285 – 190/315.　　BT n

Ibis, Alt Reinickendorf 4, ✉ 13407, ✆ (030) 49 88 30, *h1573@accor-hotels.com,
Fax (030) 49883444,* ☀ – |≜|, ↔ Zim, 📺 ⅙ ⟲ – ⅍ 60. 🖽 ⓄⓄ 🆅🆂🅰 🆓🆑🅱
Menu *(nur Abendessen)* à la carte 26 – ⊆ 15 – **116 Z** 120.　　CT a

In Berlin-Siemensstadt *Stadtplan Berlin : S. 4 :*

Holiday Inn Berlin-Esplanade Ⓜ, Rohrdamm 80, ✉ 13629, ✆ (030) 38 38 90, *info
@holiday-inn-esplanade.de, Fax (030) 38389900,* ☀, ⓢ, ⬚ – |≜|, ↔ Zim, 🖪 📺 ✓ ⅙
⟲ – ⅍ 170. 🖽 ⓄⒹ ⓄⓄ 🆅🆂🅰 🆓🆑🅱 ✗ Rest　　BU b
Il Faggio (geschl. Samstagabend, Sonntagabend) **Menu** à la carte 44/63 – ⊆ 29 – **336 Z**
240/320 – 280/360, 4 Suiten.

Novotel, Ohmstr. 4, ✉ 13629, ✆ (030) 3 80 30, *Fax (030) 3819403,* ⅃ – |≜|, ↔ Zim,
📺 ✓ ⅙ – ⅍ 200. 🖽 ⓄⒹ ⓄⓄ 🆅🆂🅰 🆓🆑🅱　　BU u
Menu à la carte 33/58 – **119 Z** ⊆ 197/237 – 227/277.

In Berlin-Spandau *Stadtplan Berlin : S. 4 :*

Achat Ⓜ garni, Heidereuterstr. 37, ✉ 13597, ✆ (030) 33 07 20, *Hotel.Achat.Berlin@t
-online.de, Fax (030) 33072455,* ⓢ – |≜| ↔ 📺 ✓ ⅙ 🅿 – ⅍ 60. 🖽 ⓄⒹ ⓄⓄ 🆅🆂🅰 🆓🆑🅱
69 Z ⊆ 165/300 – 190/350.　　AU a

Lindenufer garni, Breite Str. 36, ✉ 13597, ✆ (030) 3 53 77 00, *Fax (030) 35377055*
– 📺 ✓ 🖽 ⓄⒹ ⓄⓄ 🆅🆂🅰 🆓🆑🅱
35 Z ⊆ 100/145 – 145/210.　　AU v

Kolk, Hoher Steinweg 7, ✉ 13597, ✆ (030) 3 33 88 79, *kolk-richter@t-online.de,
Fax (030) 3338879,* ☀ – ✗　　AU d
geschl. Ende Dez. - Anfang Nov. Montag – **Menu** à la carte 42/70 *(auch vegetarische
Gerichte).*

In Berlin-Steglitz *Stadtplan Berlin : S. 4 :*

Steglitz International, Albrechtstr. 2 (Ecke Schloßstraße), ✉ 12165, ✆ (030)
79 00 50, *info@steglitz.bestwestern.de, Fax (030) 79005550* – |≜|, ↔ Zim, 🖪 Rest, 📺
⅙ – ⅍ 280. 🖽 ⓄⒹ ⓄⓄ 🆅🆂🅰
Menu à la carte 43/68 – ⊆ 22 – **200 Z** 190/220 – 240/280, 3 Suiten.　　BV a

Am Forum Steglitz, Büsingstr. 1, ✉ 12161, ✆ (030) 8 50 80 40, *hotelamfs@t-on
line.de, Fax (030) 8592298,* ☀ – |≜| 📺 ⟲. 🖽 ⓄⒹ ⓄⓄ 🆅🆂🅰
Menu *(nur Abendessen)* à la carte 35/67 – **32 Z** ⊆ 165/195.　　BV r

In Berlin-Tegel *Stadtplan Berlin : S. 4 u. 6 :*

Sorat Hotel Humboldt-Mühle Ⓜ ⌂, An der Mühle 5, ✉ 13507, ✆ (030) 43 90 40,
HUMBOLDT-MUEHLE@SORAT-HOTELS.COM, Fax (030) 43904444, ☀, ₷, ⓢ – |≜|,
↔ Zim, 🖪 📺 📺 ⟲ – ⅍ 50. 🖽 ⓄⒹ ⓄⓄ 🆅🆂🅰 🆓🆑🅱
Menu à la carte 45/67 – **118 Z** ⊆ 205/345 – 255/395.　　BT c

Novotel Berlin Airport, Kurt-Schumacher-Damm 202 (über Flughafen-Zufahrt),
✉ 13405, ✆ (030) 4 10 60, *H0791@accor-hotels.com, Fax (030) 4106700,* ☀, ⓢ, ⅃
– |≜| ↔ Zim, 📺 ✓ 🅿 – ⅍ 150. 🖽 ⓄⒹ ⓄⓄ 🆅🆂🅰
Menu à la carte 44/64 – ⊆ 23 – **184 Z** 197/247 – 227/277.　　EX r

Am Borsigturm Ⓜ garni, Am Borsigturm 1, ✉ 13507, ✆ (030) 43 03 60 00, *BOR-
SIGTURM@aol.com, Fax (030) 43036001* – |≜| ↔ 📺 ✓ ⅙ – ⅍ 70. 🖽 ⓄⒹ
ⓄⓄ 🆅🆂🅰
105 Z ⊆ 195 – 215/245.　　BT e

🏠 **Am Tegeler See** ⚓ (mit Gästehaus), Wilkestr. 2, ✉ 13507, ✆ (030) 4 38 40, *Hote lamTegelerSee@nikocity.de*, Fax (030) 4384150, Biergarten – 📶 📺 🚗 🅿 🆎 ① ⓜ⑨ 𝑉𝐼𝑆𝐴
⌨
Menu à la carte 27/52 – **50 Z** ⚏ 145/160 – 175/195.
BT a

In Berlin-Tempelhof *Stadtplan Berlin : S. 5 :*

🏠🏠 **Alt-Tempelhof** Ⓜ garni, Luise-Henriette-Str. 4, ✉ 12103, ✆ (030) 75 68 50,
INFO@ALT-TEMPELHOF.COM, Fax (030) 75685100 – 📶 ⤢ 📺 ✆ ♿ 🚗 – 🎿 20. 🆎 ①
ⓜ⑨ 𝑉𝐼𝑆𝐴
CV v
⚏ 20 – **53 Z** 170/220 – 200/280.

In Berlin-Treptow *Stadtplan Berlin : S. 5 :*

🏠🏠 **Astron** Ⓜ, Spreestr. 14, ✉ 12439, ✆ (030) 63 90 30, *reservierung-treptow@astron
-berlin.de*, Fax (030) 63903300, 🌳, ⤢ – 📶, ⤢ Zim, 📺 ✆ ♿ 🅿 – 🎿 75. 🆎 ① ⓜ⑨
𝑉𝐼𝑆𝐴
DV e
Menu à la carte 42/66 – ⚏ 23 – **126 Z** 190/290 – 190/290.

In Berlin-Wannsee *Stadtplan Berlin : S. 4 :*

✕✕ **Schloß Glienicke Remise,** Königstr. 36, ✉ 14109, ✆ (030) 8 05 40 00,
Fax (030) 8059901, « Parkterrasse »   über Königstraße   AV
Menu (abends Tischbestellung erforderlich) à la carte 62/75.

✕ **Halali,** Königstr. 24, ✉ 14109, ✆ (030) 8 05 31 25, Fax (030) 8059201, Biergarten – 🆎
ⓜ⑨ 𝑉𝐼𝑆𝐴   AV r
geschl. Juli - Aug. 2 Wochen, Dienstag – **Menu** (wochentags nur Abendessen) à la carte
44/71.

✕ **Blockhaus Nikolskoe,** Nikolskoer Weg 15, ✉ 14109 Berlin, ✆ (030) 8 05 29 14,
Fax (030) 8052029, 🌳, « Historisches Holzhaus a.d.J. 1819 ; Schöne Lage am Wannsee »
– ♿ 🅿   über Königstraße   AV
geschl. Donnerstag, Nov. - Mitte April bis 19 Uhr geöffnet – **Menu** à la carte 30/70.

In Berlin-Weißensee *Stadtplan Berlin : S. 7 :*

🏠🏠 **Comfort Hotel Weißensee,** Rennbahnstr. 87, ✉ 13086, ✆ (030) 47 88 40, *comf
orthotelweissensee@t-online.de*, Fax (030) 47884100 – 📶, ⤢ Zim, 📺 ✆ 🚗 🅿 – 🎿 30.
🆎 ① ⓜ⑨ 𝑉𝐼𝑆𝐴
HX s
Menu (geschl. Sonntag) à la carte 25/57 – **67 Z** ⚏ 135 – 165/260, 3 Suiten.

In Berlin-Wedding *Stadtplan Berlin : S. 7 :*

🏠🏠 **Christiania,** Osloer Str. 116 a (in den Weddinger Höfen), ✉ 13359, ✆ (030) 43 73 70,
Fax (030) 43737333 – 📶, ⤢ Zim, 📺 ✆ ♿ – 🎿 200. 🆎 ① ⓜ⑨ 𝑉𝐼𝑆𝐴   GX k
Menu (geschl. Sonntagabend) à la carte 43/63 – **115 Z** ⚏ 190/215 – 255/385,
5 Suiten.

🏠🏠 **Holiday Inn Garden Court-Humboldt Park** Ⓜ, Hochstr. 2, ✉ 13357, ✆ (030)
46 00 30, info@holiday-inn-berlin.de, Fax (030) 46003444, ⤢ – 📶, ⤢ Zim, 📺 ✆ ♿ 🚗
– 🎿 120. 🆎 ① ⓜ⑨ 𝑉𝐼𝑆𝐴 ⌨ ✂ Rest
GX d
Menu à la carte 36/71 – **220 Z** ⚏ 240/340 – 280/380, 6 Suiten.

In Berlin-Zehlendorf *Stadtplan Berlin : S. 4 :*

✕✕ **Cristallo,** Teltower Damm 52, ✉ 14167, ✆ (030) 8 15 66 09, Fax (030) 8153299, 🌳
– 🆎 𝑉𝐼𝑆𝐴   BV s
Menu (italienische Küche) à la carte 59/88.

✕✕ **Villa Medici,** Spanische Allee 1, ✉ 14129, ✆ (030) 8 02 89 21, Fax (030) 8018313, 🌳
– 🅿 🆎 ① ⓜ⑨ 𝑉𝐼𝑆𝐴 ⌨   AV a
geschl. Montag – **Menu** (italienische Küche) à la carte 46/83.

An der Avus *Stadtplan Berlin : S. 4 :*

🏠 **Raststätte Grunewald,** Kronprinzessinnenweg 120, ✉ 14129 Berlin,
✆ (030) 80 30 40, Fax (030) 80304100, 🌳 – 📶 📺 🅿 – 🎿 40. ⓜ⑨ 𝑉𝐼𝑆𝐴   AV x
Menu à la carte 29/58 – **44 Z** ⚏ 145/150 – 160/195.

Am Großen Müggelsee *Süd-Ost : 24 km über Adlergestell* DV *:*

🏠🏠 **Dorint am Müggelsee** ⚓, Am Großen Müggelsee (südliches Ufer), ✉ 12559 Berlin,
✆ (030) 65 88 20, hotel@dorint-berlin.de, Fax (030) 65882263, 🌳, ⤢, ✕ – 📶, ⤢ Zim,
▤ Zim, 📺 ✆ ♿ 🅿 – 🎿 200. 🆎 ① ⓜ⑨ 𝑉𝐼𝑆𝐴 ✂ Rest
Menu à la carte 43/64 – ⚏ 25 – **176 Z** 300/350 – 350/450, 4 Suiten.

BERMSGRÜN *Sachsen siehe Schwarzenberg.*

BERNAU *Brandenburg* 416 418 *H 24 – 21 000 Ew – Höhe 79 m.*

18, 9 *Prenden, Waldweg 3 (Nord-West : 13 km) ☎ (033396) 77 90.*

Fremdenverkehrsamt, Bürgermeisterstr. 4, ✉ 16321, ☎ (03338) 76 19 19, Fax (03338) 761970.

Berlin 23 – Potsdam 59 – Neubrandenburg 144 – Frankfurt (Oder) 95.

Comfort Hotel garni, Zepernicker Chaussee 39, ✉ 16321, ☎ (03338) 29 71, Fax (03338) 38702, – TV P. AE VISA
48 Z 99/120.

In Lanke *Nord : 12 km :*

Seeschloss, Am Obersee 6, ✉ 16359, ☎ (03337) 20 43, Fax (03337) 3412, – Zim, TV P – 30. AE VISA
Menu à la carte 25/54 – **26 Z** 100/110 – 130/150.

BERNAU AM CHIEMSEE *Bayern* 420 *W 21 – 6 200 Ew – Höhe 555 m – Luftkurort.*

Kur- u. Verkehrsamt, Aschauer Str. 10, ✉ 83233 ☎ (08051) 9 86 80, Fax (08051) 986850.

Berlin 673 – München 84 – Bad Reichenhall 54 – Salzburg 59 – Traunstein 30 – Rosenheim 25.

Alter Wirt - Bonnschlößl, Kirchplatz 9, ✉ 83233, ☎ (08051) 8 90 11, *Fax (08051) 89103,* Biergarten, « Park », – Zim, P. VISA
Menu *(geschl. 1. - 16. April, 24. Okt. - 21. Nov., Montag)* à la carte 24/50 – **41 Z** 70/120 – 140/160 – ½ P 25.

Jägerhof, Rottauer Str. 15, ✉ 83233, ☎ (08051) 73 77, *Jaegerhof.Bernau@t-online.de, Fax (08051) 7829,* – P
geschl. nach Ostern 2 Wochen, Ende Okt. - 15. Nov. – **Menu** *(geschl. Sonntagabend - Dienstagmittag)* à la carte 38/69 – **12 Z** 69/85 – 136/150 – ½ P 32.

In Bernau-Reit *Süd-West : 3 km – Höhe 700 m*

Seiserhof , Reit 5, ✉ 83233, ☎ (08051) 98 90, *Seiserhof-Bernau@t-online.de, Fax (08051) 89646,* Chiemgau und Chiemsee, , , – TV P
geschl. 15. Nov. - 24. Dez., 10. Jan. - 25. Jan. – **Menu** *(geschl. Dienstag - Mittwoch)* à la carte 24/64 – **26 Z** 64/85 – 118/150, 3 Suiten.

Seiser Alm , Reit 4, ✉ 83233, ☎ (08051) 8 04 60, *Fax (08051) 8620,* Chiemgau und Chiemsee, , , – TV P.
geschl. 20. Okt. - 20. Nov., nach Ostern 2 Wochen – **Menu** *(geschl. Donnerstag - Freitag)* à la carte 23/47 – **24 Z** 50/80 – 90/130.

BERNAU IM SCHWARZWALD *Baden-Württemberg* 419 *W 8 – 2 000 Ew – Höhe 930 m – Luftkurort – Wintersport : 930/1 415 m 6 .*

Tourist-Information, Rathausstr.18, ✉ 79872, ☎ (07675) 16 00 30, Fax (07675) 160090.

Berlin 818 – Stuttgart 198 – Freiburg im Breisgau 56 – Basel 59 – Waldshut-Tiengen 35.

In Bernau-Dorf :

Bergblick, Hasenbuckweg 1, ✉ 79872, ☎ (07675) 4 24, *Fax (07675) 1466,* , , – Rest, TV P.
geschl. 27. März - 13. April, 10. Nov. - 20. Dez. – **Menu** *(geschl. Dienstag)* à la carte 32/71 – **12 Z** 70/85 – 104/132 – ½ P 26.

In Bernau-Innerlehen :

Schwarzwaldhaus, Am Kurpark 26, ✉ 79872, ☎ (07675) 3 65, *Fax (07675) 1371,* – P. VISA
geschl. Mitte Nov. - Mitte Dez. – **Menu** *(geschl. Donnerstag)* à la carte 24/60 – **13 Z** 58/64 – 100/112 – ½ P 20.

In Bernau-Oberlehen :

Schwanen, Todtmooser Str. 17, ✉ 79872, ☎ (07675) 3 48, *info@schwanen-bernau.de, Fax (07675) 1758,* , – TV P. VISA
geschl. Mitte Nov. - Mitte Dez. – **Menu** à la carte 27/60 – **22 Z** 60/75 – 110/140 – ½ P 25.

Benutzen Sie immer die neuesten Ausgaben
der **Michelin-Straßenkarten** und **Reiseführer**.

BERNBURG *Sachsen-Anhalt* [418] *K 19,* [987] *⑰ – 38 000 Ew – Höhe 85 m.*

ℹ *Stadtinformation, Lindenplatz 9,* ✉ *06406,* ☎ *(03471) 62 60 96, Fax (03471) 626098.*

Berlin 161 – Magdeburg 45 – Leipzig 80.

🏨 **Parkhotel Parforce-Haus,** Aderstedter Str. 1 (B 185, Süd-West : 2 km), ✉ 06406, ☎ (03471) 36 20, *Parkhotel-Bernburg@t-online.de, Fax (03471) 362111,* ⛱, Biergarten, 🏋, ♨ – ⇅, 🚭 Zim, [TV] ☏ [P] – 👥 70. [AE] [MC] [VISA]
Menu à la carte 29/52 – **103 Z** 🛏 110/135 – 150/235.

🏨 **Askania** garni, Breite Str. 2, ✉ 06406, ☎ (03471) 35 40, *askania-hotel@t-online.de, Fax (03471) 354135,* ♨ – 🚭 Zim, [TV] ☏ [P] – 👥 30. [AE] [D] [MC] [VISA]
47 Z 🛏 96/125 – 120/165.

🏨 **Ulmer Spatz** garni, Heinrich-Zille-Str. 2, ✉ 06406, ☎ (03471) 62 40 21, *Fax (03471) 624060* – [TV]. [AE] [MC] [VISA]
18 Z 🛏 95/110 – 110/120.

BERNE *Niedersachsen* [411] *I 7 – 6 900 Ew – Höhe 2 m.*

Berlin 425 – Hannover 140 – Bremen 39 – Bremerhaven 47 – Oldenburg 25 – Wilhelmshaven 72.

🏨 **Weserblick** [M], Juliusplate 6 (an der Fähre nach Farge), ✉ 27804, ☎ (04406) 9 28 20, *Weserblick@t-online.de, Fax (04406) 928250,* ←, ⛱ – [TV] ☏ [P] – 👥 50. [AE] [D] [MC] [VISA]
geschl. 2. - 12. Jan. – **Menu** *(geschl. Montag)* à la carte 45/87 – **12 Z** 🛏 119/149 – 160/210.

BERNECK IM FICHTELGEBIRGE, BAD *Bayern* [420] *P 19 – 5 000 Ew – Höhe 377 m – Kneippheilbad – Luftkurort.*

ℹ *Kurverwaltung und Tourismus GmbH, Bahnhofstr. 77,* ✉ *95460,* ☎ *(09273) 57 43 74, Fax (09273) 574376.*

Berlin 343 – München 244 – Weiden in der Oberpfalz 85 – Bayreuth 15 – Hof 45.

🏨 🙂 **Merkel,** Marktplatz 13, ✉ 95460, ☎ (09273) 99 30, *Fax (09273) 8612,* ♨ – [TV] ☏ 🚗. [MC] [VISA]
geschl. Jan. – **Menu** *(geschl. 10. Jan. - 10. Feb., Montag - Dienstagmittag)* à la carte 26/58 – **21 Z** 🛏 88/100 – 138/145 – ½ P 18.

🏨 **Haus am Kurpark** 🕊, Heinersreuther Weg 1, ✉ 95460, ☎ (09273) 76 18, *Fax (09273) 1800* – [TV] [P]. [D] [MC] [VISA]. 🚫🐕
geschl. Nov. - Mitte Dez. – **Menu** (Restaurant nur für Hausgäste) – **12 Z** 🛏 70/80 – 90/130 – ½ P 15.

🍴 **Hübner's Marktplatzstüberl,** Marktplatz 34, ✉ 95460, ☎ (09273) 82 82, *info@huebners-marktplatz-stueberl.de, Fax (09273) 8087,* ⛱ – [AE] [D] [MC] [VISA]
geschl. Jan., Donnerstag – **Menu** à la carte 26/59.

In Bad Berneck-Goldmühl *Süd-Ost : 3 km :*

🏨 **Schwarzes Roß** (mit Gästehäusern), Goldmühler Str. 11, ✉ 95460, ☎ (09273) 3 64, *Fax (09273) 5234,* Biergarten, ⛱ – [TV] 🚗 [P] – 👥 30
geschl. 26. Okt. - 10. Nov. – **Menu** *(geschl. Sonntagabend - Montagmittag)* à la carte 25/54 – **24 Z** 🛏 45/85 – 80/140 – ½ P 18.

In Goldkronach *Süd-Ost : 5 km – Erholungsort :*

🏨 **Alexander von Humboldt** (mit Gästehaus), Bad Bernecker Str. 4, ✉ 95497, ☎ (09273) 97 90, *Fax (09273) 8395,* ⛱, ♨, 🏊 – ⇅ [TV] 🚗 [P] – 👥 80. [AE] [D] [MC] [VISA] [JCB]
Menu à la carte 25/63 – **40 Z** 🛏 98/158 – 128/298 – ½ P 24.

BERNKASTEL-KUES *Rheinland-Pfalz* [417] *Q 5 – 7 200 Ew – Höhe 115 m – Erholungsort.*

Sehenswert : *Markt★.*

Ausflugsziel : *Burg Landshut ←★★, Süd : 3 km.*

ℹ *Tourist-Information der Stadt Bernkastel-Kues, Gestade 5,* ✉ *54470,* ☎ *(06531) 40 23 24, Fax (06531) 7953.*

Berlin 675 – Mainz 113 – Trier 50 – Koblenz 103 – Wittlich 16.

Im Ortsteil Bernkastel :

🏨 **Zur Post,** Gestade 17, ✉ 54470, ☎ (06531) 9 67 00, *INFO@HOTEL-ZUR-POST-BERNKASTEL.de, Fax (06531) 967050,* « Gemütliche Gasträume », ♨ – ⇅ [TV] – 👥 25. [D] [MC] [VISA]
geschl. Jan. – **Menu** à la carte 42/65 – **42 Z** 🛏 110/115 – 152/180.

🏨 **Bären** (mit Gästehaus), Schanzstr. 9, ✉ 54470, ☎ (06531) 95 04 40, *info@hotel-baeren-bernkastel.de, Fax (06531) 9504446* – ⇅ 🚭 [TV] 🚗 – 👥 15. [MC] [VISA]
Menu *(geschl. Jan. - Feb.)* à la carte 32/73 – **33 Z** 🛏 85/120 – 120/190 – ½ P 28.

🏠 **Moselblümchen,** Schwanenstr. 10, ✉ 54470, ℰ (06531) 23 35, *reservierung@hot el-moselbluemchen.de, Fax (06531) 7633 –* 📺, 🅜🅞 *VISA*
geschl. 10. Jan. - 15. März, 19. - 28. Nov. – **Menu** *(geschl. Dienstag)* à la carte 32/68 ⅄ –
21 Z ⊇ 90/120 – 130/160 – ½ P 30.

🏠 **Binz,** Markt 1, ✉ 54470, ℰ (06531) 22 25, *Fax (06531) 7103 –* 📺, 🅜🅞 *VISA*
geschl. 15. Dez. - 15. Feb. – **Menu** à la carte 28/52 – **8 Z** ⊇ 65/90 – 110/160 –
½ P 35/45.

🍴 **Rotisserie Royale,** Burgstr. 19, ✉ 54470, ℰ (06531) 65 72, *Fax (06531) 6572,*
« Kleines Restaurant mit rustikaler Einrichtung » – 🅜🅞
geschl. Feb. 2 Wochen, Mittwoch – **Menu** (Tischbestellung ratsam) à la carte
42/63.

Im Ortsteil Kues :

🏨 **Moselpark** 🦢, Im Kurpark, ✉ 54470, ℰ (06531) 50 80, *info@moselpark.de,*
Fax (06531) 508612, 🍴, Massage, 👟, 🛋, 🛏, 🏖, 🎾 (Halle) – 📶, 🖘 Zim, 📺 📞 ♿
🅟 – 🛗 240. 🅐🅔 ⓞ 🅜🅞 *VISA*
Menu à la carte 34/58 – **140 Z** ⊇ 155/175 – 218/258 – ½ P 40.

🏠 **Panorama** 🦢 garni, Rebschulweg 48, ✉ 54470, ℰ (06531) 30 61, *Fax (06531) 94214,*
≤, 🛏, 🛋 – 📺 🅟 ⓞ 🅜🅞
geschl. 15. Jan. - 15. Feb. – **15 Z** ⊇ 65/80 – 100/140.

🏠 **Am Kurpark** (mit Gästehaus), Meisenweg 1, ✉ 54470, ℰ (06531) 30 31, *info@hot el-koelchens.de, Fax (06531) 4926,* 🍴 – 📺 🖘 🅟 ♿ Zim
Menu à la carte 29/55 – **22 Z** ⊇ 75/95 – 120/126 – ½ P 20.

🏠 **Weinhaus St. Maximilian** garni, Saarallee 12/Triniusstraße, ✉ 54470, ℰ (06531)
9 65 00, *Fax (06531) 965030 –* 📺 🅟 🅜🅞 *VISA* ♿
12 Z ⊇ 75/90 – 120/140.

Im Ortsteil Wehlen *Nord-West : 4 km :*

🏠 **Mosel-Hotel** 🦢, Uferallee 3, ✉ 54470, ℰ (06531) 9 71 70, *service@moselhotel.de,*
Fax (06531) 9717200, ≤, 🍴 – 📺 🅟 🅐🅔 ⓞ 🅜🅞 *VISA*
März - Mitte Nov. – **Menu** à la carte 31/74 – **16 Z** ⊇ 100/110 – 120/180 –
½ P 30.

Europe	Wenn der Name eines Hotels dünn gedruckt ist, hat uns der Hotelier Preise und Öffnungszeiten nicht angegeben.

BERNRIED AM STARNBERGER SEE Bayern 419 420 W 17 – 2 000 Ew – Höhe 633 m – Erholungsort.

🔟 *Verkehrsbüro, Bahnhofstr. 4,* ✉ 82347, ℰ (08158) 80 45, *Fax (08158) 8047.*
Berlin 632 – München 45 – Garmisch-Partenkirchen 52 – Weilheim 18 – Starnberg 20.

🏨 **Marina** 🦢, Am Yachthafen 1, ✉ 82347, ℰ (08158) 93 20, *Fax (08158) 7117,* ≤, 🍴,
🛏, 🛋, 🅰, 🛥 Yachthafen – 📺 📞 ♿ 🅟 – 🛗 80. 🅐🅔 ⓞ 🅜🅞 *VISA*
geschl. 22. Dez. - 7. Jan. – **Menu** à la carte 47/70 – **70 Z** ⊇ 160/270 – 195/280.

🏨 **Seeblick,** Tutzinger Str. 9, ✉ 82347, ℰ (08158) 25 40, *Fax (08158) 3056,* Biergarten,
🛏, 🛋 – 📶, ♿ Zim, 📺 ♿ 🖘 🅟 – 🛗 140. 🅐🅔 ⓞ 🅜🅞 *VISA*
Menu à la carte 28/62 – **103 Z** ⊇ 95/150 – 145/250 – ½ P 25.

BERNRIED KREIS DEGGENDORF Bayern 420 T 22 – 5 000 Ew – Höhe 500 m – Wintersport : 750/1 000 m ≰ 3 ≰.

🔟 *Touristinformation, Engerlgasse 25a,* ✉ 94505, ℰ (09905) 2 17, *Fax (09905) 8138.*
Berlin 554 – München 160 – Passau 57 – Regensburg 65 – Straubing 33.

🏨 **Posthotel,** Bayerwaldstr. 13, ✉ 94505, ℰ (09905) 7 40 20, *info@posthotelbernried .de, Fax (09905) 740233,* Biergarten, 🛏, 🛋, 🛥 – ♿ Zim, 📺 🖘 🅟 🅐🅔 ⓞ
🅜🅞 *VISA*
geschl. Nov. – **Menu** à la carte 28/53 – **14 Z** ⊇ 70/85 – 130/160 – ½ P 22.

In Bernried-Rebling *Nord-Ost : 8 km*

🏠 **Reblinger Hof** 🦢 (mit Gästehaus), Kreisstr. 3, ✉ 94505, ℰ (09905) 5 55, *Silench otel.Reblingerhof@t-online.de, Fax (09905) 1839,* ≤, 🍴, Damwildgehege, 🛏, 🛋, 🛥,
🎾 – 📺 🖘 🅟 🅜🅞 *VISA* ♿ Rest
Menu à la carte 30/65 – **25 Z** ⊇ 89 – 136/198 – ½ P 25.

BERTRICH, BAD Rheinland-Pfalz ▨▨▨ P 5 – 1 400 Ew – Höhe 165 m – Heilbad.
🛈 *Tourist Information - Verkehrsbüro, Kurfürstenstr. 32, ✉56864, 𝒫 (02674) 93 22 22, Fax (02674) 932220.*
Berlin 659 – Mainz 118 – Trier 60 – Koblenz 93.

🏨 **Fürstenhof** ⌂, Kurfürstenstr. 36, ✉ 56864, 𝒫 (02674) 93 40, *Kurhotel-fuerstenhof@t-online.de, Fax (02674) 737,* 🌫, direkter Zugang zum Kurmittelhaus, ⇌⌿, ⬚ – 🛗, ⇌⌿ Rest, 📺 ⇌ 🅿 – 🔬 20. ⌿ Rest
Menu à la carte 43/77 – **69 Z** ⊭ 98/185 – 196/250, 5 Suiten – ½ P 28.

🏨 **Kurhotel Am Kurfürstlichen Schlößchen,** Kurfürstenstr. 34, ✉ 56864, 𝒫 (02674) 94 40, *Fax (02674) 837,* « Gartenterrasse », Massage, ⌿ – 🛗 📺 ⇌ – 🔬 50. ⌿ Rest
Menu à la carte 30/63 – **33 Z** ⊭ 85/150 – 170/190.

🏨 **Bertricher Hof,** Am Schwanenteich 7, ✉ 56864, 𝒫 (02674) 9 36 20, *Fax (02674) 936262,* 🌫 – ⇌ Zim, 📺 🅿. ⌿
geschl. 15. Dez. - 15. Jan. – **Menu** à la carte 38/57 *(auch vegetarische Gerichte)* – **17 Z** ⊭ 72/87 – 144/162 – ½ P 21.

BESCHEID Rheinland-Pfalz siehe Trittenheim.

BESIGHEIM Baden-Württemberg ▨▨▨ T 11 – 10 300 Ew – Höhe 185 m.
Berlin 610 – Stuttgart 29 – Heilbronn 20 – Ludwigsburg 14 – Pforzheim 60.

🏨 **Ortel,** Am Kelterplatz, ✉ 74354, 𝒫 (07143) 8 07 10, *Hotel.Ortel@t-online.de, Fax (07143) 807180,* 🌫 – 📺. 🖭 ⚫ 🕮 🎴
Menu *(geschl. Dienstag)* à la carte 29/56 ⅋ – **9 Z** ⊭ 105/110 – 130/140.

🏨 **Am Markt** garni, Kirchstr. 43, ✉ 74354, 𝒫 (07143) 80 30 60, *Fax (07143) 8030620,* « Renoviertes Fachwerkhaus a.d.J. 1615 » – 📺 ☏ 🅿. 🖭 ⚫ 🕮 🎴
geschl. 22. - 30. Dez. – **16 Z** ⊭ 115/130 – 140/180.

In Freudental West : 6 km :
🍴 **Wolfsberg,** Wolfsbergweg 41, ✉ 74392, 𝒫 (07143) 2 55 84, Fax (07143) 26997, 🌫, Biergarten – 🅿. ⌿
geschl. Anfang - Mitte Nov., Montag - Dienstag – **Menu** à la carte 32/59 *(auch vegetarische Gerichte).*

BESTWIG Nordrhein-Westfalen ▨▨▨ L 9 – 12 000 Ew – Höhe 350 m – Wintersport : 500/750 m ⚡3 ⚘.
🛈 *Verkehrsamt, Rathausplatz 1, ✉ 59909, 𝒫 (02904) 98 71 66, Fax (02904) 987274.*
Berlin 481 – Düsseldorf 156 – Arnsberg 29 – Brilon 14 – Meschede 8.

In Bestwig-Föckinghausen Nord : 3,5 km :
🏨 **Waldhaus** ⌂, ✉ 59909, 𝒫 (02904) 9 77 60, Fax (02904) 977676, 🌫, ⌿ – 📺 🅿.
🕮 🎴
geschl. Mitte Nov. - Anfang Dez. – **Menu** *(geschl. Montag)* à la carte 33/60 – **17 Z** ⊭ 77/135 – ½ P 25.

In Bestwig-Ostwig Ost : 1,5 km :
🏨 **Nieder,** Hauptstr. 19, ✉ 59909, 𝒫 (02904) 9 71 00, *mail@hotel-nieder.de, Fax (02904) 971070,* « Gartenterrasse », ⇌⌿, ⌿ – 🛗 📺 ☏ 🅿 – 🔬 30. 🕮 🎴 ⌿ Rest
Menu *(geschl. Montag)* à la carte 32/64 – **31 Z** ⊭ 85/99 – 130/160.

In Bestwig-Velmede West : 1,5 km :
🍴🍴 **Frielinghausen** mit Zim, Oststr. 4, ✉ 59909, 𝒫 (02904) 5 55, Fax (02904) 2391, Biergarten – 🅿. 🖭 ⚫ 🕮 🎴
geschl. vor Ostern 2 Wochen, Okt. 2 Wochen – **Menu** *(geschl. Montag)* à la carte 36/73 – **9 Z** ⊭ 70/110.

BETZDORF Rheinland-Pfalz ▨▨▨ N 7 – 10 700 Ew – Höhe 185 m.
Berlin 576 – Mainz 120 – Siegen 18 – Köln 99 – Limburg an der Lahn 65.

🏨 **Breidenbacher Hof,** Klosterhof 7, ✉ 57518, 𝒫 (02741) 9 77 90, *Fax (02741) 9779777,* Biergarten – 📺 ⇌ 🅿 – 🔬 25. 🖭 ⚫ 🕮 🎴
geschl. Ende Dez. - Anfang Jan. – **Menu** *(geschl. Samstagmittag, Sonntag, Feiertage mittags)* à la carte 48/77 – **20 Z** ⊭ 117/139 – 205/220.

In Kirchen-Katzenbach Nord-Ost : 5 km :
🏨 **Zum weißen Stein** ⌂, Dorfstr. 50, ✉ 57548, 𝒫 (02741) 9 59 50, *hotel@zum-weissen-stein.de, Fax (02741) 62581,* <, Biergarten, ⌿ – 📺 ⇌ 🅿 – 🔬 40. 🖭 ⚫ 🕮 🎴
Menu à la carte 38/67 – **31 Z** ⊭ 99/120 – 159/190.

BETZENSTEIN Bayern 420 Q 18 – 2 300 Ew – Höhe 511 m – Erholungsort – Wintersport : 600/650 m ⚡1 ⚞.

🚄 Velden (West : 6 km ab BAB Ausfahrt Hormersdorf), 𝒫 (09152) 3 98.

Berlin 397 – München 211 – Nürnberg 53 – Bayreuth 41 – Regensburg 125 – Weiden in der Oberpfalz 65.

In Betzenstein-Spies Süd-West : 7 km :

🏠 **Eibtaler Hof** ⅏, 🖂 91282, 𝒫 (09244) 3 63, EibtalerHof@t-online.de,
Fax (09244) 1641, 🍴, ⇔, ☞ – 📺 🅿
Menu (geschl. Montag) à la carte 18/52 ⅃ – **20 Z** ⊑ 40/50 – 70/80 – ½ P 14.

In Betzenstein-Schermshöhe Süd-West : 10 km :

🏠 **Schermshöhe** (mit Gästehaus ⅏), 🖂 91282 Betzenstein, 𝒫 (09244) 4 66,
Fax (09244) 1644, 🍴, ⇔, 🔲, ☞ – ⇔ 🅿 – 🔏 50. 🖭 🐾 𝓥𝓘𝓢𝓐
geschl. Nov. – Menu à la carte 20/62 ⅃ – **50 Z** ⊑ 50/80 – 100/150 – ½ P 20.

BEUREN Baden-Württemberg 419 U 12 – 3 300 Ew – Höhe 434 m – Erholungsort.

Berlin 632 – Stuttgart 50 – Reutlingen 21 – Ulm (Donau) 66.

XX **Beurener Hof** ⅏ mit Zim, Hohenneuffenstr. 16, 🖂 72660, 𝒫 (07025) 91 01 10,
Fax (07025) 9101133, BeurenerHof@t-online.de, 🍴 – 📺 ⇔ ⅋
geschl. über Fastnacht 1 Woche – Menu (geschl. Dienstag - Mittwochmittag) à la carte
41/76 – **10 Z** ⊑ 70/95 – 130/160 – ½ P 28.

BEVENSEN, BAD Niedersachsen 415 416 G 15 – 9 600 Ew – Höhe 39 m – Heilbad und Kneipp-Kurort.

🚄 Bad Bevensen-Secklendorf (Nord : 4 km), 𝒫 (05821) 9 82 50.

🎗 Kurverwaltung, Dahlenburger Str. 1, 🖂 29549, 𝒫 (05821) 5 70, Fax (05821) 5766.

Berlin 264 – Hannover 113 – Hamburg 86 – Celle 70 – Lüneburg 24 – Braunschweig 100.

🏨 **Fährhaus** ⅏, Alter Mühlenweg 1, 🖂 29549, 𝒫 (05821) 50 00, Faehrhaus.BadBeven sen@t-online.de, Fax (05821) 50089, 🍴, Massage, ⇔, ⇔, 🔲, ☞ – 🛗, ⇝ Rest, 📺
⅌ ⇔ 🅿 – 🔏 30. 🖭 ① 🐾 𝓥𝓘𝓢𝓐
Menu à la carte 37/67 – **55 Z** ⊑ 118/144 – 182/216, 7 Suiten – ½ P 34.

🏨 **Kieferneck** ⅏, Lerchenweg 1, 🖂 29549, 𝒫 (05821) 5 60, info@kieferneck.de,
Fax (05821) 5688, 🍴, Massage, ⅋, ⇔, 🔲, ☞ – 🛗 📺 ⚡ 🅿 – 🔏 30. 🖭 🐾 𝓥𝓘𝓢𝓐
Menu à la carte 41/65 – **51 Z** ⊑ 105/130 – 200/240 – ½ P 27.

🏨 **Grünings Landhaus** Ⓜ ⅏, Haberkamp 2, 🖂 29549, 𝒫 (05821) 9 84 00,
Fax (05821) 894041, « Gartenterrasse », Massage, ⅋, ⇔, 🔲, ☞ – 🛗 📺 ⚡ 🅿 ⅋
geschl. 6. - 24. Jan., 5. - 19. Dez. – Menu (geschl. Montag - Dienstag) (Tischbestellung ratsam)
à la carte 49/82 – **24 Z** ⊑ 135 – 190/300 – ½ P 30.

🏨 **Kur- und Golfhotel Zur Amtsheide** ⅏, Zur Amtsheide 5, 🖂 29549, 𝒫 (05821)
8 51, Fax (05821) 85338, Massage, ⅋, ⅌, ⇔, 🔲, ☞, 🚄 – 🛗 📺 🅿 – 🔏 40. 🖭 🐾
𝓥𝓘𝓢𝓐, ⅋ Rest
geschl. 26. Nov. - 16. Dez. – Menu (Restaurant nur für Hausgäste) – **91 Z** ⊑ 105/180 –
190/200, 10 Suiten – ½ P 27.

🏨 **Ilmenautal** ⅏, Am Klaubusch 11, 🖂 29549, 𝒫 (05821) 54 00, Hotel.Ilmenautal@t
-online.de, Fax (05821) 42432, 🍴 – 📺 🅿 – 🔏 20. 🖭 🐾 𝓥𝓘𝓢𝓐, ⅋ Zim
Menu à la carte 40/61 – **38 Z** ⊑ 72/103 – 135/180 – ½ P 25.

🏨 **Sonnenhügel** ⅏, Zur Amtsheide 9, 🖂 29549, 𝒫 (05821) 54 10, Sonnenhuegel-bad-Be
vensen@t-online.de, Fax (05821) 54112, Massage, ⅋, ⅃ₛ, ⅌, ⇔ – 🛗 📺 🅿 🐾 𝓥𝓘𝓢𝓐, ⅋
geschl. 15. Dez. - 16. Jan. – Menu (Restaurant nur für Hausgäste) – **35 Z** ⊑ 80/90 –
140/190 – ½ P 20.

🏠 **Heidekrug**, Bergstr. 15, 🖂 29549, 𝒫 (05821) 9 87 10, Fax (05821) 987119, ☞ – 🛗
📺 ⇔ 🅿
geschl. Jan. - Feb. – Menu (geschl. Dienstag) à la carte 34/77 – **17 Z** ⊑ 80/90 – 150/190
– ½ P 25.

In Bad Bevensen-Medingen Nord-West : 1,5 km :

🏨 **Vier Linden,** Bevenser Str. 3, 🖂 29549, 𝒫 (05821) 54 40, Fax (05821) 1584, 🍴,
Massage, ⅋, ⇔, 🔲, ☞ – 📺 ⅌ ⇔ 🅿 – 🔏 60. 🖭 ① 🐾 𝓥𝓘𝓢𝓐, ⅋ Rest
Menu à la carte 39/77 – **40 Z** ⊑ 95/115 – 150/220 – ½ P 35.

In Altenmedingen Nord : 6 km :

🏠 **Hof Rose** ⅏, Niendorfer Weg 12, 🖂 29575, 𝒫 (05807) 2 21, info@hofrose.de,
Fax (05807) 1291, « Ehemaliger Gutshof mit kleinem Park », ⇔, 🔲, ☞, ⅋ – ⇝ Rest,
⇔ 🅿 – 🔏 20. ⅌
geschl. 6. Jan. - Feb. – Menu (nur Abendessen) (Restaurant nur für Hausgäste) – **15 Z**
⊑ 89/110 – 138/156 – ½ P 25.

BEVERN *Niedersachsen* 🗺️417 418 *K 12 – 4 600 Ew – Höhe 90 m.*
    Berlin 347 – Hannover 70 – Göttingen 63 – Kassel 85 – Paderborn 68.

🏛️ **Schloß Bevern** (Kobinger), Schloß 1, ✉ 37639, 𝒫 (05531) 87 83, *Fax (05531) 8783,*
    🍴, (Restaurant in einem Schloß der Weserrenaissance) – 🅿️. ㏂ ⓪ 🅾 🆅🅸🆂🅰
    geschl. 1. - 13. Okt., Montag - Dienstagmittag – **Menu** 47/112 und à la carte
    Spez. Gekräuterter Zander mit Pilzsalat. Pochiertes Lammrückenfilet mit Kräutersauce.
    Geeistes Tiramisu mit Café-Sabayon.

BEVERUNGEN *Nordrhein-Westfalen* 🗺️417 *L 12 – 16 000 Ew – Höhe 96 m.*
    🚩 *Städt. Verkehrsamt, Weserstr. 10 (Cordt-Holstein-Haus),* ✉ 37688, 𝒫 (05273)
    39 22 21, Fax (05273) 392120.
    Berlin 376 – Düsseldorf 226 – Kassel 60 – Hannover 115 – Göttingen 63.

🏛️ **Stadt Bremen,** Lange Str. 13, ✉ 37688, 𝒫 (05273) 90 30, *Fricke-Beverungen@t-o*
    nline.de, Fax (05273) 21575, Biergarten, 🕭, 🔲 – 🛎️ 📺 ✆ 🅿️ – 🔬 45. ㏂ 🅾 🆅🅸🆂🅰
    Menu à la carte 30/60 – **50 Z** ⊊ 100/130 – 150/180.

🏛️ **Bevertal** garni, Jahnweg 1a, ✉ 37688, 𝒫 (05273) 3 61 90, *Fax (05273) 361919,*
    « Garten » – 📺 🅿️
    14 Z ⊊ 60/80 – 116/126.

In Beverungen-Blankenau *Nord : 3 km :*

🏛️ **Landhotel Weserblick** (mit Gästehaus), Kasseler Str. 2, ✉ 37688, 𝒫 (05273) 3 62 20,
    Landhotel-Weserblick@t-online.de, Fax (05273) 362290, 🍴, 🕭, 🞀 – 📺 🅿️ – 🔬 45. 🅾
    🆅🅸🆂🅰. ❀ Rest
    Menu *(geschl. Jan. 3 Wochen)* à la carte 29/65 – **48 Z** ⊊ 65/80 – 106/120.

BEXBACH *Saarland* 🗺️417 *R 5 – 19 500 Ew – Höhe 249 m.*
    Berlin 683 – Saarbrücken 35 – Homburg/Saar 7 – Neunkirchen/Saar 7.

🏨 **Hochwiesmühle** 🌫️, (mit Gästehäusern), Hochwiesmühle 50 (Nord : 1,5 km), ✉ 66450,
    𝒫 (06826) 81 90, *hochwiesenmuehle@t-online.de, Fax (06826) 819147,* Biergarten, 🕭,
    🔲, 🍴, ❀ – 🛎️, ⭙ Zim, 📺 ✆ 🅿️ – 🔬 120. 🅾 🆅🅸🆂🅰
    Menu à la carte 36/77 – **100 Z** ⊊ 85/160 – 148/220.

🏛️ **Haus Krone,** Rathausstr. 6, ✉ 66450, 𝒫 (06826) 9 21 40, *Fax (06826) 51124,* 🍴 –
    🛎️ 📺 🞀 🅿️ ㏂ ⓪ 🅾 🆅🅸🆂🅰
    Menu *(geschl. Samstagmittag, Sonntagabend)* à la carte 43/86 – **17 Z** ⊊ 79/110 –
    120/160.

🏛️ **Klein** garni, Rathausstr. 35, ✉ 66450, 𝒫 (06826) 9 21 60, *Fax (06826) 2280* – 📺. 🅾
    🆅🅸🆂🅰
    19 Z ⊊ 75 – 100/120.

BEYENDORF *Sachsen-Anhalt siehe Magdeburg.*

BIBERACH AN DER RISS *Baden-Württemberg* 🗺️419 *V 13 – 30 000 Ew – Höhe 532 m.*
    🚩 *Tourist Information, Theaterstr. 6,* ✉ 88400, 𝒫 (07351) 5 14 83, *Fax (07351) 51511.*
    ADAC, *Rollinstr. 15.*
    Berlin 653 – Stuttgart 134 – Konstanz 119 – Ulm (Donau) 42 – Ravensburg 47.

🏨 **Eberbacher Hof,** Schulstr. 11, ✉ 88400, 𝒫 (07351) 1 59 70, *Eberbacher- Hof@ha*
    berbosch.de, Fax (07351) 159797, 🍴 – 🛎️, ⭙ Zim, 📺 🅿️ – 🔬 20. ㏂ 🅾 🆅🅸🆂🅰
    Menu *(geschl. Samstag)* à la carte 37/76 – **26 Z** ⊊ 98/140 – 165/190.

🏨 **Kapuzinerhof** Ⓜ, Kapuzinerstr. 17, ✉ 88400, 𝒫 (07351) 50 60, *info@Kapuzinerho*
    f.bestwestern.de, Fax (07351) 506100, 🍴, 🕭 – 🛎️, ⭙ Zim, 📺 ✆ & 🞀 🅿️ – 🔬 40.
    ㏂ ⓪ 🅾 🆅🅸🆂🅰. ❀
    Menu à la carte 29/49 – **75 Z** ⊊ 149/179 – 209/226.

🏛️ **Erlenhof** garni, Erlenweg 18, ✉ 88400, 𝒫 (07351) 3 47 50, *Fax (07351) 347533* – ⭙
    📺 ✆ 🅿️ – 🔬 30. ㏂ 🅾 🆅🅸🆂🅰
    16 Z ⊊ 100/155 – 140/255.

🏛️ **Brauerei-Gaststätte und Gästehaus Haberhäusle** 🌫️, Haberhäuslestr. 22,
    ✉ 88400, 𝒫 (07351) 5 80 20, *Haberhaeusle@t-online.de, Fax (07351) 12710,* Biergarten
    – 🛎️ 📺 🅿️
    Menu *(geschl. Montag, Samstagmittag)* à la carte 30/51 – **12 Z** ⊊ 70/98 – 140.

In Biberach-Rindenmoos *Süd : 3,5 km :*

🏨 **Landhotel zur Pfanne** Ⓜ 🌫️ (mit Gaststätte zur Pfanne), Auwiesenstr. 24, ✉ 88400,
    🞀 𝒫 (07351) 3 40 30, *Fax (07351) 340380,* 🍴, 🎵, 🕭 – 🛎️ 📺 ✆ & 🅿️ – 🔬 20. ㏂
    🆅🅸🆂🅰. ❀ Rest
    Menu à la carte 24/48 🍷 – **20 Z** ⊊ 88/98 – 130/140.

In Maselheim *Nord-Ost : 9 km :*

🏨 **Landhotel Maselheimer Hof,** Kronenstr. 1, ⊠ 88437, ℰ (07351) 7 12 99,
Fax (07351) 72593, ⓢ – 📳, ⥀ Zim, 📺 📞 📠, ⊶ 🅟 – 🕭 30. 🆎 ⓞ ⓦⓞ 🆅🅸🆂🅰
Menu *(geschl. Sonntagabend)* à la carte 32/76 – **23 Z** ⥮ 95/135 – 145/185.

BIBERACH IM KINZIGTAL *Baden-Württemberg* 🔢🔢🔢 *U 8 – 3 200 Ew – Höhe 195 m – Erholungsort.*

🛈 *Touristinfo, Hauptstr. 27,* ⊠ *77781,* ℰ *(07835) 63 65 11, Fax (07835) 636520.*
Berlin 766 – Stuttgart 164 – Karlsruhe 96 – Freudenstadt 47 – Offenburg 18 – Freiburg im Breisgau 55.

🏠 **Landgasthof Kinzigstrand,** Reiherwald 1 (Süd-West : 2 km), ⊠ 77781, ℰ (07835)
6 39 90, Kinzigstrand@t-online.de, Fax (07835) 639920, ☈, 🚃 – 📺 🅟. 🆅🅸🆂🅰
Menu *(geschl. 20. Okt. - 6. Nov., Dienstag)* à la carte 26/59 ⚖ – **10 Z** ⥮ 56/112 – ½ P 20.

In Biberach-Prinzbach *Süd-West : 4 km :*

🏠 **Badischer Hof** ⬔ (mit 2 Gästehäusern), Dörfle 20, ⊠ 77781, ℰ (07835) 63 60, info
@badischer-hof.de, Fax (07835) 636299, ☈, 🄵⬔, ⓢ, 🛋 (geheizt), 🔲, 🚃 – 📳, ⥀ Zim,
📺 🅟 – 🕭 30. ⓞ ⓦⓞ 🆅🅸🆂🅰 ⬔ Zim
geschl. 7. - 26. Jan., Nov. 2 Wochen – Menu *(geschl. Nov. - März Mittwoch)* à la carte 28/67
– **50 Z** ⥮ 65/85 – 130/170, 3 Suiten.

BIBRA, BAD *Sachsen-Anhalt* 🔢🔢🔢 *M 18 – 2 500 Ew – Höhe 210 m.*
Berlin 232 – Magdeburg 127 – Erfurt 54 – Jena 39 – Naumburg 20.

🏠 **Bibermühle,** Lauchaer Str. 36, ⊠ 06647, ℰ (034465) 60 30, info@alte-bibermuehle
⬤ .de, Fax (034465) 60311, ☈ – 🍽 Rest, 📺 📞 🅟 – 🕭 40. 🆎 ⓞ ⓦⓞ 🆅🅸🆂🅰
Menu à la carte 24/59 – **29 Z** ⥮ 65/85 – 90/120 – ½ P 25.

BIEBELRIED *Bayern siehe Würzburg.*

BIEBEREHREN *Baden-Württemberg siehe Creglingen.*

BIEDENKOPF *Hessen* 🔢🔢🔢 *N 9 – 14 500 Ew – Höhe 271 m – Luftkurort – Wintersport : 500/674 m*
⬧2 ⬧.

🛈 *Verkehrsbüro, Mühlweg 1,* ⊠ *35216,* ℰ *(06461) 9 50 10, Fax (06461) 950128.*
Berlin 482 – Wiesbaden 152 – Marburg 23 – Kassel 101 – Siegen 55.

🏠 **Park-Hotel** ⬔, Auf dem Radeköppel 2, ⊠ 35216, ℰ (06461) 78 80, info@park-hot
el.de, Fax (06461) 788333, ≼, ☈, ⓢ, 🔲 – ⥀ Zim, 📺 🅟 – 🕭 200. 🆎 ⓞ ⓦⓞ 🆅🅸🆂🅰
Menu à la carte 32/69 – **40 Z** ⥮ 95/105 – 160/190.

BIEDERITZ *Sachsen-Anhalt siehe Magdeburg.*

BIELEFELD *Nordrhein-Westfalen* 🔢🔢🔢 *J 9 – 325 000 Ew – Höhe 118 m.*
🛺 *Bielefeld, Dornberger Str. 377 (AT),* ℰ *(0521) 10 51 03.*
🛈 *Tourist-Information, Am Bahnhof 6 (Leinenmeisterhaus),* ⊠ *33602,* ℰ *(0521)*
17 88 44, Fax (0521) 178811.
🛈 *Tourist-Information, Neues Rathaus, Niederwall 23,* ⊠ *33602,* ℰ *(0521) 17 88 99, Fax*
(0521) 516997.
ADAC, *Stapenhorststr. 131.*
Berlin 394 ② – Düsseldorf 182 ⑤ – Dortmund 114 ⑤ – Hannover 108 ②

Stadtpläne siehe nächste Seiten

🏨 **Mövenpick-Hotel** Ⓜ, Am Bahnhof 3, ⊠ 33602, ℰ (0521) 5 28 20,
Fax (0521) 5282100, ☈ – 📳, ⥀ Zim, 🍽 📺 🅟 – 🕭 50. 🆎 ⓞ ⓦⓞ 🅹🅲🅱
Menu à la carte 31/66 – ⥮ 23 – **162 Z** 220 – 260/340, 5 Suiten.　　　　EY **n**

🏨 **Ravensberger Hof** Ⓜ ⬔, Güsenstr. 4, ⊠ 33602, ℰ (0521) 9 62 11, RavensbergerHof
@t-online.de, Fax (0521) 9621300, ☈ – 📳, ⥀ Zim, 📺 📞 ⊶ – 🕭 80. ⓦⓞ 🆅🅸🆂🅰 ⬔ Rest
Menu *(geschl. Juli - Aug. 3 Wochen, Sonn- und Feiertage)* à la carte 41/67 – **51 Z**
⥮ 198/228 – 253/283.　　　　EZ **c**

🏨 **Mercure,** Waldhof 15, ⊠ 33602, ℰ (0521) 5 28 00, H0897@accor-hotels.com,
Fax (0521) 5280113, ☈, ⓢ – 📳, ⥀ Zim, 🍽 📺 🅟 ⬔ – 🕭 210. 🆎 ⓞ ⓦⓞ 🆅🅸🆂🅰 EZ **a**
Menu *(geschl. Samstagabend, Sonntagabend)* à la carte 38/75 – **123 Z** ⥮ 193/256 –
236/307.

🏨 **Mercure am Niederwall** Ⓜ garni, Niederwall 31, ⊠ 33602, ℰ (0521) 5 25 30,
Fax (0521) 5253444 – 📳 ⥀ 📺 📞 ⬔ ⊶ – 🕭 70. 🆎 ⓞ ⓦⓞ 🆅🅸🆂🅰 🅹🅲🅱　　EZ **d**
150 Z ⥮ 198/251.

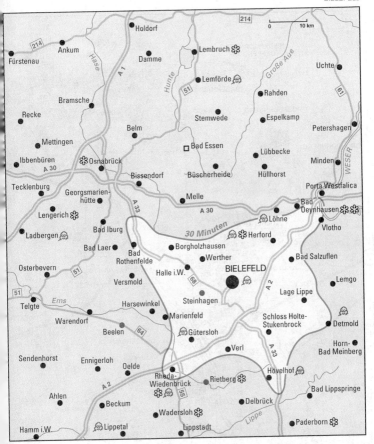

🏨 **Novotel** Ⓜ ⚘, Am Johannisberg 5, ⊠ 33615, ℘ (0521) 9 61 80, *H0484@accor-ho
tels.com*, Fax (0521) 9618333, 🏠, ⊆ (geheizt), 🛖 – 📱, ⇔ Zim, 🖥 📺 ⅙ 🅿 – 🔏 250.
　　　　　　　　　　　　　　　　　　　　　　　　　　　　　　　　　DZ u
ⒶⒺ ① ⓜ⑩ 𝘝𝘐𝘚𝘈
Menu à la carte 43/65 – ⊆ 23 – **118 Z** 129/169 – 149/199.

🏨 **Brenner Hotel Diekmann**, Otto-Brenner-Str. 133, ⊠ 33607, ℘ (0521) 2 99 90, *rece
ption@brenner-hotel.de*, Fax (0521) 2999220, 🏠 – 📱, ⇔ Zim, 📺 📞 🅿 – 🔏 60. ⒶⒺ ①
　　　　　　　　　　　　　　　　　　　　　　　　　　　　　　　　　BU y
ⓜ⑩ 𝘝𝘐𝘚𝘈
Menu à la carte 35/73 – **70 Z** ⊆ 125/165 – 170/190.

🏨 **Altstadt-Hotel** garni, Ritterstr. 15, ⊠ 33602, ℘ (0521) 96 72 50, *Altstadt- Hotel-Bi
elefeld@t-online.de*, Fax (0521) 96725338, ⇔s – 📱 📺 – 🔏 40. ⒶⒺ ⓜ⑩ 𝘝𝘐𝘚𝘈　　EZ v
23 Z ⊆ 137/178.

🍴 **Klötzer's Kleines Restaurant** (Bistro), Ritterstr. 33, ⊠ 33602, ℘ (0521) 9 67 75 20,
Kloetzer-Delikatessen@t-online.de, Fax (0521) 9677510 – ⒶⒺ　　　　　　　　EZ e
bis 21 Uhr geöffnet, geschl. Samstagabend - Sonntag, Feiertage – **Menu** à la carte 53/79.

🍴 **Im Bültsmannshof**, Kurt-Schumacher-Str. 17a, ⊠ 33615, ℘ (0521) 10 08 41,
Fax (0521) 161390, 🏠, (restaurierter Fachwerkbau a.d.J. 1802) – 🅿 ⓜ⑩ 𝘝𝘐𝘚𝘈　ABT s
geschl. 30. Juli - 28. Aug., Montag – **Menu** à la carte 39/72.

🍴 **Sparrenburg**, Am Sparrenberg 38a, ⊠ 33602, ℘ (0521) 6 59 39, *Restaurant-Sparr
enburg@t-online.de*, Fax (0521) 65999, 🏠, « Rustikal-gemütliches Restaurant in einer
Burganlage a.d.13. Jh. » – 🅿 ⒶⒺ ⓜ⑩ 𝘝𝘐𝘚𝘈　　　　　　　　　　　　　　　DZ f
geschl. Anfang - Mitte Aug., Dienstag – **Menu** à la carte 40/68.

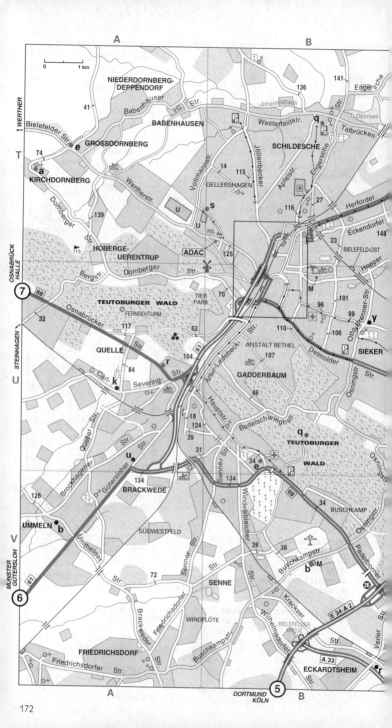

BIELEFELD

BIELEFELD

Adenauerplatz . . . . DZ 2
Altstädter Kirchplatz . . . . . . EZ 9
Altstädter Kirchstraße . . . . EZ 12
Am Güterbahnhof . . . . EY 15
Am Sparrenberg . . . . DZ 21
Bahnhofstraße . . . . EY
Breite Straße . . . . EZ
Bunnemannplatz . . . . DZ 38
Elsa-Brändström-Straße . . . DYZ 48
Feilenstraße . . . . EY
Friedenstraße . . . . EY 51
Friedrich-Ebert-Straße . . . . . EY 53
Friedrich-Verleger-Straße . . . . EZ 56
Gehrenberg . . . . EZ
Heeper-Straße . . . . EZ 62
Herbert-Hinnendahl-Straße . . . . EY 63
Jahnplatz . . . . EZ 69
Klosterplatz . . . . DZ 77
Mauerstraße . . . . DZ 86
Mindener Straße . . . . DY 87
MoltkeStraße . . . . DZ 88
Nebelswall . . . . DZ 89
Neustädter Sraße . . . . EZ 91
Niedernstraße . . . . EZ 92
Notpfortenstraße . . . . EZ 94
Obernstraße . . . . DEZ
Rathausstraße . . . . EZ 109
Ritterstraße . . . . DEZ 114
Spiegelstraße . . . . EZ 123
Steinstraße . . . . EZ 128
Stresemannstraße . . . . EY 132
Waldhof . . . . DZ 145
Werner-Bock-Straße . . . . . . EY 146
Willy-Brandt-Pl . . . . EY 147

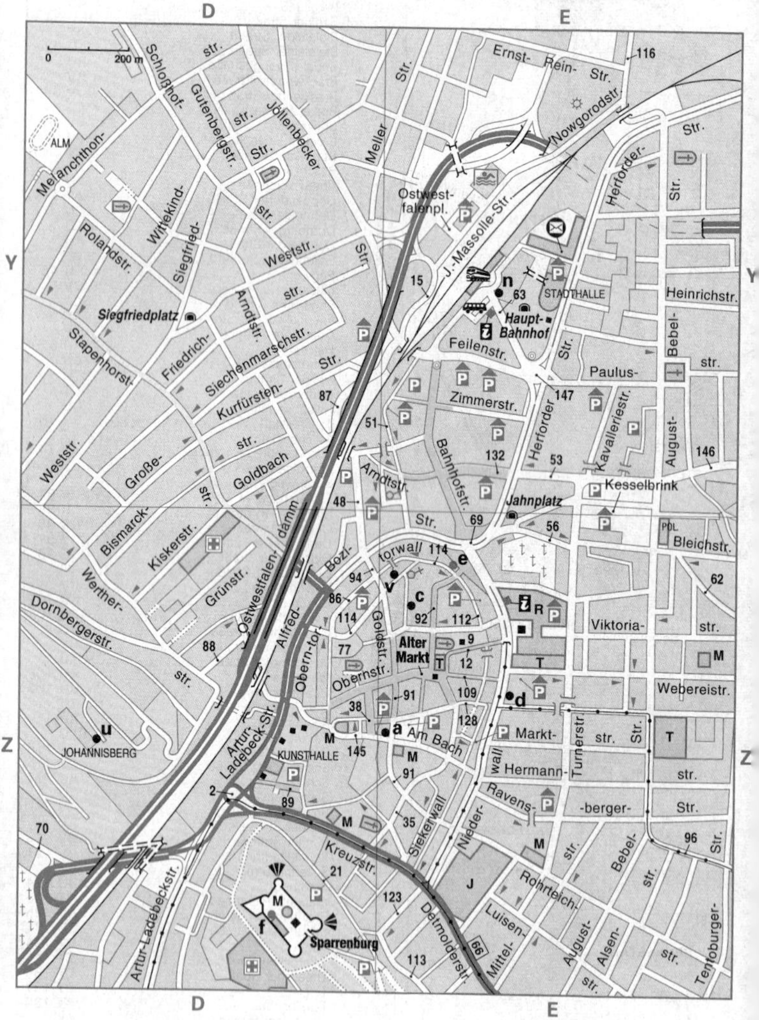

In **Bielefeld-Brackwede** :

Brackweder Hof, Gütersloher Str. 236, ✉ 33649, ☎ (0521) 94 26 60, *brackweder-hof@t-online.de, Fax (0521) 9426610,* – |‡|, ⇔ Zim, 📺 🅿 – 🏃 70. AE ⊙ ⊛ VISA AU u
Menu à la carte 38/80 – **40 Z** ☕ 125/139 – 150/200.

XX **Méditerranée,** Brackwerder Str. 66, ⊠ 33647, ℰ (0521) 41 00 77, *info@ mediterra
nee-jivino.de, Fax (0521) 410078,* 🍴 – 🅿. 🆎 🔘 ⑩ ᴠɪꜱᴀ BU e
geschl. Montag – **Menu** *(wochentags nur Abendessen)* à la carte 53/83 – **Jivino :** **Menu**
à la carte 48/62.

In Bielefeld-Großdornberg :

XX **Kreuzkrug,** Wertherstr. 462, ⊠ 33619, ℰ (0521) 10 22 64, *Kreuzkrug@ t-online.de,
Fax (0521) 161197, Biergarten* – 🅿. 🆎 ⑩ AT e
geschl. 7. - 24. Juli, Montag – **Menu** à la carte 34/69.

In Bielefeld-Heepen :

🏠 **Petter,** Alter Postweg 68, ⊠ 33719, ℰ (0521) 93 41 40, *Hotel-Petter@ t-online.de,
Fax (0521) 9341425* – ↳ Zim, 📺 🚗 🅿. 🆎 ⑩ ⑩ ᴠɪꜱᴀ CT h
geschl. 23. Dez. - 2. Jan. – **Menu** *(geschl. Freitag - Sonntag) (nur Abendessen)* à la carte
38/61 – **18 Z** ⊐ 118/160.

In Bielefeld-Hillegossen :

🏠 **Schweizer Haus,** Christophorusstr. 23, ⊠ 33699, ℰ (0521) 92 42 90,
Fax (0521) 206112, 🍴, 🚲 – 📺 🚗 🅿. – 🏛 20. 🆎 ⑩ ⑩ ᴠɪꜱᴀ CU t
Menu *(italienische Küche)* à la carte 36/69 – **19 Z** ⊐ 95/115 – 120/160.

In Bielefeld-Kirchdornberg :

XX **Tomatissimo,** Am Tie 15, ⊠ 33619, ℰ (0521) 16 33 33, *Fax (0521) 163326,* 🍴 – 🅿.
🆎 ⑩ AT a
geschl. Dienstag – **Menu** *(wochentags nur Abendessen)* à la carte 54/78.

In Bielefeld-Oldentrup :

🏠 **Oldentruper Hof,** Niedernholz 2, ⊠ 33699, ℰ (0521) 2 09 00, *info@ oldentruper-b
ielefeld.bestwestern.de, Fax (0521) 2090100,* 🍴, 🚲, 🔲 – 🛗, ↳ Zim, 📺 ♿ 🅿. – 🏛 130.
🆎 ⑩ ⑩ ᴠɪꜱᴀ CU z
Menu à la carte 41/73 – **136 Z** ⊐ 177/196 – 228/236.

In Bielefeld-Quelle :

🏠 **Büscher,** Carl-Severing-Str. 136, ⊠ 33649, ℰ (0521) 94 61 40, *Hotel-Buescher@ t-on
line.de, Fax (0521) 452796,* 🍴, 🚲, 🔲 – 📺 🅿. – 🏛 80. 🆎 ⑩ ⑩ ᴠɪꜱᴀ AU k
geschl. 22. Dez. - 2. Jan. – **Menu** *(geschl. Sonntagabend - Montagmittag)* à la carte 30/67
– **32 Z** ⊐ 99/130 – 130/210.

XX **Schlichte Hof** mit Zim, Osnabrücker Str. 100, ⊠ 33649, ℰ (0521) 4 55 88,
Fax (0521) 452888, (Restauriertes Fachwerkhaus a.d. 15. Jh.) – 📺 🚗 🅿. – 🏛 30. 🆎 ⑩
ᴠɪꜱᴀ AU r
Menu à la carte 45/73 – **11 Z** ⊐ 110/160.

In Bielefeld-Schildesche :

XX **Bonne Auberge,** An der Stiftskirche 10, ⊠ 33611, ℰ (0521) 8 16 68, 🍴, *(restauriertes Fachwerkhaus a.d.J. 1775)* – 🅿. ⑩ ᴠɪꜱᴀ BT q
geschl. Jan. 2 Wochen, Montag – **Menu** *(wochentags nur Abendessen)* à la carte 43/68.

In Bielefeld-Senne :

XX **Gasthaus Buschkamp,** Buschkampstr. 75, ⊠ 33659, ℰ (0521) 49 28 00, *museum
🍴 shof.senne@ t-online.de, Fax (0521) 493388,* « *Historische Gasthäuser im Museumshof
Senne* » – 🅿. ⑩ BV b
Menu à la carte 38/102.

X **Waterbör,** Waterboerstr. 77, ⊠ 33659, ℰ (0521) 2 41 41, *Waterboer@ aol.com,
Fax (0521) 24346,* 🍴, « *Restauriertes Fachwerkhaus im Ravensberger Bauernstil* » – 🅿.
⑩ ᴠɪꜱᴀ. 🍽 Rest BU q
geschl. Samstagmittag, Montag – **Menu** à la carte 37/70.

In Bielefeld-Sennestadt :

🏠 **Quality Hotel** 🅼, Alte Verler Str. 2, ⊠ 33689, ℰ (05205) 93 60 (Hotel) 2 20 06 (Rest.),
QualityHotel@ compuserve.com, Fax (05205) 936500 – 🛗, ↳ Zim, 📺 📞 ♿ 🅿. – 🏛 60.
🆎 ⑩ ⑩ ᴠɪꜱᴀ CV a
geschl. 21. Dez - 1. Jan. – **Eickelmann's** *(geschl. 27. Dez. - 7. Jan.)* **Menu** à la carte 46/77
– **85 Z** ⊐ 132/169.

🏠 **Wintersmühle,** Sender Str. 6, ⊠ 33689, ℰ (05205) 9 82 50, *hotel@ wintersmuehle.de,
Fax (05205) 982533,* 🚲, 🚗 – 📺 📞 🚗 🅿. 🆎 ⑩ ⑩ ᴠɪꜱᴀ. 🍽 Rest BV r
Menu *(geschl. 22. Dez. - 15. Jan, Freitag - Sonntag) (nur Abendessen)* *(Restaurant nur für
Hausgäste)* – **15 Z** ⊐ 95/110 – 120/160.

In Bielefeld-Ummeln :

🏠 **Diembeck,** Steinhagener Str. 45, ✉ 33649, 𝒫 (0521) 9 47 47 00, HoRaDi336@ aol.com,
Fax (0521) 9474747, Biergarten – 📺 📞 ⟲ 🅿. 🆎 ⓪ 🐴 𝘝𝘐𝘚𝘈
Menu (geschl. Juli - Aug. 3 Wochen) (wochentags nur Abendessen) à la carte 36/60 – **28 Z**
⟺ 75/95 – 140/190.
AU b

BIETIGHEIM-BISSINGEN Baden-Württemberg 🔠🔟🔟 T 11 – 40 000 Ew – Höhe 220 m.
🔋 Stadtinformation, Arkadengebäude, Marktplatz 10, ✉ 74321, 𝒫 (07142) 7 42 27, Fax
(07142) 74229.
Berlin 611 – Stuttgart 25 – Heilbronn 25 – Ludwigsburg 9 – Pforzheim 55.

Im Stadtteil Bietigheim :

🏠🏠 **Parkhotel,** Freiberger Str. 71, ✉ 74321, 𝒫 (07142) 7 70 60, Fax (07142) 54099, 🌣
– 🛗 📺 📞 ⟲ 🅿. – 🛁 60. 🆎 ⓪
Menu (geschl. Samstagmittag, Sonntagabend) à la carte 34/65 – **58 Z** ⟺ 105/120 – 158.

🏠 **Rose,** Kronenbergstr. 14, ✉ 74321, 𝒫 (07142) 4 20 04, HOTEL.ROSE@ T-ONLINE.DE,
Fax (07142) 45928 – 📺 ⟲ 🅿. – 🛁 60. 🆎 ⓪ 𝘝𝘐𝘚𝘈
Menu à la carte 42/85 – **22 Z** ⟺ 115/150 – 190.

✕✕ **Zum Schiller** (mit Gästehaus), Marktplatz 5, ✉ 74321, 𝒫 (07142) 9 02 00, SCHILLER.
BIETIGHEIM.ENZ.@ T-ONLINE.DE, Fax (07142) 902090, 🌣 – 🛗 📺 🅿. – 🛁 20. 🆎 ⓪ 🐴
𝘝𝘐𝘚𝘈 ✿ Rest
Menu (geschl. über Pfingsten 3 Wochen, Sonn- und Feiertage, Montagmittag) (bemer-
kenswerte Weinkarte) à la carte 60/98 ⅋ – **Hans Huckebein** : **Menu** à la carte 43/69 –
30 Z ⟺ 98/135 – 180/210.

Im Stadtteil Bissingen :

🏠🏠 **Otterbach** (mit Gästehäusern), Bahnhofstr. 153, ✉ 74321, 𝒫 (07142) 58 40, hotel.
otterbach@ t-online.de, Fax (07142) 64142 – 🛗, ✤⟲ Zim, 📺 📞 ⟲ 🅿. – 🛁 20. 🆎 ⓪
🐴 𝘝𝘐𝘚𝘈 ✿
Menu (geschl. Samstagmittag) à la carte 41/79 – **65 Z** ⟺ 100/180 – 150/190.

🏠 **Enztal,** Bahnhofstr. 143, ✉ 74321, 𝒫 (07142) 9 02 60, Fax (07142) 21907 – 📺 📞 🅿.
🆎 🐴 𝘝𝘐𝘚𝘈 ✿ Zim
Menu (geschl. Montag) à la carte 35/75 – **10 Z** ⟺ 120/180.

🏠 **Litz,** Bahnhofstr. 9/2, ✉ 74321, 𝒫 (07142) 39 12, Fax (07142) 33523 – 📺 🅿. 🆎 ⓪
🐴 𝘝𝘐𝘚𝘈
Menu (geschl. Ende Juli - Mitte Aug., Samstag) à la carte 30/49 – **32 Z** ⟺ 100/110 –
150/160.

BILLERBECK Nordrhein-Westfalen 🔠🔟🔟 K 5 – 11 000 Ew – Höhe 138 m – Erholungsort.
🔋 Tourist-Information, Markt 1, ✉ 48727, 𝒫 (02543) 73 73, Fax (02543) 7350.
Berlin 510 – Düsseldorf 110 – Nordhorn 69 – Enschede 56 – Münster (Westfalen) 32.

🏠🏠 **Weissenburg,** Gantweg 18 (Nord : 2 km), ✉ 48727, 𝒫 (02543) 7 50,
Fax (02543) 75275, ≤, 🌣, « Wildgehege, Park », 🈶, 🔲, ✿ – 🛗 📺 ⟲ 🅿. – 🛁 100.
🆎 ⓪ 🐴 𝘝𝘐𝘚𝘈 ✿
Menu à la carte 37/81 – **55 Z** ⟺ 100/140 – 180/240.

🏠🏠 **Domschenke,** Markt 6, ✉ 48727, 𝒫 (02543) 9 32 00, domschenke@ t-online.de,
Fax (02543) 932030, 🌣, « Gediegene, gemütliche Einrichtung » – 📺 📞 ⟲ – 🛁 30.
🆎 ⓪ 🐴 𝘝𝘐𝘚𝘈
Menu à la carte 40/77 – **32 Z** ⟺ 88/130 – 140/190 – ½ P 35.

BINGEN Rheinland-Pfalz 🔠🔟🔟 Q 7 – 25 000 Ew – Höhe 82 m.
Sehenswert : Burg Klopp ≤★.
Ausflugsziele : Burg Rheinstein ≤★★ ⑤ : 6 km – Rheintal★★★ (von Bingen bis Koblenz).
🔋 Tourist-Information, Rheinkai 21, ✉ 55411, 𝒫 (06721) 18 42 05, Fax (06721) 16275.
Berlin 600 ① – Mainz 31 ① – Bad Kreuznach 20 ② – Koblenz 66 ④ – Wiesbaden 35 ①

Stadtplan siehe gegenüberliegende Seite

🏠🏠 **Rheinhotel Bingen** 🅼, Am Rhein-Nahe-Eck, ✉ 55411, 𝒫 (06721) 79 60, info@ rh
einhotel-bingen.bestwestern.de, Fax (06721) 796500, ≤, 🌣, 🈶 – 🛗, ✤⟲ Zim, 📺 📞 ⟲
🅿. – 🛁 400. 🆎 ⓪ 🐴 𝘝𝘐𝘚𝘈 ✿ Rest
Menu à la carte 44/64 – **134 Z** ⟺ 176/237 – 237/295.
Y b

🏠🏠 **Weinhotel Michel** garni, Mainzer Str. 74, ✉ 55411, 𝒫 (06721) 9 15 10,
Fax (06721) 915152, 🈶 – 🛗 ✤⟲ 📺 📞 ⟲ 🅿. 🆎 🐴 𝘝𝘐𝘚𝘈 ✿
30 Z ⟺ 145/185 – 195/260.
über ①

🏠🏠 **Martinskeller** 🍽 garni, Martinstr. 1, ✉ 55411, 𝒫 (06721) 1 34 75, HotelMartinske
ller@ ewr-online.de, Fax (06721) 2508 – 📺 ⟲ 🆎 ⓪ 🐴 𝘝𝘐𝘚𝘈
geschl. 1. - 7. Jan. – **15 Z** ⟺ 120/130 – 155/200.
Y f

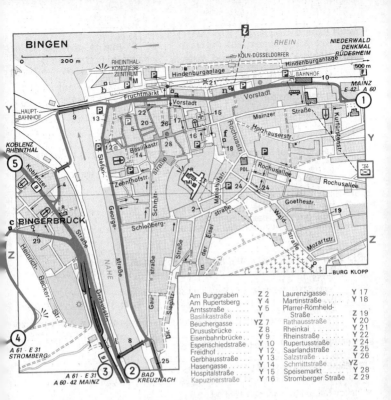

BINGEN

RHEIN NIEDERWALD DENKMAL RÜDESHEIM

Am Burggraben	Z 2	Laurenzigasse	Y 17
Am Rupertsberg	Y 4	Martinstraße	Y 18
Amtsstraße	Y 5	Pfarrer-Römheld-	
Basilikastraße	Y	Straße	Z 19
Beuchergasse	YZ 7	Rathausstraße	Y 20
Drususbrücke	Z 8	Rheinkai	Y 21
Eisenbahnbrücke	Y 9	Rheinstraße	Y 22
Espenschiedstraße	Y 10	Rupertusstraße	Y 24
Freidhof	Y 12	Saarlandstraße	Y 25
Gerbhausstraße	Y 13	Salzstraße	Y 26
Hasengasse	Y 14	Schmittstraße	YZ
Hospitalstraße	Y 15	Speisemarkt	Y 28
Kapuzinerstraße	Y 16	Stromberger Straße	Z 29

Krone, Rheinkai 19, ✉ 55411, ✆ (06721) 1 70 16, HotelKroneBingen@t-online.de,
Fax (06721) 17210, ㄏ – ᵀᵛ, AE ⓪ ⓜⓞ VISA
Y n
geschl. über Ostern 2 Wochen, 27. Dez. - 10. Jan. – **Menu** (geschl. Sonntagabend - Dienstagmittag) à la carte 25/54 ♣ – **24 Z** ⌂ 85/90 – 125/140.

Rheinhotel Starkenburger Hof garni, Rheinkai 1, ✉ 55411, ✆ (06721) 1 43 41,
Fax (06721) 13350 – ᵀᵛ ⇔ AE ⓪ ⓜⓞ VISA
Y a
geschl. Jan. - Feb. – **30 Z** ⌂ 80/95 – 130/145.

In Bingen-Bingerbrück :

Schlößchen am Mäuseturm, Stromberger Str. 28, ✉ 55411, ✆ (06721) 3 66 99,
Steininger.Weinstube@t-online.de, Fax (06721) 36699, ㄏ, (Weinstube) – ℗. ⓜⓞ Z c
geschl. Juli - Aug. 2 Wochen, Sonntag – **Menu** (nur Abendessen) à la carte 38/62.

In Münster-Sarmsheim über ② : 4 km :

Münsterer Hof garni, Rheinstr. 35, ✉ 55424, ✆ (06721) 4 10 23, Fax (06721) 41025
– ᵀᵛ AE ⓜⓞ VISA
15 Z ⌂ 95/105 – 145/165.

Weinstube Kruger-Rumpf, Rheinstr. 47, ✉ 55424, ✆ (06721) 4 50 50, KRUGER-
RUMMPF@t-ONLINE.DE, Fax (06721) 41882, ㄏ – ℗. ⓜⓞ
geschl. 22. Dez. - 15. Jan., Montag – **Menu** (nur Abendessen) à la carte 39/55.

In Laubenheim über ② : 6 km :

Traube, Naheweinstr. 66, ✉ 55452, ✆ (06704) 12 28, Fax (06704) 1076 – ᵀᵛ ℗.
ⓜⓞ VISA
Menu (nur Abendessen) (Restaurant nur für Hausgäste) – **14 Z** ⌂ 55/60 –
100/110.

BINZ Mecklenburg-Vorpommern siehe Rügen (Insel).

BINZEN Baden-Württemberg 🔟🔟🔟 X 6 – 2 400 Ew – Höhe 285 m.

Berlin 858 – Stuttgart 260 – Freiburg im Breisgau 65 – Basel 11 – Lörrach 6.

🏛 **Mühle** 🕭 (mit 🏠 Gästehaus), Mühlenstr. 26, ⊠ 79589, 𝒫 (07621) 60 72, HOTEL. MUEHLE.BINZEN@t-online.de, Fax (07621) 65808, « Gartenterrasse », 🖘 – 🖐 Zim, 📺 🕻 🖪 – 🔏 40. 🖪 ⓪ ⓪ 𝚅𝙸𝚂𝙰
Menu (geschl. Sonntag) à la carte 57/108 – **20 Z** � 105/240 – 180/240.

🏛 **Ochsen,** Hauptstr. 42, ⊠ 79589, 𝒫 (07621) 6 23 26, Fax (07621) 69257, 🖘 – 📺 🖪
🖪 ⓪ 𝚅𝙸𝚂𝙰
Menu (geschl. 1. - 14. Jan., Mittwoch - Donnerstagmittag) à la carte 34/65 – **25 Z** � 80/95 – 120/150.

In Rümmingen Nord-Ost : 2 km :

✗✗ **Landgasthof Sonne,** Wittlinger Str. 3, ⊠ 79595, 𝒫 (07621) 32 70, Fax (07621) 2853, 🖘 – 🖪 🖪 ⓪ 𝚅𝙸𝚂𝙰
geschl. Jan. 2 Wochen, Juni 2 Wochen, Ende Aug. - Anfang Sept., Mittwoch - Donnerstag – **Menu** 47/89 und à la carte.

In Schallbach Nord : 4 km :

🏛 **Zur Alten Post** (mit Gästehaus), Alte Poststr. 16, ⊠ 79597, 𝒫 (07621) 9 40 94 90, info@gasthof-altepost.de, Fax (07621) 94094933, 🖘 – 📺 🖪 – 🔏 25. 🖪 ⓪ 𝚅𝙸𝚂𝙰
Menu (geschl. Aug. 2 Wochen, Donnerstag - Freitagmittag) à la carte 35/55 ᠱ – **19 Z** ⊂ 90/100 – 140/150.

BIRKENAU Hessen 🔟🔟🔟 🔟🔟🔟 R 10 – 10 500 Ew – Höhe 110 m – Luftkurort.

🆔 Kultur- und Verkehrsamt, Hauptstr. 119, ⊠ 69488, 𝒫 (06201) 3 97 47, Fax (06201) 39755.

Berlin 611 – Wiesbaden 97 – Mannheim 30 – Darmstadt 44 – Heidelberg 27.

✗✗ **Drei Birken** mit Zim, Hauptstr. 170, ⊠ 69488, 𝒫 (06201) 3 23 68 (Rest) 30 32 (Hotel), Fax (06201) 3849, 🖘 – 🖪 ⓪ 𝚅𝙸𝚂𝙰
Menu (geschl. Montagabend - Dienstag) 40/85 à la carte 49/78 – **19 Z** ⊂ 85 – 130/140.

BIRKENFELD Baden-Württemberg siehe Pforzheim.

BIRKENFELD (MAIN-SPESSART-KREIS) Bayern 🔟🔟🔟 🔟🔟🔟 Q 13 – 1 800 Ew – Höhe 211 m.

Berlin 517 – München 312 – Würzburg 29 – Frankfurt am Main 100.

In Birkenfeld-Billingshausen Nord-Ost : 2 km :

✗✗ **Goldenes Lamm,** Untertorstr. 13, ⊠ 97834, 𝒫 (09398) 3 52, Fax (09398) 514, (Steinhaus a.d.J. 1883) – 📺 🖪 🕭
geschl. Montag - Dienstag – **Menu** à la carte 30/59.

BIRKENFELD Rheinland-Pfalz 🔟🔟🔟 R 5 – 7 600 Ew – Höhe 396 m.

🆔 Touristik und Informationsbüro, ⊠ 55765, Am Bahnhof 4, 𝒫 (06782) 9 93 40, Fax (06782) 993449.

Berlin 679 – Mainz 107 – Trier 64 – Idar-Oberstein 16 – Neunkirchen/Saar 46 – St. Wendel 26.

🏛 **Oldenburger Hof,** Achtstr. 7, ⊠ 55765, 𝒫 (06782) 8 25, info@oldenburgerhof.de, Fax (06782) 9659, 🖘, Biergarten – 📺 🖪 – 🔏 25. ⓪ 𝚅𝙸𝚂𝙰
Menu à la carte 34/53 ᠱ – **11 Z** ⊂ 80/110.

BIRKENWERDER Brandenburg 🔟🔟🔟 🔟🔟🔟 H 23 – 5 700 Ew – Höhe 60 m.

Berlin 32 – Potsdam 45.

🏛 **Andersen** Ⓜ (mit Gästehaus), Clara-Zetkin-Str. 11, ⊠ 16547, 𝒫 (03303) 2 94 60, BIRKENWERDER@ANDERSEN.DE, Fax (03303) 2946155 – 🖚, 🖐 Zim, 📺 🕻 🚗 🖪 – 🔏 40.
🖪 ⓪ ⓪ 𝚅𝙸𝚂𝙰
Menu (geschl. Sonntag) (nur Abendessen) à la carte 32/58 – **40 Z** ⊂ 125/170.

BIRNBACH, BAD Bayern 🔟🔟🔟 U 23 – 5 900 Ew – Höhe 450 m – Heilbad.

🆔 Kurverwaltung, Neuer Marktplatz 1, ⊠ 84364, 𝒫 (08563) 96 30 40, Fax (08563) 963066.

Berlin 618 – München 147 – Passau 41 – Landshut 82.

🏛 **Sonnengut** Ⓜ 🕭, Am Aunhamer Berg 2, ⊠ 84364, 𝒫 (08563) 30 50, sonnengut @t-online.de, Fax (08563) 305100, 🖘, Massage, ᠱ, 🗗, 🖘, 🗔 (Thermal), 🖘 – 🖚,
🖐 Zim, 📺 🕻 🖫 🚗 🖪 – 🔏 40. 🕭 Rest
Menu (nur Abendessen) à la carte 45/67 – **88 Z** ⊂ 151/166 – 296/326, 4 Suiten – ½ P 20.

Vitalhotel 🏨, Brunnaderstr. 27, ☒ 84364, 𝄢 (08563) 30 80, *vitalhotel.bad.birnbach@t-online.de, Fax (08563) 308111*, « Wellnessbereich », Massage, ♨, ℉, ☎, 🏊 (Thermal), ☞ – |฿|, ⁕ Zim, 🆃🆅 ⅙ 🕭 🄿 ⅗ Rest
Menu *(nur Abendessen)* (Restaurant nur für Hausgäste) – **77 Z** ⎚ 99/105 – 182/272 – ½ P 25.

Sammareier Gutshof, Pfarrkirchner Str. 22, ☒ 84364, 𝄢 (08563) 29 70, *Hotel.SammareierGutshof@t-online.de, Fax (08563) 29713*, 🌳, Massage, ♨, ℉, ☎, 🏊 – |฿|
🆃🆅 🕭 🄰🄴 🗿
Menu à la carte 35/68 – **38 Z** ⎚ 114 – 158/236, 5 Suiten – ½ P 33.

Kurhotel Hofmark 🏨, Professor-Drexel-Str. 16, ☒ 84364, 𝄢 (08563) 29 60, *HOTEL.HOFMARK@T-ONLINE.DE, Fax (08563) 296295*, 🌳, Massage, ♨, ℉, direkter Zugang zur Therme, ☞ – |฿|, ⁕ Rest, 🆃🆅 ⅙ 🕭 🄿 ⅗ Rest
Menu à la carte 34/52 – **85 Z** ⎚ 110/144 – 176/232, 6 Suiten – ½ P 31.

Kurhotel Quellenhof 🏨, Brunnaderstr. 11, ☒ 84364, 𝄢 (08563) 30 70, *Fax (08563) 307200*, 🌳, Massage, ♨, ☎, 🏊, ☞ – |฿| 🆃🆅 🕭 🄿 ⅗ Rest
geschl. 10. - 25. Jan., 1. - 20. Dez. – **Menu** *(geschl. Donnerstag)* à la carte 37/72 – **38 Z** ⎚ 104/125 – 175/220.

Alte Post, Hofmark 23, ☒ 84364, 𝄢 (08563) 29 20, *Alte-Post.BadBirnbach@t-online.de, Fax (08563) 29299*, 🌳, Massage, ♨, ☎, 🏊, ☞ – 🆃🆅 🄿 ⅗ Rest
geschl. 28. Nov. - 20. Dez. – **Menu** à la carte 23/58 ⅙ – **40 Z** ⎚ 75/105 – 136/164, 3 Suiten – ½ P 20.

Theresienhof garni, Breindoblweg 5, ☒ 84364, 𝄢 (08563) 9 63 20, *landhotel-theresienhof@t-online.de, Fax (08563) 963244*, ☎, 🏊 (geheizt), ☞ – 🆃🆅 🄿 🗿 ⅗
21 Z ⎚ 42/65 – 86.

BISCHOFSGRÜN Bayern 🔢🔢🔢 P 19 – 2 200 Ew – Höhe 679 m – Heilklimatischer Kurort – Wintersport : 653/1 024 m ⅘4 ⅗ (Skizirkus Ochsenkopf) – Sommerrodelbahn.
🄱 Kur- und Verkehrsamt, Hauptstr. 27, ☒ 95493, 𝄢 (09276) 12 92, Fax (09276) 505.
Berlin 354 – München 259 – *Weiden in der Oberpfalz* 74 – Bayreuth 27 – Hof 57.

Sport-Hotel Kaiseralm 🏨, Fröbershammer 31, ☒ 95493, 𝄢 (09276) 8 00, *kaiseralm@t-online.de, Fax (09276) 8145*, ≤ Bischofsgrün und Fichtelgebirge, 🌳, ☎, 🏊, ☞, ⁕(Halle) – |฿|, ⁕ Zim, 🆃🆅 ⅙ 🕭 🄿 – ⅘ 🞀 120. 🄰🄴 ① 🗿 🗿 ⅗ Rest
Menu à la carte 48/61 – **116 Z** ⎚ 120/180 – 240, 3 Suiten – ½ P 26.

Kurhotel Puchtler - Deutscher Adler, Kirchenring 4, ☒ 95493, 𝄢 (09276) 10 44, *Puchtler@Kurhotel-Puchtler.de, Fax (09276) 1250*, Massage, ♨, ⅗, ☎, ☞ ⅘ – |฿|, ⁕ Zim, 🆃🆅 ⅙ 🕭 🄿 – ⅘ 🞀 40. 🗿
geschl. Mitte Nov. - Mitte Dez. – **Menu** à la carte 26/58 – **41 Z** ⎚ 69/126 – 130/204 – ½ P 23.

Berghof 🏨, Ochsenkopfstr. 40, ☒ 95493, 𝄢 (09276) 99 10, *Hotel-Berghof@t-online.de, Fax (09276) 1301*, ≤, 🌳, ☎, ☞ – 🞀 🄿
geschl. Nov. 2 Wochen – **Menu** à la carte 27/54 – **30 Z** ⎚ 51/75 – 100/130 – ½ P 19.

Hirschmann 🏨 garni, Fröbershammer 9, ☒ 95493, 𝄢 (09276) 4 37, *Fax (09276) 1349*, ☎, ☞ – 🞀 🄿 ⅗
geschl. 6. Nov. - 20. Dez. – **16 Z** ⎚ 51/90.

Siebenstern 🏨 garni, Kirchbühl 15, ☒ 95493, 𝄢 (09276) 3 07, Fax (09276) 8407, ≤, ℉, ☎, ☞ – 🄿
geschl. Nov. - 8. Dez. – **26 Z** ⎚ 50/60 – 84/100.

Jägerhof, Hauptstr. 12, ☒ 95493, 𝄢 (09276) 2 57, *Jaegerhof.Bischofsgruen@t-online.de, Fax (09276) 8396*, Biergarten, ☎ – 🞀 🄿
geschl. Mitte Nov. - Mitte Dez. – **Menu** *(geschl. Donnerstag)* à la carte 23/49 ⅙ – **16 Z** ⎚ 48/58 – 74/110 – ½ P 18.

BISCHOFSHEIM A. D. RHÖN Bayern 🔢🔢🔢 O 14 – 6 000 Ew – Höhe 447 m – Erholungsort – Wintersport : 450/930 m ⅘10 ⅗.
Ausflugsziel : Kreuzberg (Kreuzigungsgruppe ≤★) Süd-West : 7 km.
🄱 Verkehrsverein, Altes Amtsgericht, Kirchplatz 5, ☒ 97653, 𝄢 (09772) 14 52, Fax (09772) 1054.
Berlin 421 – München 364 – *Fulda* 40 – Bad Neustadt an der Saale 20 – Würzburg 96.

Adler, Ludwigstr. 28, ☒ 97653, 𝄢 (09772) 3 20, Fax (09772) 8898, ☎, ☞ – 🆃🆅 🞀 🄿
geschl. Mitte Nov. - Mitte Dez. – **Menu** à la carte 28/42 ⅙ – **18 Z** ⎚ 55/68 – 94/98 – ½ P 22.

BISCHOFSHEIM A. D. RHÖN

In Bischofsheim-Haselbach *Süd-West : 1 km :*

🕿 **Luisenhof** 🐾, Haselbachstr. 93, ⌧ 97653, 𝄢 (09772) 18 80, *Fax (09772) 8654,* 🍴, ⇔, ⌂ – 🖵 **P** – 🎱 30. **AE** **MO**
geschl. Mitte Nov. - Mitte Dez. – **Menu** *(geschl. Mittwoch - Donnerstagmittag)* à la carte 25/43 – **14 Z** ⌤ 55/60 – 90/100 – ½ P 20.

In Bischofsheim-Oberweißenbrunn *West : 5 km :*

🕿 **Zum Lamm**, Geigensteinstr. 26 (B 279), ⌧ 97653, 𝄢 (09772) 9 30 30, *info@a-kessl*
⇔ *er.de, Fax (09772) 930370,* ⇔, ⌂ – 🖵 ⇔ **P**. **AE** **MO** **VISA**
geschl. 15. Nov. - 22. Dez. – **Menu** à la carte 22/44 ⅃ – **23 Z** ⌤ 40/58 – 80/100 – ½ P 19.

BISCHOFSMAIS *Bayern* 🔢🔢🔢 *T 23 – 3 300 Ew – Höhe 685 m – Erholungsort – Wintersport :*
700/1 097 m ⚡6 ⚡.
🅱 *Touristikinformation, Hauptstr. 34,* ⌧ 94253, 𝄢 *(09920) 94 04 44, Fax (09920) 940440.*
Berlin 536 – München 159 – Passau 68 – Deggendorf 18 – Regen 10.

🏛 **Alte Post**, Dorfstr. 2, ⌧ 94253, 𝄢 (09920) 9 40 20, *Alte-Post@t-online.de,*
⇔ *Fax (09920) 940244,* ⇔ – 🕴, ⇔ Zim, **P**. **MO** **VISA**
geschl. 6. Nov. - 15. Dez. – **Menu** à la carte 23/46 – **30 Z** ⌤ 62 – 84/104 – ½ P 15.

In Bischofsmais-Habischried *Nord-West : 4,5 km :*

🏛 **Schäfflerstubn**, Ortsstr. 2, ⌧ 94253, 𝄢 (09920) 13 75, *schaeffler@bischofsmais*
⇔ *.com, Fax (09920) 8318,* 🍴, ⇔, ⌂ – 🖵 **P**
geschl. 6. Nov. - 20. Dez. – **Menu** *(geschl. Montag) (Dienstag - Freitag nur Abendessen)*
à la carte 24/45 – **12 Z** ⌤ 44/48 – 80/88 – ½ P 15.

BISCHOFSWERDA *Sachsen* 🔢🔢🔢 *M 26 – 14 600 Ew – Höhe 290 m.*
🅱 *Stadtinformation, Altmarkt 1,* ⌧ 01877, 𝄢 *(03594) 78 62 41, Fax (03594) 786214.*
Berlin 213 – Dresden 32 – Cottbus 91 – Görlitz 62.

🕿 **Goldener Engel**, Altmarkt 25, ⌧ 01877, 𝄢 (03594) 70 53 38, *Fax (03594) 705339 –*
⇔ 🖵 **AE** **O** **MO** **VISA**
Menu à la carte 19/34 ⅃ – **21 Z** ⌤ 80/130.

In Bischofswerda-Belmsdorf *Süd-Ost : 2 km :*

🏛 **Gutshof** 🐾, Alte Belmsdorfer Str. 33, ⌧ 01877, 𝄢 (03594) 70 52 00,
⇔ *Fax (03594) 705201,* 🍴 – 🖵 **P**.
Menu *(geschl. Sonntagabend) (wochentags nur Abendessen)* à la carte 21/43 – **10 Z** ⌤ 70/85 – 120.

BISCHOFSWIESEN *Bayern* 🔢🔢🔢 *X 22 – 7 500 Ew – Höhe 600 m – Heilklimatischer Kurort –*
Wintersport : 600/1 390 m ⚡2 ⚡.
🅱 *Verkehrsverein, Hauptstr. 48 (B 20),* ⌧ 83481, 𝄢 *(08652) 72 25, Fax (08652) 7895.*
Berlin 736 – München 148 – Bad Reichenhall 13 – Berchtesgaden 5 – Salzburg 28.

🕿 **Mooshäusl**, Jennerweg 11, ⌧ 83483, 𝄢 (08652) 72 61, *hotel.mooshaeusel@t-onlin*
e.de, Fax (08652) 7340, ≤ *Watzmann, Hoher Göll und Brett,* ⇔, ⌂ – ⇔ **P**. ⚟ Rest
geschl. 24. Okt. - 20. Dez. – **Menu** *(nur Abendessen)* (Restaurant nur für Hausgäste) – **20 Z** ⌤ 56/85 – 108/116.

🍴🍴 **Gran Sasso**, Hauptstr. 30 (B 20), ⌧ 83483, 𝄢 (08652) 82 50, *Fax (08652) 8250,* 🍴 –
P. **AE** **O** **MO** **VISA**
geschl. Montag, über Pfingsten – **Menu** *(Dienstag - Freitag nur Abendessen) (italienische Küche)* à la carte 58/78.

BISPINGEN *Niedersachsen* 🔢🔢🔢 🔢🔢🔢 *G 13 – 5 800 Ew – Höhe 70 m – Luftkurort.*
🅱 *Tourist-Information, Borsteler Str. 6,* ⌧ 29646, 𝄢 *(05194) 3 98 50, Fax (05194) 39853.*
Berlin 335 – Hannover 94 – Hamburg 71 – Lüneburg 45.

🏛 **König-Stuben**, Luheweg 25, ⌧ 29646, 𝄢 (05194) 9 81 00, *koenig-stuben@t-online*
.de, Fax (05194) 981019, ⇔, ⊠, ⌂ – 🖵 ⇔ **P**. **AE** **O** **MO** **VISA**
geschl. 10. Jan. - 15. Feb. – **Menu** *(geschl. Mitte Okt. - Juni Mittwoch)* à la carte 25/56 –
25 Z ⌤ 78/113 – 143/156.

🏛 **Das kleine Hotel am Park** 🐾 garni, Am Park 2c, ⌧ 29646, 𝄢 (05194) 68 44, *info*
@ampark.de, Fax (05194) 6845, ⌂ – 🖵 **P**
9 Z ⌤ 85/140.

♨ **Rieckmanns Gasthof,** Kirchweg 1, ⊠ 29646, 𝄞 (05194) 95 10, Fax (05194) 95134,
« Cafégarten », 🛋 – 📺 ⇔ 🅿 AE ⓪ ⓶ VISA
geschl. Mitte Dez. - Mitte Jan. – **Menu** (geschl. Nov. - April Montag) à la carte 26/49 – **19 Z**
⊆ 75/85 – 110/150 – ½ P 20.

In Bispingen-Behringen Nord-West : 4 km :

🏠 **Zur Grünen Eiche,** Mühlenstr. 6, ⊠ 29646, 𝄞 (05194) 9 85 80, Fax (05194) 9858199
– ⇔ Zim, 📺 ☎ 🅿 – 🔬 120. AE ⓪ ⓶ VISA
Menu à la carte 28/68 – **46 Z** ⊆ 75/135 – ½ P 25.

✗ **Niedersachsen Hof** mit Zim, Widukindstr. 3, ⊠ 29646, 𝄞 (05194) 77 50,
Fax (05194) 2755, ⊆ – 📺 ⇔ 🅿 AE ⓪ ⓶ VISA
geschl. Jan. - Feb. – **Menu** (geschl. Dienstag) à la carte 29/61 – **5 Z** ⊆ 75/95 – 130/150
– ½ P 25.

In Bispingen-Hützel Nord-Ost : 2,5 km :

♨ **Ehlbeck's Gasthaus,** Bispinger Str. 8, ⊠ 29646, 𝄞 (05194) 23 19, Ehlbecks-Gastha
us@T-Online.de, Fax (05194) 2319, ⌂, 🛋 – 📺 ⇔ 🅿 ⓪ VISA
geschl. Mitte Feb. - Mitte März – **Menu** (geschl. Nov. - Juli Montag) à la carte 26/57 – **14 Z**
⊆ 68/93 – 128/140 – ½ P 24.

In Bispingen-Niederhaverbeck Nord-West : 10 km :

🏠 **Menke** ⊗, ⊠ 29646, 𝄞 (05198) 3 30, Fax (05198) 1275, ⌂, ⛴, 🛋 – 📺 ⇔ 🅿
– 🔬 25. ⓶ VISA
geschl. Anfang Feb. - Mitte März – **Menu** (geschl. Nov. - Juli Donnerstag) à la carte 34/67
– **16 Z** ⊆ 54/84 – 134/174.

♨ **Landhaus Haverbeckhof** ⊗ (mit Gästehäusern), ⊠ 29646, 𝄞 (05198) 9 89 80,
Fax (05198) 989818, ⌂, 🛋 – 🅿 AE ⓪ ⓶ VISA
Menu à la carte 30/59 (auch vegetarische Gerichte) – **26 Z** ⊆ 44/88 – 108/128 – ½ P 25.

BISSENDORF KRS. OSNABRÜCK Niedersachsen ⁴¹⁷ J 8 – 13 100 Ew – Höhe 108 m.
🛝 Jeggen (Nord : 8 km), 𝄞 (05402) 56 36.
Berlin 414 – Hannover 129 – Bielefeld 51 – Osnabrück 13.

In Bissendorf-Schledehausen Nord-Ost : 8 km – Luftkurort :

🏠 **Bracksiek,** Bergstr. 22, ⊠ 49143, 𝄞 (05402) 9 90 30, Heiner.Braksiek@T-Online.de,
Fax (05402) 990351, ⌂ – 📶 📺 ⅙ ⇔ 🅿 – 🔬 100. ⅗ Rest
Menu (Montag - Mittwoch nur Abendessen) à la carte 43/79 – **24 Z** ⊆ 98/118 – 130/150
– ½ P 30.

BISTENSEE Schleswig-Holstein siehe Rendsburg.

BITBURG Rheinland-Pfalz ⁴¹⁷ Q 3 – 13 500 Ew – Höhe 339 m.
🛝 Golf Resort Bitburger Land - Hermesdorf, (Nord-West : 8 km über Rittersdorf),
𝄞 (06527) 9 27 20 ; 🛝 Baustert, (West : 12 km über B50 und Mülbach), 𝄞 (06527) 81 21 ;
🛝 Euro Golfclub - Burbach, (Nord : 20 km über Waxweiler und Burbach), 𝄞 (06563) 20 07.
🅱 Tourist-Information Bitburger Land, Im Graben 2, ⊠ 54634, 𝄞 (06561) 9 43 40, Fax
(06561) 943420.
Berlin 705 – Mainz 165 – Trier 23 – Wittlich 36.

🏠 **Eifelbräu,** Römermauer 36, ⊠ 54634, 𝄞 (06561) 91 00, Fax (06561) 910100 – 📺 ⇔
🅿 – 🔬 100. ⓪ ⓶ VISA
Menu (geschl. Montagmittag) à la carte 34/62 – **28 Z** ⊆ 95/100 – 160/170.

🏠 **Leander,** Am Markt 2, ⊠ 54634, 𝄞 (06561) 34 22, Fax (06561) 940118, ⌂ – 📺 🅿.
⓪ ⓶ VISA
Menu (geschl. Anfang Jan. 2 Wochen, Anfang Nov. 2 Wochen, Montag, Samstagmittag)
à la carte 46/70 – **15 Z** ⊆ 80/90 – 125/140.

✗✗ **Zum Simonbräu** mit Zim, Am Markt 7, ⊠ 54634, 𝄞 (06561) 33 33, Fax (06561) 3373,
Biergarten – 📶 📺 🅿 – 🔬 20. AE ⓪ ⓶ VISA
Menu à la carte 32/63 – **5 Z** ⊆ 98/140.

In Rittersdorf Nord-West : 4 km :

🏠 **Am Wisselbach,** Bitburger Str. 2, ⊠ 54636, 𝄞 (06561) 70 57, info@hotel-wisselba
ch.de, Fax (06561) 12293, ⌂, ₺, ⛴, – ⇔ Zim, 📺 ☎ 🅿 AE ⓪ ⓶ VISA. ⅗ Rest
Menu (geschl. 8. - 31. Jan., Dienstagmittag, Mittwochmittag) à la carte 32/64 – **24 Z**
⊆ 75/125 – 136/260.

✗✗ **Burg Rittersdorf,** in der Burg, ⊠ 54636, 𝄞 (06561) 9 65 70, ⌂, « Wasserburg a.d.
13. Jh. » – 🅿 AE ⓪ ⓶ VISA
geschl. Montag – **Menu** à la carte 54/71.

In Dudeldorf *Ost : 11 km über die B 50 :*

🏠🏠 **Romantik Hotel Zum alten Brauhaus,** Herrengasse 2, ✉ 54647, ℰ (06565) 9 27 50, *brauhaus@romantik.de, Fax (06565) 927555*, « Gartenterrasse », 🥗 – 📺 🅿 AE ⓪ 🕿 VISA. ❄ Rest
geschl. Jan. – **Menu** *(geschl. Mittwoch)* à la carte 49/79 – **15 Z** ⊆ 120/160 – 160/220.

Am Stausee Bitburg *Nord-West : 12 km über Biersdorf :*

🏠🏠 **Dorint Hotel und Resort** 🌲, ✉ 54636 Biersdorf, ℰ (06569) 9 90, *BBJBIE@dorint.com, Fax (06569) 7909*, ≤, 🥗, Massage, ⚕, ≘s, 🔲, 🥗, ❄ (Halle) Squash – 🛗, ❄ Zim, 📺 ✆ 🏋 🅿 – 🛎 250. AE ⓪ 🕿
Menu 40 (Lunchbuffet) à la carte 39/73 – **100 Z** ⊆ 225/230 – 325/345, 4 Suiten.

🏠 **Waldhaus Seeblick** 🌲, Ferienstr. 1, ✉ 54636 Biersdorf, ℰ (06569) 9 69 90, *Fax (06569) 969950*, ≤ Stausee, « Terrasse », 🥗 – 📺 🅿 AE 🕿 VISA. ❄ Rest
geschl. 5. Jan. - 15. Feb. – **Menu** à la carte 27/55 ⚕ – **21 Z** ⊆ 70/90 – 96/124.

🏠 **Berghof** 🌲, Ferienstr. 3, ✉ 54636 Biersdorf, ℰ (06569) 8 88, *Fax (06569) 880*, ≤ Stausee, 🥗, 🥗 – 📺 🕿 🅿 🕿. ❄ Rest
geschl. 1. - 26. Dez. – **Menu** *(geschl. Nov. - März Montag)* à la carte 30/63 – **12 Z** ⊆ 65/75 – 140/150.

BITTERFELD *Sachsen-Anhalt* 🔢 *L 20 – 25 000 Ew – Höhe 80 m.*
Berlin 151 – Magdeburg 96 – Leipzig 40.

🏠🏠 **Rema-Hotel Ambassador,** Zörbiger Str. 47, ✉ 06749, ℰ (03493) 2 13 40, *ambassador@remahotel.de, Fax (03493) 21346*, Biergarten – ❄ Zim, 📺 🅿 – 🛎 50. AE ⓪ 🕿 VISA JCB. ❄ Rest
Menu *(geschl. Samstag, Sonntagabend)* à la carte 39/57 – **68 Z** ⊆ 140/160 – 190/220.

BLAICHACH *Bayern siehe Sonthofen.*

BLANKENBACH *Bayern* 🔢 *P 11 – 1 300 Ew – Höhe 175 m.*
Berlin 538 – München 356 – Würzburg 81 – Aschaffenburg 15 – Frankfurt am Main 48.

❌❌ **Landgasthof Behl,** Krombacher Str. 2, ✉ 63825, ℰ (06024) 47 66, *Fax (06024) 5766* – 🅿 AE ⓪ 🕿 VISA
geschl. Mitte Aug. 2 Wochen, Montag, Dienstagmittag, Mittwochmittag – **Menu** à la carte 38/71.

BLANKENBURG *Sachsen-Anhalt* 🔢 *K 16 – 18 500 Ew – Höhe 225 m.*
🛈 *Kurverwaltung u. Tourist-Information, Lange Str. 17, ✉ 38889, ℰ (03944) 28 98, Fax (03944) 63102.*
Berlin 222 – Magdeburg 71 – Göttingen 124 – Halle 88 – Nordhausen 42.

🏠🏠 **Viktoria Luise** 🌲, Hasselfelder Straße 8, ✉ 38889, ℰ (03944) 9 11 70, *info@Viktoria-Luise.de, Fax (03944) 911717*, ≤, 🥗, « Elegante Einrichtung », ≘s, 🥗 – ❄ Zim, 📺 ✆ 🅿 🕿. ❄ Rest
Menu *(nur Abendessen)* à la carte 34/54 – **15 Z** ⊆ 110/160 – 220/260.

🏠🏠 **Kurhotel Fürstenhof,** Mauerstr. 9, ✉ 38889, ℰ (03944) 9 04 40, *Fax (03944) 9044299*, 🥗 – 🛗, ❄ Zim, 📺 ⚕ 🕿 🅿 – 🛎 100. AE ⓪ 🕿 VISA
Menu *(nur Abendessen)* à la carte 31/43 – **27 Z** ⊆ 98/130 – 140/170.

BLANKENBURG, BAD *Thüringen* 🔢 *N 17 – 8 000 Ew – Höhe 220 m.*
🛈 *Fremdenverkehrsamt, Magdeburger Gasse 1, ✉ 07422, ℰ (036741) 26 67, Fax (036741) 42442.*
Berlin 293 – Erfurt 57 – Bayreuth 126 – Coburg 82 – Gera 77.

🏠🏠 **Am Goldberg** 🌲, Goetheweg 9, ✉ 07422, ℰ (036741) 26 05, *stammhaus@fz-goldberg.com, Fax (036741) 42213*, 🥗, « Elegante Einrichtung », Massage, ≘s, 🔲, 🥗, ❄ – 🛗, ❄ Zim, 📺 ✆ 🅿 – 🛎 60. AE ⓪ 🕿 VISA
Menu *(bemerkenswerte Weinkarte)* à la carte 45/76 *(auch vegetarische Gerichte)* – **39 Z** ⊆ 98/158 – 158/192.

🏠 **Zum Steinhof,** Wirbacher Str. 6, ✉ 07422, ℰ (036741) 34 70, *Fax (036741) 41035*, 🥗, ≘s – 📺 ✆ 🅿 – 🛎 40. AE ⓪ 🕿 VISA
Menu à la carte 23/40 – **28 Z** ⊆ 90/130.

BLANKENHEIM Nordrhein-Westfalen **409** O 3 – 9 300 Ew – Höhe 497 m – Erholungsort.
  🛈 Gemeinde Blankenheim, Rathausplatz 16, ⊠ 53945, ℘ (02449) 8 71 12, Fax (02449) 87302.
  Berlin 638 – Düsseldorf 110 – *Aachen 70* – Köln 74 – Trier 99.

  🏛 **Kölner Hof,** Ahrstr. 22, ⊠ 53945, ℘ (02449) 14 05, postmaster@Hotel-Koelner-Ho f.de, Fax (02449) 1061, 🏡, ⇔s – 📺 ⇔ 🅿 – 🔏 15. 🖭 ◍ ◍ 𝘝𝘐𝘚𝘈
  geschl. Nov. – **Menu** (geschl. Mittwoch) à la carte 32/67 – **20 Z** ⊏ 90/110-130 – ½ P 35.

BLAUBACH Rheinland-Pfalz siehe Kusel.

BLAUBEUREN Baden-Württemberg **419** U 13 – 11 500 Ew – Höhe 519 m.
  Sehenswert : Ehemalige Klosterkirche (Hochaltar★★, Chorgestühl★).
  Berlin 633 – *Stuttgart 81* – Reutlingen 57 – Ulm (Donau) 18.

  🏛🏛 **Ochsen,** Marktstr. 4, ⊠ 89143, ℘ (07344) 96 98 90, ochsen.blaubeuren@t-online.de, Fax (07344) 8430, « Fachwerkfassade a.d.J. 1740 » – 📳 ⇔ 📺 📞 ⇔ 🅿 – 🔏 15. 🖭 ◍ ◍ 𝘝𝘐𝘚𝘈
  geschl. Anfang Jan. 1 Woche – **Menu** (geschl. Sonntagabend) à la carte 33/62 – **30 Z** ⊏ 85/130 – 130/165.

  🏛 **Adler,** Karlstr. 8, ⊠ 89143, ℘ (07344) 50 27, Fax (07344) 21147 – 📺. 🖭 ◍ ◍ 𝘝𝘐𝘚𝘈
  ⊛ **Menu** (geschl. Mittwoch) à la carte 22/40 – **15 Z** ⊏ 85/135.

In Blaubeuren-Weiler West : 2 km :

  🏛 **Forellenfischer** ⌘ garni, Aachtalstr. 5, ⊠ 89143, ℘ (07344) 50 24, Fax (07344) 21199 – 📺 🅿. 🖭 ◍ ◍ 𝘝𝘐𝘚𝘈
  geschl. Mitte Dez. - Mitte Jan. – **16 Z** ⊏ 75/90 – 120/140.

  XX **Forellen-Fischer,** Aachtalstr. 6, ⊠ 89143, ℘ (07344) 65 45, Fax (07344) 922631, 🏡 – 🅿. ◍ ◍ 𝘝𝘐𝘚𝘈
  geschl. Jan. 3 Wochen, Ende Aug. 1 Woche, Sonntagabend - Montag – **Menu** à la carte 42/74.

BLAUFELDEN Baden-Württemberg **419 420** S 13 – 4 500 Ew – Höhe 460 m.
  Berlin 539 – Stuttgart 123 – *Würzburg 71* – Nürnberg 122 – Heilbronn 80.

  XX **Zum Hirschen** (Kurz) mit Zim, Hauptstr. 15, ⊠ 74572, ℘ (07953) 10 41, ❀ Fax (07953) 1043, 🏡, « Landgasthof mit modern-eleganter Einrichtung » – 📺 ⇔ 🅿 ⊛ – 🔏 20. ◍ ◍ 𝘝𝘐𝘚𝘈
  geschl. 1. - 7. Jan., Aug. 3 Wochen – **Menu** (geschl. Sonntagabend - Dienstagmittag) (Tischbestellung ratsam, bemerkenswerte Weinkarte) 45/135 à la carte 64/107 – ⊏ 18 – **12 Z** 85/110 – 110/175
  Spez. Fränkische Forelle im Krebssud. Gefüllte Taube mit Gänseleber und Waldpilzen. Kotelett vom "Boeuf de Hohenlohe".

BLECKEDE Niedersachsen **415 416** G 16 – 8 000 Ew – Höhe 10 m.
  Berlin 268 – Hannover 148 – *Schwerin 94* – Lüneburg 24 – Hamburg 66.

  🏛 **Landhaus an der Elbe** ⌘, Elbstr. 5, ⊠ 21354, ℘ (05852) 12 30, Fax (05852) 3022, 🏡, « Lage an der Elbe », ☞ – 📺 🅿.
  Menu (geschl. Nov. - März Freitag) à la carte 32/45 – **12 Z** ⊏ 75/95 – 115/175.

BLEICHERODE Thüringen **418** L 15 – 7 500 Ew – Höhe 405 m.
  🛈 Tourist- und Stadtinformation, Hauptstr. 55, ⊠ 99752, ℘ (036338) 4 35 35, Fax (036338) 43536.
  Berlin 279 – *Erfurt 80* – Göttingen 62 – Nordhausen 19.

  🏛 **Berliner Hof,** Hauptstr. 62, ⊠ 99752, ℘ (036338) 4 24 54, Fax (036338) 60924 – ⊛ 🔏 50. 🖭 ◍ ◍ 𝘝𝘐𝘚𝘈. ✸
  Menu à la carte 23/40 – **17 Z** ⊏ 75/85 – 120/130.

BLIESKASTEL Saarland **407** S 5 – 24 500 Ew – Höhe 211 m – Kneippkurort.
  🛈 Verkehrsamt, Kardinal-Wendel-Str.56, ⊠ 66440, ℘ (06842) 5 20 75, Fax (06842) 52076.
  Berlin 693 – *Saarbrücken 30* – Neunkirchen/Saar 16 – Sarreguemines 24 – Zweibrücken 12.

In Blieskastel-Niederwürzbach Nord-West : 5 km :

  X **Hubertushof** ⌘ mit Zim, Kirschendell 32, ⊠ 66440, ℘ (06842) 65 44, Fax (06842) 7866, 🏡, Damwildgehege – ✸ Rest, 📺 🅿. 🖭 ◍ ◍. ✸
  geschl. Anfang Jan. 1 Woche – **Menu** (geschl. Dienstag) à la carte 37/82 – **6 Z** ⊏ 68/ 122.

183

BLOMBERG Nordrhein-Westfalen **417** K 11 – 18 000 Ew – Höhe 200 m.

　📠 Blomberg-Cappel, 𝒫 (05236) 4 59.

　🛈 Städt. Verkehrsbüro, Hindenburgplatz 1, ✉ 32825, 𝒫 (05235) 50 40, Fax (05235) 504450.

　Berlin 357 – Düsseldorf 208 – Hannover 75 – Detmold 21 – Paderborn 38.

🏨🏨　**Burghotel Blomberg** 📷, Am Brink 1, ✉ 32825, 𝒫 (05235) 5 00 10, info@burgh otel-blomberg.de, Fax (05235) 500145, �, « Mittelalterliche Burg », 😎, 🔲 – 📶, ✳️ Zim, 📺 📞 🖭 – 🏔 100. ᴀᴇ 🐾 𝑽𝑰𝑺𝑨
　Menu à la carte 55/118 – **52 Z** ⌒ 185/198 – 240/260 – ½ P 45.

🏛　**Café Knoll,** Langer Steinweg 33, ✉ 32825, 𝒫 (05235) 9 60 00, Fax (05235) 7398, 🌨, « Historische Fachwerkfassade a.d.J.1622 » – 📺 🖭 🐾 𝑽𝑰𝑺𝑨
　geschl. Mitte Juli - Mitte Aug. – **Menu** (wochentags nur Abendessen) à la carte 30/59 – **10 Z** ⌒ 85/95 – 136/148.

BLUMBERG Baden-Württemberg **419** W 9 – 11 000 Ew – Höhe 703 m.

　Ausflugsziel : Wutachtalbahn★ (von Blumberg bis Weizen).

　🛈 Touristinfo, Hauptstr. 52, ✉ 78176, 𝒫 (07702) 5 12 03, Fax (07702) 51222.

　Berlin 760 – Stuttgart 143 – Freiburg im Breisgau 70 – Schaffhausen 26 – Waldshut-Tiengen 44 – Donaueschingen 17.

In Blumberg-Epfenhofen Süd-Ost : 3 km :

🏛　**Löwen,** Kommentalstr. 2, ✉ 78176, 𝒫 (07702) 21 19, Fax (07702) 3903, 🍽 – 📶 📺 👈 🖭 ᴀᴇ 🐾
　geschl. Mitte Jan. - Mitte Feb., Nov. 2 Wochen – **Menu** à la carte 26/48 – **25 Z** ⌒ 60/98 – 98/120 – ½ P 25.

BLUMBERG KREIS BERNAU Brandenburg **416 418** I 24 – 1 700 Ew – Höhe 75 m.

　Berlin 22 – Potsdam 53 – Bad Freienwalde 37 – Frankfurt an der Oder 94.

🏛　**Am Rehhahn,** Ehrig-Hahn-Str. 3 (Gewerbegebiet), ✉ 16356, 𝒫 (033394) 51 40, serv ice@Hotel-amRehhahn.de, Fax (033394) 51485 – 📶 ✳️ 📺 📞 🖭 – 🏔 50. ᴀᴇ 🐾 𝑽𝑰𝑺𝑨
　Menu à la carte 31/60 – **69 Z** ⌒ 98/120 – 135/200.

🏛　**Am Lenné Park,** Kietz 2a (B 158), ✉ 16356, 𝒫 (033394) 5 00, Hotel-Lennepark@t -online.de, Fax (033394) 50251, 🌨 – ✳️ Zim, 📺 📞 🖭 – 🏔 30. ᴀᴇ 🐾 𝑽𝑰𝑺𝑨 𝙅𝘾𝘽
　Menu à la carte 32/47 – **26 Z** ⌒ 99/159 – 145/290.

BLUNK Schleswig-Holstein siehe Segeberg, Bad.

BOBINGEN Bayern **419 420** V 16 – 15 100 Ew – Höhe 526 m.

　Berlin 576 – München 78 – Augsburg 18.

🏛　**Schempp,** Hochstr. 74, ✉ 86399, 𝒫 (08234) 99 90, Fax (08234) 999299, 🌨 – 📶, ✳️ Zim, 📺 📞 🍽 🖭 – 🏔 30. ᴀᴇ ⓪ 🐾 𝑽𝑰𝑺𝑨 𝙅𝘾𝘽. 🍽 Rest
　Menu à la carte 36/80 – **48 Z** ⌒ 115/145 – 185/205.

BOCHOLT Nordrhein-Westfalen **417** K 3 – 73 000 Ew – Höhe 26 m.

　🛈 Stadtinformation, Kreuzstr. 27, ✉ 46395, 𝒫 (02871) 50 44, Fax (02871) 185927.

　Berlin 575 – Düsseldorf 81 – Arnhem 57 – Enschede 58 – Münster (Westfalen) 82.

🏨🏨　**Residenz** Ⓜ, Kaiser-Wilhelm-Str. 32, ✉ 46395, 𝒫 (02871) 9 97 50, info@hotelresid enz.de, Fax (02871) 9975599, 🌨, 𝑳𝒂, 😎 – 📶, ✳️ Zim, 🖥 Rest, 📺 📞 🖭 – 🏔 20. ᴀᴇ 🐾 𝑽𝑰𝑺𝑨
　Menu (geschl. Ende Juli - Mitte Aug., Sonntag) ur Abendessen) à la carte 52/96 – **41 Z** ⌒ 160/185 – 215/350.

🏨🏨　**Am Erzengel,** Münsterstr. 250 (B 67), ✉ 46397, 𝒫 (02871) 24 77 00, info@am-erz engel.de, Fax (02871) 24770247, 🌨, « Elegante, individuelle Zimmereinrichtung », 𝑳𝒂, 😎 – 📶, ✳️ Zim, 📺 📞 👈 🍽 – 🏔 200. ᴀᴇ 🐾 𝑽𝑰𝑺𝑨
　Menu (geschl. Ende Juli - Mitte Aug., Montagmittag) à la carte 33/73 – **35 Z** ⌒ 140/190.

🏛　**Zigeuner-Baron,** Bahnhofstr. 17, ✉ 46395, 𝒫 (02871) 24 65 90, Fax (02871) 15318, Biergarten – 📺 🖭 ᴀᴇ 🐾 𝑽𝑰𝑺𝑨 🍽 Zim
　Menu à la carte 33/64 – **11 Z** ⌒ 95/105 – 160.

🍽🍽　**Bacco,** Bismarckstr. 7, ✉ 46397, 𝒫 (02871) 18 31 41, Fax (02871) 16901, 🌨 – ᴀᴇ ⓪ 🐾 𝑽𝑰𝑺𝑨
　geschl. Juni 2 Wochen, Montag – **Menu** (italienische Küche) (Tischbestellung ratsam) à la carte 39/74.

BOCHUM Nordrhein-Westfalen 👁️👁️👁️ L 5 – 407 000 Ew – Höhe 83 m.

Sehenswert : Bergbaumuseum★★ Y – Eisenbahnmuseum★ X.

🎫 Bochum-Stiepel, Im Mailand 125 (über ③), *ℰ* (0234) 79 98 32.

🎫 Verkehrsverein im Hauptbahnhof, 🖂 44787, *ℰ* (0234) 9 63 02 22, Fax (0234) 9630255.

🎫 Informationszentrum Ruhr-Bochum, Rathaus, Rathausplatz, 🖂 44787, *ℰ* (0234) 9 10 39 75.

ADAC, Ferdinandstr. 12.

Berlin 518 ① – Düsseldorf 47 ⑤ – Dortmund 21 ① – Essen 17 ⑤

Stadtplan siehe nächste Seite

🏨 **Holiday Inn** M, Massenbergstr. 19, 🖂 44787, *ℰ* (0234) 96 90, bochum@eventhot els.com, Fax (0234) 9692222, 🛋️ – 🛗, 🕳️ Zim, 🔲 📺 📞 🕭 🚗 – 🔏 120. 🖭 ⓪ 🐵 ᐧ VISA JCB
Z c
Menu à la carte 47/75 – **162 Z** 🗁 259/289 – 308/358.

🏨 **Excelsior,** Max-Greve-Str. 32, 🖂 44791, *ℰ* (0234) 9 55 50 (Hotel), 9 50 75 67 (Rest.), hotel.excelsior@t-online.de, Fax (0234) 9555555 – 📺 🕭 📞 🖭 – 🔏 20. 🖭 ⓪ 🐵 VISA
Y n
Raffaello (italienische Küche) (nur Abendessen) **Menu** à la carte 43/84 – **32 Z** 🗁 135/148 – 175/186.

🏨 **Novotel,** Stadionring 22, 🖂 44791, *ℰ* (0234) 5 06 40, H0486@accor-hotels.com, Fax (0234) 5064444, 🌳, 🛋️, ⬛ (geheizt) – 🛗, 🕳️ Zim, 🔲 📺 📞 🕭 📞 – 🔏 150. 🖭 ⓪ 🐵 VISA
X n
Menu à la carte 42/63 – **119 Z** 🗁 194/247.

🏨 **Oekey,** Auf dem Alten Kamp 10, 🖂 44803, *ℰ* (0234) 38 81 30, Helmut.Weicherek@Ho tel-Restaurant-Oekey.de, Fax (0234) 3881388, 🌳 – 📺 🚗 📞 – 🔏 20. 🖭 ⓪ 🐵 VISA JCB
X c
Menu (geschl. Samstagmittag, Sonntag - Montag) à la carte 48/72 – **17 Z** 🗁 110/150.

🏨 **Schmidt-Mönnikes,** Drusenbergstr. 164, 🖂 44789, *ℰ* (0234) 33 39 60 (Hotel) 31 24 69 (Rest.), minotel@compuserve.com, Fax (0234) 3339666 – 📺 🚗 📞 🖭 🐵 VISA
X r
geschl. 27. Dez. - 7. Jan. – **Vitrine** (geschl. Samstagmittag, Sonntagabend) **Menu** à la carte 37/66 – **32 Z** 🗁 99/165 – 140/220.

🍴🍴🍴 **Gastronomie im Stadtpark,** Klinikstr. 41, 🖂 44791, *ℰ* (0234) 50 70 90, Gastron omieimStadtpark@t-online.de, Fax (0234) 5070999, 🌳 – 🕭 📞 – 🔏 350. 🖭 ⓪ 🐵 VISA
Y u
geschl. 27. Dez. - 8. Jan., April - Sept. Montag, Okt.- März Sonntag - Montag – **Menu** à la carte 64/104.

🍴🍴 **Stammhaus Fiege,** Bongardstr. 23, 🖂 44787, *ℰ* (0234) 1 26 43, Fax (0234) 66271, « Rustikal-gemütliche Einrichtung » – ⓪ 🐵
Y v
geschl. Juli - Aug. 3 Wochen, Sonntagabend, Donnerstag – **Menu** à la carte 46/76.

🍴 **Alt Nürnberg,** Königsallee 16, 🖂 44789, *ℰ* (0234) 31 16 98, Fax (02327) 82834 – 🖭 ⓪ 🐵 VISA
Z r
geschl. Montag – **Menu** (nur Abendessen) à la carte 42/64.

🍴 **Mutter Wittig,** Bongardstr. 35, 🖂 44787, *ℰ* (0234) 1 21 41, Fax (0234) 683301, 🌳, « Rustikale Einrichtung » – 🖭 ⓪ 🐵 VISA
Y k
Menu à la carte 31/57.

Beim Ruhrpark-Einkaufszentrum über die A 40 X :

🏨 **Avalon** M, Kohleppelsweg 45, 🖂 44791, *ℰ* (0234) 9 25 90, avalon-bochum@avalon -hotel.de, Fax (0234) 9259625, 🌳, 🛋️ – 🛗, 🕳️ Zim, 📺 📞 🕭 📞 – 🔏 80. 🖭 ⓪ 🐵 VISA
Menu (geschl. 22. Dez. - 7. Jan.) à la carte 49/65 – 23 – **108 Z** 210/225 – 260/280.

In Bochum-Harpen über ① :

🍴🍴 **Brinkhoff's Stammhaus,** Harpener Hellweg 157, 🖂 44805, *ℰ* (0234) 23 35 49, 🌳 – 📞.
geschl. Juli - Aug. 2 Wochen, Dienstag – **Menu** (nur Abendessen) à la carte 66/80.

In Bochum-Sundern über ④ :

🍴🍴🍴 **Haus Waldesruh-Borgböhmer,** Papenloh 8 (nahe der Sternwarte), 🖂 44797, *ℰ* (0234) 47 16 76, Fax (0234) 461815, ≼, 🌳, Biergarten – 📞 – 🔏 100. 🖭 ⓪ 🐵 VISA
geschl. Feb., Montag – **Menu** à la carte 46/69.

In Bochum-Wattenscheid über ⑤ : 9 km :

🏨 **Sol Inn,** Josef-Haumann-Str. 1, 🖂 44866, *ℰ* (02327) 99 00, solinnbo@t-online.de, Fax (02327) 990444, 🌳, 🛋️ – 🛗, 🕳️ Zim, 📺 📞 🕭 📞 – 🔏 50. 🖭 ⓪ 🐵 VISA
Menu à la carte 35/70 – **104 Z** 🗁 169/249 – 188/268.

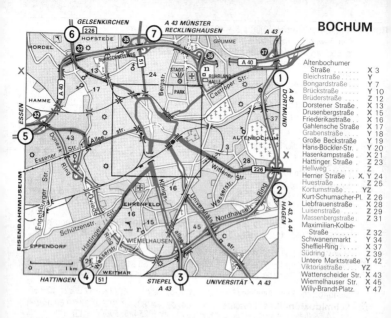

BOCHUM

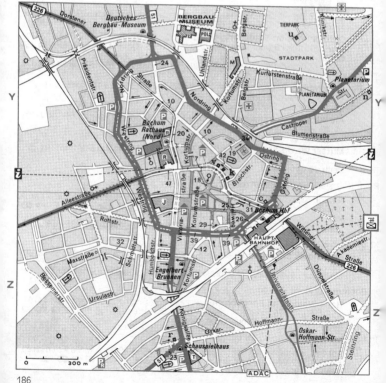

In Bochum-Weitmar über ④ :

🏠 **Zum Neuling,** Neulingstr. 42, ✉ 44795, 𝒫 (0234) 94 69 80, Fax (0234) 9469845, 🕿,
🗗 – 📺 🅿. 🕮 𝘝𝘐𝘚𝘈
Menu (geschl. Mittwoch) (wochentags nur Abendessen) à la carte 43/70 – **17 Z**
⊐ 115/130 – 150/170.

BOCKLET, BAD Bayern 𝟜𝟙𝟠 𝟜𝟚𝟘 P 14 – 2 200 Ew – Höhe 230 m – Heilbad.
Ausflugsziel : Schloß Aschach : Graf-Luxburg-Museum★, Süd-West : 1 km (Mai - Okt. Fahrten mit hist. Postkutsche).
🛈 Staatliche Kurverwaltung, Kurhausstraße 2, ✉ 97708, 𝒫 (09708) 70 70 30,
Fax (09708) 707039.
Berlin 425 – München 339 – Fulda 58 – Bad Kissingen 10.

🏠 **Kurhotel Kunzmann** 🦢, An der Promenade 6, ✉ 97708, 𝒫 (09708) 7 80, Kunzm
ann.hotel@t-online.de, Fax (09708) 78100, 🍴, Massage, 🔔, 🏊, 🕿, 🗗, 🐎 – 🛗,
🍽 Rest, 🚗 🅿 – 🔬 80
Menu (geschl. 7. - 30. Jan.) à la carte 30/57 – **79 Z** ⊐ 86/118 – 172/206 – ½ P 20.

🏠 **Laudensack,** von-Hutten-Str. 37, ✉ 97708, 𝒫 (09708) 2 24, Fax (09708) 1285,
« Gartenterrasse », 🐎 – 🛗 📺 🚗 🅿.
geschl. 20. Dez. - 19. Feb. – **Menu** (geschl. Dienstag) à la carte 29/57 🦪 – **40 Z** ⊐ 51/87
– 102/130 – ½ P 23.

BODELSHAUSEN Baden-Württemberg siehe Hechingen.

BODENHEIM Rheinland-Pfalz siehe Mainz.

BODENMAIS Bayern 𝟜𝟚𝟘 S 23 – 3 600 Ew – Höhe 689 m – Heilklimatischer Kurort – Wintersport :
700/1 456 m ✝1 ✝1 ♨, am Arber : ✝1 ✝6 ♨.
Ausflugsziele : Großer Arber ⋚★★ Nord-Ost : 11 km und Sessellift – Großer Arbersee★
Nord-Ost : 8 km.
🛈 Kurverwaltung, Bahnhofstr. 56, ✉ 94249, 𝒫 (09924) 77 81 35, Fax (09924) 778150.
Berlin 521 – München 178 – Passau 72 – Cham 51 – Deggendorf 35.

🏛 **Waldhotel Riederin** 🦢, Riederin 1, ✉ 94249, 𝒫 (09924) 77 60, riederin@bnv-re
gen.de, Fax (09924) 7337, ⋚ Bodenmais, Massage, 🔔, 🕿, 🏊 (geheizt), 🗗, 🐎, 🎾(Halle)
– 🛗 🎿 📺 🚗 🅿.
geschl. 18. Nov. - 19. Dez. – **Menu** à la carte 42/51 – **60 Z** ⊐ 113/138 – 236/276 – ½ P 20.

🏛 **Hofbräuhaus,** Marktplatz 5, ✉ 94249, 𝒫 (09924) 77 70, bodenmais@hotel-hofbra
euhaus.de, Fax (09924) 777200, ⋚, 🍴, Massage, 🔔, 🎽, 🕿, 🏊 (geheizt), 🗗, 🐎 – 🛗,
🎿 Zim, 📺 🚗 🅿
geschl. Anfang Nov. - Mitte Dez. – **Menu** à la carte 26/60 – **76 Z** ⊐ 91/126 – 162/208
– ½ P 22.

🏛 **Neue Post,** Kötztinger Str. 25, ✉ 94249, 𝒫 (09924) 95 80, Hotel.Neue.Post@bnv-r
egen.de, Fax (09924) 958100, 🍴, Massage, 🕿, 🗗, 🐎, 🎾 – 🛗, 🎿 Zim, 📺 🅿. 🎽 Rest
geschl. 12. Nov. - 15. Dez. – **Menu** à la carte 29/60 – **54 Z** ⊐ 80/101 – 130/226 – ½ P 26.

🏠 **Andrea** 🦢 (mit Gästehaus), Hölzlweg 10, ✉ 94249, 𝒫 (09924) 74 80, Bodenmais@h
otel-andrea.de, Fax (09924) 7474, ⋚ Bodenmais, 🕿, 🗗, 🐎 – 📺 🅿. 🕮 🎽
geschl. 9. Nov. - 17. Dez. – **Menu** (nur Abendessen) (Restaurant nur für Hausgäste) – **26 Z**
(nur ½ P) 98/196.

🏠 **Rothbacher Hof** 🦢, Miesleuthenweg 10, ✉ 94249, 𝒫 (09924) 95 20,
Fax (09924) 952100, 🍴, Massage, 🎽, 🕿 – 📺 🅿. 🎽 Rest
Menu (nur Abendessen) à la carte 29/47 – **47 Z** ⊐ 97 – 116/194, 4 Suiten – ½ P 19.

🏠 **Waldeck** (mit Gästehaus), Arberseestr. 39, ✉ 94249, 𝒫 (09924) 9 40 30, Hotel.Wald
eck@bnv-regen.de, Fax (09924) 940330, Biergarten, Massage, 🕿, 🗗, 🐎 – 🛗, 🎿 Rest,
📺 🅿.
geschl. Nov. - 18. Dez. – **Menu** à la carte 26/46 – **60 Z** ⊐ 88 – 150/160 – ½ P 10.

🏠 **Ferien-Hotel zum Arber** 🦢, Rechenstr. 32, ✉ 94249, 𝒫 (09924) 95 23 00, zumAr
ber@bnv-regen.de, Fax (09924) 952400, ⋚, 🍴, Massage, 🕿 – 🎿 Zim, 📺 🚗 🅿.
🎽 Rest
geschl. Nov. – **Menu** (nur Abendessen) (Restaurant nur für Hausgäste) – **53 Z** ⊐ 60/62
– 104/114 – ½ P 19.

In Bodenmais-Böhmhof Süd-Ost : 1 km :

🏛 **Feriengut Böhmhof** 🦢, Böhmhof 1, ✉ 94249, 𝒫 (09924) 9 43 00, geiger@ferie
ngut-boehmhof.de, Fax (09924) 943013, 🍴, 🕿, 🏊 (geheizt), 🗗, 🐎 – 🛗 📺 🚗 🅿.
geschl. Nov. - 20. Dez. – **Menu** à la carte 32/58 – **36 Z** ⊐ 95/115 – 152/230, 4 Suiten
– ½ P 10.

In Bodenmais-Kothinghammer *Süd-West : 2,5 km :*

🏠 **Hammerhof,** Kothinghammer 1, ✉ 94249, 𝄢 (09924) 95 70, Hotel@hammerhof.de, Fax (09924) 95777, 🍽, Massage, ⊆s, 🖼, ❊ – 🛗 ⇎ 📺 🅿. 🛇
geschl. Nov. - 20. Dez. – **Menu** à la carte 30/60 – **45 Z** ⇆ 72/93 – 124/166, 18 Suiten – ½ P 18.

In Bodenmais-Mooshof *Nord-West : 1 km :*

🏠 **Sport- und Kurhotel Mooshof,** Mooshof 7, ✉ 94249, 𝄢 (09924) 77 50, info@h otel-mooshof.de, Fax (09924) 7238, ≤, 🍽, Massage, ♨, ⊆s, 🖼, ❊, ❊ – 🛗, ⇎ Zim, 📺 🅿. 🅰🅴 🆚🅸🆂🅰 🛇 Rest
geschl. 20. Nov. - 15. Dez. – **Menu** à la carte 28/69 🍴 – **54 Z** ⇆ 94/120 – 198/330, 6 Suiten – ½ P 26.

BODENSEE Baden-Württemberg und Bayern 🔲🔲🔲 X 12, 🔲🔲🔲 ㊳ ㊴ – Höhe 395 m.
Sehenswert : See★★ mit den Inseln Mainau★★ und Reichenau★ (Details siehe unter den erwähnten Ufer-Orten).

BODENTEICH, BAD Niedersachsen 🔲🔲🔲 🔲🔲🔲 H 16 – 3 800 Ew – Höhe 55 m – Kneipp- und Luftkurort.
🅱 Kurverwaltung, Burgstr. 8, ✉ 29389, 𝄢 (05824) 35 39, Fax (05824) 3308.
Berlin 226 – Hannover 107 – Schwerin 135 – Lüneburg 50 – Wolfsburg 54 – Braunschweig 76.

🏠 **Braunschweiger Hof,** Neustädter Str. 2, ✉ 29389, 𝄢 (05824) 2 50, Fax (05824) 255, 🍽, Massage, ♨, 🏊, ⊆s, 🖼, ❊ – 🛗 📺 ♿ 🅿 – 🔬 50. 🅰🅴 🆚🅸🆂🅰
Menu à la carte 29/61 – **40 Z** ⇆ 90/160.

🏠 **Landhaus Bodenteich** garni, Neustädter Str. 100, ✉ 29389, 𝄢 (05824) 9 64 60, Fax (05824) 964630, 🏊, ⊆s, ❊ – 📺 ♿ 🅿. 🛇
19 Z ⇆ 75/100 – 130/140.

BODENWERDER Niedersachsen 🔲🔲🔲 🔲🔲🔲 K 12 – 6 500 Ew – Höhe 75 m – Luftkurort.
🅱 Touristinformation, Weserstr. 3, ✉ 37619, 𝄢 (05533) 4 05 41, Fax (05533) 6152.
Berlin 336 – Hannover 67 – Detmold 59 – Hameln 23 – Kassel 103.

🏠 **Deutsches Haus,** Münchhausenplatz 4, ✉ 37619, 𝄢 (05533) 39 25, Fax (05533) 4113, 🍽 – 🛗 ⇎ 📺 🅿 – 🔬 150. 🆚🅸🆂🅰 🆚🅸🆂🅰
Menu (geschl. Jan.) à la carte 31/62 – **41 Z** ⇆ 68/118 – 140/175.

🏠 **Königszinne,** Linser Str. 12, ✉ 37619, 𝄢 (05533) 9 72 40, Fax (05533) 972466, 🍽, ❊ – ⇎ Zim, 📺 ♿ 🅿 – 🔬 30. 🆚🅸🆂🅰 🆚🅸🆂🅰
Menu (geschl. Donnerstag) à la carte 25/48 – **16 Z** ⇆ 80/90 – 110/150.

BODENWÖHR Bayern 🔲🔲🔲 S 20 – 3 600 Ew – Höhe 378 m.
Berlin 466 – München 168 – Regensburg 55 – Cham 34 – Nürnberg 99.

🏠 **Brauereigasthof Jacob,** Ludwigsheide 2, ✉ 92439, 𝄢 (09434) 9 41 00, Brauerei -Jacob@t-online.de, Fax (09434) 941066, ≤, 🍽, 🏊, ❊ – ⇎ Zim, 📺 ⇎ 🅿 – 🔬 50
Menu à la carte 24/44 – **21 Z** ⇆ 80/90 – 116/136.

BODMAN-LUDWIGSHAFEN Baden-Württemberg 🔲🔲🔲 W 11 – 3 900 Ew – Höhe 408 m – Erholungsort.
🅱 Tourist-Information (Ludwigshafen), Hafenstr. 5 (Bürger- und Gästezentrum im Zollhaus), ✉ 78351, 𝄢 (07773) 93 00 40, Fax (07773) 930043.
Berlin 741 – Stuttgart 165 – Konstanz 31 – Bregenz 74 – Singen (Hohentwiel) 26.

Im Ortsteil Ludwigshafen :

🏠 **Seehotel Adler** 🐟, Hafenstr. 4, ✉ 78351, 𝄢 (07773) 9 33 90, Seehotel.Adler@ak zent.de, Fax (07773) 933939, ≤, « Gartenterrasse am See », ⊆s, ❊ – ⇎ Zim, 📺 ♿ 🅿 – 🔬 30. 🅰🅴 ⓞ 🆚🅸🆂🅰 🆚🅸🆂🅰
Menu (geschl. Nov. - März Donnerstag) à la carte 34/55 – **30 Z** ⇆ 115/160 – 190/260 – ½ P 29.

🏠 **Krone,** Hauptstr. 25 (B 31), ✉ 78351, 𝄢 (07773) 9 31 30, Fax (07773) 931340, 🍽 – 📺 🅿. 🅰🅴 ⓞ 🆚🅸🆂🅰
geschl. Nov. – **Menu** (geschl. Okt.- Juli Mittwoch) à la carte 27/52 – **23 Z** ⇆ 60/95 – 120/150 – ½ P 25.

BÖBINGEN Baden-Württemberg siehe Schwäbisch Gmünd.

BÖBLINGEN

Baden-Württemberg **419** T 11 – 47 000 Ew – Höhe 464 m.

🛈 Stadtinformation, Ida-Ehreplatz 1, ✉ 71032, ℘ (07031) 66 11 00, Fax (07031) 661110.
Berlin 647 – Stuttgart 21 – Karlsruhe 80 – Reutlingen 36 ① – Ulm (Donau) 97.

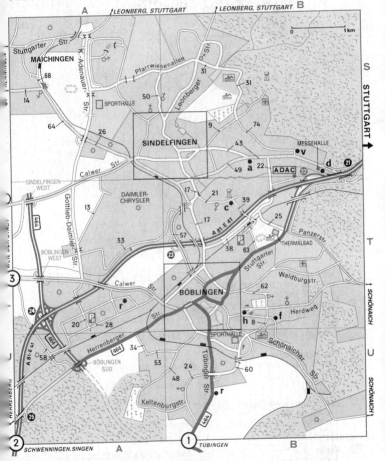

🏛 **Zum Reussenstein,** Kalkofenstr. 20, ✉ 71032, ℘ (07031) 6 60 00, info@hotel-reussenstein.de, Fax (07031) 660055, 🌐 – 🛗 TV 📞 🍴 🚗 🅿 – 🔺 25. AE ① ⑩ ⓦ VISA BT **h**
Menu (geschl. Aug. 3 Wochen, Montag) (Mahlzeiten im Gasthof Reussenstein) à la carte 26/53 – **42 Z** 🍴 115/155 – 175/210.

🏛 **Rieth,** Tübinger Str. 155 (B 464), ✉ 71032, ℘ (07031) 72 30, info@hotel-rieth.de, Fax (07031) 723160, 🌐, 🌳 – 🛏 Zim, TV 🚗 🅿. AE ① ⑩ ⓦ VISA. 🍴 Rest BU **r**
geschl. 21 Dez. - 8. Jan. - **Menu** (geschl. Samstag - Sonntag) (nur Abendessen) à la carte 34/73 – **50 Z** 🍴 120/135 – 165/185.

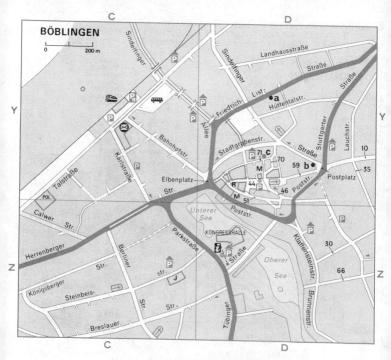

BÖBLINGEN

0 — 200 m

List garni, Friedrich-List-Str. 57, ⊠ 71032, ℘ (07031) 2 18 40, Fax *(07031) 218484* – ⧉
✦ TV ✆ ⟵ AE ① MO VISA
DY a
geschl. 22. Dez. - 7. Jan. – **32 Z** ⊆ 129/155 – 169/195.

Böhler, Postplatz 17, ⊠ 71032, ℘ (07031) 4 60 40, *post@ hotel-boehler.de,*
Fax *(07031) 226168,* ⇔, ◻ – ⧉ ✦ Zim, ▦ Zim, TV ✆ ⟵ ℗ – 🔏 20. AE ① MO
VISA
DY b
Menu *(geschl. Juli - Aug. 3 Wochen, Freitag - Samstag)* à la carte 49/89 – **42 Z** ⊆ 160/180
– 195/255.

Böblinger Haus, Keilbergstr. 2, ⊠ 71032, ℘ (07031) 21 10, *info@ hotel-boeblinger*
-haus.de, Fax *(07031) 229811,* ⯑ – ⧉ ✦ Zim, TV ✆ ⟵ ℗ – 🔏 20. AE ① MO
VISA
BT f
Menu *(geschl. 23. Dez. - 6. Jan, Freitag - Samstag)* à la carte 30/71 – **34 Z** ⊆ 110/135
– 180/190.

La Norma, Untere Gasse 23, ⊠ 71032, ℘ (07031) 22 46 06, Fax *(07031) 224606,* ⯑
– ℗ ① MO VISA
DY c
geschl. Samstagmittag, Sonntag – **Menu** (italienische Küche) à la carte 41/69.

In Böblingen-Hulb :

Ascot garni, Wolf-Hirth-Str. 8/1, ⊠ 71034, ℘ (07031) 6 20 30, *reservierung.boebling*
en@t-online.de, Fax *(07031) 6203100,* ⇔ – ⧉ ✦ TV ✆ ⟵. AE ① MO VISA AT r
74 Z ⊆ 155/187 – 174/241.

In Schönaich *über Schönaicher Str.* BU, *Süd-Ost : 6 km :*

Waldhotel Sulzbachtal ⯑, im Sulzbachtal *(Nord-Ost : 2 km, Richtung Steinenbronn),*
⊠ 71101, ℘ (07031) 7 57 80 (Hotel) 7 54 80 (Rest.), *hotel-sulzbachtal@schoenbuch.de,*
Fax *(07031) 757810,* ⯑ – ✦ Zim, TV ✆ ℗. AE ① MO VISA
geschl. 22. Dez.- 13. Jan. – **Menu** *(geschl. 16. - 23. Sept., Montag - Dienstagmittag)* à la carte
37/61 – **20 Z** ⊆ 97/118 – 163/183.

BÖRNICKE Brandenburg 🔢🔢 H 22 – 760 Ew – Höhe 40 m.
　　🚋 🚋 Börnicke/Nauen, an der B 273, ℰ (033230) 89 40.
　　Berlin 46 – Brandenburg 56 – Neuruppin 37 – Potsdam 42.

　🏠 **Landhaus Börnicke** ⌘, Grünfelder Str. 15, ✉ 14641, ℰ (033230) 5 13 06,
　　Fax (033230) 51408, Biergarten – 🔄 Rest, 📺 🅿
　　Menu *(geschl. Jan. - Feb. Montag)* à la carte 30/58 – **10 Z** ⌑ 115/135 – 155/185.

BÖSDORF Schleswig-Holstein 🔢🔢 D 15 – 1500 Ew – Höhe 25 m.
　　Berlin 308 – Kiel 36 – Eutin 8 – Lübeck 46 – Oldenburg in Holstein 48.

In Bösdorf-Niederkleveez Nord : 3 km :

　🏨 **Fährhaus Niederkleveez** ⌘, Am Dieksee 6, ✉ 24306, ℰ (04523) 99 59 29, *hote*
　　l@faerhaus.de, Fax (04523) 995955, ≤, 🌳, « Lage am See », ⛵, 🚣 – 🔄 Zim, 📺
　　🅿 🌐 🆚 🆚
　　Menu à la carte 36/54 – **17 Z** ⌑ 80/100 – 120/180.

BÖTZINGEN Baden-Württemberg 🔢 V 7 – 4800 Ew – Höhe 186 m.
　　Berlin 795 – Stuttgart 224 – Freiburg im Breisgau 24 – Colmar 36.

　🏠 **Zur Krone,** Gottenheimer Str. 1, ✉ 79268, ℰ (07663) 9 44 60, Fax (07663) 944699,
　　🌳 – 🔄 Zim, 📺 🅿 🆑 🆚 🆚
　　Menu *(geschl. Donnerstag)* à la carte 32/59 🍴 – **43 Z** ⌑ 78/100 – 120/150 – ½ P 25.

BOGEN Bayern 🔢 T 22 – 9900 Ew – Höhe 332 m.
　　Berlin 541 – München 134 – Regensburg 51 – Straubing 12.

In Bogen-Bogenberg Süd-Ost : 3,5 km :

　🍽 **Schöne Aussicht** ⌘, ✉ 94327, ℰ (09422) 15 39, ≤ Donauebene, Biergarten –
　　🔄 Zim, ⇦ 🅿
　　geschl. 10. Jan. - 15. Feb. – **Menu** *(geschl. Freitag)* à la carte 26/50 🍴 – **7 Z** ⌑ 70/100.

In Niederwinkling-Welchenberg Süd-Ost : 8 km :

　🍽🍽 **Landgasthof Buchner,** Freymannstr. 15, ✉ 94559, ℰ (09962) 7 30,
　　Fax (09962) 2430, Biergarten – 🅿 🆚
　　geschl. Anfang - Mitte Nov., Montag - Dienstag – **Menu** à la carte 45/73.

BOKEL Schleswig-Holstein 🔢🔢 E 13 – 850 Ew – Höhe 5 m.
　　Berlin 343 – Kiel 73 – Hamburg 55 – Itzehoe 29 – Lübeck 78.

　🏠 **Bokel-Mühle** ⌘, Neel-Greve-Str.2, ✉ 25364, ℰ (04127) 9 42 00, *BokelMuehle@rin*
　　ghotels.de, Fax (04127) 9420150, ≤, « Terrasse am See », 🛎, 🔲, 🚣, 🌳 – 🛗 📺 📞
　　⇦ 🅿 – 🔔 160. 🆑 🅾 🆚 🆚
　　Menu à la carte 45/81 – **30 Z** ⌑ 140 – 160/250.

BOLL Baden-Württemberg 🔢 U 12 – 5000 Ew – Höhe 425 m.
　　🆔 Kultur- und Verkehrsamt, Hauptstr. 81, ✉ 73087, ℰ (07164) 8 08 28, Fax (07164)
　　902309.
　　Berlin 613 – Stuttgart 52 – Göppingen 9 – Ulm (Donau) 49.

　🏨 **Badhotel Stauferland** ⌘, Gruibinger Str. 32, ✉ 73087, ℰ (07164) 20 77, *info@b*
　　adhotel-stauferland.de, Fax (07164) 4146, « Terrasse mit ≤ », 🛎, 🔲, 🌳 – 🛗 📺 ♿
　　⇦ 🅿 – 🔔 30. 🆑 🅾 🆚 – **Menu** à la carte 47/82 – **42 Z** ⌑ 120/170 – 180/260.
　　1 - 14. Jan. – **Menu** à la carte 47/82 – **42 Z** ⌑ 120/170 – 180/260.

　🏠 **Löwen,** Hauptstr. 46, ✉ 73087, ℰ (07164) 9 40 90, Fax (07164) 940944, 🌳, 🛎 – 📺
　　🅿 🆑 🅾 🆚 🆚
　　Menu *(geschl. 22. Dez. - 22. Jan., Montag)* à la carte 30/63 – **37 Z** ⌑ 78/130.

　🏠 **Rosa Zeiten** garni, Bahnhofsallee 7, ✉ 73087, ℰ (07164) 20 22, Fax (7164) 2221 – 📺
　　🅿 🆚
　　9 Z ⌑ 95/145.

In Boll-Bad Boll :

　🏨🏨 **Seminaris** 🅜 ⌘, Michael-Hörauf-Weg 2, ✉ 73087, ℰ (07164) 80 50, *badboll@sem*
　　inaris.de, Fax (07164) 12886, 🌳, 🛎, 🔲 – 🛗, 🔄 Zim, 📺 📞 ♿ ⇦ 🅿 – 🔔 160. 🆑
　　🅾 🆚 🆚, 🍽 Rest
　　Menu à la carte 42/57 – **153 Z** ⌑ 174/188 – 239.

BOLLENDORF Rheinland-Pfalz **417** Q 3 – 1 700 Ew – Höhe 215 m – Luftkurort.

🖥 Tourist - Information, An der Brücke, ✉ 54669, ✆ (06526) 9 30 33, Fax (06526) 93035.
Berlin 733 – Mainz 193 – Trier 48 – Bitburg 28 – Luxembourg 43.

🏨 **Burg Bollendorf** ॐ, ✉ 54669, ✆ (06526) 6 90, Burg-Bollendorf@t-online.de, Fax (06526) 6938, 🍴, 🌳, 🎾 – 📶, 🔒 Zim, 📺 🅿 – 🔬 40. 🖭 ⓪ ⓬ 🆅🆂🅰. 🎿 Rest
geschl. 5. Jan. - 15. Feb. – **Menu** (Nov. - 20. Dez. wochentags nur Abendessen) à la carte
38/60 – **40 Z** ⌷ 106 – 150/220 – ½ P 28.

🏨 **Waldhotel Sonnenberg** ॐ, Sonnenbergallee 1 (Nord-West : 1,5 km), ✉ 54669,
✆ (06526) 9 28 00, waldhotel-sonnenberg@t-online.de, Fax (06526) 928079, ≤ Sauertal,
🍴, ⋸ₛ, 🔲, 🎾 – 📶, 🔒 Zim, 📺 🅿 🖭 ⓬ 🆅🆂🅰. 🎿 Rest
Menu à la carte 34/65 – **25 Z** ⌷ 101 – 144/212 – ½ P 29.

🏨 **Hauer**, Sauerstaden 20, ✉ 54669, ✆ (06526) 92 05 00, Fax (06526) 9205050, 🍴 –
📶 📺 🖭 ⓬ 🆅🆂🅰. 🎿 Rest
geschl. 15. - 31. Jan., 19. - 29. Nov. – **Menu** geschl. Dez. - März Montagmittag, Dienstagmittag à la carte 35/60 – **21 Z** ⌷ 81/85 – 142/150 – ½ P 24.

Jährlich eine neue Ausgabe,
Aktuellste Informationen, jährlich für Sie !

BOLTENHAGEN Mecklenburg-Vorpommern **416** E 17 – 2 700 Ew – Höhe 5 m – Seebad.

🖥 Kurverwaltung, Ostseeallee 34 ✉ 23944, ✆ (038825) 36 00, Fax (038825) 36030.
Berlin 250 – Schwerin 47 – Lübeck 41 – Wismar 26.

🏨 **Seehotel Grossherzog v. Mecklenburg** Ⓜ, Ostseeallee 1, ✉ 23946, ✆ (038825)
5 00, info@seehotel-boltenhagen.de, Fax (038825) 50500, 🍴, Massage, ⋸ₛ, 🔲, 🎾 –
📶, 🔒 Zim, 📺 📞 🅿 – 🔬 120. 🖭 ⓪ ⓬ 🆅🆂🅰. 🎿 Rest
Menu à la carte 35/57 – **149 Z** ⌷ 170/210 – 220/250 – ½ P 34.

BONN Nordrhein-Westfalen **417** N 5 – 307 000 Ew – Höhe 64 m.

Sehenswert : **In Bonn** : Schwarz-Rheindorf-Kirche★ AV – Alter Zoll ≤★ CZ – Rheinisches
Landesmuseum★ (Römische Abteilung★) BZ **M1** – Münster★ (Kreuzgang★) BCZ – Haus
der Geschichte der Bundesrepublik Deutschland ★ – Kunstmuseum Bonn ★ AX **M2** – **In
Bonn-Bad Godesberg** : Godesburg ⋇★.

🎡 🎡 Römerhof-Bornheim (Nord-West : 14 km über Bonn-Tannenbusch), ✆ (02222)
93 19 41 ; 🎡 St. Augustin Gut Großenbusch (über ② : 8 km und Hangelar), ✆ (02241)
3 98 80.

✈ Köln-Bonn in Wahn (über ① : 27 km), ✆ (02203) 4 00.

🖥 Bonn Information, Windeckstr. 2, ✉ 53103, ✆ (0228) 77 50 00, Fax (0228) 775077.
ADAC, Godesberger Allee 127 (Bad Godesberg).
Berlin 593 ① – Düsseldorf 73 ⑥ – Aachen 91 ⑥ – Köln 28 ⑥ – Luxembourg 190 ④

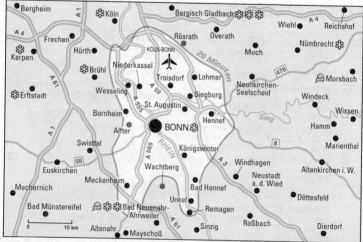

BONN

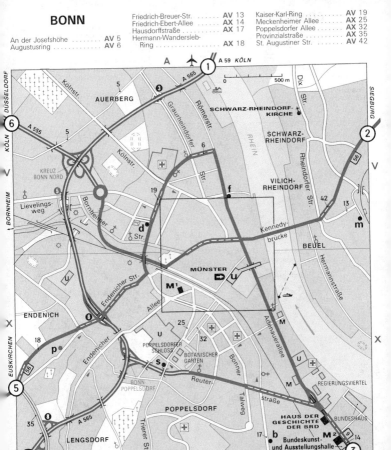

Günnewig Hotel Bristol ⬙, Prinz-Albert-Str. 2, ⬠ 53113, 𝒫 (0228) 2 69 80, *bris tol.bonn@guennewig.de*, Fax (0228) 2698222, 🍽, ⬟, ▨ – 🛗, 🛏 Zim, ▤ 📺 📞 🚗 – 🔺 220. 🆎 ◑ ◍ 𝗩𝗜𝗦𝗔.
Menu à la carte 61/82 – **116 Z** ⬚ 295/370 – 370/470.
         CZ **v**

Königshof Ⓜ, Adenauerallee 9, ⬠ 53111, 𝒫 (0228) 2 60 10, *hotel@koenigshof-bo nn.de*, Fax (0228) 2601529, ≤ Rhein, 🍽 – 🛗, 🛏 Zim, ▤ 📺 📞 ⬙ 🚗 – 🔺 180. 🆎 ◑ ◍ 𝗩𝗜𝗦𝗔. 🍽
Menu à la carte 48/79 – **128 Z** ⬚ 240/270 – 280/360.
         CZ **a**

Holiday Inn Ⓜ, Berliner Freiheit 2, ⬠ 53111, 𝒫 (0228) 7 26 90, *hibonn@aol.com*, Fax (0228) 7269700, 🍽, ₰, ⬟, ▨ – 🛗 – 🛏 Zim, ▤ 📺 📞 ⬙ 🚗 – 🔺 200. 🆎 ◍ 𝗩𝗜𝗦𝗔 𝗷𝗖𝗕. 🍽 Rest
Menu *(nur Mittagessen)* 48 (Lunchbuffet) à la carte 46/73 – *L'Olivia* *(nur Abendessen)*
Menu à la carte 47/74 – **252 Z** ⬚ 309/359 – 388/418, 8 Suiten.
         CY **m**

Günnewig Hotel Residence Ⓜ, Kaiserplatz 11, ⬠ 53111, 𝒫 (0228) 2 69 70, *hote l.residence@guennewig.de*, Fax (0228) 2697777, Biergarten, ⬟, ▨ – 🛗, 🛏 Zim, ▤ Zim, 📺 🚗 – 🔺 120. 🆎 ◑ ◍ 𝗩𝗜𝗦𝗔 𝗷𝗖𝗕.
Kaisergarten : **Menu** à la carte 42/69 – **144 Z** ⬚ 245/325 – 295/385, 5 Suiten.
         CZ **f**

Domicil Ⓜ garni, Thomas-Mann-Str. 24, ⬠ 53111, 𝒫 (0228) 72 90 90, *info@domicil -bonn.bestwestern.de*, Fax (0228) 691207, ⬟ – 🛗 📺 📞 – 🔺 30. 🆎 ◑ ◍ 𝗩𝗜𝗦𝗔. ₰ *geschl. 22. Dez. - 3. Jan.* – ⬚ 25 – **43 Z** 185/270 – 260/380.
         BZ **f**

BONN

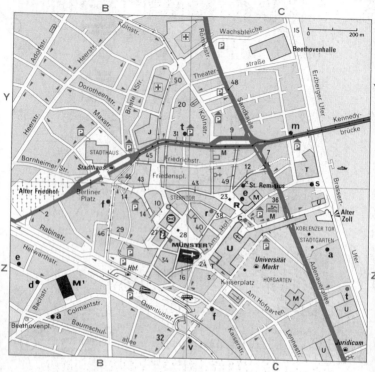

🏨 **Consul** garni, Oxfordstr. 12, ☒ 53111, ✆ (0228) 7 29 20, hotel@consul-bonn.de, Fax (0228) 7292250 – 🛗 ⇔ 📺 ✆ 👤 ⇔ 🅿 – 🔥 25. 🅰🅴 ⓪ 🐵 **VISA**
geschl. 23. Dez. - 2. Jan. – **96 Z** ⌚ 165/228 – 209/280.
BY t

🏨 **Amber Hotel President**, Clemens-August-Str. 32, ☒ 53115, ✆ (0228) 7 25 00, bonn @amber-hotels.de, Fax (0228) 725072, ☕ – 🛗, ⇔ Zim, 📺 ⇔ – 🔥 50. 🅰🅴 ⓪ 🐵 **VISA**
Menu (geschl. Sonntagabend) à la carte 33/58 – **98 Z** ⌚ 169/299 – 199/359.
AX s

🏨 **Villa Esplanade** garni, Colmantstr. 47, ☒ 53115, ✆ (0228) 98 38 00, Fax (0228) 9838011 – 📺 ✆. 🅰🅴 ⓪ 🐵 **VISA**
17 Z ⌚ 150/175 – 220.
BZ a

🏨 **Sternhotel** garni, Markt 8, ☒ 53111, ✆ (0228) 7 26 70, info@sternhotel-bonn.de, Fax (0228) 7267125 – 🛗 ⇔ 📺 ✆ – 🔥 20. 🅰🅴 ⓪ 🐵 **VISA**
geschl. 24. Dez. - Anfang Jan. – **80 Z** ⌚ 125/225 – 165/315.
CZ e

🏨 **Astoria** garni, Hausdorffstr. 105, ☒ 53129, ✆ (0228) 23 95 07, astoria@t-online.de, Fax (0228) 230378, ⇔s – 🛗 📺 🅿. 🅰🅴 ⓪ 🐵 **VISA**
geschl. 23. Dez. - 1. Jan. – **46 Z** ⌚ 135/290.
AX b

BONN-
BAD GODESBERG

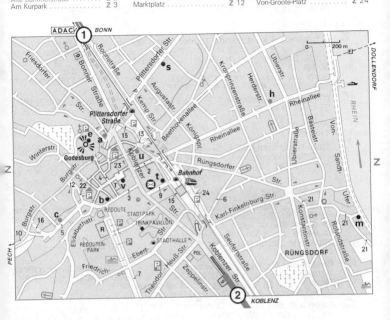

🏠 **Ibis** M̲, Vorgebirgsstr. 33, ✉ 53119, 𝒫 (0228) 7 26 60, *H1441@ accor-hotels.com,*
Fax (0228) 7266405, 🍴 – 🛗, 🔄 Zim, 📺 📞 🔇 ⟵ 🅿 – 🔏 90. 🆎 ① ⓪
VISA   AV d
Menu *(geschl. 12. Aug. - 3. Sept., 23. - 31. Dez., Samstag - Sonntag) (nur Abendessen)* 26
und à la carte – ☒ 15 – **147 Z** 100.

🏠 **Schwan** garni, Mozartstr. 24, ✉ 53115, 𝒫 (0228) 96 30 30, *Fax (0228) 651793* – 📺.
🆎 ⓪ *VISA*   BZ e
24 Z ☒ 110/160 – 180/200.

🏠 **Mozart** garni, Mozartstr. 1, ✉ 53115, 𝒫 (0228) 65 90 71, *Fax (0228) 659075* – 🛗 🔄
📺 ⟵, 🆎 ① ⓪ *VISA*   BZ d
geschl. 24. - 31. Dez. – **39 Z** ☒ 75/150 – 105/185.

🏠 **Beethoven,** Rheingasse 26, ✉ 53113, 𝒫 (0228) 63 14 11, *hotel-beethoven@ t-onlin*
🍴 *e.de, Fax (0228) 691629* – 🛗, 🔄 Zim, 📺 🔇 ⟵. 🆎 ① ⓪ *VISA*. CY s
geschl. 24. Dez. - Anfang Jan. – **Menu** *(geschl. Juli - Aug. 3 Wochen, Samstag) (nur Mit-*
tagessen) 16/30 – **59 Z** ☒ 79/169 – 169/189.

🏠 **Römerhof** garni, Römerstr. 20, ✉ 53111, 𝒫 (0228) 60 41 80, *kontakt@ hotel-roem*
erhof-bonn.de, Fax (0228) 633838 – 📺 🅿. ⓪ *VISA*. 🍴   AV f
26 Z ☒ 110/148 – 150/195.

XX **Zur Lese,** Adenauerallee 37, ✉ 53113, 𝒫 (0228) 22 33 22, *zur-lese@ lycosmail.com,*
Fax (0228) 222060, ≤ Rhein, 🍴 – 🛗 ⟵. 🆎 ① ⓪ *VISA*. 🍴   CZ t
geschl. Montag – **Menu** 40 *(mittags)* à la carte 54/79.

XX **Grand'Italia,** Bischofsplatz 1, ✉ 53111, 𝒫 (0228) 63 83 33 – 🆎 ① ⓪ *VISA*.
🍴   CZ c
Menu *(italienische Küche)* à la carte 38/80.

X **Im Bären,** Acherstr. 1, ✉ 53111, 𝒫 (0228) 63 32 00, *Fax (0228) 639245,* 🍴, *(Braue-*
reigaststätte)   CZ r
Menu à la carte 30/55.

195

Auf dem Venusberg Süd-West : 4 km über Trierer Straße AX und Im Wingert :

🏨 **Dorint Venusberg** Ⓜ ⚑, An der Casselsruhe 1, ⊠ 53127 Bonn, ℰ (0228) 28 80, *info@dorint.com, Fax (0228) 288288,* ☆, Massage, ☎ – 🖻, ↔ Zim, 📺 ☎ ⟵ 🖭 – 🔬 70. 🖭 ⓐ 🐠 𝐕𝐼𝐒𝐀. ✁ Rest
Menu à la carte 66/85 – ☷ 29 – **85 Z** 254/444 – 314/504, 4 Suiten.

In Bonn-Beuel :

🏨 **Schloßhotel Kommende Ramersdorf**, Oberkasseler Str. 10 (Ramersdorf), ⊠ 53227, ℰ (0228) 44 07 34, *Fax (0228) 444400,* ≤, ☆, « Ehemaliges Ritterordens-Schloß, Einrichtung mit Stil-Möbeln und Antiquitäten » – 📺 🖭 – 🔬 20. 🖭 ⓐ 🐠 𝐕𝐼𝐒𝐀 über ③ und die B 42
geschl. 9. Juli - 7. Aug. – **Menu** (geschl. Dienstag) (wochentags nur Abendessen) (italienische Küche) à la carte 49/69 – **18 Z** ☷ 100/150 – 160/200.

🏠 **Willkens** garni, Goetheallee 1, ⊠ 53225, ℰ (0228) 47 16 40, *Fax (0228) 462293* – 🖻 📺 ☎ 🖭 ⓐ 🐠 𝐕𝐼𝐒𝐀. ✁ AV m
34 Z ☷ 100/120 – 140/160.

In Bonn-Endenich :

🍴 **Altes Treppchen** (mit Gästehaus), Endenicher Str. 308, ⊠ 53121, ℰ (0228) 62 50 04, *info@treppchen.de, Fax (0228) 621264,* ☆ – 📺 ⟵ 🖭 🖭 ⓐ 🐠 𝐕𝐼𝐒𝐀 AX p
geschl. 23. Dez. - 3. Jan. – **Menu** (geschl. Samstag - Sonntag) à la carte 50/68 – **9 Z** ☷ 135/195.

In Bonn-Bad Godesberg :

🏨 **Maritim** Ⓜ, Godesberger Allee, ⊠ 53175, ℰ (0228) 8 10 80, *info.bon@maritim.de, Fax (0228) 8108811,* Massage, ☎, 🔲 – 🖻, ↔ Zim, ▤ 📺 ☎ ⅙ ⟵ – 🔬 1800. 🖭 ⓐ 🐠 𝐕𝐼𝐒𝐀 𝐉𝐂𝐁. ✁ Rest über Bonner Str. und ①
La Marée (geschl Samstag - Sonntag) (nur Abendessen) **Menu** à la carte 64/77 –
Rôtisserie : Menu (nur Buffet) 52/60 – ☷ 24 – **410 Z** 247/497 – 296/536, 41 Suiten.

🏨 **Rheinhotel Dreesen** ⚑, Rheinstr. 45, ⊠ 53179, ℰ (0228) 8 20 20, *reservierung @rheinhoteldreesen.de, Fax (0228) 8202153,* ≤ Rhein und Siebengebirge, « Park, Terrasse » – 🖻 📺 ☎ ⟵ – 🔬 100. 🖭 ⓐ 🐠 𝐕𝐼𝐒𝐀. ✁ Rest Z m
Menu à la carte 54/81 – **72 Z** ☷ 250/320 – 270/370.

🏨 **Kaiserhof** garni, Moltkestr. 64, ⊠ 53173, ℰ (0228) 95 70 50, *Info@Kaiserhof.bestw estern.de, Fax (0228) 95705100* – 🖻 ↔ 📺 ☎ ⟵ – 🔬 15. 🖭 ⓐ 🐠 𝐕𝐼𝐒𝐀. ✁ Z t
geschl. 22. Dez. - 2. Jan. – **50 Z** ☷ 140/195 – 199/242.

🏨 **Insel-Hotel**, Theaterplatz 5, ⊠ 53177, ℰ (0228) 3 50 00, *inselhotel@aol.com, Fax (0228) 3500333,* ☆ – 🖻, ↔ Zim, 📺 ☎ 🖭 🖭 ⓐ 🐠 𝐕𝐼𝐒𝐀 Z v
Menu (geschl. im Winter ab 19 Uhr) à la carte 30/60 – **64 Z** ☷ 149/269 – 179/350.

🏠 **Am Hohenzollernplatz** garni, Plittersdorfer Str. 56, ⊠ 53173, ℰ (0228) 95 75 90, *Hotel.AMHOHENZOLLERNPLATZ@akzent.de, Fax (0228) 9575929,* ☆ – 📺 🖭 ⓐ 🐠 𝐕𝐼𝐒𝐀 𝐉𝐂𝐁 Z s
geschl. 24. Dez. - 3. Jan. – **20 Z** ☷ 139/180 – 165/300.

🏠 **Günnewig Godesburg Hotel** ⚑, Auf dem Godesberg 5 (in der Godesburg-Ruine), ⊠ 53177, ℰ (0228) 31 60 71, *Fax (0228) 311218,* ≤ Bad Godesberg und Siebengebirge, ☆ – 📺 🖭 – 🔬 150. 🖭 ⓐ 🐠 𝐕𝐼𝐒𝐀 Z e
Menu (geschl. Sonntagabend - Montag) à la carte 51/63 – **14 Z** ☷ 140/170.

🏠 **Sebastianushof** ⚑, Waldburgstr. 34, ⊠ 53177, ℰ (0228) 9 51 14 00, *hotelsebast ianushof@t-online.de, Fax (0228) 9511450,* ☆ – ☎ ⟵. 🖭 ⓐ 🐠 𝐕𝐼𝐒𝐀
Menu (geschl. Samstag) (wochentags nur Abendessen) à la carte 27/51 – **18 Z** ☷ 95/145 – 155/175. über Winterstr. Z

🏠 **Eden** garni, Am Kurpark 5a, ⊠ 53177, ℰ (0228) 95 72 70, *REZEPTION@EDEN-GODESBERG.DE, Fax (0228) 362494* – 🖻 📺 ☎ 🖭 🖭 ⓐ 🐠 𝐕𝐼𝐒𝐀 𝐉𝐂𝐁 Z b
42 Z ☷ 139/198 – 179/259.

🍴🍴🍴 **Halbedel's Gasthaus**, Rheinallee 47, ⊠ 53173, ℰ (0228) 35 42 53, ⚘ *Fax (0228) 352534,* ☆ – 🖭 🐠 𝐕𝐼𝐒𝐀
geschl. Juli - Aug. 3 Wochen, Montag – **Menu** (nur Abendessen) (Tischbestellung ratsam, bemerkenswerte Weinkarte) à la carte 83/107 Z h
Spez. Steinbutt mit Kartoffelkruste und Kaviarsauce. Taube mit warmem Bohnensalat und Trüffelsauce. Warmer Ziegenkäse mit Kürbiskernen.

🍴 **Schaumburger Hof**, Am Schaumburger Hof 10, ⊠ 53175, ℰ (0228) 9 56 35 29, *Fax (0228) 9563539,* ≤ Rhein, ☆, Biergarten – 🖭 🖭 ⓐ 🐠 𝐕𝐼𝐒𝐀
geschl. 27. Dez. - Anfang Feb., Montag - Dienstag – **Menu** à la carte 50/94.
über Plittersdorfer Str. Z

XX **St. Michael,** Brunnenallee 26, ⊠ 53173, ℰ (0228) 36 47 65, Fax (0228) 361243, ♨
– 🅿. 🕽🕽 𝗩𝗜𝗦𝗔   Z c
geschl. 1. - 10 Jan., Sonntag – **Menu** à la carte 64/78.

XX **Zur Lindenwirtin Aennchen,** Aennchenplatz 2, ⊠ 53173, ℰ (0228) 31 20 51, *mail*
@aennchen.de, Fax (0228) 312061, « Rekonstruiertes, historisches Studentenlokal ;
Gartenterrasse » – 🅰🅴 ⊙ 🕽🕽 𝗩𝗜𝗦𝗔 𝖩𝖢𝖡   Z a
geschl. Samstagmittag, Sonntag – **Menu** à la carte 64/86.

X **Gasthaus K. u. K.** mit Zim, Bürgerstr. 4, ⊠ 53173, ℰ (0228) 36 27 56, *Kaperer@a*
ol.com, Fax (0228) 359593, ♨ – 🕥. 🅰🅴 ⊙ 🕽🕽 𝗩𝗜𝗦𝗔 𝖩𝖢𝖡   Z u
Menu *(geschl. Montag)* à la carte 40/60 – **8 Z** ☲ 120/150 – 150/170.

In Bonn-Bad Godesberg-Lannesdorf *über ② und Drachenburg Str.* Z

XX **Korkeiche,** Lyngsbergstr. 104, ⊠ 53177, ℰ (0228) 34 78 97, Fax (0228) 856844, ♨
– ⊙ 🕽🕽 𝗩𝗜𝗦𝗔
geschl. April 2 Wochen, Okt. 2 Wochen, Sonntag - Montag – **Menu** *(nur Abendessen)* 78
und à la carte 59/70.

In Bonn-Hardtberg *über ⑤ :*

🏨 **Novotel,** Max-Habermann-Str. 2, ⊠ 53123, ℰ (0228) 2 59 90, *h0676@accor-hotels.c*
om, Fax (0228) 250893, ♨, 🏊 (geheizt) – 🛗, ⇔ Zim, 🕥 🕽 🖧 🅿. – 🔏 180. 🅰🅴 ⊙ 🕽🕽
𝗩𝗜𝗦𝗔
Menu à la carte 33/64 – ☲ 23 – **142 Z** 152/172.

In Bonn-Holzlar *über ③ und Konrad-Adenauer-Brücke :*

🏠 **Wald-Café** 🐾, Am Rehsprung 35, ⊠ 53229, ℰ (0228) 97 72 00, *wald-cafe.bonn@t*
-online.de, Fax (0228) 484254, ♨, 🏊, 🐎 – 🕥 ⇔ 🅿. – 🔏 80. 🅰🅴 🕽🕽 𝗩𝗜𝗦𝗔
Menu *(geschl. Montag)* à la carte 39/60 – **25 Z** ☲ 95/105 – 149/169.

In Bonn-Kessenich :

XX **Ristorante Sassella,** Karthäuserplatz 21, ⊠ 53129, ℰ (0228) 53 08 15,
Fax (0228) 239971, ♨ – 🅿. 🅰🅴 ⊙ 🕽🕽 𝗩𝗜𝗦𝗔
geschl. Samstagmittag, Montag **Menu** à la carte 47/67.
                                    über Hausdorffstraße, Pützstraße rechts ab   AX

In Bonn-Lengsdorf :

XX **Raphael's Restaurant,** Provinzialstr. 35, ⊠ 53127, ℰ (0228) 9 25 17 00,
Fax (0228) 9251701, ♨ – 🅿. 🕽🕽 𝗩𝗜𝗦𝗔   über Provinzialstraße   AX
geschl. 1. - 14. Jan., Samstagmittag, Montag – **Menu** à la carte 56/84.

BONNDORF *Baden-Württemberg* 🄰🄸🄹 *W 9 – 6 400 Ew – Höhe 847 m – Luftkurort – Wintersport :*
847/898 m 🎿.
Ausflugsziel : *Wutachschlucht★, Nord : 4 km.*
🛈 *Tourist-Informations-Zentrum, Schloßstr. 1,* ⊠ 79848, ℰ (07703) 76 07, Fax (07703)
7507.
Berlin 773 – Stuttgart 151 – Freiburg im Breisgau 55 – Donaueschingen 25 – Schaff-
hausen 35.

🏨 **Schwarzwald-Hotel,** Rothausstr. 7, ⊠ 79848, ℰ (07703) 4 21, *schwarzwaldhotel*
@t-online.de, Fax (07703) 442, ♨, 🍴, 🏊, 🐎 – 🛗 🕥 🅿. – 🔏 100. 🅰🅴 ⊙ 🕽🕽 𝗩𝗜𝗦𝗔
Menu *(geschl. Ende Nov. - Mitte Dez., Montag - Dienstagmittag)* à la carte 32/69 – **80 Z**
☲ 85/115 – 150/210 – ½ P 35.

🏠 **Sommerau** 🐾, Im Steinatal (West : 9 km ; Richtung Grafenhausen), ⊠ 79848,
ℰ (07703) 6 70, *GasthofSommerau@t-online.de, Fax (07703) 1541,* ♨, 🍴, 🐎, 🐎 –
🛗 ⇔ 🅿. – 🔏 20. 🕽🕽 𝗩𝗜𝗦𝗔
geschl. Anfang Nov. 2 Wochen – **Menu** *(geschl. Montag - Dienstag)* à la carte 38/70 – **12 Z**
☲ 75/85 – 110/130 – ½ P 35.

⌂ **Sonne,** Martinstr. 7, ⊠ 79848, ℰ (07703) 9 39 30, *GasthausSonne@t-online.de,*
Fax (07703) 939320 – 🅿.
geschl. 8. Nov. - 3. Dez. – **Menu** *(geschl. Mittwoch)* à la carte 24/65 ⅃ – **31 Z** ☲ 50/55
– 100/104 – ½ P 17.

In Bonndorf-Holzschlag *Nord-West : 8 km :*

🏠 **Schwarzwaldhof Nicklas,** Bonndorfer Str. 66, ⊠ 79848, ℰ (07653) 8 03, *Hotel.*
Nicklas@t-online.de, Fax (07653) 804, ♨, 🐎 – 🕥 🅿. 🅰🅴 🕽🕽
geschl. Ende Okt. - Anfang Nov. – **Menu** *(geschl. Dienstag)* (Tischbestellung ratsam) à la
carte 32/62 – **12 Z** ☲ 57/65 – 98/130 – ½ P 30.

BOPFINGEN Baden-Württemberg 419 420 T 15 – 12 000 Ew – Höhe 470 m.
Berlin 526 – Stuttgart 102 – Augsburg 84 – Nürnberg 104 – Ulm (Donau) 77.

🏠 **Zum Sonnenwirt**, Hauptstr. 20 (am Markt), ✉ 73441, ℰ (07362) 9 60 60,
Fax (07362) 960640, 🏡 – 📺 🅿 – 🕍 120. ◑ ◑ ⓦ ⓥⓘⓢⓐ
Menu (geschl. Ende Juli - Anfang Sept.) à la carte 44/62 – **Wirtshaus : Menu** à la carte
37/52 – **18 Z** 🗅 80/100 – 120.

BOPPARD Rheinland-Pfalz 417 P 6 – 16 500 Ew – Höhe 70 m.
Sehenswert : Gedeonseck ≤★.
🛈 Tourist Information, Marktplatz (Altes Rathaus), ✉ 56154, ℰ (06742) 38 88, Fax
(06742) 81402.
Berlin 612 – Mainz 89 – Koblenz 21 – Bingen 42.

🏛 **Bellevue**, Rheinallee 41, ✉ 56154, ℰ (06742) 10 20, info@bellevuebestwestern.de,
Fax (06742) 102602, ≤, 🏡, Massage, ≦s, 🔲 – 🛗, ↦ Zim, 🖳 Rest, 📺 📞 ⇌ – 🕍 100.
◑ ◑ ⓦ ⓥⓘⓢⓐ 🐾 Rest
Menu (Montag - Freitag nur Abendessen) à la carte 55/78 – 🗅 19 – **95 Z** 138/158 –
186/256 – ½ P 35.

🏠 **Rheinvilla**, Rheinallee 51, ✉ 56154, ℰ (06742) 80 51 51, info@rheinvilla.de,
Fax (06742) 805152, ≤, 🏡, « Jugendstilvilla a.d. 19.Jh. ; Terrasse » – 📺 ◑ ◑ ⓦ ⓥⓘⓢⓐ.
🐾 Rest
Menu (geschl. Feb.) (Nov.- April nur Abendessen) à la carte 43/65 – **12 Z** 🗅 70/98 –
110/150 – ½ P 30.

🏠 **Günther** garni, Rheinallee 40, ✉ 56154, ℰ (06742) 8 90 90, info@hotelguenther.de,
Fax (06742) 890950, ≤ – 🛗 📺 ◑ ◑ ⓦ ⓥⓘⓢⓐ ⓙⓒⓑ. 🐾
geschl. Mitte Nov. - Anfang Jan. – **19 Z** 🗅 84/128 – 112/168.

In Boppard-Buchholz West : 6,5 km – Höhe 406 m :

🏠 **Tannenheim**, Bahnhof Buchholz 3 (B 327), ✉ 56154, ℰ (06742) 22 81,
Fax (06742) 2432, 🏡, 🐾 – 📺 ⇌ 🅿. 🐾
Menu (geschl. Jan., 16. - 30. Juli, Samstagmittag, Donnerstag, Sonn - und Feiertage abends)
à la carte 32/73 🍷 – **14 Z** 🗅 60/72 – 102/125 – ½ P 20.

In Boppard-Hirzenach Süd : 8 km :

🍴 **Gasthaus Hirsch** mit Zim, Rheinstr. 17, ✉ 56154, ℰ (06741) 26 01, Fax (06741) 1328,
🏡 – ◑ ◑ ⓦ ⓥⓘⓢⓐ. 🐾
geschl. nach Ostern 2 Wochen, 15. - 25. Nov. – **Menu** (geschl. Montag - Dienstag) (wochentags nur Abendessen) (Tischbestellung ratsam) 42 und à la carte 48/69 – **5 Z** 🗅 75 –
105/125.

In Boppard-Bad Salzig Süd : 3 km – Mineralheilbad :

🌳 **Berghotel Rheinpracht** 🐾, Am Kurpark, ✉ 56154, ℰ (06742) 62 79,
Fax (06742) 6279, ≤, 🏡, ⇌ 🅿.
Mitte März - Mitte Okt. – **Menu** (geschl. Dienstag) à la carte 25/43 🍷 – **11 Z** 🗅 48/60 –
80/104 – ½ P 13.

Außerhalb Nord : 12 km über die B 9 bis Spay, dann links, Auffahrt Jakobsberg :

🏛 **Golfhotel Jakobsberg** 🐾, Im Tal der Loreley – Höhe 248 m, ✉ 56154 Boppard,
ℰ (06742) 80 80, info@jakobsberg.de, Fax (06742) 3069, ≤, 🏡, Massage, ⚓, ₰, ≦s,
🔲, 🏡, 🎾 (Halle), 🏀 – 🛗, ↦ Zim, 📺 📞 🅿 – 🕍 120. ◑ ◑ ⓦ ⓥⓘⓢⓐ ⓙⓒⓑ.
🐾 Rest
Menu (Tischbestellung ratsam) à la carte 46/94 – **108 Z** 🗅 185/199 – 265/289, 6 Suiten
– ½ P 44.

BORCHEN Nordrhein-Westfalen siehe Paderborn.

BORGHOLZHAUSEN Nordrhein-Westfalen 417 J 8 – 8 000 Ew – Höhe 133 m.
Berlin 402 – Düsseldorf 185 – Bielefeld 25 – Münster (Westfalen) 57 – Osnabrück 35.

In Borgholzhausen-Winkelshütten Nord : 3 km Richtung Melle :

🏠 **Landhaus Uffmann**, Meller Str. 27, ✉ 33829, ℰ (05425) 9 48 90, LandhausUffma
nn@t-online.de, Fax (05425) 255, 🏡, ≦s, 🎾 – 📺 🅿 – 🕍 80. ◑ ◑ ⓦ
ⓥⓘⓢⓐ
Menu (geschl. Montagmittag) à la carte 34/74 – **34 Z** 🗅 105/135 – 155/175.

BORKEN Nordrhein-Westfalen 👤👤👤 K 4 – 40 000 Ew – Höhe 46 m.

🔢 *Verkehrsamt, Bahnhofstr. 22 (im Bahnhof),* ⊠ 46325, 𝒫 (02861) 93 92 52, Fax (02861) 66792.

Berlin 537 – Düsseldorf 83 – Bocholt 18 – Enschede 57 – Münster (Westfalen) 64.

🏨 **Lindenhof,** Raesfelder Str. 2, ⊠ 46325, 𝒫 (02861) 92 50, *lindenhof-borken@t-onlin e.de,* Fax (02861) 63430 – 📶 📺 ℗. – 🛏 100. ⚙ ① ⑩ 🆅🆂🅰. 🍴 Rest
Menu à la carte 45/75 – **57 Z** 🛏 115/130 – 160/190.

In Borken-Gemen *Nord : 1 km :*

🏨 **Demming,** Neustr. 15, ⊠ 46325, 𝒫 (02861) 6 20 99, *HotelDemming@gemen-online. de,* Fax (02861) 66242, Biergarten – 🍴⟵ Zim, 📺 ℗. – 🛏 100. ⑩ 🆅🆂🅰
Menu *(wochentags nur Abendessen)* à la carte 27/53 – **17 Z** 🛏 75/140.

In Borken-Rhedebrügge *West : 6 km :*

🍴🍴 **Landhaus Grüneklee** mit Zim, Rhedebrügger Str. 16, ⊠ 46325, 𝒫 (02872) 18 18, Fax (02872) 2716, « Einrichtung im westfälischen Bauernstil ; Gartenterrasse » – 📺 ⟵ ℗. ⚙ ⑩ 🆅🆂🅰
geschl. Jan. 2 Wochen, Okt. 2 Wochen – **Menu** *(geschl. Montag - Dienstag) (wochentags nur Abendessen)* à la carte 47/79 – **5 Z** 🛏 60/120.

In Borken-Weseke *Nord : 6 km :*

🍴🍴 **Landhaus Lindenbusch** mit Zim, Hauptstr. 29, ⊠ 46325, 𝒫 (02862) 91 20, *Landh ausLindenbusch@t-online.de,* Fax (02862) 41155, 🌳 – 📺 ℗. ⚙ ⑩ 🆅🆂🅰 🅹🅲🅱
geschl. nach Karneval 2 Wochen – **Menu** *(wochentags nur Abendessen)* à la carte 37/56 – **9 Z** 🛏 68 – 98/108.

BORKUM (Insel) Niedersachsen 👤👤👤 F 4 – 6 000 Ew – Seeheilbad – Größte Insel der Ostfrie-sischen Inselgruppe.

🚢 *von Emden-Außenhafen (ca. 2h 30min) - PKW Voranmeldung erforderlich,* 𝒫 (0180) 5 02 43 67, Fax (04921) 890742.

🔢 *Tourist-Information, Am Georg-Schütte-Platz 5,* ⊠ 26757, 𝒫 (04922) 93 30, Fax (04922) 933104.

ab Fährhafen Emden : Berlin 523 – Hannover 253 – Emden 50.

🏨 **Inselhotel VierJahresZeiten** 🅼 🌳, Am Georg-Schütte-Platz 4, ⊠ 26757, 𝒫 (04922) 92 00, *info@inselhotel.de,* Fax (04922) 920420, 🌳, Massage, 🆘, 🏊 (geheizt), 🌳 – 📶, ⟵ Zim, 📺 📞 ℗. 🆅🆂🅰. 🍴 Rest
Menu à la carte 46/67 – **65 Z** 🛏 150/205 – 310 – ½ P 36.

🏨 **Nautic-Hotel Upstalsboom** 🌳, Goethestr. 18, ⊠ 26757, 𝒫 (04922) 30 40, *naut ic-hotel@upstalsboom.de,* Fax (04922) 304911, Massage, 🔥, 🆘 – 📶 📺 🏋 ℗. – 🛏 40. ⚙ ① ⑩ 🆅🆂🅰. 🍴
Menu *(geschl. 7. Jan. - 4. Feb., 26. Nov. - 26. Dez.)* (Restaurant nur für Hausgäste) – **73 Z** 🛏 150/205 – 250/280, 13 Suiten – ½ P 30.

🏨 **Seehotel Upstalsboom** 🌳, Viktoriastr. 2, ⊠ 26757, 𝒫 (04922) 91 50, *SEEHOTEL-@UPSTALSBOOM.DE,* Fax (04922) 7173 – 📶 ⟵ 📺 📞. ⚙ ① ⑩ 🆅🆂🅰. 🍴 Rest
geschl. Mitte Nov. - Mitte Feb. – **Menu** (Restaurant nur für Hausgäste) – **39 Z** 🛏 141/163 – 236/266 – ½ P 32.

🏨 **Strandhotel VierJahresZeiten** 🌳, Bismarckstr. 40, ⊠ 26757, 𝒫 (04922) 92 20, *info@strandhotel.de,* Fax (04922) 4189, 🌳, 🆘, 🏊 – 📶 📺
Menu (nur Abendessen) à la carte 45/69 – **60 Z** 🛏 125/190 – 240/350 – ½ P 36.

🏨 **Nordsee-Hotel** 🌳, Bubertstr. 9, ⊠ 26757, 𝒫 (04922) 30 80, *nordseehotel@t-onli ne.de,* Fax (04922) 308113, ≤, Massage, 🔥, 🔥, 🆘, 🏊 – 📶 📺 ℗. – 🛏 30. ⚙ ① ⑩ 🆅🆂🅰. 🍴 Rest
geschl. 9. Jan. - 20. Feb., 24. Nov. - 26. Dez. – **Menu** (Restaurant nur für Hausgäste) – **89 Z** 🛏 105/220 – 230/400, 7 Suiten – ½ P 44.

BORN A. DARSS Mecklenburg-Vorpommern 👤👤👤 C 21 – 1 500 Ew – Höhe 3 m.

🔢 *Kur-und Tourist GmbH, Chausseestr. 75,* ⊠ 18375, 𝒫 (038234) 5 04 21, Fax (038234) 50426.

Berlin 268 – Schwerin 147 – Rostock 55 – Stralsund 59.

BORNA Sachsen 👤👤👤 M 21 – 20 000 Ew – Höhe 150 m.

Berlin 213 – Dresden 105 – Leipzig 29 – Chemnitz 52.

🏨 **Drei Rosen,** Bahnhofstr. 67, ⊠ 04552, 𝒫 (03433) 20 44 96, Fax (03433) 204498, Bier-garten, 🆘 – 📺 ℗. – 🛏 15. ⚙ ① ⑩ 🆅🆂🅰
Menu *(geschl. Sonntagabend)* à la carte 27/55 – **19 Z** 🛏 85/105 – 130.

BORNHEIM Nordrhein-Westfalen 🔢🔢🔢 N 4 – 35 000 Ew – Höhe 55 m.

Berlin 601 – Düsseldorf 71 – *Bonn 11* – Aachen 86 – Köln 21.

🏨 **Bonnem Inn** garni, Kalkstr. 4, ✉ 53332, 𝓔 (02222) 9 40 50, *info@ bonnem-inn.de*,
Fax (02222) 940529 – 🔲 ⬛ 🅿 ⚫🔴 **VISA**
17 Z ⌐ 95/140 – 130/270.

In Bornheim-Waldorf West : 2 km :

🏨 **Zum Dorfbrunnen,** Schmiedegasse 36, ✉ 53332, 𝓔 (02227) 8 80, *Dorfbrunnen@ t
-online.de*, Fax (02227) 88222 – 🔳 🔲 🅿 – 🔼 30. 🅰🅴 ⚫🔴 **VISA**
geschl. Jan. 1 Woche – **Menu** à la carte 33/60 – **32 Z** ⌐ 130/150 – 180.

BORNHEIM Rheinland-Pfalz siehe Landau in der Pfalz.

BOSAU Schleswig-Holstein 🔢🔢🔢 🔢🔢🔢 D 15 – 800 Ew – Höhe 25 m – Luftkurort.

🛳 *Bosau-Thürk (Ost : 5 km), 𝓔 (04527) 16 48 ;* 🛳 *Bösdorf-Gut Waldshagen (Nord-Ost :
5 km) 𝓔 (04522) 76 67 66.*

🔰 *Kurverwaltung, Bischof-Vicelin-Damm 11, ✉ 23715, 𝓔 (04527) 9 70 44, Fax (04527)
97045.*

Berlin 315 – *Kiel 45* – Lübeck 37 – Eutin 16.

🏨 **Strauers Hotel am See** 🔲, Gerolddamm 2, ✉ 23715, 𝓔 (04527) 99 40,
HOTEL@ STRAUER.DE, Fax (04527) 994111, ≤, 🌲, « Lage am See », Massage, 🔼, 🏊,
🔲 , 🏖, 🚣 Bootssteg – 🔲 ⬛ 🅿
geschl. 5. Jan. - Feb. – **Menu** *(geschl. Montagabend)* à la carte 46/82 – **30 Z** ⌐ 132/162
– 204/248, 7 Suiten – ½ P 30.

🏨 **Zum Frohsinn** 🔲 (mit Gästehaus), Bischof-Vicelin-Damm 18, ✉ 23715, 𝓔 (04527)
2 69, Fax (04527) 1703, 🚣 Bootssteg – 🔲 ⬛ 🅿
geschl. Mitte Nov. - Feb. – **Menu** *(geschl. Dienstag)* à la carte 27/54 – **30 Z** ⌐ 66/71 –
112/124 – ½ P 15.

BOTHEL Niedersachsen siehe Rotenburg (Wümme).

BOTTROP Nordrhein-Westfalen 🔢🔢🔢 L 4 – 121 300 Ew – Höhe 30 m.

Sehenswert : Museum für Ur- und Ortsgeschichte (Eiszeithalle★).

Ausflugsziel : Warner Brothers Movie World★ *(Museum für deutsche Filmgeschichte★)*
Bottrop-Kirchhellen Nord-West : 9 km.

🛳 *Bottrop-Kirchhellen (Nord : 14 km), 𝓔 (02045) 8 24 88.*

🔰 *Stadtinfobüro, Osterfelder Str. 13, ✉ 46236, 𝓔 (02041) 26 54 64, Fax (02041)
265467.*

ADAC, Schützenstr. 3.

Berlin 530 – *Düsseldorf 44* – Essen 11 – Oberhausen 8,5.

🏨 **Courtyard by Marriott,** Paßstr. 6, ✉ 46236, 𝓔 (02041) 16 80, Fax (02041) 262600,
🌲, 🏖 – 🔳, 🔲 Zim, 🔲 🔲 ⬛ 🅿 – 🔼 100. 🅰🅴 ⓞ ⚫🔴 **VISA** **JCB**
Menu à la carte 42/68 – ⌐ 23 – **102 Z** 158/178.

🏨 **Brauhaus** garni, Gladbecker Str. 78, ✉ 46236, 𝓔 (02041) 2 48 90, Fax (02041) 24893
– 🔲 🅿 🅰🅴 ⚫🔴 **VISA**
25 Z ⌐ 130/170.

In Bottrop-Kirchhellen Nord-West : 9 km über die B 223 :

🍴 **Petit marché,** Hauptstr. 16, ✉ 46244, 𝓔 (02045) 32 31, Fax (02045) 3231 – 🅰🅴 ⚫🔴
geschl. 9. - 23. Juli, Samstagmittag, Sonntag – **Menu** à la carte 48/81.

In Bottrop-Kirchhellen-Feldhausen Nord : 14 km über die B 223 :

🏨 **Landhaus Berger** garni, Marienstr. 5, ✉ 46244, 𝓔 (02045) 30 61, Fax (02045) 81297
– 🔲 🔲 ⬛ 🅿 🅰🅴 ⚫🔴 **VISA**
geschl. 21. Dez. - 3. Jan. – **11 Z** ⌐ 85/105 – 120/140.

🍴 **Gasthof Berger** mit Zim, Schloßgasse 35, ✉ 46244, 𝓔 (02045) 26 68, 🌲 – 🔲 🅿
ⓞ ⚫🔴 **VISA**
geschl. Juli - Aug. 4 Wochen – **Menu** *(geschl. Montag)* à la carte 25/73 – **5 Z**
⌐ 70/130.

BOXDORF Sachsen siehe Dresden.

BRACKENHEIM *Baden-Württemberg* 🔢 *S 11 – 14 000 Ew – Höhe 192 m.*
Berlin 604 – Stuttgart 41 – Heilbronn 15 – Karlsruhe 58.

🏨 **Zum alten Bandhaus,** Bandhausstr. 2, ✉ 74336, ℰ (07135) 9 82 50,
Fax (07135) 982526, 🌐 – 📶 📺 📞 ⟵ 🅿 – 🔏 25. 🆎 🌐 𝚅𝙸𝚂𝙰
Menu *(geschl. Jan., Montag)* à la carte 32/58 – **10 Z** ⊐ 120/130 – 170/180.

In Brackenheim-Botenheim *Süd : 1,5 km :*

🏨 **Adler,** Hindenburgstr. 4, ✉ 74336, ℰ (07135) 9 81 10, Fax (07135) 981120, 🌐 –
↤ Zim, 📺 📞 🅿 – 🔏 15. 🌐 𝚅𝙸𝚂𝙰
geschl. 8. - 30. Aug. – **Menu** *(geschl. Dienstag)* à la carte 52/74 – **15 Z** ⊐ 95/160.

In Brackenheim-Dürrenzimmern *Nord-Ost : 1,5 km :*

🍴 **Zum Lamm,** Mönchbergstr. 52, ✉ 74336, ℰ (07135) 53 90, Fax (07135) 965329
geschl. Fastnacht 1 Woche, Aug. 3 Wochen, Mittwoch – **Menu** à la carte 37/65.

BRÄUNLINGEN *Baden-Württemberg* 🔢 *W 9 – 6 100 Ew – Höhe 693 m – Erholungsort.*
🛈 *Städt. Verkehrsamt, Kirchstr. 10, ✉ 78199, ℰ (0771) 6 19 00, Fax (0771) 603169.*
*Berlin 754 – Stuttgart 132 – Freiburg im Breisgau 62 – Donaueschingen 6,5 – Schaff-
hausen 41.*

🏨 **Lindenhof** (mit Gästehaus), Zähringer Str. 24, ✉ 78199, ℰ (0771) 92 90 50,
Fax (0771) 6723, 🌐 – 📶 📺 ⟵ 🅿 – 🔏 100. 🆎 🌐 𝚅𝙸𝚂𝙰
Menu *(geschl. 2.- 18. März, Freitag)* à la carte 27/61 🍴 – **47 Z** ⊐ 70/85 – 110.

BRÄUNSDORF *Sachsen siehe Freiberg.*

BRAKE *Niedersachsen* 🔢 *F 9 – 16 100 Ew – Höhe 4 m.*
Berlin 445 – Hannover 178 – Bremen 59 – Oldenburg 31.

🏨 **Wilkens-Hotel Haus Linne,** Mitteldeichstr. 51, ✉ 26919, ℰ (04401) 53 57,
Fax (04401) 4828, ◁, 🌐 – 📺 𝚅𝙸𝚂𝙰 ↤ Zim
Menu *(geschl. Samstagmittag)* à la carte 45/63 – **12 Z** ⊐ 95/98 – 140/150.

🏨 **Landhaus,** Am Stadion 4 (Zufahrt Weserstraße), ✉ 26919, ℰ (04401) 50 11,
Fax (04401) 5011, 🌐 – 📺 🅿 🆎 ⓞ 🌐 𝚅𝙸𝚂𝙰
Menu *(geschl. Sonntagabend - Dienstagmittag)* à la carte 32/58 – **12 Z** ⊐ 84/120 –
120/140.

BRAKEL *Nordrhein-Westfalen* 🔢 *K 11 – 18 000 Ew – Höhe 141 m – Luftkurort.*
🛈 *Tourist Information, Am Markt 5, ✉ 33034, ℰ (05272) 36 02 69, Fax (05272) 355356.*
Berlin 382 – Düsseldorf 206 – Hannover 107 – Kassel 76 – Paderborn 36 – Detmold 43.

🏨 **Am Kaiserbrunnen** 🌿, Brunnenallee 79, ✉ 33034, ℰ (05272) 60 50, info@Kaise
rbrunnen.de, Fax (05272) 605111, 🌐, ☎ – 📶, ↤ Zim, 📺 📞 🅿 – 🔏 120. 🆎 ⓞ 🌐
𝚅𝙸𝚂𝙰
Menu à la carte 33/62 – **66 Z** ⊐ 120/150 – 185 – ½ P 30.

BRAMSCHE *Niedersachsen* 🔢 *I 7 – 28 500 Ew – Höhe 46 m.*
Berlin 440 – Hannover 167 – Bielefeld 81 – Nordhorn 90 – Lingen 56 – Osnabrück 16.

🏨 **Idingshof** 🌿, Bührener Esch 1 (Ecke Malgartener Str.), ✉ 49565, ℰ (05461) 88 90,
IDINGSHOF@aol.com, Fax (05461) 88964, 🌐, ☎, 🌐, 🏊(Halle) – 📶, ↤ Zim, 📺 🅿 –
🔏 100. 🆎 ⓞ 🌐 𝚅𝙸𝚂𝙰
Menu à la carte 41/80 – **75 Z** ⊐ 125/190 – ½ P 30.

In Bramsche-Hesepe *Nord : 2,5 km :*

🏨 **Haus Surendorff,** Dinklingsweg 1, ✉ 49565, ℰ (05461) 9 30 20, Hotel.Haus.Surend
orff@t-online.de, Fax (05461) 930228, ☎, 🖼, 🌿 – 📺 📞 🅿 – 🔏 30. 🆎 ⓞ
🌐 𝚅𝙸𝚂𝙰
Menu *(geschl. Ende Juli - Anfang Aug. 2 Wochen)* à la carte 32/70 – **32 Z**
⊐ 125/175.

In Bramsche-Malgarten *Nord-Ost : 6 km :*

🍴 **Landhaus Hellmich** mit Zim, Sögelner Allee 47, ✉ 49565, ℰ (05461) 38 41,
Fax (05461) 64025, 🌐 – 🅿 🆎 ⓞ 🌐 𝚅𝙸𝚂𝙰
Menu *(geschl. Montag - Dienstagmittag)* à la carte 51/90 – **8 Z** ⊐ 75/85 – 100/140.

BRAMSTEDT, BAD Schleswig-Holstein  E 13 – 12 000 Ew – Höhe 10 m – Heilbad.
 Bad Bramstedt, Ochsenweg 36, ℰ (04192) 89 75 15.
 Tourismusbüro, Rathaus, Bleeck 17, ⊠ 24576, ℰ (04192) 5 06 27, Fax (04192) 50680.
Berlin 329 – Kiel 58 – Hamburg 49 – Itzehoe 27 – Lübeck 60.

Gutsmann ⌖, Birkenweg 14, ⊠ 24576, ℰ (04192) 50 80, info@gutsmann.de, Fax (04192) 508159, « Gartenterrasse », ≘s, ☒, ☞ – |§|, ⇔ Zim, ⅏ & ℙ – 益 200. 歴 ⓪ ⓦ 娷
Menu à la carte 45/74 – **137 Z** ⊇ 180/220 – 210/250, 4 Suiten – ½ P 25.

Zur Post, Bleeck 29, ⊠ 24576, ℰ (04192) 5 00 60, Fax (04192) 500680, ≋ – |§|. ⇔ Zim, ⅏ ⇐ ℙ – 益 80. 歴 ⓪ ⓦ 娷
Menu à la carte 42/85 – **33 Z** ⊇ 110/132 – 165/200 – ½ P 30.

Bramstedter Wappen, Bleeck 9, ⊠ 24576, ℰ (04192) 33 54, Fax (04192) 3354, ≋ – ℙ
geschl. Donnerstagabend - Freitag – **Menu** à la carte 32/57.

BRAND-ERBISDORF Sachsen  N 23 – 10 000 Ew – Höhe 390 m.
Berlin 234 – Dresden 55 – Chemnitz 40 – Freiberg 6.

Strupix, Großhartmannsdorfer Str. 6 (B 101), ⊠ 09618, ℰ (037322) 87 00, Fax (037322) 87020 – |§|, ⅏ ⅋ & ℙ, 歴 ⓦ 娷 ⅍ Rest
Menu (nur Abendessen) (Restaurant nur für Hausgäste) 19/42 und à la carte – **16 Z** ⊇ 89/105 – 135/150.

Brander Hof, Am Markt 4 (B 101), ⊠ 09618, ℰ (037322) 5 50, Fax (037322) 55100, ≋ – |§|, ⇔ Zim, ☰ ⅏ ⅋ & ℙ – 益 50. 歴 ⓪ ⓦ 娷
Menu à la carte 25/55 – **38 Z** ⊇ 95/115 – 130/160.

BRANDENBURG Brandenburg  I 21 – 90 000 Ew – Höhe 35 m.
Sehenswert : Dom ★ – St. Katharinenkirche★.
Ausflugsziel : Klosterkirche Lehnin ★ (Süd-Ost : 20 km).
 Brandenburg-Information, Hauptstr. 51, ⊠ 14776, ℰ (03381) 22 37 43, Fax (03381) 223743.
ADAC, Ritterstr. 102.
Berlin 84 – Cottbus 178 – Dessau 82 – Magdeburg 83.

Axxon M, Magdeburger Landstr. 228, ⊠ 14770, ℰ (03381) 32 10, info@axxon-hotel.de, Fax (03381) 321111, ≋, ≘s – |§|, ⇔ Zim, ⅏ ⅋ ⇐ ℙ – 益 100. 歴 ⓪ ⓦ 娷
Menu (italienische Küche) à la carte 34/64 – **84 Z** ⊇ 123/156.

Sorat M, Altstädtischer Markt 1, ⊠ 14770, ℰ (03381) 59 70, brandenburg@SORAT-Hotels.com, Fax (03381) 597444, ≋, ≘s – |§|, ⇔ Zim, ☰ Zim, ⅏ ⅋ & ⇐ – 益 40. 歴 ⓪ ⓦ 娷 ⋐
Menu (geschl. Sonntagabend) à la carte 39/60 – **88 Z** ⊇ 230/260.

Am St.Gotthardt, Mühlentorstr. 56, ⊠ 14770, ℰ (03381) 5 29 00, Fax (03381) 529030, ≋ – ⇔ Zim, ⅏. ⅍
Menu à la carte 28/45 – **11 Z** ⊇ 80/110 – 130/150.

Bismarck Terrassen, Bergstr. 20, ⊠ 14770, ℰ (03381) 30 09 39, Fax (03381) 300950, ≋ – 歴 ⓪ ⓦ 娷
Menu à la carte 30/54.

Am Beetzsee Nord : 5 km :

Park Hotel Seehof ⌖, ⊠ 14778 Brielow, ℰ (03381) 75 00, parkhotel-seehof@t-online.de, Fax (03381) 702910, ≋, Biergarten, « Lage am Beetzsee », ≘s, 🛦₆, ☞ – |§|, ⇔ Zim, ⅏ & ℙ – 益 90. 歴 ⓪ ⓦ 娷
Menu à la carte 32/61 – **91 Z** ⊇ 135/165 – 165/195.

In Götz Ost : 10 km :

Garni Götz M, Ringstr. 7, ⊠ 14778, ℰ (033207) 6 90 00, Fax (033207) 69100 – ⇔ ⅏ & ℙ – 益 15. ⓦ 娷
geschl. 23. Dez. - 3. Jan. – **39 Z** ⊇ 95/105 – 145/165.

In Netzen Süd-Ost : 14 km :

Seehof ⌖, Am Netzener See, ⊠ 14797, ℰ (03382) 76 70, Fax (03382) 842, ≋, « Idyllische Lage am See », ☞ – ⇔ Zim, ⅏ ⅋ ℙ – 益 40. ⓦ 娷
Menu à la carte 28/60 – **32 Z** ⊇ 130/170.

BRANDIS *Sachsen* 418 *L 21 – 6 100 Ew – Höhe 160 m.*
Berlin 187 – Magdeburg 129 – Leipzig 21 – Gera 55.

Parkhotel, Bahnhofstr. 22, ✉ 04821, ☎ (034292) 8 80, *parkhotel@tanit.de, Fax (034292) 88299* – |♦|, ⇆ Zim, TV ☎ P – 🛋 35. AE MC VISA
Menu à la carte 28/44 – **60 Z** ☐ 105/155.

BRANNENBURG *Bayern* 420 *W 20 – 5 400 Ew – Höhe 509 m – Luftkurort – Wintersport : 1*
Ausflugsziel : Wendelsteingipfel ☼★★ (mit Zahnradbahn, 25 Min.).
Verkehrsamt, Rosenheimer Str. 5, ✉ 83098, ☎ (08034) 45 15, Fax (08034) 9581.
Berlin 660 – München 72 – Bad Reichenhall 83 – Rosenheim 17 – Miesbach 72.

Schloßwirt, Kirchplatz 1, ✉ 83098, ☎ (08034) 23 65, *post@schlosswirt.de, Fax (08034) 7187,* , Biergarten – P. Rest
Menu *(geschl. 28. März - 6. April, 14. Nov. - 7. Dez., Dienstag, Mitte Sept. - April Montag - Dienstag)* à la carte 24/42 – **16 Z** ☐ 65/80 – 110/125 – ½ P 20.

Zur Post, Sudelfeldstr. 20, ✉ 83098, ☎ (08034) 9 06 70, *Fax (08034) 1864,* , , – TV P – 🛋 60
Menu *(geschl. 10. Jan. - 2. Feb., Mittwoch)* à la carte 24/47 – **35 Z** ☐ 75/85 – 115/160 – ½ P 20.

Alte Weinlaube, Rosenheimer Str. 60, ✉ 83098, ☎ (08034) 41 24, *Fax (08034) 4124,*
geschl. Anfang Jan. 1 Woche, Sept. 2 Wochen, Montag – **Menu** *(nur Abendessen)* à la carte 36/68.

Wenn Sie ein ruhiges Hotel suchen,
benutzen Sie die Übersichtskarte in der Einleitung
oder wählen Sie im Text ein Hotel mit dem Zeichen bzw. .

BRAUBACH *Rheinland-Pfalz* 417 *P 6 – 3 800 Ew – Höhe 71 m.*
Ausflugsziel : Lage★★ der Marksburg★ Süd : 2 km.
Tourist-Information, Rathausstr. 8, ✉ 56338, ☎ (02627) 97 60 01, Fax (02627) 976005.
Berlin 600 – Mainz 87 – Koblenz 13.

Zum weißen Schwanen (mit Gästehaus), Brunnenstr. 4, ✉ 56338, ☎ (02627) 98 20, *zum-weissen.schwanen-@rz-online.de, Fax (02627) 8802,* , « Weinhaus a.d. 17.Jh. und Mühle a.d.J. 1341 », – ⇆ Zim, TV P – 🛋 30. MC VISA JCB
Menu *(geschl. Juli - Aug. 3 Wochen, Mittwoch) (wochentags nur Abendessen)* (Tischbestellung ratsam) à la carte 51/74 – **18 Z** ☐ 90/110 – 140/180.

BRAUNEBERG *Rheinland-Pfalz* 417 *Q 4 – 1 200 Ew – Höhe 111 m.*
Berlin 683 – Mainz 123 – Trier 47 – Bernkastel-Kues 10 – Wittlich 18.

Brauneberger Hof, Moselweinstr. 136, ✉ 54472, ☎ (06534) 14 00, *brauneberger-hof@t-online.de, Fax (06534) 1401,* , « Fachwerkhaus a.d.18.Jh. », – P. MC VISA
geschl. Mitte Jan. - Mitte Feb. – **Menu** *(geschl. Donnerstag) (wochentags nur Abendessen)* à la carte 38/65 – **15 Z** ☐ 90/120 – 110/180.

BRAUNFELS *Hessen* 417 *O 9 – 11 400 Ew – Höhe 236 m – Luftkurort.*
Braunfels, Homburger Hof (West : 1 km), ☎ (06442) 45 30.
Kur-GmbH, Fürst-Ferdinand-Str. 4 (Haus des Gastes), ✉ 35619, ☎ (06442) 9 34 40, Fax (06442) 934422.
Berlin 518 – Wiesbaden 84 – Frankfurt am Main 77 – Gießen 28.

Altes Amtsgericht, Gerichtsstr. 2, ✉ 35619, ☎ (06442) 9 34 80, *restaurant.bergmann@t-online.de, Fax (06442) 934811,* , « Ehem. Gerichtsgebäude, modern-elegante Einrichtung », – |♦| TV ☎ P – 🛋 60. AE MC VISA
geschl. Jan. – **Menu** *(geschl. Sonntag) (nur Abendessen)* à la carte 63/85 – **22 Z** ☐ 140/160 – 195/285 – ½ P 35.

Schloß Hotel, Hubertusstr. 2, ✉ 35619, ☎ (06442) 30 50, *schloss-hotel@braunfels.de, Fax (06442) 305222,* – TV P – 🛋 30. AE MC VISA
geschl. Weihnachten - Mitte Jan. – **Menu** *(nur Abendessen)* (Restaurant nur für Hausgäste) – **35 Z** ☐ 120/140 – 155/195 – ½ P 30.

BRAUNLAGE Niedersachsen 408 K 15 – 5 100 Ew – Höhe 565 m – Heilklimatischer Kurort – Wintersport : 560/965 m 🚠1 🚡3 🎿.

🛄 Kurverwaltung Braunlage, Elbingeroder Str. 17, ✉ 38700, 𝒸 (05520) 9 30 70, Fax (05520) 930720.

🛄 Kurverwaltung Hohegeiss, Kirchstr. 15 a, ✉ 38700, 𝒸 (05583) 2 41, Fax (05583) 1235.

Berlin 252 – Hannover 119 – Braunschweig 69 – Göttingen 67 – Goslar 33.

🏨 **Maritim Berghotel** ≶, Pfaffenstieg, ✉ 38700, 𝒸 (05520) 80 50, info.brl.@Mariti m.de, Fax (05520) 3620, ≤, Massage, ♨, 𝑓ₛ, ≘ₛ, ⊒ , ⊠ , ⿻, ⿻ – ⌷, ⿻ Zim, 📺 ⿻
🚗 🅿 – ⿻ 420. 🝙 ⓪ ⓶ 𝘝𝘐𝘚𝘈
Menu à la carte 43/75 – **309 Z** ⧠ 175/215 – 298/404, 8 Suiten – ½ P 43.

🏨 **relaxa hotel Harz-Wald** Ⓜ ≶, Karl-Röhrig-Str. 5a, ✉ 38700, 𝒸 (05520) 80 70, braunlage@relaxa-hotel.de, Fax (05520) 807444, ⿻, 𝑓ₛ, ≘ₛ, ⊠ , ⿻ – ⌷, ⿻ Zim, 📺
⿻ 🅿 🚗 – ⿻ 150. 🝙 ⓪ ⓶ 𝘝𝘐𝘚𝘈 𝘑𝘊𝘉. ⿻ Rest
Menu à la carte 35/67 – **120 Z** ⧠ 135/190 – 195/265 – ½ P 30.

🏨 **Romantik Hotel Zur Tanne,** Herzog-Wilhelm-Str. 8, ✉ 38700, 𝒸 (05520) 9 31 20, zur-Tanne@romantik.de, Fax (05520) 3992, « Geschmackvoll-behagliche Einrichtung » – ⿻ Zim, 📺 🚗 🅿 – ⿻ 15. 🝙 ⓪ ⓶
Menu (Tischbestellung ratsam) à la carte 38/86 – **22 Z** ⧠ 105/190 – 220/290 – ½ P 38.

🏠 **Landhaus Foresta** ≶, Am Jermerstein 1, ✉ 38700, 𝒸 (05520) 9 32 20, Landhau s-Foresta@t-online.de, Fax (05520) 932213, ≘ₛ, ⿻ – 📺 🅿
Menu (geschl. Montag) (nur Abendessen) à la carte 33/48 – **26 Z** ⧠ 80/120 – 140/160 – ½ P 23.

🏠 **Hasselhof** ≶ garni, Schützenstr. 6, ✉ 38700, 𝒸 (05520) 30 41, Fax (05520) 1442, 𝑓ₛ, ⊠ , ⿻ – ⿻ 📺 🅿 🝙 ⓪ ⓶ 𝘝𝘐𝘚𝘈
20 Z ⧠ 88 – 152/172.

🏠 **Harzhotel Regina,** Bahnhofstr.12, ✉ 38700, 𝒸 (05520) 9 30 40, info@Harzhotel -Regina.de, Fax (05520) 1345, ≘ₛ, ⊠ – 📺 🚗 🅿 – ⿻ 20. 🝙 ⓶ 𝘝𝘐𝘚𝘈 ⿻ Rest
geschl. Mitte April - Anfang Mai, Mitte Nov. - Mitte Dez. – **Menu** (Restaurant nur für Hausgäste) – **24 Z** ⧠ 90/120 – 164/200 – ½ P 20.

🏠 **Rosenhof** ≶ garni, Herzog-Johann-Albrecht-Str.41, ✉ 38700, 𝒸 (05520) 9 32 90, Fax (05520) 932993, ≘ₛ, ⿻ – ⿻ 📺 🅿
15 Z ⧠ 80/110 – 120/160.

In Braunlage-Hohegeiss Süd-Ost : 12 km – Höhe 642 m – Heilklimatischer Kurort – Wintersport : 600/700 m 🎿4 🎿 :

🏨 **Sonneneck** ≶, Hindenburgstr. 24, ✉ 38700, 𝒸 (05583) 9 48 00, Hotel.Sonneck@t -online.de, Fax (05583) 939033, ≤, ⿻, ≘ₛ, ⊠ – ⿻ Zim, 📺 🚗 🅿
geschl. Mitte Nov. - Mitte Dez. – **Menu** (nur Abendessen) à la carte 24/47 – **18 Z** ⧠ 69/110 – 130/230 – ½ P 15.

🏠 **Rust** ≶ (mit Gästehaus), Am Brande 5, ✉ 38700, 𝒸 (05583) 8 31, Hotel.Rust@t-on line.de, Fax (05583) 364, ≤, ≘ₛ, ⊠ , ⿻ – ⿻ Zim, 📺 🅿 📺 𝘝𝘐𝘚𝘈 ⿻
Menu (nur Abendessen) à la carte 32/59 – **19 Z** ⧠ 90/110 – 190 – ½ P 20.

🍴 **Landhaus Bei Wolfgang,** Hindenburgstr. 6, ✉ 38700, 𝒸 (05583) 8 88, Wolfgang .Stolze.Landhaus@t-online.de, Fax (05583) 1354 – 🝙 ⓪ ⓶ 𝘝𝘐𝘚𝘈
geschl. Donnerstag, Nov. - Mitte Dez. Montag - Freitag – **Menu** à la carte 44/75.

BRAUNSBACH Baden-Württemberg 419 S 13 – 2 600 Ew – Höhe 235 m.
Berlin 563 – Stuttgart 99 – Heilbronn 53 – Schwäbisch Hall 13.

In Braunsbach-Döttingen Nord-West : 3 km :

🏠 **Schloß Döttingen** ≶ (mit Gästehäusern), ✉ 74542, 𝒸 (07906) 10 10, Info@schl oss-doettingen.de, Fax (07906) 10110, ⿻, ≘ₛ, ⊒ (geheizt), ⿻ – ⿻ Zim, 📺 ⿻ 🅿 – ⿻ 80. ⿻ Rest
geschl. 20. Dez. - 5. Jan. – **Menu** à la carte 32/64 ♨ – **80 Z** ⧠ 78/120 – 140/200.

BRAUNSCHWEIG Niedersachsen 406 408 J 15 – 260 000 Ew – Höhe 72 m.
Sehenswert : Dom★ (Imerward-Kruzifix★★, Bronzeleuchter★) BY – Herzog-Anton-Ulrich-Museum (Mittelalter-Abteilung★) BY M1.
🛫 Braunschweig, Schwartzkopffstr. 10 (über ④), 𝒸 (0531) 26 42 40.
🛩 Lilienthalplatz, über ② : 9 km, 𝒸 (0531) 35 00 05.
🛄 Städt. Verkehrsverein, Tourist-Information, Vor der Burg 1, ✉ 38100, 𝒸 (0531) 27 35 50, Fax (0531) 2735529.
ADAC, Lange Str. 63.
Berlin 228 ② – Hannover 66 ⑦ – Magdeburg 92 ②

Stadtpläne siehe nächste Seiten

Stadtpalais ▥ garni, Hinter Liebfrauen 1a, ⊠ 38100, ℘ (0531) 24 10 24, *info@pal ais-braunschweig.bestwestern.de, Fax (0531) 241025*, « Historisches Gebäude a.d.J. 1787 mit eleganter Einrichtung » – 🛗 ⇆ 🆃🆅 ❤ 🄿 – 🕍 20. 🄰🄴 🄾 🆅🅸🆂🄰   BY **a**
geschl. 22. Dez. - 6. Jan. **45 Z** ⇌ 165/185 – 225.

Courtyard by Marriott ▥, Auguststr. 6, ⊠ 38100, ℘ (0531) 4 81 40, *cy.bwecy. sales.mgr@marriott, Fax (0531) 4814100*, 🛌, 🚗 – 🛗, ⇆ Zim, 🆃🆅 ❤ ♿ ⇔ 🄿 – 🕍 60.
🄰🄴 🄾 🆅🅸🆂🄰 🄹🄲🄱   BY **w**
Menu à la carte 44/70 – ⇌ 23 – **140 Z** 215/320.

Mövenpick-Hotel, Jöddenstr. 3 (Welfenhof), ⊠ 38100, ℘ (0531) 4 81 70, *Hotel.Bra unschweig@Moevenpick.com, Fax (0531) 4817551*, 🍴, direkter Zugang zum Saunarium, 🔲 und Sole-Grotte – 🛗, ⇆ Zim, 🆃🆅 ❤ ♿ – 🕍 90. 🄰🄴 🄾 🆅🅸🆂🄰   BY **z**
Menu à la carte 34/57 – ⇌ 24 – **147 Z** 200/240 – 240/280, 3 Suiten.

Mercure Atrium ▥, Berliner Platz 3, ⊠ 38102, ℘ (0531) 7 00 80, *H0871-@accor -hotels.com, Fax (0531) 7008125*, 🍴 – 🛗, ⇆ Zim, 🍽 Zim, 🆃🆅 ❤ ⇔ – 🕍 240. 🄰🄴 🄾
🄾🄾 🆅🅸🆂🄰 🄹🄲🄱   BZ **a**
Menu (geschl. Samstag - Sonntag) à la carte 46/69 – ⇌ 23 – **130 Z** 135/155 – 165/185.

Haus zur Hanse, Güldenstr. 7, ⊠ 38100, ℘ (0531) 24 39 00, *info@haus-zur-hanse.de, Fax (0531) 2439099*, « Fachwerkhaus a.d.16. Jh. » – 🛗 🆃🆅 ❤ – 🕍 60. 🄰🄴 🄾
🄾🄾 🆅🅸🆂🄰   AY **s**
Menu à la carte 36/73 – **16 Z** ⇌ 128/180 – 180/200.

Ritter St. Georg garni, Alte Knochenhauerstr. 12, ⊠ 38100, ℘ (0531) 1 30 39, Fax (0531) 13038, « Fachwerkhaus aus dem 15. Jh. » – 🆃🆅 🄰🄴 🄾 🄾🄾 🆅🅸🆂🄰   AY **e**
22 Z ⇌ 175/215 – 300/315.

Deutsches Haus, Ruhfäutchenplatz 1, ⊠ 38100, ℘ (0531) 1 20 00, *RinghotelDeuts chesHaus@t-online.de, Fax (0531) 1200444*, 🍴 – 🛗, ⇆ Zim, 🆃🆅 ❤ 🄿 – 🕍 150. 🄰🄴 🄾
🄾🄾 🆅🅸🆂🄰   BY **u**
Menu à la carte 39/92 – **85 Z** ⇌ 165/205 – 242/380.

Play Off, Salzdahlumer Str. 137, ⊠ 38126, ℘ (0531) 2 63 10, *info@playoff.de, Fax (0531) 67119*, Massage, 🛌, 🚗, 🎾(Halle) Squash, Badminton – 🛗, ⇆ Zim, 🆃🆅
🄿 – 🕍 185. 🄰🄴 🄾 🄾🄾 🆅🅸🆂🄰   über Salzdahlumer Str.   BZ
Menu (geschl. Sonntag - Montag) (nur Abendessen) à la carte 50/89 – **184 Z** ⇌ 145/174 – 170/198.

An der Stadthalle garni, Leonhardstr. 21, ⊠ 38102, ℘ (0531) 7 30 68, *info@hot el-an-der-stadthalle.de, Fax (0531) 75148* – 🛗 ⇆ 🆃🆅 🄿. 🄰🄴 🄾 🄾🄾 🆅🅸🆂🄰   BY **c**
geschl. Weihnachten - Neujahr – **24 Z** ⇌ 105/135 – 145/170.

Wartburg garni, Rennelbergstr. 12, ⊠ 38114, ℘ (0531) 50 00 11, Fax (0531) 507629
– 🛗, ⇆ Zim, 🆃🆅 ❤ 🄾🄾 🆅🅸🆂🄰   AX **z**
21 Z ⇌ 100/165 – 165/205.

Lessing-Hof 🕭 garni (mit Gästehaus), Okerstr. 13, ⊠ 38100, ℘ (0531) 2 41 60, *info @hotel-lessing-hof.de, Fax (0531) 2416222* – 🛗 ⇆ 🆃🆅 ❤ ⇔ 🄿 🄾🄾 🆅🅸🆂🄰   AX **b**
41 Z ⇌ 127/147 – 167/187.

Dannenfelds, Frankfurter Str. 4 (im ARTmax), ⊠ 38100, ℘ (0531) 2 81 98 10, *dann enfels@gmx.de, Fax (0531) 2819828*, 🍴 – 🄿. 🄰🄴 🄾🄾 🆅🅸🆂🄰   AZ **a**
geschl. Anfang Jan. 1 Woche, Dienstag – **Menu** (nur Abendessen) (Tischbestellung ratsam) à la carte 72/89 – **Brasserie Menu** à la carte 46/58.

Gewandhaus, Altstadtmarkt 1, ⊠ 38100, ℘ (0531) 24 27 77, Fax (0531) 242775, 🍴, « Stadthaus a.d. 13. Jh.; Gewölbekeller » – 🕍 80. 🄰🄴 🄾 🄾🄾 🆅🅸🆂🄰   AY **a**
geschl. Sonntag – **Menu** à la carte 55/82.

Im Gewerbegebiet Hansestraße *über Hamburger Str.* ① : *8 km :*

Nord garni, Robert-Bosch-Str. 7 (Nähe BAB Kreuz BS-Nord), ⊠ 38112, ℘ (0531) 31 08 60, Fax (0531) 3108686 – 🛗 🆃🆅 ❤ ⇔ 🄿. 🄾 🄾🄾 🆅🅸🆂🄰
32 Z ⇌ 89/130 – 195.

In Braunschweig-Riddagshausen *über Kastanienallee* BY :

Landhaus Seela, Messeweg 41, ⊠ 38104, ℘ (0531) 37 00 11 62, *info@hotel-landh aus-seela.de, Fax (0531) 37001193*, 🍴 – 🛗, ⇆ Zim, 🆃🆅 ⇔ 🄿 – 🕍 110. 🄰🄴 🄾 🄾🄾
🆅🅸🆂🄰
Menu à la carte 41/74 – **55 Z** ⇌ 135/190 – 230/340.

In Braunschweig-Rüningen *über* ⑤ : *5 km :*

Zum Starenkasten, Thiedestr. 25 (B 248), ⊠ 38122, ℘ (0531) 28 92 40, Fax (0531) 874126, 🚗, 🔲 – 🛗, ⇆ Zim, 🆃🆅 🄿 – 🕍 100. 🄰🄴 🄾 🄾🄾 🆅🅸🆂🄰
Menu à la carte 26/62 – **57 Z** ⇌ 120/180 – 160/250.

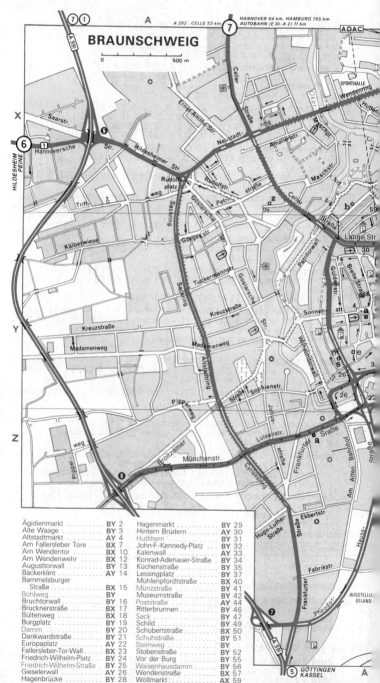

BRAUNSCHWEIG

A 392 : CELLE 53 km

HANNOVER 64 km, HAMBURG 195 km
AUTOBAHN (E 30 · A 2) 11 km

ADAC

0   500 m

HILDESHEIM
PEINE

HANNOVER 64 km, HAMBURG 195 km

GÖTTINGEN
KASSEL

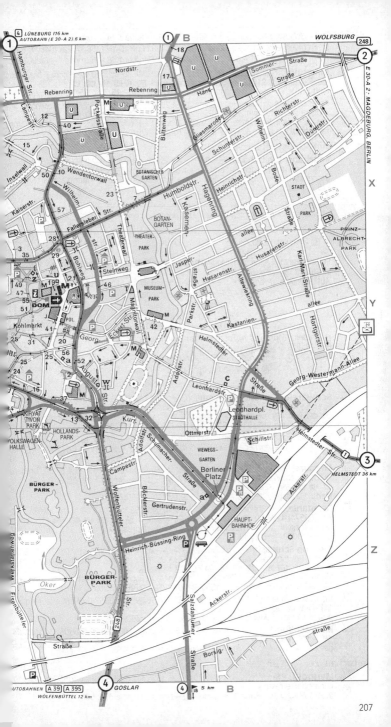

BREDSTEDT Schleswig-Holstein 🔲🔲 C 10 – 4500 Ew – Höhe 5 m – Luftkurort.

🔼 *Fremdenverkehrsverein, Süderstr. 36,* ⬚ *25821,* ✆ *(04671) 58 57, Fax (04671) 6975.*
Berlin 440 – Kiel 101 – *Sylt (Westerland)* 51 – Flensburg 38 – Husum 17 – Niebüll 25.

🏛 **Ulmenhof,** Tondernsche Str. 4, ⬚ 25821, ✆ (04671) 9 18 10, Ulmenhof@bredstedt
.de, Fax (04671) 918171, 🍽, (ehemalige Villa) – 📺 **P. AE ⓞ ⓂⓄ VISA**
Menu *(wochentags nur Abendessen)* à la carte 32/56 – **15 Z** ⬚ 85/95 – 125/150.

✖ **Friesenhalle** mit Zim, Hohle Gasse 2, ⬚ 25821, ✆ (04671) 15 21, die.friesenhalle@n
ⓐ ordfriesland-hotel.com, Fax (04671) 2875 – 📺 ⬅ **P. AE ⓞ ⓂⓄ VISA**
geschl. Ende März - Mitte April, Nov. 3 Wochen – Menu (geschl. Sonntagabend - Mon-
tagmittag) à la carte 39/78 – **8 Z** ⬚ 70/160 – 120/200.

In Ockholm-Schlüttsiel Nord-West : 17 km :

✖ **Fährhaus Schlüttsiel** 🦐 mit Zim, ⬚ 25842, ✆ (04674) 2 55, Fax (04674) 1542,
⬅ Nordsee und Halligen, « Terrasse auf dem Deich » – 📺 ⬅ **P. AE ⓞ ⓂⓄ VISA**
geschl. Mitte Nov. - Mitte Dez., Mitte Dez. - Feb. Montag - Freitag – **Menu** à la carte 35/62
– **5 Z** ⬚ 80/130.

BREEGE Mecklenburg-Vorpommern siehe Rügen (Insel).

BREGENZ 🅛 Österreich 🔲🔲 X 13 – 27 000 Ew – Höhe 396 m – Wintersport : 414/1 020 m ⛷ 1
🎿.

Sehenswert : ⬅★ *(vom Hafendamm)* BY – Vorarlberger Landesmuseum★ BY – Martin-
sturm ⬅★ BY.
Ausflugsziele : Pfänder★★ : ⬅★★, Alpenwildpark (auch mit ⛷) BY.
Festspiel-Preise : siehe Seite 6
Prix pendant le festival : voir p. 18
Prices during tourist events : see p. 30
Prezzi duranti i festival : vedere p. 42.

🔼 *Bregenz-Tourismus im Tourismushaus, Bahnhofstr. 14,* ⬚ *A-6900,* ✆ *(05574) 4 95 90,*
Fax 495959.

Wien 627 ① – Innsbruck 199 ② – Konstanz 62 ① – Zürich 119 ③ – München 196 ①
Die Preise sind in der Landeswährung (Ö. S.) angegeben.

Stadtplan siehe gegenüberliegende Seite

🏨 **Schwärzler,** Landstr. 9, ⬚ A-6900, ✆ (05574) 49 90, hotelschwaerzler@vol.at,
Fax (05574) 47575, 🍽, Massage, 🐎, 🔲, 🎾 – 📶, ⬆ Zim, 📺 ⬅ **P.** – 🅰 40. **AE**
ⓞ ⓂⓄ VISA JCB 🍴 Rest   über Landstr.   AZ
Menu à la carte 265/515 – **83 Z** ⬚ 950/2500 – 1760/3300.

🏨 Messmer Hotel am Kornmarkt, Kornmarktstr. 16, ⬚ A-6900, ✆ (05574) 4 23 56, hote
l.messmer@bregenznet.at, Fax (05574) 423566, 🍽, 🐎 – 📶, ⬆ Zim, 📺 ✆ ⬅ – 🅰 60
84 Z.   BY u

🏨 **Mercure,** Platz der Wiener Symphoniker 2, ⬚ A-6900, ✆ (05574) 4 61 00, bregenz
@hotel-mercure.co.at, Fax (05574) 47412, 🍽 – 📶, ⬆ Zim, 🛏 Rest, 📺 🛗 **P.** – 🅰 120.
AE ⓞ ⓂⓄ VISA JCB   AY e
Menu à la carte 220/480 – **94 Z** ⬚ 1190/1239 – 1764/1834.

🏨 **Germania,** Am Steinenbach 9, ⬚ A-6900, ✆ (05574) 42 76 60, germania@vol.at,
Fax (05574) 427664, 🍽, 🐎 – 📶 ⬆ Zim 📺 ⬅ **P.** – 🅰 15. **AE ⓞ ⓂⓄ VISA**   BY a
Menu *(geschl. Nov. 3 Wochen, Sonntagabend - Montag)* à la carte 310/500 – **38 Z**
⬚ 800/1050 – 1300/1800.

✖✖✖ **Deuring-Schlössle** 🦐 mit Zim, Ehre-Guta-Platz 4, ⬚ A-6900, ✆ (05574) 4 78 00,
deuring@schloessle.vol.at, Fax (05574) 4780080, 🍽, « Kleines Stadtschloß a.d. 17. Jh. »
– ⬆ Rest, 📺 **P.** – 🅰 40. **AE ⓞ ⓂⓄ VISA**   BZ a
Menu *(geschl. Jan. - Feb. 2 Wochen, Montagmittag)* (Tischbestellung ratsam) 390 (mittags)
à la carte 490/680 – **15 Z** ⬚ 1850/2100 – 2300/2700, 5 Suiten.

✖✖ **Ilge,** Maurachgasse 6, ⬚ A-6900, ✆ (05574) 4 36 09, Fax (05574) 43710, (Haus a.d. 15
Jh.) – ⓞ ⓂⓄ VISA   BY e
geschl. Montag – **Menu** *(nur Abendessen)* à la carte 390/615.

✖ **Maurachbund,** Maurachgasse 11, ⬚ A-6900, ✆ (05574) 4 40 20, Fax (05574) 440204,
🍽 – **AE ⓞ ⓂⓄ VISA**   BY b
geschl. Sonntagabend - Montag – **Menu** à la carte 220/430.

In Lochau über ① : 3 km :

✖✖ **Mangold,** Pfänderstr. 3, ⬚ A-6911, ✆ (05574) 4 24 31, Fax (05574) 424319,
ⓐ « Innenhofterrasse » – **P.**
geschl. Mitte Jan. - Anfang Feb., Montag – Menu à la carte 329/525.

BREGENZ

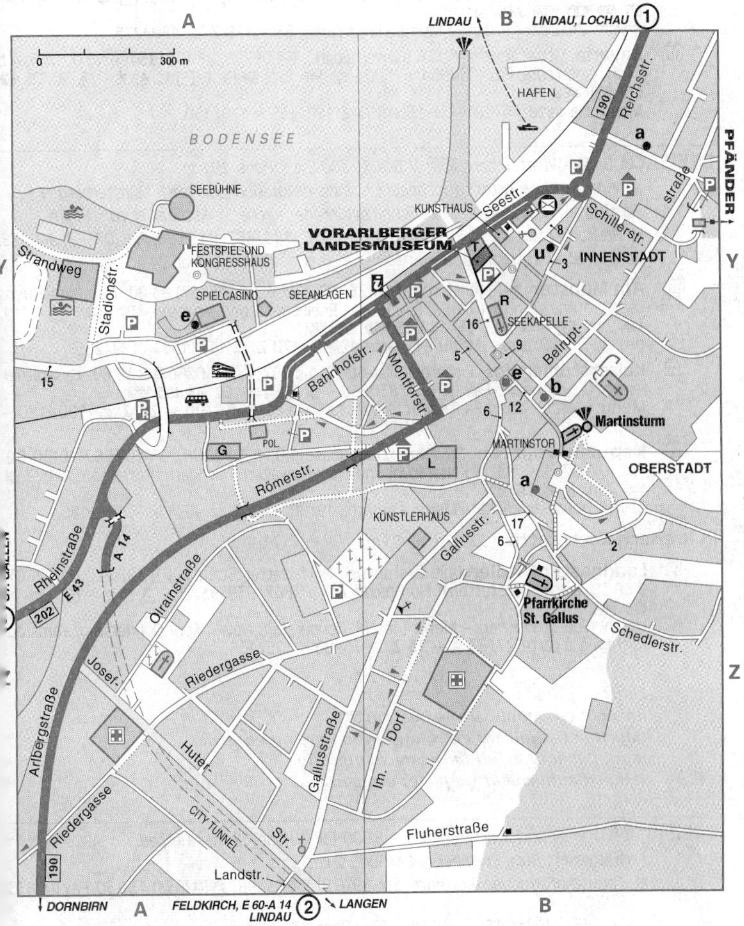

In Eichenberg über ① : 8 km – Höhe 796 m – Erholungsort :

Schönblick ⊗, Dorf 6, ⊠ A-6911, ℘ (05574) 4 59 65, *hotel.schoenblick@schoenbl ick.at*, Fax (05574) 459657, ≤ Bodensee, Lindau und Alpen, ☆, ☎, ◩, ☞, ※ – 📶 📺
☞ 🅿️ 🐵 💳
geschl. 10. Jan. - 10. Feb., Anfang Nov. - Mitte Dez. – **Menu** (geschl. Montag - Dienstagmittag) à la carte 260/504 – **20 Z** ☑ 630/980 – 1274/1680.

Les bonnes tables

Nous distinguons à votre intention certains restaurants par
Menu ⊛, ❀, ❀❀ ou ❀❀❀.

BREHNA *Sachsen-Anhalt* 📖 *L 20 – 2 500 Ew – Höhe 90 m.*
    Berlin 154 – Magdeburg 94 – Leipzig 38.

🏨 **Country Park-Hotel,** Thiemendorfer Mark 2, ✉ 06796, 𝒫 (034954) 6 50, *country parkhotel@t-online.de*, Fax (034954) 65556, 🏤, ⬛ – 🛗, ⇆ Zim, 📺 ☎ 🅿 – 🔬 180. 🆎 ⓪ 📞 VISA JCB. ✼
    geschl. 24. Dez. - 2. Jan. – **Menu** à la carte 41/65 – **176 Z** 🛏 180/225.

🏨 **Bavaria,** Otto-Lilienthal-Str. 6 (Gewerbepark), ✉ 06796, 𝒫 (034954) 6 16 00, *info@b avaria-hotel.com*, Fax (034954) 61500 – 🛗, ⇆ Zim, 🍴 Rest, 📺 ☎ ⬛ 🅿 – 🔬 30. 🆎 ⓪ 📞 VISA JCB
    Menu à la carte 34/59 – 🛏 15 – **153 Z** 110/135 – 120/150.

BREISACH *Baden-Württemberg* 📖 *V 6 – 12 300 Ew – Höhe 191 m.*
    Sehenswert : Münster★ (Hochaltar★★, Innendekoration★, Lage★), Münsterberg ≤★.
    Ausflugsziel : Niederrottweil : Schnitzaltar★ der Kirche St. Michael, Nord : 11 km.
    🛈 *Breisach-Touristik, Maktplatz 16,* ✉ 79206, 𝒫 (07667) 94 01 55, Fax (07667) 940158.
    Berlin 808 – Stuttgart 209 – Freiburg im Breisgau 30 – Colmar 24.

🏨 **Am Münster** ⬟, Münsterbergstr. 23, ✉ 79206, 𝒫 (07667) 83 80, *Hotel-am-Muens ter@t-online.de*, Fax (07667) 838100, ≤ Rheinebene und Vogesen, 🏤, ⬛, 🔲 – 🛗, ⇆ Zim, 📺 🅿 – 🔬 120. 🆎 ⓪ 📞 – **Menu** à la carte 42/80 – **70 Z** 🛏 115/135 – 179/265.
    geschl. 7. - 20. Jan.

🏨 **Kaiserstühler Hof,** Richard-Müller-Str. 2, ✉ 79206, 𝒫 (07667) 8 30 60, *kaiserstueh ler-hof@t-online.de*, Fax (07667) 830666 – 🛗 📺 ⬛ 🆎 ⓪ 📞 VISA
    Menu *(geschl. über Fastnacht 1 Woche)* à la carte 34/90 – **20 Z** 🛏 100/180 – 150/250.

🏨 **Kapuzinergarten** ⬟, Kapuzinergasse 26, ✉ 79206, 𝒫 (07667) 9 30 00, Fax (07667) 930093, ≤ Kaiserstuhl und Schwarzwald, « Dachgartenterrasse », 🖼 – 🛗 ⇆ Zim, ⬛ 🅿 VISA
    geschl. über Fastnacht – **Menu** à la carte 49/80 – **43 Z** 🛏 90/110 – 160/185.

In Breisach-Hochstetten *Süd-Ost : 2,5 km :*

🏨 **Landgasthof Adler** (mit Gästehaus), Hochstetter Str. 11, ✉ 79206, 𝒫 (07667 9 39 30, *adler-hochstetten@t-online.de*, Fax (07667) 939393, 🏤, 🔲, 🖼 – 📺 ⬛ 🅿 📞 VISA
    geschl. Feb. 2 Wochen – **Menu** *(geschl. Donnerstag, Nov. - April Donnerstag, Samstag mittag)* à la carte 27/53 ⅛ – **23 Z** 🛏 75/80 – 125/135.

Dans ce guide
un même symbole, un même mot,
*imprimé en **noir** ou en rouge, en maigre ou en **gras**,*
n'ont pas tout à fait la même signification.
Lisez attentivement les pages explicatives.

BREISIG, BAD *Rheinland-Pfalz* 📖 *O 5 – 8 900 Ew – Höhe 62 m – Heilbad.*
    Ausflugsziel : Burg Rheineck : ≤★ Süd : 2 km.
    🛈 *Tourist-Information, Koblenzer Str. 59 (B 9),* ✉ 53498, 𝒫 (02633) 4 56 30, Fax (02633 456350.*
    Berlin 618 – Mainz 133 – Koblenz 30 – Bonn 33.

🏨 **Rheinhotel Vier Jahreszeiten** ⬟, Rheinstr. 11, ✉ 53498, 𝒫 (02633) 60 70 Fax (02633) 9220, ≤ Rhein, 🏤, ⬛, 🔲 – 🛗 📺 🖼 🅿 – 🔬 220. 🆎 ⓪ 📞 VISA
    Menu à la carte 43/67 – **179 Z** 🛏 125/140 – 195/225 – ½ P 30.

🏨 **Zur Mühle** ⬟, Am Rheinufer, ✉ 53498, 𝒫 (02633) 9 70 61, Fax (02633) 96017, ≤ 🏤, 🔲, 🖼 – 🛗 📺 🅿 🆎 ⓪ 📞 VISA
    geschl. 5. Jan. - 28. Feb. – **Menu** à la carte 27/58 ⅛ – **33 Z** 🛏 85/105 – 140/170 – ½ P 20.

🏨 **Niederée,** Schmittgasse 2, ✉ 53498, 𝒫 (02633) 4 57 00, Fax (02633) 96766, ⬛ – 📺 🅿 🆎 ⓪ 📞 VISA ✼ Zim
    Menu *(geschl. Jan., Mittwoch)* à la carte 31/55 ⅛ – **29 Z** 🛏 75/80 – 130/160 – ½ P 22

🏨 **Quellenhof,** Albert-Mertes-Str. 23, ✉ 53498, 𝒫 (02633) 4 55 10(Hotel) 47 00 10 (Rest.), Fax (02633) 455150, 🏤 – 📺 🅿 🆎 ⓪ 📞 VISA ✼ Zim
    geschl. Nov. 3 Wochen – **Menu** *(geschl. Dienstag)* à la carte 30/62 – **17 Z** 🛏 60/95 120/150 – ½ P 24.

🏠 **Mathilde** 🌸, Waldstr. 5, ⊠ 53498, 𝒫 (02633) 4 55 40, *Fax (02633) 455446*, 🌲 – **P**.
AE ① MC VISA
Menu à la carte 34/63 – **18 Z** 🗇 77/95 – 112/140 – ½ P 22.

XX **Historisches Weinhaus Templerhof,** Koblenzer Str.45 (B 9), ⊠ 53498,
🍴 𝒫 (02633) 94 35, *Fax (02633) 7394*, 🌲, (Haus a.d.J 1657) – **P**. AE ①
MC VISA
geschl. Mittwoch - Donnerstagmittag – Menu à la carte 46/105 *(auch vegetarisches Menu).*

X **Wirtshaus zum Weißen Roß,** Zehnerstr. 19 (B 9), ⊠ 53498, 𝒫 (02633) 91 35,
Fax (02633) 95755, 🌲, « Gemütlich-rustikal eingerichtetes Gasthaus a.d.J. 1628 » – **P**
geschl. Montag – **Menu** à la carte 34/56.

---

*In questa guida
uno stesso simbolo, uno stesso carattere
stampati in rosso o in **nero**, in magro o in **grassetto**,
hanno un significato diverso.
Leggete attentamente le pagine esplicative.*

BREITENGÜSSBACH Bayern 420 Q 16 – 3 600 Ew – Höhe 245 m.
🏌 *Breitenggüßbach, Gut Leimershof (Ost : 6 km)*, 𝒫 (09547) 71 09.
Berlin 406 – München 239 – Coburg 37 – Bayreuth 64 – Bamberg 9 – Schweinfurt 63.

🏨 **Vierjahreszeiten** 🌸, Am Sportplatz 6, ⊠ 96149, 𝒫 (09544) 92 90, *service@hotel-vierjahreszeiten.com, Fax (09544) 929292*, 🌲, 🍴, 🖥, 🌐 – 📺 **P** – 🏋 30
Menu *(geschl. Freitag, Sonntagabend, Juli - Sept. Freitag, Sonntag) (wochentags nur Abendessen)* à la carte 26/52 – **38 Z** 🗇 85/105 – 110/195.

BREITNAU Baden-Württemberg 419 W 8 – 1 800 Ew – Höhe 1 018 m – Luftkurort – Wintersport :
1 000/1 200 m 🚡 2 ☃.
🛈 Kurverwaltung, Dorfstr. 11, ⊠ 79874, 𝒫 (07652) 91 09 20, Fax (07652) 910930.
Berlin 788 – Stuttgart 167 – Freiburg im Breisgau 28 – Donaueschingen 42.

🏨 **Kaiser's Tanne-Wirtshus,** Am Wirbstein 27 (B 500, Süd-Ost : 2 km), ⊠ 79874,
𝒫 (07652) 1 20 10, *info@kaisers-tanne.de, Fax (07652) 1507*, « Gartenterrasse », 🍴,
🖥, 🌲 – 📶 📺 🚗 **P**
Menu à la carte 57/82 – **35 Z** 🗇 110/190 – 210/280 – ½ P 25.

🏨 **Faller,** Im Ödenbach 5 (B 500, Süd-Ost : 2 km), ⊠ 79874, 𝒫 (07652) 10 01, *info@hotel-faller.de, Fax (07652) 311*, « Terrasse mit ≼ », 🍴, 🌲 – 📶, ✺ Rest, 📺
🚗 **P**
Menu *(geschl. Ende Nov. - Anfang Dez.)* à la carte 29/71 – **26 Z** 🗇 108/116 – 226/250
– ½ P 28.

🏠 **Löwen,** an der B 500 (Ost : 1 km), ⊠ 79874, 𝒫 (07652) 3 59, *Fax (07652) 5512*, ≼, 🌲,
🍴, 🌲, ✻ – 📺 **P**
geschl. Mitte Nov. - Mitte Dez. – **Menu** *(geschl. Dienstag)* à la carte 32/54 🕯 – **14 Z**
🗇 60/130.

In Breitnau-Höllsteig Süd-West : 9 km über die B 31 :

🏨 **Hofgut Sternen,** am Eingang der Ravennaschlucht, ⊠ 79874, 𝒫 (07652) 90 10, *info
@hofgut-sternen.bestwestern.de, Fax (07652) 1031*, 🌲 – 📶, ✺ Zim, 📺 🕭 **P** – 🏋 60.
AE ① MC VISA JCB
geschl. Nov. 3 Wochen – **Menu** à la carte 38/55 – **57 Z** 🗇 98/138 – 156/216 –
½ P 35.

BREITSCHEID Hessen siehe Herborn.

---

*Besonders angenehme Hotels oder Restaurants
sind im Führer **rot** gekennzeichnet.
Sie können uns helfen, wenn Sie uns die Häuser angeben,
in denen Sie sich besonders wohl gefühlt haben.
Jährlich erscheint eine komplett überarbeitete Ausgabe
aller **Roten Michelin-Führer**.*

🏚🏚🏚 ... 🏠

🎋🎋🎋🎋 ... X

BREITUNGEN Thüringen 418 N 14 – 6 000 Ew – Höhe 290 m.

Berlin 373 – *Erfurt 82* – Eisenach 29 – Bad Hersfeld 56 – Meiningen 24 – Suhl 41.

🏛 **Skaras Landhaushotel,** Wirtsgasse 13, ✉ 98597, ✆ (036848) 88 00, info@skara
🐎 s-landhaushotel.de, Fax (036848) 880122, 🔭 – TV 📞 P – 🚪 20. ◑◐ VISA
Menu à la carte 24/52 ⅄ – **16 Z** ⊂ 65/80 – 95/140.

*Inclusion in the **Michelin Guide***
cannot be achieved by pulling strings
or by offering favours.

BREMEN L Stadtstaat Bremen 415 G 10 – 552 000 Ew – Höhe 10 m.

Sehenswert : Marktplatz★★ Z – Focke-Museum★★ VU **M3** – Rathaus★ (Treppe★★) Z R
– Dom St. Petri★ (Taufbecken★★ Madonna★) Z – Wallanlagen★ YZ – Böttcherstraße★ Z
Roseliushaus (Nr.6) und Paula-Modersohn-Becker-Haus★ (Nr.8) Z E – Schnoor-Viertel★ Z
– Kunsthalle★ Z.

🏌 Bremen-Vahr, Bgm.-Spitta-Allee 34 (U), ✆ (0421) 23 00 41 ; 🏌 Carlstedt (Nord : 11 km
über die B 6 U), ✆ (04795) 4 17 ; 🏌 Bremen-Oberneuland (über ①), Heinrich-Baden-Weg
25, ✆ (0421) 25 92 21 ; 🏌 Bremen-Burg (Nord-West : 11 km über Hafenrandstr. V),
✆ (0421) 6 94 02 04.

✈ Bremen-Neustadt (Süd : 6 km) X, ✆ (0421) 5 59 50.

Ausstellungsgelände a. d. Stadthalle (CX), ✆ (0421) 3 50 50.

🛈 Touristinformation am Bahnhofsplatz, ✉ 28195, ✆ (0421) 30 80 00, Fax (0421
3080030.

ADAC, Bennigsenstr. 2.

Berlin 390 ① – Hamburg 120 ① – Hannover 123 ①

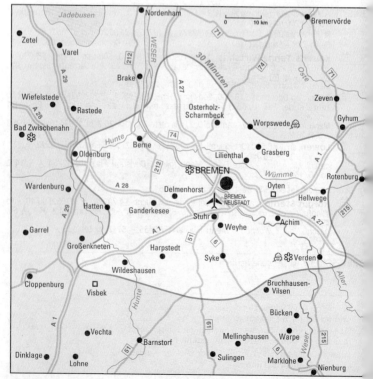

Park Hotel ⟍, Im Bürgerpark, ⊠ 28209, ℰ (0421) 3 40 80, relax@park-hotel-brem en.de, Fax (0421) 3408602, ≤, ☃, Massage, ₤₅, ≘₅, ⎕ (geheizt) – ▯, ⟿ Zim, ▦ ⟍
⟺ ℙ – ☒ 350. ፴ ⓪ ⓪ 𝘝𝘐𝘚𝘈 ᴊᴄʙ
Park-Restaurant (bemerkenswerte Weinkarte) **Menu** à la carte 62/86 –
La Fontana : **Menu** à la carte 55/78 – **150 Z** ⊆ 345/420 – 445/520,
6 Suiten.

Maritim Ⓜ, Hollerallee 99, ⊠ 28215, ℰ (0421) 3 78 90, info.bre@maritim.de,
Fax (0421) 3789600, ≘₅, ⎕ – ▯, ⟿ Zim, ▦ ▦ ⟍ ⟺ – ☒ 960. ፴ ⓪ ⓪ 𝘝𝘐𝘚𝘈 ᴊᴄʙ.
⟘ Rest
L'echalote (geschl. Juli - Aug.) (nur Abendessen) **Menu** à la carte 63/95 – **Brasserie** (Sonntag - Freitag nur Mittagessen) **Menu** 46 (Lunch-Buffet) – ⊆ 25 – **261 Z** 315/375 – 355/415, 5 Suiten.

Holiday Inn Ⓜ, Böttcherstr. 2 (Eingang Wachtstraße), ⊠ 28195, ℰ (0421) 3 69 60, HIBREMEN@AOL.COM, Fax (0421) 3696960, ≘₅, ⎕ – ▯, ⟿ Zim, ▦ ▦ ⟍ ♿ ⟺ –
☒ 250. ፴ ⓪ ⓪ 𝘝𝘐𝘚𝘈 ᴊᴄʙ
Menu à la carte 48/80 – ⊆ 29 – **235 Z** 270/370 – 320/420.

Zur Post, Bahnhofsplatz 11, ⊠ 28195, ℰ (0421) 3 05 90, info@zurpost.bestwestern .de, Fax (0421) 3059591, ≘₅, ⎕ – ▯, ⟿ Zim, ▦ ⟺ – ☒ 110. ፴ ⓪ ⓪ 𝘝𝘐𝘚𝘈
⟘ Rest
Menu siehe Rest. **L'Orchidée** separat erwähnt – **la dolce vita** (geschl. Montag) **Menu** à la carte 36/70 – **183 Z** ⊆ 197/247 – 247/310, 4 Suiten.

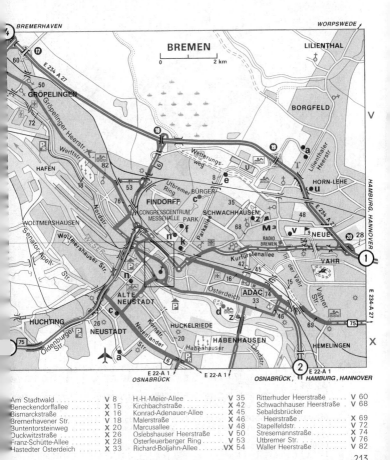

BREMEN

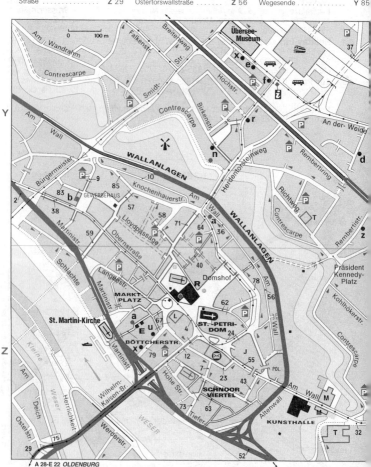

Marriott ⌂, Hillmannplatz 20, ✉ 28195, ✆ (0421) 1 76 70, *mhrs.bred.dom@marriott.com*, Fax (0421) 1767203 – 🛗, ⇄ Zim, ▤ 📺 📞 – 🔏 400. 🖭 ⓘ ⓜⓞ *VISA*
Menu *(nur Abendessen)* à la carte 57/69 – *Hillmanns Garden (nur Mittagessen)* Men 30 (Buffet) und à la carte 39/62 – ⊐ 29 – **228 Z** 235/268, 4 Suiten.

Mercure-Columbus ⌂, Bahnhofsplatz 5, ✉ 28195, ✆ (0421) 3 01 20, *H0879@ accor-hotels.com*, Fax (0421) 15369, ⇔ – 🛗 ⇄ 📺 📞 ⇔ – 🔏 50. 🅰 ⓜⓞ *VISA*
Menu à la carte 28/58 – **148 Z** ⊐ 150/200 – 203/223.

Munte am Stadtwald, Parkallee 299, ⊠ 28213, 𝒫 (0421) 2 20 20, *info@hotel-m unte.de, Fax (0421) 219876,* ⛞, 🖼 – |§|, ⵥ Zim, 📺 📞 ⬦. 🅿 – 🎿 260. 🅰🅴 ⓞ ⓦⓞ 🆅🅸🆂🅰 �🅹🅲🅱 V e
geschl. Weihnachten – **Menu** à la carte 47/65 – *del bosco* (italienische Küche) *(geschl. Samstagmittag, Sonntag)* **Menu** à la carte 35/60 – **136 Z** ⟷ 169/310.

Treff Überseehotel garni, Wachtstr. 27, ⊠ 28195, 𝒫 (0421) 3 60 10, *treffhotels -bremen@t-online.de, Fax (0421) 3601555* – |§| ⵥ 📺 🅺 ⬦ – 🎿 40. 🅰🅴 ⓞ ⓦⓞ Z u
124 Z ⟷ 160/230 – 250/290.

Hanseat garni, Bahnhofsplatz 8, ⊠ 28195, 𝒫 (0421) 1 46 88, *info@hotel-hanseat.com, Fax (0421) 170588* – |§| ⵥ 📺 📞 ⬦. 🅰🅴 ⓞ ⓦⓞ 🆅🅸🆂🅰 🅹🅲🅱 Y e
33 Z ⟷ 150/200 – 180/240.

Tulip Inn Schaper-Siedenburg garni, Bahnhofstr. 8, ⊠ 28195, 𝒫 (0421) 3 08 70, *hotelschapersiedenburg@t-online.de, Fax (0421) 308788* – |§| ⵥ 📺 🅺. 🅰🅴 ⓞ ⓦⓞ 🆅🅸🆂🅰 🅹🅲🅱 Y r
geschl. 21. Dez.- 2. Jan. – **75 Z** ⟷ 135/195 – 170/235.

Lichtsinn garni, Rembertistr. 11, ⊠ 28203, 𝒫 (0421) 36 80 70, *Mail@hotel-Lichtsinn .com, Fax (0421) 327287* – |§| ⵥ 📺 📞 ⬦. 🅰🅴 ⓞ ⓦⓞ 🆅🅸🆂🅰 🅹🅲🅱 Y z
36 Z ⟷ 155/170 – 180/200.

Bremer Haus, Löningstr. 16, ⊠ 28195, 𝒫 (0421) 3 29 40, *bremerhaus@online.de, Fax (0421) 3294411* – |§|, ⵥ Zim, 📺 ⬦ 🅿 – 🎿 20. 🅰🅴 ⓞ ⓦⓞ 🆅🅸🆂🅰 Y d
Menu *(geschl. Sonntag)* à la carte 38/64 – **71 Z** ⟷ 140/160 – 170/215.

Residence garni, Hohenlohestr. 42, ⊠ 28209, 𝒫 (0421) 34 87 10, *HOTEL-RESIDENCE-BREMEN@T-ONLINE.DE, Fax (0421) 342322,* ⛞ – |§| ⵥ 📺 📞 ⬦. 🅰🅴 ⓦⓞ 🆅🅸🆂🅰 VX k
geschl. 24. Dez. - 1. Jan. – **30 Z** ⟷ 129/149 – 169/199.

L'Orchidée - Hotel zur Post, Bahnhofsplatz 11, ⊠ 28195, 𝒫 (0421) 3 05 98 88, *info @zurpost.bestwestern.de, Fax (0421) 3059591,* ⛱ – 🅰🅴 ⓞ ⓦⓞ 🆅🅸🆂🅰. ⵥⵥ Rest Y x
geschl. über Ostern 2 Wochen, Juli - Aug. 4 Wochen, Sonntag - Montag – **Menu** *(nur Abend-essen)* (Tischbestellung ratsam) à la carte 79/113
Spez. Terrine von Räucheraal und Granat. Warmes Kalbstafelspitz-Kartoffeltörtchen mit Senfsauce. Rehrücken mit Mispelkompott (Saison).

Meierei, im Bürgerpark, ⊠ 28209, 𝒫 (0421) 3 40 86 19, *Fax (0421) 219981,* ≤, « Terrasse am Park » – 🅿 – 🎿 60. 🅰🅴 ⓞ ⓦⓞ 🆅🅸🆂🅰 🅹🅲🅱 V c
geschl. Montag – **Menu** (bemerkenswerte Weinkarte) à la carte 64/85.

Villa Verde, Auf dem Peterswerder 34 (Weserstadion - Weserseite, 2.Etage, |§|), ⊠ 28205, 𝒫 (0421) 3 05 91 00, *Fax (0421) 4987307,* ≤ – 🅰🅴 ⓞ ⓦⓞ 🆅🅸🆂🅰. ⵥⵥ X d
geschl. Jan. 3 Wochen, Sonntag - Montag – **Menu** *(nur Abendessen)* (Tischbestellung rat-sam) à la carte 55/73.

Ratskeller, Am Markt (im alten Rathaus), ⊠ 28195, 𝒫 (0421) 32 16 76, *Fax (0421) 3378121* – 🅰🅴 ⓞ ⓦⓞ 🆅🅸🆂🅰 🅹🅲🅱. ⵥⵥ Z R
Menu (bemerkenswertes Angebot deutscher Weine) à la carte 47/72.

Jürgenshof, Pauliner Marsch 1 (Nähe Weserstadion), ⊠ 28205, 𝒫 (0421) 44 10 37, *Fax (0421) 4985458,* « Gartenterrasse » – 🅿. 🅰🅴 ⓞ ⓦⓞ 🆅🅸🆂🅰 🅹🅲🅱 X z
Menu (Tischbestellung ratsam) à la carte 48/84.

Grashoff's Bistro, Contrescarpe 80 (neben der Hillmann-Passage), ⊠ 28195, 𝒫 (0421) 1 47 40, *Fax (0421) 302040* – 🅰🅴 ⓞ ⓦⓞ 🆅🅸🆂🅰. ⵥⵥ Y n
geschl. ab 18.30 Uhr, Samstagabend - Sonntag – **Menu** (Tischbestellung erforderlich) 55 und à la carte 66/95
Spez. Hummer mit hausgemachten Spaghetti. Schellfisch in Dampf gegart mit Joghurt-Senfsauce und Blattspinat. In Estragonbrühe pochiertes Kalbsfilet mit Sauce Choron.

Bistro Feinkost Hocke, Schüsselkorb 17, ⊠ 28195, 𝒫 (0421) 32 66 51, *Fax (0421) 327325* – 🅰🅴 ⓦⓞ 🆅🅸🆂🅰 Y a
geschl. Sonntag – **Menu** *(Samstag - Donnerstag nur Mittagessen)* (Tischbestellung ratsam) à la carte 66/80.

Flett, Böttcherstr. 3, ⊠ 28195, 𝒫 (0421) 32 09 95, *Fax (0421) 320996* – ⓞ ⓦⓞ 🆅🅸🆂🅰 Z a
Menu à la carte 41/71.

Alte Gilde, Ansgaritorstr. 24, ⊠ 28195, 𝒫 (0421) 17 17 12, *Fax (0421) 15701,* ⛱. 🅰🅴 ⓞ ⓦⓞ 🆅🅸🆂🅰 Y b
geschl. Sonntag – **Menu** à la carte 35/60.

In Bremen-Alte Neustadt :

🏨🏨 **Treff Hanseatic Hotel**, Neuenlander Str. 55 (B 6), ✉ 28199, ℘ (0421) 5 09 50, *tref
fhotels-bremen@t-online.de*, Fax *(0421) 508652*, ⬛ – |‡|, ⟨⟩ Zim, 📺 📞 ⅙ 🅿 – 🅰 25.
🆎 ⓞ 🆖 💳 ⬥ Rest   X c
Menu *(geschl. Sonntag) (nur Abendessen)* à la carte 39/48 – **183 Z** ⌷ 180/200 –
220/270.

🏨🏨 **Westfalia** (mit Gästehaus), Langemarckstr. 38, ✉ 28199, ℘ (0421) 5 90 20,
Fax *(0421) 507457* – |‡|, ⟨⟩ Zim, 📺 📞 ⅙ 🅿 – 🅰 20. 🆎 ⓞ 🆖 💳   X n
Menu *(geschl. Sonntag)* (überwiegend Fischgerichte) à la carte 43/62 – **63 Z** ⌷ 135/165
– 168/210.

In Bremen-Farge *über* ④ *: 32 km* :

🏨🏨 **Fährhaus Farge**, Wilhelmshavener Str. 1, ✉ 28777, ℘ (0421) 68 86 00, *Faehrhaus
-Farge@t-online.de*, Fax *(0421) 6886066*, ≤, 🌉, « Schiffsbegrüßungsanlage » – |‡| 📺 📞
⟨⟩ 🅿 – 🅰 250. 🆎 ⓞ 🆖 💳
Menu à la carte 42/68 – **45 Z** ⌷ 139/149 – 180/200.

In Bremen - Horn-Lehe :

🏰 **Landgut Horn**, Leher Heerstr. 140, ✉ 28357, ℘ (0421) 2 58 90, *info@landgut-ho
n.de*, Fax *(0421) 2589222*, 🌉 – |‡|, ⟨⟩ Zim, 📺 📞 ⟨⟩ 🅿 – 🅰 80. 🆎 ⓞ 🆖
💳 🇯🇨🇧   V L
Menu à la carte 49/73 – **106 Z** ⌷ 165/190 – 197/240.

🏨🏨 **Horner Eiche** Ⓜ garni, Im Hollergrund 1, ✉ 28357, ℘ (0421) 2 78 20, *hotel.horne
.eiche@t-online.de*, Fax *(0421) 2769666* – |‡| ⟨⟩ 📺 📞 ⟨⟩ 🅿 – 🅰 40. 🆎 ⓞ 🆖
💳 🇯🇨🇧   V a
68 Z ⌷ 135/145 – 180/195.

🏠 **Deutsche Eiche**, Lilienthaler Heerstr. 174, ✉ 28357, ℘ (0421) 25 10 11, *A.Kastin@
-online.de*, Fax *(0421) 251014*, 🌉 – |‡|, ⟨⟩ Zim, 📺 🅿 – 🅰 30. 🆎 ⓞ 🆖
💳 🇯🇨🇧   V :
Menu à la carte 38/71 – **39 Z** ⌷ 135/145 – 180/195.

In Bremen-Neue Vahr :

🏨🏨 **Queens Hotel**, August-Bebel-Allee 4, ✉ 28329, ℘ (0421) 2 38 70, Fax *(0421) 238783:
– |‡|, ⟨⟩ Zim, ⬛ Rest, 📺 ⅙ 🅿 – 🅰 220. 🆎 ⓞ 🆖 💳 🇯🇨🇧   V
Menu à la carte 43/79 – ⌷ 23 – **144 Z** 175/210 – 245.

In Bremen-Neustadt :

🏨🏨 **Atlantic Hotel Airport** Ⓜ, Flughafenallee 26, ✉ 28199, ℘ (0421) 5 57 10, *Reze
tion@AtlanticHotel-Bremen.de*, Fax *(0421) 5571100*, « Restaurant mit ≤ » – |‡|, ⟨⟩ Zim
📺 📞 ⟨⟩ 🅿 – 🅰 130. 🆎 ⓞ 🆖 💳 🇯🇨🇧   X a
Menu à la carte 47/69 – **111 Z** ⌷ 220/240 – 300/320.

In Bremen-Oberneuland *Ost : 10 km über Franz-Schütte-Allee* X :

🏛 **Landhaus Höpkens Ruh** ⟨⟩ mit Zim, Oberneulander Landstr. 69, ✉ 28355, ℘ (0421
20 58 53, Fax *(0421) 2058545*, « Park ; Gartenterrasse » – ⟨⟩ Zim, 📺 🅿 🆎 ⓞ 🆖
💳 🇯🇨🇧
geschl. 1.- 15 Jan. – **Menu** *(geschl. Montag)* à la carte 69/89 – **8 Z** ⌷ 180/200.

In Bremen-Schwachhausen :

🏠 **Heldt** ⟨⟩ (mit Gästehaus), Friedhofstr. 41, ✉ 28213, ℘ (0421) 21 30 51, *HotelHel
@aol.com*, Fax *(0421) 215145* – ⟨⟩ Zim, 📺 ⟨⟩ 🅿 🆎 ⓞ 🆖 💳 🇯🇨🇧   V
Menu *(geschl. Freitag - Sonntag) (nur Abendessen)* à la carte 32/48 – **55 Z** ⌷ 105/14
– 140/180.

In Bremen-Vegesack *über* ④ *: 22 km* :

🏰 **Strandlust Vegesack** Ⓜ, Rohrstr. 11, ✉ 28757, ℘ (0421) 6 60 90, *Info@Stran
ust.de*, Fax *(0421) 6609111*, ≤, « Terrasse am Weserufer », 🌳 – |‡|, ⟨⟩ Zim, 📺 📞 :
– 🅰 300. 🆎 ⓞ 🆖 💳 🇯🇨🇧
Menu à la carte 48/84 – **45 Z** ⌷ 145/185 – 220/280.

🏨🏨 **Atlantic Hotel Vegesack** Ⓜ garni, Sagerstr. 20, ✉ 28757, ℘ (0421) 6 60 5(
Fax *(0421) 664774* – |‡| ⟨⟩ 📺 📞 ⅙ ⟨⟩ – 🅰 60. 🆎 ⓞ 🆖 💳
97 Z ⌷ 150/190 – 190/280.

In Lilienthal *Nord-Ost : 12 km Richtung Worpswede* V :

🏠 **Rohdenburg**, Trupermoorer Landstr. 28, ✉ 28865, ℘ (04298) 4 00 90, *Rohdenb
g@akzent.de*, Fax *(04298) 3269*, 🌉 – ⟨⟩ Zim, 📺 📞 ⅙ 🅿 – 🅰 15. 🆎 ⓞ 🆖 💳
⬥ Rest
Menu *(geschl. 24. Juli - 10. Aug., Montagmittag, Mittwochmittag)* à la carte 34/62 – **23
⌷ 104/150 – 156/200.

🏨 **Schomacker,** Heidberger Str. 25, ✉ 28865, ℰ (04298) 9 37 40, *schomacker@landi dyll.de, Fax (04298) 4291,* 🌳 – ✦ Zim, 📺 ⇌ 🅿 – 🔥 20. 🖭 🚇 𝗩𝗜𝗦𝗔 🗛🖃
Menu *(Dienstag - Freitag nur Abendessen)* à la carte 36/61 – **30 Z** ⊵ 92/108 – 150/170.

In Oyten *Süd-Ost : 17 km über die B 75 :*

🏨 **Fehsenfeld** garni, Hauptstr. 50, ✉ 28876, ℰ (04207) 7 00 60 – 📺 ✔ ⇌ 🅿 🖭 🅞
🚇 𝗩𝗜𝗦𝗔 🗛🖃 ✄
geschl. 24. Dez. - Mitte Jan. – **10 Z** ⊵ 73/84 – 114/119.

Check-in :
Nicht schriftlich reservierte Zimmer werden in den meisten Hotels
nur bis 18 Uhr freigehalten.
Bei späterer Anreise ist daher der ausdrückliche Hinweis
auf die Ankunftzeit oder - besser noch - schriftliche Zimmerreservierung
ratsam.

Halten Sie beim Betreten des Hotels oder des Restaurants
den Führer in der Hand.
Sie zeigen damit, daß Sie aufgrund dieser Empfehlung gekommen sind.

BREMERHAVEN *Bremen* ⁴⁰⁵ *F 9 – 132 000 Ew – Höhe 3 m.*

Sehenswert : *Deutsches Schiffahrtsmuseum*★★ *AZ.*

🛈 *Tourist-Info, Obere Bürger 17 (im Columbus-Center),* ✉ *27568,* ℰ *(0471) 4 30 00, Fax (0471) 43080.*

ADAC, *Deichstr. 91d.*

Berlin 410 ② *– Bremen 58* ② *– Cuxhaven 43* ① *– Hamburg 134* ②

Stadtpläne siehe nächste Seiten

🏩 **Naber,** Theodor-Heuss-Platz 1, ✉ 27568, ℰ (0471) 4 87 70, *@hotelnaber.bestweste rn.de, Fax (0471) 4877999,* 🌳 – 🛗, ✦ Zim, 📺 ✔ ⇌ 🅿 – 🔥 90. 🖭 🅞
🚇 𝗩𝗜𝗦𝗔   BZ **c**
Menu à la carte 47/85 – **98 Z** ⊵ 150/178 – 190/310, 5 Suiten.

🏨 **Haverkamp,** Prager Str. 34, ✉ 27568, ℰ (0471) 4 83 30, *Hotel.Haverkamp@t-onlin e.de, Fax (0471) 4833281,* ⇌ 🚬, 🖼 – 🛗, ✦ Zim, 📺 ✔ 🅿 – 🔥 90. 🖭 🅞
🚇 𝗩𝗜𝗦𝗔   BZ **d**
Menu *(wochentags nur Abendessen)* à la carte 46/78 – **92 Z** ⊵ 140/230 – 180/350.

🏨 **Primula,** Stresemannstr. 110, ✉ 27576, ℰ (0471) 9 55 00, *PrimBrhv@aol.com, Fax (0471) 9550550* – 🛗, ✦ Zim, 📺 🅓 🅿 – 🔥 35. 🖭 🅞 🚇 𝗩𝗜𝗦𝗔 🗛🖃   BY **e**
Menu *(nur Abendessen)* à la carte 29/50 – **86 Z** ⊵ 125/130 – 125/150.

🏨 **Comfort Hotel** garni, Am Schaufenster 7, ✉ 27572, ℰ (0471) 9 32 00, *info@com fort-hotel-bremerhaven.de, Fax (0471) 9320100* – 🛗 ✦ 📺 ✔ 🅓 🅿 – 🔥 100. 🖭 🅞
🚇 𝗩𝗜𝗦𝗔   über ②
geschl. 22. - 26. Dez. – **116 Z** ⊵ 135/145 – 170/180.

XX **Natusch Fischereihafen-Restaurant,** Am Fischbahnhof 1, ✉ 27572, ℰ (0471) 7 10 21, *Fax (0471) 75008,* « Einrichtung aus Original-Schiffsteilen » – 🔥 80. 🖭 🅞
🚇 𝗩𝗜𝗦𝗔   über ②
geschl. Montag – **Menu** à la carte 46/82.

XX **Strandhalle,** Hermann-Heinrich-Meier-Straße, ✉ 27568, ℰ (0471) 4 60 61, *Fax (0471) 413569,* ◁, 🌳 – 🔥 80. 🖭 🚇 𝗩𝗜𝗦𝗔   AZ **s**
Menu à la carte 37/80.

XX **Fiedler's Aaalkate,** An der Packhalle IV 34 (1. Etage), ✉ 27572, ℰ (0471) 9 32 23 50, *Fax (0471) 9322330,* « Einrichtung im antik-flämischen Stil » – 🚇 𝗩𝗜𝗦𝗔
Menu à la carte 41/66.   über ②

X **Seute Deern,** Am Alten Hafen, ✉ 27568, ℰ (0471) 41 62 64, *Fax (0471) 45949,* 🌳,
« Restaurant auf einer Dreimast-Bark a.d.J. 1919 » – 🖭 🅞 🚇 𝗩𝗜𝗦𝗔   AZ **r**
Menu (überwiegend Fischgerichte) à la carte 34/62.

In Bremerhaven-Leherheide *über* ① :

🏩 **Übersee-Hotel,** Adolf-Kolping-Str. 2, ✉ 27578, ℰ (0471) 68 80, *ueberseehotel@t-o nline.de, Fax (0471) 68899,* 🌳, ⇌ – 🛗, ✦ Zim, 📺 ✔ 🅓 🅿 – 🔥 100. 🖭 🅞
🚇 𝗩𝗜𝗦𝗔
Menu *(nur Abendessen)* à la carte 32/53 – **37 Z** ⊵ 119/169.

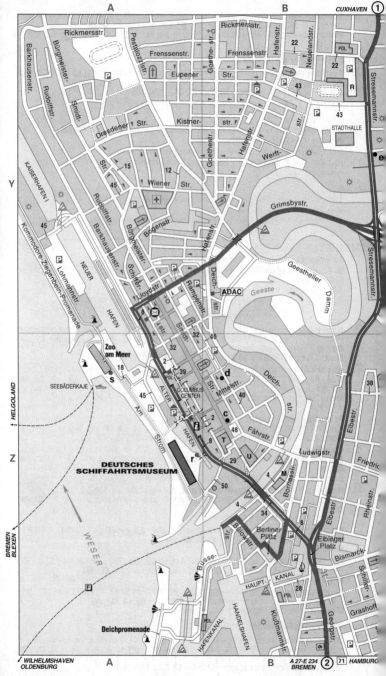

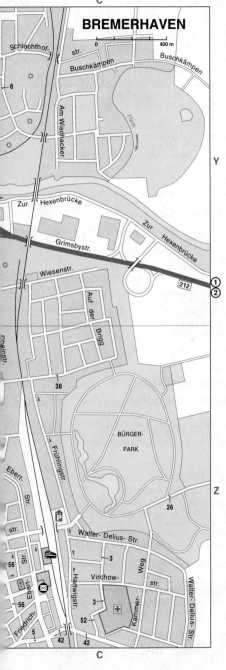

BREMERHAVEN

219

BREMERVÖRDE *Niedersachsen* 🔲🔲🔲 *F 11 – 20 000 Ew – Höhe 4 m.*
  🏢 *Touristik-Information, Rathausmarkt 1,* ✉ *27432,* 𝒫 *(04761) 98 71 42, Fax (04761) 987176.*
  Berlin 374 – Hannover 170 – Bremen 68 – Bremerhaven 48 – Hamburg 78.

  🏨 **Oste-Hotel,** Neue Str. 125, ✉ 27432, 𝒫 (04761) 87 60, Fax (04761) 87666, 🏡, 🛋
  – 🛏 Zim, 📺 🚗 🅿 – 🔬 150. 🖭 🚇 𝒱𝒮𝒜
  geschl. 2. - 7. Jan. – **Menu** à la carte 37/55 – **41 Z** ☞ 100/150.

BRENSBACH *Hessen* 🔲🔲🔲🔲🔲🔲 *Q 10 – 5 200 Ew – Höhe 175 m.*
  Berlin 574 – Wiesbaden 73 – Mannheim 64 – Darmstadt 26 – Michelstadt 19.

In Brensbach-Stierbach *Süd-Ost : 4 km :*

  🏨 **Schnellertshof,** Erbacher Str. 100, ✉ 64395, 𝒫 (06161) 23 80, Fax (06161) 1438,
  🏡, Wildgehege, 🛋, 🔲, 🚗 – 📺 🅿 🚇 𝒱𝒮𝒜
  geschl. Ende Jan. - Anfang Feb. – **Menu** *(geschl. Dienstag)* à la carte 30/56 – **18 Z**
  ☞ 80/140.

In Brensbach-Wersau *Nord-West : 2 km :*

  🏨 **Zum Kühlen Grund,** Bahnhofstr. 81 (B 38), ✉ 64395, 𝒫 (06161) 9 33 30,
  Fax (06161) 933322, 🏡 – 🛗, 🛏 Rest, 📺 🚗 🅿 – 🔬 25. ① 🚇 𝒱𝒮𝒜 🛏 Zim
  Menu à la carte 29/66 🍷 – **25 Z** ☞ 85/142.

BRETNIG *Sachsen siehe Pulsnitz.*

BRETTEN *Baden-Württemberg* 🔲🔲🔲 *S 10 – 27 000 Ew – Höhe 170 m.*
  Berlin 634 – Stuttgart 54 – Karlsruhe 28 – Heilbronn 47 – Mannheim 64.

  🏨 **Krone,** Marktplatz 2, ✉ 75015, 𝒫 (07252) 9 78 90 (Hotel), 20 43 (Rest.), *kontakt@krone-bretten.de, Fax (07252) 978966* – 🛗 📺 🅿 – 🔬 40. 🚇 𝒱𝒮𝒜
  Menu *(geschl. Okt. - April Montag)* à la carte 34/62 – **40 Z** ☞ 98/108 – 130/160.

  🏨 **Eulenspiegel,** Marktplatz 8, ✉ 75015, 𝒫 (07252) 94 98 10, *info@hotel-eulenspiegel.de, Fax (07252) 949830,* « Individuelle Zimmereinrichtung mit Antiquitäten » – 📺 📞 🅿.
  🚇 𝒱𝒮𝒜
  Menu (Café-Bistro) à la carte 29/45 – **8 Z** ☞ 110/150 – 170/200.

In Bretten-Diedelsheim *West : 2 km :*

  🏨 **Grüner Hof,** Karlsruher Str. 2, ✉ 75015, 𝒫 (07252) 9 35 10, Fax (07252) 935116 – 🛗
  📺 🅿 🚇 𝒱𝒮𝒜
  Menu siehe Rest. *Guy Graessel im Grünen Hof* separat erwähnt – **28 Z** ☞ 75/95 –
  140/150.

  🍴 **Guy Graessel im Grünen Hof,** Karlsruher Str. 2, ✉ 75015, 𝒫 (07252) 71 38,
  🍷 Fax (07252) 958637, Biergarten – 🅿. 🖭 ① 🚇 𝒱𝒮𝒜
  geschl. Feb. 2 Wochen, Aug. 3 Wochen, Sonntagabend, Donnerstag – **Menu** à la carte
  46/74.

BRETZENHEIM *Rheinland-Pfalz* 🔲🔲🔲 *Q 7 – 2 200 Ew – Höhe 110 m.*
  Berlin 606 – Mainz 38 – Bad Kreuznach 6 – Koblenz 75.

  🏨 **Grüner Baum,** Kreuznacher Str. 33, ✉ 55559, 𝒫 (0671) 83 63 40, *GruenerBaum@gmx.net, Fax (0671) 8363450* – 🛗, 🛏 Zim, 📺 🚇 𝒱𝒮𝒜 🛏 Zim
  geschl. 14. - 29. Juli, 22. Dez. - 6. Jan. – **Menu** *(geschl. Freitag, Sonntag) (nur Abendessen)*
  à la carte 27/43 🍷 – **27 Z** ☞ 63/92 – 124/170.

  🍴🍴 **Landhaus Le Passé,** Naheweinstr. 19, ✉ 55559, 𝒫 (0671) 4 61 68, Fax (0671) 45560,
  🏡 – 📺 🅿 🖭 🚇 𝒱𝒮𝒜
  geschl. Feb. 2 Wochen, Montag **Menu** *(wochentags nur Abendessen)* à la carte 48/71.

BRETZFELD *Baden-Württemberg* 🔲🔲🔲 *S 12 – 10 000 Ew – Höhe 210 m.*
  Berlin 575 – Stuttgart 61 – Heilbronn 20 – Nürnberg 145 – Würzburg 107.

In Bretzfeld-Bitzfeld *Nord : 2 km :*

  🏨🏨 **Zur Rose** (mit Gästehaus), Weißlensburger Str. 12, ✉ 74626, 𝒫 (07946) 77 50
  Fax (07946) 775400, 🛋, 🔲 – 🛗, 🛏 Zim, 📺 📞 🅿 – 🔬 35. 🚇 𝒱𝒮𝒜
  geschl. Jan. 1 Woche, Ende Aug. 2 Wochen – **Menu** *(geschl. Donnerstag)* à la carte 28/71
  🍷 – **40 Z** ☞ 90/115 – 150/180.

In Bretzfeld-Brettach *Süd-Ost : 9 km, Richtung Mainhardt :*

XX **Rössle** 🦢 mit Zim, Mainhardter Str. 26, ⊠ 74626, *𝒫* (07945) 9 11 10, Fax *(07945) 911130*, ⌂ – 📺 **P.** 🖭 ❻. ⚡ Zim
geschl. 15. - 31. Jan., Ende Sept. - Anfang Okt. – **Menu** *(geschl. Montagabend - Dienstag)* à la carte 32/70 – **4 Z** � 70 – 105/120.

BREUBERG/ODENWALD *Hessen* 🔢🔢 *Q 11 – 7 700 Ew – Höhe 150 m.*
Berlin 577 – Wiesbaden 83 – Frankfurt am Main 65 – Darmstadt 38 – Aschaffenburg 24.

In Breuberg-Neustadt :

🏨 **Rodensteiner,** Wertheimer Str. 3, ⊠ 64747, *𝒫* (06165) 9 30 50, *rodensteiner@fre enet.de, Fax (06165) 930550*, ⌂, Biergarten, ⚞ – |戈| 📺 **P.** – 🏂 35. 🖭 ❻ *VISA*
Menu *(geschl. Sonntagabend - Montagmittag, Freitagabend - Samstagmittag)* 30 und à la carte 43/82 – **31 Z** ⊑ 52/105 – 160/210 – ½ P 35.

Per i grandi viaggi d'affari o di turismo,
Guida MICHELIN rossa : EUROPE.

BREUNA *Hessen* 🔢 *L 11 – 3 600 Ew – Höhe 200 m – Luftkurort.*
Berlin 421 – Wiesbaden 240 – Kassel 37 – Paderborn 59.

🏨 **Sonneneck** 🦢, Stadtpfad 2, ⊠ 34479, *𝒫* (05693) 2 93, *Sonneneck@t-online.de, Fax (05693) 7144*, ⌂, **J₅**, ⩵s, ⚞ – ⚡ Zim, 📺 ⟵ **P.** ❶ ❻ *VISA*
geschl. 4. - 25. Jan. – **Menu** *(geschl. Sonntagabend - Montag)* à la carte 32/61 – **20 Z** ⊑ 78/98 – 128/168.

BRIETLINGEN *Niedersachsen siehe Lüneburg.*

BRILON *Nordrhein-Westfalen* 🔢 *L 9 – 27 000 Ew – Höhe 455 m – Luftkurort – Wintersport :* 450/600 m ⚡2 ⚡.

🟢 *Golfclub Brilon, Am Hölsterloh 5 (Süd-Ost : 1,5 km), 𝒫 (02961) 5 35 50.*
🅱 *Brilon Touristik, Steinweg 26, ⊠ 59929, 𝒫 (02961) 9 69 90, Fax (02961) 51199.*
Berlin 469 – Düsseldorf 168 – Arnsberg 42 – Kassel 89 – Lippstadt 47 – Paderborn 47.

🏨 **Haus Rech,** Hoppecker Str. 1, ⊠ 59929, *𝒫* (02961) 9 75 40, Fax *(02961) 975454*, ⩵s – |戈| 📺 ⚒ – 🏂 20. 🖭 ❶ ❻ *VISA*. ⚡
Menu *(geschl. Juli - Aug. 2 Wochen, Montagabend)* à la carte 32/72 – **26 Z** ⊑ 85/110 – 160/180 – ½ P 20.

🏨 **Zur Post** (mit Gästehaus), Königstr. 7, ⊠ 59929, *𝒫* (02961) 40 44, *reservierung@ho tel-zur-post.de, Fax (02961) 973597*, ⌂, ⩵s, 🔲 – |戈| 📺 **P.** – 🏂 40. 🖭 ❻ *VISA* *JCB*. ⚡ Rest
geschl. 22. - 28. Dez. – **Postille** *(geschl. Juli - Aug. 5 Wochen, Sonntag - Montag) (nur Abendessen)* **Menu** 75/135 – **Brasserie** *(geschl. Sonntagmittag)* **Menu** à la carte 43/72 – **31 Z** ⊑ 100 – 170/190 – ½ P 35.

🏠 **Waldhotel,** Hölsterloh 1 (Süd-Ost : 1,5 km, nahe der B 251), ⊠ 59929, *𝒫* (02961) 34 73, *Waldhotel-Klaholz@t-online.de, Fax (02961) 50470*, ⩻, ⌂, ⩵s – 📺 ⟵ **P.** 🖭 ❶ ❻ *VISA*
Menu à la carte 31/58 – **21 Z** ⊑ 77/97 – 110/150 – ½ P 25.

In Brilon-Gudenhagen *Süd : 4 km über die B 251 :*

XX **Haus Waldsee** (Groß) mit Zim, Am Waldfreibad, ⊠ 59929, *𝒫* (02961) 9 79 20,
⚜ Fax *(02961) 908569*, ⌂ – 📺 **P.** ❻ *VISA*
Menu *(geschl. Montag - Dienstag)* 76/87 à la carte 50/87 – **5 Z** ⊑ 75/120
Spez. Bachsaiblingterrine mit Tomaten-Estragon-Gelee. Rehrücken im Pfifferlingsud mit Selleriemousse und Haselnußspätzle. Die Obstschale des Patissiers mit Fruchtmark.

BROME *Niedersachsen* 🔢🔢🔢 *I 16 – 3 000 Ew – Höhe 67 m.*
Berlin 240 – Hannover 118 – Magdeburg 117 – Braunschweig 60 – Hamburg 141.

In Brome-Zicherie *Süd : 4 km :*

🏠 **Hubertus,** an der B 244, ⊠ 38465, *𝒫* (05833) 15 15, Fax *(05833) 7425*, ⌂, Wild-gehege, **J₅**, ⩵s – 📺 **P.** – 🏂 50. ❻ *VISA*
Menu *(geschl. Montagmittag)* à la carte 27/52 – **31 Z** ⊑ 70/80 – 125.

BROTTERODE Thüringen 🔟🔟 N 15 – 3 200 Ew – Höhe 600 m.

🅖 Gästeinformation, Bad-Vilbeler-Pl. 4, Haus des Gastes ⊠ 98599, ℰ (036840) 33 33, Fax (036840) 3335.

Berlin 353 – Erfurt 62 – Bad Hersfeld 97 – Coburg 96.

🏠 **Zur guten Quelle**, Schmalkalder Str. 27, ⊠ 98599, ℰ (036840) 3 40, Hotel-Quelle @t-online.de, Fax (036840) 34111, 🍽 – 🛗 📺 🔥 🅿 – 🔏 100. 🅾🅾 VISA
Menu à la carte 22/37 ⅄ – **44 Z** ⟷ 70/85 – 98/150 – ½ P 18.

Außerhalb West : 3 km :

🏠 **Waldschlößchen** 🐾, Gehegsweg 12, ⊠ 98599, ℰ (036840) 3 22 63, Fax (036840) 32127, 🍴, Biergarten, 🍽, 🍷 – 🟰 Zim, 📺 🔥 🅿 🅾🅾 VISA. 🎾
Menu à la carte 24/39 ⅄ – **22 Z** ⟷ 75/96 – ½ P 18.

BRUCHHAUSEN-VILSEN Niedersachsen 🔟🔟 H 11 – 6 000 Ew – Höhe 19 m – Luftkurort.

Berlin 369 – Hannover 87 – Bremen 49 – Minden 83 – Verden an der Aller 30.

🍽🍽 **Forsthaus Heiligenberg** 🐾 mit Zim, Heiligenberg 3 (in Homfeld, Süd-West : 4 km), ⊠ 27305, ℰ (04252) 9 32 00, restaurant@forsthaus-heiligenberg.de, Fax (04252) 932020, 🍴 – 📺 🅿 – 🔏 20. 🅾🅾 VISA
Menu (geschl. Montag) à la carte 43/75 – **6 Z** ⟷ 95 – 165/180.

🍽🍽 **Dillertal**, an der B 6 (Süd-West : 4 km), ⊠ 27305, ℰ (04252) 26 80, Dillertal@t-onlin e.de, Fax (04252) 678, 🍴 – 🅿 – 🔏 250. 🅾 🅾🅾 VISA
Menu à la carte 33/59.

BRUCHSAL Baden-Württemberg 🔟🔟 S-9 – 41 000 Ew – Höhe 115 m.

Sehenswert : Schloß★★ (Treppe★★, Museum mechanischer Musikinstrumente★★).

🛢 🛢 Bruchsal, Langental 2, ℰ (07251) 8 74 74.

🅖 Stadtinformation, Am alten Schloß 2, ⊠ 76646, ℰ (07251) 7 27 71, Fax (07251) 72771.

ADAC, Moltkestr. 38.

Berlin 646 – Stuttgart 68 – Karlsruhe 29 – Heilbronn 61 – Heidelberg 37 – Mannheim 49.

🏨 **Scheffelhöhe** 🐾, Adolf-Bieringer-Str. 20, ⊠ 76646, ℰ (07251) 80 20 (Hotel) 30 03 73 (Rest.), hotel@scheffelhoehe.de, Fax (07251) 802156, ≼, 🍴, 🍽 – 🛗, 🟰 Zim, 📺 🅿 – 🔏 20. 🆎 🅾 🅾🅾 VISA JCB
Belvedere : Menu à la carte 38/70 – **95 Z** ⟷ 145/180 – 180/240.

🏠 **Business Hotel** garni, Am Mantel 1a (B 35, nahe der BAB-Ausfahrt), ⊠ 76646, ℰ (07251) 93 90, Fax (07251) 939339 – 🛗 🟰 Zim 📞 🔥 🚗 🅿 – 🔏 80. 🆎 🅾🅾 VISA JCB
104 Z ⟷ 125/170.

🍴 **Zum Bären**, Schönbornstr. 28, ⊠ 76646, ℰ (07251) 8 86 27, gasthof.baeren@t-onl ine.de, Fax (07251) 88611, 🍴 – 🅿 🆎 🅾 🅾🅾 VISA
Menu à la carte 35/72.

In Bruchsal-Büchenau Süd-West : 7 km :

🏨 **Ritter** (mit Gästehäusern), Au in den Buchen 92, ⊠ 76646, ℰ (07257) 8 80, HotelRe staurantRitter@t-online.de, Fax (07257) 88111, 🍴, 🍽 – 🛗, 🟰 Zim, 📺 🔥 🅿 – 🔏 100. 🆎 🅾 🅾🅾 VISA
Menu (geschl. 27. Dez. - 6. Jan.) à la carte 37/66 (auch vegetarische Gerichte) ⅄ – **Brasserie** (geschl. Aug., Sonntag - Montag) (nur Abendessen) Menu à la carte 61/95 – **98 Z** ⟷ 118/135 – 130/190, 4 Suiten.

In Karlsdorf-Neuthard Nord-West : 4 km :

🏠 **Karlshof** (mit Gästehaus), Bruchsaler Str. 1 (B 35), ⊠ 76689, ℰ (07251) 9 44 10, Fax (07251) 944132 – 🛗 🟰 📺 🅿 🆎 🅾🅾 VISA
Menu (geschl. Sonntagabend) (wochentags nur Abendessen) 16/25 à la carte 34/60 – **56 Z** ⟷ 95/135.

🍴 **Schlindwein-Stuben**, Altenbürgstr. 6, ⊠ 76689, ℰ (07251) 4 10 76, Fax (07251) 49343, Biergarten – 🟰. 🆎 🅾 🅾🅾 VISA
geschl. Aug. - Sept. 3 Wochen, Montag – Menu à la carte 25/62 (auch vegetarische Gerichte) ⅄.

In Forst Nord-West : 5 km :

🍽🍽 **Zum Löwen**, Kirchstr. 8, ⊠ 76694, ℰ (07251) 30 08 96, 🍴 – 🅾🅾 VISA
geschl. Anfang Jan. 2 Wochen, Aug. 2 Wochen, Samstagmittag, Sonntagabend - Montag – Menu à la carte 42/63.

BRUCKMÜHL *Bayern* 🔲🔲🔲 *W 19 – 12 000 Ew – Höhe 507 m.*

Berlin 630 – München 46 – Garmisch-Partenkirchen 92 – Salzburg 100 – Innsbruck 119.

🏨 **Demmel** garni, Rathausplatz 2, ✉ 83052, ☎ (08062) 31 11, Fax (08062) 3311, 🚗 – ⚡ 📺 🅿
   15 Z 🍽 85/130.

In Bruckmühl-Kirchdorf *Nord : 1 km :*

🍴🍴 **Großer Wirt** mit Zim, Am Griesberg 2, ✉ 83052, ☎ (08062) 12 49, Fax (08062) 5888,
   🌳, 🏊 (geheizt), 🚗 – 📺 🚗 🅿 🆎 🌐 *VISA*
   Menu *(geschl. Donnerstag)* à la carte 31/64 – **11 Z** 🍽 85/135.

BRÜCKENAU, BAD *Bayern* 🔲🔲🔲 🔲🔲🔲 *P 13 – 7 500 Ew – Höhe 300 m – Heilbad.*

🛈 *Tourist-Information, Marktplatz 2,* ✉ 97769, ☎ (09741) 8 04 11, Fax (09741) 80437.
   Berlin 478 – München 345 – Fulda 32 – Frankfurt am Main 97 – Würzburg 78.

In Bad Brückenau *– Stadtmitte :*

🏨 **Zur Krone,** Marktplatz 5, ✉ 97769, ☎ (09741) 40 81, Fax (09741) 3851 – 📺 🅿 🌐
   🌐 *VISA*
   Menu *(geschl. Sonntag) (nur Abendessen)* à la carte 27/53 – **10 Z** 🍽 80/140.

🏨 **Zur Mühle** 🌭, Ernst-Putz-Str. 17, ✉ 97769, ☎ (09741) 9 16 10, Zur-Muehle@t-onl
   ine.de, Fax (09741) 916191, « Kleiner Park mit Teich », 🚗 – 🚗 🅿 🌐 🌐 *VISA*
   Menu à la carte 26/57 🍷 – **42 Z** 🍽 80 – 108/138 – ½ P 22.

In Bad Brückenau *– Staatsbad :*

🏨🏨 **Dorint Hotel** 🌭, Heinrich-von-Bibra-Str. 13, ✉ 97769, ☎ (09741) 8 50, Info.
   ZEEBRU@dorint.com, Fax (09741) 85425, 🌳, « Herrliche Lage in einem Kurpark a.d.
   18.Jh. », direkter Zugang zum Kurmittelzentrum – 📶, ⚡ Zim, 📺 ✆ 🚻 🚗 🅿 – 🏋 130.
   🆎 🌐 🌐 *VISA* JCB. 🍽 Rest
   Menu à la carte 48/74 – 🍽 25 – **146 Z** 179/189 – 209/219 – ½ P 40.

BRÜGGEN *Nordrhein-Westfalen* 🔲🔲🔲 *M 2 – 14 000 Ew – Höhe 40 m.*

🛈 *Tourist-Information, Burgwall 4 (in der Burg Brüggen),* ✉ 41379, ☎ (02163) 52 70, Fax
   (02163) 570165.
   Berlin 600 – Düsseldorf 50 – Mönchengladbach 22 – Roermond 17 – Venlo 17.

In Brüggen-Born *Nord-Ost : 2 km :*

🏨 **Borner Mühle** 🌭, Borner Mühle 19, ✉ 41379, ☎ (02163) 95 59 50, Hotel.Borner
   -Muehle@akzent.de, Fax (02163) 59003, 🌳 – 📶 📺 🅿 – 🏋 25. 🆎 🌐 *VISA*
   geschl. Jan. – **Menu** *(geschl. Montag - Dienstagmittag)* à la carte 30/57 – **25 Z** 🍽 90/130.

BRÜHL *Nordrhein-Westfalen* 🔲🔲🔲 *N 4 – 45 000 Ew – Höhe 65 m.*

*Sehenswert : Schloß Augustusburg★★ (Treppenhaus★★, Deckenfresko★, Innenräume★★,
   Audienzsaal★, Garten★) – Schloß Falkenlust★ (Lackkabinett★, Spiegelkabinett★) –
   Phantasialand★ (Galaxy★, Wintergartenschau★).*
   🛈 *Brühl-Info, Uhlstr. 1,* ✉ 50321, ☎ (02232) 7 93 45, Fax (02232) 793460.
   Berlin 589 – Düsseldorf 61 – Bonn 25 – Aachen 76 – Düren 35 – Köln 13.

🏨🏨 **Treff Hansa Hotel** 📶, Römerstr. 1, ✉ 50321, ☎ (02232) 20 40, treff-hansa-hotel
   -bruehl@t-online.de, Fax (02232) 204523, 🌳, 🚿 – 📶, ⚡ Zim, 🍴 Rest, 📺 🚻 🚗 🅿
   – 🏋 220. 🆎 🌐 🌐 *VISA* JCB. 🍽 Rest
   Menu à la carte 40/62 – **157 Z** 🍽 205/265.

🏨🏨 **Am Stern** garni, Uhlstr. 101, ✉ 50321, ☎ (02232) 1 80 00, Fax (02232) 180055 – 📶
   📺 🅿 🌐 *VISA*
   41 Z 🍽 130/190 – 190/250.

🏨 **Bonprix** 📶, Hamburger Str. 18 (Gewerbegebiet Nord), ✉ 50321, ☎ (02232) 1 50 30,
   info@hotel-bonprix.de, Fax (02232) 150399 – 📶, ⚡ Zim, 📺 ✆ 🚻 🚗 🅿 – 🏋 60. 🆎
   🌐 🌐 *VISA* 🍽
   Menu *(geschl. Samstagmittag, Sonntag)* à la carte 25/48 – **34 Z** 🍽 139/159.

🏨 **Rheinischer Hof** garni, Euskirchener Str. 123 (Pingsdorf), ✉ 50321, ☎ (02232)
   93 30 10, Fax (02232) 31689 – 📶 📺 🅿 🌐 🌐 *VISA* 🍽
   geschl. 15. Dez.- 15. Jan. – **22 Z** 🍽 110/150 – 140/180.

🍴🍴🍴 **Orangerie** (Bey), Schloßstr. 6 (Schloss Augustusburg), ✉ 50321, ☎ (02232) 94 41 50,
   🌿 orangeriekg@aol.com, Fax (02232) 9441534, 🌳 – 🆎 🌐 🌐 *VISA* JCB. 🍽
   geschl. über Karneval 1 Woche, Anfang Okt. 2 Wochen, Sonntag - Montag – **Menu** *(nur
   Abendessen)* 119/179 und à la carte 71/135
   Spez. Carpaccio von Langustinen und St. Jakobsmuscheln mit Limettenvinaigrette.
   Gebackkenes Milchlamm mit eingelegtem Trüffel und süß-saurem Spitzkohl. Aprikosen-
   knödel mit Rosmarinbutter und Krokanteis.

BRÜHL

※※ **Glaewe's Restaurant**, Balthasar-Neumann-Platz, ⊠ 50321, ℰ (02232) 1 35 91, Fax (02232) 44360 – ※
geschl. Ende Dez. - Anfang Jan., Juli - Aug. 3 Wochen, Montag - Dienstag – **Menu** (wochentags nur Abendessen) à la carte 64/84.

BRUNSBÜTTEL Schleswig-Holstein 🔠🔠🔠 E 11 – 13 500 Ew – Höhe 2 m.
Berlin 374 – Kiel 96 – Cuxhaven 84 – Hamburg 83 – Itzehoe 27.

In Brunsbüttel-Ort :

🏠 **Zur Traube**, Markt 9, ⊠ 25541, ℰ (04852) 5 46 10, Fax (04852) 546150, ☎s – 📺 ⇦
🅿 – 🛎 40. 🄰🄴 ⓘ ⓌⓄ 𝘝𝘐𝘚𝘈. ※ Rest
Menu à la carte 39/69 – **19 Z** ⊆ 98/105 – 138/145.

In St. Michaelisdonn Nord : 12 km :

🏠 **Landhaus Gardels**, Westerstr. 15, ⊠ 25693, ℰ (04853) 80 30, Landhaus.Gardels@t
-online.de, Fax (04853) 803183, 🌧 – ※ Zim, 📺 🕭 ⇦ 🅿 – 🛎 50. 🄰🄴 ⓘ ⓌⓄ 𝘝𝘐𝘚𝘈
Menu (geschl. Samstagmittag) à la carte 45/78 – **63 Z** ⊆ 145/185 – 180/250 – ½ P 35.

BRUSCHIED Rheinland-Pfalz siehe Kirn.

BUCHAU, BAD Baden-Württemberg 🔠🔠🔠 V 12 – 4 300 Ew – Höhe 586 m – Moorheilbad.
Ausflugsziele : Steinhausen : Wallfahrtskirche★ Süd-Ost : 10 km – Bad Schussenried : ehemaliges Kloster (Klosterbibliothek★) Süd-Ost : 9 km.
🄱 Städt. Kur- und Verkehrsamt, Marktplatz 6, ⊠ 88422, ℰ (07582) 9 33 60, Fax (07582) 933620.
Berlin 679 – Stuttgart 112 – Konstanz 108 – Reutlingen 71 – Ulm (Donau) 63 – Ravensburg 43.

🏠 **Zum Kreuz**, Hofgartenstr. 1, ⊠ 88422, ℰ (07582) 9 31 40, Fax (07582) 931420 – 📺 ⇦, ⓌⓄ 𝘝𝘐𝘚𝘈
geschl. 24. Dez. - 15. Jan. – **Menu** (geschl. Mittwoch) à la carte 29/61 – **24 Z** ⊆ 60/120.

BUCHEN (ODENWALD) Baden-Württemberg 🔠🔠🔠🔠🔠 R 11 – 18 800 Ew – Höhe 340 m – Erholungsort.
🝤 Mudau, Donebacher Str. 41 (West : 10 km), ℰ (06284) 84 08.
🄱 Verkehrsamt, Hochstadtstr. 2, ⊠ 74722, ℰ (06281) 27 80, Fax (06281) 2732.
Berlin 560 – Stuttgart 113 – Würzburg 65 – Heidelberg 87 – Heilbronn 59.

🏠🏠 **Prinz Carl**, Hochstadtstr. 1, ⊠ 74722, ℰ (06281) 5 26 90, info@PrinzCarl.de
Fax (06281) 526969, 🌧, « Rustikale Weinstube » – 🕴, ※ Zim, 📺 ⇦ 🅿 – 🛎 25. 🄰🄴 ⓘ ⓌⓄ 𝘝𝘐𝘚𝘈
Menu à la carte 50/80 – **21 Z** ⊆ 115/145 – 155/185 – ½ P 35.

🏠 **Reichsadler**, Walldürner Str. 1, ⊠ 74722, ℰ (06281) 5 22 60, HOTEL-REICHSADLER@T
ONLINE.DE, Fax (06281) 522640, 🌧 – ※ Zim, 📺 🅿. 🄰🄴 ⓘ ⓌⓄ 𝘝𝘐𝘚𝘈
geschl. Jan. 2 Wochen, Nov. 2 Wochen – **Menu** (geschl. Montag) à la carte 34/53 ♨ – **20 Z** ⊆ 75/95 – 105/145.

In Buchen-Hainstadt Nord : 1,5 km :

🏠 **Zum Schwanen**, Hornbacher Str. 4, ⊠ 74722, ℰ (06281) 28 63, Schwanen@t-on.
⇦ ne.de, Fax (06281) 97098, 🔲 – 🕴 ⇦ 🅿 ※
geschl. Aug. 3 Wochen – **Menu** (geschl. Sonntagabend, Mittwoch) à la carte 23/37 ♨ – **17 Z** ⊆ 60/100 – ½ P 16.

In Buchen-Hollerbach Süd-West : 3 km :

X **Zum Engel**, Holunderstr. 7, ⊠ 74722, ℰ (06281) 89 46, Fax (06281) 1065, 🌧 – 🅿
🍴 geschl. Anfang - Mitte Feb., Ende Aug. - Anfang Sept., Dienstag - Mittwoch – **Menu** (wochentags nur Abendessen) à la carte 40/68.

BUCHENBERG Bayern 🔠🔠🔠 🔠🔠🔠 W 14 – 3 800 Ew – Höhe 895 m – Luftkurort – Wintersport 900/1 036 m ⚡6 ⚡.
🄱 Verkehrsamt, Rathaussteige 2, ⊠ 87474, ℰ (08378) 92 02 22, Fax (08378) 920223.
Berlin 703 – München 133 – Kempten (Allgäu) 8 – Isny 17.

🏠🏠 **Sommerau** ⚞, Eschacher Str. 35, ⊠ 87474, ℰ (08378) 94 09 30
Fax (08378) 9409360, ⚟, 🌧, ☎s, 🐎 – 📺 🅿 – 🛎 80. ⓌⓄ 𝘝𝘐𝘚𝘈
Menu (geschl. Dienstag) à la carte 32/76 ♨ – **38 Z** ⊆ 95/115 – 160/186 ½ P 24.

224

🏚 **Schwarzer Bock** 🐌, Hölzlers 169 (Nord-West : 1,5 km), 🖂 87474, 𝒫 (08378) 9 40 50,
🏚 *freudeimgruenen@t-online.de, Fax* (08378) 940520, 🍴, 🚿, 🔲, 🛏, ✶ (Halle) –
✖ Zim, 📺 🅿 – 🛗 30. 🐵 𝖵𝖨𝖲𝖠. ⚘ Rest
Menu *(geschl. Montagmittag, Dienstagmittag)* à la carte 38/71 – **20 Z** 🛏 95/128 –
150/198 – ½ P 35.

BUCHENHAIN *Brandenburg* 🄰🄶 *G 24 – 400 Ew – Höhe 30 m.*
Berlin 105 – Potsdam 140 – Neubrandenburg 52 – Szczecin 90.

🏚 **Landhaus Arnimshain** 🐌, Dorfstr. 32, 🖂 17268, 𝒫 (039889) 6 40,
Fax (039889) 64150, 🍴, 🚿, ✶ – 📺 🛁 🅿 – 🛗 80
Menu à la carte 40/69 – **43 Z** 🛏 90/120 – 120/160.

In some towns and their surrounding areas,
hoteliers are liable to increase their prices
during certain trade exhibitions and tourist events.

BUCHHOLZ IN DER NORDHEIDE *Niedersachsen* 🄰🄶🄰🄶 *F 13 – 34 000 Ew – Höhe 46 m.*
🏌 *Holm-Seppensen (Süd : 5 km), 𝒫* (04181) 3 62 00.
🅱 *Tourist-Information, Rathausplatz 4,* 🖂 21244, 𝒫 (04181) 28 28 10, *Fax* (04181)
282890.
Berlin 312 – Hannover 124 – Hamburg 40 – Bremen 96.

'n Buchholz-Dibbersen :

🏚 **Frommann**, Harburger Str. 8 (B 75), 🖂 21244, 𝒫 (04181) 28 70, *Hotel-Frommann*
@t-online.de, Fax (04181) 287287, 🍴, 🔲, ✶ – ✖ Zim, 📺 🅿 – 🛗 40
Menu à la carte 29/56 – **49 Z** 🛏 74/92 – 104/150.

🏚 **Gästehaus Ulmenhof** 🐌 garni, Am Sööl'n 1, 🖂 21244, 𝒫 (04181) 3 98 16,
Fax (04181) 97103, (ehem. Bauernhaus), « Garten » – 📺 ⟵ 🅿 ⚘
16 Z 🛏 62/68 – 92/110.

'n Buchholz-Holm-Seppensen :

🏚 **Seppenser Mühle** 🐌, 🖂 21244, 𝒫 (04187) 3 22 30, *info@seppenser-muehle.de,*
Fax (04187) 322399, 🍴 – 🛗 📺 🅿 🄰🄴 🐵 𝖵𝖨𝖲𝖠
geschl. Jan. – **Menu** *(geschl. Mittwoch)* à la carte 30/56 – **21 Z** 🛏 85/92 – 135/140.

'n Buchholz-Seppensen :

🏚 **Heitmann** garni, Buchholzer Landstr. 6, 🖂 21244, 𝒫 (04181) 9 32 50, *Fritz.Heitman*
n@t-online.de, Fax (04181) 932525 – 📺 🅿 🄰🄴 🐵 𝖵𝖨𝖲𝖠. ⚘
11 Z 🛏 98/140.

'n Buchholz-Steinbeck :

🏚 **Zur Eiche**, Steinbecker Str. 111, 🖂 21244, 𝒫 (04181) 2 00 00, *hotel@zur-eiche.de,*
Fax (04181) 39509, 🍴 – 📺 ⟵ 🅿 – 🛗 40. 🄰🄴 ⓪ 🐵 𝖵𝖨𝖲𝖠
Menu *(geschl. Dienstag)* à la carte 37/54 – **18 Z** 🛏 95/108 – 140/170.

BUCHLOE *Bayern* 🄰🄹🄰🄶 *V 16 – 8 500 Ew – Höhe 627 m.*
Berlin 606 – München 68 – Augsburg 48 – Kempten (Allgäu) 59 – Memmingen 49.

🏚 **Stadthotel**, Bahnhofstr. 47, 🖂 86807, 𝒫 (08241) 50 60, *stadthotel@t-online.de,*
Fax (08241) 506135, 🍴, 🏋, 🚿 – 🛗, ✖ Zim, 📺 ⟵ 🅿 – 🛗 90. 🄰🄴
🐵 𝖵𝖨𝖲𝖠
Menu à la carte 37/63 – **44 Z** 🛏 98/118 – 157/177.

BUCKOW *Brandenburg* 🄰🄶🄰🄸 *I 26 – 2 000 Ew – Höhe 46 m – Kneippkurort.*
🅱 *Fremdenverkehrsamt, Wriezener Str. 1a,* 🖂 15377, 𝒫 (033433) 5 75 00, *Fax* (033433)
57500.
Berlin 62 – Potsdam 91 – Frankfurt (Oder) 48 – Eberswalde 50.

🏚 **Bergschlösschen** 🐌 (mit Gästehaus), Königstr. 38, 🖂 15377, 𝒫 (033433) 5 73 12,
Fax (033433) 57412, ≼, 🍴, 🚿, – 📺 🅿 – 🛗 15. 🄰🄴 🐵 𝖵𝖨𝖲𝖠
Menu à la carte 30/53 – **21 Z** 🛏 100/120 – 140/160.

🏚 **Kur- und Tagungshotel Am See**, Ringstr. 5, 🖂 15377, 𝒫 (033433) 63 60,
Fax (033433) 636138, ≼, « Terrasse mit Seeblick », Massage, ♨, 🚿, 🛥, ✶ – 🛗 📺
🛁 🅿 – 🛗 25. 🐵 𝖵𝖨𝖲𝖠
Menu à la carte 26/48 – **24 Z** 🛏 80/110 – 130/140.

BÜCHLBERG Bayern **420** T 24 – 4000 Ew – Höhe 489 m – Erholungsort – Wintersport : ⚐.
- 🛈 Verkehrsamt, Hauptstr. 5 (Rathaus), ⊠ 94124, ℘ (08505) 9 00 80, Fax (08505) 900848.
  Berlin 613 – München 192 – Passau 19 – Freyung 21.

🏠 **Binder,** Freihofer Str. 6, ⊠ 94124, ℘ (08505) 9 00 70, alfredbinder@aol.com,
Fax (08505) 900799, <, 🌳, ⬛s, 🞮 – 🛗, 🖐 Zim, ⬛ 🅿 – 🕭 120. ◍ **VISA**. 🞮 Zim
geschl. Mitte Jan. - Mitte Feb. – **Menu** (geschl. Nov.- April Donnerstag) à la carte 22/45 –
57 Z 🖵 62/77 – 94/124 – ½ P 14.

🏠 **Beinbauer** 🞮, Pangerlbergstr. 5, ⊠ 94124, ℘ (08505) 65 20, hotel-beinbauer@t-c
nline.de, Fax (08505) 6463, 🌳, 🞮, 🞮 – 🞮 🅿.
geschl. Nov. – **Menu** (nur Abendessen) (Restaurant nur für Hausgäste) 16/25 – **30 Z**
🖵 52/90 – ½ P 16.

BÜCKEBURG Niedersachsen **417** J 11 – 21500 Ew – Höhe 60 m.
Sehenswert : Schloß★ – Hubschraubermuseum★ – Stadtkirche★.
- 🛈 Tourist-Information, Marktplatz 4, ⊠ 31675, ℘ (05722) 20 61 81, Fax (05722) 206210.
  Berlin 340 – Hannover 64 – Bielefeld 63 – Bremen 106 – Osnabrück 93.

🏨 **Ambiente** M, Herminenstr.11, ⊠ 31675, ℘ (05722) 96 70, info@ambiente-hotel.de
Fax (05722) 967444, 🌳, 🛌, ⬛s – 🛗, 🖐 Zim, 🞮 🞮 ⬛ 🅿 – 🕭 30. ⬛ ◍ ◍
VISA JCB
Menu à la carte 30/76 – **34 Z** 🖵 168/196 – 214/326.

🏨 **Altes Forsthaus** 🞮, Harrl 2, ⊠ 31675, ℘ (05722) 2 80 40, info@altes-forsthaus.de
Fax (05722) 280444, 🌳 – 🛗, 🖐 Zim, 🞮 🞮 🅿 – 🕭 100. ⬛ ◍ **VISA**
Menu à la carte 38/75 – **42 Z** 🖵 155/175 – 195/255.

🏠 **Am Schlosstor** garni, Lange Str. 31, ⊠ 31675, ℘ (05722) 9 59 90,
Fax (095722) 959950 – 🖐 🞮 🞮 🅿. ⬛ ◍ ◍ **VISA**
24 Z 🖵 109/139 – 159/199.

In Bückeburg-Röcke West : 5 km :

🏨 **Große Klus** M, Am Klusbrink 19, ⊠ 31675, ℘ (05722) 9 51 20, GROSSE-KLUS-@ T
ONLINE.DE, Fax (05722) 951250, 🌳 – 🖐 Zim, 🞮 🞮 🅿 – 🕭 30. ⬛ ◍ ◍ **VISA**
Menu (wochentags nur Abendessen) (bemerkenswerte Weinkarte) à la carte 49/77 – **18 Z**
🖵 115/145 – 160/220.

BÜCKEN Niedersachsen **415** H 11 – 1000 Ew – Höhe 20 m.
Berlin 355 – Hannover 72 – Bremen 63 – Hamburg 122.

🏠 **Thöle - Zur Linde,** Hoyaer Str. 33, ⊠ 27333, ℘ (04251) 9 30 00, info@thoeles-h
tel.de, Fax (04251) 930093, 🌳, ⬛s, 🞮, 🞮, 🞮(Halle) – 🞮 🞮 🞮 🅿 – 🕭 200. ◍
◍ **VISA**
Menu (geschl. Sonntagabend) à la carte 22/47 – **24 Z** 🖵 55/80 – 85/105.

In Warpe-Nordholz Süd : 6,5 km :

🞮 **Landhaus Hünecke,** Haus Nr. 2, ⊠ 27333, ℘ (05022) 6 21, Fax (05022) 1726, 🌳
🞮, 🞮, 🞮, 🞮 – 🞮 🅿. ⬛ ◍ ◍ **VISA**. 🞮 Zim
Menu (geschl. Sonntagabend) à la carte 23/40 – **14 Z** 🖵 58/98.

BÜDELSDORF Schleswig-Holstein siehe Rendsburg.

BÜHL Baden-Württemberg **419** T 8 – 27000 Ew – Höhe 135 m.
Ausflugsziel : Burg Altwindeck ⇐★ – Süd-Ost : 4 km.
- 🛈 Tourist-Information, Hauptstr. 41, ⊠ 77815, ℘ (07223) 93 53 32, Fax (07223) 93533.
  Berlin 716 – Stuttgart 117 – Karlsruhe 45 – Offenburg 41 – Baden-Baden 17.

🏨 **Badischer Hof,** Hauptstr. 36, ⊠ 77815, ℘ (07223) 9 33 50, Fax (07223) 93355
« Gartenrestaurant » – 🛗, 🖐 Zim, 🞮. ⬛ ◍ **VISA**
Menu (geschl. Montagmittag, Samstagmittag) 41/80 à la carte 50/83 – **24 Z** 🖵 80/16
– 160/220.

🏠 **Zum Sternen,** Hauptstr. 32, ⊠ 77815, ℘ (07223) 9 86 50, Fax (07223) 986533 – 🞮
🞮 🅿. ⬛ ◍ ◍ **VISA**
Menu (geschl. Mittwoch) à la carte 24/50 – **16 Z** 🖵 80/135.

🞮🞮 **Grüne Bettlad** mit Zim, Blumenstr. 4, ⊠ 77815, ℘ (07223) 9 31 3(
Fax (07223) 931310, 🌳, (Haus a.d. 16. Jh.) – 🞮 🅿. ◍ ◍ **VISA**
geschl. Weihnachten - Mitte Jan., Ende Juli - Anfang Aug. – **Menu** (geschl. Sonntag - Monta
45 (mittags) und à la carte 67/91 – **6 Z** 🖵 140/160 – 180/210.

XX **Gude Stub,** Dreherstr. 9, ⊠ 77815, ℰ (07223) 84 80, Fax (07223) 900180, 🌧,
« Kleine, gemütliche Stuben im ländlichen Stil » – ⓌↃ 🆅🅸🆂🅰
geschl. über Fastnacht 2 Wochen, Dienstag – **Menu** (Tischbestellung ratsam) à la carte
55/76.

In Bühl-Eisental Nord : 2 km :

X **Zum Rebstock,** Weinstr. 2 (B 3), ⊠ 77815, ℰ (07223) 2 42 45, Fax (07223) 900708,
🌧 – 🅿. ⓌↃ 🆅🅸🆂🅰
geschl. Anfang - Mitte Jan., Montag - Dienstagmittag – **Menu** à la carte 37/78.

In Bühl-Kappelwindeck Süd-Ost : 2 km :

🏠 **Jägersteig** ⚓, Kappelwindeckstr. 95a, ⊠ 77815, ℰ (07223) 9 85 90, Leppert@Jae
gersteig.de, Fax (07223) 985998, ≤ Bühl und Rheinebene, 🌧 – 🆃🆅 📞 🅿.
ⓌↃ 🆅🅸🆂🅰
geschl. Mitte Jan. - Mitte Feb. – **Menu** (geschl. Montagmittag, Donnerstag) à la carte 35/64
– **13 Z** ⌕ 70/98 – 130/152 – ½ P 28.

X **Zum Rebstock** mit Zim, Kappelwindeckstr. 85, ⊠ 77815, ℰ (07223) 2 21 09,
Fax (07223) 40142, 🌧 – 🆃🆅 🅿. ⓌↃ 🆅🅸🆂🅰. ✀
Menu (geschl. 5. - 22. März, 5. - 22. Nov., Mittwoch) à la carte 34/69 – **7 Z** ⌕ 72/80 –
120/136.

In Bühl-Neusatz Süd : 5 km :

🏠 **Pension Linz** ⚓ garni, Waldmattstr. 10, ⊠ 77815, ℰ (07223) 9 86 70, PensionLinz
@t-online.de, Fax (07223) 25206, ≤, Massage, ⩸, 🔲, 🌧, ✀ – 🆃🆅 ⇦ 🅿.
8 Z ⌕ 83 – 138/144.

In Bühl-Oberbruch Nord-West : 4 km, jenseits der A 5 :

XX **Pospisil's Gasthof Krone** mit Zim, ⊠ 77815, ℰ (07223) 9 36 00,
⇩ Fax (07223) 936018, 🌧 – 🆃🆅 🅿. 🅰🅴 ⓌↃ 🆅🅸🆂🅰
Pavel's Restaurant (geschl. Montag) **Menu** 69/89 – *Kronenstube* (geschl. Montag)
Menu à la carte 40/58 – **6 Z** ⌕ 75/100 – 130.

In Bühl-Rittersbach Süd : 2 km :

🏠 **Zur Blume,** Hubstr. 85, ⊠ 77815, ℰ (07223) 2 21 04, Fax (07223) 22117, 🌧 – ⇆
🆃🆅 ⇦ 🅿. – 🅔 50. ⓌↃ 🆅🅸🆂🅰
Menu (geschl. Donnerstag) à la carte 28/59 ⅃ – **13 Z** ⌕ 80 – 130/150.

An der Burgruine Altwindeck Süd-Ost : 4 km über Kappelwindeck :

🏰 **Burg Windeck** Ⓜ ⚓, Kappelwindeckstr. 104, ⊠ 77815 Bühl, ℰ (07223) 9 49 20, burg
-windeck@t-online.de, Fax (07223) 40016, ≤ Bühl und Rheinebene, 🌧, « Schöne
Lage in den Weinbergen », ⬡, ⩸ – ⇆ Zim, 🆃🆅 📞 🅿. – 🅔 35. 🅰🅴 ①
ⓌↃ 🆅🅸🆂🅰
geschl. 8. - 31. Jan. – **Menu** (geschl. Mittwoch) à la carte 57/85 – **21 Z** ⌕ 170/190 –
250/280, 3 Suiten.

An der Schwarzwaldhochstraße Ost : 13 km, Richtung Baden-Baden :

🏯 **Schlosshotel Bühlerhöhe** ⚓, Schwarzwaldhochstr. 1 – Höhe 800 m, ⊠ 77815 Bühl,
ℰ (07226) 5 50, info@buehlerhoehe.de, Fax (07226) 55777, ≤ Schwarzwald und Rheinebene, 🌧, « Park », Massage, ⬡, ⩸, ⚓, 🔲, 🌧, ✄(Halle) – 🛗, 🍽 Rest, 🆃🆅 📞 ⇦
🅿. – 🅔 120. 🅰🅴 ① ⓌↃ 🆅🅸🆂🅰 🅹🅲🅱. ✀ Rest
Menu siehe auch Rest. *Imperial* separat erwähnt – *Schlossrestaurant :* Menu à la carte
73/101 – ⌕ 30 – **90 Z** 300/490 – 490/690, 12 Suiten – ½ P 110.

XXXXX **Imperial** - Schlosshotel Bühlerhöhe, ⊠ 77815 Bühl, ℰ (07226) 5 50, info@buehlerho
❀ ehe.de, Fax (07226) 55777 – 🍽 🅿. 🅰🅴 ① ⓌↃ 🆅🅸🆂🅰 🅹🅲🅱.
geschl. 10. Jan. - 10. Feb., Ende Juli - Anfang Aug., Montag - Dienstag – **Menu** (wochentags
nur Abendessen) (Tischbestellung ratsam) à la carte 96/143
Spez. Gänsestopfleber im Salzteig gebacken mit glacierten Äpfeln. Pot-au-feu von
Meeresfrüchten. Gebratene Taube mit sautierten Kartoffeln und Balsamicojus.

BÜHLERTAL Baden-Württemberg 🔢 T 8 – 8 500 Ew – Höhe 500 m – Luftkurort.
🛈 Tourist Information, Hauptstr. 92, ⊠ 77830, ℰ (07223) 9 96 70, Fax (07223) 75984.
Berlin 721 – Stuttgart 120 – Karlsruhe 50 – Strasbourg 51 – Baden-Baden 20.

🏰 **Rebstock,** Hauptstr. 110 (Obertal), ⊠ 77830, ℰ (07223) 9 97 40, info@rebstock-bu
ehlertal.de, Fax (07223) 997499, « Gartenterrasse », 🌧 – 🛗, ⇆ Zim, 🆃🆅 🅿. – 🅔 100.
ⓌↃ 🆅🅸🆂🅰
Menu (geschl. Feb. 2 Wochen, Nov. 2 Wochen, Donnerstag) à la carte 39/68 – **21 Z**
⌕ 105/130 – 170/190 – ½ P 25.

🏛 **Badischer Löwe,** Sessgasse 3 (Untertal), ✉ 77830, 🖉 (07223) 99 80, *Badischer-Lo ewe@t-online.de, Fax (07223) 998299,* 🌴 – 〄 Zim, 📺 – 🛁 60. 🖭 🚳 *VISA*. 🍴 Rest
Menu *(geschl. Jan., Sonntagabend - Montag)* à la carte 35/67 🍷 – **21 Z** ⇌ 85/110 – 140/165 – ½ P 28.

🍴 **Engel** mit Zim, Hauptstr. 13 (Untertal), ✉ 77830, 🖉 (07223) 7 21 63, *Fax (07223) 999164,* 🌴 – 📺 📞 📵 🚳
geschl. Ende Aug. - Anfang Sept. – **Menu** *(geschl. Dienstag)* à la carte 35/59 – **9 Z** ⇌ 65/80 – 120/165.

BÜHLERZELL *Baden-Württemberg* 🔢🔢 S 13 – 1 700 Ew – Höhe 391 m.
Berlin 554 – Stuttgart 86 – Aalen 42 – Schwäbisch Hall 23.

🏕 **Goldener Hirsch,** Heilberger Str. 2, ✉ 74426, 🖉 (07974) 3 86, *Fax (07974) 1223,* Bier-
🍴 garten – 🚗 📵 – 🛁 150
Menu *(geschl. Dienstag)* à la carte 20/47 – **10 Z** ⇌ 45/75 – ½ P 15.

BÜLOW *Mecklenburg-Vorpommern* 🔢🔢 E 21 – 350 Ew – Höhe 33 m.
Berlin 174 – Schwerin 106 – Neubrandenburg 55 – Güstrow 44 – Rostock 73.

In Bülow-Schorssow *Süd-West : 2 km :*

🏰🏰 **Schloß Schorssow** 🐾 (mit Gästehaus), Am Haussee, ✉ 17166, 🖉 (039933) 7 90, *schloss.schorssow@t-online.de, Fax (039933) 79100,* 🌴, « Park mit See », 🏖, 🔲, 🎿
🎯 – 🛗, 🍽 Rest, 📺 📵 🚴 📵 – 🛁 60. 🖭 ⓞ 🚳 *VISA*
Hofjägermeister von Moltke : **Menu** à la carte 69/89 – **Weinkeller** *(nur Abendessen,*
Menu à la carte 39/65 – **41 Z** ⇌ 190 – 260/550 – ½ P 45.

BÜRCHAU *Baden-Württemberg siehe Neuenweg.*

BÜREN *Nordrhein-Westfalen* 🔢🔢 L 9 – 22 000 Ew – Höhe 232 m.
🅘 Tourist-Information, Königstr.16, ✉33142, 🖉 (02951) 97 01 71, Fax (02951) 970170.
Berlin 450 – Düsseldorf 152 – Arnsberg 56 – Kassel 92 – Paderborn 29.

🏛 **Kretzer,** Wilhelmstr. 2, ✉ 33142, 🖉 (02951) 98 49 80, *Hotel.Kretzer@t-online.de*
🍴 *Fax (02951) 70119* – 📺 📵 🚳 *VISA*. 🍴 Zim
Menu *(geschl. 9. - 13. April, 9. Juli - 1. Aug., Mittwochabend)* à la carte 22/42 – **11 Z**
⇌ 60/110.

🏛 **Ackfeld,** Bertholdstr. 9, ✉ 33142, 🖉 (02951) 9 84 50, *ackfeld@aol.com*
🍴 *Fax (02951) 984545,* Biergarten – 📺 🚗. 🖭 🚳 *VISA* 🇯🇨🇧
Menu *(geschl. 17. Juni - 1. Juli, 22. Dez. - 6. Jan., Donnerstagabend, Samstagmittag)* à la
carte 27/51 – **8 Z** ⇌ 70/130.

BÜRGEL *Thüringen* 🔢🔢 N 19 – 1 800 Ew – Höhe 263 m.
Berlin 233 – Erfurt 55 – Gera 34 – Jena 12 – Halle 88.

🏛 **Sonne,** Markt 9, ✉ 07616, 🖉 (036692) 2 25 22, Fax (036692) 20116, 🌴 – 〄 Zim
🍴 📺. 🖭 🚳 *VISA*
Menu à la carte 23/34 – **14 Z** ⇌ 60/78 – 110/119.

BÜRGSTADT *Bayern* 🔢🔢 Q 11 – 4 000 Ew – Höhe 130 m.
Berlin 566 – München 352 – Würzburg 69 – Aschaffenburg 43 – Heidelberg 79.

🏨 **Adler,** Hauptstr. 30, ✉ 63927, 🖉 (09371) 9 78 80, *info@gasthof-adler.de*
🍴 *Fax (09371) 978860,* 🌴, 🏖 – 〄 Zim, 📺 📞 📵. 🖭 🚳 *VISA*
Menu *(geschl. 2. - 10. Jan., Freitagmittag, Montag)* à la carte 39/71 🍷 – **21 Z** ⇌ 78/11
– 140/190.

🏛 **Weinhaus Stern,** Hauptstr. 23, ✉ 63927, 🖉 (09371) 4 03 50, *info@hotel-weinha*
🍴 *s-stern.de, Fax (09371) 403540,* « Weinlaube » – 📺 📵 🖭 🚳 *VISA*
Menu *(geschl. Mittwoch - Donnerstag, 1. Sonntag im Monat) (Montag - Freitag nur Abend essen) (bemerkenswerte Weinkarte)* à la carte 40/80 – **12 Z** ⇌ 59/120 – 110/195.

BÜRSTADT *Hessen* 🔢🔢 R 9 – 15 000 Ew – Höhe 90 m.
🇷🇸 🇷🇸 Biblis-Wattenheim, Golfparkallee 2 (Nord : 2 km), 🖉 (06245) 9 06 00.
Berlin 601 – Wiesbaden 73 – Mannheim 33 – Frankfurt am Main 65 – Worms 7.

🏨 **Berg,** Vinzenzstr. 6, ✉ 68642, 🖉 (06206) 98 30, *hotelberg@gmx.de*
🍴 *Fax (06206) 98349,* 🌴, 🏖 – 〄 Zim, 📺 📞 🚗 – 🛁 40. 🖭 ⓞ 🚳 *VISA* 🇯🇨🇧
Menu *(geschl. Samstagmittag, Sonntag)* à la carte 47/62 – **35 Z** ⇌ 85/140 – 125/200

BÜSCHERHEIDE *Niedersachsen siehe Preußisch-Oldendorf.*

BÜSUM *Schleswig-Holstein* **415** *D 10 – 5 000 Ew – Nordseeheilbad.*
　🚢 *Warwerort (Ost : 8 km), ℰ (04834) 63 00.*
　🛈 *Kurverwaltung, Südstrand 11,* ✉ *25761, ℰ (04834) 90 90, Fax (04834) 6530.*
　Berlin 406 – Kiel 102 – Cuxhaven 131 – Flensburg 103 – Meldorf 25.

🏨 **Friesenhof** 🦐, *Nordseestr. 66,* ✉ *25761, ℰ (04834) 95 51 20, Hotel-Friesenhof@t*
　-online.de, Fax (04834) 8108, ≤, 🎠, **ʃ♨**, 😑s, – 📶 TV ✆ 🅿 AE ① ⓂⓄ VISA. ⅍ *Zim*
　geschl. Anfang Jan. - Anfang Feb. – **Menu** *(außer Saison nur Abendessen)* à la carte 42/85
　(auch vegetarische Gerichte) – **44 Z** ⊑ *110/190 – 220/290 – ½ P 32.*

🏨 **Strandhotel Hohenzollern** 🦐, *Strandstr. 2,* ✉ *25761, ℰ (04834) 99 50, strand*
　hotel-hohenzollern@t-online.de, Fax (04834) 995150, 😑 – 📶 TV 🅿 AE. ⅍ *Rest*
　geschl. 13. Nov. - 20. Dez. – **Menu** *(Jan. - Feb. nur Abendessen)* à la carte 31/61 – **43 Z**
　⊑ *90/153 – 160/180 – ½ P 25.*

🏠 **Zur Alten Post** *(mit Gästehaus), Hafenstr. 2,* ✉ *25761, ℰ (04834) 9 51 00,*
　Fax (04834) 4944, « *Dithmarscher Bauernstube* » – TV 🎠 🅿 ⓂⓄ. ⅍ *Rest*
　20. - 25. Dez. geschl. – **Menu** à la carte 34/67 – **42 Z** ⊑ *85/100 – 140/170 – ½ P 25.*

🏠 **Windjammer** 🦐, *Dithmarscher Str. 17,* ✉ *25761, ℰ (04834) 66 61,*
　Fax (04834) 3040, **ʃ♨** – TV ✆ 🅿. ⅍ *Rest*
　Menu *(Nov. - April garni) (nur Abendessen) (Restaurant nur für Hausgäste)* à la carte 25/46
　– **18 Z** ⊑ *91/177 – 172/182 – ½ P 22.*

🏠 **Büsum** 🦐 *garni, Blauort 18,* ✉ *25761, ℰ (04834) 6 01 40, Kahlke.de@t-online.de,*
　Fax (04834) 60188, **ʃ♨**, 😑s – 📶 ↔ TV 🅿
　Mitte März - Okt. – **35 Z** ⊑ *60/89 – 150/182.*

BÜTTELBORN *Hessen* **417** *Q 9 – 10 000 Ew – Höhe 85 m.*
　Berlin 567 – Wiesbaden 35 – Frankfurt am Main 38 – Darmstadt 12 – Mainz 28.

🏠 **Haus Monika,** *an der B 42 (Ost : 1,5 km),* ✉ *64572, ℰ (06152) 18 10, info@haus-m*
　onika.de, Fax (06152) 18150, 😑 – 📶, ↔ Zim, TV 🅿 AE ① ⓂⓄ VISA. ⅍ *Zim*
　geschl. 24. Dez. - 2. Jan. – **Menu** *(geschl. Ende Juli - Anfang Aug., Samstag, Sonntagabend)*
　à la carte 38/74 – **39 Z** ⊑ *99/128 – 148/170.*

BÜTZOW *Mecklenburg-Vorpommern* **416** *E 19 – 10 000 Ew – Höhe 15 m.*
　Berlin 203 – Schwerin 63 – Rostock 39 – Güstrow 19 – Wismar 38.

🏨 **Am Langen See** 🦐, *Rühner Landweg 30,* ✉ *18246, ℰ (038461) 41 90, AmLangen*
　See@t-online.de, Fax (038461) 41999, 😑 – ↔ Zim, TV 🅿 – 🔬 25. AE ⓂⓄ VISA. ⅍ *Rest*
　Menu à la carte 28/44 – **25 Z** ⊑ *75/105 – 130/150 – ½ P 25.*

BURBACH *Nordrhein-Westfalen* **417** *N 8 – 14 200 Ew – Höhe 370 m.*
　Berlin 555 – Düsseldorf 135 – Siegen 21 – Limburg an der Lahn 45 – Köln 102.

In Burbach-Holzhausen Ost : 8 km :

✗✗ **Fiester-Hannes** 🦐 *mit Zim, Flammersbacher Str. 7,* ✉ *57299, ℰ (02736) 2 95 90,*
　Fax (02736) 295920, 😑, « *Restauriertes Fachwerkhaus a.d. 17. Jh.* » – TV 🚗 🅿 – 🔬 25.
　AE ⓂⓄ VISA. ⅍
　geschl. 1. - 14. Jan. – **Menu** *(geschl. Sonntag - Montagmittag, Samstagmittag)* à la carte
　53/79 – **7 Z** ⊑ *105/138 – 180/250.*

BURG *Schleswig-Holstein siehe Fehmarn (Insel).*

BURG BEI MAGDEBURG *Sachsen-Anhalt* **416 418** *J 19 – 26 300 Ew – Höhe 54 m.*
　🛈 *Burg-Information, Am Markt 1,* ✉ *39288, ℰ (03921) 68 95, Fax (03921) 6895.*
　Berlin 130 – Magdeburg 26 – Brandenburg 55.

🏨 **Wittekind,** *An den Krähenbergen 2 (im Gewerbegebiet, Süd-Ost : 2 km),* ✉ *39288,*
　ℰ (03921) 9 23 90, Fax (03921) 923939, 😑 – ↔ Zim, TV 🎠 🅿 – 🔬 25. ⓂⓄ VISA
　Menu à la carte 31/60 – **26 Z** ⊑ *125 – 150/175.*

BURG/MOSEL *Rheinland-Pfalz siehe Enkirch.*

BURG (SPREEWALD) *Brandenburg* **418** *K 26 – 3 400 Ew – Höhe 58 m – Erholungsort.*
　Ausflugsziele : *Spreewald*★★ *(Freilandmuseum Lehde*★, *per Kahn ab Lübbenau West :*
　19 km).
　🛈 *Touristinformation, Am Hafen 6,* ✉ *03096, ℰ (035603) 4 17, Fax (035603) 498.*
　Berlin 113 – Potsdam 144 – Cottbus 19 – Frankfurt (Oder) 98 – Leipzig 117.

血血 **Romantik Hotel Zur Bleiche** ⊗, Bleichestr. 16 (West : 2 km), ⊠ 03096, ℰ (035603) 6 20, *hotelzurbleiche@snafu.de, Fax (035603) 60292*, ☂, Biergarten, « Spreewälder Landtherme », Massage, ₤₅, ⇌, ▣, ≂ – ✲ Zim, ▥ ₧ – 益 150
Menu à la carte 56/93 – **90 Z** (nur ½ P) 240/290 – 380/520, 4 Suiten.

血血 **Zum Leineweber** ⊗, Am Bahndamm 2, ⊠ 03096, ℰ (035603) 6 40, *Hotel-zum-Le ineweber@t-online.de, Fax (035603) 61129*, ☂, ⇌ – ✲ Zim, ▥ ₧ – 益 25. ▦ ⑩ ⑩⑩ *VISA*
Menu à la carte 27/55 – **41 Z** ⊃ 135 – 160/180 – ½ P 25.

血 **Am Spreebogen,** Ringchaussee 140 (West : 2,5 km), ⊠ 03096, ℰ (035603) 68 00, ⊜ *Fax (035603) 68020*, ☂ – ▥ ₧. ⑩⑩ *VISA*. ✲ Rest
Menu à la carte 24/48 ⅄ – **24 Z** ⊃ 110 – 160/200 – ½ P 20.

血 **Zur Linde,** Hauptstr. 38, ⊠ 03096, ℰ (035603) 2 09, *hotel@zur-linde-burg.de, Fax (035603) 209*, « Gartenterrasse » – ▥ ₧.
Menu à la carte 27/36 – **16 Z** ⊃ 75/90 – 120 – ½ P 19.

In Burg-Kauper *Nord : 9 km :*

血血 **Waldhotel Eiche** ⊗, Eicheweg 1, ⊠ 03096, ℰ (035603) 6 70 00, *waldhotel-eiche @spreewald-info.de, Fax (035603) 67222*, ☂, Biergarten, ⇌, ≂ – |₤|, ✲ Zim, ▥ ₧ – 益 60. ▦ ⑩ ⑩⑩ *VISA*
geschl. 3. Jan. - 4. Feb. – **Menu** à la carte 32/54 – **62 Z** ⊃ 115/125 – 190/220, 6 Suiten – ½ P 30.

血血 **Landhotel Burg im Spreewald,** Ringchaussee 125, ⊠ 03096, ℰ (035603) 6 46, *landhotel@landhotel-burg.de, Fax (035603) 64800*, ☂, ₤₅, ⇌ – ▥ ₧ – 益 150. ▦ ⑩ ⑩⑩ *VISA JCB*
Wendenkönig : **Menu** à la carte 30/55 – **51 Z** ⊃ 115/150 – 155/190 – ½ P 25.

血血 **Seehotel Burg im Spreewald,** Willischzaweg 4, ⊠ 03096, ℰ (035603) 6 50, *seeh otel-burg@t-online.de, Fax (035603) 65250*, ≂ – ▥ ₧. ⑩ ⑩ ⑩⑩ *VISA*. ✲ Rest
Menu *(nur Abendessen)* (Restaurant nur für Hausgäste) – **35 Z** ⊃ 95/130 – 130/170.

In Werben *Süd-West : 3 km :*

血 **Zum Stern,** Burger Str. 1, ⊠ 03096, ℰ (035603) 6 60, *Fax (035603) 66199*, Biergarten ⊜ – ✲ Zim, ▥ ₧ – 益 40. ▦ ⑩ ⑩⑩ *VISA*
Menu à la carte 24/43 ⅄ – **32 Z** ⊃ 95 – 120/140 – ½ P 20.

In Leipe *Nord-West : 8 km :*

血 **Spreewaldhotel Leipe** ⊗, Dorfstr. 20, ⊠ 03226, ℰ (03542) 22 34, *mail@spree waldhotel.de, Fax (03542) 3891*, ☂ – ▥ ₧. ▦ ⑩ ⑩⑩ *VISA*
Menu à la carte 25/44 – **21 Z** ⊃ 95/125 – 120/190 – ½ P 23.

BURG STARGARD Mecklenburg-Vorpommern siehe Neubrandenburg.

BURGDORF Niedersachsen **415 416 418** I 14 – 31 000 Ew – Höhe 56 m.
　ᵣ Burgdorf-Ehlershausen, Waldstr. 27, ℰ (05085) 76 28.
Berlin 274 – Hannover 31 – Braunschweig 52 – Celle 24.

血 **Am Försterberg,** Immenser Str.10, ⊠ 31303, ℰ (05136) 8 80 80, *Fax (05136) 873342*, ☂ – ▥ ☏ ₧ – 益 30. ▦ ⑩ ⑩⑩ *VISA*
Menu à la carte 36/70 – **24 Z** ⊃ 88/180 – 150/280.

In Burgdorf-Beinhorn *West : 7 km :*

血 **Landhotel Moormühle,** Oldhorster Moor 4 (B 3), ⊠ 31303, ℰ (05136) 8 89 80, *Fax (05136) 889855*, ☂, ≂ – ▥ ₧ – 益 40. ▦ ⑩ ⑩⑩ *VISA*. ✲
Menu *(geschl. 23. Dez.- 2. Jan., Samstag - Sonntag) (nur Abendessen)* à la carte 39/64 – **28 Z** ⊃ 100/140 – 160/240.

In Burgdorf-Ehlershausen *Nord : 10 km :*

血 **Bähre,** Ramlinger Str. 1, ⊠ 31303, ℰ (05085) 9 89 80, *info@hotel-baehre.de, Fax (05085) 989898*, ☂ – ▥ ₧.
Menu *(geschl. Donnerstag)* à la carte 27/72 – **22 Z** ⊃ 140/170 – 160/240.

BURGHASLACH Bayern **419 420** Q 15 – 2 500 Ew – Höhe 300 m.
Berlin 448 – München 229 – Nürnberg 60 – Bamberg 46 – Würzburg 59.

In Burghaslach-Oberrimbach *West : 5 km :*

血 **Steigerwaldhaus,** ⊠ 96152, ℰ (09552) 9 23 90, *Steigerwaldhaus@t-online.de, Fax (09552) 923929*, ☂, ✲ Zim, ▥ ⊜ ₧. ▦ ⑩ ⑩⑩ *VISA*. ✲ Rest
Menu *(geschl. Mitte Jan. - Mitte Feb., Mitte - Ende Aug., Dienstag)* à la carte 27/73 ⅄ – **19 Z** ⊃ 45/55 – 85/110 – ½ P 20.

BURGHAUSEN Bayern 420 V 22 – 19 000 Ew – Höhe 368 m.

Sehenswert : Lage★★ der Burg★★, ≤★.

Ausflugsziele : Wallfahrtskirche Marienberg★ Süd-West : 4 km – Klosterkirche Raitenhaslach★ (Deckenmalerei★★) Süd-West : 5 km.

🛥 Marktl, Falkenhof 1 (Nord : 13 km), 𝒫 (08678) 98 69 03 ; 🛥, 🛥, Haiming, Schloß Piesing (Nord-Ost : 5 km), 𝒫 (08678) 98 69 03.

🚩 Verkehrs- und Kulturamt, Rathaus, Stadtplatz 112, ✉ 84489, 𝒫 (08677) 24 35, Fax (08677) 887155.

Berlin 639 – München 110 – *Bad Reichenhall 67* – Passau 81 – Salzburg 58.

🏨 **Residenz,** Robert-Koch-Str. 15, ✉ 84489, 𝒫 (08677) 97 50, Fax (08677) 4000 – 🛗 📺 – 🛡 25. ◭ ◑ ◍ 𝖵𝖨𝖲𝖠 𝖩𝖢𝖡
Menu à la carte 28/70 – **45 Z** ⊇ 110/150 – 160/200.

🏨 **Lindacher Hof** 🅼 garni, Mehringer Str. 47, ✉ 84489, 𝒫 (08677) 98 60, INFO@LINDACHER-HOF.de, Fax (08677) 986400, 🕿 – 🛗 ✦ 📺 📞 🚗 – 🛡 15. ◭ ◑ ◍ 𝖵𝖨𝖲𝖠
42 Z ⊇ 125/150 – 160/200.

🏨 **Post** (mit Gästehäusern), Stadtplatz 39, ✉ 84489, 𝒫 (08677) 96 50, info@hotelpost.de, Fax (08677) 965666, 😊 – ✦ Zim, 📺 📞 🚗 – 🛡 30. ◑ ◍ 𝖵𝖨𝖲𝖠
Menu à la carte 33/73 – **51 Z** ⊇ 115/125 – 149/165.

🏨 **Bayerische Alm** 🌿, Robert-Koch-Str. 211, ✉ 84489, 𝒫 (08677) 98 20, info@Bay erischeAlm.de, Fax (08677) 982200, Biergarten, « Gartenterrasse » – 📺 📞 🚗 🅿 – 🛡 15. ◭ ◑ ◍ 𝖵𝖨𝖲𝖠
Menu (geschl. Freitag, Nov. - April Freitag, Sonntagabend) à la carte 41/74 – **23 Z** ⊇ 115/155 – 155/185.

🏨 **Glöcklhofer** (mit Gästehaus), Ludwigsberg 4, ✉ 84489, 𝒫 (08677) 9 61 70, EuroRin g.hotels@t-online.de, Fax (08677) 65500, Biergarten, ⊒ (geheizt), 🌳 – ✦ Zim, 📺 ♿ 🚗 🅿 – 🛡 40. ◭ ◑ ◍ 𝖵𝖨𝖲𝖠 ✹ Rest
Menu à la carte 39/73 – **50 Z** ⊇ 120/130 – 175/195.

🍴 **Fuchsstuben,** Mautnerstr. 271, ✉ 84489, 𝒫 (08677) 6 27 24, 😊 – ◑ ◍ 𝖵𝖨𝖲𝖠
geschl. nach Ostern 1 Woche, Ende Aug. - Mitte Sept., Sonntagabend - Montag – **Menu** à la carte 36/69.

Bei der Wallfahrtskirche Marienberg Süd-West : 4 km :

🍴 **Zur Einkehr,** Marienberg 119, ✉ 84489 Burghausen, 𝒫 (08677) 23 03, Fax (08677) 985619, 😊 – ✦ 🅿 🚗 𝖵𝖨𝖲𝖠
geschl. Mitte Aug. - Anfang Sept., Donnerstag, Montag - Freitag nur Abendessen) – **Menu** à la carte 37/69.

In Burghausen-Raitenhaslach Süd-West : 5 km :

🏨 **Klostergasthof Raitenhaslach** 🌿, ✉ 84489, 𝒫 (08677) 97 30, 🚗 Fax (08677) 66111, 😊, Biergarten, « Brauereigasthof a.d. 16. Jh. », 🔥 – 📺 🅿 ◭ ◍ 𝖵𝖨𝖲𝖠
geschl. Anfang - Mitte Jan. – **Menu** à la carte 22/57 – **14 Z** ⊇ 90/140.

BURGKUNSTADT Bayern 418 420 P 17 – 6 800 Ew – Höhe 304 m.

Berlin 366 – München 273 – *Coburg 31* – Bayreuth 38 – Bamberg 48.

In Altenkunstadt Süd : 2 km :

🏨 **Gondel,** Marktplatz 7, ✉ 96264, 𝒫 (09572) 36 61, Fax (09572) 4596, 😊 – 📺 🚗 🅿 ◭ ◑ ◍ 𝖵𝖨𝖲𝖠
geschl. 2. - 12. Jan., 8. - 16. Aug. – **Menu** (geschl. Freitagabend - Samstagmittag) à la carte 34/63 – **36 Z** ⊇ 75/95 – 99/165.

BURGRIEDEN Baden-Württemberg 419 420 V 13 – 3 400 Ew – Höhe 500 m.

Berlin 637 – Stuttgart 118 – *Konstanz 136* – Ulm (Donau) 26.

🍴🍴 **Ebbinghaus,** Bahnhofplatz 2, ✉ 88483, 𝒫 (07392) 60 41, Fax (07392) 16765, 😊 – 🅿
geschl. 1. - 10. Jan., Montag – Menu (wochentags nur Abendessen) à la carte 44/84.

BURGTHANN Bayern 419 420 R 17 – 9 800 Ew – Höhe 440 m.

Berlin 439 – München 159 – *Nürnberg 29* – Regensburg 79.

🍴🍴 **Blaue Traube** mit Zim, Schwarzachstr. 7, ✉ 90559, 𝒫 (09183) 75 55, Fax (09183) 3787, 😊 – 📺 ◍ 𝖵𝖨𝖲𝖠
geschl. Ende Aug. - Anfang Sept. – **Menu** (geschl. Dienstag) à la carte 36/62 – **7 Z** ⊇ 60/120.

BURGWALD Hessen **417** N 10 – 5 500 Ew – Höhe 230 m.
Berlin 462 – Wiesbaden 145 – Marburg 27 – Kassel 90 – Paderborn 111 – Siegen 82.

In Burgwald-Ernsthausen :

XX **Oertel Burgwald-Stuben,** Marburger Str. 25 (B 252), ⊠ 35099, ℰ (06457) 80 66,
Fax (06457) 1076 – 🅿
geschl. Mittwoch – **Menu** (wochentags nur Abendessen) à la carte 50/79.

BURGWEDEL Niedersachsen **415 416 417 418** I 13 – 20 000 Ew – Höhe 58 m.
🚡 Burgwedel-Engensen, Wettmarer Str. 13, ℰ (05139) 89 44 94.
Berlin 283 – Hannover 30 – Bremen 107 – Celle 28 – Hamburg 137.

In Burgwedel-Grossburgwedel :

🏨 **Menge's Hof,** Isernhägener Str. 3, ⊠ 30938, ℰ (05139) 80 30, info@mengeshof.com,
Fax (05139) 87355, « Hotelanlage in rekonstruierten Fachwerkhäusern ; Innenhofterrasse
mit Teich », Massage, ⇌, 🔲 – 🛗, ⇔ Zim, 📺 📞 🕭 🅿 – 🔏 70. 🔠 ⓪ 🐽 𝘝𝘐𝘚𝘈
Menu à la carte 48/73 – **44 Z** ⊊ 198/265.

🏨 **Ole Deele** garni, Heinrich-Wöhler-Str. 14, ⊠ 30938, ℰ (05139) 9 98 30,
Fax (05139) 998340 – 📺 📞 🅿 – 🔏 15. 🐽 𝘝𝘐𝘚𝘈. ⚘
15 Z ⊊ 95/125 – 145/165.

In Burgwedel-Thönse :

XX **Gasthaus Lege,** Engenser Str. 2, ⊠ 30938, ℰ (05139) 82 33, Fax (05139) 8233, ⌂
⌂ – 🅿 🔠 🐽 𝘝𝘐𝘚𝘈
geschl. Dienstag – **Menu** (Montag - Freitag nur Abendessen) 47 à la carte 56/73.

BURLADINGEN Baden-Württemberg **419** V 11 – 11 000 Ew – Höhe 722 m.
Berlin 713 – Stuttgart 78 – Konstanz 106 – Ulm (Donau) 92 – Freiburg im Breisgau 173.

In Burladingen-Gauselfingen Süd-Ost : 4,5 km :

🏨 **Wiesental,** Gauzolfstr. 23 (B 32), ⊠ 72393, ℰ (07475) 75 35, Fax (07475) 7317, ⌂
⌂ – 📺 ⇔ 🅿
geschl. über Fastnacht 2 Wochen, Juli - Aug. 2 Wochen – **Menu** (geschl. Donnerstag) à la
carte 35/53 – **14 Z** ⊊ 74/80 – 110/120.

In Burladingen-Melchingen Nord : 12 km :

🏨 **Gästehaus Hirlinger** ⚘ garni, Falltorstr. 9, ⊠ 72393, ℰ (07126) 9 29 70, gaeste
haus.hirlinger@t-online.de, Fax (07126) 929723, ⇌, ⌂ – ⇔ ⇔ 🅿
21 Z ⊊ 62/75 – 100/110.

BURSCHEID Nordrhein-Westfalen **417** M 5 – 17 500 Ew – Höhe 200 m.
Berlin 546 – Düsseldorf 42 – Köln 26 – Remscheid 19.

In Burscheid-Hilgen Nord-Ost : 4 km :

🏨 **Heyder,** Kölner Str. 94 (B 51), ⊠ 51399, ℰ (02174) 73 13 60, Fax (02174) 61814 – 📺
⇔ 🅿 🔠 🐽 𝘝𝘐𝘚𝘈. ⚘ Rest
geschl. Weihnachten - Anfang Jan. – **Menu** (geschl. Samstag) (nur Abendessen) à la carte
29/61 – **29 Z** ⊊ 80/115 – 137/220.

BUSCHVITZ Mecklenburg-Vorpommern siehe Rügen (Insel).

BUTJADINGEN Niedersachsen **415** F 8 – 5 000 Ew – Höhe 3 m.
🔟 Kurverwaltung, Strandallee (Burhave), ⊠ 26969, ℰ (04733) 9 29 30, Fax (04733)
929399.
Berlin 487 – Hannover 214 – Cuxhaven 64 – Bremerhaven 15 – Oldenburg 67.

In Butjadingen-Burhave – Seebad :

🏨 **Haus am Meer** ⚘, Am Deich 26, ⊠ 26969, ℰ (04733) 4 22, Fax (04733) 173116, ⌂,
⌂ – 📺 🅿 ⚘ Zim
Menu (geschl. Mitte Nov. 1 Woche, Mitte Dez. 1 Woche, Ende Jan. - Anfang Feb., Donnerstag) (Nov. - März nur Abendessen) à la carte 27/54 – **10 Z** ⊊ 58/88 – 113/135 –
½ P 25.

In Butjadingen-Fedderwardersiel – Seebad :

🏨 **Zur Fischerklause** ⚘, Sielstr. 16, ⊠ 26969, ℰ (04733) 3 62, Fax (04733) 1847, ⌂,
⌂ – 📺 🅿 ⚘ Rest
geschl. Nov. - 25. Dez. – **Menu** (geschl. Sept. - März Montag - Dienstag) à la carte 32/57
– **22 Z** ⊊ 78/136 – ½ P 22.

In Butjadingen-Ruhwarden :

🏠 **Schild** (mit Gästehäusern), Butjadinger Str. 8, ⊠ 26969, ℰ (04736) 2 25, Fax (04736) 927205, ⓕ, ⇌, ⊒ (geheizt), 🚗 – 📺 🅿. ℅
April - Okt. – **Menu** (Restaurant nur für Hausgäste) – **65 Z** ⊑ 64/66 – 120/132 – ½ P 16.

In Butjadingen-Tossens – Seebad :

🏨 **Holiday Inn Resort** 🐟, Strandallee 36a, ⊠ 26969, ℰ (04736) 92 80, Fax (04736) 9289428, 🏛, « Badelandschaft », Massage, ⓕ, ⇌, ♨, ℅(Halle) – ▮,
℅ Zim, 📺 ℅ ㊒ ♣ 🅿 – 🔬 600. ᴀᴇ ⓪ ⓿ 𝘝𝘐𝘚𝘈 ᴊᴄʙ. ℅ Rest
Menu à la carte 35/52 – **76 Z** (nur ½ P)186/226 – 275/315.

BUTTENHEIM Bayern siehe Hirschaid.

BUTZBACH Hessen 𝟰𝟭𝟳 O 10 – 22 000 Ew – Höhe 205 m.
Ausflugsziel : Burg Münzenberg★, Ost : 9 km.
Berlin 501 – Wiesbaden 71 – Frankfurt am Main 41 – Gießen 23.

🏨 **Hessischer Hof** garni (mit Appartementhaus), Weiseler Str. 43, ⊠ 35510, ℰ (06033) 94 40, Fax (06033) 16282 – ▮ 📺 🚗 🅿. ᴀᴇ ⓪ ⓿ 𝘝𝘐𝘚𝘈
41 Z ⊑ 98/110 – 140/170.

BUXHEIM Bayern siehe Memmingen.

BUXTEHUDE Niedersachsen 𝟰𝟭𝟱 𝟰𝟭𝟲 F 13 – 36 000 Ew – Höhe 5 m.
⛳ Zum Lehmfeld 1 (Süd : 4 km), ℰ (04161) 8 13 33 ; ⛳ Ardestorfer Weg 1 (Süd-Ost : 6 km), ℰ (04161) 8 76 99.
🚩 Stadtinformation, Stavenort 2, ⊠ 21614, ℰ (04161) 50 12 97, Fax (04161) 52693.
Berlin 326 – Hannover 158 – Hamburg 37 – Cuxhaven 93 – Bremen 99.

🏨 **Zur Mühle** garni, Ritterstr. 16, ⊠ 21614, ℰ (04161) 5 06 50, Fax (04161) 506530 –
▮ 📺 ℅ ᴀᴇ ⓪ ⓿ 𝘝𝘐𝘚𝘈 ℅
38 Z ⊑ 135 – 175/250.

🏨 **Am Stadtpark** garni, Bahnhofstr. 1 (Estepassage), ⊠ 21614, ℰ (04161) 50 68 10, HOTEL.STADTPARK@t.online.de, Fax (04161) 506815 – ▮ 📺 🚗 🅿 – 🔬 20. ᴀᴇ ⓿ 𝘝𝘐𝘚𝘈
20 Z ⊑ 120/125 – 160/165.

🏠 **An der Linah** garni, Harburger Str. 44, ⊠ 21614, ℰ (04161) 6 00 90, Fax (04161) 600910 – ℅ 📺 ℅ 🅿. ᴀᴇ ⓪ ⓿ 𝘝𝘐𝘚𝘈
28 Z ⊑ 110/150.

In Buxtehude-Hedendorf West : 5 km :

🏠 **Zur Eiche**, Harsefelder Str. 64, ⊠ 21614, ℰ (04163) 8 07 60, Fax (04163) 807630, 🏛
– 📺 🅿 – 🔬 100. ℅ Rest
Menu à la carte 29/54 – **10 Z** ⊑ 90/120 – 140/170.

CADENBERGE Niedersachsen 𝟰𝟭𝟱 E 11 – 3 200 Ew – Höhe 8 m.
Berlin 388 – Hannover 218 – Cuxhaven 33 – Bremerhaven 56 – Hamburg 97.

🏡 **Eylmann's Hotel** (mit Gästehaus), Bergstr. 5 (B 73), ⊠ 21781, ℰ (04777) 2 21, Fax (04777) 1514, 🏛 – ▮ 📺 🚗 🅿 – 🔬 60
Menu à la carte 31/58 – **21 Z** ⊑ 69/80 – 110/130.

CADOLZBURG Bayern 𝟰𝟭𝟵 𝟰𝟮𝟬 R 16 – 8 600 Ew – Höhe 351 m.
Berlin 462 – München 179 – Nürnberg 26 – Ansbach 30 – Würzburg 87.

In Cadolzburg-Egersdorf Ost : 2 km :

🏠 **Grüner Baum** 🐟, Dorfstr. 11, ⊠ 90556, ℰ (09103) 9 21, Fax (09103) 5539, 🏛 –
℅ Zim, 📺 🅿 – 🔬 20. ᴀᴇ ⓪ ⓿ 𝘝𝘐𝘚𝘈
Menu (geschl. Aug. 2 Wochen, Sonntagabend - Montagmittag) à la carte 25/57 – **32 Z**
⊑ 90/140.

CAHNSDORF Brandenburg 𝟰𝟭𝟴 K 25 – 450 Ew – Höhe 62 m.
Berlin 91 – Potsdam 107 – Cottbus 49.

🏠 **Landhaus am Park**, Parkweg 3, ⊠ 15926, 🏛 – ▮, ℅ Zim, 📺 🅿. ᴀᴇ ⓿ 𝘝𝘐𝘚𝘈, landhaus-cahnsdorf
⊂ @t-online.de, Fax (03544) 500944, ℰ (03544) 5 00 90,
Menu à la carte 23/48 – **25 Z** ⊑ 90/110 – 130/150.

CALDEN Hessen siehe Kassel.

CALW Baden-Württemberg 👓 T 10 – 24 000 Ew – Höhe 347 m.
  Sehenswert : *Kloster Hirsau (Eulenturm★).*
  🛈 *Stadtinformation, Marktbrücke 1,* ✉ 75365, ℰ (07051) 96 88 10, Fax (07051) 968877.
  Berlin 659 – Stuttgart 47 – Karlsruhe 54 – Pforzheim 26 – Tübingen 40 – Freudenstadt 66.

🏠 **Ratsstube,** Marktplatz 12, ✉ 75365, ℰ (07051) 9 20 50, Fax (07051) 70826, 🍴 – 📺
  – 🔏 30. 🎴 ⓞ ⓞ 🆅🆂🅰 🇯🇨🇧
  Menu *(geschl. Montag)* à la carte 34/68 – **13 Z** ⊇ 85/95 – 135/145.

🏠 **Rössle,** Hermann-Hesse-Platz 2, ✉ 75365, ℰ (07051) 7 90 00, Fax (07051) 790079 –
  📺 ⟺ 🅿 🎴 🆅🆂🅰 🛇
  geschl. Aug. – **Menu** *(geschl. Freitag)* à la carte 28/70 ⅃ – **20 Z** ⊇ 88/110 – 150.

In Calw-Hirsau Nord : 2,5 km – Luftkurort :

🏠 **Kloster Hirsau,** Wildbader Str. 2, ✉ 75365, ℰ (07051) 9 67 40, *info@hotel-kloster*
  -hirsau.de, Fax (07051) 967469, 🍴, 🈺, 🔲, 🍴, 🏊(Halle) – 📳, ✼ Zim, 📺 🕻 ⟺ 🅿
  – 🔏 80. 🎴 ⓞ ⓞ
  Menu à la carte 39/78 – **40 Z** ⊇ 99/115 – 149/199 – ½ P 35.

In Calw-Stammheim Süd-Ost : 4,5 km :

✕✕ **Adler** mit Zim, Hauptstr. 16, ✉ 75365, ℰ (07051) 42 87, Fax (07051) 20311, 🍴 –
  ✼ Rest, 📺 🅿 🎴 ⓞ 🆅🆂🅰 🛇 Rest
  geschl. über Fastnacht 2 Wochen, Nov. 2 Wochen – **Menu** *(geschl. Montag - Dienstag)*
  à la carte 39/76 – **9 Z** ⊇ 95/140.

✕ **Sonne** mit Zim, Bärengasse 20, ✉ 75365, ℰ (07051) 4 04 71, *Kaiser-Calw@t-online.de,*
  Fax (07051) 77046, 🍴 – 📺 🅿 🎴 🆅🆂🅰 🛇 Zim
  Menu *(geschl. Samstagmittag, Montag)* à la carte 29/60 – **3 Z** ⊇ 60/68 – 79/110.

CAMBERG, BAD Hessen 👓 P 8 – 12 000 Ew – Höhe 200 m – Kneippheilbad.
  🛈 *Kurverwaltung, Chambray-les-Tours-Platz 1,* ✉ 65520, ℰ (06434) 2 02 17, Fax (06434)
  20223.
  Berlin 544 – Wiesbaden 37 – Frankfurt am Main 60 – Limburg an der Lahn 17.

An der Autobahn A 3 West : 4 km :

🏠 **Rasthaus und Motel Bad Camberg,** (Westseite), ✉ 65520 Bad Camberg,
  ℰ (06434) 60 66, *Rasthaus.BadCamberg@t-online.de,* Fax (06434) 7004, ≼, 🍴 – 📺 🕻
  ⟺ 🅿 – 🔏 20. 🎴 ⓞ ⓞ 🆅🆂🅰
  Menu *(nur Selbstbedienung)* à la carte 28/45 – ⊇ 20 – **28 Z** 90/105 – 145/170.

CASTROP-RAUXEL Nordrhein-Westfalen 👓 L 5 – 80 000 Ew – Höhe 55 m.
  🏌 *Castrop-Rauxel, Dortmunder Str. 383 (Ost : 3,5 km),* ℰ (02305) 6 20 27.
  Berlin 498 – Düsseldorf 63 – Bochum 12 – Dortmund 12 – Münster (Westfalen) 56.

🏨 **Mercure,** Dortmunder Str. 55, ✉ 44575, ℰ (02305) 30 10, *H2826@accor-hotels.com,*
  Fax (02305) 30145, 🈺 – ✼ Zim, 📺 🕭 🅿 – 🔏 60. 🎴 ⓞ ⓞ 🆅🆂🅰 🇯🇨🇧
  Goldschmieding : *(geschl. Sonntag)* **Menu** à la carte 67/86 – ⊇ 23 – **85 Z** 190/220.

🏠 **Selle am Wald** 🛇 garni, Cottenburgschlucht 41, ✉ 44577, ℰ (02305) 94 10,
  Fax (02305) 941252 – 📺 ⟺ 🅿 🎴 ⓞ 🆅🆂🅰
  29 Z ⊇ 78/98 – 98/128.

✕ **Haus Bladenhorst,** Wartburgstr. 5, ✉ 44579, ℰ (02305) 7 79 91, Fax (02305) 15945
  – 🅿 🎴 ⓞ ⓞ 🆅🆂🅰
  geschl. Montag – **Menu** à la carte 45/72.

CELLE Niedersachsen 👓 👓 👓 I 14 – 74 000 Ew – Höhe 40 m.
  Sehenswert : *Altstadt★★ – Schloß (Hofkapelle★)* Y *– Stadtkirche★* Y.
  Ausflugsziel : *Kloster Wienhausen (Wandmalereien des Nonnenchors★)* über ③ : 10 km.
  🏌 *Celle-Garßen (über ②),* ℰ (05086) 3 95.
  🛈 *Tourismus Region Celle, Markt 6,* ✉ 29221, ℰ (05141) 12 12, Fax (05141) 12459.
  ADAC, Nordwall 1a.
  Berlin 276 ③ – Hannover 51 ④ – Bremen 112 ⑤ – Hamburg 117 ①

Stadtplan siehe gegenüberliegende Seite

🏰 **Fürstenhof** 🛇, Hannoversche Str. 55, ✉ 29221, ℰ (05141) 20 10, *reservation@f*
  uerstenhof.de, Fax (05141) 201120, 🍴, « Historisches Palais mit Hotelanbau », 🈺, 🔲
  – 📳 📺 🅿 – 🔏 50. 🎴 ⓞ ⓞ 🆅🆂🅰 🛇 Rest
  Z e
  Menu siehe Rest. **Endtenfang** separat erwähnt – **Palio** *(italienische Küche) (geschl. Mitte*
  Jan. - Mitte Feb.) **Menu** à la carte 49/71 – ⊇ 25 – **76 Z** 180/200 – 245/390, 5 Suiten.

234

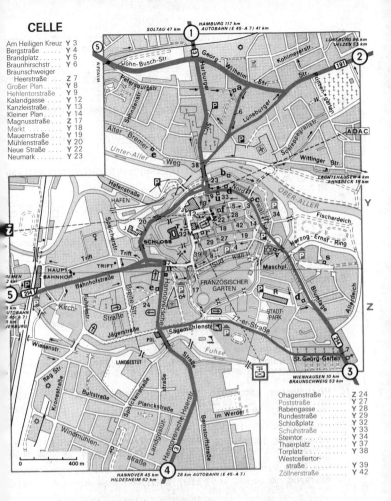

CELLE

🏛️ **Caroline Mathilde** Ⓜ garni (mit Gästehaus), Alter Bremer Weg 37, ⊠ 29223, ℘ (05141) 98 07 80, info@hotel-caroline-mathilde.de, Fax (05141) 98078555, ≦s, 🔲 – 🛗 ✥ TV ℃ 🄿 – 🔬 30. ᴀᴇ ⓪ ⓶ ⓥⁱˢᵃ
53 Z � 120/180 – 170/240.
Y e

🏛️ **Am Stadtgraben** garni, Fritzenwiese 22, ⊠ 29221, ℘ (05141) 10 91, Fax (05141) 24082, « Ehem. Villa a.d. Jahre 1908, Einrichtung mit Antiquitäten », ≦s – ✥ TV ℃ 🄿 – 🔬 20. ᴀᴇ ⓪ ⓶ ⓥⁱˢᵃ
9 Z � 120/190 – 200/260.
Y b

🏛️ **Blumlage** garni, Blumlage 87, ⊠ 29221, ℘ (05141) 91 19 30, reservation@residenz hotels.de, Fax (05141) 9119333 – TV ℃ 🄿 ᴀᴇ ⓪ ⓶ ⓥⁱˢᵃ
32 Z � 110/120 – 165.
Z d

🏛️ **Am Braunen Hirsch** Ⓜ garni, Münzstr. 9c, ⊠ 29223, ℘ (05141) 9 39 30, Hotel.Am BraunenHirsch@t-online.de, Fax (05141) 939350 – ✥ TV ℃ 🄿 – 🔬 15. ᴀᴇ ⓶ ⓥⁱˢᵃ ᴊᴄʙ
24 Z � 145/260 – 205/290.
Y a

🏛️ **Sol Inn** Ⓜ, Fuhrberger Str. 6, ⊠ 29225, ℘ (05141) 97 20, Sol-Inn-Celle@t-online.de, Fax (05141) 972444, 😄 – 🛗, ✥ Zim, TV ℃ 🕭 🄿 – 🔬 70. ᴀᴇ ⓪ ⓶ ⓥⁱˢᵃ über ⑤
Menu à la carte 32/59 – **128 Z** � 141/159.

Borchers garni, Schuhstr. 52 (Passage), ✉ 29221, ✆ (05141) 91 19 20, *reservation @residenzhotels.de, Fax (05141) 9119244* – 🏢 📺 📞 🚗. AE ⓪ ⑩ VISA   Y f
19 Z ⊂ 125/185.

Steigenberger Esprix Hotel M, Nordwall 20, ✉ 29221, ✆ (05141) 20 00, *celle @esprix-hotels.de, Fax (05141) 200200* – 🏢, ⅜ Zim, 📺 📞 ⚹ P. – 🐎 60. AE ⓪ ⑩
VISA JCB   Y c
Menu à la carte 38/64 – ⊂ 15 – **121 Z** 125/135 – 140/170.

Celler Hof garni, Stechbahn 11, ✉ 29221, ✆ (05141) 911960, *Fax (05141) 9119644*, ⇐s – 🏢 📞 🚗. AE ⓪ ⑩ VISA   Y r
49 Z ⊂ 115/125 – 150/170.

Am Hehlentor garni, Nordwall 62, ✉ 29221, ✆ (05141) 8 85 69 00, *Fax (05141) 88569013* – 📺 📞 P. ⑩ VISA   Y u
16 Z ⊂ 100/138.

Nordwall garni, Nordwall 4, ✉ 29221, ✆ (05141) 91 19 50, *Fax (05141) 9119544* – 📺 📞 P. AE ⓪ ⑩ VISA   Y d
20 Z ⊂ 98/115 – 150/170.

St. Georg ⚘ garni, St.-Georg-Str. 27, ✉ 29221, ✆ (05141) 21 05 10, *hotel-st-geor g@t-online.de, Fax (05141) 217725*, « Fachwerkhäuser a.d. 17. Jh. » – 📺. AE ⓪ ⑩
VISA. ⅜   Y s
15 Z ⊂ 145/185 – 220.

Utspann garni, Im Kreise 13, ✉ 29221, ✆ (05141) 9 27 20, *INFO@UTSPANN.DE, Fax (05141) 927252*, « Restaurierte Fachwerkhäuser a.d. 17. Jh. », ⇐s – ⅜ 📺 P. – 🐎 20.
AE ⓪ ⑩ VISA   Y v
geschl. 23. Dez. - 1. Jan. – **24 Z** ⊂ 141/151 – 192/202.

Schaper, Heese 6, ✉ 29225, ✆ (05141) 9 48 80, *Hotel.Schaper@t-online.de, Fax (05141) 948830* – ⅜ Zim, 📺 P. ⑩ ⑩ VISA. ⅜   über Wiesenstraße   Z
Menu *(geschl. Samstagabend, Montag)* à la carte 45/69 – **14 Z** ⊂ 95/120 – 140/190.

Endtenfang - Hotel Fürstenhof, Hannoversche Str. 55, ✉ 29221, ✆ (05141) 20 10, *reservation@fuerstenhof.de, Fax (05141) 201120*, ☎ - P. AE ⓪ ⑩ VISA. ⅜   Z e
Menu à la carte 84/133
Spez. Parfait und Confit von Gänsestopfleber. Langostinos mit Salat à la grecque. Gegrillte Entenbrust mit glaciertem Wirsing und Ingwer-Marsala-Sauce.

Congress Union Celle, Thaerplatz 1, ✉ 29221, ✆ (05141) 91 93, *congress-union -celle@t-online.de, Fax (05141) 919444*, ☎ – 🍽 🚗. AE ⓪ ⑩ VISA   YZ n
Menu à la carte 36/59.

Historischer Ratskeller, Markt 14, ✉ 29221, ✆ (05141) 2 90 99, *Fax (05141) 29090*, ☎ – AE ⑩ VISA   Y z
geschl. Dienstag – **Menu** à la carte 31/71.

In Celle-Altencelle *über ③ : 3 km :*

Schaperkrug, Braunschweiger Heerstr. 85 (B 214), ✉ 29227, ✆ (05141) 9 85 10, *info @schaperkrug.de, Fax (05141) 881958*, ☎ – ⅜ Zim, 📺 📞 🚗 P. – 🐎 80. AE ⓪ ⑩
VISA JCB
Menu *(geschl. Sonn- und Feiertage abends)* à la carte 35/54 – **37 Z** ⊂ 95/180 – 120/220.

Allerkrug, Alte Dorfstr. 14, ✉ 29227, ✆ (05141) 8 48 94, *Allerkrug@t-online.de, Fax (05141) 882610* - P. ⑩ VISA
geschl. 2. - 15 Jan., Juli 3 Wochen, Montagabend - Dienstag – **Menu** à la carte 43/73.

In Celle-Boye *über ⑤ : 3 km :*

Köllner's Landhaus ⚘ mit Zim, Im Dorfe 1, ✉ 29223, ✆ (05141) 95 19 50, *Fax (05141) 9519555*, « Modernisiertes niedersächsisches Bauernhaus ; Terrasse », 🌲 – ⅜ Zim, 📺 📞 🚗 P. AE ⓪ ⑩ VISA. ⅜ Zim
geschl. Jan. 2 Wochen – **Menu** *(geschl. Montag)* à la carte 48/73 – **6 Z** ⊂ 147/173 – 198/300.

In Celle-Groß Hehlen *über ① : 4 km :*

Celler Tor, Scheuener Str. 2 (an der B 3), ✉ 29229, ✆ (05141) 59 00, *info@celler-t or.de, Fax (05141) 590490*, ☎, Massage, ⇐s, ☒, 🌲 – 🏢, ⅜ Zim, 📺 📞 🚗 P. –
🐎 180. AE ⓪ ⑩
Menu à la carte 46/86 – **73 Z** ⊂ 167/275 – 320/450.

In Wienhausen *Süd-Ost : 10 km über ③ :*

Voß garni (mit Gästehaus), Hauptstr. 27, ✉ 29342, ✆ (05149) 1 80 60, *Fax (05149) 180610*, « Geschmackvolle Einrichtung mit Antiquitäten », 🌲 – ⅜ 📺 📞
⚹ P. AE ⑩ VISA
geschl. 16. Jan. - 8. Feb. – **41 Z** ⊂ 98/128 – 148/178.

In Bergen-Altensalzkoth *Nord : 14 km über* ① :

🏛 **Helms** (mit Gästehaus), Altensalzkoth 7, ✉ 29303, ✆ (05054) 81 82, *HotelHelmsGmb*
H@t-online.de, Fax (05054) 8180, 🍽, ⬛, 🌲 – 📶, ✸ Zim, 📺 ✆ & ⇔ 🅿 – 🅰 80.
🆎 ⓪ ⓌⓈ **VISA**
geschl. 27. Dez. - Ende Jan. – **Menu** à la carte 30/69 – **50 Z** � 88/118 – 154/198.

CHAM *Bayern* 420 *S 21 – 17 000 Ew – Höhe 368 m.*
🇮 *Cham Info, Propsteistr. 46 (im Cordonhaus),* ✉ 93413, ✆ (09971) 80 34 93, Fax
(09971) 79842.
Berlin 481 – München 178 – Regensburg 73 – Amberg 73 – Passau 109 – Plzen 94.

🏛 **Randsberger Hof,** Randsberger-Hof-Str. 15, ✉ 93413, ✆ (09971) 8 57 70, *info@r*
⇔ *andsbergerhof.de,* Fax (09971) 20299, 🍽, ♨, ⬛, 🗗 – 📶, ✸ Zim, 📺 ⇔ 🅿 – 🅰 100.
🆎 ⓪ ⓌⓈ **VISA**
Menu à la carte 22/55 – **88 Z** ⊒ 63/69 – 126/138.

✗ **Bräu-Pfandl,** Lucknerstr. 11, ✉ 93413, ✆ (09971) 2 07 87, *info@braeupfandl.de,*
Fax (09461) 5675 – 🆎 ⓪ ⓌⓈ **VISA**
geschl. Aug., Sonntag - Montag – **Menu** à la carte 36/60.

In Cham-Chammünster *Süd-Ost : 3 km über die B 85 :*

🏛 **Berggasthaus Oedenturm** ♨, Am Oedenturm 11, ✉ 93413, ✆ (09971) 8 92 70,
info@oedenturm.de, Fax (09971) 892720, ◁, 🍽 – 🅿. ⓪ **VISA**
geschl. Anfang Okt. - Ende Nov. – **Menu** *(geschl. Sonntagabend - Montag)* à la carte 29/55
– **12 Z** ⊒ 48/96.

In Runding *Ost : 9 km :*

🏛 **Reiterhof** ♨ (Appartement-und Ferienhotel), In den Sallerwiesen 1, ✉ 93486,
✆ (09971) 99 90, *reiterhof-runding@t-online.de,* Fax (09971) 999200, 🍽, Massage, ♨,
⬛, 🗗, 🌲, 🐎 (Halle) – 📺 👥 🅿 – 🅰 80
geschl. 5. Nov. - 22. Dez. – **Menu** *(nur Abendessen)* à la carte 27/42 – **96 Z** ⊒ 91/152
– ½ P 23.

Your recommendation is self-evident
if you always walk into a hotel or a restaurant Guide in hand.

CHEMNITZ *Sachsen* 418 *N 22 – 270 000 Ew – Höhe 300 m.*
Sehenswert : *Museum für Naturkunde* EU *(versteinerter Wald★)* **M1** – *Schloßkirche* ET
(Geißelsäule★).
Ausflugsziel : *Schloß Augustusburg★ (Museum für Jagdtier- und Vogelkunde★,*
Motorradmuseum★★), über Augustusburger Str. CY *Ost : 15 km.*
🇮 *Chemnitz-Service, Bahnhofstr. 6,* ✉ 09111, ✆ (0371) 69 06 80, Fax (0371) 6906830.
ADAC, Hartmannstr. 5.
Berlin 257 ② *– Dresden 70* ② *– Leipzig 78* ⑦ *– Praha 163* ③

Stadtpläne siehe nächste Seiten

🏨 **Renaissance** 📷, Salzstr. 56, ✉ 09113, ✆ (0371) 3 34 10, *renaissance.chemnitz@re*
naissance-hotels.com, Fax (0371) 3341777, 🍽, Massage, ♨, ⬛, 🗗, 🌲 – 📶, ✸ Zim,
🖥 📺 ✆ & ⇔ – 🅰 250. 🆎 ⓪ ⓌⓈ **VISA** JCB   ET s
Clashaus : Menu à la carte 42/75 – ⊒ 26 – **226 Z** 150/215, 16 Suiten.

🏨 **Dorint Parkhotel Chemnitz** 📷, Deubners Weg 12, ✉ 09112, ✆ (0371) 3 80 70,
Info.ZTZCHE@dorint.com, Fax (0371) 3807100, 🍽, ♨, ⬛ – 📶, ✸ Zim, 🖥 Rest, 📺
✆ & ⇔ 🅿 – 🅰 130. 🆎 ⓪ ⓌⓈ **VISA** JCB   EV a
Menu à la carte 44/70 – ⊒ 22 – **187 Z** ⊒ 180/200 – 200/220.

🏨 **Günnewig Hotel Chemnitzer Hof** 📷, Theaterplatz 4, ✉ 09111, ✆ (0371) 68 40,
chemnitzerhof@guennewig.de, Fax (0371) 6762587, 🍽 – ✸ Zim, 📺 ✆ & ⇔
🅰 150. 🆎 ⓪ ⓌⓈ **VISA**. 🍴 Rest   EU b
Opera : Menu à la carte 44/70 – **92 Z** ⊒ 165/199 – 210/268.

🏨 **Mercure** 📷, Brückenstr. 19, ✉ 09111, ✆ (0371) 68 30, *H1581@accor-hotels.com,*
Fax (0371) 683505, ⬛ – 📶, ✸ Zim, 🖥 Rest, 📺 ✆ 🅿 – 🅰 220. 🆎 ⓪ ⓌⓈ **VISA**
🍴 Rest   EU e
Menu à la carte 35/66 – **386 Z** ⊒ 149/169 – 179/199.

🏨 **Seaside Residenz Hotel,** Bernsdorfer Str. 2, ✉ 09126, ✆ (0371) 6 01 31,
Fax (0371) 6762781, 🍽, ⬛ – 📶, ✸ Zim, 📺 ✆ 🅿 – 🅰 80. 🆎 ⓪ ⓌⓈ   EV d
VISA. 🍴
Menu *(geschl. Freitag - Sonntag) (nur Abendessen)* à la carte 32/58 – **191 Z**
⊒ 155/185.

CHEMNITZ

Jährlich eine neue Ausgabe,
aktuellste Informationen,
jährlich für Sie !

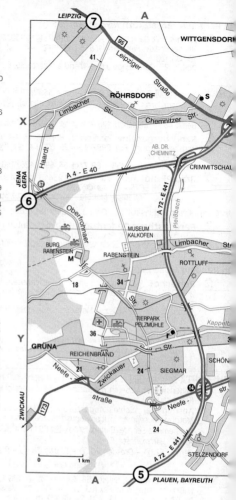

Günnewig Hotel Europa garni, Straße der Nationen 56, ⊠ 09111, ℰ (0371) 68 10
hotel.europa@ guennewig.de, Fax (0371) 670606 – 🛗 ⇥ ⚏ – 🍴 25. 🅰🅴 ① ⓪⚆ 𝗩𝗜𝗦𝗔 JCB
103 Z ⊑ 109/139 – 139/159.
EU

Achat garni, Winklhoferstr. 14, ⊠ 09116, ℰ (0371) 8 12 10, *chemnitz@ achat-hotel.de*,
Fax (0371) 8121999 – 🛗 ⇥ ⚏ 🅿 – 🍴 20. 🅰🅴 ① ⓪⚆ 𝗩𝗜𝗦𝗔
BY
⊑ 20 – **100 Z** ⊑ 104/141 – 124/161.

Elisenhof garni, Mühlenstr. 102, ⊠ 09111, ℰ (0371) 47 16 90, *HotelElisenhof*
Chemnitz@ t-online.de, Fax (0371) 4716950 – 🛗 ⇥ ⚏ 🅰🅴 ① ⓪⚆ 𝗩𝗜𝗦𝗔
ET
26 Z ⊑ 85/95 – 110/120.

Metropolitan, An der alten Post 1, ⊠ 09111, ℰ (0371) 6 76 28 58
Fax (0371) 6761191, 🌣 – ⓪⚆ 𝗩𝗜𝗦𝗔
EU
Menu à la carte 30/60.

In Chemnitz-Adelsberg *Süd-Ost : 4 km :*

Adelsberger Parkhotel Hoyer 🌭, Wilhelm-Busch-Str. 61, ⊠ 09127, ℰ (0371)
77 42 00, *adelsberger.parkhotel@ t-online.de, Fax (0371) 773377,* 🌣 , ⓢ – 🛗 ⇥ Zim
⚏ 🅿 – 🍴 70. 🅰🅴 ⓪⚆ 𝗩𝗜𝗦𝗔
CY
Menu à la carte 29/58 – **26 Z** ⊑ 125/155 – 155/195.

238

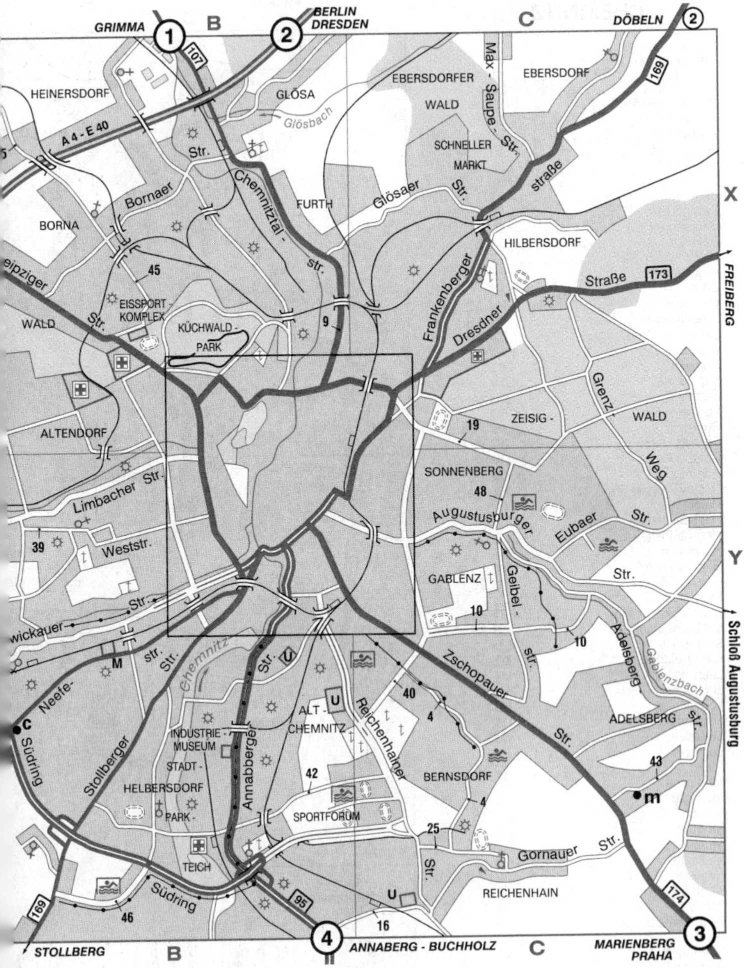

In Chemnitz-Klaffenbach *Süd : 10 km über ④ :*

Schlosshotel Klaffenbach 🐸, Wasserschloßweg 6, ✉ 09123, ✆ (0371) 2 61 10, *Fax (0371) 2611100*, 🏞, « Schloßanlage a.d. 16. Jh. », 🪑 - 🛗, ⚹ Zim, 📺 🅿 - 🧑‍🏫 75. AE ⓓ ⓜⓒ VISA
Menu à la carte 29/55 - **53 Z** ☕ 120/148 - 170/188.

In Chemnitz-Kleinolbersdorf *Süd-Ost : 9 km über ③ :*

Kleinolbersdorf, Ferdinandstr. 105, ✉ 09128, ✆ (0371) 77 24 02, *Fax (0371) 772404*, 🏞, 🪑 - 📺 🚗 🅿 - 🧑‍🏫 15. AE ⓓ ⓜⓒ VISA
Menu *(geschl. Sonntagabend)* à la carte 26/53 - **18 Z** ☕ 79/90 - 120/135.

In Chemnitz-Siegmar *Süd-West : 5 km :*

Alte Mühle Ⓜ 🐸, An der alten Mühle 10, ✉ 09117, ✆ (0371) 8 14 40, *info@hotel-alte-muehle.de, Fax (0371) 8144333*, Biergarten, ≘s - 🛗, ⚹ Zim, 📺 📞 🅿 - 🧑‍🏫 30. AE ⓓ ⓜⓒ VISA. ⚹ Rest AY r
Menu à la carte 32/51 - **35 Z** ☕ 99/145 - 125/190.

CHEMNITZ

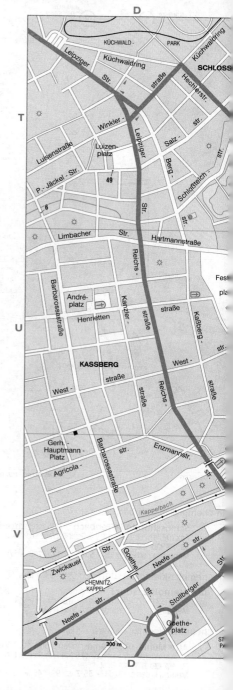

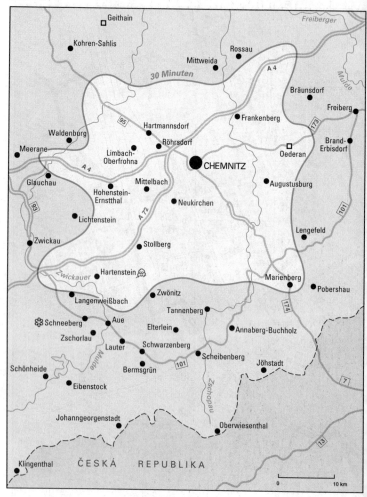

In Röhrsdorf Kreis Chemnitz *Nord-West : 5 km :*

🏨 **Amber Plaza,** Wildparkstr. 6, ✉ 09247, ✆ (03722) 51 30, *chemnitz@amber-hotels.de, Fax (03722)* 513100, ☆, ☎ – 🛏, ✦ Zim, 📺 🅿 – 🔏 45. ⅍ ⓪
🆎 🎫 AX s
Menu à la carte 34/57 – **104 Z** ☞ 135/165 – 175/215.

In Neukirchen *über Stollberger Straße BY Süd-West : 8 km :*

🏨 **Almenrausch,** Bahnhofstr. 5, ✉ 09221, ✆ (0371) 26 66 60, *Fax (0371) 2666640,* ☆
🍴 – 📺 🚗 🅿 – 🔏 30. 🆎 ⅍ 🎫 ⚡
Menu à la carte 24/42 – **16 Z** ☞ 95/110 – 150.

In Hartmannsdorf *Nord-West : 9 km über ⑦ :*

🏨 **Country Inn** Ⓜ, Am Berg 3, ✉ 09232, ✆ (03722) 40 50, *info-che@countryinns.de,*
Fax (03722) 405405, ☆, ☎ – 🛏, ✦ Zim, 📺 ✆ & 🚗 🅿 – 🔏 50. 🆎 ⓪
⅍ 🎫
Menu *(wochentags nur Abendessen)* à la carte 34/55 – **87 Z** ☞ 139/149.

In Mittelbach über *Zwickauer Straße* AY *Süd-West : 9 km :*

🏠 **Abendroth,** Hofer Str. 11a, ✉ 09224, ℰ (0371) 2 39 80, *hotel.abendroth@t-online.de,* Fax (0371) 2398225, 🍴, 🛏 – 🍽 📺 📦 – 🔒 25. 🆔 🏧 💳 *geschl. 27. - 31 Dez.* – **Menu** à la carte 26/48 – **34 Z** ♾ 100/120 – 120/150.

CHIEMING Bayern 🗺 W 21 – 4 200 Ew – Höhe 532 m – *Erholungsort.*

Sehenswert : *Chiemsee★ – Schloß Herrenchiemsee★★.*

🏌 🏌 *Chieming-Hart (Nord : 7 km),* ℰ (08669) 8 73 30 ; 🏌 *Chieming-Ising (Nord-West : 7 km),* ℰ (08667) 7 93 58.

🛈 *Verkehrsamt, Haus des Gastes, Hauptstr. 20b,* ✉ 83339, ℰ (08664) 2 45, Fax (08664) 8998.

Berlin 666 – München 104 – *Bad Reichenhall 43* – Wasserburg am Inn 37 – Traunstein 12.

🏠 **Unterwirt zu Chieming,** Hauptstr. 32, ✉ 83339, ℰ (08664) 9 84 60, Fax (08664) 984629, 🍴, Biergarten – 📺 📦 📦. *geschl. 8. Jan. - 14. Feb., 22. Okt. - 21. Nov. –* **Menu** *(geschl. Feb. - Juni Montag - Dienstag)* à la carte 28/59 – **11 Z** ♾ 72/105.

In Chieming-Ising *Nord-West : 7 km – Luftkurort :*

🏰 **Gut Ising** 🦢 (ehem. Gutshofanlage mit 7 Gästehäusern), Kirchberg 3, ✉ 83339, ℰ (08667) 7 90, *gutising@t-online.de,* Fax (08667) 79432, 🍴, Biergarten, « Zimmer mit Stil- und Bauernmöbeln », Massage, 🏋, 🛏, 🏊, 🎾, 🎾(Halle), 🏌, 🐎 (Reitschule und -hallen) – 📶 🍽 📺 🎵 📦 – 🔒 90. 🏧 💳 *geschl. 7. Jan. - 14. Feb. –* **Menu** *(geschl. Sept. - Juni Sonntagabend - Montag)* à la carte 40/67 – **105 Z** ♾ 189/242 – 273/377 – ½ P 55.

CHIEMSEE Bayern 🗺 W 21 – Höhe 518 m.

Sehenswert : *See ★ mit Herren- und Fraueninsel – Schloß Herrenchiemsee★★.*

ab *Gstadt : Berlin 660 –* München 94 – *Bad Reichenhall 57* – Traunstein 27 – Rosenheim 27.

Auf der Fraueninsel – *Autos nicht zugelassen.*

⛴ *von Gstadt (ca. 5 min) und von Prien (ca. 20 min)*

🏠 **Zur Linde** 🦢, ✉ 83256 Chiemsee, ℰ (08054) 9 03 66, *HOTEL.LINDE.FRAUENINSEL@t -online.de,* Fax (08054) 7299, ◁, 🍴, « Gasthof a.d.J. 1396 » – 🔒 15. 🍽 Zim. *geschl. 15. Jan. - 15. März –* **Menu** à la carte 33/70 – **14 Z** ♾ 105/115 – 175/195.

CHORIN Brandenburg 🗺 H 25 – 1 800 Ew – Höhe 36 m.

Berlin 71 – Potsdam 95 – Frankfurt (Oder) 96 – Neubrandenburg 108.

🏰 **Haus Chorin** 🦢, Neue Klosterallee 10, ✉ 16230, ℰ (033366) 5 00, *chorin@t-online.de,* Fax (033366) 326, 🍴, 🏋, 🛏, 🏊, 🎾, 🚲 – 📶, 🍽 Zim, 📺 🎵 📦 – 🔒 170. 🆔 🏧 💳 **Menu** à la carte 25/43 – **63 Z** ♾ 105/130 – 135/179.

In Chorin-Sandkrug *Süd : 3 km :*

🏠 **Seehotel Mühlenhaus,** Ragöser Mühle 1, ✉ 16230, ℰ (033366) 5 23 60, *hotel-m uehlenhaus@t-online.de,* Fax (033366) 523699, « Terrasse am See », 🛏, 🏊, 🎾 – 📶, 🍽 Zim, 📺 🎵 📦 – 🔒 80. 🆔 🆔 🏧 💳 **Menu** à la carte 32/53 – **32 Z** ♾ 90/120 – 120/160.

CLAUSTHAL-ZELLERFELD Niedersachsen 🗺 K 15 – 16 000 Ew – Höhe 600 m – *Heilklimatischer Kurort – Wintersport : 600/700 m* ✂1 🎿.

🛈 *Kur- und Touristinformation, Bahnhofstr. 5a,* ✉ 38678, ℰ (05323) 8 10 24, Fax (05323) 83962.

Berlin 270 – *Hannover 99* – Braunschweig 62 – Göttingen 59 – Goslar 19.

🏰 **Parkhotel Calvör** 🦢, Treuerstr. 6 (Zellerfeld), ✉ 38678, ℰ (05323) 95 00, *parkho tel.calvoer@t-online.de,* Fax (05323) 950222, 🍴, « Haus a.d. 17.Jh. », 🛏 – 🍽 Zim, 📺 🎵 📦 – 🔒 50 **Menu** *(geschl. Aug. 2 Wochen, Nov. 2 Wochen, Sonntag - Dienstag) (nur Abendessen)* à la carte 28/60 – **35 Z** ♾ 110/145 – 145/198 – ½ P 26.

🏰 **Goldene Krone,** Kronenplatz 3 (Clausthal), ✉ 38678, ℰ (05323) 93 00, Fax (05323) 930100, 🍴 – 📶, 🍽 Zim, 📺 📦 – 🔒 30. 🆔 🏧 💳 **Menu** *(geschl. 8. Jan. - 1. Feb., Sonntagabend - Montag)* à la carte 33/78 – **25 Z** ♾ 125/135 – 180/200.

🏠 **Zum Prinzen** garni, Goslarsche Str. 20 (Zellerfeld), ✉ 38678, ✆ (05323) 9 66 10, *Fax (05323) 966110* – ⁙ 📺 📞 & 🅿 🕭 VISA
21 Z � 89/140 – 118/160.

🏠 **Wolfs Hotel,** Goslarsche Str. 60 (Zellerfeld), ✉ 38678, ✆ (05323) 8 10 14, *wolfs-ho tel@t-online.de, Fax (05323) 81015,* ⇔s, 🖳, 🖤, 🛲 – ⁙ Zim, 📺 🅿 – 🍽 60. 🖽 ① 🕭 VISA JCB, ❦ Rest
Menu *(geschl. Sonntag) (nur Abendessen)* à la carte 34/57 – **30 Z** ⊐ 100/115 – 150/180 – ½ P 25.

Per una migliore utilizzazione della guida, leggete attentamente le spiegazioni.

CLOPPENBURG Niedersachsen �415 H 8 – 28 400 Ew – Höhe 39 m.
Sehenswert : Museumsdorf★.
📷 🎣 Thülsfelder Talsperre (Nord-West : 9 km), ✆ (04474) 79 95.
🖪 Tourist-Information, Eschstr. 29, ✉ 49661, ✆ (04471) 1 52 56, Fax (04471) 933828.
Berlin 444 – Hannover 178 – Bremen 65 – Lingen 68 – Osnabrück 76.

🏠🏠 **Parkhotel** ⑤ garni, Burgstr. 8, ✉ 49661, ✆ (04471) 66 14, Fax (04471) 6617, ⇔s –
🛗 ⁙ 📺 📞 & 🅿 – 🍽 30. 🖽 🕭 VISA
51 Z ⊐ 115/135 – 170/195.

🏠 **Schäfers Hotel,** Lange Str. 66, ✉ 49661, ✆ (04471) 24 84, Fax (04471) 947714, 🛲
– 📺 ⇔ 🅿 🖽 ① 🕭 VISA
Menu *(geschl. April 1 Woche, Okt. 1 Woche, Mittwoch)* à la carte 45/75 – **10 Z** ⊐ 75/85 – 120/130.

🍴 **Jagdhaus Bühren** mit Zim, Alte Friesoyther Str. 22 (Nord-West : 1,5 km Richtung Frie-soythe), ✉ 49661, ✆ (04471) 93 16 13, Fax (04471) 931614, 🛲, Biergarten – 📺 🅿, 🕭 VISA
geschl. Feb. – **Menu** *(geschl. Montag - Dienstagmittag)* à la carte 31/58 – **4 Z** ⊐ 70/120.

COBURG Bayern �418 �420 P 16 – 44 000 Ew – Höhe 297 m.
Sehenswert : Gymnasium Casimirianum★ Z – Kunstsammlungen★ (Veste X).
📷 Schloß Tambach (West : 10 km), ✆ (09567) 92 10 10.
🖪 Tourismus und Congress Service, Herrngasse 4, ✉ 96450, ✆ (09561) 7 41 80, Fax (09561) 741829.
ADAC, Mauer 9.
Berlin 383 ② – München 279 ② – Bamberg 47 ② – Bayreuth 74 ②

Stadtpläne siehe nächste Seiten

🏠🏠 **Romantik Hotel Goldene Traube,** Am Viktoriabrunnen 2, ✉ 96450, ✆ (09561) 87 60, romantikhotel.goldenetraube@t-online.de, Fax (09561) 876222, 🛲, ⇔s – 🛗,
⁙ Zim, 📺 ⇔ 🅿 – 🍽 100. 🖽 ① 🕭 VISA
Z t
Meer & mehr (bemerkenswerte Weinkarte) *(geschl. 1. - 5. Juni)* Menu à la carte 47/78 – **Weinlaube** *(geschl. 1. - 5. Juni, Sonntag) (nur Abendessen)* **Menu** à la carte 31/42 – **70 Z** ⊐ 145/170 – 195/260.

🏠🏠 **Mercure** 🅼 garni, Ketschendorfer Str. 86, ✉ 96450, ✆ (09561) 82 10, H2834-GM@a ccor-hotels.com, Fax (09561) 821444 – 🛗 ⁙ 📺 📞 & ⇔ – 🍽 30. 🖽 ①
🕭 VISA
X c
⊐ 18 – **123 Z** 145/169.

🏠🏠 **Blankenburg,** Rosenauer Str. 30, ✉ 96450, ✆ (09561) 64 40, hotel@blanken burg.bestwestern.de, Fax (09561) 644199 – 🛗 ⁙ 📺 📞 🅿 – 🍽 60. 🖽 ①
🕭 VISA
X y
Menu siehe Restaurant **Kräutergarten** – **36 Z** ⊐ 135/155 – 150/190.

🏠🏠 **Stadt Coburg,** Lossaustr. 12, ✉ 96450, ✆ (09561) 87 40, Hotel-Stadt-Coburg@t-o nline.de, Fax (09561) 874222, « Rustikales Grillrestaurant », ⇔s – 🛗, ⁙ Zim, 🍴 Rest, 📺
📞 🅿 – 🍽 60. 🖽 ① 🕭 VISA
Y e
Menu *(geschl. 2. - 7. Jan., Sonntag)* à la carte 42/60 – **44 Z** ⊐ 135/150 – 175/195.

🏠🏠 **Festungshof** ⑤, Festungshof 1, ✉ 96450, ✆ (09561) 8 02 90, Hotel-Festungshof @t-online.de, Fax (09561) 802933, 🛲, Biergarten, « Ehemaliges Domänengut a.d. 14.Jh. » – 📺 ⇔ 🅿 – 🍽 120. 🖽 ① 🕭 VISA
X b
Menu *(geschl. Sonntagabend - Montagmittag)* à la carte 31/71 – **14 Z** ⊐ 115/240.

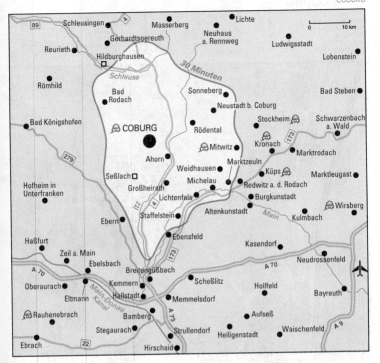

Schleusingen
Masserberg
Lichte
Gerhardtsgereuth
Neuhaus
a. Rennweg
Ludwigsstadt
Reurieth
Lobenstein
Hildburghausen
30 Minuten
Schleuse
Römhild
Bad
Rodach
Sonneberg
Bad Steben
Neustadt b. Coburg
COBURG
Stockheim
Schwarzenbach
a. Wald
Bad Königshofen
Rödental
Kronach
Mitwitz
Marktrodach
Ahorn
Marktzeuln
Küps
Marktleugast
Weidhausen
Seßlach
Michelau
Redwitz a. d. Rodach
Hofheim in
Unterfranken
Großheirath
Lichtenfels
Burgkunstadt
Wirsberg
Ebern
Staffelstein
Altenkunstadt
Main
Kulmbach
Haßfurt
Ebensfeld
Kasendorf
Zeil a. Main
Ebelsbach
Neudrossenfeld
Breitengüßbach
Scheßlitz
Oberaurach
Kemmern
Hollfeld
Bayreuth
Eltmann
Hallstadt
Memmelsdorf
Rauhenebrach
Bamberg
Aufseß
Stegaurach
Strullendorf
Waischenfeld
Ebrach
Hirschaid
Heiligenstadt

XXX Coburger Tor - Restaurant Schaller

mit Zim, Ketschendorfer Str. 22, ✉ 96450, ☎ (09561) 2 50 74, Fax (09561) 28874, ⌂ – ▯ TV P. MO VISA. ✆   z a
Menu *(geschl. Mitte - Ende Jan., Ende Juli - Anfang Aug., Sonn- und Feiertage) (nur Abendessen)* (Tischbestellung ratsam) à la carte 62/91 – **13 Z** ☐ 98/150 – 150/210.

XX Kräutergarten

Rosenauer Str. 30c, ✉ 96450, ☎ (09561) 64 43 00, *kraeutergarten@coburg-tourist.de*, Fax (09561) 644310, « Rustikale Einrichtung » – AE ⓞ MO VISA   x y
Menu *(abends Tischbestellung ratsam)* 45 (mittags) à la carte 60/84 – **Die Petersilie :**
Menu à la carte 26/55.

In Coburg-Lützelbuch *Ost :* 5 km über Seidmannsdorfer Straße X :

🏠 Landhaus Fink

M ⌂ garni, Lützelbucher Str. 25, ✉ 96450, ☎ (09561) 2 49 43, *email@gasthof-fink.de*, Fax (09561) 27240 – ▯ ✆ TV ✆ & ⌂ P. – 🎿 35. MO VISA
21 Z ☐ 76/116.

In Coburg-Scheuerfeld *West :* 3 km über Judenberg X :

🏠 Gasthof Löhnert

⌂, Schustersdamm 28 (Einfahrt Weidacher Straße), ✉ 96450, ☎ (09561) 8 33 60, *Hotel-Loehnert@t-online.de*, Fax (09561) 833699, ⌂, ▯, ⌂ – P.
Menu *(geschl. 2. - 17. Jan., 24. Juli - 6 Aug., Donnerstagmittag, Sonntag)* à la carte 22/37 ⌂ – **49 Z** ☐ 70 – 100/110.

In Rödental-Oberwohlsbach *Nord-Ost :* 10 km über Neustadter Straße X :

🏠 Alte Mühle

M ⌂, Mühlgarten 5, ✉ 96472, ☎ (09563) 7 23 80, Fax (09563) 723866, ⌂, « Ehemalige Getreidemühle a.d.J. 1902 » – ▯, ✆ Zim, TV ✆ P. – 🎿 20. AE MO VISA. ✆ Rest
Menu *(nur Abendessen)* à la carte 37/66 – **24 Z** ☐ 95/115 – 155/180.

In Rödental-Oeslau *Nord-Ost :* 7 km über Neustadter Straße X :

🏠 Brauereigasthof Grosch

Oeslauer Str. 115, ✉ 96472, ☎ (09563) 75 00, Fax (09563) 750147, ⌂, Biergarten, « Modernisierter Brauereigasthof a.d.J. 1425 ; Restaurant mit gemütlich-rustikaler Einrichtung » – ✆ Zim, TV ✆ P. MO VISA
Menu à la carte 24/60 – **15 Z** ☐ 98/140.

COBURG

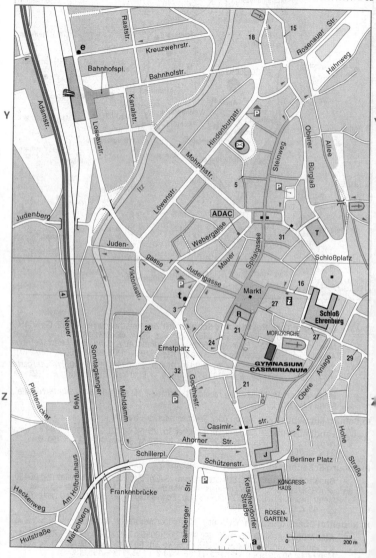

Die Preise   Einzelheiten über die in diesem Führer angegebenen Preise
finden Sie in der Einleitung.

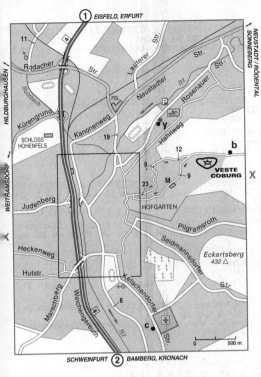

COBURG

In Ahorn-Hohenstein *Süd-West : 9 km über ② und die B 303 :*

🏨 **Schloss Hohenstein** 🦢, Hohenstein 1, ✉ 96482, 𝒫 (09565) 9 49 40, *SchlossHoh enstein@t-online.de, Fax (09565) 949460,* 🍴 , « Burganlage aus dem 17. Jh. » – 📺 🅿. – 🛗 40. 🆎 ⑩ 𝗩𝗜𝗦𝗔
Menu à la carte 53/86 – **13 Z** ⊇ 130/160 – 180/250, 3 Suiten.

In Großheirath *über ② : 11 km :*

🏨 **Steiner,** Hauptstr. 5, ✉ 96269, 𝒫 (09565) 79 40, *Fax (09565) 79497,* 🍴 , 🖙 , 🏊 , 🚲 – 🛗 📺 🚗 🅿 – 🛗 120. 🆎 ⑩ 𝗩𝗜𝗦𝗔
Menu à la carte 26/57 – **71 Z** ⊇ 68/95 – 124/146, 4 Suiten.

COCHEM *Rheinland-Pfalz* 𝟺𝟷𝟽 *P 5 – 6 000 Ew – Höhe 91 m.*

Sehenswert : *Lage★★.*

🖪 *Tourist-Information, Endertplatz 1,* ✉ 56812, 𝒫 (02671) 6 00 40, Fax (02671) 600444.
Berlin 645 – Mainz 139 – Koblenz 51 – Trier 93.

🏠 **Haus Erholung** garni (mit Gästehaus), Moselpromenade 64, ✉ 56812, 𝒫 (02671) 75 99, *Fax (02671) 4362,* 🖙 , 🏊 – 🛗 🅿 ⑩ 𝗩𝗜𝗦𝗔. 🌣
Mitte März - Mitte Nov. – **13 Z** ⊇ 65/72 – 104/140.

🗴🗴 **Lohspeicher - L'Auberge du Vin** 🦢 mit Zim, Obergasse 1, ✉ 56812, 𝒫 (02671) 39 76, *Fax (02671) 1772,* 🍴 – 🛗 📺 🚗 🆎 ⑩ 𝗩𝗜𝗦𝗔
geschl. Feb. – **Menu** *(geschl. Mittwoch)* à la carte 48/79 – **9 Z** ⊇ 85/95-170.

In Cochem-Cond :

🏨 **Thul** 🦢, Brauselaystr. 27, ✉ 56812, 𝒫 (02671) 91 41 50, *info@hotel-thul.de,* *Fax (02671) 91415144,* ≤ Cochem und Mosel, 🍴 , 🛌 , 🖙 , 🚲 – 🛗 , 🌣 Zim, 📺 🚗 🅿. 𝗩𝗜𝗦𝗔
geschl. Dez. - Jan. – **Menu** *(Montag - Freitag nur Abendessen)* à la carte 35/58 🍷 – **21 Z** ⊇ 95/115 – 150/225 – ½ P 28.

🏠 **Am Rosenhügel,** Valwiger Str. 57, ✉ 56812, ℰ (02671) 9 76 30, Fax (02671) 976363, ≼, ⇌, ≈ – ⏸, 🕊 Zim, 📺 ☎ 🅿 ⓦ𝐎 𝘝𝘐𝘚𝘈, ⅗ Rest
geschl. Dez. - Jan. – **Menu** (nur Abendessen) (Restaurant nur für Hausgäste) – **23 Z** ⌻ 90/130 – 140/210 – ½ P 27.

🏠 **Görg** garni, Bergstr. 6, ✉ 56812, ℰ (02671) 88 94, Fax (02671) 8990, ≼, ⇌ – ⏸ 📺 ⇔ 🅿 ⒶⒺ 𝘝𝘐𝘚𝘈, ⅗
geschl. 10. - 31. Jan. – **12 Z** ⌻ 100/120 – 150/190.

🏠 **Brixiade,** Uferstr. 13, ✉ 56812, ℰ (02671) 98 10, Fax (02671) 981400, ☞ – ⏸ 📺 ⇔ 🅿 – ⚘ 20. ⒶⒺ ⓦ𝐎 𝘝𝘐𝘚𝘈
Menu à la carte 34/59 – **40 Z** ⌻ 95/160 – 140/220.

🏠 **Am Hafen,** Uferstr. 4, ✉ 56812, ℰ (02671) 9 77 20, Fax (02671) 977227, ≼, ☞ – 📺 ⇔, ⒶⒺ ⓦ𝐎 𝘝𝘐𝘚𝘈, ⅗
Menu (geschl. 2. - 15. Jan.) à la carte 26/67 – **18 Z** ⌻ 90/130 – 120/220.

In Cochem-Sehl :

🏠 **Keßler-Meyer** ⅖ (mit Gästehäusern), Am Reilsbach 10, ✉ 56812, ℰ (02671) 9 78 80, Fax (02671) 3858, ≼, ☞, Massage, 𝓕₅, ⇌, ▨ – ⏸ 🕊 📺 ☎ ⇔ 🅿 – ⚘ 35. ⓦ𝐎 ⅗ Rest
Menu (geschl. Montag - Dienstag) à la carte 46/72 – **50 Z** ⌻ 119/144 – 206/335, 4 Suiten.

🏠 **Panorama,** Klostergartenstr. 44, ✉ 56812, ℰ (02671) 91 41 40, mail@panorama-ho tel.de, Fax (02671) 9141414, ⇌, ▨, ⇌ – ⏸ 📺 ⇔ 🅿 ⒶⒺ ⓞ ⓦ𝐎 𝘝𝘐𝘚𝘈, ⅗ Rest
geschl. Jan. – **Menu** à la carte 42/64 – **40 Z** ⌻ 98/135 – 155/219 – ½ P 29.

🏠 **Zur schönen Aussicht,** Sehler Anlagen 22, ✉ 56812, ℰ (02671) 72 32, Fax (02671) 980295, ≼, ☞ – 📺
Menu (geschl. Nov. - Juni Montag, Juli - Okt. Montagmittag) à la carte 31/52 ⅖ – **15 Z** ⌻ 85/90-150.

🏠 **Weinhaus Klasen,** Sehler Anlagen 8, ✉ 56812, ℰ (02671) 76 01, info@weinhaus-k lasen.de, Fax (02671) 91380 – ⏸ ☎ 🅿 ⓦ𝐎
geschl. Weihnachten - Anfang Jan. – **Menu** (geschl. Nov. - Mai Mittwoch) (nur Abendessen) à la carte 23/36 ⅖ – **12 Z** ⌻ 58/68 – 116/136.

Im Endertal Nord-West : 3 km :

🏠 **Weißmühle** ⅖, ✉ 56812 Cochem, ℰ (02671) 89 55, weissmuehle-cochem@t-onlin e.de, Fax (02671) 8207, ☞, ⇌ – ⏸ 📺 🅿 – ⚘ 50. ⓦ𝐎 𝘝𝘐𝘚𝘈
Menu à la carte 51/76 – **36 Z** ⌻ 110 – 170/250.

In Ernst Ost : 5 km :

🏠 **Pollmanns,** Moselstr. 53, ✉ 56814, ℰ (02671) 86 83, Hotel-Pollmanns@faxvia.net, Fax (02671) 5646, ☞ – ⏸ 📺 🅿
geschl. Mitte Jan. - Mitte März – **Menu** (geschl. Donnerstagmittag) à la carte 23/55 – **88 Z** ⌻ 83/95 – 130/150.

🏠 **Filla Andre,** Moselstr. 1, ✉ 56814, ℰ (02671) 46 88, filla.andre@t-online.de, Fax (02671) 5859, ≼, ⇌ – 📺 🅿 ⓦ𝐎 𝘝𝘐𝘚𝘈
geschl. Anfang Jan. - Mitte Feb. – **Menu** (geschl. Mittwoch) (nur Abendessen) (Restaurant nur für Hausgäste) – **16 Z** ⌻ 65/90 – 110/128 – ½ P 20.

COESFELD Nordrhein-Westfalen 🄄🄈🄍 K 5 – 35 000 Ew – Höhe 81 m.
🄌 Coesfeld, Stevede 8a, ℰ (02541) 59 57.
🄱 Verkehrsbüro, Rathaus, Markt 8, ✉ 48653, ℰ (02541) 93 91 50, Fax (02541) 939301.
Berlin 513 – Düsseldorf 105 – Nordhorn 73 – Münster (Westfalen) 38.

🏠 **Zur Mühle** Ⓜ garni, Mühlenstr. 23, ✉ 48653, ℰ (02541) 91 30, Hotel.Zur.Muehle@t -online.de, Fax (02541) 6577 – 🕊 📺 ☎ ⅋ ⇔ 🅿 ⒶⒺ ⓞ ⓦ𝐎 𝘝𝘐𝘚𝘈
31 Z ⌻ 105/125 – 155/195.

🏠 **Haselhoff,** Ritterstr. 2, ✉ 48653, ℰ (02541) 9 42 00, HOTEL-HASELHOFF@t-online.de, Fax (02541) 942030, ☞ – ⏸, 🕊 Zim, 📺 ☎ ⇔, ⓞ ⓦ𝐎 𝘝𝘐𝘚𝘈, ⅗ Zim
Menu (geschl. Samstag) à la carte 29/63 – **23 Z** ⌻ 100/110-160.

COLBITZ Sachsen-Anhalt 🄄🄈🄈 🄄🄈🄏 J 18 – 2 900 Ew – Höhe 55 m.
Berlin 159 – Magdeburg 22 – Gardelegen 35 – Stendal 40 – Wolfsburg 94.

🏠 **Ambiente,** Wolmirstedter Str. 7, ✉ 39326, ℰ (039207) 85 50, Fax (039207) 85534, ⇌ – 📺 🅿 – ⚘ 20. ⒶⒺ ⓦ𝐎 𝘝𝘐𝘚𝘈
Menu (geschl. Sonntagabend) à la carte 25/41 – **18 Z** ⌻ 90/110.

COLMBERG Bayern 419 420 R 15 – 1 300 Ew – Höhe 442 m.

🖪 Colmberg, Rothenburger Str. 35, ℰ (09803) 6 00.
Berlin 498 – München 225 – Nürnberg 64 – Rothenburg ob der Tauber 18 – Würzburg 71 – Ansbach 17.

🏰 **Burg Colmberg** 🦌, ✉ 91598, ℰ (09803) 9 19 20, info@burg-colmberg.de, Fax (09803) 262, ≤, Wildpark, « Hotel mit stilvoller Einrichtung in einer 1000-jährigen Burganlage ; Hauskapelle ; Gartenterrasse » – ⇔ Zim, 📺 🚗 🅿 – 🔬 40. 🖭 🐽 💳. ✂
geschl. Jan. – **Menu** (geschl. Dienstag) à la carte 38/62 – **25 Z** ⊇ 75/125 – 140/240.

CORNBERG Hessen 417 M 13 – 2 000 Ew – Höhe 330 m.

Berlin 399 – Wiesbaden 190 – Kassel 62 – Fulda 71 – Gießen 118.

🏨 **Kloster Cornberg,** Am Steinbruch 1 (an der B 27), ✉ 36219, ℰ (05650) 9 69 60, Fax (05650) 969622, 🥘, « Modernes Hotel in einem Benediktinerinnen-Kloster a.d.J. 1296 » – 📺 📞 🅿 – 🔬 50. 🐽
Menu (geschl. Feb. 1 Woche, Nov. 1 Woche) à la carte 33/60 – **9 Z** ⊇ 95/115 – 135/160.

COTTBUS Brandenburg 418 K 26 – 118 000 Ew – Höhe 64 m.

Sehenswert : Schloß und Park Branitz★★ – Niederlausitzer Apothekenmuseum★ AY **M1** – Wendisches Museum★ AY **M2** – Klosterkirche (Doppelgrabmal)★ AY.

Ausflugsziele : Spreewald★★ (Kahnfahrt ab Lübbenau, Freilandmuseum Lehde★) über Am Zollhaus S Nord-West : 31 km – Bad Muskau : Muskauer Park★★ über ② : 42 km.

🖪 Drieschnitz-Kahsel (Süd-Ost : 18 km über ④) ℰ (03563) 41 32.

🅱 Cottbus-Service, Berliner Platz 6, Stadthalle, ✉ 03046, ℰ (0355) 2 42 54, Fax (0355) 791931.
Berlin 129 – Potsdam 146 – Dresden 104 – Frankfurt (Oder) 80 – Leipzig 174.

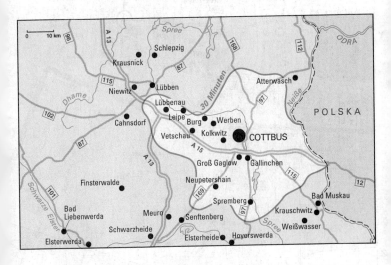

🏨 **Radisson SAS Hotel** 📓, Vetschauer Str. 12, ✉ 03048, ℰ (0355) 4 76 10, Fax (0355) 4761900, 🗖, ≘s, 🔲 – 🛗, ⇔ Zim, 🖥 📺 📞 ᕔ 🚗 – 🔬 330. 🖭 🕐 🐽
💳 🗾 AZ **a**
Menu à la carte 47/71 – **241 Z** ⊇ 135/210 – 165/240.

🏨 **Holiday Inn** 📓, Berliner Platz, ✉ 03046, ℰ (0355) 36 60, HI-CB@t-online.de, Fax (0355) 366999, 🥘 – 🛗, ⇔ Zim, 🖥 📺 📞 ᕔ – 🔬 110. 🖭 🕐 🐽 💳 AY **b**
Menu à la carte 35/70 – ⊇ 25 – **193 Z** 150/250 – 190/350, 11 Suiten.

🏨 **Dorotheenhof,** Waisenstr. 19, ✉ 03046, ℰ (0355) 7 83 80, Dorotheenhof.Cottbus @t-online.de, Fax (0355) 7838444, Biergarten – 🛗, ⇔ Zim, 📺 📞 ᕔ 🅿 – 🔬 50. 🖭 🕐
🐽 💳 T **e**
Menu (geschl. Sonntag) (nur Abendessen) à la carte 35/62 – **62 Z** ⊇ 145/165 – 175/200.

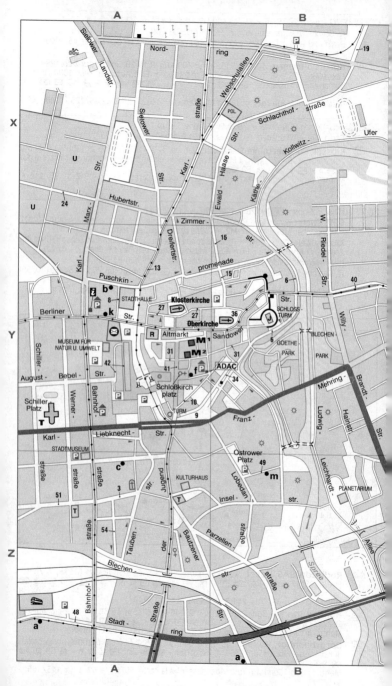

A

B

Stieber Landstr.

Nord-   ring

Wehschulallee

P   19

POL   Schlachthof - straße

X   Siejower Str.   Kollwitz -   Ufer

U   Karl   Str.   Haase - Str.   Ewald -   Käthe-   W.

U   24   Hubertstr.   Marx-

Zimmer -   str.   Riedel-

15   Dreilerstr.   Str.

13   promenade   15   6   40

Puschkin -

b   STADTHALLE   Klosterkirche   P   Str.   SCHLOSS-TURM

8   27   36   6

Berliner   k   Str.   27   Oberkirche   BLECHEN

MUSEUM FUR   Altmarkt   Sandower   GOETHE   PARK

Schiller   NATUR U. UMWELT   R   M   31   PARK   6

P   42   31   M   41   f P   ADAC   Willy -

August -   Bebel-   Str.   Schloßkirch   34   Str.   Mehring-   Brandt-

Schiller   Werner-   platz   10   Franz -   Ludwig-   Hainstr.   Str.

Platz   T   Bahnhof-   TURM   9

Karl -   Liebknecht -   Str.

STADTMUSEUM   Ostrower   Platz   49

c   KULTURHAUS   Lobedan   m   PLANETARIUM

51   3   T   Insel -   str.

straße   straße   straße   Jugend   Bautzener   Parzellen-   straße   Leichhardt-   Allee

54   Tauben-   der   Spree

Blechen -

Bahnhof-   Stadt -   ring   Str.

48

a   a

A   B

250

COTTBUS

Michelin hängt keine Schilder an die empfohlenen Hotels und Restaurants.

251

COTTBUS

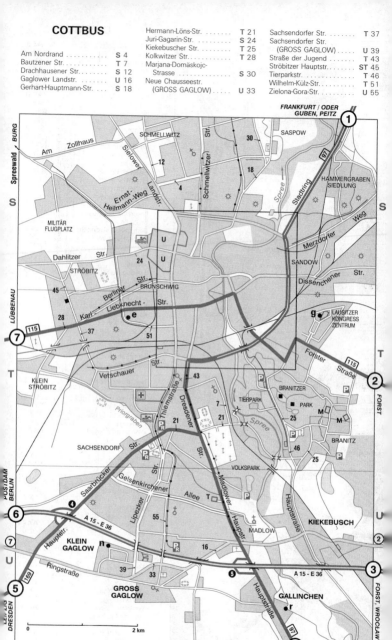

Die Übernachtungs- und Pensionspreise können sich durch die Kurtaxe erhöhen.
Erfragen Sie daher bei der Zimmerreservierung den zu zahlenden Endpreis.

🏨 **Sorat Hotel** Ⓜ, Schloßkirchplatz 2, ✉ 03046, ℘ (0355) 7 84 40, *cottbus@SORAT-Ho tels.com*, Fax (0355) 7844244, 🚗 – |⋕|, ⇇ Zim, 🍽 Zim, 📺 📞 ⅙ – 🏛 20. 🆎 ⓞ ⓥⓞ
𝓥𝓘𝓢𝓐 ᴊᴄʙ
AY f
Menu *(geschl. Nov. - März Sonntag) (nur Abendessen)* à la carte 34/60 – **101 Z** ⌶ 150/195 – 200/245.

🏨 **Branitz** 🦢, Heinrich-Zille-Straße, ✉ 03042, ℘ (0355) 7 51 00, *info@branitz.bestwes tern.de*, Fax (0355) 713172, �´, Massage, 🚗 – |⋕|, ⇇ Zim, 📺 🅿 – 🏛 450. 🆎 ⓞ ⓥⓞ
𝓥𝓘𝓢𝓐, 🍴 Rest
T g
Menu à la carte 34/46 – **205 Z** ⌶ 145/160 – 175/190.

🏨 **Ahorn,** Bautzener Str. 134, ✉ 03050, ℘ (0355) 47 80 00, *Info@Ahornhotel.com*, Fax (0355) 4780040, Biergarten – 📺 📞 🅿 – 🏛 15. 🆎 ⓞ
BZ a
Menu *(Montag - Freitag nur Abendessen)* à la carte 24/43 – **21 Z** ⌶ 130/170.

🏨 **Holiday Inn Express** Ⓜ garni, Berliner Straße, ✉ 03046, ℘ (0355) 35 60, *HI-CB@t -online.de*, Fax (0355) 356999 – |⋕| ⇇ 📺 📞 ⅙ – 🏛 20. 🆎 ⓞ ⓥⓞ 𝓥𝓘𝓢𝓐
AY k
110 Z ⌶ 145/155.

🏨 **City Hotel Cottbuser Hof,** Rudolf-Breitscheid-Str. 10, ✉ 03046, ℘ (0355) 3 80 04 90, Fax (0355) 31007, �´ – 📺 🅿 🆎 ⓥⓞ 𝓥𝓘𝓢𝓐
AZ c
Menu à la carte 20/35 – **20 Z** ⌶ 80/90 – 100/120.

🏨 **Ostrow,** Wasserstr. 4, ✉ 03046, ℘ (0355) 78 00 80, Fax (0355) 7800820, Biergarten – 📺 🅿 🆎 ⓥⓞ 𝓥𝓘𝓢𝓐
BZ m
Menu à la carte 24/34 – **18 Z** ⌶ 85/115 – 130/150.

In Gross Gaglow *Süd : 3,5 km :*

🏨 **Sol Inn Hotel** Ⓜ, Am Seegraben, ✉ 03058, ℘ (0355) 5 83 70, *sol.inn.cottbus@-on line.de*, Fax (0355) 5837444, �´ – |⋕|, ⇇ Zim, 📺 ⅙ 🅿 – 🏛 50. 🆎 ⓞ ⓥⓞ 𝓥𝓘𝓢𝓐 ᴊᴄʙ
U n
Menu *(nur Abendessen)* à la carte 28/46 – **98 Z** ⌶ 116/150 – 136/168.

In Gallinchen *Süd : 4 km :*

🏨 **Jahrmarkthof,** Friedensplatz 8, ✉ 03058, ℘ (0355) 53 94 12, Fax (0355) 542976, �´ – 📺 🅿 ⓥⓞ 𝓥𝓘𝓢𝓐
U r
Menu à la carte 24/50 – **12 Z** ⌶ 80 – 100/125.

CRAILSHEIM *Baden-Württemberg* ❰❰❰❱ ❰❰❰❱ *S 14 – 32 000 Ew – Höhe 413 m.*

🛈 *Städt. Verkehrsamt, Marktplatz 1, ✉ 74564, ℘ (07951) 40 31 25, Fax (07951) 403264.*
Berlin 528 – Stuttgart 114 – Nürnberg 102 – Würzburg 112.

🏨 **Post-Faber,** Lange Str. 2, ✉ 74564, ℘ (07951) 96 50, *postfaber@t-online.de*, Fax (07951) 965555, �´, 🚗 – |⋕| 📺 📞 🚗 🅿 – 🏛 50. 🆎 ⓞ ⓥⓞ 𝓥𝓘𝓢𝓐
Menu *(geschl. Freitagabend - Samstagmittag)* à la carte 42/71 – **Gourmet-Stüble** *(geschl. Feb. 2 Wochen, Aug. 2 Wochen, Freitag, Sonn- und Feiertage) (nur Abendessen)*
Menu 40 à la carte 61/86 – **64 Z** ⌶ 98/138 – 158/178.

In Crailsheim-Westgartshausen *Süd-Ost : 5 km :*

🏨 **Zum Hirsch** 🦢 garni, Westgartshausener Hauptstr. 16, ✉ 74564, ℘ (07951) 9 72 00, Fax (07951) 972097 – |⋕| 📺 📞 🅿 ⓥⓞ 𝓥𝓘𝓢𝓐
24 Z ⌶ 75/110.

CREGLINGEN *Baden-Württemberg* ❰❰❰❱ ❰❰❰❱ *R 14 – 1 800 Ew – Höhe 277 m – Erholungsort.*
Sehenswert : Herrgottskirche (Marienaltar★★).
🛈 *Touristinformation, An der Romantischen Str. 14, ✉ 97993, ℘ (07933) 6 31, Fax (07933) 70130.*
Berlin 506 – Stuttgart 145 – Würzburg 43 – Ansbach 50 – Bad Mergentheim 28.

🏨 **Krone,** Hauptstr. 12, ✉ 97993, ℘ (07933) 5 58, Fax (07933) 1444 – 🍴 Zim
geschl. Mitte Dez. - Ende Jan. – **Menu** *(geschl. Montag)* à la carte 20/40 ♨ – **14 Z** ⌶ 65/80 – 100/105.

In Bieberehren-Klingen *Nord-West : 3,5 km :*

🏨 **Zur Romantischen Straße,** Klingen 28, ✉ 97243, ℘ (09338) 2 09, Fax (09338) 220 – ⇇ Zim, 🚗 🅿 🍴
Menu *(geschl. Nov.) (nur Abendessen) (Restaurant nur für Hausgäste)* – **11 Z** ⌶ 54/98 – ½ P 18.

CREUZBURG *Thüringen siehe Eisenach.*

CRIMMITSCHAU *Sachsen* ▥▧▨ *N 21 – 23 000 Ew – Höhe 230 m.*

🛈 *Stadtinformation, Markt 1 (Rathaus),* ✉ 08451, ☎ *(03762) 9 00, Fax (03762) 909901.*

Berlin 262 – Dresden 114 – Gera 39 – Leipzig 72 – Zwickau 71 – Chemnitz 44.

🏨 Touric 𝕸, Bahnhofstr. 8 (im Touric Center), ✉ 08451, ☎ (03762) 79 90, Fax (03762) 799251, 🏕 – 🛗 📺 🅿 – 🔬 60 **34 Z.**

🏨 **Stadthotel Mauritius,** Herrengasse 11, ✉ 08451, ☎ (03762) 9 46 10, Fax (03762) 946199, 🏕, 🖥 – 📺 – 🔬 15. 🆎 ⓪ ⓜⓞ 𝘝𝘐𝘚𝘈
Menu *(geschl. Sonntagabend - Montag)* à la carte 21/43 – **14 Z** ☲ 85/110.

In Crimmitschau-Gablenz *Ost : 2 km :*

🏨 **Sperlingsberg** 🦢, Sperlingsberg 2, ✉ 08451, ☎ (03762) 94 56 70, HotelSperlingsb @aol.com, Fax (03762) 9456717, 🖥 – 📺 🅿 – 🔬 15. ⓜⓞ 𝘝𝘐𝘚𝘈. 🦋 Rest
Menu à la carte 22/39 – **15 Z** ☲ 75/85 – 95/125.

CUXHAVEN *Niedersachsen* ▥▧▩ *E 10 – 62 000 Ew – Höhe 3 m – Nordseeheilbad.*
Sehenswert : Landungsbrücke "Alte Liebe★" ⩽★ Y – Kugelbake ⩽★ Nord-West : 2 km.

🏌 *Oxstedt, Hohe Klint (Süd-West : 11 km über ②),* ☎ *(04723) 27 37.*
🛈 *Touristic, Lichtenbergplatz,* ✉ 27472, ☎ *(04721) 3 60 46, Fax (04721) 52564.*
Berlin 421 ① – Hannover 222 ② – Bremerhaven 43 ① – Hamburg 130 ①

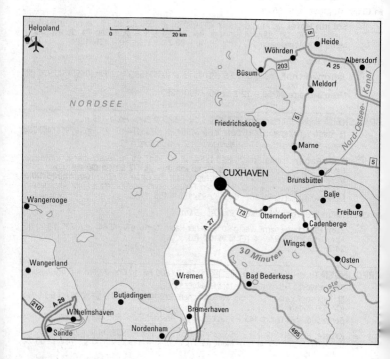

🏨 **Seepavillon Donner** 🦢, Bei der Alten Liebe 5, ✉ 27472, ☎ (04721) 56 60, donn er.seepavillon.cuxhaven@t-online.de, Fax (04721) 566130, ⩽ Nordsee-Schiffsverkehr, 🏕, 🌊, 🖥 – 🛗, 🖐 Zim, 📺 📞 🕭 ⇆ 🅿 – 🔬 180. 🆎 ⓪ ⓜⓞ 𝘝𝘐𝘚𝘈   Y f
Menu à la carte 32/67 – **50 Z** ☲ 140/210.

🏨 **Donner's Hotel** 🦢, Am Seedeich 2, ✉ 27472, ☎ (04721) 50 90, info@donners.be stwestern.de, Fax (04721) 509134, ⩽, 🖥, 🎱 – 🖐, 🖐 Zim, 📺 🅿 – 🔬 100. 🆎 ⓪ ⓜⓞ 𝘝𝘐𝘚𝘈. 🦋 Zim   Y b
Menu à la carte 51/105 – **83 Z** ☲ 101/200 – 202/310 – ½ P 35.

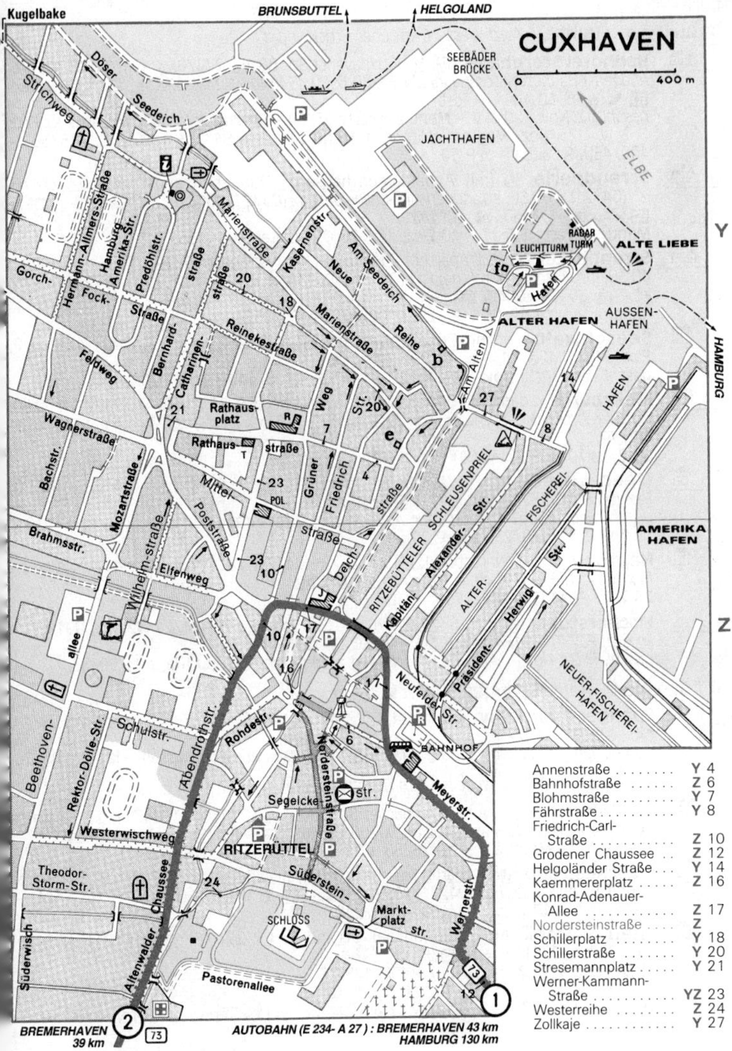

Annenstraße	Y	4
Bahnhofstraße	Z	6
Blohmstraße	Y	7
Fährstraße	Y	8
Friedrich-Carl-Straße	Z	10
Grodener Chaussee	Z	12
Helgoländer Straße	Y	14
Kaemmererplatz	Z	16
Konrad-Adenauer-Allee	Z	17
Nordersteinstraße	Z	
Schillerplatz	Y	18
Schillerstraße	Y	20
Stresemannplatz	Y	21
Werner-Kammann-Straße	YZ	23
Westerreihe	Z	24
Zollkaje	Y	27

Stadt Cuxhaven, Alter Deichweg 11, ✉ 27472, ✆ (04721) 58 20, *info@hotel-stadt-cuxhafen.de, Fax (04721) 582200* – 🛗 TV P – 🏛 20. AE ⓓ MC VISA Y e
Menu à la carte 36/80 – **42 Z** ☕ 104/130 – 192/240.

In Cuxhaven-Döse *Nord-West : 3 km über Feldweg* Y :

Mercure Hotel Deichgraf, Nordfeldstr. 16, ✉ 27476, ✆ (04721) 40 50, *deichgraf-kur-hotel@t-online.de, Fax (04721) 405614*, <, ..., – 🛗, Zim, TV ✆ P – 🏛 30. AE MC VISA
Menu à la carte 27/58 – **76 Z** ☕ 149/170 – 179/239, 4 Suiten – ½ P 25.

Gambero Rosso, Nordfeldstraße/Ecke Kurparkallee (7. Etage), ✉ 27476, ✆ (04721) 44 08 80, *Fax (04721) 509134*, < Nordsee und Schiffahrt – 🛗 P. AE ⓓ MC VISA.
geschl. Jan., Juli 2 Wochen, Montag - Dienstag – **Menu** 49 (mittags) à la carte 63/97.

In Cuxhaven-Duhnen *Nord-West : 6 km über Strichweg Y :*

🏨 **Badhotel Sternhagen** Ⓜ ☞, Cuxhavener Str. 86, ✉ 27476, ℰ (04721) 43 40, Sternhagen@ Badhotel-Sternhagen.de, Fax (04721) 434444, ≤, Massage, ♨, ≦ₛ, 🔲 – 🕸 ↭ 🆃🆅 ❤ & 🅿 ᴀᴇ ⓞ, ⅏ Rest
geschl. 12. Nov. - 20. Dez. – **Menu** à la carte 63/84 – **Sterneck** *(geschl. 15. Jan. - 15. Feb., 5. Nov. - 23. Dez., Montag - Mittwoch)* **Menu** à la carte 81/103 – **50 Z** ⊆ 275/385 – 400/450, 9 Suiten – ½ P 50.

🏨 **Strandperle** (mit Appartementhäusern), Duhner Strandstr. 15, ✉ 27476, ℰ (04721) 4 00 60, *strandperle@ t-online.de*, Fax (04721) 4006196, ≤, ≦ₛ, 🔲 – 🕸 ↭ 🆃🆅 ⟺ 🅿 – 🚲 50. ⓞ ⓦⓞ 𝖵𝖨𝖲𝖠
Menu à la carte 37/91 – **40 Z** ⊆ 160/280, 24 Suiten – ½ P 35.

🏨 **Strandhotel** ☞ (mit Aparthotel Kamp), Duhner Strandstr. 7, ✉ 27476, ℰ (04721) 40 30, *info@ kamp-hotels.de*, Fax (04721) 403333, ≤, ⍟, ♨, ≦ₛ, 🔲 – 🕸, ↭ Zim, 🆃🆅 🅿 – 🚲 80. ᴀᴇ ⓞ ⓦⓞ 𝖵𝖨𝖲𝖠 ᴊᴄв
Menu à la carte 42/98 – **93 Z** ⊆ 100/170 – 180/355 – ½ P 30.

🏨 **Seeschwalbe** garni, Cuxhavener Str. 87, ✉ 27476, ℰ (04721) 42 01 00, Fax (04721) 420144, ≦ₛ – 🕸 ↭ 🆃🆅 ❤ 🅿 ⅏
geschl. Jan., Mitte Nov. - Weihnachten – **49 Z** ⊆ 95/140 – 155/220.

🏨 **Wehrburg** ☞ garni (mit Gästehaus), Wehrbergsweg 53, ✉ 27476, ℰ (04721) 4 00 80, *Hotel.Wehrburg@ t-online.de*, Fax (04721) 4008276, ≦ₛ, ⍟ – 🕸, ↭ Zim, 🆃🆅 ⟺ 🅿 ⓦⓞ 𝖵𝖨𝖲𝖠
63 Z ⊆ 70/145 – 130/200.

🏠 **Meeresfriede** ☞, Wehrbergsweg 11, ✉ 27476, ℰ (04721) 43 50, Fax (04721) 435222, 🔲, ⍟ – 🆃🆅 ⟺ 🅿 ⅏
geschl. Jan. - Feb. – **Menu** *(nur Abendessen)* (Restaurant nur für Hausgäste) – **29 Z** ⊆ 74/128 – 178/232 – ½ P 29.

🏠 **Neptun** ☞ garni, Nordstr. 11, ✉ 27476, ℰ (04721) 42 90, *m.behrmann@ t-online.de*, Fax (04721) 579999, ⍟ – 🆃🆅 🅿 ᴀᴇ ⓞ ⓦⓞ 𝖵𝖨𝖲𝖠
24 Z ⊆ 96/140 – 189/220.

✕ **Fischerstube**, Nordstr. 6, ✉ 27476, ℰ (04721) 4 20 70, *04721/42070-0001@ t-online.de*, Fax (04721) 420742, ⍟ – 🅿 ᴀᴇ ⓞ ⓦⓞ 𝖵𝖨𝖲𝖠
geschl. Mitte Nov. - Mitte Dez., Mitte Jan. - Ende Jan. – **Menu** à la carte 30/53.

In Cuxhaven - Holte-Spangen *Süd-West : 6 km :*

✕ **Spanger Buernstuv'**, Sixtstr. 14, ✉ 27476, ℰ (04721) 2 87 14, Fax (04721) 28714, ⍟ – 🅿 ᴀᴇ ⓦⓞ 𝖵𝖨𝖲𝖠
geschl. Jan. 3 Wochen, Montag – **Menu** *(wochentags nur Abendessen)* à la carte 45/76.

In Cuxhaven-Sahlenburg *West : 10 km über Westerwischweg Z :*

🏨 **Wattenkieker** ☞, Am Sahlenburger Strand 27, ✉ 27476, ℰ (04721) 20 00, *wattenkieker@ t-online.de*, Fax (04721) 200200, ≤, ⍟, ≦ₛ – 🕸 🆃🆅 & 🅿 ᴀᴇ ⓦⓞ 𝖵𝖨𝖲𝖠
März - Okt. – **Menu** à la carte 26/56 – **21 Z** ⊆ 115/155 – 178/260.

🏨 **Muschelgrund** Ⓜ ☞ garni, Muschelstr. 1, ✉ 27476, ℰ (04721) 20 90, *muschelgrund@ t-online.de*, Fax (04721) 209209, ≦ₛ – 🆃🆅 🅿 ⅏
März - Okt. – **17 Z** ⊆ 100/160 – 155/210.

🏠 **Itjen** ☞ garni, Am Sahlenburger Strand 3, ✉ 27476, ℰ (04721) 2 03 10, Fax (04721) 203119, ≤ – 🅿 ⅏
März - Okt. – **21 Z** ⊆ 80/110 – 130/145.

Restaurants with the mention **Menu** ☙, ✿, ✿✿ *or* ✿✿✿ : *see maps in the introduction.*

DACHAU *Bayern* 🔢🔢🔢 *V 18 – 36 000 Ew – Höhe 505 m.*

🏌 *Dachau, An der Floßlände 1,* ℰ *(08131) 1 08 79 ;* 🏌 *Eschenried (Süd-West : 4 km),* ℰ *(08131) 8 72 38.*

🛈 *Verkehrsverein, Konrad-Adenauer-Str. 1,* ✉ *85221,* ℰ *(08131) 8 45 66, Fax(08131) 84529.*

Berlin 583 – München 19 – Augsburg 54 – Landshut 72.

🏨 **Central** garni, Münchner Str. 46a, ✉ 85221, ℰ (08131) 56 40, Fax (08131) 564121 – 🕸 ↭ 🆃🆅 ❤ ⟺ – 🚲 15. ᴀᴇ ⓞ ⓦⓞ 𝖵𝖨𝖲𝖠 ⅏
geschl. 24. Dez. - 6. Jan. – **45 Z** ⊆ 145/195.

🏨 **Fischer**, Bahnhofstr. 4, ✉ 85221, ℰ (08131) 7 82 04, *Hotel-Fischer-Dachau@ t-online.de*, Fax (08131) 78508, ⍟ – 🕸, ↭ Zim, 🆃🆅 ⟺ 🅿 ᴀᴇ ⓞ ⓦⓞ 𝖵𝖨𝖲𝖠
geschl. 24. Dez. - 10. Jan. – **Menu** *(geschl. Samstag)* à la carte 28/67 – **26 Z** ⊆ 120/200 – 160/260.

In Dachau-Ost :

🏠 **Aurora,** Roßwachtstr. 1, ✉ 85221, ✆ (08131) 5 15 30, *Fax (08131) 515332,* 🍴,
Massage, ⇔ – 📺 ⚫ P. AE ⑩ ⓪ VISA
Menu à la carte 58/85 – **14 Z** ⊆ 130/165 – 225.

🏠 **Huber** 🦢 garni, Josef-Seliger-Str. 7, ✉ 85221, ✆ (08131) 5 15 20, *webmaster@hot
elhuber-garni.de, Fax (08131) 515250 –* 📺 ✆ ⇔ P. AE ⑩ ⓪ VISA. 🍴
15 Z ⊆ 110/120 – 150/160.

🏠 **Götz,** Pollnstr. 6, ✉ 85221, ✆ (08131) 2 10 61, *Hotel-Goetz@t-online.de,
Fax (08131) 26387,* ⇔, 🔒 (Gebühr) – 📺 ⇔ P. – 🅰 20. AE ⑩ ⓪ VISA
Menu *(geschl. Sonntag) (nur Abendessen)* à la carte 30/56 – **38 Z** ⊆ 125/150 – 150/185.

In Bergkirchen-Günding *West : 3 km :*

🏠 **Forelle** garni, Brucker Str. 16, ✉ 85232, ✆ (08131) 5 67 30, *forelle@dachau-online.de,
Fax (08131) 567356 –* 🍴 📺 ⇔ P. ⓪ VISA
25 Z ⊆ 115/150 – 160/195.

In Hebertshausen *Nord : 4 km :*

🏠 **Landgasthof Herzog,** Heripertplatz 1, ✉ 85241, ✆ (08131) 16 21,
Fax (08131) 1623, 🍴 – 📺 P. – 🅰 35. AE ⓪ VISA
Menu *(geschl. Montag)* à la carte 28/58 – **25 Z** ⊆ 85 – 130/135.

DAHLEWITZ *Brandenburg* 416 418 *J 24 – 1 700 Ew – Höhe 35 m.*

🚉 *Groß Kienitz (Ost : 2 km)* ✆ *(033708) 53 70.*
Berlin 21 – Potsdam 29 – Cottbus 107 – Frankfurt (Oder) 80.

🏠 **Berliner Ring** Ⓜ, Eschenweg 18 (Industriegebiet an der A 10), ✉ 15827, ✆ (033708)
5 80, *info@hotel-berliner-ring.de, Fax (033708) 58888,* 🍴, 🛋, ⇔, 🍴 – 🍴, 🍴 Zim, 📺
✆ P. – 🅰 80. AE ⑩ ⓪ VISA
Menu à la carte 34/67 – **273 Z** ⊆ 130/150.

DAHN *Rheinland-Pfalz* 417 419 *S 7 – 5 200 Ew – Höhe 210 m – Luftkurort.*

Sehenswert : *Burgruinen★ – Hochstein (≤★).*
Ausflugsziele : *Drachenfels (≤★), Süd-Ost : 9 km – Burg Berwartstein★ (≤★), Süd-Ost :
11 km – Fladensteine★ (Geologischer Lehrpfad★), Süd : 10 km.*
🛈 *Tourist-Information Dahner Felsenland, Schulstr. 29,* ✉ *66994,* ✆ *(06391) 58 11, Fax
(06391) 406199.*
*Berlin 698 – Mainz 143 – Karlsruhe 57 – Saarbrücken 82 – Wissembourg 24 – Landau in
der Pfalz 35 – Pirmasens 22.*

🏠 **Pfalzblick** 🦢, Goethestr. 1, ✉ 66994, ✆ (06391) 40 40, *Pfalzblick@aol.com,
Fax (06391) 404540, Massage,* ⇔, 🔒, 🍴 – 🍴, 🍴 Rest, 📺 P. – 🅰 30. AE ⑩ ⓪ VISA.
🍴 Rest
Menu 34/59 à la carte 35/70 – **77 Z** ⊆ 149/189 – 240/280 – ½ P 40.

🏠 **Landhaus Felsenland** 🦢 garni, Im Büttelwoog 2, ✉ 66994, ✆ (06391) 9 23 70,
Fax (06391) 923799, Biergarten – 🍴 📺 P. ⓪ VISA
geschl. Dez. - Jan. – **27 Z** ⊆ 89/94 – 138/148.

In Erfweiler *Nord-Ost : 3 km :*

🏠 **Die kleine Blume** 🦢, Winterbergstr. 106, ✉ 66996, ✆ (06391) 9 23 00, *Geiga
106@aol.com, Fax (06391) 923030,* 🍴, ⇔, 🔒 – 🍴 📺 ⇔ P. 🍴 Rest
Menu *(Montag - Freitag nur Abendessen)* à la carte 33/64 – **27 Z** ⊆ 110/190 – ½ P 20.

DAMMBACH *Bayern* 417 419 *Q 11 – 1 900 Ew – Höhe 290 m.*
Berlin 557 – München 342 – Würzburg 58 – Aschaffenburg 25 – Miltenberg 25.

🏠 **Wald-Hotel Heppe** 🦢, Heppe 1 (Süd-Ost : 2,5 km), ✉ 63874, ✆ (06092) 94 10, *Wald
HotelHeppe@t-online.de, Fax (06092) 941285,* ≤, 🍴, ⇔, 🔒, 🍴 – ⇔ P. – 🅰 20
geschl. Mitte Dez. - Mitte Feb. – **Menu** *(geschl. Freitagabend, Dienstag)* à la carte 23/62
– **29 Z** ⊆ 65/95 – 140.

---

*Nelle grandi città,
alcuni alberghi propongono dei « fine settimana »
a prezzi interessanti.*

DAMME Niedersachsen **415** I 8 – 14500 Ew – Höhe 63 m.

Berlin 416 – Hannover 114 – Bielefeld 89 – Bremen 98 – Osnabrück 37.

🏨 **Lindenhof**, Osterdammer Str. 51, ✉ 49401, ✆ (05491) 9 71 70, lindenhof.hotel.tep e@t-online.de, Fax (05491) 971747, 🍽, 🚗, – 📺 🅿 🖽 🆎 🌐 VISA
Menu (geschl. Dienstagmittag) à la carte 37/78 – **15 Z** 🛏 110/170.

🏠 **Waldhotel zum Bergsee Damme** 🦆, Steinfelder Str. 45, ✉ 49401, ✆ (05491) 9 56 60, Waldhotel-zum-Bergsee@t-online.de, Fax (05491) 956633 – 📺 🖽 🅿 🆎 🌐 VISA geschl. Jan. 3 Wochen – **Menu** (nur Abendessen) (Restaurant nur für Hausgäste) – **13 Z** 🛏 100/135 – 135/185.

DANNENBERG Niedersachsen **415** **416** G 17 – 8500 Ew – Höhe 22 m.

🏌 Zernien-Braasche (West : 14 km), ✆ (05863) 5 56.

🛈 Gäste-Information, Am Markt 5, ✉ 29451, ✆ (05861) 80 81 90, Fax (05861) 808189.

Berlin 223 – Hannover 137 – Schwerin 80 – Lüneburg 51 – Braunschweig 125.

🏠 **Alter Markt**, Am Markt 9, ✉ 29451, ✆ (05861) 78 80, AlterMarkt@t-online.de, Fax (05861) 7836, 🍽, – 📺 🥢 🆎 🌐 VISA
Menu à la carte 26/51 – **10 Z** 🛏 90/150.

DANNENFELS Rheinland-Pfalz siehe Kirchheimbolanden.

DARGUN Mecklenburg-Vorpommern **416** E 22 – 4000 Ew – Höhe 25 m.

Berlin 211 – Schwerin 121 – Rostock 61 – Neubrandenburg 61 – Rügen (Bergen) 98 – Greifswald 56 – Stralsund 69.

🏠 **Am Klostersee**, Am Klosterdamm, ✉ 17159, ✆ (039959) 25 20, info@klostersee-h otel.de, Fax (039959) 25228, 🍽, 🚗 – 📺 🅿 🆎 ① 🌐 VISA. 🦌
Menu à la carte 27/53 – **22 Z** 🛏 80/100 – 120/140.

DARMSTADT Hessen **417** **419** Q 9 – 140000 Ew – Höhe 146 m.

Sehenswert : Hessisches Landesmuseum★ X **M1** – Prinz-Georg-Palais (Großherzogliche Porzellansammlung★) X **M2**.

🏌 Mühltal-Traisa, Dippelshof, ✆ (06151) 14 65 43 ; 🏌 🏌 Hof Hayna (über ④ : 14 km und Griesheim), ✆ (06155) 7 91 67.

🛈 Stadtinformation, Luisen-Center, Luisenplatz 5, ✉ 64283, ✆ (06151) 13 27 81, Fax (06151) 20228.

🛈 Tourist-Information am Hauptbahnhof, ✉ 64293, ✆ (06151) 13 27 82, Fax (06151) 132783.

ADAC, Marktplatz 4.

Berlin 569 ⑤ – Wiesbaden 44 ④ – Frankfurt am Main 36 ⑤ – Mannheim 50 ④

Stadtplan siehe gegenüberliegende Seite

🏨 **Maritim Rhein-Main Hotel,** Am Kavalleriesand 6, ✉ 64295, ✆ (06151) 30 30, info .dam@maritim.de, Fax (06151) 303111, 🍽, 🚃, – 🕴, 🌀 Zim, 🖽 📺 🕹 🚗 – 🔁 180. 🆎 ① 🌐 VISA
Menu à la carte 55/85 – 🛏 24 – **248 Z** 286/336 – 322/372, 4 Suiten.
Y s

🏨 **Maritim-Konferenzhotel,** Rheinstr. 105 (B 26), ✉ 64295, ✆ (06151) 87 80, Fax (06151) 893194, 🚃, 🌀, – 🕴, 🌀 Zim, 🕹 🚗 – 🔁 310. 🆎 ① 🌐 VISA JCB
Menu à la carte 54/86 – 🛏 24 – **352 Z** 245/345 – 285/385, 4 Suiten.
Y d

🏠 **Contel** (Appartementhotel), Otto-Röhm-Str. 90, ✉ 64293, ✆ (06151) 88 20, Fax (06151) 882888, 🍽 – 🕴, 🌀 Zim, 📺 🕹 🅿 – 🔁 80. 🆎 ① 🌐 VISA über ⑤
Menu (geschl. Sonn- und Feiertage) à la carte 37/61 – **275 Z** 163/235 – 223/273.

🏨 **Treff Page Hotel** 🅜, Eschollbrücker Str.16, ✉ 64295, ✆ (06151) 38 50, treffhote l-darmstadt@t-online.de, Fax (06151) 385100 – 🕴, 🌀 Zim, 📺 🕹 🚗 – 🔁 80. 🆎 ① 🌐 VISA JCB
Menu (geschl. Freitagabend - Sonntagmittag) à la carte 35/57 – **166 Z** 🛏 175/265 – 200/315.
Z s

🏨 **Weinmichel,** Schleiermacherstr. 10, ✉ 64283, ✆ (06151) 60 40 44, Fax (06151) 23592 – 🕴, 🌀 Zim, 📺 🅿 – 🔁 40. 🆎 ① 🌐 VISA
Weinstuben (geschl. Sonn- und Feiertage) **Menu** 40 (mittags) à la carte 58/87 – **Tavernenstube** (geschl. Sonn- und Feiertage) **Menu** à la carte 38/60 – 🛏 19 – **74 Z** 139/179 – 189/219.
X h

🏨 **Parkhaus-Hotel** garni, Grafenstr. 31, ✉ 64283, ✆ (06151) 2 81 00, PAHODA@aol.c om, Fax (06151) 293908 – 🕴, 🌀 📺 🚗 – 🔁 80. 🆎 ① 🌐 VISA
geschl. 24. Dez. - 4. Jan. – **80 Z** 🛏 170/190 – 205/240.
X e

258

DARMSTADT

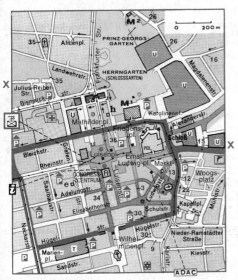

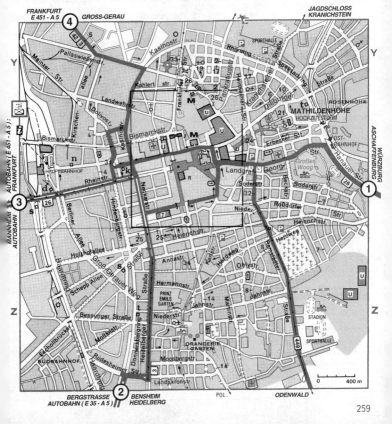

🏠 **Hornung** garni, Mornewegstr. 43, ✉ 64293, 𝒫 (06151) 92 66, *www.HotelHornung@w* *eb.de, Fax (06151) 891892* – 🕸 📺 🅿. 🆎 ➀ 🆘 *VISA*   Y n
36 Z ⊑ 120/135 – 155/165.

🏠 **Donnersberg** garni, Donnersbergring 38, ✉ 64295, 𝒫 (06151) 3 10 40, *reservation* *@ hotel-donnersberg.de, Fax (06151) 33147* – 🕸 📺 📞 🆎 ➀ 🆘 *VISA*   Z t
18 Z ⊑ 115/130 – 150/185.

🏠 **Prinz Heinrich,** Bleichstr. 48, ✉ 64293, 𝒫 (06151) 8 13 70, *HOTELPH@ AOL.COM,* *Fax (06151) 813713,* « Rustikale Einrichtung » – 🕸, 🍴 Zim, 📺 🆎 ➀
🆘 *VISA*   Y k
geschl. 22. Dez. - 2. Jan. – **Menu** *(nur Abendessen)*(Tischbestellung ratsam) à la carte 30/64
– **63 Z** ⊑ 106/139 – 175.

🏠 **Mathildenhöhe** garni, Spessartring 53, ✉ 64287, 𝒫 (06151) 4 98 40, *Hotel-Mathild* *enhoehe@ t-online.de, Fax (06151) 498450* – 🕸 🍴 📺 ⟲ 🅿. 🆎 ➀
🆘 *VISA*   Y t
23 Z ⊑ 145/165 – 185/245.

In Darmstadt-Eberstadt *über* ③ *: 7 km :*

🏠 **Schweizerhaus,** Mühltalstr. 35, ✉ 64297, 𝒫 (06151) 9 41 80, *Fax (06151) 57740,*
« Gartenterrasse » – 🍴 ⟲ 🅿. 🆎 🆘 *VISA*
Menu *(geschl. Freitag - Samstagmittag)* à la carte 45/71 – **20 Z** ⊑ 95/170.

🏠 **Rehm** garni, Heidelberger Landstr. 306, ✉ 64297, 𝒫 (06151) 9 41 30, *HotelRehmDA@a* *ol.com, Fax (06151) 941313* – 🍴 📺 📞 ⟲ 🆘 *VISA* ✥
22 Z ⊑ 65/95 – 110/135.

In Darmstadt-Einsiedel *Nord-Ost : 7 km über Dieburger Straße* Y :

🍴🍴 **Einsiedel,** Dieburger Str. 263, ✉ 64287, 𝒫 (06159) 2 44, *einsiedeldarmstadt@ t-onli* *ne.de, Fax (06159) 1744,* 🌤 – 🅿. 🆎 🆘
geschl. 1. - 15. Jan., Anfang - Mitte Okt. 2 Wochen, Dienstag - Mittwoch – **Menu** à la carte
66/88.

In Darmstadt-Kranichstein *Nord-Ost : 5 km über Kranichsteiner Str.* Y :

🏰 **Jagdschloss Kranichstein,** Kranichsteiner Str. 261, ✉ 64289, 𝒫 (06151) 9 77 90,
hotel.jagdschloss.kranichstein@ t-online.de, Fax (06151) 977920, 🌤 – 🕸 📺 🅿. 📞 – 🧖 60.
🆎 ➀ 🆘 *VISA*
Der Grill (geschl. 22. Dez. - 8. Jan., Sonntag - Montag) (nur Abendessen) **Menu** 69 und
à la carte 62/86 – **Kavaliersbau** *(geschl. 18. Dez. - 15. Jan., Montag)* (nur Mittagessen)
Menu à la carte 41/58 – **15 Z** ⊑ 240/420 – 280/470, 4 Suiten.

In Mühltal-Traisa *Süd-Ost : 5 km über Nieder-Ramstädter-Str. :*

🏩 **Hofgut Dippelshof** ⟋, Am Dippelshof 1 (am Golfplatz), ✉ 64367, 𝒫 (06151)
91 71 88, *Fax (06151) 917189,* 🌤, « Ehemaliges Hofgut ; Blauer Saal im Jugendstil ; kleiner Park » – 🍴 Zim, 📺 ⟲ 🅿 – 🧖 20. ➀ 🆘 *VISA*
Menu à la carte 55/77 – **18 Z** ⊑ 145 – 210/320.

In Mühltal-Trautheim *Süd-Ost : 5 km über Nieder-Ramstädter-Straße* Z :

🏠 **Waldesruh** ⟋, Am Bessunger Forst 28 (über Waldstr.), ✉ 64367, 𝒫 (06151) 9 11 50,
Hotelwaldesruh@ t-online.de, Fax (06151) 911563, 🌤, 🖼 – 🕸 📺 🅿. 🆘 *VISA*
Menu *(geschl. Dez. 2 Wochen, Sonntagabend, Donnerstag)* à la carte 36/65 ♨ – **35 Z**
⊑ 88/135.

In Weiterstadt *über* ⑤ *: 7 km :*

🏠 **Hamm** garni, Kreuzstr. 26, ✉ 64331, 𝒫 (06150) 1 08 80, *Fax (06150) 15757* – 📺 ⟲
🅿. – 🧖 25. 🆎 ➀ 🆘 *VISA*
27 Z ⊑ 115/140 – 150/170.

DARSCHEID *Rheinland-Pfalz siehe Daun.*

Pleasant hotels or restaurants
are shown in the Guide by a red sign.
Please send us the names
of any where you have enjoyed your stay.
Your **Michelin** Guide will be even better.

🏯🏯🏯 ... 🏠

🍴🍴🍴🍴🍴 ... 🍴

DASING Bayern █1█9█ █4█2█0█ U 17 – 4 600 Ew – Höhe 482 m.
  Berlin 577 – München 54 – Augsburg 13 – Ingolstadt 62.

In Dasing-Lindl Nord-Ost : 2 km nahe der A 8 :

  🏠 **Highway-Hotel** Ⓜ garni, Robert-Bosch-Str. 1, ✉ 86453, 𝒫 (08205) 60 90, office@h
  ighway-hotel.de, Fax (08205) 609255, ⇔ – 📶 ⤪ 📺 ⅖ 🅿 🆎 ① ⑳ 𝘝𝘐𝘚𝘈
  80 Z ⌑ 140/180 – 220/240.

DASSOW Mecklenburg-Vorpommern █4█1█6█ E 16 – 3 500 Ew – Höhe 20 m.
  Berlin 243 – Schwerin 49 – Lübeck 21 – Ratzeburg 31 – Wismar 38.

  🏰 **Schloß Lütgenhof** ◔, Ulmenweg 10, ✉ 23942, 𝒫 (038826) 82 50, schloss-luetg
  enhof@t-online.de, Fax (038826) 82522, 🌤, « Klassizistisches Schloss a. d. J. 1890 ; Parkanlage ; Terrasse » – 📶 📺 ⤪ 🅿 – 🕿 25. 🆎 ① ⑳ 𝘝𝘐𝘚𝘈 ⤪ Rest
  Menu (nur Abendessen) à la carte 56/86 – **Bistro : Menu** à la carte 43/64 – **23 Z**
  ⌑ 190/210 – 260/350.

DATTELN Nordrhein-Westfalen █4█1█7█ L 6 – 37 000 Ew – Höhe 53 m.
  Berlin 500 – Düsseldorf 73 – Dortmund 20 – Münster (Westfalen) 44 – Recklinghausen 12.

  🏠 **Zum Ring**, Ostring 41 (B 235), ✉ 45711, 𝒫 (02363) 5 24 65, Fax (02363) 53501, 🌤,
  ⇔ – 📺 🅿 🆎 ① ⑳ 𝘝𝘐𝘚𝘈
  Menu à la carte 33/71 – **9 Z** ⌑ 85/100 – 140/150.

In Datteln-Ahsen Nord-West : 7 km über Westring :

  🏰 **Landhotel Jammertal** ◔, Redderstr. 421, ✉ 45711, 𝒫 (02363) 37 70, info@ja
  mmertal.de, Fax (02363) 377100, 🌤, « Badeoase Aquantis », Massage, ⇔, ⊿ (geheizt),
  ◩, ☒, ⚆ – 📶 ⤪ Zim, 📺 ⅖ 🅿 – 🕿 60. 🆎 ① ⑳ 𝘝𝘐𝘚𝘈 ⤪
  Menu à la carte 47/82 – **71 Z** ⌑ 145/170 – 180/290, 8 Suiten.

DAUN Rheinland-Pfalz █4█1█7█ P 4 – 9 000 Ew – Höhe 420 m – Heilklimatischer Kurort · Kneippkurort
  – Mineralheilbad.
    Ausflugsziele : Die Maare★ (Weinfelder Maar, Totenmaar, Pulvermaar).
    🅱 Tourist-Information, Leopoldstr. 5, ✉ 54550, 𝒫 (06592) 9 51 30, Fax (06592) 951320.
    Berlin 666 – Mainz 161 – Trier 76 – Bonn 79 – Koblenz 70.

  🏰 **Schloß-Hotel Kurfürstliches Amtshaus** ◔, Dauner Burg, ✉ 54550, 𝒫 (06592)
  ✣ 92 50, KurfuerstlichesAmtshaus@t-online.de, Fax (06592) 925255, ≤, 🌤, ⇔, ☒, 🐎
  – 📶 📺 🅿 – 🕿 40. ⑳ 𝘝𝘐𝘚𝘈 ⤪ Rest
  geschl. 8. Jan. - 2. Feb. – **Menu** (geschl. Montag - Dienstag) à la carte 90/111 – **30 Z**
  ⌑ 115/155 – 220/250
  Spez. Ochsenschwanz und Gänsestopfleber mit marinierten Lauchzwiebeln. Gegrillter Steinbutt mit Limonenpüree und Garnelenjus. Gebratene Taube mit jungem Knoblauch.

  🏠 **Panorama** ◔, Rosenbergstr. 26, ✉ 54550, 𝒫 (06592) 93 40, info@hotelpanorama
  .de, Fax (06592) 934230, ≤, 🌤, Massage, ♨, ☙, ⇔, ☒, 🐎 – 📶 📺 🅿
  ⑳ 𝘝𝘐𝘚𝘈
  geschl. Mitte Feb. - Ende März, Mitte Nov. - Mitte Dez. – **Menu** (geschl. Montag) à la carte
  32/65 ⅖ – **26 Z** ⌑ 98/104 – 170/180 – ½ P 26.

  🏠 **Zum Goldenen Fäßchen**, Rosenbergstr. 5, ✉ 54550, 𝒫 (06592) 30 97, berlingen
  @daun.com, Fax (06592) 8673, 🌤, ⇔ – 📶 📺 ⇔ 🅿 🆎 ① ⑳ 𝘝𝘐𝘚𝘈
  Menu (geschl. Donnerstag) à la carte 25/52 – **28 Z** ⌑ 80/95 – 160/190.

In Daun-Gemünden Süd : 2 km :

  🏠 **Müller,** Lieserstr. 17, ✉ 54550, 𝒫 (06592) 25 06, Hotel-Mueller-Daun@t-online.de,
  Fax (06592) 2524, 🌤, 🐎 – 📺 ⇔ 🅿 ⤪ Rest
  geschl. Anfang Jan. - 22. Feb. – **Menu** (geschl. Donnerstag) à la carte 30/50 ⅖ – **12 Z**
  ⌑ 55/65 – 74/104 – ½ P 19.

In Schalkenmehren Süd-Ost : 6 km – Erholungsort

  🏠 **Landgasthof Michels** ◔, St.-Martin-Str. 9, ✉ 54552, 𝒫 (06592) 92 80, michels@l
  andidyll.de, Fax (06592) 928160, 🌤, ⇔, ☒, 🐎 – 📶 ⤪ Zim, 📺 ⅖ ⇔ 🅿 – 🕿 30.
  🆎 ① ⑳ 𝘝𝘐𝘚𝘈
  Menu à la carte 32/66 – **38 Z** ⌑ 92/130 – 140/192 – ½ P 32.

  🏠 **Schneider-Haus am Maar**, Maarstr. 22, ✉ 54552, 𝒫 (06592) 9 55 10, HotelSchn
  eider@t-online.de, Fax (06592) 955140, 🌤, « Wellnessbereich », Massage, 🐎 –
  ⤪ Zim, 📺 ⇔ 🅿
  Menu à la carte 26/62 – **22 Z** ⌑ 65/95 – 130/160 – ½ P 24.

In **Darscheid** Nord-Ost : 6 km – Erholungsort :

XXX **Kucher's Landhotel** mit Zim, Karl-Kaufmann-Str. 2, ✉ 54552, ℰ (06592) 6 29, KuchersLandhotel@t-online.de, Fax (06592) 3677, ☆, ⟶ – ⟵ Zim, ✆ ℙ. AE ⓪ VISA
geschl. 3. Jan. - 14. Feb. – **Kucher's Gourmet** (bemerkenswerte Weinkarte) (geschl. Montag - Dienstagmittag) **Menu** à la carte 63/75 – **Eifelstube** (geschl. Montag - Dienstagmittag) **Menu** à la carte 34/66 – **14 Z** ⌑ 80/160 – ½ P 28.

DEDELSTORF Niedersachsen siehe Hankensbüttel.

DEGGENDORF Bayern 🔢🔢🔢 T 22 – 31 300 Ew – Höhe 312 m – Wintersport : 500/1 114 m ✦4 ✦.

Ausflugsziele : Kloster Metten (Kirche und Bibliothek★) Nord-West : 5 km – Klosterkirche★ in Niederalteich Süd-Ost : 11 km.

☗ Schaufling, Rusel 123 (Nord-Ost : 10 km), ℰ (09920) 4 36.

🅱 Kultur- und Verkehrsamt, Oberer Stadtplatz, ✉ 94469, ℰ (0991) 2 96 01 69, Fax (0991) 31586.

Berlin 563 – München 144 – Passau 51 – Landshut 74 – Regensburg 80.

🏨 **Astron Parkhotel**, Edlmairstr. 4, ✉ 94469, ℰ (0991) 3 44 60, Deggendorf@astro n-hotels.de, Fax (0991) 3446423, ☆, Massage, ㎙, ⇌ – ⧗, ⟶ Zim, 🆃🆅 ✆ ⟵ ℙ – ♨ 50. AE ⓪ ⓪ VISA
Menu à la carte 43/68 – ⌑ 23 – **125 Z** 155/210 – 185/240.

🏨 **Donauhof**, Hafenstr. 1, ✉ 94469, ℰ (0991) 3 89 90, info@hotel-donauhof.de, Fax (0991) 389966, ⇌ – ⧗ 🆃🆅 ✆ ℙ – ♨ 30. AE ⓪ ⓪ VISA
Menu (geschl. Sonntag) (nur Abendessen) à la carte 30/54 – **60 Z** ⌑ 90/130.

🏛 **Kolpinghaus**, Östlicher Stadtgraben 13, ✉ 94469, ℰ (0991) 37 16 40, Fax (0991) 3716410, ☆ – ⧗ 🆃🆅 ✆ ㊉ ⟵ – ♨ 40. ⓪ VISA ✎
Menu (geschl. Sonntagabend) à la carte 25/49 – **27 Z** ⌑ 75/110 – 130.

X **La padella**, Rosengasse 7, ✉ 94469, ℰ (0991) 55 41, Fax (0991) 3831845, ☆ – AE ⓪ ⓪ VISA
geschl. über Pfingsten 2 Wochen, Montag – **Menu** (nur Abendessen) (Tischbestellung ratsam) à la carte 43/68.

In **Deggendorf-Natternberg** Süd-West : 6 km :

🏨 **Burgwirt** ✎ (mit Gästehaus), Deggendorfer Str. 7, ✉ 94469, ℰ (0991) 3 00 45, ⟵ Fax (0991) 31287, ☆, ⇌ – 🆃🆅 ⟵ ℙ – ♨ 25. ⓪ VISA ✎ Rest
Menu (geschl. Sonntagabend - Montagmittag) à la carte 24/46 – **39 Z** ⌑ 95/145.

Europe	Si le nom d'un hôtel figure en petits caractères demandez, à l'arrivée, les conditions à l'hôtelier.

DEGGENHAUSERTAL Baden-Württemberg 🔢🔢🔢 W 12 – 3 000 Ew – Höhe 497 m.
☗ Unterhomberg 1, ℰ (07555) 91 96 30.
Berlin 728 – Stuttgart 144 – Konstanz 33 – Ravensburg 20 – Bregenz 55.

In **Deggenhausertal-Limpach** :

🏛 **Gutsgasthof Mohren** ✎, Kirchgasse 1, ✉ 88693, ℰ (07555) 93 00, info@gutsg asthof-mohren.de, Fax (07555) 930100, ☆, ⌒ – 🆃🆅 ℙ – ♨ 150. ⓪ VISA
geschl. Jan. 2 Wochen – **Menu** (geschl. Montagmittag, Dienstagmittag) à la carte 36/58 – **33 Z** ⌑ 85/135 – ½ P 30.

In **Deggenhausertal-Roggenbeuren** :

🏛 **Krone**, Lindenplatz 2, ✉ 88693, ℰ (07555) 9 22 90, Krone-Roggenbeuren@t.online.de, Fax (07555) 922992, Biergarten, ⇌, 🅇, ⌒ – ℙ. ⓪ VISA
geschl. 7. Jan. - Mitte Feb. – **Menu** (geschl. Montag) (Dienstag - Freitag nur Abendessen) à la carte 25/56 – **25 Z** ⌑ 80/90 – 130/140.

In **Deggenhausertal-Wittenhofen** :

🏛 **Landhotel Adler**, Roggenbeurer Str. 2, ✉ 88693, ℰ (07555) 2 02, Adlerwittenh@w -4.de, Fax (07555) 5273, ☆, Biergarten – 🆃🆅 ⟵ ℙ. ⓪ VISA ✎ Zim
geschl. Feb. 2 Wochen – **Menu** (geschl. Mittwoch - Donnerstagmittag) à la carte 32/61 – **18 Z** ⌑ 70/90 – 120 – ½ P 25.

DEIDESHEIM Rheinland-Pfalz **417 419** R 8 – 4 000 Ew – Höhe 117 m – Luftkurort.

🔢 Tourist-Information, Bahnhofstr. 5, ✉ 67146, 𝓟 (06326) 9 67 70, Fax (06326) 967718.
Berlin 645 – Mainz 88 – Mannheim 31 – Kaiserslautern 39 – Neustadt an der Weinstraße 8.

🏨 **Deidesheimer Hof**, Am Marktplatz 1, ✉ 67146, 𝓟 (06326) 9 68 70, info@deidesh
eimerhof.de, Fax (06326) 7685, 🌣 – 🛗 📺 🅿. 🖭 ⓪ ⓴ 𝚅𝙸𝚂𝙰
geschl. 1. - 6. Jan. – **Menu** siehe Rest. *Schwarzer Hahn* separat erwähnt – *St. Urban* :
Menu 75 à la carte 52/87 – 🖙 20 – **30 Z** 195/310 – 280/480.

🏨 **Steigenberger MAXX Hotel** 🌤, Am Paradiesgarten 1, ✉ 67146, 𝓟 (06326) 97 00,
deidesheim@maxx-hotels.de, Fax (06326) 970333, 🌣, 🔄 – 🛗, 🙌 Zim, 📺 🕭 🚗 🅿.
– 🛗 70. 🖭 ⓪ ⓴ 𝚅𝙸𝚂𝙰 𝙹𝙲𝙱
Menu à la carte 41/65 – **124 Z** 🖙 185/225 – 235/275.

🏨 **Hatterer's Hotel**, Weinstr. 12, ✉ 67146, 𝓟 (06326) 60 11, hotel-hatterer@t-onlin
e.de, Fax (06326) 7539, 🌣 – 🛗 📺 🅿. – 🛗 80. 🖭 ⓪ ⓴ 𝚅𝙸𝚂𝙰 𝙹𝙲𝙱
Menu à la carte 67/95 – **57 Z** 🖙 155/175 – 230.

🏡 **Gästehaus Hebinger** garni, Bahnhofstr. 21, ✉ 67146, 𝓟 (06326) 3 87, weingut.h
ebinger@t-online.de, Fax (06326) 7494 – 📺. ⓴ 𝚅𝙸𝚂𝙰
geschl. 20. Dez. - Jan. – **10 Z** 🖙 90 – 150/170.

𝕏𝕏𝕏𝕏 **Schwarzer Hahn** - Hotel Deidesheimer Hof, Am Marktplatz 1, ✉ 67146, 𝓟 (06326)
❀ 9 68 70, info@deidesheimerhof.de, Fax (06326) 7685, « Gewölbekeller mit eleganter
Einrichtung » – 🖭 ⓪ ⓴ 𝚅𝙸𝚂𝙰. 🌣
geschl. 1. - 6. Jan., Juli - Aug. 4 Wochen, Sonntag - Montag – **Menu** (nur Abendessen)
(Tischbestellung ratsam) (bemerkenswerte Weinkarte) 155/188 und à la carte 96/131
Spez. Gänsestopfleberterrine mit Parmaschinkenmantel und Kumquatsragoût. St. Jakobs-
muschel-Canelloni mit Zucchiniragoût und roter Paprikanage. Pochierter Rehrücken mit
Preiselbeer-Kartoffelknödel.

𝕏𝕏 **Gasthaus zur Kanne**, Weinstr. 31, ✉ 67146, 𝓟 (06326) 9 66 00, Fax (06326) 96607,
🌣 – 🖭 𝚅𝙸𝚂𝙰
geschl. 1. - 15 Feb., Dienstag – **Menu** à la carte 40/73 – *Grand Cru* : à la carte
77/130.

𝕏𝕏 **Weinschmecker,** Steingasse 2, ✉ 67146, 𝓟 (06326) 98 04 60, Fax (06326) 989475,
« Innenhofterrasse »
geschl. Sonntag - Montag – **Menu** (nur Abendessen) à la carte 47/68.

𝕏 **Gutsausschank Dr. Kern,** Schloss Deidesheim, ✉ 67146, 𝓟 (06326) 9 66 99,
Fax (06326) 966920, « Terrasse am Schloßgarten »
geschl. 23. Dez. - Mitte Jan., Aug. 2 Wochen, Mittwoch - Donnerstag – **Menu** (nur Abendessen) (nur Eigenbauweine) à la carte 36/65.

In Forst Nord : 2 km :
𝕏 **Gutsausschank Spindler,** Weinstr. 44, ✉ 67147, 𝓟 (06326) 58 50,
Fax (06326) 7877, « Gartenterrasse » – 🅿.
geschl. 23. Dez. - Ende Jan., Sonntag - Montag – **Menu** (nur Eigenbauweine) à la carte
29/51 🍺.

DEISSLINGEN Baden-Württemberg siehe Rottweil.

DEIZISAU Baden-Württemberg siehe Plochingen.

DELBRÜCK Nordrhein-Westfalen **417** K 9 – 24 500 Ew – Höhe 95 m.
Berlin 432 – Düsseldorf 171 – Bielefeld 52 – Münster (Westfalen) 74 – Paderborn 16.

🏨 **Landgasthaus Waldkrug,** Graf-Sporck-Str. 34, ✉ 33129, 𝓟 (05250) 9 88 80, reze
ption@waldkrug.de, Fax (05250) 988877, 🌣, 🔄, 📙 – 🛗, 🙌 Zim, 📺 🕭 🅿 – 🛗 250.
🖭 ⓴ 𝚅𝙸𝚂𝙰 – **Menu** à la carte 35/59 – **39 Z** 🖙 125/153 – 184/236.

DELITZSCH Sachsen **418** L 21 – 29 000 Ew – Höhe 98 m.
🔢 Touristik Information, Im Schloß, ✉04509, 𝓟 (034202) 5 57 21, Fax (034202) 55722.
Berlin 162 – Dresden 116 – Leipzig 23.

🏨 **Weißes Roß** 🅼, Roßplatz 3, ✉ 04509, 𝓟 (034202) 79 90, Fax (034202) 799444, 🌣,
🔄 – 🛗, 🙌 Zim, 📺 🕭 🚗 🅿. – 🛗 120. 🖭 ⓴ 𝚅𝙸𝚂𝙰
geschl. 3. - 14. Jan. – **Menu** à la carte 34/59 – **58 Z** 🖙 125/145 – 165/170.

🏡 **Goldener Adler,** Hallesche Str. 13, ✉ 04509, 𝓟 (034202) 5 71 68,
Fax (034202) 61033, 🔄 – 🛗 📺 🅿. ⓪ ⓴ 𝚅𝙸𝚂𝙰
Menu (geschl. Sonntag) à la carte 25/46 – **26 Z** 🖙 80/100 – 100/140.

🏡 **Akzent Hotel** garni, Grünstr. 43, ✉ 04509, 𝓟 (034202) 81 10, Hotel.Delitzsch@akz
ent.de, Fax (034202) 81199 – 🙌 📺 🕭 🅿. – 🛗 30. ⓴ 𝚅𝙸𝚂𝙰
geschl. 23. Dez. - 6. Jan. – **28 Z** 🖙 99/125 – 130/170.

In Delitzsch-Kertitz *Nord-West : 2 km :*

🏠 **Flämingsthaler Hof,** Schenkenbergerstr. 3, ✉ 04509, ℰ (034202) 6 24 85,
🍴 *Flaemingsthalerhof@t-online.de, Fax (034202) 62629,* ⛶ – ⧖ Zim, 📺 🅿. ⒜
🅔 𝖵𝖨𝖲𝖠
Menu *(geschl. Samstag - Sonntag) (nur Abendessen)* à la carte 24/48 – **19 Z** ⌁ 75/90 –
100/120.

In Delitzsch-Schenkenberg *Nord-West : 2,5 km :*

🏠 **Schenkenberger Hof,** Hofegasse 3, ✉ 04509, ℰ (034202) 73 00, *schenkenberge*
rhof@hotmail.com, Fax (034202) 73073, ⤴, ✍ – 📺 🅿. ⒜ 🅔 𝖵𝖨𝖲𝖠
Menu *(geschl. Sonntag) (nur Abendessen)* (Restaurant nur für Hausgäste) – **27 Z** ⌁ 91/99
– 100/120.

In Rackwitz *Süd-Ost : 12 km :*

🏠 **Schladitzer Hof,** Hauptstr. 2a, ✉ 04519, ℰ (034294) 7 66 51, *Fax (034294) 76657,*
Biergarten, ⛶ – ⧖ Zim, 📺 🅿 – ⚒ 20. ⒜ 🅔 𝖵𝖨𝖲𝖠
Menu *(nur Abendessen)* à la carte 33/55 – **40 Z** ⌁ 120/145 – 160/175.

DELMENHORST *Niedersachsen* 🄐🄑🄒 *G 9 – 80000 Ew – Höhe 18 m.*

🛏 🅂 *Hude, Lehmweg 1 (Nord-Ost : 17 km), ℰ (04408) 92 90 90.*

🅱 *Verkehrsverein, im Rathaus,* ✉ 27749, ℰ (04221) 99 22 99, *Fax (04221) 992244.*

ADAC, *Reinersweg 34.*

Berlin 403 – Hannover 136 – Bremen 17 – Oldenburg 37.

🏠 **Gut Hasport** garni, Hasporter Damm 220, ✉ 27755, ℰ (04221) 2 60 81,
Fax (04221) 26084, ⤴, ✍ – 📺 ⚘ 🅿. ✳
17 Z ⌁ 75/120.

🏠 **Thomsen,** Bremer Str. 186, ✉ 27751, ℰ (04221) 97 00, *Fax (04221) 70001* – 📶 📺
✆ ⚘ 🅿 – ⚒ 120. ⒜ ⒪ 🅔 𝖵𝖨𝖲𝖠
Menu *(geschl. 26. Dez. - 2. Jan., Samstagmittag)* à la carte 26/60 – **97 Z** ⌁ 60/125 –
125/280.

🏠 **Goldenstedt,** Urselstr. 18, ✉ 27751, ℰ (04221) 96 00, *Fax (04221) 960100,* ⛱ –
⧖ Zim, 📺 ✆ ⚘ 🅿 – ⚒ 50. ⒜ ⒪ 🅔 𝖵𝖨𝖲𝖠, ✳
Menu *(nur Abendessen)* à la carte 30/61 – **35 Z** ⌁ 105/155.

In this guide,
a symbol or a character, printed in red or **black**, *in* **bold** *or light type,*
does not have the same meaning.
Please read the explanatory pages carefully.

DEMMIN *Mecklenburg-Vorpommern* 🄐🄑🄒 *E 23 – 14200 Ew – Höhe 10 m.*

🅱 *Stadtinformation, Am Bahnhof,* ✉ 17109, ℰ (03998) 22 50 77, *Fax (03998) 225077.*
Berlin 190 – Schwerin 145 – Neubrandenburg 48 – Rügen (Bergen) 84 – Stralsund 47.

🏠 **Trebeltal,** Klänhammerweg 3, ✉ 17109, ℰ (03998) 25 10, *hotel-trebeltal@t-*
online.de, Fax (03998) 251251, ⛱, ⛶ – 📶 📺 ✆ 🅿 – ⚒ 30. ⒜ 🅔 𝖵𝖨𝖲𝖠,
✳ Rest
Menu à la carte 27/40 – **42 Z** ⌁ 90/99 – 135.

🏠 **Am Stadtpark,** Kirchhofstraße 1, ✉ 17109, ℰ (03998) 36 23 68, *Fax (03998) 362369*
🍴 – 📺. ⒜ 🅔 𝖵𝖨𝖲𝖠
Menu à la carte 23/48 – **15 Z** ⌁ 75/95 – 120.

In Vanselow *Süd-Ost : 10 km :*

🏠 **Schloß Vanselow** ⚜, Dorfstr. 16, ✉ 17111, ℰ (03998) 2 80 90, *Fax (03998) 280925,*
« Restauriertes Herrenhaus a.d.J. 1870 » – 📺 🅿 – ⚒ 20. ✳
Menu *(nur Abendessen)* (Restaurant nur für Hausgäste) – **12 Z** ⌁ 120/150 –
170/200.

DENZLINGEN *Baden-Württemberg* 🄐🄑🄒 *V 7 – 11500 Ew – Höhe 235 m.*
Berlin 802 – Stuttgart 203 – Freiburg im Breisgau 19 – Offenburg 61.

🍴🍴 **Rebstock-Stube** mit Zim, Hauptstr. 74, ✉ 79211, ℰ (07666) 90 09 90,
Fax (07666) 7942, (Gasthof a.d. 14. Jh.) – 📺 🅿. ⒜ ⒪ 🅔 𝖵𝖨𝖲𝖠
Menu *(geschl. 1. - 15. Aug., Sonntag - Montag)* (Tischbestellung ratsam) à la carte 56/101
– **12 Z** ⌁ 65/95 – 150.

In Vörstetten West : 3 km :

🏠 **Sonne,** Freiburger Str. 4, ✉ 79279, ✆ (07666) 23 26, sonnestahl@aol.com, Fax (07666) 8595, 🌸 – 🄿. 🐾 Rest
Menu (geschl. Samstagmittag, Montag) à la carte 28/59 🍷 – **12 Z** ⮂ 65/70 – 80/110.

DERENBURG Sachsen-Anhalt 🗺 K 16 – 2 800 Ew – Höhe 180 m.

Berlin 220 – Magdeburg 66 – Göttingen 98 – Halle 102 – Nordhausen 52.

🏠 **Schloßvilla,** Schloßstr. 15, ✉ 38895, ✆ (039453) 67 80, info@schlossvilla.de, Fax (039453) 67850, 🌸, « Modernisierte Jugendstil-Villa in kleinem Park », 🌳 – ✚ Zim, 📺 🄿 – 🛗 20. 🐾 VISA
Menu à la carte 29/51 – **15 Z** ⮂ 100/160 – 130/170.

Check-in :
Nicht schriftlich reservierte Zimmer werden in den meisten Hotels
nur bis 18 Uhr freigehalten.
Bei späterer Anreise ist daher der ausdrückliche Hinweis
auf die Ankunftzeit oder - besser noch - schriftliche Zimmerreservierung
ratsam.

DERMBACH Thüringen 🗺 N 14 – 3 800 Ew – Höhe 350 m.

Berlin 385 – Erfurt 107 – Fulda 46 – Bad Hersfeld 40.

🏠 **Rhönpaulus,** Bahnhofstr.21 (B 285), ✉ 36466, ✆ (036964) 8 22 34, Fax (036964) 7096, 🌸 – 📺 🄿 🐾 VISA
Menu à la carte 22/40 – **9 Z** ⮂ 55/60 – 80/90.

DERNBACH (KREIS SÜDLICHE WEINSTRASSE) Rheinland-Pfalz 🗺🗺 S 8 – 460 Ew – Höhe 190 m.

Berlin 671 – Mainz 112 – Mannheim 53 – Landau in der Pfalz 14.

🏠 **Haus Dernbachtal** 🦌 garni, Am Berg 3a, ✉ 76857, ✆ (06345) 9 54 40, Fax (06345) 954444, 🌳 – ✚ 📺 🄿 🐾 VISA
12 Z ⮂ 85/130.

🍴 **Schneider,** Hauptstr. 88, ✉ 76857, ✆ (06345) 83 48, Fax (06345) 954444 – 🄿 🐾 VISA 🌸
geschl. Juli - Aug. 2 Wochen, Nov. 2 Wochen, Montag - Dienstag, Sept. - Okt. Montag –
Menu à la carte 36/68.

DERSAU Schleswig-Holstein 🗺🗺 D 15 – 800 Ew – Höhe 40 m – Luftkurort.

🛈 Fremdenverkehrsverein, Dorfstr. 67, ✉ 24326, ✆ (04526) 6 80, Fax (04526) 201.
Berlin 332 – Kiel 32 – Lübeck 70 – Hamburg 92.

🏠 **Zur Mühle am See** (mit Gästehäusern), Dorfstr. 47, ✉ 24326, ✆ (04526) 30 50, jahn@dersau.net, Fax (04526) 305205, 🌸, 🦆, 🌳 – 📺 🖐 🄿 – 🛗 20. 🄰🄴 🅾 🐾 VISA.
🌸 Rest
Menu (geschl. Nov.- Feb. Sonntagabend) à la carte 30/62 – **35 Z** ⮂ 90/100 – 120/160.

DESSAU Sachsen-Anhalt 🗺 K 20 – 89 000 Ew – Höhe 61 m.

Sehenswert : Bauhausbauten★★ AX – Schloß Mosigkau★ (Gartensaal★) über ④.
Ausflugsziel : Luisium★ über ② : 4 km – Wörlitz : Wörlitzer Park★★, Schloß Wörlitz★, Gotisches Haus★ (Schweizer Glasmalereien★) Ost :   13 km.
🛈 Tourist-Information, Zerbster Str. 2c (Rathaus), ✉ 06844, ✆ (0340) 2 04 14 42, Fax (0340) 2203003.
ADAC, Antoinettenstr. 1.
Berlin 122 ② – Magdeburg 64 ① – Leipzig 74 ③ – Nordhausen 140 ③

Stadtpläne siehe nächste Seiten

🏨 **Fürst Leopold** 🅼, Friedensplatz, ✉ 06844, ✆ (0340) 2 51 50, info@hotel-fuerst-leopold.de, Fax (0340) 2515177, 🌸, « Einrichtung im Bauhausstil », 🛗, 🦆 – 🔋, ✚ Zim, 📺 📞 🚗 – 🛗 160. 🄰🄴 🅾 🐾 VISA 🅹🄲🄱
Menu à la carte 35/60 – **204 Z** ⮂ 195/245 – 255/305, 6 Suiten.

BX a

DESSAU

Check-in:
Nicht schriftlich reservierte
Zimmer werden in
den meisten Hotels
nur bis 18 Uhr freigehalten.
Bei späterer Anreise ist daher
der ausdrückliche Hinweis
auf die Ankunftzeit
oder - besser noch - schriftliche
Zimmerreservierung ratsam.

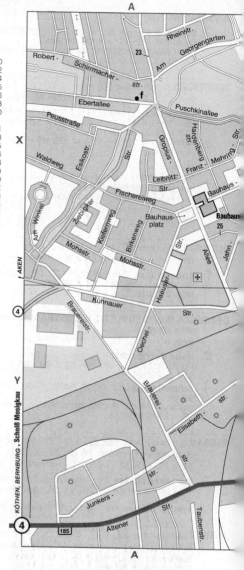

🏨 **Astron** M, Zerbster Str. 29, ✉ 06844, 𝄐 (0340) 2 51 40, *Dessau@astron-hotels.de,*
Fax (0340) 2514100, ➘ – 🛗, ⟲ Zim, 📺 ☎ ₰ ⟺ ℙ – 🔔 100. AE ① ⑩ VISA CX e
Menu à la carte 37/65 – ⚏ 23 – **153 Z** ⚏ 165/165.

🏨 **An den 7 Säulen** garni, Ebertallee 66, ✉ 06846, 𝄐 (0340) 61 96 20,
Fax (0340) 619622 – ⟺ 📺 ℙ. AE ⑩ VISA AX f
23 Z ⚏ 90/120 – 120/150.

🏨 **City-Pension** garni, Ackerstr. 3a, ✉ 06842, 𝄐 (0340) 8 82 30 76, *city-pension-dessa*
u@t-online.de, Fax (0340) 8825017 – 🛗 📺 ⟺. AE ⑩ VISA
24 Z ⚏ 85/95 – 120/130. über ③ : 1,5 km

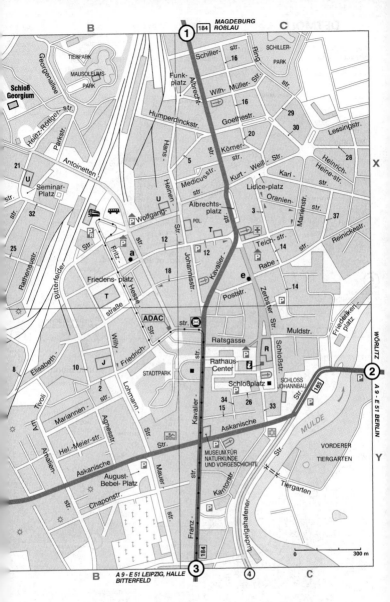

In Dessau-Mildensee *Ost : 5 km über ②, an der BAB-Ausfahrt Dessau-Ost :*

🏨 **Parkhotel** M, Sonnenallee 4, ✉ 06842, ☏ (0340) 2 10 00, *PHotelDessau@aol.com*, *Fax (0340) 2100250*, 🍴, ≘ – 🛗, ⇄ Zim, 📺 🅿 – 🔬 50. 🅰🅴 ⓘ 🆎 𝗩𝗜𝗦𝗔
Menu à la carte 27/43 – **101 Z** ☲ 109/149.

In Dessau-Mosigkau *über ④ : 6,5 km :*

🏨 **Zum kleinen Prinzen,** Erich-Weinert-Str. 16, ✉ 06847, ☏ (0340) 51 70 71, *Fax (0340) 517073*, 🍴 – 📺 🅿. ⓘ 🆎 𝗩𝗜𝗦𝗔
Menu à la carte 24/54 – **22 Z** ☲ 100/130 – 140/200.

DETMOLD

DETMOLD Nordrhein-Westfalen 417 K 10 – 79 000 Ew – Höhe 134 m.

Sehenswert : *Westfälisches Freilichtmuseum*★ BX.

Ausflugsziele : *Externsteine*★ *(Flachrelief*★★ *a.d. 12. Jh.), Süd : 11 km BY –*
Hermannsdenkmal★ *(*※★*) Süd-West : 6 km AY.*

🛈 *Tourist Information, Rathaus am Markt,* ✉ *32754,* ℰ *(05231) 97 73 27, Fax (05231)*
977447.

ADAC, *Paulinenstr. 64.*

Berlin 384 ③ *– Düsseldorf 197* ⑤ *– Bielefeld 27* ① *– Hannover 95* ③ *– Paderborn 27* ④

Stadtplan siehe vorhergehende Seite

🏨 **Residenz Hotel** Ⓜ, Paulinenstr. 19, ✉ 32756, ℰ (05231) 93 70, *info@residen-de*
tmold.bestwestern.de, Fax (05231) 937333, 佘, 合ᵴ,⊠ – ⋕, ⋩ Zim, ⺌ ℰ ☞ – 🅰 80.
🅰🅴 ① ⓪ 🆅🆂🅰. ⋩ Rest AZ a
Menu à la carte 42/68 – **83 Z** ⊑ 188/208 – 258/298.

🏨 **Detmolder Hof,** Lange Str. 19, ✉ 32756, ℰ (05231) 9 91 20, *DetmolderHof@t.onl*
ine.de, Fax (05231) 991299, 佘, (Steingiebelhaus a.d.J. 1560) – ⋕ ⺌ – 🅰 30. 🅰🅴 ①
⓪ 🆅🆂🅰 AZ v
Le Fonti *(geschl. Sonntagabend - Montag)* **Menu** à la carte 55/88 – **Bistro Schuster's :**
Menu à la carte 32/52 – **39 Z** ⊑ 135/155 – 183/220.

🏨 **Lippischer Hof** garni, Willy-Brandt-Platz 1, ✉ 32756, ℰ (05231) 93 60, *LippischerHo*
f@t-online.de, Fax (05231) 24470 – ⋕ ⺌ ℰ 🅿 – 🅰 40. 🅰🅴 ① ⓪ 🆅🆂🅰 AZ n
27 Z ⊑ 129/135 – 166/210.

🍴 **Speisekeller im Rosental,** Schloßplatz 7 (Stadthalle), ✉ 32756, ℰ (05231) 2 22 67,
Fax (05231) 33756, 佘 – 🅰 100. 🅰🅴 ⓪ 🆅🆂🅰 AZ
geschl. Montag – **Menu** à la carte 41/62.

In Detmold-Heiligenkirchen :

🏠 **Achilles,** Paderborner Str. 87, ✉ 32732, ℰ (05231) 9 46 30, *Fax (05231) 946355,* 佘,
合ᵴ – ⋩ Zim, ⺌ ☞ 🅿 ⓪ 🆅🆂🅰. ⋩ Zim BY g
geschl. 1. - 7. Jan. – **Menu** *(geschl. Sonntagabend - Montagmittag)* à la carte 30/57 – **23 Z**
⊑ 79/99 – 119/149.

In Detmold-Pivitsheide :

🏠 **Forellenhof** ⋩, Gebr.-Meyer-Str. 50, ✉ 32758, ℰ (05232) 9 85 00, *Hotel-Forellenh*
of@t-online.de, Fax (05232) 985040, 佘 – ⋩ ⺌ 🅿 🅰🅴 ① ⓪ 🆅🆂🅰. ⋩ AX b
Menu *(nur Abendessen)* (Restaurant nur für Hausgäste) – **12 Z** ⊑ 89/99 – 135/145.

DETTELBACH Bayern 419 420 Q 14 – 4 300 Ew – Höhe 189 m.

Sehenswert : *Wallfahrtskirche (Kanzel*★*, Renaissance-Portal*★ *).*

ᵣₛ *Dettelbach-Mainsondheim, Schloßweg 1,* ℰ *(09324) 46 56.*

Berlin 483 – München 264 – Würzburg 22 – Bamberg 61 – Nürnberg 93.

🍴 **Grüner Baum,** Falterstr. 2, ✉ 97337, ℰ (09324) 9 72 30, *Gruenerbaum@dettelbac*
h.de, Fax (09324) 972333, 佘 – ⺌ ☞ ⓪ 🆅🆂🅰
geschl. 24. Dez. - 15. Jan., 1. - 15. Aug. – **Menu** *(geschl. Sonntagabend - Montagmittag)*
à la carte 29/56 ⅃ – **18 Z** ⊑ 75/85 – 100/115.

🍴 **Himmelstoss,** Bamberger Str. 3, ✉ 97337, ℰ (09324) 47 76, *Fax (09324) 4969,*
« Innenhofterrasse » – ⓪ 🆅🆂🅰. ⋩
geschl. Jan. - Feb. 2 Wochen, Aug. 3 Wochen, Montag - Dienstag – **Menu** à la carte 60/79.

DETTINGEN AN DER ERMS Baden-Württemberg 419 U 12 – 8 000 Ew – Höhe 398 m.

Berlin 678 – Stuttgart 39 – Reutlingen 13 – Ulm (Donau) 61.

🏠 **Rößle,** Uracher Str. 30, ✉ 72581, ℰ (07123) 9 78 00, *info@hotel-metzgerei-roessle.de,*
Fax (07123) 978010, 佘 – ⋩ Zim, ⺌ 🅿 – 🅰 30. ① ⓪ 🆅🆂🅰. ⋩ Rest
Menu *(geschl. Montag)* à la carte 33/72 – **22 Z** ⊑ 65/102 – 130/170.

DETTINGEN UNTER TECK Baden-Württemberg 419 U 12 – 5 200 Ew – Höhe 385 m.

Berlin 624 – Stuttgart 42 – Reutlingen 34 – Ulm (Donau) 57.

🏠 **Rößle** garni, Austr. 32, ✉ 73265, ℰ (07021) 9 84 90, *hotel-roessle@t-online.de,*
Fax (07021) 9849150 – ⋕ ⺌ ℰ ☞ 🅿 ⓪ 🆅🆂🅰
geschl. 24. Dez. - 6. Jan. – **48 Z** ⊑ 75/85 – 105/115.

🏠 **Teckblick,** Teckstr. 44, ✉ 73265, ℰ (07021) 8 30 48, *Fax (07021) 53024,* 佘 – ⋕ ⺌
🅿 – 🅰 30. 🅰🅴 ① ⓪ 🆅🆂🅰
Menu *(geschl. 1. - 10. Jan., Sonntagabend)* à la carte 30/61 – **24 Z** ⊑ 70/100.

DEUDESFELD Rheinland-Pfalz 👁️👁️👁️ P 4 – 500 Ew – Höhe 450 m – Erholungsort.
Berlin 688 – Mainz 181 – Trier 57 – Bitburg 28 – Bonn 107.

⚜️ **Zur Post**, Hauptstr. 8, ✉️ 54570, ℰ (06599) 8 66, Fax (06599) 1304, 🏡, 🛎️s, 🚗 –
📺 🖭 🛇 Rest
Menu (geschl. Nov., Dez. -März Donnerstag) à la carte 21/50 – **27 Z** ⊑ 49/54 – 88/96.

DEUTSCH-EVERN Niedersachsen siehe Lüneburg.

DEUTSCHE ALPENSTRASSE Bayern 👁️👁️👁️👁️ X 13 bis X 22.
Sehenswert : Panoramastraße★★★ von Lindau bis Berchtesgaden (Details siehe unter den
erwähnten Orten entlang der Strecke).

DIEBLICH Rheinland-Pfalz 👁️👁️👁️ P 6 – 2 200 Ew – Höhe 65 m.
Berlin 616 – Mainz 96 – Koblenz 15 – Cochem 39.

🏠 **Pistono**, Hauptstr. 30, ✉️ 56332, ℰ (02607) 2 18, pistono@gmx.de, Fax (02607) 1039,
🏡, 🛎️s, 🔲, 🚗 – 🛗 📺 🖭 🛇. 🛇
geschl. nach Karneval 2 Wochen **Menu** (geschl. Nov. - März Montag) à la carte 28/60 – **84 Z**
⊑ 80/85 – 140/150.

🍴🍴 **Halferschenke** mit Zim, Hauptstr. 63, ✉️ 56332, ℰ (02607) 10 08, halferschenke@t
-online.de, Fax (02607) 960294, 🏡 – 📺. 🆎 ⑩ 🌐 VISA
geschl. Okt. 2 Wochen – **Menu** (geschl. Montag) (wochentags nur Abendessen) 52/65
à la carte 50/70 – **4 Z** ⊑ 80/100 – 120/150.

DIEBURG Hessen 👁️👁️👁️ Q 10 – 14 000 Ew – Höhe 144 m.
Berlin 558 – Wiesbaden 61 – Frankfurt am Main 41 – Darmstadt 16 – Aschaffenburg 28.

🏠 **Mainzer Hof** garni, Markt 22, ✉️ 64807, ℰ (06071) 2 50 95, Fax (06071) 25090 – 📺
✆ 🖭 – 🔏 20. 🆎 ⑩ 🌐 VISA
geschl. Weihnachten - Anfang Jan. – **34 Z** ⊑ 124/130 – 180.

DIEKHOLZEN Niedersachsen siehe Hildesheim.

DIELHEIM Baden-Württemberg 👁️👁️👁️👁️ S 10 – 7 600 Ew – Höhe 130 m.
Berlin 635 – Stuttgart 102 – Mannheim 40 – Heidelberg 25 – Heilbronn 50 – Karlsruhe 48.

In Dielheim-Horrenberg Ost : 3,5 km :

🍴 **Zum wilden Mann**, Burgweg 1, ✉️ 69234, ℰ (06222) 7 10 53, Fax (06222) 73171,
🏡 – 🖭. 🌐
geschl. Anfang Jan. 1 Woche, Anfang Juni 2 Wochen, Dienstag – **Menu** à la carte 30/66.

DIEMELSTADT Hessen 👁️👁️👁️ L 10 – 6 000 Ew – Höhe 280 m.
🅱️ Städt. Verkehrsamt, Ramser Str. 6 (Wrexen), ✉️ 34474, ℰ (05642) 84 34, Fax (05694)
979826.
Berlin 437 – Wiesbaden 218 – Kassel 53 – Dortmund 126 – Paderborn 38.

In Diemelstadt-Rhoden :

🏠 **Montana**, Zum Jungfernborn 1 (B 252), ✉️ 34474, ℰ (05694) 9 79 70, Diemelstadt
@hotel-montana.de, Fax (05694) 979797 – ✾ Zim, 📺 ✆ 🖭 – 🔏 25. 🌐 VISA. 🛇 Rest
Menu à la carte 27/36 – **35 Z** ⊑ 95/126.

DIERDORF Rheinland-Pfalz 👁️👁️👁️ O 6 – 4 400 Ew – Höhe 240 m.
Berlin 584 – Mainz 106 – Koblenz 48 – Bonn 60 – Limburg an der Lahn 47 – Köln 77.

🏠 **Waldhotel** 🐾, nahe der B 413, ✉️ 56269, ℰ (02689) 20 88, waldhotel@t-online.de,
Fax (02689) 7881, ≼, 🏊 (geheizt), 🚗 – 📺 ⇦ 🖭
Menu (geschl. Montag) (nur Abendessen) à la carte 27/49 – **17 Z** ⊑ 67/100.

In Großmaischeid Süd-West : 6 km :

🏠 **Tannenhof** 🐾, Stebacher Str. 64, ✉️ 56276, ℰ (02689) 60 41, Fax (02689) 5513, 🏡,
🚗, 🛝 – ✾ Rest, 📺 🖭 – 🔏 45. 🆎 ⑩ 🌐 VISA
Menu à la carte 27/56 – **21 Z** ⊑ 75/140.

In Isenburg *Süd-West : 11 km :*

  🏨 **Haus Maria** ⌖, Caaner Str. 6, ✉ 56271, ✆ (02601) 29 80, *Fax (02601) 2964*, �_, 🛏
    – 📺 ⌖ 🅿 – 🕍 20. 🆎 ⓞ ⓌⓄ 𝘝𝘐𝘚𝘈
    geschl. Jan. 2 Wochen – **Menu** *(geschl. Montagmittag)* à la carte 32/68 – **14 Z** ⊂ 65/80
    – 110/120.

DIERHAGEN *Mecklenburg-Vorpommern* 🄰🄱🄶 *D 21 – 1500 Ew – Seebad.*

  🅷 *Kurverwaltung, Ernst-Moritz-Arndt-Str. 2, (Strand),* ✉ *18347,* ✆ *(038226) 2 01,*
    Fax (038226) 80466.
    Berlin 248 – Schwerin 122 – Rostock 35 – Stralsund 57.

In Dierhagen-Dorf :

  🏨 **Werth's Hof** ⌖, Neue Str. 6, ✉ 18347, ✆ (038226) 50 80, *Fax (038226) 50840*, 🌡,
    « Restaurant in einem Restaurierten niedersächsisches Hallenhaus a.d.J. 1850 » – ⥷ Zim,
    📺 🅿 ⓌⓄ ⌖
    geschl. Feb. – **Menu** à la carte 28/47 – **19 Z** ⊂ 80/90 – 130 – ½ P 18.

In Dierhagen-Strand *West : 2 km :*

  🏩 **Strandhotel Fischland** Ⓜ ⌖, Ernst-Moritz-Arndt-Str. 6, ✉ 18347, ✆ (038226)
    5 20, *mail@Strandhotel-Fischland.de, Fax (038226) 52999*, ⩽, 🌡, « Hotel- und Ferien-
    anlage im modernen Landhausstil ; Park », Massage, ↥, ⌚s, 🏊, 🛏, ⌖ (Halle) – 📲 📺
    ⌚ 🅿 – 🕍 80. 🆎 ⓞ ⓌⓄ 𝘝𝘐𝘚𝘈, ⌖ Rest
    Menu à la carte 47/90 – **117 Z** ⊂ 240/320 – 270/350, 8 Suiten – ½ P 35.

In Dierhagen-Ost *Nord : 1,5 km :*

  🏨 **Blinkfüer**, An der Schwedenschanze 20 (Nord : 1,5 km), ✉ 18347, ✆ (038226) 8 03 84,
    manet@all-in-all.com, Fax (038226) 80392, 🌡, ↥, ⌚s, 🛏 – ⥷ 📺 ⌖ 🅿 – 🕍 55.
    ⓌⓄ 𝘝𝘐𝘚𝘈
    Menu à la carte 37/65 – **28 Z** ⊂ 110/125 – 175/195, 5 Suiten – ½ P 30.

In Dierhagen-Neuhaus *Süd-West : 3 km :*

  🏨 **An de See** ⌖, Zwischen den Kiefern 1, ✉ 18347, ✆ (038226) 50 10, *hotel-an-de-s*
    ee@ostsee.de, Fax (038226) 80391, 🌡, « Lage an den Dünen und der Ostsee », ⌚s,
    ↥⌖, 🛏 – 📺 🅿 – 🕍 30. ⓌⓄ 𝘝𝘐𝘚𝘈
    Menu à la carte 22/35 – **40 Z** ⊂ 100/135 – ½ P 20.

DIESSEN AM AMMERSEE *Bayern* 🄰🄱🄾 🄰🄱🄾 *W 17 – 9800 Ew – Höhe 536 m – Luftkurort.*

  Sehenswert : *Marienmünster★ – Ammersee★.*
  🅷 *Verkehrsamt, Mühlstr. 4a,* ✉ *86911,* ✆ *(08807) 10 48, Fax (08807) 4459.*
    Berlin 635 – München 55 – Garmisch-Partenkirchen 62 – Landsberg am Lech 22.

  🏨 **Strand-Hotel** ⌖, Jahnstr. 10, ✉ 86911, ✆ (08807) 9 22 20, *strandhotel.diessen@t*
    -online.de, Fax (08807) 8958, ⩽, 🌡, ↥⌖, 🛏 – 📺 🅿 🆎 ⓞ 𝘝𝘐𝘚𝘈
    geschl. 20. Jan. - 20. Feb., 18. Nov. - 4. Dez. – **Menu** *(geschl. Jan. - 20. Feb., Montag - Dienstag)*
    à la carte 39/72 – **18 Z** ⊂ 100/130 – 160/250.

In Diessen-Riederau *Nord : 4 km :*

  ✗✗ **Seehaus**, Seeweg 22, ✉ 86911, ✆ (08807) 73 00, *info@Seehaus.de, Fax (08807) 6810*,
    ⩽ Ammersee, « Terrassen am See » Bootssteg – 🅿
    Menu à la carte 46/67.

DIETENHOFEN *Bayern* 🄰🄱🄾 🄰🄱🄾 *R 16 – 5200 Ew – Höhe 356 m.*

  Berlin 473 – München 201 – Nürnberg 37 – Ansbach 17.

  🏩 **Moosmühle** ⌖, Mühlstr. 12, ✉ 90599, ✆ (09824) 95 90, *Fax (09824) 95959*, 🌡, ⌚s,
    ⌖ (Halle) – 📲, ⥷ Zim, 📺 ⌚ 🅿 – 🕍 35. ⓌⓄ 𝘝𝘐𝘚𝘈 ⌖ Zim
    Menu *(geschl. 1. - 15. Jan., Ende Aug. 1 Woche, Sonntagabend - Montag)* à la carte 39/52
    – **30 Z** ⊂ 92/120 – 140/165.

DIETERSHEIM *Bayern siehe Neustadt an der Aisch.*

In most hotels telephone reservations will be respected only until 6pm,
unless you have come to an agreement with the proprietor.
Written confirmation is strongly recommended
should you expect to be arriving later.

DIETFURT AN DER ALTMÜHL Bayern 🔢🔢 S 18 – 5 700 Ew – Höhe 365 m – Erholungsort.
🏛 Tourismusbüro, Rathaus, Hauptstraße 26, ✉ 92345, ✆ (08464) 64 00 19, Fax (08464) 640033.
Berlin 496 – München 126 – Regensburg 67 – Nürnberg 82 – Ingolstadt 44.

Zur Post, Hauptstr. 25, ✉ 92345, ✆ (08464) 3 21, Fax (08464) 9126, Biergarten, – 🅿.
geschl. Nov. 3 Wochen – **Menu** *(geschl. außer Saison Dienstag)* à la carte 23/45 – **28 Z** ⊊ 51/55 – 88.

In Dietfurt-Töging *West : 3 Km :*

Zum Schlosswirt, Beilngrieserstr. 14, ✉ 92345, ✆ (08464) 6 42 00, Fax (08464) 642020, *(Modernisierter ehem. Brauereigasthof a.d. 17. Jh.),* Biergarten – 🆃🆅 🅿.
Menu *(geschl. Anfang Nov. 2 Wochen, Dienstag)* à la carte 22/43 – **19 Z** ⊊ 85 – 98/110.

DIETMANNSRIED Bayern 🔢🔢 W 14 – 5 900 Ew – Höhe 682 m.
Berlin 684 – München 112 – Kempten (Allgäu) 14 – Augsburg 90 – Memmingen 25.

In Dietmannsried-Probstried *Nord-Ost : 4 km :*

Landhaus Henze mit Zim, Wohlmutser Weg 2, ✉ 87463, ✆ (08374) 5 83 20, pia@
andhaus-henze.de, Fax (08374) 583222, 🍽, « Elegant-rustikale Einrichtung » – 🆃🆅 ✆
⊂⊃ 🅿. 🚚 🆅🅸🆂🅰. ✖ Rest
Menu *(geschl. 29. Okt. - 4. Nov., Donnerstag) (nur Abendessen)* (Tischbestellung erforderlich) à la carte 70/86 – ⊊ 25 – **8 Z** 60/80 – 105/130
Spez. Hummercannelloni mit weißem Tomatenschaum. Loup de mer und Gänseleber mit Garnelenlasagne. Weißes Schokoladeneis mit Basilikum und süßem Mandelpesto.

DIETZENBACH Hessen 🔢🔢 P 10 – 31 000 Ew – Höhe 170 m.
Berlin 556 – Wiesbaden 47 – Frankfurt am Main 17 – Darmstadt 33 – Aschaffenburg 30

Sonnenhof, Otto-Hahn-Str. 7 (Ost : 2 km), ✉ 63128, ✆ (06074) 48 90, sonnenhof.c
ietzenbach@t-online.de, Fax (06074) 489333, 🍽 – 🗐, ✂ Zim, 🆃🆅 🅿 – 🔏 25. 🆎 ⓞ
🚚 🆅🅸🆂🅰
geschl. 24. Dez. - 9. Jan. – **Menu** à la carte 29/78 – **70 Z** ⊊ 155/188 – 207.

Alte Schmiede, Rathenaustr. 7, ✉ 63128, ✆ (06074) 4 27 45, Fax (06074) 3834, 🍽 – 🅿.
geschl. Juli - Aug. 3 Wochen, Samstagmittag, Montag – **Menu** à la carte 38/74.

DIEZ/LAHN Rheinland-Pfalz 🔢🔢 O 8 – 11 000 Ew – Höhe 119 m.
🏛 Tourist-Information, Wilhelmstr. 63, (Rathaus) ✉ 65582, ✆ (06432) 50 12 75, Fax (06432) 5136.
Berlin 554 – Mainz 54 – Koblenz 51 – Limburg an der Lahn 4,5.

In Diez-Freiendiez :

Wilhelm von Nassau, Weiherstr. 38, ✉ 65582, ✆ (06432) 10 14, Hotel.Wilhelm.vc
n.Nassau@t-online.de, Fax (06432) 1447, 🍽, ⟷, 🔲 – 🗐, ✂ Zim, 🆃🆅 ✆ 🅿 – 🔏 40.
🆎 ⓞ 🚚 🆅🅸🆂🅰
Menu à la carte 31/56 – **37 Z** ⊊ 120/130 – 170/180.

DILLENBURG Hessen 🔢🔢 N 8 – 25 200 Ew – Höhe 220 m.
🏛 Tourist-Info, Hauptstr. 19, ✉ 35683, ✆ (02771) 80 21 30, Fax (02771) 802121.
Berlin 541 – Wiesbaden 127 – Siegen 78 – Gießen 47 – Marburg 52.

Oranien garni, Am Untertor 1, ✉ 35683, ✆ (02771) 70 85, Fax (02771) 22951 – 🆃🆅
⊂⊃ 🅿. 🆎 ⓞ 🚚 🆅🅸🆂🅰 🅹🅲🅱
geschl. 22. Dez. - 3. Jan. – **25 Z** ⊊ 110/160.

Bartmannshaus, Untertor 3, ✉ 35683, ✆ (02771) 78 51, « Restauriertes Fachwerk
haus mit geschmackvoller Einrichtung » 🆎 🚚 🆅🅸🆂🅰
geschl. Samstagmittag, Montag – **Menu** à la carte 50/68.

In Dillenburg-Eibach *Ost : 2,5 km :*

Kanzelstein 🍃, Fasanenweg 2, ✉ 35689, ✆ (02771) 58 36, Fax (02771) 24831, 🍽
– 🆃🆅 🅿 – 🔏 15. 🆎 🆅🅸🆂🅰
Menu *(wochentags nur Abendessen)* à la carte 33/50 🍷 – **21 Z** ⊊ 85/120.

DILLINGEN AN DER DONAU Bayern 🔲🔲🔲🔲 U 15 – 17 000 Ew – Höhe 434 m.
　　Berlin 545 – München 108 – Augsburg 51 – Nürnberg 121 – Ulm (Donau) 53.

🏠　**Am Fluss** garni, Donaustr. 23 1/2, ✉ 89407, 𝒫 (09071) 47 95, Fax (09071) 71453 –
　　📺 🄿 🕪 🆅🆂🅰. ❀
　　geschl. Weihnachten - Anfang Jan. – **11 Z** ⬜ 65/95.

🏠　**Garni Trumm,** Donauwörther Str. 62 (B 16), ✉ 89407, 𝒫 (09071) 30 72, info@hot
　　el-garni-trumm.de, Fax (09071) 4100 – 🍴 📺 🚗 🄿 🄰🄴 🅜🅞 🆅🆂🅰. ❀
　　geschl. 24. Dez. - 2. Jan., Mitte - Ende Aug. – **16 Z** ⬜ 69/75 – 100/110.

In Dillingen-Fristingen Süd-Ost : 6 km :

🍴🍴　**Storchennest,** Demleitnerstr. 6, ✉ 89407, 𝒫 (09071) 45 69, Fax (09071) 6180, 🌿
🚗　　– 🄿 🄰🄴 🅜🅞 🆅🆂🅰. ❀
　　geschl. Montag - Dienstag – **Menu** à la carte 48/84.

DILLINGEN/SAAR Saarland 🔲🔲🔲 R 4 – 21 600 Ew – Höhe 182 m.
　　Berlin 730 – Saarbrücken 33 – Saarlouis 5 – Trier 62.

🏠　**Saarland-Hotel König,** Göbenstr. 1, ✉ 66763, 𝒫 (06831) 90 50, Fax (06831) 905123
　　– 📺 🄿 – 🔧 40. 🄰🄴 🅜🅞 🆅🆂🅰 🄹🄲🄱
　　Menu (geschl. Anfang Jan. 1 Woche, Sonntagabend - Montagmittag, Samstagmittag) à la
　　carte 41/73 – **29 Z** ⬜ 80/135 – 140/175.

In Dillingen-Diefflen Nord-Ost : 3,5 km :

🏠🏠　**Bawelsberger Hof,** Dillinger Str. 5a, ✉ 66763, 𝒫 (06831) 76 99 90, info@bawelsb
　　ergerhof.de, Fax (06831) 7699976, Biergarten, 🕯 – 🛗, 🍴 Zim, 📺 🄿 – 🔧 70. 🄰🄴 🄾
　　🅜🅞 🆅🆂🅰
　　Ma Cuisine : **Menu** à la carte 43/65 – **47 Z** ⬜ 130/147 – 175/210.

DILLSTÄDT Thüringen 🔲🔲🔲🔲 O 15 – 1 000 Ew – Höhe 320 m.
　　Berlin 375 – Erfurt 82 – Coburg 64 – Suhl 11.

🏠　**Der Distelhof,** Dorfstr. 3, ✉ 98530, 𝒫 (036846) 6 05 47, Fax (036846) 61332, 🌿
🚗　　– 📺 🚗 🄿 🄰🄴 🆅🆂🅰
　　Menu à la carte 21/46 – **26 Z** ⬜ 60/85 – 110/130.

DINGOLFING Bayern 🔲🔲🔲 U 21 – 15 000 Ew – Höhe 364 m.
　　Berlin 582 – München 101 – Regensburg 91 – Landshut 32 – Straubing 34.

🏠🏠　**Maximilian** garni, Wollerstr. 2, ✉ 84130, 𝒫 (08731) 5 06 20, Fax (08731) 506250 –
　　🛗 📺 🄿 🄰🄴 🄾 🅜🅞 🆅🆂🅰
　　50 Z ⬜ 95/140.

🏠　**Alte Post,** Bruckstr. 7, ✉ 84130, 𝒫 (08731) 3 14 60, Fax (08731) 314640, Biergarten
　　– 📺 🚗 🄿 🄰🄴 🄾 🅜🅞 🆅🆂🅰
　　geschl. 1. - 10. Jan. – **Menu** (geschl. 1. - 15. Aug., Samstag, Sonntagabend) à la carte 25/52
　　– **21 Z** ⬜ 85 – 130/140.

In Loiching-Oberteisbach Süd-West : 5 km :

🏠　**Räucherhansl** ❦, ✉ 84180, 𝒫 (08731) 32 00, Fax (08731) 40670, 🌿, 🕯 – 🛗,
🚗　　🍴 Zim, 📺 🍷 🄿 – 🔧 40. 🄰🄴 🅜🅞 🆅🆂🅰
　　Menu à la carte 22/55 – **55 Z** ⬜ 85/110 – 140.

DINKELSBÜHL Bayern 🔲🔲🔲🔲 S 14 – 11 500 Ew – Höhe 440 m.
　　Sehenswert : St.-Georg-Kirche★ – Deutsches Haus★.
　　🏌 Dinkelsbühl-Seidelsdorf, (Nord-West : 3 km) 𝒫 (09851) 5 30 09.
　　🅱 Touristik Service, Marktplatz, ✉ 91550, 𝒫 (09851) 9 02 40, Fax (09851) 90279.
　　Berlin 520 – München 159 – Stuttgart 117 – Nürnberg 93 – Ulm (Donau) 103.

🏠🏠　**Blauer Hecht,** Schweinemarkt 1, ✉ 91550, 𝒫 (09851) 58 10, BlauerHecht@ringhot
　　els.de, Fax (09851) 581170, 🕯, 🖼 – 🍴 Zim, 📺 – 🔧 50. 🄰🄴 🄾 🅜🅞 🆅🆂🅰. ❀
　　geschl. Jan. – **Menu** (geschl. Feb., Sonntagabend - Montag) à la carte 34/62 – **44 Z**
　　⬜ 105/129 – 138/178.

🏠　**Goldene Kanne,** Segringer Str. 8, ✉ 91550, 𝒫 (09851) 5 72 90, Hotel-Goldene-Kan
　　ne@ t-online.de, Fax (09851) 572929, 🌿 – 📺 🍷 – 🔧 20. 🄰🄴 🄾 🅜🅞 🆅🆂🅰 🄹🄲🄱
　　geschl. 8. Jan. - März (Hotel) – **Menu** (geschl. Jan.- März Mittwoch - Donnerstag) à la carte
　　28/53 – **22 Z** ⬜ 95/120 – 140/200.

🏠　**Goldener Anker** (mit Gästehäusern), Untere Schmiedgasse 22, ✉ 91550, 𝒫 (09851)
　　5 78 00, Goldener.Anker@ t-online.de, Fax (09851) 578080, 🌿 – 📺 🚗 – 🔧 20. 🄰🄴 🄾
　　🅜🅞 🆅🆂🅰
　　Menu à la carte 32/58 – **26 Z** ⬜ 75/90 – 135/150.

🏠 **Kunst-Stuben** garni, Segringer Str. 52, ✉ 91550, ℰ (09851) 67 50, Fax (09851) 553527, « Hotel mit privater Atmosphäre ; Künstler-Atelier im Haus » – 🔄.
Æ Ⓐ 🄌 VISA. 🕸
geschl. Feb. – **5 Z** ⊂ 70 – 110/130.

🏠 **Goldene Rose** (mit Gästehaus), Marktplatz 4, ✉ 91550, ℰ (09851) 5 77 50, Hotel-Goldene-Rose@t-online.de, Fax (09851) 577575, 🔲 – 📺 📞 ⇔ 🚗 – 🏛 30. Æ Ⓓ 🄌 VISA JCB
Menu à la carte 28/60 – **34 Z** ⊂ 95/120 – 140/200.

🏛 **Goldene Krone,** Nördlinger Str. 24, ✉ 91550, ℰ (09851) 22 93, hotel@goldenekrone.de, Fax (09851) 6520 – 📳 ⇔ 🚗. Æ Ⓓ 🄌 VISA JCB
geschl. Feb., Mitte - Ende Aug. – **Menu** (geschl. Mittwoch) 21 à la carte 23/48 ♨ – **25 Z** ⊂ 70/75 – 110/130.

In Dürrwangen Nord-Ost : 8 km :

🏠 **Zum Hirschen,** Hauptstr. 13, ✉ 91602, ℰ (09856) 2 60, Fax (09856) 1801 – 📺 🚗 P. 🕸 Zim
geschl. 1. - 20. Aug. – **Menu** (geschl. Montagmittag) à la carte 22/54 ♨ – **32 Z** ⊂ 60 – 95/100.

In Fichtenau-Lautenbach West : 7 km :

🏠 **Storchenmühle,** Buckenweiler Str. 42, ✉ 74579, ℰ (07962) 5 66, Storchenmuehle-Schoenborn@t-online.de, Fax (07962) 1234, 🔲, ☎, 🔄 – 📺 P. – 🏛 20. Æ Ⓓ 🄌 VISA
Menu (geschl. Montagmittag, Dienstag) à la carte 22/45 – **10 Z** ⊂ 75/115.

DINKLAGE Niedersachsen 𝟜𝟙𝟝 I 8 – 9 600 Ew – Höhe 30 m.
Berlin 417 – Hannover 131 – Bremen 78 – Oldenburg 59 – Osnabrück 48.

🏰 **Burghotel** 🌿, Burgallee 1, ✉ 49413, ℰ (04443) 89 70, reservierung@vilavitaburghotel.de, Fax (04443) 897444, 🔲, Wildgehege, Massage, ☎, 🔲, 🔄 – 📳, 🔄 Zim, 📺 ♨ P. – 🏛 90. Æ Ⓓ 🄌 VISA JCB
Menu à la carte 51/74 – **55 Z** ⊂ 180/220 – 230/270.

🏠 **Rheinischer Hof,** Burgstr. 54, ✉ 49413, ℰ (04443) 12 60, Fax (04443) 3748 – 📺 ⇔ P. – 🏛 100. Ⓓ 🄌 VISA
Menu (geschl. Mittwoch) à la carte 33/55 – **27 Z** ⊂ 90 – 100/140.

An der Straße zur Autobahn Ost : 2 km :

✕✕ **Landhaus Stuben,** Dinklager Str. 132, ✉ 49393 Lohne, ℰ (04443) 43 83, Landhaus-Stuben@t-online.de, Fax (04443) 3767, 🔲 – P. – 🏛 30. Æ Ⓓ 🄌 VISA 🕸
geschl. Jan. 2 Wochen, Aug. 2 Wochen, Sonntagabend - Montag – **Menu** à la carte 45/72

DINSLAKEN Nordrhein-Westfalen 𝟜𝟙𝟟 L 4 – 66 500 Ew – Höhe 30 m.
🏌 Hünxe (Nord-Ost : 8 km), ℰ (02858) 64 80.
🎫 Bürgerbüro Stadtmitte, Friedrich-Ebert-Str. 82, ✉ 46535, ℰ (02064) 6 64 20, Fax (02064) 66556.
Berlin 545 – Düsseldorf 46 – Duisburg 16 – Oberhausen 20 – Wesel 14.

🏨 **Am Park** garni, Althoffstr. 16, ✉ 46535, ℰ (02064) 5 40 54, Fax (02064) 54057 – 📳 📺 📞 P. Æ 🄌 VISA. 🕸
24 Z ⊂ 155/160 – 210/260.

In Dinslaken-Hiesfeld Süd-Ost : 3 km :

🏠 **Landhotel Galland-Im kühlen Grunde,** Dickerstr. 346, ✉ 46539, ℰ (02064) 4 95 90, Fax (02064) 495935, 🔲 – 📺 📞 P. – 🏛 40. Æ Ⓓ 🄌 VISA JCB
Menu à la carte 27/72 – **22 Z** ⊂ 95/160 – 130/160.

DIPPOLDISWALDE Sachsen 𝟜𝟙𝟠 N 25 – 6 700 Ew – Höhe 350 m.
Berlin 213 – Dresden 22 – Chemnitz 65 – Marienberg 64 – Pirna 36.

🏨 **Landhaus Heidehof,** Hohe Str. 2 (Nord-Ost : 1,5 km), ✉ 01744, ℰ (03504) 6 48 70, Fax (03504) 648755, ⩶, 🔲 – 🔄 Zim, 📺 📞 P. – 🏛 80. Æ Ⓓ 🄌 VISA
Menu à la carte 26/53 – **34 Z** ⊂ 95/110 – 145/165.

🏠 **Am Schloß** 🌿, Rosengasse 12, ✉ 01744, ℰ (03504) 61 79 47, Fax (03504) 617948, 🔲 – 📺 🄌 VISA
geschl. Feb. 1 Woche – **Menu** (geschl. Donnerstagmittag) à la carte 24/42 – **12 Z** ⊂ 85 – 95/125.

DIRMSTEIN Rheinland-Pfalz 🔢🔢 R 8 – 2500 Ew – Höhe 108 m.

Berlin 629 – Mainz 61 – *Mannheim 36* – Kaiserslautern 43 – Worms 13.

🍴 **Kempf**, Marktstr. 3, ✉ 67246, ℰ (06238) 9 84 00, Fax (06238) 984088, 🌳 – 🖨 📺
– 🛁 60. ⅀ 🌐 𝑉𝐼𝑆𝐴
Menu à la carte 33/70 ⅄ – **18 Z** 🛏 75/100 – 100/160.

DITZENBACH, BAD Baden-Württemberg 🔢🔢 U 13 – 3600 Ew – Höhe 509 m – Heilbad.

🅱 Tourismus- und Kulturbüro, Haus des Gastes, Helfensteinstr. 20, ✉ 73342, ℰ (07334)
69 11, Fax (07334) 920408.

Berlin 607 – *Stuttgart 61* – Göppingen 19 – Reutlingen 51 – Ulm (Donau) 44.

🏨 **Kurhotel St. Bernhard** ⌂ garni, Sonnenbühl 1, ✉ 73342, ℰ (07334) 9 64 10,
Fax (07334) 964141, ⬇, ⌁ – 🖨 ⤬ 📺 ⌂ 🅿 ⌁
30 Z 🛏 100 – 170/210.

🏠 **Zum Lamm** (mit 🏨 Gästehaus ⌂), Hauptstr. 30, ✉ 73342, ℰ (07334) 50 80,
Fax (07334) 5089, ⌁ – ⤬ Zim, 📺 ⌂ ⌂ 🅿 ⅀ 🌐 𝑉𝐼𝑆𝐴 ⌁ Rest
geschl. Feb. - März 4 Wochen – **Menu** (geschl. Sonntag - Montagmittag) à la carte 45/78
– **16 Z** 🛏 75/140 – 140/180 – ½ P 28.

In Bad Ditzenbach-Gosbach Süd-West : 2 km :

🏠 **Hirsch**, Unterdorfstr. 2 (an der B 466), ✉ 73342, ℰ (07335) 9 63 00,
Fax (07335) 963030 – 📺 ⌁ 🅿 ⅀ 🌐 ⌁
geschl. Mitte - Ende Jan. 2 Wochen, Mitte Aug. 1 Woche, Ende Okt. - Anfang Nov. 2 Wochen
– **Menu** (geschl. Montag) à la carte 40/72 (auch vegetarische Gerichte) – **8 Z** 🛏 70 –
110/120.

DITZINGEN Baden-Württemberg 🔢🔢 T 11 – 23500 Ew – Höhe 381 m.

Berlin 626 – *Stuttgart 18* – Pforzheim 33.

🏨 **Blankenburg Hotel Ditzingen** 🅼, Gerlinger Str. 27, ✉ 71254, ℰ (07156) 93 20,
Fax (07156) 932190 – 🖨, ⤬ Zim, 📺 ⌁ ⌂ – 🛁 25. ⅀ ① 🌐 𝑉𝐼𝑆𝐴 ⌁ Rest
Menu à la carte 41/75 – **72 Z** 🛏 135/175 – 155/205.

DOBEL Baden-Württemberg 🔢🔢 T 9 – 2200 Ew – Höhe 689 m – Heilklimatischer Kurort – Wintersport : 500/720 m ⚡2, ⚡.

🅱 Kurverwaltung, im Kurhaus, ✉ 75335, ℰ (07083) 7 45 13, Fax (07083) 74535.

Berlin 686 – Stuttgart 74 – *Karlsruhe 36* – Baden-Baden 28 – Pforzheim 24.

🍴 **Rössle** ⌂, Joh.-P.-Hebel-Str. 7, ✉ 75335, ℰ (07083) 9 25 30, Fax (07083) 925392, 🌳
⌁ – 🖨 📺 ⌂ 🅿 – 🛁 15
geschl. 15. Nov. - 15. Dez. - **Menu** (geschl. Dienstag) à la carte 25/58 ⅄ – **20 Z** 🛏 48/105
– 120/140 – ½ P 22.

DOBERAN, BAD Mecklenburg-Vorpommern 🔢🔢 D 19 – 11500 Ew – Höhe 50 m – Kur- und
Badeort.

Sehenswert : Münster★★ (Altar★, Triumphkreuz★, Sakramentshaus★).

🅱 Tourist-Information, Goethestr. 1, ✉ 18209, ℰ (038203) 6 21 54, Fax (038203) 62154.

Berlin 237 – Schwerin 79 – *Rostock 17* – Wismar 48.

🏨 **Romantik Hotel Friedrich-Franz Palais**, Am Kamp, ✉ 18209, ℰ (038203)
6 30 36, Fax (038203) 62126, 🌳, « Palais a.d.J. 1793 », ⌁ – 🖨 📺 🅿 – 🛁 40. ⅀ ①
🌐 𝑉𝐼𝑆𝐴 𝐽𝐶𝐵 ⌁ Rest
geschl. Feb. 2 Wochen – **Menu** (geschl. Sonntag) (Nov. - März nur Abendessen) à la carte
40/58 – **49 Z** 🛏 145/175 – 220/260 – ½ P 45.

DÖBELN Sachsen 🔢🔢 M 23 – 27000 Ew – Höhe 151 m.

🅱 Döbeln-Information, Am Lutherplatz 4 ✉ 04720, ℰ (03431) 71 11 50, Fax (03431)
711152.

Berlin 234 – Dresden 55 – *Leipzig 68*.

In Großweitzschen-Obergoseln Nord-Ost : 5 km :

🏠 **Zum Nicolaner** 🅼 ⌂, Obergoseln 4, ✉ 04720, ℰ (03431) 6 62 10,
Fax (03431) 662143, 🌳 – ⤬ Rest, 📺 🅿 – 🛁 50. ⅀ ① 🌐 𝑉𝐼𝑆𝐴
Menu à la carte 31/56 – **13 Z** 🛏 90/110 – 144/164.

DÖLBAU *Sachsen-Anhalt siehe Halle.*

DÖRENTRUP *Nordrhein-Westfalen* **⁴¹⁷** *J 11 – 8 000 Ew – Höhe 200 m.*
Berlin 368 – Düsseldorf 206 – Hannover 78 – Detmold 20 – Bielefeld 37.

In Dörentrup-Schwelentrup *– Luftkurort :*

🏨 **Waldhotel** 🍸, Am Wald 2, ✉ 32694, 𝒫 (05265) 9 48 90, *waldhoteldoerentrup@h*
otmail.com, Fax (05265) 948970, Biergarten, ⇌ₛ, 🚗 – ⅙ Zim, 📺 ⊱ 🅿 – 🅰 30. 🆎
VISA
Menu à la carte 42/62 – **24 Z** ⊏ 95/130 – 135/180.

DÖRPEN *Niedersachsen* **⁴¹⁵** *H 5 – 3 300 Ew – Höhe 5 m.*
*Berlin 504 – Hannover 242 – Emden 44 – Bremen 118 – Groningen 64 – Oldenburg 71
– Osnabrück 115.*

🏨 **Borchers** (mit Gästehaus), Neudörpener Str. 48, ✉ 26892, 𝒫 (04963) 16 72,
Fax (04963) 4434, 🍽, ⇌ₛ – ⅙ Zim, 📺 ⇌ 🅿 – 🅰 30. 🆎 ⓞ 🆎 **VISA**
Menu (geschl. Samstag) à la carte 29/71 – **31 Z** ⊏ 80 – 120/130.

DÖTTESFELD *Rheinland-Pfalz* **⁴¹⁷** *O 6 – 350 Ew – Höhe 220 m – Erholungsort.*
Berlin 608 – Mainz 117 – Bonn 59 – Köln 74 – Limburg an der Lahn 58 – Koblenz 43.

🏨 **Zum Wiedbachtal** 🍸, Wiedstr. 14, ✉ 56305, 𝒫 (02685) 10 60, *info@hotel-zum
-wiedbachtal.de*, Fax (02685) 8660, 🍽, 🏊, 🚗 – 📺 🅿 🆎 ⓞ 🆎 **VISA**, 🌼
Menu (geschl. Dienstag) à la carte 35/56 – **10 Z** ⊏ 65/70 – 110/130 – ½ P 18.

DOLLE *Sachsen-Anhalt* **⁴¹⁶ ⁴¹⁸** *I 18 – 550 Ew – Höhe 100 m.*
Berlin 170 – Magdeburg 32 – Gardelegen 44 – Stendal 29 – Wolfsburg 102.

🏨 **Deutsches Haus,** Magdeburger Str. 25 (B 189), ✉ 39517, 𝒫 (039364) 93 60,
⇌ Fax (039364) 93649, 🍽 – ⅙ Zim, 📺 🅿 🅰 30. 🆎 **VISA**
Menu à la carte 24/50 – **24 Z** ⊏ 75/85 – 100/130.

DOLLNSTEIN *Bayern* **⁴¹⁹ ⁴²⁰** *T 17 – 1 800 Ew – Höhe 400 m.*
Berlin 515 – München 122 – Augsburg 80 – Ingolstadt 42 – Nürnberg 91.

In Dollnstein-Obereichstätt *Nord-Ost : 7 km :*

🏨 **Zur Hüttenschänke** 🍸, Allee 15, ✉ 91795, 𝒫 (08421) 9 79 70, Fax (08421) 979797,
🍽, Biergarten, ⇌ₛ, 🚗 – 📺 🅿 🆎 **VISA**, 🌼
geschl. 6. Jan. - März – **Menu** à la carte 29/53 – **22 Z** ⊏ 75/85 – 110/130.

DONAUESCHINGEN *Baden-Württemberg* **⁴¹⁹** *W 9 – 21 000 Ew – Höhe 686 m.*
Sehenswert : Fürstenberg-Sammlungen (Gemäldegalerie★ : Passionsaltar★★).

🚩ₐ 🚩ₛ Donaueschingen-Aasen (Nord-Ost : 4 km), 𝒫 (0771) 8 45 25.

🛈 Städt. Fremdenverkehrs- und Kulturamt, Karlstr. 58, ✉ 78166, 𝒫 (0771) 85 72 21,
Fax (0771) 857228.
*Berlin 747 – Stuttgart 131 – Freiburg im Breisgau 64 – Basel 108 – Konstanz 67 – Reut-
lingen 124 – Zürich 99.*

🏰 **Öschberghof** 🍸, am Golfplatz (Nord-Ost : 4 km), ✉ 78166, 𝒫 (0771) 8 40, *info@c*
eschberghof.com, Fax (0771) 84600, ≤, 🍽, Massage, 🎗, 🔦, ⇌ₛ, 🏊, 🚗, 🚩ₛ – 🛗 📺
⊱ ⇌ – 🅰 100. 🆎 ⓞ 🆎 **VISA**, 🌼
geschl. 27. Dez. - 21. Jan. – **Menu** à la carte 52/82 (auch vegetarische Menü) – **54 Z**
⊏ 217/257 – 323.

🏨 **Ochsen,** Käferstr. 18, ✉ 78166, 𝒫 (0771) 8 09 90, *hotel-ochsenkuttruff@t-online.de*
⇌ Fax (0771) 809988, ⇌ₛ – 🛗, ⅙ Zim, 📺 ⇌ 🅿 🆎 🆎 **VISA**
Menu (geschl. Donnerstag) à la carte 23/47 – **43 Z** ⊏ 85/90 – 108/125.

🏨 **Linde,** Karlstr. 18, ✉ 78166, 𝒫 (0771) 8 31 80, *Hotel-Linde@t-online.de*
Fax (0771) 831840 – 🛗 📺 🅿 🆎 **VISA**, 🌼 Zim
geschl. 20. Dez. - 10. Jan. – **Menu** (geschl. Freitagabend - Samstag) à la carte 33/58 – **21 Z**
⊏ 90/110 – 140/165.

In Donaueschingen-Aufen *Nord-West : 2,5 km – Erholungsort :*

🏨 **Waldblick** 🍸, Am Hinteren Berg 7, ✉ 78166, 𝒫 (0771) 83 25 20, Fax (0771) 8325225
🍽, ⇌ₛ, 🚗 – 📺 ⇌ 🅿 – 🅰 50. 🆎 ⓞ 🆎 **VISA**
geschl. 1. - 15. Aug. – **Menu** (geschl. Montag) à la carte 26/58 – **45 Z** ⊏ 90/105 – 140/160

Beim Flughafen *Nord : 2 km :*

🏨 **Concorde** 🅼, Dürrheimer Str. 82, ✉ 78166 Donaueschingen, 𝒫 (0771) 8 36 30, *info* @ concorde-donau.de, Fax (0771) 8363120, 🍴, 🚗 – 📱, ⇆ Zim, 📺 ⅙ 🅿. – 🛏 80. 🆎 ⓓ ⓜⓢ 𝒱𝐼𝒮𝒜 ⱼᴄʙ
geschl. 19. - 26. Dez. – **Menu** *(geschl. Sonntagabend)* à la carte 33/59 – **75 Z** ⊑ 120/170.

DONAUSTAUF *Bayern siehe Regensburg.*

DONAUWÖRTH *Bayern* 419 420 *T 16 – 18 000 Ew – Höhe 405 m.*
Ausflugsziele : Kaisheim : ehemalige Klosterkirche (Chorumgang★) Nord : 6 km – Harburg : Schloß (Sammlungen★) Nord-West : 11 km.
🛈 *Donauwörth, Lederstatt 1 (Nord : 2 km),* 𝒫 (0906) 40 44 ; 🛈 *Gut Maierhof (Süd-Ost : 7 km über Asbach)* 𝒫 (09090) 9 02 50.
🛈 *Städt. Tourist-Information, Rathausgasse 1,* ✉ 86609, 𝒫 (0906) 78 91 51, Fax (0906) 789999.
Berlin 518 – München 100 – Augsburg 44 – Ingolstadt 56 – Nürnberg 95 – Ulm (Donau) 79.

🏠 **Goldener Hirsch,** Reichsstr. 44, ✉ 86609, 𝒫 (0906) 31 24, Fax (0906) 243124, 🍴 – 📺
Menu *(geschl. Freitag)* à la carte 26/49 – **17 Z** 65/75 – 90/120.

In Donauwörth-Parkstadt :

🏨 **Parkhotel** 🅼, Sternschanzenstr. 1, ✉ 86609, 𝒫 (0906) 70 65 10, *info@ parkhotel-d onauwoerth.de,* Fax (0906) 7065180, ≤ Donauwörth, 🍴, 🌳 – ⇆ Zim, 📺 ✆ 🅿. – 🛏 30. 🆎 ⓓ ⓜⓢ 𝒱𝐼𝒮𝒜
Menu 39/68 à la carte 38/65 – **45 Z** ⊑ 130/160 – 180/220.

🏠 **Parkstadt** garni, Andreas-Mayr-Str. 11, ✉ 86609, 𝒫 (0906) 40 39, Fax (0906) 23986, 🔲 – 📺. 🆎 ⓓ ⓜⓢ 𝒱𝐼𝒮𝒜
14 Z ⊑ 64/71 – 100/116.

DONZDORF *Baden-Württemberg* 419 *T 13 – 12 000 Ew – Höhe 405 m.*
🛈 *Donzdorf, Schloß Ramsberg,* 𝒫 (07162) 2 71 71.
Berlin 594 – Stuttgart 54 – Göppingen 13 – Schwäbisch Gmünd 17 – Ulm (Donau) 45.

🏨 **Becher,** Schloßstr. 7, ✉ 73072, 𝒫 (07162) 2 00 50, *Hotel-Becher@ t-online.de,* Fax (07162) 200555, 🍴, 🈺, ⇆ – 🛏 📺 ✆ ⟺ 🅿. – 🛏 100. 🆎 ⓓ ⓜⓢ 𝒱𝐼𝒮𝒜
Menu *(geschl. Jan. 1 Woche, Aug. 1 Woche, Sonntagabend - Montagmittag)* à la carte 39/75 – **68 Z** ⊑ 80/180 – 150/220.

𝗫𝗫𝗫 **Schloß Restaurant Castello,** Im Schloß 1, ✉ 73072, 𝒫 (07162) 92 97 00, *info@ s chlossrestaurant-castello.de,* Fax (07162) 929702, 🍴 - 🅿.
geschl. März 2 Wochen, 1.- 12. Okt., Dienstag – **Menu** 52/94 à la carte 56/87.

DORF MECKLENBURG *Mecklenburg-Vorpommern* 416 *E 18 – 2 100 Ew – Höhe 23 m.*
Berlin 230 – Schwerin 26 – Rostock 46 – Lübeck 63 – Güstrow 73 – Wismar 6.

🏨 **Mecklenburger Mühle** 🅼, ✉ 23972, 𝒫 (03841) 39 80, *Hotel-Mecklenburger-Mue hle@ t-online.de,* Fax (03841) 398198, 🈺, ⇆ – ⇆ Zim, ✆ 🅿. – 🛏 50. 🆎 ⓜⓢ 𝒱𝐼𝒮𝒜
Menu *(geschl. Okt. - April Montagmittag)* à la carte 27/47 – **38 Z** ⊑ 95 – 135/180.

DORF ZECHLIN *Brandenburg* 416 *G 22 – 350 Ew – Höhe 60 m.*
Berlin 98 – Potsdam 104 – Neubrandenburg 81 – Neuruppin 24.

🏠 **Waldeck,** Am Kunkelberg 4, ✉ 16837, 𝒫 (033923) 7 04 80, *Waldeck.Zechlin@ t-onlin e.de,* Fax (033923) 70592, 🍴, 🈺, 🏊, 🌳 – 📺 🅿. – 🛏 30
Menu à la carte 35/68 ⅙ – **26 Z** ⊑ 95/155 – 175.

Am Großen Zechliner See *Nord-Ost : 2 km :*

🏠 **Gutenmorgen** ⌖, Zur Beckersmühle 103, ✉ 16837, 𝒫 (033923) 7 02 75, Fax (033923) 70510, 🍴, 🌳 – 📺 🅿. – 🛏 30. 🆎 ⓓ ⓜⓢ 𝒱𝐼𝒮𝒜
Menu à la carte 25/48 – **61 Z** ⊑ 65/80 – 100/120 – ½ P 20.

DORMAGEN *Nordrhein-Westfalen* 417 *M 4 – 59 000 Ew – Höhe 45 m.*
Ausflugsziel : Zons : befestigtes Städtchen★ Nord : 6 km.
Berlin 571 – Düsseldorf 17 – Aachen 85 – Köln 24 – Neuss 19.

🏠 **Flora,** Florastr. 49, ✉ 41539, 𝒫 (02133) 4 60 11, *info@ HOTELRESTAURANTFLORA.DE,* Fax (02133) 477824, 🍴 – 📺 ✆ 🅿. ⓜⓢ 𝒱𝐼𝒮𝒜
Menu *(geschl. Sonntagabend, Montagabend)* à la carte 37/63 – **16 Z** ⊑ 125/185 – 155/210.

🏠 **Ragusa,** Marktplatz 7, ✉ 41539, 𝒫 (02133) 4 35 02, Fax (02133) 43609, 🍴 – 📺 🅿.
🖭 ① 🐼 VISA
Menu à la carte 28/69 – **18 Z** ⌖ 120/145 – 165.

🏠 **Cöllner Hof** garni, Kölner Str. 14, ✉ 41539, 𝒫 (02133) 2 48 50, Fax (02133) 248585
– 🛗 📺 🅿. 🖭 ① 🐼 VISA
36 Z ⌖ 98/120 – 150.

In Dormagen-St. Peter Nord-West : 5,5 km über die B 9 :

🏠 **Stadt Dormagen** garni, Robert-Bosch-Str. 2, ✉ 41541, 𝒫 (02133) 78 28,
Fax (02133) 70940, 🖴 – 📺 🅿. 🖭 ① 🐼 VISA 🛇
geschl. 22. Dez. - 5. Jan. – **14 Z** ⌖ 95/110 – 130/150.

In Dormagen-Ückerath Nord-West : 6 km :

🍴 **Holger's,** In Ückerath 62, ✉ 41542, 𝒫 (02133) 29 92 29, Fax (02133) 299228 – 🅿.
🐼 VISA
geschl. Jan. 2 Wochen, Samstagmittag, Sonntagabend - Montag – **Menu** à la carte
64/85.

In Dormagen-Zons Nord : 6 km :

🏨 **Schloss Friedestrom** Ⓜ 🕭 (mit Gästehaus), Parkstr. 2, ✉ 41541, 𝒫 (02133) 50 30,
info@friedestrom.de, Fax (02133) 503290, 🍴, 🖴 – 🛗, 🛌 Zim, 📺 ☏ 🖚 🅿. – 🏋 70.
🖭 ① 🐼 VISA
Zum Volksgarten (geschl. Samstagmittag) **Menu** 36 à la carte 57/75 – **42 Z** ⌖ 185/280
– 225/315.

MICHELIN-REIFENWERKE KGaA. Regional Service-Center ✉ 41450 Dormagen,
Kruppstr. 22, 𝒫 (01802) 00 80 40 Fax (01802) 008041.

DORNBURG Hessen **417** O 8 – 8 000 Ew – Höhe 400 m.
Berlin 556 – Mainz 75 – Koblenz 69 – Frankfurt am Main 88 – Siegen 55.

In Dornburg-Frickhofen :

🏠 **Café Bock** garni, Hauptstr. 30, ✉ 65599, 𝒫 (06436) 9 13 80, Fax (06436) 913838 –
📺 🖚 🅿. 🐼
10 Z ⌖ 75/85 – 150/170.

DORSTEN Nordrhein-Westfalen **417** L 4 – 81 000 Ew – Höhe 37 m.
Ausflugsziel : Wasserschloß Lembeck ★ (Nord-Ost : 10,5 km).
Berlin 529 – Düsseldorf 61 – Bottrop 17 – Essen 29 – Recklinghausen 19.

🍴🍴🍴 **Henschel,** Borkener Str. 47 (B 224), ✉ 46284, 𝒫 (02362) 6 26 70 – 🖭 🅿. 🖭 ① 🐼
VISA 🛇
geschl. 8.- 17. Jan., Anfang Okt. 1 Woche, Samstagmittag, Sonntagmittag, Montag – **Menu**
à la carte 76/98.

🍴🍴 **Goldener Anker,** Lippetor 4, ✉ 46282, 𝒫 (02362) 2 25 53, Fax (02362) 996315 – 🅿.
🖭 ① 🐼 VISA
geschl. Anfang - Mitte Juli, Montag - Dienstag – **Menu** (nur Abendessen) à la carte 55/79.

In Dorsten-Deuten Nord : 9 km :

🏠 **Grewer,** Weseler Str. 351 (B 58), ✉ 46286, 𝒫 (02369) 80 83, Fax (02369) 8322, 🍴
– 📺 🖚 🅿. 🖭 ① 🐼 VISA
Menu (geschl. Donnerstag) à la carte 30/62 – **11 Z** ⌖ 68/120.

In Dorsten-Lembeck Nord-Ost : 10,5 km :

🍴🍴 **Schloßhotel Lembeck** 🕭 mit Zim, im Schloß (Süd : 2 km), ✉ 46286, 𝒫 (02369)
72 83, Fax (02369) 77370, 🍴, « Wasserschloß a.d. 17. Jh. mit Schloßkapelle und Museum ;
Zimmereinrichtung mit Antiquitäten ; Park » – 📺 🅿. ① 🐼 VISA
Menu (geschl. Montagmittag, Donnerstagmittag, Freitagmittag) à la carte 36/75 – **10 Z**
⌖ 98 – 138/198.

In Dorsten-Wulfen Nord-Ost : 7 km :

🏠 **Humbert,** Am Burghof 2 (B 58), ✉ 46286, 𝒫 (02369) 41 09, Fax (02369) 6853, 🍴
– 📺 🖚 🅿. – 🏋 50. 🖭 ① 🐼 VISA
Menu (geschl. Montag) à la carte 26/66 – **20 Z** ⌖ 65/85 – 120/130.

🍴🍴 **Rosin,** Hervester Str. 18, ✉ 46286, 𝒫 (02369) 43 22, frank-rosin@hotmail.com,
Fax (02369) 6835, 🍴 – 🅿. 🖭 ① 🐼 VISA 🖃
geschl. Sonntag - Montag – **Menu** (nur Abendessen) à la carte 78/97.

DORTMUND *Nordrhein-Westfalen* **417** *L 6 – 610 000 Ew – Höhe 87 m.*

Sehenswert : Fernsehturm ☼★ CZ – Westfalenpark★ BCZ – Marienkirche (Marienaltar★)
BYZ **B** – Reinoldikirche★ BY **A** – Petrikirche (Antwerpener Schnitzaltar★) AY **D** – Museum
für Kunst und Kulturgeschichte (Dortmunder Goldschatz★) AY **M1.**

🏌 *Dortmund, Reichsmarktstr. 12 (über ④ : 7 km),* ℰ *(0231) 77 41 33 ;* 🏌 *Dortmund-Brakel,*
Heßlingsweg (über ② : 5 km), ℰ *(0231) 20 25 51 ;* 🏇 *Dortmund, Rennweg 70(Rennbahn-*
Gelände R), ℰ *(0231) 53 11 61.*

🛫 *Dortmund-Wickede (über ② : 11 km),* ℰ *(0231) 21 89 01.*

🚗 *Hauptbahnhof.*

Ausstellungsgelände Westfalenhallen (AZ), ℰ *(0231) 1 20 40.*

🅱 *Verkehrsverein, Königswall 18a,* ✉ *44137,* ℰ *(0231) 5 02 56 66, Fax (0231) 163593.*

ADAC, *Kaiserstr. 63.*

Berlin 492 ① – Düsseldorf 78 ④ – Bremen 236 ② – Frankfurt am Main 224 ④ – Hannover
212 ① – Köln 94 ④

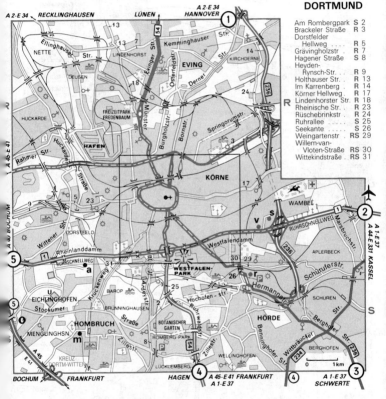

DORTMUND

🏨 **Mercure Grand Hotel** Ⓜ, Lindemannstr. 88, ✉ 44137, ℰ (0231) 9 11 30,
Fax (0231) 9113999, 🌸, ⓢ – 📶, 🆓 Zim, 🖥 📺 📞 🚿 – ☕ – ⚕ 190. AE ⓘ ⓜ🅖
🆅🅸🆂🅰 JCB
AZ a
Menu à la carte 49/72 – 🍽 26 – **219 Z** 249/279.

🏨 **Holiday Inn,** An der Buschmühle 1, ✉ 44139, ℰ (0231) 1 08 60, HIDortmund@aol.com,
Fax (0231) 1086777, 🌸, 🛁, ⓢ, 🖼 – 📶, 🆓 Zim, 🖥 📺 📞 🚿 🚗 ℗ – ⚕ 300. AE
ⓘ ⓜ🅖 🆅🅸🆂🅰 JCB. 🍽 Rest
BZ K
Menu 45 (Lunchbuffet) à la carte 48/69 – 🍽 28 – **190 Z** 260/298 – 320/376, 5 Suiten.

🏨 **Parkhotel Wittekindshof,** Westfalendamm 270 (B 1), ✉ 44141, ℰ (0231) 5 19 30,
info@wittekindshof.bestwestern.de, Fax (0231) 5193100, 🌸, ⓢ – 📶, 🆓 Zim, 🖥 📺
📞 🅿 – ⚕ 120. AE ⓘ ⓜ🅖 🆅🅸🆂🅰
R V
Menu (geschl. Samstagmittag) à la carte 52/85 – **65 Z** 🍽 155/205 – 245/260.

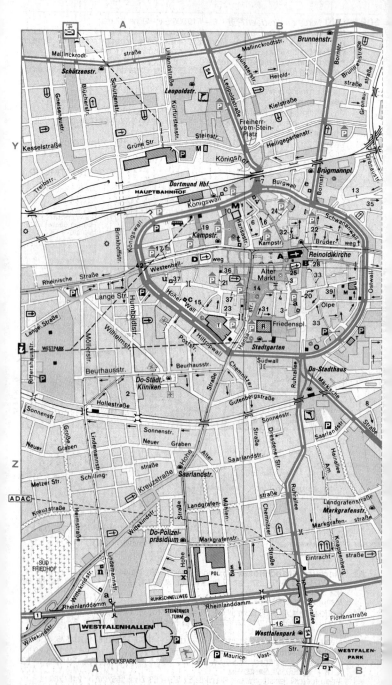

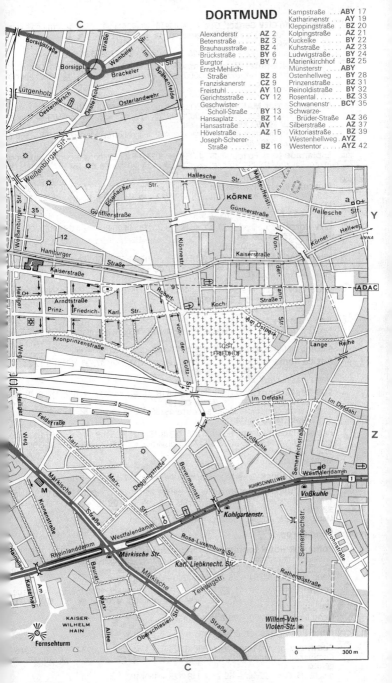

DORTMUND

Holiday Inn-City Center, Olpe 2, ⌖ 44135, ℰ (0231) 54 32 00, *hidortmund@com
puserve.de*, Fax (0231) 5432442, Biergarten, ≘ – |≱|, ⇞ Zim, 🆅 ℰ & ⇐ – 🚗 150.
🆎 ⓞ 🆇🆆 **VISA**
BZ a
Menu à la carte 44/72 – ⌖ 24 – **125 Z** 218/268 – 248/298, 3 Suiten.

Astron Suite-Hotel Ⓜ garni, Königswall 1, ⌖ 44137, ℰ (0231) 9 05 50, *Dortmund
@astron-hotels.de*, Fax (0231) 9055900, ≘ – |≱| ⇞ 🆅 ℰ & ⇐ – 🚗 20. 🆎 ⓞ 🆇🆆
VISA 🄹🄲🄱
AY c
⌖ 25 – **190 Z** 176/450 – 176/450.

Steigenberger MAXX Hotel, Berswordtstr. 2, ⌖ 44139, ℰ (0231) 9 02 10, *dort
mund@maxx-hotels.de*, Fax (0231) 9021999, 🍽, ℩, ≘ – |≱|, ⇞ Zim, 🆅 & ⇐ – 🚗
– 🚗 110. 🆎 ⓞ 🆇🆆 **VISA** 🄹🄲🄱. ⅋ Rest
AZ a
Menu *(geschl. Samstagmittag, Sonntagabend)* 35 (Lunchbuffet) à la carte 39/68 – **166 Z**
⌖ 200/240 – 240/280.

Esplanade garni, Bornstr. 4, ⌖ 44135, ℰ (0231) 5 85 30, *hotel-esplanade-do@t-onl
ine.de*, Fax (0231) 5853270 – |≱| ⇞ 🆅 ℰ 🄿 – 🚗 20. 🆎 ⓞ 🆇🆆 **VISA**
BY e
geschl. 23. Dez. - 2. Jan. – **48 Z** ⌖ 148/178 – 198/218.

Mercure Westfalen Forum Ⓜ garni, Kampstr. 35, ⌖ 44137, ℰ (0231) 5 89 70,
H2900@accor-hotels.com, Fax (0231) 5897222 – |≱| ⇞ ▤ 🆅 ℰ & – 🚗 20. 🆎 ⓞ
🆇🆆 **VISA**
AY t
⌖ 23 – **82 Z** 155/195 – 185/215.

City-Hotel garni, Silberstr. 37, ⌖ 44137, ℰ (0231) 14 20 86, Fax (0231) 162765 – |≱|
⇞ 🆅 🄿 🆎 ⓞ 🆇🆆 **VISA**
AZ u
50 Z ⌖ 135/165 – 170/200.

Königshof garni, Königswall 4, ⌖ 44137, ℰ (0231) 58 70 50, *Koenigshof@usa.net*,
Fax (0231) 57040 – |≱| 🆅 ⇐ – 🚗 35. 🆎 🆇🆆 **VISA**
BY v
45 Z ⌖ 140/195 – 158/220.

Gildenhof garni, Hohe Str. 139, ⌖ 44139, ℰ (0231) 12 20 35, *Gildenhof@aol.com*,
Fax (0231) 122038 – |≱| 🆅. ⓞ 🆇🆆 **VISA**
AZ x
geschl. 22. Dez. - 1. Jan. – **42 Z** ⌖ 128/148 – 168/188.

XX **Art Manger**, Lübkestr. 21 (1. Etage), ⌖ 44141, ℰ (0231) 5 31 61 98,
Fax (0231) 5316197, 🍽, « Restauriertes Haus a.d. Gründerzeit ; moderne Einrichtung »
– 🆇🆆 **VISA**
R v
geschl. Sonntagabend - Montag – **Menu** 48 (mittags) à la carte 64/84.

XX **Antica Roma**, Lindemannstr. 77 (Westfalencenter), ⌖ 44137, ℰ (0231) 9 12 25 94,
Fax (0231) 9122596, 🍽 – 🆎 ⓞ 🆇🆆 **VISA**
AZ n
Menu *(italienische Küche)* à la carte 51/81.

X **SBB-Restaurant**, Westfalendamm 166 (B 1), ⌖ 44141, ℰ (0231) 59 78 15,
Fax (0231) 5600637, 🍽 – 🄿 🆎 ⓞ 🆇🆆 **VISA**
CZ e
geschl. Samstagmittag – **Menu** à la carte 45/68 – *Edo* (japanisches Restaurant) *(nur
Abendessen)* **Menu** 70/140.

X **Hövels Hausbrauerei**, Hoher Wall 5, ⌖ 44137, ℰ (0231) 9 14 54 70, *info@hoeve
ls-hausbrauerei.de*, Fax (0231) 91454720, Biergarten, « Kleine Brauerei im Restaurant » –
🆎 ⓞ 🆇🆆 **VISA**
AZ c
Menu à la carte 35/64.

In Dortmund-Aplerbeck *Gewerbegebiet Ost, nahe der B 234 über ② : 8 km :*

Golden Tulip Airport Hotel Ⓜ, Schleefstr. 2c, ⌖ 44287, ℰ (0231) 98 98 90, *info
@airport-hotel.net*, Fax (0231) 98989800 – |≱|, ⇞ Zim, 🆅 & ⇐ 🄿 – 🚗 100. 🆎
🆇🆆 **VISA**
Menu à la carte 41/64 – **96 Z** ⌖ 170/190 – 230/240.

In Dortmund-Barop :

Romantik Hotel Lennhof, Menglinghauser Str. 20, ⌖ 44227, ℰ (0231) 75 81 90,
Lennhof@romantik.de, Fax (0231) 7581960, 🍽, « Gemütlich-rustikales Restaurant »,
≘, ℩, – ⇞ Zim, 🆅 ℰ 🄿 – 🚗 20. 🆎 ⓞ 🆇🆆
S m
Menu à la carte 64/94 – **36 Z** ⌖ 150/200 – 210/280.

Sol Inn, Emil-Figge-Str. 41, ⌖ 44227, ℰ (0231) 9 70 50, *sol.inn.dortmund@t-online.de*,
Fax (0231) 9705444, 🍽, ≘ – |≱|, ⇞ Zim, 🆅 ℰ 🄿 – 🚗 60. 🆎 ⓞ 🆇🆆
VISA 🄹🄲🄱
S a
Menu à la carte 32/60 – **90 Z** ⌖ 178/197.

In Dortmund-Bövinghausen *über ⑤ : 8 km :*

Commerz garni, Provinzialstr. 396 (B 235), ⌖ 44388, ℰ (0231) 6 96 20, *Hotel-
Commerz@t-online.de*, Fax (0231) 6962100 – |≱| 🆅 ⇐ 🄿 – 🚗 30. 🆎 ⓞ
🆇🆆 **VISA**
geschl. 23. Dez. - 2. Jan. – **69 Z** ⌖ 118/128 – 160/180.

In Dortmund-Gartenstadt :

XX **Salute,** Winkelriedweg 53, ✉ 44141, ✏ (0231) 59 88 77, Fax (0231) 5313017, ☂ – 🝢
🝢 – geschl. Juli - Aug. 3 Wochen, Samstagmittag, Sonntag – **Menu** (italienische Küche)
59 à la carte 61/80.   R s

In Dortmund-Höchsten über Wittbräucker Str. S : 8 km :

🏠 **Haus Überacker,** Wittbräucker Str. 504 (B 234), ✉ 44267, ✏ (02304) 8 04 21,
Fax (02304) 86844, « Gartenterrasse » – 📺 ⟷ 🅿. ⓞ 🝢 VISA JCB
geschl. Juli - Aug. 3 Wochen, Weihnachten - Neujahr – **Menu** (geschl. Donnerstag) à la carte
37/73 – **17 Z** ⊂ 85/90 – 140/150.

In Dortmund-Hörde :

X **Zum Treppchen,** Faßstr. 21, ✉ 44263, ✏ (0231) 43 14 42, zumtreppchen@aol.com,
Fax (0231) 4271188, ☂, « Haus a.d.J. 1763 ; Gaststuben mit rustikaler Einrichtung » –
🅿. 🝢 ⓞ 🝢 VISA JCB   S r
geschl. Samstagmittag, Sonntag, Feiertage mittags – **Menu** (Tischbestellung ratsam) à la
carte 40/75.

In Dortmund-Kirchhörde : über Hagener Straße S : 6 km :

XX **Dimberger Glocke,** Hohle Eiche 5, ✉ 44229, ✏ (0231) 7 04 45, Fax (0231) 70230,
❀ ☂ – 🅿. 🝢 🝢 VISA
geschl. Jan. - Feb. 2 Wochen, Juli 1 Woche, Montag - Dienstag, Samstagmittag – **Menu**
(bemerkenswerte Weinkarte) 69/99 à la carte 63/80.
Spez. Soufflierte Seezunge mit Krabben. Milchkalbmedaillons und geschmorte Kalbsbäckchen mit Gänselebersauce. Briochegratin mit Caramelrahmeis.

n Dortmund-Körne :

🏠🏠 **Körner Hof** garni, Hallesche Str. 102, ✉ 44143, ✏ (0231) 5 62 08 40,
Fax (0231) 561071, ☎, 🖫 – 🝢 ✦ 📺 ✆ ⟷. 🝢 ⓞ 🝢 VISA   CY a
geschl. Weihnachten - Anfang Jan. – **21 Z** ⊂ 130/145 – 160/195.

n Dortmund-Lücklemberg über Hagener Str. S : 6 km :

🏠 **Zum Kühlen Grunde** ⌇, Galoppstr. 57, ✉ 44229, ✏ (0231) 7 38 70,
Fax (0231) 7387100, Biergarten, ☎, 🖫 – 📺 🅿. – 🝢 40. 🝢 ⓞ 🝢 VISA JCB
geschl. 20. Dez. - 10. Jan. – **Menu** (geschl. Sonn- und Feiertage) (nur Abendessen) à la carte
33/62 – **30 Z** ⊂ 105/130 – 155.

n Dortmund-Syburg über ④ : 13 km :

🏠🏠 **Mercure-Landhaus Syburg,** Westhofener Str. 1, ✉ 44265, ✏ (0231) 7 74 50,
H2016@accorhotels.com, Fax (0231) 774421, ☂, Massage, ☎, 🖫 – 🝢, ✦ Zim, 📺
⟷ 🅿 – 🝢 50. 🝢 ⓞ 🝢 VISA. ❀ Rest
Menu à la carte 51/76 – ⊂ 23 – **62 Z** 157/197 – 177/217.

XXXX **La Table,** Hohensyburgstr. 200 (im Spielcasino), ✉ 44265, ✏ (0231) 7 74 07 37,
❀❀ Fax (0231) 774077, ☂ – 🅿. 🝢 ⓞ 🝢 VISA JCB. ❀
geschl. 1. - 10. Jan., Juli - Aug. 3 Wochen, Montag – **Menu** (nur Abendessen) (bemer-
kenswerte Weinkarte) 118/178 und à la carte
Spez. Tatar von Langustino mit Limonenmarinade und Kaviar. Hummer mit Curryaroma.
Karamelisierter Pina-Colada-Schaum mit eingelegter Babyananas.

DOSSENHEIM Baden-Württemberg 417 419 R 10 – 11500 Ew – Höhe 120 m.
Berlin 622 – Stuttgart 126 – Mannheim 22 – Darmstadt 57 – Heidelberg 5,5 – Mainz 86.

🏠 **Am Kirchberg** ⌇ garni, Steinbruchweg 4, ✉ 69221, ✏ (06221) 8 75 60,
Fax (06221) 863835 – 📺 ✆ ⟷ 🅿. 🝢 VISA
15 Z ⊂ 78/85 – 110/130.

🏠 **Goldener Hirsch,** Hauptstr. 59, ✉ 69221, ✏ (06221) 86 80 40, GoldenerHirsch@t-o
nline.de, Fax (06221) 863835 – 📺. 🝢 VISA
Menu (geschl. Montag) à la carte 26/58 – **10 Z** ⊂ 78/85 – 110/130.

🏠 **Heidelberger Tor,** Heidelberger Str. 32, ✉ 69221, ✏ (06221) 8 75 70,
Fax (06221) 875740 – 📺 🅿. 🝢 VISA. ❀ Rest
Menu (geschl. Freitag - Sonntag) (nur Abendessen) (Restaurant nur für Hausgäste) – **25 Z**
⊂ 69/76 – 98/110.

Les bonnes tables

Nous distinguons à votre intention certains restaurants par
Menu ❀, ❀, ❀❀ ou ❀❀❀.

DRACHSELSRIED Bayern 🗺️ S 23 – 2 300 Ew – Höhe 533 m – Erholungsort – Wintersport : 700/850 m ⚡2 🎿.

🛈 Tourist-Information, Zellertalstr. 8, ✉ 94256, 𝒫 (09945) 90 50 33, Fax (09945) 905035.

Berlin 512 – München 178 – Passau 80 – Cham 37 – Deggendorf 35.

In Drachselsried-Asbach Süd : 6 km :

Berggasthof Fritz ⬮ (mit Gästehaus), ✉ 94256, 𝒫 (09923) 22 12, Fax (09923) 3767, ≼, 🍴, 🅵s, 🎿, 🐎 – 🅿 geschl. Nov. - 15. Dez. – **Menu** à la carte 23/44 🍷 – **48 Z** ⊐ 51/68 – 94/122 – ½ P 17

In Drachselsried-Oberried Süd-Ost : 2 km :

Berggasthof Hochstein ⬮ (mit Gästehaus), Hochfallweg 7, ✉ 94256, 𝒫 (09945) 4 63, Fax (09945) 2621, ≼, 🍴, 🅵s, 🐎 – ✳ Rest, 🅿 geschl. Ende Okt. - Mitte Dez. – **Menu** à la carte 21/43 🍷 – **39 Z** ⊐ 50/52 – 80/84 – ½ P 15.

In Drachselsried-Unterried Süd-Ost : 3 km :

Lindenwirt ⬮, Unterried 9, ✉ 94256, 𝒫 (09945) 95 10, Hotel.Lindenwirt@t-online .de, Fax (09945) 951299, 🍴, 🅵s, ▣, 🐎 🎿 – 🔌 🅿 🛂 Rest geschl. 7. Nov. - 17. Dez. – **Menu** à la carte 28/46 🍷 – **51 Z** ⊐ 66/70 – 132/184 – ½ P 10

Außerhalb Ost : 6 km über Oberried – Höhe 730 m

Sport- und Ferienhotel Riedlberg ⬮, ✉ 94256 Drachselsried, 𝒫 (09924) 9 42 60, Riedlberg@t-online.de, Fax (09924) 7273, ≼, 🍴, Massage, 𝐿ₛ, 🅵s, ▦ (geheizt) ▣, 🐎 2 ⚡, 🎿 – 📺 🅿 🛂 Rest geschl. Nov. - Mitte Dez. – **Menu** à la carte 21/44 🍷 – **39 Z** ⊐ 100/105 – 180/240 – ½ P 10.

DREIEICH Hessen 🗺️ P 10 – 39 400 Ew – Höhe 130 m.
🏌 Hofgut Neuhof, 𝒫 (06102) 32 70 10.
Berlin 557 – Wiesbaden 45 – Frankfurt am Main 16 – Darmstadt 17.

In Dreieich-Dreieichenhain :

Le Maître, Siemensstr. 14 (Industriegebiet), ✉ 63303, 𝒫 (06103) 8 20 85 Fax (06103) 84966, 🍴 – 🅿 🆎 ◑ 🐵 𝘝𝘐𝘚𝘈 geschl. Juni - Juli 4 Wochen, Sonntag – **Menu** (italienische Küche) à la carte 41/77.

Alte Bergmühle (mit Gästehaus), Geisberg 25, ✉ 63303, 𝒫 (06103) 8 18 58 Fax (06103) 88999, « Gartenterrasse » – ✳ Zim, 📺 📞 🅿 🆎 ◑ 🐵 𝘝𝘐𝘚𝘈 𝘑𝘊𝘉 **Menu** à la carte 59/88 – **15 Z** ⊐ 165/195 – 245.

In Dreieich-Götzenhain :

Gutsschänke Neuhof, an der Straße nach Neu-Isenburg (Nord : 2 km), ✉ 63303 𝒫 (06102) 3 00 00, Fax (06102) 300055, « Rustikale Einrichtung ; Gartenterrasse » – 🅵

In Dreieich-Sprendlingen :

Dorint 🅼, Eisenbahnstr. 200, ✉ 63303, 𝒫 (06103) 60 60, Info.FRADRE@dorint.com Fax (06103) 63019, 🍴, 🅵s, ▣ – 🔌, ✳ Zim, 📺 📞 🅿 – 🔒 60. 🆎 ◑ 🐵 𝘝𝘐𝘚𝘈 𝘑𝘊 **Menu** à la carte 45/67 – ⊐ 26 – **92 Z** 220/390 – 290/460, 4 Suiten.

DREIS KREIS BERNKASTEL-WITTLICH Rheinland-Pfalz siehe Wittlich.

DRESDEN

Ⓛ *Sachsen* 🔲 *M 25 – 450 000 Ew – Höhe 105 m*

Berlin 192 ⑧ *– Chemnitz 70* ⑦ *– Görlitz 98* ① *– Leipzig 111* ⑦ *– Praha 152* ⑤

PRAKTISCHE HINWEISE

🔳 *Tourist-Information, Prager Str. 2a* ✉ *01069,* 𝄞 *(0351) 49 19 20, Fax (0351) 49 19 21 16*

ADAC, *Striesener Str.*

✈ *Dresden-Klotzsche (über* ② *: 13 km),* 𝄞 *(0351) 8 81 33 60*
Deutsche Lufthansa City Center, Wilsdruffer Str. 25, ✉ *01067,* 𝄞 *(0351) 49 98 80, Fax (0351) 4998849*

🚢 *Possendorf, Ferdinand-von-Schill-Str. 2 (über* ⑤ *: 13 km),* 𝄞 *(035206) 24 30*

🚢 *Jagdschloß Herzogswalde (über* ⑥ *: 19 km),* 𝄞 *(0172) 7 97 09 10*

🚢 *Ullersdorf, Am Golfplatz 1 (über* ③ *: 8 km),* 𝄞 *(03528) 4 80 60*

HAUPTSEHENSWÜRDIGKEITEN

Sehenswert : *Zwinger*★★★ *(Waldpavillon*★★, *Nymphenbad*★★, *Porzellansammlung*★★, *Mathematisch-physikalischer Salon*★★, *Rüstkammer*★★) AY – *Semper-Oper*★★ AY – *Hofkirche*★★ BY – *Schloss (Fürstenzug-Mosaik*★, *Langer Gang*★) BY – *Albertinum (Gemäldegalerie Alte Meister*★★★, *Gemäldegalerie Neue Meister*★★★, *Grünes Gewölbe*★★★) BY – *Prager Straße*★ ABZ – *Museum für Geschichte der Stadt Dresden*★ BY M⁴ – *Kreuzkirche*★ BY – *Japanisches Palais*★ *(Garten* ≼★*)* ABX – *Museum für Volkskunst*★ BX M² – *Großer Garten*★ CDZ – *Russisch-orthodoxe Kirche*★ V – *Brühlsche Terrasse* ≼★ BY – *Reiterstandbild Augusts des Starken*★ BX E – *Pfundts Molkerei (Innenausstattung)*★ *(Bautzener Str. 79)* CX.

Ausflugsziele : *Schloß Moritzburg*★ *(Nord-West : 14 km über Moritzburger Landstr. U)* – *Schloß Pillnitz*★ *(Süd-Ost : 15 km über Pillnitzer Landstr. V)* – *Sächsische Schweiz*★★★ *(Bastei*★★★, *Festung Königstein*★★ ≼★★, *Großsedlitz : Barockgarten*★*)*.

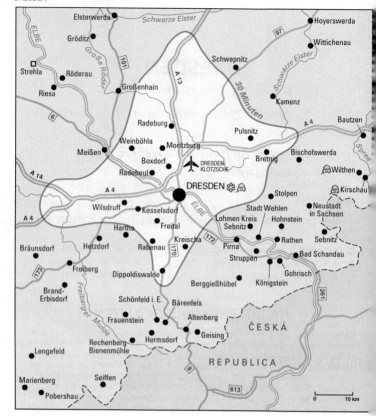

Kempinski Hotel Taschenbergpalais, Taschenberg 3, ☒ 01067, ✆ (0351) 4 91 20, *reservation@kempinski-dresden.de, Fax (0351) 4912812*, 斧, « Hotel in einer ehemaligen Barock-Palais », Massage, 𝄞, ≤s, ◻ – |s|, ✺ Zim, 🖥 🇹🇻 & ⇔ – 🅰 320
AE ① ⚫️ VISA JCB
Menu à la carte 69/89 – ⌣ 36 – **213 Z** 390/490 – 440/540, 25 Suiten.
BY

Radisson SAS Gewandhaus Hotel M, Ringstr. 1, ☒ 01067, ✆ (0351) 4 94 90, *info@drszh.rdsas.com, Fax (0351) 4949490*, 𝄞, ≤s, ◻ – |s|, ✺ Zim, 🖥 🇹🇻 & 🅰 60. AE ① ⚫️ VISA JCB
Menu à la carte 65/81 – ⌣ 31 – **97 Z** 270/475 – 270/475.
BY

Hilton M, An der Frauenkirche 5, ☒ 01067, ✆ (0351) 8 64 20, *Dresden-Hilton@t-online.de, Fax (0351) 8642725*, 斧, Massage, 𝄞, ≤s, ◻ – |s|, ✺ Zim, 🖥 🇹🇻 & ⇔
ℙ – 🅰 320. AE ① ⚫️ VISA JCB
Rossini (italienische Küche) **Menu** à la carte 50/86 – *Wettiner Keller* (geschl. Sonntag - Montag) (nur Abendessen) **Menu** à la carte 39/67 – *Ogura* (japanische Küche) (geschl. Montag) **Menu** à la carte 45/79 – ⌣ 31 – **333 Z** 280/415 – 280/415, 4 Suiten.
BY

The Westin Bellevue, Große Meißner Str. 15, ☒ 01097, ✆ (0351) 80 50, *Fax (0351) 8051609*, ≤, « Frei- und Innenhofterrassen », 𝄞, ≤s, ◻ – |s|, ✺ Zim, 🇹🇻 ⇔ ℙ – 🅰 260. AE ① ⚫️ VISA JCB. ✸ Rest
Menu à la carte 44/82 – ⌣ 30 – **339 Z** 290/380 – 420, 12 Suiten.
BX

Bülow Residenz, Rähnitzgasse 19, ☒ 01097, ✆ (0351) 8 00 30, *info@buelow-residenz.de, Fax (0351) 8003100*, « Innenhofterrasse » – |s|, ✺ Zim, 🇹🇻 & ℙ – 🅰 20.
① ⚫️ VISA – *Caroussel* (Tischbestellung ratsam) **Menu** à la carte 86/116 – ⌣ 25 – **30** 195/290 – 290/390
BX
Spez. Gänsestopfleber-Variation mit Feld- und Löwenzahnsalat. Loup de mer mit Rosmarinpüree und jungem Knoblauch. Hutzelbrot-Soufflé mit karamelisierten Quitten und Rotweineis.

DRESDEN

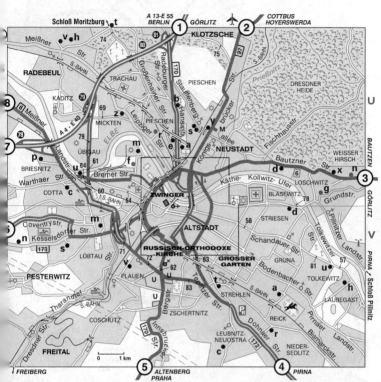

Bayerischer Hof, Antonstr. 33, ⊠ 01097, ℘ (0351) 82 93 70, baydd@t-online.de, Fax (0351) 8014860, 🍴 – 📶, 🕸 Zim, 📺 🚭 🅿 – 🔬 40. 🖭 ⓞ ⓒ 🆅🆂🅰 🅹🅲🅱, 🛇 Rest geschl. 23. - 27. Dez. – **Menu** (geschl. Sonntag) (nur Abendessen) à la carte 34/58 – **50 Z** ⊇ 165/185 – 220/245, 5 Suiten.
BX r

Park Plaza Ⓜ, Königsbrückerstr. 121a, ⊠ 01099, ℘ (0351) 8 06 30, Fax (0351) 8063721, Biergarten, « Ballsaal a.d.J. 1891 », 🍴 – 📶, 🕸 Zim, 📺 ℘ 🚭 – 🔬 330. 🖭 ⓞ ⓒ 🆅🆂🅰
Menu à la carte 34/57 – **148 Z** ⊇ 220/280.
U y

Dorint Ⓜ, Grunaer Str. 14, ⊠ 01069, ℘ (0351) 4 91 50, DRSHDD@DORINT.COM, Fax (0351) 4915100, 🍴, ⛾ – 📶, 🕸 Zim, 📺 ℘ & 🚭 – 🔬 150. 🖭 ⓞ ⓒ 🆅🆂🅰 🅹🅲🅱
Menu à la carte 44/73 – ⊇ 25 – **244 Z** 240/260 – 250/270.
CYZ n

Astron Ⓜ, Hansastr. 43, ⊠ 01097, ℘ (0351) 8 42 40, Dresden@astron-hotels.de, Fax (0351) 8424200, 🍴, 🛁, ⛾ – 📶, 🕸 Zim, 📟 📺 ℘ & 🚭 – 🔬 220. 🖭 ⓞ ⓒ 🆅🆂🅰 🅹🅲🅱
Menu à la carte 36/59 – ⊇ 23 – **269 Z** 185/230.
U e

art'otel, Ostra-Allee 33, ⊠ 01067, ℘ (0351) 4 92 20, dresden@artotel.de, Fax (0351) 4922776, « Modernes Designer-Hotel ; Kunsthalle », 🛁, ⛾ – 📶, 🕸 Zim, 📟 📺 ℘ & 🚭 – 🔬 250. 🖭 ⓞ ⓒ 🆅🆂🅰
Menu à la carte 44/67 – **174 Z** ⊇ 230/290 – 295/355.
AY s

Holiday Inn Ⓜ, Stauffenbergallee 25a, ⊠ 01099, ℘ (0351) 8 15 10, info@holiday-inn-dresden.de, Fax (0351) 8151333, 🛁, ⛾, 🛒 – 📶, 🕸 Zim, 📟 Rest, 📺 ℘ & 🅿 – 🔬 120. 🖭 ⓞ ⓒ 🆅🆂🅰 🅹🅲🅱
Menu à la carte 39/57 – **119 Z** 180/260 – 165/280.
U s

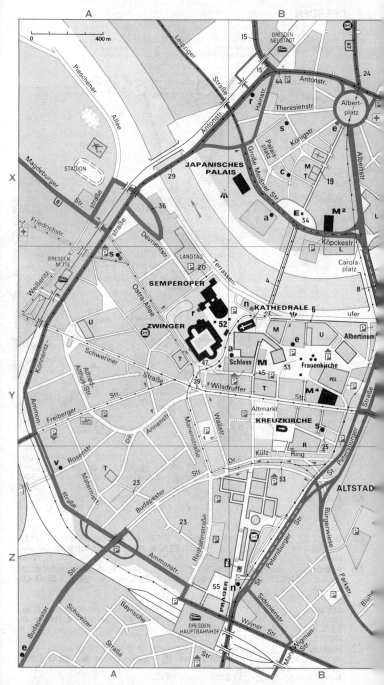

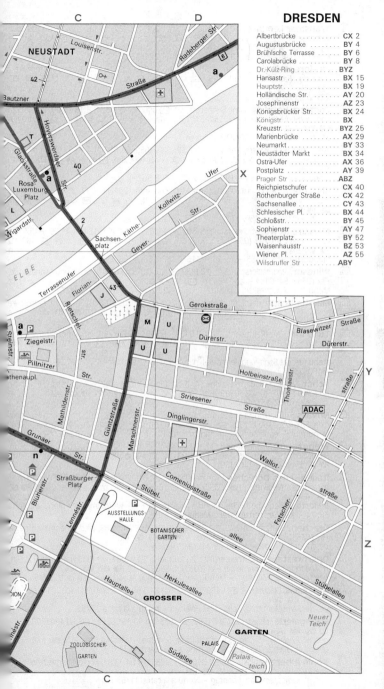

DRESDEN

🏨 **Transmar Leonardo** Ⓜ, Bamberger Str. 12, ✉ 01187, ☎ (0351) 4 66 00, *dresden @ transmar-hotels.de, Fax (0351) 4660100*, 斎, ⇌ – 🛗, ⇟ Zim, 📺 ☎ ঌ ⟷ –
🔏 35. 🆎 ⑩ ⑩ 🅅🅸🆂🅰 🅹🅲🅱. ⅍ Rest   V v
Menu à la carte 31/59 – **92 Z** ⇌ 149/224 – 224/274.

🏨 **Elbflorenz** Ⓜ garni, Rosenstr. 36, ✉ 01067, ☎ (0351) 8 64 00, *HotelElbflorenz@t-o nline.de, Fax (0351) 8640100*, ⇌ – 🛗 ⇟ 📺 ☎ ⟷ – 🔏 150. 🆎 ⑩ ⑩
🅅🅸🆂🅰 🅹🅲🅱   AZ v
227 Z ⇌ 205/245 – 245/285.

🏨 **Comfort Hotel** Ⓜ garni, Buchenstr. 10, ✉ 01097, ☎ (0351) 8 15 15 00, *info@ com fort-hotel-dresden.de, Fax (0351) 8151555*, ⇌ – 🛗 ⇟ 📺 ☎ ঌ ⟷ – 🔏 15. 🆎 ⑩
⑩ 🅅🅸🆂🅰 🅹🅲🅱   U s
76 Z ⇌ 145/175 – 160/210, 8 Suiten.

🏨 **Am Terrassenufer,** Terrassenufer 12, ✉ 01069, ☎ (0351) 4 40 95 00, *hat@ hotel -terrassenufer.de, Fax (0351) 4409600*, 斎 – 🛗, ⇟ Zim, 📺 ☎ – 🔏 20. 🆎 ⑩ ⑩
🅅🅸🆂🅰   CY a
Menu à la carte 28/55 – **196 Z** ⇌ 245/265, 6 Suiten.

🏨 **Mercure Albertbrücke** Ⓜ garni, Melanchthonstr. 2, ✉ 01099, ☎ (0351) 8 06 10, *H2824@ accor-hotels.com, Fax (0351) 8061444* – 🛗 ⇟, 📺 Zim, 📺 ☎ ঌ ⟷ – 🔏 25.
🆎 ⑩ ⑩ 🅅🅸🆂🅰 🅹🅲🅱   CX a
⇌ 20 – **132 Z** ⇌ 150/170 – 175/195, 6 Suiten.

🏨 **Mercure Newa,** St. Petersburger Str. 34, ✉ 01069, ☎ (0351) 4 81 41 09, *H1577@ a ccor-hotels.com, Fax (0351) 4955137*, 斎, ⇌ – 🛗, ⇟ Zim, 📺 📺 ⟷ – 🔏 180. 🆎
⑩ ⑩ 🅅🅸🆂🅰   BZ n
Menu à la carte 35/55 – ⇌ 23 – **315 Z** 158/168 – 188/218.

🏨 **Windsor,** Roßmäßlerstr. 13, ✉ 01139, ☎ (0351) 8 49 01 41, *info@ hotel-windsor.de, Fax (0351) 8490144* – 🛗, ⇟ Zim, 📺 ☎ – 🔏
Menu *(nur Abendessen)* à la carte 25/37 – **25 Z** ⇌ 130/150 – 140/180.   U z

🏨 **Martha Hospiz** garni, Nieritzstr. 11, ✉ 01097, ☎ (0351) 8 17 60, *marthahospiz.dre sden@ t-online.de, Fax (0351) 8176222* – 🛗 📺 ☎ ঌ – 🔏 20. 🆎 ⑩ 🅅🅸🆂🅰. ⅍ BX s
geschl. 22. - 27. Dez. – **50 Z** ⇌ 150/175 – 190/230.

🏨 **Tulip Inn,** Fritz-Reuter-Str. 21, ✉ 01097, ☎ (0351) 8 09 50, *info@ hotel-tulip-inn.de, Fax (0351) 8095555*, ⇌ – 🛗, ⇟ Zim, 📺 ☎ 📵 – 🔏 15. 🆎 ⑩ ⑩ 🅅🅸🆂🅰
⅍ Rest   U a
Menu *(geschl. Sonn- und Feiertage) (nur Abendessen)* à la carte 33/53 – **73 Z** ⇌ 160/195
– 180/230.

🏨 **Achat** Ⓜ garni, Budapester Str. 34, ✉ 01069, ☎ (0351) 47 38 00, *dresden@ achat-h otel.de, Fax (0351) 47380999* – 🛗 ⇟ 📺 ☎ ঌ ⟷ – 🔏 20. 🆎 ⑩ ⑩ 🅅🅸🆂🅰   AZ e
⇌ 22 – **107 Z** 137/145 – 170/178.

🏨 **Novalis** Ⓜ, Bärnsdorfer Str. 185, ✉ 01127, ☎ (0351) 8 21 30, *novalis.hotel@ t-onlin e.de, Fax (0351) 8213180*, ⇌ – 🛗, ⇟ Zim, 📺 ☎ 📵 – 🔏 40. 🆎 ⑩ ⑩ 🅅🅸🆂🅰   U b
Menu *(nur Abendessen)* (Restaurant nur für Hausgäste) – **83 Z** ⇌ 145/160 – 130/195.

🏨 **Wenotel** garni, Messering 24, ✉ 01067, ☎ (0351) 4 97 60, *info@ wenotel.de, Fax (0351) 4976100* – 🛗 ⇟ 📺 ☎ 📵 – 🔏 20. 🆎 ⑩ ⑩ 🅅🅸🆂🅰   U m
81 Z ⇌ 114/124 – 140/150.

🍴 **Italienisches Dörfchen,** Theaterplatz 3, ✉ 01067, ☎ (0351) 49 81 60, *Gastro.Th eaterplatz@ t-online.de, Fax (0351) 4981688*, Biergarten, « Terrasse mit ≤ » – 🆎 ⑩ ⑩
🅅🅸🆂🅰 🅹🅲🅱   BY r
Bellotto (italienische Küche) **Menu** à la carte 34/65 – **Weinzimmer** : **Menu** à la carte
38/74 – **Kurfürstenzimmer** : **Menu** à la carte 35/79.

🍴 **Drachen,** Bautzner Str. 72, ✉ 01099, ☎ (0351) 8 04 11 88, *pk.drachen@ t-online.de, Fax (0351) 8036855*, 斎, Biergarten – 📵. 🆎 ⑩ ⑩ 🅅🅸🆂🅰   DX a
geschl. 1. - 15. Jan. – **Menu** à la carte 42/65.

🍴 **Opernrestaurant,** Theaterplatz 2 (1. Etage), ✉ 01067, ☎ (0351) 4 91 15 21, *Gas ro.Theaterplatz@ t-online.de, Fax (0351) 4956097* – 🆎 ⑩ ⑩ 🅅🅸🆂🅰 🅹🅲🅱   AY
geschl. 20. Juli - 30. Aug. – **Menu** *(wochentags nur Abendessen)* à la carte 37/53.

🍴 **Am Glacis,** Glacisstr. 8, ✉ 01099, ☎ (0351) 8 03 60 33, *Fax (0351) 8036034*, 斎 – 🛗
⑩ ⑩ 🅅🅸🆂🅰 🅹🅲🅱   CX a
geschl. Samstagmittag, Sonn- und Feiertag – **Menu** à la carte 37/55.

🍴 **Fischgalerie,** Maxstr. 2, ✉ 01067, ☎ (0351) 4 90 35 06, *Fax (0351) 4903508*, 斎
🆎 ⑩ ⑩ 🅅🅸🆂🅰   AY
geschl. 22. Dez. - 5. Jan., Samstagmittag, Sonntag - Montagmittag – Menu (nur Fisch
gerichte) (abends Tischbestellung ratsam) à la carte 46/75.

🍴 **König Albert,** Königstr. 26, ✉ 01097, ☎ (0351) 8 04 48 83, *König.Albert@ t-online.de, Fax (0351) 8042958*, 斎 – 🆎 ⑩ ⑩ 🅅🅸🆂🅰. ⅍   BX
geschl. Samstagmittag, Sonntag – Menu à la carte 41/63.

✂ **Ars Vivendi,** Bürgerstr. 14, ✉ 01127, ℰ (0351) 8 40 09 69, *Fax (0351) 8400969*, �
 – AE ⓂⓈ VISA   U r
 Menu *(nur Abendessen)* (Tischbestellung ratsam) 48/98 und à la carte.

✂ **Fischhaus Alberthafen,** Magdeburger Str. 58 (B 6), ✉ 01067, ℰ (0351) 4 98 21 10,
 Fax (0351) 4982109, � – P. AE ⓂⓈ VISA   U f
 Menu (überwiegend Fischgerichte) (abends Tischbestellung ratsam) à la carte 35/56.

In Dresden-Blasewitz :

🏨 **Am Blauen Wunder** Ⓜ, Loschwitzer Str. 48, ✉ 01309, ℰ (0351) 3 36 60, *Hotel*
 -Am-Blauen-Wunder.Dresden@freenet.de, *Fax (0351) 3366299,* � – 🛗 TV ✆ 🚗 –
 🅰 25. AE ⓂⓈ VISA   UV d
 Il Desco (italienische Küche) *(geschl. Sonntag - Montagmittag)* **Menu** à la carte 42/65 –
 39 Z ⊑ 168/198.

In Dresden-Cotta :

🏨 **Mercure Elbpromenade** Ⓜ, Hamburger Str. 64, ✉ 01157, ℰ (0351) 4 25 20,
 H0479@t-online.de, Fax (0351) 4252420, �, ⇔ – 🛗, ✳ Zim, TV ♿ 🚗 P. – 🅰 50.
 AE Ⓞ ⓂⓈ VISA JCB   U u
 Menu à la carte 34/57 – ⊑ 23 – **103 Z** 139 – 175/205.

🏨 **Residenz Alt Dresden,** Mobschatzer Str. 29, ✉ 01157, ℰ (0351) 4 28 10, *Residen*
 zAltDresden@ringhotels.de, Fax (0351) 4281988, �, 𝐋𝔰, ⇔ – 🛗, ✳ Zim, TV ♿ 🚗
 P. – 🅰 100. AE ⓄⓂⓈ VISA JCB. ✹ Rest   U c
 Menu 38/84 à la carte 46/69 – **124 Z** ⊑ 175/185 – 185/210.

In Dresden-Gompitz *West : 7 km* :

🏨 **Kim** garni, Gompitzer Höhe 2, ✉ 01462, ℰ (0351) 4 10 20, *reception@kim-hotel.de,*
 Fax (0351) 4102160, 𝐋𝔰, ⇔ – 🛗 ✳ TV ✆ P. – 🅰 100. AE Ⓞ ⓂⓈ VISA   V n
 98 Z ⊑ 109/129 – 160/180.

In Dresden-Kauscha *Süd-Ost : 7 km über ④* :

🏡 **Landhotel Dresden,** Fritz-Meinhardt-Str. 105, ✉ 01728, ℰ (0351) 2 80 30, *Landh*
 otel-Dresden@t-online.de, Fax (0351) 2803130, ⇔, ☞ – TV ✆ P. AE Ⓞ ⓂⓈ VISA. ✹ Rest
 Menu *(geschl. Sonntag) (nur Abendessen)* à la carte 30/41 – **44 Z** ⊑ 95/140 – 130/140.

In Dresden-Kemnitz :

🏩 **Romantik Hotel Pattis** Ⓜ, Merbitzer Str. 53, ✉ 01157, ℰ (0351) 4 25 50, *roma*
🚗 *ntikhotel-pattis@t-online.de, Fax (0351) 4255255,* 🌣, « Wellnessbereich ; kleine
 Parkanlage », Massage, ⇔, ☞ – 🛗, ✳ Zim, ▤ Rest, TV ✆ ♿ 🚗 P. – 🅰 35. AE Ⓞ
 ⓂⓈ VISA   U p
 Gourmet-Restaurant (geschl. Sonntag - Montag) (nur Abendessen) **Menu** à la carte
 84/107 – **Erholung** : **Menu** à la carte 38/68 – **46 Z** ⊑ 210/290 – 280/360, 6 Suiten.

In Dresden-Klotzsche *Nord-Ost : 7 km über ②* :

🏨 **Airport Hotel** Ⓜ, Karl-Marx-Str. 25, ✉ 01109, ℰ (0351) 8 83 30, *bestwestern@air*
 porthoteldresden.com, Fax (0351) 8833333, 🌣, ⇔ – 🛗, ✳ Zim, ▤ Rest, TV ✆ ♿ 🚗
 P. – 🅰 45. AE Ⓞ ⓂⓈ VISA JCB
 Menu à la carte 34/55 – **100 Z** ⊑ 196 – 236/311, 7 Suiten.

In Dresden-Langebrück *über ② : 10 km* :

🏡 **Lindenhof,** Dresdner Str. 36, ✉ 01465, ℰ (035201) 7 50, *Hotel.Lindenhof.Dresden*
 @t-online.de, Fax (035201) 75111, 🌣 – 🛗, ✳ Zim, TV ✆ P. – 🅰 40. AE ⓄⓈ VISA
 Menu à la carte 25/50 – **35 Z** ⊑ 98/140.

In Dresden-Laubegast :

🏨 **Treff Resident Hotel** Ⓜ, Brünner Str. 11, ✉ 01279, ℰ (0351) 2 56 20, *Treff-Res*
 ident-Reception@t-online.de, Fax (0351) 2562800 – 🛗, ✳ Zim, TV ✆ 🚗 P. – 🅰 45.
 ✹ Rest   V h
 Menu *(nur Abendessen)* à la carte 29/52 – **122 Z** ⊑ 120/150 – 170/200.

In Dresden-Leubnitz-Neuostra :

🏩 **Treff Hotel Dresden** Ⓜ, Wilhelm-Franke-Straße 90, ✉ 01219, ℰ (0351) 4 78 20,
 treff-hotels.dresden@t-online.de, Fax (0351) 4782550, 🌣, 𝐋𝔰, ⇔ – 🛗, ✳ Zim, TV ♿
 🚗 P. – 🅰 370. AE Ⓞ ⓂⓈ VISA JCB   V c
 Menu à la carte 37/55 – **262 Z** ⊑ 209/279.

n Dresden-Lockwitz *Süd-Ost : 11 km über ④* :

🏡 **Landhaus Lockwitzgrund,** Lockwitzgrund 100, ✉ 01257, ℰ (0351) 2 71 00 10,
🚗 *Fax (0351) 27100130,* 🌣, Biergarten – ✳ Zim, TV ✆ P. – 🅰 35. AE ⓂⓈ VISA
 Menu *(geschl. 1. - 25. Jan., Montag)* à la carte 28/62 – **12 Z** ⊑ 95/125.

In Dresden-Löbtau :

🏠 **Burgk** garni, Burgkstr. 15, ⊠ 01159, ℰ (0351) 43 25 10, info@hotel-burgk.de, Fax (0351) 43251400 – 📳 📺 – 🛦 15. 🆎 ⊙ ⓦ VISA   V m
27 Z ⌑ 100/130 – 120/170.

In Dresden-Loschwitz :

🏯 **Schloß Eckberg** (mit Kavaliershaus), Bautzner Str. 134, ⊠ 01099, ℰ (0351) 8 09 90, info@hotel-schloss-eckberg.de, Fax (0351) 8099199, ≤ Dresden und Elbe, 🌤, « Hotelanlage mit neugotischem Schloß ; großzügige Parkanlage », Massage ; ᴵ₆, ≘ₛ, 🛋 – 📳, ⅙ Zim, 📺 📞 📇 – 🛦 70. 🆎 ⊙ ⓦ VISA JCB, ℅ Rest   U d
Menu 39 (mittags) à la carte 58/88 – **84 Z** ⌑ 185/350 – 260/450.

In Dresden-Marsdorf über ① : 13 km und die A 13, Ausfahrt Marsdorf :

🏨 **Landhaus Marsdorf** Ⓜ ⑊, Marsdorfer Hauptstr. 15, ⊠ 01108, ℰ (0351) 8 80 81 01, info@landhaus-marsdorf.de, Fax (0351) 8805760, Biergarten, « Idyllische Gartenanlage » – ⅙ Zim, 📺 📞 📇 – 🛦 60. 🆎 ⓦ VISA
Menu à la carte 28/59 – **23 Z** ⌑ 116/139 – 166/180.

In Dresden-Niedersedlitz Süd-Ost : 10 km über Bismarckstr. V :

🏨 **Ambiente** ⑊ garni, Meusegaster Str. 23, ⊠ 01259, ℰ (0351) 20 78 80, info@hotel-ambiente.de, Fax (0351) 2078836 – 📳 ⅙ 📺 📞 📇 ⓦ VISA
20 Z ⌑ 158/190 – 190/265.

In Dresden-Pillnitz Süd-Ost : 13 km über Pillnitzer Landstr. V :

🏨 **Schloss Hotel Pillnitz,** August-Böckstiegel-Str. 10, ⊠ 01326, ℰ (0351) 2 61 40, info@schlosshotel-pillnitz.de, Fax (0351) 2614400, 🌤 – 📳, ⅙ Zim, 📺 📞 ♿ 📇 – 🛦 50. ⓦ VISA
Menu à la carte 32/63 – **45 Z** ⌑ 135/175 – 160/215.

In Dresden-Seidnitz :

🏠 **An der Rennbahn,** Winterbergstr. 96, ⊠ 01237, ℰ (0351) 21 25 00, Fax (0351) 2125050, 🌤 – 📺 📇 🆎 ⓦ VISA   V a
Menu à la carte 25/46 – **22 Z** ⌑ 145/160.

In Dresden-Strehlen :

🏯 **Four Points Hotel Königshof** Ⓜ, Kreischaer Str. 2, ⊠ 01219, ℰ (0351) 8 73 10, fourpoints.koenigshof@arabellasheraton, Fax (0351) 8731499 – 📳, ⅙ Zim, 📺 📞 ♿ 🚗 – 🛦 60. 🆎 ⊙ ⓦ VISA JCB   V t
Menu à la carte 30/59 – ⌑ 20 – **94 Z** 192/348 – 232/348, 10 Suiten.

In Dresden-Unkersdorf West : 11 km über Warthaer Straße U :

🏠 **Unkersdorfer Hof** ⑊, Hauptstr. 3, ⊠ 01462, ℰ (035204) 9 80 40, Unkersdorfer.hof@t-online.de, Fax (035204) 98042, Biergarten, ≘ₛ, 🛋 – 📺 ♿ 📇 ℅ Zim
Menu (Montag - Freitag nur Abendessen) à la carte 23/36 – **35 Z** ⌑ 65/80 – 120/140.

In Dresden-Weißer Hirsch :

🏨 **Villa Emma** ⑊ Stechgrundstr.2, ⊠ 01324, ℰ (0351) 26 48 10, Fax (0351) 2648118, 🌤, « Restaurierte Jugendstilvilla », ≘ₛ – ⅙ Zim, 📺 📇 🆎 ⊙ ⓦ VISA   U x
Menu (nur Abendessen) (Tischbestellung ratsam) à la carte 55/69 – **21 Z** ⌑ 210 – 340/360.

✕✕ **Luisenhof,** Bergbahnstr. 8, ⊠ 01324, ℰ (0351) 2 14 99 60, Fax (0351) 2149977, ≤ Dresden und Elbe, 🌤 – 🛦 50. 🆎 ⊙ ⓦ VISA   U g
Menu à la carte 39/73.

✕✕ **Villa Herzog** ⑊ mit Zim, Bautzner Landstr. 41 (Zufahrt über Kurparkstr.), ⊠ 01324, ℰ (0351) 26 98 80, Fax (0351) 2698817, 🌤 – 📺 📇 🆎 ⓦ VISA   U n
Menu (geschl. Montag) (nur Abendessen) à la carte 59/85 – **7 Z** ⌑ 170/225 – 195/295.

In Dresden-Wölfnitz :

🏠 **Wölfnitz** ⑊ garni, Altwölfnitz 5, ⊠ 01169, ℰ (0351) 4 11 99 11, Fax (0351) 4119912 – 📺 📇 🆎 ⓦ   V s
geschl. 24. Dez. - 31. Jan. – **13 Z** ⌑ 110/120 – 140/165.

In Boxdorf :

🏨 **Baumwiese** Ⓜ, Dresdner Str. 2, ⊠ 01468, ℰ (0351) 8 32 50, info@baumwiese.de, Fax (0351) 8325252, Biergarten, « Gasthaus a. d. J. 1679 mit modernem Hotelanbau » ≘ₛ – 📳, ⅙ Zim, 📺 📞 📇 – 🛦 50. 🆎 ⊙ ⓦ VISA   U
Zollernstube (nur Abendessen) **Menu** 49/95 und à la carte – **Gaststube** : **Menu** à la carte 36/59 – **39 Z** ⌑ 155/190 – 205/250.

In Radebeul *Nord-West : 7 km :*

🏨 **Steigenberger Parkhotel** Ⓜ 🛁, Nizzastr. 55, ✉ 01445, ✆ (0351) 8 32 10, *dres den@steigenberger.de, Fax (0351) 8321445*, 🍴, « Badelandschaft », Massage, 𝕝𝕤, ≦s, 🔲 – 📶 ✦, 🔳 Rest, 📺 ✆ ⟵ – 🅰 220. 🕮 ⓞ ⓞⓞ 𝐕𝐈𝐒𝐀 U v
Menu à la carte 37/71 – ⟱ 25 – **200 Z** 230/270 – 250/280, 11 Suiten.

🏨 **Landhotel Lindenau,** Moritzburger Str. 91, ✉ 01445, ✆ (0351) 83 92 30, *info@la ndhotel-lindenau.de, Fax (0351) 8392391*, Biergarten – 📶, ✦ Zim, 📺 ✆ ⟵ 🄿 🕮 ⓞ ⓞⓞ 𝐕𝐈𝐒𝐀. ✵ Rest über ⑧ Meißner Straße
Menu à la carte 44/69 – **27 Z** ⟱ 129/130 – 179, 4 Suiten.

🏨 **Sorgenfrei** 🛁, Augustusweg 48, ✉ 01445, ✆ (0351) 8 93 33 30, *HausSorgenfrei @yahoo.com, Fax (0351) 8304522*, « Elegante Einrichtung ; Park » – 📺 ✆ 🄿 🕮 ⓞ ⓞⓞ 𝐕𝐈𝐒𝐀 U h
Menu *(geschl. Sonntag) (nur Abendessen)* à la carte 63/87 – **14 Z** ⟱ 150/180 – 250/290.

🏛 **Zum Pfeiffer** 🛁, Pfeifferweg 51, ✉ 01445, ✆ (0351) 83 98 70, *info@hotel-zum-p feiffer.de, Fax (0351) 8398729*, ≤ Elbtal – 📺 🄿 ⓞⓞ 𝐕𝐈𝐒𝐀
Menu à la carte 25/39 – **12 Z** ⟱ 98/148.
über Moritzburger Landstraße U und Wahnsdorf

In Kreischa *Süd : 15 km über ⑤ :*

🏨 **Kreischaer Hof** 🛁, Alte Str. 4, ✉ 01731, ✆ (035206) 2 20 51, *hotel@werner-ele ctronic.de, Fax (035206) 22051*, 🍴, ≦s, ☞ – 📶 📺 🄿 – 🅰 40. 🕮 ⓞⓞ 𝐕𝐈𝐒𝐀
geschl. 22. - 27. Dez. – **Menu** *(geschl. Samstagmittag, Sonntagabend - Montagmittag)* à la carte 27/43 – **49 Z** ⟱ 90/98 – 120/130.

*Die Übernachtungs- und Pensionspreise können sich durch die
Kurtaxe erhöhen.
Erfragen Sie daher bei der Zimmerreservierung den zu zahlenden
Endpreis.*

DRIBURG, BAD *Nordrhein-Westfalen* **❗❗❗** *K 11 – 19 500 Ew – Höhe 220 m – Heilbad.*

🚠 *Bad Driburg, Am Kurpark,* ✆ *(05253) 71 04.*

🛈 *Tourist-Information, Lange Str. 140,* ✉ *33014,* ✆ *(05253) 9 89 40, Fax (05253) 989424.*

Berlin 390 – Düsseldorf 190 – Hannover 108 – Kassel 86 – Paderborn 20 – Detmold 28.

🏨 **Gräfliches Parkhotel** 🛁, Im Kurpark, ✉ 33014, ✆ (05253) 95 20, *gph@ugos-ba d-driburg.de, Fax (05253) 952204*, 🍴, Massage, ⚕, 🐾, ≦s, 🔲, ☞, ✵ – 📶, ✦ Zim, 📺 ⟵ 🄿 – 🅰 70. 🕮 ⓞ ⓞⓞ 𝐕𝐈𝐒𝐀 𝐉𝐂𝐁. ✵
Menu à la carte 34/60 – **86 Z** ⟱ 118/158 – 196/316.

🏨 **Schwallenhof,** Brunnenstr. 34, ✉ 33014, ✆ (05253) 98 13 00, *Fax (05253) 981388*, 🍴, Massage, ≦s, 🔲, ☞ – 📶 📺 🄿 – 🅰 40. 🕮 ⓞⓞ 𝐕𝐈𝐒𝐀
Menu à la carte 37/61 – **44 Z** ⟱ 80/95 – 140/180 – ½ P 25.

🏛 **Neuhaus** 🛁, Steinbergstieg 18, ✉ 33014, ✆ (05253) 40 80, *info@hotel-neuhaus.com, Fax (05253) 408616*, ≦s, 🔲, ☞ – 📶, ✦ Zim, 📺 🄿 – 🅰 75. 🕮 ⓞ ⓞⓞ 𝐕𝐈𝐒𝐀. ✵ Rest
geschl. Ende Juli - Anfang Aug. – **Menu** 29 (Buffet) à la carte 36/61 – **66 Z** ⟱ 125/130 – 160/170 – ½ P 20.

🏛 **Am Rosenberg** 🛁, Hinter dem Rosenberge 22, ✉ 33014, ✆ (05253) 9 79 70, *hote l_am_rosenberg@t-online.de, Fax (05253) 979797*, ≤, « Gartenterrasse », ≦s, 🔳, ☞ – ✦ Zim, 📺 🄿 ⓞ ⓞⓞ 𝐕𝐈𝐒𝐀. ✵ Zim
Menu *(geschl. Mittwoch)* à la carte 34/64 🍴 – **22 Z** ⟱ 70/82 – 140/154 – ½ P 20.

DROLSHAGEN *Nordrhein-Westfalen* **❗❗❗** *M 7 – 12 500 Ew – Höhe 375 m.*

🛈 *Stadtverwalt, Klosterhof 2,* ✉ *57489,* ✆ *(02761) 97 01 80, Fax (02761) 970201.*

Berlin 555 – Düsseldorf 114 – Siegen 31 – Hagen 59 – Köln 70.

🍴 **Zur Brücke** mit Zim, Hagener Str. 12 (B 54/55), ✉ 57489, ✆ (02761) 75 48, *Fax (02761) 7540*, 🍴 – 📺 ⟵ 🄿 ⓞ ⓞⓞ 𝐕𝐈𝐒𝐀. ✵ Zim
geschl. Juli - Aug. 3 Wochen – **Menu** *(geschl. Dienstag)* à la carte 34/58 – **12 Z** ⟱ 75/140.

In Drolshagen-Scheda *Nord-West : 6 km :*

🏠 **Haus Schulte** 🛁, Zum Höchsten 2, ✉ 57489, ✆ (02763) 3 88, *Fax (02763) 7871*, 🍴, ☞, ✵ – 📺 ⟵ 🄿 ⓞⓞ
Menu *(geschl. Mittwoch)* à la carte 30/67 – **16 Z** ⟱ 50/60 – 100/110.

DUDELDORF Rheinland-Pfalz siehe Bitburg.

DUDERSTADT Niedersachsen ⁴¹⁸ L 14 – 24 000 Ew – Höhe 172 m.

🖾 Rothenberghaus (Nord-Ost : 13 km), ℘ (05529) 3 24.

🖪 Gästeinformation, Rathaus, Marktstr. 66, ⊠ 37115, ℘ (05527) 84 12 00, Fax (05527) 841201.

Berlin 350 – Hannover 131 – Erfurt 98 – Göttingen 32 – Braunschweig 118.

🏨 **Zum Löwen,** Marktstr. 30, ⊠ 37115, ℘ (05527) 30 72, info@hotelzumloewen.de, Fax (05527) 72630, 🍽, « Elegante Einrichtung », 🚗, 🔲 – 🛗, ⇔ Zim, 📺 & 🚫 – 🔬 45. 🕮 ⓪ ⓜ VISA
Menu à la carte 39/66 – **42 Z** ⊆ 145/175 – 240/280.

In Duderstadt-Fuhrbach Nord-Ost : 6 km :

🏨 **Zum Kronprinzen** 🐾, Fuhrbacher Str. 31, ⊠ 37115, ℘ (05527) 91 00, kronprinz @dudonline.de, Fax (05527) 910250, 🍽, 🚗, 🚫 – 🛗, ⇔ Zim, 📺 🚫 – 🔬 50. 🕮 ⓪ ⓜ VISA. 🛠 Zim
Menu à la carte 33/64 – **53 Z** ⊆ 85/135 – 135/155.

DÜBEN, BAD Sachsen ⁴¹⁸ L 21 – 9 000 Ew – Höhe 92 m.

🖪 Stadtinformation, Paradeplatz 19, ⊠ 04849, ℘ (034243) 5 28 86, Fax (034243) 19433.
Berlin 140 – Dresden 137 – Leipzig 33 – Halle 56 – Dessau 41.

🏠 **Kühne,** Hüfnermark 10, ⊠ 04849, ℘ (034243) 2 30 21, Gasthof.Kuehne@t-online.de, Fax (034243) 25377, Biergarten – 📺 🚫 🕮 ⓪ ⓜ VISA
Menu (Montag - Freitag nur Abendessen) à la carte 27/46 – **16 Z** ⊆ 79/119.

DÜLMEN Nordrhein-Westfalen ⁴¹⁷ K 5 – 47 000 Ew – Höhe 70 m.

🖪 Verkehrsbüro/Touristik, Markt 1 (Rathaus), ⊠ 48249, ℘ (02594) 1 22 92, Fax (02594) 12592.
Berlin 508 – Düsseldorf 90 – Münster (Westfalen) 34 – Recklinghausen 27.

🏨 **Merfelder Hof,** Borkener Str. 60, ⊠ 48249, ℘ (02594) 97 00, Fax (02594) 970100 🍽, 🚗 – 🛗 📺 🚫 – 🔬 40. 🕮 ⓪ ⓜ VISA JCB
Menu à la carte 40/70 – **55 Z** ⊆ 90/110 – 120/170.

🏠 **Zum Wildpferd,** Münsterstr. 52, ⊠ 48249, ℘ (02594) 97 10, hotel.wildpferd@t-online.de, Fax (02594) 97166, 🚗, 🔲 – 🛗 📺 🚗 🚫 – 🔬 50. 🕮 ⓪ ⓜ VISA
Menu (geschl. Sonntagabend) à la carte 31/63 – **37 Z** ⊆ 79/155.

In Dülmen-Hausdülmen Süd-West : 3 km :

🏠 **Große Teichsmühle,** Borkenbergestr. 78, ⊠ 48249, ℘ (02594) 9 43 50, grosse-teichsmühle@t-online, Fax (02594) 943537, 🍽 – ⇔ Zim, 📺 🚫 – 🔬 50. 🕮 ⓪ ⓜ VISA JCB
Menu à la carte 36/73 (auch vegetarische Gerichte) – **15 Z** ⊆ 75/95 – 132/168.

Außerhalb Nord-West : 5 km über Borkener Straße :

🍴 **Haus Waldfrieden,** Börnste 20, ⊠ 48249 Dülmen, ℘ (02594) 22 73, haus-waldfrieden@gmx.de, Fax (02594) 3739, 🍽 – 🚫 🛠
geschl. 10. Jan. - 11. Feb., Freitag – Menu à la carte 28/59.

DÜREN Nordrhein-Westfalen ⁴¹⁷ N 3 – 89 000 Ew – Höhe 130 m.

🖾 Düren-Gürzenich (über ⑤ und die B 264 X), ℘ (02421) 6 72 78.
ADAC, Kölnstr. 52.
Berlin 611 ① – Düsseldorf 71 ① – Aachen 36 ① – Bonn 57 ③ – Köln 48 ①

Stadtplan siehe gegenüberliegende Seite

🏨 **Düren's Post-Hotel,** Josef-Schregel-Str. 36, ⊠ 52349, ℘ (02421) 2 89 60, duerer.Posthotel@uumail.de, Fax (02421) 10138 – 🛗 📺 🚗 🚫 – 🔬 150. 🕮 ⓪ ⓜ VISA
Menu (geschl. Samstagmittag, Sonntag) à la carte 46/65 – **56 Z** ⊆ 160/230.
Y

🍴🍴🍴 **Hefter's,** Kreuzstr. 82, ⊠ 52351, ℘ (02421) 1 45 85, restauranthefter@t-online.de, 🌸 Fax (02421) 202889, « Gartenterrasse »
Y
geschl. über Karneval 2 Wochen, Ende Juli - Anfang Aug., Sonn- und Feiertage mittags, Montag - Dienstag – Menu (Tischbestellung erforderlich) 129/164 und à la carte 81/124
– **Bistro :** Menu à la carte 61/92
Spez. Gänsestopfleber-Variation. Kaviartörtchen mit mariniertem Wildlachs. Wild aus der Eifel.

296

DÜREN

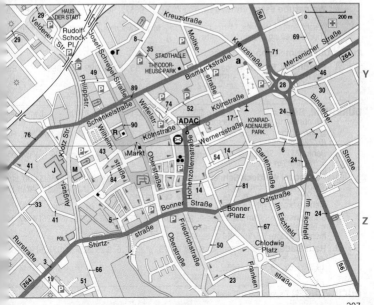

In Düren-Rölsdorf :

🏠 **Jägerhof** garni (mit Gästehaus), Monschauer Str. 217, ✉ 52355, ℰ (02421) 9 67 10,
Reservierung@Jaegerhof-Dueren.de, Fax (02421) 967171, 🐎 – 📺 ℰ 🅿. 🅰🅴
🐽 𝗩𝗜𝗦𝗔   X s
33 Z ⊐ 100/120 – 130/170.

In Kreuzau-Untermaubach Süd : 11 km über Nideggener Str. X :

✗ **Mühlenbach,** Rurstr. 16, ✉ 52372, ℰ (02422) 41 58 – 🅿. 🐽
geschl. über Karneval 1 Woche, Montag – **Menu** à la carte 32/59.

DÜRKHEIM, BAD Rheinland-Pfalz 🔟🔢 🔢🔢 R 8 – 19 000 Ew – Höhe 120 m – Heilbad.

⛳ Dackenheim, Im Blitzgrund 1 (Nord : 3 km), ℰ (06353) 98 92 10.

🔁 Tourist Information, Mannheimer Str. 24 (Rathaus), ✉ 67098, ℰ (06322) 93 51 56, Fax
(06322) 935159.

Berlin 639 – Mainz 82 – Mannheim 25 – Kaiserslautern 33 – Neustadt an der Weinstraße 14.

🏛 **Kurparkhotel** 🛏, Schloßplatz 1, ✉ 67098, ℰ (06322) 79 70, INFO@KURPARK-HOTEL.
DE, Fax (06322) 797158, ≤, 🏛, Massage, ♨, ≦ₛ, 🔲 – 🛗, ↨ Zim, 📺 ℰ ⇔ 🅿 – 🔏 175.
🅰🅴 ① 🐽 𝗩𝗜𝗦𝗔 𝗝𝗖𝗕
Menu à la carte 39/77 – **113 Z** ⊐ 225/300 – ½ P 32.

🏤 **Dorint** 🛏, Kurbrunnenstr. 30, ✉ 67098, ℰ (06322) 60 10, Info.ZORDUE@dorint.com,
Fax (06322) 601603, 🏛 direkter Zugang zum Salinarium – ↨, ↨ Zim, 📺 ♿ 🅿 – 🔏 700.
🅰🅴 ① 🐽 𝗩𝗜𝗦𝗔
Menu à la carte 42/73 – ⊐ 25 – **100 Z** 195/285 – 235/325 – ½ P 41.

🏤 **Gartenhotel Heusser** 🛏, Seebacher Str. 50, ✉ 67098, ℰ (06322) 93 00, info@h
otel-heusser.de, Fax (06322) 930499, 🏛, « Garten », ≦ₛ, ⊒, 🔲 – ↨ 📺 ℰ 🅿 – 🔏 110.
🅰🅴 ① 🐽 𝗩𝗜𝗦𝗔
Menu à la carte 36/64 ⅛ – **90 Z** ⊐ 150/170 – 250 – ½ P 35.

🏤 **Weingarten** garni, Triftweg 11a, ✉ 67098, ℰ (06322) 9 40 10, Hotel-Weingarten@t
-online.de, Fax (06322) 940155, ≦ₛ, 🐎 – ↨ 📺 🅿 – 🔏 20. 🅰🅴 🐽 𝗩𝗜𝗦𝗔. ✀
geschl. 20. Dez. - 15. Jan. – **18 Z** ⊐ 98/112 – 150/165.

🏠 **Fronmühle,** Salinenstr. 15, ✉ 67098, ℰ (06322) 9 40 90, fronmuehle.krauss@t
-online.de, Fax (06322) 940940, 🏛, Biergarten, ≦ₛ, 🔲, 🐎 – ↨ 📺 🅿 – 🔏 20. 🅰🅴 ①
🐽 𝗩𝗜𝗦𝗔
Menu (geschl. Jan. 1 Woche, Montag) à la carte 43/68 (auch vegetarisches Menu) – **21 Z**
⊐ 110/135 – 160/185 – ½ P 24.

✗ **Weinstube Ester,** Triftweg 21, ✉ 67098, ℰ (06322) 98 90 65, Fax (06322) 989726
🏛 – 🐽 𝗩𝗜𝗦𝗔
geschl. Sept. 2 Wochen, Montag - Dienstag - **Menu** (wochentags ab 16.00 Uhr geöffnet,
(Tischbestellung ratsam) à la carte 25/57 ⅛.

In Bad Dürkheim-Seebach Süd-West : 1,5 km :

🏠 **Landhaus Fluch** 🛏 garni, Seebacher Str. 95, ✉ 67098, ℰ (06322) 24 88
Fax (06322) 65729, 🐎 – 📺 🅿. ✀
geschl. 20. Dez. - Mitte Jan. – **24 Z** ⊐ 80/100 – 135/150.

DÜRRHEIM, BAD Baden-Württemberg 🔢🔢🔢 V 9 – 12 200 Ew – Höhe 706 m – Heilbad – Hei
klimatischer Kurort – Wintersport : 🎿.

🔁 Information im Haus des Gastes, Luisenstr. 4, ✉ 78073, ℰ (07726) 66 62 66, Fa
(07726) 666301.

Berlin 737 – Stuttgart 113 – Freiburg im Breisgau 71 – Konstanz 76 – Villingen
Schwenningen 8.

🏤 **Parkhotel Waldeck Schrenk** 🛏, Waldstr. 18, ✉ 78073, ℰ (07726) 66 31 00, inf
@hotel-waldeck.com, Fax (07726) 8001, 🏛, Massage, ♨, ℔, ♨, ≦ₛ, 🔲, 🐎 – ↨
↨ Zim, 📺 ♿ ⇔ 🅿 – 🔏 150. 🅰🅴 ① 🐽 𝗩𝗜𝗦𝗔. ✀ Rest
Menu à la carte 41/76 – **39 Z** ⊐ 135/240 – 198/320 – ½ P 30.

🏠 **Salinensee** 🛏, Am Salinensee 1, ✉ 78073, ℰ (07726) 80 21, Fax (07726) 4387, ≤
« Terrasse am See », Massage, ≦ₛ, ↨ 📺 ⇔ 🅿
Menu à la carte 34/70 – **36 Z** ⊐ 80/95 – 176/190 – ½ P 26.

🏠 **Haus Baden** 🛏 garni, Kapfstr. 6, ✉ 78073, ℰ (07726) 9 23 90, Fax (07726) 92395(
🐎 – ↨ 🅿. 🐽. ✀
19 Z ⊐ 62/78 – 106/148.

DÜRRWANGEN Bayern siehe Dinkelsbühl.

DÜSSELDORF

[L] *Nordrhein-Westfalen* **417** *M 4 – 570 000 Ew – Höhe 40 m*

Berlin 552 ④ *– Amsterdam 225* ② *– Essen 31* ② *– Köln 40* ⑤ *– Rotterdam 237* ②

🛈 *Verkehrsverein, Immermannstr. 65b,* ✉ *40210,* 𝄞 *(0211) 17 20 20, Fax (0211) 161071*

ADAC, *Himmelgeiststr. 63*

ADAC, *Kaiserswerther Str. 207*

✈ *Düsseldorf-Lohausen,* 𝄞 *(0211) 42 10*

🚗 *Hauptbahnhof BV*

Messegelände S, 𝄞 *(0211) 45 60 01, Fax (0211) 4560668*

Sehenswert : *Königsallee*★ *EZ – Hofgarten*★ *und Schloß Jägerhof DEY (Goethe-Museum*★ *EY* **M¹**) *– Hetjensmuseum*★ *DZ* **M⁴** *– Kunstmuseum*★ *DY* **M²** *– Kunstsammlung NRW*★ *DY* **M³** *– Löbbecke-Museum und Aquazoo*★ *S* **M⁶**

Ausflugsziel : *Schloß Benrath (Park*★*) Süd : 10 km über Kölner Landstr.* T

🏌₉ *Düsseldorf-Grafenberg, Rennbahnstr. 24 S,* 𝄞 *(0211) 96 49 50*

🏌₁₈ *Gut Rommeljans (12 km über die A44 S, Ausfahrt Ratingen Ost),* 𝄞 *(02102) 8 10 92*

🏌₁₈ *Düsseldorf-Hubbelrath (12 km über die B7 S),* 𝄞 *(02104) 7 21 78*

🏌₉ *Düsseldorf-Hafen, Auf der Lausward* T, 𝄞 *(0211) 39 66 17*

🏌₁₈ 🏌₉ *Neuss, Norfer Kirchstraße (über* ⑤*, A46 und die A57, Ausfahrt Neuss-Norf),* 𝄞 *(02137) 9 19 10*

🏌₁₈ *Meerbusch, Badendonker Straße 15 (über Neusser Str. S),* 𝄞 *(02132) 9 32 50*

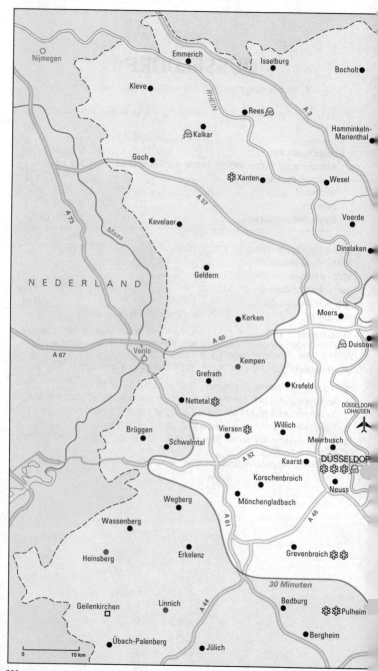

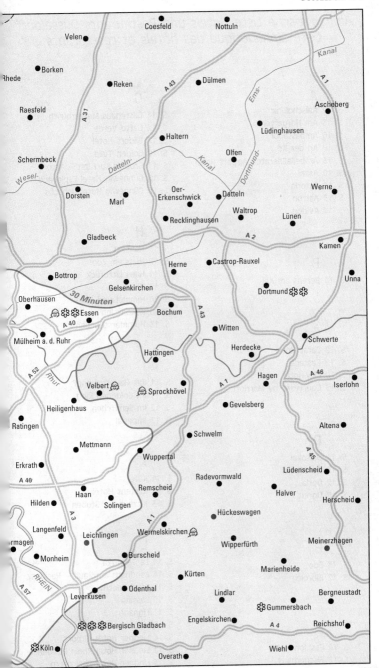

Alphabetische Liste Hotels und Restaurants Düsseldorf
Liste alphabétique des hôtels et restaurants

DÜSSELDORF

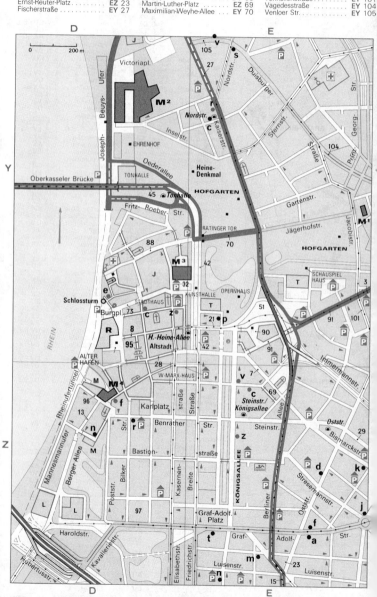

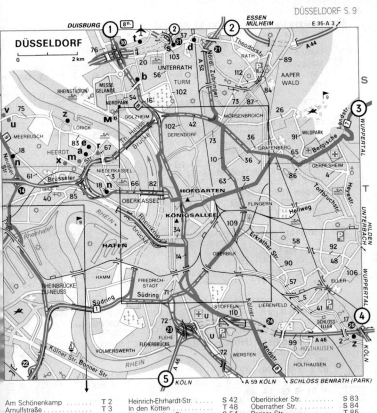

Steigenberger Parkhotel, Corneliusplatz 1, ✉ 40213, ✆ (0211) 1 38 10, *duesse ldorf@steigenberger.de*, Fax (0211) 1381592, ☆ – ⊟, ⇔ Zim, ▤ �📺 ✆ 🅿 – 🔺 110.
AE ① ◑ VISA JCB. ✿ Rest   EY p
Menuett : Menu à la carte 66/106 – **134 Z** ⊆ 375/520 – 510/670, 9 Suiten.

Nikko, Immermannstr. 41, ✉ 40210, ✆ (0211) 83 40, *sales@nikko-hotel.de*, Fax (0211) 161216, ⇔, ▦ – ⊟, ⇔ Zim, ▤ 📺 ✆ & – 🔺 300. AE ① ◑ VISA JCB.
✿ Rest   BV g
Benkay (japanische Küche) *(geschl. Samstagmittag, Sonntagmittag)* **Menu** à la carte 65/125 – **Brasserie Nikkolette : Menu** à la carte 37/75 – **301 Z** ⊆ 378/680 – 451/900, 5 Suiten.

Queens Ⓜ, Ludwig-Erhard-Allee 3, ✉ 40227, ✆ (0211) 7 77 10, *Reservation.QDuess eldorf@Qeensgruppe.de*, Fax (0211) 7771777, ⇔ – ⊟, ⇔ Zim, ▤ 📺 ✆ & 🚗 – 🔺 50.
AE ① ◑ VISA JCB   BV s
Menu *(geschl. Montag, Samstag - Sonntag)* à la carte 47/73 – ⊆ 30 – **134 Z** 285/340 – 290/340, 5 Suiten.

🏨 **Holiday Inn,** Graf-Adolf-Platz 10, ☒ 40213, *𝒫 (0211) 3 84 80, Reservation.HIDuesse ldorf@Queensgruppe.de, Fax (0211) 3848390,* ⇔s, 🖵 – 🛗, ⇔ Zim, 🗏 Zim, 📺 📞 ⇔ – 🏄 50. 🖽 ⑩ 🐠 𝐕𝐈𝐒𝐀 🗪 EZ t
Menu à la carte 55/82 – 🖵 33 – **177 Z** 355/595 – 415/655.

🏨 **Majestic,** Cantadorstr. 4, ☒ 40211, *𝒫 (0211) 36 70 30, info@majestic.bestwestern.de, Fax (0211) 3670399,* ⇔s – 🛗, ⇔ Zim, 📺 📞 ⇔ – 🏄 30. 🖽 ⑩ 🐠 𝐕𝐈𝐒𝐀 🗪. 🕏 BV a
geschl. 21. Dez. - 2. Jan. – **Il Casale** *(italienische Küche) (geschl. Samstagmittag, Feiertage mittags, Sonntag, ausser Messen)* **Menu** à la carte 43/75 – 🖵 25 – **52 Z** 255/415 – 286/499.

🏨 **Günnewig Hotel Esplanade** garni, Fürstenplatz 17, ☒ 40215, *𝒫 (0211) 38 68 50, hotel-esplanade@guennewig.de, Fax (0211) 38685555,* ⇔s, 🖵 – 🛗 ⇔ 📺 📞 ⇔ – 🏄 45. 🖽 ⑩ 🐠 𝐕𝐈𝐒𝐀 🗪 BX s
80 Z 🖵 199/295 – 328/398.

🏨 **Madison I** garni, Graf-Adolf-Str. 94, ☒ 40210, *𝒫 (0211) 1 68 50, reservierung@mad ison1.de, Fax (0211) 1685328,* 🛁, ⇔s, 🖵 – 🛗 ⇔ 📺 ⇔ – 🏄 40. 🖽 ⑩ 🐠 𝐕𝐈𝐒𝐀 🗪 BV n
100 Z 🖵 205/235 – 250/280.

🏨 **Golden Tulip,** Adersstr. 29, ☒ 40215, *𝒫 (0211) 3 89 70, Fax (0211) 3897777* – 🛗, ⇔ Zim, 📺 📞 ⇔ – 🏄 70. 🖽 ⑩ 🐠 𝐕𝐈𝐒𝐀 🗪 EZ m
Menu *(geschl. Sonntag, ausser Messen)* à la carte 41/71 – 🖵 26 – **120 Z** 235/265 – 280/310.

🏨 **Windsor** garni, Grafenberger Allee 36, ☒ 40237, *𝒫 (0211) 91 46 80, Fax (0211) 9146840,* « Geschmackvolle Einrichtung mit Stilmöbeln », ⇔s – 📺 ⇔. 🖽 ⑩ 🐠 𝐕𝐈𝐒𝐀 BV c
18 Z 🖵 195/220 – 250.

🏨 **Dorint,** Stresemannplatz 1, ☒ 40210, *𝒫 (0211) 3 55 40, Info.DUSGRA@dorint.com, Fax (0211) 354120* – 🛗, ⇔ Zim, 🗏 Zim, 📺 ⇔ – 🏄 50. 🖽 ⑩ 🐠 𝐕𝐈𝐒𝐀 🗪 EZ j
Menu *(nur Abendessen)* à la carte 48/75 – 🖵 28 – **162 Z** 257/319 – 257/369, 3 Suiten.

🏨 **Madison II** garni, Graf-Adolf-Str. 47, ☒ 40210, *𝒫 (0211) 38 80 30, reservierung@m adison1.de, Fax (0211) 3880388* – 🛗 ⇔ 📺 📞 🖽 ⑩ 🐠 𝐕𝐈𝐒𝐀 🗪 EZ a
geschl. 20. Dez. - 3. Jan., Juli – **24 Z** 🖵 175/195 – 225/240.

🏨 **Günnewig Hotel Uebachs** garni, Leopoldstr. 5, ☒ 40211, *𝒫 (0211) 17 37 10, hote l.uebachs@guennewig.de, Fax (0211) 358064* – 🛗 ⇔ 📺 📞 ⇔ – 🏄 30. 🖽 ⑩ 🐠 𝐕𝐈𝐒𝐀 🗪 BV r
82 Z 🖵 169/198 – 228/258.

🏨 **An der Kö** garni, Talstr. 9, ☒ 40217, *𝒫 (0211) 37 10 48, Fax (0211) 370835* – 🛗 📺 🅿. 🖽 ⑩ 🐠 𝐕𝐈𝐒𝐀 🗪 EZ n
geschl. Weihnachten - Anfang Jan. **45 Z** 🖵 160/340 – 230/420.

🏨 **Rema-Hotel Concorde** garni, Graf-Adolf-Str. 60, ☒ 40210, *𝒫 (0211) 36 98 25, Conc orde@remahotel.de, Fax (0211) 354604* – 🛗 ⇔ 📺 📞 🖽 ⑩ 🐠 𝐕𝐈𝐒𝐀 🗪 EZ f
84 Z 🖵 160/190 – 230/390.

🏨 **Carat Hotel** garni, Benrather Str. 7a, ☒ 40213, *𝒫 (0211) 1 30 50, carat-dus@t-onl ine.de, Fax (0211) 322214,* ⇔s – 🛗 ⇔, 🗏 Zim, 📺 – 🏄 20. 🖽 ⑩ 🐠 𝐕𝐈𝐒𝐀 DZ r
73 Z 🖵 245/295 – 285/395.

🏨 **Rema-Hotel Monopol** garni, Oststr. 135, ☒ 40210, *𝒫 (0211) 8 42 08, rema-mono pol@t-online.de, Fax (0211) 328843* – 🛗 ⇔ 📺 🖽 ⑩ 🐠 𝐕𝐈𝐒𝐀 🗪. 🕏 EZ d
51 Z 🖵 160/180 – 220/240.

🏨 **Asahi** Ⓜ garni, Kurfürstenstr. 30, ☒ 40211, *𝒫 (0211) 3 61 20, Hotel.ASAHI@Akzent.de, Fax (0211) 3612345,* ⇔s – 🛗 ⇔ 📺 📞 🛁 ⇔ – 🏄 10. 🖽 ⑩ 🐠 𝐕𝐈𝐒𝐀 🗪 BV t
53 Z 🖵 210/225 – 245.

🏨 **Astoria** garni, Jahnstr. 72, ☒ 40215, *𝒫 (0211) 38 51 30, HotelAstoriaDus@t-online.de, Fax (0211) 372089* – 🛗 ⇔ 📺 📞 ⇔ – 🏄 🅿. 🖽 ⑩ 🐠 𝐕𝐈𝐒𝐀 🗪. 🕏 BX b
geschl. 22. Dez. - 8. Jan. – **26 Z** 🖵 159/215 – 199/260, 4 Suiten.

🏨 **City-Hotel** garni, Bismarckstr. 73, ☒ 40210, *𝒫 (0211) 36 50 23, Fax (0211) 365343* – 🛗 ⇔ 📺 📞 🖽 ⑩ 🐠 𝐕𝐈𝐒𝐀 🗪 EZ k
gesch. 23. Dez. - 2. Jan. – **54 Z** 🖵 148/198 – 198/298.

🏨 **Ambassador** garni, Harkortstr. 9, ☒ 40210, *𝒫 (0211) 8 76 77 40, Fax (0211) 376702* – 🛗 ⇔ 📺 📞 🅿. – 🏄 15. 🖽 ⑩ 🐠 𝐕𝐈𝐒𝐀 🗪 BV e
62 Z 🖵 140/300 – 195/450.

🏨 **Orangerie** 🌿 garni, Bäckergasse 1, ☒ 40213, *𝒫 (0211) 86 68 00, Fax (0211) 8668099* – 🏄 30. 🖽 🐠 𝐕𝐈𝐒𝐀. 🕏 DZ n
27 Z 🖵 195/225 – 245/295.

🏨 **Residenz** garni, Worringer Str. 88, ☒ 40211, *𝒫 (0211) 36 08 54, residenz.duesseldo rf@eurohotel-online.com, Fax (0211) 364676* – 🛗 ⇔ 📺 🖽 ⑩ 🐠 𝐕𝐈𝐒𝐀 BV z
34 Z 🖵 148/295 – 189/350.

▥ **Großer Kurfürst - Astor** garni, Kurfürstenstr. 18, ☒ 40211, 𝒫 (0211) 17 33 70, Hotel-Grosser-Kurfuerst@t-online.de, Fax (0211) 162597, 🖾s – 🔄 🗺 ⓦⓞ
BV **k**
geschl. 22. Dez. - 4. Jan. – **36 Z** ⌐ 135/185 – 185/260.

▥ **Ibis Hauptbahnhof** garni, Konrad-Adenauer-Platz 14, ☒ 40210, 𝒫 (0211) 1 67 20, h0793@accor-hotels.com, Fax (0211) 1672101 – 🔄 ✺, ▤ Zim, 🗺 ⅙ – 🔏 30. Ⅲ ⓞ ⓦⓞ ⅦⅫ ⌁⅏
⌐ 15 – **166 Z** 130.
BV **u**

▥ **Schumacher** garni, Worringer Str. 55, ☒ 40211, 𝒫 (0211) 36 78 50, Fax (0211) 3678570, 🖾s – 🔄 🗺 📞. Ⅲ ⓞ ⓦⓞ ⅦⅫ ⌁⅏
BV **d**
29 Z ⌐ 150/220 – 250/380.

۞ **Victorian**, Königstr. 3a (1. Etage), ☒ 40212, 𝒫 (0211) 8 65 50 22, Fax (0211) 8655013 – ▤. Ⅲ ⓞ ⓦⓞ ⅦⅫ. ⅏⅏
EZ **c**
geschl. Sonn- und Feiertage – **Menu** (Tischbestellung erforderlich) (bemerkenswerte Weinkarte) 55 (mittags) und à la carte 94/135 – **Bistro im Victorian** (geschl. Juli - Aug. Sonntag) **Menu** à la carte 41/67
Spez. Gänseleberterrine mit marinierten Feigen. Steinbutt mit Hummermousse und Champagnersauce. Pochiertes Tournedo vom Angusfilet mit Weinbergschnecken gespickt.

۞۞ **Weinhaus Tante Anna**, Andreasstr. 2, ☒ 40213, 𝒫 (0211) 13 11 63, Fax (0211) 132974, (ehemalige Hauskapelle a.d.J. 1593), « Antike Bilder und Möbel » – Ⅲ ⓞ ⓦⓞ ⅦⅫ ⌁⅏
DY **c**
geschl. Sonntag, ausser Messen – **Menu** (nur Abendessen) (Tischbestellung ratsam, bemerkenswerte Weinkarte) à la carte 59/89 (auch vegetarisches Menu).

۞۞ **La Terrazza**, Königsallee 30 (Kö-Center, 2. Etage), ☒ 40212, 𝒫 (0211) 32 75 40, Fax (0211) 320975 – 🔄 ▤. Ⅲ ⓞ ⓦⓞ ⅦⅫ ⌁⅏
EZ **v**
geschl. Sonn- und Feiertage, ausser Messen – **Menu** (Tischbestellung ratsam) à la carte 72/102.

۞ **Käfer**, Königsallee 60a (Kö-Galerie), ☒ 40212, 𝒫 (0211) 8 66 26 18, Fax (0211) 8662661, 🍽 – 🔏 40. Ⅲ ⓞ ⓦⓞ ⅦⅫ
EZ **z**
geschl. Sonntagabend – **Menu** à la carte 44/74.

۞ **Nippon Kan**, Immermannstr. 35, ☒ 40210, 𝒫 (0211) 17 34 70, Fax (0211) 3613625 – ▤. Ⅲ ⓞ ⓦⓞ ⅦⅫ ⌁⅏. ⅏⅏
BV **g**
geschl. über Ostern, Weihnachten - Neujahr – **Menu** (Tischbestellung ratsam, japanische Küche) 80/150 und à la carte 42/92.

۞ **Daitokai**, Mutter-Ey-Str. 1, ☒ 40213, 𝒫 (0211) 32 50 54, dus@daitokai.de, Fax (0211) 325056 – ▤. Ⅲ ⓞ ⓦⓞ ⅦⅫ ⌁⅏. ⅏⅏
DY **z**
geschl. Mitte - Ende Juli, Montag (außer Messen) – **Menu** (nur Abendessen) (japanische Küche) à la carte 58/95.

Brauerei-Gaststätten :

۞ **Zum Schiffchen**, Hafenstr. 5, ☒ 40213, 𝒫 (0211) 13 24 21, schiffchen.stockheim @t-online.de, Fax (0211) 134596, ⓞ ⓦⓞ ⅦⅫ
DZ **f**
geschl. 23. Dez. - 2. Jan., Sonn- und Feiertage, ausser Messen – **Menu** à la carte 36/68.

۞ **Im Goldenen Ring**, Burgplatz 21, ☒ 40213, 𝒫 (0211) 13 31 61, Fax (0211) 324780, Biergarten – Ⅲ ⓞ ⓦⓞ ⅦⅫ
DY **e**
geschl. 4. Jan. – **Menu** à la carte 31/56.

In Düsseldorf-Angermund über ① : 15 km und die B 8 :

▥ **Haus Litzbrück**, Bahnhofstr. 33, ☒ 40489, 𝒫 (0203) 99 79 60, HotelLitzbrueck@a ol.com, Fax (0203) 9979653, « Gartenterrasse », 🖾s, 🔲, 🔳 – 🗺 🔄 🔏 30. Ⅲ ⓞ ⓦⓞ ⅦⅫ ⌁⅏
Menu à la carte 46/77 – **22 Z** ⌐ 165/189 – 195/295.

In Düsseldorf-Benrath über Kölner Landstraße T :

۞۞ **Lignano**, Hildener Str. 43, ☒ 40597, 𝒫 (0211) 7 11 89 36, Fax (0211) 718959 – Ⅲ ⓞ ⓦⓞ. ⅏⅏
geschl. Ende Juli - Mitte Aug., Sonntag – **Menu** (nur Abendessen) (italienische Küche) à la carte 57/86.

In Düsseldorf-Derendorf :

▥ **Villa Viktoria** garni, Blumenthalstr. 12, ☒ 40476, 𝒫 (0211) 46 90 00, villa.viktoria@t -online.de, Fax (0211) 46900601, « Elegante Einrichtung », 🖾s, 🔳 – 🔄 ✺ 📞 ⇄ – 🔏 15. Ⅲ ⓞ ⓦⓞ ⅦⅫ ⌁⅏. ⅏⅏
BU **c**
geschl. 23. Dez. - 1. Jan. – ⌐ 31 – **40 Suiten** 295/520 – 440/520.

▥ **Lindner Hotel Rhein Residence** Ⓜ, Kaiserswerther Str. 20, ☒ 40477, 𝒫 (0211) 4 99 90, info.rheinresidence@lindner.de, Fax (0211) 4999499, 🍽, Massage, ⅙, 🖾s – 🔄, ✺ Zim, 🗺 📞 – 🔏 20. Ⅲ ⓞ ⓦⓞ ⅦⅫ ⌁⅏
ABU **f**
Menu à la carte 46/79 – ⌐ 30 – **126 Z** 270/350 – 320/400.

🏨 **Gildors Hotel** garni (mit Gästehaus), Collenbachstr. 51, ✉ 40476, ℰ (0211) 5 15 85 00, *mail@gildors-hotel.de, Fax (0211) 51585050* – ▮ ⇔ 📺 ⇦. ᴀᴇ ⓞ ⓜⓞ 🆅🅸🆂🅰
55 Z ⚬ 175/290 – 310/390.
BU **n**

🏨 **Cascade** garni, Kaiserswerther Str. 59, ✉ 40477, ℰ (0211) 49 22 00, *Fax (0211) 4922022* – ▮ ⇔ 📺 ⇦. ᴀᴇ ⓞ ⓜⓞ 🆅🅸🆂🅰 🆓 ☆
geschl. Weihnachten - Anfang Jan. – **29 Z** ⚬ 155/160 – 198.
AU **c**

🏨 **Doria** garni (mit Gästehaus), Duisburger Str. 1a, ✉ 40477, ℰ (0211) 49 91 92, *info@d oria.de, Fax (0211) 4910402* – ▮ 📺 ⇦. ᴀᴇ ⓞ ⓜⓞ 🆓
geschl. 23. Dez. - 2. Jan. – **41 Z** ⚬ 120/130 – 160/170.
EY **s**

🏨 **Imperial** garni, Venloer Str.9, ✉ 40477, ℰ (0211) 4 91 36 00, *hotelimperial@t-online .de, Fax (0211) 4982778* – ▮ 📺 ⇦. ᴀᴇ ⓞ ⓜⓞ 🆅🅸🆂🅰
61 Z ⚬ 135/179 – 159/199.
EY **v**

🍴🍴 **Gatto Verde,** Rheinbabenstr. 5, ✉ 40476, ℰ (0211) 46 18 17, *Fax (0211) 462933,* 🍽
– ᴀᴇ ⓞ ⓜⓞ 🆅🅸🆂🅰
BU **a**
geschl. Samstagmittag, Sonntag – **Menu** (italienische Küche) à la carte 47/93.

In Düsseldorf-Düsseltal :

🏨 **Haus am Zoo** 🦤 garni (mit Gästehaus), Sybelstr. 21, ✉ 40239, ℰ (0211) 6 16 96 10, *HotelHausAmZoo@-online.de, Fax (0211) 61696169,* « Garten », 🅿, 🔥 (geheizt) – ▮ ⇔
📺 ⇦. ᴀᴇ ⓜⓞ 🆅🅸🆂🅰
BU **h**
23 Z ⚬ 190/280 – 250/400.

In Düsseldorf-Eller :

🏨 **Novotel Düsseldorf Süd,** Am Schönenkamp 9, ✉ 40599, ℰ (0211) 7 40 80, *H0490@accor-hotels.com, Fax (0211) 745512,* 🍽, 🔥 (geheizt), 🌳 – ▮, ⇔ Zim, 🔲 📺
💊 ₺ 🅿 – 🚗 200. ᴀᴇ ⓞ ⓜⓞ 🆅🅸🆂🅰
T **z**
Menu à la carte 37/70 – **118 Z** ⚬ 192/243 – 236/266.

In Düsseldorf-Golzheim :

🏨 **Radisson SAS Hotel,** Karl-Arnold-Platz 5, ✉ 40474, ℰ (0211) 4 55 30, *mail@duszh .rdsas.com, Fax (0211) 4553110,* 🍽, Massage, ₺, 🅿, 🌳, 🚗 – ▮, ⇔ Zim, 🔲 📺 💊
⇦ 🅿 – 🚗 450. ᴀᴇ ⓞ ⓜⓞ 🆅🅸🆂🅰 🆓 ☆ Rest
AU **q**
Menu à la carte 49/95 – ⚬ 33 – **309 Z** 345/395 – 395/445, 15 Suiten.

🏨 **Hilton,** Georg-Glock-Str. 20, ✉ 40474, ℰ (0211) 4 37 70, *duesseldorf@hilton.com, Fax (0211) 4377650,* 🍽, Massage, 🅿, 🌳, 🚗 – ▮, ⇔ Zim, 🔲 📺 💊 ₺ ⇦ 🅿 – 🚗 800.
ᴀᴇ ⓞ ⓜⓞ 🆅🅸🆂🅰 🆓 ☆ Rest
AU **r**
Menu à la carte 56/77 – ⚬ 38 – **372 Z** 335/365, 9 Suiten.

🍴🍴🍴 **Rosati,** Felix-Klein-Str. 1, ✉ 40474, ℰ (0211) 4 36 05 03, *Fax (0211) 452963,* 🍽 – 🅿.
ᴀᴇ ⓞ ⓜⓞ 🆅🅸🆂🅰 🆓
AU **s**
geschl. Samstagmittag, Sonntag, ausser Messen – **Menu** (Tischbestellung ratsam) (italienische Küche) à la carte 63/88.

In Düsseldorf-Holthausen über Kölner Landstraße T :

🏨 **Elbroich** garni, Bonner Str. 7 (Ecke Am Langen Weiher), ✉ 40589, ℰ (0211) 79 90 71, *ELBROICH@WEBWORLD.DE, Fax (0211) 7900088* – ▮ ⇔ 📺 ⇦. ᴀᴇ ⓞ ⓜⓞ 🆅🅸🆂🅰
52 Z ⚬ 140/170 – 185.

In Düsseldorf-Kaiserswerth über ① und die B 8 :

🍴🍴🍴🍴 **Im Schiffchen** (Bourgueil), Kaiserswerther Markt 9 (1. Etage), ✉ 40489, ℰ (0211)
❀❀❀ 40 10 50, *Restaurant.ImSchiffchen@t-online.de, Fax (0211) 403667* – ᴀᴇ ⓞ ⓜⓞ 🆅🅸🆂🅰 ☆
geschl. 9. - 14. April, Sonntag - Montag – **Menu** (nur Abendessen) (Tischbestellung erforderlich) à la carte 120/161
Spez. Croque-Monsieur von der Gänsestopfleber. Milchkalbsrücken mit Seeschnecken.
Dépêche aus Ceylon.

🍴🍴 **Aalschokker** (Bourgueil), Kaiserswerther Markt 9 (Erdgeschoß), ✉ 40489, ℰ (0211)
❀ 40 39 48, *Restaurant.ImSchiffchen@t-online.de, Fax (0211) 403667* – ᴀᴇ ⓞ ⓜⓞ 🆅🅸🆂🅰 ☆
geschl. 9. - 14. April, Sonntag - Montag – **Menu** (nur Abendessen) (Tischbestellung erforderlich) à la carte 71/105
Spez. Geräucherter Saibling nach "Heinrich Heine". Himmel und Erde mit gebratener Gänseleber. Schmelzbiskuit von Bitterschokolade mit Zimtcoulis.

In Düsseldorf-Lörick :

🏨 **Fischerhaus** 🦤, Bonifatiusstr. 35, ✉ 40547, ℰ (0211) 59 79 79, *fischerhaus@aol. com, Fax (0211) 5979759* – ⇔ Zim, 📺 💊 🅿. ᴀᴇ ⓞ ⓜⓞ 🆅🅸🆂🅰
S **z**
geschl. 23. Dez. - 2. Jan. – **Menu** siehe Rest. **Hummerstübchen** separat erwähnt –
⚬ 13 – **40 Z** 169/270 – 198/350.

ꝥꝥꝥ **Hummerstübchen** (Nöthel) - Hotel Fischerhaus, Bonifatiusstr. 35, ✉ 40547, ℰ (0211)
✿✿ 59 44 02, *fischerhaus@aol.com*, Fax (0211) 5979759 – 🅿. ΑΕ ⓪ ⓪⓪ 𝗩𝗜𝗦𝗔   S z
geschl. 27. Dez. - 5. Jan., Sonntag, ausser Messen – **Menu** *(nur Abendessen)* (Tischbestellung
ratsam) 145/175 à la carte 110/134
Spez. Hummer-Menu. Hummersuppe mit Champagner. Soufflierter Steinbutt mit Hummermousse und Staudensellerie.

In Düsseldorf-Lohausen :

🏨 **ArabellaSheraton Airport Hotel,** im Flughafen, ✉ 40474, ℰ (0211) 4 17 30, *airp
ort.duesseldorf@arabellasheraton.com*, Fax (0211) 4173707 – 📳, ⥲ Zim, 📺 ✆ ⌖ –
🏛 120. ΑΕ ⓪ ⓪⓪ 𝗩𝗜𝗦𝗔   S t
Menu à la carte 58/80 – ⌂ 32 – **200 Z** 287/395 – 335/443.

In Düsseldorf-Mörsenbroich :

🏨 **Renaissance,** Nördlicher Zubringer 6, ✉ 40470, ℰ (0211) 6 21 60, *rhi.dussrn.sam@r
enaissancehotels.com*, Fax (0211) 6216666, ⇗, Massage, ⇌, ▨ – 📳, ⥲ Zim, 📺 ✆ ⌂ – 🏛 260. ΑΕ ⓪ ⓪⓪ 𝗩𝗜𝗦𝗔 𝗝𝗖𝗕   BU e
Menu à la carte 54/82 – ⌂ 30 – **244 Z** 260/290, 3 Suiten.

🏩 **Merkur** garni, Mörsenbroicher Weg 49, ✉ 40470, ℰ (0211) 1 59 24 60,
Fax (0211) 15914625 – 📺 ⌂ 🅿. ΑΕ ⓪ ⓪⓪ 𝗩𝗜𝗦𝗔   CU a
geschl. Weihnachten - Anfang Jan. – **30 Z** ⌂ 130/190 – 190/250.

In Düsseldorf-Niederkassel :

✗ **Osteria Saitta am Nussbaum,** Alt Niederkassel 32, ✉ 40547, ℰ (0211) 57 49 34,
Osteria-Saitta@T-online.de, Fax (0211) 5591544 – ▤. ΑΕ ⓪ ⓪⓪ 𝗩𝗜𝗦𝗔   AU e
geschl. 23. Dez. - 7. Jan., Samstagmittag, Sonntag - Montagmittag – **Menu** (Tischbestellung
ratsam, italienische Küche) à la carte 61/85.

In Düsseldorf-Oberbilk :

🏨 **Astron** Ⓜ, Kölner Str. 186, ✉ 40227, ℰ (0211) 7 81 10, *duesseldorf@astron-hotels.de*,
Fax (0211) 7811800, 🗗, ⇌ – 📳, ⥲ Zim, 📺 ✆ ⌂ – 🏛 90. ΑΕ ⓪ ⓪⓪ 𝗩𝗜𝗦𝗔 𝗝𝗖𝗕
Menu à la carte 48/73 – ⌂ 23 – **338 Z** 230/550 – 230/550.   BV b

🏩 **Lessing** garni, Volksgartenstr. 6, ✉ 40227, ℰ (0211) 9 77 00, *INFO@HOTEL-LESSING.DE*,
Fax (0211) 9770100, ⇌ – 📳 ⥲ 📺 ✆ ⌂. ΑΕ ⓪ ⓪⓪ 𝗩𝗜𝗦𝗔 𝗝𝗖𝗕   BX t
30 Z ⌂ 165/230 – 230/380.

In Düsseldorf-Oberkassel :

🏨 **Lindner Hotel Rheinstern,** Emanuel-Leutze-Str. 17, ✉ 40547, ℰ (0211) 5 99 70,
info.rheinstern@lindner.de, Fax (0211) 59971111, ⇌, ▨ – 📳, ⥲ Zim, 📺 ✆ ⌂
🅿 – 🏛 240. ΑΕ ⓪ ⓪⓪ 𝗩𝗜𝗦𝗔 𝗝𝗖𝗕. ⅍ Rest   S e
Menu 40 (Lunchbuffet) à la carte 52/84 – ⌂ 30 – **254 Z** 270/340 – 300/390.

🏨 **Courtyard by Marriott,** Am Seestern 16, ✉ 40547, ℰ (0211) 59 59 59, *cy.duscy
.dos@marriott.com*, Fax (0211) 593569, ⇌, ▨ – 📳, ⥲ Zim, 📺 ✆ 🅿 – 🏛 120. ΑΕ ⓪ ⓪⓪ 𝗩𝗜𝗦𝗔 𝗝𝗖𝗕   S a
Menu à la carte 37/72 – **217 Z** ⌂ 238/258 – 265/285.

🏦 **Hanseat** garni, Belsenstr. 6, ✉ 40545, ℰ (0211) 57 50 69, Fax (0211) 589662,
« Geschmackvolle Einrichtung » – 📺. ΑΕ ⓪ ⓪⓪ 𝗩𝗜𝗦𝗔   T n
geschl. Weihnachten - Neujahr – **37 Z** ⌂ 180/300 – 250/380.

ꝥꝥꝥ **De' Medici,** Amboßstr. 3, ✉ 40547, ℰ (0211) 59 41 51, Fax (0211) 592612 – ΑΕ ⓪ 𝗩𝗜𝗦𝗔   S m
geschl. Samstagmittag, Sonn- und Feiertage, ausser Messen – **Menu** (Tischbestellung ratsam, italienische Küche) à la carte 48/94.

ꝥꝥ **Edo,** Am Seestern 5, ✉ 40547, ℰ (0211) 59 10 82, *hacker@edo-restaurant.de*,
Fax (0211) 5382096, « Japanische Gartenanlage ; Terrasse » – ▤ Rest, 🅿. ΑΕ ⓪ ⓪⓪ 𝗩𝗜𝗦𝗔 𝗝𝗖𝗕. ⅍   S r
geschl. 24. Dez. - 2. Jan., Samstagmittag, Sonn- und Feiertage, ausser Messen – **Menu**
(japanische Küche) à la carte 65/120.

✗ **Kitzbüheler Stuben,** Hansaallee 165, ✉ 40549, ℰ (0211) 59 11 44, *Kitzbueheler
-Stuben@t-online.de*, Fax (0211) 5370817, ⇗ – ΑΕ ⓪ ⓪⓪ 𝗩𝗜𝗦𝗔   S x
geschl. Samstagmittag, Sonntag, ausser Messen – **Menu** à la carte 48/78.

In Düsseldorf-Pempelfort :

🏩 **Am Hofgarten** garni, Arnoldstr. 5, ✉ 40479, ℰ (0211) 49 19 90, *Am-Hofgarten@t
-online.de*, Fax (0211) 4919949 – 📺 ✆. ΑΕ ⓪ ⓪⓪ 𝗩𝗜𝗦𝗔 𝗝𝗖𝗕   EY c
24 Z ⌂ 149/189 – 199/219.

ꝥꝥꝥ **Rossini,** Kaiserstr. 5, ✉ 40479, ℰ (0211) 49 49 94, *info@restaurant.rossini.de*,
Fax (0211) 4910819, ⇗ – ΑΕ ⓪ ⓪⓪ 𝗩𝗜𝗦𝗔 𝗝𝗖𝗕   EY r
geschl. Sonn- und Feiertage, ausser Messen – **Menu** à la carte 84/111.

In Düsseldorf-Stockum :

Fashion Hotel, Am Hain 44, ✉ 40468, ✆ (0211) 4 39 50 (Hotel) 4 35 01 97 (Rest.), *fashion.duesseldorf@eurohotel-online.com, Fax (0211) 4395200* – TV P. AE D MC VISA S b
geschl. 24. - 31. Dez. – **Müller's Heideröschen** *(Montag - Freitag nur Abendessen)* **Menu** à la carte 32/65 – **29 Z** 140/250 – 195/300.

In Düsseldorf-Unterbach *Süd-Ost : 11 km über Torfbruchstraße T :*

Landhotel Am Zault - Residenz (mit Gästehäusern), Gerresheimer Landstr. 40, ✉ 40627, ✆ (0211) 2 09 40, *amzault@t-online.de, Fax (0211) 254718,* – TV P – 100. AE D MC VISA
Menu à la carte 43/76 – **59 Z** 195/360 – 245/520.

In Düsseldorf-Unterbilk :

Sorat M, Volmerswerther Str. 35, ✉ 40221, ✆ (0211) 3 02 20, *duesseldorf@SORAT-Hotels.com, Fax (0211) 3022555,* – , Zim, TV – 150. AE D MC VISA AX c
Menu *(geschl. Sonntag, ausser Messen)* à la carte 49/66 – **160 Z** 220/495 – 300/630.

Kastens Hotel garni, Jürgensplatz 52, ✉ 40219, ✆ (0211) 3 02 50, *info@kastens-hotel.de, Fax (0211) 3025110* – TV – 15. AE D MC VISA JCB AX t
geschl. Weihnachten - Neujahr – **45 Z** 160/180 – 195/240.

Savini, Stromstr. 47, ✉ 40221, ✆ (0211) 39 39 31, *CARLOSAVINI@AOL.COM, Fax (0211) 391719,* – AE MC VISA AX e
geschl. Sonntag, ausser Messen – **Menu** (Tischbestellung ratsam, bemerkenswerte Weinkarte) à la carte 79/109.

Berens am Kai, Kaistr. 16, ✉ 40221, ✆ (0211) 3 00 67 50, *Fax (0211) 30067515,* – AE MC VISA AX d
geschl. 1. - 7. Jan., Samstagmittag, Sonntag – **Menu** à la carte 93/125
Spez. Trüffelgelee mit pochierter Gänseleber und Kartoffelconfit. Gebackenes Milchferkel mit Stielmus und Altbiersauce. Gefüllte Schokoladenecke mit Kirschsorbet.

Schorn mit Zim, Martinstr. 46a, ✉ 40223, ✆ (0211) 3 98 19 72, *Fax (0211) 3981972* – TV . Zim AX s
geschl. über Ostern 1 Woche, Juli - Aug. 3 Wochen – **Menu** *(geschl. Sonntag - Montag) (nur Abendessen)* (Tischbestellung ratsam, bemerkenswerte Weinkarte) à la carte 59/89 – **4 Z** 180/200 – 280/360.

Rheinturm Top 180, Stromstr. 20, ✉ 40221, ✆ (0211) 8 48 58, *Fax (0211) 325619,* « Rotierendes Restaurant in 172 m Höhe ; Düsseldorf und Rhein » (, Gebühr) – – 40. AE D MC VISA JCB. AV a
Menu à la carte 60/98.

Himmel und Erde, Konkordiastr. 89, ✉ 40219, ✆ (0211) 30 77 70, *Fax (0211) 9304736* – MC VISA AX n
geschl. Sonntag, ausser Messen – **Menu** *(nur Abendessen)* (Tischbestellung ratsam) à la carte 83/95.

In Düsseldorf-Unterrath :

Lindner Hotel Airport M, Unterrather Str. 108, ✉ 40468, ✆ (0211) 9 51 60, *info.airport@lindner.de, Fax (0211) 9516516,* , – , Zim, TV P – 130. AE D MC VISA JCB. Rest S s
Menu à la carte 49/68 – 30 – **201 Z** 300/340 – 340/380.

Avidon M garni, Unterrather Str. 42, ✉ 40468, ✆ (0211) 95 19 50, *hotel@avidon.de, Fax (0211) 95195333* – TV P – 15. AE D MC VISA JCB S d
geschl. Weihnachten - Neujahr – **33 Z** 195/235 – 225/325.

In Meerbusch-Büderich :

Gästehaus Meererbusch garni, Hindenburgstr. 4, ✉ 40667, ✆ (02132) 93 34 00, *Fax (02132) 933429,* « Einrichtung mit englischen Antiquitäten » – TV P. AE MC VISA über Düsseldorfer Straße (B 9) S
geschl. 22. Dez. - 6. Jan. – **16 Z** 145/220 – 195/350.

Zum Deutschen Eck M garni, Düsseldorfer Str. 87, ✉ 40667, ✆ (02132) 9 92 20, *zum.deutschen.eck@t-online.de, Fax (02132) 992220* – TV . D MC VISA. S n
geschl. Weihnachten - Neujahr – **24 Z** 140/145 – 180/185.

XXX **Landsknecht** mit Zim, Poststr. 70, ⊠ 40667, ℘ (02132) 9 33 90, Fax (02132) 10978,
🍽 – 🕍 Zim, 📺 🅿 AE 🅾 🅫 VISA 🕍 Zim   S u
Menu *(geschl. Samstagmittag, Montag)* (bemerkenswerte Weinkarte) à la carte 63/86 –
9 Z ⊊ 185 – 240/280.

X **Lindenhof**, Dorfstr. 48, ⊠ 40667, ℘ (02132) 26 64, service@lindenhof-restaurant.de,
Fax (02132) 10196, 🍽 – AE VISA   S v
geschl. Montag – **Menu** (Tischbestellung ratsam) à la carte 44/75.

In Meerbusch - Langst-Kierst *Nord-West : 14 km über Neusser Straße* S :

🏨 **Rheinhotel Vier Jahreszeiten** 🖲 🥂, Zur Rheinfähre 14, ⊠ 40668, ℘ (02150)
91 40, info@rheinhotel-meerbusch.de, Fax (02150) 914900, 🍽, Biergarten, 🔄 – 📶,
🕍 Zim, 📼 📺 🅿 – 🔏 120. AE 🅾 🅫 VISA
Bellevue *(nur Abendessen)* **Menu** à la carte 70/101 – **Orangerie** *(nur Mittagessen)* **Menu**
35/48 – **Langster Fährhaus** *(geschl. 1. - 15. Jan., Okt. - Mai Samstag)* **Menu** à la carte
45/62 – **75 Z** ⊊ 198/338 – 248/388, 3 Suiten.

DUISBURG *Nordrhein-Westfalen* 🗺 L 4 – 540 000 Ew – Höhe 33 m.
Sehenswert : *Wilhelm-Lehmbruck-Museum*★★ CZ **M1** – *Museum der Deutschen
Binnenschiffahrt*★ AY **M2**.
🏌 *Großenbaumer Allee 240 (AX)*, ℘ (0203) 72 14 69.
🎫 *Duisburg-Information, Am Buchenbaum 40*, ⊠ 47051, ℘ (0203) 2 85 44 11, Fax (0203)
2854444.
ADAC, *Claubergstr. 4*.
Berlin 547 – Düsseldorf 33 ④ – Essen 20 ② – Nijmegen 107 ⑥

Stadtpläne siehe nächste Seiten

🏨 **Steigenberger Duisburger Hof**, Neckarstr. 2, ⊠ 47051, ℘ (0203) 3 00 70, *duis*
burg@steigenberger.de, Fax (0203) 3007400, 🍽, 🔄 – 📶, 🕍 Zim, 📺 🤙 🅿 – 🔏 180.
AE 🅾 🅫 VISA JCB   CY e
Menu *(geschl. Samstagmittag, Sonntagmittag)* à la carte 61/84 – **115 Z** ⊊ 280/350 –
350/420, 9 Suiten.

🏨 **Conti** 🖲 garni (mit Gästehaus), Düsseldorfer Str. 131, ⊠ 47051, ℘ (0203) 28 70 05,
conti-duisburg@Sorat-Hotels.com, Fax (0203) 288148, 🔄 – 📶 🕍 📼 📺 🤙 AE 🅾 🅫
VISA 🕍   CZ a
50 Z ⊊ 174/274 – 214/384.

🏨 **Plaza** 🖲, Düsseldorfer Str. 54, ⊠ 47051, ℘ (0203) 2 82 20, *Info@hotel-plaza.de*,
Fax (0203) 2822300, 🔄, 🖲 – 📶, 🕍 Zim, 📺 🚗 – 🔏 60. AE 🅾 🅫 VISA
🕍 Rest   CZ e
Menu *(geschl. Juli - Aug., Freitag - Sonntag)* à la carte 45/76 – **75 Z** ⊊ 159/199 –
199/349.

🏨 **Ferrotel Duisburg** garni, Düsseldorfer Str. 122, ⊠ 47051, ℘ (0203) 28 70 85, *ferr*
otel@Sorat-Hotels.com, Fax (0203) 287754, 🔄 – 📶 🕍 📺 🤙 AE 🅾
🅫 VISA   CZ n
30 Z ⊊ 155/244 – 194/294.

🏨 **Novotel**, Landfermannstr. 20, ⊠ 47051, ℘ (0203) 30 00 30, *H0743@accor-hotels.c*
om, Fax (0203) 30003555, 🔄, 🖲 – 📶, 🕍 Zim, 📼 📺 🅱 – 🔏 140. AE 🅾
🅫 VISA   CZ w
Menu à la carte 39/61 – **162 Z** 178/218.

🏨 **Regent** garni (mit Haus Hammerstein), Dellplatz 1, ⊠ 47051, ℘ (0203) 29 59 00,
Fax (0203) 22288, 🔄, 🖲 – 📶 🕍 📺 AE 🅾 🅫 VISA   BZ c
60 Z ⊊ 149/249 – 184/269.

XX **La Provence**, Hohe Str. 29, ⊠ 47051, ℘ (0203) 2 44 53, Fax (0203) 24452 –
🕍   CZ k
geschl. Samstagmittag, Sonn- und Feiertage – **Menu** (Tischbestellung ratsam) 70/145 und
à la carte.

In Duisburg-Großenbaum *über Großenbaumer Allee AX :*

🏨 **Ramor** garni, Angermunder Str. 37, ⊠ 47269, ℘ (0203) 99 80 60, Fax (0203) 9980655
– 📺 🤙 🚗 🅿 AE 🅾 🅫 VISA JCB
20 Z ⊊ 150/250 – 180/260.

In Duisburg-Homberg :

🏨 **Rheingarten**, Königstr. 78, ⊠ 47198, ℘ (02066) 5 50 01, *Rheingarten@t-online.de*,
Fax (02066) 55004, ≤, 🍽 – 📶 📺 🤙 🅿 – 🔏 70. AE 🅾 🅫 VISA   AX s
Menu *(geschl. Samstagmittag)* à la carte 43/69 – **28 Z** ⊊ 165/175 – 195/230.

DUISBURG

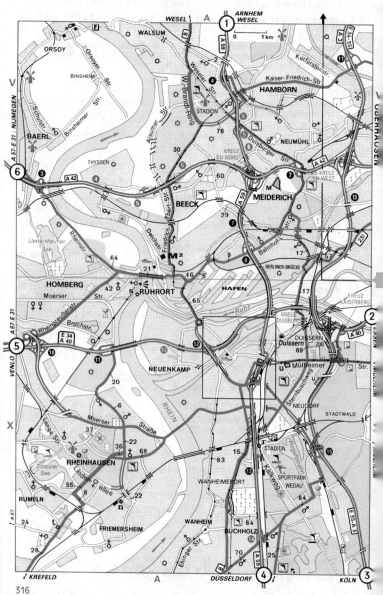

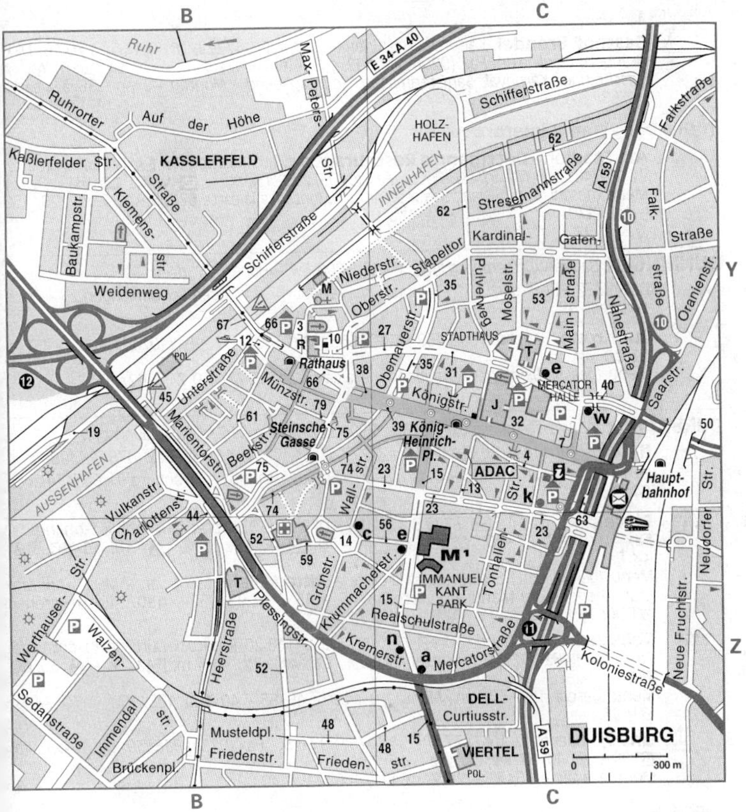

In Duisburg-Huckingen *über Düsseldorfer Straße* AX :

Landhaus Milser [M], Zur Sandmühle 2 (an der B 8), ✉ 47259, ☎ (0203) 7 58 00, *info@landhausMilser.de, Fax (0203) 7580199*, 🏊, 🏋, ⇌ – |‡|, ⇹ Zim, TV ☏ ♿ 🚗 P – 🏛 50. AE ⓓ ⓜ VISA

Da Vinci (italienische Küche) *(geschl. 27. Dez. - 5. Jan.)* **Menu** à la carte 48/85 – **60 Z** ⊡ 215/285, 3 Suiten.

In Duisburg-Rheinhausen :

Mühlenberger Hof, Hohenbudberger Str. 88 (Mühlenberg), ✉ 47229, ☎ (02065) 4 15 65, *Fax (02065) 41342*, 🏊, « Rustikal-elegante Einrichtung » – TV P AX t

Menu *(geschl. über Karneval, Montag) (wochentags nur Abendessen)* à la carte 57/73 – **9 Z** ⊡ 80/100 – 160.

☆ **Gasthof Brendel,** Kaiserstr. 81 (Friemersheim), ⊠ 47229, ℰ (02065) 4 70 16, *Dirk.*
🍴 *Brendel@ t-online.de, Fax (02065) 40192,* 🌸 - **🅿.**
AX n
geschl. über Karneval, Samstagmittag, Sonntagabend - Montag – Menu 86 à la carte
48/68.

In Duisburg-Wanheimerort :

XX **Am Stadion - Dettmann's Restaurant** mit Zim, Kalkweg 26, ⊠ 47055, ℰ (0203)
72 40 24(Hotel), 72 57 90 (Rest.), *Fax (0203) 729213,* 🌸 – **📺** **📞** **AE** **OO** **VISA** AX r
Menu *(geschl. 1. - 15. Jan., Samstagmittag, Montag)* à la carte 62/75 – **15 Z** ⊊ 120/150
– 130/170.

DUNNINGEN *Baden-Württemberg* **419** *V 9 – 5 000 Ew – Höhe 665 m.*
Berlin 727 – Stuttgart 101 – Freiburg im Breisgau 77 – Villingen-Schwenningen 25 – Freu-
denstadt 49.

⚘ **Zur Krone,** Hauptstr. 8 (B 462), ⊠ 78655, ℰ (07403) 2 75, *Fax (07403) 8122 –* **📺** **🅿.**
AE **OO** **VISA**
Menu *(geschl. Montag, Freitagabend)* à la carte 29/53 ⅃ – **10 Z** ⊊ 62/104.

DURBACH *Baden-Württemberg* **419** *U 8 – 3 900 Ew – Höhe 216 m – Erholungsort.*
🛈 *Tourist-Information, Talstr. 36,* ⊠ 77770, ℰ (0781) 4 21 58, *Fax (0781) 43989.*
Berlin 752 – Stuttgart 148 – Karlsruhe 80 – Freudenstadt 51 – Offenburg 9 – Baden-Baden
54.

🏰 **Ritter** 🌭, Tal 1, ⊠ 77770, ℰ (0781) 9 32 30, *Ritter-Durbach@ t-online.de,*
Fax (0781) 9323100, 🌸, **≋s,** **◻** – **📶** **📺** **&** **⟲** **🅿.** – **🛖** 30. **AE** **OO** **VISA**
🍴 Rest
Menu *(geschl. Jan.)* 64/82 und à la carte – ***Ritterkeller*** *(geschl. Jan. - März, Sonntag)*
(nur Abendessen) **Menu** à la carte 38/45 – **45 Z** ⊊ 95/155 – 190/210, 6 Suiten –
½ P 48.

🏰 **Rebstock** 🌭, Halbgütle 30, ⊠ 77770, ℰ (0781) 48 20, *Rebstock-Durbach@ t-online.de,*
Fax (0781) 482160, 🌸, « Gartenanlage », **≋s,** 🌳 – **📶,** **⟲** Zim, **📺** **📞** **🅿** – **🛖** 30. **OO**
VISA
Menu *(geschl. 15. - 30. Jan., Montag)* à la carte 45/85 – **40 Z** ⊊ 105/150 – 170/240 –
½ P 35.

🏠 **Linde,** Lindenplatz 1, ⊠ 77770, ℰ (0781) 9 36 30, *Fax (0781) 936339,* 🌸 – **⟲** Zim,
📺 **🅿.** – **🛖** 40. **AE** **①** **OO** **VISA** **JCB**
Menu à la carte 46/71 – **20 Z** ⊊ 120/160 – ½ P 40.

EBELSBACH *Bayern siehe Eltmann.*

EBENSFELD *Bayern* **420** *P 16 – 5 200 Ew – Höhe 254 m.*
Berlin 384 – München 251 – Coburg 29 – Bayreuth 67 – Bamberg 21 – Hof 88.

🏠 **Pension Veitsberg** 🌭, Prächtinger Str. 14, ⊠ 96250, ℰ (09573) 64 00,
Fax (09573) 31430, 🌳 – **⟺** **🅿**
geschl. Jan. 3 Wochen – **Menu** *(nur Abendessen)* (Restaurant nur für Hausgäste) – **23 Z**
⊊ 50/65 – 85/100.

EBERBACH AM NECKAR *Baden-Württemberg* **417 419** *R 10 – 15 600 Ew – Höhe 131 m –*
Heilquellen-Kurbetrieb.
🛈 *Tourist-Information, Kellereistr. 36,* ⊠ 69412, ℰ (06271) 48 99, *Fax (06271) 1319.*
Berlin 611 – Stuttgart 107 – Mannheim 56 – Heidelberg 33 – Heilbronn 53.

🏠 **Karpfen,** Alter Markt 1, ⊠ 69412, ℰ (06271) 7 10 15, *Fax (06271) 71010,* 🌸, (Fassade
mit Fresken der Stadtgeschichte) – **📶** **📺** **🅿.** **AE** **OO** **VISA**
Menu *(geschl. Feb. - März 3 Wochen, Dienstag)* à la carte 35/70 – **51 Z** ⊊ 95/135 –
140/220 – ½ P 59.

🏠 **Krone-Post,** Hauptstr. 1, ⊠ 69412, ℰ (06271) 20 13, *Fax (06271) 1633,* 🌸 – **📶,**
🍴 **⟲** Zim, **📺** **🅿** – **🛖** 20. 🍴 Zim
geschl. 1. - 7. Jan. – **Menu** *(geschl. Nov. - Feb. Samstag)* à la carte 36/70 – **35 Z** ⊊ 93/108
– 140/160 – ½ P 34.

XX **Altes Badhaus** mit Zim, Am Lindenplatz 1, ⊠ 69412, ℰ (06271) 9 23 00,
Fax (06271) 923040, 🌸, « Fachwerkhaus a.d. 15. Jh. » – **📺** **AE** **OO** **VISA** **JCB**
Menu *(geschl. Montag)* à la carte 46/82 – **7 Z** ⊊ 105/125 – 195 – ½ P 41.

EBERMANNSTADT Bayern **420** Q 17 – 5 800 Ew – Höhe 290 m – Erholungsort.

🛏 Kanndorf 8, 𝒫 (09194) 48 27.

🛈 Städt. Verkehrsamt, Bahnhofstr. 5, ⊠ 91320, 𝒫 (09194) 5 06 40, Fax (09194) 50641.

Berlin 406 – München 219 – Nürnberg 50 – Bayreuth 61 – Bamberg 30.

🏠 **Resengörg** (mit Gästehäusern), Hauptstr. 36, ⊠ 91320, 𝒫 (09194) 7 39 30, info@r
esengoerg.de, Fax (09194) 739373, ☞ – 🛌 �📺 ☎ 𝐏 – 🔬 40. ① 🐵 🐵 𝘝𝘐𝘚𝘈
geschl. 12. - 28. Feb. – **Menu** (geschl. Montagmittag) à la carte 24/47 – **34 Z** ☲ 75/80
– 115/140 – ½ P 20.

🏠 **Schwanenbräu** (mit Haus Feuerstein), Marktplatz 2, ⊠ 91320, 𝒫 (09194) 76 71 90,
info@schwanenbraeu.de, Fax (09194) 5836 – �📺 – 🔬 60. ① 🐵 𝘝𝘐𝘚𝘈
geschl. 1. - 10. Jan. – **Menu** (geschl. Sonntagabend) à la carte 22/63 – **13 Z** ☲ 70 –
100/120 – ½ P 28.

EBERN Bayern **418 420** P 16 – 7 000 Ew – Höhe 269 m.

Berlin 422 – München 255 – Coburg 28 – Bamberg 26 – Schweinfurt 56.

In Pfarrweisach Nord-West : 7 km :

🏚 **Gasthof Eisfelder,** Lohrer Str. 2 (B 279), ⊠ 96176, 𝒫 (09535) 2 69, KEISFELDER@a
ol.de, Fax (09535) 723 – 𝐏.
geschl. 26. Juli - 12. Aug. – **Menu** (geschl. Nov. - April Mittwochabend) à la carte 18/33 ⅛
– **24 Z** ☲ 35/40 – 65/70 – ½ P 10.

EBERSBACH AN DER FILS Baden-Württemberg **419** T 12 – 15 300 Ew – Höhe 292 m.

Berlin 614 – Stuttgart 33 – Göppingen 10 – Ulm (Donau) 70.

In Ebersbach-Weiler Süd : 2 km :

🏠 **Schätzl,** Schäferstr. 11, ⊠ 73061, 𝒫 (07163) 91 23 40, Fax (07163) 52368 – 📺 𝐏. 𝘈𝘌
🐵 𝘝𝘐𝘚𝘈
Menu (geschl. Aug., Freitag - Sonntag) (nur Abendessen) à la carte 28/56 – **12 Z** ☲ 94
– 130/145.

EBERSBERG Bayern **420** V 19 – 10 000 Ew – Höhe 563 m – Erholungsort.

🛏 Steinhöring, Zaißing 6 (Nord-Ost : 8 km), 𝒫 (08092) 81 06 ; 🛏 Steinhöring, Thailing
(Nord-Ost : 6 km), 𝒫 (08094) 92 10.

Berlin 610 – München 35 – Landshut 69 – Rosenheim 31.

🏘 **Hölzerbräu,** Sieghartstr. 1, ⊠ 85560, 𝒫 (08092) 2 40 20, Fax (08092) 24031, Biergarten – 🛌 📺 ☞ 𝐏 – 🔬 30. ① 🐵 𝘝𝘐𝘚𝘈
Menu (geschl. Feb. 1 Woche, Aug. 2 Wochen, Mai - Sept. Sonntagabend) à la carte 30/55
– **40 Z** ☲ 120/130 – 160/220, 3 Suiten – ½ P 28.

🏠 **Klostersee** ⟲, Am Priel 3, ⊠ 85560, 𝒫 (08092) 8 28 50, info@klostersee.de,
Fax (08092) 828550, ☞ – 📺 𝐏 – 🔬 30. 𝘈𝘌 🐵 𝘝𝘐𝘚𝘈
geschl. 18. Dez. - 7. Jan. – **Menu** à la carte 37/72 – **24 Z** ☲ 120/175 – ½ P 30.

EBERSBURG Hessen **417 418 420** O 13 – 3 900 Ew – Höhe 382 m.

Berlin 468 – Wiesbaden 141 – Fulda 18 – Frankfurt am Main 102 – Würzburg 93.

In Ebersburg-Weyhers :

🏠 **Rhönhotel Alte Mühle,** Altenmühle 4 (Ost : 2 km), ⊠ 36157, 𝒫 (06656) 81 00,
Fax (06656) 7748, ☞, 🤽, ☞ – ⛄ Zim, 📺 𝐏 – 🔬 20
Menu (geschl. Montag) à la carte 22/40 – **35 Z** ☲ 78/90 – 98/135 – ½ P 18.

EBERSTADT Baden-Württemberg siehe Weinsberg.

EBERSWALDE Brandenburg **416** H 25 – 46 800 Ew – Höhe 70 m.

Ausflugsziel : Niederfinow : Schiffshebewerk★ Ost : 10 km.

🛈 Tourist-Information, Steinstr. 3, ⊠ 16225, 𝒫 (03334) 6 45 20, Fax (03334) 64521.

Berlin 57 – Potsdam 85 – Neubrandenburg 118 – Frankfurt (Oder) 86.

🏠 **Am Brunnenberg** garni, Brunnenstr. 7, ⊠ 16225, 𝒫 (03334) 2 58 70,
Fax (03334) 2587105 – 🛌 📺 ☎ 𝐏 – 🔬 40. 🐵 𝘝𝘐𝘚𝘈. ⛬
18 Z ☲ 90/140.

In Niederfinow Ost : 10 km :

🏠 **Am Schiffshebewerk,** Hebewerkstr. 43, ⊠ 16248, 𝒫 (033362) 7 00 99,
Fax (033362) 209, ☞, ☞ – 📺 ☞ 𝐏 – 🔬 20
Menu à la carte 28/55 – **18 Z** ☲ 70/100 – 110/130.

EBRACH Bayern 419 420 Q 15 – 1950 Ew – Höhe 340 m – Erholungsort.
Sehenswert : Ehemaliges Kloster (Kirche★).
🛈 Verkehrsamt, Rathausplatz 2, ⊠ 96157, ℰ (09553) 9 22 00, Fax (09553) 922020.
Berlin 441 – München 248 – Coburg 84 – Nürnberg 77 – Würzburg 47 – Bamberg 34.

🏨 **Klosterbräu,** Marktplatz 4, ⊠ 96157, ℰ (09553) 1 80, Klosterbraeu@landidyll.de, Fax (09553) 1888, 🍴, ⊜, 🦵 – 📳, ⇔ Zim, 📺 ☎ ⇔ 🅿 – 🔬 80. 🕮 ⑩ 🐽 🗺 ᴊᴄʙ
Menu à la carte 31/60 – **41 Z** ⊊ 94/114 – 168/188 – ½ P 30.

EBSDORFERGRUND Hessen siehe Marburg.

ECHING Bayern 419 420 V 18 – 10 500 Ew – Höhe 460 m.
Berlin 567 – München 21 – Regensburg 104 – Ingolstadt 59 – Landshut 55.

🏨 **Olymp,** Wielandstr. 3, ⊠ 85386, ℰ (089) 32 71 00, hotel-olymp-munich@t-online.de, Fax (089) 32710112, 🍴, ⊜, ⊠ – 📳, ⇔ Zim, 📺 ☎ ⇔ 🅿 – 🔬 50. 🕮 ⑩ 🐽
🗺 ᴊᴄʙ
Menu à la carte 49/68 – **96 Z** ⊊ 195/380 – 220/380.

🏨 **Höckmayr** garni, Obere Hauptstr. 2a, ⊠ 85386, ℰ (089) 3 19 74 20, Fax (089) 31974234 – 📳 📺 ☎ ⇔ 🅿 🕮 ⑩ 🐽 🗺
19 Z ⊊ 120/140 – 170.

ECHING KREIS LANDSHUT Bayern siehe Landshut.

ECKERNFÖRDE Schleswig-Holstein 415 416 C 13 – 23 000 Ew – Höhe 5 m – Seebad.
Sehenswert : Nikolaikirche (Innenausstattung★).
🏮 Gut Altenhof, ℰ (04351) 4 12 27.
🛈 Touristinformation, Am Exer 1, ⊠ 24340, ℰ (04351) 7 17 90, Fax (04351) 6282.
Berlin 376 – Kiel 30 – Rendsburg 30 – Schleswig 24.

🏨 **Stadthotel** garni, Am Exer 3, ⊠ 24340, ℰ (04351) 7 27 80, Fax (04351) 7278178, ⊜
– 📳 ⇔ Zim 📺 🦵 ⇔ – 🔬 50. 🕮 🐽 🗺
63 Z ⊊ 160/210 – 210/260.

🏨 **Seelust** garni, Preußerstr. 3, ⊠ 24340, ℰ (04351) 7 27 90, Fax (04351) 7279179, ≼
– 📳 📺 🦵 🅿 🕮 🗺
geschl. Anfang Dez. - Ende März – **32 Z** ⊊ 120/210 – 190/260.

🍴🍴 **Ratskeller,** Rathausmarkt 8, ⊠ 24340, ℰ (04351) 24 12, m1dietzel2@aol.Com, Fax (04351) 712824, 🍴, (Haus a.d.J. 1420)
geschl. Feb. 3 Wochen, Nov. - März Montag – **Menu** à la carte 37/68.

In Gammelby Nord-West : 5 km über die B 76 :

🏨 **Gammelby,** Dorfstr. 6, ⊠ 24340, ℰ (04351) 88 10, Hotel.Gammelby@t-online.de, Fax (04351) 88166, ⊜, 🍴 – 📺 ⇔ – 🔬 50. 🕮 ⑩ 🐽 🗺. 🍴
Menu à la carte 38/61 – **32 Z** ⊊ 90/110 – 130/170.

In Groß Wittensee Süd-West : 11,5 km, an der B 203 :

🏨 **Schützenhof** (mit 2 Gästehäusern), Rendsburger Str. 2, ⊠ 24361, ℰ (04356) 1 70, info@hotel-wittensee.de, Fax (04356) 1766, 🍴, 🦵, ⊜, 🦵 – ⇔ Zim, 📺 🦵 ⇔ 🅿
– 🔬 120
geschl. 20. Dez. - 6. Jan. – **Menu** (geschl. Mai - Sept. Donnerstagmittag, Okt. - April Donnerstag) à la carte 34/66 – **60 Z** ⊊ 98/148 – 148/218 – ½ P 28.

In Klein Wittensee Süd-West : 14 km, an der B 203 :

🍴🍴 **Landhaus Wolfskrug,** Dorfstr. 11, ⊠ 24361, ℰ (04356) 3 54, Fax (04356) 354, 🍴
– 🅿 🕮
geschl. Dienstag – **Menu** à la carte 48/78.

EDELSFELD Bayern siehe Königstein.

EDENKOBEN Rheinland-Pfalz 417 419 S 8 – 6 500 Ew – Höhe 148 m – Luftkurort.
Ausflugsziele : Schloß Villa Ludwigshöhe★ (Max-Slevogt-Galerie★) West : 2 km – Rietburg : ≼ ★ West : 2 km und Sessellift.
🛈 Büro für Tourismus, Poststr. 23, ⊠ 67480, ℰ (06323) 95 92 22, Fax (06323) 959288.
Berlin 655 – Mainz 101 – Mannheim 40 – Landau in der Pfalz 11 – Neustadt an der Weinstraße 10.

Park Hotel ⚕, Unter dem Kloster 1, ✉ 67480, ✆ (06323) 95 20, Fax (06323) 952222,
🌲, ⇌, 🔲 – 🛗 📺 📼 – 🧖 50. 🕼 VISA. ✀
Menu (geschl. Sonntag - Montag) à la carte 33/73 ⅞ – **44 Z** 🛏 110/125 – 180/210 –
½ P 35.

Gutshof Ziegelhütte, Luitpoldstr. 79, ✉ 67480, ✆ (06323) 9 89 40, Gutshof-Zieg
elhuette@t-online.de, Fax (06323) 81108, 🌲 – ⇌ Zim, 📺 ✆ 📼 AE ⚫ 🕼 VISA
Menu (geschl. Montag - Dienstag) à la carte 32/54 ⅞ – **26 Z** 🛏 80/100 – 120/160 –
½ P 25.

Weinstube Alte Kanzlei mit Zim, Weinstr. 120, ✉ 67480, ✆ (06323) 39 83, info
@weinstube-altekanzlei.de, Fax (06323) 980680, 🌲, « Gewölbekeller »
Menu (geschl. Aug., Montag - Dienstag) (nur Abendessen) (nur Eigenbauweine) à la carte
23/38 ⅞ – **7 Z** 🛏 60/70 – 100/130.

In Rhodt unter Rietburg Süd-West : 2 km :

Weinstube Waldkirch ⚕, Weinstr. 53, ✉ 76835, ✆ (06323) 70 53,
Fax (06323) 81137, « Hofterrasse » – 📼 VISA
Menu (geschl. 10. Jan. - 10. Feb., Nov. - Juni Donnerstag) (wochentags nur Abendessen)
(nur Eigenbauweine) à la carte 24/39 ⅞ – **17 Z** 🛏 75/80 – 120.

In Weyher West : 2 km :

Zum Kronprinzen, Josef-Meyer-Str. 11, ✉ 76835, ✆ (06323) 70 63,
Fax (06323) 7065 – 📺
geschl. Jan., Ende Juli - Anfang Aug. – **Menu** (geschl. Dienstag) à la carte 29/57 ⅞ – **11 Z**
🛏 75/85 – 112/120 – ½ P 25.

EDESHEIM Rheinland-Pfalz 417 419 S 8 – 2400 Ew – Höhe 150 m.
Berlin 657 – Mainz 101 – Mannheim 42 – Kaiserslautern 48 – Karlsruhe 46.

Schloss Edesheim ⚕ garni (mit Residenz), Luitpoldstr. 9, ✉ 67483, ✆ (06323)
9 42 40, schloss-edesheim@touri.de, Fax (06323) 942411, « Bischofssitz a.d. 16.Jh. ;
geschmackvolle Einrichtung », ⇌ – 📺 📼 – 🧖 30. AE ⚫ 🕼 VISA. ✀
30 Z 🛏 140/160 – 220/280, 4 Suiten.

Wein-Castell, Staatsstr. 21 (B 38), ✉ 67483, ✆ (06323) 93 89 40,
Fax (06323) 9389428, 🌲, (Sandsteinbau a.d.19.Jh.) – 📺 ⇌ 📼 ✀ Rest
geschl. Feb. 3 Wochen – **Menu** (geschl. Montag - Dienstag) à la carte 32/72 ⅞ – **11 Z**
🛏 70/85 – 130/140.

EDIGER-ELLER Rheinland-Pfalz 417 P 5 – 1500 Ew – Höhe 92 m.
🅱 Verkehrsamt, im Ortsteil Ediger, Pelzerstr. 1, ✉ 56814, ✆ (02675) 13 44,
Fax (02675) 1643.
Berlin 666 – Mainz 118 – Koblenz 61 – Trier 75 – Cochem 8.

Im Ortsteil Ediger :

Weinhaus Feiden (mit Gästehaus), Moselweinstr. 22, ✉ 56814, ✆ (02675) 2 59,
Fax (02675) 1583, ≼, « Blumenterrasse » – ⇌ 📼 🕼 VISA ✀ Rest
geschl. Feb. - 5. März – **Menu** (geschl. Donnerstag) à la carte 29/70 ⅞ – **20 Z** 🛏 70/95
– 125/140.

Zum Löwen, Moselweinstr. 23, ✉ 56814, ✆ (02675) 2 08, Saffenreuther@t-online.de,
Fax (02675) 214, ≼, 🌲 – 📺 ⇌ 📼 AE 🕼 VISA
geschl. 3. - 31. Jan. – **Menu** (geschl. Nov. - Mitte April Mittwoch) à la carte 27/76 ⅞ – **22 Z**
🛏 70/110 – 130/220.

Im Ortsteil Eller :

Oster, Moselweinstr. 61, ✉ 56814, ✆ (02675) 2 32, Hotel-Oster@t-Online.de,
Fax (02675) 1570, 🌲 – ⇌ Zim, ⇌ 📼 AE 🕼 VISA ✀ Zim
geschl. 1. - 25. Dez., 2. Jan. - 15. März – **Menu** (geschl. Dienstagmittag) à la carte 27/50
⅞ – **14 Z** 🛏 80/130 – ½ P 20.

EFRINGEN-KIRCHEN Baden-Württemberg 419 X 6 – 7100 Ew – Höhe 266 m.
Berlin 852 – Stuttgart 254 – Freiburg im Breisgau 59 – Basel 15 – Müllheim 28.

In Efringen-Kirchen - Blansingen Nord-West : 5 km :

Traube (Albrecht) ⚕ mit Zim, Alemannenstr. 19, ✉ 79588, ✆ (07628) 82 90,
Fax (07628) 8736, 🌲, « Ehemaliges Bauernhaus a.d.J. 1811 » – 📺 📼 AE 🕼 VISA
geschl. Feb. 1 Woche, Ende Juli 1 Woche – **Menu** (geschl. Dienstag - Mittwochmittag) 49
(mittags) und à la carte 79/101 – **7 Z** 🛏 140 – 180/220
Spez. Lauwarm marinierter Kalbskopf mit Kräuterpesto. Gebratenes und Geschmortes vom
Hauskaninchen mit Gemüseravioli. Geeiste Kiwimousse.

In Efringen-Kirchen - Egringen *Nord-Ost : 3 km :*

✂ **Rebstock** mit Zim, Kanderner Str. 21, ✉ 79588, ℰ (07628) 9 03 70, *gasthaus@ reb stock-egringen.de, Fax (07628) 903737,* ☆ – ▥ **P**. 🅜🅞 **VISA**. ✾ Zim
geschl. über Fastnacht 2 Wochen, Anfang - Mitte Sept., Montag - Dienstag – **Menu** à la-carte 39/77 – **9 Z** ☲ 75/115 – 110/160.

EGESTORF *Niedersachsen* 🄓🄖 *G 14 – 2 700 Ew – Höhe 80 m – Erholungsort.*

🄱 *Verkehrsverein, Barkhof 1b,* ✉ 21272, ℰ (04175) 1 94 33, Fax (04175) 1516.
Berlin 322 – Hannover 107 – Hamburg 57 – Lüneburg 29.

🏢 **Acht Linden,** Alte Dorfstr. 1, ✉ 21272, ℰ (04175) 8 43 33, *Acht-Linden@ T-Online.de,* Fax (04175) 843359, ☆, 🔾🔾 – ✾ Zim, ▥ ❤ **P** – 🅐 100. 🅞 🅜🅞 **VISA**.
✾ Rest
Menu à la carte 34/72 – **32 Z** ☲ 85/105 – 150/210 – ½ P 28.

🏢 **Egestorfer Hof,** Lübberstedter Str. 1, ✉ 21272, ℰ (04175) 4 80, *KONTAKT@ eges torferhof.de, Fax (04175) 1090,* ☆ – ▥ 🔾🔾 **P** – 🅐 30. 🅐🅔 🅜🅞 **VISA**
Menu à la carte 34/59 – **27 Z** ☲ 70/100 – 100/160 – ½ P 25.

In Egestorf-Sahrendorf *Nord-West : 3 km :*

🏢 **Studtmann's Gasthof,** Im Sahrendorf 19, ✉ 21272, ℰ (04175) 8 43 60, *Studtma nnsGasthof@ t-online.de, Fax (04175) 1086,* ☆, ☛ – ✾ Zim, ▥ **P** – 🅐 30.
🅜🅞 **VISA**
geschl. 15. Jan. - 15. Feb. – **Menu** *(geschl. Dienstag)* à la carte 28/49 – **22 Z** ☲ 70/90 – 110/140 – ½ P 20.

Wenn Sie ein ruhiges Hotel suchen,
benutzen Sie die Übersichtskarte in der Einleitung
oder wählen Sie im Text ein Hotel mit dem Zeichen ⌘ bzw. ⌘.

EGGENFELDEN *Bayern* 🄜🄓 *U 22 – 13 000 Ew – Höhe 415 m.*

🄱 *Hebertsfelden, Am Fischgartl 2 (Ost : 11 km),* ℰ (08561) 59 69.
Berlin 599 – München 117 – Regensburg 101 – Landshut 56 – Passau 72 – Salzburg 98 – Straubing 62.

🏢 **Bachmeier,** Schönauer Str. 2, ✉ 84307, ℰ (08721) 9 71 00, Fax (08721) 9710100, ☆,
🍺 Biergarten, 🔾🔾, ☛ – ▥ ❤ 🔾🔾 **P** – 🅐 30. 🅐🅔 🅜🅞 **VISA**. ✾ Rest
Menu à la carte 36/69 – **40 Z** ☲ 90/95 – 130/150.

EGGENSTEIN-LEOPOLDSHAFEN *Baden-Württemberg* 🄓🄙 *S 9 – 13 000 Ew – Höhe 112 m.*
Berlin 660 – Stuttgart 97 – Karlsruhe 12 – Mannheim 63.

Im Ortsteil Eggenstein :

🏢 **Goldener Anker,** Hauptstr. 20, ✉ 76344, ℰ (0721) 70 60 29, Fax (0721) 782333 –
🄱 ▥ ❤ **P**. 🅜🅞 **VISA**. ✾
Menu *(geschl. Dienstag)* à la carte 30/59 – **27 Z** ☲ 75/95 – 130/150.

✕✕✕ **Zum Löwen** mit Zim, Hauptstr. 51, ✉ 76344, ℰ (0721) 78 00 70, Fax (0721) 7800799,
☆ – ▥ ❤ 🅜🅞 **VISA**. ✾ Zim
Menu *(geschl. 1. - 6. Jan., Samstagmittag)* (Tischbestellung ratsam) à la carte 68/94 – **11 Z**
☲ 98/105 – 160/180.

EGGESIN *Mecklenburg-Vorpommern* 🄓🄖 *E 26 – 9 000 Ew – Höhe 20 m.*
Berlin 160 – Schwerin 208 – Neubrandenburg 69 – Greifswald 74 – Szczecin 86.

🏢 **Waldidyll,** Luckower Str. 14, ✉ 17367, ℰ (039779) 2 05 31, Fax (039779) 20531, ☆
🔾🔾 – ▥ **P**.
Menu à la carte 22/36 – **12 Z** ☲ 70/80 – 100/120.

EGGSTÄTT *Bayern* 🄜🄓 *W 21 – 2 400 Ew – Höhe 539 m – Erholungsort.*

🄱 *Verkehrsamt, Obinger Str. 7,* ✉ 83125, ℰ (08056) 15 00, Fax (08056) 1422.
Berlin 656 – München 99 – Bad Reichenhall 59 – Traunstein 28 – Rosenheim 23.

⚓ **Unterwirt,** Kirchplatz 8, ✉ 83125, ℰ (08056) 3 37, *info@ unterwirt-eggstaett.de,*
🔾🔾 Fax (08056) 1666, ☆, ☛ – **P**.
geschl. Nov. **Menu** *(geschl. Montag)* à la carte 24/44 – **33 Z** ☲ 55/60 – 98/104 – ½ P 17.

EGLOFFSTEIN Bayern 420 Q 17 – 2 000 Ew – Höhe 350 m – Luftkurort.
🛈 Tourist-Information, Felsenkellerstr. 20, ✉ 91349, ℘ (09197) 2 02, Fax (09197) 202.
Berlin 417 – München 201 – Nürnberg 37 – Bayreuth 52 – Bamberg 45.

Zur Post, Talstr. 8, ✉ 91349, ℘ (09197) 5 55, Fax (09197) 8801, 🏠, 🍴 –
🔲 📞
geschl. 10. Jan. - Feb. – **Menu** (geschl. Montag) à la carte 22/53 – **23 Z** ⊃ 47/62 – 68/100
– ½ P 16.

EHEKIRCHEN Bayern 419 420 U 17 – 3 200 Ew – Höhe 405 m.
Berlin 553 – München 54 – Augsburg 43 – Ingolstadt 35.

Strixner Hof, Leitenweg 5 (Schönesberg), ✉ 86676, ℘ (08435) 18 77,
Fax (08435) 1260, 🏠, 🍴 – 🔲 ⟨⟩ 📞 ✎
geschl. 1 Woche über Fasching, Ende Aug. - Anfang Sept. – **Menu** (geschl. Donnerstag)
à la carte 23/47 – **7 Z** ⊃ 70/110.

EHINGEN Baden-Württemberg 419 V 13 – 23 800 Ew – Höhe 511 m.
Ausflugsziel : Obermarchtal : ehem. Kloster★ Süd-West : 14 km.
Berlin 644 – Stuttgart 101 – Konstanz 119 – Ulm (Donau) 26 – Ravensburg 70.

Adler, Hauptstr. 116, ✉ 89584, ℘ (07391) 7 06 60, hoteladler@aol.com,
Fax (07391) 7066500 – 🔲 📞 ⟨⟩ 📞 – 🔏 100. 🆔 🅾🅾 𝚅𝙸𝚂𝙰. ✳ Rest
geschl. Anfang Jan. 1 Woche, Ende Juli - Anfang Aug. – **Menu** (geschl. Sonntagabend -
Montag) à la carte 26/64 – **38 Z** ⊃ 85/110 – 120/160.

Gasthof zum Ochsen, Schulgasse 3, ✉ 89584, ℘ (07391) 60 47, Rezeption@Hot
el-zum-Ochsen-Ehingen.de, Fax (07391) 52867, 🏠 – 🔲 🔲 ⟨⟩ – 🔏 15.
🅾🅾 𝚅𝙸𝚂𝙰
Menu à la carte 35/57 – **20 Z** ⊃ 96 – 145/153.

Ehinger Hof, Lindenstr. 26, ✉ 89584, ℘ (07391) 83 00, Fax (07391) 73436, 🏠 –
𝚅𝙸𝚂𝙰
geschl. Anfang Aug. 3 Wochen, Dienstag – **Menu** à la carte 43/67 Erweiterung : 15 Zim.
bis Frühjahr 2001.

In Ehingen-Kirchen West : 7,5 km :

Zum Hirsch 🐾, Osterstr. 3, ✉ 89584, ℘ (07393) 9 50 10, info@hotel-hirsch-
ehingen.de, Fax (07393) 4101, 🏠, 🍴 – 🔲 🔲 ⟨⟩ 📞 – 🔏 20. 🆔 🅾
🅾🅾 𝚅𝙸𝚂𝙰
Menu (geschl. Montag) à la carte 23/63 🍴 – **17 Z** ⊃ 70/90 – 110/145.

In Ehingen-Nasgenstadt Ost : 3 km :

Panorama garni, Karpfenweg 7, ✉ 89584, ℘ (07391) 5 45 00, Buck-Ehingen-
Hotel-Panorama@t-online.de, Fax (07391) 54415, 🍴 – 🔲 🔲 📞 ⟨⟩ 📞. 🆔
🅾🅾 𝚅𝙸𝚂𝙰
31 Z ⊃ 70/110 – 120/140.

EHLSCHEID Rheinland-Pfalz 417 O 6 – 1 350 Ew – Höhe 360 m – Heilklimatischer Kurort.
🛈 Kurverwaltung, Parkstr. 2, ✉ 56581, ℘ (02634) 22 07, Fax (02634) 8489.
Berlin 608 – Mainz 118 – Koblenz 30 – Köln 73.

Park-Hotel 🐾, Parkstr. 17, ✉ 56581, ℘ (02634) 9 68 70, Parkhoteltg7@aol.com,
Fax (02634) 2421, 🏠 – 🔲 🔲 🍴 ⟨⟩ 📞. 🅾🅾
Menu (geschl. November, Okt. - April Donnerstag) à la carte 26/58 – **12 Z** ⊃ 59/85 –
106/130 – ½ P 19.

EHNINGEN Baden-Württemberg 419 U 10 – 7 300 Ew – Höhe 477 m.
Berlin 655 – Stuttgart 25 – Freudenstadt 65 – Karlsruhe 81.

Landhaus Feckl 🅼, Keltenweg 1, ✉ 71139, ℘ (07034) 2 37 70, landhausfeckl@ad
ddcom.de, Fax (07034) 2377277, 🏠 – 🔲 ✳ Zim, 🔲 🍴 📞. – 🆔 🅾 🅾🅾 𝚅𝙸𝚂𝙰
Menu à la carte 77/125 – **21 Z** ⊃ 160-180/200
Spez. Weiße Tomatenmousse mit Bärlauchpesto und Rotbarbe. Variation von Angus-
Beef in Rotweinsauce. Passionsfruchtflammerie mit Pfirsich und weißem Schokoladensor-
bet.

We have established for your use a classification
of certain restaurants by awarding them the mention
Menu 🕸, 🕸🕸, 🕸🕸 or 🕸🕸🕸.

EHRENBERG (RHÖN) Hessen 418 420 O 14 – 2 700 Ew – Höhe 577 m – Wintersport : 800/900 m ⚡ 3.

🛈 Tourist-Information, Georg-Meilinger-Str. 3, in Wüstensachsen, ✉ 36115, ☎ (06683) 96 01 16, Fax (06683) 960222.

Berlin 432 – Wiesbaden 168 – Fulda 29 – Frankfurt am Main 124 – Nürnberg 171.

In Ehrenberg-Seiferts Nord : 4,5 km :

🏠 **Zur Krone,** Eisenacher Str. 24 (B 278), ✉ 36115, ☎ (06683) 9 63 40, info@rhoener
🚗 lebnis.de, Fax (06683) 1482, 🍴, 🌳 – 📺 ☕ 🅿 – 🔥 25
Menu à la carte 24/42 🍷 – **20 Z** ⊑ 42/77 – 70/124 – ½ P 18.

*Dans ce guide
un même symbole, un même mot,
imprimé en noir ou en rouge, en maigre ou en gras,
n'ont pas tout à fait la même signification.
Lisez attentivement les pages explicatives.*

EHRENKIRCHEN Baden-Württemberg 419 W 7 – 5 600 Ew – Höhe 265 m.

Berlin 813 – Stuttgart 221 – Freiburg im Breisgau 10 – Basel 56.

In Ehrenkirchen-Ehrenstetten :

🏠 **Barthel's Adler,** Wentzinger Str. 33, ✉ 79238, ☎ (07633) 9 08 93 90, barthels-adl
er@t-online.de, Fax (07633) 90893915, 🍴 – 📞 🅿 ⓘ 🆖 VISA
geschl. über Fastnacht 1 Woche, Anfang - Mitte Nov. – **Menu** (geschl. Montag) à la carte
33/80 🍷 – **8 Z** ⊑ 95/150.

In Ehrenkirchen-Kirchhofen :

🏠 **Sonne-Winzerstuben,** Lazarus-Schwendi-Str. 20, ✉ 79238, ☎ (07633) 70 70,
Fax (07633) 6060, 🍴, « Garten » – ⇔ Zim, 📺 ☕ 🅿 🆎 ⓘ 🆖 VISA
geschl. 1. - 12. Aug. – **Menu** (geschl. 24. Dez. - 14. Jan., Donnerstagabend - Freitag) à la carte
40/76 – **12 Z** ⊑ 78/90 – 150.

🍴🍴 **Zur Krone** mit Zim, Herrenstr. 5, ✉ 79238, ☎ (07633) 52 13, info@gasthaus-krone.de,
Fax (07633) 83550, 🍴, 🌳 – 📺 ☕ 🅿 ⓘ 🆖 VISA
geschl. 20. Mai - 10. Juni – **Menu** (geschl. Montag - Dienstagmittag, Nov. - Ostern Montag
- Dienstag) à la carte 35/74 – **6 Z** ⊑ 60/70 – 105/120.

EIBAU Sachsen 418 N 28 – 3 400 Ew – Höhe 325 m.

Berlin 254 – Dresden 78 – Görlitz 41 – Bautzen 32.

🏠 **Landgasthof zum Hirsch,** Hauptstr. 118 (B 96), ✉ 02739, ☎ (03586) 7 83 70,
🚗 Fax (03586) 783711, Biergarten, 🌳 – 📺 🅿 🆖 VISA
Menu à la carte 24/39 – **14 Z** ⊑ 75/85 – 120/130.

EIBENSTOCK Sachsen 418 420 O 21 – 6 500 Ew – Höhe 640 m.

🛈 Tourist-Information, Postplatz 4, ✉ 08309, ☎ (037752) 22 44, Fax (037752) 2141.

Berlin 311 – Dresden 108 – Chemnitz 52 – Zwickau 34.

🏭 **Am Bühl** Ⓜ ⟋, Am Bühl 1, ✉ 08309, ☎ (037752) 5 60, Fax (037752) 56888, 🍴,
direkter Zugang zu den Badegärten, 🌳 – 🛗, ⇔ Zim, 📺 📞 ⚹ 🅿 – 🔥 120. 🆎 ⓘ
🆖 VISA
Menu à la carte 29/50 – **129 Z** ⊑ 95/135 – 125/165.

🏠 **Bühlhaus** ⟋, Bühlstr. 16, ✉ 08309, ☎ (037752) 58 10, Fax (037752) 2924, Biergarten
🚗 – 📺 🅿 🆎 🆖 VISA
Menu à la carte 22/41 – **21 Z** ⊑ 65/75 – 90/140.

EICHENBERG Österreich siehe Bregenz.

EICHENZELL Hessen 417 418 O 13 – 8 200 Ew – Höhe 285 m.

Berlin 457 – Wiesbaden 134 – Fulda 9 – Frankfurt am Main 95 – Würzburg 100.

🏠 **Kramer,** Fuldaer Str. 4, ✉ 36124, ☎ (06659) 16 91, Fax (06659) 4091, 🍴 – 📺 ☕
🚗 🅿 ⓘ 🆖 VISA
Menu (geschl. Donnerstag) à la carte 22/41 – **34 Z** ⊑ 70/120.

EICHSTÄTT Bayern 👁️👁️👁️ 👁️👁️👁️ T 17 – 13 000 Ew – Höhe 390 m.

Sehenswert : Bischöflicher Residenzbezirk★ : Residenzplatz★ – Dom (Pappenheimer Altar★★, Mortuarium★, Kreuzgang★) – Hofgarten (Muschelpavillon★) – Jura-Museum★.

🛈 Tourist Information, Kardinal-Preysing-Platz 14, ⊠ 85072, ℰ (08421) 9 88 00, Fax (08421) 988030.

Berlin 501 – München 107 – Augsburg 73 – Ingolstadt 27 – Nürnberg 93.

🏠 **Adler** garni, Marktplatz 22, ⊠ 85072, ℰ (08421) 67 67, Fax (08421) 8283, « Restauriertes Barockhaus a.d. 17. Jh. », 🛏 – 🛗 📺 👣 ⚏ – 🛎 20. 🅰🅴 ⓞ 🆖 💳 🎤
geschl. Anfang Nov. 1 Woche, 15. Dez. - 15. Jan. – **28 Z** ⊅ 140/160 – 185/215.

🏠 **Sonne** (mit Gästehaus), Buchtal 17, ⊠ 85072, ℰ (08421) 67 91, info@sonne-eichsta ett.de, Fax (08421) 89836 – 📺 🅿. 🎤
geschl. Anfang - Mitte Nov. – **Menu** (geschl. Mittwoch) (wochentags nur Abendessen) à la carte 24/46 – **20 Z** ⊅ 70/95 – 120/130.

🏠 **Schießstätte** garni, Schießstättberg 8, ⊠ 85072, ℰ (08421) 9 82 00, XHillner@aol. com, Fax (08421) 982080 – 👣 📞 ⚏ 🅿. ⓞ 🆖 💳
26 Z ⊅ 90/120 – 130/150.

🏠 **Café Fuchs** garni, Ostenstr. 8, ⊠ 85072, ℰ (08421) 67 88, info@hotel-fuchs.de, Fax (08421) 80117 – 👣 📺 🅿. 🆖 💳
geschl. 7. - 14. Jan. – **21 Z** ⊅ 70/95 – 115/145.

🍴🍴 **Domherrnhof,** Domplatz 5 (1. Etage), ⊠ 85072, ℰ (08421) 61 26, Fax (08421) 80849, « Restauriertes Stadthaus aus der Rokokozeit » – 👣. 🅰🅴 🆖 💳
geschl. Jan. - Feb. 3 Wochen, Anfang Nov. 1 Woche, Montag – **Menu** 46 (mittags) und à la carte 60/87.

In Eichstätt-Wasserzell Süd-West : 4,5 km :

🏠 **Zum Hirschen** (mit Gästehaus), Brückenstr. 9, ⊠ 85072, ℰ (08421) 96 80, info@hi rschenwirt.de, Fax (08421) 968888, Biergarten, 🍽 – 👣, 👣 Rest, 📺 📞 ⚏ 🅿 – 🛎 50. 🆖 💳
geschl. 26. Dez. - 31. Jan. – **Menu** (geschl. Nov. - März Montag - Mittwoch) à la carte 23/49 – **40 Z** ⊅ 65/70 – 100/110.

An der B 13 Nord-West : 9 km :

🏠 **Zum Geländer** 🍴, ⊠ 85132 Schernfeld-Geländer, ℰ (08421) 67 61, Fax (08421) 2614, Biergarten, Wildschweingehege, 🍽 – 📺 ⚏ 🅿 – 🛎 25. 🆖 💳
geschl. Feb. 3 Wochen – **Menu** (geschl. Donnerstag ausser Saison) à la carte 23/46 👣 – **30 Z** ⊅ 62/70 – 96/118.

EICHSTETTEN Baden-Württemberg 👁️👁️👁️ V 7 – 2 600 Ew – Höhe 190 m.

Berlin 792 – Stuttgart 193 – Freiburg im Breisgau 21 – Offenburg 51.

🍴 **Zum Ochsen,** Altweg 2, ⊠ 79356, ℰ (07663) 15 16, Fax (07663) 1020, 🌳 – 👣 🅿
geschl. Juni 2 Wochen, Montag - Dienstagmittag – **Menu** à la carte 34/59 👣.

EICHWALDE Brandenburg 👁️👁️👁️👁️👁️ I 24 – 5 500 Ew – Höhe 35 m.

Berlin 31 – Potsdam 65 – Cottbus 115 – Frankfurt an der Oder 79.

🍴 **C+W Gourmet,** Bahnhofstr. 9, ⊠ 15732, ℰ (030) 6 75 84 23, Fax (030) 6758423, Restaurant im Bistrostil
geschl. Okt. - April Sonntagabend - Dienstag, Mai - Sept. Sonntagmittag, Montag - Dienstag – **Menu** 49/80 und à la carte.

EIGELTINGEN Baden-Württemberg 👁️👁️👁️ W 10 – 2 700 Ew – Höhe 450 m.

Berlin 740 – Stuttgart 148 – Konstanz 40 – Freiburg im Breisgau 104 – Stockach 10 – Ulm (Donau) 124.

🏠 **Zur Lochmühle** 🍴 (mit 2 Gästehäuser), Hinterdorfstr. 44, ⊠ 78253, ℰ (07774) 9 39 30, Lochmuhle-Eigeltingen@T-online.de, Fax (07774) 939393, « Einrichtung mit bäuerlichen Antiquitäten ; Sammlung von Kutschen und Traktoren ; Gartenterrasse », 🍽 – 📺 🅿 – 🛎 50. 🆖 💳
geschl. über Fasnacht 2 Wochen – **Menu** à la carte 33/55 – **40 Z** ⊅ 105/110 – 160/190.

Dans la plupart des hôtels, les chambres non réservées par écrit,
ne sont plus disponibles après 18 h.
Si l'on doit arriver après 18 h, il convient de préciser
l'heure d'arrivée – mieux – d'effectuer une réservation par écrit.

EILENBURG Sachsen 🄸🄸🄸 L 21 – 20 300 Ew – Höhe 150 m.
　Berlin 157 – Dresden 106 – Leipzig 24 – Halle 52 – Dessau 59 – Wittenberg 50.
🏠　**Il-Burg** garni, Puschkinstr. 33, ⊠ 04838, 𝒫 (03423) 75 94 04, Fax (03423) 759405 – 🛗
　🖸 ⇌ 🅿 – 🔬 25. 🄰🄴 ⓞ ⓌⓈ 🆅🅸🆂🄰
　geschl. 21. Dez. - 1. Jan. – **21 Z** ⊇ 125/135 – 140/150.

EILSEN, BAD Niedersachsen 🄸🄸🄷 J 11 – 2 200 Ew – Höhe 70 m – Heilbad.
🄱　Kurverwaltung, Haus des Gastes, Bückeburger Str. 2, ⊠ 31707, 𝒫 (05722) 8 53 72, Fax
　(05722) 88651.
　Berlin 342 – Hannover 60 – Hameln 27 – Minden 15.
🏠　**Landhaus Lahmann** 🦢 garni, Harrlallee 3, ⊠ 31707, 𝒫 (05722) 99 24 90, Landh
　aus.Lahmann@ T-online.de, Fax (05722) 81132, 🕿, – ⋐ 🖸 ⇌ 🅿 ⓌⓈ 🆅🅸🆂🄰
　– **21 Z** ⊇ 70/85 – 120/122.

EIMELDINGEN Baden-Württemberg 🄸🄸🄹 X 6 – 1 600 Ew – Höhe 266 m.
　Berlin 857 – Stuttgart 260 – Freiburg im Breisgau 64 – Basel 11 – Lörrach 7.
✕　**Zum Löwen** (mit Gästehaus), Hauptstr. 23 (B 3), ⊠ 79591, 𝒫 (07621) 96 46 40 (Hotel)
　6 25 88 (Rest.), Fax (07621) 69726, 🌤, 🕿 – 🖸 🅿.
　Menu (geschl. 29. Aug. - 13. Sept., Dienstag - Mittwoch) à la carte 38/73 – **6 Z** ⊇ 90/98
　– 140/158.

　Prévenez immédiatement l'hôtelier si vous ne pouvez pas occuper
　la chambre que vous avez retenue.

EIMKE Niedersachsen 🄸🄸🄵 🄸🄸🄶 H 14 – 1 100 Ew – Höhe 45 m.
　Berlin 249 – Hannover 120 – Braunschweig 93 – Celle 54 – Lüneburg 48.
🏠　**Wacholderheide** (mit Gästehaus), Dorfstr. 6, ⊠ 29578, 𝒫 (05873) 3 29, Hotel-wac
　holderheide@ t-online.de, Fax (05873) 1450, 🌤 – ⋐ Zim, 🖸 🅿 – 🔬 25
　Menu (geschl. Montag) à la carte 29/60 – **24 Z** ⊇ 70/85 – 125/150.

EINBECK Niedersachsen 🄸🄸🄷 🄸🄸🄸 K 13 – 29 400 Ew – Höhe 114 m.
　Sehenswert : Marktplatz★★ (Fachwerkhäuser★★) – Haus Marktstraße 13★★ – Tiedexer
　Straße★★ – Ratswaage★.
🄵　Einbeck-Immensen (Süd : 4 km), 𝒫 5561) 98 23 05.
🄱　Tourist-Information, Marktplatz 6, ⊠ 37574, 𝒫 (05561) 91 61 21, Fax (05561)
　916300.
　Berlin 326 – Hannover 72 – Braunschweig 94 – Göttingen 41 – Goslar 64.
🄷🄱　**Panorama**, Mozartstr. 2, ⊠ 37574, 𝒫 (05561) 9 37 70, hotel.panorama@ t-online.de,
　Fax (05561) 74011, 🌤, 🕿 Squash – 🛗, ⋐ Zim, 🖸 ⇌ 🅿 – 🔬 140. 🄰🄴 ⓞ
　ⓌⓈ 🆅🅸🆂🄰
　Menu à la carte 40/73 – **41 Z** ⊇ 150/220.
🏠　**Hasenjäger** 🦢, Hubeweg 119, ⊠ 37574, 𝒫 (05561) 9 30 20, Hasenjaeger@ einbec
　k-online.de, Fax (05561) 73667, ≤, 🌤, 🄵 – 🖸 ⇌ 🅿 – 🔬 40. 🄰🄴 ⓞ
　ⓌⓈ 🆅🅸🆂🄰
　Menu à la carte 35/66 – **19 Z** ⊇ 100/120 – 125/170.
🏠　**Gilde Hof,** Marktplatz 3, ⊠ 37574, 𝒫 (05561) 7 90 00, Fax (05561) 790010, 🌤 –
　🖸 ⇌
　Menu (geschl. Nov., Dienstag) à la carte 38/73 – **17 Z** ⊇ 105/125 – 148/180.
✕✕　**Der Schwan** mit Zim, Tiedexer Str. 1, ⊠ 37574, 𝒫 (05561) 46 09, Fax (05561) 72366,
　🌤 – ⋐ Zim, 🖸 ⇌ 🅿 🄰🄴 ⓞ ⓌⓈ 🆅🅸🆂🄰 🦐 Rest
　Menu (geschl. Sonntag) (nur Abendessen) à la carte 53/82 – **12 Z** ⊇ 115/135 – 135/
　185.

EISCHLEBEN Thüringen siehe Arnstadt.

EISENACH Thüringen 🄸🄸🄸 N 14 – 44 000 Ew – Höhe 208 m.
　Sehenswert : Predigerkirche (Mittelalterliche Schnitzplastik★) BY.
　Ausflugsziele : Wartburg★★ (Palas★, ≤ ★) AZ – Thüringer Wald★★ über ④.
🄱　Eisenach-Information, Markt, ⊠ 99817, 𝒫 (03691) 7 92 30, Fax (03691) 792320.
　ADAC, Bahnhofstr. 1.
　Berlin 353 ③ – Erfurt 62 ③ – Kassel 92 ① – Nordhausen 130 ②

Thüringer Hof, Karlsplatz 11, ✉ 99817, 𝒫 (03691) 2 80, *thueringerhof@t-online.de,*
Fax (03691) 28190, 🛎 – 📶, 🔄 Zim, 📺 📞 🚗 📶 – 🏄 120. 🖭 ⓪
🐵 🆅🆂🅰
BY e
Leander : Menu à la carte 32/58 – *Galerie (nur Abendessen)* Menu à la carte 44/67 –
🛏 20 – **127 Z** 150/195 – 195/350.

Romantik Hotel Kaiserhof, Wartburgallee 2, ✉ 99817, 𝒫 (03691) 21 35 13, *kais
erhof@romantik.de, Fax (03691) 203653,* 🛎 – 📶, 🔄 Zim, 📺 📞 📶 – 🏄 100. 🖭 ⓪
🐵 🆅🆂🅰 �🅹🅲🅱
BCY a
Turmschänke *(geschl. Feb. 2 Wochen, Aug. 2 Wochen, Nov. 2 Wochen, Sonntag) (nur
Abendessen)* Menu à la carte 62/78 – *Zwinger :* Menu à la carte 26/40 – **64 Z**
🛏 115/150 – 170/280.

Schloßhotel, Markt 10, ✉ 99817, 𝒫 (03691) 21 42 60, *schlosshotel@eisenachonlin
e.de, Fax (03691) 214259,* 🏡, « Restaurant in einem Kreuzgewölbekeller a.d.J. 1640 »,
🛎 – 📶, 🔄 Zim, 📺 🔄 🚗 📶 – 🏄 50. 🖭 🐵 🆅🆂🅰
BY b
Menu à la carte 38/62 – **43 Z** 🛏 135/159 – 190/200.

Villa Anna Ⓜ 🏡 garni, Fritz-Koch-Str. 12, ✉ 99817, 𝒫 (03691) 2 39 50, *Villa.Anna
@t-online.de, Fax (03691) 239530,* « Gründerzeitvilla mit modern-eleganter Einrichtung »
– 📺 📞 🚗. 🖭 🐵 🆅🆂🅰 �🅹🅲🅱
BZ r
15 Z 🛏 115/120 – 140/160.

Sophienhotel Ⓜ, Sophienstr. 41, ✉ 99817, 𝒫 (03691) 25 10, *sophienhotel@t-onli
ne.de, Fax (03691) 25111,* 🛎 – 📶, 🔄 Zim, 📺 📞 🚗 📶 – 🏄 50. 🖭 ⓪ 🐵 🆅🆂🅰 �🅹🅲🅱
🔄 Rest
BY f
Menu *(nur Abendessen)* à la carte 31/52 – **56 Z** 🛏 115/135 – 170/
195.

Burgfried Ⓜ garni, Marienstr. 60, ✉ 99817, 𝒫 (03691) 21 42 21, *Fax (03691) 214224*
– 🔄 📺 📶 🖭 ⓪ 🐵 🆅🆂🅰
BZ s
20 Z 🛏 100/120 – 130/170.

Logotel Ⓜ, Karl-Marx-Str. 30, ✉ 99817, 𝒫 (03691) 23 50, *INFO@LOGOTEL.DE,*
Fax (03691) 235100 – 📶, 🔄 Zim, 📺 📞 🚗 📶 – 🏄 80. 🖭 🐵
🆅🆂🅰
BY h
Menu à la carte 28/52 – **50 Z** 🛏 95/110 – 120/140.

Haus Hainstein 🏡, Am Hainstein 16, ✉ 99817, 𝒫 (03691) 24 20, *haushainstein@t
-online.de, Fax (03691) 242109,* 🏡 – 📶 📺 📞 🚗 📶 – 🏄 80. 🖭 ⓪
🐵 🆅🆂🅰
BZ w
Menu à la carte 28/46 – **67 Z** 🛏 80/100 – 115/150.

Glockenhof, Grimmelgasse 4, ✉ 99817, 𝒫 (03691) 23 40, *info@glockenhof.de,*
Fax (03691) 234131 – 📶, 🔄 Zim, 📺 📞 🚗 – 🏄 80. 🖭 🐵 🆅🆂🅰
🔄 Zim
BZ v
Menu à la carte 30/53 🍴 – **40 Z** 🛏 125/145 – 140/170.

Eisenach, Clemensstr. 31, ✉ 99817, 𝒫 (03691) 25 50, *Fax (03691) 255300* – 📶,
🔄 Zim, 📺 📞 🚗 📶 – 🏄 55. 🖭 🐵 🆅🆂🅰
CY m
Menu *(nur Abendessen)* à la carte 30/59 – **48 Z** 🛏 118/138 – 148/
168.

Berghotel 🏡, An der Göpelskuppe 1, ✉ 99817, 𝒫 (03691) 2 26 60, *berghotel@la
ndidyll.de, Fax (03691) 226644,* ≤, 🏡, 🛎 – 📶 📺 📞 📶 – 🏄 35. 🖭 ⓪
🐵 🆅🆂🅰
CZ c
Menu à la carte 28/55 – **16 Z** 🛏 100/130 – 160/210.

Am Bachhaus, Marienstr. 7, ✉ 99817, 𝒫 (03691) 2 04 70, *Fax (03691) 2047133* – 📶
🚗 📺 📞 📶 – 🏄 40. 🐵 🆅🆂🅰
BZ u
Menu à la carte 24/41 – **30 Z** 🛏 80/90 – 120/130.

Hellgrafenhof *(mit Gästehaus* 🏡), Katharinenstr. 13, ✉ 99817, 𝒫 (03691) 2 93 90,
hellgrafenhof@eisenachonlein.de, Fax (03691) 293926, 🏡, 🛎 – 📺 🚗 📶 – 🏄 60. 🖭
⓪ 🐵 🆅🆂🅰
ABY t
Menu à la carte 28/56 – **40 Z** 🛏 90/108 – 100/144.

Klostergarten 🏡 garni, Am Klosterholz 23, ✉ 99817, 𝒫 (03691) 78 51 66, *Pensio
n-Klostergarten@t-online.de, Fax (03691) 785148,* 🌳 – 📺 📶. 🖭 🐵
🆅🆂🅰
AY x
19 Z 🛏 75/85 – 110/120.

Auf der Wartburg *Süd-Ost : 4 km – Höhe 416 m*

Auf der Wartburg 🏡, *(Zufahrt zur An- und Abreise für Hausgäste erlaubt),*
✉ 99817 Eisenach, 𝒫 (03691) 79 70, *info@wartburghotel.de, Fax (03691) 797100,* ≤
Eisenach und Thüringer Wald, 🏡 – 🔄 Zim, 📺 📶 – 🏄 100. 🖭 ⓪ 🐵 🆅🆂🅰
🔄 Rest
AZ z
geschl. 7. Jan. - 10. Feb. – Menu à la carte 42/61 – **35 Z** 🛏 195/260 – 260/
380.

EISENACH

Die im Michelin-Führer verwendeten Schrifttypen und Symbole haben - fett oder dünn gedruckt, rot oder schwarz - jeweils eine andere Bedeutung. Lesen Sie daher die Erklärungen aufmerksam durch.

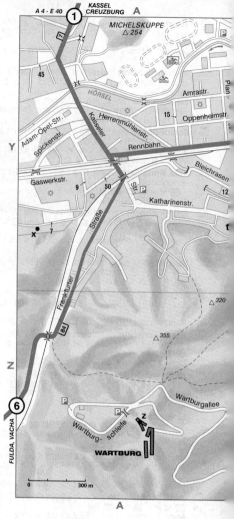

In Eisenach-Stedtfeld *Nord-West : 4 km über Stedtfelder Straße* AY :

🏨 **Courtyard by Marriott** Ⓜ ⌖, Weinbergstr. 5, ☒ 99817, ℰ (03691) 81 50, Fax (03691) 815100, 佘, ⚏ – 🛗, ⚗ Zim, 📺 ℰ & 🅿 – 🔬 130. 🆎 ⓞ ⓜⓞ
VISA **JCB**
Menu à la carte 32/62 – ☲ 20 – **138 Z** 135.

In Creuzburg *Nord-West : 11 km über* ①:

🏠 **Altes Brauhaus** garni, Plan 2, ☒ 99831, ℰ (036926) 95 50, Fax (036926) 95555 – 📺
🅿 ⓜⓞ **VISA** ⌖
17 Z ☲ 78/115.

🍴 **Auf der Creuzburg** ⌖ mit Zim, ☒ 99831, ℰ (036926) 9 84 78, Fax (036926) 98479, ≤, 佘, « Burganlage a.d.12. Jh. » – 📺 🅿 🆎 ⓞ ⓜⓞ **VISA**
geschl. Anfang Jan. - Mitte Feb. – **Menu** à la carte 27/45 – **6 Z** ☲ 96/120 – 130/160.

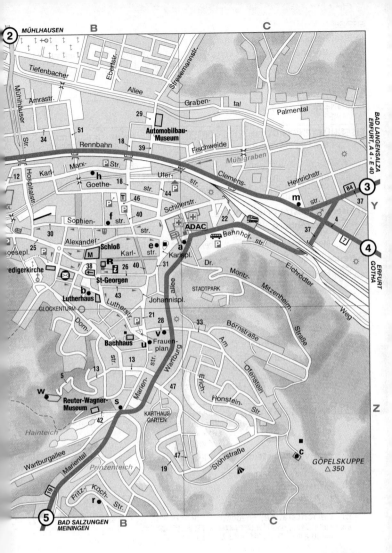

EISENBERG Bayern **419 420** X 15 – 1 100 Ew – Höhe 870 m – *Erholungsort.*

☑ *Verkehrsamt, Pröbstener Str. 9, ⊠ 87637, ℰ (08364) 12 37, Fax (08364) 986668.*
Berlin 664 – München 125 – Kempten (Allgäu) 35 – Füsssen 12.

🏠 Landgasthof Gockelwirt (mit Gästehaus ⤷), Pröbstener Str. 23, ⊠ 87637,
ℰ (08364) 8 30, Fax (08364) 8320, 🍽, ⤷s, 🗔, 🐎, ✘ – 📺 ⇦ 🅿. 🕭🕭
VISA
geschl. 2. Nov. - 18. Dez. – **Menu** *(geschl. Donnerstag)* à la carte 26/66 – **23 Z** ⭢ 78/120
– 128/196 – ½ P 29.

In Eisenberg-Unterreuten *Süd-Ost : 5 km :*

🏠 Magnushof ⤷, Unterreuten 51, ⊠ 87637, ℰ (08363) 9 11 20, Fax (08363) 911250,
🍽 – 📺 ✆ 🅿. 🕭🕭 **VISA**
Menu *(geschl. Nov. 3 Wochen, Montag)* à la carte 27/56 – **9 Z** ⭢ 85/150.

In Eisenberg-Zell *Süd-West : 2 km :*

🏨 **Burghotel Bären** 🦮, Dorfstr. 4, ✉ 87637, 𝒫 (08363) 50 11, *Burghotel.Baeren@t*
🚗 *-online.de, Fax (08363) 73119,* 😋, *ƒ⬚,* ⊜s, 🚗 – 🛗 📺 🚗 🅿
geschl. Mitte Nov. - 24. Dez. – **Menu** *(geschl. Okt. - Juli Dienstag)* à la carte 29/61 – **34 Z**
⊐ 68/73 – 120/154 – ½ P 25.

EISENHEIM *Bayern siehe Volkach.*

EISENHÜTTENSTADT *Brandenburg* 🄰🄸🄶 🄰🄸🄼 *J 27 – 48 000 Ew – Höhe 30 m.*
🯄 *Fremdenverkehrsbüro, Lindenallee 2a,* ✉ 15890, 𝒫 (03364) 41 36 90, *Fax (03364)*
413687.
Berlin 123 – Potsdam 141 – Frankfurt (Oder) 24 – Cottbus 64.

🏨 **Berlin** garni, Beeskower Str. 114, ✉ 15890, 𝒫 (03364) 42 60, *Fax (03364) 414750,* ⊜s
– 🛗 ⊱ 📺 🅿 🄰🄴 ⓞ 🄼🄾 *VISA* 🄹🄲🄱
104 Z ⊐ 109/121 – 119/143, 4 Suiten.

In Eisenhüttenstadt-Fürstenberg :

🏨 **Fürstenberg,** Gubener Str. 12, ✉ 15890, 𝒫 (03364) 7 54 40, *Fax (03364) 750132,*
😋, ⊜s – 🛗 🟰 Rest, 📺 🚗 🅿 – 🏛 25. 🄰🄴 ⓞ 🄼🄾 *VISA*
Menu *(geschl. Ende Dez. 1 Woche)* à la carte 30/57 – **34 Z** ⊐ 115/120 – 135/148.

In Neuzelle *Süd : 6 km :*

🏨 **Prinz Albrecht,** Frankfurter Str. 34, ✉ 15898, 𝒫 (033652) 8 13 22, *hotel-prinz-alb*
recht@t-online.de, Fax (033652) 81325, 😋 – ⊱ Zim, 📺 📞 🅿 🄼🄾 *VISA*
Menu à la carte 34/59 – **17 Z** ⊐ 109/139.

EISENSCHMITT *Rheinland-Pfalz* 🄰🄸🄸 *P 4 – 600 Ew – Höhe 328 m – Erholungsort.*
Berlin 691 – Mainz 146 – Trier 50 – Kyllburg 13 – Wittlich 17.

In Eisenschmitt-Eichelhütte :

🏨 **Molitors Mühle** 🦮, ✉ 54533, 𝒫 (06567) 96 60, *HOTEL-MOLITORS-MUEHLE@t-onli*
ne.de, Fax (06567) 966100, ≼, « *Gartenterrasse* », ⊜s, 🖼, 🚗, ⚒ – 🛗 📺 🚗 🅿 –
🏛 30. 🄼🄾 *VISA,* ⚒ Rest
geschl. 6. Jan. - 5. Feb. – **Menu** à la carte 37/62 – **30 Z** ⊐ 81/130 – 144/240 – ½ P 33.

EISLEBEN (LUTHERSTADT) *Sachsen-Anhalt* 🄰🄸🄶 🄰🄸🄼 *L 18 – 24 000 Ew – Höhe 128 m.*
🯄 *Fremdenverkehrsverein, Bahnhofstr. 36,* ✉ 06295, 𝒫 (03475) 60 21 24, *Fax (03475)*
602634.
Berlin 179 – Magdeburg 85 – Erfurt 94 – Leipzig 66 – Nordhausen 59 – Halle 32.

🏨 **Graf von Mansfeld,** Markt 56, ✉ 06295, 𝒫 (03475) 25 07 22, *Fax (03475) 250723,*
😋, « *Ehem. Stadtschloß a.d. 15.Jh.* », ⊜s – 🛗, ⊱ Zim, 📺 📞 🅿 – 🏛 50
Menu à la carte 26/48 – **52 Z** ⊐ 95/125 – 155/185.

🏨 **Mansfelder Hof,** Hallesche Str. 33 (B 180), ✉ 06295, 𝒫 (03475) 66 90, *Hotel@ma*
nsfelderhof.de, Fax (03475) 669221, 😋 – 🛗, ⊱ Zim, 📺 🦼 🅿 – 🏛 120. 🄰🄴 ⓞ 🄼🄾 *VISA*
Menu à la carte 32/46 – **32 Z** ⊐ 95/145.

🏨 **Gerichtslaube,** Friedenstr. 2 (B 80/180), ✉ 06295, 𝒫 (03475) 60 22 34,
🚗 *Fax (03475) 680013,* Biergarten – 📺 🅿 🄰🄴 🄼🄾 *VISA*
Menu à la carte 24/43 – **15 Z** ⊐ 85/90 – 145.

EISLINGEN AN DER FILS *Baden-Württemberg* 🄰🄸🄹 *T 13 – 18 300 Ew – Höhe 336 m.*
Berlin 602 – Stuttgart 46 – Göppingen 5 – Heidenheim an der Brenz 38 – Ulm (Donau) 45.

🏨 **Eichenhof,** Leonhardstr. 81 (Nähe Sporthallen), ✉ 73054, 𝒫 (07161) 85 20,
MAIL@EICHENHOD-EISLINGEN.DE, Fax (07161) 852162, 😋, *ƒ⬚* – 🛗, ⊱ Zim, 📺 🦼 🚗
🅿 – 🏛 150. 🄰🄴 ⓞ 🄼🄾 *VISA* 🄹🄲🄱 ⚒ Zim
Menu *(geschl. 24. Dez. - 6. Jan, Freitagabend - Sonntag)* 35 (Buffet) und à la carte 27/39
– **123 Z** ⊐ 95/139 – 160/190.

🍴🍴 **Schönblick** 🦮 mit Zim, Höhenweg 11, ✉ 73054, 𝒫 (07161) 98 44 30, *Restaurant.*
Schoenblick@t-online.de, Fax (07161) 9844318, « *Terrasse mit* ≼ » – 🅿 🄼🄾 *VISA*
geschl. 25. Feb. - 6. März, 30. Mai - 8. Juni, 1. - 11. Nov. – **Menu** *(geschl. Montag - Dienstag)*
à la carte 39/70 – ⊐ 20 – **3 Z** 85/125.

ELEND *Sachsen-Anhalt siehe Schierke.*

ELFERSHAUSEN Bayern 🅰🅸🅷 🅰🅸🅷 🅰🅸🅷 P 13 – 1500 Ew – Höhe 199 m.
Berlin 484 – München 318 – Würzburg 54 – Fulda 69 – Bad Kissingen 12.

🏠 **Ullrich**, August-Ullrich-Str. 42, ⊠ 97725, ℰ (09704) 9 13 00, info@hotel-ullrich.de,
Fax (09704) 9130300, 🦐, « Garten », ⊜, 🔟, 🌳 – 🛏, 🌤 Zim, 🆃🆅 📞 🚗 🅿 – 🔼 80.
🆎 ① ⓌⓈ 🆅🅸🆂🅰
Menu à la carte 35/63 – **63 Z** ☲ 100/120 – 170.

ELIXHAUSEN Österreich siehe Salzburg.

ELLENZ-POLTERSDORF Rheinland-Pfalz 🅰🅸🅷 P 5 – 900 Ew – Höhe 85 m.
Berlin 654 – Mainz 130 – Koblenz 61 – Trier 101 – Bernkastel-Kues 69 – Cochem 11.

🏠 **Fuhrmann**, Moselweinstr. 21 (Ellenz), ⊠ 56821, ℰ (02673) 93 10, Fax (02673) 931464,
⊜ ≼, 🦐, ⊜ – 🆎 ⓌⓈ 🆅🅸🆂🅰
geschl. Dez. – Feb. – **Menu** à la carte 23/50 🍴 – **39 Z** ☲ 65/110 – 100/150.

ELLERBEK Schleswig-Holstein 🅰🅸🅴 E 13 – 4300 Ew – Höhe 12 m.
Berlin 310 – Kiel 84 – Hamburg 20 – Lübeck 89 – Stade 74.

🍽🍽 **Stock's Fischrestaurant**, Hauptstr. 1, ⊠ 25474, ℰ (04101) 3 77 70, info@stock
🌼 s.de, Fax (04101) 377729, 🦐 – 🅿 🆎 ⓌⓈ 🆅🅸🆂🅰
Menu (geschl. Montag)(wochentags nur Abendessen) (Tischbestellung erforderlich)
à la carte 57/89 – **Bistro** (geschl. Samstag - Sonntag)(nur Mittagessen) **Menu** à la carte
39/56
Spez. Variation von Fischvorspeisen. Hummer mit Nudeln und Basilikum. Bouillabaisse von
Nordseefischen.

ELLWANGEN Baden-Württemberg 🅰🅸🄾 🅰🅸🅾 T 14 – 24500 Ew – Höhe 439 m – Erholungsort.
🅱 Tourist-Information, Rathaus, Spitalstr. 4, ⊠ 73479, ℰ (07961) 8 43 03, Fax (07961)
55267.
Berlin 547 – Stuttgart 97 – Augsburg 127 – Aalen 19 – Nürnberg 114 – Ulm (Donau) 82
– Würzburg 135.

🏠🏠 **Brauerei-Gasthof Roter Ochsen**, Schmiedstr. 16, ⊠ 73479, ℰ (07961) 40 71,
Fax (07961) 53613 – 🛏, 🌤 Zim, 🆃🆅 📞 🚗 🅿 – 🔼 20. 🆎 ⓌⓈ 🆅🅸🆂🅰 🌤 Zim
Menu (geschl. Aug. 3 Wochen, Sonntagabend - Montag) à la carte 34/72 – **35 Z** ☲ 65/120
– 99/185 – ½ P 30.

🏠 **Königin Olga** garni, Karlstr. 2, ⊠ 73479, ℰ (07961) 9 80 80, office@Koenigin-olga.de,
Fax (07961) 980850, ⊜ – 🛏 🌤 🆃🆅 🅿 🆎 ⓌⓈ 🆅🅸🆂🅰 – **30 Z** ☲ 120/170.

🏠 **Stadthotel Germania** garni, Wolfgangstr. 4, ⊠ 73479, ℰ (07961) 9 88 00,
Fax (07961) 988049 – 🛏 🌤 🆃🆅 🅿 🆎 ① ⓌⓈ 🆅🅸🆂🅰
28 Z ☲ 92/105 – 140.

In Ellwangen-Espachweiler Süd-West : 4 km :

🏠 **Seegasthof** 🐾, Bussardweg 1, ⊠ 73479, ℰ (07961) 77 60, Fax (07961) 53846, 🦐
– 🅿 🆎 ⓌⓈ 🆅🅸🆂🅰
geschl. Jan. 3 Wochen – **Menu** (geschl. Freitag) à la carte 31/61 – **10 Z** ☲ 55/65 – 100/120.

In Ellwangen-Neunheim Ost : 2,5 km :

🏠 **Hirsch**, Maierstr. 2, ⊠ 73479, ℰ (07961) 9 19 80, Landgasthof.Hirsch@t-online.de,
Fax (07961) 919870, 🦐 – 🆃🆅 🅿 ⓌⓈ 🆅🅸🆂🅰
Menu (geschl. Juli 2 Wochen, jeder 3. Sonntag im Monat, Mittwoch) à la carte 25/50 – **9 Z**
☲ 59/72 – 95/105.

ELMSHORN Schleswig-Holstein 🅰🅸🅴 🅰🅸🅵 E 12 – 47000 Ew – Höhe 5 m.
🏌 Lutzhorn, Bramstedter Landstraße (Nord-Ost : 12 km), ℰ (04123) 74 08.
🅱 Verkehrs- und Bürgerverein, Torhaus, Probstendamm, ⊠ 25336, ℰ (04121) 26 88 32,
Fax (04121) 25627.
Berlin 323 – Kiel 90 – Hamburg 41 – Cuxhaven 77 – Itzehoe 25.

🏠🏠 **Sportlife-Hotel** Ⓜ, Hamburger Str. 205, ⊠ 25337, ℰ (04121) 40 70, SLelmshorn
@cityweb.de, Fax (04121) 407515, 🦐, 🏋, ⊜, 🏊(Halle) – 🛏, 🌤 Zim, 🆃🆅 📞 🅿 – 🔼 200.
🆎 ① ⓌⓈ 🆅🅸🆂🅰
Menu à la carte 27/53 – ☲ 19 – **75 Z** 119/189 – 158/228.

🏠 **Royal**, Lönsweg 5, ⊠ 25335, ℰ (04121) 4 26 40, Fax (04121) 426494, 🦐, ⊜, 🔟 –
🆃🆅 📞 🚗 🅿 – 🔼 300. 🆎 ① ⓌⓈ 🆅🅸🆂🅰
Menu à la carte 44/76 – ☲ 15 – **63 Z** 70/100 – 125/140.

🏠 **Drei Kronen**, Gärtnerstr. 92, ⊠ 25335, ℰ (04121) 4 21 90, Fax (04121) 421950,
« Gartenterrasse » – 🆃🆅 🚗 🅿 🆎 ① ⓌⓈ 🆅🅸🆂🅰
Menu à la carte 28/58 – **31 Z** ☲ 87/97 – 125/140.

ELSBETHEN Österreich siehe Salzburg.

ELSTER, BAD Sachsen 418 420 P 20 – 4600 Ew – Höhe 480 m.
    🛈 Bad Elster-Information, Badeplatzkollonaden, ✉ 08645, 𝒞 (037437) 7 14 61, Fax (037437) 71260.
    Berlin 331 – Dresden 176 – Hof 50 – Plauen 27.

🏨 **Parkhotel Helene** 🅼 ⩹, Parkstr. 33, ✉ 08645, 𝒞 (037437) 5 00, parkhotel.helen e@t-online.de, Fax (037437) 5099, 🍴, 🚬s – |🛗|, ⅟✕ Zim, 📺 🆓 ⅋ 🚗 ℗ – 🔏 30. 🆎 ⑩ 🆔 VISA
    Menu à la carte 27/55 – **25 Z** ⊂ 70/105 – 110/180.

🏠 **Quellenpark** ⩹ garni, Ascher Str. 20, ✉ 08645, 𝒞 (037437) 56 00, info@quellenp ark.de, Fax (037437) 56056, ✍ ⅟✕ 📺 ℗. 🆔 VISA
    geschl. Nov. – **21 Z** ⊂ 90/110 – 120/150.

🏠 **Goldner Anker** ⩹, Walter-Rathenau-Str. 9, ✉ 08645, 𝒞 (037437) 55 80, ⊜ Fax (037437) 55866, 🍴 – |🛗| 📺 ℗. 🆔 VISA
    Menu à la carte 23/52 – **25 Z** ⊂ 65/120 – 130/170 – ½ P 15.

In Mühlhausen Nord-Ost : 5 km :

🏨 **Vogtland,** Brambacher Str. 38 (B 92), ✉ 08626, 𝒞 (037437) 4 60 24, Fax (037437) 3484, 🍴, 🚬s – |🛗|, ⅟✕ Zim, 📺 🚗 ℗ – 🔏 30. 🆔 VISA. ✗ Rest
    geschl. 10. – 24. Jan. **Menu** à la carte 26/51 – **30 Z** ⊂ 60/80 – 90/140 – ½ P 15.

ELSTERHEIDE Sachsen siehe Hoyerswerda.

ELSTERWERDA Brandenburg 418 L 24 – 11000 Ew – Höhe 93 m.
    Berlin 163 – Potsdam 122 – Cottbus 76 – Dresden 66 – Leipzig 97.

🏠 **Weisses Roß,** Hauptstr. 30, ✉ 04910, 𝒞 (03533) 31 88, HotelWeissesRossElsterwer da@t-online.de, Fax (03533) 164110, Biergarten – ⅟✕ Zim, 📺 – 🔏 15. 🆎 ⑩ 🆔 VISA
    Menu (geschl. Montagmittag) à la carte 29/54 – **11 Z** ⊂ 85/110 – 140/160.

🏠 **Arcus,** Hauptstr. 14, ✉ 04910, 𝒞 (03533) 16 23 55, hotel.arcus@t-online.de, Fax (03533) 162354 – 📺 ℗. 🆎 ⑩ 🆔 VISA
    Arcus-Keller Menu à la carte 27/36 – **16 Z** ⊂ 90/110 – 135/150.

ELTERLEIN Sachsen 418 420 O 22 – 2300 Ew – Höhe 650 m.
    Berlin 298 – Dresden 117 – Chemnitz 38 – Chomutov 72 – Kalovy Vary 56 – Zwickau 36.

🏠 **Bergkristall,** Zwönitzer Str. 32, ✉ 09481, 𝒞 (037349) 65 00, Hotel.Bergkristall@t-o ⊜ nline.de, Fax (037349) 650134, ✍ – ⅟✕ Zim, 📺 ℗. 🆎 🆔 VISA
    Menu (Montag - Freitag nur Abendessen) à la carte 24/38 – **17 Z** ⊂ 70 – 95/98.

ELTMANN Bayern 420 Q 16 – 5000 Ew – Höhe 240 m.
    Berlin 421 – München 254 – Coburg 64 – Schweinfurt 35 – Bamberg 19.

🏠 **Haus am Wald** ⩹, Georg-Göpfert-Str. 31, ✉ 97483, 𝒞 (09522) 2 31, Fax (09522) 70620, ⩽, 🛁 (geheizt), ✍ – ⅟✕ Zim, 📺 ℗. 🆔 VISA. ✗ Rest
    geschl. Nov. – **Menu** (geschl. Sonntag) (nur Abendessen) (Restaurant nur für Hausgäste)
    – **15 Z** ⊂ 55/75 – 90/105.

🏠 **Zur Wallburg,** Wallburgstr. 1, ✉ 97483, 𝒞 (09522) 60 11, Fax (09522) 8138, 🍴, 🚬s, ⊜ ✍ – ⅟✕ Zim, 📺 🚗 ℗. ✗ Rest
    geschl. 24. Dez. - 8. Jan. – **Menu** (geschl. Sonntag) à la carte 19/38 ⅃
    – **14 Z** ⊂ 48/60 – 70/100.

In Ebelsbach Nord : 1 km :

🏠 **Brauereigasthof Klosterbräu,** Georg-Schäfer-Str. 11, ✉ 97500, 𝒞 (09522) 60 27, ⊜ Fax (09522) 8530, Biergarten – 📺 🚗 ℗ – 🔏 20. 🆔 VISA
    geschl. Ende Jan. - Anfang Feb. – **Menu** (geschl. Nov. - April Donnerstag) à la carte 23/39
    ⅃ – **17 Z** ⊂ 40/75 – 75/130.

In Ebelsbach-Steinbach Nord-West : 3,5 km :

🏠 **Landgasthof Neeb,** Dorfstr. 1 (an der B 26), ✉ 97500, 𝒞 (09522) 9 23 10, info ⊜ @Landgasthof.Neeb.de, Fax (09522) 923144, 🍴 – 📺 ℗. – 🔏 30. 🆎 ⑩ 🆔 VISA
    Menu (geschl. 24. Dez. - 4. Jan., Montag) à la carte 23/43 ⅃ – **16 Z** ⊂ 67/112.

In Oberaurach - Oberschleichach Süd-West : 7 km :

🏠 **Landhaus Oberaurach** ⩹, Steigerwaldstr. 23, ✉ 97514, 𝒞 (09529) 9 22 00, landhau s-oberaurach@t-online.de, Fax (09529) 922060, 🍴, 🚬s, 🔦, ✍ – ⅟✕ Zim, 📺 ℗ – 🔏 20
    Menu (geschl. Mitte Nov. 1 Woche, Montag) à la carte 27/55 – **17 Z** ⊂ 70/90 – 110/140.

ELTVILLE AM RHEIN Hessen **417** P 8 – 16 500 Ew – Höhe 90 m.
    Ausflugsziel : *Kloster Eberbach*★★ *(Weinkeltern*★★*) Nord-West : 9 km :.*
    🏛 *Kultur- und Gästeamt, Schmittstr. 2,* ✉ *65343,* ℰ *(06123) 9 09 80, Fax (06123) 909890.*
    Berlin 576 – Wiesbaden 14 – Bad Kreuznach 52 – Limburg an der Lahn 51 – Mainz 17.

🏠 **Frankenbach - Mainzer Hof** garni (mit Café und Weinstube Zum Wülfen), Wilhelmstr.
    13, ✉ 65343, ℰ (06123) 90 40, Fax (06123) 63602 – 📺 📞 📳 – 🏛 80. 🖭 ⓪ 🐵 𝗩𝗜𝗦𝗔
    23 Z ⊑ 120/140 – 180/200.

🏠 **Sonnenberg** ⤓ garni, Friedrichstr. 65, ✉ 65343, ℰ (06123) 30 81,
    Fax (06123) 61829 – ⬖ 📺 ⇔ 📳 🖭 🐵 𝗩𝗜𝗦𝗔
    geschl. 15. Dez. - 5. Jan. – **30 Z** ⊑ 105/120 – 160/180.

In Eltville-Erbach *West : 2 km :*

🏛 **Schloss Reinhartshausen**, Hauptstr. 43, ✉ 65346, ℰ (06123) 67 60, *info @ reinh*
    artshausen.com, Fax (06123) 676400, « Parkterrasse », ⬱, ⧄ – ⬖ 🗏 📺 📞 👤 ⬖ ⇔
    📳 – 🏛 80. 🖭 ⓪ 🐵 𝗩𝗜𝗦𝗔 𝗝𝗖𝗕
    Menu siehe Rest. *Marcobrunn* separat erwähnt – **Wintergarten :** **Menu** à la carte
    87/113 – **54 Z** ⊑ 362/450 – 371/508, 15 Suiten.

🏠 **Tillmanns** garni, Hauptstr. 2, ✉ 65346, ℰ (06123) 9 23 30, Fax (06123) 923366,
    « Ehemaliges Weingut im Stil eines französischen Landhauses ; Parkanlage » – 📺 📳 –
    🏛 15. 🖭 🐵 𝗩𝗜𝗦𝗔
    geschl. 20. Dez. - 10. Jan. – **16 Z** ⊑ 130/150 – 175/205.

✕✕✕✕ **Marcobrunn** - Hotel Schloß Reinhartshausen, Hauptstr. 43, ✉ 65346, ℰ (06123)
❀   67 64 32, Fax (06123) 676430, « Parkterrasse » – 🖭 ⓪ 🐵 𝗩𝗜𝗦𝗔
    geschl. 3. - 31. Jan., Juli - Aug. 2 Wochen, Montag - Dienstagmittag – **Menu** 89
    (mittags)/195 à la carte 95/163
    Spez. Gänsestopfleber mit Marillen-Tarte-Tatin (Juni - Sept.). Wolfsbarsch mit Bohnenra-
    goût und Chorizo. Waller mit Kalbskopf und Liebstöckel.

✕✕ **Pan zu Erbach**, Eberbacher Str. 44, ✉ 65346, ℰ (06123) 6 35 38, *Pan-zu-erbach@ t*
    -online.de, Fax (06123) 4209, ☼ – 🖭 ⓪ 🐵 𝗩𝗜𝗦𝗔
    geschl. Mittwoch – **Menu** *(wochentags nur Abendessen)* (Tischbestellung ratsam) à la carte
    58/96.

In Eltville - Hattenheim *West : 4 km :*

🏛 **Kronenschlösschen**, Rheinallee, ✉ 65347, ℰ (06723) 6 40, *info @ kronenschloessc*
    hen.de, Fax (06723) 7663, « Gartenterrasse » – ⇆ Zim, 📺 📞 📳 – 🏛 60. 🖭 ⓪ 🐵 𝗩𝗜𝗦𝗔
    Menu *(geschl. Feb.) (wochentags nur Abendessen)* à la carte 79/120 – **Bistro :** Menu à
    la carte 55/86 – ⊑ 24 – **18 Z** 240/280 – 260/320, 4 Suiten.

🏠 **Zum Krug**, Hauptstr. 34, ✉ 65347, ℰ (06723) 9 96 80, *weinkrug.hattenheim@ t-onl*
    ine.de, Fax (06723) 996825, (Fachwerkhaus a.d.j. 1720), « Gemütlich - rustikale
    Gasträume » – 📺 📳 🖭 ⓪ 🐵 𝗩𝗜𝗦𝗔 𝗝𝗖𝗕
    geschl. 15. - 30. Juli, 20. Dez. - 20. Jan. – **Menu** *(geschl. Sonntagabend - Montag)* (bemer-
    kenswertes Angebot Rheingauer Weine) à la carte 50/82 ⅛ – **10 Z** ⊑ 120/200.

✕ **Die Adler Wirtschaft**, Hauptstr. 31, ✉ 65347, ℰ (06723) 79 82, Fax (06723) 87867
    geschl. Feb. 2 Wochen, Juli 2 Wochen, Dienstag - Mittwoch – **Menu** *(wochentags nur Abend-*
    essen) (Tischbestellung ratsam) à la carte 67/80.

In Eltville-Kloster Eberbach *Nord-West : 6 km :*

🏠 Gästehaus Kloster Eberbach, ✉ 65346, ℰ (06723) 99 30, *KlosterEberbach@ t-onlin*
    e.de, Fax (06723) 993100, ☼ – ⇆ Zim, 📺 ⬖ 📳 – 🏛 30 – **30 Z**.

ELZACH Baden-Württemberg **419** V 8 – 6 400 Ew – Höhe 361 m – Luftkurort.
    🏛 *Touristinformation, Schulstr. 8, in Elzach-Oberprechtal,* ✉ 79215, ℰ (07682) 12 85, Fax
    (07682) 6296.
    Berlin 764 – Stuttgart 189 – Freiburg im Breisgau 39 – Offenburg 43.

In Elzach-Oberprechtal *Nord-Ost : 7,5 km – Höhe 459 m*

🏠 **Adler**, Waldkircher Str. 2, ✉ 79215, ℰ (07682) 12 91, Fax (07682) 8084912 – ⇆ Zim,
⬅   📺 📳 🐵 𝗩𝗜𝗦𝗔 ⬱
    geschl. 22. Jan. - 13. Feb., Ende Juni 1 Woche – **Menu** *(geschl. Dienstag)* à la carte 44/75
    – **12 Z** ⊑ 60/95 – 120/160 – ½ P 30.

ELZE Niedersachsen **416 417 418** J 13 – 10 000 Ew – Höhe 76 m.
    Berlin 294 – Hannover 30 – Göttingen 82 – Hameln 31 – Hildesheim 17.

🏠 **Papenhof** ⤓, Papendahlweg 14, ✉ 31008, ℰ (05068) 40 45, Fax (05068) 2260, ⬱
    – 📺 📳 🐵 𝗩𝗜𝗦𝗔
    Menu *(geschl. 22. Dez. - 1. Jan.) (nur Abendessen)* (Restaurant nur für Hausgäste) – **18 Z**
    ⊑ 80/140 – 140/180.

In Elze-Mehle *Süd-West : 3 km :*

XXX **Schökel** mit Zim, Alte Poststr. 35 (B 1), ⊠ 31008, 𝄞 (05068) 30 66, Fax (05068) 3069, 🏠 – 📺 🅿 – 🕍 30. ⚿ ⓞ 🆖 𝗩𝗜𝗦𝗔
geschl. 1. - 10. Jan. – **Menu** *(geschl. Montag - Dienstag) (wochentags nur Abendessen)*
à la carte 63/93 – **10 Z** ⊇ 110/150 – 180/220.

ELZTAL *Baden-Württemberg siehe Mosbach.*

EMBSEN *Niedersachsen siehe Lüneburg.*

EMDEN *Niedersachsen* 𝟜𝟙𝟝 *F 5 – 52 000 Ew – Höhe 4 m.*
Sehenswert : *Ostfriesisches Landesmuseum★ (Rüstkammer★★)* Z **M1** –
Kunsthalle★ (Stiftung Henri Nannen) Y **M2.**

⛴ *nach Borkum (Autofähre, Voranmeldung erforderlich)* 𝄞 *(04921) 89 07 22,*
Fax (04921) 890746 – 🛈 *Verkehrsverein, Info-Pavillon am Stadtgarten,* ⊠ *26703,*
𝄞 *(04921) 9 74 00, Fax (04921) 97409.*
Berlin 517② – Hannover 251② – Groningen 98② – Oldenburg 80② – Wilhelmshaven 77①

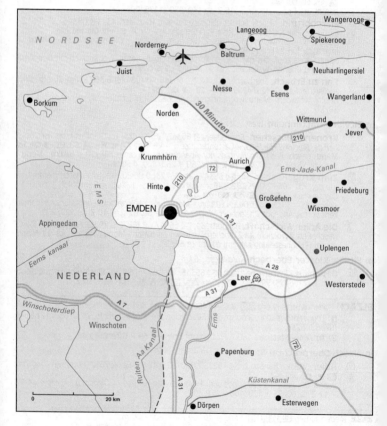

🏠 **Parkhotel Upstalsboom,** Friedrich-Ebert-Str. 73, ⊠ 26725, 𝄞 (04921) 82 80, *park
hotel@ upstalsboom.de, Fax (04921) 828599,* 🏠, ☎ – ⌷, ⇔ Zim, 📺 ⇔ 🅿 – 🕍 30.
⚿ ⓞ 🆖 𝗩𝗜𝗦𝗔 𝗝𝗖𝗕, ⊗ Rest
Z u
Menu *(geschl. Samstagmittag)* à la carte 39/61 – **95 Z** ⊇ 170/230 – 250.

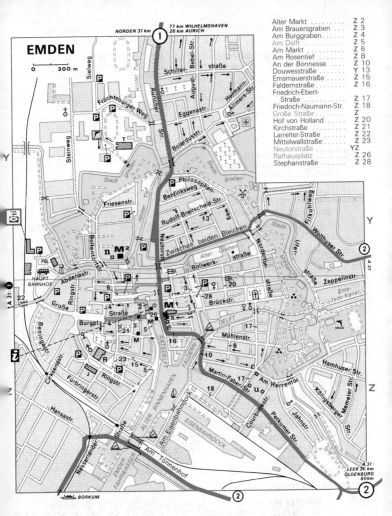

EMDEN

0 — 200 m

NORDEN 31 km ①

77 km WILHELMSHAVEN
26 km AURICH

Faldernpoort (mit Gästehaus), Courbièrestr. 6, ✉ 26725, ✆ (04921) 9 75 20, *Falde rnport@nordkurs.de*, Fax (04921) 28761 – ⇔ Zim, �📺 🅿 – 🔬 120. 🆎 ⓪ 🐵 🎴. 🛠
Menu *(geschl. Sonntag) (nur Abendessen)* à la carte 31/63 – **41 Z** ⊇ 140/200.   Z u

Heerens Hotel, Friedrich-Ebert-Str. 67, ✉ 26725, ✆ (04921) 2 37 40, *heerenshote l@nordkurs.de*, Fax (04921) 23158 – 📺 🎴 ⇔ 🅿 🆎 ⓪ 🐵 🎴. 🛠   Z c
Menu *(geschl. Juli - Aug. 4 Wochen, Samstag) (wochentags nur Abendessen)* à la carte 36/65 – **21 Z** ⊇ 99/150 – 170/200.

Am Boltentor garni, Hinter dem Rahmen 10, ✉ 26721, ✆ (04921) 9 72 70, Fax (04921) 972733 – 📺 🅿 🐵. 🛠   Y n
19 Z ⊇ 120/165.

Goldener Adler, Neutorstr. 5, ✉ 26721, ✆ (04921) 9 27 30, *goldener-adler@nord kurs.de*, Fax (04921) 927339 – 📺. 🆎 ⓪ 🐵 🎴   Z e
Menu à la carte 35/76 – **17 Z** ⊇ 120/160.

Les **cartes Michelin** sont constamment tenues à jour.

EMMELSHAUSEN Rheinland-Pfalz **417** P 6 – 5 000 Ew – Höhe 490 m – Luftkurort.
Berlin 621 – Mainz 76 – Koblenz 30 – Bad Kreuznach 57 – Trier 112.

🏨 **Union-Hotel Klinker**, Rhein-Mosel-Str. 71, ⊠ 56281, 𝒫 (06747) 15 67,
Fax (06747) 1012, 🌮 – 📶 📺 🖭 🖻 – 🔏 30. 🐵 🎫 🛠 Rest
geschl. Mitte Juli - Anfang Aug. – **Menu** (geschl. Mittwoch) à la carte 25/55 – **30 Z**
🚅 75/85 – 125/135 – ½ P 18.

🏨 **Münster** 🌭, Waldstr. 3a, ⊠ 56281, 𝒫 (06747) 9 39 40, Hotel-muenster@t-online.de,
Fax (06747) 939413, 🗐, 🖭 – 📺 🖔 🖭 🖻 🐵 🎫
Menu (nur Abendessen) (Restaurant nur für Hausgäste) – **18 Z** 🚅 65/80 – 110/120 –
½ P 20.

In Halsenbach-Ehr Nord : 3,5 km :

🏨 **Zur Katz**, Auf der Katz 6 (B 327), ⊠ 56283, 𝒫 (06747) 66 26, Fax (06747) 6625, 🌮,
🗐s, 🖭, 🖾 – 🗰 – 🎐 Zim, 📺 🖭 🖻 – 🔏 80. 🐵 🎫
Menu (geschl. Montag) à la carte 25/61 🌡 – **15 Z** 🚅 65/120 – ½ P 18.

EMMENDINGEN Baden-Württemberg **419** V 7 – 25 000 Ew – Höhe 201 m.
Sehenswert : Ruinen der Hochburg★.

🛈 Tourist-Information, Bahnhofstr. 5, ⊠ 79312, 𝒫 (07641) 1 94 33, Fax (07641) 935235.
Berlin 794 – Stuttgart 193 – Freiburg im Breisgau 23 – Offenburg 51.

🏨 **Markgraf** 🅼 garni, Markgrafenstr. 53, ⊠ 79312, 𝒫 (07641) 93 06 80,
Fax (07641) 9306868 – 📶 📺 🖔 🖕 🖭 – 🔏 15. 🐵 🎫
16 Z 🚅 95/105 – 135/145.

In Emmendingen-Maleck Nord-Ost : 4 km :

🏩 **Park-Hotel Krone** 🌭, Brandelweg 1, ⊠ 79312, 𝒫 (07641) 9 30 96 90, info@KRONE.
MALEK.de, Fax (07641) 52576, « Hübsche Gartenanlage mit Flamingos », 🌮 – 📶 📺 🖔
🖭 – 🔏 20. 🕮 🝏 🐵 🎫
geschl. über Fastnacht 2 Wochen – **Menu** (geschl. Montag) (Tischbestellung ratsam) 38/95
und à la carte 52/95 – **27 Z** 🚅 90/100 – 140/160.

In Emmendingen-Windenreute Ost : 3,5 km :

🏩 **Windenreuter Hof** 🌭, Rathausweg 19, ⊠ 79312, 𝒫 (07641) 93 08 30, WINDEN-
REUTERHOF@gmx.de, Fax (07641) 93083444, ≤, 🌮, 🗐s, 🖭 – 🎐 Zim, 📺 🖔 🖕 🖭
🖻 – 🔏 95. 🕮 🝏 🐵 🎫
Menu à la carte 48/97 – **64 Z** 🚅 95/160 – 180/220, 3 Suiten – ½ P 40.

EMMERICH Nordrhein-Westfalen **417** K 2 – 31 000 Ew – Höhe 19 m.
🏌 Borghees, Albersweg 30, 𝒫 (02822) 9 27 10.
🛈 infoCenterEmmerich, Rheinpromenade 26, ⊠ 46446, 𝒫 (02822) 9 41 40, Fax (02822)
75417.
Berlin 597 – Düsseldorf 103 – Arnhem 33 – Nijmegen 34 – Wesel 40.

In Emmerich-Elten Nord-West : 7 km – Erholungsort :

🏩 **Waldhotel Hoch-Elten** 🌭, Lindenallee 34, ⊠ 46446, 𝒫 (02828) 70 41,
Fax (02828) 7122, ≤ Niederrheinische Tiefebene, 🌮, 🕭, 🗐s, 🖾, 🌮, 🎾 – 📶 📺 🖻
– 🔏 25. 🕮 🝏 🐵 🎫 🛠 Rest
Menu à la carte 55/93 – **Bistro : Menu** à la carte 42/59 – **34 Z** 🚅 120/170 – 190/
240.

🏨 **Auf der Heide** 🌭, Luitgardisstr. 8, ⊠ 46446, 𝒫 (02828) 9 14 20, HotelHeide@aol.
com, Fax (02828) 7336, 🌮, 🗐s – 🎐 Zim, 📺 🖭 – 🔏 20. 🐵 🎫 🎴
Menu (geschl. Montag) (wochentags nur Abendessen) à la carte 38/62 – **25 Z** 🚅 99/125
– 140/160 – ½ P 30.

EMS, BAD Rheinland-Pfalz **417** O 7 – 10 000 Ew – Höhe 85 m – Heilbad.
🏌 Denzerheide (Nord : 5 km), 𝒫 (02603) 65 41.
🛈 Tourist Information, Römerstr. 1, ⊠ 56130, 𝒫 (02603) 9 41 50, Fax (02603) 4488.
Berlin 590 – Mainz 66 – Koblenz 19 – Limburg an der Lahn 40 – Wiesbaden 61.

🏩 **Häcker's Kurhotel**, Römerstr. 1, ⊠ 56130, 𝒫 (02603) 79 90, BW-Kurhotel@t-onlin
e.de, Fax (02603) 799252, 🌮, 🗐s, 🖾 (Thermal) – 📶, 🎐 Zim, 📺 🖕 – 🔏 60. 🕮 🝏
🐵 🎫
Menu à la carte 42/63 – **107 Z** 🚅 145/160 – 260/290, 4 Suiten.

XX **Schweizerhaus** ⌘ mit Zim, Malbergstr. 21, ✉ 56130, ℰ (02603) 7 07 83, Fax (02603) 70784, ⌘ – 📺 🅿. 🆎 ⓞ ⓦ 𝖵𝖨𝖲𝖠
geschl. 25. Okt. - 11. Nov. – **Menu** *(geschl. Donnerstag)* à la carte 48/74 – **11 Z** ⌷ 72/90 – 140/160 – ½ P 32.

Außerhalb *Süd : 3 km über Braubacher Str. :*

🏨 **Berghotel Café Wintersberg** ⌘ garni, ✉ 56130 Bad Ems, ℰ (02603) 42 82, Fax (02603) 4282, ⩽ Bad Ems und Umgebung, ⌘ – 🅿.
geschl. 15. Dez. - 15. Jan. – **14 Z** ⌷ 74/89 – 150.

In Kemmenau *Nord-Ost : 5 km – Erholungsort :*

XX **Kupferpfanne-Maurer-Schmidt** (mit Gästehaus, ⌘), Hauptstr. 17, ✉ 56132, ℰ (02603) 9 61 30, maurer-schmidt@t-online.de, Fax (02603) 14198, ⌘, ⌘ – 📺 ⊂⊃
🅿. – 🅐 35. 🆎 ⓞ ⓦ 𝖵𝖨𝖲𝖠 ✳
geschl. nach Karneval 2 Wochen – **Menu** *(geschl. Dienstag)* à la carte 52/91 – **12 Z** ⌷ 60/90 – 120/180 – ½ P 35.

EMSDETTEN *Nordrhein-Westfalen* 𝟺𝟷𝟽 J 6 – 34000 Ew – Höhe 45 m.
🛈 Verkehrsverein, Friedrichstr. 1, ✉ 48282, ℰ (02572) 9 30 70, Fax (02572) 930750.
Berlin 466 – Düsseldorf 152 – Nordhorn 54 – Enschede 50 – Münster (Westfalen) 31 – Osnabrück 46.

🏨 **Lindenhof** (mit Gästehaus), Alte Emsstr. 7, ✉ 48282, ℰ (02572) 92 60, info@Linde nhof-emsdetten.de, Fax (02572) 926200, ⇔ – 🛗, ⊱ Zim, 📺 ⚡ ⊂⊃ 🅿. 🆎.
✳ Zim
geschl. 22. Dez. - 6. Jan. – **Menu** *(geschl. Juli - Aug. 2 Wochen, Sonntag)* *(nur Abendessen)* à la carte 42/65 – **25 Z** ⌷ 98 – 155/160.

🏨 **Wefer's**, Emsstr. 19, ✉ 48282, ℰ (02572) 9 36 10, Fax (02572) 936120, ⌘ – 📺 🅿.
🆎 ⓦ
Menu *(nur Abendessen)* à la carte 31/45 – **13 Z** ⌷ 90/135.

🏨 **Kloppenborg**, Frauenstr. 15, ✉ 48282, ℰ (02572) 92 10, info@hotel-kloppenburg.de, Fax (02572) 921150, « Restaurant im münsterländischen Stil » – 🛗 📺 ⚡ ⊂⊃ 🅿.
ⓦ 𝖵𝖨𝖲𝖠
Menu *(geschl. 9. Juli - 4. Aug., 24. Dez. - 2. Jan., Sonn- und Feiertage)* *(nur Abendessen)* à la carte 30/56 – **24 Z** ⌷ 97/110 – 150/155.

XX **Maurer's kleines Restaurant,** Borghorster Str. 97, ✉ 48282, ℰ (02572) 94 13 12, Fax (02572) 941311 – 🅿. 🆎 ⓞ ⓦ 𝖵𝖨𝖲𝖠 ✳
geschl. über Karneval 2 Wochen, Mitte - Ende Juli, Dienstag – **Menu** *(nur Abendessen)* *(Tischbestellung ratsam)* à la carte 42/76.

In Emsdetten-Hembergen *Süd-Ost : 6 km :*

🏨 **Altes Gasthaus Lanvers** ⌘, Dorfstr. 11, ✉ 48282, ℰ (02572) 1 50 90, hotel-lan vers@t-online.de, Fax (02572) 150990, ⌘ – 🛗 📺 ⚡ ⅋ 🅿. – 🅐 35. 🆎 ⓦ
𝖵𝖨𝖲𝖠 𝖩𝖢𝖡
Menu à la carte 31/63 – **30 Z** ⌷ 85/120 – 150/190.

EMSKIRCHEN *Bayern* 𝟺𝟷𝟿 𝟺𝟸𝟶 R 16 – 5000 Ew – Höhe 359 m.
Berlin 464 – München 207 – Nürnberg 39 – Bamberg 59 – Würzburg 69.

🏨 **Rotes Herz,** Hindenburgstr. 21 (B 8), ✉ 91448, ℰ (09104) 6 94, ⌘ – 📺 ⊂⊃ 🅿. ✳
⊂⊃ *geschl. 1. - 7. Jan., 4. - 23. Juni* – **Menu** *(geschl. Samstag - Sonntag)* à la carte 23/44 ⅃
– **12 Z** ⌷ 54/93.

EMSTAL, BAD *Hessen* 𝟺𝟷𝟽 M 11 – 6300 Ew – Höhe 320 m – Heilbad - Luftkurort.
🛈 Kurverwaltung im Thermalbad, Karlsbader Str. 4, ✉ 34308, ℰ (05624) 99 97 26, Fax (05624) 2278.
Berlin 416 – Wiesbaden 212 – Kassel 34 – Frankfurt am Main 203.

In Bad Emstal-Sand :

🏨 **Parkhotel Emstaler Höhe** ⌘, Kissinger Str. 2, ✉ 34308, ℰ (05624) 50 90, Park hotelEmstalerHoehe@t-online.de, Fax (05624) 509200, ⩽, ⌘, ⇔, ⌘ – 🛗, ⊱ Zim, 📺
⚡ 🅿. – 🅐 150. 🆎 ⓞ ⓦ 𝖵𝖨𝖲𝖠
Menu à la carte 33/58 – **48 Z** ⌷ 89/135 – 150/190, 4 Suiten – ½ P 25.

🏨 **Grischäfer,** Kasseler Str. 78, ✉ 34308, ℰ (05624) 3 54, Fax (05624) 8778, Biergarten, « Rustikal-gemütliche Einrichtung » – 🅿.
Menu *(geschl. Montag)* *(wochentags nur Abendessen)* à la carte 36/61 – **Alter Grischäfer** *(geschl. Montagmittag)* **Menu** à la carte 25/46 – **16 Z** ⌷ 85 – 120/160.

ENDINGEN *Baden-Württemberg* 🗺️🄑🄡🄨 *V 7 – 8 600 Ew – Höhe 187 m.*
    🖪 *Verkehrsbüro, Adelshof 20 (im Museum),* ✉ *79346,* 𝒫 *(07642) 68 99 90, Fax (07642) 689999.*
    Berlin 789 – Stuttgart 189 – Freiburg im Breisgau 28 – Offenburg 47.

🏨 **Kaiserstuhl** Ⓜ, *Alfred-Herr-Str. 1,* ✉ *79346,* 𝒫 *(07642) 91 90, Fax (07642) 919109,*
    🏡, 🚗s – 📶, 🛎 Zim, 📺 ✆ 🄿 – 🅰 30. 🄰🄴 ⚫🄾 🆅🄸🅂🄰
    geschl. Anfang Jan. 1 Woche – **Menu** *(geschl. Dienstag) (nur Abendessen) à la carte 41/71*
    – 34 Z ⊑ *98/120 – 150/160.*

🏨 **Pfauen** *garni (mit Gästehaus), Hauptstr. 78,* ✉ *79346,* 𝒫 *(07642) 9 02 30,*
    Fax (07642) 902340 – 📶 📺 🚗 🄿 – 🅰 20. 🆅🄸🅂🄰
    35 Z ⊑ *75/150 – 110/180.*

🍴🍴 **Schindler's Ratsstube,** *Marktplatz 10,* ✉ *79346,* 𝒫 *(07642) 34 58, schindlers@ta lknet.de, Fax (07642) 923273,* 🏡 – 🍽. 🄰🄴 ⚫🄾
    geschl. Sonntagabend - Montag – **Menu** *(Tischbestellung ratsam) 25/35 (mittags) und à la carte 42/89.*

In Endingen-Kiechlinsbergen *Süd-West : 5,5 km :*

🍴🍴 **Dutters Stube** *mit Zim, Winterstr. 28,* ✉ *79346,* 𝒫 *(07642) 17 86, DuttersStube@t*
🍴 *-online.de, Fax (07642) 4286, (Fachwerkhaus a.d. 16. Jh.) –* 📺 ⚫🄾 🆅🄸🅂🄰
    geschl. Jan. 2 Wochen, Aug. 2 Wochen – **Menu** *(geschl. Sonntagabend - Montag) (bemerkenswerte Auswahl badischer Weine) 25 (mittags) und à la carte 48/77 –* **4 Z** ⊑ *76/110.*

ENDORF, BAD *Bayern* 🗺️🄓🄩🄞 *W 20 – 7 200 Ew – Höhe 520 m – Heilbad.*
    🏌️ *Höslwang (Nord : 8 km),* 𝒫 *(08075) 7 14.*
    🖪 *Kurverwaltung im Rathaus, Bahnhofstr. 6,* ✉ *83093,* 𝒫 *(08053) 94 22, Fax (08053) 300830.*
    Berlin 648 – München 85 – Bad Reichenhall 66 – Wasserburg am Inn 19 – Rosenheim 15.

🏨 **Elisabeth,** *Kirchplatz 2,* ✉ *83093,* 𝒫 *(08053) 8 37, Fax (08053) 2802,* 🚗s – 📶 📺 🄿.
    ⚫🄾 🆅🄸🅂🄰. 🍴 Rest
    geschl. 20. Dez. - 10. Jan. – **Menu** *(nur Abendessen) (Restaurant nur für Hausgäste) –* **30 Z**
    ⊑ *77/100 – 115/140 – ½ P 22.*

ENGE-SANDE *Schleswig-Holstein siehe Leck.*

ENGELSKIRCHEN *Nordrhein-Westfalen* 🗺️🄑🄡🄦 *N 6 – 21 500 Ew – Höhe 120 m.*
    🖪 *Verkehrsamt im Rathaus, Engels-Platz 4,* ✉ *51766,* 𝒫 *(02263) 8 31 37, Fax (02263) 1610.*
    Berlin 575 – Düsseldorf 68 – Köln 36 – Olpe 43.

🍴🍴 **Alte Schlosserei,** *Engels-Platz 7,* ✉ *51766,* 𝒫 *(02263) 2 02 12, Fax (02263) 2225,*
    Biergarten – 🄿. 🄰🄴 ⓪ ⚫🄾 🆅🄸🅂🄰
    geschl. über Karneval, Juli 2 Wochen, Okt. 2 Wochen, Montag, Samstagmittag – **Menu** *à la carte 56/76.*

In Engelskirchen-Bickenbach *Nord-West : 4 km :*

🏨 **Zur Post,** *Gelpestr. 1,* ✉ *51766,* 𝒫 *(02263) 37 04, Fax (02263) 3903,* 🏡, 📺 – 📺 🄿.
🚗 🄰🄴 ⓪ ⚫🄾 🆅🄸🅂🄰 🄹🄲🄱. 🍴
    Menu *(geschl. Donnerstag) à la carte 24/48 –* **18 Z** ⊑ *95/135.*

ENGELTHAL *Bayern siehe Hersbruck.*

ENINGEN UNTER ACHALM *Baden-Württemberg siehe Reutlingen.*

ENKENBACH-ALSENBORN *Rheinland-Pfalz* 🗺️🄑🄡🄦 *R 7 – 7 500 Ew – Höhe 290 m.*
    🏌️ *Börrstadt, (Nord : 12 km über B 40 und Langmeil),* 𝒫 *(06357) 9 60 94.*
    Berlin 632 – Mainz 80 – Mannheim 54 – Kaiserslautern 10.

Im Ortsteil Enkenbach :

🏨 **Schläfer,** *Hauptstr. 3,* ✉ *67677,* 𝒫 *(06303) 30 71, Fax (06303) 4485,* 🏡 – 📺 ✆. 🄰🄴
🍴 ⓪ ⚫🄾 🆅🄸🅂🄰
    Menu *(geschl. Okt. 2 Wochen, Montag - Dienstagmittag, Samstagmittag) à la carte 36/79*
    – 15 Z ⊑ *85/95 – 130.*

ENKERING *Bayern siehe Kinding.*

ENKIRCH *Rheinland-Pfalz* **417** *Q 5 – 1900 Ew – Höhe 100 m – Erholungsort.*
    Ausflugsziel : *Starkenburg* ≤★, *Süd : 5 km.*
    🛈 *Verkehrsbüro, Brunnenplatz 2,* ⊠ *56850,* 🖉 *(06541) 92 65, Fax (06541) 5269.*
    Berlin 677 – Mainz 104 – Trier 70 – *Bernkastel-Kues 29 – Cochem 51.*

🏨 **Dampfmühle**, Am Steffensberg 80, ⊠ 56850, 🖉 (06541) 81 39 50, *Fax (06541) 4904,*
    �此, 🔥 (geheizt), 🚗 – ⇆ Zim, 📺 🅿 ⬤⬤ 𝐕𝐈𝐒𝐀
    geschl. Mitte - Ende Jan., Mitte - Ende Nov. – **Menu** *(geschl. Mittwochmittag, Nov. - Juni*
    Mittwoch) à la carte 32/59 ⅃ – **17 Z** ⊏ 60/80 – 110/140 – ½ P 25.

In Burg/Mosel *Nord : 3 km :*

🏨 **Zur Post**, Moselstr. 18, ⊠ 56843, 🖉 (06541) 92 14, *FloeterPost@t-online.de,*
    Fax (06541) 2865, 🌫 – ⇆ Zim, 📺 ⬤⬤, 𝐀𝐄 ⬤⬤ 𝐕𝐈𝐒𝐀 ⅋
    geschl. 8. Jan. - 14. Feb. – **Menu** *(geschl. Mittwoch - Donnerstagmittag)* à la carte 33/62
    ⅃ – **12 Z** ⊏ 68 – 112/120 – ½ P 18.

ENNIGERLOH *Nordrhein-Westfalen* **417** *K 8 – 20400 Ew – Höhe 106 m.*
    Ausflugsziel : *Wasserburg Vornholz★ Nord-Ost : 5 km.*
    ⌐₉ *Ennigerloh-Ostenfelde (Nord-Ost : 5 km),* 🖉 *(02524) 57 99.*
    Berlin 443 – Düsseldorf 134 – Bielefeld 66 – *Beckum 10 – Warendorf 16.*

🏨 **Hubertus**, Enniger Str. 4, ⊠ 59320, 🖉 (02524) 9 30 80, *info@haushubertus.de,*
    Fax (02524) 930840, 🚗 – 📺 📞 ⬤⬤ 🅿 – 🖝 30. 𝐀𝐄 ⬤ ⬤⬤ 𝐕𝐈𝐒𝐀
    Menu *(geschl. Donnerstag, Samstagmittag)* à la carte 36/67 – **19 Z** ⊏ 85/95 – 140.

In Ennigerloh-Ostenfelde *Nord-Ost : 5 km :*

🏨 **Kröger**, Hessenknapp 17, ⊠ 59320, 🖉 (02524) 9 31 90, *Fax (02524) 931910,* 🌫 – 📺
    ⬤⬤ 🅿 – 🖝 80. ⬤⬤ 𝐕𝐈𝐒𝐀
    Menu *(geschl. Mitte Juli - Mitte Aug., Freitag) (nur Abendessen)* à la carte 31/51 – **15 Z**
    ⊏ 75/120.

ENZKLÖSTERLE *Baden-Württemberg* **419** *T 9 – 1400 Ew – Höhe 598 m – Luftkurort – Win-*
    tersport : 600/900 m ⚡2 ⚘.
    🛈 *Kurverwaltung, Friedenstr. 16,* ⊠ *75337,* 🖉 *(07085) 75 16, Fax (07085) 1398.*
    Berlin 693 – Stuttgart 89 – Karlsruhe 64 – *Pforzheim 39 – Freudenstadt 26.*

🏚 **Enztalhotel**, Freudenstädter Str. 67, ⊠ 75337, 🖉 (07085) 1 80, *Fax (07085) 1642,*
    🌫, Massage, ≤s, 🔲, 🚗 – 🛗 📺 ⬤⬤ 🅿 ⬤
    Menu à la carte 51/97 – **50 Z** ⊏ 142/154 – 226/260, 3 Suiten – ½ P 25.

🏛 **Schwarzwaldschäfer** ⊗, Am Dietersberg 2, ⊠ 75337, 🖉 (07085) 9 23 70,
    Fax (07085) 923737, ≤s, 🔲, 🚗 – 📺 ⬤⬤ 🅿 – 🖝 25
    geschl. Mitte Nov. - Mitte Dez. – **Menu** *(nur Abendessen)* (Restaurant nur für Hausgäste)
    – **25 Z** ⊏ 80/95 – 160/170 – ½ P 25.

🏨 **Wiesengrund** ⊗, Friedenstr. 1, ⊠ 75337, 🖉 (07085) 9 23 20, *hotel-wiesengrund*
    @t-online.de, Fax (07085) 923243, 🌫, 🚗 – 🛗 📺 🅿 – 🖝 50. ⬤ Zim
    geschl. Nov. - 20. Dez. – **Menu** *(geschl. Nov. - März Montag)* à la carte 31/61 – **24 Z**
    ⊏ 80/100 – 120/144 – ½ P 25.

🏨 **Hirsch - Café Klösterle** (mit Gästehaus), Freudenstädter Str. 2, ⊠ 75337, 🖉 (07085)
    72 61, *Fax (07085) 1686,* 🌫, ≤s – 🅿 ⬤ Zim
    geschl. 10. Jan. - 25. Feb., 20. Okt. - 25. Nov. – **Menu** à la carte 31/63 ⅃ – **45 Z** ⊏ 75/88
    – 130/156 – ½ P 20.

🏨 **Gästehaus am Lappach** garni, Aichelberger Weg 4, ⊠ 75337, 🖉 (07085) 75 11,
    Fax (07085) 7611, 🔲, 🚗 – 🛗 🅿 ⬤
    geschl. Nov. - 20. Dez. – **32 Z** ⊏ 80/95 – 130/160.

EPPELBORN *Saarland* **417** *R 4 – 19500 Ew – Höhe 285 m.*
    Berlin 716 – Saarbrücken 29 – *Neunkirchen 29 – Saarlouis 21.*

🏚 **Eppelborner Hof** 🅼 (mit Gästehaus), Rathausstr. 1, ⊠ 66571, 🖉 (06881) 89 50,
    Fax (06881) 895200, 🌫, 🔥, ≤s – 🛗 📺 📞 ⬤ 🅿 – 🖝 60. 𝐀𝐄 ⬤⬤ 𝐕𝐈𝐒𝐀 ⅋
    Menu *(geschl. Samstagmittag)* à la carte 43/79 – **54 Z** ⊏ 105/115 – 160.

EPPENBRUNN *Rheinland-Pfalz* **419** *S 6 – 1800 Ew – Höhe 390 m – Luftkurort.*
    Berlin 698 – Mainz 135 – Saarbrücken 76 – *Pirmasens 14 – Landau in der Pfalz 59.*

🏨 **Kupper** ⊗, Himbaumstr. 22, ⊠ 66957, 🖉 (06335) 91 30, *Hotel-Kupper@t-online.de,*
    Fax (06335) 913113, Biergarten, ≤s, 🔲 – 📺 🅿 ⬤⬤ 𝐕𝐈𝐒𝐀
    Menu *(geschl. Jan., Sonntagabend, Mittwoch)* à la carte 26/55 ⅃ – **22 Z** ⊏ 70/80 –
    110/120 – ½ P 20.

EPPERTSHAUSEN Hessen **417** Q 10 – 5 300 Ew – Höhe 140 m.
  Berlin 552 – Wiesbaden 57 – Frankfurt am Main 35 – Darmstadt 22 – Aschaffenburg 27.

🏠 **Alte Krone**, Dieburger Str. 1, ⬛ 64859, ℰ (06071) 3 00 00, Fax (06071) 300010, 🌳
  – 🛗, ⇄ Zim, 📺 🄿 – 🔥 50. 🄰🄴 🐵 𝚅𝙸𝚂𝙰 – ⇄ Zim
  Menu (geschl. Samstagmittag) à la carte 33/58 – **38 Z** ⊃ 85/120 – 130/160.

🏠 **Am Rotkäppchenwald** garni, Jahnstr. 22 (Gewerbegebiet West), ⬛ 64859,
  ℰ (06071) 3 90 40, Fax (06071) 390444 – 🛗 ⇄ 📺 ⬅ 🄿 🐵 𝚅𝙸𝚂𝙰
  geschl. 23. Dez. - 2. Jan. – **18 Z** ⊃ 95/110 – 120/140.

EPPINGEN Baden-Württemberg **419** S 10 – 19 000 Ew – Höhe 190 m.
  Berlin 615 – Stuttgart 71 – Heilbronn 26 – Karlsruhe 48 – Mannheim 64.

🏛 **Altstadthotel Wilde Rose** 🐾, Kirchgasse 29, ⬛ 75031, ℰ (07262) 9 14 00,
  Fax (07262) 914090, « Fachwerkhaus a.d. 16. Jh. » – 📺 📞 🐵 𝚅𝙸𝚂𝙰
  Menu (geschl. Aug. 3 Wochen, Montagmittag, Samstagmittag) (italienische Küche) à la carte
  47/63 – **10 Z** ⊃ 133/180.

🍴 **Palmbräuhaus**, Rappenauer Str. 5, ⬛ 75031, ℰ (07262) 84 22, Fax (07262) 8422, 🌳
  – 🐵 𝚅𝙸𝚂𝙰
  geschl. Aug. 2 Wochen, Montagabend - Dienstag – **Menu** à la carte 38/76.

EPPSTEIN Hessen **417** P 9 – 12 500 Ew – Höhe 184 m – Luftkurort.
  Berlin 549 – Wiesbaden 20 – Frankfurt am Main 31 – Limburg an der Lahn 41.

In Eppstein-Vockenhausen :

🏠 **Nassauer Hof**, Hauptstr. 104, ⬛ 65817, ℰ (06198) 5 90 20, ramp@nassauerhof-e
  ppstein.de, Fax (06198) 590222, 🌳 – 📺 ⬅ 🄿 🄰🄴 🅾 🐵 𝚅𝙸𝚂𝙰 ⇄ Zim
  Menu (geschl. Jan. 1 Woche, 25. Juni - 15. Juli, Dienstag) à la carte 29/51 – **11 Z**
  ⊃ 110/130 – 160.

ERBACH (ALB-DONAU-KREIS) Baden-Württemberg **419 420** V 13 – 11 000 Ew – Höhe
  530 m.
  Berlin 630 – Stuttgart 104 – Konstanz 133 – Ulm (Donau) 12 – Tuttlingen 105.

🏠 **Kögel**, Ehinger Str. 44 (B 311), ⬛ 89155, ℰ (07305) 80 21, Fax (07305) 5084, 🌳 –
  ⇄ Zim, 📺 ⬅ 🄿 – 🔥 20. 🄾 🐵
  geschl. Weihnachten - Anfang Jan., Anfang - Mitte Aug. – **Trüffel** (geschl. Sonn- und Feiertage) **Menu** à la carte 42/74 – **19 Z** ⊃ 90/95 – 120.

🏠 **Zur Linde**, Bahnhofstr. 8, ⬛ 89155, ℰ (07305) 93 11 00, hotel-zur-Linde@t-online.de,
  Fax (07305) 9311020, 🌳 – ⇄ Zim, 📺 🄿 🐵 𝚅𝙸𝚂𝙰 ⇄ Zim
  Menu (geschl. August 3 Wochen, Sonntag) à la carte 26/46 – **12 Z** ⊃ 80/90 – 120/130.

🍴 **Schloß-Restaurant**, Am Schloßberg 1, ⬛ 89155, ℰ (07305) 69 54, Fax (07305) 6963,
  🌳, « Schloß a.d.J. 1530 » – 🄿 🄰🄴 🐵 𝚅𝙸𝚂𝙰
  geschl. Jan. 3 Wochen, Aug. 2 Wochen, Montag -Dienstagmittag – **Menu** (französische
  Küche) à la carte 51/74.

In Erbach-Dellmensingen Süd-Ost : 3 km :

🏠 **Brauereigasthof Adler**, Adlergasse 2, ⬛ 89155, ℰ (07305) 93 11 90,
  ⊂⊃ Fax (07305) 9311959, 🌳 – 📺 🄿 𝚅𝙸𝚂𝙰
  geschl. 27. - 30. Dez. – **Menu** (geschl. über Ostern 1 Woche, Montag - Dienstagmittag)
  à la carte 22/54 🍷 – **13 Z** ⊃ 59/102.

ERBACH IM ODENWALD Hessen **417 419** R 10 – 14 000 Ew – Höhe 212 m – Luftkurort.
  Sehenswert : Schloß (Hirschgalerie★).
  🖪 Touristik-Zentrum Odenwald, Marktplatz 1, ⬛ 64711, ℰ (06062) 9 43 30, Fax (06062)
  943317.
  Berlin 595 – Wiesbaden 95 – Mannheim 53 – Darmstadt 50 – Heilbronn 79.

🏠 **Odenwälder Wappenstube** 🐾, Am Schloßgraben 30, ⬛ 64711, ℰ (06062) 22 36,
  Fax (06062) 4789, 🌳, 🐎 – 📺 🄿 🄰🄴 🅾 🐵 𝚅𝙸𝚂𝙰
  geschl. Feb. – **Menu** (geschl. Montag) (nur Abendessen) à la carte 33/57 – **14 Z** ⊃ 80/110
  – 120/180.

In Erbach-Erlenbach Süd-Ost : 2 km :

🏠 **Erlenhof**, Bullauer Str. 10, ⬛ 64711, ℰ (06062) 31 74, Fax (06062) 62666, 🌳, ⑭,
  ⊆⊃, 🐎 – 📺 🄿 🐵 𝚅𝙸𝚂𝙰
  Menu (geschl. Montagmittag, Dienstagmittag) à la carte 30/54 – **26 Z** ⊃ 80/104 –
  138/150 – ½ P 18.

ERBENDORF *Bayern* **420** *Q 20 – 5 300 Ew – Höhe 509 m – Erholungsort.*

🛈 Touristik-Information, Bräugasse 4, ✉ *92681,* ✆ *(09682) 92 10 22, Fax (09682) 921023.*

Berlin 395 – München 248 – Weiden in der Oberpfalz 25 – Bayreuth 40 – Nürnberg 108.

In Erbendorf-Pfaben *Nord : 6 km – Höhe 720 m – Wintersport ⚿ 1 :*

🏛 **Steinwaldhaus** 🌦, ✉ 92681, ✆ (09682) 93 30, *hotel@steinwaldhaus.de,* *Fax (09682) 933199,* ≤ *Oberpfälzer Wald,* 🔄 – 🛗 📺 🅿 – 🔬 45. 🖭 ⑩ 🐵 🚾 🛐 *Rest geschl. 7. Jan. - 23. Feb. –* **Menu** à la carte 29/67 **– 95 Z** ☟ 85/97 **– 140 –** ½ P 25.

ERDING *Bayern* **420** *V 19 – 25 500 Ew – Höhe 462 m.*

🏌 Grünbach (Ost : 8 km über die B 388), ✆ *(08122) 4 96 50.*

Berlin 597 – München 40 – Regensburg 107 – Landshut 39 – Rosenheim 66.

🏨 **Parkhotel** 🖭, *Am Bahnhof 3,* ✉ *85435,* ✆ *(08122) 49 90, parkhotel@erding.com,* *Fax (08122) 499499,* 🌰 – 🛗, ✳ *Zim,* 📺 ✆ 🔥 🚗 – 🔬 100. 🖭 ⑩ 🐵 🚾 **Menu** *(geschl. Sonntag)* à la carte 34/68 **– 64 Z** ☟ 195/235.

🏛 **Mayr-Wirt,** *Haager Str. 4,* ✉ *85435,* ✆ *(08122) 88 09 20, mayrwirt@erding.com,* *Fax (08122) 7098 –* 🛗 📺 – 🔬 60. 🖭 ⑩ 🐵 🚾 🛐 **Menu** *(geschl. Samstag)* à la carte 28/56 **– 23 Z** ☟ 95/140 **– 150/210.**

In Aufhausen *Süd : 3 km :*

🏨 **Am Schloßberg** 🖭, *Schloßallee 26,* ✉ *85435,* ✆ *(08122) 96 20, Fax (08122) 962222,* 🌰 – 🛗 📺 ✆ 🅿 – 🔬 20. 🖭 ⑩ 🐵 🚾 **Menu** *(italienische Küche)* à la carte 31/54 **– 32 Z** ☟ 100/195 **– 130/280.**

ERFTSTADT *Nordrhein-Westfalen* **417** *N 4 – 47 500 Ew – Höhe 90 m.*

🏌 Erftstadt-Konradsheim, Am Golfplatz 1, ✆ *(02235) 95 56 60.*

Berlin 593 – Düsseldorf 64 – Bonn 41 – Köln 18 – Brühl 8.

In Erftstadt-Lechenich :

🏵🏵🏵 **Husarenquartier** *(Brockel)* mit Zim, *Schloßstr. 10,* ✉ *50374,* ✆ *(02235) 50 96,* ✿ *Fax (02235) 691143,* 🌰 – 📺 📺 🅿. 🖭 ⑩ 🐵 🚾 **Menu** *(geschl. Montag - Dienstag)* à la carte 82/108 **– Bistro :** *(geschl. Montag - Dienstag)* **Menu** 39 und à la carte 41/62 **– 5 Z** ☟ 110 **– 150/185** **Spez.** Gebratener St. Pierre mit Sauerkraut und Senfsauce. Das Beste vom Lamm mit Tomaten-Koriandercouscous. Limonen-Quark-Parfait mit Erdbeeren.

ERFURT Ⓛ *Thüringen* **418** *N 17 – 198 000 Ew – Höhe 200 m.*

Sehenswert : *Mariendom★★ (Nordportale★★, Mosaikfenster★ im Chor, Kandelaber-Statue★) A – Severi-Kirche★ (Sarkophag★ des Hl. Severin) A – Rathaus (Fresken★) A R – Krämerbrücke★ B – Angermuseum ★ (Altaraufsätze★★, Pieta★★) B* **M1.**

🛫 Erfurt-Bindersleben (West : 4 km) Y, ✆ *(0361) 65 60.*

🛈 Tourismus-Information, Benediktsplatz 1, ✉ *99084,* ✆ *(0361) 6 64 00, Fax (0361) 6640290.*

ADAC, *Johannesstr. 176.*

Berlin 304 – Chemnitz 154 ② – Leipzig 130 ② – Nordhausen 77 ④

Stadtpläne siehe nächste Seiten

🏰 **Dorint** 🖭, *Meienbergstr. 26,* ✉ *99084,* ✆ *(0361) 5 94 90, Info.ERFERT@dorint.com,* *Fax (0361) 5949100,* 🌰, ⛲ – 🛗, ✳ *Zim,* 📺 ✆ 🔥 🚗 🅿 – 🔬 120. 🖭 ⑩ 🐵 🚾 🛐 B n **Menu** à la carte 36/61 **–** ☟ 25 **– 142 Z** 195/255 **– 215/275, 3 Suiten.**

🏨 **Sorat** 🖭, *Gotthardtstr. 27,* ✉ *99084,* ✆ *(0361) 6 74 00, erfurt@SORAT-HOTELS.com,* *Fax (0361) 6740444,* 🌰, ⛲ – 🛗, ✳ *Zim,* 📧 📺 ✆ 🚗 🅿 – 🔬 120. 🖭 ⑩ 🐵 🚾 🛐 B a **Zum Alten Schwan** *(geschl. Sonntagabend, Montagabend)* **Menu** à la carte 36/62 **– 85 Z** ☟ 190/210 **– 230/390.**

🏨 **Zumnorde am Anger,** *Anger 50 (Eingang Weitergasse),* ✉ *99084,* ✆ *(0361) 5 68 00,* *HOTEL.ZUMNORDE@T-ONLINE.DE, Fax (0361) 5680400 –* 🛗, ✳ *Zim,* 📺 ✆ 🚗 – 🔬 50. 🖭 ⑩ 🐵 🚾 🛐 B s *geschl. 21. - 31. Dez.* **Menu** à la carte 35/62 **– 50 Z** ☟ 175/215 **– 235/250, 3 Suiten.**

🏨 **Excelsior,** *Bahnhofstr. 35,* ✉ *99084,* ✆ *(0361) 5 67 00, info@excelsior.bestwestern.* *de, Fax (0361) 5670100,* 🌰 – 🛗, ✳ *Zim,* 📺 ✆ 🅿 – 🔬 35. 🖭 ⑩ 🐵 🚾 🛐 B c **Menu** *(italienische Küche)* à la carte 34/66 **– 77 Z** ☟ 190/210 **– 215/295, 3 Suiten.**

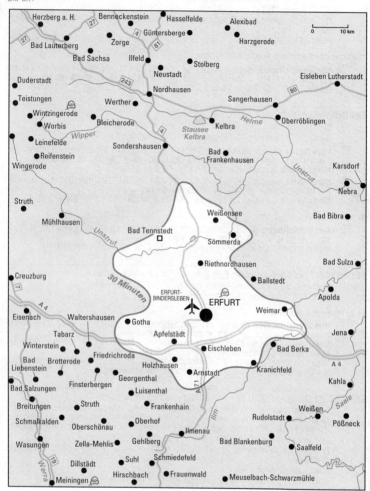

Carat M, Hans-Grundig-Str. 40, ⌗ 99099, ℘ (0361) 3 43 00, Hotel-Carat@web.de, Fax (0361) 3430100, ⌗, ⌗ – ⌗, ⌗ Zim, TV ⌗ ⌗ P – ⌗ 40. AE ⓪ ⓪⓪ VISA JCB.
⌗ Rest
Y n
Menu (nur Abendessen) à la carte 29/54 – **60 Z** ⌗ 170/220.

Radisson SAS, Juri-Gagarin-Ring 127, ⌗ 99084, ℘ (0361) 5 51 00, info@erfzh.rdsa s.com, Fax (0361) 5510210 – ⌗, ⌗ Zim, ⌗ Rest, TV ⌗ P – ⌗ 230. AE ⓪ ⓪⓪ VISA JCB.
⌗ Rest
B e
Menu à la carte 48/63 – **316 Z** ⌗ 170/200 – 200/230, 3 Suiten.

InterCityHotel M, Willy-Brandt-Platz 11, ⌗ 99084, ℘ (0361) 5 60 00, erfurt@inte rcityhotel.de, Fax (0361) 5600999 – ⌗, ⌗ Zim, ⌗ Rest, TV ⌗ ⌗ ⌗ – ⌗ 50. AE ⓪ ⓪⓪ VISA
B d
Menu (geschl. Samstag - Sonntag) à la carte 32/46 – ⌗ 20 – **161 Z** 160/180 – 210/230.

Airport Hotel M, Bindeslebener Landstr. 100 (West : 4 km), ⌗ 99092, ℘ (0361) 6 56 11 11, airport-hotel-erfurt@t-online.de, Fax (0361) 6561060, ⌗, ⌗ – ⌗ Zim, TV
⌗ P – ⌗ 120. AE ⓪ ⓪⓪ VISA   über Bindeslebener Landstraße   Y
Menu à la carte 30/48 – **72 Z** ⌗ 138/158 – 158/168.

ERFURT

🏨 **Nikolai,** Augustinerstr. 30, ⊠ 99084, ℰ (0361) 59 81 70, Fax (0361) 59817120, 🍴 –
🍴 Zim, 📺 🅿 – 🔬 20. 🆎 ⓸ ⱳ 🆅🆂🅰
A r
Menu *(Montag - Freitag nur Abendessen)* à la carte 31/61 – **16 Z** ⊇ 110/129 – 155/179.

🏨 **Gartenstadt,** Binderslebener Landstr. 212, ⊠ 99092, ℰ (0361) 2 10 45 12,
Gartenstadt@t-online.de, Fax (0361) 2104513, 🍴, ⱳⱤ – 📺 📞 🅿 🆎 ⓸
ⱳ🆂 🆅🆂🅰
Y e
Menu à la carte 28/42 – **16 Z** ⊇ 95 – 125/145.

🏨 **Erfurtblick** garni, Nibelungenweg 20, ⊠ 99092, ℰ (0361) 22 06 60,
Fax (0361) 2206622, ≼ – 🍴 📺 🅿 🆎 ⱳ🆂 🆅🆂🅰 ⱳ
Y m
11 Z ⊇ 90/110 – 130/150.

🍴🍴 **Alboth's Restaurant,** Futterstr. 15, ⊠ 99084, ℰ (0361) 5 68 82 07,
Fax (0361) 5688181 – 🆎 ⱳ🆂 🆅🆂🅰
B t
geschl. Samstagmittag, Sonntag – **Menu** à la carte 44/83.

343

ERFURT

Anger	B	
Bahnhofstraße	B	
Dalbergsweg	A	13
Domstraße	A	15
Fischmarkt	A	
Löberstraße	B	22
Mainzerhofstraße	A	24
Marktstraße	A	
Meienbergstraße	B	27
Moritzwallstraße	A	28
Regierungsstraße	A	34
Schlösserstraße	AB	36
Schlüterstraße	A	37
Walkmühlstraße	A	40
Wenigemarkt	B	42
Willy-Brandt-Platz	B	43

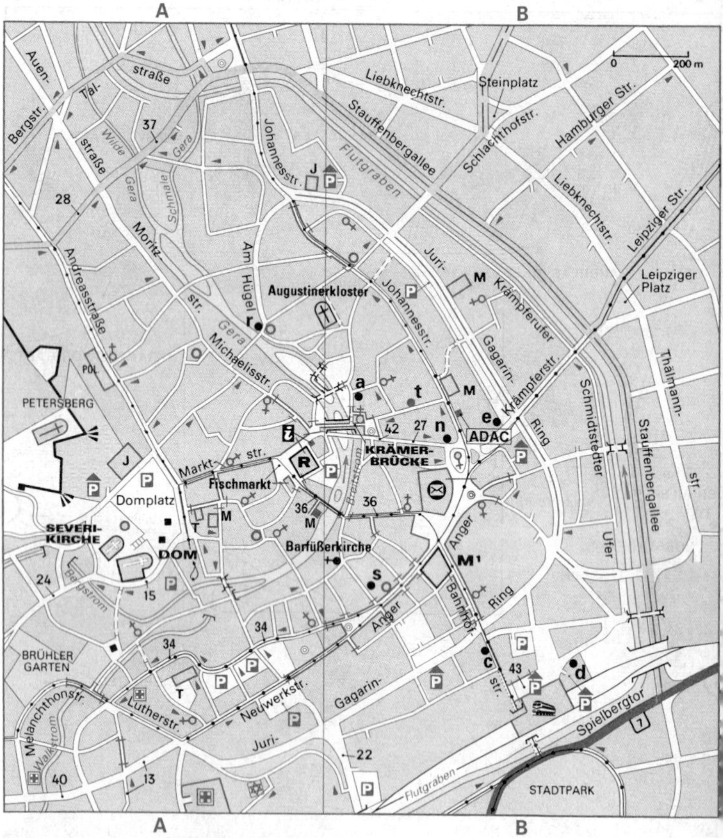

In Erfurt-Kerspleben *Nord-Ost : 5 km über Leipziger Straße* X :

Weisser Schwan, Erfurter Str. 179, ✉ 99198, ✆ (036203) 5 80, *info@weisser-schwan.de, Fax (036203) 58100,* – Zim, – 50. AE MC VISA
Menu à la carte 29/52 – **44 Z** 125 – 135/150.

In Erfurt-Linderbach ① *: 5 km :*

LinderHof M, Straße des Friedens 12, ✉ 99198, ✆ (0361) 4 41 80, *landidyll-hotel-linderhof@t-online.de, Fax (0361) 4418200,* Biergarten, – Zim, – 60. AE MC VISA
Menu à la carte 41/66 – **52 Z** 176 – 196/216.

In Erfurt-Molsdorf *Süd-West : 10 km über Winzerstraße* Y :

Landhotel Burgenblick, Am Zwetschgenberg 20, ✉ 99192, ✆ (036202) 8 11 11, *Fax (036202) 81112,* Biergarten, – Zim, – 20
Menu *(Montag - Freitag nur Abendessen)* à la carte 29/50 – **24 Z** 118/148 – 158/218.

In Apfelstädt *Süd-West : 12 km über Winzerstraße* Y :

🏨 **Country Inn** M, Riedweg 1, ✉ 99192, 𝒫 (036202) 8 50, *info-erf@countryinns.de*, *Fax (036202) 85410*, 🍴, 🛌, ⟺s – 🔃, ✻ Zim, 📺 📞 ⅗ 🄿 – 🔏 60. 🄰🄴 ⓪ ⓦⓔ 𝚅𝙸𝚂𝙰
Menu *(geschl. Sonntagabend)* à la carte 28/52 – **98 Z** ⟺ 139/169, 3 Suiten.

ERFWEILER *Rheinland-Pfalz siehe Dahn.*

ERGOLDING *Bayern siehe Landshut.*

ERGOLDSBACH *Bayern* 420 *T 20 – 6 000 Ew – Höhe 417 m.*
Berlin 532 – München 88 – Regensburg 40 – Ingolstadt 80 – Landshut 16.

♨ **Dallmaier**, Hauptstr. 26 (B 15), ✉ 84061, 𝒫 (08771) 12 10, *Fax (08771) 910788*, Bier-
🍴 garten – ⟺ 🄿 🄰🄴 ⓪ ⓦⓔ 𝚅𝙸𝚂𝙰
geschl. 27. Dez. - 11. Jan. – **Menu** à la carte 21/48 ⅗ – **16 Z** ⟺ 60 – 120/135.

ERKELENZ *Nordrhein-Westfalen* 417 *M 2 – 41 000 Ew – Höhe 97 m.*
Berlin 597 – Düsseldorf 45 – Aachen 38 – Mönchengladbach 15.

🏨 **Am Weiher,** Nordpromenade 7, ✉ 41812, 𝒫 (02431) 9 69 30, *Fax (02431) 9693299*,
🍴 – 🔃 📺 📞 ⟺ ⓦⓔ 𝚅𝙸𝚂𝙰
Menu *(geschl. 18. Dez. - 8. Jan., Samstag - Sonntag) (nur Abendessen)* à la carte 35/70 –
28 Z ⟺ 150/180 – 200.

🏨 **Rheinischer Hof-Breuer** garni, Kölner Str. 18, ✉ 41812, 𝒫 (02431) 22 94, *Rheini
scherhof@t-online.de*, *Fax (02431) 74666* – 📺 ⟺. 🄰🄴 ⓦⓔ 𝚅𝙸𝚂𝙰
15 Z ⟺ 95/140 – 150/220.

ERKRATH *Nordrhein-Westfalen* 417 *M 4 – 49 000 Ew – Höhe 50 m.*
Berlin 552 – Düsseldorf 6 – Wuppertal 26.

🏨 **Mercure** M, Neanderstr. 2, ✉ 40699, 𝒫 (0211) 9 27 50, *Fax (0211) 9275666*, 🍴, ⟺s
– 🔃, ✻ Zim, 📺 📞 ⟺ 🄿 – 🔏 70. 🄰🄴 ⓪ ⓦⓔ 𝚅𝙸𝚂𝙰 𝙹𝙲𝙱. ✻ Rest
Menu à la carte 46/68 – **81 Z** ⟺ 175/320 – 200/480, 14 Suiten.

In Erkrath-Hochdahl *Ost : 3 km :*

🏨 **Schildsheide,** Schildsheider Str. 47, ✉ 40699, 𝒫 (02104) 4 60 81 (Hotel), 44 90 82
(Rest.), *Hotel.Schildsheide@akzent.de*, *Fax (02104) 46083*, 🍴, ⟺s, ▭ – 📺 🄿 🄰🄴 ⓪ ⓦⓔ
𝚅𝙸𝚂𝙰 𝙹𝙲𝙱
La Terrazza *(italienische Küche) (wochentags nur Abendessen)* **Menu** à la carte 37/72 –
37 Z ⟺ 135/295 – 318.

ERLABRUNN *Bayern siehe Würzburg.*

ERLANGEN *Bayern* 419 420 *R 17 – 101 000 Ew – Höhe 279 m.*
🚇 *Kleinsendelbach (Ost : 14 km über ②), 𝒫 (09126) 50 40.*
🗓 *Verkehrsverein, Rathausplatz 1, ✉ 91052, 𝒫 (09131) 8 95 10, Fax (09131) 895151.*
ADAC, Henkestr. 26.
Berlin 444 ④ – München 191 ④ – Nürnberg 19 ④ – Bamberg 40 ① – Würzburg 91 ⑥

Stadtplan siehe nächste Seite

🏨 **Bayerischer Hof,** Schuhstr. 31, ✉ 91052, 𝒫 (09131) 78 50, *bay.hof.erlangen@gm
x.net*, *Fax (09131) 25800*, 🍴, ⟺s – 🔃, ✻ Zim, 📺 ⅗ ⟺ 🄿 – 🔏 100. 🄰🄴 ⓪ ⓦⓔ
𝚅𝙸𝚂𝙰 𝙹𝙲𝙱   Z q
Menu à la carte 39/75 – **158 Z** ⟺ 225/260, 5 Suiten.

🏨 Astron-Kongress-Hotel M, Beethovenstr. 3, ✉ 91052, 𝒫 (09131) 8 91 20, *Erlangen
@astron-hotels.de*, *Fax (09131) 8912107*, ⟺s – 🔃, ✻ Zim, ▤ Zim, 📺 📞 ⟺ – 🔏 80
138 Z.   X c

🏨 **Residenz Erlangen** M garni, Bayreuther Str. 53, ✉ 91054, 𝒫 (09131) 87 60, *hote
l.residenz-erlangen@fen.baynet.de*, *Fax (09131) 876550* – 🔃 ✻ 📺 📞 ⟺ 🄿 – 🔏 30.
🄰🄴 ⓪ ⓦⓔ 𝚅𝙸𝚂𝙰 𝙹𝙲𝙱   V e
⟺ 19 **120 Z** 131/160 – 161/220.

🏨 **Luise** garni, Sophienstr. 10, ✉ 91052, 𝒫 (09131) 12 20, *reception@hotel-luise.de*,
Fax (09131) 122100, 🍴, ▭ – 🔃 ✻ 📺 ⅗ ⅗ ⟺ 🄿 🄰🄴 ⓪ ⓦⓔ 𝚅𝙸𝚂𝙰 𝙹𝙲𝙱   X p
geschl. 24. Dez. - 2. Jan. – **100 Z** ⟺ 149/189 – 169/229.

ERLANGEN

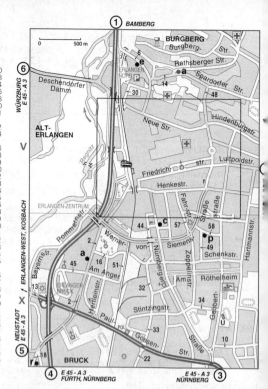

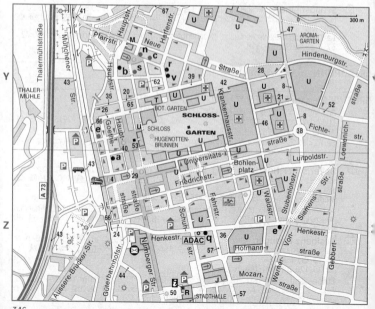

🏨 **König Otto,** Henkestr. 56, ⊠ 91054, ℰ (09131) 87 80, *Koenig-otto.hotel@t-online.de,*
Fax (09131) 878503, Biergarten – 📶, 🛬 Zim, 📺 ✆ 🅟 – 🔏 20. 🖭 ⓘ 🐠 𝖵𝖨𝖲𝖠 𝖩𝖢𝖡 – **50 Z**   Z e
☐ 146/165 – 180/195.

🏨 **Rokokohaus** 🦢 garni, Theaterplatz 13, ⊠ 91054, ℰ (09131) 78 30, *info@rokoko*
haus.de, Fax (09131) 783199 – 📶 🛬 Zim ⇔ 🖭 ⓘ 🐠 𝖵𝖨𝖲𝖠 𝖩𝖢𝖡   Y r
geschl. 24. Dez. - 1. Jan. – **42 Z** ☐ 120/150 – 190.

🏨 **Grauer Wolf,** Hauptstr. 80, ⊠ 91054, ℰ (09131) 8 10 60, *hotel@grauer.wolf.de,*
Fax (09131) 810647, ⇔ – 📶, 🛬 Zim, 📺 🅟. 🖭 ⓘ 🐠 𝖵𝖨𝖲𝖠   Y b
Kaleidoskop (geschl. Aug. 2 Wochen) (nur Abendessen) **Menu** à la carte 42/61 – **25 Z**
☐ 100/135 – 130/175.

🏨 **Fränkischer Hof** garni, Goethestr. 34, ⊠ 91054, ℰ (09131) 87 20, Fax (09131) 23798
– 📶 🛬 📺 ⇔. 🖭 ⓘ 🐠 𝖵𝖨𝖲𝖠   Z a
40 Z ☐ 90/140 – 150/190.

🍴🍴 **Altmann's Stube** mit Zim, Theaterplatz 9, ⊠ 91054, ℰ (09131) 8 91 60, *info@alt*
manns-stube.de, Fax (09131) 891666, �, « Innenhof-Terrasse » – 🛬 Zim, 📺. 🖭 ⓘ
🐠 𝖵𝖨𝖲𝖠   Y v
Menu *(geschl. Anfang Jan. 1 Woche, Ende Aug. - Anfang Sept., Sonntag)* 47/84 und à la
carte – **14 Z** ☐ 112/139 – 164/189.

🍴🍴 **Casa Nova,** Theaterplatz 22, ⊠ 91054, ℰ (09131) 81 60 00, Fax (09131) 816003 – 🖭
ⓘ 🐠 𝖵𝖨𝖲𝖠   Y c
Menu à la carte 57/76.

🍴🍴 **Da Pippo,** Paulistr. 12, ⊠ 91054, ℰ (09131) 20 73 94, *DaPippo@aol.com,*
Fax (09132) 9843, « Innenhofterrasse » – 📺 🖭 🐠 𝖵𝖨𝖲𝖠   Y e
geschl. 23. Mai - 5. Juni, 25. Aug. - 7. Sept., Sonntag – **Menu** *(nur Abendessen)* (italienische
Küche) 60/120.

🍴 **Weintrödler,** Altstädter Kirchplatz 2, ⊠ 91054, ℰ (09131) 2 71 80, *info*
@ *WEINTROEDLER.DE, Fax (09131) 27183,* �   Y n
geschl. Anfang Jan. 1 Woche, Mitte Aug. - Anfang Sept., Sonntag - Montag – **Menu** *(nur*
Abendessen) (Tischbestellung ratsam, bemerkenswerte Weinkarte) 45 à la carte 47/62.

🍴 **Bärengarten,** Rathsberger Str. 2, ⊠ 91054, ℰ (09131) 2 50 25, *info@baerengarte*
n-ev.de, Fax (09131) 25027, Biergarten – 🖭 ⓘ 🐠 𝖵𝖨𝖲𝖠   V a
Menu *(geschl. Samstag)* (Tischbestellung ratsam) à la carte 46/64.

🍴 **Weinstube Kach,** Kirchenstr. 2, ⊠ 91054, ℰ (09131) 20 31 91, Fax (09131) 829565,
🌧 – 🖭 🐠   Y s
geschl. Jan., Montag - **Menu** à la carte 45/62.

In Erlangen-Bruck :

🏨 **Art Hotel Erlangen** garni, Äußere Brucker Str. 90, ⊠ 91052, ℰ (09131) 7 14 00,
Fax (09131) 714013, ⇔ – 🛬 📺 ⇔ – 🔏 20. 🖭 ⓘ 🐠 𝖵𝖨𝖲𝖠   X a
36 Z ☐ 145/194 – 182/254.

🏨 **Roter Adler** garni, Fürther Str. 5, ⊠ 91058, ℰ (09131) 6 60 00, *RoterAdler@t-onli*
ne.de, Fax (09131) 66002, ⇔ – 🛬 📺 🅟. 🐠 𝖵𝖨𝖲𝖠   X r
geschl. 24. Dez. - 6. Jan. – **25 Z** ☐ 79/109 – 110/148.

In Erlangen-Büchenbach über Büchenbacher Damm X :

🏨 **Zur Einkehr,** Dorfstr. 14, ⊠ 91056, ℰ (09131) 79 20, Fax (09131) 792188, Biergarten
– 🛬 Zim, 📺 🅟. 🖭 ⓘ 🐠 𝖵𝖨𝖲𝖠
Menu à la carte 24/45 – **31 Z** ☐ 95/115 – 145/170.

In Erlangen-Eltersdorf Süd : 5 km über Fürther Straße X :

🏨 **Rotes Ross** garni, Eltersdorfer Str. 15a, ⊠ 91058, ℰ (09131) 69 08 10, *rotes.ross*
@ *t-online.de, Fax (09131) 6908157,* ⇔, 🌱 – 🛬 📺 ✆ ⇔ 🅟. 🖭 ⓘ 🐠 𝖵𝖨𝖲𝖠
23 Z ☐ 95/128 – 128/160.

In Erlangen-Frauenaurach über ⑤ :

🏨 **Schwarzer Adler** 🦢, Herdegenplatz 1, ⊠ 91056, ℰ (09131) 99 20 51,
Fax (09131) 993195, « Renoviertes Fachwerkhaus a.d. 17. Jh. ; Weinstube » – 🛬 Zim, 📺.
🖭 ⓘ 🐠 𝖵𝖨𝖲𝖠 🌱 Rest
geschl. Mitte Aug. - Anfang Sept., Weihnachten - Anfang Jan. – **Menu** *(geschl. Samstag*
- Sonntag) (nur Abendessen) à la carte 49/62 – **14 Z** ☐ 125/150 – 190/200.

In Erlangen-Kosbach West : 6 km über Büchenbacher Damm X :

🍴🍴🍴 **Gasthaus Polster** mit Zim, Am Deckersweiher 26, ⊠ 91056, ℰ (09131) 7 55 40,
Fax (09131) 755445, 🌧 – 📶 📺 ✆ 🅟 – 🔏 25. 🖭 ⓘ 🐠 𝖵𝖨𝖲𝖠
Menu (Tischbestellung ratsam, bemerkenswerte Weinkarte) 49 (mittags) und à la carte
61/88 – *Polster Stube :* Menu à la carte 34/59 – **12 Z** ☐ 138 – 168/188.

In Erlangen-Tennenlohe *über* ③ :

🏨 **Transmar-Event-Hotel,** Am Wetterkreuz 7, ✉ 91058, 𝒫 (09131) 60 80, *ERLANGEN*. @ *TRANSMAR-HOTELS.DE*, Fax (09131) 608100, 🖘 – ▮⊟▮, ⇥ Zim, 📺 📞 ▣ – 🔾 150. 🖭 ⑩ ⑩ 𝘝𝘐𝘚𝘈 ᴊᴄʙ
Menu à la carte 41/71 – **125 Z** ⊑ 189 – 224/394.

🏨 **Lachnerhof** Ⓜ garni, Märterleinsweg 2, ✉ 91058, 𝒫 (09131) 7 70 70, *Hotel*@ *Lachnerhof.de*, Fax (09131) 770747 – ▮⊟ ⇥ 📺 📞 ▣ – 🔾 40. 🖭 ⑩ ⑩ 𝘝𝘐𝘚𝘈
28 Z ⊑ 120/158.

🏨 **Tennenloher Hof** (mit Gästehaus), Am Wetterkreuz 32, ✉ 91058, 𝒫 (09131) 69 60, 🐝 Fax (09131) 696295, Biergarten, 🖘, ▥ – ▮⊟▮, ⇥ Zim, 📺 ▣ – 🔾 20. 🖭 ⑩ ⑩ 𝘝𝘐𝘚𝘈
Menu (geschl. Sonntagabend) à la carte 24/49 – **43 Z** ⊑ 90/120 – 120/150.

In Marloffstein *Nord-Ost : 5 km :*

🏨 **Alter Brunnen,** Am alten Brunnen 1, ✉ 91080, 𝒫 (09131) 5 36 50, 🐝 Fax (09131) 501770, ⪡, ⌂ – 📺 ▣ ⑩
Menu (geschl. Jan. 1 Woche, 15. Aug. - 10. Sept., Montagmittag, Dienstag) à la carte 24/56 – **18 Z** ⊑ 65/95.

In Möhrendorf *über* ① *: 6 km :*

🏨 **Landhotel Schützenhof** garni, Hauptstr. 28, ✉ 91096, 𝒫 (09131) 7 54 00, Fax (09131) 754075, 🖘 – 📺 ▣ 🖭 ⑩ ⑩ 𝘝𝘐𝘚𝘈
20 Z ⊑ 102/135 – 135/165.

In Baiersdorf *über* ① *: 7 km :*

✕✕ **Wagner's Restaurant Zum Storchennest,** Hauptstr. 41, ✉ 91083, 𝒫 (09133) 🛱 8 26, Fax (09133) 5744, ⌂ – ▣ 🖭 ⑩ ⑩ 𝘝𝘐𝘚𝘈
geschl. Jan. 2 Wochen, Aug. 2 Wochen, Sonntag - Montag – **Menu** 49 (mittags) und à la carte 73/94
Spez. Artischockensalat mit Krebsen. Tournedos von Kaninchen mit Pfifferlingen. Salat von Avocado und Beeren mit Löwenzahn-Honigessig-Eis.

ERLBACH Sachsen 𝟺𝟷𝟾 𝟺𝟸𝟶 P 21 – 1 800 Ew – Höhe 520 m – Erholungsort.
🛈 Fremdenverkehrsamt, Klingenthaler Str. 1, ✉ 08265, 𝒫 (037422) 62 25, Fax (037422) 6225.
Berlin 337 – Dresden 183 – Hof 47 – Karlovy Vary 90 – Weiden in der Oberpfalz 118.

🏨 **Landhotel Lindenhöhe** 🦌, Hetzschen 10, ✉ 08265, 𝒫 (037422) 60 66, Fax (037422) 6165, Biergarten, 🖘 – 📺 ▣ – 🔾 25. ⑩⑩
Menu à la carte 25/50 🍷 – **25 Z** ⊑ 75/85 – 98/120 – ½ P 22.

ERLENBACH AM MAIN Bayern 𝟺𝟷𝟽 𝟺𝟷𝟿 Q 11 – 8 500 Ew – Höhe 125 m.
Berlin 593 – München 354 – Frankfurt am Main 76 – Miltenberg 16 – Würzburg 78 – Aschaffenburg 25.

🏨 **Fränkische Weinstuben,** Mechenharder Str. 5, ✉ 63906, 𝒫 (09372) 9 45 40, *Fraenkische-Weinstuben*@ *t-online.de*, Fax (09372) 945444, ⌂, 🍽 – 📺 ▣. ⑩⑩ 𝘝𝘐𝘚𝘈
Menu (geschl. Montagmittag) à la carte 32/69 🍷 – **13 Z** ⊑ 75/88 – 115/129.

ERLENSEE Hessen 𝟺𝟷𝟽 P 10 – 10 700 Ew – Höhe 105 m.
Berlin 525 – Wiesbaden 65 – Frankfurt am Main 26 – Fulda 81 – Würzburg 114.

In Neuberg-Ravolzhausen *Nord : 2 km :*

🏨 **Bei den Tongruben** 🦌 garni, Unterfeld 19, ✉ 63543, 𝒫 (06183) 2 04 00, Fax (06183) 204099, 🖘 – ⇥ 📺 ♿ ▣ – 🔾 20. 🖭 ⑩ ⑩ 𝘝𝘐𝘚𝘈. 🛇
geschl. 20. Dez. - 8. Jan. – **28 Z** ⊑ 125/145 – 160/190.

ERNST Rheinland-Pfalz siehe Cochem.

ERNZEN Rheinland-Pfalz siehe Irrel.

Einige Hotels in größeren Städten
bieten preisgünstige Wochenendpauschalen an.

ERWITTE *Nordrhein-Westfalen* 🔢 *L 9 – 14 000 Ew – Höhe 106 m.*

🟦 *Kurverwaltung Bad Westernkotten, Weringhauser Straße (Kurmittelzentrum),*
✉ *59597,* 𝒫 *(02943) 80 90, Fax (02943) 809129.*
Berlin 443 – Düsseldorf 135 – Arnsberg 39 – Lippstadt 7 – Meschede 36 – Soest 17.

🏛 **Schlosshotel** 🌲, Schlossallee 14, ✉ 59597, 𝒫 (02943) 9 76 00, *info@schlosshotel*
-erwitte, Fax (02943) 486445, 🌳, « *Wasserschloss im Stil der Weserrenaissance* » – 📶
📺 ❤ 🅿 – 🔒 15. 🐵 🆚
Menu à la carte 40/69 – **21 Z** ⊆ 110/135 – 175/195, 6 Suiten.

🏛 **Büker,** Am Markt 14, ✉ 59597, 𝒫 (02943) 23 36, *Fax (02943) 4168,* 🌳 – 📺 ❤ 🚗
🅿 🆎 ⓞ 🐵 🆚. ✂ Rest
Menu *(geschl. Sonntagabend - Montagmittag)* à la carte 33/75 – **19 Z** ⊆ 75/90 – 90/100.

In Erwitte-Bad Westernkotten *Nord-Ost : 3 km – Heilbad :*

🏛 **Kurpension Grüttner,** Salzstr. 15, ✉ 59597, 𝒫 (02943) 80 70, *Fax (02943) 807290,*
Massage, ♨, 🏸, ⊆, 🔲, 🌾 – 📶, ✂ Zim, 📺 ⚏ 🅿 🐵. ✂
Menu *(Restaurant nur für Hausgäste)* – **52 Z** ⊆ 79/158 – ½ P 10.

ESCHAU *Bayern* 🔢🔢 *Q 11 – 4 100 Ew – Höhe 171 m.*
Berlin 567 – München 347 – Würzburg 68 – Aschaffenburg 32 – Miltenberg 16.

In Eschau-Hobbach *Nord-Ost : 5,5 km :*

🏛 **Gasthof Engel,** Bayernstr. 47, ✉ 63863, 𝒫 (09374) 3 88, *Fax (09374) 7831,* 🌳,
« *Gaststuben in ehem. Bauernhof a.d.J. 1786* », 🌾 – 🅿 – 🔒 25. 🐵 🆚
geschl. 17. - 25. Dez. – **Menu** *(geschl. Freitag)* à la carte 35/61 ⚏ – **25 Z** ⊆ 75/80 –
130/140.

ESCHBACH *Rheinland-Pfalz* 🔢 *P 7 – 300 Ew – Höhe 380 m.*
Berlin 614 – Mainz 57 – Koblenz 28 – Bingen 37.

🏛 **Zur Suhle** 🌲, Talstr. 2, ✉ 56357, 𝒫 (06771) 80 94 00, *antwort@hotel-zur-suhle.de,*
Fax (06771) 809406, ≼, 🌳, « *Garten mit Teich* », ⊆, 🔲 – 📶 📺 🅿 – 🔒 20. ⓞ 🐵
🆚. ✂ Rest
geschl. Ende Juli - Anfang Aug. – **Menu** à la carte 34/57 ⚏ – **19 Z** ⊆ 85/120 – 160/170.

ESCHBORN *Hessen siehe Frankfurt am Main.*

ESCHEDE *Niedersachsen* 🔢🔢 *H 14 – 6 500 Ew – Höhe 70 m.*
Berlin 293 – Hannover 62 – Celle 17 – Lüneburg 69.

🏛 **Deutsches Haus,** Albert-König-Str. 8, ✉ 29348, 𝒫 (05142) 22 36, *Hartmut-Fergel*
@aol.com, Fax (05142) 2505, 🌾 – 📶 ❤ ⚏ 🚗 🅿 🐵 🆚. ✂
geschl. 15. Feb. - 15. März, 12. - 26. Juli – **Menu** *(geschl. Montag)* à la carte 32/65 – **11 Z**
⊆ 85/130.

ESCHENBURG *Hessen* 🔢 *N 8 – 10 Ew – Höhe 230 m.*
Berlin 536 – Wiesbaden 136 – Siegen 40 – Gießen 57 – Marburg 54.

In Eschenburg-Wissenbach :

🍴 **Bauernstube** mit Zim, Bezirksstr. 22 (B 253), ✉ 35713, 𝒫 (02774) 18 29,
Fax (02774) 71745, 🌳 – 📺 🚗 🅿 🐵 🆚
Menu *(geschl. Montag)* à la carte 26/54 – **8 Z** ⊆ 75/85 – 130/160.

ESCHENLOHE *Bayern* 🔢🔢 *X 17 – 1 400 Ew – Höhe 636 m – Erholungsort.*

🟦 *Fremdenverkehrsamt im Rathaus, Murnauer Str. 1,* ✉ *82438,* 𝒫 *(08824) 2 21, Fax*
(08824) 8956.
Berlin 661 – München 74 – Garmisch-Partenkirchen 15 – Weilheim 30.

🏛 **Tonihof** 🌲, Walchenseestr. 42, ✉ 82438, 𝒫 (08824) 9 29 30, *Fax (08824) 929399,*
≼ *Loisachtal mit Wettersteingebirge,* 🌳, Massage, ⊆, 🌾 – 📺 ❤ ⚏ 🚗 🅿 – 🔒 20.
ⓞ 🐵 🆚
Menu *(geschl. Mittwoch)* à la carte 50/84 – **25 Z** ⊆ 103/114 – 204/218 – ½ P 45.

🏛 **Villa Bergkristall** 🌲 garni, Walchenseestr. 33, ✉ 82438, 𝒫 (08824) 6 32,
Fax (08824) 632, ≼, 🌾 – 🅿. ✂
geschl. über Pfingsten – **8 Z** ⊆ 52/70 – 104/140.

🏡 **Zur Brücke,** Loisachstr. 1, ✉ 82438, 𝒫 (08824) 2 10, *hotel-zur-bruecke.eschenlohe*
🚗 *@t-online.de, Fax (08824) 232,* 🌳 – ✂ Zim, 🚗 🅿
geschl. 20. Nov. - 10. Dez. – **Menu** *(geschl. Dienstag)* à la carte 24/51 – **20 Z** ⊆ 60/68
– 100/120.

In Eschenlohe-Wengen : Süd-Ost : 1 km :

🏨 **Alpenhotel Wengererhof** ⤾ garni, ✉ 82438, ℰ (08824) 9 20 30, Fax (08824) 920345, ≼, 🛁, 🐎 – ✦ 🅿
23 Z ⌑ 80/90 – 125/145.

ESCHLKAM Bayern 420 S 22 – 3 600 Ew – Höhe 480 m – Wintersport : 🎿.
🛈 Tourist-Information, Waldschmidtplatz 2, ✉ 93458, ℰ (09948) 94 08 15, Fax (09948) 940830.
Berlin 500 – München 204 – Passau 115 – Regensburg 82.

In Warzenried Ost : 7 km :

🏨 **Böhmerwald** ⤾ (mit Gästehäusern), Siegmund-Adam-Str. 54, ✉ 93458, ℰ (09947)
⊛ 20 00, Fax (09947) 200140, Wildgehege, Massage, ⬱s, 🔲 – ⫯, ✦ Zim, 📺 ℰ 🅿 – 🔬 20.
🞉 – 🎿
geschl. Jan. 3 Wochen – **Menu** à la carte 22/50 – **106 Z** ⌑ 75/150 – 150/180 –
½ P 18.

ESCHWEGE Hessen 418 M 14 – 24 000 Ew – Höhe 170 m.
🛈 Tourist-Information, Hospitalplatz 16, ✉ 37269, ℰ (05651) 30 42 10, Fax (05651) 50291.
Berlin 389 – Wiesbaden 221 – Kassel 54 – Bad Hersfeld 58 – Göttingen 49.

🏨 **Dölle's Nr. 1,** Friedrich-Wilhelm-Str. 2, ✉ 37269, ℰ (05651) 7 44 40, Doelle1@t-onli
⊛ ne.de, Fax (05651) 744477, ⬱s – ⫯, ✦ Zim, 📺 ⬱ 🅿 – 🔬 120. 🆎 ⓞ
🅜⓪ VISA
Menu (geschl. Sonntag) à la carte 38/71 (auch vegetarisches Menu) – **38 Z** ⌑ 85/140 –
150/195.

🏨 **Zur Struth** ⤾, Struthstr. 7a, ✉ 37269, ℰ (05651) 92 28 13, Fax (05651) 2788, 🍽,
🐎 – 📺 ℰ 🅿
Menu (geschl. Sonntagabend - Montagmittag) à la carte 30/64 – **36 Z** ⌑ 65/85 –
110/130.

🏨 **Stadthalle,** Wiesenstr. 9, ✉ 37269, ℰ (05651) 7 44 30, info@stadthalle-eschwege.de,
Fax (05651) 744333, 🍽 – ⫯, ✦ Zim, 📺 ℰ 🅿 – 🔬 600. 🆎 ⓞ 🅜⓪ VISA
Menu (geschl. 2. - 8. Jan., Montag) à la carte 33/69 – **13 Z** ⌑ 75/85 – 120.

In Meinhard-Schwebda Nord-Ost : 5 km :

🏨🏨 **Schloß Wolfsbrunnen** ⤾, ✉ 37276, ℰ (05651) 30 50, wolfsbrunn@aol.com,
Fax (05651) 305333, ≼ « Eschwege und Werratal, 🍽, (Herrensitz a.d. Zeit der Jahrhun-
dertwende), ⬱s, 🔲, 🐎 – ⫯ 📺 ℰ 🅿 – 🔬 60. 🆎 ⓞ 🅜⓪ VISA
Menu à la carte 43/80 – **60 Z** ⌑ 155/250 – 180/310.

ESCHWEILER Nordrhein-Westfalen 417 N 2 – 56 000 Ew – Höhe 161 m.
🏨 Haus Kambach (in Kinzweiler, Nord-West : 3,5 km), ℰ (02403) 3 76 15.
Berlin 623 – Düsseldorf 74 – Aachen 18 – Düren 17 – Köln 55.

🏨🏨 **Günnewig Hotel de Ville** Ⓜ garni, Dürener Str. 5, ✉ 52249, ℰ (02403) 86 10, hote
ldeville@guennewig.de, Fax (02403) 861150 – ⫯ ✦ 📺 ℰ 🔬 ⬱ – 🔬 60. 🆎 ⓞ 🅜⓪
VISA JCB. 🞉
66 Z ⌑ 170/195 – 220.

In Eschweiler-Kinzweiler Nord-West : 3 km :

XX **Haus Kambach,** Kambachstr. 9 (am Golfplatz), ✉ 52249, ℰ (02403) 2 30 80,
Fax (02403) 801097, 🍽, « Wasserschlößchen a.d.J. 1643 » – 🅿
geschl. Jan. 2 Wochen, Montag – **Menu** (nur Abendessen) (Tischbestellung ratsam) à la carte
63/95.

ESENS Niedersachsen 415 F 6 – 6 500 Ew – Höhe 3 m – Nordseeheilbad.
🛈 Kurverwaltung, Kirchplatz 1, ✉ 26427, ℰ (04971) 91 50, Fax (04971) 4988.
Berlin 520 – Hannover 261 – Emden 72 – Oldenburg 91 – Wilhelmshaven 50.

🏨🏨 **Krögers Hotel** (mit Gästehaus), Bahnhofstr. 18, ✉ 26427, ℰ (04971) 30 65,
Fax (04971) 4265, 🍽, ⬱s, 🐎 – ⫯, ✦ Zim, 📺 ℰ 🅿 🆎 ⓞ 🅜⓪ VISA. 🞉
Menu (geschl. Montagmittag) à la carte 35/70 – **40 Z** ⌑ 75/120 – 175/240 –
½ P 25.

In Esens-Bensersiel *Nord-West : 4 km :*

🏠 **Hörn van Diek** garni, Lammertshörn 1, ✉ 26427, ℰ (04971) 24 29, *Hoern.van.Diek @ t-online.de, Fax (04971) 3504,* 🔲 – 📺 📮 ✻
20 Z ⚏ 88/180.

🏠 **Störtebeker** ⟶ garni, Am Wattenmeer 4, ✉ 26427, ℰ (04971) 9 19 00, *PensionSt oertebeker@t-online.de, Fax (04971) 919055,* 🖘 – ✻ 📺 📮 ✻
geschl. 10. Jan. - 20. Feb. – **32 Z** ⚏ 45/75 – 90/130.

ESLOHE *Nordrhein-Westfalen* 417 *M 8 – 9 300 Ew – Höhe 310 m – Luftkurort.*

🛈 *Touristik-Information, Hauptstr. 65,* ✉ 59889, ℰ (02973) 4 42, Fax (02973) 2510.
Berlin 502 – Düsseldorf 159 – Arnsberg 31 – Meschede 20 – Olpe 43.

🏠 **Forellenhof Poggel,** Homertstr. 21, ✉ 59889, ℰ (02973) 9 71 80, *forellenhof.pog gel@t-online.de, Fax (02973) 971878,* 🌣, 🐎 – 🛗 📺 ⅙ 📮 – 🎣 35.
⚙ 𝘝𝘐𝘚𝘈
Menu à la carte 35/62 – **25 Z** ⚏ 70/95 – 120/170 – ½ P 20.

In Eslohe-Cobbenrode *Süd : 7,5 km :*

🏰 **Hennemann,** Olper Str. 28 (B 55), ✉ 59889, ℰ (02973) 37 01, Fax (02973) 3703, Bier-garten, 🖘, 🔲, 🐎, ✻(Halle) – 🛗 📺 ⟸ 📮 – 🎣 20. 🄰🄴 Ⓞ ⚙ 𝘝𝘐𝘚𝘈
geschl. Mitte - Ende Juli – **Menu** *(geschl. Montag)* à la carte 41/63 – **24 Z** ⚏ 95/105 – 180/240 – ½ P 25.

In Eslohe-Niedersalwey *West : 4 km :*

🏠 **Woiler Hof,** Salweytal 10, ✉ 59889, ℰ (02973) 8 16 00, Fax (02973) 81602, 🌣 – 📺
⟸ 📮 ⚙.
Menu *(geschl. Dienstag)* à la carte 26/46 – **21 Z** ⚏ 46/55 – 92/110.

In Eslohe-Wenholthausen *Nord : 4 km :*

🏠 **Sauerländer Hof,** Südstr. 35, ✉ 59889, ℰ (02973) 9 79 60, *sauerlaenderhof@t-o nline.de, Fax (02973) 979666,* 🌣, 🖘, 🔲 – 📺 ☏ 📮 ✻ Rest
Menu *(geschl. Nov. - März Montag)* à la carte 37/59 – **17 Z** ⚏ 78/83 – 166/188 – ½ P 27.

ESPELKAMP *Nordrhein-Westfalen* 415 *I 9 – 26 000 Ew – Höhe 43 m.*

Berlin 375 – Düsseldorf 223 – Bielefeld 52 – Bremen 99 – Hannover 93 – Osnabrück 46.

🏰 **Mittwald** ⟶ Ostlandstr. 23, ✉ 32339, ℰ (05772) 9 77 80, *info@mittwaldhotel.de,*
Fax (05772) 977822, 🌣, 🖘 – 🛗 ✻ Zim, 📺 ☏ 📮 – 🎣 40. 🄰🄴 ⓄⓄ ⚙ 𝘝𝘐𝘚𝘈
Menu *(geschl. Samstag)* à la carte 32/61 – **46 Z** ⚏ 95/125 – 135/185 – ½ P 25.

ESPENAU *Hessen siehe Kassel.*

ESSEN *Nordrhein-Westfalen* 417 *L 5 – 604 000 Ew – Höhe 120 m.*

Sehenswert : *Münster (Westchor★, Goldene Madonna★★★) : Münsterschatzkammer★★ (M1) mit Vortragekreuzen★★★ DZ – Museum Folkwang★★ ABY – Ruhrlandmuseum★ AV – Johanniskirche (Altar★) DZ* **A.**

Ausflugsziel : *Essen-Werden : St. Ludger (Vierungskuppel★, Bronzekruzifixus★, Elfenbeinpyxis★) S.*

🏌₁₈ *Essen-Heidhausen (über die B 224 S),* ℰ (0201) 40 41 11 ; 🏌₁₈ *Essen-Kettwig, Laupen-dahler Landstr. (S),* ℰ (02054) 8 39 11 ; 🏌₉ *Essen-Hügel, Frh.-vom-Stein-Str. 92a (S),* ℰ (0201) 44 14 26.

Messegelände und Grugahalle (AZ), ℰ (0201) 7 24 40, Fax (0201) 226692.

🛈 *Touristikzentrale, Am Hauptbahnhof 2,* ✉ 45127, ℰ (0201) 8 87 20 45, Fax (0201) 8872044.

ADAC, *Viehoferstr. 14.*

Berlin 528①– Düsseldorf 37⑥ – Amsterdam 204⑨ – Arnhem 108⑨ – Dortmund 38③

Stadtpläne siehe nächste Seiten

🏯 **Sheraton** ⟶ Huyssenallee 55, ✉ 45128, ℰ (0201) 1 00 70, *EssenSales@Sheraton. com, Fax (0201) 1007777,* 🌣, Massage, ⅙, 🖘, 🔲 – 🛗, ✻ Zim, ▤ 📺 ☏ ⅙ ⟸ –
🎣 70. 🄰🄴 Ⓞ ⚙ 𝘝𝘐𝘚𝘈 ✻ Rest   BV **e**
Menu à la carte 68/115 – ⚏ 32 – **205 Z** 270/385 – 320/435, 12 Suiten.

351

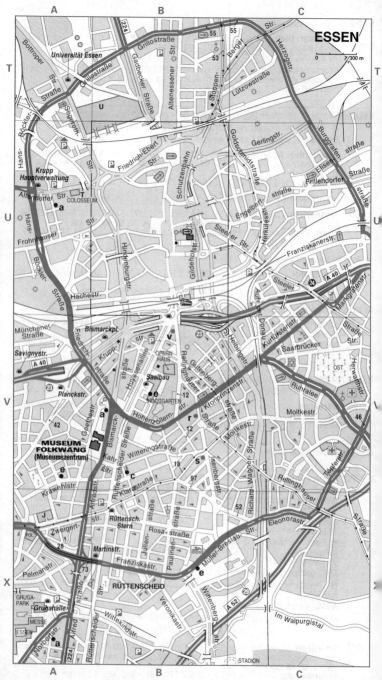

ESSEN

ESSEN

*Benachrichtigen
Sie sofort das Hotel,
wenn Sie ein
bestelltes Zimmer nicht
belegen können.*

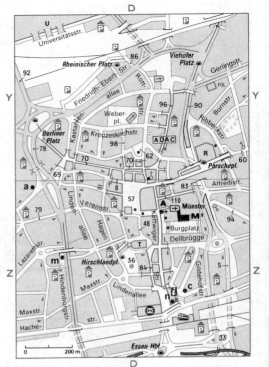

Rema Plaza 🅜, Bismarckstr. 48, ⊠ 45128, ℰ (0201) 87 85 80, *PLAZA@REMA-HOTELS. DE, Fax (0201) 87858700*, 🏤, 🚅, 🔲 – 📱, ⇥ Zim, 📺 📞 🛆 ⟺. 🆎 ⓞ ⓜⓞ 𝗩𝗜𝗦𝗔 𝗝𝗖𝗕. ⅋ Rest
BV **a**
Menu à la carte 46/75 – **133 Z** ⊊ 190/390 – 240/450, 7 Suiten.

Mövenpick 🅜, Am Hauptbahnhof 2, ⊠ 45127, ℰ (0201) 1 70 80, *hotel.essen@mo evenpick.de, Fax (0201) 1708173* – 📱, ⇥ Zim, 📺 🛆 – 🔬 50. 🆎 ⓞ ⓜⓞ 𝗩𝗜𝗦𝗔
DZ **n**
Menu à la carte 40/70 – ⊊ 23 – **204 Z** 220/285 – 285/325.

Holiday Inn City Centre 🅜, Frohnhauser Str. 6, ⊠ 45127, ℰ (0201) 2 40 70, *esse n@holiday-inn-hotel.de, Fax (0201) 2407240*, 🚅 – 📱, ⇥ Zim, 📺 📞 🛆 ⟺ – 🔬 60.
🆎 ⓞ ⓜⓞ 𝗩𝗜𝗦𝗔 𝗝𝗖𝗕
DZ **a**
Menu à la carte 45/64 – ⊊ 26 – **168 Z** 215/352, 19 Suiten.

Express by Holiday Inn 🅜 garni, Thea-Leymann-Str. 11, ⊠ 45127, ℰ (0201) 1 02 60, *HOLIDAYINNEXPRESSESSEN@t-online.de, Fax (0201) 1026100* – 📱 ⇥ ▤ 📺 📞 🛆 ⟺ – 🔬 30. 🆎 ⓞ ⓜⓞ 𝗩𝗜𝗦𝗔 𝗝𝗖𝗕
AU **a**
153 Z ⊊ 165.

Essener Hof, Teichstr. 2, ⊠ 45127, ℰ (0201) 2 42 50, *info@essener-hof.de, Fax (0201) 2425751* – 📱 📺 📞 🛆 – 🔬 80. 🆎 ⓞ ⓜⓞ 𝗩𝗜𝗦𝗔. ⅋
DZ **c**
Menu *(geschl. 13. - 31. Juli, Samstag - Sonntag) (nur Abendessen)* à la carte 43/68 – **132 Z** ⊊ 145/198 – 245/295.

Europa garni, Hindenburgstr. 35, ⊠ 45127, ℰ (0201) 23 20 41, *HOTEL.EUROPA. ESSEN@T-ONLINE.DE, Fax (0201) 232656* – 📱 📺. 🆎 ⓞ ⓜⓞ 𝗩𝗜𝗦𝗔
DZ **m**
geschl. Weihnachten - Neujahr – **49 Z** ⊊ 140/165 – 165/205.

La Grappa, Rellinghauser Str. 4, ⊠ 45128, ℰ (0201) 23 17 66, *Fax (0201) 229146* – 🆎 ⓞ ⓜⓞ 𝗩𝗜𝗦𝗔
BV **v**
geschl. Samstagmittag, Sonntag – **Menu** *(Tischbestellung ratsam) (bemerkenswerte Grappaauswahl)* à la carte 69/91.

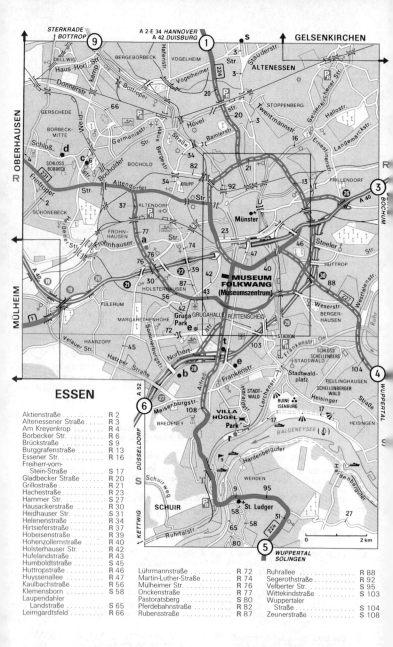

ESSEN

In Essen-Altenessen :

🏨 **Astoria,** Wilhelm-Nieswandt-Allee 175, ✉ 45326, ℰ (0201) 8 35 84, Fax (0201) 8358040, ⅃ₒ, ⌂ – 🛗, ⟷ Zim, 📺 ℰ ⟷ 🅿 – 🔬 90. 🆎 ⓞ ◍ⓔ 𝘝𝘐𝘚𝘈

Menu *(geschl. Samstagmittag)* à la carte 39/67 – **102 Z** �⟶ 195/245 – 205/285.

In Essen-Borbeck :

🏠 **Haus Gimken** Ⓜ, Schloßstr. 182, ✉ 45355, 𝒫 (0201) 86 70 80, *info@gimken.de*, *Fax (0201) 8670888*, 🍽, 🎧, ⊜ – 📺 📞 ⇔ 🅿 – 🛗 30. ⒶⒺ ① ⓌⓄ 𝘝𝘐𝘚𝘈   R d
Menu *(geschl. Dienstagmittag, Samstagmittag)* à la carte 45/72 – **25 Z** ⊆ 140/190 – 175/220.

🏠 **Am Schloßpark** garni, Borbecker Str. 183, ✉ 45355, 𝒫 (0201) 67 50 01, *Fax (0201) 687762* – 📺 📞 ⇔ 🅿 ⒶⒺ ⓌⓄ 𝘝𝘐𝘚𝘈. ⇔   R c
16 Z ⊆ 120/155 – 195.

In Essen-Bredeney :

🏠 **Holiday Inn** ⇔, Theodor-Althoff-Str. 5, ✉ 45133, 𝒫 (0201) 76 90, *hiessenbredeney@aol.com, Fax (0201) 7693143*, 🍽, ⊜, 🔲 – |🛗|, ⇔ Zim, 🍴 Rest, 📺 📞 🛗 🅿 – 🛗 250. ⒶⒺ ① ⓌⓄ 𝘝𝘐𝘚𝘈 𝘑𝘊𝘉. ⇔ Rest   S b
Menu à la carte 51/74 – **293 Z** ⊆ 288/338, 6 Suiten.

🏠 **Waldhaus Langenbrahm** Ⓜ garni, Wiedfeldtstr. 23, ✉ 45133, 𝒫 (0201) 4 50 40, *Fax (0201) 4504299* – |🛗| ⇔ 📺 📞 🅿 ⒶⒺ ⓌⓄ 𝘝𝘐𝘚𝘈   S e
geschl. Weihnachten - Neujahr – **30 Z** ⊆ 200/220 – 280/340.

🎭 **Parkhaus Hügel**, Freiherr-vom-Stein-Str. 209, ✉ 45133, 𝒫 (0201) 47 10 91, *Imhof f@Parkhaus-Huegel.de, Fax (0201) 444207*, ⇐, 🍽 – 🅿 – 🛗 60. ⒶⒺ ① ⓌⓄ 𝘝𝘐𝘚𝘈   S r
Menu à la carte 54/85.

In Essen-Burgaltendorf *Süd-Ost : 12 km über Wuppertaler Str.* S :

🏠 **Mintrop's Burghotel** Ⓜ ⇔, Schwarzensteinweg 81, ✉ 45289, 𝒫 (0201) 57 17 10, *info@mintrop.com, Fax (0201) 5717147*, 🍽, « Restaurant im modernen Desingerstil », ⊜, 🔲, 🍽 – |🛗| ⇔ Zim, 📺 📞 🛗 🅿 – 🛗 40. ⒶⒺ ① ⓌⓄ 𝘝𝘐𝘚𝘈. ⇔ Rest
Menu à la carte 50/78 – **52 Z** ⊆ 185/250 – 245/310.

In Essen-Frohnhausen :

🎭 **Kölner Hof**, Duisburger Str. 20, ✉ 45145, 𝒫 (0201) 76 34 30, *Fax (0201) 8761495* – ⒶⒺ. ⇔   R a
geschl. Montag - Dienstag – **Menu** à la carte 66/97.

In Essen-Horst *Ost : 3 km, über Steeler Straße* R :

🎭 **Hannappel**, Dahlhauser Str. 173, ✉ 45279, 𝒫 (0201) 53 45 06, *Fax (0201) 534506* – ⒶⒺ ⓌⓄ 𝘝𝘐𝘚𝘈
geschl. Juli - Aug. 4 Wochen, Dienstag – **Menu** *(nur Abendessen)* à la carte 36/64.

In Essen-Kettwig *Süd : 11 km über Ruhrtalstraße* S :

🏰 **Schloß Hugenpoet**, August-Thyssen-Str. 51 (West : 2,5 km), ✉ 45219, 𝒫 (02054) 1 20 40, *reservierung@hugenpoet.de, Fax (02054) 120450*, 🍽, « Wasserschloß a.d.J. 1650 mit Parkanlage », ⇔ – |🛗| 📺 📞 ⇔ 🅿 – 🛗 50. ⒶⒺ ① ⓌⓄ 𝘝𝘐𝘚𝘈 𝘑𝘊𝘉. ⇔ Rest
Menu *(bemerkenswerte Weinkarte)* à la carte 92/134 – **25 Z** ⊆ 340/380 – 410/495.

🏠 **Sengelmannshof**, Sengelmannsweg 35, ✉ 45219, 𝒫 (02054) 9 59 70, *info@seng elmannshof.de, Fax (02054) 83200*, 🍽, ⊜ – |🛗| 📺 📞 ⇔ 🅿 – 🛗 30. ⒶⒺ ① ⓌⓄ 𝘝𝘐𝘚𝘈
Menu *(geschl. 27. Dez. - 4. Jan, Samstagmittag)* à la carte 45/72 – **27 Z** ⊆ 140/150 – 200/240.

🏠 **Schmachtenbergshof**, Schmachtenbergstr. 157, ✉ 45219, 𝒫 (02054) 1 21 30, *Hotel-Schmachtenbergshof@t-online.de, Fax (02054) 121313*, 🍽 – 📺 📞 ⇔ 🅿 – 🛗 70
Menu *(geschl. Juli 3 Wochen, Montag)* *(wochentags nur Abendessen)* à la carte 32/58 – **21 Z** ⊆ 120/160 – 175/190.

🏠 **Landhaus Knappmann**, Ringstr. 198, ✉ 45219, 𝒫 (02054) 78 09, *Hotel-Knappma nn@Kettwig.de, Fax (02054) 6789*, Biergarten – ⇔ Zim, 📺 📞 🅿 ⒶⒺ ⓌⓄ 𝘝𝘐𝘚𝘈 𝘑𝘊𝘉. ⇔ Zim
geschl. 23. Dez. - 2. Jan. – **Menu** *(geschl. Donnerstag)* *(Montag - Freitag nur Abendessen)* à la carte 28/50 – **15 Z** ⊆ 120/190 – 160/250.

🎭 **Résidence** (Bühler) ⇔ *mit Zim, Auf der Forst 1,* ✉ 45219, 𝒫 (02054) 9 55 90, *info @hotel-residence.de, Fax (02054) 82501*, 🍽 – 📺 ⇔ 🅿 ⒶⒺ ① ⓌⓄ 𝘝𝘐𝘚𝘈 𝘑𝘊𝘉
🌸🌸
geschl. 1. - 10. Jan., Juli - Aug. 3 Wochen – **Menu** *(geschl. Sonntag - Montag)* *(nur Abendessen)* (Tischbestellung ratsam, bemerkenswerte Weinkarte) 185 à la carte 99/146 –
Pürée *(geschl. Samstag - Montag)* *(nur Abendessen)* **Menu** à la carte 48/75 – ⊆ 19 – **18 Z** 175/185 – 225
Spez. Geschmorter Cox-Orange mit Trüffel und Gänseleber gefüllt (Okt.-Jan.). Mousse von geräucherten Sardinen mit Garnelenspieß. Hummer mit Dicken Bohnen und Thymianrahm.

XX **Jägerhof** mit Zim, Haupstr. 23, ✉ 45219, ℰ (02054) 8 40 11, Fax (02054) 80984, 🛎
– 📺 🄿. 🄰🄴 ① 🆅🅸🆂🅰 🄹🄲🄱
Menu (geschl. Jan. 1 Woche, Juli - Aug. 3 Wochen, Samstagmittag, Sonn- und Feiertage)
à la carte 51/82 – **12 Z** 🖵 115/160 – 180/300.

XX **le petit restaurant,** Ruhrtalstr. 417, ✉ 45219, ℰ (02054) 1 85 78 – ⇔
geschl. Juli - Aug. 3 Wochen, Montag - Dienstag – **Menu** (Tischbestellung erforderlich)
à la carte 65/90.

X **Ange d'or Junior,** Ruhrtalstr. 326, ✉ 45219, ℰ (02054) 23 07, huppertz@ ange-d
or.de, Fax (02054) 6343, 🛎, « Restaurant im Bistro-Stil mit moderner
Designereinrichtung » – 🄿. 🄰🄴 🄼🄾 🆅🅸🆂🅰. 🕱
geschl. 20. Dez. - 6. Jan., Montag - Dienstag – **Menu** (nur Abendessen) à la carte 61/76.

In Essen-Rüttenscheid :

🏠 **Ypsilon** 🄼, Müller-Breslau-Str. 18c, ✉ 45130, ℰ (0201) 8 96 90, info@ ypsilon.bestw
estern.de, Fax (0201) 8969100 – 🛗, ⇔ Zim, 📺 📞 ⇦ 🄿 – 🄵 20. 🄰🄴 ① 🄼🄾
🆅🅸🆂🅰 🄹🄲🄱   BX e
Menu à la carte 38/70 – 🖵 21 – **101 Z** 199/233.

🏠 **An der Gruga** garni (mit Gästehaus), Eduard-Lucas-Str. 17, ✉ 45131, ℰ (0201)
84 11 80, INFO@ GRUGAHOTEL.DE, Fax (0201) 8411869 – 🛗 ⇔ 📺 📞 ⇦ 🄿. 🄰🄴 ①
🄼🄾 🆅🅸🆂🅰   AX a
40 Z 🖵 170/220 – 210/280.

🏠 **Maximilian** garni, Manfredstr. 10, ✉ 45131, ℰ (0201) 45 01 70, Fax (0201) 4501799
– 🛗 📺 📞 🄿. 🄰🄴 ① 🄼🄾 🆅🅸🆂🅰   S t
31 Z 🖵 160/190 – 220.

🏠 **Alma** garni, Almastr. 7, ✉ 45130, ℰ (0201) 7 24 00, mail@ hotel-alma.de,
Fax (0201) 7240106 – 🛗 📺 📞 ⇦. 🄰🄴 ① 🄼🄾 🆅🅸🆂🅰. 🕱   BV c
41 Z 🖵 160/250 – 200/300.

🏠 **Ruhr-Hotel** garni, Krawehlstr. 42, ✉ 45130, ℰ (0201) 77 80 53, info@ ruhrhotel.de,
Fax (0201) 780283 – 🛗 ⇔ 📺 📞. 🄰🄴 🄼🄾 🆅🅸🆂🅰 🄹🄲🄱   AV e
29 Z 🖵 165/190 – 226/260.

XX **Bonne Auberge,** Witteringstr. 92, ✉ 45130, ℰ (0201) 78 39 99, T.Eidenweil@ Bon
ne-Auberge.DE, Fax (0201) 783999 – 🄰🄴 ① 🄼🄾 🆅🅸🆂🅰   BV s
geschl. Juli, Samstagmittag, Sonntag – **Menu** 43 (mittags) und à la carte 63/94.

XX **Silberkuhlshof,** Lührmannstr. 80, ✉ 45131, ℰ (0201) 77 32 67, Fax (0201) 774635,
« Gartenterrasse » – 🄿 – 🄵 50. ① 🄼🄾 🆅🅸🆂🅰   R e
geschl. 27. Dez. - 20. Jan., Montag – **Menu** à la carte 43/79.

XX **Emile,** Emilienstr. 2, ✉ 45128, ℰ (0201) 79 13 18, RestEmile@ aol.com,
Fax (0201) 791331 🄿.   BV r
geschl. 20. Juli - 15. Aug., Samstagmittag, Sonntag – **Menu** (italienische Küche) (Tisch
bestellung ratsam) 30 (mittags) und à la carte 64/80.

*The overnight or full board prices may
in some cases be increased by the addition of a local bed tax.
Before making your reservation confirm with the hotelier
the exact price that will be charged.*

ESSEN, BAD Niedersachsen 🄰🄸🄵 J 9 – 13 500 Ew – Höhe 90 m – Sole-Heilbad.
🅱 Kurverwaltung, Ludwigsweg 6, ✉ 49152, ℰ (05472) 9 41 90, Fax (05472) 94151.
Berlin 396 – Hannover 133 – *Bielefeld 71* – Osnabrück 24.

🏠 **Landhotel Buchenhof** garni, Bergstr. 22, ✉ 49152, ℰ (05472) 93 90, Landhote
-buchenhof@ t-online.de, Fax (05472) 939200, 🛎, « Renoviertes Bauernhaus a.d.J. 1703
Gartenanlage », 🖴, 🏊 – ⇔ 📺 📞 ⇦ 🄿 – 🄵 20. 🄰🄴 🄼🄾 🆅🅸🆂🅰
25 Z 🖵 105/155 – 165/230.

ESSING Bayern siehe Kelheim.

ESSLINGEN AM NECKAR Baden-Württemberg 🄰🄸🄹 T 11 – 95 000 Ew – Höhe 240 m.
Sehenswert : Altes Rathaus★ Y **B** – Marktplatz★ Y – Stadtkirche (Glasmalereien★) Y –
Frauenkirche (Turm★) Y.
🅱 Stadtinformation, Marktplatz 2, ✉ 73728, ℰ (0711) 35 12 33 30, Fax (0711
35123331.
ADAC, Plochingerstr. 21.
Berlin 641 ④ – *Stuttgart 17* ④ – Reutlingen 40 ③ – Ulm (Donau) 80 ③

ESSLINGEN
AM NECKAR

0 — 300 m

🏨 **Am Schillerpark** garni, Neckarstr. 60, ⊠ 73728, ℰ (0711) 93 13 30,
Fax (0711) 93133100 – 📶 ⇌ 📺 ℰ ᕻ ⇐ 🄰🄴 🄼🄾 𝖵𝖨𝖲𝖠   Z r
geschl. 23. Dez. - 7. Jan. **49 Z** ⊊ 158/178 – 195/225.

🏨 **Rosenau**, Plochinger Str. 65, ⊠ 73730, ℰ (0711) 3 15 45 60, HotelRosenau@t-onlin
e.de, Fax (0711) 3161344, 😊, 🕿, 🖼 – 📶, ⇌ Zim, 📺 ℰ 🄿 🄰🄴 🄼🄾 𝖵𝖨𝖲𝖠 𝖩𝖢𝖡
Menu (geschl. 24. Dez. - 10. Jan., Aug., Samstag) (nur Abendessen) à la carte 29/64 – **57 Z**
⊊ 110/165 – 180/210.   über Plochinger Straße   Z

🍴🍴 **Dicker Turm**, Auf der Burg (Zufahrt über Mülberger Str.), ⊠ 73728, ℰ (0711)
35 50 35, herbstith@dicker-turm.de, Fax (0711) 3508596, ≤ Esslingen – 📶 🄿 🄾 🄼🄾 𝖵𝖨𝖲𝖠
geschl. über Fastnacht, Ende Juli - Anfang Aug., 1. Mai - 15. Okt. Sonntag – **Menu** à la carte
58/90.   Y d

🍴🍴 **Kuntzer's Öxle**, Marktplatz 4, ⊠ 73728, ℰ (0711) 3 51 04 51, Fax (0711) 3510451,
😊, « Ehemalige Weinstube mit rustikal-gemütlicher Einrichtung »   Y a
geschl. Aug. 2 Wochen, Sonntag - Montag – **Menu** à la carte 69/102.

In Esslingen-Berkheim über ③ : 4 km :

🏨 **Linde**, Ruiter Str. 2, ⊠ 73734, ℰ (0711) 34 53 05, Fax (0711) 3454125, 😊, 🕿, 🖼
– 📶, ⇌ Zim, 📺 ⇐ 🄿 – 🛦 30. 🄰🄴 🄞 🄼🄾 𝖵𝖨𝖲𝖠
Menu (geschl. 22. Dez. - 8. Jan., Samstagmittag) à la carte 39/70 – **83 Z** ⊊ 110/170 –
155/225.

Esslingen-Neckarhalde Nord-West : 3 km über Geiselbachstraße Y :

🏨 **Kelter** 🍴, Kelterstr. 104, ⊠ 73733, ℰ (0711) 9 18 90 60, Fax (0711) 91890628,
≤ Neckartal, 😊 – 📶 🄿 🄼🄾 𝖵𝖨𝖲𝖠
Menu (geschl. Montag) à la carte 36/68 – **12 Z** ⊊ 85/100 – 135/155.

357

ESTERWEGEN *Niedersachsen* 🄰🄸🄻 *H 6 – 3 700 Ew – Höhe 35 m.*
Berlin 482 – Hannover 200 – Emden 49 – Bremen 96 – Lingen 63 – Osnabrück 121.

🏛 **Graf Balduin** 🐾, Am Sportpark, ✉ 26897, ℰ (05955) 2 02 00, Hotel@graf-balduin.de,
Fax (05955) 20299, 🏡, 🍴(Halle) – 📳 ✦ 📺 P – 🕍 50. 🜊 ⓸ ⓺ 𝒱𝐼𝑆𝐴
Menu *(geschl. Sonntagabend)* à la carte 28/54 – **30 Z** ⌷ 75/130.

ETTAL *Bayern* 🄰🄸🄾🄰🄶🄾 *X 17 – 900 Ew – Höhe 878 m – Luftkurort – Wintersport : 🎿.*
Ausflugsziel : *Schloß Linderhof★★ (Schloßpark★★) West : 9,5 km.*
🄱 *Verkehrsamt, Ammergauer Str. 8,* ✉ *82488, ℰ (08822) 35 34, Fax (08822) 6399.*
Berlin 674 – München 88 – Garmisch-Partenkirchen 15 – Landsberg am Lech 62.

🏛 **Ludwig der Bayer,** Kaiser-Ludwig-Platz 10, ✉ 82488, ℰ (08822) 91 50, hotel@klo
ster-ettal.de, Fax (08822) 915420, Biergarten, ⭐, 🔲, 🐎, 🍴 – 📳 📺 🌐 P – 🕍 200.
⓺ 𝒱𝐼𝑆𝐴
geschl. 19. März - 6. April, 7. Nov. - 8. Dez. – **Menu** à la carte 28/61 – **77 Z** ⌷ 85/105
– 180/190 – ½ P 24.

🏛 **Zur Post,** Kaiser-Ludwig-Platz 18, ✉ 82488, ℰ (08822) 35 96, posthotel.ettal@t-onl
ine.de, Fax (08822) 6971, 🏡 – 📺 🌐 P. ⓺ 𝒱𝐼𝑆𝐴 𝐽𝐶𝐵
geschl. Nov. - 20. Dez. – **Menu** *(nur Abendessen)* (Restaurant nur für Hausgäste) – **21 Z**
⌷ 85/110 – 120/170.

In Ettal-Linderhof *West : 11 km :*

🏰 **Schlosshotel Linderhof** 🐾, Linderhof 14, ✉ 82488, ℰ (08822) 7 90,
Fax (08822) 4347, 🏡 – 📳 📺 🌐 P. – 🕍 40. 🜊 ⓸ ⓺ 𝒱𝐼𝑆𝐴 𝐽𝐶𝐵
Menu à la carte 27/58 – **29 Z** ⌷ 83/103 – 166 – ½ P 25.

ETTLINGEN *Baden-Württemberg* 🄰🄸🄾 *T 9 – 40 000 Ew – Höhe 135 m.*
🄱 *Stadtinformation, Schillerstr. 7,* ✉ *76275, ℰ (07243) 10 12 21, Fax (07243) 101430.*
Berlin 678 – Stuttgart 79 – Karlsruhe 10 – Baden-Baden 36 – Pforzheim 30.

🏨 **Erbprinz,** Rheinstr. 1, ✉ 76275, ℰ (07243) 32 20, info@hotel-erbprinz.de,
Fax (07243) 16471, 🏡, « Elegantes Restaurant » – 📳 📺 🌐 P – 🕍 40. 🜊 ⓸
⓺ 𝒱𝐼𝑆𝐴
Menu à la carte 68/104 – **Weinstube Sibylla :** Menu à la carte 48/75 – **48 Z** ⌷ 195/198
– 295/390.

🏨 **Watthalden** 🄼, Pforzheimer Str. 67a, ✉ 76275, ℰ (07243) 71 40, hotel@villa-wat
thalden.de, Fax (07243) 7143333, Massage – 📳 ✦ 📺 📞 🕭 🌐 P – 🕍 40. 🜊 ⓸
⓺ 𝒱𝐼𝑆𝐴
Menu siehe Rest. **Hartmaier's Villa** separat erwähnt – **83 Z** ⌷ 165/185 – 180/200.

🏨 **Stadthotel Engel** garni (mit Gästehaus), Kronenstr. 13, ✉ 76275, ℰ (07243) 33 00,
info@stadthotel_engel.de, Fax (07243) 330199, ⭐ – 📳 ✦ 📺 🕭 🌐 – 🕍 40. 🜊 ⓸
⓺ 𝒱𝐼𝑆𝐴
geschl. Weihnachten - Anfang Jan. – **94 Z** ⌷ 170 – 180/210.

🏛 **Holder,** Lindenweg 16, ✉ 76275, ℰ (07243) 1 60 08, Info@Hotel-Holder.de,
Fax (07243) 79595, ⭐ – 📺 P. 🜊 ⓺ 𝒱𝐼𝑆𝐴. 🍴 Rest   Stadtplan Karlsruhe AV b
geschl. Weihnachten - Anfang Jan. – **Menu** *(geschl. Samstag)* (nur Abendessen) (Restaurant
nur für Hausgäste) – **29 Z** ⌷ 106/148 – 146/172.

🏛 **Drei Mohren,** Rheinstr. 15, ✉ 76275, ℰ (07243) 1 60 31, Fax (07243) 15791, 🏡 –
📳 📺 🌐 P. 🜊 ⓺ 𝒱𝐼𝑆𝐴
geschl. 27. Dez. - 6. Jan. – **Menu** *(geschl. Anfang - Mitte Aug., Samstag - Sonntag)* à la carte
35/68 – **26 Z** ⌷ 85/168 – 140/185.

🗙🗙🗙 **Hartmaier's Villa,** Pforzheimer Str. 67, ✉ 76275, ℰ (07243) 76 17 20, info@hart
maiers.de, Fax (07243) 4673, 🏡 – P – 🕍 35. ⓺ 𝒱𝐼𝑆𝐴
geschl. Aug. 2 Wochen, Samstagmittag, Sonntag – **Menu** à la carte 76/97 – **Bistro
Engele :** Menu à la carte 49/73.

🗙 **Ratsstuben,** Kirchenplatz 1, ✉ 76275, ℰ (07243) 7 61 30, Fax (07243) 761320, 🏡
– 🜊 ⓸ ⓺ 𝒱𝐼𝑆𝐴
Menu à la carte 37/72.

An der Autobahn A 5 (Anschlußstelle Karlsruhe-Süd) *Nord-West : 2,5 km :*

🏨 **Holiday Inn,** Am Hardtwald 10 (Industriegebiet), ✉ 76275 Ettlingen, ℰ (07243) 38 00,
HIEttlingen@aol.com, Fax (07243) 380666, 🏡, 🏋, ⭐, 🔲 – 📳, ✦ Zim, 🖥 📺 📞 🕭
P – 🕍 220. 🜊 ⓸ ⓺ 𝒱𝐼𝑆𝐴. 🍴 Rest   Stadtplan Karlsruhe AV e
Menu à la carte 42/67 – **199 Z** ⌷ 240/260 – 310/360, 4 Suiten.

ETTRINGEN *Rheinland-Pfalz siehe Mayen.*

EURASBURG KREIS BAD TÖLZ-WOLFRATSHAUSEN Bayern 🔲🔲🔲🔲 W 18 – 3 600 Ew
– Höhe 614 m.
🏨 Beuerberg, Gut Sterz (Süd-Ost : 4 km), 🅿 (08179) 6 17.
Berlin 642 – München 48 – Garmisch-Partenkirchen 54 – Bad Tölz 20 – Weilheim 26.

In Eurasburg-Faistenberg Süd-West : 9 km über Beuerberg :

🔺🔺🔺 **Gut Faistenberg** 🌿 mit Zim, ✉ 82547, 🅿 (08179) 16 16, service@gut-faistenber
g.de, Fax (08179) 433, ≼ Alpenlandschaft, « Gutshof in malerischer Voralpenlage ;
Gartenrestaurant », 🥗 – 📺 📞 ⬅ 🅿 – 🔬 45. 🆎 ⓪ 🐵 🌀 💯 ⨳ Rest
Menu (geschl. Dienstag - Mittwoch) (Tischbestellung ratsam, bemerkenswerte Weinkarte)
89/130 à la carte 74/113 – **Weinstube** : **Menu** à la carte 54/67 – **10 Z** ⊑ 219/289 –
269/389
Spez. Lauwarm marinierte Saiblingsfilets mit gegrillten Gemüsen. Getrüffelte Poulardenbrust
mit Kartoffelschaum und Gänselebersauce. Gebackene Topfenravioli mit Joghurtsorbet.

EUSKIRCHEN Nordrhein-Westfalen 🔲🔲🔲 O 4 – 45 000 Ew – Höhe 150 m.
ADAC, Hochstr. 64.
Berlin 611 – Düsseldorf 78 – Bonn 32 – Aachen 87 – Düren 30 – Köln 41.

🏨 **Eifel-Hotel**, Frauenberger Str. 181, ✉ 53879, 🅿 (02251) 1 06 50, Fax (02251) 73847,
« Farbenfrohe, individuelle Einrichtung », 🥗 – 📟 📺 📞 & 🅿 – 🔬 20. 🆎 ⓪ 🐵
🌀 💯 🍴 ⨳ Rest
Menu (nur Abendessen) (Restaurant nur für Hausgäste) – **32 Z** ⊑ 165/180.

🔲🔲 **Stadtwald Vinum**, Münstereifeler Str. 148, ✉ 53879, 🅿 (02251) 6 33 13,
Fax (02251) 861819, « Gartenterrasse » – 🅿. 🆎 🐵 🌀 💯
geschl. Anfang Jan. 1 Woche, Anfang - Mitte Feb., Montag – **Menu** (wochentags nur Abendessen) (Tischbestellung ratsam) à la carte 46/81.

EUTIN Schleswig-Holstein 🔲🔲🔲🔲 D 15 – 18 000 Ew – Höhe 43 m – Luftkurort.
🅱 Tourist-Information Eutin GmbH, Bleekergang 6, ✉ 23701, 🅿 (04521) 7 09 70, Fax
(04521) 709720.
Berlin 299 – Kiel 44 – Lübeck 48 – Oldenburg in Holstein 29.

🔺🔺🔺 **L'Etoile** mit Zim, Lübecker Landstr. 36, ✉ 23701, 🅿 (04521) 70 28 60, Klausheidel@t
🐣 -online.de, Fax (04521) 702861, 🌤 – 🅿. 🆎 🐵 🌀 💯
geschl. Jan. - 1. Feb. – **Menu** (geschl. Montag - Dienstag) (Tischbestellung ratsam, bemerkenswerte Weinkarte) 59/149 à la carte 71/105 – **Le Bistro** (geschl. Montag - Dienstag)
Menu à la carte 41/62 – ⊑ 18 – **6 Z** 195.
Spez. Variation von der Gänsestopfleber. Asiatische Trilogie von Langoustinos mit exo-
tischem Salat. Kalbsfilet aus dem Frühlingskräutersud mit Kalbsschwanzragoût.

In Eutin-Fissau Nord : 2,5 km :

🏨 **Landhaus Holsteinische Schweiz** garni, Sielbecker Landstr. 11, ✉ 23701,
🅿 (04521) 7 99 00, Fax (04521) 799030, 🌤 – 📺 ⬅ 🅿. ⨳ Zim
12 Z ⊑ 90/98 – 150/166.

🏨 **Wiesenhof**, Leonhardt-Boldt-Str. 25, ✉ 23701, 🅿 (04521) 7 07 60, wiesenhof@hot
elwiesenhof.de, Fax (04521) 707666, 🌤, 🥗, 🔲, 🌤 – 📺 ⬅ 🅿. 🐵 💯 ⨳ Zim
Menu (geschl. Mittwoch) à la carte 38/53 – **32 Z** ⊑ 80/150 – 140/210.

In Eutin-Sielbeck Nord : 5,5 km :

🏨 **Uklei-Fährhaus** (mit Gästehaus), Eutiner Str. 7 (am Kellersee), ✉ 23701, 🅿 (04521)
24 58, Fax (04521) 5576, ≼, « Terrasse am See », 🌤 – 📺 🅿
geschl. Dez. - Anfang Feb. – **Menu** (geschl. außer Saison Donnerstag) à la carte 32/60 –
22 Z ⊑ 70/95 – 120/125 – ½ P 22.

An der Straße nach Schönwalde Nord-Ost : 3 km :

🏨 **Am See - Der Redderkrug**, Am Redderkrug 5, ✉ 23701 Eutin, 🅿 (04521) 22 32,
redderkrug@t-online.de, Fax (04521) 2293, ≼, 🌤, 🥗, 🅱, 🌤 – 📺 🅿 – 🔬 25. 🆎
🐵 💯 🌀
Menu à la carte 33/58 – **21 Z** ⊑ 109/129 – 148/168 – ½ P 28.

EXTERTAL Nordrhein-Westfalen 🔲🔲🔲 J 11 – 13 300 Ew – Höhe 220 m.
🅱 Verkehrsamt, Mittelstr. 46 (Bösingfeld), ✉ 32699, 🅿 (05262) 4 09 33, Fax (05262)
40258.
Berlin 359 – Düsseldorf 221 – Hannover 77 – Paderborn 64 – Osnabrück 103.

In Extertal-Bösingfeld :

🏨 **Timpenkrug**, Mittelstr. 14, ✉ 32699, 🅿 (05262) 7 52, Fax (05262) 2220 – 📺 🅿
Menu (geschl. Sonntagabend) à la carte 31/54 – **16 Z** ⊑ 68/78 – 118/128.

FAHRDORF Schleswig-Holstein siehe Schleswig.

FALKENBERG Brandenburg siehe Freienwalde, Bad.

FALKENHAGEN Brandenburg siehe Pritzwalk.

FALKENHAGEN KREIS SEELOW Brandenburg 416 I 26 – 900 Ew – Höhe 60 m.
Berlin 73 – Potsdam 117 – Frankfurt (Oder) 22.

🏨 **Seehotel Luisenhof** Ⓜ ⌕, Am Gabelsee (Süd : 1 km), ✉ 15306, ℰ (033603) 4 00,
seehotel-luisenhof@t-online.de, Fax (033603) 40400, 🛎, 🍴, 🏇, 🚲, 🎯, – 📺 ☎ 🚗
🅿 – 🚹 40. 🖭 ⓐⓔ 🅥🅸🅂🅰 ⌕ Rest
Menu à la carte 41/64 – **32 Z** ⌐ 98/115 – 139/155.

*Entrez à l'hôtel ou au restaurant le Guide à la main,
vous montrerez ainsi qu'il vous conduit là en confiance.*

FALKENSEE Brandenburg 416 418 I 23 – 22 300 Ew – Höhe 30 m.
Berlin 24 – Potsdam 22.

🏠 **Falkensee,** Spandauer Str. 6, ✉ 14612, ℰ (03322) 2 50 10, Hotel.Falkensee@t.onlin
e.de, Fax (03322) 250155, 🍴 – 🛗 📺 ☎ 🅿 – 🚹 20. 🖭 ⓐⓔ 🅥🅸🅂🅰
Krabiell : **Menu** à la carte 27/41 – **26 Z** ⌐ 115/175 – 198.

FALKENSTEIN KREIS CHAM Bayern 420 S 21 – 3 300 Ew – Höhe 627 m – Luftkurort –
Wintersport : 630/700 m ⛷1 ⚡.
🔎 Tourismus-Büro, Marktplatz 1, ✉ 93167, ℰ (09462) 2 44, Fax (09462) 5310.
Berlin 499 – München 162 – Regensburg 41 – Cham 21 – Straubing 29.

🏨 **Am Schloßpark,** Rodinger Str. 5, ✉ 93167, ℰ (09462) 9 40 40, amschlossparkfalke
🗨 nstein@bayerntours.de, Fax (09462) 1664, 🛎, 🍴 – 🛗 📺 🚗 🅿 – 🚹 30. 🖭 ⓞ
ⓐⓔ 🅥🅸🅂🅰
Menu à la carte 24/48 – **17 Z** ⌐ 78 – 120/140 – ½ P 20.

🏠 **Café Schwarz** ⌕, Arracher Höhe 1, ✉ 93167, ℰ (09462) 2 50, pension.schwarz@t
-online.de, Fax (09462) 674, ◄, 🛎, 🍴 – ⇐ 🅿
geschl. Ende Nov. - Mitte Dez. – **Menu** (nur Abendessen) (Restaurant nur für Hausgäste)
– **23 Z** ⌐ 55/60 – 90/110 – ½ P 15.

FALKENSTEIN (Vogtland) Sachsen 418 420 O 21 – 9 000 Ew – Höhe 500 m.
🔎 Fremdenverkehrsamt im Heimatmuseum, Schlossplatz 1, ✉ 08223, ℰ (03745) 60 76,
Fax (03745) 6076.
Berlin 310 – Dresden 151 – Gera 63 – Plauen 20.

🏨 **Falkenstein,** Amtsstr. 1, ✉ 08223, ℰ (03745) 74 20, Hotel.Falkenstein@t-online.de,
Fax (03745) 742444, 🍴 – 🛗, ⇜ Zim, 📺 🚗 🅿 – 🚹 65. 🖭 ⓞ ⓐⓔ
🅥🅸🅂🅰 🅹🅲🅱
Menu à la carte 27/41 – **50 Z** ⌐ 120/155 – 145/175 – ½ P 26.

🏠 **Jägerhalle,** Schloßstr. 50 (B 169), ✉ 08223, ℰ (03745) 7 12 83, Jaegerhalle@t-onl.
🗨 ne.de, Fax (03745) 71324 – 📺 🚗 ⓐⓔ
Menu à la carte 22/37 – **12 Z** ⌐ 65/80 – 80/95 – ½ P 10.

FALLINGBOSTEL Niedersachsen 415 416 H 13 – 14 000 Ew – Höhe 50 m – Kneippheilbad und
Luftkurort.
🔎 Tourist-Information, Sebastian-Kneipp-Platz 1, ✉ 29683, ℰ (05162) 40 00, Fax
(05162) 400500.
Berlin 329 – Hannover 69 – Bremen 70 – Hamburg 95 – Lüneburg 69.

🏨 **Berlin,** Düshorner Str. 7, ✉ 29683, ℰ (05162) 30 66, Fax (05162) 1636, 🍴, 🏇 – 📺
🚗 🅿 – 🚹 25. 🖭 ⓞ ⓐⓔ
Menu (geschl. Montag) à la carte 36/53 – **20 Z** ⌐ 95/130 – 120/170 – ½ P 20.

🏠 **Haus Petersen** garni, Schlüterberg 1, ✉ 29683, ℰ (05162) 59 66, Fax (05162) 1262
🍴, 🏇 – ⇜ 📺 🚗 🅿 ⓐⓔ 🅥🅸🅂🅰
18 Z ⌐ 89/99 – 129/159.

MICHELIN-REIFENWERKE KGaA. Regional Service-Center ✉ 29683 Fallingbo
stel, Bockhorner Weg 11, ℰ (01802) 00 80 30 Fax (01802) 008031.

FARCHANT Bayern 🔢🔢 X 17 – 3 900 Ew – Höhe 700 m – Erholungsort – Wintersport : 650/700 m 🎿.

🚡 Oberau, Gut Buchwies (Nord-Ost : 4 km), 🏌 (08824) 83 44.

🛈 Verkehrsamt im Rathaus, Am Gern 1, ⌧ 82490, 🏌 (08821) 96 16 96, Fax (08821) 961622.

Berlin 671 – München 84 – Garmisch-Partenkirchen 4 – Landsberg am Lech 73.

🏠 **Alter Wirt,** Bahnhofstr. 1, ⌧ 82490, 🏌 (08821) 62 38, alter-wirt@Gmx.de, Fax (08821) 61455, � – ⥤ Zim, 📺 **P** – 🏃 80. 🖭 🕦 🞏 **VISA**
Menu à la carte 27/51 – **36 Z** ⯾ 75/90 – 90/150 – ½ P 22.

🏠 **Kirchmayer,** Hauptstr. 14, ⌧ 82490, 🏌 (08821) 6 87 33, Hotel-Kirchmayer@oberland.net, Fax (08821) 6345, � – 🛗 📺 **P** 🖭 🞏 **VISA** 🇯🇨🇧
geschl. 5. Nov. - 15. Dez. – **Menu** à la carte 30/57 – **18 Z** ⯾ 85/90 – 130/160 – ½ P 27.

🏠 **Föhrenhof** 🌳, Frickenstr. 2, ⌧ 82490, 🏌 (08821) 66 40, foehrenhof@oberland.net, Fax (08821) 61340, �, 🎠 – 📺 ⥤ **P**
geschl. 8. - 30. Jan., 12. März - 10. April, 28. Okt. - 20. Dez. – **Menu** (geschl. Montag - Dienstag) à la carte 27/54 – **18 Z** ⯾ 65/80 – 110/170.

🏠 **Gästehaus Zugspitz** garni, Mühldörflstr. 4, ⌧ 82490, 🏌 (08821) 9 62 60, info@gaestehaus.zugspitze.de, Fax (08821) 962636, ⩽, 🖾, 🎠 – 📺 **P**
geschl. 1 Woche nach Ostern, Anfang Nov. - Mitte Dez. – **14 Z** ⯾ 75 – 110/120.

FASSBERG Niedersachsen 🔢🔢 H 14 – 7 000 Ew – Höhe 60 m.

🛈 Touristinformation in Müden, Unterlüßer Str. 5, ⌧ 29328, 🏌 (05053) 98 92 22, Fax (05053) 989223.

Berlin 308 – Hannover 90 – Celle 44 – Munster 14.

In Faßberg-Müden Süd-West : 4 km – Erholungsort :

🏨 **Niemeyer's Posthotel,** Hauptstr. 7, ⌧ 29328, 🏌 (05053) 9 89 00, niemeyers@posthotels.de, Fax (05053) 989064, « Gartenterrase », 🖾, ⥤ Zim, 📺 📳 **P** – 🏃 40. **VISA** 🌐 Zim
Menu (geschl. Sonntagabend) à la carte 50/85 – **36 Z** ⯾ 120/160 – 170/260 – ½ P 40.

🏠 **Landhotel Bauernwald** 🌳, Alte Dorfstr. 8, ⌧ 29328, 🏌 (05053) 9 89 90, Fax (05053) 1556, « Gartenterrase », 🖾, 🎠 – ⥤ Zim, 📺 📳 ⥤ **P** – 🏃 40. 🞏 **VISA** 🌐 Rest
Menu (geschl. 20. Dez. - 8. Jan.) à la carte 34/73 – **37 Z** ⯾ 115/130 – 165/190 – ½ P 37.

FEHMARN (Insel) Schleswig-Holstein 🔢🔢 C 17 – Ostseeinsel, durch die Fehmarnsundbrücke★ (Auto und Eisenbahn) mit dem Festland verbunden.

🚩 🚩 Burg-Wulfen, 🏌 (04371) 69 69.

🚢 von Puttgarden nach Rodbyhavn/Dänemark, 🏌 (04371) 86 51 61.

🛈 Tourismus-Information in Burg, Landkirchener Weg 2, ⌧ 23769, 🏌 (04371) 86 86 86, Fax (04371) 868642.

🛈 Kurverwaltung in Burg-Südstrand, ⌧ 23769, 🏌 (04371) 5 00 50, Fax (04371) 500590.

ab Burg : Berlin 350 – Kiel 86 – Lübeck 83 – Oldenburg in Holstein 31.

Bannesdorf – 2 300 Ew.

Burg 5.

In Bannesdorf - Neue Tiefe Süd : 2 km ab Burg :

🏠 **Strandhotel** garni, Am Binnensee 2 (Nähe Südstrand), ⌧ 23769, 🏌 (04371) 31 42, Fax (04371) 6950 – 📺 **P** 🌐
⯾ 14 – **26 Z** 65/80 – 110/130.

Burg – 6 000 Ew – Ostseeheilbad.

XX **Der Lachs,** Landkirchener Weg 1a, ⌧ 23769, 🏌 (04371) 8 72 00, Fax (04371) 879720 – **P**
geschl. Jan. - Feb., Dienstag, Okt. - April nur Freitagabend, Samstagabend und Sonntagabend geöffnet – **Menu** (nur Abendessen) à la carte 46/73.

X **Zur Traube,** Ohrtstr. 9, ⌧ 23769, 🏌 (04371) 18 11, Fax (04371) 4144, � – **P** 🖭 🌐 **VISA**
geschl. Mitte - Ende Nov., Mitte - Ende Jan., Sept. - Juni Mittwoch – **Menu** à la carte 56/72.

n Burg-Burgstaaken :

🏠 **Schützenhof** 🌳, Menzelweg 2, ⌧ 23769, 🏌 (04371) 5 00 80, Fax (04371) 500814 – 📺 **P** 🌐 **VISA**
geschl. 7. Jan. - 7. Feb. – **Menu** (geschl. Dienstag) à la carte 27/55 – **29 Z** ⯾ 85/100 – 150/160 – ½ P 25.

FEHMARN (Insel)

In Burg-Südstrand :

🏨 **Intersol** ⚲, Südstrandpromenade, ✉ 23769, 𝄞 (04371) 86 53, Hotel-Intersol@t-on line.de, Fax (04371) 3765, ≼, ≋ – |☰| 📺 ⅋ 🅿 – 🛆 40. ⑩ ⑯ 𝖵𝖨𝖲𝖠
   geschl. Jan. - Feb. – **Menu** à la carte 36/58 – ⇌ 20 – **44 Z** 99/239 – 159/249 – ½ P 49.

Westfehmarn – 2 000 Ew.

In Westfehmarn-Petersdorf Nord-West : 10 km ab Burg :

🏨 **Landhaus Kastania** ⚲ garni, Schlagsdorfer Str. 10, ✉ 23769, 𝄞 (04372) 9 92 99, Kastania@t-online.de, Fax (04372) 992929 – 📺 🅿 – 🛆 30. ⑯. ⚭
   14 Z ⇌ 100/160.

Eine Karte aller Orte mit
Menu ⚘, ⚙, ⚙⚙ *oder* ⚙⚙⚙ *finden Sie in der Einleitung.*

FEILNBACH, BAD Bayern 420 W 20 – 7 000 Ew – Höhe 540 m – Moorheilbad.
   🛈 Kur- und Gästeinformation, Bahnhofstr. 5, ✉ 83075, 𝄞 (08066) 14 44, Fax (08066) 906844.
   Berlin 650 – München 62 – Garmisch-Partenkirchen 99 – Rosenheim 19 – Miesbach 22.

🏨 **Gundelsberg** Ⓜ ⚲, Gundelsberger Str. 9, ✉ 83075, 𝄞 (08066) 9 04 50, info@gu ndelsberg.de, Fax (08066) 904519, ≼ Bad Feilnbach und Inntal, Biergarten, Massage, ⇌⇌
   – 📺 🅿 – 🛆 25. ⑯ 𝖵𝖨𝖲𝖠
   Menu (geschl. Montag) à la carte 27/56 – **12 Z** ⇌ 95 – 150/160 – ½ P 30.

🏨 **Gästehaus Kniep** ⚲ garni, Wendelsteinstr. 41, ✉ 83075, 𝄞 (08066) 3 37, ⇌⇌, ⚭
   – 🅿 ⚭
   geschl. Nov. - 20. Dez. – **12 Z** ⇌ 48/52 – 82/102.

🏨 **Gästehaus Funk** ⚲ garni, Nordweg 21, ✉ 83075, 𝄞 (08066) 80 15, Fax (08066) 8442, ⇌⇌, ⚭ – 📺 🅿
   12 Z ⇌ 60/70 – 110.

In Bad Feilnbach-Au Nord-West : 5 km :

🍽️🍽️ **Landgasthof zur Post** (Giel) mit Zim, Hauptstr. 48, ✉ 83075, 𝄞 (08064) 7 42, ≋
⚙ – 🅿
   geschl. Ende Aug. - Mitte Sept. – **Menu** (geschl. Sonntagabend - Dienstag) (wochentags nur Abendessen) (Tischbestellung erforderlich) 85/115 – **6 Z** ⇌ 75/140
   Spez. Gebratene Wachtel und Geflügelleberparfait mit Blattsalaten. Zanderfilet mit Blattspinat und Rieslingsauce. Rehmedaillons mit Estragonsauce.

In Bad Feilnbach-Oberhofen Nord-West : 6,5 km :

🍽️ **Forellen Stuben,** Oberhofen 81, ✉ 83075, 𝄞 (08064) 3 81, Fax (08064) 1792, ≋, ⇌⇌ – ⇌⇌ 🅿
   geschl. Mitte Jan. - Mitte Feb. – **Menu** (geschl. Montag - Dienstagmittag) à la carte 21/50
   – **15 Z** ⇌ 52/58 – 70/90 – ½ P 19.

FELDAFING Bayern 419 420 W 17 – 4 900 Ew – Höhe 650 m – Erholungsort.
   🏌 Feldafing, Tutzinger Str. 15, 𝄞 (08157) 9 33 40.
   Berlin 621 – München 35 – Garmisch-Partenkirchen 65 – Weilheim 19.

In Feldafing-Wieling West : 2 km :

🏨 **Zur Linde,** An der B 2, ✉ 82340, 𝄞 (08157) 93 31 80, Hotel@Linde-Wieling.de, Fax (08157) 933189, Biergarten – |☰|, ≈ Zim, 📺 ⚭ ⅋ 🅿 – 🛆 30. ⒶⒺ ⑩
   ⑯ 𝖵𝖨𝖲𝖠
   Menu à la carte 26/65 – **35 Z** ⇌ 85/125 – 115/165 – ½ P 30.

FELDBERG Mecklenburg-Vorpommern 416 F 24 – 3 000 Ew – Höhe 100 m.
   🛈 Fremdenverkehrsverein, Strelitzer Str. 15a, ✉ 17258, 𝄞 (039831) 2 03 43, Fax (039831) 20859.
   Berlin 116 – Schwerin 171 – Neubrandenburg 34.

🏨 **Seehotel Feldberg** Ⓜ ⚲, Hinnenöver 10, ✉ 17258, 𝄞 (039831) 5 55, seehote @feldberg.de, Fax (039831) 55600, ≋, 🛁, ⇌⇌, ⬛, ⚭ – |☰|, ≈ Zim, 📺 ⅋ 🅿 – 🛆 80
   ⒶⒺ ⑩ ⑯ 𝖵𝖨𝖲𝖠
   Menu à la carte 30/55 – **54 Z** ⇌ 90/110 – 120/160.

FELDBERG IM SCHWARZWALD *Baden-Württemberg* **409** *W 8 – 1 500 Ew – Höhe 1 230 m – Luftkurort – Wintersport : 1 000/1 500 m ✔20 ✗.*

Sehenswert : Gipfel ✳★★ – Bismarck-Denkmal ≤★.

🛈 *Tourist-Information, Feldberg-Altglashütten, Kirchgasse 1, ⊠ 79868, ℘ (07655) 80 19, Fax (07655) 80143.*

Berlin 791 – Stuttgart 170 – Freiburg im Breisgau 38 – Basel 60 – Donaueschingen 45.

In Feldberg-Altglashütten – *Höhe 950 m*

🏠 Pension Schlehdorn, Sommerberg 1 (B 500), ⊠ 79868, ℘ (07655) 9 10 50, *hotel -schlehdorn@t-online.de,* Fax (07655) 910543, ≤, ⇄, 🚗 – 📺 ⇌ 🅿. 🕾🕿 *VISA*
geschl. Mitte Nov. - Mitte Dez. – **Menu** *(nur Abendessen)* (Restaurant nur für Hausgäste)
– **20 Z** ⊇ 70/100 – 120/180, 4 Suiten – ½ P 25.

🏠 Schwarzwälder Hof, Windgfällstr. 4, ⊠ 79868, ℘ (07655) 9 10 60, *Schwarzwaeld er-Hof-Vieler@t-online.de,* Fax (07655) 910666, 🍴, ⇄, 🏊, 🚗 – 📳, 🌂 Zim, 📺 🅿.
🕾🕿 *VISA*
Menu à la carte 28/59 *(auch vegetarische Gerichte)* ⅄ – **20 Z** ⊇ 105/135 – 140/180 –
½ P 30.

🏠 Waldeck-Gästehaus Monika, Windgfällstr. 19, ⊠ 79868, ℘ (07655) 9 10 30, *webm aster@hotel-waldeck-feldberg.de,* Fax (07655) 231, ≤, 🍴, ⇄, 🚗 – 📺 ⇌ 🅿.
🕾🕿 *VISA*
geschl. Nov. - Mitte Dez. – **Menu** *(geschl. Mittwoch)* à la carte 29/62 – **26 Z** ⊇ 68 –
106/140 – ½ P 23.

✗ Haus Sommerberg mit Zim, Am Sommerberg 14, ⊠ 79868, ℘ (07655) 14 11, *Haus*
⌂ *Sommerberg@t-online.de,* Fax (07655) 1640, 🍴, 🚗 – 📺 ⇌ 🅿. 🕾🕿 *VISA*
geschl. 18. - 26. Juni, 19. Nov. - 12. Dez. – **Menu** *(geschl. Montag - Dienstagmittag)* 39/82
à la carte 40/74 – **8 Z** ⊇ 53/65 – 114/130 – ½ P 30.

In Feldberg-Bärental – *Höhe 980 m*

🏠 Adler, Feldbergstr. 4 (B 317), ⊠ 79868, ℘ (07655) 2 30, *info@adler-feldberg.de,*
Fax (07655) 1228, 🍴, « Schwarzwaldgasthof a.d.J. 1840 », 🚗 – 🌂 Zim, 📺 🅿. 🆎 ⑪
🕾🕿 *VISA*
Menu à la carte 32/62 – **16 Z** ⊇ 109/115 – 150/199, 3 Suiten – ½ P 35.

In Feldberg-Falkau – *Höhe 950 m*

🏠 Peterle 🐾, Schuppenhörnlestr. 18, ⊠ 79868, ℘ (07655) 6 77, Fax (07655) 1771, ≤,
🍴, ⇄, 🚗 – 🌂 Zim, 📺 ⇌ 🅿. 🕾🕿 *VISA*
geschl. Mitte Nov. - Mitte Dez. – **Menu** *(geschl. Donnerstag)* à la carte 29/51 – **14 Z**
⊇ 42/55 – 104/110 – ½ P 22.

FELDKIRCHEN *Bayern siehe München.*

FELDKIRCHEN-WESTERHAM *Bayern* **420** *W 19 – 8 500 Ew – Höhe 551 m.*

🛗 *Feldkirchen-Westerham, Oed 1, ℘ (08063) 63 00.*

Berlin 623 – München 39 – Rosenheim 24.

Im Ortsteil Aschbach *Nord-West : 3 km ab Feldkirchen :*

🏠 Berggasthof Aschbach, ⊠ 83620, ℘ (08063) 8 06 60, Fax (08063) 806620, ≤, 🍴
– 📺 🕽 🅿. 🆎 🕾🕿 *VISA*
geschl. Feb. - März 2 Wochen – **Menu** à la carte 32/69 – **18 Z** ⊇ 115/150 – 150/200.

FELLBACH *Baden-Württemberg siehe Stuttgart.*

FENSTERBACH *Bayern siehe Schwarzenfeld.*

FERCH *Brandenburg siehe Potsdam.*

FEUCHT *Bayern* **409 420** *R 17 – 13 200 Ew – Höhe 361 m.*
Berlin 441 – München 153 – Nürnberg 19 – Regensburg 95.

Siehe Stadtplan Nürnberg (Umgebungsplan).

🏠 Bauer garni, Schwabacher Str. 25b, ⊠ 90537, ℘ (09128) 29 33, *hotel-bauer-feucht*
@t-online.de, Fax (09128) 16090 – 📳 📺 ⇌ 🅿. 🕾🕿 *VISA*   CT **x**
geschl. 24. Dez. - 6. Jan. – **35 Z** ⊇ 60/98 – 140/165.

FEUCHTWANGEN Bayern 🔲🔲 S 14 – 12 000 Ew – Höhe 450 m – Erholungsort.
- 🅱 Tourist Information, Marktplatz 1, 🖂 91555, 𝒫 (09852) 9 04 55, Fax (09852) 904250.
  Berlin 509 – München 171 – Stuttgart 131 – Schwäbisch Hall 52 – Ulm (Donau) 115 –
  Ansbach 25.

🏨 **Romantik Hotel Greifen-Post**, Marktplatz 8, 🖂 91555, 𝒫 (09852) 68 00, hotel @greifen.de, Fax (09852) 68068, ⇌s, 🔲 – 📲, ⇔ Zim, 📺 ⇔ – 🈺 15. 🆎 ⊙ 🔳 🔳
Menu (geschl. Nov. - März Sonntagabend - Montag) à la carte 48/72 – **38 Z** 🗇 140/160 – 209/269 – ½ P 49.

🏠 **Ambiente** garni, Dinkelsbühler Str. 2, 🖂 91555, 𝒫 (09852) 6 76 40, Fax (09852) 676464 – ⇔ 📺 ⇔ 🅿. 🔳
30 Z 🗇 85/100 – 125/140.

🏠 **Ballheimer**, Ringstr. 57, 🖂 91555, 𝒫 (09852) 91 82, gasthof.ballheimer@t-online.de, Fax (09852) 3738, 🍴 – 📺 🍷 🅿. 🔳 🔳
Menu (geschl. Okt. - Mai Montag) à la carte 26/62 – **14 Z** 🗇 65/80 – 120/140.

🍴 **Lamm**, Marktplatz 5, 🖂 91555, 𝒫 (09852) 25 00, Fax (09852) 2884 – 📺
Menu (geschl. Dienstag) à la carte 23/44 🍷 – **8 Z** 🗇 65/85 – 120/140.

In Feuchtwangen-Dorfgütingen Nord : 6 km :

🏠 **Landgasthof Zum Ross**, Dorfgütingen 37 (B 25), 🖂 91555, 𝒫 (09852) 6 74 30, Fax (09852) 6743116, Biergarten, ⇌s, 🍽 – 📺 🍷 ⇔ 🅿 – 🈺 20. 🆎 🔳 🔳 🔳
geschl. 26. Dez.- 15. Jan., 1. - 10. Nov. – **Menu** (geschl. Sonntagabend - Montag) à la carte 26/56 – **12 Z** 🗇 74 – 98/126.

FICHTELBERG Bayern 🔲 Q 19 – 2 800 Ew – Höhe 684 m – Luftkurort – Wintersport : 700/1 024 m 🚡 1 ⭐.
- 🅱 Verkehrsbüro im Rathaus, Bayreuther Str. 4, 🖂 95686, 𝒫 (09272) 9 70 33, Fax (09272) 97044.
  Berlin 366 – München 259 – Weiden in der Oberpfalz 67 – Bayreuth 30.

🏨 **Schönblick** 🍴 (mit Ferienwohnanlage), Gustav-Leutelt-Str. 18, 🖂 95686, 𝒫 (09272) 9 78 00, info@hotel-schoenblick.de, Fax (09272) 9780200, 🍴, ⇌s, 🔲, 🌳 – 📲, ⇔ Zim, 📺 ⇔ 🅿 – 🈺 40
Menu à la carte 30/61 – **46 Z** 🗇 88/98 – 119/174 – ½ P 25.

In Fichtelberg-Neubau Nord-West : 2 km :

🏠 **Specht**, Fichtelberger Str. 41, 🖂 95686, 𝒫 (09272) 97 30, Fichtelgebirge-Gasthof-Sp echt@t-online.de, Fax (09272) 97320, 🍴, 🌳 – 🅿 – 🈺 30
Menu à la carte 21/44 🍷 – **24 Z** 🗇 40/50 – 76/96 – ½ P 15.

🏠 **Waldhotel am Fichtelsee** 🍴, Ost : 1 km (Zufahrt nur für Hotelgäste), 🖂 95686, 𝒫 (09272) 96 40 00, Waldhotel-fichtelsee@t-online.de, Fax (09272) 9640064, ≤, 🍴, 🌳 – 📺 🅿. 🔳 🔳
geschl. 6. Nov. - 15. Dez. – **Menu** à la carte 27/60 – **18 Z** 🗇 56/71 – 96/112 – ½ P 18.

FICHTENAU Baden-Württemberg siehe Dinkelsbühl.

FIEFBERGEN Schleswig-Holstein 🔲🔲 C 15 – 350 Ew – Höhe 30 m.
Berlin 348 – Kiel 20 – Lübeck 89 – Lütjenburg 27 – Preetz 24.

🍴 **Sommerhof** (Stolz), Am Dorfteich 11, 🖂 24217, 𝒫 (04344) 66 85, Stolz-Fiefbergen @t-online.de, Fax (04344) 415748, « Gartenterrasse » – 🅿. 🔳 🔳. 🍴
geschl. Feb. 2 Wochen, Mitte Okt. - Anfang Nov., Montag - Dienstag – **Menu** (nur Abendessen) (Tischbestellung ratsam) 78/98 und à la carte
Spez. Gebackene Felsenaustern mit Sellerierührei. Hechtrolle mit Speck und Trüffel. Nougatmousse im Baumkuchenmantel.

🍴 **Der Alte Auf**, Am Dorfteich 15, 🖂 24217, 𝒫 (04344) 41 55 25, 🍴, « Ehemalige Scheune ; gemütlich-rustikale Einrichtung » – 🅿
geschl. Feb., Ende Okt. - Anfang Nov. 2 Wochen, Montag - Dienstag – **Menu** (nur Abendessen) à la carte 44/67.

Nelle grandi città,
alcuni alberghi propongono dei « fine settimana »
a prezzi interessanti.

FILDERSTADT Baden-Württemberg **419** T 11 – 37 000 Ew – Höhe 370 m.

Berlin 656 – *Stuttgart* 19 – Reutlingen 25 – Ulm (Donau) 80.

In Filderstadt-Bernhausen :

🏨 **Ascot,** Karl-Benz-Str. 25 (Gewerbegebiet), ⊠ 70794, *ℰ* (0711) 7 09 00, *reservierung.filderstadt@t-online.de*, Fax (0711) 7090100 – |✚|, ✚ Zim, 📺 📞 📟 📖 – 🅿 15. 🖭 ⓞ 🐿 🗺
Menu *(nur Abendessen)* à la carte 30/43 – **112 Z** ⌘ 149/185 – 169/237.

🏨 **Schwanen** garni, Obere Bachstr. 1, ⊠ 70794, *ℰ* (0711) 7 08 20, *qhschwanen@gmx.de*, Fax (0711) 7082411 – |✚| ✚ 📺 📟 – 🅿 60. 🖭 ⓞ 🐿 🗺
84 Z ⌘ 140/175 – 180/200.

🏨 **Schumacher** garni, Volmarstr. 19, ⊠ 70794, *ℰ* (0711) 70 02 63 40, *info@garnihot elschumacher.de*, Fax (0711) 700263459 – |✚| 📺 🅿 🐿 🗺
25 Z ⌘ 105/110 – 125/160.

In Filderstadt-Bonlanden :

🏨 **Astron - Am Schinderbuckel,** Bonländer Hauptstr. 145 (nahe der B 27/312), ⊠ 70794, *ℰ* (0711) 7 78 10, *stuttgart-schinderbuckel@astron-hotels.de*, Fax (0711) 7781555, 📖, ⌘ – |✚|, ✚ Zim, 📺 📞 – 🅿 120. 🖭 ⓞ 🐿 🗺 🚬
Menu à la carte 53/74 – ⌘ 23 – **117 Z** 220/280.

🏨 **Stuttgart-Airport,** Rainäckerstr. 61, ⊠ 70794, *ℰ* (0711) 7 78 30, *info@airport-fild erstadt.bestwestern.de*, Fax (0711) 7783387, ⌘ – |✚|, ✚ Zim, 📺 📞 📟 📖 – 🅿 15. 🖭 ⓞ 🐿 🗺
Menu (Restaurant nur für Hausgäste) – **62 Z** ⌘ 160/190.

In Filderstadt-Sielmingen :

🏨 **Zimmermann** garni, Brühlstr. 2, ⊠ 70794, *ℰ* (07158) 93 30, Fax (07158) 933275 – |✚| ✚ 📺 📞 📖 – 🅿 20. 🖭 🐿 🗺 ⌘
43 Z ⌘ 99/122 – 170.

In Filderstadt-Plattenhardt :

🏨 **Crystal,** Uhlbergstr. 54, ⊠ 70794, *ℰ* (0711) 77 88 90, Fax (0711) 7788950 – 📺 📖.
🖭 ⓞ 🐿 🗺
Menu *(geschl. Samstagmittag)* (italienische Küche) à la carte 36/60 – **18 Z** ⌘ 125/175.

FINNENTROP Nordrhein-Westfalen **417** M 7 – 17 400 Ew – Höhe 230 m.

Berlin 529 – Düsseldorf 130 – *Arnsberg* 39 – Lüdenscheid 43 – Meschede 46 – Olpe 25.

In Finnentrop-Rönkhausen Nord : 7 km :

🏨 **Im Stillen Winkel** ⌘, Kapellenstr. 11, ⊠ 57413, *ℰ* (02395) 9 16 90, Fax (02395) 916912, 📖 – 📺 🅿 🖭 ⓞ 🐿 🗺 ⌘ Rest
Menu *(geschl. Donnerstag) (wochentags nur Abendessen)* à la carte 31/59 – **8 Z** ⌘ 90/95 – 125/145.

FINSTERBERGEN Thüringen **418** N 15 – 1 600 Ew – Höhe 419 m – Erholungsort.

🅱 Kurverwaltung, Hauptstr. 17, ⊠ 99898, *ℰ* (03623) 30 61 22, Fax (03623) 306396.

Berlin 341 – *Erfurt* 50 – Bad Hersfeld 89 – Coburg 104.

🏨 **Zur Tanne,** Hauptstr. 37, ⊠ 99898, *ℰ* (03623) 3 60 30, Fax (03623) 360312, 📖 – 📺 📖 🅿 🖭 🐿 ⌘ Zim
geschl. Nov. 3 Wochen – **Menu** *(geschl. Donnerstag)* à la carte 17/38 ⌘ – **9 Z** ⌘ 60 – 70/90 – ½ P 15.

🏨 **Spießberghaus** ⌘ (mit Gästehaus), Schmalkalder Str. 3 (West : 14 km, Zufahrt über Friedrichroda), ⊠ 99898, *ℰ* (03623) 36 35 00, *spiessberg@aol.com*, Fax (03623) 363543, 📖, ⌘, 📖 – 📺 🅿 🐿 🗺
Menu à la carte 24/47 – **32 Z** ⌘ 75/110 – ½ P 10.

FINSTERWALDE Brandenburg **418** L 25 – 23 000 Ew – Höhe 106 m.

🅱 Fremdenverkehrsbüro, Markt 1 (Rathaus), ⊠ 03238, *ℰ* (03531) 70 30 79, Fax (03531) 703079.

Berlin 120 – Potsdam 144 – *Cottbus* 55 – Dresden 93 – Leipzig 115.

🏨 **Boulevardhotel Sängerstadt** garni, Markt 2, ⊠ 03238, *ℰ* (03531) 25 57, Fax (03531) 3389 – 📺 🖭 🐿 🗺
27 Z ⌘ 80/90 – 90/130.

🏨 **Zum Vetter** garni, Lange Str. 15, ⊠ 03238, *ℰ* (03531) 22 69, Fax (03531) 3205 – 📺 📖.
21 Z ⌘ 70/99 – 119/149.

XX **Goldener Hahn** mit Zim, Bahnhofstr. 3, ⊠ 03238, ℰ (03531) 22 14, Fax (03531) 8535,
Biergarten – 📺 ▣ ◎ ◍ 🆅🆂🅰
Menu (geschl. Sonntagabend - Montagmittag) à la carte 31/73 (auch vegetarisches Menü)
– **12 Z** ⌂ 65/85 – 130/160.

FISCHBACHAU Bayern 🔢 W 19 – 5 300 Ew – Höhe 771 m – Erholungsort – Wintersport :
770/900 m ≰1 ⚡.

🖪 Tourismusbüro, Rathaus, Kirchplatz 10, ⊠ 83730, ℰ (08028) 8 76, Fax (08028) 2040.
Berlin 661 – München 72 – Garmisch-Partenkirchen 90 – Miesbach 18.

In Fischbachau-Winkl Nord : 1 km :

X **Café Winklstüberl** mit Zim, Leitzachtalstr. 68, ⊠ 83730, ℰ (08028) 7 42,
Fax (08028) 1586, « Gemütliche Bauernstuben ; Sammlung von Kaffeemühlen ; Garten-
terrasse mit ≼ » – 📺 🅿
Menu à la carte 25/42 – **6 Z** ⌂ 40 – 80/90.

FISCHBACHTAL Hessen 🔢🔢 Q 10 – 2 500 Ew – Höhe 300 m.
Berlin 575 – Wiesbaden 72 – Mannheim 52 – Darmstadt 25.

In Fischbachtal-Lichtenberg – Erholungsort :

XXX **Landhaus Baur** 🍃 mit Zim, Lippmannweg 15, ⊠ 64405, ℰ (06166) 83 13,
Fax (06166) 8841, ≼, 🌳, (Ehemalige Villa in einem kleinen Park) – 📺 🅿 ▣ ◍
🎇 Rest
geschl. Jan. 2 Wochen, Okt. 2 Wochen – **Menu** (geschl. Montag - Dienstag) (Tischbestellung
erforderlich) 95/175 à la carte 104/116 – **5 Z** ⌂ 140/195 – 200/260.

FISCHEN IM ALLGÄU Bayern 🔢🔢 X 14 – 2 800 Ew – Höhe 760 m – Heilklimatischer Kurort
– Wintersport : 760/1 665 m ≰3 ⚡.

🖪 Kurverwaltung, Am Anger 15, ⊠ 87538, ℰ (08326) 3 64 60, Fax (08326) 364656.
Berlin 731 – München 157 – Kempten (Allgäu) 34 – Oberstdorf 6.

🏨 **Parkhotel Burgmühle** 🍃, Auf der Insel 2, ⊠ 87538, ℰ (08326) 99 50, parkhote
l-burgmuehle.de, Fax (08326) 7352, ⇆, 🔲, 🌳 – 📳 ⇌ 📺 ⇌ 🅿 🎇
geschl. Anfang Nov. - Mitte Dez. – **Menu** (nur Abendessen) (Restaurant nur für Hausgäste)
– **45 Z** ⌂ 112/130 – 184/260 – ½ P 35.

🏨 **Rosenstock,** Berger Weg 14, ⊠ 87538, ℰ (08326) 36 45 60, info@hotel-rosenstoc
k.de, Fax (08326) 3645699, ⇆, 🔲, 🌳 – 📳 📺 🅿 🎇
geschl. 1. Nov. - 17. Dez. – **Menu** (Restaurant nur für Hausgäste) – **43 Z** ⌂ 95/117 –
154/222 – ½ P 15.

🏠 **Café Haus Alpenblick** 🍃, Maderhalmer Weg 10, ⊠ 87538, ℰ (08326) 97 91, hote
l-alpenblick@t-online.de, Fax (08326) 9794, ≼, 🌳, 🌳 – 📺 ⇌ 🅿
geschl. Nov. - Mitte Dez. – **Menu** (geschl. Dienstagabend - Mittwoch) à la carte 25/51 –
20 Z ⌂ 76/79 – 144/150 – ½ P 12.

X **Zur Krone** mit Zim, Auf der Insel 1, ⊠ 87538, ℰ (08326) 2 87, GASTHOFKRONE@O-
BERALLGAEU.DE, Fax (08326) 9351, 🌳 – 📺 🅿
Menu (geschl. Nov., Montag - Dienstagmittag ; April, Mai und Dez. Montag - Dienstag) à
la carte 38/69 – **11 Z** ⌂ 70/90 – 120/140 – ½ P 20.

In Fischen-Langenwang Süd : 3 km :

🏨 **Sonnenbichl Hotel am Rotfischbach** 🍃, Sägestr. 19, ⊠ 87538, ℰ (08326)
99 40, info@hotel-sonnenbichl.com, Fax (08326) 994180, ≼, 🌳, « Finnisches
Wellnessdorf », Massage, 🔱, 🔥, ⇆, 🔲, 🌳, 🍴 – 📳 📺 ⇌ 🅿 – 🔱 20.
🎇 Zim
geschl. 5. Nov. - 13. Dez. – **Menu** à la carte 37/76 – **53 Z** ⌂ 115/202 – 192/324 – ½ P 28.

🏠 **Café Frohsinn** 🍃, Wiesenweg 4, ⊠ 87538, ℰ (08326) 18 48, Fax (08326) 1840, ≼,
Massage, 🔱, 🔥, ⇆, 🔲, 🌳, 🍴 – 📳 🅿 🎇
geschl. 11. Nov. - 20. Dez. – **Menu** (nur Abendessen) (Restaurant nur für Hausgäste) – **54 Z**
⌂ 112 – 160/230 – ½ P 10.

In Fischen-Maderhalm :

🏨 **Kur- und Sporthotel Tanneck** 🍃, Maderhalm 20, ⊠ 87538, ℰ (08326) 99 90,
hotel-tanneck@t-online.de, Fax (08326) 999133, ≼ Fischen und Allgäuer Berge, 🌳,
Massage, 🔱, 🔥, ⇆, 🔲, 🌳, 🍴 – 📳 📺 ⇌ 🅿 – 🔱 40. 🎇 Rest
geschl. Anfang - Mitte April, Anfang Nov. - Mitte Dez. – **Menu** à la carte 44/62 – **63 Z**
⌂ 137/234 – 228/308, 3 Suiten – ½ P 25.

🏠 **Café Maderhalm** ⑊, Maderhalmer Weg 19, ⊠ 87538, ℰ (08326) 3 60 50, *mader halm@ t-online.de*, Fax (08326) 7492, ≼ Fischen und Allgäuer Berge, ⌖ – 📺 ⟺ 🅿
geschl. Anfang Nov. 1 Woche – **Menu** à la carte 29/54 – **13 Z** ⟺ 75/100 – 140 – ½ P 25.

FISCHERBACH Baden-Württemberg ⑤⑲ V 8 – 1 600 Ew – Höhe 220 m – Erholungsort.
Berlin 780 – Stuttgart 149 – Freiburg im Breisgau 52 – Freudenstadt 50 – Offenburg 33.

🏠 **Krone** ⑊, Vordertalstr. 17, ⊠ 77716, ℰ (07832) 29 97, Fax (07832) 5575, ⌖, 🚲 –
⟺ |⟐|, ⤆ Zim, 📺 ⟺ 🅿 🈂 ⓪ 🈀 VISA
geschl. Feb. - März 2 Wochen, Okt. - Nov. 2 Wochen – **Menu** (geschl. Montag) à la carte
24/60 ⚲ – **19 Z** ⟺ 65/100 – 119/130 – ½ P 15.

FLADUNGEN Bayern ⑤⑱⑤⑳ O 14 – 2 400 Ew – Höhe 416 m.
Berlin 405 – Wiesbaden 183 – Fulda 52 – Bad Neustadt 32 – Thann 27.

🏠🏠 **Sonnentau** ⑊, Wurmberg 1, ⊠ 97650, ℰ (09778) 9 12 20, *Info@ Sonnentau.com*,
⟺ Fax (09778) 912255, ≼, ⌖, 🄂, 🖳, 🚲 – |⟐| 📺 ⟐ 🅿 – 🅰 40
Menu (geschl. Dienstag) à la carte 21/44 – **51 Z** ⟺ 53/87 – 87/150 – ½ P 22.

FLEIN Baden-Württemberg siehe Heilbronn.

FLENSBURG Schleswig-Holstein ⑤⑮ B 12 – 84 600 Ew – Höhe 20 m.
Sehenswert : Städtisches Museum (Bauern- und Bürgerstuben★) Y **M1** –
Nikolaikirche (Orgel★) Z – Flensburger Förde★ Y.
🄑 Tourist-Information, Speicherlinie 40, ⊠ 24937, ℰ (0461) 9 09 09 20, Fax (0461)
9090936.
ADAC, Schleswiger Str. 130.
Berlin 426 ③ – Kiel 88 ③ – Hamburg 158 ③

Stadtplan siehe nächste Seite

🏠🏠 **Mercure** Ⓜ garni, Norderhofenden 6, ⊠ 24937, ℰ (0461) 8 41 10, *H2825@ accor-h
otels.com*, Fax (0461) 8411299, ⟺ – |⟐|, ⤆ Zim, 📺 ℰ & – 🅰 60. 🈂 ⓪ 🈀
VISA JCB   Y a
⟺ 20 – **94 Z** 140/170, 4 Suiten.

🏠🏠 **Central-Hotel** garni, Neumarkt 1, ⊠ 24937, ℰ (0461) 8 60 00, Fax (0461) 22599 – |⟐|
⤆ 📺 🅿 – 🅰 25. 🈂 ⓪ 🈀 VISA   Z a
50 Z ⟺ 99/150 – 160/195.

🏠 **Flensburger Hof** garni, Süderhofenden 38, ⊠ 24937, ℰ (0461) 14 19 90,
Fax (0461) 1419999 – |⟐| ⤆ 📺 ⟺ 🈂 ⓪ 🈀 VISA   Z g
28 Z ⟺ 140/155 – 190.

🏠 **Am Wasserturm** ⑊, Blasberg 13, ⊠ 24943, ℰ (0461) 3 15 06 00,
Fax (0461) 312287, ⌖, ⟺, 🖳, 🚲 – ⤆ Zim, 📺 🅿. 🈂 ⓪ 🈀 VISA   Y c
🍴 Rest
Menu à la carte 35/65 – **34 Z** ⟺ 95/145 – 160/185.

✕✕ **Marienhölzung,** Marienhölzungsweg 150, ⊠ 24939, ℰ (0461) 58 22 94,
Fax (0461) 5008099, Biergarten – 🅿. 🈀   über Dorotheenstraße Y
geschl. Feb., Montag – **Menu** à la carte 37/56.

✕ **Borgerforeningen,** Holm 17, ⊠ 24937, ℰ (0461) 2 33 85, Fax (0461) 23085, ⌖ –
▦ 🅿. 🈂 ⓪ 🈀 VISA   Y v
geschl. Sonn- und Feiertage – **Menu** à la carte 34/67.

In Harrislee-Wassersleben über ⑥ : 5 km :

🏠🏠 **Wassersleben,** Wassersleben 4, ⊠ 24955, ℰ (0461) 7 74 20, *hotel.wassersleben@ t
-online.de*, Fax (0461) 7742133, ≼, ⌖, « Schöne Lage an der Flensburger Förde » –
⤆ Zim, 📺 🅿 – 🅰 60. 🈂 ⓪ 🈀 VISA
Menu à la carte 46/76 – **25 Z** ⟺ 105/165 – 190/260.

In Oeversee über ③ : 9 km an der B 76 :

🏠🏠 **Romantik Hotel Historischer Krug** (mit Gästehäusern), ⊠ 24988, ℰ (04630)
94 00, *krug@romantik.de*, Fax (04630) 780, ⌖, « Garten », Massage, ⟺, 🄂, 🖳, 🚲
– 📺 🅿 – 🅰 25. 🈂 ⓪ 🈀 VISA
Privileg (geschl. Mitte Jan. - Mitte Feb., Dienstag - Mittwoch) (nur Abendessen) **Menu**
68/139 – *Krugwirtschaft* : **Menu** à la carte 50/74 – **54 Z** ⟺ 99/139 – 159/270 –
½ P 45.

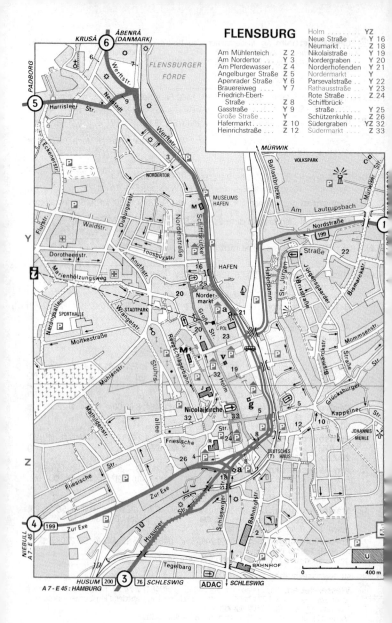

FLENSBURG

Holm		**YZ**
Neue Straße		Y 16
Neumarkt		Z 18
Nikolaistraße		Y 19
Nordergraben		Y 20
Norderhofenden		Y 21
Nordermarkt		Y
Parsevalstraße		Y 22
Rathausstraße		Y 23
Rote Straße		Z 24
Schiffbrück-		
straße		Y 25
Schützenkuhle		Z 26
Südergraben		YZ 32
Südermarkt		Z 33

Am Mühlenteich		Z 2
Am Nordertor		Y 3
Am Pferdewasser		Z 4
Angelburger Straße		Z 5
Apenrader Straße		Y 6
Brauereiweg		Y 7
Friedrich-Ebert-		
Straße		Z 8
Gasstraße		Y 9
Große Straße		Y
Hafermarkt		Z 10
Heinrichstraße		Z 12

Gli alberghi o ristoranti ameni sono indicati nella guida
con un **simbolo rosso**.

Contribuite a mantenere
la guida aggiornata segnalandoci gli alberghi e ristoranti
dove avete soggiornato piacevolmente.

FLINTSBACH AM INN Bayern 420 W 20 – 2 400 Ew – Höhe 496 m – Erholungsort.
🏢 Verkehrsamt, im Rathaus, ⊠ 83126, 𝒫 (08034) 30 66 20, Fax (08034) 306610.
Berlin 662 – München 73 – Bad Reichenhall 85 – Rosenheim 18.

🏠 **Dannerwirt** 🐾, Kirchplatz 4, ⊠ 83126, 𝒫 (08034) 9 06 00, Fax (08034) 906050, 🌺
– 📺 🅿 📶 𝘝𝘐𝘚𝘈
Menu (geschl. Donnerstag) à la carte 34/54 – **27 Z** 🖙 75 – 110/160 – ½ P 25.

FLÖHA Sachsen 418 N 23 – 12 400 Ew – Höhe 340 m.
🔟 Gahlenz (Süd-Ost : 13 km, über Oederan), (037292) 2 37 00.
Berlin 252 – Dresden 59 – Chemnitz 13 – Chomutov – Karlovy Vary 95 – Zwickau 56.

In Oederan Ost : 7 km :.
🏢 Stadtinformation, Markt 9, ⊠ 09569, 𝒫 (037292) 2 23 10, Fax (037292) 22344

🏠🏠 **Andersen** 🅼 garni, Durchfahrt 1a, ⊠ 09569, 𝒫 (037292) 6 03 30, oederan@ander
sen.de, Fax (037292) 60607 – 🔃 ♻ 📺 ❤ 🅿 – 🔬 30. 🆎 ① 🐵 𝘝𝘐𝘚𝘈
24 Z 🖙 85/95 – 135/145.

FLÖRSHEIM Hessen 417 P 9 – 16 600 Ew – Höhe 95 m.
Berlin 556 – Wiesbaden 21 – Frankfurt am Main 29 – Darmstadt 28 – Mainz 15.

🏠 **Herrnberg,** Bürgermeister-Lauck-Straße, ⊠ 65439, 𝒫 (06145) 95 30, HotelHerrnber
g@t-online.de, Fax (06145) 953222 – 🔃 📺 🅿 🆎 ① 🐵 𝘝𝘐𝘚𝘈
Menu (geschl. Juli - Aug. 3 Wochen, Freitag - Samstagmittag) à la carte 31/57 – **36 Z**
🖙 97/155 – 145/205.

In Flörsheim-Bad Weilbach Nord-Ost : 2,5 km :

🏠🏠 **Airport Country Hotel** 🅼, Alleestr. 18, ⊠ 65439, 𝒫 (06145) 93 00, Airport-Cou
ntry-Hotel@t-online.de, Fax (06145) 930230, 🌺 – 🔃, ♻ Zim, 🍽 Rest, 📺 ❤ 🅿 – 🔬 50.
🆎 ① 🐵 𝘝𝘐𝘚𝘈. 🛇 Zim
geschl. 23. Dez. - 2. Jan. – **Menu** à la carte 61/75 – 🖙 20 – **56 Z** 185/270 – 260/360.

FÖCKELBERG Rheinland-Pfalz 417 R 6 – 400 Ew – Höhe 300 m.
Berlin 680 – Mainz 109 – Saarbrücken 72 – Trier 96 – Kaiserslautern 22.

Beim Wildpark Potzberg West : 1 km – Höhe 562 m

🏠 **Turm-Hotel** 🐾, Auf dem Potzberg 3, ⊠ 66887, 𝒫 (06385) 7 20, turmhotel-pfalz
@t-online.de, Fax (06385) 72156, ≤ Pfälzer Bergland, 🌺, « Rittersaal », 🚄 – 📺 🅿 –
🔬 100. 🆎 ① 🐵 𝘝𝘐𝘚𝘈 𝙅𝘾𝘽
Menu à la carte 32/58 🍷 – **47 Z** 🖙 91/96 – 138/148.

FÖHR (Insel) Schleswig-Holstein 415 B 9 Insel der Nordfriesischen Inselgruppe – Seebad.
Ausflugsziele : Die Halligen★ (per Schiff).
🔟 Nieblum-Greveling, 𝒫 (04681) 58 04 55.
🚢 von Dagebüll (ca. 45 min). Für PKW Voranmeldung bei der Wyker Dampfschiffs-Reederei
GmbH in Wyk, 𝒫 (04681) 8 01 40, Fax (04681) 80116.
ab Hafen Dagebüll : Berlin 466 – Kiel 126 – Sylt (Westerland) 14 – Flensburg 57 – Niebüll 15.

Nieblum – 800 Ew.
🏠🏠 **Landhotel Witt** (mit Gästehaus), Alkersumstieg 4, ⊠ 25938, 𝒫 (04681) 5 87 70, Landho
tel-Witt@t-online.de, Fax (04681) 587758, « Gartenterrasse », 🚄, 🌳 – ♻ Zim, 📺 🅿
geschl. 10. Jan. - 20. Feb. – **Menu** (geschl. Montagmittag, ausser Saison Montag) à la carte
44/82 – **15 Z** 🖙 130/195 – 180/250 – ½ P 38.

Oevenum – 500 Ew.
🏠🏠 **Landhaus Laura** 🐾, Buurnstrat 49, ⊠ 25938, 𝒫 (04681) 5 97 90, landhaus-laura
@foehr.net, Fax (04681) 597935, « Gartenterrasse », 🚄 – ♻ 📺 🅿 🆎 ① 🐵 𝘝𝘐𝘚𝘈.
🛇 Rest
geschl. Mitte Nov. - Mitte Dez. – **Menu** (geschl. Montagmittag, Dienstag - Mittwochmittag)
à la carte 37/64 – **15 Z** 🖙 135/215 – 220/290.

Wyk – 5 000 Ew – Heilbad.
🏢 Kurverwaltung, Rathaus, Hafenstraße 23, ⊠ 25938, 𝒫 (04681) 30 40, Fax (04681)
3068.

🏠 **Duus,** Hafenstr. 40, ⊠ 25938, 𝒫 (04681) 5 98 10, duus-hotel@t-online.de,
Fax (04681) 598140 – 📺 🆎 ① 🐵 𝘝𝘐𝘚𝘈
geschl. Mitte Nov. - 24. Dez., Mitte Jan. - Mitte Feb. – **Austernfischer** (geschl. Donnerstag)
Menu à la carte 40/56 – **22 Z** 🖙 120/140 – 160/190.

XXX **Alt Wyk,** Große Str. 4, ✉ 25938, ☎ (04681) 32 12, Fax (04681) 59172,
« Restaurantstuben im rustikal-regionalen Stil » – ⟨⟩
geschl. Mitte Jan. - Feb., Mitte - Ende Nov., Dienstag – **Menu** *(nur Abendessen)* à la carte
46/77.

X **Friesenstube,** Süderstr. 8, ✉ 25938, ☎ (04681) 24 04, Fax (04681) 915 – ▥
🕙 **VISA**
geschl. 10. Jan. - 17. Feb., Montag – **Menu** à la carte 34/70.

FORBACH Baden-Württemberg ⓐⓘⓨ T 9 – 6 000 Ew – Höhe 331 m – Luftkurort.
🔹 *Tourist-Info, Kurhaus, Striedstr. 14, ✉ 76596, ☎ (07228) 23 40, Fax (07228) 2997.*
Berlin 717 – Stuttgart 106 – Karlsruhe 46 – Freudenstadt 31 – Baden-Baden 26.

An der Schwarzenbachtalsperre *Süd-West : 9,5 km über Raumünzach - Höhe 670 m :*

🏛 **Schwarzenbach-Hotel** ⟨⟩, ✉ 76596 Forbach, ☎ (07228) 91 90, *Schwarzenbach*
-Hotel@ t-online.de, Fax (07228) 919160, 😊, 🔲, 🌡 – 📶 📺 **P** – 🔏 40. ▥ ⓞ 🕙
VISA 🇯🇨🇧
Menu *(geschl. 5. Nov. - 7. Dez., außer Saison Montag - Dienstag)* à la carte 30/64 – **33 Z**
⊑ 99 – 139/155 – ½ P 25.

In Forbach-Hundsbach *Süd-West : 14 km über Raumünzach – Wintersport : 750/1000 m ⚡ 1*
⚡ :

🏛 **Feiner Schnabel** ⟨⟩, Hundseckstr. 24, ✉ 76596, ☎ (07220) 2 72, *KSiegwarth@ ao*
⚙ *l.com, Fax (07220) 352,* 😊, ⟨s⟩, 🔲, 🌡 – ⟨⟩ Zim, 📺 ⟨⟩ **P**, ▥ ⓞ **VISA**.
🌾 Rest
geschl. 2. Nov. - 20. Dez. – **Menu** *(geschl. Dienstag)* à la carte 24/56 ⚙ – **9 Z** ⊑ 70/140
– ½ P 23.

FORCHHEIM Bayern ⓐⓩⓞ Q 17 – 31 000 Ew – Höhe 265 m.
Sehenswert : *Pfarrkirche (Bilder der Martinslegende★).*
🔹 *Tourist-Information, Rathaus, Hauptstr. 24, ✉ 91301, ☎ (09191) 71 43 38, Fax*
(09191) 714206.
Berlin 429 – München 206 – Nürnberg 38 – Bamberg 25 – Würzburg 93.

🏛🏛 **Kleines Hotel Garni,** Dreikirchenstr. 13, ✉ 91301, ☎ (09191) 7 07 90, *ThomasBud*
de@ t-online.de, Fax (09191) 707930 – ⟨⟩ 📺 ▥ ⓞ 🕙 **VISA**
12 Z ⊑ 120/160.

🏛 **Franken,** Ziegeleistr. 17, ✉ 91301, ☎ (09191) 62 40 (Hotel), 6 24 44 (Rest.), *hotelfr*
anken@ doettl.de, Fax (09191) 62480, 😊 – ⟨⟩ Zim, 📺 ⟨⟩ ⟨⟩ **P**, ▥ ⓞ 🕙 **VISA**.
🌾 Zim
Bobby's *(nur Abendessen)* **Menu** à la carte 34/52 – **40 Z** ⊑ 79/99 – 109/139.

🏛 **Am Kronengarten** garni, Bamberger Str. 6a, ✉ 91301, ☎ (09191) 7 25 00, *Hotel*
-Am-Kronengarten@ langenbuch.de, Fax (09191) 66331 – 📶 📺 ▥ 🕙 **VISA**
20 Z ⊑ 95/130.

In Forchheim-Burk *West : 1,5 km :*

🏛 **Schweizer Grom** *(mit Gästehaus),* Röthenstr. 5, ✉ 91301, ☎ (09191) 39 55,
⚙ *Fax (09191) 3955, Biergarten* – 📺 **P** – 🔏 25. 🕙 **VISA**
Menu *(geschl. Freitag)* à la carte 23/45 – **30 Z** ⊑ 70/90 – 100/120.

In Kunreuth-Regensberg *Süd-Ost : 15 km :*

🏛 **Berg-Gasthof Hötzelein** ⟨⟩, ✉ 91358, ☎ (09199) 80 90, *hoetzelein@ berg-gasth*
of.de, Fax (09199) 80999, ≺Fränkische Schweiz, 😊, ⟨s⟩, 🌡 – 📶 📺 **P** – 🔏 30. 🕙
VISA
geschl. 24. Nov. - 24. Dez. – **Menu** *(geschl. Dienstag)* à la carte 32/53 – **31 Z** ⊑ 90/95
– 120/150.

FORCHTENBERG Baden-Württemberg ⓐⓘⓨ S 12 – 3 800 Ew – Höhe 189 m.
Berlin 573 – Stuttgart 83 – Würzburg 82 – Heilbronn 41 – Künzelsau 13.

In Forchtenberg-Sindringen *West : 6 km :*

🏛 **Krone** *(mit Gästehaus),* Untere Str. 2, ✉ 74670, ☎ (07948) 9 10 00, *LandgasthofKro*
ne@ t-online.de, Fax (07948) 2492, 😊, ⟨s⟩ – 📺 ⟨⟩ **P** – 🔏 40. 🕙 **VISA**
geschl. 8. - 28. Jan. – **Menu** *(geschl. Dienstag)* à la carte 28/59 ⚙ – **27 Z** ⊑ 75/80 –
120/130.

FORST Baden-Württemberg siehe Bruchsal.

FORST Rheinland-Pfalz siehe Deidesheim.

FORSTINNING Bayern 420 V 19 – 2 900 Ew – Höhe 512 m.
Berlin 600 – München 27 – Ebersberg 13 – Erding 19 – Rosenheim 44.

In Forstinning-Schwaberwegen Süd-West : 1 km, Richtung Anzing :

🏠 **Zum Vaas,** Münchner Str. 88, ⊠ 85661, ℰ (08121) 4 30 91, Gasthof.Vaas@t-online.de,
Fax (08121) 43094, Biergarten – 📺 🅿 **🕪 VISA**
geschl. Aug. 3 Wochen, Weihnachten - Anfang Jan. – **Menu** (geschl. Montag - Dienstag)
à la carte 26/68 – **9 Z** ⊑ 98/165.

When looking for a quiet hotel
use the thematic maps in the introduction
or look for establishments with the sign 🦢 *or* 🦢.

FRAMMERSBACH Bayern 417 P 12 – 5 100 Ew – Höhe 225 m – Erholungsort – Wintersport :
450/530 m ≰1 🎿.
🛈 Verkehrsverein, Marktplatz 3, ⊠97833, ℰ (09355) 48 00, Fax (09355) 975625.
Berlin 527 – München 332 – Würzburg 55 – Frankfurt am Main 71 – Fulda 74.

🏠 **Landgasthof Kessler,** Orber Str. 23 (B 276), ⊠ 97833, ℰ (09355) 12 36, info@La
ndgasthof-kessler.de, Fax (09355) 99741 – ⋐ Zim, 📺 ⫸ 🅿 – 🔬 30
Menu (geschl. Mittwochabend) à la carte 24/56 ⚹ – **14 Z** ⊑ 59/81 – 99/143 –
½ P 16.

XX **Schwarzkopf** mit Zim, Lohrer Str. 80 (B 276), ⊠ 97833, ℰ (09355) 3 07,
Fax (09355) 4412, Biergarten – 📺 ⫸ **🕪 VISA**. ⋘
geschl. Okt. 3 Wochen – **Menu** (geschl. Montag) (Tischbestellung ratsam) à la carte 27/71
– **6 Z** ⊑ 75/130.

In Frammersbach-Habichsthal West : 7,5 km :

🏠 **Zur frischen Quelle,** Dorfstr. 10, ⊠ 97833, ℰ (06020) 13 93, Fax (06020) 2815, 🌳,
⊜s, 🛋 – 🅿 🕪
geschl. März 2 Wochen, Ende Nov. - Mitte Dez. – **Menu** (geschl. Mittwoch) à la carte 24/49
⚹ – **19 Z** ⊑ 40/55 – 80/84 – ½ P 25.

FRANKENBERG Sachsen 418 N 23 – 16 000 Ew – Höhe 262 m.
🛈 Tourist-Information, Schloßstr. 5, ⊠ 09669, ℰ (037206) 6 94 31, Fax (037206) 72237.
Berlin 245 – Dresden 63 – Chemnitz 13 – Chomutov 79 – Karlovy Vary 95 – Zwickau 54.

🏠 **Landhotel Frankenberg** Ⓜ 🦢, Am Dammplatz 3, ⊠ 09669, ℰ (037206) 7 73,
Landhotel.Frankenberg@t-online.de, Fax (037206) 77599, 🌳, ⊜s – 📲, ⋐ Zim, 📺 🅿 –
🔬 80. 🖭 🕪 **VISA**
Menu à la carte 27/41 – **68 Z** ⊑ 110/135 – 155/189.

🏠 **Lützelhöhe** 🦢 garni, Dr.-Wilhelm-Külz-Str. 53, ⊠ 09669, ℰ (037206) 53 20,
Fax (037206) 5300 – ⋐ 📺 🅿 – 🔬 20. 🕪 **VISA**
20 Z ⊑ 90/130.

🏠 **Am Rittergut** garni, Hainichener Str. 4, ⊠ 09669, ℰ (037206) 50 27 00,
Fax (037206) 502722, ⊜s – ⋐ 📺 🅿 🖭 🕪 **VISA**
12 Z ⊑ 70/90 – 110/140.

FRANKENBERG AN DER EDER Hessen 417 M 10 – 19 000 Ew – Höhe 296 m.
Sehenswert : Rathaus★.
Ausflugsziel : Haina : Ehemaliges Kloster★, Ost : 18 km.
🛈 Verkehrsamt, Obermarkt 13 (Stadthaus), ⊠ 35066, ℰ (06451) 50 51 13, Fax (06451)
505100.
Berlin 451 – Wiesbaden 156 – Marburg 39 – Kassel 78 – Paderborn 104 – Siegen 83.

🏠 **Sonne** 🦢, Marktplatz 2, ⊠ 35066, ℰ (06451) 75 00, anfrage@sonne-frankenberg.de,
Fax (06451) 22147, 🌳, Massage, ⊜s – ⋐ 📺 📞 – 🔬 150. ⓞ 🕪 **VISA**
Menu (geschl. Sonntagabend, Juli - Aug. Sonntag - Montag) (bemerkenswerte Weinkarte)
à la carte 44/73 – **42 Z** ⊑ 98/160 – 160/285 – ½ P 40.

Rats-Schänke , Marktplatz 7, ✉ 35066, ✆ (06451) 7 26 60, *Fax (06451) 726655* – |$|, ⇤ Zim, TV ✆ ⇐. AE ⓓ ⓜ VISA
geschl. 2. - 16. Jan. – **Menu** *(geschl. Donnerstag)* à la carte 31/60 – **38 Z** 100/145 – 170/260 – ½ P 25.

In Frankenberg-Schreufa *Nord : 3,5 km :*

Lößners Landhaus mit Zim, Ginsterweg 29, ✉ 35066, ✆ (06451) 71 54 24, *Fax (06451) 715425, « Gartenterrasse »,* ⇐s – P. ⓜ VISA
geschl. Juni 2 Wochen, Montag – **Menu** à la carte 50/63 – **2 Z** 100/150.

FRANKENHAIN *Thüringen* 418 *N 16 – 1 000 Ew – Höhe 398 m.*
Berlin 330 – Erfurt 39 – Gotha 28 – Ilmenau 14 – Suhl 25.

Am Gisselgrund, Ohrdrufer Str. 9, ✉ 99330, ✆ (036205) 74 30, *Fax (036205) 74334,* ⇐s – TV P. AE ⓓ ⓜ VISA
Menu à la carte 24/39 – **17 Z** 75/120.

FRANKENHAUSEN, BAD *Thüringen* 418 *L 17 – 10 000 Ew – Höhe 138 m – Heilbad.*
Kyffhäuser-Information, Anger 14, ✉ 06567, ✆ (034671) 7 17 16, Fax (034671) 71719.
Berlin 246 – Erfurt 57 – Göttingen 110 – Halle 81 – Nordhausen 31.

Residenz M , Am Schlachtberg 3, ✉ 06567, ✆ (034671) 7 50, *Fax (034671) 75300,* ⩽ Bad Frankenhausen, , Massage, ⇐s, – |$|, ⇤ Zim, ▤ Rest, TV ✆ ♿ P – 30. AE ⓓ ⓜ VISA
Menu à la carte 34/62 – **85 Z** 118/130 – 155/180 – ½ P 28.

Reichental M, Rottleber Str. 4, ✉ 06567, ✆ (034671) 6 80, *Hotel.reichental@t-online.de, Fax (034671) 68100,* , ⇐s, , – |$|, ⇤ Zim, TV ✆ ♿ P – 120. AE ⓓ ⓜ VISA
Menu à la carte 30/74 – **50 Z** 95/130 – 135/185 – ½ P 25.

Grabenmühle, Am Wallgraben 1, ✉ 06567, ✆ (034671) 7 98 82, *Fax (034671) 79883,* Biergarten – TV P. ⓜ VISA.
Menu *(geschl. Sonntag)* à la carte 24/40 – **14 Z** 60/80 – 100/120 – ½ P 15.

FRANKENTHAL IN DER PFALZ *Rheinland-Pfalz* 417 419 *R 9 – 48 000 Ew – Höhe 94 m.*
Siehe auch Mannheim-Ludwigshafen (Umgebungsplan).
Stadtverwaltung, Rathausplatz 2, ✉ 67227, ✆ (06233) 8 93 95, Fax (06233) 89600.
Berlin 618 – Mainz 66 – Mannheim 18 – Kaiserslautern 47 – Worms 10.

FRANKENTHAL IN DER PFALZ

Am Kanal 2
August-Bebel-Straße 3
Bahnhofstraße 4
Erzberger Straße 5
Europaring 6
Friedrich-Ebert-Straße 7
Heinrich-Heine-Straße 10
Heßheimer Straße 12
Karolinenstraße 13
Mahlastraße 14
Mühlstraße 16
Nürnberger Straße 17
Philipp-Karcher-Straße 18
Rathausplatz 19
Speyerer Straße
Wallonenstraße 21
Westliche Ringstraße 23
Willy-Brandt-Anlage 25
Wormser Straße 28
Zuckerfabrikstraße 30

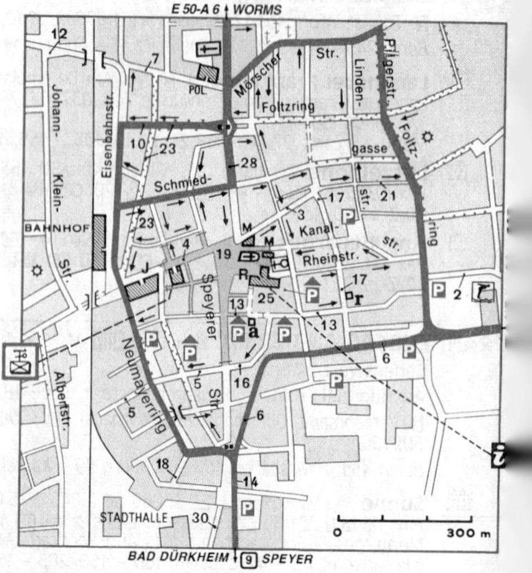

Victor's Residenz-Hotel Ⓜ garni, Mina-Karcher-Platz 9, ✉ 67227, 𝒫 (06233) 34 30, *info@residenz-frankenthal.bestwestern.de*, Fax (06233) 343434, 🖴 – 🖴 ⫫ 📺 💺 🚗 – 🅰 20. 🆎 ⓞ ⓜⓞ 𝗩𝗜𝗦𝗔 𝗝𝗖𝗕 Umgebungsplan Mannheim-Ludwigshafen AU c **104 Z** ⚏ 170/190 – 220/250, 8 Suiten.

Achat Ⓜ garni, Mahlastr. 18, ✉ 67227, 𝒫 (06233) 49 20, *frankenthal@achat-hotel.de*, Fax (06233) 492999 – 🖴 ⫫ 📺 💺 🚗 🅿 🆎 ⓜⓞ 𝗩𝗜𝗦𝗔 ⚏ 22 – **126 Z** 111/154 – 139/182. Umgebungsplan Mannheim-Ludwigshafen AU a

Central, Karolinenstr. 6, ✉ 67227, 𝒫 (06233) 87 80, *info@hotel-central.de*, Fax (06233) 22151, Biergarten, 🖿 – 🖴, ⫫ Zim, 📺 🅿 – 🅰 80. 🆎 ⓞ ⓜⓞ 𝗩𝗜𝗦𝗔 a **Menu** *(geschl. Sonntag)* à la carte 44/84 – **71 Z** ⚏ 99/159 – 139/189.

Filling, Nürnberger Str. 14, ✉ 67227, 𝒫 (06233) 3 16 60, *post@hotelfilling.de*, Fax (06233) 28259, Biergarten – 📺 💺 🚗 🅿 ⓜⓞ 𝗩𝗜𝗦𝗔 r **Menu** *(nur Abendessen)* à la carte 38/73 – **22 Z** ⚏ 85 – 90/120.

FRANKFURT AM MAIN

Hessen **417** *P 10 – 650 000 Ew – Höhe 40 m*

Berlin 537 ⑧ *– Wiesbaden 41* ⑦ *– Bonn 178* ⑤ *– Nürnberg 226* ③ *– Stuttgart 204* ⑤

🛈 *Touristinformation im Römer* ⊠ *60311,* ℰ *(069) 21 23 88 00, Fax (069) 21237880*

🛈 *Touristinformation im Hauptbahnhof,* ⊠ *60329,* ℰ *(069) 21 23 88 00, Fax (069) 21237880*

ADAC, *Schumannstr. 4*

ADAC, *Schillerstr. 12*

✈ *Frankfurt am Main AU,* ℰ *(069) 6 90 25 95*

🚗 *In Neu-Isenburg, Kurt-Schumacher-Straße*

Messegelände CX, ℰ *(069) 7 57 50, Fax (069) 75756433*

Sehenswert : *Goethehaus★ GZ – Senkenberg-Museum★ (Paläntologie★★) CV* **M⁹** *– Städelsches Museum und Städtische Gallerie★★ GZ – Museum für Kunsthandwerk★ HZ – Deutsches Filmmuseum★ GZ* **M⁷** *– Museum für moderne Kunst★ HY* **M¹⁰** *– Dom★ (Westturm★★, Chorgestühl★, Dom-Museum★) HZ – Palmengarten★ CV – Zoo★★★ FV – Henninger Turm☀★ FX*

🛅 *Frankfurt-Niederrad, Golfstr. 41 BT,* ℰ *(069) 6 66 23 18*

🛅 *Frankfurt-Niederrad, Schwarzwaldstr. 127, BT,* ℰ *(069) 96 74 13 53*

🛅 *Hanau-Wilhelmsbad (Ost : 12 km, über Hanauer Landstraße BS),* ℰ *(06181) 8 20 71*

🛅 *Hofgut Neuhof (Süd : 13 km, über A 661 und Abfahrt Dreieich BU)* ℰ *(06102) 32 70 10*

🛅 *Lindenhof (Bad Vilbel-Dortelweil) (Nord-Ost : 13 km, über Friedberger Landstraße FV),* ℰ *(06101) 5 24 52 00*

Alphabetische Liste Hotels und Restaurants Frankfurt
Liste alphabétique des hôtels et restaurants

STRASSENVERZEICHNIS

FRANKFURT AM MAIN

379

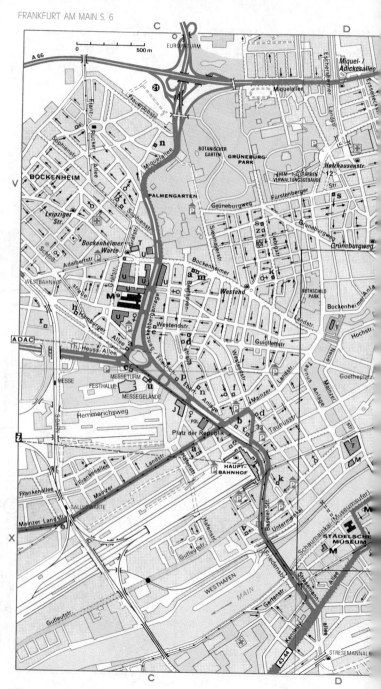

FRANKFURT
AM MAIN

Straßenverzeichnis siehe Frankfurt S. 4

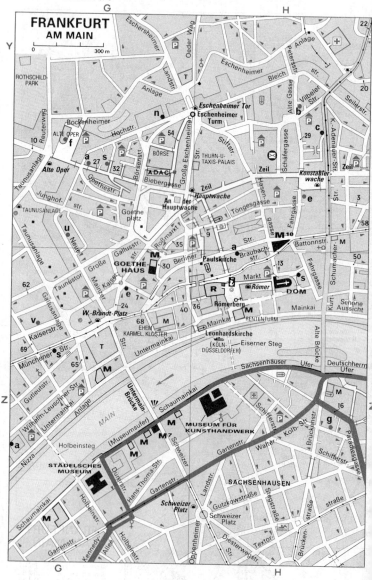

FRANKFURT
AM MAIN

Straßenverzeichnis siehe Frankfurt S. 4

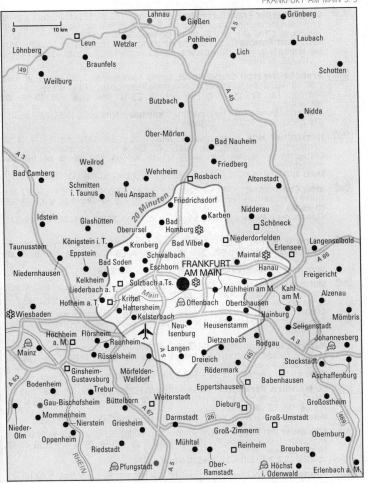

Steigenberger Frankfurter Hof, Bethmannstr. 33, ⌧ 60311, ℰ (069) 2 15 02, infoline@frankfurter-hof.steigenberger.de, Fax (069) 215900, ⌦, Massage, ♨, ≘s – ⧄, ⥮ Zim, ▤ ⧄ ⌑ 氐 – ⩔ 220. ⎈ ⓞ ⓜⓞ ᴠɪꜱᴀ ᴊᴄʙ. ⅍ Rest
GZ e
Restaurant Français (Tischbestellung ratsam) *(geschl. Samstagmittag, Sonntag - Montag)* **Menu** à la carte 93/132 – **Oscar's** : **Menu** à la carte 47/78 – ⌑ 40 – **332 Z** 450/650 – 530/730, 17 Suiten.

ArabellaSheraton Grand Hotel, Konrad-Adenauer-Str. 7, ⌧ 60313, ℰ (069) 2 98 10, Grandhotel.Frankfurt@ArabellaSheraton.de, Fax (069) 2981810, Massage, ♨, ≘s, ⧄ – ⧄, ⥮ Zim, ▤ ⧄ ⌑ ⇔ – ⩔ 300. ⎈ ⓞ ⓜⓞ ᴠɪꜱᴀ ᴊᴄʙ
HY c
Brasserie : **Menu** 65 (nur Lunchbuffet) – **Peninsula** : **Menu** à la carte 53/82 – ⌑ 38 – **378 Z** 550/650 – 620/720, 11 Suiten.

Hessischer Hof, Friedrich-Ebert-Anlage 40, ⌧ 60325, ℰ (069) 7 54 00, info@hessischer-hof.com, Fax (069) 75402924, « Sèvres-Porzellansammlung im Restaurant » – ⧄, ⥮ Zim, ▤ ⧄ ⌑ ⇔ ⓟ – ⩔ 110. ⎈ ⓞ ⓜⓞ ᴠɪꜱᴀ ᴊᴄʙ. ⅍ Rest
CX p
Menu 49 à la carte 79/96 – ⌑ 32 – **117 Z** 370/585 – 460/645, 11 Suiten.

Inter-Continental Ⓜ, Wilhelm-Leuschner-Str. 43, ⌧ 60329, ℰ (069) 2 60 50, frankfurt@interconti.com, Fax (069) 252467, ♨, ≘s, ⧄ – ⧄, ⥮ Zim, ▤ ⧄ ⌑ 氐 – ⩔ 500. ⎈ ⓞ ⓜⓞ ᴠɪꜱᴀ. ⅍ Rest
GZ a
Signatures : **Menu** à la carte 59/100 – ⌑ 38 – **770 Z** 395/445 – 445/775, 35 Suiten.

Hilton Ⓜ, Hochstr. 4, ⌧ 60313, ℰ (069) 1 33 80 00, salesfrankfurt@hilton.com, Fax (069) 13381338, ⌦, ≘s, ⧄ – ⧄, ⥮ Zim, ▤ ⧄ ⌑ ⇔ – ⩔ 300. ⎈ ⓞ ⓜⓞ ᴠɪꜱᴀ ᴊᴄʙ
GY n
Menu 37 (Lunchbuffet) à la carte 63/91 – ⌑ 38 – **342 Z** 485/665, 3 Suiten.

Maritim Ⓜ, Theodor-Heuss-Allee 3, ⌧ 60486, ℰ (069) 7 57 80, info.fra@maritim.de, Fax (069) 75781000, Massage, ♨, ≘s, ⧄ – ⧄, ⥮ Zim, ▤ ⧄ ⌑ 氐 ⇔ – ⩔ 215. ⎈ ⓞ ⓜⓞ ᴠɪꜱᴀ ᴊᴄʙ. ⅍ Rest
CVX c
Classico : **Menu** à la carte 53/77 – **SushiSho** (japanische Küche) *(geschl. Samstagmittag, Sonntag)* **Menu** à la carte 44/75 – ⌑ 34 – **543 Z** 390/490 – 440/540, 24 Suiten.

Marriott, Hamburger Allee 2, ⌧ 60486, ℰ (069) 7 95 50, mhrs.fradt@marriott.com, Fax (069) 79552432, ≤ Frankfurt, Massage, ♨, ≘s – ⧄, ⥮ Zim, ▤ ⧄ ⌑ ⇔ – ⩔ 600. ⎈ ⓞ ⓜⓞ ᴠɪꜱᴀ ᴊᴄʙ. ⅍ Rest
CV a
Menu à la carte 48/71 – ⌑ 34 – **588 Z** 300/695, 10 Suiten.

Le Méridien Parkhotel, Wiesenhüttenplatz 28, ⌧ 60329, ℰ (069) 2 69 70, GM1275@forte-hotels.com, Fax (069) 2697884, ⌦, ♨, ≘s – ⧄, ⥮ Zim, ▤ ⧄ ⌑ ⇔ ⓟ – ⩔ 160. ⎈ ⓞ ⓜⓞ ᴠɪꜱᴀ ᴊᴄʙ
CX k
Menu à la carte 52/92 – ⌑ 36 – **296 Z** 385/485 – 455/575, 11 Suiten.

Alexander am Zoo Ⓜ garni, Waldschmidtstr. 59, ⌧ 60316, ℰ (069) 94 96 00, info@alexander.bestwestern.de, Fax (069) 94960720, ≘s – ⧄ ⥮ ⧄ ⌑ ⇔ – ⩔ 30. ⎈ ⓞ ᴠɪꜱᴀ ᴊᴄʙ. ⅍
FV c
⌑ 25 – **59 Z** 210/250 – 225/265, 9 Suiten.

Palmenhof, Bockenheimer Landstr. 89, ⌧ 60325, ℰ (069) 7 53 00 60, Hotel.Palmenhof@t-online.de, Fax (069) 75300666 – ⧄ ⧄ ⌑ ⇔. ⎈ ⓞ ⓜⓞ ᴠɪꜱᴀ ᴊᴄʙ
CV m
geschl. 23. Dez. - 2. Jan. – **Menu** siehe Rest. **L'Artichoc** separat erwähnt – **46 Z** ⌑ 210/325 – 260/425.

An der Messe garni, Westendstr. 104, ⌧ 60325, ℰ (069) 74 79 79, hotel.an.der.messe@web.de, Fax (069) 748349 – ⧄ ⧄ ⇔. ⎈ ⓞ ⓜⓞ ᴠɪꜱᴀ ᴊᴄʙ
CV e
46 Z ⌑ 230/420 – 280/510.

Sofitel, Savignystr. 14, ⌧ 60325, ℰ (069) 7 53 30, H1305@accor-hotels.com, Fax (069) 7533175 – ⧄, ⥮ Zim, ⧄ – ⩔ 70. ⎈ ⓞ ⓜⓞ ᴠɪꜱᴀ ᴊᴄʙ. ⅍ Rest CX f
Menu à la carte 48/77 – ⌑ 30 – **155 Z** 365/505 – 425/555.

Mercure, Voltastr. 29, ⌧ 60486, ℰ (069) 7 92 60, H1204@accor-hotels.com, Fax (069) 79261606, ⌦, ≘s – ⧄, ⥮ Zim, ▤ ⧄ ⌑ ⇔ – ⩔ 80. ⎈ ⓞ ⓜⓞ ᴠɪꜱᴀ ᴊᴄʙ
BS t
Menu à la carte 39/79 – **346 Z** ⌑ 224/436 – 290/460, 12 Suiten.

Villa Orange Ⓜ garni, Hebelstr. 1, ⌧ 60318, ℰ (069) 40 58 40, contact@villa-orange.de, Fax (069) 40584100, « Modern-elegante Einrichtung » – ⧄ ⥮ ⧄ ⌑ – ⩔ 25. ⎈ ⓞ ⓜⓞ ᴠɪꜱᴀ. ⅍
EV a
38 Z ⌑ 185/200 – 200/230.

🏠 **Imperial**, Sophienstr. 40, ✉ 60487, ✆ (069) 7 93 00 30, *info@imperial.bestwestern.de*, *Fax (069) 79300388*, 🍴 – 📶, ⇆ Zim, 🛏 📺 ✆ ⇔ 🅿 AE ① ⓜ◎
CV t
VISA *JCB*
Menu *(nur Abendessen)* à la carte 44/66 – **60 Z** ⇆ 215/245.

🏠 **Atlantic** Ⓜ garni, Düsseldorfer Str. 20, ✉ 60329, ✆ (069) 27 21 20, *Fax (069) 27212100* – 📶 ⇆ 📺 ✆ ⇔ AE ① *VISA*. ✋
CX b
60 Z ⇆ 210/280 – 215/310.

🏠 **Liebig-Hotel** garni, Liebigstr. 45, ✉ 60323, ✆ (069) 72 75 51, *HotelLiebig@t-online.de*, *Fax (069) 727555* – ⇆ 📺 AE ① ⓜ◎ *VISA* *JCB*. ✋
CV z
geschl. 22. Dez. - 2. Jan. – ⇆ 20 – **19 Z** 190/290 – 235/340.

🏠 **Rema-Hotel Bristol** garni, Ludwigstr. 13, ✉ 60327, ✆ (069) 24 23 90, *rema-bristo l@t-online.de*, *Fax (069) 251539* – 📶 ⇆ 📺 – 🏔 20. AE ① ⓜ◎ *VISA* *JCB*
CX a
145 Z ⇆ 160/220.

🏠 **InterCityHotel**, Poststr. 8, ✉ 60329, ✆ (069) 27 39 10, *InterCityHotel-Ffm@t-onlin e.de*, *Fax (069) 27391999* – 📶, ⇆ Zim, 📺 ✆ 🅿 – 🏔 80. AE ① ⓜ◎ *VISA* *JCB*.
CX e
✋ Rest
Menu *(geschl. Samstag - Sonntagmittag)* à la carte 44/61 – **384 Z** ⇆ 255/270 – 298.

🏠 **Novotel Frankfurt City West**, Lise-Meitner-Str. 2, ✉ 60486, ✆ (069) 79 30 30, *h1049@accor-hotel.com*, *Fax (069) 79303930*, 🍴, ⛲ – 📶, ⇆ Zim, 🛏 📺 ✆ ♿ ⇔
🅿 – 🏔 140. AE ① ⓜ◎ *VISA*
CV r
Menu à la carte 41/59 – **235 Z** ⇆ 195/295 – 250/330.

🏠 **Plaza** Ⓜ garni, Esslinger Str. 8, ✉ 60329, ✆ (069) 2 71 37 80, *info@plaza-frankfurt.bestwestern.de*, *Fax (069) 237650* – 📶 ⇆ 📺 ✆ ⇔. AE ① ⓜ◎
CX v
VISA *JCB*
45 Z ⇆ 175/230 – 245/295.

🏠 **Metropolitan** Ⓜ garni, Münchener Str. 15, ✉ 60329, ✆ (069) 2 42 60 90, *Metropo litan-Hotel@t-online.de*, *Fax (069) 24260999* – 📶 📺. AE ① ⓜ◎ *VISA*
GZ s
42 Z ⇆ 170/430 – 200/460.

🏠 **Miramar** Ⓜ garni, Berliner Str. 31, ✉ 60311, ✆ (069) 9 20 39 70, *info@miramar-fr ankfurt.de*, *Fax (069) 92039769* – 📶 ⇆ 📺 ✆. AE ① ⓜ◎ *VISA* *JCB*
HZ a
geschl. 23. - 31. Dez. – **39 Z** ⇆ 200/250.

🏠 **Domicil** garni, Karlstr. 14, ✉ 60329, ✆ (069) 27 11 10, *info@domicil-frankfurt.bestw estern.de*, *Fax (069) 253266* – 📶 ⇆ 📺. AE ① ⓜ◎ *VISA* *JCB*
CX d
geschl. Weihnachten - Neujahr – **67 Z** ⇆ 172/210 – 225/245.

🏠 **Manhattan** garni, Düsseldorfer Str. 10, ✉ 60329, ✆ (069) 2 69 59 70, *Manhattan-Ho tel@t-online.de*, *Fax (069) 269597777* – 📶 📺 ✆. AE ① ⓜ◎ *VISA*
CX r
54 Z ⇆ 150/190 – 180/250.

🏠 **Atrium** garni, Beethovenstr. 30, ✉ 60325, ✆ (069) 97 56 70, *info@atrium.pacat.com*, *Fax (069) 97567100* – 📶 📺 ✆. AE ① ⓜ◎ *VISA* *JCB*
CV d
geschl. 23. Dez. - 3. Jan. – **45 Z** ⇆ 220/320.

🏠 **Am Dom** garni, Kannengießergasse 3, ✉ 60311, ✆ (069) 1 38 10 30, *Fax (069) 283237* – 📶 📺. AE ⓜ◎ *VISA*
HZ s
30 Z ⇆ 170/240 – 210/320.

🏠 **Astoria** garni, Rheinstr. 25, ✉ 60325, ✆ (069) 97 56 00, *astoria@block.de*, *Fax (069) 97560140*, ✋ – 📺 ✆ 🅿. AE ① ⓜ◎ *VISA*. ✋
CX n
geschl. Weihnachten - Anfang Jan. – ⇆ 15 – **55 Z** 99/140 – 140/180.

🏠 **Diana** garni, Westendstr. 83, ✉ 60325, ✆ (069) 74 70 07, *Fax (069) 747079* – 📺. AE
CV d
① ⓜ◎ *VISA* *JCB*. ✋
26 Z ⇆ 99/119 – 175.

🏠 **Corona** garni, Hamburger Allee 48, ✉ 60486, ✆ (069) 77 90 77, *Fax (069) 708639* –
📶 📺 🅿. AE ① ⓜ◎ *VISA* *JCB*
CV h
geschl. 23. Dez. - 3. Jan. – **26 Z** ⇆ 110/145 – 150/195.

✕✕✕ **Tiger-Restaurant**, Heiligkreuzgasse 20, ✉ 60313, ✆ (069) 92 00 22 25, *info@tige
❀ rpalast.com*, *Fax (069) 92002217*, (Variété-Theater im Haus) – 🛏. AE ① ⓜ◎
FV s
VISA. ✋
geschl. 9. Juli - 21. Aug., Sonntag - Montag – **Menu** *(nur Abendessen)* (Tischbestellung erforderlich) à la carte 103/128
Spez. Tomatenvariation mit Pesto (Saison). Loup de mer mit provencialischen Gemüsen. Crème brûlée mit Lavendel aromatisiert.

XXX **Opéra,** Opernplatz 1, ⊠ 60313, ℰ (069) 1 34 02 15, *info@opera-restauration.de,*
Fax (069) 1340239, 🌲, « Ehemaliges Foyer der Alten Oper » – ☰. 🄰🄴
🄼🄾 *VISA*
Menu 69 à la carte 63/101.
GY **f**

XXX **Union Club Restaurant,** Am Leonhardsbrunnen 12, ⊠ 60487, ℰ (069) 70 30 33,
Fax (069) 7073820, 🌲 – *CV* **n**
geschl. 24. Dez. - 7. Jan., Samstag, Sonntag – **Menu** (Tischbestellung ratsam) à la carte
66/94.

XX **Eckstein,** An der Staufenmauer 7, ⊠ 60311, ℰ (069) 1 31 07 27, *Restaurant-Eckste*
in@gmx.de, Fax (069) 1310726 – 🄰🄴 🄾 🄼🄾 *VISA*
HY **e**
geschl. 23. Dez. - 6. Jan., Sonntag, Samstagmittag – **Menu** à la carte 77/99.

XX **Aubergine,** Alte Gasse 14, ⊠ 60313, ℰ (069) 9 20 07 80, *Fax (069) 9200786* – 🄰🄴 🄾
🄼🄾 *VISA*
HY **b**
geschl. Weihnachten - Neujahr, Juli - Aug. 3 Wochen, Samstagmittag, Sonn- und Feiertage
(ausser Messen) – **Menu** (Tischbestellung ratsam, bemerkenswerte Weinkarte) 45 (mittags)
à la carte 76/102.

XX **Gallo Nero,** Kaiserhofstr. 7, ⊠ 60313, ℰ (069) 28 48 40, *Fax (069) 91396594,* 🌲 –
🄰🄴 🄾 🄼🄾 *VISA* *JCB*
GY **s**
geschl. 24. Dez. - 2. Jan., Sonn- und Feiertage (ausser Messen) – **Menu** (italienische Küche)
à la carte 63/94.

XX **La Trattoria,** Fürstenberger Str. 179, ⊠ 60322, ℰ (069) 55 21 30, *Fax (069) 552130*
– 🄰🄴 🄾 🄼🄾 *VISA* *JCB*
DV **s**
geschl. 24. Dez. - 2. Jan., Samstag - Sonntag (ausser Messen) – **Menu** (italienische Küche)
à la carte 88/96.

XX **L'Artichoc,** Bockenheimer Landstr. 91, ⊠ 60325, ℰ (069) 90 74 87 71, *info@lartich*
oc.de, Fax (069) 90748772 – 🄰🄴 🄼🄾 *VISA*
CV **m**
geschl. 24. Dez. - 8. Jan., Juli - Aug. 3 Wochen, Sonn- und Feiertage – **Menu** 39 (mittags)
à la carte 65/93.

X **Gargantua,** Liebigstr. 47, ⊠ 60323, ℰ (069) 72 07 18, *gargantua@t-online.de,*
Fax (069) 71034695, 🌲 – 🄰🄴 🄾 🄼🄾 *VISA*
CV **s**
geschl. Ende Dez. - Anfang Jan., Samstagmittag, Sonn- und Feiertage – **Menu** (Tischbestellung ratsam) 49 (mittags) à la carte 87/118.

X **Ernos Bistro,** Liebigstr. 15, ⊠ 60323, ℰ (069) 72 19 97, *Fax (069) 173838,* 🌲 – 🄰🄴
🕸 🄼🄾 *VISA* *JCB*
CV **k**
geschl. 7. - 16. April, 30. Juni - 22. Juli, 22. Dez. - 7. Jan., Samstag - Sonntag (ausser Messen)
– **Menu** (Tischbestellung ratsam) (französische Küche) 60 (mittags) und à la carte
90/115
Spez. Croustillant von Langustinen mit lauwarmem Gemüsesalat. Bouillabaisse von Hummer, Gambas und Tintenfisch mit Olivencoulis. Milchlammkeule mit Barigoules-Artischocken
und Sahnerisotto.

X **Meyer's Restaurant,** Große Bockenheimerstr. 54, ⊠ 60313, ℰ (069) 91 39 70 70,
Fax (069) 91397071, 🌲 – 🄰🄴 🄾 🄼🄾 *VISA*
GY **a**
geschl. 1. - 8. Jan., Sonntag – **Menu** à la carte 58/92.

X **Kabuki,** Kaiserstr. 42, ⊠ 60329, ℰ (069) 23 43 53, *Fax (069) 233137* – 🄰🄴 🄾 🄼🄾
VISA. 🕸
GZ **v**
geschl. Samstagabend, Feiertage abends, Sonntag – **Menu** (japanische Küche) à la carte
53/113.

X **Tao,** Friedberger Anlage 14, ⊠ 60316, ℰ (069) 44 98 44, *Fax (069) 432596,* 🌲 – 🄰🄴
🄾 🄼🄾 *VISA*
FV **a**
geschl. Montag, Samstagmittag – **Menu** (vietnamesische Küche) à la carte
31/66.

X **Stars und Starlet,** Friedrich-Ebert-Anlage 49, ⊠ 60327, ℰ (069) 7 56 03 00,
Fax (069) 75603044, « Phantasievolle Designereinrichtung » – 🄰🄴 🄾 🄼🄾
VISA *JCB*
CX **u**
geschl. Samstagmittag, Sonntag – **Menu** à la carte 52/76.

X **Main Tower Restaurant,** Neue Mainzer Str. 52 (53. Etage), ⊠ 60297,
ℰ (069) 36 50 47 71, *Fax (069) 36504871,* ≼ Frankfurt – 🛗. 🄰🄴 🄼🄾
VISA. 🕸
GY **u**
Menu (Tischbestellung ratsam) à la carte 46/73.

X **Bauer,** Sandweg 113, ⊠ 60316, ℰ (069) 40 59 27 44, *Fax (069) 40592744* FV **n**
Menu (nur Abendessen) à la carte 49/65.

Frankfurter Äppelwoilokale *(kleines Speisenangebot)* :

X **Zum Rad,** Leonhardsgasse 2 (Seckbach), ⊠ 60389, 𝒫 (069) 47 91 28, *info@zum-rad*
.de, Fax (069) 472942, 🍴
BR s
geschl. 20. Dez. - 15. Jan., Dienstag, Nov. - März Montag - Dienstag – **Menu** *(wochentags ab 17 Uhr, Sonn- und Feiertage ab 15 Uhr geöffnet)* à la carte 25/47.

X **Klaane Sachsehäuser,** Neuer Wall 11 (Sachsenhausen), ⊠ 60594, 𝒫 (069) 61 59 83,
Fax (069) 622141, 🍴
FX n
geschl. Sonntag – **Menu** *(ab 16 Uhr geöffnet)* à la carte 23/45.

X **Zum gemalten Haus,** Schweizer Str. 67 (Sachsenhausen), ⊠ 60594, 𝒫 (069)
61 45 59, Fax (069) 6031457, 🍴
EX c
geschl. Ende Juli - Mitte Aug., Montag - Dienstag (ausser Messen) – **Menu** à la carte
20/27.

X **Adolf Wagner,** Schweizer Str. 71 (Sachsenhausen), ⊠ 60594, 𝒫 (069) 61 25 65,
Fax (069) 611445, 🍴. Æ ⓪ ⓪ 𝐕𝐈𝐒𝐀
EX c
Menu à la carte 25/39.

X **Zur Buchscheer,** Schwarzsteinkautweg 17 (Sachsenhausen), ⊠ 60598, 𝒫 (069)
63 51 21, *info@buchscheer.de, Fax (069) 63199516,* 🍴 – 🅿
BT s
geschl. Dienstag – **Menu** *(Montag - Freitag ab 15 Uhr geöffnet)* à la carte 26/50.

X **Zur Eulenburg,** Eulengasse 46 (Bornheim), ⊠ 60385, 𝒫 (069) 45 12 03,
Fax (069) 4692645, 🍴
FV x
geschl. Juli 3 Wochen, Montag - Dienstag – **Menu** *(ab 16 Uhr geöffnet)* à la carte
26/44.

In Frankfurt - Bergen-Enkheim :

🏨 **Amadeus,** Röntgenstr. 5, ⊠ 60338, 𝒫 (06109) 37 00, *frankfurt-res@avalon-hotel.de,*
Fax (06109) 370720, 🍴 – 🛗, ⇔ Zim, 🖙 📺 📞 & 🚗 🅿 – 🔬 80. Æ ⓪ ⓪ 𝐕𝐈𝐒𝐀
⊱ Rest
BR r
Menu *(geschl. 22. Dez. - 7. Jan., Samstagmittag, Sonntagmittag)* à la carte 41/66 – **160 Z**
⇌ 229/239 – 249/359.

🏨 **Borger,** Triebstr. 51, ⊠ 60388, 𝒫 (06109) 3 09 00, *HOTEL-BORGER@t-online.de,*
Fax (06109) 309030 – 📺 📞 🚗 🅿 Æ ⓪ ⓪ 𝐕𝐈𝐒𝐀 ⊱
BR c
geschl. 24. Dez. - 2. Jan. – **Menu** *(wochentags nur Abendessen)* à la carte 30/54 – **34 Z**
⇌ 140/190 – 180/260.

🏨 **Schöne Aussicht,** Im Sperber 24, ⊠ 60388, 𝒫 (06109) 28 13, *info@schoene-auss*
icht.de, Fax (06109) 21785, ⇐, 🍴 – 🛗 ⇔ 📺 📞 🅿 – 🔬 40. Æ ⓪
⓪ 𝐕𝐈𝐒𝐀
BR n
Menu à la carte 32/71 – **39 Z** ⇌ 115/150 – 140/200.

In Frankfurt-Griesheim :

🏨 **Courtyard by Marriott,** Oeserstr. 180, ⊠ 65933, 𝒫 (069) 3 90 50,
Fax (069) 3808218, ⇐s, 🔲 – 🛗, ⇔ Zim, 🖙 Rest, 📺 📞 🅿 – 🔬 240. Æ ⓪ ⓪ 𝐕𝐈𝐒𝐀
⊱ Rest
AS p
Menu à la carte 43/61 – ⇌ 26 – **236 Z** 185/445 – 185/470.

In Frankfurt-Harheim *Nord : 12 km über Homburger Landstraße* BR *und Bonames :*

🏨 **Harheimer Hof,** Alt Harheim 11, ⊠ 60437, 𝒫 (06101) 40 50, *HotelHarheimerHof@t*
-online.de, Fax (06101) 405411, 🍴 – 🛗, ⇔ Zim, 📺 📞 & 🚗 🅿 – 🔬 70. Æ ⓪ ⓪
𝐕𝐈𝐒𝐀 𝐉𝐂𝐁
Menu *(geschl. Juli, Samstagmittag)* à la carte 31/64 – **46 Z** ⇌ 199/210 – 260/360.

In Frankfurt-Hausen :

🏨 **Hausener Dorfkrug,** Alt Hausen 11, ⊠ 60488, 𝒫 (069) 7 89 89 00, *info@Hausen*
er-Dorfkrug.de, Fax (069) 7891367, 🍴 – 📺 🅿 Æ ⓪ ⓪ 𝐕𝐈𝐒𝐀 𝐉𝐂𝐁
BS a
Menu *(geschl. Montag)* à la carte 25/56 – **14 Z** ⇌ 120/170 – 160/220.

In Frankfurt-Heddernheim :

🏨 **relexa** Ⓜ, Lurgiallee 2, ⊠ 60439, 𝒫 (069) 95 77 80, *an@relexa-Frankfurt.progros.de,*
Fax (069) 95778878, 🍴, ⇐s – 🛗, ⇔ Zim, 📺 📞 🚗 🅿 – 🔬 150. Æ ⓪ ⓪
𝐕𝐈𝐒𝐀 𝐉𝐂𝐁
BR x
La Fenêtre : **Menu** à la carte 57/81 – **Boulevard :** **Menu** à la carte 42/64 – **152 Z**
⇌ 298/358.

In Frankfurt-Höchst *West : 10 km über Mainzer Landstraße* AS :

🏨 **Lindner Congress Hotel** Ⓜ, Bolongarostr. 100, ⊠ 65929, 𝒫 (069) 3 30 02 00, *info*
.frankfurt@lindner.de, Fax (069) 33002999, �, ⇐s – 🛗, ⇔ Zim, 🖙 📺 📞 & 🚗 –
🔬 160. Æ ⓪ ⓪ 𝐕𝐈𝐒𝐀 𝐉𝐂𝐁 – ⊱ Rest
Menu à la carte 50/77 – ⇌ 32 – **285 Z** 283/360 – 313/410.

In Frankfurt - Nieder-Erlenbach *Nord : 14 km über Homburger Landstraße* BR :

🏠 **Landhaus Alte Scheune,** Alt Erlenbach 44, ✉ 60437, ✆ (06101) 54 40 00, *alte-s cheune@t-online.de*, Fax (06101) 544045, « Rustikales Restaurant mit Backsteingewölbe ; Innenhofterrasse » – 📺 ✆ 🚗 �🅟 – 🏛 30. 🖭 🕘🏧 VISA
Menu *(geschl. 23. Dez. - 7. Jan., Samstag - Sonntag, Feiertage) (nur Abendessen)* (Tisch-bestellung ratsam) à la carte 53/83 – **33 Z** � 165/215 – 235/295.

✗✗ **Erlenbach 33,** Alt Erlenbach 33, ✉ 60437, ✆ (06101) 4 80 98, Fax (06101) 48783 – 🖭 ⓞ 🕘🏧 VISA
geschl. Mitte Juli - Anfang Aug., Dienstag – **Menu** *(wochentags nur Abendessen)* à la carte 46/71.

In Frankfurt - Nieder-Eschbach *über Homburger Landstraße* BR :

🏨 **Darmstädter Hof,** An der Walkmühle 1, ✉ 60437, ✆ (069) 5 09 10 90, Fax (069) 50910950, 🍽 – 📺 ✆ ⍟ – 🏛 80. 🖭 ⓞ 🏧 VISA. ✗ Zim
Menu *(geschl. Juli 2 Wochen, Sonntagabend - Montag, ausser Messen)* à la carte 38/65 – **14 Z** ⊲ 140/175.

🏨 **Markgraf,** Deuil-La-Barre-Str. 103, ✉ 60437, ✆ (069) 9 50 76 30, *info@HotelMarkgr af-FFM.de,* Fax (069) 95076315 – ⍟ Zim, 📺 🚗 ⍟. 🖭 ⓞ 🕘🏧 VISA JCB. ✗ Zim
Menu *(wochentags nur Abendessen)* à la carte 26/58 – **22 Z** ⊲ 100/140 – 180/200.

In Frankfurt-Niederrad :

🏨 **Queens Hotel,** Isenburger Schneise 40, ✉ 60528, ✆ (069) 6 78 40, *Reservation.QFr ankfurt@Queensgruppe.de,* Fax (069) 6784190, 🍽, Biergarten, Massage, 🕬, 🚭 – 🛗, ⍟ Zim, 📺 ✆ ⍟ ⅌ – 🏛 250. 🖭 ⓞ 🕘🏧 VISA JCB
Menu à la carte 40/75 – ⊲ 28 – **295 Z** 250/485 – 310/575.   BT **m**

🏨 **ArabellaSheraton Congress Hotel,** Lyoner Str. 44, ✉ 60528, ✆ (069) 6 63 30, *congress@arabellasheraton.com,* Fax (069) 6633667, 🚭, 🎬 – 🛗, ⍟ Zim, 📺 ✆ 🚗 ⍟. 🏛 290. 🖭 ⓞ 🕘🏧 VISA JCB
Menu à la carte 48/68 – **396 Z** ⊲ 315/495 – 380/560, 4 Suiten.   BT **u**

🏨 **Dorint** M, Hahnstr. 9, ✉ 60528, ✆ (069) 66 30 60, *info.frafur@dorint.com,* Fax (069) 66306600, 🚭, 🎬 – 🛗, ⍟ Zim, 🖭 📺 ✆ 🚹 ⍟ – 🏛 180. 🖭 ⓞ 🕘🏧 VISA
Menu à la carte 44/67 – ⊲ 30 – **191 Z** 305/385 – 385/510.   BT **a**

✗✗ **Weidemann,** Kelsterbacher Str. 66, ✉ 60528, ✆ (069) 67 59 96, Fax (069) 673928, 🍽 – ⍟. 🖭 ⓞ 🕘🏧 VISA. ✗
geschl. Samstagmittag, Sonn- und Feiertage – **Menu** (Tischbestellung ratsam) 55 (mittags)   BT **r**
à la carte 86/109.

In Frankfurt-Rödelheim :

✗✗ **Senso e Vita,** Röderichstr. 2, ✉ 60489, ✆ (069) 78 79 00, Fax (069) 78803686 – 🕘🏧 VISA JCB. ✗   AS **e**
geschl. Sonntag – **Menu** (italienische Küche) à la carte 78/134.

In Frankfurt-Sachsenhausen :

🏨 **Holiday Inn** M, Mailänder Str. 1, ✉ 60598, ✆ (069) 6 80 20, *info@frankfurt.holida yinn-queens.de,* Fax (069) 6802333, 🕬, 🚭 – 🛗, ⍟ Zim, 📺 ✆ 🚗 ⍟ – 🏛 220. 🖭 ⓞ 🕘🏧 VISA JCB. ✗ Rest   BT **y**
Menu à la carte 40/75 – ⊲ 32 – **436 Z** 295/360 – 365.

✗✗ **Maingaustuben,** Schifferstr. 38, ✉ 60594, ✆ (069) 60 91 40, Fax (069) 620790 – 🖭 ⓞ 🕘🏧 VISA   HZ **g**
geschl. Ende Juli - Anfang Aug., Sonntagabend, Samstagmittag, Montag – **Menu** à la carte 64/93.

✗✗ **Bistrot 77,** Ziegelhüttenweg 1, ✉ 60598, ✆ (069) 61 40 40, Fax (069) 615998, 🍽 – 🖭 🕘🏧 VISA   EX **a**
geschl. 23. Dez. - 5. Jan., Samstagmittag, Sonntag – **Menu** (französische Küche, bemer-kenswerte Weinkarte) 38 (mittags) à la carte 86/109.

In Eschborn *Nord-West : 12 km :*

🏨 **Novotel,** Philipp-Helfmann-Str. 10, ✉ 65760, ✆ (06196) 90 10, *h0491@accor-hotels .com,* Fax (06196) 482114, 🍽, 🏊 (geheizt), 🌳 – 🛗, ⍟ Zim, 📺 🚹 ⍟ – 🏛 200. 🖭 ⓞ 🕘🏧 VISA JCB   AR **n**
Menu à la carte 37/65 – ⊲ 23 – **224 Z** 190/315.

In Eschborn-Niederhöchstadt *Nord-West : 2 km ab Eschborn* AR :

🏨 **Bommersheim** Ⓜ, Hauptstr. 418, ✉ 65760, ✆ (06173) 60 08 00, *Fax (06173) 600840,* 🍽, « Stilvolle Restauranträume » – 🔟 📺 📞 🅿. 🆎 ⑩ 𝓥𝓘𝓢𝓐
Menu *(geschl. 24. Dez. - 1 Jan., Ende Mai - Ende Juni, Sonn- und Feiertage) (nur Abendessen)* à la carte 39/62 – **35 Z** ⊃ 175/190 - 210/310.

In Neu-Isenburg *Süd : 7 km :*

🏨 **Holiday Inn** Ⓜ, Wernher-von-Braun-Str. 12 (Gewerbegebiet Ost), ✉ 63263, ✆ (06102) 74 60, *Neu-Isenburg@holiday-inn-hotel.de, Fax (06102) 746746,* 🍸 – 🔟, 🌐 Zim, 🖥 📺 📞 & 🚗 🅿 – 🅰 100. 🆎 ⑩ ⑩ 𝓥𝓘𝓢𝓐
geschl. 24. Dez. - 1. Jan. – **Menu** à la carte 41/77 – **164 Z** ⊃ 263/419 - 291/447, 19 Suiten.
BU r

🏨 **Wessinger,** Alicestr. 2, ✉ 63263, ✆ (06102) 80 80, *info@wessinger.com, Fax (06102) 808280,* « Gartenterrasse » – 🔟, 🌐 Zim, 📺 🅿 – 🅰 25. 🆎 ⑩ ⑩ 𝓥𝓘𝓢𝓐
Menu à la carte 42/71 *(auch vegetarische Gerichte)* – **37 Z** ⊃ 178/224.
BU n

🏨 **Hugenottenhof** garni, Carl-Ulrich-Str. 161, ✉ 63263, ✆ (06102) 2 90 09, *Fax (06102) 2900444* – 🔟 🌐 📺 ⇔ – 🅰 20. 🆎 ⑩ ⑩ 𝓥𝓘𝓢𝓐
geschl. 21. Dez. - 2. Jan. – **86 Z** ⊃ 145/210 - 180/240.
BU s

🍽 **Neuer Haferkasten,** Frankfurter Str. 118, ✉ 63263, ✆ (06102) 3 53 29, *Fax (06102) 34542,* 🍽 – 🅿. 🆎 ⑩ ⑩ 𝓥𝓘𝓢𝓐
Menu (italienische Küche) à la carte 57/82.
BU a

🍴 **Frankfurter Haus,** Darmstädter Landstr. 741, ✉ 63623, ✆ (06102) 3 14 66, *Fax (06102) 326899,* 🍽, (Historischer Gasthof), Biergarten – 🅿. 🆎
Menu (Tischbestellung ratsam) à la carte 39/77.
BU e

In Neu-Isenburg-Gravenbruch *Süd-Ost : 11 km :*

🏨 **Kempinski Hotel Gravenbruch,** An der Bundesstraße 459, ✉ 63263, ✆ (06102) 50 50, *reservation.fra@kempinski.com, Fax (06102) 505900,* 🍽, « Park », Massage, 🍸, 🎣 (geheizt), 🎾, 🐎, 🛝 – 🔟, 🌐 Zim, 🖥 📺 📞 ⇔ 🅿 – 🅰 350. 🆎 ⑩ ⑩ 𝓥𝓘𝓢𝓐 𝓙𝓒𝓑. 🍽 Rest
BU t
Menu 50 (mittags) à la carte 71/117 – ⊃ 36 – **283 Z** 295/375 - 435/570, 21 Suiten.

Beim Flughafen Frankfurt Main *Süd-West : 12 km :*

🏨 **Sheraton** Ⓜ, Hugo-Eckener-Ring 15 (Terminal 1), ✉ 60549 Frankfurt, ✆ (069) 6 97 70, *salesfrankfurt@sheraton.com, Fax (069) 69772209,* Massage, 🍸, 🍸, 🛝 – 🔟, 🌐 Zim, 🖥 📺 📞 & – 🅰 700. 🆎 ⑩ ⑩ 𝓥𝓘𝓢𝓐 𝓙𝓒𝓑. 🍽 Rest
AU a
Maxwell's Bistro : Menu à la carte 66/91 – **Taverne** *(geschl. Samstag - Sonntagmittag)* **Menu** à la carte 60/85 – ⊃ 37 – **1020 Z** 475/710 - 505/740, 28 Suiten.

🏨 **Steigenberger Airport Hotel,** Unterschweinstiege 16, ✉ 60549 Frankfurt, ✆ (069) 6 97 50, *info@airporthotel.steigenberger.de, Fax (069) 69752505,* Massage, 🍸, 🛝 – 🔟, 🌐 Zim, 🖥 📺 📞 ⇔ 🅿 – 🅰 300. 🆎 ⑩ ⑩ 𝓥𝓘𝓢𝓐 𝓙𝓒𝓑
AU n
Waldrestaurant Unterschweinstiege : Menu à la carte 56/85 – ⊃ 35 – **420 Z** 349/589 - 429/589, 10 Suiten.

🏨 **Steigenberger Esprix Hotel** Ⓜ, Cargo City Süd, ✉ 60549 Frankfurt, ✆ (069) 69 70 99, *frankfurt@esprix-hotels.de, Fax (069) 69709444,* 🍽 – 🔟, 🌐 Zim, 📺 📞 & 🅿 – 🅰 65. 🆎 ⑩ ⑩ 𝓥𝓘𝓢𝓐 𝓙𝓒𝓑. 🍽 Rest
AU r
Menu à la carte 40/62 – **362 Z** ⊃ 236/396 - 263/423.

Dans la plupart des hôtels, les chambres non réservées par écrit,
ne sont plus disponibles après 18 h.
Si l'on doit arriver après 18 h, il convient de préciser
l'heure d'arrivée – mieux – d'effectuer une réservation par écrit.

Dans ce guide
un même symbole, un même mot,
*imprimé en **noir** ou en rouge, en maigre ou en **gras**,*
n'ont pas tout à fait la même signification.
Lisez attentivement les pages explicatives.

FRANKFURT (ODER) *Brandenburg* 🎫🎫 *I 27 – 79 000 Ew – Höhe 30 m.*
🅱 *Touristinformation, Karl-Marx-Str. 8a,* ✉ *15230,* ✆ *(0335) 32 52 16, Fax (0335) 22565.*
ADAC, *An der Autobahn 3.*
Berlin 101 ② – Potsdam 121 ② – Cottbus 80 ②

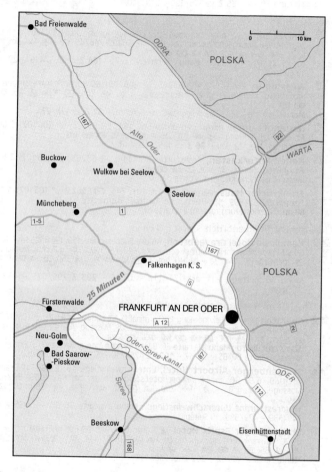

Bad Freienwalde

POLSKA

ODRA

Alte Oder

WARTA

Buckow

Wulkow bei Seelow

Seelow

Müncheberg

Falkenhagen K. S.

POLSKA

25 Minuten

Fürstenwalde

FRANKFURT AN DER ODER

Neu-Golm

Bad Saarow-
-Pieskow

Oder-Spree-Kanal

Spree

ODER

Beeskow

Eisenhüttenstadt

0   10 km

über Fürstenwalder Straße

🏨 **Messehotel** Ⓜ, Nuhnenstr. 47, ✉ 15234, ✆ (0335) 41 47 00, *Messehotel-FFO@ t-o nline.de, Fax (0335) 414747* – 🛗, ⇶ Zim, 📺 ❤ ⟨ 🅿 – 🔥 30. 🆎 ① 💳 💳
Menu *(Montag - Freitag nur Abendessen)* à la carte 28/52 – **65 Z** ⊆ 130/150.   X

🏨 **City Park Hotel** Ⓜ, Lindenstr. 12, ✉ 15230, ✆ (0335) 5 53 20, *info@citypark-hot el.de, Fax (0335) 5532605* – 🛗, ⇶ Zim, 📺 ❤ ⇔ 🅿 – 🔥 40. 🆎 ① 💳
💳 🃏
Menu *(geschl. Samstag - Sonntag)* à la carte 31/53 – **90 Z** ⊆ 126/190 – 172/   Y c
226.

In Frankfurt-Boossen *über ③ : 7 km :*

🏨 **Am Schloß** *garni, Berliner Str. 48 (B 5),* ✉ 15234, ✆ (0335) 6 80 18 41, *Fax (0335) 65427* – 📺 🅿 🆎 ① 💳 💳
13 Z ⊆ 85/90 – 120.

FRANKFURT/ODER

Am Kleistpark	X	2
Berliner Straße	X	3
Carl-Philipp-Emanuel-Bach-Straße	X	4
Einheit (Platz der)	X	5
Ernst-Thälmann Straße	X	7
Fürstenberger Straße	Y	8
Große Scharrnstraße	X	9
Heinrich-Hildebrand-Straße	Y	12
Karl-Liebknecht-Straße	X	15
Karl-Marx-Straße	X	
Kleine Oderstraße	X	16
Leipziger Straße	Y	17
Luckauer Straße	Y	18
Paul-Feldner-Straße	XY	19
Rudolf-Breitscheid Straße	X	21
Schmalzgasse	X	22
Tunnelstraße	Y	24
Wieckestraße	X	27

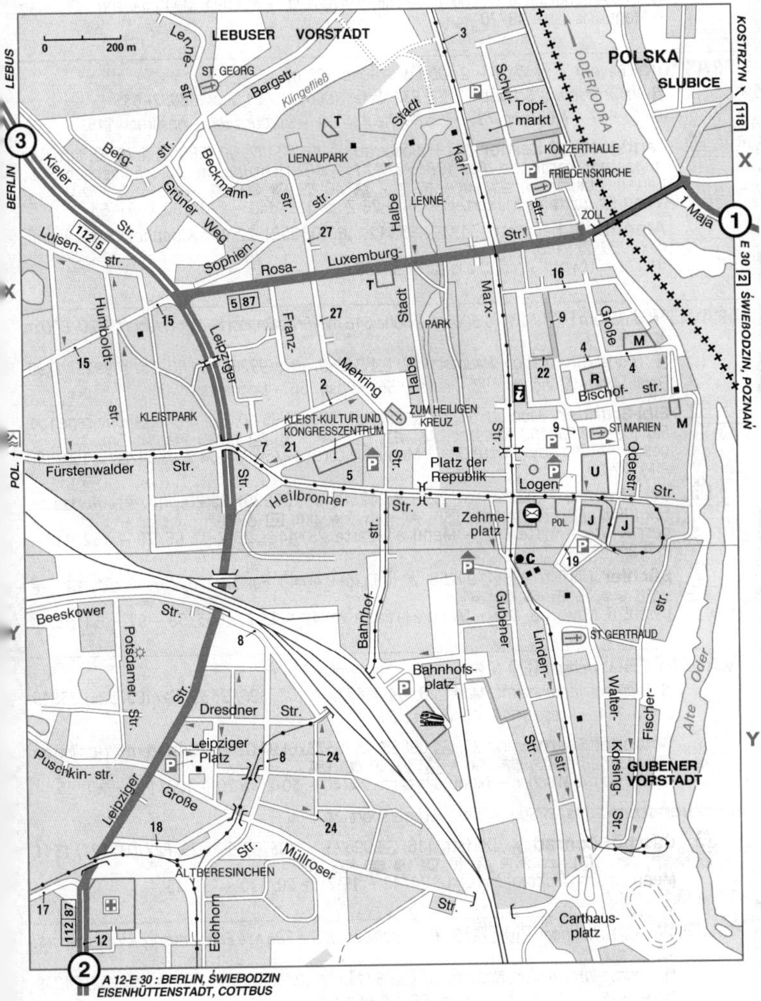

In Frankfurt-Lichtenberg *Süd-West : 7 km, über Leipziger Straße* Y *und Müllroser Chaussee :*

Holiday Inn M, Turmstr. 1, ✉ 15234, ☎ (0335) 5 56 50, *Fax (0335) 5565100*, – Zim, Rest, 240. AE VISA. Rest
Menu à la carte 32/47 – 22 – **166 Z** 80/152 – 110/172.

Benutzen Sie immer die neuesten Ausgaben der **Michelin-Straßenkarten** und **Reiseführer**.

FRANKWEILER Rheinland-Pfalz 417 419 S 8 – 900 Ew – Höhe 250 m.

Berlin 664 – Mainz 113 – Mannheim 49 – Landau in der Pfalz 11 – Neustadt an der Weinstraße 17 – Pirmasens 42.

XX **Robichon,** Orensfelsstr. 31, ⌧ 76833, ℰ (06345) 32 68, Fax (06345) 8529, 🏵 – **P.**
🅫🅞
geschl. Anfang Jan. 1 Woche, Ende Juli - Mitte Aug. 3 Wochen, Montagabend - Dienstag
– **Menu** à la carte 48/70.

FRASDORF Bayern 420 W 20 – 2400 Ew – Höhe 598 m.

🅱 Verkehrsbüro, Schulstr. 7, ⌧ 83112, ℰ (08052) 7 71, Fax (08052) 635.

Berlin 667 – München 78 – Bad Reichenhall 60 – Salzburg 64 – Innsbruck 115.

🏨 **Landgasthof Karner** 🦢, Nußbaumstr. 6, ⌧ 83112, ℰ (08052) 1 79 70, Info@La
ndgasthof-Karner.de, Fax (08052) 4711, « Einrichtung im alpenländischen Stil ;
Gartenrestaurant », 🚗, 🛋 – 📺 **P.** – 🎿 40. 🆎 ⓞ 🅫🅞 VISA JCB
Menu 54 (mittags) à la carte 75/94 – **26 Z** ⌑ 125/140 – 170/290 – ½ P 53

X **Alpenhof,** Hauptstr. 31, ⌧ 83112, ℰ (08052) 22 95, AlpenhofKK@ aol.com,
🐾 Fax (08052) 5118, 🏵 – **P.**
geschl. Mittwoch – **Menu** à la carte 38/68.

FRAUENAU Bayern 420 T 23 – 3300 Ew – Höhe 616 m – Erholungsort – Wintersport : 620/800 m
🎿1 🎿.

🅱 Tourist-Information, Hauptstr. 12, ⌧ 94258, ℰ (09926) 9 41 00, Fax (09926) 1799.

Berlin 482 – München 187 – Passau 56 – Cham 66 – Deggendorf 43.

🏨 **Eibl-Brunner,** Hauptstr. 18, ⌧ 94258, ℰ (09926) 95 10, Eibl-Brunner@bnv-regen.de,
Fax (09926) 951160, Massage, 🆓, 🚗, 🔲, 🛋 – 📶 📺 **P.** 🅫🅞 VISA . 🎿 Zim
geschl. Anfang Nov. - Mitte Dez. – **Menu** à la carte 39/54 🍴 – **54 Z** ⌑ 51/89 – 150/190
– ½ P 20.

🏨 **St. Florian,** Althüttenstr. 22, ⌧ 94258, ℰ (09926) 95 20, info@st-florian.de,
Fax (09926) 8266, 🏵, 🚗, 🔲, 🛋 – 📶, 🎿 Zim, 📺 🎿 **P.**
geschl. Nov. - Mitte Dez. – **Menu** à la carte 25/44 – **26 Z** ⌑ 66/79 – 132/138 –
½ P 21.

🏠 **Büchler,** Dörflstr. 18, ⌧ 94258, ℰ (09926) 9 40 40, Fax (09926) 757, ≤, 🏵, 🚗, 🛋
🐾 – 📺 🚗 **P.** 🆎 ⓞ 🅫🅞 VISA
geschl. 6. Nov. - 18. Dez. – **Menu** à la carte 21/42 – **23 Z** ⌑ 53/58 – 91 – ½ P 15.

FRAUENSTEIN Sachsen 418 N 24 – 1500 Ew – Höhe 654 m.

🅱 Fremdenverkehrsamt, Markt 28, ⌧ 09623, ℰ (037326) 93 35, Fax (037326) 83819.

Berlin 231 – Dresden 40 – Chemnitz 51.

🏠 **Goldener Stern,** Markt 21, ⌧ 09623, ℰ (037326) 94 01, goldenerstern@t-online.de,
🐾 Fax (037326) 9403, 🏵 – **P.** – 🎿 30. 🆎 🅫🅞 VISA
geschl. Jan. 2 Wochen – **Menu** à la carte 24/40 – **30 Z** ⌑ 70 – 100/110 – ½ P 15.

In Frauenstein-Nassau Süd : 7 Km – Wintersport 🎿 :

🏠 **Gasthof Conrad** 🦢, Dorfstr. 116, ⌧ 09623, ℰ (037327) 71 25, Fax (037327) 1311,
🐾 🏵, 🚗 🚗 **P.** – 🎿 20. 🆎 ⓞ 🅫🅞 VISA JCB
Menu (geschl. Montag) à la carte 24/42 – **15 Z** ⌑ 80/120 – ½ P 15.

FRAUENWALD Thüringen 418 420 O 16 – 1300 Ew – Höhe 786 m – Erholungsort – Wintersport :
🎿.

🅱 Tourist-Information, Nordstr. 96, ⌧ 98711, ℰ (036782) 6 19 25, Fax (036782) 61239.

Berlin 345 – Erfurt 62 – Coburg 56 – Suhl 17.

🏠 **Drei Kronen,** Südstr. 18, ⌧ 98711, ℰ (036782) 68 00, Fax (036782) 68068, Biergarten, 🛋 – 📺 📞 🚗 **P.**
Menu à la carte 25/44 – **20 Z** ⌑ 69/82 – 92/108.

FRECHEN Nordrhein-Westfalen 417 N 4 – 45000 Ew – Höhe 65 m.

Berlin 579 – Düsseldorf 47 – Bonn 39 – Aachen 65 – Köln 13.

🏨 **Halm-Schützenhaus,** Johann-Schmitz-Platz 22, ⌧ 50226, ℰ (02234) 95 70 00,
Fax (02234) 52232, 🏵 – 📶, 🍽 Rest, 📺 📞 🚗 **P.** – 🎿 200. 🆎 ⓞ 🅫🅞 VISA
Menu (Montag - Freitag nur Abendessen) à la carte 30/75 – **39 Z** ⌑ 170/260.

In Frechen-Königsdorf : *Nord-West* : *4 km* :

🏛 **Königsdorfer Hof** Ⓜ, Augustinusstr. 15, ✉ 50226, ✆ (02234) 6 00 70, *Fax (02234) 600770*, 🌣, ⇔ – ⇌ Zim, 📺 ✆ 📞 – 🔬 30. 🆎 ⓞ ⓦ ⑩ *VISA*
Menu *(geschl. Samstagmittag, Sonntag - Montagmittag)* à la carte 50/76 – **37 Z** ⊆ 168/220 – 226/330, 3 Suiten.

FREDEBURG *Schleswig-Holstein siehe Ratzeburg.*

FREDENBECK *Niedersachsen* 🔢 *F 12 – 4 800 Ew – Höhe 5 m.*
    📷 *Deinster Mühle, (Ost : 2 km), ✆ (04149) 92 51 12.*
    Berlin 354 – Hannover 181 – Hamburg 64 – Bremerhaven 69 – Bremen 91.

🏠 **Fredenbeck** garni, Dinghorner Str. 19, ✉ 21717, ✆ (04149) 9 28 20, *Fax (04149) 928234* – 📺 ✆ 📞 🆎 ⓦ ⑩ *VISA*
10 Z ⊆ 80/100 – 120.

FREIAMT *Baden-Württemberg* 🔢 *V 7 – 4 100 Ew – Höhe 434 m – Erholungsort.*
    🅱 *Verkehrsbüro, Kurhaus, Badstraße 1, ✉ 79348, ✆ (07645) 9 10 30, Fax (07645) 910399.*
    Berlin 790 – Stuttgart 195 – Freiburg im Breisgau 40 – Offenburg 53.

In Freiamt-Brettental :

🏛 **Ludinmühle** 🌭 (mit Gästehaus), Brettental 31, ✉ 79348, ✆ (07645) 9 11 90, *info @Ludinmuehle.de, Fax (07645) 911999*, 🌣, Massage, ⇔, 🔲, 🐎 – ⇅, ⇌ Zim, 📺 ✆ 👶 ⋆⋆ 📞 – 🔬 30. 🆎 ⓞ ⓦ ⑩ *VISA*. 🍴 Rest
geschl. 15. - 25. Jan. – **Menu** 39/65 à la carte 40/84 – **53 Z** ⊆ 113/192 – 202/324 – ½ P 25.

In Freiamt-Mussbach :

🍽 **Zur Krone**, Mussbach 6, ✉ 79348, ✆ (07645) 2 27, *Fax (07645) 227*, 🌣 – 📞
geschl. Jan. 2 Wochen, Aug. 3 Wochen, Mittwoch – Menu *(Montag - Freitag nur Abendessen)* (Tischbestellung ratsam) à la carte 35/65 🍷.

FREIBERG *Sachsen* 🔢 *N 24 – 47 000 Ew – Höhe 400 m.*
    Sehenswert : Freiberg★ – Dom★★ (Triumphkreuz★, Tulpenkanzel★★, Silbermannorgel★★, Goldene Pforte★★, Begräbniskapelle★) – Mineralogische Sammlung der TU Bergakademie★ – Lehr- und Besucherbergwerk★.
    🅱 *Freiberg-Information, Burgstr. 1, ✉ 09599, ✆ (03731) 2 36 02, Fax (03731) 273260.*
    Berlin 228 – Dresden 49 – Chemnitz 35 – Leipzig 98.

🏛 **Silberhof**, Silberhofstr. 1, ✉ 09599, ✆ (03731) 2 68 80, *mail@silberhof.de, Fax (03731) 268878*, 🌣 – ⇅ 📺 📞 – 🔬 15. 🆎 ⓦ ⑩ *VISA*
Menu *(geschl. Sonntag) (nur Abendessen)* à la carte 27/43 – **30 Z** ⊆ 99/145 – 150/185.

🏠 **Am Obermarkt**, Waisenhausstr. 2, ✉ 09599, ✆ (03731) 2 63 70, *Fax (03731) 2637330* – 📺 📞 – 🔬 15. 🆎 ⓞ ⓦ ⑩ *VISA*
Menu à la carte 26/56 – **33 Z** ⊆ 99/120 – 150/180.

🏠 **Kreller**, Fischerstr. 5, ✉ 09599, ✆ (03731) 3 59 00, *Fax (03731) 23219*, 🌣 – ⇅, ⇌ Zim, 📺 – 🔬 40. 🆎 ⓞ ⓦ ⑩ *VISA*
Menu à la carte 25/60 – **37 Z** ⊆ 98/125 – 130/170.

🍽🍽 **Le Bambou**, Obergasse 1, ✉ 09599, ✆ (03731) 35 39 70, *c.wiesner@atis2000.net, Fax (03731) 32094*, 🌣 – 🆎 ⓦ ⑩ *VISA*
Menu *(wochentags nur Abendessen)* 35/70 à la carte 40/70.

In Bräunsdorf *Nord-West* : *9 km* :

🏠 **Landhaus Striegistal** 🌭, An der Striegis 141, ✉ 09603, ✆ (037321) 88 10, *Fax (037321) 88150*, 🌣, 🐎 – 📺 📞
Menu *(Montag - Freitag nur Abendessen)* à la carte 26/38 – **19 Z** ⊆ 84/94 – 138/158.

In Hetzdorf *Nord-Ost* : *12 km* :

🏠 **Waldhotel Bergschlößchen** 🌭, Am Bergschlößchen 14, ✉ 09600, ✆ (035209)
23 80, *Info@Bergschloesschen.de, Fax (035209) 23819*, ≤, 🌣, 🐎 – 📺 📞 – 🔬 20. 🆎 ⑩ *VISA*
Menu à la carte 23/39 – **18 Z** ⊆ 78/95 – 125/148.

FREIBERG AM NECKAR *Baden-Württemberg siehe Ludwigsburg.*

Berlin 381 – Hannover 197 – Cuxhaven 51 – Bremerhaven 76 – Hamburg 82 – Stade 33.

🏛 **Gut Schöneworth** 🦢, Landesbrücker Str 42, ✉ 21729, 𝄽 (04779) 9 23 50, *gut.s choeneworth@t-online.de*, Fax (04779) 8203, 🍴, « *Ehemaliger Zwei-Ständer Bauernhof a.d.J. 1869* », ⇌, 🐎 – 🍴 Zim, 📺 ⇌ 🅿 – 🕮 80. 🆎 ⓪ ⓜⓞ 𝐕𝐈𝐒𝐀
Menu *(geschl. Montag - Dienstag)* à la carte 38/71 – **15 Z** ⚏ 85/118 – 148/178 – ½ P 35.

---

*Sehenswert : Münster★★ : Turm★★★ (≤★), Hochaltar von Baldung Grien★★ Y – Ehema-
liges Kaufhaus★ YZ B – Rathausplatz★ und Neues Rathaus★ Y R1 –
Augustiner-Museum★★(mittelalterliche Kunst★) Z M1 – Museum für Ur- und Frühge-
schichte (Keltischer Stierkopf★, alemannische Fibel★) Y.*
Ausflugsziel : Schloßberg★ (mit ⬆) Z – Schauinsland★ (≤★), über Günterstalstr. X 21 km.
🛈 *Freiburg-Munzingen (über ③ : 14 km), Großer Brühl 1, 𝄽 (07664) 93 06 10 ; 🛈 Kirchzar-
ten, Krüttweg (über ② : 9 km), 𝄽 (07661) 9 84 70.*
Messegelände an der Stadthalle (über ②), 𝄽 (0761) 7 03 70, Fax (0761) 709885.
🛈 *Tourist Information, Rotteckring 14, ✉ 79098, 𝄽 (0761) 3 88 18 80, Fax (0761)
3881887.*
ADAC, *Karlsplatz 1.*
Berlin 805 ④ – Stuttgart 208 ④ – Basel 71 ④ – Karlsruhe 134 ④ – Strasbourg 86 ④

Stadtpläne siehe nächste Seiten

🏨 **Colombi-Hotel,** Rotteckring 16, ✉ 79098, 𝄽 (0761) 2 10 60, *colombi.freiburg@t-o nline.de*, Fax (0761) 31410, 🍴, Massage, ⇌, 🔲 – 🛗, 🍴 Zim, 📧 📺 📞 ⇌ – 🕮 150. 🆎 ⓪ ⓜⓞ 𝐕𝐈𝐒𝐀
Y r
Colombi-Restaurant (Tischbestellung ratsam) **Menu** 44 (mittags) à la carte 86/128 –
Hans-Thoma-Stube : **Menu** à la carte 49/81 – ⚏ 27 – **124 Z** 310/345 – 410/450,
8 Suiten
Spez. Gänseleber mit Trüffel in Gewürztraminer-Gelee. Steinbutt mit Kaiserschoten und
Morcheljus. Geschmorte Milchlammschulter mit glacierten Artischocken und Champagner-
jus.

🏨 **Dorint am Konzerthaus** Ⓜ, Konrad-Adenauer-Platz 2, ✉ 79098, 𝄽 (0761) 3 88 90,
info.qfbfbc@dorint.com, Fax (0761) 3889100, 🍴, Massage, ⇌, 🔲 – 🛗, 🍴 Zim, 📧
📺 📞 ♿ ⇌ – 🕮 150. 🆎 ⓪ ⓜⓞ 𝐕𝐈𝐒𝐀 𝐉𝐂𝐁
X e
Menu à la carte 43/71 – ⚏ 26 – **219 Z** 286/386 – 321/386, 7 Suiten.

🏨 **Zum Roten Bären,** Oberlinden 12, ✉ 79098, 𝄽 (0761) 38 78 70, *info@roter-baer en.de*, Fax (0761) 3878717, (Haus a.d.J. 1120, seit 1311 Gasthof), ⇌ – 🛗 📺 ⇌ – 🕮 30. 🆎 ⓪ ⓜⓞ 𝐕𝐈𝐒𝐀
Z u
Menu *(geschl. Sonntagabend - Montag)* à la carte 42/82 – **25 Z** ⚏ 198/208 – 257/350.

🏨 **Oberkirchs Weinstuben** (mit Gästehaus), Münsterplatz 22, ✉ 79098, 𝄽 (0761)
2 02 68 68, *Oberkirch@t-online.de*, Fax (0761) 2026869, 🍴 – 🛗 📺 ⇌. 🆎
ⓜⓞ 𝐕𝐈𝐒𝐀
Y a
geschl. Jan. – **Menu** *(geschl. Sonntag)* à la carte 36/74 – **26 Z** ⚏ 115/205 – 245/275.

🏨 **Park Hotel Post** garni, Eisenbahnstr. 35, ✉ 79098, 𝄽 (0761) 38 54 80, *Park-Hotel
-Post-Freiburg@t-online.de*, Fax (0761) 31680 – 🛗 📺 📞 ⇌. 🆎 ⓜⓞ 𝐕𝐈𝐒𝐀 ✂ Y h
44 Z ⚏ 189/198 – 259/299.

🏨 **Victoria** garni, Eisenbahnstr. 54, ✉ 79098, 𝄽 (0761) 20 73 40, *hotel.victoria@t-onlin e.de*, Fax (0761) 20734444 – 🛗 🍴 📺 📞 ⇌ 🅿 – 🕮 25. 🆎 ⓪ ⓜⓞ 𝐕𝐈𝐒𝐀 Y p
63 Z ⚏ 185/215 – 240/310.

🏨 **Rheingold,** Eisenbahnstr. 47, ✉ 79098, 𝄽 (0761) 2 82 10, *HotelRheingold@t-online.de*,
Fax (0761) 2821111 – 🛗, 🍴 Zim, 📺 📞 ⇌ – 🕮 200. 🆎 ⓪ ⓜⓞ 𝐕𝐈𝐒𝐀 Y d
Menu *(geschl. Sonn- und Feiertage)* 35 à la carte 36/62 – **49 Z** ⚏ 190/220 – 280.

🏨 **Novotel,** Am Europaplatz, ✉ 79098, 𝄽 (0761) 3 85 10, *H0492@@accor.hotels.com*,
Fax (0761) 30767, 🍴 – 🛗, 🍴 Zim, 📺 📞 ⇌ – 🕮 70. 🆎 ⓪ ⓜⓞ 𝐕𝐈𝐒𝐀 Y c
Menu à la carte 40/60 – ⚏ 23 – **114 Z** ⚏ 160/180.

🏨 **Central-Hotel** garni, Wasserstr. 6, ✉ 79098, 𝄽 (0761) 3 19 70, *info@central-freibu rg.de*, Fax (0761) 3197100 – 🛗 🍴 📺 ⇌ – 🕮 30. 🆎 ⓪ ⓜⓞ 𝐕𝐈𝐒𝐀 𝐉𝐂𝐁 Y s
49 Z ⚏ 145/160 – 210/230.

🏨 **InterCityHotel,** Bismarckallee 3, ✉ 79098, 𝄽 (0761) 3 80 00, *freiburg@InterCityHo tel.de*, Fax (0761) 3800999 – 🛗, 🍴 Zim, 📺 📞 ♿ – 🕮 40. 🆎 ⓪ ⓜⓞ 𝐕𝐈𝐒𝐀.
✂ Rest
Y n
Menu à la carte 26/56 – **152 Z** ⚏ 190/220 – 210/240.

🏨 **Markgräfler Hof,** Gerberau 22, ✉ 79098, 𝄽 (0761) 38 64 90, *minimum-maximum
@t-online.de*, Fax (0761) 3864944 – 🍴 Rest, 📺 📞. 🆎 ⓪ ⓜⓞ 𝐕𝐈𝐒𝐀 Z c
Menu *(geschl. Aug., Sonntag - Montag)* (nur Abendessen) à la carte 49/92 – **17 Z**
⚏ 160/220 – 205/255.

FREIBURG
IM BREISGAU

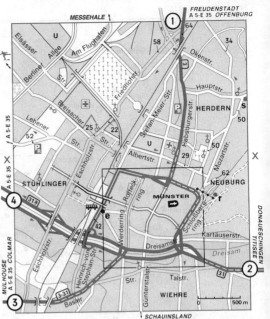

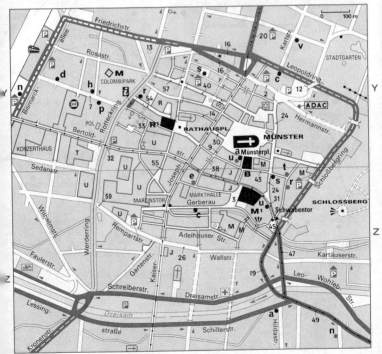

395

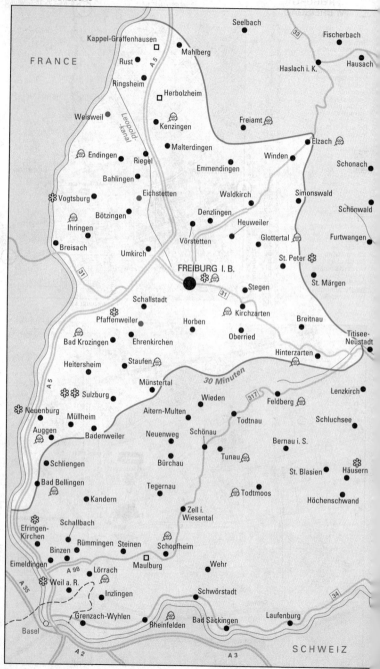

🏨 **Schiller**, Hildastr. 2, ✉ 79102, ☎ (0761) 70 33 70, *Fax (0761) 7033777*, 🍴, « Restaurant im typischen Brasserie-Stil » – 📶 📺 📞 ⓂⓈ 𝗩𝗜𝗦𝗔　　　　Z a
Menu à la carte 41/72 – **22 Z** ⌂ 150 – 180/190.

🏨 **Schwarzwälder Hof** (mit Gästehaus), Herrenstr. 43, ✉ 79098, ☎ (0761) 3 80 30, *info @ hotel-schwarzwaelderhof.de*, *Fax (0761) 3803135* – 📶 📺 🅰🅴 ① ⓂⓈ 𝗩𝗜𝗦𝗔. ⨯　　　Z s
Menu *(geschl. Sonntagabend)* 26 à la carte 28/52 – **47 Z** ⌂ 70/120 – 125/175.

🏨 **Stadthotel Kolping**, Karlstr. 7, ✉ 79104, ☎ (0761) 3 19 30, *info@stadthotel-kolping.de*, *Fax (0761) 3193202* – 📶 📺 – 🄰 40. 🅰🅴 ① ⓂⓈ 𝗩𝗜𝗦𝗔　Y v
Menu à la carte 44/66 – **94 Z** ⌂ 110/122 – 154.

XXX **Wolfshöhle**, Konviktstr. 8, ✉ 79098, ☎ (0761) 3 03 03, *Fax (0761) 288884*, 🍴 – 🅰🅴 ① ⓂⓈ 𝗩𝗜𝗦𝗔. ⨯　　Z t
geschl. Sonn- und Feiertage – **Menu** (italienische Küche) (abends Tischbestellung ratsam) 40/82 à la carte 48/75.

XX **Weinstube zur Traube**, Schusterstr. 17, ✉ 79098, ☎ (0761) 3 21 90, *Fax (0761) 26313* – 🅰🅴 𝗩𝗜𝗦𝗔
geschl. Anfang - Mitte Aug. 3 Wochen, Sonntag - Montagmittag – **Menu** (Tischbestellung ratsam) à la carte 50/90.　　　　Y u

XX **Klösterle**, Dreikönigstr. 8, ✉ 79102, ☎ (0761) 7 57 84, *Fax (0761) 73788*, 🍴 – ⨯　Z n
geschl. 25. Jan. - 25. Feb., Sept. 2 Wochen, Sonntag - Montag – **Menu** (nur Abendessen) (Tischbestellung erforderlich) à la carte 50/85.

XX **Schloßbergrestaurant Dattler**, Am Schloßberg 1 (Zufahrt über Wintererstraße, oder mit Schloßberg-Seilbahn, DM 6,00), ✉ 79104, ☎ (0761) 3 17 29, *info @ dattler.de, Fax (0761) 26243*, ≤ Freiburg und Kaiserstuhl, 🍴 – 🅿. 🅰🅴 ① ⓂⓈ 𝗩𝗜𝗦𝗔　　X r
geschl. Feb. 2 Wochen, Dienstag – **Menu** 30 (mittags) à la carte 42/75 *(auch vegetarisches Menü)*.

X **Großer Meyerhof**, Grünwälderstr. 7, ✉ 79098, ☎ (0761) 2 25 52, *Fax (0761) 281173*, Biergarten – ⓂⓈ 𝗩𝗜𝗦𝗔　　Z e
geschl. Sonntagabend - Montag – **Menu** à la carte 29/63 🍴.

X **Kreuzblume** mit Zim, Konviktstr. 31, ✉ 79098, ☎ (0761) 3 11 94, *info@ hotel-kreuzblume. de, Fax (0761) 26836*, 🍴 – 📶 📺 🅰🅴 ⓂⓈ 𝗩𝗜𝗦𝗔
Menu *(geschl. Mittwoch)* à la carte 44/75 – **8 Z** ⌂ 118/170.

In Freiburg-Betzenhausen *über* ④ : *2 km :*

🏠 **Bischofslinde** 🦢 garni, Am Bischofskreuz 15, ✉ 79114, 𝒫 (0761) 8 26 88,
Fax (0761) 808345 – 📺 ⟸ 🅿 🆎 ⓞ 🆖 𝑉𝐼𝑆𝐴
26 Z ⊃ 105/115 – 145.

In Freiburg-Günterstal *Süd : 2 km über Günterstalstraße* X :

🍴🍴 **Kühler Krug** mit Zim, Torplatz 1, ✉ 79100, 𝒫 (0761) 2 91 03, Fax (0761) 29782, 🍃
– 📺 🆖 𝑉𝐼𝑆𝐴
Menu (geschl. Mittwoch) à la carte 34/84 – **7 Z** ⊃ 90/120.

🍴 **Gasthaus Kybfelsen**, Schauinslandstr. 49, ✉ 79100, 𝒫 (0761) 2 94 40,
Fax (0761) 290117, Biergarten – 🅿 ⓞ 🆖 𝑉𝐼𝑆𝐴
geschl. Montag – **Menu** 29 (mittags) à la carte 42/70.

In Freiburg-Herdern :

🍴🍴 **Eichhalde** (Dahlinger), Stadtstr. 91, ✉ 79104, 𝒫 (0761) 5 48 17, Fax (0761) 54386, 🍃
❀ – 🆖🆖   X s
geschl. 1. - 10. Jan., Aug. 2 Wochen, Samstagmittag, Dienstag – **Menu** (Tischbestellung
ratsam) 48 (mittags) à la carte 82/96
Spez. Marinierter Thunfisch und Taschenkrebstatar mit Avocados. Lammrücken mit Fen-
chelgemüse und Kartoffel-Parmesan-Gratin. Kirschvariation (Saison).

In Freiburg-Kappel *Süd-Ost : 7 km über* ② *und FR-Littenweiler :*

🏠🏠 **Zum Kreuz** (mit Gästehaus), Großtalstr. 28, ✉ 79117, 𝒫 (0761) 62 05 50, Gasthaus.
Kreuzkappel@t-online.de, Fax (0761) 6205540, 🍃, 🖢 – ⊱ Zim, 📺 ⟸ 🅿 🆖 𝑉𝐼𝑆𝐴
Menu (geschl. Jan. 2 Wochen, Juli 2 Wochen, Montag - Dienstag) à la carte 36/66 🕯 – **18 Z**
⊃ 95/100 – 140/180.

In Freiburg-Lehen *über* ④ : *3 km :*

🏠🏠 **Bierhäusle**, Breisgauer Str. 41, ✉ 79110, 𝒫 (0761) 8 83 00, info@bierhaeusle.de,
Fax (0761) 8830133, 🍃 – 🛗 📺 📞 🅿 🆎 ⓞ 🆖 𝑉𝐼𝑆𝐴
Menu (geschl. Sonntagabend - Montag) à la carte 38/72 – **45 Z** ⊃ 105/115 – 160/180.

🏠 **Hirschengarten-Hotel** garni, Breisgauer Str. 51, ✉ 79110, 𝒫 (0761) 8 03 03,
Fax (0761) 8833339 – 🛗 ⊱ Zim, 📺 ⟸ 🅿 🆎 🆖 𝑉𝐼𝑆𝐴
geschl. 15. Dez. - 6. Jan. – **20 Z** ⊃ 95 – 120/140.

🍴 **Hirschen** mit Zim, Breisgauer Str. 47, ✉ 79110, 𝒫 (0761) 8 21 18, Fax (0761) 87994,
🍃 – 📺 🅿
Menu (geschl. Donnerstag) (abends Tischbestellung erforderlich) 40 (mittags) à la carte
38/83 – **8 Z** ⊃ 50/80 – 85/110.

In Freiburg-Littenweiler *über* ② : *2 km :*

🏠🏠 **Schwär's Hotel Löwen**, Kappler Str. 120, ✉ 79117, 𝒫 (0761) 6 30 41, Schwaers.
Hotel.Loewen@t-online.de, Fax (0761) 60690, 🍃 – 🛗 📺 ⟸ 🅿 – 🔬 60. 🆎 ⓞ
🆖 𝑉𝐼𝑆𝐴
Menu à la carte 38/72 – **41 Z** ⊃ 150/170 – 190/220.

In Freiburg-Munzingen *über* ③ : *13 km :*

🏠🏠 **Schloss Reinach**, St. Erentrudis Str. 12, ✉ 79112, 𝒫 (07664) 40 70, info@schloss
reinach.de, Fax (07664) 407155, « Ehemaliger Gutshof a.d.J. 1647 mit modernem
Hotelanbau », 🏋 – 🛗, ⊱ Zim, 📺 🕭 ⟸ 🅿 – 🔬 200. 🆖 𝑉𝐼𝑆𝐴
Menu (Restaurant nur für Hausgäste) – **75 Z** ⊃ 110/150 – 180/230.

In Freiburg-Opfingen *West : 10,5 km über Eschholzstraße* X :

🏠 **Zur Tanne**, Altgasse 2, ✉ 79112, 𝒫 (07664) 18 10, Fax (07664) 5303, 🍃, « Badischer
Gasthof a.d.J. 1786 » – ⊱ Zim, 📺 🅿
geschl. 29. Jan. - 8. März, Mitte - Ende Aug. 2 Wochen – **Menu** (geschl. Juli - April Dienstag)
(Juli - Sept. Montag - Freitag nur Abendessen) (von Mitte April - Mitte Juni nur Spargel-
gerichte) à la carte 32/68 – **7 Z** ⊃ 58/105 – 80/160.

In Freiburg-St. Georgen *über* ③ : *5 km :*

🏠🏠 **Zum Schiff**, Basler Landstr. 35, ✉ 79111, 𝒫 (0761) 40 07 50, hotel-zumschiff@t-o
nline.de, Fax (0761) 40075555, 🍃, 🖢, 🌿 – 🛗, ⊱ Zim, 📺 🕭 ⟸ 🅿 🆎 ⓞ 🆖
𝑉𝐼𝑆𝐴 𝐽𝐶𝐵
Menu à la carte 35/71 – **65 Z** ⊃ 120/195 – 160/240.

🏠 **Ritter St. Georg** garni, Basler Landstr. 82, ✉ 79111, 𝒫 (0761) 4 35 93,
Fax (0761) 44946 – ⊱ Zim, 📺 🅿 🆖 𝑉𝐼𝑆𝐴 🎿
geschl. Weihnachten - Neujahr – **13 Z** ⊃ 99 – 145/150.

Beim Thermalbad *über* ③ *: 9 km (B 3 und B 31) :*

🏨 **Dorint an den Thermen** ⟶, An den Heilquellen 8, ✉ 79111 Freiburg-St.Georgen,
  ☎ (0761) 4 90 80, *Info.QFBFRE@dorint.de, Fax (0761) 4908100,* 🏡, direkter Zugang zum
  Thermalbad – 🛗, ⇔ Zim, 🍽 Rest, 📺 🔥 ⟵ 🅿 – 🕍 80. 🏧 ⓞ ⓦⓢ 𝗩𝗜𝗦𝗔 ᴊᴄʙ
  Menu à la carte 45/62 – **95 Z** ⊑ 210/250 – 260/300.

FREIENWALDE BAD *Brandenburg* 416 *H 26 – 11 000 Ew – Höhe 30 m.*
  🏢 *Touristikinformation, Karl-Marx-Str. 25,* ✉ 16259, ☎ (03344) 34 02, Fax (03344) 3402.
  Berlin 58 – Potsdam 102 – Frankfurt (Oder) 70 – Angermünde 30.

🏨 **Eduardshof** Ⓜ, Eduardshof 8, ✉ 16259, ☎ (03344) 41 30, *Hotel-Edwardshof@t-o
  nline.de, Fax (03344) 413180,* 🏡, Massage, ⇔s, ⇔ – 🛗, ⇔ Zim, 🍽 📺 📞 🔥 🅿 – 🕍 40.
  🏧 ⓞ ⓦⓢ 𝗩𝗜𝗦𝗔
  Menu à la carte 29/54 – **57 Z** ⊑ 130/155 – 170/185.

In Falkenberg *Nord-West : 6 km :*

🏠 **Villa Fontane** garni, Fontaneweg 4, ✉ 16259, ☎ (033458) 3 03 80,
  Fax (033458) 30381, ⟵ – 📺 🅿. ⓦⓢ 𝗩𝗜𝗦𝗔. ⟩⟨
  geschl. Dez. - Feb. – **8 Z** ⊑ 70/100.

FREIGERICHT *Hessen* 417 *P 11 – 13 000 Ew – Höhe 178 m.*
  ⓘ₈ *Hofgut Trages,* ☎ (06055) 9 13 80.
  Berlin 519 – Wiesbaden 77 – Frankfurt am Main 44 – Aschaffenburg 28.

In Freigericht-Horbach – *Erholungsort –*

🏠 **Vorspessart,** Geiselbacher Str. 11, ✉ 63579, ☎ (06055) 8 30 74, Fax (06055) 83490,
  ⊠ – 🛗 📺 🅿. 🏧 ⓦⓢ 𝗩𝗜𝗦𝗔
  geschl. 23. Dez. - 7. Jan. – **Menu** (geschl. Sonntag - Montag) (nur Abendessen) à la carte
  32/53 – **16 Z** ⊑ 70/90 – 120/130.

FREILASSING *Bayern* 420 *W 22 – 15 000 Ew – Höhe 420 m – Erholungsort.*
  🏢 *Verkehrsverein, Bahnhofstr. 2,* ✉ 83395, ☎ (08654) 23 12, Fax (08654) 1795.
  Berlin 729 – München 139 – Bad Reichenhall 20 – Salzburg 7 – Traunstein 29.

🏨 **Moosleitner,** Wasserburger Str. 52 (West : 2,5 km), ✉ 83395, ☎ (08654) 6 30 60, *info
  @moosleitner.com, Fax (08654) 630699,* 🏡, ⇔s, ⟵, ⟩⟨ (Halle) – 🛗, ⇔ Zim, 📺 📞 ⟵
  🅿 – 🕍 30. 🏧 ⓞ ⓦⓢ 𝗩𝗜𝗦𝗔
  Menu (geschl. Anfang Jan. 1 Woche, Samstag) 34 à la carte 43/71 – **50 Z** ⊑ 99/145 –
  185/235 – ½ P 35.

🏠 **Krone** garni, Hauptstr. 26, ✉ 83395, ☎ (08654) 6 01 70, *kronehotel@compuserve.com,*
  Fax (08654) 601717 – 🛗 ⇔ 📺 ⟵. 🏧 ⓞ ⓦⓢ 𝗩𝗜𝗦𝗔. ⟩⟨
  32 Z ⊑ 98/105 – 160.

FREINSHEIM *Rheinland-Pfalz* 417 419 *R 8 – 5 000 Ew – Höhe 100 m.*
  ⓘ₉ *Dackenheim, Im Blitzgrund 1 (Nord-West : 3 km),* ☎ (06353) 98 92 10.
  🏢 *Verkehrsverein, Hauptstr. 2,* ✉ 67251, ☎ (06353) 98 92 94, Fax (06353) 989904.
  Berlin 630 – Mainz 79 – Mannheim 31 – Kaiserslautern 42.

🏨 **Luther,** Hauptstr. 29, ✉ 67251, ☎ (06353) 9 34 80, Fax (06353) 934845, « *Modernes
  Hotel in einem Haus aus der Barockzeit ; Innenhofterrasse* », ⇔s, ⟵ – ⇔ Zim, 📺 📞 🅿
  – 🕍 25. 🏧 ⓦⓢ 𝗩𝗜𝗦𝗔. ⟩⟨
  geschl. Feb. – **Menu** (geschl. Sonntag) (nur Abendessen) (Tischbestellung ratsam, bemer-
  kenswerte Weinkarte) à la carte 81/119 – **23 Z** ⊑ 120/150 – 180/250
  Spez. Sülze von Hummer und getrockneten Tomaten mit Safranvinaigrette. Steinbutt mit
  Schalottenkonfitüre und Korianderchips. Zitronenbuchteln mit warmer Vanillesauce und
  Olivenöleis.

🏨 **Landhotel Altes Wasserwerk** ⟶ garni (mit Gästehaus), Burgstr. 9, ✉ 67251,
  ☎ (06353) 93 25 20, *ALTES.WASSERWERK@t-online.de, Fax (06353) 9325252,* ⟵ – 📺
  📞 🅿 – 🕍 20. ⓦⓢ 𝗩𝗜𝗦𝗔
  19 Z ⊑ 100 – 140/180.

🏠 **Hornung** Ⓜ, Hauptstr. 18, ✉ 67251, ☎ (06353) 9 59 60, Fax (06353) 959660 –
  ⇔ Zim, 📺. ⓦⓢ 𝗩𝗜𝗦𝗔
  Menu (geschl. Montagabend, Donnerstag) à la carte 30/63 – **13 Z** ⊑ 90/105 – 135/155.

❌❌ **Von-Busch-Hof,** Von-Busch-Hof 5, ✉ 67251, ☎ (06353) 77 05, Fax (06353) 3741, 🏡,
  « *Restaurant in einem ehemaligen Kloster* » – ⓦⓢ 𝗩𝗜𝗦𝗔
  geschl. Mitte Jan.- Mitte Feb., Montag - Dienstag – **Menu** (wochentags nur Abendessen)
  à la carte 53/68.

FREISING Bayern 🔲🔲🔲🔲 U 19 – 42 900 Ew – Höhe 448 m.

Sehenswert : Domberg★ – Dom★ (Chorgestühl★, Benediktuskapelle★).

🔋 Kulturamt u. Touristinformation, Marienplatz 7, ⊠ 85354, ℘ (08161) 5 41 22, Fax (08161) 54231.

Berlin 564 – München 37 – Regensburg 86 – Ingolstadt 56 – Landshut 36 – Nürnberg 144.

🏨 **München Airport Marriott** Ⓜ, Alois-Steinecker-Str. 20, ⊠ 85354, ℘ (08161) 96 60, mhrs.mucfr.sales@marriott.com, Fax (08161) 9666281, ℔, ☎s, 🔲 – 🗐, ↔ Zim, 🖳 📺 📞 ዿ 🚗 – 🔬 200. 🖭 ⑩ ⓿ 🐵 Rest
Menu 39 (Lunchbuffet) à la carte 38/75 – ⌑ 29 – **252 Z** 193/258, 5 Suiten.

🏨 **Dorint**, Dr.-von-Daller-Str. 1, ⊠ 85356, ℘ (08161) 53 20, Info.MUCHFM@dorint.com, Fax (08161) 532100, ㈜, ☎s – 🗐, ↔ Zim, 🖳 Zim, 📺 📞 🚗 🅿 – 🔬 70. 🖭 ⑩ ⓿ 𝓥𝓘𝓢𝓐 𝓙𝓒𝓑
Menu à la carte 51/78 – ⌑ 31 – **137 Z** 264/389 – 313/438.

🏨 **Isar** garni, Isarstr. 4, ⊠ 85356, ℘ (08161) 86 50, info@isarhotel.de, Fax (08161) 865555 – 🗐 ↔ 🖳 📺 🚗 🅿 🖭 ⑩ ⓿ 𝓥𝓘𝓢𝓐
54 Z ⌑ 140/185 – 170/215.

🏨 **Bayerischer Hof**, Untere Hauptstr. 3, ⊠ 85354, ℘ (08161) 53 83 00, Fax (08161) 538339 – 🗐 📺 🚗 🅿 🖭 ⑩ ⓿ 𝓥𝓘𝓢𝓐
Menu (geschl. Aug., Freitagabend - Samstag) à la carte 29/53 – ⌑ 10 – **70 Z** 80/90 – 120.

In Freising-Haindlfing Nord-West : 5 km :

✗ **Gasthaus Landbrecht**, Freisinger Str. 1, ⊠ 85354, ℘ (08167) 89 26, ㈜ – ዿ 🅿 ⓿ 𝓥𝓘𝓢𝓐 geschl. Pfingsten 2 Wochen, Ende Aug. - Anfang Sept. 2 Wochen, Montag - Dienstag – Menu (Mittwoch - Freitag nur Abendessen) à la carte 35/63.

Im Flughafen Franz-Josef-Strauß Süd-Ost : 8 km :

🏨 **Kempinski Airport München** Ⓜ, Terminalstraße/Mitte 20, ⊠ 85356 München, ℘ (089) 9 78 20, info@kempinski-airport.de, Fax (089) 97822610, ㈜, ℔, ☎s, 🔲 – 🗐, ↔ Zim, 🖳 📺 📞 ዿ 🚗 🅿 – 🔬 280. 🖭 ⑩ ⓿ 𝓥𝓘𝓢𝓐 Rest
Menu à la carte 55/89 – ⌑ 37 – **389 Z** 390/575 – 440/625, 46 Suiten.

✗✗ **Il Mondo**, Bereich B - Ebene 07, ⊠ 85356 München, ℘ (089) 97 59 32 22, info@allr esto.de, Fax (089) 97593226, ⇐ – 🅿 ⑩ ⓿ 𝓥𝓘𝓢𝓐
Menu (italienische Küche) à la carte 51/68.

In Hallbergmoos Süd : 10 km :

🏨 **Mövenpick Hotel München-Airport**, Ludwigstr. 43, ⊠ 85399, ℘ (0811) 88 80, hotel.muenchen-airport@moevenpick.com, Fax (0811) 888444, ㈜, ☎s – 🗐, ↔ Zim, 🖳 📺 ዿ 🅿 – 🔬 30. 🖭 ⑩ ⓿ 𝓥𝓘𝓢𝓐 𝓙𝓒𝓑 Rest
Menu à la carte 44/70 – ⌑ 26 – **165 Z** 195/295 – 195/295.

In Hallbergmoos-Goldach Süd : 12 km :

🏨 **Daniel's** Ⓜ garni, Hauptstr. 11, ⊠ 85399, ℘ (0811) 5 51 20, Fax (0811) 551213 – ↔ 📺 📞 🅿 – 🔬 15. 🖭 ⑩ ⓿ 𝓥𝓘𝓢𝓐
28 Z ⌑ 120/140 – 160/200.

✗ **Landgasthof Alter Wirt** (mit 🏨 Gästehaus), Hauptstr. 66, ⊠ 85399, ℘ (0811) 5 51 40, Fax (0811) 95050, Biergarten – ↔ Zim, 📺 📞 🅿
Menu (wochentags nur Abendessen) à la carte 29/56 – **14 Z** ⌑ 99/110 – 149/170.

In Oberding-Schwaig Süd-Ost : 12 km :

🏨 **ArabellaSheraton Airport Hotel** Ⓜ, Freisinger Str. 80, ⊠ 85445, ℘ (089) 92 72 20, airport.muenchen@ArabellaSheraton.com, Fax (089) 92722800, ㈜, ☎s, 🔲 – ↔ Zim, 🖳 📺 📞 ዿ 🚗 🅿 – 🔬 140. 🖭 ⑩ ⓿ 𝓥𝓘𝓢𝓐 𝓙𝓒𝓑
Menu 45 (nur Buffet) – ⌑ 29 – **170 Z** 260/319 – 289/348.

🏨 **Astron Hotel München Airport** Ⓜ, Lohstr. 21 (Nord : 2 km), ⊠ 85445, ℘ (08122) 96 70, Muenchen-airport@astron-hotels.de, Fax (08122) 967100, ㈜, ℔, ☎s – 🗐, ↔ Zim, 📺 📞 ዿ 🅿 – 🔬 250. 🖭 ⑩ ⓿ 𝓥𝓘𝓢𝓐 𝓙𝓒𝓑
Menu à la carte 46/74 – ⌑ 25 – **236 Z** 280/480.

FREITAL Sachsen 🔲🔲🔲 N 24 – 38 000 Ew – Höhe 184 m.

☝ Possendorf (Ost : 3 km) ℘ (035206) 24 30.

🔋 Fremdenverkehrsbüro, Dresdner Str. 56, ⊠ 01705, ℘ (0351) 6 47 61 08, Fax (0351) 64764857.

Berlin 205 – Dresden 14 – Freiberg 22 – Chemnitz 70.

🏨 **Stadt Freital**, Bahnhofstr. 10, ⊠ 01705, ℘ (0351) 4 76 03 44, hotel-stadt-freital@f reenet.de, Fax (0351) 4760346, 🗐 – 📺 📞 – 🔬 20. 🖭 ⓿ 𝓥𝓘𝓢𝓐
Menu à la carte 23/45 – **15 Z** ⌑ 90/150.

In Freital-Wurgwitz *Nord-West : 5 km :*

🏨 **Solar Parkhotel** 🐾, Pesterwitzer Str. 8, ✉ 01705, 𝒫 (0351) 6 56 60, *Solarpark@f reenet.de*, Fax (0351) 6502951, ≤, 🏡, ⇔ – |🛉|, ⇔ Zim, ≣ Rest, 📺 ⚉ ⅙ 🅿 – 🔬 80.
🆎 ⓪ ⑩ 𝗩𝗜𝗦𝗔 𝗝𝗖𝗕
Menu à la carte 30/56 – **69 Z** ⇌ 148/168.

In Rabenau *Süd-Ost : 2,5 km :*

🏡 **Rabenauer Mühle** 🐾, Bahnhofstr. 23, ✉ 01734, 𝒫 (0351) 4 60 20 61, *rabenauer -muehle@T-online.de*, Fax (0351) 4602062, 🏡, Biergarten – ⇔ Zim, 📺 🅿 🆎 ⑩ 𝗩𝗜𝗦𝗔
𝗝𝗖𝗕. ⅙
Menu *(Montag - Freitag nur Abendessen)* à la carte 26/45 – **21 Z** ⇌ 75/85 – 130.

🏡 **König Albert Höhe** 🐾, Höhenstr. 26, ✉ 01734, 𝒫 (0351) 64 47 50, Fax (0351) 6447555, ≤, Biergarten, 🐎 – ⇔ Zim, 📺 🅿 – 🔬 80. 🆎 ⑩ ⑩ 𝗩𝗜𝗦𝗔
Menu à la carte 23/49 – **43 Z** ⇌ 78/90 – 135/150.

🏡 **Rabennest** 🐾, Nordstr. 8, ✉ 01734, 𝒫 (0351) 4 76 03 23, Fax (0351) 4760325, 🏡
– 📺 🅿 – 🔬 40. 🆎 ⑩ 𝗩𝗜𝗦𝗔
Menu à la carte 26/47 – **12 Z** ⇌ 80/100 – 120/135.

In Kesselsdorf *Nord-West : 6 km :*

🏨 **Astron,** Zschoner Ring 6 (Gewerbegebiet), ✉ 01723, 𝒫 (035204) 45 90, *Dresden-Kes selsdorf@astron-hotels.de*, Fax (035204) 459113, 🏡, ⇔ – |🛉|, ⇔ Zim, ≣ 📺 ⅙ ⇦
🅿 – 🔬 100. 🆎 ⓪ ⑩ 𝗩𝗜𝗦𝗔
Menu à la carte 41/58 – **126 Z** ⇌ 123/163 – 146/186.

In Hartha, Kurort *West : 7 km :*

🛈 *Touristinformation, Talmühlenstr. 11*, ✉ 01737, 𝒫 (0351) 3 76 16, Fax (0351) 37617

🏨 **Parkhotel Forsthaus,** Am Kurplatz 13, ✉ 01737, 𝒫 (035203) 3 40, Fax (035203) 34150, 🏡, Biergarten, ⇔ – |🛉| ⇔ 📺 🅿 – 🔬 40. 🆎 ⓪ ⑩ 𝗩𝗜𝗦𝗔. ⅙ Rest
Menu à la carte 25/49 – **37 Z** ⇌ 95/105 – 130/160 – ½ P 22.

🏡 **Kirchner,** Talmühlenstr. 14, ✉ 01737, 𝒫 (035203) 24 50, *Hotel-Kirchner@t-online.de*, Fax (035203) 2447, ⇔ – 📺 🅿 – 🔬 15
Menu *(geschl. Donnerstag)* à la carte 22/39 – **28 Z** ⇌ 85/120 – ½ P 20.

FREMDINGEN *Bayern* 𝟰𝟭𝟵 𝟰𝟮𝟬 *T 15 – 2 200 Ew – Höhe 475 m.*
Berlin 511 – München 143 – Augsburg 88 – Nürnberg 114 – Würzburg 124.

In Fremdingen-Raustetten *Süd-West : 2 km :*

🏡 **Waldeck** 🐾, Raustetten 12, ✉ 86742, 𝒫 (09086) 2 30, Fax (09086) 1400, 🏡, 🔲 (Gebühr), 🐎 – ⇦ 🅿 ⅙
geschl. 20. Dez. - Ende Feb. – **Menu** *(wochentags nur Abendessen)* à la carte 21/42 – **20 Z** ⇌ 40/50 – 68/74.

FREUDENBERG *Baden-Württemberg* 𝟰𝟭𝟳 𝟰𝟭𝟵 *Q 11 – 4 000 Ew – Höhe 127 m.*
Berlin 559 – Stuttgart 145 – Würzburg 60 – Aschaffenburg 48 – Heidelberg 85.

🍽🍽 **Rose** mit Zim, Hauptstr. 230, ✉ 97896, 𝒫 (09375) 6 53, Fax (09375) 1491, 🏡 – 📺 ⇦ 🅿 🆎 ⓪ ⑩. ⅙ Zim
geschl. 2 Wochen nach Fasching – **Menu** *(geschl. Dienstag)* à la carte 33/67 – **6 Z** ⇌ 75 – 90/115.

In Freudenberg-Boxtal *Ost : 10 km – Erholungsort :*

🏡 **Rose** 🐾, Kirchstr. 15, ✉ 97896, 𝒫 (09377) 12 12, Fax (09377) 1427, 🏡, 🐎 – 📺 🅿 ⑩
geschl. Feb. – **Menu** *(geschl. Nov. 2 Wochen, Montag)* à la carte 24/46 ⅓ – **24 Z** ⇌ 50/65 – 90/110.

FREUDENBERG *Nordrhein-Westfalen* 𝟰𝟭𝟳 *N 7 – 18 000 Ew – Höhe 300 m – Luftkurort.*
🛈 *Kultur- und Touristikamt der Stadt Freudenberg, Bahnhofstr. 18*, ✉ 57258, 𝒫 (02734) 4 31 20, Fax (02734) 43115.
Berlin 572 – Düsseldorf 119 – Siegen 15 – Dortmund 94 – Hagen 75 – Köln 82.

🏨 **Zur Altstadt,** Oranienstr. 41, ✉ 57258, 𝒫 (02734) 49 60, *Hotel-zur-ALTSTADT@t-o nline.de*, Fax (02734) 49649, 🏡, ⇔ – |🛉| 📺 ⇦ – 🔬 60. 🆎 ⑩ ⑩ 𝗩𝗜𝗦𝗔
Menu à la carte 33/77 – **28 Z** ⇌ 105/160 – 180/220 – ½ P 30.

FREUDENSTADT Baden-Württemberg **409** U 9 – 25 000 Ew – Höhe 735 m – Heilklimatischer Kurort – Wintersport : 660/938 m ⚡4 ⚡.

Sehenswert : Marktplatz★ A – Stadtkirche (Lesepult★★, Taufstein★) AB.

Ausflugsziel : Schwarzwaldhochstraße (Höhenstraße★★ von Freudenstadt bis Baden-Baden) über ④.

🏊 Freudenstadt, Hohenrieder Straße, ℰ (07441) 30 60.

🛈 Tourist-Information, Marktplatz 64, ✉ 72250, ℰ (07441) 86 40, Fax (07441) 85176.

Berlin 713 ② – Stuttgart 88 ② – Karlsruhe 77 ⑤ – Freiburg im Breisgau 96 ③ – Tübingen 73 ② – Baden-Baden 57 ⑤

FREUDENSTADT

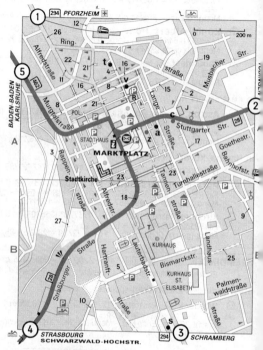

🏨 **Palmenwald,** Lauterbadstr. 56, ✉ 72250, ℰ (07441) 80 70, info@palmenwald.de, Fax (07441) 807400, 🌳, Massage, ⚒, ⚑, ≘s, ⌧, 🌳, ✗ – 📶 ⇆ 🖭 ☎ 🅿 – 🔬 60.
🖭 ① 🕮 ⓥ𝕀𝕊𝔸 𝙹𝙲𝙱
Menu à la carte 37/71 – **82 Z** ⇆ 129/170 – 224/264 – ½ P 30.
B s

🏨 **Schwarzwaldhotel Birkenhof,** Wildbader Str. 95, ✉ 72250, ℰ (07441) 89 20, Refugium-Birkenhof-Freudenstadt@t-online.de, Fax (07441) 4763, 🌳, Massage, ⚒, ≘s, ⌧ – 📶, ⇆ Zim, 🖭 ⇆ 🅿 – 🔬 100. 🖭 ① 🕮 ⓥ𝕀𝕊𝔸 𝙹𝙲𝙱
über ①
Menu à la carte 41/61 – **62 Z** ⇆ 118/149 – 222/246 – ½ P 38.

🏨 **Hohenried** 🏊, Zeppelinstr. 5, ✉ 72250, ℰ (07441) 24 14, Fax (07441) 2559, 🌳, « Rosengarten », ≘s, ⌧, 🌳 – 📶, ⇆ Zim, 🖭 ⇆ 🅿 🕮 ⓥ𝕀𝕊𝔸
über ③
Menu à la carte 42/65 – **27 Z** ⇆ 95/140 – 150/190 – ½ P 35.

🏨 **Bären,** Langestr. 33, ✉ 72250, ℰ (07441) 27 29, Fax (07441) 2887, 🌳 – ⇆ Zim, 🖭. ⓥ𝕀𝕊𝔸
A a
Menu (geschl. Freitag) (wochentags nur Abendessen) à la carte 39/71 – **24 Z** ⇆ 85/105 – 170/180 – ½ P 32.

🏠 **Schwanen,** Forststr. 6, ✉ 72250, ℰ (07441) 9 15 50, Fax (07441) 915544, 🌳 – ⇆ Zim, 🖭 ☎. ⓥ𝕀𝕊𝔸
A v
Menu à la carte 27/55 – **18 Z** ⇆ 70/90 – 134/200 – ½ P 26.

🏡 **Adler,** Forststr. 17, ✉ 72250, ℰ (07441) 9 15 20, info@adler-fds.de, Fax (07441) 915252 – ⇆ Rest, ⇆ 🅿 ⓜⓞ 𝕍𝕀𝕊𝔸. ✗ Zim
A t
geschl. Nov. – **Menu** (geschl. Mittwoch) à la carte 31/47 ⚒ – **12 Z** ⇆ 59/77 – 98/134 – ½ P 25.

XX **Warteck** mit Zim, Stuttgarter Str. 14, ⊠ 72250, ℰ (07441) 9 19 20, warteck@t-onl
ine.de, Fax (07441) 919293 – ½✖ Zim, ⊤⊽, ① ⓦ⊙ 𝗩𝗜𝗦𝗔   A c
Menu (geschl. Dienstag) (bemerkenswerte Weinkarte) à la carte 46/81 – **13 Z** ⌷ 78/95
– 130/150 – ½ P 30.

X   **Jägerstüble** mit Zim, Marktplatz 12, ⊠ 72250, ℰ (07441) 23 87, info@jaegerstueb
le.de, Fax (07441) 51543, 🍴 – ⓦ⊙ 𝗩𝗜𝗦𝗔   A z
geschl. Mitte Okt. - Anfang Nov. – **Menu** (geschl. Sonntagabend - Montag) à la carte 33/64
– **14 Z** ⌷ 65/85 – 120/150.

An der B 28 über ④ : 2 km :

🏨 **Langenwaldsee,** Straßburger Str. 99, ⊠ 72250 Freudenstadt, ℰ (07441) 8 89 30,
Langenwaldsee@t-online.de, Fax (07441) 88936, ≼, 🍴, ≋s, 🔲, 🚿 – ½✖ Rest,
⊤⊽ 🄿
geschl. 2. Nov. - 15. Dez. – **Menu** à la carte 33/78 – **30 Z** ⌷ 95/160 – 170/300 –
½ P 33.

In Freudenstadt-Igelsberg über ① : 11 km – Erholungsort :

🏨 **Krone,** Hauptstr. 8, ⊠ 72250, ℰ (07442) 8 42 80, info@krone-Igelsberg.de,
Fax (07442) 50372, 🍴, ≋s, 🔲, 🚿 – ⧖ ⊤⊽ 🄿 – 🛗 30. 𝖠𝖤 ① ⓦ⊙ 𝗩𝗜𝗦𝗔.
✖✖ Rest
geschl. 30. Nov. - 20. Dez. – **Menu** (geschl. Montag) à la carte 39/75 – **28 Z** ⌷ 75/95 –
110/174 – ½ P 25.

In Freudenstadt-Kniebis West : 10 km – Höhe 920 m – Luftkurort :

🅱 Kurverwaltung, Baiersbronner Str. 23, ⊠ 72250, ℰ (07442) 75 70, Fax (07442) 50632

🏨 **Waldblick** ♨, Eichelbachstr. 47, ⊠ 72250, ℰ (07442) 83 40, INFO@WALDBLICK-
KNIEBIS.de, Fax (07442) 3011, ≋s, 🔲, 🚿 – ⧖ ⊤⊽ ⟲ 🄿 – 🛗 50
geschl. April - Mai 2 Wochen, Anfang Nov. - Mitte Dez. – **Menu** (geschl. Dienstag) à la
carte 41/71 (auch vegetarische Gerichte) – **32 Z** ⌷ 108/145 – 165/263 –
½ P 32.

🏠 **Kniebishöhe** ♨, Alter Weg 42, ⊠ 72250, ℰ (07442) 23 97, Kniebishoehe@t-onlin
e.de, Fax (07442) 50276, ≋s, 🚿 – ⧖ ⊤⊽ 🄿
geschl. April 2 Wochen, 6. Nov. - 18. Dez. – **Menu** (geschl. Dienstag) à la carte 29/59 🕭
– **14 Z** ⌷ 59/75 – 104/144 – ½ P 22.

🏠 **Café Günter,** Baiersbronner Str. 26, ⊠ 72250, ℰ (07442) 8 41 30, Fax (07442) 4252,
🍴 – ⧖ ⊤⊽ ⟲ 🄿 ⓦ⊙ 𝗩𝗜𝗦𝗔
geschl. 26. März - 7. April, 5. Nov. - 15. Dez. – **Menu** (geschl. Montag) à la carte 32/52 🕭
– **17 Z** ⌷ 60/80 – 100/150 – ½ P 22.

In Freudenstadt-Lauterbad über ③ : 3 km – Luftkurort :

🏨 **Kur- und Sporthotel Lauterbad** ♨, Amselweg 5, ⊠ 72250, ℰ (07441) 86 01 70,
info@Lauterbad-wellnesshotel.de, Fax (07441) 8601710, 🍴, « Wellnessbereich »,
Massage, ⅙, ≋s, 🔲, 🚿 – ½✖ Rest, ⊤⊽ 🄿 – 🛗 30. 𝖠𝖤 ① ⓦ⊙ 𝗩𝗜𝗦𝗔
✖✖ Rest
Menu à la carte 39/66 (auch vegetarische Gerichte) – **37 Z** ⌷ 99/140 – 202/280 –
½ P 28.

🏨 **Grüner Wald** ♨, Kinzigtalstr. 23, ⊠ 72250, ℰ (07441) 86 05 40, hotel@gruener-w
ald.de, Fax (07441) 8605425, 🍴, ≋s, 🔲, 🚿, 🐎 – ½✖ Zim, ⊤⊽ 🛏 ⟲ 🄿 – 🛗 25.
ⓦ⊙ 𝗩𝗜𝗦𝗔
Menu 28 à la carte 38/62 – **40 Z** ⌷ 116/155 – 216/300 – ½ P 25.

In Freudenstadt-Zwieselberg über ④ : 8 km Richtung Bad Rippoldsau :

🏠 **Hirsch,** Haus Nr. 10, ⊠ 72250, ℰ (07441) 86 01 90, INFO@ZWIESELHIRSCH.DE,
Fax (07441) 8601959, 🍴, ≋s, 🚿 – ½✖ Rest, ⊤⊽ ☏ ⟲ 🄿 ⓦ⊙ 𝗩𝗜𝗦𝗔
geschl. Anfang Nov. - Mitte Dez. – **Menu** à la carte 29/53 – **30 Z** ⌷ 55/72 – 99/153 –
½ P 21.

FREUDENTAL Baden-Württemberg siehe Besigheim.

Gute Küchen

haben wir durch

Menu ⬧, ❀, ❀❀ oder ❀❀❀ kenntlich gemacht.

FREYBURG (UNSTRUT) Sachsen-Anhalt 418 M 19 – 4 400 Ew – Höhe 120 m.
🔓 Fremdenverkehrsverein, Markt 2, ⊠ 06632, ℰ (034464) 2 72 60, Fax (034464) 27376.
Berlin 213 – Magdeburg 130 – Leipzig 52 – Halle 41.

🏨 **Berghotel zum Edelacker** M ⤸, Schloss 25, ⊠ 06632, ℰ (034464) 3 50, edela
cker@weinberghotels.de, Fax (034464) 35333, ≤ Freyburg, 🍴, ≦ₛ – 📶, ↩ Zim, 📺 📞
♿ 🅿 – 🛃 90. 🖭 ⓪ 🐽 VISA
Menu à la carte 35/53 – **80 Z** ⊃ 125/150 – 175 – ½ P 30.

🏨 **Unstruttal,** Markt 11, ⊠ 06632, ℰ (034464) 70 70, Fax (034464) 70740, 🍴 – 📶 📺
🅿 – 🛃 50. 🐽 VISA
Menu à la carte 25/63 – **17 Z** ⊃ 95/115 – 120/150 – ½ P 30.

🏨 **Altdeutsche Weinstuben Zum Künstlerkeller,** Breite Str. 14, ⊠ 06632,
ℰ (034464) 7 07 50, hotel@Kuenstlerkeller.de, Fax (034464) 70799, « Weinkeller und
Innenhofterrasse » – 📺 – 🛃 50. 🐽 VISA
Menu à la carte 29/49 – **32 Z** ⊃ 85/180 – 150/210 – ½ P 20.

🏠 **Rebschule** ⤸, Ehrauberge 33, ⊠ 06632, ℰ (034464) 30 80, rebschule@weinbergh
otels.de, Fax (034464) 28036, ≤, 🍴 – 📺 🅿 – 🛃 30. 🖭 🐽 VISA
Menu à la carte 26/47 – **23 Z** ⊃ 93/100 – 135/145 – ½ P 25.

FREYSTADT Bayern 419 420 S 17 – 6 600 Ew – Höhe 410 m.
Berlin 459 – München 134 – Nürnberg 51 – Ingolstadt 61 – Ansbach 67.

🏠 **Pietsch,** Marktplatz 55, ⊠ 92342, ℰ (09179) 94 48 80, Fax (09179) 94488888, Bier-
⊛ garten – 📶 📺 🅿 🐽 VISA
Menu (geschl. Sonntag) à la carte 24/56 – **56 Z** ⊃ 76/108.

MICHELIN-REIFENWERKE KGaA. Regional Service-Center ⊠ 92342 Freystadt,
Am Retteloh 13, ℰ (01802) 00 80 20 Fax (01802) 008021.

FREYUNG Bayern 420 T 24 – 7 500 Ew – Höhe 658 m – Luftkurort – Wintersport : 658/800 m
✠3 ⤸.
🔓 Touristinformation, Rathausplatz 2, ⊠ 94078, ℰ (08551) 5 88 50, Fax (08551) 58855.
Berlin 529 – München 205 – Passau 36 – Grafenau 15.

🏠 **Brodinger-Am Freibad,** Zuppinger Str. 3, ⊠ 94078, ℰ (08551) 43 42, info@brod
inger.de, Fax (08551) 7973, 🍴, ≦ₛ, 🔲, 🐾 – 📶 📺 🅿 🐽 VISA
geschl. 3 Wochen nach Fasching – **Menu** (geschl. Sonntagabend - Montag) à la carte 28/52
– **23 Z** ⊃ 80/90 – 110/160 – ½ P 20.

🏠 **Zur Post,** Stadtplatz 2, ⊠ 94078, ℰ (08551) 5 79 60, info@posthotel-freyung.de,
⊛ Fax (08551) 579620, ≦ₛ, 🐾 – 📶 📺 🅿 🐽 VISA
geschl. Ende April 1 Woche, Nov. 3 Wochen – **Menu** (geschl. Montag) à la carte 23/42 –
40 Z ⊃ 58/72 – 76/144 – ½ P 20.

🏠 **Brodinger** ⤸ garni, Schulgasse 15, ⊠ 94078, ℰ (08551) 40 04, Fax (08551) 7283, 🔲,
🐾 – 📶 📺 🅿 ⓪ 🐽 VISA
16 Z ⊃ 60/65 – 100/130.

In Freyung-Ort Süd-West : 1 Km :
XX **Landgasthaus Schuster,** Ort 19, ⊠ 94078, ℰ (08551) 71 84, Fax (08551) 911920
⊛ – 🅿
geschl. Montag - Dienstagmittag – Menu (abends Tischbestellung ratsam) 39 à la carte
43/77.

FRICKENHAUSEN Bayern 419 420 Q 14 – 1 300 Ew – Höhe 180 m.
Berlin 495 – München 277 – Würzburg 23 – Ansbach 61.

🏨 **Meintzinger** ⤸ garni, Babenbergplatz 2, ⊠ 97252, ℰ (09331) 8 72 10, hotel-mein
tzinger@t-online.de, Fax (09331) 7578 – 📺 🅿 🖭 🐽 VISA JCB
22 Z ⊃ 95/145 – 135/240.

XX **Ehrbars Fränkische Weinstube,** Hauptstr. 17, ⊠ 97252, ℰ (09331) 6 51,
Fax (09331) 5207, 🍴
geschl. 1. - 23. Jan., 25. Juni - 12. Juli, Montag - Dienstag – **Menu** à la carte 37/66.

FRICKINGEN Baden-Württemberg 419 W 11 – 2 600 Ew – Höhe 500 m.
Berlin 721 – Stuttgart 142 – Konstanz 34 – Sigmaringen 41 – Bregenz 67.

🏠 **Paradies,** Kirchstr. 8, ⊠ 88699, ℰ (07554) 99 89 90, paradies.frickingen@t-online.de,
Fax (07554) 99899123, 🍴 – 📺 🅿 – 🛃 20. 🎇 Zim
geschl. 27. Dez. - 25. Jan. – **Menu** (geschl. Freitagabend - Samstagmittag) à la carte 32/52
– **19 Z** ⊃ 65 – 100/120.

In Frickingen-Altheim *Nord-West : 2 km :*

X **Löwen,** Hauptstr. 41, ⊠ 88699, ℰ (07554) 86 31, *Fax (07554) 97335,* ☆ – ▣. ◍ *VISA*
geschl. März 2 Wochen, 20. Dez.- 6. Jan., Sonntag - Montag – **Menu** *(nur Abendessen)*
(Tischbestellung ratsam) à la carte 38/53.

FRIDINGEN AN DER DONAU *Baden-Württemberg* **419** *V 10 – 2 900 Ew – Höhe 600 m –*
Erholungsort.
Ausflugsziel : *Knopfmacherfelsen : Aussichtskanzel* ≤★, *Ost : 3 km.*
Berlin 748 – Stuttgart 118 – Konstanz 70 – Freiburg im Breisgau 107 – Ulm (Donau) 120.

In Fridingen-Bergsteig *Süd-West : 2 km Richtung Mühlheim – Höhe 670 m*

XX **Landhaus Donautal** mit Zim, ⊠ 78567, ℰ (07463) 4 69, *Fax (07463) 5099,* ≤, ☆,
☞ – ▥ ⇔ ▣. ◍ *VISA*
geschl. Jan. 3 Wochen, über Fastnacht 1 Woche, Nov. 1 Woche – **Menu** *(geschl. Montag,*
Freitagabend) à la carte 42/65 – **8 Z** ⊑ 98/105 – 144.

FRIEDBERG *Bayern* **419 420** *U 16 – 26 000 Ew – Höhe 514 m.*
Berlin 583 – München 75 – Augsburg 8 – Ulm (Donau) 87.

🏠 **Zum Brunnen** ⧖ garni, Bauernbräustr. 4 (Passage Brunnenhof/Garage West),
⊠ 86316, ℰ (0821) 60 09 20, *hotel@ herzog-ludwig.de, Fax (0821) 6009229 –* ▥ ⇔.
◍ ◍ *VISA*
14 Z ⊑ 100/125 – 150/170.

🏠 **Kussmühle** garni, Pappelweg 14, ⊠ 86316, ℰ (0821) 26 75 80, *Fax (0821) 2675888*
– ▥ ▣. ◍ ◍ *VISA*. ⧖
geschl. 20. Dez. - 6. Jan. – **27 Z** ⊑ 89/100 – 138.

XX **Herzog Ludwig,** Bauernbräustr. 15, ⊠ 86316, ℰ (0821) 60 71 27, *gasthaus@ herz*
og-ludwig.de, Fax (0821) 607126, ☆ – ▥ ◍ ◍ *VISA*
geschl. Montag - Dienstag – **Menu** *(wochentags nur Abendessen)* à la carte 54/70.

FRIEDBERG / HESSEN *Hessen* **417** *O 10 – 25 000 Ew – Höhe 150 m.*
Sehenswert : *Judenbad★ – Burg (Adolfsturm★) – Stadtkirche (Sakramentshäuschen★).*
🅱 *Fremdenverkehrsamt, Am Seebach 2 (Stadthalle),* ⊠ 61169, ℰ (06031) 7 24 60,
Fax (06031) 61270.
Berlin 510 – Wiesbaden 61 – Frankfurt am Main 28 – Gießen 36.

In Friedberg-Dorheim *Nord-Ost : 3 km :*

🏠 **Dorheimer Hof,** Wetteraustr. 70, ⊠ 61169, ℰ (06031) 7 37 00, *dorheimerhof@ t-o*
nline.de, Fax (06031) 737040, Biergarten – ▥ ▣. **⚠** 20. **ᴁ** ◍ ◍ *VISA*
Menu *(nur Abendessen)* à la carte 26/62 ♨ – **19 Z** ⊑ 90 – 120/148.

In Rosbach vor der Höhe *Süd-West : 7 km :*

🏠🏠 **Garni,** Homburger Str. 84 (B 455), ⊠ 61191, ℰ (06003) 9 12 20, *Fax (06003) 912240*
– ▥ ▣. **ᴁ** ◍ *VISA*
geschl. Weihnachten - Anfang Jan. – **22 Z** ⊑ 95/135 – 162/198.

🏠🏠 **Post** garni, Nieder-Rosbacher-Str. 11, ⊠ 61191, ℰ (06003) 9 41 00, *Fax (06003) 941010*
– ⧖ ▥ ▣. **ᴁ** ◍ *VISA*
geschl. 20. Dez. - 2.Jan. – **14 Z** ⊑ 110/160 – 150/220.

FRIEDEBURG *Niedersachsen* **415** *F 7 – 10 500 Ew – Höhe 10 m – Erholungsort.*
🅱 *Tourist-Information, Hauptstr. 60,* ⊠ 26446, ℰ (04465) 14 15, *Fax (04465) 1416.*
Berlin 483 – Hannover 224 – Emden 41 – Oldenburg 54 – Wilhelmshaven 25.

In Friedeburg-Marx *Süd : 2,5 km :*

🏠 **Landhaus Rippen,** Marxer Hauptstr. 33 (B 437), ⊠ 26446, ℰ (04465) 2 32,
landhausrippen@ t-online.de, Fax (04465) 8603 – ⧖ Zim, ▥ ⇔ ▣. **ᴁ** ◍
VISA. ⧖
Menu *(geschl. Sonntag) (nur Abendessen)* à la carte 28/55 – **14 Z** ⊑ 75/80 –
110/130.

FRIEDENWEILER Baden-Württemberg 👤👤👤 W 8 – 2 000 Ew – Höhe 910 m – Wintersport : 920/1 000 m ⚡1 🎿.

� **🇮** Kurverwaltung, Rathausstr. 16, ⌧ 79877, 𝒫 (07651) 50 34, Fax (07651) 4130.
Berlin 771 – Stuttgart 151 – *Freiburg im Breisgau 45* – Donaueschingen 25.

🏠 **Ebi** 🦆, Klosterstr. 4, ⌧ 79877, 𝒫 (07651) 92 24 90, familotel-ebi@t-online.de, Fax (07651) 9224935, 🍽, ⇌, 🔲, 🐎 – ⭑ Rest, 📺 ⛏ 🅿 ⌇ Rest
geschl. Nov. - 20. Dez. – **Menu** (Restaurant nur für Hausgäste) – **18 Z** (nur ½ P) 112/137 – 236/262.

In **Friedenweiler-Rötenbach** Süd-Ost : 4 km – Erholungsort :

🏠 **Rössle** (mit Gästehaus, 🦆), Hauptstr. 14, ⌧ 79877, 𝒫 (07654) 3 51, Fax (07654) 7041, 🍽, ⇌, 🐎 – |📱| 🅿 🖩 𝓥𝓘𝓢𝓐
geschl. 20. Nov. - 20. Dez. – **Menu** (geschl. Dienstag) à la carte 24/45 – **29 Z** ⇆ 50/60 – 100/120 – ½ P 20.

FRIEDEWALD Hessen 👤👤👤 👤👤👤 N 13 – 2 400 Ew – Höhe 388 m.
Berlin 395 – Wiesbaden 179 – *Kassel 87* – Fulda 58 – Gießen 100 – Erfurt 113.

🏰 **Schloßhotel Prinz von Hessen** Ⓜ 🦆, Schloßplatz 1, ⌧ 36289, 𝒫 (06674) 9 22 40, schlosshotel@meirotels.de, Fax (06674) 9224250, 🍽, Park, « Schloßanlage a.d. 15. Jh. mit modernem Hotelanbau », Massage, ⇌, 🔲 – |📱|, ⭑ Zim, ▦ Rest, 📺 ⌇ ⇐ 🅿 – 🛋 100.
🆎 ⓞ 𝓜𝓞 𝓥𝓘𝓢𝓐
Prinzenstube (geschl. 3. - 16. Jan., Montag - Dienstag) **Menu** à la carte 86/116 –
Schloßgarten : **Menu** à la carte 50/74 – **71 Z** ⇆ 195/245 – 340/450, 9 Suiten
Spez. Charlotte von St. Jakobsmuscheln mit Sellerie und Trüffeln. Crepinette vom Täubchen mit Blutwurststrudel und Linsen. Schokoladenknödel mit karamelisierter Zwergananas und Bananen-Ingwereis.

🏠 **Zum Löwen**, Hauptstr. 17, ⌧ 36289, 𝒫 (06674) 9 22 20, zum-loewen-friedewald@t-online.de, Fax (06674) 922259, 🍽, « Vinothek mit Probierstube » – |📱|, ⭑ Zim, 📺 ⌇
⇐ 🅿 – 🛋 75. 🆎 ⓞ 𝓜𝓞 𝓥𝓘𝓢𝓐
Menu (bemerkenswerte Weinkarte) 32 (mittags) à la carte 40/77 (auch vegetarische Gerichte) – **32 Z** ⇆ 120/190 – 180/290.

FRIEDLAND Niedersachsen siehe Göttingen.

FRIEDRICHRODA Thüringen 👤👤👤 N 15 – 5 700 Ew – Höhe 450 m – Erholungsort.
🇮 Kur- und Tourismus-Information, Marktstr. 13, ⌧ 99894, 𝒫 (03623) 3 32 00, Fax (03623) 332029.
Berlin 345 – *Erfurt 54* – Bad Hersfeld 97 – Coburg 96.

🏨 **Treff Hotel Thüringer Wald** Ⓜ, Burchardtsweg 1, ⌧ 99894, 𝒫 (03623) 35 20, Treff-Hotel-Friedrichroda@t-online.de, Fax (03623) 352500, 🍽, Massage, ♨, 🎔, ⇌,
🔲 – |📱|, ⭑ Zim, 📺 ⌇ 🚿 🅿 – 🛋 250. 🆎 ⓞ 𝓜𝓞 𝓥𝓘𝓢𝓐 ⌇ Rest
Menu à la carte 40/64 – **154 Z** ⇆ 155/210.

🏠 **Im Grund**, Im Grund 3, ⌧ 99894, 𝒫 (03623) 3 34 30, singender-Wirt@aol01019free net.de, Fax (03623) 200929, 🍽, – ⭑ Zim, 📺 🅿 – 🛋 20. 🆎 𝓜𝓞
Menu (Montag - Freitag nur Abendessen) à la carte 23/50 – **29 Z** ⇆ 85/100 – 120.

In **Friedrichroda-Reinhardsbrunn** Nord : 1 km :

🏨 **Kavaliershaus** im Schloßpark Reinhardsbrunn, ⌧ 99894, 𝒫 (03623) 30 42 53, Kavaliershaus@tc-hotels.de, Fax (03623) 304251, Biergarten, « Park », ⇌ – 📺 🅿 – 🛋 15.
🆎 ⓞ 𝓜𝓞 𝓥𝓘𝓢𝓐 ⌇ Rest
geschl. Nov. – **Menu** (geschl. Dienstagmittag) à la carte 33/52 – **19 Z** ⇆ 150/170 – 165/240.

FRIEDRICHSDORF Hessen 👤👤👤 P 9 – 24 000 Ew – Höhe 220 m.
Berlin 521 – Wiesbaden 56 – *Frankfurt am Main 28* – Bad Homburg v.d.H. 5 – Gießen 42.

🏨 **Mercure**, Im Dammwald 1, ⌧ 61381, 𝒫 (06172) 73 90, Fax (06172) 739852, ⇌, 🔲
– |📱|, ⭑ Zim, 📺 ⇐ 🅿 – 🛋 80. 🆎 ⓞ 𝓜𝓞 𝓥𝓘𝓢𝓐 𝓙𝓒𝓑
Menu à la carte 44/76 – **125 Z** ⇆ 219/259 – 272/352.

FRIEDRICHSHAFEN Baden-Württemberg 👤👤👤 X 12 – 56 000 Ew – Höhe 402 m.
🛪 Friedrichshafen-Löwental, über ① : 2 km, 𝒫 (07541) 3 00 90.
Messegelände, am Riedlepark (BY), 𝒫 (07541) 70 80, Fax (07541) 70810.
🇮 Tourist-Information, Bahnhofplatz 2, ⌧ 88045, 𝒫 (07541) 3 00 10, Fax (07541) 72588.
Berlin 721 ② – Stuttgart 167 ① – *Konstanz 31 ③* – Freiburg im Breisgau 161 ③ – Ravensburg 20 ① – Bregenz 30 ②

FRIEDRICHSHAFEN

Buchhorner Hof, Friedrichstr. 33, ⊠ 88045, ℰ (07541) 20 50, *info@Buchhorn.de,* Fax (07541) 32663, ⇔ – ⓫, ⇔ Zim, ⧠ ℰ ⇔ – ♨ 140. ⬛ ⬤ ⬤ ⬤ ⬤
AZ a
Menu à la carte 51/88 – **95 Z** ⊃ 140/220 – 180/320.

Seehotel M, Bahnhofplatz 2, ⊠ 88045, ℰ (07541) 30 30, *seehotelfn@t-online.de,* Fax (07541) 303100, ⇔ – ⓫, ⇔ Zim, ⬛ ⧠ ℰ ⅋ ⇔ ⬚ – ♨ 80. ⬛ ⬤ ⬤ ⬤
AZ r
Menu *(nur Abendessen)* à la carte 44/60 – **132 Z** ⊃ 195/225 – 245/295.

Goldenes Rad (mit Gästehaus), Karlstr. 43, ⊠ 88045, ℰ (07541) 28 50, *info@golde nes-rad.de,* Fax (07541) 285285, 佳, ⇔ – ⓫, ⇔ Zim, ⧠ ℰ – ♨ 20. ⬛ ⬤ ⬤ ⬤
AY n
geschl. 22. Dez.- 6. Jan. – Menu *(geschl. 22. Dez.- 21. Jan., Montag)* à la carte 41/75 – **68 Z** ⊃ 139/189 – 189/269.

City-Krone, Schanzstr. 7, ⊠ 88045, ℰ (07541) 70 50, *CITYKRONE@T-ONLINE.DE,* Fax (07541) 705100, ⇔, ⬚ – ⓫, ⇔ Zim, ⧠ ℰ ⅋ ⬚ – ♨ 30. ⬛ ⬤ ⬤
AY c
Menu *(nur Abendessen)* à la carte 36/69 – **85 Z** ⊃ 145/280 – 219/299.

Föhr, Albrechtstr. 73, ⊠ 88045, ℰ (07541) 30 50, *hotel.foehr@t-online.de,* Fax (07541) 27273 – ⓫ ⧠ ℰ ⇔ ⬚ ⬛ ⬤ ⬤ ⬤ über Albrechtstr. AZ
Menu *(geschl. Okt.- April Sonntag) (nur Abendessen)* à la carte 38/64 – **67 Z** ⊃ 99/198 – 159/245.

In Friedrichshafen-Ailingen *Nord : 6 km, über Ailinger Str.* BY *– Erholungsort :*

Sieben Schwaben, Hauptstr. 37, ⊠ 88048, ℰ (07541) 60 90, Fax (07541) 60940 – ⓫, ⇔ Zim, ⧠ ℰ ⬚ ⬛ ⬤ ⬤ ⬤
Menu *(geschl. Jan. 2 Wochen) (wochentags nur Abendessen)* à la carte 27/62 – **28 Z** ⊃ 85/120 – 135/160.

407

In Friedrichshafen-Fischbach *über ③ : 5 km :*

🏨 **Traube am See,** Meersburger Str. 11, ✉ 88048, ✆ (07541) 95 80, *traubeamsee@t -online.de*, Fax (07541) 958888, ⛲, Massage, ≘s, 🔲, ☞ – 🛗 📺 ✆ ₺ 🚗 🅿 – 🏊 60. AE ① ◑ VISA
Menu à la carte 41/73 – **91 Z** ☞ 110/190 – 170/270.

🏨 **Maier,** Poststr. 1, ✉ 88048, ✆ (07541) 40 40, *hotel.maier@t-online.de*, Fax (07541) 404100, ⛲, ≘s – 🛗, ✲ Zim, 📺 ✆ 🅿 – 🏊 25. AE ① ◑ VISA
Menu *(geschl. Okt.- April Freitag)* à la carte 39/60 – **49 Z** ☞ 115/165 – 175/220.

In Friedrichshafen-Schnetzenhausen *Nord-West : 4 km, über Hochstr. AZ :*

🏨 **Krone,** Untere Mühlbachstr. 1, ✉ 88045, ✆ (07541) 40 80, *Info@ringhotel-krone.de*, Fax (07541) 43601, ⛲, Massage, ₺₅, ≘s, 🔲 (geheizt), 🔲, ☞, ※ (Halle) – 🛗, ✲ Zim, 📺 ✆ 🚗 🅿 – 🏊 60. AE ① ◑ VISA 🐾
Menu 25/68 à la carte 35/70 – **120 Z** ☞ 140/200 – 185/325.

In Friedrichshafen-Waggershausen *Nord : 3 km, über Hochstr. AZ :*

🏨 **Traube,** Sonnenbergstr. 12, ✉ 88045, ✆ (07541) 60 60, *hotel.traube.waggershausen @t-online.de*, Fax (07541) 606169, ⛲, ≘s – 🛗 📺 ✆ 🅿 AE ① ◑ VISA
geschl. 23. - 27. Dez. – **Menu** *(geschl. Montagmittag)* à la carte 29/60 – **48 Z** ☞ 85/130 – 130/180.

FRIEDRICHSHALL, BAD *Baden-Württemberg* 🗺️🗺️ *S 11 – 11 800 Ew – Höhe 160 m.*
Berlin 594 – Stuttgart 62 – Heilbronn 10 – Mannheim 83 – Würzburg 110.

In Bad Friedrichshall-Jagstfeld :

XX **Sonne** mit Zim, Deutschordenstr. 16, ✉ 74177, ✆ (07136) 9 56 10, *info@sonne-bad
🍽️ friedrichshall.de*, Fax (07136) 956111, ≤, ⛲ – ✲ Zim, 📺 🅿 – 🏊 30. AE ① ◑ VISA
Menu *(geschl. Jan. 1 Woche)* à la carte 38/72 – **14 Z** ☞ 98/108 – 158/168.

In Bad Friedrichshall-Kochendorf :

🏨 **Schloß Lehen** (Eggensperger), Hauptstr. 2, ✉ 74177, ✆ (07136) 40 44, *schloss-leh
❀ en@t-online.de*, Fax (07136) 989720, ⛲ – 🛗 📺 ✆ 🅿 AE ① ◑ VISA – 🏊 80. AE ① ◑ VISA ※ Rest
Lehenstube *(geschl. Jan., Sonn- und Feiertage, Montag)* **Menu** à la carte 68/110 –
Rittersaal : **Menu** à la carte 40/80 – **25 Z** ☞ 90/180 – 165/300
Spez. Kaninchen mit Kapern und Fenchelsalat. Getrüffelte Tournedos vom Schwarzfe-
derhuhn. Backpflaumenparfait mit Gewürzapfel und Nougatschaum.

FRIEDRICHSKOOG *Schleswig-Holstein* 🗺️ *D 10 – 3 000 Ew – Höhe 2 m.*
🛈 *Tourismus-Service, Koogstr. 66, ✉ 25718, ✆ (04854) 10 84, Fax (04854) 850.*
Berlin 393 – Kiel 116 – Cuxhaven 110 – Hamburg 108 – Itzehoe 52 – Marne 13.

In Friedrichskoog-Spitze *Nord-West : 4 km : – Seebad :*

🏨 **Möven-Kieker** 🦪, Strandweg 6, ✉ 25718, ✆ (04854) 9 04 00, *moeven-kieker@t-o
nline.de*, Fax (04854) 904033, ⛲, ☞ – 📺 🅿 AE ◑ VISA
Menu *(geschl. Montag)* *(abends Tischbestellung ratsam)* à la carte 48/78 – **15 Z** ☞ 99/129 – 148/178.

FRIEDRICHSRUHE *Baden-Württemberg siehe Öhringen.*

FRIEDRICHSTADT *Schleswig-Holstein* 🗺️ *C 11 – 2 600 Ew – Höhe 4 m – Luftkurort.*
Sehenswert : Friedrichstadt (Stadtbild★).
🛈 *Tourist Information, Am Markt 9, ✉ 25840, ✆ (04881) 1 94 33, Fax (04881) 7093.*
Berlin 408 – Kiel 82 – Sylt (Westerland) 62 – Heide 25 – Husum 15 – Schleswig 49.

🏨 **Aquarium,** Am Mittelburgwall 4, ✉ 25840, ✆ (04881) 9 30 50, *aquarium@friedrich
stat.de*, Fax (04881) 7064, ⛲, ≘s, 🔲 – ✲ Zim, 📺 🅿 – 🏊 20. AE ① ◑ VISA
Menu à la carte 39/68 – **38 Z** ☞ 125/140 – 175/216.

XX **Holländische Stube** mit Zim, Am Mittelburgwall 22, ✉ 25840, ✆ (04881) 9 39 00,
🍽️ *Klaus-Peter.Willhoeft@t-online.de*, Fax (04881) 939022, ⛲, « Holländisches Kaufmanns-
haus a.d.17.Jh. ; Restaurant in originalgetreu restaurierten Räumen » – 📺 AE ①
◑ VISA
geschl. 10. - 28. Feb. – **Menu** *(geschl. Nov. - März Montag - Mittwoch)* à la carte 46/71 –
10 Z ☞ 110/140 – 140/180.

FRIESENHEIM Baden-Württemberg 🔢 U 7 – 10 200 Ew – Höhe 158 m.
  Berlin 759 – Stuttgart 158 – Karlsruhe 88 – Offenburg 12 – Freiburg im Breisgau 54.

In Friesenheim-Oberweier :

🏨 **Mühlenhof,** Oberweierer Hauptstr. 33, ✉ 77948, ✆ (07821) 63 20, webmaster@lan
  dhotel-muehlenhof.de, Fax (07821) 632153, 🌿 – 🕴 📺 📞 P. AE ⑩ ⓥⓞ VISA
  Menu (geschl. Jan. 3 Wochen, Aug. 3 Wochen, Dienstag) à la carte 34/52 🍷 – **32 Z**
  ⌸ 58/78 – 98/136.

FRITZLAR Hessen 🔢 M 11 – 15 000 Ew – Höhe 235 m.
  Sehenswert : Dom★ – Marktplatz★ – Stadtmauer (Grauer Turm★).
  🏛 Touristinformation, Zwischen den Krämen 7, ✉ 34560, ✆ (05622) 98 86 43, Fax
  (05622) 988626.
  Berlin 409 – Wiesbaden 201 – Kassel 25 – Bad Hersfeld 48 – Marburg 61.

🏨 **Kaiserpfalz,** Giessener Str. 20, ✉ 34560, ✆ (05622) 99 37 70, Fax (05622) 993570,
  🌿 – 🕴, ✦ Zim, 📺 📞 🛗 🚗 – 🔒 40
  Menu (geschl. Montag) à la carte 27/58 – **17 Z** ⌸ 80/90 – 120/160.

In Fritzlar-Ungedanken Süd-West : 8 km :

🏨 **Zum Büraberg,** Bahnhofstr. 5 (B 253), ✉ 34560, ✆ (05622) 99 80,
  Fax (05622) 998160, 🌿 – ✦ Zim, 📺 📞 🚗 – 🔒 50. AE ⑩ ⓥⓞ VISA 🦌 Zim
  Menu (geschl. Sonntagabend - Montagmittag) à la carte 28/53 – **34 Z** ⌸ 80/90 –
  120/130.

FÜRSTENAU Niedersachsen 🔢 I 7 – 8 000 Ew – Höhe 50 m.
  Berlin 449 – Hannover 195 – Nordhorn 50 – Bielefeld 94 – Osnabrück 44.

🏨 **Stratmann,** Große Str. 29, ✉ 49584, ✆ (05901) 9 39 90, info@hotel-Stratmann.de,
  Fax (05901) 939933, 🌿 – 📺 P. ⓥⓞ 🦌 Rest
  Menu (geschl. Jan. 3 Wochen, Freitagabend) à la carte 29/51 – **12 Z** ⌸ 55/65 – 110/130.

🏨 **Wübbel,** Osnabrücker Str. 56 (B 214), ✉ 49584, ✆ (05901) 27 89, Fax (05901) 4155
  – P. – 🔒 30
  geschl. Juli – **Menu** (geschl. Dienstag) à la carte 24/49 – **12 Z** ⌸ 60/120.

FÜRSTENBERG Niedersachsen 🔢 K 12 – 1 300 Ew – Höhe 180 m – Erholungsort.
  🏛 Fürstenberg Touristik, Meinbrexener Straße (am Schloß), ✉ 37699, ✆ (05271)
  95 69 20, Fax (05271) 49274.
  Berlin 364 – Hannover 87 – Göttingen 69 – Kassel 66.

🏨 **Hubertus** 🦌, Derentaler Str. 58, ✉ 37699, ✆ (05271) 59 11, Fax (05271) 5652, 🌿,
  🌿, 🦌 – 📺 P. AE ⑩ ⓥⓞ VISA 🦌 Rest
  Menu à la carte 32/59 🍷 – **24 Z** ⌸ 85/140 – ½ P 15.

FÜRSTENFELDBRUCK Bayern 🔢🔢 V 17 – 31 000 Ew – Höhe 528 m.
  🏌 Rottbach, Weiherhaus 5 (Nord : 13 km), ✆ (08135) 9 32 90.
  Berlin 605 – München 35 – Augsburg 46 – Garmisch-Partenkirchen 97.

🏨 **Post,** Hauptstr. 7, ✉ 82256, ✆ (08141) 3 14 20, Hotel@HotelPost-ffb.de,
  Fax (08141) 16755, 🌿 – 🕴, ✦ Zim, 📺 📞 🚗 P. – 🔒 50. AE ⑩ ⓥⓞ VISA
  geschl. 23. Dez. - 6. Jan. – **Menu** (geschl. Sonntagabend, Samstag) à la carte 31/60 – **41 Z**
  ⌸ 130/150 – 160/200.

🏨 **Brucker Gästehaus** garni, Kapellenstr. 3, ✉ 82256, ✆ (08141) 4 09 70, brucker-g
  asthaus@t-online.de, Fax (08141) 409799 – 📺 🚗 P. AE ⓥⓞ VISA
  geschl. 24. Dez. - 8. Jan. – **13 Z** ⌸ 98/120 – 140/170.

FÜRSTENWALDE Brandenburg 🔢 I 26 – 33 300 Ew – Höhe 50 m.
  Berlin 59 – Potsdam 88 – Frankfurt (Oder) 36.

🏨 **Kaiserhof** Ⓜ, Eisenbahnstr. 144, ✉ 15517, ✆ (03361) 55 00, info@Kaiserhof.de,
  Fax (03361) 550175 – 🕴, ✦ Zim, 🗏 📺 📞 🚗 – 🔒 60. AE ⑩ ⓥⓞ VISA JCB
  Menu à la carte 29/55 – **71 Z** ⌸ 120/140 – 150/190.

🏨 **Zille-Stuben** (mit Gästehaus), Schloßstr. 26, ✉ 15517, ✆ (03361) 5 77 25,
  Fax (03361) 57726 – 📺 AE ⑩ VISA
  Menu à la carte 23/43 – **13 Z** ⌸ 80/110 – 130/145.

FÜRSTENZELL Bayern 420 U 23 – 7 000 Ew – Höhe 358 m.
  Berlin 604 – München 169 – Passau 15 – Linz 92 – Regensburg 121.

In **Fürstenzell-Altenmarkt** Nord-Ost : 4,5 km :

🏨 **Zur Platte** 🦢, ✉ 94081, 🖉 (08502) 2 00, Fax (08502) 5200, ≼ Neuburger- und Baye-
    rischer Wald, 🍴, 🐎 – 🛏 Zim, 📺 🚗 🅿 ⑩
    geschl. Mitte Jan. - Mitte Feb. – **Menu** (geschl. Dienstag) à la carte 31/60 ⅄ – **17 Z** ⌁ 65/75
    – 105/110.

*Nos **guides hôteliers**, nos **guides touristiques** et nos **cartes routières**
sont complémentaires. Utilisez-les ensemble.*

FÜRTH Bayern 419 420 R 16 – 110 000 Ew – Höhe 294 m.
                Siehe auch Nürnberg (Umgebungsplan).
  🛈 Tourist-Information, Maxstr. 42, ✉ 90762, 🖉 (0911) 7 40 66 15, Fax (0911) 7406617.
  ADAC, Theresienstr. 5.
  Berlin 453 – München 172 – Nürnberg 7.

FÜRTH

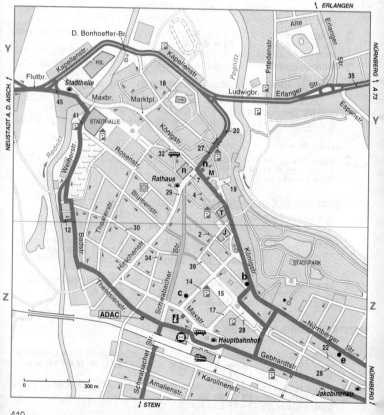

🏨 **Astron Suite-Hotel** Ⓜ garni, Königstr. 140, ⊠ 90762, ℰ (0911) 7 40 40, *Fuerth* @ *astron-hotels.de, Fax (0911) 7404400,* ⇔ – 🛗 ⁑ TV 📞 ⅋ 👌 ⇔. AE ⓞ ⓝ VISA JCB
　　　⚏ 25 – **118 Z** 210/280 – 240/310. Z b

🏨 **Bavaria** garni (mit Gästehaus), Nürnberger Str. 54, ⊠ 90762, ℰ (0911) 77 49 41, *bavariah otel@ lbn.net, Fax (0911) 748015,* ⇔, 🔲 – 🛗 ⁑ TV 📞 P. AE ⓞ ⓝ VISA JCB Z e
　　　58 Z ⚏ 155/195 – 185/295.

🏨 **Werners Apartment Hotel,** Friedrichstr. 20, ⊠ 90762, ℰ (0911) 74 05 60, *Fax (0911) 7405630,* 🌿 – TV 📞 ⅋ AE ⓞ ⓝ VISA Z c
　　　Bistro (geschl. Sonn- und Feiertage) **Menu** à la carte 28/63 – **27 Z** ⚏ 99/129 – 150/170.

🏨 **Baumann,** Schwabacher Str. 131, ⊠ 90763, ℰ (0911) 77 76 50, *Fax (0911) 746859* –
　　　🛗, ⁑ Zim, TV P. AE ⓞ ⓝ VISA　　　　　　　siehe Stadtplan Nürnberg AS d
　　　Menu siehe Rest. *Brasserie Baumann* separat erwähnt – **21 Z** ⚏ 89/148 – 118/168.

🍴🍴 **Brasserie Baumann** - Hotel Baumann, Schwabacher Str. 131, ⊠ 90763, ℰ (0911)
🥂　　77 76 50, *Fax (0911) 746859,* 🌿 – P. AE ⓞ ⓝ VISA
　　　geschl. 1. - 8. Jan., 30. Juli - 26. Aug., Montag, Samstagmittag, Sonn- und Feiertage – Menu
　　　28 (mittags) à la carte 42/85.　　　　　　siehe Stadtplan Nürnberg AS d

🍴🍴 **Kupferpfanne,** Königstr. 85, ⊠ 90762, ℰ (0911) 77 12 77, *Fax (0911) 777637* – AE
　　　ⓝ VISA　　　　　　　　　　　　　　　　　　　　　　　　　Y n
　　　geschl. Sonn- und Feiertage – **Menu** (Tischbestellung ratsam) à la carte 66/90.

🍴🍴 **La Palma,** Karlstr. 22, ⊠ 90763, ℰ (0911) 74 75 00, *Fax (0911) 7418830* – P. AE ⓞ
　　　ⓝ VISA　　　　　　　　　　　　　siehe Stadtplan Nürnberg AS b
　　　geschl. Aug., Montag – **Menu** (italienische Küche) à la carte 42/73.

　　　　　Folgende Häuser finden Sie auf dem Stadtplan Nürnberg :

In Fürth-Dambach :

🏨 **Astron Hotel Forsthaus** ⚘, Zum Vogelsang 20, ⊠ 90768, ℰ (0911) 77 98 80, *Fors thaus@ astron-hotels.de, Fax (0911) 720885,* 🌿, ⇔, 🔲 – 🛗, ⁑ Zim, TV 📞 P. – ⚕ 160.
　　　AE ⓞ ⓝ VISA JCB　　　　　　　　　　　　　　　　　　　AS g
　　　Menu à la carte 48/80 – ⚏ 23 – **111 Z** 210/345 – 210/365, 3 Suiten.

In Fürth-Höfen :

🏨 **Pyramide** Ⓜ, Europa-Allee 1, ⊠ 90763, ℰ (0911) 9 71 00, *info@ pyramide.de, Fax (0911) 9710111,* ≼, 🌿, Massage, ⚸, ⇔ – 🛗, ⁑ Zim, ▤ TV 📞 ⅋ ⇔ – ⚕ 210.
　　　AE ⓞ ⓝ VISA JCB　　　　　　　　　　　　　　　　　　　AS s
　　　Keop's (nur Abendessen) **Menu** à la carte 38/53 – *Setos (nur Mittagessen)* **Menu** 32 (nur Buffet) – ⚏ 22 – **101 Z** 175/290 – 175/290.

In Fürth-Poppenreuth :

🏨 **Novotel,** Laubenweg 6, ⊠ 90765, ℰ (0911) 9 76 00, *H0493@ accor-hotels.de, Fax (0911) 9760100,* 🌿, ⇔, 🔲 (geheizt), ⚭ – 🛗, ⁑ Zim, ▤ TV 👌 P. – ⚕ 250. AE ⓞ ⓝ VISA　　　　　　　　　　　　　　　　　　　AS n
　　　Menu à la carte 39/60 – ⚏ 23 – **128 Z** 150/165 – 170/185.

FÜRTH IM ODENWALD *Hessen* 4️⃣1️⃣7️⃣ 4️⃣1️⃣8️⃣ *R 10 – 10 100 Ew – Höhe 198 m – Erholungsort.*
　　Berlin 608 – Wiesbaden 83 – Mannheim 43 – Darmstadt 42 – Heidelberg 36.

In Fürth-Weschnitz *Nord-Ost : 6 km :*

🏨 **Erbacher Hof,** Hammelbacher Str. 2, ⊠ 64658, ℰ (06253) 2 00 80, *ErbacherHof@ Fl airhotel.com, Fax (06253) 2008200,* Biergarten, ⇔, 🔲, ⚭ – 🛗 TV P. – ⚕ 60. AE ⓞ ⓝ VISA
　　　Menu à la carte 27/63 ⚘ – **45 Z** ⚏ 90/160 – ½ P 22.

In Rimbach *Süd-West : 4,5 km :*

🏨 **Berghof** ⚘, Holzbergstr. 27, ⊠ 64668, ℰ (06253) 9 81 80, *INFO@ berghof.de, Fax (06253) 981849,* ≼, 🌿, ⚭ – ⁑ Zim, TV P.
　　　Menu *(geschl. 25. Juni - 9. Juli) (Montag - Donnerstag nur Abendessen)* à la carte 35/62
　　　– **13 Z** ⚏ 70/95 – 110/135 – ½ P 25.

FÜSSEN *Bayern* 4️⃣1️⃣9️⃣ 4️⃣2️⃣0️⃣ *X 16 – 16 000 Ew – Höhe 803 m – Kneipp- und Luftkurort – Wintersport : 810/950 m ⚞3 ⚟.*
　　Sehenswert : *St.-Anna-Kapelle (Totentanz⋆)* B.
　　Ausflugsziele : *Schloß Neuschwanstein⋆⋆⋆ 4 km über ② – Schloß Hohenschwangau⋆ 4 km über ② – Alpsee⋆ : Pindarplatz ≼⋆ 4 km über ② – Romantische Straße⋆⋆ (von Füssen bis Würzburg).*
　　🅱 *Füssen-Tourismus, Kaiser-Maximilian-Platz 1,* ⊠ *87629,* ℰ *(08362) 9 38 50, Fax (08362) 938520.*
　　Berlin 659 ② – München 120 ② – Kempten (Allgäu) 44 ④ – Landsberg am Lech 63 ②

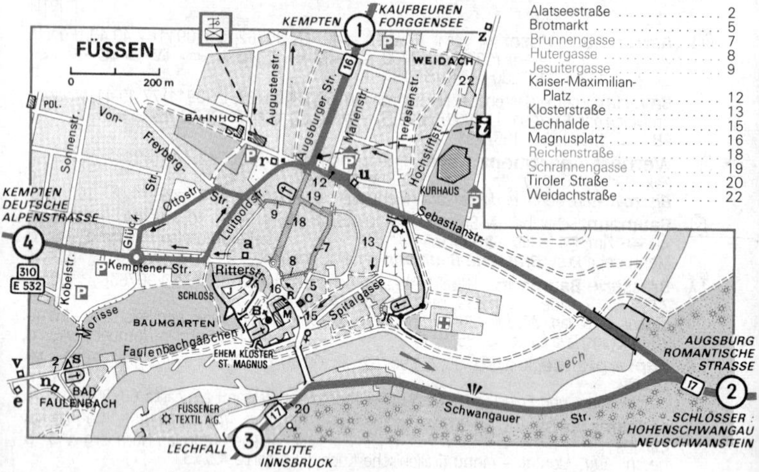

Treff Hotel Luitpoldpark M, Luitpoldstraße, ✉ 87629, ✆ (08362) 90 40, *info@luitpoldpark-hotel.de, Fax (08362) 904678*, – |‡|, Zim, TV – 110. AE MC VISA JCB r
Menu à la carte 39/61 – **131 Z** 169/234 – 278/358, 3 Suiten – ½ P 35.

Landhaus Sommer M, Weidachstr. 74, ✉ 87629, ✆ (08362) 9 14 70, *info@landhaus-sommer.de, Fax (08362) 914714*, <, Massage, (geheizt), – |‡|, Zim, TV P – 35. AE MC VISA. Rest über Weidachstraße
Menu à la carte 30/56 – **70 Z** 169/189 – 250/290, 13 Suiten.

Hirsch, Kaiser-Maximilian-Platz 7, ✉ 87629, ✆ (08362) 9 39 80, *reservierung@hotelhirschfuessen.de, Fax (08362) 939877*, Biergarten – Zim, TV P. AE MC VISA JCB u
Menu *(geschl. 6. - 31. Jan.)* à la carte 34/64 – **48 Z** 85/129 – 169/229 – ½ P 22.

Christine, Weidachstr. 31, ✉ 87629, ✆ (08362) 72 29, *Fax (08362) 940554*, – TV P. z
geschl. 15. Jan. - 15. Feb. – **Menu** *(nur Abendessen)* (Restaurant nur für Hausgäste) – **13 Z** 130/150 – 170/250.

Altstadthotel Zum Hechten, Ritterstr. 6, ✉ 87629, ✆ (08362) 9 16 00, *hotel.hechten@t-online.de, Fax (08362) 916099*, – TV P. AE MC VISA a
Menu *(geschl. 8. Nov. - 21. Dez., Mittwoch)* à la carte 24/45 – **35 Z** 85/115 – 145/190 – ½ P 25.

Zum Schwanen, Brotmarkt 4, ✉ 87629, ✆ (08362) 61 74, *Fax (08362) 940781* – . MC VISA c
geschl. Nov. - Mitte Dez., Jan. - April Sonntag - Montag, Mai - Okt. Montag – **Menu** à la carte 26/57.

In Füssen-Bad Faulenbach – *Mineral- und Moorbad :*

Kurhotel Wiedemann, Am Anger 3, ✉ 87629, ✆ (08362) 9 13 00, *info@hotel-wiedemann.com, Fax (08362) 913077*, Massage, – |‡| TV P – 30. MC VISA. Rest n
geschl. 20. Nov. - 24. Dez. – **Menu** (Restaurant nur für Hausgäste) – **44 Z** 95/130 – 170/260 – ½ P 24.

Parkhotel, Fischhausweg 5, ✉ 87629, ✆ (08362) 9 19 80, *info@parkhotel-fuessen.de, Fax (08362) 919849*, « Jugendstilvilla ; Saunalandschaft », Massage – |‡|, Zim, TV P – 20. MC VISA. Rest e
geschl. 19. Nov. - 17. Dez. – **Menu** *(geschl. Montag) (nur Abendessen)* (Restaurant nur für Hausgäste) – **21 Z** 98/143 – 190, 3 Suiten – ½ P 25.

Alpenschlößle, Alatseestr. 28, ✉ 87629, ✆ (08362) 40 17, *Fax (08362) 39847*, – TV P v
Menu *(geschl. Dienstag)* 26 (mittags) à la carte 53/74 – **11 Z** 80/110 – 140/170 – ½ P 36.

Frühlingsgarten, Alatseestr. 8, ✉ 87629, ✆ (08362) 9 17 30, *hotel-fruehlingsgarten@t-online.de, Fax (08362) 917340*, – TV P s
geschl. Nov. - 20. Dez. – **Menu** *(geschl. Dienstag)* à la carte 27/55 – **11 Z** 68/90 – 136 – ½ P 20.

In Füssen-Hopfen am See *über* ① : *5 km :*

🏨 **Geiger,** Uferstr. 18, ✉ 87629, 𝒫 (08362) 70 74, *Fax (08362) 38838*, ≼ See und Allgäuer
Alpen – 📺 **P.** 🕼 𝑉𝐼𝑆𝐴
geschl. Anfang Nov. - Mitte Dez. – **Menu** à la carte 32/69 – **23 Z** ⌕ 80/110 – 175/220
– ½ P 22.

🏨 **Alpenblick** (mit Apparthotel), Uferstr. 10, ✉ 87629, 𝒫 (08362) 5 05 70, *alpenblick
@online-service.de, Fax (08362) 505773*, ≼See und Alpenlandschaft, 🖼, Massage, 🔥,
🛋 – 📶 📺 🚗 **P.** 🄰🄴 ① 🕼 𝑉𝐼𝑆𝐴 𝐽𝐶𝐵. 🛠 Rest
Menu à la carte 31/56 – **66 Z** ⌕ 130/190 – 180/320, 3 Suiten – ½ P 28.

✗ **Fischerhütte,** Uferstr. 16, ✉ 87629, 𝒫 (08362) 9 19 70, *Fax (08362) 919718*, ≼, Biergarten, « Terrasse am See » – **P.** 🄰🄴 🕼 𝑉𝐼𝑆𝐴
geschl. Nov. - Feb. Dienstag – **Menu** à la carte 31/73.

In Füssen-Oberkirch *über* ④ : *7 km :*

🏨 **Bergruh** 🦮, Alte Steige 16 (Hinteregg), ✉ 87629, 𝒫 (08362) 90 20, *info@hotelber
gruh.de, Fax (08362) 90212*, ≼, 🖼, Massage, 🔥, 🔥, 🛋, ▧, 🖈 – 📶, 🛠 Rest, 📺 **P.**
🕼 𝑉𝐼𝑆𝐴
geschl. Mitte Nov. - Mitte Dez. – **Menu** à la carte 40/58 – **29 Z** ⌕ 73/124 – 156/250,
3 Suiten – ½ P 20.

In Füssen-Weißensee *über* ④ : *6 km :*

🏨 **Seegasthof Weißensee,** an der B 310, ✉ 87629, 𝒫 (08362) 9 17 80,
Fax (08362) 917888, ≼, 🖼, 🖈 – 📶 **P.**
geschl. Anfang Jan. - Mitte Feb., Nov. - 25. Dez. – **Menu** *(geschl. Montag)* à la carte 28/56
– **19 Z** ⌕ 77 – 134/144 – ½ P 29.

In Rieden-Dietringen *über* ① : *9 km :*

🏨 **Schwarzenbach's Landhotel,** an der B 16, ✉ 87669, 𝒫 (08367) 3 43, *Landhote
l-Schwarzenbach@t-online.de, Fax (08367) 1061*, ≼ Forggensee und Allgäuer Alpen, 🖼,
🛋, 🖈 – 📺 🕼 𝑉𝐼𝑆𝐴
geschl. Mitte Feb. - Anfang März – **Menu** *(geschl. Dienstag, Nov. - Mai Montag - Dienstag)*
à la carte 31/64 – **30 Z** ⌕ 85/90 – 150/190 – ½ P 28.

FÜSSING, BAD Bayern 🢄🢇🢈 U 23 – 6 600 Ew – Höhe 324 m – *Heilbad.*
🛈 *Kurverwaltung, Rathausstr. 8, ✉ 94072, 𝒫 (08531) 97 55 80, Fax (08531) 21367.*
Berlin 636 – München 147 – *Passau 31 – Salzburg 110.*

🏨 **Kurhotel Holzapfel,** Thermalbadstr. 5, ✉ 94072, 𝒫 (08531) 95 70, *kurhotel-holza
pfel@t-online.de, Fax (08531) 957280*, 🖼, Massage, 🔥, 🔥, 🛋, 🖈 direkter Zugang zu
den Thermalschwimmbädern – 📶, 🛠 Zim, 📺 **P.** 🕼. 🛠
geschl. 8. Jan. - 1. Feb. – Menu 42 à la carte 45/85 – **79 Z** ⌕ 124/150 – 224/252, 3 Suiten
– ½ P 27.

🏨 **Parkhotel** 🦮, Waldstr. 16, ✉ 94072, 𝒫 (08531) 92 80, *Parkhotel.BadFuessing@t-o
nline.de, Fax (08531) 2061*, « Gartenterrasse », Massage, 🔥, 🔥, 🛋 (geheizt),
▧ (Thermal), 🖈 – 🛠 Zim, 📺 **P.** – 🛡 60. 🛠
geschl. 19. Nov. - 24. Dez. – **Menu** à la carte 33/76 – **118 Z** ⌕ 108/150 – 210/320 –
½ P 30.

🏨 **Kurhotel Wittelsbach,** Beethovenstr. 8, ✉ 94072, 𝒫 (08531) 95 20, *kurhotel.wit
telsbach@t-online.de, Fax (08531) 22256*, Massage, 🔥, 🛋, 🛋 (Thermal), ▧ (Thermal),
🖈 – 📶, 🛠 Zim, 📺 🚗 **P.** – 🛡 50. 🄰🄴 🕼 𝑉𝐼𝑆𝐴. 🛠
geschl. 6. - 26. Dez. – **Menu** (Restaurant nur für Hausgäste) – **69 Z** ⌕ 145/200 – 260/360
– ½ P 30.

🏨 **Am Mühlbach,** Bachstr.15 (Safferstetten, Süd : 1 km), ✉ 94072, 𝒫 (08531) 27 80,
info@muehlbach.de, Fax (08531) 278427, Saunalandschaft, Massage, 🔥, 🛋 (Thermal),
▧ (Thermal), 🖈 – 📶, 🛠 Rest, 📺 🚗 **P.** 🛠
geschl. 28. Nov. - 20. Dez. – **Menu** (Restaurant nur für Hausgäste) – **65 Z** ⌕ 140/150 –
220/260 – ½ P 25.

🏨 **Apollo,** Mozartstr. 1, ✉ 94072, 𝒫 (08531) 95 10, *info@hotel-apollo.de*,
Fax (08531) 951232, 🖼, Massage, 🔥, 🛋, 🛋 (Thermal), ▧ (Thermal), 🖈 – 📶 🛠 📺
🛡 🚗 🕼 𝑉𝐼𝑆𝐴. 🛠
Menu à la carte 28/64 – **105 Z** ⌕ 157/163 – 250/284 – ½ P 25.

🏨 **Promenade** garni, Kurallee 20, ✉ 94072, 𝒫 (08531) 94 40, Fax (08531) 295800, 🖈
– 📶 📺 🚗. 🛠
22 Z ⌕ 87/124 – 173/192.

🏨 **Kurhotel Sonnenhof,** Schillerstr. 4, ✉ 94072, ℰ (08531) 2 26 40, *info@kurhotels onnenhof.de*, Fax (08531) 2264207, �_, Massage, ♨, ⌁ (Thermal), ⌁ (Thermal), 🐎 – 🛗 ⇆ 📺 🚗 🅿 🏧 𝗩𝗜𝗦𝗔 ✆
geschl. 22. Nov. - 12. Jan. – **Menu** à la carte 31/56 – **98 Z** ⊑ 116/147 – 210/254 – ½ P 28.

🏨 **Bayerischer Hof,** Kurallee 18, ✉ 94072, ℰ (08531) 95 66, *bayerischer-hof@t-onli ne.de*, Fax (08531) 956800, �_, Massage, ♨, ⌁ (Thermal) – 🛗 📺 🚗 🅿 🆎 ① ⑩ 𝗩𝗜𝗦𝗔
geschl. Dez. - Jan. – **Menu** à la carte 26/48 – **59 Z** ⊑ 126/142 – 210/224 – ½ P 26.

🏨 **Kurpension Diana** garni, Kurallee 12, ✉ 94072, ℰ (08531) 2 90 60, Fax (08531) 2906103, Massage, 🐎 – 🛗 📺 🚗 🅿 ✆
geschl. Weihnachten - Anfang Jan. – **42 Z** ⊑ 70/75 – 98/124.

✕ **Schloss-Taverne,** Inntalstr. 26 (Riedenburg, Süd-Ost : 1 km), ✉ 94072, ℰ (08531) 9 24 70, Fax (08531) 924725, 🌭, Biergarten – 🅿
geschl. Mittwoch – **Menu** à la carte 35/67.

FULDA Hessen 🗺️🗺️ O 13 – 62 700 Ew – Höhe 280 m.

Sehenswert : *Dom (Bonifatiusaltar★)* Y – *St.-Michael-Kirche★* Y **B.**

Ausflugsziel : *Kirche auf dem Petersberg (romanische Steinreliefs★★, Lage★, ⩽★) Ost :
4 km (über die B 458* Y).

🏌️ Hofbieber (Ost : 11 km über die B 458), ℰ (06657) 13 34.

🛈 Tourismus- und Kongressmanagement, Schloßstr. 1, ✉ 36037, ℰ (0661) 1 02 18 13,
Fax (0661) 1022811.

ADAC, Karlstr. 19.

Berlin 448 ① – *Wiesbaden 141* ② – *Frankfurt am Main 99* ② – *Gießen 109* ① – *Kassel
106* ① – *Würzburg 108* ②

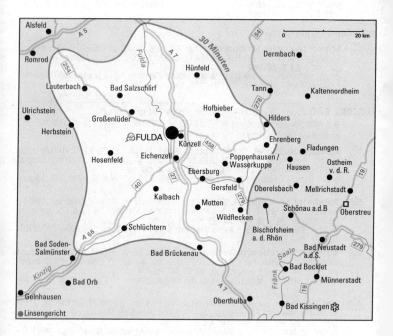

🏛️ **Romantik Hotel Goldener Karpfen,** Simpliziusbrunnen 1, ✉ 36037, ℰ (0661)
8 68 00, *goldnener-karpfen@romantik.de*, Fax (0661) 8680100, 🌭, ⇆ – 🛗, ⇆ Zim, 📺
✆ 🅿 🚗 🅿 – 🔬 50. 🆎 ① ⑩ 𝗩𝗜𝗦𝗔 ✆ Rest   Z f
Menu à la carte 60/88 – **50 Z** ⊑ 180/350 – 300/450, 4 Suiten.

🏛️ **Maritim-Hotel Am Schloßgarten,** Pauluspromenade 2, ✉ 36037, ℰ (0661) 28 20,
Reservierung.Ful@Maritim.de, Fax (0661) 282499, « Restaurant in einem Gewölbekeller
a.d. 17. Jh. », ⇆, ⌁ – 🛗, ⇆ Zim, 📺 🚗 – 🔬 450. 🆎 ① ⑩ 𝗩𝗜𝗦𝗔 🇯🇨🇧   Y c
Menu à la carte 44/78 – **113 Z** ⊑ 233/273 – 302/342.

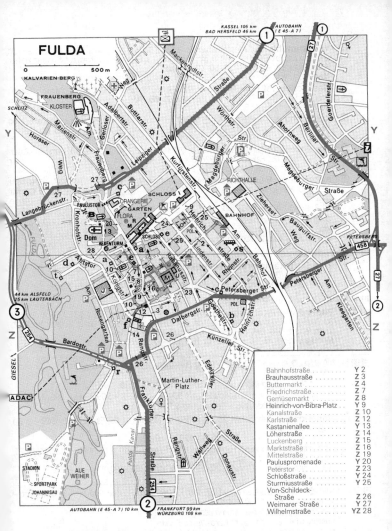

FULDA

0 ——— 500 m

KALVARIEN-BERG
FRAUENBERG
KLOSTER

🏨 **Kurfürst** Ⓜ, Schloßstr. 2, ✉ 36037, 𝄞 (0661) 8 33 90, *empfang@kurfuerst-fulda.de*, Fax (0661) 8339339, ⌂, (ehem. Palais a.d.J. 1737) – 🛗 ⇔ 📺 📞 🅿 – 🔬 40. 🆎 �ⓞ ⬤ 🆅🆂🅰
Y a
Menu à la carte 45/72 – **22 Z** ⊇ 150/195 – 260.

🏨 **Zum Ritter,** Kanalstr. 18, ✉ 36037, 𝄞 (0661) 25 08 00, *reception@hotel-ritter.de*, Fax (0661) 25080174, ⌂ – 🛗, ⇔ Zim, 📺 🅿 – 🔬 45. 🆎 ⓞ ⬤ 🆅🆂🅰
Z a
Menu à la carte 28/73 – **33 Z** ⊇ 139/169 – 179/209.

🏨 **Holiday Inn,** Lindenstr. 45, ✉ 36037, 𝄞 (0661) 8 33 00, *info@holiday-inn-fulda.de*, Fax (0661) 8330555, ⌂ – 🛗, ⇔ Zim, 📺 📞 & ⬤ – 🔬 120. 🆎 ⓞ ⬤ 🆅🆂🅰 🅹🅲🅱
Z c
Menu à la carte 31/65 – **134 Z** ⊇ 210/260, 4 Suiten.

🏨 **Am Dom** garni, Wiesenmühlenstr. 6, ✉ 36037, 𝄞 (0661) 9 79 80, Fax (0661) 9798500 – 🛗 ⇔ 📺 📞 ⬤ 🅿 – 🔬 15. 🆎 ⬤ 🆅🆂🅰
Z d
geschl. 23. Dez. - 3. Jan. – **45 Z** ⊇ 120/140 - 170/180.

🏨 **Bachmühle,** Künzeller Str. 133, ✉ 36043, 𝄞 (0661) 9 37 90, Fax (0661) 9379379, ⌂, « Ehemaliger Gutshof a.d.J. 1840 mit Hotelanbau » – 🛗 📺 🅿 – 🔬 70. 🆎 ⓞ ⬤ 🆅🆂🅰. ⬤ Rest
über Künzeller Str. Z
Menu à la carte 42/68 – **50 Z** ⊇ 80/125 - 140/170.

Wiesenmühle ⑤, Wiesenmühlenstr. 13, ✉ 36037, ℰ (0661) 92 86 80, *wiesenmüh le@gmx.de*, Fax (0661) 9286839, ☼, Biergarten, « Ehemalige Mühle a.d. 14. Jh. mit kleiner Hausbrauerei » – 🖵 🄿 – 🍴 50. 🆎 ⓿ 𝘝𝘐𝘚𝘈   Z t
Menu à la carte 29/60 – **24 Z** 🖙 70/125 – 145/165.

Hessischer Hof garni, Nikolausstr. 22, ✉ 36037, ℰ (0661) 7 80 11, *info@hessische rhof.de*, Fax (0661) 72289 – 🔅 🖵 ⟵ 🆎 ⓿ 𝘝𝘐𝘚𝘈   Y s
30 Z 🖙 95/120 – 135/160.

Kolpinghaus, Goethestr. 13, ✉ 36043, ℰ (0661) 8 65 00, *reception@hotel-kolping haus-Fulda.de*, Fax (0661) 8650111, ☼ – 🛗, 🔅 Zim, 🖵 🄿 – 🍴 140. 🆎 ⓿ 𝘝𝘐𝘚𝘈
Menu à la carte 27/64 – **77 Z** 🖙 109/130 – 170/195.   Z b

Am Rosenbad garni, Johannisstr. 5, ✉ 36041, ℰ (0661) 92 82 60, *Hotel-am-Rosen bad@t-online.de*, Fax (0661) 9282648 – 🖵 🄿 ⓿ ⓿ 𝘝𝘐𝘚𝘈   Z r
geschl. Weihnachten - Neujahr – **20 Z** 🖙 115/135 – 166/188.

Peterchens Mondfahrt garni, Rabanusstr. 7 (4. Etage), ✉ 36037, ℰ (0661) 90 23 50, *Harnier@t-online.de*, Fax (0661) 9023544 – 🛗 🖵 ☏ 🄿 – 🍴 20. 🆎 ⓪ ⓿ ⓿ 𝘝𝘐𝘚𝘈 𝙅𝘾𝘽   Y e
21 Z 🖙 110/120 – 140/190.

Dachsbau, Pfandhausstr. 8, ✉ 36037, ℰ (0661) 7 41 12, Fax (0661) 74110 – 🆎 ⓿ 𝘝𝘐𝘚𝘈   Z e
geschl. Juli - Aug. 2 Wochen, Montag – **Menu** 55 à la carte 64/82.

In Fulda-Kämmerzell *Nord : 6 km über Horaser Weg* Y :

Zum Stiftskämmerer-Gewölbekeller, Kämmerzeller Str. 10, ✉ 36041, ℰ (0661) 5 23 69, Fax (0661) 59545, ☼ – 🄿 ⓪ ⓿ 𝘝𝘐𝘚𝘈
geschl. Ende Juni - Anfang Juli 2 Wochen, Dienstag – **Menu** à la carte 35/64.

In Künzell *Ost : 2,5 km über Künzeller Straße* Z :

Bäder-Park-Hotel Rhön Therme Ⓜ, Harbacher Weg 66, ✉ 36093, ℰ (0661) 39 70, *kontakt@baeder-park-hotel.de*, Fax (0661) 397151, ☼, Freier Zugang zur Rhön Therme – 🛗, 🔅 Zim, 🖵 ⟵ 🄿 – 🍴 180. 🆎 ⓪ ⓿ 𝘝𝘐𝘚𝘈
Menu à la carte 38/68 – **119 Z** 🖙 160/190 – 222/260.

FURTH IM WALD Bayern ⓸⓶⓪ S 22 – 9 800 Ew – Höhe 410 m – Erholungsort – Wintersport : 610/950 🎿3 🎿.

   🐾 Gut Voithenberg (Nord-West : 4 km), ℰ (09973) 20 89.

   🛈 Tourist-Information, Schloßplatz 1, ✉ 93437, ℰ (09973) 5 09 80, Fax (09973) 50985.
Berlin 492 – München 198 – *Regensburg 93* – Cham 19.

Hohenbogen, Bahnhofstr. 25, ✉ 93437, ℰ (09973) 15 09, Fax (09973) 1502 – 🛗 🖵 – 🍴 40. 🍽 Rest
Menu à la carte 28/67 – **36 Z** 🖙 60/120 – ½ P 12.

Habersaign-Einödhof, Haberseigen 1(Nord-West : 2 km), ✉ 93437, ℰ (09973) 38 23, Fax (09973) 3284, ☼, ≦s, ⛴ – 🛗 🄿 ⓿ 🍽
geschl. Nov. – **Menu** à la carte 20/36 – **30 Z** 🖙 60/70 – 90/118 – ½ P 14.

FURTWANGEN Baden-Württemberg ⓸⓵⑨ V 8 – 10 000 Ew – Höhe 870 m – Erholungsort – Wintersport : 850/1 150 m 🎿3 🎿.
Sehenswert : Deutsches Uhrenmuseum★.
Ausflugsziel : Brend★ (🌋★) Nord-West : 5,5 km.

   🛈 Tourist-Information, Rathaus, Marktplatz 4, ✉ 78120, ℰ (07723) 93 91 11, Fax (07723) 939199.
Berlin 767 – Stuttgart 141 – *Freiburg im Breisgau 49* – Donaueschingen 29.

Zum Ochsen, Marktplatz 9, ✉ 78120, ℰ (07723) 9 31 16, *ochsen-hotel.furtwangen @t-online.de*, Fax (07723) 931155, ☎s – 🖵 🄿 ⓿ ⓿ 𝘝𝘐𝘚𝘈
Menu (geschl. Freitagmittag, Jan. - April Freitag - Samstagmittag, 1. - 22. Nov.) à la carte 25/64 – **34 Z** 🖙 74/96 – 114/138 – ½ P 20.

FUSCHL AM SEE Österreich siehe Salzburg.

GÄDEBEHN Mecklenburg-Vorpommern ⓸⓵⑥ F 18 – 240 Ew – Höhe 60 m.
Berlin 187 – *Schwerin 25* – Parchim 27 – Ludwigslust 50 – Wismar 54.

In Gädebehn-Basthorst *Nord : 4 km* :

Schloß Basthorst ⑤ (mit Gästehaus), ✉ 19089, ℰ (03863) 52 50, *Info@schloss-b asthorst.de*, Fax (03863) 525555, ☼, « Park » – 🖵 🄿 – 🍴 50. ⓪ ⓿ 𝘝𝘐𝘚𝘈 𝙅𝘾𝘽. 🍽 Rest
Menu à la carte 42/72 – **51 Z** 🖙 130/160 – 160/190.

GÄGELOW Mecklenburg-Vorpommern siehe Wismar.

GÄRTRINGEN Baden-Württemberg �419 U 10 – 10 000 Ew – Höhe 476 m.
　　Berlin 657 – Stuttgart 31 – Freudenstadt 59 – Karlsruhe 88.

🏨　**Bären**, Daimlerstr. 11, ☒ 71116, 𝒫 (07034) 27 60, HotelBaeren@t-online.de,
　　Fax (07034) 276222, ☞ – ⚡ Zim, 📺 📞 ⟵ 🅿 – 🔬 20
　　geschl. 24. Dez. - 2. Jan. – **Menu** (geschl. Anfang - Mitte Aug., Samstag - Sonntag) à la carte
　　24/57 – **32 Z** ⚏ 88/118 – 128/168.

🏨　**Kerzenstüble** Ⓜ, Böblinger Str. 2, ☒ 71116, 𝒫 (07034) 9 24 00, Fax (07034) 924040,
　　☞ – ⚡ 📺 📞 ⟵ 🅿 🆎 ⑩ ⓿ 𝖵𝖨𝖲𝖠
　　Menu (geschl. Samstagmittag, Sonntagabend - Montag) à la carte 31/63 – **28 Z** ⚏ 115
　　– 145/165.

GÄUFELDEN Baden-Württemberg siehe Herrenberg.

GAGGENAU Baden-Württemberg �419 T 8 – 30 000 Ew – Höhe 142 m.
　　🅱 Gaggenauer Tourist - Info, Rathausstr. 11 (Bad Rotenfels), ☒ 76571, 𝒫 (07225)
　　7 96 69, Fax (07225) 79669.
　　Berlin 702 – Stuttgart 103 – Karlsruhe 31 – Baden-Baden 16 – Rastatt 14.

🏨🏨　**Parkhotel**, Konrad-Adenauer-Str. 1, ☒ 76571, 𝒫 (07225) 6 70, Fax (07225) 76205, ☞
　　– ⚡, ⚡ Zim, 📺 ⚙ ⟵ – 🔬 100. 🆎 ⑩ ⓿ 𝖵𝖨𝖲𝖠 𝖩𝖢𝖡
　　Menu à la carte 43/68 – **63 Z** ⚏ 140/215 – 280.

In Gaggenau-Michelbach Nord-Ost : 3,5 km :

🍴🍴　**Zur Traube**, Lindenstr. 10, ☒ 76571, 𝒫 (07225) 7 62 63, Fax (07225) 70213, ☞,
　　« Restauriertes Fachwerkhaus a.d. 18. Jh. » – 🅿 ⓿ 𝖵𝖨𝖲𝖠
　　geschl. 1 Woche über Fastnacht, Montag – **Menu** (abends Tischbestellung ratsam) à la carte
　　49/86 – **Elsässer Stüble :** Menu à la carte 34/55.

In Gaggenau-Moosbronn Nord-Ost : 8 km :

🏡　**Hirsch**, Herrenalber Str. 17, ☒ 76571, 𝒫 (07204) 94 60 00, andreas.abendschoen@t
　　-online.de, Fax (07204) 8697, ☞, ☜ – 📺 📞 🅿 🆎 ⓿ 𝖵𝖨𝖲𝖠
　　geschl. Aug. 3 Wochen – **Menu** (geschl. Montagabend - Dienstag) à la carte 29/61 ⚐ – **9 Z**
　　⚏ 65/120.

In Gaggenau-Ottenau Süd-Ost : 2 km :

🍴🍴　**Gasthaus Adler,** Hauptstr. 255, ☒ 76571, 𝒫 (07225) 91 91 49, Fax (07225) 919149,
　　☞ – 🅿
　　geschl. über Fastnacht 1 Woche, Aug. 3 Wochen, Montag – **Menu** à la carte 38/72.

In Gaggenau-Bad Rotenfels Nord-West 2,5 km :

🏨　**Ochsen**, Murgtalstr. 22, ☒ 76571, 𝒫 (07225) 9 69 90, Fax (07225) 969950 – 📺 📞 ⟵
　　🅿 🆎 ⓿ 𝖵𝖨𝖲𝖠
　　Menu (geschl. Aug. 3 Wochen, Dez. 2 Wochen, Samstagmittag, Sonntag) à la carte 34/62
　　– **24 Z** ⚏ 100/105 – 160.

GAIENHOFEN Baden-Württemberg �419 W 10 – 4 200 Ew – Höhe 400 m.
　　🅱 Kultur-und Gästebüro, Im Kohlgarten 1, ☒ 78343, 𝒫 (07735) 8 18 23, Fax (07735)
　　81818.
　　Berlin 757 – Stuttgart 175 – Konstanz 33 – Singen (Hohentwiel) 23 – Zürich 68 – Schaff-
　　hausen 29.

In Gaienhofen-Hemmenhofen – Erholungsort :

🏨🏨　**Seehotel Höri**, Uferstr. 20, ☒ 78343, 𝒫 (07735) 81 10, Fax (07735) 811222, ☜, ☞,
　　Massage, ⚡, ☜, 🔲, ☞, ☜ – ⚡, ⚡ Zim, 📺 ⟵ 🅿 – 🔬 150. ☜ Rest
　　geschl. Jan. - 15. Feb. – **Fischerstuben** (geschl. Montag) (wochentags nur Abendessen)
　　Menu à la carte 58/84 – **Wintergarten :** Menu à la carte 40/64 – **74 Z** ⚏ 115/180 –
　　200/395 – ½ P 45.

🏨　**Kellhof**, Hauptstr. 318, ☒ 78343, 𝒫 (07735) 20 35, kellhof@t-online.de,
　　Fax (07735) 938738, ☞ – ⚡ Zim, 📺 🅿 ⑩ ⓿ 𝖵𝖨𝖲𝖠
　　geschl. 7. Jan. - 18. Feb. – **Menu** (geschl. Nov. - März Montag - Dienstag) à la carte 28/55
　　– **14 Z** ⚏ 86/120 – 130/170 – ½ P 30.

In Gaienhofen-Horn :

🏨　**Hirschen-Gästehaus Verena**, Kirchgasse 1, ☒ 78343, 𝒫 (07735) 9 33 80, Hirsch
　　en-Horn@t-online.de, Fax (07735) 933859, ☞ – 📺 📞 🅿
　　Menu (geschl. 8. Jan. - 2. Feb., Nov. - März Mittwoch - Donnertag) à la carte 32/60 – **30 Z**
　　⚏ 97/168 – ½ P 25.

GAILDORF Baden-Württemberg **419** S 13 – 12 000 Ew – Höhe 329 m.

Berlin 557 – Stuttgart 69 – Aalen 43 – Schwäbisch Gmünd 29 – Schwäbisch Hall 17.

In Gaildorf-Unterrot Süd : 3 km :

🏠 **Kocherbähnle**, Schönberger Str. 8, ⊠ 74405, 𝒫 (07971) 70 54, Fax (07971) 21088,
🍴 – 📺 🚗 🅿 🆎 ⓪ ⑩ 𝘝𝘐𝘚𝘈
geschl. Aug. 3 Wochen – **Menu** (geschl. Sonntagabend - Montag) à la carte 24/60 – **12 Z**
☐ 68/78 – 120/150 – ½ P 20.

GALLINCHEN Brandenburg siehe Cottbus.

GALLMERSGARTEN Bayern **420** R 14 – 820 Ew – Höhe 430 m.

Berlin 486 – München 208 – Würzburg 59 – Ansbach 34 – Nürnberg 66.

In Gallmersgarten-Steinach :

🏠 **Landgasthof Sämann**, Bahnhofstr. 18, ⊠ 91605, 𝒫 (09843) 93 70,
🍴 Fax (09843) 937222, 🌳, 🖙 – 📱, 🔭 Zim, 📺 📞 🔥 🚗 🅿 – 🔔 100. 🆎 ⑩ 𝘝𝘐𝘚𝘈
Menu à la carte 20/48 🍷 – **26 Z** ☐ 55/75 – 98/115.

GAMMELBY Schleswig-Holstein siehe Eckernförde.

GAMMERTINGEN Baden-Württemberg **419** V 11 – 6 300 Ew – Höhe 665 m.

Berlin 699 – Stuttgart 77 – Konstanz 95 – Freiburg im Breisgau 160 – Ulm (Donau) 79.

🏠 **Kreuz** 🍴, Marktstr. 6, ⊠ 72501, 𝒫 (07574) 9 32 90, Fax (07574) 932920, 🌳 – 📺
📞 🅿 ⑩ 𝘝𝘐𝘚𝘈
Menu à la carte 27/45 – **20 Z** ☐ 90/140.

GANDERKESEE Niedersachsen **415** G 9 – 30 000 Ew – Höhe 25 m – Erholungsort.

Berlin 409 – Hannover 140 – Bremen 22 – Oldenburg 31.

🏠 **Zur Jägerklause** 🍴 (mit Gästehaus), Neddenhüsen 16, ⊠ 27777, 𝒫 (04222) 9 30 20,
HOTEL.ZURJAEGERKLAUSE@AKZENT.DE, Fax (04222) 930250, 🌳, 🌿 – 🔭 Zim, 📺 📞
🚗 🅿 – 🔔 20. 🆎 ⑩ 𝘝𝘐𝘚𝘈
geschl. 27. Dez. - 10. Jan. – **Menu** (wochentags nur Abendessen) à la carte 32/63 – **25 Z**
☐ 90/125 – 125/160.

In Ganderkesee-Stenum Nord : 6 km :

🏠 **Backenköhler** 🍴 (mit Gästehaus), Dorfring 40, ⊠ 27777, 𝒫 (04223) 7 30, Backen
koehler@landidyll.de, Fax (04223) 8604, 🌳, Biergarten, 🖙, 🌿 – 🔭 Rest, 📺 📞 🔥 🅿
– 🔔 600. 🆎 ⑩ 𝘝𝘐𝘚𝘈
geschl. 1. - 9. Jan. – **Menu** à la carte 38/62 – **48 Z** ☐ 92/120 – 140/170.

GARBSEN Niedersachsen siehe Hannover.

GARCHING Bayern **419 420** V 18 – 12 700 Ew – Höhe 485 m.

Berlin 573 – München 15 – Regensburg 112 – Landshut 64.

🏠 **Hoyacker Hof** garni, Freisinger Landstr. 9a (B 11), ⊠ 85748, 𝒫 (089) 3 26 99 00,
Fax (089) 3207243 – 📱 🔭 📺 📞 🚗 🅿 ⑩ 𝘝𝘐𝘚𝘈
62 Z ☐ 130/150 – 180/200.

🏠 **Coro** garni, Heideweg 1, ⊠ 85748, 𝒫 (089) 3 26 81 60, room@HotelCoro.de,
Fax (089) 32681640 – 🔭 📺 📞 🅿 🆎 ⓪ ⑩ 𝘝𝘐𝘚𝘈. 🍴 – **23 Z** ☐ 150/195.

GARLSTORF Niedersachsen siehe Salzhausen.

GARMISCH-PARTENKIRCHEN Bayern **419 420** X 17 – 27 000 Ew – Höhe 707 m – Heilklimatischer Kurort – Wintersport : 800/2 950 m 🚠 9 🚡 26 🎿.

Sehenswerte : St.-Anton-Anlagen ≤★ X.

Ausflugsziele : Wank 🌞★★ Ost : 2 km und 🚠 – Partnachklamm★★ 25 min zu Fuß (ab
Skistadion) – Zugspitzgipfel★★★ (🌞★★★) mit Zahnradbahn (Fahrzeit 75 min) oder mit 🚠
ab Eibsee (Fahrzeit 10 min).

🏌 Schwaigwang (Nord : 2 km), 𝒫 (08821) 24 73 ; 🏌 Oberau, Gut Buchwies (Nord-Ost :
10 km), 𝒫 (08824) 83 44.

🅱 Verkehrsamt der Kurverwaltung, Richard-Strauss-Platz 2, ⊠ 82467, 𝒫 (08821) 18 06,
Fax (08821) 180755.

ADAC, Hindenburgstr. 14.

Berlin 675① – München 89① – Augsburg 117① – Innsbruck 60② – Kempten (Allgäu) 103③

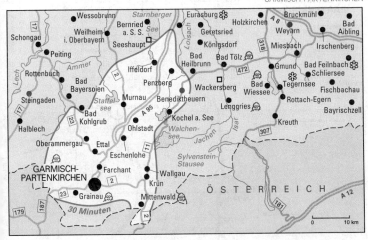

Grand Hotel Sonnenbichl, Burgstr. 97, ⌧ 82467, ℰ (08821) 70 20, *grand-hotel-sonnenbichl@ t-online.de,* Fax *(08821) 702131,* ≤ Wetterstein und Zugspitze, ⟨⟩, Massage, ⟨s⟩, – ⏐≣⏐, ⟨⟩ Zim, ⟨tv⟩ ⟨⟩ ⟨⟩ – ⟨⟩ 60. ⟨AE⟩ ⟨①⟩ ⟨OO⟩ ⟨VISA⟩ ⟨JCB⟩ über ① X
Blauer Salon (Montag - Freitag nur Abendessen) **Menu** à la carte 72/106 – *Zirbelstube :*
Menu à la carte 44/69 – **93 Z** ⟨⟩ 175/250 – 250/335, 4 Suiten – ½ P 50.

Reindl's Partenkirchner Hof, Bahnhofstr. 15, ⌧ 82467, ℰ (08821) 5 80 25, *rein dl@oberland.net,* Fax *(08821) 73401,* ≤ Wetterstein, ⟨s⟩, ⟨⟩, ⟨⟩ – ⏐≣⏐, ⟨⟩ Zim, ⟨tv⟩ ⟨⟩
– ⟨⟩ 40. ⟨AE⟩ ⟨①⟩ ⟨OO⟩ ⟨VISA⟩ ⟨JCB⟩ Z r
geschl. Mitte Nov. - Mitte Dez. – **Menu** (Tischbestellung ratsam, bemerkenswerte Wein-karte) à la carte 41/80 – **65 Z** ⟨⟩ 160/200 – 180/270, 7 Suiten – ½ P 38.

Dorint Sporthotel ⟨⟩, Mittenwalder Str. 59, ⌧ 82467, ℰ (08821) 70 60, *dorint @garmisch-partenkirchen.com,* Fax *(08821) 706618,* ≤, Biergarten, Massage, ⟨⟩, ⟨⟩, ⟨s⟩, ⟨⟩, ⟨⟩, ⟨⟩ – ⏐≣⏐, ⟨⟩ Zim, ⟨tv⟩ ⟨⟩ ⟨⟩ – ⟨⟩ 30. ⟨AE⟩ ⟨①⟩ ⟨OO⟩ ⟨VISA⟩ ⟨JCB⟩. ⟨⟩ Rest X c
Menu à la carte 44/72 – *Zirbelstube (geschl. Sonntag - Montag) (nur Abendessen)* **Menu**
à la carte 56/84 – **153 Z** ⟨⟩ 250/310 – 340/500 – ½ P 43.

Zugspitze ⟨M⟩, Klammstr. 19, ⌧ 82467, ℰ (08821) 90 10, *info@hotel-zugspitze.de,* Fax *(08821) 901333,* ≤, ⟨⟩, Massage, ⟨⟩, ⟨s⟩, ⟨⟩, ⟨⟩ – ⟨⟩ Zim, ⟨tv⟩ ⟨⟩ – ⟨⟩ 15. ⟨AE⟩ ⟨①⟩ ⟨OO⟩ ⟨VISA⟩ ⟨JCB⟩. Z d
Menu *(geschl. Dienstag)* à la carte 32/65 – **48 Z** ⟨⟩ 132/169 – 180/319, 3 Suiten.

Wittelsbacher Hof, von-Brug-Str. 24, ⌧ 82467, ℰ (08821) 5 30 96, *info@ wittels bacher-hof.com,* Fax *(08821) 57312,* ≤ Waxenstein und Zugspitze, « Gartenterrasse », ⟨s⟩, ⟨⟩, ⟨⟩ – ⏐≣⏐, ⟨⟩ Zim, ⟨tv⟩ ⟨⟩ ⟨⟩ ⟨⟩ – ⟨⟩ 30. ⟨AE⟩ ⟨①⟩ ⟨OO⟩ ⟨VISA⟩ ⟨JCB⟩. ⟨⟩ Rest Y d
geschl. Nov. - 20. Dez. – **Menu** à la carte 46/91 *(auch vegatarische Gerichte)* – **60 Z**
⟨⟩ 140/230 – 220/290 – ½ P 40.

Posthotel Partenkirchen, Ludwigstr. 49, ⌧ 82467, ℰ (08821) 9 36 30, Fax *(08821) 93632222,* ≤, ⟨⟩, « Historische Herberge mit rustikaler Einrichtung » – ⏐≣⏐, ⟨⟩ Zim, ⟨tv⟩ ⟨⟩ ⟨⟩ – ⟨⟩ 60. ⟨AE⟩ ⟨①⟩ ⟨OO⟩ ⟨VISA⟩ Y u
Menu *(geschl. Montag)* à la carte 46/75 – **59 Z** ⟨⟩ 145/175 – 250/280 – ½ P 35.

Obermühle ⟨⟩, Mühlstr. 22, ⌧ 82467, ℰ (08821) 70 40, *info@obermuehle.bestwe stern.de,* Fax *(08821) 704112,* ≤, « Gartenterrasse », ⟨s⟩, ⟨⟩, ⟨⟩ – ⏐≣⏐, ⟨⟩ Zim, ⟨tv⟩ ⟨⟩ ⟨⟩ – ⟨⟩ 100. ⟨AE⟩ ⟨①⟩ ⟨OO⟩ ⟨VISA⟩ X e
Menu à la carte 47/78 – **91 Z** ⟨⟩ 180/260 – 240/360, 4 Suiten – ½ P 35.

Staudacherhof ⟨⟩, Höllentalstr. 48, ⌧ 82467, ℰ (08821) 92 90, *info@staudacher hof.de,* Fax *(08821) 929333,* ≤, « Saunalandschaft », Massage, ⟨⟩, ⟨⟩, ⟨⟩ – ⏐≣⏐, ⟨⟩ Zim, ⟨tv⟩ ⟨⟩ ⟨⟩ ⟨⟩ ⟨OO⟩ ⟨VISA⟩. ⟨⟩ Rest Z v
geschl. 23. April - 10. Mai, 12. Nov. - 14. Dez. – **Menu** *(nur Abendessen)* 38 à la carte 53/66
– **37 Z** ⟨⟩ 130/175 – 220/320 – ½ P 35.

Alpina, Alpspitzstr. 12, ⌧ 82467, ℰ (08821) 78 30, *alpina@oberland.net,* Fax *(08821) 71374,* ⟨⟩, Massage, ⟨s⟩, ⟨⟩, ⟨⟩ – ⏐≣⏐, ⟨⟩ Zim, ⟨tv⟩ ⟨⟩ ⟨⟩ ⟨⟩ – ⟨⟩ 20. ⟨OO⟩ ⟨VISA⟩. ⟨⟩ Rest Z b
Menu à la carte 45/77 – **66 Z** ⟨⟩ 180/240 – 200/330 – ½ P 38.

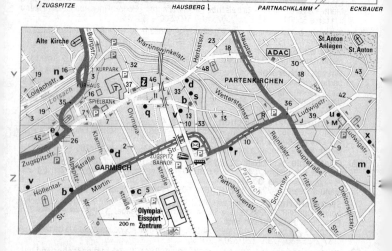

🏛 **Mercure,** Mittenwalder Str. 2, ✉ 82467, 𝓟 (08821) 75 60, H2940@ accor-hotels.com, Fax (08821) 74268, 😤, ⌂, ⇔, ☐, ✕ – ⬚, ⇔ Zim, �📺 🅿 – 🅰 200. ㏂ ⑩ ⑩ 𝓥𝓘𝓢𝓐
Menu à la carte 45/78 – **117 Z** ⌷ 199/279, 5 Suiten – ½ P 38.   Z m

🏛 **Garmischer Hof,** Chamonixstr. 10, ✉ 82467, 𝓟 (08821) 91 10, garmischer.hof@ g aponline.de, Fax (08821) 51440, 😤, « Garten » – ⬚ 📺 🅿 ⑩ 𝓥𝓘𝓢𝓐   Y q
Menu (geschl. Samstag) à la carte 26/44 – **49 Z** ⌷ 95/140 – 160/230 – ½ P 20.

🏛 **Rheinischer Hof** (mit Gästehaus), Zugspitzstr. 76, ✉ 82467, 𝓟 (08821) 91 20, Fax (08821) 59136, 😤, Massage, ♨, ⇔, ☐, 🍃 – ⬚, ⇔ Zim, 📺 ✆ ঌ ⇔ 🅿 ⑩ 𝓥𝓘𝓢𝓐   X z
Menu à la carte 30/49 – **38 Z** ⌷ 120/170 – 184/240, 5 Suiten – ½ P 30.

🏛 **Clausings Posthotel,** Marienplatz 12, ✉ 82467, 𝓟 (08821) 70 90, info@ clausings -posthotel.de, Fax (08821) 709205, 😤, Biergarten – ⬚ 📺 🅿 – 🅰 15. ⑩ 𝓥𝓘𝓢𝓐   Z e
Menu à la carte 32/68 – **42 Z** ⌷ 140/180 – 160/300 – ½ P 35.

🏛 **Aschenbrenner** garni, Loisachstr. 46, ✉ 82467, 𝓟 (08821) 9 59 70, HotelAschenbr enner@ t-online.de, Fax (08821) 959795, ≤, « Renovierte Villa a. d. 19. Jh. », 🍃 – ⬚ ⇔ 📺 🅿 ⑩ 𝓥𝓘𝓢𝓐   Y n
23 Z ⌷ 110/150 – 170/230.

🏛 **Boddenberg** ঌ garni, Wildenauer Str. 21, ✉ 82467, 𝓟 (08821) 9 32 60, Hotel-Bo ddenberg@ t-online.de, Fax (08821) 52911, ≤, « Garten », ☐ (geheizt), 🍃 – ⇔ ✆ ⇔ 🅿 ㏂ ⑩ ⑩ 𝓥𝓘𝓢𝓐 ᴶᶜᴮ   X r
geschl. Nov. - 15. Dez. – **24 Z** ⌷ 90/120 – 150/220.

🏛 **Berggasthof Panorama** ঌ, St. Anton 3, ✉ 82467, 𝓟 (08821) 25 15, hotelpano rama@ in-garmisch-partenkirchen.de, Fax (08821) 4884, ≤ Garmisch-Partenkirchen und Zugspitzmassiv, Biergarten, « Terrasse » – 📺 🅿 ⑩ 𝓥𝓘𝓢𝓐   X k
geschl. Mitte Nov. - Mitte Dez. – **Menu** à la carte 26/60 – **16 Z** ⌷ 95/100 – 140/160 – ½ P 27.

🏛 **Leiner,** Wildenauer Str. 20, ✉ 82467, 𝓟 (08821) 9 52 80, hotel.leiner@ t-online.de, Fax (08821) 9528100, ≤, 😤, Biergarten, « Garten », ⇔, ☐ – ⬚, ⇔ Rest, 📺 🅿 – 🅰 45. ㏂ ⑩ 𝓥𝓘𝓢𝓐, ℅ Rest   X a
geschl. Nov. - Mitte Dez. – **Menu** à la carte 35/59 – **51 Z** ⌷ 90/120 – 158/186 – ½ P 29.

🏛 **Bavaria** ঌ, Partnachstr. 51, ✉ 82467, 𝓟 (08821) 34 66, hotel.bavaria.garmisch@ t -online.de, Fax (08821) 76466, 🍃 – 📺 🅿 ㏂ ⑩ 𝓥𝓘𝓢𝓐, ℅ Rest   Y s
geschl. 15. Nov. - 20. Dez. – **Menu** (nur Abendessen) (Restaurant nur für Hausgäste) – **32 Z** ⌷ 95/140 – 155/165 – ½ P 23.

🏛 **Roter Hahn** garni, Bahnhofstr. 44, ✉ 82467, 𝓟 (08821) 5 40 65, info@ hotel-roter -hahn.com, Fax (08821) 54067, ☐, 🍃 – ⬚ 📺 🅿 ⑩ 𝓥𝓘𝓢𝓐   Y v
30 Z ⌷ 65/130 – 145/195.

🏛 **Gasthof Fraundorfer** (mit Gästehaus), Ludwigstr. 24, ✉ 82467, 𝓟 (08821) 92 70, fraundorfer@ gaponline.de, Fax (08821) 92799, Biergarten, ⇔ – 📺 🅿 ㏂ ⑩ 𝓥𝓘𝓢𝓐
Menu (geschl. 17. - 30. April, 6. Nov. - 7. Dez., Dienstag - Mittwochmittag) à la carte 27/58 – **27 Z** ⌷ 72/107 – 134/164, 4 Suiten – ½ P 27.   Z x

🏛 **Hilleprandt** ঌ, Riffelstr. 17, ✉ 82467, 𝓟 (08821) 94 30 40, hotel-hilleprandt@ t-o nline.de, Fax (08821) 74548, ⇔, 🍃 – ⇔ Rest, 📺 🅿 ⑩ 𝓥𝓘𝓢𝓐, ℅   Z c
Menu (nur Abendessen) (Restaurant nur für Hausgäste) – **17 Z** ⌷ 94/140 – 152/182 – ½ P 30.

✗ **Spago,** Partnachstr. 50, ✉ 82467, 𝓟 (08821) 96 65 55, Fax (08821) 966556, 😤 – ⑩ ⑩ 𝓥𝓘𝓢𝓐   Y b
Menu à la carte 48/68.

Am Rießersee Süd : 2 km über Rießerseestraße X :

🏛 **Renaissance Riessersee Hotel** ঌ, Am Riess 5, ✉ 82467 Garmisch-Partenkirchen, 𝓟 (08821) 75 80, info@ renaissance-riessersee-hotel.de, Fax (08821) 3811, ≤, 😤, Bier-garten, Massage, ⌂, ⇔, ☐ – ⬚, ⇔ Zim, 📺 ⇔ 🅿 – 🅰 100. ㏂ ⑩ ⑩ 𝓥𝓘𝓢𝓐, ℅ Rest
Menu à la carte 42/72 – **155 Z** ⌷ 210/280 – 310/360 – ½ P 40.

GARREL Niedersachsen 🔢 H 8 – 10 000 Ew – Höhe 20 m.
   🟦 🟦 Thülsfelder Talsperre (Süd-West : 7km) 𝓟 (04474) 79 95.
   Berlin 449 – Hannover 190 – Bremen 73 – Lingen 80 – Osnabrück 88.

🏛 **Auehof,** Nikolausdorfer Str. 21 (Nord-Ost : 1,5 km), ✉ 49681, 𝓟 (04474) 9 48 40, Fax (04474) 948430 – ⬚, ⇔ Zim, 📺 🅿 🅰 100. ⑩ 𝓥𝓘𝓢𝓐
Menu (geschl. Dienstagmittag) à la carte 28/53 – **20 Z** ⌷ 75 – 125/135.

🏛 **Zur Post,** Hauptstr. 34, ✉ 49681, 𝓟 (04474) 80 00, Klaus.Thoben@ T-Online.de, Fax (04474) 7847, 😤 📺 🅿 ㏂ ⑩ ⑩ 𝓥𝓘𝓢𝓐
Menu (geschl. Freitagmittag, Samstagmittag) à la carte 36/59 – **27 Z** ⌷ 78/95 – 128/145.

In Garrel-Petersfeld *Süd-West : 7,5 km - an der Thülsfelder Talsperre-Süd :*

🏨 **Dreibrücken** M 🏖, Drei-Brücken-Weg 10, ✉ 49681, ℰ (04495) 8 90, *Hotel-Dreibr uecken@t-online.de*, Fax (04495) 89100, ㈱, ₤₆, ⇌s, 🔲, ⌗ – 📶, ⇔ Zim, TV P̄ – 🄰 140. AE ⑩ ⑩ VISA
geschl. Jan. 1 Woche – **Menu** *(geschl. Samstagmittag, Sonntagabend)* à la carte 42/61 – **53 Z** ⊑ 125/147 – 178/247.

GARTOW *Niedersachsen* 416 *G 18 – 1400 Ew – Höhe 27 m – Luftkurort.*
   🛈 *Kurverwaltung, Nienwalder Weg 1, ✉ 29471, ℰ (05846) 3 33, Fax (05846) 2288.*
   Berlin 204 – Hannover 162 – Schwerin 104 – Uelzen 66 – Lüneburg 78.

🏠 **Seeblick** *garni*, Hauptstr. 36, ✉ 29471, ℰ (05846) 96 00, Fax (05846) 96060 – TV ✓ 🕭 P̄. AE ⑩ VISA – **26 Z** ⊑ 95/140.

GAU-BISCHOFSHEIM *Rheinland-Pfalz siehe Mainz.*

GAUTING *Bayern* 419 420 *V 18 – 18000 Ew – Höhe 540 m.*
   Berlin 606 – München 22 – Augsburg 79 – Garmisch-Partenkirchen 84 – Starnberg 10.

🏨 **Zum Bären** M, Pippinplatz 1, ✉ 82131, ℰ (089) 89 32 58 00, *gauting-baeren@t-on line.de*, Fax (089) 8508925, ㈱ – 📶, ⇔ Zim, TV ✓ 🕭 P̄. AE ⑩ ⑩ VISA JCB
Menu à la carte 35/68 – **22 Z** ⊑ 150/180.

🏠 **Gästehaus Bauer**, Unterbrunner Str. 9, ✉ 82131, ℰ (089) 8 50 12 30, Fax (089) 8509710, ⌗ – ⇔ Zim, TV P̄. AE ⑩ ⑩ VISA
Menu (Restaurant nur für Hausgäste) – **14 Z** ⊑ 100/125 – 148/188.

GEESTHACHT *Schleswig-Holstein* 415 416 *F 15 – 25000 Ew – Höhe 16 m.*
   🏌 *Escheburg, Am Soll 1 (Nord-West : 7 km), ℰ (04152) 8 32 04.*
   Berlin 265 – Kiel 118 – Hamburg 30 – Hannover 167 – Lüneburg 29.

🏠 **Fährhaus Ziehl**, Fährstieg 20, ✉ 21502, ℰ (04152) 30 41, *Faehrhaus-Ziehl@immv. com*, Fax (04152) 70788, ㈱ – TV 🕭 P̄. AE ⑩ ⑩ VISA
Menu *(geschl. Freitag)* à la carte 29/61 – **18 Z** ⊑ 75/99 – 100/150.

🏠 **Lindenhof**, Joh.-Ritter-Str. 38, ✉ 21502, ℰ (04152) 84 67 84, Fax (04152) 846734, ㈱, « Individuelle Zimmereinrichtung » – TV ✓ P̄. ⑩ ⑩ VISA
Menu *(geschl. Samstagmittag, Sonntag)* à la carte 33/58 – **25 Z** ⊑ 85/98 – 100/140.

GEHLBERG *Thüringen* 418 *N 16 – 830 Ew – Höhe 650 m – Wintersport : 600/970 ⚶ 1, ⚷.*
   🛈 *Fremdenverkehrsverein - Verkehrsamt, Hauptstr. 41, ✉ 98559, ℰ (036845) 5 05 00, Fax (036845) 50500.*
   Berlin 337 – Erfurt 45 – Suhl 24.

🏠 **Daheim** 🏖, Ritterstr. 16, ✉ 98559, ℰ (036845) 5 02 39, Fax (036845) 51091, ≤, ㈱, ⇌s, ⌗ – 📶, ⇔ Zim, TV ✓ P̄ – 🄰 80. ⑩ VISA
geschl. Nov. 1 Woche – **Menu** à la carte 22/47 – **24 Z** ⊑ 60/75 – 100/120 – ½ P 19.

GEHRDEN *Niedersachsen* 416 417 418 *J 12 – 14700 Ew – Höhe 75 m.*
   Berlin 300 – Hannover 14 – Bielefeld 96 – Osnabrück 125.

🏠 **Stadt Gehrden** M *garni*, Schulstr. 18, ✉ 30989, ℰ (05108) 92 20, *reception@hot el-gehrden.de*, Fax (05108) 92210 – 📶 ⇔ TV ✓ P̄ – 🄰 30. AE ⑩ ⑩ VISA JCB
44 Z ⊑ 130/150 – 200.

GEILENKIRCHEN *Nordrhein-Westfalen* 417 *N 2 – 25000 Ew – Höhe 75 m.*
   Berlin 622 – Düsseldorf 69 – Aachen 38 – Mönchengladbach 40.

🏠 **City Hotel** *garni*, Theodor-Heuss-Ring 15, ✉ 52511, ℰ (02451) 62 70, *offfice@city hotel-geilenkirchen.de*, Fax (02451) 627300, ⇌s – 📶 TV ✓ – 🄰 25. AE ⑩ ⑩ VISA JCB
⊑ 13 – **41 Z** 103/112 – 133/143.

GEISELWIND *Bayern* 419 420 *Q 15 – 2200 Ew – Höhe 330 m.*
   🏌 *Geiselwind, Friedrichstr. 10, ℰ (09556) 14 84.*
   Berlin 458 – München 237 – Nürnberg 70 – Bamberg 55 – Würzburg 44.

🏨 **Landhotel Krone** 🏖, Friedrichstr. 10, ✉ 96160, ℰ (09556) 9 22 50, Fax (09556) 922550, ㈱, ⇌s – ⇔ Zim, TV P̄ – 🄰 60. AE ⑩ ⑩ VISA
Menu *(geschl. Nov. - März Montag)* à la carte 33/71 – **30 Z** ⊑ 83/110 – 130/150.

🏠 **Krone** (mit Gästehaus), Kirchplatz 2, ✉ 96160, 𝒫 (09556) 9 22 40, *hotel-krone@ geis*
🍸 *elwind.de*, Fax (09556) 922411, Biergarten – 🛗 📺 🖧 **P.** AE ⓪ ⑩ VISA
Menu à la carte 20/42 🍷 – **56 Z** ⌖ 65/77 – 98.

🏠 **Stern,** Marktplatz 11, ✉ 96160, 𝒫 (09556) 2 17, *Hotel-Stern-Geiselwind@ t-online.de*,
🍸 Fax (09556) 844 – 🖧 **P.** AE ⓪ ⑩ VISA
geschl. Nov. – **Menu** *(geschl. Okt. - März Mittwoch)* à la carte 20/48 🍷 – **25 Z** ⌖ 64/80
– 90/106.

GEISENHAUSEN *Bayern siehe Schweitenkirchen.*

GEISENHEIM *Hessen* 🆘 *Q 7 – 11 700 Ew – Höhe 94 m.*
Berlin 590 – Wiesbaden 28 – Bad Kreuznach 68 – Koblenz 68 – Mainz 31.

Beim Kloster Marienthal *Nord : 4 km :*

🏠 **Waldhotel Gietz** ⊗, Marienthaler Str. 20, ✉ 65366 Geisenheim, 𝒫 (06722) 99 60 26,
waldhotel.gietz@ t-online.de, Fax (06722) 996099, 🌤, 🍴, 🔲, 🌳 – 🛗 📺 **P.** – 🔏 50
Menu à la carte 40/55 – **45 Z** ⌖ 165/185 – 185/260 – ½ P 25.

In Geisenheim-Johannisberg *Nord : 4,5 km :*

🏠🏠 **Haus Neugebauer** ⊗, Nahe der Straße nach Presberg (Nord-West : 2,5 km), ✉ 65366,
𝒫 (06722) 9 60 50, *hausneugebauer@ myokay.net*, Fax (06722) 7443, 🌤, 🌳 – 📺 📞
🖧 **P.** – 🔏 20. ⑩ VISA
Menu à la carte 32/71 🍷 – **20 Z** ⌖ 105/130 – 150/170 – ½ P 35.

🍴🍴 **Burg-Hotel-Schwarzenstein** ⊗ mit Zim, Nahe der Straße nach Presberg (Nord-
West : 1 km), ✉ 65366, 𝒫 (06722) 9 95 00, Fax (06722) 995099, « Terrasse mit
≤ Rheintal » – 📺 📞 **P.** ⑩ VISA
geschl. Jan. - Feb. – **Menu** *(Montag - Mittwoch nur Abendessen)* à la carte 47/84 – **5 Z**
⌖ 165/290 – 220/390.

🍴 **Gutsschänke Schloss Johannisberg,** ✉ 65366, 𝒫 (06722) 9 60 90,
Fax (06722) 7392, « Terrasse mit ≤ Rheintal » – **P.** ⑩ VISA
Menu à la carte 48/70.

GEISING *Sachsen* 🆘 *N 25 – 3 000 Ew – Höhe 600 m – Wintersport : 690/790 m ⚡4, 🎿.*
Berlin 237 – Dresden 46 – Chemnitz 74 – Freital 36.

🏠 **Schellhaus Baude** ⊗, Altenberger Str. 14, ✉ 01778, 𝒫 (035056) 34 60,
🍸 Fax (035056) 346111, 🌤, 🍴, 🌳 – 📺 🖧 **P.** AE ⑩ VISA
Menu à la carte 23/40 🍷 – **24 Z** ⌖ 80 – 98/120.

GEISINGEN *Baden-Württemberg* 🆘 *W 9 – 5 700 Ew – Höhe 661 m.*
*Berlin 754 – Stuttgart 128 – Konstanz 56 – Singen (Hohentwiel) 30 – Tuttlingen 17 –
Donaueschingen 15.*

🍴🍴 **Zum Hecht** mit Zim, Hauptstr. 41, ✉ 78187, 𝒫 (07704) 2 81, *info@ zumhecht.de*,
Fax (07704) 6464, 🌤 – ⇚ Zim, 📺. ✛
geschl. über Fastnacht 2 Wochen – **Menu** *(geschl. Montag - Dienstag, Samstagmittag)*
59/82 und à la carte – **6 Z** ⌖ 70 – 110/140.

In Geisingen - Kirchen-Hausen *Süd-Ost : 2,5 km :*

🏠 **Gasthof Sternen** (mit Gästehaus Kirchtal), Ringstr. 1 (Kirchen), ✉ 78187, 𝒫 (07704)
80 39, *hotel-sternen@ t-online.de*, Fax (07704) 803888, Biergarten, « Antonius-Saal »,
🏋, 🍴, 🔲 – 🛗, ⇚ Zim, 📺 🖧 **P.** – 🔏 100. AE ⓪ ⑩ VISA
Menu à la carte 28/60 – **83 Z** ⌖ 78/120 – 120/160.

🏠 **Burg** (mit 2 Gästehäusern), Bodenseestr. 4 (Hausen), ✉ 78187, 𝒫 (07704) 9 29 90,
Fax (07704) 6339, 🌤, 🌳 – 📺 📞 🖧 **P.** ⓪ ⑩ VISA
Menu *(geschl. Mittwoch)* à la carte 26/64 – **26 Z** ⌖ 70/100 – 120/180.

GEISLINGEN AN DER STEIGE *Baden-Württemberg* 🆘 🆘 *U 13 – 28 000 Ew – Höhe 464 m.*
🅱 *Verkehrsamt, Schillerstr. 2,* ✉ 73312, 𝒫 (07331) 2 42 66, Fax (07331) 24376.
Berlin 594 – Stuttgart 58 – Göppingen 18 – Heidenheim an der Brenz 30.

🏠 **Krone,** Stuttgarter Str. 148 (B 10), ✉ 73312, 𝒫 (07331) 6 10 71, Fax (07331) 61075
– 🛗 📺 **P.** ⑩ VISA. ✛
Menu à la carte 28/64 – **34 Z** ⌖ 76/93 – 115/153.

In Geislingen-Eybach *Nord-Ost : 4 km :*

🏠 **Ochsen** (mit Gästehaus), von-Degenfeld-Str. 22, ✉ 73312, 𝒫 (07331) 6 20 51,
Fax (07331) 62051, 🌤 – 🛗 📺 🖧 **P.**
Menu *(geschl. Ende Okt. - Anfang Nov., Freitag)* à la carte 28/60 – **20 Z** ⌖ 85/95 – 145/160.

In Geislingen-Weiler ob Helfenstein *Ost : 3 km : – Höhe 640 m :*

🏨 **Burghotel** 🦮 garni, Burggasse 41, ✉ 73312, ℰ (07331) 9 32 60, Fax (07331) 932636,
⬛s, 🔲, 🌳 – ➿ 📺 ⬅ 🅿 ⚫ 🔵 **VISA** ⚡
geschl. 24. Dez. - 7. Jan. – – – **23 Z** ⚌ 100/150 – 175/220.

🍴 **Burgstüble**, Dorfstr. 12, ✉ 73312, ℰ (07331) 4 21 62, Burgstueble-Geislingen@t-o
nline.de, Fax (07331) 941751, 🌳, « Gediegene Einrichtung » – 🅿 **AE** ⓿ 🔵 **VISA**
geschl. Sonntag – **Menu** (nur Abendessen) (Tischbestellung erforderlich) 39 à la carte
38/65.

GEITHAIN *Sachsen* **4 1 8** *M 22 – 7 000 Ew – Höhe 165 m.*
Berlin 242 – Dresden 114 – Chemnitz 38 – Leipzig 59.

🏨 **Andersen** garni, Bahnhofstr. 11a, ✉ 04643, ℰ (034341) 4 43 17, geithain@anderse
n.de, Fax (034341) 44316 – 📶 ➿ 📺 🅿 – 🔬 25. **AE** ⓿ 🔵 **VISA**
23 Z ⚌ 110/145.

GELDERN *Nordrhein-Westfalen* **4 1 7** *L 2 – 32 000 Ew – Höhe 25 m.*
🏌 Issum, Pauenweg 68 (Ost : 10 km), ℰ (02835) 9 23 10 ; 🏌 Schloß Haag, Bartelter Weg
8 (Nord : 2 km), ℰ (02831) 9 47 77.
Berlin 580 – Düsseldorf 64 – Duisburg 43 – Krefeld 30 – Venlo 23 – Wesel 29.

🏨 **See Hotel** **M**, Danziger Str. 5, ✉ 47608, ℰ (02831) 92 90, info@seepark.de,
Fax (02831) 929299, 🌳, ⬛s – 📶, ➿ Zim, 📺 📞 🔬 🅿 – 🔬 300. **AE** ⓿ 🔵 **VISA**
Menu à la carte 35/68 – ⚌ 18 – **64 Z** 92/130 – 144/245.

In Geldern-Walbeck *Süd-West : 6 km :*

🍴 **Alte Bürgermeisterei**, Walbecker Str. 2, ✉ 47608, ℰ (02831) 8 99 33,
Fax (02831) 980172, 🌳 – 🅿
geschl. Juli 3 Wochen, Aug. - März Montag – **Menu** à la carte 64/93.

GELNHAUSEN *Hessen* **4 1 7** *P 11 – 21 600 Ew – Höhe 159 m.*
Sehenswert : Marienkirche★ (Chorraum★★).
🅱 Fremdenverkehrsamt, Am Obermarkt, ✉ 63571, ℰ (06051) 83 03 00, Fax (06051)
830303.
Berlin 508 – Wiesbaden 84 – Fulda 59 – Frankfurt am Main 42 – Würzburg 86.

🏨 **Burg-Mühle**, Burgstr. 2, ✉ 63571, ℰ (06051) 8 20 50, burgmuehle@ecos.net,
Fax (06051) 820554, 🌳, ⬛s, – ➿ 📺 🅿 – 🔬 30. ⓿ 🔵 **VISA** ⚡
Menu (geschl. Sonntagabend) à la carte 45/80 – **42 Z** ⚌ 98/138 – 158/188.

🏨 **Stadt-Schänke**, Fürstenhofstr. 1, ✉ 63571, ℰ (06051) 1 60 51, Fax (06051) 16053,
🌳 – 📺 🔬 🅿 **AE** ⓿ 🔵 **VISA** ⚡ Zim
Menu (geschl. Samstagmittag) à la carte 30/63 – **13 Z** ⚌ 110/160 – 160/200.

🏨 **Grimmelshausen-Hotel** garni, Schmidtgasse 12, ✉ 63571, ℰ (06051) 9 24 20, grim
melshausen-hotel@audiokom.de, Fax (06051) 924242 – 📺 ⬅ **AE** ⓿ 🔵 **VISA**
28 Z ⚌ 85/140.

🍴 **Bergschlösschen**, Am Schlößchen 4, ✉ 63571, ℰ (06051) 47 26 47,
Fax (06051) 472648, 🌳 – 🅿 **AE** ⓿ 🔵 **VISA** ⚡ Rest
geschl. Mitte Sept. - Mitte Okt., Samstagmittag, Dienstag – **Menu** (italienische Küche)
à la carte 52/84.

In Gelnhausen-Meerholz *Süd-West : 3,5 km :*

🍴 **Schießhaus**, Schießhausstr. 10, ✉ 63571, ℰ (06051) 6 69 29, Fax (06051) 66097, 🌳
– 🅿 ⓿ 🔵 **VISA**
geschl. 1. - 18. Jan., Juli 2 Wochen, Montag - Dienstag – **Menu** à la carte 41/65.

In Linsengericht-Eidengesäß *Süd-Ost : 3 km :*

🍴 **Der Löwe**, Hauptstr. 20, ✉ 63589, ℰ (06051) 7 13 43, Fax (06051) 75339, 🌳 – 🔵
VISA
geschl. Jan. 1 Woche, Juli 2 Wochen, Sonntagabend - Dienstagmittag – **Menu** à la carte
52/72.

GELSENKIRCHEN *Nordrhein-Westfalen* **4 1 7** *L 5 – 290 000 Ew – Höhe 54 m.*
🏌 Gelsenkirchen-Buer, Middelicher Str. 72, ℰ (0209) 70 11 00 ; 🏌 Schloß Horst, Auf der
Rennbahn 11 Z, ℰ (0209) 5 00 27.
🅱 Verkehrsverein, Hans-Sachs-Haus, Ebertstr. 13, ✉ 45879, ℰ (0209) 1 47 40 22,
Fax (0209) 29698.
ADAC, Daimlerstr. 1 (Ecke Emscherstraße).
Berlin 516 ① – Düsseldorf 44 ③ – Dortmund 32 ③ – Essen 11 – Oberhausen 19 ④

GELSENKIRCHEN

🏨🏨 **Maritim**, Am Stadtgarten 1, ⊠ 45879, ℰ (0209) 17 60, Fax (0209) 1762091, ≤, 🍽, ≘s,
◻ – 劇, ✦ Zim, 📺 ✔ 📠 – 🏋 350. ✦ Rest   Z a
223 Z, 28 Suiten.

🏨🏨 **InterCityHotel** Ⓜ, Ringstr. 1, ⊠ 45879, ℰ (0209) 92550, gelsenkirchen@intercity
hotel.de, Fax (0209) 9255999, 🍽 – 劇, ✦ Zim, 📺 ✔ 👧 ⇔ 📠 – 🏋 50. 🕮 ⓸ ⓴ 💳
ᴶᶜᴮ   X n
Menu (geschl. Sonntag - Montag, Feiertage) (nur Abendessen) à la carte 39/69 – **135 Z**
▱ 160/180 – 182/202.

🏨 **Ibis,** Bahnhofsvorplatz 12, ⊠ 45879, ℰ (0209) 1 70 20, Fax (0209) 209882 – 劇, ✦ Zim,
📺 👧 – 🏋 60. 🕮 ⓸ ⓴ 💳   X a
Menu (nur Abendessen) 26 – ▱ 15 – **104 Z** 90.

In Gelsenkirchen-Buer :

🏨🏨 **Buerer Hof** garni, Hagenstr. 4, ⊠ 45894, ℰ (0209) 9 33 43 00, info@buerer-hof.de,
Fax (0209) 9334350 – 劇 ✦ 📺 👧 ⇔ 📠 🕮 ⓸ ⓴ 💳   Y c
24 Z ▱ 146/216.

🏨 **Zum Schwan,** Urbanusstr. 40, ⊠ 45894, ℰ (0209) 31 83 30, info@residenz-hotel-z
um-schwan.de, Fax (0209) 3183310, 🍽 – 劇, ✦ Zim, 📺 👧, 🕮 ⓸ ⓴ 💳   Y b
Menu (geschl. 23. Dez. - 6. Jan., Sonntag) (nur Abendessen) à la carte 32/72 – **15 Z**
▱ 135/150 – 170/210.

🏨 **Monopol** garni, Springestr. 9, ⊠ 45894, ℰ (0209) 93 06 40, Fax (0209) 378675 – 劇
✦ 📺 ⇔ 🕮 ⓸ ⓴ 💳   Y e
30 Z ▱ 130/175.

GEMÜNDEN AM MAIN Bayern 🔠🔢 P 13 – 11 000 Ew – Höhe 160 m.
🄑 Tourist-Information im Verkehrsmuseum, Frankfurterstr. 2, ⊠ 97737, ℰ (09351)
38 30, Fax (09351) 4854.
Berlin 507 – München 319 – Würzburg 42 – Frankfurt am Main 88 – Bad Kissingen 38.

🏨 **Schäffer**, Bahnhofstr. 28, ⊠ 97737, ℰ (09351) 5 08 20, Fax (09351) 5082225 – 📺
⇔ 📠 – 🏋 60. 🕮 ⓸ ⓴ 💳
Menu (geschl. Sonntagabend) à la carte 30/55 – **27 Z** ▱ 85 – 110/125.

🏨 **Zum Koppen**, Obertorstr. 22, ⊠ 97737, ℰ (09351) 9 75 00, hotel.koppen@t-online.de,
Fax (09351) 975044, 🍽, « Sandsteinhaus a.d. 16. Jh. » – 📺, 🕮 ⓸ ⓴ 💳
geschl. 1. - 6. Jan., 2. - 14. Nov. – **Menu** à la carte 35/66 – **10 Z** ▱ 80/100 – 120/140.

In Gemünden-Langenprozelten West : 2 km :

🏨🏨 **Gasthof Imhof**, Frankenstr. 1, ⊠ 97737, ℰ (09351) 9 71 10, Fax (09351) 971133,
🍽, Biergarten, ≘s, ✖ – 劇 📺 👧 👧 📠 – 🏋 30. ⓴ 💳 ✦
Menu à la carte 27/45 – **32 Z** ▱ 62/72 – 102/122.

GEMÜNDEN (RHEIN-HUNSRÜCK-KREIS) Rheinland-Pfalz 🔠🔢 Q 6 – 1 200 Ew – Höhe 282 m
– Erholungsort.
Berlin 691 – Mainz 74 – Bad Kreuznach 46 – Trier 76 – Koblenz 68.

🏨 **Waldhotel Koppenstein** ⑤, Süd-Ost : 1 km Richtung Bad Kreuznach, ⊠ 55490,
ℰ (06765) 2 04, Fax (06765) 494, ≤, 🍽, 🐎 – ⇔ 📠 ⓴
geschl. Jan. 2 Wochen – **Menu** (geschl. Montag) à la carte 30/63 – **14 Z** ▱ 70/80 –
110/150 – ½ P 30.

GENGENBACH Baden-Württemberg 🔠🔢 U 8 – 11 600 Ew – Höhe 172 m – Erholungsort.
Sehenswert : Altstadt★.
🄑 Tourist-Information, Im Winzerhof, ⊠ 77723, ℰ (07803) 93 01 43, Fax (07803)
930142.
Berlin 756 – Stuttgart 160 – Karlsruhe 90 – Villingen-Schwenningen 68 – Offenburg 11.

🏨🏨 **Schwarzwald Hotel** Ⓜ, In der Börsig Lache 4, ⊠ 77723, ℰ (07803) 9 39 00, info
@Schwarzwaldhotel-gengenbach.de, Fax (07803) 939099, 🍽, ≘s, ◻ – 劇, ✦ Zim, 📺
👧 👧 📠 – 🏋 90. 🕮 ⓸ ⓴ 💳
Zur Kirsche (wochentags nur Abendessen) **Menu** à la carte 50/80 – **Schwarzwald-
Stube** : **Menu** à la carte 31/58 – **59 Z** ▱ 130/160 – 165/195, 3 Suiten.

🏨🏨 **Gästehaus Pfeffermühle** ⑤ garni, Oberdorfstr. 24a, ⊠ 77723, ℰ (07803) 9 33 50,
pfeffermuehle@t-online.de, Fax (07803) 6628 – ✦ 📺 ⇔ 📠 🕮 ⓸ ⓴ 💳
24 Z ▱ 68/90 – 120.

🏨 **Benz** ⑤, Mattenhofweg 3, ⊠ 77723, ℰ (07803) 9 34 80, hotel-benz@t-online.de,
Fax (07803) 934840, ≤, 🍽 – 📺 劇 📠 🕮 ⓸ ⓴ 💳
Menu (geschl. 8. - 24. Jan., Montag, Dienstagmittag) à la carte 45/89 👧 – **Schwarzwald-
stube** : **Menu** à la carte 24/55 – **11 Z** ▱ 75/100 – 130/158 – ½ P 35.

XX **Pfeffermühle**, Victor-Kretz-Str. 17, ✉ 77723, ℰ (07803) 9 33 50, pfeffermuehle@t
-online.de, Fax (07803) 6628, 🍽 – AE ⓪ ⓪ VISA
geschl. Jan. - Feb. 3 Wochen, Donnerstag – **Menu** à la carte 31/64.

X **Gasthof Hirsch** mit Zim, Grabenstr. 34, ✉ 77723, ℰ (07803) 33 87, info@gasthof
-hirsch.com, Fax (07803) 7881 – TV. AE ⓪ ⓪ VISA
geschl. Jan. 2 Wochen, Aug. 2 Wochen – **Menu** (geschl. Sonntagabend, Mittwoch) à la carte
29/64 – **6 Z** ⊇ 70/80 – 105/125.

In Berghaupten West : 2,5 km – Erholungsort :

🏠 **Hirsch** M ⚘, Dorfstr. 9, ✉ 77791, ℰ (07803) 9 39 70, Fax (07803) 939749, 🍽 – 🕴,
🌌 Zim, TV ✆ ⇐ P – 🛁 20. ⓪ ⓪
geschl. über Fastnacht 2 Wochen, Juli - Aug. 2 Wochen – Menu (geschl. Montag - Dienstagmittag) à la carte 42/69 – **23 Z** ⊇ 85/105 – 130/165, 3 Suiten.

GENTHIN Sachsen-Anhalt 416 418 I 20 – 16 700 Ew – Höhe 35 m.
🚹 Touristinformation, Bahnhofstr. 8, ✉ 39307, ℰ (03933) 80 22 25, Fax (03933)
802225.
Berlin 111 – Magdeburg 53 – Brandenburg 31 – Stendal 34.

🏠 **Stadt Genthin**, Mühlenstr. 3, ✉ 39307, ℰ (03933) 9 00 90, hotel-stadt-genthin@t
-online.de, Fax (03933) 900910 – 🌌 Zim, TV ✆ ⇐ P. AE ⓪ ⓪ VISA
Menu à la carte 28/49 – **25 Z** ⊇ 85 – 120/135.

In Roßdorf-Dunkelforth Ost : 5 km :

🏠 **Rasthof Dunkelforth**, an der B 1, ✉ 39307, ℰ (03933) 80 21 06, hotel-rasthof-d
⇐ unkelforth@t-online.de, Fax (03933) 2267, 🍽, 🔥, 🌿 – TV ✆ P – 🛁 25. AE ⓪ ⓪ VISA.
⚘
Menu à la carte 23/41 – **21 Z** ⊇ 90/110 – 120/140.

GEORGENTHAL Thüringen 418 N 15 – 3 600 Ew – Höhe 460 m.
🚹 Tourist-Information, Tambacher Str. 2, ✉ 99887, ℰ (036253) 3 81 08, Fax (036253)
38102.
Berlin 334 – Erfurt 43 – Gotha 17 – Eisenach 41 – Saalfeld 69 – Suhl 35.

🏠 **Deutscher Hof**, St.-Georg-Str. 2, ✉ 99887, ℰ (036253) 32 50, Fax (036253) 32551,
🍽 – 🕴 TV P – 🛁 50. AE ⓪ ⓪ VISA
Menu à la carte 27/43 – **30 Z** ⊇ 85/99 – 125/145.

An der Straße nach Tambach-Dietharz Süd-West : 3 km :

🏠 **Rodebachmühle**, ✉ 99887 Georgenthal, ℰ (036253) 3 40, Fax (036253) 34511, 🍽,
🔥, 🌌 – TV P – 🛁 30. AE ⓪ ⓪ VISA
Menu à la carte 27/46 – **61 Z** ⊇ 85/105 – 140/160.

GEORGSMARIENHÜTTE Niedersachsen 417 J 8 – 32 000 Ew – Höhe 100 m.
Berlin 426 – Hannover 142 – Bielefeld 50 – Münster (Westfalen) 51 – Osnabrück 8,5.

In Georgsmarienhütte-Oesede :

🏠 **Herrenrest**, Teutoburgerwald Str. 100 (B 51, Süd : 2 km), ✉ 49124, ℰ (05401) 53 83,
Fax (05401) 6951, 🍽 – TV ⇐ P – 🛁 40. ⓪ VISA. ⚘ Zim
Menu (geschl. Montag) à la carte 27/53 – **25 Z** ⊇ 75/85 – 120/130.

GERA Thüringen 418 N 20 – 118 000 Ew – Höhe 205 m.
🚹 Gera-Information, Ernst-Toller-Str.14 ✉ 07545, ℰ (0365) 8 00 70 30, Fax (0365)
8007031.
ADAC, Reichsstr. 8.
Berlin 238 ① – Erfurt 88 ① – Bayreuth 127 ④ – Chemnitz 69 ①

Stadtpläne siehe nächste Seiten

🏨 **Dorint** M, Berliner Str. 38, ✉ 07545, ℰ (0365) 4 34 40, Info.ZGAGER@dorint.com,
Fax (0365) 4344100, 🍽, Massage, ⇌s, 🔲 – 🕴, 🌌 Zim, 🍽 Rest, TV ✆ ⇐ P – 🛁 190.
AE ⓪ ⓪ VISA JCB
Menu à la carte 38/74 – **168 Z** ⊇ 199/254 – 220/275.
BY a

🏨 **Courtyard by Marriott** M, Gutenbergstr.2a, ✉ 07548, ℰ (0365) 2 90 90,
Fax (0365) 2909100, 🍽, 🔥, ⇌s – 🕴, 🌌 Zim, 🍽 TV ✆ ⇐ ⇐ – 🛁 160. AE ⓪ ⓪
VISA JCB
AY s
Menu à la carte 31/61 – ⊇ 19 – **165 Z** 145/162.

427

GERA

428

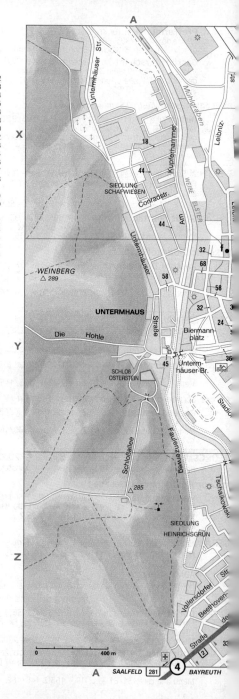

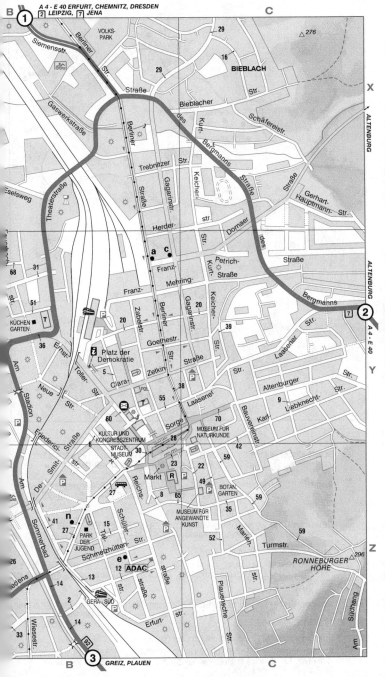

VOLKS-
PARK

29

△ 276

16

BIEBLACH

Siemensstr.

Berliner

Str.

X

ALTENBURG

Straße

29

Bieblacher

Str.

Gaswerkstraße

Schäfereistr.

Eselsweg

Theaterstraße

Berliner

Straße

des

Kurt-

Bergmanns

Straße

Straße

Gerhart-
Hauptmann-
Str.

Trebnitzer

Str.

Gagarinstr.

Keicher-

str.

Herder-

Dornaer

a c

Franz-

Kurt-

Petrich-
Straße

Straße

68

31

Franz-

Mehring-

Gagarinstr.

Keicher-

des

Straße

Bergmanns

str.

51

Zabelstr.

20

Berliner

Str.

20

39

Str.

ALTENBURG

A 4 - E 40

KÜCHEN-
GARTEN

T

Goethestr.

2

7

36

Ernst-

Toller-

Str.

i Platz der
Demokratie

Zetkin-

Straße

Str.

Laasener

Str.

Altenburger

Str.

Y

5

Clara-

P

9

Liebknecht-

Neue

Str.

POL

38

55

Laasener

Str.

Bauvereinstr.

Karl-

Am

Stadion

60

T

Sorge

70

MUSEUM FÜR
NATURKUNDE

Friederic.

Straße

KULTUR UND
KONGRESSZENTRUM

28

42

Der- Smit-

str.

STADT-
MUSEUM

30

59

P

27

23

22

Markt

R

P

49

BOTAN.
GARTEN

59

Reichs-

8

65

Am

41

n

15

MUSEUM FÜR
ANGEWANDTE
KUNST

35

59

27

PARK
DER
JUGEND

Schubar-

Str.

Mariën-

52

Turmstr.

59

Schmelzhütten-

Sommerbad

e

12 ADAC

straße

RONNEBURGER
HÖHE

△ 296

26

13

Tal-

str.

Südhang

Am

14

GERA-SUD

P

2

Erfurt-

Str.

14

Wiesestr.

33

92

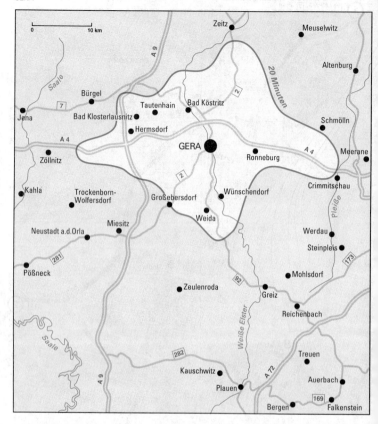

🏨 **Stadt-Hotel** M garni, Gagarinstr. 81, ⊠ 07545, ℰ (0365) 43 44 50, *Info.ZGABUD@ dorint .com*, Fax (0365) 4344511 – 🛗 ⇄ 📺 📞 🚗 💷 – 🔬 25. 🆎 ⑩ ⑩ 𝚅𝙸𝚂𝙰 🄹🄲🄱   BY c
🖵 15 – **112 Z** 79/98.

🏨 **Regent** M, Schülerstr. 22, ⊠ 07545, ℰ (0365) 9 18 10, *info@regent-gera.bestwest ern.de*, Fax (0365) 9181100, ⇌ – 🛗 ⇄ Zim, 🖥 📺 🚗 💷 – 🔬 70. 🆎 ⑩
⑩ 𝚅𝙸𝚂𝙰
BZ e
Menu à la carte 30/52 – **102 Z** 🖵 149/239.

🏨 **Gewürzmühle** M garni, Clara-Viebig-Str. 4, ⊠ 07545, ℰ (0365) 82 43 30, *serviceh otel-gewuerzmuehle@ t-online.de*, Fax (0365) 8243344 – 🛗 ⇄ 📺 📞 💷 – 🔬 25. 🆎 ⑩
⑩ 𝚅𝙸𝚂𝙰
BZ n
29 Z 🖵 99/150 – 110/170.

🏨 **Galerie-Hotel** M garni, Leibniz-Str. 21, ⊠ 07548, ℰ (0365) 2 01 50,
Fax (0365) 201522, « Moderne Einrichtung ; ständige Bilderausstellung » – 📺 🆎 ⑩ ⑩
𝚅𝙸𝚂𝙰. ⌘
AY f
🖵 9 **17 Z** 🖵 69/137.

🏨 **An der Elster** 🍸 garni, Südstr. 12 (Zugang Georg-Büchner-Straße), ⊠ 07548,
ℰ (0365) 7 10 61 61, Fax (0365) 7106171, ⇌ – ⇄ 📺 💷 🆎 ⑩ 𝚅𝙸𝚂𝙰
17 Z 🖵 80/95 – 120/135.   über Wiesestraße BZ

In Gera-Dürrenebersdorf *Süd-West : 4 km über* ④ :

🏨 **Comfort Inn** garni, Hofer Str. 12d (B 2), ⊠ 07548, ℰ (0365) 8 21 50, *comfort-inn @ gera.de*, Fax (0365) 8215200 – 🛗 ⇄ 📺 💷 – 🔬 35. 🆎 ⑩ ⑩ 𝚅𝙸𝚂𝙰 🄹🄲🄱
69 Z 🖵 89/99 – 109/129.

In Großebersdorf *Süd-West : 12 km über* ④ :

🏨 **Adler,** Hauptstr. 22 (B 2), ✉ 07589, 🍴 (036607) 50 00, *AdlerLandidyllHotel@t-online.de,*
Fax (036607) 50100, 🍽, 🚗 – ❄ Zim, 📺 ☎ 🅿 – 🔬 60. 🖭 ⓞ ⓦ🖭 🖭
Menu à la carte 34/60 – **42 Z** 🍴 110/130 – 160/180.

GERETSRIED Bayern 👁👁👁 W 18 – 24 000 Ew – Höhe 593 m.
Berlin 629 – München 44 – Garmisch-Partenkirchen 64 – Innsbruck 99.

In Geretsried-Gelting *Nord-West : 6 km :*

🏨 **Zum alten Wirth,** Buchberger Str. 4, ✉ 82538, 🍴 (08171) 71 94, Fax (08171) 76758,
Biergarten, 🚗 – ❄ Zim, 📺 🅿. 🖭 ⓞ ⓦ🖭 🖭
Menu (geschl. Ende Aug. - Mitte Sept., Dienstag) à la carte 32/70 – **40 Z** 🍴 100/115 – 160/170.

🏨 **Neu Wirt,** Wolfratshauser Str. 24, ✉ 82538, 🍴 (08171) 4 25 20, Fax (08171) 4252152,
Biergarten, 🚗 – 📺 ☎ 🚗 🅿 – 🔬 25. 🖭 ⓞ ⓦ🖭 🖭
Menu (geschl. Anfang Aug. 3 Wochen) (wochentags nur Abendessen) à la carte 29/50 – **29 Z** 🍴 110/130 – 170/180.

GERHARDTSGEREUTH Thüringen siehe Hildburghausen.

GERLINGEN Baden-Württemberg siehe Stuttgart.

GERMERING Bayern 👁👁👁 V 18 – 35 200 Ew – Höhe 532 m.
Berlin 605 – München 20 – Augsburg 53 – Starnberg 18.

🏨 **Mayer,** Augsburger Str. 45, ✉ 82110, 🍴 (089) 84 40 71 (Hotel) 8 40 15 15 (Rest.),
Fax (089) 844094, 🍽, 🎱 – 🔌, ❄ Zim, 📺 🚗 🅿 – 🔬 200. 🖭 ⓞ ⓦ🖭 🖭
Menu (geschl. Montag) à la carte 39/69 – **65 Z** 🍴 105/135 – 175/200.

🏨 **Regerhof** garni, Dorfstr. 38, ✉ 82110, 🍴 (089) 84 00 40, Fax (089) 8400445 – 🔌 📺
🅿. 🖭 ⓞ ⓦ🖭 🖭
geschl. 24. Dez. - 8. Jan. – **34 Z** 🍴 90/110 – 140/160.

In Germering-Unterpfaffenhofen *Süd : 1 km :*

🏨 **Huber,** Bahnhofplatz 8, ✉ 82110, 🍴 (089) 89 41 70 (Hotel), 89 42 98 49 (Rest.), *info*
@hotel-huber.de, Fax (089) 89417333, 🍽 – 🔌, ❄ Zim, 📺 🚗 🅿 – 🔬 20. 🖭
ⓦ🖭
Le Due Ruote (italienische Küche) (geschl. Aug., Mittwoch) **Menu** à la carte 36/62 – **34 Z** 🍴 109/124 – 150/178.

In Puchheim *Nord-West : 2 km :*

🏨 **Parsberg,** Augsburger Str. 1 (B 2), ✉ 82178, 🍴 (089) 8 00 99 00, *info@hotel-parsb*
erg.de, Fax (089) 80099060, 🍽 – 🔌 📺 🚗 🅿. ⓦ🖭 🖭
Menu (geschl. Montag - Dienstag) à la carte 30/59 – **40 Z** 🍴 100/140 – 140/170.

In Puchheim-Bahnhof *Nord : 4 km :*

🏨 **Domicil,** Lochhauser Str. 61, ✉ 82178, 🍴 (089) 80 00 70 (Hotel) 80 62 99 (Rest.), *Kont*
akt@Domicil.Hotel.de, Fax (089) 80007400, 🍽 – 🔌, ❄ Zim, 📺 ☎ 🚗 – 🔬 70. 🖭 ⓦ🖭
🖭
Cristallo (italienische Küche) **Menu** à la carte 37/71 – **99 Z** 🍴 155/219 – 179/269.

GERMERSHEIM Rheinland-Pfalz 👁👁👁 S 9 – 17 000 Ew – Höhe 105 m.
Berlin 653 – Mainz 111 – Mannheim 47 – Karlsruhe 34 – Speyer 18.

🏨 **Germersheimer Hof,** Josef-Probst-Str. 15a, ✉ 76726, 🍴 (07274) 50 50,
Fax (07274) 505111, 🍽 – 📺 🚗 🅿 – 🔬 30. 🖭 ⓞ ⓦ🖭 🖭
Menu à la carte 29/69 – **31 Z** 🍴 95/110 – 140/160.

🏨 **Post** 🐾 garni, Sandstr. 8, ✉ 76726, 🍴 (07274) 7 01 60, Fax (07274) 701666 – 📺. 🖭
ⓦ🖭
17 Z 🍴 80/90 – 120/135.

🏨 **Kurfürst,** Oberamtsstr. 1, ✉ 76726, 🍴 (07274) 95 10, Fax (07274) 951200 – 📺. 🖭
ⓦ🖭 🖭
Menu (geschl. Samstagmittag, Sonntagabend - Montag) à la carte 28/54 🍷 – **20 Z** 🍴 75/90 – 160/190.

GERNSBACH Baden-Württemberg **419** T 8 – 15 000 Ew – Höhe 160 m – Luftkurort.
Sehenswert : Altes Rathaus★.
🚹 Kultur- und Verkehrsamt, Igelbachstr. 11 (im Rathaus), ✉ 76593, ℰ (07224) 6 44 44,
Fax (07224) 64464.
Berlin 705 – Stuttgart 91 – Karlsruhe 34 – Baden-Baden 11 – Pforzheim 41.

🏨 **Sonnenhof,** Loffenauer Str. 33, ✉ 76593, ℰ (07224) 64 80, Fax (07224) 64860, ≤,
🏤, ⇔s, 🔟 – 💷 📺 📞 – 🔬 30. 🖭 🍽 VISA
Menu à la carte 38/61 – **37 Z** ⊐ 98/120 – 120/150.

🏨 **Stadt Gernsbach** garni, Hebelstr. 2, ✉ 76593, ℰ (07224) 9 92 80,
Fax (07224) 9928555 – 💷 ⇔ 📺 📞 – 🔬 25. 🖭 ① 🍽 VISA
40 Z ⊐ 108 – 135/155.

An der Straße nach Baden-Baden und zur Schwarzwaldhochstr. Süd-West : 4 km :

🏨 **Nachtigall** (mit Gästehaus), Müllenbild 1, ✉ 76593 Gernsbach, ℰ (07224) 21 29,
Fax (07224) 69626, 🏤, 🍴 – ⇔ Zim, 📺 ⇐ 📞 🖭 ① 🍽 VISA
geschl. Feb. – **Menu** (geschl. Montag) à la carte 28/57 – **16 Z** ⊐ 60/75 – 110/150 – ½ P 20.

In Gernsbach-Kaltenbronn Süd-Ost : 16 km – Höhe 900 m – Wintersport : 900/1 000 m ✦2
✦ :

🏨 **Sarbacher,** Kaltenbronner Str. 598, ✉ 76593, ℰ (07224) 9 33 90, info@hotel-sarba
cher.de, Fax (07224) 933993, 🏤, ⇔s, 🍴 – 📺 📞 – 🔬 20. 🖭 ① 🍽 VISA ✦ Rest
geschl. Nov. - Juni Montag **Menu** à la carte 35/79 – **15 Z** ⊐ 90/110 – 170/200 – ½ P 30.

In Gernsbach-Staufenberg West : 2,5 km :

🏨 **Sternen,** Staufenberger Str. 111, ✉ 76593, ℰ (07224) 33 08, sternen.staufenberg
@t-online.de, Fax (07224) 69486, 🏤 – 📺 📞 🖭 🍽 VISA
geschl. Nov. – **Menu** (geschl. Donnerstag) à la carte 35/70 – **13 Z** ⊐ 71/104 – ½ P 25.

GERNSHEIM Hessen **417 419** Q 9 – 8 000 Ew – Höhe 90 m.
🍴 Hamm, (West : 1 km) ℰ (06241) 95 85 70 ; 🍴 Hof Gräbenbruch, (Nord-Ost : 6 km)
ℰ (06157) 8 76 22.
Berlin 587 – Wiesbaden 53 – Mannheim 45 – Darmstadt 21 – Mainz 46 – Worms 20.

🏨 **Hubertus,** Waldfrieden (Ost : 2 km), ✉ 64579, ℰ (06258) 22 57, Fax (06258) 52229,
Biergarten, 🏤 – 📺 📞 📞 🖭 ① 🍽 VISA ✦
Menu (geschl. Freitag - Samstagmittag) (italienische Küche) à la carte 43/71 – **40 Z**
⊐ 80/110 – 98/150.

GEROLSBACH Bayern **419 420** U 18 – 2 600 Ew – Höhe 456 m.
🍴 Gerolsbach, Hof 1 (Süd-Ost : 4 km), ℰ (08445) 7 99.
Berlin 559 – München 65 – Augsburg 57 – Ingolstadt 44.

🍴🍴 **Zur Post,** St.-Andreas-Str. 3, ✉ 85302, ℰ (08445) 5 02, Fax (08445) 502, 🏤 – 📞 🖭
① 🍽 VISA
geschl. Montag - Dienstag – **Menu** (wochentags nur Abendessen) (Tischbestellung ratsam)
à la carte 57/86.

🍴 **Benedikt Breitner,** Propsteistr. 7, ✉ 85302, ℰ (08445) 15 93, Fax (08445) 1594,
🏤, Biergarten – 📞 🖭 🍽 VISA
geschl. Anfang Jan. 1 Woche, Ende Aug. - Anfang Sept., Dienstag – **Menu** à la carte 26/64.

GEROLSTEIN Rheinland-Pfalz **417** P 4 – 7 800 Ew – Höhe 362 m – Luftkurort.
🚹 Touristik- und Wirtschaftsförderung GmbH, Kyllweg 1, ✉ 54568, ℰ (06591) 1 31 80,
Fax (06591) 13183.
Berlin 678 – Mainz 182 – Trier 73 – Bonn 90 – Koblenz 86 – Prüm 20.

🏨 **Seehotel** ≤, Am Stausee 4, ✉ 54568, ℰ (06591) 2 22, Fax (06591) 81114, ⇔s, 🔟,
🍴 – 📞 ✦ Rest
geschl. Mitte Nov. - Jan. – **Menu** à la carte 28/45 – **50 Z** ⊐ 60/70 – 110/140 – ½ P 15.

🏨 **Landhaus Tannenfels,** Lindenstr. 68, ✉ 54568, ℰ (06591) 41 23, Fax (06591) 4104,
🏤 – 📞 ✦ Rest
Menu (nur Abendessen) (Restaurant nur für Hausgäste) – **12 Z** ⊐ 60/85 – 110/116 –
½ P 18.

In Gerolstein-Müllenborn Nord-West : 5 km :

🏨 **Landhaus Müllenborn** ≤, Auf dem Sand 45, ✉ 54568, ℰ (06591) 9 58 80, hhg
andhaus@t-online.de, Fax (06591) 958877, ≤, 🏤, ⇔s – 📺 📞 🔬 📞 – 🔬 25. 🖭 ① 🍽
VISA ✦ Rest
Menu (geschl. Nov. - März Montag) à la carte 47/68 – **18 Z** ⊐ 95/145 – 198/218 – ½ P 42

GEROLZHOFEN Bayern 419 420 Q 15 – 7 000 Ew – Höhe 245 m.

🛈 Tourist-Information, Altes Rathaus, Marktplatz 20, ✉ 97447, ℰ (09382) 90 35 12, Fax (09382) 903513.

Berlin 456 – München 262 – Würzburg 45 – Schweinfurt 22 – Nürnberg 91.

🏛 **Altes Zollhaus,** Rügshöfer Str. 25, ✉ 97447, ℰ (09382) 60 90, Fax (09382) 609179, 🏤 – 🛗 📺 📞 – 🏊 30. 🆑 💳
Menu (geschl. Donnerstag) (wochentags nur Abendessen) à la carte 26/53 – **36 Z** ⊊ 70/85 – 105/155.

🏛 **Weinstube am Markt,** Marktplatz 5, ✉ 97447, ℰ (09382) 90 09 10, Fax (09382) 900919, 🏤 – 📺 📞 📞 🆑 💳 🆑 💳. ⅍ Zim
Menu (geschl. Sonntag) (nur Abendessen) à la carte 25/52 ⅍ – **8 Z** ⊊ 85 – 130/150.

GERSFELD Hessen 417 418 420 O 13 – 6 400 Ew – Höhe 482 m – Kneippheilbad – Wintersport : 500/950 m ⛷5 ⅍.

Ausflugsziel : Wasserkuppe : ≤★★ Nord : 9,5 km über die B 284.

🛈 Tourist-Information, Brückenstr. 1, ✉ 36129, ℰ (06654) 17 80, Fax (06654) 1788.

Berlin 431 – Wiesbaden 160 – Fulda 28 – Würzburg 96.

🏨 **Gersfelder Hof** ⅍, Auf der Wacht 14, ✉ 36129, ℰ (06654) 18 90, Gersfelder.Hof@t-online.de, Fax (06654) 7466, 🏤, Massage, ⚕, 🔥, 🆑, 🌊, 🌿, ⅍ – 🛗 📺 📞 – 🏊 70. 🆑 💳
Menu à la carte 35/70 – **63 Z** ⊊ 120/140 – 176/215 – ½ P 30.

🏛 **Sonne,** Amelungstr. 1, ✉ 36129, ℰ (06654) 9 62 70, hotel-sonne-gersfeld@t-online.de, Fax (06654) 7649, 🆑 – 📞 🚗 – 🏊 20
geschl. Jan. 2 Wochen – **Menu** à la carte 27/44 – **30 Z** ⊊ 49/58 – 88/98 – ½ P 18.

In Gersfeld-Obernhausen Nord-Ost : 5 km über die B 284 :

🏛 **Peterchens Mondfahrt-Deutscher Flieger,** Auf der Wasserkuppe (Nord : 4 km), ✉ 36129, ℰ (06654) 3 81, Peterchens-Mondfahrt@t-online.de, Fax (06654) 7580, ≤, 🏤 – 📺 📞 🆑 💳
geschl. Nov. - 15. Dez. – **Menu** (geschl. Montagabend - Dienstag) à la carte 31/66 – **22 Z** ⊊ 40/85 – 75/145.

GERSHEIM Saarland 417 S 5 – 7 000 Ew – Höhe 240 m.

🏌 Gersheim-Rubenheim, ℰ (06843) 87 97.

Berlin 705 – Saarbrücken 32 – Sarreguemines 13 – Zweibrücken 23.

In Gersheim-Herbitzheim Nord : 2 km :

🏛 **Bliesbrück,** Rubenheimer Str. 13, ✉ 66453, ℰ (06843) 8 00 00, info@bliesbruck.de, Fax (06843) 800030, 🏤, 🆑 – 🛗, ⅍ Zim, 📺 📞 – 🏊 40. 🆑 🆑 💳. ⅍ Rest
Menu (wochentags nur Abendessen) à la carte 30/64 ⅍ – **32 Z** ⊊ 78/99 – 125/160.

GERSTHOFEN Bayern 419 420 U 16 – 16 800 Ew – Höhe 470 m.

Berlin 552 – München 65 – Augsburg 10 – Ulm (Donau) 76.

🏛 **Römerstadt** garni, Donauwörther Str. 42, ✉ 86368, ℰ (0821) 24 79 00, Hotel-Roemerstadt@t-online.de, Fax (0821) 497156 – 🛗 📺 🚗 📞 🆑 🆑 💳
38 Z ⊊ 105/145.

GERSWALDE Brandenburg 416 G 25 – 1 100 Ew – Höhe 65 m.

🛈 Tourismusverein, Dorfmitte 14, ✉ 17268, ℰ (039887) 2 89, Fax (039887) 289.

Berlin 100 – Potsdam 137 – Neubrandenburg 76 – Prenzlau 24.

In Gerswalde-Herrenstein West : 3 km :

🏨 **Schloss Herrenstein** ⅍, ✉ 17268, ℰ (039887) 7 10, info@herrenstein.de, Fax (039887) 71175, 🏤, 🔥, 🆑, 🆑, 🌿, ⅍ (Halle), ⅍ (Halle) – 🛗, ⅍ Zim, 📺 🆑 📞 – 🏊 100. 🆑 🆑 💳
Menu à la carte 34/52 – **54 Z** ⊊ 125/145 – 150/190.

GESCHER Nordrhein-Westfalen 417 K 5 – 16 000 Ew – Höhe 62 m.

Berlin 524 – Düsseldorf 107 – Nordhorn 67 – Bocholt 39 – Enschede 45 – Münster (Westfalen) 44.

🏛 **Cramer's Domhotel,** Kirchplatz 6, ✉ 48712, ℰ (02542) 9 30 10, CramersDomhotel@Aol.com, Fax (02542) 7658, 🏤 – 📺 📞 – 🏊 40. 🆑 🆑 💳
Menu (geschl. März - April 2 Wochen, Montag) à la carte 33/66 – **19 Z** ⊊ 85/125 – 135/250.

🏠 **Tenbrock,** Hauskampstr. 12, ✉ 48712, 𝒫 (02542) 78 18, Fax (02542) 5067 – 📺 🅿️.
🔞
geschl. Juli - Aug. 3 Wochen – **Menu** *(geschl. Sonntag) (nur Abendessen)* à la carte 25/47
– 10 Z ⇌ 70/130.

GESEKE *Nordrhein-Westfalen* 🔢 *L 9 – 18 000 Ew – Höhe 103 m.*
Berlin 441 – Düsseldorf 138 – Arnsberg 51 *– Lippstadt 15 – Meschede 46 – Paderborn
18 –* Soest 30.

🏨 **Feldschlößchen** Ⓜ, Salzkotter Str. 42 (B 1), ✉ 59590, 𝒫 (02942) 98 90,
Fax (02942) 989399, 🍴, 🔥, 🚗, 🍽 – 🛏, ⤙ Zim, 📺 📞 🅿️ – 🔒 60. 🆎 ⓞ 🔞 *VISA*
🗾 🛍
Menu *(geschl. Anfang Juli 3 Wochen, Dienstag)* à la carte 27/55 – **62 Z** ⇌ 95/160.

GETTORF *Schleswig-Holstein* 🔢 🔢 *C 13 – 5 400 Ew – Höhe 15 m.*
Berlin 364 – Kiel 19 *– Hamburg 112 – Schleswig 37.*

🏠 **Stadt Hamburg,** Süderstr. 1, ✉ 24214, 𝒫 (04346) 4 16 60, Fax (04346) 416641, 🍴
– 📺 🅿️ ⓞ 🔞 *VISA*
geschl. 1. - 10. Jan., 1. - 19. Sept. – **Menu** *(geschl. Sonntag)* à la carte 32/52 – **9 Z**
⇌ 105/115 – 130/170.

GEVELSBERG *Nordrhein-Westfalen* 🔢 *M 6 – 32 500 Ew – Höhe 140 m.*
🔟 *Gut Berge, Haufer Str. 13 (Nord-Ost : 3 km)* 𝒫 (02332) 91 37 55.
Berlin 516 – Düsseldorf 55 *– Hagen 9 – Köln 62 – Wuppertal 17.*

🏨 **Alte Redaktion,** Hochstr. 10, ✉ 58285, 𝒫 (02332) 7 09 70, alte-redaktion@avune
t.de, Fax (02332) 709750, Biergarten – ⤙ Zim, 📺 🅿️ – 🔒 100. 🆎 ⓞ 🔞 *VISA*
Menu *(geschl. Sonntag) (nur Abendessen)* à la carte 37/72 – **44 Z** ⇌ 105/145 – 149/195.

GIENGEN AN DER BRENZ *Baden-Württemberg* 🔢 🔢 *U 14 – 20 000 Ew – Höhe 464 m.*
Ausflugsziel : Lonetal★ *Süd-West : 7 km.*
Berlin 588 – Stuttgart 95 *–* Augsburg 88 *– Heidenheim an der Brenz 12.*

🏨 **Lobinger Parkhotel,** Steigstr. 110, ✉ 89537, 𝒫 (07322) 95 30, mail@LoHo.de,
Fax (07322) 953111 – 🛏, ⤙ Zim, 📺 📞 🅿️ – 🔒 100. 🆎 ⓞ 🔞 *VISA*
Menu *(Restaurant nur für Hausgäste)* – **74 Z** ⇌ 109/115 – 158.

🏠 **Salzburger Hof,** Richard-Wagner-Str. 5, ✉ 89537, 𝒫 (07322) 9 68 80, SalzburgerHo
f@T-Online.de, Fax (07322) 968888, 🍴 – 📺 🚗 🅿️ – 🔒 25. 🆎 ⓞ 🔞 *VISA*
Menu *(geschl. Aug. 2 Wochen)* à la carte 32/63 – **31 Z** ⇌ 83/105 – 130/170.

🏠 **Lamm,** Marktstr. 17, ✉ 89537, 𝒫 (07322) 9 67 80, Lamm-giengen@t-online.de,
Fax (07322) 9678150, 🍴 – 🛏 📺 📞 🅿️ – 🔒 15. 🆎 ⓞ 🔞 *VISA*
Menu à la carte 28/64 – **30 Z** ⇌ 81/105 – 120/180.

GIESEN *Niedersachsen siehe Hildesheim.*

GIESSEN *Hessen* 🔢 *O 10 – 73 000 Ew – Höhe 165 m.*
Ausflugsziel : Burg Krofdorf-Gleiberg *(Bergfried* ☀★*) (Nord-West : 6 km).*
🔟 *Lich, (Süd-Ost : 16 km)* 𝒫 (06404) 9 10 71 ; 🔟 🔟 *Winnerod, Parkstr. 22(über ④ : 14 km),*
𝒫 (06408) 9 51 30.
🅱 *Stadt- und Touristikinformation, Berliner Platz 2,* ✉ 35390, 𝒫 (0641) 1 94 33, Fax
(0641) 76957.
ADAC, Bahnhofstr. 15.
Berlin 495 ④ – Wiesbaden 89 ⑤ – Frankfurt am Main 63 ⑤ *– Kassel 139 ④ – Koblenz*
106 ②

Stadtplan siehe gegenüberliegende Seite

🏨 **Tandreas** Ⓜ, Licher Str. 55, ✉ 35394, 𝒫 (0641) 9 40 70, TANDREAS-Giessen@t-on
ine.de, Fax (0641) 9407499, 🍴 – 🛏 📺 📞 🔥 🚗 🅿️ 🆎 🔞 *VISA*. 🛍
geschl. Anfang Jan. 1 Woche, Juli 1 Woche – **Menu** *(geschl. Juli - Aug. 2 Wochen, Sams
tagmittag - Sonntag)* à la carte 74/93 – **32 Z** ⇌ 165/175 – 199.   über ⑤

🏨 **Steinsgarten,** Hein-Heckroth-Str. 20, ✉ 35390, 𝒫 (0641) 3 89 90, info@hotel-stein
sgarten.de, Fax (0641) 3899200, 🍴, 🚗, 🔲 – 🛏, ⤙ Zim, 📺 📞 🅿️ – 🔒 100. 🆎 ⓞ
VISA   Z a
Menu à la carte 36/84 – **126 Z** ⇌ 180/250 – 235/285.

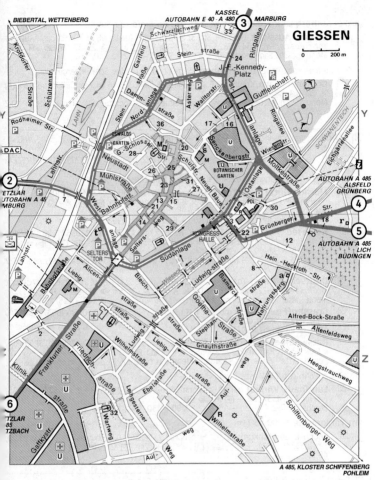

GIESSEN

BIEBERTAL, WETTENBERG

KASSEL
AUTOBAHN E 40 · A 480 MARBURG

0   200 m

AUTOBAHN A 485
ALSFELD
GRÜNBERG

AUTOBAHN A 485
LICH
BÜDINGEN

A 485, KLOSTER SCHIFFENBERG
POHLEIM

Köhler, Westanlage 33, ⊠ 35390, ℘ (0641) 97 99 90, hotel-koehler@servicereisen.de, Fax (0641) 9799977 – 🛗, ⇄ Zim, 📺 ⇔ 🅿 – 🔬 80. 🆎 ① 🅜🅞 🆅🅸🆂🅰   Z t
Menu à la carte 37/80 – **Klemens** (geschl. Juli - Mitte Aug., Sonntag) (nur Abendessen)
Menu à la carte 71/97 – **Hessenstube** (geschl. Sonntag) (nur Abendessen) **Menu** à la carte 24/68 – **42 Z** ⊆ 120/180 – 160/220.

Parkhotel Sletz garni, Wolfstr. 26, ⊠ 35394, ℘ (0641) 40 10 40, Parkhotel-Sletz@t -online.de, Fax (0641) 40104140, ⌶⅙, ⇌ – ⇄ 📺 ⇔ 🅿 🆎 🅜🅞 🆅🅸🆂🅰   Z r
20 Z ⊆ 115/149.

Residenz Hotel garni, Wiesecker Weg 12, ⊠ 35396, ℘ (0641) 3 99 80, residenz-gi essen@eurohotel-online.com, Fax (0641) 399888 – 🛗 📺 ⇔. 🆎 🅜🅞 🆅🅸🆂🅰
33 Z ⊆ 130/136 – 186.   über ③

435

In Wettenberg-Launsbach Nord-West : 6 km über Krofdorfer Str. Y :

🏨 **Schöne Aussicht,** Gießener Str. 3, ⊠ 35435, ℰ (0641) 98 23 70, *Schoene-Aussicht* @ t-online.de, Fax (0641) 98237120, 🍽 – 📳 ✺ 📺 🅿 – 🔬 25. 🆎 ⓪ ⓪ 💳 🕽
Menu *(geschl. Samstagmittag)* à la carte 38/63 – **39 Z** ⊑ 110/150.

In Pohlheim-Watzenborn - Steinberg Süd-Ost : 7,5 km über Schiffenberger Weg Z :

🏠 **Goldener Stern,** Kreuzplatz 6, ⊠ 35415, ℰ (06403) 6 16 24, Fax (06403) 68426 – 📺
🐬 🅿 ⓪ 💳 ✺ Zim
Menu *(geschl. Mitte Juli - Anfang Aug., Freitag - Samstagmittag)* à la carte 23/49 🍴 – **14 Z**
⊑ 80/120.

GIFHORN Niedersachsen 🔢🔢🔢 I 15 – 43 000 Ew – Höhe 55 m.
📇 Gifhorn, Wilscher Weg 69, ℰ (05371) 1 67 37.
🗓 Tourismus gesellschaft Gifhorn mbH, Marktplatz 1, ⊠ 38518, ℰ (05371) 8 81 75, Fax (05371) 88311.
Berlin 247 – Hannover 82 – Braunschweig 28 – Lüneburg 88.

🏨 **Morada Hotel Skan-Tours** Ⓜ, Isenbütteler Weg 56, ⊠ 38518, ℰ (05371) 93 00, Gifhorn@morada.de, Fax (05371) 930499, 🐬 – 📳 ✺ Zim, 📺 📞 🔬 🅿 – 🔬 60. ⓪ ⓪
💳
Menu (Restaurant nur für Hausgäste) – **63 Z** ⊑ 149/199.

🏨 **Heidesee** 🐬, Celler Str. 159 (B 188, West : 2 km), ⊠ 38518, ℰ (05371) 95 10 (Hotel) 43 48 (Rest.), hotel-heidesee@t-online.de, Fax (05371) 56482, 🍽, 🐬, 🔲 – 📳, ✺ Zim,
📺 🚗 🅿 – 🔬 60. 🆎 ⓪ ⓪ 💳
geschl. 23. - 28. Dez. – Menu *(geschl. Ende Jan. - Mitte Feb.)* à la carte 37/78 – **45 Z**
⊑ 165/220 – 265.

🏠 **Deutsches Haus,** Torstr. 11, ⊠ 38518, ℰ (05371) 81 80, hdeutsches@aol.com,
Fax (05371) 54672, Biergarten – 📺 📞 🔬 🅿 – 🔬 60. 🆎 ⓪ ⓪ 💳
Menu *(geschl. Sonntagabend)* à la carte 33/63 – **46 Z** ⊑ 90/140 – 125/180.

🏠 **Grasshoff** garni, Weißdornbusch 4, ⊠ 38518, ℰ (05371) 9 46 30, Fax (05371) 946340
– 📺 📞 🚗 🅿 🆎 ⓪ 💳 ✺
19 Z ⊑ 98/118 – 150/190.

🍴🍴 **Ratsweinkeller,** Cardenap 1, ⊠ 38518, ℰ (05371) 5 91 11, Fax (05371) 3828, 🍽,
« Renoviertes Fachwerkhaus a.d. 16. Jh. » 🆎 ⓪ 💳
geschl. Mitte - Ende Jan., Montag – Menu à la carte 52/74.

In Gifhorn-Winkel Süd-West : 6 km :

🏠 **Landhaus Winkel** garni, Hermann-Löns-Weg 2, ⊠ 38518, ℰ (05371) 1 29 55,
Fax (05371) 4337, 🌳 – 📺 🅿 ⓪ 💳
geschl. 20. Dez. - 4. Jan. – **15 Z** ⊑ 80/90 – 130/150.

Am Tankumsee Süd-Ost : 7 km :

🏨 Seehotel am Tankumsee 🐬, Eichenpfad 2, ⊠ 38550 Isenbüttel, ℰ (05374) 91 00,
Fax (05374) 91091, ≼, 🍽, 🐬, 🔲, 🌳 – ✺ Zim, 📺 📞 🔬 🅿 – 🔬 120
48 Z.

GILCHING Bayern 🔢🔢 V 17 – 16 000 Ew – Höhe 564 m.
Berlin 610 – München 26 – Augsburg 49 – Garmisch-Partenkirchen 84.

🏠 **Thalmeier** garni, Sonnenstr. 55, ⊠ 82205, ℰ (08105) 50 41, thalmeier@t-online.de,
Fax (08105) 9899 – 📺 📞 🚗 ⓪ 💳 ✺
geschl. Weihnachten - Anfang Jan. – **18 Z** ⊑ 120/140 – 170/190.

In Gilching-Geisenbrunn Süd-Ost : 3 km :

🏠 **Am Waldhang** garni, Am Waldhang 22, ⊠ 82205, ℰ (08105) 3 72 40, Hotel-am-Wa
ldhang@gmx.de, Fax (08105) 372437 – 📺 📞 🚗 🅿 🆎 ⓪ ⓪ 💳
12 Z ⊑ 120/130 – 170/180.

GILLENFELD Rheinland-Pfalz 🔢 P 4 – 1 400 Ew – Höhe 460 m.
🗓 Tourist-Information, Am Markt 5, ⊠ 54558, ℰ (06573) 7 20, Fax (06573) 720.
Berlin 665 – Mainz 128 – Trier 61 – Koblenz 75.

🏨 **Gillenfelder Hof,** Pulvermaarstr. 8, ⊠ 54558, ℰ (06573) 9 92 50
Fax (06573) 9925100, 🍴, 🐬, 🔲 – 📳, ✺ Zim, 📺 🅿 – 🔬 30. ⓪ 💳
Menu à la carte 28/58 – **58 Z** ⊑ 90/100 – 160/190.

GINSHEIM-GUSTAVSBURG Hessen siehe Mainz.

GIRBIGSDORF *Sachsen siehe Görlitz.*

GLADBECK *Nordrhein-Westfalen* **407** *L 5 – 81 000 Ew – Höhe 30 m.*
Berlin 523 – Düsseldorf 53 – Dorsten 11 – Essen 16.

🏠 **Schultenhof,** Schultenstr. 10, ⊠ 45966, 𝒫 (02043) 5 17 79, *schultenhof@t-online.de*,
Fax (02043) 983240, 🏡 – 📺 🚗 🅿 🄰🄴 ① 🅰🅾 *VISA* 🅹🅲🅱
Menu *(geschl. Montag)* à la carte 25/60 – **23 Z** ⊊ 100/110 – 110/120.

GLADENBACH *Hessen* **407** *N 9 – 13 000 Ew – Höhe 340 m – Kneippheilbad – Luftkurort.*
🟦 *Kur- und Freizeit-Gesellschaft, Karl-Waldschmidt-Str. 5 (Haus des Gastes),* ⊠ 35075,
𝒫 (06462) 20 12 11, Fax (06462) 201222.
Berlin 491 – Wiesbaden 122 – Marburg 22 – Gießen 28 – Siegen 61.

✗ **Zur Post** mit Zim, Marktstr. 30 (B 255), ⊠ 35075, 𝒫 (06462) 70 23, Fax (06462) 3318,
⊕ 🏡 – 📺 🄰🄴 ① 🅰🅾 *VISA* 🅹🅲🅱
Menu à la carte 23/77 – **8 Z** ⊊ 70/75 – 110/120.

In Gladenbach-Erdhausen *Süd-West : 2,5 km :*

✗ **Künstlerhaus Lenz** mit Zim, Blaumühlenweg 10, ⊠ 35075, 𝒫 (06462) 84 84,
Fax (06462) 1056, 🏡 – ⇔ Rest, 📺 🅿 🅰🅾 *VISA*
geschl. Jan. 1 Woche – **Menu** *(geschl. Montag)* à la carte 44/73 – **3 Z** ⊊ 90/130.

GLASHÜTTEN *Hessen* **407** *P 9 – 5 500 Ew – Höhe 506 m.*
Berlin 549 – Wiesbaden 34 – Frankfurt am Main 31 – Limburg an der Lahn 33.

✗✗ **Glashüttener Hof** mit Zim, Limburger Str. 86 (B 8), ⊠ 61479, 𝒫 (06174) 69 22,
Fax (06174) 6946, 🏡 – 📺 🅿 🄰🄴 🅰🅾 *VISA* ✗ Zim
geschl. Jan. - Feb. 3 Wochen – **Menu** *(geschl. Montag)* 25/45 (mittags) à la carte 48/78
– **9 Z** ⊊ 90/110 – 180.

In Glashütten-Schloßborn *Süd-West : 3,5 km :*

✗✗✗ **Schützenhof,** Langstr. 13, ⊠ 61479, 𝒫 (06174) 6 10 74, *schuetzenhof@t-online.de*,
Fax (06174) 964012, 🏡 – 🅿 ✗
geschl. Juli - Aug. 4 Wochen, Montag – **Menu** *(Dienstag, Mittwoch, Sonntag nur Abend-essen)* (bemerkenswerte Weinkarte) à la carte 78/109.

GLAUCHAU *Sachsen* **408** *N 21 – 28 000 Ew – Höhe 260 m.*
🟦 *Glauchau-Information, Am Markt 1,* ⊠ 08371, 𝒫 (03763) 25 55, Fax (03763) 2555.
Berlin 256 – Dresden 97 – Chemnitz 37 – Gera 47 – Leipzig 77.

🏨 **Wettiner Hof** Ⓜ, Wettiner Str. 13, ⊠ 08371, 𝒫 (03763) 50 20, *kpr@hotel-wettin
er-hof.de*, Fax (03763) 502299, 🏡 – 📶 ⇔ Zim, 📺 📞 ♿ 🅿 – 🔬 50. 🄰🄴 ① 🅰🅾 *VISA*
Menu à la carte 26/53 – **48 Z** ⊊ 90/99 – 125/140.

🏨 **Meyer** 🐾, Agricolastr. 6, ⊠ 08371, 𝒫 (03763) 24 55, *Info@HotelMeyer.de*,
Fax (03763) 15038, 🏡 – ⇔ Zim, 📺 📞 🅿 – 🔬 20. 🄰🄴 ① 🅰🅾 *VISA*
Menu à la carte 27/53 – **20 Z** ⊊ 85/99 – 128/150.

In Glauchau-Voigtlaide *Süd : 6 km :*

🏠 **Landgasthof Voigtlaide,** Thurmer Str. 7, ⊠ 08373, 𝒫 (03763) 22 63, *SIGMUND.
PIECHOLDT@planet-interkom.de*, Fax (03763) 2263, Biergarten – 📺 📞 🚗 🅿 – 🔬 90.
🄰🄴 ① 🅰🅾 *VISA*
Menu à la carte 23/47 – **12 Z** ⊊ 100/120.

In Waldenburg-Oberwinkel *Nord-Ost : 6 km :*

🏠 **Glänzelmühle** 🐾, Am Park 9b, ⊠ 08396, 𝒫 (037608) 2 10 15, *glaenzelmuehle@t
-online.de*, Fax (037608) 21017, Biergarten – 📺 ♿ 🅿 – 🔬 15. 🅰🅾 *VISA*
Menu *(geschl. Montag)* à la carte 25/48 – **16 Z** ⊊ 85/95 – 110/130.

GLEISWEILER *Rheinland-Pfalz – 560 Ew – Höhe 240 m – Luftkurort.*
Berlin 666 – Mainz 107 – Mannheim 49 – Landau in der Pfalz 8.

✗ **Zickler** mit Zim, Badstr. 4, ⊠ 76835, 𝒫 (06345) 9 31 39, *LANDGASTHOF-ZICKLER@T-
ONLINE.DE*, Fax (06345) 93142, 🏡 – ⊕🅂 – 📺
geschl. Mitte Jan. - Mitte Feb., Mitte - Ende Juli – **Menu** *(geschl. Dienstag - Mittwoch, Aug.
- Nov. Mittwoch)* à la carte 32/56 🍷 – **8 Z** ⊊ 65/88 – 98/124.

GLEISZELLEN-GLEISHORBACH *Rheinland-Pfalz siehe Bergzabern, Bad.*

GLIENICKE (NORDBAHN) Brandenburg 416 418 I 23 – 4 440 Ew – Höhe 66 m.
Berlin 22 – Potsdam 38.

🏠 **Waldschlößchen,** Karl-Liebknecht-Str. 55, ✉ 16548, 𝒫 (033056) 8 20 00,
Fax (033056) 82406, Biergarten – 📺 ⓦ VISA
Menu à la carte 32/58 – ⌑ 17 – **23 Z** 80/90 – 99.

GLINDE Schleswig-Holstein 415 416 F 14 – 16 100 Ew – Höhe 25 m.
Berlin 371 – Kiel 167 – Hamburg 83.

🏠 **Classic Hotel Glinde** Ⓜ, Am Sportplatz 98 b, ✉ 21509, 𝒫 (040) 71 18 80,
Fax (040) 71188288 – 📶, ↩ Zim, 📺 ☏ ⌕ 🅿 – 🔏 300. ⒜ ⓦ VISA
Menu (geschl. Samstag - Sonntag) (nur Abendessen) à la carte 26/52 – **46 Z** ⌑ 130/170.

GLONN Bayern 420 W 19 – 4 000 Ew – Höhe 536 m – Erholungsort.
Berlin 610 – München 32 – Landshut 99 – Rosenheim 33.

In Glonn-Herrmannsdorf Nord-Ost : 3 km :

🍴 **Wirtshaus zum Schweinsbräu,** Hermannsdorf 7, ✉ 85625, 𝒫 (08093) 90 94 45,
Fax (08093) 909410, Wirtsgarten – 🅿 ⓦ VISA
geschl. 1. - 15. Jan., Montag - Dienstag – Menu à la carte 46/74.

GLOTTERTAL Baden-Württemberg 419 V 7 – 2 900 Ew – Höhe 306 m – Erholungsort.
🛈 Tourist Information, In der Eichberghalle, Rathausweg 12, ✉ 79286, 𝒫 (07684)
9 10 40, Fax (07684) 910413.
Berlin 810 – Stuttgart 208 – Freiburg im Breisgau 27 – Waldkirch 11.

🏘 **Hirschen** (mit Gästehaus Rebenhof), Rathausweg 2, ✉ 79286, 𝒫 (07684) 8 10, stre
cker@hirschen-glottertal.de, Fax (07684) 1713, ☎, 🔲, ☞, 🎾 – 📶 📺 ⌕ 🅿 – 🔏 50.
⒜ ⓦ VISA
Menu (geschl. Montag) à la carte 47/99 – **49 Z** ⌑ 105/160 – 210/300 – ½ P 45.

🏘 **Schwarzenberg's Traube,** Kirchstr. 25, ✉ 79286, 𝒫 (07684) 13 13, schwarzenb
ergs-traube@t-online.de, Fax (07684) 738, ☞ – 📶 📺 ⊸ 🅿 – 🔏 20. ⒜ ⓦ VISA ☞
Menu (geschl. Montag) 45/88 à la carte 50/83 – **12 Z** ⌑ 105/140 – 160/200 – ½ P 40.

🏘 **Zum Kreuz,** Landstr. 14, ✉ 79286, 𝒫 (07684) 8 00 80, ZumKreuz@Landidyll.de,
Fax (07684) 800839, ☞, ☎, ☞ – 📶 📺 🅿 – 🔏 20. ⒜ ⓞ ⓦ VISA
Menu à la carte 42/78 – **34 Z** ⌑ 80/135 – 150/200 – ½ P 35.

🏘 **Schloßmühle,** Talstr. 22, ✉ 79286, 𝒫 (07684) 2 29, Fax (07684) 1485, ☞ – 📶 📺
🅿 ⒜ ⓞ ⓦ VISA
Menu (geschl. vor Fastnacht 1 Woche, Anfang Nov. 2 Wochen, Mittwoch) à la carte 35/77
– **12 Z** ⌑ 88/92 – 145/155.

🏘 **Tobererhof** ☜, Kandelstr. 34, ✉ 79286, 𝒫 (07684) 9 10 50, Fax (07684) 1013, ☞
– ↩ 📺 🅿 ⓦ VISA ☞ Rest
Menu (nur Abendessen) (Restaurant nur für Hausgäste) – **19 Z** ⌑ 110/125 – 180/190
– ½ P 22.

🏠 **Schwarzenberg,** Talstr. 24, ✉ 79286, 𝒫 (07684) 13 24, schwarzenberghot@aol.c
om, Fax (07684) 1791, ☎, 🔲 – 📶, ↩ Zim, 📺 ⊸ 🅿 ⒜ ⓞ ⓦ VISA ☞ Rest
Menu (nur Abendessen) (Restaurant nur für Hausgäste) – **22 Z** ⌑ 80/100 – 160/180 –
½ P 30.

🏠 **Wisser's Sonnenhof** ☜, Schurhammerweg 7, ✉ 79286, 𝒫 (07684) 2 64,
Fax (07684) 1093, ☞, ☞ – 📺 🅿 VISA
Menu (geschl. Montag - Dienstag) (wochentags nur Abendessen) à la carte 30/58 – **17 Z**
⌑ 80/100 – 100/160 – ½ P 25.

🏠 **Pension Faller** ☜ garni, Talstr. 9, ✉ 79286, 𝒫 (07684) 2 26, Pension.Faller@t-on
ine.de, Fax (07684) 1453, ☞ – ↩ 📺 ⊸ 🅿 ⓦ VISA
11 Z ⌑ 65/90 – 95/140.

🏠 **Zum Goldenen Engel,** Friedhofstr. 2, ✉ 79286, 𝒫 (07684) 2 50, Fax (07684) 267
– ⊸ 🅿 ⓦ VISA
Menu (geschl. Mittwoch) à la carte 33/76 – **9 Z** ⌑ 65/100 – ½ P 30.

🍴 **Zum Adler** mit Zim, Talstr. 11, ✉ 79286, 𝒫 (07684) 10 81, adler.glottertal@t-online.de,
Fax (07684) 1083, ☞, (Gasthaus mit rustikalen Schwarzwaldstuben) – 📺 🅿 – 🔏 25. ⒜
ⓦ VISA
Menu (geschl. Dienstagmittag) (Tischbestellung ratsam) à la carte 44/93 – **13 Z** ⌑ 80/100
– 110/180.

🍴 **Wirtshaus zur Sonne,** Talstr. 103, ✉ 79286, 𝒫 (07684) 2 42, Fax (07684) 9335, ☞
– 🅿 ⓦ VISA ☞
geschl. über Fastnacht 1 Woche, Mittwoch - Donnerstagmittag – **Menu** à la carte 31/48

In Heuweiler *West : 2,5 km :*

🏠 **Grüner Baum** (mit Gästehaus), Glottertalstr. 3, ✉ 79194, ℰ (07666) 9 40 60, *info @ gasthof-gruener-baum.de*, Fax (07666) 940635, 🍴, 🌳 – ⊠ 📺 📞 👍 🅿 – 🍴 25. 🆎 ⓪ 💳 VISA JCB
geschl. Jan. 3 Wochen – **Menu** *(geschl. Donnerstag - Freitagmittag)* à la carte 28/64 🍴 – **35 Z** ⊡ 68/95 – 120/160 – ½ P 25.

🍴🍴 **Zur Laube** mit Zim, Glottertalstr. 1, ✉ 79194, ℰ (07666) 9 40 80, Fax (07666) 8120, 🍴, Biergarten, « Restauriertes Fachwerkhaus » – ⊠ 📺 🅿 💳 VISA
Menu *(geschl. Dienstag)* à la carte 30/74 – **11 Z** ⊡ 94/109 – 148/178.

GLOWE *Mecklenburg-Vorpommern siehe Rügen (Insel).*

GLÜCKSBURG *Schleswig-Holstein* 🗺 *B 12 – 6 500 Ew – Höhe 30 m – Seeheilbad.*
Sehenswert : *Wasserschloß (Lage★).*
🏌 🏌 *Glücksburg-Bockholm (Nord-Ost : 3 km),* ℰ (04631) 25 47.
🛈 *Kurverwaltung, Sandwigstr. 1a (Kurmittelhaus),* ✉ 24960, ℰ (04631) 6 00 70, Fax (04631) 3301.
Berlin 437 – Kiel 100 – Flensburg 10 – Kappeln 40.

🏨 **Strandhotel** 🍴, Kirstenstr. 6, ✉ 24960, ℰ (04631) 6 14 10, *STRANDHOTEL-GLUECKSBURG @ T-ONLINE.DE*, Fax (04631) 614111, ≤, 🍴, ≈ – ⊠, ⊁ Zim, 📺 📞 🅿 – 🍴 180. 🆎 ⓪ 💳 VISA
Menu à la carte 35/70 – **27 Z** ⊡ 150/178 – 198/270, 4 Suiten.

🏨 **Intermar** 🍴, Fördestr. 2, ✉ 24960, ℰ (04631) 4 90, *info @ intermar.de*, Fax (04631) 49525, ≤, 🍴, Massage, ≈, 🔲 – ⊠, ⊁ Zim, 📺 ≈ – 🍴 120. 🆎 ⓪ 💳 VISA 🍴 Rest
Menu à la carte 59/88 – **Zum Dampfer :** Menu à la carte 32/47 – ⊡ 22 – **80 Z** 149/159 – 199/210 – ½ P 35.

In Glücksburg - Meierwik *Süd-West : 3 km :*

🏨 **Vitalhotel Alter Meierhof** 🅼, Uferstr. 1, ✉ 24960, ℰ (04631) 6 19 90, *info @ alter-meierhof.de*, Fax (04631) 619999, 🍴, « Malerische Lage mit ≤ auf Flensburger Förde ; Wellnessanlage », Massage, ≈, 🔲 – ⊠, ⊁ Zim, 🍴 Rest, 📺 📞 ≈ 🅿 – 🍴 110. 🆎 ⓪ 💳 VISA
Meierei *(geschl. Sonntag - Montag) (nur Abendessen)* **Menu** 98/129 und à la carte – **Brasserie :** Menu à la carte 49/68 – ⊡ 29 – **54 Z** 195/265 – 265/345 – ½ P 54.

In Glücksburg-Holnis *Nord-Ost : 5 km :*

🏠 **Café Drei** 🍴, Drei 5, ✉ 24960, ℰ (04631) 6 10 00, *HotelCafeDrei @ t-online.de*, Fax (04631) 610037, 🍴 – 📺 🅿 💳
Menu *(geschl. Mittwoch)* à la carte 36/62 – **9 Z** ⊡ 95/105 – 140/165 – ½ P 24.

GLÜCKSTADT *Schleswig-Holstein* 🗺 *E 12 – 12 000 Ew – Höhe 3 m.*
🛈 *Tourist Information, Große Nübelstr. 31,* ✉ 25348, ℰ (04124) 93 75 85, Fax (04124) 937586.
Berlin 342 – Kiel 91 – Hamburg 65 – Bremerhaven 75 – Itzehoe 22.

🍴🍴 **Ratskeller**, Am Markt 4, ✉ 25348, ℰ (04124) 24 64, Fax (04124) 4154, 🍴 – 🆎 💳 VISA
Menu *(Tischbestellung ratsam)* à la carte 40/73.

In Krempe *Nord-Ost : 8 km :*

🍴 **Ratskeller zu Krempe**, Am Markt 1, ✉ 25361, ℰ (04824) 3 81 54, *Ratskeller-Bittner @ t-online.de*, Fax (04824) 38155, 🍴 – 🆎 ⓪ 💳 VISA
geschl. Feb. 2 Wochen, Montag – **Menu** à la carte 31/58.

GMUND AM TEGERNSEE *Bayern* 🗺 🗺 *W 19 – 6 200 Ew – Höhe 739 m – Erholungsort – Wintersport : 700/900 m 🚡 🎿.*
🏌 *Marienstein, Gut Steinberg (West : 8 km),* ℰ (08022) 7 50 60.
🛈 *Verkehrsamt, Kirchenweg 6 (Rathaus),* ✉ 83703, ℰ (08022) 75 05 27, Fax (08022) 750545.
Berlin 637 – München 48 – Garmisch-Partenkirchen 70 – Bad Tölz 14 – Miesbach 11.

In Gmund-Finsterwald *West : 2 km :*

🍴 **Feichtner Hof** mit Zim, Kaltenbrunner Str. 2, ✉ 83703, ℰ (08022) 9 68 40, *info @ feichtner-hof.de*, Fax (08022) 968433, 🍴, Biergarten – 📺 🅿 🆎 ⓪ 💳 VISA 🍴 Zim
Menu à la carte 25/58 – **12 Z** ⊡ 95/130 – 150/220.

439

In Gmund-Marienstein *West : 8 km :*

🏨 **Margarethenhof Golf und Country Club** 🦫, Gut Steinberg, ☒ 83701, ✆ (08022) 7 50 60, margarethenhof@gmx.de, Fax (08022) 74818, ≼, 🍽, **ƒ₅**, ⚐s, 🐎, 🍴 – 📺 **P** – 🔬 120. 🄰🄴 ⓞ ⓜⓞ 𝗩𝗜𝗦𝗔. 🎯 Rest
geschl. 16. Dez. - 31. März – **Menu** à la carte 39/66 – **38 Z** ⊑ 230 – 335/395 – ½ P 39.

GOCH *Nordrhein-Westfalen* 🅐🅘🅙 *K 2 – 31 000 Ew – Höhe 18 m.*

🛈 *Kultur- und Verkehrsbüro, Markt 15,* ☒ 47574, ✆ (02823) 32 02 02, Fax (02823) 320251.

Berlin 592 – Düsseldorf 82 – Krefeld 54 – Nijmegen 31.

🏨 **De Poort** 🦫, Jahnstr. 6, ☒ 47574, ✆ (02823) 96 00, RinghotelDePoort@aol.com, *Fax (02823) 960333,* 🍴, ⚐s, 🔲, 🎯 (Halle) – 🅟, 🖂 Zim, 📺 ✆ **P** – 🔬 80. 🄰🄴 ⓞ ⓜⓞ 𝗩𝗜𝗦𝗔
Menu à la carte 37/66 – **75 Z** ⊑ 95/195 – 125/245.

🏨 **Am Kastell** garni, Kastellstr. 6, ☒ 47574, ✆ (02823) 96 20, Fax (02823) 96244 – 📺 ✆ ⚐ **P** ⓜⓞ 𝗩𝗜𝗦𝗔
16 Z ⊑ 95/155.

🏨 **Litjes,** Pfalzdorfer Str. 2, ☒ 47574, ✆ (02823) 9 49 90, Michael.Litjes@t-online.de, *Fax (02823) 949949,* 🍴 – 📺 ✆ **P**. 🄰🄴 ⓜⓞ
Menu *(geschl. Montag)* à la carte 29/63 – **17 Z** ⊑ 82/130.

🏨 **Zur Friedenseiche,** Weezer Str. 1, ☒ 47574, ✆ (02823) 73 58, ZUR-FRIEDENSEICHE@T-ONLINE.DE, Fax (02823) 80947 – 📺 ⚐ **P**. ⓜⓞ 𝗩𝗜𝗦𝗔
geschl. 22. Dez. - Anfang Jan. – **Menu** *(geschl. 15. Juli - 3. Aug., Sonntag) (nur Abendessen)* à la carte 22/39 – **12 Z** ⊑ 77/90 – 116.

In Goch-Kessel *Nord-West : 7 km :*

🍴 **Traberhof zum Horn,** Zum Horn 40, ☒ 47574, ✆ (02827) 3 14, Fax (02827) 314, 🍴 – **P**. ⓜⓞ 𝗩𝗜𝗦𝗔. 🎯
geschl. Ende Jan. - Anfang Feb., Ende Okt. - Anfang Nov., Mittwoch – **Menu** *(Okt. - März nur Abendessen)* à la carte 47/78.

GÖDENSTORF *Niedersachsen siehe Salzhausen.*

GÖHREN *Mecklenburg-Vorpommern siehe Rügen (Insel).*

GÖHREN-LEBBIN *Mecklenburg-Vorpommerm* 🅐🅘🅖 *E 21 – 550 Ew – Höhe 60 m.*
Berlin 153 – Schwerin 85 – Neubrandenburg 65 – Rostock 86.

🏨 **Radisson SAS Resort Schloß Fleesensee** Ⓜ 🦫, Schloßstr. 1, ☒ 17213, ✆ (039932) 8 01 00, info@rlgzr.resas.com, Fax (039932) 80108010, 🍴, (Schloss a.d.J. 1842 mit Dependance), **ƒ₅**, ⚐s, 🔲, 🐎, 🚤(freier Zugang zur Therme Fleesensee) – 🅟, 🖂 Zim, 🖥 📺 ✆ ⚐ **P** – 🔬 160. 🄰🄴 ⓞ ⓜⓞ 𝗩𝗜𝗦𝗔. 🎯 Rest
Frederic (geschl. Montag) (nur Abendessen) **Menu** à la carte 64/76 – **Orangerie** : Menu à la carte 35/60 – **184 Z** ⊑ 255/375 – 280/410, 14 Suiten – ½ P 40.

GÖNNHEIM *Rheinland-Pfalz siehe Wachenheim.*

GÖPPINGEN *Baden-Württemberg* 🅐🅘🅙 *T 12 – 57 100 Ew – Höhe 323 m.*
Ausflugsziel : Gipfel des Hohenstaufen ❊★, *Nord-Ost : 8 km.*
🛈 *Donzdorf (Ost : 13 km),* ✆ (07162) 2 71 71 ; 🛈 *Golfpark, De Franzo Lane 268 (Nord-Ost : 3 km),* ✆ (07161) 96 41 40.

🛈 *Tourist-Information, Marktstr. 2,* ☒ 73033, ✆ (07161) 65 02 92, Fax (07161) 650299.
ADAC, Willi-Bleicher-Str. 3.

Berlin 601 ⑤ – Stuttgart 43 ⑤ – Reutlingen 49 ⑤ – Schwäbisch Gmünd 26 ① – Ulm (Donau) 63 ④

Stadtplan siehe gegenüberliegende Seite

🏨 **Hohenstaufen,** Freihofstr. 64, ☒ 73033, ✆ (07161) 67 00, Ringhotel@Hotel-Hohenstaufen.de, Fax (07161) 70070 – 🖂 Zim, 📺 **P** – 🔬 20. 🄰🄴 ⓞ ⓜⓞ 𝗩𝗜𝗦𝗔 𝗝𝗖𝗕   Y b
Menu *(geschl. 24. - 30. Dez., Samstagmittag)* à la carte 43/84 – **50 Z** ⊑ 135/185 – 195/240.

🏨 **Drei Kaiserberge** garni, Schillerplatz 4, ☒ 73033, ✆ (07161) 9 74 60, *Fax (07161) 974620, « Ständig wechselnde Kunstausstellungen »* – 📺. 🄰🄴 ⓞ ⓜⓞ 𝗩𝗜𝗦𝗔 𝗝𝗖𝗕
26 Z ⊑ 117/142 – 160/205.

🍴🍴 **Park Restaurant Stadthalle,** Blumenstr. 41, ☒ 73033, ✆ (07161) 6 80 06, *Fax (07161) 14264,* 🍴 – **P** – 🔬 350   Y a
geschl. Aug. 1 Woche, Montag – **Menu** à la carte 35/58.

GÖPPINGEN

SCHWÄBISCH GMÜND — LORCH ①

Am Fischbergele	Z 2
Geislinger Straße	Z 3
Grabenstraße	Z
Hauptstraße	Z
Heininger Straße	Z 4
Hohenstaufenstraße	Z 6
Kellereistraße	Z 7
Kronengasse	Z 8
Lange Straße	Z 9
Marktplatz	Z 10
Oberhofenstraße	Z 14
Pfarrstraße	Z 16
Poststraße	Z
Rosenplatz	Y 18
Rosenstraße	Y 19
Schloßstraße	Z 21
Spitalstraße	Z 22
Theodor-Heuss-Straße	Z 23
Willi-Bleicher-Str.	Z 24
Wühlestraße	Z 26

In Wangen *über* ⑤ *: 6 km :*

🏨 **Linde,** *Hauptstr. 30,* ✉ *73117,* ✆ *(07161) 91 11 10, LandhotelLindeWangen@ t-online .de, Fax (07161) 9111122, Biergarten –* 🛏 *Zim,* 📺 🚗 🅿 – 🔥 *30.* AE ⓞ 🌐 VISA. 🐾
geschl. Aug. 3 Wochen – **Menu** *à la carte 32/63* ⅃ *–* **11 Z** 🍽 *88/105 – 130/180.*

🍴🍴 **Landgasthof Adler,** *Hauptstr. 103,* ✉ *73117,* ✆ *(07161) 2 11 95, Fax (07161) 21195 –* AE 🌐 VISA
geschl. Anfang Jan. 1 Woche, Aug. 2 Wochen, Montag - Dienstag – **Menu** *à la carte 54/77.*

Les prix	Pour toutes précisions sur les prix indiqués dans ce guide, reportez-vous aux pages de l'introduction.

GÖRLITZ *Sachsen* 🅘🅘🅘 *M 28 – 66 000 Ew – Höhe 200 m.*

Sehenswert : *Dreifaltigkeitskirche (Chorgestühl★, Marienaltar★) BX – Untermarkt★ BCX – Städtische Kunstsammlungen (Bauernschränke★) CX* **M1** *– St. Peter und Paul★ CX – Reichenbacher Turm* ≤★ *BY.*

Ausflugsziel : *Ostritz : St. Marienthal★ (Süd : 15 km).*

🛈 *Euro-Tour-Zentrum, Obermarkt 29,* ✉ *02826,* ✆ *(03581) 4 75 70, Fax (03581) 475727.*

ADAC, *Wilhelmsplatz 8.*
Berlin 215 ⑤ *– Dresden 98* ④ *– Cottbus 90* ⑤

GÖRLITZ

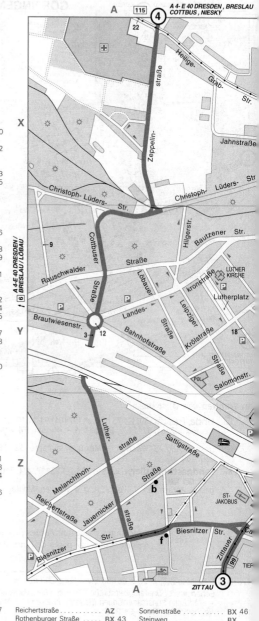

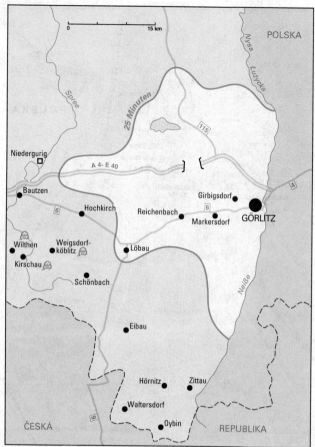

🏨 **Mercure Parkhotel Görlitz** M ⚭, Uferstr. 17f, ⊠ 02826, 𝒫 (03581) 66 20, H1945@accor-hotels.com, Fax (03581) 662662, ㈱, 🛎, ⩵s – 🛗, ⤢ Zim, 🖭 Rest, 🖭 ☎ 🛗 ⇎ 🅿 – 🔬 110. 🄰🄴 ⓪ 🕕🕖 𝗩𝗜𝗦𝗔
 CY d
 Menu à la carte 29/59 – ⇌ 22 – **186 Z** 141/192 – 162/252.

🏨 **Romantik Hotel Tuchmacher** M, Peterstr. 8, ⊠ 02826, 𝒫 (03581) 4 73 10, tuchmacher@aol.com, Fax (03581) 473179, 🛎, ⩵s – 🛗, ⤢ Zim, 🖭 ☎ 🅿 – 🔬 50. 🄰🄴 ⓪ 🕖🕖 𝗩𝗜𝗦𝗔
 BCX n
 geschl. 1. - 15. Jan. – **Menu** (geschl. Sonntag, Montagmittag) à la carte 37/53 – **42 Z** ⇌ 145/185 – 195/240.

🏨 **Sorat** M, Struvestr. 1, ⊠ 02826, 𝒫 (03581) 40 65 77 (Hotel) 40 66 19 (Rest.), SORAT-Goerlitz@t-online.de, Fax (03581) 406579 – 🛗, ⤢ Zim, 🖭 ☎ 🅿 – 🔬 20. 🄰🄴 ⓪ 🕖🕖 𝗩𝗜𝗦𝗔
 Am Goldenen Strauß : **Menu** à la carte 22/45 – **46 Z** ⇌ 150/190 – 190/230. BY a

🏨 **Silesia**, Biesnitzer Str. 11, ⊠ 02826, 𝒫 (03581) 4 81 00, Fax (03581) 481010, Biergarten – 🛗 🖭 🅿 – 🔬 25. 🕖🕖 𝗩𝗜𝗦𝗔. ⤢ Rest
 AZ f
 Menu (geschl. Montag) à la carte 26/62 – **26 Z** ⇌ 95/130.

🏨 **Zum Grafen Zeppelin**, Jauernicker Str. 16, ⊠ 02826, 𝒫 (03581) 40 35 74, Fax (03581) 400447 – ⤢ Zim, 🖭 ⇎ 🅿 🄰🄴 🕖🕖 𝗩𝗜𝗦𝗔. ⤢ Rest AZ b
 Menu (nur Abendessen) (Restaurant nur für Hausgäste) – **42 Z** ⇌ 95/120 – 130/165.

🏨 **Europa** garni, Berliner Str. 2, ⊠ 02826, 𝒫 (03581) 4 23 50, hotel.europa.goerlitz@t-online.de, Fax (03581) 423530 – ⤢ 🖭 ⇎ 🄰🄴 🕖🕖 𝗩𝗜𝗦𝗔 BY e
 17 Z ⇌ 85/130 – 160/180.

In Görlitz-Ludwigsdorf Nord : 5 km über Am Stockborn CX :

🏠 **Gutshof Hedicke** ॐ, Neißetalstr. 53, ⊠ 02828, ℰ (03581) 3 80 00, hotel@gutsh
of-hedicke.de, Fax (03581) 380020, 佘, ☞ – ✦ Zim, ⊡ ✆ & ₽ – 益 25. ☒ ◍ 〽
Menu (geschl. 2. - 16. Jan.) (wochentags nur Abendessen) à la carte 39/67 – **14 Z**
⊇ 109/189 – 149/219.

In Girbigsdorf Nord-West : 5 km : über Girbigsdorfer Straße AX :

🏠 **Mühlenhotel** ॐ garni, Kleine Seite 47, ⊠ 02829, ℰ (03581) 31 40 49, Muehlenho
tel-Lobedann@t-online.de, Fax (03581) 315037, ⤶ – ⊡ ₽. ☒ ◍ 〽
geschl. 20. Dez. - 10. Jan. – **23 Z** ⊇ 75/85 – 110/140.

In Markersdorf-Holtendorf West : 7 km über ④ :

🏠 **Zum Marschall Duroc**, Girbigsdorfer Str. 3 (nahe der B 6), ⊠ 02829, ℰ (03581) 73 44,
info@hotelmarschalldurock.de, Fax (03581) 734222, 佘, ⊜s, ☞ – |≱|, ✦ Zim, ⊡ & ₽
– 益 30. ☒ ◍ ◍ 〽
Menu à la carte 26/45 – **52 Z** ⊇ 100/125 – 140/195.

GÖSSWEINSTEIN Bayern 🄘🄙🄞 Q 18 – 4 400 Ew – Höhe 493 m – Luftkurort.
Sehenswert : Barockbasilika (Wallfahrtskirche) – Marienfelsen ⩽★★.
Ausflugsziel : Fränkische Schweiz★★.
🛈 Verkehrsamt, Burgstr. 6, ⊠ 91327, ℰ (09242) 4 56, Fax (09242) 1863.
Berlin 401 – München 219 – Nürnberg 50 – Bayreuth 46 – Bamberg 45.

🏠 **Fränkischer Hahn** garni, Badangerstr. 35, ⊠ 91327, ℰ (09242) 4 02, FHaselmaier
@aol.com, Fax (09242) 7329 – ⊡ ₽. ◍ 〽
10 Z ⊇ 70/80 – 110/125.

🏠 **Zur Post**, Balthasar-Neumann-Str. 10, ⊠ 91327, ℰ (09242) 2 78, Fax (09242) 578, 佘
– ⊡ ⇦⇨ ₽.
geschl. Anfang Nov. - 10. Dez. – **Menu** (geschl. Montag) à la carte 26/55 – **15 Z** ⊇ 50/55
– 88/98 – ½ P 24.

🍴 **Fränkische Schweiz**, Pezoldstr. 20, ⊠ 91327, ℰ (09242) 2 90, Gasthof-Fraenkisch
e-Schweiz@t-online.de, Fax (09242) 7234, 佘, ☞ – ⇦⇨ ₽.
geschl. 15. Nov. - 1. Dez. – **Menu** (geschl. Dienstag) à la carte 22/39 ⅙ – **16 Z** ⊇ 38/42
– 70/76 – ½ P 21.

🍴🍴 **Krone**, Balthasar-Neumann-Str. 9, ⊠ 91327, ℰ (09242) 2 07, Krone-goessweinstein
@t-online.de, Fax (09242) 7362, 佘 – ₽. ◍ 〽
geschl. 7. Jan. - 20. Feb., Dienstag – **Menu** à la carte 30/62.

🍴 **Schönblick** ॐ mit Zim, August-Sieghardt-Str. 8, ⊠ 91327, ℰ (09242) 3 77, info@s
choenblick-goessweinstein, Fax (09242) 847, ⩽, 佘 – ⊡ ₽.
geschl. Ende Okt. - Mitte Dez. – Menu (geschl. Dienstag, im Winter nur an Wochenenden
geöffnet) (Montag - Freitag nur Abendessen) à la carte 32/55 – **8 Z** ⊇ 68 – 94/110 –
½ P 21.

In Gössweinstein-Behringersmühle :

🏠 **Frankengold**, Pottensteiner Str. 29 (B 470), ⊠ 91327, ℰ (09242) 15 05, frankengo
ld@t-online.de, Fax (09242) 7114, 佘, ☞ – |≱| ₽. 〽
Menu (geschl. Donnerstag) à la carte 33/59 – **17 Z** ⊇ 65/80 – 110/140 – ½ P 25.

GÖTTINGEN Niedersachsen 🄘🄗🄘🄙 L 13 – 130 000 Ew – Höhe 159 m.
Sehenswert : Fachwerkhäuser (Junkernschänke★) YZ **B**.
🏌 Levershausen (über ① : 20 km), ℰ (05551) 6 19 15.
🛈 Tourist-Information, Altes Rathaus, Markt 9, ⊠ 37073, ℰ (0551) 5 40 00, Fax (0551)
4002998.
🛈 Tourist Center, Bahnhofsplatz 5, ⊠ 37073, ℰ (0551) 5 60 00.
ADAC, Kasseler Landstr. 44a.
Berlin 340 ③ – Hannover 122 ③ – Kassel 47 ③ – Braunschweig 109 ③

Stadtplan siehe nächste Seite

🏠🏠 **Gebhards Hotel**, Goethe-Allee 22/23, ⊠ 37073, ℰ (0551) 4 96 80,
Fax (0551) 4968110, 佘, « Geschmackvolle Einrichtung », ⊜s – |≱|, ✦ Zim, ⊡ ⇦⇨ ₽
– 益 60. ☒ ◍ ◍ 〽 🄹🄲🄱
Y e
Georgia-Augusta-Stuben : Menu à la carte 54/80 – **61 Z** ⊇ 175/270 – 250/420.

🏠🏠 **Eden**, Reinhäuser Landstr. 22a, ⊠ 37083, ℰ (0551) 7 60 07, info@eden-hotel.de,
Fax (0551) 76761, ⊜s, ⤶ – |≱|, ✦ Zim, ⊡ ✆ ⇦⇨ ₽ – 益 120. ☒ ◍ ◍ 〽
⊗ Zim
Z d
Pampel Muse (nur Abendessen) **Menu** à la carte 32/67 – **100 Z** ⊇ 125/228 – 179/367.

445

GÖTTINGEN

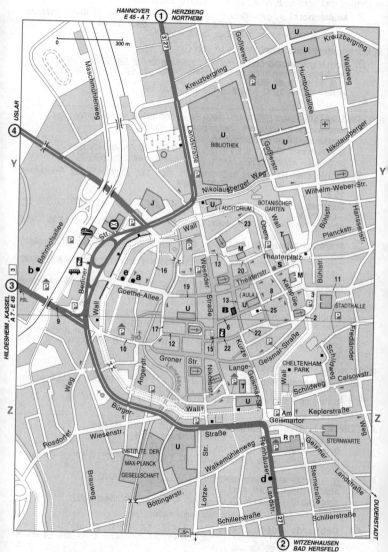

🏨 **InterCityHotel** M, Bahnhofsallee 1a, ⊠ 37081, ℰ (0551) 5 21 10, *goettingen@int*
ercityhotel.de, Fax (0551) 5211500, 斎, ⇔s – ⋈, ↳ Zim, 🛏 Rest, 📺 P – 🔬 100. 🌐
🕸 VISA ⚡ Rest   Y b
Menu à la carte 33/50 – **145 Z** ⊆ 185/255 – 235/305.

🏨 **Stadt Hannover** garni, Goethe-Allee 21, ⊠ 37073, ℰ (0551) 4 59 57, *info@hotels*
tadthannover.de, Fax (0551) 45470 – 🕸 ↳ Zim 📺 P ⚡ JCB   Y a
geschl. Weihnachten - Anfang Jan. – **32 Z** ⊆ 120/165 – 175/205.

XX **Gauß am Theater,** Obere Karspüle 22, ⊠ 37073, ℰ (0551) 5 66 16, *gauss@resta*
urant-gauss.de, Fax (0551) 5317632, 斎 – 🕸 VISA   Y s
geschl. Sonntag – **Menu** *(nur Abendessen)* à la carte 53/84.

In Göttingen-Grone *über* ③ :

🏨 **Clarion Hotel** M, Kasseler Landstr. 45, ⊠ 37081, ℰ (0551) 90 20, *verkauf@clarion*
-hotel.de, Fax (0551) 902166, 斎, Massage, ⇔s, 🔲, 🎿 – 🕸 ↳ Zim, 📺 ⚡ P – 🔬 160.
🌐 ① 🕸 VISA
Ropeter : **Menu** à la carte 45/81 – **106 Z** ⊆ 195/275 – 225/325, 4 Suiten.

🏨 **Schweizer Hof,** Kasseler Landstr. 120, ⊠ 37081, ℰ (0551) 5 09 60,
Fax (0551) 5096100, ⇔s – 🕸, ↳ Zim, 📺 ⚡ P – 🔬 20. 🌐 ① 🕸 VISA JCB
geschl. 24. Dez. - 15. Jan. – **Menu** *(geschl. Sonntagabend, Freitag) (nur Abendessen)* à la
carte 43/63 – **50 Z** ⊆ 138/198 – 198/278.

🏨 **Astron** M, Kasseler Landstr. 25c, ⊠ 37081, ℰ (0551) 9 00 50 (Hotel) 98 00 00
(Rest.), *goettingen@astron-hotels.de*, Fax (0551) 9005400, 斎, « Wechselnde
Kunstausstellungen », ⇔s – 🕸, ↳ Zim, 📺 ⚡ ⇦ P – 🔬 25. 🌐 ① 🕸
VISA
Menu à la carte 38/54 – ⊆ 20 – **114 Z** 120/210 – 140/230.

🏨 **Novostar** garni, Kasseler Landstr. 25d, ⊠ 37081, ℰ (0551) 9 97 70,
Fax (0551) 9977400 – 🕸, ↳ Zim, 📺 ⚡ P – 🔬 20. « 🌐 ① 🕸 VISA
72 Z ⊆ 120/145 – 160/180.

🏨 **Rennschuh** garni, Kasseler Landstr. 93, ⊠ 37081, ℰ (0551) 9 00 90, *hotel@Rennsc*
huh.de, Fax (0551) 9009199, ⇔s, 🔲 – 🕸 📺 ⇦ P – 🔬 100. 🌐 ① 🕸 VISA
geschl. 24. Dez. - 1. Jan. – **104 Z** ⊆ 75/95 – 110/140.

In Göttingen - Groß-Ellershausen *über* ③ : *4 km* :

🏨 **Freizeit In,** Dransfelder Str. 3 (B 3), ⊠ 37079, ℰ (0551) 9 00 10, *info@freizeit-in.de*,
Fax (0551) 9001100, 斎, « Bade- und Saunalandschaft », Massage, 🎿, % (Halle) Squash
– 🕸, ↳ Zim, 📺 ⚡ P – 🔬 300. 🌐 ① 🕸 VISA
Menu à la carte 49/79 – **210 Z** ⊆ 179/299 – 279/459.

In Göttingen-Weende *Nord* : *3 km* :

🏨 **Weender Hof,** Hannoversche Str. 150, ⊠ 37077, ℰ (0551) 50 37 50, *weender-hof*
@web.de, Fax (0551) 5037555, 斎 – 📺 P – 🔬 50. ① 🕸 VISA   über ①
geschl. 1. - 15. Jan., 1. - 21. Aug. – **Menu** *(geschl. Sonntag) (nur Abendessen)* à la carte
29/60 – **20 Z** ⊆ 75/95 – 120.

In Friedland *über* ② : *12 km* :

XX **Biewald** mit Zim, Weghausstr. 20, ⊠ 37133, ℰ (05504) 9 35 00, *Kontakt@biewald-f*
riedland.de, Fax (05504) 935040, 斎 – 📺 ⇦ P. ① 🕸 VISA
Menu à la carte 33/69 – **6 Z** ⊆ 80 – 90/120.

In Friedland - Groß-Schneen *über* ② : *10 km* :

XX **Schillingshof** 🐾 mit Zim, Lappstr. 14, ⊠ 37133, ℰ (05504) 2 28, *info@schillingsh*
of.de, Fax (05504) 427, 斎 – 📺 P. ① 🕸 VISA
geschl. 1. - 14. Jan., Juli - Aug. 3 Wochen – **Menu** *(geschl. Montag - Dienstag) (bemerkenswerte Weinkarte)* à la carte 59/95 – **5 Z** ⊆ 90/160.

GOETZ *Brandenburg siehe Brandenburg.*

GOHRISCH (KURORT) *Sachsen* 🔢🔢 *N 26 – 850 Ew – Höhe 300 m – Luftkurort.*
🎱 *Fremdenverkehrsamt, Königsteiner Str. 14,* ⊠ 01824, ℰ (035021) 7 66 13,
Fax (035021) 76630.
Berlin 229 – Dresden 35 – Bautzen 54.

🏨 **Parkhotel Margaretenhof** 🐾, Pfaffendorfer Str. 89, ⊠ 01824, ℰ (035021)
62 30, Fax (035021) 62599, 斎, 🎿, ⇔s, 🎿 – 🕸 📺 ⚡ P – 🔬 30. 🌐 ① 🕸
VISA
Menu à la carte 25/60 – **45 Z** ⊆ 90/120 – 140/160 – ½ P 20.

GOLDBERG Mecklenburg-Vorpommern **416** F 20 – 5 000 Ew – Höhe 67 m.
Berlin 170 – *Schwerin 52* – Güstrow 28.

🏠 **Seelust** 🦆 (mit Gästehaus), Am Badestrand 4, ✉ 19399, 𝒫 (038736) 82 30,
Fax (038736) 82358, ≤, 🍴, ⊜, 🐾, 🌳 – ⋇ Zim, 📺 📞 – 🦽 60. AE ◑ ⊛ VISA
Menu à la carte 29/40 – **27 Z** ⊑ 90/120 – 145.

GOLDKRONACH Bayern siehe Berneck im Fichtelgebirge, Bad.

GOLLING Österreich siehe Salzburg.

GOMADINGEN Baden-Württemberg **419** U 12 – 2 100 Ew – Höhe 675 m – Luftkurort – Wintersport : 680/800 m 🎿.
🛈 Tourist-Information, Rathaus, Marktplatz 2, ✉ 72532, 𝒫 (07385) 96 96 33, Fax
(07385) 969622.
Berlin 665 – *Stuttgart 64* – Reutlingen 23 – Ulm (Donau) 60.

✗ **Zum Lamm** mit Zim, Hauptstr. 3, ✉ 72532, 𝒫 (07385) 9 61 50, Info@Lamm-Gomad
ingen.de, Fax (07385) 96151, 🍴 – ⋇ Zim, 📺 📞 AE ◑ ⊛
geschl. 8. - 31. Jan. – **Menu** (geschl. Montag) à la carte 26/56 🍷 – **6 Z** ⊑ 70/85 – 110/130.

In Gomadingen-Offenhausen West : 2 km :

🏨 **Landhotel Gulewitsch - Gestütsgasthof** 🦆, Ziegelbergstr. 24, ✉ 72532,
𝒫 (07385) 9 67 90, Fax (07385) 967996, 🍴, 𝑓ᵴ, ⊜, 🌳 – ⬦, ⋇ Zim, 📺 📞 🚗 📞
– 🦽 40. ⊛
Menu (geschl. Mittwoch) à la carte 42/70 – **22 Z** ⊑ 72/92 – 114/155 – ½ P 35.

GOMARINGEN Baden-Württemberg **419** U 11 – 7 800 Ew – Höhe 640 m.
Berlin 690 – *Stuttgart 59* – Hechingen 17 – Reutlingen 11 – Tübingen 9.

🏨 **Arcis** Ⓜ garni, Bahnhofstr. 10, ✉ 72810, 𝒫 (07072) 91 80, HotelArcis@aol.com,
Fax (07072) 918191 – ⬦ ⋇ 📺 📞 👣 – 🦽 30. AE ◑ ⊛ VISA
38 Z ⊑ 98/115 – 128/158.

GOMMERN Sachsen-Anhalt **418** J 19 – 6 800 Ew – Höhe 52 m.
Berlin 153 – *Magdeburg 18* – Brandenburg 90 – Dessau 43.

🏨 **Wasserburg zu Gommern** 🦆, Walter-Rathenau-Str.9, ✉ 39245, 𝒫 (039200)
76 60, gommern@aol.com, Fax (039200) 766766, 🍴, Biergarten, 𝑓ᵴ, ⊜, 🏊, 🌳 – ⬦,
⋇ Zim, 📺 📞 👣 📞 – 🦽 50. AE ◑ ⊛ VISA
Burggasthof : Menu à la carte 27/51 – **48 Z** ⊑ 140/160 – 160/190, 4 Suiten.

GOSLAR Niedersachsen **418** K 15 – 47 000 Ew – Höhe 320 m.
Sehenswert : Fachwerkhäuser★★ in der Altstadt★★★ : Marktplatz★★ Z, Rathaus★ mit
Huldigungssaal★★ YZ **R** – Kaiserpfalz★ Z – Breites Tor★ Y – Neuwerkkirche★ Y – Pfarr-
kirche St. Peter und Paul★ Z **F** – Mönchehaus★ Y **M1**.
Ausflugsziel : Klosterkirche Grauhof★ (Nord-Ost : 3 km über die B 82 X).
🛈 Kur- und Fremdenverkehrsgesellschaft mbH, Markt 7, ✉ 38640, 𝒫 (05321) 7 80 60,
Fax (05321) 780644.
🛈 Kurverwaltung Hahnenklee, Kurhausweg. 7, ✉ 38644, 𝒫 (05325) 5 10 40, Fax (05325)
510420.
Berlin 252 ① – *Hannover 84* ④ – Braunschweig 43 ① – Göttingen 80 ④ – Hildesheim
59 ④

Stadtplan siehe gegenüberliegende Seite

🏨 **Der Achtermann,** Rosentorstr. 20, ✉ 38640, 𝒫 (05321) 7 00 00, info@der-Achte
rmann.de, 🍴, « Restaurant Altdeutsche Stuben », Massage, 🔔,
⊜, 🏊, 📺 👣 – ⬦ 📺 📞 🦽 500. AE – ⬦ 📺 👣 ⊛ VISA
Menu à la carte 41/75 – **152 Z** ⊑ 179/239 – 229/339.   Y **r**

🏨 **Niedersächsischer Hof** Ⓜ, Klubgartenstr. 1, ✉ 38640, 𝒫 (05321) 31 60,
Fax (05321) 316444, « Ausstellung zeitgenössischer Gemälde » – ⬦, ⋇ Zim, 📺 📞 👣 📞
– 🦽 60. AE ◑ ⊛ VISA
Menu (wochentags nur Abendessen) à la carte 39/65 – **Pieper's Bistro** (auch Mittagessen)
Menu à la carte 30/48 – **63 Z** ⊑ 145/175 – 199/260.   Y **a**

🏨 **Kaiserworth,** Markt 3, ✉ 38640, 𝒫 (05321) 70 90, hotel@Kaiserworth.de,
Fax (05321) 709345, 🍴, « Ehemaliges Gewandhaus a.d.15. Jh. » – ⬦, ⋇ Zim, 📺 📞,
🦽 80. AE ◑ ⊛ VISA JCB
Menu à la carte 36/74 – **66 Z** ⊑ 120/179 – 189/269.   Z **x**

GOSLAR

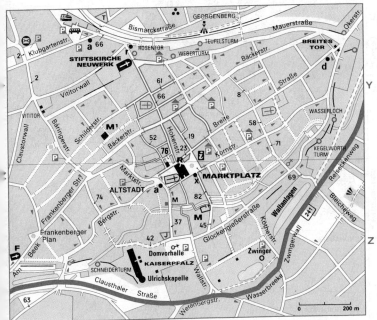

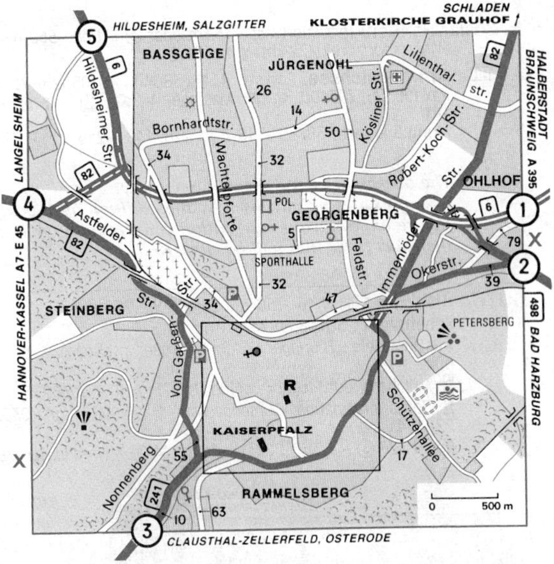

🏨 **Treff Hotel Das Brusttuch,** Hoher Weg 1, ⊠ 38640, ℰ (05321) 3 46 00, *treff-h
otel-brusttuch@t-online.de, Fax (05321) 346099,* « Patrizierhaus a.d. 16. Jh. » – 📺 📺 AE
⓪ 🅜🅢 VISA – Menu à la carte 38/67 – **13 Z** � 154 – 219/243.   Z a

🏠 **Goldene Krone,** Breite Str. 46, ⊠ 38640, ℰ (05321) 3 44 90, *goldkrone@kiekin-ho
tels.de, Fax (05321) 344950 –* 📺 🅟. AE ⓪ 🅜🅢 VISA JCB   Y d
Menu à la carte 40/65 – **18 Z** ⊑ 85/105 – 160/225.

GOSLAR

In Goslar-Hahnenklee Süd-West : 15 km über ③ – Höhe 560 m – Heilklimatischer Kurort – Wintersport : 560/724 m ≰ 1 ≰ 2 ⚡

⌂⌂ **Am Kranichsee,** Parkstr. 4, ⊠ 38644, ☎ (05325) 70 30, hotels@kranichsee.de, Fax (05325) 703100, ≤, 綾, Massage, ♨, ≦s, ◪ – ⧄ TV ⇔ 🅿 – 🔏 50. AE ① ⓪⓪ VISA

Menu à la carte 38/66 – **48 Z** ⊇ 128/148 – 216 – ½ P 27.

The overnight or full board prices may
in some cases be increased by the addition of a local bed tax.
Before making your reservation confirm with the hotelier
the exact price that will be charged.

GOTHA Thüringen 𝟺𝟷𝟾 N 16 – 50 000 Ew – Höhe 270 m.

Sehenswert : Schloß Friedenstein★ CY.

Ausflugsziele : Thüringer Wald ★★ (Großer Inselsberg ≤ ★★, Friedrichroda : Marienglashöhle ★).

🛇 Mühlberg, Gut Ringhofen (Süd-Ost : 11 km) ☎ (036256) 2 17 41.

🛈 Gotha Information, Blumenbachstr. 1, ⊠ 99867, ☎ (03621) 85 40 36, Fax (03621) 222134.

Berlin 326 ③ – Erfurt 22 ② – Gera 114 ③ – Nordhausen 76 ①

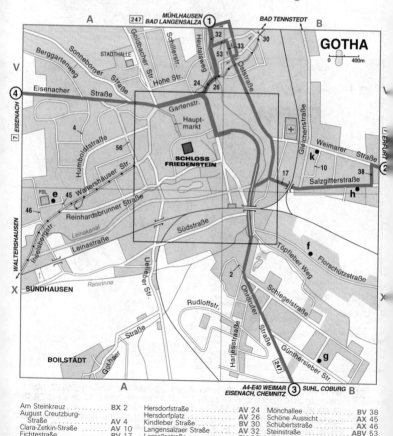

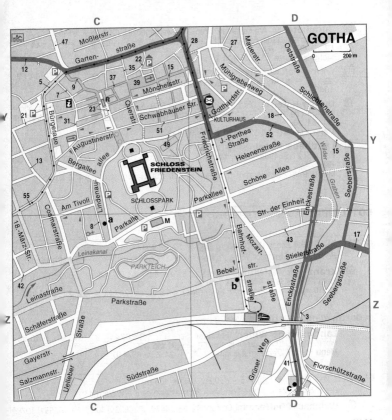

GOTHA

0   200 m

Am Schlosspark M ♨, Lindenauallee 20, ☒ 99867, ℰ (03621) 44 20, info@hotel-am-schlosspark.de, Fax (03621) 442452, 佘, Massage, ⊜ – ⧣, ⁕ Zim, TV ℰ ⅙ ⎯ P – ⅍ 70. AE ① ⑩ VISA
CZ a
Menu à la carte 36/55 – **96 Z** ☷ 170/195 – 190/260.

Der Lindenhof M, Schöne Aussicht 5, ☒ 99867, ℰ (03621) 77 20, info@lindenhof.bestwestern.de, Fax (03621) 772410, 佘, Biergarten, ⊜ – ⧣, ⁕ Zim, TV ℰ ⎯ P – ⅍ 150. AE ① ⑩ VISA. ⁕ Rest
AX e
Menu à la carte 39/50 – **90 Z** ☷ 135/159 – 175/195.

Alte Sternwarte, Florschützstr. 10, ☒ 99867, ℰ (03621) 7 23 90, Fax (03621) 723939, 佘, Biergarten – TV P. AE ① ⑩ VISA JCB
BX f
Menu à la carte 27/54 – **11 Z** ☷ 120/150 – 160/240.

Waldbahn Hotel M, Bahnhofstr. 16, ☒ 99867, ℰ (03621) 23 40, informationen@waldbahn-hotel.de, Fax (03621) 234130, 佘, ⊜ – ⧣, ⁕ Zim, TV ℰ P – ⅍ 50. AE ① ⑩ VISA
DZ b
Menu à la carte 25/50 – **56 Z** ☷ 109/119 – 160.

451

Turmhotel M, Am Luftschiffhafen 2 (Gewerbegebiet), ⊠ 99867, ℰ (03621) 71 60, info@turmhotel.de, Fax (03621) 716430, 龠 – |≬|, ⅏ Zim, TV ℰ ℰ ⇔ P – ⚑ 130.
AE ❶ ❻ VISA JCB
Menu à la carte 30/54 – **104 Z** ⊇ 130/165.
BX g

Gothaer Hof, Weimarer Str. 18, ⊠ 99867, ℰ (03621) 22 40, Fax (03621) 224744, 龠, ⇌s, 🗖 – |≬|, ⅏ Zim, TV ℰ ℰ P – ⚑ 120
104 Z.
BV k

Quality Hotel M, Ohrdrufer Straße 2b (B 247), ⊠ 99867, ℰ (03621) 71 70, qhgot ha@gmx.de, Fax (03621) 717500, 龠, ⇌s – |≬|, ⅏ Zim, ▤ TV ℰ ℰ P – ⚑ 70. AE ❶ ❻ VISA JCB, ⅏ Rest
Menu à la carte 27/52 – **120 Z** ⊇ 110/140.
DZ c

Landhaus Hotel, Salzgitterstr. 76 (B 7), ⊠ 99867, ℰ (03621) 3 64 90, Fax (03621) 364949, « Einrichtung im Landhausstil », 龠 – ⅏ Zim, TV ℰ P. AE ❻ VISA
BV h
Menu (nur Abendessen) (Restaurant nur für Hausgäste) – **14 Z** ⊇ 95/110 – 140/180.

GOTTLEUBA, BAD Sachsen siehe Berggießhübel.

GOTTMADINGEN Baden-Württemberg 419 W 10 – 8 900 Ew – Höhe 432 m.
Berlin 789 – Stuttgart 159 – Konstanz 47 – Singen (Hohentwiel) 7 – Schaffhausen 17.

Kranz (mit Gästehaus), Hauptstr. 37 (B 34), ⊠ 78244, ℰ (07731) 70 61, Fax (07731) 73994 – |≬| TV ℰ ⇔ P – ⚑ 15. AE ❻ VISA
Menu (geschl. Sonn- und Feiertage) à la carte 24/44 – **32 Z** ⊇ 85/95 – 140/150.

In Gottmadingen-Bietingen West : 3 km :

Landgasthof Wider, Ebringer Str. 11, ⊠ 78244, ℰ (07734) 9 40 00, Fax (07734) 940099, 龠 – |≬| ⅏ TV ⇔ P. ❻ VISA
Menu (geschl. Dienstag) à la carte 24/51 – **24 Z** ⊇ 85/130.

GRAACH Rheinland-Pfalz 417 Q 5 – 830 Ew – Höhe 105 m.
Berlin 678 – Mainz 116 – Trier 46 – Bernkastel-Kues 3 – Wittlich 13.

Weinhaus Pfeiffer garni, Gestade 12, ⊠ 54470, ℰ (06531) 40 01, Fax (06531) 1078, ⇌ – ⇔ P.
13 Z ⊇ 59/90 – 98/116.

GRAAL-MÜRITZ Mecklenburg-Vorpommern 416 D 20 – 4 000 Ew – Seeheilbad.
🛈 Tourimus- und Kurbetrieb, Rostocker Str. 3, ⊠ 18181, ℰ (038206) 70 30, Fax (038206) 70320.
Berlin 241 – Schwerin 109 – Rostock 28 – Stralsund 59.

IFA Grand Hotel ⬠, Waldstr. 1, ⊠ 18181, ℰ (038206) 7 30, ifa-grand-hotel@t-o nline.de, Fax (038206) 73227, 龠, Massage, ₰, ⇌s, 🗖 – |≬| TV P – ⚑ 80. AE ❻ VISA. ⅏ Rest
Menu à la carte 35/70 – **110 Z** ⊇ 145 – 198/228, 18 Suiten – ½ P 31.

Residenz an der Seebrücke ⬠, Zur Seebrücke 34, ⊠ 18181, ℰ (038206) 7 72 07, Fax (038206) 79246, 龠, ⇌s, ⇌ – ⅏ Zim, TV P – ⚑ 20. AE ❻ VISA
Menu à la carte 32/68 – **67 Z** ⊇ 120/205 – 180/220 – ½ P 25.

Ostseewoge M, An der Seebrücke 35, ⊠ 18181, ℰ (038206) 7 10, Fax (038206) 71777, ≤, 龠, ⇌s – |≬| TV P – ⚑ 30. AE ❶ ❻ VISA. ⅏ Rest
Menu (geschl. Nov.) à la carte 38/56 – **39 Z** ⊇ 140/160 – 210/260 – ½ P 20.

Haus am Meer ⬠, Zur Seebrücke 36, ⊠ 18181, ℰ (038206) 73 90, Fax (038206) 73993, 龠, Massage, ⇌s – TV P – ⚑ 20. AE ❻ VISA. ⅏
Menu à la carte 27/43 – **34 Z** ⊇ 90/120 – 160/170 – ½ P 20.

Kähler ⬠, Zur Seebrücke 18, ⊠ 18181, ℰ (038206) 7 98 06, Fax (038206) 77412 – TV ℰ P. AE ❶ ❻ VISA. ⅏
Menu (geschl. Montag) (Dienstag - Freitag nur Abendessen) à la carte 25/42 – **11 Z** ⊇ 70/100 – 130.

GRÄFELFING Bayern **[419] [420]** V 18 – 13 300 Ew – Höhe 540 m.
siehe Stadtplan München (Umgebungsplan).

Berlin 598 – München 14 – Augsburg 61 – Garmisch-Partenkirchen 81 – Landsberg am Lech 46.

In Gräfelfing-Lochham :

- 🏠 **Würmtaler Gästehaus,** Rottenbucher Str. 55, ✉ 82166, 𝔓 (089) 8 54 50 56, Fax (089) 853897, 🍴, 😊, 🚗 – 🔆 📺 🚗 🅿 – 🏰 50. 🐼 **VISA**   AS **c**
  Menu *(geschl. 23. Dez.- 9. Jan., Freitagabend - Samstag)* à la carte 33/58 – **57 Z** ⚏ 120/190 – 150/300.

In Planegg *Süd-West : 1 km :*

- 🏠 **Planegg** 🦢 garni, Gumstr. 13, ✉ 82152, 𝔓 (089) 8 99 67 60, Fax (089) 89967676 – 🔆🔆 📺 ✆ 🅿 🐼 **VISA**   AT **a**
  geschl. Weihnachten - Anfang Jan. – **40 Z** ⚏ 95/140 – 140/220.

GRÄFENBERG Bayern **[419] [420]** R 17 – 5 000 Ew – Höhe 433 m.
Berlin 409 – München 30 – Nürnberg 28 – Bamberg 42.

In Gräfenberg-Haidhof *Nord : 7,5 km :*

- 🏠 **Schloßberg** 🦢 (mit Gästehaus), Haidhof 5, ✉ 91322, 𝔓 (09197) 6 28 40, Fax (09197) 628462, 🍴, « Parkanlage », 😊 – 📺 🚗 🅿 – 🏰 80. 🐼 🐼 **VISA**
  geschl. Jan. – **Menu** *(geschl. Montag)* à la carte 28/59 ♨ – **39 Z** ⚏ 69/75 – 108/118.

GRAFENAU Bayern **[420]** T 24 – 9 200 Ew – Höhe 610 m – Luftkurort – Wintersport : 610/700 m ✦2 ✦.

🛈 *Touristinformation, Rathausgasse 1,* ✉ 94481, 𝔓 (08552) 96 23 43, Fax (08552) 920114.

Berlin 505 – München 190 – Passau 38 – Deggendorf 46.

- 🏛 **Europa Congress Hotel** 🦢, Sonnenstr. 12, ✉ 94481, 𝔓 (08552) 44 80, info@sonnenhof-grafenau.de, Fax (08552) 4680, ≤, 🍴, Massage, 🔥, 😊, 🏊, 🚗, 💈 – 🔆 🔆🔆 📺 ✦ ✕ 🐾 🅿 – 🏰 150. 🐼 ✕ Rest
  Menu à la carte 33/55 – **147 Z** ⚏ 119/151 – 208/272, 3 Suiten – ½ P 36.

- 🏛 **Parkhotel,** Freyunger Str. 51 (am Kurpark), ✉ 94481, 𝔓 (08552) 44 90, Fax (08552) 449161, ≤, 🍴, Massage, 😊, 🏊, 🚗 – 💈 📺 👍 🅿 – 🏰 25. 🐼 ① 🐼 **VISA** ✕ Rest
  Menu à la carte 25/64 – **44 Z** ⚏ 95/170 – ½ P 28.

- 🍴🍴 **Säumerhof** mit Zim, Steinberg 32, ✉ 94481, 𝔓 (08552) 40 89 90, saeumerhof@t-online.de, Fax (08552) 4089950, ≤, 🍴, 😊 – 📺 🅿 🐼 **VISA**
  Menu *(Montag - Donnerstag nur Abendessen)* 44/124 à la carte 56/86 – **9 Z** ⚏ 85/110 – 180/200 – ½ P 48.

In Grafenau-Grüb *Nord : 1,5 km :*

- 🏠 **Hubertus,** Grüb 20, ✉ 94481, 𝔓 (08552) 9 64 90, Hotel-Hubertus-Grafenau@t-online.de, Fax (08552) 5265, 🍴, 😊, 🏊 – 💈 📺 ✆ 🅿 🐼 **VISA**
  Menu à la carte 26/50 – **35 Z** ⚏ 83/85 – 156/176 – ½ P 20.

GRAFENBERG Baden-Württemberg siehe Metzingen.

GRAFENHAUSEN Baden-Württemberg **[419]** W 8 – 2 400 Ew – Höhe 895 m – Luftkurort – Wintersport : 900/1 100 m ✦1 ✦.

Sehenswert : *Heimatmuseum "Hüsli"*★ (in Rothaus, Nord : 3 km).

🛈 *Kurverwaltung, Schulstr. 1,* ✉ 79865, 𝔓 (07748) 5 20 41, Fax (07748) 52042.

Berlin 788 – Stuttgart 174 – Freiburg im Breisgau 50 – Donaueschingen 41 – Waldshut-Tiengen 30.

- 🏠 **Tannenmühle** 🦢, Tannenmühlenweg 5 (Süd-Ost : 3 km), ✉ 79865, 𝔓 (07748) 2 15, Fax (07748) 1226, 🍴, « Schwarzwaldgasthof mit Mühlenmuseum ; Tiergehege und Forellenzucht », 🚗 – 📺 🅿
  geschl. Mitte Nov. - Mitte Dez. – **Menu** *(geschl. Nov. - April Dienstag)* à la carte 28/64 – **18 Z** ⚏ 75/80 – 100/160 – ½ P 28.

In Grafenhausen-Rothaus *Nord : 3 km – Höhe 975 m*

- 🏛 **Schwarzwaldhotel Rothaus** (mit Gästehaus), ✉ 79865, 𝔓 (07748) 9 20 90, Schwarzwaldhotel-Rothaus@t-online.de, Fax (07748) 9209199, Biergarten, 😊, 🚗 – 📺 ✆ 🅿 – 🏰 50. 🐼 🐼 **VISA**
  Menu *(geschl. Mitte Nov. - Mitte Dez.)* à la carte 35/71 – **46 Z** ⚏ 78/118 – 128/168, 6 Suiten – ½ P 28.

453

GRAFENRHEINFELD Bayern 420 P 14 – 2 900 Ew – Höhe 201 m.
Berlin 461 – München 287 – Würzburg 46 – Bamberg 62 – Schweinfurt 12.

Alte Amtsvogtei, Kirchplatz 4, ⊠ 97506, ℰ (09723) 20 25, Fax (09723) 2027, Biergarten – 📺 🅿 – 🔬 80. 🖭 ⓜ ⴸ
geschl. Jan. – **Menu** à la carte 24/56 🍷 – **9 Z** ⇆ 70/120.

GRAFENWIESEN Bayern 420 S 22 – 1 700 Ew – Höhe 509 m – Erholungsort.
🛈 Verkehrsamt, Rathausplatz 6, ⊠ 93479, ℰ (09941) 16 97, Fax (09941) 4783.
Berlin 501 – München 198 – Passau 98 – Cham 26 – Deggendorf 50.

Birkenhof ⑂, Auf der Rast 7, ⊠ 93479, ℰ (09941) 15 82, hotel-Birkenhof@t-online.de, Fax (09941) 4961, ≤, ⇆, ☎, ◰, ⿻, ⿸ – 🛗 📺 ⴸ 🅿
Menu (geschl. Sonntag ab 20 Uhr) (wochentags nur Abendessen) à la carte 23/45 – **50 Z** ⇆ 75/110 – 150/180 – ½ P 23.

GRAFING Bayern 420 V 19 – 11 000 Ew – Höhe 519 m.
🛅 Oberelkofen (Süd : 3 km), ℰ (08092) 74 94.
Berlin 614 – München 39 – Landshut 80 – Rosenheim 35 – Salzburg 110.

Hasi garni, Griesstr. 5, ⊠ 85567, ℰ (08092) 7 00 70, HotelHASI@aol.com, Fax (08092) 700780 – 🛬 📺 ⬅ 🅿 – 🔬 60. ⓜ ⴸ – **23 Z** ⇆ 90/130 – 130/180.

GRAINAU Bayern 419 420 X 17 – 3 800 Ew – Höhe 748 m – Luftkurort – Wintersport : 750/2 950 m ❄3 ❄9 ⚞.
Sehenswert : Eibsee★ (Süd-West : 3 km).
Ausflugsziel : Zugspitzgipfel★★★ (❊★★★) mit Zahnradbahn (40 min) oder ⚞ ab Eibsee (10 min).
🛈 Kurverwaltung, Parkweg 8, ⊠ 82491, ℰ (08821) 98 18 50, Fax (08821) 981855.
Berlin 682 – München 94 – Garmisch-Partenkirchen 11 – Kempten 94.

Alpenhof ⑂, Alpspitzstr. 34, ⊠ 82491, ℰ (08821) 98 70, alpenhof@grainau.de, Fax (08821) 98777, ≤, ⇆, ☎, ◰, ⿻ – 🛗, 🛬 Zim, 📺 🅿 ⬅ ⓜ 🖭 ⴸ ⿸
Menu à la carte 42/65 – **36 Z** ⇆ 110/200 – 260/350 – ½ P 36.

Eibsee-Hotel ⑂, am Eibsee 1 (Süd-West : 3 km), ⊠ 82491, ℰ (08821) 9 88 10, info@eibsee-hotel.de, Fax (08821) 82585, ≤ Eibsee und Zugspitze, ⇆, 🅵6, ☎, ◰, ⿻, ⿻, ⿸ – 🛗, 🛬 Zim, 📺 ⴸ 🅿 – 🔬 130. 🖭 ⓓ ⓜ 🖭 ⿸
Menu à la carte 49/74 – **124 Z** ⇆ 115/190 – 170/310, 6 Suiten – ½ P 38.

Waxenstein ⑂, Höhenrainweg 3, ⊠ 82491, ℰ (08821) 98 40, info@waxenstein.de, Fax (08821) 8401, ≤ Waxenstein und Zugspitze, ⇆, Massage, ☎, ◰, ⿻ – 🛗, 🛬 Zim, 📺 ⬅ 🅿 – 🔬 60. 🖭 ⓓ ⓜ 🖭
Menu (geschl. Montagmittag, Dienstagmittag) à la carte 45/76 – **49 Z** ⇆ 135/210 – 220/290 – ½ P 40.

Längenfelder Hof ⑂ garni, Längenfelderstr. 8, ⊠ 82491, ℰ (08821) 98 58 80, mail@laengenfelder-hof.de, Fax (08821) 9858830, ≤, ☎, ◰, ⿻ – 📺 ⬅ 🅿 ⿸
geschl. 2. Nov. - 15. Dez. – **19 Z** ⇆ 87/160 – 146/184.

Alpspitz, Loisachstr. 58, ⊠ 82491, ℰ (08821) 9 82 10, Fax (08821) 982113, ⇆, ☎, ⿻ – 📺 ⬅ 🅿 ⓜ 🖭
geschl. Nov. – **Menu** (geschl. Mittwoch) à la carte 28/54 – **20 Z** ⇆ 85 – 90/180 – ½ P 22.

Wetterstein garni, Waxensteinstr. 26, ⊠ 82491, ℰ (08821) 98 58 00, wetterstein@t-online.de, Fax (08821) 9858013, ☎, ⿻ – 📺 ⴸ ⬅ 🅿 ⿸
15 Z ⇆ 72/99 – 116/158.

Gasthof Höhenrain, Eibseestr. 1, ⊠ 82491, ℰ (08821) 9 88 80, Fax (08821) 82720, ⇆ 📺 ⬅ 🅿 🖭 ⓓ ⓜ 🖭
geschl. Mitte Nov. - Mitte Dez. – **Menu** (geschl. Okt. - Juni Donnerstag) à la carte 29/66 – **15 Z** ⇆ 45/85 – 118/130 – ½ P 21.

Haus Bayern ⑂ garni, Zugspitzstr. 72, ⊠ 82491, ℰ (08821) 89 85, info@haus-bayern.de, Fax (08821) 8910, ≤, « Garten », ⬜ (geheizt) – 📺 ⬅ 🅿 ⿸
10 Z ⇆ 80 – 120/140.

Gästehaus am Kurpark ⑂ garni, Am Brücklesbach 3, ⊠ 82491, ℰ (08821) 85 49, Maria.Fritz@gmx.de, Fax (08821) 82554, ⿻ – 🅿 ⿸
10 Z ⇆ 55/70 – 94/110.

Gasthaus am Zierwald mit Zim, Zierwaldweg 2, ⊠ 82491, ℰ (08821) 9 82 80, zierwald@t-online.de, Fax (08821) 982888, ≤ Waxenstein und Zugspitze, ⇆, ⿻ – 📺 🅿 🖭 ⓓ ⓜ 🖭 🇯 ⿸
geschl. 23. - 30. April – **Menu** (geschl. Mittwoch) à la carte 28/44 – **5 Z** ⇆ 84 – 138/148 – ½ P 24.

Zugspitze ⑂ mit Zim, Törlenweg 11, ⊠ 82491, ℰ (08821) 88 89, j.vogel@gaponline.de, Fax (08821) 81317, ⇆ – 📺 🅿 ⓜ 🖭
Menu à la carte 27/66 – **8 Z** ⇆ 65/70 – 120.

GRASBERG Niedersachsen **415** G 10 – 7 200 Ew – Höhe 20 m.
Berlin 382 – Hannover 131 – *Bremen 23 – Bremerhaven 73*.

🏨 **Grasberger Hof** (mit Gästehaus), Speckmannstr. 58, ⊠ 28879, ℘ (04208) 9 17 20, grasberger@bre.ipnet.de, Fax (04208) 917266, 🌧 – ⇔ Zim, 🆃🆅 ✇ 🅿 – 🔏 50. 🕸 🆅🆘🅰
Menu (geschl. Montag) à la carte 33/55 – **35 Z** ⊠ 88/98 – 128/195.

GRASBRUNN Bayern **419 420** V 19 – 4 000 Ew – Höhe 560 m.
Berlin 596 – München 21 – Landshut 87 – Salzburg 141.

In Grasbrunn-Harthausen Süd-Ost : 3 km :

🏡 **Landgasthof Forstwirt** (mit Gästehaus), Beim Forstwirt 1 (Süd-West : 1 km), ⊠ 85630, ℘ (08106) 3 63 80, Fax (08106) 363811, Biergarten – 🆃🆅 ✇ 🅿 🅰 🅾 🆅🆘🅰
Menu (geschl. Sonn- und Feiertage abends, Montagmittag, Dienstagmittag) à la carte 30/64 – **47 Z** ⊠ 110/148 – 113/268.

GRASELLENBACH Hessen **417 419** R 10 – 3 000 Ew – Höhe 420 m – Kneippheilbad – Luftkurort.
🛈 Kurverwaltung, Nibelungenhalle, ⊠ 64689, ℘ (06207) 25 54, Fax (06207) 82333.
Berlin 592 – Wiesbaden 95 – *Mannheim 55 – Beerfelden 21 – Darmstadt 55*.

🏨 **Siegfriedbrunnen** ⬎, Hammelbacher Str. 7, ⊠ 64689, ℘ (06207) 60 80, *Siegfriedbrunnen@stti.de*, Fax (06207) 1577, 🌧, Massage, ♨, ♨, 🔲 (geheizt), 🔲, 🌧, ✻ – 📳 🆃🆅 🚗 🅿 – 🔏 60. 🅰 🆅🆘🅰
Menu à la carte 43/77 – **62 Z** ⊠ 142/178 – 222/294 – ½ P 20.

🏡 **Landhaus Muhn** ⬎, Im Erzfeld 10, ⊠ 64689, ℘ (06207) 9 40 20, *info@Landhaus-muhn.de*, Fax (06207) 940219, Massage, 🚗, 🌧 – ⇔ Zim, 🆃🆅 🚗 🅿 ✻
Menu (Restaurant nur für Hausgäste) – **11 Z** ⊠ 74/86 – 146/152.

🏡 **Café Gassbachtal** ⬎, Hammelbacher Str. 16, ⊠ 64689, ℘ (06207) 9 40 00, Fax (06207) 940013, 🌧 – 📳 🆃🆅 🚗 🅿 ✻ Zim
geschl. Mitte Jan. - Mitte Feb. – **Menu** (geschl. Montag) (nur Mittagessen) à la carte 30/50 – **22 Z** ⊠ 70/77 – 130/160 – ½ P 17.

🏡 **Landgasthof Dorflinde,** Siegfriedstr. 14, ⊠ 64689, ℘ (06207) 22 50, Fax (06207) 81736, 🌧, 🌧 – 🚗 🅿 – 🔏 50. 🕸
Menu à la carte 28/65 – **20 Z** ⊠ 74/94 – 148/168 – ½ P 20.

🏡 **Marienhof** ⬎ garni, Güttersbacher Str. 43, ⊠ 64689, ℘ (06207) 60 90, Fax (06207) 60972, 🛁, ♨, 🚗, 🔲 – 📳 🆃🆅 🚗 🅿 – 🔏 20. ✻
geschl. Dez. - Jan. – **24 Z** ⊠ 84/100 – 166/214.

In Grasellenbach-Tromm Süd-West : 7 km – Höhe 577 m :

🏖 **Zur schönen Aussicht** ⬎, Auf der Tromm 2, ⊠ 64689, ℘ (06207) 33 10, 🍴 Fax (06207) 5023, ≤, 🌧, 🌧 – 🆃🆅 🚗 🅿
geschl. Ende Nov. - 24. Dez. – **Menu** (geschl. Montag) à la carte 23/44 🍷 – **16 Z** ⊠ 55/60 – 100/116 – ½ P 19.

In Grasellenbach-Wahlen Süd : 2 km :

🏨 **Burg Waldau,** Volkerstr. 1, ⊠ 64689, ℘ (06207) 94 50, *Akzent-Hotel-Burg-Waldau@t-online.de*, Fax (06207) 945126, 🌧, 🚗, 🌧 – 📳, ⇔ Zim, 🆃🆅 🅿 – 🔏 35. 🅰 🅾 🆅🆘🅰
Menu à la carte 30/59 🍷 – **31 Z** ⊠ 95/120 – 140/190 – ½ P 25.

GRASSAU Bayern **420** W 21 – 6 200 Ew – Höhe 537 m – Luftkurort.
🛈 Verkehrsamt, Kirchplatz 3, ⊠ 83224, ℘ (08641) 23 40, Fax (08641) 400841.
Berlin 681 – München 91 – *Bad Reichenhall 49* – Traunstein 25 – Rosenheim 32.

🏡 **Hansbäck,** Kirchplatz 18, ⊠ 83224, ℘ (08641) 40 50, *Hansbaeck@t-online.de*, Fax (08641) 40580, ≅ – 📳 🆃🆅 🅿 🅰 🅾 🆅🆘🅰
Menu (geschl. 20. Nov. - 20. Dez., Okt. - Mai Dienstag) (nur Abendessen) à la carte 25/61 – **37 Z** ⊠ 88/98 – 144/152 – ½ P 24.

🏡 **Sperrer,** Ortenburger Str. 5, ⊠ 83224, ℘ (08641) 20 11, Fax (08641) 1881, Biergarten, 🍴 ≅, 🌧 – 📳 🚗 🅿 – 🔏 30. 🅾 🆅🆘🅰
geschl. April 1 Woche, Nov. – **Menu** (geschl. Montag) à la carte 18/38 – **34 Z** ⊠ 67/70 – 114/140 – ½ P 15.

GREDING Bayern **419 420** S 18 – 7 300 Ew – Höhe 400 m – Erholungsort.
🛈 Kultur- u. Verkehrsamt, Marktplatz 13 (Rathaus), ⊠ 91171, ℘ (08463) 9 04 20, Fax (08463) 90450.
Berlin 476 – München 113 – *Nürnberg 59 – Ingolstadt 39 – Regensburg 61*.

🏡 **Am Markt,** Marktplatz 2, ⊠ 91171, ℘ (08463) 6 42 70, *hotel_ammarktgmbh@t-online.de*, Fax (08463) 6427200, 🌧, Biergarten – 🆃🆅 🅿 🅰 🅾 🆅🆘🅰
Menu à la carte 24/55 – **40 Z** ⊠ 55/92 – 95/138.

GREFRATH Nordrhein-Westfalen **417** L 3 – 14 000 Ew – Höhe 40 m.
  Berlin 582 – Düsseldorf 48 – Krefeld 20 – Mönchengladbach 25 – Venlo 16.

🏠 **Grefrather Hof** (mit Gästehaus), Am Waldrand 1 (Nähe Eisstadion), ✉ 47929, ℘ (02158) 40 70, Fax (02158) 407200, �, ⇌s, 🏊, 🎾 (Halle) – 📶 TV ✔ ⇦ 🅿 – 🔬 80.
  AE ① ◍ VISA
  Menu à la carte 43/71 – **80 Z** ⇌ 140 – 190/220.

GREIFSWALD Mecklenburg-Vorpommern **416** D 23 – 57 000 Ew – Höhe 6 m.
  Sehenswert : Marktplatz★ (Haus Nr. 11★) – Marienkirche★ (Kanzel★) – Dom St. Nikolai★
  – Botanischer Garten★ – Klosterruine Eldena★ – Fischerdorf Wieck★ (Klappbrücke★).
  🛈 Greifswald-Information, Schuhhagen 22, ✉ 17489, ℘ (03834) 1 94 33, Fax (03834)
  3788.
  Berlin 214 – Schwerin 178 – Rügen (Bergen) 60 – Rostock 103 – Stralsund 32 – Neubran-
  denburg 67.

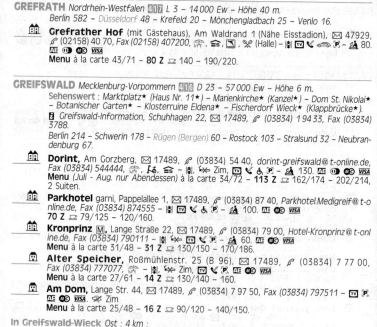

🏠 **Dorint,** Am Gorzberg, ✉ 17489, ℘ (03834) 54 40, dorint-greifswald@t-online.de, Fax (03834) 544444, 🌤, 🎰, ⇌s – 📶, 🔁 Zim, TV ✔ 🖐 🅿 – 🔬 130. AE ① ◍ VISA
  Menu (Juli - Aug. nur Abendessen) à la carte 34/72 – **113 Z** ⇌ 162/174 – 202/214,
  2 Suiten.

🏠 **Parkhotel** garni, Pappelallee 1, ✉ 17489, ℘ (03834) 87 40, Parkhotel.Medigreif@t-o
  nline.de, Fax (03834) 874555 – 📶 TV ✔ 🖐 🅿 – 🔬 100. AE ◍ VISA
  70 Z ⇌ 79/125 – 120/160.

🏠 **Kronprinz** 📱, Lange Straße 22, ✉ 17489, ℘ (03834) 79 00, Hotel-Kronprinz@t-onl
  ine.de, Fax (03834) 790111 – 📶 🔁 Zim, TV ✔ 🖐 🅿 – 🔬 60. AE ◍ VISA
  Menu à la carte 31/48 – **31 Z** ⇌ 130/150 – 170/186.

🏠 **Alter Speicher,** Roßmühlenstr. 25 (B 96), ✉ 17489, ℘ (03834) 7 77 00, Fax (03834) 777077, 🌤 – 📶, 🔁 Zim, TV ✔ 🅿 AE ◍ VISA
  Menu à la carte 27/61 – **14 Z** ⇌ 130/140 – 160.

🏠 **Am Dom,** Lange Str. 44, ✉ 17489, ℘ (03834) 7 97 50, Fax (03834) 797511 – TV 🅿. AE ◍ VISA. 🔁 Zim
  Menu à la carte 25/48 – **16 Z** ⇌ 90/120 – 140/150.

In **Greifswald-Wieck** Ost : 4 km :

🏠 **Ryck-Hotel** 📱, Rosenstr. 17b, ✉ 17493, ℘ (03834) 8 33 00, Fax (03834) 833032, 🌤
  – TV 🅿 – 🔬 20. AE ◍ VISA. 🔁
  Menu (Montag - Freitag nur Abendessen) à la carte 32/45 – **25 Z** ⇌ 100/130 – 150/190.

🏠 **Maria,** Dorfstr. 45a, ✉ 17493, ℘ (03834) 84 14 26, Fax (03834) 840136, 🌤 – TV 🅿.
  ◍ VISA. 🔁 Zim
  Menu (Okt. - Mai wochentags nur Abendessen) à la carte 32/54 – **13 Z** ⇌ 90/115 –
  130/160.

In **Neuenkirchen** Nord : 2 km :

🏠 **Stettiner Hof,** Theodor-Körner-Str. 20, ✉ 17498, ℘ (03834) 89 96 24, Fax (03834) 899627, 🌤, 🍏 – TV ✔ 🖐 🅿 – 🔬 20. AE ◍ VISA
  Menu (Montag - Freitag nur Abendessen) à la carte 27/54 – **23 Z** ⇌ 130/160.

In **Mesekenhagen** Nord-West : 6 km :

🏠 **Terner** garni, Greifswalder Str. 40, ✉ 17498, ℘ (038351) 55 40, Fax (038351) 554433, 🍏 – 🔁 TV ✔ 🖐 AE ① ◍ VISA. 🔁
  geschl. 20. Dez. - 20. März – **14 Z** ⇌ 110/120 – 160/190.

GREIZ Thüringen **418** O 20 – 29 000 Ew – Höhe 325 m.
  🛈 Greiz-Information, Burgplatz 12, ✉ 07973, ℘ (03661) 68 98 15, Fax (03661) 703291.
  Berlin 277 – Erfurt 111 – Gera 30 – Plauen 24 – Zwickau 27.

In **Greiz-Untergrochlitz** Süd-West : 3 km :

🏠 **Am Wald** 📱, Untergrochlitzer Str. 8, ✉ 07973, ℘ (03661) 67 08 03, Fax (03661) 670805, 🍏 – 🔁 Zim, TV 🅿 ◍
  Menu (geschl. Freitag - Sonntag) (nur Abendessen) (Restaurant nur für Hausgäste) – **13 Z**
  ⇌ 90 – 100/130.

In **Mohlsdorf** Nord-Ost : 4 km :

🏠 **Gudd** 📱 📱, Raasdorfer Str. 2, ✉ 07987, ℘ (03661) 43 00 25, Fax (03661) 430027, ⇦ 🌤, 🍏 – TV ✔ ⇦ 🅿 – 🔬 30. AE ◍ VISA
  Menu (geschl. Montagmittag) à la carte 23/46 – **15 Z** ⇌ 88/130.

GREMSDORF Bayern siehe Höchstadt an der Aisch.

456

GRENZACH-WYHLEN Baden-Württemberg 🔢 X 7 – 13 200 Ew – Höhe 272 m.

Berlin 868 – Stuttgart 271 – Freiburg im Breisgau 87 – Bad Säckingen 25 – Basel 6.

Im Ortsteil Grenzach :

🏠 **Eckert,** Basler Str. 20, ✉ 79639, 𝄞 (07624) 9 17 20, Hotel-Eckert@t-online.de,
Fax (07624) 2414, 🦌 – 📱, 🛎 Zim, 📺 🚗 📵 🕼 𝚅𝙸𝚂𝙰
Menu (geschl. 28. Dez. - 4. Jan., Donnerstagabend - Samstagmittag) (Tischbestellung rat-
sam) 44 und à la carte 50/78 – **29 Z** 🔄 105/120 – 160/185.

GREVEN Nordrhein-Westfalen 🔢 J 6 – 33 000 Ew – Höhe 52 m.

🛫 Greven, Aldruper Oberesch 12 (Süd : 3 km), 𝄞 (02571) 9 70 95.

🟦 Verkehrsverein, Alte Münsterstr. 23, ✉ 48268, 𝄞 (02571) 13 00, Fax (02571) 55234.

Berlin 465 – Düsseldorf 141 – Nordhorn 76 – Enschede 59 – Münster (Westfalen) 20 –
Osnabrück 43.

🏨 **Kroner Heide,** Kroner Heide 5, ✉ 48268, 𝄞 (02571) 9 39 60, Fax (02571) 939666 –
📺 🚗 📵 – 🔒 30. 📵 𝚅𝙸𝚂𝙰
Menu (nur Abendessen) (Restaurant nur für Hausgäste) – **33 Z** 🔄 110/250.

🏨 **Eichenhof,** Hansaring 70, ✉ 48268, 𝄞 (02571) 5 20 07, Fax (02571) 52000, 🦌 – 📺
📱 📵 – 🔒 25. 📵 ⓪ 📵 𝚅𝙸𝚂𝙰
Menu (geschl. Samstagmittag, Sonntagmittag) (Tischbestellung ratsam) à la carte 38/71
(auch vegetarische Gerichte) – **27 Z** 🔄 115/165.

🏠 **Hoeker Hof** (mit Gästehaus), Münsterstr. 44, ✉ 48268, 𝄞 (02571) 9 36 40,
Fax (02571) 936440, Biergarten – 📱 📺 📵 📵 – 🔒 40. 📵 𝚅𝙸𝚂𝙰
Menu (wochentags nur Abendessen) à la carte 26/48 – **22 Z** 🔄 100/155.

🏠 **Wermelt,** Nordwalder Str. 160 (West : 3,5 km), ✉ 48268, 𝄞 (02571) 92 70, hotel-w
ermelt@t-online.de, Fax (02571) 927152 – 📺 📵 📵 ⓪ 📵 𝚅𝙸𝚂𝙰
Menu (wochentags nur Abendessen) à la carte 27/58 – **27 Z** 🔄 80/95 – 120/140.

✖ **Altdeutsche Gaststätte Wauligmann,** Schifffahrter Damm 22 (B 481, Süd-Ost :
4,5 km), ✉ 48268, 𝄞 (02571) 23 88, Fax (02571) 4500, 🦌 – 🔒 30. 📵 𝚅𝙸𝚂𝙰
geschl. 30. Juli - 21. Aug., 24. - 31. Dez., Montag - Dienstag – **Menu** à la carte 29/62.

In Greven-Gimbte Süd : 4,5 km :

🏠 **Schraeder** (mit Gästehaus), Dorfstr. 29, ✉ 48268, 𝄞 (02571) 92 20,
Fax (02571) 92257, 🦌 – 📺 🚗 📵 – 🔒 25. 📵 𝚅𝙸𝚂𝙰
Menu (geschl. Sonntagabend - Montagmittag) à la carte 28/67 – **30 Z** 🔄 83/88 –
135/145.

✖✖ **Altdeutsche Schänke,** Dorfstr. 18, ✉ 48268, 𝄞 (02571) 22 61,
Fax (02571) 800028, 🦌, « Ehemaliger Bauernhof a. d. 17 Jh. » – 📵 📵 📵 𝚅𝙸𝚂𝙰
geschl. Mitte - Ende Feb., Dienstag – **Menu** à la carte 38/74.

GREVENBROICH Nordrhein-Westfalen 🔢 M 3 – 62 000 Ew – Höhe 60 m.

Ausflugsziel : Schloß Dyck★ Nord : 7 km.

🛫 Grevenbroich, Zur Mühlenerft 1 (Süd-Ost : 2 km), 𝄞 (02181) 28 06 37.

Berlin 581 – Düsseldorf 28 – Aachen 59 – Köln 31 – Mönchengladbach 26.

🏨 **Montanushof,** Montanusstr. 100, ✉ 41515, 𝄞 (02181) 60 90, hotel-montanushof
@t-online.de, Fax (02181) 609600 – 📱 📵 📺 🚗 – 🔒 120. 📵 ⓪ 📵 𝚅𝙸𝚂𝙰
Menu (Restaurant nur für Hausgäste) – **114 Z** 🔄 180/290 – 250/350.

🏠 **Sonderfeld** garni, Bahnhofsvorplatz 6, ✉ 41515, 𝄞 (02181) 2 27 20, Hotel-Sonderf
eld@t-online.de, Fax (02181) 227260 – 📱 📵 📺 📵 📵 – 🔒 60. 📵 𝚅𝙸𝚂𝙰
geschl. Weihnachten - Anfang Jan., Juli 2 Wochen – **46 Z** 🔄 115/130 – 198/250.

✖✖✖✖✖ **Zur Traube** (Kaufmann) mit Zim, Bahnstr. 47, ✉ 41515, 𝄞 (02181) 6 87 67,
❀❀ Fax (02181) 61122 – 📺 📵 📵 📵 𝚅𝙸𝚂𝙰. ✖ Zim
geschl. 28. März - 5. April, 15. Juli - 5. Aug., 24. Dez. - 16. Jan. – **Menu** (geschl. Sonntag
- Montag) (Tischbestellung erforderlich, bemerkenswerte Weinkarte) 78 (mittags) à la carte
99/148 – **6 Z** 🔄 230/490
Spez. Variation vom Perlhuhn und Entenleber. Meerwolf mit Stielmus und Basilikumbutter.
Geeiste Champagnerpraline mit Pomeranzenparfait.

✖✖✖ **Harlekin,** Lilienthalstr. 16 (im Tennis-Center Heiderhof), ✉ 41515, 𝄞 (02181) 6 35 34,
Fax (02181) 64832, 🦌 – 📖 📵 📵 ⓪ 📵 𝚅𝙸𝚂𝙰
geschl. Juli - Aug. 3 Wochen, Sonntagabend, Montagabend – **Menu** à la carte 61/102.

In Grevenbroich-Kapellen Nord-Ost : 6 km :

✖✖ **Drei Könige** mit Zim, Neusser Str. 49, ✉ 41516, 𝄞 (02182) 27 84, info@drei-koeni
ge.de, Fax (02182) 2784, 🦌 – 📵 📵 📵 𝚅𝙸𝚂𝙰. ✖ Zim
geschl. Juli - Aug. 3 Wochen, Samstagmittag, Montag – **Menu** à la carte 70/98 – **6 Z**
🔄 148/198 – 226.

GREVESMÜHLEN Mecklenburg-Vorpommern 🔢🔢 E 17 – 11 000 Ew – Höhe 50 m.
Berlin 235 – Schwerin 32 – Lübeck 37 – Wismar 21.

🏨 **Am See** M, Klützer Str. 17a, ⊠ 23936, ℘ (03881) 72 70, ringhotel.am.see@t-online.de,
Fax (03881) 727100, � – |฿|, ⇔ Zim, 🔲 & 🅿. AE ① ⚫ VISA
Menu à la carte 28/50 – **28 Z** ⊑ 115 – 165/175.

GRIESBACH IM ROTTAL Bayern 🔢🔢 U 23 – 8 300 Ew – Höhe 525 m – Luftkurort – Thermalbad.
🏌 Brunnwies (Nord-West : 5,5 km), ℘ (08535) 9 60 10 ; 🏌 Lederbach und 🏌 🏌 🏌 Holz-
häuser (Nord-West : 3 km), ℘ (08532) 31 35 ; 🏌 Uttlau (Nord-West : 4,5 km), ℘ (08532)
1 89 49 ; 🏌 Sagmühle (Süd : 6 km), ℘ (08532) 20 38.
🅱 Kurverwaltung, Stadtplatz 1 und Kurallee 6 (Kurzentrum), ⊠ 94086, ℘ (08532)
7 92 40, Fax (08532) 7614.
Berlin 606 – München 153 – Passau 38 – Landshut 95 – Salzburg 116.

🏩 **Columbia** M, Passauer Str. 39a, ⊠ 94086, ℘ (08532) 30 90, griesbach@columbia-h
otels.de, Fax (08532) 309154, �, Massage, ♣, 🗳, ⇔s, ⊐ (geheizt), 🔲 (Thermal) – |฿|,
⇔ Zim, 🔲 ⇔ 🅿 – 🔬 50. AE ⚫ VISA 🛠 Rest
Menu à la carte 48/70 – **115 Z** ⊑ 140/190 – 280/290 – ½ P 45.

In Bad Griesbach Süd : 3 km :

🏨 **Maximilian** M, Kurallee 1, ⊠ 94086, ℘ (08532) 79 50, maximilian@hartl.de,
Fax (08532) 795151, �, Massage, ♣, 🗳, ⇔s, ⊐ (geheizt), 🔲 (Thermal) – |฿| ⇔
≡ Rest, 🔲 & 🕊 ⇔ 🅿 – 🔬 50. AE ① ⚫ VISA JCB 🛠
Menu à la carte 55/82 – **229 Z** ⊑ 200/250 – 340/400, 19 Suiten – ½ P 48.

🏩 **St. Wolfgang** M 🐾, Ludwigspromenade 6, ⊠ 94086, ℘ (08532) 98 00, BadGriesb
ach@asklepios.com, Fax (08532) 980635, �, Massage, 🗳, ♣, ⇔s, ⊐ (geheizt),
🔲 (Thermal), 🌏 – |฿| ⇔, ≡ Rest, 🔲 & ⇔ 🅿 – 🔬 140. AE ① ⚫ VISA 🛠
Menu à la carte 41/56 – **Asia** (nur Abendessen) **Menu** à la carte 42/58 – **181 Z**
⊑ 130/310 – 250/330, 10 Suiten – ½ P 35.

🏩 **König Ludwig** 🐾, Am Kurwald 2, ⊠ 94086, ℘ (08532) 79 90, koenig-Ludwig@har
tl.de, Fax (08532) 799799, �, Massage, ♣, 🗳, ⇔s, ⊐ (Thermal), 🔲 (Thermal), 🌏,
🛠 (Halle) – |฿|, ⇔ Zim, 🔲 ⇔ – 🔬 140. AE ① ⚫ VISA 🛠 Rest
Menu à la carte 49/79 – **184 Z** ⊑ 225/266 – 416/456 – ½ P 30.

🏩 **Parkhotel** 🐾, Am Kurwald 10, ⊠ 94086, ℘ (08532) 2 80, parkhotel@hartl.de,
Fax (08532) 28204, �, Massage, ♣, 🗳, ⇔s, ⊐ (geheizt), 🔲 (Thermal), 🌏, 🛠 – |฿|
⇔ 🔲 ⇔. AE ① ⚫ VISA 🛠 Rest
Menu à la carte 56/85 – **162 Z** ⊑ 196/233 – 332/406, 5 Suiten – ½ P 30.

🏨 **Fürstenhof** 🐾, Thermalbadstr. 28, ⊠ 94086, ℘ (08532) 98 10, fuerstenhof@hart
l.de, Fax (08532) 981135, �, Massage, ♣, 🗳, ⇔s, ⊐ (geheizt), 🔲 (Thermal), 🌏 – |฿|
⇔ Zim, ⇔. AE ① ⚫ VISA 🛠 Rest
Menu à la carte 52/76 – **148 Z** ⊑ 145/185 – 270/300, 8 Suiten – ½ P 32.

🏨 **Drei Quellen Therme** 🐾, Thermalbadstr. 3, ⊠ 94086, ℘ (08532) 79 80, info@h
otel-dreiquellen.de, Fax (08532) 7547, �, Massage, ♣, 🗳, ⇔s, 🌏 – |฿| 🔲 ⇔. AE ①
⚫ VISA 🛠 Rest
Menu à la carte 38/63 – **99 Z** ⊑ 124/157 – 234/244, 5 Suiten – ½ P 15.

🏠 **Haus Christl** 🐾 garni, Thermalbadstr. 11, ⊠ 94086, ℘ (08532) 9 60 20,
Fax (08532) 960210, Massage, ⇔s, 🔲, 🌏 🔲 ⇔
geschl. Dez. - Mitte Jan. – **20 Z** ⊑ 74/149.

In Griesbach-Schwaim Süd : 4 km :

🏨 **Gutshof Sagmühle** 🐾, Am Golfplatz 1, ⊠ 94086 Bad Griesbach, ℘ (08532) 9 61 40,
gutshof-sagmuehle@hartl.de, Fax (08532) 3435, � – ⇔ Zim, 🔲 🅿 – 🔬 30. AE ① ⚫
VISA 🛠 Rest
geschl. 15. Nov. - 10. Dez., 7. Jan. - 10. Feb. – **Menu** (geschl. Feb. - Mitte März Montag -
Mittwoch) à la carte 35/63 – **22 Z** ⊑ 115/125 – 240/250.

GRIESHEIM Hessen 🔢🔢 Q 9 – 21 400 Ew – Höhe 145 m.
🏌 🏌 Hof Hayna (West : 6,5 km), ℘ (06155) 7 91 67.
Berlin 573 – Wiesbaden 43 – Frankfurt am Main 40 – Darmstadt 7.

🏨 **Prinz Heinrich** 🐾, Am Schwimmbad 12, ⊠ 64347, ℘ (06155) 6 00 90, hotelph@a
ol.com, Fax (06155) 6009288, �, « Rustikale Restauranteinrichtung », ⇔s – |฿|, ⇔ Zim,
🔲 ⇔ 🅿 – 🔬 30. AE ① ⚫ VISA JCB
geschl. Weihnachten - Neujahr – **Menu** (geschl. Samstagmittag) à la carte 31/60 – **80 Z**
⊑ 100/132 – 132/157.

🏨 **Achat** M, Flughafenstr. 2, ⊠ 64347, ℘ (06155) 88 20, Darmstadt@achat.de,
Fax (06155) 882999, � – |฿|, ⇔ Zim, 🔲 📞 ⇔ 🅿 – 🔬 20. AE ① ⚫ VISA 🛠 Rest
geschl. 23. Dez. - 2. Jan. – **Menu** (italienische Küche) à la carte 30/71 – ⊑ 19 – **101 Z**
121/172 – 172/314.

GRIMMA Sachsen 408 M 22 – 19 300 Ew – Höhe 135 m.

🛈 *Fremdenverkehrsamt, Markt 23,* ✉ *04668,* ✆ *(03437) 91 98 53, Fax (03437) 945722.*

Berlin 214 – Dresden 84 – Leipzig 36.

In Höfgen Süd-Ost : 6 km :

🏠 **Zur Schiffsmühle** ⌂, Zur Schiffsmühle 1, ✉ 04668, ✆ (03437) 91 02 86, schiffs
➡ muehle@t-online.de, Fax (03437) 910287, 🏡, 🍴 – 📺 🅿 – 🔬 25. 🖭 🕥 🚾 🆚
Menu à la carte 23/51 🍴 – **31 Z** ⥺ 85/95 – 120/180.

GRIMMEN Mecklenburg-Vorpommern 406 D 23 – 13 500 Ew – Höhe 15 m.

Berlin 219 – Schwerin 161 – Rügen (Bergen) 57 – Neubrandenburg 77 – Rostock 70 – Stralsund 26 – Greifswald 26.

🏠 **Grimmener Hof** Ⓜ, Friedrichstr. 50, ✉ 18507, ✆ (038326) 5 50, gh@info-mv.de,
Fax (038326) 55400 – ⊫, ⟳ Zim, 📺 ⌖ 🅿 🖭 🕥 🚾 🆚
Menu (geschl. Samstag - Sonntag) à la carte 27/40 – **38 Z** ⥺ 100/130 – 160.

GRÖDITZ Sachsen 408 L 24 – 10 100 Ew 95 m.

Berlin 175 – Dresden 52 – Cottbus 89 – Leipzig 92 – Potsdam 133.

🏠 **Spanischer Hof,** Hauptstr. 15a, ✉ 01609, ✆ (035263) 4 40, info@spanischer-hof.de,
Fax (035263) 44444, 🏡, « Einrichtung im spanischen Stil », 🍴 – ⊫, ⟳ Zim, 📺 ⌖ ⌖
🅿 – 🔬 100. 🖭 🕥 🚾 🆚
Menu à la carte 47/78 – **45 Z** ⥺ 98/148 – 158/198.

GRÖMITZ Schleswig-Holstein 405 406 D 16 – 7 500 Ew – Höhe 10 m – Seeheilbad.

🏌 🏌 Grömitz, Am Schoor 46, ✆ (04562) 39 92 50.

🛈 *Tourismus-Service, Kurpromenade 58,* ✉ 23743, ✆ (04562) 25 62 55, Fax (04562) 256246.*

Berlin 309 – Kiel 72 – Lübeck 54 – Neustadt in Holstein 12 – Oldenburg in Holstein 21.

🏠 **Landhaus Langbehn,** Neustädter Str. 43, ✉ 23743, ✆ (04562) 18 50,
Fax (04562) 18599, 🍴, ⟳ Zim, 📺 ⌖ 🅿 – 🔬 25. 🚾 🆚 ⟂
Menu (nur Abendessen)(Restaurant nur für Hausgäste) – **40 Z** ⥺ 165 – 230/250 – ½ P 20.

🏠 **Strandidyll** ⌂, Uferstr. 26, ✉ 23743, ✆ (04562) 18 90, strandidyll@t-online.de,
Fax (04562) 18989, < Ostsee, 🏡, – ⊫ 📺 🅿 🖭 🚾 🆚 ⟳ Zim
geschl. Nov. – **Menu** à la carte 36/69 – ⥺ 19 – **31 Z** 153/175 – 154/212, 5 Suiten –
½ P 45.

🏠 **Villa am Meer** ⌂, Seeweg 6, ✉ 23743, ✆ (04562) 25 50, info@villa-am-meer.de,
Fax (04562) 255299, 🏡, 🍴 – ⊫ 📺 🅿 ⟂ Rest
Ostern - Mitte Okt. – **Menu** à la carte 32/64 – **33 Z** ⥺ 109/175 – 206/218, 3 Suiten.

🏠 **Pinguin,** Christian-Westphal-Str. 52, ✉ 23743, ✆ (04562) 2 20 70, Fax (04562) 220733,
🍴 – 📺 ➡ 🅿 ⟂
geschl. 6. Jan. - 6. März – **La Marée** (geschl. Mitte Nov. - 4. Dez., Montag) (wochentags
nur Abendessen) **Menu** à la carte 58/89 – **20 Z** ⥺ 95/140 – 170/220 – ½ P 35.

🏠 **See-Deich,** Blankwasserweg 6, ✉ 23743, ✆ (04562) 26 80, Fax (04562) 268200 – 📺
🅿 ⟳ Zim
geschl. 10. Jan. - 10. Feb. – **Menu** (geschl. Dienstag) à la carte 30/70 – **25 Z** ⥺ 90/95
– 160/190.

GRÖNENBACH, BAD Bayern 419 420 W 14 – 5 000 Ew – Höhe 680 m – Kneippheilbad.

🛈 *Kurverwaltung, Haus des Gastes, Marktplatz 5,* ✉ 87730, ✆ (08334) 6 05 31, Fax
(08334) 6133.*

Berlin 675 – München 128 – Kempten (Allgäu) 25 – Memmingen 15.

🏠 **Allgäuer Tor** ⌂, Sebastian-Kneipp-Allee 7, ✉ 87730, ✆ (08334) 60 80, Hotel.Allga
euerTor@t-online.de, Fax (08334) 608199, Biergarten, Massage, ♨, ⌂, 🍴, 🖾, ⟂ –
⊫, ⟳ Rest, 📺 ➡ 🅿 – 🔬 45. 🖭 🕥 🚾 🆚 ⟂
Menu(Restaurant nur für Hausgäste) – **Stiftsbergstüble** (geschl. 31. Juli - 18. Aug., Sonntag - Montag) (nur Abendessen) **Menu** à la carte 68/90 – **153 Z** ⥺ 160/190 – 290 –
½ P 55.

🏠 **Landhotel Grönenbach** ⌂, Ziegelberger Str. 3, ✉ 87730, ✆ (08334) 9 84 80, Land
hotel.groenenbach@t-online.de, Fax (08334) 984858, Massage, ♨, 🍴, 🏡 – 📺 🅿 –
🔬 25. 🖭 🕥 🚾 🆚 ⟂ Rest
Menu (geschl. Sonntagabend) (nur Abendessen) (Restaurant nur für Hausgäste) à la carte
29/45 – **20 Z** ⥺ 110/150 – 170/190 – ½ P 25.

🍴 **Badische Weinstube,** Marktplatz 8, ✉ 87730, ✆ (08334) 5 05, Fax (08334) 6390,
➡ – 🅿 🕥 🚾 🆚 🃏
geschl. Montag – Menü 39 à la carte 46/73.

GRONAU IN WESTFALEN Nordrhein-Westfalen 🔢 J 5 – 43 000 Ew – Höhe 40 m.
> 🅱 Touristik-Service, Konrad-Adenauer-Str. 45, ✉ 48599, ℰ (02562) 9 90 06, Fax (02562) 99008.

Berlin 509 – Düsseldorf 133 – Nordhorn 35 – Enschede 10 – Münster (Westfalen) 54 – Osnabrück 81.

🏨 **Gronauer Sporthotel** 🏊, Jöbkesweg 5 (über Ochtruper Straße), ✉ 48599, ℰ (02562) 70 40, Fax (02562) 70499, 🖥, 🍴 – 📺 🅿 – 🔬 100. ⓞ ⓜ VISA. ⚇ Rest geschl. Weihnachten - Anfang Jan. – **Menu** (nur Abendessen) (Restaurant nur für Hausgäste) – **36 Z** 🍴 75/115 – 140/150.

🍽 **Driland** mit Zim, Gildehauser Str. 350 (Nord-Ost : 4,5 km), ✉ 48599, ℰ (02562) 36 00, Fax (02562) 4147, 🏡 – 📺 🅿 – 🔬 40. 🆎 ⓞ ⓜ VISA
Menu (geschl. Dienstag) à la carte 34/70 – **3 Z** 🍴 65/120.

In Gronau-Epe Süd : 3,5 km :

🏨 **Schepers**, Ahauser Str. 1, ✉ 48599, ℰ (02565) 9 33 20, Hotel.Schepers@t-online.de, Fax (02565) 93325, 🏡, 🍴 – 🔋, ⚇ Zim, 📺 📞 🍴 🅿 – 🔬 20. 🆎 ⓞ ⓜ VISA. ⚇
Menu (geschl. 22. Dez. - 8. Jan., Samstagmittag, Sonntag) à la carte 39/73 – **38 Z** 🍴 105/140 – 158/180.

🏨 **Ammertmann**, Nienborger Str. 23, ✉ 48599, ℰ (02565) 9 33 70, ammertmann @T-Online.de, Fax (02565) 933755, 🏡 – 📺 🍴 🅿 – 🔬 30. 🆎 ⓞ ⓜ VISA JCB
Menu (geschl. Sonntagabend - Montagmittag, Dienstagmittag) à la carte 27/52 – **23 Z** 🍴 75/90 – 130/150.

🍽🍽 **Heidehof**, Amtsvenn 1 (West : 4 km), ✉ 48599, ℰ (02565) 13 30, Team@Restauran t-Heidehof.de, Fax (02565) 3073, 🏡 – 🅿 – 🔬 60. 🆎 ⓞ ⓜ VISA. ⚇
geschl. 14. - 28. Feb., Juli - Aug. 2 Wochen, Montag, Samstagmittag – **Menu** à la carte 52/96.

GROSSALMERODE Hessen 🔢🔢 M 13 – 8 000 Ew – Höhe 354 m – Erholungsort.
Berlin 379 – Wiesbaden 255 – Kassel 24 – Göttingen 39.

🏨 **Pempel**, In den Steinen 2, ✉ 37247, ℰ (05604) 9 34 60, info@pempel.de, Fax (05604) 934621 – ⚇ Zim, 📺 📞 🍴 🅿 – 🔬 25. ⓞ ⓜ VISA. ⚇
Menu (geschl. Samstagmittag, Sonntagabend) à la carte 29/76 – **10 Z** 🍴 70/90 – 140/160.

GROSSBEEREN Brandenburg 🔢🔢 I 23 – 2 500 Ew – Höhe 40 m.
Berlin 20 – Potsdam 21.

🏨 **Großbeeren** garni, Dorfaue 9, ✉ 14979, ℰ (033701) 7 70, RinghotelGrossbeere n@t-online.de , Fax (033701) 77100 – 🔋 ⚇ 📺 📞 🅿 – 🔬 80. 🆎 ⓞ ⓜ VISA
46 Z 🍴 115/135 – 140/170, 3 Suiten.

🏨 **Süd-Hotel,** Berliner Str. 121 (B 101), ✉ 14979, ℰ (033701) 7 00, Renta-Suedhotel@t -online.de, Fax (033701) 57604 – ⚇ Zim, 📺 📞 🅿 – 🔬 30. 🆎 ⓞ ⓜ VISA. ⚇ Rest geschl. 23. Dez. - 2. Jan. – **Menu** (nur Abendessen) (Restaurant nur für Hausgäste) – **54 Z** 🍴 100/138 – 165.

GROSSBETTLINGEN Baden-Württemberg siehe Nürtingen.

GROSSBOTTWAR Baden-Württemberg 🔢🔢 T 11 – 7 800 Ew – Höhe 215 m.
Berlin 605 – Stuttgart 38 – Heilbronn 23 – Ludwigsburg 19.

🏨 **Bruker** garni (mit Gästehaus), Kleinaspacher Str. 18, ✉ 71723, ℰ (07148) 92 10 50, Herbert.Bruker@Hotel-Bruker.de, Fax (07148) 6190, 🖥 – 🔋 ⚇ 📺 🅿 – 🔬 15. ⓜ VISA
27 Z 🍴 75/130.

🍽 **Stadtschänke** mit Zim, Hauptstr. 36, ✉ 71723, ℰ (07148) 80 24, Fax (07148) 4977, 🏡, « Historisches Fachwerkhaus a.d. 15. Jh. » – 📺. 🆎 ⓞ ⓜ VISA
geschl. Anfang Feb. 1 Woche, Sept. 2 Wochen – **Menu** (geschl. Mittwoch) à la carte 33/68 – **5 Z** 🍴 70/120.

GROSS BRIESEN Brandenburg 🔢🔢 J 21 – 240 Ew – Höhe 80 m.
Berlin 93 – Potsdam 55 – Brandenburg 23 – Dessau 65 – Magdeburg 74.

🏨 **Juliushof** 🏊, ✉ 14806, ℰ (033846) 4 02 45, hotel-juliushof@t-online.de, Fax (033846) 40245, 🏡 – 📺 🅿 – 🔬 20. 🆎 ⓜ
Menu à la carte 29/55 – **14 Z** 🍴 115 – 130/150.

GROSS DÖLLN Brandenburg siehe Templin.

GROSSEBERSDORF Thüringen siehe Gera.

GROSSEFEHN Niedersachsen **415** F 6 – 11 000 Ew – Höhe 6 m.

Berlin 496 – Hannover 231 – Emden 24 – Oldenburg 66 – Wilhelmshaven 43.

In Großefehn - Mittegroßefehn :

🏠 **Landhaus Feyen,** Auricher Landstr. 28 (B 72), ✉ 26629, ℰ (04943) 9 19 00, landh
aus.feyen@gmx.de, Fax (04943) 919055 – 📺 🅿 🆎 ⓞ 🔴🔵 VISA
Menu à la carte 30/62 – **26 Z** ⊂ 70/120.

GROSSENBRODE Schleswig-Holstein **415 416** C 17 – 2 000 Ew – Höhe 5 m – Ostseeheilbad.
🛈 Kurverwaltung im Rathaus, Teichstr.12, ✉ 23775, ℰ (04367) 99 71 13, Fax (04367)
997126.
Berlin 339 – Kiel 74 – Lübeck 80 – Puttgarden 17 – Oldenburg in Holstein 20.

🏠 **Ostsee-Hotel** ⚲ garni, Südstrand 8, ✉ 23775, ℰ (04367) 71 90, kontakt@intus-h
otels.de, Fax (04367) 71950, ≤, ≋ – 🔹 📺 🅿 🔴🔵
Mitte März - Anfang Nov. – **25 Z** ⊂ 120/160 – 220/240.

GROSSENHAIN Sachsen **418** M 24 – 19 000 Ew – Höhe 115 m.
Berlin 175 – Dresden 34 – Leipzig 92 – Meißen 16 – Cottbus 88.

🏠 **Stadt Dresden** garni, Kupferbergstr. 3c, ✉ 01558, ℰ (03522) 55 00 30,
Fax (03522) 550033 – 📺 📞 🅿 🔴🔵 VISA
30 Z ⊂ 95/125.

GROSSENKNETEN Niedersachsen **415** H 8 – 11 500 Ew – Höhe 35 m.
Berlin 430 – Hannover 133 – Bremen 50 – Oldenburg 30.

In Großenkneten-Moorbek Ost : 5 km :

🏠 **Zur Wassermühle-Gut Moorbeck** ⚲, Amelhauser Str. 56, ✉ 26197, ℰ (04433)
2 55 (Hotel) 9 41 60 (Rest.), Fax (04433) 969629, « Gartenterrasse am See ; Park », ≋
– ⤢ Zim, 📺 🅿 🔴🔵 VISA
geschl. 1. - 12. Jan. – **Menu** (Nov. - März wochentags nur Abendessen) à la carte 36/73
– **14 Z** ⊂ 110/120 – 165.

GROSSENLÜDER Hessen **417 418** O 12 – 7 700 Ew – Höhe 250 m.
Berlin 456 – Wiesbaden 164 – Fulda 12 – Alsfeld 30.

🏠 **Landhotel Kleine Mühle,** St.-Georg-Str. 21, ✉ 36137, ℰ (06648) 9 51 00,
Fax (06648) 61123 – ⤢ Zim, 📺 📞 🅿 – 🔬 25. 🆎 🔴🔵 VISA
Menu (nur Abendessen) (Restaurant nur für Hausgäste) – **17 Z** ⊂ 115/135 – 185/205.

🍴 **Landgasthof Weinhaus Schmitt,** Am Bahnhof 2, ✉ 36137, ℰ (06648) 74 86,
Fax (06648) 8762, 🌿 – 📺 ⟺ 🅿 🔴🔵 VISA
Menu (geschl. Donnerstag, Samstagmittag) à la carte 25/49 – **8 Z** ⊂ 55/95.

🍴 **Zum Hirsch,** Lauterbacher Str. 16, ✉ 36137, ℰ (06648) 73 07, hotel-zum-hirsch@t
-online.de, Fax (06648) 7095, 🌿 – ⤢ Zim, 📺 ⟺ 🅿 🔴🔵 VISA 🛇
Menu (geschl. Juli - Aug. 2 Wochen, Mittwoch) (Montag - Freitag nur Abendessen) à la carte
26/54 – **18 Z** ⊂ 65/120 – ½ P 19.

In Großenlüder-Kleinlüder Süd : 7,5 km :

🏠 **Landgasthof Hessenmühle** ⚲, (Süd-Ost : 2,5 km), ✉ 36137, ℰ (06650) 98 80,
Fax (06650) 98888, 🌿, 🐎 – 📺 🔧 ⟺ 🅿 – 🔬 50. 🔴🔵 VISA
Menu à la carte 29/54 – **63 Z** ⊂ 80/100 – 130/160.

GROSSENSEEBACH Bayern siehe Weisendorf.

GROSS GAGLOW Brandenburg siehe Cottbus.

GROSSHEIRATH Bayern siehe Coburg.

GROSSHEUBACH Bayern 🗺️🗺️ Q 11 – 4 600 Ew – Höhe 125 m – Erholungsort.
Berlin 570 – München 354 – *Würzburg 73* – Aschaffenburg 38 – Heidelberg 77.

🏨 **Rosenbusch,** Engelbergweg 6, ⊠ 63920, 𝒫 (09371) 81 42, info@hotel-rosenbusch.
de, Fax (09371) 69838, 🍴 – 🚗 P. AE ⓄⓄ VISA JCB. ✳️
geschl. 20. Jan. - 1. März, 5. - 30. Nov. – **Menu** *(geschl. Donnerstag) (Montag - Freitag nur
Abendessen)* à la carte 34/60 🍴 – **20 Z** ⊆ 75 – 110/165.

XX **Zur Krone** mit Zim, Miltenberger Str. 1, ⊠ 63920, 𝒫 (09371) 26 63, Krone-Restel@t
🍴 -online.de, Fax (09371) 65362, 🌳 – 📺 P. ⓄⓄ
Menu *(geschl. Feb. 2 Wochen, Montag, Freitagmittag)* à la carte 42/76 – **8 Z** ⊆ 70 –
115/130.

GROSSKARLBACH Rheinland-Pfalz – 1 100 Ew – Höhe 110 m.
Berlin 637 – Mainz 76 – *Mannheim 24* – Kaiserslautern 39.

XX **Restaurant Gebr. Meurer** (mit Gästehaus), Hauptstr. 57, ⊠ 67229, 𝒫 (06238) 6 78,
Fax (06238) 1007, « Gartenterrasse und -pavillon im toskanischen Stil » – ✳️ Zim, 📺 P.
– 🅰️ 50. ⓄⓄ
Menu *(wochentags nur Abendessen)* (Tischbestellung ratsam) à la carte 61/83 – **12 Z**
⊆ 180/220.

XX **Karlbacher,** Hauptstr. 57, ⊠ 67229, 𝒫 (06238) 37 37, Fax (06238) 4535, 🌳, (Fachwerkhaus a.d. 17. Jh.) – P. ⓄⓄ VISA
geschl. Dienstag – **Menu** *(Montag - Freitag nur Abendessen)* à la carte 62/84 – **Weinstube**
(wochentags nur Abendessen) *(geschl. Montag - Dienstag)* **Menu** à la carte 40/52.

GROSSMAISCHEID Rheinland-Pfalz siehe Dierdorf.

GROSS MECKELSEN Niedersachsen siehe Sittensen.

GROSS MOHRDORF Mecklenburg-Vorpommern siehe Stralsund.

GROSS NEMEROW Mecklenburg-Vorpommern siehe Neubrandenburg.

GROSSOSTHEIM Bayern 🗺️ Q 11 – 14 500 Ew – Höhe 137 m.
Berlin 558 – München 363 – *Frankfurt am Main 47* – Darmstadt 39.

In Großostheim-Ringheim Nord-West : 4 km :

🏨 **Landhaus Hotel** 🌺, Ostring 8b, ⊠ 63762, 𝒫 (06026) 60 81, Fax (06026) 2212, 🌳,
🐎 – 📺 P. AE ⓄⓄ VISA
Weinstube Zimmermann *(geschl. Aug. 3 Wochen, Sonn- und Feiertage) (nur Abend-
essen)* **Menu** à la carte 31/65 – **20 Z** ⊆ 82/92 – 126/136.

GROSS PLASTEN Mecklenburg-Vorpommern siehe Waren (Müritz).

GROSSROSSELN Saarland 🗺️ S 4 – 10 200 Ew – Höhe 210 m.
Berlin 731 – *Saarbrücken 14* – Forbach 6 – Saarlouis 21.

XX **Seimetz,** Ludweilerstr. 34, ⊠ 66352, 𝒫 (06898) 46 12, Fax (06898) 400127 – ⓄⓄ VISA
geschl. Montag, Samstagmittag – **Menu** 45/125 à la carte 67/103.

GROSS SCHAUEN Brandenburg siehe Storkow Mark.

GROSS-UMSTADT Hessen 🗺️🗺️ Q 10 – 19 500 Ew – Höhe 160 m.
Berlin 568 – Wiesbaden 67 – *Frankfurt am Main 51* – Darmstadt 22 – Mannheim 75 –
Würzburg 108.

🏨 **Jakob** 🌺 garni, Zimmerstr. 43, ⊠ 64823, 𝒫 (06078) 7 80 00, Fax (06078) 74156, ≤,
🍴 – ✳️ 📺 📞 🚗 P. AE Ⓞ ⓄⓄ VISA. ✳️
35 Z ⊆ 88/120 – 125/140.

🏨 **Brüder-Grimm-Hotel** 🌺 garni, Krankenhausstr. 8, ⊠ 64823, 𝒫 (06078) 78 40,
Fax (06078) 784444 – 🛗 📺 🍴 P. – 🅰️ 50. AE Ⓞ ⓄⓄ VISA JCB
50 Z ⊆ 98/140 – 140/250.

GROSSWEITZSCHEN Sachsen siehe Döbeln.

GROSS WITTENSEE Schleswig-Holstein siehe Eckernförde.

GROSS ZIEHTEN *Brandenburg – 260 Ew – Höhe 43 m.*
Berlin 70 – Potsdam 102 – Brandenburg 142 – Frankfurt (Oder) 147.

🏛 **Schloß Ziethen** ⊗, ✉ 16766, ℰ (033055) 9 50, *info@ SchlossZiethen.de*,
Fax (033055) 9559, ☆, « Rekonstruierter Herrensitz mit modern-eleganter Einrichtung ;
Park » – 📶, ⇌ Zim, 📺 ✆ 🖭 – 🔏 40. 🖭 🐿 𝘝𝘐𝘚𝘈
Die Orangerie : Menu à la carte 40/58 – ☲ 20 – **29 Z** 125/145 – 150/220.

GROSS ZIMMERN *Hessen* 𝟰𝟭𝟳 *Q 10 – 13 000 Ew – Höhe 168 m.*
🏌 🏌 *Darmstädter Straße 111 (West : 1 km) ℰ (06071) 74 92 56.*
Berlin 563 – Wiesbaden 65 – Frankfurt am Main 45 – Darmstadt 16.

🏛 **An der Waldstraße** 🅼, Waldstr. 42, ✉ 64846, ℰ (06071) 9 70 00 (Hotel) 45 69
🍴 (Rest.), Fax (06071) 970011 – 📶 📺 ✆ 🕭 🖭 – 🔏 25. ① 🐿 𝘝𝘐𝘚𝘈
Menu *(geschl. Montag) (wochentags nur Abendessen)* à la carte 24/38 – **36 Z** ☲ 99/115
– 130/160.

GRÜNBERG *Hessen* 𝟰𝟭𝟳 *O 10 – 14 200 Ew – Höhe 273 m – Luftkurort.*
🅱 *Fremdenverkehrsamt, Rabegasse 1 (Marktplatz), ✉ 35305, ℰ (06401) 80 41 14.*
Berlin 476 – Wiesbaden 102 – Frankfurt am Main 72 – Gießen 22 – Bad Hersfeld 72.

🏛 **Sporthotel** ⊗, Am Tannenkopf (Ost : 1,5 km), ✉ 35305, ℰ (06401) 80 20, *sporth
otel-gruenberg@ hfv-online.de*, Fax (06401) 802166, ☆, « Park », 𝕝₆, ≘s, 🔲, 🌳,
🎾(Halle) – 📶, ⇌ Zim, 📺 🖭 – 🔏 100. 🐿 𝘝𝘐𝘚𝘈
Menu *(geschl. Sonntagabend)* à la carte 48/73 – **47 Z** ☲ 90/98 – 166.

🏛 **Villa Emilia,** Giessener Str. 42 (B 49), ✉ 35305, ℰ (06401) 64 47, Fax (06401) 4132,
☆, – 📺 🖭 🐿 𝘝𝘐𝘚𝘈 🌳
Menu *(geschl. Sonntag, Donnerstag) (nur Abendessen)* à la carte 52/76 – **12 Z** ☲ 89/145.

GRÜNSTADT *Rheinland-Pfalz* 𝟰𝟭𝟳 𝟰𝟭𝟵 *R 8 – 13 500 Ew – Höhe 165 m.*
Berlin 632 – Mainz 59 – Mannheim 31 – Kaiserslautern 36 – Neustadt an der Weinstraße 28.

In Grünstadt-Asselheim *Nord : 2 km :*

🏛 **Pfalzhotel Asselheim,** Holzweg 6, ✉ 67269, ℰ (06359) 8 00 30, *pfalzhotel-asselh
eim@ t-online.de*, Fax (06359) 800399, ☆, ≘s, 🔲 – 📶, ⇌ Zim, 📺 ⇔ 🖭 – 🔏 80.
🖭 ① 🐿 𝘝𝘐𝘚𝘈
Menu à la carte 43/77 – **39 Z** ☲ 135/145 – 188/228.

In Neuleiningen *Süd-West : 3 km :*

🏛 **Alte Pfarrey,** Untergasse 54, ✉ 67271, ℰ (06359) 8 60 66, Fax (06359) 86060, ☆,
« Fachwerkhäuser mit individueller Einrichtung » – ① 🐿 𝘝𝘐𝘚𝘈
Menu *(geschl. Feb. 1 Woche, Aug. 2 Wochen, Montag - Dienstag) (abends Tischbestellung
ratsam)* à la carte 68/95 – **9 Z** ☲ 120/180 – 180/280.

In Battenberg *Süd-West : 3,5 km :*

🏛 **Hofgut Battenberg** ⊗, ✉ 67271, ℰ (06359) 21 96, Fax (06359) 961005,
≤ Rheinebene, ☆ – 🖭
Gutsschenke Burg Battenberg *(geschl. 20. Dez. - 1. Feb., Montag - Dienstag) (Mittwoch
- Freitag nur Abendessen)* **Menu** à la carte 30/50 – **7 Z** ☲ 100/110 – 130/150.

GRÜNWALD *Bayern siehe München.*

GRUNDHOF *Schleswig-Holstein* 𝟰𝟭𝟲 *B 12 – 1 000 Ew – Höhe 35 m.*
Berlin 421 – Kiel 73 – Flensburg 19 – Schleswig 47.

🍴 **Grundhof Krug** mit Zim, Holnisser Weg 4, ✉ 24977, ℰ (04636) 10 88,
Fax (04636) 1089, ☆ – 📺 🖭 – 🔏 60. 🖭 𝘝𝘐𝘚𝘈
geschl. März – **Menu** *(geschl. Mittwoch) (Montag - Freitag nur Abendessen)* à la carte 35/61
– **4 Z** ☲ 45/65 – 80/110.

GSCHWEND *Baden-Württemberg* 𝟰𝟭𝟵 *T 13 – 4 300 Ew – Höhe 475 m – Erholungsort.*
Berlin 567 – Stuttgart 60 – Schwäbisch Gmünd 19 – Schwäbisch Hall 27.

🍴🍴 **Herrengass,** Welzheimer Str. 11, ✉ 74417, ℰ (07972) 4 50, *hoerz.herrengass@ tpp
24.net*, Fax (07972) 6434, ☆ – 🖭 🖭 ① 🐿 𝘝𝘐𝘚𝘈
geschl. über Fasching 1 Woche, Aug. 2 Wochen, Montag – **Menu** à la carte 42/77.

GSTADT AM CHIEMSEE Bayern **420** W 21 – 1 000 Ew – Höhe 534 m – *Erholungsort.*
Sehenswert : Chiemsee★.

🛈 Verkehrsamt, Seeplatz 5, ✉ 83257, 𝒫 (08054) 4 42, Fax (08054) 7997.
Berlin 660 – München 94 – Bad Reichenhall 57 – Traunstein 27 – Rosenheim 27.

🏨 **Gästehaus Grünäugl** garni, Seeplatz 7, ✉ 83257, 𝒫 (08054) 5 35, gruenaeugl_gs
tadt@t-online.de, Fax (08054) 7743, ≤, 🈂 – ⇄ 📺 ⇔ 🅿. 🎦
geschl. Mitte Nov. - Mitte Dez. – **13 Z** ⊏ 87/131 – 142/180.

🏨 **Pension Jägerhof** garni, Breitbrunner Str. 5, ✉ 83257, 𝒫 (08054) 2 42, info@jae
gerhof-chiemsee.de, Fax (08054) 909765, 🈂, 🚳 – ⇔ 🅿. 🎦
geschl. 15. Jan. - 15. März, 15. Okt. - 20. Dez. – **26 Z** ⊏ 76/80 – 132/144.

GUBEN Brandenburg **418** K 28 – 31 000 Ew – Höhe 58 m.

🛈 Touristinformation, Berliner Str. 30a, ✉ 03172, 𝒫 (03561) 38 67, Fax (03561) 3910.
Berlin 147 – Potsdam 164 – Cottbus 40 – Frankfurt (Oder) 52.

In Atterwasch Süd-West : 9 km :

🏨 **Waldhotel Seehof** 🐾, Am Deulowitzer See (Süd-Ost : 1,5 km), ✉ 03172, 𝒫 (035692)
2 08, Fax (035692) 208, ≤, 🌳, 🈂, 🐎, 🌿, 🎾 – ⇄ Zim, 📺 🅿 – 🔬 30. 🖭 ⓞ ⓜ⊙
VISA. 🎦 Rest
Menu à la carte 30/52 – **30 Z** ⊏ 125/160 – ½ P 28.

GÜGLINGEN Baden-Württemberg **419** S 11 – 6 200 Ew – Höhe 220 m.

🏌 Cleebronn, Schloßgut Neumagenheim (Süd-Ost : 7 km), 𝒫 (07135) 1 32 03.
Berlin 609 – Stuttgart 46 – Heilbronn 20 – Karlsruhe 54.

In Güglingen-Frauenzimmern Ost : 2 km :

🏨 **Gästehaus Löwen,** Brackenheimer Str. 29, ✉ 74363, 𝒫 (07135) 9 83 40 (Hotel)
96 37 41 (Rest.), Fax (07135) 983440 – 📺 🅿
geschl. Mitte Dez. - Mitte Jan. – **Menu** (geschl. Samstagmittag) (im Gasthof Löwen) à la carte
26/49 ⅛ – **15 Z** ⊏ 80/135.

GÜNTERSBERGE Sachsen-Anhalt **418** L 16 – 1 050 Ew – Höhe 450 m.
Berlin 235 – Magdeburg 81 – Erfurt 109 – Nordhausen 34 – Halberstadt 40.

🏨 **Zur Güntersburg,** Marktstr. 24, ✉ 06507, 𝒫 (039488) 3 30, Fax (039488) 71013, 🌳
– 📺 🅿
geschl. März 2 Wochen, Nov. 2 Wochen – **Menu** à la carte 25/34 – **24 Z** ⊏ 75/110.

GÜNTHERSDORF Sachsen-Anhalt **418** L 20 – 400 Ew – Höhe 108 m.
Berlin 176 – Magdeburg 118 – Leipzig 15 – Dessau 58 – Halle 25.

In Günthersdorf-Kötschlitz Nord : 1 km :

🏩 **Holiday Inn Garden Court,** Aue-Park-Allee 3, ✉ 06254, 𝒫 (034638) 5 10, LEJGD@a
ol.com, Fax (034638) 51220, 🌳 – 📲, ⇄ Zim, 📺 📞 ₤ ⇔ 🅿 – 🔬 180. 🖭 ⓞ ⓜ⊙ **VISA**
Menu 20 (mittags) à la carte 32/56 – ⊏ 20 – **89 Z** 118/128.

GÜNZBURG Bayern **419 420** U 14 – 20 000 Ew – Höhe 448 m.

🏌 Schloß Klingenburg (Süd-Ost : 19 km), 𝒫 (08225) 30 30.
Berlin 569 – München 112 – Augsburg 53 – Stuttgart 110 – Nürnberg 147.

🏩 **Zettler,** Ichenhauser Str. 26a, ✉ 89312, 𝒫 (08221) 3 64 80, Zettler@t-online.de,
Fax (08221) 6714, 🌳, 🈂, 🌿 – 📲, ⇄ Zim, 📺 ⇔ 🅿 – 🔬 80. 🖭 ⓞ ⓜ⊙ **VISA**. 🎦
geschl. 1. - 7. Jan., 6. - 20. Aug. – **Menu** (geschl. Sonn- und Feiertage abends) à la carte
50/87 – **49 Z** ⊏ 160/170 – 210/220.

🏩 **Mercure Am Hofgarten** Ⓜ garni, Am Hofgarten, ✉ 89312, 𝒫 (08221) 35 10,
Fax (08221) 351333 – 📲 ⇄ 📺 📞 ₤ ⇔ – 🔬 35. 🖭 ⓞ ⓜ⊙ **VISA**
⊏ 20 – **100 Z** 139/166.

🏨 **Bettina** garni, Augsburger Str. 68, ✉ 89312, 𝒫 (08221) 3 62 20, hotelbettina@gmx.de,
Fax (08221) 362236 – ⇄ 📺 📞 🅿. 🖭 ⓜ⊙ **VISA**. 🎦
geschl. 23. - 26. Dez. – **11 Z** ⊏ 85/100 – 130/140.

In Ichenhausen Süd : 11 km über B 16 :

🏨 **Zum Hirsch,** Heinrich-Sinz-Str. 1, ✉ 89335, 𝒫 (08223) 9 68 70, JBoeck@t-online.de,
Fax (08223) 9687235, Biergarten – 📺 🅿 – 🔬 60. ⓜ⊙ **VISA**
geschl. 1. - 6. Jan. – **Menu** (geschl. Sonntagabend) à la carte 25/43 – **25 Z** ⊏ 52/62 –
100/110.

GÜSTROW Mecklenburg-Vorpommern 416 E 20 – 36 000 Ew – Höhe 10 m.

Sehenswert : Renaissanceschloß★ – Dom★ (Renaissance-Grabmäler★, Apostelstatuen★) – Gertrudenkapelle : Ernst-Barlach-Gedenkstätte★ – Pfarrkirche St. Marien (Hochaltar★).

🖪 Güstrow-Information, Domstr. 9, ⊠ 18273, 𝓟 (03843) 68 10 23, Fax (03843) 682079.

Berlin 192 – Schwerin 63 – Rostock 38 – Neubrandenburg 87 – Lübeck 129.

🏨 Stadt Güstrow Ⓜ, Pferdemarkt 58, ⊠ 18273, 𝓟 (03843) 78 00, info@stadtguestro w.bestwestern.de, Fax (03843) 780100, 佘, 🚗 – 🛗 �📺 ✆ 🕭 🖪 – 🛃 60
71 Z.

🏨 **Kurhaus am Inselsee** Ⓜ 🏊, Heidberg 1 (Süd-Ost : 4 km), ⊠ 18273, 𝓟 (03843) 85 00, kurhaus-guestrow@t-online.de, Fax (03843) 850100, 佘, 🐾, 🎿 – 🛗, 🛏 Zim, 📺 ✆ 🕭 🖪 🅰🅴 🕥 🆅🅸🆂🅰
Menu à la carte 30/55 – **24 Z** ⊐ 130/160 – 160/225.

🏨 **Am Güstrower Schloß** Ⓜ, Schloßberg 1, ⊠ 18273, 𝓟 (03843) 76 70, Fax (03843) 767100, 佘, 🚗 – 🛗, 🛏 Zim, 📺 🕭 🖪 – 🛃 50. 🅰🅴 🕥
Menu à la carte 27/55 – **47 Z** ⊐ 125/150 – 160/175 – ½ P 25.

🏨 **Altstadt** garni, Baustr. 8, ⊠ 18273, 𝓟 (03843) 4 65 50, guestrow@hermes-hotels.de, Fax (03843) 4655222 – 🛗 📺 ✆ 🖪 – 🛃 25. 🅰🅴 🕥 🆅🅸🆂🅰
43 Z ⊐ 108/118 – 146/160.

🏠 **Rubis**, Schweriner Str. 89, ⊠ 18273, 𝓟 (03843) 6 93 80, Fax (03843) 693850 – 📺 🖪. 🕥 🆅🅸🆂🅰
Menu (geschl. Sonntagabend) à la carte 28/44 – **19 Z** ⊐ 80/95 – 118/128.

In Kuhs Nord-Ost : 7 km :

🏠 **Landhotel Kuhs**, Rostocker Str. 39 (B 103), ⊠ 18276, 𝓟 (038454) 31 00, Hessel-Ku hs@t-online.de, Fax (038454) 20760, 佘, 🌳, 🦌 – 📺 ✆ 🖪 – 🛃 30. 🅰🅴 🕥 🆅🅸🆂🅰
Menu (geschl. Jan. - Feb. Sonntagabend) à la carte 38/61 – **21 Z** ⊐ 99/110 – 140.

In Lalendorf Süd-Ost : 16 km :

🏠 **Im Wiesengrund**, Hauptstr. 3 (B 104), ⊠ 18279, 𝓟 (038452) 2 05 42, Fax (038452) 20542, 佘 – 📺 🖪. 🕥 🆅🅸🆂🅰
Menu (geschl. Mittwochmittag) à la carte 25/48 – **10 Z** ⊐ 65/90 – 115/125.

GÜTERSLOH Nordrhein-Westfalen 417 K 9 – 94 000 Ew – Höhe 94 m.

📷 Rietberg (über ③ : 8 km), 𝓟 (05244) 23 40.

🖪 Verkehrsverein, Rathaus, Berliner Str. 70, ⊠ 33330, 𝓟 (05241) 82 27 49, Fax (05241) 823537.

Berlin 412 ③ – Düsseldorf 156 ④ – Bielefeld 18 ② – Münster (Westfalen) 57 ⑤ – Paderborn 45 ④

Stadtplan siehe nächste Seite

🏨 **Parkhotel Gütersloh**, Kirchstr. 27, ⊠ 33330, 𝓟 (05241) 87 70, Sales@Parkhotel -Guetersloh.de, Fax (05241) 877400, 佘, « Geschmackvolle, elegante Einrichtung ; Park », 🚗 – 🛗, 🛏 Zim, 🍽 Rest, 📺 ✆ 🕭 🚗 – 🛃 170. 🅰🅴 🕥 🕥 BZ n
Menu 38 (Lunchbuffet) à la carte 53/79 – **Brasserie** (geschl. Juli - August 4 Wochen, Sonn- und Feiertage) (Montag - Freitag nur Abendessen) **Menu** 35 (Buffet) à la carte 36/57 – **103 Z** ⊐ 240/300 – 270/330, 5 Suiten.

🏨 **Stadt Gütersloh**, Kökerstr. 23, ⊠ 33330, 𝓟 (05241) 10 50, HotelStadtGuetersloh @t-online.de, Fax (05241) 105100, 佘, « Elegant-rustikale Einrichtung », 🚗 – 🛗, 🛏 Zim, 📺 🕭 🚗 🖪 – 🛃 50. 🕥 🆅🅸🆂🅰 BZ e
Schiffchen (geschl. Juli - Aug. 3 Wochen, Sonntag) (nur Abendessen) **Menu** à la carte 71/95 – **55 Z** ⊐ 174/199 – 255/270.

🏠 **Appelbaum**, Neuenkirchener Str. 59, ⊠ 33332, 𝓟 (05241) 9 55 10, Appelbaumhote l@t-online.de, Fax (05241) 955123, Biergarten – 🛏 Zim, 📺 ✆ 🚗 🖪 🅰🅴 🕥 🕥 🆅🅸🆂🅰
Menu (geschl. Sonn- und Feiertage) (nur Abendessen) à la carte 33/52 – **23 Z** ⊐ 94/130 – 145/175. AZ s

🏠 **Stadt Hamburg**, Feuerbornstr. 9, ⊠ 33330, 𝓟 (05241) 5 89 11, Fax (05241) 58981 – 🛏 Zim, 📺 🚗 🖪 🅰🅴 🕥 🕥 🆅🅸🆂🅰 AZ r
Menu (geschl. 24. Dez. - 1. Jan., 9. - 29. Juli, Sonn- und Feiertage) (nur Abendessen) à la carte 35/65 – **30 Z** ⊐ 130/160 – 170/210.

🍴 **Sinfonie**, Friedrichstr. 10 (Stadthalle), ⊠ 33330, 𝓟 (05241) 86 42 69, Fax (05241) 864268, 佘 – 🖪 – 🛃 1000. 🅰🅴 🕥 🆅🅸🆂🅰 AZ
geschl. Samstagmittag, Montag – **Menu** à la carte 40/78.

🍴 **Gasthaus Bockskrug**, Parkstr. 44, ⊠ 33332, 𝓟 (05241) 5 43 70, 佘 – 🖪 🅰🅴 🕥 🕥 🆅🅸🆂🅰 BZ a
geschl. Montag – **Menu** (wochentags nur Abendessen) à la carte 46/75.

465

GÜTERSLOH

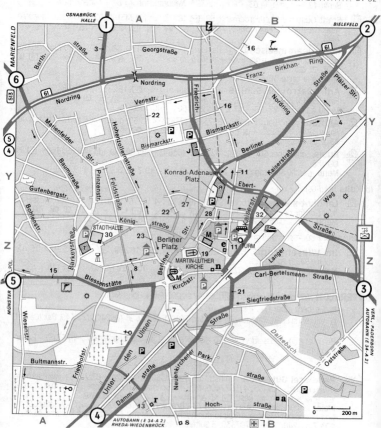

In Gütersloh-Spexard über ③ : 2 km :

🏠 **Waldklause,** Spexarder Str. 205, ⊠ 33334, 𝒫 (05241) 9 76 30, Fax (05241) 77185,
Biergarten – ⅙⅞ Zim, 📺 🖭 – 🔥 80. AE ① 🆗 VISA
geschl. Juli - Aug. 2 Wochen – **Menu** (geschl. Sonntagabend) (wochentags nur Abendessen)
à la carte 32/61 – **25 Z** � 80/120.

GULDENTAL Rheinland-Pfalz 𝟜𝟙𝟟 Q 7 – 2 900 Ew – Höhe 150 m.
Berlin 612 – Mainz 44 – Bad Kreuznach 12 – Koblenz 67.

🏨 **Der Kaiserhof,** Hauptstr. 2, ⊠ 55452, 𝒫 (06707) 9 44 40, Kaiserhof@ net-art.de,
Fax (06707) 944415, 🌳 – 📺 🆗 VISA
Menu (geschl. Dienstag) (abends Tischbestellung ratsam) à la carte 38/69 ⅊ – **10 Z**
⊻ 90/145.

🏠 **Enk** garni, Naheweinstr. 36, ⊠ 55452, 𝒫 (06707) 91 20, enk@ das-hotel-im-weingut.de,
Fax (06707) 91241 – ⅙⅞ 🖭 ⅗⅘
geschl. 20. Dez. - Mitte Jan. – **15 Z** ⊻ 75 – 110/115.

GUMMERSBACH Nordrhein-Westfalen **417** M 6 – 54 000 Ew – Höhe 250 m.

🛈 Städt. Fremdenverkehrsamt, Rathausplatz 1, ✉ 51643, ℰ (02261) 8 74 04, Fax (02261) 87600.

ADAC, Moltkestr. 19.

Berlin 557 – Düsseldorf 86 – Köln 54 – Lüdenscheid 44 – Siegen 55.

🏨 **Victor's Residenz-Hotel** M, Brückenstr. 52, ✉ 51643, ℰ (02261) 8 01 09, info@g m.victors.de, Fax (02261) 801599 – |≢|, ⇔ Zim, 🖵 ⇖ & 🖭 – 🔬 120. 🖭 ⓘ 🐠 𝗩𝗜𝗦𝗔
Menu à la carte 42/68 – **56 Z** ⇌ 145/225 – 185/285.

In **Gummersbach-Becke** Nord-Ost : 3 km :

🏨 **Stremme** (mit Gästehaus), Beckestr. 55, ✉ 51647, ℰ (02261) 9 26 40, info@hotel-s tremme.de, Fax (02261) 29521, « Biergarten » – 🖵 🖭 – 🔬 30. 🖭 ⓘ 🐠 𝗩𝗜𝗦𝗔. ⇔ Zim
Menu (geschl. Freitag) à la carte 27/67 – **19 Z** ⇌ 90/99 – 130/160.

In **Gummersbach-Dieringhausen** Süd : 7 km :

🏠 **Aggertal** M garni, Vollmerhauser Str. 127 (B 55), ✉ 51645, ℰ (02261) 9 68 20, Fax (02261) 968260 – ⇔ 🖵 🖭 🖭 ⓘ 𝗩𝗜𝗦𝗔. ⇔
46 Z ⇌ 73/83 – 104/145.

🏠 **Die Mühlenhelle** (Eggel) mit Zim, Hohler Str. 1, ✉ 51645, ℰ (02261) 7 50 97, Egge 𝓁@weincontor.de, Fax (02261) 72401 – ▤ Rest, 🖵 🖭 🖭 ⓘ 🐠 𝗩𝗜𝗦𝗔. ⇔ Rest
geschl. Aug. - Sept. 3 Wochen – **Menu** (geschl. Sonntagabend - Montag) (bemerkenswerte Weinkarte) 89/138 à la carte 71/100 – **5 Z** ⇌ 120/180 - Wiedereröffnung nach Umbau : Frühjahr 2001
Spez. Gänseleberterrine mit Feigenkompott. Pot-au-feu von Hummer und Gemüsen. Geschmorte Ente mit Petersilienwurzelpüree.

In **Gummersbach-Hülsenbusch** West : 7 km :

🏠 **Schwarzenberger Hof**, Schwarzenberger Str. 48, ✉ 51647, ℰ (02261) 2 21 75, Fax (02261) 21907, 🍽 – 🖭. 🐠 𝗩𝗜𝗦𝗔
geschl. Jan. 2 Wochen, Montag – **Menu** à la carte 54/82.

In **Gummersbach-Lieberhausen** Nord-Ost : 10 km :

🏠 **Landgasthof Reinhold** ⤳, Kirchplatz 2, ✉ 51647, ℰ (02354) 52 73, hotelreinh @aol.com, Fax (02354) 5873, 🍽 – 🖵 🖭 – 🔬 20. 🖭 ⓘ 🐠 𝗩𝗜𝗦𝗔
Menu (geschl. Donnerstag) à la carte 27/49 – **17 Z** ⇌ 95/115 – 140/175.

In **Gummersbach-Rospe** Süd : 2 km :

🏠 **Tabbert** garni, Hardtstr. 28, ✉ 51643, ℰ (02261) 6 02 50, Fax (02261) 28565, 🛏 –
🖵 ⇐ 🖭 🖭 ⓘ 🐠 𝗩𝗜𝗦𝗔. ⇔
22 Z ⇌ 70/100 – 140/160.

In **Gummersbach-Windhagen** Nord : 2 km :

🏨 **Heedt-Rothstein**, Hückeswagener Str. 4 (B 256), ✉ 51647, ℰ (02261) 8 02 60, Info @Hotel-Heedt-Rothstein.de, Fax (02261) 8026998, 🍽, « Gemütliche Restaurant-Stuben ; Parkanlage », 🛋, 🔲, 🛏, ⛉ – |≢| 🖵 ⇐ 🖭 – 🔬 150. 🖭 ⓘ 🐠 𝗩𝗜𝗦𝗔
Menu à la carte 54/78 – **95 Z** ⇌ 115/190 – 195/265, 4 Suiten.

GUNDELSHEIM Baden-Württemberg **417** **419** S 11 – 6 900 Ew – Höhe 154 m.
Ausflugsziel : Burg Guttenberg★ : Greifvogelschutzstation Süd-West : 2 km.
Berlin 604 – Stuttgart 75 – Mannheim 80 – Heidelberg 50 – Heilbronn 20.

🏠 **Zum Lamm** (mit Gästehaus), Schloßstr. 25, ✉ 74831, ℰ (06269) 4 20 20, Fax (06269) 420299, 🍽, « Fachwerkhaus a.d. 16. Jh. » – 🖵 ⇐ 🖭 – 🔬 45. 🖭 ⓘ 🐠
𝗩𝗜𝗦𝗔
Menu (geschl. Donnerstag) à la carte 32/69 – **32 Z** ⇌ 70/130 – 110/180.

GUNZENHAUSEN Bayern **419** **420** S 16 – 17 000 Ew – Höhe 416 m.

🛈 Tourist Information, Marktplatz 25, ✉ 91710, ℰ (09831) 50 83 00, Fax (09831) 508179.

Berlin 478 – München 152 – Nürnberg 54 – Ingolstadt 73 – Ansbach 28.

🏨 **Parkhotel Altmühltal** M, Zum Schießwasen 15, ✉ 91710, ℰ (09831) 50 40, akti v-parkhotel@t-online.de, Fax (09831) 89422, 🍽, Massage, 🛋, 🔲 – |≢| ⇔ Zim, 🖵
⛉ ⇐ 🖭 – 🔬 330. 🖭 🐠 𝗩𝗜𝗦𝗔
Menu à la carte 39/67 – **67 Z** ⇌ 150/155 – 220/310, 5 Suiten.

🏨 **Zur Post** garni, Bahnhofstr. 7, ✉ 91710, ℰ (09831) 6 74 70, Fax (09831) 6747222, « Fränkischer Gasthof a.d. 17. Jh. » – 🖵 🖭 – 🔬 30. 🖭 🐠 𝗩𝗜𝗦𝗔
26 Z ⇌ 98/175.

In Pfofeld-Langlau *Ost : 10 km :*

▲▲ **Strandhotel Seehof** Ⓜ 🦢, Seestr. 33, ✉ 91738, ℰ (09834) 98 80, *seehof@str andhotel-seehof.de*, Fax (09834) 988988, ≤, 🌣, « Lage am kleinen Brombachsee », Massage, ☎s, 🔲 – 📲, ☼ Zim, 📺 📞 ⅙ 🅟 – 🛦 75. 🆎 ⓌⒶ ⓋⒾ𝖲𝖠
Menu à la carte 34/64 – **85 Z** ⊐ 134/146 – 198/222, 3 Suiten.

GUTACH IM BREISGAU *Baden-Württemberg* 🚗🄸🄹 *V 7 – 4 200 Ew – Höhe 290 m.*

🏌 *Gutach, Golfstraße,* ℰ (07681) 2 31 51.

🄱 *Tourist-Information Elztal, im Bahnhof Bleibach,* ✉ 79261, ℰ (07685) 1 94 33, Fax (07685) 910127.

Berlin 774 – Stuttgart 208 – Freiburg im Breisgau 31 – Offenburg 66.

In Gutach-Bleibach *Nord-Ost : 2 km – Erholungsort :*

🏠 **Silberkönig** 🦢, Am Silberwald 24, ✉ 79261, ℰ (07685) 70 10, *info@silberkoenig.de,* Fax (07685) 701100, ≤, 🌣, ☎s, 🐎, ✖ – 📲, ☼ Zim, 📺 📞 ⅙ 🅟 – 🛦 60. 🆎 ⓄⒹ ⓌⒶ ⓋⒾ𝖲𝖠. ✂ Rest
Menu à la carte 40/69 – **41 Z** ⊐ 117/133 – 190/210 – ½ P 38.

In Gutach-Siegelau *Nord-West : 3 km :*

🏠 **Bären** 🦢, Talstr. 17, ✉ 79261, ℰ (07685) 2 74, Fax (07685) 7555, 🌣 – 📺 📞 ✂ Zim
🍴 *geschl. nach Fastnacht 2 Wochen* – **Menu** *(geschl. Anfang - Mitte Nov., Dienstag)* à la carte 24/41 ⅛ – **12 Z** ⊐ 50/55 – 76/86.

In Gutach-Stollen *Nord-Ost : 1 km :*

🏠 **Romantik Hotel Stollen,** Elzacher Str. 2, ✉ 79261, ℰ (07685) 9 10 50, *Stollen@a ol.com,* Fax (07685) 1550, « Behagliche Einrichtung » – 📺 ⇐ 🅟 🆎 ⓌⒶ ⓋⒾ𝖲𝖠
geschl. 10. - 25. Jan. – **Menu** *(geschl. Dienstag - Mittwochmittag)* 53/99 à la carte 54/85 – **9 Z** ⊐ 120/150 – 180/220 – ½ P 42.

GUTENZELL-HÜRBEL *Baden-Württemberg siehe Ochsenhausen.*

GYHUM *Niedersachsen siehe Zeven.*

HAAN *Nordrhein-Westfalen* 🚗🄸🄷 *M 5 – 28 000 Ew – Höhe 165 m.*

🏌 *Pannschoppen 2, (Nord : 4 km)* ℰ (0202) 2 72 47 11.

Berlin 541 – Düsseldorf 19 – Köln 40 – Wuppertal 14.

🏠 **CM CityClass Hotel Savoy** garni (mit Gästehaus), Neuer Markt 23, ✉ 42781, ℰ (02129) 92 20, *CityClass@t-online.de,* Fax (02129) 922299, « Wechselnde Bilderaustellungen », ☎s, 🔲 – 📲 ☼ 📺 📞 ⅙ ⇐ – 🛦 40. 🆎 ⓄⒹ ⓌⒶ ⓋⒾ𝖲𝖠 🇯🇨🇧
geschl. 24. Dez.- Anfang Jan. – **86 Z** ⊐ 165/195 – 245.

🏠 **Schallbruch** garni, Schallbruch 15 (nahe der B 228, Nord-Ost : 2 km), ✉ 42781, ℰ (02129) 92 00, Fax (02129) 920111, ☎s, 🔲 – 📲 ☼ 📺 📞 ⇐ 🅟 – 🛦 20. 🆎 ⓄⒹ ⓌⒶ ⓋⒾ𝖲𝖠
46 Z ⊐ 145/230 – 195/310.

🏠 **Friedrich Eugen Engels** 🦢, Hermann-Löns-Weg 14, ✉ 42781, ℰ (02129) 9 37 00 (Hotel), 34 27 19 (Rest.), *info@hotel-engels.de,* Fax (02129) 937040, ☎s, 🔲, 🐎 – 📺 ⇐ 🅟 ⓌⒶ ⓋⒾ𝖲𝖠
geschl. 24. Dez. - 2. Jan. (Hotel) – **Menu** (italienische Küche) à la carte 38/66 – **18 Z** ⊐ 100/140 – 150/180.

HAAR *Bayern siehe München.*

HABICHTSWALD *Hessen siehe Kassel.*

Les hôtels ou restaurants agréables
sont indiqués dans le Guide par un signe rouge.
Aidez-nous en nous signalant les maisons où,
par expérience, vous savez qu'il fait bon vivre.
Votre **Guide Michelin** sera encore meilleur.

HACHENBURG Rheinland-Pfalz 𝟒𝟏𝟕 O 7 – 5 400 Ew – Höhe 370 m – Luftkurort.

🛏₁₈ beim Dreifelder Weiher (Süd : 10 km), ℰ (02666) 82 20.

🛈 Städt. Verkehrsamt, Mittelstr. 2, (Rathaus), ✉ 57627, ℰ (02662) 95 83 30, Fax (02662) 5851.

Berlin 569 – Mainz 106 – *Siegen 37* – Koblenz 54 – Köln 82 – Limburg an der Lahn 46.

In Limbach Nord : 6,5 km – Erholungsort :

XX **Peter Hilger** 🍴 mit Zim, Hardtweg 5, ✉ 57629, ℰ (02662) 71 06, Fax (02662) 939231, 🌳, 🌳 – 🅿. 🐵 𝘝𝘐𝘚𝘈. 🦌
Menu (geschl. Montag - Dienstag) à la carte 41/76 – **10 Z** ⬜ 55/96.

HACKENHEIM Rheinland-Pfalz siehe Kreuznach, Bad.

HADAMAR Hessen 𝟒𝟏𝟕 O 8 – 11 000 Ew – Höhe 130 m.

Berlin 550 – Wiesbaden 60 – *Koblenz 63* – Limburg an der Lahn 8,5.

🏨 **Nassau-Oranien,** Borngasse 21, ✉ 65589, ℰ (06433) 91 90, Hotel-Nassau-Oranien @t-online.de, Fax (06433) 919100, 🌳, 🍴, 🔲 – 🛗, ⇆ Zim, 📺 📞 🔥 🅿 – 🔏 60. 🖭 🐵 𝘝𝘐𝘚𝘈
Menu à la carte 38/59 – **61 Z** ⬜ 129/149 – 180/220.

HÄUSERN Baden-Württemberg 𝟒𝟏𝟗 W 8 – 1 300 Ew – Höhe 875 m – Luftkurort – Wintersport : 850/1 200 m 🚡 1 🚠.

🛈 Tourist-Information, Spitzacker 1, ✉ 79837, ℰ (07672) 93 14 15, Fax (07672) 931422.

Berlin 806 – Stuttgart 186 – *Freiburg im Breisgau 58* – Donaueschingen 60 – Basel 66 – Waldshut-Tiengen 22.

🏨 **Adler** (Zumkeller), St.-Fridolin-Str. 15, ✉ 79837, ℰ (07672) 41 70, Fax (07672) 417150,
❀ 🌳, Massage, 🌡, 🍴, 🔲, 🌳, 🎾 – 🛗 📺 ⇨ 🅿 🐵 𝘝𝘐𝘚𝘈 (geschl. 11. Nov. - 18. Dez., Montag - Dienstag) 75/148
geschl. 26. Nov. - 18. Dez. – **Menu**
à la carte 50/96 – **45 Z** ⬜ 145/200 – 206/310, 4 Suiten – ½ P 43
Spez. Steinbutt mit Meeresfrüchtekruste und Zitronengrassauce. Geschmorte Kalbsbäckle mit Quarktortellini. Taubenbrust und Lammnüsschen mit Balsamicojus.

🏨 **Albtalblick,** St. Blasier Str. 9 (West : 1 km), ✉ 79837, ℰ (07672) 9 30 00, ALBTALB-LICK@LANDIDYLL.DE, Fax (07672) 930090, < Albtal mit Albsee, 🌳, Massage, 🌡, 🌡, 🍴,
🌳 – 🛗, ⇆ Zim, 📺 ⇨ 🅿 – 🔏 30. 🖭 🐵 𝘝𝘐𝘚𝘈
Menu à la carte 33/66 – **34 Z** ⬜ 75/107 – 138/260, 4 Suiten – ½ P 28.

HAGEN Nordrhein-Westfalen 𝟒𝟏𝟕 L 6 – 215 000 Ew – Höhe 105 m.

Sehenswert : Westf. Freilichtmuseum ★★ (Süd-Ost : 4 km über Eilper Straße Z).

🛝 Hagen-Berchum (über Haldener Str. Y), ℰ (02334) 5 17 78.

🛈 Hagen-Information, Friedrich-Ebert-Platz (Rathaus), ✉ 58095, ℰ (02331) 2 07 33 83, Fax (02331) 2072474.

ADAC, Körnerstr. 62.

Berlin 505 ① – *Düsseldorf 62* ① – Dortmund 27 ① – Kassel 178 ①

Stadtplan siehe nächste Seite

🏨 **Mercure,** Wasserloses Tal 4, ✉ 58093, ℰ (02331) 39 10, Fax (02331) 391153, 🌳, 🍴,
🔲 – 🛗, ⇆ Zim, 🍽 Rest, 📺 🅿 – 🔏 220. 🖭 ① 🐵 𝘝𝘐𝘚𝘈
Menu à la carte 38/78 – **146 Z** ⬜ 205/215 – 245/255.   Z b

🏨 **Lex** garni, Elberfelder Str. 71, ✉ 58095, ℰ (02331) 3 20 30, Fax (02331) 27793 – 🛗 📺
⇨. 🖭 🐵 𝘝𝘐𝘚𝘈. 🦌   Y e
37 Z ⬜ 107/137 – 175/195.

In Hagen-Hohenlimburg über ③ : 8 km :

🏨 **Bentheimer Hof,** Stennertstr. 20, ✉ 58119, ℰ (02334) 48 26, Fax (02334) 43568 –
📺 ⇨ 🅿 🖭 ① 🐵 𝘝𝘐𝘚𝘈 𝘑𝘊𝘉
Menu (geschl. Sonntag) à la carte 43/69 – **26 Z** ⬜ 108 – 168/198.

In Hagen-Rummenohl über ④ : 13 km :

🏨 **Dresel,** Rummenohler Str. 31 (B 54), ✉ 58091, ℰ (02337) 13 18, Hotel.Dresel@hage ner.tgz.de, Fax (02337) 9981, « Gartenterrasse » – 📺 ⇨ 🅿 – 🔏 100. 🖭 ① 🐵 𝘝𝘐𝘚𝘈
geschl. Mitte Juli - Anfang Aug. – **Menu** (geschl. Montag - Dienstag) à la carte 36/88 –
19 Z ⬜ 77/106 – 150/168.

HAGEN

Alexanderstraße	Y 2	Bahnhofstraße	Y 4	Elberfelder Straße	YZ		
Am Hauptbahnhof	Y 3	Bülowstraße	Y 6	Gertrudstraße	Y 12		
		Eduard-Müller-Straße	Y 7	Kampstraße	Z		
		Eilper Straße	Z 8	Körnerstraße	Y		
				Mittelstraße	Z 15		

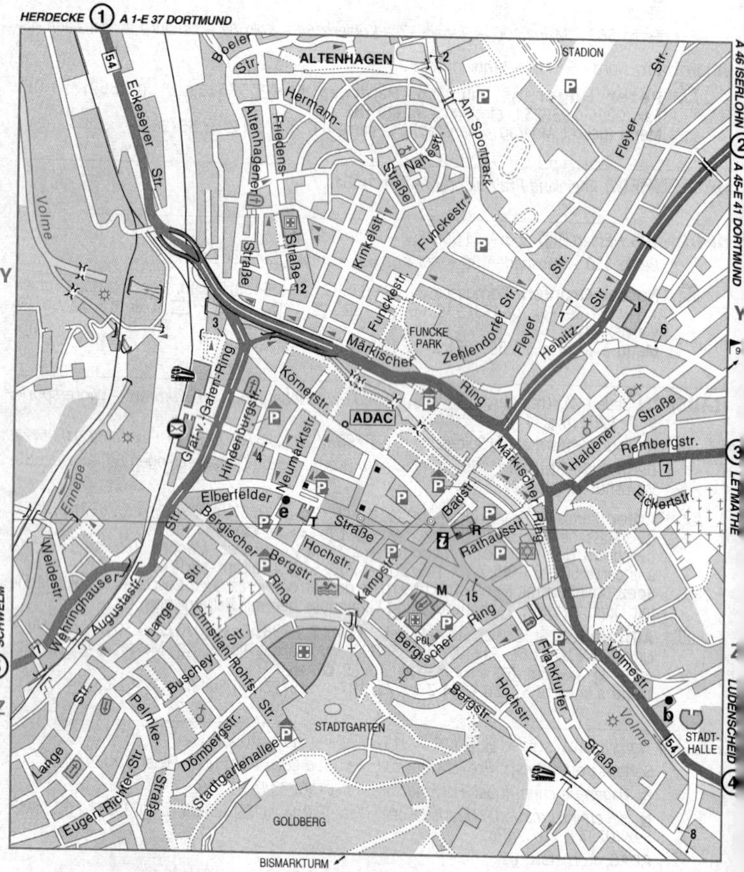

In Hagen-Selbecke *Süd-Ost : 4 km über Eilper Straße* Z :

Schmidt, Selbecker Str. 220, ✉ 58091, ☎ (02331) 97 83 00, *Fax (02331) 978330,* – Zim, TV P. AE ① ⊙ VISA. Zim
Menu *(geschl. 22. Dez. - 6. Jan., Samstag) (nur Abendessen)* à la carte 39/60 – **36 Z** 98/120 – 140/160.

HAGENOW *Mecklenburg-Vorpommern* 415 416 *F 17 – 14 000 Ew – Höhe 37 m.*

Hagenow-Information, Lange Str. 79, ✉ *19230,* ☎ *(03883) 72 90 96, Fax (03883) 729096.*

Berlin 202 – Schwerin 30 – Hamburg 90 – Stendal 133.

Zum Maiwirth mit Zim, Teichstr. 7, ✉ 19230, ☎ (03883) 6 14 10, *Fax (03883) 614117,* – TV P. ⊙
Menu à la carte 31/58 – **4 Z** 90/120.

In Moraas *Ost : 11 km :*

Heidehof, Hauptstr. 15, ✉ 19230, ☎ (03883) 2 21 40, *Fax (03883) 29118,* « Gartenterrasse » – TV P – 15. AE ⊙ VISA
Menu à la carte 29/46 – **11 Z** 75/95 – 115/135.

HAGNAU *Baden-Württemberg* **419** *W 11 – 1 400 Ew – Höhe 409 m – Erholungsort.*
- 🛈 *Tourist-Information, Seestr. 16,* ✉ *88709,* ℘ *(07532) 43 43 43, Fax (07532) 434330.*
Berlin 731 – Stuttgart 196 – Konstanz 17 – Ravensburg 29 – Bregenz 43.

🏨 **Villa am See** ⌘ *garni, Meersburger Str. 4/3,* ✉ *88709,* ℘ *(07532) 4 31 30, erbgu
th@ villa-am-see.de, Fax (07532) 6997,* ≼, « *Gartenanlage* », ⛱, 🐾, ☞ – ✠ 📺 📼
März - Okt. – **7 Z** ⇆ *180/250 – 240/390.*

🏨 **Der Löwen,** *Hansjakobstr. 2,* ✉ *88709,* ℘ *(07532) 43 39 80, Loewen-hagnau@ t-onl
ine.de, Fax (07532) 43398300,* 🍴, *(Fachwerkhaus a.d.J. 1696),* « *Garten mit
Teichanlage* », 🐾, – ✠ Zim, 📼 📼 📼 📼
April - Okt. – **Menu** *(geschl. Mittwoch) (wochentags nur Abendessen) à la carte 33/63 –*
18 Z ⇆ *82/125 – 164/220.*

🏨 **Alpina,** *Höhenweg 10,* ✉ *88709,* ℘ *(07532) 4 50 90, Fax (07532) 450945 –* ✠ *Zim,*
📼 📼 📼 📼
geschl. Mitte Dez. - Mitte Jan. – **Menu** *(nur Abendessen) (Restaurant nur für Hausgäste)*
– **18 Z** ⇆ *130 – 160/190.*

🏨 **Landhaus Messmer** ⌘ *garni, Meersburger Str. 12,* ✉ *88709,* ℘ *(07532) 43 31 14,
Fax (07532) 6698,* ≼, ⛱, 🐾, ☞ – 📼 📼 📼
März - Okt. – **13 Z** ⇆ *95/150 – 170/200.*

🏨 **Strandhaus Dimmeler** *garni, Seestr. 19,* ✉ *88709,* ℘ *(07532) 4 33 40,
Fax (07532) 433434,* 🐾, – 📼 📼 📼 📼
geschl. 5. Nov. - 10. März – **16 Z** ⇆ *66/98 – 125/195.*

🏨 **Gästehaus Schmäh** *garni, Kapellenstr. 7,* ✉ *88709,* ℘ *(07532) 62 10,
Fax (07532) 1403,* ☞ – 📼 📼 📼
April - Okt. – **17 Z** ⇆ *80/140.*

HAIBACH *Bayern siehe Aschaffenburg.*

HAIDMÜHLE *Bayern* **420** *T 25 – 1 700 Ew – Höhe 831 m – Erholungsort – Wintersport :*
800/1 300 m ✂3 ⚐.
Ausflugsziel : Dreisessel : Hochstein ❄★ *Süd-Ost : 11 km.*
- 🛈 *Tourist-Information, Schulstr. 39,* ✉ *94145,* ℘ *(08556) 1 94 33, Fax (08556) 1032.*
Berlin 524 – München 241 – Passau 52 – Freyung 25.

🏨 **Haidmühler Hof,** *Max-Pangerl-Str. 11,* ✉ *94145,* ℘ *(08556) 97 00, info@ haidmue
hler-hof.de, Fax (08556) 1028,* 🍴, *Massage,* ⛱, 🔲, ☞ – 📳 📺 📼 – 🔥 20. 🄰🄴 ⓪ 📼
VISA
geschl. Nov. – **Menu** *à la carte 28/55 –* **46 Z** ⇆ *82/102 – 134/174 – ½ P 28.*

In Haidmühle-Auersbergsreut *Nord-West : 3 km – Höhe 950 m :*

🏨 **Haus Auersperg,** ✉ *94145,* ℘ *(08556) 9 60 60, HAUSAUERSPERG@ t-online.de,
Fax (08556) 96069,* 🍴, ⛱, ☞, 📼 📼
geschl. Mitte März 2 Wochen, Anfang Nov.- Anfang Dez. – **Menu** *(geschl. Dienstag) à la carte
27/50 –* **15 Z** ⇆ *49/80 – 80/120.*

In Haidmühle-Bischofsreut *Nord-West : 7 km – Höhe 950 m :*

🏨 **Märchenwald** ⌘, *Langreut 42 (Nord-Ost : 1 Km),* ✉ *94145,* ℘ *(08550) 2 25, info
⚅ @ hotel-maerchenwald.de, Fax (08550) 648,* 🍴, ⛱, ☞ – ✠ *Zim,* 📺 📼 ✠ *Zim
geschl. Nov. - Mitte Dez. –* **Menu** *(geschl. Montag) à la carte 23/39 ♨ –* **18 Z** ⇆ *68 –*
102/136 – ½ P 16.

HAIGERLOCH *Baden-Württemberg* **419** *U 10 – 11 000 Ew – Höhe 425 m.*
Sehenswert : Lage★★ *–* ≼★ *von der Oberstadtstraße unterhalb der Wallfahrtskirche
St. Anna.*
- 🛈 *Tourist-Info, Oberstadtstr. 11 (Rathaus),* ✉ *72401,* ℘ *(07474) 6 97 27, Fax (07474)
6068.*
*Berlin 697 – Stuttgart 70 – Karlsruhe 126 – Reutlingen 48 – Villingen-Schwenningen 59
– Freudenstadt 40.*

🏨 **Gastschloß Haigerloch** ⌘, *Im Schloß (Nord : 2,5 km),* ✉ *72401,* ℘ *(07474) 69 30,
gastschloss@ schloss-haigerloch.de, Fax (07474) 69382,* ≼, « *Terrasse im Schloßhof ; ständige Ausstellung von Kunstobjekten und Gemälden* » – ✠ *Zim,* 📺 ✆ 📼 – 🔥 40. 🄰🄴 ⓪
📼 **VISA**
geschl. Jan. 2 Wochen, Ende Juli - Mitte Aug. – **Menu** *(geschl. Sonntag) à la carte 63/96
–* **30 Z** ⇆ *140/170 – 240/280.*

🏨 **Krone,** *Oberstadtstr. 47,* ✉ *72401,* ℘ *(07474) 9 54 40, s.erat@ t-online.de,
Fax (07474) 954444 –* 📺 📼 **VISA**
Menu *(geschl. 12. - 28. Feb., Donnerstag) à la carte 31/59 –* **8 Z** ⇆ *75/120.*

HAINBURG Hessen siehe Hanau am Main.

HALBERSTADT Sachsen-Anhalt 418 K 17 – 45 000 Ew – Höhe 125 m.

Sehenswert : *Dom St. Stephanus**★★ (Lettner★, Kreuzigungsgruppe★, Domschatz★★) – Liebfrauenkirche (Reliefs★).*

🛈 *Halberstadt-Information, Hinter dem Rathause 6,* ⊠ 38820, ℘ (03941) 55 18 15, Fax (03941) 551089.

ADAC, Richard-Wagner-Str. 57.

Berlin 206 – *Magdeburg 55* – Halle 90.

Parkhotel Unter den Linden, Klamrothstr. 2, ⊠ 38820, ℘ (03941) 60 00 77, info @pudl.de, Fax (03941) 600078, 🏤, ⇔s – 劇, 🛌 Zim, 📺 ℃ 🅿 – 🕍 30. 🖭 ⓪ ⓪ ⓥⓢⓐ
JCB
Menu à la carte 41/60 – **45 Z** ⊆ 130/165 – 210/240.

Heine, Kehrstr. 1, ⊠ 38820, ℘ (03941) 3 14 00, info@hotel-heine.de, Fax (03941) 31500, 🏤 – 劇, 🛌 Zim, 📺 ℃ 🅿 – 🕍 250. 🖭 ⓪ ⓥⓢⓐ
Brauhaus Heine Bräu (geschl. Montag) **Menu** à la carte 27/42 – **23 Z** ⊆ 95/115 – 150.

Halberstädter Hof, Trillgasse 10, ⊠ 38820, ℘ (03941) 2 70 80, Fax (03941) 26189, 🏤 – 📺 🅿 🖭 ⓪ ⓥⓢⓐ
Menu à la carte 31/57 – **23 Z** ⊆ 105/130 – 170/190.

Am Grudenberg garni, Grudenberg 10, ⊠ 38820, ℘ (03941) 6 91 20, Kontakt@ho tel-grudenberg.de, Fax (03941) 691269, ⇔s – 🛌 📺 🅿 ⓪ ⓥⓢⓐ
geschl. 23. Dez.- Anfang Jan. – **21 Z** ⊆ 85/110 – 120/155.

Antares Ⓜ, Sternstr. 6, ⊠ 38820, ℘ (03941) 5 66 70, Fax (03941) 600249, 🏤 – 劇, 🛌 Zim, 📺 🅿 – 🕍 15. 🖭 ⓥⓢⓐ
Menu à la carte 32/50 – **24 Z** ⊆ 98/110 – 140/175.

Gästehaus Abtshof garni, Abtshof 27 a, ⊠ 38820, ℘ (03941) 6 88 30, abtshof-h alberstadt@t-online.de, Fax (03941) 688368 – 📺 🅿 ⓪ ⓥⓢⓐ
25 Z ⊆ 80/90 – 110/140.

HALBLECH Bayern 419 420 X 16 – 3 400 Ew – Höhe 815 m – Erholungsort – Wintersport : 800/1 500 m ✓4 ✗.

🛈 *Gästeinformation Halblech, Bergstr. 2(Buching),* ⊠ 87642, ℘ (08368) 2 85, Fax (08368) 7221.

Berlin 646 – München 106 – *Garmisch-Partenkirchen 54* – Kempten 56 – Schongau 23 – Füssen 13.

In Halblech-Buching :

Bannwaldsee, Sesselbahnstr. 10 (an der B 17), ⊠ 87642, ℘ (08368) 90 00, info@b annwaldseehotel.de, Fax (08368) 900150, ≤, 🏤, ⇔s, 🔲 – 劇 📺 🕭 🅿 – 🕍 40. 🖭 ⓪ ⓪ ⓥⓢⓐ ✨
geschl. 4. Nov. - 22. Dez. – **Menu** (wochentags nur Abendessen) à la carte 29/56 – **63 Z** ⊆ 120/180 – ½ P 25.

Landgasthof Schäder, Romantische Str. 16 (B 17), ⊠ 87642, ℘ (08368) 13 40, Fax (08368) 867, 🏤 – 📺 🅿 🖭 ⓪ ⓥⓢⓐ ✨ Zim
Menu (geschl. Mitte - Ende Jan. Samstag - Sonntag, Nov. - April Freitagabend) à la carte 29/60 – **12 Z** ⊆ 67/145 – ½ P 18.

HALDENSLEBEN Sachsen-Anhalt 416 418 J 18 – 22 000 Ew – Höhe 70 m.

🛈 *Haldensleben-Information, Stendaler Turm,* ⊠ 39340, ℘ (03904) 4 04 11, Fax (03904) 71770.

Berlin 168 – *Magdeburg 29* – Brandenburg 117 – Stendal 68.

Behrens, Bahnhofstr. 28, ⊠ 39340, ℘ (03904) 34 21, info@hotel-behrens.de, Fax (03904) 3421, (ehemalige Villa) – 🛌 Zim, 📺 ⇐ 🅿 🖭 ⓪ ⓥⓢⓐ ✨ Rest
Menu (geschl. Sonntag) (nur Abendessen) à la carte 31/51 – **19 Z** ⊆ 105/130 – 160/180.

HALFING Bayern 420 W 20 – 2 000 Ew – Höhe 602 m.

Berlin 643 – München 68 – *Bad Reichenhall 71* – Rosenheim 17 – Salzburg 76 – Wasserburg am Inn 14 – Landshut 78.

Kern, Kirchplatz 5, ⊠ 83128, ℘ (08055) 87 11, info@hotel-kern.de, Fax (08055) 8018, 🏤, ⇔s, ✿ – 劇 📺 🅿 – 🕍 35. ⓪ ⓪ ⓥⓢⓐ
Menu (geschl. Montag) à la carte 28/55 – **32 Z** ⊆ 65/85 – 170.

HALLBERGMOOS Bayern siehe Freising.

HALLE Sachsen-Anhalt 👁️👁️👁️ L 19 – 249 000 Ew – Höhe 94 m.

Sehenswert : Händelhaus★ DY – *Staatl. Galerie Moritzburg*★★ DY – *Marktplatz*★ EY – *Marktkirche*★ *(Aufsatz des Hochaltars*★ *)* EY – *Moritzkirche (Werke*★ *von Conrad v. Einbeck)* DZ – *Doppelkapelle in Landsberg (Kapitelle*★ *, Blick*★ *)*.

Ausflugsziel : Merseburg : *Dom*★★ *(Kanzel*★ *, Bronzegrabplatte*★ *König Rudolfs)* Süd : 16 km über ④.

🅱️ *Tourist-Information, Marktplatz 1 (Roter Turm),* ✉️ *06108,* ℰ *(0345) 2 02 33 40, Fax (0345) 502798.*

ADAC, Herrenstr. 20.

Berlin 170 ① – Magdeburg 86 ⑥ – Leipzig 42 ④ – Gera 74 ② – Nordhausen 91 ⑤

Stadtpläne siehe nächste Seiten

🏨 **Dorint Charlottenhof** Ⓜ️**,** Dorotheenstr. 12, ✉️ 06108, ℰ (0345) 2 92 30, *Info. LEJHAL@dorint.com, Fax (0345) 2923100,* 🍴, Ⅎ♂, ⇌s – 📶, ⌿ Zim, 🖥️ 📺 ⅃ & ⇌
– 🏛️ 110. 🆎 ⑩ 🆗 **VISA**   FZ **c**
Menu à la carte 34/63 – ⌷ 23 – **166 Z** 199/209, 4 Suiten.

🏨 **Maritim,** Riebeckplatz 4, ✉️ 06009, ℰ (0345) 5 10 10, *info.hal@maritim.de,* Fax (0345) 5101777, 🍴, Massage, ⇌s, 🎱 – 📶, ⌿ Zim, 🖥️ 📺 ⅃ & 🄿 – 🏛️ 480. 🆎
⑩ 🆗 **VISA** **JCB**   FZ **a**
Menu à la carte 45/85 – **298 Z** ⌷ 155/218 – 218/268.

🏨 **Kempinski Hotel Rotes Ross** garni, Leipziger Str. 76, ✉️ 06108, ℰ (0345) 23 34 30, *Kempinskirotesrosshalle@gmx.de, Fax (0345) 2334399,* « Einrichtung mit Stilmöbeln »,
⇌s – 📶 ⌿ 📺 🎱 – 🏛️ 400. 🆎 ⑩ 🆗 **VISA**   EZ **s**
⌷ 25 – **91 Z** 220/260 – 270/310, 3 Suiten.

🏨 **Ankerhof** Ⓜ️**,** Ankerstr. 2a, ✉️ 06108, ℰ (0345) 2 32 32 00, *reception@ankerhofho tel.de, Fax (0345) 2323219,* 🍴, « Ehemaliger Speicher des königlichen Hauptzollamtes »,
Massage, Ⅎ♂, ⇌s – 📶, ⌿ Zim, 📺 ⅃ & 🄿 – 🏛️ 60. 🆎 ⑩ 🆗 **VISA**   DY **c**
Menu à la carte 26/47 – **50 Z** ⌷ 165/189 – 195/230.

🏨 **Europa,** Delitzscher Str. 17, ✉️ 06112, ℰ (0345) 5 71 20, *info@europa-halle.bestwes tern.de, Fax (0345) 5712161* – 📶, ⌿ Zim, 📺 & ⇌ 🄿 – 🏛️ 30. 🆎 ⑩ 🆗 **VISA** FZ **b**
Menu à la carte 31/57 – **103 Z** ⌷ 165/175 – 185/195.

🏨 **Apart Hotel** garni, Kohlschütterstr. 5, ✉️ 06114, ℰ (0345) 5 25 90, *Info@apart.hall e.de, Fax (0345) 5259200,* Ⅎ♂, ⇌s – 📶 ⌿ 📺 🄿 – 🏛️ 35. 🆎 ⑩ 🆗 **VISA**   BT **a**
50 Z ⌷ 135/165.

🏨 **Schweizer Hof,** Waisenhausring 15, ✉️ 06108, ℰ (0345) 50 30 68, *Fax (0345) 2026392* – 📶 📺 🎱. 🆎 🆗 **VISA.** 🍴 Rest   EZ **p**
Menu *(geschl. 31. Juli - 8. Aug., Sonntagabend - Montagmittag)* à la carte 31/48 – **18 Z**
⌷ 135/168 – 195.

🏨 **Martha-Haus** garni, Adam-Kuckhoff-Str. 5, ✉️ 06108, ℰ (0345) 5 10 80, *marthahau s.halle@vch.de, Fax (0345) 5108515,* ⇌s – 📶 📺 & – 🏛️ 25. ⑩ 🆗 **VISA**   EXY **g**
20 Z ⌷ 130/150 – 190.

🏨 **Am Wasserturm** garni, Lessingstr. 8, ✉️ 06114, ℰ (0345) 2 98 20, *Fax (0345) 5126543,* ⇌s – 📶 ⌿ 📺 – 🏛️ 35. 🆎 ⑩ 🆗 **VISA** **JCB**   EX **f**
52 Z ⌷ 99/119.

🍴 **Dolce Vita,** Robert-Franz-Ring 8, ✉️ 06108, ℰ (0345) 2 03 06 99, *dolcevita@halle.de, Fax (0345) 2030698* – 🆎 ⑩ 🆗 **VISA**   DY **n**
geschl. Sonntag – **Menu** à la carte 42/81.

🍴 **Mönchshof,** Talamtstr. 6, ✉️ 06108, ℰ (0345) 2 02 17 26, *Fax (0345) 2091065* – 🆎
⑩ 🆗 **VISA**   DY **e**
geschl. Sonntagabend – **Menu** à la carte 28/49.

In Halle-Neustadt West : 2 km :

🏨 **Steigenberger Esprix Hotel,** Neustädter Passage 5, ✉️ 06122, ℰ (0345) 6 93 10, *halle@esprix-hotels.de, Fax (0345) 6931626,* 🍴 – 📶, ⌿ Zim, 📺 🎱 & ⇌ – 🏛️ 80.
🆎 ⑩ 🆗 **VISA** **JCB**   AU **d**
Menu à la carte 31/45 – ⌷ 20 – **186 Z** 115/120 – 125/130.

In Dölbau Süd-Ost : 6 km über ② ; an der BAB Ausfahrt Halle-Ost :

🏨 **Konsul,** Hotelstr. 1, ✉️ 06184, ℰ (034602) 6 70, *hotel-konsul@t-online.de, Fax (034602) 67670,* ⇌s – 📶, ⌿ Zim, 🖥️ 📺 🎱 & 🄿 – 🏛️ 45. 🆎 ⑩ 🆗 **VISA**.
🍴 Rest
Menu à la carte 34/59 – **123 Z** ⌷ 105/130 – 170/210.

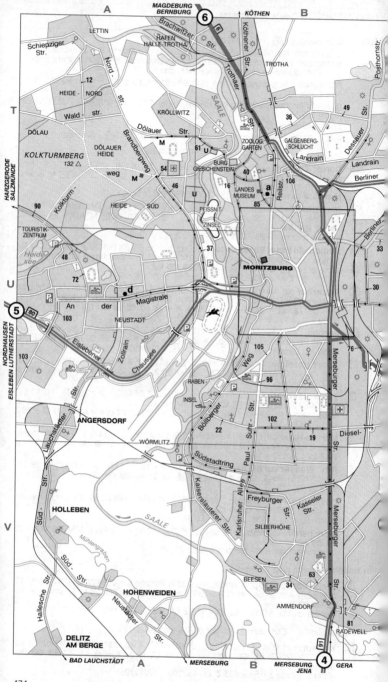

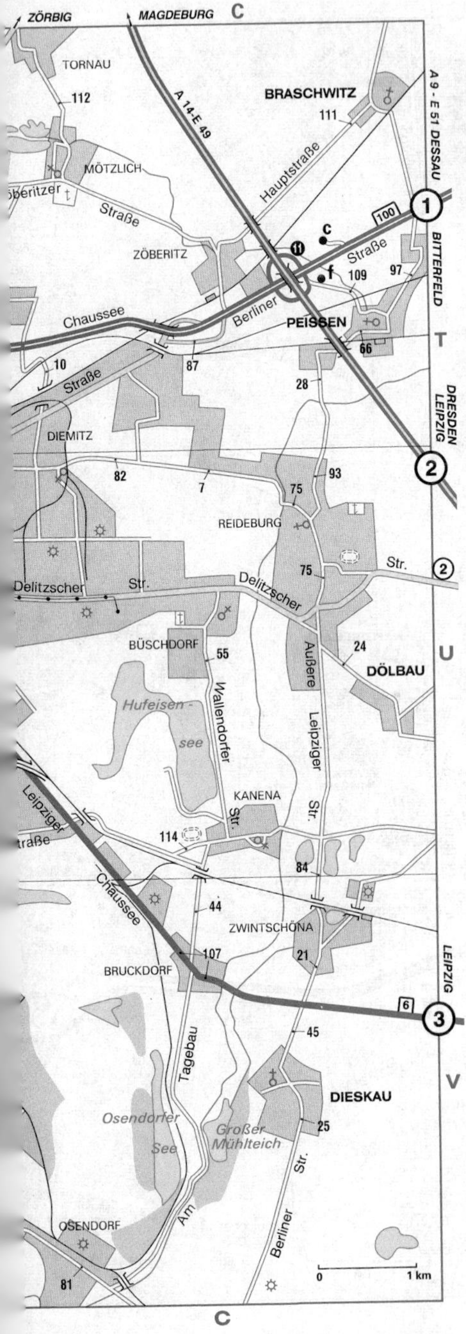

HALLE

Äußere Diemitzer Straße	CU 7
Birkhahnweg	CT 10
Blumenauweg	AT 12
Burgstraße	BT 16
Damaschkestraße	BU 19
Dieskauer Straße (DIESKAU)	CV 21
Diesterwegstraße	BU 22
Dölbauer Landstraße	CU 24
Döllnitzer Straße (DIESKAU)	CV 25
Dorfstraße (PEISSEN)	CT 28
Freiimfelder Straße	BU 30
Fritz-Hoffmann-Straße	BU 33
Georgi-Dimitroff-Straße	BV 34
Geschwister-Scholl-Straße	BT 36
Gimritzer Damm	BU 37
Große Brunnenstraße	BT 40
Grubenstraße	CV 44
Hallesche Straße (DIESKAU)	CV 45
Heideallee	AT 46
Heidestraße	AU 48
Helmut-Just-Straße	BT 49
Hubertusplatz	AT 54
Käthe-Kollwitz-Straße	CU 55
Kröllwitzer Straße	ABT 61
Kurt-Wüsteneck-Straße	BV 63
Lindenring (PEISSEN)	CT 66
Nietlebener Straße	AU 72
Paul-Singer-Straße	CU 75
Raffineriestraße	BU 76
Regensburger Straße	BCV 81
Reideburger Landstraße	CU 82
Reideburger Straße (ZWINTSCHÖNA)	CUV 84
Richard-Wagner-Straße	BT 85
Rosenfelder Straße	CT 87
Salzmünder Straße	AT 90
Schneeberger Straße	CU 93
Straße der Republik	BU 96
Straße des Friedens (PEISSEN)	CT 97
Vogelweide	BU 102
Weststraße	AU 103
Wörmlitzer Straße	BU 105
Wolfensteinstraße	BT 106
Zieglerstraße	CV 107
Zöberitzer Straße (PEISSEN)	CT 109
Zöberitzer Weg (BRASCHWITZ)	CT 111
Zörbiger Straße	CT 112
Zum Planetarium	CU 114

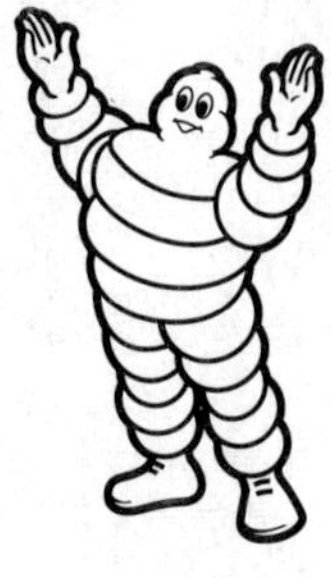

Erfahrungsgemäß werden bei größeren Veranstaltungen, Messen und Ausstellungen in vielen Städten und deren Umgebung erhöhte Preise verlangt.

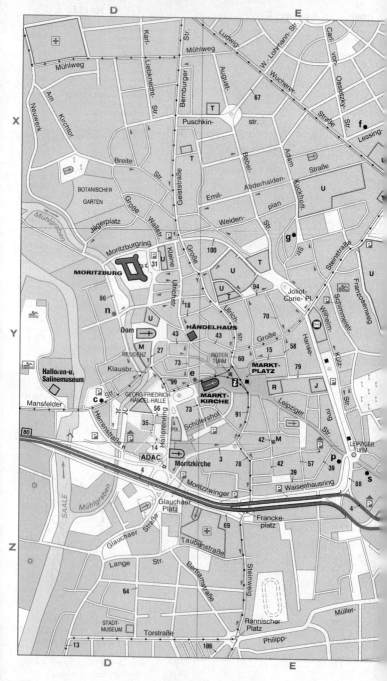

HALLE

477

In Peißen *Nord-Ost : 5 km :*

🏨 **Treff Hansa Hotel,** Hansaplatz 1 (Gewerbegebiet), ✉ 06188, ☏ (0345) 5 64 70, *Treff-Hotel-Halle@t-online.de*, Fax (0345) 5647550, ☎ – |₿|, ⇔ Zim, 📺 📞 ৬ 🖭 – 🔬 450.
AE 📵 VISA
Menu à la carte 38/61 – **301 Z** ☲ 150/198.
CT f

🏨 **Alba Hotel,** An der Mühle 1 (Gewerbegebiet), ✉ 06188, ☏ (0345) 5 75 00, *Hotel-Alba@t-online.de*, Fax (0345) 5750100, Biergarten – |₿|, ⇔ Zim, 📺 📞 🖭 – 🔬 160. AE 📵
📵 VISA JCB
Menu à la carte 31/60 – **156 Z** ☲ 95/120 – 160/180.
CT c

HALLE IN WESTFALEN Nordrhein-Westfalen 🔢 J 9 – 19 500 Ew – Höhe 130 m.
Berlin 399 – Düsseldorf 176 – Bielefeld 15 – Münster (Westfalen) 60 – Osnabrück 38.

🏨 **Sportpark Hotel** M ⚘, Weststr. 16, ✉ 33790, ☏ (05201) 89 90, *SPHOTEL@aol.com*, Fax (05201) 899440, ᴦ, Massage, ☎, ✖(Halle) – |₿|, ⇔ Zim, 📺 📞 ৬ 🖭 – 🔬 180.
AE 📵 📵 VISA ✖ Rest
Menu (italienische Küche) à la carte 52/84 – **101 Z** ☲ 198/208 – 236/286, 5 Suiten.

🏨 **Gästehaus Schmedtmann** M garni, Bismarckstr. 2, ✉ 33790, ☏ (05201) 8 10 50, Fax (05201) 810526, « Garten », ☎ – 📺 ⇔ 🖭 – 🔬 40. AE 📵 📵 VISA
12 Z ☲ 120/170.

🏨 **St. Georg** ⚘ garni, Winnebrockstr. 2, ✉ 33790, ☏ (05201) 8 10 40, *HOTELSTGEORG@t-online.de*, Fax (05201) 8104132, « Individuelle Zimmereinrichtung » – ⇔ 📺 📞 🖭 📵
VISA
geschl. 20. Dez. - 7. Jan. – **27 Z** ☲ 76/81 – 120.

In Werther *Ost : 6 km :*

🏨 **Stadthotel Werther** garni, Alte Bielefelder Str. 24, ✉ 33824, ☏ (05203) 97 41 41, Fax (05203) 974159 – ⇔ 📺 🖭 AE 📵 📵 VISA ✖
15 Z ☲ 85/140.

🍴 **Kipps Krug,** Engerstr. 61, ✉ 33824, ☏ (05203) 9 71 80, *hagehring@aol.com*, Fax (05203) 268, Biergarten, ✖(Halle) – 📺 🖭 📵 📵 VISA
Menu (geschl. Donnerstagmittag) à la carte 33/58 – **12 Z** ☲ 60/85 – 95/140.

HALLENBERG Nordrhein-Westfalen 🔢 M 9 – 5 000 Ew – Höhe 385 m – Wintersport : ⛷.
🅱 Tourist-Information, Merklinghauser Str. 1, ✉ 59969, ☏ (02984) 82 03, Fax (02984) 31937.
Berlin 467 – Düsseldorf 200 – Marburg 45 – Kassel 86 – Korbach 32 – Siegen 85.

🏨 **Diedrich,** Nuhnestr. 2 (B 236), ✉ 59969, ☏ (02984) 9 33 00, *hotel-diedrich@t-online.de*, Fax (02984) 933244, ᴦ, ☎ – |₿| 📺 📞 🖭 – 🔬 40. 📵
Menu (geschl. Dienstag) à la carte 36/62 – **40 Z** ☲ 90/100 – 150/180 – ½ P 25.

🏨 **Sauerländer Hof,** Merklinghauser Str. 27 (B 236), ✉ 59969, ☏ (02984) 9 23 70, *hotel@sauerlaender-hof.de*, Fax (02984) 2556, ᴦ, ☎, ✚ – |₿|, ⇔ Zim, 📺 📞 ⇔ 🖭 –
🔬 30. AE 📵 📵 VISA JCB
Menu à la carte 33/82 – **31 Z** ☲ 80/150.

In Hallenberg-Hesborn *Nord : 6 km :*

🏨 **Zum Hesborner Kuckuck** ⚘, Ölfestr. 22, ✉ 59969, ☏ (02984) 9 21 30, *hotel@hesbornerkuckuck.de*, Fax (02984) 9213333, ᴦ, ☎, 🔲, ✚ – |₿| 📺 🖭 AE 📵 📵 VISA
✖ Rest
Menu à la carte 39/56 – **53 Z** ☲ 106/113 – 172/188 – ½ P 20.

HALLERNDORF Bayern 🔢🔢🔢 Q 16 – 3 300 Ew – Höhe 260 m.
Berlin 426 – München 223 – Nürnberg 47 – Bamberg 22 – Würzburg 97.

In Hallerndorf-Pautzfeld *Nord-Ost : 3,5 km :*

🏨 **Kammerer** ⚘ (mit Gästehaus), ✉ 91352, ☏ (09545) 74 68, Fax (09545) 4025, Bier-
🍴 garten, ✚ – ⇔ Zim, 📺 🖭 📵 ✖ Rest
Menu (geschl. Montagmittag, Dienstag) à la carte 23/38 – **21 Z** ☲ 50 – 70/90.

In Hallerndorf-Willersdorf *Süd-West : 3 km :*

🏨 **Brauerei Rittmayer** ⚘, Willersdorf 108, ✉ 91352, ☏ (09195) 9 47 30,
🍴 Fax (09195) 5971, Biergarten – ⇔ Zim, 📺 📞 🖭 – 🔬 20. 📵 VISA ✖ Rest
Menu (geschl. Montagmittag, Dienstag) à la carte 23/42 – **15 Z** ☲ 70 – 105.

HALLSTADT Bayern siehe Bamberg.

HALLWANG Österreich siehe Salzburg.

HALSENBACH Rheinland-Pfalz siehe Emmelshausen.

HALTERN Nordrhein-Westfalen 🗺️ K 5 – 36 000 Ew – Höhe 35 m.
   🛈 Stadtagentur, Altes Rathaus, Markt 1, ✉ 45721, 𝒫 (02364) 93 33 66, Fax (02364) 933364.
   Berlin 500 – Düsseldorf 77 – Münster (Westfalen) 46 – Recklinghausen 15.

   🏠 **Am Turm,** Turmstr. 4, ✉ 45721, 𝒫 (02364) 9 60 10, info@hotelamturm.de, Fax (02364) 960122 – 📺. 🅰🅴 ⓞ 🐵 𝗩𝗜𝗦𝗔 🇯🇨🇧. ❀ Zim
   Menu à la carte 29/81 – **12 Z** ⊇ 99 – 150/160.

In Haltern-Flaesheim Süd-Ost : 5,5 km :

   🏠 **Jägerhof zum Stift Flaesheim,** Flaesheimer Str. 360, ✉ 45721, 𝒫 (02364) 23 27, Fax (02364) 167523 – 📺 🛌 🅿. – 🍴 30. 🅰🅴 🐵 𝗩𝗜𝗦𝗔
   geschl. Mitte Juni - Mitte Juli – **Menu** (geschl. Dienstag) à la carte 38/63 – **10 Z** ⊇ 75/90 – 140/160.

In Haltern-Sythen Nord : 5 km :

   🏠 **Pfeiffer's Sythener Flora,** Am Wehr 71, ✉ 45721, 𝒫 (02364) 9 62 20, Fax (02364) 962296, 🌳 – 🛗 📺 🅿. 🅰🅴 ⓞ 🐵 𝗩𝗜𝗦𝗔
   geschl. 2. - 28. Juli – **Menu** (geschl. Donnerstag) à la carte 34/66 – **11 Z** ⊇ 75/85 – 130/140.

HALVER Nordrhein-Westfalen 🗺️ M 6 – 15 800 Ew – Höhe 436 m.
   Berlin 534 – Düsseldorf 64 – Hagen 23 – Köln 63 – Lüdenscheid 12.

In Halver-Carthausen Nord-Ost : 4 km :

   🏠🏠 **Haus Frommann,** Carthausen 14, ✉ 58553, 𝒫 (02353) 9 14 55, HausFrommann@t -online.de, Fax (02353) 914566, 🌳, 🍴 – ⇆ Zim, 📺 🅿. – 🍴 30. 🅰🅴 ⓞ 🐵 𝗩𝗜𝗦𝗔
   Menu à la carte 45/87 – **21 Z** ⊇ 115/135 – 140/160.

HAMBURG

[L] *Stadtstaat Hamburg* 🔲🔲 *F 14 – 1 700 000 Ew – Höhe 10 m*

Berlin 284 ③ *– Bremen 120* ⑥ *– Hannover 151* ⑤

PRAKTISCHE HINWEISE

🛈 *Tourismus-Zentrale, Steinstr. 7,* ✉ *20095,*
℘ *(040) 30 05 13 00, Fax (040) 30051333.*

🛈 *Tourist-Information am Hafen, Landungsbrücke 4-5,* ✉ *20459*
℘ *(040) 30 05 13 00, Fax (040) 30051333*

ADAC, *Amsinckstr. 39*

🏌 *Falkenstein, Hamburg-Blankenese, In de Bargen 59,* ℘ *(040) 81 21 77*

🏌 *Treudelberg, Hamburg-Lemsahl, Lemsahler Landstr. 45, (Nord : 16 km),*
℘ *(040) 60 82 25 00*

🏌 *Wendlohe, Oldesloer Str. 251 R,* ℘ *(040) 5 50 50 14*

🏌 *Peiner Hof, Peiner Hag, (Nord-West : 22 km),* ℘ *(04101) 7 37 90*

🏌 🏌 *Walddörfer, Ammersbeck, (Nord-Ost : 20 km, über* ①*),* ℘ *(040) 6 05 13 37*

🏌 *Escheburg, Am Soll 1, (Süd-Ost : 25 km, über B5),* ℘ *(04152) 8 32 04*

🏌 *Ahrensburg, Am Haidschlag 39, (Nord-Ost : 22 km, über B75),* ℘ *(04102) 5 13 09*

🏌 *Wentorf-Reinbek, Golfstr. 2 (Süd-Ost : 20 km),* ℘ *(040) 72 97 80 66*

🏌 🏌 *Holm, Haverkamp 1 (Nord-Ost : 24 km, über B431 und Wedel),* ℘ *(04103) 9 13 30*

🏌 *Seevetal-Hittfeld, Am Golfplatz 24, (Süd : 24 km),* ℘ *(04105) 23 31*

✈ *Hamburg-Fuhlsbüttel (Nord : 15 km R),* ℘ *(040) 5 07 50*

🚗 *Hamburg Altona, Sternenschanze*

Hamburg Messe und Congress GmbH EFX Jungiusstr. 13, ✉ *20355,* ℘ *(040) 3 56 90, Fax (040) 35692181.*

HAUPTSEHENSWÜRDIGKEITEN

Museen, Galerien, Sammlungen : *Kunsthalle★★ HY* **M¹** *– Museum für Kunst und Gewerbe★ HY* **M²** *– Museum für Hamburgische Geschichte★ EYZ* **M³** *– Postmuseum★ FY* **M⁴** *– Hamburgisches Museum für Völkerkunde★ CT* **M⁵** *– Norddeutsches Landesmuseum★★ AU* **M⁶***.

Parks, Gärten, Seen : *Außenalster★★★ GHXY – Tierpark Hagenbeck★★ R – Hafen★★ EZ – Park "Planten un Blomen"★ EFX.*

Gebäude, Straßen, Plätze : *Fernsehturm★ (❊★★ EX – Jungfernstieg★ GY – St-Michaelis★ (❊★) FZ – Stintfang (≼★) EZ – Elbchaussee★ S – Altonaer Balkon (≼★) AU* **S**.

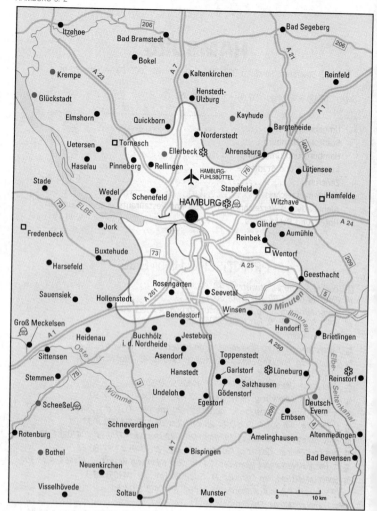

GRÜNE MICHELIN-FÜHRER *in deutsch*

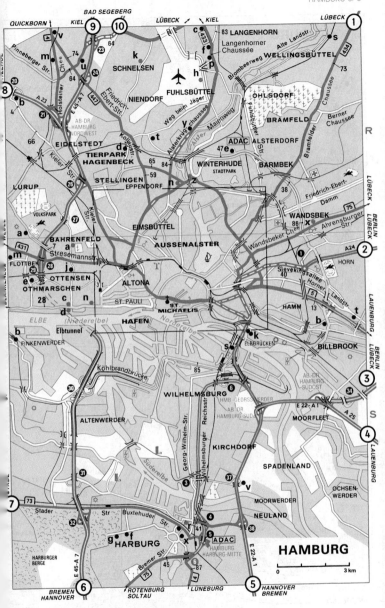

Si vous écrivez à un hôtel à l'étranger,
joignez à votre lettre un coupon réponse international
(disponible dans les bureaux de poste).

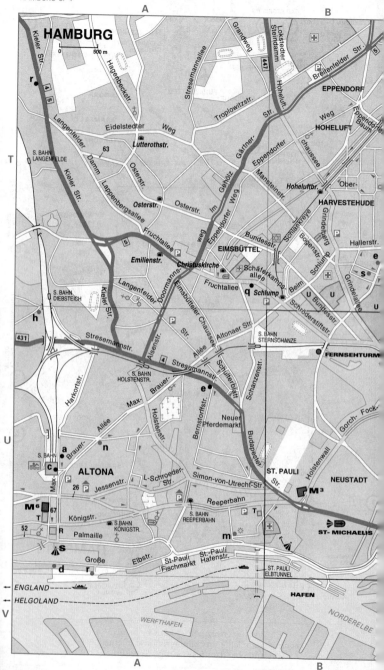

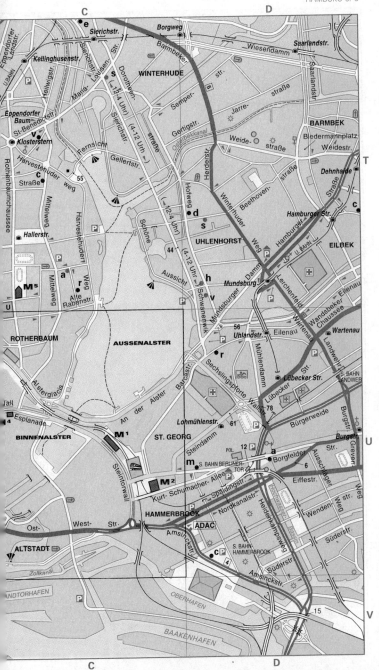

485

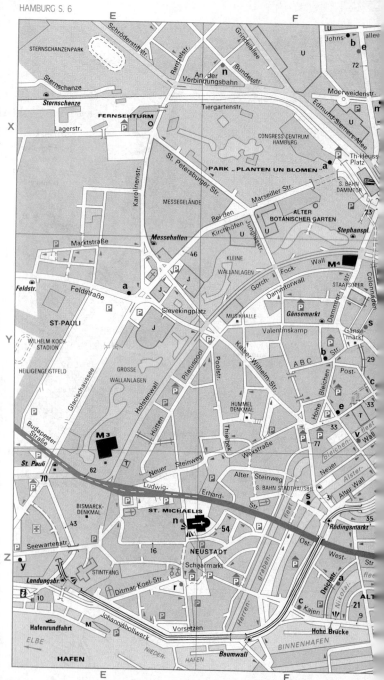

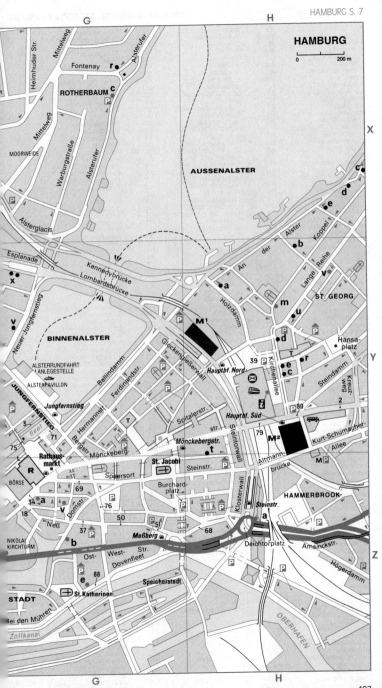

HAMBURG

0   200 m

Alphabetisches Verzeichnis der Hotels und Restaurants
Liste alphabétique des hôtels et restaurants

Im Zentrum :

🏨 **Vier Jahreszeiten,** Neuer Jungfernstieg 9, ⊠ 20354, ℰ (040) 3 49 40, *vier-jahres zeiten@hvj.de, Fax (040) 34942600,* « Lage mit ⬥Binnenalster » *Ⅰ⅄,* ⬟⬟ – 🖉, ⬥ Zim, 🍴 Rest, 📺 ⬥ ⬥ 🅰 80. 🆎 ⓞ ⓞⓞ 𝗩𝗜𝗦𝗔 𝗝𝗖𝗕.
GY v
Haerlin *(geschl. Samstagmittag, Sonntag - Montag)* **Menu** 69 (mittags) à la carte 99/144 – **Doc Cheng's** *(euro-asiatische Küche) (geschl. Sonntagmittag - Montag)* **Menu** à la carte 47/79 – **Jahreszeiten Grill :** Menu à la carte 61/115 – ⬥ 38 – **158 Z** 395/525 – 495/625, 11 Suiten.

🏨 **Kempinski Hotel Atlantic Hamburg,** An der Alster 72, ⊠ 20099, ℰ (040) 2 88 80, *hotel.atlantic@kempinski.com, Fax (040) 247129,* « Lage mit ⬥Außenalster ; Innenhofterrasse », Massage, ⬟⬟, 🖉 – 🖉, ⬥ Zim, 📺 ⬥ ⬥ ⬥ 🅰 350. 🆎 ⓞ ⓞⓞ 𝗩𝗜𝗦𝗔 𝗝𝗖𝗕.
HY a
Menu *(geschl. Sonntagmittag)* 49 (mittags) à la carte 74/93 – ⬥ 38 – **254 Z** 395/515 – 445/565, 13 Suiten.

🏨 **Park Hyatt Hamburg,** Bugenhagenstr. 8, ⊠ 20095, ℰ (040) 33 32 12 34, *concier ge@hyattintl.com, Fax (040) 33321235,* 🌿, Massage, *Ⅰ⅄,* ⬟⬟, 🖉 – 🖉, ⬥ Zim, 🍴 📺 ⬥ ⬥ ⬥ – 🅰 200. 🆎 ⓞ ⓞⓞ 𝗩𝗜𝗦𝗔 𝗝𝗖𝗕. ⬥ Rest
HYZ t
Apples : Menu à la carte 62/93 – ⬥ 32 – **252 Z** 405/425 – 465/545, 34 Suiten.

🏨 **Steigenberger Hamburg** Ⓜ, Heiligengeistbrücke 4, ⊠ 20459, ℰ (040) 36 80 60, *hamburg@steigenberger.de, Fax (040) 36806777,* 🌿 – 🖉, ⬥ Zim, 🍴 📺 ⬥ – 🅰 180. 🆎 ⓞ ⓞⓞ 𝗩𝗜𝗦𝗔 𝗝𝗖𝗕.
FZ s
Calla *(geschl. 23. Juli - 4. Sept., 24. Dez. - 8. Jan., Sonntag - Montag) (nur Abendessen)* **Menu** à la carte 73/97 – **Bistro am Fleet :** Menu à la carte 41/60 – ⬥ 32 – **234 Z** 315/395 – 365/445, 4 Suiten.

🏨 **Marriott Hotel** Ⓜ, ABC-Str. 52, ⊠ 20354, ℰ (040) 3 50 50, *Fax (040) 35051777,* 🌿, Massage, *Ⅰ⅄,* ⬟⬟, 🖉 – 🖉, ⬥ Zim, 🍴 📺 ⬥ ⬥ ⬥ – 🅰 160. 🆎 ⓞ ⓞⓞ 𝗩𝗜𝗦𝗔
FY b
Menu 30 (Lunchbuffet) à la carte 53/73 – **277 Z** ⬥ 410/440 – 420/570, 5 Suiten.

🏨 **Renaissance Hotel,** Große Bleichen, ⊠ 20354, ℰ (040) 34 91 80, *Fax (040) 34918919,* Massage, ⬟⬟ – 🖉, ⬥ Zim, 🍴 📺 ⬥ ⬥ – 🅰 80. 🆎 ⓞ ⓞⓞ 𝗩𝗜𝗦𝗔 𝗝𝗖𝗕. ⬥ Rest
FY e
Menu à la carte 49/81 – ⬥ 29 – **205 Z** 266/480 – 296/480.

🏨 **Crowne Plaza,** Graumannsweg 10, ⊠ 22087, ℰ (040) 22 80 60, *HamHICPacompuse rve.com, Fax (040) 2208704, Ⅰ⅄,* ⬟⬟, 🖉 – 🖉, ⬥ Zim, 🍴 📺 ⬥ ⬥ ⬥ – 🅰 150. 🆎 ⓞ ⓞⓞ 𝗩𝗜𝗦𝗔 𝗝𝗖𝗕. ⬥ Rest
DU r
Blue Marlin : Menu à la carte 50/70 – **King George Pub :** Menu à la carte 34/51 – ⬥ 29 – **285 Z** 345/420 – 345/420.

🏨 **Europäischer Hof** Ⓜ, Kirchenallee 45, ⊠ 20099, ℰ (040) 24 82 48, *info@europa eischer-hof.de, Fax (040) 24824709,* 🌿, Massage, *Ⅰ⅄,* ⬟⬟, 🖉 Squash – 🖉, ⬥ Zim, 🍴 Rest, 📺 ⬥ ⬥ – 🅰 200. 🆎 ⓞ ⓞⓞ 𝗩𝗜𝗦𝗔
HY e
Menu à la carte 43/70 – **320 Z** ⬥ 190/350 – 250/440.

🏨 **Radisson SAS Hotel,** Marseiller Str. 2, ⊠ 20355, ℰ (040) 3 50 20, *res@hamza.rds as.com, Fax (040) 35023530,* ⬥ Hamburg, Massage, *Ⅰ⅄,* ⬟⬟, 🖉 – 🖉, ⬥ Zim, 🍴 📺 ⬥ ⬥ – 🅰 400. 🆎 ⓞ ⓞⓞ 𝗩𝗜𝗦𝗔 𝗝𝗖𝗕. ⬥ Rest
FX a
Vierländer Stuben : Menu à la carte 43/71 – **Trader Vic's** *(nur Abendessen)* **Menu** à la carte 46/90 – ⬥ 29 – **560 Z** 280/460 – 280/490, 26 Suiten.

🏨 **Maritim Hotel Reichshof,** Kirchenallee 34, ⊠ 20099, ℰ (040) 24 83 30, *YBredee .HAM@Maritim.de, Fax (040) 24833888,* ⬟⬟, 🖉 – 🖉, ⬥ Zim, 📺 ⬥ – 🅰 150. 🆎 ⓞ ⓞⓞ 𝗩𝗜𝗦𝗔 𝗝𝗖𝗕. ⬥ Rest
HY d
Menu à la carte 58/75 – ⬥ 24 – **303 Z** 223/263 – 262/386.

🏨 **Prem,** An der Alster 9, ⊠ 20099, ℰ (040) 24 83 40 40, *info@hotel-prem.de, Fax (040) 2803851,* « Gartenterrasse », ⬟⬟ – 🖉 📺 ⬥ 🅿. 🆎 ⓞ ⓞⓞ 𝗩𝗜𝗦𝗔 𝗝𝗖𝗕 HX c
La mer *(geschl. Samstagmittag, Sonntagmittag)* **Menu** à la carte 73/107 – **Prem Stüberl :** *(geschl. Samstagmittag, Sonntagmittag)* **Menu** à la carte 57/74 – ⬥ 30 – **54 Z** 200/395 – 220/395, 3 Suiten.

🏨 **Residenz Hafen Hamburg** Ⓜ, Seewartenstr. 7, ⊠ 20459, ℰ (040) 31 11 90, *info @hotel-hamburg.de, Fax (040) 314505,* ⬥, ⬟⬟ – 🖉, ⬥ Zim, 📺 ⬥ ⬥ 🅿 – 🅰 60. 🆎 ⓞ ⓞⓞ 𝗩𝗜𝗦𝗔 𝗝𝗖𝗕. ⬥ Rest
EZ y
Menu siehe Hotel **Hafen Hamburg** – ⬥ 20 – **125 Z** 210/310 – 230/310.

🏨 **Berlin** Ⓜ, Borgfelder Str. 1, ⊠ 20537, ℰ (040) 25 16 40, *Fax (040) 25164413,* 🌿 – 🖉, ⬥ Zim, 📺 ⬥ – 🅰 25. 🆎 ⓞ ⓞⓞ 𝗩𝗜𝗦𝗔 𝗝𝗖𝗕. ⬥ Rest
DU a
Menu à la carte 41/67 – **93 Z** ⬥ 180/205 – 215/235.

🏨 **Senator** garni, Lange Reihe 18, ⊠ 20099, ℰ (040) 24 12 03, *info@hotel-senator-ha mburg.de, Fax (040) 2803717,* – 🖉, ⬥ Zim 📺 ⬥ ⬥ – 🅰 30. 🆎 ⓞ ⓞⓞ 𝗩𝗜𝗦𝗔 𝗝𝗖𝗕
HY u
56 Z ⬥ 195/285 – 210/345.

🏨 **Novotel City Süd**, Amsinckstr. 53, ✉ 20097, 𝄐 (040) 23 63 80, *H1163@accor.hot els.com*, Fax (040) 234230, 🍽, ⇔ – ▯, ⇔ Zim, 📺 📞 ⅊ ⇔ ⅌ – 🔏 50. 🆎 ⓞ ⓜⓔ 𝘝𝘐𝘚𝘈 𝘑𝘊𝘉
DU c
Menu à la carte 40/57 – **185 Z** ⊇ 205/305 – 248/328.

🏨 **Hafen Hamburg**, Seewartenstr. 9, ✉ 20459, 𝄐 (040) 31 11 30, *info@hotel-hambu rg.de*, Fax (040) 31113755, ≤, 🍽 – ▯, ⇔ Zim, 📺 ⅊ ⇔ ⅌ – 🔏 50. 🆎 ⓞ ⓜⓔ 𝘝𝘐𝘚𝘈, 🍽 Rest
EZ y
Menu à la carte 48/66 – ⊇ 20 – **234 Z** 165/240 – 180/240.

🏨 **Bellevue**, An der Alster 14, ✉ 20099, 𝄐 (040) 28 44 40, *hotel-bellevue@t-online.de*, Fax (040) 28444222 – ▯, ⇔ Zim, 📺 ⅊ – 🔏 40. 🆎 ⓞ ⓜⓔ 𝘝𝘐𝘚𝘈 𝘑𝘊𝘉   HX d
Menu 35 und à la carte 48/63 – **93 Z** ⊇ 175/215 – 275/315.

🏨 **St. Raphael**, Adenauerallee 41, ✉ 20097, 𝄐 (040) 24 82 00, *info@straphael-hambu rg.bestwestern.de*, Fax (040) 24820333, ⇔ – ▯, ⇔ Zim, 📺 📞 ⅊ – 🔏 30. 🆎 ⓞ ⓜⓔ 𝘝𝘐𝘚𝘈 𝘑𝘊𝘉, 🍽 Rest
DU m
Menu *(geschl. Samstagmittag, Sonntagabend)* à la carte 33/50 – ⊇ 19 – **125 Z** 189/249 – 220/280.

🏨 **Baseler Hof**, Esplanade 11, ✉ 20354, 𝄐 (040) 35 90 60, *info@baselerhof.de*, Fax (040) 35906918 – ▯, ⇔ Zim, 📺 – 🔏 50. 🆎 ⓞ ⓜⓔ 𝘝𝘐𝘚𝘈 𝘑𝘊𝘉, 🍽   GY x
Menu 25 (mittags) à la carte 49/71 – **153 Z** ⊇ 150/195 – 200/230.

🏨 **Alster-Hof** garni, Esplanade 12, ✉ 20354, 𝄐 (040) 35 00 70, Fax (040) 35007514 – ▯ 📺 📞 🆎 ⓞ ⓜⓔ 𝘝𝘐𝘚𝘈 𝘑𝘊𝘉
GY x
geschl. 24. Dez. - 2. Jan. – **118 Z** ⊇ 145/185 – 190/320, 3 Suiten.

🏨 **Aussen Alster Hotel**, Schmilinskystr. 11, ✉ 20099, 𝄐 (040) 24 15 57 (Hotel) 2 80 22 17 (Rest.), *reservation@aussen-alster.de*, Fax (040) 2803231, « Gartenterrasse », ⇔ – ▯ 📺 🆎 ⓞ ⓜⓔ 𝘝𝘐𝘚𝘈 𝘑𝘊𝘉
HX e
geschl. 24. Dez. - 1. Jan. – **Menu** *(geschl. Samstagmittag, Sonntag)* (italienische Küche) à la carte 52/82 – **27 Z** ⊇ 170/210 – 240/310.

🏨 **Eden** garni, Ellmenreichstr. 20, ✉ 20099, 𝄐 (040) 24 84 80, Fax (040) 241521 – ▯ 📺 🆎 ⓞ ⓜⓔ 𝘝𝘐𝘚𝘈
HY r
63 Z ⊇ 165/180 – 190/225.

🏨 **Wedina** garni (mit Gästehaus), Gurlittstr. 23, ✉ 20099, 𝄐 (040) 24 30 11, *wedina@a ol.com*, Fax (040) 2803894, 🌳 – 📺 ⅊ 🆎 ⓞ ⓜⓔ 𝘝𝘐𝘚𝘈
HY b
44 Z ⊇ 145/195 – 195/260.

🏨 **Kronprinz** garni, Kirchenallee 46, ✉ 20099, 𝄐 (040) 24 32 58, Fax (040) 2801097 – ▯ ⇔ 📺 🆎 ⓞ ⓜⓔ 𝘝𝘐𝘚𝘈 𝘑𝘊𝘉 🍽
HY c
73 Z ⊇ 130/170 – 175/195.

🍴🍴 **il Ristorante**, Große Bleichen 16 (1. Etage), ✉ 20354, 𝄐 (040) 34 33 35, Fax (040) 345748 – 🍽, 🆎 ⓞ ⓜⓔ
FY c
Menu (italienische Küche) 62 à la carte 56/90.

🍴🍴 **San Michele**, Englische Planke 8, ✉ 20459, 𝄐 (040) 37 11 27, Fax (040) 378121 – 🆎 ⓞ ⓜⓔ 𝘝𝘐𝘚𝘈
EZ n
geschl. 5. - 21. Aug., Montag – **Menu** (italienische Küche) à la carte 63/94.

🍴🍴 **Zippelhaus**, Zippelhaus 3, ✉ 20457, 𝄐 (040) 30 38 02 80, Fax (040) 321777 – 🆎 ⓜⓔ 𝘝𝘐𝘚𝘈
GZ e
geschl. Samstagmittag, Sonntag – **Menu** 35 (mittags) à la carte 53/83.

🍴🍴 **Anna**, Bleichenbrücke 2, ✉ 20354, 𝄐 (040) 36 70 14, Fax (040) 37500736, 🍽 – 🆎 ⓜⓔ 𝘝𝘐𝘚𝘈 𝘑𝘊𝘉
FY v
geschl. Sonn- und Feiertage – **Menu** à la carte 64/84.

🍴🍴 **Deichgraf**, Deichstr. 23, ✉ 20459, 𝄐 (040) 36 42 08, *info@deichgraf-hamburg.de*, Fax (040) 364268, 🍽 – 🆎 ⓞ ⓜⓔ 𝘝𝘐𝘚𝘈
FZ a
geschl. Sonntag, Okt. - April auch Samstagmittag – **Menu** (Tischbestellung ratsam) 55 à la carte 57/105.

🍴🍴 **al Pincio**, Schauenburger Str. 59 (1. Etage), ▯, ✉ 20095, 𝄐 (040) 36 52 55, Fax (040) 362244 – 🆎 ⓞ ⓜⓔ 𝘝𝘐𝘚𝘈, 🍽
GZ a
geschl. Mitte Juli - Mitte Aug., Samstag - Sonntag – **Menu** (Tischbestellung ratsam, italienische Küche) à la carte 54/83.

🍴🍴 **Al Campanile**, Spadenteich 1, ✉ 20099, 𝄐 (040) 24 67 38, Fax (040) 246738, 🍽 – 🆎 ⓞ ⓜⓔ 𝘝𝘐𝘚𝘈
HY m
geschl. Juli - Aug. 3 Wochen, Samstagmittag, Sonntag – **Menu** (italienische Küche) 98 à la carte 49/79.

🍴🍴 **Ratsweinkeller**, Große Johannisstr. 2, ✉ 20457, 𝄐 (040) 36 41 53, *ratsweinkeller @ratsweinkeller.de*, Fax (040) 372201, « Hanseatisches Restaurant a.d.J. 1896 » – 🔏 250. 🆎 ⓞ ⓜⓔ 𝘝𝘐𝘚𝘈 𝘑𝘊𝘉
GZ R
geschl. Sonntagabend, Feiertage – **Menu** à la carte 41/84.

❌ **Vero,** Domstr. 17, ✉ 20095, ☎ (040) 33 90 51, Fax (040) 339052 – 🗐. 🆎
🐵 ꝟꞮꞄ   GZ b
geschl. 24. Dez. - 1. Jan. Samstagmittag, Sonntag - Montag – **Menu** (Tischbestellung ratsam)
à la carte 64/83.

❌ **Matsumi,** Colonaden 96, ✉ 20354, ☎ (040) 34 31 25, Fax (040) 344219 – 🆎 ⓞ 🐵
ꝟꞮꞄ ᴊᴄʙ   FY r
geschl. Weihnachten - Neujahr, Sonntag – **Menu** (japanische Küche) à la carte
42/84.

❌ **Fischmarkt,** Ditmar-Koel-Str. 1, ✉ 20459, ☎ (040) 36 38 09, Fax (040) 362191, 🍴
– 🆎 ⓞ 🐵 ꝟꞮꞄ   EZ r
geschl. Samstagmittag – **Menu** (Tischbestellung ratsam) à la carte 50/92.

❌ **Fischküche,** Kajen 12, ✉ 20459, ☎ (040) 36 56 31, 🍴, (Bistro) – 🆎 🐵 ꝟꞮꞄ   FZ c
geschl. Samstagmittag, Sonn- und Feiertage – **Menu** (Tischbestellung ratsam) à la carte
52/73.

❌ **Cox,** Lange Reihe 68, ✉ 20099, ☎ (040) 24 94 22, Fax (040) 28050902 – 🆎 HY v
geschl. Samstagmittag, Sonntagmittag – **Menu** *(Juli - Aug. nur Abendessen)* (abends Tischbestellung ratsam) à la carte 52/63.

❌ **Le Plat du Jour,** Dornbusch 4, ✉ 20095, ☎ (040) 32 14 14, Fax (040) 4105857 –
ⓞ 🐵 ꝟꞮꞄ   GZ v
geschl. Sonntag, Juli - Aug. auch Samstag – Menu (Tischbestellung ratsam) 48 (abends)
à la carte 44/62.

❌ **Jena Paradies,** Klosterwall 23, ✉ 20095, ☎ (040) 32 70 08,
Fax (040) 327598   HZ a
Menu (Tischbestellung ratsam) 48 à la carte 44/71.

❌ **Casse-Croute,** Büschstr. 2, ✉ 20354, ☎ (040) 34 33 73, Fax (040) 3589650 – 🆎
🐵 ꝟꞮꞄ   FY s
geschl. Sonntagmittag – **Menu** 40 à la carte 60/65.

In den Außenbezirken :

In Hamburg-Alsterdorf :

🏨 **Alsterkrug-Hotel,** Alsterkrugchaussee 277, ✉ 22297, ☎ (040) 51 30 30, rez@alst
erkrug.bestwestern.de, Fax (040) 51303403, 🍴, 🚗 – 📶 ꝥ Zim, 📺 ☎ 🚗 🅿 – 🔬 50.
🆎 ⓞ 🐵 ꝟꞮꞄ ᴊᴄʙ. 🛇   R y
Menu à la carte 49/68 – ⌑ 25 – **105 Z** 195/245 – 210/260.

In Hamburg-Altona :

🏨 **Rema-Hotel Domicil** garni, Stresemannstr. 62, ✉ 22769, ☎ (040) 4 31 60 26, domi
cil@remahotel.de, Fax (040) 4397579 – 📶 ꝥ 📺 🚗. 🆎 ⓞ 🐵 ꝟꞮꞄ   AU e
75 Z ⌑ 180/290 – 260/390.

🏨 **InterCityHotel** 🅼, Paul-Nevermann-Platz 17, ✉ 22765, ☎ (040) 38 03 40, hambur
g@intercityhotel.de, Fax (040) 38034999 – 📶, ꝥ Zim, 📺 ☎ 🅰 – 🔬 70. 🆎 ⓞ 🐵
ꝟꞮꞄ ᴊᴄʙ   AU c
Menu *(geschl. Sonntag)* à la carte 30/53 – **133 Z** ⌑ 210/230 – 260/280.

🏨 **Raphael Hotel Altona** garni, Präsident-Krahn-Str. 13, ✉ 22765, ☎ (040) 38 02 40,
info@altona.bestwestern.de, Fax (040) 38024444, 🚗 – 📶, ꝥ Zim, 📺 🅿. 🆎 ⓞ
🐵 ꝟꞮꞄ   AU a
geschl. 23. Dez. - 2. Jan. – ⌑ 15 – **39 Z** 165/185 – 165/190.

❌❌❌❌ **Landhaus Scherrer,** Elbchaussee 130, ✉ 22763, ☎ (040) 8 80 13 25,
🌳 Fax (040) 8806260 – 🅿. 🆎 ⓞ 🐵 ꝟꞮꞄ   S c
geschl. über Ostern, Pfingsten, Sonntag – **Menu** (bemerkenswerte Weinkarte)
à la carte 82/133 – **Bistro-Restaurant** *(nur Mittagessen)* **Menu** à la carte
72/85
Spez. Bonito-Carpaccio mit Waldzwergenmarinade. Gebratener Hummer mit dreierlei Boh-
nengemüse. Geschmorter Kalbskopf mit Balsamicosauce.

❌❌❌ **Le Canard,** Elbchaussee 139, ✉ 22763, ☎ (040) 8 80 50 57, lecanard@viehhauser.de,
🌳 Fax (040) 88913259, ≤, 🍴 – 🅿. 🆎 ⓞ 🐵 ꝟꞮꞄ. 🛇   S d
geschl. Sonntag – **Menu** (Tischbestellung erforderlich, bemerkenswerte Weinkarte) 60
(mittags) und à la carte 102/132
Spez. Gebratener Hummer mit Rahmspinat. Ente mit Spitzkohl und Bordeauxsauce. Top-
fensouflé mit Champagnersabayon und Rotweineis.

❌❌❌ **Fischereihafen-Restaurant,** Große Elbstr. 143, ✉ 22767, ☎ (040) 38 18 16, info
@fischereihafen-restaurant-hamburg, Fax (040) 3893021, ≤ – 🅿. 🆎 ⓞ
🐵 ꝟꞮꞄ   AU d
Menu (Tischbestellung ratsam, nur Fischgerichte) 38 (mittags) à la carte 50/110.

XX **Landhaus Dill,** Elbchaussee 94, ⊠ 22763, ℰ (040) 3 90 50 77, Fax (040) 3900975, 🏠
– AE ⑩ ⓜⓞ VISA
S n
geschl. Montag – **Menu** 78 à la carte 55/83.

XX **Stocker,** Max-Brauer-Allee 80, ⊠ 22765, ℰ (040) 38 61 50 56, Manfredstocker@t-o
nline.de, Fax (040) 38615058, 🏠 – AE ⑩ ⓜⓞ VISA
AU n
geschl. Jan. 2 Wochen, Sonntagmittag, Montag – Menu 32 (mittags) à la carte
49/79.

X **Saliba,** Leverkusenstr. 54, ⊠ 22761, ℰ (040) 85 80 71, info@saliba.de,
Fax (040) 858082 – 🅿
AU h
geschl. Samstagmittag, Sonntag – **Menu** (Tischbestellung ratsam, syrische Küche) 35/55
(mittags) 78/85 (abends).

X **Rive Bistro,** Van-der-Smissen-Str. 1 (Kreuzfahrt-Center), ⊠ 22767, ℰ (040)
3 80 59 19, Fax (040) 3894775, ≤, 🏠 – AE
AU r
Menu (Tischbestellung ratsam) à la carte 47/98.

In Hamburg-Bahrenfeld :

🏨 **Gastwerk** Ⓜ, Daimlerstr. 67, ⊠ 22761, ℰ (040) 89 06 20, info@gastwerk-hotel.de,
Fax (040) 8906220, « Ehemaliges Gaswerk mit moderner Designer-Einrichtung », 🚗 – 🛗,
↔ Zim, 📺 ☎ 🅿 – 🔏 120. AE ⑩ ⓜⓞ VISA, ⅏ Rest
S j
Menu à la carte 49/68 – 🖙 25 – **100 Z** 195/255.

🏨 **Novotel Hamburg West** Ⓜ, Albert-Einstein-Ring 2, ⊠ 22761, ℰ (040) 89 95 20,
H1659@accor-hotels.com, Fax (040) 89952333, 🚗 – 🛗, ↔ Zim, 🖥 📺 ☎ 🔥 ⟿ 🅿 –
🔏 50. AE ⑩ ⓜⓞ VISA
R a
Menu 29 (Lunchbuffet) à la carte 36/67 – 🖙 23 – **137 Z** 🖙 176/198 – 218/265, 4 Suiten.

XX **Tafelhaus** (Rach), Holstenkamp 71, ⊠ 22525, ℰ (040) 89 27 60, Tafelhaus-Hamburg
☺ @t-online.de, Fax (040) 8993324, 🏠 – 🅿
S a
geschl. Jan. 2 Wochen, Ende Juli - Mitte Aug., Samstagmittag, Sonntag - Montag – **Menu**
(Tischbestellung erforderlich) 63 (mittags) und à la carte 79/87
Spez. Kabeljau mit Orangenmarinade und Portwein. Gesottene Kalbsschulter mit Waldpilzen. Aprikosentarte mit Basilikumschaum und Limoneneis.

In Hamburg-Barmbek :

🏨 **Rema-Hotel Meridian** garni, Holsteinischer Kamp 59, ⊠ 22081, ℰ (040) 2 91 80 40,
Meridian@remahotel.de, Fax (040) 2983336, 🚗, 🔲 – 🛗 ↔ 📺 🔥 🅿 – 🔏 30. AE ⑩
ⓜⓞ VISA JCB
DT c
67 Z 🖙 165/290 – 230/390.

In Hamburg-Bergedorf über ③ : 18 km und die B 5 S :

🏨 **Treff-Hotel** Ⓜ, Holzhude 2, ⊠ 21029, ℰ (040) 72 59 50, treff-hotel-hamburg@t-o
nline.de, Fax (040) 72595187, 🏠, 🏋, 🚗 – 🛗, ↔ Zim, 📺 ☎ 🔥 ⟿ – 🔏 400. AE ⑩
ⓜⓞ VISA JCB
Menu à la carte 45/69 – **205 Z** 🖙 219/269.

🏨 **Forsthaus Bergedorf** ⌂, Reinbeker Weg 77, ⊠ 21029, ℰ (040) 7 25 88 90, Fors
thausbergedorf@t-online.de, Fax (040) 72588925, 🏠, 🌲 – ↔ Zim, 📺 ☎ 🅿 AE
ⓜⓞ VISA
Menu à la carte 36/58 – **17 Z** 🖙 145/170 – 195/220.

XX **Laxy's Restaurant,** Bergedorfer Str. 138, ⊠ 21029, ℰ (040) 7 24 76 40,
Fax (040) 7247640, 🏠 – AE ⑩ ⓜⓞ VISA
geschl. Juli - Aug. 2 Wochen, Sonntag – **Menu** (nur Abendessen) à la carte 50/80.

In Hamburg-Bergstedt Nord-Ost : 17 km über die B 434 R :

X **Alte Mühle,** Alte Mühle 34, ⊠ 22395, ℰ (040) 6 04 91 71, Fax (040) 60449172, 🏠
– 🅿
geschl. Feb., Montag - Dienstag – **Menu** à la carte 33/55.

In Hamburg-Billbrook :

🏨 **Böttcherhof,** Wöhlerstr. 2, ⊠ 22113, ℰ (040) 73 18 70, info@boettcherhof.com,
Fax (040) 73187899, 🏋, 🚗 – 🛗, ↔ Zim, 📺 ☎ 🔥 ⟿ 🅿 – 🔏 130. AE ⓜⓞ VISA,
⅏ Rest
S b
Menu à la carte 45/75 – 🖙 22 – **155 Z** 195/250 – 235/290.

In Hamburg-Billstedt :

🏨 **Panorama** garni, Billstedter Hauptstr. 44, ⊠ 22111, ℰ (040) 73 35 90, panorama-bi
llstedt@t-online.de, Fax (040) 73359950, 🔲 – 🛗 ↔ 📺 ☎ ⟿ 🅿 – 🔏 150. AE ⑩ ⓜⓞ
VISA JCB
S t
111 Z 🖙 175/195 – 205/225, 7 Suiten.

In Hamburg-City Nord :

🏨 **Queens Hotel** M, Mexikoring 1, ⊠ 22297, ℘ (040) 63 29 40, *Reservation.Qhambur*
g@Queensgruppe.de, Fax *(040) 6322472*, 🍴, ⇔ – 📱, 🔆 Zim, 🖭 Rest, 📺 ⇎ 📱 –
🚗 120. AE ➊ ➍ VISA. 🎫 Rest   R e
Menu à la carte 45/69 – ⌐ 25 – **182 Z** 190/285 – 210/350.

In Hamburg-Duvenstedt *über Alte Landstr.* R :

🍽 **Le Relais de France,** Poppenbütteler Chaussee 3, ⊠ 22397, ℘ (040) 6 07 07 50,
Fax (040) 6072673, 🍴 – 📱 🎫
geschl. Sonntag - Montag – **Menu** *(nur Abendessen)* (Tischbestellung ratsam) 74/85 –
Bistro *(auch Mittagessen)* **Menu** à la carte 55/70.

In Hamburg-Eimsbüttel :

🏨 **Norge,** Schäferkampsallee 49, ⊠ 20357, ℘ (040) 44 11 50, *hotel@norge.de*,
Fax (040) 44115577 – 📱, 🔆 Zim, 🖭 Rest, 📺 ✆ 📱 – 🚗 100. AE ➊ ➍
VISA JCB   AT q
Menu *(geschl. Sonntagabend)* à la carte 45/63 – **128 Z** ⌐ 223/273 – 265/315.

🍽 **La Mirabelle,** Bundesstr. 15, ⊠ 20146, ℘ (040) 4 10 75 85, *Fax (040) 4107585*,
(Restaurant im Bistrostil)   FX n
geschl. Juli - Aug. 2 Wochen, Samstagmittag, Sonntag - Montag – **Menu** à la carte 59/73.

In Hamburg-Eppendorf :

🍽 **Sellmer,** Ludolfstr. 50, ⊠ 20249, ℘ (040) 47 30 57, *Fax (040) 4601569* – 📱 AE
➍ VISA   R n
Menu (überwiegend Fischgerichte) à la carte 55/77.

In Hamburg-Finkenwerder :

🏨 **Am Elbufer** 🈠 garni, Focksweg 40a, ⊠ 21129, ℘ (040) 7 42 19 10,
Fax (040) 74219140, ← – 📺 ✆ 📱 AE ➊ ➍ VISA. 🎫   S b
geschl. 24. Dez. - 16. Jan. – **14 Z** ⌐ 150/196 – 190/245.

🍽 **Finkenwerder Elbblick,** Focksweg 42, ⊠ 21129, ℘ (040) 7 42 70 95, *Restaurant*
@Finkenwerder-Elbblick.de, Fax *(040) 7434672*, ← Elbe, « Elbterrasse » – 🖭 📱 AE ➊
➍ VISA   S b
Menu à la carte 50/84.

In Hamburg-Flottbek :

🏨 **Landhaus Flottbek,** Baron-Voght-Str. 179, ⊠ 22607, ℘ (040) 8 22 74 10, *Landha*
us-Flottbek@t-online.de, Fax *(040) 82274151*, 🍴, « Hotelanlage in mehreren Bauern-
häusern mit rustikal-eleganter Einrichtung », 🌳 – 📺 ✆ 📱 – 🚗 30. AE ➊ ➍
VISA JCB   S m
Menu *(geschl. Samstagmittag, Sonntag)* 68/185 à la carte 61/88 – **25 Z** ⌐ 195/210 –
255/295.

In Hamburg-Fuhlsbüttel :

🏨 **Airport Hotel** M, Flughafenstr. 47, ⊠ 22415, ℘ (040) 53 10 20, *Service@airporth*
h.com, Fax *(040) 53102222*, ⇔, 🈲 – 📱, 🔆 Zim, 🖭 Rest, 📺 ✆ ⇎ 📱 – 🚗 140. AE
➊ ➍ VISA   R p
Menu à la carte 51/72 – ⌐ 25 – **159 Z** 250/375 – 295/420, 11 Suiten.

🍽 **top air,** Flughafenstr. 1 (im Flughafen, Terminal 4, Ebene 3), ⊠ 22335, ℘ (040)
50 75 33 24, *top-air.hamburg@woellhaf-airport.de*, Fax *(040) 50751842* – AE ➊ ➍ VISA
geschl. Samstag – **Menu** à la carte 67/112.   R h

In Hamburg-Gross-Borstel :

🏨 **Entrée** M garni, Borsteler Chaussee 168, ⊠ 22453, ℘ (040) 5 57 78 80,
Fax (040) 55778810 – 📱 🔆 📺 ✆ ⇎. AE ➊ ➍ VISA. 🎫   R t
⌐ 17 – **20 Z** ⌐ 160/170 – 180/190.

In Hamburg-Harburg :

🏨 **Lindtner** M 🈠, Heimfelder Str. 123, ⊠ 21075, ℘ (040) 79 00 90, *info@Lindtner.com*,
Fax (040) 79009482, 🍴, « Modern-elegante Einrichtung ; Sammlung zeitgenössische
Kunst » – 📱, 🔆 Zim, 📺 ✆ 🐕 📱 – 🚗 450. AE ➊ ➍ VISA JCB. 🎫 Rest   S g
Lilium *(nur Abendessen)* **Menu** à la carte 65/87 – **Diele :** **Menu** à la carte 47/82 –
⌐ 25 – **115 Z** ⌐ 225/255 – 265/315, 7 Suiten.

🏨 **Panorama Harburg,** Harburger Ring 8, ⊠ 21073, ℘ (040) 76 69 50, *panoramaHH@a*
ol.com, Fax *(040) 76695183* – 📱, 🔆 Zim, 📺 ⇎ – 🚗 110. AE ➊ ➍
VISA JCB   S x
Menu *(geschl. Sonntagabend)* à la carte 38/65 – **99 Z** ⌐ 180/210.

🏠 **Heimfeld** garni (mit Gästehaus), Heimfelder Str. 91, ✉ 21075, ✆ (040) 7 90 67 97, info@hotel-heimfeld.de, Fax (040) 7904896, 🚗 – 🛗 📺 P. ① 🐾 🕸 VISA   S f
32 Z ⚏ 130/170.

🏠 **Süderelbe** garni, Großer Schippsee 29, ✉ 21073, ✆ (040) 7 67 36 40, Fax (040) 773104 – 🛗 📺 🚗 AE ① 🐾 VISA   S r
geschl. 20. Dez. - 5. Jan. – **21 Z** ⚏ 125/165.

XX **Marinas**, Schellerdamm 26, ✉ 21079, ✆ (040) 7 65 38 28, Fax (040) 7651491, 🔆 – AE ① 🐾 VISA   S r
geschl. Samstagmittag, Sonntag – **Menu** 48 (mittags) à la carte 61/111.

In Hamburg-Harvestehude westlich der Außenalster :

🏨 **Inter-Continental**, Fontenay 10, ✉ 20354, ✆ (040) 4 14 20, hamburg@interconti.com, Fax (040) 41422299, ≼ Hamburg und Alster, 🔆, Massage, ≘s, 🔲 – 🛗, 🚭 Zim, ▤ 📺 🚗 P. – ⚒ 300. AE ① 🐾 VISA JCB. 🛠 Rest   GX r
Windows im Fontenay-Grill : Menu à la carte 71/117 – **Siganture :** Menu à la carte 50/67 – ⚏ 35 – **277 Z** 295/395, 10 Suiten.

🏨 **Garden Hotel** M 🌿 garni (mit Gästehäusern), Magdalenenstr. 60, ✉ 20148, ✆ (040) 41 40 40, garden@garden-hotel.de, Fax (040) 4140420, « Modern-elegante Einrichtung », 🚗 – 🛗 🚭 📺 🕊 🚗 AE ① 🐾 VISA JCB   CT r
⚏ 22 – **59 Z** 180/280 – 280/460.

🏠 **Abtei** 🌿, Abteistr. 14, ✉ 20149, ✆ (040) 44 29 05, abtei@relaischateaux.fr, Fax (040) 449820, 🔆, 🚗 – ▤ Rest, 📺 🕊 🚗. AE 🐾 VISA. 🛠 Rest   CT v
Menu (geschl. 6. - 10. März, 30. Juli - 5. Aug., Sonntag - Montag) (nur Abendessen) (Tischbestellung erforderlich) 80/110 – **11 Z** ⚏ 280/350 – 350/500
Spez. Lauchsuppe mit sautierten Langostinos und Kaninchenrücken. Steinbuttfilet mit Bohnenpüree und Pesto. Rehrückenfilet im Pfifferling-Crêpe mit Balsamicokirschen.

🏠 **Mittelweg** garni, Mittelweg 59, ✉ 20149, ✆ (040) 4 14 10 10, Hotel.Mittelweg@t-online.de, Fax (040) 41410120, 🚗 – 🚭 📺 P. AE ① 🐾 VISA   CT c
30 Z ⚏ 165/185 – 250/300.

XXX **Wollenberg**, Alsterufer 35, ✉ 20354, ✆ (040) 4 50 18 50, wollenberg-hamburg@t-online.de, Fax (040) 45018511, « Villa am Alsterufer mit modern-eleganter Einrichtung » – ⚒ 40. AE ① 🐾   GX c
geschl. Sonntag – **Menu** (nur Abendessen) à la carte 72/119
Spez. Getrüffeltes Kartoffelpüree mit Hummerfrikassée. Roulade von Lachs und Zander mit zweierlei Champagnersauce. Ente in zwei Gängen serviert.

XX **Tirol**, Milchstr. 19, ✉ 20148, ✆ (040) 44 60 82, Fax (040) 44809327, 🔆 – AE 🐾 VISA
geschl. Sonntag – **Menu** à la carte 56/83.   CT a

In Hamburg-Kirchwerder Süd-Ost : 19 km über die B 5 S :

XX **Zollenspieker Fährhaus** 🌿 mit Zim, Zollenspieker Hauptdeich 143, ✉ 21037, ✆ (040) 7 93 13 30, Info@Zollenspieker-faerhaus.de, Fax (040) 79313388, 🔆, Biergarten, « Lage an der Elbe » – 📺 🕊 P. – ⚒ 20. AE ① 🐾 VISA
geschl. 2. - 14. Jan. – **Menu** (geschl. Montag - Dienstag) (Mittwoch - Freitag nur Abendessen) à la carte 58/85 – **9 Z** ⚏ 165/195 – 225/275.

In Hamburg-Langenhorn :

🏨 **Dorint-Hotel-Airport** M, Langenhorner Chaussee 183, ✉ 22415, ✆ (040) 53 20 90, Info.Hamburg@dorint.com, Fax (040) 53209600, 🔆, ≘s, 🔲 – 🛗, 🚭 Zim, 📺 🕊 ⚐ 🚗 – ⚒ 80. AE ① 🐾 VISA JCB   R c
Menu à la carte 45/80 – ⚏ 27 – **146 Z** 245/305 – 285/345.

🏠 **Schümann** garni, Langenhorner Chaussee 157, ✉ 22415, ✆ (040) 5 31 00 20, Fax (040) 53100210 – 🚭 📺 🚗 P. AE 🐾 VISA JCB   R f
45 Z ⚏ 135/175 – 180/210.

XX **Zum Wattkorn**, Tangstedter Landstr. 230, ✉ 22417, ✆ (040) 5 20 37 97, wattkorn@viehhauser.de, Fax (040) 5209044, 🔆 – P.   über Tangstedter Landstraße   R
geschl. Montag – **Menu** à la carte 54/79.

In Hamburg - Lemsahl-Mellingstedt über Alte Landstraße R :

🏨 **Marriott Hotel Treudelberg** M 🌿, Lemsahler Landstr. 45, ✉ 22397, ✆ (040) 60 82 20, info@treudelberg.com, Fax (040) 60822444, ≼, 🔆, Massage, ↳, ≘s, 🔲, 🎾, 🏌 – 🛗, 🚭 Zim, 📺 🕊 P. – ⚒ 150. AE ① 🐾 VISA JCB. 🛠 Rest
Menu à la carte 60/93 – ⚏ 27 – **135 Z** 230/290.

XXX **Dante**, An der Alsterschleife 3, ✉ 22399, ✆ (040) 6 02 00 43, Fax (040) 6022826, 🔆 – P. AE 🐾 VISA
geschl. 27. Dez. - 10. Jan., Montag – **Menu** (Dienstag - Freitag nur Abendessen) (Tischbestellung ratsam, italienische Küche) à la carte 54/88.

In Hamburg-Lohbrügge *Süd-Ost : 15 km über die B 5 :*

🏠 **Alt Lohbrügger Hof,** Leuschnerstr. 76, ✉ 21031, 𝒫 (040) 7 39 60 00, *hotel@altl*
ohbrueggerhof.de, Fax (040) 7390010, 🌧 – 🔆 Zim, 📺 🅿 – 🛗 120. 🖭 🕥 🐾 𝚅𝙸𝚂𝙰
Menu à la carte 43/77 – **67 Z** ⟋ 160/174 – 205/219.

In Hamburg-Lokstedt

🏠 **Engel,** Niendorfer Str. 59, ✉ 22529, 𝒫 (040) 55 42 60, *Rezeption@Hotel-Engel-Ham*
burg.de, Fax (040) 55426500, 🌧, 🍸 – 🛗 📺 📞 🚗 🅿 – 🛗 40. 🖭 🕥 🐾
𝚅𝙸𝚂𝙰 𝙹𝙲𝙱   R d
Menu *(nur Abendessen)* à la carte 42/70 – **95 Z** ⟋ 165/185 – 213/233.

In Hamburg-Niendorf

💒 **Lutz und König,** König-Heinrich-Weg 200, ✉ 22455, 𝒫 (040) 55 59 95 53,
Fax (040) 55599554, 🌧 – 🅿. 🖭 🕥 🐾 𝚅𝙸𝚂𝙰   R k
geschl. Montag – **Menu** *(wochentags nur Abendessen)* (Tischbestellung ratsam) à la carte
48/72.

In Hamburg-Nienstedten *West : 13 km über Elbchaussee* S :

🏩 **Louis C. Jacob** 🅼, Elbchaussee 401, ✉ 22609, 𝒫 (040) 82 25 50, *jacob@hotel-jac*
ob.de, Fax (040) 82255444, ≤ Hafen und Elbe, « Lage über der Elbe ; Lindenterrasse »,
🍸 – 🛗 📺 📞 🚗 – 🛗 120. 🖭 🕥 🐾 𝚅𝙸𝚂𝙰 🌧
Menu à la carte 70/146 – **Weinwirtschaft Kleines Jacob** *(geschl. 18. Juli - 15. Aug.,*
Dienstag) (wochentags nur Abendessen) **Menu** à la carte 45/60 – ⟋ 32 – **86 Z** 335/525
– 395/585, 8 Suiten
Spez. Scheiben und Geschmortes vom Kalbskopf mit Flußkrebsen. Loup de mer mit Artischocken und Gemüsejus. Dreierlei vom Rind mit Möhrchen und Pomerolsauce.

💒 **Il Sole,** Nienstedtener Str. 2b, ✉ 22609, 𝒫 (040) 82 31 03 30, Fax (040) 82310336, 🌧
– 🐾
geschl. Samstagmittag, Montag – **Menu** *(italienische Küche)* à la carte 54/83.

💒 **Marktplatz,** Nienstedtener Marktplatz 21, ✉ 22609, 𝒫 (040) 82 98 48,
Fax (040) 828443, 🌧 – 🅿.
geschl. Montag – **Menu** *(wochentags nur Abendessen)* à la carte 35/57.

In Hamburg-Osdorf *West : 12 km über die B 435 %35S :*

💒 **Lambert,** Osdorfer Landstr. 239 (B 431), ✉ 22549, 𝒫 (040) 80 77 91 66, *buero.lamb*
ert@t-online.de, Fax (040) 80779164, 🌧 – 🅿. 🖭
geschl. Montag – **Menu** *(nur Abendessen)* à la carte 52/79.

In Hamburg-Othmarschen

🏠 **Schmidt** garni (mit Gästehäusern), Reventlowstr. 60, ✉ 22605, 𝒫 (040) 88 90 70,
Fax (040) 8890715, 🌧 – 🛗 🔆 📺 📞 🖭 𝚅𝙸𝚂𝙰   S e
50 Z ⟋ 135/155 – 190/210, 3 Suiten.

In Hamburg-Poppenbüttel

🏠 **Poppenbütteler Hof,** Poppenbütteler Weg 236, ✉ 22399, 𝒫 (040) 60 87 80,
Fax (040) 60878178, 🌧 – 🛗 🔆 📺 🅿 – 🛗 45. 🖭 🕥 🐾 𝚅𝙸𝚂𝙰 🌧 Rest
Menu *(geschl. Montag)* à la carte 45/65 – **32 Z** ⟋ 175/195 – 195/260.
über Alte Landstraße   R

n Hamburg-Rahlstedt *Nord-Ost : über Ahrensburger Straße (B 75)* R :

🏠 **Eggers,** Rahlstedter Str. 78 (B 453), ✉ 22149, 𝒫 (040) 67 57 80, *info@eggers.de*,
Fax (040) 67578444, 🌧, 🍸, 🔲 – 🛗, 🔆 Zim, 📺 📞 🅿 – 🛗 80. 🖭 🐾 𝚅𝙸𝚂𝙰 🌧 Rest
Menu à la carte 46/79 – **102 Z** ⟋ 195/245 – 265/355.

n Hamburg-Rothenburgsort

🏩 **Forum Hotel** 🅼, Billwerder Neuer Deich 14, ✉ 20539, 𝒫 (040) 78 84 00, *Forumha*
mburg@interconti.com, Fax (040) 78841000, ≤, 🌧, 🎣, 🍸, 🔲 – 🛗 🔆 📺 🧖 🚗
🅿 – 🛗 90. 🖭 🕥 🐾 𝚅𝙸𝚂𝙰 𝙹𝙲𝙱   S k
Menu à la carte 46/63 – ⟋ 26 – **385 Z** 215/305 – 260/350, 12 Suiten.

🏠 **Elbbrücken-Hotel,** Billhorner Mühlenweg 28, ✉ 20539, 𝒫 (040) 7 80 90 70,
Fax (040) 780907222 – 🛗 📺 🚗. 🖭 🐾 𝚅𝙸𝚂𝙰 🌧 Rest   S k
Menu *(nur Abendessen)* (Restaurant nur für Hausgäste) – **40 Z** ⟋ 90/109 – 145/158.

n Hamburg-Rotherbaum

🏩 **Elysee,** Rothenbaumchaussee 10, ✉ 20148, 𝒫 (040) 41 41 20, *elysee@elysee-hamb*
urg.de, Fax (040) 41412733, 🌧, Massage, 🍸, 🔲 – 🛗, 🔆 Zim, 📟 📺 📞 🧖 🚗
🛗 320. 🖭 🕥 🐾 𝚅𝙸𝚂𝙰 𝙹𝙲𝙱   FX m
Piazza Romana (italienische Küche) **Menu** à la carte 55/75 – **Brasserie :** **Menu** à la carte
39/60 – ⟋ 22 – **305 Z** 265/340 – 305, 380, 4 Suiten.

🏠 **Vorbach** garni, Johnsallee 63, ✉ 20146, ℰ (040) 44 18 20, *Vorbach1@aol.com*, *Fax (040) 44182888* – 🛗 ﹐✉ 📺 ✆ ✆ ⊸ – 🏊 20. 🆎 ⓞ ⓪ VISA FX b
120 Z ⊒ 160/250 – 200/300.

🍴🍴 **L'auberge française,** Rutschbahn 34, ✉ 20146, ℰ (040) 4 10 25 32, *Fax (040) 4505015* – 🆎 ⓞ ⓪ VISA BT s
geschl. Ende Juli - Anfang Aug., Samstagmittag, Sonntag – **Menu** (französische Küche) à la carte 66/97.

🍴🍴 **Ventana,** Grindelhof 77, ✉ 20146, ℰ (040) 45 65 88, *Fax (040) 455882* – 🆎 ⓞ
geschl. Samstagmittag, Sonntag – **Menu** (Tischbestellung ratsam, euro-asiatische Küche) à la carte 58/81. BT e

🍴 **Curio,** Rothenbaumchaussee 11, ✉ 20148, ℰ (040) 41 33 48 11, *Fax (040) 41334833*, 🍸 – ⓪ FX e
geschl. Samstagmittag, Sonntag – **Menu** 55/88 à la carte 56/74.

In Hamburg-St. Pauli :

🏠 **Astron Suite-Hotel** Ⓜ garni, Feldstr. 53, ✉ 20357, ℰ (040) 43 23 20, *Hamburg@a stron-hotels.de, Fax (040) 43232300*, ☎ – 🛗 ✉ 📺 ✆ 🚗 ⊸ – 🏊 10. 🆎 ⓞ ⓪ VISA EY a
⊒ 23 – **119 Z** 255/430.

🍴🍴 **Bavaria-Blick,** Bernhard-Nocht-Str. 99 (7. Etage, 🛗), ✉ 20359, ℰ (040) 31 16 31 16, *Fax (040) 31163199*, < Hafen – ▣. 🆎 ⓞ ⓪ VISA JCB. ✀ AU m
Menu (Tischbestellung ratsam) à la carte 51/81.

In Hamburg-Sasel :

🏠 **Mellingburger Schleuse** ⤢, Mellingburgredder 1, ✉ 22395, ℰ (040) 6 02 40 01, *Mellingburgerschleuse@t-online.de, Fax (040) 6027912*, 🍸, (niedersächsisches Bauernhaus a.d.J. 1771), 🔲 – 📺 🚗 ▣ – 🏊 180. 🆎 ⓞ ⓪ VISA
Menu (geschl. Dienstag) à la carte 39/73 – **40 Z** ⊒ 150/210 – 190/275.
über Saseler Chaussee R

In Hamburg-Schnelsen :

🏠 Novotel Hamburg Nord, Oldesloer Str. 166, ✉ 22457, ℰ (040) 55 99 30, *H0494-@a ccor-hotels.com, Fax (040) 5592020*, 🍸, 🏊 (geheizt) – 🛗 ✉ Zim, 📺 ✆ & ▣ – 🏊 200
116 Z. R u

🏠 **Ökotel** garni, Holsteiner Chaussee 347, ✉ 22457, ℰ (040) 5 59 73 00, *info@oekotel.de, Fax (040) 55973099* – 🛗 ✉ 📺 ✆ ⊸ – 🏊 15. 🆎 VISA. ✀ R m
21 Z ⊒ 110/175 – 159/215, 3 Suiten.

🏨 **Ausspann,** Holsteiner Chaussee 428, ✉ 22457, ℰ (040) 5 59 87 00, *Fax (040) 55987060*, 🍸, 🍴 – ✉ Zim, 📺 ✆ ▣. 🆎 ⓞ ⓪ VISA R v
Menu (wochentags nur Abendessen) à la carte 44/69 – **28 Z** ⊒ 118/125 – 150/185.

In Hamburg-Stellingen :

🏠 **Holiday Inn** Ⓜ, Kieler Str. 333, ✉ 22525, ℰ (040) 54 74 00, *Holiday-Inn-Hamburg@t -online.de, Fax (040) 54740100*, ☎ – 🛗 ✉ Zim, 📺 ✆ ⊸ ▣ – 🏊 25. 🆎 ⓞ ⓪
VISA JCB AT r
Menu à la carte 32/70 – ⊒ 24 – **105 Z** 190/225 – 225.

In Hamburg-Stillhorn :

🏠 **Le Méridien,** Stillhorner Weg 40, ✉ 21109, ℰ (040) 75 01 50, *GM1313@forte-hote ls.com, Fax (040) 75015444*, ☎ – 🛗 ✉ Zim, ▤ Rest, 📺 ✆ & ▣ – 🏊 120. 🆎 ⓞ ⓪
VISA JCB S v
Menu à la carte 54/77 – **146 Z** ⊒ 219/269.

In Hamburg-Uhlenhorst :

🏨 **Nippon,** Hofweg 75, ✉ 22085, ℰ (040) 2 27 11 40, *reservation@nippon-hotel-hh.de, Fax (040) 22711490*, (Japanische Einrichtung und Küche) – 🛗 ✉ Zim, 📺 ✆ ⊸ – 🏊 20
🆎 ⓞ ⓪ VISA ✀ DT c
Menu (geschl. 23. Dez. - 2. Jan., 19. Juli - 9. Aug., Montag) (nur Abendessen) à la carte 49/72 – ⊒ 20 – **42 Z** 185/230 – 220/280.

🍴🍴 **Roma,** Hofweg 7, ✉ 22085, ℰ (040) 2 20 25 54, *RistoranteRoma@t-online.de, Fax (040) 2279225*, 🍸 – 🆎 ⓞ VISA DT h
geschl. Samstagmittag, Sonntag – **Menu** (italienische Küche) à la carte 53/88.

🍴🍴 **La Fayette,** Zimmerstr. 30, ✉ 22085, ℰ (040) 22 56 30, *Fax (040) 225630*, 🍸 – ▣. 🆎 DT
geschl. Juli 2 Wochen, Sonntag – **Menu** (nur Abendessen) à la carte 64/85.

🍴 **Rexrodt,** Papenhuder Str. 35, ✉ 22087, ℰ (040) 2 29 71 98, *Fax (040) 22715189* DT v
Menu (nur Abendessen) (Tischbestellung ratsam) à la carte 46/67.

In Hamburg-Veddel :

🏨 **Carat-Hotel**, Sieldeich 5, ✉ 20539, 𝒫 (040) 78 96 60, *Carat-Hotel.Hamburg@ t-onlin e.de, Fax (040) 786196*, 🛏 – 📶, 🕍 Zim, 📺 📞 – 🏋 30. 🆎 ⓪ ⓦⓞ 🆅🅸🆂🅰
🚗 ⚜️   S s
Menu *(geschl. Samstagmittag, Sonntagmittag)* à la carte 44/64 – 🍽 18 – **90 Z** 190/230
– 210/290.

In Hamburg-Wandsbek :

🍴 **Ni Hao**, Wendemuthstr. 3, ✉ 22041, 𝒫 (040) 6 52 08 88, *Fax (040) 6520885* – 🆎 ⓪
ⓦⓞ 🆅🅸🆂🅰   R x
Menu (chinesische Küche) à la carte 34/64.

In Hamburg-Wellingsbüttel :

🏛 **Rosengarten** garni, Poppenbüttler Landstr. 10b, ✉ 22391, 𝒫 (040) 6 08 71 40,
Fax (040) 60871437, 🌳 – 📺 📞 🚗 🅿. 🆎 ⓦⓞ 🆅🅸🆂🅰   R s
geschl. 24. Dez. - 2. Jan. – **11 Z** 🍽 128/158 – 178/198.

In Hamburg-Winterhude :

🏨 **Hanseatic** garni, Sierichstr. 150, ✉ 22299, 𝒫 (040) 48 57 72, *Fax (040) 485773*,
« Elegante, wohnliche Einrichtung » – 🕍 📺 📞. 🆎 ⓪ ⓦⓞ 🆅🅸🆂🅰   CT e
14 Z 🍽 260/410.

🍴🍴 **Allegria**, Hudtwalckerstr. 13, ✉ 22299, 𝒫 (040) 46 07 28 28, *Y.A.Tschebull@ t-online .de, Fax (040) 46072607*, 🌿 –   R z
geschl. Montag – **Menu** *(wochentags nur Abendessen)* à la carte 48/79.

🍴 **Sale e Pepe**, Sierichstr. 94, ✉ 22301, 𝒫 (040) 27 38 80, *Fax (040) 27871443* – 🆎 ⓪
ⓦⓞ 🆅🅸🆂🅰   CT s
geschl. Mitte Juli - Mitte Aug., Dienstag – **Menu** *(Montag - Freitag nur Abendessen)* (ita- lienische Küche) à la carte 56/114.

HAMELN *Niedersachsen* 🔢🔢🔢 *J 12 – 60 000 Ew – Höhe 68 m.*

Sehenswert : *Rattenfängerhaus*★ **N** – *Hochzeitshaus*★ **B.**

Ausflugsziel : *Hämelschenburg*★ über ③ : *11 km.*

🏌 🏌 *Aerzen, Schloß Schwöbber (Süd-West : 10 km), 𝒫 (05154) 98 71 24.*

🛈 *Tourist-Informationn, Deisterallee 1, ✉ 31785, 𝒫 (05151) 20 26 17, Fax (05151) 202500.*

ADAC, *Ostertorwall 15 a.*

*Berlin 327 ① – Hannover 45 ① – Bielefeld 80 ⑤ – Hildesheim 48 ② – Paderborn 67 ④
– Osnabrück 110 ⑤*

Stadtplan siehe nächste Seite

🏰🏰 **Stadt Hameln** 🅼, Münsterwall 2, ✉ 31787, 𝒫 (05151) 90 10, Fax (05151) 901333,
« Terrasse mit ≤ », 🛏, 🔍 – 📶 📺 📞 🚗 🅿 – 🏋 100. 🆎 ⓪ ⓦⓞ 🆅🅸🆂🅰 🚗   u
Menu à la carte 40/74 – **85 Z** 🍽 152 – 217/298.

🏨 **Dorint Hotel**, 164er Ring 3, ✉ 31785, 𝒫 (05151) 79 20, *Info.ZEZHAM@ dorint.com*,
Fax (05151) 792191, 🌿, 🛏, 🔍 – 📶 🕍 📺 📞 🚗 🅿 – 🏋 400. 🆎 ⓪ ⓦⓞ 🆅🅸🆂🅰 🚗
Menu 39/69 und à la carte – **105 Z** 🍽 185/205 – 255/285.   s

🏨 **Jugendstil** 🅼 garni, Wettorstr. 15, ✉ 31785, 𝒫 (05151) 9 55 80, *info@ hotel-juge ndstil.de, Fax (05151) 955866*, 🛏 – 📶 🕍 📺 📞 🔥 🚗 🅿. 🆎 ⓦⓞ 🆅🅸🆂🅰   e
geschl. 20. Dez. - 4. Jan. – **22 Z** 🍽 150/160 – 190.

🏨 **Christinenhof** garni, Alte Marktstr. 18, ✉ 31785, 𝒫 (05151) 9 50 80, *HOTELCHRI- STINENHOF@ t-online.de, Fax (05151) 43611*, 🛏 – 📺 🕍 🚗 🅿. 🆎 ⓦⓞ 🆅🅸🆂🅰 🚗 c
geschl. Weihnachten - Anfang Jan. – **30 Z** 🍽 150 – 185/220.

🏨 **Zur Börse**, Osterstr. 41a, ✉ 31785, 𝒫 (05151) 70 80, *Fax (05151) 25485*, 🌿 – 📶 📺
📞 🚗 – 🏋 80. 🆎 ⓪ ⓦⓞ 🆅🅸🆂🅰 🚗   x
Menu à la carte 28/55 – **31 Z** 🍽 125/199 – 169/250.

🏨 **Bellevue** garni, Klütstr. 34, ✉ 31787, 𝒫 (05151) 9 89 10, *Hotel.Bellevue@ t-online.de*,
Fax (05151) 989199 – 🕍 📺 📞 🚗 🅿. 🆎 ⓪ ⓦⓞ 🆅🅸🆂🅰 🚗   über Klütstraße
18 Z 🍽 98/148 – 148/198.

🏛 **An der Altstadt** garni, Deisterallee 16, ✉ 31785, 𝒫 (05151) 4 02 40,
Fax (05151) 402444 – 📺 🅿. ⓦⓞ 🆅🅸🆂🅰 🚗   a
geschl. Ende Dez. - Anfang Jan. – **19 Z** 🍽 100/140 – 135/185.

🏛 **Zur Post** ⚭ garni, Am Posthof 6, ✉ 31785, 𝒫 (05151) 76 30, *Fax (05151) 7641* – 📶
📺 🚗. 🆎 ⓦⓞ 🆅🅸🆂🅰 🚗   v
34 Z 🍽 130/160 – 195.

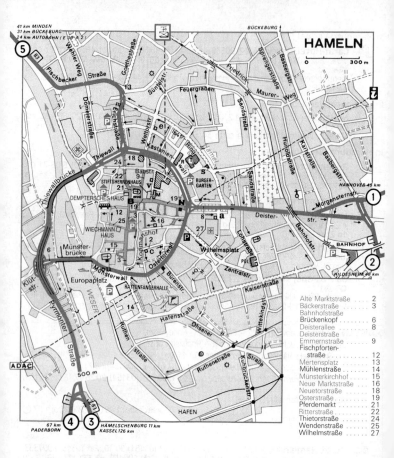

In Hameln-Klein Berkel über ④ : *3 km* :

🏠 **Berkeler Warte,** an der B 1, ⊠ 31789, ℰ (05151) 99 00, *Fax (05151) 990222,* 🌳
– 🕸 Zim, 📺 📞 & 🅿 – 🕍 100. 🅰🅴 🅼🅾 𝘝𝘐𝘚𝘈
geschl. 3. - 18. Jan. – **Menu** à la carte 35/72 – **58 Z** ⊐ 110/180 – 140/250.

Auf dem Klütberg *West* : *7 km über* ④ :

XX **Klütturm,** ⊠ 31787 Hameln, ℰ (05151) 6 16 44, *Fax (05151) 963071,* ≤ Weser und
Hameln, 🍽 – 🅿 🅰🅴 🅼🅾 𝘝𝘐𝘚𝘈
geschl. Mitte Jan. 2 Wochen, Dienstag – **Menu** 35 (mittags) à la carte 56/84.

In Aerzen-Multhöpen über ④ : *13 km und Königsförde* :

🏠 **Landluft** 🐾, Buschweg 7, ⊠ 31855, ℰ (05154) 20 01, *Hotel-Landluft@T-online.de,*
Fax (05154) 2003, ≤, 🌳, 🐎 – 📺 🚗 🅿 🅼🅾 𝘝𝘐𝘚𝘈
Menu *(geschl. Sonntagabend - Montag) (wochentags nur Abendessen)* à la carte 39/56
– **18 Z** ⊐ 80/95 – 130/150.

HAMFELDE KREIS HZGT. LAUENBURG *Schleswig-Holstein* 🗺🗺 *F 15 – 450 Ew – Höhe*
27 m.

Berlin 263 – Kiel 94 – Hamburg 40 – Lauenburg 34 – Lübeck 42.

🏠 **Pirsch-Mühle** garni, Möllner Str. 2, ⊠ 22929, ℰ (04154) 23 00, *hotelpirsch@t-onlin*
e.de, Fax (04154) 4203, 📡, 🐎 – 📺 🅿 🅰🅴 🅼🅾 𝘝𝘐𝘚𝘈
14 Z ⊐ 88 – 128/138.

HAMM IN WESTFALEN *Nordrhein-Westfalen* 417 *K 7 – 186 000 Ew – Höhe 63 m.*

Hamm-Drechen, Drei-Eichen-Weg 5 (Süd : 9 km), ✆ (02385) 91 35 00.

Verkehrsverein, Bahnhofsvorplatz (im Kaufhaus Horten), ✉ 59065, ✆ (02381) 2 34 00, Fax (02381) 28348 – **ADAC,** *Wilhelmstr. 50.*

Berlin 459 ② – Düsseldorf 111 ③ – Bielefeld 72 ① – Dortmund 44 ③ – Münster (Westfalen) 37 ①

HAMM IN WESTFALEN

Bahnhofstraße	Z 2
Bismarckstraße	Z 4
Gustav-Heinemann-Straße	Y 18
Hafenstraße	Y 19
Heinrich-Lübke-Straße	Z 20
Luisenstraße	Z 25
Marktplatz	Y 22
Martin-Luther-Platz	Y 27
Martin-Luther-Straße	Y 29
Münsterstraße	Y 30
Neue Bahnhofstraße	Z 32
Nordstraße	Y 34
Oststraße	Y
Otto-Brenner-Straße	Z 36
Otto-Kraft-Platz	Z 37
Richard-Matthaei-Platz	Y 39
Schillerplatz	Z 42
Theodor-Heuss-Platz	Z 45
Westentor	Y 46
Weststraße	Y
Wilhelmstraße	Z 52
Willy-Brandt-Platz	Y 53

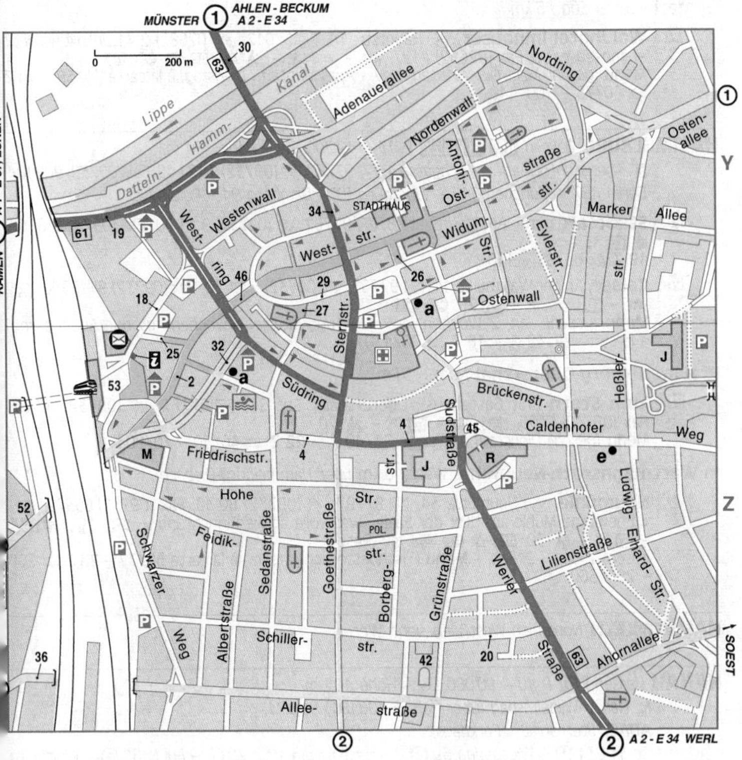

Mercure, Neue Bahnhofstr. 3, ✉ 59065, ✆ (02381) 9 19 20, *Fax (02381) 9192833*, – ⛟, ⇍ Zim, ▤ TV ♿ – 🏛 90. AE ⓓ ⓜⓒ VISA — Z a
Menu à la carte 42/69 – ☕ 20 – **142 Z** 179/199 – 212/232.

Stadt Hamm, Südstr. 9, ✉ 59065, ✆ (02381) 2 90 91, *Fax (02381) 15210* – ⛟ TV 🚗 – 🏛 25. AE ⓓ ⓜⓒ VISA JCB — Y a
Menu *(geschl. Mitte Juli - Mitte Aug., Sonntag) (nur Abendessen)* (italienische Küche) à la carte 35/52 – **29 Z** ☕ 130/160 – 180/190.

Herzog garni, Caldenhofer Weg 22, ✉ 59065, ✆ (02381) 92 45 90, *info@hotel-herzog.hamm.de, Fax (02381) 9245966* – TV 🚗 P. AE ⓓ ⓜⓒ VISA — Z e
26 Z ☕ 70/100 – 155/170.

In Hamm-Pelkum *über ③ : 5 km und die B 61 :*

XXX **Wieland-Stuben,** Wielandstr. 84, ✉ 59077, ✆ (02381) 40 12 17, *Fax (02381) 405659*, 🍴, « Elegant-rustikale Einrichtung » – P. AE
geschl. Samstagmittag – **Menu** à la carte 55/81 – **3 Appart.** ☕ 100/130 – 120/170.

HAMM (SIEG) Rheinland-Pfalz 📖7️⃣ N 7 – 11 500 Ew – Höhe 208 m.

Berlin 593 – Mainz 124 – Bonn 65 – Limburg an der Lahn 64 – Siegen 48.

🏨 **Romantik Hotel Alte Vogtei**, Lindenallee 3 (B 256), ✉ 57577, ✆ (02682) 2 59,
alte-vogtei@romantikhotels.com, Fax (02682) 8956, 🍽, « Fachwerkhaus a.d.J. 1753 mit
rustikaler Einrichtung », 🐴 – 📺 📞 🚗 – 🔏 16. 🖭 ◑ ◓ 𝘝𝘐𝘚𝘈
geschl. 18. Juli - 9. Aug., 1. - 12. Okt. – **Menu** (geschl. Mittwoch - Donnerstagmittag)
à la carte 44/68 – **15 Z** �'s 85/125 – 160/220.

An der B 256 West : 2,5 km :

🏨 **Auermühle**, ✉ 57577 Hamm, ✆ (02682) 2 51, HotelAuermuehle@t-online.de,
Fax (02682) 8438, 🍽 – 📺 🚗 📭 🖭 ◑ ◓ 𝘝𝘐𝘚𝘈
Menu (geschl. 2. - 15. Jan., 1. - 14. Juli, Freitag - Samstagmittag) à la carte 34/69 – **18 Z**
�'s 75/140.

In Marienthal Süd : 5 km :

🏨 **Waldhotel Imhäuser** 🦢, Hauptstr. 14, ✉ 57612, ✆ (02682) 2 71, info@waldhot
el-imhaeuser.de, Fax (02682) 4197, 🍽 – 🚗 📭 – 🔏 40. 🖭 ◑ ◓ 𝘝𝘐𝘚𝘈
Menu (geschl. Mai - Okt. Montag, Nov. - April Montag - Dienstag) à la carte 30/59 – **14 Z**
�'s 60/75 – 100/140.

HAMMELBURG Bayern 📖7️⃣ 📖8️⃣ 📖0️⃣ P 13 – 12 300 Ew – Höhe 180 m.

🅱 Tourist-Information, Kirchgasse 4, ✉ 97762, ✆ (09732) 90 21 49, Fax (09732) 902184.
Berlin 487 – München 319 – Würzburg 57 – Bamberg 94 – Fulda 70.

🏨 **Stadtcafé** garni, Am Marktplatz 8, ✉ 97762, ✆ (09732) 9 11 90, Fax (09732) 1679 –
📳 📺 📞 🚗
19 Z �'s 65/85 – 110.

🏨 **Kaiser**, An der Walkmühle 11, ✉ 97762, ✆ (09732) 9 11 30, Fax (09732) 9113300, 🍽,
🍽 – 📺 🚗 📭 – 🔏 20. ◓ 𝘝𝘐𝘚𝘈
Menu (geschl. Jan. 2 Wochen, 1. - 15. Aug., Montag) (wochentags nur Abendessen)
à la carte 28/48 ⚒ – **16 Z** �'s 70/110.

In Hammelburg-Obererthal Nord : 5 km :

🏨 **Zum Stern** (mit Gästehaus), Obererthaler Str. 23, ✉ 97762, ✆ (09732) 47 07,
🚗 Fax (09732) 5400, 🍽, ☎ – 📺 📭 – 🔏 20
Menu (geschl. Dienstag) à la carte 21/40 ⚒ – **22 Z** �'s 40/50 – 70/90.

In Wartmannsroth-Neumühle West : 6 km über Hammelburg-Diebach :

🏨 **Neumühle** 🦢, Neumühle 54, ✉ 97797, ✆ (09732) 80 30, Fax (09732) 80379, 🍽,
« Ehemalige Mühle am Ufer der Saale ; wertvolle antike Einrichtung », ☎, 🖼, 🍽, 🍴
– 📺 📭 – 🔏 30. 🖭 ◑ ◓ 𝘝𝘐𝘚𝘈 🍴 Rest
geschl. 2. Jan. - 2. Feb. – **Menu** (Tischbestellung ratsam) à la carte 56/72 – **28 Z** �'s 200
– 280/360.

HAMMINKELN Nordrhein-Westfalen siehe Wesel.

HANAU Hessen 📖7️⃣ P 10 – 90 000 Ew – Höhe 105 m.

📗 Hanau-Wilhelmsbad (über ⑤), ✆ (06181) 8 20 71.
ADAC, Sternstraße (Parkhaus).
Berlin 531 ① – Wiesbaden 59 ③ – Frankfurt am Main 20 ④ – Fulda 89 ① – Würzburg
104 ②

Stadtplan siehe gegenüberliegende Seite

🏨 **Mercure** Ⓜ garni, Kurt-Blaum-Platz 6, ✉ 63450, ✆ (06181) 3 05 50, H2832@accor
-hotels.com, Fax (06181) 3055444, Massage, ☎ – 📳 🕍 📺 📞 🚗 📭 – 🔏 70. 🖭 ◑
◓ 𝘝𝘐𝘚𝘈   Z a
137 Z �'s 212 – 265.

🏨 **Zum Riesen** garni, Heumarkt 8, ✉ 63450, ✆ (06181) 25 02 50, Riesen@HanauHotel.de,
Fax (06181) 250259 – 📳 🕍 📺 📞 ⚒ – 🔏 25. ◓ 𝘝𝘐𝘚𝘈 🇯🇨🇧   Y c
39 Z �'s 160/190 – 220.

In Hanau-Mittelbuchen über ⑥ : 7 km :

🏨 **Sonnenhof** garni, Alte Rathausstr. 6, ✉ 63454, ✆ (06181) 9 79 90, HotelSonnenho
f@T-online.de, Fax (06181) 979930, 🍽 – 📺 📭 ◓ 𝘝𝘐𝘚𝘈
18 Z �'s 90/100 – 130.

HANAU

Les **cartes Michelin** sont constamment tenues à jour.

In Hanau-Steinheim *Süd : 4 km, über Westerburgstraße und Ludwigstraße* Z :

🏨🏨 **Villa Stokkum** Ⓜ, Steinheimer Vorstadt 70, ⊠ 63456, 𝒫 (06181) 66 40, info@ vill astokkum.bestwestern.de, Fax (06181) 661580, 🍴 – 🛗, 🔄 Zim, 🖭 📺 ✔ ⬅ 🄿 – 🛎 110. 🆎 ⑩ ⑩❾ 𝓥𝓘𝓢𝓐
Menu *(geschl. Sonntagabend)* 39/49 (Buffet) – **135 Z** ⊐ 190/229 – 249/268.

🏨 **Zur Linde** (mit Gästehaus), Steinheimer Vorstadt 31, ⊠ 63456, 𝒫 (06181) 96 43 20, Fax (06181) 659074, 🍴 – 🔄 Zim, 📺 🄿. ⑩❾ 𝓥𝓘𝓢𝓐
Menu *(nur Abendessen)* (Restaurant nur für Hausgäste) – **30 Z** ⊐ 110/150 – 130/200.

🏠 **Birkenhof** (mit Gästehaus), von-Eiff-Str. 37, ⊠ 63456, 𝒫 (06181) 6 48 80, info@Ho telBirkenhof.de, Fax (06181) 648839, 🝁, 🍴 – 🔄 📺 ⬅ 🄿. 🆎 ⑩❾ 𝓥𝓘𝓢𝓐
geschl. 20. Dez. - 4. Jan. – **Menu** *(nur Abendessen)* (Restaurant nur für Hausgäste) – **24 Z** ⊐ 140/150 – 180/200.

In Hainburg-Hainstadt *über* ③ *: 6 km :*

🏠 **Hessischer Hof**, Hauptstr. 56, ⊠ 63512, 𝒫 (06182) 44 11, Fax (06182) 7547, 🍴 – 🛗 📺 ✔ 🄿. 🆎 ⑩❾ 𝓥𝓘𝓢𝓐. ✄
Menu *(geschl. Montag)* à la carte 35/67 – **13 Z** ⊐ 110/120 – 130/170.

*Inclusion in the **Michelin Guide** cannot be achieved by*
pulling strings or by offering favours.

HANDORF *Niedersachsen* 𝟜𝟙𝟝 *F 15 – 1800 Ew – Höhe 12 m.*
Berlin 298 – Hannover 145 – Hamburg 49 – Bremen 131 – Lüneburg 15.

✗ **Schwabenstüble**, Cluesweg 22a, ⊠ 21447, 𝒫 (04133) 21 02 51, schwabenstueble @t-online.de, Fax (04133) 210253, 🍴 – 🄿. 🆎 ⑩❾ 𝓥𝓘𝓢𝓐. ✄
geschl. Anfang Okt. 1 Woche, Montag - Dienstagmittag – **Menu** à la carte 40/61.

HANERAU-HADEMARSCHEN *Schleswig-Holstein* 𝟜𝟙𝟝 *D 12 – 3000 Ew – Höhe 68 m.*
Berlin 367 – Kiel 64 – Cuxhaven 120 – Itzehoe 25 – Neumünster 48 – Rendsburg 33.

🏠 **Landgasthof Köhlbarg**, Kaiserstr. 33, ⊠ 25557, 𝒫 (04872) 33 33, info@Koehlba rg.de, Fax (04872) 9119, 🍴, 🍴 – 📺 ✔ 🕭 ⬅ 🄿. ⑩❾ 𝓥𝓘𝓢𝓐. ✄
Menu *(geschl. Mitte - Ende Feb., Dienstag)* (Montag - Freitag nur für Abendessen) à la carte 31/52 – **14 Z** ⊐ 75/135.

HANN. MÜNDEN *Niedersachsen* 𝟜𝟙𝟟 𝟜𝟙𝟠 *L 12 – 26500 Ew – Höhe 125 m.*
Sehenswert : Fachwerkhäuser★★ Y – Rathaus★ YR – Altstadt★ YZ.
Ausflugsziel : Wesertal★ (von Hann. Münden bis Höxter).
🛞 🛞 Staufenberg-Speele, (Süd-West : 10 km), 𝒫 (05543) 91 03 30.
🛈 Touristik Naturpark Münden, Rathaus, Lotzestr. 2, ⊠ 34346, 𝒫 (05541) 7 53 13, Fax (05541) 75404.
Berlin 364 ① *– Hannover 151* ① *– Kassel 23* ② *– Göttingen 34* ① *– Braunschweig 138* ①

Stadtplan siehe gegenüberliegende Seite

🏨🏨 **Alter Packhof**, Bremer Schlag 10, ⊠ 34346, 𝒫 (05541) 9 88 90, hotel.alter.packh of@t.online.de, Fax (05541) 988999, 🍴, « Ehemaliges Lagerhaus a.d.J. 1837 » – 🛗, 🔄 Zim, 📺 ✔ ⬅ 🄿. 🆎 𝓥𝓘𝓢𝓐
Menu à la carte 31/56 – **25 Z** ⊐ 125/190 – 190/280.   Y **b**

🏠 **Schlosschänke**, Vor der Burg 3, ⊠ 34346, 𝒫 (05541) 7 09 40, schlosschaenke@ha nn-muenden.net, Fax (05541) 709440, 🍴, « Geschmackvolle Zimmereinrichtung » – 🛗 📺 ✔ – 🛎 25. ⑩❾ 𝓥𝓘𝓢𝓐
Menu *(geschl. Feb. 2 Wochen)* à la carte 34/67 – **15 Z** ⊐ 106/168.   Y **c**

🏠 **Berghotel Eberburg** ⬙ (mit Gästehaus), Tillyschanzenweg 14, ⊠ 34346, 𝒫 (05541) 50 88, Fax (05541) 4685, 🍴, 🍴 – 📺 ✔ 🄿. 🆎 𝓥𝓘𝓢𝓐   Z **a**
Menu *(geschl. Dez. - Feb., Sonntag)* (nur Abendessen) à la carte 33/55 – **25 Z** ⊐ 95/105 – 145/165.

🏠 **Schmucker Jäger**, Wilhelmshäuser Str. 45 (B 3), ⊠ 34346, 𝒫 (05541) 9 81 00, Busc h@hotel-schmucker-jaeger.de, Fax (05541) 2901 – 📺 ✔ ⬅ 🄿 – 🛎 60. 🆎 ⑩ ⑩❾ 𝓥𝓘𝓢𝓐   Z **r**
geschl. 2. - 11. Jan. – **Menu** *(geschl. Sonntagabend - Montagmittag)* à la carte 27/62 – **30 Z** ⊐ 84/98 – 118/148.

✗✗ **Letzter Heller** mit Zim, Am letzten Heller (B 80, über ① : 4 km), ⊠ 34346, 𝒫 (05541) 64 46, Fax (05541) 6071, 🍴 – ⬅ 🄿. 🆎 ⑩ ⑩❾ 𝓥𝓘𝓢𝓐
geschl. Feb. 3 Wochen – **Menu** *(geschl. Donnerstag)* (Montag - Freitag nur Abendessen) à la carte 41/60 – **9 Z** ⊐ 60/100.

HANN. MÜNDEN

In Hann. Münden-Gimte *Nord : 3 km über* ⑤ :

🏨 **Freizeit Auefeld,** Hallenbadstr. 33 (nahe der B 3), ✉ 34346, ✆ (05541) 70 50, *Hote l@Freizeit-Auefeld.de, Fax (05541) 1010,* 😄, ♨, ⇌, ✗(Halle) – 📶, ⇌ Zim, 📺 ✆ ⅙ 🚗 🅿 – ⛟ 80. 🆎 ⓞ 🆚 🆚🆂🅰
Menu à la carte 30/59 – **56 Z** ⇌ 120/160 – 158/180.

In Hann. Münden-Laubach *über* ① *: 6 km :*

🏨 **Werratal Hotel** (mit Gästehaus), Buschweg 41, ✉ 34346, ✆ (05541) 99 80, *Info@w errahotel.de, Fax (05541) 998140,* 😄, ⇌ – ⇌ Zim, 📺 ✆ ⅙ 🅿 – ⛟ 30. 🆎 ⓞ 🆚 🆚🆂🅰
Menu *(geschl. Okt. - April Dienstag)* à la carte 32/65 – **41 Z** ⇌ 95/115 – 136/166.

HANNOVER

L Niedersachsen 415 416 417 418 I 13 – 530 000 Ew – Höhe 55 m

Berlin 289 ② – Bremen 123 ① – Hamburg 151 ①

PRAKTISCHE HINWEISE

🛈 Hannover Tourist-Information, Ernst-August-Platz 2 ⊠ 30159, 𝒫 (0511) 16 84 97, 00
Fax (0511) 301414

ADAC, Nordmannpassage 4
ADAC, Laatzen ⊠ 30880, Lübecker Str. 17
✈ Hannover-Langenhagen (über ① : 11 km), 𝒫 (0511) 9 77 12 23
🚗 Raschplatz EX
Messegelände, Laatzener Straße, (über ④ und die B 6), 𝒫 (0511) 8 90,
Fax (0511) 8931216

🛆 Garbsen, Am Blauen See (über ⑧ : 14 km), 𝒫 (05137) 7 30 68
🛆 Isernhagen, Gut Lohne (über ② : 17 km), 𝒫 (05139) 89 31 85
🛆 Langenhagen, Hainhaus 22 (über ① : 19 km), 𝒫 (0511) 79 93 00
🛆 Laatzen-Gleidingen, Oesselser Str. (über ④ : 12 km), 𝒫 (05102) 30 11
🛆 Sehnde-Rethmar, Seufzerallee 10 (über ③ : 20 km), 𝒫 (05138) 61 38 39

Sehenswert : Herrenhäuser Gärten★★ (Großer Garten★★, Berggarten★) A –
Kestner-Museum★ DY **M¹** – Marktkirche (Schnitzaltar★★ DY – Niedersächsisches
Landesmuseum (Urgeschichtliche Abteilung★) EZ **M²**.

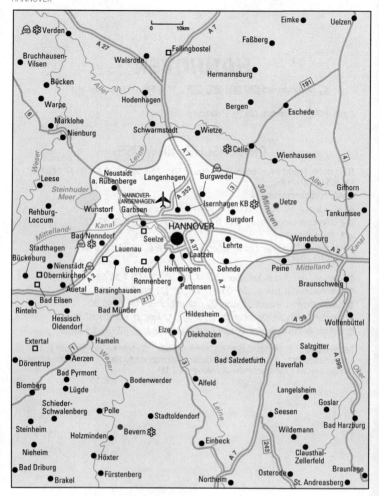

Kastens Hotel Luisenhof, Luisenstr. 1, ⌧ 30159, ✆ (0511) 3 04 40, *info@kaste ns-luisenhof.de, Fax (0511) 3044807* – ⏸, ✦ Zim, ▤ Rest, ⊠ ✆ 🚗 🄿 – ⚿ 90. ⒶⒺ Ⓞ ⓂⓈ **VISA** **JCB**. ✦ Rest
EX **b**
Menu *(geschl. Juni - Aug. Sonntag)* 36 (mittags) und à la carte 59/92 – **152 Z** ⌑ 219/525 – 268/680, 5 Suiten.

Maritim Grand Hotel, Friedrichswall 11, ⌧ 30159, ✆ (0511) 3 67 70, *info.hgr@m aritim.de, Fax (0511) 325195,* 🌡 – ⏸, ✦ Zim, ▤ Rest, ⊠ 🕭 – ⚿ 250. ⒶⒺ Ⓞ ⓂⓈ **VISA** **JCB**. ✦ Rest
DY **a**
L'Adresse - Brasserie : Menu à la carte 45/76 – **Wilhelm-Busch-Stube** *(geschl. Aug., Samstag - Sonntag, Feiertage) (nur Abendessen)* **Menu** à la carte 36/53 – ⌑ 29 – **285 Z** 255/585 – 298/632, 15 Suiten.

Maritim Stadthotel, Hildesheimer Str. 34, ⌧ 30169, ✆ (0511) 9 89 40, *info.hnn @maritim.de, Fax (0511) 9894900,* 🌡, 🕭, 🖳 – ⏸, ✦ Zim, ▤ ⊠ 🕭 🚗 🄿 – ⚿ 350. ⒶⒺ Ⓞ ⓂⓈ **VISA** **JCB**
EZ **b**
Menu à la carte 45/68 – ⌑ 29 – **291 Z** 226/447 – 267/544.

Courtyard by Marriott M, Arthur-Menge-Ufer 3, ✉ 30169, ℰ (0511) 36 60 00, Fax (0511) 36600555, 斎, « Terrasse am See », Ⅰᴚ, ᎒ – ⌷, ⅙⋌ Zim, ☰ ⊡ ⋇ 𝄐, ⫶ – ⩘ 200. ⏏ ⓞ ⓒⓞ 𝑉𝐼𝑆𝐴 𝐽𝐶𝐵   DZ b
Julian's (nur Abendessen) **Menu** à la carte 53/78 – *Grand Café :* **Menu** à la carte 42/68 – **149 Z** ⊑ 261/310 – 284/333, 5 Suiten.

Forum Hotel Schweizerhof, Hinüberstr. 6, ✉ 30175, ℰ (0511) 3 49 50, *hannov er@interconti.com*, Fax (0511) 3495123 – ⌷, ⅙⋌ Zim, ☰ ⊡ ⋇ 𝄐 ⫶ – ⩘ 250. ⏏ ⓞ ⓒⓞ 𝑉𝐼𝑆𝐴 𝐽𝐶𝐵   EX d
Schweizer Stuben (geschl. Juli - Aug., Sonntag - Montag) (nur Abendessen) **Menu** à la carte 74/98 – *Gourmet's Buffet :* **Menu** à la carte 50/90 – **200 Z** ⊑ 289/424 – 318/453, 3 Suiten.

Mercure, Willy-Brandt-Allee 3, ✉ 30169, ℰ (0511) 8 00 80, *H1016@accor-hotels.com*, Fax (0511) 8093704, 斎, ᎒ᔆ – ⌷ ⅙⋌ ⊡ ⋇ ⫶ – ⩘ 110. ⏏ ⓞ ⓒⓞ 𝑉𝐼𝑆𝐴 𝐽𝐶𝐵EZ n
Menu à la carte 40/61 – **145 Z** ⊑ 233 – 276/286.

Congress-Hotel am Stadtpark M, Clausewitzstr. 6, ✉ 30175, ℰ (0511) 2 80 50, *info@congress-hotel-hannover.de*, Fax (0511) 814652, 斎, Massage, ᎒ᔆ, 🄺 – ⌷ ⅙⋌ Zim, ⋇ 𝄐 ⫶ – ⩘ 1300. ⏏ ⓞ ⓒⓞ 𝑉𝐼𝑆𝐴 𝓈ℴ Rest   B e
Menu à la carte 33/76 *(auch Diät)* – **256 Z** ⊑ 190/260 – 280/300, 4 Suiten.

Grand Hotel Mussmann garni, Ernst-August-Platz 7, ✉ 30159, ℰ (0511) 3 65 60, *grandhotel@hannover.de*, Fax (0511) 3656145, ᎒ᔆ – ⌷ ⅙⋌ ⊡ ⋇ 𝄐 ⫶ – ⩘ 50. ⏏ ⓞ ⓒⓞ 𝑉𝐼𝑆𝐴   EX v
geschl. Juni - Sept. – **100 Z** ⊑ 218/258 – 328.

Loccumer Hof, Kurt-Schumacher-Str. 16, ✉ 30159, ℰ (0511) 1 26 40, *loccumerho f@compuserve.com*, Fax (0511) 131192 – ⌷, ⅙⋌ Zim, ⊡ ⋐ 𝄐 ⫶ – ⩘ 35. ⏏ ⓞ ⓒⓞ 𝑉𝐼𝑆𝐴   DX s
Menu à la carte 45/68 *(auch vegetarische Gerichte)* – **87 Z** ⊑ 165/185 – 200/220.

Königshof garni, Königstr. 12, ✉ 30175, ℰ (0511) 31 20 71, Fax (0511) 312079 – ⌷ ⅙⋌ ⊡ ⋐ – ⩘ 30. ⏏ ⓞ ⓒⓞ 𝑉𝐼𝑆𝐴 𝓈ℴ   EX c
79 Z ⊑ 168/198 – 168/390, 3 Suiten.

ANDOR Hotel Plaza M, Fernroder Str. 9, ✉ 30161, ℰ (0511) 3 38 80, *Plaza.Hann over@ANDOR-Hotels.de*, Fax (0511) 3388188, Ⅰᴚ, ᎒ᔆ – ⌷, ⅙⋌ Zim, ☰ Rest, ⊡ ⋐ – ⩘ 90. ⏏ ⓞ ⓒⓞ 𝑉𝐼𝑆𝐴   EX u
Menu à la carte 40/75 – **140 Z** ⊑ 195/205 – 215/255.

Concorde Hotel am Leineschloß M garni, Am Markte 12, ✉ 30159, ℰ (0511) 35 79 10, Fax (0511) 35791100 – ⌷ ⅙⋌ ⊡ ⋐ 𝄐. ⏏ ⓞ ⓒⓞ 𝑉𝐼𝑆𝐴 𝐽𝐶𝐵   DY e
81 Z ⊑ 196/360 – 265/450.

Classic Hotel Amadeus, Fössestr. 83, ✉ 30451, ℰ (0511) 21 97 60, *Amadeus@c lassic-hotels.com*, Fax (0511) 21976200 – ⌷, ⅙⋌ Zim, ⊡ ⋇ 𝄐 – ⩘ 65. ⏏ ⓞ ⓒⓞ 𝑉𝐼𝑆𝐴
Menu à la carte 40/69 – **129 Z** ⊑ 185 – 220/240.   B y

Am Rathaus, Friedrichswall 21, ✉ 30159, ℰ (0511) 32 62 68, *info@hotelamrathau s.de*, Fax (0511) 32626968, ᎒ᔆ – ⌷ ⊡ ⏏ ⓞ ⓒⓞ 𝑉𝐼𝑆𝐴
Menu *(geschl. Samstag - Sonntag)* à la carte 35/62 – **43 Z** ⊑ 165/240.   EY y

Körner, Körnerstr. 24, ✉ 30159, ℰ (0511) 1 63 60, Fax (0511) 18048, 斎 – ⌷, ⅙⋌ Zim, ⊡ 𝄐 – ⩘ 50. ⏏ ⓞ ⓒⓞ 𝑉𝐼𝑆𝐴   DX e
geschl. Weihnachten - Neujahr – **Menu** *(geschl. Sonntag)* 32 (mittags) à la carte 43/67 – **76 Z** ⊑ 160/190 – 200/255.

Atlanta garni, Hinüberstr. 1, ✉ 30175, ℰ (0511) 3 38 60, *atlanta.hotel@t-online.de*, Fax (0511) 345928 – ⌷ ⅙⋌ ☰ ⊡ 𝄐. ⏏ ⓞ 𝑉𝐼𝑆𝐴 𝐽𝐶𝐵. 𝓈ℴ   EX t
geschl. 22. Dez. - 2. Jan. – **36 Z** ⊑ 155/235 – 215/330.

CVJM City Hotel M garni, Limburgstr. 3, ✉ 30159, ℰ (0511) 3 60 70, *Reservierun g@CityHotelHannover.DE*, Fax (0511) 3607177 – ⌷ ⅙⋌ ⊡ ⋐ – ⩘ 80. ⓒⓞ 𝑉𝐼𝑆𝐴 𝐽𝐶𝐵   DX c
47 Z ⊑ 145/175 – 220/260.

Landhaus Ammann mit Zim, Hildesheimer Str. 185, ✉ 30173, ℰ (0511) 83 08 18, *mail @landhaus-ammann.de*, Fax (0511) 8437749, « Elegante Einrichtung ; Innenhofterrasse », 斎 – ⌷ ⅙⋌ 𝄐 ⩘ 100. ⏏ ⓞ ⓒⓞ 𝑉𝐼𝑆𝐴 𝓈ℴ Rest   B b
Menu *(bemerkenswerte Weinkarte)* 59 (mittags) à la carte 84/137 *(auch vegetarisches Menu)* – **15 Z** ⊑ 345 – 365/398.

Feuchters lila Kranz mit Zim, Berliner Allee 33, ✉ 30175, ℰ (0511) 85 89 21, Fax (0511) 854383, 斎 – ⊡ ⏏ ⓞ ⓒⓞ 𝑉𝐼𝑆𝐴. 𝓈ℴ Zim   FX b
Menu *(geschl. Samstagmittag)* à la carte 72/96 – **5 Z** ⊑ 220/350.

Romantik Hotel Georgenhof-Stern's Restaurant 𝓈ℴ mit Zim, Herrenhäuser Kirchweg 20, ✉ 30167, ℰ (0511) 70 22 44, Fax (0511) 708559, « Niederdeutsches Landhaus ; Gartenterrasse » – ⊡ 𝄐. ⏏ ⓞ ⓒⓞ 𝑉𝐼𝑆𝐴   B r
Menu *(bemerkenswerte Weinkarte)* 37/40 (mittags) und à la carte 79/137 – **14 Z** ⊑ 110/200 – 240/280.

XX **Clichy,** Weißekreuzstr. 31, ✉ 30161, ℰ (0511) 31 24 47, clichy@clichy.de, Fax (0511) 318283 – AE MO VISA   EV d
geschl. Samstagmittag, Sonntag – **Menu**
à la carte 72/93.

XX **Gattopardo,** Hainhölzer Str. 1 / Ecke Post-kamp, ✉ 30159, ℰ (0511) 1 43 75, Fax (0511) 318283, 😤 – AE MO VISA
Menu (nur Abendessen) (italienische Küche) 60/87 und à la carte 55/70.   DV f

X **Enrico Leone,** Königstr. 46, ✉ 30175, ℰ (0511) 3 88 53 45, Fax (0511) 854383 – AE ⓪ MO VISA   EX s
geschl. Sonntag (ausser Messen) **Menu** (italie-nische Küche) à la carte 44/75.

X **Biesler,** Sophienstr. 6, ✉ 30159, ℰ (0511) 32 10 33, Fax (0511) 321034 – MO   EY c
geschl. 1. - 15. Aug., Samstagmittag, Sonntag - Montag – **Menu** à la carte 54/69.

In Hannover-Bemerode über Bischofsholer Damm B :

🏨 **Treff Hotel Europa,** Bergstr. 2, ✉ 30539, ℰ (0511) 9 52 80, hannover@treff-hotels. de, Fax (0511) 9528488, 😤, ☎s – ⎮⎬⎮, ✻ Zim, TV ℰ & 🄿 – 🔬 300. AE ⓪ MO VISA JCB
Menu à la carte 40/72 – **183 Z** ⊇ 249/309 – 309/369.

In Hannover-Bothfeld über Podbielskistrasse B :

🏠 **Residenz Hotel** garni, Im Heidkampe 80, ✉ 30659, ℰ (0511) 64 75 50, Residenz HotelHannover@t-online.de, Fax (0511) 6475515, ☎s, 🚗 – TV 🄿. AE MO VISA JCB
geschl. 22. Dez. - 2. Jan. – **44 Z** ⊇ 220/240 – 290/320.

In Hannover-Buchholz :

🏨 **Pannonia Atrium Hotel** M, Karl-Wie-chert-Allee 68, ✉ 30625, ℰ (0511) 5 40 70, H1701@accor-hotels.com, Fax (0511) 5407826, 😤, Massage, ☎s – ⎮⎬⎮, ✻ Zim, TV & ⟷ 🄿 – 🔬 140. AE ⓪ MO VISA JCB   B v
Menu à la carte 42/77 – **223 Z** ⊇ 227/350 – 302/450, 7 Suiten.

XX **Gallo Nero,** Groß Buchholzer Kirchweg 72b, ✉ 30655, ℰ (0511) 5 46 34 34, mail@gisyvino.de, Fax (0511) 548283, 😤 « Bauernhaus a.d. 18.Jh. mit moderner Einrichtung ; ständige Bilderausstellung » – 🄿. AE MO VISA   über Podbielskistraße B
geschl. Jan. 1 Woche, Aug., Sonntag – **Menu** (italienische Küche) (abends Tischbestellung ratsam) (bemerkenswerte ital. Wein- und Grappaauswahl) à la carte 67/86.

XX **Buchholzer Windmühle,** Pasteurallee 30, ✉ 30655, ℰ (0511) 64 91 38, Fax (0511) 6478930, 😤 – ✻ Rest, 🄿 – 🔬 40. AE ⓪ MO VISA. 🛇
geschl. 23. Dez. - 2. Jan., Sonntag - Montag, Feiertage – **Menu** (nur Abendessen) à la carte 50/78.   über Podbielskistraße B

XX **Steuerndieb** mit Zim, Steuerndieb 1 (im Stadtwald Eilenriede), ✉ 30655, ℰ (0511) 90 99 60, steuerndieb@t-online.de, Fax (0511) 9099629, « Terrasse » – TV 🄿. AE ⓪ MO VISA JCB   B c
Menu (geschl. Sonntagabend) à la carte 49/79 (auch vegetarisches Menu) – **5 Z** ⊇ 159/220 – 250/280.

In Hannover-Döhren :

XXX **Wichmann,** Hildesheimer Str. 230, ✉ 30519, ℰ (0511) 83 16 71, Fax (0511) 8379811, « Gemütliche Stuben ; Innenhof ». AE MO VISA   B s
Menu à la carte 71/102.

Adenauerallee	B 2
Altenauer Weg	A 3
Clausewitzstraße	B 5
Friedrichswall	B 6
Friedrich-Ebert-Str.	B 8
Goethestraße	B 9
Gustav-Bratke-Allee	B 10
Humboldtstraße	B 13
Kirchröder Straße	B 16
Lavesallee	B 17
Leibnizufer	B 18
Ritter-Brüning-Str.	B 20
Scheidestraße	B 21
Schloßwender Str.	B 22
Stöckener Straße	A 23
Stresemannallee	B 25

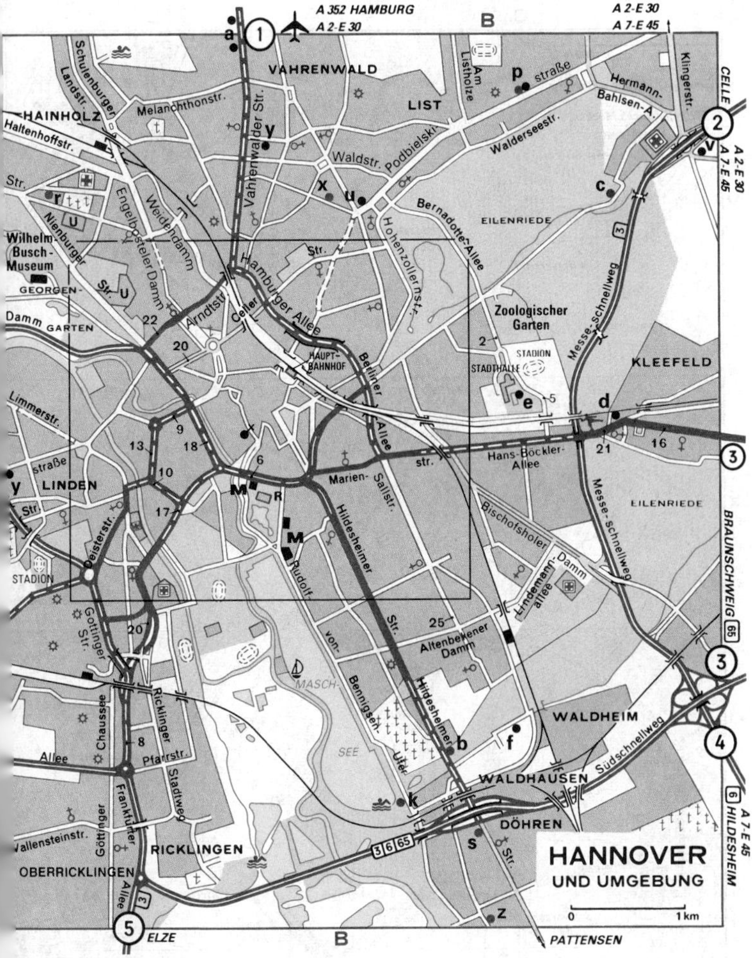

XX **Die Insel,** Rudolf-von-Bennigsen-Ufer 81, ✉ 30519, ☎ (0511) 83 12 14, *norbert.schu@t-online.de, Fax (0511) 831322,* ≤, 🏠 – P. AE MC VISA B k
geschl. Montag – **Menu** (Tischbestellung ratsam) (bemerkenswerte Weinkarte) à la carte 60/106.

XX **Titus,** Wiehbergstr. 98, ✉ 30519, ☎ (0511) 83 55 24, *Fax (0511) 8386538,* 🏠 – AE D MC VISA JCB B z
Menu 44 (mittags) à la carte 70/86.

X **da Vinci,** Hildesheimer Str. 228, ✉ 30519, ☎ (0511) 8 43 65 56, *Fax (0511) 8437208* P. AE VISA. ✂ B s
geschl. Sonntag – **Menu** (italienische Küche) à la carte 41/64.

In Hannover-Flughafen *über ① : 11 km :*

Maritim Airport Hotel M, Flughafenstr. 5, ✉ 30669, ☎ (0511) 9 73 70, *Info.HFL@maritim.de, Fax (0511) 9737590,* ≘s, 🏊 – 🛗, ⇝ Zim, TV ☎ ♿ 🚗 – 🎪 850. AE D MC VISA JCB. ✂ Rest
Menu (nur Buffet) 45 (mittags)/49 (abends) – ***Bistro Bottaccio*** *(geschl. Sonntag - Montag)* **Menu** à la carte 48/79 – ☕ 29 – **527 Z** 252/529 – 310/579, 30 Suiten.

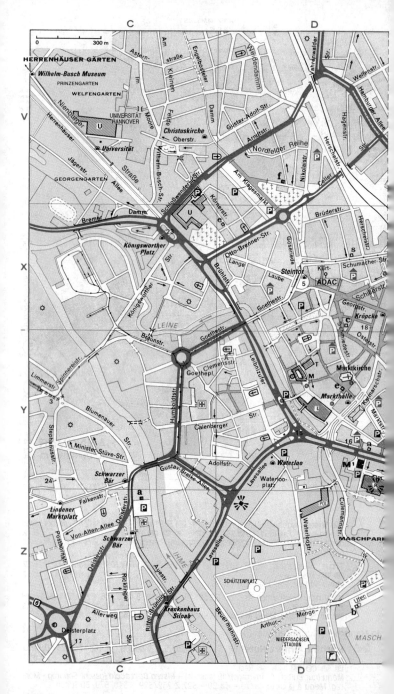

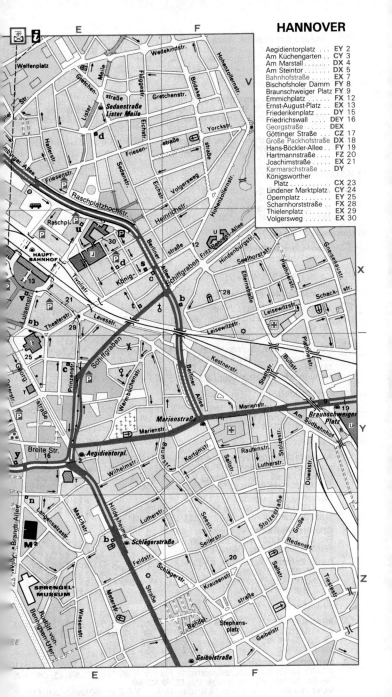

HANNOVER

🏨 Holiday Inn Crowne Plaza Ⓜ, Petzelstr. 60, ⊠ 30662, ℰ (0511) 7 70 70, *FO-Manager.HIHannover@Queensgruppe.de, Fax (0511) 737781,* 🏤, ⬛s, 🔲 – 🛗, ⥲ Zim, 🖥 📺 ❦ 🕭 🖭 – 🔥 110. 🖭 ⓞ ⓜⓔ 𝚅𝙸𝚂𝙰 𝙹𝙲𝙱. ⥲ Rest
Menu 39 (Lunchbuffet) à la carte 42/82 – **210 Z** ⊇ 295/495 – 345/545.

In Hannover-Herrenhausen :

🏛 Relais Mercure am Entenfang, Eichsfelder Str. 4, ⊠ 30419, ℰ (0511) 9 79 50, *Fax (0511) 9795299,* ⬛s – 🛗 ⥲ 📺 ❦ 🕭 ⥅ 🖭 – 🔥 20. 🖭 ⓞ ⓜⓔ 𝚅𝙸𝚂𝙰 𝙹𝙲𝙱
Menu *(nur Abendessen)* (Restaurant nur für Hausgäste) 25 (Buffet) – **83 Z** ⊇ 156/288 – 204/312.　　　　　　　　　　　　　　　über Stöckener Straße und Fuhsestraße　A

🏠 In Herrrenhausen garni, Markgrafstr. 5, ⊠ 30419, ℰ (0511) 7 90 76 00, *Fax (0511) 7907698* – 🛗 📺 ⥅ 🖭 🖭 ⓜⓔ 𝚅𝙸𝚂𝙰 𝙹𝙲𝙱　　　　　　　　　　　　　A a
42 Z ⊇ 125/160 – 180/210.

In Hannover-Kirchrode *über* ③ :

🏨 Queens Hotel ⌘, Tiergartenstr. 117, ⊠ 30559, ℰ (0511) 5 10 30, *Reservation.QuHannover@Queensgruppe.de, Fax (0511) 5103510,* 🛌, ⬛s – 🛗, ⥲ Zim, 📺 ❦ 🕭 ⥅ 🖭 – 🔥 160. 🖭 ⓞ ⓜⓔ 𝚅𝙸𝚂𝙰
Menu à la carte 42/75 – **178 Z** ⊇ 213/283 – 296/366, 3 Suiten.

In Hannover-Kleefeld :

🏛 Kleefelder Hof garni, Kleestr. 3a, ⊠ 30625, ℰ (0511) 5 30 80, *Kleefelderhof-hannover@T-online.de, Fax (0511) 5308333* – 🛗 ⥲ 📺 ❦ 🕭 ⥅ 🖭 – 🔥 20. 🖭 ⓞ ⓜⓔ 𝚅𝙸𝚂𝙰 𝙹𝙲𝙱　　　　　　　　　　　　　　　　　　　B d
⊇ 20 – **86 Z** 210/415 – 230/515.

In Hannover-Lahe *über Podbielskistrasse* B :

🏛 Holiday Inn, Oldenburger Allee 1, ⊠ 30659, ℰ (0511) 6 15 50, *hannover@eventhotels.com, Fax (0511) 6155555,* 🏤, ⬛s – 🛗, ⥲ Zim, 📺 ❦ 🕭 ⥅ 🖭 – 🔥 280. 🖭 ⓞ ⓜⓔ 𝚅𝙸𝚂𝙰
Menu à la carte 38/70 – **150 Z** ⊇ 221/260 – 243/282.

🏛 Der Föhrenhof, Kirchhorster Str. 22, ⊠ 30659, ℰ (0511) 6 15 40, *hotel@foehrenhof.bestwestern.de, Fax (0511) 619719,* 🏤, 🌳 – 🛗, ⥲ Zim, 📺 ❦ 🖭 – 🔥 90. 🖭 ⓞ ⓜⓔ 𝚅𝙸𝚂𝙰
Menu *(geschl. 27. Dez. - 1. Jan.)* à la carte 35/70 – **78 Z** ⊇ 150/225 – 225/380.

In Hannover-Linden-Süd :

✗ Tandure am Ihmeufer, Deisterstr. 17 a, ⊠ 30499, ℰ (0511) 45 36 70, *tandure@t-online.de, Fax (0511) 2152117,* 🏤 – 🖭 ⓜⓔ 𝚅𝙸𝚂𝙰　　　　　　　　　　CZ a
Menu *(wochentags nur Abendessen)* (türkische Küche) à la carte 40/65.

In Hannover-List :

🏨 ArabellaSheraton Pelikan Ⓜ, Podbielskistr. 145, ⊠ 30177, ℰ (0511) 9 09 30, *pelikanhotel@arabellaSheraton.com, Fax (0511) 9093555,* 🏤, « Designer-Hotel in ehemaliger Fabrik », 🛌, ⬛s – 🛗, ⥲ Zim, 📺 ❦ 🕭 ⥅ 🖭 – 🔥 140. 🖭 ⓞ ⓜⓔ 𝚅𝙸𝚂𝙰 𝙹𝙲𝙱　B p
5th Avenue : Menu à la carte 45/76 – ⊇ 29 – **147 Z** 395/455 – 445/500, 10 Suiten.

🏛 Dorint Ⓜ, Podbielskistr. 21, ⊠ 30163, ℰ (0511) 3 90 40, *Info.HAJHAN@dorint.com, Fax (0511) 3904100,* ⬛s – 🛗, ⥲ Zim, 🖥 Zim, ⥅ 🖭 – 🔥 200. 🖭 ⓞ ⓜⓔ 𝚅𝙸𝚂𝙰
Menu à la carte 40/71 – **206 Z** ⊇ 327/387 – 355/415.　　　　　　　　　B u

✗ Grüner Pelikan, Podbielskistr. 143a, ⊠ 30177, ℰ (0511) 3 94 23 00, *Fax (0511) 3942302,* 🏤 – 🖭 ⓜⓔ 𝚅𝙸𝚂𝙰　　　　　　　　　　　　　B p
geschl. Samstagmittag – **Menu** à la carte 41/65.

✗ Neue Zeiten, Jakobistr. 24, ⊠ 30163, ℰ (0511) 39 24 47, *neuezeiten@gmx.net, Fax (05033) 3478.* ⓜⓔ 𝚅𝙸𝚂𝙰　　　　　　　　　　　　　　　B x
geschl. Juli - Aug. 3 Wochen, Sonntag - Montag – **Menu** *(nur Abendessen)* à la carte 54/74 *(auch vegetarisches Menu).*

In Hannover-Messe *über* ④ :

🏨 Radisson SAS Ⓜ, EXPO-Plaza 5 (am Messegelände), ⊠ 30521, ℰ (0511) 38 38 30, *info@hajzrsas.com, Fax (0511) 383838000,* 🛌, ⬛s – 🛗, ⥲ Zim, 🖥 📺 ❦ 🕭 ⥅ – 🔥 120. 🖭 ⓞ ⓜⓔ 𝚅𝙸𝚂𝙰 𝙹𝙲𝙱
Menu à la carte 49/76 – ⊇ 27 – **250 Z** 215/255 – 215/275.

🏨 Parkhotel Kronsberg, Gut Kronsberg1 (am Messegelände), ⊠ 30539, ℰ (0511) 8 74 00, *parkh@kronsberg.bestwestern.de, Fax (0511) 867112,* 🏤, ⬛s, 🔲, 🌳 – 🛗, ⥲ Zim, 🖥 Rest, 📺 ⥅ 🖭 – 🔥 150. 🖭 ⓞ ⓜⓔ 𝚅𝙸𝚂𝙰
Menu *(geschl. 27. Dez. - 1. Jan.)* à la carte 44/74 – **200 Z** ⊇ 160/295 – 250/345.

In Hannover-Roderbruch über ② : 7 km :

🏠 **Novotel,** Feodor-Lynen-Str. 1, ✉ 30625, ☎ (0511) 9 56 60, *h1631@accor-hotels.com,*
Fax (0511) 9566333, 🏡, ⇔, ⤢ (geheizt) – 🛗, ⤢ Zim, 📺 ❤️ ⛄ 🅿 – 🔬 100. 🄰🄴 ⦿
⦿ VISA
Menu à la carte 36/69 – 🖵 23 – **112 Z** 169/200 – 199/230.

In Hannover-Vahrenwald über ① :

🏠 **Fora,** Großer Kolonnenweg 19, ✉ 30163, ☎ (0511) 6 70 60, *reservation.hannover@f*
ora.de, Fax (0511) 6706111, 🏡, ⇔ – 🛗, ⤢ Zim, 🍽 Rest, 📺 ❤️ ⛄ ⛟ – 🔬 100. 🄰🄴
⦿ ⦿ VISA JCB. ✸ Rest
Menu à la carte 37/60 – **142 Z** 🖵 235/275 – 275/315.

🏠 **Vahrenwalder Hotel 181** garni, Vahrenwalder Str. 181, ✉ 30165, ☎ (0511)
35 80 60, *hotelvahrenwald@aol.com, Fax (0511) 3505250,* ⇔ – 🛗 ⤢ 📺 🅿 🄰🄴 ⦿ ⓐ
⦿ VISA   B a
32 Z 🖵 140/190 – 170/240.

🏠 **Vahrenwald** garni, Vahrenwalder Str. 205, ✉ 30165, ☎ (0511) 63 30 77, *hotelvahr*
enwald@aol.com, Fax (0511) 673163 – 🛗 ⤢ 📺 🅿 🄰🄴 ⦿ ⦿ VISA   B a
26 Z 🖵 140/190 – 170/240.

🍴 **Basil,** Dragonerstr. 30a, ✉ 30163, ☎ (0511) 62 26 36, *restaurant@basil.de,*
Fax (0511) 3941434, 🏡 – 🅿 🄰🄴 ⦿ ⦿ VISA   B y
geschl. 23. Dez. - 5. Jan., Sonntag – **Menu** *(nur Abendessen)* (Tischbestellung ratsam) 52/63
à la carte 55/69.

In Hemmingen-Westerfeld über ⑤ : 8 km :

🏠 **Landhaus Artischocke,** Dorfstr. 30, ✉ 30966, ☎ (0511) 94 26 46 30, *Landhaus*
@Artischocke.de, Fax (0511) 94264659, 🏡 – 📺 🅿 🄰🄴 ⦿ VISA
Menu *(wochentags nur Abendessen)* à la carte 49/70 – **20 Z** 🖵 100/150 – 150/190.

🏠 **Concorde Hotel Berlin** garni, Berliner Str. 4, ✉ 30966, ☎ (0511) 4 10 28 00,
Fax (0511) 41028013, ⇔ – 🛗 ⤢ 📺 🅿 ⦿ ⦿ VISA
39 Z 🖵 135/165 – 166/205.

In Laatzen *Süd-Ost : 9 km über Hildesheimer Straße* B :

🏠 **Copthorne Hannover** 🅼, Würzburger Str. 21, ✉ 30880, ☎ (0511) 9 83 60, *copt*
horne@hannover.de, Fax (0511) 9836666, 🏡, 🛋, ⇔, ⤢ – 🛗, ⤢ Zim, 🍽 Zim, 📺 ❤️
⛄ 🅿 – 🔬 280. 🄰🄴 ⦿ VISA JCB. ✸ Rest
Menu à la carte 45/69 – 🖵 30 – **222 Z** 290/340 – 390/440.

🏠 **Mercure Messe** 🅼, Karlsruher Str. 8a, ✉ 30880, ☎ (0511) 87 57 30, *H2831-GM@a*
ccor-hotels.de, Fax (0511) 87573555 – 🛗, ⤢ Zim, 🍽 📺 ❤️ ⛄ 🅿 – 🔬 100. 🄰🄴 ⦿
⦿ VISA
Menu à la carte 42/71 – **120 Z** 🖵 194/239.

🏠 **Treff-Hotel Britannia,** Karlsruher Str. 26, ✉ 30880, ☎ (0511) 8 78 20, *hannover*
@treff-hotels.de, Fax (0511) 863466, 🏡, ✸(Halle) Indoor Golf – 🛗, ⤢ Zim, 📺 ⛄ 🅿
– 🔬 120. 🄰🄴 ⦿ ⦿ VISA JCB
Menu 45/57 (nur Buffet) – **100 Z** 🖵 249/309 – 309/369.

🏠 **Haase,** Am Thie 4 (Ortsteil Grasdorf), ✉ 30880, ☎ (0511) 82 01 60, *Hotel.Haase@t-o*
nline.de, Fax (0511) 8201666 – 🛗 📺 🅿 🄰🄴 ⦿ ⦿ VISA
Menu *(geschl. Montagmittag, Dienstagmittag)* à la carte 32/52 – **43 Z** 🖵 150/250 –
250/320.

In Langenhagen über ① : 10 km :

🏠 **Allegro** 🅼 garni, Walsroder Str. 105, ✉ 30853, ☎ (0511) 7 71 96 10, *Hotel@hotel-a*
llegro.de, Fax (0511) 77196196 – 🛗 ⤢ 📺 ❤️ ⛟ – 🔬 200. 🄰🄴 ⦿ ⦿
VISA. ✸
130 Z 🖵 188/298.

🏠 **Ambiente,** Walsroder Str. 70, ✉ 30853, ☎ (0511) 7 70 60, *hotel@Ambiente.com,*
Fax (0511) 7706111 – 🛗, ⤢ Zim, 📺 ❤️ ⛟ 🅿 – 🔬 20. 🄰🄴 ⦿ ⦿ VISA
Menu *(geschl. Samstag - Sonntag) (nur Abendessen)* à la carte 31/67 – **67 Z** 🖵 172/218
– 218.

🏠 **Zollkrug** garni, Walsroder Str. 36, ✉ 30851, ☎ (0511) 78 67 10, *INFO@Hotel-Zollkru*
g.de, Fax (0511) 744375 – 📺 ❤️ 🅿 🄰🄴 ⦿ ⦿ VISA
geschl. 22. Dez. - 7. Jan. – **23 Z** 🖵 120/139 – 185.

🏠 **Grethe,** Walsroder Str. 151, ✉ 30853, ☎ (0511) 7 26 29 10, *Fax (0511) 772418,* Biergarten, ⇔, 🛋 – 🛗, ⤢ Zim, 📺 ❤️ 🅿 – 🔬 40. 🄰🄴 ⦿ VISA JCB
geschl. 22. Dez. - 6. Jan. – **Menu** *(geschl. Samstag - Sonntag)* à la carte 39/66 – **51 Z**
🖵 140/160 – 185.

In Langenhagen-Krähenwinkel über ① : *11 km :*

🏠 **Jägerhof,** Walsroder Str. 251, ⊠ 30855, ℰ (0511) 7 79 60, *jaegerhof1@aol.com,* Fax (0511) 7796111, 佘, ⇌ – 饄 Zim, 📺 🚗 🅿 – 🛗 60. 🝐 ⓞ 🅆
VISA **JCB**
geschl. 23. Dez. - 8. Jan. – **Menu** (geschl. Samstagmittag, Sonn- und Feiertage, Juni - Okt.
Sonntagabend geöffnet) à la carte 38/70 – **77 Z** ⊑ 110/180 – 150/360.

In Ronnenberg-Benthe über ⑦ : *10 km über die B 65 :*

🏠 **Benther Berg** 🐾, Vogelsangstr. 18, ⊠ 30952, ℰ (05108) 6 40 60, *HOTEL-BENTHER-BERG@t-online.de,* Fax (05108) 640650, 佘, « Park », ⇌, 🖂 – 🛗, 🗉 Rest, 📺 🅿 –
🛗 60. 🝐 ⓞ 🅆 **VISA**
Menu à la carte 65/98 – **70 Z** ⊑ 148/188 – 250.

In Seelze-Lohnde West : *12 km über Wunstorfer Straße (B 441)* A :

🏠 **Krumme Masch** garni, Krumme Masch 16, ⊠ 30926, ℰ (05137) 9 26 57, Fax (05137) 91120 – 📺 🚗 🅿 🝐 🅆 **VISA**. 🛠
12 Z ⊑ 110/130 – 160/180.

In Isernhagen KB Nord : *14 km über Podbielskistraße* B :

🍴 **Hopfenspeicher** mit Zim, Dorfstr. 16, ⊠ 30916, ℰ (05139) 89 29 15,
🌺 Fax (05139) 892913, « Gartenterrasse » – 📺 🅿 🅆 **VISA**
geschl. Jan. 2 Wochen, Juli 2 Wochen – **Menu** (geschl. Sonntag) (nur Abendessen) à la carte 68/100 – **20 Z** ⊑ 200/220 – 260
Spez. Rotbarbe aus der Bouillabaisse-Sud. Lammrücken mit Ratatouille und Bärlauchsauce. Dessert-Variation.

In Garbsen-Berenbostel über ⑧ : *13 km und die B 6 :*

🏠 **Landhaus am See** 🐾, Seeweg 27, ⊠ 30827, ℰ (05131) 4 68 60, *info@landhausa msee.de,* Fax (05131) 468666, ≤, « Gartenterrasse », Massage, ⇌, 🖂 , 🌳 – 📺 🅿 –
🛗 30. 🝐 ⓞ 🅆 **VISA**. 🛠 Rest
Menu (geschl. Sonntag) 40 à la carte 47/78 – **38 Z** ⊑ 150/165 – 190/260.

In Garbsen-Frielingen über ⑧ : *19 km und die B 6 :*

🏠 **Bullerdieck,** Bgm.-Wehrmann-Str. 21, ⊠ 30826, ℰ (05131) 45 80, *info@bullerdieck .de,* Fax (05131) 458222, Biergarten, Massage, ⇌ – 🗉, 饄 Zim, 📺 🕻 🅿 – 🛗 45. ⓞ
🅆 **VISA**
Menu à la carte 37/65 – **54 Z** ⊑ 110/155 – 165/205.

If you find you cannot take up a hotel booking you have made,
please let the hotel know immediately.

HANSTEDT Niedersachsen 🄖🄗🄘 G 14 – 4 600 Ew – Höhe 40 m – Erholungsort.
🛈 Verkehrsverein, Am Steinberg 2, Küsterhaus ⊠ 21271, ℰ (04184) 1 94 33, Fax (04184) 525.
Berlin 321 – Hannover 118 – Hamburg 56 – Lüneburg 31.

🏠 **Sellhorn,** Winsener Str. 23, ⊠ 21271, ℰ (04184) 80 10, *webmaster@hotel-sellhorn.de,* Fax (04184) 801333, « Gartenterrasse », ⇌, 🖂 , 🌳 – 🗉, 饄 Zim, 📺 🚗 🅿 – 🛗 50.
🝐 ⓞ 🅆 **VISA**
Menu à la carte 49/95 – **56 Z** ⊑ 139/171 – 182/226, 4 Suiten – ½ P 33.

In Hanstedt-Ollsen Süd : *4 km :*

🏠 **Zur Eiche** (mit Gästehaus), Am Naturschutzpark 3, ⊠ 21271, ℰ (04184) 8 83 00, Fax (04184) 8830140, 佘, 🌳 – 📺 🅿 – 🛗 15. 🝐 ⓞ 🅆 **VISA**
geschl. Mitte Jan. - Ende Feb. – **Menu** (geschl. Montag) à la carte 37/62 – **19 Z** ⊑ 91/136 – 126/192 – ½ P 21.

HAPPURG-KAINSBACH Bayern siehe Hersbruck.

HARBURG (SCHWABEN) Bayern 🄙🄚 T 16 – 6 100 Ew – Höhe 413 m.
Sehenswert : Schloß (Sammlungen★).
Berlin 525 – München 111 – Augsburg 55 – Ingolstadt 67 – Nürnberg 102 – Stuttgart 129.

🏠 **Zum Straußen,** Marktplatz 2, ⊠ 86655, ℰ (09080) 13 98, Fax (09080) 4324, 佘, ⇌
🚗 – 🗉, 饄 Zim, 📺 🚗 🅿 🛠
geschl. Mitte Aug. - Anfang Sept. – **Menu** (geschl. Sonntagabend - Montag) à la carte 19/41
🍴 – **16 Z** ⊑ 48/58 – 80/110.

HARDEGSEN Niedersachsen 〔417〕〔418〕 L 13 – 8 500 Ew – Höhe 173 m – Luftkurort.

🛈 Touristinformation, Vor dem Tore 1, ⊠ 37181, ℘ (05505) 5 03 17, Fax (05505) 50333.

Berlin 335 – Hannover 115 – *Kassel 64* – Göttingen 21 – Braunschweig 102.

In Hardegsen-Goseplack Süd-West : 5 km :

🏨 **Altes Forsthaus,** an der B 241, ⊠ 37181, ℘ (05505) 94 00, Fax (05505) 940444, 😊,
🐎 – 🛗 �📺 📞 ♿ 🅿 – 🔔 40. 🆎 ⓪ ⓦⓞ 𝐕𝐈𝐒𝐀
geschl. Ende Jan. - Anfang Feb. – **Menu** *(geschl. Dienstag)* à la carte 36/75 *(auch vegetarische Gerichte)* – **19 Z** ⊆ 88/98 – 165/185, 3 Suiten.

HARDERT Rheinland-Pfalz siehe Rengsdorf.

HARDHEIM Baden-Württemberg 〔419〕 R 12 – 6 700 Ew – Höhe 271 m – Erholungsort.

🐎 Eichenbühl-Guggenberg, Ortsstr. 12 (Nord-West : 7 km), ℘ (06282) 4 06 62.

Berlin 545 – Stuttgart 116 – *Würzburg 50* – Aschaffenburg 70 – Heilbronn 74.

In Hardheim-Schweinberg Ost : 4 km :

🏨 **Landgasthof Ross,** Königheimer Str. 23, ⊠ 74736, ℘ (06283) 10 51,
Fax (06283) 50322 – 🛗 �📺 🅿.
geschl. Aug. 3 Wochen – **Menu** *(geschl. Sonntagabend - Montagmittag, Dienstagmittag)*
à la carte 29/56 – **25 Z** ⊆ 55/60 – 100.

HARPSTEDT Niedersachsen 〔415〕 H 9 – 4 500 Ew – Höhe 20 m – Erholungsort.

Berlin 390 – Hannover 103 – *Bremen 30* – Osnabrück 95.

🏨 **Zur Wasserburg** (mit Gästehaus), Amtsfreiheit 4, ⊠ 27243, ℘ (04244) 9 38 20, *info
@ ZurWasserburg.de, Fax (04244) 938277*, 😊, 🐎, 🎾 – 🖐 Zim, �📺 📞 ♿ 🛒 🅿 – 🔔 40.
🆎 ⓪ ⓦⓞ 𝐕𝐈𝐒𝐀 ᴊᴄʙ
geschl. 2. - 16. Jan. – **Menu** à la carte 35/65 – **30 Z** ⊆ 85/100 – 150/180 – ½ P 25.

HARSEFELD Niedersachsen 〔415〕 F 12 – 9 500 Ew – Höhe 30 m.

Berlin 346 – Hannover 176 – *Hamburg 56* – Bremen 82.

🏨 **Meyers Gasthof,** Marktstr. 19, ⊠ 21698, ℘ (04164) 8 14 60, *INFO@ hotel-meyer.de,
Fax (04164) 3022* – 🖐 Zim, �📺 ♿ 🛒 🅿 🆎 ⓪ ⓦⓞ 𝐕𝐈𝐒𝐀
Menu *(geschl. Juli 2 Wochen)* à la carte 28/58 – **25 Z** ⊆ 83/108 – 130/180.

HARSEWINKEL Nordrhein-Westfalen 〔417〕 K 8 – 19 000 Ew – Höhe 65 m.

🐎 Marienfeld (Süd-Ost : 4 km), ℘ (05247) 88 80.

Berlin 424 – Düsseldorf 158 – *Bielefeld 30* – Münster (Westfalen) 46.

❌❌❌ **Poppenborg** mit Zim, Brockhäger Str. 9, ⊠ 33428, ℘ (05247) 22 41, *Restaurant-Po
ppenborg@ t-online.de, Fax (05247) 1721,* « Elegantes Restaurant mit Art-Deco Elemen-
ten ; Gartenrestaurant » – 🛗 �📺 📞 🛒 🅿 🆎 ⓪ ⓦⓞ 𝐕𝐈𝐒𝐀. 🌿
Menu *(geschl. Mittwoch)* *(bemerkenswerte Weinkarte)* à la carte 64/93 – **18 Z** ⊆ 90/110
– 150/160.

In Harsewinkel-Greffen West : 6 km :

🏨 **Zur Brücke,** Hauptstr. 38 (B 513), ⊠ 33428, ℘ (02588) 8 90, *info@ hotel-zur-bruek
ke.de, Fax (02588) 8989,* 😊, 🌊, 🌲 – 🛗 🖐 Zim, �📺 🅿 – 🔔 35. 🆎 ⓪ ⓦⓞ 𝐕𝐈𝐒𝐀. 🌿 Rest
geschl. 16. - 28. Juli – **Menu** *(geschl. Sonntagabend)* à la carte 33/65 – **43 Z** ⊆ 100/130
– 140/210.

In Harsewinkel-Marienfeld Süd-Ost : 4 km :

🏨 **Klosterpforte,** Klosterhof 3, ⊠ 33428, ℘ (05247) 70 80, *hotel-klosterpforte@ t-on
line.de, Fax (05247) 80484,* 😊, 🏋, 🌊, 🌲 – 🛗 🖐 Zim, �📺 📞 🅿 – 🔔 150. 🆎
ⓦⓞ 𝐕𝐈𝐒𝐀
Menu *(wochentags nur Abendessen)* à la carte 38/74 – **110 Z** ⊆ 125/250 – 175/290,
4 Suiten.

HARTENSTEIN Sachsen 〔418〕 O 22 – 2 800 Ew – Höhe 405 m.

Berlin 304 – Dresden 109 – *Chemnitz 32* – Gera 66 – Leipzig 94.

🏨 **Schloß Wolfsbrunn,** Stein 8, ⊠ 08118, ℘ (037605) 7 60, *wolfsbrunn@ t-online.de,
Fax (037605) 76299,* « Restauriertes Schloß im Jugendstil, in einem Park gelegen », 🌊
– 🛗 🖐 Zim, �📺 📞 🅿 – 🔔 30. 🆎 ⓪ ⓦⓞ 𝐕𝐈𝐒𝐀. 🌿
Menu *(geschl. Sonntagabend - Montag)* *(wochentags nur Abendessen)* à la carte 45/89
– **Georg Wolf : Menu** à la carte 30/49 – **24 Z** ⊆ 150/200 – 240/280, 3 Suiten.

🏠🏠 **Romantik Hotel Jagdhaus Waldidyll** ⑤, Talstr. 1, ⌧ 08118, ℘ (037605) 8 40,
📠 waldidyll@romantik.de, Fax (037605) 84444, 📷, 🛋, ≤s, 🌳 – 📱, ⤬ Zim, 🖵 ⚡ 🚗
📺 – 🏛 30. 🅰🅴 ① 🆚 𝗩𝗜𝗦𝗔, ⌁ Rest
Menu (abends Tischbestellung ratsam) à la carte 35/69 – **28 Z** ⌂ 120/165 – 185/240.

HARTHA KREIS DOEBELN Sachsen 🔢🔢🔢 M 22 – 8 600 Ew – Höhe 200 m.
Berlin 241 – Dresden 67 – Leipzig 67 – Gera 91.

🏠🏠 **Flemmingener Hof**, Leipziger Str. 1, ⌧ 04746, ℘ (034328) 5 30,
📠 Fax (034328) 53444, Biergarten, ≤s – 📱, ⤬ Zim, 🖵 📺 – 🏛 25. 🅰🅴 ① 🆚 𝗩𝗜𝗦𝗔
Menu (geschl. Samstagmittag, Sonntagabend) à la carte 24/52 – **40 Z** ⌂ 90/110 –
120/150.

HARTHA (KURORT) Sachsen siehe Freital.

HARTMANNSDORF Sachsen siehe Chemnitz.

HARZBURG, BAD Niedersachsen 🔢🔢🔢 K 15 – 26 000 Ew – Höhe 300 m – Heilbad – Heilklimatischer
Kurort – Wintersport : 480/800 m ⤬ 1 ⤬ 3 ⤬ (Torfhaus).
⛳ Am Breitenberg, ℘ (05322) 67 37.
🅱 Touristinformation, Herzog-Wilhelm-Str. 86, ⌧ 38667, ℘ (05322) 7 53 30, Fax (05322)
75329.
Berlin 253 – Hannover 96 – Braunschweig 46 – Göttingen 90 – Goslar 10.

🏠🏠🏠 **Braunschweiger Hof**, Herzog-Wilhelm-Str. 54, ⌧ 38667, ℘ (05322) 78 80, Ringho
tel-Braunschweiger-Hof@t.online.de, Fax (05322) 788499, 📷, ≤s, 🖵, 🌳 – 📱 ⤬ 🖵
⚡ 🚗 📺 – 🏛 100. 🅰🅴 ① 🆚 𝗩𝗜𝗦𝗔
Menu à la carte 42/89 – **88 Z** ⌂ 169/189 – 248/298, 4 Suiten – ½ P 38.

🏠🏠 **Michels Kurhotel Vier Jahreszeiten** 🅼 ⑤, Herzog-Julius-Str. 64 b, ⌧ 38667,
℘ (05322) 78 70, kurhotelvierjahreszeiten@michelshotels.de, Fax (05322) 787200, 📷,
(Spielcasino im Hause), Massage, ♨, ≤s, 🖵 – ⤬ Zim, 🔲 Rest, 🖵 ⚡ 📺 – 🏛 30. 🆚
𝗩𝗜𝗦𝗔
Menu à la carte 42/70 – **74 Z** ⌂ 150/170 – 210/380.

🏠🏠 **Germania** ⑤ garni, Berliner Platz 2, ⌧ 38667, ℘ (05322) 95 00, info@hotelgerma
nia.de, Fax (05322) 950195, « Wohnlich-stilvolle Einrichtung », ≤s – 📱 🖵 ⚡ 📺 🅰🅴 ①
🆚 𝗩𝗜𝗦𝗔
35 Z ⌂ 160/200 – 210/280.

🏠🏠 **Seela**, Nordhäuser Str. 5 (B 4), ⌧ 38667, ℘ (05322) 79 60, info@hotel-seela.de,
Fax (05322) 796199, 📷, Massage, ♨, 🛋, ≤s, 🖵 – 📱, ⤬ Zim, 🖵 ⚡ – 🏛 80. 🅰🅴
① 🆚 𝗩𝗜𝗦𝗔, ⌁ Rest
Menu à la carte 37/70 (auch Diät u. vegetar. Gerichte) – **120 Z** ⌂ 150/210 – 230/350
– ½ P 34.

🏠 **Park Hotel** ⑤, Hindenburgring 12a, ⌧ 38667, ℘ (05322) 78 60, info@parkhotel-b
ad-harzburg.de, Fax (05322) 786228, 📷, ≤s, 🔲 (geheizt), 🌳 – 📱, ⤬ Zim, 🖵 ⚡ 📺
– 🏛 50. 🅰🅴 ① 🆚 𝗩𝗜𝗦𝗔
Menu à la carte 46/77 – **46 Z** ⌂ 145 – 188/220 – ½ P 27.

🏠 **Tannenhof**, Nordhäuser Str. 6, ⌧ 38667, ℘ (05322) 9 68 80, Hotel.Cafe.Tannenhof
@t-online.de, Fax (05322) 968899 – 📱 🖵 📺 🅰🅴 ① 🆚 𝗩𝗜𝗦𝗔
Menu à la carte 37/63 – **16 Z** ⌂ 105/110 – 158/170.

🏠 **Victoria** garni, Herzog-Wilhelm-Str. 74, ⌧ 38667, ℘ (05322) 23 70, H.Victoria@t-onl
ine.de, Fax (05322) 1486, ≤s – 📱 ⤬ 🖵 📺 – 🏛 20. ① 🆚 𝗩𝗜𝗦𝗔
38 Z ⌂ 75/125 – 130/195.

🏠 **Marxmeier** ⑤ garni, Am Stadtpark 41, ⌧ 38667, ℘ (05322) 91 10 90,
Fax (05322) 9110956, ≤s, 🖵 – 🖵 ⚡
geschl. 5. Nov. - 20. Dez. – **22 Z** ⌂ 73/80 – 134/146.

HARZGERODE Sachsen-Anhalt 🔢🔢🔢 L 17 – 5 000 Ew – Höhe 400 m.
🅱 Stadtinformation, Markt 7, ⌧ 06493, ℘ (039484) 3 24 21, Fax (039484) 32421.
Berlin 230 – Magdeburg 79 – Erfurt 105 – Nordhausen 44 – Quedlinburg 22 – Halle 68.

In Alexisbad Nord-West : 4 km :

🏠🏠 **Habichtstein**, Kreisstr. 4, ⌧ 06493, ℘ (039484) 7 80, hotel-habichtstein@t-online.de,
Fax (039484) 78380, 📷, ≤s – 📱 🖵 ⚡ – 🏛 100. 🅰🅴 ① 🆚 𝗩𝗜𝗦𝗔
Menu à la carte 30/53 – **69 Z** ⌂ 100/130 – 150/180 – ½ P 20.

HASELAU Schleswig-Holstein **415** **416** F 12 – 950 Ew – Höhe 2 m.
Berlin 315 – Kiel 96 – Hamburg 39 – Itzehoe 47.

⌂ **Haselauer Landhaus** ⅏, Dorfstr. 10, ⊠ 25489, ℰ (04122) 9 87 10,
Fax (04122) 987197 – 📺 🅿. ⑩ 🆅🆂🅰
Menu (geschl. Mittwoch) à la carte 34/59 – **8 Z** ⊃ 80/130.

HASELÜNNE Niedersachsen **415** H 6 – 12 400 Ew – Höhe 25 m.
🗗 Touristinformation, Krummer Dreh 18, ⊠ 49740, ℰ (05961) 5 09 32, Fax (05961)
50950.
Berlin 490 – Hannover 224 – Nordhorn 47 – Bremen 113 – Enschede 69 – Osnabrück 68.

🏥 **Burghotel** garni, Steintorstr. 7, ⊠ 49740, ℰ (05961) 9 43 30, reservierung@ burgh
otel-haseluenne.de, Fax (05961) 943340, « Stadtpalais a.d. 18. Jh. », ⊆ – 🛗 📺 ⅏ ⇌
🅿 – 🔏 15. ⑩ 🆅🆂🅰
32 Z ⊃ 109/144 – 218.

⌂ **Parkhotel am See** ⅏, am See 2 (im Erholungsgebiet), ⊠ 49740, ℰ (05961) 9 42 50,
Parkhotel-am-See@gmx.de, Fax (05961) 942525, ≤, 🍽, « Schöne Lage am See », ≠ –
↳ Zim, 📺 🅿. ⑩ 🆅🆂🅰
Menu à la carte 49/69 – **12 Z** ⊃ 90/95 – 135.

XX **Jagdhaus Wiedehage,** Steintorstr. 9, ⊠ 49740, ℰ (05961) 79 22, Fax (05961) 4141,
🍽 – 🅿
geschl. Dienstag – **Menu** à la carte 35/72.

In Herzlake-Aselage Ost : 13 km :

🏛 **Romantik Hotel Aselager Mühle** ⅏, ⊠ 49770, ℰ (05962) 9 34 80, info@asel
ager-muehle.de, Fax (05962) 9348160, 🍽, Massage, ≦s, 🔲, ≠, 🏸 (Halle) – 🛗 📺 🅿
– 🔏 120. 🄰🄴 ⑩ ⑩ 🆅🆂🅰
Menu à la carte 57/79 – **65 Z** ⊃ 150/200 – 200/340 – ½ P 48.

HASLACH IM KINZIGTAL Baden-Württemberg **419** V 8 – 6 600 Ew – Höhe 222 m – Erho-
lungsort.
Sehenswert : Schwarzwälder Trachtenmuseum★.
🗗 Tourist-Information, im Alten Kapuziner Kloster, Klosterstr. 1, ⊠ 77716, ℰ (07832)
8 97 92 92, Fax (07832) 5909.
Berlin 774 – Stuttgart 174 – Freiburg im Breisgau 54 – Freudenstadt 50 – Offenburg 28.

X **Zum Ochsen** mit Zim, Mühlenstr. 39, ⊠ 77716, ℰ (07832) 99 58 90,
Fax (07832) 995899, 🍽, ≠ – 📺 🅿.
Menu (geschl. Mitte - Ende März, Mitte - Ende Sept., Montag, Donnerstagabend) à la carte
38/58 ⅃ – **7 Z** ⊃ 65/70 – 130/140.

In Haslach-Schnellingen Nord : 2 km :

⌂ **Zur Blume,** Schnellinger Str. 56, ⊠ 77716, ℰ (07832) 9 12 50, info@zur-blume.de,
Fax (07832) 912599, 🍽, ≠ – ↳ Zim, 📺 🅿. 🄰🄴 ⑩ 🆅🆂🅰
geschl. Ende Okt.- Mitte Nov. – **Menu** à la carte 23/59 – **26 Z** ⊃ 65/110 – 110/200 –
½ P 18.

HASSELFELDE Sachsen-Anhalt **418** K 16 – 2 700 Ew – Höhe 470 m.
🗗 Touristinformation u. Kurverwaltung, Lindenstr. 3a, ⊠ 38899, ℰ (039459) 7 13 69, Fax
(039459) 76055.
Berlin 238 – Magdeburg 87 – Erfurt 100 – Nordhausen 26 – Halberstadt 33.

⌂ **Hagenmühle** ⅏, Hagenstr. 6, ⊠ 38899, ℰ (039459) 7 13 39, Fax (039459) 71336,
Biergarten, ≠, 🐎 – 📺 🅿 – 🔏 45
geschl. 10. - 25. Nov. – **Menu** (Nov. - April Montag - Freitag nur Abendessen) à la carte
30/53 – **17 Z** ⊃ 88/176.

HASSFURT Bayern **420** P 15 – 11 500 Ew – Höhe 225 m.
🗗 Verkehrsamt, Hauptstr. 5, ⊠ 97437, ℰ (09521) 68 82 27, Fax (09521) 688280.
Berlin 436 – München 276 – Coburg 52 – Schweinfurt 20 – Bamberg 34.

🏥 **Das Altstadthotel** 🄼, Pfarrgasse 2, ⊠ 97437, ℰ (09521) 92 80, DAS.ALTSTADT-
HOTEL@T-ONLINE.DE, Fax (09521) 928301, ≦s – 🛗, ↳ Zim, 📺 ⅏ ⅍ ⇌ – 🔏 30. 🄰🄴
⑩ 🆅🆂🅰
Menu (geschl. Samstagmittag, Sonntagabend) à la carte 24/54 – **36 Z** ⊃ 74/109.

⌂ **Walfisch,** Obere Vorstadt 8, ⊠ 97437, ℰ (09521) 9 22 70, Fax (09521) 922750 – 📺
⇌. ⑩ 🆅🆂🅰
Menu (geschl. Freitagmittag) à la carte 24/44 ⅃ – **18 Z** ⊃ 50/70 – 90/98.

HASSLOCH Rheinland-Pfalz **417 419** R 8 – 20 000 Ew – Höhe 115 m.

Berlin 642 – Mainz 89 – Mannheim 27 – Neustadt an der Weinstraße 9,5 – Speyer 16.

🏨 **Sägmühle** 🦢, Sägmühlweg 140, ✉ 67454, ℰ (06324) 9 29 10 (Hotel) 13 66 (Rest.), Fax (06324) 929160, 🍴, 🍺 – 📶 📺 ✆ 🅿 🝙 **AE** 🝙 **VISA**
Menu *(geschl. Montagmittag, Dienstagmittag)* à la carte 46/76 🍷 – **27 Z** ☑ 95/115 – 140/165.

🏨 **Pfalz-Hotel,** Lindenstr. 50, ✉ 67454, ℰ (06324) 40 47, Kontakt@pfalzhotel-hassloc h.de, Fax (06324) 82503, ⇄ – 📶 ✆ 📺 🅿 **AE** 🝙 **VISA**
geschl. 22. Dez. - 1. Jan. – **Menu** *(nur Abendessen)* à la carte 34/65 – **38 Z** ☑ 96/150 – 150/195.

🏡 **Gasthaus am Rennplatz,** Rennbahnstr. 149, ✉ 67454, ℰ (06324) 9 24 70, Fax (06324) 924713, 🍴 – 📺 🍺 🅿 🝙 Zim
geschl. Okt. - Nov. 4 Wochen – **Menu** *(geschl. Samstagabend, Montag)* à la carte 26/56 🍷 – **11 Z** ☑ 70/85 – 130.

HASSMERSHEIM Baden-Württemberg **417 419** S 11 – 4 500 Ew – Höhe 152 m.

Ausflugsziel : Burg Guttenberg★ : Greifvogelschutzstation Süd : 5 km.

Berlin 609 – Stuttgart 78 – Mannheim 84 – Heilbronn 27 – Mosbach 13.

Auf Burg Guttenberg Süd : 5 km – Höhe 279 m 605 :

🍴 **Burgschenke,** ✉ 74855 Hassmersheim, ℰ (06266) 2 28, Fax (06266) 1697, ⇐ Gundelsheim und Neckartal, 🍴 – 🅿 🝙 🝙 **VISA**
geschl. Jan. - Feb., Nov.- Dez. Montag - Mittwoch nur Mittagessen – **Menu** à la carte 31/60.

HATTEN Niedersachsen **415** G 9 – 11 000 Ew – Höhe 20 m.

Berlin 426 – Hannover 166 – Bremen 39 – Oldenburg 15 – Delmenhorst 25.

In Hatten-Streekermoor :

🏡 **Gasthof Ripken** (mit Gästehaus), Borchersweg 150, ✉ 26209, ℰ (04481) 9 35 10, info@hotel-ripken.de, Fax (04481) 935155, 🍴 – 📶 Zim, 📺 🍺 🅿 🝙 🝙 **VISA**
Menu *(wochentags nur Abendessen)* à la carte 27/46 – **25 Z** ☑ 80/130.

HATTERSHEIM Hessen **417** P 9 – 24 100 Ew – Höhe 100 m.

Berlin 548 – Wiesbaden 20 – Frankfurt am Main 21 – Mainz 20.

🏨 **Parkhotel** garni, Am Markt 17, ✉ 65795, ℰ (06190) 8 99 90, info@parkhotel-ffm.de, Fax (06190) 899999, ⇄ – 📶 📶 📺 🅿 – 🝙 50. **AE** 🝙 🝙 **VISA** 🝙
58 Z ☑ 185/205 – 225.

🏡 **Am Schwimmbad,** Staufenstr. 35, ✉ 65795, ℰ (06190) 9 90 50, info@hotel-am-s chwimmbad.de, Fax (06190) 9905155 – 📶 Zim, 📺 🅿 🝙 🝙 **VISA** 🝙
Menu *(geschl. Freitag - Sonntag) (nur Abendessen)* (Restaurant nur für Hausgäste) – **24 Z** ☑ 125/145 – 160/195.

In Hattersheim-Eddersheim Süd : 6 km :

🏡 **Steinbrech** garni, Bahnhofstr. 44a, ✉ 65795, ℰ (06145) 9 34 10, Fax (06145) 934199 – 📶 📶 📺 🍺 🅿 **AE** 🝙 **VISA** 🝙
geschl. 24. Dez. - 1. Jan. – **18 Z** ☑ 110/165 – 140/210.

HATTGENSTEIN Rheinland-Pfalz **417** Q 5 – 300 Ew – Höhe 550 m – Wintersport (am Erbeskopf) : 680/800 m 🚡4 🎿.

Berlin 680 – Mainz 114 – Trier 53 – Birkenfeld 8 – Morbach 15.

An der B 269 Nord-West : 4 km :

🏡 **Gethmann's Hochwaldhotel,** ✉ 55743 Hüttgeswasen, ℰ (06782) 98 60, HGeth mann@aol.com, Fax (06782) 880, ⇄, 📺, 🍴 – 📶 📺 🍺 🅿 **AE** 🝙 🝙 **VISA**
geschl. 1. - 25. Dez. – **Menu** à la carte 25/78 – **26 Z** ☑ 110/120 – 160/180.

HATTINGEN Nordrhein-Westfalen **417** L 5 – 61 000 Ew – Höhe 80 m.

🛈 Verkehrsverein, Langenberger Str. 2, ✉ 45525, ℰ (02324) 95 13 95, Fax (02324) 951394.

Berlin 524 – Düsseldorf 50 – Bochum 10 – Wuppertal 24.

🏡 **Avantgarde Hotel** 🦢 garni, Welperstr. 49, ✉ 45525, ℰ (02324) 5 09 70, avantg arde-hotel@t-online.de, Fax (02324) 23827, ⇄ – 📶 📶 📺 🅿 – 🝙 40. **AE** 🝙 🝙 **VISA**
geschl. 22. Dez.- 4. Jan. – **41 Z** ☑ 109/180 – 135/220.

XX **Diergardts Kühler Grund,** Am Büchsenschütz 15, ✉ 45527, ☏ (02324) 9 60 30, *kuehlergrund@diergardt.com,* Fax (02324) 960333, Biergarten, « Elegantes Restaurant mit Zirbelholztäfelung » – **P. ① ◑◑ VISA**
geschl. Ende Juli - Mitte Aug., Donnerstag – **Menu** (abends Tischbestellung ratsam) à la carte 49/78.

In Hattingen-Bredenscheid *Süd : 5,5 km :*

🏨 **Zum Hackstück** ⌖, Hackstückstr. 123 (Ost : 3 km), ✉ 45527, ☏ (02324) 9 06 60, *info@hackstueck.de,* Fax (02324) 906655, « Gartenterrasse » – **TV** 📞 ⇐⇒ **P.** – 🅰 30
Menu (*geschl. Mitte - Ende Juli, Dienstag*) à la carte 39/76 – **23 Z** ⊇ 128/140 – 198/208.

In Hattingen-Holthausen *Ost : 2 km :*

🏠 **An de Krüpe** ⌖, Dorfstr. 27, ✉ 45527, ☏ (02324) 9 33 50, Fax (02324) 933555, 🔆 – **TV** ⇐⇒ **P.**
Menu (*geschl. Mittwoch*) (*Montag - Freitag nur Abendessen*) à la carte 35/59 – **20 Z** ⊇ 95/100 – 150/160.

Se cercate un albergo tranquillo,
oltre a consultare le carte dell'introduzione,
rintracciate nell'elenco degli esercizi quelli con il simbolo ⌖ *o* ⌖.

HATTSTEDTERMARSCH Schleswig-Holstein siehe Husum.

HAUENSTEIN Rheinland-Pfalz 417 419 S 7 – 4 300 Ew – Höhe 249 m – Luftkurort.
   Sehenswert : *Museum für Schuhproduktion und Industriegeschichte★.*
   Ausflugsziel : *Teufelstisch★★, West : 7 km.*
   🖪 *Fremdenverkehrsbüro, Schulstr. 4,* ✉ 76846, ☏ (06392) 91 51 10, Fax (06392) 915160.
   Berlin 686 – Mainz 124 – *Karlsruhe 66* – Pirmasens 24 – Landau in der Pfalz 26.

🏨 **Felsentor,** Bahnhofstr. 88, ✉ 76846, ☏ (06392) 40 50, *felsentor@gmx.net,* Fax (06392) 405145, 🔆, ⇕s, 🐾 – **TV P.** – 🅰 45. **AE ◑◑ VISA**
Menu (*geschl. Anfang Jan. 2 Wochen, Montag*) à la carte 38/75 – **20 Z** ⊇ 117/127 – 198/208 – ½ P 42.

🏠 **Zum Ochsen,** Marktplatz 15, ✉ 76846, ☏ (06392) 5 71, *Landgasthof-Zum-Ochsen @t-online.de,* Fax (06392) 7235, 🔆 – **TV P.** – 🅰 50. **◑◑**
Menu (*geschl. Jan. - Ostern Donnerstag*) à la carte 24/54 🍴 – **17 Z** ⊇ 75/95 – 120/160 – ½ P 25.

In Schwanheim *Süd-Ost : 7,5 km :*

X **Zum alten Nußbaum** mit Zim, Wasgaustr. 17, ✉ 76848, ☏ (06392) 99 31 46, *serv ice@zumaltennussbaum.de,* Fax (06392) 993147, 🔆 – **TV P. ◑◑ VISA**
geschl. nach Fasching 2 Wochen – **Menu** (*geschl. Dienstag, Nov. - März Montag - Dienstag*) à la carte 35/61 🍴 – **4 Z** ⊇ 60 – 84/100.

HAUSACH Baden-Württemberg 419 V 8 – 5 700 Ew – Höhe 239 m.
   🖪 *Verkehrsamt, Rathaus, Hauptstr. 40,* ✉ 77756, ☏ (07831) 79 75, Fax (07831) 7956.
   Berlin 755 – Stuttgart 132 – *Freiburg im Breisgau 62* – Freudenstadt 40 – Karlsruhe 110 – Strasbourg 62.

🏠 **Zur Blume,** Eisenbahnstr. 26, ✉ 77756, ☏ (07831) 2 86, *pastor@hotelblume.de,* Fax (07831) 8933, 🔆 – **TV** ⇐⇒ **P. AE ◑◑ VISA**
geschl. 3. - 20. Jan. – **Menu** à la carte 27/60 🍴 – **17 Z** ⊇ 75/104 – ½ P 25.

HAUSEN Bayern 418 420 O 14 – 850 Ew – Höhe 450 m.
   Berlin 410 – München 340 – *Fulda 52* – Frankfurt am Main 142 – Bad Kissingen 57.

In Hausen-Roth *Süd-West : 4 km :*

🏠 **Landhaus König** ⌖, Rhönweg 7, ✉ 97647, ☏ (09779) 8 11 80, *Landhaus-Koenig @t-online.de,* Fax (09779) 811818, 🔆, ⇕s, 🐾 – ⇔ Zim, **TV** 🍴 **P.** – 🅰 30. **◑◑ VISA**
Menu (*geschl. Montag*) à la carte 27/47 – **17 Z** ⊇ 75/130.

HAUSEN OB VERENA Baden-Württemberg siehe Spaichingen.

HAUZENBERG Bayern 🔢 U 24 – 12 350 Ew – Höhe 545 m – Erholungsort – Wintersport : 700/830 m ⚡2 🎿.
🖂 Tourismusbüro, Schulstr. 2, ⊠ 94051, ℰ (08586) 30 30, Fax (08586) 3058.
Berlin 625 – München 195 – *Passau 18.*

In Hauzenberg-Penzenstadl Nord-Ost : 4 km :

🏠 **Landhotel Rosenberger** ⚲, Penzenstadl 31, ⊠ 94051, ℰ (08586) 97 00, *rosen*
🕭 *berger@landhotel-Rosenberger.de*, Fax (08586) 5563, ≤, Massage, ≘s, 🔲, ⚞ –
📺 🅿️
geschl. 6. Nov. - 25. Dez. – **Menu** à la carte 24/47 – **49 Z** ⊇ 86/132.

HAVERLAH Niedersachsen siehe Salzgitter.

HAVIXBECK Nordrhein-Westfalen 🔢 K 6 – 10 600 Ew – Höhe 100 m.
Berlin 496 – Düsseldorf 123 – *Nordhorn 69* – Enschede 57 – Münster (Westfalen) 17.

🏠 **Gasthof Kemper,** Altenberger Str. 14, ⊠ 48329, ℰ (02507) 12 40, *hotel.kemper@t*
-online.de, Fax (02507) 9262, ⇱ – 📺 ✆ 🅿️ – 🔏 20. 🖾
geschl. 27. Dez. - 4 Jan. – **Menu** (*geschl. Dienstag*) à la carte 33/53 – **16 Z** ⊇ 98/125 –
140/185.

🏠 **Beumer,** Hauptstr. 46, ⊠ 48329, ℰ (02507) 9 85 40, *Hotel-Beumer@t-online.de*,
Fax (02507) 9181, ⇱, ≘s, 🔲 – 📺 🅿️ – 🔏 40. 🖾 ① ⚛ 𝐕𝐈𝐒𝐀
geschl. 20. - 28. Dez. – **Menu** (*geschl. Montag*) à la carte 35/59 – **21 Z** ⊇ 85/95 – 155/170.

HAWANGEN Bayern siehe Memmingen.

HEBERTSHAUSEN Bayern siehe Dachau.

HECHINGEN Baden-Württemberg 🔢 U 10 – 19 000 Ew – Höhe 530 m.
Ausflugsziel : Burg Hohenzollern★ (*Lage*★★★, ⁂★) Süd : 6 km.
🛈 Hechingen Auf dem Hagelwasen, ℰ (07471) 26 00.
🖂 Kultur- und Verkehrsamt, Rathaus, Marktplatz 1, ⊠ 72379, ℰ (07471) 94 01 14, Fax
(07471) 940108.
Berlin 701 – Stuttgart 67 – *Konstanz 123* – Freiburg im Breisgau 131 – Ulm (Donau) 119.

🏠 **Café Klaiber,** Obertorplatz 11, ⊠ 72379, ℰ (07471) 22 57, Fax (07471) 13918 – 📺
⇱, 𝐕𝐈𝐒𝐀
Menu (*geschl. ab 19.30 Uhr, Samstag*) à la carte 28/46 – **28 Z** ⊇ 88/90 – 140/145.

In Hechingen-Stetten Süd-Ost : 1,5 km :

🏠 **Brielhof,** an der B 27, ⊠ 72379, ℰ (07471) 40 97, Fax (07471) 16908, ⇱ – 📺 ⇱
🅿️ – 🔏 40. 🖾 ① ⚛ 𝐕𝐈𝐒𝐀
Menu à la carte 37/65 – **25 Z** ⊇ 90/140 – 180/220.

In Bodelshausen Nord : 6,5 km :

🏠 **Zur Sonne** garni, Hechinger Str. 5, ⊠ 72411, ℰ (07471) 9 59 60, Fax (07471) 959669,
≘s – 📺 🅿️ ⚛
15 Z ⊇ 47/75 – 84/114.

HEIDE Schleswig-Holstein 🔢 D 11 – 21 000 Ew – Höhe 14 m.
🛈 Hennstedt, Gut Apeldör (Nord-Ost : 13 km), ℰ (04836) 84 08.
🖂 Tourist-Information, Rathaus, Postelweg 1, ⊠ 25746, ℰ (0481) 6 85 01 17, Fax (0481)
67767.
Berlin 389 – Kiel 81 – *Cuxhaven 120* – Husum 40 – Itzehoe 51 – Rendsburg 45.

🏠 **Berlin** ⚲, Österstr. 18, ⊠ 25746, ℰ (0481) 8 54 50, *info@hotel-berlin.com*,
Fax (0481) 8545300, ⇱, « Modernes Restaurant im Bistrostil », ≘s, ⚞ – ✦ Zim, 📺
🅿️ – 🔏 30. 🖾 ① ⚛ 𝐕𝐈𝐒𝐀
Österegg (*geschl. Sonntag*) (*nur Abendessen*) **Menu** à la carte 47/67 – ⊇ 17 – **70 Z**
105/245 – 185/285.

HEIDELBERG Baden-Württemberg **417 419** R 10 – 132 000 Ew – Höhe 114 m.

Sehenswert : *Schloß★★★* Z *(Rondell ≤★, Gärten★, Friedrichsbau★★, Großes Faß★, Deutsches Apothekenmuseum★* Z **M1**) *– Alte Brücke ≤★★* Y *– Kurpfälzisches Museum★ (Riemenschneider-Altar★★, Gemälde und Zeichnungen der Romantik★★)* Z **M2** *– Haus zum Ritter★* Z **N.**

🖫 *Lobbach-Lobenfeld (über ② : 20 km), ℰ (06226) 4 04 90.*

🏛 *Tourist-Information am Hauptbahnhof, Willy-Brandt-Platz 1, ⊠ 69115, ℰ (06221) 1 94 33, Fax (06221) 1388111.*

ADAC, *Heidelberg-Kirchheim (über ④).*

Berlin 627 ⑤ – Stuttgart 122 ④ – Mannheim 21 ⑤ – Darmstadt 59 ④ – Karlsruhe 59 ④

Stadtplan siehe nächste Seite

🏨🏨🏨🏨 **Der Europäische Hof - Hotel Europa,** Friedrich-Ebert-Anlage 1, ⊠ 69117, ℰ (06221) 51 50, reservations@europaeischerhof.com, Fax (06221) 515506, 🌣, « Gartenanlage im Innenhof » – |夏|, 🌣 Zim, 🔲 📺 💜 👌 🚗 – 🔬 130. 🖭 ⑨ ⑩ **VISA**
V u
Menu à la carte 75/107 – 🖵 33 – **120 Z** 399/519 – 440/570, 3 Suiten.

🏨🏨🏨 **Marriott,** Vangerowstr. 16, ⊠ 69115, ℰ (06221) 90 80, mhrs.hdbrn.dos@marriott.com, Fax (06221) 908698, ≤, 🌣, Bootssteg, Massage, 🏋️, ≘s, 🔲, |夏|, 🌣 Zim, 🔲 📺 💜 👌 🚗 – 🔬 200. 🖭 ⑨ ⑩ **VISA JCB**. 🛠 Rest
V d
Menu 49 (Lunchbuffet) à la carte 43/76 – 🖵 30 – **251 Z** 260/315 – 260/315, 3 Suiten.

🏨🏨🏨 **Crowne Plaza** M, Kurfürstenanlage 1, ⊠ 69115, ℰ (06221) 91 70, Crowne-Plaza.Heidelberg@t-online.de, Fax (06221) 21007, Massage, 🏋️, ≘s, 🔲, |夏|, 🌣 Zim, 🔲 📺 💜 👌 🚗 – 🔬 160. 🖭 ⑨ ⑩ **VISA JCB**
X s
Menu 42/50 (Buffet) à la carte 46/81 – 🖵 30 – **232 Z** 290/330 – 330/370.

🏨🏨 **Hirschgasse** 🎣, Hirschgasse 3, ⊠ 69120, ℰ (06221) 45 40, hirschgasse@compuserve.com, Fax (06221) 454111, 🌣, (historisches Gasthaus a.d.J. 1472) – |夏| 📺 P. 🖭 ⑨ ⑩ **VISA JCB**
Y s
Le Gourmet (geschl. 2. - 23. Jan., 7. - 18. Aug., Sonntag - Montag) (nur Abendessen) **Menu** à la carte 74/105 – **Mensurstube :** Menu à la carte 64/80 – 🖵 32 – **19 Z** 295/450 – 450/550, 4 Suiten.

🏨🏨 **Rega-Hotel Heidelberg** M, Bergheimer Str. 63, ⊠ 69115, ℰ (06221) 50 80, info@rega.bestwestern.de, Fax (06221) 508500, 🌣 – |夏|, 🌣 Zim, 📺 💜 🚗 – 🔬 60. 🖭 ⑨ ⑩ **VISA**. 🛠 Rest
VX r
Menu (geschl. Samstag - Sonntag) à la carte 49/78 – 🖵 24 – **124 Z** 223/243 – 246/321.

🏨 **Holländer Hof** garni, Neckarstaden 66, ⊠ 69117, ℰ (06221) 6 05 00, info@hollaender-hof.de, Fax (06221) 605060, ≤ – |夏| 🌣 📺 💜 👌. 🖭 ⑨ ⑩ **VISA**
Y v
39 Z 🖵 160/220 – 245/320.

🏨 **Alt Heidelberg,** Rohrbacher Str. 29, ⊠ 69115, ℰ (06221) 91 50, info@altheidelberg.bestwestern.de, Fax (06221) 164272, ≘s – |夏| 📺 💜 – 🔬 30. 🖭 ⑨ ⑩ **VISA JCB**
X n
Menu (geschl. 23. Dez. - 6. Jan., Samstagmittag, Sonn- und Feiertage) à la carte 48/74 – **78 Z** 🖵 190/230 – 220/258.

🏨 **Romantik Hotel Zum Ritter St. Georg,** Hauptstr. 178, ⊠ 69117, ℰ (06221) 13 50, info@ritter-Heidelberg.de, Fax (06221) 135230, « Renaissancehaus a.d.J. 1592 » – |夏| 📺. 🖭 ⑨ ⑩ **VISA JCB**
Z N
Menu à la carte 47/82 – **39 Z** 🖵 185/265 – 265/385.

🏨 **Schönberger Hof** garni, Untere Neckarstr. 54, ⊠ 69117, ℰ (06221) 1 40 60, Fax (06221) 140639 – 📺 🚗. 🖭 ⑨ ⑩ **VISA JCB**
Y b
18 Z 🖵 160/190 – 205/240.

🏨 **Acor** garni, Friedrich-Ebert-Anlage 55, ⊠ 69117, ℰ (06221) 2 20 44, Fax (06221) 28609 – |夏| 📺 P. 🖭 ⑨ ⑩ **VISA JCB**
Z f
geschl. Mitte Dez. - Anfang Jan. – **18 Z** 🖵 155/165 – 195/235.

🏨 **Am Rathaus** garni, Heiliggeiststr. 1 (am Marktplatz), ⊠ 69117, ℰ (06221) 1 47 30, Fax (06221) 147337 – 📺 💜. 🖭 ⑨ ⑩ **VISA JCB**
Y n
20 Z 🖵 170/200 – 215/260.

🏨 **Weißer Bock,** Große Mantelgasse 24, ⊠ 69117, ℰ (06221) 9 00 00, Fax (06221) 900099, 🌣 – |夏|, 🌣 Zim, 📺 💜 – 🔬 20. 🖭 ⑩ **VISA**
Y a
Menu à la carte 48/82 – 🖵 15 – **23 Z** 150/190 – 190/210.

🏨 **Goldene Rose** garni, St. Annagasse 7, ⊠ 69117, ℰ (06221) 90 54 90, HOTELGOLDENEROSE@COMPUSERVE.COM, Fax (06221) 182040 – |夏| 📺 💜 🚗. 🖭 ⑩ **VISA JCB**
V a
33 Z 🖵 140/185 – 170/260.

HEIDELBERG

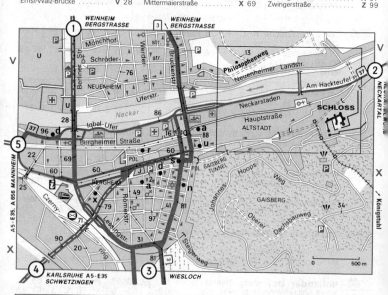

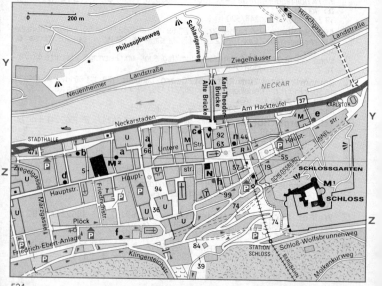

🏨 **Am Schloss** garni, Zwingerstr. 20 (Parkhaus Kornmarkt), ✉ 69117, ✆ (06221) 1 41 70, Fax (06221) 141737 – 🛗 📺 🍽. 🆑 ⓐ ⓪ ⓼ 𝚅𝙸𝚂𝙰
Z r
geschl. 22. Dez. - 6. Jan. – **24 Z** ⊒ 180/200 – 215/290.

🏨 **Backmulde**, Schiffgasse 11, ✉ 69117, ✆ (06221) 5 36 60, Backmulde.Heidelberg@t -online.de, Fax (06221) 536660 – 📺 🍽 ✆ 𝙴. – 🚗 40. 🆑 ⓪ ⓼ 𝚅𝙸𝚂𝙰
YZ a
Menu (geschl. Mitte Aug. 2 Wochen, Sonntag - Montagmittag) à la carte 44/68 – **13 Z** ⊒ 105/135 – 180.

🏨 **Krokodil**, Kleinschmidtstr. 12, ✉ 69115, ✆ (06221) 16 64 72, Krokodil-hd@Krokodil -hd.de, Fax (06221) 602221 – 📺. 🍴 Zim
X a
Menu à la carte 38/55 – **16 Z** ⊒ 130/150 – 160/195.

🏨 **Schnookeloch**, Haspelgasse 8, ✉ 69117, ✆ (06221) 13 80 80, Fax (06221) 1380813, Biergarten, « Historisches Studentenlokal » – 🍽 🆑 ⓪ ⓼ 𝚅𝙸𝚂𝙰
Y c
Menu à la carte 32/54 – **11 Z** ⊒ 160/170 – 170/260.

🏨 **Central** garni, Kaiserstr. 75, ✉ 69115, ✆ (06221) 2 06 41, Fax (06221) 20642 – 🛗 ✎
📺 ✆ 𝙴. 🆑 ⓪ ⓼ 𝚅𝙸𝚂𝙰
X x
48 Z ⊒ 145/170 – 170/230.

🏨 **Perkeo** garni, Hauptstr. 75, ✉ 69117, ✆ (06221) 1 41 30, Fax (06221) 141337 – 📺.
🆑 ⓐ ⓪ ⓼ 𝚅𝙸𝚂𝙰 𝙹𝙲𝙱
Z d
24 Z ⊒ 170/200 – 260.

🏨 **Kohler** garni, Goethestr. 2, ✉ 69115, ✆ (06221) 97 00 97, hotel-kohler@t-online.de, Fax (06221) 970096 – 🛗 ✎ 📺 ✆. ⓪ ⓼ 𝚅𝙸𝚂𝙰
X d
geschl. Mitte Dez. - Mitte Jan. – **41 Z** ⊒ 117/154 – 145/184.

🍴🍴🍴 **Zur Herrenmühle**, Hauptstr. 239, ✉ 69117, ✆ (06221) 60 29 09, Fax (06221) 22033, (Haus a.d. 17. Jh.), « Innenhofterrasse » – 🆑 ⓪ ⓼ 𝚅𝙸𝚂𝙰
Y e
geschl. Sonntag – **Menu** (nur Abendessen) (Tischbestellung ratsam) à la carte 72/105.

🍴🍴 **Simplicissimus**, Ingrimstr. 16, ✉ 69117, ✆ (06221) 18 33 36, Fax (06221) 181980, « Innenhofterrasse » – 🍽. 🆑 ⓪ ⓼ 𝚅𝙸𝚂𝙰. 🍴
Z h
geschl. über Fasching 2 Wochen, Aug. 2 Wochen, Dienstag – **Menu** (nur Abendessen) (Tisch- bestellung ratsam) 55/90 à la carte 65/85.

🍴🍴 **Schloßweinstube**, (im Heidelberger Schloß), ✉ 69117, ✆ (06221) 9 79 70, schoen mehl@t-online.de, Fax (06221) 167969, ☂ – **Menu** (nur Abendessen) à la carte 71/110.
Z

In Heidelberg-Grenzhof Nord-West : 8 km über die B 37 V :

🏨🏨 **Landhaus Grenzhof** 🌳, ✉ 69123, ✆ (06202) 94 30, Fax (06202) 943100, Bier- garten – 🛗 📺 ✆ 𝙴. – 🚗 20. 🆑 ⓪ ⓼ 𝚅𝙸𝚂𝙰. 🍴
Menu (geschl. Sonntag) (nur Abendessen) à la carte 66/85 – **28 Z** ⊒ 160/190 – 240/ 280.

In Heidelberg-Handschuhsheim über ① : 3 km :

🏨 **Gasthof Lamm**, Pfarrgasse 3, ✉ 69121, ✆ (06221) 4 79 30, Fax (06221) 479333, « Gasthof a.d. 17. Jh., Innenhofterrasse » – ✎ Zim, 📺 ✆ – 🚗 20. ⓪ 𝚅𝙸𝚂𝙰.
🍴 Rest
über Brückenstr. V
Menu (nur Abendessen) (Tischbestellung ratsam) à la carte 54/76 – ⊒ 12 – **11 Z** 160/ 210.

In Heidelberg-Kirchheim über ④ : 3 km :

🏨🏨 **Queens Hotel**, Pleikartsförster Str. 101, ✉ 69124, ✆ (06221) 78 80, Reservation. QHeidelberg@Queensgruppe.de, Fax (06221) 788499, 🎱, ☎ – 🛗 ✎ Zim, 🍽 Rest, 📺
✆ 🍴 𝙴. – 🚗 220. 🆑 ⓐ ⓪ ⓼ 𝚅𝙸𝚂𝙰 𝙹𝙲𝙱
Menu à la carte 46/88 – ⊒ 25 – **169 Z** 320/360 – 360/400.

In Heidelberg-Pfaffengrund West : 3,5 km über Eppelheimer Straße X :

🏨 **Neu Heidelberg** garni, Kranichweg 15, ✉ 69123, ✆ (06221) 70 70 05, hotel@neu-heidelberg.de, Fax (06221) 700381, ☎ – ✎ Zim, 📺 ✆ 𝙴. ⓪ ⓼ 𝚅𝙸𝚂𝙰.
🍴 Zim
22 Z ⊒ 128/158 – 178/198.

In Heidelberg-Rohrbach über Rohrbacher Str. X :

🍴🍴 **Ristorante Italia**, Karlsruher Str. 82, ✉ 69126, ✆ (06221) 31 48 61, Fax (06221) 337198 – 🆑 ⓪ ⓼ 𝚅𝙸𝚂𝙰
geschl. 20. Juni - 5. Juli, Mittwoch, Samstagmittag – **Menu** à la carte 45/79.

Einige Hotels in größeren Städten
bieten preisgünstige Wochenendpauschalen an.

HEIDENAU *Niedersachsen* 🔢🔢 *G 12 – 1 600 Ew – Höhe 35 m.*
Berlin 326 – Hannover 126 – Hamburg 49 – Bremen 76.

🏠 **Heidenauer Hof** (mit Gästehaus, 🐾), Hauptstr. 23, ✉ 21258, 𝒫 (04182) 41 44,
Fax (04182) 4744, 🌿, 🌿 – ✦ Zim, 📺 🚗 🅿 🔴🔵 *VISA*
Menu (geschl. Dienstagmittag) à la carte 32/56 – **35 Z** � 75/90 – 100/170.

HEIDENHEIM AN DER BRENZ *Baden-Württemberg* 🔢🔢 *T 14 – 53 000 Ew – Höhe 491 m.*

🔢 *Tourist-Information, Hauptstr. 34 (Elmar-Doch-Haus), ✉ 89522, 𝒫 (07321) 32 73 40, Fax (07321) 327687.*
Berlin 583 – Stuttgart 82 – Augsburg 90 – Nürnberg 132 – Ulm (Donau) 46 – Würzburg 177.

🏨 **Astron - Aquarena** Ⓜ, Friedrich-Pfenning-Str. 30, ✉ 89518, 𝒫 (07321) 98 00, heid
enheim@astron-hotels.de, Fax (07321) 980100, 🌿, direkter Zugang zum Freizeitbad –
💆, ✦ Zim, 📺 📞 ♿ 🅿 – 🔏 150. 🆑 ⓞ 🔴🔵 *VISA*
Menu à la carte 41/72 – ⊒ 23 – **83 Z** 195/220.

🏠 **Linde,** St.-Pöltener-Str. 53, ✉ 89522, 𝒫 (07321) 9 59 20, Fax (07321) 959258, 🌿 –
✦ Zim, 📺 🚗 🅿 🔴🔵 *VISA*
geschl. Aug., 24. Dez. - 1. Jan. – **Menu** (geschl. Samstag) à la carte 34/57 – **35 Z** ⊒ 95/120
– 150/180.

🍴 **Weinstube zum Pfauen,** Schloßstr. 26, ✉ 89518, 𝒫 (07321) 4 52 95 –
🔴🔵 *VISA*
geschl. Anfang Jan. 1 Woche, Samstagmittag, Sonntagabend - Montagmittag, Juni -
Sept. Sonntag ganztags, Feiertage – **Menu** (abends Tischbestellung ratsam) 55 à la carte
42/71.

In Heidenheim-Mergelstetten *Süd : 2 km über die B 19 :*

🏨 **Hirsch,** Buchhofsteige 3, ✉ 89522, 𝒫 (07321) 954 50, Hotel-Hirsch@t-online.de,
Fax (07321) 954330 – 💆, ✦ Zim, 📺 🚗 🅿 🆑 ⓞ 🔴🔵 *VISA*, 🍴 Rest
Menu (nur Abendessen) (Restaurant nur für Hausgäste) – **40 Z** ⊒ 139/150 –
185.

In Steinheim am Albuch *West : 6 km :*

🏨 **Zum Kreuz,** Hauptstr. 26, ✉ 89555, 𝒫 (07329) 9 61 50, info@Kreuz-Steinheim.de,
Fax (07329) 961555, 🌿, 🍷 – 💆, ✦ Zim, 📺 🅿 – 🔏 40. 🆑 ⓞ 🔴🔵
VISA 🇯
Menu (geschl. Sonntagabend) à la carte 36/72 – **29 Z** ⊒ 139 – 142/188.

In Steinheim-Sontheim i. St. *West : 7 km :*

🏠 **Sontheimer Wirtshäusle,** an der B 466, ✉ 89555, 𝒫 (07329) 50 41,
Sontheimerwirtshaeusle@t-online.de, Fax (07329) 1770 – ✦ Zim, 📺 🚗 🅿 🔴🔵
VISA, 🍴
geschl. Jan. 2 Wochen, Aug. 2 Wochen – **Menu** (geschl. Samstag) à la carte 36/72 – **11 Z**
⊒ 89/95 – 160.

HEIGENBRÜCKEN *Bayern* 🔢 *P 12 – 2 600 Ew – Höhe 300 m – Luftkurort.*
🔢 *Kur- und Verkehrsamt, Rathaus, Hauptstr. 7, ✉ 63869, 𝒫 (06020) 13 81, Fax (06020) 971050.*
Berlin 542 – München 350 – Würzburg 71 – Aschaffenburg 26.

🏠 **Landgasthof Hochspessart,** Lindenallee 40, ✉ 63869, 𝒫 (06020) 9 72 00, Hoch
spessart@Flairhotel.com, Fax (06020) 2630, 🌿, 🍷, 🌿 – ✦ Zim, 📺 🅿 – 🔏 70.
🔴🔵 *VISA*
Menu à la carte 28/58 – **34 Z** ⊒ 74/89 – 118/150 – ½ P 29.

Besonders angenehme Hotels oder Restaurants
sind im Führer **rot** gekennzeichnet.
Sie können uns helfen, wenn Sie uns die Häuser angeben,
in denen Sie sich besonders wohl gefühlt haben.
Jährlich erscheint eine komplett überarbeitete Ausgabe
aller **Roten Michelin-Führer**.

HEILBRONN *Baden-Württemberg* 4️⃣1️⃣7️⃣ 4️⃣1️⃣9️⃣ *S 11 – 120 000 Ew – Höhe 158 m.*

🅱️ *Verkehrsverein, Rathaus, Marktplatz,* ✉ *74072,* 𝒫 *(07131) 56 22 70, Fax (07131) 563349.*

ADAC, *Bahnhofstr. 19-23.*

Berlin 591 ① *– Stuttgart 60* ③ *– Heidelberg 68* ① *– Karlsruhe 94* ① *– Würzburg 105* ①

Stadtpläne siehe nächste Seiten

🏨 **Insel-Hotel,** Friedrich-Ebert-Brücke (über Kranenstrasse), ✉ 74072, 𝒫 (07131) 63 00, *insel@insel-hotel.de, Fax (07131) 626060,* �, 🍴, 🔲, 🎧 – 🛗, 🍽️ Zim, 📺 🍷 🅿️ – 🔒 100. 🆎 ⓪ ⓪🌑 𝐕𝐈𝐒𝐀
AY r
Menu à la carte 50/85 **– 120 Z** ⬜ 158/228 – 228/268, 4 Suiten.

🏨 **Götz,** Moltkestr. 52, ✉ 74076, 𝒫 (07131) 98 90, *Fax (07131) 989890,* � – 🛗, 🍽️ Zim, 📺 🚗 – 🔒 45. 🆎 ⓪ ⓪🌑 𝐕𝐈𝐒𝐀
BY a
Menu à la carte 39/63 **– 64 Z** ⬜ 156/175 – 168/220.

🏨 **Park-Villa** 🐾 garni (mit Gästehaus), Gutenbergstr. 30, ✉ 74074, 𝒫 (07131) 9 57 00, *Fax (07131) 957020,* « Geschmackvolle Einrichtung ; Park » – 🍽️ 📺 🍷 🚗. 🆎 ⓪
⓪🌑 𝐕𝐈𝐒𝐀
BZ p
geschl. Weihnachten - Anfang Jan. **– 25 Z** ⬜ 158/168 – 210/245.

🏨 **Burkhardt,** Lohtorstr. 7, ✉ 74072, 𝒫 (07131) 6 22 40, *Burkhardt-RH@t-online.de, Fax (07131) 627828* – 🛗 📺 🍷 ♿ 🚗 🅿️ – 🔒 100. 🆎 ⓪
⓪🌑 𝐕𝐈𝐒𝐀
AY b
Menu à la carte 36/72 **– 82 Z** ⬜ 163/175 – 210/240.

🏨 **Stadthotel** Ⓜ garni, Neckarsulmer Str. 36, ✉ 74076, 𝒫 (07131) 9 52 20, *Fax (07131) 952270* – 🛗 📺 ♿ 🅿️ – 🔒 20. 🆎 ⓪ ⓪🌑 𝐕𝐈𝐒𝐀
über ①
44 Z ⬜ 108/120 – 148/160.

🏨 **City-Hotel** garni, Allee 40 (14. Etage), ✉ 74072, 𝒫 (07131) 9 35 30, *info@city-hotel.de, Fax (07131) 935353,* ≤ – 🛗 🍽️ 📺 🍷 🆎 ⓪ ⓪🌑 𝐕𝐈𝐒𝐀 JCB
AY v
geschl. Weihnachten - Anfang Jan. **– 17 Z** ⬜ 130/160.

❌❌ **Ratskeller,** Marktplatz 7, ✉ 74072, 𝒫 (07131) 8 46 28, *Ratskeller-Heilbronn@t-onlin e.de, Fax (07131) 963015,* � – 🆎 ⓪ ⓪🌑 𝐕𝐈𝐒𝐀
AY R
geschl. 16. Sept. - 3. Okt., Sonn- und Feiertage **– Menu** à la carte 42/65.

❌❌ **La Pêche,** Wartbergstr. 46, ✉ 74076, 𝒫 (07131) 16 09 29, *Fax (07131) 166162,* �
– 🆎 ⓪ ⓪🌑 𝐕𝐈𝐒𝐀
über Wartbergstraße BY
geschl. Juli - Aug., Montag - Dienstag **– Menu** 45 (mittags) à la carte 60/84.

❌❌ **Da Umberto,** Theresienwiese, ✉ 74072, 𝒫 (07131) 8 28 77, *Fax (07131) 993509,* �
– 🅿️ 🆎 ⓪ ⓪🌑 𝐕𝐈𝐒𝐀
über ⑤
geschl. Ende Juli - Ende Aug., Montag **– Menu** *(nur Abendessen)* à la carte 54/ 81.

❌ **Haus des Handwerks,** Allee 76, ✉ 74072, 𝒫 (07131) 8 44 68, *info@hdh-heilbron n.de, Fax (07131) 85740* – 🔒 140. 🆎 ⓪ ⓪🌑 𝐕𝐈𝐒𝐀
AY u
Menu à la carte 31/62 🍺.

❌ **Am Stadtgarten,** Allee 28, ✉ 74072, 𝒫 (07131) 8 79 54, *Fax (07131) 620236,* �
– 🔒 40. 🆎 ⓪ ⓪🌑
AY d
geschl. Aug., Dienstag **– Menu** à la carte 31/58.

❌ **Rauers Weinstube,** Fischergasse 1, ✉ 74072, 𝒫 (07131) 96 29 20, *Fax (07131) 627394,* �
AZ e
Menu à la carte 35/61.

Auf dem Wartberg *über* ② *: 5 km – Höhe 303 m*

❌❌ **Höhenrestaurant Wartberg,** ✉ 74076 Heilbronn, 𝒫 (07131) 17 32 74, *Fax (07131) 165318,* ≤ Heilbronn und Weinberge, � – ♿ 🅿️ – 🔒 30. 🆎 ⓪
⓪🌑 𝐕𝐈𝐒𝐀
geschl. Mitte Jan. - Mitte Feb., Dienstag **– Menu** à la carte 39/65.

In Heilbronn-Böckingen *über* ⑤ *: 2 km :*

🏨 **Kastell,** Kastellstr. 64, ✉ 74080, 𝒫 (07131) 91 33 10, *hotelkastell@t-online.de, Fax (07131) 91331299,* �, 🍴 – 🛗, 🍽️ Zim, 📺 🍷 🚗 – 🔒 40. 🆎
⓪🌑 𝐕𝐈𝐒𝐀
Menu 28 à la carte 33/58 **– 72 Z** ⬜ 130/160.

❌ **Reiners Rebstock,** Eppinger Str. 43 (Ecke Ludwigsburger Str.), ✉ 74080, 𝒫 (07131) 3 09 09, *Reiners.Rebstock@t-online.de, Fax (07131) 2037164,* � – 🚲
geschl. jedes 1. Wochenende im Monat, Ende Mai - Anfang Juni, Ende Dez. - Anfang Jan., Montag **– Menu** *(wochentags nur Abendessen)* à la carte 45/75 - (Frühsommer 2001 Umzug nach 74223 Flein, Bildstr. 6).

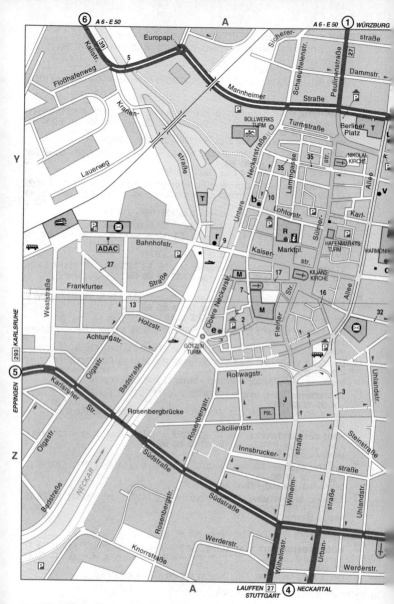

In Heilbronn-Sontheim über ④ und Sontheimer Straße :

🏠 **Altes Theater,** Lauffener Str. 2, ✉ 74081, 𝒫 (07131) 5 92 20, info@altes-theater.de, Fax (07131) 592244, ☞, « Kleinkunst-Bühne mit Theater- und Varieté-Aufführungen » – ↔ Zim, 📺 📞 🅿 – 🔏 30. 🆎 ① 🅜🅒 𝘝𝘐𝘚𝘈
Menu *(geschl. 1. - 15. Jan., Montag - Dienstag) (nur Abendessen)* à la carte 48/70 – **14 Z** ⊇ 139/169.

✗ **Piccolo Mondo,** Hauptstr. 9, ✉ 74081, 𝒫 (07131) 25 11 33, Fax (07131) 257307, ☞ – 🆎 ① 🅜🅒 𝘝𝘐𝘚𝘈 – *geschl. über Fasching 1 Woche, Mitte - Ende Aug., Montag* – **Menu** *(italienische Küche)* à la carte 35/67.

HEILBRONN

In Flein *über* ④ *und Charlottenstraße : 5,5 km :*

Wo der Hahn kräht ⌘, Altenbergweg 11, ⊠ 74223, ☎ (07131) 5 08 10, *wo-der-hahn-kraeht@t-online.de, Fax (07131) 508166*, ≤, 🏠 – 📺 📞 🅿 – 🔬 40. ⓪③ 𝗩𝗜𝗦𝗔
Menu à la carte 42/68 – **50 Z** ⊇ 135/155 – 170/190.

In Leingarten *über* ⑤ : 7 km :

Löwen, Heilbronner Str. 43, ⊠ 74211, ☎ (07131) 40 36 78, *Fax (07131) 900060*, 🏠
geschl. Montag – **Menu** *(wochentags nur Abendessen)* (Tischbestellung ratsam) à la carte
72/89 – **Dorfkrug** *(geschl. Samstagmittag, Montag)* **Menu** à la carte 39/65.

HEILBRUNN, BAD Bayern 419 420 W 18 – 3 300 Ew – Höhe 682 m – Heilbad.
- 🛈 Gäste-Information, Wörnerweg 4, ✉ 83670, ✆ (08046) 3 23, Fax (08046) 8239.
- Berlin 650 – München 63 – Garmisch-Partenkirchen 46 – Bad Tölz 8 – Mittenwald 48.

- 🏠 **Haus Kilian** garni, St.-Kilians-Platz 5, ✉ 83670, ✆ (08046) 91 69 01, Fax (08046) 916905 – 📶 📺 📞
  7 Z ⇌ 90/110 – 160/190.

- 🏠 **Reindlschmiede**, Reindlschmiede 8 (an der B 11, Nord-West : 3,5 km), ✉ 83670,
  ✆ (08046) 2 85, Fax (08046) 8484, Biergarten – 📺 📞
  geschl. Ende Jan. - Anfang Feb. – **Menu** (geschl. Montag) à la carte 23/44 – **9 Z** ⇌ 65
  – 120/130 – ½ P 20.

- 🏠 **Oberland** ⓢ, Wörnerweg 45, ✉ 83670, ✆ (08046) 9 18 30, post@hotel-oberland.c
  om, Fax (08046) 918310, ♨️, 🔲 – 📺 📞 📞 VISA
  geschl. Mitte Dez. - Anfang Feb. – **Menu** (geschl. Mittwoch) à la carte 29/52 – **18 Z**
  ⇌ 54/72 – 102/138 – ½ P 21.

HEILIGENBERG Baden-Württemberg 419 W 11 – 2 700 Ew – Höhe 726 m – Luftkurort.
Sehenswert : Schloßterrasse ⇐★.
- 🛈 Fremdenverkehrsamt, Schulstr. 5, ✉ 88633, ✆ (07554) 99 83 12, Fax (07554) 998329.
- Berlin 718 – Stuttgart 139 – Konstanz 36 – Sigmaringen 38 – Bregenz 70.

- 🏭 **Baader,** Salemer Str. 5, ✉ 88633, ✆ (07554) 80 20, clemens.baader@t-online.de,
  Fax (07554) 802100, ♨️, ☎, 🔲, 🔲 – ✦ Zim, 📺 📞 – 🔊 25. ☒ ⓞ ⓜ VISA
  Menu (geschl. Dienstag) (bemerkenswerte Weinkarte) 46/148 à la carte 64/93 – **17 Z**
  ⇌ 90/135 – 150/210 – ½ P 40.

- 🍴 **Restaurant de Weiss im Hohenstein,** Postplatz 5, ✉ 88633, ✆ (07554) 7 65,
  Fax (07554) 765, ♨️, « Gemälde-Galerie » – 📞 📞
  geschl. Mitte Jan. - Mitte Feb., Montag – **Menu** à la carte 38/72.

In Heiligenberg-Betenbrunn Ost : 3 km :

- 🏠 **Landgasthof zur Post** ⓢ (mit Gästehaus), Ortsstr. 17, ✉ 88633, ✆ (07554) 9 98 80,
  Landgasthof.Post@t-online.de, Fax (07554) 998825, ♨️ – 📺 📞 📞 VISA
  geschl. Nov. 2 Wochen – **Menu** (geschl. Mittwoch) à la carte 25/45 – **10 Z** ⇌ 60/110.

In Heiligenberg-Steigen : West : 2 km :

- 🏠 **Hack** ⓢ, Am Bühl 11, ✉ 88633, ✆ (07554) 86 86, Fax (07554) 8369, ⇐, ♨️, 🔲 – 📞
  geschl. Ende Jan. - Mitte Feb., Ende Okt. - Mitte Nov. – **Menu** (geschl. Montag - Dienstag)
  45 à la carte 30/57 – **11 Z** ⇌ 70/104 – 110/130 – ½ P 24.

HEILIGENHAFEN Schleswig-Holstein 415 416 C 16 – 9 000 Ew – Höhe 3 m – Ostseeheilbad.
- 🛈 Tourist-Information, Bergstr. 43, ✉ 23774, ✆ (04362) 9 07 20, Fax (04362) 3938.
- Berlin 331 – Kiel 67 – Lübeck 77 – Puttgarden 24.

- 🏠 **Luise's Sporthotel** ⓢ garni, Hermann-Löns-Str. 7, ✉ 23774, ✆ (04362) 70 10, luis
  esh@aol.com, Fax (04362) 5852, ⇐, ♨️, ☎, 🔲, 🔲 – 📺 📞 📞 VISA
  geschl. Dez. 2 Wochen – **23 Z** ⇌ 80/136 – 160/170.

- 🍴🍴 **Weberhaus,** Kirchenstr. 4, ✉ 23774, ✆ (04362) 28 40, Weberhaus@aol.com,
  Fax (04362) 900180 – ⓞ ⓜ VISA
  geschl. Ende Jan. - Mitte Feb., Montag – **Menu** (Jan. - April Dienstag - Donnerstag nur
  Abendessen) à la carte 42/67.

- 🍴 **Zum Alten Salzspeicher,** Hafenstr. 2, ✉ 23774, ✆ (04362) 28 28, info@restaur
  antsalzspeicher.de, Fax (04362) 6326, ♨️, « Haus a.d. 16. Jh. »
  geschl. Anfang Jan.- Mitte Feb., Mitte Nov. 2 Wochen, Nov. - März Dienstag - Mittwoch,
  April - Juni und Sept. - Okt. Dienstag – **Menu** à la carte 40/62.

HEILIGENHAUS Nordrhein-Westfalen 417 M 4 – 28 900 Ew – Höhe 174 m.
- Berlin 549 – Düsseldorf 30 – Essen 22 – Wuppertal 25.

- 🏨 **Waldhotel** Ⓜ ⓢ, Parkstr. 38, ✉ 42579, ✆ (02056) 59 70, Waldhotel-Heiligenhaus
  @t-online.de, Fax (02056) 597260, « Gartenterrasse », ☎ – 📶, ✦ Zim, 📺 📞 ⟶ 📞
  – 🔊 50. ☒ ⓞ ⓜ VISA 🍴 Rest
  Menu à la carte 48/82 – **78 Z** ⇌ 190/210 – 235/275, 3 Suiten.

- 🍴🍴 **Kuhs-Deutscher Hof,** Velberter Str. 146 (Ost : 2 km), ✉ 42579, ✆ (02056) 65 28,
  Fax (02056) 68513 – 📞
  geschl. Anfang Jan. 1 Woche, Juli - Aug. 4 Wochen, Montag - Dienstag – **Menu** à la carte
  42/62.

HEILIGENSTADT Bayern 420 Q 17 – 3 700 Ew – Höhe 367 m.

Berlin 394 – München 231 – Coburg 70 – Bayreuth 36 – Nürnberg 60 – Bamberg 24.

🏨 **Heiligenstadter Hof**, Marktplatz 9, ✉ 91332, 𝄞 (09198) 7 81, Fax (09198) 8100, 斎
⊜ – |⚕| TV – 🛁 50. ⑩ VISA
Menu (geschl. Feb. 2 Wochen, Okt. - April Montag) à la carte 23/45 ⅋ – **24 Z** ⥥ 70/110.

In Heiligenstadt-Veilbronn Süd-Ost : 3 km – Erholungsort :

🛌 **Sponsel-Regus** ⌇ (mit 🏨 -Anbau), ✉ 91332, 𝄞 (09198) 9 29 70, Fax (09198) 1483,
⊜ 斎, 斎 – |⚕|, ⋲ Rest, TV ⇔ 🅿 ⑩
geschl. 10. Jan. - 20. Feb. – **Menu** (geschl. Dienstag) à la carte 22/41 ⅋ – **56 Z** ⥥ 52/88
– 88/112 – ½ P 13.

HEILIGENSTADT Thüringen 418 L 14 – 17 500 Ew – Höhe 250 m – Heilbad.

🛈 Tourist-Information, Wilhelmstr. 50, ✉ 37308, 𝄞 (03606) 67 71 41, Fax (03606)
677140.

Berlin 315 – Erfurt 96 – Kassel 59 – Göttingen 38 – Bad Hersfeld 93.

🏨 **Stadthotel**, Dingelstädter Str. 43, ✉ 37308, 𝄞 (03606) 66 60, Fax (03606) 666222,
斎 – ⋲ Zim, TV ⋘ 🅿 – 🛁 20. ㏂ ⑩ VISA ⋘ Rest
Menu à la carte 27/55 – **24 Z** ⥥ 98 – 120/145.

🏠 **Traube**, Bahnhofstr. 2, ✉ 37308, 𝄞 (03606) 61 22 53, Fax (03606) 604509, 斎, Biergarten – TV ⋘ ⇔ 🅿 – 🛁 20
Menu à la carte 26/43 ⅋ – **11 Z** ⥥ 70/100.

HEILIGKREUZSTEINACH Baden-Württemberg 417 419 R 10 – 2 900 Ew – Höhe 280 m – Erholungsort.

Berlin 632 – Stuttgart 119 – Mannheim 40 – Heidelberg 21.

In Heiligkreuzsteinach - Eiterbach Nord : 3 km :

❌❌ **Goldener Pflug** (Heß), Ortsstr. 40, ✉ 69253, 𝄞 (06220) 85 09, info@goldener-pflu
⊛ g.de, Fax (06220) 74 80, ⇔ – 🅿 ㏂ ⑩ ⑩ VISA
geschl. Montag - Dienstag – **Menu** (Mittwoch - Freitag nur Abendessen) (Tischbestellung
ratsam) 85/138 à la carte 81/103
Spez. Kräuter-Kressesalat mit St. Jakobsmuscheln und Trüffelsauce. Wolfsbarsch mit
Spinatrisotto und Rotweinbuttersauce. Lammrücken mit geräuchertem Weißkraut und
Rosmarinjus.

HEIMBACH Nordrhein-Westfalen 417 O 3 – 4 600 Ew – Höhe 241 m – Luftkurort.

🛈 Verkehrsamt, Seerandweg, ✉ 52396, 𝄞 (02446) 8 08 18, Fax (02446) 80888.

Berlin 634 – Düsseldorf 91 – Aachen 64 – Düren 26 – Euskirchen 26.

🏨 **Klostermühle** M, Hengebachstr. 106a, ✉ 52396, 𝄞 (02446) 8 06 00,
Fax (02446) 8060500, 斎, ⋲ – |⚕| TV ⋘ 🅿 – 🛁 100. ⑩ ⋘ Zim
Menu à la carte 36/69 – **49 Z** ⥥ 85/120 – 120/155 – ½ P 25.

In Heimbach-Hasenfeld West : 1,5 km :

🏠 **Haus Diefenbach** ⌇, Brementhaler Str. 44, ✉ 52396, 𝄞 (02446) 31 00,
Fax (02446) 3825, ⋖, ⋲, ◪, 斎 – 🅿 ⋘
geschl. Mitte Nov. - 27. Dez. – **Menu** (nur Abendessen) (Restaurant nur für Hausgäste) –
14 Z ⥥ 68/136 – ½ P 16.

❌❌ **Landhaus Weber** mit Zim, Schwammenaueler Str. 8, ✉ 52396, 𝄞 (02446) 2 22,
Fax (02446) 3850, 斎, 斎 – ⋲ Rest, TV ⇔ 🅿
geschl. nach Karneval 2 Wochen, Sept. 2 Wochen – **Menu** (geschl. Dienstag - Mittwoch)
(wochentags nur Abendessen) à la carte 48/78 – **11 Z** ⥥ 65/80 – 115/140 – ½ P 30.

HEIMBUCHENTHAL Bayern 417 419 Q 11 – 2 100 Ew – Höhe 171 m – Erholungsort.

Berlin 565 – München 346 – Würzburg 66 – Aschaffenburg 19.

🏨 **Lamm** (mit Gästehäusern), St.-Martinus-Str. 1, ✉ 63872, 𝄞 (06092) 94 40, info@Hot
el-Lamm.de, Fax (06092) 944100, 斎, ⋲, ◪, 斎 – |⚕| TV ⇔ 🅿 – 🛁 80. ⋘ Zim
Menu à la carte 34/65 – **66 Z** ⥥ 92/105 – 170 – ½ P 25.

🏨 **Panoramahotel Heimbuchenthaler Hof** ⌇, Am Eichenberg 1, ✉ 63872,
𝄞 (06092) 60 70, info@panoramahotel.de, Fax (06092) 6802, ⋖, 斎, ⋲, ◪, 斎, ⋘
– |⚕| TV ⋘ 🅿 – 🛁 40. ㏂ ⑩ ⑩ VISA ⋘ Zim
Menu à la carte 29/56 – **35 Z** ⥥ 90/125 – 164/180 – ½ P 18.

In Heimbuchenthal-Heimathen *Süd-West : 1,5 km :*

🏠 **Heimathenhof** 🦢, ✉ 63872, 𝒫 (06092) 9 71 50, *Fax (06092) 5683*, ≤, 🌳 – 🍴 Zim,
📺 📻 ⚫◯ 𝓥𝓘𝓢𝓐
Menu *(geschl. Nov. - März Montag)* à la carte 24/51 🍴 – **26 Z** ⊃ 66/76 – 122/148 – ½ P 14.

HEIMSHEIM *Baden-Württemberg* 𝟜𝟙𝟡 *T 10 – 4 700 Ew – Höhe 390 m.*
Berlin 645 – Stuttgart 31 – Karlsruhe 50 – Pforzheim 21 – Sindelfingen 28.

🏠 **Hirsch,** Hirschgasse 1, ✉ 71296, 𝒫 (07033) 5 39 90, *hotel-hirsch-heimsheim@t-onlin
e.de, Fax (07033) 539929* – 🍴 Zim, 📺 📻 ⚫◯ 𝓥𝓘𝓢𝓐
geschl. Ende Dez. - Mitte Jan. – **Menu** *(geschl. Mittwochmittag, Samstagmittag)* à la carte
38/62 – **24 Z** ⊃ 80/95 – 125/135.

HEINSBERG *Nordrhein-Westfalen* 𝟜𝟙𝟟 *M 2 – 38 000 Ew – Höhe 45 m.*
Berlin 617 – Düsseldorf 69 – Aachen 36 – Mönchengladbach 33 – Roermond 20.

In Heinsberg-Randerath *Süd-Ost : 8 km :*

🍴🍴🍴 **Burgstuben - Residenz,** Feldstr. 50, ✉ 52525, 𝒫 (02453) 8 02, *Fax (02453) 3526*
– 📻 ⚫◯ 𝓥𝓘𝓢𝓐
geschl. Juni - Juli 3 Wochen, Montag, Dienstag – **Menu** *(wochentags nur Abendessen)*
(Tischbestellung ratsam) à la carte 81/99.

In Heinsberg-Unterbruch *Nord-Ost : 3 km :*

🍴🍴🍴 **Altes Brauhaus,** Wurmstr. 4, ✉ 52525, 𝒫 (02452) 6 10 35, *Fax (02452) 67486*,
« *Historische Restauranträume, Täfelung a.d. 16.Jh. ; Innenhofterrasse* ». 𝖠𝖤 ⚫◯ ⚫◯ 𝓥𝓘𝓢𝓐
geschl. Montag – **Menu** à la carte 50/81.

HEITERSHEIM *Baden-Württemberg* 𝟜𝟙𝟡 *W 6 – 4 700 Ew – Höhe 254 m.*
Berlin 821 – Stuttgart 223 – Freiburg im Breisgau 23 – Basel 48.

🏠 **Landhotel Krone,** Hauptstr. 12, ✉ 79423, 𝒫 (07634) 5 10 70, *info@landhotel-kro
ne.de, Fax (07634) 510766*, 🌳, « *Historischer Gewölbekeller* », 🌳 – 🍴 Zim, 📺 ❤ ⟵
📻 – 🏋 20
Menu *(geschl. Dienstagmittag, Mittwochmittag)* à la carte 44/81 🍴 – **27 Z** ⊃ 98/140 –
148/210.

🏠 **Ochsen,** Ochsenplatz 1, ✉ 79423, 𝒫 (07634) 22 18, *Ochsen-Heitersheim@t-online.de,
Fax (07634) 3025* – 🍴 Zim, 📺 ⟵ 📻 ⚫◯ 𝓥𝓘𝓢𝓐
geschl. 22. Dez. - 23. Jan. – **Menu** *(geschl. Montagmittag, Freitagmittag)* à la carte 34/66
– **30 Z** ⊃ 90/110 – 120/180.

HELGOLAND (Insel) *Schleswig-Holstein* 𝟜𝟙𝟧 *D 7 – 1 700 Ew – Höhe 5 m – Seebad – Zollfreies
Gebiet, Autos nicht zugelassen.*

Sehenswert : Felseninsel★★ *aus rotem Sandstein in der Nordsee.*

🚢 *von Cuxhaven, Bremerhaven, Wilhelmshaven, Benersiel, Büsum und Ausflugsfahrten
von den Ost- und Nordfriesischen Inseln.*

🆔 *Helgoland-Touristic, Rathaus, Lung Wai 28,* ✉ 27498, 𝒫 (04725) 81 37 11, *Fax (04725)
813725.*

Auskünfte über Schiffs- und Flugverbindungen, 𝒫 (04725) 8 13 70, *Fax (04725) 813725.
ab Fähranleger Cuxhaven : Berlin 419 – Hannover 223 – Cuxhaven 2.*

Auf dem Unterland :

🏨🏨 **atoll** Ⓜ, Lung Wai 27, ✉ 27498, 𝒫 (04725) 80 00, *atollinfo@atoll.de,
Fax (04725) 800444*, ≤, 🌳, 𝐈𝐬, ≋, 🌊 – 🛗, 🍴 Zim, 📺 ❤ – 🏋 50. 𝖠𝖤 ⚫◯ 𝓥𝓘𝓢𝓐 🄹🄲🄱
atoll seafood *(nur Abendessen)* **Menu** à la carte 66/87 – **Bistro :** **Menu** à la carte 36/49
– **50 Z** ⊃ 200/250 – 270/330.

🏨 **Insulaner** 🦢, Am Südstrand 2, ✉ 27498, 𝒫 (04725) 8 14 10, *info@insulaner.com,
Fax (04725) 814181*, ≤, 🌳, *Massage,* 𝐈𝐬, ≋, 🌳 – 🍴 Zim, 📺 ❤, 🍴 Rest
Galerie : **Menu** à la carte 44/73 – **36 Z** ⊃ 105/180 – 196 260/260 – ½ P 32.

🏠 **Seehotel** 🦢, Lung Wai 23, ✉ 27498, 𝒫 (04725) 8 13 10, *Fax (04725) 813118*, ≤, 🌳
– 📺 𝖠𝖤 ⚫◯ 𝓥𝓘𝓢𝓐, 🍴
Menu *(gesch. Mitte Jan. - Mitte März, Ende Okt. - Mitte Dez.)* à la carte 38/64 – **16 Z**
⊃ 95/130 – 160/190 – ½ P 25.

🏠 **Hanseat** 🦢 garni, Am Südstrand 21, ✉ 27498, 𝒫 (04725) 6 63, *HANSEAT.
NICKELS@T-ONLINE.DE, Fax (04725) 7404*, ≤ – 📺. 🍴
20 Z ⊃ 88/150 – 170/199.

HELLENTHAL Nordrhein-Westfalen 🗺️ O 3 – 8 800 Ew – Höhe 420 m.
🏢 Verkehrsamt, Rathausstr. 2, ✉ 53940, ℘ (02482) 8 51 15, Fax (02482) 85114.
Berlin 645 – Düsseldorf 109 – Aachen 56 – Düren 44 – Euskirchen 36.

🏠 **Pension Haus Berghof** ⌖, Bauesfeld 16, ✉ 53940, ℘ (02482) 71 54,
Fax (02482) 7154, ≤, 🌳 – 🅿
Menu (nur Abendessen) ((Restaurant nur für Hausgäste) – **12 Z** ☞ 55/65 – 90 –
½ P 15/18.

In Hellenthal-Hollerath Süd-West : 5,5 km – Wintersport : 600/690 m ⚡1 ⚞ :

🏠 **Hollerather Hof,** Luxemburger Str. 44 (B 265), ✉ 53940, ℘ (02482) 71 17, EKLO-
DE@t-online.de, Fax (02482) 7834, ≤, �, ☎, 🔲, 🌳 – 📺 ⟜ 🅿
geschl. Nov. 3 Wochen – **Menu** à la carte 26/55 – **11 Z** ☞ 60/75 – 120/150 – ½ P 22.

HELLWEGE Niedersachsen siehe Rotenburg (Wümme).

HELMBRECHTS Bayern 🗺️🗺️ P 19 – 10 800 Ew – Höhe 615 m – Wintersport : 620/725 m
⚞.
Berlin 320 – München 277 – Hof 25 – Bayreuth 43.

🏠 **Zeitler,** Kulmbacher Str. 13, ✉ 95233, ℘ (09252) 96 20, Hot.Zeit@t-online.de,
Fax (09252) 962113, 🌇 – 📺 ⟜ 🅿
Menu à la carte 30/55 – **24 Z** ☞ 78/94 – 116/145.

🏠 **Deutsches Haus,** Friedrichstr. 6, ✉ 95233, ℘ (09252) 10 68, DeutschesHaus@aol.
com, Fax (09252) 6011, 🌳 – 📺 🅿 🆗 VISA
geschl. 15. Jan. - 15. Feb. – **Menu** (geschl. Donnerstag) à la carte 29/53 ⅄ – **9 Z** ☞ 75/80
– 128.

HELMSTADT Bayern 🗺️🗺️ Q 13 – 2 700 Ew – Höhe 300 m.
Berlin 519 – München 299 – Würzburg 23 – Bamberg 117 – Heilbronn 100.

🏠 **Zur Krone,** Würzburger Str. 23, ✉ 97264, ℘ (09369) 9 06 40, Krone_Helmstadt@t
-online.de, Fax (09369) 906440, Biergarten – ⟜ Zim, 📺 ☎ 🅿 – 🔸 20. 🅰🅴 🆗 VISA
geschl. 9. - 14. April – **Menu** (geschl. Dienstagmittag) à la carte 23/51 – **26 Z** ☞ 90/115
– 130/150.

HELMSTEDT Niedersachsen 🗺️🗺️ J 16 – 28 600 Ew – Höhe 110 m.
🏌 Klostergut, Schöningen (Süd : 12 km), ℘ (05352) 16 97.
🏢 Fremdenverkehrsamt, Rathaus, Markt 1 (Eingang Holzberg), ✉ 38350, ℘ (05351)
1 73 33, Fax (05351) 17370.
Berlin 190 – Hannover 96 – Magdeburg 52 – Braunschweig 41 – Wolfsburg 30.

🏨 **Holiday Inn Garden Court** 🅼, Chardstr. 2, ✉ 38350, ℘ (05351) 12 80, hlmge@t
-online.de, Fax (05351) 128128, ☎ – 📶, ⟜ Zim, 📺 ☎ ⅄ ⟜ 🅿 – 🔸 100. 🅰🅴 ⓞ 🆗
VISA JCB
Menu (nur Abendessen) à la carte 32/48 – **63 Z** ☞ 155/235 – 175/255.

HEMMINGEN Niedersachsen siehe Hannover.

HEMSBACH Baden-Württemberg 🗺️🗺️ R 9 – 13 000 Ew – Höhe 100 m.
Berlin 602 – Stuttgart 141 – Mannheim 28 – Darmstadt 40 – Heidelberg 25.

In Hemsbach-Balzenbach Ost : 3 km :

🏨 **Der Watzenhof** ⌖, ✉ 69502, ℘ (06201) 7 00 50, WATZENHOF@t-online.de,
Fax (06201) 700520, 🌇, 🌳 – 📺 ⟜ 🅿 – 🔸 30. 🅰🅴 ⓞ 🆗 VISA
geschl. 1. Jan. - 1. Feb. – **Menu** (geschl. Sonntagabend - Montagmittag) à la carte 43/86
– **13 Z** ☞ 125/165 – 165/210.

HENGERSBERG Bayern 🗺️ T 23 – 7 400 Ew – Höhe 345 m – Erholungsort.
🏢 Touristinformation, Mimminger Str. 2, ✉ 94491, ℘ (09901) 9 30 70, Fax (09901)
930740.
Berlin 573 – München 153 – Passau 40 – Landshut 79 – Regensburg 79.

🏠 **Erika,** Am Ohewehr 13, ✉ 94491, ℘ (09901) 60 01, Fax (09901) 6762, 🌇 – ⟜ Zim,
📺 ☎ 🅿 🅰🅴 ⓞ 🆗 VISA
Menu à la carte 30/60 – **21 Z** ☞ 65/74 – 90/118 – ½ P 19.

HENNEF (SIEG) *Nordrhein-Westfalen* **417** *N 5 – 40 000 Ew – Höhe 70 m.*

ㄱ₈ *Hennef, Haus Dürresbach, &* (02242) 65 01 ; ㄱ₈ *Eitorf - Gut Hecknhof (Ost : 17 km),*
&* (02243) 8 31 37.*

🗓 *Verkehrsamt, Rathaus, Frankfurter Str. 97, ⊠ 53773, &* (02242) 1 94 33, Fax (02242)
888157.

Berlin 594 – Düsseldorf 75 – Bonn 18 – Limburg an der Lahn 89 – Siegen 75.

🏨 **Euro Park Hotel** Ⓜ, Reutherstr. 1a (Gewerbegebiet), ⊠ 53773, &* (02242) 87 60,
info@ euro-park-hotel.de, Fax (02242) 876199 – |🛗|, ⇔ Zim, 📺 ⚙ 🛦 P. – 🔏 160. 🆎 ⊙
🐠 VISA JCB. ❀ Rest
Menu à la carte 37/64 – **76 Z** ⊆ 139/297 – 189/367.

🏠 **Stadt Hennef,** Wehrstr. 46, ⊠ 53773, &* (02242) 9 21 30, Fax (02242) 921340 –
⇔ Zim, 📺 P. 🆎 🐠 VISA. ❀
Menu *(geschl. Samstagmittag)* à la carte 27/53 – **21 Z** ⊆ 118/125 – 145/150.

🏠 **Johnel,** Frankfurter Str. 152, ⊠ 53773, &* (02242) 16 33, Fax (02242) 82280 – |🛗| 📺
P. 🆎 ⊙ 🐠 VISA. ❀ Rest
Menu *(geschl. 15. - 31. Aug., Freitagabend, Sonntagabend)* à la carte 29/51 – **35 Z**
⊆ 99/160.

✗✗ **Haus Steinen,** Hanftalstr. 96, ⊠ 53773, &* (02242) 32 16, Fax (02242) 83209, ⛲ –
P. 🆎 🐠
geschl. Montagmittag, Dienstagmittag – **Menu** à la carte 52/78.

In Hennef-Stadt Blankenberg *Ost : 7 km :*

🏨 **Galerie-Hotel** (mit Haus Sonnenschein), Mechtildisstr. 13, ⊠ 53773, &* (02248) 92 00,
Fax (02248) 92017, ⇔s – |🛗| 📺 P. – 🔏 30. 🐠 VISA
Menu à la carte 26/66 – **28 Z** ⊆ 99/110 – 135/149.

HENNIGSDORF *Brandenburg* **416** **418** *I 23 – 25 000 Ew – Höhe 45 m.*

ㄱ₈ *Stolper Heide, Frohnauer Weg 3, (Nord-Ost : 3 km), &* (03303) 54 90.*
Berlin 37 – Potsdam 59.

🏨 **Pannonia** Ⓜ, Fontanestr. 110, ⊠ 16761, &* (03302) 87 50, H1756@ accor-hotels.com,
Fax (03302) 875445, ⛲, 🛁, ⇔s – |🛗|, ⇔ Zim, 🍴 Rest, 📺 ⚙ 🛦 ⇔ P. – 🔏 60. 🆎
⊙ 🐠 VISA JCB
Menu à la carte 38/56 – ⊆ 23 – **112 Z** 155/215 – 155/235.

HENNSTEDT KREIS STEINBURG *Schleswig-Holstein* **415** **416** *D 13 – 600 Ew – Höhe 30 m.*
Berlin 349 – Kiel 53 – Hamburg 71 – Itzehoe 19.

🏠 **Seelust** ❀, Seelust 6 (Süd : 1 km), ⊠ 25581, &* (04877) 6 77, seelust@ t-online.de,
Fax (04877) 766, ≤, ⛲, ⇔s, 🏊 – 📺 P.
Menu *(geschl. Mitte Feb. - Mitte März, Dienstag) (Montag - Freitag nur Abendessen)*
à la carte 34/58 – **13 Z** ⊆ 90/130.

HENSTEDT-ULZBURG *Schleswig-Holstein* **415** **416** *E 14 – 21 500 Ew – Höhe 38 m.*

ㄱ₈ ㄱ₈ *Alveslohe (West : 6 km), &* (04193) 9 92 90.*
Berlin 314 – Kiel 68 – Hamburg 37 – Hannover 187 – Lübeck 56.

Im Stadtteil Henstedt :

🏠 **Scheelke,** Kisdorfer Str. 11, ⊠ 24558, &* (04193) 9 83 00, Fax (04193) 983040 – 📺
P. 🆎 🐠 VISA
Menu *(geschl. Mittwoch)* à la carte 33/68 – **11 Z** ⊆ 72/88 – 118/129.

HEPPENHEIM AN DER BERGSTRASSE *Hessen* **417** **419** *R 9 – 26 000 Ew – Höhe 100 m.*
Sehenswert : *Marktplatz★.*

🗓 *Fremdenverkehrsbüro, Großer Markt 3, ⊠ 64646, &* (06252) 1 31 71, Fax (06252)
13123.

Berlin 596 – Wiesbaden 69 – Mannheim 29 – Darmstadt 33 – Heidelberg 32 – Mainz 62.

🏨 **Mercure** Ⓜ garni, Siegfriedstr. 1, ⊠ 64646, &* (06252) 12 90, Fax (06252) 129100 –
|🛗| ⇔ 🍴 📺 ⚙ 🛦 ⇔ – 🔏 60. 🆎 ⊙ 🐠 VISA
⊆ 23 – **112 Z** 145/153.

🏨 **Am Bruchsee** ❀, Am Bruchsee 1, ⊠ 64646, &* (06252) 96 00, info@ bruchsee.de,
Fax (06252) 960250, ⛲, ⇔s, ≠ – |🛗|, ⇔ Zim, 📺 ⚙ ⇔ P. – 🔏 150. 🆎 ⊙ 🐠 VISA.
❀ Rest
Menu *(geschl. 23. - 31. Dez.)* à la carte 44/80 – **72 Z** ⊆ 132/179 – 210/250.

🏠 **Goldener Engel** 🍴, Großer Markt 2, ✉ 64646, 🖋 (06252) 25 63, Fax (06252) 4071, 🍴, (Fachwerkhaus a.d.J. 1782) – 🚗 P. 🆗 VISA
geschl. 22. Dez. - 7. Jan. – **Menu** (geschl. Nov. - März Samstag) à la carte 29/58 🍷 – **30 Z** 🛏 75/100 – 110/140.

HERBOLZHEIM Baden-Württemberg 👁👂👃 V 7 – 8 800 Ew – Höhe 179 m.
Berlin 777 – Stuttgart 178 – Freiburg im Breisgau 32 – Offenburg 36.

🏠 **Highway-Hotel** M garni, Breisgauallee 6 (nahe der BAB, im Autohof), ✉ 79336, 🖋 (07643) 4 00 31, highway-hotel@europa-park.com, Fax (07643) 40038, ☎ – 🛗 🛗
TV 🔧 ⚓ P. – 🚗 40. AE ① 🆗 VISA
🛏 15 – **76 Z** 120/150.

Check-in :
Nicht schriftlich reservierte Zimmer werden in den meisten Hotels
nur bis 18 Uhr freigehalten.
Bei späterer Anreise ist daher der ausdrückliche Hinweis
auf die Ankunftzeit oder - besser noch - schriftliche Zimmerreservierung
ratsam.

HERBORN LAHN-DILL-KREIS Hessen 👁👂👃 N 8 – 21 500 Ew – Höhe 210 m.
🅾 Fremdenverkehrsamt, Rathaus, Hauptstr. 39, ✉ 35745, 🖋 (02772) 70 82 23, Fax (02772) 708400.
Berlin 531 – Wiesbaden 118 – Siegen 68 – Gießen 38 – Limburg an der Lahn 49.

🏠 **Schloß-Hotel**, Schloßstr. 4, ✉ 35745, 🖋 (02772) 70 60, Schloss-Hotel-Herborn@t-online.de, Fax (02772) 706630, 🍴 – 🛗, ⚓ Zim, TV 🔧 ⚓ P. – 🚗 100. AE ①
🆗 VISA
Menu à la carte 43/72 – **70 Z** 🛏 139/177 – 218/253.

In Breitscheid-Gusternhain Süd-West : 10 km :

🏠 **Ströhmann**, Gusternhainer Str. 11, ✉ 35767, 🖋 (02777) 3 04, Fax (02777) 7080 – TV ⚓ ⚓ P. 🆗 VISA. 🍴 Zim
Menu (geschl. Mittwoch) à la carte 22/59 – **12 Z** 🛏 80/140.

HERBRECHTINGEN Baden-Württemberg 👁👂👃 👁👂👃 U 14 – 12 000 Ew – Höhe 470 m.
Berlin 587 – Stuttgart 91 – Augsburg 89 – Heidenheim an der Brenz 8 – Ulm (Donau) 28.

🏠 **Grüner Baum**, Lange Str. 46 (B 19), ✉ 89542, 🖋 (07324) 95 40, info@gruener-baum-gigler.de, Fax (07324) 954400, Biergarten – TV 🔧 P. AE ①
🆗 VISA
Menu (geschl. Aug. 3 Wochen, Sonntag - Montagmittag) à la carte 32/63 – **40 Z** 🛏 100/160.

HERBSTEIN Hessen 👁👂👃 O 12 – 2 000 Ew – Höhe 434 m – Luftkurort.
Berlin 467 – Wiesbaden 141 – Fulda 35 – Alsfeld 27.

🏠 **Landhotel Weismüller**, Blücherstr. 4, ✉ 36358, 🖋 (06643) 9 62 30, Fax (06643) 7518, 🍴, ☎ – 🍴 Zim, TV ⚓ P. – 🚗 80. 🆗 VISA
Menu (geschl. Dienstag) à la carte 26/52 – **22 Z** 🛏 65/77 – 124/134.

HERDECKE Nordrhein-Westfalen 👁👂👃 L 6 – 27 000 Ew – Höhe 98 m.
🅾 Verkehrsamt, Kirchplatz 3, ✉ 58313, 🖋 (02330) 61 13 25, Fax (02330) 12614.
Berlin 504 – Düsseldorf 61 – Dortmund 16 – Hagen 6.

🏠 **Zweibrücker Hof**, Zweibrücker Hof 4, ✉ 58313, 🖋 (02330) 60 50, ZweibrueckerHof@ringhotels.de, Fax (02330) 605555, <, 🍴, 🧖, ☎ – 🛗, 🍴 Zim, TV P. – 🚗 150. AE
Menu à la carte 43/82 – **71 Z** 🛏 162/177 – 195/220.

XXX **Schiffswinkel**, Im Schiffswinkel 35, ✉ 58313, 🖋 (02330) 21 55, Schiffswinkel@t-online.de, Fax (02330) 129577, <, Biergarten, « Elegante Einrichtung ; Gartenterrasse » –
P. AE ① 🆗 VISA. 🍴
geschl. Montag – **Menu** 118 (mittags)/198 und à la carte.

HERFORD

HERFORD Nordrhein-Westfalen **417** J 10 – 66 000 Ew – Höhe 71 m.

Sehenswert : Johanniskirche (Geschnitzte Zunftemporen★) Y **B**.

📍 Finnebachstr. 31 (östlich der A 2), ℘ (05228) 75 07 ; 📍 Enger-Pödinghausen, (West : 9,5 km), ℘ (05224) 7 97 51.

🛈 Info-Center, Hämelinger Str. 4, ⊠ 32052, ℘ (05221) 5 00 07, Fax (05221) 189694.

Berlin 373 ② – Düsseldorf 192 ④ – Bielefeld 18 ⑤ – Hannover 91 ② – Osnabrück 59 ⑥

HERFORD

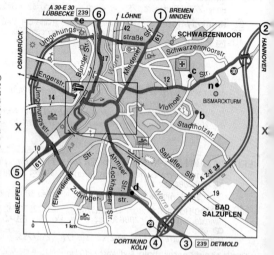

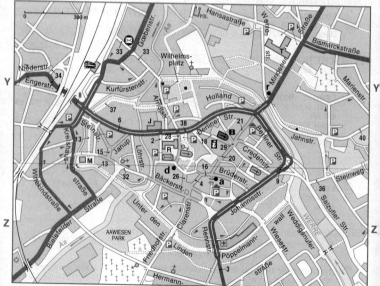

🏛 **Zur Fürstabtei** garni, Elisabethstr. 9, ⊠ 32052, ℘ (05221) 2 75 50, Fax (05221) 275515, « Fachwerkhaus a.d. 17.Jh. » – 📺 📺 ✆ 🅿 AE ⑩
🔘 VISA
20 Z ⊆ 160/210.
Z d

🏨 **Stadthotel Pohlmann**, Mindener Str. 1, ✉ 32049, 𝒫 (05221) 98 00, *Fax (05221) 980162,* ⟺ – |𝔰|, ⅏ Zim, 📺 🖭 – 🏄 50. 🆀 ⓞ 🅾🅾 𝑉𝐼𝑆𝐴　　　Y r
Menu *(geschl. Donnerstagmittag, Samstagmittag)* à la carte 32/62 – **37 Z** ⊏⊐ 125/150 – 150/170.

🏨 **Sporthotel**, Ahmser Str. 156, ✉ 32052, 𝒫 (05221) 9 74 50, *info@Sporthotel-Herfo rd.de, Fax (05221) 974555,* 𝑓❍, ⟺, ⅍(Halle) Squash – |𝔰| ⅏ 📺 🖭. 🖭.
🅾🅾 𝑉𝐼𝑆𝐴　　　　　　　　　　　　　　　　　　　　　　　　　　　　X d
Menu *(geschl. Samstag - Sonntag) (nur Abendessen)* à la carte 28/57 – **21 Z** ⊏⊐ 135/170 – 178/230.

🏨 **Hansa** garni, Brüderstr. 40, ✉ 32052, 𝒫 (05221) 5 97 20, *Fax (05221) 597259* – |𝔰| 📺
🖭. 🆀 🅾🅾 𝑉𝐼𝑆𝐴. ⅍　　　　　　　　　　　　　　　　　　　　　　　　　　Z a
geschl. 16. Juli - 12. Aug. – **16 Z** ⊏⊐ 60/95 – 130/140.

X **Waldrestaurant Steinmeyer**, Wüstener Weg 47, ✉ 32049, 𝒫 (05221) 8 10 04, *WALDRESTAURANT-STEINMEYER@T-ONLINE.de, Fax (05221) 81009,* ≼ Herford, 🏡 – 🖭.
🆀 🅾🅾　　　　　　　　　　　　　　　　　　　　　　　　　　　　　　　X b
geschl. Mitte - Ende Feb., Montag – **Menu** à la carte 36/64.

In Herford-Eickum *West : 4,5 km über Diebrocker Straße* X :

XX **Tönsings Kohlenkrug**, Diebrocker Str. 316, ✉ 32051, 𝒫 (05221) 3 28 36, *info@t* ❀ *oensing.de, Fax (05221) 33883,* 🏡 – 🖭 – 🏄 50. 🆀
🐟 *geschl. Juli - Aug. 4 Wochen, Sonntag - Dienstag* – **Menu** *(nur Abendessen)* 39/119 à la carte 62/93
Spez. Gänsestopfleber mit Kirschkompott und Balsamicojus. Taubenbrust mit süß-saurem Gemüse. Ente in zwei Gängen serviert.

In Herford-Falkendiek *Nord : 4 km, über Werrestraße* X :

🏨 **C. Stille-Falkendiek**, Löhner Str. 157, ✉ 32049, 𝒫 (05221) 96 70 00, *info@hotel-s tille.de, Fax (05221) 67583,* 🏡 – 📺 🖭 – 🏄 30. 🅾🅾 𝑉𝐼𝑆𝐴
Menu *(geschl. 10. - 25. Feb., 21. Juli - 12. Aug., Dienstag) (wochentags nur Abendessen)* à la carte 36/64 – **19 Z** ⊏⊐ 90/100 – 140/160.

In Herford-Schwarzenmoor :

🏨 **Waldesrand**, Zum Forst 4, ✉ 32049, 𝒫 (05221) 9 23 20, *Fax (05221) 9232429,* 🏡,
Massage, ⟺, 🌳 – |𝔰| ⅏ 📺 🖤 🖭 – 🏄 50. 🆀 ⓞ 🅾🅾 𝑉𝐼𝑆𝐴　　　X n
Menu à la carte 35/63 – **48 Z** ⊏⊐ 100/135 – 150/180.

🏨 **Schinkenkrug** 🦐, Paracelsusstr. 14, ✉ 32049, 𝒫 (05221) 92 00, *Fax (05221) 920200,* 🏡 – 📺 🍽 🖭 – 🏄 70. 🅾🅾 𝑉𝐼𝑆𝐴　　　　　　X c
Menu *(wochentags nur Abendessen)* à la carte 33/60 – **21 Z** ⊏⊐ 90/110 – 130/150.

In Hiddenhausen - Schweicheln-Bermbeck *über* ⑥ *: 6 km* :

🏨 **Freihof**, Herforder Str. 118 (B 239), ✉ 32120, 𝒫 (05221) 6 12 75, *Kontakt@HotelFr eihof.de, Fax (05221) 67643,* 🏡, ⟺, 🌳 – 📺 🍽 🖭 – 🏄 40. ⓞ 🅾🅾 𝑉𝐼𝑆𝐴. ⅍ Rest
Menu *(geschl. Sonntagabend)* à la carte 28/53 – **25 Z** ⊏⊐ 110/125 – 160/180.

In Hiddenhausen-Sundern *Nord : 2 km* :

XX **Am Felsenkeller**, Bünder Str. 38, ✉ 32120, 𝒫 (05221) 6 22 24, *Fax (05221) 690814,* 🏡 – 🖭. 🆀 𝑉𝐼𝑆𝐴　　　　　　　　　　　　　　　　　　　　　　X e
geschl. Mittwochabend, Donnerstagabend – **Menu** à la carte 39/67.

HERINGSDORF *Mecklenburg-Vorpommern siehe Usedom (Insel).*

HERLESHAUSEN *Hessen* 🗺 *M 14 – 3 400 Ew – Höhe 225 m.*
🏌 *Gut Willershausen (Nord : 10 km, über Markershausen),* 𝒫 (05654) 9 20 40.
Berlin 367 – Wiesbaden 212 – Kassel 73 – Bad Hersfeld 49 – Erfurt 78.

🏨 **Schneider**, Am Anger 7, ✉ 37293, 𝒫 (05654) 64 28, *Hotel-Fleischerei-Schneider@t -online.de, Fax (05654) 1447,* 🏡, 🌳 – ⅏ 📺 🍽 🖭. 🅾🅾 𝑉𝐼𝑆𝐴
Menu *(geschl. Feb. 2 Wochen, Sonntagabend)* à la carte 24/44 – **17 Z** ⊏⊐ 70/90.

In Herleshausen-Holzhausen *Nord-West : 8 km über Nesselröden* :

🏛 **Hohenhaus** 🦐, ✉ 37293, 𝒫 (05654) 98 70, *hohenhaus@t-online.de,* ❀ *Fax (05654) 1303,* ≼, 🏡, *(Hotelanlage in einem Gutshof),* « Park », ⟺, 🔲, ⅍ – |𝔰|,
⅏ Zim, 🍽 Rest, 📺 🖤 🔥 🍽 🖭 – 🏄 40. 🆀 ⓞ 🅾🅾 𝑉𝐼𝑆𝐴. ⅍ Rest
geschl. 3. Jan. - 28. Feb. – **Menu** *(geschl. Sonntagabend - Dienstagmittag)* à la carte 77/107 – ⊏⊐ 25 – 26 Z 210/310 – 310/380
Spez. Froschschenkelrisotto. Gebratener grüner Kloss mit Gänseleberfüllung und schwarzen Nüssen. Lammrücken mit Aromaten gebraten.

HERMANNSBURG Niedersachsen 👁👁 H 14 – 8 000 Ew – Höhe 50 m – Erholungsort.
> 🄳 Verkehrsverein, Harmsstr. 3a, ✉ 29320, 𝒫 (05052) 80 55, Fax (05052) 8423.
> Berlin 303 – Hannover 78 – Celle 32 – Lüneburg 79.

🏨 **Heidehof,** Billingstr. 29, ✉ 29320, 𝒫 (05052) 97 00, hermannsburg@seminaris.de, Fax (05052) 3332, 🌣, 👐, ≘s, 🔲 – 🛗, 🐾 Zim, 📺 📞 🅿 – 🛎 220. 🄰🄴 🄾 🐾 𝖵𝖨𝖲𝖠. 🐾 Rest
Menu à la carte 40/66 – **104 Z** ⚏ 140/180 – 200/235 – ½ P 32.

🏨 **Völkers Hotel,** Billingstr. 7, ✉ 29320, 𝒫 (05052) 9 87 40, Fax (05052) 987474, 🌣 – 🐾 Zim, 📺 ☞ 🅿 – 🛎 25. 🄰🄴 🄾 🐾 𝖵𝖨𝖲𝖠 𝖩𝖢𝖡
Menu à la carte 35/65 (auch vegetarische Gerichte) – **18 Z** ⚏ 110/150 – 148/210 – ½ P 35.

In Hermannsburg-Oldendorf Süd : 4 km :

🏨 **Gutshof Im Oertzetal** 🐾, Escheder Str. 2, ✉ 29320, 𝒫 (05052) 97 90, Fax (05052) 979179, Biergarten – 📺 📞 🅿 – 🛎 25. 🄰🄴 🐾 𝖵𝖨𝖲𝖠
Menu (Jan. - März Montag - Donnerstag nur Abendessen) à la carte 27/60 – **22 Z** ⚏ 85/90 – 175/185.

🏨 **Zur Alten Fuhrmanns-Schänke** 🐾, Dehninghof 1 (Ost : 3,5 km), ✉ 29320, 𝒫 (05054) 9 89 70, Fax (05054) 989798, 🌣, « Einrichtung im Bauernstil », 🐾 – 📺 🅿. 🐾 𝖵𝖨𝖲𝖠
Menu (geschl. Nov - April Dienstag) à la carte 28/54 – **19 Z** ⚏ 70/90 – 100/190.

*Inclusion in the **Michelin Guide**
cannot be achieved by pulling strings
or by offering favours.*

HERMESKEIL Rheinland-Pfalz 👁👁 R 4 – 6 000 Ew – Höhe 613 m.
> 🄳 Tourist-Information, Langer Markt 17, ✉ 54411, 𝒫 (06503) 80 92 04, Fax (06503) 809200.
> Berlin 699 – Mainz 135 – Trier 39 – Bonn 160 – Saarbrücken 57.

🏨 **Beyer,** Saarstr. 95, ✉ 54411, 𝒫 (06503) 72 27, Fax (06503) 800970, 🌣 – 🛗, 🐾 Zim, 📺 ☞ 🅿. 🐾 𝖵𝖨𝖲𝖠
Menu à la carte 32/51 – **12 Z** ⚏ 75/90 – 110/160.

In Neuhütten Süd-Ost : 8 km :

🍴🍴 **Le temple du gourmet** (Schäfer), Saarstr. 2, ✉ 54422, 𝒫 (06503) 76 69, le.temp
⚜ le.du.Gourmet.@t-online.de, Fax (06503) 980553 – 🅿. 🐾
geschl. Juni - Juli 3 Wochen, Mittwoch – **Menu** (wochentags nur Abendessen) 85/110 und à la carte
Spez. Pochierter Steinbutt mit Mandel-Blumenkohlpüree und Kokossauce. Lammrücken mit Kräuter-Ricottaravioli und zweierlei Saucen. Charlotte von weißer Schokolade mit Ananas.

HERMSDORF Sachsen 👁👁 N 24 – 1 000 Ew – Höhe 750 m – Erholungsort – Wintersport : 600/800 m 🚡1, 🎿.
> Berlin 238 – Dresden 47 – Marienberg 53.

In Hermsdorf-Neuhermsdorf Süd-Ost : 3,5 km :

🏨 **Altes Zollhaus,** Altenberger Str. 7, ✉ 01776, 𝒫 (035057) 5 40, mail@zollhaus.hote l.de, Fax (035057) 51264, 🌣, « Restaurant mit Kreuzgewölbe a.d. 17. Jh. », 👐, ≘s, 🐾 – 🛗, 🐾 Zim, 📺 🅿 – 🛎 100. 🐾
Menu à la carte 27/63 – **40 Z** ⚏ 140/163.

🏨 **Wettin,** Altenberger Sr. 24, ✉ 01776, 𝒫 (035057) 5 12 17, Fax (035057) 51218, 🌣, ≘s – 📺 🅿. 🄰🄴 🐾 𝖵𝖨𝖲𝖠
Menu à la carte 24/36 – **29 Z** ⚏ 65/75 – 98/120.

HERMSDORF Thüringen 👁👁 N 19 – 10 400 Ew – Höhe 350 m.
> Berlin 234 – Erfurt 76 – Gera 27 – Halle 84 – Leipzig 73.

🏨 **Zum Schwarzen Bär,** Alte Regensburger Str. 2, ✉ 07629, 𝒫 (036601) 8 62 62, Fax (036601) 86262, 🌣 – 🛗 📺 🅿 – 🛎 80. 🄰🄴 🄾 🐾 𝖵𝖨𝖲𝖠. 🐾 Rest
Menu (geschl. Mitte - Ende Jan.) à la carte 21/42 – **13 Z** ⚏ 75/95.

🏨 **Zur Linde,** Alte Regensburger Str. 45, ✉ 07629, 𝒫 (036601) 8 36 95, Fax (036601) 83695 – 📺 🅿. 🛎 35. 🄰🄴 🐾 𝖵𝖨𝖲𝖠
Menu à la carte 19/39 – **9 Z** ⚏ 75/100.

HERNE Nordrhein-Westfalen 𝟜𝟙𝟟 L 5 – 173 000 Ew – Höhe 59 m.

🛈 Verkehrsverein, Berliner Platz 11 (Kulturzentrum, 1. Etage), ✉ 44623, ℰ (02323) 16 28 12, Fax (02323) 162977.

Berlin 508 – *Düsseldorf* 56 – Bochum 6 – Dortmund 25 – Essen 21 – Recklinghausen 12.

🏢 **Parkhotel** ⤢, Schaeferstr. 111, ✉ 44623, ℰ (02323) 95 50 (Hotel) 95 53 33 (Rest.), rezeption@parkhotel-herne, Fax (02323) 955222, ≤, 🍽, Biergarten, 🕿 – 📺 📞 – 🔏 50. 🖭 ① ⓪ *VISA*. ✼ Rest
Parkhaus : Menu à la carte 48/81 – **62 Z** ⚏ 100/135 – 180/195.

HEROLDSBERG Bayern 𝟜𝟙𝟡 𝟜𝟚𝟘 R 17 – 7 400 Ew – Höhe 362 m.

Berlin 433 – München 177 – *Nürnberg* 12 – Bayreuth 82.

🏠 **Rotes Roß,** Hauptstr. 10, ✉ 90562, ℰ (0911) 9 56 50, info@rotesross-heroldsberg.de, Fax (0911) 9565200, Biergarten, 🍺 – ✜ Zim, 📺 ⇆ 📞 – 🔏 100. 🖭 ① ⓪ *VISA*
geschl. 24. Dez. - 6. Jan. – **Menu** (geschl. Aug. 3 Wochen, Freitag) à la carte 33/63 – **44 Z** ⚏ 95/115 – 135/160.

✗ **Schwarzer Adler,** Hauptstr. 19, ✉ 90562, ℰ (0911) 5 18 17 02, Schwarzer-adler@c
ⓐ co.de, Fax (0911) 5181703, 🍽, « Fränkischer Landgasthof a.d.J. 1536 » – 📞 🖭 ①
⓪ *VISA*
geschl. Montag – Menu (nur Abendessen) (bemerkenswerte Weinkarte) à la carte 44/64.

✗ **Freihardt,** Hauptstr. 81, ✉ 90562, ℰ (0911) 5 18 08 05, Fax (0911) 5181590 – 🖭 ①
⓪ *VISA*
geschl. Montag – **Menu** à la carte 47/73.

HEROLDSTATT Baden-Württemberg 𝟜𝟙𝟡 U 13 – 2 200 Ew – Höhe 777 m.

Berlin 647 – *Stuttgart* 78 – Reutlingen 40 – Ulm (Donau) 34.

In Heroldstatt-Sontheim :

🏠 **Landhotel Wiesenhof,** Lange Str. 35, ✉ 72535, ℰ (07389) 9 09 50, Landhotel.Wi
ⓐ esenhof@t-online.de, Fax (07389) 1501, 🍽, 🕿 – ✜ Zim, 📺 ☏ 📞
Menu (geschl. Mitte Jan. 2 Wochen, Ende Sept. 1 Woche, Dienstag) à la carte 39/81 – **16 Z** ⚏ 75/105 – 120/180.

HERRENALB, BAD Baden-Württemberg 𝟜𝟙𝟡 T 9 – 7 000 Ew – Höhe 365 m – Heilbad – Heil-klimatischer Kurort – Wintersport : 400/700 m ✘ 1.

🃁 Bad Herrenalb, Bernbacher Straße, ℰ (07083) 88 98.

🛈 Tourismusbüro, Bahnhofsplatz 1, ✉ 76332, ℰ (07083) 50 05 55 Fax (07083) 500544.

Berlin 698 – Stuttgart 80 – *Karlsruhe* 30 – Baden-Baden 22 – Pforzheim 30.

🏨 **Thermenhotel Falkenburg** 🅜 ⤢, Rehteichweg 22, ✉ 76332, ℰ (07083) 92 70, THERMENHOTELFALKENBURG@t-online.de, Fax (07083) 927555, ≤ Bad Herrenalb, 🍽, ♨, 🕿, 🔲 – 🛗, ✜ Zim, 📺 ⇆ 📞 – 🔏 100. 🖭 ① ⓪ *VISA*
Menu à la carte 54/85 – **89 Z** ⚏ 230/330 – ½ P 40.

🏢 **Landhaus Marion** ⤢ (mit Gästehäusern), Bleichweg 31, ✉ 76332, ℰ (07083) 74 00, LHMarion@t-online.de, Fax (07083) 740602, 🍽, 🕿, 🔲, 🍺 – 🛗 ✜ 📺 ☏ ⇆ 📞 –
🔏 65. 🖭 ① ⓪ *VISA* 🇯🇧
Menu à la carte 36/73 (auch vegetarisches Menu) – **62 Z** ⚏ 80/150 – 150/280, 7 Suiten – ½ P 30.

🏠 **Harzer,** Kurpromenade 1, ✉ 76332, ℰ (07083) 9 25 60, harzerhot@aol.com, Fax (07083) 925699, Massage, ♣, ♨, 🕿, 🔲 – 🛗 📺 ⇆. 🖭 ⓪ *VISA*
geschl. 20. Nov. - 15. Dez. – **Menu** (nur Abendessen) (Restaurant nur für Hausgäste) – **27 Z** ⚏ 93/145 – 150/180 – ½ P 28.

🏠 **Thoma,** Gaistalstr. 46, ✉ 76332, ℰ (07083) 5 00 20, hotel-pensionthoma@t-online.de, Fax (07083) 500230, 🕿, 🍺 – 🛗 📺 📞 ✼
Menu (Restaurant nur für Hausgäste) – **20 Z** ⚏ 57/88 – 100/132 – ½ P 20.

In Bad Herrenalb-Rotensol Nord-Ost : 5 km :

🏠 **Lamm,** Mönchstr. 31, ✉ 76332, ℰ (07083) 9 24 40, schwemmle@lamm-rotensol.de,
ⓐ Fax (07083) 924444, 🍽, 🍺 – ✜ Zim, 📺 ☏ ⇆ 📞 – 🔏 15. 🖭 ① ⓪ *VISA*
Menu (geschl. Montag) à la carte 44/82 – **23 Z** ⚏ 90/98 – 155/225 – ½ P 30.

In Marxzell Nord : 8 km :

🏠 **Marxzeller Mühle** 🅜, Albtalstr. 1, ✉ 76359, ℰ (07248) 9 19 60, Fax (07248) 919649,
🍽 – 🛗 ✜ Zim, 📺 ☏ ⇆ 📞 – 🔏 60. 🖭 ① ⓪ *VISA* 🇯🇧 ✼ Zim
Menu à la carte 58/83 – **16 Z** ⚏ 140/160 – 210/270 – ½ P 40.

HERRENBERG Baden-Württemberg 🔲🔲🔲 U 10 – 30 000 Ew – Höhe 460 m.

🏛 Touristeninformation, Marktplatz 5, ✉71083, ℰ (07032) 92 42 25, Fax (07032) 924333.

Berlin 662 – Stuttgart 38 – Karlsruhe 90 – Freudenstadt 53 – Reutlingen 33.

🏨 **Residence** 🅼, Daimlerstr. 1, ✉ 71083, ℰ (07032) 27 10, info@residence.de, Fax (07032) 271100, 🍴, 🛁, ⇔ – 🛗, ⇔ Zim, 📺 ✆ 🕭 🄟 – 🔌 100. ☁ ⓞ ⓦ 🆚 🈂
Menu à la carte 40/72 – **159 Z** ⊑ 215/240, 24 Suiten.

🏨 **Hasen**, Hasenplatz 6, ✉ 71083, ℰ (07032) 20 40, post@hasen.de, Fax (07032) 204100, 🍴, ⇔ – 🛗, ⇔ Zim, 📺 ✆ 🕭 ⇔ 🄟 – 🔌 70. ☁ ⓞ ⓦ 🆚
Menu à la carte 34/62 – **68 Z** ⊑ 148/250.

In Herrenberg-Affstätt :

🍴🍴 **Linde**, Kuppinger Str. 14, ✉ 71083, ℰ (07032) 3 16 70, Fax (07032) 32345, 🍴 – ⇔
🄟. ⓦ 🆚
geschl. Dienstag - Mittwoch – Menu à la carte 35/72.

In Herrenberg-Mönchberg Süd-Ost : 4 km über die B 28 :

🏠 **Kaiser** 🦢, Kirchstr. 10, ✉ 71083, ℰ (07032) 9 78 80, Hotel.Kaiser@t-online.de, Fax (07032) 978830, ≼, 🍴, ⇔ – ⇔ Zim, 📺 ✆ ⇔ 🄟 – 🔌 15. ☁ ⓞ ⓦ 🆚 🈂
geschl. Ende Dez. - Anfang Jan. – Menu (geschl. Freitagmittag, Samstagmittag) à la carte 32/64 – **28 Z** ⊑ 115/132 – 135/195.

In Gäufelden-Nebringen Süd-West : 5 km über die B 14 :

🏨 **Aramis**, Siedlerstr. 40 (im Gewerbegebiet), ✉ 71126, ℰ (07032) 78 10, info@aramis.de, Fax (07032) 781555, 🍴, 🛁, ⇔, 🎾(Halle) – 🛗, ⇔ Zim, 📺 ✆ 🕭 🄟 – 🔌 100. ☁ ⓞ
ⓦ 🆚
geschl. 27. Dez. - 8. Jan. – Menu à la carte 39/66 – **86 Z** ⊑ 117/148 – 166/210.

HERRIEDEN Bayern 🔲🔲🔲🔲🔲🔲 S 15 – 5 800 Ew – Höhe 420 m.

Berlin 491 – München 212 – Nürnberg 67 – Ansbach 11 – Schwäbisch Hall 73 – Aalen 72.

🏠 **Zur Sonne**, Vordere Gasse 5, ✉ 91567, ℰ (09825) 9 24 60, Fax (09825) 924621, 🍴
– 📺 ⇔ – 🔌 50. ⓦ
geschl. 26. Dez.- Mitte Jan., Mitte Aug. 1 Woche – Menu (geschl. Freitag) à la carte 29/59
– **15 Z** ⊑ 70/110.

🍴 **Gasthaus Limbacher**, Vordere Gasse 34, ✉ 91567, ℰ (09825) 53 73, Fax (09825) 926464
geschl. März 2 Wochen, Okt. 2 Wochen, Montag - Mittwoch – Menu 40 (mittags) à la carte 49/64.

In Herrieden-Schernberg Nord : 1,5 km :

🏠 **Zum Bergwirt**, ✉ 91567, ℰ (09825) 84 69, Fax (09825) 4925, 🍴, 🛁, ⇔ – 📺 ✆
⇔ 🄟 – 🔌 100. 🍽 Rest
Menu à la carte 24/49 – **64 Z** ⊑ 70/75 – 90/140.

HERRSCHING AM AMMERSEE Bayern 🔲🔲🔲🔲🔲🔲 W 17 – 10 000 Ew – Höhe 568 m – Erholungsort.

Sehenswert : Ammersee★.

Ausflugsziel : Klosterkirche Andechs★★ Süd : 6 km.

🏛 Verkehrsbüro, Am Bahnhofsplatz 3, ✉ 82211, ℰ (08152) 52 27, Fax (08152) 40519.
Berlin 623 – München 39 – Augsburg 73 – Garmisch-Partenkirchen 65 – Landsberg am Lech 35.

🏨 **Piushof** 🦢, Schönbichlstr. 18, ✉ 82211, ℰ (08152) 9 68 20, info@piushof.de, Fax (08152) 968270, 🍴, 🌳, 🎾 – 📺 🄟 – 🔌 30. ⓦ 🆚 🍽 Zim
Menu (geschl. Montag) (nur Abendessen) à la carte 31/62 – **23 Z** ⊑ 120/150 – 220 – ½ P 35.

🏨 **Promenade**, Summerstr. 6 (Seepromenade), ✉ 82211, ℰ (08152) 10 88, Fax (08152) 5981, ≼, 🍴 – 📺 ⇔ 🄟 ⓞ ⓦ 🆚 🍽 Zim
geschl. 20. Dez. - 20. Jan. – Menu (geschl. Nov. - März Mittwoch) à la carte 36/64 – **11 Z**
⊑ 120/150 – 168/208.

🏠 **Gasthof zur Post** (mit Gästehaus), Andechsstr. 1, ✉ 82211, ℰ (08152) 9 22 60, Fax (08152) 922648, 🍴, Biergarten, « Ehem. Posthalterei a. d. 14. Jh. » – 📺 ✆ 🄟 – 🔌 30.
☁ ⓦ 🆚
Menu à la carte 24/49 – **23 Z** ⊑ 125/175 – 165/205 – ½ P 30.

🏠 **Andechser Hof,** Zum Landungssteg 1, ⊠ 82211, ℰ (08152) 9 68 10, Fax (08152) 968144, Biergarten, ⇌, 🔲 – 📶, ↝ Zim, 📺 ⟸ 🅿 – 🕍 150. ᴁ ⓞ 🆎 𝚅𝙸𝚂𝙰
Menu à la carte 29/55 – **25 Z** ⊇ 110/140 – 200 – ½ P 28.

🏠 **Seehof,** Seestr. 58, ⊠ 82211, ℰ (08152) 93 50, info@seehof-ammersee.de, ⊜ Fax (08152) 935100, 🍽 – 📶 📺 🅿 – 🕍 30. 🆎 𝚅𝙸𝚂𝙰, ✂ Zim
Menu à la carte 23/41 – **39 Z** ⊇ 115/167 – 190/210 – ½ P 25.

✗ **Landgasthaus Mühlfeld-Bräu,** Mühlfeld 13, ⊠ 82211, ℰ (08152) 55 78, Fax (08152) 8018, 🍽 « Gasthof mit Hausbrauerei » – 🅿. 🆎 𝚅𝙸𝚂𝙰
Menu à la carte 32/57.

HERSBRUCK Bayern 419 420 R 18 – 12 000 Ew – Höhe 345 m.
🛈 Städt. Verkehrsamt, Stadthaus am Schloßplatz, ⊠ 91217, ℰ (09151) 47 55, Fax (09151) 4473.
Berlin 424 – München 181 – Nürnberg 35 – Bayreuth 70 – Amberg 36.

🏠 **Café Bauer** (mit Gästehaus), Martin-Luther-Str. 16, ⊠ 91217, ℰ (09151) 8 18 80, Fax (09151) 818810, 🍽, Biergarten – 📺. ⓞ 🆎 𝚅𝙸𝚂𝙰
geschl. Anfang Jan. 1 Woche, Anfang Juni 2 Wochen – **Menu** (geschl. Mittwoch) à la carte 31/57 ♨ – **8 Z** ⊇ 80/130.

☂ **Schwarzer Adler** (mit Gästehaus), Martin-Luther-Str. 26, ⊠ 91217, ℰ (09151) 22 31, info@schwarzer-adler-hersbruck.de, Fax (09151) 2236 – 📺 ⟸. 🆎 𝚅𝙸𝚂𝙰
geschl. Juni 2 Wochen – **Menu** (geschl. Donnerstag - Freitag) à la carte 26/53 – **22 Z** ⊇ 60/75 – 80/110.

In Engelthal Süd-West : 6 km :

✗ **Grüner Baum** mit Zim, Hauptstr. 9, ⊠ 91238, ℰ (09158) 2 62, Fax (09158) 1615, 🍽 ⊛ – 📺 🅿 ᴁ 🆎
geschl. Feb. 2 Wochen, Ende Okt. - Anfang Nov. – Menu (geschl. Montag - Dienstag) à la carte 28/63 – **5 Z** ⊇ 50/90.

In Happurg-Kainsbach Süd-Ost : 6,5 km – Luftkurort :

🏨 **Kainsbacher Mühle** ⊛, ⊠ 91230, ℰ (09151) 72 80, hotel-muehle@t-online.de, Fax (09151) 728162, « Gartenterrasse », Massage, ₲, ⇌, 🔲, ☞, ✗ – 📶, ↝ Zim, 📺 ⟸ 🅿 – 🕍 20. 🆎 𝚅𝙸𝚂𝙰
Menu à la carte 48/81 – **36 Z** ⊇ 125/180 – 220/280 – ½ P 45.

In Kirchensittenbach-Kleedorf Nord : 7 km :

🏨 **Zum alten Schloß** ⊛, ⊠ 91241, ℰ (09151) 86 00, zum.alten.schloss@t-online.de, ⊜ Fax (09151) 860146, 🍽, ⇌, ☞ – 📶, ↝ Zim, 📺 ✆ ⟸ 🅿 – 🕍 50. ᴁ ⓞ 🆎 𝚅𝙸𝚂𝙰
Menu à la carte 24/59 – **58 Z** ⊇ 105/125 – 150/180 – ½ P 25.

In Pommelsbrunn-Hubmersberg Nord-Ost : 7,5 km :

🏰 **Lindenhof** ⊛, ⊠ 91224, ℰ (09154) 2 70, lindenhof.hubmersberg@t-online.de, Fax (09154) 27370, 🍽, ⇌, 🔲 – 📶, ↝ Zim, 📺 ✆ ⟸ 🅿 – 🕍 60. ᴁ ⓞ 🆎 𝚅𝙸𝚂𝙰
Menu à la carte 39/73 – **44 Z** ⊇ 110/150 – 180/270 – ½ P 34.

HERSCHEID Nordrhein-Westfalen 417 M 7 – 7 250 Ew – Höhe 450 m.
Berlin 533 – Düsseldorf 105 – Arnsberg 49 – Lüdenscheid 11 – Plettenberg 12.

In Herscheid-Reblin Süd : 3 km :

🏠 **Jagdhaus Weber,** Reblin 11, ⊠ 58849, ℰ (02357) 9 09 00, info@jagdhaus-weber.com, Fax (02357) 909090, 🍽 – 📺 ⟸ 🅿 – 🕍 25. ᴁ ⓞ 🆎 𝚅𝙸𝚂𝙰
Menu (geschl. Dienstag) à la carte 35/67 – **13 Z** ⊇ 90/110 – 150/180.

An der Straße nach Werdohl Nord-West : 3 km über Lüdenscheider Straße :

☂ **Landhotel Herscheider Mühle** ⊛, ⊠ 58849 Herscheid, ℰ (02357) 23 25, Fax (02357) 2305, 🍽, ☞ – 📺 🅿 – 🕍 15
Menu (geschl. nach Pfingsten 3 Wochen, Freitag) à la carte 31/71 – **11 Z** ⊇ 90/150.

In Herscheid-Wellin Nord : 5 km :

🏠 **Waldhotel Schröder** ⊛, ⊠ 58849, ℰ (02357) 41 88, Fax (02357) 1078, 🍽, ☞ – 📺 🅿 🆎 𝚅𝙸𝚂𝙰
Menu (geschl. Montag) à la carte 38/62 – **13 Z** ⊇ 79/140.

HERSFELD, BAD Hessen 417 418 N 13 – 33 000 Ew – Höhe 209 m – Heilbad.
    Sehenswert : Ruine der Abteikirche ★ – Rathaus ≤★.
    🛈 Touristik-Information, Am Markt 1, ✉ 36251, ℘ (06621) 20 12 74, Fax (06621) 201244.
    ADAC, Benno-Schilde-Str. 11.
    Berlin 408 – Wiesbaden 167 – Kassel 76 – Fulda 46 – Gießen 88 – Erfurt 126.

🏨🏨🏨   **Romantik Hotel Zum Stern** 🦢, Linggplatz 11, ✉ 36251, ℘ (06621) 18 90, zum-s
    tern@romantik.de, Fax (06621) 189260, 🍴, (historisches Gebäude a.d. 15. Jh.), ≘s, 🔲
    – 📶, ✦ Zim, 📺 ✓ ᕦ ᦓ 🅿 – 🔏 80. ℿ ① ◉⑤ 🆅🅸🆂🅰
    Menu à la carte 47/75 – **45 Z** 🛏 115/180 – 210/240 – ½ P 38.

🏨🏨🏨   **Am Kurpark** 🦢, Am Kurpark 19, ✉ 36251, ℘ (06621) 16 40, kurpark@meirotels.de,
    Fax (06621) 164710, 🍴, ≘s, 🔲 – 📶, ✦ Zim, 📺 🅿 – 🔏 240. ℿ ① ◉⑤ 🆅🅸🆂🅰
    Menu à la carte 40/65 – **93 Z** 🛏 175 – 265/330 – ½ P 30.

🏨🏨   **Vitalis** Ⓜ 🦢 garni, Lüderitzstr. 37, ✉ 36251, ℘ (06621) 9 29 20, Fax (06621) 929215,
    geschl. 24. Dez. - 7. Jan. – **9 Z** 🛏 105/150.

🏨🏨   **Haus am Park** 🦢 garni, Am Hopfengarten 2, ✉ 36251, ℘ (06621) 9 26 20, info
    @hotel-hausampark.de, Fax (06621) 926230 – ✦ 📺 ✓ ᦓ 🅿 – 🔏 25. ℿ ◉⑤ 🆅🅸🆂🅰
    21 Z 🛏 95/139 – 120/195.

🏨   **Parkhotel Rose**, Am Kurpark 9, ✉ 36251, ℘ (06621) 1 44 54, Fax (06621) 15656, 🍴
    – 📶 📺 ✓ ᦓ 🅿 – 🔏 30. ℿ ◉⑤ 🆅🅸🆂🅰
    Menu (geschl. 1. - 30. Jan., Sonntag) à la carte 36/60 – **17 Z** 🛏 98/130 – 150/180 –
    ½ P 36.

🏨   **Wenzel**, Nachtigallenstr. 3, ✉ 36251, ℘ (06621) 9 22 00, Hotel.Wenzel@t-online.de,
    Fax (06621) 51116, 🍴 – 📶 ✦ 📺 ✓ ᦓ 🅿 – 🔏 20. ℿ ① ◉⑤ 🆅🅸🆂🅰
    Menu (geschl. Sept. - Mai Sonntagabend) à la carte 31/66 – **30 Z** 🛏 90/125 – 145/220
    – ½ P 25.

🏨   **Am Klausturm** garni, Friedloser Str. 1, ✉ 36251, ℘ (06621) 5 09 60, am-klausturm
    @Hersfeld.de, Fax (06621) 509610 – 📶, ✦ Zim, 📺 🅿 – 🔏 60. ℿ ① ◉⑤ 🆅🅸🆂🅰
    43 Z 🛏 95/110 – 149/169.

🏨   **Allee-Hotel Schönewolf** 🦢, Brückenmüllerstr. 5, ✉ 36251, ℘ (06621) 9 23 30,
    allee-hotel-schoenewolf@t-online.de, Fax (06621) 9233111, 🍴 – ✦ Zim, 📺 ✓ ᦓ –
    🔏 15. ℿ ① ◉⑤ 🆅🅸🆂🅰
    Menu (geschl. 9. - 20. April, Sonntagabend) à la carte 34/58 – **20 Z** 🛏 95/135 – 148/225.

HERXHEIM Rheinland-Pfalz 417 419 S 8 – 9 000 Ew – Höhe 120 m.
    Berlin 676 – Mainz 125 – Karlsruhe 31 – Landau in der Pfalz 10 – Speyer 31.

In Herxheim-Hayna Süd-West : 2,5 km :

🏨🏨🏨   **Krone** (Kuntz) 🦢, Hauptstr. 62, ✉ 76863, ℘ (07276) 50 80, info@hotelkrone.de,
💱   Fax (07276) 50814, 🍴, ≘s, 🔲, 🌳, 🎱 – 📶, ✦ Zim, 📺 ✓ ᦓ 🅿 – 🔏 50. ℿ ◉⑤
🦢   🆅🅸🆂🅰 🦢 Rest
    geschl. über Weihnachten (Hotel) – **Menu** (geschl. Jan. 2 Wochen, Juli - Aug. 2 Wochen,
    Montag - Dienstag) (nur Abendessen) (Tischbestellung erforderlich) 134/158 à la carte
    95/118 – **Pfälzer Stube** (geschl. Dienstag) Menu à la carte 48/88 – **50 Z** 🛏 150/225
    – 200/285
    Spez. "Backhähnchen" von Wachtel und Perlhuhn mit Gänseleber. Rehrückenroulade mit
    Pfifferlingen im Pfannkuchenmantel. Schwarzbrot-Schokoladenauflauf mit glacierten Apri-
    kosen.

HERZBERG AM HARZ Niedersachsen 418 L 15 – 18 000 Ew – Höhe 233 m.
    🛈 Touristik- und Kulturinformation, Marktplatz 30, ✉ 37412, ℘ (05521) 85 21 11, Fax
    (05521) 852120.
    Berlin 327 – Hannover 105 – Erfurt 113 – Göttingen 38 – Braunschweig 92.

🏨🏨   **Gasthof zum Schloß**, Osteroder Str. 7 (B 243), ✉ 37412, ℘ (05521) 8 99 40, gast
    hof-zum-schloss@t-online.de, Fax (05521) 899438, 🍴 – 📺 ✓ ᦓ 🅿 ℿ ① ◉⑤ 🆅🅸🆂🅰
    geschl. 2. - 7. Jan., 1. - 15. Juli – **Menu** (geschl. Sonntagabend - Montagmittag) à la carte
    39/72 – **20 Z** 🛏 85/125 – 150/170.

In Herzberg-Scharzfeld Süd-Ost : 4 km – Erholungsort :

🏨   **Harzer Hof**, Harzstr. 79, ✉ 37412, ℘ (05521) 99 47 00, doering-menzel@t-online.de,
    Fax (05521) 994740, 🍴, 🌳 – ✦ Zim, 📺 ✓ 🅿 – 🔏 25. ℿ ① ◉⑤ 🆅🅸🆂🅰
    Menu à la carte 32/54 – **20 Z** 🛏 75/90 – 120/150 – ½ P 22.

HERZLAKE Niedersachsen siehe Haselünne.

HERZOGENAURACH Bayern 419 420 R 16 – 21 000 Ew – Höhe 295 m.
🚅 *Herzogenaurach (Nord-Ost : 2 km), ✈ (09132) 4 05 86 ; 🚆 Puschendorf, Forstweg 2 (Süd-West : 8 km), ✈ (09101) 75 52.*
Berlin 451 – München 195 – Nürnberg 26 – Bamberg 52 – Würzburg 95.

🏨 **Herzogs Park** Ⓜ ❦, Beethovenstr. 6, ✉ 91074, ✈ (09132) 77 80, *RESERVIERUNG@ HerzogsPark.de, Fax (09132) 40430*, 🍴, Massage, **ƒ♨**, ≘s, 🔲, ※ – 🛗, ⇄ Zim, 🔟 ❦ ♿ ♠ 🅿 – 🔏 130. 🖭 ⬤ ⓶ 🆅🆂🅰
Menu à la carte 48/82 – **Weinstube** *(geschl. Mai - Aug.) (nur Abendessen)* **Menu** à la carte 44/63 – **80 Z** ⊊ 190/280, 3 Suiten.

🏨 **Akazienhaus** garni, Beethovenstr. 16, ✉ 91074, ✈ (09132) 7 84 50, *Fax (09132) 40430* – 🔟 🅿 🖭 ⬤ ⓶ 🆅🆂🅰
geschl. 23. Dez. - 7. Jan. – **25 Z** ⊊ 125/165.

🏨 **Auracher Hof**, Welkenbacher Kirchweg 2, ✉ 91074, ✈ (09132) 20 80, *Fax (09132) 40758*, 🍴 – ⇄ Zim, 🔟 🅿 – 🔏 25. 🖭 ⬤ ⓶ 🆅🆂🅰. ✀ Rest
geschl. 27. Dez. - 6. Jan., Aug. 3 Wochen – **Menu** *(geschl. Freitag - Samstag, Sonntagabend)* à la carte 26/53 – **13 Z** ⊊ 89/99 – 125/135.

🏨 **Gästehaus in der Engelgasse** garni, Engelgasse 2, ✉ 91074, ✈ (09132) 7 86 90, *Fax (09132) 75787* – ⇄ 🔟 ⓶ 🆅🆂🅰
9 Z ⊊ 90/100 – 130/150.

🍴 **Wein und Fein am Turm**, Hauptstr. 45, ✉ 91074, ✈ (09132) 22 12, *weinundfein amturm@cco.de, Fax (09132) 734540, (Kleines Restaurant mit Vinothek)* – 🅿 ⓶ 🆅🆂🅰
geschl. Anfang Jan. 1 Woche, Ende Aug. - Anfang Sept., Sonn- und Feiertage – **Menu** à la carte 44/60.

HERZOGENRATH Nordrhein-Westfalen 417 N 2 – 43 000 Ew – Höhe 112 m.
Berlin 633 – Düsseldorf 77 – Aachen 12 – Düren 37 – Geilenkirchen 13.

🏨 **Stadthotel**, Rathausplatz 5, ✉ 52134, ✈ (02406) 30 91, *dukers@freenet.de, Fax (02406) 4189* – 🔟. ⓶ 🆅🆂🅰
Menu *(geschl. Freitag - Sonntag) (nur Abendessen)* à la carte 31/53 – **8 Z** ⊊ 85/130.

In Herzogenrath-Kohlscheid Süd-West : 5 km :
🍴🍴🍴 **Parkrestaurant Laurweg**, Kaiserstr. 101, ✉ 52134, ✈ (02407) 9 09 10, *service @parkrestaurant-laurweg.de, Fax (02407) 909123*, 🍴, « Park » – ♿ 🅿 – 🔏 75. 🖭 ⬤ ⓶ 🆅🆂🅰
geschl. Montag – **Menu** à la carte 63/89.

HESSISCH OLDENDORF Niedersachsen 417 J 11 – 17 900 Ew – Höhe 62 m.
Berlin 337 – Hannover 55 – Hameln 12 – Osnabrück 98.

🏨 **Baxmann** garni, Segelhorster Str. 3, ✉ 31840, ✈ (05152) 9 41 00, *Fax (05152) 941099*, ≘s – ⇄ 🔟 ❦ 🅿 🖭 ⓶ 🆅🆂🅰
29 Z ⊊ 80/90 – 130/160.

🍴 **Lichtsinn**, Bahnhofsallee 2, ✉ 31840, ✈ (05152) 24 62, *Fax (05152) 51071*, 🍴, 🐎
– 🔟 🅿 ⓶ 🆅🆂🅰
Menu *(geschl. Donnerstag)* à la carte 37/49 – **11 Z** ⊊ 68/79 – 115.

HETZDORF Sachsen siehe Freiberg.

HEUSENSTAMM Hessen 417 P 10 – 19 000 Ew – Höhe 119 m.
Berlin 553 – Wiesbaden 46 – Frankfurt am Main 14 – Aschaffenburg 31.

🏨 **Rainbow-Hotel** garni, Seligenstädter Grund 15, ✉ 63150, ✈ (06104) 93 30, *rainbo w-hotel@t-online.de, Fax (06104) 933120* – 🛗 ⇄ 🔟 ♠ 🅿 – 🔏 15. 🖭 ⬤ ⓶ 🆅🆂🅰 🅹🅲🅱
68 Z ⊊ 145/165 – 180/248.

🏨 **Schloßhotel**, Frankfurter Str. 9, ✉ 63150, ✈ (06104) 31 31, *Fax (06104) 61532*, 🍴
– 🛗 🔟 ♠ 🅿 🖭 ⬤ ⓶ 🆅🆂🅰
Menu *(geschl. Donnerstag)* à la carte 29/61 – **30 Z** ⊊ 98/176.

HEUSWEILER Saarland 417 R 4 – 19 200 Ew – Höhe 233 m.
Berlin 715 – Saarbrücken 29 – Neunkirchen/Saar 25 – Saarlouis 21.

In Heusweiler-Eiweiler Nord : 2 km :
🍴🍴 **Elsässische Stuben**, Lebacher Str. 73, ✉ 66265, ✈ (06806) 9 18 90, *Fax (06806) 91890*, 🍴, « Villa mit privat-wohnlicher Atmosphäre ; Garten » – 🅿 🖭 ⬤ ⓶ 🆅🆂🅰
geschl. Samstagmittag, Sonntag - Montag – **Menu** à la carte 54/75.

HEUWEILER Baden-Württemberg siehe Glottertal.

HIDDENHAUSEN Nordrhein-Westfalen siehe Herford.

HIDDENSEE (Insel) Mecklenburg-Vorpommern **416** C 23 – 1 300 Ew Ostseeinsel, Autos nicht zugelassen.

    von Stralsund (ca. 1 h 45 min), von Schaprode/Rügen (ca. 45 min).

    🖪 Insel Information in Vitte, Norderende 162, ⊠ 18565, 𝒫 (038300) 6 42 26, Fax (038300) 64225.

    ab Schaprode : Berlin 296 – Schwerin 196 – Rügen (Bergen) 29 – Stralsund 36.

In Hiddensee-Vitte :

  🏠 **Post Hiddensee** M 🕸 garni, Wiesenweg 26, ⊠ 18565, 𝒫 (038300) 64 30, Hotel-Post-Hiddensee@t-online.de, Fax (038300) 64333, ☞ – 📺
    ⊊ 15 – **12 Z** 106/130 – 160/320, 4 Suiten.

  🏠 **Heiderose** 🕸, In den Dünen 127 (Süd : 2,5 Km), ⊠ 18565, 𝒫 (038300) 6 30, Fax (038300) 63124, 🈸, 🌬, ☞ – 📺 – 🔓 80. 🕸 Zim
    geschl. 15. Jan. - 15. März, 15. Nov. - 22. Dez. – **Menu** à la carte 33/52 – **34 Z** ⊊ 140 – 164/199 – ½ P 25.

  ✗ **Zum Hiddenseer** 🕸 mit Zim, Wiesenweg 20, ⊠ 18565, 𝒫 (038300) 4 19, Fax (038300) 419, 🈸, « Gemütlich-rustikale Restaurantausstattung », ☞ – 📺
    geschl. Nov. 3 Wochen – **Menu** (geschl. Okt. - Mai Dienstag) à la carte 29/50 – **3 Z** ⊊ 95/140 – 140/180 – ½ P 20.

HILCHENBACH Nordrhein-Westfalen **417** N 8 – 17 000 Ew – Höhe 400 m – Wintersport (in Hilchenbach-Lützel) : 500/680 m ⚡2, 🎿.

    🖪 Verkehrsbüro, Markt 13, ⊠ 57271, 𝒫 (02733) 28 81 33, Fax (02733) 288288.
    Berlin 523 – Düsseldorf 130 – Siegen 21 – Olpe 28.

  🏠 **Haus am Sonnenhang** 🕸, Wilhelm-Münker-Str. 21, ⊠ 57271, 𝒫 (02733) 70 04, Fax (02733) 4260, ≤, 🈸, ☞ – 📺 ⬅🅿 – 🔓 20. ℁ ① ⓜ 𝒱𝒾𝒮𝒜 🕸 Rest
    Menu (geschl. Freitag) (nur Abendessen) à la carte 37/58 – **22 Z** ⊊ 138/200.

In Hilchenbach-Müsen West : 7 km :

  🏠 **Stahlberg,** Hauptstr. 85, ⊠ 57271, 𝒫 (02733) 62 97, Fax (02733) 60329, 🈸, « Kärntnerstube », ☞ – 📺 📞 ⬅🅿 ℁ ① ⓜ 𝒱𝒾𝒮𝒜
    Menu (geschl. 15.-30. Jan., Montag) à la carte 37/70 – **12 Z** ⊊ 85/115 – 130/175.

In Hilchenbach-Vormwald Süd-Ost : 2 km :

  🏠 **Steubers Siebelnhof,** Vormwalder Str. 54, ⊠ 57271, 𝒫 (02733) 8 94 30, Fax (02733) 7006, 🈸, Biergarten, ⬆, 🛎, 🈸, 🔲, ☞ – 🌬 Zim, 📺 ⬅🅿 – 🔓 50. ℁ ① ⓜ 𝒱𝒾𝒮𝒜
    Menu à la carte 73/116 – **35 Z** ⊊ 138/240 – 280/350.

HILDBURGHAUSEN Thüringen **418 420** O 16 – 12 000 Ew – Höhe 372 m.
    Berlin 356 – Erfurt 80 – Coburg 29.

  🏠 **Eschenbach** garni, Häselriether Str. 19, ⊠ 98646, 𝒫 (03685) 7 94 30, info@hotel-eschenbach.de, Fax (03685) 7943434, ⊑ – 🛗 🌬 📺 📞🅿 – 🔓 15. ℁ ① ⓜ 𝒱𝒾𝒮𝒜
    27 Z ⊊ 65/95 – 120/180.

In Gerhardtsgereuth Nord : 6 km :

  🏠 **Am Schwanenteich** 🕸, Am Schwanenteich, ⊠ 98646, 𝒫 (03685) 44 66 90, Fax (03685) 44669910, 🈸, ⊑, ☞ – 🛗 🌬 Zim, 📺 🅿 – 🔓 20. ℁ ① ⓜ 𝒱𝒾𝒮𝒜
    Menu à la carte 30/49 – **25 Z** ⊊ 115/150.

HILDEN Nordrhein-Westfalen **417** M 4 – 54 000 Ew – Höhe 46 m.
    Berlin 547 – Düsseldorf 18 – Köln 40 – Solingen 12 – Wuppertal 26.

  🏨 **Am Stadtpark,** Klotzstr. 22, ⊠ 40721, 𝒫 (02103) 57 90, Fax (02103) 579102, ⊑, 🔲 – 🛗 📺 ⬅🅿 – 🔓 40. ℁ ① ⓜ 𝒱𝒾𝒮𝒜 🕸 Rest
    Menu (geschl. Samstagmittag) à la carte 49/77 – **110 Z** ⊊ 139/215 – 215/345.

  🏠 **Rema-Hotel Forum** garni, Liebigstr. 19, ⊠ 40721, 𝒫 (02103) 5 60 32, remaforum.@t-online.de, Fax (02103) 52841, 🛴, ⊑ – 🛗 🌬 📺 ⬅🅿 – 🔓 30. ℁ ① ⓜ 𝒱𝒾𝒮𝒜 𝒿𝒸ℬ
    50 Z ⊊ 155/250 – 190/350.

🏨 **Amber Hotel Bellevue,** Schwanenstr. 27 (Ecke Berliner Str.), ⊠ 40721, 𝒫 (02103) 50 30, hilden@amber-hotels.de, Fax (02103) 503444, 🏧 – 🕸, ⇆ Zim, 📺 🚗 🅿 – 🔏 80. AE ① 🐵 VISA
Menu à la carte 35/64 – **93 Z** ⊑ 179/249 – 209/289.

HILDERS Hessen 418 420 0 14 – 5 200 Ew – Höhe 460 m – Luftkurort – Wintersport : 500/700 m 😊 1 🎿.
🛈 Verkehrsamt, Schulstr. 2, ⊠ 36115, 𝒫 (06681) 76 12, Fax (06681) 7613.
Berlin 427 – Wiesbaden 200 – Fulda 29 – Bad Hersfeld 54.

🏨 **Engel,** Marktstr. 12, ⊠ 36115, 𝒫 (06681) 97 70, Fax (06681) 977300, 🏧 – ⇆ Zim, 📺 – 🔏 80. AE ① 🐵 VISA
Menu (geschl. Sonntagabend) à la carte 28/50 – **27 Z** ⊑ 73/83 – 102/150.

🍽 **Hohmann,** Obertor 2, ⊠ 36115, 𝒫 (06681) 2 96, HotelHohmann@t-online.de,
Fax (06681) 7161, Biergarten – 📺 🅿
geschl. 15. Nov. - 15. Dez. – **Menu** (geschl. Mittwoch) à la carte 24/43 – **16 Z** ⊑ 60/65 – 100.

HILDESHEIM Niedersachsen 416 417 418 J 13 – 110 000 Ew – Höhe 89 m.
Sehenswert : Dom★ (Kunstwerke★, Kreuzgang★) Z – St. Michaelis-Kirche★ Y – Roemer-Pelizaeus-Museum★ Z **M1** – St. Andreas-Kirche (Fassade★) Z B – Antoniuskapelle (Lettner★) Z **A** – St. Godehardikirche★ Z – Marktplatz★ (Knochenhaueramtshaus★, Renaisanceerker★ am Tempelhaus) Y.
🛈 Tourist-Information, Rathausstr. 18, ⊠ 31134, 𝒫 (05121) 1 79 80, Fax (05121) 179888.
ADAC, Zingel 39.
Berlin 276 ④ – Hannover 36 ② – Braunschweig 51 ④ – Göttingen 91 ④

Stadtpläne siehe nächste Seiten

🏨 **Le Méridien,** Markt 4, ⊠ 31134, 𝒫 (05121) 30 00, gm1314@forte-hotels.com, Fax (05121) 134298, 🏧, 🎱, 🏧, 🖼 – 🕸, ⇆ Zim, 📺 🕭 – 🔏 120. AE ① 🐵 VISA
Y e
Menu à la carte 46/67 – **109 Z** ⊑ 265/580 – 295/630.

🏨 **Dorint Budget Hotel** M, Bahnhofsallee 38, ⊠ 31134, 𝒫 (05121) 1 71 70, Info. HAJHIL@DORINT.com, Fax (05121) 1717100 – 🕸, ⇆ Zim, 📺 🕭 🕭 🅿 – 🔏 450. AE ① 🐵 VISA. 🛠 Rest
Y b
Menu à la carte 48/76 – **120 Z** ⊑ 212/435 – 254/505.

🏨 **Schweizer Hof** garni, Hindenburgplatz 6, ⊠ 31134, 𝒫 (05121) 3 90 81, Fax (05121) 38757 – 🕸 ⇆ 📺 AE ① 🐵 VISA
Z a
55 Z ⊑ 165/290 – 230/410.

🏨 **Gollart's Hotel Deutsches Haus** garni, Bischof-Janssen-Str. 5, ⊠ 31134, 𝒫 (05121) 1 58 90, Fax (05121) 34064, 🏧, 🖼 – 🕸 ⇆ 📺 🕭 🅿 AE 🐵 VISA. 🛠
Y f
47 Z ⊑ 100/150 – 160/190, 3 Suiten.

🏨 **Bürgermeisterkapelle,** Rathausstr. 8, ⊠ 31134, 𝒫 (05121) 17 92 90, Fax (05121) 1792999 – 🕸 📺 🚗 – 🔏 20. AE ① 🐵 VISA
Y v
Menu à la carte 32/58 – **40 Z** ⊑ 125/150 – 150/270.

In Hildesheim-Moritzberg :

🏨 **Parkhotel Berghölzchen** 🌲, Am Berghölzchen 1, ⊠ 31139, 𝒫 (05121) 97 90, info @berghoelzchen.de, Fax (05121) 979400, ≤, 🏧 – 🕸, ⇆ Zim, 📺 🕭 🕭 🅿 – 🔏 300. AE ① 🐵 VISA
X a
Menu à la carte 38/66 – **80 Z** ⊑ 150/385 – 180/415.

In Hildesheim-Ochtersum :

🏨 **Am Steinberg** garni, Adolf-Kolping-Str. 6, ⊠ 31139, 𝒫 (05121) 80 90 30, info@Ho telamSteinberg.de, Fax (05121) 267755 – ⇆ 📺 🕭 🅿 – 🔏 20. AE ① 🐵 VISA. 🛠
X s
geschl. 20. Dez. - 1. Jan. – **28 Z** ⊑ 138/150 – 180/190.

Im Steinberg-Wald Süd-West : 5 km, über Kurt-Schumacher-Str. X , 1 km hinter Ochtersum rechts abbiegen :

🍴 **Kupferschmiede,** Am Steinberg 6, ⊠ 31139 Hl-Ochtersum, 𝒫 (05121) 26 30 25, Geni esser@Kupferschmiede.com, Fax (05121) 263070, 🏧 – 🅿. AE ① 🐵 VISA
geschl. Sonntag - Montag (außer Ostern, Pfingsten und Weihnachten) – **Menu** (bemerkenswerte Weinkarte, Tischbestellung ratsam) 50/90 und à la carte (auch vegetarisches Menu).

HILDESHEIM

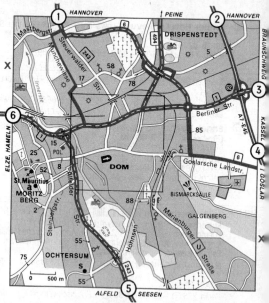

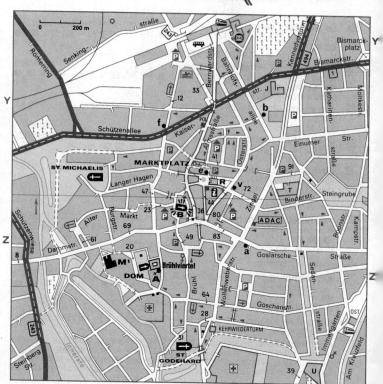

In Diekholzen *Süd : 9 km über Kurt-Schumacher-Str.* X :

▥ **Gasthof Jörns,** Marienburger Str.41, ⊠ 31199, ℘ (05121) 2 07 00, Fax (05121) 207090 – ⇔ Zim, �📺 🅿.
Menu *(geschl. 22. Dez. - 6. Jan., Dienstag) (wochentags nur Abendessen)* à la carte 25/46 – **19 Z** ⊃ 100/110 – 140/170.

HILLESHEIM *Rheinland-Pfalz* 417 *P 4 – 3 000 Ew – Höhe 485 m.*

🖸 *Hillesheim-Berndorf, Kölner Straße,* ℘ (06593) 12 41.

🖪 *Tourist Information, Graf-Mirbach-Str. 2,* ⊠ 54576, ℘ (06593) 80 92 00, Fax (06593) 809201.

Berlin 666 – Mainz 182 – Trier 68 – Aachen 91 – Koblenz 91.

🏨 **Golf- und Sporthotel Augustiner Kloster,** Augustiner Str. 2, ⊠ 54576, ℘ (06593) 98 10, Fax (06593) 981450, 🍸, Massage, ↿ゑ, ⇌s, 🖳 – 🕪, ⇔ Zim, 📺 🅿 – 🕭 150. 🖭 ⓞ 🐵 🆅🆂🅰
Menu à la carte 52/77 – **53 Z** ⊃ 135/165 – 200/240 – ½ P 30.

HILPOLTSTEIN *Bayern* 419 420 *S 17 – 12 000 Ew – Höhe 384 m.*

🖪 *Fremdenverkehrsamt, Haus des Gastes, Maria-Dorothea-Str. 8,* ⊠ 91161, ℘ (09174) 97 86 07, Fax (09174) 48477.

Berlin 457 – München 134 – Nürnberg 40 – Ingolstadt 59 – Ansbach 54.

▥ **Zum schwarzen Roß,** Marktstr.10, ⊠ 91161, ℘ (09174) 4 79 50, Fax (09174) 479528, Biergarten, « Fränkischer Brauereigasthof a.d. 15.Jh. » – 📺 🅿 – 🕭 15. 🐵 🆅🆂🅰
Menu *(geschl. Mittwoch)* à la carte 24/55 – **12 Z** ⊃ 65/85 – 110/125.

In Hilpoltstein-Sindersdorf *Süd-Ost : 6 km :*

▥ **Sindersdorfer Hof,** Sindersdorf 26, ⊠ 91161, ℘ (09179) 62 56, hotel@sindersdo rferhof.de, Fax (09179) 6549, 🍸 – 📺 ⇐ 🅿. 🖭 ⓞ 🐵 🆅🆂🅰. ⨯ Rest
geschl. nach Pfingsten 2 Wochen, 15. Nov. - 5. Dez. – **Menu** *(geschl. Montag)* à la carte 25/60 – **20 Z** ⊃ 68/80 – 98/124.

HINDELANG *Bayern* 419 420 *X 15 – 5 000 Ew – Höhe 850 m – Kneippkurort – Heilklimatischer Kurort – Wintersport : 850/1600 m ⌁16 ⌘.*

Sehenswert : Lage★ des Ortes.

Ausflugsziel : Jochstraße★★ : Aussichtskanzel ≤★, Nord-Ost : 8 km.

🖪 *Kurverwaltung, Rathaus, Marktstr. 9,* ⊠ 87541, ℘ (08324) 8 92 17, Fax (08324) 8055.

Berlin 730 – München 161 – Kempten (Allgäu) 34 – Oberstdorf 22.

🏨 **Romantik Hotel Bad Hotel Sonne,** Marktstr. 15, ⊠ 87541, ℘ (08324) 89 70, badh otelsonne@romantik.de, Fax (08324) 897499, 🍸, Massage, ↿, ⚘, ⇌s, 🖳, 🍸 – 🕪 📺 📞 ⇐ 🅿 – 🕭 30. 🖭 ⓞ 🐵 🆅🆂🅰
geschl. 19. März - 1. April, 18. Nov. - 16. Dez. – **Menu** à la carte 46/74 – **57 Z** ⊃ 127 – 200/236 – ½ P 40.

🏨 **Sonneck** ⌘, Rosengasse 10, ⊠ 87541, ℘ (08324) 9 31 10, Alpenhotel@aol.com, Fax (08324) 8798, ≤, 🍸, Massage, 🖳, 🍸 – 🕪 📺 🅿. ⨯ Rest
geschl. 15. Nov. - 20. Dez. – **Menu** *(geschl. Montag)* à la carte 37/73 – **23 Z** ⊃ 95/120 – 196/296 – ½ P 23.

In Hindelang-Bad Oberdorf *Ost : 1 km :*

🏨 **Prinz-Luitpold-Bad** ⌘, ⊠ 87541, ℘ (08324) 89 00, Luitpoldbad@t-online.de, Fax (08324) 890379, ≤ Allgäuer Alpen und Bad Oberdorf, 🍸, Massage, ↿, ⚘, ⇌s, 🍸 (geheizt), 🖳, 🍸, ⨯ – 🕪, ⇔ Rest, 📺 🅿. ⨯ Rest
Menu à la carte 41/79 – **110 Z** ⊃ 130/166 – 248/398 – ½ P 30.

▥ **Café Haus Helgard** ⌘, garni, Luitpoldstr. 20, ⊠ 87541, ℘ (08324) 20 64, HOTEL. HELGARD@t-online.de, Fax (08324) 1530, ≤, 🍸 – ⇐ 🅿
geschl. 22. April - 4. Mai, Nov. - 18. Dez. – **16 Z** ⊃ 66/81 – 128/150.

⨯ **Alpengasthof Hirsch** mit Zim, Kurze Gasse 18, ⊠ 87541, ℘ (08324) 3 08, info@a lpengasthof-hirsch.de, Fax (08324) 8193, Biergarten – 📺 🅿. 🐵 🆅🆂🅰 🅹🅲🅱
geschl. 19. März - 7. April, Nov. - 15. Dez. – **Menu** *(geschl. Donnerstag - Freitagmittag)* à la carte 32/59 – **10 Z** ⊃ 70/100 – 120/200 – ½ P 20.

⨯ **Obere Mühle,** Ostrachstr. 40, ⊠ 87541, ℘ (08324) 28 57, Fax (08324) 8635, 🍸, « Urig-gemütliches Landgasthaus a.d.J. 1433 » – 🅿
geschl. Dienstag – **Menu** *(nur Abendessen) (Tischbestellung erforderlich)* à la carte 46/74.

In Hindelang-Oberjoch *Nord-Ost : 7 km – Höhe 1 130 m*

🏨🏨🏨 **Alpenhotel** ⬧, Am Prinzenwald 3, ⊠ 87541, 𝒫 (08324) 70 90, info@alpenhotel-o
berjoch.de, Fax (08324) 709200, ≤ Allgäuer Alpen, 🎄, Massage, ₊, ╠₀, ⚭, ⇌s, 🖾, 🎿
– 📳 ⚶ 📺 ⟵ 🅿 – 🕍 20. 🖭 ◑ ◍ 𝗩𝗜𝗦𝗔
Menu à la carte 41/62 – **71 Z** ☲ 138/218 – 216/296 – ½ P 39.

🏨🏨 **Lanig** ⬧, Ornachstr. 11, ⊠ 87541, 𝒫 (08324) 70 80, hotel@lanig.de,
Fax (08324) 708200, ≤ Allgäuer Alpen, « Einrichtung im Landhausstil », ⇌s,
🎿 (geheizt), 🖾, 🎄, 🎇 – 📳 📺 🅿. ⚆ Rest
geschl. Mitte April - Mitte Mai, Nov. - Mitte Dez. – **Menu** (Restaurant nur für Hausgäste)
– **40 Z** (nur ½ P) 180/280 – 300/500.

🏨🏨 **Heckelmiller** ⬧ garni, Ornachstr. 8, ⊠ 87541, 𝒫 (08324) 98 20 30, info@heckelm
iller.de, Fax (08324) 9820330, ≤ Allgäuer Alpen, ╠₀, ⇌s, 🎄 – ⚶ 📺 🅿. ⚆
geschl. 30. Okt. - 15. Dez. – **23 Z** ☲ 74/80 – 180.

🏨 **Alpengasthof Löwen**, Paßstr. 17, ⊠ 87541, 𝒫 (08324) 97 30, loewen-oberjoch@t
-online.de, Fax (08324) 7515, 🎄, ⇌s, 🎄 – 📳, ⚶ Zim, 📺 ⟵ 🅿. ⚆ Zim
geschl. 23. April - 12. Mai, 5. Nov. - 20. Dez. – **Menu** (geschl. Mai - Okt. Montag) à la carte
27/54 ⚭ – **37 Z** ☲ 80/120 – 140/190 – ½ P 25.

In Hindelang-Unterjoch *Nord-Ost : 11 km :*

🏨 **Edelsberg** ⬧, Am Edelsberg 10, ⊠ 87541, 𝒫 (08324) 98 00 00, Hotel-Edelsberg@t
-online.de, Fax (08324) 980050, ≤, 🎄, Massage, ₊, ⚭, ⇌s, 🖾, 🎄 – 📳 ⚶ 📺 🅿.
⚆ Rest
geschl. Mitte Nov. - 21. Dez. – **Menu** à la carte 31/50 – **26 Z** ☲ 77/102 – 154/240 –
½ P 25.

🏨 **Krone** ⬧, Sorgschrofenstr. 62, ⊠ 87541, 𝒫 (08324) 98 20 10, Kroneuj@t-online.de,
Fax (08324) 9820199, ⚭, ╠₀, ⇌s, 🎄, ⇴ – 📳 📺 ⚭ ⚶ ⟵ 🅿. 🖭 ◑ ◍ 𝗩𝗜𝗦𝗔. ⚆ Rest
geschl. 6. Nov. - 16. Dez. – **Menu** à la carte 34/65 (auch vegetarische Gerichte) – **42 Z**
☲ 80/105 – 142/170 – ½ P 28.

Niedersachsen 𝟒𝟏𝟓 F 5 – 7 200 Ew – Höhe 3 m.
Berlin 523 – Hannover 236 – Emden 6 – Oldenburg 88 – Wilhelmshaven 84.

🏨🏨 **Novum**, Am Tennis-Treff 1, ⊠ 26759, 𝒫 (04925) 9 21 80, NOVUM@EMSNET.DE,
Fax (04925) 921877, 🎄, ⇌s, 🖾, ⚆(Halle) Squash – 📳, ⚶ Zim, 📺 ⚭ ⚭ ⟵ 🅿. –
🕍 120. ◍ 𝗩𝗜𝗦𝗔
Menu à la carte 32/63 – **33 Z** ☲ 130/170 – 160/300, 4 Suiten.

Baden-Württemberg 𝟒𝟏𝟗 W 8 – 2 500 Ew – Höhe 885 m – Heilklimatischer
Kurort – Wintersport : 900/1 230 m ⚜3 🎿.
Ausflugsziel : Titisee★★ Ost : 5 km.
🛈 Tourist Information, Freiburger Straße 1, ⊠ 79854, 𝒫 (07652) 12 06 42, Fax (07652)
120649.
Berlin 785 – Stuttgart 161 – Freiburg im Breisgau 24 – Donaueschingen 38.

🏨🏨🏨 **Park-Hotel Adler** ⬧, Adlerplatz 3, ⊠ 79856, 𝒫 (07652) 12 70, info@parkhotel-a
dler.de, Fax (07652) 127717, 🎄, « Park mit Wildgehege ; Wellness und Badelandschaft »,
Massage, ╠₀, ⚭, ⇌s, 🖾, 🎄 – 📳, ⚶ Zim, 📺 ⚭ ⟵ 🅿 – 🕍 80. 🖭 ◑ ◍ 𝗩𝗜𝗦𝗔.
⚆ Zim
Menu à la carte 56/95 – **Wirtshaus** : Menu à la carte 32/73 – **78 Z** ☲ 250/355 –
310/450, 8 Suiten – ½ P 85.

🏨🏨🏨 **Thomahof** ⬧, Erlenbrucker Str. 16, ⊠ 79856, 𝒫 (07652) 12 30, Fax (07652) 123239, 🎄,
Massage, ╠₀, ⇌s, 🖾, 🎄 – 📳 📺 ⟵ 🅿. ◍ 𝗩𝗜𝗦𝗔
geschl. Anfang - Mitte Dez. – **Menu** à la carte 51/76 – **49 Z** ☲ 151/195 – 214/370 –
½ P 34.

🏨🏨 **Reppert** ⬧, Adlerweg 21, ⊠ 79856, 𝒫 (07652) 1 20 80, hotel@reppert.de,
Fax (07652) 120811, « Badelandschaft », Massage, ⇌s, 🎿, 🖾, 🎄 – 📳 ⚶ 📺 ⚭ ⟵
🅿 – 🕍 15. 🖭 ◑ ◍ 𝗩𝗜𝗦𝗔 𝗝𝗖𝗕. ⚆ Rest
geschl. 11. Nov. - 7. Dez. – **Menu** (Restaurant nur für Hausgäste) à la carte 47/68 – **43 Z**
☲ 179/215 – 324/442, 3 Suiten – ½ P 25/43.

🏨🏨 **Kesslermühle** ⬧, Erlenbrucker Str. 45, ⊠ 79856, 𝒫 (07652) 12 90, kesslermuehle
@t-online.de, Fax (07652) 129159, ≤, Massage, ⇌s, 🖾, 🎄 – 📳, ⚶ Rest, 📺 🅿. ◍
𝗩𝗜𝗦𝗔
geschl. Mitte Nov. - Mitte Dez. – **Menu** (nur Abendessen) (Restaurant nur für Hausgäste)
à la carte 44/83 – **35 Z** ☲ 121/250 – 260/310 – ½ P 20.

🏨🏨 **Sonnenberg** ⬧ garni, Am Kesslerberg 9, ⊠ 79856, 𝒫 (07652) 1 20 70, info@hot
el-sonnenberg.com, Fax (07652) 120791, ≤, Massage, ⇌s, 🖾 – 📳 ⚶ 📺 ⟵ 🅿. 🖭
◍ 𝗩𝗜𝗦𝗔
20 Z ☲ 125/175 – 195/245.

Erfurth's Vital - Hotel Bergfried ⌂, Sickinger Str. 28, ⊠ 79856, ℰ (07652) 12 80, info@erfurths-vitalhotel.de, Fax (07652) 12888, Massage, ♨, ≦s, ◻, ≈ – |≋|, ↠ Zim, ⊡ ◡ ⟲ ℙ. ❀ Rest
geschl. Mitte Nov. - Mitte Dez. – **Menu** (nur Abendessen) (Restaurant nur für Hausgäste)
– **36 Z** ⊆ 137/147 – 268/328 – ½ P 25.

Sassenhof ⌂ garni, Adlerweg 17, ⊠ 79856, ℰ (07652) 15 15, sassenhof@t-online.de, Fax (07652) 484, ≦s, ◻, ≈ – ↠ Zim
geschl. 15. Nov. - 15. Dez. – **24 Z** ⊆ 104/134 – 186/218.

Schwarzwaldhof - Gästehaus Sonne, Freiburger Str. 2, ⊠ 79856, ℰ (07652) 1 20 30, Hotel-Schwarzwaldhof@t-online.de, Fax (07652) 120322, ♔, ≦s – |≋|, ↠ Zim, ⊡ ◡ ℙ. – ▲ 15. ◐ VISA
geschl. 5. - 19. März, Mitte Nov. - Mitte Dez. – **Menu** (geschl. Dienstag) à la carte 29/60 – **44 Z** ⊆ 90/99 – 140/210 – ½ P 28.

Imbery (mit Gästehaus, ⌂), Rathausstr. 14, ⊠ 79856, ℰ (07652) 9 10 30, imbery@t-online.de, Fax (07652) 1095, ♔, ≦s, ≈ – |≋|, ↠ Rest, ⊡ ◡ ℙ.
geschl. 19. März - 12. April, 3. - 21. Dez. – **Menu** (geschl. Donnerstag) à la carte 38/56 ♨ – **27 Z** ⊆ 62/120 – 120/188 – ½ P 24.

In Hinterzarten-Alpersbach West : 5 km :

Esche ⌂, Alpersbach 9, ⊠ 79856, ℰ (07652) 2 11, Fax (07652) 1720, ≤, ♔, ≦s, ≈ – ↠ Zim, ⊡ ◡ ℙ. ◐ VISA
geschl. 22. Nov. - 10. Dez. – **Menu** (geschl. Mittwoch) à la carte 41/75 – **17 Z** ⊆ 75/95 – 150/180 – ½ P 35.

In Hinterzarten-Bruderhalde Süd-Ost : 4 km :

Alemannenhof ⌂, Bruderhalde 21 (am Titisee), ⊠ 79856, ℰ (07652) 9 11 80, Alemannhof@aol.com, Fax (07652) 705, ≤ Titisee, ♔, « Schöne Lage am Titisee », ≦s, ◻, ♨, ≈ – |≋|, ↠ Rest, ⊡ ♨ ℙ – ▲ 15. Æ ◐ ◑ VISA JCB
Menu à la carte 42/75 – **22 Z** ⊆ 160 – 250/270 – ½ P 38.

HIRSCHAID Bayern ⓘⓘⓘ ⓘⓘⓘ Q 16 – 9600 Ew – Höhe 250 m.
Berlin 415 – München 218 – Coburg 58 – Nürnberg 47 – Bamberg 13.

Göller, Nürnberger Str. 100, ⊠ 96114, ℰ (09543) 82 40, hotel-goeller@t-online.de, Fax (09543) 824428, ♔, ≦s, ◻, ≈ – |≋| ⊡ ◡ ℙ – ▲ 60. Æ ◐ ◑ VISA. ❀ Zim
geschl. 2. - 8. Jan. – **Menu** (geschl. Sonntagabend) à la carte 25/60 – **63 Z** ⊆ 75/100 – 115/150.

Brauerei-Gasthof Kraus (mit Gästehaus), Luitpoldstr. 11, ⊠ 96114, ℰ (09543) 8 44 40, Brauerei.Kraus@t-online.de, Fax (09543) 844444, Biergarten – ⊡. ◑
geschl. Mitte Sept. - Anfang Okt. – **Menu** (geschl. Dienstag) à la carte 18/37 – **20 Z** ⊆ 50/60 – 80/100.

In Buttenheim Süd-Ost : 3,5 km :

Landhotel Schloß Buttenheim ⌂ garni, Schloßstr. 16, ⊠ 96155, ℰ (09545) 9 44 70, landhotel.buttenheim@t-online.de, Fax (09545) 5314 – ⊡ ℙ. ◑ VISA
8 Z ⊆ 98/149.

HIRSCHAU Bayern ⓘⓘⓘ R 19 – 6500 Ew – Höhe 412 m.
Berlin 429 – München 70 – Weiden in der Oberpfalz 32 – Amberg 18 – Regensburg 80.

Schloß-Hotel, Hauptstr. 1, ⊠ 92242, ℰ (09622) 7 01 00, hotel@schloss-hirschau.de, Fax (09622) 701040, Biergarten – ⊡ ℙ. Æ ◐ ◑ VISA JCB
Menu (geschl. Donnerstag - Freitagmittag) à la carte 23/52 – **14 Z** ⊆ 90/115 – 120/165.

Josefshaus ⌂, Kolpingstr. 8, ⊠ 92242, ℰ (09622) 16 86, Fax (09622) 5029, Biergarten, ≦s – ⊡ ◡ ℙ. Æ ◐ ◑ VISA. ❀ Zim
Menu (geschl. Sonntagabend - Montag) à la carte 32/65 – **12 Z** ⊆ 75/130.

HIRSCHBACH Bayern siehe Königstein.

HIRSCHBACH Thüringen siehe Suhl.

HIRSCHBERG Baden-Württemberg ⟨417⟩⟨419⟩ R 9 – 9 800 Ew – Höhe 110 m.
Berlin 613 – Stuttgart 131 – Mannheim 29 – Darmstadt 50 – Heidelberg 15.

In Hirschberg-Großsachsen :

🏨 **Krone,** Landstr. 9 (B 3), ✉ 69493, ℰ (06201) 50 50, info@ Krone-grosssachsen.de,
Fax (06201) 505400, 🍴, ⇔ᛋ, 🔟 – 📶 📺 ℙ – 🔏 80. ⓪ ⓜⓢ 𝕍𝕀𝕊𝔸
Menu à la carte 49/88 – **93 Z** ⊐ 95/145 – 160/190 – ½ P 29.

🏨 **Haas'sche Mühle,** Talstr. 10, ✉ 69493, ℰ (06201) 5 10 41, Fax (06201) 54961, 🍴,
🌳 – 📶 ℙ – 🔏 30. 𝔸𝔼 ⓜⓢ 𝕍𝕀𝕊𝔸
Menu (geschl. Jan. 2 Wochen, Aug., Dienstag) à la carte 27/56 – **19 Z** ⊐ 85/95 –
125.

In Hirschberg-Leutershausen :

🏨 **Astron** Ⓜ, Brandenburger Str. 30, ✉ 69493, ℰ (06201) 50 20, Hirschberg@ astron
-hotels.de, Fax (06201) 57176, 🍴, ⇔ᛋ – 📶, ⇔ Zim, 🍽 Rest, 📺 ℂ ℙ – 🔏 55. 𝔸𝔼 ⓪
ⓜⓢ 𝕍𝕀𝕊𝔸 ⱼᴄʙ
Menu à la carte 42/66 – ⊐ 23 – **114 Z** 185/205.

🏨 **Hirschberg,** Goethestr. 2 (an der B 3), ✉ 69493, ℰ (06201) 5 96 70,
Fax (06201) 58137 – 📺 ⇔ ℙ. 𝔸𝔼 ⓜⓢ 𝕍𝕀𝕊𝔸
(nur Abendessen) (Restaurant nur für Hausgäste) – **33 Z** ⊐ 90/110 – 110/130.

Außerhalb der Saison muß in Urlaubsgebieten
mit kurzfristigen Schließungszeiten einzelner Betriebe
gerechnet werden.

HIRSCHEGG Österreich siehe Kleinwalsertal.

HIRSCHHORN AM NECKAR Hessen ⟨417⟩⟨419⟩ R 10 – 3 900 Ew – Höhe 131 m – Luftkurort.
Sehenswert : Burg (Hotelterrasse ⇐★).
🛈 Tourist-Information, Alleeweg 2, ✉ 69434, ℰ (06272) 17 42, Fax (06272) 912351.
Berlin 621 – Wiesbaden 120 – Mannheim 52 – Heidelberg 23 – Heilbronn 63.

🏨 **Schloß-Hotel** 🦢, Auf Burg Hirschhorn, ✉ 69434, ℰ (06272) 13 73, schlosshotel-hi
rschhorn@ t-online.de, Fax (06272) 3267, ⇐ Neckartal, 🍴 – 📶 📺 ℂ ℙ – 🔏 20. 𝔸𝔼 ⓜⓢ
𝕍𝕀𝕊𝔸 🌂 Rest
geschl. Mitte Dez. - Anfang Feb. – **Menu** (geschl. Montag) à la carte 52/81 – **25 Z**
⊐ 120/140 – 190/250.

🏨 **Haus Burgblick** 🦢 garni, Zur schönen Aussicht 3 (Hirschhorn-Ost), ✉ 69434,
ℰ (06272) 14 20, ⇐ – ⇔ ℙ. 🌂
geschl. Dez. - Jan. – **8 Z** ⊐ 60 – 90/110.

In Hirschhorn-Langenthal Nord-West : 5 km :

🏨 **Zur Krone,** Waldmichelbacher Str. 29, ✉ 69434, ℰ (06272) 25 10, Gasthaus-ZurKro
ne@ t-online.de, Fax (06272) 930293, 🍴, 🌳 – ⇔ Zim, 📺 ℂ ℙ. ⓜⓢ 𝕍𝕀𝕊𝔸
🌂 Zim
geschl. 6. - 21. Jan. – **Menu** (geschl. Dienstag) à la carte 27/54 🍷 – **11 Z** ⊐ 65/110 –
½ P 15.

HITZACKER Niedersachsen ⟨415⟩⟨416⟩ G 17 – 5 700 Ew – Höhe 25 m – Luftkurort.
🛈 Kurverwaltung, Weinbergsweg 2, ✉ 29456, ℰ (05862) 9 69 70, Fax (05862) 969724.
Berlin 232 – Hannover 142 – Schwerin 89 – Lüneburg 48 – Braunschweig 129.

🏨 **Parkhotel** 🦢, Am Kurpark 3, ✉ 29456, ℰ (05862) 97 70, PARKHOTEL@ HITZACKER.
DE, Fax (05862) 977350, 🍴, ⇔ᛋ, 🔲, 🌳, 🍴 – 📶, ⇔ Zim, 📺 🔥 ℙ – 🔏 80. 𝔸𝔼 ⓪
ⓜⓢ 𝕍𝕀𝕊𝔸
Menu à la carte 39/66 – **90 Z** ⊐ 95/130 – 155/210 – ½ P 25.

🏨 **Scholz** 🦢, Prof.-Borchling-Str. 2, ✉ 29456, ℰ (05862) 95 91 00, Hotel-Scholz@ t-on
line.de, Fax (05862) 959222, 🍴, ⇔ᛋ, 🌳 – 📶, ⇔ Zim, 📺 🔥 ℙ – 🔏 30. 𝔸𝔼 ⓪ ⓜⓢ 𝕍𝕀𝕊𝔸.
🌂 Rest
Menu à la carte 34/68 – **33 Z** ⊐ 99/149 – 156/168 – ½ P 25.

🏨 **Zur Linde,** Drawehnertorstr. 22, ✉ 29456, ℰ (05862) 3 47, Fax (05862) 345, 🍴 – 📺
⇔ ℙ.
geschl. Ende Feb. - Ende März – **Menu** (geschl. Donnerstag) à la carte 34/64 – **10 Z**
⊐ 68/80 – 115/123 – ½ P 22.

HOCHHEIM AM MAIN Hessen 𝟜𝟙𝟟 P 9 – 17 000 Ew – Höhe 129 m.
　Berlin 559 – Wiesbaden 12 – *Frankfurt am Main 31* – Darmstadt 32 – Mainz 7.

　🏨　**Rheingauer Tor** ⚶ garni, Taunusstr. 9, ✉ 65239, ℰ (06146) 8 26 20,
　　　Fax (06146) 4000 – |✿| ⇆ 📺 🅿 🖭 🈺 ⚫ 🈹 𝑉𝐼𝑆𝐴 𝐽𝐶𝐵
　　　geschl. 24. Dez. - 10. Jan. – **25 Z** ⊊ 105/125 – 155.

HOCHKIRCH Sachsen 𝟜𝟙𝟠 M 27 – 3 200 Ew – Höhe 300 m.
　Berlin 213 – Dresden 78 – *Görlitz 32* – Bautzen 12.

　🏨　**Zur Post,** Schulstr. 1, ✉ 02627, ℰ (035939) 82 40, Fax (035939) 82410, Biergarten –
　🕿　📺 🅿 🈺 🈹 𝑉𝐼𝑆𝐴
　　　Menu à la carte 24/39 – **18 Z** ⊊ 70/80 – 120.

HOCKENHEIM Baden-Württemberg 𝟜𝟙𝟟 𝟜𝟙𝟡 S 9 – 19 800 Ew – Höhe 101 m.
　Berlin 630 – Stuttgart 113 – *Mannheim 24* – Heidelberg 23 – Karlsruhe 50 – Speyer 12.

　🏨　Hotel am Hockenheim-Ring, Hockenheimring, ✉ 68766, ℰ (06205) 29 80, info@ho
　　　ckenheimring.bestwestern.de, Fax (06205) 298222, 🌣, ⇔ – |✿|, ⇆ Zim, 🖳 📺 ✆ 🅿 –
　　　🔬 90
　　　55 Z.

　🏨　**Treff Page Hotel** 🖭, Heidelberger Str. 8, ✉ 68766, ℰ (06205) 29 40 (Hotel),
　　　2 11 54 (Rest.), treffhock@aol.com, Fax (06205) 294150, 🌣 – |✿|, ⇆ Zim, 📺 ✆ ⅙ 🚗
　　　– 🔬 400. 🈺 ⚫ 🈹 𝑉𝐼𝑆𝐴 𝐽𝐶𝐵. ⚶ Rest
　　　Rondeau (geschl. Samstagmittag) **Menu** à la carte 41/63 – **80 Z** ⊊ 165/270.

In Hockenheim-Talhaus *Nord-West : 1,5 km :*

　🏨　**Achat** 🖭, Gleisstr. 8/1 (nahe der B 36), ✉ 68766, ℰ (06205) 29 70 (Hotel), 10 03 27
　　　(Rest.), hockenheim@achat-hotel.de, Fax (06205) 297999, 🌣 – |✿|, ⇆ Zim, 📺 ✆ 🅿 –
　　　🔬 20. 🈺 ⚫ 🈹 𝑉𝐼𝑆𝐴
　　　geschl. 23. Dez. - 3. Jan. – **La Piazza** (italienische Küche) *(geschl. Samstagmittag, Sonn-
　　　tagmittag)* **Menu** à la carte 26/66 – ⊊ 20 – **72 Z** 115/154 – 135/174.

In Reilingen *Süd-Ost : 3 km :*

　🏩　**Walkershof** 🖭, Hockenheimer Str. 86, ✉ 68799, ℰ (06205) 95 90, info@walkersh
　　　of.com, Fax (06205) 959444, 🌣, Massage, 𝑓ö, ⇔ – |✿|, ⇆ Zim, 🖳 Rest, 📺 ✆ ⅙ 🅿
　　　– 🔬 30. 🈺 ⚫ 🈹 𝑉𝐼𝑆𝐴. ⚶ Rest
　　　geschl. 26. Dez. - 08. Jan. – **Menu** (nur Abendessen) à la carte 56/87 – **118 Z** ⊊ 280/
　　　350.

HODENHAGEN Niedersachsen 𝟜𝟙𝟝 𝟜𝟙𝟞 H 12 – 2 000 Ew – Höhe 26 m.
　Berlin 322 – *Hannover 62* – Braunschweig 99 – Bremen 70 – Hamburg 106.

　🏨　**Domicil Hotel Hudemühle** 🖭, Hudemühlen-Burg 18, ✉ 29693, ℰ (05164) 80 90,
　　　info@hotel-domicil.de, Fax (05164) 809199, 🌣, 𝑓ö, ⇔, 🖼, 🌳 – |✿|, ⇆ Zim, 📺 🅿
　　　– 🔬 140. 🈺 ⚫ 🈹 𝑉𝐼𝑆𝐴 𝐽𝐶𝐵. ⚶ Rest
　　　Menu à la carte 41/71 – **122 Z** ⊊ 150/180 – 220/250.

HÖCHBERG Bayern siehe Würzburg.

HÖCHENSCHWAND Baden-Württemberg 𝟜𝟙𝟡 W 8 – 2 300 Ew – Höhe 1 015 m – *Heilklimatischer
Kurort* – Wintersport : 920/1 015 m ⚞ 1 🛷.
　🛈 Tourist-Information Kurverwaltung, Dr. Rudolf-Eberle-Str. 3, ✉ 79862, ℰ (07672)
　4 81 80, Fax (07672) 481810.
　Berlin 809 – Stuttgart 186 – *Freiburg im Breisgau 56* – Donaueschingen 63 – Waldshut-
　Tiengen 19.

　🏨　**Alpenblick,** St.-Georg-Str. 9, ✉ 79862, ℰ (07672) 41 80, hotel.alpenblick@t-online.de,
　　　Fax (07672) 418444, 🌣, 🌳 – |✿| 📺 🚗 🅿 – 🔬 30. ⚶ Rest
　　　Menu à la carte 46/72 – **25 Z** ⊊ 128/138 – 255/310 – ½ P 15.

　🏨　**Porten's Hotel Fernblick** ⚶ garni, Im Grün 15, ✉ 79862, ℰ (07672) 9 30 20, port
　　　en1@t-online.de, Fax (07672) 411240 – |✿| ⇆ 📺 ✆ 🚗 🅿 – 🔬 100. 🈺 ⚫
　　　🈹 𝑉𝐼𝑆𝐴
　　　geschl. 15. Nov. - 15. Dez. – **37 Z** ⊊ 75/95 – 140/160.

　🏨　**Nägele,** Bürgermeister-Huber-Str. 11, ✉ 79862, ℰ (07672) 9 30 30, Hotel-Naegele@t
　　　-online.de, Fax (07672) 9303154, 🌣, ⇔, 🌳 – |✿|, ⇆ Rest, 📺 ✆ 🚗 🅿 – 🔬 15.
　　　🈹 𝑉𝐼𝑆𝐴
　　　geschl. Mitte Nov. - Mitte Dez. – **Menu** à la carte 28/69 – **20 Z** ⊊ 54/80 – 108/124 –
　　　½ P 24.

XXX **Hubertusstuben,** Kurhausplatz 1 (Eingang St.-Georg-Straße), ⊠ 79862, ℰ (07672) 41 10, porten1@t-online.de, Fax (07672) 411240, ☎ – ⇐ 🅿. AE Ⓞ
🐵 VISA
geschl. 7. Jan. - Anfang Feb., Dienstag – **Menu** à la carte 39/72.

HÖCHST IM ODENWALD Hessen 417 419 Q 10 – 9 800 Ew – Höhe 175 m – Erholungsort.
🔋 Fremdenverkehrsamt, Montmelianer Platz 4, ⊠ 64739, ℰ (06163) 7 08 23, Fax (06163) 70832.
Berlin 578 – Wiesbaden 78 – Frankfurt am Main 61 – Mannheim 78 – Darmstadt 33 – Heidelberg 72 – Aschaffenburg 37.

🏠 **Burg Breuberg,** Aschaffenburger Str. 4, ⊠ 64739, ℰ (06163) 51 33, Fax (06163) 5138, ☎ – ✳ Zim, 🅃🇻 ⇐ 🅿 – 🔔 60. AE VISA. ✸ Zim
Menu à la carte 26/66 ⅃ – **23 Z** ⌑ 95/120 – 144/180.

In Höchst-Hetschbach Nord-West : 2 km :

🏠 **Zur Krone,** Rondellstr. 20, ⊠ 64739, ℰ (06163) 93 10 00, Krone-hetschbach@web.de, Fax (06163) 81572, ☎s, ☎ – 🅿 – 🔔 25. AE Ⓞ 🐵 VISA. ✸
geschl. Anfang Jan. 1 Woche, Juli 2 Wochen, Nov. 1 Woche – **Menu** (geschl. Montag, Donnerstagmittag) à la carte 55/84 (auch vegetarisches Menu) – **Gaststube** (geschl. Montag, Donnerstagmittag) Menu à la carte 35/52 – **21 Z** ⌑ 80 – 150/160 – ½ P 40.

*Ensure that you have up to date **Michelin maps**
in your car.*

HÖCHSTADT AN DER AISCH Bayern 419 420 Q 16 – 13 600 Ew – Höhe 272 m.
Berlin 435 – München 210 – Nürnberg 43 – Bamberg 31 – Würzburg 71.

In Gremsdorf Ost : 3 km :

🏠 **Landgasthof Scheubel,** Hauptstr. 1 (B 470), ⊠ 91350, ℰ (09193) 6 39 80, Fax (09193) 639855, ☎ – 🛗 🅃🇻 ☎ ⇐ 🅿 – 🔔 50. 🐵 VISA
Menu (geschl. Sonntagmittag) à la carte 22/56 – **33 Z** ⌑ 84/124.

HÖFEN AN DER ENZ Baden-Württemberg 419 T 9 – 1 800 Ew – Höhe 366 m – Luftkurort.
🔋 Verkehrsamt, Rathaus, ⊠ 75339, ℰ (07081) 7 84 23, Fax (07081) 78450.
Berlin 680 – Stuttgart 68 – Karlsruhe 44 – Freudenstadt 48 – Pforzheim 18.

🏠 **Ochsen,** Bahnhofstr. 2, ⊠ 75339, ℰ (07081) 79 10, kontakt@ochsen-hoefen.de, Fax (07081) 791100, ☎, ☎s, ☒, ☞ – 🛗 🅃🇻 ⇐ 🅿 – 🔔 45. AE Ⓞ
Menu à la carte 36/65 – **56 Z** ⌑ 92/98 – 158/160, 3 Suiten – ½ P 26.

🏠 **Bussard** garni, Bahnhofstr. 24, ⊠ 75339, ℰ (07081) 52 68, Fax (07081) 7493, ☞ – 🛗 🅃🇻 ⇐ 🅿. 🐵
16 Z ⌑ 65/70 – 80/120.

HÖFGEN Sachsen siehe Grimma.

HÖGERSDORF Schleswig-Holstein siehe Segeberg, Bad.

HÖHR-GRENZHAUSEN Rheinland-Pfalz 417 O 7 – 9 100 Ew – Höhe 260 m.
Berlin 584 – Mainz 94 – Koblenz 19 – Limburg an der Lahn 35.

🏠 **Heinz** ⌕, Bergstr. 77, ⊠ 56203, ℰ (02624) 30 33, info@hotel-heinz.de, Fax (02624) 5974, ☎, Massage, ♨, ☎s, ☒, ☞, ✳ – 🛗 🅃🇻 ♿ ⇐ 🅿 – 🔔 40. AE Ⓞ
🐵 VISA
geschl. 22. - 26. Dez. – **Menu** à la carte 39/67 – **64 Z** ⌑ 98/189 – 176/279.

Im Stadtteil Grenzau Nord : 1,5 km :

🏠 **Sporthotel Zugbrücke** ⌕, Brexbachstr. 11, ⊠ 56203, ℰ (02624) 10 50, info@zugbrücke.com, Fax (02624) 105462, ☎, ♨, ☎s, ☒, ☞ – 🛗, ✳ Zim, 🅃🇻 ♿🅿 – 🔔 140. AE Ⓞ 🐵 VISA
Menu à la carte 38/64 – **138 Z** ⌑ 102/188 – 141/266.

HÖNNINGEN, BAD Rheinland-Pfalz 🔲 O 5 – 6 000 Ew – Höhe 65 m – Heilbad.

🛈 Verkehrsamt-Kurverwaltung, Neustr. 2a, ✉ 53557, ℰ (02635) 22 73, Fax (02635) 2736.

Berlin 617 – Mainz 125 – Koblenz 37 – Bonn 35.

🏨 **St. Pierre,** Hauptstr. 138, ✉ 53557, ℰ (02635) 9 52 90, hotel-st.pierre@bad.hoenni ngen-rhein.de, Fax (02635) 2093 – 📺 📞 🚗 🅿 AE ⓪ ⓿ VISA JCB 🌿
Menu (nur Abendessen) (Restaurant nur für Hausgäste) – **20 Z** 🛏 90/180 – ½ P 18.

HÖNOW Brandenburg 🔲🔲 I 24 – 3 000 Ew – Höhe 45 m.

Berlin 19 – Potsdam 60 – Frankfurt (Oder) 82.

🏨 **Hönow** garni (3. Etage), Mahlsdorfer Str. 61a, ✉ 15366, ℰ (030) 99 23 20, Fax (030) 99232300 – 🔲 🌿 📺 📞 AE ⓪ ⓿ VISA JCB
50 Z 🛏 128/148 – 158/178.

🏨 **Landhaus Hönow,** Dorfstr. 23, ✉ 15366, ℰ (03342) 8 32 16 (Hotel) 36 92 27 (Rest.), mail@hotel-landhaus-Hoenow.de, Fax (03342) 300938 – 🌿 Zim, 📺 📞 🅿.
⓿ VISA
Menu (geschl. Donnerstag) à la carte 26/48 – **19 Z** 🛏 96/105 – 155/160.

HÖRNITZ Sachsen siehe Zittau.

HÖRSTEL Nordrhein-Westfalen 🔲 J 6 – 17 000 Ew – Höhe 45 m.

Berlin 464 – Düsseldorf 178 – Nordhorn 45 – Münster (Westfalen) 44 – Osnabrück 46 – Rheine 10.

In Hörstel-Bevergern Süd-West : 3 km :

🏨 **Saltenhof** 🌿, Kreimershoek 71, ✉ 48477, ℰ (05459) 40 51, info@saltenhof.de, Fax (05459) 1251, 🍴, 🚗 – 📺 🅿 AE ⓪ ⓿ VISA
geschl. 1. - 25. Jan. – **Menu** (geschl. Donnerstagmittag) à la carte 43/71 (auch vegetarische Gerichte) – **12 Z** 🛏 95/105 – 140/180.

In Hörstel-Riesenbeck Süd-Ost : 6 km :

🏨 **Schloßhotel Surenburg** 🌿, Surenburg 13 (Süd-West : 1,5 km), ✉ 48477, ℰ (05454) 70 92, Fax (05454) 7251, 🍴, 🍴, 🔲, 🚗 – 📺 🅿 – 🔏 50. AE ⓪ ⓿ VISA JCB
Menu à la carte 33/63 – **23 Z** 🛏 95/150.

HÖSBACH Bayern siehe Aschaffenburg.

HÖVELHOF Nordrhein-Westfalen 🔲 K 9 – 12 000 Ew – Höhe 100 m.

Berlin 413 – Düsseldorf 189 – Bielefeld 33 – Detmold 30 – Hannover 129 – Paderborn 14.

🏨 **Gasthof Förster - Hotel Victoria,** Bahnhofstr. 35, ✉ 33161, ℰ (05257) 30 18, info@Hotel-Victoria-GF.de, Fax (05257) 6578, 🍴 – 📺 📞 🅿 – 🔏 200. AE ⓿ VISA
Menu (geschl. Juli 3 Wochen, Samstagmittag) à la carte 43/62 – **24 Z** 🛏 85/130 – 145/175.

🍴 **Gasthof Brink** mit Zim, Allee 38, ✉ 33161, ℰ (05257) 32 23, Fax (05257) 932937 – 📺 🚗 🅿 🌿
geschl. Juli – **Menu** (geschl. Montag) (nur Abendessen) (Tischbestellung ratsam) à la carte 46/97 – **9 Z** 🛏 85/110 – 145/165.

In Hövelhof-Riege Nord-West : 5 km Richtung Kaunitz, dann rechts ab :

🏨 **Gasthaus Spieker** 🌿, Detmolder Str. 86, ✉ 33161, ℰ (05257) 22 22, SPIEKERS-@AOL.COM, Fax (05257) 41 78, 🍴, « Gemütliche Gaststuben » – 📺 🚗 🅿 ⓿ VISA
🌿 Zim
geschl. Feb. 2 Wochen, Juli - Aug. 2 Wochen – **Menu** (geschl. Montag, Samstagmittag) à la carte 36/65 – **13 Z** 🛏 65/75 – 120/130.

HÖXTER Nordrhein-Westfalen **ИⅡ** K 12 – 35 000 Ew – Höhe 90 m.

Sehenswert : Kilianskirche (Kanzel★★) – Fachwerkhäuser★.

Ausflugsziele : Wesertal★ (von Höxter bis Hann. Münden) – Corvey : Westwerk★.

🛈 Fremdenverkehrsamt (Historisches Rathaus), Weserstr.11, ✉ 37671, 🖉 (05271) 1 94 33, Fax (05271) 963435.

Berlin 362 – Düsseldorf 225 – *Hannover 86* – Kassel 70 – Paderborn 55.

🏨 **Niedersachsen,** Grubestr. 7, ✉ 37671, 🖉 (05271) 68 80, *info@Hotel-Niedersachse n.de,* Fax (05271) 688444, 🌳, 🕿, 🔲 – 🛗, 🌾 Zim, 📺 📞 🚗 – 🔏 45. 🖭 ⓞ 🐵 **VISA**
Menu à la carte 42/72 – **80 Z** 🖙 125/165 – 178/268.

🏨 **Weserberghof,** Godelheimer Str. 16, ✉ 37671, 🖉 (05271) 9 70 80, *weserberghof @t-online.de,* Fax (05271) 970888, 🌳 – 🌾 Zim, 📺 📞 📨 – 🔏 25. 🖭 ⓞ 🐵 **VISA**
Entenfang : **Menu** à la carte 39/77 – **25 Z** 🖙 90/125 – 140/180.

Make the most of this Guide, by reading the explanatory pages in the intro-duction.

HOF Bayern **ИⅡ ⅡⅡ** P 19 – 53 000 Ew – Höhe 495 m.

🏌 *Gattendorf-Haidt (über die B 173 Y), 🖉 (09281) 4 37 49.*

✈ *Hof, Süd-West : 5 Km, über ① und B 2, 🖉 (09292) 54 09.*

🛈 Tourist-Information, Ludwigstr. 24, ✉ 95028, 🖉 (09281) 81 56 66, Fax (09281) 8194820.

ADAC, Kornhausacker 9.

Berlin 317 ③ – München 283 ② – Bayreuth 55 ② – Nürnberg 133 ②

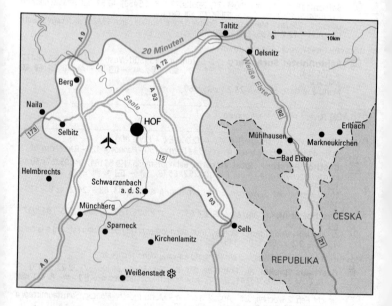

🏨 **Central,** Kulmbacher Str. 4, ✉ 95030, 🖉 (09281) 60 50, Fax (09281) 62440, 🕿 – 🛗, 🌾 Zim, 📺 📞 🏐 – 🔏 200. 🖭 ⓞ 🐵 **VISA**, 🌾 Rest
Kastaniengarten (geschl. 3.- 10 Jan., Sonntag) (nur Abendessen) **Menu** à la carte 47/72 – **Hofer Stuben** (geschl. Aug.) **Menu** à la carte 31/61 – **103 Z** 🖙 139/189 – 185/250.
Y h

🏨 **Quality** Ⓜ, Ernst-Reuter-Straße 137, ✉ 95030, 🖉 (09281) 70 30, *Quality-Hof@t-on line.de,* Fax (09281) 703113, 🌳, 🕿 – 🛗, 🌾 Zim, 🖹 Zim, 📺 📞 🕭 📨 – 🔏 70. 🖭 ⓞ 🐵 **VISA** **JCB**
Menu à la carte 31/54 – **111 Z** 🖙 119/139.
Y s

HOF

Altstadt . . . . Z
Bayreuther Straße . . . . . . Z 2
Enoch-Widman-Straße . . . . . Y 3
Hallstraße . . . . Y 5
Karolinenstraße . . . . Y 6
Kurt-Schuhmacher-Platz . . . . Z 7
Lorenzstraße . . . . Z
Ludwigstraße . . . . Y
Luitpoldstraße . . . . Z
Marienstraße . . . . Z
Michaelisbrücke . . . . Y 8
Mittlerer Anger . . . . Y 9
Oberer Anger . . . . Z 10
Ossecker Straße . . . . Z 13
Pestalozziplatz . . . . Z 15
Schützenstraße . . . . Y 16
Unteres Tor . . . . Y 18

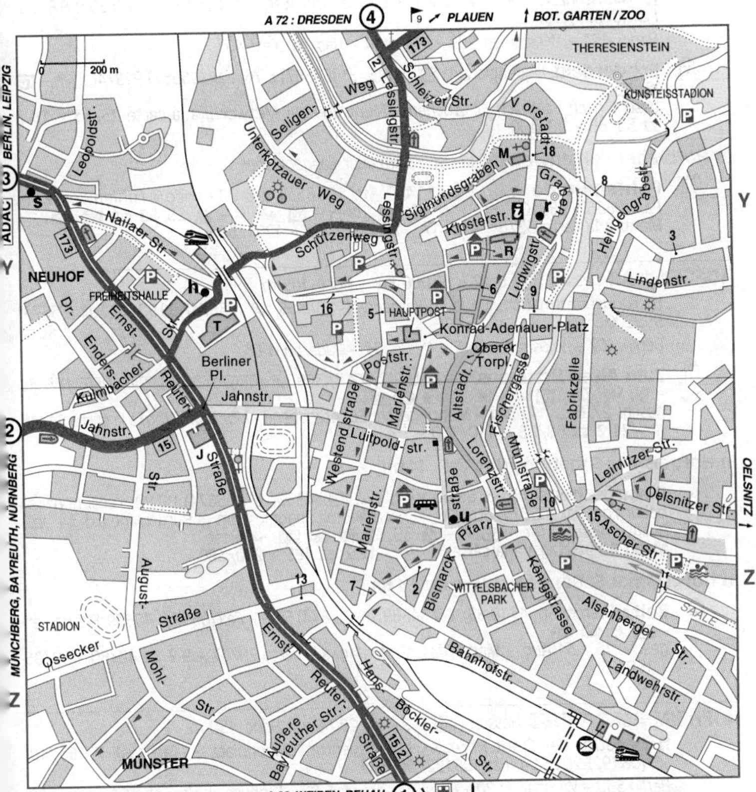

Strauss (mit Gästehaus), Bismarckstr. 31, ✉ 95028, ☎ (09281) 20 66, *reception@hotel-strauss-hof.de, Fax (09281) 84474*, Biergarten – ⌸, ⇹ Zim, TV 🚗 P – 🏛 50. MC VISA — Z u
Menu *(geschl. Anfang - Mitte Aug.)* à la carte 26/61 – **51 Z** ☕ 92/105 – 100/145.

Am Maxplatz garni, Maxplatz 7, ✉ 95028, ☎ (09281) 17 39, *Fax (09281) 87913* – TV 🚗. AE MC VISA — Y r
18 Z ☕ 95/110 – 140/165.

In Hof-Haidt *Nord-Ost : 3,5 km :*

Gut Haidt M, Plauener Str. 123 (B 173), ✉ 95028, ☎ (09281) 73 10, *Fax (09281) 731100*, Biergarten, ⌂s – ⌸, ⇹ Zim, TV ☎ ♿ 🚗 P – 🏛 40. AE D MC VISA
Menu *(Montag - Freitag nur Abendessen)* à la carte 35/73 – **46 Z** ☕ 120/160, 4 Suiten.

In Hof-Unterkotzau *über ③ : 3 km und Hofecker Straße Richtung Hirschberg :*

Brauereigasthof Falter, Hirschberger Str. 6, ✉ 95030, ☎ (09281) 7 67 50, *Fax (09281) 7675190*, Biergarten – ⇹ Zim, TV P – 🏛 80
Menu à la carte 24/52 – **26 Z** ☕ 85/110 – 140/170.

HOF Österreich siehe Salzburg.

HOFBIEBER Hessen ⁴¹⁷ ⁴¹⁸ ⁴²⁰ O 13 – 5 500 Ew – Höhe 400 m – Luftkurort.

⓱ Hofbieber ℘ (06657) 13 34.

🖪 Tourist-Information, im Haus des Gastes, Schulweg 5, ⊠ 36145, ℘ (06657) 9 87 31, Fax (06657) 98732.

Berlin 434 – Wiesbaden 209 – Fulda 14 – Bad Hersfeld 40.

🏠 **Sondergeld,** Lindenplatz 4, ⊠ 36145, ℘ (06657) 3 76, Fax (06657) 919746, 🌫 – 📺
🖭 🐥 🚳
geschl. nach Fastnacht 2 Wochen – **Menu** (geschl. Mittwoch) à la carte 23/53 – **18 Z**
⊑ 55/65 – 90/100.

In Hofbieber-Fohlenweide Süd-Ost : 5 km über Langenbieber :

🏨 **Fohlenweide** ⊗, ⊠ 36145, ℘ (06657) 98 80, info@fohlenweide.de,
Fax (06657) 988100, 🌫, 🚲, 💒, 🐎 (Halle) – 📺 🕂 🖭 – 🔬 25. 🖭 ⓪ 🚳 🎟
Menu à la carte 35/64 – ⊑ 17 – **27 Z** 98/116 – 120/168.

HOFGEISMAR Hessen ⁴¹⁷ L 12 – 17 000 Ew – Höhe 165 m.

🖪 Touristinformation, Markt 1 (Rathaus), ⊠ 34369, ℘ (05671) 99 90 06, Fax (05671) 999200.

Berlin 407 – Wiesbaden 245 – Kassel 24 – Paderborn 63.

🏠 **Zum Alten Brauhaus,** Marktstr. 12, ⊠ 34369, ℘ (05671) 30 81, Fax (05671) 3083
– |🛗|, 🐥 Zim, 📺 🔁 🖭 🖭 ⓪ 🚳 🎟
geschl. 27. Dez. - 10. Jan. – **Menu** (geschl. Sonntagabend - Montagmittag) à la carte 24/46
🍴 – **21 Z** ⊑ 68/85 – 110/130.

In Hofgeismar-Sababurg Nord-Ost : 14 km :

🏨 **Dornröschenschloss Sababurg** ⊗, ⊠ 34369, ℘ (05671) 80 80, reception@sa
baburg.de, Fax (05671) 808200, ≤, Tierpark mit Jagdmuseum, « Burganlage a.d. 14. Jh. ;
Burgterrasse », 🌫 – 📺 🖭 – 🔬 30. 🖭 ⓪ 🚳 🎟 🎟 🍽 Rest
Menu 40 (mittags) à la carte 59/78 – **17 Z** ⊑ 185 – 280/380.

In Hofgeismar-Schöneberg Nord-Ost : 4 km :

🏠 **Reitz,** Bremer Str. 17 (B 83), ⊠ 34369, ℘ (05671) 55 91, Fax (05671) 40699, Biergarten
– 📺 🖭 🚳 🎟
geschl. 15. - 31 Aug. – **Menu** (geschl. Montag) à la carte 29/57 – **9 Z** ⊑ 48/60 – 80/95
– ½ P 13.

HOFHEIM AM TAUNUS Hessen ⁴¹⁷ P 9 – 37 000 Ew – Höhe 150 m.

🖪 Magistrat der Stadt Hofheim, Kulturagentur, Chinonplatz 2 (Rathaus), ⊠ 65719,
℘ (06192) 20 23 94, Fax (06192) 900331.

Berlin 550 – Wiesbaden 20 – Frankfurt am Main 22 – Limburg an der Lahn 54 – Mainz 20.

🏨 **Dreispitz,** Am Dreispitz 6 (an der B 519), ⊠ 65719, ℘ (06192) 9 65 20,
Fax (06192) 26910, 🌫 – 📺 🖭 🚳 🎟
geschl. Juli - Aug. 4 Wochen – **Menu** (geschl. Ende Dez.- Anfang Jan., Donnerstag - Freitag)
(wochentags nur Abendessen) à la carte 32/60 – **24 Z** ⊑ 120/170 – 210.

🍴🍴 **Die Scheuer,** Burgstr. 12, ⊠ 65719, ℘ (06192) 2 77 74, Fax (06192) 1892, 🌫,
« Fachwerkhaus a.d. 17. Jh. ; gemütlich-rustikale Einrichtung » – 🖭 ⓪ 🚳 🎟
geschl. Montag – **Menu** (abends Tischbestellung erforderlich) à la carte 71/109 (auch vegetarisches Menu).

In Hofheim-Diedenbergen Süd-West : 3 km :

🏨 **Treff Hansa Hotel Rhein-Main,** Casteller Str. 106, ⊠ 65719, ℘ (06192) 95 00,
info@treff-hotel-frankfurt.de, Fax (06192) 3000, 🌫, 🎰, 🚑, 😚 – |🛗|, 🐥 Zim, 🍽 Rest, 📺
🕺 🕭 🔁 🖭 – 🔬 200. 🖭 ⓪ 🚳 🎟 🎟
Menu 35 (Lunchbuffet) à la carte 41/69 – **157 Z** ⊑ 215/275 – 265/325.

🍴🍴 **Völker's** mit Zim, Marxheimer Str. 4, ⊠ 65719, ℘ (06192) 30 65, Fax (06192) 39060,
🌫, Biergarten – 📺 🖭 🖭 ⓪ 🚳 🎟
geschl. 1. - 12. Jan. – **Menu** (geschl. Mittwoch, Samstagmittag) 48 (mittags) à la carte
68/100 – **Bistro Taunusstuben :** Menu à la carte 30/62 – **14 Z** ⊑ 130/150 – 190.

🍴 **Romano,** Casteller Str. 68, ⊠ 65719, ℘ (06192) 3 71 08, Fax (06192) 31576, 🌫 – 🖭
🚳 🎟
geschl. Weihnachten - Anfang Jan., Montag, Samstagmittag – **Menu** à la carte 51/80.

556

In Hofheim-Wildsachsen *Nord-West : 9 km :*

XX **Alte Rose,** Altwildsachsen 37, ⊠ 65719, 𝓟 *(06198) 83 82, Fax (06198) 500447,*
« Gartenterrasse » – 𝐀𝐄 ⓞ 𝐕𝐈𝐒𝐀
geschl. Montag – **Menu** *(wochentags nur Abendessen)* à la carte 65/99.

In Kriftel *Süd-Ost : 2 km :*

🏠 **Mirabell** garni, Richard-Wagner-Str. 33, ⊠ 65830, 𝓟 *(06192) 4 20 88, info@hotel-m
irabell.de, Fax (06192) 45169,* ⇔ – 🛗 ⇥ 𝐓𝐕 ⇌, ⓞ 𝐕𝐈𝐒𝐀. ✀
geschl. Weihnachten - Anfang Jan. – **45 Z** ⊃ 125/165 – 210/240.

HOFHEIM IN UNTERFRANKEN *Bayern* 𝟰𝟭𝟴 𝟰𝟮𝟬 *P 15 – 6 500 Ew – Höhe 265 m.*
Berlin 450 – München 284 – Coburg 42 – Bamberg 49 – Schweinfurt 30.

In Hofheim-Rügheim *Süd : 3 km :*

🏨 **Landhotel Hassberge** ⊳, Schloßweg 1, ⊠ 97461, 𝓟 *(09523) 92 40,*
⇔ *Fax (09523) 924100,* ㇀, ⇔ – 🛗 𝐓𝐕 𝐏 – 𝑨 40. 𝐀𝐄 ⓞ ⓞ 𝐕𝐈𝐒𝐀. ✀ Rest
geschl. Anfang - Mitte Aug. – **Menu** *(geschl. Samstag - Sonntag) (nur Abendessen)* à la carte
23/45 ⅃ – **56 Z** ⊃ 82/92 – 120/135.

HOHENAU *Bayern* 𝟰𝟮𝟬 *T 24 – 3 600 Ew – Höhe 806 m.*
🛈 *Tourismusbüro, Dorfplatz 22,* ⊠ 94545, 𝓟 *(08558) 96 04 44, Fax (08558) 960440.*
Berlin 514 – München 198 – Passau 41 – Regensburg 135.

In Hohenau-Bierhütte *Süd-Ost : 3 km :*

🏨 **Romantik Hotel Bierhütte** (mit 2 Gästehäusern), Bierhütte 10 (nahe der B 533),
⊠ 94545, 𝓟 *(08558) 9 61 20, bierhuette@t-online.de, Fax (08558) 961270,* « Barockbau
a.d. 16. Jh., Terrasse mit ≼ », Massage, ⇔, ㇀ – ⇥ Zim, 𝐓𝐕 ℀ ⇌ 𝐏 – 𝑨 50. 𝐀𝐄 ⓞ
ⓞ 𝐕𝐈𝐒𝐀
Menu à la carte 34/74 – **43 Z** ⊃ 99/139 – 150/220, 4 Suiten – ½ P 32.

HOHEN NEUENDORF *Brandenburg* 𝟰𝟭𝟲 𝟰𝟭𝟴 *H 23 – 9 000 Ew – Höhe 54 m.*
Berlin 35 – Potsdam 47.

🏠 **Zum grünen Turm** 𝐌, Oranienburger Str. 58 (B 96), ⊠ 16540, 𝓟 *(03303) 50 16 69,
info@hotel-zumgruenenturm.de, Fax (03303) 501624 –* 🛗 ⇥ Zim, 𝐓𝐕 ℀ & 𝐏 – 𝑨 40.
𝐀𝐄 ⓞ 𝐕𝐈𝐒𝐀
Menu *(geschl. Sonntag) (nur Abendessen)* à la carte 30/50 – **29 Z** ⊃ 95/120 – 140/195.

In Hohen Neuendorf-Bergfelde :

🏠 **Am Hofjagdrevier,** Hohen Neuendorferstr. 48, ⊠ 16562, 𝓟 *(03303) 5 31 20,
Fax (03303) 5312260,* ⇔ – 🛗 𝐓𝐕 𝐏 – 𝑨 30. ⓞ 𝐕𝐈𝐒𝐀
Menu *(Montag - Freitag nur Abendessen)* à la carte 26/50 – **36 Z** ⊃ 90/98 – 130/150.

HOHENSTEIN-ERNSTTHAL *Sachsen* 𝟰𝟭𝟴 *N 22 – 15 000 Ew – Höhe 360 m.*
Berlin 269 – Dresden 81 – Chemnitz 15 – Plauen 82.

🏨 **Drei Schwanen** 𝐌, Altmarkt 19, ⊠ 09337, 𝓟 *(03723) 65 90, dreischwanen@t-onl
ine.de, Fax (03723) 659459,* ㇀ – 🛗 ⇥ Zim, ▤ Rest, 𝐓𝐕 ℀ & 𝐏 – 𝑨 120. 𝐀𝐄 ⓞ
ⓞ 𝐕𝐈𝐒𝐀
Menu à la carte 45/71 – **32 Z** ⊃ 120/180.

HOHENTENGEN AM HOCHRHEIN *Baden-Württemberg* 𝟰𝟭𝟵 *X 9 – 3 400 Ew – Höhe 350 m.*
🛈 *Fremdenverkehrsamt, Kirchstr. 4,* ⊠ 79801, 𝓟 *(07742) 8 53 50, Fax (07742) 85315.*
Berlin 802 – Stuttgart 176 – Freiburg im Breisgau 79 – Baden 33 – Basel 74 – Zürich 37.

🏠 **Wasserstelz,** Guggenmühle 15 (Nord-West : 3 km, unterhalb der Burgruine Weißwas-
serstelz), ⊠ 79801, 𝓟 *(07742) 9 23 00, Fax (07742) 923050,* ㇀, « Ehemalige Zehntscheune mit schöner Natursteinfassade » – 𝐓𝐕 ℀ ⇌ 𝐏 – 𝑨 35. ⓞ 𝐕𝐈𝐒𝐀
Menu *(geschl. Montag) (Dienstag - Freitag nur Abendessen)* à la carte 38/81 – **11 Z**
⊃ 80/95 – 150/200 – ½ P 30.

In Hohentengen-Lienheim *West : 5 km :*

X **Landgasthof Hirschen** mit Zim, Rheintalstr. 13, ⊠ 79801, 𝓟 *(07742) 76 35, Gast
hausHirschen@t-online.de, Fax (07742) 7325,* ㇀ – 𝐓𝐕 𝐏. 𝐀𝐄 ⓞ 𝐕𝐈𝐒𝐀
geschl. 29. Juli - 11. Aug. – **Menu** *(nur Abendessen)* à la carte 46/72 – **5 Z** ⊃ 60/120.

HOHENWESTEDT Schleswig-Holstein 415 416 D 12 – 4600 Ew – Höhe 48 m.
Berlin 352 – Kiel 56 – Hamburg 80 – Lübeck 81 – Rendsburg 23.

🏠 **Landhaus,** Itzehoer Str. 39 (B 77), ⊠ 24594, ℰ (04871) 76 11 40, Info@Landhaus
-Hohenwestede.de, Fax (04871) 761117, 🍴, ✗ – 📺 📭 – 🔬 40. AE ① ●● VISA
Menu (geschl. Dienstag) à la carte 38/78 – **26 Z** ☜ 94/119 – 139/179.

HOHNSTEIN Sachsen 418 N 26 – 1100 Ew – Höhe 335 m.
🛈 Touristinformation, Rathausstr. 10, ⊠ 01848, ℰ (035975) 1 94 33, Fax (035975)
86810.
Berlin 223 – Dresden 32 – Pirna 16 – Bad Schandau 10.

🏠 **Zur Aussicht** 🗫, Am Bergborn 7, ⊠ 01848, ℰ (035975) 8 70 00,
⊞ Fax (035975) 870044, ≤ Sächsische Schweiz, 🍴 – 📺 📭 – 🔬 15. AE ●● VISA
geschl. Jan. 2 Wochen – **Menu** (geschl. Montag) à la carte 22/37 – **15 Z** ☜ 90/140.

In Hohnstein-Rathewalde Nord-West : 5 km :

🏠 **LuK - Das Kleine Landhotel** 🗫, Basteiweg 12, ⊠ 01848, ℰ (035975) 8 00 13,
LuK-Landhotel@t-online.de, Fax (035975) 80014, « Geschmackvolle Einrichtung », 🍴 –
↔ Zim, 📺 📭
Menu (nur Abendessen) (Restaurant nur für Hausgäste) – **8 Z** ☜ 120 – 140/160.

Nelle stazioni di cura ed altri luoghi di villegiatura,
i prezzi delle camere possono essere maggiorati dall'imposta di soggiorno.

HOHWACHT Schleswig-Holstein 415 416 D 16 – 900 Ew – Höhe 15 m – Seeheilbad.
📶 📷 Hohwachter Bucht (Süd-West : 4 km), ℰ (04381) 96 90.
🛈 Hohwachter Bucht Touristik, Berliner Platz 1, ⊠ 24321, ℰ (04381) 9 05 50, Fax
(04381) 905555.
Berlin 335 – Kiel 41 – Lübeck 81 – Oldenburg in Holstein 21 – Plön 27.

🏨 **Hohe Wacht** 🗫, Ostseering, ⊠ 24321, ℰ (04381) 9 00 80, info@hohe-wacht.de,
Fax (04381) 900888, 🍴, 🎣, ≦s, 🔲, ✗ – 📶, ↔ Zim, 📺 📭 – 🔬 60. AE ① ●● VISA.
🍴 Rest
geschl. 8. - 24. Jan. – **Menu** (Okt. - April wochentags nur Abendessen) à la carte 48/77
– **53 Z** ☜ 200/360 – 250/380 – ½ P 40.

🏠 **Seeschlößchen** 🗫, Dünenweg 4, ⊠ 24321, ℰ (04381) 4 07 60, Fax (04381) 407650,
🍴, ≦s, 🔲 – 📶 📺 📭 – 🔬 50. ●●
geschl. 9. Jan. - 9. Feb. – **Menu** (nur Abendessen) (Restaurant nur für Hausgäste) – **32 Z**
☜ 140 – 256/290 – ½ P 10.

🏠 **Haus am Meer** 🗫, Dünenweg 1, ⊠ 24321, ℰ (04381) 4 07 40, hotel.hausammeer
@t-online.de, Fax (04381) 407474, ≤, « Terrasse am Strand », ≦s, 🔲 – 📺 📭 – 🔬 25.
●● VISA
Menu (geschl. 10. Jan. - 10. Feb., Nov. - 20. Dez., Okt. - April Donnerstag) à la carte 35/52
– **22 Z** ☜ 150/260 – ½ P 28.

✗✗ **Genueser Schiff** 🗫 mit Zim, Seestr. 18, ⊠ 24321, ℰ (04381) 75 33, genueser.sc
hiff@t-online.de, Fax (04381) 5802, ≤ Ostsee, 🍴 – 📭. AE ●●
geschl. 15 Jan. - 15. März, 15. Nov. - 24. Dez. – **Menu** (geschl. Dienstag - Mittwoch) (wochentags nur Abendessen) 68/112 – **Kleines Restaurant** (geschl. Dienstag) **Menu** à la carte
38/69 – **12 Z** ☜ 150/190 – 210/260.

HOLDORF Niedersachsen 415 I 8 – 5000 Ew – Höhe 36 m.
Berlin 414 – Hannover 129 – Bielefeld 90 – Bremen 85 – Oldenburg 65 – Osnabrück 40.

🏠 **Zur Post,** Große Str. 11, ⊠ 49451, ℰ (05494) 9 17 10, ZUR-POST-HOLDORF@t-onlin
e.de, Fax (05494) 917141, 🍴, 🌳 – 📺 📭 – 🔬 100. AE ① ●● VISA
geschl. 28. Dez. - 4. Jan. – **Menu** (geschl. Mittwoch, Samstagmittag) à la carte 26/57 – **11 Z**
☜ 70 – 110/130.

HOLLENSTEDT Niedersachsen 415 416 F 13 – 1900 Ew – Höhe 25 m.
Berlin 319 – Hannover 150 – Hamburg 43 – Bremen 78.

🏠 **Hollenstedter Hof,** Am Markt 1, ⊠ 21279, ℰ (04165) 2 13 70, hollenstedterhof
@t-online.de, Fax (04165) 8382, 🍴 – ↔ Zim, 📺 ✆ 📭 – 🔬 50. AE ① ●●
VISA JCB
Menu à la carte 38/74 – **32 Z** ☜ 95/105 – 145/160.

HOLLFELD *Bayern* 🗺️420 *Q 17 – 5 500 Ew – Höhe 402 m – Erholungsort.*
Ausflugsziel : *Felsengarten Sanspareil★ Nord : 7 km.*
Berlin 378 – München 254 – Coburg 60 – Bayreuth 23 – Bamberg 38.

🏠 **Wittelsbacher Hof,** Langgasse 8 (B 22), ✉️ 96142, ☎️ (09274) 6 11, Fax (09274) 80516, �️ – 📺 🅿️ 🕮 **VISA**
geschl. Anfang Nov. 1 Woche – **Menu** *(geschl. Montag)* à la carte 23/56 – **14 Z** �" 75/85 – 120 – ½ P 25.

🏠 **Bettina** ⍐, Treppendorf 22 (Süd-Ost : 1 km), ✉️ 96142, ☎️ (09274) 7 47, hotel.bettina@t-online.de, Fax (09274) 1408, 🌂, Biergarten, ⍐, 🐾, 🍽️ – 🛌 Zim, 📺 📞 🅿️ – 🔥 40. 🕮 **VISA** 🛇
Menu *(geschl. Montag)* à la carte 30/58 – **23 Z** �" 70/80 – 130/160 – ½ P 25.

HOLZAPPEL *Rheinland-Pfalz* 🗺️417 *O 7 – 1 100 Ew – Höhe 270 m.*
Berlin 566 – Mainz 77 – Koblenz 60 – Limburg an der Lahn 16.

🏛️ **Altes Herrenhaus zum Bären,** Hauptstr. 15, ✉️ 56379, ☎️ (06439) 9 14 50, herrenhaus.holzappel@t-online.de, Fax (06439) 914511, 🌂, « Fachwerkhaus a.d.J. 1705 ; Geschmackvolle, elegante Einrichtung » – 🛌 📺 🅿️ 🕮 ① **VISA** JCB
geschl. Jan. – **Menu** *(geschl. Montag)* à la carte 46/96 – **10 Z** �" 115/140 – 170/210.

HOLZGERLINGEN *Baden-Württemberg* 🗺️419 *U 11 – 11 000 Ew – Höhe 464 m.*
🏌️ 🏌️ *Schaichhof (Süd : 3 km)* ☎️ (07157) 6 79 66.
Berlin 654 – Stuttgart 28 – Böblingen 6 – Herrenberg 12 – Nürtingen 31 – Tübingen 19.

🏛️ **Gärtner** Ⓜ️, Römerstr. 29 (B 464), ✉️ 71088, ☎️ (07031) 74 56, hotel-gaertner@t-online.de, Fax (07031) 745700 – 🛌 📺 📞 🦽 🅿️ – 🔥 80. 🕮 ① **VISA**
Menu *(geschl. Anfang Jan. 1 Woche)* à la carte 35/60 – **52 Z** �" 100/125 – 150/175, 4 Suiten.

🏠 **Bühleneck** ⍐ garni, Bühlenstr. 81, ✉️ 71088, ☎️ (07031) 7 47 50, Fax (07031) 747530, ⍐ – 🍽️ 📺 🅿️ ① **VISA** 🛇
15 Z �" 105/115 – 145.

HOLZHAUSEN *Thüringen siehe Arnstadt.*

HOLZKIRCHEN *Bayern* 🗺️419 420 *W 19 – 11 500 Ew – Höhe 667 m.*
Berlin 623 – München 34 – Garmisch-Partenkirchen 73 – Bad Tölz 19 – Rosenheim 41.

🏛️ **Alte Post,** Marktplatz 10a, ✉️ 83607, ☎️ (08024) 3 00 50, Fax (08024) 3005555 – 🛌 📺 🦽 🅿️ – 🔥 30. 🛇
geschl. Jan. 1 Wochen – **Menu** *(geschl. Aug. 1 Woche, Dienstag)* à la carte 26/59 – **44 Z** �" 145/155 – 185.

HOLZMINDEN *Niedersachsen* 🗺️417 418 *K 12 – 24 000 Ew – Höhe 99 m.*
🅱️ *Stadtinformation, Obere Str. 30,* ✉️ 37603, ☎️ (05531) 93 64 12, Fax (05531) 936430.
🅱️ *Kurverwaltung (Neuhaus im Solling), Lindenstr. 8 (Haus des Gastes),* ✉️ 37603, ☎️ (05536) 10 11, Fax (05536) 1350.
🅱️ *Verkehrsamt Silberborn (Dorfgemeinschaftshaus Silberborn), Am Kurgarten 1,* ✉️ 37603, ☎️ (05536) 2 23, Fax (05536) 1527.
Berlin 352 – Hannover 75 – Hameln 50 – Kassel 80 – Paderborn 65.

🏠 **Buntrock,** Karlstr. 23, ✉️ 37603, ☎️ (05531) 9 37 30, Fax (05531) 120221 – 🛌 📺 📞 – 🔥 60. 🕮 **VISA** 🛇 Zim
Menu *(geschl. Samstag, Sonntagabend)* à la carte 36/57 – **22 Z** �" 110 – 120/150.

🏠 **Schleifmühle** ⍐, Schleifmühle 3, ✉️ 37603, ☎️ (05531) 50 98, Fax (05531) 120660, 🌂, 🎱, 🌾 – 📺 📞 🦽 🅿️ 🛇
Menu *(geschl. Sonntag) (nur Abendessen)* à la carte 26/42 – **17 Z** �" 95/130.

🍴🍴 **Hellers Krug,** Altendorfer Str. 19, ✉️ 37603, ☎️ (05531) 21 15, Fax (05531) 948866 – 🅿️ 🕮 **VISA** 🛇
geschl. Samstagmittag, Sonntag – **Menu** à la carte 54/74.

In Holzminden-Neuhaus im Solling Süd-Ost : 12 km – Höhe 365 m – Heilklimatischer Kurort

🏠 **Schatte** ⍐, Am Wildenkiel 15, ✉️ 37603, ☎️ (05536) 10 55, Fax (05536) 1560, 🌂, Massage, ⍐, 🎱, 🌾 – 🛌 📺 🦽 🅿️ 🕮 ① **VISA**
geschl. Mitte Jan. - Anfang Feb., Mitte - Ende Nov. – **Menu** à la carte 27/65 – **38 Z** �" 77/100 – 144/166 – ½ P 24.

🏠 **Zur Linde**, Lindenstr. 4, ⊠ 37603, 𝒫 (05536) 10 66, *Ferienhotel-zur-Linde@ t-online.de*, *Fax (05536) 1089*, « Gartenterrasse », ⇌ – 📺 ⇐ 🅿 🐠
Menu *(geschl. März 2 Wochen, Nov. - März Dienstag)* à la carte 27/65 – **23 Z** ⇌ 68 – 124/140 – ½ P 20.

🏠 **Am Wildenkiel** ⌘ garni, Am Wildenkiel 18, ⊠ 37603, 𝒫 (05536) 10 47, *Fax (05536) 1286*, ⇌, ⇌ – 📺 ⇐ 🅿 🐠
geschl. 20. Nov. - 20. Dez. – **23 Z** ⇌ 60 – 110/130.

In Holzminden-Silberborn *Süd-Ost : 12 km – Luftkurort :*

🏠 **Sollingshöhe,** Dasseler Str. 15, ⊠ 37603, 𝒫 (05536) 9 50 80, *Fax (05536) 1422*, ⇌, ⇌, 🔲, ⇌ – 📺 🅿
geschl. Feb. – **Menu** à la carte 32/60 – **22 Z** ⇌ 75/85 – 150/170 – ½ P 25.

A l'occasion de certaines manifestations commerciales ou touristiques,
les prix demandés par les hôteliers risquent d'être sensiblement majorés
dans certaines villes et leurs alentours même éloignés.

HOMBURG/SAAR *Saarland* **📄** *S 6 – 46 000 Ew – Höhe 233 m.*
🏌 *Websweiler Hof (Nord-West : 10 km)* 𝒫 (06841) 7 11 11.
🛈 *Kultur- und Verkehrsamt, Am Forum 5,* ⊠ *66424,* 𝒫 *(06841) 10 11 66, Fax (06841) 120899.*
Berlin 680 – Saarbrücken 33 – Kaiserslautern 42 – Neunkirchen/Saar 15 – Zweibrücken 11.

🏨 **Schlossberg Hotel** 📧 ⌘, Schloßberg-Höhenstraße, ⊠ 66424, 𝒫 (06841) 66 60, *schl ossberg-hotel-homburg@ t-online.de*, *Fax (06841) 62018*, ≤ Homburg, ⇌, ⇌, 🔲, – |⧉|
📺 🅿 – 🔒 250. 🖭 ⓞ 🐠 𝘝𝘐𝘚𝘈
Menu à la carte 48/73 – **76 Z** ⇌ 165/215 – 230/280.

🏨 **Schweizerstuben**, Kaiserstr. 72, ⊠ 66424, 𝒫 (06841) 9 24 00, *Fax (06841) 9240220*, ⇌, ⇌, 🔲 – |⧉|, ✹ Zim, 📺 ⇐ 🅿 – 🔒 40. 🖭 ⓞ 🐠
Menu *(geschl. Samstag - Sonntag, Feiertage) (nur Abendessen)* à la carte 50/75 – **28 Z** ⇌ 125/168 – 195/268, 3 Suiten.

🏨 **Landhaus Rabenhorst** ⌘, Kraepelinstr. 60, ⊠ 66424, 𝒫 (06841) 9 33 00, *webm aster@ hotel-rabenhorst.de*, *Fax (06841) 933030*, ⇌, ⇌ – 📺 ✓ 🅿 – 🔒 70
Menu *(geschl. Sonn- und Feiertage)* à la carte 44/91 – **24 Z** ⇌ 110/120 – 175/250.

🏨 **Stadt Homburg**, Ringstr. 80, ⊠ 66424, 𝒫 (06841) 13 31, *Fax (06841) 64994*, ⇌, ⇌, 🔲 – |⧉|, ✹ Zim, 📺 ⇐ 🅿 – 🔒 70. ⓞ 🐠 𝘝𝘐𝘚𝘈
Menu *(geschl. Samstagmittag)* à la carte 42/80 – **40 Z** ⇌ 114 – 130/170.

🏠 **Euler** garni, Talstr. 40, ⊠ 66424, 𝒫 (06841) 9 33 30, *Fax (06841) 9333222* – 📺 ⇐.
🖭 🐠 𝘝𝘐𝘚𝘈
geschl. Ende Dez. - Anfang Jan. – **50 Z** ⇌ 95/100 – 140/150.

🍴 **Petit St. Michel**, St. Michael-Str. 6, ⊠ 66424, 𝒫 (06841) 6 06 07, *Fax (06841) 60607*, *(Restaurant im Bistrostil)* – 🐠 𝘝𝘐𝘚𝘈 ⌖
geschl. Samstagmittag, Montag – **Menu** à la carte 48/78.

In Homburg-Erbach *Nord : 2 km :*

🏠 **Ruble**, Dürerstr. 164, ⊠ 66424, 𝒫 (06841) 9 70 50, *Fax (06841) 78972*, ⇌, ⇌ – 📺
🅿 🖭 ⓞ 🐠 𝘝𝘐𝘚𝘈
Menu *(geschl. Samstagmittag, Sonntagabend)* à la carte 32/73 – **19 Z** ⇌ 84/90 – 130.

MICHELIN-REIFENWERKE KGaA. ⊠66424 Homburg, Berliner Straße, 𝒫 (06841) 7 70
Fax (06841) 772585.

HOMBURG VOR DER HÖHE, BAD *Hessen* **📄** *P 9 – 52 000 Ew – Höhe 197 m – Heilbad.*
Sehenswert : *Kurpark⋆ Y.*
Ausflugsziel : *Saalburg (Rekonstruktion eines Römerkastells)⋆ 6 km über* ④.
🏌 *Saalburgchaussee 2a (über B456 Y Nord-West : 4 km)*, 𝒫 (06172) 30 68 08.
🛈 *Verkehrsamt im Kurhaus, Louisenstr. 58,* ⊠ *61348,* 𝒫 *(06172) 17 81 10, Fax (06172) 178118.*
ADAC, *Haingasse 9.*
Berlin 526 ③ *– Wiesbaden 45* ② *– Frankfurt am Main 18* ② *– Gießen 48* ① *– Limburg an der Lahn 54* ③

Stadtplan siehe gegenüberliegende Seite

BAD HOMBURG
VOR DER HÖHE

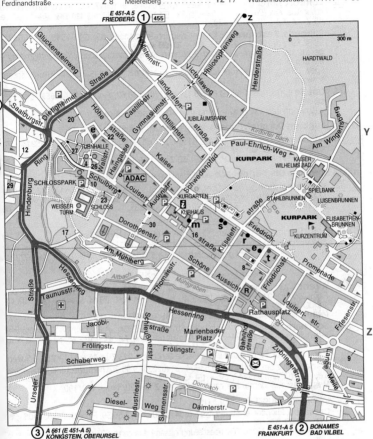

🏰🏰🏰 Steigenberger Bad Homburg, Kaiser-Friedrich-Promenade 69, ⊠ 61348, ℰ (06172) 18 10, bad-homburg@steigenberger.de, Fax (06172) 181630, « Modern-elegantes Hotel mit Einrichtung im Stil des Art Deco », ⇌ – ⧉, ⇔ Zim, 🖼 📺 ✆ & 🖨 – ⚖ 160. ㏂ ① ⑩⑥ 𝘝𝘐𝘚𝘈 𝙅𝘊𝘉.
Menu à la carte 46/79 – ⊇ 28 – **169 Z** 315/405 – 356/446, 14 Suiten – ½ P 45.

🏨🏨 Maritim Kurhaus-Hotel, Ludwigstraße 3, ⊠ 61348, ℰ (06172) 66 00, info.hom@maritim.de, Fax (06172) 660100, 🍴, Massage, ⇌, 🔲 – ⧉, ⇔ Zim, 🖼 Rest, 📺 ✆ 🖨 – ⚖ 420. ㏂ ① ⑩⑥ 𝘝𝘐𝘚𝘈 𝙅𝘊𝘉.
Menu à la carte 47/65 – ⊇ 24 – **148 Z** 271/361 – 328/418 – ½ P 40.

🏨 Parkhotel ⍅, Kaiser-Friedrich-Promenade 53, ⊠ 61348, ℰ (06172) 80 10, Parkhotel.Bad-Homburg@t-online.de, Fax (06172) 801400, 🍴, ⇌ – ⧉, ⇔ Zim, 📺 ✆ & 🚗 – ⚖ 60. ㏂ ① ⑩⑥ 𝘝𝘐𝘚𝘈 𝙅𝘊𝘉. ❀ Rest
La Tavola (italienische Küche) **Menu** à la carte 47/71 – **Jade** (chinesische Küche) **Menu** à la carte 31/63 – **122 Z** 198/214 – 258/270, 12 Suiten.

🏨 Hardtwald ⍅, Philosophenweg 31, ⊠ 61350, ℰ (06172) 98 80, Fax (06172) 82512, « Gartenterrasse » – 📺 🄿 – ⚖ 25. ㏂ ① ⑩⑥ 𝘝𝘐𝘚𝘈
geschl. 20. Dez. - 10. Jan. – **Menu** (geschl. Sonntagabend, Montag) à la carte 50/71 – **43 Z** ⊇ 145/285 – 195/355.

🏠🏠 **Villa am Kurpark** garni, Kaiser-Friedrich-Promenade 57, ✉ 61348, ✆ (06172) 1 80 00, *Villa-am-Kurpark-Bad-Homburg@t-online.de, Fax (06172) 180020* – 📶 📺 ✆ 📶 – 🏖 20.
AE **MO** **VISA**
geschl. Ende Dez. - Anfang Jan. – **24 Z** 🍴 160/230 – 250/310.
Y s

🏠🏠 **Comfort-Hotel** garni, Ferdinandstr. 2, ✉ 61348, ✆ (06172) 92 63 00, *info@comfo rthotel.de, Fax (06172) 926399* – 📶 ✆ 📺 ✆ – 🏖 20. **AE** **①** **MO** **VISA** **JCB**
45 Z 🍴 169/239 – 199/329.
Z e

XXX **Sänger's Restaurant,** Kaiser-Friedrich-Promenade 85, ✉ 61348, ✆ (06172)
❀ 92 88 39, *Fax (06172) 928859,* 🌳 – **AE** **MO** **VISA**
Z t
geschl. Jan. 2 Wochen, Juli - Aug. 2 Wochen, Samstagmittag, Sonntag - Montagmittag –
Menu à la carte 88/132
Spez. Lauwarmer Kalbskopf-Hummersalat. Risotto mit Trüffel (Saison). Gefüllter Ochsen-schwanz.

XXX **Oberle's,** Obergasse 1, ✉ 61348, ✆ (06172) 2 46 62, *Fax (06172) 24662,* 🌳 – **AE**
MO **VISA**
Y e
geschl. Sonntag - Montag – **Menu** (nur Abendessen) à la carte 76/101.

In Bad Homburg-Dornholzhausen *über ④ und die B 456* :

🏠 **Sonne** garni, Landwehrweg 3, ✉ 61350, ✆ (06172) 9 65 20, *Fax (06172) 965213* – 📺
✆ 🚗 🅿 **AE** **①** **MO** **VISA**
geschl. Weihnachten - Anfang Jan. – **30 Z** 🍴 118/135 – 155/185.

In Bad Homburg-Ober-Erlenbach *über Frankfurter Landstraße* Z :

🏠🏠 **Katharinenhof** 🦢 garni, Ober-Erlenbacher Str. 16, ✉ 61352, ✆ (06172) 40 00, *Hote l-Katharinenhof@t-online.de, Fax (06172) 400300* – 📺 ✆ 🅿 **AE** **①** **MO** **VISA** 🍴
geschl. 24. - 31. Dez. – **31 Z** 🍴 120/195 – 200/285.

HONNEF, BAD Nordrhein-Westfalen **417** O 5 – 24 000 Ew – Höhe 72 m.
🏌 *Windhagen-Rederscheid (Süd-Ost : 10 km),* ✆ (02645) 80 41.
ⓘ *Tourismus Siebengebirge, Hauptstr. 30,* ✉ 53604, ✆ (02224) 90 06 36, *Fax (02224) 79687.*
Berlin 605 – Düsseldorf 86 – Bonn 17 – Koblenz 51.

🏠🏠 **Avendi** **M**, Hauptstr. 22, ✉ 53604, ✆ (02224) 18 90, *hotel@avendi.de, Fax (02224) 189189,* 🌳, 🍴, 📺 – 📶, ✆ Zim, 📶 Rest, 📺 ✆ 🔥 🚗 – 🏖 330. **AE**
① **MO** **VISA** 🍴 Rest
Menu à la carte 42/69 – **100 Z** 🍴 195/235 – 298/328 – ½ P 30.

🏠🏠 **Seminaris,** Alexander-von-Humboldt-Str. 20, ✉ 53604, ✆ (02224) 77 10, *badhonnef @seminaris.de, Fax (02224) 771555,* 🌳, (kleiner Park), 🔥, 🍴, 📺 – 📶, ✆ Zim, 📶 Rest,
📺 🚗 🅿 – 🏖 250. **AE** **①** **MO** **VISA** 🍴 Rest
Menu à la carte 43/66 *(auch vegetarische Gerichte)* – **213 Z** 🍴 162/170 – 230, 9 Suiten.

XX **Markt 3** mit Zim, Markt 3, ✉ 53604, ✆ (02224) 9 33 20, *bernd.becker@hotel-markt 3.de, Fax (02224) 933232,* 🌳 – 📺 ✆ **AE** **MO** **VISA**
Menu *(geschl. Sonntag)* à la carte 56/82 – **6 Z** 🍴 120/140 – 160/190.

In Bad Honnef-Rhöndorf *Nord : 1,5 km* :

XX **Caesareo,** Rhöndorfer Str. 39, ✉ 53604, ✆ (02224) 7 56 39, *Fax (02224) 931406,* 🌳
– **AE** **①** **MO** **VISA** 🍴
geschl. Montag – **Menu** (Tischbestellung ratsam) à la carte 60/93.

In Windhagen-Rederscheid *Süd-Ost : 10 km* :

🏠🏠 **Dorint Sporthotel Waldbrunnen** 🦢, Brunnenstr. 7, ✉ 53578, ✆ (02645) 1 50, *info.BNJWAL@dorint.com, Fax (02645) 15548,* 🌳, Massage, 🔥, 🍴, 🏊 (geheizt), 📶,
🍴(Halle), 🐎 (Halle u. Schule) – 📶, ✆ Zim, 📺 ✆ 🔥 🚗 🅿 – 🏖 120. **AE** **①** **MO**
VISA **JCB**
Il Camino (italienische Küche) *(wochentags nur Abendessen)* **Menu** à la carte 49/75 –
Wintergarten : **Menu** à la carte 38/72 – **125 Z** 🍴 270/300 – 330/350 – ½ P 45.

HOPSTEN Nordrhein-Westfalen **415** I 6 – 6 400 Ew – Höhe 43 m.
Berlin 467 – Düsseldorf 197 – Nordhorn 51 – Lingen 26 – Osnabrück 39 – Rheine 16.

🏠 **Kiepenkerl,** Ibbenbürener Str. 2, ✉ 48496, ✆ (05458) 9 31 10, *Fax (05458) 931111,*
🌳 – 📶 📺 ✆ 🅿 – 🏖 200
Menu *(geschl. Dienstag)* à la carte 25/50 – **9 Z** 🍴 45/55 – 90/120.

X **Kerssen-Brons** mit Zim, Marktplatz 1, ✉ 48496, ✆ (05458) 70 06, *Fax (05458) 1395,*
🌳 – 📺 🚗 🅿 **MO**
geschl. Juli – **Menu** *(geschl. Montag, Freitag)* (Dienstag - Donnerstag nur Abendessen) à la carte 33/59 – **5 Z** 🍴 50 – 90/100.

HORB Baden-Württemberg **409** U 10 – 24 000 Ew – Höhe 423 m.

    🛈 Stadtinformation, Marktplatz 12, ⊠ 72160, ℘ (07451) 90 12 24, Fax (07451) 901290.

    Berlin 690 – Stuttgart 63 – Karlsruhe 119 – Tübingen 36 – Freudenstadt 24.

In Horb-Hohenberg Nord : 1 km :

    Steiglehof, Steigle 35, ⊠ 72160, ℘ (07451) 5 55 00, Fax (07451) 555015, (ehemaliger Gutshof) – 📺 🅿.

    Menu (geschl. Ende Dez. - Mitte Jan., Samstag - Sonntag) (nur Abendessen) à la carte 23/37

    🍸 – **13 Z** � 70/110.

In Horb-Isenburg Süd : 3 km :

    Waldeck, Mühlsteige 33, ⊠ 72160, ℘ (07451) 38 80, Fax (07451) 4950, ≦s – 🛗 📺 ⬅ 🅿 – 🕍 40. ⑩ ⓮ 𝗩𝗜𝗦𝗔

    geschl. 22. Dez. - 9. Jan. – **Menu** (geschl. Montag) à la carte 31/62 – **23 Z** ⊠ 95 – 145/175.

HORBEN Baden-Württemberg **409** W 7 – 850 Ew – Höhe 600 m.

    Berlin 815 – Stuttgart 216 – Freiburg im Breisgau 10.

In Horben-Langackern :

    Luisenhöhe 🦢, ⊠ 79289, ℘ (0761) 2 96 90, info@hotel-luisenhoehe.de, Fax (0761) 290448, ≦ Schauinsland und Schwarzwald, « Gartenterrasse », 🛦, ≦s, 🔲, 🏖, 🎾 – 🛗 📺 ⬅ 🅿 – 🕍 20. 🖭 ⑩ ⓮ 𝗩𝗜𝗦𝗔. 🛇 Rest

    Menu à la carte 42/78 – **45 Z** ⊠ 160 – 190/230 – ½ P 35.

HORBRUCH Rheinland-Pfalz siehe Morbach.

HORHAUSEN Rheinland-Pfalz **417** O 7 – 1 400 Ew – Höhe 365 m.

    Berlin 567 – Mainz 111 – Koblenz 37 – Köln 68 – Bonn 52 – Limburg an der Lahn 52.

    Grenzbachmühle 🦢, Grenzbachstr. 17 (Ost : 1,5 km), ⊠ 56593, ℘ (02687) 10 83, Fax (02687) 26 76, 🍴, Damwildgehege, 🌇 – 🛇 Rest, 📺 🅿. ⑩ ⓮ 𝗩𝗜𝗦𝗔

    Menu (geschl. Dienstag) à la carte 38/68 – **13 Z** ⊠ 70/80 – 120.

HORN-BAD MEINBERG Nordrhein-Westfalen **417** K 10 – 18 300 Ew – Höhe 220 m.

    Ausflugsziel : Externsteine★ (Flachrelief★★ a.d. 12. Jh.) Süd-West : 2 km.

    🛈 Tourist-Service, Rathausplatz 2, ⊠ 32805, ℘ (05234) 20 13 00, Fax (05234) 201244.

    🛈 Verkehrsbüro in Bad Meinberg, Parkstraße, ⊠ 32805, ℘ (05234) 9 89 03, Fax (05234) 9577.

    Berlin 369 – Düsseldorf 197 – Bielefeld 37 – Detmold 10 – Hannover 85 – Paderborn 27.

Im Stadtteil Bad Meinberg – Heilbad :

    Parkblick 🦢, Parkstr. 63, ⊠ 32805, ℘ (05234) 90 90, Fax (05234) 909150, 🌇 Massage, ♨, 🛦, ≦s, 🔲 – 🛗 📺 🕭 ⬅ – 🕍 75. 🖭 ⑩ ⓮ 𝗩𝗜𝗦𝗔

    Menu à la carte 39/67 – **78 Z** ⊠ 140/170 – 180/220, 4 Suiten – ½ P 35.

    Zum Stern 🦢, Brunnenstr. 84, ⊠ 32805, ℘ (05234) 90 50, Kontakt@Zum-Stern.de, Fax (05234) 905300, direkter Zugang zum Kurmittelhaus, ≦s, 🔲 – 🛗 📺 🕭 ⬅ 🅿 – 🕍 180. 🖭 ⓮ 𝗩𝗜𝗦𝗔. 🛇 Rest

    Menu à la carte 42/77 – **129 Z** ⊠ 145/185 – 195/215 – ½ P 35.

Im Stadtteil Billerbeck :

    Zur Linde, Steinheimer Str. 219, ⊠ 32805, ℘ (05233) 94 40, Fax (05233) 6404, ≦s, 🔲, 🌇 – 🛗 📺 ⬅ 🅿 – 🕍 150. ⓮ 𝗩𝗜𝗦𝗔

    Menu (geschl. Dienstag) à la carte 26/56 – **57 Z** ⊠ 79/99 – 135/166 – ½ P 20.

Im Stadtteil Holzhausen-Externsteine – Luftkurort :

    Kurhotel Bärenstein 🦢, Am Bärenstein 44, ⊠ 32805, ℘ (05234) 20 90, m@hotel-baerenstein.de, Fax (05234) 209269, 🌇, Massage, ♨, 🛦, 🛦, ≦s, 🔲, 🌇, 🎾 – 🛗, 🛇 Rest, 📺 🅿 – 🕍 20

    Menu (geschl. Montag) à la carte 30/53 – **78 Z** ⊠ 73/100 – 148/204 – ½ P 23.

HORNBACH Rheinland-Pfalz 417 S 6 – 1 700 Ew – Höhe 240 m.

    Berlin 712 – Mainz 141 – Saarbrücken 48 – Zweibrücken 11.

    Kloster Hornbach Ⓜ, Im Klosterbezirk, ⊠ 66500, ℘ (06338) 91 01 00, kloster-hornbach@kloster-hornbach.de, Fax (06338) 9101099, 🍴, « Modernes Hotel in einer Klosteranlage a. d. 8. Jh. », ≦s – 🛗, 🛇 Zim, 📺 🕭 🅿 – 🕍 50. 🖭 ⑩ ⓮ 𝗩𝗜𝗦𝗔

    Provence (geschl. Montag) **Menu** à la carte 50/68 – **34 Z** ⊠ 155/225.

HORNBERG (SCHWARZWALDBAHN) *Baden-Württemberg* **419** *V 8 – 4 700 Ew – Höhe 400 m – Erholungsort.*

🏛 *Tourist-Information, Bahnhofstr. 3,* ✉ *78132,* ℰ *(07833) 7 93 44, Fax (07833) 79329.*
Berlin 745 – Stuttgart 132 – Freiburg im Breisgau 58 – Offenburg 45 – Villingen-Schwenningen 34.

🏛🏛 **Adler,** *Hauptstr. 66,* ✉ *78132,* ℰ *(07833) 93 59 90, Adler-Hornberg@aol.com, Fax (07833) 93599506 –* 🔔, 🍴 *Zim,* 📺 **AE** **⓪** **⓪** ***VISA***
geschl. über Fastnacht 3 Wochen – **Menu** *(geschl. Freitag) à la carte 32/67 –* **19 Z** ⊊ 70 – 110/140 – ½ P 26.

In Hornberg-Fohrenbühl **Nord-Ost : 8 km :**

🏠 **Café Lauble** ⌖ *garni, Haus 65,* ✉ *78132,* ℰ *(07833) 9 36 60, cafe.lauble@t-online.de, Fax (07833) 936666,* ≈ – 📺 **P.** **⓪** **⓪** ***VISA***
geschl. Ende Nov. - 24. Dez. – **23 Z** ⊊ 55/60 – 75/110.

🏠 **Schwanen,** *Haus 66,* ✉ *78132,* ℰ *(07833) 3 17, Schwarzwaldherz@t-online.de, Fax (07833) 8621,* 😀, ⬛, ≈ – 🍴 *Zim,* 📺 ⇦ **P.**
geschl. Mitte Nov. - Mitte Dez. – **Menu** *(geschl. Dienstag) à la carte 26/61* ⓑ **– 16 Z** ⊊ 59/65 – 118/130 – ½ P 23.

Am Karlstein **Süd-West : 9 km, über Niederwasser – Höhe 969 m**

🏠 **Schöne Aussicht** ⌖ *(mit Gästehaus), Niedergießstr. 49,* ✉ *78132 Hornberg,* ℰ *(07833) 9 36 90, info@schoeneaussicht.com, Fax (07833) 1603,* ≤ *Schwarzwald,* 😀, **£₅,** ⬛, ⬛, ≈, 🎿 – 🔔 📺 ☎ ⇦ **P.** – 🔏 80. **AE** **⓪** **⓪** ***VISA***
Menu *à la carte 29/77 –* **46 Z** ⊊ 130 – 198/260 – ½ P 32.

Your recommendation is self-evident
if you always walk into a hotel or a restaurant Guide in hand.

HOSENFELD *Hessen* **417 418** *O 12 – 4 000 Ew – Höhe 374 m.*
Berlin 465 – Wiesbaden 147 – Fulda 17.

An der Straße nach Fulda **Ost : 3 km :**

🏠 **Sieberzmühle** ⌖, ✉ *36154 Hosenfeld,* ℰ *(06650) 9 60 60, SIEBERZMUEHLE@t-online.de, Fax (06650) 8193,* 😀, ≈ – 📺 **P.** – 🔏 30. **AE** **⓪** **⓪** ***VISA***
geschl. 15. Jan. - 8. Feb. – **Menu** *(geschl. Montag) à la carte 22/65 –* **31 Z** ⊊ 68/128.

HOYERSWERDA *Sachsen* **418** *L 26 – 54 000 Ew – Höhe 130 m.*
🏛 *Tourist- und Stadtinformation, Schlossergasse 1,* ✉ *02977,* ℰ *(03571) 45 69 20, Fax 456925.*
Berlin 165 – Dresden 65 – Cottbus 44 – Görlitz 80 – Leipzig 166.

🏛🏛 **Congresshotel Lausitz** **M**, *Dr.-Külz-Str. 1,* ✉ *02977,* ℰ *(03571) 46 30, congresshotel@t-online.de, Fax (03571) 463444, Biergarten –* 🔔, 🍴 *Zim,* 📺 ☎ ⇦ **P.** – 🔏 400. **AE** **⓪** **⓪** ***VISA*** **JCB**
Menu *(geschl. Samstag, Sonntag) (nur Abendessen) à la carte 30/50 –* **138 Z** ⊊ 125/160 – 170/220.

🏠 **Achat,** *Bautzener Allee 1a,* ✉ *02977,* ℰ *(03571) 47 00, Fax (03571) 470999,* 😀 – 🔔, 🍴 *Zim,* 📺 ☎ **P.** **AE** **⓪** **⓪** ***VISA***. 🎿 *Rest*
Allee Restaurant : **Menu** *à la carte 22/42 –* ⊊ 19 **– 89 Z** 93/128 – 124/159.

🏠 **Zum Gewölbe,** *Dresdener Str. 36,* ✉ *02977,* ℰ *(03571) 4 84 00, ZumGewoelbe@t-online.de, Fax (03571) 484029,* 😀 – 📺 ☎ **P.** **AE** **⓪** ***VISA***
Menu *(geschl. 1. - 15. Jan., Sonntagabend - Montagmittag) à la carte 29/50 –* **10 Z** ⊊ 80/90 – 120/130.

In Elsterheide-Neuwiese **Nord-West : 3,5 km :**

🏠 **Landhotel Neuwiese,** *Elstergrund 55,* ✉ *02979,* ℰ *(03571) 4 29 80, Landhotel@t-online.de, Fax (03571) 428221,* 😀 – 📺 ⓖ **P.** **⓪** ***VISA***
Menu *(geschl. Montagmittag) à la carte 22/49 –* **18 Z** ⊊ 90 – 120/200.

HÜCKESWAGEN *Nordrhein-Westfalen* **417** *M 6 – 15 000 Ew – Höhe 258 m.*
Berlin 544 – Düsseldorf 66 – Köln 44 – Lüdenscheid 27 – Remscheid 14.

In Hückeswagen-Kleineichen **Süd-Ost : 1 km :**

🍴 **Kleineichen,** *Beverstalr. 44,* ✉ *42499,* ℰ *(02192) 43 75, Fax (02192) 6433,* 😀, « *Rustikal-gemütliche Einrichtung* » – **P.**
geschl. Feb., Montag - Dienstag – **Menu** *à la carte 36/64.*

HÜFINGEN Baden-Württemberg 419 W 9 – 6 900 Ew – Höhe 686 m.

Berlin 751 – Stuttgart 126 – Freiburg im Breisgau 59 – Donaueschingen 3 – Schaffhausen 38.

In Hüfingen-Fürstenberg Süd-Ost : 9,5 km :

🏠 **Gasthof Rössle** (mit Gästehaus), Zähringer Str. 12, ✉ 78183, 𝒫 (0771) 6 00 10,
Fax (0771) 600122 – 🔟 ✆ 🅿. 🖭 🕼 VISA
geschl. Feb. 2 Wochen – Menu (geschl. Donnerstag) (Montag - Freitag nur Abendessen)
à la carte 25/64 ⅄ – **36 Z** ⊊ 70/85 – 120/140.

In Hüfingen-Mundelfingen Süd-West : 7,5 km :

✗ **Landgasthof Hirschen,** Wutachstr. 19, ✉ 78183, 𝒫 (07707) 9 90 50,
🕳 Fax (07707) 990510, ㈜ – 🅿.
geschl. Jan., Mittwoch - Donnerstagmittag – Menu à la carte 42/68.

HÜGELSHEIM Baden-Württemberg 419 T 8 – 1 800 Ew – Höhe 121 m.

Berlin 707 – Stuttgart 108 – Karlsruhe 36 – Rastatt 10 – Baden Baden 14 – Strasbourg 43.

🏠 **Hirsch,** Hauptstr. 28 (B 36), ✉ 76549, 𝒫 (07229) 22 55 (Hotel) 42 55 (Rest.),
Fax (07229) 2229, ㈜, ≤s, ⊐, 🔄, ㅋ – 🔟 🅿. 🖭 🕼 VISA
Menu (geschl. über Fastnacht 1 Woche, 1. - 16. Aug., Mittwoch) à la carte 39/68 – **28 Z**
⊊ 90/110 – 130/180.

🏠 **Waldhaus** ⋟ garni, Am Hecklehamm 20, ✉ 76549, 𝒫 (07229) 3 04 30,
Fax (07229) 304343, ㅋ – 🔟 🅿. 🕼 VISA
geschl. Weihnachten - Anfang Jan. – **14 Z** ⊊ 110 – 150/190.

🏠 **Zum Schwan,** Hauptstr. 45 (B 36), ✉ 76549, 𝒫 (07229) 3 06 90, Fax (07229) 306969,
㈜, ㅋ – 🔟 🅿. 🖭 🕼 JCB
Menu (geschl. Juli 2 Wochen, Weihnachten - Anfang Jan., Sonntagabend - Montag) à la carte
48/72 – **21 Z** ⊊ 75/80 – 115/120.

HÜLLHORST Nordrhein-Westfalen siehe Lübbecke.

HÜNFELD Hessen 417 418 N 13 – 14 300 Ew – Höhe 279 m.

Berlin 429 – Wiesbaden 179 – Fulda 20 – Bad Hersfeld 27 – Kassel 102.

In Hünfeld-Michelsrombach West : 7 km :

🕳 **Zum Stern,** Biebergasse 2, ✉ 36088, 𝒫 (06652) 25 75, Fax (06652) 72851 – 🚗 🅿.
🕳 – 🔏 30. 🕼 ❀ Zim
Menu (geschl. Jan. 1 Woche, Mittwochmittag) à la carte 23/46 ⅄ – **30 Z** ⊊ 58 – 85/95.

HÜRTGENWALD Nordrhein-Westfalen 417 N 3 – 8 800 Ew – Höhe 325 m.

🅱 Verkehrsamt, August-Scholl-Str. 5 (in Kleinau), ✉ 52393, 𝒫 (02429) 3 09 40, Fax
(02429) 30970.

Berlin 625 – Düsseldorf 88 – Aachen 46 – Bonn 70 – Düren 8,5 – Monschau 35.

In Hürtgenwald-Simonskall :

🏨 **Landhotel Kallbach** ⋟, Simonskall 24, ✉ 52393, 𝒫 (02429) 9 44 40, info@kallba
ch.de, Fax (02429) 2069, ㈜, ≤s, 🔄, ㅋ – 🛗, ⇔ Zim, 🔟 ✆ & 🅿. – 🔏 140. ⓞ 🕼
VISA ❀ Rest
Menu (geschl. Mitte Okt. - Mitte April Sonntagabend) à la carte 35/74 – **46 Z** ⊊ 115/125
– 170/190 – ½ P 35.

🏠 **Talschenke,** Simonskall 1, ✉ 52393, 𝒫 (02429) 71 53, Fax (02429) 2063, ㈜ – 🔟 🅿.
– 🔏 20. 🕼 VISA
geschl. Jan. – Menu (geschl. Montag) à la carte 30/60 – **12 Z** ⊊ 70/85 – 110/130.

In Hürtgenwald-Vossenack :

🏨 **Zum alten Forsthaus,** Germeter Str. 49 (B 399), ✉ 52393, 𝒫 (02429) 78 22, emai
l@zum-alten-forsthaus.de, Fax (02429) 2104, ㈜, ≤s, 🔄, ㅋ – 🛗, ⇔ Zim, 🔟 🚗 🅿.
– 🔏 65. 🖭 ⓞ 🕼 VISA
Menu à la carte 32/76 – **50 Z** ⊊ 113/128 – 165/195.

HÜRTH Nordrhein-Westfalen 417 N 4 – 51 000 Ew – Höhe 96 m.

Berlin 583 – Düsseldorf 51 – Bonn 27 – Aachen 70 – Köln 8.

In Hürth-Fischenich :

🏠 **Breitenbacher Hof,** Raiffeisenstr. 64/Eingang Bonnstraße, ✉ 50354,
𝒫 (02233) 4 70 10, Fax (02233) 470111, Biergarten – 🔟 🅿. – 🔏 70. 🖭 ⓞ
🕼 VISA
Menu à la carte 44/67 – **36 Z** ⊊ 100/180 – 180/280.

In Hürth-Kalscheuren :

 Euromedia Ⓜ, Ursulastr. 29, ✉ 50354, ✆ (02233) 97 40 20, *euromediahotel@t-on line.de*, Fax (02233) 9740299 – 📶, ✦ Zim, 📺 ✆ 🅿 – 🅰 85. 🅰 ① ⓞⓞ 🆅🆂🅰. ✦ Rest
Menu *(nur Abendessen)* à la carte 37/67 – **57 Z** ⊃ 165/289 – 205/339.

HUPPERATH *Rheinland-Pfalz siehe Wittlich.*

En Allemagne, les hôteliers vous logent même
si vous ne prenez pas chez eux le repas du soir.
Mais naturellement, vous leur ferez plaisir en dînant à leur restaurant.

HUSUM *Schleswig-Holstein* 🄰🄸🄵 *C 11 – 21 000 Ew – Höhe 5 m.*

Sehenswert : Ludwig-Nissen-Haus - Nordfriesisches Museum★.
Ausflugsziel : Die Halligen★ (per Schiff).
📍 *Schwesing-Hohlacker,* ✆ (04841) 7 22 38.
🛈 *Tourist Information, Großstr. 27,* ✉ 25813, ✆ (04841) 8 98 70, Fax (04841) 898790.
Berlin 424 – Kiel 84 – Sylt (Westerland) 42 – Flensburg 42 – Heide 40 – Schleswig 34.

 Romantik Hotel Altes Gymnasium Ⓜ, Süderstr. 6, ✉ 25813, ✆ (04841) 83 30, *info@altes-gymnasium.de*, Fax (04841) 83312, ⌖, « Hotel in historischem Schulgebäu-de ; Badelandschaft », 📠, ⊜, 🔲 – 📶, ✦ Zim, 🔲 Zim, 📺 ✆ 🅿 – 🅰 50. 🅰 ① ⓞⓞ 🆅🆂🅰. ✦ Rest
Eucken *(auch vegetarisches Menu) (geschl. Montag - Dienstag) (wochentags nur Abend-essen)* **Menu** à la carte 78/115 – **Wintergarten :** Menu à la carte 47/74 – **72 Z** ⊃ 215/235 – 240/330.

Theodor-Storm-Hotel Ⓜ, Neustadt 60, ✉ 25813, ✆ (04841) 8 96 60, *info@theo dor-storm-hotel.de*, Fax (04841) 81933, Biergarten – 📶, ✦ Zim, 📺 ✆ 🅿 – 🅰 40. ① ⓞⓞ 🆅🆂🅰
Menu *(geschl. Okt. - April Sonntagabend)* à la carte 29/42 – **56 Z** ⊃ 140/160 – 190/210.

Osterkrug, Osterende 54, ✉ 25813, ✆ (04841) 6 61 20, Fax (04841) 6612344 – ✦ Zim, 📺 ✆ 🅿 – 🅰 200. 🅰 ① ⓞⓞ 🆅🆂🅰 🅹🅲🅱. ✦
Menu à la carte 34/68 – **38 Z** ⊃ 115/130 – 130/180.

Am Schloßpark ✦ garni, Hinter der Neustadt 76, ✉ 25813, ✆ (04841) 20 22, *Hote l-am-Schlosspark@t-online.de*, Fax (04841) 62062, ✿ – 📺 🚗 🅿 🅰 ⓞⓞ 🆅🆂🅰
38 Z ⊃ 99/129 – 159/179.

Zur grauen Stadt am Meer, Schiffbrücke 9, ✉ 25813, ✆ (04841) 8 93 20, *th.ha nsen@husum.net*, Fax (04841) 893299, ⌖ – 📺. 🅰 ① ⓞⓞ 🆅🆂🅰
geschl. Nov. – **Menu** *(geschl. Okt. - März Montag)* à la carte 38/60 – **15 Z** ⊃ 98 – 145/155.

In Schobüll-Hockensbüll *Nord-West : 3 km :*

Zum Krug, Alte Landstr. 2a, ✉ 25875, ✆ (04841) 6 15 80, *ZumKrug@t-online.de*, Fax (04841) 61540, « Historisches Gasthaus a.d.J. 1707, gemütliche Gaststuben mit ursprünglichem Ambiente » – 🅿. 🅰 ① ⓞⓞ 🆅🆂🅰
geschl. Mitte Jan. - Mitte Feb., Montag, Nov. - März Montag - Dienstag – **Menu** *(nur Abend-essen)* *(Tischbestellung erforderlich)* à la carte 52/75.

In Simonsberger Koog *Süd-West : 7 km :*

Lundenbergsand ✦, Lundenbergweg 3, ✉ 25813, ✆ (04841) 8 39 30, *info@Hot el-Lundenbergsand.de*, Fax (04841) 839350, ⌖, ✿ – 📺 🅿. ⓞⓞ 🆅🆂🅰
Menu *(geschl. 15. - 31. Jan., Jan. - März Montag)* à la carte 32/56 – **18 Z** ⊃ 110 – 160/180.

In Witzwort-Adolfskoog *Süd-West : 11 km, über die B 5 :*

Roter Haubarg, ✉ 25889, ✆ (04864) 8 45, Fax (04864) 104357, ⌖, « Ehemaliger nordfriesischer Bauernhof a.d. 18. Jh. mit Hof-Museum ; stilvolle Gaststuben ; Gartenterrasse » – 🅿. 🅰 ① ⓞⓞ 🆅🆂🅰
geschl. 15. Jan. - 15. Feb., Montag – **Menu** à la carte 39/65.

In Hattstedter Marsch *Nord-West : 14 km, 9 km über die B 5, dann links ab :*

Arlauschleuse ✦, ✉ 25856, ✆ (04846) 6 99 00, *info@arlau-schleuse.de*, Fax (04846) 1095, ⌖, (Urlaubshotel im Vogelschutzgebiet), ✿ – ✦ Zim, 📺 🅿.
Menu à la carte 36/63 – **28 Z** ⊃ 80/90 – 135/170.

IBACH *Baden-Württemberg siehe St. Blasien.*

IBBENBÜREN Nordrhein-Westfalen 🔟🔟🔟 J 7 – 49 000 Ew – Höhe 79 m.

🛈 Tourist-Information, Rathaus, Alte Münsterstr. 16, ⊠ 49477, ℘ (05451) 93 17 77, Fax (05451) 931198.
Berlin 452 – Düsseldorf 173 – Nordhorn 59 – Bielefeld 73 – Bremen 143 – Osnabrück 30 – Rheine 22.

🏨 **Hubertushof**, Münsterstr. 222 (B 219, Süd : 1,5 km), ⊠ 49479, ℘ (05451) 9 41 00, info@HotelHubertushof.de, Fax (05451) 941090, « Gartenterrasse » – 📺 📞 ⇔ 🅿 – 🔬 20. 🖭 ⓪ ⓪ 🚾
Menu (geschl. 27. Dez. - Jan., Dienstag) à la carte 39/74 – **25 Z** ⊇ 90/135 – 140/180.

🏠 **Brügge**, Münsterstr. 201 (B 219), ⊠ 49479, ℘ (05451) 9 40 50, info@hotel-bruegge.de, Fax (05451) 940532, 🌣 – 🐾 Zim, 📺 📞 🅿 ⓪ 🚾
Menu (geschl. Juli - Aug. 3 Wochen, Montag) à la carte 32/62 – **34 Z** ⊇ 84/130 – 120/180.

IBURG, BAD Niedersachsen 🔟🔟🔟 J 8 – 11 000 Ew – Höhe 140 m – Kneippheilbad.

🛈 Kurverwaltung, Schloßstr. 20, ⊠ 49186, ℘ (05403) 40 16 12, Fax (05403) 60 25.
Berlin 430 – Hannover 147 – Bielefeld 43 – Nordhorn 94 – Münster (Westfalen) 43 – Osnabrück 16.

🏨 **Im Kurpark** 🌣, Philipp-Sigismund-Allee 4, ⊠ 49186, ℘ (05403) 40 10, hotel-im-kur park@t-online.de, Fax (05403) 401444, « Gartenterrasse », direkter Zugang zum Kurmittelhaus – 📳, 🐾 Zim, 📺 🅿 – 🔬 200. 🖭 ⓪ ⓪ 🚾
geschl. 22. Nov - 10. Dez. – **Menu** à la carte 37/54 – **51 Z** ⊇ 98/120 – 155/180 – ½ P 25.

🏠 **Zum Freden** 🌣, Zum Freden 41, ⊠ 49186, ℘ (05403) 40 50, EICHHOLZ@hotel-freden.de, Fax (05403) 1706, 🌣, 🖴, 🐎 – 📳 📺 ⇔ 🅿 – 🔬 30. 🖭 ⓪ 🚾. 🛠 Zim
Menu (geschl. Donnerstag) à la carte 34/67 – **38 Z** ⊇ 80/90 – 120/140 – ½ P 30.

ICHENHAUSEN Bayern siehe Günzburg.

IDAR-OBERSTEIN Rheinland-Pfalz 🔟🔟🔟 Q 5 – 36 000 Ew – Höhe 260 m.

Sehenswert : Edelsteinmuseum★★.
Ausflugsziel : Felsenkirche★ 10 min zu Fuß (ab Marktplatz Oberstein).
🏌 Kirschweiler, (Nord-Ost : 8 km über B 422), ℘ (06781) 3 66 15.
🛈 Touristinformation, Georg-Maus-Str. 2, ⊠ 55743, ℘ (06781) 6 44 21, Fax (06781) 64425.
ADAC, Bahnhofstr. 13 (im Nahe-Center).
Berlin 661 – Mainz 92 – Trier 81 – Bad Kreuznach 49 – Saarbrücken 79.

Im Stadtteil Idar :

🏨 **Berghotel Kristall** 🌣, Wiesenstr. 50, ⊠ 55743, ℘ (06781) 9 69 60, info@bergho tel-kristall.de, Fax (06781) 969649, ≤, 🌣 – 🐾 Zim, 📺 📞 🅿 – 🔬 50. 🖭 ⓪ 🚾
Menu à la carte 30/69 – **27 Z** ⊇ 99 – 148/240.

🏠 **Zum Schwan**, Hauptstr. 25, ⊠ 55743, ℘ (06781) 9 44 30, Fax (06781) 41440 – 📺 🅿 – 🔬 100. 🖭 ⓪ 🚾 🃏. 🛠 Rest
geschl. 23. Dez. - 8. Jan. – **Menu** (geschl. Sonn- und Feiertage) à la carte 30/63 – **15 Z** ⊇ 95/110 – 140/160.

Im Stadtteil Oberstein :

🏠 **City-Hotel** garni, Otto-Decker-Str. 15, ⊠ 55743, ℘ (06781) 5 05 50, cityhotel-io@t -online.de, Fax (06781) 505550 – 📺. 🖭 ⓪ 🚾
geschl. Weihnachten - Anfang Jan. – **14 Z** ⊇ 95/140.

🏠 **Edelstein-Hotel** garni, Hauptstr. 302, ⊠ 55743, ℘ (06781) 5 02 50, Edelstein-hote l@t-online.de, Fax (06781) 502550, 🖴, 🖥 – 📺 ⇔ 🅿 – 🔬 15. 🖭 🚾
geschl. 21. Dez. - 2. Jan. – **18 Z** ⊇ 100/145 – 145/205.

In Idar-Oberstein-Tiefenstein Nord-West : 3,5 km ab Idar :

🏠 **Handelshof**, Tiefensteiner Str. 235 (B 422), ⊠ 55743, ℘ (06781) 9 33 70, Fax (06781) 933750, 🌣, 🐎 – 📺 🅿 ⓪ 🚾. 🛠 Rest
Menu (geschl. Feb. 2 Wochen, Montag - Dienstagmittag) à la carte 35/73 – **17 Z** ⊇ 55/110 – 140/220.

In Idar-Oberstein - Weierbach Nord-Ost : 8,5 km :

🏠 **Hosser**, Weierbacher Str. 70, ⊠ 55743, ℘ (06784) 22 21, anfrage@hotelhosser.de, ⇔ Fax (06784) 9614, 🌣, 🖥 – 📺 ⇔ 🅿 – 🔬 80. 🖭 ⓪ ⓪ 🚾. 🛠 Rest
Menu (geschl. Freitag) à la carte 23/58 🍷 – **15 Z** ⊇ 60/90 – 120/170.

In Veitsrodt Nord : 4 km ab Idar :

🏠 **Sonnenhof,** Hauptstr. 16a, ✉ 55758, ✆ (06781) 9 33 90, Fax (06781) 933933, ♒,
⬛, ⟲ – ⁝⁝⁝ 📺 ⇔ 🅿 🝙 🆎 ⓦⓢ 𝐕𝐈𝐒𝐀
geschl. Jan. – **Menu** *(geschl. Montag) (nur Abendessen)* à la carte 30/55 ⅃ – **27 Z** ⇆ 58/75
– 110/125.

In Allenbach Nord-West : 13 km ab Idar :

🏠 **Steuer** (mit Gästehaus Rehwinkel), Hauptstr. 10, ✉ 55758, ✆ (06786) 20 89, *Hotel.St
euer@t-online.de*, Fax (06786) 2551, 🍴, ♒, ⟲ – 📺 🝙 – 🝙 20. 🆎 ⓘ ⓦⓢ 𝐕𝐈𝐒𝐀
Menu à la carte 27/50 ⅃ – **33 Z** ⇆ 55/65 – 80/95.

IDSTEIN Hessen **4**|**17** P 8 – 22000 Ew – Höhe 266 m.
- 🏌 Henriettenthal, Am Nassen Berg, ✆ (06126) 9 32 20.
- 🗓 Fremdenverkehrsamt, König-Adolf-Platz (Killingerhaus), ✉ 65510, ✆ (06126) 7 82 15,
  Fax (06126) 78280.
Berlin 548 – Wiesbaden 21 – Frankfurt am Main 50 – Limburg an der Lahn 28.

🏛 **Höerhof,** Obergasse 26, ✉ 65510, ✆ (06126) 5 00 26, *info@hoerhof.de*,
Fax (06126) 500226, « Renaissance-Hofreite a.d.J. 1620 ; Innenhofterrasse » – ⅏ Zim,
📺 ⚙ 🝙 – 🝙 20. 🆎 ⓘ ⓦⓢ 𝐕𝐈𝐒𝐀 𝐉𝐂𝐁
geschl. 2. - 5. Jan., 9. - 13.April **Menu** *(geschl. Dienstag)* à la carte 51/69 – **14 Z** ⇆ 190/340
– 290/440.

🏠 **Goldenes Lamm** garni (mit Gästehaus), Himmelsgasse 7, ✉ 65510, ✆ (06126) 93120,
Fax (06126) 1366 – 📺. 🆎 ⓘ ⓦⓢ 𝐕𝐈𝐒𝐀. ⚡
31 Z ⇆ 80/150 – 130/180.

🏠 **Felsenkeller,** Schulgasse 1, ✉ 65510, ✆ (06126) 9 31 10, Fax (06126) 9311193 – 📺
⇔ 🝙 ⓦⓢ 𝐕𝐈𝐒𝐀
geschl. 22. Dez. - 1. Jan., 7. - 29 April – **Menu** *(geschl. Freitag, Sonntagmittag)* à la carte
26/41 ⅃ – **16 Z** ⇆ 85/100 – 130/150.

🏠 **Zur Ziegelhütte** garni, Am Bahnhof 6a, ✉ 65510, ✆ (06126) 7 02 77,
Fax (06126) 71145 – 📺 🝙 – 🝙. ⓦⓢ 𝐕𝐈𝐒𝐀
10 Z ⇆ 116/170.

🍴 **Zur Peif,** Himmelsgasse 2, ✉ 65510, ✆ (06126) 5 73 57, 🍴, (Fachwerkhaus a.d.J. 1615)
– ⓦⓢ 𝐕𝐈𝐒𝐀
geschl. Jan. 1 Woche, Okt. 3 Wochen, Mittwoch – **Menu** *(nur Abendessen)* à la carte 36/60.

In Idstein-Oberauroff West : 2 km :

🍴 **Gasthof Kern,** Am Dorfbrunnen 6, ✉ 65510, ✆ (06126) 84 74, Fax (06126) 71164 –
🝙. ⓦⓢ 𝐕𝐈𝐒𝐀
geschl. Ende Feb. - Mitte März – **Menu** *(geschl. Dienstag) (wochentags nur Abendessen)*
à la carte 26/56 – **20 Z** ⇆ 60/85 – 110/140.

IFFELDORF Bayern **4**|**19** **4**|**20** W 17 – 2500 Ew – Höhe 603 m.
- 🏌 Iffeldorf-St.Eurach (Nord : 2 km), ✆ (08801) 13 32 ; 🏌 Beuerberg, Gut Sterz (Nord-Ost :
  12 km), ✆ (08179) 6 17 ; 🏌 Gut Rettenberg, ✆ (08856) 92 55 55.
- 🗓 Verkehrsamt, Hofmark 9, ✉ 82393, ✆ (08856) 37 46, Fax (08856) 82222.
Berlin 638 – München 52 – Garmisch-Partenkirchen 41 – Weilheim 22.

🏛 **Landgasthof Osterseen,** Hofmark 9, ✉ 82393, ✆ (08856) 9 28 60,
Fax (08856) 928645, « Terrasse mit ≤ Ostersee », ♒ – 📺 ⚙ ⇔ 🝙 – 🝙 20. 🆎 ⓘ
ⓦⓢ 𝐕𝐈𝐒𝐀 𝐉𝐂𝐁
geschl. 7. - 24. Jan. – **Menu** *(geschl. Dienstag)* à la carte 37/66 – **24 Z** ⇆ 124/162 –
162/212.

IGEL Rheinland-Pfalz siehe Trier.

IHRINGEN Baden-Württemberg **4**|**19** V 6 – 4600 Ew – Höhe 225 m.
Berlin 802 – Stuttgart 204 – Freiburg im Breisgau 19 – Colmar 29.

🏛 **Bräutigam** (mit Hotel Luise), Bahnhofstr. 1, ✉ 79241, ✆ (07668) 9 03 50, *info@br
aeutigam-hotel.de*, Fax (07668) 903569, 🍴 – ⅏ Zim, 📺 ⚙ 🝙 – 🝙 25. 🆎 ⓦⓢ 𝐕𝐈𝐒𝐀
geschl. Jan. 3 Wochen – **Menu** *(geschl. Mittwoch)* à la carte 47/87 ⅃ – **39 Z** ⇆ 90/110
– 140/200.

🏛 **Winzerstube,** Wasenweiler Str. 36, ✉ 79241, ✆ (07668) 50 51, *Winzerstube_Ihring
en@t-online.de*, Fax (07668) 9379, 🍴 – 📺 ⇔ 🝙 🆎 ⓦⓢ 𝐕𝐈𝐒𝐀
geschl. Ende Feb. - Mitte März – Menu *(geschl. Montag - Dienstagmittag)* à la carte 45/88
– **12 Z** ⇆ 95/110 – 150/170 – ½ P 35.

ILFELD Thüringen L 16 – 3 000 Ew – Höhe 220 m.
Berlin 255 – Erfurt 84 – Bad Hersfeld 143 – Göttingen 68.

Zur Tanne (mit Anbau), Ilgerstr. 8 (B 4), ⊠ 99768, ℘ (036331) 38 38, Fax (036331) 38340, �, 🔥, ⇔s – 🛗, ✦ Zim, 📺 ✆ ❖ 🅿 – 🔬 80. 🝙 ⓪ 🆚 🆚
Menu (geschl. Sonntagabend - Montag) à la carte 21/38 – **26 Z** ⊆ 50/90 – 80/150.

ILLERTISSEN Bayern V 14 – 13 100 Ew – Höhe 513 m.
🔥 Wain-Reischenhof (Süd-West : 13 km), ℘ (07353) 17 32.
Berlin 633 – München 151 – Augsburg 72 – Bregenz 106 – Kempten 66 – Ulm (Donau) 27.

Am Schloß 🌲, Schloßallee 17, ⊠ 89257, ℘ (07303) 9 64 00, Fax (07303) 42268, ⇔s, 🌸 – ✦ Zim, 📺 ⇔ 🅿. 🝙 🆚. ✻ Rest
Menu (nur Abendessen) (Restaurant nur für Hausgäste) – **17 Z** ⊆ 95/110 – 140/160.

Vogt, Bahnhofstr. 11, ⊠ 89257, ℘ (07303) 9 61 30, Fax (07303) 42630, 🌸 – 📺 ⇔ 🅿 – 🔬 30. 🝙 🆚. ✻ Rest
Menu (geschl. Ende Aug. - Anfang Sept., Samstag) à la carte 25/54 – **24 Z** ⊆ 75/150 – 120/220.

Illertisser Hof, Carnac-Platz 9, ⊠ 89257, ℘ (07303) 95 00, Fax (07303) 950500 – ✦ Zim, 📺. 🝙 🆚
Menu (geschl. Sonntag) (nur Abendessen) à la carte 29/45 – **26 Z** ⊆ 105/140 – 142/180.

Krone, Auf der Spöck 2, ⊠ 89257, ℘ (07303) 34 01, Fax (07303) 42594, 🌸 – 🅿 – 🔬 15. 🆚
geschl. Jan. 1 Woche, Mittwoch – **Menu** à la carte 40/72.

In Illertissen-Dornweiler :

Dornweiler Hof, Dietenheimer Str. 93, ⊠ 89257, ℘ (07303) 95 91 40, Fax (07303) 7811, 🌸 – 🛗, ✦ Zim, 📺 ✆ ❖ 🅿 – 🔬 25. 🝙 ⓪ 🆚 🆚
Menu (geschl. Dienstag) à la carte 41/63 – **18 Z** ⊆ 120 – 160/200.

ILLSCHWANG Bayern R 19 – 1 500 Ew – Höhe 500 m.
Berlin 429 – München 202 – Weiden in der Oberpfalz 60 – Amberg 16 – Nürnberg 49.

Weißes Roß, Am Kirchberg 1, ⊠ 92278, ℘ (09666) 13 34, Weisses.Ross@asamnet.de, Fax (09666) 284, 🌸, Biergarten, 🌸 – 🛗 📺 🅿 – 🔬 50. 🝙 ⓪ 🆚 🆚
Menu (geschl. Montag) à la carte 26/63 – **32 Z** ⊆ 65/75 – 130.

ILMENAU Thüringen N 16 – 31 000 Ew – Höhe 540 m.
🛈 Fremdenverkehrsamt, Lindenstr. 12, ⊠ 98693, ℘ (03677) 20 23 58, Fax (03677) 202502.
Berlin 325 – Erfurt 42 – Coburg 67 – Eisenach 65 – Gera 105.

Lindenhof Ⓜ, Lindenstr. 7, ⊠ 98693, ℘ (03677) 6 80 00, hotel-lindenhof@t-online.de, Fax (03677) 680088, 🌸, ⇔s – 🛗, ✦ Zim, 📺 ✆ ⇔ 🅿 – 🔬 30. 🝙 ⓪ 🆚 🆚. ✻ Rest
Menu à la carte 30/60 – **45 Z** ⊆ 110/130 – 145/160.

Tanne Ⓜ, Lindenstr. 38, ⊠ 98693, ℘ (03677) 65 90, Hotel-Tanne@t-online.de, Fax (03677) 659503, 🌸, 🔥, ⇔s – 🛗, ✦ Zim, 📺 ⇔ – 🔬 120. 🝙 🆚 🆚
Menu à la carte 29/41 – **115 Z** ⊆ 99/125 – 140/160, 4 Suiten.

In Ilmenau-Manebach Süd-West : 4 km :

Moosbach, Schmücker Str. 112, ⊠ 98693, ℘ (03677) 84 98 80, Fax (03677) 894272, 🌸, ⇔s, 🌸 – 🛗 📺 ⇔ 🅿. 🆚
Menu à la carte 25/59 – **24 Z** ⊆ 89/168.

Nahe der Straße nach Neustadt Süd-West : 4 km :

Romantik Berg- und Jagdhotel Gabelbach 🌲 (mit Gästehaus), Waldstr. 23a, ⊠ 98693 Ilmenau, ℘ (03677) 86 00, romantikhotel-gabelbach@t-online.de, Fax (03677) 860222, ≤, 🌸, Massage, 🔥, ⇔s, 🖻, 🌸 – 🛗, ✦ Zim, 📺 ✆ 🅿 – 🔬 130. 🝙 🆚 🆚
La Cheminée (geschl. Sonntag - Montag) (nur Abendessen) **Menu** à la carte 60/84 – **Ilmenau :** **Menu** à la carte 46/69 – **91 Z** ⊆ 115/170 – 170/210, 17 Suiten.

569

ILSENBURG *Sachsen-Anhalt* 🔲🔢🔢 *K 16 – 7 000 Ew – Höhe 253 m.*

🇮 *Fremdenverkehrsamt, Marktplatz 1,* ✉ *38871,* ✆ *(039452) 1 94 33, Fax (039452) 99067.*

Berlin 237 – Magdeburg 86 – Braunschweig 59 – Göttingen 98 – Goslar 23 – Wernigerode 8.

🏨 **Zu den Rothen Forellen** 🅜, Marktplatz 2, ✉ 38871, ✆ (039452) 93 93, *rotforelle@aol.com, Fax (039452) 9399,* 😀, « *Haus a.d. 16.Jh. mit modernem Hotelanbau* », 🛋, 🔲, 🌳 – 🛗, ⇆ Zim, 📺 🐾 🅿 – 🔒 80. 🖭 ① 🕦 🆚
Menu à la carte 58/84 – **52 Z** ⊃ 220/260 – 290/350 – ½ P 65.

🏠 **Stadt Stolberg**, Faktoreistr. 5, ✉ 38871, ✆ (039452) 95 10, Fax (039452) 95155 – ⊜ 📺 🅿 – 🔒 30. 🕦 🆚
Menu à la carte 20/52 – **28 Z** ⊃ 80/85 – 130/145 – ½ P 18.

ILSFELD *Baden-Württemberg* 🔲🔢🔢 *S 11 – 8 000 Ew – Höhe 252 m.*

Berlin 596 – Stuttgart 40 – Heilbronn 12 – Schwäbisch Hall 45.

🏠 **Zum Lamm**, Auensteiner Str. 6, ✉ 74360, ✆ (07062) 9 56 70, *hallerlamm@gmx.net, Fax (07062) 9567150,* 😀, 🎳, 🛋 – 🛗, ⇆ Zim, 📺 🐾 ⇆ 🅿 – 🔒 30. 🕦 🆚
Menu à la carte 27/54 🍷 – **37 Z** ⊃ 85/105 – 130/160.

🏠 **Ochsen**, König-Wilhelm-Str. 31, ✉ 74360, ✆ (07062) 68 01, Fax (07062) 64996 – ⊜ ⇆ 🅿 – 🔒 20
geschl. Jan. 2 Wochen, Juli 2 Wochen – **Menu** *(geschl. Mittwochmittag, Donnerstagmittag)* à la carte 28/40 🍷 – **30 Z** ⊃ 78/90 – 110/114.

ILSHOFEN *Baden-Württemberg* 🔲🔢🔢🔢 *S 13 – 4 300 Ew – Höhe 441 m.*

Berlin 536 – Stuttgart 99 – Crailsheim 13 – Schwäbisch Hall 19.

🏨 **Park-Hotel**, Parkstr. 2, ✉ 74532, ✆ (07904) 70 30, *bausch-stroebel@t-online.de, Fax (07904) 703222,* 😀, Biergarten, 🛋, 🔲, 🎾 – ⊜ ⇆ 📺 🐾 🅗 ⇆ 🅿 – 🔒 200. 🖭 ① 🕦 🆚 😀
Menu à la carte 35/62 – **70 Z** ⊃ 152/175 – 198/225, 6 Suiten.

IMMENDINGEN *Baden-Württemberg* 🔲🔢🔢 *W 10 – 5 500 Ew – Höhe 658 m.*

Berlin 757 – Stuttgart 130 – Konstanz 58 – Singen (Hohentwiel) 32 – Donaueschingen 20.

⛲ **Landgasthof Kreuz**, Donaustr. 1, ✉ 78194, ✆ (07462) 62 75, Fax (07462) 1830 – 📺 🅿 😀 Rest
Menu *(geschl. Juli 3 Wochen, Sonntagabend - Montag)* à la carte 26/57 – **12 Z** ⊃ 60/75 – 100/110.

IMMENSTAAD AM BODENSEE *Baden-Württemberg* 🔲🔢🔢 *W 12 – 5 900 Ew – Höhe 407 m – Erholungsort.*

🇮 *Tourist-Information, Rathaus, Dr.-Zimmermann-Str. 1,* ✉ *88090,* ✆ *(07545) 20 11 10, Fax (07545) 201208.*

Berlin 728 – Stuttgart 199 – Konstanz 21 – Freiburg im Breisgau 152 – Ravensburg 29 – Bregenz 39.

🏨 **Strandcafé Heinzler** ☜, Strandbadstr. 3, ✉ 88090, ✆ (07545) 9 31 90, *Hotel-Heinzler@MBO.DE, Fax (07545) 3261,* ≤, Bootssteg, « *Gartenterrasse* », 🎳, 🛋, 🅗, 🌳 – ⊜ 📺 🅿 🖭 🕦 🆚 😀 Rest
Menu *(geschl. Feb.)* à la carte 44/81 – **22 Z** ⊃ 90/158 – 188/308 – ½ P 42.

🏨 **Seehof** ☜, Am Yachthafen, ✉ 88090, ✆ (07545) 93 60, *Seehof-Immenstadt@t-online.de, Fax (07545) 936133,* ≤, 😀, 🅗, 🌳 – 📺 🐾 🅿 🖭 🕦 🆚
geschl. über Fastnacht 1 Woche – **Menu** *(geschl. Okt. - April Montag)* 35/38 à la carte 51/75 – **38 Z** ⊃ 99/150 – 165/210.

🏠 **Hirschen**, Bachstr. 1, ✉ 88090, ✆ (07545) 62 38, Fax (07545) 6583 – 📺 ⇆ 🅿 🕦 🆚
geschl. Nov. - Ende Jan. – **Menu** *(geschl. Montag)* à la carte 30/52 – **14 Z** ⊃ 70/85 – 120/122.

🍴 **Alte Vogtei**, Bachstr. 2, ✉ 88090, ✆ (07545) 23 23, *RestaurantAlteVogteiBodensee @t-online.de, Fax (07545) 2328 72,* « *Rustikale Einrichtung* » – 🕦 🆚
geschl. Mitte Jan. - Mitte Feb. – **Menu** à la carte 40/62.

IMMENSTADT IM ALLGÄU Bayern 419 420 X 14 – 14 000 Ew – Höhe 732 m – Erholungsort – Wintersport : 750/1450 m ⟨8 ⟩.

🛈 Gästeamt, Marienplatz 3, ✉ 87509, 𝒫 (08323) 91 41 76, Fax (08323) 914195.
Berlin 719 – München 148 – Kempten (Allgäu) 21 – Oberstdorf 20.

🏠 **Lamm,** Kirchplatz 2, ✉ 87509, 𝒫 (08323) 61 92, Fax (08323) 51217 – 🛗 📺 ⟨⟩ 🅿.
⟨⟩ Rest
Menu (nur Abendessen) (Restaurant nur für Hausgäste) – **26 Z** ⟨⟩ 65/80 – 100/140.

🏠 **Hirsch,** Hirschstr. 11, ✉ 87509, 𝒫 (08323) 62 18, Fax (08323) 80965 – 🛗, ⟨⟩ Rest,
📺 ⟨⟩ 🅿. 🕭
Menu à la carte 30/60 ⟨⟩ – **26 Z** ⟨⟩ 75/85 – 135/160.

🍴 **Traube** mit Zim, Kemptener Str. 2, ✉ 87509, 𝒫 (08323) 98 65 65, Fax (0831) 27786
– 📺 🅿.
geschl. Nov. – **Menu** (geschl. Donnerstag) à la carte 35/73 – **7 Z** ⟨⟩ 65/75 – 120/150.

🍴 **Deutsches Haus,** Färberstr. 10, ✉ 87509, 𝒫 (08323) 89 94, ⟨⟩ – 🅿. 🕭
geschl. Dienstagabend - Mittwoch - **Menu** à la carte 26/58 ⟨⟩.

In Immenstadt-Bühl am Alpsee Nord-West : 3 km – Luftkurort :

🏨 **Terrassenhotel Rothenfels,** Missener Str. 60, ✉ 87509, 𝒫 (08323) 91 90, info
@ hotel-rothenfels.de, Fax (08323) 919191, ⟨⟩, ⟨⟩, ⟨⟩, 🔲, ⟨⟩ – 🛗 📺 ⟨⟩ 🅿 – 🔬 20
geschl. Mitte Nov. - Mitte Dez. – **Menu** (geschl. Okt. - Mai Freitag) à la carte 28/56 – **33 Z**
⟨⟩ 86/130 – 157/218 – ½ P 28.

In Immenstadt-Knottenried Nord-West : 7 km :

🏠 **Bergstätter Hof** ⟨⟩, ✉ 87509, 𝒫 (08320) 92 30, info@ Bergstaetter-Hof.de,
Fax (08320) 92346, ⟨⟩, ⟨⟩, Massage, ⟨⟩, 🔲, ⟨⟩ – 📺 🅿
geschl. Anfang Nov. - Mitte Dez. – **Menu** (geschl. Montag - Dienstagmittag) à la carte 31/59
– **21 Z** ⟨⟩ 90/116 – 120/172 – ½ P 30.

In Immenstadt-Stein Nord : 3 km :

🏠 **Eß** ⟨⟩ garni, Daumenweg 9, ✉ 87509, 𝒫 (08323) 81 04, Fax (08323) 962120, ⟨⟩, ⟨⟩,
⟨⟩ – 📺 ⟨⟩ 🅿
geschl. 7. - 23. April – **16 Z** ⟨⟩ 60/83 – 126/138.

INGELFINGEN Baden-Württemberg 419 S 12 – 5 800 Ew – Höhe 218 m – Erholungsort.
🛈 Fremdenverkehrsamt, Schloßstr. 12 (Rathaus), ✉ 74653, 𝒫 (07940) 13 03 22, Fax
(07940) 6716.
Berlin 564 – Stuttgart 98 – Würzburg 73 – Heilbronn 56 – Schwäbisch Hall 27.

🏨 **Haus Nicklass** (mit Gästehäusern), Künzelsauer Str. 1, ✉ 74653, 𝒫 (07940) 9 10 10,
info@ haus-nicklass.de, Fax (07940) 910199, ⟨⟩, ⟨⟩, ⟨⟩ – 🛗, ⟨⟩ Zim, 📺 ⟨⟩ ⟨⟩ 🅿 –
🔬 160. 🅰🅴 ⓞ 🕭 🆅🅸🆂🅰 🅹🅲🅱
Menu à la carte 29/70 ⟨⟩ – **60 Z** ⟨⟩ 80/98 – 120/150.

🏨 **Schloß-Hotel,** Schloßstr. 14, ✉ 74653, 𝒫 (07940) 60 77 (Hotel), 5 80 30 (Rest.),
Fax (07940) 57578, ⟨⟩ – 📺 ⟨⟩ – 🔬 20. 🅰🅴 ⓞ 🕭 🆅🅸🆂🅰
geschl. Juli - Aug. 3 Wochen – **Menu** (geschl. Jan. - Feb. 4 Wochen, Dienstag) à la carte
33/58 – **20 Z** ⟨⟩ 110/150.

INGELHEIM AM RHEIN Rheinland-Pfalz 417 Q 8 – 24 000 Ew – Höhe 120 m.
Berlin 587 – Mainz 18 – Bad Kreuznach 29 – Bingen 13 – Wiesbaden 23.

🏠 **Rheinkrone** ⟨⟩ garni, Dammstr. 14, ✉ 55218, 𝒫 (06132) 98 21 10,
Fax (06132) 9821133 – 📺 ⟨⟩ 🅿. 🅰🅴 ⓞ 🕭 🆅🅸🆂🅰 ⟨⟩
geschl. Weihnachten - Anfang Jan. – **22 Z** ⟨⟩ 120/140 – 160/198.

In Schwabenheim Süd-Ost : 6 km :

🏠 **Pfaffenhofen** ⟨⟩, Bubenheimer Str. 10, ✉ 55270, 𝒫 (06130) 9 19 90,
Fax (06130) 919910 – ⟨⟩ Zim, 📺 🅿. 🅰🅴 🕭 🆅🅸🆂🅰
Menu (geschl. Okt. 2 Wochen, Mittwoch) (wochentags nur Abendessen) à la carte 34/64
– **26 Z** ⟨⟩ 95/105 – 130/150.

🍴 **Zum alten Weinkeller** ⟨⟩ mit Zim, Schulstr. 6, ✉ 55270, 𝒫 (06130) 94 18 00, imme
rheiser-wein@ t-online.de, Fax (06130) 9418080, « Gartenterrasse » – 📺 🅿. 🕭 🆅🅸🆂🅰
Menu (geschl. Juni 3 Wochen, Montag - Dienstag) (wochentags nur Abendessen) à la carte
51/80 – **11 Z** ⟨⟩ 90/120 – 130/160.

🍴 **Landgasthof Engel** mit Zim, Markt 8, ✉ 55270, 𝒫 (06130) 92 93 94, immerheiss
er-wein@ t-online.de, Fax (06130) 9418080, « Restaurierter Landgasthof a.d. 17. Jh. ;
Innenhofterrasse » – 🆅🅸🆂🅰
Menu (abends Tischbestellung ratsam) à la carte 31/59 – **11 Z** ⟨⟩ 90/130 – 130/160.

INGOLSTADT *Bayern* 419 420 *T 18 – 114 600 Ew – Höhe 365 m.*

*Sehenswert : Maria-de-Victoria-Kirche★ A **A** – Liebfrauenmünster (Hochaltar★) A **B** –*
*Bayerisches Armeemuseum★ B **M1**.*

Ingolstadt, Gerolfinger Str. (über ④), ℰ (0841) 8 57 78.

Tourist-Information, Im Alten Rathaus, Rathausplatz 2, ⊠ 85049, ℰ (0841) 3 05 10 98,
Fax (0841) 3051099.

ADAC, *Milchstr. 23.*

Berlin 512 ① – München 80 ① – Augsburg 75 ① – Nürnberg 91 ① – Regensburg 76 ①

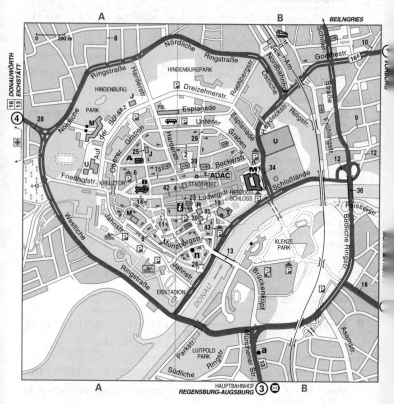

🏨🏨🏨 **Ambassador,** Goethestr. 153, ⊠ 85055, ℰ (0841) 50 30, info@ambassador.de,
Fax (0841) 5037, 😤, ⇐s – 📷, 💥 Zim, 📺 📞 🕭 🅿 – 🔬 100. 🖭 🐵 𝖵𝖨𝖲𝖠. 💥 Rest
Menu à la carte 56/79 – **119 Z** ⊡ 200/265 – 255/320.
über ①

🏨🏨 **Domizil Hummel** 🤏, Feldkirchner Str. 69, ⊠ 85055, ℰ (0841) 95 45 30, info@ho
teldomizil.de, Fax (0841) 59211, 😤, ⇐s – 💥 Zim, 📺 📞 🕭 🅿 – 🔬 50. 🖭 ⓪
🐵 𝖵𝖨𝖲𝖠   über Feldkirchner Straße   B
Menu (geschl. Sonntag) à la carte 33/72 – **48 Z** ⊡ 115/125 – 145/170.

🏠 **Pius Hof,** Gundekarstr. 4, ✉ 85057, 🖋 (0841) 4 91 90, *Fax (0841) 44533,* ㍐, 🍸 –
📶 📺 📞 🅿 – 🔬 20. 🆑 🐶 💳
geschl. 20. Dez. - 7. Jan. – **Menu** *(geschl. Sonntag)* à la carte 31/71 – **60 Z** ⊂⊃ 129/168
– 136/205.
über Ettinger Straße   A

🏠 **Ara Hotel Comfort** Ⓜ, Theodor-Heuss Str. 30, ✉ 85055, 🖋 (0841) 9 55 50, *info
@ ara-hotel.de, Fax (0841) 9555100,* ㍐, 🛁, 🍸 – 📶, 🛌 Zim, 📠 📺 📞 🚗 🅿 – 🔬 120.
🆑 ⓪ 🐶 💳 🅙🅒🅑
Menu à la carte 35/75 – **96 Z** ⊂⊃ 185/238 – 215/298.
über Schillerstraße   B

🏠 **Ebner** Ⓜ garni, Manchinger Str. 78, ✉ 85053, 🖋 (0841) 96 65 00, *Fax (0841) 9665044,*
🍸 – 📶 🛌 📺 📞 🔩 🅿 – 🔬 20. 🆑 ⓪ 🐶 💳 🕺
geschl. 23. Dez. - 6. Jan. – **28 Z** ⊂⊃ 105/115 – 140.
über ②   B

🏠 **Donau-Hotel,** Münchner Str. 10, ✉ 85051, 🖋 (0841) 96 51 50, *donauhotel@t-
online.de, Fax (0841) 68744,* 🍸 – 📶, 🛌 Zim, 📺 🚗 🅿 – 🔬 70. 🐶
💳 🕺
geschl. 1. - 6. Jan. – **Menu** *(geschl. Aug. 3 Wochen, Sonntagabend, Samstag)* à la carte 43/64
– **52 Z** ⊂⊃ 95/110 – 140/160.
B a

🏠 **Bavaria** 🦢 garni, Feldkirchener Str. 67, ✉ 85055, 🖋 (0841) 9 53 40, *Fax (0841) 58802,*
🍸, 🔲, 🌳 – 📶 🛌 📺 📞 🚗 🅿 🆑 ⓪ 🐶 💳   über Feldkirchner Straße   B
40 Z ⊂⊃ 85/125 – 135/145.

🏠 **Ara,** Schollstr. 10a, ✉ 85055, 🖋 (0841) 9 54 30, *Fax (0841) 9543444,* ㍐ – 📶, 🛌 Zim,
📺 🔩 🅿 – 🔬 40. 🆑 ⓪ 🐶 💳   über Friedrich-Ebert-Straße   B
Menu *(geschl. Samstag - Sonntagmittag) (italienische Küche)* à la carte 30/63 – ⊂⊃ 17 –
94 Z 128/135.

🏠 **Bayerischer Hof,** Münzbergstr. 12, ✉ 85049, 🖋 (0841) 93 40 60, *084193406@ T-On
line.de, Fax (0841) 93406100,* 🍸 – 📶 📺 📞 🅿 🆑 ⓪ 🐶 💳   B n
Menu *(geschl. Samstagabend, Sonntagabend - Montag)* à la carte 22/54 – **34 Z** ⊂⊃ 95/105
– 150.

🏠 **Ammerland** garni, Ziegeleistr. 64, ✉ 85055, 🖋 (0841) 95 34 50, *mail@hotel-
ammerland.de, Fax (0841) 9534545* – 🛌 📺 📞 🔩 🚗 🅿 – 🔬 30. 🆑
🐶 💳   über Friedrich-Ebert-Straße   B
geschl. 23. Dez. - 10. Jan. – **28 Z** ⊂⊃ 105/120 – 150/170.

🏠 **Pfeffermühle,** Manchinger Str. 68, ✉ 85053, 🖋 (0841) 96 50 20, *Service@hotelPf
effermuehle.de, Fax (0841) 66142,* ㍐, 🍸 – 🛌 Zim, 📺 🅿 – 🔬 35. 🆑 ⓪
🐶 💳   über ②
Menu à la carte 33/59 – **31 Z** ⊂⊃ 110/140 – 150.

🍴🍴 **Schweiger,** Egerlandstr. 61, ✉ 85053, 🖋 (0841) 94 04 03, *Schweigers-Restaurant@t
.online.de, Fax (0841) 64167,* ㍐ – 🅿. 🆑 ⓪ 🐶 💳   über Peisserstraße   B
*geschl. Anfang Jan. 1 Woche, Anfang Sept. 1 Woche, Montag - Dienstagmittag, Mitt-
wochmittag, Samstagmittag* – **Menu** à la carte 46/72.

🍴🍴 **Im Stadttheater,** Schloßlände 1, ✉ 85049, 🖋 (0841) 93 51 50, *Fax (0841) 9351520,*
㍐ – 🔬 100. ⓪ 💳 🕺   B T
geschl. Aug. - 10. Sept., Sonntagabend - Montag – **Menu** à la carte 39/60.

In Ingolstadt-Spitalhof *über* ③ : *6 km* :

🏠 **Mercure-Gasthof Widmann** Ⓜ, Hans-Denck-Str. 21, ✉ 85051, 🖋 (08450) 92 20,
hotel@ hotel-mercure-ingolstadt.de, Fax (08450) 922100, 🍸, 🌳 – 📶, 🛌 Zim, 📺 📞 🔩
🅿 – 🔬 35. 🆑 ⓪ 🐶 💳 🕺 Rest
Menu *(Tischbestellung ratsam)* à la carte 45/72 – **70 Z** ⊂⊃ 153/178 – 210.

An der B 13 *über* ④ : *4 km* :

🏠🏠 **Parkhotel Heidehof,** Ingolstädter Str. 121, ✉ 85080 Gaimersheim, 🖋 (08458) 6 40,
Fax (08458) 64230, ㍐, « Badelandschaft », Massage, 🛁, 🍸, 🏊 (geheizt), 🔲, 🌳 –
📶 📺 📞 🅿 – 🔬 80. 🆑 ⓪ 🐶 💳
Menu *(geschl. Sonntagabend)* à la carte 40/68 – **115 Z** ⊂⊃ 154/195 – 209/280.

INSEL POEL *Mecklenburg-Vorpommern* 🔢🔢 *D 18* – *2 800 Ew* – *Höhe 17 m.*
Berlin 248 – *Schwerin 46* – *Rostock 58* – *Wismar 14* – *Lübeck 70.*

In Insel Poel-Gollwitz *Nord-Ost* : *4 km* :

🏠 **Inselhotel Poel** 🦢, ✉ 23999, 🖋 (038425) 2 40, *Fax (038425) 24222,* ㍐, 🍸, 🍴,
🗑 – 🛌 Zim, 📺 📞 🅿 – 🔬 25. 🆑 🐶 💳
Menu à la carte 36/50 – **50 Z** ⊂⊃ 130 – 190/230 – ½ P 26.

Le **carte stradali Michelin** sono costantemente aggiornate.

INZELL Bayern **420** W 22 – 4 400 Ew – Höhe 693 m – Luftkurort – Wintersport : 700/1 670 m 💥 2 🎿.

🚹 Inzeller-Touristik, Haus des Gastes, Rathausplatz 5, ⊠ 83334, 𝒫 (08665) 9 88 50, Fax (08665) 988530.

Berlin 707 – München 118 – Bad Reichenhall 19 – Traunstein 18.

🏨 **Zur Post,** Reichenhaller Str. 2, ⊠ 83334, 𝒫 (08665) 98 50, Kontakt@post-inzell.de, Fax (08665) 985100, 🈺, Massage, 🛌, ♨, �, 🗔 – 🛗 🍴 📺 🚗 🅿 – 🔏 60. 🖭 **⓪③ VISA**
Menu à la carte 29/66 – **43 Z** 🖙 100/140 – 180/200 – ½ P 32.

🏨 **Seidel** garni (Apparthotel), Lärchenstr. 17, ⊠ 83334, 𝒫 (08665) 9 84 40, Fax (08665) 984444, 🚗 – 📺 🅿 ⓪③ 🌂
geschl. 8. - 25. Nov. – **17 Z** 🖙 89/148.

🏠 **Bergblick** 🦢 garni, Rauschbergstr. 38, ⊠ 83334, 𝒫 (08665) 9 84 50, Fax (08665) 984526 – 📺 🅿 ⓪③ 🌂
geschl. Nov. – **12 Z** 🖙 65/72 – 104/125.

In Inzell-Schmelz Süd-West : 2,5 km :

🏠 **Gasthof Schmelz,** Schmelzer Str. 132, ⊠ 83334, 𝒫 (08665) 98 70, Fax (08665) 1718, 🈺, 🚗, 🗔, 🌂 – 🛗 🍴 📺 🅿 – 🔏 30. ⓪③
geschl. Nov. - 18. Dez. – **Menu** (geschl. Montag) à la carte 28/59 – **36 Z** 🖙 85/130 – 170/190 – ½ P 25.

In Schneizlreuth-Weißbach a.d. Alpenstraße Süd-Ost : 6 km :

🏕 **Alpengasthof Weißbach,** Berchtesgadener Str. 17, ⊠ 83458, 𝒫 (08665) 9 88 60, AlpenhotelWeissbach@t-online.de, Fax (08665) 988613, 🈺, 🌂 – 🅿 🖭 **VISA**
geschl. Nov. - Anfang Dez. – **Menu** (geschl. Sept. - Mai Dienstag) à la carte 26/48 – **21 Z** 🖙 61/87 – 112 – ½ P 16.

INZLINGEN Baden-Württemberg siehe Lörrach.

IPHOFEN Bayern **419 420** Q 14 – 4 000 Ew – Höhe 252 m.

🚹 Tourist-Information, Marktplatz 26, ⊠ 97346, 𝒫 (09323) 87 15 44, Fax (09323) 871555.

Berlin 479 – München 248 – Würzburg 34 – Ansbach 67 – Nürnberg 72.

🏨 **Romantik Hotel Zehntkeller,** Bahnhofstr. 12, ⊠ 97346, 𝒫 (09323) 84 40, zehntkeller@romantik.de, Fax (09323) 844123, 🈺, 🌂 – 📺 🚗 🅿 – 🔏 30. 🖭 ⓪ ⓪③ **VISA JCB**
Menu (Tischbestellung ratsam) 39/97 à la carte 48/75 – **50 Z** 🖙 120/160 – 180/240, 4 Suiten.

🏠 **Huhn** garni, Mainbernheimer Str. 10, ⊠ 97346, 𝒫 (09323) 12 46, Fax (09323) 1076, 🌂 – 🍴 📺 📞 **VISA**
geschl. 24. Dez. - 5. Jan. – **8 Z** 🖙 60/90 – 135.

🏠 **Goldene Krone,** Marktplatz 2, ⊠ 97346, 𝒫 (09323) 8 72 40, Fax (09323) 872424, 🈺 – 📺 📞 🚗 🅿 – 🔏 30. ⓪③
geschl. Mitte - Ende Feb. – **Menu** (geschl. Dienstag) à la carte 32/66 🍴 – **21 Z** 🖙 75/85 – 100/130.

🏠 **Wirtshaus zum Kronsberg** 🦢, Schwanbergweg 14, ⊠ 97346, 𝒫 (09323) 8 02 03, eydel@t-online.de, Fax (09323) 80204, 🈺 – 🍴 Zim, 📺. 🖭 ⓪③ **VISA**
geschl. über Fasching 2 Wochen – **Menu** (geschl. Montag) à la carte 36/55 – **8 Z** 🖙 75 – 110/120.

🍽 **Zur Iphöfer Kammer,** Marktplatz 24, ⊠ 97346, 𝒫 (09323) 80 43 26, 🈺
geschl. Feb., Montag, Nov. - März Sonntagabend - Montag – **Menu** à la carte 45/66.

In Mainbernheim Nord-West : 3 km :

🏕 **Zum Falken,** Herrnstr. 27, ⊠ 97350, 𝒫 (09323) 8 72 80, gasthof@zum-falken.de, Fax (09323) 872828, 🈺 – 📺 🅿
geschl. Ende Feb. - Mitte März, Ende Aug. - Anfang Sept. – **Menu** (geschl. Dienstag) à la carte 27/55 – **14 Z** 🖙 45/85 – 80/120.

In Rödelsee Nord-West : 3,5 km :

🏠 **Zum Rödelseer Schwan** (mit Gästehaus), Am Buck 1, ⊠ 97348, 𝒫 (09323) 8 71 40 RoedelseerSchwan@aol.com, Fax (09323) 871440, 🈺 – 📺 📞 🅿 – 🔏 25
geschl. 1. - 15. Jan. – **Menu** (geschl. Sonntagabend) à la carte 29/55 – **42 Z** 🖙 75/78 – 120/140.

🏠 **Gasthof und Gästehaus Stegner,** Mainbernheimer Str. 26, ⊠ 97348, 𝒫 (09323) 34 15 (Hotel) 87 21 27 (Rest.), Fax (09323) 6335, 🈺, 🌂 – 📺 🚗 🅿
Menu (geschl. 1. - 15. Aug., Dienstag) à la carte 24/54 🍴 – **17 Z** 🖙 55/60 – 95.

In Willanzheim-Hüttenheim *Süd : 8 km :*

⚶ **Landgasthof May** mit Zim, Marktplatz 6, ✉ 97348, 𝒫 (09326) 2 55, Fax (09326) 205,
🍴 🍽 – 📺 ⟵, 🅼🅾 𝘝𝘐𝘚𝘈
Menu *(geschl. Mittwoch)* à la carte 22/48 ⅃ – **5 Z** ⊑ 38 – 60/70.

IRREL *Rheinland-Pfalz* ◳◱◲ *Q 3 – 1 400 Ew – Höhe 178 m – Luftkurort.*
🛈 *Tourist Information, Hauptstr. 4, ✉ 54666, 𝒫 (06525) 5 00, Fax (06525) 500.*
Berlin 722 – Mainz 179 – Trier 38 – Bitburg 15.

🏨 **Koch-Schilt,** Prümzurlayer Str. 1, ✉ 54666, 𝒫 (06525) 92 50, Koch-Schilt@ info.de,
Fax (06525) 925222, 🌳 – 🛗, 🍽 Zim, 📺 ⟵ 🅿, 🅾 🅾 𝘝𝘐𝘚𝘈
geschl. Jan. – **Menu** à la carte 27/61 – **45 Z** ⊑ 75/105 – 120/140 – ½ P 20.

⚶ **Irreler Mühle** 🦢 mit Zim, Talstr. 17, ✉ 54666, 𝒫 (06525) 8 26, Fax (06525) 866, 🍴,
🌳 – ⟵ 🅿, 🅾🅾 𝘝𝘐𝘚𝘈
geschl. 15. - 31. Jan. – **Menu** *(geschl. 18. - 30. Juni, Montag - Dienstag)* à la carte 36/73
– **8 Z** ⊑ 55/100 – ½ P 20.

In Ernzen *West : 5 km :*

⚶⚶ **Chez Claude im Haus Hubertus,** (Süd 2 km), ✉ 54668, 𝒫 (06525) 8 28,
Fax (06525) 828, 🍴 – 🅿, 🅾🅾 𝘝𝘐𝘚𝘈
geschl. Ende Feb. - Mitte März, Montag – **Menu** à la carte 43/75.

IRSCHENBERG *Bayern* ◳◲◰ *W 19 – 2 600 Ew – Höhe 730 m.*
Berlin 637 – München 46 – Garmisch-Partenkirchen 85 – Rosenheim 23 – Miesbach 8.

An der Autobahn A 8 Richtung Salzburg *Süd-West : 1,5 km :*

🏨 **Autobahn-Rasthaus Irschenberg,** ✉ 83737 Irschenberg, 𝒫 (08025) 20 71, *irsc
henberg@ tank.rast.de, Fax (08025) 5250,* ≤ Alpen, 🍴 – 🍽 Rest, 📺 🅿. 🅰🅴 ⓄⒹ 🅾🅾 𝘝𝘐𝘚𝘈
Menu à la carte 26/62 – **51 Z** ⊑ 78/133 – 137/182.

IRSEE *Bayern siehe Kaufbeuren.*

ISENBURG *Rheinland-Pfalz siehe Dierdorf.*

ISERLOHN *Nordrhein-Westfalen* ◳◱◲ *L 7 – 100 000 Ew – Höhe 247 m.*
🛈 *Stadtinformation, Theodor-Heuss-Ring 24, ✉ 58636, 𝒫 (02371) 2 17 18 20,
Fax (02371) 2171822.*
ADAC, *Rudolfstr. 1.*
Berlin 499 ② – Düsseldorf 80 ④ – Dortmund 26 ⑤ – Hagen 18 ④ – Lüdenscheid 30 ③

Stadtplan siehe nächste Seite

🏛 **VierJahreszeiten** Ⓜ 🦢, Seilerwaldstr. 10, ✉ 58636, 𝒫 (02371) 97 20, info@ vier
jahreszeiten-iserlohn.de, Fax (02371) 972111, 🍴, ≋s, 🌳 – 🛗, 🍽 Zim, 📺 📞 🕹 ⟵
🅿 – 🏋 180. 🅰🅴 ⓄⒹ 🅾🅾 𝘝𝘐𝘚𝘈 🅹🅲🅱 über Seilerseestrasse X
Seeblick : **Menu** à la carte 53/82 – **Wintergarten :** **Menu** à la carte 47/73 – **72 Z**
⊑ 159/194 – 296/354.

🏨 **An der Isenburg** garni, Theodor-Heuss-Ring 54, ✉ 58636, 𝒫 (02371) 2 64 51,
Fax (02371) 26454 – 🛗 🍽 📺 🕹 ⟵. 🅰🅴 ⓄⒹ 🅾🅾 𝘝𝘐𝘚𝘈 Y e
36 Z ⊑ 140/180 – 185/235.

🏨 **Engelbert** garni, Poth 4, ✉ 58638, 𝒫 (02371) 1 23 45, Fax (02371) 22158, ≋s – 🛗
📺 – 🏋 15. 🅰🅴 ⓄⒹ 🅾🅾 𝘝𝘐𝘚𝘈. ⚘ Z c
geschl. Weihnachten - Anfang Jan. – **30 Z** ⊑ 135/170 – 198/230.

🏨 **Korth,** In der Calle 4, ✉ 58636, 𝒫 (02371) 9 78 70, HOTEL-KORTH@ S-AUER-LAND.COM,
Fax (02371) 978767, 🍴, Biergarten, ≋s, 🏊 – 📺 🕹 🅿 – 🏋 20. 🅰🅴 ⓄⒹ 🅾🅾 𝘝𝘐𝘚𝘈.
⚘ Zim über ①
Menu *(geschl. Freitag - Samstagmittag)* à la carte 43/78 – **Puntino** (italienische Küche)
(geschl. Anfang Juli - Mitte Aug., Sonntag - Montag) **Menu** à la carte 55/82 – **21 Z**
⊑ 120/145 – 195/205.

In Iserlohn-Grüne *über ③ : 5 km :*

⚶⚶ **Zur Dechenhöhle** mit Zim, Untergrüner Str. 8, ✉ 58644, 𝒫 (02374) 73 34, info@z
urdechenhoehle.de, Fax (02374) 7336, 🍴 – 📺 🕹 ⟵ 🅿 – 🏋 60. ⓄⒹ 🅾🅾 𝘝𝘐𝘚𝘈
Menu à la carte 35/82 – **11 Z** ⊑ 95 – 135/150.

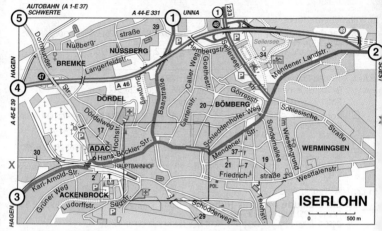

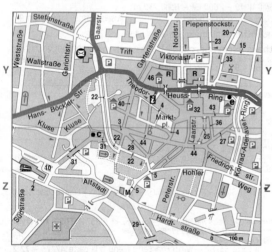

In Iserlohn-Lössel über ③ : 6 km :

XX **Neuhaus** mit Zim, Lösseler Str. 149, ⊠ 58644, ✆ (02374) 9 78 00, info@hotel-neuh~
aus.de, Fax (02374) 7664, 斎, 会s – 🆃🆅 ⇔ 🄿 – 🔬 40. 🄰🄴 🄾 🐽 🆅🅸🆂🅰
Menu (geschl. Dienstag) (Montag - Freitag nur Abendessen) à la carte 37/82 – **20 Z**
⊊ 90/160 – 145/220.

ISMANING Bayern 🄰🄸🄶 🄰🄴🄾 V 19 – 13500 Ew – Höhe 490 m.
Berlin 577 – München 17 – Ingolstadt 69 – Landshut 58 – Nürnberg 157.

🏨 **Zur Mühle,** Kirchplatz 5, ⊠ 85737, ✆ (089) 96 09 30, muehle-ismaning@t-online.de,
Fax (089) 96093110, 斎, Biergarten, 会s, 🔳 – 🛗 🆃🆅 🄿 – 🔬 30. 🄰🄴 🄾 🐽 🆅🅸🆂🅰 🄹🄲🄱
Menu à la carte 36/71 – **110 Z** ⊊ 145/185 – 195/255.

🏨 **Frey** garni, Hauptstr. 15, ⊠ 85737, ✆ (089) 9 62 42 30, Hotel.frey@t-online.de,
Fax (089) 96242340, « Einrichtung im alpenländischen Stil », 会s – 🆃🆅 🆅 🄿. 🄰🄴 🄾
🐽 🆅🅸🆂🅰
23 Z ⊊ 140/220 – 180/250.

576

🏠 **Fischerwirt** ⌖, Schloßstr. 17, ☒ 85737, ℰ (089) 9 62 62 60 (Hotel) 9 61 39 16 (Rest.), *OFFICE@FISCHERWIRT.DE, Fax (089) 96262610*, 🈯 – 📺 ✆ 🅿 – 🏧 35. 🆔 ⓪ 🆅🆂🅰 🅹🅲🅱.
🍽 Zim
geschl. 22. Dez. - 8. Jan. **Menu** *(geschl. Samstag)* à la carte 28/64 – **41 Z** ⌓ 140/190 – 190/290.

ISNY *Baden-Württemberg* �419�420 *W 14 – 13 800 Ew – Höhe 720 m – Heilklimatischer Kurort – Wintersport : 700/1 120 m ⚞9 ⚟.*
🄳 *Kurverwaltung, Unterer Grabenweg 18,* ☒ 88316, ℰ (07562) 98 41 10, Fax (07562) 984172.
Berlin 698 – Stuttgart 189 – Konstanz 104 – Kempten (Allgäu) 25 – Ravensburg 41 – Bregenz 42.

🏠🏠 **Hohe Linde,** Lindauer Str. 75 (B 12), ☒ 88316, ℰ (07562) 9 75 97, *hohe-linde@t-online.de, Fax (07562) 975969,* 🈯, 🚭, 🔲, 🈯 – 📺 ✆ 🅿 – 🏧 20. 🆔 ⓪ ⓪
🆅🆂🅰 🅹🅲🅱
Menu *(geschl. Freitag) (nur Abendessen)* à la carte 41/65 – **36 Z** ⌓ 90/120 – 160/210 – ½ P 35.

🏠 **Am Roßmarkt** ⌖ garni, Roßmarkt 8, ☒ 88316, ℰ (07562) 40 51, *hotel-garni@t-online.de, Fax (07562) 4052,* 🚭 – 📺 🅿 ⓪ 🆅🆂🅰
geschl. Mitte Nov. - Anfang Dez. – **14 Z** ⌓ 69/95 – 128/150.

🍴 **Krone** mit Zim, Bahnhofstr. 13, ☒ 88316, ℰ (07562) 24 42, Fax (07562) 56117,
« Gemütliche, altdeutsche Weinstuben » – ⌓. ⓪
geschl. Mitte - Ende Juni – **Menu** *(geschl. Donnerstag)* à la carte 33/69 – **6 Z** ⌓ 55/75 – 100/150 – ½ P 28.

An der Straße nach Maierhöfen *Süd : 2 km :*

🏠 **Zur Grenze,** Schanz 2, ☒ 88167 Maierhöfen, ℰ (07562) 97 55 10,
Fax (07562) 9755129, ≤, 🈯, 🈯 – 📺 ⌓ 🅿
Menu *(geschl. Feb. 2 Wochen, Nov. 3 Wochen, Montag - Dienstag)* à la carte 30/52 – **14 Z** ⌓ 75/95 – 130/150 – ½ P 28.

Außerhalb *Nord-West : 6,5 km über Neutrauchburg, dann in Unterried Richtung Beuren :*

🏠🏠🏠 **Berghotel Jägerhof** ⌖, Jägerhof 1, ☒ 88316 Isny, ℰ (07562) 7 70, *Berghotel-Jaegerhof@t-online.de, Fax (07562) 77202,* ≤ Allgäuer Alpen, 🈯, Massage, 🄵🄳, 🚭, 🔲,
🈯, 🍽 ⚟ – 📺, 🍽 Zim, 📺 ✆ 🅿 – 🏧 90. 🆔 ⓪ ⓪ 🆅🆂🅰
Menu à la carte 55/76 – ⌓ 25 – **88 Z** 184/236 – 242/294 – ½ P 45.

ISSELBURG *Nordrhein-Westfalen* �417 *K 3 – 11 000 Ew – Höhe 23 m.*
Sehenswert : Wasserburg Anholt★.
🄸🄱 *Isselburg-Anholt, Am Schloß 3,* ℰ (02874) 91 51 20.
Berlin 579 – Düsseldorf 86 – Arnhem 46 – Bocholt 13.

🏠 **Nienhaus,** Minervastr. 26, ☒ 46419, ℰ (02874) 7 70, Fax (02874) 45673, 🈯 – 📺 ⌓.
🆔 ⓪ 🆅🆂🅰 🍽.
Menu *(geschl. Feb., Donnerstag, Samstagmittag)* à la carte 46/69 – **12 Z** ⌓ 75/140.

In Isselburg-Anholt *Nord-West : 3,5 km :*

🏠🏠🏠 **Parkhotel Wasserburg Anholt** ⌖, Klever Straße, ☒ 46419, ℰ (02874) 45 90,
WASSERBURG-ANHOLT@T-ONLINE.de, Fax (02874) 4035, ≤, 🈯, « Wasserburg a.d. 12.
Jh. ; Park ; Burg-Museum » – 📶, 🍽 Rest, 📺 ⌓ 🅿 – 🏧 50. 🆔 ⓪ ⓪ 🆅🆂🅰.
🍽 Rest
geschl. Jan. - Mitte Feb. – **Menu** *(geschl. Sonntagabend - Montag) (wochentags nur Abendessen)* à la carte 74/94 – **Treppchen** *: Menu* à la carte 48/70 – **28 Z** ⌓ 110/250 – 220/325.

🍴 **Brüggenhütte** mit Zim, Hahnenfeld 23 (Ost : 3 km), ☒ 46419, ℰ (02874) 9 14 70,
Fax (02874) 914747, 🈯 – 📺 🅿 🆔 ⓪ ⓪ 🆅🆂🅰 🍽
Menu *(geschl. Anfang - Mitte Jan., Montag - Mittwochmittag)* à la carte 39/63 – **9 Z** ⌓ 79/120.

'TZEHOE *Schleswig-Holstein* �415 *E 12 – 32 600 Ew – Höhe 7 m.*
🄸🄱 *Breitenburg (Süd-Ost : 5 km),* ℰ (04828) 81 88.
Berlin 343 – Kiel 69 – Hamburg 61 – Bremerhaven 97 – Lübeck 87 – Rendsburg 44.

🏠🏠 **Mercure** 🄼, Hanseatenplatz 2, ☒ 25524, ℰ (04821) 1 52 00, Fax (04821) 152099 –
📶, 🍽 Zim, 📺 ✆ ⌓ 🅿 – 🏧 80. 🆔 ⓪ ⓪ 🆅🆂🅰 🅹🅲🅱
Menu *(nur Abendessen)* à la carte 41/60 – **78 Z** ⌓ 120/200 – 150/210.

JENA Thüringen **418** N 18 – 99 000 Ew – Höhe 144 m.

Sehenswert : Planetarium★ AY – Optisches Museum★ AY **M1**.

🛈 Tourist-Information, Johannisstr. 23, ✉ 07743, ℘ (03641) 8 06 40, Fax (03641) 806409.

ADAC, Teichgraben (Eulenhaus).

Berlin 246 ③ – Erfurt 59 ⑤ – Gera 44 ③ – Chemnitz 112 ③ – Bayreuth 147 ③

🏨 Steigenberger Esplanade ⓜ, Carl-Zeiss-Platz 4, ✉ 07743, ℘ (03641) 80 00, jena @ steigenberger.de, Fax (03641) 800150, 🗜, 🛌 – 🛗, 🔆 Zim, 🗐 📺 📞 🕹 🚗 – 🔬 420.
AE ① ⓦⓞ 🗸 📇   AY a
Rotonda : Menu à la carte 36/69 – **179 Z** ⇆ 215/255 – 245/315, 6 Suiten.

🏨 Schwarzer Bär, Lutherplatz 2, ✉ 07743, ℘ (03641) 40 60, hotel@ schwarzer-baer -jena.de, Fax (03641) 406113, 🏞 – 🛗 📺 🕹 🚗 📮 – 🔬 80. AE ⓦⓞ
𝕍𝕀𝕊𝔸 📇   BY b
Menu à la carte 30/60 – **66 Z** ⇆ 95/140 – 150/180.

🏨 Ibis ⓜ garni, Teichgraben 1, ✉ 07743, ℘ (03641) 81 30, h2207@ accor hotels.com, Fax (03641) 813333 – 🛗 🔆 🗐 📺 📞 🕹 🚗 – 🔬 20. AE ①
ⓦⓞ 𝕍𝕀𝕊𝔸   AZ c
⇆ 15 – **77 Z** 90.

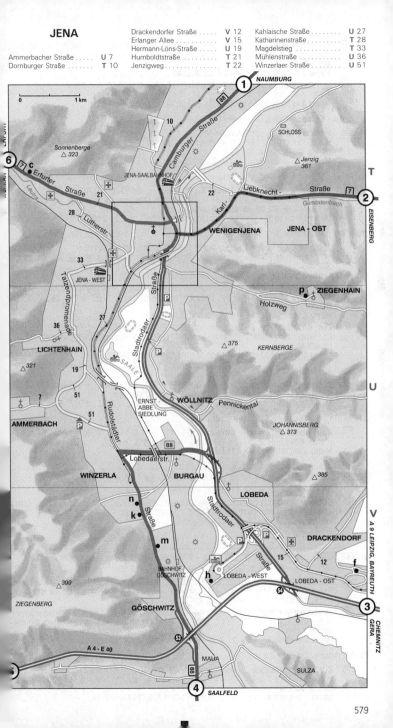

JENA

579

🏬 **Papiermühle,** Erfurter Str. 102, ⊠ 07743, ℰ (03641) 4 59 80, *Fax (03641) 459845,*
Biergarten, « Braugasthof a.d.J. 1737 mit Hausbrauerei » – 📺 📱. 🅰🅴
🐵 🆅🅸🆂🅰
T c
Menu à la carte 25/43 – **18 Z** ⇌ 90/140.

🏬 **Zur Schweiz,** Quergasse 15, ⊠ 07743, ℰ (03641) 5 20 50, *Fax (03641) 5205111,* 🍴
🍴 – 📺
AY d
Menu à la carte 24/40 – **19 Z** ⇌ 95/110 – 120/140.

In Jena - Lobeda-Ost *Süd : 3,5 km :*

🏨 **Holiday Inn** 🔊, Otto-Militzer-Str. 1, ⊠ 07747, ℰ (03641) 30 10, *Res@HolidayInn-Je
na.de, Fax (03641) 334575,* ≼, Biergarten, **Ⅰ₆**, 🚬 – 📱, ⇥ Zim, 📺 ✆ 📱 – 🔬 80.
🅰🅴 ⑩ 🐵 🆅🅸🆂🅰 🅹🅲🅱. ⅝ Rest
V f
Menu à la carte 32/80 – **170 Z** ⇌ 125/260 – 145/280, 11 Suiten.

In Jena - Lobeda-West *Süd : 4 km :*

🏨 **Steigenberger MAXX Hotel** Ⓜ, Stauffenbergstr. 59, ⊠ 07747, ℰ (03641) 30 00,
jena@maxx-hotels.de, 🍴, Massage, **Ⅰ₆**, 🚬 – 📱, ⇥ Zim,
🚹 🚗 – 🔬 80. 🅰🅴 ⑩ 🐵 🆅🅸🆂🅰 🅹🅲🅱. ⅝ Rest
V h
Menu à la carte 33/53 *(auch vegetarische Gerichte)* – ⇌ 20 – **219 Z** 150/175 – 160/220.

In Jena - Winzerla :

🏨 **Jena** Ⓜ 🔊, Rudolstädter Str. 82 (B 88), ⊠ 07745, ℰ (03641) 6 60, *info@hoteljena.
bestwestern.de, Fax (03641) 661010,* 🍴 – 📱, ⇥ Zim, ▤ 📺 🚹 📱 – 🔬 250. 🅰🅴 ⑩ 🐵
🆅🅸🆂🅰 🅹🅲🅱
V k
Menu à la carte 34/60 – **160 Z** ⇌ 129/159 – 149/179.

🏬 **Jembo Park Motel,** Rudolstädter Str. 93, ⊠ 07745, ℰ (03641) 68 50, *info@jemb
o.de, Fax (03641) 685299,* 🍴, Biergarten, 🚬 – 📱, ⇥ Zim, 📺 🚹 📱 – 🔬 60. 🅰🅴 ⑩
🐵 🆅🅸🆂🅰 🅹🅲🅱
V m
Menu à la carte 25/49 – **48 Z** ⇌ 104/118 – 139/205.

🏬 **Zur Weintraube,** Rudolstädter Str. 76 (B 88), ⊠ 07745, ℰ (03641) 60 57 70, *hote
l.zur.weintraube.jena@t-online.de, Fax (03641) 606583,* Biergarten – 📺 🚗 📱 – 🔬 20.
🅰🅴 🐵 🆅🅸🆂🅰
V n
Menu à la carte 23/56 🍴 – **18 Z** ⇌ 110/120 – 140/150.

In Jena-Ziegenhain :

🏬 **Ziegenhainer Tal** 🔊, Ziegenhainer Str. 107, ⊠ 07749, ℰ (03641) 39 58 40,
Fax (03641) 395842, 🚬, 🍴 – 📺 📱. 🅰🅴 🐵 🆅🅸🆂🅰. ⅝ Rest
U p
Menu *(nur Abendessen)* (Restaurant nur für Hausgäste) – **20 Z** ⇌ 90/140.

In Zöllnitz *Süd-Ost : 6 km über Erlanger Allee* V :

🏨 **Fair Hotel** Ⓜ, Ilmnitzer Landstr. 3, ⊠ 07751, ℰ (03641) 76 76, *service@fairhotel-j
ena.de, Fax (03641) 767767,* 🍴 – 📱, ⇥ Zim, 📺 🚹 📱 – 🔬 150. 🅰🅴 ⑩ 🐵 🆅🅸🆂🅰
Menu à la carte 31/60 – **113 Z** ⇌ 99/119 – 129/149.

JESSEN (ELSTER) *Sachsen-Anhalt* 🄰🄱🄾 *K 22 – 6 800 Ew – Höhe 70 m.*
  Berlin 112 – Magdeburg 110 – Leipzig 69 – Wittenberg 25.

🏨 **Schwarzenbach** garni, Rosa-Luxemburg-Str. 36, ⊠ 06917, ℰ (03537) 27 60, *Konta
kt@Hotel-Schwarzenbach.de, Fax (03537) 212231,* **Ⅰ₆**, 🚬 – 📱 ⇥ 📺 ✆ 📱 – 🔬 25. 🅰🅴
🐵 🆅🅸🆂🅰
36 Z ⇌ 115/168.

JESTEBURG *Niedersachsen* 🄰🄱🄾 🄰🄱🄾 *G 13 – 6 500 Ew – Höhe 25 m – Luftkurort.*
  Berlin 311 – Hannover 126 – Hamburg 42 – Lüneburg 39.

🏨 **Niedersachsen,** Hauptstr. 60, ⊠ 21266, ℰ (04183) 9 30 30, *hotelnds@aol.com,
Fax (04183) 930311,* 🍴, 🚬, 🔲, 🍴 – 📱, ⇥ Zim, 📺 📱 – 🔬 50. 🅰🅴 ⑩ 🐵 🆅🅸🆂🅰
Menu à la carte 44/71 – **45 Z** ⇌ 99/120 – 174/188.

🏬 **Jesteburger Hof,** Kleckerwaldweg 1, ⊠ 21266, ℰ (04183) 20 08, *Jesteburgerhof
@t-online.de, Fax (04183) 3311,* 🍴 – ⇥ Rest, 📺 ✆ 🚗 📱 – 🔬 30. 🅰🅴 ⑩ 🐵 🆅🅸🆂🅰.
⅝ Rest
Menu à la carte 30/63 – **21 Z** ⇌ 75/110 – 110/140 – ½ P 22.

In Asendorf *Süd-Ost : 4,5 km :*

🏨 **Zur Heidschnucke** 🔊, Im Auetal 14, ⊠ 21271, ℰ (04183) 97 60, *hotel.heidschnu
cke@t-online.de, Fax (04183) 4472,* 🍴, Massage, 🏊, 🚬, 🔲, 🍴 – 📱 ⇥ 📺 📱 – 🔬 60.
🅰🅴 ⑩ 🐵 🆅🅸🆂🅰
Menu à la carte 45/73 – **52 Z** ⇌ 129/149 – 175/249 – ½ P 36.

JESTETTEN Baden-Württemberg **419** X 9 – 4 200 Ew – Höhe 438 m – Erholungsort.
Berlin 792 – Stuttgart 174 – *Freiburg im Breisgau 102* – Waldshut-Tiengen 34 – Schaffhausen 8 – Zürich 42.

🏠 **Zum Löwen** garni, Hauptstr. 22, ✉ 79798, ℰ (07745) 9 21 10, *info@hotel-loewen-j estetten.de*, Fax (07745) 921188 – 📶 📺 🚗 **P.** **AE** **⓪** **VISA**
15 Z ⊂⊃ 80/90 – 140.

JETTINGEN-SCHEPPACH Bayern **420** U 15 – 6 800 Ew – Höhe 468 m.
Berlin 587 – München 100 – *Augsburg 41* – Ulm (Donau) 33.

🏠 **Best Hotel Mindeltal** Ⓜ garni, Robert-Bosch-Str. 3 (Scheppach), ✉ 89343, ℰ (08225) 99 70, *Besthotel@Besthotel.de*, Fax (08225) 997100 – 📶 ⬆ 📺 ☎ 🔧 **P.** –
🏖 60. **⓪** **VISA**
74 Z ⊂⊃ 99/125 – 129/159.

JEVER Niedersachsen **415** F 7 – 14 000 Ew – Höhe 10 m.
🅱 Verkehrsbüro, Tourist-Information, Alter Markt 18, ✉ 26441, ℰ (04461) 7 10 10, Fax (04461) 939299.
Berlin 488 – Hannover 229 – *Emden 59* – Oldenburg 59 – Wilhelmshaven 18.

🏠 **Friesen-Hotel** 🐾 garni, Harlinger Weg 1, ✉ 26441, ℰ (04461) 93 40, *jache@jeve r-hotel.de*, Fax (04461) 934111 – ☎ 📺 ☎ 🚗 **P.** **AE** **⓪** **⓪** **VISA** 🍴
36 Z ⊂⊃ 78/110 – 140/160.

🍴🍴 **Alte Apotheke,** Apothekerstr. 1, ✉ 26441, ℰ (04461) 40 88, Fax (04461) 73857, 🏖
– **AE** **⓪** **⓪** **VISA**
geschl. Ende Jan. - Anfang Feb., Montag - Dienstagmittag – **Menu** à la carte 39/68.

🍴 **Haus der Getreuen,** Schlachtstr. 1, ✉ 26441, ℰ (04461) 30 10, *info@haus-der-g etreuen.de*, Fax (04461) 72373, 🏖 – **AE** **⓪** **⓪**
Menu à la carte 41/66.

JOACHIMSTHAL Brandenburg **416** H 25 – 3 000 Ew – Höhe 100 m.
Berlin 67 – Potsdam 126 – Brandenburg 142 – Frankfurt (Oder) 119.

Am Werbellinsee :

🏨 **Jagdschloß Hubertusstock** 🐾, Seerandstraße (B 198) (Süd-West : 10 km),
✉ 16247 Hubertusstock, ℰ (033363) 5 00, *info@hubertusstock.com*,
Fax (033363) 50255, 🏖, ☎, 🍴 – 📺 **P.** – 🏖 30. **AE** **⓪** **⓪** **VISA** **JCB**
Menu (geschl. 15. - 28. Jan., Nov. - März Montag - Dienstag) à la carte 40/59 – **21 Z**
⊂⊃ 150/220 – 180/480 – ½ P 35.

JÖHSTADT Sachsen **418** O 23 – 1 700 Ew – Höhe 800 m – Wintersport : 750/899 m ✓1 🎿.
🅱 Fremdenverkehrsamt, Markt 185, ✉ 09477, ℰ (037343) 8 05 22, Fax (037343) 80500.
Berlin 308 – Dresden 107 – *Chemnitz 44.*

🏠 **Schlösselmühle,** Schlösselstr. 60 (Ost : 1 Km), ✉ 09477, ℰ (037343) 26 66,
🐾 Fax (037343) 2665, 🏖 – 📺 **P.** **⓪** **VISA** 🍴
Menu à la carte 19/39 🍷 – **12 Z** ⊂⊃ 40/52 – 60/84 – ½ P 15.

JOHANNESBERG Bayern siehe Aschaffenburg.

JOHANNGEORGENSTADT Sachsen **418 420** O 22 – 7 500 Ew – Höhe 900 m – Erholungsort
– Wintersport : 700/1000 m ✓2 🎿.
🅱 Fremdenverkehrsamt, Eibenstocker Str. 67, ✉ 08349, ℰ (03773) 88 82 22, Fax (03773) 888280.
Berlin 317 – Dresden 144 – *Chemnitz 57* – Chomutov 86 – Karlovy Vary 59 – Hof 97.

🏠 **Erzgebirgshotel an der Kammloipe** 🐾, Schwefelwerkstr. 28, ✉ 08349,
🐾 ℰ (03773) 88 29 59, *erzgebirgshotel@abo.freiepresse.de*, Fax (03773) 882959, ☎, 🍴
– 📺 **P.** – 🏖 30. **AE** **⓪** **⓪** **VISA**
Menu à la carte 23/55 – **23 Z** ⊂⊃ 45/55 – 90 – ½ P 15.

In Johanngeorgenstadt-Steinbach Nord-West : 2 km :

🏠 **Steinbach,** Steinbach 22, ✉ 08349, ℰ (03773) 88 22 28, Fax (03773) 882228, Bier-
🐾 garten, 🍴 – 📺 **P.** **AE** **⓪** **⓪** **VISA**
geschl. Nov. 2 Wochen – **Menu** (geschl. Donnerstag) à la carte 18/33 🍷 – **15 Z** ⊂⊃ 40/65
– 95 – ½ P 10.

JORK *Niedersachsen* 408 409 *F 13 – 10 500 Ew – Höhe 1 m.*
Sehenswert : Bauernhäuser ★.
Berlin 318 – Hannover 167 – Hamburg 63 – Bremen 108.

🏠 **Zum Schützenhof,** Schützenhofstr. 16, ✉ 21635, ℰ (04162) 9 14 60, *schuetzenh
of-jork@t-online.de,* Fax (04162) 914691, ㈘, ✗ – 📺 📞 – 🛎 30. 📭 ⑩
🕮 VISA
Ollanner Buurhuus *(geschl. 31. Dez. - 7. Jan.)* **Menu** à la carte 34/50 – **15 Z** ☑ 90 –
132/152.

Benachrichtigen Sie sofort das Hotel,
wenn Sie ein bestelltes Zimmer nicht belegen können.

JÜLICH *Nordrhein-Westfalen* 417 *N 3 – 31 000 Ew – Höhe 78 m.*
Berlin 607 – Düsseldorf 55 – Aachen 31 – Köln 53.

🏠 **Kaiserhof,** Bahnhofstr. 5, ✉ 52428, ℰ (02461) 6 80 70, Fax (02461) 680777, ㈘ –
🛗, ⇆ Zim, 📺 📞 – 🛎 15. 📭 ⑩ 🕮 VISA
Menu *(geschl. Sonntagabend - Montagmittag)* à la carte 48/78 – **41 Z** ☑ 120/190.

JÜRGENSTORF *Mecklenburg-Vorpommern siehe Stavenhagen.*

JÜTERBOG *Brandenburg* 418 *K 23 – 14 950 Ew – Höhe 75 m.*
🛈 *Stadtinformation, Markt 21 (Rathaus),* ✉14913, ℰ (03372) 46 31 13, Fax (03372)
463113.
Berlin 71 – Potsdam 58 – Cottbus 105 – Dessau 82 – Wittenberg 51.

In Kloster Zinna *Nord-Ost : 4,5 km :*

🏠 **Romantik Hotel Alte Försterei,** Markt 7, ✉ 14913, ℰ (03372) 46 50, *alte-foer
sterei@romantik.de,* Fax (03372) 465222, ㈘, « Ehemaliges Forsthaus a.d.J.1765 » –
⇆ Zim, 📺 📞 – 🛎 55. 📭 🕮 VISA
Friedrichs Stuben : **Menu** à la carte 38/60 – **12 Mönche :** **Menu** à la carte 28/40 – **20 Z**
☑ 108/148 – 188/198 – ½ P 30.

JUIST (Insel) *Niedersachsen* 408 *E 4 – 1 700 Ew – Seeheilbad – Insel der Ostfriesischen Inselgruppe, Autos nicht zugelassen.*
⛴ *von Norddeich (ca. 1 h 15 min),* ℰ (04935) 9 10 10, Fax (04935) 910134.
🛈 *Kurverwaltung, Friesenstr. 18 (Altes Warmbad),* ✉ 26571, ℰ (04935) 80 90, Fax
(04935) 809223.
*ab Fährhafen Norddeich : Berlin 537 – Hannover 272 – Emden 37 – Aurich/Ostfriesland
31.*

🏨 **Romantik Hotel Achterdiek** ⌂, Wilhelmstr. 36, ✉ 26571, ℰ (04935) 80 40, *Roma
ntikHotelAchterdiek@compuserve.com,* Fax (04935) 1754, ㈘, 🚲, 🖼, ☂ – 🛗,
⇆ Rest, 📺 ⚡ – 🛎 20. ✎
geschl. Mitte Nov. - 22. Dez. – **Gute Stube-Wintergarten** (Tischbestellung ratsam) *(geschl.
Mitte Nov. - März, Montag) (nur Abendessen)* **Menu** à la carte 67/105 – **50 Z** ☑ 155/235
– 350/460 – ½ P 40.

🏨 **Historisches Kurhaus Juist** Ⓜ ⌂, Strandpromenade 1, ✉ 26571, ℰ (04935)
91 60, *hiskur.juist@t-online.de,* Fax (04935) 916222, ≼, Massage, 🎣, 🚲 – 🛗 📺 ⚡ –
🛎 40. 📭 ⑩ 🕮 VISA. ✎ Rest
Menu à la carte 52/86 – **74 Appart.** ☑ 269/299 – 386/570 – ½ P 43.

🏠 **Pabst** ⌂, Strandstr. 15, ✉ 26571, ℰ (04935) 80 50, *hotelpabst@t-online.de,*
Fax (04935) 805155, ㈘, Massage, ♨, 🚲, 🖼, ☂ – 🛗 📺 ⚡. 📭 🕮
VISA. ✎
geschl. 22. Jan. - 21. Feb., 3. - 20. Dez. – **Menu** à la carte 51/86 – **61 Z** ☑ 175/255 –
330/530, 5 Suiten – ½ P 30.

🏠 **Juister Hof** ⌂ garni, Strandpromenade 2, ✉ 26571, ℰ (04935) 9 20 40, *info@juis
ter-hof.de,* Fax (04935) 920433, 🚲 – 🛗 📺 ⚡. 📭 🕮 VISA
☑ 21 – **38 Z** 270 – 300/535.

🏠 **Friesenhof** ⌂, Strandstr. 21, ✉ 26571, ℰ (04935) 80 60, Fax (04935) 1812, ☂ –
🛗 📺. ✎
geschl. 6. Jan. - 30. März, 22. Okt. - 25. Dez. – **Menu** *(geschl. 22. Okt. - 29. März)* à la carte
37/78 (auch vegetarische Gerichte) – **78 Z** ☑ 143/168 – 238/278 – ½ P 28.

🏠 **Westfalenhof** ⌂, Friesenstr. 24, ✉ 26571, ℰ (04935) 9 12 20, *info@hotel-westf
alenhof.de,* Fax (04935) 912250 – 📺 ⚡. ✎ Rest
geschl. 6. Jan. - 15. März, 1. Nov. - 26. Dez. – **Menu** (Restaurant nur für Hausgäste) – **25 Z**
☑ 139/154 – 218/308 – ½ P 20.

JUNGHOLZ IN TIROL Österreich 419 420 X 15 – Österreichisches Hoheitsgebiet, wirtschaftlich der Bundesrepublik Deutschland angeschlossen. Deutsche Währung – 370 Ew – Höhe 1 058 m – Wintersport : 1 150/1 600 m ≰ 6 ≴.

🅱 *Touristikinformation Jungholz, Im Gemeindehaus 55,* ⊠ 87491, ℰ (08365) 81 20, Fax (08365) 8287.

Immenstadt im Allgäu 25 – Füssen 31 – Kempten (Allgäu) 31.

🏫 **Vital-Hotel Tirol** ⑤, ⊠ 87491, ℰ (08365) 81 61, *vitalhoteltirol@netway.at,* Fax (08365) 8210, ≼ Sorgschrofen und Allgäuer Berge, 佘, Massage, ₤ふ, ≦s, ⧠, 屛 – 🛗 ⇄ 📺 ⇔ 🅿 – 🔬 70. 🆎 ① ⓪🄾 🆅🅸🆂🅰. ⅋ Rest
geschl. Ende April - Anfang Mai, Anfang Nov. - Mitte Dez. – **Menu** *(nur Abendessen)* *(Tischbestellung ratsam)* à la carte 39/52 – **86 Z** ⊏ 105/135 – 270/310, 3 Suiten – ½ P 30.

🏠 **Alpenhof** ⑤, Am Sonnenhang 23, ⊠ 87491, ℰ (08365) 8 11 40, *info@alpenhof-jungholz.de,* Fax (08365) 820150, ≼, 佘, ₤ふ, ≦s, 屛 – ⇄ Rest, 📺 ⇔ 🅿 – 🔬 20. 🆎 ⓪🄾 🆅🅸🆂🅰
geschl. Mitte April - Mitte Mai, Anfang Nov. - Mitte Dez. – **Menu** à la carte 29/73 – **28 Z** ⊏ 94/135 – 148/196 – ½ P 24.

In Jungholz-Langenschwand :

🏨 **Sporthotel Waldhorn** ⑤, ⊠ 87491, ℰ (08365) 81 35, Fax (08365) 8265, ≼, 佘, Massage, ₤ふ, ≦s, ⧠, 屛 – 📺 ⇔ 🅿 – 🔬 15. ① ⓪🄾
geschl. Anfang Nov. - 15. Dez. – **Menu** à la carte 31/65 – **25 Z** ⊏ 85/110 – 170/220 – ½ P 25.

KAARST Nordrhein-Westfalen siehe Neuss.

KAHL AM MAIN Bayern 417 P 11 – 7 200 Ew – Höhe 107 m.

Berlin 538 – München 369 – Frankfurt am Main 36 – Aschaffenburg 16.

🏨 **Zeller,** Aschaffenburger Str. 2 (B 8), ⊠ 63796, ℰ (06188) 91 80, *rezeption@hotel-zeller.de,* Fax (06188) 918100, 佘, ≦s – ⇄ Zim, 📺 🅿 – 🔬 25. 🆎 ⓪🄾 🆅🅸🆂🅰
geschl. 22. Dez. - 6. Jan. – **Menu** *(geschl. Samstagmittag, Sonntag)* à la carte 36/65 – **60 Z** ⊏ 124/150 – 174/185.

🏠 **Dörfler** ⑤, Westring 10, ⊠ 63796, ℰ (06188) 9 10 10, *INFO@HOTEL-DOERFLER.DE,* Fax (06188) 910133 – 📺 ⚫ 🅿 🆎 ⓪ ⓪🄾 🆅🅸🆂🅰 🄹🄲🄱. ⅋
Menu *(geschl. 23. Dez. - 7. Jan.)* à la carte 33/60 – **18 Z** ⊏ 90/100 – 144/160.

🏠 **Am Leinritt** ⑤ garni, Leinrittstr. 2 (Gewerbegebiet Mainfeld), ⊠ 63796, ℰ (06188) 91 18 80, Fax (06188) 9118888 – ⇄ 📺 ⚫ 🅿 🆎 ⓪🄾 🆅🅸🆂🅰
23 Z ⊏ 105/120 – 155/170.

🏠 **Mainlust** garni (mit Gästehaus), Aschaffenburger Str. 12 (B 8), ⊠ 63796, ℰ (06188) 20 07, Fax (06188) 2008 – 📺 🅿 ⓪🄾
23 Z ⊏ 88/96 – 128/136.

KAHLA Thüringen 418 N 18 – 8 000 Ew – Höhe 170 m.

Berlin 264 – Erfurt 55 – Gera 48.

🏠 **Zum Stadttor,** Jenaische Str. 24, ⊠ 07768, ℰ (036424) 83 80, Fax (036424) 83833, 佘, « Fachwerkhaus a.d.J. 1468 », ≦s – 📺 ⚫ 🅿 – 🔬 20. 🆎 ① ⓪🄾 🆅🅸🆂🅰
Menu à la carte 25/51 – **13 Z** ⊏ 90/105 – 130/150.

KAISERSBACH Baden-Württemberg 419 T 12 – 2 100 Ew – Höhe 565 m – Erholungsort.

Berlin 575 – Stuttgart 56 – Heilbronn 53 – Schwäbisch Gmünd 50.

In Kaisersbach-Ebni Süd-West : 3 km :

🏫 **Schassbergers Kur- und Sporthotel** ⑤, ⊠ 73667, ℰ (07184) 29 20, *info@schassbergers.de,* Fax (07184) 292204, 佘, Massage, ₤ふ, ₤, ≦s, ⧠, 屛, ⅋(Halle) – 🛗, ⇄ Zim, 📺 ⚫ 🅿 – 🔬 40. 🆎 ⓪🄾
Menu à la carte 39/85 – **47 Z** ⊏ 145/186 – 236/490 – ½ P 43.

⅋ **Schwobastüble** ⑤ (mit Gästehaus), Winnender Str. 81, ⊠ 73667, ℰ (07184) 6 01, Fax (07184) 678, « Gartenterrasse », 屛 – ⇄ Zim, 📺 🅿 ⅋ Zim
geschl. Jan., Dienstag - Mittwoch – **Menu** à la carte 35/64 – **5 Z** ⊏ 62 – 80/116.

KAISERSESCH Rheinland-Pfalz 417 P 5 – 2 600 Ew – Höhe 455 m.

Berlin 633 – Mainz 134 – Koblenz 43 – Trier 89 – Cochem 14 – Mayen 18.

🏠 **Kurfürst** ⑤, Auf der Wacht 21, ⊠ 56759, ℰ (02653) 9 89 10, Fax (02653) 989119, 佘, 屛, ⚓ – 🛗 ⇄ Zim, ⚫ ⇔ 🅿 ⓪🄾 🆅🅸🆂🅰 ⅋
Menu à la carte 30/54 ₰ – **25 Z** ⊏ 75/100 – 110/140.

KAISERSLAUTERN Rheinland-Pfalz 四17 R 7 – 100 000 Ew – Höhe 235 m.

㊐ Mackenbach (③) : 17 km über Weilerbach), ℰ (06374) 99 46 33.

🄱 Tourist Information, Rathaus, Willy-Brandt-Platz 1, ⊠ 67653, ℰ (0631) 3 65 23 17, Fax (0631) 3652723 – **ADAC,** Altstadt-Parkhaus.

Berlin 642 ① – Mainz 90 ① – Saarbrücken 70 ③ – Karlsruhe 88 ② – Mannheim 61 ① – Trier 115 ③

🏛 **Dorint,** St.-Quentin-Ring 1, ⊠ 67663, ℰ (0631) 2 01 50, Info.KLTKAI@dorint.com, Fax (0631) 27640, 斧, Massage, ≦s, 🔲, 淼 – ⧈, ⣜ Zim, 🍽 Rest, 📺 📞 ⟷ 🅿 – 🛆 160. 🖭 ⓪ ⑯ 𝕍𝕀𝕊𝔸 ⎎⎆ über Kantstr. D
Menu à la carte 50/73 – 🖵 25 – **149 Z** 203/218 – 248/263.

🏨 **Schulte** garni (Appartementhaus), Malzstr. 7, ⊠ 67663, ℰ (0631) 20 16 90, info@h otel-schulte.de, Fax (0631) 2016919, « Elegante Einrichtung », ≦s – ⧈ ⣜ 📺 ⚹ 🅿 – 🛆 20. 🖭 ⓪ ⑯ 𝕍𝕀𝕊𝔸 ⚹
geschl. 20. Dez. - 7. Jan. – **15 Suiten** 🖵 270/350, 2 Z 🖵 175/200.   C b

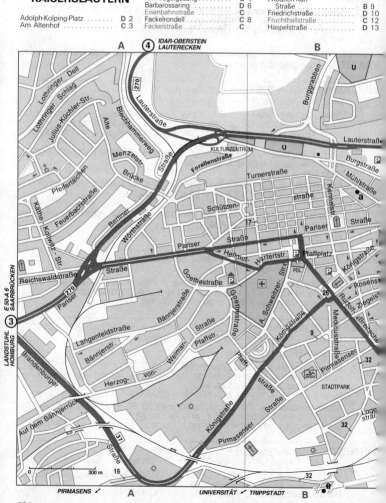

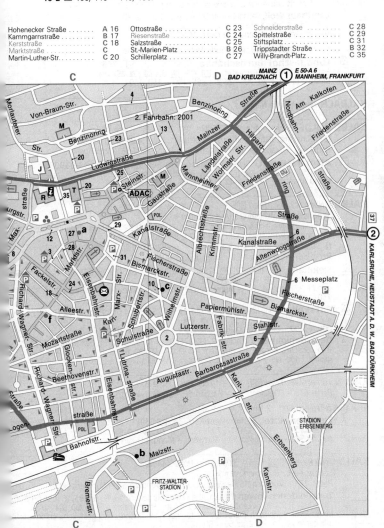

Blechhammer, Am Hammerweiher 1, ⊠ 67659, ✆ (0631) 3 72 50, *Hotel-Blechham mer@t-online.de, Fax (0631) 3725100,* 🍽 – 📺 🅿 – 🔬 40. 🆎 ⓞ ⓜⓢ 🆅🅸🆂🅰 🅹🅲🅱
über Blechhammerweg   A
Menu à la carte 36/73 ⅄ – **34 Z** ⊇ 100/128 – 162/188.

Stadthotel garni, Friedrichstr. 39, ⊠ 67655, ✆ (0631) 36 26 30, *Fax (0631) 3626350*
– 📺 🆎 ⓜⓢ 🆅🅸🆂🅰. ⅋   D c
21 Z ⊇ 110/125 – 150/180.

Altes Zollamt garni, Buchenlochstr. 1, ⊠ 67663, ✆ (0631) 3 16 66 00, *zollamt-hot el-garni@t-online.de, Fax (0631) 3166666* – 📺 – 🔬 20. 🆎 ⓞ ⓜⓢ 🆅🅸🆂🅰   B e
20 Z ⊇ 139/179 – 165/210.

Lautertalerhof garni, Mühlstr. 31, ⊠ 67659, ✆ (0631) 3 72 60, *Fax (0631) 73033* –
📺 🆎 ⓞ ⓜⓢ 🆅🅸🆂🅰. ⅋   B a
19 Z ⊇ 100/110 – 140/150.

XX **Uwe's Tomate,** Schillerplatz 4, ⊠ 67655, ℰ (0631) 9 34 06, Fax (0631) 696187, 🏠
✿ – ⬤Ⓔ 𝗩𝗜𝗦𝗔 C a
geschl. Okt. 3 Wochen, Sonntag - Montag – **Menu** 65/115 und à la carte 60/94
Spez. Komposition von Gänsestopfleber. Gefüllter Ochsenschwanz mit Burgundersauce.
Schokoladenvariation.

X **Bistro 1A,** Pirmasenser Str. 1a, ⊠ 67655, ℰ (0631) 6 30 59, Fax (0631) 92104, 🏠 –
⬤Ⓔ C f
geschl. Sonn- und Feiertage – **Menu** à la carte 33/59.

In Kaiserslautern-Eselsfürth Nord-Ost : 6 km über Mainzer Straße D :

🏨 **Barbarossahof** (mit Gästehaus), Eselsfürth 10, ⊠ 67657, ℰ (0631) 4 30 18,
Fax (0631) 470785, 🏠, ⊜s – 🆃🆅 ⟳, 🅿 – 🕍 100. 🅰🅴 ⬤Ⓔ 𝗩𝗜𝗦𝗔. ✖ Rest
Menu à la carte 31/63 – **150 Z** ⊒ 105/205 – 155/325.

In Kaiserslautern-Dansenberg Süd-West : 6 km über Hohenecker Straße A :

XX **Landhaus Woll,** Dansenberger Str. 64, ⊠ 67661, ℰ (0631) 5 16 02, Fax (0631) 91061,
🏠 – 🅿, 🅰🅴 ① ⬤Ⓔ 𝗩𝗜𝗦𝗔
geschl. Dienstag – **Menu** à la carte 33/64.

In Kaiserslautern-Hohenecken Süd-West : 7 km über Hohenecker Straße A :

🏠 **Landgasthof Burgschänke,** Schloßstr. 1, ⊠ 67661, ℰ (0631) 35 15 30,
Fax (0631) 56301, Biergarten – 🆃🆅 🅿 – 🕍 50. 🅰🅴 ① ⬤Ⓔ 𝗩𝗜𝗦𝗔
Menu à la carte 29/70 – **26 Z** ⊒ 85/100 – 130/150.

KALBACH Hessen siehe Neuhof.

KALBE (MILDE) Sachsen-Anhalt 🄰🄶 🄸 I 18 – 3 450 Ew – Höhe 30 m.
🛈 Touristinformation, Rathaus, Schulstr. 11, ⊠ 39624, ℰ (039080) 9 71 22.
Berlin 167 – Magdeburg 78 – Salzwedel 41 – Stendal 36 – Wittingen 52.

🏠 **Altmark-Hotel,** Ernst-Thälmann-Str. 96, ⊠ 39624, ℰ (039080) 30 77,
Fax (039080) 2077 – ▥ 🆃🆅 🅿 – 🕍 50. 🅰🅴 ⬤Ⓔ 𝗩𝗜𝗦𝗔
Menu à la carte 27/37 – **42 Z** ⊒ 75/95 – 110/135.

KALKAR Nordrhein-Westfalen 🄰🄸 K 2 – 13 500 Ew – Höhe 18 m.
Sehenswert : Nikolaikirche (Ausstattung★★).
🄸🄸 🄸🄸 Kalkar-Niedermörmter (Ost : 5 km), ℰ (02824) 92 40 40 ; 🄸🄸 Bedburg-Hau, Schloß
Moyland, (Nord-West : 4 km) ℰ (02824) 9 52 50.
🛈 Stadt Kalkar, Markt 20, ⊠ 47546, ℰ (02824) 1 31 20, Fax (02824) 13234.
Berlin 587 – Düsseldorf 81 – Nijmegen 35 – Wesel 35.

🏠 **Siekmann,** Kesselstr. 32, ⊠ 47546, ℰ (02824) 9 24 50, Fax (02824) 3105, 🏠, ⊜s,
▣ – ➚ Zim, 🆃🆅 ⟳. 🅰🅴 ⬤Ⓔ 𝗩𝗜𝗦𝗔
geschl. 20. Dez. - 4. Jan. – **Menu** (geschl. Mittwoch) à la carte 28/56 – **14 Z** ⊒ 80/90 –
130/140.

XX **Ratskeller,** Markt 20, ⊠ 47546, ℰ (02824) 24 60, Fax (02824) 2092, 🏠,
« Ziegelgewölbe a. d. 15. Jh. » – ⬤Ⓔ
geschl. Ende Juli - Anfang Aug., Montag – **Menu** à la carte 47/76.

X **De Gildenkamer,** Kirchplatz 2, ⊠ 47546, ℰ (02824) 42 21, Fax (02824) 4221, 🏠,
« Historisches Bürgerhaus aus dem 14. Jh. » – 🅰🅴 ⬤Ⓔ 𝗩𝗜𝗦𝗔
geschl. Ende Jan. - Anfang Feb., Dienstag – **Menu** à la carte 50/69.

KALL Nordrhein-Westfalen 🄰🄸 O 3 – 10 600 Ew – Höhe 377 m.
Berlin 633 – Düsseldorf 94 – Aachen 56 – Euskirchen 24.

In Kall-Steinfeld Süd : 7 km :

X **Zur alten Abtei,** Hermann-Josef-Str. 33, ⊠ 53925, ℰ (02441) 77 79 88, ZurAlten
Abtei@aol.com, Fax (02441) 7799958, 🏠 – 🅰🅴 ① ⬤Ⓔ 𝗩𝗜𝗦𝗔
geschl. Feb. - März 3 Wochen, Mittwoch – **Menu** à la carte 42/60.

KALLMÜNZ Bayern 🄲🄾 S 19 – 3 000 Ew – Höhe 344 m.
Sehenswert : Burgruine : ⩽★.
Berlin 479 – München 151 – Regensburg 29 – Amberg 37 – Nürnberg 80.

X **Zum Goldenen Löwen** mit Zim, Alte Regensburger Str. 18, ⊠ 93183, ℰ (09473) 3 80,
Fax (09473) 90090, « Landgasthaus a.d. 17.Jh. ; Hofterrasse » – 🅰🅴 ⬤Ⓔ 𝗩𝗜𝗦𝗔. ✖
Menu (geschl. Montag) (Dienstag - Freitag nur Abendessen) (Tischbestellung erforderlich)
à la carte 28/51 – **4 Z** ⊒ 60 – 80/120.

KALLSTADT *Rheinland-Pfalz* ４１７ ４１９ *R 8 – 1 200 Ew – Höhe 196 m.*
Berlin 636 – Mainz 69 – Mannheim 26 – Kaiserslautern 37 – Neustadt an der Weinstraße 18.

🏨 **Kallstadter Hof,** Weinstr. 102, ✉ 67169, ℘ (06322) 89 49, Fax (06322) 66040, 🎇,
« Historischer Weinkeller a.d. 17.Jh » – 📺 ❤ 🅿. ⅍ ퟢ 🆚
geschl. über Fasching 2 Wochen, Juli - Aug. 2 Wochen – Menu (geschl. Mittwoch) à la carte
35/61 – 13 Z ⯍ 100/120 – 120/190 – ½ P 40.

🍴 **Weinkastell Zum Weißen Roß** mit Zim, Weinstr. 80, ✉ 67169, ℘ (06322) 50 33,
Fax (06322) 66091 – 📺. ⅍ ퟢ
geschl. Jan. - Feb. 4 Wochen – Menu (geschl. Ende Juli - Anfang Aug., Montag - Dienstag)
50 und à la carte 70/94 – 13 Z ⯍ 110/130 – 180/190.

🍴 **Breivogel,** Freinsheimer Str. 89, ✉ 67169, ℘ (06322) 6 11 08, Fax (06322) 980950,
🎇 – 🅿
Menu à la carte 30/65 ⅍.

KALTENBORN *Rheinland-Pfalz siehe Adenau.*

KALTENENGERS *Rheinland-Pfalz* ４１７ *O 6 – 1 800 Ew – Höhe 60 m.*
Berlin 589 – Mainz 111 – Koblenz 11 – Bonn 52 – Wiesbaden 113.

🏨 **Rheinhotel Larus** Ⓜ, In der Obermark 7, ✉ 56220, ℘ (02630) 9 89 80, *Rheinhote*
l-LARUS@ t-online.de, Fax (02630) 989898, 🎇 – 🛗, ✲ Zim, 📺 ❤ ⅙ 🚗 – 🛏 50. ⅍
ퟢ 🆚
Menu *(geschl. Samstagmittag)* à la carte 46/61 – **32 Z** ⯍ 115/170 – 190/250.

KALTENKIRCHEN *Schleswig-Holstein* ４１５ ４１６ *E 13 – 17 700 Ew – Höhe 30 m.*
🏌 *Kisdorferwohld (Ost : 13 km), ℘ (04194) 9 97 40.*
Berlin 316 – Kiel 61 – Hamburg 42 – Itzehoe 40 – Lübeck 63.

🍴 **Kleiner Markt** mit Zim, Königstr. 7, ✉ 24568, ℘ (04194) 9 99 20, *ue@ hotelkleiner*
markt.de, Fax (04191) 89785 – 📺 🅿. ⅍ ퟢ 🆚
Menu *(geschl. Feb. - März 1 Woche, Okt. 2 Wochen, Samstag - Sonntagmittag)* à la carte
37/60 – 9 Z ⯍ *90/130.*

KALTENNORDHEIM *Thüringen* ４１８ *O 14 – 2 100 Ew – Höhe 460 m.*
Berlin 395 – Erfurt 115 – Fulda 44 – Bad Hersfeld 74.

Auf dem Ellenbogen *Süd-West : 12 km – Höhe 814 m :*

🏨 **Eisenacher Haus** 🌲, ✉ 98634 Erbenhausen, ℘ (036946) 36 00, *Hotel-Eisenacher-*
🚗 *Haus@ t-online.de, Fax (036946) 36060, ≤, Biergarten,* 🚌 – 📺 ⅙ 🅿 – 🛏 50. ⅍ ퟢ 🆚
Menu à la carte 24/46 – **44 Z** ⯍ 70/90 – 110/150 – ½ P 25.

KAMEN *Nordrhein-Westfalen* ４１７ *L 6 – 47 000 Ew – Höhe 62 m.*
Berlin 476 – Düsseldorf 89 – Dortmund 25 – Hamm in Westfalen 15 – Münster (Westfalen) 48.

🏨 **Stadt Kamen,** Markt 11, ✉ 59174, ℘ (02307) 97 29 00, Fax (02307) 9729010, Biergarten – 🍽 Rest, 📺 – 🛏 20. ퟢ ퟢ 🆚 ✲ Zim
Menu *(geschl. Samstagmittag)* à la carte 30/65 – **35 Z** ⯍ 115/125 – 165.

🏨 **Gasthaus Kautz,** Ängelholmer Str. 16, ✉ 59174, ℘ (02307) 26 11 10,
Fax (02307) 2611129, 🎇 – 📺 🚗 🅿. ⅍ ퟢ 🆚
Menu *(geschl. Sept. 2 Wochen, Montag) (nur Abendessen)* à la carte 36/56 – **10 Z** ⯍ 85/92
– 150/165.

Nahe der A 1 - Ausfahrt Kamen-Zentrum *Süd : 2 km :*

🏨 **Holiday Inn** Ⓜ, Kamen Karree 2/3, ✉ 59174 Kamen, ℘ (02307) 96 90, *Reservierun*
g@ holiday-inn-kamen.de, Fax (02307) 969666, 🚌 – 🛗, ✲ Zim, 🍽 Rest, 📺 ❤ ⅙ 🅿 –
🛏 120. ⅍ ퟢ ퟢ 🆚 🅹🅲🅱
Menu à la carte 43/72 – ⯍ 22 – **93 Z** 179/199 – 179/209.

KAMENZ *Sachsen* ４１８ *M 26 – 18 000 Ew – Höhe 200 m.*
🅱 *Kamenz-Information, Pulsnitzer Str. 11, ✉ 01917, ℘ (03578) 70 00 11, Fax (03578)*
700012.
Berlin 171 – Dresden 47 – Bautzen 24.

🏨 **Goldner Hirsch,** Markt 10, ✉ 01917, ℘ (03578) 30 12 21, *hotel-goldner-hirsch@ t*
-online.de, Fax (03578) 304497, Biergarten – 🛗 📺 ❤ 🅿 – 🛏 30. ⅍ ퟢ ퟢ 🆚. ✲ Rest
Menu *(Montag - Freitag nur Abendessen)* à la carte 46/62 – **Ratskeller : Menu** à la carte
32/47 – 40 Z ⯍ *160/200 – 235/275.*

🏨 **Villa Weiße** garni, Poststr. 17, ✉ 01917, ℘ (03578) 37 84 70, *Villa-Weisse@ Kamenz.de,*
Fax (03578) 3784730, « Wechselnde Bilderausstellung ; Park » – 📺 ❤ 🅿. ퟢ 🆚
14 Z ⯍ 80/100 – 120/140.

KAMPEN Schleswig-Holstein siehe Sylt (Insel).

KANDEL Rheinland-Pfalz **419** S 8 – 8 400 Ew – Höhe 128 m.
Berlin 681 – Mainz 122 – Karlsruhe 20 – Landau in der Pfalz 16 – Speyer 40.

🏠 **Zur Pfalz,** Marktstr. 57, ✉ 76870, ℰ (07275) 9 85 50, Hotel.zur.Pfalz@ t-online.de, Fax (07275) 9855496, 🌳, 🍴 – 🛗 📺 📶 – 🔬 30. 🅰🅴 ① ④⑥ VISA
Menu (geschl. Juli 2 Wochen, Montagmittag) à la carte 36/73 – **44 Z** ⊃ 98/115 – 142/156.

KANDERN Baden-Württemberg **419** W 7 – 6 800 Ew – Höhe 352 m.
📐 Kandern, Feuerbacher Str. 35, ℰ (07626) 10 43.
🛈 Städt. Verkehrsamt, Hauptstr. 18, ✉ 79400, ℰ (07626) 8 99 60, Fax (07626) 89960.
Berlin 845 – Stuttgart 252 – Freiburg im Breisgau 46 – Basel 21 – Müllheim 15.

🏠 **Zur Weserei** (mit Gästehaus), Hauptstr. 70, ✉ 79400, ℰ (07626) 70 00, Fax (07626) 6581, 🌳, 🍴 – 🛗 📺 🚗 📶 ④⑥ VISA
Menu (geschl. 18. - 27. Feb., Montag - Dienstagmittag) à la carte 53/88 – **25 Z** ⊃ 62/182 – 92/250 – ½ P 38.

XX **Villa Umbach** mit Zim, Am Golfplatz 1 (West : 1 km), ✉ 79400, ℰ (07626) 91 41 30, Fax (07626) 9141323, « Gartenterrasse » – 📺 📶 ④⑥ VISA ⌘
Menu (geschl. Dienstag) à la carte 80/98 – **4 Z** ⊃ 100/170.

In Kandern-Egerten Süd : 8 km über Wollbach :

XX **Jägerhaus,** Wollbacher Str. 24, ✉ 79400, ℰ (07626) 87 15, chris.wermuth@ t-online
.de, Fax (07626) 970549, « Ausstellung des Lebenswerks von Max Böhlen ; Museum » – ⌘ 📶
geschl. Jan. 3 Wochen, Aug. 3 Wochen, Sonntagabend - Dienstag – **Menu** (wochentags nur Abendessen) (Tischbestellung ratsam) à la carte 60/88.

KAPPEL-GRAFENHAUSEN Baden-Württemberg **419** V 7 – 4 200 Ew – Höhe 162 m.
Berlin 772 – Stuttgart 165 – Freiburg 39 – Offenburg 31 – Strasbourg 45.

Im Ortsteil Grafenhausen :

🏠 **Engel,** Hauptstr. 90, ✉ 77966, ℰ (07822) 6 10 51, hb@ engel-grafenhausen.de, Fax (07822) 61056 – 📺 📶 ④⑥ VISA
Menu (geschl. Mittwoch) (Montag - Freitag nur Abendessen) à la carte 27/45 – **14 Z** ⊃ 80/110 – 120.

KAPPELN Schleswig-Holstein **416** C 13 – 10 000 Ew – Höhe 15 m.
📐 Rabenkirchen-Faulück, (Süd-Ost : 6 km), ℰ (04642) 38 53.
🛈 Tourist-Information, Schleswiger Str. 1, ✉ 24376, ℰ (04642) 40 27, Fax (04642) 5441.
Berlin 404 – Kiel 60 – Flensburg 48 – Schleswig 32.

🏠 **Thomsen's Motel** garni, Theodor-Storm-Str. 2, ✉ 24376, ℰ (04642) 10 52, Fax (04642) 7154 – ⌘ 📺 📶 ④⑥. ⌘
geschl. 20. Dez. - 10. Jan. – **26 Z** ⊃ 85/105 – 150/170.

XX **Stadt Kappeln** mit Zim, Schmiedestr. 36, ✉ 24376, ℰ (04642) 40 21, Fax (04642) 5555 – 📺 📶 – 🔬 200. 🅰🅴 ① ④⑥ VISA
Menu (geschl. Jan. - Feb. Sonntagabend) à la carte 40/69 – **8 Z** ⊃ 90/105 – 140/145.

KAPPELRODECK Baden-Württemberg **419** U 8 – 5 900 Ew – Höhe 219 m – Erholungsort.
🛈 Tourist-Information, Hauptstr. 65 (Rathaus), ✉ 77876, ℰ (07842) 8 02 10, Fax (07842) 80275.
Berlin 731 – Stuttgart 132 – Karlsruhe 60 – Freudenstadt 40 – Offenburg 31 – Baden-Baden 38.

🏠 **Zum Prinzen,** Hauptstr. 86, ✉ 77876, ℰ (07842) 9 47 50, Fax (07842) 947530, 🌳 – 🛗 📺 📶 🅰🅴 ① ④⑥ VISA
geschl. 8. - 25. Jan. – **Menu** (geschl. 25. Juni - 10. Juli, Montag) à la carte 33/61 🍷 – **14 Z** ⊃ 85/130 – ½ P 30.

🏠 **Hirsch,** Grüner Winkel 24, ✉ 77876, ℰ (07842) 99 39 30, Fax (07842) 993955, 🌳 – 📺 🚗 📶 ④⑥ VISA
geschl. März 1 Woche, Mitte Nov. - Mitte Dez. – **Menu** (geschl. Montag) à la carte 25/50 🍷 – **19 Z** ⊃ 65/80 – 130 – ½ P 25.

In Kappelrodeck-Waldulm *Süd-West : 2,5 km :*

Zum Rebstock mit Zim, Kutzendorf 1, ✉ 77876, ☎ (07842) 94 80, *Fax (07842) 94820*, « Attraktiver Badischer Landgasthof a.d.J 1750 » – TV P
geschl. Feb. 2 Wochen – **Menu** *(geschl. Montag)* (Tischbestellung ratsam) à la carte 36/66 *(auch vegetarische Gerichte)* – **11 Z** 55 – 108/148 – ½ P 32.

KARBEN *Hessen* 417 *P 10 – 22 000 Ew – Höhe 160 m.*
Berlin 29 – Wiesbaden 56 – Frankfurt am Main 18 – Gießen 60.

Neidharts Küche, Robert-Bosch-Str. 48 (Gewerbegebiet), ✉ 61184, ☎ (06039) 93 44 43, *Fax (06039) 934446*, – AE VISA
geschl. Anfang Jan. 2 Wochen, Montag – **Menu** 44 à la carte 46/69.

In Karben-Groß-Karben :

Quellenhof, Brunnenstr. 7, ✉ 61184, ☎ (06039) 33 04, *Fax (06039) 43272*, (Halle) – Zim, TV P – 30. AE VISA
geschl. 1. - 10. Jan., Juli 2 Wochen – **Menu** *(geschl. Samstagmittag, Sonntag)* à la carte 60/101 – 19 – **19 Z** 150/180 – 180/240.

KARLSDORF-NEUTHARD *Baden-Württemberg siehe Bruchsal.*

KARLSFELD *Bayern* 419 420 *V 18 – 16 000 Ew – Höhe 490 m.*
Berlin 585 – München 19 – Augsburg 55.

Schwertfirm garni, Adalbert-Stifter-Str. 5, ✉ 85757, ☎ (08131) 9 00 50, *Fax (08131) 900570* – TV P – 20. AE VISA
geschl. Weihnachten - 6. Jan. – **50 Z** 110/150 – 150/200.

In Karlsfeld-Rotschwaige *Nord-West : 2 km :*

Hubertus garni, Münchner Str. 7, ✉ 85757, ☎ (08131) 9 80 01, *Fax (08131) 97677*, – TV P. AE VISA JCB
70 Z 120/160.

KARLSHAFEN, BAD *Hessen* 417 418 *L 12 – 4 700 Ew – Höhe 96 m – Soleheilbad.*
Sehenswert : *Hugenottenturm* ≤★.
Kurverwaltung, Hafenplatz 8, Rathaus, ✉ 34385, ☎ (05672) 99 99 24, Fax (05672) 999925.
Berlin 376 – Wiesbaden 276 – Kassel 48 – Hameln 79 – Göttingen 65.

Zum Schwan , Conradistr. 3, ✉ 34385, ☎ (05672) 10 44, *Fax (05672) 1046*, (Jagdschloß a.d. 18. Jh.), « Blumengarten ; Rokoko-Zimmer », – TV – 20. AE VISA
Menu à la carte 45/67 – **32 Z** 110/130 – 170/200.

Hessischer Hof, Carlstr. 13, ✉ 34385, ☎ (05672) 10 59, *Fax (05672) 2515*, – TV P. AE VISA
geschl. März – **Menu** *(geschl. Nov. - Feb. Montag)* à la carte 26/54 – **17 Z** 75/100 – 130 – ½ P 18.

Zum Weserdampfschiff, Weserstr. 25, ✉ 34385, ☎ (05672) 24 25, *Fax (05672) 8119*, ≤, – P
Menu *(geschl. Nov. - Feb., Montag)* à la carte 25/53 – **14 Z** 60/98 – 130/146.

KARLSHAGEN *Mecklenburg-Vorpommern siehe Usedom (Insel).*

KARLSRUHE *Baden-Württemberg* 419 *S 9 – 276 000 Ew – Höhe 116 m.*
Sehenswert : *Staatliche Kunsthalle★ (Gemälde altdeutscher Meister★★, Hans-Thoma-Museum★, Sammlung klassischer Moderne★) EX* **M1** *– Schloß★ (Badisches Landesmuseum★) EX* **M3** *– Botanischer Garten (Pflanzenschauhäuser★) EX – Staatl.Museum für Naturkunde★ EY – Museum beim Markt (Jugendstilsammlung★)* **M4** *EX – ZKM (Zentrum für Kunst und Medientechnologie)★ EY.*
Karlsruhe, Gut Scheibenhardt AV, ☎ (0721) 86 74 63 ; Königsbach-Stein, Johannestaler Hof (über ③ : 23 km), ☎ (07232) 5 00 66.
Karlsruher Kongreß- und Ausstellungszentrum (EY), Festplatz 3 (Ettlinger Straße), ☎ (0721) 3 72 00.
Verkehrsverein, Bahnhofplatz 6, ✉ 76137, ☎ (0721) 3 55 30, Fax (0721) 35534399.
Stadtinformation, Karl-Friedrich-Str. 22, ✉ 76133, ☎ (0721) 35 53 43 76, Fax (0721) 35534389.
ADAC, *Steinhäuserstr. 22.*
Berlin 675 ② – Stuttgart 88 ④ – Mannheim 71 ② – Saarbrücken 143 ⑦ – Strasbourg 82 ⑤

Renaissance Hotel, Mendelssohnplatz, ⊠ 76131, ℘ (0721) 3 71 70, RHI.Strrn.Sales.MGR@Renai ssanceHotels.com, Fax 377156 – 📳, ❄ Zim, 🔲 📺 🕭 ⇔ – 🏖 200. 🖭 ⓪ ⑩ 𝑉𝐼𝑆𝐴 𝐽𝐶𝐵 **Menu** à la carte 45/73 – 🖙 28 – **215 Z** 199/249 – 249/299. EY a

Schlosshotel, Bahnhofplatz 2, ⊠ 76137, ℘ (0721) 3 83 20, Mail@schlosshotel-karlsruhe.de, Fax (0721) 3832333, 🛵, ⇔ – 📳, ❄ Zim, 🔲 Zim, 📺 🕭 🅿 – 🏖 70. 🖭 ⓪ ⑩ 𝑉𝐼𝑆𝐴 EZ a **Menu** (geschl. Aug., Sonntagabend) à la carte 72/94 – **Schwarzwaldstube :** Menu à la carte 54/80 – **96 Z** 🖙 195/280 – 310/350.

Queens Hotel, Ettlinger Str. 23, ⊠ 76137, ℘ (0721) 3 72 70, Reservation.QKarlsruhe@Queensgruppe. de, Fax (0721) 3727170, 🎇 – 📳, ❄ Zim, 🔲 Rest, 📺 🕭 ⇔ 🅿 – 🏖 200. 🖭 ⓪ ⑩ 𝑉𝐼𝑆𝐴 EY t **Menu** à la carte 40/82 – 🖙 26 – **147 Z** 240/290 – 290/340.

Rio, Hans-Sachs-Str. 2, ⊠ 76133, ℘ (0721) 8 40 80, Fax (0721) 8408100 – 📳, ❄ Zim, 📺 ⇔ – 🏖 15. 🖭 ⓪ ⑩ 𝑉𝐼𝑆𝐴 𝐽𝐶𝐵, ❄ Rest **Menu** (geschl. Freitag - Samstag) (nur Abendessen) à la carte 37/58 – **119 Z** 🖙 153/188 – 196/222. DX q

Residenz, Bahnhofplatz 14, ⊠ 76137, ℘ (0721) 3 71 50, Hotel.Residenz.Karlsruhe@t-online.de, Fax (0721) 3715113, 🎇 – 📳, ❄ Zim, 🔲 Rest, 📺 🕭 🕭 ⇔ 🅿 – 🏖 80. 🖭 ⓪ ⑩ 𝑉𝐼𝑆𝐴 DZ c **Menu** à la carte 51/78 – **103 Z** 🖙 187/242 – 218/258.

Kübler 🐾 garni (mit Gästehäusern), Bismarckstr. 39, ⊠ 76133, ℘ (0721) 14 40, Info@HOTEL-KUEBLER.de, Fax (0721) 144441, 🛵 – 📳, ❄ Zim, 📺 🕭 ⇔ 🅿 🖭 ⑩ 𝑉𝐼𝑆𝐴 𝐽𝐶𝐵 DX s **140 Z** 🖙 118/178 – 140/250.

Ambassador garni (mit Gästehaus), Hirschstr. 34, ⊠ 76133, ℘ (0721) 1 80 20, Fax (0721) 1802170 – 📳 📺 🕭 ⇔ 🖭 ⑩ 𝑉𝐼𝑆𝐴 𝐽𝐶𝐵 DX a **52 Z** 🖙 170/190 – 240/260.

Allee Hotel Ⓜ, Kaiserallee 91, ⊠ 76185, ℘ (0721) 98 56 10, Fax (0721) 9856111, 🎇 – 📳, ❄ Zim, 📺 🕭 – 🏖 50. 🖭 ⓪ ⑩ 𝑉𝐼𝑆𝐴 ❄ Zim CX a **Menu** à la carte 42/75 – **27 Z** 🖙 138/178 – 190/230.

Kaiserhof, Karl-Friedrich-Str. 12, ⊠ 76133, ℘ (0721) 9 17 00, info @hotel-Kaiserhof.de, Fax (0721) 9170150, 🎇, ⇔s – 📳 ❄ 📺 🕭 🕭 – 🏖 45. 🖭 ⓪ ⑩ 𝑉𝐼𝑆𝐴 𝐽𝐶𝐵, ❄ Rest **Menu** à la carte 35/70 – **55 Z** 🖙 170/180 – 190/230. EX b

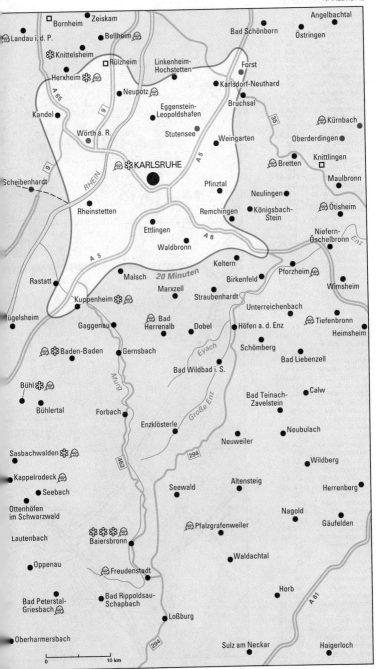

KARLSRUHE

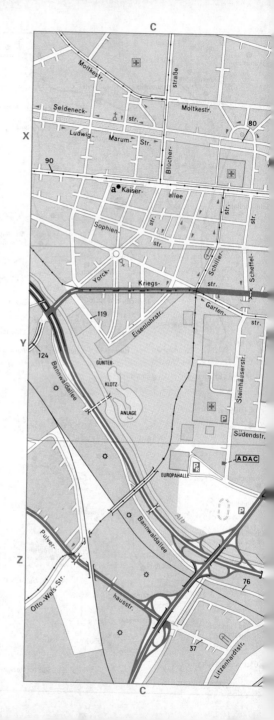

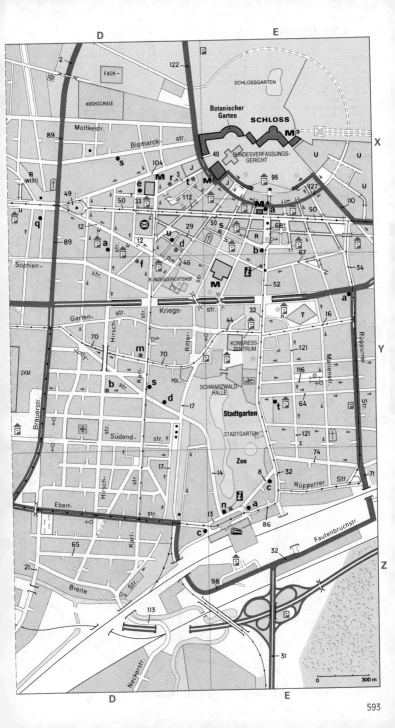

KARLSRUHE

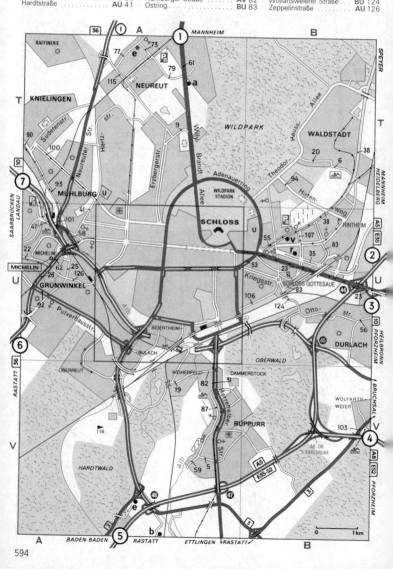

594

🏨 **Eden,** Bahnhofstr. 15, ✉ 76137, ℰ (0721) 1 81 80, *info@hoteleden.de,*
Fax (0721) 1818222, « Gartenterrasse » – 🛗 ⇔ 📺 ☖ ⇌ – 🅰 40. AE ⓞ ⓜⓞ VISA
Menu à la carte 43/65 – **68 Z** � 150/160 – 195/215. DY **d**

🏨 **Alfa** garni, Bürgerstr. 4, ✉ 76133, ℰ (0721) 2 99 26, *HotelAlfa@Karlsruhe-Hotel.de,*
Fax (0721) 29929 – 🛗 📺 ⇌. AE ⓞ VISA DX **u**
geschl. Weihnachten - Neujahr – **38 Z** ⊂ 170/190 – 240/260.

🏨 **Santo** M garni, Karlstr. 69, ✉ 76137, ℰ (0721) 3 83 70, *info.hotel-santo.@punkt.de,*
Fax (0721) 3837250 – 🛗 ⇔ ☰ 📺 ☖ ⇌ 🄿. 🅰 40. AE ⓞ ⓜⓞ VISA DY **s**
⊂ 15 – **52 Z** 160/185 – 220/250.

🏨 **Avisa** garni, Am Stadtgarten 5, ✉ 76137, ℰ (0721) 3 49 77, *Fax (0721) 34979* – 🛗 📺.
AE ⓜⓞ VISA EZ **c**
27 Z ⊂ 150/170 – 200/240.

🏠 **Burghof,** Haid- und Neu- Str. 18, ✉ 76131, ℰ (0721) 6 18 34 00, *Fax (0721) 6183403,*
Biergarten – 📺 ☖ ⇌ 🄿. 🅰 30. AE ⓜⓞ VISA BU **v**
Menu à la carte 38/62 – **16 Z** ⊂ 155/160 – 190.

🏠 **Hasen,** Gerwigstr. 47, ✉ 76131, ℰ (0721) 9 63 70, *info@hotel-hasen.de,*
Fax (0721) 9637123 – 🛗 📺 – 🅰 15. AE ⓜⓞ VISA BU **r**
geschl. 23. Dez. - 2. Jan. – **Menu** *(geschl. Aug., Samstag - Sonntag) (nur Abendessen)* à la
carte 41/70 – **34 Z** ⊂ 110/165 – 225.

🏠 **Am Markt** M garni, Kaiserstr. 76, ✉ 76133, ℰ (0721) 91 99 80, *Fax (0721) 9199899*
– 🛗 📺 ☖. AE ⓞ ⓜⓞ VISA JCB EX **a**
geschl. 24. Dez. - 7. Jan. – **29 Z** ⊂ 140/165 – 190.

🏠 **Berliner Hof** garni, Douglasstr. 7, ✉ 76133, ℰ (0721) 1 82 80, *HotelBerliner.Hof@t*
-online.de, Fax (0721) 1828100, ⇔ – 🛗 ⇔ 📺 ☖ 🄿. AE ⓞ ⓜⓞ VISA JCB DX **e**
geschl. 23. - 26. Dez. – **55 Z** ⊂ 110/170 – 170/200.

🏠 **Am Tiergarten** garni, Bahnhofplatz 6, ✉ 76137, ℰ (0721) 93 22 20 – 🛗 📺. ⓜⓞ VISA. ✂
geschl. 18. Dez. - 6. Jan. – **16 Z** ⊂ 100/130 – 140/190. EZ **n**

XXX **Buchmann's Restaurant,** Mathystr. 22, ✉ 76133, ℰ (0721) 8 20 37 30,
Fax (0721) 8203731 DY **m**
geschl. Samstagmittag, Sonntag – **Menu** 70/135 à la carte 78/105.

XX **Oberländer Weinstube,** Akademiestr. 7, ✉ 76133, ℰ (0721) 2 50 66,
Fax (0721) 21157, « Innenhofterrasse » – AE ⓞ ⓜⓞ VISA DX **t**
❀ *geschl. Sonntag* – **Menu** *(Tischbestellung ratsam) (bemerkenswerte Weinkarte)* à la carte
67/110
Spez. Suppe von geräucherten Kartoffeln mit Kaviar. Wachtelravioli mit Morcheln. Strudel
von Kalbskopf und Hummer.

XX **Trattoria Toscana,** Blumenstr. 19, ✉ 76133, ℰ (0721) 2 06 28, ⇖ – AE ⓜⓞ VISA
geschl. Sonntag – **Menu** *(Tischbestellung ratsam)* à la carte 55/86. DX **d**

XX **La Medusa,** Hirschstr. 87, ✉ 76137, ℰ (0721) 1 83 91 23, ⇖ – AE ⓜⓞ VISA DY **b**
geschl. Ende Mai - Anfang Juni, Mittwoch, Samstagmittag – **Menu** à la carte 53/93.

XX **La Gioconda,** Akademiestr. 26, ✉ 76133, ℰ (0721) 2 55 40 – AE ⓞ ⓜⓞ VISA JCB. ✂
geschl. Juli - Aug. 2 Wochen, Sonn- und Feiertage – **Menu** à la carte 59/95. DX **r**

X **Dudelsack,** Waldstr. 79, ✉ 76133, ℰ (0721) 20 50 00, *Fax (0721) 205056,* ⇖ – AE
ⓞ ⓜⓞ VISA DY **f**
Menu *(nur Abendessen) (Tischbestellung ratsam)* à la carte 51/76.

X **Hansjakob Stube,** Ständehausstr. 4, ✉ 76133, ℰ (0721) 2 71 66 – ⓜⓞ VISA
❀ *geschl. Anfang - Mitte Jan., Sept. 2 Wochen, Sonn- und Feiertage abends, Mittwoch* – **Menu** EX **s**
39 und à la carte 45/67.

In Karlsruhe-Daxlanden *West : 5 km über Daxlander Straße* AU :

🏨 **Steuermann,** Hansastr. 13 (Rheinhafen), ✉ 76189, ℰ (0721) 95 09 00, *hotel-Steue*
rmann@t-online.de, Fax (0721) 9509050, ⇖ – ⇔ Zim, ☰ 📺 🄿. ⓜⓞ VISA
Menu *(geschl. 1. - 10. Jan., Samstagmittag, Sonn- und Feiertage)* à la carte 49/75 – **18 Z**
⊂ 145/160 – 190.

In Karlsruhe-Durlach *Ost : 7 km über Durlacher Allee* BU :

XXX **Zum Ochsen** (Zoller-Jollit) mit Zim, Pfinzstr. 64, ✉ 76227, ℰ (0721) 94 38 60, *info*
❀ *@ochsen-durlach.de, Fax (0721) 9438643,* ⇖, « Restauriertes Gasthaus mit geschmack-
voller Einrichtung » – 📺 🄿. AE ⓞ ⓜⓞ VISA. ✂ Zim
Menu *(geschl. 25. Feb. - 6. März, 26. Aug. - 12. Sept., Montag - Dienstag) (bemerkenswerte*
Weinkarte) 58 (mittags)/185 à la carte 84/132 – ⊂ 25 – **6 Z** 170/265 – 290
Spez. Hummersalat mit Orangenbuttersauce. Strudel vom Wildlachs mit Koriander und
Rieslingsauce. Dessert-Karawane.

X **Schützenhaus,** Jean-Ritzert-Str. 8 (auf dem Turmberg), ✉ 76227, ℰ (0721) 49 13 68,
Fax (0721) 491368, ⇖ – AE ⓞ ⓜⓞ
geschl. Feb. 1 Woche, Okt. - Nov. 3 Wochen, Montag - Dienstag – **Menu** à la carte 32/68.

In Karlsruhe-Grötzingen *Ost : 8 km über* ③ :

⚒ 🍷 **Adler-Gewölbekeller,** Friedrichstr. 6, ✉ 76229, ✆ (0721) 48 19 18,
Fax (0721) 482457, ☆ – **AE ◍ VISA**
geschl. Jan. 3 Wochen, Aug. 3 Wochen, Dienstag - Mittwoch – **Menu** (nur Abendessen)
45/64 à la carte 48/71.

In Karlsruhe-Knielingen :

🏠 **Burgau** (mit Gästehaus), Neufeldstr. 10, ✉ 76187, ✆ (0721) 56 51 00,
Fax (0721) 5651035, ☆ – ⇔ Zim, **TV P. AE ◍ ◍◍ VISA** 彩 AT z
Menu (geschl. 23. Dez. - 7. Jan., Samstag, Sonn- und Feiertage) à la carte 42/65 – **24 Z**
⌖ 129/176 – 200/230.

In Karlsruhe-Neureut :

🏠 **Achat** garni, An der Vogelhardt 10, ✉ 76149, ✆ (0721) 7 83 50, Karlsruhe@achat-h
otel.de, Fax (0721) 7835333 – 📳 ⇔ **TV** ✆ ☚ **P. AE ◍ ◍◍ VISA** AT a
⌖ 20 – **83 Z** 123/143 – 163/183.

⚒⚒ **Nagel's Kranz,** Neureuter Hauptstr. 210, ✉ 76149, ✆ (0721) 70 57 42,
Fax (0721) 7836254, ☆ – **P.** AT e
geschl. Jan. 1 Woche, Samstagmittag, Sonn- und Feiertage – **Menu** (Tischbestellung ratsam) à la carte 47/82.

An der Autobahn A 5 (Anschlußstelle Karlsruhe Süd) : **Hotel Holiday Inn** siehe unter Ettlingen

MICHELIN-REIFENWERKE KGaA. Werk ✉76185 Karlsruhe Michelinstr. 4 (AU)
✆ (0721) 53 00 Fax (0721) 590831.

KARSDORF Sachsen-Anhalt **418** M 18 – 3 000 Ew – Höhe 116 m.
Berlin 230 – Magdeburg 118 – Erfurt 90 – Leipzig 68 – Weimar 48 – Naumburg 31 –
Sangerhausen 43.

🏠 **Trias,** Straße der Einheit 29, ✉ 06638, ✆ (034461) 7 00, Fax (034461) 70104 – 📳 **TV**
P. – ▵ 50. **AE ◍◍ VISA**
Menu (nur Abendessen) à la carte 25/42 – **53 Z** ⌖ 75/96 – 98/125.

KASENDORF Bayern **420** P 18 – 2 400 Ew – Höhe 367 m – Wintersport : 400/500 m ⟆1 ⚟ (in
Zultenberg).
Berlin 369 – München 260 – Coburg 56 – Bayreuth 25 – Kulmbach 11 – Bamberg 43.

🏠 ☜ **Goldener Anker,** Marktplatz 9, ✉ 95359, ✆ (09228) 6 22, Fax (09228) 674, ☆, ⇌,
⊠ – ☚ **P.**
Menu à la carte 24/47 – **53 Z** ⌖ 55/85 – 110/140.

KASSEL Hessen **417 418** M 12 – 205 000 Ew – Höhe 163 m.
Sehenswert : Wilhelmshöhe★★ (Schloßpark★★ : Wasserkünste★, Herkules★, ⩽★★) X –
Schloß Wilhelmshöhe (Gemäldegalerie★★★, Antikensammlung★) X M – Neue Galerie★ M2
– Park Karlsaue★ Z – Hessisches Landesmuseum★ (Deutsches Tapetenmuseum★★, Astro-
nomisch-Physikalisches Kabinett★★) Z M1 – Museum für Astronomie und Technikge-
schichte (Sammlung astronomischer Instrumente★★) Z M5.
Ausflugsziel : Schloß Wilhelmsthal★ Nord : 12 km.
🏌 Kassel-Wilhelmshöhe, Am Habichtswald 1 (X), ✆ (0561) 3 35 09 ; 🏌 Gut Escheberg (über
⑥ : 26 km, und Zierenberg), ✆ (05606) 26 08.
Ausstellungsgelände Messeplatz (Z), ✆ (0561) 95 98 60.
🛈 Kassel Service, Königsplatz 53, ✉ 34117, ✆ (0561) 70 77 07, Fax (0561) 7077200.
ADAC, Rudolf-Schwander-Str. 17.
Berlin 383 ② – Wiesbaden 215 ④ – Dortmund 167 ⑤ – Erfurt 150 ③ – Frankfurt am
Main 187 ② – Hannover 164 ②

Stadtplan siehe nächste Seite

🏨 **Mövenpick,** Spohrstr. 4, ✉ 34117, ✆ (0561) 7 28 50, hotel.kassel@moevenpick.com,
Fax (0561) 7285118 – 📳, ⇔ Zim, **TV** ✆ – ▵ 200. **AE ◍ ◍◍ VISA JCB** Y b
Menu (geschl. Sonntagabend) à la carte 33/58 – ⌖ 24 – **128 Z** 175/295 – 195/295.

🏨 **Treff Hotel** **M,** Baumbachstraße 2 (an der Stadthalle), ✉ 34119, ✆ (0561) 7 81 00,
THKSRES@aol.com, Fax (0561) 7810100, ☆, 🐟, ⇌ – 📳, ⇔ Zim, **TV** ✆ ₰ ☚ **P.** –
▵ 240. **AE ◍ ◍◍ VISA** X m
Menu à la carte 42/61 – **169 Z** ⌖ 245 – 275, 5 Suiten.

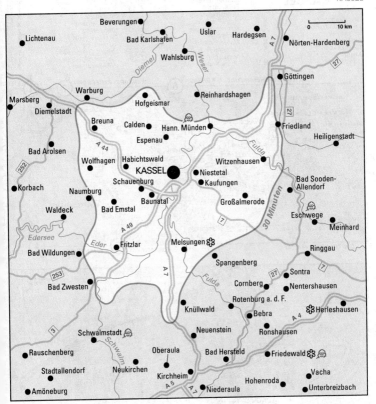

🏨 **City-Hotel** Ⓜ, Wilhelmshöher Allee 38, ⊠ 34119, ℰ (0561) 7 28 10, *city-hotel-gmb h-kassel@t-online.de*, Fax (0561) 7281199, ㈜, ⬛ – ❘❙, ⇔ Zim, 📺 ✆ ☞ 🅿 – 🛎 50.
🆎 ① ◍ 🆅🆂🅰
       X v
Himmelstürmer *(geschl. Sonntagabend) (wochentags nur Abendessen)* **Menu** à la carte
34/70 – **65 Z** ⊇ 118/248 – 168/348, 4 Suiten.

🏨 **Mercure-Hessenland** garni, Obere Königsstr. 2, ⊠ 34117, ℰ (0561) 9 18 10,
H1186@accor-hotels.com, Fax (0561) 9181160 – ❘❙ ⇔ 📺 ✆ 🆎 ① ◍ 🆅🆂🅰   Z e
⊇ 23 – **48 Z** 146/161 – 153/173.

🏨 **Quality Hotel**, Erzbergerstr. 1, ⊠ 34117, ℰ (0561) 7 29 60, Fax (0561) 7296498, ㈜
– ❘❙, ⇔ Zim, 📺 ✆ ☞ – 🛎 50. 🆎 ① ◍ 🆅🆂🅰   Y d
Menu à la carte 39/57 – **55 Z** ⊇ 130/170 – 150/245.

🏨 **Rema Stadthotel** Ⓜ garni, Wolfsschlucht 21, ⊠ 34117, ℰ (0561) 78 88 80, *reser vierung@stadthotel-kassel.de*, Fax (0561) 78888100 – ❘❙ ⇔ 📺 ✆ 🆎 ① ◍ 🆅🆂🅰 🆓🆒🅱
   Z a
42 Z ⊇ 130/140 – 170/190.

🏨 **Excelsior** garni, Erzbergerstr. 2, ⊠ 34117, ℰ (0561) 10 29 84, Fax (0561) 15110 – ❘❙
📺 ✆ 🅿 – 🛎 60. 🆎 ① ◍ 🆅🆂🅰   Y v
73 Z ⊇ 98/125 – 140/170.

🏩 **Astoria** garni, Friedrich-Ebert-Str. 135, ⊠ 34119, ℰ (0561) 7 28 30,
Fax (0561) 7283199, ⇔ – ❘❙ ⇔ 📺 ✆ 🅿 – 🛎 30. 🆎 ① ◍ 🆅🆂🅰 🆓🆒🅱   X s
geschl. 22. Dez. - 5. Jan. – **50 Z** ⊇ 138/198 – 168/258.

🏩 **Chassalla** garni, Wilhelmshöher Allee 99, ⊠ 34121, ℰ (0561) 9 27 90, *info@hotel-c hassalla.de*, Fax (0561) 9279101 – ❘❙ ⇔ 📺 ✆ ☞ 🅿 – 🛎 50. 🆎 ① ◍ 🆅🆂🅰   X e
44 Z ⊇ 130/160 – 150/200.

🏩 **Kö 78** garni, Kölnische Str. 78, ⊠ 34117, ℰ (0561) 7 16 14, Fax (0561) 17982, ㈜ –
📺, 🆎 ① ◍ 🆅🆂🅰 – **23 Z** ⊇ 69/94 – 98/145.
   X p

KASSEL

XX **Park Schönfeld,** Bosestr. 13 (Wehlheiden), ⊠ 34121, ℰ (0561) 2 20 50, *krasenbrin kjun@parkschoenfeld.via.t-online.de, Fax (0561) 27551,* ⌂, « Kleines Schloß a.d.J. 1777 mit moderner Einrichtung » – ⅙, P. AE ⑩ VISA
X n
geschl. Sonntag – **Menu** (abends Tischbestellung ratsam) 40 (mittags) und à la carte 59/96.

XX **La Frasca,** Jordanstr. 11, ⊠ 34117, ℰ (0561) 1 44 94, *levorato@laFrasca.de, Fax (0561) 14494 –* ⑩ VISA
Z t
geschl. Samstagmittag, Sonntag – **Menu** (italienische Küche) (Tischbestellung ratsam) à la carte 62/84.

In Kassel-Auefeld :

🏨 **La Strada** M, Raiffeisenstr. 10, ⊠ 34121, ℰ (0561) 2 09 00, *reservation@LaStrada.de, Fax (0561) 2090500,* ⌂, Massage, ≘s, ⊠ – ⧣, ↤ Zim, TV 📞 ⇔ – 🔔 200. AE ⑩ ⑩ VISA JCB. ⅗ Zim
X c
Menu à la carte 41/82 ⊂⊐ 21 – **225 Z** 98/299 – 128/329, 5 Suiten.

In Kassel-Bettenhausen *über ② : 4 km, nahe BAB-Anschluß Kassel-Nord :*

🏨 **Queens Hotel,** Heiligenröder Str. 61, ⊠ 34123, ℰ (0561) 5 20 50, *Reservation.QKas sel@Queensgruppe.de, Fax (0561) 527400,* ⌂, ≘s, ⊠ – ⧣, ↤ Zim, 🖭 TV P – 🔔 120. AE ⑩ ⑩ VISA
Menu à la carte 42/63 – **142 Z** ⊂⊐ 165/225 – 205/265.

🏨 **Am Eichwald,** Bunte Berna 6, ⊠ 34123, ℰ (0561) 95 20 60, *Fax (0561) 9520666 –* TV P. VISA. ⅗ Rest
Menu *(nur Abendessen)* (Restaurant nur für Hausgäste) – **14 Z** ⊂⊐ 80/95 – 120/150.

In Kassel-Harleshausen *Nord-West : 7 km über Harleshäuser Straße X und Ahnatalstraße :*

🏨 **Am Sonnenhang** 🌳 (mit Gästehaus), Aspenstr. 6, ⊠ 34128, ℰ (0561) 96 98 80, *Fax (0561) 9698855,* ⌂ – ⧣, ↤ Zim, TV 📞 ⇔ P – 🔔 20. ⑩ VISA
geschl. 27. Dez. - 15. Jan. – **Menu** *(geschl. Sonntagabend, Freitag) (wochentags nur Abendessen)* à la carte 34/54 – **25 Z** ⊂⊐ 95/115 – 140/170.

In Kassel-Niederzwehren *über ⑤ : 3,5 km :*

🏨 **Gude,** Frankfurter Str. 299, ⊠ 34134, ℰ (0561) 4 80 50, *info@hotel-gude.de, Fax (0561) 4805101,* Massage, ♨, ♨, ≘s, ⊠ – ⧣, ↤ Zim, TV 📞 ⇔ P. – 🔔 200. AE ⑩ ⑩ VISA JCB
Pfeffermühle *(geschl. Sonntagabend)* **Menu** à la carte 40/65 – **84 Z** ⊂⊐ 145/200 – 180/260.

In Kassel-Waldau :

🏨 **Ibis,** Heinrich-Hertz-Str. 3, ⊠ 34123, ℰ (0561) 5 89 40, *h2120-GM@accor-hotels.com, Fax (0561) 5894400 –* ⧣, ↤ Zim, 🖭 TV 📞 ⅙ P. AE ⑩ ⑩ VISA
Menu *(nur Abendessen)* à la carte 26/29 – ⊂⊐ 15 – **67 Z** 84.
über ④ und Nürnberger Straße   X

In Kassel-Wilhelmshöhe – *Kneipp-Heilbad :*

🏨 **Ramada** M, Bertha-von-Suttner-Str. 15, ⊠ 34131, ℰ (0561) 9 33 90, *rhi.ksfde.sales. admin.mgr@marriott.com, Fax (0561) 9339100,* ≘s – ⧣, ↤ Zim, TV 📞 ⅙ ⇔ – 🔔 80. AE ⑩ ⑩ VISA JCB
X x
Menu à la carte 34/78 – ⊂⊐ 20 – **137 Z** 140/245 – 225/265.

🏨 **Schlosshotel Wilhelmshöhe** 🌳, Schloßpark 8, ⊠ 34131, ℰ (0561) 3 08 80, *rese rvierung@schlosshotel.com, Fax (0561) 3088428,* ⌂, ≘s, ⊠ – ⧣, ↤ Zim, TV 📞 P – 🔔 150. AE ⑩ ⑩ VISA JCB
X b
Menu à la carte 42/73 – **106 Z** ⊂⊐ 175/220 – 200/350.

🏨 **Kurparkhotel,** Wilhelmshöher Allee 336, ⊠ 34131, ℰ (0561) 3 18 90, *KURPARKHOTEL-KASSEL@t-online.de, Fax (0561) 3189124,* ⌂, ≘s, ⊠ – ⧣, ↤ Zim, TV 📞 ⅙ ⇔ P. – 🔔 45. AE ⑩ ⑩
X u
Menu *(geschl. Sonn- und Feiertage abends)* à la carte 40/67 – **87 Z** ⊂⊐ 150/195 – 220/280.

🏨 **InterCityHotel** M, Wilhelmshöher Allee 241, ⊠ 34121, ℰ (0561) 9 38 80, *kassel@i ntercityhotel.de, Fax (0561) 9388999 –* ⧣, ↤ Zim, TV 📞 ⅙ P. – 🔔 80. AE ⑩ ⑩ VISA JCB. ⅗ Rest
X a
Menu à la carte 45/61 – ⊂⊐ 22 – **147 Z** 180/200.

🏨 **Zum Steinernen Schweinchen,** Konrad-Adenauer-Str. 117, ⊠ 34132, ℰ (0561) 94 04 80, *info@steinernes-schweinchen.de, Fax (0561) 94048555,* ⌂, Biergarten, ≘s – ⧣, ↤ Zim, TV 📞 P. – 🔔 50. AE ⑩ VISA
über Konrad-Adenauer-Straße   X
Menu à la carte 48/88 – **55 Z** ⊂⊐ 105/150 – 150/170.

Schweizer Hof, Wilhelmshöher Allee 288, ✉ 34131, ✆ (0561) 9 36 90, *sh-Kassel@t-online.de, Fax (0561) 93699* – 🛗, ⇹ Zim, TV 🚗 P – 🏟 70. AE D MC VISA JCB X r
Menu *(geschl. Sonntag)* à la carte 32/60 – ☕ 20 – **62 Z** 125/145 – 145/165.

Wilhelmshöher Tor garni, Heinrich-Schütz-Allee 24, ✉ 34131, ✆ (0561) 9 38 90, *hotel@wilhelmshoeher-tor.de, Fax (0561) 9389111* – 🛗 ⇹ TV ✆ ♿ 🚗. AE D MC VISA
30 Z ☕ 110/130 – 145/160. X t

Kurfürst Wilhelm I., Wilhelmshöher Allee 257, ✉ 34131, ✆ (0561) 3 18 70, *info@kurfuerst.bestwestern.de, Fax (0561) 318777* – 🛗, ⇹ Zim, TV 🚗 – 🏟 15. AE D MC VISA X x
Tavolo (italienische Küche) *(geschl. Sonntagabend)* **Menu** à la carte 29/57 – **42 Z** ☕ 148/168 – 198/218.

Gutshof, Wilhelmshöher Allee 347 a, ✉ 34131, ✆ (0561) 3 25 25, *Gutshof@t-online.de, Fax (0561) 32120*, 🌳, Biergarten – P. MC VISA JCB X z
Menu à la carte 39/58.

In Habichtswald : *über Im Druseltal X, ab unterer Parkplatz Herkules Nord : 2 km, Zufahrt für Hotelgäste frei :*

Elfbuchen 🔇, ✉ 34131 Kassel-Wilhelmshöhe, ✆ (0561) 96 97 60, *Fax (0561) 62043*, 🌳, « Zimmereinrichtung im Landhausstil », 🪑 – 🛗, ⇹ Zim, TV ✆ 🚗 P – 🏟 60
geschl. 25. Juni - 15. Juli – **Menu** *(geschl. Freitag)* à la carte 33/68 – **11 Z** ☕ 150 – 220/250.

In Niestetal-Heiligenrode *über ② : 6 km, nahe BAB-Anschluß Kassel-Nord :*

Zum Niestetal, Niestetalstr. 16, ✉ 34266, ✆ (0561) 95 22 60, *swam888@aol.com, Fax (0561) 9522634*, 🌳, 🍽 – TV ✆ P – 🏟 30. AE D MC VISA
Menu à la carte 27/55 – **19 Z** ☕ 92/98 – 130/150.

Althans 🔇 garni, Friedrich-Ebert-Str. 65, ✉ 34266, ✆ (0561) 52 27 09, *Fax (0561) 526981* – ⇹ TV P. MC. 🚫
geschl. 21. Dez. - 6. Jan. – **22 Z** ☕ 65/85 – 110/140.

In Kaufungen-Niederkaufungen *Ost : 9 km über ③ :*

Gasthaus am Steinertsee 🔇, Am Steinertsee 1, ✉ 34260, ✆ (05605) 94 79 80, *Steinertsee@t-online.de, Fax (05605) 70515*, 🌳 – ⇹ Zim, TV ✆ P. MC VISA
Menu *(geschl. Sonntagabend - Montag)* à la carte 28/49 – **14 Z** ☕ 85/90 – 135/145.

In Espenau-Schäferberg *über ⑦ : 10 km :*

Waldhotel Schäferberg, Wilhelmsthaler Str. 14 (an der B 7), ✉ 34314, ✆ (05673) 99 60, *waldhotel-schaeferberg@t-online.de, Fax (05673) 996555*, 🌳, 🍽 – 🛗, ⇹ Zim, TV ✆ ♿ P – 🏟 150. AE D MC VISA
Menu à la carte 40/71 – **98 Z** ☕ 165/190 – 196/250, 6 Suiten.

In Habichtswald-Ehlen *West : 11 km über Im Drusetal X :*

Ehlener Poststuben mit Zim, Kasseler Str. 11, ✉ 34317, ✆ (05606) 59 95 80, *Fax (05606) 5995858*, 🌳 – TV P. MC VISA
geschl. Jan. 3 Wochen – **Menu** *(geschl. Dienstag) (wochentags nur Abendessen)* à la carte 42/74 – **5 Z** ☕ 85/135.

In Calden *über ⑦ : 14 km :*

Schloßhotel Wilhelmsthal, Beim Schloß Wilhelmsthal (Süd-West : 2 km), ✉ 34379, ✆ (05674) 8 48, *Fax (05674) 5420*, 🌳 – TV 🚗 P – 🏟 20. MC VISA
Menu à la carte 32/70 – **18 Z** ☕ 85/140 – 140.

KASTELLAUN *Rheinland-Pfalz* 417 *P 6 – 5 000 Ew – Höhe 435 m.*

ℹ Tourist-Information, Kirchstr. 1, ✉ 56288, ✆ (06762) 4 03 20, Fax (06762) 40340.
Berlin 645 – Mainz 80 – Bad Kreuznach 63 – Trier 86 – Koblenz 44.

Zum Rehberg 🔇, Mühlenweg 1, ✉ 56288, ✆ (06762) 13 31, *Hotel-Rehberg@t-online.de, Fax (06762) 2640*, 🍽, 🪑 – ⇹ TV P – 🏟 30. MC VISA
Menu *(nur Abendessen)* (Restaurant nur für Hausgäste) – **50 Z** ☕ 75/100 – 120/200.

KASTL *Bayern* 419 420 *R 19 – 2 800 Ew – Höhe 430 m – Erholungsort.*

Berlin 449 – München 159 – Weiden in der Oberpfalz 69 – Regensburg 92 – Amberg 22.

Forsthof, Amberger Str. 2 (B 299), ✉ 92280, ✆ (09625) 9 20 30, *info@hotel-forsthof.de, Fax (09625) 920344*, Biergarten, 🍽 – TV ✆ 🚗 P – 🏟 25. AE D MC VISA
Menu *(geschl. nach Fasching 2 Wochen, Dienstag)* à la carte 23/45 – **18 Z** ☕ 70 – 120/130 – ½ P 22.

KATZENELNBOGEN Rheinland-Pfalz **417** P 7 – 1 700 Ew – Höhe 300 m.
  Berlin 571 – Mainz 51 – *Koblenz 50* – Limburg an der Lahn 21 – Wiesbaden 46.

In Berghausen Süd-Ost : 2,5 km :

🏠 **Berghof**, Bergstr. 3, ⊠ 56368, ℘ (06486) 9 12 10, Fax (06486) 1837, ☆, Biergarten,
⊖ ☞ – 🛗 🅿 – 🔏 20. 🐵
  Menu (geschl. Montag) à la carte 23/44 ₰ – **37 Z** ⊑ 53/61 – 86/102.

┌──────────┬───┐
│   │ If the name of the hotel   │
│ Europe │ is not in bold type,   │
│   │ on arrival ask the hotelier his prices. │
└──────────┴───┘

KAUFBEUREN Bayern **419 420** W 15 – 43 500 Ew – Höhe 680 m – Wintersport : 707/849 m
  ⚐.
  🏌 Pforzen, Lettensteige (Nord : 7 km), ℘ (08346) 2 77.
  🅱 Verkehrsverein, Kaiser-Max-Str. 1 (Rathaus), ⊠ 87600, ℘ (08341) 4 04 05, Fax (08341)
  73962.
  ADAC, Kaiser-Max-Str. 3b.
  Berlin 627 – München 87 – *Kempten (Allgäu)* 38 – Landsberg am Lech 30 – Schongau 26.

🏨 **Goldener Hirsch**, Kaiser-Max-Str. 39, ⊠ 87600, ℘ (08341) 4 30 30, Hotel-Goldener
  Hirsch@allgaeu.de, Fax (08341) 430375, ☆, ⅃♨, ☎ – 🛗 📺 ♨ ♿ ☞ – 🔏 80. 🖭 🐵
  VISA
  Menu à la carte 29/56 – **42 Z** ⊑ 70/118 – 120/167 – ½ P 28.

🏨 **Am Kamin**, Füssener Str. 62 (B 16), ⊠ 87600, ℘ (08341) 93 50, fairhotel-am-kamin
  @t-online.de, Fax (08341) 935222, ☆ – 🛗 📺 ♨ 🅿 – 🔏 50. 🖭 🐵 **VISA**
  Menu à la carte 32/51 – **32 Z** ⊑ 105/120 – 149 – ½ P 25.

🏠 **Am Turm** garni, Josef-Landes-Str. 1, ⊠ 87600, ℘ (08341) 9 37 40, Fax (08341) 937460
  – ⚐ 📺 ♨ ☞ 🅿 🖭 🐵 **VISA**
  33 Z ⊑ 80/105 – 110/135.

🏠 **Leitner**, Neugablonzer Str. 68, ⊠ 87600, ℘ (08341) 33 44, Fax (08341) 874670, ☆
  – 📺 🅿
  Menu (geschl. Juli - Aug. 2 Wochen, Freitag - Samstag) à la carte 29/43 ₰ – **22 Z** ⊑ 45/65
  – 70/100 – ½ P 15.

In Kaufbeuren-Oberbeuren West : 2 km :

🏠 **Gruener Baum** Ⓜ ⚐ garni, Obere Gasse 4, ⊠ 87600, ℘ (08341) 96 61 10, info@g
  ruener-baum-hotel.de, Fax (08341) 9661179 – 🛗 ⚐ 📺 ♨ ♿ ☞ 🅿 – 🔏 30. ⓞ 🐵
  VISA. ⚐
  31 Z ⊑ 95/120.

In Mauerstetten-Frankenried Ost : 3,5 km :

🏠 **Zum goldenen Schwanen**, Paul-Gaupp-Str. 1, ⊠ 87665, ℘ (08341) 9 39 60 (Hotel),
  93 96 32 (Rest.), goldener-schwanen@t-online.de, Fax (08341) 939630, ☆ – 📺 ♨ 🅿 –
  🔏 30. 🖭 🐵 **VISA**
  Menu à la carte 34/52 – **11 Z** ⊑ 70/90 – 110/130 – ½ P 30.

In Irsee Nord-West : 7 km :

🏨 **Irseer Klosterbräu** ⚐, Klosterring 1, ⊠ 87660, ℘ (08341) 43 22 00, irseerKloste
  rbraeu@t-online.de, Fax (08341) 432269, ☆, Brauereimuseum, Biergarten – 📺 🅿 –
  🔏 15
  geschl. Mitte Jan. - Mitte Feb. – **Menu** à la carte 38/53 – **55 Z** ⊑ 92/118 – 144/168.

KAUFUNGEN Hessen siehe Kassel.

KAUSCHWITZ (VOGTLAND) Sachsen siehe Plauen.

KAYHUDE Schleswig-Holstein **415 416** E 14 – 1 000 Ew – Höhe 25 m.
  Berlin 307 – Kiel 82 – *Hamburg 36* – Lübeck 50 – Bad Segeberg 26.

✕ **Alter Heidkrug**, Segeberger Str. 10 (B 432), ⊠ 23863, ℘ (040) 6 07 02 52,
  Fax (040) 60751153, ☆, Biergarten – 🅿
  geschl. 15. - 31. Juli, Sonntagabend, Donnerstag – **Menu** à la carte 39/62.

KEHL Baden-Württemberg **[419]** U 7 – 33 400 Ew – Höhe 139 m.

🔰 Kultur- und Verkehrsamt, Großherzog-Friedrich-Str. 19, ✉ 77694, ℰ (07851) 8 82 26
Fax (07851) 2140.
ADAC, Grenzbüro, Europabrücke.
Berlin 748 – Stuttgart 149 – Karlsruhe 78 – Freiburg im Breisgau 81 – Baden-Baden 55
– Strasbourg 6.

🏠 **Grieshaber's Rebstock** (mit Gästehaus), Hauptstr. 183, ✉ 77694, ℰ (07851)
9 10 40, Rebstock.kehl@t-online.de, Fax (07851) 78568, 🍴 – 📺 🅿. 🐵 VISA
Menu (geschl. Feb. 2 Wochen, Juli 2 Wochen, Sonntagabend - Montag) (wochentags nur
Abendessen) à la carte 37/65 – **30 Z** ⊃ 70/105 – 110/145.

🍴🍴 **Milchkutsch,** Hauptstr. 147a, ✉ 77694, ℰ (07851) 7 61 61, Fax (07851) 621, 🍴 –
🅿. 🆎 🐵
geschl. Aug. - Sept. 2 Wochen, Samstag - Sonntag – Menu (Tischbestellung ratsam) 40
(mittags) und à la carte 45/63.

In Kehl-Kork Süd-Ost : 4 km :

🏠🏠 **Hirsch** (mit Gästehaus), Gerbereistr. 20, ✉ 77694, ℰ (07851) 36 00, Fax (07851) 73059,
🍴 – 📳 📺 🅿. 🆎 🐵 VISA
geschl. 23. Dez. - 14. Jan. – Menu (geschl. 23. Dez. - Ende Jan., Aug. 2 Wochen, Sonntag)
(nur Abendessen) à la carte 28/66 🍷 – **65 Z** ⊃ 80/140 – 110/220 – ½ P 28.

🏠 **Schwanen,** Landstr. 3, ✉ 77694, ℰ (07851) 79 60, Schwanen-Kork@t-online.de,
Fax (07851) 796222 – 📳. 🛏 Zim, 📺 📞 🐵 🅿. 🐵 VISA. 🛏 Zim
Menu (geschl. 26. Feb. - 5. März, 2. - 23. Aug., Montag) à la carte 25/58 🍷 – **39 Z** ⊃ 70/95
– 95/117.

In Kehl-Sundheim Süd-Ost : 2 km :

🏠 **Schwanen** garni, Hauptstr. 329, ✉ 77694, ℰ (07851) 34 62, Fax (07851) 73478 – 📺
🅿. 🆎 ⓪ 🐵 VISA
23 Z ⊃ 85/105 – 125/165.

KEITUM Schleswig-Holstein siehe Sylt (Insel).

KELBRA Sachsen-Anhalt **[418]** L 17 – 3 000 Ew – Höhe 98 m.

🔰 Stadtinformation, Lange Str. 8, ✉ 06537, ℰ (034651) 65 28, Fax (034651) 38322.
Berlin 244 – Magdeburg 126 – Erfurt 72 – Nordhausen 20 – Weimar 61 – Halle 72.

🏠🏠 Kaiserhof, Frankenhäuser Str. 1 (B 85), ✉ 06537, ℰ (034651) 65 31, Fax (034651) 6215,
🍴, 🛏, 🏊 – 📳 📺 🅿. – 🎩 30
38 Z.

🏠 **Heinicke,** Jochstr. 14, ✉ 06537, ℰ (034651) 61 83, heinicke@hotel-restaurant-heini
cke.de, Fax (034651) 6383, 🍴, 🛏 – 📺 🅿. – 🎩 25. ⓪ 🐵 VISA
Menu à la carte 24/38 – **16 Z** ⊃ 75/90 – 100/120.

🏠 **Sachsenhof,** Marktstr. 38 (B 85), ✉ 06537, ℰ (034651) 41 40, info@sachsenhof.de,
Fax (034651) 6289, Biergarten – 📺 🅿. – 🎩 20. 🆎 ⓪ 🐵 VISA
Menu à la carte 21/42 – **18 Z** ⊃ 75/85 – 95/115.

Am Stausee West : 2,5 km :

🏠 **Barbarossa** 🐾, Am Stausee, ✉ 06537 Kelbra, ℰ (034651) 4 20, Fax (034651) 4233,
≤ Stausee und Harz, 🍴, 🛏, 🌳 – 🛏 Zim, 📺 🅿. – 🎩 20. 🆎 🐵 VISA
Menu à la carte 25/49 – **30 Z** ⊃ 80/90 – 100/120 – ½ P 25.

KELHEIM Bayern **[420]** T 19 – 15 000 Ew – Höhe 354 m.

Ausflugsziele : Befreiungshalle★ West : 3 km – Weltenburg : Klosterkirche★ Süd-West :
7 km – Schloß Prunn : Lage★, West : 11 km.
🔰 Tourist-Information, Ludwigsplatz, ✉ 93309, ℰ (09441) 70 12 34, Fax (09441) 701207.
Berlin 512 – München 106 – Regensburg 31 – Ingolstadt 56 – Nürnberg 108.

🏠 **Stockhammer,** Am oberen Zweck 2, ✉ 93309, ℰ (09441) 7 00 40,
Fax (09441) 700431, 🍴 – 🛏 Zim, 📺 🅿. 🆎 ⓪ 🐵 VISA. 🛏
geschl. Mitte - Ende Aug. – **Ratskeller** (geschl. Montag) Menu à la carte 31/74 – **15 Z**
⊃ 80/110 – 140/180 – ½ P 29.

🏠 **Aukoferbräu,** Alleestr. 27, ✉ 93309, ℰ (09441) 20 20, jaukofer@debitel.net,
Fax (09441) 21437, 🍴 – 📳 📺 🐵 🅿. – 🎩 60. 🐵 VISA
geschl. 20. Dez. - 10. Jan – Menu à la carte 22/45 – **50 Z** ⊃ 56/78 – 100/134 – ½ P 22.

🏠 **Weißes Lamm,** Ludwigstr. 12, ✉ 93309, ℰ (09441) 2 00 90, Fax (09441) 21442, 🍴
– 📳 📺 🅿. 🐵 VISA. 🛏 Zim
geschl. Mitte - Ende April, Anfang Nov. 1 Woche – Menu (geschl. Sonntagabend, Jan. - Mai
Sonntagabend, Samstag) à la carte 22/54 🍷 – **32 Z** ⊃ 69/75 – 98/118 – ½ P 24.

In Essing *West : 8 km :*

⚐ **Brauereigasthof Schneider** (mit Gästehaus), Altmühlgasse 10, ✉ 93343, ℰ (09447) 9 18 00, *brauereigasthof.schneider@VR-Web.de*, Fax (09447) 918020, ☞ – ⇔ 🅿. ✖ Zim
geschl. Mitte Jan. - Anfang Feb. – **Menu** à la carte 31/62 – **19 Z** ⇌ 57/100.

KELHEIM *Hessen* **417** *P 9 – 27 000 Ew – Höhe 202 m.*
Berlin 552 – Wiesbaden 27 – Frankfurt am Main 25 – Limburg an der Lahn 47.

🏨 **Arkadenhotel**, Frankenallee 12, ✉ 65779, ℰ (06195) 9 78 10, *info@arkaden-hotel .de*, Fax (06195) 978150, ☞, ⇔ – 🛗 📺 ⇔ – 🛡 25. 🆎 ① ⑩ 𝐕𝐈𝐒𝐀
Menu à la carte 35/64 – **38 Z** ⇌ 139/210 – 199/300.

🏨 **Kelkheimer Hof** garni, Großer Haingraben 7, ✉ 65779, ℰ (06195) 9 93 20, *info@Ho tel-Kelkheimer-Hof.de*, Fax (06195) 4031 – 📺 🅿. 🆎 ⑩ 𝐕𝐈𝐒𝐀
23 Z ⇌ 118/158.

🏨 **Waldhotel** ☜, Unter den Birken 19, ✉ 65779, ℰ (06195) 9 90 40, Fax (06195) 990444, ⇔ – 📺 🅿. 🆎 ① ⑩ 𝐕𝐈𝐒𝐀
Menu (Restaurant nur für Hausgäste) à la carte 44/58 – **20 Z** ⇌ 98/170 – 140/195.

In Kelkheim-Münster :

🏨 **Zum goldenen Löwen**, Alte Königsteiner Str. 1, ✉ 65779, ℰ (06195) 9 90 70, *Gldl oewe@aol.com*, Fax (06195) 73917, Biergarten – 📺 🅿. – 🛡 50. 🆎 ① ⑩ 𝐕𝐈𝐒𝐀 𝐉𝐂𝐁
geschl. Juni - Juli 3 Wochen, Weihnachten - Anfang Jan. – **Menu** (geschl. Donnerstag) à la carte 31/67 – **30 Z** ⇌ 97/102 – 138/148.

Außerhalb *Nord-West : 6 km über Fischbach und die B 455 Richtung Königstein :*

🏰 **Schloßhotel Rettershof** ☜, ✉ 65779 Kelkheim, ℰ (06174) 2 90 90, Fax (06174) 25352, ☞, « Ehem. Herrensitz und Schlößchen a.d.J.1885 mit Hotelanbau ; Park », ⇔, ✖ – 📺 ⇔ 🅿. – 🛡 30. 🆎 ① ⑩ 𝐕𝐈𝐒𝐀
Le Duc (geschl. Sonntag) **Menu** à la carte 67/98 – **35 Z** ⇌ 190/210 – 290/320.

KELL AM SEE *Rheinland-Pfalz* **417** *R 4 – 2 000 Ew – Höhe 441 m – Luftkurort.*
🛈 *Tourist-Information, Alte Mühle,* ✉ 54427, ℰ (06589) 10 44, Fax (06589) 1002.
Berlin 708 – Mainz 148 – Trier 44 – Saarburg 27.

🏨 **St. Michael**, Kirchstr. 3, ✉ 54427, ℰ (06589) 9 15 50, *HSTMICH@AOL.COM*, Fax (06589) 915550, ☞, ⇔, ☞ – 🛗 ⇔ 🅿. – 🛡 110
Menu à la carte 29/48 – **34 Z** ⇌ 75/90 – 130/150 – ½ P 20.

🏨 **Haus Doris** ☜, Nagelstr. 8, ✉ 54427, ℰ (06589) 71 10, *HausDoris-Kell@t-online.de*, Fax (06589) 1416, ⇔, ☞ – 📺 🅿. – 🛡 15. ⑩ 𝐕𝐈𝐒𝐀 ✖ Rest
geschl. Nov. 3 Wochen – **Menu** (geschl. Mittwoch) à la carte 23/51 – **16 Z** ⇌ 60/100.

🏨 **Zur Post**, Hochwaldstr. 2, ✉ 54427, ℰ (06589) 9 17 10, *POSTHOTEL.KELL. HOCHWALD@T-ONLINE.DE*, Fax (06589) 9171150, ☞, ☞ – 📺 ✆ ⇔ 🅿. – 🛡 30. 🆎 ① ⑩ 𝐕𝐈𝐒𝐀 ✖
geschl. 1. - 13. Jan. – **Menu** (geschl. Samstag, Sonntagabend) à la carte 26/58 🍴 – **9 Z** ⇌ 70/75 – 120/130 – ½ P 20.

✕ **Fronhof** mit Zim, am Stausee (Nord : 2 km), ✉ 54427, ℰ (06589) 16 41, *info@hote l-fronhof.de*, Fax (06589) 2162, ≼, ☞, ⇔, ☞, 🐎 – 📺 🅿. ✖ Zim
geschl. 10. Nov. - 1. Dez. – **Menu** (geschl. Montag) à la carte 28/54 – **9 Z** ⇌ 60/70 – 120/130.

KELLENHUSEN *Schleswig-Holstein* **415 416** *D 17 – 1 000 Ew – Höhe 10 m – Ostseeheilbad.*
🛈 *Kurverwaltung, Strandpromenade,* ✉ 23746, ℰ (04364) 4 97 50, Fax (04364) 497522.
Berlin 320 – Kiel 83 – Lübeck 65 – Grömitz 11 – Heiligenhafen 25.

🏨 **Erholung** (mit Gästehaus), Am Ring 31, ✉ 23746, ℰ (04364) 10 27, *erholung@t-on line.de*, Fax (04364) 1705 – 🛗, ✖ Zim, 📺 🅿. ⑩ 𝐕𝐈𝐒𝐀 ✖ Rest
geschl. 7. Jan. - 25. März, Nov. - 26. Dez. – **Menu** (geschl. Dienstag) à la carte 28/60 – **35 Z** ⇌ 75/135 – 130/160.

KELSTERBACH *Hessen* **417** *P 9 – 15 000 Ew – Höhe 107 m.*
Berlin 551 – Wiesbaden 26 – Frankfurt am Main 19 – Darmstadt 33 – Mainz 26.

🏨 **Astron Hotel Frankfurt-Airport** Ⓜ, Mörfelder Str. 113, ✉ 65451, ℰ (06107) 93 80, *fra-airport@astron-hotels.de*, Fax (06107) 938100, ☞, 🍴, ⇔ – 🛗, ✖ Zim, 📺 ✆ & ⇔ 🅿. – 🛡 20. 🆎 ① ⑩ 𝐕𝐈𝐒𝐀 𝐉𝐂𝐁
Menu à la carte 53/81 – ⇌ 25 – **154 Z** 253.

🏨 **Novotel Frankfurt Airport** ☜, Am Weiher 20, ✉ 65451, ℰ (06107) 76 80, *H0719@accor-hotels.com*, Fax (06107) 8060, ☞, ⇔, 🏊 – 🛗, ✖ Zim, 🔲 📺 ✆ & 🅿. – 🛡 200. 🆎 ① ⑩ 𝐕𝐈𝐒𝐀 𝐉𝐂𝐁
Menu à la carte 37/64 – ⇌ 23 – **150 Z** 235/265.

▣ **Ibis** Ⓜ, Langer Kornweg 11 55 65451, ℰ (06107) 98 70, H2203@accor-hotels.com, Fax (06107) 967444 – 濃, 齒 Zim, ▤ Zim, ▥ ✆ 齒 🄿 🄰🄴 ⓪ ⓧ 🆅🅸🆂🅰 🄹🄲🄱
Menu (nur Abendessen) à la carte 29/41 – ⌐ 15 – **132 Z** 125/175.

▣ **Tanne**, Tannenstr. 2, ✉ 65451, ℰ (06107) 93 40, Airport-Hotel-Tanne@t-online.de, Fax (06107) 5484 – 齒 Zim, ▥ 🄿 🄰🄴 ⓪ ⓧ 🆅🅸🆂🅰 🄹🄲🄱
Menu (geschl. 24. Dez. - 7. Jan., Sonntag) (nur Abendessen) à la carte 30/44 – ⌐ 17 – **36 Z** 117/156 – 156/200.

ⵣⵣ **Alte Oberförsterei**, Staufenstr. 16 (beim Bürgerhaus), ✉ 65451, ℰ (06107) 6 16 73, Fax (06107) 64627, 齒 – 🄿 🄰🄴 ⓪ ⓧ 🆅🅸🆂🅰 🄹🄲🄱
geschl. Jan. 1 Woche, Juni - Juli 3 Wochen, Samstagmittag, Montag – **Menu** (Tischbestellung ratsam) à la carte 44/86.

KELTERN Baden-Württemberg 🄰🄻🄾 T 9 – 7850 Ew – Höhe 190 m.
Berlin 675 – Stuttgart 61 – Karlsruhe 26 – Pforzheim 11.

In Keltern-Dietlingen :

ⵣⵣ **Zum Kaiser**, Bachstr. 41, ✉ 75210, ℰ (07236) 62 89, Fax (07236) 2459, 齒 🄿
geschl. Aug.- Sept. 3 Wochen, Mittwoch – **Menu** (wochentags nur Abendessen) à la carte 63/84.

In Keltern-Ellmendingen :

▣ **Goldener Ochsen**, Durlacher Str. 8, ✉ 75210, ℰ (07236) 81 42, Fax (07236) 7108, 齒 – ▥ ✆ ⇔ 🄿 – 齒 15
geschl. Jan. 2 Wochen, 13. - 27. Juni – **Menu** (geschl. Sonntagabend, Freitag) à la carte 43/78 – **12 Z** ⌐ 75/95 – 130/150.

KEMBERG Sachsen-Anhalt 🄰🄻🄸 K 21 – 3 000 Ew – Höhe 75 m.
Berlin 121 – Magdeburg 102 – Leipzig 53.

In Ateritz-Lubast Süd : 2 km (an der B 2) :

▤▤ **Heidehotel Lubast**, Leipziger Str. 1, ✉ 06901, ℰ (034921) 7 20, Fax (034921) 72120, 齒, 🅬 – 濃, 齒 Zim, ▥ 齒 ⇔ 🄿 – 齒 150
Menu à la carte 25/57 – **50 Z** ⌐ 80/130 – 130/210.

Im Naturpark Dübener Heide Süd : 8 km, 6 km über die B2, dann links ab :

▤▤ **Sackwitzer Mühle** 🐾, Dorfstr. 53, ✉ 06905 Meuro-Sackwitz, ℰ (034925) 7 05 11, info@hotel-sackwitzer-muehle.de, Fax (034925) 71156, 齒, Biergarten, 🅬, 🌳 – 濃, 齒 Zim, ▥ 齒 🄿 – 齒 30
Menu à la carte 30/54 – **35 Z** ⌐ 99/120 – 149/180.

KEMMENAU Rheinland-Pfalz siehe Ems, Bad.

KEMMERN Bayern siehe Bamberg.

KEMPEN Nordrhein-Westfalen 🄰🄻🄷 L 3 – 35 000 Ew – Höhe 35 m.
Berlin 576 – Düsseldorf 61 – Geldern 21 – Krefeld 13 – Venlo 22.

ⵣⵣ **et kemp'sche huus**, Neustr. 31, ✉ 47906, ℰ (02152) 5 44 65, Fax (02152) 558923, 齒, (restauriertes Fachwerkhaus a.d.J. 1725) – 🄰🄴 ⓪ ⓧ 🆅🅸🆂🅰
geschl. August 2 Wochen, Montag – **Menu** (Tischbestellung ratsam) à la carte 44/71.

KEMPENICH Rheinland-Pfalz 🄰🄻🄷 O 5 – 1 500 Ew – Höhe 455 m – Erholungsort.
Berlin 629 – Mainz 144 – Koblenz 53 – Bonn 55 – Trier 106.

▣ **Eifelkrone**, In der Hardt 1 (nahe der B 412), ✉ 56746, ℰ (02655) 13 01, Fax (02655) 959040, 齒, 🌳 – ⇔ 🄿
geschl. Nov. - 15. Dez. – **Menu** à la carte 27/48 – **15 Z** ⌐ 50/55 – 100/130.

KEMPFELD Rheinland-Pfalz 🄰🄻🄷 Q 5 – 950 Ew – Höhe 530 m – Erholungsort.
Berlin 669 – Mainz 111 – Trier 58 – Bernkastel-Kues 23 – Idar-Oberstein 15.

▤▤ **Hunsrücker Faß**, Hauptstr. 70, ✉ 55758, ℰ (06786) 97 00, info@hunsruecker-fas s.de, Fax (06786) 970100, 齒, 🅬, 🌳 – ▥ ✆ 🄿 – 齒 25. 🄰🄴 ⓧ 🆅🅸🆂🅰
Menu à la carte 40/82 – **20 Z** ⌐ 138 – 150/220 – ½ P 35.

♨ **Wildenburger Hof** 🐾, Wildenburger Str. 17, ✉ 55758, ℰ (06786) 70 33, info@w ildenburger-hof.de, Fax (06786) 7131, 齒 – 🄿
geschl. Mitte Jan. - Mitte Feb. – **Menu** (geschl. Mittwoch) à la carte 25/57 🍸 – **12 Z** ⌐ 55/85 – 80/110.

In Asbacherhütte *Nord-Ost : 3 km :*

XX **Harfenmühle** ⚓ *mit Zim, beim Feriendorf Harfenmühle,* ✉ 55758, ✆ (06786) 13 04, *harfenmuehle@t-online.de, Fax (06786) 1323,* ☂ – TV ✆ P
geschl. 1. - 14. Feb. – **Menu** *(geschl. Dienstag - Mittwoch) (Montag - Freitag nur Abendessen)*
à la carte 71/89 – ☑ 15 – **4 Z** 99/110.

Die im **Michelin-Führer**
verwendeten Schrifttypen und Symbole haben -
fett *oder* dünn *gedruckt,* rot *oder* **schwarz** *-*
jeweils eine andere Bedeutung. Lesen Sie daher die Erklärungen aufmerk-
sam durch.

KEMPTEN (ALLGÄU) *Bayern* 419 420 *W 14 – 62 000 Ew – Höhe 677 m.*

🛈 *Tourist Information, Rathausplatz 24,* ✉ 87435, ✆ (0831) 2 52 52 37, *Fax (0831)*
2525427.
ADAC, *Bahnhofstr. 55.*
Berlin 695 ② *– München 127* ② *– Augsburg 102* ② *– Bregenz 73* ④ *– Konstanz 135* ④
– Ulm (Donau) 89 ①

KEMPTEN
(ALLGÄU)

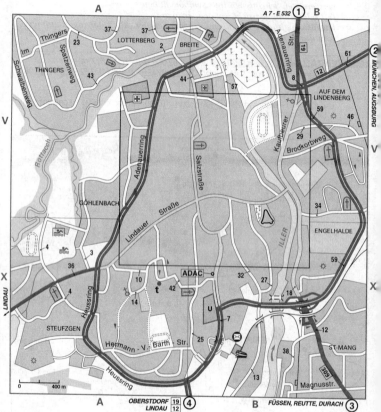

🏨 **Bayerischer Hof** garni, Füssener Str. 96, ⊠ 87437, 𝒫 (0831) 5 71 80, hotel@ bayerisch erhof-kempten.de, Fax (0831) 5718100, ℐᵟ, ⇌ – ⧉ 📺 ⇔ 👁 🏂 – 🔏 30. 🆎 ⓞ ⓜⓢ 𝘝𝘐𝘚𝘈
52 Z ⊊ 89/149 – 169/200.
DZ s

🏨 **Parkhotel** Ⓜ, Bahnhofstr. 1, ⊠ 87435, 𝒫 (0831) 2 52 75, Parkhotel.Kempten@ t-on line.de, Fax (0831) 2527777, ≤ Kempten – ⧉, ⇌ Zim, 📺 📞 ⇔ – 🔏 70. 🆎 ⓞ ⓜⓢ 𝘝𝘐𝘚𝘈
DZ c
Menu (geschl. Sonntagabend) à la carte 39/69 – **42 Z** ⊊ 120/135 – 180/195.

🍴🍴 **M und M**, Mozartstr. 8, ⊠ 87435, 𝒫 (0831) 2 63 69, Fax (0831) 26369, 🍽 – ⓜⓢ 𝘝𝘐𝘚𝘈
geschl. nach Pfingsten 3 Wochen, Samstagmittag, Sonntag - Montag – **Menu** (Tischbestellung ratsam) à la carte 48/81.
CZ z

🍴🍴 **Tableau**, Fischersteige 6, ⊠ 87435, 𝒫 (0831) 2 86 59, Fax (0831) 29303,
« Innenhofterrasse » – 🆎 ⓜⓢ 𝘝𝘐𝘚𝘈
DY a
geschl. Feb. 2 Wochen, Sonntag - Montag – **Menu** à la carte 53/85.

🍴🍴 **Haubenschloß**, Haubenschloßstr. 37, ⊠ 87435, 𝒫 (0831) 2 35 10, Fax (0831) 16082,
🍽 – 🅿. 🆎 ⓞ ⓜⓢ 𝘝𝘐𝘚𝘈
AX t
geschl. Montag – **Menu** à la carte 41/69.

KEMPTEN
(ALLGÄU)

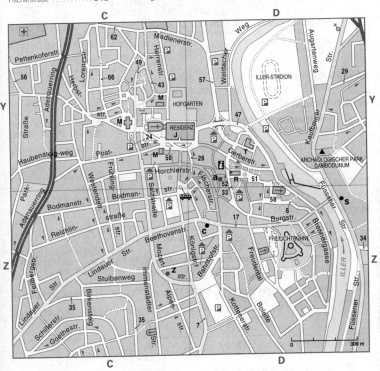

In **Lauben-Moos** *Nord : 6 km über Memminger Straße* AV :

Andreashof 🐾, Sportplatzstr. 15, ☒ 87493, 𝒫 (08374) 9 30 20, *INFO@HOTEL-ANDREASHOF.DE*, Fax (08374) 9302300, 🍴, « Römisches Vital-Bad », 🏖 – 🛗, ⇌ Zim, 📺 ✆ 🅿 – 🔬 75. 🅾 🆅🅸🆂🅰. 🦌 Rest
Menu *(geschl. Sonntag) (nur Abendessen)* à la carte 37/69 – **41 Z** ⊊ 104/160 – 155/235 – ½ P 32.

In **Sulzberg** *Süd : 7 km über Ludwigstraße* BX :

Sulzberger Hof, Sonthofener Str. 17, ☒ 87477, 𝒫 (08376) 3 01, *Hotel-Sulzberger Hof@t-online.de*, Fax (08376) 8660, ≤, 🍴, 🅂🆂, 🔲, ⇌ – 📺 ⇌ 🅿 – 🔬 20. 🆎 ⓪ 🅾 🆅🅸🆂🅰. 🦌 Zim
Menu *(geschl. 15. Nov. - 7. Dez.) (Montag - Freitag nur Abendessen)* à la carte 36/62 – **23 Z** ⊊ 95/100 – 170/210 – ½ P 30.

Les bonnes tables

Nous distinguons à votre intention certains restaurants par
Menu 🕸, ✤, ✤✤ ou ✤✤✤.

KENZINGEN *Baden-Württemberg* ▨ *V 7 – 7 200 Ew – Höhe 179 m.*
    Sehenswert : *Rathaus★.*
    Berlin 781 – Stuttgart 182 – Freiburg im Breisgau 29 – Offenburg 40.

    Schieble (mit Gästehaus), Offenburger Str. 6 (B 3), ▨ 79341, ✆ (07644) 84 13,
    Fax (07644) 4330, ☞, ⇌ – ⇥ Zim, ▥ **P** ▣ **AE ①** **◍** **VISA**, ✀ Zim
    geschl. über Fastnacht 2 Wochen, Anfang Juli 2 Wochen – **Menu** *(geschl. Sonntagabend*
    - Montag) à la carte 37/67 ⚭ – **28 Z** ⫘ 75/95 – 110/140.

    Scheidels Restaurant zum Kranz mit Zim, Offenburger Str. 18 (B 3), ▨ 79341,
    ✆ (07644) 68 55, Fax (07644) 931077, ☞ – ▥, **AE ◍ VISA**, ✀ Zim
    geschl. über Fastnacht 2 Wochen, Nov. 3 Wochen – **Menu** *(geschl. Montagabend - Dienstag)*
    à la carte 41/76 – **4 Z** ⫘ 95 – 140/150.

KERKEN *Nordrhein-Westfalen* ▨ *L 3 – 11 700 Ew – Höhe 35 m.*
    Berlin 572 – Düsseldorf 50 – Duisburg 31 – Krefeld 17 – Venlo 22.

In Kerken-Nieukerk :

    Landgasthaus Wolters, Sevelener Str. 15, ▨ 47647, ✆ (02833) 9 24 50, *info*
    @ landgasthaus-wolters.de, Fax (02833) 924531, ☞ – ▥ ⇦ **P** ▣ **AE ① ◍**
    VISA
    Menu *(geschl. Mittwochmittag, Samstag)* à la carte 35/73 – **14 Z** ⫘ 60/169 –
    100/198.

KERNEN IM REMSTAL *Baden-Württemberg* ▨ *T 12 – 14 000 Ew – Höhe 265 m.*
    Berlin 615 – Stuttgart 21 – Esslingen am Neckar 9 – Schwäbisch Gmünd 43.

In Kernen-Stetten :

    Gästehaus Schlegel garni, Tannäckerstr. 13, ▨ 71394, ✆ (07151) 94 36 20,
    Fax (07151) 9436380 – ▥ ⇦ **P** ▣ **AE ① ◍** **VISA**
    27 Z ⫘ 95/110 – 130/170.

    Romantik Restaurant Zum Ochsen, Kirchstr. 15, ▨ 71394, ✆ (07151) 9 43 60,
    Fax (07151) 943619, (ehemalige Herberge a.d.J. 1763) – **P** ▣ **AE ① ◍ VISA**
    geschl. Mittwoch – **Menu** à la carte 53/83.

    Weinstube Bayer, Gartenstr. 5, ▨ 71394, ✆ (07151) 4 52 52, *info@ weinstube-ba*
    yer.de, Fax (07151) 43380 **P**
    geschl. Feb. 1 Woche, Sept. - Okt. 2 Wochen, Sonntagabend - Montag – **Menu** 45/75 und
    à la carte.

KERPEN *Nordrhein-Westfalen* ▨ *N 4 – 56 000 Ew – Höhe 75 m.*
    Berlin 592 – Düsseldorf 60 – Bonn 48 – Aachen 54 – Köln 26 – Düren 17.

    St. Vinzenz, Stiftsstr. 65, ▨ 50171, ✆ (02273) 92 31 40, Fax (02273) 9231414,
    « Innenhofterrasse » – ▥ ⇦ **P** – ⚿ 30. **AE ① ◍ VISA**
    Menu *(geschl. Okt. 2 Wochen) (wochentags nur Abendessen)* à la carte 41/78 – **22 Z**
    ⫘ 130/140 – 160/200.

In Kerpen-Horrem *Nord : 6 km :*

    Rosenhof garni, Hauptstr. 119, ▨ 50169, ✆ (02273) 9 34 40, *hotelrosenhof@ freen*
    et.de, Fax (02273) 934449 – ▥ ⇦ **P** ✀
    geschl. Juli - Aug. 3 Wochen – **25 Z** ⫘ 84/110 – 129/160.

In Kerpen-Sindorf *Nord-West : 4 km :*

    Zum alten Brauhaus garni, Herrenstr. 76, ▨ 50170, ✆ (02273) 9 86 50,
    Fax (02273) 54570 – ▤ ⇥ ▥ ✆ ⇦ **P** – ⚿ 20. **AE ◍ VISA**
    53 Z ⫘ 98/148.

Nahe der Straße von Kerpen nach Sindorf *: Nord : 2 km :*

    Schloß Loersfeld (Bellefontaine), ▨ 50171 Kerpen, ✆ (02273) 5 77 55,
    Fax (02273) 57466, ☞, « Lage in einem Park » – **P**
    geschl. Weihnachten - Mitte Jan., Juli 3 Wochen, Sonntag - Montag – **Menu** (Tischbestellung
    ratsam, bemerkenswerte Weinkarte) à la carte 85/102
    Spez. Gänseleberterrine. Gratin von Lotte und Scampi mit Safransauce. Rehrücken mit
    Walnußkruste und Wacholdersauce.

KESSELSDORF *Sachsen siehe Freital.*

KESTERT Rheinland-Pfalz **417** P 6 – 900 Ew – Höhe 74 m.
  Berlin 604 – Mainz 68 – Koblenz 31 – Lorch 21.

  🏠 **Krone,** Rheinstr. 37 (B 42), ⊠ 56348, ℰ (06773) 71 42, Fax (06773) 7124, ≤, 🏠, 🛥
    – ⌂ 🅿 – 🕿 60. 🖭 ⊙ ⊙⊙ 𝘝𝘐𝘚𝘈
    geschl. Mitte Feb. - Mitte März – **Menu** (geschl. Montag) à la carte 26/58 ⅄ – **30 Z** ⊑ 55/70
    – 90/130.

KETSCH Baden-Württemberg siehe Schwetzingen.

KEVELAER Nordrhein-Westfalen **417** L 2 – 26 500 Ew – Höhe 21 m – Wallfahrtsort.
  🛈 Verkehrsverein, Rathaus, ⊠ 47623, ℰ (02832) 12 21 51, Fax (02832) 4387.
  Berlin 581 – Düsseldorf 73 – Krefeld 41 – Nijmegen 42.

  🏨 **Parkhotel,** Neustr. 3 (Luxemburger Galerie), ⊠ 47623, ℰ (02832) 9 53 30,
    Fax (02832) 799379, 🏠, 🟆, 🛥, 🔲 – 🕴 📺 🛇 ⅖ ⌂ – 🕿 50. 🖭 ⊙ ⊙⊙ 𝘝𝘐𝘚𝘈
    Menu à la carte 40/63 – **49 Z** ⊑ 115 – 150/160.

  🏠 **Am Bühnenhaus** garni, Bury-St.-Edmunds-Str. 13, ⊠ 47623, ℰ (02832) 9 32 40, Hote
    lamBuehnenhaus@t-online.de, Fax (02832) 404239 – 📺 ⅖ 🅿 – 🕿 15. ⊙⊙ 𝘝𝘐𝘚𝘈 𝘑𝘊𝘉. ⅗
    27 Z ⊑ 80/100 – 130/180.

  ✕✕ **Zur Brücke** mit Zim, Bahnstr. 44, ⊠ 47623, ℰ (02832) 23 89, info@hotel-restaura
    nt-zur-bruecke.de, Fax (02832) 2388, « Gartenterrasse » – 📺 🅿 🖭 ⊙ ⊙⊙ 𝘝𝘐𝘚𝘈. ⅗
    Menu (geschl. Feb. 2 Wochen, Dienstag) (nur Abendessen) à la carte 48/72 – **9 Z**
    ⊑ 118/120 – 168/175.

KIEFERSFELDEN Bayern **420** X 20 – 6 800 Ew – Höhe 495 m – Luftkurort – Wintersport :
  500/800 m ⅄2 ⅀.
  🛈 Kur- und Verkehrsamt, Dorfstr. 23, ⊠ 83088, ℰ (08033) 97 65 27, Fax (08033) 976544.
  Berlin 675 – München 86 – Bad Reichenhall 84 – Rosenheim 31 – Innsbruck 78.

  🏠 **Zur Post,** Bahnhofstr. 22, ⊠ 83088, ℰ (08033) 70 51, Fax (08033) 8573, Biergarten
    – 🕴 📺 ⌂ 🅿 🖭 ⊙ ⊙⊙ 𝘝𝘐𝘚𝘈
    Menu à la carte 25/48 – **40 Z** ⊑ 66/112.

  ⌂ **Schaupenwirt** 🤍, Kaiser-Franz-Josef-Allee 26, ⊠ 83088, ℰ (08033) 82 15, Biergar-
  🛥 ten, ⌂ – 🅿
    geschl. Mitte Okt. - Mitte Nov. – **Menu** (geschl. Dienstag, Jan. - Ostern Montagmittag, Diens-
    tag - Mittwochmittag) à la carte 23/37 ⅄ – **10 Z** ⊑ 45/90 – 70/90.

KIEL 🚄 Schleswig-Holstein **415 416** D 14 – 240 000 Ew – Höhe 5 m.
  Sehenswert : Hindenburgufer★★, ≤★ R – Rathaus (Turm ≤★) Y R.
  Ausflugsziele : Freilichtmuseum★★ über ④ : 6 km – Kieler Förde★★ R.
  🕿 Heikendorf-Kitzeberg (über ① : 10 km), ℰ (0431) 2 34 04 ; 🕿 Gut Uhlenhorst (über ⑦ :
  13 km), ℰ (04349) 18 60 ; 🕿 Havighorst (über ③ : 9 km), ℰ (04302) 96 59 80.
  Ausstellungsgelände Ostseehalle (Y), ℰ (0431) 9 01 23 05.
  🛈 Tourist Information, Andreas-Gayk-Str. 31, ⊠ 24103, ℰ (0431) 67 91 00, Fax (0431)
  6791099.
  ADAC, Saarbrückenstr. 54.
  Berlin 346 ⑤ – Flensburg 88 ⑤ – Hamburg 96 ⑤ – Lübeck 92 ③

  Stadtpläne siehe nächste Seiten

  🏨 **Steigenberger Conti Hansa,** Schloßgarten 7, ⊠ 24103, ℰ (0431) 5 11 50, kiel@s
    teigenberger.de, Fax (0431) 5115444, 🏠, 🛥 – 🕴, ⅖ Zim, 📺 ⅖ ⌂ – 🕿 120. 🖭
    ⊙ ⊙⊙ 𝘝𝘐𝘚𝘈. ⅗ Rest   X e
    Jakob : Menu à la carte 47/70 – **166 Z** ⊑ 250/300 – 300/350.

  🏨 **Parkhotel Kieler Kaufmann** 🤍, Niemannsweg 102, ⊠ 24105, ℰ (0431) 8 81 10,
    KielKaufm@aol.com, Fax (0431) 8811135, 🏠, « Park », 🛥, 🔲 – ⅖ Zim, 📺 🛇 🅿 –
    🕿 40. 🖭 ⊙ ⊙⊙ 𝘝𝘐𝘚𝘈 𝘑𝘊𝘉. ⅗ Rest   R k
    Menu à la carte 54/78 – **46 Z** ⊑ 187/220 – 240/320.

  🏨 **Kieler Yacht-Club,** Hindenburgufer 70, ⊠ 24105, ℰ (0431) 8 81 30, info@yachtcl
    ub.bestwestern.de, Fax (0431) 8813444, ≤ Kieler Förde, 🏠 – 🕴, ⅖ Zim, 📺 ⌂ 🅿 –
    🕿 200. 🖭 ⊙ ⊙⊙ 𝘝𝘐𝘚𝘈   R m
    Menu à la carte 45/75 – **58 Z** ⊑ 190/265 – 250/330.

  🏠 **Berliner Hof** garni, Ringstr. 6, ⊠ 24103, ℰ (0431) 6 63 40, Berliner.Hof.Kiel@t-onlin
    e.de, Fax (0431) 6634345 – 🕴 ⅖ 📺 ⅖ 🅿 🖭 ⊙ ⊙⊙ 𝘝𝘐𝘚𝘈   Z d
    103 Z ⊑ 110/140 – 160/180.

  🏠 **InterCityHotel** 🅼, Kaistr. 54, ⊠ 24114, ℰ (0431) 6 64 30, kiel@intercityhotel.de,
    Fax (0431) 6643499 – 🕴 ⅖ 📺 🛇 ⅖ – 🕿 70. 🖭 ⊙ ⊙⊙ 𝘝𝘐𝘚𝘈. ⅗ Rest   Z n
    Menu (geschl. Sonntag) (nur Abendessen) à la carte 31/54 – **124 Z** ⊑ 195/225 – 215/265.

KIEL
UND UMGEBUNG

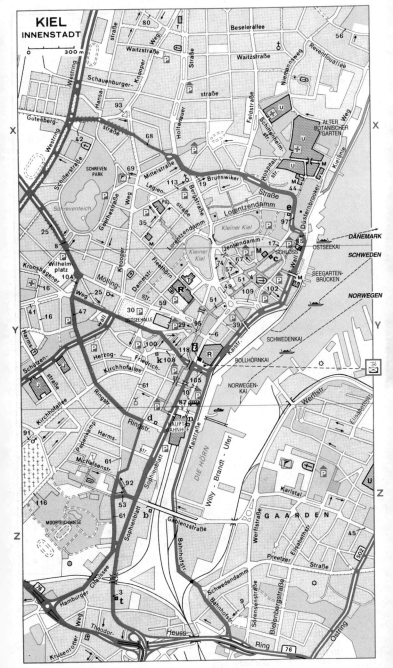

KIEL
INNENSTADT

0   300 m

611

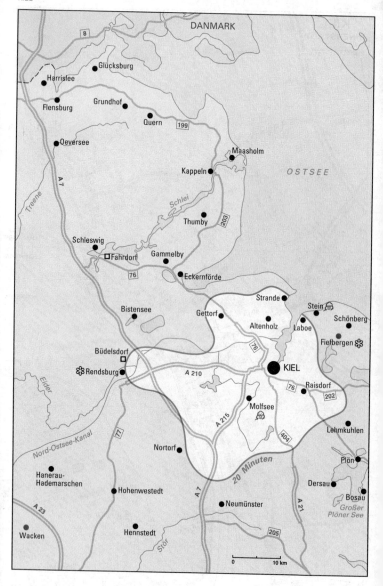

🏨 **Consul,** Walkerdamm 11, ✉ 24103, ☏ (0431) 53 53 70, *Hotel-Consul-Kiel@ t-online.de,*
Fax (0431) 5353770 – 📺 ⇔. **AE** ① **MC** **VISA**
 Y k
Menu *(geschl. Samstag - Sonntag)* à la carte 39/58 – **36 Z** ⚏ 130/155 – 180/
200.

🏨 **An der Hörn,** Gablenzstr. 8, ✉ 24114, ☏ (0431) 66 30 30, *wir@ an-der-hoern.de,*
Fax (0431) 6630390 – 📺 ⇔. **AE** ① **MC** **VISA**
 Z b
Menu *(geschl. 24. Dez. - 4. Jan., Samstag, Sonn- und Feiertage) (nur Abendessen)* à la carte
27/49 – **34 Z** ⚏ 130/180 – 220.

XXX **Im Schloß,** Wall 80, ✉ 24103, ✍ (0431) 9 11 55, Fax (0431) 91157, ⊰, ☆ – ♨ 120. XY
AE ① ⓪ VISA
geschl. Sonntagabend - Montagmittag, Juli - Aug. Sonntag - Montag – **Menu** à la carte 52/84.

XX **September,** Alte Lübecker Chaussee 27, ✉ 24113, ✍ (0431) 68 06 10, *Restsept.@a* Z t
ol.com, Fax (0431) 688830, ☆ – ⓪
geschl. 23. - 30. Dez., Sonn- und Feiertage – **Menu** *(nur Abendessen)* 74/92 – *Bistro :* Menu
à la carte 53/75.

X **Lüneburg-Haus,** Dänische Str. 22, ✉ 24103, ✍ (0431) 9 23 27, *1881@ lueneburgha* Y c
us.com, Fax (0431) 979322, ☆ – AE VISA
Menu à la carte 50/75.

In Kiel-Hasseldieksdamm *über Hasseldieksdammer Weg* S :

🏨 **Birke** ⌖, Martenshofweg 8, ✉ 24109, ✍ (0431) 5 33 10(Hotel) 52 00 01(Rest.), *info*
@ hotel-birke.de, Fax (0431) 5331333, ⊜s – |⊜|, ⥱ Zim, TV ✆ P. – ♨ 20. AE ⓪ VISA
Waldesruh *(geschl. Sonntag) (nur Abendessen)* **Menu** à la carte 41/79 – **59 Z** ⊊ 162/182
– 198/218.

In Kiel-Holtenau :

🏠 **Zur Waffenschmiede,** Friedrich-Voss-Ufer 4, ✉ 24159, ✍ (0431) 36 96 90,
Fax (0431) 363994, ⊰, « *Gartenterrasse* » – TV P. ⓪ ⓪ R r
geschl. 20. Dez. - 14. Jan. – **Menu** à la carte 35/63 – **12 Z** ⊊ 98/150 – 145/200.

In Kiel-Wellsee *über* ③ : *5 km* :

🏠 **Sporthotel Avantage,** Braunstr. 40 (Gewerbegebiet), ✉ 24145, ✍ (0431) 71 79 80,
INFO@ avantageSporthotel.de, Fax (0431) 7179820, ☆, ⊜s, ⚙(Halle) – TV ✆ P. AE ①
⓪ VISA
Menu *(geschl. Sonntag) (nur Abendessen)* à la carte 32/48 – **18 Z** ⊊ 125/140 – 165/180.

In Achterwehr *West : 10 km über* ⑤ *und BAB 210* :

XX **Beckmanns Gasthof** mit Zim, Dorfstr. 16, ✉ 24239, ✍ (04340) 43 51,
Fax (04340) 4383, ☆ – TV P. ⓪ VISA
Menu *(geschl. Montag - Dienstag) (wochentags nur Abendessen)* à la carte 57/83 – **7 Z**
⊊ 95/150.

In Altenholz-Klausdorf *über* ⑦ : *8 km* :

🏨 **Wormeck Hotel Kronsberg** Ⓜ, Kronsberg 31, ✉ 24161, ✍ (0431) 3 29 00, *info*
@ wormeck.de, Fax (0431) 3290100, ☆, Massage, ♨, ⊜s, ▨, � – |⊜|, ⥱ Zim, ▦ TV
✆ ♨ ⇔ P. – ♨ 50. ① ⓪ VISA, ♨
Menu *(nur Abendessen)* à la carte 44/76 – **40 Z** ⊊ 170/230 – 210/270.

In Molfsee *Süd-West : 6 km über* ④ :

🏨 **Bärenkrug** (mit Gästehaus), Hamburger Chausee 10 (B 4), ✉ 24113, ✍ (04347)
⌖ 7 12 00, *INFO@ BAERENKRUG.DE, Fax (04347) 712013,* ☆, ⊜s – ⥱ Zim, TV ✆ P. AE ①
⓪ VISA
geschl. 23. Dez. - 2. Jan. – **Menu** *(Montag - Freitag nur Abendessen)* à la carte 44/67 –
22 Z ⊊ 110/140 – 180/220.

In Molfsee-Rammsee *Süd-West : 5 km über* ④ :

XX **Drathenhof,** Hamburger Landstr. 99 (beim Freilichtmuseum), ✉ 24113, ✍ (0431)
65 08 89, *Drathenhof@ t-online.de, Fax (0431) 650723,* ☆, « *Ehemaliges Bauernhaus*
a.d.J. 1740 ; rustikale Einrichtung » – P. ⓪
geschl. Jan., Montag, Sonn- und Feiertage abends – **Menu** à la carte 32/71.

In Raisdorf-Vogelsang *über* ② : *10 km* :

🏠 **Rosenheim,** Preetzer Str. 1, ✉ 24223, ✍ (04307) 83 80, Fax (04307) 838111, ☆, ⊜s,
⥱ – |⊜|, ⥱ Zim, TV ✆ ♨ ⇔ P. – ♨ 30. AE ① ⓪ VISA JCB. ♨ Zim
Menu à la carte 35/64 – **40 Z** ⊊ 100/180.

KINDING *Bayern* ⓿⓿ ⓿⓿ S 18 – *2 900 Ew – Höhe 374 m.*
Berlin 482 – München 107 – Augsburg 110 – Ingolstadt 34 – Nürnberg 62 – Regensburg
61.

☂ **Krone,** Marktplatz 14, ✉ 85125, ✍ (08467) 2 68, *Krone-kinding@ t-online.de,*
⇔ *Fax (08467) 729,* Biergarten – TV P. ⓪ VISA
geschl. Mitte Okt. - Mitte Nov. – **Menu** à la carte 21/46 ♨ – **25 Z** ⊊ 57/62 – 92/136.

In Enkering *Süd-West : 1,5 km* :

🏨 **Zum Bräu,** Rumburgstr. 1a, ✉ 85125, ✍ (08467) 85 00, Fax (08467) 85057, ☆ – |⊜|
⇔ TV ♨ ♨ ⇔ 50. ⓪
geschl. 19. - 25. Dez. – **Menu** à la carte 24/56 – **17 Z** ⊊ 77 – 117/127.

KINHEIM Rheinland-Pfalz **417** Q 5 – 1 000 Ew – Höhe 105 m – Erholungsort.
Berlin 694 – Mainz 127 – Trier 54 – Bernkastel-Kues 14 – Wittlich 15.

🏠 **Pohl-Zum Rosenberg,** Moselweinstr. 3 (B 53), ✉ 54538, 𝄞 (06532) 21 96,
Fax (06532) 1054, ≼, 🏡, ≘s, 🔲, 🖵 – 📱 **P**. 𝐀𝐄
geschl. 10. Jan. - 10. Feb. – **Menu** (geschl. Nov. - April Donnerstag) à la carte 28/62 ⅙ –
31 Z 😑 74/80 – 124/132 – ½ P 24.

KIPFENBERG Bayern **419 420** T 18 – 5 600 Ew – Höhe 400 m – Erholungsort.
🚩 Tourist-Information, Marktplatz 2, ✉ 85110, 𝄞 (08465) 94 10 41, Fax (08465)
941043.
Berlin 490 – München 102 – Augsburg 105 – Ingolstadt 28 – Nürnberg 69.

In Kipfenberg-Arnsberg Süd-West : 5 km :

🏠 **Landgasthof zum Raben,** Schloßleite 1, ✉ 85110, 𝄞 (08465) 9 40 40,
Fax (08465) 940450, 🏡, ≘s – ↹ Zim, 🖵 **P**. – ♨ 20. ⅙ Rest
Menu (geschl. Anfang Dez. - Mitte Jan.) à la carte 23/52 – **26 Z** 😑 65/95 – 94/118 –
½ P 18.

In Kipfenberg-Pfahldorf West : 6 km :

🏠 **Landhotel Geyer** ⅙ (mit Gästehäuser), Alte Hauptstr. 10, ✉ 85110, 𝄞 (08465)
90 50 11, info@landhotel-Geyer.de, Fax (08465) 3396, 🏡, ≘s, 🖙 – 📱 🖵 ⟵ **P**. 𝐌𝐎
𝐕𝐈𝐒𝐀
geschl. 15. - 30. Nov. – **Menu** (geschl. Donnerstagmittag) à la carte 24/42 – **50 Z** 😑 55/68
– 90/99 – ½ P 20.

In Kipfenberg-Schambach Süd-West : 7 km :

🏠 **Zur Linde** ⅙ (mit Gästehaus), Bachweg 2, ✉ 85110, 𝄞 (08465) 9 41 50, info@zur
-Linde-schambachtal.de, Fax (08465) 941540, 🏡, 🖙 – 📱, ↹ Zim, 🖵 ⟵ **P**. 𝐌𝐎 𝐕𝐈𝐒𝐀.
⅙ Zim
geschl. 25. Okt. - 17. Nov. – **Menu** (geschl. Mittwoch, Dez. - Feb. Montag - Mittwoch) à la
carte 22/43 – **25 Z** 😑 53/88 – 101/146.

KIRCHDORF KREIS MÜHLDORF AM INN Bayern **420** V 20 – 1 200 Ew – Höhe 428 m.
Berlin 624 – München 50 – Bad Reichenhall 91 – Mühldorf am Inn 31.

🍴 **Christian's Restaurant-Gasthof Grainer,** Dorfstr. 1, ✉ 83527, 𝄞 (08072) 85 10,
🕸 Fax (08072) 3304 – **P**
geschl. Montag - Dienstag – **Menu** (wochentags nur Abendessen) (Tischbestellung erforderlich, bemerkenswerte Weinkarte) 69/99
Spez. Gänsestoffleber-Variation. Zander mit Briochekruste und Tomatenbutter. Topfensoufflé mit Birnenragoût und Himbeerschaum.

KIRCHEN (SIEG) Rheinland-Pfalz siehe Betzdorf.

KIRCHENLAMITZ Bayern **418 420** P 19 – 4 700 Ew – Höhe 590 m.
Berlin 337 – München 270 – Hof 20 – Bayreuth 45 – Weiden in der Oberpfalz 69.

In Kirchenlamitz-Fahrenbühl Nord-Ost : 5 km :

🏠 **Jagdschloß Fahrenbühl,** ✉ 95158, 𝄞 (09284) 3 64, Fax (09284) 358, ≘s, 🔲, 🖙,
🐎 – 🖵 **P**. 𝐀𝐄 𝐌𝐎 𝐕𝐈𝐒𝐀
geschl. Nov. – **Menu** (Restaurant nur für Hausgäste) – **13 Z** 😑 74 – 106/118 –
½ P 16.

KIRCHENSITTENBACH Bayern siehe Hersbruck.

KIRCHHAM Bayern **420** U 23 – 2 300 Ew – Höhe 335 m – Erholungsort.
🚩 Gästeinformation, Rathaus, Kirchplatz 3, ✉ 94148, 𝄞 (08533) 28 29, Fax (08533)
7146.
Berlin 634 – München 145 – Passau 34 – Salzburg 107.

🏨 **Haslinger Hof** ⅙, Ed 1 (Nord-Ost : 1,5 km), ✉ 94148, 𝄞 (08531) 29 50,
Fax (08531) 295200, 🏡, Biergarten, « Ehemaliges Hofgut mit Hotelanlage ; rustikal-
ländlicher Restaurantbereich », Massage, ≘s, 🖙 – 📱, ↹ Rest, 🖵 ⟵ **P**. – ♨ 50
Menu à la carte 25/52 – **143 Z** 😑 75/118 – 98/161.

KIRCHHEIM Hessen **417 418** N 12 – 4 200 Ew – Höhe 245 m.

  🛈 Tourist-Information, Hauptstr. 2a, ⊠ 36275, ℘ (06625) 1 94 33, Fax (06625) 919596.
Berlin 417 – Wiesbaden 156 – *Kassel 65 – Gießen 76 – Fulda 42.*

  🏛 **Hattenberg** garni, Am Hattenberg 1, ⊠ 36275, ℘ (06625) 9 22 60, Info@Eydt-Kirc
hheim.de, Fax (06625) 922684, 🖵 – 🛄 🎬 📺 📞 🕭 📶 – 🔏 110. **🕮 VISA**
45 Z ⊆ 109/114 – 159.

  🏠 **Eydt,** Hauptstr. 19, ⊠ 36275, ℘ (06625) 9 22 50, info@eydt-kirchheim.de,
Fax (06625) 922570, 🍴 – 🛄, ✻ Zim, 📺 📞 🕭 📶 – 🔏 80. **🕮 VISA**
Menu à la carte 34/56 – **60 Z** ⊆ 79/99 – 109/149.

An der Autobahnausfahrt *Süd : 1 km :*

  🏛 **Roadhouse Kirchheim,** ⊠ 36275 Kirchheim, ℘ (06625) 10 80, info@roadhouse.b
estwestern.de, Fax (06625) 8656, ≤, 🍴, 🛋, ≦s, 🔲, 🐎 – ✻ Zim, 🍽 Rest, 📺 📞 🕭
📶 – 🔏 70. **🕮 ⑩ 🕮 VISA**
Menu à la carte 32/63 – ⊆ 18 – **140 Z** 105/119 – 135/149.

KIRCHHEIM BEI MÜNCHEN Bayern **420** V 19 – 11 700 Ew – Höhe 524 m.
  Berlin 587 – *München 19 – Landshut 86 – Rosenheim 74.*

In Kirchheim-Heimstetten :

  🏛 **Räter-Park Hotel** (mit Gästehaus), Räterstr. 9, ⊠ 85551, ℘ (089) 90 50 40, reserv
ierung@raeter-park-hotel.de, Fax (089) 9044642, 🍴, Massage, 🛋, ≦s – 🛄, ✻ Zim, 📺
📞 🚗 📶 – 🔏 90. **🕮 ⑩ 🕮 VISA**
geschl. 22. Dez. - 02. Jan. – **Räter Stuben** (geschl. Samstagabend, Sonntagabend) **Menu**
à la carte 35/62 – **148 Z** ⊆ 190/208 – 248/268.

KIRCHHEIM UNTER TECK Baden-Württemberg **419** U 12 – 38 000 Ew – Höhe 311 m.
  🚇 Kirchheim-Wendlingen, (Nord-West : 3 km), ℘ (07024) 92 08 20 ; 🚇 Ohmden, (Ost :
5 km), ℘ (07023) 74 26 63.
  🛈 Verkehrsamt, Max-Eyth-Str. 15, ⊠ 73230, ℘ (07021) 30 27, Fax (07021) 480538.
Berlin 622 – *Stuttgart 38 – Göppingen 19 – Reutlingen 30 – Ulm (Donau) 59.*

  🏛 **Zum Fuchsen,** Schlierbacher Str. 28, ⊠ 73230, ℘ (07021) 57 80, Hotel-Fuchsen-Kir
chheim@t-online.de, Fax (07021) 578444, 🍴, ≦s – 🛄, ✻ Zim, 📺 📶 – 🔏 60. **🕮 ⑩**
🕮 VISA
Menu (geschl. Sonntagabend) à la carte 46/67 – **80 Z** ⊆ 148/185 – 180/250.

  🏛 **ateckhotel,** Eichendorffstr. 99, ⊠ 73230, ℘ (07021) 8 00 80, ateckhotel@t-online.de,
Fax (07021) 800888, 🍴, Massage, ≦s – 🛄, ✻ Zim, 📺 📞 🕭 🚗 📶 – 🔏 40. **🕮 ⑩**
🕮 VISA
Menu (nur Abendessen) à la carte 34/55 – **52 Z** ⊆ 139/169 – 175/215.

  🏛 **Waldhorn,** Am Marktplatz 8, ⊠ 73230, ℘ (07021) 9 22 40, Fax (07021) 922450, 🍴,
« Restauriertes Fachwerkhaus a.d. 16.Jh. » – 🛄, ✻ Zim, 📺, **🕮 ⑩ 🕮 VISA**
Menu (geschl. Freitag - Samstagmittag) à la carte 35/62 – **19 Z** ⊆ 130/150 – 150/190.

  🏠 **Schwarzer Adler,** Alleenstr. 108, ⊠ 73230, ℘ (07021) 26 13, Fax (07021) 71985, 🍴
– 🛄, ✻ Zim, 📺 🚗 📶 **🕮 VISA**
geschl. Jan. – **Menu** (geschl. Samstag, Mai - Okt. Samstag - Sonntag) à la carte 35/65 –
30 Z ⊆ 100/130 – 150/180.

  XX **Tafelhaus,** Alleenstr. 79, ⊠ 73230, ℘ (07021) 73 53 00, Fax (07021) 735303, 🍴
geschl. Ende Mai - Anfang Juni 2 Wochen, Montag, Samstagmittag – **Menu** à la carte 44/85.

In Kirchheim-Nabern *Süd-Ost : 6 km :*

  🏛 **Arthotel Billie Strauss,** Weilheimer Str. 20, ⊠ 73230, ℘ (07021) 95 05 90,
Fax (07021) 53242, 🍴, « Zimmereinrichtung in modernem Design ; Kunstgalerie » – 📺
📶 – 🔏 20. ✻ Zim
Menu (geschl. Jan. 3 Wochen, Mittwoch - Donnerstag) (nur Abendessen) à la carte 43/63
– ⊆ 15 – **14 Z** 170/200 – 220/320.

In Ohmden *Ost : 6 km :*

  XX **Landgasthof am Königsweg** mit Zim, Hauptstr. 58, ⊠ 73275, ℘ (07023) 20 41,
  🕸 Fax (07023) 8266, 🍴, « Renoviertes Fachwerkhaus a.d.J. 1672 mit moderner
Einrichtung » – 📺 📞 🕮 🕮 VISA
Menu (geschl. über Fasching 2 Wochen, Montag - Dienstagmittag, Samstagmittag) 69/149
à la carte 68/104 – **7 Z** ⊆ 130/180 – 180/220
Spez. Halber Hummer "Termidor". Tartelette vom Rotbarbenfilet mit Tomaten. Wachtel
mit Gänseleberfüllung.

KIRCHHEIMBOLANDEN Rheinland-Pfalz **417** QR 8 – 7 300 Ew – Höhe 285 m – Erholungsort.
🛈 Donnersberg-Touristik-Verband, Uhlandstr. 2, ✉ 67292, 𝄢 (06352) 17 12, Fax (06352) 710262.
Berlin 610 – Mainz 50 – *Bad Kreuznach 43* – *Mannheim 58* – *Kaiserslautern 36.*

🏨 **Parkhotel Schillerhain** ⟍, Schillerhain 1, ✉ 67292, 𝄢 (06352) 71 20, Fax (06352) 712100, 斧, « Park », 🐾 – 🛗, ⇄ Zim, 📺 📟 📦 – 🔥 30. ⓞ �︎ 𝖵𝖨𝖲𝖠
geschl. 2. - 23. Jan. – **Menu** *(geschl. Sonntagabend - Montag)* à la carte 35/61 🍷 – **22 Z** ⊇ 95 – 140/180 – ½ P 30.

🏠 **Braun** garni, Uhlandstr. 1, ✉ 67292, 𝄢 (06352) 4 00 60, Fax (06352) 400699, 🈺, 🐾 – 🛗 ⇄ 📺 📦 – 🔥 20. 🖭 ⓞ 🚫 𝖵𝖨𝖲𝖠
40 Z ⊇ 86/98 – 130/140.

In Dannenfels-Bastenhaus Süd-West : 9 km – Erholungsort :

🏨 **Bastenhaus,** ✉ 67814, 𝄢 (06357) 97 59 00, Hotel-Bastenhaus@t-online.de, Fax (06357) 97590300, ≤, 斧, 🈺, 🐾 – 🛗, ⇄ Zim, 📺 📞 📦 – 🔥 40. 🖭 🚫 𝖵𝖨𝖲𝖠
geschl. Jan. 3 Wochen, Juli 2 Wochen – **Menu** à la carte 26/65 🍷 – **37 Z** ⊇ 79/95 – 138/158 – ½ P 30.

KIRCHHUNDEM Nordrhein-Westfalen **417** M 8 – 13 000 Ew – Höhe 308 m.
Berlin 532 – Düsseldorf 136 – *Siegen 34* – Meschede 51 – Olpe 22.

In Kirchhundem-Heinsberg Süd : 8 km :

🏠 **Schwermer** ⟍ (mit Gästehaus), Talstr. 60, ✉ 57399, 𝄢 (02723) 76 38, hotel.schwermer@t-online.de, Fax (02723) 73300, 斧, – ⇄ Zim, 📺 📟 📦 – 🔥 40. 🚫 𝖵𝖨𝖲𝖠
Menu à la carte 40/72 – **25 Z** ⊇ 78/98 – 136/176.

KIRCHZARTEN Baden-Württemberg **419** W 7 – 9 400 Ew – Höhe 392 m – Luftkurort.
Ausflugsziel : Hirschsprung★ Süd-Ost : 10 km (im Höllental).
🛈 Kirchzarten, Krüttweg 1, 𝄢 (07661) 9 84 70.
🛈 Verkehrsamt, Hauptstr. 24, ✉ 79199, 𝄢 (07661) 39 39, Fax (07661) 39345.
Berlin 800 – Stuttgart 177 – *Freiburg im Breisgau 9* – Donaueschingen 54.

🏠 **Sonne,** Hauptstr. 28, ✉ 79199, 𝄢 (07661) 90 19 90, Fax (07661) 7535, 斧 – ⇄ 📺 📦 🖭 ⓞ 🚫 𝖵𝖨𝖲𝖠
geschl. 5. - 22. Nov. – **Menu** *(geschl. Freitag - Samstagmittag)* à la carte 36/69 – **24 Z** ⊇ 85/98 – 140/190 – ½ P 30.

🏠 **Zur Krone,** Hauptstr. 44, ✉ 79199, 𝄢 (07661) 42 15, GASTHOF-Hotel-Krone@t-online.de, Fax (07661) 2457, 斧, – 🈺 – 📺 📦 🖭 ⓞ 🚫 𝖵𝖨𝖲𝖠 ⚡ Zim
geschl. 10. Jan. - 10. Feb. – **Menu** *(geschl. Mittwoch - Donnerstagmittag)* à la carte 30/76 – **12 Z** ⊇ 64/85 – 104/120 – ½ P 25.

🍴🍴 **Zum Rössle** ⟍ mit Zim, Dietenbach 1 (Süd : 1 km), ✉ 79199, 𝄢 (07661) 22 40, Fax (07661) 980022, 斧, (Gasthof a.d. 18. Jh.) – 📺 📦 𝖵𝖨𝖲𝖠 ⚡ Rest
Menu *(geschl. Montag - Dienstag)* 69 à la carte 58/77 – **6 Z** ⊇ 70/130.

In Kirchzarten-Burg-Höfen Ost : 1 km :

🏠 **Schlegelhof** ⟍, Höfener Str. 92, ✉ 79199, 𝄢 (07661) 50 51, info@schlegelhof.de, Fax (07661) 62312, 斧, 🐾 – 📺 📦 𝖵𝖨𝖲𝖠 ⚡ Rest
Menu *(geschl. Mitte - Ende März, Anfang Nov. 2 Wochen, Mittwoch) (wochentags nur Abendessen)* (Tischbestellung ratsam) à la carte 40/77 – **10 Z** ⊇ 70/110 – 140/170.

In Stegen-Eschbach Nord : 4 km :

🍴🍴🍴 **Landhotel Reckenberg** ⟍ mit Zim, Reckenbergstr. 2, ✉ 79252, 𝄢 (07661) 6 11 12, reckenbach@t-online.de, Fax (07661) 61221, 斧, 🐾 – ⇄ Zim, 📺 📦 🚫 𝖵𝖨𝖲𝖠 ⚡ Zim
geschl. Mitte Feb. - Anfang März, Nov. 1 Woche – **Menu** *(geschl. Dienstag - Mittwochmittag)* à la carte 63/84 – **7 Z** ⊇ 110 – 130/210 – ½ P 40.

KIRKEL Saarland **417** S 5 – 9 100 Ew – Höhe 240 m.
Berlin 690 – *Saarbrücken 24* – Homburg/Saar 10 – Kaiserslautern 48.

In Kirkel-Neuhäusel :

🏨 **Ressmann's Residence** Ⓜ, Kaiserstr. 87, ✉ 66459, 𝄢 (06849) 9 00 00, Ressmann-Kirkel@t-online.de, Fax (06849) 900012 – ⇄ Zim, 📺 📞 📦 🚫 𝖵𝖨𝖲𝖠
Menu *(geschl. über Fasching 1 Woche, Samstagmittag, Sonntagabend, Dienstag)* à la carte 59/95 – **21 Z** ⊇ 110/130 – 150/180.

🍴🍴 **Rützelerie Geiß,** Brunnenstraße, ✉ 66459, 𝄢 (06849) 13 81, Fax (06849) 91371 – 📦. 🚫 𝖵𝖨𝖲𝖠
geschl. März 2 Wochen, Juli, Sonntag - Montag – **Menu** *(nur Abendessen)* à la carte 65/95.

KIRN Rheinland-Pfalz 🔲🔲🔲 Q 6 – 9 500 Ew – Höhe 200 m.

Ausflugsziel : Schloß Dhaun (Lage★) Nord-Ost : 5 km.

🛈 Verkehrsamt, Am Bahnhof, ✉ 55606, ℰ (06752) 9 34 00, Fax (06752) 934030.

Berlin 649 – Mainz 76 – Bad Kreuznach 37 – Trier 77 – Idar-Oberstein 16.

🏠 **Parkhotel,** Kallenfelser Str. 40, ✉ 55606, ℰ (06752) 9 50 90, info@parkhotel-kirn.de, Fax (06752) 950911, ⇆, 🐎 – 🆃🆅 🅿. 🆖 𝑽𝑰𝑺𝑨. ❀ Rest
Menu (geschl. Montagmittag) (Jan. nur Abendessen) à la carte 41/67 – **16 Z** ⊇ 85/95 – 130/150 – ½ P 40.

In Bruschied-Rudolfshaus Nord-West : 9 km :

🏠 **Forellenhof Reinhartsmühle** ⌂, ✉ 55606, ℰ (06544) 3 73, info@hotel-forelle nhof.de, Fax (06544) 1080, « Terrasse am Teich » – ↬ Zim, 🆃🆅 ⇆ 🅿. 🆔 ⓪ 🆖 𝑽𝑰𝑺𝑨.
❀ Rest
geschl. Jan. - Feb. – **Menu** (geschl. Nov. - März Montag) à la carte 36/74 – **30 Z** ⊇ 90/105 – 150/180.

KIRRWEILER Rheinland-Pfalz siehe Maikammer.

KIRSCHAU Sachsen 🔲🔲🔲 M 27 – 2 300 Ew – Höhe 310 m.

Berlin 228 – Dresden 54 – Görlitz 47 – Bautzen 11.

🏨 **Romantik Hotel Zum Weber** 🅼, Bautzener Str. 20, ✉ 02681, ℰ (03592) 52 00, Fax (03592) 520599, Biergarten, ⇆ – 🛗, ↬ Zim, 🆃🆅 📞 – 🔏 50. 🆔 ⓪ 🆖 𝑽𝑰𝑺𝑨.
Schlemmerzimmer (geschl. Sonntag - Montag) (nur Abendessen) **Menu** à la carte 65/83 – **Weberstube** : Menu à la carte 28/62 – **Al Forno** (italienische Küche) (geschl. Montag) (nur Abendessen) **Menu** à la carte 34/52 – **37 Z** ⊇ 125 – 145/190.

KISSINGEN, BAD Bayern 🔲🔲🔲 🔲🔲🔲 P 14 – 23 500 Ew – Höhe 201 m – Mineral- und Moorheilbad.

Ausflugsziel : Schloß Aschach : Graf-Luxburg-Museum★ 7 km über ① (Mai - Okt. Fahrten mit hist. Postkutsche).

🛈₁₈ Euerdorfer Str. 11 (über ④), ℰ (0971) 36 08.

🛈 Bayer. Staatsbad Bad Kissingen GmbH, Am Kurgarten 1, ✉ 97688, ℰ (0971) 8 04 80, Fax (0971) 8048119.

Berlin 480 ③ – München 329 ④ – Fulda 62 ⑤ – Bamberg 81 ③ – Würzburg 61 ④

Stadtplan siehe nächste Seite

🏨 **Steigenberger Kurhaushotel** ⌂, Am Kurgarten 3, ✉ 97688, ℰ (0971) 8 04 10, bad-kissingen@steigenberger.de, Fax (0971) 8041597, 🐎, Massage, direkter Zugang zum Kurhausbad, ⇆, 🔲, 🐎 – 🛗, ↬ Zim, 🖾 Rest, 🆃🆅 📞 ⇆ – 🔏 60. 🆔 ⓪ 🆖 𝑽𝑰𝑺𝑨.
🆓🆑🆑. ❀ Rest
Menu à la carte 62/82 (auch Diät) – **100 Z** ⊇ 205/280 – 320/460 – ½ P 58.

a

🏨 **Bristol-Hotel** ⌂, Bismarckstr. 8, ✉ 97688, ℰ (0971) 82 40, INFO@BRISTOLHOTEL.DE, Fax (0971) 8245824, 🐎, Massage, ♨, ♣, ⇆, 🔲, 🐎 – 🛗, ↬ Zim, 🆃🆅 ⇆ 🅿 – 🔏 60. 🆔 🆖 𝑽𝑰𝑺𝑨. ❀
Menu à la carte 40/70 – **50 Z** ⊇ 155/250 – 270/290, 10 Suiten – ½ P 40.

h

🏨 **Frankenland** ⌂, Frühlingstr. 11, ✉ 97688, ℰ (0971) 8 10, info@hotel-frankenlan d.de, Fax (0971) 812810, 🐎, « Badelandschaft », Massage, ♨, 🔏, ♣, ⇆, 🐎 – 🛗 🆃🆅 📞 ⇆ – 🔏 340. 🆔 🆖 𝑽𝑰𝑺𝑨. ❀ Rest
Menu à la carte 33/68 – **250 Z** ⊇ 112/180 – 182/250 – ½ P 31.

r

🏨 **Landhaus Baunach** 🅼 ⌂, Bismarckstr. 44, ✉ 97688, ℰ (0971) 91 64 00, Fax (0971) 916430, 🐎, Massage, ♣, ⇆, 🔲, 🐎 – 🛗 ↬ 🆃🆅 📞 ⇆ 🅿 – 🔏 40. 🆔 🆖 𝑽𝑰𝑺𝑨. ❀ Rest
Menu à la carte 45/72 – **52 Z** ⊇ 158/178 – 268/298, 3 Suiten – ½ P 35.

c

🏨 **Laudensacks Parkhotel,** Kurhausstr. 28, ✉ 97688, ℰ (0971) 7 22 40, Fax (0971) 722444, « Parkanlage mit Teich und Terrasse », Massage, 🔏, ⇆, 🐎 – 🛗 🆃🆅 ⇆ 🅿. 🆔 ⓪ 🆖 𝑽𝑰𝑺𝑨
geschl. 18. Dez. - 28. Jan. – **Menu** (geschl. Montag - Dienstag) (wochentags nur Abendessen) 58/115 und à la carte – **21 Z** ⊇ 140/180 – 240/330 – ½ P 50
Spez. St. Jakobsmuscheln mit Artischocken-Tomatengemüse. Wolfsbarsch mit Pfifferlingspinat und Kartoffel-Thymiantürmchen. Lammvariation mit Rosmarinpolenta und Zwiebelmarmelade.

n

🏨 **Weisses Haus** ⌂, Kurhausstr. 11a, ✉ 97688, ℰ (0971) 7 27 30, Fax (0971) 727374 – 🛗 🆃🆅 🆖 𝑽𝑰𝑺𝑨. ❀ Rest
Menu (geschl. Mitte - Ende Jan.) (Restaurant nur für Hausgäste) – **24 Z** ⊇ 79/125 – 150/210 – ½ P 25.

s

BAD KISSINGEN

Achtung,

die Stadt ist in drei
Kurzonen unterteilt, die
von 22⁰⁰ Uhr bis 6⁰⁰ Uhr
mit dem Auto
untereinander nicht
erreichbar sind.
Kurzone: Ost, West, Süd
Jede ist in dieser Zeit nur über
die ausgeschilderte
Zufahrt zu erreichen.

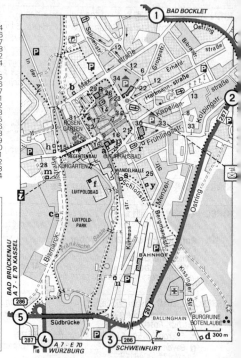

Kissinger Hof, Bismarckstr. 14, ☒ 97688, ℰ (0971) 92 70, Fax (0971) 927555, ♨, Massage, ♣, ⇌s, ☞ – ▮, ⇖ Rest, ☑ ℰ ☜ ℙ – ⚒ 30. ﷼ ① ⑩ VISA
h
Menu à la carte 39/52 – **99 Z** ⇌ 118/196 – ½ P 25.

Rixen, Frühlingstr. 18, ☒ 97688, ℰ (0971) 82 30, info@rixen-hotel.de, Fax (0971) 823600, ⇌s – ▮, ⇖ Zim, ☑ ℰ ℙ – ⚒ 60. ﷼ ① ⑩ VISA. ⇖ Rest r
Menu à la carte 27/59 – **94 Z** ⇌ 143/233 – ½ P 30.

Kurhaus Tanneck ⇖, Altenbergweg 6, ☒ 97688, ℰ (0971) 7 16 00, kurhaustanneck@t-online.de, Fax (0971) 68614, Massage, ♣, ⇌s, ☒, ☞ – ▮ ☑ ℙ. ⇖ Rest
geschl. Nov. - Mitte Feb. – **Menu** (Restaurant nur für Hausgäste) – **48 Z** ⇌ 90/145 – 200/270 – ½ P 30.
m

Bayerischer Hof - Kurheim Dösch ⇖, Maxstr. 9, ☒ 97688, ℰ (0971) 8 04 50, Kissingen@t-online.de, Fax (0971) 8045133, Massage, ♣, ☞ – ▮ ☑ ℰ ℙ. ⑩ ⇖ Zim
Menu (geschl. Donnerstag) à la carte 27/57 – **60 Z** ⇌ 88/120 – 140/164.
b

Erika ⇖, Prinzregentenstr. 23, ☒ 97688, ℰ (0971) 7 10 40, Info@Hotel-Erika.de, Fax (0971) 710499, Massage, ♣, ⇌s, ☞ – ▮, ⇖ Zim, ☑ ℙ. ⑩ VISA JCB. ⇖ Rest
y
Menu (geschl. Sonntagabend) (nur Abendessen) (Restaurant nur für Hausgäste) à la carte 24/51 – **30 Z** ⇌ 79/160 – 180/190 – ½ P 25.

Casino-Restaurant "le jeton", im Luitpold-Park 1, ☒ 97688, ℰ (0971) 40 81, Fax (0971) 97109, ☆ – ℙ. ﷼ ⑩
f
geschl. Nov., Dienstag – **Menu** (wochentags nur Abendessen) à la carte 42/74.

Kissinger Stüble, Am Kurgarten 1, ☒ 97688, ℰ (0971) 8 04 10, bad-kissingen@steigenberger.de, Fax (0971) 8041597, ☆ – ﷼ ① ⑩ VISA JCB
p
geschl. Nov. - März Mittwoch – **Menu** à la carte 31/61.

Werner-Bräu, Weingasse 1, ☒ 97688, ℰ (0971) 23 72, Fax (0971) 97369, ☆
v
geschl. 20. Dez. - 10. Feb., Sonntagabend - Montag – **Menu** à la carte 21/49.

In Bad Kissingen-Arnshausen *über ③ : 2 km :*

✂ **Körner** mit Zim, Iringstr. 5, ✉ 97688, ✆ (0971) 28 09, Fax (0971) 7851520, Biergarten
🕭 – 📺 🅿 – 🏛 50
Menu *(geschl. Dienstag) (wochentags nur Abendessen)* à la carte 24/42 – **6 Z** ⌂ 55/80
– 100.

In Bad Kissingen-Reiterswiesen :

🏨 **Am Ballinghain,** Kissinger Str. 129, ✉ 97688, ✆ (0971) 27 63, Fax (0971) 2495 – 📺
🕭 🅿   d
geschl. Feb. – **Menu** *(geschl. Sonntag) (nur Abendessen)* (Restaurant nur für Hausgäste)
– **11 Z** ⌂ 75/120 – 130/150 – ½ P 20.

In most hotels telephone reservations will be respected only until 6pm,
unless you have come to an agreement with the proprietor.
Written confirmation is strongly recommended
should you expect to be arriving later.

KISSLEGG *Baden-Württemberg* 419 420 *W 13 – 8 700 Ew – Höhe 650 m – Luftkurort.*
🛈 *Gäste- und Kulturamt, Im Neuen Schloß,* ✉ 88353, ✆ (07563) 93 61 42, Fax (07563)
936199.
Berlin 697 – Stuttgart 185 – Konstanz 100 – Kempten (Allgäu) 46 – Ulm (Donau) 93 –
Bregenz 42.

🏨 **Gasthof Ochsen** (mit Gästehaus), Herrenstr. 21, ✉ 88353, ✆ (07563) 9 10 90,
🕭 Fax (07563) 910950, 🍴, 🍸 – 🛗 📺 🕭 🅿 ⑩ 🆚
Menu *(geschl. Nov. - April Dienstag - Mittwoch)* à la carte 22/56 ⑧ – **34 Z** ⌂ 70/80 –
110 – ½ P 25.

KITZINGEN *Bayern* 419 420 *Q 14 – 20 000 Ew – Höhe 187 m.*
🚏 *Larson Barracks,* ✆ (09321) 49 56.
🛈 *Touristinformation, An der Alten Mainbrücke,* ✉ 97318, ✆ (09321) 92 00 19, Fax
(09321) 21146.
Berlin 482 – München 263 – Würzburg 22 – Bamberg 80 – Nürnberg 92.

🏨 **Esbach-Hof,** Repperndorfer Str. 3 (B 8), ✉ 97318, ✆ (09321) 22 09 00,
Fax (09321) 2209091, 🍴, Biergarten – 🛗 📺 🕻 🅿 – 🏛 30. ⌷ ⑩ 🆚 🆚 🆚
geschl. über Fasching 1 Woche – **Menu** à la carte 30/58 – **32 Z** ⌂ 98/125 – 130/165.

In Sulzfeld *Süd-West : 4 km :*

🏨 **Zum Stern** (mit Gästehaus), Pointstr. 5, ✉ 97320, ✆ (09321) 1 33 50,
🕭 Fax (09321) 133510, 🍴 – 📺 🅿 – 🏛 20
Menu *(geschl. Anfang Feb. 2 Wochen, Anfang Aug. 2 Wochen, Montagmittag, Dienstag*
- Mittwochmittag) à la carte 24/47 ⑧ – **25 Z** ⌂ 60/80 – 90/120 – ½ P 30.

KLEINBLITTERSDORF *Saarland siehe Saarbrücken.*

KLEINICH *Rheinland-Pfalz* 417 *Q 5 – 200 Ew – Höhe 420 m.*
Berlin 662 – Mainz 98 – Trier 60 – Bernkastel-Kues 18 – Birkenfeld 35.

🏨 **Landhaus Arnoth** (mit Gästehäusern), Auf dem Pütz, ✉ 54483, ✆ (06536) 9 39 90,
LandhausA@AOL.COM, Fax (06536) 1217, 🍴, 🍸, 🌲 – 🅿 – 🏛 30. ⑩.
🚫 Rest
Menu *(geschl. Sonntagabend - Montag) (wochentags nur Abendessen)* à la carte 43/67
– **24 Z** ⌂ 100/150 – 140/190.

KLEIN KÖRIS *Brandenburg siehe Teupitz.*

KLEINMACHNOW *Brandenburg* 416 418 *I 23 – 11 800 Ew – Höhe 60 m.*
Siehe Stadtplan Berlin (Umgebungsplan).
Berlin 34 – Potsdam 15 – Brandenburg 66.

🏨🏨 **Astron** Ⓜ, Zehlendorfer Damm 190, ✉ 14532, ✆ (033203) 4 90, Berlin-potsdam@a
stron-hotels.de, Fax (033203) 49900, 🍴, 🍸 – 🛗, 🖐 Zim, 🍽 Rest, 📺 🕻 🕭 🕭 🅿 –
🏛 150. ⌷ ⑩ 🆚 🆚 🆚   AV c
Menu à la carte 44/72 – **243 Z** ⌂ 193/306.

KLEINWALSERTAL *Österreich* 419 420 *X 14 – Österreichisches Hoheitsgebiet, wirtschaftlich der Bundesrepublik Deutschland angeschlossen, deutsche Währung – 5 500 Ew – Wintersport : 1 100/2 000 m 2 34 .*

Sehenswert : *Tal★.*

Hotels und Restaurants : Außerhalb der Saison variable Schließungszeiten.

Kleinwalsertal Tourismus, Hirschegg, im Walserhaus, 87568, (08329) 5 11 40, Fax (08329) 511421.

Kleinwalsertal Tourismus, Mittelberg, Walserstr. 89, 87569, (08329) 51 14 19, Fax (08329) 6602.

Kleinwalsertal Tourismus, Riezlern, Walserstr. 54, 87567, (08329) 51 14 18, Fax (08329) 6603.

Kempten (Allgäu) 48 – Oberstdorf 12.

In Riezlern – *Höhe 1 100 m :*

Jagdhof, Walserstr. 27, 87567, (08329) 5 60 30, *jagdhof@online-service.de, Fax (08329) 3348,* , « Badelandschaft », Massage, – , Rest,
Rest
Menu à la carte 41/63 – **45 Z** (nur ½P) 139/159 – 308/379.

Almhof Rupp, Walserstr. 83, 87567, (08329) 50 04, *info@almhof-rupp.de, Fax (08329) 3273,* ≤, , Massage, – Rest
geschl. Mitte April - 25. Mai, Anfang Nov. - 20. Dez. – **Menu** *(geschl. Montag) (nur Abendessen)* (Tischbestellung erforderlich) à la carte 40/68 – **30 Z** 115/310 – 260/368 – ½ P 35.

Riezler Hof, Walserstr. 57, 87567, (08329) 53 77, *riezlerhof@t-online.de, Fax (08329) 537750,* – – 25.
geschl. 20. April - 15. Mai, 2. Nov. - 15. Dez. – **Menu** *(geschl. Mitte Mai - Okt. Mittwoch)* à la carte 33/63 – **27 Z** 110/145 – 200/220 – ½ P 29/35.

Traube, Walserstr. 56, 87567, (08329) 5 20 70, *hotel.traube@aon.at, Fax (08329) 6126,* – Zim
geschl. 30. März - 25. Mai, 20. Okt. - 18. Dez. – **Menu** *(geschl. Mittwoch)* à la carte 32/64 – **23 Z** 90/140 – 160/180 – ½ P 25.

Alpengasthof Jäger, Unterwestegg 17, 87567, (08329) 67 65, *alpenhof.jaeger@aon.at, Fax (08329) 3812,* ≤, , « Ehemaliges Bauernhaus a.d.J. 1690 », , – Zim, Rest
geschl. Mitte Juni - Mitte Juli – **Menu** *(geschl. Dienstag) (nur Abendessen)* à la carte 36/69 – **12 Z** 89/98 – 170/224 – ½ P 30.

Wagner, Walserstr. 1, 87567, (08329) 52 48, *info@hotel-wagner.de, Fax (08329) 3266,* ≤, , , , – Rest
geschl. Ende April - Ende Mai, Anfang Nov. - Mitte Dez. **Menu** *(nur Abendessen)* (Restaurant nur für Hausgäste) – **22 Z** 95/120 – 200/260 – ½ P 28.

Alpenhof Kirsch mit Zim, Zwerwaldstr. 28, 87567, (08329) 52 76, *hotel@alpenhof-kirsch.de, Fax (08329) 52763,* , –
geschl. 22. April - 18. Mai, 5. Nov. - 14. Dez. – **Menu** *(geschl. Mittwoch - Donnerstagmittag)* à la carte 40/69 – **5 Z** 77/115 – 128/198 – ½ P 20.

In Riezlern-Egg *West : 1 km :*

Erlebach, Eggstr. 21, 87567, (08329) 5 16 90, *Hotel-Erlebach@t-online.de, Fax (08329) 3444,* ≤, , « Badelandschaft », Massage, , – Rest
geschl. Mitte April - Mitte Mai, Mitte Nov. - Mitte Dez. – **Menu** *(geschl. Mittwoch)* à la carte 37/76 – **47 Z** 110/162 – 302/324 – ½ P 25.

In Hirschegg – *Höhe 1 125 m :*

Ifen-Hotel, Oberseitestr. 6, 87568, (08329) 5 07 10, *office@ifen-hotel.com, Fax (08329) 3475,* ≤, , Massage, , , , – – 80. Rest
geschl. Mai – **Menu** *(nur Abendessen)* à la carte 68/88 – **54 Z** (nur ½P) 234/538, 6 Suiten.

Walserhof, Walserstr. 11, 87568, (08329) 56 84, *Fax (08329) 5938,* ≤, , « Rustikal-gemütliche Einrichtung », Massage, , , , – Rest
geschl. 2. Nov. - 15. Dez. – **Menu** à la carte 37/68 – **38 Z** (nur ½P) 139/188 – 238/396, 5 Suiten.

Gemma, Schwarzwassertalstr. 21, 87568, (08329) 53 60, *Hotel-Gemma@aon.at, Fax (08329) 5360300,* ≤, Massage, , , – Rest
geschl. Anfang Nov. - Mitte Dez. – **Menu** *(nur Abendessen)* (Restaurant nur für Hausgäste) – **27 Z** (nur ½P) 118/180 – 210/360.

🏠 **Sonnenberg,** Am Berg 26, ✉ 87568, ℰ (08329) 54 33, Fax *(08329) 543333*, ≼ Kleinwalsertal, (Bauernhaus a.d. 16. Jh.), « Gartenanlage », ⬛, ◪, ⊞ – 📺 🄿. 🍴 Rest
geschl. Mitte April - Mitte Mai, Ende Okt. - Mitte Dez. – **Menu** *(geschl. Mittwoch) (nur Abend-essen)* (Restaurant nur für Hausgäste) – **17 Z** (nur ½P) 153/308.

🏠 **Adler** (mit Gästehaus), Walserstr. 51, ✉ 87568, ℰ (08329) 5 42 40, *Hotel@adler-klei nwalsertal.de,* Fax *(08329) 3621,* ≼, 🍴, ⬛ – 📺 🄿.
geschl. 24. April - 1. Juni, 2. Nov. - 16. Dez. – **Menu** *(geschl. Mittwoch - Donnerstag-mittag) (Dez. - April nur Abendessen)* à la carte 33/57 – **21 Z** ⇋ 90 – 135/167 – ½ P 22.

In Mittelberg – *Höhe 1 220 m :*

🏠 **R. Leitner** ⚲, Walserstr. 55, ✉ 87569, ℰ (08329) 57 88, *hotel.r.Leitner@aon.at,* Fax *(08329) 578839,* ≼, Massage, ⬛, ◪, ⊞ – 📶, ⥺ Zim, 📺 🄿. 🍴
geschl. 28. April - 15. Mai, 10. Nov. - 15. Dez. – **Menu** *(nur Abendessen)* (Restaurant nur für Hausgäste) – **33 Z** ⇋ 146/195 – 268/350, 7 Suiten – ½ P 15.

🏠 **IFA-Hotel Alpenrose,** Walserstr. 46, ✉ 87569, ℰ (08329) 3 36 40, Fax *(08329) 3364888,* 🛁, ⬛, ◪, ⊞ – 📶 📺 👥 ⊞ 🅟 🄿.
geschl. 20. Nov. - 20. Dez. – **Menu** *(nur Abendessen)* (Restaurant nur für Hausgäste) – **99 Z** (nur ½P) 195/224 – 248/330.

🏠 **Rosenhof** ⚲ (mit Gästehäusern), An der Halde 15, ✉ 87569, ℰ (08329) 51 87, *info @rosenhof.com,* Fax *(08329) 658540,* ≼, Massage, 🛁, ⬛, ◪, ⊞ – ⥺ 📺 🏃 ⊞ 🄿. 🍴 Rest
geschl. Mitte April - Mitte Mai, 2. Nov. - 5. Dez. – **Menu** (Restaurant nur für Hausgäste) – **40 Z** (nur ½P) 130 – 280/370.

🏠 **Lärchenhof,** Schützabühl 2, ✉ 87569, ℰ (08329) 65 56, *naturhotel.laerchenhof@a on.at,* Fax *(08329) 6500,* 🛁, ⬛, ⊞ – ⥺ 📺 ⊞ 🄿. 🍴
geschl. nach Ostern 6 Wochen, Anfang Nov. - 20. Dez. – **Menu** *(nur Abendessen)* (Restaurant nur für Hausgäste) – **24 Z** ⇋ 95/125 – 210/240 – ½ P 10.

🍴 **Schwendle,** Schwendlestr. 5, ✉ 87569, ℰ (08329) 59 88, Fax *(08329) 59884,* ≼ Kleinwalsertal, 🍴 – 🄿.
geschl. 20. April - 22. Mai, 22. Okt. - 19. Dez., Montag - Dienstagmittag – **Menu** à la carte 28/52.

In Mittelberg-Höfle *Süd : 2 km, Zufahrt über die Straße nach Baad :*

🏠 **IFA-Hotel Alpenhof Wildental** ⚲, Höfle 8, ✉ 87569, ℰ (08329) 6 54 40, *ifa-w ildental@ifa-hotels.de,* Fax *(08329) 65448,* ≼, 🍴, Massage, ⬛, ◪, ⊞ – 📶, ⥺ Zim, 📺 🄿. 🍴
geschl. Mitte April - Mitte Mai, Anfang Nov. - Mitte Dez. – **Menu** à la carte 37/51 – **57 Z** (nur ½P) 185/240 – 224/378.

In Mittelberg-Baad *Süd-West : 4 km – Höhe 1 250 m :*

🏠 **Haus Hoeft** ⚲ garni, Starzelstr. 18, ✉ 87569, ℰ (08329) 50 36, Fax *(08329) 5036,* ≼, ⬛, ◪, ⊞ – 📺 🄿.
geschl. Mitte April - Mitte Mai, Mitte Okt. - Mitte Dez. – **18 Z** ⇋ 58 – 98/116.

KLEIN WITTENSEE *Schleswig-Holstein siehe Eckernförde.*

KLEINZERLANG *Brandenburg* 🄰🄸🄶 *G 22 – 320 Ew – Höhe 59 m.*
Berlin 100 – Potsdam 107 – *Neubrandenburg 58.*

🏠 **Lindengarten,** Dorfstr. 32, ✉ 16831, ℰ (033921) 76 80, *Pension.lindengarten@t-o nline.de,* Fax *(033921) 76819,* Biergarten, ⊞, 🍴 – 📺 🄿 – 🔔 25. 🆗
Menu à la carte 25/35 – **25 Z** ⇋ 60/88 – 98.

KLEVE *Nordrhein-Westfalen* 🄰🄸🄷 *K 2 – 50 000 Ew – Höhe 46 m.*
🏌 🏌 *Bedburg-Hau, Schloß Moyland, Kalkarer Str. 4 (Süd-Ost : 8 km) ;* ℰ *(02824) 9 52 50.*
ADAC, *Großer Markt 19.*
Berlin 599 – *Düsseldorf 99 – Emmerich 11 – Nijmegen 23 – Wesel 43.*

🏠 **Cleve** 🄼, Tichelstr. 11, ✉ 47533, ℰ (02821) 71 70, *info@hotel-cleve.de,* Fax *(02821) 717100,* 🍴, ⬛, ◪ – 📶, ⥺ Zim, 🍽 Zim, 📺 👥 🏃 ⊞ 🄿 – 🔔 110. 🄰🄴 ⊕ 🆗 **VISA.** 🍴 Rest
Menu à la carte 31/67 – ***Augenblick*** *(geschl. Montag - Dienstag) (nur Abendessen)* **Menu** à la carte 41/72 – **117 Z** ⇋ 155/210, 7 Suiten.

🏨 **Parkhotel Schweizerhaus,** Materborner Allee 3, ⊠ 47533, ℰ (02821) 80 70, *info @ schweizerhaus.de*, Fax (02821) 807100, 🍽, Biergarten – |🖢|, ↔ Zim, 📺 📞 🅿 – 🕍 120. 🖭 ⓐ ⓜ 🆅🅸🆂🅰
Menu *(Anfang Juli - Mitte Aug. nur Abendessen)* à la carte 42/81 – **136 Z** 🍽 130/165.

🏠 **Heek** garni, Lindenallee 37, ⊠ 47533, ℰ (02821) 7 26 30, Fax (02821) 12198 – |🖢| ↔ 📺 📞 🅿. 🖭 ⓐ ⓜ 🆅🅸🆂🅰 🅹🅲🅱
33 Z 🍽 102/160.

KLIEKEN *Sachsen-Anhalt* 🔢🔢 *K 21 – 1 000 Ew – Höhe 75 m.*
Berlin 110 – Magdeburg 68 – Leipzig 82.

🏨 **Waldschlößchen,** Hauptstr. 10, ⊠ 06869, ℰ (034903) 6 84 80, *1076-908@ online.de,*
😊 Fax (034903) 62502, 🍽, 🕿🅂 – 📺 🅿 – 🕍 60. 🖭 ⓜ 🆅🅸🆂🅰
Menu à la carte 24/44 – **35 Z** 🍽 95/110.

KLINGENBERG AM MAIN *Bayern* 🔢🔢🔢 *Q 11 – 6 000 Ew – Höhe 141 m – Erholungsort.*
🅱 *Kultur- und Verkehrsbüro, Bahnhofstr. 3, ⊠ 63911, ℰ (09372) 92 12 59, Fax (09372) 12354.*
Berlin 576 – München 354 – Würzburg 81 – Amorbach 18 – Aschaffenburg 29.

🏠 **Schöne Aussicht,** Bahnhofstr. 18 (am linken Mainufer), ⊠ 63911, ℰ (09372) 93 03 00, Fax (09372) 9303090, <, 🍽 – |🖢| 📺 ↔ 🅿 – 🕍 20. 🖭 ⓐ ⓜ 🆅🅸🆂🅰 🛇
geschl. 15. Dez. - 15. Jan. – Menu *(geschl. Donnerstag, Freitagmittag)* à la carte 38/71 ⚘
– **28 Z** 🍽 84/99 – 132/142 – ½ P 35.

🏠 **Fränkischer Hof,** Lindenstr. 13, ⊠ 63911, ℰ (09372) 23 55, *Wienand.GmbH@ t-onl ine.de,* Fax (09372) 12647 – 📺. 🖭 ⓐ ⓜ 🆅🅸🆂🅰
Menu *(geschl. Mittwoch)* à la carte 31/63 ⚘ – **17 Z** 🍽 79/85 – 128/140 – ½ P 28.

XX 🌸 **Zum Alten Rentamt** (Holland), Hauptstr. 25a, ⊠ 63911, ℰ (09372) 26 50, *ingoho lland@ altes-rentamt.de,* Fax (09372) 2977, 🍽 – 🖭 ⓐ ⓜ 🆅🅸🆂🅰 🛇
geschl. Mitte Aug. - Anfang Sept., Montag - Dienstag – Menu *(Mittwoch - Freitag nur Abendessen)* 95/158 und à la carte
Spez. Filet vom Loup de mer auf Oliven-Thymian-Brandade. Rehbockmedaillons mit grünen Bohnenstreifen und Lavendeljus. Kartoffel-Ziegenkäseknödel mit Tannenwipfelgelee.

In Klingenberg-Röllfeld *Süd : 2 km :*

🏨 **Paradeismühle** 🐾, Paradeismühle 1 (Ost : 2 km), ⊠ 63911, ℰ (09372) 25 87, Fax (09372) 1587, 🍽, Wildgehege, 🕿🅂, 🏊, 🎿 – 📺 ↔ 🅿 – 🕍 25. 🖭 ⓐ ⓜ 🆅🅸🆂🅰
Menu à la carte 37/62 – **35 Z** 🍽 80/92 – 136/166 – ½ P 28.

KLINGENTHAL *Sachsen* 🔢🔢 *O 21 – 11 600 Ew – Höhe 540 m.*
🅱 *Tourist-Information, Schloßstr. 3, ⊠ 08248, ℰ (037467) 6 48 32, Fax (037467) 64825.*
Berlin 337 – Dresden 169 – Chemnitz 86 – Plauen 43.

🏠 **Zum Döhlerwald,** Markneukircher Str. 80, ⊠ 08248, ℰ (037467) 2 21 09, 😊 Fax (037467) 28716, 🍽 – 📺 🅿. 🖭 ⓜ 🆅🅸🆂🅰
Menu *(geschl. Mittwoch)* à la carte 20/37 – **10 Z** 🍽 56/75 – 90.

In Zwota *Süd-West : 2,5 km :*

🏠 **Gasthof Zwota,** Klingenthaler Str. 56, ⊠ 08267, ℰ (037467) 56 70, *gasthof.zwota 😊 @t-online.de,* Fax (037467) 56767, 🍽, 🕿🅂, 🅻 (Gebühr) – 📺 🅿
Menu à la carte 22/38 – **36 Z** 🍽 66/76 – 112/122.

KLINK *Mecklenburg-Vorpommern siehe Waren (Müritz).*

KLIPPENECK *Baden-Württemberg siehe Denkingen.*

KLOETZE *Sachsen-Anhalt* 🔢🔢 *I 17 – 7 000 Ew – Höhe 60 m.*
Berlin 222 – Magdeburg 82 – Salzwedel 30.

🏠 **Braunschweiger Hof,** Neustädter Str. 49, ⊠ 38486, ℰ (03909) 4 11 13, *braunsch weiger-hof@ gux.de,* Fax (03909) 41114, Biergarten – 📺 📞 🅿. ⓐ ⓜ 🆅🅸🆂🅰
Menu *(geschl. Sonntagabend - Montagmittag)* à la carte 35/60 – **14 Z** 🍽 65/85 – 105/145.

🏠 **Alte Schmiede** garni, Neustädter Str. 37, ⊠ 38486, ℰ (03909) 4 24 77, Fax (03909) 42488 – ↔ 📺. 🖭 ⓜ 🆅🅸🆂🅰 🛇 Rest
16 Z 🍽 65/75 – 110.

KLOSTERLAUSNITZ, BAD *Thüringen* 🄌🄍🄎 *N 19 – 3 200 Ew – Höhe 325 m – Heilbad.*

🛈 *Kurverwaltung, Hermann-Sachse-Str. 44,* ✉ *07639,* 🖋 *(036601) 8 00 50, Fax (036601) 80051.*

Berlin 235 – Erfurt 68 – Gera 27.

🏠 **Zu den drei Schwänen,** Köstritzer Str. 13, ✉ 07639, 🖋 (036601) 4 11 22, Fax (036601) 80158, 🍴 – 🔄 Zim, 📺 📔 🄐🄔 🕸 *VISA*
Menu *(geschl. Montagmittag)* à la carte 25/57 – **13 Z** ⬜ 93/98 – 136/146 – ½ P 15.

In Tautenhain *Ost : 4 km :*

🏠 **Zur Kanone** *(mit Gästehaus),* Dorfstr. 3, ✉ 07639, 🖋 (036601) 4 05 11, *info@zur-k*
🕮 *anone.de, Fax (036601) 40515,* 🍴 – 📔 ♿ 📔 🕸 *VISA*
Menu *(geschl. Donnerstagmittag)* à la carte 22/44 – **29 Z** ⬜ 80/120.

KLOSTER ZINNA *Brandenburg siehe Jüterbog.*

KLÜTZ *Mecklenburg-Vorpommern* 🄎🄏🄐🄑 *E 17 – 3 500 Ew – Höhe 9 m.*

🛈 *Fremdenverkehrs- und Informationszentrum, Schloßstr. 34,* ✉ *23948,* 🖋 *(038825) 2 22 95, Fax (038825) 22288.*

Berlin 246 – Schwerin 43 – Lübeck 40 – Rostock 77.

✗ **Klützer Mühle,** An der Mühle, ✉ 23948, 🖋 (038825) 2 21 02, Fax (038825) 22105, ⬅, 🍴 – 📔 🕸 🕸 *VISA*
geschl. Nov. - Feb. Montag - Freitag – **Menu** à la carte 31/60.

KNITTELSHEIM *Rheinland-Pfalz siehe Bellheim.*

KNITTLINGEN *Baden-Württemberg* 🄐🄑🄒 *S 10 – 7 300 Ew – Höhe 195 m.*

Berlin 637 – Stuttgart 49 – Karlsruhe 32 – Heilbronn 50 – Pforzheim 23.

🏠 **Postillion** garni, Stuttgarter Str. 27, ✉ 75438, 🖋 (07043) 3 18 58, Fax (07043) 33288
– 📺 🚗 🄐🄔 🕸 *VISA*
8 Z ⬜ 79/94 – 119/145.

KNÜLLWALD *Hessen* 🄑🄒🄓🄔 *N 12 – 3 500 Ew – Höhe 265 m.*

Berlin 426 – Wiesbaden 180 – Kassel 49 – Fulda 59 – Bad Hersfeld 27 – Marburg 75.

In Knüllwald-Rengshausen *– Luftkurort :*

🏠 **Sonneck** 🦢, Zu den einzelnen Bäumen 13, ✉ 34593, 🖋 (05685) 9 99 57, Fax (05685) 9995601, ⬅, 🍴, Massage, 🕮, 🕮, 🌳 – 📔, 🔄 Zim, 📺 📞 ♿ 🚗 📔 –
🏋 60. 🄐🄔 🕸 *VISA*
geschl. Jan. 2 Wochen – **Menu** à la carte 28/50 – **62 Z** ⬜ 70/105 – 95/160 – ½ P 18.

KOBERN-GONDORF *Rheinland-Pfalz* 🄑🄒🄓 *P 6 – 3 300 Ew – Höhe 70 m.*

Berlin 612 – Mainz 100 – Koblenz 23 – Trier 117 – Cochem 33.

🏠 **Simonis,** Marktplatz 4 (Kobern), ✉ 56330, 🖋 (02607) 2 03, Fax (02607) 204, 🍴 – 📺.
🕮 Rest
geschl. 2. - 28. Jan. – **Menu** *(geschl. Montag)* à la carte 34/71 – **17 Z** ⬜ 105/140 – 175/185.

✗✗ **Marais,** Auf der Ruine Oberburg (Nord : 2 km), ✉ 56330, 🖋 (02607) 86 11, Fax (02607) 8647, ⬅ Moseltal, 🍴 – 📔 🄐🄔 🕸 *VISA*
geschl. Mitte Jan. - Mitte Feb., Montag - Dienstag – **Menu** *(nur Abendessen)* (Tischbestellung erforderlich) à la carte 69/84.

✗ **Alte Mühle Thomas Höreth,** Mühlental 17, ✉ 56330, 🖋 (02607) 64 74, Fax (02607) 6848, 🍴, « Weinstuben in historischer Mühle a. d. 13. Jh. » – 📔.
🕸
geschl. 15. Jan. - Feb. – **Menu** *(Montag - Freitag nur Abendessen)* à la carte 50/77.

Verwechseln Sie nicht :

Komfort der Hotels   : 🏨🏨🏨 ... 🏠, 🏡

Komfort der Restaurants : ✗✗✗✗✗ ... ✗

Gute Küche   : 🕸🕸🕸, 🕸🕸, 🕸, Menu 🕮

KOBLENZ Rheinland-Pfalz **417** O 6 – 108 000 Ew – Höhe 60 m.

Sehenswert : Deutsches Eck★ ⩽★ DY.

Ausflugsziele : Festung Ehrenbreitstein★ (Terrasse ⩽★) BV – Rheintal★★★ (von Koblenz bis Bingen) über ③ – Moseltal★★★ (von Koblenz bis Trier) über ⑥ – Schloß Stolzenfels (Einrichtung★) Süd : 6 km über ④.

🛈 Tourist-Information, Löhrstr. 141, ✉ 56068, 𝄞 (0261) 3 13 04, Fax (0261) 1004388.
ADAC, Hohenzollernstr. 34.

Berlin 600 ⑧ – Mainz 100 ⑤ – Bonn 63 ⑧ – Wiesbaden 102 ⑤

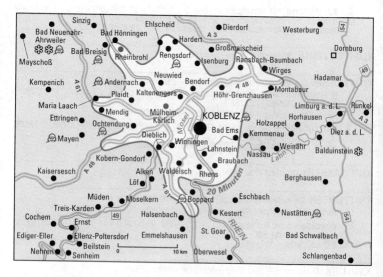

🏨🏨🏨 **Mercure**, Julius-Wegeler-Str. 6, ✉ 56068, 𝄞 (0261) 13 60, H2004@ ACCOR-HOTELS. COM, Fax (0261) 1361199, ⩽, ㈜, 🚘 – 🛗, ⇚ Zim, 🖥 📺 ☎ ㈘ 🚗 – 🔬 100. ⌭ ⓞ
🆐 ⓥⓘⓢⓐ ⓙⓒⓑ, ⅀ Rest
Menu à la carte 38/70 – **168 Z** ⅀ 215/263 – 363.
DZ c

🏨🏨 **Brenner** garni, Rizzastr. 20, ✉ 56068, 𝄞 (0261) 91 57 80, go@ Hotel-Brenner.de, Fax (0261) 36278, « Garten » – 🛗 ⇚ 📺 🚗 – 🔬 15. ⌭ ⓞ 🆐 ⓥⓘⓢⓐ ⓙⓒⓑ   CZ d
24 Z ⅀ 150/260.

🏨🏨 **Kleiner Riesen** 🐾 garni, Kaiserin-Augusta-Anlagen 18, ✉ 56068, 𝄞 (0261) 30 34 60, Fax (0261) 160725, ⩽ – 🛗 📺 🚗. ⌭ ⓞ 🆐 ⓥⓘⓢⓐ ⓙⓒⓑ   DZ a
28 Z ⅀ 100/150 – 150/220.

🏨 **Continental-Pfälzer Hof** Ⓜ garni, Bahnhofsplatz 1, ✉ 56068, 𝄞 (0261) 3 01 60, ContiHotel@ t-online.de, Fax (0261) 301610, 🚘 – 🛗 📺 🚗 – 🔬 30. ⌭ ⓞ 🆐 ⓥⓘⓢⓐ
ⓙⓒⓑ   CZ n
geschl. 20. Dez. - 20. Jan. – **32 Z** ⅀ 130/150 – 150/250.

🏨 **Hohenstaufen** garni, Emil-Schüller-Str. 41, ✉ 56068, 𝄞 (0261) 3 01 40, info@ hoh enstaufen.de, Fax (0261) 3014444 – 🛗 📺. ⌭ ⓞ 🆐 ⓥⓘⓢⓐ   CZ s
53 Z ⅀ 115/135 – 205/235.

🏨 **Ibis** Ⓜ, Rizzastr. 42, ✉ 56068, 𝄞 (0261) 3 02 40, H1831@ accor-hotels.com, Fax (0261) 3024240 – 🛗, ⇚ Zim, 📺 ☎ ㈘ 🚗 – 🔬 35. ⌭ ⓞ 🆐 ⓥⓘⓢⓐ ⓙⓒⓑ
Menu à la carte 26 – ⅀ 16 – **106 Z** 114.   CZ a

🏨 **Hamm** garni, St.-Josef-Str. 32, ✉ 56068, 𝄞 (0261) 30 32 10, info@ hotel-hamm.de, Fax (0261) 3032160 – 🛗 📺 ☎ 🚗 – 🔬 15. ⌭ ⓞ 🆐 ⓥⓘⓢⓐ ⓙⓒⓑ   CZ u
33 Z ⅀ 95/125 – 140/180.

🏨 **Kornpforte** garni, Kornpfortstr. 11, ✉ 56068, 𝄞 (0261) 3 11 74, Fax (0261) 31176 📺
🚗. ⅀   DY s
geschl. 23. Dez. - 10. Jan. – **19 Z** ⅀ 70/95 – 125/150.

XX **Loup de Mer**, Neustadt 12 (Schloßrondell), ✉ 56068, 𝄞 (0261) 1 61 38, Fax (0261) 9114546, ㈜, « Bildergalerie ; Hofterrasse » – ⌭ ⓞ 🆐 ⓥⓘⓢⓐ   DY t
Menu (nur Abendessen) (überwiegend Fischgerichte) à la carte 52/99.

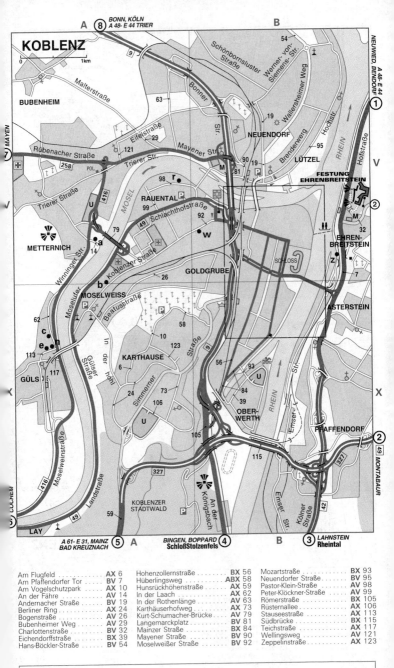

KOBLENZ

0   1km

BUBENHEIM

METTERNICH

RAUENTAL

NEUENDORF

LÜTZEL

FESTUNG
EHRENBREITSTEIN

EHREN-
BREITSTEIN

GOLDGRUBE

MOSELWEISS

ASTERSTEIN

KARTHAUSE

OBER-
WERTH

GÜLS

PFAFFENDORF

KOBLENZER
STADTWALD

Les cartes Michelin sont constamment tenues à jour.

625

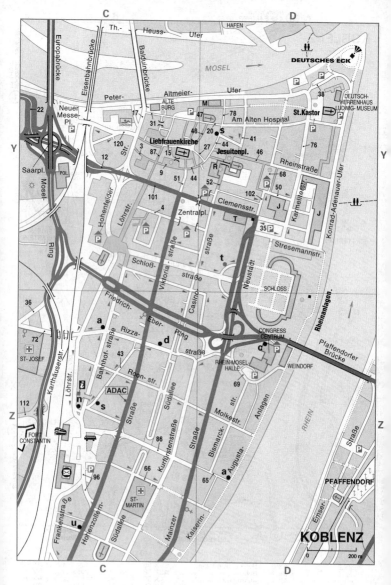

KOBLENZ

0   200 m

In Koblenz-Ehrenbreitstein :

🏠 **Diehls Hotel**, Am Pfaffendorfer Tor 10 (B 42), ✉ 56077, ☏ (0261) 9 70 70, info@d
iehls-hotel.de, Fax (0261) 9707213, ≤ Rhein, 🍴, 🚗s, 🏊 – 🛗, 🔄 Zim, 📺 🌙 🅿 – 🔏 90.
BV **z**
🆎 ⓪ 🆗 VISA JCB
Menu à la carte 44/78 – **60 Z** ☑ 148/228 – 200/280.

In Koblenz-Güls :

🏠 **Avantgarde** garni, Stauseestr. 27, ✉ 56072, ☏ (0261) 46 09 00, Hotel.Avantgarde
@web.de, Fax (0261) 4609040 – 📺 🌙 🅿 – 🔏 50. 🆎 🆗 VISA
AX **e**
20 Z ☑ 115/130 – 150/180.

🏠 **Gülser Weinstube**, Moselweinstr. 3 (B 416), ✉ 56072, ☏ (0261) 40 15 88,
Fax (0261) 42732, 🍴 – 📺 🌙 🅿 – 🔏 30. 🆎 🆗 VISA JCB
AX **c**
Menu à la carte 27/57 – **14 Z** ☑ 80/95 – 140/160.

🏠 **Weinhaus Kreuter**, Stauseestr. 31 (B 416), ✉ 56072, ☏ (0261) 94 14 70, hotel-kr
euter@t-online.de, Fax (0261) 48327, 🍴 – 📺 🅿 – 🔏 50. 🆎 🆗 VISA JCB
AX **n**
Menu (geschl. 18. Dez. - 20. Jan., Freitag) à la carte 29/52 – **34 Z** ☑ 78/130 – 130/180.

In Koblenz-Metternich :

🏠 **Fährhaus am Stausee** 🌳, An der Fähre 3, ✉ 56072, ☏ (0261) 92 72 90, faehrh
aus.stausee@t-online.de, Fax (0261) 9272990, ≤, « Blumenterrasse an der Mosel » – 📺
🌙 🅿 – 🔏 50. 🆎 ⓪ 🆗 VISA JCB
AV **a**
geschl. 22. - 30. Dez. – **Menu** (geschl. Montag) à la carte 42/69 – **20 Z** ☑ 85/105 – 130/160.

In Koblenz-Moselweiß :

🏠 **Zum Schwarzen Bären**, Koblenzer Str. 35, ✉ 56073, ☏ (0261) 4 60 27 00, ZuM-
🐻 SCHWARZENBAEREN@gmx.de, Fax (0261) 4602713, 🍴 – 🔄 Zim, 📺 🌙 🅿 🆎 🆗 VISA
geschl. über Karneval 1 Woche, Juni - Juli 3 Wochen – **Menu** (geschl. Sonntagabend -
Montag) à la carte 35/65 – **23 Z** ☑ 85/98 – 150.
AV **b**

In Koblenz-Rauental :

🏠 **An der Mosel** Ⓜ, Pastor-Klein-Str. 11, ✉ 56073, ☏ (0261) 4 06 50, ContelADM@de,
Fax (0261) 4065188, , 🍴, 🚗s, 🌳 – 🛗, 🔄 Zim, 📺 🌙 🚗 🅿 – 🔏 170. 🆎 ⓪ 🆗 VISA
Menu à la carte 33/58 – ☑ 16 – **185 Z** 125/135 – 145/180.
AV **r**

🏠 **Scholz**, Moselweißer Str. 121, ✉ 56073, ☏ (0261) 9 42 60, mail@HotelScholz.de,
Fax (0261) 942626 – 🛗 📺 🅿 – 🔏 40. 🆎 ⓪ 🆗 VISA JCB
BV **w**
geschl. 24. Dez. - 8. Jan. – **Menu** (geschl. Samstag - Sonntag) à la carte 26/51 – **65 Z**
☑ 93/95 – 145/150.

KOCHEL AM SEE Bayern 🔢🔢 X 18 – 4 500 Ew – Höhe 605 m – Luftkurort – Wintersport :
610/1 760 m ✤3 🎿.
Ausflugsziele : Walchensee★ (Süd : 9 km) – Herzogstand Gipfel ✳ ★★ (Süd-West : 13,5 km,
mit Sessellift ab Walchensee).
🅱 Tourist Info, Kalmbachstr. 11, ✉ 82431, ☏ (08851) 3 38, Fax (08851) 5588.
Berlin 658 – München 70 – Garmisch-Partenkirchen 35 – Bad Tölz 23.

🏠 **Zur Post**, Schmied-von-Kochel-Platz 6, ✉ 82431, ☏ (08851) 9 24 10, Posthotel-Koch
el@t-online.de, Fax (08851) 924150, 🍴, Biergarten – 🛗, 🔄 Zim, 📺 🌙 🚗 🅿 – 🔏 40.
🆎
Menu (geschl. Jan. 2 Wochen) à la carte 28/59 – **25 Z** ☑ 90/98 – 150/170 – ½ P 30.

🏠 **Seehotel Grauer Bär**, Mittenwalder Str. 82 (B 11, Süd-West : 2 km), ✉ 82431,
☏ (08851) 9 25 00, info@grauer-baer.de, Fax (08851) 925015, ≤ Kochelsee, « Terrasse
am See », 🐾, 🌳 – 📺 🚗 🅿 🆎 ⓪ 🆗 VISA
geschl. 7. Jan. - Feb. – **Menu** (geschl. Mittwoch) à la carte 30/64 – **26 Z** ☑ 80/90 – 150/190
– ½ P 30.

🏠 **Herzogstand**, Herzogstandweg 3, ✉ 82431, ☏ (08851) 3 24, Info@herzogstand.de,
Fax (08851) 1066, Biergarten, 🌳 – 📺 🚗 🅿
geschl. 20. Jan. - 1. April, 10. Nov. - 20. Dez. – **Menu** (geschl. Dienstag) (nur Abendessen)
à la carte 26/42 – **12 Z** ☑ 85/144 – ½ P 19.

🏠 **Waltraud**, Bahnhofstr. 20, ✉ 82431, ☏ (08851) 3 33, GASTHOF.WALTRAUD@t-onlin
e.de, Fax (08851) 5219, 🍴 – 📺 🅿 – 🔏 25
geschl. Nov. – **Menu** (geschl. Dez. - April Montag - Dienstag) à la carte 28/50 – **26 Z**
☑ 65/80 – 90/130 – ½ P 25.

In Kochel-Ried Nord-Ost : 5 km :

🏠 **Rabenkopf**, Kocheler Str. 23 (B 11), ✉ 82431, ☏ (08857) 82 85, RABENKOPF@Lois
achtal.net, Fax (08857) 9167, 🍴, 🌳 – 🚗 🅿 🆎 ⓪ 🆗 VISA
geschl. Mitte Jan. - Mitte Feb., Okt. - Nov. 2 Wochen – **Menu** (geschl. Donnerstag) (böhmische Küche) à la carte 37/58 – **18 Z** ☑ 68/88 – 96/136 – ½ P 25.

KÖLN

Nordrhein-Westfalen **411** *N 4 – 1 011 000 Ew – Höhe 65 m*

Berlin 566 – Düsseldorf 39 – Bonn 32 ⑥ *– Aachen 69* ⑨ *– Essen 68*

PRAKTISCHE HINWEISE

🛈 *Tourismus Office, Unter Fettenhennen 19* ✉ *50667,* 𝄄 *(0221) 1 94 33, Fax (0221) 22123320*

ADAC, *Luxemburger Str. 169*

🛩 *Köln-Bonn in Wahn (über* ⑤ *: 17 km),* 𝄄 *(02203) 40 40 01*

🚗 *Köln-Deutz, Barmer Straße R vis-à-vis Messe*

Messe- und Ausstellungsgelände S, 𝄄 *(0221) 82 11, Fax (0221) 8212574*

🏌 *Köln-Marienburg, Schillingsrotterweg T,* 𝄄 *(0261) 38 40 53*

🏌 *Köln-Roggendorf, Parallelweg 1 (über* ① *: 16 km),* 𝄄 *(0221) 78 40 18*

🏌 *Köln-Porz-Wahn, Urbanusstraße (über* ⑤ *: 19 km, Richtung Niederkassel),* 𝄄 *(02203) 96 14 57*

🏌 *Köln-Wahn, Frankfurter Str. 320 S,* 𝄄 *(02203) 6 23 34*

🏌 *Leverkusen, Am Hirschfuß 2 R,* 𝄄 *(0214) 4 75 51*

🏌 *Bergisch Gladbach-Refrath (über* ③ *: 17 km),* 𝄄 *(02204) 9 27 60*

🏌 *Pulheim Gut Lärchenhof (über* ⑩ *: 19 km und Stommeln),* 𝄄 *(02238) 92 39 00*

🏌 🏌 *Pulheim Velderhof (über* ⑩ *: 20 km und Stommeln),* 𝄄 *(02238) 92 39 40*

🏌 *Bergheim-Fliesteden, Am Alten Fliess (über* ⑨ *: 17 km über Brauweiler und Glessen),* 𝄄 *(02238) 9 44 10*

HAUPTSEHENSWÜRDIGKEITEN

Sehenswert : *Dom*★★★ *(Dreikönigsschrein*★★★, *Gotische Fenster*★ *im linken Seitenschiff, Gerokreuz*★, *Marienkapelle : Altar der Stadtpatrone*★★★, *Chorgestühl*★, *Domschatzkammer*★ *) GY – Römisch-Germanisches Museum*★★ *(Dionysosmosaik*★, *Römische Glassammlung*★★ *) GY* **M¹** *– Wallraf-Richartz-Museum und Museum Ludwig*★★★ *(Agfa-Foto-Historama) GY* **M²** *– Diözesan-Museum*★ *GY* **M³** *– Schnütgen-Museum*★★ *GZ* **M⁴** *– Museum für Ostasiatische Kunst*★★ *S* **M⁵** *– Museum für Angewandte Kunst*★ *GYZ* **M⁶** *– St. Maria Lyskirchen (Fresken*★★*) FX – St. Severin (Innenraum*★*) FX – St. Pantaleon (Lettner*★*) EX – St. Aposteln (Chorabschluß*★*) EV* **K** *– St. Ursula (Goldene Kammer*★*) FU – St. Kunibert (Chorfenster*★*) FU – St. Maria-Königin (Glasfenster*★*) T* **D** *– St. Maria im Kapitol*★ *(Romanische Holztür*★, *Dreikonchenchor*★*) GZ – St. Gereon*★ *(Dekagon*★*) EV – Imhoff-Stollwerk-Museum*★ *FX – Altes Rathaus*★ *GZ – Botanischer Garten Flora*★ *S* **B**.

STRASSENVERZEICHNIS STADTPLAN KÖLN

Messe-Preise : siehe S. 6   Foires et salons : voir p. 18
Fairs : see p. 30   Fiere : vedere p. 42

Excelsior Hotel Ernst, Domplatz, ⌧ 50667, ℘ (0221) 27 01, ehe@ excelsiorhotelernst
.de, Fax (0221) 135150, 🛎 – 📳 📺 – 🔒 80. 🆎 ⓞ ⓜⓞ 🆅🆂🅰 🅹🅲🅱. 🍽 Rest   GY a
Menu siehe Rest. **Hanse-Stube** separat erwähnt – **160 Z** ⊇ 365/515 – 500/715, 8 Suiten.

Maritim Ⓜ, Heumarkt 20, ⌧ 50667, ℘ (0221) 2 02 70, info.kol@maritim.de,
Fax (0221) 2027826, Massage, 🛵, 🛎, 🔲 – 📳, 🐾 Zim, 🔲 📺 📞 🔥 🛆 ⟚ – 🔒 1300.
🆎 ⓞ ⓜⓞ 🆅🆂🅰 🅹🅲🅱   GZ m
Bellevue 🎇 « Terrasse mit ⩽ Köln » **Menu** à la carte 65/96 – **La Galerie** (geschl. 29.
Juli - 15. Aug., Sonntag - Montag) (nur Abendessen) **Menu** à la carte 46/65 – ⊇ 28 – **454 Z**
282/560 – 322/600, 28 Suiten.

Im Wasserturm 🎇, Kaygasse 2, ⌧ 50676, ℘ (0221) 2 00 80, Info@hotel-im-wass
erturm.de, Fax (0221) 2008888, 🍴, Dachgartenterrasse mit ⩽ Köln, « Ehemaliger Wasserturm a.d. 19. Jh. mit modern-eleganter Einrichtung », 🛎 – 📳, 🐾 Zim, 🔲 Rest, 📺
📞 ⟚ – 🔒 25. 🆎 ⓞ ⓜⓞ 🆅🆂🅰 🅹🅲🅱. 🍽 Rest   FX c
Menu 58 (mittags) à la carte 82/105 – ⊇ 29 – **88 Z** 390/490 – 490/590, 42 Suiten.

Dom-Hotel 🎇, Domkloster 2a, ⌧ 50667, ℘ (0221) 2 02 40, gm1304@forte-hotels
.com, Fax (0221) 2024444, « Terrasse mit ⩽ » – 📳, 🐾 Zim, 📺 – 🔒 60. 🆎 ⓞ ⓜⓞ 🆅🆂🅰
🅹🅲🅱   GY d
Menu à la carte 65/89 – ⊇ 33 – **125 Z** 495/595 – 635/835.

Renaissance Köln Hotel, Magnusstr. 20, ⌧ 50672, ℘ (0221) 2 03 40, renaissanc
e.koeln@t-online.de, Fax (0221) 2034777, 🍴, Massage, 🛎, 🔲 – 📳, 🐾 Zim, 🔲 📺 📞
🔥 ⟚ – 🔒 220. 🆎 ⓞ ⓜⓞ 🆅🆂🅰 🅹🅲🅱. 🍽 Rest   EV b
Menu à la carte 62/83 – ⊇ 30 – **236 Z** 285/595 – 325/635.

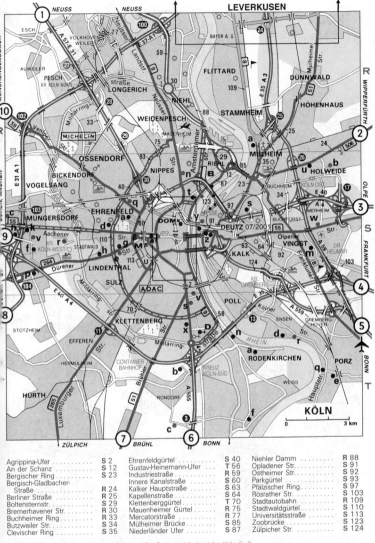

Dorint Kongress-Hotel, Helenenstr. 14, ⊠ 50667, ℘ (0221) 27 50, Info.cgnchc@dorint.com, Fax (0221) 2751301, Massage, ⌂, 🔲 – ⧠, ⇔ Zim, 📺 ℂ & ⟺ – 🔺 500. EV p
AE ① ⓦ VISA JCB. ⚒ Rest
Menu 52 (Lunchbuffet) à la carte 60/107 – **Kabuki** (japanische Küche) (geschl. Sonntag - Montagmittag) **Menu** à la carte 42/64 – ⧠ 30 – **284 Z** 290/390 – 290/390, 15 Suiten.

Savoy, Turiner Str. 9, ⊠ 50668, ℘ (0221) 1 62 30, Office@Hotelsavoy.de, Fax (0221) 1623200, « Wellnessbereich », Massage, ⌂, ⌂ – ⧠, ⇔ Zim, 📺 ℂ ⟺ ⧠ – 🔺 70. AE ① ⓦ VISA FU s
Menu (nur Abendessen) à la carte 46/78 – **103 Z** ⧠ 225/450 – 500/650.

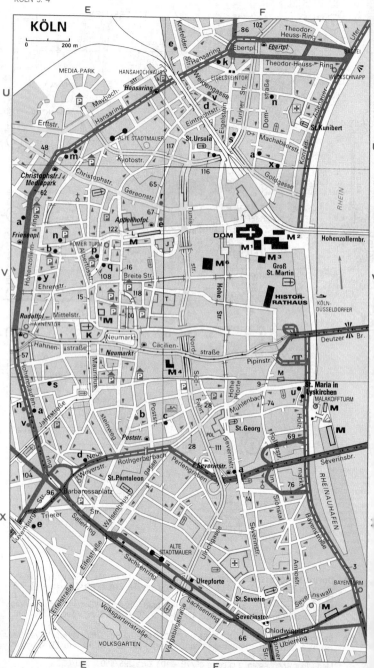

KÖLN

0 _____ 200 m

MEDIA-PARK

HANSAHOCHHAUS

Hansaring

Maybach str.

Hansaring

Erftstr.

U

48

m

ALTE STADTMAUER

Kyotostr.

117

St. Ursula

**Christophstr./
Mediapark**

62

Christophstr.

Gereonstr.

65

116

a

Friesenpl.

n

b

y

RÖMER TURM

p

Appelhofpl.

122

67

e

L

M

J

Ehrenstr.

q

108

16

Breite Str.

DOM

M¹ M²

M⁶

M³

Groß
St. Martin

15

118

T

Hohe

Str.

**HISTOR-
RATHAUS**

KÖLN-
DÜSSELDORFER

Rudolfpl.

Mittelstr.

100

M

HAHNENTOR

K

Neumarkt

Neumarkt

Cäcilien- straße

Nord straße

Pipinstr.

M

Hohenstaufen-

57

Hahnen- straße

Mauritius

s

Süd-
Fahrt

M⁴

9

**St. Maria in
Lyskirchen**

MALAKOFTTURM

u

M

n

a

Jahnstraße

b

Poststr.

c

Mühlenbach

28

74

ring

v

steinweg

Poststr.

Neue

d

Weyerstr.

Rothgerberbach

gasse

Perlengraben

28

111

Severinstr.

a

St. Georg

POL

Hohe
Pforte

Hölz

Follerstr.

69

M

104

St. Pantaleon

96

X **Barbarossaplatz**

Str.

Waisenhaus-

Salierring

Trierer

Str.

14

76

e

Eifelstr aße

ALTE
STADTMAUER

Sachsenring

Ulrepforte

Ulrichgasse

Severinstr.

Sionstal

Severinstr.

Bayenstraße

Annostr.

3

BAYENTURM

Volksgartenstraße

Sachsenring

Vorgebirgstraße

St. Severin

Severinswall

Severinstr.

M

VOLKSGARTEN

66

Chlodwigplatz

Ubierring

Bonner Str.

Theodor-
Heuss-Ring

86 102

Ebertpl.

Ebertpl.

BASTEI

Theodor-Heuss- Ring

WEIDSCHNAPP

e

k

St. Hansaring

Werdengasse

EIGELSTEINTOR

Eigelstein

Turner Str.

Dom-
straße

n

Adenauer

Kontz

St. Kunibert

d

v

Eintrachtstr.

s

Machabaerstr.

r

a

x

Goldgasse

Tunis

str.

RHEIN

Hohenzollernbr.

Hohenzollern-

Eigelstein-

r

ring

DOM

Deutzer Br.

Deutzer Br.

KÖLN

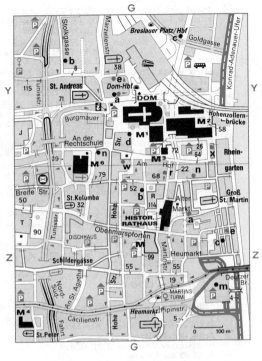

Straßenverzeichnis siehe Köln S.2

Crowne Plaza, Habsburger Ring 9, ⊠ 50674, 𝒫 (0221) 22 80, INFO@ CROWNEPLAZA-KOELN.de, Fax (0221) 251206, Massage, ⨍ठ, ⇌s, 🔲 – ☰⎮, ⇆ Zim, ▤ 📺 ⛏ 🔥 ⟵⟶ – ⩲ 220. 🗚 ⑩ ⑳ 𝚅𝙸𝚂𝙰 𝙹𝙲𝙱. ⅏ Rest S j
Menu 45 (Lunchbuffet) – **Die Auster** (nur Abendessen) Menu à la carte 49/79 – ⌂ 29 – **301 Z** 415/590 – 465/640.

Lindner Dom Residence Ⓜ, An den Dominikanern 4a/Eingang Stolkgasse, ⊠ 50668, 𝒫 (0221) 1 64 40, info.domresidence@lindner.de, Fax (0221) 1644440, ⇌s, 🔲 – ☰⎮, ⇆ Zim, ▤ 📺 ⛏ ⟵⟶ – ⩲ 120. 🗚 ⑩ ⑳ 𝚅𝙸𝚂𝙰 𝙹𝙲𝙱. GY b
La Gazetta : Menu à la carte 51/62 – ⌂ 32 – **131 Z** 235/275 – 275/355.

Dorint, Friesenstr. 44, ⊠ 50670, 𝒫 (0221) 1 61 40, Info.CGNCOL@dorint.com, Fax (0221) 1614100, ⇴ – ☰⎮, ⇆ Zim, 📺 ⛏ 🔥 ⟵⟶ – ⩲ 100. 🗚 ⑩ ⑳ 𝚅𝙸𝚂𝙰 𝙹𝙲𝙱. EV n
⅏ Rest
Menu (geschl. 24. - 31. Dez., Samstagabend, Sonntagabend) à la carte 40/67 – ⌂ 25 – **103 Z** 247/399 – 289/399.

Mercure Severinshof, Severinstr. 199, ⊠ 50676, 𝒫 (0221) 2 01 30, H1206@acc or-hotels.com, Fax (0221) 2013666, ⇴, ⨍ठ, ⇌s – ☰⎮, ⇆ Zim, ▤ Zim, 📺 ⛏ ⟵⟶ – ⩲ 80. 🗚 ⑩ ⑳ 𝚅𝙸𝚂𝙰 𝙹𝙲𝙱. ⅏ Rest FX a
Menu à la carte 41/72 – **252 Z** ⌂ 233/451 – 432/504.

Haus Lyskirchen, Filzengraben 32, ⊠ 50676, 𝒫 (0221) 2 09 70, info@lyskirchen.b estwestern.de, Fax (0221) 2097718, ⇌s, 🔲 – ☰⎮, ⇆ Zim, ▤ Rest, 📺 ⛏ ⟵⟶ – ⩲ 25. 🗚 ⑩ ⑳ 𝚅𝙸𝚂𝙰. ⅏ Rest FX u
geschl. 21. Dez. - 2. Jan. – Menu (geschl. 9. - 21. April, 5. Juli - 18. Aug., Samstag, Sonn- und Feiertage) à la carte 44/72 – **94 Z** ⌂ 198/255 – 260/310.

🏨 **Ascot** garni, Hohenzollernring 95, ✉ 50672, ℰ (0221) 9 52 96 50, *info@ascot.bestw estern.de, Fax (0221) 952965100,* 🐟, ☎ – 📳 ⇔ 📺 ✆ 🗚 ⑩ ⓦ 𝘝𝘐𝘚𝘈   EV a
geschl. 22. Dez. - 1. Jan. – **46 Z** 🍽 198/228 – 259.

🏨 **Viktoria** garni, Worringer Str. 23, ✉ 50668, ℰ (0221) 9 73 17 20, *hotel@hotelvikto ria.com, Fax (0221) 727067* – 📳 ⇔ 📺 🗜 🖪 𝗔𝗘 ⑩ ⓦ 𝘝𝘐𝘚𝘈 𝘫𝘤𝘣 ⚡   S t
geschl. 24. Dez. - 1. Jan. – **47 Z** 🍽 175/320 – 220/420.

🏨 **Euro Plaza Cologne,** Breslauer Platz 2, ✉ 50668, ℰ (0221) 1 65 10, *Fax (0221) 1651333* – 📳, ⇔ Zim, 🔳 Rest, 📺 – 🛗 20. 𝗔𝗘 ⑩ ⓦ 𝘝𝘐𝘚𝘈   GY c
Menu à la carte 34/57 – **116 Z** 🍽 203/268, 6 Suiten.

🏨 **Senats Hotel,** Unter Goldschmied 9, ✉ 50667, ℰ (0221) 2 06 20, *info@senats-hot el.de, Fax (0221) 2062200* – 📳, ⇔ Zim, 📺 – 🛗 250. 𝗔𝗘 ⓦ 𝘝𝘐𝘚𝘈 𝘫𝘤𝘣   GZ b
geschl. 23. Dez. - 3. Jan. – **Falstaff** *(geschl. Samstagmittag, Sonn- und Feiertag)* **Menu** à la carte 41/69 – **59 Z** 🍽 175/250 – 205/360.

🏨 **Cristall** garni, Ursulaplatz 9, ✉ 50668, ℰ (0221) 1 63 00, *hotelcristall@t-online.de, Fax (0221) 1630333,* « Designer-Ausstattung » – 📳 ⇔ 🔳 📺 🖪 𝗔𝗘 ⑩ ⓦ 𝘝𝘐𝘚𝘈 𝘫𝘤𝘣. ⚡
84 Z 🍽 198/260.   FU r

🏨 **Coellner Hof,** Hansaring 100, ✉ 50670, ℰ (0221) 1 66 60, *Fax (0221) 1666166* – 📳, ⇔ Zim, 🔳 Rest, 📺 ⇔ – 🛗 30. 𝗔𝗘 ⑩ ⓦ 𝘝𝘐𝘚𝘈   FU k
Menu *(geschl. Samstag - Sonntag) (nur Abendessen)* à la carte 30/73 – **70 Z** 🍽 140/250 – 190/380.

🏨 **Euro Garden Cologne** garni, Domstr. 10, ✉ 50668, ℰ (0221) 1 64 90, *info@euro tels.de, Fax (0221) 1649333,* ☎ – 📳 ⇔ 📺 ⇔ – 🛗 50. 𝗔𝗘 ⑩ ⓦ 𝘝𝘐𝘚𝘈 𝘫𝘤𝘣
85 Z 🍽 203/268.   FU a

🏨 **Mado** Ⓜ garni, Moselstr. 36, ✉ 50674, ℰ (0221) 92 41 90, *info@hotelmado.de, Fax (0221) 92419101,* ☎ – 📳, ⇔ Zim, 📺 🗜 🖪 – 🛗 20. 𝗔𝗘 ⑩ ⓦ 𝘝𝘐𝘚𝘈
51 Z 🍽 158/298 – 198/368.   EX e

🏨 **Königshof** garni, Richartzstr. 14, ✉ 50667, ℰ (0221) 2 57 87 71, *Fax (0221) 2578762* – 📳 ⇔ 📺 🗜 𝗔𝗘 ⑩ ⓦ 𝘝𝘐𝘚𝘈   GY n
82 Z 🍽 195/225 – 325/395.

🏨 **Esplanade** garni, Hohenstaufenring 56, ✉ 50674, ℰ (0221) 9 21 55 70, *esplanade.h otelcologne@t-online.de, Fax (0221) 216822* – 📳 𝗔𝗘 ⑩ ⓦ 𝘝𝘐𝘚𝘈 𝘫𝘤𝘣   EX a
geschl. 23. Dez. - 2. Jan. – 🍽 20 – **33 Z** 175/205 – 225.

🏨 **Antik Hotel Bristol** garni, Kaiser-Wilhelm-Ring 48, ✉ 50672, ℰ (0221) 12 01 95, *hote l@antikhotelbristol.de, Fax (0221) 131495,* « Antike Zimmereinrichtung » – 📳 ⇔ 📺 🗜 🐟. 𝗔𝗘 ⑩ ⓦ 𝘝𝘐𝘚𝘈 𝘫𝘤𝘣   EU m
geschl. 24. Dez. - 2. Jan. – **44 Z** 🍽 185/285 – 220/320.

🏨 **Hopper St. Antonius** Ⓜ, Dagobertstr. 32, ✉ 50668, ℰ (0221) 1 66 00(Hotel) 1 30 00 69(Rest.), *st.antonius@hopper.de, Fax (0221) 1660166,* ☎, « Einrichtung im Designerstil » – 📳, ⇔ Zim, 📺 🗜 🐟 ⇔ – 🛗 15. 𝗔𝗘 ⑩ ⓦ 𝘝𝘐𝘚𝘈   FU n
Menu *(geschl. Samstagmittag)* à la carte 44/72 – **54 Z** 🍽 200/240 – 260/490.

🏨 **Hopper** Ⓜ, Brüsseler Str. 26, ✉ 50674, ℰ (0221) 92 44 00, *HOTEL@HOPPER.DE, Fax (0221) 924406,* ☎, « Klassisch-modernes Hotel in ehemaligem Klostergebäude », ☎ – 📳, ⇔ Zim, 📺 🗜 ⇔. 𝗔𝗘 ⑩ ⓦ 𝘝𝘐𝘚𝘈   S j
Menu *(geschl. Samstagmittag)* à la carte 48/66 – 🍽 19 – **49 Z** 139/159 – 179/199.

🏨 **Astor** garni, Friesenwall 68, ✉ 50672, ℰ (0221) 20 71 20, *Astorhotel@t-online.de, Fax (0221) 253106,* ☎ – 📳 ⇔ 📺 🖪 𝗔𝗘 ⑩ ⓦ 𝘝𝘐𝘚𝘈 𝘫𝘤𝘣   EV y
geschl. 22. Dez. - 2. Jan. – **50 Z** 🍽 185/225 – 255/295.

🏨 **Leonet** garni, Rubensstr. 33, ✉ 50676, ℰ (0221) 27 23 00, *LEONETKOELN@NETCOL-OGNE.DE, Fax (0221) 210893,* ☎ – 📳 ⇔ 📺 🗜 🖪 – 🛗 20. 𝗔𝗘 ⑩ ⓦ 𝘝𝘐𝘚𝘈 𝘫𝘤𝘣   EX s
78 Z 🍽 155/205.

🏨 **Ibis,** Neue Weyerstr. 4, ✉ 50676, ℰ (0221) 2 09 60, *h1449@accor-hotels.com, Fax (0221) 2096199* – 📳, ⇔ Zim, 📺 🐟 ⇔ – 🛗 25. 𝗔𝗘 ⑩ ⓦ 𝘝𝘐𝘚𝘈 𝘫𝘤𝘣   EX d
Menu 26/39 – 🍽 15 – **208 Z** 119.

🏨 **Metropol** garni, Hansaring 14, ✉ 50670, ℰ (0221) 13 33 77, *Fax (0221) 138307* – 📳 📺 𝗔𝗘 ⑩ ⓦ 𝘝𝘐𝘚𝘈   EU m
geschl. 22. Dez. - 2. Jan. – **26 Z** 🍽 145/165 – 195/230.

🏨 **Kolpinghaus International,** St.-Apern-Str. 32, ✉ 50667, ℰ (0221) 2 09 30, *Fax (0221) 2093254* – 📳 📺 🖪 – 🛗 110. 𝗔𝗘 ⑩ ⓦ 𝘝𝘐𝘚𝘈   EV q
Menu à la carte 37/72 – **55 Z** 🍽 130/145 – 195/220.

🏨 **CityClass Hotel Caprice** garni, Auf dem Rothenberg 7, ✉ 50667, ℰ (0221) 92 05 40, *Fax (0221) 92054100,* ☎ – 📳 ⇔ 📺 🗜 ⑩ ⓦ 𝘝𝘐𝘚𝘈   GZ c
52 Z 🍽 145/205.

🏨 **Ludwig** garni, Brandenburger Str. 24, ✉ 50668, ℰ (0221) 16 05 40, *hotel@hotellud wig.com, Fax (0221) 16054444* – 📳 ⇔ 📺 ⇔. 𝗔𝗘 ⑩ ⓦ 𝘝𝘐𝘚𝘈 𝘫𝘤𝘣   FU x
geschl. 23. Dez. - 3. Jan. – **61 Z** 🍽 150/195 – 195/230.

XXXX **Hanse Stube** - Excelsior Hotel Ernst, Dompropst-Ketzer-Str. 2, ⊠ 50667, ℘ (0221) 2 70 34 02, *Fax (0221) 135150* – ▣. ﹍ ⓪ ⓪ *VISA* ⌡ᴄᴮ. ⁓ GY e
Menu 58 (mittags)/135 à la carte 88/118.

XXX **Börsen-Restaurant Maître** (Schäfer), Unter Sachsenhausen 10, ⊠ 50667, ℘ (0221) 13 30 21, *Fax (0221) 133040*, ⌂ – ▣. ﹍ ⓪ ⓪ *VISA*. ⁓ EX r
℘ *geschl. April 2 Wochen, Juli - Aug. 4 Wochen, Samstagmittag, Sonn- und Feiertage* – **Menu** à la carte 74/104 – **Börsenstube** *(geschl. Samstagabend, Sonn- und Feiertage)* **Menu** à la carte 52/75
Spez. Cordon bleu von Steinbutt und Wildlachs mit Basilikumspinat. Kalbskopf mit karamelisiertem Bries und Trüffel. Schokoladensoufflé mit warmem Orangenkompott.

XXX **Grande Milano,** Hohenstaufenring 29, ⊠ 50674, ℘ (0221) 24 21 21, *Fax (0221) 244846*, ⌂ – ▣. ﹍ ⓪ ⓪ *VISA* EX u
geschl. Juli - Aug. 2 Wochen, Samstagmittag, Sonntag – **Menu** (italienische Küche) à la carte 67/108 – **Pinot di Pinot** : **Menu** 25 (mittags) à la carte 40/59.

XXX **Domerie,** Buttermarkt 42, ⊠ 50667, ℘ (0221) 2 57 40 44, *Fax (0221) 2574269,* « Stadthaus a.d. 15. Jh. » – ﹍ ⓪ ⓪ *VISA* GZ e
geschl. 1. - 15. Jan., über Karneval, Sonntag - Montag, ausser Messen – **Menu** *(nur Abendessen)* 70/75.

XX **Fischers Restaurant,** Hohenstaufenring 53, ⊠ 50674, ℘ (0221) 3 10 84 70, *FISCHERS.WEIN@T-ONLINE.DE, Fax (0221) 31084789*, ⌂ EX n
geschl. 27. Dez. - 6. Jan., Samstagmittag, Sonn- und Feiertage – **Menu** à la carte 60/84.

XX **Bizim,** Weidengasse 47, ⊠ 50668, ℘ (0221) 13 15 81 – ﹍ ⓪ ⓪ *VISA*. ⁓ FU d
geschl. Feb. 2 Wochen, Juli - Aug. 3 Wochen, Samstagmittag, Sonntag - Montag – **Menu** (türkische Küche, abends Tischbestellung ratsam) 55 (mittags) à la carte 79/106.

XX **Em Krützche,** Am Frankenturm 1, ⊠ 50667, ℘ (0221) 2 58 08 39, *info@em-kruet zche.de, Fax (0221) 253417*, ⌂ – ﹍ ⓪ ⓪ *VISA* GY x
geschl. Karwoche, Montag – **Menu** (abends Tischbestellung ratsam) 26/42 (mittags) und à la carte 52/85.

XX **Bosporus,** Weidengasse 36, ⊠ 50668, ℘ (0221) 12 52 65, *Fax (0221) 9123829*, ⌂ – ﹍ ⓪ ⓪ *VISA* FU v
geschl. Sonntagmittag – **Menu** à la carte 53/72.

XX **Hofbräustuben,** Am Hof 12 (1. Etage), ⊠ 50667, ℘ (0221) 2 61 32 60, *Fax (0221) 2613299* – ⓪ *VISA* GY w
Menu à la carte 36/56.

X **Le Moissonnier,** Krefelder Str. 25, ⊠ 50670, ℘ (0221) 72 94 79, *Fax (0221) 7325461,* ℘ (typisches franz. Bistro) FU e
geschl. über Ostern 1 Woche, Juli - Aug. 3 Wochen, über Weihnachten 1 Woche, Feiertage mittags, Sonntag - Montag – **Menu** (Tischbestellung ratsam) à la carte 61/95
Spez. Foie gras Maison. Saltimbocca de foie de veau. Pigeonneau rôti sur une béarnaise au vin rouge.

X **Schönberner,** Kleiner Griechenmarkt 23, ⊠ 50676, ℘ (0221) 21 45 12, *Fax (0221) 214512* – ▣. ﹍ ⓪ ⓪ *VISA* EX b
geschl. über Weihnachten, Karneval, Ostern, Juli 2 Wochen, Sonntag - Montag – **Menu** (Tischbestellung ratsam) 48 (mittags) à la carte 60/111.

X **Jan's Restaurant,** Venloer Str. 30, ⊠ 50672, ℘ (0221) 5 10 39 99, *JNolte@aol.com, Fax (0221) 5104727* – ﹍ S q
geschl. Juli - Aug. 3 Wochen, Samstagmittag, Sonntagmittag, Montag – **Menu** à la carte 54/75.

X **Daitokai,** Kattenbug 2, ⊠ 50667, ℘ (0221) 12 00 48, *Fax (0221) 137503* – ▣. ﹍ ⓪ ⓪ *VISA* ⌡ᴄᴮ. ⁓ EV e
geschl. Juli 2 Wochen, Montag - Dienstagmittag – **Menu** (japanische Küche) 36 (mittags)/118 à la carte 60/84.

Kölsche Wirtschaften :

X **Peters Brauhaus,** Mühlengasse 1, ⊠ 50667, ℘ (0221) 2 57 39 50, *Fax (0221) 2573962*, ⌂ – ⁓ GZ n
Menu à la carte 34/49.

X **Höhn's Dom Brauerei Ausschank,** Goltsteinstr. 83 (Bayenthal), ⊠ 50968, ℘ (0221) 3 48 12 93, *Fax (0221) 3406456,* Biergarten .T v
geschl. Weihnachten – **Menu** à la carte 38/66.

X **Gaffel-Haus,** Alter Markt 20, ⊠ 50667, ℘ (0221) 2 57 76 92, *Fax (0221) 253879*, ⌂ – ﹍ ⓪ ⓪ *VISA* GZ a
Menu à la carte 32/61.

X **Brauhaus Sion,** Unter Taschenmacher 5, ⊠ 50667, ℘ (0221) 2 57 85 40, *info@bra uhaus-sion.de, Fax (0221) 2582081*, ⌂ GZ r
Menu à la carte 28/55.

X **Früh am Dom,** Am Hof 12, ⊠ 50667, ℰ (0221) 2 61 32 11, *Fax (0221) 2613299*, Biergarten
GY **w**
Menu à la carte 37/53.

X **Alt Köln Am Dom,** Trankgasse 7, ⊠ 50667, ℰ (0221) 13 74 71, *Fax (0221) 136885*
– ◣ ⓪ ⓸ **VISA**
GY **a**
Menu à la carte 31/61.

In Köln-Bayenthal :

XX **Loup de Mer,** Bonner Str. 289, ⊠ 50968, ℰ (0221) 3 40 03 30, *Loup-de-mer@t-on*
line.de, Fax (0221) 3400332 – ◣ ⓸ **VISA**
T **s**
geschl. Juli - Aug. 3 Wochen, Samstagmittag, Sonntagmittag, Mai - Sept. Samstagmittag,
Sonntag – **Menu** (vorwiegend Fischgerichte) à la carte 48/91.

In Köln-Braunsfeld :

🏨 **Regent** garni, Melatengürtel 15, ⊠ 50933, ℰ (0221) 5 49 90, *hotelregent@t-online.de,*
Fax (0221) 5499998, ⇘ – 🖼 ⇥ 📺 📞 📇 – 🏋 80. ◣ ⓪ ⓸ **VISA**
S **d**
geschl. 21. Dez. - 1. Jan. – ⊡ 27 – **148 Z** 183/213 – 221/331, 5 Suiten.

In Köln-Brück *über Olpener Str.* S **:**

🏠 **Silencium** garni, Olpener Str. 1031, ⊠ 51109, ℰ (0221) 89 90 40, *info@silencium.de,*
Fax (0221) 8990489 – 🖼 ⇥ 📺 📞 📇 – 🏋 25. ◣ ⓪ ⓸ **VISA**
geschl. 12. - 16. April, 21. Dez. - 2. Jan. – **69 Z** ⊡ 165/195 – 215/255.

In Köln-Buchforst :

🏠 **Kosmos,** Waldecker Str. 11, ⊠ 51065, ℰ (0221) 6 70 90, *kosmos-hotel@t-online.de,*
Fax (0221) 6709321, ⇘ , ▣ – 🖼, ⇥ Zim, ▦ Rest, 📺 📞 🔥 📇 – 🏋 120. ◣ ⓪ ⓸
VISA
S **s**
geschl. 24. Dez. - 3. Jan. – **Menu** *(geschl. Juli) (nur Abendessen)* à la carte 40/75 – **161 Z**
⊡ 186/216 – 257/346.

In Köln-Deutz :

🏨🏨 **Hyatt Regency,** Kennedy-Ufer 2a, ⊠ 50679, ℰ (0221) 8 28 12 34, *concierge@hya*
tt.com, Fax (0221) 8281370, ≤, Biergarten, Massage, 🔥, ⇘ , ▣ – 🖼, ⇥ Zim, ▦ 📺
📇 – 🏋 330. ◣ ⓪ ⓸ **VISA** 📇. ⁓ Rest
S **y**
Graugans *(geschl. Samstagmittag, Sonntagmittag)* **Menu** 45 (mittags) à la carte 83/119
– **Glashaus** (italienische Küche) **Menu** 48 (Lunchbuffet) à la carte 66/83 – ⊡ 32 – **305 Z**
270/595 – 310/635, 17 Suiten.

🏠 **Inselhotel** garni, Constantinstr. 96, ⊠ 50679, ℰ (0221) 8 80 34 50, *Hotel@insel-Ko*
eln.de, Fax (0221) 8803490 – 🖼, ⇥ Zim, 📺 📞 ◣ ⓪ ⓸ **VISA**. ⁓
S **z**
42 Z ⊡ 150/190 – 210.

🏠 **Ilbertz** garni, Mindener Str. 6, ⊠ 50679, ℰ (0221) 88 20 49, *Fax (0221) 883484* – 🖼
📺 ⁓. ◣ ⓸ **VISA**
S **z**
geschl. 22. Dez. - 2. Jan., Juli - Aug. 3 Wochen – **29 Z** ⊡ 130 – 160/170.

XX **Der Messeturm,** Kennedy-Ufer (18. Etage, 🖼), ⊠ 50679, ℰ (0221) 88 10 08,
Fax (0221) 818575, ≤ Köln – ▦ – 🏋 30. ◣ ⓪ ⓸ **VISA**. ⁓
S **y**
geschl. 2. - 27. Juli, Samstagmittag – **Menu** 39 (mittags) à la carte 58/78.

In Köln-Ehrenfeld :

🏠 **Imperial,** Barthelstr. 93, ⊠ 50823, ℰ (0221) 51 70 57, *imperial@hotel-imperial.de,*
Fax (0221) 520993, ⇘ – 🖼, ⇥ Zim, ▦ Rest, 📺 📞 🔥 ⁓ 📇 – 🏋 30. ◣ ⓪ ⓸ **VISA**
📇. ⁓ Rest
S **a**
Menu *(geschl. Samstag - Sonntag)* à la carte 41/70 – **36 Z** ⊡ 198/220 – 250/298.

In Köln-Holweide :

🏠 **Rema-Hotel Bergischer Hof** garni, Bergisch Gladbacher Str. 406 (B 506), ⊠ 51067,
ℰ (0221) 96 37 90, *info@bergischer-hof.com, Fax (0221) 639085* – 🖼 ⇥ 📺 ⁓ 📇.
◣ ⓪ ⓸ 📇
S **u**
geschl. 23. Dez. - 2. Jan. – **56 Z** ⊡ 150/220 – 220/290.

XXX **Isenburg,** Johann-Bensberg-Str. 49, ⊠ 51067, ℰ (0221) 69 59 09, *blindert@restaur*
ant-isenburg.de, Fax (0221) 698703, « Gartenterrasse » – 📇. ◣ ⓸ **VISA** 📇
S **b**
geschl. Mitte Juli - Mitte Aug., über Weihnachten, Karneval, Samstagmittag, Sonntag -
Montag – **Menu** (Tischbestellung ratsam) à la carte 72/103.

In Köln-Immendorf :

XX **Bitzerhof** mit Zim, Immendorfer Hauptstr. 21, ⊠ 50997, ℰ (02236) 6 19 21, *Bitzer*
hof@aol.com, Fax (02236) 62987, « Gutshof a.d.J. 1821 mit rustikaler Einrichtung ;
Innenhofterrasse » – 📺 📇. ◣ ⓸ **VISA** 📇. ⁓ Zim
T **c**
Menu (Tischbestellung ratsam) à la carte 55/79 – **3 Z** ⊡ 145/190.

In Köln-Junkersdorf :

🏨 **Brenner'scher Hof** 🐾, Wilhelm-von-Capitaine-Str. 15, ✉ 50858, ℰ (0221)
9 48 60 00, *hotel@brennerscher-hof.de*, *Fax (0221) 94860010*, « Einrichtung im
Landhausstil » – 📶 📺 📞 🚗 – 🅰 25. 🆎 ⓪ 🆖 VISA JCB   S f
*L'Auberge (geschl. 1. - 15. Jan., über Karneval, Sonn- und Feiertage, ausser Messen) (nur
Abendessen)* **Menu** à la carte 63/81 – **Pino's Osteria** *:* (italienische Küche) *(nur Abend-
essen)* **Menu** à la carte 47/75 – **40 Z** 🗖 260/290 – 315/395, 6 Suiten.

🏨 **Dorint Budget Hotel** 🅼, Aachener Str. 1059, ✉ 50858, ℰ (0221) 4 89 80, *info.c
gnbud@dorint.com, Fax (0221) 48981000* – 📶, 🛗 Zim, ▤ 📺 📞 🕭 🚗 – 🅰 80. 🆎
⓪ 🆖 VISA. 🗫 Rest   S k
Menu à la carte 37/65 – **145 Z** 🗖 196/226 – 242/292.

XX **Vogelsanger Stübchen,** Vogelsanger Weg 28, ✉ 50858, ℰ (0221) 48 14 78, 🍴.
🆎 🆖   S v
geschl. Mitte - Ende März, Mitte - Ende Aug., Sonntag - Montag – **Menu** (Tischbestellung
ratsam) à la carte 68/83.

In Köln-Lindenthal :

🏨 **Queens Hotel,** Dürener Str. 287, ✉ 50935, ℰ (0221) 4 67 60, *Fax (0221) 433765*,
« Gartenterrasse » – 📶, 🛗 Zim, ▤ Rest, 📺 📞 🕭 🚗 📲 – 🅰 350. 🆎 ⓪ 🆖 VISA
Menu à la carte 42/79 – **147 Z** 🗖 245/275 – 305/335.   S h

🏨 **Bremer,** Dürener Str. 225, ✉ 50931, ℰ (0221) 4 06 80, *Fax (0221) 406810*, 🕿, 🖳
– 📶, 🛗 Zim, 📺 🚗. 🆎 ⓪ 🆖 VISA   S g
geschl. 12. - 17. April, 8. - 12. Juni, 21. Dez. - 7. Jan. – **Bremer's Pub :** **Menu** à la carte
43/71 – **70 Z** 🗖 160/190 – 195/225.

XX **Bruno Lucchesi,** Dürener Str. 218, ✉ 50931, ℰ (0221) 40 80 22, *Fax (0221) 4009897*
– 🛗 Rest. 🆎 ⓪ 🆖 VISA. 🗫   S e
geschl. 20. Juli - 5. Aug., Montag, ausser Messen – **Menu** à la carte 60/88.

In Köln-Marienburg :

🏨 **Marienburger Bonotel,** Bonner Str. 478, ✉ 50968, ℰ (0221) 3 70 20, *Marienbur
ger-Bonotel@t-online.de, Fax (0221) 3702132*, 🕿 – 📶, 🛗 Zim, 📺 📞 🚗 📲 – 🅰 40.
🆎 ⓪ 🆖 VISA   T x
Menu *(nur Abendessen)* à la carte 37/75 – **93 Z** 🗖 195/265 – 235/295, 4 Suiten.

In Köln-Marsdorf :

🏨 **Novotel Köln-West,** Horbeller Str. 1, ✉ 50858, ℰ (02234) 51 40, *H0705@accor-h
otels.com, Fax (02234) 514106*, 🍴, Biergarten, 🏋, 🕿, 🏊 (geheizt), 🖳 – 📶, 🛗 Zim,
▤ Rest, 📺 📞 🕭 📲 – 🅰 120. 🆎 ⓪ 🆖 VISA JCB. 🗫 Rest   S p
Menu à la carte 45/76 – 🗖 23 – **199 Z** 177/207.

In Köln-Merheim :

🏨 **Servatius** garni, Servatiusstr. 73, ✉ 51109, ℰ (0221) 89 00 30, *Fax (0221) 8900399*
– 📶, 🛗 Zim, 📺 📞 📲 – 🅰 20. 🆎 ⓪ 🆖 VISA   S m
38 Z 🗖 125/140 – 160.

XXX **Goldener Pflug,** Olpener Str. 421, ✉ 51109, ℰ (0221) 89 55 09, *Fax (0221) 8908176*,
🍴 – 📲. 🆎 ⓪ 🆖 VISA   (Köln S. 3)   S w
geschl. Samstagmittag, Sonn- und Feiertage, außer Messen – **Menu** 66 (mittags)/160 à
la carte 81/113.

In Köln-Mülheim :

🏨 **Park Plaza** 🅼, Clevischer Ring 121, ✉ 51063, ℰ (0221) 9 64 70, *ppkoeln@parkhot
elplazaww.com, Fax (0221) 9647100*, 🏋, 🕿 – 📶, 🛗 Zim, ▤ Rest, 📺 📞 🕭 🚗 –
🅰 140. 🆎 ⓪ 🆖 VISA JCB   R a
Menu à la carte 53/73 – **188 Z** 🗖 215/270 – 285/345.

In Köln-Müngersdorf :

XXX **Landhaus Kuckuck,** Olympiaweg 2, ✉ 50933, ℰ (0221) 4 91 23 23,
Fax (0221) 4972847, 🍴 – 🅰 100. 🆎 ⓪ 🆖 VISA   S r
geschl. über Karneval 2 Wochen, Sonntagabend - Montag – **Menu** (Tischbestellung ratsam)
45 (mittags) à la carte 65/85.

In Köln-Nippes :

XX **Paul's Restaurant,** Bülowstr. 2, ✉ 50733, ℰ (0221) 76 68 39, *Fax (0221) 766839* –
🆎 🆖   S n
geschl. über Karneval 1 Woche, Aug. 2 Wochen, Montag – **Menu** *(nur Abendessen)* (Tischbestellung ratsam) à la carte 64/85.

In Köln-Porz :

🏨 **Lemp** [M] garni, Bahnhofstr. 44, ✉ 51143, ☎ (02203) 9 54 40, *info@hotel-lemp.com, Fax (02203) 9544400* – 🛗 🚭 [TV] 📞 🚗 [P] – 🎤 40. AE D MC VISA JCB. 🐕 T e
48 Z ☕ 160/250 – 195/295.

🏨 **Mercure** garni, Hauptstr. 369, ✉ 51143, ☎ (02203) 5 50 36, *Fax (02203) 55931* – 🛗 🚭 [TV] 🚗 – 🎤 50. AE D MC VISA T q
geschl. 24. Dez. - 1. Jan. – **59 Z** ☕ 163/199 – 187/209.

In Köln-Porz-Grengel *über ⑤ : 15 km und die A 59 :*

🏨 **Holiday Inn,** Waldstr. 255, ✉ 51147, ☎ (02203) 56 10, *Reservation.HIKoeln@Queensgruppe.de, Fax (02203) 5619,* ☂ – 🛗, 🚭 Zim, ❄ [TV] ♿ [P] – 🎤 90. AE D MC VISA JCB
Menu à la carte 42/80 – ☕ 28 – **177 Z** 320/380.

🏨 **Spiegel,** Hermann-Löns-Str. 122, ✉ 51147, ☎ (02203) 6 10 46, *Fax (02203) 695653,* ☂ – 🚭 Zim, [TV] 📞 🚗 [P]. AE MC VISA
Menu *(geschl. Freitag - Samstagmittag)* à la carte 54/83 – **27 Z** ☕ 160/220 – 190/320.

In Köln - Porz-Langel *Süd : 17 km über Hauptstr.* T *:*

🍴🍴 **Zur Tant,** Rheinbergstr. 49, ✉ 51143, ☎ (02203) 8 18 83, *Fax (02203) 87327,* ←, ☂ – [P]. AE D MC VISA
geschl. 19. - 27. Feb., Mitte Okt. 1 Woche, Donnerstag – **Menu** 55 (mittags) à la carte 68/109 – ***Hütter's Piccolo*** **:** **Menu** à la carte 48/69.

In Köln - Porz-Wahn *über ⑤ : 17 km und die A 59 :*

🏨 **Geisler** garni, Frankfurter Str. 172, ✉ 51147, ☎ (02203) 6 10 20, *Fax (02203) 61597,* 🌳 – 🛗 [TV] [P] – 🎤 30. MC VISA
52 Z ☕ 100/145 – 160/235.

In Köln - Porz-Wahnheide *über ⑤ : 17 km und die A 59 :*

🏨 **Karsten** garni, Linder Weg 4, ✉ 51147, ☎ (02203) 96 61 90, *HORST.FRIEBEN@t-online.de, Fax (02203) 9661950* – [TV] 🚗 [P]. AE D MC VISA
24 Z ☕ 115/165 – 180.

In Köln - Porz-Westhoven :

🏨 **Ambiente** garni, Oberstr. 53, ✉ 51149, ☎ (02203) 91 18 60, *Fax (02203) 9118636* – 🛗 [TV] [P] – 🎤 25. AE D MC VISA JCB T d
geschl. Weihnachten - Anfang Jan. – **27 Z** ☕ 135/145 – 180/230.

🍴🍴 **bon ami,** Aggerweg 17 (Ensen), ✉ 51149, ☎ (02203) 1 34 88, *Fax (02203) 12740* – AE D MC VISA T r
geschl. Juli 2 Wochen, Montag – **Menu** *(wochentags nur Abendessen)* (Tischbestellung ratsam) à la carte 67/89.

In Köln-Rodenkirchen :

🏨 **Atrium-Rheinhotel** 🪑 garni (mit Gästehaus), Karlstr. 2, ✉ 50996, ☎ (0221) 93 57 20, *Fax (0221) 93572222,* ≘s – 🛗 [TV] 🚗. AE D MC VISA T n
geschl. 24. Dez. - 1. Jan. – ☕ 25 – **68 Z** 153/198 – 168/228.

🏨 **Rheinblick** 🪑 garni, Uferstr. 20, ✉ 50996, ☎ (0221) 39 12 82, *Fax (0221) 392139,* ←, ≘s, 🏊 – [TV] 🚗. AE D MC VISA T a
16 Z ☕ 120/140 – 140/170.

🏨 **Schmitte,** Großrotter Weg 1 (Hochkirchen), ✉ 50997, ☎ (02233) 92 10 00, *HOTEL-SCHMITTE@T-ONLINE.de, Fax (02233) 23961,* ☂, 🎾(Halle) – [TV] [P]. AE D MC VISA. 🐕 Zim
Menu *(geschl. Samstagmittag)* à la carte 33/61 – **18 Z** ☕ 118/138 – 160/220. T b

In Köln-Sürth :

🏨 **Falderhof** 🪑, Falderstr. 29, ✉ 50999, ☎ (02236) 96 69 90 (Hotel), 6 87 16 (Rest.), *info@Falderhof.de, Fax (02236) 966998,* ☂, « Ehemaliger Gutshof mit geschmackvoller Einrichtung » – [TV] [P] – 🎤 50. AE D MC VISA T f
geschl. 22. Dez. - 2. Jan. – ***Altes Fachwerkhaus*** *(geschl. 27. Dez. - 8. Jan.)* **Menu** à la carte 59/84 – **33 Z** ☕ 160/175 – 215.

In Köln-Weiden :

🏨 **Garten-Hotel** 🪑 garni, Königsberger Str. 5, ✉ 50858, ☎ (02234) 4 08 70, *garten-hotel@t-online.de, Fax (02234) 408787,* 🌳 – 🛗 🚭 [TV] 🚗. AE MC VISA JCB S n
geschl. 23. - 2. Jan. – **33 Z** ☕ 130 – 190/200.

🍴 **Ischia** mit Zim, Bahnstr. 12, ✉ 50858, ☎ (02234) 7 86 54, *Fax (02234) 75490* – [TV]. AE MC VISA. 🐕 Zim S c
Menu (italienische Küche) à la carte 57/85 – **5 Z** ☕ 160/180 – 180/220.

In Köln-Worringen *Nord : 18 km über die B 9 R :*

🏠 **Matheisen,** In der Lohn 45, ✉ 50769, ℰ (0221) 9 78 00 20, *Lutz.Meurer@hotel-ma theisen.de, Fax (0221) 9780026 –* 📺 📇 🆎 ⓞ 🆗 🆅🅸🆂🅰 🇯🇨🇧
Menu *(geschl. Samstagmittag, Mittwoch)* à la carte 28/60 – **12 Z** 🖙 82/168 – 142/180.

KÖNGEN *Baden-Württemberg* 🅑🅵🅾 *T 12 – 9 000 Ew – Höhe 280 m.*
Berlin 626 – Stuttgart 26 – Reutlingen 28 – Ulm (Donau) 67.

🏨 **Schwanen** (mit Gästehaus), Schwanenstr. 1, ✉ 73257, ℰ (07024) 9 72 50, *schwane n-koengen@t-online.de, Fax (07024) 97256 –* 📳 📺 📇 – 🛁 40. 🆎 ⓞ 🆗 🆅🅸🆂🅰
Menu *(geschl. 1. - 7. Jan., Sonntagabend - Montagmittag)* à la carte 37/70 – **45 Z** 🖙 105/130 – 155/170.

KÖNIG, BAD *Hessen* 🅑🅷🅷🅑🅵🅾 *Q 11 – 8 500 Ew – Höhe 183 m – Heilbad.*

🅱 *Kurzentrum - Kurverwaltung, Elisabethenstr. 13, ✉ 64732, ℰ (06063) 5 81 82, Fax (06063) 5517.*
Berlin 584 – Wiesbaden 85 – Mannheim 71 – Aschaffenburg 44 – Darmstadt 40 – Heidelberg 65.

🏨 **Büchner,** Frankfurter Str. 6 (Eingang Schwimmbadstraße), ✉ 64732, ℰ (06063) 5 00 50, *info@Hotel-Buechner.de, Fax (06063) 57101,* 🖴, 🔍, 🛋 – 📺 📇 – 🛁 25. 🆎 🆗 🆅🅸🆂🅰
Menu *(geschl. Okt., Mittwochabend - Donnerstag)* à la carte 33/75 – **31 Z** 🖙 80/150 – 110/190 – ½ P 26.

🏨 **Mümlingtal** ⌕, Waldstr. 22, ✉ 64732, ℰ (06063) 50 90, *hotel-muemlingtal@t-onli ne.de, Fax (06063) 509213,* 🏠, Massage, 🏋, 🛀, 🏊, 🖴, 🔍, 🛋 – 📳 🔄 📺 📇 – 🛁 25. 🆎 🆗 🆅🅸🆂🅰
geschl. Jan. – **Menu** *(geschl. Aug. 2 Wochen, Sonntagabend - Montag)* à la carte 32/62 – **38 Z** 🖙 85/120 – 152/246 – ½ P 30.

In Bad König-Momart *Süd-Ost : 2 km über Weyprechtstraße :*

🏠 **Zur Post** ⌕, Hauswiesenweg 16, ✉ 64732, ℰ (06063) 15 10, Fax (06063) 3785, ≼, 🍴 🏠 🍴 – 📺 🚗 📇 ⓞ 🆗 🆅🅸🆂🅰
Menu *(geschl. Montag)* à la carte 22/47 🍷 – **11 Z** 🖙 58/100 – ½ P 16.

KÖNIGHEIM *Baden-Württemberg siehe Tauberbischofsheim.*

KÖNIGSBACH-STEIN *Baden-Württemberg* 🅑🅵🅾 *T 9 – 10 000 Ew – Höhe 192 m.*
🅸🅱 *Königsbach-Stein, Johannestaler Hof, ℰ (07232) 5 00 66.*
Berlin 647 – Stuttgart 65 – Karlsruhe 25 – Pforzheim 16.

Im Ortsteil Königsbach :

🏨 **Europäischer Hof,** Steiner Str. 100, ✉ 75203, ℰ (07232) 8 09 80, *Fax (07232) 809850 –* 📺 🚗 📇 – 🛁 30. 🆎 ⓞ 🆗 🆅🅸🆂🅰
geschl. über Fasching 2 Wochen, Juli - Aug. 3 Wochen – **Menu** *(geschl. Samstagmittag, Sonntagabend - Montag) (abends Tischbestellung ratsam)* à la carte 62/87 – **20 Z** 🖙 95/160.

Im Ortsteil Stein :

🏨 **Landgasthof Krone,** Königsbacher Str. 2, ✉ 75203, ℰ (07232) 3 04 20, *Hotel-Kro ne-Stein@/s-direktnet.de, Fax (07232) 304242 –* 🔄 Zim, 📺 🖍 📇 – 🛁 30. 🆗 🆅🅸🆂🅰
Menu à la carte 39/68 – **20 Z** 🖙 95/120 – 160.

KÖNIGSBRONN *Baden-Württemberg* 🅑🅵🅾 🅑🅿🅾 *T 14 – 7 800 Ew – Höhe 500 m – Erholungsort – Wintersport :* ⛷.
Berlin 572 – Stuttgart 90 – Augsburg 106 – Aalen 14 – Heidenheim an der Brenz 9.

In Königsbronn-Zang *Süd-West : 6 km :*

❌❌ **Landgasthof Löwen** mit Zim, Struthstr. 17, ✉ 89551, ℰ (07328) 9 62 70, *Loewe n-zang@t-online.de, Fax (07328) 962710,* 🏠, 🚗, 🍴 – 📺 📇 🆗 🆅🅸🆂🅰
geschl. Ende Aug.- Anfang Sept. – **Menu** *(geschl. Dienstag - Mittwochmittag)* à la carte 33/68 – **8 Z** 🖙 75/125 – ½ P 20.

KÖNIGSBRUNN Bayern 419 420 V 16 – 20 500 Ew – Höhe 520 m.

🏌 Königsbrunn, Föllstr. 32a, ℰ (08231) 3 26 37 ; 🏌 Königsbrunn, Benzstr. 23, ℰ (08231) 3 42 04.

Berlin 572 – München 66 – *Augsburg* 14 – Ulm (Donau) 94.

🏠 **Arkadenhof** Ⓜ garni, Rathausstr. 2, ✉ 86343, ℰ (08231) 9 68 30, *hotelarkadenho f@t-online.de*, Fax (08231) 86020, 🍴 – 📶 🔁 📺 📞 🚗 🅿 – 🔥 40. 🆎 ⑩ ⓢ 💳 geschl. 22. - 31. Dez. – **60 Z** ☐ 115/160 – 140/200, 3 Suiten.

🏠 **Zeller,** Bgm.-Wohlfarth-Str. 78, ✉ 86343, ℰ (08231) 99 60, *HotelZeller@koeweb.de*, Fax (08231) 996222, 🌳 – 📶 🔁 Zim, 📺 🚗 🅿 – 🔥 160. 🆎 ⓢ 💳 **Menu** à la carte 31/66 – **72 Z** ☐ 112 – 135/160.

KÖNIGSDORF Bayern 419 420 W 18 – 2 100 Ew – Höhe 625 m.

🏌 Beuerberg, Gut Sterz (West : 5 km), ℰ (08179) 6 17.

Berlin 633 – *München* 45 – *Garmisch-Partenkirchen* 54 – Weilheim 29 – Bad Tölz 11.

🏠 **Posthotel Hofherr** (mit ♨ Gasthof), Hauptstr. 31 (B 11), ✉ 82549, ℰ (08179) 50 90, *Mail@Posthotel-Hofherr.de*, Fax (08179) 659, Biergarten, 🍴 – 📶 🔁 Zim, 📺 📞 🅿 – 🔥 80. 🆎 ⑩ ⓢ 💳 **Menu** à la carte 28/60 – **60 Z** ☐ 80/160 – 150/200.

KÖNIGSFELD IM SCHWARZWALD Baden-Württemberg 419 V 9 – 6 000 Ew – Höhe 761 m – Heilklimatischer Kurort – Kneippkurort – Wintersport : 🎿.

🏌 Königsfeld-Martinsweiler, Angelmoos 20, ℰ (07725) 9 39 60.

🏛 Tourist-Information, Friedrichstr. 5, ✉ 78126, ℰ (07725) 80 09 45, Fax (07725) 800944.

Berlin 752 – Stuttgart 126 – *Freiburg im Breisgau* 79 – Triberg 19 – Villingen-Schwenningen 13 – Schramberg 12.

🏠 **Fewotel Schwarzwald Treff** 🦢 (mit Gästehäusern), Klimschpark, ✉ 78126, ℰ (07725) 80 80, *Schwarzwald-Treff-Hotel@T-Online.de*, Fax (07725) 808808, 🌳, Massage, ♨, 🍴, 🏊, ☞, 🎾(Halle) – 📶 🔁 Zim, 📺 ♨ 🅿 – 🔥 120. 🆎 ⑩ ⓢ 💳 🎾 Rest **Menu** à la carte 42/68 – **130 Z** ☐ 128 – 216/348 – ½ P 35.

KÖNIGSHOFEN, BAD Bayern 418 420 P 15 – 6 900 Ew – Höhe 277 m – Heilbad.

🏛 Kurverwaltung, Am Kurzentrum 1, ✉ 97631, ℰ (09761) 9 12 00, Fax (09761) 912040.

Berlin 381 – München 296 – *Coburg* 49 – Bamberg 61 – Fulda 82.

🍴 **Schlundhaus** mit Zim, Marktplatz 25, ✉ 97631, ℰ (09761) 15 62, Fax (09761) 1562, «Historisches Gasthaus a. d. 16. Jh. » – 📺. 🆎 ⑩ ⓢ 💳 🇯🇨🇧 **Menu** (geschl. Dienstag) à la carte 26/59 🍽 – **6 Z** ☐ 75 – 120/140.

KÖNIGSLUTTER AM ELM Niedersachsen 416 418 J 16 – 16 500 Ew – Höhe 125 m.

Sehenswert : Ehemalige Abteikirche★ (Plastik der Hauptapsis★★, Nördlicher Kreuzgangflügel★).

🏛 Fremdenverkehrsamt, Rathaus, Am Markt 1, ✉ 38154, ℰ (05353) 91 21 29, Fax (05353) 912155.

Berlin 204 – Hannover 85 – *Magdeburg* 74 – Braunschweig 22 – Wolfsburg 23.

🏛 **Avalon Hotelpark Königshof,** Braunschweiger Str. 21a (B 1), ✉ 38154, ℰ (05353) 50 30, *avalon-koenigshof-reservierung@t-online.de*, Fax (05353) 503244, 🌳, 🛝, 🍴, 🏊, 🎾(Halle) – 📶 🔁 Zim, 📺 📞 🅿 – 🔥 350. 🆎 ⑩ ⓢ 💳 **Menu** siehe Rest. *La Trevise* separat erwähnt – *Grillstube* (nur Abendessen) **Menu** à la carte 30/59 – **175 Z** ☐ 120/145 – 180/220.

🏠 **Kärntner Stub'n,** Fallersleber Str. 23, ✉ 38154, ℰ (05353) 9 54 60, Fax (05353) 954695 – 🔁 Zim, 📺 🚗 🅿 🆎 ⓢ 💳 geschl. 26. Dez. - 6. Jan. – **Menu** à la carte 27/54 – **23 Z** ☐ 85/110 – 140/160.

🍴🍴🍴 **La Trevise** - Avalon Hotelpark Königshof, Braunschweiger Str. 21a (B 1), ✉ 38154, ℰ (05353) 50 34 16, *avalon-koenigshof-reservierung@t-online.de*, Fax (05353) 503244 – 🅿 🆎 ⑩ ⓢ 💳 geschl. Jan. 2 Wochen, 28. Juni - 8. Aug., Sonntag - Montag – **Menu** (nur Abendessen) à la carte 81/114 **Spez.** Lauwarmer Meeresfrüchtesalat in Bouillabaisse. Taube mit Gänseleber im Filoteig gebacken. Geschmorte Feigen mit Vanilleeis.

In Königslutter-Bornum West : 5 km über die B 1 :

🏠 **Lindenhof,** Im Winkel 23, ✉ 38154, ℰ (05353) 92 00, *Lindenhof.Alfred@t-online.de*, Fax (05353) 92020 – 🔁 Zim, 📺 🚗 🅿 ⓢ 💳 **Menu** à la carte 30/52 – **18 Z** ☐ 80/95 – 115/145.

KÖNIGSTEIN *Bayern* **419 420** *R 18 – 1750 Ew – Höhe 500 m – Erholungsort.*

🛈 *Tourismusverein, Oberer Markt 20,* ⊠ *92281,* 𝒫 *(09665) 17 64, Fax (09665) 913130.*
Berlin 407 – München 202 – Nürnberg 54 – Bayreuth 52 – Amberg 29.

🏠 **Wilder Mann,** *Oberer Markt 1,* ⊠ *92281,* 𝒫 *(09665) 2 37, info@wilder-mann.de,*
Fax (09665) 647, 😊, ⬛, 🚗 – ⬛ 📺 ⬛.
Menu *(geschl. 7. Jan. - 15. Feb.) à la carte 23/58* 🍷 – **22 Z** ⬛ *53/88 – 90/150 – ½ P 13.*

🏠 **Königsteiner Hof,** *Marktplatz 10,* ⊠ *92281,* 𝒫 *(09665) 9 14 20, Fax (09665) 914270,*
😊 – 📳 📺 📶
*geschl. 15. Nov. - 15. Dez. – **Menu** (geschl. Montagabend) à la carte 21/37* 🍷 – **20 Z**
⬛ *50/55 – 90/102 – ½ P 16.*

🏛 **Zur Post,** *Marktplatz 2,* ⊠ *92281,* 𝒫 *(09665) 7 41, Fax (09665) 953187,* 🌳 – 📺
Menu *(geschl. 5. Jan.- 5. Feb.) à la carte 16/42* – **16 Z** ⬛ *40/60 – 80/140 – ½ P 12.*

In Edelsfeld *Süd-Ost : 7,5 km :*

🏠 **Goldener Greif,** *Sulzbacher Str. 5,* ⊠ *92265,* 𝒫 *(09665) 9 14 90, HeldrichGGG@t-o*
nline.de, Fax (09665) 9149100, 😊, ⬛ – 📳 📺 📶 ⬛ ⓪ ⓜⓞ *VISA*
Menu *(geschl. Dienstag) à la carte 21/47* – **25 Z** ⬛ *58/65 – 95/110 – ½ P 17.*

In Hirschbach *Süd-West : 10 km :*

🏛 **Goldener Hirsch,** *Hirschbacher Dorfplatz 1,* ⊠ *92275,* 𝒫 *(09152) 98 63 00, zuber*
@hirschbachtal.de, Fax (09152) 986301, 🌳, *(Gasthof a.d.J. 1630),* 🚗 – 📺 ⬛ 📶 ⓪
*geschl. 15. Jan. - 9. März – **Menu** (geschl. Montag) à la carte 16/27* 🍷 – **16 Z** ⬛ *37/74*
– ½ P 14.

KÖNIGSTEIN *Sachsen* **418** *N 26 – 3000 Ew – Höhe 120 m.*

🛈 *Touristinformation, Schreiberberg 2 (Haus des Gastes),* ⊠ *01824,* 𝒫 *(035021) 6 82 61,*
Fax (035021) 68887.
Berlin 226 – Dresden 33 – Chemnitz 101 – Görlitz 87.

🏠 **Lindenhof,** *Gohrischer Str. 2,* ⊠ *01824,* 𝒫 *(035021) 6 82 43, lindenhof@t-online.de,*
Fax (035021) 66214, ≤, 🌳 – 📺 ⬛ – 🛏 *30.* ⬛ ⓜⓞ *VISA*
*geschl. 22. - 25. Dez. – **Menu** à la carte 26/51* – **34 Z** ⬛ *95/120 – 150/210.*

In Struppen-Weissig *Nord-West : 7,5 km :*

🏨 **Rathener Hof** 🌿, *Nr. 7d,* ⊠ *01796,* 𝒫 *(035021) 7 20, Fax (035021) 72444,* ≤, 🌳,
😊, 🚗 – 📳 📺 ⬛ – 🛏 *40.* ⬛ ⓜⓞ *VISA*
Menu *à la carte 26/52* – **29 Z** ⬛ *90/105 – 159/178.*

KÖNIGSTEIN IM TAUNUS *Hessen* **417** *P 9 – 16 500 Ew – Höhe 362 m – Heilklimatischer Kurort.*
Sehenswert : Burgruine★.

🛈 *Kur-Stadtinformation, Kurparkpassage, Hauptstr. 21,* ⊠ *61462,* 𝒫 *(06174) 20 22 51,*
Fax (06174) 202284.
Berlin 542 – Wiesbaden 27 – Frankfurt am Main 24 – Bad Homburg vor der Höhe 14 –
Limburg an der Lahn 40.

🏰 **Sonnenhof** 🌿, *Falkensteiner Str. 9,* ⊠ *61462,* 𝒫 *(06174) 2 90 80, sonnenhof-koen*
igstein@t-online.de, Fax (06174) 290875, ≤, 🌳, « Park », 🚗, ✂ – 📺 ⬛ – 🛏 *40.* ⬛
⓪ ⓜⓞ *VISA*
Menu *(bemerkenswerte Weinkarte) à la carte 59/99* – **43 Z** ⬛ *185/230 – 260/350 –*
½ P 42.

🏨 **Königshof** *garni, Wiesbadener Str. 30,* ⊠ *61462,* 𝒫 *(06174) 2 90 70,*
Fax (06174) 290752, 😊 – 📺 ⬛ ⬛ – 🛏 *30.* ⬛ ⓜⓞ *VISA*
*geschl. Ende Juli - Anfang Aug., 21. Dez. - 6. Jan. – **26 Z** ⬛ *145/200 – 165/250.*

🏠 **Zum Hirsch** 🌿, *garni, Burgweg 2,* ⊠ *61462,* 𝒫 *(06174) 50 34, Fax (06174) 5019* – 📺
*geschl. Weihnachten - Anfang Jan. – **25 Z** ⬛ *85/130 – 160/190.*

✕✕ **Limoncello da Luigi,** *Falkensteiner Str. 28 (im Sportpark),* ⊠ *61462,* 𝒫 *(06174) 36 09,*
Limoncello@t-online.de, Fax (06174) 932997, 🌳 – ⓜⓞ *VISA*
Menu *à la carte 39/79.*

✕ **Weinstube Leimeister,** *Hauptstr. 27,* ⊠ *61462,* 𝒫 *(06174) 2 18 37,*
Fax (06174) 22841, 🌳 – ⬛ ⓜⓞ *VISA*
*geschl. 1.- 15. Jan., Sonntag – **Menu** à la carte 50/80.*

In Königstein-Falkenstein *Nord-Ost : 2 km :*

🏨 **Kempinski Hotel Falkenstein** 🌿, *Debusweg 6,* ⊠ *61462,* 𝒫 *(06174) 9 00, info*
@kempinski-falkenstein.com, Fax (06174) 909090, ≤, 🌳, « Park », Massage, 🛁, 😊,
🏊, ⬛, 🚗 – 📳, ↔ Zim, ⬛ 📺 ⬛ ⬛ – 🛏 *30.* ⬛ ⓪ ⓜⓞ *VISA* ✂ Rest
Menu *à la carte 71/93* – ⬛ *32* – **62 Z** *295/395 – 425/525, 22 Suiten.*

KÖNIGSWINTER Nordrhein-Westfalen 🔢🔢 N 5 – 39 000 Ew – Höhe 60 m.

Ausflugsziel : Siebengebirge★ : Burgruine Drachenfels★ (nur zu Fuß, mit Zahnradbahn oder Kutsche erreichbar) ※ ★★.

🇿 *Tourismus-Siebengebirge GmbH, Drachenfelsstr. 11,* ⊠ *53639,* ℰ *(02223) 9 17 70, Fax (02223) 917720.*

Berlin 597 – Düsseldorf 83 – Bonn 10 – Koblenz 57 – Siegburg 20.

🏨 **Maritim,** Rheinallee 3, ⊠ 53639, ℰ (02223) 70 70, *info.kwi@maritim.de*, Fax (02223) 707811, ≤, 🍽, 🛋, 🔲 – 🛗, 🛬 Zim, 🗐 📺 📞 ⇔ 🅿 – 🔬 330. 🖭 ⓞ ⓜⓞ 🆅🆂🅰 🅹🅲🅱 ※ Rest
Menu à la carte 65/101 – ⊆ 23 – **248 Z** 219/402 – 280/474, 32 Suiten.

Auf dem Petersberg Nord-Ost : 3 km :

🏨 **Gästehaus Petersberg** Ⓜ ⑤ (mit Gästehaus der Bundesregierung), ⊠ 53639 Königswinter, ℰ (02223) 7 40 (Hotel) 7 47 80 (Rest.), *direktion@gaestehaus -petersberg.com,* Fax (02223) 74443, 🍽, « Herrliche Lage mit ≤ Rheintal », 🛋, 🔲 – 🛗, 🛬 Zim, 🗐 Rest, 📺 📞 ⇔ 🅿 – 🔬 200. 🖭 ⓞ ⓜⓞ 🆅🆂🅰 🅹🅲🅱 ※ Rest
Rheinterrassen (Tischbestellung ratsam) *(nur Abendessen)* **Menu** à la carte 89/111 – *Bistro* (Nov.- März nur Mittagessen) **Menu** à la carte 50/73 – **99 Z** ⊆ 280/390 – 420/540, 12 Suiten.

In Königswinter-Margarethenhöhe Ost : 5 km :

🏨 **Im Hagen** ⑤, Oelbergringweg 45, ⊠ 53639, ℰ (02223) 9 21 30, Fax (02223) 921399, ≤, 🍽 📺 🅿 🖭 ⓞ ⓜⓞ 🆅🆂🅰
Menu (geschl. Freitag) à la carte 33/69 – **20 Z** ⊆ 90/120 – 160/190.

In Königswinter-Oberdollendorf Nord : 2,5 km :

🍴🍴 **Tour de France,** Malteser Str. 19, ⊠ 53639, ℰ (02223) 2 40 58, Fax (02223) 4121, 🍽, « Rustikale Einrichtung ; wechselnde Bilderausstellung » – ⓜⓞ 🆅🆂🅰
geschl. Montag – **Menu** (wochentags nur Abendessen) (Tischbestellung ratsam) à la carte 55/84.

🍴 **Bauernschenke,** Heisterbacher Str. 123, ⊠ 53639, ℰ (02223) 2 12 82, Fax (02223) 21282 – 🖭 ⓜⓞ 🆅🆂🅰
geschl. Montag – **Menu** à la carte 36/60.

In Königswinter-Stieldorf Nord : 8 km :

🍴🍴 **Gasthaus Sutorius,** Oelinghovener Str. 7, ⊠ 53639, ℰ (02244) 91 22 40, *Gasthau s@Sutorius.de,* Fax (02244) 912241, 🍽, « Rustikale Einrichtung » – 🅿 ⓜⓞ ※
geschl. Montag – **Menu** (wochentags nur Abendessen) (Tischbestellung ratsam) à la carte 63/81.

KÖNIGS WUSTERHAUSEN Brandenburg 🔢🔢🔢 J 24 – 18 000 Ew – Höhe 51 m.

🇿 *Kultur- und Tourismusverband Dahmeland, Am Bahnhof,* ⊠ *15711,* ℰ *(03375) 2 52 00, Fax (03375) 252011.*

Berlin 38 – Potsdam 57 – Cottbus 107 – Frankfurt an der Oder 70.

🏨 **Brandenburg** garni, Karl-Liebknecht-Str. 10, ⊠ 15711, ℰ (03375) 67 60, Fax (03375) 67666 – 🛗 📺 📞 ⇔ 🅿 – 🔬 15. 🖭 ⓞ ⓜⓞ 🆅🆂🅰
geschl. Weihnachten - Neujahr – **34 Z** ⊆ 100/120 – 120/150.

KÖSEN, BAD Sachsen-Anhalt 🔢🔢 M 19 – 7 000 Ew – Höhe 115 m.
Sehenswert : Soleförderanlage★.

🇿 *Touristinformation, Naumburger Str. 13b,* ⊠ *06628,* ℰ *(034463) 2 82 89, Fax (034463) 28280.*

Berlin 229 – Magdeburg 144 – Leipzig 68 – Gera 62 – Weimar 42.

🏨 **Villa Ilske** ⑤, Ilskeweg 2, ⊠ 06628, ℰ (034463) 36 60, Fax (034463) 36620, ≤ Bad Kösen und Saale, 🍽 – 📺 🅿 🖭 ⓞ ⓜⓞ 🆅🆂🅰
Menu (geschl. 8. - 21. Jan.) à la carte 25/36 – **16 Z** ⊆ 80/110 – 120/150 – ½ P 21.

🏨 **Berghotel Wilhelmsburg** ⑤, Eckartsbergaer Str. 20 (Nord-West : 2,5 km), ⊠ 06628, ℰ (034463) 36 70, Fax (034463) 36720, ≤ Bad Kösen und Saale, « Innenhofterrasse », 🛋, 🔲, 🍽 – 📺 📞 🅿 – 🔬 30. 🖭 ⓞ ⓜⓞ 🆅🆂🅰
Menu à la carte 25/41 – **39 Z** ⊆ 80/100 – 110/150 – ½ P 23.

🏨 **Kurgarten am Walde** ⑤, Eckartsbergaer Str. 4, ⊠ 06628, ℰ (034463) 36 50, Fax (034463) 36520, ≤, 🍽 – 📺 🅿 – 🔬 200. 🖭 ⓜⓞ 🆅🆂🅰
Menu à la carte 26/40 – **11 Z** ⊆ 70/90 – 110/130 – ½ P 18.

🏨 **Zum Wehrdamm,** Loreleypromenade 3, ⊠ 06628, ℰ (034463) 2 84 05, *Hotel@we* ⇔ *hrdamm.de,* Fax (034463) 28396, 🍽 – 📺 🅿
Menu à la carte 22/34 – **8 Z** ⊆ 75/95 – 120 – ½ P 15.

In Kreipitzsch *Süd : 5 km :*

🏛 **Rittergut** Ⓜ ⑤, Dorfstr. 65, ⌗ 06628, ℘ (034466) 60 00, *HotelRittergut@t-online.de*, Fax *(034466) 60050*, ⩽ Saaletal mit Burg Saaleck und Rudelsburg, 🌳, 🚏, 🚗 – 📺 📱 – 🔼 30. 🆎 🔴🟢 ⅥSA ᴊᴄʙ
Menu *(geschl. Nov. - April Montag) (Nov. - April nur Abendessen)* à la carte 29/42 – **20 Z** ⌁ 75/85 – 130 – ½ P 25.

KÖSSEN *Österreich* 🔢 *W 21 – 3 600 Ew – Höhe 591 m – Wintersport : 600/1 700 m ✘7 ⅏.*
🚆 *Reit im Winkel-Kössen (Ost : 6 km, nahe Hotel Peternhof), ℘ (05375) 62 85 35.*
🄳 *Tourismusverband Kössen, Dorf 15, ⌗ A-6345, ℘ (05375) 62 87, Fax (05375) 6989.*
Wien 358 – Kitzbühel 29 – Bad Reichenhall 55 – München 111.
Die Preise sind in der Landeswährung (Ö.S.) angegeben

Auf dem Moserberg *Ost : 6 km, Richtung Reit im Winkl, dann links ab :*

🏘 **Peternhof** ⑤, Moserbergweg 60, ⌗ A-6345 Kössen, ℘ (05375) 62 85, *info@peternhof.com*, Fax *(05375) 6944*, ⩽ Reit im Winkl, Kaisergebirge und Unterberg, 🌳, « Saunalandschaft », Massage, 🎣, ♨, ⊇, 🔲, 🚗, ⅏(Halle), ⚓ – 📳 📺 ⬅
📱
geschl. 23. April - 5. Mai, 15. Nov. - 17. Dez. – **Menu** à la carte 210/490 – **129 Z** *(nur ½ P)* 973/1253 – 1666/2450, 5 Suiten – ½ P 140.

In Kössen-Kranzach *West : 6 km :*

🏛 **Seehof und Panorama,** Kranzach 20, ⌗ A-6344 Walchsee, ℘ (05374) 56 61, *panorama@seehof.com*, Fax *(05374) 5665*, ⩽, 🌳, « Saunalandschaft im Panorama », Massage, 🎣, ⚖, 🚉, ⊇ (geheizt), 🔲, 🚗, ⅏(Halle), ⚓ – 📳, ⇔ Rest, 📺 ⬅ 📱 – 🔼 35. 🆎 ⬤ 🟢🔴 ⅥSA
geschl. 29. Okt. - 18. Dez. – **Menu** à la carte 270/460 – **150 Z** ⌁ 955/1205 – 1925/2030, 8 Suiten – ½ P 100.

In Walchsee *West : 7 km :*

🏛 **Schick,** Johannesstr. 1, ⌗ A-6344, ℘ (05374) 53 31, *hotel-schick@netway.at*, Fax *(05374) 5334550*, 🌳, Massage, ♨, 🚉, 🔲, 🚗, ⅏(Halle) – 📳, ⇔ Zim, 📺 ⬅
📱 – 🔼 50. ⬤ 🟢🔴 ⅥSA ⅏ Rest
geschl. April, Nov. – **Menu** à la carte 270/420 – **106 Z** ⌁ 1106/1715 – 2100/3430 – ½ P 140/175.

KÖSTRITZ, BAD *Thüringen* 🔢 *N 20 – 3 500 Ew – Höhe 299 m.*
Berlin 238 – Erfurt 89 – Gera 8 – Jena 44 – Plauen 61 – Zwickau 51.

🏛 **Schlosshotel,** Julius-Sturm-Platz 9 (B 7), ⌗ 07586, ℘ (036605) 3 30, Fax *(036605) 33333*, 🌳, 🚉 – 📳, ⇔ Zim, 📺 ⅋ 📱 – 🔼 60. 🆎 ⬤ 🟢🔴 ⅥSA
Menu à la carte 34/61 – **84 Z** ⌁ 110/130.

KÖTZTING *Bayern* 🔢 *S 22 – 7 300 Ew – Höhe 408 m – Kneippkurort.*
🄳 *Kurverwaltung und Tourist-Information, Herrenstr. 10, ⌗ 93444, ℘ (09941) 60 21 50, Fax (09941) 602155.*
Berlin 496 – München 189 – Regensburg 78 – Passau 104 – Cham 23 – Deggendorf 46.

🏠 **Amberger Hof,** Torstr. 2, ⌗ 93444, ℘ (09941) 95 00, Fax *(09941) 950110*, Massage, ⬅ ♨, ⚖ – 📳 📺 ⅋ ⬅ 📱 🆎 ⬤ 🟢🔴 ⅥSA
Menu *(geschl. Nov. - März Samstag)* à la carte 22/48 🍺 – **33 Z** ⌁ 83/126 – ½ P 12.

In Kötzting-Bonried *Süd-Ost : 7 km :*

🏠 **Gut Ulmenhof** ⑤, Bonried 2, ⌗ 93444, ℘ (09945) 6 32, Fax *(09945) 632*, « Park », 🚉, 🚗 – ⬅ 📱
Menu *(nur Abendessen)* (Restaurant nur für Hausgäste) – **18 Z** ⌁ 60/110 – ½ P 23.

In Kötzting-Liebenstein *Nord : 7 km in Richtung Ramsried : – Höhe 650 m :*

🏛 **Bayerwaldhof** ⑤, Liebenstein 25, ⌗ 93444, ℘ (09941) 13 97, Fax *(09941) 4806*, ⩽, 🌳, 🚉, 🔲, 🚗, 🐎 (Halle) – 📳 📺 📱 ⅏ Rest
Menu à la carte 28/57 – **56 Z** ⌁ 84/114 – 168/212 – ½ P 12.

KOHLBERG *Baden-Württemberg siehe Metzingen.*

KOHLGRUB, BAD Bayern **419 420** W 17 – 2 200 Ew – Höhe 815 m – Moorheilbad – Wintersport :
820/1 406 m ⚹4 ⚐.

🛈 Kurverwaltung im Haus der Kurgäste, Hauptstr. 27, ✉ 82433, ℘ (08845) 7 42 20, Fax
(08845) 75136.

Berlin 668 – München 83 – Garmisch-Partenkirchen 32 – Kempten (Allgäu) 78 – Landsberg
am Lech 51.

🏨 **Astron Resort Hotel Schillingshof** ⚘, Fallerstr. 11, ✉ 82433, ℘ (08845) 70 10,
Schihof@ aol.com, Fax (08845) 8349, ≤, �, Massage, ♣, ≘s, 🔲, ≉ – 🛗, ⇆ Zim, 📺
🕭 ⟵ 🅟 – 🔏 100. 🖭 ⓞ 🐵 **VISA**. ⚘ Rest
Menu à la carte 39/65 – **131 Z** ⚼ 205/245 – 300/350 – ½ P 34.

🏠 **Pfeffermühle** ⚘, Trillerweg 10, ✉ 82433, ℘ (08845) 7 40 60, info@ hotel-restau
rant-peffermuehle.de, Fax (08845) 1047, 🌫 – 📺 🅟. 🐵
geschl. Anfang Nov. - Weihnachten, Jan. 2 Wochen – **Menu** (geschl. Donnerstag) à la carte
34/64 (auch vegetarische Gerichte) – **8 Z** ⚼ 60/80 – 130 – ½ P 27.

KOHREN-SAHLIS Sachsen **418** M 21 – 2 200 Ew – Höhe 255 m.
Berlin 231 – Dresden 117 – Chemnitz 39 – Altenburg 21 – Leipzig 43 – Zwickau 54.

In Kohren-Sahlis-Terpitz Ost : 2 km :

🏠 **Elisenhof** ⚘, ✉ 04655, ℘ (034344) 6 14 39, Fax (034344) 62815, 🌫, (ehemaliger
Bauernhof) – 📺 🅟. 🖭 🐵 **VISA**
Menu (geschl. 2. - 19. Jan.) à la carte 27/49 – **8 Z** ⚼ 120/160.

KOLBERMOOR Bayern **420** W 20 – 16 000 Ew – Höhe 465 m.
Berlin 641 – München 68 – Bad Reichenhall 80 – Rosenheim 5.

🏠 **Heider** garni (mit Gästehaus), Rosenheimer Str. 35, ✉ 83059, ℘ (08031) 9 60 76,
Fax (08031) 91410, ≉ – 🛗 ⇆ 📺 🅟. 🐵 **VISA**. ⚘
geschl. Mitte Dez. - Mitte Jan. – **38 Z** ⚼ 85/98 – 129/189, 3 Suiten.

KOLKWITZ Brandenburg siehe Cottbus.

KOLLNBURG Bayern **420** S 22 – 2 900 Ew – Höhe 670 m – Erholungsort – Wintersport :
600/1 000 m ⚹2 ⚐.

🛈 Tourist-Information, Schulstr. 1, ✉ 94262 ℘ (09942) 94 12 14, Fax (09942) 94 12 99.
Berlin 510 – München 177 – Regensburg 75 – Passau 85 – Cham 30 – Deggendorf 34.

🏠 **Burggasthof** (mit Gästehaus), Burgstr. 11, ✉ 94262, ℘ (09942) 86 86, Peter.Haupt
⊜ mann@ bnv-regen.de, Fax (09942) 7146, ≤, 🌫, ≘s, ≉ – 📺 🅟
geschl. Mitte Nov. - Anfang Dez. – **Menu** (geschl. Nov. - Mitte Mai Dienstag) à la carte 21/40
♨ – **21 Z** ⚼ 43/48 – 74/92 – ½ P 17.

🍴 **Zum Bräu**, Viechtacher Str. 6, ✉ 94262, ℘ (09942) 50 71, info@ zumBraeu.de,
⊜ Fax (09942) 5074, 🌫, ≘s – 🛗 📺 🅟. ⚘ Zim
geschl. Nov. – **Menu** à la carte 24/43 ♨ – **45 Z** ⚼ 48/54 – 76/90 – ½ P 18.

KONKEN Rheinland-Pfalz siehe Kusel.

KONSTANZ Baden-Württemberg **419** X 11 – 75 000 Ew – Höhe 407 m.
Sehenswert : Lage★ – Seeufer★ – Münster★ (Türflügel★, Heiliges Grab★) Y.
Ausflugsziel : Insel Mainau★★ über ② : 7 km.
🛆 Allensbach-Langenrain (Nord-West : 15 km), ℘ (07533) 9 30 30.
🛈 Tourist-Information, Bahnhofplatz 13, ✉ 78462, ℘ (07531) 13 30 30, Fax (07531)
133060.
ADAC, Wollmatinger Str. 6.
Berlin 763 ② – Stuttgart 180 ① – Bregenz 62 ③ – Ulm (Donau) 146 ① – Zürich 76 ④

Stadtpläne siehe nächste Seiten

🏰 **Steigenberger Inselhotel**, Auf der Insel 1, ✉ 78462, ℘ (07531) 12 50, steigenberger
@ t-online.de, Fax (07531) 125250, ≤ Bodensee, « Kreuzgang des ehemaligen Klosters
Seeterrasse », ≘s, 🛆s, ≉ – 🛗, ⇆ Zim, 📺 🅟 – 🔏 200. 🖭 ⓞ 🐵 **VISA** JⒸB   Y h
Seerestaurant : (geschl. 3. Jan. - 12. März, Nov. - 20. Dez.) **Menu** à la carte 68/89 –
Dominikanerstube : **Menu** à la carte 51/69 – **102 Z** ⚼ 240/380 – 390/480 – ½ P 65

🏨 **Mercure Halm** Ⓜ, Bahnhofplatz 6, ✉ 78462, ℘ (07531) 12 10, Fax (07531) 21803
« Maurischer Saal », ≘s – 🛗, ⇆ Zim, 📺 ⚡ – 🔏 80. 🖭 ⓞ 🐵 **VISA**   Z r
Menu à la carte 44/62 – **99 Z** ⚼ 169/210 – 233/263, 3 Suiten – ½ P 38.

KONSTANZ

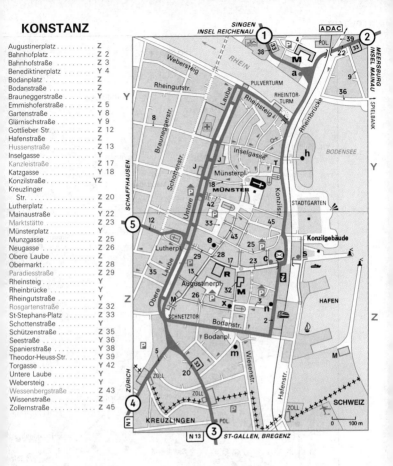

🏨 **Parkhotel am See** 🦢, Seestr. 25a, ☒ 78464, ℘ (07531) 89 90, info@parkhotel-am-see.de, Fax (07531) 899400, ≼, « Seeterrasse », ≘s – ⧉ 🔟 ⟷ – ⚿ 25. ᴀᴇ ⓞ ⓜⓞ 𝓥𝓘𝓢𝓐
über ②
Menu (geschl. Nov. - März Sonntagabend - Dienstag) à la carte 48/70 – **39 Z** ⊑ 175/250 – 295/350, 6 Suiten – ½ P 38.

🏨 **Buchner Hof** garni, Buchnerstr.6, ☒ 78464, ℘ (07531) 8 10 20, Buchner-Hof@t-online.de, Fax (07531) 810240, ≘s – 🔟 ⟷ 🅿. ᴀᴇ ⓞ ⓜⓞ 𝓥𝓘𝓢𝓐
über ②
geschl. 20. Dez. - 10. Jan. – **13 Z** ⊑ 120/150 – 140/210.

🏨 **Petershof**, St. Gebhard-Str. 14, ☒ 78467, ℘ (07531) 99 33 99, hotel@petershof.de, Fax (07531) 993398, 🌫 – ⧏ Zim, 🔟 ⱱ. ᴀᴇ ⓜⓞ 𝓥𝓘𝓢𝓐
über ①
Menu (geschl. Mitte Aug. - Mitte Sept., Montag - Dienstag) (wochentags nur Abendessen) à la carte 38/67 – **32 Z** ⊑ 125/139 – 205 – ½ P 29.

🏨 **Barbarossa**, Obermarkt 8, ☒ 78462, ℘ (07531) 12 89 90, wiedemann@barbarossa-hotel.com, Fax (07531) 12899700, 🌫 – ⧉ ⱱ Zim, 🔟 ⱱ. ᴀᴇ ⓜⓞ 𝓥𝓘𝓢𝓐   Z e
Menu à la carte 32/67 – **55 Z** ⊑ 70/150 – 160/198 – ½ P 33.

🏨 **Bayrischer Hof** garni, Rosgartenstr. 30, ☒ 78462, ℘ (07531) 1 30 40, BayHo.KN@-online.de, Fax (07531) 130413 – ⧉ ⱱ 🔟 ⱱ. ᴀᴇ ⓜⓞ 𝓥𝓘𝓢𝓐. ⱱ   Z x
geschl. 23. Dez. - 7. Jan. – **25 Z** ⊑ 125/150 – 182/200.

🏨 **Hirschen** garni, Bodanplatz 9, ☒ 78462, ℘ (07531) 12 82 60, Fax (07531) 1282650 – 🔟 ⱱ 🅿. ⓜⓞ 𝓥𝓘𝓢𝓐. ⱱ   Z m
geschl. 23. Dez. - 6. Jan. – **33 Z** ⊑ 125/155 – 175/210.

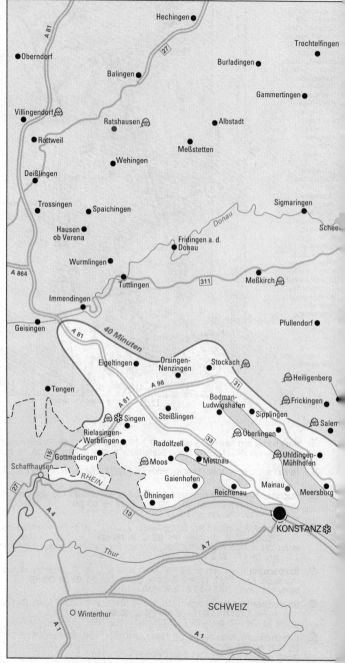

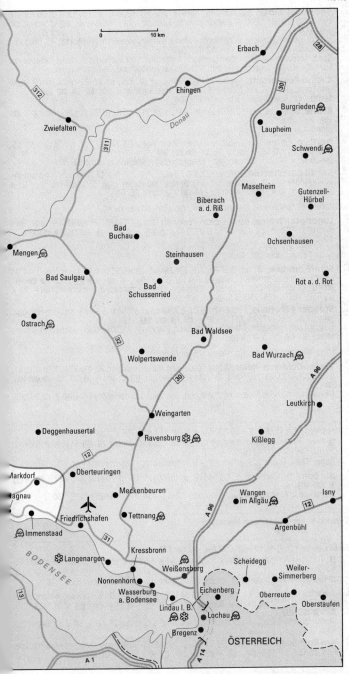

XXX
☼ **Seehotel Siber** ⍩ mit Zim, Seestr. 25, ⊠ 78464, ℰ (07531) 9 96 69 90, *Fax (07531) 99669933*, ≤, « Modernisierte Jugendstilvilla ; Terrasse » – ⊡ ✆ ⇌ 🅿. ⬥
VISA **JCB** über ②
geschl. über Fastnacht 2 Wochen – **Menu** (bemerkenswerte Weinkarte) 75 (mittags) à la carte 102/142 – ⊑ 35 – **12 Z** 270/390
Spez. Törtchen von gebeiztem Lachs mit Kaviar und Avokadopüree. Hummerfrikassee mit Hähnchenflügel. Loup de mer mit Artischockenfondue und Gewürztomaten.

XX **Casino-Restaurant**, Seestr. 21, ⊠ 78464, ℰ (07531) 81 57 65, *restaurant@Spielb ank-Konstanz.de*, *Fax (07531) 815770*, « Terrasse mit ≤ » – 🅿. AE ⓪ ⬥ **VISA**
Menu *(nur Abendessen)* à la carte 49/106. über ②

X **Krone**, Brotlaube 2, ⊠ 78462, ℰ (07531) 1 28 51 00, *Fax (07531) 1285104*, ⍞ – ⬥
VISA Z c
Menu à la carte 42/80.

X **Neptun**, Spanierstr. 1 (Zufahrt über Seestraße), ⊠ 78467, ℰ (07531) 5 32 33, *Fax (07531) 53233*, ≤, ⍞ – 🅿. AE ⓪ **VISA** Y a
geschl. 2. - 20. Jan., Donnerstag - Freitagmittag – **Menu** à la carte 53/80.

X **Konzil-Gaststätten**, Hafenstr. 2, ⊠ 78462, ℰ (07531) 2 12 21, *Konzil@t-online.de*, *Fax (07531) 17467*, Terrasse mit ≤ Bodensee und Hafen – ⍟ 350. **VISA** Z s
geschl. Jan., Nov.– März Dienstag – **Menu** à la carte 35/64.

In Konstanz-Dettingen *Nord-West : 10 km über ① – Erholungsort :*

🏠 **Landhotel Traube** garni, Kapitän-Romer-Str. 9b, ⊠ 78465, ℰ (07533) 9 32 20, *info @landhoteltraube.de*, *Fax (07533) 932244* – 🛗 ⊡ ⇌ 🅿 – ⍟ 30. AE ⓪ ⬥ **VISA**
20 Z ⊑ 66/86 – 132/142 – ½ P 24.

In Konstanz-Staad *über ② : 4 km :*

🏨 **Schiff am See**, William-Graf-Platz 2, ⊠ 78464, ℰ (07531) 3 10 41 (Hotel), 3 44 24 (Rest.), *ringhotel-schiff@t-online.de*, *Fax (07531) 31981*, ≤, ⍞ – 🛗 ⊡ 🅿. AE ⓪ ⬥ **VISA**
Menu *(geschl. 26. Dez. - 22. Jan., Montag - Dienstagmittag)* à la carte 42/66 – **28 Z** ⊑ 130/185 – 175/250, 5 Suiten – ½ P 39.

XX **Staader Fährhaus**, Fischerstr. 30, ⊠ 78464, ℰ (07531) 3 31 18, *staader-faehrhau s@mail.de*, *Fax (07531) 33118*, ⍞ – ⟏ ⓪ ⬥ **VISA**
geschl. über Fastnacht 1 Woche, Ende Sept. - Anfang Okt., Dienstag - Mittwochmittag – **Menu** 50/69 und à la carte.

In Konstanz-Wollmatingen *Nord-West : 5 km über ① :*

🏨 **Tweer-Goldener Adler** Ⓜ (mit Gästehaus), Fürstenbergstr. 70, ⊠ 78467, ℰ (07531) 9 75 00, *Fax (07531) 975090*, ⍞, ⍕ – 🛗, ⍤ Zim, ⊡ ✆ ⇌ – ⍟ 20. AE ⓪ ⬥ **VISA**, ⍕
Menu *(geschl. über Fastnacht 2 Wochen, Sonntag)* à la carte 35/66 – **49 Z** ⊑ 99/208 – 198/288 – ½ P 38.

KONZ *Rheinland-Pfalz* ⓐⓘⓩ Q 3 – 20 000 Ew – Höhe 137 m.

🛈 *Fremdenverkehrsgemeinschaft Obermosel - Saar, Granastr. 24*, ⊠ 54329, ℰ (06501) 77 90, *Fax (06501) 4718*.
Berlin 729 – Mainz 171 – Trier 12 – Luxembourg 42 – Merzig 40.

🏠 **Alt Conz** ⍩, Gartenstr. 8, ⊠ 54329, ℰ (06501) 9 36 70, *Fax (06501) 7775*, ⍞ – ⊡ 🅿. ⬥ **VISA**. ⍕
Menu *(geschl. Montagmittag)* à la carte 32/67 – **14 Z** ⊑ 85/95 – 120/130.

KORB *Baden-Württemberg siehe Waiblingen.*

KORBACH *Hessen* ⓐⓘⓩ M 10 – 25 000 Ew – Höhe 379 m.

🛈 *Tourist-Information, Rathaus, Stechbahn 1*, ⊠ 34497, ℰ (05631) 5 32 32, *Fax (05631) 53320.*
Berlin 447 – Wiesbaden 187 – Kassel 64 – Marburg 67 – Paderborn 73.

🏨 **Touric**, Medebacher Landstr. 10, ⊠ 34497, ℰ (05631) 95 85, *eweiss@trans-it.de*, *Fax (05631) 958450*, direkter Zugang zum Städt. ⌧ – 🛗, ⍤ Zim, ⊡ ✆ 🅿 – ⍟ 350. AE ⓪ ⬥ **VISA**
Menu *(geschl. Mitte - Ende Juli, Sonntagabend)* à la carte 29/57 – **39 Z** ⊑ 88/102 – 148/166.

🏨 **Am Rathaus**, Stechbahn 8, ⊠ 34497, ℰ (05631) 5 00 90, *gast@hotel-am-rathaus.de*, *Fax (05631) 500959*, ⍞, ⌒s – 🛗, ⍤ Zim, ⊡ 🅿 – ⍟ 40. AE ⬥ **VISA**
Menu *(geschl. Sonntagabend)* à la carte 33/63 – **40 Z** ⊑ 95/129 – 165/185.

KORDEL Rheinland-Pfalz 🔲🔲🔲 Q 3 – 2 500 Ew – Höhe 145 m.
Berlin 719 – Mainz 167 – Trier 18 – Bitburg 21 – Wittlich 39.

🏠 **Neyses am Park,** Am Kreuzfeld 1, ⊠ 54306, 𝒫 (06505) 9 14 00, Fax (06505) 914040,
🌭 – 📳 📺 🅿️ 🅰🅴 ⓪🍴
geschl. 13. - 24. März, 6. - 24. Nov. – **Menu** (geschl. Montagmittag, Donnerstag) à la carte
28/65 🍴 – **15 Z** ⊂⊃ 67/124.

In Zemmer-Daufenbach Nord : 5 km :

🍴🍴 **Landhaus Mühlenberg** (Stoebe), Mühlenberg 2, ⊠ 54313, 𝒫 (06505) 10 10,
✿ Fax (06505) 952111, ≼, 🌭 – 🅿️. 🅰🅴 ⓪🍴 𝘝𝘐𝘚𝘈
geschl. Jan. 3 Wochen, Juli 2 Wochen – **Menu** (wochentags nur Abendessen) (Tischbestellung erforderlich) 98/125
Spez. Ricottaravioli mit Trüffeln und Parmesan. Warmes Lammcarpaccio mit altem Balsamico. Dorade Royal mit weißen Bohnen und Bärlauchpesto.

KORNTAL-MÜNCHINGEN Baden-Württemberg siehe Stuttgart.

KORNWESTHEIM Baden-Württemberg 🔲🔲🔲 T 11 – 28 000 Ew – Höhe 297 m.
🏌 Aldinger Straße (Ost : 1 km), 𝒫 (07141) 87 13 19.
🚗 Eastleighstraße.
Berlin 622 – Stuttgart 13 – Heilbronn 41 – Ludwigsburg 5 – Pforzheim 47.

🏨 **Domizil,** Stuttgarter Str. 1, ⊠ 70806, 𝒫 (07154) 80 90, Fax (07154) 809200, 🌭 – 📳,
🛏 Zim, 📺 🚗 🅿️ – 🔶 30. 🅰🅴 ⓪ ⓪🍴 𝘝𝘐𝘚𝘈
Menu (geschl. Aug. 3 Wochen, Samstag - Sonntag) à la carte 38/65 – **42 Z** ⊂⊃ 139 –
149/165.

🏠 **Zum Hasen,** Christofstr. 22, ⊠ 70806, 𝒫 (07154) 81 35 00, Fax (07154) 813870 – 📺
🅿️. 🅰🅴 𝘝𝘐𝘚𝘈
Menu (geschl. Aug. 3 Wochen, Montag) à la carte 28/61 🍴 – **24 Z** ⊂⊃ 78/95 – 105/125.

🏠 **Stuttgarter Hof** garni, Stuttgarter Str. 130, ⊠ 70806, 𝒫 (07154) 81 38 00,
Fax (07154) 813870 – 📺 🅿️. 🅰🅴 𝘝𝘐𝘚𝘈
23 Z ⊂⊃ 75/90 – 105/125.

KORSCHENBROICH Nordrhein-Westfalen siehe Mönchengladbach.

KORSWANDT Mecklenburg-Vorpommern siehe Usedom (Insel).

KOSEROW Mecklenburg-Vorpommern siehe Usedom (Insel).

KRÄHBERG Hessen siehe Beerfelden.

KRAIBURG AM INN Bayern 🔲🔲🔲 V 21 – 3 300 Ew – Höhe 450 m.
🏌 Kraiburg, Guttenburg 3 (Nord-Ost : 3 km), 𝒫 (08638) 88 74 88.
Berlin 650 – München 78 – Bad Reichenhall 77 – Landshut 67 – Rosenheim 53 – Salzburg
92 – Altötting 30.

🍴🍴 **Hardthaus,** Marktplatz 31, ⊠ 84559, 𝒫 (08638) 7 30 67, info@hardthaus.de,
🍷 Fax (08638) 73068, 🌭, « Restaurant in einem ehemaligen Kolonialwarengeschäft » – 🅰🅴
⓪ ⓪🍴 𝘝𝘐𝘚𝘈 🇯🇨🇧
geschl. Montag - Dienstag – Menu à la carte 44/82.

KRAKOW AM SEE Mecklenburg-Vorpommern 🔲🔲🔲 F 20 – 3 500 Ew – Höhe 60 m – Luftkurort.
Berlin 170 – Schwerin 74 – Rostock 63 – Neubrandenburg 84.

In Krakow-Seegrube Nord-Ost : 4,5 km :

🍴🍴 **Ich weiß ein Haus am See** (Laumen) 🐟 mit Zim, Altes Forsthaus 2, ⊠ 18292,
✿ 𝒫 (038457) 2 32 73, einhausamsee@t-online.de, Fax (038457) 23274, ≼, « Malerische
Lage am See », 🐾, 🌭 – 🛏 Zim, 📺 🅿️
Menu (geschl. Montag, Nov. - Feb. Sonntag - Montag) (nur Abendessen) (Tischbestellung
ratsam, bemerkenswerte Weinkarte) 93/125 – **10 Z** ⊂⊃ 220/250
Spez. Flußkrebsvariation mit karamelisiertem Weißkraut (Saison). Mecklenburger Fische mit
Kräutern und Gartengemüse. Karamelisierter Ochsenschwanz mit Sellerlepüree.

KRANICHFELD Thüringen 📖🅑🅘🅑 N 17 – 3 900 Ew – Höhe 300 m.

🄱 Kultur- und Tourismusamt, Baumbachstr. 11, ✉ 99448, ℰ (036450) 4 20 21, Fax (036450) 42021.

Berlin 294 – Erfurt 22 – Coburg 98 – Suhl 60 – Weimar 20.

🏠 **Zum alten Kurhaus,** Ilmenauer Str. 21, ✉ 99448, ℰ (036450) 3 12 15, Fax (036450) 31218, 🌴, 🛋 – 📺 🄿. 🛥
Menu (geschl. Montag) (wochentags nur Abendessen) à la carte 24/40 🍷 – **13 Z** 🖙 85/92 – 126/199.

KRAUSCHWITZ Sachsen 📖🅑🅘🅑 L 28 – 3 000 Ew – Höhe 110 m.

Berlin 163 – Dresden 121 – Cottbus 41 – Bautzen 58 – Görlitz 54 – Lubsko 85.

🏨 **Krauschwitz** Ⓜ, Görlitzer Str. 26, ✉ 02957, ℰ (035771) 5 70, hotel.krauschwitz@ g mx.de, Fax (035771) 57199, 🌴 – 📶, ⥂ Zim, 📺 📞 🄿 – 🚗 25. 🄰🄴 ① ⓞⓞ 𝒱𝐼𝑆𝐴
Menu à la carte 26/57 – **45 Z** 🖙 98/108 – 138/148.

KRAUSNICK Brandenburg 📖🅑🅘🅑 J 25 – 500 Ew – Höhe 64 m.

Berlin 77 – Potsdam 111 – Cottbus 71 – Frankfurt (Oder) 66.

🏠 **Landhotel Krausnick** 🐾, Dorfstr. 94, ✉ 15910, ℰ (035472) 6 10, Fax (035472) 61122, 🌴, ⥴ – 📺 🅷 🄿 – 🚗 50. 🄰🄴 ① ⓞⓞ 𝒱𝐼𝑆𝐴 𝐽𝐶𝐵. 🛥
Menu (geschl. Okt. - März Montag) à la carte 28/38 🍷 – **38 Z** 🖙 85/130.

KREFELD Nordrhein-Westfalen 📖🅑🅘🅑 M 3 – 245 000 Ew – Höhe 40 m.

🛫 Krefeld-Linn (Y), ℰ (02151) 57 00 71 ; 🛫 Krefeld-Bockum, Stadtwald (Y), ℰ (02151) 59 02 43 ; 🛫 Krefeld-Traar, über die B 509 (Y) Nord-Ost : 5 km : ℰ (02151) 4 96 90.

🄱 Verkehrs- und Werbeamt, Rathaus, Von-der-Leyen-Platz 1, ✉ 47798, ℰ (02151) 86 15 01, Fax (02151) 861510.

ADAC, Friedrichsplatz 14.

Berlin 571 ① – Düsseldorf 28 ④ – Eindhoven 86 ⑦ – Essen 38 ②

Stadtplan siehe gegenüberliegende Seite

🏨 **Parkhotel Krefelder Hof** 🐾, Uerdinger Str. 245, ✉ 47800, ℰ (02151) 58 40, info @ krefelderhof.de, Fax (02151) 58435, « Gartenterrassen ; Park », ⥴, 🄽 – 📶, ⥂ Zim, 📺 ✔ ⥲ 🄿 – 🚗 110. 🄰🄴 ① ⓞⓞ 𝒱𝐼𝑆𝐴   Y a
Grand Cru (geschl. Samstag - Sonntag) **Menu** à la carte 65/88 – **Brasserie La Provence :**
Menu à la carte 39/78 – **150 Z** 🖙 225/350 – 325/440, 9 Suiten.

🏠 **Garden Hotel** garni, Schönwasserstr. 12a, ✉ 47800, ℰ (02151) 59 02 96, garden.h otel.krefeld@ t-online.de, Fax (02151) 590299 – 📶 ⥂ Zim 📞 ⥲ 🄿. 🄰🄴 ① ⓞⓞ 𝒱𝐼𝑆𝐴
geschl. 23. Dez. - 1. Jan. – **51 Z** 🖙 146/264 – 205/289.   Y v

🟈🟈 **Villa Medici** mit Zim, Schönwasserstr. 73, ✉ 47800, ℰ (02151) 5 06 60, Villa-Medici @ t-online.de, Fax (02151) 506650, « Restaurierte Villa ; Gartenterrasse » – 📺 🄿 🄰🄴 ①
ⓞⓞ 𝒱𝐼𝑆𝐴   Y n
geschl. Juli 3 Wochen – **Menu** (geschl. Samstag) (italienische Küche) à la carte 50/90 – **9 Z** 🖙 110/120 – 150/160.

🟈🟈 **Koperpot,** Rheinstr. 30, ✉ 47799, ℰ (02151) 61 48 14, Fax (02151) 601824, 🌴 – 🄰🄴 ① ⓞⓞ 𝒱𝐼𝑆𝐴   Z a
geschl. Jan. 2 Wochen, Juni - Juli 2 Wochen, Samstagmittag, Sonntag - Montagmittag – **Menu** à la carte 54/80.

🟈 **St. Urbanshof,** Ostwall 48, ✉ 47798, ℰ (02151) 31 17 89, Fax (02151) 394424 – 🄰🄴 ① ⓞⓞ 𝒱𝐼𝑆𝐴   Z e
geschl. Juli - Aug. 3 Wochen, Sonn- und Feiertage – **Menu** (nur Abendessen) à la carte 53/79.

🟈 **Et Bröckske,** Marktstr. 41, ✉ 47798, ℰ (02151) 2 97 40, Fax (02151) 20279, 🌴, (Brauerei-Gaststätte) – 🄰🄴 ⓞⓞ   Z s
Menu à la carte 35/58.

In Krefeld-Bockum :

🏠 **Alte Post** garni, Uerdinger Str. 550a, ✉ 47800, ℰ (02151) 5 88 40, Fax (02151) 500888 – 📶 📺 ✔ ⥲ 🄿. 🄰🄴 ① ⓞⓞ 𝒱𝐼𝑆𝐴   Y c
geschl. 24. Dez. - 2. Jan. – **33 Z** 🖙 109/124 – 144/164.

🏠 **Benger,** Uerdinger Str. 620, ✉ 47800, ℰ (02151) 9 55 40, Fax (02151) 955444 – 📺 ✔ ⥲ 🄿. 🄰🄴 ① ⓞⓞ 𝒱𝐼𝑆𝐴 𝐽𝐶𝐵   Y t
geschl. 24. Dez. - 3. Jan. – **Menu** (geschl. Samstag) à la carte 36/68 – **20 Z** 🖙 100/140 – 150/180.

🟈🟈 **Sonnenhof,** Uerdinger Str. 421, ✉ 47800, ℰ (02151) 59 35 40, Fax (02151) 505165, 🌴 – 🄰🄴 ⓞⓞ 𝒱𝐼𝑆𝐴   Y t
Menu à la carte 47/93.

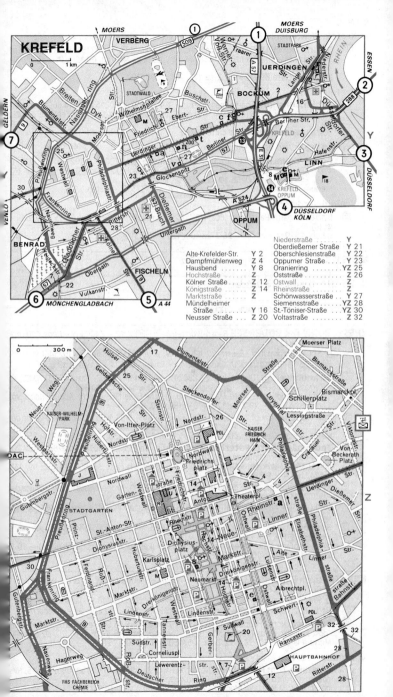

KREFELD

MOERS
VERBERG
MOERS
DUISBURG

STADTPARK
UERDINGEN

STADTWALD
BOCKUM
KREFELD

GELDERN

VENLO

BENRAD

FISCHELN

MÖNCHENGLADBACH

LINN

KREFELD OPPUM

OPPUM

DÜSSELDORF KÖLN

ESSEN

DÜSSELDORF

Alte-Krefelder-Str.	Y	2
Dampfmühlenweg	Z	4
Hausbend	Y	8
Hochstraße	Z	
Kölner Straße	Z	12
Königstraße	Z	14
Marktstraße	Z	
Mündelheimer Straße	Y	16
Neusser Straße	Z	20
Niederstraße	Y	
Oberdießemer Straße	Y	21
Oberschlesienstraße	Y	22
Oppumer Straße	Y	23
Oranierring	YZ	25
Oststraße	Z	26
Ostwall	Z	
Rheinstraße	Z	
Schönwasserstraße	Y	27
Siemensstraße	YZ	28
St-Töniser-Straße	YZ	30
Voltastraße	Z	32

Moerser Platz
Bismarckstraße
Schillerplatz
Bismarckpl
Lessingstraße

KAISER-WILHELM-PARK
KAISER FRIEDRICH HAIN
Von-Beckerath Platz

STADTGARTEN

HAUPTBAHNHOF

FHS FACHBEREICH CHEMIE

In Krefeld-Fichtenhain *Süd : 2,5 km, über Gladbacher Straße und Oberschlesienstraße* Y :

🏠 **Sol Inn Hotel** Ⓜ, Europark Fichtenhain A 1, ✉ 47807, ℰ (02151) 83 60, *sol.inn.kre feld@solmelia.com, Fax (02151) 836444,* 🦐, 🚗 – 🛗, ⅍ Zim, 📺 ✆ ⅏ 📞 – 🔏 80. 🖭 ⓪ ⓒⓞ 🆅🅸🆂🅰 🎴
Menu à la carte 39/95 – **99 Z** ⊐ 171/261 – 190/280.

In Krefeld-Linn :

🍴🍴 **Winkmannshof,** Albert-Steeger-Str. 19, ✉ 47809, ℰ (02151) 57 14 66, *Winkmann shof@AOL, Fax (02151) 572394,* « Ehemaliges Bauernhaus a.d.18. Jh. ; Terrasse » – ⓒⓞ 🆅🅸🆂🅰 Y e
geschl. Montag – **Menu** à la carte 60/80.

In Krefeld-Traar *Nod-Ost : 5 km, über die B 509* Y :

🏠🏠 **Dorint Country Hotel** Ⓜ ⅌, Elfrather Weg 5, ✉ 47802, ℰ (02151) 95 60, *info @QKFKREdorint.com, Fax (02151) 956100,* 🦐, Massage, 🎿, 🚗, 🍽, 🌳 – 🛗 ⅍ 📺 ✆ ♿ 🚗 📞 – 🔏 250. 🖭 ⓪ ⓒⓞ 🆅🅸🆂🅰. 🍴 Rest
Menu à la carte 49/81 – **155 Z** ⊐ 250/290 – 273/332, 4 Suiten.

In Krefeld-Uerdingen :

🏠 **Imperial** garni, Bahnhofstr. 60a, ✉ 47829, ℰ (02151) 4 92 80, *Fax (02151) 492849* – 🛗 📺
geschl. 25. Dez. - 2. Jan. – **26 Z** ⊐ 105/120 – 150/180. Y r

---

KREIPITZSCH *Sachsen-Anhalt siehe Kösen, Bad.*

KREISCHA *Sachsen siehe Dresden.*

KREMPE *Schleswig-Holstein siehe Glückstadt.*

KRESSBRONN AM BODENSEE *Baden-Württemberg* 🔢🔢🔢 *X 12 – 7 400 Ew – Höhe 410 m – Erholungsort.*

🅱 *Tourist-Information, Seestr. 20,* ✉ *88079,* ℰ *(07543) 9 66 50, Fax (07543) 966515. Berlin 731 – Stuttgart 170 – Konstanz 41 – Ravensburg 23 – Bregenz 19.*

🏠 **Strandhotel** ⅌, Uferweg 5, ✉ 88079, ℰ (07543) 9 61 00, *Fax (07543) 7002,* ≤, « Terrasse am Seeufer », 🚗, – 🛗, ⅍ Rest, 📺 🚗 📞 🖭 ⓒⓞ 🆅🅸🆂🅰
geschl. Anfang Jan. - Mitte März – **Menu** *(geschl. Ende Okt. - Mitte April Donnerstag)* à la carte 37/68 – **29 Z** ⊐ 120/140 – 180/190.

🏠 **Zur Kapelle,** Hauptstr. 15, ✉ 88079, ℰ (07543) 9 63 40, *zur.Kapelle@t-online.de, Fax (07543) 963410,* 🦐 – 🛗 📺 ♿ 🚗 🖭 ⓪ ⓒⓞ 🆅🅸🆂🅰
Menu *(geschl. Dienstag)* à la carte 34/61 – **16 Z** ⊐ 90/130 – 150/190 – ½ P 25.

🏠 **Teddybärenhotel Peterhof,** Nonnenbacher Weg 33, ✉ 88079, ℰ (07543) 9 62 70, *info@teddybaerenhotel.de, Fax (07543) 962733,* Biergarten – 📺 ✆ ⓒⓞ 🆅🅸🆂🅰
geschl. März 3 Wochen – **Menu** *(geschl. Donnerstag)* à la carte 33/60 – **17 Z** ⊐ 99/132 – 174/184 – ½ P 32.

🏠 **Krone,** Hauptstr. 41, ✉ 88079, ℰ (07543) 9 60 80, *Krone-Kressbronn@t-online.de, Fax (07543) 960815,* Biergarten, 🍱, 🌳 – 📺 🚗 📞
Menu *(geschl. Ende Okt. - Mitte Nov., 20. Dez. - Anfang Jan., Mittwoch)* à la carte 28/53 🍱 – **21 Z** ⊐ 80/105 – 100/170 – ½ P 18.

🏠 **Seehof,** Seestr. 25, ✉ 88079, ℰ (07543) 9 63 60, *Fax (07543) 963640,* ≤, 🌳 – ⅍ Rest, 📺 📞
März - Anfang Nov. – **Menu** *(nur Abendessen)* (Restaurant nur für Hausgäste) – **16 Z** ⊐ 87/130 – 148/160 – ½ P 28.

KREUTH *Bayern* 🔢🔢🔢 *X 19 – 3 700 Ew – Höhe 786 m – Heilklimatischer Kurort – Wintersport : 800/1 600 m ⟨8 ⟩.*

🅱 *Kurverwaltung, Nördl. Hauptstr. 3,* ✉ *83708,* ℰ *(08029) 18 19, Fax (08029) 1828. Berlin 652 – München 63 – Garmisch-Partenkirchen 64 – Bad Tölz 29 – Miesbach 28.*

🏠🏠 **Zur Post,** Nördl. Hauptstr. 5, ✉ 83708, ℰ (08029) 9 95 50, *reservierung@hotel-zur -post-kreuth.de, Fax (08029) 322,* Biergarten, 🚗, 🌳 – 🛗 📺 📞 – 🔏 70. 🖭 ⓒⓞ 🆅🅸🆂🅰
Menu à la carte 30/57 – **72 Z** ⊐ 105/150 – 160/220 – ½ P 25.

In Kreuth-Scharling *Nord : 2 km :*

🍴 **Gasthaus Zum Hirschberg,** Nördliche Hauptstr. 89, ✉ 83708, ℰ (08029) 3 15, *Hirs chberg@Kreuth.de, Fax (08029) 997802,* 🦐 – 📞
geschl. Nov. 2 Wochen, Montag - Dienstag – **Menu** à la carte 43/75.

In Kreuth-Weißach *Nord : 6 km*

🏨 **Parkresidenz Bachmair Weissach** Ⓜ, Wiesseer Str. 1, ✉ 83700 Rottach-Weißach, ✆ (08022) 27 80, Fax (08022) 278550, 🍴, Biergarten, « Wellnessbereich », Massage, ⇔s, ◻ – ⓯, ↝ Zim, �📺 ✆ & ⇔ 🅿 – 🔏 80. 🖭 �ⓞ ⓶ ⱽ𝘐𝘚𝘈
Menu à la carte 32/60 – **Laurenzi-Keller** *(Montag - Freitag nur Abendessen)* à la carte 46/69 – ⌗ 20 – **17 Z** 215/245 – ½P 69.

KREUZAU *Nordrhein-Westfalen siehe Düren.*

> *"Check in (all'arrivo)*
> *Nella maggior parte degli alberghi, le camere non prenotate per iscritto,*
> *non sono più disponibili dopo le 18.*
> *Se si prevede di arrivare dopo tale ora,*
> *è preferibile precisare l'orario di arrivo o,*
> *meglio ancora, effettuare la prenotazione per iscritto."*

KREUZNACH, BAD *Rheinland-Pfalz* 🄳🄸🄷 *Q 7 – 44 000 Ew – Höhe 105 m – Heilbad.*

Sehenswert : *Römerhalle★ (Fußboden-Mosaiken★★)* Y **M.**

🅱 *Bad Kreuznach Tourismus und Marketing GmbH, Kurhausstr. 28,* ✉ *55543,* ✆ *(0671) 8 36 00 50, Fax (0671) 8360085.*

🅱 *Stadtinformation, Am Europaplatz,* ✉ *55543,* ✆ *(0671) 8 45 91 47.*

ADAC, *Kreuzstr. 15.*

Berlin 612 ② *– Mainz 45* ① *– Idar-Oberstein 50* ⑤ *– Kaiserslautern 56* ④ *– Koblenz 81* ① *– Worms 55* ①

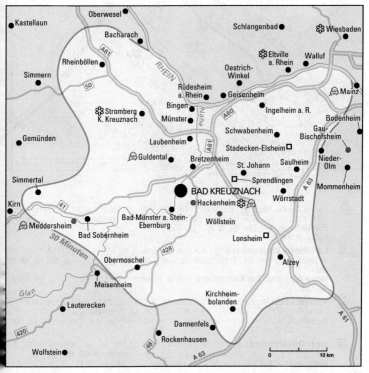

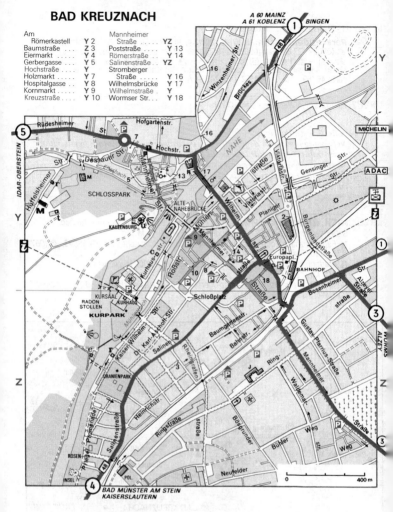

BAD KREUZNACH

Am Römerkastell	Y 2
Baumstraße	Z 3
Eiermarkt	Y 4
Gerbergasse	Y 5
Hochstraße	Y
Holzmarkt	Y 7
Hospitalgasse	Y 8
Kornmarkt	Y 9
Kreuzstraße	Y 10

Mannheimer Straße	YZ
Poststraße	Y 13
Römerstraße	Y 14
Salinenstraße	YZ
Stromberger Straße	Y 16
Wilhelmsbrücke	Y 17
Wilhelmstraße	Y
Wormser Str.	Y 18

Parkhotel-Kurhaus ⑤, Kurhausstr. 28, ⊠ 55543, ℰ (0671) 80 20, *parkhotel-kurhaus@net-art.de*, Fax (0671) 35477, ☎, Massage, ⇌, ⚞ direkter Zugang zum Thermal-Sole-Bad – |‡|, ⇌ Zim, ⊡ ⚓ 🅿 – 🔏 350 Z
108 Z, 6 Suiten.

Landhotel Kauzenberg ⑤, Auf dem Kauzenberg, ⊠ 55545, ℰ (0671) 3 80 00, *info@kauzenburg*, Fax (0671) 3800124, ⇌, ⚞ – ⇌ Zim, ⊡ ⚓ 🅿 – 🔏 30. 🖭 ⓞ ⱳ
VISA Y t
Menu siehe Rest. **Die Kauzenburg** separat erwähnt – **47 Z** ⊇ 145/155 – 195/225 – ½ P 38.

Insel-Stuben ⑤, Kurhausstr. 10, ⊠ 55543, ℰ (0671) 83 79 90, *insel.flairhotel@ @ t-online.de*, Fax (0671) 8379955, ☎ – |‡|, ⇌ Zim, ⊡ 🅿 – 🔏 20. ⱳ **VISA** 🗔 Y c
Menu *(geschl. Weihnachten - Mitte Jan., Sonn- und Feiertage) (nur Abendessen)* à la carte 38/62 – **22 Z** ⊇ 120/138 – 160/180 – ½ P 32.

Der Quellenhof ⑤, Nachtigallenweg 2, ⊠ 55543, ℰ (0671) 83 83 30, Fax (0671) 35218, ≤, ☎, Massage, ⇌, ⚓ – ⚓ 🅿 ⓞ ⱳ **VISA** ⚞ Zim
Menu à la carte 42/65 ⚑ – **36 Z** ⊇ 100/140 – 200/240 – ½ P 26. Z e

654

🏠 **Engel im Salinental** garni, Heinrich-Held-Str. 10, ✉ 55543, ℰ (0671) 38 10, Fax (0671) 43805, ☎ – 📺 P – 🛁 25. AE ① ⓄⓄ VISA JCB. ✣ über ④
28 Z 🖙 95/125 – 145/190.

🏠 **Viktoria** 🌿 garni, Kaiser-Wilhelm-Str. 16, ✉ 55543, ℰ (0671) 84 45 00, Fax (0671) 8445010 – 📺 ✦ 📺 ⟷ – 🛁 20. AE ① ⓄⓄ VISA JCB   Z r
21 Z 🖙 105/140 – 180/210.

🍴 **Im Gütchen**, Hüffelsheimer Str. 1, ✉ 55545, ℰ (0671) 4 26 26, Fax (0671) 480435, ☕, « Restaurant in einem ehemaligen Hofgut » – 🖭   Y r
geschl. über Fastnacht 2 Wochen, Anfang - Mitte Okt., Dienstag – Menu (wochentags nur Abendessen) à la carte 77/91.

🍴 **Die Kauzenburg**, Auf dem Kauzenberg, ✉ 55545, ℰ (0671) 3 80 00, info@kauzen burg.de, Fax (0671) 3800124, ≤ Bad Kreuznach, (modernes Restaurant in einer Burgruine), « Rittersaal in einem 800 J. alten Gewölbe ; Aussichtsterrassen » – 🖭 AE ① ⓄⓄ VISA
Menu à la carte 45/60.   Y u

🍴 **Weinwelt im Dienheimer Hof**, Mannheimer Str. 6, ✉ 55545, ℰ (0671) 4 44 42, Fax (0671) 4820326, ☕, « Renaissancebau a.d. 15.Jh. » –   Y n
geschl. 22. Dez. - 10. Jan., über Fastnacht 1 Woche, Aug. 1 Woche, Sonn- und Feiertage
Menu (nur Abendessen) à la carte 40/71.

In Hackenheim Süd-Ost : 2 km über Mannheimer Straße Z :

🍴 **Metzlers Gasthof**, Hauptstr. 69, ✉ 55546, ℰ (0671) 6 53 12, Fax (0671) 65310, ☕
🕸 – 🖭 AE ⓄⓄ
🐾 geschl. Juli - Aug. 4 Wochen, Sonntagabend - Montag – **Menu** (wochentags nur Abendessen) à la carte 57/88 – **Weinstube** (geschl. Montag - Dienstagmittag) Menu à la carte 43/66
Spez. Cassoulet vom Kalbskopf und Langoustinos mit Artischocken. Drachenkopf und St. Jakobsmuscheln mit Paprikagemüse. Ochsenkotelett mit glacierten Schalotten und Wein-händlersauce (2 Pers.)

MICHELIN-REIFENWERKE KGaA. ✉ 55543 Bad Kreuznach Michelinstraße 1 (über Gensinger Straße), ℰ (0671) 85 50 Fax (0671) 8551523.

KREUZTAL Nordrhein-Westfalen 📖🗓 N 7 – 30 100 Ew – Höhe 310 m.
🏌 Siegerland, Berghäuser Weg, ℰ (02732) 5 94 70.
Berlin 574 – Düsseldorf 120 – Siegen 12 – Hagen 78 – Köln 83.

In Kreuztal-Krombach Nord-West : 5 km :

🏠 **Zum Anker**, Hagener Str. 290, ✉ 57223, ℰ (02732) 8 95 50, Hotel.Zum.Anker@t-o nline.de, Fax (02732) 895533 – 📺 ✦ ⟷ 🖭 – 🛁 25. ⓄⓄ VISA
Menu à la carte 38/81 – **17 Z** 🖙 90/130 – 170/210.

KREUZWERTHEIM Bayern siehe Wertheim.

KRIFTEL Hessen siehe Hofheim am Taunus.

KRÖV Rheinland-Pfalz 📖🗓 Q 5 – 2 500 Ew – Höhe 105 m – Erholungsort.
🛈 Verkehrsbüro, Robert-Schuman-Str. 63, ✉ 54536, ℰ (06541) 94 86, Fax (06541) 6799.
Berlin 678 – Mainz 131 – Trier 58 – Bernkastel-Kues 18 – Wittlich 19.

🏡 **Ratskeller** (mit Gästehaus), Robert-Schuman-Str. 49, ✉ 54536, ℰ (06541) 99 97, info @ratskeller.kroev.de, Fax (06541) 3202 – 📺 📺 🖭 ⓄⓄ VISA
geschl. 10. Jan. - 10. Feb. – **Menu** (geschl. Dienstagmittag, Nov. - März Dienstag) à la carte 28/56 ♨ – **27 Z** 🖙 80/90 – 160/180 – ½ P 25.

🏡 **Springiersbacher Hof**, Robert-Schuman-Str. 44, ✉ 54536, ℰ (06541) 14 51, Fax (06541) 4238, ☕, ☎, ⇒ – 📺 🖭
geschl. 5. Jan.- Ende Feb. – **Menu** (geschl. Anfang Nov. - Ende März Montag - Donnerstag) à la carte 30/48 – **27 Z** 🖙 65/95 – 120/160 – ½ P 20/25.

KRONACH Bayern 📖🗓🗓 P 17 – 19 500 Ew – Höhe 325 m.
Sehenswert : Festung Rosenberg (Fränkische Galerie).
🛈 Fremdenverkehrsbüro, Marktplatz 5, ✉ 96317, ℰ (09261) 9 72 36, Fax (09261) 97236.
Berlin 352 – München 279 – Coburg 33 – Bayreuth 44 – Bamberg 58.

🏠 **Bauer**, Kulmbacher Str. 7, ✉ 96317, ℰ (09261) 9 40 58, Fax (09261) 52298, ☕ – 📺
🐾 🖭 AE ① ⓄⓄ VISA. ✣ Rest
Menu (geschl. Anfang Jan. 1 Woche, 10. - 20. Aug., Samstagmittag, Sonntagabend) à la carte 32/66 – **18 Z** 🖙 88/99 – 139/147.

🏡 **Försterhof**, Paul-Keller-Str. 3, ✉ 96317, ℰ (09261) 10 41, Fax (09261) 92459 – 📺
⟷ ⓄⓄ
Menu (geschl. Samstag - Sonntag) (nur Abendessen) à la carte 21/39 – **22 Z** 🖙 80/120.

In Kronach-Gehülz *West : 5 km :*

🏠 **Pension Elke** 🕸 garni, Zollbrunn 68a, ✉ 96317, ℰ (09261) 6 01 20, Fax (09261) 601223, ⛄, 🚗 – 📺 🅿 🕸
11 Z ⌖ 50/60 – 75/90.

In Marktrodach-Unterrodach *Ost : 7 km :*

🏠🏠 **Flößerhof** 🕸 (mit Gästehäusern), Kreuzbergstr. 35, ✉ 96364, ℰ (09261) 6 06 10, info@floesserhof.de, Fax (09261) 606162, 🌳, Massage, ♨, ⛄, 🔲, 🚗, 🎾(Halle) – 📺
🕴 🏕 🅿 – 🔒 30. ⬛ 🔵 🆚🆂
Menu à la carte 28/70 – **50 Z** ⌖ 80/150 – 150/190.

In Stockheim-Haig *Nord-West : 7 km :*

🍴 **Landgasthof Detsch** mit Zim, Coburger Str. 9, ✉ 96342, ℰ (09261) 6 24 90, Fax (09261) 624919, 🌳, ⛄, 🚗 – 📺 🕳 🅿.
Menu (geschl. Sept. 2 Wochen, Sonntagabend - Montag) (wochentags nur Abendessen) à la carte 30/61 – **7 Z** ⌖ 70/75 – 100/110.

KRONBERG IM TAUNUS *Hessen* 🔢🔢🔢 *P 9 – 18 000 Ew – Höhe 257 m – Luftkurort.*
🏌 *Kronberg/Taunus, Schloß Friedrichshof, ℰ (06173) 14 26.*
🅱 *Verkehrs- und Kulturamt, Rathaus, Katharinenstr. 7, ✉ 61476, ℰ (06173) 70 32 20, Fax (06173) 703200.*
Berlin 540 – Wiesbaden 28 – Frankfurt am Main 17 – Bad Homburg vor der Höhe 13 – Limburg an der Lahn 43.

🏛🏛 **Schloßhotel** 🕸, Hainstr. 25, ✉ 61476, ℰ (06173) 7 01 01, info@schlosshotel-kron berg.de, Fax (06173) 701267, ≼ Schloßpark, 🌳, « Einrichtung mit wertvollen Antiquitäten » – 🛗, 🕴 Zim, 📺 🕳 🅿 – 🔒 60. ⬛ 🔵 🆚🆂 🅹🅲🅱
Menu à la carte 90/126 – ⌖ 35 – **58 Z** 355/440 – 495/735, 7 Suiten.

🏠 **Concorde Hotel Viktoria** 🅼 🕸 garni, Viktoriastr. 7, ✉ 61476, ℰ (06173) 9 21 00, viktoria@concordehotel.de, Fax (06173) 921050, ⛄, 🚗 – 🛗 🕴 📺 🕳 🚗 🅿 – 🔒 20. ⬛ 🔵 🆚🆂
42 Z ⌖ 195/405 – 245/420, 3 Suiten.

🏠 **Kronberger Hof**, Bleichstr. 12, ✉ 61476, ℰ (06173) 70 90 60, KRONBERGERHOF@T-ONLINE.de, Fax (06173) 5905, 🌳 – 📺 🕳 🅿 – 🔒 30. ⬛ 🆚🆂
Menu (geschl. Samstag) à la carte 35/67 – **10 Z** ⌖ 100/140 – 180/200.

KROZINGEN, BAD *Baden-Württemberg* 🔢🔢🔢 *W 7 – 12 000 Ew – Höhe 233 m – Heilbad.*
🅱 *Tourist-Information, Herbert-Hellmann-Allee 12 (Kurgebiet), ✉ 79189, ℰ (07633) 40 08 63, Fax (07633) 400841.*
Berlin 816 – Stuttgart 217 – Freiburg im Breisgau 18 – Basel 63.

🏠 **Hofmann zur Mühle** 🕸 garni, Litschgistr. 6, ✉ 79189, ℰ (07633) 9 08 85 90, info@hotel-hofmann.de, Fax (07633) 9088599, Massage, ⛄, 🚗 – 🕴 📺 🚗 🅿 ⬛ 🔵 🆚🆂
20 Z ⌖ 80/120 – 150/190.

🏠 **Biedermeier** 🕸 garni, In den Mühlenmatten 12, ✉ 79189, ℰ (07633) 91 03 00, Fax (07633) 910340, ♨, ⛄, 🚗 – 📺 🅿 🆚🆂
geschl. Mitte Dez. - Jan. – **25 Z** ⌖ 65/90 – 110/150.

Im Kurgebiet :

🏠🏠 **Barthel's Hotellerie an den Thermen** 🕸, Thürachstr. 1, ✉ 79189, ℰ (07633) 1 00 50, HOTEL-BARTHEL@T-ONLINE.de, Fax (07633) 100550, 🌳, 🚗 – 🛗, 🕴 Zim, 📺 🅿 – 🔒 20. ⬛ 🔵 🆚🆂
Menu (geschl. Feb. 2 Wochen, Dienstag) à la carte 40/80 – **36 Z** ⌖ 115/150 – 200/250 – ½ P 38.

🏛 **Sonnengarten** 🕸 garni, Herbert-Hellmann-Allee 20, ✉ 79189, ℰ (07633) 95 80 90, Fax (07633) 948461, Massage, ⛄, 🚗 – 🕴 📺 ♿ 🅿 🆚🆂 🕸
16 Z ⌖ 110/160 – 220.

🏠 **Ott** 🕸, Thürachstr. 3, ✉ 79189, ℰ (07633) 4 00 60, Hotel.OTT@t-online.de, Fax (07633) 400610, 🌳, Massage, – 🛗 🕴 📺 🅿 – 🔒 30. 🔵 🆚🆂
geschl. 17. Dez. - 15. Feb – **Menu** (geschl. Sonntagabend - Montag) à la carte 36/51 🥄 –
51 Z ⌖ 70/110 – 150/180 – ½ P 27.

In Bad Krozingen-Biengen *Nord-West : 4 km :*

🍴 **Krone**, Hauptstr. 18, ✉ 79189, ℰ (07633) 39 66, Fax (07633) 3966, « Hofterrasse » 🅿 🆚🆂
geschl. Feb. 1 Woche, Nov. 1 Woche, Montag – **Menu** à la carte 47/74.

In Bad Krozingen-Schmidhofen *Süd : 3,5 km :*

XX **Zum Storchen,** Felix- und Nabor-Str. 2, ✉ 79189, ℰ (07633) 53 29, *Fax (07633) 7019,*
⌂ – 🅿
geschl. vor Fastnacht 2 Wochen, Anfang - Mitte Sept. 2 Wochen, Montag - Dienstag – Menu
(abends Tischbestellung ratsam) à la carte 46/92.

Europe	Se il nome di un albergo è stampato in carattere magro, chiedete al vostro arrivo le condizioni che vi saranno praticate.

KRÜN *Bayern* 👁👁 *X 17 – 2 000 Ew – Höhe 875 m – Erholungsort – Wintersport : 900/1 200 m*
≤1 🎿.
🛈 *Verkehrsamt und Tourismus-Information, Schöttlkarspitzstr. 15 (im Rathaus),*
✉ 82494, ℰ (08825) 10 94, Fax (08825) 2244.
Berlin 683 – München 96 – Garmisch-Partenkirchen 17 – Mittenwald 8.

🏠 **Alpenhof** ⌂, Edelweißstr. 11, ✉ 82494, ℰ (08825) 10 14, *hotel@alpenhof-kruen.de,*
⌂ *Fax (08825) 1016,* ≤ Karwendel- und Wettersteinmassiv, ≘s, 🔲, 🔬 – 📺 📞 🔬 ⌂ 🅿.
🖭 **VISA** 🛠 Rest
geschl. April, Anfang Nov. - Mitte Dez. – **Menu** *(geschl. Sonntag)* (Restaurant nur für Hausgäste) 15/30 – **40 Z** ⌂ 72/81 – 142/168 – ½ P 15.

In Krün-Barmsee *West : 2 km :*

🏠 **Alpengasthof Barmsee** ⌂, Am Barmsee 9, ✉ 82494, ℰ (08825) 20 34, *Barmse*
ekriener@t-online.de, Fax (08825) 879, ≤ Karwendel- und Wettersteinmassiv, 🌳, ≘s,
⌂, 🚲 🎿 – 📺 ⌂ 🅿
geschl. 18. April - 5. Mai, 22. Okt. - 20. Dez. – **Menu** *(geschl. Mittwoch - Donnerstag)*
à la carte 27/58 – **24 Z** ⌂ 59/74 – 118/148 – ½ P 18.

In Krün-Klais *Süd-West : 4 km :*

🏠 **Post,** Bahnhofstr. 7, ✉ 82493, ℰ (08823) 22 19, *Fax (08823) 94055,* 🌳, Biergarten,
🚲 – ⌂ 🅿. 🐠 **VISA**
geschl. 19. März - 12. April, 29 Okt. - 21. Dez. – **Menu** *(geschl. Montag)* à la carte 34/55
– **10 Z** ⌂ 60/80 – 100/150 – ½ P 20.

🏠 **Gästehaus Ingeborg** garni, An der Kirchleiten 7, ✉ 82493, ℰ (08823) 81 68, *gaes*
tehaus.ingeborg@urlaub-in-klais.de, Fax (08823) 926283, ≤, 🚲 – ⌂ 🅿. 🛠
geschl. Nov. - Mitte Dez. – **9 Z** ⌂ 42/45 – 78/82.

An der Straße nach Schloß Elmau *Süd-West : 5 km, über Klais (Gebührenpflichtige*
Zufahrt) :

🏨 **Schlosshotel Kranzbach** ⌂, Kranzbach 1, ✉ 82493 Krün-Klais, ℰ (08823) 9 25 20,
info@schlosshotel-kranzbach.de, Fax (08823) 925292, ≤ Wetterstein und Zugspitze, 🌳,
Biergarten, « Restauriertes Schloß a.d.J. 1915 », ≘s, 🚲 – 📲 📺 📞 🅿 – 🛠 20. 🐠.
🛠 Rest
Menu *(geschl. Nov., Dienstagmittag)* à la carte 35/62 – **61 Z** (nur ½ P) 95/150 –
190/235.

KRUMBACH *Bayern* 👁👁 *V 15 – 11 000 Ew – Höhe 512 m.*
Berlin 596 – München 124 – Augsburg 49 – Memmingen 38 – Ulm (Donau) 41.

🏠 **Traubenbräu,** Marktplatz 14, ✉ 86381, ℰ (08282) 20 93, Fax (08282) 5873 – 📺 ⌂
🅿 – 🛠 40. 🖭 🐠 **VISA**
Menu *(geschl. Samstag)* à la carte 29/51 – **12 Z** ⌂ 70/90 – 115/150.

🏠 **Diem,** Kirchenstr. 5, ✉ 86381, ℰ (08282) 8 88 20, *info@gasthof-diem.de,*
⌂ *Fax (08282) 888250,* 🌳, ≘s – 🍴 Zim, 📺 📞 ⌂ 🅿 – 🛠 20. 🐠 **VISA**
Menu à la carte 23/48 *(auch vegatarische Gerichte)* 🍷 – **27 Z** ⌂ 65/70 – 110/
145.

🏠 **Falk,** Heinrich-Sinz-Str. 4, ✉ 86381, ℰ (08282) 20 11, *Fax (08282) 2024,* Biergarten, 🌳
⌂ – 📺 ⌂ 🅿 – 🛠 40. 🖭 🐠 **VISA**
Menu *(geschl. Aug. 2 Wochen, Samstag)* à la carte 24/46 🍷 – **18 Z** ⌂ 65/85 – 112.

X **Gasthof Stern,** Babenhauser Str. 20, ✉ 86381, ℰ (08282) 8 15 34,
Fax (08282) 81809, 🌳, Biergarten – 🅿. 🐠
geschl. Mittwoch – **Menu** à la carte 25/51.

KRUMMHÖRN Niedersachsen **415** F 5 – 15 000 Ew – Höhe 5 m.

🖪 Touristik-GmbH, Zur Hauener Hooge 15 (Greetsiel), ✉ 26736, 𝓟 (04926) 9 18 80, Fax (04926) 2029.

Berlin 528 – Hannover 265 – *Emden* 14 – *Groningen* 112.

In Krummhörn-Greetsiel – *Erholungsort* :

🏠 **Landhaus Steinfeld** 🦢, Kleinbahnstr. 16, ✉ 26736, 𝓟 (04926) 9 18 10, hotel@la ndhaus-steinfeld.de, Fax (04926) 918146, « Weitläufige Gartenanlage », ≦s, 🔲, 🐎 – 🆀
🅿
geschl. 15. Jan. - 16. Feb., Anfang Nov. – Weihnachten – **Menu** (geschl. Sonntag - Montag) (nur Abendessen) (Restaurant nur Hausgäste) à la carte 39/75 – **25 Z** ⍻ 165/245 – 195/295.

🏠 **Witthus** 🦢 (mit Gästehaus), Kattrepel 7, ✉ 26736, 𝓟 (04926) 9 20 00, info@witth us.de, Fax (04926) 920092, « Gartenterrasse » – 🌤 🆀 🅿 🕪 **VISA** 🛇
geschl. Mitte Nov. - Mitte Dez. – **Menu** (geschl. Nov. - April Donnerstag, Montag - Mittwoch nur Abendessen) à la carte 40/70 – **16 Z** ⍻ 125/195 – 170/260.

🏠 **Hohes Haus** 🦢, Hohe Str. 1, ✉ 26736, 𝓟 (04926) 18 10, info@hoheshaus.de, Fax (04926) 18199, 🍽, « Restauriertes, historisches Gebäude aus dem 17. Jh. mit bäuerlichen Antiquitäten » – 🆀 🅿 – 🔏 60. 🆎 🕪 **VISA**
Menu à la carte 37/67 – **33 Z** ⍻ 105/135 – 200/235 – ½ P 37.

🏠 **Landhaus Zum Deichgraf** 🦢 garni, Ankerstr. 6, ✉ 26736, 𝓟 (04926) 9 21 20, Fax (04926) 921229, « Einrichtung im hellen Landhausstil », 🐎 – 🌤 🆀 🅿
geschl. Mitte Nov. - Weihnachten – **10 Z** ⍻ 130 – 170/200.

KUCHELMISS Mecklenburg-Vorpommern **416** E 21 – 880 Ew – Höhe 60 m.

🇬 Serrahn, Dobbiner Weg 24 (Süd : 3 km), 𝓟 (038456) 6 50.

Berlin 160 – *Schwerin* 78 – *Rostock* 50 – *Neubrandenburg* 84.

In Kuchelmiss-Serrahn Süd : 3 km :

🏠 **Das Landhaus am Serrahner See** 🦢, Dobbiner Weg 24, ✉ 18292, 𝓟 (038456) 6 50, Fax (038456) 65255, 🍽, Biergarten, ♨, ≦s, 🔲, 🐎, 🦆, 🇬 – 🌤 Zim, 🆀 🅿 –
🔏 50. 🆎 🕥 🕪 **VISA**
Menu à la carte 40/59 – **34 Z** ⍻ 120/180.

KÜHLUNGSBORN Mecklenburg-Vorpommern **415** **416** D 19 – 7 300 Ew – Höhe 2 m – *Seebad.*

🇬 Wittenbeck (Süd-Ost : 3 km), 𝓟 (038293) 75 75.

🖪 Kurverwaltung, Ostseeallee 19, ✉ 18225, 𝓟 (038293) 84 90, Fax (038293) 84930.
Berlin 251 – Schwerin 70 – *Rostock* 31 – Wismar 39.

🏛 **Aquamarin** 🅼, Hermannstr. 33, ✉ 18225, 𝓟 (038293) 40 20, hotel-aquamarin@on line.de, Fax (038293) 40277, 🍽, ≦s, 🔲 – 🛗, 🌤 Zim, 🆀 🕸 🅿 – 🔏 25. 🕪 **VISA**
🛇 Rest
Menu (Montag - Freitag nur Abendessen) à la carte 35/52 – **59 Z** ⍻ 150/165 – 230 – ½ P 30.

🏛 **Neptun Hotel** 🅼, Strandstr. 37, ✉ 18225, 𝓟 (038293) 6 30, neptunhotel@t-onlin e.de, Fax (038293) 63299, 🍽, ≦s – 🌤 Zim, 🆀 🅿 – 🔏 40. 🆎 🕪 **VISA**
Menu (geschl. Jan.) (nur Abendessen) à la carte 37/64 – **25 Z** ⍻ 150/170 – 180/220 – ½ P 30.

🏛 **Residenz Waldkrone** 🅼, Tannenstr. 4, ✉ 18225, 𝓟 (038293) 40 00, waldkrone@t -online.de, Fax (038293) 40011, 🍽, ≦s – 🛗, 🌤 Zim, 🆀 🕝 🦆 🅿 – 🔏 20. 🆎 🕪
VISA
Menu (geschl. Anfang Nov. - Anfang Dez.) à la carte 33/57 – **44 Z** ⍻ 130/160 – 180/195 – ½ P 25.

🏠 **Schweriner Hof** 🅼, Ostseeallee 46, ✉ 18225, 𝓟 (038293) 7 90, MAIL@SCHWERI- NERHOF.COM, Fax (038293) 79410, ≦s – 🛗, 🌤 Zim, 🆀 🕝 🅿 – 🔏 20. 🆎 🕪 **VISA**
🛇 Rest
Menu (nur Abendessen) à la carte 32/53 – **30 Z** ⍻ 125/199 – 179/380.

🏠 **Strandhotel Sonnenburg,** Ostseeallee 15, ✉ 18225, 𝓟 (038293) 83 90, Feine.Ao resse@strandhotelsonnenburg.de, Fax (038293) 83913, 🍽 – 🛗, 🌤 Zim, 🆀 🕸 🅿 🆎 🕪 **VISA**
Menu à la carte 33/57 – **29 Z** ⍻ 130/165 – 180/195 – ½ P 25.

🏠 **Strandblick** 🅼, Ostseeallee 6, ✉ 18225, 𝓟 (038293) 6 33, Strandblick@ringhotels.de, Fax (038293) 63500, 🍽, ≦s – 🛗, 🌤 Zim, 🆀 🕝 🦆 🅿 – 🔏 40. 🆎 🕥 🕪 **VISA**
🛇
Menu (nur Abendessen) à la carte 30/60 – **40 Z** ⍻ 130/200 – 170/250, 4 Suiten – ½ P 30.

🏠 **Westfalia** garni, Ostseeallee 17, ⊠ 18225, ℘ (038293) 1 21 95, *Fax (038293) 12196*, « Garten » – |❄| 💱 TV 🅿 ⋘
geschl. Dez. – **14 Z** ⊂ 157 – 175/190.

🏠 **Rosenhof,** Poststr. 18, ⊠ 18225, ℘ (038293) 7 86, *Fax (038293) 78787*, 😊, 😊, 🍴
– |❄|, 🍽 Rest, TV ☏ ⋙ 🅿 ⚑ ◉ ◉◎ VISA JCB
Menu *(Montag - Freitag nur Abendessen)* à la carte 29/60 – **47 Z** ⊂ 115/150 – 150/220 – ½ P 25.

🏠 **Am Strand,** Ostseeallee 16, ⊠ 18225, ℘ (038293) 8 00, *Hotel-Am-Strand@Kuehlun gsborn-online.de, Fax (038293) 80118*, 😊, 🍴, 😊 – |❄| TV 🅿 – 🛗 20. ⚑ ◉ ◉◎ VISA
Menu *(ausser Saison Montag - Freitag nur Abendessen)* à la carte 33/58 – **38 Z** ⊂ 115/150 – 140/200 – ½ P 29.

🏠 **Villa Patricia** garni, Ostseeallee 2, ⊠ 18225, ℘ (038293) 85 40, *ANTIK-HOTEL-PATRICIA@t-online.de, Fax (038293) 85485*, « Haus im Stil der Jahrhundertwende », 😊 – 💱 TV 🅿 ⚑ ◉◎
26 Z ⊂ 125/130 – 190/200.

🏠 **Strandhotel Nordischer Hof**, Ostseeallee 25, ⊠ 18225, ℘ (038293) 8 92 90, *Fax (038293) 7604*, 😊 – |❄| TV ⋙ 🅿 ⚑ ◉◎ VISA ⋘ Rest
Menu *(nur Abendessen) (ausser Saison Garni)* (Restaurant nur für Hausgäste) – **38 Z** ⊂ 100/110 – 150/190 – ½ P 20.

🏠 **Polar-Stern,** Ostseeallee 24, ⊠ 18225, ℘ (038293) 82 90, *KBORN.POLAR-STERN@T-ONLINE.DE, Fax (038293) 82999*, 😊, Biergarten – TV 🅿 – 🛗 25. ⚑ ◉ ◉◎ VISA. ⋘ Rest
Menu *(geschl. Nov. 1 Woche) (Nov. · März nur Abendessen)* à la carte 25/51 – **24 Z** ⊂ 100/135 – 155/170 – ½ P 20.

🏠 **Scandinavia,** Friedrich-Borgwardt-Str. 1, ⊠ 18225, ℘ (038293) 64 40, *infos@ostse ehotel.com, Fax (038293) 7219*, 😊 – TV 🅿 – 🛗 15. ⚑ ◉ ◉◎ VISA
geschl. 4. - 20. Jan. – **Menu** *(nur Abendessen)* à la carte 28/44 – **23 Z** ⊂ 109/169 – 179/229 – ½ P 24.

🏠 **Poseidon,** Hermannstr. 6, ⊠ 18225, ℘ (038293) 8 92 80, *Fax (038293) 8928130*, 😊 😊 – TV 🅿 ⚑ VISA
geschl. Nov. – **Menu** à la carte 23/40 – **23 Z** ⊂ 105/125 – 160/180 – ½ P 22.

🍴 **Brunshöver Möhl,** An der Mühle 3, ⊠ 18225, ℘ (038293) 9 37, *Fax (038293) 13153* – 🅿 ⚑ ◉ ◉◎ VISA
geschl. Okt. - April Montag – **Menu** *(Okt. - April wochentags nur Abendessen)* à la carte 32/56.

In Wittenbeck *Süd-Ost : 3 km :*

🏠 **Landhotel Wittenbeck** 😊, Straße zur Kühlung 21a, ⊠ 18209, ℘ (038293) 8 92 30, *landhotel-wittenbeck@m-vp.de, Fax (038293) 892333*, 😊, 😊, 🖼 – TV 🅿 – 🛗 40. ⚑ ◉◎ VISA ⋘
Menu à la carte 25/42 – **45 Z** ⊂ 120/150 – 170 – ½ P 23.

KÜNZELL *Hessen siehe Fulda.*

KÜPS Bayern 418 420 *P 17 – 7 500 Ew – Höhe 299 m.*
    Berlin 355 – München 278 – Coburg 33 – Bayreuth 50 – Hof 59 – Bamberg 52.

🍴🍴 **Werners Restaurant,** Griesring 16, ⊠ 96328, ℘ (09264) 64 46, *Fax (09264) 7850*, 😊
geschl. Anfang - Mitte Juni 2 Wochen, Juli 1 Woche, Sonntag – **Menu** *(nur Abendessen)* à la carte 45/63.

In Küps-Oberlangenstadt :

🏠 **Hubertus,** Hubertusstr. 7, ⊠ 96328, ℘ (09264) 96 00, *gerdheinrich.grebner@krona ch.online.de, Fax (09264) 96055*, ⋖, 😊, 😊, 🖼, 🍴 – 💱 Zim, TV 🅿 – 🛗 40. ◉ ◉◎ VISA
geschl. 2. - 9. Jan. – **Menu** *(geschl. Sonntagabend)* à la carte 40/67 – **24 Z** ⊂ 81/131.

KÜRNBACH Baden-Württemberg 419 *S 10 – 2 600 Ew – Höhe 203 m.*
    Berlin 625 – Stuttgart 67 – Karlsruhe 47 – Heilbronn 37.

🍴 **Weiss,** Austr. 63 (Ost : 1 km), ⊠ 75057, ℘ (07258) 65 60, 😊 – ⋘
geschl. Jan. 2 Wochen, Aug. 2 Wochen, Dienstag – **Menu** *(wochentags nur Abendessen)* (Tischbestellung ratsam) à la carte 37/55 🍷.

KÜRTEN Nordrhein-Westfalen ⁴¹⁷ M 5 – 17 000 Ew – Höhe 250 m – Luftkurort.
🛆 Kürten, Johannesberg 13, ℘ (02268) 89 89, Fax (02268) 3089.
Berlin 565 – Düsseldorf 62 – Köln 35 – Lüdenscheid 47.

In Kürten-Hungenbach Süd-West : 2 km :

🏠 **Gut Hungenbach** ⌂, ☒ 51515, ℘ (02268) 60 71, Fax (02268) 6073, 🌳,
« Historische Fachwerkhäuser a.d. 17. und 18. Jh. », ℀ – ↹ Zim, 📺 ⟵ 🅿 – 🔏 35.
🕮 🅾 🆖 𝗩𝗜𝗦𝗔
geschl. 24. Dez. - Mitte Jan. – **Menu** (geschl. Montag) à la carte 42/82 – **35 Z** ⊇ 150/190
– 250.

KUFSTEIN Österreich ⁴²⁰ X 20 – 14 500 Ew – Höhe 500 m – Wintersport : 515/1 600 m ⚡2
⚡.
Sehenswert : Festung : Lage★, ⩘★, Kaiserturm★.
Ausflugsziel : Ursprungpaß-Straße★ (von Kufstein nach Bayrischzell).
🎫 Tourismusverband, Unterer Stadtplatz 8, ☒A-6330, ℘ (05372) 6 22 07, Fax (05372)
61455.
Wien 401 – Innsbruck 72 – Bad Reichenhall 77 – München 90 – Salzburg 106.
Die Preise sind in der Landeswährung (Ö. S.) angegeben.

🏠 **Alpenrose** ⌂, Weißachstr. 47, ☒ A-6330, ℘ (05372) 6 21 22, ALPENROSE.
TELSER@KUFNET.AT, Fax (05372) 621227, 🌳, ⋐ – ⟊, ↹ Zim, 📺 ⟵ 🅿 – 🔏 30.
🕮 🅾 🆖 𝗩𝗜𝗦𝗔
geschl. 7.- 22. April – **Menu** à la carte 280/500 – **22 Z** ⊇ 890/1050 – 1450/1980 –
½ P 300.

🏠 **Andreas Hofer,** Georg-Pirmoser-Str. 8, ☒ A-6330, ℘ (05372) 69 80, sappl@andrea
s-hofer.com, Fax (05372) 698090, 🌳 – ⟊, ↹ Zim, 📺 ⟵ 🅿 – 🔏 50. 🕮 🅾 🆖 𝗩𝗜𝗦𝗔,
℀ Rest
Menu (geschl. Juli - Aug. Sonntag) à la carte 220/510 – **95 Z** ⊇ 800/910 – 1400/1540
– ½ P 200.

🏠 **Zum Bären,** Salurner Str. 36, ☒ A-6330, ℘ (05372) 6 22 29, hotelbaeren.kufstein@t
irol.com, Fax (05372) 636894, 🌳, ⋐, 🍴 – ⟊ 📺 ⟵ 🅿 – 🔏 30. 🆖 𝗩𝗜𝗦𝗔
Menu (geschl. Sonntag) à la carte 200/440 – **33 Z** ⊇ 675/770 – 1065/1330 – ½ P 175.

🏠 **Goldener Löwe,** Oberer Stadtplatz 14, ☒ A-6330, ℘ (05372) 6 21 81, goldener.loe
we@kufnet.at, Fax (05372) 621818 – ⟊ 📺 ⟵. 🕮 🅾 🆖 𝗩𝗜𝗦𝗔 𝗝𝗖𝗕
geschl. April 2 Wochen – **Menu** à la carte 200/400 – **40 Z** ⊇ 560/770 – 960/1050 – ½ P 155.

KUHS Mecklenburg-Vorpommern siehe Güstrow.

KULMBACH Bayern ⁴¹⁸ ⁴²⁰ P 18 – 30 000 Ew – Höhe 306 m.
Sehenswert : Plassenburg★ (Schöner Hof★★, Zinnfigurenmuseum★) BX.
🎫 Tourist Service, Sutte 2 (Stadthalle) ☒ 95326, ℘ (09221) 9 58 80, Fax (09221) 958844.
Berlin 355 ① – München 257 ② – Coburg 46 ③ – Bayreuth 22 ② – Bamberg 60 ② –
Hof 49 ①

Stadtplan siehe gegenüberliegende Seite

🏠 **Astron,** Luitpoldstr. 2, ☒ 95326, ℘ (09221) 60 30, Kulmbach@astron-hotels.de,
Fax (09221) 603100, 🌳, Massage, ⋐ – ⟊, ↹ Zim, 📺 ℀ 🔏 🅿 – 🔏 170. 🕮 🅾 🆖
𝗩𝗜𝗦𝗔 𝗝𝗖𝗕   AY b
Menu à la carte 42/72 – **103 Z** ⊇ 185/205.

🏠 **Hansa-Hotel,** Weltrichstr. 2a, ☒ 95326, ℘ (09221) 6 00 90, service@hansa-hotel-Ku
lmbach.de, Fax (09221) 66887, « Einrichtung in modernem Design » – ⟊, ↹ Zim, 📺 ℀
⟵ – 🔏 20. 🕮 🅾 🆖 𝗩𝗜𝗦𝗔   AY a
Menu (geschl. Sonntag) à la carte 38/68 – **30 Z** ⊇ 125/155 – 180/225.

🏠 **Kronprinz,** Fischergasse 4, ☒ 95326, ℘ (09221) 9 21 80, info@kronprinz-kulmbach.
de, Fax (09221) 921836 – 📺 ℀ – 🔏 20. 🕮 🅾 🆖 𝗩𝗜𝗦𝗔   CZ n
Menu (geschl. Montag) (Restaurant nur für Hausgäste) – **22 Z** ⊇ 108/135 – 155/250.

🏠 **Purucker,** Melkendorfer Str. 4, ☒ 95326, ℘ (09221) 9 02 00, info@hotel-purucker.de,
Fax (09221) 902090, ⋐, 🔳 – ⟊ 📺 ⟵ 🅿 🕮 🅾 🆖 𝗩𝗜𝗦𝗔 ℀ Zim   AY r
geschl. Mitte - Ende Aug. – **Menu** (geschl. Samstag - Sonntag) à la carte 33/57 – **23 Z**
⊇ 89/125 – 145/178.

In Kulmbach-Höferänger über ④ : 4 km :

🏠 **Dobrachtal,** Höferänger 10, ☒ 95326, ℘ (09221) 94 20, info@dobrachtal.de,
Fax (09221) 942355, 🌳, ⋐, 🔳, 🍴 – ⟊ 📺 ⟵ 🅿 – 🔏 60. 🕮 🅾 🆖 𝗩𝗜𝗦𝗔
geschl. 20. Dez. - 5. Jan. – **Menu** (geschl. Freitag) à la carte 34/66 – **57 Z** ⊇ 78/132 –
148/210.

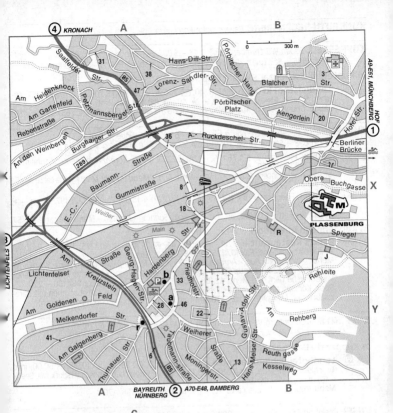

KULMBACH

KUNREUTH-REGENSBERG Bayern siehe Forchheim.

KUPFERZELL Baden-Württemberg 419 S 13 – 5 000 Ew – Höhe 345 m.
Berlin 555 – Stuttgart 85 – Heilbronn 46 – Schwäbisch Hall 17 – Würzburg 91.

In Kupferzell-Eschental Süd-Ost : 6 km :

🏠 **Landgasthof Krone**, Hauptstr. 40, ✉ 74635, ℰ (07944) 6 70, Fax (07944) 6767, 🏠
⇔s, 🔲 – ⬚, ⇔ Zim, 🔲 ✆ 🄿 – 🔬 40. ① 🐯 🐯 VISA. ⌗ Rest
geschl. über Fasching, Aug. 2 Wochen – **Menu** à la carte 26/55 – **54 Z** ☲ 65/95 – 95/160.

KUPPENHEIM Baden-Württemberg 419 T 8 – 6 200 Ew – Höhe 126 m.
Berlin 698 – Stuttgart 98 – Karlsruhe 27 – Baden-Baden 12 – Rastatt 5,5.

🏠 **Blume**, Rheinstr. 7, ✉ 76456, ℰ (07222) 9 47 80, Lorenz@Blume-Kuppenheim.de,
Fax (07222) 947880, 🏠 – 🔲 🄿 🐯 🐯 VISA
geschl. Weihnachten - 6. Jan., Anfang - Mitte Aug. – **Menu** (geschl. Montag) à la carte 31/61
– **15 Z** ☲ 70/85 – 120/135.

🍴 **Ochsen**, Friedrichstr. 53, ✉ 76456, ℰ (07222) 4 15 30, Fax (07222) 48750, 🏠 – 🄿.
① 🐯 VISA. ⌗
geschl. 28. Feb. - 13. März, 31. Juli - 21. Aug., Sonntag - Montag – **Menu** à la carte 34/57.

In Kuppenheim-Oberndorf Süd-Ost : 2 km :

🍴 **Raub's Restaurant** mit Zim, Hauptstr. 41, ✉ 76456, ℰ (07225) 7 56 23, Raub.Res
🕸 taurant@t-online.de, Fax (07225) 79378 – 🔲 🄿 VISA
🐝 **Menu** (geschl. Ende Aug. - Anfang Sept., Sonntag - Montag) (bemerkenswerte Weinkarte)
à la carte 81/124 – **Kreuz-Stübl** 🏠 (geschl. Aug. 2 Wochen, Sonntag - Montag) (auch
vegetarische Gerichte) Menu 42/86 und à la carte 52/78 – **5 Z** ☲ 98/160 – 220
Spez. Königsbrasse mit Vasia-Olivennage und Auberginenpüree. Kalbsbäckchen mit Baro-
losauce und Steinpilzrisotto. Gefüllte Pfannküchle mit Aprikosenkompott (Saison).

KUPPENTIN Mecklenburg-Vorpommern 416 F 20 – 220 Ew – Höhe 60 m.
Berlin 172 – Schwerin 64 – Rostock 77 – Stendal 146.

In Kuppentin-Daschow Nord-Ost : 2 km :

🏠 **Landhotel Schloß Daschow** 🛏, Schloßstr. 5, ✉ 19386, ℰ (038732) 50 00, info
@SchlossDaschow.de, Fax (038732) 50091, 🏠, « Englischer Landschaftspark mit See »
– 🔲 🄿 – 🔬 15. 🐯 VISA
Menu (geschl. Feb.) à la carte 28/49 – **16 Z** ☲ 98 – 150/170.

KUSEL Rheinland-Pfalz 417 R 6 – 6 000 Ew – Höhe 240 m.
Berlin 682 – Mainz 107 – Saarbrücken 72 – Trier 84 – Kaiserslautern 40.

In Blaubach Nord-Ost : 2 km :

🏠 **Reweschnier** 🛏, Kuseler Str. 5, ✉ 66869, ℰ (06381) 92 38 00, info@reweschnier.de,
Fax (06381) 923880, 🏠, ⇔s, 🌳 – ⇔ Zim, 🔲 ⇔ 🄿 – 🔬 30. ① 🐯 VISA. ⌗
geschl. 2. - 8. Jan. – **Menu** à la carte 28/68 ⅋ – **29 Z** ☲ 88/99 – 139/158 – ½ P 35.

In Konken Süd-West : 6 km :

🍴 **Haus Gerlach**, Hauptstr. 39 (B 420), ✉ 66871, ℰ (06384) 3 27 – 🄿
🕸 **Menu** (geschl. Montag) à la carte 23/47 ⅋ – **10 Z** ☲ 50/100.

KYRITZ Brandenburg 416 H 21 – 9 200 Ew – Höhe 34 m.
🔰 Fremdenverkehrsverein, Maxim-Gorki Str. 32, ✉ 16866, ℰ (033971) 5 23 31, Fax
(033971) 73729.
Berlin 96 – Potsdam 85 – Schwerin 113.

In Bantikow Ost : 12 km über Wusterhausen :

🏠 **Am Untersee** 🛏, Dorfstr. 48, ✉ 16868, ℰ (033979) 1 45 90, info@hotel-am-unt
🕸 ersee.de, Fax (033979) 14622, 🏠, ⇔s, 🐾, 🌳 – 🔲 🄿 – 🔬 25. 🄰🄴 🐯 VISA
Menu à la carte 24/39 – **36 Z** ☲ 80/120 – ½ P 25.

LAASPHE, BAD Nordrhein-Westfalen 417 N 9 – 16 000 Ew – Höhe 335 m – Kneippheilbad.
🔰 Kurverwaltung, im Haus des Gastes, ✉ 57324, ℰ (02752) 8 98, Fax (02752) 7789.
Berlin 489 – Düsseldorf 174 – Siegen 34 – Kassel 108 – Marburg 43.

🏠 **Berghaus Sieben** 🛏 garni, Mühlfeld 14, ✉ 57334, ℰ (02752) 4 76 70, berghaus-s
🕸 ieben@gmx.de, Fax (02752) 476767 ⇔ 🔲 🄿 VISA
6 Z ☲ 75/80 – 130/140.

In Bad Laasphe-Feudingen *West : 9 km :*

🏠 **Landhotel Doerr,** Sieg-Lahn-Str. 8, ✉ 57334, ℰ (02754) 37 00, Fax (02754) 370100, ⇔, ≋, ☒, ≉ – 📱, ↔ Zim, 📺 📞 – 🅰 60. 🆀 ⓞ 🆎 𝑉𝐼𝑆𝐴. ⚡ Rest
Menu à la carte 43/75 – **42 Z** ⊆ 115/145 – 230/290 – ½ P 43.

🏠 **Lahntal-Hotel,** Sieg-Lahn-Str. 23, ✉ 57334, ℰ (02754) 12 85, Fax (02754) 1286, ⇔s
– 📱, ↔ Zim, 📺 📞 📱 – 🅰 80. ⚡
Menu *(geschl. Dienstag)* à la carte 35/76 – **22 Z** ⊆ 115/155 – 230/310 – ½ P 30.

🏠 **Im Auerbachtal** ⚘, Wiesenweg 5, ✉ 57334, ℰ (02754) 37 58 80, auerbachtal@t
-online.de, Fax (02754) 3758888, ⇔s, ☒, ≉ – ↔ 📺 📱. ⚡
geschl. Jan. – **Menu** *(geschl. Sonntag)* *(nur Abendessen)* (Restaurant nur für Hausgäste) –
16 Z ⊆ 72/134 – ½ P 24.

In Bad Laasphe-Glashütte *West : 14 km über Bad Laasphe-Volkholz :*

🏠 **Jagdhof Glashütte** ⚘, Glashütter Str. 20, ✉ 57334, ℰ (02754) 39 90, jagdhof-g
✿ lashuette@t-online.de, Fax (02754) 399222, ☆, « Einrichtung im alpenländischen Stil »,
Massage, ⇔s, ☒, ≉ – 📱 📺 📞 📱 – 🅰 70. 🆀 ⓞ 🆎
Ars vivendi *(geschl. Sonntag - Montag)* *(nur Abendessen)* **Menu** 128/158 à la carte
85/122 – **Jagdhof Stuben** *(geschl. Montag)* **Menu** à la carte 52/75 – **29 Z** ⊆ 228/270
– 440/660, 3 Suiten – ½ P 50.
Spez. Zweierlei St. Jakobsmuscheln mit Kaviar und Schnittlauchsauce. Steinbutt mit gebratenen Scampi und Limettenbutter. Variation von der Ananas.

In Bad Laasphe-Hesselbach *Süd-West : 10 km :*

✕✕✕ **L'école** (Debus), Hesselbacher Str. 23, ✉ 57334, ℰ (02752) 53 42, Fax (02752) 6900,
✿✿ ☆, « Elegante Einrichtung » – 📱 🆀 𝑉𝐼𝑆𝐴
geschl. Jan., Sept. 2 Wochen, Montag - Dienstag – **Menu** *(nur Abendessen)* (Tischbestellung
erforderlich) 130/160 à la carte 77/113
Spez. Gebratene Gänseleber mit glacierten Apfelspalten. Rehrücken mit Pinienkruste. Terrine von zweierlei Schokolade mit Pralineneis.

LAATZEN *Niedersachsen siehe Hannover.*

LABOE *Schleswig-Holstein* 𝟜𝟙𝟝 𝟜𝟙𝟞 *C 14 – 5100 Ew – Höhe 5 m – Seebad.*
Sehenswert : *Marine-Ehrenmal★ (Turm ⩽★★).*
🛈 *Kurbetrieb, Strandstr. 25, ✉ 24235, ℰ (04343) 42 75 53, Fax (04343) 1781.*
Berlin 366 – Kiel 18 – Schönberg 13.

🏠 **Seeterrassen,** Strandstr. 86, ✉ 24235, ℰ (04343) 60 70, Seeterrassen-Laboe@t-o
nline.de, Fax (04343) 60770, ⩽, ☆, ⇔s – 📱 📺 📱. 🆎 ⓞ 🆀 𝑉𝐼𝑆𝐴. ⚡ Zim
geschl. Dez. - Jan. – **Menu** à la carte 29/52 – **40 Z** ⊆ 72/83 – 124/166.

In Stein *Nord-Ost : 4 km :*

🏠 **Bruhn's Deichhotel** ⚘, Dorfring 36, ✉ 24235, ℰ (04343) 49 50, bruhnsdeichhot
⚘ el@t-online.de, Fax (04343) 495299, ⩽ Kieler Förde, ☆, ⇔s – ↔ Zim, 📺 ⇔
📱
geschl. 22. Jan. - 1. März, Okt. - Nov. 2 Wochen – Menu *(geschl. Sept. - April Montag)* (Sept.
- April Dienstag - Freitag nur Abendessen) à la carte 35/74 – **35 Z** ⊆ 150/160 – 200/220,
5 Suiten – ½ P 35.

LADBERGEN *Nordrhein-Westfalen* 𝟜𝟙𝟟 *J 7 – 6450 Ew – Höhe 50 m.*
Berlin 456 – Düsseldorf 149 – Nordhorn 79 – Bielefeld 83 – Enschede 66 – Münster (West-
falen) 28 – Osnabrück 33.

🏠 **Zur Post,** Dorfstr. 11, ✉ 49549, ℰ (05485) 9 39 30, haug@gastwirt.de,
⚘ Fax (05485) 939392, ☆, « Westfälisches Gasthaus a.d. 17. Jh. », ≉ – 📺 📞 ⇔ 📱 –
🅰 20. 🆎 ⓞ 🆀 𝑉𝐼𝑆𝐴
geschl. 1. - 6. Jan. – **Menu** 41 à la carte 47/68 – **25 Z** ⊆ 90/115 – 140/190.

✕✕✕ **Rolinck's Alte Mühle,** Mühlenstr. 17, ✉ 49549, ℰ (05485) 14 84,
Fax (05485) 831173, ☆, « Rustikale Einrichtung » – 📱 🆎 ⓞ 🆀 𝑉𝐼𝑆𝐴
geschl. Anfang - Mitte Jan., Dienstag – **Menu** *(wochentags nur Abendessen)* à la carte
61/101.

✕✕ **Waldhaus an de Miälkwellen** mit Zim, Grevener Str. 43, ✉ 49549, ℰ (05485)
9 39 90, info@waldhaus-ladbergen.de, Fax (05485) 939993, ☆, ≉ – 📺 📞 📱 – 🅰 100.
🆎 ⓞ 🆀 𝑉𝐼𝑆𝐴
Menu à la carte 32/63 – **7 Z** ⊆ 95/155 – 125/155.

LADENBURG Baden-Württemberg **417 419** *R 9* – 11 700 Ew – Höhe 98 m.

🛈 *Stadtinformation, Dr.-Carl-Benz-Platz 1,* ✉ *68526,* ✆ *(06203) 92 26 03, Fax (06203) 924709.*

Berlin 618 – Stuttgart 130 – Mannheim 15 – Heidelberg 13 – Mainz 82.

🏨 **Nestor** M, Benzstr. 21, ✉ 68526, ✆ (06203) 93 90, *nestor-hotel-ladenburg@t-online.de, Fax (06203) 939113,* 🍽, 🚌 – 📶, 🌀 Zim, 📺 📺 📞 & 🚗 📞 – 🏛 120. 🖭 ⓞ 🐾 *VISA*
Menu à la carte 40/67 – **128 Z** ⚏ 195/255 – 245/305.

🏨 **Cronberger Hof** 🌿 garni, Cronbergergasse 10, ✉ 68526, ✆ (06203) 9 26 10, *Fax (06203) 926150* – 📺 🚗. 🖭 ⓞ 🐾 *VISA*
20 Z ⚏ 135/145 – 150/190.

🏠 **Im Lustgarten,** Kirchenstr. 6, ✉ 68526, ✆ (06203) 9 51 60, *Fax (06203) 951636,* 🍽 – 📺 📞. 🖭 ⓞ 🐾 *VISA*. 🌸
geschl. Dez. - Jan. 3 Wochen, Juli - Aug. 4 Wochen – **Menu** *(geschl. Freitag, Sonn- und Feiertage) (nur Abendessen)* à la carte 29/58 – **19 Z** ⚏ 75/115 – 100/150.

✕ **Zur Sackpfeife,** Kirchenstr. 45, ✉ 68526, ✆ (06203) 31 45, *Fax (06203) 3145,* « *Fachwerkhaus a.d.J. 1598 ; historische Weinstube ; Innenhof* »
geschl. 22. Dez. - 10. Jan., Samstagmittag, Sonn- und Feiertage – **Menu** (abends Tischbestellung ratsam) à la carte 48/76.

LAER, BAD Niedersachsen **417** *J 8* – 8 000 Ew – Höhe 79 m – Heilbad.

🛈 *Kurverwaltung, Glandorfer Str. 5,* ✉ *49196,* ✆ *(05424) 29 11 88, Fax (05424) 291189.*

Berlin 419 – Hannover 141 – Bielefeld 37 – Münster (Westfalen) 39 – Bad Rothenfelde 5,5.

🏠 **Haus Große Kettler,** Remseder Str. 1 (am Kurpark), ✉ 49196, ✆ (05424) 80 70, *hotel@haus-grosse-kettler.de, Fax (05424) 80777,* 🚌, 🌀, 🍽 – 📶 📺 📞 – 🏛 50. 🖭 🐾 *VISA*. 🌸 Rest
geschl. 20. Dez. - 5. Jan. – **Menu** à la carte 30/54 – **31 Z** ⚏ 86/96 – 146/158 – ½ P 12.

🏠 **Landhaus Meyer zum Alten Borgloh,** Iburger Str. 23, ✉ 49196, ✆ (05424) 2 92 10, *Meyer.zum.Alten.Borgloh@t-online.de, Fax (05424) 292155,* 🍽, 🚌, 🍽 – 📺 📞 & 🐾 *VISA*. 🌸
Menu (Restaurant nur für Hausgäste) – **22 Z** ⚏ 65/75 – 110/130 – ½ P 10.

🏠 **Storck,** Paulbrink 4, ✉ 49196, ✆ (05424) 90 08, *Fax (05424) 7944,* 🍽, 🚌, 🌀 – 📶 📺 📞. 🌸 Zim
Menu *(geschl. Montag)* à la carte 28/52 – **14 Z** ⚏ 67 – 96/126.

LAGE (LIPPE) Nordrhein-Westfalen **417** *K 10* – 33 500 Ew – Höhe 103 m.

🛈 *Lage, Ottenhauser Str. 100,* ✆ *(05232) 6 80 49.*

Berlin 388 – Düsseldorf 189 – Bielefeld 21 – Detmold 9 – Hannover 106.

In Lage-Stapelage Süd-West : 7 km – Luftkurort :

🏠 **Haus Berkenkamp** 🌿, Im Heßkamp 50 (über Billinghauser Straße), ✉ 32791, ✆ (05232) 7 11 78, *Fax (05232) 961033,* « *Garten* », 🚌 – 📺 📞. 🌸
geschl. 5. - 21. Okt. – **Menu** (Restaurant nur für Hausgäste) – **20 Z** ⚏ 60/66 – 108/112.

LAHNAU Hessen siehe Wetzlar.

LAHNSTEIN Rheinland-Pfalz **417** *P 6* – 19 500 Ew – Höhe 70 m.

🛈 *Tourist-Information, Stadthallenpassage,* ✉ *56112,* ✆ *(02621) 91 41 71, Fax (02621) 914340.*

Berlin 596 – Mainz 102 – Koblenz 9 – Bad Ems 13.

🏨 **Dorint Hotel Rhein Lahn** 🌿, im Kurzentrum (Süd-Ost : 3,5 km), ✉ 56112, ✆ (02621) 91 20, *Info.ZNVRHE@dorint.com, Fax (02621) 912101,* Panorama-Café und Restaurant (15. Etage) mit ≤ Rhein und Lahntal, Massage, ♨, 🚌, 🌀 (geheizt), 🌀, 🍽, ✕ (Halle) – 📶, 🌀 Zim, 📺 & 🚗 📞 – 🏛 400. 🖭 ⓞ 🐾 *VISA* 🚙
🌸 Rest
Menu à la carte 48/78 – **227 Z** ⚏ 210/350 – 290/380, 4 Suiten – ½ P 40.

🏠 **Bock,** Westallee 11, ✉ 56112, ✆ (02621) 26 61, *Fax (02621) 2721,* 🍽 – 📺. 🖭 ⓞ 🐾 *VISA*
Menu *(geschl. Montag)* à la carte 32/65 – **14 Z** ⚏ 75/95 – 130.

LAHR (SCHWARZWALD) Baden-Württemberg **419** U 7 – 41 000 Ew – Höhe 168 m.

Ausflugsziel : Ettenheimmünster★, Süd-Ost : 18 km.

🔄 Lahr-Reichenbach (Ost : 4 km), 𝒫 (07821) 7 72 27.

🛈 Tourist-Information, Neues Rathaus, Rathausplatz 4, ✉ 77933, 𝒫 (07821) 9 10 01 30, Fax (07821) 9100132.

Berlin 767 – Stuttgart 168 – Karlsruhe 96 – Offenburg 26 – Freiburg im Breisgau 54.

🏨 **Schulz**, Alte Bahnhofstr. 6, ✉ 77933, 𝒫 (07821) 91 50, Fax (07821) 22674, 🌄 – 📶
📺 🥗 🅿 🆎 ① 🅾🅾 ꕝꕝꕝ ꕝꕝꕝ
Menu (geschl. Samstagmittag) 33/50 à la carte 51/77 – **36 Z** ⊑ 115/125 – 165/195.

🏨 **Schwanen**, Gärtnerstr. 1, ✉ 77933, 𝒫 (07821) 91 20, hotel@schwanen-lahr.de, Fax (07821) 912320, 🌄 – 📶 🏡 Zim, 📺 🅿 🆎 ① 🅾🅾 ꕝꕝꕝ
Menu (geschl. Sonntag) à la carte 40/77 – **60 Z** ⊑ 125/135 – 162/178.

🏨 **Am Westend**, Schwarzwaldstr. 97, ✉ 77933, 𝒫 (07821) 9 50 40, HOTELAMWE-STEND@T-ONLINE.DE, Fax (07821) 950495, 🌄, 🥗 – 🏡 Zim, 📺 🥗 🥗 🅿 🅾🅾 ꕝꕝꕝ
geschl. 24. Dez. - 6. Jan. – **Menu** (geschl. Sonntag) (nur Abendessen) à la carte 29/42 – **34 Z** ⊑ 112 – 148/158.

🏨 **Zum Löwen**, Obertorstr. 5, ✉ 77933, 𝒫 (07821) 2 30 22, Fax (07821) 1514, (Fach-werkhaus a.d. 18. Jh.) – 📺 🥗 – 🔏 60. 🆎 ① 🅾🅾 ꕝꕝꕝ
geschl. 23. Dez. - 7. Jan. – **Menu** (geschl. Aug. 2 Wochen, Sonntag) à la carte 31/72 – **30 Z** ⊑ 90/130 – 130/140.

In Lahr-Langenhard Süd-Ost : 5 km :

🏕 **Berggasthof Schöne Aussicht** 🌄, ✉ 77933, 𝒫 (07821) 73 66, Fax (07821) 76761, ≤, 🌄, 🌄 – 🏡 Zim, 📺 🅿 🥗 Zim
geschl. Jan., Nov. – **Menu** (geschl. Montag, Donnerstag) (wochentags nur Abendessen) à la carte 28/53 🍴 – **15 Z** ⊑ 85 – 120/160.

In Lahr-Reichenbach Ost : 3,5 km – Erholungsort :

🏨 **Adler** (Fehrenbacher), Reichenbacher Hauptstr. 18 (B 415), ✉ 77933, 𝒫 (07821) 90 63 90, Adler.Lahr@t-online.de, Fax (07821) 9063933, 🌄 – 📶 🥗 🥗 🅿 – 🔏 20. 🆎 🅾🅾 ꕝꕝꕝ
😺 geschl. 18. Feb. - 7. März – **Menu** (geschl. Dienstag) à la carte 62/97 – **24 Z** ⊑ 118/130 – 180/200
Spez. Fischsuppe unter der Blätterteighaube. Steinbutt "provençale" im Brickteig gebak-ken. Rehfilet mit Pfifferlingplotzer und Preiselbeersauce.

An der Straße nach Sulz Süd : 2 km :

🏨 **Dammenmühle** 🌄 (mit 3 Gästehäusern), ✉ 77933 Lahr-Sulz, 𝒫 (07821) 9 39 30, dammenmuehle@t-online.de, Fax (07821) 939393, « Terrasse am See », 🛁 (geheizt), 🌄 – 📶 📺 🅿 🅾🅾 ꕝꕝꕝ
Menu (geschl. Ende Jan. - Anfang Feb., Ende Sept. - Anfang Okt., Montag) à la carte 38/61 (auch vegetarische Gerichte) – **18 Z** ⊑ 78/108 – 135/195.

LAICHINGEN Baden-Württemberg **419** U 13 – 9 100 Ew – Höhe 756 m – Wintersport : 750/810m, 🎿2 🎿.

Berlin 635 – Stuttgart 79 – Reutlingen 46 – Ulm (Donau) 33.

🏨 **Krehl**, Radstr. 7, ✉ 89150, 𝒫 (07333) 9 66 50, fam.hettinger@hotel-krehl.de, Fax (07333) 966511, 🌄, 🥗 – 📶, 🏡 Rest, 📺 🥗 🅿 – 🔏 40. ① 🅾🅾 ꕝꕝꕝ
Menu (geschl. Samstag - Sonntag) à la carte 32/57 – **30 Z** ⊑ 72/94 – 115/125 – ½ P 26.

LALENDORF Mecklenburg-Vorpommern siehe Güstrow.

LAM Bayern **420** S 23 – 3 000 Ew – Höhe 576 m – Luftkurort – Wintersport : 520/620 m 🎿.

🛈 Tourist-Info, Marktplatz 1, ✉ 93462, 𝒫 (09943) 7 77, Fax (09943) 8177.

Berlin 513 – München 196 – Passau 94 – Cham 39 – Deggendorf 53.

🏨 **Steigenberger** 🌄, Himmelreich 13, ✉ 93462, 𝒫 (09943) 3 70, Steigenberger@La m.de, Fax (09943) 8191, ≤, 🌄, Massage, ♨, 🛁, 🥗, 🛁 (geheizt), 🌄, 🌄, 🥗 (Halle) Squash – 📶, 📺 🥗 🥗 🥗 🅿 🥗 – 🔏 80. 🆎 ① 🅾🅾 ꕝꕝꕝ ꕝꕝꕝ 🥗 Rest
Menu à la carte 45/73 – **173 Z** ⊑ 145/170 – 230/280 – ½ P 39.

🏨 **Ferienhotel Bayerwald** (mit Gästehäusern), Arberstr. 73, ✉ 93462, 𝒫 (09943) 95 30, Bayerwald@Lam.de, Fax (09943) 8366, 🌄, Massage, 🥗, 🌄, 🌄 – 🥗 Rest, 📺 🥗 🆎 🅿 🅾🅾 ꕝꕝꕝ
geschl. 1. - 15. Dez. – **Menu** (geschl. Sonntag) à la carte 22/55 – **54 Z** ⊑ 64/96 – 120/186 – ½ P 23.

🏨 **Sonnbichl** 🌄, Lambacher Str. 31, ✉ 93462, 𝒫 (09943) 7 33, Fax (09943) 8249, ≤, 🌄, 🥗, 🌄 – 📶, 🏡 Zim, 📺 🅿
geschl. Nov. – **Menu** (geschl. Montag) à la carte 27/38 – **45 Z** ⊑ 65/95 – 110/150 – ½ P 12.

LAMPERTHEIM Hessen 417 419 R 9 – 31 500 Ew – Höhe 96 m.
Berlin 605 – Wiesbaden 78 – Mannheim 27 – Darmstadt 42 – Worms 11.

Treff Page Hotel M garni, Andreasstr. 4 (B 44), ⊠ 68623, ℰ (06206) 5 20 97, tref
flamp@aol.com, Fax (06206) 52098 – 📳 ⇔ 📺 ⇔ – 🕍 25. 🖭 ◑ ◐ 𝖵𝖨𝖲𝖠 𝖩𝖢𝖡
67 Z ⊆ 150/160 – 190/200.

Deutsches Haus, Kaiserstr. 47, ⊠ 68623, ℰ (06206) 93 60, hotel-deutsches-haus
@t-online.de, Fax (06206) 936100, 🕏 – 📳, ⇔ Zim, 📺 🅿 🖲 🖲
geschl. 1. - 10. Jan. – **Menu** (geschl. Freitag - Samstagmittag) à la carte 44/71 – **31 Z**
⊆ 85/95 – 135/150.

Kaiserhof, Bürstädter Str. 2, ⊠ 68623, ℰ (06206) 26 93, Fax (06206) 12343 – 📺 🖭
◑ ◐ 𝖵𝖨𝖲𝖠
geschl. Mitte Sept. - Anfang Okt. 3 Wochen – **Menu** (geschl. Samstagmittag, Sonntagabend)
à la carte 37/65 – **10 Z** ⊆ 72/110.

Waldschlöss'l (Adelfinger), Luisenstr. 2a, ⊠ 68623, ℰ (06206) 5 12 21, Waldschloes
s'lLampertheim@Kanal42.de, Fax (06206) 12630, « Ständig wechselnde Bilderausstellung ;
Terrasse » – 🗏 ₢ 🅿 🖭 ◑ 𝖵𝖨𝖲𝖠 ⋘
geschl. über Fasching 2 Wochen, Sonntag - Montag – **Menu** (nur Abendessen) (Tischbestellung ratsam) à la carte 84/114 – **Geo's Stube** (geschl. Samstagmittag, Sonntag - Montag) **Menu** à la carte 44/85
Spez. Salat mit dem Besten vom Kaninchen und marinierten Spargelspitzen (Saison). Hum-
merlasagne. Taubencrêpinette mit karameliesierter Gänsestopfleber.

LANDAU AN DER ISAR Bayern 420 T 22 – 11 500 Ew – Höhe 390 m.
🖪 Landau (Süd-Ost : 4 km), ℰ (09951) 77 61.
Berlin 566 – München 115 – Regensburg 77 – Deggendorf 31 – Landshut 46 – Straubing
28.

Aparthotel Isar Park garni, Straubinger Str. 36, ⊠ 94405, ℰ (09951) 9 81 90,
Fax (09951) 981931 – 📳 📺 🅿 🖲 𝖵𝖨𝖲𝖠
15 Z ⊆ 80/90/140.

Gästehaus Numberger garni, Dr.-Aicher-Str. 2, ⊠ 94405, ℰ (09951) 9 80 20,
Fax (09951) 9802200, (ehemalige Villa), 🐎 – ⇔ 📺 ⇔ 🅿 🖭 🖲 𝖵𝖨𝖲𝖠 ⋘
19 Z ⊆ 62/85 – 114/134.

LANDAU IN DER PFALZ Rheinland-Pfalz 417 419 S 8 – 42 500 Ew – Höhe 188 m.
Sehenswert : Stiftskirche★ – Ringstraßen★.
Ausflugsziele : Annweiler am Trifels : Trifels★★ (Lage★★, ≤★★), West : 16 km – Eußerthal :
Klosterkirche★, Nord-West : 15 km.
🖪 🖪 Essingen-Dreihof, (Nord-Ost : 7 km, über Offenbach), ℰ (06348) 42 82.
🔡 Büro für Tourismus, Rathaus, Marktstr. 50, ⊠ 76829, ℰ (06341) 1 31 81, Fax (06341)
13195.
ADAC, Waffenstr. 14.
Berlin 668 – Mainz 109 – Karlsruhe 38 – Mannheim 50 – Pirmasens 45 – Wissembourg 25.

Parkhotel M, Mahlastr. 1 (an der Festhalle), ⊠ 76829, ℰ (06341) 14 50,
Fax (06341) 145444, 🕏, Massage, 🛋, 🔒, 🔲 – 📳, ⇔ Zim, 📺 📞 ₢ ⇔ – 🕍 50.
🖭 🖲 𝖵𝖨𝖲𝖠
Menu à la carte 47/69 – **78 Z** ⊆ 150/170 – 200/250.

Raddegaggl Stubb, Industriestr. 9, ⊠ 76829, ℰ (06341) 8 71 57,
Fax (06341) 898534, 🕏, (Weinstube)
geschl. Ende Juli - Anfang Aug., Montag – **Menu** à la carte 33/62 ⅄.

In Landau-Arzheim West : 4 km :

Weinstube Hahn, Arzheimer Hauptstr. 50, ⊠ 76829, ℰ (06341) 3 31 44,
Fax (06341) 890581, 🕏 – 🅿
geschl. Anfang Aug. 2 Wochen, Dienstag - Mittwoch – **Menu** (nur Abendessen) à la carte
23/48 ⅄.

In Landau-Godramstein Nord-West : 4 km :

Beat Lutz, Bahnhofstr. 28, ⊠ 76829, ℰ (06341) 6 03 33, BeatLutz@t-online.de,
Fax (06341) 960590, 🕏 – 🅿
geschl. 1. - 15. Jan., Juli - Aug. 4 Wochen, Montag – **Menu** (Tischbestellung ratsam) 39/49
à la carte 41/63.

In Landau-Nußdorf Nord-West : 3 km :

Landhaus Herrenberg, Lindenbergstr. 72, ⊠ 76829, ℰ (06341) 6 02 05, Lergenm
ueller@t-online.de, Fax (06341) 60709, 🕏 – 📺 🅿 – 🕍 20
Menu (geschl. Donnerstag) (nur Abendessen) à la carte 37/78 ⅄ – **9 Z** ⊆ 115/170.

In Landau-Queichheim *Ost : 2 km :*

XX **Provencal,** Queichheimer Hauptstr. 136, ☒ 76829, ℰ (06341) 95 25 52, *Fax (06341) 50711 –* **P.** ✼
geschl. Montag – **Menu** (Tischbestellung ratsam) à la carte 40/87.

In Bornheim *Nord-Ost : 5,5 km :*

🏠 **Zur Weinlaube** 🌿 garni, Wiesenstr. 31, ☒ 76879, ℰ (06348) 15 84, *Fax (06348) 5153,* ⇌s, ☞ – TV ⇌ **P.** ✼
18 Z ⇌ 85/98 – 140/180.

MICHELIN-REIFENWERKE KGaA. Regional Service-Center ☒ 76829 Landau-Mörlheim, Landkommissärstr. 3, ℰ (01802) 00 80 10 Fax (01802) 008011.

LANDSBERG *Sachsen-Anhalt* 🗺️ *L 20 – 3 500 Ew – Höhe 90 m.*
Berlin 156 – Magdeburg 100 – Leipzig 35 – Halle 17 – Dessau 38.

In Landsberg-Gütz *Nord-West : 1 km :*

🏠 **Landsberg,** Florian-Geyer-Str. 4, ☒ 06188, ℰ (034602) 3 26 00, *hotel.landsberg@t-online.de, Fax (034602) 32700 –* TV ⇌ **P.** AE ⓜ VISA
Menu *(nur Abendessen)* (Restaurant nur für Hausgäste) – **30 Z** ⇌ 85/105 – 100/145.

LANDSBERG AM LECH *Bayern* 🗺️🗺️ *V 16 – 25 000 Ew – Höhe 580 m.*
Sehenswert : Lage★ – Marktplatz★.
🏌️ *Igling (Nord-West : 7 km),* ℰ (08248) 1003.
🎫 *Kultur- und Fremdenverkehrsamt, Historisches Rathaus, Hauptplatz 152,* ☒ 86899, ℰ (08191) 12 82 46, Fax (08191) 128160.
Berlin 597 – München 57 – Augsburg 41 – Kempten (Allgäu) 68 – Garmisch-Partenkirchen 78.

🏨 **Mercure** M, Graf Zeppelin Str. 6 (nahe der BAB-Ausfahrt Landsberg Nord), ☒ 86899, ℰ (08191) 9 29 00, Fax (08191) 9290444 – ▯, ↦ Zim, TV ⇌ ఉ **P.** – 🛁 120. AE ⓞ ⓜ VISA JCB
Menu *(geschl. Samstag - Sonntag) (nur Abendessen)* (Restaurant nur für Hausgäste) – ⇌ 20 – **107 Z** 139/159 – 159/179.

🏨 **Goggl** garni, Herkomerstr. 19, ☒ 86899, ℰ (08191) 32 40, *hotelgoggl@t-online.de, Fax (08191) 324100,* ⇌s – ▯, ↦ Zim, TV ⇌ – 🛁 30. AE ⓞ ⓜ VISA
65 Z ⇌ 98/135 – 140/195.

🏠 **Landhotel Endhart** garni, Erpftinger Str. 19, ☒ 86899, ℰ (08191) 9 29 30, *Fax (08191) 32346 –* TV ⇌ **P.** ⓜ VISA ✼
16 Z ⇌ 85/95 – 125.

🏠 **Landsberger Hof** garni, Weilheimer Str. 5, ☒ 86899, ℰ (08191) 3 20 20, *Fax (08191) 3202100,* ☞ – TV ⇌ **P.** AE ⓞ ⓜ VISA
33 Z ⇌ 55/120 – 110/160.

X **Zederbräu,** Hauptplatz 155, ☒ 86899, ℰ (08191) 4 22 41, *zedergmbh@t-online.de, Fax (08191) 944122,* ☕ ⓜ VISA
Menu à la carte 27/57.

In Landsberg-Pitzling *Süd : 5 km :*

🏠 **Pension Aufeld** 🌿 garni, Aufeldstr. 3, ☒ 86899, ℰ (08191) 9 47 50, *pension.aufeld@t-online.de, Fax (08191) 947550,* 🛁, ⇌s, ☞ – TV **P.** ⓜ VISA
20 Z ⇌ 65/75 – 90/110.

LANDSHUT *Bayern* 🗺️ *U 20 – 59 000 Ew – Höhe 393 m.*
Sehenswert : St. Martinskirche★ (Turm★★) Z – "Altstadt"★ Z.
🏌️ *Furth-Arth, (Nord-Ost : 9 km über B299),* (08704) 83 78.
🎫 *Verkehrsverein, Altstadt 315,* ☒ 84028, ℰ (0871) 92 20 50, Fax (0871) 89275.
ADAC, *Kirchgasse 250.*
Berlin 556② – München 75⑤ – Regensburg 75② – Ingolstadt 83① – Salzburg 128③

Stadtplan siehe nächste Seite

🏨 **Romantik Hotel Fürstenhof,** Stethaimer Str. 3, ☒ 84034, ℰ (0871) 9 25 50, *fuer stenhof@romantik.de, Fax (0871) 925544,* « Restaurants Herzogstüberl und Fürstenzimmer », ⇌s – ↦ Zim, TV ⇌ **P.** AE ⓞ ⓜ VISA   Y d
Menu *(geschl. Sonntag)* à la carte 66/93 *(auch vegetarisches Menu)* – **24 Z** ⇌ 145/180 – 190/260
Spez. Semmelknödelscheiben mit Pfifferlingen und Entenbruststreifen. Steinbutt mit Zitronengras gebraten und Sesamnudeln. Kalbsfilet im Kräuternetz mit Kartoffel-Olivenpüree.

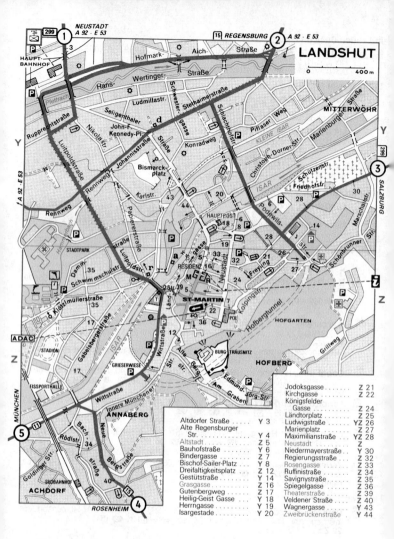

LANDSHUT

0   400 m

Life Style, Flurstr. 2 (B 299), ⊠ 84032, 𝒫 (0871) 9 72 70, *LifeStyleHotel@t-online.de,* Fax (0871) 972727, « Einrichtung in modernem Design » – |§|, ⇔ Zim, 📺 ℃ 👍 ⇐ ꕥ 🅿 – 🛦 80. 🅰🅴 ◑ ⓜⓞ 𝗩𝗜𝗦𝗔 𝗝𝗖𝗕, ⋊ Rest   über ①
Menu (Restaurant nur für Hausgäste) – 56 **Z** ⌫ 130/160 – 180/280, 4 Suiten.

Lindner Hotel Kaiserhof, Papiererstr. 2, ⊠ 84034, 𝒫 (0871) 68 70, *infokaiserho f@lindner.de,* Fax (0871) 687403, ⋐, ⇐ – |§|, ⇔ Zim, 📺 ℃ ⇐ – 🛦 140. 🅰🅴 ◑ ⓜⓞ 𝗩𝗜𝗦𝗔 𝗝𝗖𝗕, ⋊ Rest   **Z** r
Menu 40 (Lunchbuffet) à la carte 42/64 – ⌫ 26 – **148 Z** 221/257 – 221/267.

Gasthof zur Insel ⋟, Badstr. 16, ⊠ 84028, 𝒫 (0871) 92 31 60, Fax (0871) 9231636, Biergarten – 📺 🅿 – 🛦 25. 🅰🅴 ◑ ⓜⓞ 𝗩𝗜𝗦𝗔   **Z** a
geschl. 20. Dez. - 5. Jan. – **Menu** à la carte 24/57 – **12 Z** ⌫ 110/120 – 110/160.

Bernlochner, Ländtorplatz 2, ⊠ 84028, 𝒫 (0871) 8 99 90, *Restaurant-Bernlochner @t-online.de,* Fax (0871) 89994, ⋐ – 🛦 160   **Z** T
Menu à la carte 36/65.

In Landshut-Löschenbrand *West : 2,5 km über Rennweg* Y :

🏠 **Landshuter Hof,** Löschenbrandstr. 23, ✉ 84032, ✆ (0871) 96 27 20, Fax (0871) 9627237, ☆ – ⇔ Zim, 📺 ⇔ 🅿. ✎
Menu *(geschl. Ende Aug. - Anfang Sept. 2 Wochen, Montagmittag, Dienstag)* à la carte 28/63 – **25 Z** ⊊ 95/105 – 150/160.

In Landshut-Schönbrunn *über ③ : 2 km :*

🏨 **Schloß Schönbrunn,** Schönbrunn 1, ✉ 84036, ✆ (0871) 9 52 20, *hotel-schloenbr unn@t-online.de,* Fax (0871) 9522222, Biergarten, « Modernisiertes Schloß a.d.J. 1690 » – 📱 📺 🅿 – 🔬 60. 🆎 ⓪ 🆚 🆚 🇯
Menu *(geschl. Dienstag)* à la carte 36/65 – **33 Z** ⊊ 120/140 – 170/190.

In Ergolding *über ② : 4 Km :*

🏨 Rosenhof ⤢, Festplatzstr. 3, ✉ 84030, ✆ (0871) 97 58 00, Fax (0871) 9758052 – 📺 🅿.
20 Z.

In Altdorf *über ① : 5 km :*

🏠 **Wadenspanner,** Kirchgasse 2 (B 299), ✉ 84032, ✆ (0871) 93 21 30, *info@wadens panner.de,* Fax (0871) 9321370, ☆ – 📺 🅿. 🆎 🆚 🆚
Menu *(geschl. Anfang Jan. 2 Wochen, Aug. 2 Wochen, Montag)* à la carte 24/44 ⅋ – **23 Z** ⊊ 88/119 – 137/168.

LANDSTUHL *Rheinland-Pfalz* 4️⃣1️⃣7️⃣ *R 6 – 9 900 Ew – Höhe 248 m – Erholungsort.*
Berlin 660 – Mainz 100 – Saarbrücken 54 – Kaiserslautern 17.

🏨 **Moorbad** ⤢ garni, Hauptstr.39, ✉ 66849, ✆ (06371) 1 40 66, Fax (06371) 17990 – 📱 📺 ☏ 🅿. 🆎 🆚 🆚. ✎
24 Z ⊊ 125/130 – 170/180.

🏨 **Schloss Hotel** ⤢, Burgweg 10, ✉ 66849, ✆ (06371) 9 21 40, *Schloss.Landstuhl @t-online.de,* Fax (06371) 921429, ☆, ⇔ – 📱 📺 🅿 – 🔬 40. 🆎 🆚 🆚. ✎ Rest
Menu à la carte 32/64 – **39 Z** ⊊ 95/120 – 160.

🏠 **Landhaus Schattner** garni, Kaiserstr. 143, ✉ 66849, ✆ (06371) 91 23 45, Fax (06371) 16249 – 📱 ⇔ 📺 ☏ 🅿. 🆎 🆚 🆚
35 Z ⊊ 95/110 – 140/160.

🏠 **Christine** garni (mit 2 Gästehäusern), Kaiserstr. 3, ✉ 66849, ✆ (06371) 90 20, Fax (06371) 902222 – 📱 📺 ☏ 🅿. 🆎 ⓪ 🆚 🆚. ✎
53 Z ⊊ 100/120 – 150/160.

LANGDORF *Bayern* 4️⃣2️⃣0️⃣ *S 23 – 2 000 Ew – Höhe 675 m – Erholungsort – Wintersport : 650/700 m* ⤢.
🛈 *Tourist-Information, Rathaus, Hauptstr. 8,* ✉ 94264, ✆ (09921) 94 11 13, Fax (09921) 941120.
Berlin 527 – München 175 – Passau 64 – Cham 55 – Deggendorf 32.

🏠 **Zur Post,** Regener Straße 2, ✉ 94264, ✆ (09921) 8 82 80, *Hotel.Zur.Post@bnv-rege n.de,* Fax (09921) 882828, Wildgehege, ⇔, ⤢, ☁ – 📱, ⇔ Rest, 📺 ⇔ 🅿. ✎ Rest
geschl. 15. Nov.- 25. Dez. – Menu *(geschl. Dienstag)* à la carte 24/49 – **45 Z** ⊊ 57/100 – 100/160.

LANGELSHEIM *Niedersachsen* 4️⃣1️⃣8️⃣ *K 14 – 14 700 Ew – Höhe 212 m.*
🛈 *Tourist Information, in Wolfshagen, Im Tölletal 21,* ✉ 38685, ✆ (05326) 40 80, Fax (05326) 70 14.
Berlin 255 – Hannover 81 – Braunschweig 41 – Göttingen 71 – Goslar 9.

In Langelsheim-Wolfshagen *Süd : 4 km – Höhe 300 m – Erholungsort :*

🏨 **Wolfshof** ⤢ (mit Gästehäusern), Kreuzallee 22, ✉ 38685, ✆ (05326) 79 90, *Der.Wo lf@t-online.de,* Fax (05326) 799119, ≼, ☆, Massage, ⇔, ☁, ☂, ⤢ (Halle) – 📱 📺 🅿 – 🔬 20. 🆎 ⓪ 🆚 🆚. ✎ Rest
Menu à la carte 42/60 – **50 Z** ⊊ 110/150 – 180/260 – ½ P 35.

🏠 **Berg-Hotel** ⤢ (mit Gästehaus), Heimbergstr. 1, ✉ 38685, ✆ (05326) 40 62, Fax (05326) 4432, ☆, ⇔ – 📱 📺 🅿 – 🔬 50. 🆚
Menu à la carte 34/58 – **51 Z** ⊊ 80/125 – 153/180 – ½ P 25.

LANGEN Hessen ▨▨▨ Q 10 – 34 700 Ew – Höhe 142 m.

🛈 Stadt-Info Langen, Südliche Ringstr. 80, ⊠ 63225, ℘ (06103) 20 30, Fax (06103) 26302.

Berlin 557 – Wiesbaden 42 – Frankfurt am Main 22 – Darmstadt 14 – Mainz 36.

🏨 **Steigenberger MAXX Hotel** Ⓜ, Robert-Bosch-Str. 26 (Industriegebiet), ⊠ 63225, ℘ (06103) 97 20, Franfurt-Langen@Maxx-Hotels.de, Fax (06103) 972555, ⇔s – 🛗, ↔ Zim, 📺 ⇔ – 🍴 60. 🖭 ⑩ ⓪◉ 𝗩𝗜𝗦𝗔 𝗝𝗖𝗕. ⑳ Rest
Menu (geschl. Samstagmittag, Sonntagmittag) à la carte 44/74 – ⊑ 24 – **208 Z** 219/289 – 249/319.

🏨 **Victoria Park** Ⓜ, Rheinstr. 25, ⊠ 63225, ℘ (06103) 50 50, Info@Victoria-Park.de, Fax (06103) 505100, ⇔s – 🛗, ↔ Zim, 📺 ✆ 🕭 ⇔. 🖭 ⑩ 𝗩𝗜𝗦𝗔 𝗝𝗖𝗕. ⑳ Rest
Menu à la carte 50/72 – ⊑ 26 – **100 Z** 196/225 – 342/371.

🏛 **Achat** Ⓜ, Robert-Bosch-Str. 58 (Industriegebiet), ⊠ 63225, ℘ (06103) 75 60, Lange n@achat-hotel.de, Fax (06103) 756999 – 🛗, ↔ Zim, 📺 ⇔. 🄿. 🖭 ⑩ ⓪◉ 𝗩𝗜𝗦𝗔.
geschl. Weihnachten - Anfang Jan. – **Menu** (geschl. Freitagabend - Sonntag) à la carte 35/60 – ⊑ 20 – **179 Z** 173/193, 10 Suiten.

🏛 **Dreieich** garni, Frankfurter Str. 49 (B 3), ⊠ 63225, ℘ (06103) 91 50, Fax (06103) 52030 – 🛗 📺 ⇔ 🄿. 🖭 ⑩ ⓪◉ 𝗩𝗜𝗦𝗔.
geschl. 24. Dez. - 1. Jan. – **70 Z** ⊑ 100/180 – 140/200.

Nahe der Straße nach Dieburg Ost : 2 km :

✕✕ **Merzenmühle**, Außerhalb 12, ⊠ 63225, ℘ (06103) 5 35 33, Merzenmuehle@comp userve.com, Fax (06103) 53655, 🍴 – 🄿. ⑩ ⓪◉ 𝗩𝗜𝗦𝗔
geschl. Samstagmittag, Sonntagabend - Montag – **Menu** à la carte 45/91.

LANGEN BRÜTZ Mecklenburg-Vorpommern siehe Schwerin.

LANGENARGEN Baden-Württemberg ▨▨▨ X 12 – 7 000 Ew – Höhe 398 m – Erholungsort.

🛈 Touristinformation, Obere Seestr. 2/2, ⊠ 88085, ℘ (07543) 93 30 92, Fax (07543) 4696.

Berlin 726 – Stuttgart 175 – Konstanz 40 – Ravensburg 27 – Bregenz 24.

🏨 **Engel**, Marktplatz 3, ⊠ 88085, ℘ (07543) 9 34 40, hotel-engel-la@t-online.de, Fax (07543) 9344100, « Terrasse am See », ⇔s, ▲s, 🍴 – 🛗 📺 ⇔. ⑩ ⓪◉ 𝗩𝗜𝗦𝗔. ⑳ Zim
geschl. 23. Dez. - 1. März – **Menu** à la carte 30/63 – **44 Z** ⊑ 125/180 – 220/240 – ½ P 29.

🏨 **Löwen**, Obere Seestr. 4, ⊠ 88085, ℘ (07543) 9 30 10, hotel-loewen.langenargen@t-o nline.de, Fax (07543) 30151, ≤, 🍴 – 🛗, ↔ Rest, 📺 ⇔ 🄿. 🍴 20. 🖭 ⑩ ⓪◉ 𝗩𝗜𝗦𝗔 𝗝𝗖𝗕
geschl. Jan. - Feb. – **Menu** (geschl. Dienstag, Nov. - Dez. Montag - Dienstag) à la carte 32/70 (auch vegetarische Gerichte) – **27 Z** ⊑ 140/210 – 200/260 – ½ P 30.

🏨 **Seeterrasse** 🐦, Obere Seestr. 52, ⊠ 88085, ℘ (07543) 9 32 90, g.klink@seeterra sse.com, Fax (07543) 932960, ≤, « Terrasse am See », 🅹 (geheizt), 🍴 – 🛗 ↔ 📺 ⇔ 🄿. 🍴 30. ⑳
April - Okt. – **Menu** (abends Tischbestellung erforderlich) à la carte 38/66 – **48 Z** ⊑ 135/175 – 205/290 – ½ P 30.

🏨 **Schiff**, Marktplatz 1, ⊠ 88085, ℘ (07543) 24 07, hotel-schiff@arcormail.de, Fax (07543) 4546, ≤, 🍴, ⇔s – 🛗 📺. ⓪◉ 𝗩𝗜𝗦𝗔.
April - Okt. – **Menu** (geschl. Donnerstagmittag) à la carte 28/65 – **49 Z** ⊑ 120/170 – 180/300 – ½ P 25.

🏨 **Seeperle** garni, Untere Seestr. 46, ⊠ 88085, ℘ (07543) 9 33 60, seeperle@stsb.onli ne.de, Fax (07543) 9336111 – 📺 ⇔ 🄿. ⓪◉ 𝗩𝗜𝗦𝗔
14 Z ⊑ 140/195.

🏛 **Litz**, Obere Seestr. 11, ⊠ 88085, ℘ (07543) 9 31 10, Hotel-Litz-Langenargen@t-onlin e.de, Fax (07543) 9311200, ≤ – 🛗 ↔ 📺 ⇔ 🄿. ⓪◉ 𝗩𝗜𝗦𝗔
März - Okt. – **Menu** (nur Abendessen) (Restaurant nur für Hausgäste) – **39 Z** ⊑ 135/170 – 160/260 – ½ P 30.

🏛 **Klett**, Obere Seestr. 15, ⊠ 88085, ℘ (07543) 22 10, KlettHotel@aol.com, Fax (07543) 912377, ≤, 🍴 – 📺. 𝗩𝗜𝗦𝗔. ⑳ Zim
geschl. 6. Jan. - Feb., Ende Okt. - Mitte Nov. – **Menu** (geschl. Montag) (nur Abendessen) à la carte 30/54 – **17 Z** ⊑ 98/120 – 148/198.

🏛 **Im Winkel** 🐦 garni, Im Winkel 9, ⊠ 88085, ℘ (07543) 93 40 10, Hotel.ImWinkel@t -online.de, Fax (07543) 49587, ⇔s, 🍴 – 📺 ⇔. ⑳
10 Z ⊑ 125 – 150/200.

🏛 **Strand-Café** 🐦 garni (mit Gästehaus Charlotte), Obere Seestr. 32, ⊠ 88085, ℘ (07543) 9 32 00, Fax (07543) 932040, ≤, 🍴 – 📺 ⇔. 🄿 ⑩ ⓪◉ 𝗩𝗜𝗦𝗔. ⑳
geschl. Jan. – **16 Z** ⊑ 85/130 – 200.

XX **Adler** (Karr) mit Zim, Oberdorfer Str. 11, ✉ 88085, ✆ (07543) 30 90, *KARR.Hotel.Adl*
☆ *er@t-online.de, Fax (07543) 30950*, 🍴 – 📺 🅿 🅰🅴 ⓪ 🆚🅾 VISA JCB
Menu *(geschl. Sonntag - Montagmittag, Nov. - April Sonntag - Montag)* 69/119 und
à la carte – **15 Z** ☇ 110/150 – 150/200 – ½ P 50
Spez. Bouillabaisse von Bodenseefischen. Dreierlei Fische mit hausgemachten Nudeln.
Lammrücken mit Kräuter-Olivenkruste.

XX **Schloß Montfort,** Untere Seestr. 3, ✉ 88085, ✆ (07543) 91 27 12, *vemax@t-onli*
ne.de, Fax (07543) 912714, « Fürstenschlößchen a.d.J. 1866 im maurischen Stil ; Terrasse
am See » – 🅰 150. 🆚🅾 VISA
April - Okt. – **Menu** à la carte 38/65.

In Langenargen-Oberdorf *Nord-Ost : 3 km :*

🏠 **Hirsch** 🦢, Ortsstr. 1, ✉ 88085, ✆ (07543) 9 30 30, *GasthofHirsch@t-online.de,*
Fax (07543) 1620, 🍴 – 📺 🅿 🆚🅾 VISA 🛇
geschl. Jan. – **Menu** *(geschl. Montag) (wochentags nur Abendessen)* à la carte 30/63 *(auch*
vegetarische Gerichte) – **25 Z** ☇ 75/90 – 80/140 – ½ P 27.

In Langenargen-Schwedi *Nord-West : 2 km :*

🏠 **Schwedi** 🦢, Schwedi 1, ✉ 88085, ✆ (07543) 93 49 50, *Hotel-Schwedi@t-online.de,*
Fax (07543) 93495100, ⬉, « Gartenterrasse am See », 🈺, 🏊, 🌳 – 📶 📺 🅿 🆚🅾 VISA
geschl. Anfang Nov. - Anfang Feb. – **Menu** *(geschl. Dienstag)* à la carte 34/64 – **30 Z**
☇ 120/170 – 180/240 – ½ P 30.

LANGENAU *Baden-Württemberg* 🔢🔢 *U 14 – 11 600 Ew – Höhe 467 m.*
Berlin 603 – Stuttgart 86 – Augsburg 71 – Ulm (Donau) 18.

🏨 **Lobinger Hotel Weisses Ross,** Hindenburgstr. 29, ✉ 89129, ✆ (07345) 80 10, *mail*
@LoHo.de, Fax (07345) 801551, 🍴 – 📶, ↩ Zim, 📺 ⬅ 🅿 – 🅰 80. 🅰🅴 ⓪ 🆚🅾 VISA
Menu (Restaurant nur für Hausgäste) – **76 Z** ☇ 109/125 – 158/185.

🏠 **Zum Bad,** Burghof 11, ✉ 89129, ✆ (07345) 9 60 00, *haege.bad@t-online.de,*
⬅ *Fax (07345) 960050*, 🍴 – 📶 📺 ⬅ 🅿 – 🅰 50. 🆚🅾 VISA 🛇
geschl. Ende Juli - Anfang Aug., 24. Dez. - 1. Jan. – **Menu** *(geschl. Montag)* à la carte 23/49
– **21 Z** ☇ 75/87 – 115/135.

🏠 **Pflug** garni, Hindenburgstr.56, ✉ 89129, ✆ (07345) 95 00, *Fax (07345) 950150* – 📶 📺
🅿 ⓪ 🆚🅾 VISA 🛇
geschl. 24. Dez. - 6. Jan. – **27 Z** ☇ 62/75 – 110.

In Rammingen *Nord-Ost : 4 km :*

🏠 **Romantik Hotel Landgasthof Adler** 🦢 (mit Gästehaus), Riegestr. 15, ✉ 89192,
♨ ✆ (07345) 9 64 10, *adler@romantik.de, Fax (07345) 964110*, 🍴, 🌳 – ↩ Zim, 📺 ⬅
🅿 – 🅰 15. 🅰🅴 ⓪ 🆚🅾 VISA
geschl. 9. - 24. Jan., 31. Juli - 21. Aug. – **Menu** *(geschl. Montag - Dienstagmittag)* à la carte
42/67 – **14 Z** ☇ 85/120 – 150/189.

LANGENBURG *Baden-Württemberg* 🔢🔢 *S 13 – 1 900 Ew – Höhe 439 m.*
Berlin 576 – Stuttgart 91 – Würzburg 81 – Ansbach 96 – Heilbronn 78.

♨ **Zur Post,** Hauptstr. 55, ✉ 74595, ✆ (07905) 54 32, *Fax (07905) 5547* – 📺 ⬅ 🅿
geschl. Ende Dez. - Anfang Feb. – **Menu** *(geschl. Montag)* à la carte 28/58 – **13 Z** ☇ 65/75
– 105/120.

LANGENFELD *Nordrhein-Westfalen* 🔢 *M 4 – 56 000 Ew – Höhe 45 m.*
Berlin 556 – Düsseldorf 22 – Aachen 92 – Köln 26 – Solingen 13.

🏨 **Romantik Hotel Gravenberg,** Elberfelder Str. 45 (B 229, Nord-Ost : 4 km), ✉ 40764,
✆ (02173) 9 22 00, *gravenberg@romantik.de, Fax (02173) 22777*, 🍴, Damwildgehege,
« Gediegene Einrichtung im Landhaus-Stil », 🈺, 🏊, 🌳 – ↩ 📺 📞 ⬅ 🅿 – 🅰 30.
🅰🅴 ⓪ 🆚🅾 VISA
geschl. 23. Dez. - 5. Jan. – **Menu** *(geschl. 5. - 26. Juli, Sonntagabend - Montag)* à la carte
65/79 – **48 Z** ☇ 165/190 – 265/280.

In Langenfeld-Reusrath *Süd : 4 km :*

🏨 **Landhotel Lohmann,** Opladener Str. 19 (B 8), ✉ 40764, ✆ (02173) 9 16 10,
Fax (02173) 14543, 🍴 – ↩ Zim, 📺 🅿 – 🅰 50. 🅰🅴 ⓪ 🆚🅾 VISA JCB
Menu *(geschl. über Karneval, Ende Juli - Mitte Aug. 3 Wochen, Mittwoch)* à la carte 35/74
– **29 Z** ☇ 145/175 – 195.

LANGENHAGEN *Niedersachsen siehe Hannover.*

LANGENSELBOLD *Hessen* **417** *P 11 – 12 200 Ew – Höhe 122 m.*
Berlin 521 – Wiesbaden 75 – Frankfurt am Main 32 – Aschaffenburg 31.

🏨 **Holiday Inn Garden Court,** Gelnhäuser Str. 5, ✉ 63505, 𝒫 (06184) 92 60, *Holida ylnnLangenselbold@ t-online.de,* Fax (06184) 926110, 🍽, 🍸 – 🛗, ↔ Zim, 📺 📞 👤 🚗
📶 – 🔒 100. 🆎 ① 🅾🅾 💳 📇
Menu *(geschl. Samstagmittag)* à la carte 30/61 – **82 Z** 🛏 180/250 – 240/310.

LANGENWEISSBACH *Sachsen* **418 420** *0 21 – 3 100 Ew – Höhe 350 m.*
Berlin 288 – Dresden 117 – Chemnitz 31 – Plauen 48 – Zwickau 14.

In Langenweißbach-Weißbach *Süd-West : 3 km :*

🏠 **Landhotel Schnorrbusch** 🍴, Schulstr. 9, ✉ 08134, 𝒫 (037603) 32 20,
🚗 Fax (037603) 3046 – 📺 📶 – 🔒 30. 🆎 🅾🅾 💳
Menu à la carte 22/39 – **20 Z** 🛏 90 – 120/140.

LANGEOOG (Insel) *Niedersachsen* **415** *E 6 – 2 100 Ew Insel der Ostfriesischen Inselgruppe, Autos nicht zugelassen – Seeheilbad.*
🚢 *von Esens-Bensersiel (ca. 45 min),* 𝒫 (04971) 9 28 90.
🛈 *Kurverwaltung, Hauptstr. 28,* ✉ 26465, 𝒫 (04972) 69 30, Fax (04972) 693116.
ab Fährhafen Bensersiel : Berlin 525 – Hannover 266 – Emden 57 – Aurich/Ostfriesland 28 – Wilhelmshaven 54.

🏨 **La Villa** 🍴, Vormann-Otten-Weg 12, ✉ 26465, 𝒫 (04972) 7 77, Fax (04972) 1390, 🍸,
🌳 – 📺 – 🔒 10. 🌸
Feb. - Okt. – **Menu** *(nur Abendessen)* (Restaurant nur für Hausgäste) – **11 Z** 🛏 130/195 – 240/280 – ½ P 49.

🏨 **Feuerschiff** 🍴 garni (mit Gästehäuser), Hauptstr. 9, ✉ 26465, 𝒫 (04972) 69 70, *feue rschiff-langeoog@ t-online.de,* Fax (04972) 69797, « Ständige Bilderausstellung », 🌀, 🍸,
🌳 – 🛗, ↔ Zim, 📺 📞 – 🔒 20
44 Z 🛏 105/220 – 170/280.

🏨 **Flörke** 🍴, Hauptstr. 17, ✉ 26465, 𝒫 (04972) 9 22 00, Fax (04972) 1690, 🍸, 🌳 –
🛗 📺
Mitte März - Anfang Nov. – **Menu** *(nur Abendessen)* (Restaurant nur für Hausgäste) – **50 Z** 🛏 120/145 – 200/230 – ½ P 28.

🏠 **Inselhotel** 🍴, Barkhausenstr. 2, ✉ 26453, 𝒫 (04972) 9 69 70, Fax (04972) 969788,
🍸 – 🛗 📺
Menu *(geschl. Mittwoch) (nur Abendessen)* à la carte 39/60 – **47 Z** 🛏 150/210 – 250 – ½ P 30.

🏠 **Lamberti** 🍴, Hauptstr. 31, ✉ 26465, 𝒫 (04972) 9 10 70, *Lamberti@ Hotel-Lambert i.de,* Fax (04972) 910770, 🍽, 🍸 – 📺
Menu à la carte 35/71 – **18 Z** 🛏 125/185 – 230/250 – ½ P 30.

LANGERRINGEN *Bayern siehe Schwabmünchen.*

LANKE *Brandenburg siehe Bernau.*

LAUBACH *Hessen* **417** *O 10 – 10 700 Ew – Höhe 250 m – Luftkurort.*
🛈 *Kultur- und Tourismusbüro, Friedrichstr. 11 (Rathaus),* ✉ 35321, 𝒫 (06405) 92 13 21, Fax (06405) 921313.
Berlin 478 – Wiesbaden 101 – Frankfurt am Main 71 – Gießen 28.

🏨 **Waldhaus** 🍴, An der Ringelshöhe 7 (B 276, Richtung Mücke, Ost : 2 km :), ✉ 35321, 𝒫 (06405) 9 14 00, Fax (06405) 914044, 🍽, 🍸, 🔲, 🌳 – 🛗 📺 📶 – 🔒 40. 🆎 ①
🅾🅾 💳
Menu *(geschl. Sonntagabend)* à la carte 33/68 – **31 Z** 🛏 98/120 – 150/160 – ½ P 28.

🍴🍴 **Landgasthaus Waldschenke,** Tunnelstr. 42 (B 276, Richtung Mücke, Ost : 4,5 km :),
✉ 35321, 𝒫 (06405) 61 10, *LandgasthausWaldschenke@ t-online.de,*
Fax (06405) 500155, 🍽 – 📶 🆎 🅾🅾 💳 📇
geschl. über Fasching 2 Wochen, Montag, Sept. - April Montag, Dienstagmittag – **Menu** à la carte 35/66.

🍴 **Laubacher Wald** mit Zim, (Nahe der B 276, Richtung Schotten, Ost : 3 km), ✉ 35321, 𝒫 (06405) 9 10 00, *laubacherwald@ t-online.de,* Fax (06405) 910050, 🍽, 🌳 – 📺 📶 ①
🅾🅾 💳
Menu *(geschl. Dienstag)* à la carte 32/68 – **11 Z** 🛏 85 – 100/120.

In Laubach-Gonterskirchen *Süd-Ost : 4 km :*

❊ **Tannenhof** ⌂ mit Zim, Am Giebel 1, ⊠ 35321, ℰ (06405) 9 15 00,
Fax (06405) 915020, ≤, 佇, 舟 – ⇤⇥ Zim, 📺 ℙ. ⊗ Zim
Menu (geschl. Montag) à la carte 30/67 – **9 Z** � 72 – 118/132 – ½ P 20.

In Laubach-Münster *West : 5,5 km :*

🏠 **Zum Hirsch,** Licher Str. 32, ⊠ 35321, ℰ (06405) 14 56, Fax (06405) 7467, Biergarten,
⊜ 舟 – 📺 ℙ – ▲ 20. 🆎 ◑ ◍ *VISA*
geschl. 12. - 26. Feb., 9. - 25. Juli – **Menu** (geschl. Montag) à la carte 22/43 ⚶ – **18 Z**
� 50/65 – 100/110 – ½ P 22.

LAUBEN *Bayern siehe Kempten.*

LAUBENHEIM *Rheinland-Pfalz siehe Bingen.*

In this guide,
a symbol or a character, printed in red or **black,** *in* **bold** *or light type,*
does not have the same meaning.
Please read the explanatory pages carefully.

LAUCHRINGEN *Baden-Württemberg siehe Waldshut-Tiengen.*

LAUDA-KÖNIGSHOFEN *Baden-Württemberg* 𝟦𝟣𝟫 *R 13 – 14 700 Ew – Höhe 192 m.*
Berlin 535 – Stuttgart 120 – Würzburg 40 – Bad Mergentheim 12.

🏠 **Ratskeller,** Josef-Schmitt-Str. 17 (Lauda), ⊠ 97922, ℰ (09343) 6 20 70, hotelratske
llerlauda@t-online.de, Fax (09343) 620716, 佇 – ⇤⇥ 📺 ℃ ⇐ ℙ – ▲ 25. 🆎 ◍ *VISA*.
⊗
geschl. Aug. 2 Wochen – **Menu** (geschl. Montagmittag) à la carte 36/70 – **11 Z** ⊏ 80/85
– 120/140.

❊❊ **Landhaus Gemmrig** mit Zim, Hauptstr. 68 (Königshofen), ⊠ 97922, ℰ (09343) 70 51,
Fax (09343) 7053, 佇, ⇐s – 📺 ℙ
geschl. 1. - 10. Jan. – **Menu** (geschl. Sonntagabend - Montag) à la carte 26/55 (auch vegetarische Gerichte) – **5 Z** ⊏ 58/70 – 100/120.

In Lauda-Königshofen - Beckstein *Süd-West : 2 km ab Königshofen – Erholungsort :*

🏠 **Adler,** Weinstr. 24, ⊠ 97922, ℰ (09343) 20 71, Fax (09343) 8907, 佇 – 📺 ℙ. ◍ *VISA*
⊜ Menu à la carte 22/60 ⚶ – **28 Z** ⊏ 58/70 – 100/120.

🏠 **Gästehaus Birgit** ⌂ garni, Am Nonnenberg 12, ⊠ 97922, ℰ (09343) 9 98,
Fax (09343) 990, ≤ – ⇤⇥ 📺 ⇐ ℙ
geschl. Jan. – **16 Z** ⊏ 75 – 98/120.

LAUDENBACH *Bayern* 𝟦𝟣𝟩 𝟦𝟣𝟫 *Q 11 – 1 200 Ew – Höhe 129 m.*
Berlin 580 – München 358 – Würzburg 51 – Amorbach 14 – Aschaffenburg 32.

🏠🏠 **Romantik Hotel Zur Krone,** Obernburger Str. 4, ⊠ 63925, ℰ (09372) 24 82, roma
ntikhotel.krone.laudenbach@t-online, Fax (09372) 10112, (Gasthof a.d.J. 1726),
« Hübsches bäuerliches Restaurant ; Gartenterrasse » – ⧫, ⇤⇥ Zim, 📺 ℙ. 🆎 ◑ ◍ *VISA*
JCB
geschl. Feb. - März 3 Wochen – **Menu** (geschl. Aug. 2 Wochen, Donnerstag - Freitagmittag)
à la carte 47/80 – **16 Z** ⊏ 110/160 – 190/220, 9 Suiten.

🏠 **Goldner Engel,** Miltenberger Str. 5, ⊠ 63925, ℰ (09372) 9 99 30, Fax (09372) 999340
⊜ – ℙ. 🆎 ◍ *VISA*
Menu (geschl. 1. - 14. Jan., Mittwoch) à la carte 32/73 ⚶ – **9 Z** ⊏ 69/115.

LAUENAU *Niedersachsen* 𝟦𝟣𝟩 𝟦𝟣𝟫 *J 12 – 3 700 Ew – Höhe 140 m.*
Berlin 322 – Hannover 39 – Bielefeld 77 – Hameln 30.

An der B 442, nahe der A 2, Abfahrt Lauenau *Nord-West : 2 km :*

🏠 **Montana** Ⓜ garni, Hanomagstr. 1, ⊠ 31867, ℰ (05043) 9 11 90, Lauenau@hotel-m
ontana.de, Fax (05043) 9119100 – ⇤⇥ Zim, 📺 ℃ ⚿ ℙ – ▲ 20. ◍ *VISA*
⊏ 11 – **53 Z** 85/105.

LAUF AN DER PEGNITZ Bayern 419 420 R 17 – 25 000 Ew – Höhe 310 m.

🛈 *Verkehrsamt, Urlasstr. 22 (Rathaus),* ✉ 91207, ✆ (09123) 18 41 13, Fax (09123) 184184.

Berlin 417 – München 173 – Nürnberg 20 – Bayreuth 62.

🏨 **Zur Post** Ⓜ, *Friedensplatz 8,* ✉ 91207, ✆ (09123) 95 90, Fax (09123) 959400, Biergarten – 🛗 📺 ✆ 🅿 – 🔏 30. ⒶⒺ ⓞ ⓜⓞ 𝘝𝘐𝘚𝘈
geschl. 1. - 12. Jan. – **Menu** *(geschl. Montag)* à la carte 26/57 – **40 Z** 🛏 115/160.

✕ **Altes Rathaus,** *Marktplatz 1,* ✉ 91207, ✆ (09123) 27 00, Fax (09123) 984406, 🍴 – ⒶⒺ ⓞ ⓜⓞ 𝘝𝘐𝘚𝘈
geschl. Montag – **Menu** à la carte 32/59.

An der Straße nach Altdorf *Süd : 2,5 km :*

🏨 **Waldgasthof Am Letten,** *Letten 13,* ✉ 91207 Lauf an der Pegnitz, ✆ (09123) 95 30, Fax (09123) 2064, 🍴, Biergarten, 🛋, 🐎 – 🛗 📺 🅿 – 🔏 70
geschl. 23. Dez. - 6. Jan. – **Menu** *(geschl. Sonn- und Feiertage)* à la carte 37/67 – **52 Z** 🛏 115/159.

LAUFENBURG (BADEN) Baden-Württemberg 419 X 8 – 8 200 Ew – Höhe 337 m.

🛈 *Kultur- und Verkehrsamt, Hauptstr. 30,* ✉79725, ✆ (07763) 8 06 51, Fax (07763) 80625.

Berlin 812 – Stuttgart 195 – Freiburg im Breisgau 83 – Waldshut-Tiengen 15 – Basel 39.

🏨 **Alte Post,** *Andelsbachstr. 6,* ✉ 79725, ✆ (07763) 9 24 00, hotelaltepost@t-online.de, Fax (07763) 924040, 🍴 – 📺 🅿 ⒶⒺ ⓜⓞ 𝘝𝘐𝘚𝘈
Menu *(geschl. Anfang Nov., Montag)* à la carte 35/66 – **9 Z** 🛏 78/94 – 140/180.

🏨 **Rebstock,** *Haupstr. 28,* ✉ 79725, ✆ (07763) 9 21 70, Hotel.Rebstock@t-online.de, Fax (07763) 921792, <Rhein, 🍴 – Zim, 📺 🚗 ⓜⓞ 𝘝𝘐𝘚𝘈
geschl. Ende Dez. - Anfang Jan. – **Menu** *(geschl. Ende Aug. - Anfang Sept. 2 Wochen, Samstag, Sonntagabend)* à la carte 33/73 – **24 Z** 🛏 70/95 – 110/160.

In Laufenburg-Luttingen *Ost : 2,5 km :*

🦆 **Kranz,** *Luttinger Str. 22 (B 34),* ✉ 79725, ✆ (07763) 9 39 90, Tspehl@t-online.de, Fax (07763) 939929, 🍴 – Zim, 📺 ✆ 🚗 🅿 ⓜⓞ 𝘝𝘐𝘚𝘈
geschl. über Fastnacht 1 Woche – **Menu** *(geschl. Anfang - Mitte Aug. 2 Wochen, Dienstag - Mittwoch)* à la carte 28/56 – **12 Z** 🛏 75/120.

LAUFFEN AM NECKAR Baden-Württemberg 419 S 11 – 9 000 Ew – Höhe 172 m.

Berlin 613 – Stuttgart 49 – Heilbronn 10 – Ludwigsburg 33.

🏨 **Elefanten,** *Bahnhofstr. 12,* ✉ 74348, ✆ (07133) 9 50 80, hotel.elefanten@t-online.de, Fax (07133) 950829, 🍴 – 🛗 📺 ✆ 🅿 – 🔏 15. ⒶⒺ ⓞ ⓜⓞ 𝘝𝘐𝘚𝘈
geschl. 1. - 20. Jan. – **Menu** *(geschl. Freitag)* à la carte 46/83 – **13 Z** 🛏 110/125 – 170/195.

LAUINGEN AN DER DONAU Bayern 419 420 U 15 – 10 000 Ew – Höhe 439 m.

Berlin 550 – München 113 – Augsburg 59 – Donauwörth 31 – Ulm (Donau) 48.

🏨 **Kannenkeller,** *Dillinger Str. 26,* ✉ 89415, ✆ (09072) 70 70, Fax (09072) 707707, Biergarten – 📺 ✆ 🚗 🅿 – 🔏 30. ⒶⒺ ⓜⓞ 𝘝𝘐𝘚𝘈
Menu *(geschl. Freitag)* à la carte 29/78 – **26 Z** 🛏 120 – 160/220.

LAUMERSHEIM Rheinland-Pfalz 417 419 R 8 – 900 Ew – Höhe 110 m.

Berlin 626 – Mainz 68 – Mannheim 25 – Kaiserslautern 41.

✕ **Zum Weißen Lamm,** *Hauptstr. 38,* ✉ 67229, ✆ (06238) 92 91 43, Fax (06238) 929143, 🍴
gesch. Feb. - März 2 Wochen, Okt. 2 Wochen, Dienstag - Mittwoch **Menu** à la carte 45/70.

LAUPHEIM Baden-Württemberg 419 420 V 13 – 18 000 Ew – Höhe 515 m.

Berlin 637 – Stuttgart 118 – Konstanz 136 – Ulm (Donau) 26 – Ravensburg 62.

🏨 **Laupheimer Hof,** *Rabenstr. 13,* ✉ 88471, ✆ (07392) 97 50, laupheimer-hof@t-online.de, Fax (07392) 975222, Biergarten – 📺 ✆ 🅿 – 🔏 15. ⒶⒺ ⓞ ⓜⓞ 𝘝𝘐𝘚𝘈
Menu à la carte 38/65 – **32 Z** 🛏 112/125 – 160.

🏨 **Krone,** *Marktplatz 15,* ✉ 88471, ✆ (07392) 1 80 88, Hotel-Krone-Laupheim@t-online.de, Fax (07392) 17144, 🍴 – 🛗 📺 ⒶⒺ ⓞ ⓜⓞ 𝘝𝘐𝘚𝘈
Menu *(geschl. Samstagmittag)* à la carte 28/60 – **15 Z** 🛏 85/98 – 128/138.

LAUSICK, BAD Sachsen 🔲🔲🔲 M 21 – 8 500 Ew – Höhe 176 m – Heilbad.

🏛 Kurverwaltung, Straße der Einheit 17, ✉ 04651, ℘ (034345) 1 94 33, Fax (034345) 22466.

Berlin 228 – Dresden 92 – Leipzig 39 – Chemnitz 50 – Zwickau 63.

🏨 **Michels Kurhotel** ⚘, Badstr. 35, ✉ 04651, ℘ (034345) 3 21 00, *KurhotelBadLaus ick@ringhotels.de*, Fax (034345) 32200, Massage, ≠, *fô*, ⇌, ◻, ℀ – ⫿, ➛ Zim, 📺 ✦ ⅍ ☞ 🅿 – 🏛 150. ⅃⅃ ⓞ ⓪⑨ 💳. ℀ Rest
Menu (Restaurant nur für Hausgäste) – **120 Z** ⊐ 115/155 – 145/200, 5 Suiten – ½ P 22.

🏨 **Ränker am Kurpark** ⚘, Badstr. 36, ✉ 04651, ℘ (034345) 70 70, Fax (034345) 70788, ☞, (ehemalige Villa) – ➛ Zim, 📺 🅿 – 🏛 15. ⓪⑨ 💳
℀ Zim
Menu à la carte 25/47 – **21 Z** ⊐ 75/90 – 120 – ½ P 25.

LAUTENBACH (ORTENAUKREIS) Baden-Württemberg 🔲🔲🔲 U 8 – 1 900 Ew – Höhe 210 m – Luftkurort.

Sehenswert : *Wallfahrtskirche Mariä Himmelfahrt (Hochaltar★).*

🏛 Verkehrsamt, Hauptstr. 48, ✉ 77794, ℘ (07802) 92 59 50, Fax (07802) 925959.
Berlin 742 – Stuttgart 143 – Karlsruhe 72 – Offenburg 19 – Strasbourg 33.

🏠 **Sonne** (mit Gästehaus Sonnenhof), Hauptstr. 51 (B 28), ✉ 77794, ℘ (07802) 9 27 60, Fax (07802) 927662, ☞, ☞ – ⫿ 📺 ✦ 🅿 – 🏛 25. ⅃⅃ ⓞ ⓪⑨ 💳
Menu (geschl. Mittwoch) à la carte 25/63 – **26 Z** ⊐ 75/110 – 120/144 – ½ P 28.

Auf dem Sohlberg Nord-Ost : 6 km – Höhe 780 m :

🏔 **Berggasthaus Wandersruh** ⚘, Sohlbergstr. 34, ✉ 77794 Lautenbach, ℘ (07802) 24 73, *Wandersruh@t-online.de*, Fax (07802) 50915, ≤ Schwarzwald und Rheinebene, ☞, ◻, ☞ – 🅿 – 🏛 20. ⓪⑨. ℀ Zim
geschl. 10. Jan. - Feb. – **Menu** (geschl. Dienstag) à la carte 24/41 ⅃ – **21 Z** ⊐ 43/60 – 86/100 – ½ P 19.

LAUTER Sachsen 🔲🔲🔲🔲🔲🔲 O 22 – 5 100 Ew – Höhe 480 m.
Berlin 299 – Dresden 113 – Chemnitz 40 – Plauen 56 – Zwickau 30.

Außerhalb Süd-Osten : 2 km :

🏠 **Danelchristelgut** ⚘, Antonsthaler Str. 44, ✉ 08312, ℘ (03771) 70 47 50, *post @danelchristelgut.de*, Fax (03771) 70475159, ≤, Biergarten, ⇌, ☞ – 📺 🅿 – 🏛 40. ⅃⅃ ⓪⑨
Menu à la carte 24/61 – **35 Z** ⊐ 95/105 – 130 – ½ P 22.

LAUTERBACH Baden-Württemberg 🔲🔲🔲 V 9 – 3 500 Ew – Höhe 575 m – Luftkurort – Wintersport : 800/900 m ⚑.

🏛 Kurverwaltung, Schramberger Str. 5 (Rathaus), ✉ 78730, ℘ (07422) 94 97 29, Fax (07422) 949740.
Berlin 734 – Stuttgart 122 – Freiburg im Breisgau 61 – Freudenstadt 41 – Offenburg 55 – Schramberg 4.

🏠 **Tannenhof**, Schramberger Str. 61, ✉ 78730, ℘ (07422) 94 90 20, *tannenhof@t-o nline.de*, Fax (07422) 3775 – ⫿ 📺 🅿 – 🏛 30. ℀
Menu (geschl. Sonntagabend) (wochentags nur Abendessen) à la carte 32/60 – **38 Z** ⊐ 88/140.

LAUTERBACH Hessen 🔲🔲🔲 O 12 – 15 000 Ew – Höhe 296 m – Luftkurort.

⛳ Schloß Sickendorf, Sickendorf, ℘ (06641) 9 61 30,.

🏛 Verkehrsbüro, Rathaus, Marktplatz 14, ✉ 36341, ℘ (06641) 18 41 12, Fax (06641) 184167.
Berlin 457 – Wiesbaden 151 – Fulda 24 – Gießen 68 – Kassel 110.

🏨 **Schubert**, Kanalstr. 12, ✉ 36341, ℘ (06641) 9 60 70, *hotel-schubert@t-online.de*, Fax (06641) 5171, Biergarten – ➛ Zim, ▤ Rest, 📺 🅿 – 🏛 25. ⅃⅃ ⓞ ⓪⑨ 💳
℀ Rest
Menu (geschl. Jan. 1 Woche, Juli - Aug. 3 Wochen, Sonntagabend - Montag) à la carte 38/70 – **33 Z** ⊐ 110/131 – 162/220 – ½ P 35.

In Lauterbach-Maar *Nord-West : 3 km :*

⌂ **Jägerhof** (mit Gästehaus), Hauptstr. 9, ✉ 36341, ℰ (06641) 9 65 60, *schmidt@jaeg erhof-maar.de, Fax (06641) 62132*, Biergarten – 📺 ❤ 📧 – 🚗 40. 🖭 ⓂⓄ 𝑽𝑰𝑺𝑨
Menu *(geschl. Sonntagabend - Montagmittag)* à la carte 31/60 – **34 Z** ⊊ 80/95 – 105/135 – ½ P 25.

LAUTERBERG, BAD *Niedersachsen* 𝟜𝟙𝟠 *L 15 – 14 000 Ew – Höhe 300 m – Kneippheilbad und Schrothkurort.*

🛈 *Kur- und Touristinformation, Ritscherstr. 4 (im Haus des Gastes),* ✉ 37431, ℰ (05524) 9 20 40, *Fax (05524) 5506.*
Berlin 272 – Hannover 116 – Erfurt 104 – Göttingen 49 – Braunschweig 87.

🏨 **Revita,** Sebastian-Kneipp-Promenade, ✉ 37431, ℰ (05524) 8 31, *Fax (05524) 80412,*
🛋, Massage, ♨, 𝑭ₛ, 🔥, ⇋s, 🔲, ❄(Halle) – 📶 ⇔ 📺 & ⚡ ⇔ 📧 – 🚗 500.
❄ Rest
Dachgarten *(geschl. Sonntag - Montag) (nur Abendessen)* **Menu** à la carte 59/84 –
Kurpark : Menu à la carte 40/59 – **240 Z** ⊊ 160/211 – 248/300, 5 Suiten – ½ P 25.

LAUTERECKEN *Rheinland-Pfalz* 𝟜𝟙𝟟 *R 6 – 2 300 Ew – Höhe 165 m.*
Berlin 649 – Mainz 83 – Bad Kreuznach 40 – Kaiserslautern 32 – Saarbrücken 85.

🎋 **Pfälzer Hof,** Hauptstr. 12, ✉ 67742, ℰ (06382) 73 38, *info@pfaelzer-hof.de,*
Fax (06382) 6652, ⇋s – ⇔ 📧 ⓂⓄ ❄ Rest
Menu *(geschl. 20. - 30. Nov., Donnerstag)* à la carte 25/58 🍷 – **19 Z** ⊊ 77/110 –
½ P 20.

LAUTERSTEIN *Baden-Württemberg* 𝟜𝟙𝟡 𝟜𝟚𝟘 *T 13 – 3 000 Ew – Höhe 542 m.*
Berlin 589 – Stuttgart 60 – Göppingen 20 – Heidenheim an der Brenz 20.

In Lauterstein-Weissenstein :

⌂ **Silberdistel** 🦢 garni, Kreuzbergstr. 32, ✉ 73111, ℰ (07332) 37 32, *Fax (07332) 3736*
– 📺 ⊊
11 Z ⊊ 75/85 – 105/125.

✗ **Linde,** Im Städtle 17, ✉ 73111, ℰ (07332) 53 69, *Fax (07332) 3951,* 🌳 – 📧
geschl. Montag – **Menu** à la carte 27/54.

LEBACH *Saarland* 𝟜𝟙𝟟 *R 4 – 23 400 Ew – Höhe 275 m.*
Berlin 722 – Saarbrücken 26 – Saarlouis 19 – St. Wendel 28 – Trier 72.

✗✗ **Locanda Grappolo d'Oro,** Mottener Str. 94, ✉ 66822, ℰ (06881) 33 39,
Fax (06881) 53523, 🌳 – 📧 ⓂⓄ 𝑽𝑰𝑺𝑨
geschl. Montag, Samstagmittag – **Menu** (italienische Küche) à la carte 53/87.

LECK *Schleswig-Holstein* 𝟜𝟙𝟝 *B 10 – 7 700 Ew – Höhe 6 m.*
🅝 *Stadum, Hof Berg (Süd-Ost : 4 km),* ℰ (04662) 7 05 77.
Berlin 453 – Kiel 110 – Sylt (Westerland) 36 – Flensburg 33 – Husum 36 – Niebüll 11.

⌂ **Deutsches Haus** (mit Gästehaus), Hauptstr. 8 (B 199), ✉ 25917, ℰ (04662) 8 71 10,
Fax (04662) 7341 – 📺 📧 🖭 ⓂⓄ 𝑽𝑰𝑺𝑨
Menu à la carte 31/49 – **26 Z** ⊊ 68 – 98/120.

⌂ **Friesland** garni, Hauptstr. 31 (B 199), ✉ 25917, ℰ (04662) 8 70 10, *Fax (04662) 7341*
– 📺 📧 🖭 ⓂⓄ 𝑽𝑰𝑺𝑨
18 Z ⊊ 68/120.

In Enge-Sande *Süd : 4 km :*

✗✗ **Dörpskrog - De ole Stuuv** mit Zim, Dorfstr. 28 (Enge), ✉ 25917, ℰ (04662) 31 90,
Fax (04662) 3195 – 📧 – 🚗 200. ⓂⓄ
geschl. März - April 2 Wochen, Okt. 2 Wochen – **Menu** *(geschl. Montag) (wochentags nur Abendessen)* à la carte 41/69 – **6 Z** ⊊ 60/120 – 120/160.

Le ottime tavole

Per voi abbiamo contraddistinto alcuni ristoranti con
Menu 🕮, ✿, ✿✿ o ✿✿✿.

LEER Niedersachsen **415** G 6 – 31 000 Ew – Höhe 7 m.

    🛈 Verkehrsbüro, Rathausstr. 1, ✉ 26789, 𝒫 (0491) 9 78 25 00, Fax (0491) 9782511.

    Berlin 495 – Hannover 234 – Emden 31 – Groningen 69 – Oldenburg 63.

🏨   **Frisia** Ⓜ garni, Bahnhofsring 16, ✉ 26789, 𝒫 (0491) 9 28 40, info@frisia.bestweste
    rn.de, Fax (0491) 9284400, ⇔ – 📷 ⇔ 📺 ❤ ⅙ 📱 – 🔏 30. 🖭 ⓪ 🐵 **VISA**. ⅙
    78 Z ⊐ 129/154 – 158/193.

🏨   **Ostfriesen Hof,** Groninger Str. 109, ✉ 26789, 𝒫 (0491) 6 09 10, Hotel.Ostfriesen.
    Hof@t-online.de, Fax (0491) 6091199, 🍴, ⇔, 🗔 – 📷 ⇔ 📺 ❤ ⅙ 📱 – 🔏 160. 🖭
    ⓪ 🐵 **VISA** 🆓 ⅙
    Menu à la carte 39/61 – **60 Z** ⊐ 100/160 – 160/210.

XX   **Zur Waage und Börse,** Neue Str. 1, ✉ 26789, 𝒫 (0491) 6 22 44, Fax (0491) 4665,
🍴   geschl. Mitte Okt. - Mitte Nov., Montag - Dienstag – Menu (Tischbestellung ratsam) à la
    carte 43/76.

Nahe der B 70 in Richtung Papenburg Süd-Ost : 4,5 km :

🏨   **Lange,** Zum Schöpfwerk 3, ✉ 26789, 𝒫 (0491) 91 92 80, info@hotel-lange-leer.de,
    Fax (0491) 9192816, ≤, « Terrasse am Nebenarm der Leda », ⇔, 🗔, 🐎 – 📷 📺 🚗
    📱 – 🔏 50. 🖭 ⓪ 🐵 **VISA**
    Menu à la carte 32/65 – **48 Z** 99/140 – 160/195.

LEESE Niedersachsen **415** I 11 – 1 900 Ew – Höhe 30 m.

    Berlin 336 – Hannover 54 – Bremen 80 – Minden 30.

🏠   **Asche,** Loccumer Str. 35, ✉ 31633, 𝒫 (05761) 22 62, Hotel-Asche-Leese@t-online.de,
    Fax (05761) 7770, 🍴 – 📷 📺 🚗 📱 – 🔏 40. 🖭 ⓪ 🐵 **VISA** 🆓
    geschl. 23. Dez. - 15. Jan. – **Menu** (geschl. Freitag) à la carte 30/58 – **14 Z** ⊐ 80/115 –
    130/160.

LEEZEN Schleswig-Holstein siehe Segeberg, Bad.

LEGDEN Nordrhein-Westfalen **417** J 5 – 5 800 Ew – Höhe 71 m.

    Berlin 525 – Düsseldorf 113 – Nordhorn 55 – Münster (Westfalen) 49.

🏠   **Hermannshöhe,** Haulingort 30 (B 474, Süd-Ost : 1 km), ✉ 48739, 𝒫 (02566) 9 30 00,
    Fax (02566) 930060, 🍴, ⇔, 🗔 – 📷 📺 📱 – 🔏 60. 🖭 🐵 **VISA**
    Menu (geschl. Mittwoch) à la carte 25/69 – **39 Z** ⊐ 90/110 – 100/180.

LEHMKUHLEN Schleswig-Holstein siehe Preetz.

LEHNIN Brandenburg **416** **418** J 22 – 3 500 Ew – Höhe 52 m.

    Berlin 65 – Potsdam 26 – Brandenburg 23.

🏨   **Markgraf,** Friedensstr. 13, ✉ 14797, 𝒫 (03382) 76 50, info@hotel-markgraf.de,
    Fax (03382) 765430 – 📷 ⇔ Zim, 📺 ❤ 📱 – 🔏 55. 🖭 🐵 **VISA**
    Menu à la carte 26/53 – **40 Z** ⊐ 90/115 – 130/160.

In Nahmitz Süd-West : 2 km, am Klostersee :

🏨   **Am Klostersee** ⊛, ✉ 14797, 𝒫 (03382) 7 32 20, Fax (03382) 7322301, ≤, 🍴,
    « Schöne Lage am See » – ⇔ Zim, 📺 📱 – 🔏 50. 🐵 **VISA**
    Menu à la carte 31/49 – **30 Z** ⊐ 90/100 – 130/150.

LEHRTE Niedersachsen **415** **416** **417** **418** I 13 – 41 500 Ew – Höhe 66 m.

    Berlin 268 – Hannover 22 – Braunschweig 47 – Celle 33.

🏨   **Median** Ⓜ, Zum Blauen See 3 (an der B 443), ✉ 31275, 𝒫 (05132) 8 29 00, info@m
    edian-hotel.com, Fax (05132) 8290555, 🍴, ⇔ – 📷, ⇔ Zim, 📺 ❤ 📱 – 🔏 130. 🖭 ⓪
    🐵 **VISA** 🆓
    Menu à la carte 40/75 – ⊐ 20 – **142 Z** 170/215 – 235/275, 5 Suiten.

In Lehrte-Ahlten Süd-West : 4 km :

🏠   **Trend Hotel** Ⓜ garni, Raiffeisenstr. 18, ✉ 31275, 𝒫 (05132) 8 69 10, trend-hotel
    @t-online.de, Fax (05132) 869170, ⇔ – 📷 📺 ❤ 📱 – 🔏 20. 🐵 **VISA**
    56 Z ⊐ 120/180 – 170/260.

🏠   **Zum Dorfkrug,** Hannoversche Str. 29, ✉ 31275, 𝒫 (05132) 60 03, Fax (05132) 7833,
    🍴, ⇔, 🗔 (Gebühr) – ⇔ Zim, 📺 📱 🐵 **VISA**
    Menu (geschl. Mitte Juli - Mitte Aug., Sonntag) (nur Abendessen) à la carte 27/50 – **36 Z**
    ⊐ 105/120 – 150/170.

LEICHLINGEN Nordrhein-Westfalen 👁️17 M 5 – 27000 Ew – Höhe 60 m.

　　Berlin 556 – Düsseldorf 31 – Köln 23 – Solingen 11.

In Leichlingen-Witzhelden Ost : 8,5 km :

　　XXX **Landhaus Lorenzet,** Neuenhof 1, ⊠ 42799, ℰ (02174) 3 86 86, Fax (02174) 39518, 壽 – 🄿 🖭 ⓪ ⓦ ⓥⓘⓢⓐ
　　Menu à la carte 45/79.

LEIMEN Baden-Württemberg 👁️17 👁️19 R 10 – 25000 Ew – Höhe 120 m.

　　Berlin 634 – Stuttgart 109 – Mannheim 25 – Heidelberg 7 – Bruchsal 28.

　　🏨 **Engelhorn** Ⓜ garni, Ernst-Naujoks-Str. 2, ⊠ 69181, ℰ (06224) 70 70,
　　Fax (06224) 707200 – 🛗 🖭 📞 ⟿ 🄿 – 🕍 50. 🖭 ⓪ ⓦ ⓥⓘⓢⓐ. ⚘
　　geschl. 22. Dez. - 7. Jan. – **40 Z** ⇆ 130/140 – 170/190.

　　🏨 **Kurpfalz-Residenz und Markgrafen,** Markgrafenstr. 2, ⊠ 69181, ℰ (06224)
　　70 80, Kurpfalz-Residenz@t-online.de, Fax (06224) 708114, 壽, 🚠 – 🛗, ⇝ Zim, 🖭 📞
　　🕭 🄿 – 🕍 50. 🖭 ⓪ ⓦ ⓥⓘⓢⓐ
　　Menu (geschl. Samstag - Sonntagmittag) à la carte 38/60 – **154 Z** ⇆ 138/143 – 176,
　　10 Suiten.

　　🏨 **Zum Bären,** Rathausstr. 20, ⊠ 69181, ℰ (06224) 98 10, Hotel.Baeren@t-online.de,
　　Fax (06224) 981222, 壽 – 🛗, ⇝ Zim, 🖭 📞 🄿 – 🕍 20. ⓦ ⓥⓘⓢⓐ. ⚘
　　Menu (geschl. Montag) à la carte 43/72 – **26 Z** ⇆ 110/130 – 165.

　　🏨 **Seipel** garni, Bürgermeister-Weidemaier-Str. 26 (Am Sportpark), ⊠ 69181, ℰ (06224)
　　98 20, Fax (06224) 982222 – 🛗 🖭 ⟿ 🄿 🖭 ⓪ ⓦ ⓥⓘⓢⓐ
　　geschl. 23. Dez. - 10. Jan. – **23 Z** ⇆ 132/140 – 168/180.

　　🄷 **Traube,** St.-Ilgener-Str. 7, ⊠ 69181, ℰ (06224) 98 30, D.D.Reeves@aol.com,
　　Fax (06224) 75824 – 🛗 🖭 📞 🄿 🖭 ⓪ ⓦ ⓥⓘⓢⓐ. ⚘
　　Menu (geschl. Mittwochmittag) à la carte 36/59 – **40 Z** ⇆ 120/140 – 170/185.

　　🄷 **Herrenberg** garni, Bremer Str. 7, ⊠ 69181, ℰ (06224) 9 70 60, Fax (06224) 74289 –
　　🖭 🄿 🖭 ⓪ ⓦ ⓥⓘⓢⓐ. ⚘
　　16 Z ⇆ 95/105 – 140/160.

　　X **Seeger's Weinstube,** Joh.-Reidel-Str. 2, ⊠ 69181, ℰ (06224) 7 14 96,
　　Fax (06224) 72400, 壽 – 🖭 ⓦ ⓥⓘⓢⓐ
　　geschl. Mitte Juli - Mitte Aug., Samstagmittag, Dienstag – **Menu** à la carte 32/71.

　　X **Weinstube Jägerlust,** Rohrbacher Str. 101, ⊠ 69181, ℰ (06224) 7 72 07,
　　Fax (06224) 78363, 壽. ⚘
　　geschl. 24. Dez.- 10. Jan., Aug. - Sept. 3 Wochen, Samstag - Montag – **Menu** (nur Abend-
　　essen) (Tischbestellung erforderlich) à la carte 43/79.

In Leimen-Gauangelloch Süd-Ost : 8 km :

　　XX **Zum Schwanen** mit Zim, Hauptstr. 38, ⊠ 69181, ℰ (06226) 9 25 50, Reservierung
　　@Auberge-Schwanen.de, Fax (06226) 925511 – 🖭 🄿 🖭 ⓪ ⓦ ⓥⓘⓢⓐ. ⚘
　　Menu (geschl. Dienstag) (wochentags nur Abendessen) 49/95 und à la carte (auch vege-
　　tarisches Menu) – **5 Z** ⇆ 95/115 – 140/165.

In Leimen-Lingental Ost : 3 km :

　　🄷 **Lingentaler Hof** ⚒, Kastanienweg 2, ⊠ 69181, ℰ (06224) 9 70 10,
　　Fax (06224) 970119, ≼, 壽 – 🛗 🖭 🕭 🄿 ⚘ Zim
　　geschl. Jan. 2 Wochen, Aug. 2 Wochen – **Menu** (geschl. Sonntagabend - Montag) à la carte
　　38/71 – **14 Z** ⇆ 98/115 – 145/180.

LEINEFELDE Thüringen 👁️18 L 14 – 17000 Ew – Höhe 347 m.

　　🅱 Bürgerbüro, Bahnhofstr. 43 (Rathaus), ⊠ 37327, ℰ (03605) 50 54 01, Fax (03605)
　　505499.

　　Berlin 300 – Erfurt 82 – Göttingen 43 – Nordhausen 40.

In Reifenstein Süd-Ost : 5 km :

　　🏨 **Reifenstein** ⚒, Am Sonder, ⊠ 37355, ℰ (036076) 4 70, info@reifenstein.de,
　　Fax (036076) 47202, ≼, 壽, Biergarten – 🛗, ⇝ Zim, 🖭 📞 🕭 🄿 – 🕍 160. 🖭 ⓪ ⓦ
　　ⓥⓘⓢⓐ
　　Menu (Montag - Freitag nur Abendessen) à la carte 27/50 – **43 Z** ⇆ 70/90 – 120/140.

LEINFELDEN-ECHTERDINGEN Baden-Württemberg siehe Stuttgart.

LEINGARTEN Baden-Württemberg siehe Heilbronn.

LEINSWEILER Rheinland-Pfalz 🔲🔲🔲🔲 S 8 – 450 Ew – Höhe 260 m – Erholungsort.
🅱 Büro für Tourismus, Rathaus, ✉ 76829, ☏ (06345) 35 31, Fax (06345) 2457.
Berlin 673 – Mainz 122 – Karlsruhe 52 – Wissembourg 20 – Landau in der Pfalz 9.

🏨 **Leinsweiler Hof** ⌂, An der Straße nach Eschbach (Süd : 1 km), ✉ 76829, ☏ (06345)
40 90, info@leinsweilerhof.de, Fax (06345) 3614, ≼ Weinberge und Rheinebene,
« Gartenterrasse », 🛋, 🔲, 🌡 – 🛏 Zim, 📺 🅿 – 🔏 60. 🖭 ⊙ 🐵 𝗩𝗜𝗦𝗔. 🦞 Rest
geschl. 2. - 22. Jan. – **Menu** (geschl. Sonntagabend - Montag) à la carte 52/78 ⅋ – **67 Z**
⌷ 135/160 – 198/238 – ½ P 45.

🏨 **Castell,** Hauptstr. 32, ✉ 76829, ☏ (06345) 70 03, Fax (06345) 7004, 🏡 – 📺 🅿 🐵
𝗩𝗜𝗦𝗔
Menu (geschl. Dienstag) 33 (mittags) à la carte 52/76 – **16 Z** ⌷ 105/135 – 168/190 –
½ P 35.

🏠 **Rebmann,** Weinstr. 8, ✉ 76829, ☏ (06345) 25 30, Hotel-Rebmann@t-online.de,
Fax (06345) 7728, 🏡 – 📺 ⊙ 🐵 𝗩𝗜𝗦𝗔
Menu (geschl. Nov.- März Mittwoch) à la carte 39/78 ⅋ – **11 Z** ⌷ 90/110 – 140.

LEIPE Brandenburg siehe Burg/Spreewald.

LEIPHEIM Bayern 🔲🔲🔲🔲 U 14 – 6 500 Ew – Höhe 470 m.
Berlin 574 – München 117 – Stuttgart 105 – Augsburg 58 – Günzburg 5 – Ulm (Donau)
24.

🏠 **Zur Post,** Bahnhofstr. 6, ✉ 89340, ☏ (08221) 27 70, gasthof-post@t-online.de,
Fax (08221) 277200, 🏡 – 📲, 🛏 Zim, 📺 🚗 🅿 – 🔏 60. 🖭 ⊙ 🐵 𝗩𝗜𝗦𝗔
Menu à la carte 23/54 ⅋ – **54 Z** ⌷ 78/85 – 96/135.

🏠 **Landgasthof Waldvogel,** Grüner Weg 1, ✉ 89340, ☏ (08221) 2 79 70, Landgast
hof@waldvogel.de, Fax (08221) 279734, Biergarten – 🛏 📺 ⌨ 🅿 – 🔏 50. ⊙ 🐵 𝗩𝗜𝗦𝗔
Menu (geschl. 3. - 10. Jan.) à la carte 22/44 – **32 Z** ⌷ 75/120.

An der Autobahn A 8 Richtung Augsburg :

🏠 7-Schwaben Rasthaus und Motel Ⓜ, ✉ 89340 Leipheim, ☏ (08221) 2 78 00,
Fax (08221) 2780243, 🏡 – 📲, 🛏 Zim, 📺 🦽 🅿 – 🔏 30 – **63 Z**.

LEIPZIG

Sachsen **418** *L 21 – 450 000 Ew – Höhe 118 m*

Berlin 180 ⑨ *– Dresden 109* ④ *– Erfurt 126* ⑨

PRAKTISCHE HINWEISE

🅱 *Tourist-Information, Richard-Wagner-Str. 1* ✉ *04109,* ☏ *(0341) 7 10 42 60, Fax (0341) 7104271*

ADAC, *Augustaplatz 5/6*

✈ *Leipzig-Halle (über* ⑨ *: 15 km),* ☏ *(0341) 22 40*
Neue Messe, Messe Allee 1, ✉ *04356,* ☏ *(0341) 67 80, Fax (0341) 6788762*

🚢 *Leipzig-Seehausen, Bergweg 10* U *(Nord : 8 km),* ☏ *(0341) 5 21 74 42*

🚢 *Markkleeberg, Mühlweg/Ecke Koburger Straße (über* ⑤ *: 11 km),* ☏ *(0341) 3 58 26 86*

🚢 *Machern, Peritscher Weg (über* ④ *: 15 km),* ☏ *(034292) 6 80 32*

🚢 *Noitzsch (über* ② *: 29 km),* ☏ *(034242) 5 03 02*

Sehenswert : *Altes Rathaus★* BY *– Alte Börse★ (Naschmarkt)* BY *– Museum der bildenden Künste★★* BY **M³** *– Thomaskirche★* BZ *– Grassi-Museum (Museum für Kunsthandwerk★, Museum für Völkerkunde★, Musikinstrumenten-Museum★)* CZ *– Ägyptisches Museum* BZ **M¹**.

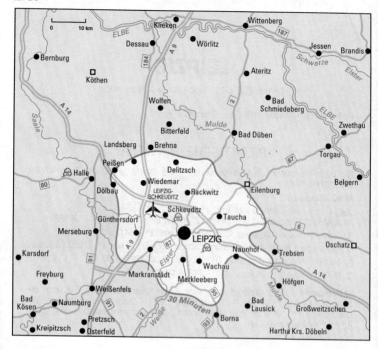

Fürstenhof, Tröndlinring 8, ✉ 04105, ℰ (0341) 14 00, Fax (0341) 1403700, 🍴, « Patrizierpalais a.d.J. 1770 ; Badelandschaft », Massage, 🛁, ≦s, 🔲 – 📳, 🔄 Zim, 🔲 📺 ✆ & 🚗 – 🔏 60. 🆎 ⑩ 🐵 𝘝𝘐𝘚𝘈 𝗃𝖼𝖻
BY c
Menu 54 (mittags) à la carte 65/90 – ⊇ 36 – **92 Z** 390/530 – 440/580, 4 Suiten.

Marriott 🅼, Am Hallischen Tor 1, ✉ 04109, ℰ (0341) 9 65 30, Leipzig.marriott@marriott.com, Fax (0341) 9653999, 🛁, ≦s, 🔲 – 📳, 🔄 Zim, 🔲 📺 ✆ & 🚗 – 🔏 220. 🆎 ⑩ 🐵 𝘝𝘐𝘚𝘈 𝗃𝖼𝖻
BY n
Menu à la carte 45/53 – **231 Z** ⊇ 199/219 – 199/219, 11 Suiten.

Inter-Continental, Gerberstr. 15, ✉ 04105, ℰ (0341) 98 80, leipzig@interconti.com, Fax (0341) 9881229, Biergarten, Massage, ≦s, 🔲 – 📳, 🔄 Zim, 🔲 📺 ✆ & 🖭 – 🔏 360. 🆎 ⑩ 🐵 𝘝𝘐𝘚𝘈 𝗃𝖼𝖻, 🔄 Rest
BY a
Menu à la carte 63/81 – **Yamato** (japanische Küche) **Menu** 30/50 und à la carte – ⊇ 29 – **447 Z** 245/345 – 285/385, 21 Suiten.

Renaissance 🅼, Großer Brockhaus 3, ✉ 04103, ℰ (0341) 1 29 20, renaissance.leipzig@renaissancehotels.com, Fax (0341) 1292800, 🛁, ≦s, 🔲 – 📳, 🔄 Zim, 🔲 📺 ✆ & 🚗 – 🔏 350. 🆎 ⑩ 🐵 𝘝𝘐𝘚𝘈 𝗃𝖼𝖻
DY a
Menu à la carte 46/62 – ⊇ 26 – **356 Z** 165.

Dorint 🅼, Stephanstr. 6, ✉ 04103, ℰ (0341) 9 77 90, info.lejlei@dorint.com, Fax (0341) 9779100, Biergarten, ≦s – 📳, 🔄 Zim, 📺 ✆ & 🚗 – 🔏 150. 🆎 ⑩ 🐵 𝘝𝘐𝘚𝘈 𝗃𝖼𝖻, 🔄 Rest
DZ n
Menu à la carte 48/75 – ⊇ 24 – **177 Z** 191/281 – 191/281.

Seaside Park Hotel 🅼, Richard-Wagner-Str. 7, ✉ 04109, ℰ (0341) 9 85 20, seaside-hotels@regionett.de, Fax (0341) 9852750, Massage, ≦s – 📳 🔄, 🔲 Rest, 📺 ✆ & 🚗 – 🔏 80. 🆎 ⑩ 🐵 𝘝𝘐𝘚𝘈 𝗃𝖼𝖻
CY s
Menu (geschl. Mitte Juli - Ende Aug., Sonntag) (nur Abendessen) à la carte 36/63 – **288 Z** ⊇ 195/233 – 238/268, 9 Suiten.

Michaelis 🅼, Paul-Gruner-Str. 44, ✉ 04107, ℰ (0341) 2 67 80, hotel.michaelis@t-online.de, Fax (0341) 2678100, 🍴 – 📳, 🔄 Zim, 📺 ✆ & 🚗 – 🔏 45. 🆎 ⑩ 🐵 𝘝𝘐𝘚𝘈
V u
Menu (geschl. Samstagmittag, Sonntag) à la carte 39/73 – **59 Z** ⊇ 145/160 – 195/220.

Mercure am Gutenbergplatz 🅼 garni, Gutenbergplatz 1, ✉ 04103, ℰ (0341) 1 29 30, H2837@accor-hotels.com, Fax (0341) 1293444 – 📳 🔄 🔲 📺 ✆ & – 🔏 20. 🆎 ⑩ 🐵 𝘝𝘐𝘚𝘈 𝗃𝖼𝖻 – **122 Z** ⊇ 170/216 – 190/260.
DZ s

LEIPZIG

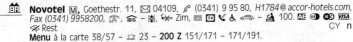

Novotel M, Goethestr. 11, ✉ 04109, ✆ (0341) 9 95 80, H1784@accor-hotels.com, Fax (0341) 9958200, 🏊, ⇌ – 🛗, 🔄 Zim, 🖥 📺 ✆ & 🚗 – 🔏 100. 🆎 ① ⑩⑤ 𝘝𝘐𝘚𝘈. ⚓ Rest
CY n
Menu à la carte 38/57 – 🍴 23 – **200 Z** 151/171 – 171/191.

Holiday Inn Garden Court, Rudolf-Breitscheid-Str. 3, ✉ 04105, ✆ (0341) 1 25 10, HILeipzig@aol.com, Fax (0341) 1251100, ⇌ – 🛗, 🔄 Zim, 🖥 📺 🄿 – 🔏 20. 🆎 ① ⑩⑤ 𝘝𝘐𝘚𝘈 🄹🄲🄱. ⚓ Rest
CY g
Menu à la carte 36/65 – **121 Z** 🍴 190/280 – 230/320.

Rema-Hotel Vier Jahreszeiten M garni, Rudolf-Breitscheid-Str. 23, ✉ 04105, ✆ (0341) 9 85 10, vier-jahreszeiten@remahotel.de, Fax (0341) 985122 – 🛗 🔄 📺 &. 🆎 ① ⑩⑤ 𝘝𝘐𝘚𝘈
CY b
67 Z 🍴 160/230 – 230/330.

Leipziger Hof, Hedwigstr. 1, ✉ 04315, ✆ (0341) 6 97 40, info@leipziger-hof.de, Fax (0341) 6974150, Biergarten, « Ständige Bilderausstellung », ⇌ – 🛗, 🔄 Zim, 📺 ✆ 🄿 – 🔏 50. 🆎 ① ⑩⑤ 𝘝𝘐𝘚𝘈
V t
Menu (geschl. Samstag - Sonntag) (nur Abendessen) à la carte 36/59 – **73 Z** 🍴 155/179 – 169/295.

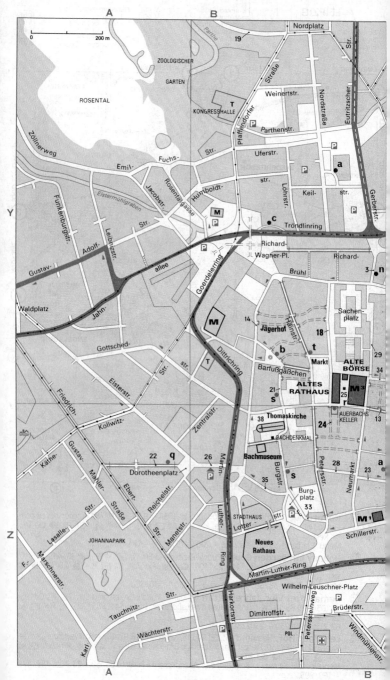

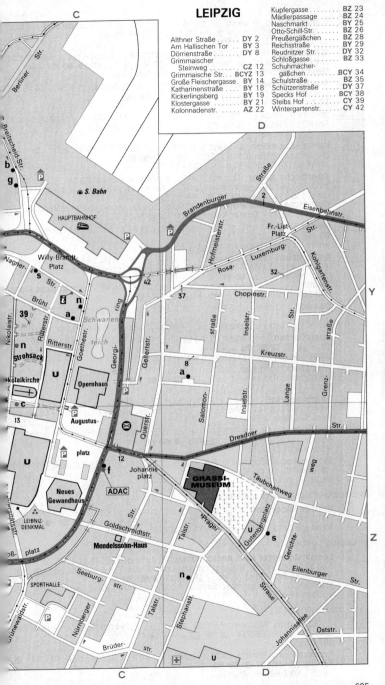

LEIPZIG

🏨 **Markgraf** garni, Körnerstr. 36, ⊠ 04107, ℰ (0341) 30 30 30, *hotel@markgraf-leipzi g.de, Fax (0341) 3030399 –* 📶 ⇄ 📺 ✆ 🚗. 🖭 ① ⓪⓪ 𝘝𝘐𝘚𝘈
⌂ 18 – **54 Z** 127/139 – 134/139.
V u

🏨 **Mercure,** Augustusplatz 5, ⊠ 04109, ℰ (0341) 2 14 60, *Mercure_Leipzig@t-online.de, Fax (0341) 9604916 –* 📶 ⇄ Zim, 🍴 Rest, 📺 ✆ – 🏛 120. 🖭 ① ⓪⓪ 𝘝𝘐𝘚𝘈 𝘫𝘤𝘣
Menu à la carte 35/60 – **283 Z** ⌂ 129/170 – 200/210.
CZ f

🏨 **Am Bayrischen Platz** garni, Paul-List-Str. 5, ⊠ 04103, ℰ (0341) 14 08 60, *Fax (0341) 1408648 –* 📶 ⇄ 📺 ✆. 🖭 ① ⓪⓪ 𝘝𝘐𝘚𝘈 𝘫𝘤𝘣
32 Z ⌂ 108/139 – 148/179.
V z

🏨 **Ibis** garni, Brühl 69, ⊠ 04109, ℰ (0341) 2 18 60, *H1811@accor-hotels.com, Fax (0341) 2186222 –* 📶 ⇄ 📺 ✆ 🕭 🚗. 🖭 ① ⓪⓪ 𝘝𝘐𝘚𝘈 𝘫𝘤𝘣
⌂ 15 – **126 Z** 125.
CY a

🍴🍴 **Kaiser Maximilian,** Neumarkt 9, ⊠ 04105, ℰ (0341) 9 98 69 00, *webmaster@kais er-maximilian.de, Fax (0341) 9986901,* 🪑 – ⓪⓪ 𝘝𝘐𝘚𝘈
geschl. Jan. 1 Woche – **Menu** à la carte 51/73.
BZ a

🍴🍴 **Auerbachs Keller,** Grimmaische Str. 2 (Mädler-Passage), ⊠ 04109, ℰ (0341) 21 61 00, *Michael.Reinhard@sem.lipsia.de, Fax (0341) 2161011,* « Historische Weinschenke a.d. 16. Jh. » – 🖭 ① ⓪⓪ 𝘝𝘐𝘚𝘈
Historische Weinstuben *(geschl. 1. - 16. Jan., Sonntag) (nur Abendessen)* **Menu** 65/120 à la carte 57/73 – **Großer Keller :** Menu à la carte 36/70.
BYZ

🍴🍴 **Medici,** Nikolaikirchhof 5, ⊠ 04109, ℰ (0341) 2 11 38 78, *Fax (0341) 9129282 –* 🖭 ①
⓪⓪ 𝘝𝘐𝘚𝘈 𝘫𝘤𝘣
geschl. Sonntag – **Menu** à la carte 56/70.
CY c

🍴🍴 **Coffe Baum,** Kleine Fleischergasse 4, ⊠ 04109, ℰ (0341) 9 61 00 61, *Coffe-Baum @t-online.de, Fax (0341) 9610030,* 🪑, « Historisches Gasthaus a.d.J. 1645 ; Kaffeemuseum » – 🕭. ⓪⓪ 𝘝𝘐𝘚𝘈
Lusatia (1. Etage) *(geschl. Juli - Aug.)* **Menu** 48 à la carte 44/65 – **Lehmannsche Stube und Schuhmannzimmer :** Menu a la carte 32/41.
BY b

🍴🍴 **Classico,** Nikolaistr. 16, ⊠ 04109, ℰ (0341) 2 11 13 55, *Fax (0341) 2111355,* 🪑
🖭
geschl. über Ostern, Sonntag - Montag – **Menu** (italienische Küche) à la carte 51/88.
CY n

🍴🍴 **Apels Garten,** Kolonnadenstr. 2, ⊠ 04109, ℰ (0341) 9 60 77 77, *Fax (0341) 9607779,* 🪑 – 🏛 30. 🖭 ① ⓪⓪ 𝘝𝘐𝘚𝘈 𝘫𝘤𝘣
geschl. Sonn- und Feiertage abends – **Menu** à la carte 27/45.
AZ q

🍴 **Weinstock,** Marktplatz 7, ⊠ 04109, ℰ (0341) 14 06 06 06, *Fax (0341) 14060607,* 🪑, « Historisches Bankhaus a.d. 16. Jh. » – 🖭 ① ⓪⓪ 𝘝𝘐𝘚𝘈
Menu à la carte 38/78.
BY t

🍴 **Thüringer Hof,** Burgstr. 19, ⊠ 04109, ℰ (0341) 9 94 49 99, *reservierung@thuerin ger-hof.de, Fax (0341) 9944933,* 🪑, « Restauriertes Gasthaus a.d.J. 1454 » – 🖭 ⓪⓪ 𝘝𝘐𝘚𝘈
Menu à la carte 29/55.
BZ s

🍴 **Paulaner,** Klostergasse 3, ⊠ 04109, ℰ (0341) 2 11 31 15, *info-PaulanerLeipzig@t-o nline.de, Fax (0341) 2117289,* 🪑 – 🖭 ① ⓪⓪ 𝘝𝘐𝘚𝘈
Menu à la carte 27/57.
BY s

🍴 **Mövenpick,** Am Naschmarkt 1, ⊠ 04109, ℰ (0341) 2 11 77 22, *Fax (0341) 2114810,* 🪑 – ⇄. 🖭 ① ⓪⓪ 𝘝𝘐𝘚𝘈
Menu à la carte 31/58.
BY r

In Leipzig-Breitenfeld *Nord-West : 8 km :*

🏨 **Breitenfelder Hof** 🅼 🐾, Lindenallee 8, ⊠ 04466, ℰ (0341) 4 65 10, *info@breit enfelderhof.de, Fax (0341) 4651133,* 🪑 – ⇄ Zim, 📺 ✆ ✆ – 🏛 70. 🖭 ① ⓪⓪ 𝘝𝘐𝘚𝘈
Menu à la carte 36/49 – ⌂ 21 – **75 Z** 160/206 – 160/206.
U z

In Leipzig-Connewitz :

🏨 **Leonardo Hotel und Residenz** 🅼, Windscheidstr. 21, ⊠ 04277, ℰ (0341) 3 03 30 (Hotel) 3 03 35 14 (Rest.), *hotel@leonardo-lpz.de, Fax (0341) 3033555,* �⇄s – 📶, ⇄ Zim, 🍴 Rest, 📺 ✆ 🕭 🚗 – 🏛 30. 🖭 ① ⓪⓪ 𝘝𝘐𝘚𝘈
Menu *(geschl. Samstagmittag, Sonntag)* à la carte 52/74 – **53 Z** ⌂ 165/180 – 195, 3 Suiten.
V v

In Leipzig-Eutritzsch :

🏨 **Vivaldi** 🅼 garni, Wittenberger Str. 87, ⊠ 04129, ℰ (0341) 9 03 60, *info@hotel-vival di.de, Fax (0341) 9036234 –* 📶 ⇄ 📺 🚗 – 🏛 40
107 Z.
U p

🏨 **Prodomo** garni, Gräfestr. 15a, ⊠ 04129, ℰ (0341) 9 03 50, *Fax (0341) 9035113 –* 📶, ⇄ Zim, 📺 🚗. 🖭 ① ⓪⓪ 𝘝𝘐𝘚𝘈
⌂ 15 – **80 Z** 69/99 – 85/105.
U c

In Leipzig-Gohlis :

🏠 **De Saxe,** Gohliser Str. 25, ✉ 04155, ✆ (0341) 5 93 80, Fax (0341) 5938299 – 🛗 📺
P, AE ① ⓦ VISA JCB — V d
Menu à la carte 27/49 – **33 Z** ⊑ 105/130 – 130/160.

🍴 **Schaarschmidt's,** Coppistr. 32, ✉ 04157, ✆ (0341) 9 12 05 17, schaarschmidts@t
-online.de, Fax (0341) 9120517, 🌳 – VISA — U m
Menu (wochentags nur Abendessen) (Tischbestellung ratsam) à la carte 36/63.

In Leipzig-Grosszschocher :

🏠 **Windorf,** Gerhard-Ellrodt-Str. 21, ✉ 04249, ✆ (0341) 4 27 70, info@windorf.bestwe
stern.de, Fax (0341) 4277222, 🌳 – 🛗, ❖ Zim, 📺 ✆ P – 🔲 55. AE ① ⓦ VISA JCB
Menu à la carte 31/55 – **91 Z** ⊑ 130/145 – 150/185. — V n

In Leipzig-Hohenheida :

🏠 **Residenz,** Residenzstr. 43, ✉ 04356, ✆ (034298) 4 50, hotelresidenz@t-online.de,
Fax (034298) 45222, 🌳 – 🛗, ❖ Zim, 📺 ⇦ P – 🔲 40. U e
Menu à la carte 27/53 – **53 Z** ⊑ 106/128 – 148/168.

In Leipzig-Leutzsch :

🏠 **Lindner Business Aktiv Hotel** Ⓜ, Hans-Driesch-Str. 27, ✉ 04179, ✆ (0341)
4 47 80, info.Leipzig@Lindner.de, Fax (0341) 4478478, 🌳, ⊆s, 🌾 – 🛗, ❖ Zim, 📺 ✆
& ⇦ – 🔲 110. AE ① ⓦ VISA — V f
Menu à la carte 39/75 – ⊑ 25 – **200 Z** 185 – 210/280, 15 Suiten.

In Leipzig-Lindenau :

🏠 **Lindenau,** Georg-Schwarz-Str. 33, ✉ 04177, ✆ (0341) 4 48 03 10,
Fax (0341) 4480300, ⊆s – 🛗, ❖ Zim, 📺 P – 🔲 25. AE ⓦ VISA JCB — V r
Menu à la carte 28/47 – ⊑ 15 – **52 Z** 99/130 – 130.

In Leipzig-Möckern :

🏠 **Silencium** garni, Georg-Schumann-Str. 268 (B 6), ✉ 04159, ✆ (0341) 90 82 70, HOTEL.
SILENCIUM@t-online.de, Fax (0341) 9012991 – 🛗 ❖ 📺 ✆ ⇦ – 🔲 40. AE ① ⓦ VISA
JCB — U u
35 Z ⊑ 99/149 – 169.

In Leipzig-Paunsdorf :

🏠 **Treff Hotel** Ⓜ, Schongauer Str. 39, ✉ 04329, ✆ (0341) 25 40, Treff-Hotel-Leipzig
@t-online.de, Fax (0341) 2541550, 🌳, Massage, ⊆s – 🛗, ❖ Zim, 🍴 📺 ✆ & P –
🔲 600. AE ① ⓦ VISA JCB — V e
Menu à la carte 34/65 – **291 Z** ⊑ 149/249 – 179/299.

🏠 **Artis Suite Hotel** Ⓜ, Permoserstr. 50, ✉ 04328, ✆ (0341) 2 58 90 (Hotel), 2 58 91
54 (Rest.), leipzig@artis-hotels.com, Fax (0341) 2589444, ⊆s – 🛗, ❖ Zim, 📺 ✆ ⇦ –
🔲 25. AE ⓦ — V b
Menu (geschl. Sonntagabend - Montagmittag) (italienische Küche) à la carte 30/55 –
⊑ 15 – **82 Z** 105/195 – 175/235.

In Leipzig-Portitz :

🏠 **Accento** Ⓜ, Tauchaer Str. 260, ✉ 04349, ✆ (0341) 9 26 20, welcome@accentohot
el.de, Fax (0341) 9262100, 🌳, ⊆s – 🛗, ❖ Zim, 🍴 Rest, 📺 ✆ ⇦ P – 🔲 60. AE ①
ⓦ VISA JCB — U n
geschl. 21 Dez. - 6. Jan. – Menu à la carte 30/49 – ⊑ 20 – **115 Z** 159/249 – 159/249.

In Leipzig-Probstheida :

🏠 **Parkhotel Diani** Ⓜ, Connewitzer Str. 19, ✉ 04289, ✆ (0341) 8 67 40, Parkhotel-Di
ani@t-online.de, Fax (0341) 8674250, 🌳, ⊆s, 🌾 – 🛗, ❖ Zim, 📺 ✆ ⇦ P – 🔲 30.
AE ① ⓦ VISA JCB — V q
Menu à la carte 32/56 – **71 Z** ⊑ 130/160 – 175/195.

In Leipzig-Reudnitz :

🏠 **Berlin** garni, Riebeckstr. 30, ✉ 04317, ✆ (0341) 2 67 30 00, hotel-berlin-leipzig@t-on
line.de, Fax (0341) 2673280 – 🛗 ❖ 📺 – 🔲 20. AE ① ⓦ VISA — V x
51 Z ⊑ 119/139 – 129/169.

🏠 **Völkerschlachtdenkmal,** Prager Str. 153, ✉ 04317, ✆ (0341) 26 99 00, Hotel.Voelke
rschlachtdenkmal@t-online.de, Fax (0341) 9902099, Biergarten, « Rustikal-gemütliche
Zimmereinrichtung » – 📺 P, AE ① ⓦ VISA — V k
Menu à la carte 34/46 – **25 Z** ⊑ 105/130 – 135/175.

In Leipzig-Rückmarsdorf West : 12 km über ⑦ :

🏠 **3 Linden,** Kastanienweg 11, ✉ 04430, ℰ (0341) 9 41 01 24, Fax (0341) 9410129, Biergarten, 🍴 – 📺, Zim, 📺 🖭 – 🚗 30. 🖭 ⓞ ⓦⓞ 𝓥𝓘𝓢𝓐 𝓙𝓒𝓑
Menu (Montag - Freitag nur Abendessen) à la carte 27/45 – **40 Z** ☞ 135/145 – 155/165.

In Leipzig-Schönefeld :

✂ **Stottmeister,** Kohlweg 45, ✉ 04347, ℰ (0341) 2 31 10 67, Fax (0341) 2323456, 🍴 – 🖭 – 🚗 40. ⓦⓞ
Menu à la carte 26/56.
V y

In Leipzig-Seehausen :

🏠 **Im Sachsenpark** Ⓜ, Walter-Köhn-Str. 3, ✉ 04356, ℰ (0341) 5 25 20, info@sachs enparkhotel.de, Fax (0341) 5252528, 🍴, 🍴 – 📺, Zim, 📺 Zim, 📺 🖭 🖭 – 🚗 60. 🖭 ⓞ ⓦⓞ 𝓥𝓘𝓢𝓐 🍴
Menu à la carte 32/55 – **112 Z** ☞ 169/239 – 228/298.
U h

In Leipzig-Stötteritz :

🏠 **Holiday Inn** Ⓜ, Wasserturmstr. 33, ✉ 04299, ℰ (0341) 8 67 90, direktion@holiday -inn-leipzig.de, Fax (0341) 8679444, 🍴, 🍴 – 📺, Zim, 📺 Rest, 📺 🖭 🖭 🚗 – 🚗 35.
Menu à la carte 30/57 – **126 Z** ☞ 110/235 – 129/264, 9 Suiten.
V m

Leipzig-Wiederitzsch Nord : 7 km :

🏠 **Astron Hotel** Ⓜ, Fuggerstr. 2, ✉ 04448, ℰ (0341) 5 25 10, Leipzig@astron-hotels.de, Fax (0341) 5251300, 🖭, 🍴 – 📺, Zim, 📺 📺 🖭 🖭 🚗 – 🚗 220. 🖭 ⓞ ⓦⓞ 𝓥𝓘𝓢𝓐 𝓙𝓒𝓑
Menu à la carte 36/64 – ☞ 23 – **308 Z** 159/193 – 182/216.
U x

🏠 **Hiemann** Ⓜ, Delitzscher Landstr. 75, ✉ 04448, ℰ (0341) 5 25 30, info@hotel-hiem ann-de, Fax (0341) 5253154, 🍴, 🍴 – 📺, Zim, 📺 🖭 🚗 🖭 – 🚗 25. 🖭 ⓞ ⓦⓞ 𝓥𝓘𝓢𝓐
Menu à la carte 31/58 – **37 Z** ☞ 115/135 – 160/185.
U v

🏠 **Achat** Ⓜ garni, Rosmarinweg 2, ✉ 04448, ℰ (0341) 5 24 60, leipzig@achat-hotel.de, Fax (0341) 5246999, 🍴 – 📺 🍴 📺 🖭 🖭 🖭 – 🚗 30. 🖭 ⓦⓞ 𝓥𝓘𝓢𝓐
geschl. 23. Dez. - 1. Jan. – ☞ 18 – **99 Z** 90/125 – 112/147.
U r

🏠 **Papilio,** Delitzscher Landstr. 100, ✉ 04448, ℰ (0341) 52 61 10, info@hotel-papilio.de, Fax (0341) 5261110, 🍴 – 🍴 Zim, 📺 🖭 🖭 – 🚗 20. 🖭 ⓦⓞ 🍴 Rest
Menu (nur Abendessen) (Restaurant nur für Hausgäste) – **30 Z** ☞ 110 – 140/160.
U s

In Markkleeberg Süd : 8 km über ⑤ :

🏠 **Markkleeberger Hof** Ⓜ, Städtelner Str. 122, ✉ 04416, ℰ (034299) 1 20, Noppi Hotel@aol.com, Fax (034299) 12222, Biergarten – 📺, 🍴 Zim, 📺 🖭 🖭 🖭 ⓦⓞ 𝓥𝓘𝓢𝓐 𝓙𝓒𝓑 🍴
Menu à la carte 27/57 – **61 Z** ☞ 135/165.

In Wachau Süd-Ost : 8 km, über Prager Straße V :

🏠 **Atlanta Park Inn** Ⓜ, Südring 21, ✉ 04445, ℰ (034297) 8 40, PILEIPZIG.PARKHTLS@t -online.de, Fax (034297) 84999, 🍴 – 📺, 🍴 Zim, 📺 📺 🖭 🖭 🖭 – 🚗 220. 🖭 ⓞ ⓦⓞ 𝓥𝓘𝓢𝓐
Menu à la carte 39/58 – **196 Z** ☞ 138/160, 6 Suiten.

In Markranstädt Süd-West : 13 km über ⑥ :

🏠 **Advena Park Hotel,** Krakauer Str. 49, ✉ 04420, ℰ (034205) 6 00, park.hotel.leipz ig@advenahotels.com, Fax (034205) 60200, 🍴, 🍴 – 📺, 🍴 Zim, 📺 🖭 🖭 – 🚗 120. 🖭 ⓞ ⓦⓞ 𝓥𝓘𝓢𝓐
Menu à la carte 38/60 – **58 Z** ☞ 135/155 – 165/185.

LEIWEN Rheinland-Pfalz 🔢 Q 4 – 1 700 Ew – Höhe 114 m.
Berlin 705 – Mainz 142 – Trier 40 – Bernkastel-Kues 29.

🏠 **Wappen von Leiwen,** Klostergartenstr. 52, ✉ 54340, ℰ (06507) 35 79, wappen-v on-leiwen@leiwen.de, Fax (06507) 3579, 🍴 – 🍴 Zim, 📺 🖭 🖭 – 🚗 30. ⓦⓞ
Menu (geschl. Anfang Feb. 1 Woche, Nov. - April Dienstag) à la carte 30/55 – **14 Z** ☞ 58/105 – ½ P 25.

Außerhalb Ost : 2,5 km :

🏠 **Zummethof** 🍴, Panoramaweg 1, ✉ 54340 Leiwen, ℰ (06507) 9 35 50, info@hote l-zummethof.de, Fax (06507) 935544, ≤ Trittenheim und Moselschleife, « Terrasse », 🍴, 🍴 – 📺 🖭 – 🚗 60. ⓦⓞ 𝓥𝓘𝓢𝓐
geschl. 27. Dez. - 3. März – **Menu** à la carte 28/58 🍴 – **25 Z** ☞ 70/80 – 110/140.

LEMBERG *Rheinland-Pfalz* [417] [419] *S 6 – 4 000 Ew – Höhe 320 m – Erholungsort.*

Berlin 689 – Mainz 129 – Saarbrücken 68 – Pirmasens 5,5 – Landau in der Pfalz 42.

🍴 **Gasthaus Neupert** mit Zim, Hauptstr. 2, ✉ 66969, ☎ (06331) 4 09 12, *GASTHAUS-NEUPERT@Hotmail.com, Fax (06331) 40936,* 🌳 – 📺 [P]. [AE] ⓓ [MC] [VISA]. ✗ Zim
geschl. Feb. 2 Wochen, Juli 2 Wochen, Montag – **Menu** à la carte 28/56 🍷 – **7 Z** ☕ 60/68 – 85/100 – ½ P 20.

LEMBRUCH *Niedersachsen* [415] *I 9 – 900 Ew – Höhe 40 m – Erholungsort.*

Berlin 407 – Hannover 119 – Bielefeld 88 – Bremen 77 – Osnabrück 42.

🏨 **Seeschlößchen,** Große Str. 73, ✉ 49459, ☎ (05447) 9 94 40, *Seeschloesschen@ringhotels.de, Fax (05447) 1796,* 🌳, 🏊 – 📺 🚗 [P] – 🎤 100. [AE] ⓓ [MC] [VISA]
Menu à la carte 36/71 – **20 Z** ☕ 108/120 – 155/170 – ½ P 28.

🏨 **Seeblick** 🐚, Birkenallee 41, ✉ 49459, ☎ (05447) 9 95 80, *info@hotel-seeblick-duemmersee.de, Fax (05447) 1441,* ≤, 🌳, 🏊, 🏋 – 🛗, ✗ Zim, 📺 📞 🚗 [P] – 🎤 30. [AE] ⓓ [MC] [VISA]. ✗ Zim
Menu à la carte 42/69 – **35 Z** ☕ 95/120 – 160/240 – ½ P 28.

🍴🍴🍴 ✿ **Landhaus Götker** (Eickhoff), Tiemanns Hof 1, ✉ 49459, ☎ (05447) 12 57, *info@landhaus-goetker.de, Fax (05447) 1057,* 🌳 – [P]. [AE] ⓓ [MC] [VISA]
geschl. 2. - 18. Jan., Okt. 2 Wochen, Montag - Dienstag – **Menu** (bemerkenswerte Weinkarte) 73/160 à la carte 83/110
Spez. Terrine von Dümmerhecht und zweierlei Aal. Getrüffelte Stubenkükenroulade mit Makkaroni-Gänseleberttimbale (Saison). Sauerbraten von der Moorschnucke.

LEMFÖRDE *Niedersachsen* [415] *I 9 – 2 100 Ew – Höhe 44 m.*

Berlin 389 – Hannover 126 – Bielefeld 83 – Bremen 84 – Osnabrück 36.

In Lemförde-Stemshorn *Süd-West : 2,5 km :*

🏨 ☺ **Tiemann's Hotel,** An der Brücke 26, ✉ 49448, ☎ (05443) 99 90, *Tiemanns.Hotel@t-online.de, Fax (05443) 99950,* « Kleiner Garten ; Terrasse », 🏊 – ✗ Zim, 📺 📞 🚗 [P] – 🎤 40. [AE] ⓓ [MC] [VISA]. ✗ Rest
Menu *(geschl. Ende Juli - Anfang Aug., Samstagmittag, Sonntagabend)* 45 à la carte 45/76 – **27 Z** ☕ 98/140 – 160/180.

LEMGO *Nordrhein-Westfalen* [417] *J 10 – 44 000 Ew – Höhe 98 m.*

Sehenswert : *Altstadt★ (Rathaus★★, Junkerhaus★).*

[i] *Lemgo-Information, Kramerstr. 8, Marktplatz, ✉ 32657, ☎ (05261) 18 77 50, Fax (05261) 189035.*

Berlin 372 – Düsseldorf 198 – Bielefeld 33 – Detmold 12 – Hannover 88.

🏨 **Lemgoer Hof,** Detmolder Weg 14 (B 238), ✉ 32657, ☎ (05261) 9 76 70, *reception@lemgoer-hof.de, Fax (05261) 976720* – ✗ 📺 [P]. [AE] ⓓ [MC] [VISA] [JCB]
geschl. Weihnachten - Neujahr – **Menu** *(geschl. Sonntagabend) (nur Abendessen)* (Restaurant nur für Hausgäste) – **16 Z** ☕ 110/135 – 150/175.

In Lemgo-Kirchheide *Nord : 8 km :*

🏨 **Im Borke,** Salzufler Str. 132, ✉ 32657, ☎ (05266) 16 91, *Fax (05266) 1231,* « Garten », 🏊 – 🛗 📺 [P] – 🎤 60. [MC] [VISA]
Menu *(geschl. Mittwochmittag, Donnerstagmittag)* à la carte 29/59 – **36 Z** ☕ 80/100 – 140/160.

In Lemgo-Matorf *Nord : 5,5 km :*

🏨 ⚭ **Gasthof Hartmann - Hotel An der Ilse,** Vlothoer Str. 77, ✉ 32657, ☎ (05266) 80 90, *Info@Hotel-An-der-Ilse.de, Fax (05266) 1071,* Biergarten, 🏊, 🏋, 🌳 – ✗ Zim, 📺 ♿ 🚗 [P] – 🎤 100. [AE] ⓓ [MC] [VISA]
Menu *(geschl. Feb., Montagmittag, Dienstagmittag)* à la carte 23/64 – **44 Z** ☕ 79 – 119/129.

LENGEFELD KREIS MARIENBERG *Sachsen* [418] *N 23 – 3 400 Ew – Höhe 514 m.*

Berlin 274 – Dresden 68 – Chemnitz 31 – Chomutov 47.

In Lengefeld-Obervorwerk *Süd-West : 1,5 km :*

🏨 **Waldesruh,** Obervorwerk 1, ✉ 09514, ☎ (037367) 30 90, *hotel.waldesruh.lengefeld@t-online.de, Fax (037367) 309252,* 🌳, 🌳 – 📺 [P]. [AE] ⓓ [MC] [VISA]
Menu à la carte 25/58 – **23 Z** ☕ 83/93 – 126/146.

LENGERICH Nordrhein-Westfalen 📖 J 7 – 22 500 Ew – Höhe 80 m.

🛈 Verkehrsamt, Rathausplatz 1, ✉ 49525, 𝒫 (05481) 8 24 22, Fax (05481) 7880.

Berlin 438 – Düsseldorf 173 – Bielefeld 57 – Nordhorn 74 – Münster (Westfalen) 39 – Osnabrück 17.

Hinterding mit Zim, Bahnhofstr. 72, ✉ 49525, 𝒫 (05481) 9 42 40, hotel-hinterding @t-online.de, Fax (05481) 942421, 🌲 – 📺 🛎 🅿. 🖭 ⓪ ⓶ 🆅🆂🅰. 🛠
geschl. Juli - Aug. 3 Wochen, 23. - 31. Dez. – **Menu** (geschl. Donnerstag - Freitagmittag) (Montag - Mittwoch nur Abendessen) (Tischbestellung ratsam) à la carte 68/103 – **6 Z** ☑ 130/220
Spez. Mille-feuille von Gänseleber mit Sellerie. Steinbutt mit Stielmus und Spätburgundersauce. Entrecôte mit Ochsenmark gratiniert.

LENGGRIES Bayern 📖📖 W 18 – 9 100 Ew – Höhe 679 m – Luftkurort – Wintersport : 680/1 700 m ⟨1 ⟨19 ⟨⟩.

🛈 Verkehrsamt, Rathausplatz 1, ✉ 83661, 𝒫 (08042) 50 08 20, Fax (08042) 500840.

Berlin 649 – München 60 – Garmisch-Partenkirchen 62 – Bad Tölz 9 – Innsbruck 88.

Arabella Brauneck-Hotel, Münchner Str. 25, ✉ 83661, 𝒫 (08042) 50 20, braune ckhotel@arabellasheraton.com, Fax (08042) 4224, ≤, Biergarten, ≦s – 🗐, ⅍ Zim, 📺 ⟨⟩ 🖭 – 🛠 160. 🖭 ⓪ ⓶ 🆅🆂🅰
geschl. 13. - 21. April, 27. Juli - 18. Aug. – **Menu** à la carte 33/76 – **105 Z** ☑ 152/196 – 195/223, 5 Suiten – ½ P 35.

Altwirt, Marktstr. 13, ✉ 83661, 𝒫 (08042) 80 85, altwirt-lenggries@t-online.de, Fax (08042) 5357, 🌲, ≦s – 📺 ⟨⟩ 🖭
geschl. Mitte Nov. - 20. Dez. – **Menu** (geschl. Montag) à la carte 28/57 – **20 Z** ☑ 80/105 – 110/130 – ½ P 25.

Alpenrose garni, Brauneckstr. 1, ✉ 83661, 𝒫 (08042) 9 15 50, alpenrose@Lenggrie s.de, Fax (08042) 4994, ≦s, 🌲 – ⅍ 📺 🖭 🆅🆂🅰
geschl. Ende Nov. - Anfang Dez. – **21 Z** ☑ 80/90 – 110/130.

In Lenggries-Schlegldorf Nord-West : 5 km :

Schweizer Wirt, ✉ 83661, 𝒫 (08042) 89 02, Fax (08042) 3483, 🌲, « Ehemaliger Bauernhof a.d.J. 1632 » – 🖭 🖭 ⓪ ⓶ 🆅🆂🅰
geschl. Montag - Dienstag – Menu à la carte 43/76.

In Lenggries-Fall Süd-West : 14 km :

Jäger von Fall, Ludwig-Ganghofer-Str. 8, ✉ 83661, 𝒫 (08045) 1 30, jaeger-von-fal l@t-online.de, Fax (08045) 13222, 🌲, ≦s – 🗐 📺 🖭 – 🛠 120. 🖭 ⓪ ⓶ 🆅🆂🅰. 🛠 Rest
Menu à la carte 27/48 – **70 Z** ☑ 119 – 180/200 – ½ P 30.

LENNESTADT Nordrhein-Westfalen 📖 M 8 – 28 500 Ew – Höhe 285 m.

🛈 Fremdenverkehrsamt, Rathaus, Helmut-Kumpf-Str. 25 (Altenhundem), ✉ 57368, 𝒫 (02723) 60 88 01, Fax (02723) 608119.

Berlin 526 – Düsseldorf 130 – Siegen 42 – Meschede 48 – Olpe 19.

In Lennestadt-Altenhundem

Cordial, Hundemstr. 93 (B 517), ✉ 57368, 𝒫 (02723) 67 71 00, cordialholz@acor.ma il.de, Fax (02723) 677101, 🌲 – 🗐, ⅍ Zim, 📺 ⟨⟩ 🖭 – 🛠 70. ⓶ 🆅🆂🅰. 🛠 Zim
Menu (geschl. Mitte Juli 2 Wochen, Sonntagabend - Montagmittag) à la carte 34/58 – **22 Z** ☑ 70/80 – 140/160 – ½ P 23.

In Lennestadt-Bilstein Süd-West : 6 km ab Altenhundem :

Faerber-Luig, Freiheit 42 (B 55), ✉ 57368, 𝒫 (02721) 98 30, faerber-luig@t-online.de, Fax (02721) 983299, ⌂, ≦s – 🗐 📺 ⟨⟩ 🖭 – 🛠 75. 🖭 ⓶ 🆅🆂🅰
Menu à la carte 49/86 – **85 Z** ☑ 108/148 – 196/246.

In Lennestadt-Bonzel West : 9 km ab Altenhundem :

Haus Kramer, Bonzeler Str. 7, ✉ 57368, 𝒫 (02721) 9 84 20, Fax (02721) 984220, 🌲, ≦s, 🖾, 🌲 – 🗐, ⅍ Zim, 📺 🖭 – 🛠 20. 🖭 ⓶. 🛠 Rest
Menu (geschl. Montag) à la carte 28/48 – **24 Z** ☑ 74/76 – 136.

In Lennestadt-Kirchveischede Süd-West : 7 km ab Altenhundem :

Landhotel Laarmann, Westfälische Str. 52 (B 55), ✉ 57368, 𝒫 (02721) 98 50 30, landhotel.laarmann@t-online.de, Fax (02721) 9850355, 🌲, ≦s – 📺 🖭 – 🛠 30. 🖭 ⓪ ⓶ 🆅🆂🅰
Menu à la carte 48/68 – **20 Z** ☑ 80/105 – 130/180.

In Lennestadt-Oedingen *Nord-Ost : 11 km ab Altenhundem :*

🏠 **Haus Buckmann** ⌂, Rosenweg 10, ✉ 57368, 𝒫 (02725) 2 51, *Hotel-Buckmann@ t*
-online.de, Fax (02725) 7340, 🍽, ⇔ – 📺 📞 ⇔ 🅿 – 🔥 40. 🆎 ⑳ 𝕍𝕀𝕊𝔸. 🛇 Rest
Menu *(geschl. Mittwoch)* à la carte 45/85 – **16 Z** ⇆ 70/110 – 140/180 – ½ P 25.

In Lennestadt-Saalhausen *Ost : 8 km ab Altenhundem – Luftkurort :*

🏨 **Haus Hilmeke** ⌂, Störmecke (Ost : 2 km, Richtung Schmallenberg), ✉ 57368,
𝒫 (02723) 9 14 10, *post@ -haushilmeke.de*, Fax (02723) 80016, ≤, 🍽, ⇔, 🔲, 🌿 –
🛗 📺 ⇔ 🅿. 🛇
geschl. 23. Juli - 1. Aug., 5. Nov. - 26. Dez. – **Menu** (Abendessen nur für Hausgäste)
à la carte 39/61 – **30 Z** ⇆ 104/139 – 152/264 – ½ P 17/30.

LENNINGEN *Baden-Württemberg* 𝟜𝟙𝟡 *U 12 – 9 400 Ew – Höhe 530 m – Wintersport : 700/870 m*
≰ 3.
Berlin 631 – Stuttgart 49 – Reutlingen 27 – Ulm (Donau) 66.

In Lenningen-Unterlenningen :

🍴 **Lindenhof**, Kirchheimer Str. 29, ✉ 73252, 𝒫 (07026) 29 30, Fax (07026) 7473 – 🅿
geschl. Feb. 1 Woche, Aug. 2 Wochen, Montagabend - Dienstag – **Menu** à la carte 42/67.

🍴 **Alte Bauern-Stub'n** (mit Zim. und Gästehaus), Bahnhofstr. 19, ✉ 73252, 𝒫 (07026)
50 33, Fax (07026) 5034 – 📺
geschl. Dienstag – **Menu** à la carte 31/57 – **9 Z** ⇆ 55/65 – 98/115.

LENZKIRCH *Baden-Württemberg* 𝟜𝟙𝟡 *W 8 – 4 800 Ew – Höhe 810 m – Heilklimatischer Kurort*
– Wintersport : 800/1 192 m ≰ 3 ≱.
🅱 *Kur und Touristik, Am Kurpark 2,* ✉79853, 𝒫 (07653) 6 84 39, Fax (07653) 68420..
Berlin 788 – Stuttgart 158 – Freiburg im Breisgau 40 – Donaueschingen 35.

🏨 **Schwarzwaldhotel Ruhbühl** ⌂, Am Schönenberg 6 (Ost : 3 km ; Richtung Bonndorf), ✉ 79853, 𝒫 (07653) 68 60, *ruhbuehl@t-online.de*, Fax (07653) 686555, ≤, 🍽,
⇔, 🔲, 🌿, 🛇 – 🛗, 📺 📞 🅿 – 🔥 40. ⑳ 𝕍𝕀𝕊𝔸 𝙹𝘾𝘽
geschl. Nov. 3 Wochen – **Menu** *(geschl. Nov. - April Montag)* à la carte 36/66 – **38 Z**
⇆ 110/140 – 180/260 – ½ P 25.

🏨 **Vogt** ⌂, Am Kurpark 7, ✉ 79853, 𝒫 (07653) 7 06, Fax (07653) 6778, 🍽, 🌿 – 🛗
📺 ⇔ 🅿. ⑳ 𝕍𝕀𝕊𝔸
geschl. Anfang Nov. - Anfang Dez. – **Menu** *(geschl. Montag)* à la carte 28/64 – **14 Z**
⇆ 85/95 – 130/156 – ½ P 30.

In Lenzkirch-Kappel *Nord-Ost : 3 km – Luftkurort :*

🏠 **Straub** (mit Gästehaus), Neustädter Str. 3, ✉ 79853, 𝒫 (07653) 64 08,
Fax (07653) 9429, ≤, 🍽, 🌿 – 🛗, 🛇 Rest, 📺 🔥 ⇔ 🅿
geschl. Mitte Nov. - 20. Dez. **Menu** *(geschl. Samstag)* à la carte 26/57 ⅄ – **33 Z** ⇆ 60/75
– 74/150 – ½ P 23.

🏠 **Zum Pfauen**, Mühlhaldenweg 1, ✉ 79853, 𝒫 (07653) 7 88, *info@ hotel-pfauen.de*,
Fax (07653) 6257, ≤, 🍽, Biergarten, ⇔, 🌿 – 🛗 📺 🅿. 🆎 ⑳ ⑳ 𝕍𝕀𝕊𝔸
geschl. Mitte Nov. - Mitte Dez. – **Menu** *(geschl. Montag)* à la carte 26/48 ⅄ – **25 Z** ⇆ 55
– 100/120 – ½ P 25.

In Lenzkirch-Raitenbuch *West : 4 km :*

🏠 **Grüner Baum** ⌂, Raitenbucher Str. 17, ✉ 79853, 𝒫 (07653) 2 63, Fax (07653) 466,
≤, 🌿 – 📺 🅿. ⑳ 𝕍𝕀𝕊𝔸
geschl. 25. März - 8. April, Nov. - 18. Dez. – **Menu** *(geschl. Montag)* à la carte 28/53 – **15 Z**
⇆ 60/66 – 102/116 – ½ P 24.

In Lenzkirch-Saig *Nord-West : 7 km – Heilklimatischer Kurort :*

🅱 *Kur- und Touristikbüro, Dorfplatz 9,* ✉ 79853, 𝒫 (07653) 96 20 40, Fax (07653)
962042.

🏨 **Saigerhöh** ⌂, Saiger Höhe 8, ✉ 79853, 𝒫 (07653) 68 50, *saigerhoeh@ t-online.de*,
Fax (07653) 741, ≤, 🍽, Massage, ⚕, ≈, ⇔, 🔲, 🌿, 🛇 (Halle) – 🛗 📺 🏓 ⇔ 🅿
– 🔥 90. 🆎 ⑳ ⑳ 𝕍𝕀𝕊𝔸
Menu à la carte 43/69 – **106 Z** ⇆ 155/190 – 290/320, 16 Suiten – ½ P 20.

🏨 **Ochsen**, Dorfplatz 1, ✉ 79853, 𝒫 (07653) 9 00 10, *hotel.ochsen@ t-online.de*,
Fax (07653) 900170, 🍽, « Schwarzwaldgasthof a.d. 17.Jh. », ⇔, 🔲, 🌿, 🛇 – 🛗 📺
⇔ 🅿. 🆎 ⑳ 𝕍𝕀𝕊𝔸
geschl. 5. Nov. - 16. Dez. – **Menu** *(geschl. Dienstag - Mittwochmittag)* à la carte 34/64 –
35 Z ⇆ 95/119 – 144/238 – ½ P 25.

🏠 **Hochfirst,** Dorfplatz 5, ✉ 79853, *&* (07653) 7 51, *Fax (07653) 505,*
« Gartenterrasse », ⇔, 🖫, ☞ – ⤸ Rest, 📺 ⇔ 🅿 ⓦⓢ 𝚟𝚒𝚜𝚊 𝙹𝙲𝙱
geschl. 2. Nov. - 20. Dez. – **Menu** *(nur Abendessen)* (Restaurant nur für Hausgäste) – **22 Z**
⊆ 80/95 – 120/200 – ½ P 28.

🏠 **Sporthotel Sonnhalde** ⓢ, Hochfirstweg 24, ✉ 79853, *&* (07653) 6 80 80,
Fax (07653) 6808100, ◁, 🍴, ⇔, 🖫, ☞ – 📺 🅿 – 🅰 50. ⓦⓢ 𝚟𝚒𝚜𝚊
Menu *(geschl. Sonntagabend - Montag)* à la carte 25/54 – **38 Z** ⊆ 68/103 – 126/214
– ½ P 30.

LEONBERG *Baden-Württemberg* 🔢🔢🔢 *T 11 – 45 000 Ew – Höhe 385 m.*
🛈 *Verkehrsverein, Römerstr. 110 (Stadthalle),* ✉ 71229, *&* (07152) 7 30 22, *Fax (07152)*
975597.
Berlin 631 – Stuttgart 15 – Heilbronn 55 – Pforzheim 33 – Tübingen 43.

🏠 **Amber Hotel Panorama,** Römerstr. 102, ✉ 71229, *&* (07152) 30 33, *leonberg@a*
mber-hotels.de, Fax (07152) 303499, 🌳, ⇔ – ⧫, ⤸ Zim, 📺 ⇔ 🅿 – 🅰 90. ⚏ ⓞ
ⓦⓢ 𝚟𝚒𝚜𝚊
Menu à la carte 35/67 – **139 Z** ⊆ 139/179 – 179/219.

In Leonberg-Eltingen : *West : 1,5 km :*

🏠 **Hirsch** (mit Gästehäusern), Hindenburgstr. 1, ✉ 71229, *&* (07152) 9 76 60, *hotel-hirs*
ch-leonberg@ t-online.de, Fax (07152) 976688, « Weinstube mit Innenhof », ⇔ – ⧫,
⤸ Zim, 📺 🅿 – 🅰 75. ⚏ ⓞ ⓦⓢ 𝚟𝚒𝚜𝚊
Menu à la carte 43/70 *(auch vegetarische Gerichte)* – **60 Z** ⊆ 120/160 – 170/220.

🏠 **Kirchner,** Leonberger Str. 14, ✉ 71229, *&* (07152) 6 06 30, *info@ hotel-kirchner.de,*
Fax (07152) 606360, 🌳 – ⧫ 📺 📞 🅿 – 🅰 50. ⚏ ⓞ ⓦⓢ 𝚟𝚒𝚜𝚊
Menu *(geschl. 18. Aug.- 9. Sept., Freitag - Samstagmittag)* à la carte 29/62 – **38 Z**
⊆ 104/130 – 140/170.

In Leonberg-Ramtel : *Ost : 1,5 km :*

🏩 **Quality Hotel Eiss,** Neue Ramtelstr. 28, ✉ 71229, *&* (07152) 94 40,
Fax (07152) 944440, 🌳, 𝟣₅, ⇔ – ⧫, ⤸ Zim, 📺 ⇔ 🅿 – 🅰 110. ⚏ ⓞ ⓦⓢ 𝚟𝚒𝚜𝚊
Menu à la carte 35/67 – **65 Z** ⊆ 160/200, 3 Suiten.

In Renningen *Süd-West : 6,5 km :*

🏩 **Walker,** Rutesheimer Str. 62, ✉ 71272, *&* (07159) 92 58 50, *Fax (07159) 7455 –* ⧫,
⤸ Zim, 📺 📞 ⇔ 🅿 – 🅰 30. ⚏ ⓞ ⓦⓢ 𝚟𝚒𝚜𝚊
Menu *(geschl. Sonntag)* à la carte 55/73 – **23 Z** ⊆ 145/175 – 185/205.

LEUN *Hessen* 🔢🔢🔢 *O 9 – 5 200 Ew – Höhe 140 m.*
Berlin 524 – Wiesbaden 82 – Frankfurt am Main 77 – Gießen 27.

In Leun-Biskirchen *Süd-West : 5 km :*

🏩 **Landhotel Adler** ⓢ garni, Am Hain 13, ✉ 35638, *&* (06473) 9 29 20,
Fax (06473) 929292 – ⧫ ⤸ 📺 📞 ⅋ 🅿 – 🅰 25. ⚏ ⓦⓢ 𝚟𝚒𝚜𝚊
21 Z ⊆ 90/150.

LEUTERSHAUSEN *Bayern* 🔢🔢🔢 🔢🔢🔢 *S 15 – 5 200 Ew – Höhe 420 m.*
Berlin 500 – München 199 – Nürnberg 76 – Rothenburg ob der Tauber 20 – Würzburg
85 – Ansbach 12.

🎣
⇔ **Neue Post** (mit Gästehaus), Mühlweg 1, ✉ 91578, *&* (09823) 89 11, *Fax (09823) 8268,*
Biergarten – 📺 🅿 ⅋ Zim
Menu *(geschl. 1. - 6. Jan., Dienstag)* à la carte 23/45 ⅃ – **14 Z** ⊆ 45/70 – 80/110.

LEUTKIRCH *Baden-Württemberg* 🔢🔢🔢 🔢🔢🔢 *W 14 – 22 000 Ew – Höhe 655 m.*
🛈 *Gästeamt, Am Gänsbühl 6,* ✉ 88299, *&* (07561) 8 71 54, *Fax (07561) 87186.*
Berlin 681 – Stuttgart 171 – Konstanz 108 – Kempten (Allgäu) 31 – Ulm (Donau) 79 –
Bregenz 50.

🏠 **Linde,** Lindenstr. 1, ✉ 88299, *&* (07561) 24 15, *hotel-linde-leutkirch@ t-online.de,*
Fax (07561) 70230, 🌳 – 📺 🅿 𝚟𝚒𝚜𝚊
Menu *(geschl. Samstag - Sonntag)* *(nur Abendessen)* à la carte 32/57 – **8 Z** ⊆ 85/110
– 130/150.

🏠 **Zum Rad,** Obere Vorstadtstr. 5, ✉ 88299, *&* (07561) 9 85 60, *Fax (07561) 2067 –* 📺
📞 ⇔
Menu *(geschl. März 1 Woche, Freitag)* à la carte 31/60 – **24 Z** ⊆ 78/85 – 95/148.

LEVERKUSEN Nordrhein-Westfalen **417** M 4 – 165 000 Ew – Höhe 45 m.

Leverkusen, Am Hirschfuß 2 (Süd : 3 km, über B 8), ℰ (0214) 4 75 51, Fax (0214) 402620.

ADAC, Dönhoffstr. 40.

Berlin 567 ③ – Düsseldorf 30 ① – Köln 16 ⑥ – Wuppertal 41 ①

LEVERKUSEN

Alkenrather Straße	**BY** 2	Friedrich-Ebert-Straße	**AY** 14	Rat-Deycks-Straße .... **AX** 28
Bensberger Straße	**BY** 4	Gustav-Heinemann-Straße	**ABY** 16	Rennbaumstraße .... **AX** 30
Düsseldorfer Straße	**AX** 10	Herbert-Wehner-Straße	**BY** 18	Reusrather Straße .... **AX** 31
		Opladener Straße	**AX** 23	Robert-Blum-Straße .... **AY** 33
		Oskar-Erbslöh-Straße	**BX** 25	Rothenberg .... **AX** 35
		Raoul-Wallenberg-Straße	**AX** 27	Trompeter Straße .... **AX** 36

693

LEVERKUSEN

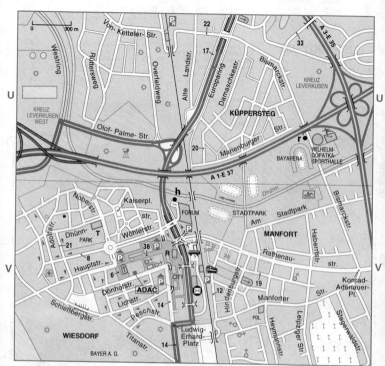

Ramada, Am Büchelter Hof 11, ⊠ 51373, ℰ (0214) 38 30, Fax (0214) 383700, 🌦, 🚍s, 🔲 – 🛗, 🔀 Zim, 🖿 🔲 📞 – 🍴 110. 🜲 ① 🗘 🖭 🍣
Menu à la carte 40/72 – **200 Z** ⊃ 200/220 – 220/240.
V h

In Leverkusen-Fettehenne über ④ : 8 km :

🏠 **Fettehenne** garni, Berliner Str. 40 (B 51), ⊠ 51377, ℰ (0214) 9 10 43, Fax (0214) 91045, 🔲, 🛥 – 🔲 🚗 🄿 🗘 🖭 🛸
37 Z ⊃ 95/120 – 130/180.

In Leverkusen-Küppersteg :

🏨 **Lindner Hotel BayArena** M, Bismarckstr. 118 (am Stadion), ⊠ 51373, ℰ (0214) 8 66 30, infobayarena@lindner.de, Fax (0214) 8663866, 🖪, 🚍s – 🛗, 🔀 Zim, 🖿 🔲 📞 🕭 🄿 – 🍴 110. 🜲 ① 🗘 🖭 🍣
geschl. 1. - 7. Jan., 22. - 31. Dez. – **Menu** à la carte 43/61 – ⊃ 28 – **121 Z** 255/305, 12 Suiten.
U r

In Leverkusen-Pattscheid :

🏠 **Landhotel May-Hof,** Burscheider Str. 285 (B 232), ⊠ 51381, ℰ (02171) 3 09 39, Land hotel-Mayhof@t-online.de, Fax (02171) 33872, Biergarten – 🔲 🄿 ① 🗘 🖭 🛸 BX r
Menu *(geschl. Montag) (Dienstag - Freitag nur Abendessen)* à la carte 27/56 – **16 Z**
⊃ 80/90 – 140.

In Leverkusen-Schlebusch :

🏨 **Rema-Hotel Atrium** garni (mit Gästehaus), Heinrich-Lübke-Str. 36, ⊠ 51375, ℰ (0214) 85 57 00, Rema-Hotel-Atrium@t-online.de, Fax (0214) 85570253, 🖪, 🚍s – 🔲 📞 🄿 – 🍴 30. 🜲 ① 🗘 🖭
55 Z ⊃ 150/185 – 195/295.
BY c

LICH Hessen **417** O 10 – 12500 Ew – Höhe 170 m – Erholungsort.

Ausflugsziel : Ehemaliges Kloster Arnsburg★ : Ruine der Kirche★ Süd-West : 4 km.

Berlin 492 – Wiesbaden 87 – Frankfurt am Main 57 – Gießen 13 – Bad Hersfeld 90.

🏠 **Ambiente** Ⓜ, Hungener Str. 46, ✉ 35423, ℰ (06404) 9 15 00, Ambienteh@aol.com, Fax (06404) 915050, 🍽 – 👟 Zim, 📺 ✆ 🅿 🌐 💳 ⍽ Rest

Ristorante Amici (geschl. Samstag - Sonntag) (nur Abendessen) **Menu** à la carte 30/55 – **19 Z** 🛏 125/135 – 170/180.

In Lich-Arnsburg Süd-West : 4 km :

🏠 **Landhaus Klosterwald,** an der B 488, ✉ 35423, ℰ (06404) 9 10 10, landhausklo sterwald@t-online.de, Fax (06404) 910134, 🍽, 🚲 – 👟 Rest, 📺 🔥 🅿 – 🔼 80. 🅰🅴 🌐 💳

Menu (geschl. Montag) à la carte 29/78 – **18 Z** 🛏 115/130 – 168/180 – ½ P 25.

🏠 **Alte Klostermühle** 🦢, ✉ 35423, ℰ (06404) 9 19 00, Fax (06404) 919091, 🍽 – 👟 📺 🅿 – 🔼 20. 🅰🅴 ① 🌐 💳

Menu à la carte 40/80 (auch vegetarische Gerichte) – **26 Z** 🛏 90/135 – 170/235.

LICHTE Thüringen **418 420** O 17 – 2300 Ew – Höhe 630 m.

Berlin 316 – Erfurt 88 – Coburg 49 – Suhl 43.

🏠 **Am Kleeberg,** Saalfelder Str. 115 (B 281), ✉ 98739, ℰ (036701) 26 10, HotelKleeb erg@t-online.de, Fax (036701) 26128, Biergarten, 🚲 – 📺 ✆ 🅿 🌐 💳

Menu à la carte 19/42 – **20 Z** 🛏 50/65 – 70/100.

LICHTENAU Baden-Württemberg **419** T 7 – 4300 Ew – Höhe 129 m.

Berlin 723 – Stuttgart 122 – Karlsruhe 52 – Strasbourg 31 – Baden-Baden 28.

In Lichtenau-Scherzheim Süd : 2,5 km :

🏠 **Zum Rössel** 🦢, Rösselstr. 6, ✉ 77839, ℰ (07227) 9 59 50, 0722795950-0001@t-o nline.de, Fax (07227) 959550, 🍽, 🚲 – 📳 📺 ✆ 🅿 – 🔼 40. 🅰🅴 🌐 💳

Menu (geschl. Dienstag) à la carte 31/60 – **18 Z** 🛏 85/130.

🏠 **Gasthaus Blume,** Landstr. 18 (B 36), ✉ 77839, ℰ (07227) 97 96 80, Fax (07227) 9796868, 🍽 – 📺 ✆ ⟵ 🅿 🅰🅴 ① 🌐 💳 💳

Menu (geschl. Mittwoch) à la carte 25/63 🍴 – **24 Z** 🛏 75/90 – 110/130.

LICHTENAU Nordrhein-Westfalen **417** L 10 – 9200 Ew – Höhe 308 m.

Berlin 447 – Düsseldorf 186 – Kassel 70 – Marburg 118 – Paderborn 17.

In Lichtenau-Herbram-Wald Nord-Ost : 9 km :

🏠 **Hubertushof** 🦢, Hubertusweg 5, ✉ 33165, ℰ (05259) 8 00 90, info@silencehote l-hubertushof.de, Fax (05259) 800999, 🍽, 🚲, 🔲, 🚲 – 👟 Zim, 📺 🅿 – 🔼 30. 🅰🅴 ① 🌐 💳

geschl. Anfang Jan. 1 Woche – **Menu** à la carte 33/62 – **50 Z** 🛏 105/115 – 150/160.

In Lichtenau-Kleinenberg Süd-Ost : 7 km :

🍴 **Landgasthof zur Niedermühle** 🦢 mit Zim, Niedermühlenweg 7, ✉ 33165, ℰ (05647) 2 52, 🍽 – 🅿 🌐

geschl. Ende Jan. - Anfang Feb. – **Menu** (geschl. Donnerstag, Samstagmittag) à la carte 39/68 – **7 Z** 🛏 58/70 – 100/130.

LICHTENBERG Bayern siehe Steben, Bad.

LICHTENFELS Bayern **418 420** P 17 – 21000 Ew – Höhe 272 m.

Ausflugsziele : Wallfahrtskirche Vierzehnheiligen★★ (Nothelfer-Altar★★) Süd : 5 km – Kloster Banz (ehem. Klosterkirche★, Terrasse ≼★) Süd-West : 6 km.

🄱 Städt. Verkehrsamt, Marktplatz 1, ✉ 96215, ℰ (09571) 79 50, Fax (09571) 940616.

Berlin 372 – München 268 – Coburg 18 – Bayreuth 53 – Bamberg 33.

🏠 **Preussischer Hof,** Bamberger Str. 30, ✉ 96215, ℰ (09571) 50 15, preussischer.ho f@t-online.de, Fax (09571) 2802, 🚲 – 👟 Zim, 📺 🅿 – 🔼 20. 🅰🅴 🌐 💳 💳

geschl. 24. - 28. Dez. – **Menu** (geschl. Mitte Juli - Anfang Aug., Freitag) à la carte 26/56 🍴 – **40 Z** 🛏 68/97 – 106/130.

🏠 **City-Hotel** garni, Bahnhofsplatz 5, ✉ 96215, ℰ (09571) 9 24 30, cityhotel@t-online.de, Fax (09571) 924340 – 📳 👟 📺 🌐 💳

geschl. Anfang Aug. 1 Woche – **26 Z** 🛏 73/95 – 116/156.

In Lichtenfels-Reundorf *Süd-West : 5 km :*

🏠 🍴 **Müller** ⊗, Kloster-Banz-Str. 4, ✉ 96215, 𝒫 (09571) 60 21, *Fax (09571) 70947*, 🍴,
⇔s, ⌂ – 🄿. 🆖 VISA. ⅍ Zim
geschl. Ende Okt. - Mitte Nov. – **Menu** *(geschl. Mittwoch - Donnerstag)* à la carte 22/44
🍴 – **40 Z** ⊑ 58/102.

In Michelau *Nord-Ost : 5 km :*

🏡 🍴 **Spitzenpfeil** ⊗, Alte Poststr. 4 (beim Hallenbad), ✉ 96247, 𝒫 (09571) 8 80 81,
Fax (09571) 83630, Biergarten – 🛏 🄿. 🆖 ⅍ Zim
geschl. Mitte Jan. 1 Woche, Mitte - Ende Aug. – **Menu** *(geschl. Montag)* à la carte 19/40
🍴 – **18 Z** ⊑ 38/65 – 88/112.

In Marktzeuln *Nord-Ost : 9 km :*

🏠 **Mainblick** ⊗, Schwürbitzer Str. 25, ✉ 96275, 𝒫 (09574) 30 33, *Fax (09574) 4005*, ⟨,
🍴, ⇔s, ⌂ – 📺 🛏 🄿. ① 🆖 VISA
Menu *(geschl. Nov. - März Sonntagabend)* à la carte 29/64 – **18 Z** ⊑ 67/75 – 104/110.

LICHTENSTEIN *Sachsen* 👓 *N 21 – 12 200 Ew – Höhe 330 m.*
Berlin 263 – Dresden 117 – Chemnitz 18 – Zwickau 10.

🏠🏠 **Goldener Helm,** Innere Zwickauer Str. 6, ✉ 09350, 𝒫 (037204) 6 20, *Hotel.Goldene
rHelm@linet.de*, *Fax (037204) 62110*, 🍴, Biergarten, ⇔s – 📱, ⅍ Zim, 🍽 Rest, 📺 ⚡
⇔ – 🄰 120. 🖃 ① 🆖 VISA
Menu à la carte 26/50 – **42 Z** ⊑ 120/150 – 150/200.

LICHTENSTEIN *Baden-Württemberg* 👓 *U 11 – 8 200 Ew – Höhe 565 m – Wintersport :
700/820 m ⚡4 ⚡.*
Berlin 687 – Stuttgart 51 – Reutlingen 16 – Sigmaringen 48.

In Lichtenstein-Honau :

🏠🏠 **Forellenhof Rössle,** Heerstr. 20 (B 312), ✉ 72805, 𝒫 (07129) 9 29 70, *info@fore
llenhofroessle.de*, *Fax (07129) 929750*, 🍴 – 📱, ⅍ Zim, 📺 🄿 – 🄰 20
geschl. 15. - 19. Jan. – **Menu** à la carte 36/68 – **30 Z** ⊑ 85/95 – 125/150 – ½ P 28.

🏠🏠 **Adler** ⊗ (mit Gästehaus Herzog Ulrich), Heerstr. 26 (B 312), ✉ 72805, 𝒫 (07129) 40 41,
Fax (07129) 60220, 🍴, 🛁, ⇔s, ⌂ – 📱 ⅍ 📺 🄿 – 🄰 100. 🆖
Menu à la carte 34/72 – **65 Z** ⊑ 75/120 – 90/180 – ½ P 35/40.

LIEBENSTEIN, BAD *Thüringen* 👓 *N 15 – 4 200 Ew – Höhe 310 m.*
🅱 *Kurverwaltung, Herzog-Georg-Str. 39, ✉ 36448, 𝒫 (036961) 5 60, Fax (036961)
56101.*
Berlin 377 – Erfurt 71 – Eisenach 25 – Bad Hersfeld 50 – Fulda 70.

🏠🏠 **Herzog Georg** Ⓜ, Herzog-Georg-Str. 36, ✉ 36448, 𝒫 (036961) 5 50, *info@hotel-herzo
g-georg.de*, *Fax (036961) 55222*, 🍴 – 📱, ⅍ Zim, 📺 🄿 ⇔ – 🄰 50. 🖃 ① 🆖 VISA
Menu à la carte 26/43 – **38 Z** ⊑ 95/150 – ½ P 22.

🏠 **Fröbelhof** ⊗ garni, Heinrich-Mann-Str. 34, ✉ 36448, 𝒫 (036961) 5 10,
Fax (036961) 51277, « Innenhofgarten », direkter Zugang zum Hallebad der Heinrich-
Mann-Klinik – ⅍ Zim, 📺 🄿. 🆖
30 Z ⊑ 65/85 – 120/150.

LIEBENWERDA, BAD *Brandenburg* 👓 *L 24 – 12 000 Ew – Höhe 88 m.*
🅱 *Haus des Gastes, Dresdener Str. 23, ✉ 04924, 𝒫 (035341) 62 80, Fax (035341) 62828.*
Berlin 128 – Potsdam 122 – Cottbus 89 – Dresden 79 – Leipzig 84.

🏠 🍴 **Norddeutscher Hof,** Dresdener Str. 2, ✉ 04924, 𝒫 (035341) 62 30,
Fax (035341) 623666, ⇔s – 📺 🄿. 🖃 🆖 VISA
Menu à la carte 24/45 – **14 Z** ⊑ 65/90 – 100/140 – ½ P 20.

LIEBENZELL, BAD *Baden-Württemberg* 👓 *T 10 – 9 200 Ew – Höhe 321 m – Heilbad und
Luftkurort.*
📙 *Bad Liebenzell-Monakam, 𝒫 (07052) 9 32 50.*
🅱 *Kurverwaltung, Kurhausdamm 4, ✉ 75378, 𝒫 (07052) 40 80, Fax (07052) 408108.*
Berlin 666 – Stuttgart 46 – Karlsruhe 47 – Pforzheim 19 – Calw 7,5.

🏠🏠 **Kronen-Hotel** ⊗, Badweg 7, ✉ 75378, 𝒫 (07052) 40 90, *kronenhotel@t-online.de*,
Fax (07052) 409420, 🍴, ⇔s, 🅇, ⌂ – 📱, ⅍ Zim, 📺 ⚡ 🄿 – 🄰 35. 🖃 ① 🆖
VISA
Menu à la carte 32/84 – **43 Z** ⊑ 112/155 – 220/290 – ½ P 25.

🏨 **Waldhotel-Post** 🦢, Hölderlinstr. 1, ✉ 75378, 𝒞 (07052) 9 32 00, Fax (07052) 932099, ≼, 🍴, ⇌s, 🖵 – ⫚, 🖙 Zim, 🖵 ⇌ 🅿 – 🛗 25. 🆔 ⓞ ⓦⓢ 𝒱𝐼𝑆𝐴. ⚡
Menu à la carte 37/73 – **52 Z** ⇌ 98/140 – 160/230 – ½ P 25.

🏨 **Thermen-Hotel**, Am Kurpark, ✉ 75378, 𝒞 (07052) 92 80, Fax (07052) 928100, 🍴, (Fachwerkhaus a.d.J. 1415), Massage, ♨, 🦽 – ⫚ 🖵 ✆ ⚙ 🅿 – 🛗 60. 🆔 ⓞ ⓦⓢ 𝒱𝐼𝑆𝐴. ⚡ Zim
Menu à la carte 37/74 – **22 Z** ⇌ 130/160 – 205, 3 Suiten.

🏠 **Am Bad-Wald** 🦢, garni, Reuchlinweg 19, ✉ 75378, 𝒞 (07052) 92 70, hotelambad
-wald@t-online.de, Fax (07052) 3014, ≼, ⇌s, 🖵 – ⫚ 🖵 ⇌
geschl. 1. - 25. Dez. – **38 Z** ⇌ 53/61 – 102/122.

🏠 **Gästehaus Koch** garni, Sonnenweg 3, ✉ 75378, 𝒞 (07052) 13 06, gaestehauskoch
@t-online.de, Fax (07052) 3345, ⇌s, 🦽 – 🖵 🅿. ⚡
geschl. Dez. - Jan. – **16 Z** ⇌ 56/100.

LIEDERBACH AM TAUNUS Hessen **417** P 9 – 7 300 Ew – Höhe 120 m.
Berlin 551 – Wiesbaden 23 – Frankfurt am Main 24 – Limburg an der Lahn 51.

🏠 **Liederbacher Hof** garni, Höchster Str. 9 (Eingang Taunusstraße), ✉ 65835, 𝒞 (069)
3 39 96 60, Fax (069) 33996623 – ⇌ 🖵 🅿. ⓦⓢ 𝒱𝐼𝑆𝐴
geschl. 20. Dez. - 6. Jan. – **20 Z** ⇌ 120/140 – 180/195.

LIESER Rheinland-Pfalz **417** Q 5 – 1 300 Ew – Höhe 107 m.
Berlin 680 – Mainz 117 – Trier 44 – Bernkastel-Kues 4 – Wittlich 14.

🏠 **Weinhaus Stettler** garni, Moselstr. 41, ✉ 54470, 𝒞 (06531) 23 96,
Fax (06531) 7325, Massage, ⇌s – 🖵 🅿
15 Z ⇌ 82 – 128/146.

🏠 **Mehn zum Niederberg** (mit Gästehaus), Moselstr. 2, ✉ 54470, 𝒞 (06531) 95 70,
Fax (06531) 7926, 🍴, ⇌s – ⇌ 🅿. ⓞ ⓦⓢ 𝒱𝐼𝑆𝐴
geschl. Mitte Dez. - Mitte Feb. – **Menu** (geschl. Mittwoch) à la carte 35/63 💰 – **16 Z**
⇌ 60/80 – 100/150.

LIETZOW Mecklenburg-Vorpommern siehe Rügen (Insel).

LILIENTHAL Niedersachsen siehe Bremen.

LIMBACH Baden-Württemberg **417 419** R 11 – 4 400 Ew – Höhe 385 m – Luftkurort.
Berlin 573 – Stuttgart 101 – Würzburg 76 – Amorbach 22 – Heidelberg 57.

🏠 **Volk** 🦢, Baumgarten 3, ✉ 74838, 𝒞 (06287) 93 00, landidyll-Hotel-Volk@t-online.de,
Fax (06287) 930180, 🍴, ⇌s, 🖵, 🦽 – 🖵 🅿 – 🛗 25. 🆔 ⓞ ⓦⓢ 𝒱𝐼𝑆𝐴
Menu à la carte 32/63 – **27 Z** ⇌ 78/120 – 140/160 – ½ P 30.

In Limbach-Krumbach Süd-West : 2 km :

⛲ **Engel**, Engelstr. 19, ✉ 74838, 𝒞 (06287) 7 01, hotel.engel@t-online.de,
Fax (06287) 704, 🍴, ⇌s, 🖵 – 🖵 🅿. – 🛗 30
Alte Scheune (geschl. Montag) (wochentags nur Abendessen) **Menu** à la carte 28/52 💰
– **20 Z** ⇌ 79/142.

LIMBACH Rheinland-Pfalz siehe Hachenburg.

LIMBACH-OBERFROHNA Sachsen **418** N 22 – 21 500 Ew – Höhe 365 m.
Berlin 269 – Dresden 83 – Chemnitz 13 – Plauen 82 – Gera 64 – Leipzig 74.

🏨 **Lay-Haus** 🦢, Markt 3, ✉ 09212, 𝒞 (03722) 7 37 60, info@lay-hotel.de,
Fax (03722) 737699, 🍴 – ⫚, ⇌ Zim, 🖵 – 🛗 60. 🆔 ⓞ ⓦⓢ 𝒱𝐼𝑆𝐴
Menu à la carte 30/52 – **48 Z** ⇌ 95/110 – 145/195.

LIMBURG AN DER LAHN Hessen **417** O 8 – 35 000 Ew – Höhe 118 m.
Sehenswert : Dom★ (Lage★★) A – Friedhofterrasse ≼★ – Diözesanmuseum★ A **M1** –
Altstadt★.
Ausflugsziel : Burg Runkel★ (Lage★★) Ost : 7 km.
🛈 Verkehrsverein, Hospitalstr. 2, ✉ 65549, 𝒞 (06431) 61 66, Fax (06431) 3293.
Berlin 551 ① – Wiesbaden 52 ② – Koblenz 57 ④ – Gießen 56 ① – Frankfurt am Main
74 ② – Siegen 70 ①

LIMBURG AN DER LAHN

DOM Hotel 🅼, Grabenstr. 57, ⊠ 65549, ℰ (06431) 90 10, *info@domhotel.net*, Fax (06431) 6856, « Modern-elegante Einrichtung » – 🛗, ≼ Zim, 🍴 Rest, 📺 📞 🄿 – 🛗 70. 🄰🄴 ⓞ ⓜⓢ 🆅🅸🆂🅰. 🎇 Rest
A v
geschl. Weihnachten - Anfang Jan. – **de Prusse** (geschl. Juli - Aug. 3 Wochen, Sonntagabend - Montagmittag) **Menu** à la carte 43/75 – **48 Z** ⊊ 145/195 – 195/250.

Romantik Hotel Zimmermann, Blumenröder Str. 1, ⊠ 65549, ℰ (06431) 46 11, *Zimmermann@Romantik.de*, Fax (06431) 41314, « Einrichtung mit englischen Stilmöbeln » – ≼ 📺 📞 🄿. 🄰🄴 ⓞ ⓜⓢ 🆅🅸🆂🅰. 🎇 Rest
A h
geschl. Weinachten - Anfang Jan. – **Menu** (geschl. Samstag - Sonntag) (nur Abendessen) (Restaurant nur für Hausgäste) – **24 Z** ⊊ 140/210 – 160/295.

Mercure 🅼 garni, Schiede 10, ⊠ 65549, ℰ (06431) 20 70, Fax (06431) 207444 – 🛗 ≼ 📺 ⅋ 🚗 🄿 – 🛗 60. 🄰🄴 ⓞ ⓜⓢ 🆅🅸🆂🅰
A e
⊊ 20 – **100 Z** 145/157 – 175/187.

Martin, Holzheimer Str. 2, ⊠ 65549, ℰ (06431) 9 48 40, *info@hotel-martin.de*, Fax (06431) 43185 – 🛗 📺 🚗 🄿. ⓜⓢ 🆅🅸🆂🅰 🄹🄲🄱
A s
Menu (geschl. 31. Dez - 28. Jan., Sonntag) (nur Abendessen) à la carte 32/62 – **30 Z** ⊊ 93/128 – 140/158.

In Limburg-Staffel *Nord-West : 3 km :*

Alt-Staffel, Koblenzer Str. 56, ⊠ 65556, ℰ (06431) 9 19 10, *Horealtstaf@aol.com*, Fax (06431) 919191 – 📺 🄿. 🄰🄴 ⓞ ⓜⓢ 🆅🅸🆂🅰
B n
Menu (geschl. Sonntagabend) à la carte 26/52 – **17 Z** ⊊ 85/95 – 125.

LIMBURGERHOF *Rheinland-Pfalz* 🄼🄼🄼 *R 9 – 10 600 Ew – Höhe 95 m.*
🅸🄱 🅿🄰 Birkenweg (Süd : 2 km), ℰ (06236) 47 94 94.
Berlin 635 – Mainz 84 – Mannheim 13 – Kaiserslautern 63 – Speyer 16.

Residenz Limburgerhof 🅼, Rheingönheimer Weg 1, ⊠ 67117, ℰ (06236) 47 10, *info@limburgerhof.com*, Fax (06236) 471100, Biergarten – 🛗, ≼ Zim, 📺 📞 🚗 🄿 – 🛗 80. 🄰🄴 ⓞ ⓜⓢ 🆅🅸🆂🅰. 🎇 Rest
Menu à la carte 30/60 – **133 Z** ⊊ 135/165 – 195, 9 Suiten.

Le ottime tavole

Per voi abbiamo contraddistinto alcuni ristoranti con

Menu 🕸, ✿, ✿✿ o ✿✿✿.

LINDAU IM BODENSEE Bayern 🔲 X 13 – 24 000 Ew – Höhe 400 m.

Sehenswert : Hafen mit Römerschanze ≤★ Z.

Ausflugsziel : Deutsche Alpenstraße★★★ (von Lindau bis Berchtesgaden).

🏌 Lindau, Am Schönbühl 5 (über ①), ℰ (08382) 7 80 90 ; 🏌 Weißensberg (Nord-Ost : 7 km über ①), ℰ (08389) 8 91 90.

🚗 Lindau-Reutin, Ladestraße.

🛈 Tourist-Information, Ludwigstr. 68, ✉ 88131, ℰ (08382) 26 00 30, Fax (08382) 260026.

Berlin 722 ① – München 180 ① – Konstanz 59 ③ – Ravensburg 33 ③ – Ulm (Donau) 123 ① – Bregenz 10 ②

Stadtplan siehe nächste Seite

Auf der Insel :

🏨 **Bayerischer Hof**, Seepromenade, ✉ 88131, ℰ (08382) 91 50, bayerischerhof-linda u@t-online.de, Fax (08382) 915591, Massage, ≋, 🔲 (geheizt), ≉ – 📶 📺 ⇔ 🅿 – 🔒 180. 🅰🅴 ⓞ 🆖 𝖵𝖨𝖲𝖠 𝖩𝖢𝖡. ⚘
    Menu (nur Abendessen) à la carte 48/89 – **100 Z** ⊐ 210/270 – 270/530 – ½ P 45.   Z b

🏨 **Reutemann-Seegarten** ⊗, Seepromenade, ✉ 88131, ℰ (08382) 91 50, bayerisc her-hof@t-online.de, Fax (08382) 915591, « Terrasse mit ≤ », Massage, ≋, 🔲 (geheizt), ≉ – 📶 🅿 🅰🅴 ⓞ 🆖 𝖵𝖨𝖲𝖠 𝖩𝖢𝖡. ⚘ Rest   Z k
    geschl. Jan. - März - **Menu** à la carte 45/89 – **64 Z** ⊐ 135/185 – 215/380 – ½ P 45.

🏨 **Lindauer Hof** ⊗, Seepromenade, ✉ 88131, ℰ (08382) 40 64, info@lindauer-hof.de, Fax (08382) 24203, « Terrasse mit ≤ » – 📶 📺 ✆ 🅰🅴 🆖 𝖵𝖨𝖲𝖠 𝖩𝖢𝖡   Z y
    Menu à la carte 32/68 – **30 Z** ⊐ 130/175 – 240/370 – ½ P 44.

🏨 **Helvetia** ⊗, Seepromenade 3, ✉ 88131, ℰ (08382) 91 30, Knits52591@aol.com, Fax(08382) 4004, « Terrasse mit ≤ », ≋, 🔲 – 📶, ≉ Zim, 📺 ✆ – 🔒 25. ⓞ 🆖 𝖵𝖨𝖲𝖠 𝖩𝖢𝖡   Z x
    geschl. Jan. - Feb. - **Menu** à la carte 32/57 – **54 Z** ⊐ 85/185 – 195/315.

🏨 **Brugger** garni, Bei der Heidenmauer 11, ✉ 88131, ℰ (08382) 9 34 10, Fax (08382) 4133 – 📺 ⇔ 🅰🅴 ⓞ 🆖 𝖵𝖨𝖲𝖠   Y r
    23 Z ⊐ 85/108 – 154/170.

🏨 **Insel-Hotel** ⊗ garni, Maximilianstr. 42, ✉ 88131, ℰ (08382) 50 17, welcome@insel -hotel-lindau.de, Fax (08382) 6756 – 📶 📺 ✆ ⇔ 🅰🅴 ⓞ 🆖 𝖵𝖨𝖲𝖠 𝖩𝖢𝖡   Z a
    28 Z ⊐ 104/160 – 194.

🍴 **Alte Post** mit Zim, Fischergasse 3, ✉ 88131, ℰ (08382) 9 34 60, Fax (08382) 934646 – 📶, 🆖 𝖵𝖨𝖲𝖠   Y s
    geschl. 20. Dez. - 15. März - **Menu** à la carte 36/54 – **12 Z** ⊐ 85/140 – 175/210.

🍴 **Zum Sünfzen**, Maximilianstr. 1, ✉ 88131, ℰ (08382) 58 65, Fax (08382) 4951, ⇱ – 🅰🅴 🆖 𝖵𝖨𝖲𝖠 𝖩𝖢𝖡   Z v
    geschl. 21. Jan - 16. Feb. – **Menu** à la carte 31/63.

In Lindau-Aeschach :

🏨 **Am Rehberg** ⊗ garni, Am Rehberg 29, ✉ 88131, ℰ (8382) 33 29, Hotel.am.Rehbe rg@t-online.de, Fax (08382) 3576, ≋, 🔲, ≉ – 📺 🅿 🆖 𝖵𝖨𝖲𝖠 ⚘   X u
    geschl. 7. Jan. - Mitte März - **18 Z** ⊐ 118/148 – 158/250.

🏨 **Café Ebner** garni, Friedrichshafener Str. 19, ✉ 88131, ℰ (08382) 9 30 70, Fax (08382) 930740, ≉ – ≉ Zim ⇔ 🅿 🅰🅴 ⓞ 🆖 𝖵𝖨𝖲𝖠 𝖩𝖢𝖡. ⚘   X z
    18 Z ⊐ 90/118 – 154/196.

🏨 **Am Holdereggenpark,** Giebelbachstr. 1, ✉ 88131, ℰ (08382) 60 66, Fax (08382) 5679 – 📶 ⇔ 🅿 🆖 𝖵𝖨𝖲𝖠   X a
    geschl. Nov. - März - **Menu** (geschl. Sonntag) (nur Abendessen) (Restaurant nur für Hausgäste) – **29 Z** ⊐ 85/120 – 144/170 – ½ P 25.

In Lindau-Hoyren :

🏨 **Villino** (Fischer) ⊗, Hoyerberg 34, ✉ 88131, ℰ (08382) 9 34 50, hotel.villino@t-onli ne.de, Fax (08382) 934512, « Gartenanlage mit Terrasse », Massage, ≋ – ☒
    geschl. Jan. 3 Wochen – **Menu** (geschl. Montag) (nur Abendessen) (Tischbestellung ratsam) à la carte 98/118 – **16 Z** ⊐ 170/260 – 260/400 – ½ P 70   X r
    Spez. Sizilianische Fischsuppe. Zander im Dim-Sum-Korb gegart. Lammrücken mit Kräuter-Senfkruste.

🏨 **Schöngarten** garni, Schöngartenstr. 15, ✉ 88131, ℰ (08382) 9 34 00, Fax (08382) 934030, ≋, ≉ – 📶 📺 🛎 ⇔ 🅿 ⓞ 🆖 𝖵𝖨𝖲𝖠   X n
    12 Z ⊐ 85/90 – 120/150.

🍴🍴🍴 **Hoyerberg Schlössle**, Hoyerbergstr. 64 (auf dem Hoyerberg), ✉ 88131, ℰ (08382) 2 52 95, Hoyerberg64@aol.com, Fax (08382) 1837, « Terrasse mit ≤ Bodensee und Alpen » – 🅿 🅰🅴 ⓞ 🆖 𝖵𝖨𝖲𝖠   X e
    geschl. Feb., Montag - Dienstagmittag - **Menu** (Tischbestellung ratsam, bemerkenswerte Weinkarte) 108/148 à la carte 88/110.

LINDAU
IM BODENSEE

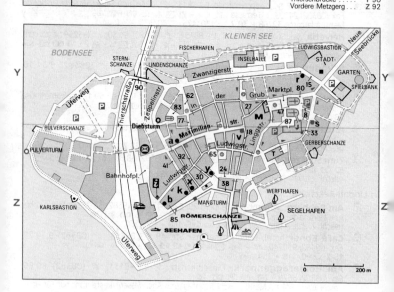

In Lindau-Reutin :

Reulein ⚘ garni, Steigstr. 28, ✉ 88131, ℰ (08382) 9 64 50, *Hotel-Reulein@t-online
.de*, Fax (08382) 75262, ≼, ☂ – 🔄 ✻ 📺 🅿. 🆎 ⓪ *VISA*. ✻ Rest   X s
geschl. 20. Dez. - Jan. – **26 Z** ☲ 150/180 – 240/280.

Freihof, Freihofstr. 2, ✉ 88131, ℰ (08382) 96 98 70, *info@freihof-lindau.de*,
Fax (08382) 9698778, ☂ – 📺 🚗 🅿.   X x
Menu à la carte 30/67 – **15 Z** ☲ 95/130 – 150/180 – ½ P 29.

In Lindau-Bad Schachen :

Bad Schachen ⚘, Bad Schachen 1, ✉ 88131, ℰ (08382) 29 80, Fax (08382) 25390,
≼ Bodensee, Lindau und Alpen, ☂, « Park », Massage, ♨, ⊼ (geheizt), ◳, 🐝, ☂,
✻ – 🔄 📺 ⇔ 🅿 – 🔏 120. 🆎 *VISA*. ✻ Rest   X d
geschl. Jan. - 5. April, 8. Okt. - 31. Dez. – **Menu** à la carte 65/93 – **125 Z** ☲ 215/297 –
326/398, 6 Suiten – ½ P 65.

🏠 **Lindenhof** ♨, Dennenmoosstr. 3, ✉ 88131, ℰ (08382) 9 31 90, *info@lindenhofho*
tel.de, Fax (08382) 931931, « Gartenterrasse », ⬛, 🔲, 🖼 – 📺 📞 🅿 ΑΕ 🅾🅾 𝗩𝗜𝗦𝗔.
☒ Rest   X c
geschl. 10. Nov. - 20. Feb. – **Menu** (geschl. Nov. - März, Montag) (nur Abendessen) à la carte
42/69 – **19 Z** ⊆ 100/185 – 180/320 – ½ P 33.

🏠 **Parkhotel Eden** ♨, Schachener Str. 143, ✉ 88131, ℰ (08382) 58 16, *parkhotel.e*
den@t-online.de, Fax (08382) 23730 – 🔳 📺 🅿 ΑΕ 🅾🅾 𝗩𝗜𝗦𝗔. ☒ Zim   X t
Mitte März - Okt. – **Menu** (geschl. Donnerstag) (nur Abendessen) à la carte 34/58 – **26 Z**
⊆ 85/110 – 170/180 – ½ P 30.

❌❌ **Schachener Hof** ♨ mit Zim, Schachener Str. 76, ✉ 88131, ℰ (08382) 31 16, *Scha*
🍴 *chener-hof@t-online.de*, Fax (08382) 5495, ☆ – 📺 🅿 ΑΕ 🅾🅾 𝗩𝗜𝗦𝗔   X v
geschl. 3. Jan. - 3. Feb. – **Menu** (geschl. Dienstag - Mittwoch) (wochentags nur Abendessen) 45/85 und à la carte (auch vegetarisches Menu) – **9 Z** ⊆ 100/120 –
150/170.

In Weißensberg Nord : 6 km über ① :

❌ **Weißensberger Stuben,** Kirchstr. 42, ✉ 88138, ℰ (08389) 12 96, Fax (08389) 617,
🍴 – 🅿
geschl. März 2 Wochen, Okt. 2 Wochen, Donnerstag – **Menu** à la carte 25/56.

Auf dem Golfplatz Weißensberg Nord-Ost : 8 km über ① :

🏰 **Golfhotel Bodensee** ♨, Lampertsweiler 51, ✉ 88138 Weißensberg, ℰ (08389)
8 91 00, *info@golfhotel-bodensee.de*, Fax (08389) 89142, ≼, ☆, Massage, ⬛, 🎱 – 🔳
📺 📞 🅿 – 🛎 20. 🅾 🅾🅾 𝗩𝗜𝗦𝗔
geschl. Anfang Jan. - Ende Feb. – **Menu** à la carte 53/74 – **27 Z** ⊆ 170/190 – 270/290,
4 Suiten.

LINDBERG Bayern siehe Zwiesel.

LINDENFELS Hessen 🔟🔟🔟 Q 10 – 5 500 Ew – Höhe 364 m – Heilklimatischer Kurort.

🅱 Kur- und Touristikservice im Rathaus, Burgstr. 37, ✉ 64678, ℰ (06255) 24 25,
Fax (06255) 30645.
Berlin 592 – Wiesbaden 86 – Mannheim 52 – Darmstadt 46.

🏠 **Waldschlösschen,** Nibelungenstr. 102, ✉ 64678, ℰ (06255) 24 60, *Waldschloessch*
enLindenfels@t-online.de, Fax (06255) 2016, ☆ – 📺 ⬛ 🅿 🅾 🅾🅾 𝗩𝗜𝗦𝗔
geschl. Nov. – **Menu** (geschl. Montag) à la carte 35/76 – **13 Z** ⊆ 67/105 – 124/144 –
½ P 20.

In Lindenfels-Winkel Nord-West : 3 km :

🏠 **Wiesengrund** ♨, Talstr. 3, ✉ 64678, ℰ (06255) 9 60 10, *info@hotel-wiesen*
grund.de, Fax (06255) 960160, ☆, ⬛, 🔲, 🖼 – 📺 ⬛ 🅿 – 🛎 30. 🅾 🅾🅾
𝗩𝗜𝗦𝗔
geschl. Mitte Jan. - Anfang Feb. – **Menu** (geschl. Montag) à la carte 24/51 ⅊ – **35 Z**
⊆ 80/85 – 124/136 – ½ P 20.

In Lindenfels-Winterkasten Nord : 6 km :

🏠 **Landhaus Sonne** ♨ garni, Bismarckturmstr. 24, ✉ 64678, ℰ (06255) 25 23, *info*
@landhaus-sonne.de, Fax (06255) 2586, ≼, ⬛, 🔲, 🖼 – 📺 📞 🅿 ☒
10 Z ⊆ 77/99 – 132/178.

LINDLAR Nordrhein-Westfalen 🔟🔟🔟 M 6 – 21 500 Ew – Höhe 246 m.

🎱 Schloß Georghausen (Süd-West : 8 km), ℰ (02207) 49 38.
🅱 Lindlar Touristik, Rathaus, Borromäusstr. 1, ✉ 51789, ℰ (02266) 9 64 07, Fax (02266)
470543.
Berlin 583 – Düsseldorf 73 – Gummersbach 25 – Köln 32 – Wipperfürth 13.

🏠 **Zum Holländer,** Kölner Str. 6, ✉ 51789, ℰ (02266) 66 05, Fax (02266) 44388 – 📺
🅿 – 🛎 30. 🅾🅾 𝗩𝗜𝗦𝗔 🅹🅲🅱
Menu à la carte 32/62 – **12 Z** ⊆ 90/100 – 140.

In Lindlar-Schmitzhöhe Süd-West : 9 km :

🏠 **Landhaus Bleeker,** Hochstr. 19, ✉ 51789, ℰ (02207) 91 91 90, *info@Hotel-Bleek*
er.de, Fax (02207) 81252, ☆ – ☒ Zim, 📺 🅿 ΑΕ 🅾 🅾🅾 𝗩𝗜𝗦𝗔
Menu (geschl. Weihnachten - 6. Jan.) à la carte 34/61 – **24 Z** ⊆ 95/110 – 165.

LINGEN Niedersachsen 📧 I 5 – 55 000 Ew – Höhe 33 m.

🔵 Altenlingen, Gut Beversundern, ℘ (0591) 6 38 37.

🟦 Städt. Verkehrsbüro, Rathaus, Elisabethstr. 14, ✉ 49809, ℘ (0591) 9 14 41 46, Fax (0591) 9144149.

Berlin 498 – Hannover 204 – Nordhorn 21 – Bremen 135 – Enschede 47 – Osnabrück 65.

🏨 **Parkhotel**, Marienstr. 29, ✉ 49808, ℘ (0591) 91 21 60, Fax (0591) 54455, 🍴, 🔚
– 📺 🏠 – 🍴 60. 🖭 ⓞ ⓦⓞ 𝘝𝘐𝘚𝘈
Menu à la carte 38/74 – **31 Z** ☲ 125/165.

🏨 **Altes Landhaus**, Lindenstr. 45, ✉ 49808, ℘ (0591) 80 40 90, Fax (0591) 59134, Biergarten – 📺 🏠 – 🍴 20. 🖭 ⓞ ⓦⓞ
Menu à la carte 43/72 – **22 Z** ☲ 95/145 – 135/215.

In Lingen-Darme Süd : 4,5 km :

🏨 **Am Wasserfall** 🍴, Am Wasserfall 2 (Hanekenfähr), ✉ 49808, ℘ (0591) 80 90, Fax (0591) 2278, ◁, 🍴, 🔚 – 📺 🏠 🍴 – 🍴 200. 🖭 ⓞ ⓦⓞ 𝘝𝘐𝘚𝘈
Fährrestaurant : Menu à la carte 41/91 – **Zur Lachstreppe** (Montag - Freitag nur Abendessen) **Menu** à la carte 30/57 – **61 Z** ☲ 84/125 – 125/160.

In Lingen-Schepsdorf Süd-West : 3 km :

🏨 **Hubertushof**, Nordhorner Str. 18, ✉ 49808, ℘ (0591) 91 29 20, Fax (0591) 9129290, 🍴, 🌳 – 📺 🚗 🏠 – 🍴 40. ⓞ ⓦⓞ 𝘝𝘐𝘚𝘈. 🍴
geschl. Juli - Aug. 3 Wochen – **Menu** (geschl. Sonntagabend) à la carte 32/59 – **40 Z** ☲ 80/110 – 130/160.

LINKENHEIM-HOCHSTETTEN Baden-Württemberg 📧 S 9 – 10 000 Ew – Höhe 109 m.
Berlin 656 – Stuttgart 89 – Karlsruhe 15 – Mannheim 50 – Mainz 122 – Landau in der Pfalz 49.

Auf der Insel Rott : Nord-West : 4,5 km, über Hochstetten :

🏠 **Waldfrieden** 🍴, Insel Rott 2, ✉ 76351 Linkenheim-Hochstetten, ℘ (07247)
🔚 17 79 (Hotel) 41 75 (Rest.), Fax (07247) 1779, 🍴 – 📺 🏠
Menu (geschl. Feb. 3 Wochen, Sept. 2 Wochen, Montag - Dienstag) (überwiegend Fischgerichte) à la carte 20/29 🍴 – **10 Z** ☲ 75/120.

LINNICH Nordrhein-Westfalen 📧 N 2 – 13 000 Ew – Höhe 67 m.
Berlin 610 – Düsseldorf 59 – Aachen 37 – Köln 76.

🍴 **Rheinischer Hof**, Rurstr. 21, ✉ 52441, ℘ (02462) 10 32, Rheinischer-hof@t-online.de, Fax (02462) 7137, 🍴 – ⓞ ⓦⓞ 𝘝𝘐𝘚𝘈
geschl. Juli - Aug. 3 Wochen, Montag - Dienstag – **Menu** à la carte 38/68.

🍴 **Waldrestaurant Ivenhain**, Ivenhain (Ost : 1,5 km), ✉ 52441, ℘ (02462) 90 51 26, Fax (02462) 905128 – 🏠 ⓞ ⓦⓞ 𝘝𝘐𝘚𝘈 𝘑𝘊𝘉. 🍴
geschl. über Karneval, Juli - Aug. 3 Wochen, Donnerstag – **Menu** à la carte 46/82.

LINSENGERICHT Hessen siehe Gelnhausen.

LIPPETAL Nordrhein-Westfalen 📧 K 8 – 11 000 Ew – Höhe 64 m.
Berlin 453 – Düsseldorf 131 – Arnsberg 42 – Bielefeld 78 – Dortmund 62 – Paderborn 47 – Soest 16.

In Lippetal-Lippborg :

🍴 **Gasthof Willenbrink** mit Zim, Hauptstr. 10, ✉ 59510, ℘ (02527) 2 08, Gasthof
🦌 @Willenbrink.de, Fax (02527) 1402, 🍴 – 🍴 Zim, 📺 🏠 🍴 Zim
geschl. 23. Dez. - 10. Jan., Mitte Juli - Mitte Aug. – **Menu** (geschl. Montag, Feiertage) (nur Abendessen) à la carte 37/72 – **6 Z** ☲ 85/135.

LIPPSPRINGE, BAD Nordrhein-Westfalen 📧 K 10 – 13 500 Ew – Höhe 123 m – Heilbad – Heilklimatischer Kurort.

🔵 🔵 Sennelager, ℘ (05252) 5 37 94, Fax (05252) 53811.

🟦 Tourist-Information, Peter-Hartmann-Allee 1, ✉ 33175, ℘ (05252) 95 01, Fax (05252) 930183.

Berlin 385 – Düsseldorf 179 – Bielefeld 54 – Detmold 18 – Hannover 103 – Paderborn 9.

🏨 **Parkhotel** 🍴, Peter-Hartmann-Allee 4, ✉ 33175, ℘ (05252) 96 30, info@parkhotel-lippspringe.bestwestern.de, Fax (05252) 963111, 🍴, 🔚, 📺 – 🍴, 🍴 Zim, 📺 🏠
🍴 160. 🖭 ⓞ ⓦⓞ 𝘝𝘐𝘚𝘈. 🍴 Rest
Menu à la carte 42/59 – ☲ 21 – **100 Z** 177/203 – ½ P 35.

Vital Hotel M, Schwimmbadstr. 14, ⊠ 33175, ℰ (05252) 96 41 00, *Vital@ Vital-Hot el.de*, Fax *(05252) 964170*, 🐾, Massage, ✄, ≘s, 🏊, 🔲 (Therme), 🐾 – 🛗, ↔ Zim, 📺 📞 🖭 – 🍴 40, 𝔸𝔼 ⓜⓞ 𝘝𝘐𝘚𝘈
Menu à la carte 34/61 – **47 Z** ⊐ 150/190 – ½ P 30.

Gästehaus Scherf garni, Arminiusstr. 23, ⊠ 33175, ℰ (05252) 20 40, Fax *(05252) 204188*, ≘s, 🔲, 🐾 – 🛗 📺 ↔ 🖭 𝔸𝔼 ⓜⓞ 𝘝𝘐𝘚𝘈, 🍴 Rest
58 Z ⊐ 80/170 – 130/195.

LIPPSTADT Nordrhein-Westfalen 𝟺𝟷𝟽 K 9 – 70 000 Ew – Höhe 77 m.

🚇 Lippstadt-Bad Waldliesborn, Gut Mentzelsfelde (Nord : 3 km), ℰ (02941) 8 20 14, Fax *(02941) 81509*.

⛳ bei Büren-Ahden, Süd-Ost : 17 km über Geseke, ℰ (02955) 7 70.

🛈 Städt. Verkehrsverein, Rathaus, Lange Str. 14, ⊠ 59555, ℰ (02941) 5 85 15, Fax *(02941) 79717*.

🛈 Kurverwaltung, Bad Waldliesborn, Quellenstr. 60, ⊠ 59559, ℰ (02941) 80 00, Fax *(02941) 8001201*.

Berlin 436 – Düsseldorf 139 – Bielefeld 55 – Meschede 43 – Paderborn 31.

Lippe Residenz M, Lipper Tor 1, ⊠ 59555, ℰ (02941) 98 90, *info@ lippe-residenz.de*, Fax *(02941) 989529*, 🐾 – 🛗, ↔ Zim, 🔲 Rest, 📺 🕭 🖭 – 🍴 80, 𝔸𝔼 ⓞ ⓜⓞ 𝘝𝘐𝘚𝘈
Menu à la carte 39/65 – **80 Z** ⊐ 175/260.

Lippischer Hof, Cappelstr. 3, ⊠ 59555, ℰ (02941) 9 72 20, Fax *(02941) 9722499* – 🛗, ↔ Zim, 📺 📞 🕭 ↔ – 🍴 80, 𝔸𝔼 ⓞ ⓜⓞ 𝘝𝘐𝘚𝘈
Menu *(geschl. Samstag - Sonntag) (nur Abendessen)* (Restaurant nur für Hausgäste) – **49 Z** ⊐ 140/180.

Drei Kronen mit Zim, Marktstr. 2, ⊠ 59555, ℰ (02941) 31 18, Fax *(02941) 59557* – 📺 🖭 – 🍴 50, 𝔸𝔼 ⓞ ⓜⓞ 𝘝𝘐𝘚𝘈
geschl. Juni - Juli 2 Wochen – **Menu** *(geschl. Montag, Samstagmittag)* 45/75 à la carte 57/79 – **9 Z** ⊐ 110/155.

In Lippstadt-Bad Waldliesborn Nord : 5 km – Heilbad :

Jonathan, Parkstr. 13, ⊠ 59556, ℰ (02941) 88 80, *info@ hotel-jonathan.de*, Fax *(02941) 82310*, 🐾, Biergarten – 📺 🖭 – 🍴 60, 𝔸𝔼 ⓞ ⓜⓞ 𝘝𝘐𝘚𝘈
Menu *(geschl. Montagmittag)* à la carte 36/69 – **67 Z** ⊐ 98/170.

Parkhotel Ortkemper , Im Kreuzkamp 10, ⊠ 59556, ℰ (02941) 88 20, *Parkh otel.Ortkemper@ t-online.de*, Fax *(02941) 88240*, 🐾, ≘s, 🐾 – 🛗 📺 🕭 🖭 – 🍴 40, ⓜⓞ. 🍴 Rest
Menu à la carte 29/56 – **59 Z** ⊐ 80 – 120/140 – ½ P 10.

Hubertushof, Holzstr. 8, ⊠ 59556, ℰ (02941) 85 40, Fax *(02941) 82585*, 🐾 – 📺 ↔ 🖭 – 🍴 120, 🍴
geschl. 20. Dez. - 10. Jan. – **Menu** *(geschl. Montag)* à la carte 35/64 – **14 Z** ⊐ 80 – 130/150 – ½ P 15.

LIST Schleswig-Holstein siehe Sylt (Insel).

LOBENSTEIN Thüringen 𝟺𝟷𝟾 𝟺𝟸𝟶 O 18 – 7 500 Ew – Höhe 560 m – Moorheilbad.

🛈 Fremdenverkehrsamt, Graben 18, ⊠ 07356, ℰ (036651) 25 43, Fax *036651) 2543*.
Berlin 296 – Erfurt 143 – Coburg 74 – Plauen 55 – Hof 33.

Oberland, Topfmarkt 2, ⊠ 07356, ℰ (036651) 24 94, Fax *(036651) 2577*, 🐾, ≘s – 🛗 📺 🕭 – 🍴 30, ⓜⓞ 𝘝𝘐𝘚𝘈
Menu *(wochentags nur Abendessen)* à la carte 23/41 – **19 Z** ⊐ 85/95 – 140/150 – ½ P 20.

Markt-Stuben, Markt 24, ⊠ 07356, ℰ (036651) 82 70, Fax *(036651) 82727*, 🐾 – 📺 𝔸𝔼 ⓞ ⓜⓞ 𝘝𝘐𝘚𝘈
Menu *(geschl. Jan. 1 Woche, Sonntagabend)* à la carte 24/62 🍴 – **13 Z** ⊐ 75/85 – 130/150 – ½ P 20.

Schwarzer Adler, Wurzbacher Str. 1 (B 90), ⊠ 07356, ℰ (036651) 8 89 29, Fax *(036651) 88931*, ≘s – 🍴 20, 𝔸𝔼 ⓜⓞ 𝘝𝘐𝘚𝘈
Menu à la carte 25/36 🍴 – **16 Z** ⊐ 70/90 – 120/160 – ½ P 15.

LOCHAU Österreich siehe Bregenz.

LODDIN Mecklenburg-Vorpommern siehe Usedom (Insel).

LÖBAU Sachsen 418 M 28 – 17 000 Ew – Höhe 260 m.

🛈 Löbau-Information, Altmarkt 1, ✉ 02708, ℰ (03585) 45 04 50, Fax (03585)450452.
Berlin 220 – Dresden 84 – Görlitz 25 – Bautzen 21.

🏠 **Stadt Löbau,** Elisenstr. 1, ✉ 02708, ℰ (03585) 86 18 30, hotel-stadt-loebau@t-onl
🕭 ine.de, Fax (03585) 862086 – 📺 – � 30. 🕮 VISA
Menu à la carte 22/40 – **35 Z** ⊈ 95/130.

Auf dem Rotstein Ost : 6 km über die B 6 - Höhe 455 m :

🏠 **Berghotel Rotstein** 🍴, ✉ 02894 Sohland, ℰ (035828) 7 07 77,
🕭 Fax (035828) 70777, ≤, 🍴, 🌳 – 📺 🅿 – 🚍 45. 🕮 🕮
Menu à la carte 23/36 – **18 Z** ⊈ 70/80 – 100/120.

In Schönbach Süd-West : 7,5 km :

🍴 **Kretscham,** Löbauer Str. 1, ✉ 02708, ℰ (035872) 36 50, Kretschamschoenbach@t
🕭 -online.de, Fax (035872) 36555, 🍴 – 📺 🅿 🕮 VISA
Menu à la carte 16/27 – **11 Z** ⊈ 60/90.

> Prices   For full details of the prices quoted in this Guide,
> consult the introduction.

LÖF Rheinland-Pfalz 417 P 6 – 2 100 Ew – Höhe 85 m.
Berlin 619 – Mainz 94 – Koblenz 30 – Trier 112 – Cochem 26.

In Löf-Kattenes :

🍴 **Langen,** Oberdorfstr. 6, ✉ 56332, ℰ (02605) 45 75, Hotel.Langen@t-online.de,
🕭 Fax (02605) 4348, 🍴, 🌳 – 🅿 🥢 Zim
geschl. März, Weihnachten - Anfang Jan. – **Menu** (geschl. Dienstagmittag, Nov. - April Dienstag - Mittwoch) à la carte 23/46 🍴 – **32 Z** ⊈ 58/63 – 90/100.

LÖFFINGEN Baden-Württemberg 419 W 9 – 7 500 Ew – Höhe 802 m – Erholungsort – Wintersport : 800/900 m ⚡1 🎿.

🛈 Tourist-Information, Rathausplatz 14, ✉ 79843, ℰ (07654) 4 00, Fax (07654) 77250.
Berlin 762 – Stuttgart 139 – Freiburg im Breisgau 47 – Donaueschingen 16 – Schaffhausen 51.

In Löffingen-Reiselfingen Süd : 3,5 km :

🏠 **Schwarzwaldgasthof Sternen** 🍴, Mühlezielstr. 5, ✉ 79843, ℰ (07654) 3 41,
Fax (07654) 7363, 🍴, 🌳 – 📺 🅿
geschl. März – **Menu** (geschl. Nov. 3 Wochen, Mittwoch) (Montag - Freitag nur Abendessen)
à la carte 40/68 – **12 Z** ⊈ 53/55 – 105/110 – ½ P 20.

LÖHNBERG Hessen siehe Weilburg.

LÖHNE Nordrhein-Westfalen 417 J 10 – 39 000 Ew – Höhe 60 m.
🏌 Löhne-Wittel, Auf dem Stickdorn 65, ℰ (05228) 70 50.
Berlin 370 – Düsseldorf 208 – Bielefeld 39 – Hannover 85 – Herford 12 – Osnabrück 53.

🏠 **Schewe** 🍴, Dickendorner Weg 48 (Ort), ✉ 32584, ℰ (05732) 9 80 30, hotel-schew
🕭 e@t-online.de, Fax (05732) 980399, Biergarten – 🥢 Zim, 📺 📞 🅿 🕮 ① 🕮 VISA.
🥢 Rest
Menu (geschl. Jan. 1 Woche, Freitagmittag, Samstagmittag) à la carte 46/75 – **24 Z**
⊈ 79/98 – 140/150.

LÖNINGEN Niedersachsen 415 H 7 – 13 000 Ew – Höhe 35 m.
🛈 Verkehrsverein Hasetal, Poststr. 21, ✉ 49624, ℰ (05432) 42 22, Fax (05432) 92078.
Berlin 290 – Bremen 88 – Nordhorn 65 – Enschede 101 – Osnabrück 60 – Hannover 170.

🏠 **Rüwe** 🍴, Parkstraße 15, ✉ 49624, ℰ (05432) 9 42 00, hotel-restaurant.ruewe@t-o
nline.de, Fax (05432) 942011, 🍴 – 🥢 Zim, 📺 🕮 ① 🕮 VISA. 🥢 Zim
geschl. Anfang Jan. 1 Woche – **Menu** (geschl. Montag) à la carte 39/57 – **10 Z** ⊈ 75/90
– 130.

🍴🍴 **Le Cha Cha Cha,** Langenstr. 53, ✉ 49624, ℰ (05432) 5 85 60, Fax (05432) 58562, 🍴
– 🅿 – 🚍 360. ① 🕮 VISA. 🥢
geschl. Montag – **Menu** à la carte 56/72 – **Flo's Bistro : Menu** à la carte 29/61.

LÖRRACH Baden-Württemberg 👁️👁️👁️ X 7 – 44 600 Ew – Höhe 294 m.

Ausflugsziel : Burg Rötteln★, Nord : 3 km.

🚠 Schwarzwaldstraße.

🚹 Touristinformation, Herrenstr. 5, ✉ 79539, ℰ (07621) 9 40 89 13, Fax (07621) 9408914.

ADAC, Bahnhofsplatz 2-3.

Berlin 862 – Stuttgart 265 – Freiburg im Breisgau 70 – Basel 9 – Donaueschingen 96 – Zürich 83.

🏨 **Villa Elben** 🦢 garni, Hünerbergweg 26, ✉ 79539, ℰ (07621) 20 66, info@villa-elben.de, Fax (07621) 43280, ≤, « Park », 🌳 – 📳 🛬 📺 🅿. 🖭 🐵 🆚 🗐
34 Z 🍴 95/120 – 140/160.

🏨 **Parkhotel David** garni, Turmstr. 24, ✉ 79539, ℰ (07621) 3 04 10, Fax (07621) 88827 – 📳 🛬 📺 – 🔬 40. 🖭 ⓸ 🐵 🆚
35 Z 🍴 120/170 – 160/170.

🏨 **Stadt-Hotel** garni, Weinbrennerstr. 2, ✉ 79539, ℰ (07621) 4 00 90, info@stadthotel-loerrach.de, Fax (07621) 400966 – 📳 🛬 📺 🥂 🚗. 🖭 ⓸ 🐵 🆚
30 Z 🍴 130 – 170/195.

🏨 **Meyerhof** Ⓜ garni, Basler Str. 162, ✉ 79539, ℰ (07621) 9 34 30, Fax (07621) 934343 – 📳 🛬 📺 🥂 🚗. 🖭 ⓸ 🐵 🆚 🍽
31 Z 🍴 115/135 – 175/195.

🍴🍴 **Zum Kranz** mit Zim, Basler Str. 90 (B 317), ✉ 79540, ℰ (07621) 8 90 83, info@kranz-loerrach.de, Fax (07621) 14843, 🌳 – 📳 🅿. 🖭 ⓸ 🐵 🆚
Menu (geschl. Sonntag) (Tischbestellung ratsam) à la carte 47/77 – **9 Z** 🍴 85/110 – 140/180.

🍴🍴 **Am Burghof** mit Zim, Herrenstr. 3, ✉ 79539, ℰ (07621) 94 03 80, Restaurant.Burghof@t-online.de, Fax (07621) 9403838, �└ – 📳 📺 🥂 🚗. 🖭 🐵 🆚
Menu à la carte 48/78 – **8 Z** 🍴 135/150 – 195.

In Lörrach-Brombach Nord-Ost : 4 km :

🏨 **Sporthotel Impulsiv** garni, Beim Haagensteg 5 (im Freizeitcenter), ✉ 79541, ℰ (07621) 95 41 10, Impulsiv.loerrach@t-online.de, Fax (07621) 9541139, 🕎, 🚦, 🎾(Halle) Squash – 🛬 📺 🥂 🅿. 🖭 ⓸ 🐵 🆚
21 Z 🍴 105/120 – 150/180.

In Lörrach-Haagen Nord-Ost : 3,5 km :

🍴🍴 **Burgschenke Rötteln**, in der Burg Rötteln, ✉ 79541, ℰ (07621) 5 21 41, Burgschenke@t-online.de, Fax (07621) 52108, ≤, 🌳, Biergarten – 🅿. 🐵 🆚
geschl. Jan. 3 Wochen, Sonntag - Montag – **Menu** 65/89 à la carte 50/78.

An der B 316 Süd-Ost : 4 km :

🍴🍴 **Landgasthaus Waidhof,** ✉ 79594 Inzlingen, ℰ (07621) 26 29, Fax (07621) 166265, 🌳 – 🅿.
geschl. Feb. 2 Wochen, Juli 2 Wochen, Samstagmittag, Sonntagabend - Montag – **Menu** à la carte 54/84.

In Inzlingen Süd-Ost : 6 km :

🏨 **Krone** Ⓜ (mit Gästehaus), Riehenstr. 92, ✉ 79594, ℰ (07621) 22 26, info@krone-inzlingen.de, Fax (07621) 2245, 🌳 – 🛬 Zim, 📺 🥂 🅿 – 🔬 30. 🐵 🆚
Menu (geschl. Montag) à la carte 41/68 – **23 Z** 🍴 90/110 – 140/160.

🍴🍴🍴 **Inzlinger Wasserschloß** (mit Gästehaus), Riehenstr. 5, ✉ 79594, ℰ (07621) 4 70 57, Fax (07621) 13555, 🌳, « Wasserschloß a.d.15.Jh. » – 📺 🅿. 🐵 🆚
Menu (geschl. Ende Jan. - Mitte Feb., Dienstag - Mittwoch) (Tischbestellung ratsam) 118/148 und à la carte – **Schloss Beitzle :** Menu à la carte 43/85 – **12 Z** 🍴 110/180.

LÖWENBRUCH Brandenburg 👁️👁️👁️ J 23 – 300 Ew – Höhe 45 m.
Berlin 27 – Potsdam 27.

🏨 **Landhotel Löwenbruch,** Dorfstr. 3, ✉ 14974, ℰ (03378) 8 62 70, loewenbruch@hotels-mit-herz.de, Fax (03378) 862777, 🌳, 🚦 – 🛬 Zim, 📺 🥂 👶 🅿 – 🔬 30. 🖭 ⓸ 🐵 🆚
Menu à la carte 22/38 – **30 Z** 🍴 99/135 – 120/165.

LÖWENSTEIN Baden-Württemberg 👁️👁️👁️ S 12 – 3 000 Ew – Höhe 384 m.
Berlin 595 – Stuttgart 58 – Heilbronn 18 – Schwäbisch Hall 30.

🏨 **Lamm,** Maybachstr. 43, ✉ 74245, ℰ (07130) 5 42, Fax (07130) 514 – 📺 🅿.
geschl. über Fasching 1 Woche, Aug. 2 Wochen – **Menu** (geschl. Jan. 2 Wochen, Montag) 28 à la carte 32/64 – **8 Z** 🍴 70/110.

In Löwenstein-Hösslinsülz Nord-West : 3,5 km :

🏠 **Landgasthof Roger,** Heiligenfeld 56 (nahe der B 39), ✉ 74245, ℰ (07130) 2 30, Hotel.Roger@t-online.com, Fax (07130) 6033, 🍽, 🌳 – 📶, ⇌ Zim, 📺 📞 ⇍ 🅿 – 🔏 80.
🔟 🎴 🇯🇨🇧
Menu à la carte 30/61 🍷 – **42 Z** ⊇ 75/155 – 120/200.

LOHBERG Bayern **420** S 23 – 2 100 Ew – Höhe 650 m – Erholungsort – Wintersport : 550/850 ⛷.

🔟 Tourist-Information, Rathausweg 1a, ✉ 93470, ℰ (09943) 94 13 13, Fax (09943) 941314.
Berlin 519 – München 205 – Passau 88 – Cham 44 – Deggendorf 62.

In Lohberg-Altlohberghütte Ost : 3 km – Höhe 900 m :

🏠 **Berghotel Kapitän Goltz** 🦢, ✉ 93470, ℰ (09943) 13 87, Kapitaen-Goltz@t-onli ne.de, Fax (09943) 2236, ⬅, 🍽, 🈺, 🌳 – ⇌ Rest, 🅿 🆎 ⓪ 🔟 🎴
Menu à la carte 34/59 (auch vegetarische Gerichte) – **13 Z** ⊇ 50/55 – 80/100 – ½ P 18.

In Lohberg-Silbersbach Nord-West : 6 km :

🏖 **Osserhotel** 🦢 (mit Gästehaus), Silbersbach 12, ✉ 93470, ℰ (09943) 9 40 60, ⇝ Fax (09943) 2881, ⬅, 🍽, Wildgehege, « Restaurant mit Ziegelgewölbe », 🈺, 🌳 – 📺 🅿. ⇌ Rest
geschl. 26. März - 11. April, 29. Okt. - 21. Dez. – **Menu** (geschl. Mittwoch) (nur Abendessen) à la carte 23/45 🍷 – **40 Z** ⊇ 66/79 – 108/130 – ½ P 20.

LOHMAR Nordrhein-Westfalen **417** N 5 – 26 800 Ew – Höhe 75 m.
Berlin 587 – Düsseldorf 63 – Bonn 16 – Siegburg 5 – Köln 23.

In Lohmar-Wahlscheid Nord-Ost : 4 km :

🏨 **Schloss Auel,** an der B 484 (Nord-Ost : 1 km), ✉ 53797, ℰ (02206) 6 00 30, schlos sau@aol.com, Fax (02206) 6003222, 🍽, « Park ; Schloßkapelle », 🌳, 🎾 – 📺 📞 🅿 –
🔏 60. 🆎 ⓪ 🔟 🎴
geschl. 1. - 12. Jan. – **Menu** à la carte 47/68 – **20 Z** ⊇ 165/290.

🏨 **Landhotel Naafs-Häuschen,** an der B 484 (Nord-Ost : 2 km), ✉ 53797, ℰ (02206) 60 80, reception@naaf.de, Fax (02206) 608100, 🍽, Biergarten, 🈺, 🌳 – 📺 ⇍ 🅿 –
🔏 50. 🆎 ⓪ 🔟 🎴 ⇌ Zim
Menu à la carte 44/76 – **44 Z** ⊇ 169/195 – 230.

🏨 **Aggertal-Hotel Zur alten Linde** 🦢, Bartholomäusstr. 8, ✉ 53797, ℰ (02206) 9 59 30, AggertalHotelZuraltenLinde@T-online.de, Fax (02206) 959345, 🍽, 🈺, 🌳 – 📺
📞 🅿 – 🔏 35. 🆎 ⓪ 🔟 🎴 ⇌ Rest
geschl. Juli 2 Wochen – **Menu** (geschl. Sonn- und Feiertage, Montagmittag) à la carte 49/96 – **27 Z** ⊇ 139/200 – 195/250.

🏠 **Haus Säemann** 🦢, Am alten Rathaus 17, ✉ 53797, ℰ (02206) 8 30 11, Haus Saemann@t-online.de, Fax (02206) 83017, Biergarten – 📺 📞 ⇍ 🅿 🆎 ⓪
🔟
Menu (geschl. Montag) à la carte 35/67 – **15 Z** ⊇ 75/170.

LOHME Mecklenburg-Vorpommern siehe Rügen (Insel).

LOHMEN Mecklenburg-Vorpommern **416** E 20 – 600 Ew – Höhe 50 m.
Berlin 182 – Schwerin 60 – Rostock 57 – Güstrow 15.

🏨 **Mecklenburg Hotel** 🅼, Zum Suckwitzer See 1, ✉ 18276, ℰ (038458) 30 10, meck lenburg-hotel@t-online.de, Fax (038458) 30155, 🍽 – ⇌ Zim, 📺 📞 🍴 🅿 – 🔏 40. 🆎
⓪ 🔟 🎴
Menu à la carte 29/46 – **32 Z** ⊇ 70/115 – 100/145.

LOHMEN KREIS SEBNITZ Sachsen **418** N 26 – 3 200 Ew – Höhe 237 m.
Berlin 220 – Dresden 27 – Pirna 7.

🏨 **Landhaus Nicolai** 🅼, Basteistr. 122, ✉ 01847, ℰ (03501) 5 81 20, landhaus-nicola i@sachsenhotels.de, Fax (03501) 581288 – ⇌ Zim, 📺 📞 🍴 🅿 🆎 🔟 🎴
Menu à la carte 27/48 – **39 Z** ⊇ 98 – 148/158.

LOHNE *Niedersachsen* **415** *I 8 – 20 200 Ew – Höhe 34 m.*
Berlin 409 – Hannover 123 – Bremen 80 – Oldenburg 61 – Osnabrück 50.

🏠 **Ibis** garni, Am Bahnhof 12, ☒ 49393, ℘ (04442) 9 34 30, ibis-lohne@t-online.de,
Fax (04442) 934310 – � Zim, 📺 🅿 – 🔬 25. 🆎 ⓞ ⑩ 𝘝𝘐𝘚𝘈
☲ 16 – **37 Z** 95.

🍴🍴 **Wilke** mit Zim, Brinkstr. 43, ☒ 49393, ℘ (04442) 7 33 70, Info@hotel-wilke.de,
Fax (04442) 73372 – 📺 🅿 🆎 ⓞ ⑩ 𝘝𝘐𝘚𝘈. 🍴 Rest
Menu *(geschl. Samstagmittag, Donnerstag)* à la carte 36/68 – **5 Z** ☲ 80/120.

LOHR AM MAIN *Bayern* **417** *Q 12 – 17 000 Ew – Höhe 162 m.*
🅱 *Tourist-Information, Schloßplatz 5, ☒ 97816, ℘ (09352) 84 84 60, Fax (09352)*
8488460.
Berlin 521 – München 321 – Würzburg 56 – Aschaffenburg 35 – Bad Kissingen 51.

🏨 **Bundschuh** (mit Gästehaus), Am Kaibach 7, ☒ 97816, ℘ (09352) 8 76 10, email@h
otelbundschuh.de, Fax (09352) 876139, 🚗 – 📲, � Zim, 📺 📞 🚗 🅿 🆎 ⓞ ⑩ 𝘝𝘐𝘚𝘈.
🍴
geschl. 22. Dez. - 15. Jan. – **Menu** *(geschl. 22. Dez. - 15. Jan., Sonntag) (nur Abendessen)*
(Restaurant nur für Hausgäste) – **34 Z** ☲ 99/138 – 150/200.

In Lohr-Sendelbach *Süd-Ost : 1 km :*

🏠 **Zur alten Post,** Steinfelder Str. 1, ☒ 97816, ℘ (09352) 8 75 20, Fax (09352) 875224,
Biergarten – 📺 🅿 🆎 ⑩ 𝘝𝘐𝘚𝘈
geschl. Jan. 3 Wochen – **Menu** *(geschl. Montagmittag, Mittwoch)* à la carte 29/61 – **Postil-
lion-Stuben** *(Tischbestellung erforderlich) (geschl. Mittwoch) (nur Abendessen)* **Menu**
à la carte 49/75 – **12 Z** ☲ 78/92 – 125/145.

In Lohr-Steinbach *Nord-Ost : 3 km :*

🏠 **Buchenmühle** 🐾, Buchentalstraße (Süd : 2,5 km), ☒ 97816, ℘ (09352) 8 79 90,
Fax (09352) 879987, 🍴, Biergarten, « Sandsteinbau a. d. 18. Jh. », 🚗 – 🅿 – 🔬 25. ⑩
Menu *(geschl. Montag)* à la carte 37/65 – **16 Z** ☲ 95 – 145/165.

In Lohr-Wombach *Süd : 2 km :*

🏠 **Spessarttor** (mit Gästehaus), Wombacher Str. 140, ☒ 97816, ℘ (09352) 8 73 30,
Fax (09352) 873344, 🍴 – � Zim, 📺 📞 🅿 🆎 ⓞ ⑩ 𝘝𝘐𝘚𝘈
Menu *(geschl. Feb. 2 Wochen, Aug. 3 Wochen, Dienstag)* à la carte 30/65 – **30 Z** ☲ 85/115
– 140/160.

LOICHING *Bayern siehe Dingolfing.*

LONSHEIM *Rheinland-Pfalz siehe Alzey.*

LORCH *Baden-Württemberg* **419** *T 13 – 9 200 Ew – Höhe 288 m.*
Berlin 592 – Stuttgart 45 – Göppingen 18 – Schwäbisch Gmünd 8.

🏠 **Sonne,** Stuttgarter Str. 5, ☒ 73547, ℘ (07172) 73 73, Fax (07172) 8377, Biergarten,
(Fachwerkhaus a.d.J. 1724) – 📺 🅿
geschl. Okt. - Nov. 3 Wochen – **Menu** *(geschl. Freitag)* à la carte 34/49 – **27 Z** ☲ 70/85
– 110/140.

LORSCH *Hessen* **417 419** *R 9 – 11 000 Ew – Höhe 100 m.*
Sehenswert : Königshalle★.
🅱 *Kultur- und Verkehrsamt, Marktplatz 1, ☒ 64653, ℘ (06251) 5 96 74 00, Fax (06251)*
5967400.
Berlin 595 – Wiesbaden 65 – Mannheim 35 – Darmstadt 29 – Heidelberg 34 – Worms 15.

🍴🍴🍴 **Zum Schwanen,** Nibelungenstr. 52, ☒ 64653, ℘ (06251) 5 22 53,
Fax (06251) 588842, 🍴 – 🆎
geschl. Montag – **Menu** *(nur Abendessen) (Tischbestellung ratsam)* à la carte 65/101.

LOSHEIM *Saarland* **417** *R 4 – 16 500 Ew – Höhe 300 m – Erholungsort.*
Berlin 745 – Saarbrücken 58 – Trier 40 – Luxembourg 55.

Am Stausee *Nord : 1 km :*

🏠 **Seehotel** 🐾, Zum Stausee 202, ☒ 66679 Losheim, ℘ (06872) 6 00 80, info@seeho
tel-losheim.de, Fax (06872) 600811, ≤, 🍴, 🍸 – 📲 📺 🅿 – 🔬 40. 🆎 ⑩ 𝘝𝘐𝘚𝘈
Menu à la carte 31/65 – **42 Z** ☲ 93/98 – 150/155 – ½ P 25.

LOSSBURG Baden-Württemberg 🔢 U 9 – 6 000 Ew – Höhe 666 m – Luftkurort – Wintersport : 650/800 m ⚡1 ⛷.

🛈 Lossburg-Information, Hauptstr. 46 (Kinzig-Haus), ✉ 72290, ℰ (07446) 9 50 60, Fax (07446) 950614.

Berlin 718 – Stuttgart 100 – Karlsruhe 86 – Freudenstadt 8,5 – Villingen-Schwenningen 60.

🏨 **Hirsch,** Hauptstr. 5, ✉ 72290, ℰ (07446) 9 50 50, Hirsch.Lossburg@t-online.de, Fax (07446) 950555, Biergarten – 🛗 📺 📞 🍴 🅿 📶 𝗩𝗜𝗦𝗔
geschl. 3. - 24. Jan. – **Menu** à la carte 32/69 – **43 Z** ⊇ 89/124 – 138/178 – ½ P 25.

In Lossburg-Oedenwald West : 3 km :

🏡 **Adrionshof** 🦌, ✉ 72290, ℰ (07446) 95 60 60, mail@adrionshof.de, Fax (07446) 9560629, 🔲, 🚜 – 📺 🍴 🅿
geschl. Mitte Okt. - Nov. – **Menu** à la carte 28/57 – **22 Z** ⊇ 65/69 – 120/130 – ½ P 18.

In Lossburg-Rodt :

🏠 **Landhaus Hohenrodt** 🦌, Obere Schulstr. 20, ✉ 72290, ℰ (07446) 9 55 00, Fax (07446) 955060, 🚜 – 📺 🅿 𝒮𝒸 Rest
geschl. 15. - 31. Jan. – **Menu** (Restaurant nur für Hausgäste) – **34 Z** ⊇ 66/72 – 122/136 – ½ P 20.

LUCKENWALDE Brandenburg 🔢 🔢 J 23 – 26 000 Ew – Höhe 51 m.

🛈 Tourist-Information, Markt 12, ✉ 14943, ℰ (03371) 63 21 12, Fax (03371) 632112.
Berlin 58 – Potsdam 45 – Brandenburg 74 – Cottbus 108 – Dessau 96.

🏛 **Vierseithof** 📧, Haag 20 (Eingang Am Herrenhaus), ✉ 14943, ℰ (03371) 6 26 80, info@vierseithof.com, Fax (03371) 626868, 🍴, « Ehemalige Tuchfabrik im preussischen Barock mit moderner Architektur und Sammlung zeitgenössischer Kunst », 🍴s, 🔲 – 🍴✦ Zim, 📺 📞 🅿 – 🔥 50. 🅰🅴 ⓪ 📶 𝗩𝗜𝗦𝗔
Menu à la carte 51/80 – **Weberstube** : **Menu** à la carte 32/55 – **43 Z** ⊇ 165/195 – 195/315.

🏨 **Luckenwalder Hof,** Dahmer Str. 34, ✉ 14943, ℰ (03371) 61 01 45, Fax (03371) 610146, 🍴 – 🍴✦ Zim, 📺 📞 🅿 🅰🅴 ⓪ 📶 𝗩𝗜𝗦𝗔 🅹🅲🅱
Menu (geschl. 23. Dez - 11. Jan., Samstag - Sonntag) (nur Abendessen) à la carte 32/64 – **19 Z** ⊇ 94/125 – 145.

🏨 **Märkischer Hof** garni, Poststr. 8, ✉ 14943, ℰ (03371) 60 40, email@Maerkischer Hof.de, Fax (03371) 604444 – 🛗 🍴✦ 📺 🅿 – 🔥 40. 🅰🅴 📶 𝗩𝗜𝗦𝗔 𝒮𝒸 Rest
51 Z ⊇ 90/110 – 140/160.

🏠 **Pelikan,** Puschkinstr. 27 (Eingang Goethestraße), ✉ 14943, ℰ (03371) 61 29 96, HOTEL. PELIKAN@t-online.de, Fax (03371) 612996 – 📺 📞 🅿 – 🔥 15. ⓪ 📶 𝗩𝗜𝗦𝗔 𝒮𝒸 Rest
geschl. 22. Dez. - 2. Jan. – **Menu** (geschl. Samstag - Sonntag) (nur Abendessen) (Restaurant nur für Hausgäste) – **19 Z** ⊇ 90 – 125.

In Luckenwalde-Kolzenburg Süd : 3,5 km :

🏠 **Zum Eichenkranz,** Unter den Eichen 1, ✉ 14943, ℰ (03371) 61 07 29, 🍴 Fax (03371) 610730, 🍴 – 🍴✦ Zim, 📺 🅿 – 🔥 30. 📶 𝗩𝗜𝗦𝗔
Menu (geschl. Montagabend) à la carte 24/42 – **21 Z** ⊇ 75/90 – 110/130.

LUDORF Mecklenburg-Vorpommern 🔢 F 22 – 500 Ew 70 m.
Berlin 144 – Schwerin 104 – Neubrandenburg 69 – Waren (Müritz) 26.

In Ludorf-Zielow Süd : 3,5 km :

🏨 **Seehof Zielow** 🦌, Seeufer 11, ✉ 17207, ℰ (039923) 70 20, Fax (039923) 70244, 🍴, Massage, ✚, 🍴s, 🔲, 🚗, 🐎 – 🍴✦ Zim, 📺 📞 🅿 ⓪ 📶 𝗩𝗜𝗦𝗔
Menu à la carte 28/53 – **25 Z** ⊇ 92/160 – 169/199, 6 Suiten.

LUDWIGSBURG Baden-Württemberg 🔢 T 11 – 86 000 Ew – Höhe 292 m.
Sehenswert : Blühendes Barock : Schloß⋆, Park⋆ (Märchengarten⋆⋆) Y.
🏌 Ludwigsburg, beim Schloß Monrepos, ℰ (07141) 22 00 30.
🛈 Tourist Information, Wilhelmstr. 10, ✉ 71638, ℰ (07141) 9 10 22 52, Fax (07141) 9102774.
ADAC, Heinkelstr. 11 (Breuningerland).
Berlin 617 ⑥ – Stuttgart 15 ③ – Heilbronn 36 ⑥ – Karlsruhe 86 ④

708

LUDWIGSBURG

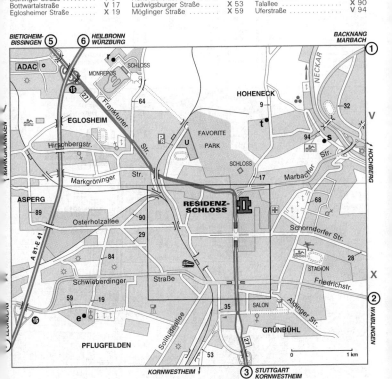

Nestor Ⓜ, Stuttgarter Str. 35/2, ⊠ 71638, ℘ (07141) 96 70, *nestor-hotel-ludwigsburg@t-online.de*, Fax (07141) 967113, 🛋, « Historischer Backsteinbau mit moderner Einrichtung », ₭, ⇔s – ▐, ⇔ Zim, ▤ 📺 📞 🕭 🅿 – 🕍 180. ⅀ ⅏ ⅏⅏

VISA

Z n

Menu à la carte 44/70 – **150 Z** ⊇ 209/259 – 259/309.

Favorit garni, Gartenstr. 18, ⊠ 71638, ℘ (07141) 97 67 70, *info@hotel-favorit.de*, Fax (07141) 902991, ⇔s – ▐ ⇔ 📺 🕭 ⇔ – 🕍 20. ⅀ ⅏ ⅏⅏

VISA

Y r

geschl. 22. Dez. - 2. Jan. – **88 Z** ⊇ 130/180 – 180/210.

Westend, Friedrich-List-Str. 26, ⊠ 71636, ℘ (07141) 45 17 10, Fax (07141) 4517129 – 📺 🅿. ⅀ ⅏ ⅏⅏ ⅏ ⅏⅏ ⅏ ⅏. ⅏ Zim

Z d

Menu *(geschl. Juli - Aug. 3 Wochen, Freitagabend - Samstag, Sonntagabend)* à la carte 34/65 – **15 Z** ⊇ 100/120 – 140/160.

Alte Sonne, Bei der kath. Kirche 3, ⊠ 71634, ℘ (07141) 92 52 31, *alte-sonne@t-online.de*, Fax (07141) 902635 – ⇔ 🕭 – 🕍 40. ⅀ ⅏ ⅏⅏ ⅏

Y n

geschl. Aug. 3 Wochen, Sonntag – **Menu** 82/175 à la carte 74/102.

Post-Cantz, Eberhardstr. 6, ⊠ 71634, ℘ (07141) 92 35 63, *Post-Cantz@t-online.de*, Fax (07141) 905607 – ⅀ ⅏ ⅏⅏ ⅏

Y e

geschl. Anfang Juni 2 Wochen, Mittwoch - Donnerstag – **Menu** à la carte 42/69.

Württemberger Hof, Bismarckstr. 24, ⊠ 71634, ℘ (07141) 90 16 02, Fax (07141) 901568, 🛋 – 🕍 70. ⅏⅏ ⅏

Y s

geschl. Mitte Jan. - Mitte Feb., Montag, Dienstagmittag – **Menu** à la carte 33/55 *(auch vegetarische Gerichte)*.

LUDWIGSBURG

Alleenstraße	Z 4
Arsenalstraße	Y 7
Bahnhofstraße	Z 8
Belschnerstraße	Z 12
Bietigheimer Straße	Y 13
Bogenstraße	Y 14
Eberhardstraße	Y 18
Friedenstraße	Z 24
Friedrich-Ebert- Straße	Z 27
Gänsfußallee	Z 29
Gartenstraße	Y 31
Heinrich-Schweitzer-Straße	Y 33
Hindenburgstraße	Z 34
Hohenzollernstraße	Z 35
Holzmarkt	Y 37
Hospitalstraße	Y 38
Imbröderstraße	Y 39
Kaffeeberg	Y 42
Kaiserstraße	Y 43
Kirchstraße	Y 44
Königsallee	Z 48
Körnerstraße	Y 49
Leonberger Straße	Z 50
Marienstraße	Y 55
Markplatz	Y 58
Mömpelgardstraße	Y 60
Mörikestraße	YZ 63
Myliusstraße	Z 65
Pflugfelder Straße	Z 69
Richard-Wagner-Straße	Z 74
Schillerplatz	Y 79
Schillerstraße	Z 80
Schlachthofstraße	Y 83
Schützenstraße	Y 85
Seestraße	YZ
Solitudeallee	Z 88
Untere-Reithaus-Straße	Y 96
Wilhelm-Keil-Straße	Y 99

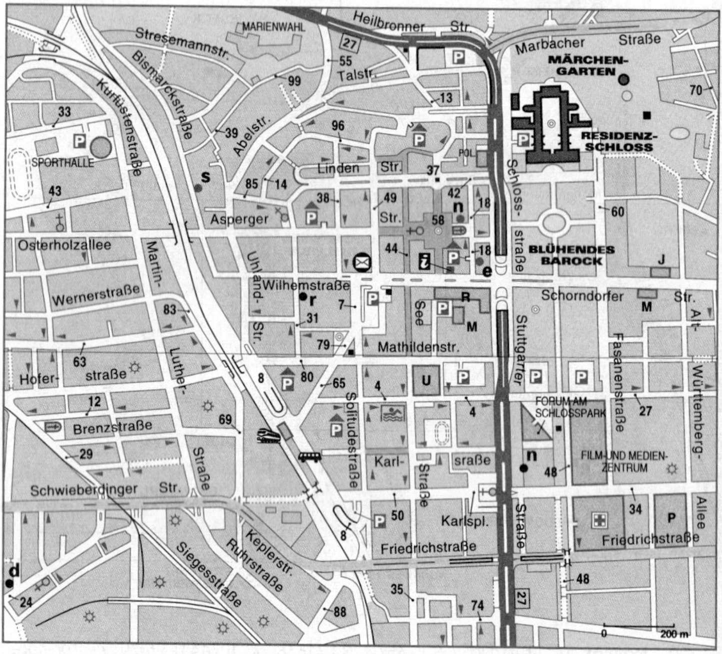

In Ludwigsburg-Hoheneck :

Krauthof, Beihinger Str. 27, ✉ 71642, ☎ (07141) 5 08 80, *Fax (07141) 508877*, – Zim, – 80. AE MC VISA V t
Menu à la carte 30/75 – **40 Z** 125/150 – 170/200.

Hoheneck, Uferstraße (beim Heilbad), ✉ 71642, ☎ (07141) 5 11 33, *Fax (07141) 52077*, – AE MC VISA V s
geschl. 20. Dez. - 7. Jan. – **Menu** *(geschl. Samstagabend - Sonntag)* à la carte 30/61 – **15 Z** 116 – 170/180.

In Ludwigsburg-Pflugfelden :

Stahl, Dorfstr. 4, ✉ 71636, ☎ (07141) 4 41 10, *Fax (07141) 441142*, – AE MC VISA X e
Zum goldenen Pflug *(geschl. Samstagmittag, Sonntagabend)* **Menu** à la carte 36/63 – **24 Z** 140/190.

Beim Schloß Monrepos :

Schlosshotel Monrepos, Domäne Monrepos 22, ✉ 71634, ☎ (07141) 30 20, *reservation@schlosshotel-monrepos.de, Fax (07141) 302200*, « Gartenterrasse », – Zim, – 100. AE MC VISA V r
Menu à la carte 45/82 – 20 – **81 Z** 200/220 – 300.

In Freiberg am Neckar *Nord : 4 km :*

🏠 **Am Wasen - Gasthof Adler,** Wasenstr. 7, ⊠ 71691, 𝒫 (07141) 2 74 70, Fax (07141) 274767 – ⊱ Zim, 📺 📞 ⇦ 🅿 – 🅰 15
Menu *(geschl. Ende Jan. - Anfang Feb, Donnerstagabend - Freitag)* à la carte 32/48 – **25 Z** 🗜 107/122 – 170.

🏠 **Rössle,** Benninger Str. 11, ⊠ 71691, 𝒫 (07141) 2 74 90, Fax (07141) 270739, 🌣 – 📺 ⇦ 🅿 🐵 𝘝𝘐𝘚𝘈
Menu *(geschl. 9. - 26. Aug., Freitag - Samstagmittag)* à la carte 28/58 🍴 – **25 Z** 🗜 79/98 – 118.

🍴🍴 **Schwabenstuben,** Marktplatz 5, ⊠ 71691, 𝒫 (07141) 7 50 37, Fax (07141) 75038, 🌣 – 🅰🅴 ⓞ 🐵 𝘝𝘐𝘚𝘈
geschl. Jan. - Feb. 2 Wochen, Juli - Aug. 3 Wochen, Montag, Samstagmittag – **Menu** à la carte 36/84.

LUDWIGSHAFEN AM RHEIN *Rheinland-Pfalz* 🔢🔢 *R 9 – 171 000 Ew – Höhe 92 m.*

Siehe auch Mannheim-Ludwigshafen (Übersichtsplan).

🛈 *Tourist-Information, Bahnhofstr. 119,* ⊠ 67059, 𝒫 (0621) 51 20 35, Fax (0621) 624295.
ADAC, Theaterplatz 10.
Berlin 615 – Mainz 82 – Mannheim 6 – Kaiserslautern 55 – Speyer 22.

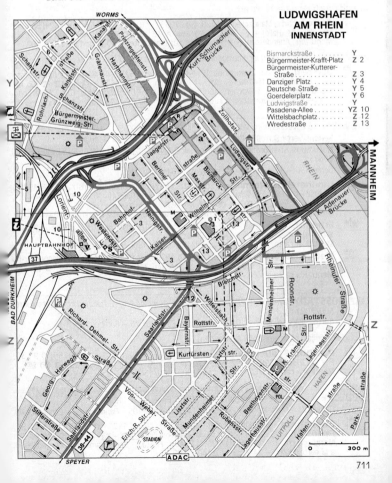

LUDWIGSHAFEN AM RHEIN INNENSTADT

Ramada M, Pasadena Allee 4, ⊠ 67059, ℘ (0621) 5 95 10, *Fax (0621) 511913*, 斋, 龠s, 氺, – |劇, ⊱ Zim, 氺 TV ℀ & ⇔ ℙ – 劇 110. AE ⓘ ⓩ VISA   Z v
Menu à la carte 43/66 – ↽ 25 – **192 Z** 150/175 – 150/175, 3 Suiten.

Europa Hotel, Am Ludwigsplatz 5, ⊠ 67059, ℘ (0621) 5 98 70, *info@europa-hote l.com, Fax (0621) 5987122,* 龠s, 氺, – |劇, ⊱ Zim, 氺 TV ℀ ⇔ – 劇 250. AE ⓘ ⓩ
VISA JCB   Y a
Menu (geschl. Samstag - Sonntag) à la carte 56/77 – **113 Z** ↽ 195/205 – 288.

Excelsior garni, Lorientallee 16, ⊠ 67059, ℘ (0621) 5 98 50, *info@excelsior-hotel-lu dwigshafen.de, Fax (0621) 5985500* – |劇 ⊱ TV ⇔ ℙ – 劇 35. AE ⓘ ⓩ VISA JCB
160 Z ↽ 85/125 – 110/150.   Z s

Folgende Häuser finden Sie auf dem Stadtplan Mannheim-Ludwigshafen :

In Ludwigshafen-Friesenheim :

Ebert Park Hotel M garni, Kopernikusstr. 67, ⊠ 67063, ℘ (0621) 6 90 60,
Fax (0621) 6906601 – |劇 TV ℙ. AE ⓘ ⓩ VISA JCB. ℀   BV a
geschl. 22. Dez. - 1. Jan. – **93 Z** ↽ 130/135 – 156/166.

Karpp, Rheinfeldstr. 56, ⊠ 67063, ℘ (0621) 69 10 78, *Fax (0621) 632413,* 斋 – |劇 TV.
AE ⓘ ⓩ VISA JCB   BV e
geschl. 23. Dez. - 2. Jan. – **Menu** (geschl. Samstag - Sonntag) (nur Abendessen) à la carte 27/43 – **17 Z** ↽ 98/105 – 140/160.

In Ludwigshafen-Gartenstadt :

Gartenstadt, Maudacher Str. 188, ⊠ 67065, ℘ (0621) 55 10 51, *Fax (0621) 551054,*
龠s, 氺, ℀ (Halle) – |劇, ⊱ Zim, TV ⇔ ℙ. AE ⓘ ⓩ VISA. ℀ Rest   BV h
Menu (nur Abendessen) (Restaurant nur für Hausgäste) – **50 Z** ↽ 112/125 – 180.

In Altrip *Süd-Ost : 10 km über Rheingönheim und Hoher Weg* BCV :

Darstein ⏞, Zum Strandhotel 10, ⊠ 67122, ℘ (06236) 44 40, *hotel@hotel-darstei n.de, Fax (06236) 444140,* ≤, 斋, ℀ – ⊱ Zim, TV ℀ ⇔ ℙ – 劇 45. AE ⓘ ⓩ VISA
Menu (geschl. Jan. 3 Wochen, April - Sept. Montag - Dienstagmittag, Okt. - März Sonntagabend - Dienstagmittag) à la carte 34/62 ⏛ – **17 Z** ↽ 73/95 – 117/185.

LUDWIGSLUST Mecklenburg-Vorpommern 🄰🄵🄶 G 18 – 12 600 Ew – Höhe 36 m.
Sehenswert : Schloß★ (Goldener Saal★) – Stadtkirche★ – Schloßpark★.
🅱 Ludwigslust-Information, Schloßfreiheit 8, ⊠ 19282, ℘ (03874) 66 68 51, Fax (03874) 666853.
Berlin 180 – *Schwerin* 38 – Güstrow 98 – Hamburg 118.

Landhotel de Weimar M, Schloßstr. 15 (Zufahrt über Gartenstraße), ⊠ 19288,
℘ (03874) 41 80, *info@landhotel-de-Weimar.de, Fax (03874) 418190,* 斋 – |劇, ⊱ Zim,
TV ℀ & ℙ – 劇 80. AE ⓘ ⓩ VISA. ℀ Rest
Ambiente (geschl. Sonntagabend) **Menu** à la carte 48/104 – **52 Z** ↽ 115/130 – 148/230.

Erbprinz, Schweriner Str. 38, ⊠ 19288, ℘ (03874) 25040, *Fax (03874) 29160,* 斋, ⏛,
龠s – |劇, ⊱ Zim, TV ℙ – 劇 60. AE ⓘ ⓩ VISA
Menu à la carte 33/56 – **40 Z** ↽ 90/129 – 140/180.

Mecklenburger Hof, Lindenstr. 40, ⊠ 19288, ℘ (03874) 41 00, *Mecklenburger-ho f@t-online.de, Fax (03874) 410100* – |劇, ⊱ Zim, TV ℀ ⇔ – 劇 60. AE ⓘ ⓩ VISA
Menu à la carte 34/64 – **37 Z** ↽ 99/135 – 146/210.

LUDWIGSSTADT Bayern 🄸🄱🄸 🄰🄰 O 18 – 4 100 Ew – Höhe 444 m – Erholungsort – Wintersport : 500/700 m ⠀⠀⠀⠀.
Berlin 317 – München 310 – *Coburg* 55 – Bayreuth 75 – Bamberg 89.

In Ludwigsstadt-Lauenstein *Nord : 3 km :*

Posthotel Lauenstein, Orlamünder Str. 2, ⊠ 96337, ℘ (09263) 9 91 30,
Fax (09263) 991399, ≤, 斋, Massage, ⌘, 龠s, 氺, – |劇 TV ℙ – 劇 20. ⓘ ⓩ VISA
Menu à la carte 36/62 – **26 Z** ↽ 77/90 – 110/150 – ½ P 25.

LÜBBECKE Nordrhein-Westfalen 🄰🄸🄸 J 9 – 25 000 Ew – Höhe 110 m.
Berlin 373 – Düsseldorf 215 – *Bielefeld* 42 – Bremen 105 – Hannover 95 – Osnabrück 45.

Quellenhof ⏞, Obernfelder Allee 1, ⊠ 32312, ℘ (05741) 3 40 60,
Fax (05741) 340659, « Terrasse », ℀ – |劇, ⊱ Zim, TV ℙ – 劇 40. ⓘ ⓩ VISA. ℀ Zim
Menu (geschl. 1. - 11. Jan., 17. Juli - 2. Aug., Freitag - Samstagmittag, Sonntagabend)
à la carte 38/60 – **24 Z** ↽ 110/140 – 180.

In Hüllhorst-Niedringhausen *Süd : 4 km :*

🏠 **Berghotel-Meinert,** Buchenweg 1 (nahe der B 239), ✉ 32609, 𝒸 (05741) 2 30 00, info@berghotel-Meinert.de, Fax (05741) 230029, 🌳, ⬛ – ⬛ Zim, 📺 ✓ 🅿 AE ⓪
◐◉ VISA
Menu *(geschl. Juli 2 Wochen, Freitagmittag, Sonntagabend)* à la carte 26/66 – **16 Z**
⌖ 90/100 – 140/160 – ½ P 13.

LÜBBEN *Brandenburg* 📕📗 *K 25 – 15 500 Ew – Höhe 53 m.*
🛈 *Spreewaldinformation, Ernst-von-Houwald-Damm 15,* ✉ *15907,* 𝒸 *(03546) 30 90,*
Fax (03546) 2543.
Berlin 84 – Potsdam 99 – Cottbus 53.

🏰 **Spreewaldhotel Stephanshof,** Lehnigksbergerweg 1, ✉ 15907, 𝒸 (03546)
⊚⊚ 2 72 10, Stephanshof@spreewald.de, Fax (03546) 272160, 🌳 – 📺 🅿 – 🔒 20. ⓪
◐◉ VISA
Menu à la carte 21/45 – **31 Z** ⌖ 95/140 – 130/160.

🏠 **Spreeufer,** Hinter der Mauer 4, ✉ 15907, 𝒸 (03546) 2 72 60, Fax (03546) 272634 –
📺 ◐◉ VISA
Menu à la carte 28/46 – **23 Z** ⌖ 100/135 – 130/200.

🏠 **Spreeblick,** Gubener Str. 53, ✉ 15907, 𝒸 (03546) 23 20, Hotel-Spreeblick@spreew
⊚⊚ ald-info.de, Fax (03546) 232200, 🌳, ⬛ – 📺 – 🔒 50
Menu *(geschl. Feb., außer Saison Sonntagabend)* à la carte 23/50 – **28 Z** ⌖ 80/90 –
100/140.

✕✕ **Schlossrestaurant Lübben,** Ernst-von-Houwald-Damm 14, ✉ 15907, 𝒸 (03546)
40 78, Bucholz-Arno@t-online.de, Fax (03546) 182521, 🌳 – AE ◐◉ VISA
geschl. Montag – **Menu** 39/53 à la carte 34/58.

In Niewitz-Rickshausen *West : 8 km :*

🏰 **Spreewald-Park-Hotel** Ⓜ ⊛, ✉ 15910, 𝒸 (035474) 2 70, info@spreewald-park
-hotel.com, Fax (035474) 27444, 🌳, ⬛ – 📶, ⬛ Zim, 📺 ✓ 🅿 – 🔒 220. AE ⓪ ◐◉
VISA
Menu à la carte 26/40 – **91 Z** ⌖ 140/170, 5 Suiten.

LÜBBENAU *Brandenburg* 📕📗 *K 25 – 17 200 Ew – Höhe 54 m – Erholungsort.*
Sehenswert : St. Nicolai★*.*
Ausflugsziel : Spreewald★★ *(Freilandmuseum Lehde*★*, per Kahn).*
🛈 *Fremdenverkehrsverein, Ehm-Welk-Str. 15,* ✉ *03222,* 𝒸 *(03542) 36 68, Fax (03542)*
46770.
Berlin 95 – Potsdam 113 – Cottbus 35.

🏰 **Schloß Lübbenau** ⊛, Schloßbezirk 6, ✉ 03222, 𝒸 (03542) 87 30, hotel@schloss
-Luebbenau.de, Fax (03542) 873666, 🌳 – 📶 📺 🅿 – 🔒 60. AE ◐◉ VISA. ✀ Rest
Menu à la carte 42/64 – **46 Z** ⌖ 140/180 – 190/280, 6 Suiten – ½ P 45.

🏠 **Spreewaldeck,** Dammstr. 31, ✉ 03222, 𝒸 (03542) 8 90 10, Spreewaldeck@t-onlin
⊚⊚ e.de, Fax (03542) 890110 – 📶, ▦ Rest, 📺 🅿 – 🔒 40. AE ◐◉ VISA
Menu à la carte 21/48 – **27 Z** ⌖ 110/130 – 170/190.

In Lübbenau-Groß Beuchow *Süd-West : 3 km :*

🏰 **Treff Landhaushotel,** LPG-Straße, ✉ 03222, 𝒸 (03542) 87 50, Landhaushotel@t-onl
ine.de, Fax (03542) 875125, Biergarten – 📶, ⬛ Zim, 📺 ✓ 🅿 – 🔒 100. AE ◐◉ VISA
Menu à la carte 32/50 – **90 Z** 115/150.

LÜBBOW *Niedersachsen siehe Lüchow.*

LÜBECK *Schleswig-Holstein* 📗📗 *E 16 – 215 000 Ew – Höhe 15 m.*
Sehenswert : Altstadt★★★ *– Holstentor*★★ *Y – Marienkirche*★★ *Y – Haus der*
Schiffergesellschaft★ *(Innenausstattung*★★*) X E – Rathaus*★ *Y R – Heiligen-Geist-Hospital*★
X – St.-Annen-Museum★ *Z M1 – Burgtor*★ *X – Füchtingshof*★ *Y S –*
Jakobikirche★ *(Orgel*★★*) X K – Katharinenkirche*★ *(Figurenreihe*★ *von Barlach) Y – Petrikir-*
che (Turm ≤★*) Y A – Dom (Triumphkreuzanlage*★*) Z.*
🛫 *Lübeck-Travemünde (über Kaiserallee C),* 𝒸 *(04502) 7 40 18 ;* 🚢 *Curau (über Stok-*
kesdorf und Ahrensböker Straße, Nord-West 8 km) 𝒸 *(04505) 59 40 81.*
🛈 *Tourismus-Zentrale, Breite Str. 62,* ✉ *23552,* 𝒸 *(0452) 80 41 61, Fax (0452) 804169.*
🛈 *Tourist-Information im Hauptbahnhof* ✉ *23558,* 𝒸 *(0451) 86 46 75, Fax (0451)*
863024.
ADAC, Katharinenstr. 11.
Berlin 263 ③ *– Kiel 92* ⑥ *– Schwerin 66* ④ *– Neumünster 58* ⑥ *– Hamburg 66* ⑤

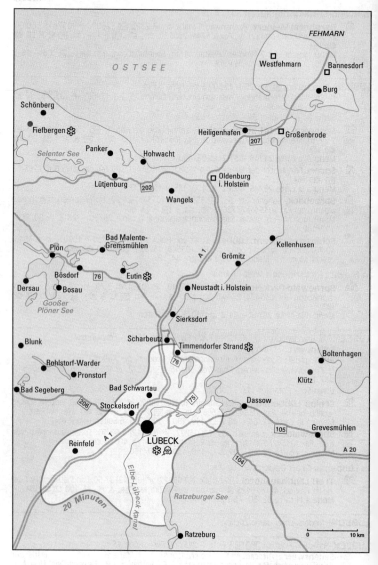

OSTSEE

Westfehmarn

Bannesdorf

Burg

Schönberg

Fiefbergen ✸

Heiligenhafen

Großenbrode

Selenter See

Panker

Hohwacht

Oldenburg i. Holstein

Lütjenburg

202

Wangels

Bad Malente-Gremsmühlen

Plön

Kellenhusen

Grömitz

Bösdorf

76

Eutin ✸

Dersau

Bosau

Neustadt i. Holstein

Gooßer Plöner See

Sierksdorf

Blunk

Scharbeutz

Timmendorfer Strand ✸

Boltenhagen

Rohlstorf-Warder

Pronstorf

Klütz

Bad Segeberg

Bad Schwartau

206

Stockelsdorf

75

Dassow

105

Grevesmühlen

Reinfeld

A 1

LÜBECK ✸

A 20

104

Elbe-Lübeck Kanal

20 Minuten

Ratzeburger See

Ratzeburg

0   10 km

🏨 **Radisson SAS Senator Hotel** Ⓜ, Willy-Brandt-Allee 6, ⊠ 23554, ✆ (0451) 14 20, info.luebeck@radissonSAS.com, Fax (0451) 1422222, ☲, Massage, ≦ₛ, ☒ – ⧈, ⇔ Zim, 🍽 📺 📞 ⅙ ⇔ – ⚿ 280. 🆎 ⓞ ⚙ 𝘝𝘐𝘚𝘈
Y s
Nautilo *(geschl. Sonntagabend - Montag)* **Menu** à la carte 47/69 – **Kogge** : **Menu** à la carte 41/57 – ⊑ 28 – **224 Z** 190/235 – 240/285, 3 Suiten.

🏨 **Holiday Inn** Ⓜ, Travemünder Allee 3, ⊠ 23568, ✆ (0451) 3 70 60, *Holiday-inn-Lue beck@t-online.de*, Fax (0451) 3706666, ☲, ⌚, ≦ₛ, ☒ – ⧈, ⇔ Zim, 🍽 📺 📞 ⅙ ⇔ 🄿 – ⚿ 220. 🆎 ⓞ ⚙ 𝘝𝘐𝘚𝘈 🄹🄲🄱
X a
Menu à la carte 46/68 – **158 Z** ⊑ 170/265 – 195/295, 3 Suiten.

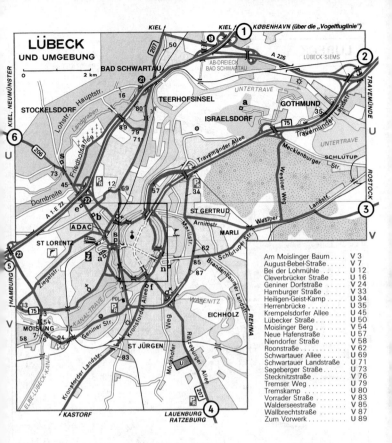

Kaiserhof garni (mit Gästehaus), Kronsforder Allee 11, ⊠ 23560, ℘ (0451) 70 33 01, Service@kaiserhof-luebeck.de, Fax (0451) 795083, « Restaurierte Patrizierhäuser mit geschmackvoller Einrichtung », ℔, ≘s, ⬚, – ⧉ �📺 ℃ 🅿 – ⚗ 20. ㎷ ⓞ ⓜ⓪ VISA V f
60 Z ⌇ 145/195 – 195/290, 6 Suiten.

Mövenpick Hotel Ⓜ, Willy-Brandt-Allee 1, ⊠ 23554, ℘ (0451) 1 50 40, hotel.lueb eck@moevenpick.de, Fax (0451) 1504111, 斎 – ⧉, ⇎ Zim, ▤ Rest, 📺 ℃ ℥ 🅿 – ⚗ 250. ㎷ ⓞ ⓜ⓪ VISA JCB V s
Menu à la carte 41/62 – ⌇ 23 – **197 Z** 180/270 – 220/310, 3 Suiten.

Excelsior garni, Hansestr. 3, ⊠ 23558, ℘ (0451) 8 80 90, ExcelsiorLuebeck@aol.com, Fax (0451) 880999 – ⧉ ⇎ 📺 ℃ ⇙ 🅿 – ⚗ 40. ㎷ ⓞ ⓜ⓪ VISA V a
61 Z ⌇ 110/140 – 150/190.

Lindenhof garni, Lindenstr. 1a, ⊠ 23558, ℘ (0451) 87 21 00, info@lindenhof-luebe ck.de, Fax (0451) 8721066 – ⧉ ⇎ 📺 ℃ ⇙. ㎷ ⓞ ⓜ⓪ VISA V a
62 Z ⌇ 120/145 – 160/210.

Jensen, An der Obertrave 4, ⊠ 23552, ℘ (0451) 70 24 90, jensen@ringhotels.de, Fax (0451) 73386, 斎 – ⧉ 📺 ℃ ⇙. ㎷ ⓞ ⓜ⓪ VISA JCB Y k
Menu à la carte 42/85 – **42 Z** ⌇ 125/145 – 165/210.

Klassik Altstadt Hotel garni, Fischergrube 52, ⊠ 23552, ℘ (0451) 70 29 80, info @klassik-hotel.com, Fax (0451) 73778 – ⇎ 📺 ℃ 🅿. ㎷ ⓞ ⓜ⓪ VISA X n
28 Z ⌇ 85/165 – 145/195.

Park Hotel garni, Lindenplatz 2, ⊠ 23554, ℘ (0451) 87 19 70, info@parkhotel-lueb eck.de, Fax (0451) 8719729 – ⇎ 📺 ⇙. ㎷ ⓞ ⓜ⓪ VISA JCB V a
18 Z ⌇ 115/155 – 150/210.

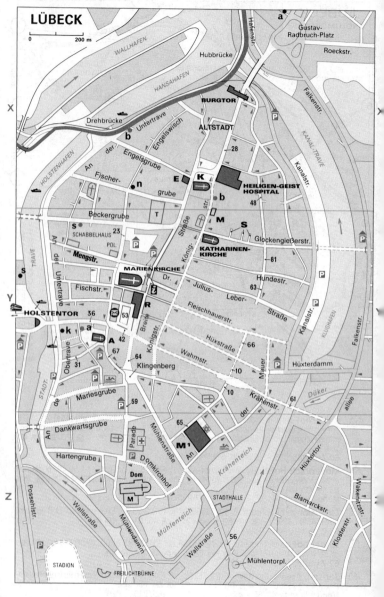

Verkehrsberuhigte Altstadt

LÜBECK

Die Hotelbesitzer
sind gegenüber
den Lesern
dieses Führers
Verpflichtungen
eingegangen.
Zeigen Sie deshalb
dem Hotelier Ihren
Michelin-Führer
des laufenden Jahres.

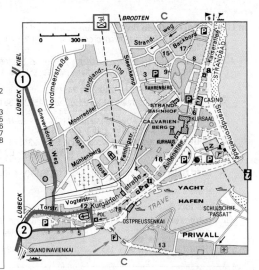

🏠 **Ibis** 🅜 garni, Fackenburger Allee 54, ⊠ 23554, ✆ (0451) 4 00 40, H2205@accor-hot
els.com, Fax (0451) 4004444 – 🛗 🛬 🖭 📺 📞 🕭 🚗 – 🔏 10. 🖭 ① 🝌 𝗩𝗜𝗦𝗔
⊆ 15 – **85 Z** 90/110.
                                                                           V b

🏠 **Zum Ratsherrn,** Herrendamm 2, ⊠ 23556, ✆ (0451) 4 33 39, Fax (0451) 4791662,
🍴 – 🛬 Zim, 📺 🅿. 🖭 ① 🝌 𝗩𝗜𝗦𝗔 𝗝𝗖𝗕
Menu à la carte 32/67 – **30 Z** ⊆ 105/115 – 130/175.   UV e

🏠 **Wakenitzblick,** Augustenstr. 30, ⊠ 23564, ✆ (0451) 7 02 63 00, Fax (0451) 792645,
≤, 🍴 – 📺 🛬. 🖭 ① 𝗩𝗜𝗦𝗔
Menu à la carte 32/57 – **21 Z** ⊆ 95/125 – 145/180.   V n

🅇🅇🅇 **Wullenwever** (Petermann), Beckergrube 71, ⊠ 23552, ✆ (0451) 70 43 33,
✿ Fax (0451) 7063607, 🍴, « Patrizierhaus a.d. 16. Jh. » – 🛬. 🖭 ① 𝗩𝗜𝗦𝗔   Y s
geschl. 9. - 21. April, 22. Okt. - 3. Nov., Sonntag - Montag – **Menu** (nur Abendessen) (Tischbestellung ratsam) 115/160 à la carte 76/125
Spez. Marinierte St. Jakobsmuscheln mit gebackenen Meeresfrüchten. Glacierte Kalbshaxe
mit braisiertem Chicorée. Schokoladenvariation.

🅇🅇 **Historischer Weinkeller,** Koberg 8, ⊠ 23552, ✆ (0451) 7 62 34, Fax (0451) 75344,
🍴, « Gewölbekeller des Heiligen-Geist-Hospitals, erbaut i.J. 1286 » – 🖭 🝌 𝗩𝗜𝗦𝗔
Menu à la carte 48/72 – **Kartoffelkeller : Menu** à la carte 31/42.   X

🅇🅇 **Schiffergesellschaft,** Breite Str. 2, ⊠ 23552, ✆ (0451) 7 67 76, Fax (0451) 73279,
« Historische Gaststätte a.d.J. 1535 mit zahlreichen Andenken an Lübecker Seefahrer » –
🔏 100   X E
Menu (Tischbestellung ratsam) à la carte 46/76.

🅇🅇 **Das kleine Restaurant,** An der Untertrave 39, ⊠ 23552, ✆ (0451) 70 59 59,
Fax (0451) 705959 – 🖭 ① 🝌   X b
geschl. Sonntag – **Menu** (nur Abendessen) 50/80 à la carte 66/85.

🅇🅇 **Die Gemeinnützige,** Königstr. 5, ⊠ 23552, ✆ (0451) 7 38 12, Fax (0451) 704365,
🍴, « Stilvolle Festsäle »   X b
Menu à la carte 42/60.

🅇🅇 **Zimmermann's Lübecker Hanse,** Kolk 7, ⊠ 23552, ✆ (0451) 7 80 54,
Fax (0451) 71326 – 🖭 🝌 𝗩𝗜𝗦𝗔   Y a
geschl. Anfang Jan. 1 Woche, Jan. - Okt. Samstag - Sonntag, Nov. - Dez. Sonntag – **Menu**
(Tischbestellung ratsam) à la carte 45/66.

In Lübeck-Israelsdorf :

🏠 **Waldhotel Twiehaus,** 🦌, Waldstr. 41, ⊠ 23568, ✆ (0451) 39 87 40 (Hotel) 3 98 21
61 (Rest)., Fax (0451) 3987430, 🍴 – 🛬 Zim, 📺 📞 🚗 🅿. 🖭 ① 🝌 𝗩𝗜𝗦𝗔 𝗝𝗖𝗕
🦌 Zim   U a
Menu (geschl. Jan. - Mitte Feb., Dienstag) à la carte 33/50 – **11 Z** ⊆ 110/120 – 145/180.

In Lübeck-Travemünde über ② : *19 km – Seeheilbad :*

🏢 *Tourismus-Zentrale, Strandpromenade 1b,* ⊠ *23570,* ℰ *(04502) 80 40, Fax (04502) 80460*

🏨 **Maritim** ⌂, Trelleborgallee 2, ⊠ 23570, ℰ (04502) 8 90, *Fax (04502) 892020,*
≼ *Lübecker Bucht und Travemündung,* ⌂, ⌂, 🔲 – 🛗, ⟵ Zim, 🖵 ⌂ & ⌫ – 🔬 700.
AE ① ⓦ VISA JCB. ⌂ Rest   C z
Menu à la carte 46/99 – **240 Z** ⊃ 243/333 – 308/398, 10 Suiten – ½ P 43.

🏨 **Strandperle,** Kaiserallee 10, ⊠ 23570, ℰ (04502) 8 66 00, *Fax (04502) 866018,* ≼, ⌂
– 🖵 ⓦ ⌫   C a
geschl. 29. Okt. - 21. Nov. – **Menu** *(geschl. 23. Okt - 15. Nov., Okt. - Mai Dienstag)* à la carte
42/78 – **10 Z** ⊃ 115/160 – 160/220 – ½ P 45.

🏨 **Deutscher Kaiser** garni, Vorderreihe 52, ⊠ 23570, ℰ (04502) 84 20, *HotelDeutsc
herKaiser@t-online.de, Fax (04502) 842199* – 🛗 ⟵ 🖵 ⌂. AE ① ⓦ VISA   C v
50 Z ⊃ 120/195 – 160/260 – ½ P 25.

🍴 **Lord Nelson,** Vorderreihe 56 (Passage), ⊠ 23570, ℰ (04502) 63 69, *Fax (04502) 6337,*
(Restaurant im Pub-Stil) – AE ① ⓦ VISA   C u
Menu à la carte 31/62.

In Stockelsdorf :

🏨 **Lübecker Hof** Ⓜ, Ahrensböker Str. 4, ⊠ 23617, ℰ (0451) 49 07 07, *info@luebeck
erhof.bestwestern.de, Fax (0451) 4946112,* ⌂, Massage, ⌂ – 🛗, ⟵ Zim, 🖵 & ⌫
– 🔬 150. AE ① ⓦ VISA   U s
Menu à la carte 39/60 – **113 Z** ⊃ 145/170 – 170/195.

LÜCHOW *Niedersachsen* �415 �416 *H 17 – 10 000 Ew – Höhe 18 m.*

🏢 *Gästeinformation im Amtshaus, Theodor-Körner-Str. 4,* ⊠ *29439,* ℰ *(05841) 12 62 49, Fax (05841) 126281.*

Berlin 190 – Hannover 138 – Schwerin 98 – Lüneburg 66 – Braunschweig 125.

🏨 **Katerberg** Ⓜ, Bergstr. 6, ⊠ 29439, ℰ (05841) 9 77 60, *Fax (05841) 977660,* ⌂ , ⌂
– ⟵ Zim, 🖵 ⌂ 🅿 – 🔬 40. AE ⓦ VISA
Menu à la carte 32/65 – **27 Z** ⊃ 70/79 – 120/130.

🏨 **Alte Post,** Kirchstr. 15, ⊠ 29439, ℰ (05841) 9 75 40, *Fax (05841) 5048,* ⌂ – ⟵ Zim,
🖵 ⌂. AE ⓦ VISA
Menu *(geschl. Okt., Dienstag) (nur Abendessen)* à la carte 36/63 – **14 Z** ⊃ 90/120 – 150.

🏨 **Ratskeller,** Lange Str. 56, ⊠ 29439, ℰ (05841) 55 10, *Fax (05841) 5518* – 🖵 🅿
Menu *(geschl. Samstagmittag, Sonntagabend)* à la carte 32/59 – **12 Z** ⊃ 50 – 90/120.

In Lübbow-Dangenstorf *Süd : 9 km :*

🏨 **Landgasthof Rieger,** Dörpstroat 33, ⊠ 29488, ℰ (05883) 6 38, *Fax (05883) 1330,*
⌂, 🅵⌂, ⌂, ⌂ – ⟵ Zim, 🖵 & ⌫ 🅿. AE ⓦ
Menu à la carte 26/47 – **11 Z** ⊃ 60/95 – 120/150.

LÜDENSCHEID *Nordrhein-Westfalen* �417 *M 6 – 80 000 Ew – Höhe 420 m.*

🏌 *Schalksmühle-Gelstern (Nord : 5 km),* ℰ *(02351) 5 18 19.*

ADAC, *Knapper Str. 26.*

Berlin 523 – Düsseldorf 76 – Hagen 30 – Dortmund 47 – Siegen 59.

🏨 **Mercure Hotel Lüdenscheid,** Parkstr. 66 (am Stadtpark), ⊠ 58509, ℰ (02351)
15 60, *Fax (02351) 39157,* ⌂, ⌂, 🔲 – 🛗, ⟵ Zim, 🖵 ⌂ ⌫ 🅿 – 🔬 200. AE ①
ⓦ VISA
Menu à la carte 44/72 – **169 Z** ⊃ 210/280 – 270/360, 6 Suiten.

LÜDINGHAUSEN *Nordrhein-Westfalen* �417 *K 6 – 22 000 Ew – Höhe 50 m.*

Ausflugsziel : *Wasserburg Vischering* ★ *(Nord : 1 km).*

🏢 *Verkehrsverein, Münsterstr. 37,* ⊠ *59348,* ℰ *(02591) 7 80 08, Fax (02591)78010.*

Berlin 482 – Düsseldorf 95 – Dortmund 37 – Münster (Westfalen) 28.

🏨 **Borgmann,** Münsterstr. 17, ⊠ 59348, ℰ (02591) 9 18 10, *Fax (02591) 918130,* Biergarten, « Restaurant mit altdeutscher Einrichtung » – 🖵. AE ① ⓦ VISA
Menu *(geschl. Sonntag) (nur Abendessen)* à la carte 35/70 – **14 Z** ⊃ 85/95 – 130/150.

In Lüdinghausen-Seppenrade *West : 4 km :*

🍴🍴 **Schulzenhof** mit Zim, Alter Berg 2, ⊠ 59348, ℰ (02591) 9 86 50, *Kobbb@t-online.de,
Fax (02591) 88082,* ⌂ – 🖵 ⌂ ⌂ – 🔬 30. AE ① ⓦ VISA
Menu *(geschl. Dienstag - Mittwoch)* à la carte 32/59 – **9 Z** ⊃ 75/140.

LÜGDE *Nordrhein-Westfalen* **417** *K 11 – 11 700 Ew – Höhe 106 m.*

⌷₁₈ *Lügde, Am Golfplatz 2,* ℰ *(05281) 93 20 90.*

🅑 *Fremdenverkehrsamt, Vordere Str. 81,* ✉ *32676,* ℰ *(05281) 7 80 29, Fax (05281) 979643.*

Berlin 352 – Düsseldorf 219 – Hannover 70 – Detmold 32 – Paderborn 49.

🏠 **Berggasthaus Kempenhof** ॐ, *Am Golfplatz 1 (West : 1,5 km),* ✉ *32676,* ℰ *(05281) 86 47, MKASZUB@aol.com, Fax (05281) 5637,* ≤, 龠, ⇔, ☞ – ✸ Zim, 📺 ⇔ **P.** 🅿️.
Menu à la carte 29/48 – **13 Z** ⊊ 70/90 – 110/130.

In Lügde-Elbrinxen *Süd : 6,5 km :*

🏠 **Landhotel Lippischer Hof,** *Untere Dorfstr. 3,* ✉ *32676,* ℰ *(05283) 98 70, info@lippischerhof.de, Fax (05283) 987189,* ⇔ – |⊜| 📺 **P.** – 🎩 80. ◍❾ 🆅🆂🅰
Menu *(geschl. Montag) (Dienstag - Freitag nur Abendessen)* à la carte 28/48 – **36 Z** ⊊ 80/91 – 142/152.

LÜNEBURG *Niedersachsen* **415 416** *G 15 – 65 000 Ew – Höhe 17 m – Sole- und Moorkurbetrieb.*

Sehenswert : Rathaus★★ *(Große Ratsstube*★★*)* Y **R** *– Am Sande*★ *(Stadtplatz)* Z *– Wasserviertel : ehemaliges Brauhaus*★ Y **F.**

Ausflugsziel : Kloster Lüne (Teppichmuseum★*) über* ① *: 2 km.*

⌷₁₈ *Lüdersburg (Nord-Ost : 16 km über* ①*),* ℰ *(04153) 6 97 00 ;* ⌷₁₈ *St. Dionys (Nord : 11 km über* ①*),* ℰ *(04133) 62 77.*

🅑 *Verkehrsverein (Rathaus), Am Markt,* ✉ *21335,* ℰ *(04131) 2 07 66 20, Fax (04131) 2076644.*

ADAC, Bei der St. Lambertikirche 9.

Berlin 270 ① *– Hannover 124* ③ *– Hamburg 58* ① *– Braunschweig 116* ③ *– Bremen 132* ①

Stadtplan siehe nächste Seite

🏨🏨 **Mövenpick Hotel Bergström** *(mit Gästehaus), Bei der Lüner Mühle,* ✉ *21335,* ℰ *(04131) 30 80, hotel.lueneburg@moevenpick.com, Fax (04131) 308499,* ≤, 龠, « *Lage an der Ilmenau* », ⌶₆, ⇔, ⊠ – |⊜| ✸ Zim, 📺 ⇙ & ⇔ **P.** – 🎩 80. ◍ ◎ ◍❾ 🆅🆂🅰 ᴶᴄᴮ
Menu à la carte 43/66 – ⊊ 23 – **108 Z** 220/260 – 280/300 – ½ P 35.　　　　Y **t**

🏨🏨 **Seminaris,** *Soltauer Str. 3,* ✉ *21335,* ℰ *(04131) 71 30, Lueneburg@seminaris.de, Fax (04131) 713727,* 龠, *direkter Zugang zum Kurzentrum* – |⊜| ✸ Zim, ▦ Rest, ⇙ ⇔ – 🎩 200. ◍ ◎ ◍❾ 🆅🆂🅰 ❀ Rest　　　　Z **c**
Menu à la carte 40/65 *(auch vegetarische Gerichte)* – **185 Z** ⊊ 153/179 – 225, 6 Suiten – ½ P 32.

🏨🏨 **Bargenturm,** *Lambertiplatz,* ✉ *21335,* ℰ *(04131) 72 90, info@hotelbargenturm.de, Fax (04131) 729499,* 龠 – |⊜| ✸ Zim, 📺 ⇙ ⇔ **P.** – 🎩 40. ◍ ◎ ◍❾ 🆅🆂🅰　　　　Z **b**
Menu *(geschl. Samstagmittag, Sonntagmittag)* à la carte 33/58 – **40 Z** ⊊ 175/225 – 232/302.

🏨🏨 **Residenz,** *Munstermannskamp 10,* ✉ *21335,* ℰ *(04131) 75 99 10, info@residenzhotel.de, Fax (04131) 7599175,* 龠 – |⊜| ✸ Zim, 📺 ⇙ ⇔ **P.** – 🎩 20. ᴶᴄᴮ　　über Uelzener Straße　Z
Menu *(geschl. Sonntag)* à la carte 51/83 – **30 Z** ⊊ 145/185 – 210/260 – ½ P 35.

🏨🏨 **Bremer Hof** ॐ, *Lüner Str. 12,* ✉ *21335,* ℰ *(04131) 22 40, Hotel-bremer-hof@luenecom.de, Fax (04131) 224224* – |⊜| ✸ Zim, 📺 ⇙ **P.** ◍ ◎ ◍❾ 🆅🆂🅰 ᴶᴄᴮ　　Y **v**
Menu à la carte 37/64 – **54 Z** ⊊ 89/175 – 148/225.

❌❌ **Zum Heidkrug** *mit Zim, Am Berge 5,* ✉ *21335,* ℰ *(04131) 2 41 60, heidkrug@zumheidkrug.de, Fax (04131) 241620,* 龠, « *Gotischer Backsteinbau a.d. 15. Jh.* » – 📺 ◍❾ 🆅🆂🅰　　Y **a**
geschl. 1. - 22. Jan., 17. Juli - 1. Aug. – **Menu** *(geschl. Sonntag - Montag)* 79 à la carte 55/78 – **7 Z** ⊊ 110/140 – 160/180
Spez. Offener Ravioli mit Hummer. Kalbsfilet im Kräuternetz. Champagnermousse mit Himbeeren und Waldmeistersorbet.

❌❌ **Ratskeller,** *Am Markt 1,* ✉ *21335,* ℰ *(04131) 3 17 57, Fax (04131) 34526,* « *Kreuzgewölbe a.d.14. Jh.* » – ◍ ◍❾ 🆅🆂🅰　　Y **R**
geschl. 3. - 17. Jan., Mittwoch – **Menu** à la carte 30/58.

❌ **Kronen-Brauhaus,** *Heiligengeiststr. 39,* ✉ *21335,* ℰ *(04131) 71 32 00, kronenbrauhaus@seminaris.de, Fax (04131) 41861, Biergarten, (Brauerei-Gaststätte mit Museum)* – ◍ ◎ ◍❾ 🆅🆂🅰　　Z **u**
Menu à la carte 38/61.

LÜNEBURG

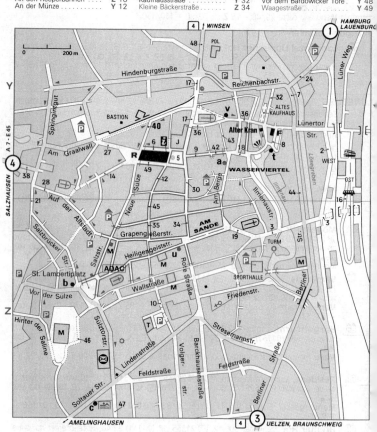

In Brietlingen *über* ① : 10 km :

🏠 **Landhotel Franck,** an der B 209, ⊠ 21382, 𝒫 (04133) 4 00 90, info@landhotel-franck.de, Fax (04133) 400933, 😤, 🚭, 🔍, 🐎, 💥 – 📺 📞 🚗 🅿 – 🛁 150. 🆎 ⓞ 🐵 🗫 🗈
Menu à la carte 32/69 – **36 Z** ☑ 85/130 – 145/185 – ½ P 28.

In Deutsch-Evern *über* ③ : 7 km :

🍴 **Niedersachsen,** Bahnhofstr. 1, ⊠ 21407, 𝒫 (04131) 7 93 74, Fax (04131) 79726, « Gartenterrasse » – 🅿 ⓞ 🐵 🗫
geschl. Donnerstag – **Menu** à la carte 28/59.

In Embsen *Süd-West* : 10 km über Soltauer Straße Z :

🏡 **Stumpf** (mit Gästehaus), Ringstr. 6, ⊠ 21409, 𝒫 (04134) 2 15, Fax (04134) 8343, 😤
🚭 « Historische Waffensammlung », 🚭, 🐎 – 📺 🚗 🅿 – 🛁 15. 🕸 Zim
Menu *(geschl. Montagmittag)* à la carte 24/43 – **16 Z** ☑ 48/68 – 120/140.

In Reinstorf Ost : 13 km über Altenbrückertor-Straße Z :

🏨 **Hof Reinstorf** ⬧, Alte Schulstr. 6, ⊠ 21400, ℰ (04137) 80 90, info@hotel-reinst orf.de, Fax (04137) 809100, « Restaurierte Hofanlage a.d. 19. Jh. mit modernem Hotelanbau », Massage, ⨍₆, ⛾, ☒, ☞ – 🛗, ✑ Zim, 📺 ⟷ 🄿 – 🕍 200. 🆀 ① 🕢 VISA
Menu siehe Rest. **Vitus** separat erwähnt – ⊑ 23 – **86 Z** 125 – 190/280 – ½ P 40.

XXX **Vitus** - Hotel Hof Reinstorf, Alte Schulstr. 6, ⊠ 21400, ℰ (04137) 80 94 44, info@re
✿ staurant-vitus.de, Fax (04137) 809100, ☞ – 🄿. 🆀 ① 🕢 VISA
geschl. Jan. 3 Wochen, Aug. 2 Wochen, Sonntagabend - Dienstag – **Menu** (Mittwoch – Freitag nur Abendessen) à la carte 74/96
Spez. Marinierte Entenstopfleber-Terrine. Loup de mer im Ganzen gebraten, Sauce Nicoise (2 Pers.). Gateau Moelleuse mit Basilikum parfümiert und Moccaeis.

LÜNEN Nordrhein-Westfalen ⁴¹⁷ L 6 – 90 000 Ew – Höhe 45 m.
Berlin 481 – Düsseldorf 84 – Dortmund 15 – Münster (Westfalen) 50.

🏨 **Am Stadtpark**, Kurt-Schumacher-Str. 43, ⊠ 44532, ℰ (02306) 2 01 00, hotel-am-s tadtpark@riepe.com, Fax (02306) 201055, ☞, ⨍₆, ⛾, ☒ – 🛗, ✑ Zim, 📺 ☏ & ✑
🄿 – 🕍 300. 🆀 ① 🕢 &
Menu à la carte 42/68 – **70 Z** ⊑ 158/182 – 204, 5 Suiten.

Beim Schloß Schwansbell Süd-Ost : 2 km über Kurt-Schumacher-Straße :

XX **Schwansbell**, Schwansbeller Weg 32, ⊠ 44532 Lünen, ℰ (02306) 20 68 10, Fax (02306) 23454, ☞ – ▤ 🄿. 🆀 🕢
geschl. Juli 2 Wochen, Montag – **Menu** (wochentags nur Abendessen) à la carte 66/80.

In Selm Nord-West : 12 km :

🏨 **Haus Knipping**, Ludgeristr. 32, ⊠ 59379, ℰ (02592) 30 09, Fax (02592) 24752, Bier-garten – 📺 🄿. 🆀 ① 🕢 VISA JCB
Menu (geschl. Juli 3 Wochen, Mittwoch, Freitagmittag, Samstagmittag) à la carte 37/64 – **18 Z** ⊑ 80/130.

LÜSSE Brandenburg siehe Belzig.

LÜTJENBURG Schleswig-Holstein ⁴¹⁵ ⁴¹⁶ D 15 – 6 000 Ew – Höhe 25 m – Luftkurort.
⛳ Hohwacht (Nord-Ost : 3 km), ℰ (04381) 96 90.
🛈 Touristinformation, Markt 4, ⊠ 24321, ℰ (04381) 41 99 41, Fax (04381) 419943.
Berlin 326 – Kiel 34 – Lübeck 85 – Neumünster 56 – Oldenburg in Holstein 21.

🏨 **Ostseeblick** ⬧, Am Bismarckturm 3, ⊠ 24321, ℰ (04381) 9 06 50, Fax (04381) 7240,
≼, ☞ – ✑ Zim, ☒, 📺 🄿
geschl. Anfang Jan. - Mitte Feb. – **Menu** à la carte 31/50 – **30 Z** ⊑ 100/125 – 158/176, 6 Suiten – ½ P 28.

In Panker Nord : 4,5 km :

XX **Ole Liese** ⬧ mit Zim, ⊠ 24321, ℰ (04381) 9 06 90, Fax (04381) 906920, ☞, « Historischer Gasthof a.d.J. 1797 » – 📺 🄿
geschl. 29. Okt. - 23. Nov., Montag, Ende Nov. - Ostern Montag - Dienstag – **Menu** (Ende Nov. - Ostern Mittwoch - Freitag nur Abendessen) 59/98 à la carte 59/77 – **7 Z** ⊑ 180/220 – 200/250.

LÜTJENSEE Schleswig-Holstein ⁴¹⁵ ⁴¹⁶ F 15 – 2 500 Ew – Höhe 50 m.
⛳ Großensee (Süd : 5 km), ℰ (04154) 64 73 ; ⛳ Hof Bornbek (Süd : 2 km), ℰ (04154) 78 31.
Berlin 268 – Kiel 85 – Hamburg 39 – Lübeck 43.

🏨 **Fischerklause** ⬧, Am See 1, ⊠ 22952, ℰ (04154) 79 22 00, Fax (04154) 75185,
≼ Lütjensee, « Terrasse am See » – 🄿. 🆀 🕢 VISA
Menu (geschl. Donnerstag) à la carte 42/71 – **15 Z** ⊑ 75/115 – 135/165.

XX **Forsthaus Seebergen** ⬧ (mit Gästehaus), Seebergen 9, ⊠ 22952, ℰ (04154) 7 92 90, info@forsthaus-seebergen.de, Fax (04154) 70645, ≼, « Terrasse am See » – 📺
🄿 – 🕍 25. 🆀 ① 🕢 VISA
Menu (geschl. Jan. - Nov. Montag) à la carte 54/97 – **11 Z** ⊑ 65/115 – 110/170.

XX **Seehof** ⬧ (mit Gästehaus), Seeredder 19, ⊠ 22952, ℰ (04154) 7 00 70, Fax (04154) 700730, Damwildgehege, « Gartenterrasse am See mit ≼ », ☞ – 📺 🄿. 🆀 🕢 VISA
Menu à la carte 37/81 – **6 Z** ⊑ 105 – 180/220.

LUISENTHAL Thüringen 📖 N 16 – 1 600 Ew – Höhe 420 m.
Berlin 338 – Erfurt 47 – Bad Hersfeld 115 – Coburg 78.

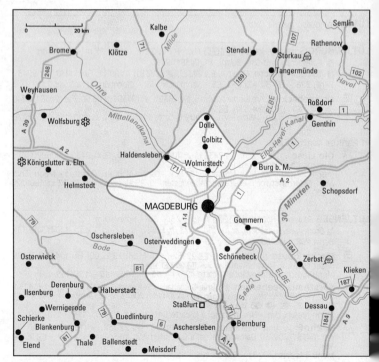

🏠 **Waldhotel Berghof** ⌂, Langenburgstr. 18, ⊠ 99885, ℘ (03624) 37 70, info@w aldhotel-berghof.de, Fax (03624) 377444, ⌂, ⌂, ⌂, ⌂ – ⌂, ⌂ Zim, 📺 ⌂ ⌂ ⌂
📇 – 🔺 180. 🖭 ⓞ ⓜⓞ 💳
Menu à la carte 31/70 – **105 Z** ⌂ 110 – 180/220 – ½ P 25.

🏠 **Luchs,** Friedrich-Engels-Str. 59 (B 247), ⊠ 99885, ℘ (036257) 4 01 00, hotelluchs@t -online.de, Fax (036257) 40433, ⌂ – 📺 ⌂ 📇 – 🔺 20. 🖭 ⓜⓞ 💳
Menu à la carte 32/46 – **36 Z** ⌂ 85/135 – ½ P 25.

*Unsere **Hotel-, Reiseführer** und **Straßenkarten** ergänzen sich.
Benutzen Sie sie zusammen.*

MAASHOLM Schleswig-Holstein 📖 B 13 – 650 Ew – Höhe 5 m – Erholungsort.
Berlin 418 – Kiel 70 – Flensburg 36 – Schleswig 68.

✂ **Schunta** ⌂ (mit Gästehaus Massholm), Hauptstr. 38, ⊠ 24404, ℘ (04642)
9 65 60(Rest.) 60 42(Hotel), Fax (04642) 965618 – 📺 📇
geschl. 15. Jan. - Ende Feb. – **Menu** (geschl. Nov. - Ostern Montag) à la carte 31/60 – **16 Z**
⌂ 90 – 120/150.

MAGDEBURG 🗺 Sachsen-Anhalt 📖 📖 J 18 – 260 000 Ew – Höhe 55 m.
Sehenswert : Dom★★★ (Jungfrauen-Portal : Statuen★★, Statue★ des Hl. Mauritius,
Bronze-Grabplatten★★, Thronendes Herrscherpaar★, Deckplatte★ der Tumba des Erzbi-
schofs Ernst) Z – Kloster Unser Lieben Frauen★★ (Kreuzgang★) Z.
🏌 Magdeburg, über Herrenkrugstraße R, ℘ (0391) 81 83 80.
🏛 Magdeburg-Information, Alter Markt 12, ⊠ 39104, ℘ (0391) 5 40 49 03, Fax (0391)
5404910.
ADAC, Walther-Rathenau-Str. 30.
Berlin 151 ① – Braunschweig 89 ⑤ – Dessau 63 ②

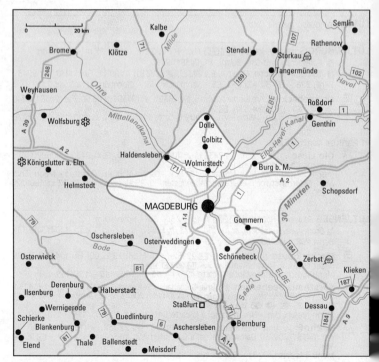

MAGDEBURG

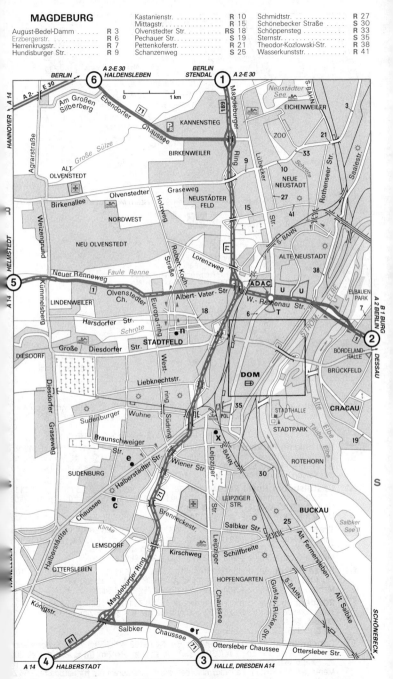

Die Stadtpläne sind eingenordet (Norden = oben).

723

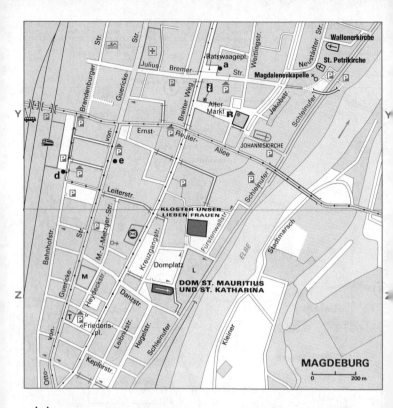

MAGDEBURG

0   200 m

🏯 **Maritim** Ⓜ, Otto-von-Guericke-Str. 87, ⊠ 39104, ℰ (0391) 5 94 90, *info.mag@ mari tim.de*, *Fax (0391) 5949990*, 𝄞, ⇔s, ▨ – ⫿▤⫿, ⇔ Zim, ▤ ▥ ⌁ & ⇔ – ⩘ 900. ⌶⌶
ⓄⓄ ⓌⓄ ⓋⒾⓈⒶ ⌶ⒸⒷ   Y e
Menu à la carte 45/68 – ⩘ 24 – **514 Z** 199/312 – 242/344, 3 Suiten.

🏯 **Herrenkrug Parkhotel** ⑤, Herrenkrug 3, ⊠ 39114, ℰ (0391) 8 50 80, *Herrenkr ugHotel@ t-online.de*, *Fax (0391) 8508501*, 𝄞, « Park », ⇔s, ▨ – ⫿▤⫿, ⇔ Zim, ▥ ⌁
& 🛉 ⫿P⫿ – ⩘ 200. ⌶⌶ ⓄⓄ ⓌⓄ   über Herrenkrugstraße   R
Die Saison : Menu à la carte 44/80 – **147 Z** ⊐ 169/198 – 208/258.

🏰 **Upstalsboom Hotel Ratswaage** Ⓜ, Ratswaageplatz 1, ⊠ 39104, ℰ (0391)
5 92 60, *ratswaage@ upstalsboom.de*, *Fax (0391) 5619615*, 𝄞, ⇔s, ▨ – ⫿▤⫿, ⇔ Zim,
▤ ▥ ⌁ & ⇔ ⫿P⫿ – ⩘ 270. ⌶⌶ ⓄⓄ ⓌⓄ ⓋⒾⓈⒶ   Y a
Menu à la carte 44/65 – ⊐ 20 – **174 Z** 118/216 – 156/248, 7 Suiten.

🏰 **Treff Hansa Hotel** Ⓜ, Hansapark 2, ⊠ 39116, ℰ (0391) 6 36 30, *verkauf@ treff-h ansa-hotel-md.de*, *Fax (0391) 6363550*, 𝄞, « Badelandschaft », Ⅰ𝄞, ⇔s, ▨ – ⫿▤⫿,
⇔ Zim, ▤ Rest, ▥ ⌁ & ⇔ ⫿P⫿ – ⩘ 300. ⌶⌶ ⓄⓄ ⓌⓄ ⓋⒾⓈⒶ   S c
Menu à la carte 34/62 – **243 Z** ⊐ 175/210 – 225/260, 5 Suiten.

🏰 **Plaza Hotel** Ⓜ, Halberstädter Str. 146, ⊠ 39112, ℰ (0391) 6 05 10,
Fax (0391) 6051100, 𝄞, ⇔s – ⫿▤⫿ ▥ ⌁ & ⇔ ⫿P⫿ – ⩘ 90. ⌶⌶ ⓌⓄ ⓋⒾⓈⒶ ✂ Zim
Menu à la carte 34/62 – **104 Z** ⊐ 130/165 – 175/225, 4 Suiten.   S e

🏨 **Residenz Joop** ⑤ garni, Jean-Burger-Str. 16, ⊠ 39112, ℰ (0391) 6 26 20, *info@ Re sidenzJoop.de*, *Fax (0391) 6262100*, « Ehemalige Villa » – ⫿▤⫿, ⇔ Zim, ▥ ⌁ ⇔ ⫿P⫿ ⌶⌶
ⓌⓄ ⓋⒾⓈⒶ ✂   S x
25 Z ⊐ 165/245 – 200/285.

🏨 **Geheimer Rat von G.** Ⓜ, Goethestr. 38, ⊠ 39108, ℰ (0391) 7 38 03, *HotelGehei merRatvonG@ t-online.de*, *Fax (0391) 7380599*, ⇔s – ⫿▤⫿, ⇔ Zim, ▥ ⌁ ⇔ ⫿P⫿ – ⩘ 20.
⌶⌶ ⓄⓄ ⓌⓄ ⓋⒾⓈⒶ ✂ Rest   S n
Menu *(geschl. Samstag - Sonntag) (nur Abendessen)* (Restaurant nur für Hausgäste) – **65 Z**
⊐ 165/170 – 195/210.

🏨 **InterCityHotel** Ⓜ, Bahnhofstr. 69, ✉ 39104, ✆ (0391) 5 96 20, *magdeburg@inter cityhotel.de*, Fax (0391) 5962499 – 🛗, 🔆 Zim, 📺 📞 ⓟ – 🔬 55. 🆎 ⑩ 🅾🅾 🆅🅸🆂🅰 🅹🅲🅱
Menu à la carte 33/53 – **175 Z** 🛏 128/195 – 215.　　　　　　Y d

🏨 **Merkur** garni, Kometenweg 69, ✉ 39118, ✆ (0391) 62 86 80, Fax (0391) 6286826 –
🛗 📺 📞 ⓟ. 🆎 🅾🅾 🆅🅸🆂🅰　　　　　　　　　　　　　　　　　　　　　S r
14 Z 🛏 100/135 – 128/158.

🍽 **Ratskeller,** Alter Markt, ✉ 39104, ✆ (0391) 5 68 23 23, *Ratskeller@t-online.de*,
Fax (0391) 5682399 – 🆎 ⑩ 🅾🅾 🆅🅸🆂🅰　　　　　　　　　　　　　　Y R
Menu à la carte 28/47.

In Magdeburg-Ebendorf *Nord-West : 7 km über Ebendorfer Chaussee* R :

🏨 **Astron** Ⓜ, Olvenstedter Str. 2a, ✉ 39179, ✆ (039203) 7 00, *Magdeburg@astron-h otels.de*, Fax (039203) 70100, 🚪 – 🛗, 🔆 Zim, 📺 📞 🏃 ⓟ – 🔬 120. 🆎 ⑩ 🅾🅾 🆅🅸🆂🅰
Menu à la carte 33/65 – **143 Z** 🛏 193/216.

In Magdeburg-Prester *Süd-Ost : 3 km über Pechauer Straße* S :

🏨 **Alt Prester,** Alt Prester 102, ✉ 39114, ✆ (0391) 8 19 30, *Hotel-Alt-Prester@t-onli ne.de*, Fax (0391) 8193118, Biergarten – 🛗, 🔆 Zim, 📺 ⓟ – 🔬 30. 🆎 🅾🅾 🆅🅸🆂🅰
Menu à la carte 23/51 – **32 Z** 🛏 125/170.

In Biederitz-Heyrothsberge *über ② : 7 km :*

🏨 **Zwei Eichen** garni, Königsborner Str. 17a, ✉ 39175, ✆ (039292) 2 78 82,
Fax (039292) 27882 – 📺 ⓟ. 🆎 🅾🅾 🆅🅸🆂🅰
geschl. 24. Dez. - 1. Jan. – **20 Z** 🛏 95/108 – 120/150.

In Barleben *über ① : 8 km :*

🏨 **Mercure** Ⓜ, Ebendorfer Str., ✉ 39179, ✆ (039203) 9 90, *HSA@sachesenanhalt.de*,
Fax (039203) 61373, 🚪 – 🛗, 🔆 Zim, 📺 📞 🏃 ⓟ – 🔬 80. 🆎 ⑩ 🅾🅾 🆅🅸🆂🅰. ✂ Rest
Menu à la carte 29/49 – 🛏 18 – **119 Z** 129/139.

In Beyendorf *über ③ : 8 km :*

🏨 **Classik Hotel** Ⓜ, Leipziger Chaussee 13 (B 71), ✉ 39171, ✆ (0391) 6 29 00, *info@c lassik-hotel.de*, Fax (0391) 6290519, 🚪 – 🛗, 🔆 Zim, 📺 📞 🏃 ⟨⟩ ⓟ – 🔬 60. 🆎 ⑩
🅾🅾 🆅🅸🆂🅰. ✂ Rest
Menu à la carte 36/59 – 🛏 15 – **109 Z** 85/100 – 90/120.

MAHLBERG *Baden-Württemberg* 🅰🅹🅰 *V 7 – 3 300 Ew – Höhe 170 m.*
Berlin 771 – Stuttgart 173 – Freiburg im Breisgau 40 – Karlsruhe 98 – Strasbourg 51.

🏨 **Löwen,** Karl-Kromer-Str. 8, ✉ 77972, ✆ (07825) 10 06, Fax (07825) 2830, 🏺 –
🔆 Zim, 📺 ⟨⟩ ⓟ – 🔬 30. 🆎 ⑩ 🅾🅾 🆅🅸🆂🅰
Menu *(geschl. Samstagmittag)* à la carte 62/78 ⅊ – **26 Z** 🛏 115/140 – 170/200.

MAHLOW *Brandenburg* 🅰🅹🅶 🅰🅹🅸 *I 24 – 4 900 Ew – Höhe 60 m.*
🛆 *Mahlow, Kiefernweg, ✆ (03379) 37 05 95.*
Berlin 18 – Potsdam 28.

🏨 **Mahlow** Ⓜ garni, Bahnhofstr. 3, ✉ 15831, ✆ (03379) 33 60, *hotel-mahlow@t-onlin e.de*, Fax (03379) 336400 – 🛗 🔆 📺 🏃 ⟨⟩ ⓟ – 🔬 40. 🆎 ⑩ 🅾🅾 🆅🅸🆂🅰
105 Z 🛏 105/145 – 125/180.

MAIERHÖFEN *Bayern siehe Isny.*

MAIKAMMER *Rheinland-Pfalz* 🅰🅹🅿 🅰🅹🅸 *S 8 – 3 900 Ew – Höhe 180 m – Erholungsort.*
Sehenswert : *Alsterweilerer Kapelle (Flügelaltar★).*
Ausflugsziel : *Kalmit★ (❄★★) Nord-West : 6 km.*
🅱 *Büro für Tourismus, Johannes-Damm-Str. 11, ✉ 67487, ✆ (06321) 58 99 17, Fax (06321) 589916.*
Berlin 657 – Mainz 101 – Mannheim 42 – Landau in der Pfalz 15 – Neustadt an der Weinstraße 6.

🏨 **Immenhof** (mit Gästehaus), Immengartenstr. 26, ✉ 67487, ✆ (06321) 95 50, *info @hotel-immenhof.de*, Fax (06321) 955200, 🏺, 🚪, 🔲, 🌳 – 🛗 📺 🏃 ⓟ – 🔬 30. 🆎
⑩ 🅾🅾 🆅🅸🆂🅰
Menu à la carte 31/60 ⅊ – **51 Z** 🛏 103/113 – 170 – ½ P 28.

🏨 **Goldener Ochsen,** Marktstr. 4, ✉ 67487, ✆ (06321) 5 81 01, Fax (06321) 58673, 🏺
– 🛗 📺 ⓟ – 🔬 20. ⑩ 🅾🅾 🆅🅸🆂🅰
geschl. Mitte Dez. - Ende Jan. – **Menu** *(geschl. Donnerstag - Freitagmittag)* à la carte 31/69
⅊ – **24 Z** 🛏 75/90 – 130/140 – ½ P 30.

Außerhalb *West : 2,5 km :*

🏨 **Waldhaus Wilhelm** 🦌, Kalmithöhenstr. 6, ✉ 67487, ✆ (06321) 5 80 44, *INFO@ WALDHAUS-WILHELM.DE, Fax (06321) 58564,* 🍴, 🚗 – 📺 🅿 AE ① 🇪 VISA
Menu *(geschl. Montag, Dez. - Feb. Sonntagabend - Montag)* à la carte 35/73 🍷 – **22 Z** ⊊ 75/98 – 140/160 – ½ P 30.

In Kirrweiler *Ost : 2,5 km :*

🏨 **Zum Schwanen,** Hauptstr. 3, ✉ 67489, ✆ (06321) 5 80 68, *Fax (06321) 58521* – 📺 🅿 ⚡ Zim
geschl. Mitte Jan. - Mitte Feb. – **Menu** *(geschl. Montagmittag, Mittwoch - Donnerstagmittag)* à la carte 30/56 🍷 – **16 Z** ⊊ 60/110 – ½ P 25.

🏨 **Sebastian** garni, Hauptstr. 77, ✉ 67489, ✆ (06321) 5 99 76, *Fax (06321) 57200,* 🚗 – 📺 🚗 🅿 ⚡
13 Z ⊊ 75/95 – 120/150.

MAINAU (Insel) *Baden-Württemberg* 🔢 *W 11 – Insel im Bodensee (tagsüber für PKW gesperrt, Eintrittspreis bis 18 Uhr DM 18.50, Nov.- Feb. DM 10.-, ab 18 Uhr Zufahrt mit Reservierung für Restaurantgäste kostenlos möglich) – Höhe 426 m.*
Sehenswert : ''Blumeninsel''★★.
Berlin 764 – Stuttgart 191 – Konstanz 9 – Singen (Hohentwiel) 34.

🍴 **Schwedenschenke,** ✉ 78465, ✆ (07531) 30 31 56, *veranstaltungen@mainau.de, Fax (07531) 303248,* 🍴 – 🅿 AE ① 🇪 VISA
geschl. 7. Jan. - 28. März, Nov. - Jan. Sonntagabend - Montag – **Menu** à la carte 42/68.

MAINBERNHEIM *Bayern siehe Iphofen.*

MAINHARDT *Baden-Württemberg* 🔢 *S 12 – 5400 Ew – Höhe 500 m – Luftkurort.*
Berlin 566 – Stuttgart 59 – Heilbronn 35 – Schwäbisch Hall 16.

In Mainhardt-Ammertsweiler *Nord-West : 4 km :*

🏔 **Zum Ochsen,** Löwensteiner Str. 15 (B 39), ✉ 74535, ✆ (07903) 23 91, *Fax (07903) 7618,* 🚗 🚗 – 🚗 🅿
geschl. Jan. 3 Wochen – **Menu** *(geschl. Montag)* à la carte 26/58 🍷 – **20 Z** ⊊ 45/75 – 90/15.

In Mainhardt-Stock *Ost : 2,5 km :*

🏨 **Löwen** (mit Gästehaus), an der B 14, ✉ 74535, ✆ (07903) 93 10, *Fax (07903) 1498,* 🍴, 🚗, 🔲, 🚗 – 🛗 📺 ⚡ 🚗 🅿 – 🅰 120. AE 🇪 VISA
Menu à la carte 28/48 – **40 Z** ⊊ 85/138.

MAINTAL *Hessen* 🔢 *P 10 – 40000 Ew – Höhe 95 m.*
Berlin 537 – Wiesbaden 53 – Frankfurt am Main 12.

In Maintal-Bischofsheim :

🏨 **Hübsch** 🦌, Griesterweg 12, ✉ 63477, ✆ (06109) 76 96 00, *Fax (06109) 64009,* Biergarten – ⚡ Zim, 📻 📺 🚗 🅿 – 🅰 30. AE ① 🇪 VISA
geschl. 27. Dez. - 7. Jan. – **Menu** *(geschl. Samstag - Sonntag, außer Messen)* à la carte 45/74 – **78 Z** ⊊ 128/166 – 150/220.

In Maintal-Dörnigheim :

🏨 **Doorm Hotel** Ⓜ, Westendstr. 77, ✉ 63477, ✆ (06181) 94 80, *Fax (06181) 948277,* 🍴, Massage, Badelandschaft, 🚗, 🔲 – 🛗, ⚡ Zim, 📺 ⚡ 🚗 🅿 – 🅰 90. AE ① 🇪 VISA
Menu à la carte 47/68 – **140 Z** ⊊ 180/225 – 285.

🏨 **Zum Schiffchen** 🦌, Untergasse 21, ✉ 63477, ✆ (06181) 9 40 60, *zumschiffchen @t-online.de, Fax (06181) 940616,* ⬀, 🍴 – 📺 ⚡ 🅿 ⚡ 🇪 VISA
geschl. 23. Dez. - 2. Jan. – **Menu** *(geschl. Ende Juli - Anfang Aug., Samstag, Sonntagabend) (wochentags nur Abendessen)* à la carte 36/72 – **29 Z** ⊊ 95/130 – 150.

🏠 **Irmchen** garni, Berliner Str. 4, ✉ 63477, ✆ (06181) 4 30 00, *Fax (06181) 430043* – 🛗 📺 🚗 🅿 AE 🇪 VISA
24 Z ⊊ 125/145 – 155/165.

XXX **Hessler** mit Zim, Am Bootshafen 4, ✉ 63477, ☎ (06181) 4 30 30, *info@hesslers.de, Fax (06181) 430333,* 🏨, « Geschmackvoll-elegante Einrichtung » – TV P. AE MC VISA JCB
✿ *geschl. Jan. 2 Wochen, Juli 3 Wochen* – **Menu** *(geschl. Montag - Dienstag) (nur Abendessen)* (Tischbestellung ratsam) (bemerkenswerte Weinkarte) 118/138 und à la carte *(auch vegetarisches Menu)* – ***Kathis Bistro*** *(geschl. Montag - Dienstag)* **Menu** 49 und à la carte 66/75 – ☕ 15 – **6 Z** 180/295
Spez. Hausgebeizter Bonito mit Glasnudelsalat. Steinbutt im Trüffel-Filouteig mit Algenrisotto. Rehrücken mit Walnußkruste und Kirsch-Ingwersauce.

MAINZ L *Rheinland-Pfalz* 417 *Q 8 – 188 000 Ew – Höhe 82 m.*

Sehenswert : *Gutenberg-Museum★★ (Gutenberg-Bibel★★★)* Z **M1** – *Leichhof* ≤★★ *auf den Dom* Z – *Dom★ (Grabdenkmäler der Erzbischöfe★, Kreuzgang★)* – *Mittelrheinisches Landesmuseum★* Z **M3** – *Römisch-Germanisches Museum★* BV **M2** – *Ignazkirche (Kreuzigungsgruppe★)* BY – *Stefanskirche (Chagall-Fenster★★ Kreuzgang★)* ABY.

18 *Mommenheim, Am Golfplatz 1 (über ⑥ : 14 km),* ☎ *(06138) 9 20 20.*
Ausstellungsgelände Stadtpark BY, ☎ *(06131) 8 10 44.*
i *Touristik Centrale, Brückenturm am Rathaus,* ✉ *55116,* ☎ *(06131) 28 62 10, Fax (06131) 2862155.*
ADAC, *Große Langgasse 3a.*
Berlin 568 ② – Frankfurt am Main 42 ② – Bad Kreuznach 44 ⑦ – Mannheim 82 ⑤ – Wiesbaden 13 ⑧

Stadtplan siehe nächste Seite

Hyatt Regency M, Malakoff-Terrasse 1, ✉ 55116, ☎ (06131) 73 12 34, *concierge@hyatt.com, Fax (06131) 731235,* 🏨, Fö, ≘s, 🏊 – 🛗, ⇔ Zim, ▤ TV ☎ ♿ 🚗 – 🏛 280. AE ⓓ MC VISA JCB. ✂ Rest BY s
Menu à la carte 53/90 – ☕ 32 – **265 Z** 275/350 – 315/390, 3 Suiten.

Hilton (mit Rheingoldhalle), Rheinstr. 68, ✉ 55116, ☎ (06131) 24 50, *salesmainz@hilton.com, Fax (06131) 245589,* ≤, 🏨, Massage, Fö, ≘s – 🛗, ⇔ Zim, ▤ TV ☎ ♿ 🚗 P – 🏛 350. AE ⓓ MC VISA JCB Z k
Römische Weinstube **:** **Menu** à la carte 35/71 – ***Brasserie*** *(geschl. Juli - Aug. 3 Wochen, Montag, Samstagmittag)* **Menu** à la carte 44/72 – ☕ 32 – **433 Z** 335/465 – 375/505.

City Hilton M, Münsterstr. 11, ✉ 55116, ☎ (06131) 27 80, *FBmainz-city@hilton.com, Fax (06131) 278567,* 🏨 – 🛗, ⇔ Zim, ▤ TV ☎ 🚗 – 🏛 60. AE ⓓ MC VISA Z v
Menu à la carte 46/79 – ☕ 30 – **126 Z** 295 – 295/445.

Favorite Parkhotel M, Karl-Weiser-Str. 1, ✉ 55131, ☎ (06131) 8 01 50, *Gastronomie@Favorite-mainz.de, Fax (06131) 8015420,* ≤, Biergarten, « Badelandschaft », Fö, ≘s, 🏊 – 🛗, ⇔ Zim, TV ☎ 🚗 P – 🏛 130. AE ⓓ MC VISA BY k
Menu *(geschl. Sonntagabend - Montag)* à la carte 59/97 – **43 Z** ☕ 229/310, 3 Suiten.

Dorint M, Augustusstr. 6, ✉ 55131, ☎ (06131) 95 40, *Info.QMZMAI@dorint.com, Fax (06131) 954100,* 🏨, Fö, ≘s, 🏊 – 🛗, ⇔ Zim, ▤ TV ☎ ♿ 🚗 – 🏛 120. AE ⓓ MC VISA. ✂ Rest AX a
Menu *(geschl. Sonntagabend)* à la carte 47/70 – ☕ 28 – **217 Z** 260/330 – 280/350, 5 Suiten.

Europahotel, Kaiserstr. 7, ✉ 55116, ☎ (06131) 97 50, *europahotel@mainz-online.de, Fax (06131) 975555* – 🛗, ⇔ Zim, ▤ Rest, TV ☎ – 🏛 90. AE ⓓ MC VISA AX r
Menu à la carte 46/75 – **98 Z** ☕ 175/220 – 299.

Mainzer Hof garni, Kaiserstr. 98, ✉ 55116, ☎ (06131) 28 89 90, *Fax (06131) 228255,* ≘s – 🛗 ⇔ TV – 🏛 30. AE ⓓ MC VISA AV e
93 Z ☕ 165/230 – 210/320.

Hammer garni, Bahnhofplatz 6, ✉ 55116, ☎ (06131) 96 52 80, *info@hotel-hammer.com, Fax (06131) 9652888,* ≘s – 🛗 ⇔ TV ☎ – 🏛 30. AE ⓓ MC VISA JCB AX z
geschl. 23. Dez. - 1. Jan. – **40 Z** ☕ 165/190 – 200/240.

Stiftswingert garni, Am Stiftswingert 4, ✉ 55131, ☎ (06131) 98 26 40, *hotel-stiftswingert@t-online.de, Fax (06131) 832478* – TV ☎ P. AE ⓓ MC VISA JCB BY w
30 Z ☕ 138/196 – 196/240.

Ibis, Holzhofstr. 2 /Ecke Rheinstraße (B 9), ✉ 55116, ☎ (06131) 24 70, *Fax (06131) 234126,* 🏨 – 🛗, ⇔ Zim, ▤ Zim, TV ♿ 🚗 – 🏛 60. AE ⓓ MC VISA BY b
Menu à la carte 26/35 – ☕ 15 – **144 Z** 125/155.

XXX **Drei Lilien,** Ballplatz 2, ✉ 55116, ☎ (06131) 22 50 68, *Fax (06131) 237723* – AE ⓓ MC VISA JCB Z r
geschl. Sonntag - Montag – **Menu** (Tischbestellung ratsam) à la carte 50/84.

XX **Geberts Weinstuben,** Frauenlobstr. 94, ✉ 55118, ☎ (06131) 61 16 19, *Fax (06131) 611662* – AE ⓓ MC VISA JCB AV d
geschl. Juli - Aug. 3 Wochen, Samstag - Sonntagmittag – **Menu** à la carte 49/73.

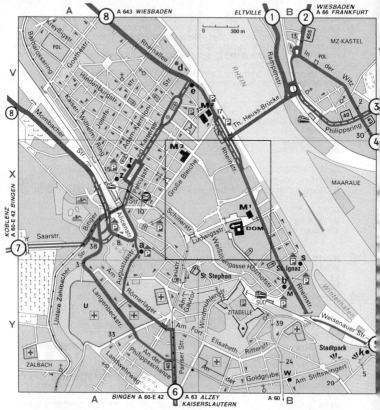

RHEIN

Rheinallee

Th. Heuss-Brücke

Philippsring

MAARAUE

KOBLENZ
A 60-E 42 BINGEN

Saarstr.

DOM

St. Ignaz

St. Stephan

ZITADELLE

SÜD

Winterhafen

Weisenauer Str.

ZALBACH

Stadtpark

Am Stiftswingert

BINGEN A 60-E 42

A 63 ALZEY
KAISERSLAUTERN

A 60

B

MAINZ

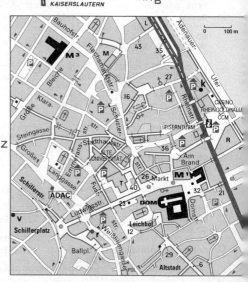

Bauhofstr.

Fischmarktstr.

Adenauer-

CASINO
RHEINGOLDHALLE
CCM

LEISERNTURM

ALTE
UNIVERSITÄT

Stadthaus

Markt

Am
Brand

Schillerstr.

ADAC

Ludwigsstr.

DOM

Schillerplatz

Leichhof

Weißliliengasse

Ballpl.

Altstadt

In Mainz-Bretzenheim über ⑥ : 3 km :

🏨 **Novotel**, Haifa Allee 8, ✉ 55128, ℰ (06131) 93 42 40, H0495@accor-hotels.com,
Fax (06131) 93424444, 🍴, ⑂ – 🛗, ⇔ Zim, 🖵 ♦ 🅿 – 🔏 200. 🆎 ⓞ ⓜⓞ 𝘝𝘐𝘚𝘈
Menu à la carte 37/55 – ⌑ 23 – **121 Z** 160/180.

🏠 **Römerstein** ⯘, Draiser Str. 136f, ✉ 55128, ℰ (06131) 93 66 60, HotelRoemerstei
n@t-online.de, Fax (06131) 9355335, 🍴, ⇔ – 🖵 🆅 🅿 🆎 ⓞ ⓜⓞ 𝘝𝘐𝘚𝘈 𝘑𝘊𝘉
Menu (geschl. Samstag, Sonntagabend) (wochentags nur Abendessen) à la carte 31/63 –
25 Z ⌑ 125/185 – 178/238.

In Mainz-Finthen über ⑦ : 7 km :

🏨 **Atrium Hotel Mainz** Ⓜ, Flugplatzstr. 44, ✉ 55126, ℰ (06131) 49 10, info@atriu
m-mainz.de, Fax (06131) 491128, « Gartenterrasse », Massage, 🛋, ⇌, 🔲, ⇌ – 🛗,
⇔ Zim, 🖵 ♦ ⇔ 🅿 – 🔏 60. 🆎 ⓞ ⓜⓞ 𝘝𝘐𝘚𝘈. ⯘ Rest
geschl. 15. Dez. - 8. Jan. – **Menu** (nur Abendessen) à la carte 47/79 – **71 Z** ⌑ 240/350
– 280/390.

🍴🍴 **Stein's Traube**, Poststr. 4, ✉ 55126, ℰ (06131) 4 02 49, PeterStein@SteinsTraube
.de, Fax (06131) 219652, 🍴 – ⓜⓞ 𝘝𝘐𝘚𝘈
geschl. Feb. 3 Wochen, Juli 3 Wochen, Montag - Dienstag – **Menu** à la carte 34/68 🍷.

🍴 **Gänsthaler's Kuchlmasterei**, Kurmainzstr. 35, ✉ 55126, ℰ (06131) 47 42 75,
Fax (06131) 474278, 🍴 – ⓜⓞ 𝘝𝘐𝘚𝘈 𝘑𝘊𝘉
geschl. über Fastnacht 1 Woche, Juli - Aug. 3 Wochen, Samstagmittag, Sonntag - Montag
– **Menu** à la carte 49/72.

In Mainz-Hechtsheim Süd : 5 km über Hechtsheimer Straße BY :

🏠 **Hechtsheimer Hof** garni, Alte Mainzer Str. 31, ✉ 55129, ℰ (06131) 91 60, Hecht
sHeimerHof@t-online.de, Fax (06131) 916100 – 🖵 🅿 🆎 ⓞ ⓜⓞ 𝘝𝘐𝘚𝘈
geschl. Weihnachten - Neujahr – **24 Z** ⌑ 108/112 – 140/165.

🏠 **Am Hechenberg** garni (mit Gästehaus), Am Schinnergraben 82, ✉ 55129, ℰ (06131)
25 08 20, Fax (06131) 25082305, ⇌ – 🖵 🅿 🆎 ⓞ ⓜⓞ 𝘝𝘐𝘚𝘈 𝘑𝘊𝘉
68 Z ⌑ 71/96 – 135.

In Mainz-Kastel :

🏠 **Alina** garni, Wiesbadener Str. 124 (B 42), ✉ 55252, ℰ (06134) 29 50, Fax (06134) 69312
– 🛗 🖵 ♦ 🅿 🆎 ⓜⓞ 𝘝𝘐𝘚𝘈   über ①
geschl. Weihnachten - Anfang Jan. – **46 Z** ⌑ 119/159.

In Mainz-Weisenau Süd-Ost : 3 km über Göttelmannstraße BY :

🏨 **Bristol Hotel Mainz** ⯘, Friedrich-Ebert-Str. 20, ✉ 55130, ℰ (06131) 80 60,
Fax (06131) 806100, ⇌, 🔲 – 🛗, ⇔ Zim, 🖵 🅿 – 🔏 80. 🆎 ⓞ ⓜⓞ 𝘝𝘐𝘚𝘈 𝘑𝘊𝘉. ⯘ Rest
Menu à la carte 36/64 – **75 Z** ⌑ 187/227 – 224/254.

In Ginsheim-Gustavsburg über ④ : 9 km :

🏠 **Alte Post** garni, Dr.-Hermann-Str. 28 (Gustavsburg), ✉ 65462, ℰ (06134) 7 55 50,
Fax (06134) 52645, ⇌, 🔲 – 🛗 🖵 🅿 🆎 ⓜⓞ 𝘝𝘐𝘚𝘈. ⯘
geschl. 24. Dez.- 4. Jan. – **38 Z** ⌑ 90/160 – 130/180.

In Bodenheim über ⑤ : 9 km :

🏠 **Landhotel Battenheimer Hof**, Rheinstr. 2, ✉ 55294, ℰ (06135) 70 90,
Fax (06135) 70950, 🍴 – 🖵 🅿 – 🔏 35. 🆎 ⓞ ⓜⓞ 𝘝𝘐𝘚𝘈
geschl. 20. Dez. - 20. Jan. – **Menu** (geschl. Montag) (nur Abendessen) à la carte 29/47 🍷
– **27 Z** ⌑ 95/100 – 130/150.

🍽 **Gutsausschank Kapellenhof**, Kirchbergstr. 22, ✉ 55294, ℰ (06135) 22 57,
Fax (06135) 1621 – 🖵 🅿. ⯘ Zim
geschl. Mitte - Ende Juli – **Menu** (geschl. Montag - Dienstag) (nur Abendessen) à la carte
31/44 🍷 – **14 Z** ⌑ 60/80 – 110/125.

In Gau-Bischofsheim über ⑥ : 10 km :

🍴🍴🍴 **Weingut Nack**, Pfarrstr. 13, ✉ 55296, ℰ (06135) 30 43, Fax (06135) 8382,
« Restaurant mit geschmackvoller Einrichtung in einem ehem. Weinguts-Keller » – 🅿 🆎
ⓞ ⓜⓞ 𝘝𝘐𝘚𝘈
geschl. Dienstag – **Menu** (wochentags nur Abendessen) à la carte 53/84.

In Nieder-Olm über ⑥ : 10 km :

🏠 **CB-Hotel** ⯘, Backhausstr. 12, ✉ 55268, ℰ (06136) 75 55, HotelBecker.Nieder-Olm
@t-online.de, Fax (06136) 7500 – 🖵 🅿 🆎 ⓜⓞ 𝘝𝘐𝘚𝘈
Menu (wochentags nur Abendessen) à la carte 27/62 – **12 Z** ⌑ 122/135 – 152/165.

MAINZ

In Stadecken-Elsheim *über ⑦ : 13 km :*

🏨 **Christian** 🦢 garni (mit Gästehaus), Christian-Reichert-Str. 3 (Stadecken), ✉ 55271, ℘ (06136) 9 16 50, *Fax (06136) 916555,* « Wohnlich-elegante Einrichtung ; Garten », ⇌s, 🔲, 🚿, ↔ 📺 📞 ⇔ 🅿 – 🔥 50. 🆀 🆅🆂🅰 🅹🅲🅱
25 Z ⊑ 149/169 – 198/250.

MAISACH *Bayern* 419 420 *V 17 – 10 000 Ew – Höhe 516 m.*
🚉 *Rottbach, Weiherhaus 5 (Nord : 6 km), ℘ (08135) 9 32 90.*
Berlin 606 – München 41 – Augsburg 43 – *Landsberg am Lech 44.*

In Maisach-Gernlinden *Süd-Ost : 2 km :*

🏨 **Park Hotel,** Hermann-Löns-Str. 27, ✉ 82216, ℘ (08142) 28 50, *mail@parkhotel-ger nlinden.de, Fax (08142) 12804,* 🌳, ⇌s – 📶, ↔ Zim, 📺 📞 ⇔ 🅿 – 🔥 50. 🅰🅴 🅾🅳 🆀 🆅🆂🅰. 🍽 *Rest*
Menu à la carte 30/66 – **67 Z** ⊑ 120/180 – 160/240.

In Maisach-Überacker *Nord : 3 km :*

🍴 **Gasthof Widmann** mit Zim, Bergstr. 4, ✉ 82216, ℘ (08135) 4 85, *Fax (08135) 1626* – 🅿. 🍽
geschl. Aug., Mittwoch, Samstag – **Menu** *(wochentags nur Abendessen)* 68/98 und à la carte – **4 Z** ⊑ 60/120.

MALCHOW *Mecklenburg-Vorpommern* 416 *F 21 – 8 000 Ew – Höhe 88 m.*
🅱 *Verkehrsverein, An der Drehbrücke,* ✉17213, ℘ (039932) 8 31 86, *Fax (039932) 83125.*
Berlin 148 – Schwerin 77 – *Neubrandenburg 74 –* Rostock 79.

🏨 **Sporthotel,** Friedensstr. 56b, ✉ 17213, ℘ (039932) 8 90, *Sporthotel.Malchow@t-o nline.de, Fax (039932) 89222,* Biergarten, 🎣, ⇌s, 🏊(Halle) – 📶, ↔ Zim, 📺 🅿 – 🔥 20. 🅰🅴 🆀 🆅🆂🅰
Menu à la carte 29/52 – **40 Z** ⊑ 90/105 – 130/150.

🏨 **Insel-Hotel,** An der Drehbrücke, ✉ 17213, ℘ (039932) 86 00, *Fax (039932) 86030,* 🌳 ⇔ – 📺 📞 🅿
Menu *(geschl. Nov. - März Montag)* à la carte 24/47 – **16 Z** ⊑ 100/115 – 140/150.

🏨 **Am Fleesensee** 🦢, Strandstr. 4a, ✉ 17213, ℘ (039932) 16 30, *Fax (039932) 16310,* 🌳, 🚿 – 📺 📞 🅿. 🆀 🆅🆂🅰. 🍽 *Rest*
geschl. 2. - 28. Jan. – **Menu** à la carte 25/65 🍷 – **11 Z** ⊑ 80/110 – 125/140.

MALENTE-GREMSMÜHLEN, BAD *Schleswig-Holstein* 415 416 *D 15 – 11 500 Ew – Höhe 35 m* – Kneippheilbad – heilklimatischer Kurort.
🅱 *Touristik- und Kneippverein, Bahnhofstr. 3,* ✉ 23714, ℘ (04523) 9 89 90, *Fax (04523) 989999.*
Berlin 306 – Kiel 41 – Lübeck 55 – *Oldenburg in Holstein 36.*

🏨 **Dieksee** 🦢, Diekseepromenade 13, ✉ 23714, ℘ (04523) 99 50, *info@hoteldieksee.de, Fax (04523) 995200,* ≼, « Gartenterrasse », Massage, ⇌s, 🔲, 🚿 – 📶 📺 📞 ⇔ 🅿 – 🔥 30. 🆀 🆅🆂🅰
geschl. Mitte Jan. - Mitte März – **Menu** à la carte 36/77 – **70 Z** ⊑ 125/150 – 180/225 – ½ P 28.

🏨 **Weißer Hof,** Voßstr. 45, ✉ 23714, ℘ (04523) 9 92 50, *info@weisser-hof.de, Fax (04523) 6899,* « Garten ; Terrasse », ⇌s, 🔲 – 📶, ↔ Zim, 📺 🅿. 🆀 🆅🆂🅰
geschl. Nov. – **Menu** à la carte 48/78 – **18 Z** ⊑ 130/170 – 210/270, 3 Suiten – ½ P 35.

🏨 **See-Villa** garni, Frahmsallee 11, ✉ 23714, ℘ (04523) 18 71, *KONTAKT@HOTEL-SEE VILLA.DE, Fax (04523) 997814,* « Garten », ⇌s – 📺 🅿
geschl. Dez. - Jan. – **12 Z** ⊑ 110/190, 3 Suiten.

MALLERSDORF-PFAFFENBERG *Bayern* 420 *T 20 – 6 000 Ew – Höhe 411 m.*
Berlin 529 – München 100 – Regensburg 41 – *Landshut 31 – Straubing 28.*

Im Ortsteil Steinrain :

🏡 **Steinrain,** ✉ 84066, ℘ (08772) 3 66, *Fax (08772) 91056,* 🌳 – 📺 ⇔ 🅿. 🆀 🆅🆂🅰 *geschl. 27. Dez. - 6. Jan., Aug. 2 Wochen –* **Menu** *(geschl. Freitagabend - Samstag)* à la carte 18/43 🍷 – **15 Z** ⊑ 40/60 – 80/100.

MALSCH Baden-Württemberg 🔢🔢🔢 *T 9 – 12 000 Ew – Höhe 147 m.*
Berlin 690 – Stuttgart 90 – Karlsruhe 18 – Rastatt 13.

In Malsch-Waldprechtsweier *Süd : 3 km :*

🏨 **Waldhotel Standke** 🐾, Talstr. 45, ✉ 76316, ℰ (07246) 9 20 10, *hotel-standke*
@ t-online.de, Fax (07246) 920155, 🍽, 🕭, 🔲, 🎬 – 📺 📞 – 🔏 40. ①
🔲 🔲
geschl. 23. Dez. - 19. Jan. – **Menu** *(geschl. Sonntagabend, Dienstag)* à la carte 33/70 – **28 Z**
☐ 86/98 – 134/164.

Der Rote Michelin-Führer ist kein vollständiges Verzeichnis
aller Hotels und Restaurants.
Er bringt nur eine bewußt getroffene, begrenzte Auswahl.

MALTERDINGEN Baden-Württemberg *siehe Riegel.*

MANDELBACHTAL Saarland 🔢🔢🔢 *S 5 – 11 800 Ew – Höhe 240 m.*
Berlin 698 – Saarbrücken 24 – Sarreguemines 23 – Zweibrücken 24.

In Mandelbachtal-Gräfinthal *: Süd-West : 4 km ab Mandelbachtal-Ormesheim :*

🏨 **Klosterschenke** 🐾, Gräfinthal 3, ✉ 66399, ℰ (06804) 9 94 10, Fax (06804) 994126,
🍽 – 📺 🕭 📞 🔲 🔲
Menu *(geschl. Donnerstag)* à la carte 30/63 – **9 Z** ☐ 95/150.

🍴 **Gräfinthaler Hof**, Gräfinthal 6, ✉ 66399, ℰ (06804) 9 11 00, Fax (06804) 91101, 🍽
– 📞 🔲 🔲
geschl. Montag, Nov. - März Montag - Dienstag – **Menu** à la carte 31/65.

MANDERSCHEID Rheinland-Pfalz 🔢🔢🔢 *P 4 – 1 500 Ew – Höhe 388 m – Heilklimatischer Kurort*
und Kneippkurort.
Sehenswert : ≼⋆⋆ *(vom Pavillon Kaisertempel) – Niederburg⋆,* ≼⋆.
🅱 *Kurverwaltung Tourist-Information, Grafenstr.23,* ✉ *54531,* ℰ *(06572) 92 15 49, Fax*
(06572) 921551.
Berlin 679 – Mainz 168 – Trier 62 – Bonn 98 – Koblenz 78.

🏨 **Haus Burgblick** 🐾, Klosterstr. 18, ✉ 54531, ℰ (06572) 7 84, Fax (06572) 784, ≼,
🍽 – 📞 🔲 🔲 🍴 *Rest*
Ende Feb. - Anfang Nov. – **Menu** *(geschl. Donnerstag)* *(nur Abendessen)* (Restaurant nur
für Hausgäste) – **22 Z** ☐ 53/66 – 104/106 – ½ P 18.

MANNHEIM Baden-Württemberg 🔢🔢🔢 🔢🔢🔢 *R 9 – 330 000 Ew – Höhe 95 m.*
Sehenswert : Städtische Kunsthalle⋆⋆ DZ **M1** *– Landesmuseum für Technik und Arbeit⋆*
CV – Städtisches Reiß-Museum⋆ (im Zeughaus) CY **M2** *– Museum für Archäologie und*
Völkerkunde⋆ (Völkerkundliche Abteilung⋆, Benin-Sammlung⋆) CY **M3** *– Museum für*
Kunst-, Stadt- und Theatergeschichte im Reiß-Museum (Porzellan- und
Fayancesammlung⋆) CY **M2** *– Jesuitenkirche⋆ CZ.*
🏌 *Viernheim, Alte Mannheimer Str. 3 (DU),* ℰ *(06204) 7 87 37.*
Ausstellungsgelände (CV), ℰ *(0621) 42 50 90, Fax (0621) 4250934.*
🅱 *Tourist-Service, Willy-Brandt-Platz 3,* ✉ *68161,* ℰ *(0190) 77 00 20, Fax (0621) 24141.*
ADAC, *Am Friedensplatz 6.*
Berlin 614 ② *– Stuttgart 133* ④ *– Frankfurt am Main 79* ② *– Strasbourg 145* ④

Stadtpläne siehe nächste Seiten

🏨🏨 **Dorint Kongress Hotel** Ⓜ, Friedrichsring 6, ✉ 68161, ℰ (0621) 1 25 10, *MHG-*
MAN@ dorint.com, Fax (0621) 1251100, 🕭 – 🛗, 🖙 Zim, 🔲 📺 🕭 🔲 🔲 – 🔏 450.
🔲 ① 🔲 🔲 🔲   DZ **x**
Menu à la carte 46/78 – ☐ 28 – **287 Z** 225/365 – 265/405, 5 Suiten.

🏨🏨 **Maritim Parkhotel**, Friedrichsplatz 2, ✉ 68165, ℰ (0621) 1 58 80, *info.man@ mar*
itim.de, Fax (0621) 1588800, Massage, 🕭, 🔲 – 🛗, 🖙 Zim, 📺 🕭 🔲 – 🔏 120. 🔲
① 🔲 🔲 🔲 🍴 *Rest*   DZ **y**
Menu *(geschl. Aug.)* *(wochentags nur Abendessen)* à la carte 50/84 – **187 Z** ☐ 240/361
– 298/430, 3 Suiten.

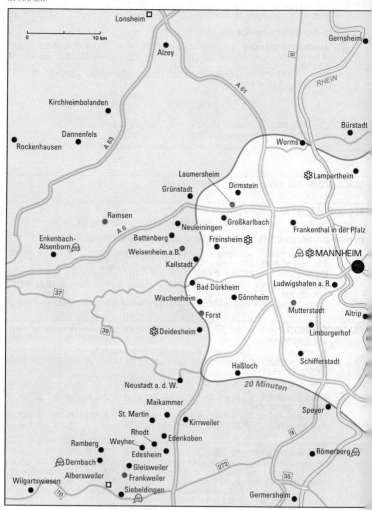

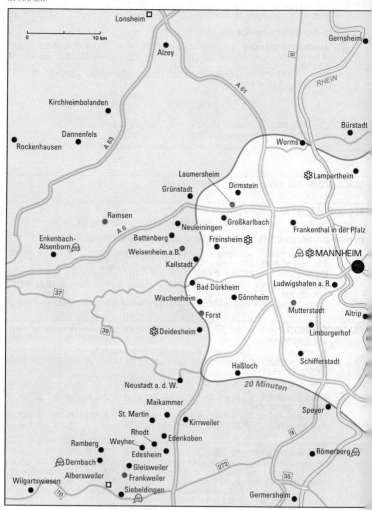**Delta Park Hotel,** Keplerstr. 24, ⊠ 68165, 𝒸 (0621) 4 45 10, *info@ delta-park.bestwest ern.de, Fax (0621) 4451888,* 🏤 – |🛏|, ⇔ Zim, 📺 ✆ ◈ – 🕍 130. 🆎 ⓞ 🅜🅞 🆅🅸🅂🅰 🅹🅲🅱. ⚘
DZ c
Menu *(geschl. Samstagabend, Sonn- und Feiertage)* à la carte 46/73 – ⌕ 22 – **130 Z** 220/270 – 260/310, 5 Suiten.

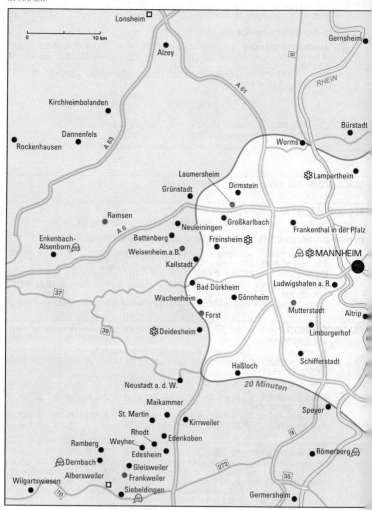**Steigenberger Mannheimer Hof,** Augustaanlage 4, ⊠ 68165, 𝒸 (0621) 4 00 50, *MANNHEIM@ STEIGENBERGER.DE, Fax (0621) 4005190,* « Atriumgarten » – |🛏|, ⇔ Zim, 📺 ✆ – 🕍 190. 🆎 ⓞ 🅜🅞 🆅🅸🅂🅰 🅹🅲🅱. ⚘
DZ n
Menu à la carte 52/76 – ⌕ 25 – **155 Z** 315/345 – 340/370.

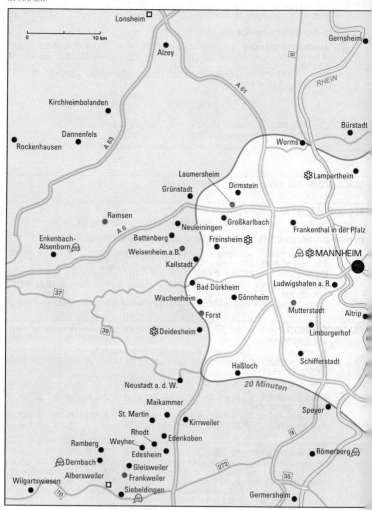**Holiday Inn,** N 6,3, ⊠ 68161, 𝒸 (0621) 1 07 10, *Fax (0621) 1071167,* 🏤, 🛋, 🚷, 🔲 – |🛏|, ⇔ Zim, 📺 ✆ ♿ – 🕍 120. 🆎 ⓞ 🅜🅞 🆅🅸🅂🅰 🅹🅲🅱
Menu à la carte 38/67 – **146 Z** ⌕ 285/335 – 362/402.
DZ p

Wartburg, F 4,4 - 11, ⊠ 68159, 𝒸 (0621) 12 00 90, *hotelwartburg@ t-online.de, Fax (0621) 12009444* – |🛏|, ⇔ Zim, 📺 ✆ ◈ – 🕍 180. 🆎 ⓞ 🅜🅞 🆅🅸🅂🅰 🅹🅲🅱
Menu *(geschl. Sonntagabend)* à la carte 39/67 – **145 Z** ⌕ 135/170 – 180/220.
CY k

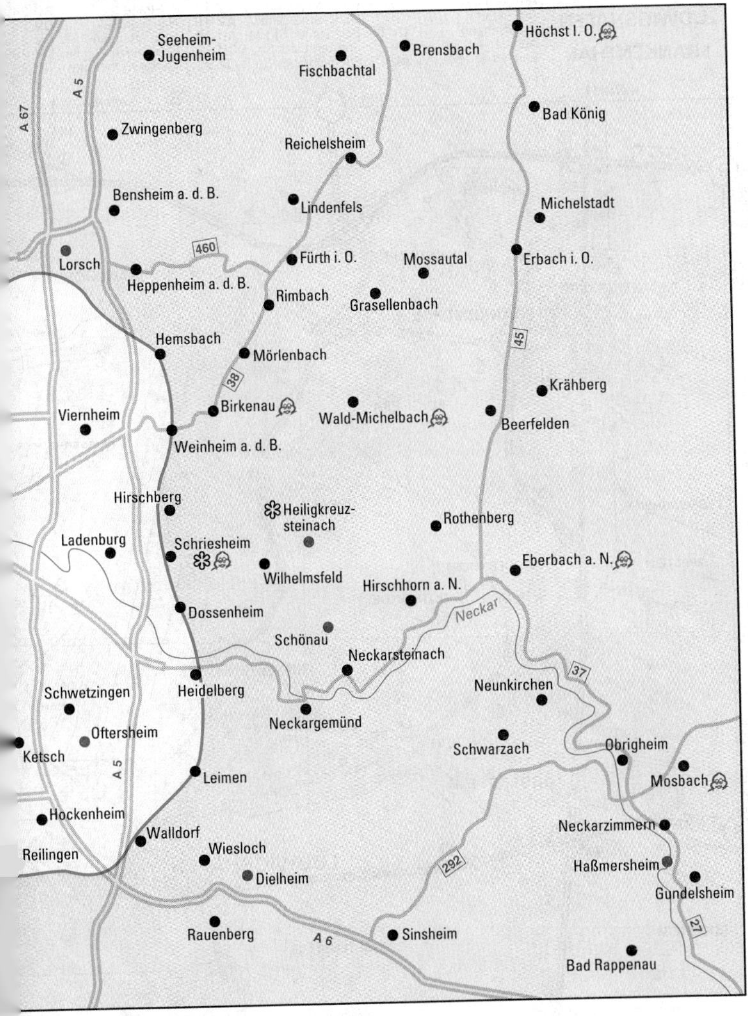
Seeheim-Jugenheim
Fischbachtal
Brensbach
Höchst i. O.
A 5
A 67
Zwingenberg
Reichelsheim
Bad König
Bensheim a. d. B.
Lindenfels
Michelstadt
Lorsch
460
Fürth i. O.
Mossautal
Erbach i. O.
Heppenheim a. d. B.
Rimbach
Grasellenbach
45
Hemsbach
Mörlenbach
38
Krähberg
Birkenau
Wald-Michelbach
Viernheim
Beerfelden
Weinheim a. d. B.
Hirschberg
Heiligkreuz-steinach
Rothenberg
Ladenburg
Schriesheim
Eberbach a. N.
Wilhelmsfeld
Hirschhorn a. N.
Dossenheim
Neckar
Schönau
Neckarsteinach
37
Neunkirchen
Schwetzingen
Heidelberg
Neckargemünd
Oftersheim
Schwarzach
Obrigheim
Ketsch
A 5
Mosbach
Leimen
Neckarzimmern
Hockenheim
Walldorf
Wiesloch
Reilingen
292
Haßmersheim
Dielheim
Gundelsheim
27
Rauenberg
A 6
Sinsheim
Bad Rappenau

Augusta-Hotel, Augustaanlage 43, ✉ 68165, ✆ (0621) 4 20 70, *HOTEL.AUGUSTA.MANNHEIM@t-online.de*, *Fax (0621) 4207199* – |‡|, ⇆ Zim, TV – 🏔 30. AE ① MC VISA CV c
Menu *(geschl. Samstag, Sonn- und Feiertage) (nur Abendessen)* à la carte 39/64 – **106 Z** ☕ 140/180 – 185/225.

Novotel, Am Friedensplatz 1, ✉ 68165, ✆ (0621) 4 23 40, *h0496@accor-hotels.com*, *Fax (0621) 417343*, ☂, ⛱, ☕ – |‡|, ⇆ Zim, ▤ Rest, TV ✆ ♿ P – 🏔 300. AE ① MC VISA JCB CV t
Menu à la carte 33/59 – ☕ 23 – **180 Z** 169/199 – 189/219.

Acora, C 7,9 - 11, ✉ 68159, ✆ (0621) 1 59 20, *mannheim@acora.de*, *Fax (0621) 22248*, ☂ – |‡|, ⇆ Zim, TV 🚗 – 🏔 20. AE ① MC VISA. ✂ CY a
Menu *(geschl. Samstag - Sonntag)* à la carte 31/60 – **162 Z** ☕ 160/185 – 185/210.

Mack garni, Mozartstr. 14, ✉ 68161, ✆ (0621) 1 24 20, *HotelMack@t-online.de*, *Fax (0621) 1242399* – |‡| ⇆ TV 🚗. AE ① MC VISA DY a
50 Z ☕ 120/140 – 170/190.

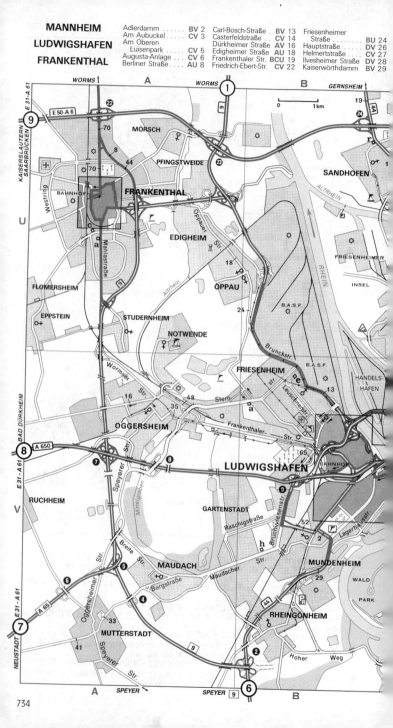

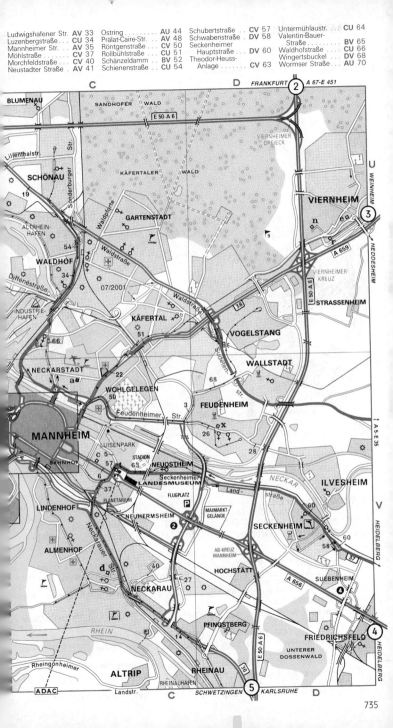

735

MANNHEIM

Am Bismarck garni, Bismarckplatz 9, ☒ 68165, ℰ (0621) 40 30 96, info@Hotel-Am
-Bismarck.de, Fax (0621) 444605 – |≡| 🔲 ☎ 🆎 ① 🆖 **VISA**. 🛇
geschl. 22. - 26. Dez. - 31. Dez. - 2. Jan. – **50 Z** ⊇ 128/138 – 160/180.
DZ **m**

Wegener garni, Tattersallstr. 16, ☒ 68165, ℰ (0621) 4 40 90, Fax (0621) 406948 – |≡|
🛇⟹ 🔲 **VISA**
geschl. 24. Dez. - 7. Jan. – **49 Z** ⊇ 80/165 – 110/205.
DZ **a**

Da Gianni, R 7,34, ☒ 68161, ℰ (0621) 2 03 26, Fax (0621) 25771 – ▤. 🆎 🆖
geschl. Aug. 3 Wochen, Montag, Feiertage – **Menu** (Tischbestellung ratsam, italienische
Küche) 149 à la carte 90/127
DZ **f**
Spez. St. Jakobsmuscheln mit gegrillten Gemüsen. Krustentierravioli. Wolfsbarsch im
Auberginenmantel.

Blass, Friedrichsplatz 12, ☒ 68165, ℰ (0621) 44 80 04, info@blass.de,
Fax (0621) 448005 – 🆎 🆖 **VISA**
geschl. Aug., Samstagmittag, Sonntag – **Menu** à la carte 70/108.
DZ **r**

Kopenhagen, Friedrichsring 4, ☒ 68161, ℰ (0621) 1 48 70, Fax (0621) 155169 – ▤.
🆎 ① 🆖 **VISA** 🅹🅲🅱
geschl. Sonn- und Feiertage – **Menu** (Tischbestellung ratsam) à la carte 56/118.
DZ **z**

Doblers Restaurant L'Epi d'or, H 7,3, ☒ 68159, ℰ (0621) 1 43 97,
Fax (0621) 20513 – ① 🆖 **VISA**. 🛇 Rest
geschl. Juni 2 Wochen, Samstagmittag, Sonntag - Montag - **Menu** à la carte 80/101.
CY **c**

XX **Grissini,** M 3,6, ⊠ 68161, ℘ (0621) 1 56 57 24, *Fax (06205) 16011* – 🕮 CZ **r**
🕮 VISA
geschl. 3 Wochen Aug., Samstagmittag, Sonntag – **Menu** (italienische Küche) (Tischbestellung ratsam) à la carte 80/106.

XX **Martin,** Lange Rötterstr. 53, ⊠ 68167, ℘ (0621) 33 38 14, *Fax (0621) 335242,* 🍴 –
CV **a**
🕮 🕮 🕮 VISA. 🍴
geschl. 25. Aug. - 25. Sept., Samstagmittag, Montag – **Menu** (überwiegend Fischgerichte)
24/98 und à la carte 43/99.

X **Saigon,** Goethestr. 4, ⊠ 68161, ℘ (0621) 1 46 04, *Fax (0621) 23156* – 🕮 🕮 🕮 VISA.
🍴 Rest DYZ **s**
geschl. Samstagmittag – **Menu** (vietnamesische Küche) à la carte 36/55 *(auch vegetarische
Gerichte).*

X **Henninger's Gutsschänke,** T 6,28, ⊠ 68161, ℘ (0621) 1 49 12, *Fax (06322) 66405,*
(Pfälzer Weinstube) – 🕮 🕮 🕮 VISA DY **u**
Menu *(nur Abendessen)* à la carte 32/60 🍴.

In Mannheim-Feudenheim :

XX **Zum Ochsen** mit Zim, Hauptstr. 70, ⊠ 68259, ℘ (0621) 79 95 50, *hotel-ochsen-ma
nnheim@t-online.de, Fax (0621) 7995533,* 🍴, (Gasthof a.d.J. 1632) – 📺 🅿.
DV **x**
🕮 VISA
geschl. 29. Dez. - 7. Jan. – **Menu** (abends Tischbestellung ratsam) à la carte 38/69 – **12 Z**
⊑ 128/138 – 158/178.

In Mannheim-Neckarau :

🏨 **Axt** garni, Katharinenstr. 36, ⊠ 68199, ℘ (0621) 85 14 77, *Fax (0621) 8620715* – 📺
geschl. Juli - Aug. 3 Wochen – **14 Z** ⊑ 68/72 – 88/105. CV **d**

In Mannheim-Sandhofen :

🏨 **Weber-Hotel,** Frankenthaler Str. 85 (B 44), ⊠ 68307, ℘ (0621) 7 70 10,
Fax (0621) 7701113, 🍴, 🍴 – 📶 📺 📞 🍴 🅿 – 🚗 50. 🕮 🕮 🕮 VISA.
🍴 Rest BU **r**
Reblaus *(geschl. Samstagmittag, Sonn- und Feiertage)* **Menu** à la carte 55/91 – **140 Z**
⊑ 99/199 – 198/246.

Pour les grands voyages d'affaires ou de tourisme,
Guide Rouge MICHELIN : EUROPE.

MARBACH AM NECKAR *Baden-Württemberg* 419 T 11 – 15 000 Ew – Höhe 229 m.
🚉 *Tourist Information, Marktstr. 23,* ⊠ 71672, ℘ (07144) 10 20, *Fax (07144) 102300.*
Berlin 610 – Stuttgart 33 – Heilbronn 32 – Ludwigsburg 8,5.

🏨 **Art Hotel** M garni, Günterstr. 2, ⊠ 71672, ℘ (07144) 8 44 40, *Fax (07144) 844413*
– 📶 🍴 📺 📞 🍴 – 🚗 15. 🕮 🕮 VISA
23 Z ⊑ 98/125 – 149/189.

🏨 **Parkhotel** 🍴 garni, Schillerhöhe 14, ⊠ 71672, ℘ (07144) 90 50, *parkhotel@romm
el-hotels.de, Fax (07144) 90588* – 📶 🍴 📺 📞 🍴 🚗 🅿 🕮 VISA
geschl. 23. Dez. - 6. Jan. – **44 Z** ⊑ 115 – 149/179.

X **Goldener Löwe,** Niklastorstr. 39, ⊠ 71672, ℘ (07144) 66 63, 🍴, « Historisches Fachwerkhaus a.d. 17. Jh. mit gemütlicher Einrichtung »
geschl. Ende Juli - Anfang Aug., Sonntagabend - Montag – **Menu** à la carte 39/65.

In Benningen *Nord-West : 2 km :*

🏨 **Mühle** 🍴 garni, Ostlandstr. 2 (Zufahrt über Neckargasse), ⊠ 71726, ℘ (07144) 50 21,
Fax (07144) 4166 – 📺 🅿 🕮 🕮 VISA
20 Z ⊑ 90/95 – 145/155.

MARBURG *Hessen* 417 N 10 – 80 000 Ew – Höhe 180 m.
*Sehenswert : Elisabethkirche★★ (Kunstwerke★★★ : Elisabethschrein★★) BY –
Marktplatz★ AY – Schloß★ AY – Museum für Kulturgeschichte★ (im Schloß) AY.*
Ausflugsziel : Spiegelslustturm ⩿★, Ost : 9 km.
🛫 *Cölbe-Bernsdorf (über ① : 8 km), ℘ (06427) 9 20 40.*
🚉 *Marburg Tourismus und Marketing GmbH, Pilgrimstein 26,* ⊠ 35037, ℘ (06421)
9 91 20, *Fax (06421) 991212.*
ADAC, *Bahnhofstr. 6b.*
*Berlin 473 ② – Wiesbaden 121 ② – Gießen 30 ② – Kassel 93 ① – Paderborn 140 ① –
Siegen 81 ②*

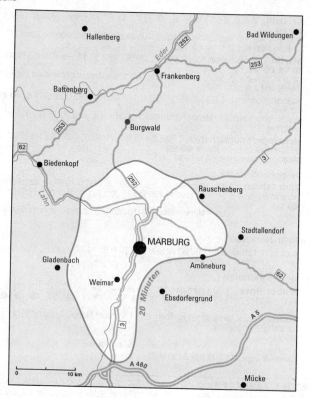

Vila Vita Hotel Rosenpark Ⓜ, Rosenstr. 18, ✉ 35037, 𝒫 (06421) 6 00 50, *info @ rosenpark.com*, Fax (06421) 6005100, ☆, « Wellnessbereich », Massage, ♨, ⌧, ⇌, ⬛ – 🛗, ↝ Zim, ▦ 📺 ✆ ⅙ ⇔ – 🏛 120. 🆎 ⑪ ⑩ *VISA*, ⅔
BY b
Menu *(geschl. Aug., Sonntagabend - Dienstag, Mittwoch - Samstag nur Abendessen)* à la carte 78/106 – ***Rosenkavalier*** : Menu à la carte 49/73 – ***Zirbelstube*** *(geschl. Sonntag) (nur Abendessen)* **Menu** à la carte 33/47 – **109 Z** ⇆ 265/305 – 340/380, 76 Suiten.

Sorat Ⓜ, Pilgrimstein 29, ✉ 35037, 𝒫 (06421) 91 80, *marburg@SORAT-Hotels.com*, Fax (06421) 918444, ☆, ⌧, ⇌ – 🛗, ↝ Zim, ▦ 📺 ✆ ⅙ – 🏛 200. 🆎 ⑪ ⑩ *VISA* 𝖩𝖢𝖡
AY s
Menu *(geschl. Sonntagabend)* à la carte 42/70 – **146 Z** ⇆ 185/245 – 225/285.

Europäischer Hof, Elisabethstr. 12, ✉ 35037, 𝒫 (06421) 69 60 (Hotel) 6 22 55 (Rest.), Fax (06421) 66404 – 🛗, ↝ Zim, 📺 ⇔ 🅿 – 🏛 25. 🆎 ⑪ ⑩ *VISA* 𝖩𝖢𝖡
BY a
Atelier (italienische Küche) **Menu** à la carte 40/68 – **100 Z** ⇆ 115/235 – 150/295, 5 Suiten.

Waldecker Hof garni, Bahnhofstr. 23, ✉ 35037, 𝒫 (06421) 6 00 90, *Waldecker-Ho f@t-online.de*, Fax (06421) 600959, ⇌, ⬛ – 🛗 ↝ 📺 ⇔. 🆎 ⑪ ⑩ *VISA*
BY d
42 Z ⇆ 130/165 – 180/250.

Das kleine Restaurant, Barfüßertor 25 (am Wilhelmsplatz), ✉ 35037, 𝒫 (06421) 2 22 93, Fax (06421) 51495 – ⑩. ⅔   über Universitätsstraße BZ
geschl. Anfang Aug. 2 Wochen, Montag – **Menu** à la carte 49/69.

Alter Ritter, Steinweg 44, ✉ 35037, 𝒫 (06421) 6 28 38, Fax (06421) 66720, ☆ – 🆎 ⑪ ⑩ *VISA*
BY c
Menu à la carte 42/75 *(auch vegetarische Gerichte).*

Zur Sonne mit Zim, Markt 14, ✉ 35037, 𝒫 (06421) 1 71 90, Fax (06421) 171940, ☆, « Gasthaus a.d. 17. Jh. ; urig-originelle Gaststuben » – ⇔. 🆎 ⑪ ⑩ *VISA*
AY n
Menu *(geschl. Montag - Dienstagmittag)* à la carte 34/67 – **9 Z** ⇆ 80/100 – 150/170.

MARBURG

✗ **Milano,** Biegenstr. 19, ☒ 35037, ☏ (06421) 2 24 88, Fax (06421) 22495 – 🆎 ⑩ 🆎 ㊋ 🆎 *VISA* BZ e
geschl. Juli 2 Wochen, Juni - Aug. Dienstag – **Menu** (italienische Küche) à la carte 40/64.

In Marburg-Gisselberg über ② : 5 km :

🏨 **Fasanerie** ॐ, Zur Fasanerie 15, ☒ 35043, ☏ (06421) 9 74 10, info@hotel-fasaneri e.de, Fax (06421) 974177, ≤, 😊, 🍴, 🌳 – ⇆ Zim, 📺 ✆ ৬, 🚗 🅿 – 🕭 45. 🆎 ㊋ *VISA*
Menu (geschl. 22. Dez. - 7. Jan., Sonntagabend, Freitag) (Montag - Donnerstag nur Abendessen) à la carte 28/64 – **40 Z** ⊂ 98/145 – 160/250.

In Marburg-Michelbach Nord-West : 7 km über Ketzerbach BY :

🏨 **Stümpelstal** ॐ, Stümpelstal 2, ☒ 35041, ☏ (06420) 90 70, Fax (06420) 514, 😊, 🌳 – 📺 🚗 🅿 – 🕭 80. ㊋ *VISA*
Menu (geschl. 20. Dez. - 5. Jan., 1. - 14. Aug, Sonntag) (nur Abendessen) à la carte 39/58 – **50 Z** ⊂ 85/120 – 130/160.

In Marburg - Wehrshausen-Dammühle West : 5 km über Barfüßertor BZ :

🏨 **Dammühle** ॐ (mit Gästehaus), Dammühlenstr. 1, ☒ 35041, ☏ (06421) 9 35 60, Damm uehle@t-online.de, Fax (06421) 36118, 😊, « Ehemalige Mühle a.d. 14.Jh. in schöner Tallage », 🌳 – ⇆ Zim, 📺 ✆ 🚗 🅿 – 🕭 70
Menu (geschl. Jan., Freitag) à la carte 28/60 – **21 Z** ⊂ 85/120 – 160/180.

In Ebsdorfergrund-Frauenberg über ② : 8 km :

🏠 **Zur Burgruine** ॐ (mit Gästehaus), Cappeler Str. 10, ☒ 35085, ☏ (06424) 13 79, Fax (06424) 4472, Biergarten, 🍴 – 📺 🅿 – 🕭 40. ㊋ *VISA*
Menu (geschl. Montag) à la carte 34/62 – **34 Z** ⊂ 65/95 – 130/150.

In Weimar-Wolfshausen *über ② : 10 km :*

Bellevue (mit Gästehaus), Hauptstr. 30 (nahe der B 3), ✉ 35096, ✆ (06421) 7 90 90, *ringhotel-bellevue@gmx.de, Fax (06421) 790915,* ←, ⛱, ≘s, 🏊 – |✈|, ⇔ Zim, 📺 📞 ♿ 🅿 – 🏛 40. AE ⓓ ⓜⓒ VISA
Menu à la carte 32/69 – **52 Z** ☐ 125/150 – 190/270.

MARGETSHÖCHHEIM *Bayern siehe Würzburg.*

MARIA LAACH *Rheinland-Pfalz* 417 *O 5 – Höhe 285 m – Benediktiner-Abtei.*

Sehenswert : *Abteikirche★.*

Berlin 617 – Mainz 121 – Koblenz 31 – Bonn 51 – Mayen 13.

Seehotel Maria Laach 🐚, Am Laacher See, ✉ 56653, ✆ (02652) 58 40, *seehotel@maria-laach.de, Fax (02652) 584522,* ←, ⛱, ≘s, 🏊, 🏊 – |✈| ⇔ 📺 🚗 🅿 – 🏛 130. AE ⓜⓒ VISA
Menu à la carte 48/82 – **65 Z** ☐ 150/205 – 240/320.

MARIENBERG *Sachsen* 418 *O 23 – 12 700 Ew – Höhe 600 m.*

ℹ *Fremdenverkehrsamt, Am Frischen Brunnen 1,* ✉ *09496,* ✆ *(03735) 9 05 14, Fax (03735) 90565.*

Berlin 280 – Dresden 94 – Chemnitz 30 – Chomutov 31 – Leipzig 111 – Zwickau 62.

Weißes Roß, Annaberger Str. 12, ✉ 09496, ✆ (03735) 6 80 00, *weisses-ross@erzgebirgshotels.de, Fax (03735) 680077,* Biergarten, ≘s – |✈|, ⇔ Zim, 📺 📞 🅿 – 🏛 30. AE ⓓ ⓜⓒ VISA JCB
Menu à la carte 32/58 – **50 Z** ☐ 95/155.

Berghotel Drei Brüder Höhe 🐚, Wolfsberg (West : 3 km), ✉ 09496, ✆ (03735) 60 00, *drei-brueder-hoehe@t-online.de, Fax (03735) 60050,* ≘s, 🏊 – |✈|, ⇔ Zim, 📺 ♿ 🅿 – 🏛 25. AE ⓓ ⓜⓒ VISA. ✂ Rest
Menu à la carte 24/48 – **33 Z** ☐ 65/90 – 100/120.

In Pobershau *Süd-Ost : 4 km :*

Schwarzbeerschänke, Hinterer Grund 2, ✉ 09496, ✆ (03735) 9 19 10, *schwarzbeerschaenke@pobershau.de, Fax (03735) 919199,* ⛱, ≘s, 🏊, 🏊 – ⇔ Zim, 📺 📞 ♿ 🅿 – 🏛 30. AE ⓓ ⓜⓒ VISA
Menu à la carte 27/50 – **31 Z** ☐ 85/95 – 128/158.

MARIENBERG, BAD *Rheinland-Pfalz* 417 *O 7 – 6 400 Ew – Höhe 500 m – Kneippheilbad – Luftkurort – Wintersport : 500/572 m* ⛷1 ⛷*.*

ℹ *Tourist-Information, Wilhelmstr. 10,* ✉ *56470,* ✆ *(02661) 70 31, Fax (02661) 931747.*

Berlin 557 – Mainz 102 – Siegen 38 – Limburg an der Lahn 43.

Kur- und Tagungshotel Wildpark 🐚, Kurallee (am Wildpark, West : 1 km), ✉ 56470, ✆ (02661) 62 20, *Fax (02661) 622404,* ←, ⛱, Massage, ⚕, ⛹, ≘s, 🏊, 🏊 – |✈| 📺 🚗 🅿 – 🏛 30. AE ⓓ ⓜⓒ VISA
Menu à la carte 46/74 – **51 Z** ☐ 139/198 – 198/225 – ½ P 20.

Kristall 🐚, Goethestr. 21, ✉ 56470, ✆ (02661) 9 57 60, *HOTEL.KRISTALL@T-ONLINE.DE, Fax (02661) 957650,* ←, ⛱, 🏊 – |✈|, ⇔ Rest, 📺 🅿. ⓜⓒ VISA
Menu 20 à la carte 38/58 – **20 Z** ☐ 77/88 – 146/176 – ½ P 19.

MARIENHEIDE *Nordrhein-Westfalen* 417 *M 6 – 14 000 Ew – Höhe 317 m.*

Berlin 561 – Düsseldorf 74 – Gummersbach 10 – Lüdenscheid 31 – Wipperfürth 12.

In Marienheide-Rodt *Süd-Ost : 3 km :*

Landhaus Wirth 🐚, Friesenstr. 8 (B 256), ✉ 51709, ✆ (02264) 2 70, *A.U.Wirth@t-online.de, Fax (02264) 2788,* ⛱, ≘s, 🏊, 🏊 – ⇔ Zim, 📺 🅿 – 🏛 50. AE ⓓ ⓜⓒ VISA
Im Krug *(geschl. Samstagmittag)* **Menu** 30 à la carte 42/80 – **50 Z** ☐ 115/159 – 190/240.

MARIENTHAL *Rheinland-Pfalz siehe Hamm (Sieg).*

MARIENTHAL, KLOSTER *Hessen siehe Geisenheim.*

MARKDORF Baden-Württemberg 419 W 12 – 12 000 Ew – Höhe 453 m.

🛈 Tourist-Information, Marktstr. 1, ✉ 88677, 𝒫 (07544) 50 02 90, Fax (07544) 500289.

Berlin 719 – Stuttgart 197 – *Konstanz 23* – Friedrichshafen 16 – Ravensburg 20.

🏨 **Bischofschloß**, Schloßweg 2, ✉ 88677, 𝒫 (07544) 5 09 10, Hotel-Bischofschloss@ t
-online.de, Fax (07544) 509152, 佘, ⇔ – 🛗 📺 🚗 – 🔬 60. 🖭 ⓪
🐷 VISA
geschl. Anfang - Mitte Jan. – **Menu** (geschl. Sonntag - Montagmittag) à la carte 28/52 –
29 Z ⊴ 155/175 – 220/260.

MARKERSDORF KREIS GOERLITZ Sachsen siehe Görlitz.

MARKGRÖNINGEN Baden-Württemberg 419 T 11 – 13 800 Ew – Höhe 286 m.

Sehenswert : Rathaus★.

Berlin 621 – *Stuttgart 26* – Heilbronn 42 – Pforzheim 34.

🏨 **Schwäbischer Hof**, Bahnhofstr. 39, ✉ 71706, 𝒫 (07145) 53 83, Fax (07145) 3280,
佘 – 📺 🚗 📇 🖭 ⓪ 🐷 VISA
Menu (geschl. Montag - Dienstag) à la carte 26/52 – **11 Z** ⊴ 90/140.

MARKKLEEBERG Sachsen siehe Leipzig.

MARKLOHE Niedersachsen siehe Nienburg (Weser).

MARKNEUKIRCHEN Sachsen 418 420 P 20 – 7 500 Ew – Höhe 468 m.

Berlin 328 – Dresden 177 – *Hof 35* – Plauen 28.

🏨 **Berggasthof Heiterer Blick** 🐾, Oberer Berg 54, ✉ 08258, 𝒫 (037422) 26 95,
Fax (037422) 45818, <, 佘 – 📺 📇 🖭 ⓪ 🐷 VISA
Menu à la carte 24/42 – **7 Z** ⊴ 85 – 100/120.

MARKRANSTÄDT Sachsen siehe Leipzig.

MARKTBREIT Bayern 419 420 Q 14 – 3 800 Ew – Höhe 191 m.

Sehenswert : Maintor und Rathaus★.

Berlin 491 – München 272 – *Würzburg 28* – Ansbach 58 – Bamberg 89.

🏨 **Löwen** (mit Gästehaus), Marktstr. 8, ✉ 97340, 𝒫 (09332) 5 05 40, Loewen-marktbre
it@ t-online.de, Fax (09332) 9438, 佘, (Gasthof a.d.J. 1450) – 🍴 Rest, 📺 📞 🚗 – 🔬 30.
🖭 ⓪ 🐷 VISA. 🍴 Rest
geschl. Mitte Jan. - Mitte Feb. – **Menu** (geschl. Nov. - März Montag) à la carte 29/56 🍴
– **29 Z** ⊴ 88 – 130/150.

MARKT ERLBACH Bayern 419 420 R 15 – 4 000 Ew – Höhe 382 m.

Berlin 476 – München 208 – *Nürnberg 40* – Bamberg 70 – Würzburg 80.

In Markt Erlbach-Linden West : 6 km :

🏊 **Zum Stern**, Hauptstr. 60, ✉ 91459, 𝒫 (09106) 8 91, INFO@ GASTHOF-ZUMSTERN.DE,
Fax (09106) 6666, 佘, 🐎, 🐖 – 📺 📇
geschl. Feb. – **Menu** (geschl. Mittwoch, Nov. - März auch Dienstag) à la carte 19/39 – **13 Z**
⊴ 53/59 – 96/106.

MARKTHEIDENFELD Bayern 417 419 Q 12 – 10 300 Ew – Höhe 153 m.

🏌 Golf-Club Main-Spessart, Eichenfürst (West : 2 km), 𝒫 (09391) 84 35.

🛈 Fremdenverkehrsamt, Luitpoldstr. 17, Rathaus, ✉97828, 𝒫 (09391) 50 04 41, Fax
(09391) 79 40.

Berlin 533 – München 322 – *Würzburg 32* – Aschaffenburg 46.

🏨 **Anker** garni, Obertorstr. 6, ✉ 97828, 𝒫 (09391) 6 00 40, info@ hotel-anker.de,
Fax (09391) 600477 – 🛗 🍴 📺 🕭 🚗 📇 – 🔬 60. 🐷 VISA
39 Z ⊴ 119/158 – 188/230.

🏨 **Zum Löwen**, Marktplatz 3, ✉ 97828, 𝒫 (09391) 15 71, Fax (09391) 1721 – 📺 🚗.
🐷 VISA
Menu (geschl. Nov. 2 Wochen, Mittwoch) à la carte 28/57 🍴 – **30 Z** ⊴ 70/90 – 115/
140.

🏠 **Mainblick,** Mainkai 11, ⊠ 97828, ✆ (09391) 9 86 50, mainblick@t-online.de, Fax (09391) 986544, 🍴 – 📺 ✦ AE 🚭 VISA
Menu (geschl. Montag) à la carte 28/44 🍷 – **18 Z** ⊆ 90 – 125/135.

🏠 **Zur schönen Aussicht,** Brückenstr. 8, ⊠ 97828, ✆ (09391) 9 85 50, Fax (09391) 3722 – 📳 📺 🚗 P AE VISA
Menu à la carte 28/68 – **52 Z** ⊆ 89/99 – 130/170.

In Marktheidenfeld-Altfeld West : 5 km :

🏠🏠 **Spessarttor** garni, Michelriether Str. 38, ⊠ 97828, ✆ (09391) 6 00 30, Fax (09391) 600399, 🖘 – 📳 📺 🚗 P AE ① 🚭 VISA
20 Z ⊆ 90/130 – 150/180.

MARKTLEUGAST Bayern 418 420 P 18 – 4 100 Ew – Höhe 555 m.
Berlin 336 – München 261 – Coburg 63 – Hof 32 – Kulmbach 19 – Bayreuth 33.

In Marktleugast-Hermes Süd-West : 4 km :

🏡 **Landgasthof Haueis** 🐾 (mit Gästehäusern), Hermes 1, ⊠ 95352, ✆ (09255) 2 45, Fax (09255) 7263, 🍴, 🌳 – 📺 🚗 P – 🏛 20. 🚭 VISA
geschl. Feb., 1. - 6. Nov., – **Menu** à la carte 21/60 – **42 Z** ⊆ 55/58 – 98/110.

MARKTOBERDORF Bayern 419 420 W 15 – 18 000 Ew – Höhe 758 m – Erholungsort.
Berlin 638 – München 99 – Kempten (Allgäu) 28 – Füssen 29 – Kaufbeuren 13.

🏠🏠 **Sepp,** Bahnhofstr. 13, ⊠ 87616, ✆ (08342) 70 90, kontakt@allgaeu-hotel-sepp.de, Fax (08342) 709100, 🍴, 🖘, 🌳 – 📳 📺 ✦ P – 🏛 100. ① 🚭 VISA
Menu (geschl. 15. - 30. Aug.) à la carte 31/58 – **63 Z** ⊆ 90/120 – 135/160 – ½ P 20.

🏠🏠 St. Martin garni, Wiesenstr. 21, ⊠ 87616, ✆ (08342) 9 62 60, Fax (08342) 962696, 🖘 – 📳 ✦ 📺 ✦ P
29 Z.

MARKTREDWITZ Bayern 420 P 20 – 19 000 Ew – Höhe 539 m.
🛈 Tourist Information, Markt 29, ⊠ 95615, ✆ (09231) 50 11 28, Fax (09231) 501129.
Berlin 365 – München 288 – Weiden in der Oberpfalz 47 – Bayreuth 54 – Hof 48.

🏠 **Marktredwitzer Hof,** Am Bahnhof, ⊠ 95615, ✆ (09231) 95 60, Fax (09231) 956150, 🍴 – 📳, ✦ Zim, 📺 ✦ P – 🏛 40. AE ① 🚭 VISA JCB
Menu à la carte 28/60 – **50 Z** ⊆ 79/139 – 128/198.

🏡 **Bairischer Hof,** Markt 40, ⊠ 95615, ✆ (09231) 6 20 11, info@bairischer-hof.de, Fax (09231) 63550, 🍴 – 📳, ✦ Zim, 📺 P – 🏛 60. AE ① 🚭 VISA
Menu à la carte 30/51 – **55 Z** ⊆ 90/100 – 135/190.

MARKTRODACH Bayern siehe Kronach.

MARKTSCHELLENBERG Bayern 420 W 23 – 1 800 Ew – Höhe 480 m – Heilklimatischer Kurort – Wintersport : 800/1 000 m 🎿.
🛈 Verkehrsamt, Salzburger Str. 2, ⊠ 83487, ✆ (08650) 98 88 30, Fax (08650) 9888831.
Berlin 734 – München 144 – Bad Reichenhall 22 – Salzburg 13 – Berchtesgaden 10.

Am Eingang der Almbachklamm Süd : 3 km über die B 305 :

🍴 **Zur Kugelmühle** 🐾 mit Zim, Kugelmühlweg 18, ⊠ 83487 Marktschellenberg, ✆ (08650) 4 61, gasthaus-kugelmuehle@t-online.de, Fax (08650) 416, ≤, « Gartenterrasse ; Sammlung von Versteinerungen » – 📺 P. 🚿 Zim
geschl. Ende Okt. - 25. Dez., 10. Jan. - 1. März – **Menu** (geschl. Nov. - März Samstag ; April - Okt. Montagabend, Dienstagabend) à la carte 23/46 – **7 Z** ⊆ 70 – 96/140.

MARKT SCHWABEN Bayern 420 V 19 – 9 700 Ew – Höhe 509 m.
Berlin 599 – München 24 – Erding 13.

🏠🏠 **Georgenhof,** Bahnhofstr. 39, ⊠ 85570, ✆ (08121) 92 00 (Hotel) 42 86 10 (Rest.), Fax (08121) 92060, Biergarten – 📳, ✦ Zim, 📺 ✦ P – 🏛 40. AE ① 🚭 VISA
geschl. 23. Dez. - 3. Jan. – **Georgenstuben** (geschl. 23. Dez. - 13. Jan.) **Menu** à la carte 36/62 – **34 Z** ⊆ 100/160 – 200/300.

MARKTZEULN Bayern siehe Lichtenfels.

MARL Nordrhein-Westfalen ⏹⏹⏹ L 5 – 92 000 Ew – Höhe 62 m.
Berlin 521 – Düsseldorf 72 – Gelsenkirchen 17 – Gladbeck 12 – Münster (Westfalen) 62 – Recklinghausen 10.

In Marl-Hüls :

🏠 **Loemühle** ॐ, Loemühlenweg 221, ✉ 45770, ℰ (02365) 4 14 50, loemuehle@topm
ail.de, Fax (02365) 4145199, « Park ; Gartenterrasse », Massage, ≘s, ⍐ (geheizt), ◻ –
↔ Zim, ⊺⊽ 🅿 – 🕍 40. ⒜⒠ ⓪ 🆖 𝘝𝘐𝘚𝘈
Menu à la carte 36/68 – **55 Z** ⊐ 105/215 – 185/235.

MARLOFFSTEIN Bayern siehe Erlangen.

MARNE Schleswig-Holstein ⏹⏹⏹ E 11 – 6 000 Ew – Höhe 3 m.
Berlin 378 – Kiel 110 – Cuxhaven 97 – Flensburg 111 – Hamburg 95 – Neumünster 77.

💤 **Gerson**, Königstr. 45 (B 5), ✉ 25709, ℰ (04851) 5 34, Fax (04851) 2011 – ⊺⊽ 🅿 ⒜⒠ ⓪🆖
🗎 𝘝𝘐𝘚𝘈 ॐ.
geschl. 24. Dez. - 10. Jan. – **Menu** (geschl. Nov. - März Sonntag) (nur Abendessen) à la carte
24/49 – **10 Z** ⊐ 78/83 – 115/125.

MARQUARTSTEIN Bayern ⏹⏹⏹ W 21 – 3 400 Ew – Höhe 545 m – Luftkurort – Wintersport :
600/1 200 m ⤓2 ⚐.
🅷 Verkehrsamt, Bahnhofstr. 3, ✉ 83250, ℰ (08641) 82 36, Fax (08641) 61701.
Berlin 686 – München 96 – Bad Reichenhall 50 – Salzburg 55 – Traunstein 23 – Rosenheim
37.

🏠 **Gästehaus am Schnappen** ॐ garni, Freiweidacher Str. 32, ✉ 83250, ℰ (08641)
82 29, Fax (08641) 8421, ≤, ⍐ (geheizt), 🌳 – 🅿 ॐ
geschl. Nov. - 20. Dez. – **14 Z** ⊐ 55 – 100/110.

💤 **Prinzregent**, Loitshauser Str. 5, ✉ 83250, ℰ (08641) 9 74 70, gasthof.prinzregent
@t-online.de, Fax (08641) 974727, ☂, 🌳 – ↔ Rest, ⊺⊽ 🅿 🆖 𝘝𝘐𝘚𝘈
geschl. Mitte - Ende Nov. – **Menu** (geschl. Montagabend, Dienstagabend) à la carte 24/47
– **15 Z** ⊐ 69/75 – 105/125.

In Marquartstein-Pettendorf Nord : 2 km :

🏠 **Wessnerhof**, Pettendorf 11, ✉ 83250, ℰ (08641) 9 78 40, Fax (08641) 61962, Biergarten, 🌳 – 🛗 ↔ ⊺⊽ ⊂⊃ 🅿 ॐ Rest
Menu (geschl. 6. Nov. - 8. Dez., Mittwoch) à la carte 30/70 – **37 Z** ⊐ 64/72 – 128/136
– ½ P 25.

MARSBERG Nordrhein-Westfalen ⏹⏹⏹ L 10 – 22 500 Ew – Höhe 255 m.
Berlin 450 – Düsseldorf 185 – Kassel 66 – Brilon 22 – Paderborn 44.

In Marsberg-Bredelar Süd-West : 7 km :

🏠 **Haus Nolte**, Mester-Everts-Weg 6, ✉ 34431, ℰ (02991) 3 29, Fax (02991) 1036, ☂
– ⊺⊽ 🅿 ॐ Rest
Menu (geschl. Montag) à la carte 41/60 – **10 Z** ⊐ 65/70 – 120/130.

In Marsberg-Helminghausen Süd-West : 14 km, an der Diemeltalsperre :

🏠 **Seehotel Sonnengruss** garni, Am See 3, ✉ 34431, ℰ (02991) 9 63 60, sonnengr
uss@t-online.de, Fax (02991) 963696, ≤, ≘s, ◻, 🌳 – ↔ 🅿 – 🕍 40
geschl. Dez. – **18 Z** ⊐ 85/95 – 108/150.

MARXZELL Baden-Württemberg – siehe Herrenalb, Bad.

MASELHEIM Baden-Württemberg siehe Biberach an der Riss..

MASSERBERG Thüringen ⏹⏹⏹ ⏹⏹⏹ O 16 – 900 Ew – Höhe 803 m – Wintersport : 650/841 m
⤓1 ⚐.
🅷 Masserberg-Information, Hauptstr. 37, ✉ 98666, ℰ (036870) 5 70 15, Fax (036870)
57028.
Berlin 343 – Erfurt 63 – Coburg 37 – Saalfeld 51 – Suhl 36.

🏨 **Rennsteig** Ⓜ ॐ, Am Badhaus 1, ✉ 98666, ℰ (036870) 80, hotel@m-netz.de,
Fax (036870) 8388, ☂, freier Zugang zum Sinn Bad – 🛗 ⊺⊽ ⛿ ⅙ 🅿 – 🕍 120. ⒜⒠ ⓪
🆖 𝘝𝘐𝘚𝘈 🗎 ॐ Rest
Menu à la carte 34/62 – **92 Z** (nur ½ P) 128/196, 5 Suiten.

MASSWEILER Rheinland-Pfalz **417** S 6 – 1100 Ew – Höhe 340 m.
> Berlin 682 – Mainz 138 – *Saarbrücken 59* – Pirmasens 15 – Zweibrücken 23 – Kaiserslautern 48.

XX
🍴 **Borst** (mit Gästehaus), Luitpoldstr. 4, ⌂ 66506, ℰ (06334) 14 31, Fax (06334) 1431, ☞ – TV. ✵
geschl. Ende Dez. - Anfang Jan., Juli 3 Wochen – **Menu** *(geschl. Montag - Dienstag)* 33/105 und à la carte – **5 Z** ⚏ 60/75 – 105.

MAUERSTETTEN Bayern siehe Kaufbeuren.

MAULBRONN Baden-Württemberg **419** S 10 – 6200 Ew – Höhe 250 m.
> Sehenswert : Ehemaliges Zisterzienserkloster★★ *(Kreuzgang★★, Brunnenkapelle★★, Klosterräume★★, Klosterkirche★, Herrenrefektorium★)*.
> Berlin 642 – Stuttgart 45 – *Karlsruhe 37* – Heilbronn 55 – Pforzheim 20.

🏨 **Klosterpost,** Frankfurter Str. 2, ⌂ 75433, ℰ (07043) 10 80, hotel-klosterpost@ T-o nline.de, Fax (07043) 108299, ☞ – 🛗 TV 📞 & ⇔ – 🔬 30. ஊ ⓞ ⓜⓔ VISA
Menu *(geschl. Nov. - März Sonntagabend - Montag)* à la carte 36/83 *(auch vegetarische Gerichte)* – ⚏ 10 – **39 Z** 99/139 – 159/189.

🏨 **Birkenhof,** Frankfurter Str. 25, ⌂ 75433, ℰ (07043) 4 00 67, info@ Klosterschmied e.de, Fax (07043) 40020, ☞ – TV 📞 ⇔ 🅿 – 🔬 50
Menu *(geschl. Sonntagabend - Montag)* (wochentags nur Abendessen) à la carte 31/56 ⚗ – **20 Z** ⚏ 85/95 – 129/149 – ½ P 25.

MAULBURG Baden-Württemberg siehe Schopfheim.

MAUTH Bayern **420** T 24 – 2800 Ew – Höhe 820 m – Erholungsort – Wintersport : 820/1341 m ⚡1 🎿.
🅱 Verkehrsamt, Giesekestr.2, ⌂ 94151, ℰ (08557) 96 00 85, Fax (08557) 960015.
> Berlin 536 – München 211 – *Passau 43* – Grafenau 21.

In Mauth-Finsterau Nord : 5 km – Höhe 998 m :

🏨 **Bärnriegel** ⚲ (mit Gästehaus), Halbwaldstr. 32, ⌂ 94151, ℰ (08557) 9 60 20, baer nriegel@ t-online.de, Fax (08557) 960249, ⇐, ☞, ☎, ☞ – 🅿 Zim
geschl. 10. Nov. - 15. Dez. – **Menu** à la carte 25/64 ⚗ – **26 Z** ⚏ 72/92 – 97/117 – ½ P 19.

MAYEN Rheinland-Pfalz **417** O 5 – 19500 Ew – Höhe 240 m.
> Ausflugsziel : Schloß Bürresheim★ Nord-West : 5 km.
🅱 Städtisches Verkehrsamt (im alten Rathaus), Markt, ⌂ 56727, ℰ (02651) 8 82 60, Fax (02651) 88366.
> Berlin 625 – Mainz 126 – *Koblenz 35* – Bonn 63 – Trier 99.

🏨 **Maifelder Hof,** Polcher Str. 74, ⌂ 56727, ℰ (02651) 9 60 40, Fax (02651) 76558, Biergarten – TV ⇔ 🅿 ஊ ⓞ ⓜⓔ VISA ✵ Zim
Menu *(geschl. 22. Dez. - 3. Jan., Samstag, Sonn- und Feiertage abends)* (wochentags nur Abendessen) à la carte 29/63 ⚗ – **13 Z** ⚏ 82/110 – 140/180.

🏨 **Katzenberg** garni, Koblenzer Str. 174, ⌂ 56727, ℰ (02651) 4 35 85, Fax (02651) 48855, ☞ – ✂ TV 🅿 ஊ ⓞ ⓜⓔ VISA
25 Z ⚏ 95/160 – 130/180.

🏨 **Zur Traube** garni, Bäckerstr. 6, ⌂ 56727, ℰ (02651) 9 60 10, Fax (02651) 72187 – TV ⇔ ⓞ ⓜⓔ VISA
12 Z ⚏ 85/90 – 130/140.

🏨 **Zum Alten Fritz,** Koblenzer Str. 56, ⌂ 56727, ℰ (02651) 4 32 72, Fax (02651) 41629 – ⇔ 🅿 ⓞ ⓜⓔ VISA
Menu *(geschl. 28. Feb. - 9. März, 3. - 27. Juli, Dienstag)* à la carte 32/59 ⚗ – **15 Z** ⚏ 70 – 90/130.

In Mayen-Kürrenberg Nord-West : 7 km – Höhe 525 m – Erholungsort :

🏨 **Wasserspiel,** Im Weiherhölzchen 7, ⌂ 56727, ℰ (02651) 30 81, Fax (02651) 5233, ⇐, ☞ – 🅿 ஊ ⓞ ⓜⓔ VISA
geschl. 3. - 18. Jan. – **Menu** *(geschl. Dienstag)* à la carte 39/78 ⚗ – **18 Z** ⚏ 70/80 – 100/130.

In Ettringen Nord-West : 6 km :

🏨 **Parkhotel am Schloss** ⚲, im Nettetal, ⌂ 56729 Ettringen, ℰ (02651) 80 84 04, Fax (02651) 808400, ☞, « Idyllische Lage im Nettetal ; Garten » – TV 🅿 – 🔬 16. ஊ ⓜⓔ VISA
Menu *(geschl. Jan., Montag)* à la carte 63/81 – **18 Z** ⚏ 125/165 – 300/330.

MAYSCHOSS *Rheinland-Pfalz* 🔲 *O 5 - 1 100 Ew - Höhe 141 m.*
Berlin 628 - Mainz 158 - Bonn 35 - Koblenz 56 - Adenau 22.

🏠 **Zur Saffenburg,** Ahr-Rotwein-Str. 43 (B 267), ✉ 53508, 🕿 (02643) 83 92,
Fax (02643) 8100, 😊 - 🚗 **P.** 🕸 Rest
geschl. Dez. - 20. Jan. - **Menu** *(geschl. Mittwoch)* à la carte 36/69 - **16 Z** ⌷ 70/90 - 130.

In Mayschoß-Laach :

🏨 **Die Lochmühle,** Ahr-Rotwein-Str. 62 (B 267), ✉ 53508, 🕿 (02643) 80 80, *hotel-loc
hmuehle@t-online.de,* Fax (02643) 808445, ≤, **I♨**, 🕿, 🔲, - 🛗 **TV** 🚗 **P.** - 🛅 60. 🇦🇪
🌀 **VISA**
Menu à la carte 47/82 - **100 Z** ⌷ 152/215 - 242.

MECHERNICH *Nordrhein-Westfalen* 🔲 *O 3 - 25 000 Ew - Höhe 298 m.*
🚡 *Mechernich-Satzvey (Süd-Ost : 5 km),* 🕿 (02256) 16 51.
🛈 *Stadt Mechernich, Bergstraße,* ✉ 53894, 🕿 (02443) 4 90, Fax (02443) 49199.
Berlin 623 - Düsseldorf 94 - Bonn 62 - Aachen 70 - Düren 33 - Köln 52.

In Mechernich-Kommern *Nord-West : 4 km :*

🏠 **Sporthotel Kommern am See,** Ernst-Becker-Weg 2 (an der B 266/477), ✉ 53894,
🕿 (02443) 9 90 90, Fax (02443) 990955, 😊, **I♨**, 🕿, 🔲, 🏇, 🕷 (Halle) - 🛏️× Zim, **TV**
📞 **P.** - 🛅 30. 🇦🇪 ① 🌀 **VISA**
Menu à la carte 58/80 - **30 Z** ⌷ 100/150 - 150/250.

MECKENBEUREN *Baden-Württemberg* 🔳 *W 12 - 9 900 Ew - Höhe 417 m.*
Berlin 712 - Stuttgart 158 - Konstanz 40 - Ravensburg 11 - Bregenz 32.

In Meckenbeuren-Madenreute *Nord-Ost : 5 km über Liebenau :*

🏨 **Jägerhaus** 😊, Madenreute 13, ✉ 88074, 🕿 (07542) 9 45 50 (Hotel) 46 32 (Rest.),
Fax (07542) 945556, 😊, 🕿 - 🛗, 🛏️× Zim, **TV** **P.** ① 🌀 **VISA**
Menu *(geschl. Mittwoch)* *(Montag - Freitag nur Abendessen)* à la carte 28/57 - **38 Z**
⌷ 100/140 - 130/170.

MECKENHEIM *Nordrhein-Westfalen* 🔲 *O 5 - 24 200 Ew - Höhe 160 m.*
Berlin 612 - Düsseldorf 94 - Bonn 19 - Koblenz 65.

🏨 **City-Hotel** (mit Gästehaus), Bonner Str. 25, ✉ 53340, 🕿 (02225) 60 95,
Fax (02225) 17720, **I♨**, 🕿, 🔲, - 🛗, 🛏️× Zim, **TV** **P.** - 🛅 80. 🇦🇪 ① 🌀 **VISA**
Menu à la carte 30/64 - **90 Z** ⌷ 130/145 - 170/230.

🏠 **Zwei Linden** garni, Merler Str. 1, ✉ 53340, 🕿 (02225) 9 42 00, *INFO@ZWEILINDEN.DE,*
Fax (02225) 942040 - 🛏️× **TV** 📞 ♿ **P.** - 🛅 20. ① 🌀 **VISA**
19 Z ⌷ 120/130 - 150/160.

MECKLENBURGISCHE SEENPLATTE *Mecklenburg-Vorpommern* 🔲 *F 20 bis F 22.*
Sehenswert : Seenplatte★★★ *zwischen Elbe-Lübeck-Kanal und der Uckermark mit über
1000 Seen - Müritz-Nationalpark*★.

MEDDERSHEIM *Rheinland-Pfalz siehe Sobernheim, Bad.*

MEDEBACH *Nordrhein-Westfalen* 🔲 *M 10 - 8 000 Ew - Höhe 411 m.*
*Berlin 463 - Düsseldorf 195 - Arnsberg 66 - Kassel 76 - Marburg 61 - Paderborn 89 -
Siegen 101.*

🍴 **Brombach** mit Zim, Oberstr. 6, ✉ 59964, 🕿 (02982) 85 70, *hotel-brombach@t-onli
ne.de,* Fax (02982) 3452, 😊 - 🛗 **TV** 🚗 **P.** - 🛅 20. 🇦🇪 ① 🌀 **VISA**
Menu *(geschl. Montag)* à la carte 29/70 - **9 Z** ⌷ 60/65 - 90/100.

In Medebach-Küstelberg *Nord-West : 8,5 km :*

🏠 **Schloßberghotel** 😊, Im Siepen 1, ✉ 59964, 🕿 (02981) 9 29 10, *schlossberg-hote
l@t-online.de,* Fax (02981) 929120, ≤, 😊, 🕿, 🔲, 🏇 - 🛗 **TV** 📞 **P.** 🕸
geschl. Mitte - Ende Jan. - **Menu** *(geschl. Mittwoch)* à la carte 30/62 - **16 Z** ⌷ 80/85
- 140/160.

Einige Hotels in größeren Städten
bieten preisgünstige Wochenendpauschalen an.

MEERANE Sachsen 🔢 N 21 – 22 000 Ew – Höhe 320 m.

Berlin 246 – Dresden 114 – *Chemnitz 41* – *Gera 38* – Zwickau 18 – Leipzig 67.

🏨 **Meerane** M, An der Hohen Str. 3 (Gewerbegebiet), ⊠ 08393, ℘ (03764) 59 10, *info @ hotel-meerane.de, Fax (03764) 591591,* 🍽, Massage, 🛋, ⊆ₛ – 🛗, ⇔ Zim, 📺 ✆ 🔌
⇔ 🅿 – 🔬 140. 🖭 ⓪ 🐼 🗺
Menu 28 (Buffet) à la carte 29/51 – **137 Z** ⊇ 145/190 – 195/240, 20 Suiten.

🏨 **Schwanefeld** M, Schwanefelder Str. 22 (an der B 93), ⊠ 08393, ℘ (03764) 40 50, *info@ schwanefeld.de, Fax (03764) 405606,* 🍽, 🛋, ⊆ₛ – 🛗 📺 ✆ 🅿 – 🔬 200. 🖭 ⓪
🐼 🗺 🗺
Menu à la carte 30/71 – **49 Z** ⊇ 100/125 – 120/160.

🏨 **Zur Eiche,** Karl-Schiefer-Str. 32, ⊠ 08393, ℘ (03764) 41 80, Fax (03764) 4669, Biergarten – 📺. 🐼 🗺
Menu (geschl. Sonntagabend) à la carte 23/34 – **16 Z** ⊇ 65/90 – 100/120.

*In some towns and their surrounding areas,
hoteliers are liable to increase their prices
during certain trade exhibitions and tourist events.*

MEERBUSCH Nordrhein-Westfalen siehe Düsseldorf.

MEERSBURG Baden-Württemberg 🔢 W 11 – 5 500 Ew – Höhe 444 m – Erholungsort.
Sehenswert : Oberstadt (Marktplatz★ B, Steigstraße★ A) – Neues Schloß (Terrasse ≼★)
AB.

🅱 Kur- und Verkehrsamt, Kirchstr. 4, ⊠ 88709, ℘ (07532) 43 11 10, Fax (07532)
431120.
Berlin 730 ① – Stuttgart 191 ① – *Konstanz 12* ② – Freiburg im Breisgau 143 ① –
Ravensburg 31 ① – Bregenz 48 ①

MEERSBURG

Bismarckplatz	A 2
Bleicheplatz	B 3
Burgweganlage	A 5
Daisendorfer Straße	A 6
Kirchplatz	A 7
Kirchstraße	B 8
Marktplatz	B 9
Schloßplatz	B 12
Seepromenade	A 13
Seminarstraße	B 14
Spitalgasse	A 15
Steigstraße	A
Uhldinger Straße	A 16
Unterstadtstraße	A
Vorburggasse	B 18

Pour les grands voyages
d'affaires ou de tourisme
Guide MICHELIN rouge :
EUROPE.

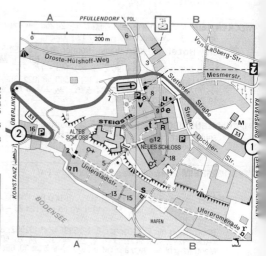

🏨 **3 Stuben** garni (mit Gästehaus), Kirchstr. 7, ⊠ 88709, ℘ (07532) 8 00 90,
Fax (07532) 1367, « Restauriertes Fachwerkhaus mit moderner Einrichtung », ⊆ₛ – 🛗 📺
✆ ⇔ 🅿 – 🔬 20. 🖭 🐼 🗺 🛇
geschl. 15. Dez. - 1. Feb. – **31 Z** ⊇ 145/195 – 230/270
B V

🏨 **Romantik Hotel Residenz am See,** Uferpromenade 11, ⊠ 88709, ℘ (07532)
8 00 40, *residenz@ romantik.de, Fax (07532) 800470,* ≼, 🍽, 🌳 – 🛗, ⇔ Zim, 📺 ✆ 🅿.
🖭 ⓪ 🐼 🗺
geschl. 13. Nov. - 15. März – **Menu** 68/125 à la carte 65/94 (auch vegetarisches Menu)
– **22 Z** ⊇ 135/192 – 210/324 – ½ P 56.
B r

Villa Bellevue garni, Am Rosenhag 5, ✉ 88709, ℰ (07532) 97 70, Fax (07532) 1367, ≤, ☞ – 📺 🚗. 🅰🅴 🅼🅾 𝑉𝐼𝑆𝐴 über Stefan-Lochner-Str. B
Ostern - 15. Okt. – **12 Z** ⌒ 140/175 – 210/240.

Seehof garni, Unterstadtstr. 36, ✉ 88709, ℰ (07532) 4 33 50, hotel.seehof@t-onlin e.de, Fax (07532) 2406 – ❙❙ 📺 🅿. 🅼🅾 𝑉𝐼𝑆𝐴. ❄ B s
geschl. 6. Jan. - 1. März, Nov. - 15. Dez. – **24 Z** ⌒ 95/140 – 160/200.

Seehotel Off ☟, Uferpromenade 51, ✉ 88709, ℰ (07532) 4 47 40, info@hotel. OFF.mbo.de, Fax (07532) 447444, ≤, ☞ – ❙❙ 📺 🚗 🅿. 🅾 🅼🅾 𝑉𝐼𝑆𝐴 über Uferpromenade B
geschl. 7. Jan. - 3. Feb. – **Menu** à la carte 40/60 – **21 Z** ⌒ 99/160 – 165/250 – ½ P 35.

Terrassenhotel Weißhaar ☟, Stefan-Lochner-Str. 24, ✉ 88709, ℰ (07532) 4 50 40, Fax (07532) 450445, ≤ Bodensee, « Gartenterrasse » – 📺 🚗 🅿. 🅼🅾
geschl. Nov. – **Menu** (geschl. Nov., Jan. - Feb.) à la carte 44/73 – **25 Z** ⌒ 120/160 – 190/220 – ½ P 30. über Stefan-Lochner-Str. B

Bären, Marktplatz 11, ✉ 88709, ℰ (07532) 4 32 20, gasthofzumbaeren@T-online.de, Fax (07532) 432244, « Gasthof a.d. 17. Jh. » – 📺 📞 🚗 B u
Mitte März - Mitte Nov. – **Menu** (geschl. Montag, März - Juni Montag - Dienstag) à la carte 32/55 – **20 Z** ⌒ 85/130 – 135/185 – ½ P 32.

Zum Schiff, Bismarckplatz 5, ✉ 88709, ℰ (07532) 4 50 00, info@hotelzumschiff.de, Fax (07532) 1537, ≤, ☞ – 📺 🅿. 🅰🅴 🅾 🅼🅾 𝑉𝐼𝑆𝐴 A n
April - Ende Okt. – **Menu** à la carte 32/56 – **50 Z** ⌒ 63/150 – 120/180 – ½ P 30.

Löwen, Marktplatz 2, ✉ 88709, ℰ (07532) 4 30 40, info@hotel-loewen-meersburg.de, Fax (07532) 430410, ☞, « Gasthof a.d. 15. Jh. » – ❄ Zim, 📺. 🅰🅴 🅾 🅼🅾 B e
𝑉𝐼𝑆𝐴 ⌒𝐶𝐵
Menu (geschl. Nov. - April Mittwoch) à la carte 51/78 – **21 Z** ⌒ 100/150 – 155/220 – ½ P 38.

Winzerstube zum Becher, Höllgasse 4, ✉ 88709, ℰ (07532) 90 09, Fax (07532) 1699, « Rustikal-gemütliche Einrichtung » – 🅰🅴 🅾 𝑉𝐼𝑆𝐴 B t
geschl. Jan. 3 Wochen, Montag – **Menu** (Tischbestellung ratsam) 38/59 à la carte 43/89.

MEESIGER Mecklenburg-Vorpommern 416 E 22 – 280 Ew – Höhe 38 m.
Berlin 181 – Schwerin 130 – Neubrandenburg 47 – Güstrow 68 – Stralsund 71.

Gravelotte 🅼 ☟, Am Kummerower See (Nord-West : 2 km), ✉ 17111, ℰ (039994) 72 10, info@hotel-gravelotte.de, Fax (039994) 721127, ☞, « Schöne Lage am Kummerower See », Massage, ≋, 🐾, ☞, ⋌ – ❙❙ 📺 🅿 – 🕍 40. 🅰🅴 🅾 🅼🅾 𝑉𝐼𝑆𝐴
Menu à la carte 27/42 – **39 Z** ⌒ 120/220.

MEHRING Rheinland-Pfalz 417 Q 4 – 2 000 Ew – Höhe 122 m.
🏌 Ensch-Birkenheck (Nord : 7 km), ℰ (06507) 99 32 55.
🅱 Heimat- und Verkehrsverein, Bachstr. 47, ✉ 54346, ℰ (06502) 14 13, Fax (06502) 1253.
Berlin 714 – Mainz 153 – Trier 20 – Bernkastel-Kues 40.

Weinhaus Molitor ☟ garni (mit Wein- und Bierstube), Maximinstr. 9, ✉ 54346, ℰ (06502) 27 88, Fax (06502) 988823, ☞ – 📺 🚗 🅿. 🅼🅾
geschl. Jan. – **11 Z** ⌒ 70/120.

In Pölich Ost : 3 km :

Pölicher Held, Hauptstr. 5 (B 53), ✉ 54340, ℰ (06507) 9 36 00, Fax (06507) 936011, ≤, ☞ – 🚗 🅿
geschl. 24. Dez.- 15. Feb. – **Menu** (geschl. Montag) à la carte 27/49 ⅃ – **9 Z** ⌒ 55 – 86/95.

MEHRING KREIS ALTÖTTING Bayern **420** V 22 – 2 100 Ew – Höhe 126 m.
Berlin 632 – München 103 – Bad Reichenhall 70 – Passau 84.

In Mehring-Hohenwart Nord : 1,5 km :

🏠 **Schwarz,** Hohenwart 10, ⌧ 84561, ℰ (08677) 9 84 00, Fax (08677) 1440, ☎ – ▥
🛏 **P** – 🏥 200. ⊚ *VISA*
Menu (geschl. Karwoche, Aug. 3 Wochen, Dienstag) à la carte 24/57 – **22 Z** ⊊ 70/78 –
106/128.

MEHRSTETTEN Baden-Württemberg siehe Münsingen.

MEINERZHAGEN Nordrhein-Westfalen **417** M 6 – 22 000 Ew – Höhe 385 m – Wintersport :
400/500 m ✈3 🛷.

🏌 Kierspe-Varmert, an der B 237 (West : 9 km), ℰ (02359) 29 02 15.
🔼 Verkehrsamt, Bahnhofstr. 11, ⌧ 58540, ℰ (02354) 7 71 32, Fax (02354) 77220.
Berlin 543 – Düsseldorf 78 – Lüdenscheid 19 – Olpe 21 – Siegen 47.

✕ **La Provence,** Kirchstr. 11, ⌧ 58540, ℰ (02354) 1 21 06, Fax (02354) 146004, ☎ –
🆎 ⊙ ⊚ *VISA*
geschl. 23. Juli - 5. Aug., Montag – **Menu** à la carte 40/60.

Dans la plupart des hôtels, les chambres non réservées par écrit,
ne sont plus disponibles après 18 h.
Si l'on doit arriver après 18 h, il convient de préciser
l'heure d'arrivée – mieux – d'effectuer une réservation par écrit.

MEINHARD Hessen siehe Eschwege.

MEININGEN Thüringen **418 420** O 15 – 24 000 Ew – Höhe 286 m.
🔼 Tourist-Information, Bernhardstr. 6, ⌧ 98617, ℰ (03693) 4 46 50, Fax (03693)
446544.
Berlin 371 – Erfurt 80 – Coburg 69 – Fulda 63.

🏨 **Romantik Hotel Sächsischer Hof,** Georgstr. 1, ⌧ 98617, ℰ (03693) 45 70, saec
hsischer-hof@romantik.de, Fax (03693) 457401, ☎ – 🛗, ⇔ Zim, ▥ ✆ **P** – 🏥 80. 🆎
⊙ ⊚ *VISA* ⅏ Rest
Posthalterei : Menu à la carte 47/66 – **Post-Schenke :** Menu à la carte 31/43 – **40 Z**
⊊ 148/168 – 185/235, 3 Suiten.

🏨 **Schloß Landsberg** ⌾, Landsberger Straße 150 (Nord-West : 4 km), ⌧ 98617,
ℰ (03693) 4 40 90, castle-landsberg@t-online.de, Fax (03693) 440944, ≤, ☎, « Schloß
im gotischen Stil a.d.J. 1840 mit stilvoller Einrichtung » – 🛗, ⇔ Zim, ▥ ✆ **P** – 🏥 20.
🆎 ⊙ ⊚ *VISA*
Menu à la carte 35/56 – **18 Z** ⊊ 170/200 – 200/250, 7 Suiten.

🏠 **Ernestiner Hof** garni, Ernestiner Str. 9, ⌧ 98617, ℰ (03693) 47 80 53,
Fax (03693) 478055 – 🛗 ▥ ✆. 🆎 ⊙ ⊚ *VISA*
16 Z ⊊ 110/130 – 140/170.

🏠 **Im Kaiserpark** garni, Günther-Raphael-Str. 9, ⌧ 98617, ℰ (03693) 81 57 00,
Fax (03693) 815740 – 🛗 ⇔ ▥ ⇔ **P** – 🏥 80. ⊚ *VISA*
37 Z ⊊ 90/100 – 145.

🏠 **Schlundhaus** (mit Gästehaus), Schlundgasse 4, ⌧ 98617, ℰ (03693) 81 38 38,
Fax (03693) 813839, ☎ – 🛗, ⇔ Zim, ▥ ✆ ⇔ – 🏥 50. 🆎 ⊙ ⊚ *VISA*
Menu à la carte 25/41 – **20 Z** ⊊ 105/125 – 140/180.

MEISDORF Sachsen-Anhalt **418** K 17 – 1 200 Ew – Höhe 150 m.
🏌 Petersberger Trift 33, ℰ (034743) 9 84 50.
🔼 Fremdenverkehrsverein, Hauptstr. 31, ⌧ 06463, ℰ (034743) 82 00.
Berlin 213 – Magdeburg 62 – Quedlinburg 19.

🏨 **Parkhotel Schloß Meisdorf** M ⌾ (mit Gästehäusern), Allee 5, ⌧ 06463, ℰ (034743)
9 80, info@parkhotel-schloss-meisdorf.de, Fax (034743) 98222, ☎, « Hotelanlage in
einem Park », ⇌, ▣, ≋, ⅏ – ⇔ Zim, ▥ **P** – 🏥 80. 🆎 ⊙ ⊚ *VISA*
Menu à la carte 39/62 – **Château Neuf** (geschl. Sonntagabend - Montag) **Menu** à la carte
48/68 – **83 Z** ⊊ 119/169 – 189/259.

MEISENHEIM *Rheinland-Pfalz* 🔲 *Q 7 – 3 400 Ew – Höhe 162 m – Erholungsort.*
Berlin 642 – Mainz 72 – Bad Kreuznach 31 – Kaiserslautern 43.

🏠 **Am Markt,** Untergasse 40, ⊠ 55590, ℰ (06753) 9 33 90, Fax (06753) 933960, 🌳
✦⮕ Zim, 📺 📞 📻 – 🔧 20. 🆑 ⓞ 🅜 🆚🆂🅰
geschl. Jan. - Feb. 3 Wochen – **Menu** *(geschl. Montag)* à la carte 35/63 – **11 Z** ⊃ 75/130
– ½ P 25.

*Die Übernachtungs- und Pensionspreise können sich durch die
Kurtaxe erhöhen.
Erfragen Sie daher bei der Zimmerreservierung den zu zahlenden
Endpreis.*

*In questa guida
uno stesso simbolo, uno stesso carattere
stampati in rosso o in **nero**, in magro o in **grassetto**,
hanno un significato diverso.
Leggete attentamente le pagine esplicative.*

MEISSEN *Sachsen* 🔲 *M 24 – 31 000 Ew – Höhe 110 m.*
Sehenswert : *Staatliche Porzellanmanufaktur★ AZ – Albrechtsburg★ AX – Dom★
(Grabplatten★ in der Fürstenkapelle, Laienaltar★, Stifterfiguren★★) AX.*
🅱 *Tourist-Information, Markt 3,* ⊠ *01662,* ℰ *(03521) 4 19 40, Fax (03521) 419419.*
Berlin 194 ① – Dresden 23 ② – Chemnitz 61 ④ – Leipzig 85 ⑤

Stadtpläne siehe nächste Seiten

🏛 **Parkhotel Pannonia** 🅼, Hafenstr. 27, ⊠ 01662, ℰ (03521) 7 22 50, H1699@acc
or-hotels.com, Fax (03521) 722904, « Terrasse mit ≪ », Massage, ≋, 🌳 – 📶, ✦⮕ Zim,
📺 🚗 📞 – 🔧 60. 🆑 ⓞ 🅜 🆚🆂🅰 🅹🅲🅱. 🍴 Rest   BX a
Menu à la carte 45/68 – ⊃ 23 – **97 Z** 167/202 – 167/212, 5 Suiten.

🏛 **Goldener Löwe,** Heinrichplatz 6, ⊠ 01662, ℰ (03521) 4 11 10, Fax (03521) 4111444,
🌳 – 📶, ✦⮕ Zim, 📺 📞 – 🔧 30. 🆑 🅜 🆚🆂🅰 🅹🅲🅱   ABY t
Menu à la carte 28/52 – **36 Z** ⊃ 110/135 – 200/240.

🏛 **Am Markt Residenz** garni (mit Gästehaus), An der Frauenkirche 1, ⊠ 01662, ℰ (03521)
4 15 10, Fax (03521) 415151 – 📶 ✦⮕ 📺 📞   AY e
37 Z.

🏛 **Burgkeller,** Domplatz 11, ⊠ 01662, ℰ (03521) 4 14 00, Fax (03521) 41404,
≪ Meissen, 🌳, Biergarten – 📶 📺 📞 📞 – 🔧 60. 🆑 ⓞ 🅜 🆚🆂🅰 🅹🅲🅱.
🍴 Rest   AX u
Menu à la carte 29/55 – **9 Z** ⊃ 110/160 – 174/240.

🏛 **Andree** 🅼, Ferdinandstr. 2, ⊠ 01662, ℰ (03521) 75 50, Hotel-Andree-meissen@t-o
nline.de, Fax (03521) 755130, 🌳 – 📶, ✦⮕ Zim, 📺 📞 ♿ 📞 – 🔧 30. 🆑
🅜 🆚🆂🅰   CX m
Menu *(geschl. Sonntag) (nur Abendessen)* à la carte 27/44 – **86 Z** ⊃ 110/130 –
140/170.

🏛 **Goldgrund,** Goldgrund 14, ⊠ 01662, ℰ (03521) 4 79 30, Fax (03521) 479344 –
⮕ ✦⮕ Zim, 📺 📞 📞 🆑 ⓞ 🅜 🆚🆂🅰   AZ d
Menu à la carte 20/40 – **22 Z** ⊃ 75/95 – 145.

🏠 **Ross,** Grossenhainer Str. 9, ⊠ 01662, ℰ (03521) 75 10, minotel.Ross@s-direkt.de,
⮕ Fax (03521) 751999, 🌳, ≋ – 📶, ✦⮕ Zim, 📺 📞 🚗 📞 – 🔧 40. 🆑 ⓞ
🅜 🆚🆂🅰   BY b
Menu à la carte 24/47 – **39 Z** ⊃ 130/150 – 170/240.

🍴 **Romantik Restaurant Vincenz Richter,** An der Frauenkirche 12, ⊠ 01662,
ℰ (03521) 45 32 85, Fax (03521) 453763, (Weinstube in einem historischen Gebäude a.d.J.
1523), « Historische Waffen- und Gerätesammlung ; Innenhofterrasse » – ✦⮕. 🆑
🅜 🆚🆂🅰   AY f
geschl. Jan., Sonntagabend - Montag – **Menu** *(Tischbestellung ratsam)* à la carte
35/54.

In Meissen-Winkwitz *Nord : 4 km über Hafenstraße* BX :

🏛 **Knorre** 🅼, Elbtalstr. 3, ⊠ 01665, ℰ (03521) 7 60 70, Fax (03521) 760777, ≪,
« Terrasse an der Elbe », 🎱, ♨, ≋ – 📶, ✦⮕ Zim, 📺 📞 ♿ 📞 – 🔧 50. 🆑
🅜 🆚🆂🅰
Menu à la carte 26/44 – **23 Z** ⊃ 110/120 – 180/200.

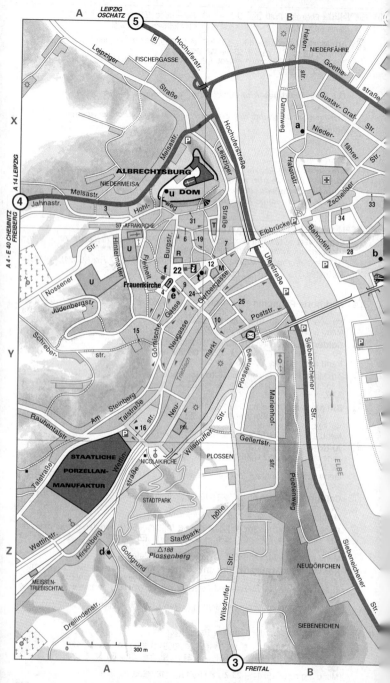

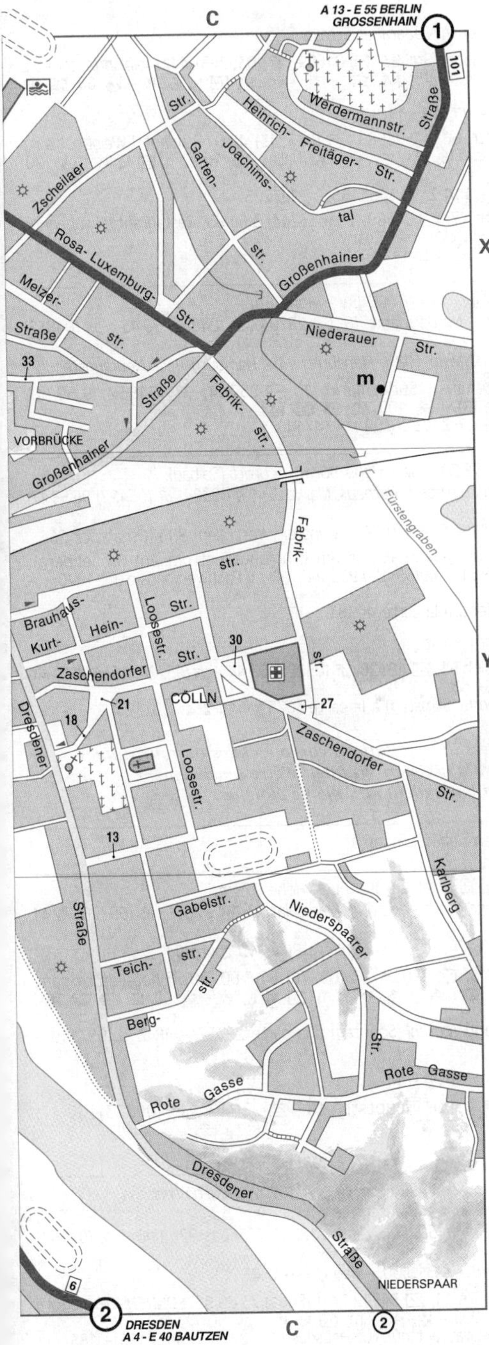

MEISSEN

Am Lommatzscher Tor	AX	3
Am Steinberg	AY	
An der Frauenkirche	AY	4
Baderberg	AXY	6
Bahnhofstraße	BY	
Bergstraße	CZ	
Brauhausstraße	CY	
Burgstraße	AY	
Dammweg	BX	
Dreilindenstr.	AZ	
Dresdener Str.	CYZ	
Elbbrücke	BXY	
Elbstraße	BY	7
Fabrikstraße	CX	
Fleischergasse	AY	9
Freiheit	AY	
Gabelstraße	CZ	
Gartenstraße	CX	
Gellertstraße	BY	
Gerbergasse	BY	
Görnische Gasse	AY	
Goethestraße	BX	
Goldgrund	AZ	
Großenhainer Str.	CXY	
Gustav-Graf-Str.	BX	
Hafenstraße	BX	
Hahnemannspl.	BY	10
Heinrich-Freitäger-Straße	CX	
Heinrichsplatz	BY	12
Herbert-Böhme-Str.	CY	13
Hintermauer	AY	
Hirschbergstraße	AZ	
Hochuferstraße	ABX	
Hohlweg	AX	
Jahnastraße	AX	
Joachimstal	CX	
Jüdenbergstr.	AY	
Justusstufen	AY	15
Karlberg	CYZ	
Kerstingstraße	AY	16
Kirchgasse	CY	18
Kurt-Hein-Straße	CY	
Leipziger Straße	ABX	
Loosestraße	CY	
Lorenzgasse	AY	19
Lutherplatz	CY	21
Marienhofstraße	BY	
Markt	AY	22
Marktgasse	ABY	24
Martinstraße	BY	25
Meisastraße	AX	
Melzerstraße	CX	
Moritzburger Platz	CY	27
Neugasse	AY	
Neumarkt	AY	
Niederauer Straße	CX	
Niederfährer Str.	BCX	
Niederspaarer Str.	CZ	
Nossener Str.	AY	
Plossenweg	BY	
Poetenweg	BZ	
Poststraße	BY	
Ratsweinberg	BY	28
Robert-Koch-Platz	CY	30
Rosa-Luxemburg-Str.	CX	
Rote Gasse	CZ	
Schloßberg	AX	31
Schreberstraße	AY	
Siebeneichener Str.	BYZ	
Stadtparkhöhe	ABZ	
Talstraße	AYZ	
Teichstraße	CZ	
Uferstraße	BY	
Vorbrücker Straße	BCX	33
Weinberggasse	BX	34
Werdermannstr.	CX	
Wettinstraße	AYZ	
Wildsdruffer Str.	BYZ	
Zaschendorfer Str.	CY	
Zscheilaer Str.	BCX	

*Nos **guides hôteliers**, nos **guides touristiques** et nos **cartes routières** sont complémentaires. Utilisez-les ensemble.*

In Weinböhla *Nord-Ost : 11 km über Niederauer Straße CX :*

Elbland Hotel [M], Dresdner Str. 93, ✉ 01689, ☎ (035243) 4 00, *elblandhotel@t-online.de, Fax (035243) 40400*, – Zim, – 60. AE MC VISA
Menu à la carte 34/58 – **77 Z** 110/170.

Waldhotel, Forststr. 66, ✉ 01689, ☎ (035243) 4 10, *Waldhotel-Weinboehla@t-online.de, Fax (035243) 41418*, (Halle) – Zim, – 120. AE MC VISA
Menu à la carte 35/63 – **114 Z** 145/185 – 190/225.

Laubenhöhe, Köhlerstr. 77, ✉ 01689, ☎ (035243) 3 61 83, *Restaurant@Laubenhoehe.de, Fax (035243) 36151*, – Rest
geschl. Montag – **Menu** 35 à la carte 38/66.

MELDORF *Schleswig-Holstein* 415 *D 11 – 8 000 Ew – Höhe 6 m.*

Fremdenverkehrsverein, Nordermarkt 10, ✉ 25704, ☎ (04832) 70 45, Fax (04832) 7046.

Berlin 385 – Kiel 93 – Cuxhaven 108 – Flensburg 94 – Hamburg 95 – Neumünster 72.

Zur Linde (mit Gästehaus), Südermarkt 1, ✉ 25704, ☎ (04832) 9 59 50, *Fax (04832) 43 12*, – – 100. AE MC VISA
Menu à la carte 37/66 – **17 Z** 88/99 – 134/148.

MELLE *Niedersachsen* 417 *J 9 – 48 000 Ew – Höhe 80 m – Kurort (Solbad).*

Fremdenverkehrs- und Kulturamt, Rathaus, Markt 22, ✉ 49324, ☎ (05422) 96 53 12, Fax (05422) 965320.

Berlin 399 – Hannover 115 – Bielefeld 39 – Münster (Westfalen) 80 – Osnabrück 26.

Heimathof, Friedr.-Ludwig-Jahn-Str. 10 (im Erholungszentrum Am Grönenberg), ✉ 49324, ☎ (05422) 55 61, *Fax (05422) 959068*, « Fachwerkhaus a.d.J. 1620 » – MC
geschl. Feb., Montag – **Menu** à la carte 40/63.

In Melle-Riemsloh *Süd-Ost : 7 km :*

Alt Riemsloh, Alt-Riemsloh 51, ✉ 49328, ☎ (05226) 55 44, *Fax (05226) 1556*, – – 50. MC
Menu *(geschl. Freitagabend - Samstag)* à la carte 30/57 – **11 Z** 70/125.

A l'occasion de certaines manifestations commerciales ou touristiques, les prix demandés par les hôteliers risquent d'être sensiblement majorés dans certaines villes et leurs alentours même éloignés.

MELLINGHAUSEN *Niedersachsen siehe Sulingen.*

MELLRICHSTADT *Bayern* 418 420 *O 14 – 6 300 Ew – Höhe 270 m.*

Verein für Tourismus und Stadtmarketing, Marktplatz 2, ✉ 97638, ☎ (09776) 92 41 Fax (09776) 7342.

Berlin 392 – München 359 – Fulda 57 – Bamberg 89 – Würzburg 91.

Sturm, Ignaz-Reder-Str. 3, ✉ 97638, ☎ (09776) 8 18 00, *info@hotel-sturm.com, Fax (09776) 818040*, – Zim, – 30. AE MC VISA.
Rest
geschl. 2. - 16. Jan. – **Menu** *(geschl. Sonntag)* à la carte 29/57 – **48 Z** 99/119 – 122/168.

In Oberstreu-Mittelstreu *Süd-West : 4 km :*

Gästehaus Storath garni, Hauptstr. 18, ✉ 97640, ☎ (09773) 50 17, *Fax (09773) 890199* – AE MC VISA
12 Z 60/90.

MELSUNGEN *Hessen* 417 418 *M 12 – 14 900 Ew – Höhe 182 m – Luftkurort.*

Sehenswert : *Rathaus★ – Fachwerkhäuser★.*

Tourist-Information, Kasseler Str. 44, ✉ 34212, ☎ (05661) 92 11 00, Fax (05661) 921112.

Berlin 407 – Wiesbaden 198 – Kassel 30 – Bad Hersfeld 45.

Sonnenhof, Franz-Gleim-Str. 11, ✉ 34212, ☎ (05661) 73 89 99, *SONNENHOF-meg@t-online.de, Fax (05661) 738998* – Zim, – 60. MC VISA
Menu *(nur Abendessen)* (Restaurant nur für Hausgäste) – **24 Z** 115/155 – 185.

🏠 **Comfort Hotel** Ⓜ garni, Am Bürstoß 2a (an der B 253), ✉ 34212, 𝒞 (05661) 73 91 00, *comfortmelsungen@yahou.de, Fax (05661) 739299* – 🚫 🆑 📺 ❤ ᕃ 🅿 – 🅰 40. 🅰🅴 ⓪
⓰ 𝗩𝗜𝗦𝗔
99 Z � 119/129 – 139/149.

✗✗ **Frank Schicker-Alte Apotheke,** Brückenstr. 5, ✉ 34212, 𝒞 (05661) 73 81 18,
✿ *Fax (05661) 738112,* « Elegantes Restaurant mit Einrichtung einer ehemaligen Apotheke ; Innenhofterrasse » 𝗩𝗜𝗦𝗔. 🚫
geschl. Sonntag - Montagmittag – **Menu** 52/125 und à la carte
Spez. Variation vom Milchkalbsfafelspitz. Lammrücken mit geschmorten Artischocken und Rotwein-Risotto. Quarksoufflé (2. Pers.).

Dans ce guide
un même symbole, un même mot,
*imprimé en **noir** ou en rouge, en maigre ou en **gras**,*
n'ont pas tout à fait la même signification.
Lisez attentivement les pages explicatives.

MEMMELSDORF *Bayern* 🈡🈡🈡 *Q 16 – 8 100 Ew – Höhe 285 m.*
Berlin 398 – München 240 – Coburg 47 *– Bamberg 7.*

🏠 **Brauerei-Gasthof Drei Kronen** (mit Gästehaus), Hauptstr. 19, ✉ 96117, 𝒞 (0951)
94 43 30, *dreiKronen@t-online.de, Fax (0951) 9443366,* ☂ – 🚫 Zim, 📺 🅿 – 🅰 30. 🅰🅴
⓰ 𝗩𝗜𝗦𝗔
Menu *(geschl. Sonntagabend - Montagmittag)* à la carte 29/54 – **27 Z** ⊑ 89/120 –
138/178.

MEMMINGEN *Bayern* 🈡🈡🈡🈡 *W 14 – 41 000 Ew – Höhe 595 m.*
Sehenswert : Pfarrkirche St. Martin (Chorgestühl★) Y.
🛈 *Stadtinformation, Marktplatz 3,* ✉ 87700, 𝒞 (08331) 85 01 72, Fax (08331) 850178.
Berlin 661 ⑤ *– München 114* ② *–* Kempten (Allgäu) *35* ③ *–* Augsburg *95* ② *– Bregenz 74* ④ *– Ulm (Donau) 55* ⑤

Stadtplan siehe nächste Seite

🏨 **Parkhotel an der Stadthalle,** Ulmer Str. 7, ✉ 87700, 𝒞 (08331) 93 20,
Fax (08331) 48439, Biergarten, ☞ – 📶, 🚫 Zim, 📺 ❤ – 🅰 40. 🅰🅴 ⓪ ⓰ 𝗩𝗜𝗦𝗔
🚫 Rest   Y r
Schwarzer Ochsen : Menu à la carte 31/65 – **89 Z** ⊑ 135/149 – 185/205.

🏨 **Falken** garni, Roßmarkt 3, ✉ 87700, 𝒞 (08331) 9 45 10, *info@hotel-falken.memmin*
gen.com, Fax (08331) 9451500 – 📶 🚫 📺 ❤ ☞ – 🅰🅴 ⓪ ⓰ 𝗩𝗜𝗦𝗔   Z v
geschl. Ende Dez. - Anfang Jan., Aug. – **39 Z** ⊑ 120/165 – 190/215.

🏠 **Weisses Ross,** Kalchstr. 16, ✉ 87700, 𝒞 (08331) 93 60, *info@hotelweissesross.de,*
Fax (08331) 936150 – 📶, 🚫 Zim, 📺 ❤ ☞ – 🅰 40. ⓰ 𝗩𝗜𝗦𝗔   Y e
Menu à la carte 34/70 – **50 Z** ⊑ 90/110 – 130/160.

✗✗ **Lug ins Land,** Rennweg 14, ✉ 87700, 𝒞 (08331) 29 32, Fax (08331) 834681 – 🅿 ⓰
geschl. Anfang - Mitte Jan., August 3 Wochen, Sonntag - Montag – **Menu** *(nur Abendessen)*
à la carte 59/78.   Y n

✗✗ **Weinstube Weber am Bach,** Untere Bachgasse 2, ✉ 87700, 𝒞 (08331) 24 14,
Fax (08331) 495658, ☂ – ⓰ 𝗩𝗜𝗦𝗔   Z c
Menu (Tischbestellung ratsam) à la carte 37/79.

In Memmingen-Amendingen *über* ① *: 2 km :*

🏠 **Hiemer,** Obere Str. 24, ✉ 87700, 𝒞 (08331) 8 79 51, Fax (08331) 87954, ☂ – 📶 📺
🅿 – 🅰 100. 🅰🅴 ⓰ 𝗩𝗜𝗦𝗔
Menu à la carte 27/55 – **34 Z** ⊑ 88/120 – 140/160.

In Buxheim *über* ⑤ *: 4,5 km :*

🏠 **Weiherhaus** 🐾, Am Weiherhaus 13, ✉ 87740, 𝒞 (08331) 7 21 23,
🏡 *Fax (08331) 73935,* ☂ – 📺 🅿 – 🅰 30. 🅰🅴 ⓰ 🚫 Zim
Menu *(geschl. Montag)* à la carte 23/55 – **8 Z** ⊑ 90/135.

In Hawangen *über* ② *: 5 km, in Benningen links ab :*

✗✗ **D'Rescht,** Bahnhofstr. 63, ✉ 87749, 𝒞 (08332) 2 69, Fax (08332) 5383, ☂,
« Ehemaliger Bahnhof mit wechselnden Ausstellungen zeitgenössischer Kunst » – 🅿
geschl. 10. - 20. Feb., 10. Aug. - 10. Sept., Montag - Dienstag – **Menu** *(wochentags nur*
Abendessen) à la carte 64/98.

MEMMINGEN

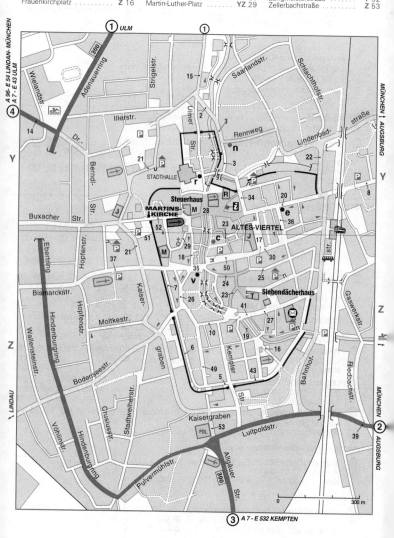

754

MENDEN Nordrhein-Westfalen 👿👿👿 L 7 – 56 900 Ew – Höhe 145 m.

🚇 Fröndenberg, Eulenstr. 58 (Nord-West : 7 km), ℰ (02373) 7 64 89.

Berlin 488 – Düsseldorf 92 – Arnsberg 33 – Dortmund 34 – Iserlohn 12.

🏨 **Central** garni, Unnaer Str. 33, ⌧ 58706, ℰ (02373) 92 84 50, hotel-central@t-online
.de, Fax (02373) 5531 – 📳 📺 📞 ◱ ☻ ☻ ☻ ☻ ☻
geschl. Weihnachten - Neujahr – **16 Z** ⌇ 100 – 140/150.

MENDIG Rheinland-Pfalz 👿👿👿 O 5 – 8 500 Ew – Höhe 200 m.

Berlin 621 – Mainz 118 – Koblenz 33 – Bonn 58.

🏨 **Hansa**, Laacher-See-Str. 11, ⌧ 56743, ℰ (02652) 9 70 80, Fax (02652) 970813, ☕ ,
☖ , ☞ – 📺 📞 ♿ ⇦ ◱ ☻ ☻ ☻ ☻
geschl. 15. Dez. - 1. März – **Menu** (geschl. Donnerstag) à la carte 28/53 – **22 Z** ⌇ 80/100
– 140/150.

MENGEN Baden-Württemberg 👿👿👿 V 12 – 9 500 Ew – Höhe 560 m.

Berlin 690 – Stuttgart 116 – Konstanz 73 – Freiburg im Breisgau 138 – Ulm (Donau) 72
– Bregenz 89.

🏨 **Zum Lamm** Ⓜ, Hauptstr. 131 (B 311), ⌧ 88512, ℰ (07572) 7 66 10, GasthofzumLa
mm@t-online.de, Fax (07572) 766123, ☕ – 📳 ↔ Zim, 📺 📞 ⇦ ◱ – 🔏 15. ☻ ☻ ☻
Menu à la carte 34/77 – **10 Z** ⌇ 80/83 – 124/140.

🏨 **Rebstock**, Hauptstr. 93 (B 311), ⌧ 88512, ℰ (07572) 7 66 80, RebMengen@t-online
.de, Fax (07572) 766837, ☕ – 📺 📞 ◱ ☻ ☻ ☻ . ✳ Zim
geschl. 24. Dez. - 6. Jan., Mai 2 Wochen – **Menu** (geschl. Samstagmittag, Montag) à la carte
36/67 – **11 Z** ⌇ 75/130.

MENGERSKIRCHEN Hessen siehe Weilburg.

MENGKOFEN KREIS DINGOLFING Bayern 👿👿👿 T 21 – 4 700 Ew – Höhe 393 m.

Berlin 556 – München 106 – Regensburg 65 – Dingolfing 10 – Passau 80.

🏨 **Zur Post**, Hauptstr. 20, ⌧ 84152, ℰ (08733) 9 22 70, info@hotel-zur-post-mengkof
en.de, Fax (08733) 9227170, ☕ , « Gasthof aus dem 18.Jh. mit moderner Einrichtung ;
ständig wechselnde Kunstausstellungen » – 📳 📺 ◱ – 🔏 80. ◱ ☻ ☻ ☻
geschl. Mitte Jan. 1 Woche, Aug. 2 Wochen – **Menu** (geschl. Montag - Dienstagmittag)
à la carte 51/69 – **23 Z** ⌇ 100/145 – 145/165.

MEPPEN Niedersachsen 👿👿👿 H 5 – 33 000 Ew – Höhe 20 m.

🚇 Gut Düneburg, (Nord-West : 14 km), ℰ (05932) 7 27 40.

🎟 Tourist Information, Rathaus, ⌧ 49716, ℰ (05931) 15 31 06, Fax (05931) 153330.

Berlin 504 – Hannover 240 – Nordhorn 43 – Bremen 129 – Groningen 96 – Osnabrück 85.

🏨 **Poeker** (mit Gästehäusern), Herzog-Arenbergstr. 15, ⌧ 49716, ℰ (05931) 49 10, Hote
l.Poecker@t-online.de, Fax (05931) 491100, ☕ , ☞ – 📳 ↔ Zim, 📺 📞 ◱ – 🔏 60. ◱
☻ ☻ ☻
Menu à la carte 30/62 – **58 Z** ⌇ 85/120 – 150/198.

🏨 **Altstadt Hotel** garni, Nicolaus-Augustin-Str. 3, ⌧ 49716, ℰ (05931) 9 32 00,
Fax (05931) 87214 – 📳 📺 ◱ ☻ ☻ ☻
15 Z ⌇ 85/98 – 135/145.

🏨 **Parkhotel** ⩸, Lilienstr. 21 (nahe der Freilichtbühne), ⌧ 49716, ℰ (05931) 9 79 00,
Parkhotel@meppen.de, Fax (05931) 979050 – 📳 📺 ◱ ☻ ☻
Menu (geschl. Sonntag) (nur Abendessen) à la carte 30/63 – **29 Z** ⌇ 85/110 – 120/190.

🏨 **Schmidt** ⩸, Markt 17, ⌧ 49716, ℰ (05931) 9 81 00, HOTEL-SCHMIDT@MEPPEN.DE,
Fax (05931) 981010, ☕ – 📳 📺 ◱ ◱ ☻ ☻ ☻
Menu à la carte 32/59 – **20 Z** ⌇ 65/100 – 140/160.

MERCHING Bayern siehe Mering.

MERGENTHEIM, BAD Baden-Württemberg 👿👿👿 R 13 – 22 500 Ew – Höhe 210 m – Heilbad.

Ausflugsziel : Stuppach : Pfarrkirche (Stuppacher Madonna★★ von Grünewald) Süd : 6 km.

🚇 🚇 Igersheim, Erlenbachtal 36, ℰ (07931) 56 11 09.

🎟 Kultur- und Verkehrsamt, Marktplatz 3, ⌧ 97980, ℰ (07931) 5 71 31, Fax (07931)
57300.

Berlin 539 – Stuttgart 117 – Würzburg 46 – Ansbach 78 – Heilbronn 75.

🏨 **Victoria,** Poststr. 2, ✉ 97980, ℰ (07931) 59 30, *hotel-victoria@t-online.de*,
Fax (07931) 593500, « Terrasse », Massage, ⬛ – 🛗, ⚡ Zim, 📺 �']'] ⬛ – 🔧 100.
🆎 ⓪ ⑩ 𝘝𝘐𝘚𝘈 𝙅𝘾𝘽

Zirbelstuben (bemerkenswerte Weinkarte) **Menu** à la carte 75/100 – **Markthalle und
Vinothek** : Menu à la carte 51/70 – **78 Z** ⊇ 145/175 – 190/390, 3 Suiten –
½ P 45
Spez. Das Beste vom Kalbskopf im Strudelteig mit Pfifferlingen und Trüffelsauce.
Geschmortes "Boeuf de Hohenlohe" mit Kartoffel-Olivenpüree. Mohnravioli mit Marzi-
pansauce und weißem Schokoladeneis.

🏨 **Maritim Parkhotel** 🐾, Lothar-Daiker-Str. 6 (im Kurpark), ✉ 97980, ℰ (07931) 53 90,
Fax (07931) 539100, ☕, Massage, ♨, ⬛, ⬛, ⬛ – 🛗, ⚡ Zim, 📺 ⚱ & ⬛ – 🔧 170.
🆎 ⓪ ⑩ 𝘝𝘐𝘚𝘈 𝙅𝘾𝘽 ⚘ Rest
Menu à la carte 42/92 – **116 Z** ⊇ 188/238 – 235/285 – ½ P 43.

🏨 **Bundschu,** Cronbergstr. 15, ✉ 97980, ℰ (07931) 93 30, *info@hotel-bundschu.de*,
Fax (07931) 933633, « Innenhofterrasse », ⬛ – ⚡ Zim, 📺 ⚱ ⬛ – 🔧 20. 🆎 ⓪ ⑩
𝘝𝘐𝘚𝘈 𝙅𝘾𝘽
geschl. 4. - 20. Jan. – **Menu** (geschl. Montag) à la carte 37/75 – **50 Z** ⊇ 115/145 – 160/210
– ½ P 39.

🏨 **Alte Münze** Ⓜ garni, Münzgasse 12, ✉ 97980, ℰ (07931) 56 60, *altemuenze@aol.
com*, Fax (07931) 566222 – 🛗 📺 ⚱ & ⬛. ⑩ 𝘝𝘐𝘚𝘈
32 Z ⊇ 88/95 – 140/148.

🍴 **Brauereigasthof Klotzbücher,** Boxberger Str. 6, ✉ 97980, ℰ (07931) 59 34 00,
Biergarten – ⬛
Menu à la carte 25/39.

In Bad Mergentheim-Markelsheim Süd-Ost : 6 km :

🏨 **Weinstube Lochner,** Hauptstr. 39, ✉ 97980, ℰ (07931) 93 90, *Weinstube-Lochne
r@t-online.de*, Fax (07931) 939193, ☕, ⬛, ⬛ – 🛗 📺 ⚱ ⬛ – 🔧 60.
⑩ 𝘝𝘐𝘚𝘈
Menu (geschl. Montag) à la carte 31/63 ⚘ – **54 Z** ⊇ 90/95 – 140/180 – ½ P 30.

🏨 **Gästehaus Birgit** 🐾 garni, Scheuerntorstr. 25, ✉ 97980, ℰ (07931) 9 09 00, *gaes
tehaus.birgit@t-online.de*, Fax (07931) 909040, ⬛, ⬛ – ⚡ 📺 ⚱ ⬛ – 🔧 20. ⑩
𝘝𝘐𝘚𝘈. ⚘
15 Z ⊇ 67/72 – 100/120.

🍴 **Schurk,** Hauptstr. 57, ✉ 97980, ℰ (07931) 21 32, Fax (07931) 46600, ☕,
« Weinlaube » – ⬛. ⑩ 𝘝𝘐𝘚𝘈
geschl. Ende Jan. - Ende Feb., Dienstag - Mittwoch – **Menu** (wochentags nur Abendessen)
à la carte 28/53.

In Bad Mergentheim-Neunkirchen Süd : 2 km :

🏨 **Landgasthof Rummler** 🐾 (mit Gästehaus), Althäuser Str. 18, ✉ 97980, ℰ (07931)
4 50 25, *Landgasthof-Rummler@t-online.de*, Fax (07931) 45029, Biergarten, ⬛ – 📺 ⬛
⬛. 🆎 ⑩ 𝘝𝘐𝘚𝘈. ⚘ Zim
geschl. 23. Dez. - 5. Jan., 27. Aug. - 9. Sept. – **Menu** (geschl. Montag) à la carte 33/51 –
9 Z ⊇ 73/132 – ½ P 20.

*Les prix de chambre et de pension
peuvent parfois être majorés de la taxe de séjour.
Lors de votre réservation à l'hôtel,
faites-vous bien préciser le prix définitif qui vous sera facturé.*

MERING Bayern ⬛⬛⬛ ⬛⬛⬛ V 16 – 9 100 Ew – Höhe 526 m.
Berlin 576 – München 53 – Augsburg 17 – Landsberg am Lech 29.

In Merching-Steinach Süd-Ost : 6 km :

🏨 **Dominikus Hof** garni, Kapellenweg 1, ✉ 86504, ℰ (08202) 9 60 90,
Fax (08202) 960940, ☕, 🐎 – ⚡ 📺 ⬛ ⬛
16 Z ⊇ 60/85 – 100/120.

MERKLINGEN Baden-Württemberg ⬛⬛⬛ U 13 – 1 600 Ew – Höhe 699 m.
Berlin 629 – Stuttgart 73 – Reutlingen 53 – Ulm (Donau) 26.

🏨 **Ochsen,** Hauptstr. 12, ✉ 89188, ℰ (07337) 9 61 80, Fax (07337) 9618200, ☕, ⬛ –
⚡ Zim, 📺 ⬛ ⬛. 🆎 ⑩ 𝘝𝘐𝘚𝘈
geschl. Juni 2 Wochen, Nov. 2 Wochen – **Menu** (geschl. Sonntag - Montagmittag) à la carte
26/52 – **19 Z** ⊇ 98/110 – 135/150.

In Berghülen *Süd : 8 km :*

🏠 **Ochsen,** Blaubeurer Str. 14, ✉ 89180, 𝒫 *(07344) 9 60 90, Fax (07344) 960960,* ☎s,
⬜, ≉ – 🛗, ✦ Zim, 📺 ⟺ 🅿 – 🔏 25. 🅰🅴 ⓜ⓪ *VISA*. ✘
Menu *(geschl. Ende Juli - Anfang Aug., Montag)* à la carte 22/46 ♨ – **42 Z** ⇌ 60/75 –
70/130.

MERSEBURG *Sachsen-Anhalt* 🄸🄸🄸 *L 19 – 40 000 Ew – Höhe 86 m.*
Sehenswert : Dom★★ *(Kanzel*★, *Bronzegrabplatte*★ *König Rudolfs).*
🄱 *Tourist-Information, Burgstr. 5,* ✉ *06217,* 𝒫 *(03461) 21 41 70, Fax (03461) 214177.*
Berlin 189 – Magdeburg 104 – Leipzig 27 – Halle 16 – Weimar 79.

🏛 **Radisson SAS** Ⓜ, Oberaltenburg 4, ✉ *06217,* 𝒫 *(03461) 4 52 00, Fax (03461) 452100,*
≋, ☎s – 🛗, ✦ Zim, ▤ 📺 📞 ⟺ 🅿 – 🔏 120. 🅰🅴 ⓜ ⓞ ⓜ⓪ *VISA* *JCB*
Menu à la carte 42/69 – **134 Z** ⇌ 150/280 – 160/280, 4 Suiten.

🏛 **Stadt Merseburg** Ⓜ, Christianenstr. 25, ✉ 06217, 𝒫 *(03461) 35 00, direktion@ h*
otel-stadt-merseburg.de, Fax (03461) 350100, ≋, ☎s, ⬜ – 🛗, ✦ Zim, 📺 📞 ⟺
🅿 – 🔏 50. 🅰🅴 ⓞ *VISA*
Menu à la carte 34/56 – **74 Z** ⇌ 150/180 – 170/200, 3 Suiten.

🏠 **C'est la vie** garni, König-Heinrich-Str. 47, ✉ 06217, 𝒫 *(03461) 20 44 20,*
Fax (03461) 204444 – 📺 🅿. 🅰🅴 ⓜ⓪
geschl. 23. - 31. Dez – **9 Z** ⇌ 85/100 – 120/140.

🏠 **Check-Inn,** Dorfstr. 12 (Ost : 1,5 km, nahe der B 181), ✉ 06217, 𝒫 *(03461) 44 70,*
Check-Inn@ t-online.de, Fax (03461) 447120, ≋ – 🛗, ✦ Zim, 📺 ⟺ 🅿 – 🔏 40. 🅰🅴
ⓞ ⓜ⓪ *VISA*
Menu à la carte 28/44 – **52 Z** ⇌ 99/139 – 119/169.

MERTESDORF *Rheinland-Pfalz siehe Trier.*

MERZIG *Saarland* 🄸🄸🄸 *R 3 – 31 000 Ew – Höhe 174 m.*
🄱 *Tourist-Information, Schankstr. 1,* ✉ *66663,* 𝒫 *(06861) 7 38 74, Fax (06861) 73875.*
Berlin 746 – Saarbrücken 47 – Luxembourg 56 – Saarlouis 21 – Trier 49.

🏛 **Roemer** Ⓜ, Schankstr. 2, ✉ 66663, 𝒫 *(06861) 9 33 90, info@ roemer-merzig.de,*
Fax (06861) 933930, Biergarten – 🛗, ✦ Zim, 📺 📞 ⟺ 🅿 – 🔏 40. 🅰🅴 ⓞ ⓜ⓪ *VISA*
Menu *(geschl. Samstagmittag)* à la carte 33/68 – **42 Z** ⇌ 98/108 – 150/170.

🏠 **Merll-Rieff,** Schankstr. 27, ✉ 66663, 𝒫 *(06861) 93 95 20, Fax (06861) 9395226* – 📺
🅿. 🅰🅴 ⓞ ⓜ⓪ *VISA*
Menu *(geschl. Sonntagabend, Mittwoch)* à la carte 24/68 ♨ – **12 Z** ⇌ 75/90 – 105/
140.

MESCHEDE *Nordrhein-Westfalen* 🄸🄸🄸 *L 8 – 34 000 Ew – Höhe 262 m.*
🄱 *Touristik-Information, Franz-Stahlmecke-Platz 2,* ✉ *59872,* 𝒫 *(0291) 20 52 77, Fax*
(0291) 205135.
Berlin 481 – Düsseldorf 150 – Arnsberg 19 – Brilon 22 – Lippstadt 43 – Siegen 97.

🏛 **Hennedamm,** Am Stadtpark 6, ✉ 59872, 𝒫 *(0291) 9 96 00, Fax (0291) 996060,* ≋,
♨, ⬜, ≉ – 🛗 📺 📞 🅿 – 🔏 30. 🅰🅴 ⓜ⓪ *VISA*
geschl. 20. Dez. - 6. Jan. – **Menu** à la carte 28/75 – **32 Z** ⇌ 95/150 – 150/
210.

✗✗ **Von Korff** mit Zim, Le-Puy-Str. 19, ✉ 59872, 𝒫 *(0291) 9 91 40, vonkorff@ mesche*
de.sow.de, Fax (0291) 991424, ≋ – ✦ Zim, 📺 ⟺ 🅿 – 🔏 30. 🅰🅴 ⓞ
ⓜ⓪ *VISA*
Menu à la carte 41/67 – **10 Z** ⇌ 100/150 – 150/225.

In Meschede-Freienohl *Nord-West : 10 km :*

🏠 **Luckai,** Christine-Koch-Str. 11, ✉ 59872, 𝒫 *(02903) 9 75 20, hotel-luckai@ t-online.de,*
Fax (02903) 975252, ≋, ≉ – ✦ Zim, 📺 📞 ⟺ 🅿 – 🔏 40. ⓜ⓪ *VISA*
✘ Rest
Menu *(geschl. Mittwoch)* à la carte 33/66 – **13 Z** ⇌ 78/85 – 132/144.

In Meschede-Grevenstein *Süd-West : 13,5 km – Wintersport : 450/600 m ✦1 :*

🏠 **Gasthof Becker,** Burgstr. 9, ✉ 59872, 𝒫 *(02934) 9 60 10, Klaus.Vogtland@ t-onlin*
e.de, Fax (02934) 1606, ≋ – 📺 📞 🅿 – 🔏 20. 🅰🅴 ⓞ ⓜ⓪ *VISA*
Menu à la carte 34/72 – **8 Z** ⇌ 95/105 – 105.

In Meschede-Olpe *West : 9 km :*

🏠 **Landgasthof Hütter,** Freienohler Str. 31, ✉ 59872, ℰ (02903) 96 00, *Hotel.Huet ter@faxria.net,* Fax (02903) 960111, « Gartenterrasse », 🍴 – ⇔ Zim, 📺 ℰ ⇔ 🅿.
MG **VISA**
Menu *(geschl. Freitag)* à la carte 33/67 – **13 Z** ⇆ 59/130.

MESEKENHAGEN *Mecklenburg-Vorpommern siehe Greifswald.*

MESPELBRUNN *Bayern* **417** *Q 11 – 2 500 Ew – Höhe 269 m – Erholungsort.*
🛈 *Fremdenverkehrsverein, Hauptstr. 158,* ✉ 63875, ℰ (06092) 3 19, Fax (06092) 5537.
Berlin 561 – München 342 – Würzburg 62 – Aschaffenburg 16.

🏰 **Schloß-Hotel** ⚲, Schloßallee 25, ✉ 63875, ℰ (06092) 60 80, *info@ schlosshotel-m espelbrunn.de,* Fax (06092) 608100, 🍴, 🐎, – 🛗 📺 🅿. – 🛗 35. **AE** **MG** **VISA**
geschl. Jan. 1 Woche, Nov. 1 Woche – **Menu** à la carte 28/59 – **42 Z** ⇆ 115/145 – 165/320 – ½ P 25.

🏰 **Zum Engel,** Hauptstr. 268, ✉ 63875, ℰ (06092) 9 73 80, *HOTELZUMENGEL@ AOL.COM,* Fax (06092) 973839, 🍴, 🐎, 🛒 – 🛗 📺 ℰ ⇔ 🅿. – 🛗 20. **MG** **VISA**. ⚲ Zim
Menu *(geschl. Nov. - März Montagabend)* à la carte 24/62 – **23 Z** ⇆ 90/120 – 140/180 – ½ P 20.

MESSKIRCH *Baden-Württemberg* **419** *W 11 – 8 000 Ew – Höhe 605 m.*
🛈 *Verkehrsamt, Schloßstr. 1,* ✉ 88605, ℰ (07575) 2 06 46, Fax (07575) 4732.
Berlin 708 – Stuttgart 118 – Konstanz 55 – Freiburg im Breisgau 119 – Ulm (Donau) 91.

In Messkirch-Menningen *Nord-Ost : 5 km :*

🏠 **Zum Adler Leitishofen,** Leitishofen 35 (B 311), ✉ 88605, ℰ (07575) 31 57, Fax (07575) 4756, 🍴, 🛒 – ⇔ 🅿. **MG**
geschl. Anfang - Mitte Jan. – **Menu** *(geschl. Dienstag)* à la carte 38/58 – **15 Z** ⇆ 65/75 – 104/116.

MESSSTETTEN *Baden-Württemberg* **419** *V 10 – 10 500 Ew – Höhe 907 m.*
Berlin 736 – Stuttgart 91 – Konstanz 88 – Albstadt 8 – Sigmaringen 35 – Villingen-Schwenningen 65.

🏠 **Schwane,** Hauptstr. 11, ✉ 72469, ℰ (07431) 9 49 40, Fax (07431) 949494, 🍴, « Restaurierter Gasthof mit moderner Einrichtung » – 🛗 📺 🅿. – 🛗 60. **AE** **①** **MG** **VISA**
geschl. Aug. 1 Woche – **Menu** *(geschl. Samstagmittag)* 39 (mittags) à la carte 42/72 – **22 Z** ⇆ 95/160.

In Messstetten-Hartheim *Süd-West : 3 km :*

✕✕ **Lammstuben,** Römerstr. 2, ✉ 72469, ℰ (07579) 6 21, Fax (07579) 2460 – 🅿. **MG** **VISA**
geschl. über Fastnacht 2 Wochen, Anfang - Mitte Aug. 2 Wochen, Dienstag - Mittwochmittag – **Menu** à la carte 36/74.

METELEN *Nordrhein-Westfalen* **417** *J 5 – 6 100 Ew – Höhe 58 m.*
🛈 *Verkehrsverein, Sendplatz 14,* ✉ 48629, ℰ (02556) 77 88, Fax (02556) 533.
Berlin 497 – Düsseldorf 136 – Nordhorn 46 – Enschede 30 – Münster (Westfalen) 42 – Osnabrück 69.

🏠 **Haus Herdering-Hülso** garni, Neutor 13, ✉ 48629, ℰ (02556) 9 39 50, Fax (02556) 939550, 🐎 – ⇔ 📺 🅿. **AE** **MG** **VISA**
geschl. 23. Dez. - 2. Jan. – **14 Z** ⇆ 65/75 – 90/120.

✕✕ **Pfefferkörnchen,** Viehtor 2, ✉ 48629, ℰ (02556) 13 99, 🍴 – 🅿. **AE** **MG**
geschl. Anfang Jan. 1 Woche, Ende Aug. 2 Wochen, Dienstag – **Menu** *(wochentags nur Abendessen)* (Tischbestellung ratsam) à la carte 56/81.

METTINGEN *Nordrhein-Westfalen* **415** *J 7 – 10 000 Ew – Höhe 90 m.*
Berlin 450 – Düsseldorf 185 – Nordhorn 63 – Bielefeld 71 – Bremen 132 – Enschede 75 – Osnabrück 21.

🏰 **Romantik Hotel Telsemeyer** ⚲, Markt 6, ✉ 49497, ℰ (05452) 91 10, *telseme yer@ romantik.de,* Fax (05452) 911121, 🍴, ⛾, – 🛗, ⇔ Zim, 📺 ℰ 🛗 ⇔ – 🛗 80.
AE **①** **MG** **VISA**. ⚲ Zim
Menu à la carte 40/77 – **50 Z** ⇆ 120/180 – 170/280.

METTLACH Saarland **417** R 3 – 13 000 Ew – Höhe 165 m.

Ausflugsziel : Cloef ≤★★ , West : 7 km.

🛈 Saarschleife Touristik, Freiherr-vom-Stein-Str. 64, ⊠ 66693, ℘ (06864) 83 34, Fax (06864) 8329.

Berlin 754 – Saarbrücken 55 – *Trier 43* – Saarlouis 29.

🏨 **Saarpark** Ⓜ, Bahnhofstr. 31, ⊠ 66693, ℘ (06864) 92 00, *info@Hotel-Saarpark.de*, Fax (06864) 920299, 😊, 𝕴ᴪ, ≘s – 🛗, ❄ Zim, 🆃🆅 ❤ ⇦ 🅿 – 🔬 140. 🖭 **M③ VISA**
Menu à la carte 32/73 – **46 Z** ⊃ 130/180 – 200/260, 5 Suiten.

🏨 **Zum Schwan** (mit Gästehaus), Freiherr-vom-Stein-Str. 34, ⊠ 66693, ℘ (06864) 72 79, *info@zum-schwan.Mettlach.de*, Fax (06864) 7277, 😊 – 🛗 🆃🆅 🅿. **M③ VISA**
❄ Rest
Menu à la carte 32/63 – **21 Z** ⊃ 100/110 – 150/160.

🏨 **Haus Schons** garni, von-Boch-Liebig-Str. 1, ⊠ 66693, ℘ (06864) 12 14, Fax (06864) 7557 – 🆃🆅 🅿
9 Z ⊃ 60/100.

In Mettlach-Orscholz Nord-West : 6 km : – Luftkurort :

🏨 **Zur Saarschleife** (mit Gästehaus), Cloefstr. 44, ⊠ 66693, ℘ (06865) 17 90, *zur-sa arschleife@landidyll.de*, Fax (06865) 17930, 😊, Biergarten, 🔲 , ☞ , ❄ – 🛗, ❄ Zim, 🆃🆅 ⅗ ⇦ 🅿 – 🔬 60. 🖭 🕦 **M③ VISA**
geschl. Feb. 2 Wochen – Menu (geschl. Montag) à la carte 46/83 – **49 Z** ⊃ 105/115 – 170/220.

METTMANN Nordrhein-Westfalen **417** M 4 – 40 000 Ew – Höhe 131 m.

Berlin 540 – Düsseldorf 12 – Essen 33 – Wuppertal 16.

🏨 **Comfort Hotel** garni, Schwarzbachstr. 22, ⊠ 40822, ℘ (02104) 9 27 20, *comforth otelmettmann@compuserve.com*, Fax (02104) 927252 – 🛗 ❄ 🆃🆅 ⇦. 🖭 🕦 **M③ VISA**
47 Z ⊃ 120/180 – 160/240.

An der B 7 West : 3 km :

🏰 **Gut Höhne** ⑤, Düsseldorfer Str. 253, ⊠ 40822 Mettmann, ℘ (02104) 77 80, *guth oehne@t-online.de*, Fax (02104) 778778, 😊, « Rustikale Hotelanlage in einem ehemaligen Landgut ; Neander-Therme », Massage, 𝕴ᴪ, ≘s, 🔲, ☞, ❄ – 🛗, ❄ Zim, 🆃🆅 ❤ 🅿 – 🔬 140. 🖭 🕦 **M③ VISA**
Gutshofrestaurant : Menu à la carte 53/84 – **Tenne :** Menu à la carte 45/74 – **137 Z** ⊃ 170/390 – 270/540, 5 Suiten.

METTNAU (Halbinsel) Baden-Württemberg siehe Radolfzell.

METZINGEN Baden-Württemberg **419** U 11 – 20 000 Ew – Höhe 350 m.

Berlin 673 – Stuttgart 34 – Reutlingen 8 – Ulm (Donau) 79.

🏨 **Schwanen**, Bei der Martinskirche 10, ⊠ 72555, ℘ (07123) 94 60, *info@schwanen-m etzingen.de*, Fax (07123) 946100, 😊, « Individuelle, moderne Zimmereinrichtung », ≘s – 🛗, ❄ Zim, 🆃🆅 ❤ 🅿 – 🔬 80. 🖭 🕦 **M③ VISA**
Menu à la carte 44/70 – **55 Z** ⊃ 125/175 – 185/260.

In Metzingen-Glems Süd : 4 km :

🏨 **Stausee-Hotel** ⑤, Unterer Hof 3 (am Stausee, West : 1,5 km), ⊠ 72555, ℘ (07123) 9 23 60, *Stausee-Hotel@t-online.de*, Fax (07123) 923663, ≤ Stausee und Schwäbische Alb, 😊 – 🆃🆅 ❤ 🅿 – 🔬 40. 🖭 **M③ VISA**
Menu (geschl. Sonntagabend - Montag) à la carte 43/77 – **20 Z** ⊃ 98/110 – 150.

🍴 **Waldhorn**, Neuhauser Str. 32, ⊠ 72555, ℘ (07123) 9 63 50, Fax (07123) 963511 – ⇦ 🅿. ❄ Zim
geschl. Feb. 1 Woche, Aug. 3 Wochen – Menu (geschl. Dienstag) à la carte 27/60 ⅃ – **10 Z** ⊃ 85/140.

In Riederich Nord : 3 km :

🏨 **Alb Hotel** Ⓜ ⑤, Hegwiesenstr. 20, ⊠ 72585, ℘ (07123) 3 80 30, Fax (07123) 35544, 😊, ≘s – 🛗, ❄ Zim, 🆃🆅 🅿 – 🔬 40. 🖭 🕦 **M③ VISA**
Menu (geschl. Samstag, Sonntagabend) à la carte 37/66 – **52 Z** ⊃ 145/165 – 185/205.

In Grafenberg Nord-Ost : 5 km :

🍴 **Gasthaus Krone,** Bergstr. 48, ⊠ 72661, ℘ (07123) 3 13 03, Fax (07123) 32491, 😊 – 🅿
geschl. Feb. 1 Woche, Juli 2 Wochen, Montag – Menu à la carte 29/57.

In Kohlberg *Nord-Ost : 5 km :*

XX **Beim Schultes,** Neuffener Str. 1, ✉ 72664, ✆ (07025) 24 27, *beim.schultes@t-onli ne.de,* Fax (07025) 2427, « Ehemaliges Rathaus a.d.J. 1665 » – ⓦ
geschl. Jan. 1 Woche, Juni 2 Wochen, Dienstag – **Menu** *(Montag - Freitag nur Abendessen)* 69/99 à la carte 60/100.

MEURO *Brandenburg* 🄰🄸🄴 *L 25 – 470 Ew – Höhe 130 m.*
Berlin 134 – Potsdam 143 – Cottbus 42 – Dresden 64 – Görlitz 113.

🏛 **Landhaus Meuro** ⌂, Drochower Str. 4, ✉ 01994, ✆ (035754) 74 40, Fax (035754) 74424, ☞ – 📶, ⇔ Zim, 📺 🅿. ⓞ ⓦ 𝘝𝘐𝘚𝘈. ⇔ Rest
Menu *(wochentags nur Abendessen)* à la carte 34/58 – **16 Z** ⊆ 155/215 – 195/ 225.

MEUSELBACH-SCHWARZMÜHLE *Thüringen* 🄰🄸🄴 🄰🄴🄾 *O 17 – 1 800 Ew – Höhe 550 m.*
Berlin 320 – Erfurt 57 – Coburg 55 – Suhl 61.

Im Ortsteil Schwarzmühle :

🏛 **Waldfrieden,** Mellenbacher Str. 2, ✉ 98746, ✆ (036705) 6 10 00, Fax (036705) 61013, ☜, ☎, ☞ – 📺 🅿. ⚒ 30. 🄰🄴 ⓦ 𝘝𝘐𝘚𝘈
geschl. Mitte - Ende Nov. – **Menu** *(Montag - Freitag nur Abendessen)* à la carte 26/50 – **20 Z** ⊆ 85/100 – 125/160.

MEUSELWITZ *Thüringen* 🄰🄸🄴 *M 20 – 10 700 Ew – Höhe 197 m.*
Berlin 218 – Erfurt 96 – Gera 31 – Zwickau 46.

🏠 **Zur Börse,** Friedrich-Naumann-Str. 1, ✉ 04610, ✆ (03448) 80 31, Fax (03448) 8032,
⊜ ☜ – 📺 🅿. 🄰🄴 ⓞ ⓦ 𝘝𝘐𝘚𝘈
Menu *(geschl. Sonntagabend - Montagmittag)* à la carte 21/32 – **10 Z** ⊆ 80 – 100/120.

MICHELAU *Bayern siehe Lichtenfels.*

MICHELSTADT *Hessen* 🄰🄸🄾 🄰🄸🄸 *Q 11 – 18 300 Ew – Höhe 208 m.*
Sehenswert : Rathaus★.
Ausflugsziel : Jagdschloß Eulbach : Park★ Ost : 9 km.
⛳ Michelstadt-Vielbrunn (Nord-Ost : 13,5 km), ✆ (06066) 12 45.
🅱 *Tourist-Information, Marktplatz 1,* ✉ 64720, ✆ (06061) 7 41 46, Fax (06061) 706147.
Berlin 592 – Wiesbaden 92 – Mannheim 66 – Aschaffenburg 51 – Darmstadt 47 – Würzburg 99.

🏛 **Drei Hasen,** Braunstr. 5, ✉ 64720, ✆ (06061) 7 10 17, Fax (06061) 72596, (Sand-steinbau a.d.J. 1813) Biergarten – 📺 🅿. ⓞ ⓦ 𝘝𝘐𝘚𝘈. ⇔ Zim
geschl. 1. - 24. Jan., 20. - 27. Juli – **Menu** *(geschl. Montag)* à la carte 37/59 – **21 Z** ⊆ 85/95 – 150/160.

🏠 **Mark Michelstadt** garni, Friedrich-Ebert-Str. 85, ✉ 64720, ✆ (06061) 7 00 40, *city-hot el.mark.michelstadt@planet.interkom.de,* Fax (06061) 12269 – 📶 ⇔ 📺 🅿. 🄰🄴 ⓞ ⓦ 𝘝𝘐𝘚𝘈
51 Z ⊆ 99/110 – 150.

In Michelstadt-Vielbrunn *Nord-Ost : 13,5 km – Luftkurort :*

🏠 **Talblick** garni, Ohrnbachtalstr. 61, ✉ 64720, ✆ (06066) 2 15, *info@hotel-talblick.de,* Fax (06066) 1673, ☞ – 📺 🅿. ⇔
geschl. Mitte Nov. - Mitte Dez. – **13 Z** ⊆ 60/75 – 100/140.

XX **Geiersmühle** ⌂ mit Zim, Im Ohrnbachtal (Ost : 2 km), ✉ 64720, ✆ (06066) 7 21, *geie rsmuehle@t-online.de,* Fax (06066) 920126, ☜, (ehem. Getreidemühle), ☎ –
📺 🅿.
Menu *(geschl. Montag - Dienstag)* à la carte 54/98 – **8 Z** ⊆ 100/160 – ½ P 30.

In Michelstadt - Weiten-Gesäß *Nord-Ost : 6 km – Luftkurort :*

🏠 **Berghof** ⌂, Dorfstr. 106, ✉ 64720, ✆ (06061) 37 01, Fax (06061) 73508, ≤, ☜, ☞
– 📺 ⇔ 🅿 – ⚒ 20. 🄰🄴 ⓞ ⓦ 𝘝𝘐𝘚𝘈
geschl. Mitte Feb. - Mitte März, 20. - 24. Dez. – **Menu** *(geschl. Dienstag)* à la carte 39/72 *(auch vegetarische Gerichte)* – **16 Z** ⊆ 70/95 – 120/135 – ½ P 20.

MICHENDORF *Brandenburg siehe Potsdam.*

MIDDELHAGEN Mecklenburg-Vorpommern siehe Rügen (Insel).

MIESBACH Bayern **420** W 19 – 10 300 Ew – Höhe 686 m.
Berlin 644 – München 56 – Garmisch-Partenkirchen 77 – Salzburg 101 – Bad Tölz 23 – Rosenheim 29.

🏠 **Bayerischer Hof,** Oskar-von-Miller-Str. 2, ⌧ 83714, ℰ (08025) 28 80, info@bayeri
scherhof-online.de, Fax (08025) 288288, 🍴, Biergarten – 🛗, ⇔ Zim, 📺 📞 🅿 – 🔏 220.
🖭 ① 🐠 VISA JCB
Menu à la carte 42/72 – **134 Z** � 180/230 – 240/320.

MIESITZ Thüringen siehe Triptis.

MILTENBERG Bayern **417 419** Q 11 – 9 900 Ew – Höhe 127 m.
Sehenswert : Marktplatz★.
🐾 Eichenbühl-Guggenberg, Ortsstr. 12 (Süd-Ost : 15 km), ℰ (06282) 4 06 62.
🛈 Tourist Information, Rathaus, Engelplatz 69, ⌧ 63897, ℰ (09371) 40 41 19, Fax (09371) 404105.
Berlin 566 – München 347 – Würzburg 69 – Aschaffenburg 44 – Heidelberg 78 – Heilbronn 84.

🏠 **Brauerei Keller,** Hauptstr. 66, ⌧ 63897, ℰ (09371) 50 80, Fax (09371) 508100 – 🛗
📺 ⇔ – 🔏 60. 🐠 VISA
Menu (geschl. 3. - 25. Jan., Montag) à la carte 33/62 (auch vegetarische Gerichte) – **32 Z** ⊊ 95/170.

🏠 **Jagd-Hotel Rose,** Hauptstr. 280, ⌧ 63897, ℰ (09371) 4 00 60, jagd-hotel-rose@t. online, Fax (09371) 400617, 🍴, (Haus a.d. 17. Jh.) – 📺 🅿 – 🔏 50. 🖭 ① 🐠 VISA
Menu (geschl. Sonntagabend - Montagmittag) à la carte 45/78 – **23 Z** ⊊ 125/150 – 180/200.

🏠 **Riesen** garni, Hauptstr. 97, ⌧ 63897, ℰ (09371) 36 44, « Fachwerkhaus a.d.J. 1590 » – 🛗, 📺 VISA
geschl. Anfang Dez. - Mitte März – **14 Z** ⊊ 88/108 – 118/198.

🏠 **Altes Bannhaus,** Hauptstr. 211, ⌧ 63897, ℰ (09371) 30 61, Altes-Bannhaus@t-on line.de, Fax (09371) 68754, « Restaurant in einem historischen Gewölbekeller » – 🛗 📺.
🖭 ① 🐠 VISA, ⇔ Zim
geschl. Jan. 3 Wochen – **Menu** (geschl. Dienstag) à la carte 53/84 – **10 Z** ⊊ 88/125 – 174/184.

🏠 **Hopfengarten,** Ankergasse 16, ⌧ 63897, ℰ (09371) 9 73 70, Flair-HotelHopfengar ten@t-online.de, Fax (09371) 69758, 🍴 – 📺 ⇔. 🐠 VISA
Menu (geschl. Jan. 2 Wochen, Nov. 2 Wochen, Dienstag - Mittwochmittag) à la carte 35/61 🍸 – **13 Z** ⊊ 65/85 – 128/150.

🏠 **Weinhaus am Alten Markt** ⊗, Marktplatz 185, ⌧ 63897, ℰ (09371) 55 00, Fax (09371) 65511, « Fachwerkhaus a.d.J. 1508 » – 📺. ⇔ Zim
geschl. Aug. 2 Wochen – **Menu** (geschl. Montag) (nur Abendessen) (Weinstube mit kleinem Speisenangebot) – **9 Z** ⊊ 72/82 – 117/162.

🏠 **Mildenburg,** Mainstr. 77, ⌧ 63897, ℰ (09371) 27 33, Fax (09371) 80227, ≤, 🍴 – 📺.
🖭 ① 🐠 VISA
geschl. Feb. – **Menu** (geschl. Montag) à la carte 26/55 (auch vegetarische Gerichte) 🍸 – **15 Z** ⊊ 65/118 – 110/150.

MINDELHEIM Bayern **419 420** V 15 – 14 000 Ew – Höhe 600 m.
🛈 Verkehrsbüro, Lautenstr. 2, ⌧ 87719, ℰ (08261) 73 73 00, Fax (08261) 737929.
Berlin 614 – München 86 – Augsburg 69 – Kempten (Allgäu) 69 – Memmingen 28 – Ulm (Donau) 66.

🏠 **Alte Post,** Maximilianstr. 39, ⌧ 87719, ℰ (08261) 76 07 60, info@hotel-alte-post.de, Fax (08261) 7607676, 🍴, « Historisches Gasthaus a.d.J. 1618 », ⇔ – 🛗 📺 ⇔ 🅿 – 🔏 30. 🖭 🐠 VISA
Menu à la carte 33/61 – **42 Z** ⊊ 95/150 – 120/170.

🏠 **Stern,** Frundsbergstr. 17, ⌧ 87719, ℰ (08261) 50 55, Fax (08261) 1803, 🍴 – 📺 ⇔ 🅿 – 🔏 60. 🐠 VISA
Menu (geschl. Aug., Sonntagabend) à la carte 25/48 – **55 Z** ⊊ 70/110 – 150.

🏠 **Zur Laute,** Lautenstr. 8, ⌧ 87719, ℰ (08261) 39 58, Fax (08261) 5391 – ⇔ 📺 🅿.
🐠 VISA
geschl. Mitte - Ende Aug. – **Menu** (geschl. Donnerstag, Sonntagabend) à la carte 41/67 – **8 Z** ⊊ 95/145.

XX **Weberhaus,** Mühlgasse 1 (1. Etage), ⊠ 87719, ℰ (08261) 36 35, Fax (08261) 21534, 斎 – 囚 ⑩ ☒
geschl. März 1 Woche, Sept. 1 Woche, Dienstag – **Menu** à la carte 46/68 – **Weberstube :**
Menu à la carte 31/56.

MINDEN Nordrhein-Westfalen ⁴¹⁷ J 10 – 85 000 Ew – Höhe 46 m.
Sehenswert : Dom★ (Westwerk★★, Domschatzkammer★ mit Bronze-Kruzifix★★) T –
Schachtschleuse★★ R – Wasserstraßenkreuz★ R.
🛈 Tourist-Information, Domstr. 2, ⊠ 32423, ℰ (0571) 8 29 06 59, Fax (0571) 8290663.
ADAC, Königstr. 105.
Berlin 353 ② – Düsseldorf 220 ② – Bielefeld 54 ② – Bremen 100 ① – Hannover 72 ②
– Osnabrück 81 ③

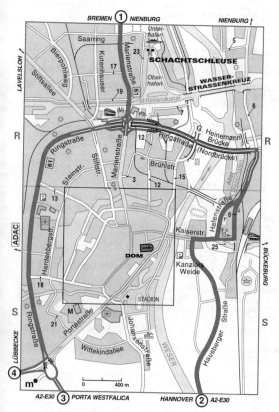

MINDEN

🏨 **Holiday Inn,** Lindenstr. 52, ⊠ 32423, ℰ (0571) 8 70 60, HIMINDEN@ aol.com,
Fax (0571) 8706160, 斎, ⇌ – 🛏, ¥ Zim, 🍴 Rest, 📺 ✆ & 🚗 🅿 – 🕍 130. 囚 ⑩
⑩ ☒
U e
Menu à la carte 43/71 – ☑ 24 – **101 Z** 225/245.

🏨 **Bad Minden,** Portastr. 36, ⊠ 32429, ℰ (0571) 9 56 33 00, hotel@ badminden.de,
Fax (0571) 9563369, Biergarten, Massage, ♣, ⇌ – ¥ Zim, 📺 ✆ 🅿 – 🕍 100. 囚 ⑩
⑩ ☒ ⚡ Zim
S m
Menu (geschl. Samstagmittag) à la carte 30/71 – ☑ 12 – **30 Z** 112/178 – 192/235.

🏨 **Altes Gasthaus Grotehof,** Wettinerallee 14, ⊠ 32429, ℰ (0571) 5 04 50, info@ g
rotehof.de, Fax (0571) 5045150, 斎, ⇌ – 🛏, ¥ Zim, 📺 ✆ 🅿 – 🕍 40. 囚 ⑩
⑩ ☒
über ④, Süding rechts ab
Menu (nur Abendessen) à la carte 41/77 – **34 Z** ☑ 108/165 – 168/238.

MINDEN

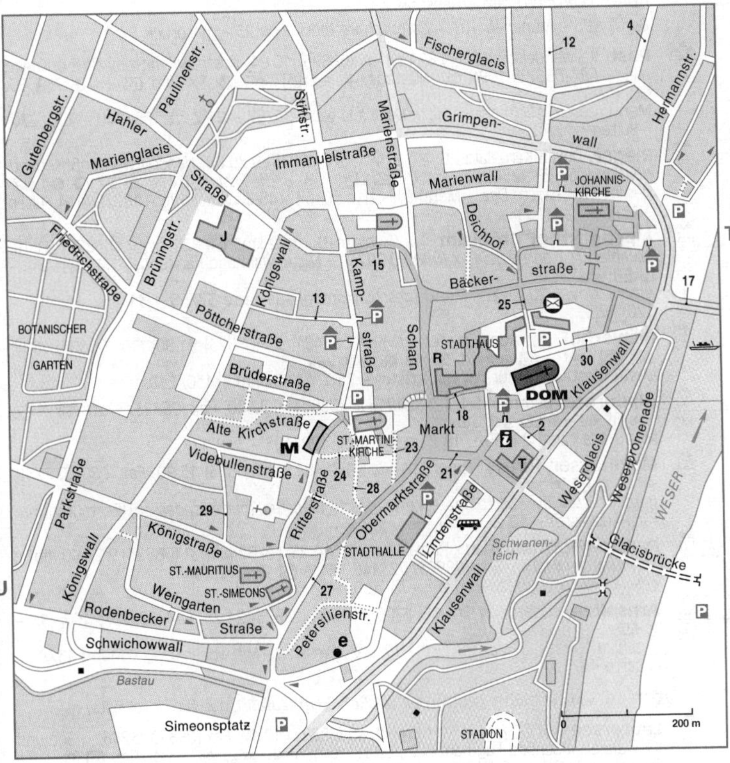

Le Guide change, changez de guide tous les ans.

MITTELBACH *Sachsen siehe Chemnitz.*

MITTELBERG *Österreich siehe Kleinwalsertal.*

MITTENAAR *Hessen* 417 *N 9 – 5000 Ew – Höhe 230 m.*
Berlin 526 – Wiesbaden 126 – Siegen 41 – Gießen 47 – Limburg an der Lahn 58.

In Mittenaar-Ballersbach :

🏠 **Berghof** ⚬, Bergstr. 4, ⌂ 35756, ℘ (02772) 6 20 55, Fax (02772) 64186, 🚬 – 📺
🚗 🅿. AE 🅾🅾 VISA
geschl. Anfang Feb. 2 Wochen – **Menu** *(geschl. Samstag) (nur Abendessen)* à la carte 29/52
– 17 Z 😋 65/75 – 120.

In Mittenaar-Bicken :

🏠 **Thielmann,** Wiesenstr. 5, ⌂ 35756, ℘ (02772) 65 90 20, Fax (02772) 6590244, 🌳
– ⇔ Zim, 📺 ℡ 🚗 🅿 – 🔏 25. AE 🅾 🅾🅾 VISA. ✳ Zim
Walliser Stuben *(geschl. Freitag - Samstagmittag)* **Menu** à la carte 35/64 **– 18 Z** 😋 75/95
– 110/150.

MITTENWALD Bayern 419 420 X 17 – 8 300 Ew – Höhe 920 m – Luftkurort – Wintersport : 920/2 244 m ✤ 1 ✚ 7 ✖.

Sehenswert : Häuser am Obermarkt mit Freskenmalerei★★.

Ausflugsziel : Karwendel, Höhe 2 244 m, 10 Min. mit ✤, ≤ ★★.

🛈 Kurverwaltung, Dammkarstr. 3, ✉ 82481, ✆ (08823) 3 39 81, Fax (08823) 2701.

ADAC, Grenzbüro, Am Brunnstein 2.

Berlin 698 – München 103 – Garmisch-Partenkirchen 23 – Innsbruck 37.

🏛️ **Post,** Karwendelstr. 14, ✉ 82481, ✆ (08823) 10 94, posthotel-mittenwald@ onlineho me.de, Fax (08823) 1096, �, Massage, ♨, ≘s, ⬜, 🛋, ⬛ – 🛗, ✤ Zim, 📺 ⬅️ 🅿 – 🔬 60. 🎫 🆅🆂🅰
Menu (geschl. Mitte Nov. - Mitte Dez.) à la carte 26/57 – **81 Z** ⇌ 105/140 – 180/270, 6 Suiten – ½ P 25.

🏠 **Rieger,** Dekan-Karl-Platz 28, ✉ 82481, ✆ (08823) 9 25 00, rieger@ werdenfelserland. de, Fax (08823) 9250250, ≤, 🌻, ≘s, ⬜, ⬛ – ✤ Rest, 📺 ⬅️ 🅿 🅰🅴 ① 🎫 🆅🆂🅰
geschl. Nov. - Mitte Dez. – **Menu** à la carte 36/67 – **45 Z** ⇌ 96/126 – 180/214, 4 Suiten – ½ P 22.

🏠 **Alpengasthof Gröblalm** ⚲, Gröblalm (Nord : 2 km), ✉ 82481, ✆ (08823) 91 10, groeblalm@ t-online.de, Fax (08823) 2921, ≤ Mittenwald und Karwendel, 🌻, ≘s, ⬛ – 🛗 📺 ⬅️ 🅿
geschl. Nov. - 20. Dez. – **Menu** (geschl. Montag) à la carte 32/55 – **31 Z** ⇌ 80/100 – 120/190.

🏠 **Bichlerhof** ⚲, Adolf-Baader-Str. 5, ✉ 82481, ✆ (08823) 91 90, Fax (08823) 4584, ≘s, ⬜, ⬛ – 📺 ⬅️ 🅿 🅰🅴 ① 🎫 🆅🆂🅰 🇯🇨🇧
Menu (Restaurant nur für Hausgäste) – **25 Z** ⇌ 99/110 – 130/210.

🏠 **Alpenrose,** Obermarkt 1, ✉ 82481, ✆ (08823) 9 27 00, Fax (08823) 3720, ≘s – 📺 ⬅️ 🅿 🅰🅴 ① 🎫 🆅🆂🅰 🇯🇨🇧
Menu à la carte 24/60 – **18 Z** ⇌ 68/90 – 128/186 – ½ P 17.

🏠 **Mühlhauser,** Partenkirchner Str. 53, ✉ 82481, ✆ (08823) 15 90, Fax (08823) 2732, ⬛ – 🛗 📺 🅿
geschl. Mitte Nov. - Mitte Dez. – **Menu** (geschl. Dienstag) (nur Abendessen) (Restaurant nur für Hausgäste) – **18 Z** ⇌ 70/160.

🏠 **Pension Hofmann** garni, Partenkirchner Str. 25, ✉ 82481, ✆ (08823) 9 23 40, hofm ann@ mittenwald.de, Fax (08823) 923440, ⬛ – 📺 ⬅️ 🅿 ✂️
geschl. Nov. - 20. Dez. – **13 Z** ⇌ 75/150.

XX **Arnspitze,** Innsbrucker Str. 68, ✉ 82481, ✆ (08823) 24 25, Fax (08823) 2450, 🌻 – 🅿 🅰🅴
geschl. 17. April - 5. Mai, 28. Okt. - 19. Dez., Dienstag - Mittwochmittag – **Menu** 43/85 à la carte 46/73.

Am Lautersee Süd-West über Leutascher Straße : 3 km (Zufahrt nur für Hotelgäste) :

🏠 **Lautersee** ⚲, ✉ 82481 Mittenwald, ✆ (08823) 10 17, Fax (08823) 5246, ≤ See und Karwendel, « Schöne Lage am See ; Gartenterrasse », ⬛ĸ, ⬛ – ✤ Zim, 📺 🅿
geschl. nach Ostern 2 Wochen, Anfang Nov. - 20. Dez. – **Menu** à la carte 33/61 – **7 Z** ⇌ 80/115 – 180/210 – ½ P 35.

MITTWEIDA Sachsen 418 N 22 – 16 000 Ew – Höhe 250 m.

🛈 Mittweida-Information, Rochlitzer Str. 58, ✉ 09648, ✆ (03727) 96 73 50, Fax (03727) 967185.

Berlin 244 – Dresden 58 – Chemnitz 21 – Gera 87 – Leipzig 76.

In Mittweida-Lauenhain Nord-West : 3 Km :

🏠 **Waldhaus Lauenhain** ⚲, An der Talsperre 10 (Ost : 3 km), ✉ 09648, ✆ (03727) 62 61 90, info@ waldhaus-lauenhain.de, Fax (03727) 6261941, 🌻, ≘s – ✤ Zim, 📺 🅿 – 🔬 40. 🎫 🆅🆂🅰
Menu (geschl. Okt. - April Mittwochmittag) à la carte 25/41 – **24 Z** ⇌ 85/95 – 114/130.

MITWITZ Bayern 418 420 P 17 – 3 000 Ew – Höhe 313 m.

Berlin 360 – München 285 – Coburg 23 – Bayreuth 47 – Bamberg 57 – Hof 65.

🏠 **Wasserschloss,** Ludwig-Freiherr-von-Würtzburg-Str. 14, ✉ 96268, ✆ (09266) 96 70, hotel-wasserschloss@ t-online.de, Fax (09266) 8751, 🌻, ≘s – 🛗, ✤ Zim, 📺 🅿 – 🔬 100. 🎫 🆅🆂🅰
geschl. Anfang Jan. 2 Wochen – **Menu** (geschl. Montag) à la carte 23/48 – **40 Z** ⇌ 70/78 – 109/124.

In **Mitwitz-Bächlein** *Nord-Ost : 4 km :*

🏠 **Waldhotel Bächlein** ◇, ✉ 96268, 𝒫 (09266) 96 00, *Waldhotel-Baechlein@t-onlin e.de, Fax (09266) 96060,* ⌂, 🍴, 🖼, 🐎, 🐴 – 🍴 📺 🅿 – 🛋 30. 🆎 ⓂⓈ 𝘝𝘐𝘚𝘈
Menu à la carte 33/75 – **Die Auster** *(geschl. Sonntag) (nur Abendessen)* **Menu** à la carte 55/67 – **60 Z** 🗝 85/160 – 145/210.

MÖCKMÜHL *Baden-Württemberg* 🗺 🗺 *S 12 – 7 000 Ew – Höhe 179 m.*
Berlin 582 – Stuttgart 77 – Würzburg 85 – Heilbronn 35.

🏠 **Württemberger Hof,** *Bahnhofstr. 11,* ✉ 74219, 𝒫 (06298) 50 02, *Fax (06298) 7779,* ⌂ – 📺 🍴 🅿 🆎 ⓄⓈ 𝘝𝘐𝘚𝘈
geschl. Mitte Dez. - Anfang Jan. – **Menu** *(geschl. Samstagmittag)* à la carte 27/59 ◊ – **18 Z** 🗝 58/75 – 115.

In **Möckmühl-Korb** *Nord-Ost : 6 km :*

🏠 **Krone,** *Widderner Str. 2,* ✉ 74219, 𝒫 (06298) 9 24 90, *Fax (06298) 924949,* ⌂ – 📺 🅿 ⓄⓈ 𝘝𝘐𝘚𝘈
Menu *(geschl. Mittwoch)* à la carte 28/55 ◊ – **12 Z** 🗝 65/98.

In **Roigheim** *Nord : 6 km :*

🍴 **Hägele,** *Gartenstr. 6,* ✉ 74255, 𝒫 (06298) 52 05, *Fax (06298) 5535,* ⌂ – 🅿 ◇
geschl. über Fasching, Montag, Samstagmittag – **Menu** à la carte 34/60 ◊.

MÖGLINGEN *Baden-Württemberg* 🗺 *T 11 – 10 500 Ew – Höhe 270 m.*
Berlin 618 – Stuttgart 19 – Heilbronn 38 – Karlsruhe 70 – Pforzheim 38.

🏠 **Zur Traube,** *Rathausplatz 5,* ✉ 71696, 𝒫 (07141) 2 44 70, *Fax (07141) 244740* – 🔌,
🍴 Zim, 📺 🍴 🍴 🆎 ⓄⓈ 𝘝𝘐𝘚𝘈
Menu *(Mahlzeiten im Restaurant le gaspard)* – **18 Z** 🗝 116/150.

MÖHNESEE *Nordrhein-Westfalen* 🗺 *L 8 – 9 200 Ew – Höhe 244 m.*
Sehenswert : 10 km langer Stausee★ zwischen Haarstrang und Arnsberger Wald.
🏌 *Möhnesee-Völlinghausen, Frankenufer 13,* 𝒫 (02925) 49 35.
🅱 *Tourist-Information (in Möhnesee-Körbecke), Küerbiker Str. 1 (Haus des Gastes),* ✉ 59519, 𝒫 (02924) 4 97, *Fax (02924) 1771.*
Berlin 471 – Düsseldorf 122 – Arnsberg 12 – Soest 10.

In **Möhnesee-Delecke :**

🏰 **Haus Delecke** *(mit 🏠 Gästehaus), Linkstr. 12,* ✉ 59519, 𝒫 (02924) 80 90, *info@h aus-delecke.de, Fax (02924) 80967,* ◇, ⌂, « Park », 🛋, 🍴, ◇(Halle) – 🔌, 🍴 Zim, 📺 🍴 🅿 – 🛋 120. 🆎 ⓄⓈ 𝘝𝘐𝘚𝘈
Menu à la carte 54/92 – **39 Z** 🗝 110/190 – 200/290.

In **Möhnesee-Körbecke :**

🏠 **Haus Griese,** *Seestr. 5 (am Freizeitpark),* ✉ 59519, 𝒫 (02924) 98 20, *HAUS-GRIESE@SOEST-ONLINE.DE, Fax (02924) 982170,* ◇, ⌂ – 📺 🍴 🅿 – 🛋 130. 🆎 Ⓓ ⓄⓈ 𝘝𝘐𝘚𝘈 𝘫𝘤𝘣
Menu *(geschl. Feb., Donnerstag, Sonntagabend)* à la carte 44/72 – **34 Z** 🗝 99/135 – 180/250 – ½ P 39.

MÖHRENDORF *Bayern siehe Erlangen.*

MÖLLN *Schleswig-Holstein* 🗺 🗺 *F 16 – 17 000 Ew – Höhe 19 m – Kneippkurort.*
Sehenswert : Seenlandschaft (Schmalsee★).
🏌 *Grambek, Schloßstr. 21 (Süd : 7 km),* 𝒫 (04542) 84 14 74.
🅱 *Städt. Kurverwaltung, Hindenburgstraße,* ✉ 23879, 𝒫 (04542) 70 90, *Fax (04542) 88656.*
Berlin 248 – Kiel 112 – Schwerin 59 – Lübeck 29 – Hamburg 55.

🏠 **Waldhalle** Ⓜ ◇, *Waldhallenweg,* ✉ 23879, 𝒫 (04542) 8 58 80, *Fax (04542) 858888,* ⌂, 🍴 – 🔌 📺 🅿 – 🛋 80
15 Z.

🏠 **Schwanenhof** ◇, *Am Schulsee,* ✉ 23879, 𝒫 (04542) 8 48 30, *Fax (04542) 848383,* ◇, ⌂, 🍴, 🐴, 🍴 – 🔌 📺 🍴 🅿 – 🛋 30. 🆎 Ⓓ ⓄⓈ 𝘝𝘐𝘚𝘈 𝘫𝘤𝘣
Menu à la carte 30/73 – **31 Z** 🗝 115/130 – 190 – ½ P 28.

🏨 **Quellenhof,** Hindenburgstr. 16, ✉ 23879, ℰ (04542) 30 28, *quellenhof-moelln@ qu ellenhof-moelln.de, Fax (04542) 7226,* 🌭 – ▤ Rest, 📺 🅿 – 🏖 150. 🄰🄴 ① 🄼🄾 VISA
Menu à la carte 29/54 – **18 Z** ⌧ 100 – 140/170 – ½ P 22.

🏨 **Beim Wasserkrüger** garni, Wasserkrüger Weg 115, ✉ 23879, ℰ (04542) 70 91, *Hote lLenz@ aol.com, Fax (04542) 1811,* ⇌s, 🐟 – ↩⇝ 📺 ⇐ 🅿. 🄰🄴 🄼🄾 VISA
⌧ 13 – **21 Z** 69/82 – 99/114.

✗ **Historischer Ratskeller,** Am Markt 12, ✉ 23879, ℰ (04542) 83 55 75, *Fax (04542) 836013,* 🌭 – 🄼🄾 VISA
Menu à la carte 35/66.

MÖMBRIS Bayern 417 P 11 – 11500 Ew – Höhe 175 m.
Berlin 534 – München 358 – Frankfurt am Main 45 – Aschaffenburg 15 – Fulda 83.

🏨 **Ölmühle,** Markthof 2, ✉ 63776, ℰ (06029) 95 00, *Oelmuehle@ t-online.de, Fax (06029) 950509,* 🌭 – 🔋 📺 ⇐ 🏖 30. 🄰🄴 ① 🄼🄾 VISA
Menu *(geschl. 3. - 12. Jan., Sonntag)* à la carte 62/78 – **26 Z** ⌧ 90/130 – 140/190.

MÖNCHBERG Bayern 417 419 Q 11 – 2200 Ew – Höhe 252 m – Luftkurort.
Berlin 574 – München 351 – Würzburg 75 – Aschaffenburg 32 – Miltenberg 13.

🏨 **Schmitt** 🐾, Urbanusstr. 12, ✉ 63933, ℰ (09374) 20 90, *info@ hotel-schmitt.de, Fax (09374) 209250,* ≼, 🌭, « Gartenanlage mit Teich », ⇌s, 🔲, ✗ – 🔋 🅿 – 🏖 25. 🄼🄾 VISA ✁ Zim
geschl. 8. - 31. Jan. – **Menu** à la carte 37/67 – **40 Z** ⌧ 76/95 – 138/160 – ½ P 25.

🏠 **Zur Krone,** Mühlweg 7, ✉ 63933, ℰ (09374) 5 39, *Krone@ moenchberg.de,*
⇐ *Fax (09374) 539,* 🐎 – 🅿. ✁ Zim
geschl. Feb. – **Menu** *(geschl. Donnerstag, Sonntagabend)* à la carte 19/41 – **29 Z** ⌧ 57/62 – 94/104 – ½ P 16.

MÖNCHENGLADBACH Nordrhein-Westfalen 417 M 3 – 260000 Ew – Höhe 50 m.
Sehenswert : Städt. Museum Abteiberg★ Y **M.**

🏌 Korschenbroich, Schloß Myllendonk (über ② : 5 km), ℰ (02161) 641049 ; 🏌 Mönchengladbach-Wanlo, (über ⑤ : 13 km), ℰ (02166) 954954 ; 🏌 🏌 Korschenbroich, Rittergut Birkhof (über ② : 16 km), ℰ (02131) 51060.

✈ Düsseldorf Express Airport (Nord-Ost : 6 km, über Krefelder Straße), ℰ (02161) 689831, Fax (02161) 689822.

🅱 Verkehrsverein, Bismarckstr. 23, ✉ 41061, ℰ (02161) 22001, Fax (02161) 274222.
ADAC, Bismarckstr. 17.
Berlin 585 ① – Düsseldorf 38 ① – Aachen 64 ⑤ – Duisburg 50 ① – Eindhoven 88 ⑧ – Köln 63 ⑤ – Maastricht 81 ⑦

Stadtpläne siehe nächste Seiten

🏨 **Dorint Parkhotel,** Hohenzollernstr. 5, ✉ 41061, ℰ (02161) 89 30, *Info.MGLMOE@ d orint.de, Fax (02161) 87231,* 🌭, ⇌s, 🔲 – 🔋, ↩⇝ Zim, 📺 ⚄ ⇐ 🅿 – 🏖 100. 🄰🄴 ① 🄼🄾 VISA JCB
Menu à la carte 45/71 – ⌧ 28 – **162 Z** 215/457 – 237/487, 5 Suiten. Y **a**

🏨 **Holiday Inn,** Speicker Str. 49, ✉ 41061, ℰ (02161) 93 80, *Reservation.QMoenchengladbach@ Queensgruppe.de, Fax (02161) 938807,* ⇌s, 🔲 – 🔋, ↩⇝ Zim, 📺 ⚅ ⚄ 🅿 – 🏖 120. 🄰🄴 ① 🄼🄾 VISA JCB
Menu à la carte 44/67 – ⌧ 27 – **126 Z** 215/295 – 275/355. Y **b**

🏨 **Crown Hotel** garni, Aachener Str. 120, ✉ 41061, ℰ (02161) 30 60, *Fax (02161) 306140* – 🔋, ↩⇝ Zim, 📺 ⇐ 🅿 – 🏖 120. 🄰🄴 ① 🄼🄾 VISA Y **n**
97 Z ⌧ 190/230.

🏨 **Burgund** garni, Kaiserstr. 85, ✉ 41061, ℰ (02161) 18 59 70, *Fax (02161) 1859740* –
🔋 🔋 📺 ⇐. 🄰🄴 ① 🄼🄾 VISA Y **e**
geschl. 24. Dez. - 12. Jan., 8. Juli - 5. Aug. – **14 Z** ⌧ 95/115 – 145/170.

🏨 **Cerano** garni, Waldhauser Str. 122, ✉ 41061, ℰ (02161) 92 66 30, *CeranoMG@ t-online.de, Fax (02161) 9266340,* ⇌s – 🔋 ↩⇝ ⇐ 🅿 – 🏖 30. 🄰🄴 ① 🄼🄾 VISA Y **d**
67 Z ⌧ 134/149 – 164/179.

✗✗ **Michelangelo,** Lüpertzender Str. 133, ✉ 41061, ℰ (02161) 20 85 83, 🌭 – 🄰🄴 ①
🄼🄾 VISA Y **c**
geschl. Dienstag – **Menu** (italienische Küche) à la carte 44/70.

✗ **Haus Baues,** Bleichgrabenstr. 23, ✉ 41061, ℰ (02161) 8 73 73, *hausbauesinfo@ t-online.de, Fax (02161) 896321,* 🌭 – 🅿. 🏖 200. 🄰🄴 ① 🄼🄾 VISA X **n**
geschl. Anfang - Mitte Aug., Dienstag – **Menu** à la carte 39/76.

MÖNCHEN-GLADBACH

Benachrichtigen Sie
sofort das Hotel,
wenn Sie
ein bestelltes Zimmer
nicht belegen können

Prévenez
immédiatement
l'hôtelier si vous
ne pouvez pas occuper
la chambre
que vous avez retenue.

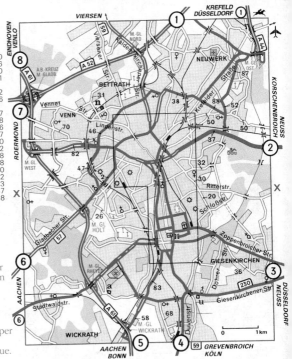

In Mönchengladbach-Hardt über ⑦ :

Lindenhof, Vorster Str. 535, ⊠ 41169, ☎ (02161) 55 93 40, Fax (02161) 551122 – 📺 ⇐ 🅿️.
Menu (geschl. Sonntag - Montag) (nur Abendessen) à la carte 59/107 – **16 Z** ⊇ 96/150 – 135/225.

In Mönchengladbach-Rheydt :

Coenen, Giesenkirchener Str. 41 (B 230), ⊠ 41238, ☎ (02166) 1 60 06, hotelcoenen @enconet.de, Fax (02166) 186795, 😤, « Garten » – 🛗, ⇌ Zim, 📺 ❤ ⇐ 🅿️ – 🔬 50. 🆎 ① ⑩ 🆅🆂🅰
X u
geschl. 22. Dez. - 5. Jan. – **Jürgen's Restaurant** (geschl. Juli - Aug. 4 Wochen, Mittwoch) (wochentags nur Abendessen) Menu à la carte 65/96 – **Bierstube** (geschl. Juli - Aug. 4 Wochen, Mittwoch) (wochentags nur Abendessen) Menu à la carte 39/54 – **50 Z** ⊇ 179/205 – 208/278.

Rheydter Residenz, Lehwaldstr. 27, ⊠ 41236, ☎ (02166) 6 29 60, rheydterreside nz@aol.com, Fax (02166) 629699, 🚝 – 🛗 📺 ♿ ⇐ 🔬 30. 🆎 ① ⑩ 🆅🆂🅰 Z s
geschl. 23. - 26. Dez. – **Bistro Casa Bonita** (geschl. Juli 3 Wochen, Sonntag) (nur Abendessen) Menu à la carte 44/57 – **22 Z** ⊇ 129/199 – 178/218.

Elisenhof 🦻, Klusenstr. 97 (in Hockstein), ⊠ 41239, ☎ (02166) 93 30, info@elisen hof.de, Fax (02166) 933400, 😤, 🔳 – 🛗, ⇌ Zim, 📺 ⇐ 🅿️ – 🔬 40. 🆎 ① ⑩ 🆅🆂🅰
X a
Menu à la carte 30/260 – 220/320.

Spickhofen, Dahlener Str. 88, ⊠ 41239, ☎ (02166) 4 30 71, Fax (02166) 42234 – 🛗
📺 🅿️ 🆎 ① ⑩ 🆅🆂🅰
Z m
Menu à la carte 25/62 – **42 Z** ⊇ 109/169 – 139/249.

In Korschenbroich-Kleinenbroich über ② : 7 km :

Gästehaus Bienefeld 🦻 garni, Im Kamp 5, ⊠ 41352, ☎ (02161) 99 83 00, Fax (02161) 9983099 – 📺 ⇐ 🅿️ 🆎 ① ⑩ 🆅🆂🅰. 🦻
geschl. 13. - 30. Juli – **14 Z** ⊇ 120/130 – 190.

Zur Traube, Haus-Randerath-Str. 15, ⊠ 41352, ☎ (02161) 67 04 04, Fax (02161) 670010, 😤 – 🅿️ 🆎 ① ⑩ 🆅🆂🅰
geschl. Jan. 2 Wochen, Juli - Aug. 3 Wochen, Mittwoch – **Menu** à la carte 42/78.

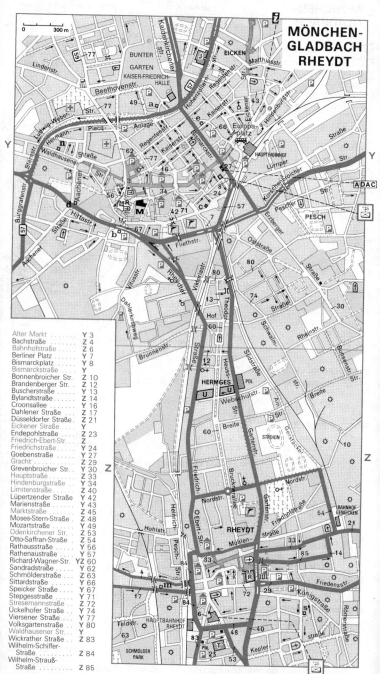

MÖNCHEN-GLADBACH RHEYDT

MÖRFELDEN-WALLDORF *Hessen* 🔲🔲🔲 *Q 9 – 29 800 Ew – Höhe 95 m.*

Berlin 556 – Wiesbaden 35 – *Frankfurt am Main 24 – Darmstadt 19.*

Im Stadtteil Moerfelden :

🏨 **Astron** Ⓜ, Hessenring 9, ✉ 64546, 𝒫 (06105) 20 40, *Fra-moerfelden@astron-hotel s.de,* Fax *(06105) 204100,* ⌂, 🍴, 🍴🍴 – 🛗, ⇜ Zim, 📺 📞 🚿 🚗 🅿 – 🔺 350. 🖭 🅾 🆎 **VISA** **JCB**
Menu à la carte 53/73 – ⌸ 25 – **299 Z** 230.

Im Stadtteil Walldorf :

🏨 **Airport Domizil-Hotel** Ⓜ garni, Nordendstr. 4a, ✉ 64546, 𝒫 (06105) 95 70, *airp. domhotel@t-online.de,* Fax *(06105) 957222* – 🛗 🚿 📺 📞 🚗. 🖭 🅾 🆎
VISA **JCB**
⌸ 20 – **65 Z** 150/260.

🏨 **Zum Löwen** garni, Langstr. 68, ✉ 64546, 𝒫 (06105) 94 90, *Hotel-Loewen@t-online.de,* Fax *(06105) 949144,* ⇜, 🔳 – 🛗 🚿 📺 📞 🅿 – 🔺 60. 🖭 🅾 🆎 **VISA**
55 Z ⌸ 130/190 – 160/230.

🏨 **Feger** Ⓜ garni, Am Zollstock 10, ✉ 64546, 𝒫 (06105) 70 50, *CIFFMAIRPORT@GMX.de,* Fax *(06105) 70580* – 🛗 📺 📞 🅿 – 🔺 40. 🖭 🅾 🆎 **VISA**
39 Z ⌸ 180/210.

Per i grandi viaggi d'affari o di turismo,
Guida MICHELIN rossa : EUROPE.

MÖRLENBACH *Hessen* 🔲🔲🔲 🔲🔲🔲 *R 10 – 9 200 Ew – Höhe 160 m.*

Berlin 611 – Wiesbaden 81 – *Mannheim 35 – Darmstadt 45 – Heidelberg 28.*

In Mörlenbach-Juhöhe *Nord-West : 5 km – Erholungsort :*

🏨 **Waldschenke Fuhr** 🦌, Auf der Juhöhe 25, ✉ 69509, 𝒫 (06252) 49 67, Fax *(06252) 68376,* ≤, ⌂ – 🛗 📺 📞 🅿 **🆎🅾**
Menu *(geschl. Montag - Dienstag)* à la carte 27/55 🍴 – **18 Z** ⌸ 75/80 – 130/150.

MÖRNSHEIM *Bayern* 🔲🔲🔲 🔲🔲🔲 *T 17 – 2 000 Ew – Höhe 420 m.*

Berlin 511 – München 127 – *Augsburg 72 – Ingolstadt 47 – Nürnberg 86.*

🏨 **Lindenhof** (mit Gästehaus), Marktstr. 25, ✉ 91804, 𝒫 (09145) 8 38 00, Fax *(09145) 7159,* ⌂ – 📺 🚗 🅿 🖭 🅾 🆎 **VISA**
geschl. Jan. 3 Wochen – **Menu** *(geschl. Dienstag, Okt. - April Montagabend - Dienstag)* à la carte 32/72 – **15 Z** ⌸ 65/75 – 98/120.

🍴 **Zum Brunnen,** Brunnenplatz 1, ✉ 91804, 𝒫 (09145) 71 27, Fax *(09145) 1079,* ⌂
🚗 – 📺 🅿 **🆎🅾**
geschl. Nov. – **Menu** *(geschl. Mittwoch)* à la carte 23/42 – **8 Z** ⌸ 60/85.

MOERS *Nordrhein-Westfalen* 🔲🔲🔲 *L 3 – 106 400 Ew – Höhe 29 m.*

🔲🔲 🔲🔲 Neukirchen-Vluyn-Niep, Bergschenweg 71 *(Süd-West : 6 km),* 𝒫 (02845) 2 80 51.
🔲 Stadtinformation, Unterwallstr. 9, ✉ 47441, 𝒫 (02841) 20 17 77, Fax *(02841) 201721.*
Berlin 556 – *Düsseldorf 41 – Duisburg 12 – Krefeld 17.*

🍴🍴 **Kurlbaum,** Burgstr. 7 (1. Etage), ✉ 47441, 𝒫 (02841) 2 72 00 – 🖭
geschl. Juli 3 Wochen, Dienstag, Samstag - Montag nur Abendessen – **Menu** (Tischbestellung ratsam) à la carte 67/88.

In Moers-Asberg :

🏨 **Moerser Hof** garni, Römerstr. 464, ✉ 47441, 𝒫 (02841) 9 52 10, *info@hotel-moerser-hof.de,* Fax *(02841) 952144* – 🛗 📺 📞 🚗 🅿 🖭 **🆎🅾** **VISA**
33 Z ⌸ 112/118 – 134/144.

In Moers-Repelen *Nord : 3,5 km :*

🏨 **Zur Linde,** An der Linde 2, ✉ 47445, 𝒫 (02841) 97 60, *info@hotel-zur-linde.de,* Fax *(02841) 97666,* Biergarten, « Rustikal-gemütliche Einrichtung », ⇜ – 🛗 🚿 📺 📞
🍴 🚗 🅿 – 🔺 40. 🅾 **🆎🅾** **VISA** 🚿 Zim
Menu à la carte 43/81 – ⌸ 16 – **35 Z** 125/135 – 168/198.

In Moers-Schwafheim *Süd : 4 km :*

🏨 **Schwarzer Adler,** Düsseldorfer Str. 309 (B 57), ✉ 47447, 𝒫 (02841) 38 21, Fax *(02841) 34630,* ⌂ – 🛗 🚿 Zim, 📺 📞 🅿 – 🔺 40. 🖭 🅾 🆎 **VISA**
Menu à la carte 34/70 – **39 Z** ⌸ 102/120 – 152/167.

MOHLSDORF Thüringen siehe Greiz.

MOLBERGEN Niedersachsen **415** H 7 – 5 000 Ew – Höhe 32 m.
　　Berlin 453 – Hannover 189 – Bremen 76 – Nordhorn 85.

🏠　**Thole-Vorwerk,** Cloppenburger Str. 4, ✉ 49696, 📞 (04475) 9 49 50,
　　Fax (04475) 949535 – 📺 🅿 🖭 ⓞ ⓜ🕲 💳
　　Menu (geschl. Juli - Aug. 2 Wochen) (wochentags nur Abendessen) (bemerkenswerte Wein-
　　karte) à la carte 29/60 – **10 Z** ⊑ 50/68 – 95/110.

In Molbergen-Dwergte Nord : 3 km :

🏠　**Zum Dorfkrug** ⤿ mit Zim, Molberger Str. 1, ✉ 49696, 📞 (04475) 18 07,
　　Fax (04475) 5394, 🏡, 🔛 – 📺 🅿 ⓜ🕲 💳 ⋘ Rest
　　geschl. Juli - Aug. 2 Wochen – **Menu** (geschl. Montag) à la carte 30/54 – **5 Z** ⊑ 65/
　　95.

MOLFSEE Schleswig-Holstein siehe Kiel.

MOMMENHEIM Rheinland-Pfalz siehe Nierstein.

MONDSEE Österreich siehe Salzburg.

MONHEIM Nordrhein-Westfalen **417** M 4 – 44 000 Ew – Höhe 40 m.
　　Berlin 567 – Düsseldorf 23 – Aachen 88 – Köln 28 – Solingen 19.

🏨　**Gehtmann,** An d'r Kapell 4, ✉ 40789, 📞 (02173) 59 80, info@gethman.de,
　　Fax (02173) 52368, 🏡 – ⤿ Zim, 📺 📞 🅿 🖭 ⓜ🕲 💳
　　Zum Vater Rhein (geschl. Dienstag) **Menu** à la carte 37/74 – **20 Z** ⊑ 130/160 –
　　180/220.

🏠　**Achat** Ⓜ, Delitzscher Str. 1, ✉ 40789, 📞 (02173) 33 03 80 (Hotel), 96 33 30 (Rest.),
　　monheim@achat-hotel.de, Fax (02173) 33038999, 🏡 – 📶, ⤿ Zim, 📺 📞 🕭 🅿 🖭 ⓞ
　　ⓜ🕲 💳
　　geschl. 23. Dez. - 1. Jan. – **MonnaLisa** (italienische Küche) (geschl. Samstagmittag, Mon-
　　tagmittag) **Menu** à la carte 34/69 – ⊑ 17 – **83 Z** 127/142 – 160/175.

In Monheim-Baumberg Nord : 3 km :

🏠　**Sporthotel,** Sandstr. 84, ✉ 40789, 📞 (02173) 68 80, info@sporthotel-baumberg.de,
　　Fax (02173) 688110 – 📺 🅿 🖭 ⓞ ⓜ🕲 💳 ⒿⒸⒷ ⋘
　　Menu (Montag - Freitag nur Abendessen) à la carte 32/66 – **40 Z** ⊑ 130/160 –
　　180/210.

MONREPOS (Schloss) Baden-Württemberg siehe Ludwigsburg.

MONSCHAU Nordrhein-Westfalen **417** O 2 – 13 200 Ew – Höhe 405 m.
　　Sehenswert : Fachwerkhäuser★★ – Rotes Haus★ – Friedhofkapelle ⩽★.
　　Ausflugsziel : ⩽★★ vom oberen Aussichtsplatz an der B 258, Nord-West : 2 km.
　　🅱 Monschau Touristik, Stadtstr. 1, ✉ 52156, 📞 (02472) 33 00, Fax (02472) 4534.
　　Berlin 649 – Düsseldorf 110 – Aachen 49 – Düren 43 – Euskirchen 53.

🏠　**Lindenhof** garni, Laufenstr. 77, ✉ 52156, 📞 (02472) 41 86, info@Lindenhof.de,
　　Fax (02472) 3134 – 📺 🅿 ⋘
　　13 Z ⊑ 75/95 – 110/140.

🏠　**Royal** garni, Stadtstr. 6, ✉ 52156, 📞 (02472) 20 33, Fax (02472) 4752 – 📶 📺
　　geschl. Anfang Jan. - Anfang Feb. – **14 Z** ⊑ 90 – 120/150.

XXX　**Remise** (Corona), Stadtstr. 14, ✉ 52156, 📞 (02472) 80 08 00, Fax (02472) 8008020 –
🕸　　ⓜ🕲 💳 ⋘
　　geschl. Ende Jan. - Mitte Feb., Ende Okt. - Mitte Nov., Dienstag – **Menu** (nur Abendessen)
　　à la carte 78/129 – **Altes Getreidehaus** (auch Mittagessen) **Menu** à la carte
　　31/60
　　Spez. Lauwarmer Salat von St. Jokobsmuscheln mit Calamari-Garnelenspieß. Ochsen-
　　schwanzravioli mit gebratener Wachtel und Weinbergschnecken. Rehkitzrücken mit Stein-
　　pilzen und gefüllten Schupfnudeln.

XX　**Alte Herrlichkeit,** Stadtstr. 7, ✉ 52156, 📞 (02472) 22 84, info@AlteHerrlichkeit.de,
　　Fax (02472) 4962 – 🖭 ⓜ🕲 💳
　　geschl. März 2 Wochen, Juli 2 Wochen, Nov. 2 Wochen, Dienstag – **Menu** à la carte
　　38/69.

MONTABAUR Rheinland-Pfalz **417** O 7 – 13 000 Ew – Höhe 230 m.

🛈 Westerwald Gäste-Service, Kirchstr. 48a, ⊠ 56410, 𝒫 (02602) 3 00 10, Fax (02602) 300115.

Berlin 571 – Mainz 71 – Koblenz 34 – Bann 80 – Limburg an der Lahn 22.

🏨 **Am Peterstor** garni, Peterstorstr. 1, ⊠ 56410, 𝒫 (02602) 16 07 20, Fax (02602) 160730 – |≢| 🆃🆅 🅿 – 🔬 30. 🆆🅾 𝑉𝐼𝑆𝐴
16 Z ⊃ 110/170.

🔆 **Zur Post,** Bahnhofstr. 30, ⊠ 56410, 𝒫 (02602) 10 14 30, Fax (02602) 10143150 – |≢| 🆃🆅 ⟵ 🅰🅴 ⓪ 🆆🅾 𝑉𝐼𝑆𝐴
Menu (geschl. 2.- 7. Jan., Donnerstag) à la carte 29/55 – **17 Z** ⊃ 80/135.

An der Autobahn A 3 Nord-Ost : 4,5 km, Richtung Frankfurt :

🏨 **Heiligenroth,** ⊠ 56412 Heiligenroth, 𝒫 (02602) 10 30, info@ heiligenroth.bestwestern.de, Fax (02602) 103460, � – |≢| 🍴 🆃🆅 ₺ ⟵ 🅿 – 🔬 45. 🅰🅴 ⓪ 🆆🅾 𝑉𝐼𝑆𝐴
Menu à la carte 33/63 – ⊃ 17 – **30 Z** 130/170 – 170/210.

In Wirges Nord-West : 5 km :

🏨 **Paffhausen,** Bahnhofstr. 100, ⊠ 56422, 𝒫 (02602) 9 42 10, info@ hotel-paffhausen.de, Fax (02602) 9421110, 🌫, 🌲 – 🍴 Zim, 🆃🆅 ₺ 🅿 – 🔬 120. 🅰🅴 🆆🅾 𝑉𝐼𝑆𝐴
Menu (geschl. Sonntagabend) à la carte 44/62 – **32 Z** ⊃ 108/178.

MOOS Baden-Württemberg siehe Radolfzell.

MORAAS Mecklenburg-Vorpommern siehe Hagenow.

MORBACH/HUNSRÜCK Rheinland-Pfalz **417** Q 5 – 11 000 Ew – Höhe 450 m – Luftkurort.

Ausflugsziel : Hunsrück-Höhenstraße★.

🛈 Tourist-Information, Unterer Markt 1, ⊠ 54497, 𝒫 (06533) 7 11 17, Fax (06533) 3003.

Berlin 669 – Mainz 107 – Trier 48 – Bernkastel-Kues 17 – Birkenfeld 21.

🏨 **St. Michael,** Bernkasteler Str. 3, ⊠ 54497, 𝒫 (06533) 9 59 60, Fax (06533) 9596500, 🌫, 🗨 – |≢| 🆃🆅 🕻 ⟵ 🅿 – 🔬 80. 🅰🅴 ⓪ 🆆🅾 𝑉𝐼𝑆𝐴
Menu à la carte 28/61 ₺ – **46 Z** ⊃ 90/110 – 140/160 – ½ P 15.

🏠 **Landhaus am Kirschbaum** 🅼 🌫, Am Kirschbaum 55a, ⊠ 54497, 𝒫 (06533) 9 39 50, Fax (06533) 939522, 🌫, Massage, 🗨 – 🆃🆅 🕻 🅿. 🆆🅾. 🌫 Rest
Menu (geschl. 17.- 25. Dez.) (nur Abendessen) à la carte 26/43 – **20 Z** ⊃ 70/120 – ½ P 20.

In Horbruch Nord-Ost : 12 km über die B 327 :

🏨 **Historische Schloßmühle** 🌫 (mit Gästehaus), ⊠ 55483, 𝒫 (06543) 40 41, historische@ schlossmuehle.com, Fax (06543) 3178, 🌫, « Ehemalige Mühle a.d. 17. Jh. », 🌲 – 🅿 – 🔬 15. 🌫
Menu (geschl. Montag) (wochentags nur Abendessen) à la carte 52/81 (auch vegetarisches Menu) – **18 Z** ⊃ 185/320 – ½ P 55.

🍴 **Scherers Hunsrücker Wirtschaft** mit Zim, Oberdorf 2, ⊠ 55483, 𝒫 (06543) 40 60, Fax (06543) 6848, 🌫, 🌲 – 🆃🆅 ⟵ 🅿. 🅰🅴 ⓪ 🆆🅾 𝑉𝐼𝑆𝐴. 🌫 Zim
geschl. Anfang Jan. - Anfang Feb. – **Menu** (geschl. Dienstag) (wochentags nur Abendessen) à la carte 29/58 ₺ – **4 Z** ⊃ 60/70 – 120/140.

MORITZBURG Sachsen **418** M 25 – 3 000 Ew – Höhe 200 m.

Sehenswert : Schloß Moritzburg★.

🛈 Tourist-Information, Schlossallee 3b, ⊠ 01468, 𝒫 (035207) 85 40, Fax (035207) 85420.

Berlin 181 – Dresden 16 – Cottbus 85 – Meißen 16.

🏠 **Eisenberger Hof,** Kötzschenbrodaer Str. 8, ⊠ 01468, 𝒫 (035207) 8 16 73, InesRoll@ aol.com, Fax (035207) 81684, 🌫, 🗨, 🌲 – 🆃🆅 🕻 🅿 – 🔬 35. 🅰🅴 🆆🅾 𝑉𝐼𝑆𝐴
Menu (geschl. Feb., Nov.) (Montag - Freitag nur Abendessen) à la carte 32/44 – **25 Z** ⊃ 100/110 – 150/160.

MORSBACH Nordrhein-Westfalen **417** N 7 – 10 500 Ew – Höhe 250 m.

Ausflugsziel : Wasserschloß Crottorf★ Nord-Ost : 10 km.

Berlin 587 – Düsseldorf 107 – Bonn 63 – Siegen 33 – Köln 70.

🏨 **Goldener Acker** 🌫, Zum goldenen Acker 44, ⊠ 51597, 𝒫 (02294) 80 24, HOTEL-GOLDENER-ACKER@ t-online.de, Fax (02294) 7375, 🌫, 🗨, 🌲 – 🆃🆅 🅿 – 🔬 40. ⓪ 🆆🅾 𝑉𝐼𝑆𝐴
Menu (geschl. 8.- 21. Jan., 9.- 29. Juli, Sonntagabend - Montag) à la carte 42/69 – **33 Z** ⊃ 89/94 – 135/149.

MORSUM Schleswig-Holstein siehe Sylt (Insel).

MOSBACH Baden-Württemberg 🔳🔳 R 11 – 25 000 Ew – Höhe 151 m.
- 🛈 Tourist-Information, Hauptstr. 29, ✉ 74821, ℰ (06261) 8 22 36, Fax (06261) 82288.
Berlin 587 – Stuttgart 87 – Mannheim 79 – Heidelberg 45 – Heilbronn 33.

🏨 **Zum Amtsstüble,** Lohrtalweg 1, ✉ 74821, ℰ (06261) 9 34 60, Fax (06261) 934610,
🌳 – 🐾 Zim, 📺 📱 ℙ – 🛡 20. 🆗 🆚🆂🅰
Menu (geschl. über Fastnacht 2 Wochen, Aug. 3 Wochen, Montag) à la carte 28/62 – **19 Z**
🍽 95/110 – 135/160.

🏨 **Lamm,** Hauptstr. 59, ✉ 74821, ℰ (06261) 8 90 20, info@hotelmosbach.de,
Fax (06261) 890291, (Fachwerkhaus a.d. 18. Jh.) – 🛗 📺 🅰🅴 🕐 🆗 🆚🆂🅰
Menu à la carte 25/50 ⅄ – **51 Z** 🍽 75/88 – 105/145.

In Mosbach-Neckarelz Süd-West : 4 km :

🏨 **Lindenhof,** Martin-Luther-Str. 3, ✉ 74821, ℰ (06261) 6 00 66, Fax (06261) 975252,
🌳 – 📺 📱 🚗 ℙ. 🆗 🆚🆂🅰 🍴
geschl. Aug. 2 Wochen – **Menu** (geschl. Mittwoch) à la carte 27/58 ⅄ – **22 Z** 🍽 80/130
– ½ P 24.

In Mosbach-Nüstenbach Nord-West : 4 km :

🍴 **Landgasthof zum Ochsen,** Im Weiler 6, ✉ 74821, ℰ (06261) 1 54 28,
Fax (06261) 893645, 🌳, « Stilvoll eingerichtetes Restaurant mit Weinstube »
geschl. nach Fasching 2 Wochen, Aug. 2 Wochen, Dienstag – **Menu** (wochentags nur Abendessen) (Tischbestellung ratsam) à la carte 43/84.

In Elztal-Dallau Nord-Ost : 5,5 km :

🍴 **Zur Pfalz** mit Zim, Hauptstr. 5 (B 27), ✉ 74834, ℰ (06261) 22 93, Fax (06261) 37293,
🌳 – 🚗 ℙ. 🅰🅴 🕐 🆗 🆚🆂🅰 🍴 Zim
geschl. 24. Feb. – 5. März – **Menu** (geschl. Montag) à la carte 33/62 – **13 Z** 🍽 36/55 –
72/110.

MOSELKERN Rheinland-Pfalz 🔳 P 6 – 600 Ew – Höhe 83 m.
Ausflugsziel : Burg Eltz★★, Lage★★ Nord-West : 1 km und 30 min zu Fuß.
Berlin 627 – Mainz 106 – Koblenz 38 – Trier 109 – Cochem 17.

🏨 **Anker-Pitt,** Moselstr. 15, ✉ 56254, ℰ (02672) 13 03, Fax (02672) 8944, ≤, 🔭 – 🛗
📺 ℙ. 🆗
geschl. Jan. – **Menu** (geschl. Montag) à la carte 23/49 – **25 Z** 🍽 73/90 – 90/110 – ½ P 20.

MOSELTAL Rheinland-Pfalz 🔳 R 3 bis O 6.
Sehenswert : Tal★★★ von Trier bis Koblenz (Details siehe unter den erwähnten Mosel-
Orten).

MOSSAUTAL Hessen 🔳🔳 R 10 – 2 500 Ew – Höhe 390 m – Erholungsort.
Berlin 592 – Wiesbaden 99 – Mannheim 55 – Beerfelden 12 – Darmstadt 59.

In Mossautal-Güttersbach :

🏨 **Zentlinde** 🦢, Hüttenthaler Str. 37, ✉ 64756, ℰ (06062) 20 80, hotelzentlinde@t-o
nline.de, Fax (06062) 5900, 🌳, Massage, 🔭, 🏊 – 🛗, 🐾 Rest, 📺 ℙ – 🛡 40. 🆗 🆚🆂🅰
🍴 Zim
geschl. 3. - 25. Jan. – **Menu** (geschl. Montag) à la carte 28/51 – **36 Z** 🍽 85/100 – 150/160
– ½ P 20.

🏨 **Haus Schönblick** 🦢, Hüttenthaler Str. 30, ✉ 64756, ℰ (06062) 53 80,
Fax (06062) 61242, 🌳, Biergarten, Massage, 🔭, 🚲 – 📺 ℙ – 🛡 35. 🆗 🆚🆂🅰 🍴
geschl. Jan. – **Menu** (geschl. Montag - Dienstag) à la carte 27/42 ⅄ – **35 Z** 🍽 50/80 –
80/130 – ½ P 15.

MOTTEN Bayern 🔳🔳 O 13 – 1 800 Ew – Höhe 450 m.
Berlin 469 – München 358 – Fulda 19 – Würzburg 93.

In Motten-Speicherz Süd : 7 km :

🍴 **Zum Biber,** Hauptstr. 15 (B 27), ✉ 97786, ℰ (09748) 9 12 20, info@gasthof-zum-b
iber.de, Fax (09748) 912266, 🚲 – 🍽 Rest, 📺 🚗 ℙ – 🛡 35. 🅰🅴 🕐 🆗 🆚🆂🅰
geschl. 8. - 26. Jan. – **Menu** à la carte 24/49 – **41 Z** 🍽 49/64 – 93/104.

MOTZEN Brandenburg siehe Teupitz

MUCH Nordrhein-Westfalen ⁪⁪⁪ N 6 – 13 900 Ew – Höhe 195 m.

⁙ Burg Overbach, ℘ (02245) 55 50.

Berlin 580 – Düsseldorf 77 – Bonn 33 – Köln 40.

In Much-Bövingen Nord-West : 3 km :

⁙⁙ **Activotel** Ⓜ, Bövingen 129 (Gewerbegebiet), ⊠ 53804, ℘ (02245) 60 80, info@act
ivotel.de, Fax (02245) 608100, ≤, 㭫, ƒふ, ⊆ₛ, ⊠, 㭢, 㼏(Halle) – 㓘, 㔓 Zim, ⓣⓥ ℃
㸝 – 㡑 100. ⒜Ⓔ ⓞ ⓞⓞ *VISA*. 㼟 Rest
Menu à la carte 41/66 – **115 Z** ⊇ 165/235 – 238/308.

In Much-Sommerhausen Süd-West : 3 km :

㷖㷖㷖 **Herrmanns Stuben,** Sommerhausener Weg 97, ⊠ 53804, ℘ (02245) 14 26,
Fax (02245) 1427, ≤, 㭫 – 㸝 – 㡑 30
geschl. Feb. - März 2 Wochen, Sept. 1 Woche, Montag - Dienstag – **Menu** à la carte 53/77.

MÜCKE Hessen ⁪⁪⁪ O 11 – 9 500 Ew – Höhe 300 m.

Berlin 461 – Wiesbaden 107 – Marburg 63 – Alsfeld 31 – Gießen 28.

In Mücke-Atzenhain :

㷒 **Zur Linde,** Lehnheimer Str. 2, ⊠ 35325, ℘ (06401) 64 65, Fax (06401) 6495, ⊆ₛ, 㭩
㷘 – 㷢 㸝
Menu (geschl. Sonntagabend) à la carte 23/36 㷴 – **22 Z** ⊇ 55/75 – 100/110.

In Mücke-Flensungen :

⁙ **Landhotel Gärtner,** Bahnhofstr. 116, ⊠ 35325, ℘ (06400) 81 91, Fax (06400) 6360,
Biergarten, 㭩 – ⓣⓥ 㷘 㸝 – 㡑 100. *VISA*
Menu (geschl. Montagabend) à la carte 36/58 – **14 Z** ⊇ 95 – 135/145.

MÜDEN Rheinland-Pfalz siehe Treis-Karden.

MÜHLDORF AM INN Bayern ⁪⁪⁪ V 21 – 16 000 Ew – Höhe 383 m.

⁙ Kraiburg, Guttenburg 3 (Süd-West : 9 km), ℘ (08638) 88 74 88.

Berlin 611 – München 80 – Regensburg 114 – Landshut 57 – Passau 95 – Salzburg 77.

⁙ **Komfort Hotel** Ⓜ garni, Rheinstr. 44 (Industriegebiet Süd), ⊠ 84453, ℘ (08631)
38 10, Fax (08631) 381481 – 㔓 ⓣⓥ ℃ 㷴 㸝 – 㡑 40. ⒜Ⓔ ⓞ ⓞⓞ *VISA*
100 Z ⊇ 90/140 – 130/170.

⁙ **Bastei** (mit Gästehaus), Münchener Str. 69, ⊠ 84453, ℘ (08631) 58 02,
Fax (08631) 15158 – 㓘 ⓣⓥ 㷴 㸝 – 㡑 30. ⒜Ⓔ ⓞⓞ *VISA*
Menu à la carte 27/50 – **34 Z** ⊇ 65/80 – 116/120.

MÜHLHAUSEN IM TÄLE Baden-Württemberg siehe Wiesensteig.

MÜHLHAUSEN Thüringen ⁪⁪⁪ M 15 – 37 600 Ew – Höhe 253 m.

Sehenswert : Altstadt★ (Stadtmauer★, Kirche St. Marien★).

🇧 Fremdenverkehrsamt, Ratsstr. 20, ⊠ 99974, ℘ (03601) 45 23 35, Fax (03601)
452316.

Berlin 301 – Erfurt 54 – Eisenach 32 – Kassel 103.

⁙ **Mirage** garni, Karl-Marx-Str. 9, ⊠ 99974, ℘ (03601) 43 90, info@mirage-hotel.de,
Fax (03601) 439100 – 㓘 㔓 ⓣⓥ ℃ 㷴 㷘 – 㸝 60. ⒜Ⓔ ⓞ ⓞⓞ *VISA*
77 Z ⊇ 109/119 – 139/159.

㷌 **Zum Nachbarn,** Steinweg 65, ⊠ 99974, ℘ (03601) 81 25 13, Fax (03601) 812513 –
⒜Ⓔ ⓞ ⓞⓞ *VISA*
Menu à la carte 28/44.

In Struth West : 12 km :

㷒 **Zur grünen Linde,** Lange Str. 93, ⊠ 99976, ℘ (036026) 9 02 04, Fax (036026) 90050,
㷘 㭫 – ⓣⓥ 㸝 ⒜Ⓔ ⓞ ⓞⓞ *VISA*. 㼟 Zim
Menu (geschl. Montagmittag, Dienstagmittag, Freitag) à la carte 20/38 – **11 Z** ⊇ 50/60
– 80/90.

MÜHLHAUSEN (VOGTLAND) Sachsen siehe Elster, Bad.

MÜHLHEIM AM MAIN *Hessen* 🔲🔲🔲 *P 10 – 24500 Ew – Höhe 105 m.*
Berlin 537 – Wiesbaden 51 – Frankfurt am Main 15 – Hanau 8.

In Mühlheim-Lämmerspiel *Süd-Ost : 5 km :*

🏨🏨 **Landhaus Waitz,** Bischof-Ketteler-Str. 26, ✉ 63165, ℰ (06108) 60 60, *Willkommen @hotel-waitz.de, Fax (06108) 606488,* « *Gartenterrasse* » – |🛗|, ✦ Zim, 📺 ☏ 🚗 🅿 – 🔬 160. 🖭 ⑩ 🕠 *VISA*
geschl. 27. Dez. - 6. Jan. – **Menu** à la carte 54/94 – **75 Z** ⇆ 195/215 – 260/280.

MÜHLTAL *Hessen siehe Darmstadt.*

MÜLHEIM AN DER RUHR *Nordrhein-Westfalen* 🔲🔲🔲 *L 4 – 177000 Ew – Höhe 40 m.*
🛫 *Mülheim-Selbeck, (Süd : 7 km über B 1), ℰ (0208) 48 36 07.*
🛈 *City-Shop, Hans-Böckler-Platz (im Forum-City-Mülheim), ✉ 45468, ℰ (0208) 4 55 80 80, Fax (0208) 4558088.*
ADAC, *Löhstr. 6.*
Berlin 539 – Düsseldorf 36 ① – Duisburg 9 ② – Essen 10 – Oberhausen 5,5.

Stadtplan siehe gegenüberliegende Seite

🏨🏨 **Thiesmann** 🅼, Dimbeck 56, ✉ 45470, ℰ (0208) 30 68 90, *HOTELTHIESMANN@t-on line.de, Fax (0208) 3068990,* 🍽, 🍴, 🌳 – |🛗|, ✦ Zim, 📺 ☏ & 🚗 🅿 – 🔬 40. 🖭 🕠 *VISA*   Z e
Menu *(geschl. Sonn- und Feiertage)* à la carte 35/57 – **34 Z** ⇆ 145/215 – 175/265.

🏨🏨 **Clipper Hotel** 🅼 garni, Hans-Böckler-Platz 19 (Forum-City-Center), ✉ 45468, ℰ (0208) 30 86 30, *clipper0208@cityweb.de, Fax (0208) 30863113,* 🍴 – |🛗| ✦ 📺 – 🔬 15. 🖭 ⑩ 🕠 *VISA*   Y c
51 Z ⇆ 169/209 – 209/299.

🏨🏨 **Gartenhotel Luisental** 🅼 garni, Trooststr. 2, ✉ 45468, ℰ (0208) 99 21 40, *info@gartenhotel-luisental.de, Fax (0208) 9921440* – |🛗| ✦ 📺 🚗. 🖭 🕠 *VISA*   Z a
20 Z ⇆ 138/188 – 158/248.

🏨🏨 **Friederike** garni, Friedrichstr. 32, ✉ 45468, ℰ (0208) 99 21 50, *info@hotel-friederi ke.de, Fax (0208) 9921545,* « *Garten* » – 📺 🖭 🕠 *VISA*   Z f
27 Z ⇆ 110/178 – 138/198.

🏨🏨 **Noy** garni, Schloßstr. 28, ✉ 45468, ℰ (0208) 4 50 50, *info@hotelnoy.de, Fax (0208) 4505300* – |🛗| 📺 – 🔬 30. 🖭 ⑩ 🕠 *VISA*. ✻   Y a
⇆ 18 – **50 Z** 130/180 – 198/220.

🏨 **Am Ruhrufer,** Dohne 74, ✉ 45468, ℰ (0208) 99 18 50, *ruhrufer@aol.com, Fax (0208) 9918599,* ≤, 🍴 – |🛗|, ✦ Zim, 📺 ☏ 🅿 – 🔬 35. 🖭 ⑩ 🕠 *VISA* 🥋 Z c
Müller-Flora : Menu à la carte 37/58 – **48 Z** ⇆ 154/164 – 350.

🏨 **Am Schloß Broich** garni, Am Schloß Broich 27, ✉ 45479, ℰ (0208) 99 30 80, *Fax (0208) 9930850* – |🛗| 📺 🚗. 🖭 ⑩ 🕠 *VISA*   Y v
25 Z ⇆ 129/220 – 175/240.

✕✕ **Am Kamin,** Striepensweg 62, ✉ 45473, ℰ (0208) 76 00 36, *Fax (0208) 760769,* « *Gartenterrasse mit offenem Kamin* » – 🅿. 🖭 ⑩ 🕠 *VISA*   X s
geschl. Samstagmittag – **Menu** à la carte 40/82.

In Mülheim-Dümpten :

🏨🏨 **Kuhn,** Mellinghofer Str. 277, ✉ 45475, ℰ (0208) 79 00 10, *Fax (0208) 7900168,* 🍴, 🔲 – |🛗| 📺 🚗 🅿 ⑩ 🕠 *VISA*   siehe Stadtplan Oberhausen X a
Distel *(geschl. Sonntag) (nur Abendessen)* **Menu** à la carte 39/70 – **61 Z** ⇆ 90/120 – 120/180.

In Mülheim-Menden :

✕✕ **Müller-Menden,** Mendener Str. 109, ✉ 45470, ℰ (0208) 37 40 15, *Fax (0208) 37933,* 🍴 – 🅿. 🕠 *VISA*   über Mendener Straße X
Menu à la carte 40/72.

In Mülheim-Mintard *über Mendener Brücke X :*

🏨 **Mintarder Wasserbahnhof,** August-Thyssen-Str. 129, ✉ 45481, ℰ (02054) 9 59 50, *hotel.wasserbahnhof@t-online.de, Fax (02054) 959555,* « *Terrasse mit* ≤ » – 📺 🚗 🅿 – 🔬 40. 🖭 ⑩ 🕠 *VISA*
Menu *(geschl. 27. Dez. - 15. Jan., Donnerstag - Freitag)* à la carte 35/70 – **33 Z** ⇆ 89/126 – 147/185.

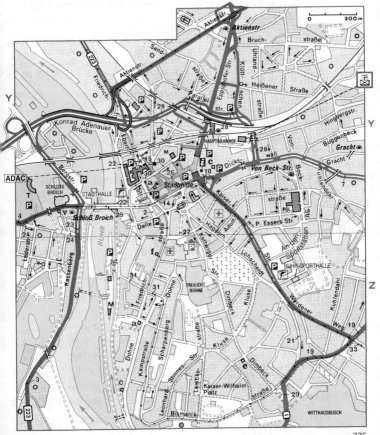

MÜLHEIM
AN DER RUHR

In Mülheim-Speldorf :

🏠 **Landhaus Sassenhof** ⬡ (mit Gästehaus), Schellhockerbruch 21, ⊠ 45478, ℘ (0208)
99 91 80, Fax (0208) 51465, 🌣 – 📺 **P** – 🐾 30. **AE** ⓞ **⓪⓪** **VISA**
geschl. Weihnachten - Anfang Jan. – **Menu** (geschl. Montag) à la carte 36/69 – **18 Z**
⚏ 116/158 – 158/235.

✕✕ **Altes Zollhaus,** Duisburger Str. 228, ⊠ 45478, ℘ (0208) 5 03 49, Fax (0208) 50349
geschl. Juli 2 Wochen, 30. Dez. - 3. Jan., Montag, Samstagmittag – **Menu** à la carte
53/72.
X c

MÜLHEIM-KÄRLICH Rheinland-Pfalz **417** O 6 – 10 000 Ew – Höhe 80 m.
Berlin 599 – Mainz 109 – Koblenz 10.

In Mülheim :

✕✕ **Zur Linde,** Bachstr. 12, ⊠ 56218, ℘ (02630) 41 30, Fax (02630) 4129, 🌣 – **P**. **⓪⓪** **VISA**
geschl. über Karneval 2 Wochen, Dienstag, Samstagmittag – **Menu** à la carte 49/77 –
Weinstube (nur Abendessen) **Menu** à la carte 36/47.

MÜLHEIM (MOSEL) Rheinland-Pfalz **417** Q 5 – 900 Ew – Höhe 110 m.
Berlin 681 – Mainz 119 – Trier 44 – Bernkastel-Kues 6 – Wittlich 14.

🏠 **Landhaus Schiffmann** ⬡ (mit Gästehaus), Veldenzer Str. 49a, ⊠ 54486, ℘ (06534)
9 39 40, info@landhaus-schiffmann.de, Fax (06534) 18201, ≤, Massage, ≋s, ≋ – ✦✦ 📺
P. ✺
geschl. Dez. – **Menu** (Restaurant nur für Hausgäste) – **22 Z** ⚏ 95/110 – 150/170.

MÜLLHEIM Baden-Württemberg **419** W 6 – 17 800 Ew – Höhe 230 m.
🔹 Touristik-Information, Werderstr. 48, ⊠ 79379, ℘ (07631) 40 70, Fax (07631) 16654.
Berlin 831 – Stuttgart 238 – Freiburg im Breisgau 33 – Basel 41 – Mulhouse 26.

🏠 **Alte Post,** an der B 3, ⊠ 79379, ℘ (07631) 1 78 70, alte_post@t-online.de,
Fax (07631) 178787, « Gartenterrasse » – ✦✦ Zim, 📺 📞 ⬄ **P** – 🐾 50. ⓞ **⓪⓪** **VISA**
Menu à la carte 43/79 (auch vegetarisches Menu) – **50 Z** ⚏ 96/150 – 152/260.

🏠 **Gästehaus im Weingarten** ⬡ garni (Appartementhotel), Kochmatt 8, ⊠ 79379,
℘ (07631) 3 69 40, Fax (07631) 369425, ≤, ≋s, 🖼, ≋ – 📺 🐾 ⬄ **P**
14 Z ⚏ 95/105 – 140/180.

🏠 **Bauer** (mit Gästehaus), Eisenbahnstr. 2, ⊠ 79379, ℘ (07631) 24 62, hotel.bauer@m
ail.pcom.de, Fax (07631) 4073, 🌣, ≋ – 🔳 📺 ⬄ **P**. **⓪⓪** **VISA**
geschl. 16. Dez. - 14. Jan. – **Menu** (geschl. Samstagmittag, Sonntag) à la carte 30/62 🐾
– **60 Z** ⚏ 70/95 – 145.

In Müllheim-Britzingen Nord-Ost : 5 km – Erholungsort :

✕ **Zur Krone** mit Zim, Markgräfler Str. 32, ⊠ 79379, ℘ (07631) 20 46, Fax (07631) 15442,
🌣 – **P**
geschl. Mitte - Ende Jan. – **Menu** (geschl. Nov. - April Montag) à la carte 32/53 🐾 – **9 Z**
⚏ 75 – 80/110.

In Müllheim-Feldberg Süd-Ost : 6 km :

✕ **Ochsen** mit Zim, Bürgelnstr. 32, ⊠ 79379, ℘ (07631) 35 03, Fax (07631) 10935, 🌣,
(Landgasthof a.d.J. 1763), ≋s, ≋ – **P**. **⓪⓪** **VISA**
geschl. Jan. 3 Wochen – **Menu** (geschl. Donnerstag) à la carte 39/67 🐾 – **7 Z** ⚏ 75/85
– 110/145.

MÜNCHBERG Bayern **418** **420** P 19 – 12 500 Ew – Höhe 553 m.
🔹 Fremdenverkehrsamt, Ludwigstr. 15, ⊠ 95213, ℘ (09251) 8 74 12, Fax (09251)
87424.
Berlin 323 – München 266 – Hof 21 – Bayreuth 37.

🏠 **Seehotel Hintere Höhe** ⬡, Hintere Höhe 7, ⊠ 95213, ℘ (09251) 9 46 10, seeh
otel@muenchberg.net, Fax (09251) 3976, ≤, 🌣, ≋s, ≋ – ✦✦ Zim, 📺 ⬄ **P** – 🐾 80.
AE ⓞ **⓪⓪** **VISA**. ✺
Menu (geschl. Freitag) à la carte 31/59 – **33 Z** ⚏ 98/138 – 178/198.

🏠 **Braunschweiger Hof,** Bahnhofstr. 13, ⊠ 95213, ℘ (09251) 9 94 00,
Fax (09251) 6404 – 📺 ⬄ **P**. ⓞ **⓪⓪** **VISA**
geschl. Ende Jan. 2 Wochen – **Menu** à la carte 31/60 – **21 Z** ⚏ 70/85 – 100/140.

🏠 **Roßner,** Kulmbacher Str. 16, ⊠ 95213, ℘ (09251) 15 10, Fax (09251) 80662 – 📶,
✦✦ Zim, 📺 📞 ⬄
Menu (geschl. Anfang Juni 2 Wochen, Sonntagabend - Montagmittag) à la carte 28/54
– **25 Z** ⚏ 80/107 – 115/140.

In **Sparneck** *Süd-Ost : 7 km :*

🏨 **Waldhotel Heimatliebe** 🦢, ✉ 95234, 𝒫 (09251) 9 95 90, *heimatliebe@landidyll
.de*, Fax (09251) 7598, « Gartenterrasse », ⓔ⬡s, 🌿 – 🗲 📺 ⟻ 🅿 – 🏛 40. 🆎 ①
⓪⓪ 𝘝𝘐𝘚𝘈
Menu *(geschl. Montagmittag)* à la carte 33/78 – **25 Z** ⊑ 98/110 – 150/180.

MÜNCHEBERG *Brandenburg* 416 418 *I 26 – 5 000 Ew – Höhe 120 m.*

🇿 *Stadtinformation, Ernst-Thälmann-Str. 101,* ✉ 15374, 𝒫 (033432) 7 09 31, Fax
(033432) 81143.
Berlin 55 – Potsdam 79 – Frankfurt (Oder) 37 – Eberswalde 60.

🏠 **Landhotel Sternthaler,** *Poststr. 6,* ✉ 15374, 𝒫 (033432) 8 94 40, *hotelsternthal
er@aol.com,* Fax (033432) 89443, 🌿 – 🗲 📺 – 🏛 20
Menu *(geschl. Mitte - Ende Aug., Montag)* à la carte 34/59 – **13 Z** ⊑ 86/146.

🏠 **Mönchsberg** 🦢, *Florastr. 25c,* ✉ 15374, 𝒫 (033432) 3 67, *MAIL@HOTEL-
MOENCHSBERG.DE,* Fax (033432) 505, 🌿, 🌿 – 📺 🕹 🅿 ⓪⓪ 𝘝𝘐𝘚𝘈
geschl. 20. Dez. - 1. Jan. – **Menu** à la carte 28/46 – **10 Z** ⊑ 99/130.

In **Wulkow bei Seelow** *Nord-Ost : 13 km :*

🏨 **Parkhotel Schloß Wulkow** *(mit* 🏠 *Remise),* Hauptstr. 24, ✉ 15320, 𝒫 (033476)
5 80, Fax (033476) 58444, 🌿, « Ehemaliges Gut und Herrensitz », ⓔ⬡s, 🌿, 🗲 – 🛗 📺
📞 🅿 – 🏛 70. 🆎 ① ⓪⓪ 𝘝𝘐𝘚𝘈
Menu à la carte 44/72 – **45 Z** ⊑ 98/138 – 148/228.

MÜNCHEN

L *Bayern* **419** **420** *V 18 – 1 300 000 Ew – Höhe 520 m*

Berlin 586 ② *– Innsbruck 162* ⑤ *– Nürnberg 165* ② *– Salzburg 140* ② *– Stuttgart 222* ⑨

PRAKTISCHE HINWEISE

🛈 *Tourist Information am Hauptbahnhof, Bahnhofsplatz* JY, ✉ *80335,* ✆ *(089) 2 33 03 00,*
Fax (089) 23330233

🛈 *Tourist Information am Marienplatz, Neues Rathaus,* KZ, ✉ *80331,* ✆ *(089) 2 33 03 00,*
Fax (089) 23330233

ADAC, *Sendlinger-Tor-Platz 9*

🔟₉ *München-Thalkirchen, Zentralländstr. 40* CT, ✆ *(089) 7 23 13 04*

🔟₉ *München-Daglfing, Graf-Lehndorff Str. 36 (Galopprennbahn Riem),* ✆ *(089) 94 50 08 00*

🔟₉ *Aschheim, Fasanenallee 10 (Nord-Ost : 14 km, über B471),* ✆ *(089) 9 90 24 20*

🔟₉ *Straßlach (Süd : 17 km, über Geiselgasteigstraße.),* ✆ *(08170) 4 50*

🔟₁₈ *Eschenried, Kurfürstenweg 10 (Nord-West : 16 km),* ✆ *(08131) 56 74 10*

🔟₁₈ *Eschenhof, Kurfürstenweg 10 (Nord-West : 16 km),* ✆ *(08131) 56 74 56*

🔟₁₈ *Olching, Feuerstr. 89 (Nord-West : 22 km, über* ⑨*),* ✆ *(08142) 4 82 90*

🔟₉ *Dachau, An der Floßlände 1 (Nord-West : 20 km, über B304),* ✆ *(08131) 1 08 79*

🔟₁₈ *Eichenried, Münchener Str. 57 (Nord-Ost : 24 km, über B388),* ✆ *(08123) 9 30 80*

🔟₉ *Eicherloh, Vordere Moosstr. 20 (Nord-Ost : 26 km, über B388),* ✆ *(08106) 10 64*

✈ *Flughafen Franz-Josef Strauß (Nord-Ost : 29 km, über* ②*),* ✆ *(089) 9 75 00.*
City Air Terminal, Arnulfstraße, (Hauptbahnhof Nordseite)

🚃 *Ostbahnhof, Friedenstraße* HX

Messe München GmbH Messegelände (über ③*),* ✉ *81823,* ✆ *(089) 9 49 01,*
Fax (089) 94909

HAUPTSEHENSWÜRDIGKEITEN

Museen, Galerien, Sammlungen : *Alte Pinakothek*★★★ KY – *Deutsches Museum*★★★ LZ – *Bayerisches Nationalmuseum*★★ LY **M⁵** – *Nymphenburg*★★ BS *(Schloß*★, *Schönheitengalerie könig Ludwig I*★, *Park*★, *Amalienburg*★★, *Botanischer Garten*★★) – *Neue Pinakothek*★★ KY – *Münchner Stadtmuseum*★ *(Moriskentänzer*★★*)* KZ **M⁷** – *Galerie im Lenbachhaus*★ JY **M⁴** – *Antikensammlungen*★ JY **M³** – *Glyptothek*★ JY **M²** – *Deutsches Jagd- und Fischereimuseum*★ KZ **M¹** – *Residenz*★ *(Schatzkammer*★★, *Altes Residenztheater*★, *Residenzmuseum*★★*)* KY

Parks, Gärten, Seen : *Englischer Garten*★ *(Monopteros* ⩤★*)* LY – *Tierpark Hellabrunn*★ CT – *Olympiapark (Olympiaturm* ☀★★★*)* CR.

Gebäude, Straßen, Plätze : *Die Altstadt*★★ KYZ – *Frauenkirche*★ *(Turm* ⩤★, *Prunkenotaph Kaiser Ludwigs des Bayern*★*)* KZ – *Marienplatz*★ KZ – *Asamkirche*★ KZ – *Michaelskirche*★ KYZ **B** – *Theatinerkirche*★ KY **V**.

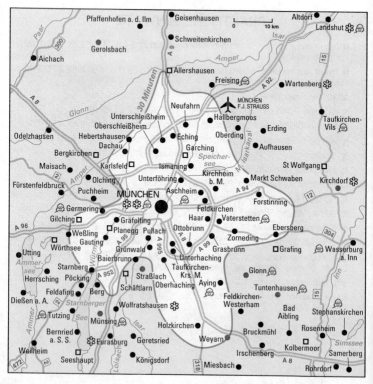

Alphabetisches Verzeichnis der Hotels und Restaurants
Liste alphabétique des hôtels et restaurants

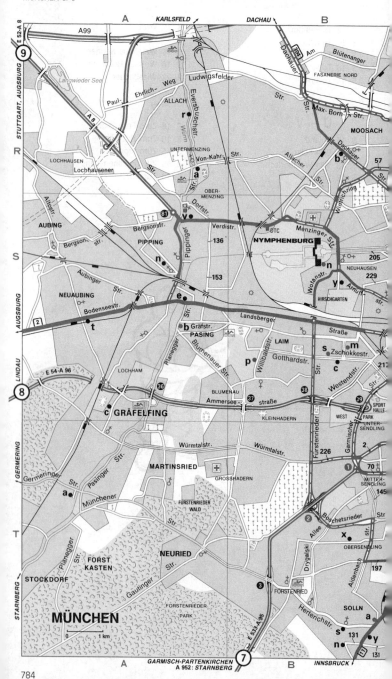

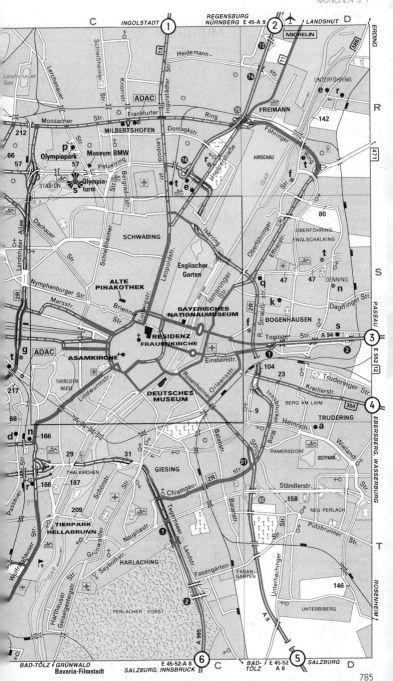

STRASSENVERZEICHNIS

Fortsetzung
siehe München S. 10-11 und 12

MÜNCHEN

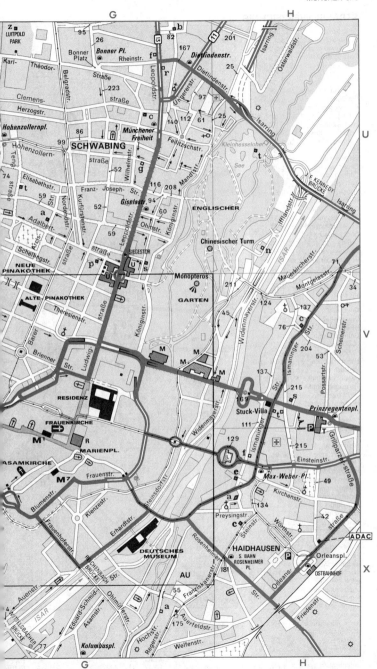

STRASSENVERZEICHNIS

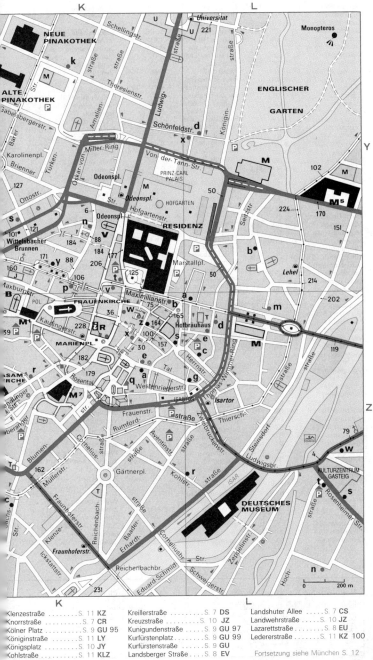

Fortsetzung siehe München S. 12

STRASSENVERZEICHNIS (Anfang siehe München S. 8-10-11)

Benutzen Sie für weite Fahrten in Europa die **Michelin-Länderkarten:**

970 Europa, **974** Polen, **976** Tschechische Republik-Slowakische Republik,
980 Griechenland, **984** Deutschland, **985** Skandinavien-Finnland,
986 Großbritannien-Irland, **987** Deutschland-Österreich-Benelux, **988** Italien,
989 Frankreich, **990** Spanien-Portugal, **991** Jugoslawien.

🏨 **Bayerischer Hof**, Promenadeplatz 2, ⊠ 80333, ℰ (089) 2 12 00, hbh@compuserv e.com, Fax (089) 2120906, ⊛, Massage, ⊆s, ▨ – ▮, Zim, ▤ ▥ ❤ ᓚ – ᅀ 600.
🆎 ⑩ ⓪ VISA JCB   KY y
Garden-Restaurant (Tischbestellung ratsam) **Menu** à la carte 75/112 – **Trader Vic's** (polynesische Küche) (nur Abendessen) **Menu** à la carte 53/99 – **Palais Keller** (bayerisches Bierlokal) **Menu** à la carte 29/57 – **396 Z** ⊂⊃ 400/615 – 650/685, 47 Suiten.

🏨 **Mandarin Oriental**, Neuturmstr. 1, ⊠ 80331, ℰ (089) 29 09 80, info-momuc@mo hg.com, Fax (089) 222539, « Dachterrasse mit ▨ » – ▮ ▤ ▥ ❤ ᓚ – ᅀ 35. 🆎 ⑩
⓪ VISA JCB. ⅍ Rest   KZ s
Mark's Restaurant (geschl. Sonntag - Montag) (nur Abendessen) **Menu** à la carte 78/112 – **Mark's Corner** (Dienstag - Samstag nur Mittagessen) **Menu** 54 (mittags) und à la carte 65/105 – ⊂⊃ 38 – **73 Z** 510/710 – 610/810, 6 Suiten.

🏨 **Kempinski Hotel Vier Jahreszeiten**, Maximilianstr. 17, ⊠ 80539, ℰ (089) 2 12 50, reservation.hvj@kempinski.com, Fax (089) 21252000, Massage, ⊆s, ▨ – ▮, Zim, ▤
▥ ❤ ᓚ – ᅀ 400. 🆎 ⑩ ⓪ VISA JCB   LZ a
Menu à la carte 58/117 – ⊂⊃ 40 – **316 Z** 450/750 – 530/830, 50 Suiten.

🏨 **Königshof**, Karlplatz 25, ⊠ 80335, ℰ (089) 55 13 60, koenigshof-muenchen@geis
❀ el-hotels.de, Fax (089) 55136113, ᔿ, ⊆s – ▮, Zim, ▤ ▥ ❤ ᓚ – ᅀ 80. 🆎 ⑩
⓪ VISA JCB   JY s
Menu (Tischbestellung ratsam) (bemerkenswerte Weinkarte) à la carte 83/126 – ⊂⊃ 34
– **90 Z** 365/410 – 400/600, 8 Suiten
Spez. Lasagne von Kohlrabi und Krebsen mit Morcheln (Saison). Spaghetti-Timbale mit Pfif-ferlingen und Kalbsbries. Steinbutt mit Taschenkrebskruste.

🏨 **Excelsior**, Schützenstr. 11, ⊠ 80335, ℰ (089) 55 13 70, exelsior-muenchen@geisel
-hotels.de, Fax (089) 55137121, ᔿ – ▮, Zim, ▥ ❤ ᓚ – ᅀ 25. 🆎 ⑩ ⓪ VISA JCB.
⅍ Rest   JY z
Vinothek : **Menu** 52 und à la carte 47/71 – ⊂⊃ 29 – **113 Z** 275/350 – 395.

🏨 **Park Hilton** Ⓜ, Am Tucherpark 7, ⊠ 80538, ℰ (089) 3 84 50, salesmunich-park@h
ilton.com, Fax (089) 38452588, Biergarten, Massage, ⊆s, ▨ – ▮, Zim, ▤ ▥ ❤ ᕗ
ᓚ – ᅀ 750. 🆎 ⑩ ⓪ VISA JCB. ⅍ Rest   HU n
Menu à la carte 54/85 – **Tse Yang** (chinesische Küche) (geschl. Montag) **Menu** à la carte
48/88 – ⊂⊃ 36 – **479 Z** 320/510 – 400/590, 16 Suiten.

🏨 **Maritim** Ⓜ, Goethestr. 7, ⊠ 80336, ℰ (089) 55 23 50, info.mun@maritim.de,
Fax (089) 55235900, ᔿ, ⊆s, ▨ – ▮, Zim, ▤ ▥ ❤ ᓚ – ᅀ 250. 🆎 ⑩ ⓪ VISA
JCB. ⅍ Rest   JZ z
Menu à la carte 53/86 – ⊂⊃ 29 – **347 Z** 381/531 – 421/571, 6 Suiten.

🏨 **ArabellaSheraton Westpark**, Garmischer Str. 2, ⊠ 80339, ℰ (089) 5 19 60,
Fax (089) 51963000, ᔿ, ⊆s, ▨ – ▮, Zim, ▤ ▥ ❤ ᓚ ᕗ – ᅀ 80. 🆎 ⑩ ⓪
VISA JCB   CS t
geschl. 22. Dez. - 8. Jan. – **Menu** 43 (Lunchbuffet) à la carte 50/74 – ⊂⊃ 32 – **258 Z** 274/323ʾ
– 325/374, 6 Suiten.

🏨 **Eden-Hotel-Wolff**, Arnulfstr. 4, ⊠ 80335, ℰ (089) 55 11 50, sales@ehw.de,
Fax (089) 55115555 – ▮, Zim, ▥ ❤ ᓚ – ᅀ 140. 🆎 ⑩ ⓪ VISA JCB   JY p
Menu à la carte 39/70 – **210 Z** ⊂⊃ 228/355 – 290/495.

🏨 **King's Classic Hotel** garni, Dachauer Str. 13, ⊠ 80335, ℰ (089) 55 18 70, KINGS-
HOTEL@T-ONLINE.DE, Fax (089) 55187300, ⊆s – ▮, Zim, ▤ ▥ ❤ ᕮ – ᅀ 30. 🆎 ⑩
⓪ VISA JCB   JY f
96 Z ⊂⊃ 240/275 – 295/325, 5 Suiten.

🏨 **Drei Löwen** garni, Schillerstr. 8, ⊠ 80336, ℰ (089) 55 10 40, Fax (089) 55104905 –
▮, Zim, ▥ ❤ ᕮ ᕮ – ᅀ 15. 🆎 ⑩ ⓪ VISA JCB   JZ m
97 Z ⊂⊃ 195/260 – 240/285, 3 Suiten.

🏨 **Exquisit** garni, Pettenkoferstr. 3, ⊠ 80336, ℰ (089) 5 51 99 00, info@hotel-exquisi
t.com, Fax (089) 55199499, ⊆s – ▮, Zim, ▥ ᓚ – ᅀ 30. 🆎 ⑩ ⓪ VISA   JZ s
geschl. 24. - 27. Dez. – **50 Z** ⊂⊃ 205/290 – 290/350, 5 Suiten.

🏨 **Platzl**, Sparkassenstr. 10, ⊠ 80331, ℰ (089) 23 70 30, info@platzl.de,
Fax (089) 23703800, ᔿ, ⊆s – ▮, Zim, ▥ ❤ ᓚ – ᅀ 60. 🆎 ⑩
⓪ VISA   KZ z
Pfistermühle (geschl. Sonntag) **Menu** à la carte 48/75 – **Ayingers** : **Menu** à la carte
38/58 – **167 Z** ⊂⊃ 247/352 – 277/442.

🏨 **Four Points Hotel München Central** garni, Schwanthalerstr. 111, ⊠ 80339,
ℰ (089) 51 08 30, fourpoints.central@arabellaSheraton.com, Fax (089) 51083800, ⊆s –
▮, Zim, ▥ ᕮ – ᅀ 30. 🆎 ⑩ ⓪ VISA JCB   EX s
geschl. 23. Dez. - Anfang Jan. – **103 Z** ⊂⊃ 288/428 – 311/490.

🏨 **International de Ville** Ⓜ, Schillerstr. 10, ⊠ 80336, ℰ (089) 8 90 53 70,
Fax (089) 89053737 – ▮, Zim, ▥ ❤ – ᅀ 60. 🆎 ⑩ ⓪ VISA. ⅍ Rest   JZ g
Menu (geschl. Samstag - Sonntag) à la carte 52/78 – **89 Z** ⊂⊃ 190/260 – 250/380.

Europa Ⓜ garni, Dachauer Str. 115, ✉ 80335, ℰ (089) 54 24 20, *info@hotel-europ a.de, Fax (089) 54242500* – 🛗 📺 ♿ 🚗 – 🔬 60. 🆎 ⓪ ⓪⓪ 🆅🆂🅰 🆓. ✂ FU c
180 Z ⊑ 175/220 – 220/290, 7 Suiten.

Atrium garni, Landwehrstr. 59, ✉ 80336, ℰ (089) 51 41 90, *Fax (089) 535066*, 🕭 –
🛗 📺 ♿ 🚗 – 🔬 25. 🆎 ⓪ ⓪⓪ 🆅🆂🅰 🆓 JZ k
162 Z ⊑ 249/369 – 309/429.

Erzgießerei-Europe, Erzgießereistr. 15, ✉ 80335, ℰ (089) 12 68 20, *Erzleurope@a ol.com, Fax (089) 1236198,* 🍴 – 🛗, ⇆ Zim, 📺 🚗 – 🔬 50. 🆎 ⓪ ⓪⓪ 🆅🆂🅰 🆓. ✂ Rest JY a
Menu *(geschl. Samstag - Sonntagmittag)* à la carte 44/62 – **106 Z** ⊑ 180/285 – 215/320.

Ambiente Ⓜ garni, Schillerstr. 12, ✉ 80336, ℰ (089) 54 51 70, *Fax (089) 54517200* – 🛗 ⇆ 📺 🆎 ⓪ ⓪⓪ 🆅🆂🅰 🆓 JZ r
46 Z ⊑ 160/210 – 210/250.

Residenz Drei Löwen garni, Aldolf-Kolping-Str. 11, ✉ 80336, ℰ (089) 55 10 40, *hote l-drei-Loewen-muc@t-online.de, Fax (089) 55104905* – 🛗 ⇆ 📺 ♿ 🆎 ⓪ ⓪⓪ 🆅🆂🅰 🆓 JZ d
63 Z ⊑ 170/215 – 240.

Astron Hotel Deutscher Kaiser Ⓜ garni, Arnulfstr. 2, ✉ 80335, ℰ (089) 5 45 30, *Muenchen-deutscherKaiser@astron-hotels.de, Fax (089) 54532255* – 🛗 ⇆ 📺 ♿ – 🔬 80. 🆎 ⓪ ⓪⓪ 🆅🆂🅰 🆓 JY r
⊑ 26 – **174 Z** 260/340 – 300/380.

Intercity-Hotel, Bayerstr. 10, ✉ 80335, ℰ (089) 54 55 60, *reservierung@intercity -hotel.de, Fax (089) 54556610* – 🛗, ⇆ Zim, 📺 ♿ – 🔬 100. 🆎 ⓪ ⓪⓪ 🆅🆂🅰 🆓 JY u
Menu *(geschl. Aug. 2 Wochen, Sonntag)* à la carte 44/72 – **200 Z** ⊑ 209/225 – 264/489, 4 Suiten.

Mercure City Ⓜ, Senefelder Str. 9, ✉ 80336, ℰ (089) 55 13 20, *H0878GM@accon -hotels.com, Fax (089) 596444* – 🛗 ⇆ ▤ 📺 ♿ – 🔬 50. 🆎 ⓪ ⓪⓪ 🆅🆂🅰 🆓 JZ v
Menu à la carte 38/68 – **167 Z** ⊑ 235/255 – 280/320.

Admiral garni, Kohlstr. 9, ✉ 80469, ℰ (089) 21 63 50, *info@hotel-admiral.de, Fax (089) 293674* – 🛗 ⇆ 📺 ♿ 🚗. 🆎 ⓪ ⓪⓪ 🆅🆂🅰 🆓 LZ r
33 Z ⊑ 280/350 – 290/410.

Torbräu, Tal 41, ✉ 80331, ℰ (089) 24 23 40, *info@torbraeu.de, Fax (089) 24234235* – 🛗, ⇆ Zim, 📺 ♿ 🚗 🅿 – 🔬 30. 🆎 ⓪ ⓪⓪ 🆅🆂🅰 🆓 LZ g
Menu *(italienische Küche)* à la carte 59/70 – **86 Z** ⊑ 280/370 – 295/445, 3 Suiten.

Sol Inn Ⓜ, Paul-Heyse-Str. 24, ✉ 80336, ℰ (089) 51 49 00, *Fax (089) 51490701,* 🍴 🕭 – 🛗, ⇆ Zim, 📺 ♿ ♿ 🚗 – 🔬 35. 🆎 ⓪ ⓪⓪ 🆅🆂🅰 🆓. ✂ Rest JZ c
Menu *(geschl. Samstagmittag, Sonntagmittag)* à la carte 35/64 – **207 Z** ⊑ 225/360 – 245/380.

Domus garni, St.-Anna-Str. 31, ✉ 80538, ℰ (089) 22 17 04, *Fax (089) 2285359* – 🛗 ⇆ 📺 🚗. 🆎 ⓪ ⓪⓪ 🆅🆂🅰 LY b
geschl. 23. - 28. Dez. – **45 Z** ⊑ 198/240 – 220/270.

Carathotel Ⓜ garni, Lindwurmstr. 13, ✉ 80337, ℰ (089) 23 03 80, *carat-mue@T-o nline.de, Fax (089) 23038199* – 🛗 ⇆ ▤ 📺 ♿ 🚗. ⓪ ⓪⓪ 🆅🆂🅰 JZ f
70 Z ⊑ 205/290 – 265/340.

Kraft garni, Schillerstr. 49, ✉ 80336, ℰ (089) 59 48 23, *KRAFT.HOTEL@T-ONLINE.DE, Fax (089) 5503856* – 🛗 📺. 🆎 ⓪ ⓪⓪ 🆅🆂🅰 JZ y
geschl. 23. - 26. Dez. – **33 Z** ⊑ 140/240 – 170/280.

Concorde garni, Herrnstr. 38, ✉ 80539, ℰ (089) 22 45 15, *info@concorde-muench en.de, Fax (089) 2283282* – 🛗 📺 ♿ 🚗. 🆎 ⓪ ⓪⓪ 🆅🆂🅰 🆓 LZ c
geschl. Weihnachten - Anfang Jan. – **71 Z** ⊑ 180/270 – 245/350.

Cristal Ⓜ garni, Schwanthalerstr. 36, ✉ 80336, ℰ (089) 55 11 10, *info@cristal.best western.de, Fax (089) 55111992* – 🛗 ⇆ 📺 ♿ 🚗 – 🔬 75. 🆎 ⓪ ⓪⓪ 🆅🆂🅰 JZ h
100 Z ⊑ 235/255 – 275.

Apollo garni, Mittererstr. 7, ✉ 80336, ℰ (089) 53 95 31, *Fax (089) 534033* – 🛗 📺 🚗 🅿. 🆎 ⓪ ⓪⓪ 🆅🆂🅰. ✂ JZ r
74 Z ⊑ 149/295 – 190/315.

Präsident Ⓜ garni, Schwanthalerstr. 20, ✉ 80336, ℰ (089)5 49 00 60, *HOTEL. PRAESIDENT@t-online.de, Fax (089) 54900628* – 🛗 ⇆ 📺 ♿ 🚗 – 🔬 15. 🆎 ⓪ ⓪⓪ 🆅🆂🅰 🆓 JZ q
42 Z ⊑ 145/205 – 165/305.

Schlicker garni, Tal 8, ✉ 80331, ℰ (089) 2 42 88 70, *schlicker-munich@-online.de, Fax (089) 296059* – 🛗 📺 ♿ 🅿. 🆎 ⓪ ⓪⓪ 🆅🆂🅰 KZ a
geschl. 23. Dez. - 7. Jan. – **69 Z** ⊑ 145/195 – 190/330.

Brack garni, Lindwurmstr. 153, ✉ 80337, ℰ (089) 7 47 25 50, *Fax (089) 74725599* – 🛗 📺 ♿ 🚗. 🆎 ⓪ ⓪⓪ 🆅🆂🅰 🆓 EX b
50 Z ⊑ 155/218 – 198/328.

🏠 **Europäischer Hof** garni, Bayerstr. 31, 🖂 80335, 𝒫 (089) 55 15 10, *info@heh.de*,
Fax (089) 55151222 – 📶 ᵡ 📺 ⚑ 🚗 🅿 – 🛁 20. 🆎 ⓞ ⓜⓞ 𝘝𝘐𝘚𝘈 ᴊᴄʙ   JZ b
148 Z 🛏 183/195 – 188/288.

🏠 **Astor** garni, Schillerstr. 24, 🖂 80336, 𝒫 (089) 54 83 70, *info@hotel-astor.de*,
Fax (089) 54837666, 🛎 – 📶 ᵡ 📺 ⚑ 🚗 🆎 ⓞ ⓜⓞ 𝘝𝘐𝘚𝘈 ᴊᴄʙ   JZ e
46 Z 🛏 140/280 – 170/330.

🏠 **Olympic** garni, Hans-Sachs-Str. 4, 🖂 80469, 𝒫 (089) 23 18 90, Fax (089) 23189199 –
📺 🚗 🆎 ⓞ 𝘝𝘐𝘚𝘈   KZ c
38 Z 🛏 170/210 – 230/280.

🏠 **Daniel** garni, Sonnenstr. 5, 🖂 80331, 𝒫 (089) 54 82 40, *info@Hotel-Daniel.de*,
Fax (089) 553420 – 📶 ᵡ 📺 ⚑ – 🛁 20. 🆎 ⓞ ⓜⓞ 𝘝𝘐𝘚𝘈 ᴊᴄʙ   JZ q
81 Z 🛏 145/190 – 199/250.

🏠 **Acanthus** garni, An der Hauptfeuerwache 14, 🖂 80331, 𝒫 (089) 23 18 80,
Fax (089) 2607364 – 📶 📺 🚗 🆎 ⓜⓞ 𝘝𝘐𝘚𝘈 ᴊᴄʙ   JZ n
geschl. 1. - 7. Jan. – **36 Z** 🛏 155/195 – 195/260.

🏠 **Andi** garni, Landwehrstr. 33, 🖂 80336, 𝒫 (089) 5 52 55 60, Fax (089) 55255666 – 📶
📺 🅿 🆎 ⓞ ⓜⓞ 𝘝𝘐𝘚𝘈 ᴊᴄʙ   JZ u
geschl. 22. Dez.- 2. Jan. – **30 Z** 🛏 135/195 – 285.

🏠 **Müller** garni, Fliegenstr. 4, 🖂 80337, 𝒫 (089) 2 32 38 60, Fax (089) 268624 – 📶 ᵡ
📺 ⚑ 🅿 🆎 ⓞ ⓜⓞ 𝘝𝘐𝘚𝘈   JZ p
geschl. 23. Dez. - 6. Jan. – **44 Z** 🛏 148/178 – 178/228.

🏠 **Luitpold** garni, Schützenstr. 14 (Eingang Luitpoldstr.), 🖂 80335, 𝒫 (089) 59 44 61,
Fax (089) 554520 – 📶 📺 🆎 ⓞ ⓜⓞ 𝘝𝘐𝘚𝘈 ᴊᴄʙ   JY x
43 Z 🛏 130/190 – 190/290.

🏠 **Uhland** garni, Uhlandstr. 1, 🖂 80336, 𝒫 (089) 54 33 50, *info@hotel.uhland.de*,
Fax (089) 54335250, (ehemalige Villa) – 📶 📺 ⚑ 🅿 🆎 ⓞ ⓜⓞ 𝘝𝘐𝘚𝘈   JZ x
25 Z 🛏 120/150 – 150/190.

🏠 **Wallis** garni, Schwanthalerstr. 8, 🖂 80336, 𝒫 (089) 5 49 02 90, *Hotel.Wallis@t-online*
.de, Fax (089) 5503752 – 📶 ᵡ 📺 ⚑ 🚗 🆎 ⓞ ⓜⓞ 𝘝𝘐𝘚𝘈 ᴊᴄʙ   JZ t
54 Z 🛏 139/229 – 159/299.

※※※ **Am Marstall**, Maximilianstr. 16, 🖂 80539, 𝒫 (089) 29 16 55 11, Fax (089) 29165512
🕸 – 🆎 ⓞ ⓜⓞ 𝘝𝘐𝘚𝘈. ⚘   KZ b
geschl. 1. - 15. Jan., Aug., Sonntag - Montag, Feiertage – **Menu** 69 (mittags) und à la carte
82/136
Spez. Komposition von Entenleber und Apfel. Rehrücken im Ganzen gebraten mit Rotweinsauce. Dessertkreation "Marstall".

※※ **Gasthaus Glockenbach** (Ederer), Kapuzinerstr. 29, 🖂 80337, 𝒫 (089) 53 40 43,
🕸 Fax (089) 534043, (ehemalige altbayerische Bierstube) – 🆎 ⓜⓞ 𝘝𝘐𝘚𝘈   FX e
geschl. 24. - 31. Dez., Sonntag - Montag, Feiertage – **Menu** (nur Abendessen) (Tischbe-
stellung erforderlich) à la carte 85/110
Spez. Variation von bayerischen Seefischen. Variation vom Zicklein mit jungen Gemüsen.
Vanilleeis mit Tomatenkompott.

※※ **Ca'Brunello**, Maffeistr. 3a, 🖂 80333, 𝒫 (089) 20 40 04 91, Fax (089) 20400492, 🍴,
« Designereinrichtung »   KY p
geschl. Sonn- und Feiertage – **Menu** à la carte 65/84.

※※ **Boettner's**, Pfisterstr. 9, 🖂 80331, 𝒫 (089) 22 12 10, Fax (089) 29162024 – 🆎 ⓞ
ⓜⓞ 𝘝𝘐𝘚𝘈   KZ h
geschl. Sonn- und Feiertage – **Menu** (Tischbestellung ratsam) à la carte 78/137.

※※ **Halali**, Schönfeldstr. 22, 🖂 80539, 𝒫 (089) 28 59 09, Fax (089) 282786 – 🆎 ⓜⓞ
𝘝𝘐𝘚𝘈 ᴊᴄʙ   LY x
geschl. Aug. 3 Wochen, Samstagmittag, Sonn - und Feiertage – **Menu** (Tischbestellung
ratsam) 39 (mittags) à la carte 65/87.

※※ **La Cantinella**, Schönfeldstr. 15a, 🖂 80539, 𝒫 (089) 28 53 57, Fax (089) 285357, 🍴
– 🆎 ⓜⓞ 𝘝𝘐𝘚𝘈   LY d
geschl. Mitte - Ende Aug., Sonntag – **Menu** (italienische Küche) à la carte 50/68.

※※ **Nymphenburger Hof**, Nymphenburger Str. 24, 🖂 80335, 𝒫 (089) 1 23 38 30,
Fax (089) 1233852, 🍴 – 🆎 ⓜⓞ 𝘝𝘐𝘚𝘈. ⚘   EV a
geschl. Samstagmittag, Sonn- und Feiertage – **Menu** à la carte 58/91.

※※ **Weinhaus Neuner**, Herzogspitalstr. 8, 🖂 80331, 𝒫 (089) 2 60 39 54, *Service@We*
inhaus-Neuner.de, Fax (089) 266933, (Weinhaus a.d.J. 1852) – 🆎 ⓜⓞ 𝘝𝘐𝘚𝘈   JZ e
geschl. Sonn- und Feiertage – **Menu** à la carte 48/75.

※※ **Galleria**, Ledererstr. 2/Ecke Sparkassenstrasse, 🖂 80331, 𝒫 (089) 29 79 95,
Fax (089) 2913653 – 🆎 ⓞ ⓜⓞ 𝘝𝘐𝘚𝘈 ᴊᴄʙ   KZ x
geschl. 1. - 10. Jan., 10. - 31. Aug., Sonntag – **Menu** (Tischbestellung ratsam) (italienische
Küche) à la carte 62/83.

XX **Austernkeller,** Stollbergstr. 11, ⊠ 80539, ℰ *(089) 29 87 87, Fax (089) 223166,*
« Sammlung von Porzellantellern » – 𝔸𝔼 ⓪ ⓪⓪ 𝕍𝕀𝕊𝔸 𝕵𝕮𝓑   LZ e
geschl. 23.-26. Dez. –**Menu** *(nur Abendessen)* (Tischbestellung erforderlich) à la carte 55/87.

XX **Lenbach,** Ottostr. 6, ⊠ 80333, ℰ (089) 5 49 13 00, *info@lenbach.de,*
Fax (089) 54913075, 😷, « Palais mit Designer-Einrichtung » – 𝔸𝔼 ⓪ ⓪⓪ 𝕍𝕀𝕊𝔸   JY c
geschl. Juni - Sept. Sonntag – **Menu** à la carte 55/104.

XX **Hunsinger's Pacific,** Maximiliansplatz 5, ⊠ 80333, ℰ (089) 55 02 97 41,
Fax (089) 55029742 – ▤. 𝔸𝔼 ⓪ ⓪⓪ 𝕍𝕀𝕊𝔸 𝕵𝕮𝓑   KY s
geschl. Samstagmittag, Sonntagmittag, Mai - Sept. Samstagmittag - Sonntag – **Menu** (asia-
tisch-pazifische Küche) à la carte 45/80.

XX **Albarone,** Stollbergstr. 22, ⊠ 80539, ℰ (089) 29 16 86 87, Fax (089) 29168687,
« Innenhofterrasse » – ⓪⓪ 𝕍𝕀𝕊𝔸   LZ d
geschl. 23. Dez. - 7. Jan., Aug. 2 Wochen, Sonn- und Feiertage, Samstagmittag – **Menu**
(italienische Küche) à la carte 61/71.

XX **Dallmayr,** Dienerstr. 14 (1. Etage), ⊠ 80331, ℰ (089) 2 13 51 00, *patricia.massmann*
@dallmayr.de, Fax (089) 2135167 – 📶 ✒. 𝔸𝔼 ⓪ ⓪⓪ 𝕍𝕀𝕊𝔸 𝕵𝕮𝓑   KZ w
*geschl. Montag - Mittwoch ab 19 Uhr, Donnerstag - Freitag ab 20 Uhr, Samstag ab 16 Uhr,
Sonn- und Feiertage* – **Menu** à la carte 55/94.

XX **Mövenpick,** Lenbachplatz 8 (1. Etage), ⊠ 80333, ℰ (089) 5 45 94 90,
Fax (089) 54594930, 😷 – ✒ – 🏛 170. 𝔸𝔼 ⓪ ⓪⓪ 𝕍𝕀𝕊𝔸   JY e
Menu à la carte 47/76.

X **Dukatz,** Salvatorplatz 1, ⊠ 80333,
⊜   ℰ *(089) 2 91 96 00, Fax (089) 29196028*   KY n
geschl. Sonntagabend – Menu à la carte 48/82.

X **Ratskeller,** Marienplatz 8, ⊠ 80331, ℰ (089) 2 19 98 90, *info@ratskeller.com,*
Fax (089) 21998930, 😷 – 𝔸𝔼 ⓪⓪ 𝕍𝕀𝕊𝔸 𝕵𝕮𝓑   KZ R
Menu à la carte 37/65.

X **Zum Klösterl,** St.-Anna-Str. 2, ⊠ 80538, ℰ (089) 22 50 86, *ZUM-KLOESTERL@t*
-ONLINE.DE, Fax (089) 29161864 – ⓪⓪ 𝕍𝕀𝕊𝔸   LZ m
geschl. Sonn- und Feiertage – **Menu** *(nur Abendessen)* (Tischbestellung ratsam) à la carte
39/68.

X **Rüen Thai,** Kazmairstr. 58, ⊠ 80339, ℰ (089) 50 32 39, *Fax (089) 503239* – 𝔸𝔼 ⓪⓪ 𝕍𝕀𝕊𝔸
geschl. Aug. 3 Wochen, Samstagmittag, Sonn- und Feiertage mittags – **Menu** (thailändische
Küche) à la carte 37/74.   CS g

X **Tokami,** Theresienstr. 54, ⊠ 80333, ℰ (089) 28 98 67 60, *Fax (089)28986760* – 𝔸𝔼 ⓪
⓪⓪ 𝕍𝕀𝕊𝔸   KY k
Menu (japanische Küche) à la carte 55/82.

Brauerei-Gaststätten :

X **Spatenhaus an der Oper,** Residenzstr. 12, ⊠ 80333, ℰ (089) 2 90 70 60, *spaten*
haus@Kuffler-gastronomie.de, Fax (089) 2913054, 😷, « Einrichtung im alpenländischen
Stil » – 𝔸𝔼 ⓪ ⓪⓪ 𝕍𝕀𝕊𝔸   KY t
Menu à la carte 43/78.

X **Weisses Bräuhaus,** Tal 7, ⊠ 80331, ℰ (089) 29 98 75, *Fax (089) 29013815,* 😷 –
🏛 30. 𝔸𝔼   KZ e
Menu à la carte 27/53.

X **Augustiner Gaststätten,** Neuhauser Str. 27, ⊠ 80331, ℰ (089) 23 18 32 57,
Fax (089) 2605379, « Biergarten » – 𝔸𝔼 ⓪ ⓪⓪ 𝕍𝕀𝕊𝔸 𝕵𝕮𝓑   JZ w
Menu à la carte 29/59.

X **Altes Hackerhaus,** Sendlinger Str. 14, ⊠ 80331, ℰ (089) 2 60 50 26, *hackerhaus*
@AOL.com, Fax (089) 2605027, 😷 – 𝔸𝔼 ⓪ ⓪⓪ 𝕍𝕀𝕊𝔸 𝕵𝕮𝓑   KZ ▪
Menu à la carte 34/65.

X **Zum Franziskaner,** Perusastr. 5, ⊠ 80333, ℰ (089) 2 31 81 20, *Zum.Franziskaner*
@t-online.de, Fax (089) 23181244, 😷 – 𝔸𝔼 ⓪ ⓪⓪ 𝕍𝕀𝕊𝔸 𝕵𝕮𝓑   KY ▾
Menu à la carte 38/66.

X **Bratwurstherzl,** Dreifaltigkeitsplatz 1 (am Viktualienmarkt), ⊠ 80331, ℰ (089)
29 51 13, *Fax (089) 29163751,* Biergarten – 𝔸𝔼 ⓪ ⓪⓪ 𝕍𝕀𝕊𝔸   KZ e
geschl. Sonn- und Feiertage – **Menu** à la carte 26/39.

X **Löwenbräukeller,** Nymphenburger Str. 2, ⊠ 80335, ℰ (089) 52 60 21,
Fax (089) 528933, Biergarten. 𝔸𝔼 ⓪ ⓪⓪ 𝕍𝕀𝕊𝔸   JY ▾
Menu à la carte 34/59.

In München-Allach :

🏠 **Lutter** garni, Eversbuschstr. 109, ⊠ 80999, ℰ (089) 8 92 67 80, *HOTEL-LUTTER@T*
ONLINE.DE, Fax (089) 89267810 – 📶 📺 🅿. ⓪⓪ 𝕍𝕀𝕊𝔸   AR
geschl. 20. Dez. - 7. Jan. – **32 Z** ⊇ 120/140 – 140/210.

In München-Au :

🏨 **Prinz** Ⓜ, Hochstr. 45, ⌧ 81541, 𝒫 (089) 4 80 29 81, *hotel.prinz@softstar.de*,
Fax (089) 484137 – ▯ ✎ 📺 ⟲ ☞ 🅰🅴 ⓞ ⓜⓞ 𝑽𝑰𝑺𝑨 𝐉𝐂𝐁   GX a
Menu *(geschl. 20. Dez. - 9. Jan., Samstag - Sonntag) (nur Abendessen)* à la carte 33/65
– **40 Z** ⌸ 195/295 – 235/355.

In München-Berg am Laim :

🏠 **Am Ostpark** garni, Michaeliburgstr. 21, ⌧ 81671, 𝒫 (089) 49 10 13, *Hotel-Ostpark*
@t-online.de, Fax (089) 491016, 🌱 – ▯ ✎ 📺 ⟲ ☞ 🅿 🅰🅴 ⓞ ⓜⓞ 𝑽𝑰𝑺𝑨   DT a
geschl. Weihnachten - 6. Jan. – **21 Z** ⌸ 150/180 – 190/220.

In München-Bogenhausen :

🏨🏨 **ArabellaSheraton Grand Hotel** Ⓜ, Arabellastr. 6, ⌧ 81925, 𝒫 (089) 9 26 40, *gran*
dhotel.muenchen@arabellasheraton.com, Fax (089) 92648699, ≤, Biergarten, Massage,
🛁, ≘ₛ, 🞑 – ▯ ✎ Zim, 📺 ⟲ ☜ ☞ – 🔏 650. 🅰🅴 ⓞ ⓜⓞ 𝑽𝑰𝑺𝑨. ✹ Rest
Die Ente vom Lehel : Menu à la carte 62/98 – **Paulaner's :** Menu à la carte 37/75 –
⌸ 37 – **644 Z** 360/460 – 568/646, 14 Suiten.   DS q

🏨🏨 **Palace** Ⓜ, Trogerstr. 21, ⌧ 81675, 𝒫 (089) 41 97 10, *Hotel_Palace_MUC@compuse*
rve.com, Fax (089) 41971819, « Elegante Einrichtung mit Stilmöbeln ; Garten », 🛁, ≘ₛ,
🌱 – ▯ ✎ Zim, 📺 ⟲ ☞ – 🔏 30. 🅰🅴 ⓞ ⓜⓞ 𝑽𝑰𝑺𝑨 𝐉𝐂𝐁   HV t
Menu à la carte 53/78 – ⌸ 30 – **71 Z** 285/335 – 375/425, 7 Suiten.

🏨🏨 **Prinzregent** garni, Ismaninger Str. 42, ⌧ 81675, 𝒫 (089) 41 60 50, *contact@hotel*
-prinzregent.de, Fax (089) 41605466, « Einrichtung im alpenländischen Stil », ≘ₛ – ▯ ✎
📺 ⟲ ☞ – 🔏 35. 🅰🅴 ⓞ ⓜⓞ 𝑽𝑰𝑺𝑨   HV t
geschl. 21. Dez. - 7. Jan. – **64 Z** ⌸ 305/390 – 365/465.

🏨🏨 **Rothof** garni, Denninger Str. 114, ⌧ 81925, 𝒫 (089) 91 50 61, *rothof@t-online.de*,
Fax (089) 915066, 🌱 – ▯ ✎ 📺 ⟲ ☞ 🅰🅴 ⓞ ⓜⓞ 𝑽𝑰𝑺𝑨   DS k
geschl. 22. Dez. - 7. Jan. – **37 Z** ⌸ 248/298 – 330/360.

🍴🍴🍴 **Bogenhauser Hof**, Ismaninger Str. 85, ⌧ 81675, 𝒫 (089) 98 55 86,
Fax (089) 9810221, (ehemaliges Jagdhaus a.d.J. 1825), « Gartenterrasse » – 🅰🅴 ⓞ 𝑽𝑰𝑺𝑨
geschl. 24. Dez. - 10. Jan., Sonn- und Feiertage – **Menu** (Tischbestellung erforderlich)
à la carte 69/112.   HV c

🍴🍴 **Acquarello**, Mühlbaurstr. 36, ⌧ 81677, 𝒫 (089) 4 70 48 48, *Fax (089) 476464*, 🌱 –
🟢 🅰🅴 ⓜⓞ. ✹   DS f
geschl. 1. - 4. Jan., Samstagmittag, Sonntagmittag – **Menu** à la carte 69/92
Spez. Lachsrosette mit Spargelragoût und Barberasauce. Steinbutt mit Prosecco-
Ingwersauce. Schokoladenravioli mit Minzeis.

🍴🍴 **Käfer Schänke**, Prinzregentenstr. 73, ⌧ 81675, 𝒫 (089) 4 16 82 47, *kaeferschaen*
ke@feinkost-kaefer.de, Fax (089) 4168623, 🌱, « Mehrere Stuben mit rustikaler
Einrichtung » – 🅰🅴 ⓞ ⓜⓞ 𝑽𝑰𝑺𝑨 𝐉𝐂𝐁   HV s
geschl. Sonn- und Feiertage – **Menu** (Tischbestellung erforderlich) 48 (mittags) und à la
carte 74/120.

In München-Denning :

🍴🍴🍴 **Casale**, Ostpreußenstr. 42, ⌧ 81927, 𝒫 (089) 93 62 68, *Fax (089) 9306722*, 🌱 – 🅿
🅰🅴 ⓞ ⓜⓞ 𝑽𝑰𝑺𝑨 𝐉𝐂𝐁   DS n
Menu (italienische Küche) à la carte 61/76.

In München-Englschalking :

🍴🍴 **La Vigna**, Wilhelm-Dieß-Weg 2, ⌧ 81927, 𝒫 (089) 93 14 16, *Fax (089) 93933132*, 🌱
– 🅰🅴 ⓜⓞ 𝑽𝑰𝑺𝑨   DS t
geschl. Samstagmittag – **Menu** (italienische Küche) à la carte 68/76.

In München-Haidhausen :

🏨🏨🏨 **Hilton City**, Rosenheimer Str. 15, ⌧ 81667, 𝒫 (089) 4 80 40, *fommunich-city@hilto*
n.com, Fax (089) 48044804, 🌱 – ▯ ✎ Zim, 🟦 📺 ⟲ ☜ ☞ – 🔏 180. 🅰🅴 ⓞ ⓜⓞ 𝑽𝑰𝑺𝑨
𝐉𝐂𝐁. ✹ Rest   LZ s
Menu à la carte 54/78 – ⌸ 35 – **479 Z** 360/490 – 445/580, 4 Suiten.

🏨🏨🏨 **Preysing** garni, Preysingstr. 1, ⌧ 81667, 𝒫 (089) 45 84 50, *Fax (089) 45845444*, ≘ₛ,
🞑 – ▯ ✎ Zim, 📺 ⟲ ☞ – 🔏 15. 🅰🅴 ⓞ ⓜⓞ 𝑽𝑰𝑺𝑨   LZ w
geschl. 23. Dez. - 6. Jan. – **76 Z** ⌸ 199/285 – 310, 5 Suiten.

🏨🏨🏨 **Forum Hotel**, Hochstr. 3, ⌧ 81669, 𝒫 (089) 4 80 30, *Fax (089) 4488277*, ≘ₛ, 🞑 –
▯ ✎ Zim, 🟦 📺 ⟲ ☞ – 🔏 400. 🅰🅴 ⓞ ⓜⓞ 𝑽𝑰𝑺𝑨. ✹ Rest   LZ t
Menu à la carte 51/83 – ⌸ 32 – **580 Z** 350/480 – 380/510, 12 Suiten.

🏠 **Ritzi**, Maria-Theresia-Str. 2a, ⌧ 81675, 𝒫 (089) 4 19 50 30, *hotel-ritzi.muc@aol-net.de*,
Fax (089) 41950350, « Individuelle Zimmereinrichtung » – 📺 ⟲ 🅰🅴 ⓞ ⓜⓞ 𝑽𝑰𝑺𝑨.
✹ Zim   HX f
Menu à la carte 48/72 – **25 Z** ⌸ 190/255 – 275/395.

XXX ❀ **Massimiliano** (Gasser), Rablstr. 10, ✉ 81699, ℰ (089) 4 48 44 77, *Massimiliano-Muenchen@t-online.de, Fax (089) 4484405*, 🏠 – 🅿 ⓘ 🐵 ₪ᵀₐ LZ n
geschl. Samstagmittag – **Menu** 42 (mittags) und à la carte 64/102
Spez. Variation von Gemüsen. Lottebacken mit Parmaschinken und Beaujolaissauce. Pôeliertes Milchkalbsfilet mit Gemüsen und Kräutern.

X ❀ **Vinaiolo,** Steinstr. 42, ✉ 81667, ℰ (089) 48 95 03 56, *Fax (089) 48997774*, « Bistro-Vinothek mit Einrichtung einer ehemaligen Apotheke » – 🐵 HX c
Menu (abends Tischbestellung erforderlich, italienische Küche) à la carte 63/77
Spez. Entencarpaccio mit fritierter Petersilienwurzel. Zerdrückte Kartoffeln mit Gambas und Schnittlauchvinaigrette. Ochsenschwanz mit Brot und Oliven gefüllt.

X **Zum Huterer,** Grütznerstr. 8 (am Wiener Platz), ✉ 81667, ℰ (089) 4 89 12 87, *Fax (089) 4891497*, Biergarten HX e
geschl. Sonn- und Feiertage, Montag – **Menu** (nur Abendessen) à la carte 56/76.

X **Rue Des Halles,** Steinstr. 18, ✉ 81667, ℰ (089) 48 56 75, *Fax (089) 43987378*, (Restaurant im Bistrostil) – 🐵 ₪ᵀₐ ₗᴄᵦ HX a
Menu (nur Abendessen) (Tischbestellung ratsam) à la carte 61/85.

In München-Johanneskirchen :

🏨 **Country Inn** Ⓜ, Musenbergstr. 25, ✉ 81929, ℰ (089) 95 72 90, *Fax (089) 95729400*, 🛁, 🍴 – 🛗, 🔄 Zim, 📺 🅫 🚗 – 🔦 10. ₳ ⓘ 🐵 ₪ᵀₐ ₗᴄᵦ 🍽 Rest
Menu (nur Abendessen) à la carte 29/71 – **167 Z** ⇌ 269/329. über B 417 DR

In München-Laim :

🏨 **Park Hotel,** Zschokkestr. 55, ✉ 80686, ℰ (089) 57 93 60, *park-hotel-laim@t-online.de, Fax (089) 57936100*, 🛁 – 🛗, 🔄 Zim, 📺 🚗 – 🔦 30. ₳ ⓘ 🐵 ₪ᵀₐ ₗᴄᵦ BS c
Menu (geschl. Aug., Samstag - Sonntag) à la carte 32/57 – **74 Z** ⇌ 190/240 – 240/280.

XX **Dolce Sosta,** Willibaldstr. 24, ✉ 80689, ℰ (089) 54 64 37 37, *Fax (089) 54653736*, 🏠 – 🅿 ₳ ₪ᵀₐ BS p
geschl. Freitagmittag, Sonntag – **Menu** (italienische Küche) à la carte 52/74.

XX **Conviva,** Friedenheimer Str. 59a, ✉ 80686, ℰ (089) 54 77 99 00, *Fax (089) 54779993*, 🏠, « Modernes Bistro-Restaurant » – 🐵 ₪ᵀₐ BS m
geschl. 23. Dez.- 2. Jan., Samstagmittag, Sonn- und Feiertage – **Menu** 68/85 und à la carte.

XX **IL Sorriso,** Gotthartstr. 8, ✉ 80686, ℰ (089) 5 80 31 70, *sorriso@spago.de, Fax (089) 5803170*, 🏠 – 🅿 ₳ ⓘ 🐵 BS s
geschl. Sonntag – **Menu** à la carte 48/75.

In München-Milbertshofen :

🏨 **Country Inn** Ⓜ garni, Frankfurter Ring 20, ✉ 80807, ℰ (089) 35 71 70, *Fax (089) 35717700* – 🛗 🔄 📺 🅫 🚗. ₳ ⓘ 🐵 ₪ᵀₐ ₗᴄᵦ CR v
81 Z ⇌ 269/309.

🏨 **Königstein** garni, Frankfurter Ring 28, ✉ 80807, ℰ (089) 35 03 60, *Fax (089) 35036100* – 🛗 🔄 📺 🚗 🅿 ⓘ 🐵 ₪ᵀₐ CR v
geschl. 20. Dez. - 6. Jan. – **42 Z** ⇌ 165/265 – 210/280.

In München-Moosach :

🏨 **Mayerhof** garni, Dachauer Str. 421, ✉ 80992, ℰ (089) 14 36 60, *info@hotel-mayerhof-muenchen.de, Fax (089) 1402417* – 🛗 🔄 📺 🚗 – 🔦 30. ₳ ⓘ 🐵 ₪ᵀₐ ₗᴄᵦ BR b
70 Z ⇌ 160/330 – 180/380.

In München-Neu Perlach :

🏨 **Mercure,** Karl-Marx-Ring 87, ✉ 81735, ℰ (089) 6 32 70, *h1374@accor-hotels.com, Fax (089) 6327407*, 🏠, 🛁, 🛁, 🔲 – 🛗, 🔄 Zim, 🛏 📺 🅫 🚗 🅿 – 🔦 130. ₳ ⓘ 🐵 ₪ᵀₐ ₗᴄᵦ 🍽 Rest über Ständlerstraße DT
Menu à la carte 39/79 – **185 Z** ⇌ 219/234 – 265/295, 3 Suiten.

🏨 **Villa Waldperlach** Ⓜ garni, Putzbrunner Str. 250 (Waldperlach), ✉ 81739, ℰ (089) 6 60 03 00, *Fax (089) 66003066* – 🛗 🔄 📺 🅫 🚗. ₳ ⓘ 🐵 ₪ᵀₐ
21 Z ⇌ 150/160 – 180/250. über Putzbrunner Straße DT

In München-Nymphenburg :

🏨 **Kriemhild** garni, Guntherstr. 16, ✉ 80639, ℰ (089) 1 71 11 70, *hotel@kriemhild.de, Fax (089) 17111755* – 📺 🅿 ₳ 🐵 ₪ᵀₐ ₗᴄᵦ BS y
17 Z ⇌ 120/160 – 180/200.

XX **Schloßwirtschaft zur Schwaige,** Schloß Nymphenburg Eingang 30, ✉ 80638, ℰ (089) 17 44 21, *Fax (089) 1784101*, Biergarten – 🅿 ₳ 🐵 ₪ᵀₐ ₗᴄᵦ BS r
Menu à la carte 32/70.

In München-Oberföhring :

✗ **Freisinger Hof** mit Zim, Oberföhringer Str. 189, ✉ 81925, ℘ (089) 95 23 02,
Fax (089) 9578516, ☲, Biergarten, « Modernisiertes Wirtshaus a. d. J. 1875 » – 🖵 📞
🅿 🖭 ⓪ 🕲 𝘝𝘐𝘚𝘈   DR   f
Menu à la carte 45/78 – **13 Z** ⊑ 170/190 – 200/250.

In München-Obermenzing :

🏠 **Jagdschloß,** Alte Allee 21, ✉ 81245, ℘ (089) 82 08 20, Fax (089) 82082100, Biergarten – 🖵 📞 ⇐⇒, 𝘝𝘐𝘚𝘈   AS   n
Menu à la carte 25/70 – **25 Z** ⊑ 124/189.

🏠 **Blutenburg** garni, Verdistr. 130, ✉ 81247, ℘ (089) 8 91 24 20, Fax (089) 89124242
– ⇆ ⇐⇒ 🖵 🖭 🅿 ⓪ 🕲 𝘝𝘐𝘚𝘈   AS   v
19 Z ⊑ 120/150 – 150/200.

✗ **Weichandhof,** Betzenweg 81, ✉ 81247, ℘ (089) 8 91 16 00, info@weichandhof.de,
Fax (089) 89116012, « Hübscher Landgasthof ; Gartenterrasse » – ⇆ 🅿   AS   v
geschl. Samstag – **Menu** (Tischbestellung ratsam) à la carte 29/73.

In München-Pasing :

🏨 **Econtel** Ⓜ garni, Bodenseestr. 227, ✉ 81243, ℘ (089) 87 18 90, info@econtel.de,
Fax (089) 87189400 – |≇| ⇆ ⊟ 🖵 📞 ⇐⇒ 🅿 – 🛦 70. 🖭 🕲 𝘝𝘐𝘚𝘈   AS   t
⊑ 17 – **69 Z** 135/214 – 144/214.

🏠 **Zur Post,** Bodenseestr. 4, ✉ 81241, ℘ (089) 89 69 50, info@Hotel-zur-post.com,
Fax (089) 837319, Biergarten – |≇| 🖵 ⇐⇒ – 🛦 120. 🖭 ⓪ 🕲 𝘝𝘐𝘚𝘈 AS   e
Menu à la carte 36/68 – **96 Z** ⊑ 145/195 – 170/280.

✗✗ **Zur Goldenen Gans,** Planegger Str. 31, ✉ 81241, ℘ (089) 83 70 33, INSEL-MUEHLE@ t
-online.de, Fax (089) 8204680, ☲, « Bayerisches Gasthaus mit gemütlicher Einrichtung »
– 🅿 🕲 𝘝𝘐𝘚𝘈   AS   b
geschl. Montag – **Menu** 25 (mittags) und à la carte 47/76.

In München-Riem über ③ und die A 94 DS :

🏨 **Landhotel Martinshof** (mit Gästehaus), Martin-Empl-Ring 8, ✉ 81829, ℘ (089)
92 20 80, LHMartinsh@aol.com, Fax (089) 92208400, ☲ – 🖵 ⇐⇒ 🅿 🖭 ⓪ 🕲
𝘝𝘐𝘚𝘈 𝘑𝘤𝘣
Martins Gans (geschl. Samstagmittag, Sonntagmittag) **Menu** à la carte 39/74 – **58 Z**
⊑ 175/220 – 220/310.

In München-Schwabing :

🏰 **Marriott-Hotel** Ⓜ, Berliner Str. 93, ✉ 80805, ℘ (089) 36 00 20, mhrs.mucno.dom
@marriott.com, Fax (089) 36002200, Massage, 🛦, ⇌s, 🔲 – |≇|, ⇆ Zim, ⊟ 🖵 📞 ⅋
– 🛦 320. 🖭 ⓪ 🕲 𝘝𝘐𝘚𝘈 𝘑𝘤𝘣, ✼ Rest   CR   e
Menu à la carte 49/74 – ⊑ 30 – **348 Z** 279/439 – 279/439, 18 Suiten.

🏨 **Holiday Inn,** Leopoldstr. 194, ✉ 80804, ℘ (089) 38 17 90, info@muenchen.holidayi
nn-queens.de, Fax (089) 38179888, ☲, Massage, ⇌s, 🔲 – |≇|, ⇆ Zim, 🖵 📞 ⇐⇒ –
🛦 320. 🖭 ⓪ 🕲 𝘝𝘐𝘚𝘈 𝘑𝘤𝘣   CR   t
Menu à la carte 50/87 – ⊑ 33 – **365 Z** 320/650 – 370/700.

🏨 **Renaissance Hotel,** Theodor-Dombart-Str. 4 (Ecke Berliner Straße), ✉ 80805,
℘ (089) 36 09 90, renaissance.munich.mucbr@renaissancehotels.com,
Fax (089) 360996900, ☲, ⇌s – |≇|, ⇆ Zim, 🖵 📞 ⇐⇒ – 🛦 40. 🖭 ⓪ 🕲 𝘝𝘐𝘚𝘈
✼ Rest   CR   e
Menu à la carte 36/66 – ⊑ 30 – **260 Z** 260/430 – 290/490, 80 Suiten.

🏨 **Four Points Hotel München Olympiapark,** Helene-Mayer-Ring 12, ✉ 80809,
℘ (089) 35 75 10, fourpoints.olympiapark@arabellesheraton.com, Fax (089) 35751800,
☲ – |≇|, ⇆ Zim, 🖵 📞 🅿 – 🛦 30. 🖭 ⓪ 🕲 𝘝𝘐𝘚𝘈 𝘑𝘤𝘣. ✼ Rest   CR   p
geschl. 21. Dez. - 8. Jan. – **Menu** (geschl. Sonntag) à la carte 32/60 – **105 Z** ⊑ 297/330
– 360/393.

🏨 **Cosmopolitan** Ⓜ garni, Hohenzollernstr. 5, ✉ 80801, ℘ (089) 38 38 10, cosmo@c
osmopolitan-hotel.de, Fax (089) 38381111 – |≇| ⇆ 🖵 📞 ⇐⇒. 🖭 ⓪ 🕲
𝘝𝘐𝘚𝘈 𝘑𝘤𝘣   GU   g
71 Z ⊑ 170/195 – 195/230.

🏠 **Mercure** garni, Leopoldstr. 120, ✉ 80802, ℘ (089) 3 89 99 30, h1104@accor-hotels
.com, Fax (089) 349344 – |≇| ⇆ 🖵 ⇐⇒. 🖭 ⓪ 🕲 𝘝𝘐𝘚𝘈 𝘑𝘤𝘣   GU   r
65 Z ⊑ 171/222 – 232/252.

🏠 **Leopold,** Leopoldstr. 119, ✉ 80804, ℘ (089) 36 04 30, hotel-leopold@t-online.de,
Fax (089) 36043150, ☲, ⇌s – |≇|, ⇆ Zim, 🖵 📞 ⅋ ⇐⇒ 🅿 – 🛦 20. 🖭 ⓪ 🕲
𝘝𝘐𝘚𝘈 𝘑𝘤𝘣   GU   f
geschl. 23. - 30. Dez. – **Menu** à la carte 36/67 – **75 Z** ⊑ 175/245 – 195/320.

XXXX
夢夢夢夢 **Tantris,** Johann-Fichte-Str. 7, ⊠ 80805, ℰ (089) 3 61 95 90, *tantris@t.-online.de*,
夢夢 *Fax (089) 3618469*, ⇗ – ▤ ❖. ᴀᴇ ⓞ ⓜ⑨ ᴠɪsᴀ. ⁖⁖ GU b
geschl. Jan. 1 Woche, Sonntag - Montag, Feiertage – **Menu** (Tischbestellung ratsam) 110
(mittags)/235 (abends) à la carte 89/146
Spez. Gänseleberparfait mit mariniertem Radicchio. Seeteufel mit braisiertem Romana und
Curry-Safransud. Mandelsoufflé mit flüssigen Marillen gefüllt.

XX **Savoy,** Tengstr. 20, ⊠ 80798, ℰ (089) 2 71 14 45, *Fax (089) 2711445* – ᴀᴇ ⓞ
ⓜ⑨ ᴠɪsᴀ GU t
geschl. Sonntag, nach Pfingsten 2 Wochen – **Menu** (abends Tischbestellung ratsam) (italienische Küche) à la carte 51/62.

XX **Olympiaturm-Drehrestaurant,** Spiridon-Louis-Ring 7, ⊠ 80809, ℰ (089)
30 66 85 85, *drehrestaurant@haberl.de*, *Fax (089) 30668588*, ⁖ München und Voralpenlandschaft, « Rotierendes Restaurant in 182 m Höhe ; ständige Bilderausstellung » (⬆,
Gebühr) – ❖. ᴀᴇ ⓞ ⓜ⑨ ᴠɪsᴀ ᴊᴄʙ. ⁖⁖ CR s
Menu (abends Tischbestellung erforderlich) à la carte 58/83.

XX **Spago,** Neureutherstr. 15, ⊠ 80799, ℰ (089) 2 71 24 06, *spago@spago.de*,
Fax (089) 2780448, ⇗ – ᴀᴇ ⓞ ⓜ⑨ ᴠɪsᴀ GU a
geschl. Sonntag – **Menu** (italienische Küche) à la carte 48/72.

XX **Seehaus,** Kleinhesselohe 3, ⊠ 80802, ℰ (089) 3 81 61 30, *Seehaus@Kuffler-Gastron
omie.de*, *Fax (089) 341803*, ≤, Biergarten, « Terrasse am See » – ❖. ᴀᴇ
ⓜ⑨ ᴠɪsᴀ HU t
Menu à la carte 39/73.

XX **Il Borgo,** Georgenstr. 144, ⊠ 80797, ℰ (089) 1 29 21 19, *Fax (089) 12391575* – ᴀᴇ
geschl. Samstagmittag, Sonntag – **Menu** (italienische Küche) à la carte 55/73. FU e

XX **Der Katzlmacher,** Kaulbachstr. 48, ⊠ 80539, ℰ (089) 34 81 29, *Fax (089) 331104*,
⇗ – ⓜ⑨. ⁖⁖ GU s
geschl. Mai - Juni 2 Wochen, Sonntag - Montag – **Menu** (italienische Küche) à la carte 55/73.

X **Locanda Picolit,** Siegfriedstr.11, ⊠ 80803, ℰ (089) 39 64 47, *Fax (089) 346653*, ⇗
– ᴀᴇ ⓞ ⓜ⑨ ᴠɪsᴀ GU c
geschl. Montag, Samstagmittag, Sonntagmittag – **Menu** (italienische Küche)
à la carte 56/74.

X **Bistro Terrine,** Amalienstr. 89 (Amalien-Passage), ⊠ 80799, ℰ (089) 28 17 80,
夢 *Fax (089) 2809316*, ⇗ – ᴀᴇ ⓞ ⓜ⑨ ᴠɪsᴀ GU p
geschl. Anfang Jan. 1 Woche, Montagmittag, Samstagmittag, Sonn- und Feiertage – **Menu**
(abends Tischbestellung ratsam) 43 (mittags) und à la carte 50/77
Spez. Meerwolf mit Tomaten und Basilikum. Rehmedaillon mit Selleriepüree und Port-
weinsauce (Saison). Topfenauflauf mit Weinschaum.

X **Bamberger Haus,** Brunnerstr. 2 (im Luitpoldpark), ⊠ 80804, ℰ (089) 3 08 89 66,
Fax (089) 3003304, « Ehemaliges Bürgerpalais a.d. 18. Jh. ; Terrasse » – ❖. ᴀᴇ ⓞ
ⓜ⑨ ᴠɪsᴀ GU z
Menu à la carte 31/67.

X **Bei Grazia,** Ungererstr. 161, ⊠ 80805, ℰ (089) 36 69 31, *Fax (089) 3164316* – ᴀᴇ
ⓜ⑨ ᴠɪsᴀ CR r
geschl. Samstag - Sonntag – **Menu** (Tischbestellung ratsam) (italienische Küche)
à la carte 46/62.

In München-Sendling :

🏨 **Holiday Inn München-Süd,** Kistlerhofstr. 142, ⊠ 81379, ℰ (089) 78 00 20, *holid
ay-inn-muenchen-sued@t-online.de*, *Fax (089) 78002672*, Biergarten, ⅃⊱, Massage, ⇍ₛ,
⊠ – |⬆|, ⅄⇔ Zim, ▤ ▯ ⅋ ⇦ – ⅍ 90. ᴀᴇ ⓞ ⓜ⑨ ᴠɪsᴀ ᴊᴄʙ BT x
Menu à la carte 53/64 – ⫧ 28 – **320 Z** 265/405 – 325/465.

🏨 **Ambassador Parkhotel,** Plinganserstr. 102, ⊠ 81369, ℰ (089) 72 48 90,
Fax (089) 72489100, Biergarten – |⬆|, ⅄⇔ Zim, ▯ ⇦. ᴀᴇ ⓞ ⓜ⑨ ᴠɪsᴀ CT r
geschl. 24. Dez. - 6. Jan. – **Menu** (*geschl. Montag*) (italienische Küche) à la carte 38/69 –
42 Z ⫧ 175/355 – 220/445.

🏨 **K+K Hotel am Harras** garni, Albert-Rosshaupter-Str. 4, ⊠ 81369, ℰ (089) 74 64 00,
KKhotel@muc.KKhotels.de, *Fax (089) 7212820* – |⬆| ⅄⇔ ▯ ⅋ ⇦. ᴀᴇ ⓞ ⓜ⑨ ᴠɪsᴀ ᴊᴄʙ
106 Z ⫧ 250/395 – 290/435. CT n

In München-Solln :

🏠 **Pegasus** garni, Wolfratshauser Str. 211, ⊠ 81479, ℰ (089) 7 49 15 30, *Hotel.Pegasu
s-Muenchen@t-online.de*, *Fax (089) 7912970*, ⇍ₛ – ▯ ⇦ ❖. ᴀᴇ ⓜ⑨ ᴠɪsᴀ BT y
23 Z ⫧ 138/185 – 178/290.

🏠 **Sollner Hof** garni, Herterichstr. 63, ⊠ 81479, ℰ (089) 7 49 82 90, *SollnerHof@t-on
line.de*, *Fax (089) 7900394* – ▯ ⇦ ❖. ᴀᴇ ⓞ ⓜ⑨ ᴠɪsᴀ ᴊᴄʙ BT s
29 Z ⫧ 120/135 – 145/175.

🏠 **Villa Solln** 🦢 garni, Wilh.-Leibl-Str. 16, ⊠ 81479, 𝒫 (089) 7 49 82 80, *villasolln@t-online.de*, Fax *(089) 7900428*, 🕿 – 📺 ⟷ 🅿️ 🖭 ◍◍ 𝗩𝗜𝗦𝗔 𝗝𝗖𝗕
BT **n**
20 Z ⊐ 120/135 – 165/230.

✕✕ **Al Pino**, Franz-Hals-Str. 3, ⊠ 81479, 𝒫 (089) 79 98 85, Fax *(089) 799872*, 🚡 – 🅿️ 🖭 ◍◍ 𝗩𝗜𝗦𝗔
BT **a**
geschl. Samstagmittag – **Menu** (italienische Küche) à la carte 55/85.

In München-Trudering :

🏠🏠 **Am Moosfeld** (mit Gästehäusern), Am Moosfeld 35, ⊠ 81829, 𝒫 (089) 42 91 90, *AmMoosfeld@aol.com*, Fax *(089) 424662*, 🎳, 🕿, ⧄ – 📶, 🔆 Zim, 🍽 Rest, 📺 📶 ⟷
🅿️ – 🔬 30. ◍◍ 𝗩𝗜𝗦𝗔
über ④
Menu *(geschl. Samstagmittag)* à la carte 35/64 – **170 Z** ⊐ 198 – 220/260.

🏠 **Obermaier** garni, Truderinger Str. 304b, ⊠ 81825, 𝒫 (089) 42 90 21, *HotelObermaier@t-online.de*, Fax *(089) 426400* – 📶 📺 🅿️ 🖭 ◍ ◍◍ 𝗩𝗜𝗦𝗔. ⅀
53 Z ⊐ 145/165 – 195/225.
über Truderinger Str.   DS

In München-Untermenzing :

🏠🏠🏠 **Romantik Hotel Insel Mühle,** Von-Kahr-Str. 87, ⊠ 80999, 𝒫 (089) 8 10 10, *INSEL-MUEHLE@t-online.de*, Fax *(089) 8120571*, Biergarten, « Restaurierte Mühle a.d. 16. Jh ; Einrichtung im Landhausstil ; Terrasse an der Würm. », 🚡 – 📺 🕭 ⟷ 🅿️ – 🔬 30. ◍
◍◍ 𝗩𝗜𝗦𝗔. ⅀ Rest
AR **a**
Menu *(geschl. Sonn- und Feiertage)* 33 (mittags) à la carte 56/85 – **37 Z** ⊐ 185/380 – 260/390.

In München-Untersendling :

🏠🏠 **Carmen,** Hansastr. 146, ⊠ 81373, 𝒫 (089) 7 43 14 10, *hotel-carmen@t-online.de*, Fax *(089) 743141428* – 📶, 🔆 Zim, 📺 🅿️ – 🔬 25. 🖭 ◍ ◍◍ 𝗩𝗜𝗦𝗔
CT **d**
Menu *(geschl. Samstagmittag, Sonntagmittag)* (asiatische Küche) à la carte 35/49 – **63 Z** ⊐ 199/239 – 269/299.

In München-Zamdorf :

🏠🏠 **Astron,** Eggenfeldener Str. 100, ⊠ 81929, 𝒫 (089) 99 34 50, *Muenchen-neuemesse@astronhotels.de*, Fax *(089) 99345400*, 🚡, 🎳, 🕿 – 📶, 🔆 Zim, 🍽 Rest, 📺 📶 ⟷
– 🔬 200. 🖭 ◍ ◍◍ 𝗩𝗜𝗦𝗔
DS **s**
Menu à la carte 48/78 – ⊐ 25 – **253 Z** 230.

In Unterföhring :

🏠🏠 **Lechnerhof** Ⓜ garni (mit Gästehaus), Eichenweg 4, ⊠ 85774, 𝒫 (089) 95 82 80, *Hotel.Lechnerhof@t-online.de*, Fax *(089) 95828140*, 🎳, 🕿, 🚡 – 📶 🔆 📺 📶 ⟷ 🅿️ – 🔬 20.
🖭 ◍ ◍◍ 𝗩𝗜𝗦𝗔 𝗝𝗖𝗕
DR **e**
geschl. 24. Dez. - 2. Jan. – **51 Z** ⊐ 197/250 – 320/420.

🏠🏠 **Feringapark,** Feringastr. 2, ⊠ 85774, 𝒫 (089) 95 71 60, *FRONTOFFICE@FERINGAPARK-HOTELS.COM*, Fax *(089) 95716111*, 🕿 – 📶, 🔆 Zim, 📶 ⟷ 🅿️
– 🔬 70. 🖭 ◍ ◍◍ 𝗩𝗜𝗦𝗔 𝗝𝗖𝗕. ⅀ Rest
DR **t**
Menu à la carte 42/74 – ⊐ 22 – **125 Z** 211/241 – 263.

🏠 **Tele-Hotel,** Bahnhofstr. 15, ⊠ 85774, 𝒫 (089) 9 58 46 50, Fax *(089) 958465550*, 🚡
– 📶 📺 ⟷ 🅿️ 🖭 ◍ ◍◍ 𝗩𝗜𝗦𝗔
DR **r**
Menu *(geschl. 24. Dez. - 5. Jan., Samstag)* à la carte 35/60 – **59 Z** ⊐ 150/180 – 180/210.

In Unterhaching Süd : 10 km über Tegernseer Landstraße und B 13 CT :

🏠🏠 **Schrenkhof** garni, Leonhardsweg 6, ⊠ 82008, 𝒫 (089) 6 10 09 10, Fax *(089) 61009150*, « Einrichtung im alpenländischen Stil », 🕿 – 📶 📺 ⟷ 🅿️ – 🔬 35.
🖭 ◍ ◍◍ 𝗩𝗜𝗦𝗔
geschl. Weihnachten - Anfang Jan., über Ostern – **25 Z** ⊐ 185/220 – 240/290.

🏠🏠 **Holiday Inn Garden Court** Ⓜ, Inselkammer Str. 7, ⊠ 82008, 𝒫 (089) 66 69 10, *holidayinn@debitel.net*, Fax *(089) 66691600*, Biergarten, 🎳, 🕿 – 📶, 🔆 Zim, 📺 📶 🕭
⟷ 🔬 220. 🖭 ◍ ◍◍ 𝗩𝗜𝗦𝗔 𝗝𝗖𝗕
Menu à la carte 44/79 – ⊐ 27 – **271 Z** 228/278 – 278/348, 6 Suiten.

🏠🏠 **Astron Suite-Hotel** Ⓜ garni, Leipziger Str.1, ⊠ 82008, 𝒫 (089) 66 55 20, *Muc-unterhaching@astron-hotels.de*, Fax *(089) 66552200*, 🕿 – 📶 🔆 📺 📶 ⟷ 🅿️ 🖭 ◍
◍◍ 𝗩𝗜𝗦𝗔
⊐ 25 – **80 Z** 230/260.

🏠 **Huber** garni, Kirchfeldstr. 8, ⊠ 82008, 𝒫 (089) 61 04 00, *info@hotelhuber.de*, Fax *(089) 6113842*, 🕿, ⧄, 🚡, ✕ – 📶 🔆 📺 ⟷ 🅿️ – 🔬 40. 🖭 ◍◍
𝗩𝗜𝗦𝗔. ⅀
geschl. 20. Dez. - 10. Jan. – **72 Z** ⊐ 140/170 – 190/250, 3 Suiten.

In Haar *Süd-Ost : 12 km über* ④ :

🏠 **Wiesbacher,** Waldluststr. 25, ⊠ 85540, 𝒫 (089) 4 56 04 40, *hotel.wiesbacher.stein*
@ *t-online.de, Fax (089) 45604460*, 🍽, Zugang zum öffentlichen 🔲, �) – 🛗 🔲 📞 📱
– 🔥 30. 🆎 🔶 ⓦ𝑶 **VISA**
geschl. 22. Dez. - 6. Jan. – **Menu** *(geschl. Aug. 3 Wochen, Sonn- und Feiertags) (nur Abendessen)* à la carte 33/64 – **32 Z** �££ 145/175 – 165/215.

In Ottobrunn *Süd-Ost : 12 km über Neubiberger Straße* DT :

🏠🏠 **Blattel's Golden Leaf Hotel Pazific,** Rosenheimer Landstr. 91, ⊠ 85521, 𝒫 (089)
6 09 10 51, *glp@ blattl.de, Fax (089) 6083243*, 🍽, 🚞, 🔲 – 🛗, 🌤 Zim, 🔲 📞 🚙 📱
– 🔥 40. 🆎 🔶 ⓦ𝑶 **VISA** 🗙 Rest
Jasmin *(asiatische Küche)* **Menu** à la carte 29/63 – **54 Z** �££ 188/228 – 248/268.

🏠🏠 **Aigner** garni, Rosenheimer Landstr. 118, ⊠ 85521, 𝒫 (089) 60 81 70,
Fax (089) 6083213 – 🛗 🌤 🔲 📞 🚙 📱 🆎 🔶 ⓦ𝑶 **VISA**
73 Z �££ 155/185 – 175/300.

In Feldkirchen *über* ③ *: 10 km* :

🏠🏠 **Bauer,** Münchner Str. 6, ⊠ 85622, 𝒫 (089) 9 09 80, *Fax (098) 9098414*, 🍽, 🚞, 🔲
– 🛗, 🌤 Zim, 🔲 📞 🔥 🚙 📱 – 🔥 200. 🆎 🔶 ⓦ𝑶 **VISA**
Menu *(geschl. 27. Dez. - 7.Jan.)* à la carte 37/65 – **100 Z** �££ 210/288 – 250/490.

In Aschheim *über* ③ *: 13 km und Riem* :

🏠🏠🏠 **Schreiberhof** Ⓜ, Erdinger Str. 2, ⊠ 85609, 𝒫 (089) 90 00 60, *Fax (089) 90006459*,
🍽, Massage, 🔥, 🚞 – 🛗, 🌤 Zim, 🔲 📞 🔥 🚙 📱 – 🔥 90. 🆎 🔶 ⓦ𝑶 **VISA**
geschl. 23. Dez. - 7. Jan. – **Alte Gaststube** : Menu à la carte 44/85 – **87 Z** �££ 225/345
– 305/415.

🏠 **Gästehaus Gross** garni, Ismaninger Str. 9a, ⊠ 85609, 𝒫 (089) 9 04 40 84,
Fax (089) 9045214 – 🔲 📱 🆎 🔶 ⓦ𝑶 **VISA**
15 Z �££ 110/140 – 150/200.

In Aschheim-Dornach *über* ③ *: 11 km und Riem* :

🏠🏠🏠 **Inn Side Residence-Hotel** Ⓜ, Humboldtstr. 12 (Gewerbegebiet-West), ⊠ 85609,
𝒫 (089) 94 00 50, *muenchen@ innside.de, Fax (089) 94005299*, 🍽, 🔥, 🚞 – 🛗, 🌤 Zim,
🍽 Rest, 🔲 📞 🚙 📱 – 🔥 180. 🆎 🔶 ⓦ𝑶 **VISA** **JCB**
Menu *(geschl. Samstagmittag, Sonntagmittag)* à la carte 45/79 – �££ 26 – **134 Z** 239/339
– 279/379.

In Grünwald *Süd : 13 km über Geiselgasteigstraße* CT :

🏠🏠 **Tannenhof** garni, Marktplatz 3, ⊠ 82031, 𝒫 (089) 6 41 89 60, *info@ tannenhof-gru
enwald.de, Fax (089) 6415608*, « Modernisiertes Jugendstilhaus » – 🌤 🔲 📱 🆎 🔶 ⓦ𝑶
VISA
geschl. 20. Dez. - 6. Jan. – **21 Z** �££ 150/170 – 190/210.

🏠 **Alter Wirt,** Marktplatz 1, ⊠ 82031, 𝒫 (089) 6 41 93 40, *ALTERWIRT@ LANDIDYLL.DE,
Fax (089) 64193499*, 🍽, « Bayerischer Landgasthof » – 🛗, 🌤 Zim, 🔲 📞 🚙 📱 – 🔥 80.
🆎 🔶 ⓦ𝑶 **VISA**
Menu à la carte 34/66 – **50 Z** �££ 120/190 – 190/250.

🗙 **Forsthaus Wörnbrunn,** Im Grünwalder Forst (Ost : 2,5 km), ⊠ 82031, 𝒫 (089)
6 41 82 80, *forsthaus@ woernbrunn.de, Fax (089) 6413968*, Biergarten – 📱 – 🔥 40. 🆎
🔶 ⓦ𝑶 **VISA**
Menu à la carte 33/75.

In Oberhaching *Süd : 14 km über* ⑥ :

🏠🏠 **Hachinger Hof** 🏊, Pfarrer-Socher-Str. 39, ⊠ 82041, 𝒫 (089) 61 37 80,
Fax (089) 61378200, 🔥, 🚞 – 🛗, 🌤 Zim, 🔲 📞 🚙 📱 🆎 🔶 ⓦ𝑶 **VISA** **JCB**
geschl. 24. Dez. - 6. Jan. – **Menu** *(nur Abendessen)* à la carte 32/59 – **75 Z** �££ 145/175
– 170/240.

München-Flughafen *siehe Freising* :

Les hôtels ou restaurants agréables
sont indiqués dans le Guide par un **signe rouge**.
Aidez-nous en nous signalant les maisons où,
par expérience, vous savez qu'il fait bon vivre.
Votre **Guide Michelin** sera encore meilleur.

🏠🏠🏠🏠🏠 ... 🏠

🗙🗙🗙🗙🗙 ... 🗙

MÜNDER AM DEISTER, BAD *Niedersachsen* 👆👆 *J 12 – 19 500 Ew – Höhe 120 m – Heilbad.*

🛵 🛵 *Bad Münder, Hannoversche Straße,* ℘ *(05042) 38 69.*

🅱 *Tourist-Information, Haus des Gastes, Hannoversche Str. 14a,* ✉ *31848,* ℘ *(05042) 1 94 33, Fax (05042) 929805.*

Berlin 317 – Hannover 35 – Hameln 16 – Hildesheim 38.

🏠 **Kastanienhof** 🦢, Am Stadtbahnhof 11 (am Süntel), ✉ 31848, ℘ (05042) 30 63, *Hotk astanienhof@aol.com,* Fax (05042) 3885, 🍴, 🚬, 🖥, 🚗 – ⚄ 📺 ⅙ 🚘 🅿 – 🔏 30.
🐾🐾 💳
Menu à la carte 34/76 – **40 Z** ⚏ 165/300 – 215/320 – ½ P 45.

In Bad Münder-Klein Süntel *Süd-West : 9 km :*

🏠 **Landhaus zur schönen Aussicht** 🦢, Klein-Sünteler-Str. 6, ✉ 31848, ℘ (05042) 9 55 90, *Fax (05042) 955966,* ≤, « Gartenterrasse », 🚗 – 📺 ⅙ 🚘 🅿 🐾🐾 💳
geschl. Nov. 3 Wochen – **Menu** *(geschl. Dienstag)* à la carte 38/67 – **17 Z** ⚏ 97/105 – 125/145.

MÜNNERSTADT *Bayern* 👆👆 *P 14 – 8 300 Ew – Höhe 234 m.*

Sehenswert : Stadtpfarrkirche (Werke★ von Veit Stoss und Riemenschneider).

🛵 *Rindhof (Nord-Ost : 11 km),* ℘ *(09766) 16 01.*

🅱 *Tourismus- und Kulturbüro, Marktplatz 1,* ✉ *97702,* ℘ *(09733) 81 05 28, Fax (09733) 810545.*

Berlin 417 – München 331 – Fulda 71 – Bamberg 86 – Schweinfurt 29.

🏠 **Tilman,** Riemenschneiderstr. 42, ✉ 97702, ℘ (09733) 8 13 30, *hotel-tilman@gmx.de,* Fax (09733) 813366, 🍴 – 📺 🚘 🅿 – 🔏 30. 🐾🐾 💳 🦢 Rest
Menu *(geschl. Sonntagabend)* à la carte 25/48 ⅞ – **22 Z** ⚏ 60/70 – 98/115.

🍽 **Gasthof Hellmig,** Meiningerstr. 1, ✉ 97702, ℘ (09733) 8 18 50, Fax (09733) 818523,
🚗 🍴 – 📺
geschl. Aug. 3 Wochen – **Menu** *(geschl. Dienstag)* à la carte 22/39 ⅞ – **9 Z** ⚏ 47/54 – 85/92.

MÜNSING *Bayern* 👆👆 *W 18 – 3 600 Ew – Höhe 666 m.*

Berlin 623 – München 36 – Garmisch-Partenkirchen 57 – Bad Tölz 23 – Weilheim 40.

🍽 **Limm - Zum Neuwirt,** Hauptstr. 29, ✉ 82541, ℘ (08177) 4 11, *gasthaus.limm@t -online.de,* Fax (08177) 9337818, 🍴 – 🅿 🐾🐾
geschl. Aug. - Sept. 3 Wochen, Weihnachten - Neujahr, Mittwoch, Sonntagabend – Menu à la carte 35/65.

In Münsing-Ambach *Süd-West : 5 km :*

🏠 **Schlossgut Oberambach** 🦢, Oberambach 1, ✉ 82541, ℘ (08177) 93 23, *info@s chlossgut.de,* Fax (08177) 932400, ≤, 🍴, 🚬, 🚗 Badeteich – ⚄ 🕎 📺 ⅙ 🚘 🅿 – 🔏 90.
🐾🐾 💳
Menu à la carte 65/78 – ⚏ 28 – **38 Z** 190/290 – 230/360, 4 Suiten – ½ P 75.

🏠 **Landhotel Huber am See** 🦢, Holzbergstr. 7, ✉ 82541, ℘ (08177) 93 20, *landh otel-huber@t-online.de,* Fax (08177) 932222, 🍴, ⌯, 🚬, 🐾, 🚗 – ⚄ 📺 ⅙ 🚗 🚘
🅿 – 🔏 25. 🐾 🐾🐾 💳
Menu à la carte 30/62 – **42 Z** ⚏ 80/140 – 130/195 – ½ P 30.

In Münsing-St. Heinrich *Süd-West : 10 km :*

🏠 **Landgasthof Schöntag,** Beuerberger Str. 7, ✉ 82541, ℘ (08801) 9 06 10, Fax (08801) 906133, 🍴, 🚬 – 📺 🚘 🅿 🐾 🐾🐾 💳
Menu à la carte 27/53 – **14 Z** ⚏ 89/109 – 145/190.

🍽 **Fischerrosl,** Beuerberger Str. 1, ✉ 82541, ℘ (08801) 7 46, Fax (08801) 2166, 🍴 –
🅿
geschl. Okt. - April Donnerstag – **Menu** à la carte 29/67.

MÜNSINGEN *Baden-Württemberg* 👆 *U 12 – 14 000 Ew – Höhe 707 m – Wintersport : 700/850 m ⚡8 ⚡.*

🅱 *Tourist Information, Rathaus, Bachwiesenstr. 7,* ✉ *72525,* ℘ *(07381) 18 21 45, Fax (07381) 182101.*

Berlin 657 – Stuttgart 58 – Reutlingen 32 – Ulm (Donau) 51.

🏠 **Herrmann** (mit Gästehäusern), Ernst-Bezler-Str. 1, ✉ 72525, ℘ (07381) 22 02, *info @hotelherrmann.de,* Fax (07381) 6282, 🍴, 🚬 – ⚄ 🕎 📺 ⅙ 🚘 🅿 – 🔏 15. ⓪
🐾🐾 💳
Menu à la carte 39/62 – **33 Z** ⚏ 80/92 – 128/164 – ½ P 25.

In Münsingen-Gundelfingen *Süd : 13 km :*

🏨 **Wittstaig,** Wittstaig 10, ✉ 72525, ℰ (07383) 9 49 60, *hotel.wittstaig@t-online.de,*
Fax (07383) 949699, 🏤, 🛏, 🔲, 🐎 – 🛗 📺 🅿.
geschl. Anfang Jan. - Anfang Feb. – **Menu** *(geschl. Dienstag)* à la carte 27/51 🍴 – **27 Z**
🛏 59/75 – 100/120 – ½ P 23.

MÜNSTER AM STEIN - EBERNBURG, BAD *Rheinland-Pfalz* 🗺️ *Q 7 – 4 000 Ew – Höhe
120 m – Heilbad – Heilklimatischer Kurort.*

Sehenswert : Rheingrafenstein★★, ≤★ – Kurpark★.

🔭 *Drei Buchen (Süd-West : 2 km),* ℰ (06708) 21 45.

🛈 *Verkehrsverein, Berliner Str. 60,* ✉ 55583, ℰ (06708) 39 93, *Fax (06708) 3999.*

Berlin 617 – Mainz 51 – Bad Kreuznach 6 – Kaiserslautern 52.

🏨🏨 **Hotel am Kurpark** 🏊, Kurhausstr.10, ✉ 55583, ℰ (06708) 62 90 00,
Fax (06708) 6290029, Massage, 🛏, 🐎 – 📺 🅿. 🛇
geschl. 6. Jan. - Feb., Nov. - 22. Dez. – **Menu** *(nur Abendessen)* (Restaurant nur für Hausgäste) – **28 Z** 🛏 74/120 – 150/198.

🏨 **Naheschlößchen,** Berliner Str. 69, ✉ 55583, ℰ (06708) 66 10 31,
Fax (06708) 661032, 🏤 – 🛗 📺 🅿. – 🚲 20. 🆎 🅾 **VISA**
geschl. Jan. – **Menu** *(geschl. Montag)* à la carte 35/62 – **16 Z** 🛏 72/79 – 124/138 – ½ P 26.

🏨 **Gästehaus Weingut Rapp** 🏊 garni, Schloßgartenstr. 100 (Ebernburg), ✉ 55583,
ℰ (06708) 23 12, *Fax (06708) 3074,* 🐎 – 🅿. 🛇
12 Z 🛏 68/104.

🏠 **Haus Lorenz** 🏊, Kapitän-Lorenz-Ufer 18, ✉ 55583, ℰ (06708) 18 41,
Fax (06708) 1281, ≤, 🏤, 🐎 – 🚗. 🛇
geschl. 28. Dez. - 25. Jan. – **Menu** *(geschl. Dienstag)* à la carte 33/64 🍴 – **16 Z** 🛏 69/83
– 126 – ½ P 21.

MÜNSTER (WESTFALEN) *Nordrhein-Westfalen* 🗺️ *K 6 – 278 000 Ew – Höhe 62 m.*

*Sehenswert : Prinzipalmarkt★ YZ – Dom★ (Domkammer★★, astronomische Uhr★,
Sakramentskapelle★) Y M2 – Rathaus (Friedenssaal★) YZ – Residenz-Schloß★ Y –
Landesmuseum für Kunst und Kulturgeschichte★ (Altarbilder★★) YZ M1 –
Lambertikirche (Turm★) Y – Westfälisches Museum für Naturkunde★ (Planetarium★) X M3.*

Ausflugsziel : Wasserschloß Hülshoff★ (West : 9 km, über Albert-Schweitzer-Str. E).

🔭 *Münster, Steinfurter Str. 448 (X),* ℰ (0251) 21 40 90 ; 🔭 *Münster, Am Kattwinkel 244
(über Kappenberger Damm (X), Süd-West : 10 km),* ℰ (02536) 3 30 10 11.

🏌️ *bei Greven, Nord : 31 km über ⑤ und die A 1,* ℰ (02571) 50 30.

Ausstellungsgelände Halle Münsterland (X), ℰ (0251) 6 60 00, *Fax (0251) 6600121.*

🛈 *Stadtwerbung und Touristik, Klemensstr. 9,* ✉ 48143, ℰ (0251) 4 92 27 10, *Fax (0251)
4927743.*

ADAC, Weseler Str. 539 X.

*Berlin 480 ② – Düsseldorf 124 ④ – Nordhorn 75 ⑤ – Bielefeld 87 ② – Dortmund 70 ④
– Enschede 64 ⑤ – Essen 86 ④*

Stadtplan siehe gegenüberliegende Seite

🏨🏨 **Schloß Wilkinghege,** Steinfurter Str. 374 (B 54), ✉ 48159, ℰ (0251) 21 30 45, *Schl
osswilkinghege@t-online.de, Fax (0251) 212898,* 🏤, « Wasserschloß a.d. 16. Jh. in einer
Parklandschaft », 🎾, 🔭 – 📺 🅿. – 🚲 30. 🆎 🅾 **VISA**. 🛇 Rest   X r
Menu à la carte 89/116 – **35 Z** 🛏 195/320 – 270/580, 13 Suiten.

🏨🏨 **Mövenpick Hotel** 🅼, Kardinal-von-Galen-Ring 65, ✉ 48149, ℰ (0251) 8 90 20, *hote
l.muenster@moevenpick.com, Fax (0251) 8902616,* 🏤, 🍴, 🛏 – 🛗, 🔄 Zim, 📺 📶 🕹
🚗 🅿. – 🚲 260. 🆎 🅾 **VISA** 🇯🇨🇧   X s
Menu à la carte 38/72 – **Chesa Rössli** *(geschl. Juli, Samstagmittag)* **Menu** à la carte 55/87
– 🛏 25 – **224 Z** 198/255 – 238/295, 4 Suiten.

🏨🏨 **Dorint,** Engelstr. 39, ✉ 48143, ℰ (0251) 4 17 10, *info.FMOMUE@dorint.com,
Fax (0251) 4171100,* 🛏 – 🛗, 🔄 Zim, 📺 📶 🕹 🚗 – 🚲 180. 🆎 🅾 **VISA** 🇯🇨🇧. 🛇 Rest
Menu à la carte 37/76 – 🛏 25 – **156 Z** 250/260 – 280/320.   Z v

🏨 **Central** 🅼 garni, Aegidiistr. 1, ✉ 48143, ℰ (0251) 51 01 50, *Fax (0251) 5101550,*
« Einrichtung mit Design-Objekten moderner Künstler » – 🛗 🔄 📺 🕹 🚗. 🆎 🅾 📶
VISA   Z n
geschl. 20. Dez. - 2. Jan., 23. Juli - 6. Aug. – **20 Z** 🛏 165/195 – 195/255, 4 Suiten.

🏨 **Mauritzhof** 🅼 garni, Eisenbahnstr. 15, ✉ 48143, ℰ (0251) 4 17 20, *info@mauritzh
of.de, Fax (0251) 46686,* « Moderne Designer-Einrichtung » – 🛗 🔄 📺 🕹 – 🚲 30. 🆎
🅾 📶 **VISA**   Z s
39 Z 🛏 180/250 – 230/300.

MÜNSTER

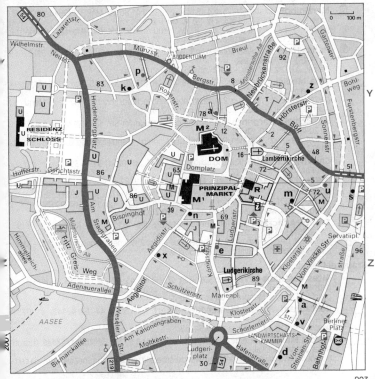

🏨 **Sol Inn Kongresshotel** Ⓜ, Albersloher Weg 28, ✉ 48155, ℰ (0251) 1 42 00, *sol.inn.muenster@t-online.de*, Fax (0251) 1420444, 🕿 – 📱, 🍴 Zim, 📺 📞 🔥 📭 – 🛋 120.
⚙ ⓐ ⑩ ⓦⓢ ᵛⁱˢᵃ X f
Menu à la carte 36/84 – 🍽 19 – **131 Z** 120/210.

🏨 **Kolping** Ⓜ, Aegidiistr. 21, ✉ 48143, ℰ (0251) 4 81 20, *kolping-tagungshotel@muenster.net*, Fax (0251) 4812123 – 📱, 🍴 Zim, 📺 📞 🔥 🚗 – 🛋 150. ⚙ ⓐ ⑩ ⓦⓢ ᵛⁱˢᵃ Z x
Menu *(geschl. Sonntagabend)* à la carte 29/51 – **107 Z** ⇆ 155/205.

🏨 **Am Schlosspark** garni, Schmale Str. 2, ✉ 48149, ℰ (0251) 8 99 82 00, *Hotel-am-Schlosspark@muenster.de*, Fax (0251) 8998244 – 📱 📺 📞 📭 ⚙ ⓐ ⑩ ⓦⓢ ᵛⁱˢᵃ X e
28 Z ⇆ 148/168 – 195/245, 3 Suiten.

🏨 **Überwasserhof** garni, Überwasserstr. 3, ✉ 48143, ℰ (0251) 4 17 70, Fax (0251) 4140384 – 📱 🍴 📺 📞 📭 – 🛋 40. ⚙ ⓐ ⑩ ⓦⓢ ᵛⁱˢᵃ Y k
geschl. 24. Dez. - 6. Jan. – **61 Z** ⇆ 170 – 200/250.

🏨 **Europa** Ⓜ garni, Kaiser-Wilhelm-Ring 26, ✉ 48145, ℰ (0251) 3 70 62, Fax (0251) 394339 – 📱 🍴 📺 📞 🔥 📭 – 🛋 40. ⚙ ⓐ ⑩ ⓦⓢ ᵛⁱˢᵃ X c
61 Z ⇆ 159/198 – 189/229.

🏨 **Windsor**, Warendorfer Str. 177, ✉ 48145, ℰ (0251) 13 13 30, *info@hotelwindsor.de*, Fax (0251) 391610 – 📱 📺. ⚙ ⓐ ⑩ ⓦⓢ ᵛⁱˢᵃ ᴶᶜᴮ X v
Menu siehe Rest. *Il Cucchiaio D'argento* separat erwähnt – **26 Z** ⇆ 128/148 – 168/188.

🏨 **Feldmann**, An der Clemenskirche 14, ✉ 48143, ℰ (0251) 41 44 90, Fax (0251) 4144910 – 📱 📺. ⚙ ⓦⓢ ᵛⁱˢᵃ Z m
Menu *(geschl. 9. Juli - 6. Aug., Sonntag - Montag)* à la carte 45/87 – **24 Z** ⇆ 120/170 – 160/220.

🏨 **Windthorst** garni, Windthorststr. 19, ✉ 48143, ℰ (0251) 48 45 90, Fax (0251) 40837 – 📱 🍴 📺. ⚙ ⓐ ⑩ ⓦⓢ ᵛⁱˢᵃ ᴶᶜᴮ Z a
20 Z ⇆ 150/190 – 210/250.

🏨 **Ibis** Ⓜ garni, Engelstr. 53, ✉ 48143, ℰ (0251) 4 81 30, *H2206@accor-hotels.com*, Fax (0251) 4813333 – 📱 🍴 🍽 📺 📞 🔥 🚗. ⚙ ⓐ ⑩ ⓦⓢ ᵛⁱˢᵃ ᴶᶜᴮ Z d
⇆ 15 – **65 Z** 100.

🏨 **Martinihof**, Hörster Str. 25, ✉ 48143, ℰ (0251) 41 86 20, *MARTINIHOF.MUENSTER@t-online.de*, Fax (0251) 54743 – 📱 📺 📭. ⓦⓢ ᵛⁱˢᵃ Y z
geschl. 15. Juli - 15. Aug., 22. Dez. - 8. Jan. **Menu** *(geschl. Sonntag) (Montag - Donnerstag nur Abendessen)* à la carte 32/49 – **54 Z** ⇆ 75/110 – 120/178.

🏨 **Hansa-Haus** garni, Albersloher Weg 1, ✉ 48155, ℰ (0251) 60 92 50, Fax (0251) 67665, 🕿 – 📺. ⚙ ⓐ ⑩ ⓦⓢ ᵛⁱˢᵃ X n
geschl. 20. Dez. - 6. Jan. – **19 Z** ⇆ 105/130 – 150/180.

XX **Villa Medici**, Ostmarkstr. 15, ✉ 48145, ℰ (0251) 3 42 18, Fax (0251) 393094, « Moderne Einrichtung » – X a
geschl. Feb. 2 Wochen, Aug. 2 Wochen, über Weihnachten, Sonntag - Montag – **Menu** *(nur Abendessen)* (italienische Küche) à la carte 72/86.

XX **Il Cucchiaio d'argento** - Hotel Windsor, Warendorfer Str. 177, ✉ 48145, ℰ (0251) 39 20 45, 🍴 – ⚙ ⓐ ⑩ ⓦⓢ ᵛⁱˢᵃ X v
geschl. Juli - Aug. 2 Wochen, Samstagmittag, Montag – **Menu** (italienische Küche) à la carte 44/73 🛋.

X **Giverny**, Hötteweg 9 (Königspassage), ✉ 48143, ℰ (0251) 51 14 35, *giverny@dialup.de*, Fax (0251) 511752, 🍴 – ⑩ ⓦⓢ ᵛⁱˢᵃ Z e
geschl. Montag, Sonntagmittag – **Menu** à la carte 59/82.

X **Wienburg** 🌳 mit Zim, Kanalstr. 237, ✉ 48147, ℰ (0251) 2 01 28 00, Fax (0251) 2012815, Biergarten, « Gartenterrasse » – 📺 📭 – 🛋 15. ⚙ ⓐ ⑩ ⓦⓢ ᵛⁱˢᵃ X z
Menu *(geschl. Montag)* à la carte 43/79 – **10 Z** ⇆ 98/160.

X **Tokio Acacia**, Friedrich-Ebert-Platz 2, ✉ 48153, ℰ (0251) 52 79 95, Fax (0251) 533525 – ⚙ ⓐ ⓦⓢ ᵛⁱˢᵃ. ⚙ X d
geschl. 24. Dez. - 7. Jan., April 2 Wochen, Juli - Aug. 2 Wochen, Sonntag - Montag – **Menu** *(nur Abendessen)* (japanische Küche) 53/80.

Brauerei-Gaststätten :

X **Altes Gasthaus Leve**, Alter Steinweg 37, ✉ 48143, ℰ (0251) 4 55 95, *leve@gasthaus-leve.de*, Fax (0251) 57837, « Gemütliche, altdeutsche Bierstuben » Z u
geschl. Montag – **Menu** à la carte 28/58 🛋.

X **Restaurant Wielers-Kleiner Kiepenkerl**, Spiekerhof 47, ✉ 48143, ℰ (0251) 4 34 16, Fax (0251) 43417, 🍴 – ⚙ ⓐ ⑩ ⓦⓢ ᵛⁱˢᵃ Y a
geschl. Montag – **Menu** à la carte 34/69.

X **Pinkus Müller**, Kreuzstr. 4, ✉ 48143, ℰ (0251) 4 51 51, Fax (0251) 57136, (Historisches Studentenlokal) Y p
geschl. Sonn- und Feiertage – **Menu** (westfälische und münstersche Spezialitäten) à la carte 30/65.

In Münster-Amelsbüren *über* ③ : *11 km :*

 XXX **Davert Jagdhaus,** Wiemannstr. 4, ⊠ 48163, ℘ (02501) 5 80 58, Fax *(02501) 58059,*
« Gartenterrasse » – 🅿.
geschl. Anfang Jan. 1 Woche, Juli - Aug. 3 Wochen, Montag - Dienstag – **Menu** 48 (mittags)
à la carte 60/100.

In Münster-Gremmendorf :

🏠 **Münnich** ⊗ (mit Gästehaus), Heeremansweg 11, ⊠ 48167, ℘ (0251) 6 18 70 (Hotel)
6 18 74 90 (Rest.), Fax *(0251) 6187199,* 🍴, Biergarten – 🛗, ↔ Zim, 📺 ✆ 🅿 – 🛎 50
Menu à la carte 33/57 – **70 Z** ⊆ 100/110 – 140/155.
X b

In Münster-Handorf *über* ② : *7 km :*

🏨 **Romantik Hotel Hof zur Linde** ⊗ (mit Gästehaus), Handorfer Werseufer 1,
⊠ 48157, ℘ (0251) 3 27 50, *Hof-zur-Linde@t-online.de,* Fax *(0251) 328209,* 🍴,
« Hübsche Lage in einer Gartenanlage am Werseufer », 😩, 🌳 – 🛗, ↔ Zim, 📺 ✆ 🅿
– 🛎 30. 🆎 ⓪ 🆚 🆅🆂🅰. 🎇 Zim
Menu à la carte 64/103 – **48 Z** ⊆ 170/240 – 220/380, 7 Suiten.

🏨 **Landhaus Eggert** ⊗, Zur Haskenau 81 (Nord : 5 km über Dorbaumstraße), ⊠ 48157,
℘ (0251) 32 80 40, *LandhausEggert@ringhotels.de,* Fax *(0251) 3280459,* 🍴, 🛁, 😩,
🌳 – ↔ Zim, 📺 🅿 – 🛎 40. 🆎 ⓪ 🆚 🆅🆂🅰
Menu à la carte 50/82 – **38 Z** ⊆ 135/180 – 220/240, 3 Suiten.

🏠 **Handorfer Hof,** Handorfer Str. 22, ⊠ 48157, ℘ (0251) 93 20 50, Fax *(0251) 9320555,*
🍴 – 📺 ✆ 🅿 – 🛎 50. 🆚 🆅🆂🅰. 🎇 Zim
Menu *(geschl. 9. - 21. April, Montag - Dienstagmittag)* à la carte 35/56 – **15 Z** ⊆ 95 –
135/160.

In Münster-Hiltrup *über* ③ : *6 km*

🏨 **Krautkrämer** ⊗, Zum Hiltruper See 173 (Süd : 2,5 km), ⊠ 48165, ℘ (02501) 80 50,
info@krautkraemer.de, Fax *(02501) 805104,* ≼, 🍴, 😩, 🏊, 🌳 – 🛗 📺 ✆ 🅿 – 🛎 100.
🆎 ⓪ 🆚 🆅🆂🅰. 🎇 Rest
geschl. 22. - 27. Dez. – **Menu** à la carte 68/100 – **72 Z** ⊆ 210/270 – 290/350, 4 Suiten.

🏨 **Zur Prinzenbrücke** Ⓜ, Osttor 16, ⊠ 48165, ℘ (02501) 4 49 70 (Hotel), 1 69 14
(Rest.), *webmaster@hotelzurprinzenbruecke.de,* Fax *(02501) 449797,* 🍴 – 🛗, ↔ Zim,
📺 ✆ 🅿 – 🛎 40. 🆎 ⓪ 🆚 🆅🆂🅰
geschl. 22. Dez. - 6. Jan. (Hotel) – **Bella Italia** : **Menu** à la carte 31/66 – **36 Z** ⊆ 139 –
160/179.

🏠 **Ambiente** Ⓜ garni, Marktallee 44, ⊠ 48165, ℘ (02501) 2 77 60, Fax *(02501) 277610*
– 🛗 ↔ 📺 ✆ 🅿 🆎 ⓪ 🆚 🆅🆂🅰
21 Z ⊆ 120/130 – 160/180.

🏠 **Landgraf,** Thierstr. 26, ⊠ 48165, ℘ (02501) 12 36, Fax *(02501) 3473,* « Terrasse »
– 📺 🅿 🆎 ⓪ 🆚 🆅🆂🅰
Menu *(geschl. Montag)* à la carte 49/78 – **10 Z** ⊆ 100/140.

In Münster-Roxel *West : 6,5 km über Einsteinstraße* X, *vor der Autobahn links ab :*

🏨 **Parkhotel Schloss Hohenfeld** ⊗, Dingbänger Weg 400, ⊠ 48161, ℘ (02534)
80 80, *info@parkhotel-hohenfeld.de,* Fax *(02534) 7114,* « Lage in einem Park ;
Gartenterrasse », 😩, 🏊, 🌳 – 🛗, ↔ Zim, 📺 ✆ 🅿 – 🛎 140. 🆎 ⓪ 🆚 🆅🆂🅰. 🎇 Rest
Menu *(geschl. 23. - 29. Dez.)* à la carte 49/73 – ⊆ 22 – **97 Z** 156/199 – 199/275.

In Münster-Wolbeck *Süd-Ost : 9 km über Wolbecker Straße* X :

🏨 **Thier-Hülsmann,** Münsterstr. 33, ⊠ 48167, ℘ (02506) 8 31 00, *info@thier-huelsm*
ann.de, Fax *(02506) 831035,* (westfälisches Bauernhaus a.d.J. 1676), 🌳 – ↔ Zim, 📺 ⟷
🅿 – 🛎 40. 🆎 ⓪ 🆚 🆅🆂🅰. 🎇
Menu *(geschl. Juli 2 Wochen, Samstag - Sonntag)* à la carte 50/80 – **37 Z** ⊆ 108/215
– 155/255.

MÜNSTEREIFEL, BAD *Nordrhein-Westfalen* 🗺️7 O 4 – *17 800 Ew – Höhe 290 m – Kneipp-*
heilbad.
Sehenswert : *Ehemalige Stadtbefestigung★.*
🛈 *Kurverwaltung, Langenhecke 2,* ⊠ 53902, ℘ *(02253) 50 51 82, Fax (02253) 505183.*
Berlin 621 – Düsseldorf 91 – Bonn 42 – Aachen 74 – Düren 43 – Köln 50.

🏨 **Amber Parkhotel,** Im Kurpark Schleid, ⊠ 53902, ℘ (02253) 31 40, *parkhotel@am*
ber-hotels.de, Fax *(02253) 314180,* 🍴, 😩, 🏊 – ↔ Zim, 📺 🅿 – 🛎 50. 🆎 ⓪
🆚 🆅🆂🅰
Menu à la carte 43/60 – **44 Z** ⊆ 135/145 – 225/245 – ½ P 35.

In Bad Münstereifel - Eicherscheid *Süd : 3 km :*

🏠 **Café Oberfollmühle,** Ahrweiler Str. 41, ✉ 53902, 𝒫 (02253) 79 04, 🍽, 🚗 – 📺
🚗 **P**
Menu *(geschl. Nov. - März Mittwoch)* à la carte 32/56 – **8 Z** ⌑ 80/100 – 140/150 –
½ P 25.

MÜNSTER-SARMSHEIM *Rheinland-Pfalz siehe Bingen.*

*Pour tirer le meilleur profit de ce guide,
lisez les pages explicatives de l'introduction.*

MÜNSTERTAL *Baden-Württemberg* 419 *W 7 – 5 000 Ew – Höhe 400 m – Luftkurort – Wintersport : 800/1 300 m ⨼5 ⨽.*
Sehenswert : St. Trudpert (Kirchenschiff★, Kanzel★).
Ausflugsziel : Belchen ✳★★★ Süd : 18 km.
🛈 *Touristinformation, Wasen 47, ✉ 79244, 𝒫 (07636) 7 07 30, Fax (07636) 70748.*
Berlin 826 – Stuttgart 229 – Freiburg im Breisgau 30 – Basel 65.

In Untermünstertal :

🏨 **Adler-Stube,** Münster 59, ✉ 79244, 𝒫 (07636) 2 34, *Adler-Stube@ringhotels.de,*
Fax (07636) 7390, 🍽, 🚃, 🚗 – ⨳ Zim, 📺 **P.** AE ① ⓪⑧ VISA
Menu *(geschl. Jan., Dienstag)* à la carte 38/72 – **19 Z** ⌑ 102/132 – 162/206 –
½ P 35.

🏨 **Langeck** 🌫, Langeck 6, ✉ 79244, 𝒫 (07636) 7 00 50, Fax (07636) 700511, ≤, 🍽,
🚃, 📕 – 🛗 📺 **P.** ⓪⑧ VISA JCB
Menu à la carte 40/70 – **18 Z** ⌑ 105/160 – 140/240 – ½ P 39.

XX **Schmidt's Gasthof zum Löwen,** Wasen 54, ✉ 79244, 𝒫 (07636) 5 42,
07636542@t-online.de, Fax (07636) 77919, « Gartenterrasse » – **P.** ⓪⑧ VISA
geschl. 20. Jan. - 28. Feb., Dienstag - Mittwoch – **Menu** 72/88 und à la carte.

In Obermünstertal :

🏨 **Romantik Hotel Spielweg** 🌫 (mit Gästehäusern), Spielweg 61, ✉ 79244,
𝒫 (07636) 7 09 77, *spielweg@romantik.de,* Fax (07636) 70966, 🍽, (Schwarzwaldgasthof), « Rustikal-gemütliche Gaststube », Massage, 🚃, 📕 (geheizt), 📕, 🚗, 🎿 – 🛗 📺
🛗 🚗 **P** – 🛗 15, AE ① ⓪⑧ VISA
Menu *(geschl. Montag - Dienstag)* (Tischbestellung ratsam) à la carte 63/104 – **42 Z**
⌑ 175/250 – 220/460, 5 Suiten – ½ P 70.

🏨 **Landgasthaus zur Linde,** Krumlinden 13, ✉ 79244, 𝒫 (07636) 4 47, *kontakt@la
ndgasthaus.de,* Fax (07636) 1632, 🍽, (Historischer Gasthof a.d. 17.Jh.), « Gemütliche, individuelle Einrichtung » – 📺 **P.** ⓪⑧ VISA 🎿 Rest
Menu *(geschl. Nov. - Juni Montag)* à la carte 38/58 – **14 Z** ⌑ 72 – 158/190 –
½ P 38.

MULFINGEN *Baden-Württemberg* 419 *R 13 – 3 400 Ew – Höhe 250 m.*
Berlin 564 – Stuttgart 100 – Würzburg 67 – Heilbronn 68 – Schwäbisch Hall 39.

In Mulfingen-Ailringen *Nord-West : 7,5 km :*

🏨 **Altes Amtshaus** M, Kirchbergweg 3, ✉ 74673, 𝒫 (07937) 97 00, Fax (07937) 97030,
🌸 « Ehemaliger Sitz der Deutschordensritter a.d. 16. Jh. ; Designereinrichtung » – 📺 🚗 **P**
– 🛗 30. AE ① ⓪⑧ VISA
Menu *(geschl. Jan. 2 Wochen, Montag - Dienstag)* (wochentags nur Abendessen) à la carte
60/100 – **15 Z** ⌑ 110/155 – 185/205
Spez. Kalbskopfstrudel mit Flußkrebsen und Artischocken. Gänsestopfleberschnitzel mit
Thymianzwetschgen und gerösteten Mandeln. Zweierlei vom Lamm mit Zwiebel-
Rosmarinrisotto und geschmorten Tomaten.

In Mulfingen-Heimhausen *Süd : 4 km :*

🏨 **Jagstmühle** 🌫, Jagstmühlenweg 10, ✉ 74673, 𝒫 (07938) 9 03 00, Fax (07938) 7569,
🍽, « Idyllische Lage im Jagsttal », 🚗 – 📺 🚗 **P** – 🛗 25. AE ① ⓪⑧
VISA JCB
Menu *(Montag - Donnerstag nur Abendessen)* à la carte 34/58 – **21 Z** ⌑ 118/128 –
138/148.

MUNKMARSCH *Schleswig-Holstein siehe Sylt (Insel).*

MUNSTER Niedersachsen ⁴¹⁵ ⁴¹⁶ H 14 – 18 000 Ew – Höhe 73 m.

   ᵣ₉ Munster-Kohlenbissen (Süd-Ost : 6 km), ℰ (05192) 22 43.

   🅱 Touristinformation, Wilh.-Bockelmann.Str. 32, ⊠ 29633, ℰ (05192) 13 02 48, Fax (05192) 130215.

   Berlin 267 – Hannover 92 – Hamburg 78 – Bremen 106 – Lüneburg 48.

🏨 **Residenzia Hotel Grenadier** Ⓜ garni, Rehrhoferweg 121, ⊠ 29633, ℰ (05192) 9 83 80, Fax (05192) 983838 – ⥱ 🅿 ⅏ ₴ 🔺 25. 🅰🅴 ⓶⓪ 𝚅𝙸𝚂𝙰
   28 Z ⊇ 75/149.

🏨 **Kaiserhof,** Breloher Str. 50, ⊠ 29633, ℰ (05192) 9 85 50, Fax (05192) 7079, 😃, ⫘s,
   🅿🆊 – 🆃🆅 ⬤ 🅿 🔺 80. 🅰🅴 ⓞ ⓶⓪ 𝚅𝙸𝚂𝙰
   Menu (geschl. Montag) à la carte 25/52 – **20 Z** ⊇ 70/80 – 140/150.

MURNAU Bayern ⁴¹⁹ ⁴²⁰ W 17 – 11 000 Ew – Höhe 700 m – Luftkurort.

   🅱 Verkehrsamt, Kohlgruber Str. 1, ⊠ 82418, ℰ (08841) 6 14 10, Fax (08841) 3491.

   Berlin 656 – München 70 – Garmisch-Partenkirchen 25 – Weilheim 20.

🏨 **Alpenhof Murnau** ⬩, Ramsachstr. 8, ⊠ 82418, ℰ (08841) 49 10, info@alpenhof -murnau.com, Fax (08841) 491100, ≼ Ammergauer Alpen und Estergebirge, « Gartenterrasse », 🖦, ⫘s, ⌇ (geheizt), 🔲, 😰 – 📳, ⥱ Zim, 🆃🆅 ⫟ ⅏ ⬤ – 🔺 120.
   🅰🅴 ⓶⓪ 𝚅𝙸𝚂𝙰
   Reiterzimmer (geschl. Anfang Jan. - Anfang Feb, Nov. - März Montag) **Menu** 96/156 à la carte 67/100 – **Moosberg Castell : Menu** à la carte 41/71 – **77 Z** ⊇ 220/295 – 305/475, **3 Suiten** – ½ P 65

🏨 **Gästehaus Steigenberger** ⬩ garni, Ramsachstr. 10, ⊠ 82418, ℰ (08841) 48 80 30, Fax (08841) 4880334, ≼, « Gemütliche Einrichtung im alpenländischen Stil », ⫘s, 😰, – 🆃🆅 ⬤ 🅿 ⓶⓪ 𝚅𝙸𝚂𝙰
   14 Z ⊇ 80 – 110/150.

🏨 **Klausenhof am Kurpark,** Burggraben 10, ⊠ 82418, ℰ (08841) 6 11 60, Klausen hof@gedik.de, Fax (08841) 5043, 😃, ⫘s – 📳 🆃🆅 ⫟ ⬤ 🅿 – 🔺 20. 🅰🅴 ⓶⓪ 𝚅𝙸𝚂𝙰
   ⥱ Zim
   Menu à la carte 29/61 – **25 Z** ⊇ 92/120 – 146/196 – ½ P 24.

🍴 **Griesbräu,** Obermarkt 37, ⊠ 82418, ℰ (08841) 14 22, Griesbraeu@t-online.de, Fax (08841) 3913 – 📳 🆃🆅 🅿 ⓞ ⓶⓪ 𝚅𝙸𝚂𝙰. ⥱ Zim
   Menu à la carte 26/48 – **14 Z** ⊇ 75/110.

Benutzen Sie den Hotelführer des laufenden Jahres.

MURR AN DER MURR Baden-Württemberg ⁴¹⁹ T 11 – 5 800 Ew – Höhe 202 m.

   Berlin 607 – Stuttgart 30 – Heilbronn 32 – Ludwigsburg 11.

🍴🍴 **Trollinger,** Dorfplatz 2, ⊠ 71711, ℰ (07144) 20 84 76, Trollinger@bluewin.de, Fax (07144) 281836, 😃 – 🅰🅴 ⓞ ⓶⓪ 𝚅𝙸𝚂𝙰
   geschl. Anfang Aug. 3 Wochen, Montag, Samstagmittag – **Menu** à la carte 44/78.

MURRHARDT Baden-Württemberg ⁴¹⁹ T 12 – 14 500 Ew – Höhe 291 m – Erholungsort.

   Sehenswert : Stadtkirche (Walterichskapelle★).

   🅱 Tourist-Information, Marktplatz 10, ⊠ 71540, ℰ (07192) 21 30, Fax (07192) 5283.

   Berlin 576 – Stuttgart 55 – Heilbronn 41 – Schwäbisch Gmünd 34 – Schwäbisch Hall 34.

In Murrhardt-Fornsbach Ost : 6 km :

🏨 **Landgasthof Krone,** Rathausplatz 3, ⊠ 71540, ℰ (07192) 54 01, Fax (07192) 20761, 😃 – 🆃🆅 🅿 🅰🅴 ⓞ ⓶⓪ 𝚅𝙸𝚂𝙰
   geschl. 23. Feb. - 6. März, 28. Mai - 12. Juni – **Menu** (geschl. Montag - Dienstag) à la carte 29/54 – **7 Z** ⊇ 65/70 – 115/130.

MUSKAU, BAD Sachsen ⁴¹⁸ L 28 – 3 800 Ew – Höhe 110 m – Moorbad.

   Sehenswert : Muskauer Park★★.

   Berlin 161 – Dresden 111 – Cottbus 40 – Görlitz 63.

🏨 **Am Schloßbrunnen,** Köbelner Str. 68, ⊠ 02953, ℰ (035771) 52 30, hotel@schlos sbrunnen.de, Fax (035771) 52350, 😃 – 🆃🆅 🅿 🅰🅴 ⓞ ⓶⓪ 𝚅𝙸𝚂𝙰
   Menu à la carte 28/49 ⅃ – **13 Z** ⊇ 75/95 – 100/130 – ½ P 15.

MUTTERSTADT Rheinland-Pfalz 🔲🔲 R 9 – 12 800 Ew – Höhe 95 m.
Berlin 629 – Mainz 77 – Mannheim 14 – Kaiserslautern 58 – Speyer 22.

XX **Ebnet,** Neustadter Str. 53, ⌧ 67112, ℰ (06234) 9 46 00, *juergen.ebnet@t-online.de,*
Fax (06234) 946060, ☞ – **P.** 🅰🅴 🌐 *VISA*
geschl. 1. - 18. Jan., Donnerstag - Freitagmittag, Samstagmittag – **Menu** à la carte 39/62.

NAGOLD Baden-Württemberg 🔲 U 10 – 22 300 Ew – Höhe 411 m.
Berlin 675 – Stuttgart 52 – Karlsruhe 81 – Tübingen 34 – Freudenstadt 39.

🏠 **Adler,** Badgasse 1, ⌧ 72202, ℰ (07452) 6 75 34, Fax (07452) 67080 – 📺 ⇆ **P.** –
🛁 25. 🅰🅴 🌐
Menu *(geschl. Montag)* à la carte 29/66 – **22 Z** ⌷ 120 – 150/180 – ½ P 28.

XX **Alte Post,** Bahnhofstr. 2 (1. Etage), ⌧ 72202, ℰ (07452) 8 45 00, Fax (07452) 845050,
« Fachwerkhaus a.d.J. 1697 » – **P.** 🌐 🌐 *VISA*
geschl. Anfang Jan. 2 Wochen, Ende Aug. 2 Wochen, Montag – **Menu** à la carte 66/91
– *Kutscherstube :* **Menu** à la carte 38/65.

XX **Eles Restaurant,** Neuwiesenweg 44, ⌧ 72202, ℰ (07452) 54 85,
Fax (07452) 970898, ☞ – **P.**
geschl. über Pfingsten 2 Wochen, Montag - Dienstag – **Menu** *(wochentags nur Abendessen)*
(Tischbestellung ratsam) à la carte 46/70.

XX **Zur Burg,** Burgstr. 2, ⌧ 72202, ℰ (07452) 37 35, *info@restaurant-burg.de,*
Fax (07452) 66291, Biergarten – ⇆ **P.** 🌐 *VISA*
geschl. 28. Mai - 15. Juni, Montagabend - Dienstag – **Menu** à la carte 39/71.

X **Ostaria da Gino,** Querstr. 3, ⌧ 72202, ℰ (07452) 6 66 10, Fax (07452) 66610 – 🅰🅴
🌐 🌐 *VISA*
geschl. Sonntag – **Menu** (italienische Küche) à la carte 55/76.

In Nagold-Pfrondorf Nord : 4,5 km :

🏠 **Pfrondorfer Mühle,** an der B 463, ⌧ 72202, ℰ (07452) 8 40 00,
Fax (07452) 840048, ☞, 🛁, 🞉, ℀ – ⇆ Zim, 📺 ✆ **P.** – 🛁 30. 🅰🅴 🌐 *VISA*
geschl. 3. - 13 Jan. – **Menu** à la carte 35/76 – **21 Z** ⌷ 98/118 – 156/190 – ½ P 24.

NAHMITZ Brandenburg siehe Lehnin.

NAILA Bayern 🔲🔲 P 19 – 9 100 Ew – Höhe 511 m – Wintersport : 500/600 m ⚡1 ⚞.
🏛 Tourist-Information, Marktplatz 12, ⌧ 95119, ℰ (09282) 68 29, Fax (09282) 6868.
Berlin 314 – München 288 – Hof 22 – Bayreuth 59.

🏠 **Grüner Baum,** Marktplatz 5, ⌧ 95119, ℰ (09282) 70 61, Fax (09282) 7356, ☞, 🞉
⇆ – ⇆ Zim, 📺 ⇆ **P.** 🌐 *VISA*
geschl. 18. Aug. - 10. Sept. – **Menu** *(geschl. Donnerstag)* à la carte 23/48 ♨ – **29 Z** ⌷ 79/84
– 122 – ½ P 18.

In Naila-Culmitzhammer Süd-West : 4 km :

🏠 **Gutshof Culmitzhammer,** ⌧ 95119, ℰ (09282) 9 81 10, Fax (09282) 9811200,
☞, « Modernisierte ehemalige Hammerschmiede » – 📺 **P.** – 🛁 15. 🅰🅴 🌐 🌐 *VISA*
Menu à la carte 29/66 – **24 Z** ⌷ 80/130 – 150/300 – ½ P 30.

In Naila-Culmitz Süd-West : 5 km :

⚞ **Zur Mühle** 🦶, Zur Mühle 6, ⌧ 95119, ℰ (09282) 63 61, Fax (09282) 6384, ☞, 🞉
⇆ **P.** 🌐
Menu *(geschl. Mitte Okt. - Anfang Nov., Montagmittag)* à la carte 21/35 ♨ – **16 Z**
⌷ 50/100 – ½ P 14.

NAKENSTORF Mecklenburg-Vorpommern siehe Neukloster.

NASSAU Rheinland-Pfalz 🔲 P 7 – 5 300 Ew – Höhe 80 m – Luftkurort.
🏛 Touristik Nassauer Land, Schloßstr. 6, ⌧ 56377, ℰ (02604) 97 02 30, Fax (02604)
970224.
Berlin 581 – Mainz 57 – Koblenz 27 – Limburg an der Lahn 49 – Wiesbaden 52.

🏠 **Rüttgers-Klein** garni, Dr.-Haupt-Weg 4, ⌧ 56377, ℰ (02604) 9 53 70,
Fax (02604) 953730 – 📺 **P.** 🌐 🌐 *VISA*
14 Z ⌷ 70 – 100/130.

⚞ **Landhotel Mühlbach,** Bezirksstr. 20, ⌧ 56377, ℰ (02604) 9 53 10, *LandhotelMue*
hlbach@t-online.de, Fax (02604) 953127, ☞, « Gemütlich-rustikaler Gasthof » – 📺 **P.**
geschl. 1. - 23. Jan. – **Menu** *(geschl. Dienstag)* à la carte 45/69 – **14 Z** ⌷ 85/110 – 150
– ½ P 32.

In Weinähr Nord-Ost : 6 km :

🏛 **Weinhaus Treis,** Hauptstr. 1, ⊠ 56379, ℰ (02604) 97 50, Fax (02604) 4543, 😊, 😊, 🔲 (geheizt), 🚭, 🛇 – 🔲 🅿 – 🛄 50. 🔳 🐽 🐽 🗺️
Menu *(geschl. 15. Jan.- 8. Feb.)* à la carte 29/69 – **50 Z** 😊 59/82 – 120/144 –
½ P 26.

NASTÄTTEN Rheinland-Pfalz 🔟🔟🔟 P 7 – 3300 Ew – Höhe 250 m.
Berlin 585 – Mainz 46 – *Koblenz 35* – Limburg an der Lahn 34 – Wiesbaden 41.

🏛 **Oranien** 🦢, Oranienstr. 10, ⊠ 56355, ℰ (06772) 10 35, Hotel.Oranien@t-online.de,
Fax (06772) 2962, 😊, 🚭, 🛇 – 🔲 ⬅️ 🅿 – 🛄 80. 🔳 🐽 🗺️
geschl. Anfang Jan. 1 Woche, Juli 2 Wochen – Menu *(geschl. Montag)* à la carte 33/62 –
16 Z 😊 60/110 – 120/180.

NAUHEIM, BAD Hessen 🔟🔟🔟 O 10 – 28000 Ew – Höhe 145 m – Heilbad.
Ausflugsziel : Burg Münzenberg★, Nord : 13 km.
🏌 Bad Nauheim, Am Golfplatz, ℰ (06032) 21 53.
🛈 Kur- und Verkehrsvereinigung, Neue Kurkolonnade, ⊠ 61231, ℰ (06032) 21 20, Fax
(06032) 35142.
Berlin 507 – Wiesbaden 64 – *Frankfurt am Main 38* – Gießen 31.

🏛🏛🏛 **Parkhotel am Kurhaus** 🦢, Nördlicher Park 16, ⊠ 61231, ℰ (06032) 30 30, info
@parkhotel-badnauheim.bestwestern.de, Fax (06032) 303419, ≤, 😊, 😊, 🔲 – 📶,
↳ Zim, 🔲 🕭 ⬅️ 🅿 – 🛄 250. 🔳 🐽 🗺️
Menu à la carte 51/75 *(auch Diät und vegetar. Gerichte)* – **159 Z** 😊 230/240 – 314,
12 Suiten – ½ P 36.

🏛🏛 **Advena Hotel Rosenau,** Steinfurther Str. 1, ⊠ 61231, ℰ (06032) 9 64 60, ROSENAU.
BAD.NAUHEIM@advena.com, Fax (06032) 9646666, Biergarten, 😊, 🔲 – 📶,
↳ Zim, 🔲 🅿 – 🛄 130. 🔳 🐽 🐽 🗺️ ☕. 🛇 Rest
Menu *(geschl. Samstagabend)* à la carte 35/61 – **54 Z** 😊 155/175 – 185/225 –
½ P 35.

🏛🏛 **Im Sportpark,** In der Au 30, ⊠ 61231, ℰ (06032) 40 04, Hotel@sportpark-badnau
heim.de, Fax (06032) 1815, 😊, Massage, 🏋️, 😊, 🛇(Halle) – 📶 🔲 🅿 – 🛄 40. 🔳 🐽
🐽 🗺️
Menu à la carte 40/60 – **25 Z** 😊 164/218.

🏛🏛 **Spöttel,** Luisenstr. 5, ⊠ 61231, ℰ (06032) 9 30 40, spoettel@t-online.de,
Fax (06032) 930459 – 📶 ↳ 🔲 📞. 🔳 🐽 🗺️ 🛇 Rest
Menu *(Restaurant nur für Hausgäste)* – **35 Z** 😊 90/145 – 135/195 – ½ P 25.

🍴 **Elsass,** Mittelstr. 17, ⊠ 61231, ℰ (06032) 12 10 – 🔳 🐽 🐽 🗺️
geschl. Anfang Jan. 1 Woche, Juni 2 Wochen, Dienstag – Menu *(wochentags nur Abendessen)* 46.

In Bad Nauheim-Steinfurth Nord : 3 km :

🏛🏛🏛 **Herrenhaus von Löw** *(mit Gästehaus)*, Steinfurther Hauptstr. 36, ⊠ 61231,
ℰ (06032) 9 69 50, Fax (06032) 969550, 😊, « Herrenhaus a.d.19. Jh. mit geschmack-
voller Einrichtung ; Restaurant in einem Gewölbekeller », 😊 – ↳ Zim, 🔲 🅿 – 🛄 15.
🔳 🐽 🗺️
Menu *(wochentags nur Abendessen)* à la carte 57/78 – **20 Z** 😊 199/250.

In Bad Nauheim-Schwalheim : Süd-Ost : 3 km :

🍴🍴 **Brunnenwärterhaus,** Am Sauerbrunnen, ⊠ 61231, ℰ (06032) 70 08 70, brunnen
waerterhaus@web.de, Fax (06032) 700871, 😊, Biergarten – 🅿. 🐽 🗺️
geschl. Feb. 2 Wochen, Sept. - Okt. 3 Wochen, Montag – Menu *(wochentags nur Abendessen)* *(Tischbestellung ratsam)* à la carte 49/68.

NAUMBURG Hessen 🔟🔟🔟 M 11 – 6000 Ew – Höhe 280 m – Kneippkurort.
🛈 Kur- und Verkehrsverwaltung im Haus des Gastes, Hattenhäuser Weg 10, ⊠ 34311,
ℰ (05625) 79 09 13, Fax (05625) 790950.
Berlin 420 – Wiesbaden 218 – *Kassel 36* – Korbach 27 – Fritzlar 17.

🏛 **Weinrich,** Bahnhofstr. 7, ⊠ 34311, ℰ (05625) 2 23, info@hotel-weinrich.de,
Fax (05625) 7321, Massage, 🏋️, 🚭 – ↳ Zim, 🔲 ⬅️ 🅿. 🔳 🐽 🐽 🗺️
🛇 Zim
geschl. 1. - 20. Okt. – Menu *(geschl. Okt. - April Mittwoch)* à la carte 30/49 – **17 Z** 😊 75/90
– 140 – ½ P 20.

In Naumburg-Heimarshausen *Süd-Ost : 9 km :*

⛲ **Ferienhof Schneider** 🦌, Kirschhäuserstr. 7, ✉ 34311, ℘ (05622) 91 51 12, *Land hotel-Ferienhof-Schneider@t-online.de, Fax (05622) 915113*, 🌳, 🍴s, 🐎, ✂, 🐴 (Halle) – 📺 🅿.
geschl. Anfang Jan. - Anfang Feb. – **Menu** *(geschl. Nov. - Feb. Montag) à la carte 27/55* – **30 Z** ⊐ 70/130 – ½ P 13.

NAUMBURG *Sachsen-Anhalt* 𝟜𝟙𝟠 *M 19 – 31 000 Ew – Höhe 108 m.*

Sehenswert : Dom St. Peter und Paul★★ *(Naumburger Stifterfiguren*★★★*, Westlettner*★★*) – St. Wenzel*★.

Ausflugsziele : Freyburg : Schloß Neuenburg★ *(Doppelkapelle*★*, Kapitelle*★*) Nord : 6 km – Schulpforta : Panstermühle*★ *Süd-West : 3 km – Bad Kösen : Soleförderanlage*★*, Lage von Rudelsburg und Burg Saaleck*★ *Süd-West : 7 km.*

🛈 *Tourist- und Tagungsservice, Markt 6, ✉ 06618, ℘ (03445) 20 16 14, Fax (03445) 266047.*

Berlin 223 – Magdeburg 135 – Leipzig 62 – Weimar 49.

🏨 **Stadt Aachen,** Markt 11, ✉ 06618, ℘ (03445) 24 70, *HotelStadtAachenNaumburg @t-online.de, Fax (03445) 247130* – 🛗 📺 📞 🆎 ① ⓦ🅾 VISA. ✂ Rest
Menu *à la carte 28/50* – **40 Z** ⊐ 95/125 – 155/195.

🏨 **Kaiserhof,** Bahnhofstr. 35, ✉ 06618, ℘ (03445) 24 40, *Fax (03445) 244100*, 🍴s – 🛗, ⇔ Zim, 📺 📞 ⅙ 🅿. – 🧖 60. 🆎 ① ⓦ🅾 VISA JCB.
Menu *(geschl. Sonntag) à la carte 26/43* – **80 Z** ⊐ 109/155.

🏨 **Zur Alten Schmiede,** Lindenring 36, ✉ 06618, ℘ (03445) 2 43 60, *HotelZurAlten Schmiede@t-online.de, Fax (03445) 243666*, 🌳, 🍴s – 🛗 📺 ⅙ – 🧖 80. 🆎 ⓦ🅾 VISA
Menu *(geschl. Sonntag) (im Winter nur Abendessen) à la carte 32/45* – **41 Z** ⊐ 115/135 – 140/160.

✗ **Ratskeller,** Markt 1, ✉ 06618, ℘ (03445) 20 20 63, *Fax (03445) 202063*, 🌳 – 🆎 ⓦ🅾 VISA
geschl. Anfang Jan. 1 Woche, Sonntagabend – **Menu** *à la carte 28/50.*

NAUNHOF *Sachsen* 𝟜𝟙𝟠 *M 21 – 6 300 Ew – Höhe 130 m.*

Berlin 203 – Dresden 95 – Leipzig 27.

🏨 **Estrela** Ⓜ, Mühlgasse 2, ✉ 04683, ℘ (034293) 3 20 45, *Fax (034293) 32049*, 🌳, 🍴s, 🐎 – ⇔ Zim, 📺 🅿. – 🧖 20. ✂ Rest
38 Z.

🏨 **Carolinenhof,** Bahnhofstr. 32, ✉ 04683, ℘ (034293) 6 13 00, *Fax (034293) 30835*, 🌳, 🍴s – 🛗, ⇔ Zim, 📺 ⅙ ⇔ 🅿. – 🧖 50. 🆎 ⓦ🅾 VISA ✂
Menu *à la carte 28/52* – **34 Z** ⊐ 99/125 – 149/165.

NAURATH / WALD *Rheinland-Pfalz siehe Trittenheim.*

NEBEL *Schleswig-Holstein siehe Amrum (Insel).*

NEBRA *Sachsen-Anhalt* 𝟜𝟙𝟠 *M 18 – 3 400 Ew – Höhe 240 m.*

Berlin 220 – Magdeburg 117 – Erfurt 84 – Sangerhausen 39 – Weimar 48 – Naumburg 37.

🏨 **Schlosshotel,** Schloßhof, ✉ 06642, ℘ (034461) 2 27 50, *Schlosshotel@aol.com, Fax (034461) 22759*, 🌳 – 📺 ⅙ 🅿. – 🧖 50. ⓦ🅾 VISA
geschl. 15. Jan. - Feb. – **Menu** *à la carte 26/60* – **21 Z** ⊐ 95/120 – 160/200.

NECKARGEMÜND *Baden-Württemberg* 𝟜𝟙𝟟 𝟜𝟙𝟡 *R 10 – 15 000 Ew – Höhe 124 m.*

Ausflugsziel : Dilsberg : Burg (Turm ☀★*) Nord-Ost : 5 km.*

🛈 *Tourist-Information, Hauptstr. 25, ✉ 69151, ℘ (06223) 35 53, Fax (06223) 804280.*

Berlin 635 – Stuttgart 107 – Mannheim 41 – Heidelberg 10 – Heilbronn 53.

In Neckargemünd-Dilsberg *Nord-Ost : 4,5 km :*

✗✗ **Zur Sonne,** Obere Str. 14, ✉ 69151, ℘ (06223) 22 10, *Fax (06223) 6452*, 🌳. 🆎 ⓦ🅾 VISA
geschl. Feb. 2 Wochen – **Menu** *à la carte 41/68.*

In Neckargemünd-Kleingemünd *Nord : 1 km :*

🏨 **Zum Schwanen** ⌕, Uferstr. 16, ✉ 69151, ℰ (06223) 9 24 00, *Fax (06223) 2413*, ≼,
🍽 – ✦ Zim, 📺 ℰ P – 🏛 25. 🖭 ⓞ ⓦⓞ 𝖵𝖨𝖲𝖠 𝖩𝖢𝖡.
Menu à la carte 38/58 – **21 Z** ⌑ 140/195 – 180/230.

In Neckargemünd-Rainbach *Ost : 2 km :*

🍴 **Landgasthof Die Rainbach**, Ortsstr. 9, ✉ 69151, ℰ (06223) 24 55,
Fax (06223) 71491, Biergarten, « Terrasse mit ≼ » – P. ⓦⓞ 𝖵𝖨𝖲𝖠
geschl. Nov. - März Montag – **Menu** à la carte 46/93.

In Neckargemünd-Waldhilsbach *Süd-West : 5 km :*

🍴 **Zum Rössl** mit Zim, Heidelberger Str. 15, ✉ 69151, ℰ (06223) 26 65, *Fax (06223) 6859*,
🍽 – 📺 ⌂ P
geschl. Anfang - Mitte Aug. – **Menu** *(geschl. Montag - Dienstag)* à la carte 29/66 ⑂ – **16 Z**
⌑ 70/90 – 115/140.

Le Guide change, changez de guide tous les ans.

NECKARSTEINACH *Hessen* 𝟦𝟣𝟩 𝟦𝟣𝟫 *R 10 – 4000 Ew – Höhe 127 m.*
Berlin 639 – Wiesbaden 111 – Mannheim 45 – Heidelberg 14 – Heilbronn 57.

🏛 **Vierburgeneck,** Heiterswiesenweg 11 (Süd-West : 1 km, B 37), ✉ 69239, ℰ (06229)
5 42, *Fax (06229) 396*, ≼, « Terrasse über dem Neckar », 🍽 – ✦ Zim, 📺
⌂ P
geschl. 20. Dez. - 5. Feb. – **Menu** *(geschl. Dienstag) (nur Abendessen)* à la carte 29/58 –
17 Z ⌑ 105/150.

NECKARSULM *Baden-Württemberg* 𝟦𝟣𝟩 𝟦𝟣𝟫 *S 11 – 23000 Ew – Höhe 150 m.*
Berlin 590 – Stuttgart 59 – Heilbronn 5,5 – Mannheim 78 – Würzburg 106.

🏨 **An der Linde,** Stuttgarter Str. 11, ✉ 74172, ℰ (07132) 9 86 60, info@an-der-linde.de,
Fax (07132) 9866222, 🍽 – 📺 P – 🏛 20. 🖭 ⓦⓞ 𝖵𝖨𝖲𝖠
geschl. Anfang Jan. 1 Woche – **Menu** *(geschl. Samstag - Sonntag)* à la carte 39/72 – **28 Z**
⌑ 120/148 – 160/188.

🏨 **Nestor,** Sulmstr. 2, ✉ 74172, ℰ (07132) 38 80, nestor-hotel-neckarsulm@t-online.de,
Fax (07132) 388113, 🍽, ⊜s – 🛗, ✦ Zim, 📺 ⌂ ⌂ P – 🏛 100. 🖭 ⓞ
ⓦⓞ 𝖵𝖨𝖲𝖠
Menu à la carte 36/68 – **84 Z** ⌑ 192/243.

🏨 **Mercure** Ⓜ, Heiner-Fleischmann-Str. 8, ✉ 74172, ℰ (07132) 91 00, H2840-GM@acc
or-hotels.com, *Fax (07132) 910444* – 🛗, ✦ Zim, 📺 ℰ ⌂ ⌂ P – 🏛 60. 🖭 ⓞ ⓦⓞ
𝖵𝖨𝖲𝖠 𝖩𝖢𝖡
Menu *(geschl. Samstag - Sonntag) (nur Mittagessen)* à la carte 27/69 – ⌑ 23 – **96 Z**
145/172.

🏛 **Post,** Neckarstr. 8, ✉ 74172, ℰ (07132) 9 32 10, *Fax (07132) 932199* – 🛗 📺 ℰ P –
🏛 25. ⓞ ⓦⓞ 𝖵𝖨𝖲𝖠
geschl. 1. - 15. Aug., 24. Dez. - 10. Jan. – **Menu** *(geschl. Samstag)* à la carte 36/67 – **41 Z**
⌑ 130/140 – 160/180.

🏛 **Villa Sulmana** ⌕ garni (mit Gästehaus), Ganzhornstr. 21, ✉ 74172, ℰ (07132)
9 36 00, *Fax (07132) 936066* – 🛗 📺 P. ⓦⓞ 𝖵𝖨𝖲𝖠
39 Z ⌑ 111/148 – 145/165.

🍴 **Ballei,** Deutschordensplatz, ✉ 74172, ℰ (07132) 60 11, *Fax (07132) 37713*, 🍽 – P.
🏛 70. ⓞ ⓦⓞ 𝖵𝖨𝖲𝖠
geschl. Anfang Jan. 1 Woche, Montag – **Menu** à la carte 36/70 ⑂.

NECKARWESTHEIM *Baden-Württemberg* 𝟦𝟣𝟫 *S 11 – 3500 Ew – Höhe 266 m.*
⛳ ⌕ Neckarwestheim, Schloß Liebenstein, ℰ (07133) 9 87 80.
Berlin 602 – Stuttgart 38 – Heilbronn 13 – Ludwigsburg 25.

🏨 **Schloßhotel Liebenstein** ⌕, Süd : 2 km, ✉ 74382, ℰ (07133) 9 89 90, info@lie
benstein.com, *Fax (07133) 6045*, ≼, 🍽, (Renaissancekapelle a.d.J. 1600) – 🛗, ✦ Zim, 📺
ℰ P – 🏛 80
geschl. 23. Dez. - 6. Jan. – **Kurfürst** *(Montag - Freitag nur Abendessen)* **Menu** à la carte
43/69 – **Lazuli** *(geschl. Samstag - Sonntag) (nur Abendessen)* **Menu** à la carte 59/88 –
24 Z ⌑ 150/190 – 220/280.

🏛 **Am Markt** garni, Marktplatz 2, ✉ 74382, ℰ (07133) 9 81 00, *Fax (07133) 14423* – 🛗
📺 ⌂ 🖭 ⓦⓞ 𝖵𝖨𝖲𝖠
17 Z ⌑ 90/100 – 140.

NECKARZIMMERN Baden-Württemberg ⁴¹⁷ ⁴¹⁹ S 11 – 1650 Ew – Höhe 151 m.
Sehenswert : Burg Hornberg (Turm ≤ ★).
Berlin 593 – Stuttgart 80 – Mannheim 79 – Heilbronn 25 – Mosbach 8.

🏰 **Burg Hornberg** M 🕭, ✉ 74865, 𝒫 (06261) 9 24 60, info@ burg-hotel-hornberg.de,
Fax (06261) 924644, ≤ Neckartal, 🐾, (Burg Götz von Berlichingens) – 📺 📞 🅿 – 🔺 40.
🕭 VISA
geschl. Jan. – **Menu** à la carte 49/83 – **24 Z** ☜ 165/175 – 210/245.

NEHREN Baden-Württemberg ⁴¹⁹ U 11 – 3500 Ew – Höhe 430 m.
Berlin 692 – Stuttgart 61 – Tübingen 10 – Villingen-Schwenningen 69.

🏠 Nehrener Hof, Bahnhofstr. 57, ✉ 72147, 𝒫 (07473) 9 51 20, Fax (07473) 951220, 🐾
– 📺 🚗 🅿
14 Z.

NEHREN Rheinland-Pfalz ⁴¹⁷ P 5 – 100 Ew – Höhe 90 m.
Berlin 662 – Mainz 120 – Trier 79 – Koblenz 63.

🏰 **Quartier Andre,** Moselstr. 2, ✉ 56820, 𝒫 (02673) 40 15, ANDRE-NEHREN@ T-ONLINE.
DE, Fax (02673) 4168, 🐾, 🛳 – 📺 ৬ 🅿 ᴀᴇ ⑩ 🕭 VISA 🛇 Rest
geschl. 3. Jan. - 10. März, 7. Nov. - 20. Dez. – **Menu** (geschl. Dienstag) à la carte 25/52 ⅋
– **9 Z** ☜ 70/80 – 130.

NELLINGEN Baden-Württemberg ⁴¹⁹ U 13 – 1600 Ew – Höhe 680 m.
Berlin 631 – Stuttgart 75 – Göppingen 41 – Ulm 28.

🏠 **Landgasthof Krone** (mit Gästehaus), Aicher Str. 7, ✉ 89191, 𝒫 (07337) 9 69 60,
Fax (07337) 969696, 🐾 – 🕭, ⇆ Zim, 📺 🅿 – 🔺 50
geschl. 24. Dez. - 6. Jan. **Menu** (geschl. Sonn- und Feiertage) à la carte 26/52 – **40 Z**
☜ 58/88 – 95/128.

NENNDORF, BAD Niedersachsen ⁴¹⁵ ⁴¹⁷ I 12 – 10000 Ew – Höhe 70 m – Heilbad.
🚩 Tourist-Information, Am Thermalbad 1, ✉ 31542, 𝒫 (05723) 3449, Fax (05723) 1435.
Berlin 315 – Hannover 33 – Bielefeld 85 – Osnabrück 115.

🏰 **Die Villa,** Kramerstr. 4, ✉ 31542, 𝒫 (05723) 94 61 70, dietz@ villabadnenndorf.de,
Fax (05723) 946188, 🐾, « Wiedererrichtete Villa a.d. 19. Jh. » – 🔋, ⇆ Zim, 📺 📞 🅿 –
🔺 15. 🛇 Zim
Menu (geschl. 1. - 8. Jan., 2. - 31. Juli, Montag - Dienstagmittag) à la carte 47/79 – **15 Z**
☜ 120/160 – 190/240 – ½ P 48.

🏰 **Tallymann,** Hauptstr. 59, ✉ 31542, 𝒫 (05723) 61 67, tallymann@ t-online.de,
Fax (05723) 707869, ⇆ˢ, 🗮 – 🔋, ⇆ Zim, 🍴 📺 ৬ 🅿 – 🔺 55. ᴀᴇ ⑩
Menu à la carte 35/69 – **52 Z** ☜ 95/169 – 145/239.

🏰 **Harms** 🕭, Gartenstr. 5, ✉ 31542, 𝒫 (05723) 95 00, info@ hotel-harms.de,
Fax (05723) 950280, Massage, ⚕, ⇆ˢ, 🗮 (Thermal), 🐾 – 🔋, ⇆ Zim, 📺 🅿 ᴀᴇ ⑩ 🕭
VISA 🛇 Rest
Menu (Restaurant nur für Hausgäste) – **60 Z** ☜ 95/120 – 140/184 – ½ P 15.

🏠 **Schaumburg-Diana** (mit Gästehäusern), Rodenberger Allee 28, ✉ 31542, 𝒫 (05723)
50 94, Schaumburg-diana@ t-online.de, Fax (05723) 3585, 🐾 – ⇆ Zim, 📺 🅿
VISA 🛇 Rest
geschl. 23. Dez. - 2. Jan. – **Menu** (Restaurant nur für Hausgäste) – **40 Z** ☜ 114/190.

In Bad Nenndorf-Riepen Nord-West : 4,5 km über die B 65 :

🏰 **Schmiedegasthaus Gehrke** 🕭, Riepener Str. 21, ✉ 31542, 𝒫 (05725) 9 44 10,
info@ schmiedegasthaus.de, Fax (05725) 944141, 🐾 – 📺 🚗 🅿 – 🔺 100. ᴀᴇ
⑩ VISA
Menu siehe Rest. **La Forge** separat erwähnt – **Schmiederestaurant** (geschl. Montag)
Menu à la carte 37/69 – **19 Z** ☜ 78/170 – 140/270 – ½ P 40.

XXX **La Forge** (Gehrke) - Schmiedegasthaus Gehrke, Riepener Str. 21, ✉ 31542, 𝒫 (05725)
🕸 9 44 10, info@ schmiedegasthaus.de, Fax (05725) 944141 – 🅿 ᴀᴇ ⑩ VISA 🛇
geschl. Anfang Jan. 2 Wochen, Juli - Aug. 3 Wochen, Montag - Dienstag – **Menu** (nur
Abendessen) (Tischbestellung ratsam) 115/165
Spez. Gänseleberpudding mit gefülltem Spitzkohl und sautierten Taubenbrüstchen. Milch-
zicklein (März - April). Holunderblütenmousse im Baumkuchenmantel mit Beeren und Dickmilchsorbet.

In Bad Nenndorf-Waltringhausen *Nord-Ost : 1,5 km :*

🏠 **Deisterblick** garni, Finkenweg 1, ✉ 31542, 𝓟 (05723) 30 36, Fax (05723) 4686 – 📺
　　🚗 **P**. **AE** ⑨ ⑩ **VISA**
　　geschl. 20. Dez. - 5. Jan. – **17 Z** ⏲ 85/98 – 126/136.

NENTERSHAUSEN *Hessen siehe Sontra.*

NEPPERMIN *Mecklenburg-Vorpommern siehe Usedom (Insel).*

NERESHEIM *Baden-Württemberg* **419 420** *T 14 – 8 000 Ew – Höhe 500 m – Erholungsort.*
　　Sehenswert : Klosterkirche★.
　　🐎 Hofgut Hochstadt *(Süd : 3 km), 𝓟 (07326) 56 49.*
　　Berlin 533 – Stuttgart 100 – Augsburg 78 – Aalen 26 – Heidenheim an der Brenz 21 –
　　Nürnberg 111.

In Neresheim-Ohmenheim *Nord : 3 km :*

🏠 **Landhotel Zur Kanne**, Brühlstr. 2, ✉ 73450, 𝓟 (07326) 80 80, ZurKanne@landid
　　yll.de, Fax (07326) 80880, 🌳, 🍴, 🍽 – 🛗, 🍴 Rest, 📺 🚗 **P**. – **益** 40. **AE** ⑨
　　⑩ **VISA**
　　Menu à la carte 29/65 – **56 Z** ⏲ 85/115 – 116/160 – ½ P 28.

NESSE *Niedersachsen* **415** *F 6 – 1 500 Ew – Höhe 5 m.*
　　🚢 von Nesse-Neßmersiel nach Baltrum 𝓟 (04939) 9 13 00.
　　🅱 Kurverwaltung, Hafenstr. 3, ✉ 26553, 𝓟 (04933) 9 11 10, Fax (04933) 911115.
　　Berlin 530 – Hannover 266 – Emden 50 – Oldenburg 95 – Wilhelmshaven 58.

In Nesse-Neßmersiel *Nord-West : 4 km :*

🏠 **Fährhaus,** Dorfstr. 42 (Am alten Sieltor), ✉ 26553, 𝓟 (04933) 3 03, faerhaus-ness
　　mersiel@t-online.de, Fax (04933) 2390, 🌳 – 📺 **P**.
　　geschl. 8. Jan. - 1. Feb. – **Menu** *(Anfang Nov. - Weihnachten und Anfang Jan. - März Montag*
　　- Freitag nur Abendessen) à la carte 30/68 – **21 Z** ⏲ 70/75 – 120/160.

NESSELWANG *Bayern* **419 420** *X 15 – 3 500 Ew – Höhe 865 m – Luftkurort – Wintersport :*
　　900/1 600 m ⚡6 🎿.
　　🅱 Gästeinformation Nesselwang, Lindenstr. 16, ✉ 87484, 𝓟 (08361) 92 30 40, Fax
　　(08361) 923044.
　　Berlin 658 – München 120 – Kempten (Allgäu) 25 – Füssen 17.

🏨 **Alpenrose** 🌿, Jupiterstr. 9, ✉ 87484, 𝓟 (08361) 9 20 40, info@alpenrose.de,
　　Fax (08361) 920440, 🍴, 🌳 – 🛗 📺 🚗 **P**. – **益** 20. **AE** ⑨ ⑩ **VISA**
　　Menu *(Restaurant nur für Hausgäste)* – **25 Z** ⏲ 80/130 – 130/200 – ½ P 20.

🏠 **Brauerei-Gasthof Post,** Hauptstr. 25, ✉ 87484, 𝓟 (08361) 3 09 10,
　　Fax (08361) 30973, Biergarten, Brauereimuseum – 📺 🚗 **P**. – **益** 40.
　　⑩ **VISA**
　　Menu à la carte 26/54 – **22 Z** ⏲ 95/120 – 150/164 – ½ P 28.

🏠 **Alpenhotel Martin** 🌿, An der Riese 18, ✉ 87484, 𝓟 (08361) 14 24,
　　Fax (08361) 1890, 🌳, 🍴 – 🍽 Zim, 📺 🚗 **P**.
　　geschl. Anfang Nov. - Anfang Dez. – **Menu** à la carte 26/46 🍷 – **20 Z** ⏲ 55/70 – 120/130
　　– ½ P 20.

NETPHEN *Nordrhein-Westfalen* **417** *N 8 – 25 000 Ew – Höhe 250 m.*
　　🅱 Kultur- und Verkehrsamt, Lahnstr. 47, ✉ 57250, 𝓟 (02738) 60 31 11, Fax (02738)
　　603125.
　　Berlin 525 – Düsseldorf 138 – Siegen 9.

Bei der Lahnquelle *Süd-Ost : 17,5 km über Netphen-Deuz – Höhe 610 m*

🏠 **Forsthaus Lahnquelle** 🌿, Lahnhof 1, ✉ 57250 Netphen, 𝓟 (02737) 2 41,
　　Fax (02737) 243, ≤, 🌳, 🍴 – 📺 **P**. – **益** 65
　　Menu à la carte 41/71 – **22 Z** ⏲ 75/115 – 150/190 – ½ P 25.

Benutzen Sie immer die neuesten Ausgaben
der **Michelin-Straßenkarten** und **Reiseführer**.

NETTETAL Nordrhein-Westfalen **417** M 2 – 41 000 Ew – Höhe 46 m.

☒ Nettetal-Hinsbeck, An Haus Bey, ℘ (02153) 9 19 70.

Berlin 591 – *Düsseldorf 53* – Krefeld 24 – Mönchengladbach 24 – Venlo 15.

In Nettetal-Hinsbeck – *Erholungsort :*

🏠 **Haus Josten,** Wankumer Str. 3, ☒ 41334, ℘ (02153) 9 16 70, Fax (02153) 13188, ☞ – ⇄ Zim, 📺 ⇌ 🅿 – 🔬 50. 🖭 ⓪ 🐠 *VISA*
geschl. Juli - Aug. 3 Wochen – **Menu** *(geschl. Mittwoch) (wochentags nur Abendessen)* à la carte 39/69 – **18 Z** ⊑ 110/160 – 140/200.

XXX **La Mairie im Haus Bey** (Eickes), An Haus Bey 16 (Golfplatz), ☒ 41334, ℘ (02153) 91 97 20, Fax (02153) 919766, ☞, « Rittersitz a.d.J. 1605 » – 🅿 – 🔬 15. 🖭 ⓪ 🐠 *VISA*. ✀
geschl. Ende Jan. - Anfang Feb., Montag - Dienstag – **Menu** 129/159 und à la carte – **Bistro** *(geschl. Montag)* **Menu** à la carte 42 - 63
Spez. Taubengalantine mit Zuckerschotensalat. Suppe von grünen Mandeln und Knoblauch mit gebackenen Kaisergranaten. Ziegenkäsetorte mit Nüssen und Pfefferfeigen.

XX **Sonneck,** Schloßstr. 61, ☒ 41334, ℘ (02153) 41 57, Fax (02153) 409188 – 🅿. 🐠 *VISA*
geschl. Ende Feb. 2 Wochen, Dienstag – **Menu** à la carte 50/78.

In Nettetal-Leuth – *Erholungsort :*

🏠 **Leuther Mühle,** Hinsbecker Str. 34 (B 509), ☒ 41334, ℘ (02157) 13 20 61, lenssen @leuther-muehle.de, Fax (02157) 132527, ☞, ☞ – ⇄ Zim, 📺 📞 🅿 – 🔬 25. 🖭 🐠 *VISA* JCB. ✀
Menu à la carte 56/95 – **26 Z** ⊑ 120/170 – 170.

In Nettetal-Lobberich :

🏠 **Zum Schänzchen,** Am Schänzchen 5 (südlich der BAB-Ausfahrt), ☒ 41334, ℘ (02153) 91 57 10, HOTELZUMSCHAENZCHEN@t-ONLINE.DE, Fax (02153) 915742 – 📺 📞 ⇌ 🅿 – 🔬 80. 🐠 *VISA*
Menu *(geschl. Mitte Juli - Anfang Aug., Montag)* à la carte 30/55 – **21 Z** ⊑ 95/150.

🏠 **Haus am Rieth,** Reinersstr. 5, ☒ 41334, ℘ (02153) 8 01 00, HotelAmRieth@aol.com, Fax (02153) 801020, ☎, ☒ – ⇄ Zim, 📺 ⇌ 🅿. 🐠 *VISA*. ✀
Menu *(geschl. Freitag - Sonntag) (nur Abendessen)* (Restaurant nur für Hausgäste) – **21 Z** ⊑ 90/130.

XXX **Burg Ingenhoven,** Burgstr. 10, ☒ 41334, ℘ (02153) 91 25 25, thomas-rosenwass er@t-online.de, Fax (02153) 912526, ☞, « Restaurierte Burganlage a.d.15.Jh. » – 🅿
geschl. Montag – **Menu** à la carte 41/64.

NETZEN Brandenburg siehe Brandenburg.

NEU GOLM Brandenburg siehe Saarow-Pieskow, Bad.

NEU ANSPACH Hessen **417** P 9 – 13 000 Ew – Höhe 390 m.

Berlin 531 – Wiesbaden 61 – *Frankfurt am Main 31.*

In Neu Anspach-Westerfeld :

🏠 **Landhotel Velte,** Usinger Str. 38, ☒ 61267, ℘ (06081) 91 79 00, Fax (06081) 687472, ☞ – ⇄ Zim, 📺 📞 🅿
geschl. 24. Dez. - 10. Jan. – **Menu** *(geschl. Montag) (wochentags nur Abendessen)* à la carte 27/55 ⅓ – **15 Z** ⊑ 85/105 – 150/180.

NEUBERG Hessen siehe Erlensee.

NEUBRANDENBURG Mecklenburg-Vorpommern **416** F 23 – 76 000 Ew – Höhe 19 m.
Sehenswert : Stadtbefestigung★★.
Ausflugsziele : Feldberger Seenlandschaft★ – Neustrelitz (Schloßpark★, Orangerie-Malereien★).
🛈 Tourist-Information, Marktplatz 1, ☒ 17033, ℘ (0395) 1 94 33, Fax (0395) 5822267.
ADAC, Demminer Str. 10.
Berlin 142 ③ – Schwerin 149 ④ – Rostock 103 ④ – Stralsund 99 ① – Szczecin 99 ②

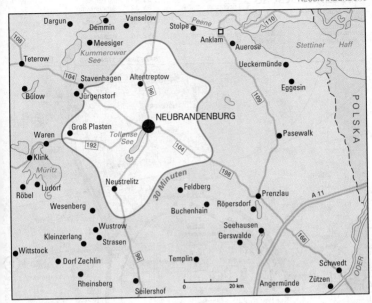

🏨🏨 **Radisson SAS,** Treptower Str. 1, ✉ 17033, 🏠 (0395) 5 58 60, Fax (0395) 5586625 –
📶, ✳ Zim, 🛏 Zim, 📺 📞 🔥 🅿 – 🔏 70. 🆎 ① ⑩ 𝘝𝘐𝘚𝘈
AY a
Menu à la carte 43/63 – **190 Z** ⊑ 160/210 – 160/330, 5 Suiten.

🏨🏨 **Andersen Hotel,** Große Krauthöferstr. 1, ✉ 17033, 🏠 (0395) 55 60, *neubrandenb
urg@andersen.de*, Fax (0395) 5562682, 📶 – 📶, ✳ Zim, 📺 🅿 – 🔏 180. 🆎 ① ⑩ 𝘝𝘐𝘚𝘈
Menu *(geschl. Sonntagabend)* à la carte 30/45 – **185 Z** ⊑ 125/150.
BY b

🏨 **Weinert** garni, Ziegelbergstr. 23, ✉ 17033, 🏠 (0395) 58 12 30, *hweinert@infokom.de*,
Fax (0395) 5812311 – 📺 🔥 🅿 – 🔏 20. 🆎 ① ⑩ 𝘝𝘐𝘚𝘈
BY d
18 Z ⊑ 98/130.

🏨 Sankt Georg, Sankt Georg 6, ✉ 17033, 🏠 (0395) 5 44 37 88, *SANKTGEORG@FLAIR-
HOTEL.com*, Fax (0395) 5607050, Biergarten, 📶 – ✳ Zim, 📺 📞 🅿 – 🔏 20. ✷ Rest
27 Z.
über ④

In Trollenhagen-Hellfeld *Nord : 4,5 km über* ① :

🏨 **Hellfeld,** Hellfelder Str. 15, ✉ 17039, 🏠 (0395) 42 98 10, Fax (0395) 42981139, 🍴
– ✳ Zim, 📺 🔥 🅿 – 🔏 60. 🆎 ① ⑩ 𝘝𝘐𝘚𝘈 𝘑𝘊𝘉. ✷ Rest
Menu à la carte 30/53 – **30 Z** ⊑ 90/115 – 135/180.

In Podewall *Nord : 8 km über* ① :

🏨 **Landgasthof Podewall** ⌕, Fuchsberg 1, ✉ 17039, 🏠 (0395) 42 96 40,
Fax (0395) 4296454, Biergarten – 📺 🅿 – 🔏 40. 🆎 ① ⑩ 𝘝𝘐𝘚𝘈
Menu à la carte 27/51 – **13 Z** ⊑ 85/90 – 120/130.

In Burg Stargard *Süd-Ost : 10 km über* ③ :

🏨🏨 **Zur Burg,** Markt 10, ✉ 17094, 🏠 (039603) 26 50, *hotel.zbg@infokom.de*,
Fax (039603) 26555, 🍴 – ✳ Zim, 📺 🅿 – 🔏 20. 🆎 ① ⑩ 𝘝𝘐𝘚𝘈
Menu à la carte 29/58 – **24 Z** ⊑ 90/95 – 130/150.

🏨 **Marienhof,** Marie-Hager-Str. 1, ✉ 17094, 🏠 (039603) 25 50, Fax (039603) 25531, 🍴
– ✳ Zim, 📺 🔥 🅿. 🆎 ① ⑩ 𝘝𝘐𝘚𝘈
Menu à la carte 30/50 – **25 Z** ⊑ 99/105 – 130/140.

In Groß Nemerow *Süd : 13 km über* ③ :

🏨🏨 **Bornmühle** ⌕, Bornmühle 35 (Nahe der B 96), ✉ 17094, 🏠 (039605) 6 00, *info
@Bornmuehle.com*, Fax (039605) 60399, 🍴, « Schöne Lage oberhalb des Tollensesees »,
📶, 🏊, ☀ – 📶, ✳ Zim, 📺 📞 🔥 🅿 – 🔏 55. 🆎 ① ⑩ 𝘝𝘐𝘚𝘈. ✷ Rest
Menu à la carte 45/67 – **63 Z** ⊑ 140/155 – 180/198.

NEUBRANDENBURG

Jährlich eine neue Ausgabe,
Aktuellste Informationen, jährlich für Sie !

NEUBRUNN Bayern 𝟺𝟷𝟽 𝟺𝟷𝟿 Q 13 – 2 200 Ew – Höhe 290 m.
Berlin 524 – München 300 – Würzburg 25 – Wertheim 14.

In Neubrunn-Böttigheim Süd-West : 5 km :

🏠 **Berghof** ⤢, Neubrunner Weg 15, ✉ 97277, 𝒫 (09349) 12 48, Fax (09349) 1469, ≼,
㍩, 🐎 – 📺 🅿. 🕸 Rest
geschl. Mitte Jan. - Mitte Feb., 2. - 14. Juli – **Menu** (geschl. Montag) à la carte 27/44 🍴
– **13 Z** ⌷ 58/110.

NEUBULACH Baden-Württemberg 𝟺𝟷𝟿 U 10 – 5 000 Ew – Höhe 584 m – Luftkurort.
🅱 Kurverwaltung, Rathaus, Marktplatz 13, ✉ 75387, 𝒫 (07053) 96 95 10, Fax (07053)
6416.
Berlin 670 – Stuttgart 57 – Karlsruhe 64 – Freudenstadt 41 – Calw 10.

In Neubulach-Martinsmoos Süd-West : 5 km :

🏠 **Schwarzwaldhof,** Wildbader Str. 28, ✉ 75387, 𝒫 (07055) 73 55, Fax (07055) 2233,
㍩, 🐎 – 📺 🅿. 🕸 Zim
geschl. 15. Feb. - 5. März, 5. - 20. Nov. – **Menu** (geschl. Dienstag) à la carte 25/42 🍴 –
16 Z ⌷ 60/80 – 110 – ½ P 15.

In Neubulach-Oberhaugstett Süd-West : 1 km :

🏠 **Löwen,** Hauptstr. 21, ✉ 75387, 𝒫 (07053) 9 69 30, Fax (07053) 969349, ㍩, 🐎 – ⤛✖
📺 – 🅿. 🕸 VISA
geschl. Feb. 3 Wochen – **Menu** (geschl. Dienstagabend) à la carte 26/48 🍴 – **18 Z**
⌷ 57/104 – ½ P 18.

NEUBURG AM INN Bayern 𝟺𝟸𝟶 U 24 – 4 000 Ew – Höhe 339 m.
Berlin 617 – München 165 – Passau 11 – Landshut 122 – Salzburg 106 – Straubing 85.

🏰 **Schloss Neuburg** ⤢, Am Burgberg 5, ✉ 94127, 𝒫 (08507) 91 10 00, ott@hofta
verne.de, Fax (08507) 911911, ㍩, « Historisches Restaurant a.d. 15. Jh. ; Burganlage mit
restaurierten Gästehäusern a.d 11. Jh. » – 🔟 📺 📞 🕭 🚗 🅿 – 🔬 40. 🕮 Ⓞ 🕸 VISA
Menu à la carte 42/69 – **34 Z** ⌷ 160/280.

NEUBURG AN DER DONAU Bayern 𝟺𝟷𝟿 𝟺𝟸𝟶 T 17 – 29 500 Ew – Höhe 403 m.
Sehenswert : Hofkirche (Stuckdecke★, Barockaltar★).
🅱 Gut Rohrenfeld (Ost : 7 km), 𝒫 (08431) 4 41 18.
🅱 Gästeinformation, Residenzstr. A 65, ✉ 86633, 𝒫 (08431) 5 52 40, Fax (08431) 55242.
Berlin 532 – München 95 – Augsburg 52 – Ingolstadt 22 – Ulm (Donau) 124.

🏠 **Am Fluss** 🅼 garni, Ingolstädter Str. 2, ✉ 86633, 𝒫 (08431) 6 76 80, hotel-am-fluss
@t-online.de, Fax (08431) 676830, « Lage an der Donau », ⇔s, – ⤛✖ 📺 📞 🕭 🚗
– 🔬 30. 🕮 🕸 VISA
23 Z ⌷ 110/120 – 150/190.

🏠 **Bergbauer,** Fünfzehnerstr. 11, ✉ 86633, 𝒫 (08431) 61 68 90, INFO@hotel-bergbau
er.de, Fax (08431) 47090, ㍩, ⇔s – 📺. 🕸 VISA
Menu (geschl. Weihnachten - Silvester, Freitag) (wochentags nur Abendessen) à la carte
33/67 – **24 Z** ⌷ 85/105 – 145/155.

In Neuburg-Bergen Nord-West : 8 km :

🏠 **Zum Klosterbräu,** Kirchplatz 1, ✉ 86633, 𝒫 (08431) 6 77 50, Boehm@Zum-Kloste
rbraeu.de, Fax (08431) 41120, « Altbayerische Gaststuben ; Innenhofterrasse », ⇔s, ㍩,
🐎 – 🔟, ⤛✖ Zim, 📺 📞 🚗 🅿 – 🔬 40. 🕸 VISA
geschl. 23. Dez. - 11. Jan. – **Menu** (geschl. Sonntagabend - Montag) à la carte 25/64 – **26 Z**
⌷ 92/108 – 128/158.

In Neuburg-Bittenbrunn Nord-West : 2 km :

🛎 **Kirchbaur Hof,** Monheimer Str. 119, ✉ 86633, 𝒫 (08431) 61 99 80, info@Hotel-Ki
rchbaur.de, Fax (08431) 41122, « Traditioneller Landgasthof ; Gartenterrasse », 🐎 – 📺
🚗 – 🔬 40. 🕸 VISA
geschl. 27. Dez. - 6. Jan. – **Menu** (geschl. Sonntagabend, Samstag) (Montag - Freitag nur
Abendessen) à la carte 29/59 – **35 Z** ⌷ 85/110 – 120/180.

NEUDROSSENFELD Bayern 𝟺𝟸𝟶 P 18 – 3 000 Ew – Höhe 340 m.
Berlin 359 – München 241 – Coburg 58 – Bayreuth 10 – Bamberg 55.

🎗 **Schloß-Restaurant,** Schloßplatz 2, ✉ 95512, 𝒫 (09203) 6 83 68, Fax (09203) 68367,
≼, « Gartenterrasse » – 🅿. 🔬 50. 🕸
geschl. Anfang Sept. 1 Woche, Montag - Dienstagmittag, Jan. - Feb. auch Mittwochmittag,
Donnerstagmittag – **Menu** à la carte 44/74.

Im Ortsteil Altdrossenfeld *Süd : 1 km :*

▥ **Brauerei-Gasthof Schnupp** (mit Gästehaus), ⊠ 95512, *℘* (09203) 99 20, Fax (09203) 99250, 斎 – 團 ⊠ ⇔ ℙ – 🏄 50
Menu *(geschl. Freitag)* à la carte 25/55 – **27 Z** ⊑ 82/125 – 118/230.

NEUENAHR-AHRWEILER, BAD Rheinland-Pfalz ▦▧ *O 5 – 28 000 Ew – Höhe 92 m – Heilbad.*
Sehenswert : Ahrweiler : Altstadt★.

▥ ▩ Köhlerhof (Nord-Ost : 5 km, über Landskroner Str.), *℘* (02641) 23 25.

🏛 *Kur- und Verkehrsverein, Bad Neuenahr, Felix-Rütten-Str. 2,* ⊠ 53474 *℘* (02641) 97 73 50, Fax (02641) 977374.

🏛 *Kur- und Verkehrsvereien, Ahrweiler, Marktplatz 21,* ⊠ 53474, *℘* (02641) 97 73 50, Fax (02641) 29758.

Berlin 624 ② *– Mainz 147* ③ *– Bonn 31* ② *– Koblenz 56* ③

Stadtplan siehe gegenüberliegende Seite

Im Stadtteil Bad Neuenahr :

🏛 **Steigenberger Hotel,** Kurgartenstr. 1, ⊠ 53474, *℘* (02641) 94 10, *bad-neuenahr @steigenberger.de,* Fax (02641) 70 01, 斎, direkter Zugang zum Bäderhaus, ⊑s – 團, ✳ Zim, ⊠ & ℙ – 🏄 300. ⌷ ◑ ◍ ☒ ❖ Rest   CZ **v**
Menu à la carte 48/67 – **224 Z** ⊑ 195/255 – 320/380, 13 Suiten – ½ P 55.

🏛 **Dorint Parkhotel** ▥ 🕿, Am Dahliengarten, ⊠ 53474, *℘* (02641) 89 50, *Info.CGNNEU@dorint.com,* Fax (02641) 895817, « Terrasse mit ≤ », Massage, ♨, ⊑s, ⊠ – 團, ✳ Zim, ⊠ & ⇔ ℙ – 🏄 420. ⌷ ◑ ◍ ☒ ☒☒
❖ Rest   BY **u**
Menu à la carte 49/72 *(auch Diät und vegetar. Gerichte)* – ⊑ 25 – **250 Z** 267/282 – 317/332, 3 Suiten – ½ P 40.

🏛 **Seta Hotel,** Landgrafenstr. 41, ⊠ 53474, *℘* (02641) 80 30, *reservierung@setahote l.de,* Fax (02641) 803399, Biergarten, ⊑s, ⊠ – 團, ✳ Zim, ⊠ ℙ – 🏄 120. ⌷ ◑ ◍ ☒ ❖ Rest   CZ **r**
Menu à la carte 42/66 – **105 Z** ⊑ 128/158 – 195/310 – ½ P 32.

🏛 **Giffels Goldener Anker** 🕿, Mittelstr. 14, ⊠ 53474, *℘* (02641) 80 40, *HotelGold enerAnker@t-online.de,* Fax (02641) 804400, 斎, « Garten », Massage, ♨, ⊑s, ⊠ , 斎 – 團, ✳ Zim, 🍽 Rest, ⊠ ✆ & ℙ – 🏄 200. ⌷ ◑ ◍ ☒ ❖ Rest   CZ **w**
Menu à la carte 48/95 *(auch Diät)* – **80 Z** ⊑ 145/189 – 200/290 – ½ P 39.

🏛 **Villa Aurora** 🕿, Georg-Kreuzberg-Str. 8, ⊠ 53474, *℘* (02641) 94 30, *HOTELAURO-RA@t-online.de,* Fax (02641) 943200, ⊑s, ⊠ – 團 ⊠ ℙ. ⌷ ◑ ◍ ☒ ❖ Rest   CZ **z**
geschl. 15. Nov. - 14. Dez. – **Menu** (Restaurant nur für Hausgäste) – **52 Z** ⊑ 118/170 – 230/360 – ½ P 35.

🏛 **Elisabeth** 🕿, Georg-Kreuzberg-Str. 11, ⊠ 53474, *℘* (02641) 9 40 60, *Hotel-Elisabe th@t-online.de,* Fax (02641) 940699, 斎, ⊑s, ⊠ – 團, ✳ Zim, ⊠ ℙ – 🏄 30. ❖ Rest   CZ **z**
geschl. Anfang Dez. - Feb. – **Menu** à la carte 42/60 – **64 Z** ⊑ 149/179 – 208/278 – ½ P 30.

🏛 **Krupp,** Poststr. 4, ⊠ 53474, *℘* (02641) 94 40, *information@hotel-krupp.de,* Fax (02641) 79316, 斎 – 團 ⊠ ℙ – 🏄 80. ◍ ☒   CZ **t**
Menu à la carte 34/57 – **46 Z** ⊑ 104/144 – 188/238 – ½ P 29.

🏛 **Central** 🕿 garni, Lindenstr. 2, ⊠ 53474, *℘* (02641) 9 48 90, Fax (02641) 948917 – 團 ℙ   CZ **b**
22 Z ⊑ 85/100 – 160/170.

🏛 **Kurpension Haus Ernsing,** Telegrafenstr. 30 (1. Etage), ⊠ 53474, *℘* (02641) 9 48 70, Fax (02641) 948721 – 團 ◍ ❖ Rest   CZ **m**
geschl. Anfang Nov. - 19. Dez. – **Menu** à la carte 22/45 – **21 Z** ⊑ 73/130 – ½ P 15.

🏛 **Zum Ännchen und Ahrbella** garni, Hauptstr. 45, ⊠ 53474, *℘* (02641) 7 50 00, *hotel-aennchen@t-online.de,* Fax (02641) 750350 – ⊠ ⇔ ℙ. ◍ ☒   CZ **a**
20 Z ⊑ 85/95 – 140/160.

XX **Restauration Idille,** Am Johannisberg 101, ⊠ 53474, *℘* (02641) 2 84 29, *IDILLE@t -online.de,* Fax (02641) 25009, ≤, 斎 – ℙ   BY **a**
geschl. Anfang - Mitte Jan., Montag - Dienstag – **Menu** *(nur Abendessen)* à la carte 54/72.

X **Milano da Gianni,** Kreuzstr. 8c, ⊠ 53474, *℘* (02641) 2 43 75 – ⌷ ◑ ◍ ☒   CZ **p**
geschl. Juli - Aug. 4 Wochen – **Menu** (italienische Küche) à la carte 39/70.

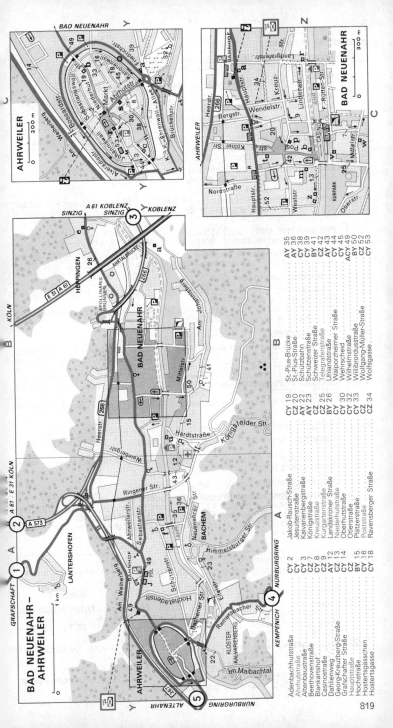

BAD NEUENAHR – AHRWEILER

AHRWEILER

0   200 m

BAD NEUENAHR

0   300 m

Im Stadtteil Ahrweiler :

🏨 **Hohenzollern an der Ahr** 🦌, Am Silberberg 50, ✉ 53474, ℰ (02641) 97 30, Fax (02641) 5997, ≼ Ahrtal, Biergarten – 🛗, ✳ Zim, 📺 🄿 – 🛗 20. 🄰🄴 🄾 🐾 VISA über ⑤
Menu à la carte 57/95 – **25 Z** ⊆ 110/135 – 160/250 – ½ P 44.

🏨 **Rodderhof**, Oberhutstr. 48, ✉ 53474, ℰ (02641) 39 90, Fax (02641) 399333, ⇌ – 🛗 📺 🚗 – 🛗 20. 🄰🄴 🄾 🐾 VISA JCB. ✳ Rest CY c
Menu (nur Abendessen) (Restaurant nur für Hausgäste) – **50 Z** ⊆ 129/137 – 195/225 – ½ P 35.

🏨 **Avenida** garni, Schützenstr. 136, ✉ 53474, ℰ (02641) 33 66, hotelavenida@aol.com, Fax (02641) 36068, ⇌ – 📺 🄿 🄰🄴 🐾 VISA AY f
geschl. Weihnachten - Neujahr - **27 Z** ⊆ 88/110 – 145/190.

🏨 **Zum Ännchen** garni, Niederhutstr. 11, ✉ 53474, ℰ (02641) 9 77 70, Fax (02641) 977799 – 🛗 🄿 🄾 🐾 VISA CY b
23 Z ⊆ 85/90 – 130/135.

🏨 **Schützenhof** garni, Schützenstr. 1, ✉ 53474, ℰ (02641) 9 02 83, Hotel.Schuetzenhof@ngi.de, Fax (02641) 902840 – 🄿 🐾 ✳ CY a
14 Z ⊆ 90/110 – 140/160.

🍴 **Pruemer Hof**, Markt 12, ✉ 53474, ℰ (02641) 47 57, Fax (02641) 901218 – 🐾 VISA
geschl. Feb. 3 Wochen, Montag – Dienstagmittag – **Menu** 45/67 à la carte 39/70. CY r

🍴 **Eifelstube**, Ahrhutstr. 26, ✉ 53474, ℰ (02641) 3 48 50, Fax (02641) 36022 – 🐾 VISA
geschl. 10. Juli - 10. Aug., Dienstag - Mittwoch – **Menu** à la carte 35/78. CY s

Im Stadtteil Heimersheim über ③ :

🍴🍴 **Freudenreich** mit Zim, Göppinger Str. 13, ✉ 53474, ℰ (02641) 68 68, Fax (02641) 1463, ☕ – 📺 🄿. ✳
geschl. Juli - Aug. 2 Wochen – **Menu** (geschl. Montag - Dienstag) (wochentags nur Abend-essen) à la carte 54/73 – **6 Z** ⊆ 80/130.

Im Stadtteil Heppingen :

🍴🍴🍴 **Steinheuers Restaurant Zur Alten Post** mit Zim, Landskroner Str. 110 (Eingang
❀❀❀ Konsumgasse), ✉ 53474, ℰ (02641) 9 48 60, Steinheuers.Restaurant@t-online.de,
🦐 Fax (02641) 948610, ☕ – 🄿. 🄾 🐾. ✳ Zim BY e
Menu (geschl. 2. - 26. Juli, Dienstag - Mittwochmittag) 139/189 à la carte 103/139 –
Landgasthof Poststuben (geschl. Dienstag - Mittwochmittag) Menu à la carte 45/79
– **11 Z** ⊆ 150/250 – 240/260, 4 Suiten
Spez. Geräucherter Stör mit Rucolapüree und Kaviar. Karamelisierte Gänsestopfleber mit Rhabarber und Ingwer. Eifeler Reh.

Im Stadtteil Lohrsdorf über Landskroner Straße BY, am Golfplatz Nord-Ost : 5 km :

🍴 **Köhlerhof**, Remagener Weg, ✉ 53474, ℰ (02641) 66 93, Fax (02641) 6693, ☕ –
🄿. ✳
geschl. 22. Dez. - 1. Feb., Nov. - März Montag - Dienstag, April - Okt. Montag – **Menu**
(Tischbestellung ratsam) à la carte 48/74.

Im Stadtteil Walporzheim über ⑤ : 1 km ab Ahrweiler :

🍴🍴🍴 **Romantik Restaurant Brogsitter's Sanct Peter**, Walporzheimer Str. 134
(B 267), ✉ 53474, ℰ (02641) 9 77 50, verkauf@brogsitter.de, Fax (02641) 977525,
« Gasthaus seit 1246 ; Innenhofterrasse » – 🄿. – 🛗 35. 🄰🄴 🄾 🐾 VISA
Menu 50 (mittags)/139 und à la carte 76/123 – **Brogsitter** (geschl. Montag, Sonntag-mittag) Menu à la carte 93/135.

NEUENBURG Baden-Württemberg 🔢🔢🔢 W 6 – 11 000 Ew – Höhe 231 m.
🛈 Tourist-Information, Rathausplatz 5, ✉ 79395, ℰ (07631) 79 11 11, Fax (07631) 791222.
Berlin 831 – Stuttgart 232 – Freiburg im Breisgau 39 – Basel 35 – Mulhouse 20.

🏨 **Krone**, Breisacher Str. 1, ✉ 79395, ℰ (07631) 7 03 90, info@Krone-Neuenburg.de, Fax (07631) 703979, ☕ – 🛗, ✳ Zim, 📺 📞 🚗 🄿 🐾 VISA
Menu (geschl. Ende Okt. - Mitte Nov., Mittwoch) à la carte 30/57 – **28 Z** ⊆ 98/120 – 142/180.

🏨 **Am Stadthaus** garni, Marktplatz 1, ✉ 79395, ℰ (07631) 7 90 00, Fax (07631) 7837
– 🛗 ✳ 📺 🛗 🄿 🄰🄴 🐾 VISA
geschl. 12. Dez. - 12. Jan. – **24 Z** ⊆ 91/96 – 142/152.

🏨 **Anika** garni, Freiburger Str. 2a, ✉ 79395, ℰ (07631) 7 90 90, info@hotel-anika.de, Fax (07631) 73956 – ✳ 📺 📞 🚗 🄿 🄾 🐾 VISA
30 Z ⊆ 92/96 – 115/160.

XX **Blauel's Restaurant** mit Zim, Zähringer Str. 13, ✉ 79395, ✆ (07631) 7 96 66,
⚄ Fax (07631) 79667, 🍴 – ⚄ Zim, 📺 ℗. ⓦⓞ 𝘝𝘐𝘚𝘈
    geschl. Aug. 3 Wochen – **Menu** (geschl. Sonntag - Montag) (Tischbestellung ratsam) 45
    (mittags) und à la carte 84/98 – **4 Z** ⚅ 90/144
    Spez. Steinbutt mit Zucchinischuppen und Meeresfrüchte-Safranrisotto. Pochierte Taube
    mit Auberginenkaviar und Gänseleberpiccata. Lammrücken mit Schafkäsekruste und Ros-
    marinjus.

NEUENDETTELSAU Bayern �419�420 S 16 – 7 000 Ew – Höhe 440 m.
    Berlin 467 – München 187 – Nürnberg 44 – Ansbach 19.

🏠 **Sonne** (mit Gästehaus), Hauptstr. 43, ✉ 91564, ✆ (09874) 50 80, hotel-gasthof-son
    ne@t-online.de, Fax (09874) 50818 – 🔌 📺 📞 ⚅ ℗ – 🛎 100. ⚈ ⓦⓞ 𝘝𝘐𝘚𝘈
    Menu à la carte 25/60 – **37 Z** ⚅ 60/95 – 110/170.

In Petersaurach-Gleizendorf Nord-West : 7 km :

🏠 **Scherzer** ⬙, Am Anger 2, ✉ 91580, ✆ (09872) 9 71 30, Landhotel-Scherzer@t-on
⚄ line.de, Fax (09872) 971318, 🍴 – ⚅ – 📺 ⚅ ℗ – 🛎 20. ⚈ ⓘ ⓦⓞ 𝘝𝘐𝘚𝘈 ✂
    Menu (geschl. Montagmittag, Dienstag) à la carte 23/43 – **20 Z** ⚅ 98/120 – 130/150.

NEUENKIRCHEN Mecklenburg-Vorpommern siehe Greifswald.

En Allemagne, les hôteliers vous logent même
si vous ne prenez pas chez eux le repas du soir.
Mais naturellement, vous leur ferez plaisir en dînant à leur restaurant.

NEUENKIRCHEN KREIS SOLTAU-FALLINGBOSTEL Niedersachsen �415�416 G 13 –
    5 600 Ew – Höhe 68 m – Luftkurort.
    🛈 Tourist-Information, Kirchstr. 9, ✉ 29643, ✆ (05195) 51 39, Fax (05195) 5128.
    Berlin 331 – Hannover 90 – Hamburg 77 – Bremen 71 – Lüneburg 62.

In Neuenkirchen-Tewel Nord-West : 6 km :

X **Landhaus Tewel** mit Zim, Dorfstr. 17 (B 71), ✉ 29643, ✆ (05195) 18 57, LAND-
    HAUSTEWEL@t-online.de, Fax (05195) 2746, 🍴 – 📺 ℗. ⚈ ⓘ ⓦⓞ 𝘝𝘐𝘚𝘈 ✂
    geschl. Jan. – **Menu** (geschl. Juli - Okt. Montag, Nov.- Juni Montag - Dienstag sowie nur
    Abendessen) à la carte 37/67 – **7 Z** ⚅ 85 – 100/120.

NEUENKIRCHEN KREIS STEINFURT Nordrhein-Westfalen �417 J 6 – 12 000 Ew – Höhe 64 m.
    Berlin 482 – Düsseldorf 180 – Nordhorn 45 – Enschede 37 – Münster (Westfalen) 43 –
    Osnabrück 54.

🏠 **Wilminks Parkhotel,** Wettringer Str. 46 (B 70), ✉ 48485, ✆ (05973) 9 49 60, Wilm
    inks-Parkhotel@Landidyll.de, Fax (05973) 1817, 🍴 – ⚅ – ✕ – ⚄ Zim, 📺 ⚅ ℗ – 🛎 70.
    ⚈ ⓘ ⓦⓞ 𝘝𝘐𝘚𝘈
    Menu (geschl. Anfang Jan. 1 Woche, Sonntagabend - Montagmittag) à la carte 44/73 –
    30 Z ⚅ 100/130 – 155/180.

XX **Kleines Restaurant Thies,** Sutrum-Harum 9, ✉ 48485, ✆ (05973) 27 09,
⚄ Fax (05973) 780, 🍴, « Elegant-rustikale Einrichtung » – ℗.
    geschl. Anfang - Mitte April, Anfang Juli 3 Wochen, Montag - Dienstag – **Menu** (nur Abend-
    essen) (Tischbestellung ratsam) 45/90 und à la carte.

NEUENRADE Nordrhein-Westfalen �417 M 7 – 12 000 Ew – Höhe 324 m.
    Berlin 521 – Düsseldorf 103 – Arnsberg 31 – Iserlohn 22 – Werdohl 6.

🏠 **Kaisergarten** ⬙, Hinterm Wall 15, ✉ 58809, ✆ (02392) 6 10 15, Fax (02392) 61052,
    🍴, ✈ – 📺 ℗ – 🛎 300. ⚈ ⓘ ⓦⓞ 𝘝𝘐𝘚𝘈 𝘫𝘤𝘣
    Menu (geschl. Dienstagmittag) à la carte 38/89 – **9 Z** ⚅ 92 – 140/149.

NEUENSTEIN Hessen �417�418 N 12 – 3 200 Ew – Höhe 400 m.
    Berlin 418 – Wiesbaden 166 – Kassel 57 – Bad Hersfeld 11 – Fulda 53.

In Neuenstein-Aua :

🏠 **Landgasthof Hess,** Geistalstr. 8, ✉ 36286, ✆ (06677) 4 43, hotel-hess@t-online.de,
    Fax (06677) 1322, 🍴, ⚅, ✈ – 🔌, ⚄ Zim, 📺 📞 ⚅ – 🛎 50. ⚈ ⓘ ⓦⓞ 𝘝𝘐𝘚𝘈
    Menu à la carte 29/59 – **47 Z** ⚅ 85/130 – 120/200.

NEUENWEG *Baden-Württemberg* `419` *W 7 – 380 Ew – Höhe 750 m – Erholungsort – Wintersport :*
800/1 414 m ✔2 ✘.

Berlin 818 – Stuttgart 259 – Freiburg im Breisgau 49 – Basel 49 – Müllheim 21.

🏠 **Gretherhof,** Dorfplatz 4, ✉ 79691, 𝒫 (07673) 74 50, info@gretherhof.de,
🍴 Fax (07673) 283, 🍽 – 🛗, ⇄ Zim, 📺 📱 🐾 *VISA*
geschl. Mitte Jan. - Anfang Feb. – **Menu** (geschl. Montag) 20/49 und à la carte – **17 Z**
🛏 85/95 – 100/150.

In Bürchau *Süd : 3 km – Wintersport : ✔1 – Erholungsort :*

🏠 **Berggasthof Sonnhalde** 🐾 (mit Gästehaus), Untere Sonnhalde 37, ✉ 79683,
𝒫 (07629) 2 60, Sonnhalde-Buerchau@t-online.de, Fax (07629) 1737, ≼, 🍽, 🔲, 🌿 ✘
– 🚲 📱
geschl. 19. Nov. - 19. Dez. – **Menu** (geschl. Montag - Dienstag) à la carte 28/71 🔥 – **20 Z**
🛏 56/74 – 110/140 – ½ P 15.

NEUFAHRN BEI FREISING *Bayern* `419` `420` *V 18 – 14 500 Ew – Höhe 463 m.*

Berlin 569 – München 23 – Regensburg 106 – Landshut 55.

🏨 **Maisberger,** Bahnhofstr. 54 (am S-Bahnhof), ✉ 85375, 𝒫 (08165) 6 20 03,
Fax (08165) 61190, Biergarten, ⇄s – 🛗 📺 📱 – 🔬 20. 🆎 ⓞ 🐾 *VISA*
Menu (geschl. Montag) à la carte 26/45 – **39 Z** 🛏 120/160 – 160/200.

🏨 **Gumberger,** Echinger Str. 1, ✉ 85375, 𝒫 (08165) 94 80, Fax (08165) 948499, 🍽 –
🛗 📺 📞 🚲 📱 – 🔬 90. 🆎 ⓞ 🐾 *VISA*
geschl. 11.- 26. Aug., 27. Dez.- 5. Jan. – **Menu** à la carte 25/53 – **55 Z** 🛏 120/160 –
175/190.

NEUFAHRN IN NIEDERBAYERN *Bayern* `420` *T 20 – 3 300 Ew – Höhe 404 m.*

Berlin 526 – München 94 – Regensburg 38 – Ingolstadt 74 – Landshut 22.

🏨 **Schloßhotel Neufahrn** (mit Gästehaus), Schloßweg 2, ✉ 84088, 𝒫 (08773) 70 90,
message@schlosshotel-neufahrn.de, Fax (08773) 1559, « Ehemaliger Herrensitz a.d.
14.Jh., Innenhofterrasse », ⇄s, 🌿 – ⇄ Zim, 📺 📱 – 🔬 90. 🆎 ⓞ 🐾 *VISA*
Montgelas (geschl. Anfang Jan. 1 Woche, Sonntagabend) **Menu** à la carte 49/73 – **60 Z**
🛏 140/180 – 180/220.

NEUFELD *Schleswig-Holstein siehe Brunsbüttel.*

NEUFFEN *Baden-Württemberg* `419` *U 12 – 5 000 Ew – Höhe 405 m.*

Ausflugsziel : Hohenneuffen : Burgruine★ (⁕★), Ost : 12 km.
Berlin 636 – Stuttgart 42 – Reutlingen 17 – Ulm (Donau) 70.

🏠 **Traube** (mit Gästehaus), Hauptstr. 24, ✉ 72639, 𝒫 (07025) 9 20 90,
Fax (07025) 920929, 🍽, ⇄s – 📺 📞 🚲 📱 🆎 ⓞ 🐾 *VISA*
Menu (geschl. Freitagabend - Samstag, Sonntagabend) à la carte 36/73 – **12 Z** 🛏 90/120
– 150/160.

NEUHARLINGERSIEL *Niedersachsen* `415` *E 7 – 1 500 Ew – Höhe 2 m – Nordseeheilbad.*

🅱 Kurverein, Hafenzufahrt-West 1, ✉ 26427, 𝒫 (04974) 18 80, Fax (04974) 788.
Berlin 517 – Hannover 257 – Emden 58 – Oldenburg 87 – Wilhelmshaven 46.

🏨 Mingers (mit Gästehaus), Am Hafen - West 1, ✉ 26427, 𝒫 (04974) 91 30,
Fax (04974) 91321, ≼, 🍽 – 🛗 📺 🚲 📱
32 Z.

🏨 **Janssen's Hotel,** Am Hafen - West 7, ✉ 26427, 𝒫 (04974) 9 19 50, Hafenhotel@a
ol.com, Fax (04974) 702, ≼, 🍽 – 🛗 📺 📱 🆎 ⓞ 🐾 *VISA*, ⇄ Zim
geschl. 1.- 25. Dez., 8. Jan. - 10. Feb. – **Menu** (geschl. Donnerstag) (nur Abendessen) à la
carte 38/57 – **27 Z** 🛏 105/125 – 162/178 – ½ P 28.

🏠 **Rodenbäck,** Am Hafen - Ost 2, ✉ 26427, 𝒫 (04974) 2 25, Fax (04974) 833, ≼ – 📺
📱 ⇄ Zim
geschl. Ende Nov. - 26. Dez. – **Menu** (geschl. Montag) à la carte 31/52 – **13 Z** 🛏 70/125
– 125/155.

✕✕ **Poggenstool** mit Zim, Addenhausen 1, ✉ 26427, 𝒫 (04974) 9 19 10,
Fax (04974) 919120, 🍽 – ⇄ 📺 📱 ⇄ Zim
gesch. Mitte Jan. - Mitte Feb. – **Menu** (geschl. Montagabend - Dienstag) à la carte 44/78
– **7 Z** 🛏 90/120 – 158/206 – ½ P 20/25.

NEUHAUS AM RENNWEG Thüringen 418 420 O 17 – 7 300 Ew – Höhe 835 m – Erholungsort
– Wintersport : ✦2 ✦.
🛈 Tourist-Information, Passage am Markt, Kirchweg 2, ✉ 98724, ✆ (03679) 72 20 61,
Fax (03679) 700228.
Berlin 321 – Erfurt 109 – *Coburg 44* – Fulda 168.

🏠 **Schieferhof,** Eisfelder Str. 26, ✉ 98724, ✆ (03679) 77 40, SCHIEFERHOF@ t-online.de,
Fax (03679) 774100, ☆, « Einrichtung im Landhausstil », ⊖s – 🛗, ⅙⅔ Zim, 📺 ✆ 🅿 –
🔬 60. 🆎 ⓜⓞ 𝗩𝗜𝗦𝗔
Menu à la carte 43/71 – **39 Z** ⊆ 125/140 – 140/190 – ½ P 25.

🏠 **Rennsteighotel Herrnberger Hof,** Eisfelder Str. 44, ✉ 98724, ✆ (03679) 7 92 00,
Rennsteighotel@ t-online.de, Fax (03679) 792099, ⊖s – 🛗, ⅙⅔ Zim, 📺 ✆ 🅿 – 🔬 30. 🆎
ⓜⓞ 𝗩𝗜𝗦𝗔
Menu à la carte 28/47 – **23 Z** ⊆ 80/95 – 140/180 – ½ P 20.

NEUHAUSEN AUF DEN FILDERN Baden-Württemberg 419 T 11 – 10 300 Ew – Höhe 280 m.
Berlin 648 – *Stuttgart 21* – Esslingen 10 – Göppingen 36 – Reutlingen 27 – Tübingen 36.
XX **Ochsen,** Kirchstr. 12, ✉ 73765, ✆ (07158) 6 70 16, Fax (07158) 67016, ☆,
« Restauriertes Fachwerkhaus a.d. 17. Jh. »
geschl. 23. Mai - 13. Juni, Montag - Dienstag – **Menu** à la carte 52/78 – **Ochsenstube**
Menu à la carte 29/68.

NEUHOF Hessen 417 418 O 12 – 10 500 Ew – Höhe 275 m.
Berlin 464 – Wiesbaden 133 – *Fulda 14* – Frankfurt am Main 89.

In Kalbach-Grashof Süd : 8 km über Kalbach - Mittelkalbach :
🏠 **Landhotel Grashof** ⦂, Grashof 4, ✉ 36148, ✆ (06655) 97 70, Fax (06655) 97755,
Biergarten, ⊖s, ⛲ – 📺 ✆ 🅿 – 🔬 60. 🆎 ⓜⓞ 𝗩𝗜𝗦𝗔 ⅙ Rest
Menu (geschl. Montag) à la carte 30/55 – **37 Z** ⊆ 84/105 – 129/149 – ½ P 20.

NEUHOF AN DER ZENN Bayern 419 420 R 15 – 2 000 Ew – Höhe 335 m.
Berlin 480 – München 198 – *Nürnberg 44* – Würzburg 81.

🏠 **Riesengebirge,** Marktplatz 14, ✉ 90616, ✆ (09107) 92 00, hotel@ riesengebirge.de,
Fax (09107) 920300, « Innenhofterrasse », ⊖s – 🛗, ⅙⅔ Zim, 📺 🅿 – 🔬 55. 🆎 ⓞ
ⓜⓞ 𝗩𝗜𝗦𝗔
Menu (geschl. Aug. 3 Wochen, Sonntagabend) 35/40 (mittags) à la carte 51/76 – **56 Z**
⊆ 154/164 – 179/198.

NEUHUETTEN Rheinland-Pfalz siehe Hermeskeil.

NEU-ISENBURG Hessen siehe Frankfurt am Main.

NEU KALISS Mecklenburg-Vorpommern 416 G 17 – 2 000 Ew – Höhe 10 m.
Berlin 216 – *Schwerin 63* – Dannenberg 18 – Stendal 82.

In Neu Kaliß-Heiddorf :
🏠 **Eichenhof,** Ludwigsluster Str. 2, ✉ 19294, ✆ (038758) 31 50, HotelEichenhof@t-o
nline.de, Fax (038758) 31592, ☆, ⊖s, ⃟ – ⅙⅔ Zim, 📺 ✆ 🅿 – 🔬 150. 🆎 ⓞ ⓜⓞ 𝗩𝗜𝗦𝗔
Menu à la carte 33/68 – **40 Z** ⊆ 85/115 – 150/180.

NEUKIRCHEN (ERZGEBIRGE) Sachsen siehe Chemnitz.

NEUKIRCHEN BEIM HL. BLUT Bayern 420 S 22 – 4 200 Ew – Höhe 490 m – Wintersport :
670/1 050 m ✦3 ✦.
🛈 Tourist-Information, Marktplatz 10, ✉ 93453, ✆ (09947) 94 08 21, Fax (09947)
940844.
Berlin 505 – München 208 – *Passau 108* – Cham 30 – Zwiesel 46.

In Neukirchen b.Hl.Blut-Mais Süd : 3 km :
🏠 Burghotel Am Hohen Bogen ⦂, Mais 31, ✉ 93453, ✆ (09947) 20 10, burghotel.n
eukirchen@ eurhotel-online.com, Fax (09947) 201293, ≼, ☆, Massage, ⚕, ⊖s,
▨ (geheizt), ⃟, ⛲, ⅗ – 🛗, ⅙⅔ Zim, 📺 ✆ ☏ ⇔ 🅿 – 🔬 60. ⅙ Rest
125 Z.

NEUKIRCHEN (KNÜLLGEBIRGE) Hessen 🆔 N 12 – 8 000 Ew – Höhe 260 m – Kneipp- und Luftkurort.

🅱 Kurverwaltung, Am Rathaus 10, ✉ 34626, 𝒫 (06694) 8 08 12, Fax (06694) 80838.
Berlin 436 – Wiesbaden 148 – Kassel 74 – Bad Hersfeld 33 – Marburg 52.

🏨 **Landhotel Combecher,** Kurhessenstr. 32 (B 454), ✉ 34626, 𝒫 (06694) 97 80, Hote lCombecher@VR-Web.de, Fax (06694) 978200, 🌳, Massage, 🛁, ♨, ⬛, 🚗 – ⟲ Zim, 📺 ✆ ⟷ 🅿 – 🕭 50. 🅰🅴 ① ⓜⓞ 𝗩𝗜𝗦𝗔
Menu (geschl. Nov. - März Sonntagabend) à la carte 30/57 – **38 Z** ⊇ 70/90 – 100/140 – ½ P 22.

NEUKLOSTER Mecklenburg-Vorpommern 🆔🆔 E 19 – 5 000 Ew – Höhe 30 m.
Berlin 223 – Schwerin 46 – Rostock 44 – Lübeck 77 – Sternberg 27 – Hamburg 148.

In Nakenstorf Süd : 2,5 km :

🏨 **Seehotel** ⟲, Seestr. 1, ✉ 23992, 𝒫 (038422) 2 54 45, SEEHOTELamNeuklostersee @t-online.de, Fax (038422) 25630, 🌳, « Lage am See », 🕭, 🐾, 🚗, 🎿, 🛶 Bootssteg – 📺 🅿 – 🕭 30. ⓜⓞ
geschl. 7. Jan. - 20. Feb. – **Menu** à la carte 35/69 – **15 Z** ⊇ 95/130 – 130/200 – ½ P 28.

NEULEININGEN Rheinland-Pfalz siehe Grünstadt.

NEULINGEN Baden-Württemberg siehe Pforzheim.

NEUMAGEN-DHRON Rheinland-Pfalz 🆔 Q 4 – 2 700 Ew – Höhe 120 m.
🅱 Tourist-Information, Hinterburg 8, ✉ 54347, 𝒫 (06507) 65 55, Fax (06507) 6550.
Berlin 695 – Mainz 133 – Trier 40 – Bernkastel-Kues 20.

🏨 **Gutshotel Reichsgraf von Kesselstatt** ⟲, Balduinstr. 1, ✉ 54347, 𝒫 (06507) 20 35, info@gutshotel-kesselstatt.de, Fax (06507) 5644, ≤, 🌳, « Ehemaliges Weingut », 🕭, 🍴, 🚗, 🎿 – 📺 🅿 🅴 🅰🅴 ① ⓜⓞ 𝗩𝗜𝗦𝗔
geschl. Anfang Jan. - Anfang Feb. – **Menu** (geschl. Montag) (Dienstag - Freitag nur Abend-essen) à la carte 45/87 – **18 Z** ⊇ 120/160 – 170/260 – ½ P 48.

🏨 **Zum Anker,** Moselstr. 14, ✉ 54347, 𝒫 (06507) 63 97, HotelzumAnker@t-online.de, Fax (06507) 6399, 🌳 – 📺 🅿 🅰🅴 ① ⓜⓞ 𝗩𝗜𝗦𝗔
geschl. 7. Jan. - 20. Feb. – **Menu** (geschl. Nov. - März Mittwoch) à la carte 27/65 🍴 – **15 Z** ⊇ 56/60 – 112 – ½ P 29.

🏨 **Zur Post** (mit Gästehaus), Römerstr. 79, ✉ 54347, 𝒫 (06507) 21 14, Fax (06507) 6535, 🌳 – 📺 ⟷ 🅿 ⓜⓞ 𝗩𝗜𝗦𝗔
geschl. Feb. – **Menu** (geschl. Montag) (Dienstag - Freitag nur Abendessen) à la carte 32/52 🍴 – **16 Z** ⊇ 60/75 – 90/120 – ½ P 18.

NEUMARKT IN DER OBERPFALZ Bayern 🆔🆔 S 18 – 40 000 Ew – Höhe 429 m.
🏌 Pölling (Nord-West 3 km), 𝒫 (09188) 39 79 ; 🏌 Lauterhofen (Nord-Ost : 17 km), 𝒫 (09186) 15 74.
🅱 Tourist-Information, Rathauspassage, ✉ 92318, 𝒫 (09181) 1 94 33, Fax (09181) 255198.
Berlin 454 – München 138 – Nürnberg 47 – Amberg 40 – Regensburg 72.

🏨 **Lehmeier,** Obere Marktstr. 12, ✉ 92318, 𝒫 (09181) 2 57 30, Landidyll-Hotel-Lehmei er@t-online.de, Fax (09181) 257337, 🌳 – ⟲ Zim, 📺 ✆ 🅿 🅰🅴 ① ⓜⓞ 𝗩𝗜𝗦𝗔
Menu (geschl. Ende Feb. - Anfang März, Dienstagmittag, Nov. - März Dienstag) à la carte 28/58 – **19 Z** ⊇ 105/125 – 139/159.

🏨 **Mehl** ⟲, Am Viehmarkt, ✉ 92318, 𝒫 (09181) 29 20, Info@hotel-mehl.de, Fax (09181) 292110, 🌳 – 🛗, ⟲ Zim, 📺 ✆ 🅿 🅰🅴 ① ⓜⓞ 𝗩𝗜𝗦𝗔 🍴 Rest
Menu (geschl. 1. Jan. - 21. Jan., 12. Aug. - 1. Sept., Sonntagabend - Dienstagmittag) à la carte 38/71 – **23 Z** ⊇ 99/125 – 135/168.

🏨 **Dietmayr,** Bahnhofstr. 4, ✉ 92318, 𝒫 (09181) 2 58 70, Fax (09181) 258749, 🌳 – 🛗 📺 ✆ ⟷ 🅿 ① ⓜⓞ 𝗩𝗜𝗦𝗔 🍴
geschl. 1. - 9. Jan. – **Menu** (geschl. 2. Juni - 16. Juli, Dienstag) à la carte 28/54 – **20 Z** ⊇ 99 – 145/165.

🏨 **Nürnberger Hof,** Nürnberger Str. 28a, ✉ 92318, 𝒫 (09181) 4 84 00, Fax (09181) 44467 – ⟲ Zim, 📺 ⟷ 🅿 ⓜⓞ 𝗩𝗜𝗦𝗔
Menu (geschl. 24. Dez. - 10. Jan., Sonntag) (nur Abendessen) à la carte 30/48 – **59 Z** ⊇ 95/120 – 140/150.

NEUMÜNSTER Schleswig-Holstein 415 416 D 13 – 82 000 Ew – Höhe 22 m.

🏌 Aukrug-Bargfeld (West : 15 km), ℘ (04873) 5 95.

🛈 Tourist-Information, Großflecken 26a (Pavillon), ✉ 24534, ℘ (04321) 4 32 80, Fax (04321) 202399.

ADAC, Großflecken 71.

Berlin 330 ③ – Kiel 39 ⑥ – Flensburg 100 ⑥ – Hamburg 66 ⑤ – Lübeck 58 ③

NEUMÜNSTER

🏠 **Hotelchen am Teich** Ⓜ garni, Am Teich 5, ✉ 24534, ℰ (04321) 4 90 40,
Fax (04321) 490444 – 🛗 ✤ 📺 ℰ ⅙ 🅿 ℀ 🅔 🕕 📞 𝘝𝘐𝘚𝘈   Z a
16 Z ⊑ 145/169 – 169/189.

🏠 **Prisma,** Max-Johannsen-Brücke 1, ✉ 24537, ℰ (04321) 90 40, info@hotel-prisma.be
stwestern.de, Fax (04321) 904444, 🛋, 🃏, ⅏ – 🛗, ✤Zim, 📺 ℰ ⅙ ⟷ 🅿 – 🔬 140.
🅔 🕕 📞 𝘝𝘐𝘚𝘈, ℀ Rest   Y b
Menu à la carte 41/57 – **93 Z** ⊑ 180/220 – 230/250.

🏠 **Villa Mühlenhof** 🌿 garni, Mühlenhof 49, ✉ 24534, ℰ (04321) 4 10 30,
Fax (04321) 410433, « Villa im Stil der Gründerzeit ; Gartenanlage » – ✤ 📺 ℰ 🅿
📞 𝘝𝘐𝘚𝘈   Z h
5 Z ⊑ 150/170 – 240.

🏠 **Neues Parkhotel** garni, Parkstr. 29, ✉ 24534, ℰ (04321) 94 06, NeuesParkhotel@t
-online.de, Fax (04321) 43020 – 🛗 ✤ 📺 ⟷ 🅿 – 🔬 30. 🅔 🕕 📞 𝘝𝘐𝘚𝘈   Y f
53 Z ⊑ 129/159 – 169/199.

🏠 **Firzlaff's Hotel** garni, Rendsburger Str. 183 (B 205), ✉ 24537, ℰ (04321) 9 07 80,
Hotel-Firzlaff@t-online.de, Fax (04321) 54248 – 📺 🅿. 📞 𝘝𝘐𝘚𝘈   Y x
18 Z ⊑ 85/105 – 125/145.

✕✕ **Am Kamin,** Probstenstr. 13, ✉ 24534, ℰ (04321) 4 28 53, Fax (04321) 42919 – 🅔
📞 𝘝𝘐𝘚𝘈   Z d
geschl. Samstagmittag, Sonn- und Feiertage – **Menu** 58/110 und à la carte.

✕✕ **Pressekeller,** Gänsemarkt 1, ✉ 24534, ℰ (04321) 4 23 93, service@pressekeller.de,
Fax (04321) 48141, 🛋 – 🔬 100. 🅔 🕕 📞 𝘝𝘐𝘚𝘈   YZ c
Menu (geschl. Sonntagabend) à la carte 33/71.

In Neumünster-Einfeld über ① : 3 km :

🏠 **Tannhof,** Kieler Str. 452, ✉ 24536, ℰ (04321) 9 55 80, Fax (04321) 955855, 🛋, 🔳
– ✤ Zim, 📺 ⅙ 🅿 – 🔬 100. 🅔 📞 𝘝𝘐𝘚𝘈 ℀ Zim
Menu à la carte 35/59 – **33 Z** ⊑ 95 – 145/185.

✕✕ **Zur Alten Schanze,** Einfelder Schanze 96 (am See, Nord : 2,5 km), ✉ 24536,
ℰ (04321) 95 95 80, Mader-ZuraltenSchanze@t-online.de, Fax (04321) 959582,
« Terrasse » – 🅿. 🅔 📞 𝘝𝘐𝘚𝘈
Menu à la carte 42/70.

In Neumünster-Gadeland über ③ : 3,5 km :

🏠 **Kühl** (mit Gästehaus), Segeberger Str. 74 (B 205), ✉ 24539, ℰ (04321) 70 80,
Fax (04321) 70880 – 📺 ⟷ 🅿. 📞 𝘝𝘐𝘚𝘈. ℀ Rest
Menu (geschl. Sonn- und Feiertage) (nur Abendessen) à la carte 30/53 – **33 Z** ⊑ 80/95
– 120/130.

Restaurants avec **Menu** 🕸, ❀, ❀❀ *ou* ❀❀❀ : *voir le chapitre explicatif.*

NEUNBURG VORM WALD Bayern 🔢🔢 R 21 – 7 300 Ew – Höhe 398 m – Erholungsort.
Berlin 456 – München 175 – Regensburg 56 – Cham 35 – Nürnberg 105.

In Neunburg vorm Wald-Hofenstetten West : 9 km :

🏠 **Landhotel Birkenhof** Ⓜ 🌿, ✉ 92431, ℰ (09439) 95 00, info@Landhotel-birken
hof.de, Fax (09439) 950150, ≤ Oberpfälzer Seenlandschaft, 🛋, 🃏, ⅏, 🔳, 🌳, 🔶 –
🛗 📺 ℰ ⅙ ⟷ 🅿 – 🔬 80. 🅔 📞 𝘝𝘐𝘚𝘈. ℀
Eisvogel (Tischbestellung ratsam) **Menu** à la carte 57/81 – **Turmfalke : Menu** à la carte
29/56 – **80 Z** ⊑ 90/105 – 150/170, 4 Suiten – ½ P 34.

NEUNKIRCHEN Baden-Württemberg 🔢🔢 R 11 – 1 500 Ew – Höhe 350 m.
Berlin 605 – Stuttgart 92 – Mannheim 55 – Heidelberg 34 – Heilbronn 40 – Mosbach 15.

🏠 **Park- und Sporthotel Stumpf** 🌿, Zeilweg 16, ✉ 74867, ℰ (06262) 9 22 90,
Fax (06262) 9229100, ≤, 🛋, « Garten », ⅏, 🔳, ℀ – 🛗, ✤ Zim, 📺 🅿 – 🔬 20. 🅔
🕕 📞 𝘝𝘐𝘚𝘈. ℀ Rest
Menu à la carte 39/66 (auch vegetarische Gerichte) – **48 Z** ⊑ 112/145 – 212/
252.

NEUNKIRCHEN AM BRAND Bayern 🔢🔢 R 17 – 7 000 Ew – Höhe 317 m.
Berlin 423 – München 190 – Nürnberg 25 – Bamberg 40.

🏠 **Landhotel Selau** 🌿, In der Selau 5, ✉ 91077, ℰ (09134) 70 10, Fax (09134) 701187,
🛋, ⅏, 🔳, 🌳, ℀(Halle) – 🛗 📺 ℰ ⅙ 🅿 – 🔬 80. 🅔 🕕 📞 𝘝𝘐𝘚𝘈 🃏
Menu à la carte 32/63 – **64 Z** ⊑ 130 – 140/160.

NEUNKIRCHEN/SAAR *Saarland* **417** *R 5 – 52 000 Ew – Höhe 255 m.*

Berlin 690 – Saarbrücken 22 – Homburg/Saar 15 – Idar-Oberstein 60 – Kaiserslautern 51.

In Neunkirchen-Kohlhof *Süd-Ost : 5 km :*

XXX **Hostellerie Bacher** mit Zim, Limbacher Str. 2, ⊠ 66539, ℰ (06821) 3 13 14,
Fax (06821) 33465, 😊, 🍴, 🛏, – 📺 ✆ ⚓ 💼 – ⚒ 30. 🇦🇪 ⓞ 🅼🅾 𝗩𝗜𝗦𝗔
Menu *(geschl. Juni - Juli 3 Wochen, Sonntag - Montag)* (Tischbestellung ratsam, bemerkenswerte Weinkarte) à la carte 62/112 – **15 Z** ⊑ 85/120 – 160/220
Spez. Scampis auf grünen Bohnen mit Schafskäse überbacken. Seeteufel an der Gräte gebraten mit Tomatenragoût. Taubenbrüstchen in Blätterteig mit Gänsestopfleber und Trüffelsauce.

NEUNKIRCHEN-SEELSCHEID *Nordrhein-Westfalen* **417** *N 6 – 17 000 Ew – Höhe 180 m.*

Berlin 598 – Düsseldorf 81 – Bonn 24 – Köln 40.

Im Ortsteil Neunkirchen :

🏠 **Kurfürst,** Hauptstr. 13, ⊠ 53819, ℰ (02247) 30 80, hotel-kurfuerst@debitel.net,
Fax (02247) 30888, 😊, 🍴, – 📺 💼 – 🛏 80. 🇦🇪 ⓞ 🅼🅾 𝗩𝗜𝗦𝗔
Menu à la carte 32/68 – **22 Z** ⊑ 90/100 – 150.

NEUPETERSHAIN *Brandenburg* **418** *L 26 – 2 200 Ew – Höhe 95 m.*

Berlin 152 – Potsdam 160 – Cottbus 22 – Dresden 79.

In Neupetershain-Nord *Nord : 2 km :*

🏡 **Zum Gutshof,** Karl-Marx-Str. 6, ⊠ 03103, ℰ (035751) 25 60, zumgutshof@t-online
.de, Fax (035751) 25680, Biergarten – 🍴 Zim, 📺 💼 – 🛏 20. 🇦🇪 ⓞ 🅼🅾 𝗩𝗜𝗦𝗔
Menu à la carte 28/43 – **33 Z** ⊑ 100 – 140/180.

NEUPOTZ *Rheinland-Pfalz* **419** *S 8 – 1 600 Ew – Höhe 110 m.*

Berlin 665 – Mainz 123 – Karlsruhe 23 – Landau 23 – Mannheim 52.

X **Zum Lamm** mit Zim, Hauptstr. 7, ⊠ 76777, ℰ (07272) 28 09, Fax (07272) 77230 –
📺 💼
Menu *(geschl. Weihnachten - Anfang Jan., Juni - Juli 3 Wochen, Sonn- und Feiertage, Dienstag)* (Tischbestellung ratsam) à la carte 27/67 🍷 – **7 Z** ⊑ 45/55 – 90/110.

NEURIED *Baden-Württemberg* **419** *U 7 – 7 700 Ew – Höhe 148 m.*

Berlin 755 – Stuttgart 156 – Karlsruhe 85 – Lahr 21 – Offenburg 11 – Strasbourg 19 – Freiburg im Breisgau 59.

In Neuried-Altenheim : *Nord : 2 km :*

🏠 **Ratsstüble,** Kirchstr. 38, ⊠ 77743, ℰ (07807) 9 28 60, Fax (07807) 928650, 😊, 🍴
– 🍴 Zim, 📺 💼
Menu *(geschl. Ende März 2 Wochen, Anfang Aug. 2 Wochen, Sonntag)* (nur Abendessen)
à la carte 36/52 🍷 – **31 Z** ⊑ 65/105.

NEURUPPIN *Brandenburg* **416** *H 22 – 33 000 Ew – Höhe 47 m.*

🛈 *Tourismus-, Informations- und Servicezentrum, Bürger Bahnhof, Karl-Marx-Str. 1,*
⊠ *16816,* ℰ *(03391) 4 54 60, Fax (03391) 454666.*

Berlin 76 – Potsdam 75 – Brandenburg 90.

🏡 **Altes Kasino-Hotel am See,** Seeufer 11, ⊠ 16816, ℰ (03391) 30 59,
Fax (03391) 358684, <, 😊, – 🍴 Zim, 📺 💼 🇦🇪 🅼🅾 𝗩𝗜𝗦𝗔
Menu à la carte 26/50 – **20 Z** ⊑ 90/130 – 140/195.

🏠 **Zum alten Siechenhospital,** Siechenstr. 4, ⊠ 16816, ℰ (03391) 65 08 00,
Fax (03391) 652050, 😊 – 📺 💼
Weinstube Up Hus *(geschl. Ende Dez. - Anfang Jan., Montagmittag, Okt. - April Montag)*
(im Winter Dienstag - Freitag nur Abendessen) **Menu** à la carte 28/49 – **17 Z** ⊑ 75/100
– 110/160.

In Neuruppin-Alt Ruppin *Nord-Ost : 4,5 km :*

🏠 **Am Alten Rhin,** Friedrich-Engels-Str. 12, ⊠ 16827, ℰ (03391) 76 50, Hotel.AmAlte
nRhin@t-online.de, Fax (03391) 76564, 😊, 🍴 – 📺 ✆ 🛗 💼 – 🛏 100. 🇦🇪 ⓞ 🅼🅾 𝗩𝗜𝗦𝗔
Menu à la carte 27/53 – **40 Z** ⊑ 95/125 – 130/180.

NEUSÄSS *Bayern* 419 420 *U 16 – 20 000 Ew – Höhe 525 m.*
Berlin 561 – München 75 – Augsburg 7 – Ulm (Donau) 89.

In Neusäß-Steppach *Süd : 2 km :*

Brauereigasthof Fuchs, Alte Reichsstr. 10, ✉ 86356, ✆ (0821) 48 10 57, *Fax (0821) 485845*, ☂, Biergarten – TV P
Menu à la carte 32/59 – **32 Z** ▭ 95/125 – 180.

Per una migliore utilizzazione della guida, leggete attentamente le spiegazioni.

NEUSS *Nordrhein-Westfalen* 417 *M 4 – 149 700 Ew – Höhe 40 m.*
Sehenswert : *St. Quirinus-Münster★ CY.*
Ausflugsziel : *Schloß Dyck★ Süd-West : 9 km über ③.*
18 9 Rittergut Birkhof (⑤ : 9 km über Büttgen), ✆ (02131) 5 10 60.
Tourist-Information, Markt 4, ✉ 41460, ✆ (02131) 27 32 42, Fax (02131) 222559.
ADAC, *Oberstr. 91 (im Haus Horten).*
Berlin 563 ④ – Düsseldorf 12 – Köln 38 ① – Krefeld 20 ④ – Mönchengladbach 21 ④

NEUSS

Berghäuschens Weg ..... BX 3
Bergheimer Straße .... AX 4
Bonner Straße .... BX 5
Burgunder Straße .... BX 6
Dreikönigenstraße .... AX 8
Düsseldorfer Straße .... ABX 9
Engelbertstraße .... AX 10
Fesserstraße .... AX 12
Jülicher Landstraße .... AX 16
Schillerstraße .... BX 26
Stresemannallee .... BX 31
Venloer Straße .... AX 33
Viersener Straße .... AX 34

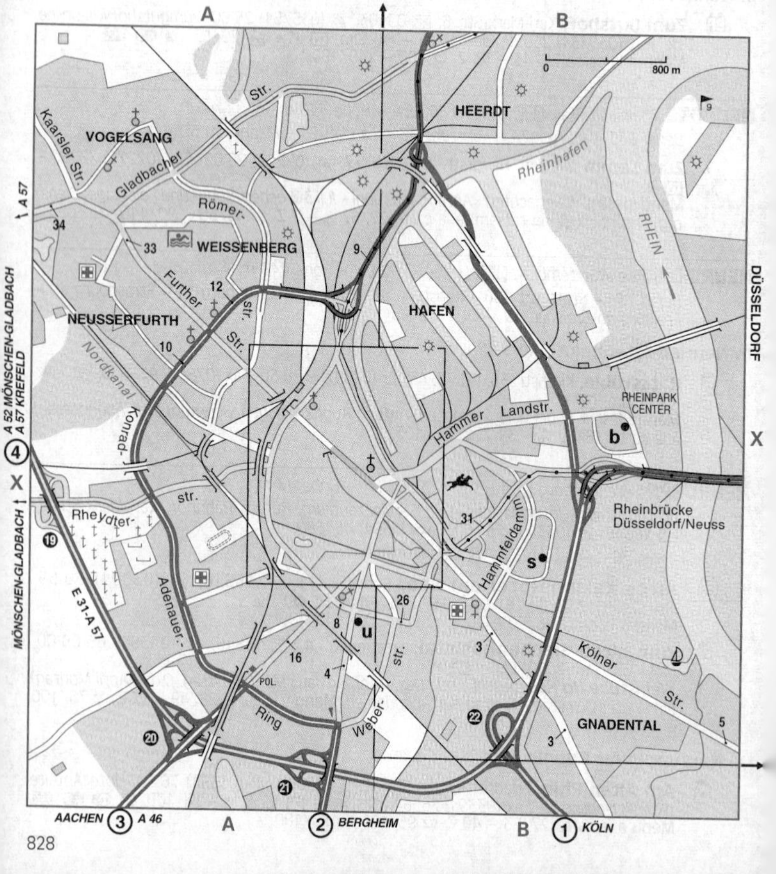

Swissôtel ⟶, Rheinallee 1, ⊠ 41460, ℰ (02131) 77 00, *sales.duesseldorf@swissote l.com*, Fax (02131) 771366, ≤, ₤₅, ⋸s, ⬛ – ▯⯑, ⋺ Zim, 🖿 📺 ℰ ⟶ 🅿 – 🔏 1000.
AE ① ⑩ VISA JCB ⋘ Rest
BX b
Menu 43 (Lunchbuffet) à la carte 51/85 – ⌇ 29 – **246 Z** 275/305 – 325/355.

Dorint Am Rosengarten Ⓜ, Selikumer Str. 25, ⊠ 41460, ℰ (02131) 26 20, *Info .DUSNEU@dorint.com*, Fax (02131) 262100, 😊, ₤₅, ⋸s – ▯⯑, ⋺ Zim, 🖿 📺 ℰ ⅋ ⟶
🅿 – 🔏 550. AE ① ⑩ VISA JCB
CZ s
Menu (geschl. Montagabend) à la carte 48/73 – **Nobber's Eck** (geschl. Sonntag) (nur
Abendessen) **Menu** à la carte 34/53 – ⌇ 28 – **209 Z** 220/450 – 220/490, 5 Suiten.

Holiday Inn Ⓜ, Anton-Kux-Str. 1, ⊠ 41460, ℰ (02131) 18 40, *Neuss@holiday-inn-h
otel.de*, Fax (02131) 184184, 😊, ⋸s – ▯⯑, ⋺ Zim, 📺 ℰ ⅋ ⟶ – 🔏 120. AE ① ⑩
VISA JCB ⋘ Rest
BX s
Menu 42 (mittags nur Buffet) à la carte 47/71 – ⌇ 26 – **220 Z** 225/372, 47 Suiten.

NEUSS

🏠 **Rema-Hotel Mirage** garni, Krefelder Str. 1, ⊠ 41460, 𝒫 (02131) 27 80 01, *mirage @remahotel.de*, Fax (02131) 278243, ⇔s, 🔲 – ⚡ ↝ 📺 ⟺ – 🛃 30. ⵄ ⦿ ⭕ⵄ 🆚
CY a
75 Z ⊆ 165/250 – 250/350.

🏠 **Parkhotel Viktoria** garni, Kaiser-Friedrich-Str. 2, ⊠ 41460, 𝒫 (02131) 2 39 90, *hote l-viktoria-neuss@t-online.de*, Fax (02131) 2399100 – ⚡ ↝ 📺 🛦 ⟺. ⵄ ⦿ ⭕ⵄ 🆚
CZ e
75 Z ⊆ 171/202 – 216/286.

🏠 **Tulip Inn City Hotel** garni, Adolf-Flecken-Str. 18, ⊠ 41460, 𝒫 (02131) 22 70, Fax (02131) 227111 – ⚡ ↝ 📺 ⟺. ⵄ ⦿ ⭕ⵄ 🆚
CY r
50 Z ⊆ 180/228 – 208/268.

🏠 **Haus Hahn** garni, Bergheimer Str. 125, ⊠ 41464, 𝒫 (02131) 9 41 80, Fax (02131) 43908 – 📺 🅿. ⦿ ⭕ⵄ 🆚
AX u
geschl. Juli 3 Wochen, Ende Dez. - Anfang Jan. – **15 Z** ⊆ 145/175 – 240.

XX **Herzog von Burgund**, Erftstr. 88, ⊠ 41460, 𝒫 (02131) 2 35 52, Fax (02131) 271301, 🏡 – ⵄ ⭕ⵄ. ⅝⅜ Rest
CZ c
geschl. 6. - 18. Feb., Mitte Sept. 2 Wochen, Samstagmittag, Sonntagmittag, Donnerstag – **Menu** (abends Tischbestellung ratsam) à la carte 75/102.

XX **An de Poz**, Oberstr. 7, ⊠ 41460, 𝒫 (02131) 27 27 77, Fax (02131) 272777, 🏡, « Restaurant in einem historischen Gewölbekeller » – ⵄ ⭕ⵄ 🆚
CZ r
geschl. Samstagmittag, Dienstag – **Menu** (Tischbestellung ratsam) à la carte 64/80.

X **Campus**, Oberstr. 64, ⊠ 41460, 𝒫 (02131) 22 29 47, Fax (02131) 167302, 🏡 – ⵄ ⦿ ⭕ⵄ 🆚 ⵄⵄⵄ
CZ n
geschl. Juli - Aug. 2 Wochen – **Menu** 46/75 und à la carte.

In Neuss-Erfttal *Süd-Ost : 5 km über ① :*

🏠 **Novotel**, Am Derikumer Hof 1 (Norf), ⊠ 41469, 𝒫 (02131) 13 80, *HO497@accor-ho tels.com*, Fax (02131) 120687, 🏡, 🕳, ⇔s, 🔲 (geheizt), 🌳 – ⚡, ↝ Zim, 🍽 Rest, 📺 ⟺ 🅿 – 🛃 80. ⵄ ⦿ ⭕ⵄ 🆚
Menu à la carte 39/62 – **110 Z** ⊆ 175/218.

In Neuss-Grimlinghausen *Süd-Ost : 6 km über Kölner Str.* BX :

🏠 **Landhaus Hotel**, Hüsenstr. 17, ⊠ 41468, 𝒫 (02131) 3 10 10, *landhaushotel@top-h otels.com*, Fax (02131) 310151, Biergarten – ⚡, ↝ Zim, 📺 🕯 ⟺ 🅿 – 🛃 40. ⵄ ⭕ⵄ 🆚
Menu (geschl. 24. Dez. - 2. Jan.) à la carte 39/68 – **29 Z** ⊆ 186/310 – 290/385.

In Kaarst *Nord-West : 6 km über Viersener Straße* AX :

🏠 **Holiday Inn** Ⓜ, Königsberger Str. 20, ⊠ 41564, 𝒫 (02131) 96 90, Fax (02131) 969445, 🏡, ⇔s, 🔲, ↝ Zim, 🍽 📺 🕯 ⟺ 🅿 – 🛃 280. ⵄ ⦿ ⭕ⵄ 🆚
Menu à la carte 44/66 – **192 Z** ⊆ 249/265 – 319, 12 Suiten.

🏠 **Classic Hotel** garni, Friedensstr. 12, ⊠ 41564, 𝒫 (02131) 12 88 80, Fax (02131) 601833 – ⚡ ↝ 📺 🕯 ⟺ 🅿 ⵄ ⦿ ⭕ⵄ 🆚
22 Z ⊆ 226/286.

🏠 **Landhaus Michels** garni, Kaiser-Karl-Str. 10, ⊠ 41564, 𝒫 (02131) 7 67 80, Fax (02131) 767819 – 📺 🕯 ⟺ 🅿 ⵄ ⦿ ⭕ⵄ 🆚 ⅝⅜
geschl. 21. Dez. - 6. Jan. – **20 Z** ⊆ 120/130 – 130/180.

NEUSTADT AM RÜBENBERGE Niedersachsen 🔢🔢🔢 I 12 – 44000 Ew – Höhe 35 m.
Berlin 307 – Hannover 25 – Bremen 90 – Celle 58 – Hamburg 149.

🏠 **Neustädter Hof** garni, Königsberger Str. 43, ⊠ 31535, 𝒫 (05032) 20 44, *neustaed ter-hof@t-online.de*, Fax (05032) 63000 – ⚡ ↝ 📺 🕯 🅿 – 🛃 25. ⵄ ⦿ ⭕ⵄ 🆚
geschl. Weihnachten - Anfang Jan. – **24 Z** ⊆ 98/155.

🏠 **Scheve**, Marktstr. 21, ⊠ 31535, 𝒫 (05032) 9 51 60, *HotelScheve@Aol.de*, Fax (05032) 951695, 🏡 – ⚡ 📺 🅿 ⵄ ⦿ ⭕ⵄ 🆚
Menu (geschl. Juli 3 Wochen, Sonntagabend - Montagmittag) à la carte 28/67 – **28 Z** ⊆ 70/95 – 140/180.

NEUSTADT AN DER AISCH Bayern 🔢🔢 R 15 – 13000 Ew – Höhe 292 m.
🛈 Tourist-Information, Marktplatz 5, ⊠ 91413, 𝒫 (09161) 6 66 14, Fax (09161) 66615.
Berlin 458 – München 217 – Nürnberg 49 – Bamberg 53 – Würzburg 67.

🏠 **Allee-Hotel** garni, Alleestr. 14 (B 8/470), ⊠ 91413, 𝒫 (09161) 8 95 50, *alleehotel.g arni@t-online.de*, Fax (09161) 895589, « Renoviertes, ehemaliges Schulhaus a.d. 19. Jh. », 🌳 – ⚡ ↝ 📺 🕯 🅿 – 🛃 20. ⵄ 🆚
24 Z ⊆ 110 – 154/172.

In Dietersheim-Oberroßbach *Süd : 6 km :*

🏠 **Fiedler** ॐ (mit Gästehaus), Oberroßbach 3, ⊠ 91463, ℰ (09161) 24 25, *Landgastho*
🍴 *f.Fiedler@t-online.de*, Fax (09161) 61259, 🌧, 🛥, 🚗 – ⅗ Rest, 📺 🚗 🅿 – 🔥 15.
⚫Ⓜ 𝖵𝖨𝖲𝖠
Menu *(geschl. Sonntagabend, Mittwoch)* à la carte 24/47 🍷 – **23 Z** 🛏 70/80 – 110/
120.

NEUSTADT AN DER DONAU *Bayern* 🚹🚹🚹 *T 19 – 12 700 Ew – Höhe 355 m.*
🛫 *Neustadt-Bad Cöging, Heiligenstätter Str. (Nord-Ost : 5 km)* ℰ (09445) 9 52 80 10.
🛈 *Kurverwaltung, Heiligenstädter Straße 5 (Bad Gögging)*, ⊠ 93333, ℰ (09445) 9 57 50,
Fax (09445) 957533.
Berlin 525 – München 90 – Regensburg 52 – Ingolstadt 33 – Landshut 48.

🏊 **Gigl**, Herzog-Ludwig-Str. 6 (B 299), ⊠ 93333, ℰ (09445) 96 70, *gasthof@gigl.de*,
🍴 Fax (09445) 96740 – 📺 🚗 🅿
geschl. 27. Dez. - 5. Jan. – **Menu** *(geschl. 27. Dez. - 13. Jan., 3. - 18. Aug., Freitag - Samstag)*
à la carte 21/43 🍷 – **22 Z** 🛏 42/53 – 68/86.

In Neustadt-Bad Gögging *Nord-Ost : 4 km – Heilbad :*

🏰 **Marc Aurel** Ⓜ, Heiligenstädter Str. 36, ⊠ 93333, ℰ (09445) 95 80, *info@marcaur*
el.de, Fax (09445) 958444, 🌧, Massage, 🛥, 🔄, 🔲 (Thermal) – 📶, ⅗ Zim, 📺 🕻
🔥 🚗 🅿 – 🔥 70. 🆎 ① ⚫Ⓜ 𝖵𝖨𝖲𝖠 𝖩𝖢𝖡
Menu à la carte 47/91 – **165 Z** 🛏 160/180 – 230/270, 6 Suiten – ½ P 45.

🏰 **Vier Jahreszeiten** Ⓜ ॐ, Kaiser-Augustus-Str. 36, ⊠ 93333, ℰ (09445) 9 80, *info*
@vierjahreszeiten.net, Fax (09445) 98888, 🌧, (mit Gesundheitszentrum), Massage, ⚕,
🔥, 🔥, 🛥, 🔄 (Thermal), 🔲, 🚗 – 📶, ⅗ Zim, 📺 🕻 🔥 🚗 🅿 – 🔥 60. 🆎 ⚫Ⓜ 𝖵𝖨𝖲𝖠.
⅗ Rest
Menu à la carte 39/65 – **180 Z** 🛏 189/249 – 239/349 – ½ P 36.

🏰 **Eisvogel** ॐ, An der Abens 20, ⊠ 93333, ℰ (09445) 96 90, *hotel.eisvogel@gmx.de*,
🍴 Fax (09445) 8475, 🌧, Massage, ⚕, 🛥, 🚗 – 📶 📺 🚗 🅿 – 🔥 25. 🆎 ① ⚫Ⓜ 𝖵𝖨𝖲𝖠.
⅗ Zim
Menu *(geschl. Montagmittag) (Jan. nur Abendessen)* à la carte 24/76 – **34 Z** 🛏 90/150
– 140/210 – ½ P 30.

NEUSTADT AN DER ORLA *Thüringen* 🚹🚹🚹 *N 19 – 10 000 Ew – Höhe 300 m.*
🛈 *Kultur- und Fremdenverkehrsamt, Markt 1, Rathaus*, ⊠ 07806, ℰ (036481) 8 51 21,
Fax (036481) 85104.
Berlin 262 – Erfurt 97 – Gera 47 – Triptis 8 – Jena 30.

🏨 **Schloßberg**, Ernst-Thälmann-Str. 62 (B 281), ⊠ 07806, ℰ (036481) 6 60, *info@rin*
ghotel.schlossberg.de, Fax (036481) 66100 – 📶, ⅗ Zim, 📺 🕻 🅿 – 🔥 40. 🆎 ①
⚫Ⓜ 𝖵𝖨𝖲𝖠
Menu à la carte 30/59 – **31 Z** 🛏 99/115 – 140/175.

🏠 **Stadt Neustadt**, Ernst-Thälmann-Str. 1 (B 281), ⊠ 07806, ℰ (036481) 2 27 49,
🍴 Fax (036481) 23929, 🌧, Biergarten, 🛥 – 📺 🅿 – 🔥 30. 🆎 ⚫Ⓜ 𝖵𝖨𝖲𝖠
Menu à la carte 22/55 – **24 Z** 🛏 70/90 – 100/120.

In Trockenborn-Wolfersdorf *Nord : 8 km :*

🏠 **Am Kellerberg**, Dorfstr. 18, ⊠ 07646, ℰ (036428) 4 70, *info@hotel-am-kellerberg*
🍴 *.de*, Fax (036428) 47108, 🌧 – 📺 🅿 – 🔥 100. 🆎 ⚫Ⓜ 𝖵𝖨𝖲𝖠. ⅗ Rest
Menu à la carte 25/50 – **39 Z** 🛏 89/94 – 109/149.

NEUSTADT AN DER SAALE, BAD *Bayern* 🚹🚹🚹 🚹🚹🚹 *P 14 – 15 700 Ew – Höhe 234 m – Heilbad.*
🛫 *Maria Bildhausen (Süd-Ost : 8 km)*, ℰ (09766) 16 01.
🛈 *Kurverwaltung, Löhriether Str. 2*, ⊠ 97616, ℰ (09771) 9 09 83, Fax (09771) 991158.
Berlin 406 – München 344 – Fulda 58 – Bamberg 86 – Würzburg 76.

🏨 **Kur- und Schloßhotel** ॐ, Kurhausstr. 37 (Süd-West : 1,5 Km), ⊠ 97616, ℰ (09771)
6 16 10, *schloss-neuhaus@castle.de*, Fax (09771) 2533, « Terrasse am Schloßpark » – 📶
📺 🚗 🅿 – 🔥 60. 🆎 ① ⚫Ⓜ 𝖵𝖨𝖲𝖠
Menu à la carte 40/78 – **13 Z** 🛏 120/160 – 180/280, 3 Suiten – ½ P 35.

🏨 **Da Rosario**, Schweinfurter Str. 4, ⊠ 97616, ℰ (09771) 6 24 10, Fax (09771) 624140,
🍴 Biergarten – ⅗ Zim, 📺 🚗 🅿 – 🔥 40. 🆎 ⚫Ⓜ 𝖵𝖨𝖲𝖠
Menu à la carte 23/46 – **21 Z** 🛏 90/99 – 148/225.

🏠 **Fränkischer Hof**, Spörleinstr. 3, ⊠ 97616, ℰ (09771) 6 10 70, Fax (09771) 994452,
« Renoviertes Fachwerkhaus a.d. 16.Jh mit Innenhofterrasse » – 📺 🕻 🅿. 🆎
⚫Ⓜ 𝖵𝖨𝖲𝖠
Menu *(geschl. Mitte - Ende Jan., Mittwoch)* à la carte 26/53 🍷 – **11 Z** 🛏 88/98 – 138/158.

   🏠 **Schwan und Post**, Hohnstr. 35, ✉ 97616, ℰ (09771) 9 10 70, *schwan-und-post@ f oni.net*, Fax (09771) 910767, ☆, « Gasthof a.d.J. 1772 », ⊜s – ⇔ Zim, 📺 ⇔ 🅿 – 🛗 60. 🅰🅴 🆎 🆅🆂🅰
      Menu à la carte 32/60 – **32 Z** ⊃ 95/123 – 140/160 – ½ P 20.

   🏠 **Stadthotel Geis** garni, An der Stadthalle 6, ✉ 97616, ℰ (09771) 9 19 80, *info@St adthotel-geis.de*, Fax (09771) 919850 – ⇔ 📺 ⇔ 🅿 – 🛗 40
      32 Z ⊃ 60/80 – 105.

NEUSTADT AN DER WALDNAAB Bayern 420 Q 20 – 6 000 Ew – Höhe 408 m.
Berlin 402 – München 210 – *Weiden in der Oberpfalz 7* – Bayreuth 60 – Nürnberg 105 – Regensburg 87.

   🏨 **Am Hofgarten**, Knorrstr. 18, ✉ 92660, ℰ (09602) 92 10, Fax (09602) 8548, ⊜s – 🍴, ⇔ Zim, 📺 ✆ & 🅿 – 🛗 15. 🅰🅴 ⓞ 🆎 🆅🆂🅰. ✸ Rest
      Menu (geschl. Freitag - Sonntag) (nur Abendessen) à la carte 26/47 – **27 Z** ⊃ 85/90 – 120/140.

   🏠 **Grader** garni, Freyung 39, ✉ 92660, ℰ (09602) 9 41 80, *rezeption@ hotel-grader.de*, Fax (09602) 2842 – 🍴 📺 ✆ ⇔ 🅿 – 🛗 20. 🅰🅴 🆎 🆅🆂🅰
      44 Z ⊃ 65/95 – 100/120.

NEUSTADT AN DER WEINSTRASSE Rheinland-Pfalz 417 419 R 8 – 53 000 Ew – Höhe 140 m.
Sehenswert : Altstadt★ – Marktplatz★ – Stiftskirche★.

🏌 Neustadt-Geinsheim (Süd-Ost : 10 km), ℰ (06327) 9 74 20.

🛈 Tourist-Information, Hetzelplatz 1, ✉ 67433, ℰ (06321) 92 68 92, Fax (06321) 926891.

ADAC, Martin-Luther-Str. 69.

Berlin 650 – Mainz 94 – *Mannheim 35* – Kaiserslautern 36 – Karlsruhe 56 – Wissembourg 46.

   ✗ **Zwockelsbrück**, Bergstr. 1, ✉ 67434, ℰ (06321) 35 41 40, Fax (06321) 84193, ☆, (Weinstube) 🅿. 🆎 🆅🆂🅰
      geschl. Mitte Juli 2 Wochen, Sonntag - Montag – **Menu** (nur Abendessen) à la carte 34/79.

In Neustadt-Diedesfeld Süd-West : 4 km :

   ✗✗✗ **Becker's Gut**, Weinstr. 507, ✉ 67434, ℰ (06321) 21 95, Fax (06321) 2101, ☆ – 🅿. 🅰🅴 ⓞ 🆎 🆅🆂🅰. ✸
      geschl. über Ostern 2 Wochen, Okt. 2 Wochen, Montag - Dienstag, Samstagmittag, Sonntagmittag – **Menu** (Tischbestellung ratsam) à la carte 64/98.

In Neustadt-Gimmeldingen Nord : 3 km – Erholungsort :

   ✗ **Mugler's Kutscherhaus**, Peter-Koch-Str. 47, ✉ 67435, ℰ (06321) 6 63 62, *Kutscherhaus.Atzler@ t-online.de*, Fax (06321) 600588, « Winzerhaus a.d.J. 1773 ». 🆎 🆅🆂🅰
      geschl. Montag – **Menu** (nur Abendessen) à la carte 36/53.

In Neustadt-Haardt Nord : 2 km – Erholungsort :

   🏠 **Tenner** ⤐ garni (mit Gästehaus), Mandelring 216, ✉ 67433, ℰ (06321) 96 60, *HotelTenner@ t-online.de*, Fax (06321) 966100, « Kleiner Park », ⊜s, 🏊, 🌳 – 📺 ⇔ 🅿 – 🛗 25. 🅰🅴 🆎 🆅🆂🅰
      32 Z ⊃ 135/180.

   ✗✗ **Mandelhof** mit Zim, Mandelring 11, ✉ 67433, ℰ (06321) 8 82 20, Fax (06321) 33342, ☆ – 📺. 🅰🅴 ⓞ 🆎 🆅🆂🅰
      geschl. Ende Juli - Anfang Aug. 2 Wochen – **Menu** (geschl. Mittwoch - Donnerstagmittag) à la carte 48/68 – **6 Z** ⊃ 85/120 – 145/150.

In Neustadt-Hambach Süd-West : 3 km :

   ✗ **Burgschänke-Rittersberg** ⤐ mit Zim, beim Hambacher Schloß, ✉ 67434, ℰ (06321) 3 99 00, *info@ hotel-rittersberg.de*, Fax (06321) 32799, ≤ Rheinebene, ☆ – 🅿 – 🛗 30. 🆎 🆅🆂🅰. ✸
      geschl. 1. - 15. Jan., Juli - Aug. 2 Wochen – **Menu** (geschl. Donnerstag) à la carte 30/68 🍷 – **5 Z** ⊃ 85/95 – 110/130.

In Neustadt-Mussbach Nord-Ost : 2 km :

   ✗ **Weinstube Eselsburg**, Kurpfalzstr. 62, ✉ 67435, ℰ (06321) 6 69 84, Fax (06321) 60919, ☆, « Urige, rustikale Einrichtung ». 🆎 🆅🆂🅰
      geschl. Mitte Dez. - Mitte Jan., Sonntag - Dienstag – **Menu** (nur Abendessen) à la carte 35/57.

NEUSTADT AN DER WIED Rheinland-Pfalz **417** O 6 – 6 000 Ew – Höhe 165 m.

🛈 Tourist-Information, im Bürgerhaus, Raiffeisenstr. 9, ⌂ 53577, ✆ (02683) 93 05 10, Fax (02683) 930515.

Berlin 617 – Mainz 123 – Bonn 68 – Köln 65 – Limburg an der Lahn 64 – Koblenz 49.

An der Autobahn A 3 Süd : 4,5 km :

🏨 **Autobahn-Motel Fernthal,** ⌂ 53577 Neustadt/Wied, ✆ (02683) 9 86 30, Fax (02683) 986354, ⇐ – ⇔ Zim, 📺 🅿 ① ⓦⓞ 𝘝𝘐𝘚𝘈
Menu à la carte 37/63 – ⊂ 15 – **27 Z** 90/140 – 150.

NEUSTADT BEI COBURG Bayern **418 420** P 17 – 17 000 Ew – Höhe 344 m.

Berlin 358 – München 296 – Coburg 17 – Bayreuth 68 – Bamberg 61.

🏨 **Am Markt** Ⓜ garni, Markt 3, ⌂ 96465, ✆ (09568) 92 02 20, info@hotelgarni-am-m arkt.de, Fax (09568) 920229 – ⓫ ⇔ 📺 ✆ 🅿 – 🔬 30. ⒶⒺ ① ⓦⓞ 𝘝𝘐𝘚𝘈
20 Z ⊂ 70/90 – 135/155.

🍴 **Beim Thomas,** Wilhelmstr. 2, ⌂ 96465, ✆ (09568) 66 68
geschl. über Pfingsten 2 Wochen, Mitte - Ende Sept., Sonntag – **Menu** (nur Abendessen) à la carte 37/59.

In Neustadt-Fürth am Berg Süd-Ost : 7 km :

🏨 **Grenzgasthof** ⏦ (mit Gästehaus), Allee 37, ⌂ 96465, ✆ (09568) 9 42 80, Hotel-Gr enzgasthof@ T-online.de, Fax (09568) 942899, ⇔ₛ, ⚏ – ⓫ 📺 🅿 – 🔬 100. ⓦⓞ 𝘝𝘐𝘚𝘈
Menu à la carte 27/48 – **57 Z** ⊂ 55/90 – 90/140 – ½ P 30.

In Neustadt-Wellmersdorf Süd : 5 km :

🏨 **Heidehof** ⏦, Wellmersdorfer Str. 50, ⌂ 96465, ✆ (09568) 21 55, Fax (09568) 4042, ⚏ ⇔ ⚏, ⚏ – ⇔ Zim, 📺 ⇔ 🅿 ✂ Zim
Menu (geschl. Anfang Aug. 2 Wochen, Sonntag) à la carte 24/40 – **38 Z** ⊂ 70/77 – 106/126.

NEUSTADT (DOSSE) Brandenburg **416** H 21 – 3 400 Ew – Höhe 34 m.

Berlin 91 – Potsdam 78 – Schwerin 128 – Stendal 71.

🏨 **Parkhotel St. Georg,** Prinz-von-Homburg-Str. 35, ⌂ 16845, ✆ (033970) 9 70, ⚏ Fax (033970) 9740, ⚏, Massage, ⚏, ⇔ₛ – 📺 ⚏ 🅿 – 🔬 20. ⒶⒺ ① ⓦⓞ 𝘝𝘐𝘚𝘈
Menu à la carte 23/49 – **16 Z** ⊂ 95/109 – 139/149.

NEUSTADT-GLEWE Mecklenburg-Vorpommern **416** F 18 – 7 600 Ew – Höhe 35 m.

Berlin 170 – Schwerin 33 – Ludwigslust 10 – Uelzen 94.

🏨 **Grand Hotel Mercure,** Schloßfreiheit 1, ⌂ 19306, ✆ (038757) 53 20, Fax (038757) 53299, ⚏, « Restauriertes Barockschloß a.d. 17. Jh. ; prächtige Stukkaturen », ⇔ₛ, ⚏ – ⓫ ⇔ Zim, 📺 🅿 – 🔬 50. ⒶⒺ ① ⓦⓞ 𝘝𝘐𝘚𝘈
Menu à la carte 36/53 – ⊂ 20 – **42 Z** 105/145 – 150/190.

NEUSTADT (HARZ) Thüringen **418** L 16 – 1 400 Ew – Höhe 350 m – Erholungsort.

Berlin 259 – Erfurt 74 – Blankenburg 37 – Göttingen 77 – Halle 100 – Nordhausen 10.

🏨 **Neustädter Hof** ⏦ (mit Gästehaus), Burgstr. 17, ⌂ 99762, ✆ (036331) 90 90, Rese rvierung@ Landhotel-Neustaedter-Hof.de, Fax (036331) 909100, ⚏, Massage, ⇔ₛ, ⚏ – ⓫ 📺 ✆ ⚏ 🅿 – 🔬 60. ⒶⒺ ① ⓦⓞ 𝘝𝘐𝘚𝘈
Menu à la carte 34/59 – **47 Z** ⊂ 115/145 – 165/280, 11 Suiten – ½ P 28.

NEUSTADT IN HOLSTEIN Schleswig-Holstein **415 416** D 16 – 14 300 Ew – Höhe 4 m – Seebad.

⚏ ⚏ Gut Beusloe, Baumallee 14 (Nord-Ost : 3 km), ✆ (04561) 81 40.

🛈 Kurbetrieb, Strandpromenade (in Pelzerhaken), ⌂ 23730, ✆ (04561) 70 11, Fax (04561) 7013.

Berlin 296 – Kiel 60 – Lübeck 42 – Oldenburg in Holstein 21.

In Neustadt-Pelzerhaken Ost : 5 km :

🏨 **Seehotel Eichenhain** ⏦, Eichenhain 2, ⌂ 23730, ✆ (04561) 5 37 30, Eichenhain @ t-online.de, Fax (04561) 537373, ⇐, ⚏, ⚏, ⚏, ⚏ – 📺 🅿 ⒶⒺ ⓦⓞ 𝘝𝘐𝘚𝘈
geschl. 10. - 30. Nov. – **Menu** (geschl. Dez. Montag - Dienstag) à la carte 45/76 – **20 Z** ⊂ 150/160 – 200/240 – ½ P 90.

🏨 **Eos,** Pelzerhakener Str. 43, ⌂ 23730, ✆ (04561) 72 16, hotel-eos@ t-online.de, Fax (04561) 7971, ⚏, ⇔ₛ, ⚏ – 📺 ⚏
geschl. Mitte - Ende Jan., Mitte Nov. 1 Woche – **Menu** (Nov. - März Garni) (Montag - Freitag nur Abendessen) à la carte 29/45 – **25 Z** ⊂ 80/95 – 130/170 – ½ P 20.

NEUSTADT IN SACHSEN Sachsen **418** M 26 – 12 000 Ew – Höhe 333 m.

🛈 Touristinformation, Markt 24, ⊠ 01844, ℘ (03596) 50 15 16, Fax (03596) 501516.

Berlin 217 – Dresden 39 – Bautzen 28.

🏨 **Parkhotel Neustadt**, Johann-Sebastian-Bach-Str. 20, ⊠ 01844, ℘ (03596) 56 20, info@parkhotel-neustadt.de, Fax (03596) 562500 – 🛗, ⇔ Zim, 📺 ✆ 🕭 🅿 🗚 **AE** ⓞ **MO** **VISA**
Menu (nur Abendessen) à la carte 26/47 – **51 Z** ⊊ 99/132 – 138/180.

NEUSTRELITZ Mecklenburg-Vorpommern **416** F 23 – 24 000 Ew – Höhe 76 m.

🛈 Stadtinformation, Markt 1, ⊠ 17235, ℘ (03981) 25 31 19, Fax (03981) 205443.

Berlin 114 – Schwerin 177 – Neubrandenburg 27.

🏨 **Park Hotel Fasanerie** M, Karbe-Wagner-Str. 59, ⊠ 17235, ℘ (03981) 4 89 00, hote l@parkhotel-neustrelitz.de, Fax (03981) 443553, 🍴 – 🛗, ⇔ Zim, 📺 ✆ 🅿 – 🔬 80. **AE** ⓞ **MO** **VISA**
Menu à la carte 29/53 – **68 Z** ⊊ 130/160.

🏨 **Schlossgarten**, Tiergartenstr. 15, ⊠ 17235, ℘ (03981) 2 45 00, schlossgar@aol.com, Fax (03981) 245050, 🍴, 🌳 – 🕭 Zim, 📺 ✆ 🅿 – 🔬 15. **AE** ⓞ **MO** **VISA**
Menu (geschl. 1. - 15. Jan., Sonntag, Okt. - April Sonntag - Montag) (nur Abendessen) à la carte 32/54 – **24 Z** ⊊ 94/114 – 136/159.

🏠 **Pinus** garni, Ernst-Moritz-Arndt-Str. 55, ⊠ 17235, ℘ (03981) 44 53 50, Fax (03981) 445352 – 🛗 🅿 🗚 **AE** ⓞ **MO** **VISA**
23 Z ⊊ 80/95 – 108/150.

🏠 **Haegert**, Zierker Str. 44, ⊠ 17235, ℘ (03981) 20 03 05, Fax (03981) 203157, Biergarten – 📺 🗚 **MO** **VISA**
Menu (geschl. 21. Dez. - Jan., Sonntag) (Okt. - April nur Abendessen) à la carte 25/37 – **26 Z** ⊊ 80/100 – 120/140.

NEUTRAUBLING Bayern siehe Regensburg.

NEU-ULM Bayern **419 420** U 14 – 50 000 Ew – Höhe 468 m.

Stadtplan siehe Ulm (Donau).

🏌 Steinhäuslesweg (über Augsburger Straße) ℘ (0731) 72 49 37.

🛈 Tourist-Information, Ulm, Münsterplatz 50, Stadthaus, ⊠ 89073, ℘ (0731) 1 61 28 30, Fax (0731) 1611641.

ADAC, Ulm, Neue Str. 40.

Berlin 616 – München 138 ① – Stuttgart 96 ⑥ – Augsburg 80 ①

🏨 **Mövenpick Hotel** ⤾, Silcherstr. 40 (Edwin-Scharff-Haus), ⊠ 89231, ℘ (0731) 8 01 10, hotel.neu-ulm@moevenpick.com, Fax (0731) 85967, ≤, 🍴, 🔲 – 🛗, ⇔ Zim, 📺 ✆ 🕭 🚗 🅿 – 🔬 450. **AE** ⓞ **MO** **VISA**   X e
Menu à la carte 35/70 – ⊊ 23 – **135 Z** 210/360 – 250/400.

🏨 **Römer Villa**, Parkstr. 1, ⊠ 89231, ℘ (0731) 80 00 40, roemer-villa@t-online.de, Fax (0731) 8000450, 🍴, ≝ – 📺 🚗 🅿 – 🔬 35. **AE** ⓞ **MO** **VISA**   X b
Menu (geschl. Sonntagabend) à la carte 36/65 – **23 Z** ⊊ 166/228.

🏨 **City-Hotel** garni, Ludwigstr. 27, ⊠ 89231, ℘ (0731) 97 45 20, CityHotel-NeuUlm@g mx.de, Fax (0731) 9745299 – 🛗 📺 🅿 🗚 **AE** ⓞ **MO** **JCB**   X r
geschl. 24. Dez. - 6. Jan., 1. - 15. Aug. – **20 Z** ⊊ 125/160.

🏠 **Deckert** garni, Karlstr. 11, ⊠ 89231, ℘ (0731) 7 60 81, Fax (0731) 76081 – 📺 🚗
geschl. Ende Dez. - Anfang Jan. – **17 Z** ⊊ 86/98 – 138/145.   X s

XX **Stephans-Stuben**, Bahnhofstr. 65, ⊠ 89231, ℘ (0731) 72 38 72, Fax (0731) 723872
AE **MO** **VISA**   X t
geschl. Ende Feb. 1 Woche, Aug. 3 Wochen, Montag, Samstagmittag –Menu à la carte 37/80.

XX **Glacis**, Schützenstr. 72, ⊠ 89231, ℘ (0731) 8 68 43, Fax (0731) 86844, 🍴, (ehemalige Villa) – 🅿 **AE** ⓞ **MO** **VISA**   X u
geschl. Sonntagabend - Montag – **Menu** à la carte 34/68.

In Neu-Ulm-Pfuhl Nord-Ost : 3 km über Augsburger Straße X :

🏠 **Sonnenkeller** garni, Leipheimer Str. 97, ⊠ 89233, ℘ (0731) 7 17 70, Info@Hotel-So nnenkeller.de, Fax (0731) 717760 – 🛗 📺 🚗 🅿 – 🔬 20. **AE** **MO** **VISA**
geschl. 25. Dez. - 8. Jan. – **42 Z** ⊊ 85/125 – 115/150.

In Neu-Ulm-Reutti Süd-Ost : 6,5 km über Reuttier Straße X :

🏨 **Landhof Meinl**, Marbacher Str. 4, ⊠ 89233, ℘ (0731) 7 05 20, Info@Landhof.Meinl.de, Fax (0731) 7052222, 🍴, Massage, ≝, 🌳 – 🛗, ⇔ Zim, 📺 ✆ 🅿 – 🔬 15. **AE** ⓞ **MO** **VISA**, 🍽 Rest
geschl. 23. Dez. - 10. Jan. – **Menu** (geschl. Sonntag) (nur Abendessen) à la carte 39/69 – **30 Z** ⊊ 125/137 – 160/190.

In Neu-Ulm-Schwaighofen *über Reuttier Straße* X :

🏨 **Zur Post,** Reuttier Str. 172, ✉ 89233, ℰ (0731) 9 76 70, Fax (0731) 9767100, � – 📶 📺 📞 🚗 **P** – ⚓ 30. AE ① ◎◎ VISA
geschl. 2. - 7. Jan., 4. - 18. Aug. – **Menu** *(geschl. Freitag - Samstagmittag)* à la carte 28/68
– **28 Z** 🔑 140 – 180/200.

NEUWEILER Baden-Württemberg ▦▦▦ U 9 – 3 000 Ew – Höhe 640 m – Wintersport : 🎿.
Berlin 679 – Stuttgart 66 – *Karlsruhe 68* – *Pforzheim 41* – *Freudenstadt 36.*

In Neuweiler-Oberkollwangen *Nord-Ost : 3 km :*

🏠 **Landhotel Talblick** 🌲, Breitenberger Str. 15, ✉ 75389, ℰ (07055) 9 28 80, *info*
@Landhotel-Talblick.de, Fax (07055) 928840, ☎, 🔲, 🚬 – 🗱 Zim, 📺 **P.** 🎾 Rest
geschl. Mitte Nov. - Mitte Dez. – **Menu** *(geschl. Montag)* à la carte 29/50 – **17 Z** 🔑 60/120.

NEUWIED Rheinland-Pfalz ▦▦▦ O 6 – 70 000 Ew – Höhe 62 m.
🛈 *Tourismusbüro, Engerser Landstr. 17,* ✉ 56564, ℰ (02631) 80 22 60, Fax (02631)
802801.
Berlin 600 – *Mainz 114* – *Koblenz 18* – *Bonn 54.*

🏠 **Stadtpark-Hotel** Ⓜ garni, Heddesdorfer Str. 84, ✉ 56564, ℰ (02631) 3 23 33,
Fax (02631) 32332 – 📺. AE ① ◎◎ VISA
10 Z 🔑 105 – 140/155.

In Neuwied-Engers *Ost : 7 km :*

🏠 **Euro-Hotel Fink,** Werner-Egk-Str. 2, ✉ 56566, ℰ (02622) 92 80 (Hotel) 92 82 00
(Rest.), Fax (02622) 83678 – 🗱 📺 **P.**
geschl. Weihnachten - Anfang Jan. – **Menu** *(geschl. Juli, Freitag) (wochentags nur Abend-*
essen) à la carte 26/54 – **60 Z** 🔑 50/85 – 100/150.

In Neuwied-Oberbieber *Nord-Ost : 6 km :*

🏠 **Waldhaus Wingertsberg** 🌲, Wingertsbergstr. 48, ✉ 56566, ℰ (02631) 92 20,
Fax (02631) 922255, ≤, 🌞 – 📺 🚗 **P.** – ⚓ 30. AE ① ◎◎ VISA
Menu *(geschl. Dienstag)* à la carte 43/77 – **30 Z** 🔑 88/128.

In Neuwied-Segendorf *Nord : 5,5 km :*

✕✕ **Fischer - Hellmeier** mit Zim, Austr. 2, ✉ 56567, ℰ (02631) 5 35 24,
Fax (02631) 958367, 🌞, 🚬 – 📺 **P.** AE ◎◎ VISA
Menu *(geschl. über Karneval 2 Wochen, Donnerstag)* à la carte 52/69 – **9 Z** 🔑 75/140.

NEUZELLE Brandenburg *siehe Eisenhüttenstadt.*

NIDDA Hessen ▦▦▦ O 11 – 18 200 Ew – Höhe 150 m.
🛈 *Kurverwaltung, Quellenstr. 2 (Bad Salzhausen),* ✉ 63667, ℰ (06043) 9 63 30,
Fax (06043) 963350.
Berlin 512 – *Wiesbaden 88* – *Frankfurt am Main 64* – *Gießen 43.*

In Nidda-Bad Salzhausen – *Heilbad :*

🏨 **Jäger** 🌲, Kurstr. 9, ✉ 63667, ℰ (06043) 40 20, *info@hotel-jaeger.com,*
Fax (06043) 402100, 🌞, « Geschmackvolle, elegante Einrichtung », 🛁, ☎ – 🗱, 🍴 Rest,
📺 🗱 🚗 **P.** – ⚓ 40. AE ① ◎◎ VISA
Menu 55 (mittags) à la carte 66/98 – **29 Z** 🔑 150/200 – 240/280 – ½ P 40.

🏨 **Kurhaus-Hotel** 🌲, Kurstr. 2, ✉ 63667, ℰ (06043) 98 70, Fax (06043) 6010, 🌞,
direkter Zugang zum Kurmittelhaus, 🚬 – 🗱 📺 🚗 **P.** – ⚓ 180. AE ① ◎◎ VISA
Menu à la carte 38/66 🍷 – **53 Z** 🔑 115/130 – 150/190 – ½ P 30.

NIDDERAU Hessen ▦▦▦ P 10 – 15 000 Ew – Höhe 182 m.
Berlin 526 – *Wiesbaden 60* – *Frankfurt am Main 30* – *Gießen 52.*

In Nidderau-Heldenbergen :

🏠 **Zum Adler** (mit Gästehaus), Windecker Str. 2, ✉ 61130, ℰ (06187) 92 70,
Fax (06187) 927223 – 📺 🚗 **P.** ◎◎. 🎾
geschl. 27. Dez. - 10. Jan. – **Menu** *(geschl. Freitag)* à la carte 26/64 🍷 – **37 Z** 🔑 90/140.

NIDEGGEN Nordrhein-Westfalen **417** N 3 – 10 000 Ew – Höhe 325 m.
    Sehenswert : Burg ⩽★.
    Berlin 621 – Düsseldorf 91 – Aachen 51 – Düren 14 – Euskirchen 25 – Monschau 30.

🏠 **Ratskeller,** Markt 1, ✉ 52385, ℰ (02427) 9 45 40, stich@nideggen.de,
    Fax (02427) 945454 – 📺 ⛄ 🅿 🖪 ⑩ 🐵 VISA
    Menu (geschl. Anfang Jan. 1 Woche, Dienstag) à la carte 28/47 – **Zur Linde** (geschl. 2.
    - 20. Okt., Mittwoch - Donnerstag) **Menu** à la carte 42/71 – **11 Z** ⊃ 95/140.

XX **Burg Nideggen,** Kirchgasse 10, ✉ 52385, ℰ (02427) 12 52, info@burg-nideggen.de,
    Fax (02427) 6979, ⩽, 🍴 – 🅿 – 🔏 100. 🖪 🐵.
    geschl. über Karneval, Montag – **Menu** à la carte 46/82.

NIEBLUM Schleswig-Holstein siehe Föhr (Insel).

NIEDERAULA Hessen **417** **418** N 12 – 6 100 Ew – Höhe 210 m.
    Berlin 419 – Wiesbaden 158 – Kassel 70 – Fulda 35 – Bad Hersfeld 11.

XX **Schlitzer Hof** mit Zim, Hauptstr. 1 (B 62), ✉ 36272, ℰ (06625) 33 41,
    Fax (06625) 3355, « Rustikal-gemütliche Gaststuben » – 🚗 🅿 🐵 VISA
    Menu (geschl. Dienstag) à la carte 41/70 – **9 Z** ⊃ 68/120 – 145.

NIEDERDORFELDEN Hessen siehe Vilbel, Bad.

NIEDERFINOW Brandenburg siehe Eberswalde.

NIEDERFISCHBACH Rheinland-Pfalz **417** N 7 – 4 700 Ew – Höhe 270 m.
    Berlin 578 – Mainz 169 – Siegen 14 – Olpe 29.

🏠 **Fuchshof,** Siegener Str. 22, ✉ 57572, ℰ (02734) 54 77, Fax (02734) 60948, 🍴, 🏡,
    🔳 – 📺 🅿 🐵 VISA
    geschl. 23. - 29. Dez. – **Menu** (geschl. Juli 2 Wochen, Samstagmittag, Sonntagabend) à la
    carte 31/67 – **18 Z** ⊃ 65/85 – 110/190.

In Niederfischbach-Fischbacherhütte Süd-West : 2 km :

🏠🏠 **Landhotel Bähner** 🏖, Konrad-Adenauer-Str. 26, ✉ 57572, ℰ (02734) 57 90, Land
    idyll.Hotel.Baehner@t-online.de, Fax (02734) 579399, ⩽, 🍴, 🏡, 🔳, 🌿 – 📺 ⛄ 🚗
    🅿 – 🔏 50. 🖪 ⑩ 🐵 VISA 🍽 Rest
    Menu à la carte 37/66 – **37 Z** ⊃ 95/135 – 180/250.

NIEDERGURIG Sachsen siehe Bautzen.

NIEDERKASSEL Nordrhein-Westfalen **417** N 5 – 28 000 Ew – Höhe 50 m.
    🏌 Niederkassel-Uckendorf, Heerstraße, ℰ (02208) 9 48 01 50.
    Berlin 585 – Düsseldorf 67 – Bonn 15 – Köln 23.

In Niederkassel-Mondorf Süd-Ost : 6 km :

🏠 **Zur Börsch,** Oberdorfstr. 30, ✉ 53859, ℰ (0228) 97 17 20, Fritz@zurboersch.de,
    Fax (0228) 452010, 🍴 – 📺 ⛄ 🅿 🖪 🐵 VISA 🍽
    geschl. Juli - Aug. 3 Wochen – **Menu** (geschl. Donnerstag, Samstagmittag) à la carte 33/62
    – **14 Z** ⊃ 90/140.

In Niederkassel-Rheidt Süd : 2 km :

XX **Wagner's Restaurant,** Marktstr. 11, ✉ 53859, ℰ (02208) 7 27 00,
    Fax (02208) 73127 – 🅿
    geschl. über Karneval 2 Wochen, Sept. 1 Woche, Samstagmittag, Dienstag – **Menu** à la carte
    73/96.

In Niederkassel-Uckendorf : Nord-Ost : 2 km :

🏠🏠 **Clostermanns Hof** Ⓜ 🏖, Heerstraße, ✉ 53859, ℰ (02208) 9 48 00, clostermann
    shof@t-online.de, Fax (02208) 9480100, 🍴, Massage, 🏡, 🏌 – 🛗, ⇔ Zim, 📺 ⛄ 🅿 –
    🔏 90. 🖪 ⑩ 🐵 VISA
    geschl. 22. Dez. - 7. Jan. – **Menu** à la carte 55/80 – **66 Z** ⊃ 220/260.

NIEDERMÜLSEN Sachsen siehe Zwickau.

NIEDERNHALL Baden-Württemberg **419** S 12 – 3 600 Ew – Höhe 202 m.
　　Berlin 568 – Stuttgart 89 – Würzburg 77 – Heilbronn 58 – Schwäbisch Hall 30.

　🏠 **Rössle,** Hauptstr. 12, ✉ 74676, ✆ (07940) 9 16 50, info@landhotel-roessle.de,
　　Fax (07940) 916550, 🌳, « Fachwerkhaus a.d 18 Jh. » – 🍴 Zim, 📺 ✆ 🛏️ 🚗 ⚠️ 💳
　　Menu (geschl. Aug. 1 Woche, Samstagmittag, Sonntag) à la carte 36/63 – **21 Z** 🍽 80/96
　　– 120/140.

NIEDERNHAUSEN Hessen **417** P 8 – 13 500 Ew – Höhe 259 m.
　　Berlin 556 – Wiesbaden 14 – Frankfurt am Main 47 – Limburg an der Lahn 41.

　🏠 **Garni,** Am Schäfersberg 2, ✉ 65527, ✆ (06127) 10 82, Fax (06127) 1770 – 📺 🅿️ ⚠️
　　🐟 💳
　　10 Z 🍽 100/140.

In Niedernhausen-Engenhahn Nord-West : 6 km :

　🏠🏠 **Wildpark-Hotel** 🌿, Trompeterstr. 21, ✉ 65527, ✆ (06128) 97 40, Wildparkhotel
　　-Niedernhausen@t-online.de, Fax (06128) 73874, 🌳, 🛏️ – 📺 🚗 🅿️ – 🔒 50. ⚠️ ⓘ
　　🐟 💳
　　geschl. 27. Dez. - 10. Jan., Juli - Aug. 3 Wochen – **Menu** (geschl. Sonntagabend, Samstag)
　　à la carte 40/70 – **39 Z** 🍽 95/145 – 150/250.

Nahe der Autobahn Süd : 2 km :

　🏠🏠 **Micador,** Zum Grauen Stein 1, ✉ 65527 Niedernhausen, ✆ (06127) 90 10, contact
　　@micador.de, Fax (06127) 901641, 🌳, Massage, 🛏️ – 📱, 🍴 Zim, 📺 ✆ ♿ 🚗 🅿️ –
　　🔒 300. ⚠️ ⓘ 🐟 💳
　　Menu à la carte 47/70 – **187 Z** 🍽 235/295, 15 Suiten.

NIEDER-OLM Rheinland-Pfalz siehe Mainz.

NIEDERSTETTEN Baden-Württemberg **419 420** R 13 – 3 000 Ew – Höhe 307 m.
　　Berlin 553 – Stuttgart 127 – Würzburg 50 – Crailsheim 37 – Bad Mergentheim 21.

　🏠🏠 **Krone,** Marktplatz 3, ✉ 97996, ✆ (07932) 89 90, HotelGasthofKrone@gmx.de,
　　Fax (07932) 89960, 🌳, 🛏️ – 📱, 🍴 Zim, 📺 🅿️ – 🔒 40. ⚠️ ⓘ 🐟 💳
　　Menu à la carte 31/66 – **32 Z** 🍽 95/115 – 145/165.

NIEDERSTOTZINGEN Baden-Württemberg **419 420** U 14 – 4 200 Ew – Höhe 450 m.
　　Berlin 566 – Stuttgart 96 – Augsburg 64 – Heidenheim an der Brenz 30 – Ulm (Donau)
　　38.

In Niederstotzingen-Oberstotzingen :

　🏠🏠🏠 **Vila Vita Schloßhotel Oberstotzingen** 🌿, Stettener Str. 37, ✉ 89168,
　　✆ (07325) 10 30, info@vilavitaschlosshotel.de, Fax (07325) 10370, 🌳, Biergarten,
　　« Schloß a.d.J. 1609 », 🛏️, 🚗, 🍴 – 📺 ✆ 🅿️ – 🔒 55. ⚠️ ⓘ 🐟 💳 JCB. 🐟 Rest
　　geschl. 17. Dez. - 14. Jan. – **Vogelherd** (geschl. Sonntag - Montag) **Menu** à la carte 72/110
　　– **Schenke** (geschl. Mittwoch) **Menu** à la carte 33/63 – 🍽 25 – **17 Z** 215/245 – 295/390.

NIEDERWINKLING Bayern siehe Bogen.

NIEDERWÜRSCHNITZ Sachsen siehe Stollberg.

NIEFERN-ÖSCHELBRONN Baden-Württemberg **419** T 10 – 11 300 Ew – Höhe 228 m.
　　⛳ Mönsheim (Süd-Ost : 14 km), ✆ (07044) 58 52.
　　Berlin 659 – Stuttgart 47 – Karlsruhe 37 – Pforzheim 7.

Im Ortsteil Niefern :

　🏠🏠 **Krone,** Schloßstr. 1, ✉ 75223, ✆ (07233) 70 70, info@krone-pforzheim.de,
　　Fax (07233) 70799, 🌳 – 📱, 🍴 Zim, 📺 🚗 🅿️ – 🔒 40. ⚠️ ⓘ 🐟 💳 🐟 Rest
　　geschl. 27. Dez. - 8. Jan. – **Menu** (geschl. Samstag) à la carte 36/57 – **60 Z** 🍽 115/145
　　– 148/188.

NIEHEIM Nordrhein-Westfalen **417** K 11 – 6 900 Ew – Höhe 183 m.
　　Berlin 376 – Düsseldorf 203 – Hannover 94 – Hameln 48 – Kassel 90 – Detmold 29.

　🏠 **Berghof** 🌿, Piepenborn 17, ✉ 33039, ✆ (05274) 3 42, Hotel-Berghof.Nieheim@t-o
　　nline.de, Fax (05274) 1242, ≤, 🌳, 🍴 📺 ✆ 🚗 🅿️ ⚠️ 🐟 💳 🐟 Zim
　　geschl. 3. - 24. Okt. – **Menu** (geschl. Montag) à la carte 25/49 – **19 Z** 🍽 60/70 – 120.

NIENBURG (WESER) Niedersachsen 415 417 I 11 – 32 000 Ew – Höhe 25 m.

🛈 Touristbüro, im Stadtkontor, Kirchplatz 4, ✉ 31582, ℘ (05021) 8 73 55, Fax (05021) 87410.

Berlin 334 – Hannover 57 – Bremen 63 – Bielefeld 103.

Weserschlößchen, Mühlenstr. 20, ✉ 31582, ℘ (05021) 6 20 81, weserschloesschen@t-online.de, Fax (05021) 63257, ≤, 🏤, ≘s – 🛗, ✳ Zim, 📺 🕭 🅿 – 🔏 280. 🆎 ⑩ 🐵 VISA
Menu (geschl. Sonntagabend) à la carte 36/53 – **51 Z** ⊑ 120/175 – 160/230.

In Marklohe-Neulohe Nord-West : 9 km :

Neuloher Hof mit Zim, Bremer Str. 26 (B 6), ✉ 31608, ℘ (05022) 94 49 90, Fax (05022) 9449944, 🏤 – 📺 🕭 🅿 – 🔏 60. 🆎 ⑩ VISA
Menu (geschl. Donnerstag) à la carte 32/70 – **4 Z** ⊑ 65/95.

NIENSTÄDT Niedersachsen siehe Stadthagen.

NIERSTEIN Rheinland-Pfalz 417 419 Q 9 – 7 000 Ew – Höhe 85 m.

🛈 Mommenheim, Am Golfplatz 1 (Nord-West : 8 km), ℘ (06138) 94 01 80.

Berlin 578 – Mainz 20 – Frankfurt am Main 53 – Bad Kreuznach 39 – Worms 28 – Darmstadt 23.

Wein & Parkhotel M, An der Kaiserlinde 1, ✉ 55283, ℘ (06133) 50 80, Fax (06133) 508333, 🏤, 🏊, Massage, ≘s, 🔲 – 🛗, ✳ Zim, 🖥 📺 🕭 🕭 🅿 – 🔏 160. 🆎 ⑩ 🐵 VISA
Menu à la carte 46/76 (auch vegetarische Menu) – **55 Z** ⊑ 195/260 – 260/350.

Villa Spiegelberg 🦋, Hinter Saal 21, ✉ 55283, ℘ (06133) 51 45, villa@karriereplus.com, Fax (06133) 57432, ≤, « Garten » – 📺 🕭 🅿 – 🔏 30. 🎇
geschl. Ostern, Weihnachten – **Menu** (Restaurant nur für Hausgäste) – **11 Z** ⊑ 140 – 200/250.

In Mommenheim Nord-West : 8 km :

Zum Storchennest, Wiesgartenstr. 3, ✉ 55278, ℘ (06138) 12 33, Fax (06138) 1240, 🏤, 🌳 – 📺 🕭 🅿. 🆎 🐵 VISA
geschl. Jan. 2 Wochen, Ende Juli - Anfang Aug. – **Menu** (geschl. Montag - Dienstagmittag) à la carte 24/57 🍷 – **22 Z** ⊑ 75/110.

NIESTETAL Hessen siehe Kassel.

NIEWITZ Brandenburg siehe Lübben.

NITTEL Rheinland-Pfalz 417 R 3 – 1 700 Ew – Höhe 160 m.

Berlin 744 – Mainz 187 – Trier 26 – Luxembourg 32 – Saarburg 20.

Zum Mühlengarten, Uferstr. 5 (B 419), ✉ 54453, ℘ (06584) 9 14 20, Fax (06584) 914242, 🏤, Biergarten, ≘s, 🌳 – 📺 🅿. 🆎 🐵 VISA
geschl. Jan. - Feb. – **Menu** (geschl. Montag) à la carte 29/58 – **24 Z** ⊑ 65 – 95/100.

NITTENAU Bayern 420 S 20 – 7 800 Ew – Höhe 350 m.

🛈 Verkehrsamt, Hauptstr. 14, ✉ 93149, ℘ (09436) 90 27 33, Fax (09436) 902732.

Berlin 474 – München 158 – Regensburg 38 – Amberg 49 – Cham 36.

Aumüller, Brucker Str. 7, ✉ 93149, ℘ (09436) 5 34, hotel@aumueller.net, Fax (09436) 2433, 🏤, 🌳 – ✳ Zim, 📺 🅿 – 🔏 80. 🆎 ⑩ 🐵 VISA. 🎇 Rest
Menu (geschl. Sonntagabend) (wochentags nur Abendessen) à la carte 57/83 – **Stüberl :**
Menu à la carte 31/58 – **40 Z** ⊑ 85/110 – 130/140 – ½ P 25.

NÖRDLINGEN Bayern 419 420 T 15 – 21 000 Ew – Höhe 430 m.

Sehenswert : St.-Georg-Kirche★ (Magdalenen-Statue★) – Stadtmauer★ – Stadtmuseum★ M1 – Rieskrater-Museum★ M2.

🛈 Verkehrsamt, Marktplatz 2, ✉ 86720, ℘ (09081) 8 41 15, Fax (09081) 84113.

Berlin 514 ① – München 128 ② – Augsburg 72 ② – Nürnberg 92 ① – Stuttgart 112 ④ – Ulm (Donau) 82 ③

NÖRDLINGEN

*Ask your bookseller
for the catalogue of
Michelin publications.*

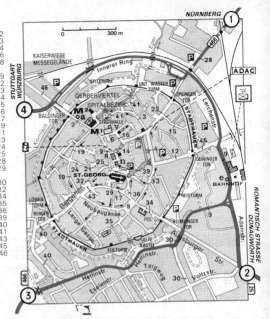

🏨 **Astron Hotel Klösterle** Ⓜ, Beim Klösterle 1, ⊠ 86720, 𝒫 (09081) 8 70 80, *Noerdlingen@astron-hotels.de*, Fax (09081) 8708100, 🍴, 🛁, ⇌ – 🛗, 🛏 Zim, 📺 📳 – 🔬 300. 🅰🅴 ⓞ 🆖 𝐕𝐈𝐒𝐀 𝐉𝐂𝐁
Menu à la carte 42/74 – **98 Z** ⊇ 210/256.

🏨 **Sonne**, Marktplatz 3, ⊠ 86720, 𝒫 (09081) 50 67, *Kaiserhof-Hotel-Sonne@t-online.de*, Fax (09081) 23999, 🍴 – 📺 📳 – 🔬 30. 🅰🅴 🆖 𝐕𝐈𝐒𝐀
geschl. Nov. 2 Wochen – **Menu** *(geschl. Nov. - April Mittwoch, Sonntagabend)* à la carte 33/50 – **37 Z** ⊇ 110/130 – 190/230.

🏨 **Am Ring**, Bürgermeister-Reiger-Str. 14, ⊠ 86720, 𝒫 (09081) 29 00 30, *HotelamRing@t-online.de*, Fax (09081) 23170, 🍴 – 🛗, 🛏 Zim, 📺 🚗 📳 – 🔬 30. 🅰🅴 ⓞ 🆖 𝐕𝐈𝐒𝐀
Menu *(geschl. Sonntagabend)* à la carte 35/68 – **39 Z** ⊇ 95/105 – 140/180.

🏨 **Goldene Rose** garni, Baldinger Str. 42, ⊠ 86720, 𝒫 (09081) 8 60 19, Fax (09081) 24591 – 📺 📳 🆖 𝐕𝐈𝐒𝐀
17 Z ⊇ 90/100 – 100/120.

🍴 **Meyer's Keller**, Marienhöhe 8, ⊠ 86720, 𝒫 (09081) 44 93, *meyers.keller@t-online.de*, Fax (09081) 24931, Biergarten – 📳 🅰🅴 🆖 𝐕𝐈𝐒𝐀   über Oskar-Mayer-Straße
geschl. über Fasching 2 Wochen, Montag - Dienstagmittag – **Menu** 52/145 und à la carte – ***Bierstüble*** : **Menu** à la carte 38/65.

NÖRTEN-HARDENBERG Niedersachsen 🅰🅸🆃 🅰🅸🅱 L 13 – 8 800 Ew – Höhe 140 m.
Berlin 328 – Hannover 109 – Kassel 57 – Göttingen 11 – Braunschweig 96.

🏨 **Burghotel Hardenberg** 🦢, Im Hinterhaus 11a, ⊠ 37176, 𝒫 (05503) 98 10, *Burghotel-Hardenberg@t-online.de*, Fax (05503) 981666, 🍴, ⇌, 🗡, – 🛗, 🛏 Zim, 📺 🐾 & 🚗 📳 – 🔬 60. 🅰🅴 ⓞ 🆖 𝐕𝐈𝐒𝐀 🍴 Rest
Novalis *(geschl. Sonntag - Montag)* **Menu** à la carte 72/98 – ***Keilerschänke*** *(geschl. Dienstag - Mittwoch)* *(wochentags nur Abendessen)* **Menu** à la carte 37/62 – **44 Z** ⊇ 190/220 – 270/450.

NOHFELDEN Saarland 🄐🄓🄗 R 5 – 11 600 Ew – Höhe 350 m.

🚆 Nohfelden-Eisen (Nord-West : 5 km) ℘ (06852) 99 14 70.

🄱 Kultur- und Fremdenverkehrsamt, An der Burg, ⊠ 66625, ℘ (06852) 88 52 51, Fax (06852) 882239.

Berlin 702 – Saarbrücken 54 – Trier 58 – Kaiserslautern 59 – Wiesbaden 117.

In Nohfelden-Bosen West : 8,5 km :

🏨 **Seehotel Weingärtner** ⬞, Bostalstr. 12, ⊠ 66625, ℘ (06852) 88 90, seehotel-weingaertner@t-online.de, Fax (06852) 81651, 🌤, 🍸, 🔲, 🌳, 🎾 – 🛗 🄣 🄿 – 🔬 80.
🄰🄴 ① ⑩ 🆅🅸🆂🅰
Menu à la carte 37/73 – **99 Z** ⊂⊃ 99/188 – 174/274.

In Nohfelden-Neunkirchen/Nahe Süd-West : 7,5 km :

🏠 **Landhaus Mörsdorf,** Nahestr. 41, ⊠ 66625, ℘ (06852) 9 01 20, HotelLandhausMoersdorf@T-Online.de, Fax (06852) 901290, 🌤 – 🄣 🄿 – 🔬 25. 🄰🄴 ① ⑩
🆅🅸🆂🅰
Menu à la carte 32/62 – **17 Z** ⊂⊃ 87/120.

Der Rote **MICHELIN**-*Hotelführer* : *EUROPE*
für Geschäftsreisende und Touristen.

NONNENHORN Bayern 🄐🄓🄘 X 12 – 1 500 Ew – Höhe 406 m – Luftkurort.

🄱 Verkehrsamt, Seehalde 2, ⊠ 88149, ℘ (08382) 82 50, Fax (08382) 89076.

Berlin 730 – München 187 – Kostanz 77 – Ravensburg 25 – Bregenz 17.

🏨 **Seewirt,** Seestr. 15, ⊠ 88149, ℘ (08382) 98 85 00, Fax (08382) 89333, 🌤, « Caféterrasse am See mit ⩽ », 🍸, 🌳 – 🛗 🄣 🕸 🄿 ⑩ 🆅🅸🆂🅰
geschl. Dez. - 19. Feb. – **Menu** (geschl. Okt. - März Montag - Dienstag) à la carte 35/74
– **31 Z** ⊂⊃ 90/150 – 150/250.

🏠 **Haus am See** ⬞ (mit Gästehaus), Uferstr. 23, ⊠ 88149, ℘ (08382) 98 85 10, Hotel.Haus.am.See@t-online.de, Fax (08382) 9885175, ⩽, « Gartenterrasse », 🐾, 🌳 – 🄣
🄿 ⑩ 🆅🅸🆂🅰 🍽 Rest
geschl. Mitte Nov. - Jan. – **Menu** (geschl. Mittwoch) à la carte 43/59 – **26 Z** ⊂⊃ 85/130
– 145/200 – ½ P 35.

🏠 **Zur Kapelle,** Kapellenplatz 3, ⊠ 88149, ℘ (08382) 82 74, info@witzigmann-kapelle.de, Fax (08382) 89181, 🌤 – 🄣 🄿 ⑩ 🆅🅸🆂🅰
geschl. Ende Jan. - Anfang März, Anfang Nov. - Mitte Dez. – **Menu** à la carte 30/53 – **17 Z**
⊂⊃ 74/110 – 112/170 – ½ P 35.

🏠 **Zum Torkel,** Seehalde 14, ⊠ 88149, ℘ (08382) 9 86 20, hotel-zum-torkel@gmx.de, Fax (08382) 986262, 🌤, 🌳 – 🄣 🄿 🄰🄴 ① ⑩ 🆅🅸🆂🅰
geschl. 7. Jan. - Ende Feb. – **Menu** (geschl. Mittwochmittag) à la carte 30/65 – **23 Z**
⊂⊃ 70/110 – 140/170 – ½ P 25.

NONNWEILER Saarland 🄐🄓🄗 R 4 – 9 200 Ew – Höhe 375 m – Heilklimatischer Kurort.

Berlin 712 – Saarbrücken 50 – Trier 45 – Kaiserslautern 75.

In Nonnweiler-Sitzerath West : 4 km :

🍴 **Landgasthof Paulus,** Prälat-Faber-Str. 2, ⊠ 66620, ℘ (06873) 9 10 11, Essenpreis.Nickels@t-online.de, Fax (06873) 91191, 🌤, « Modern-elegante Einrichtung ; Vinothek » – 🄿 🆅🅸🆂🅰
geschl. 28. Feb. - 11. März, Montag - Dienstag – Menu 50 à la carte 52/68.

NORDDORF Schleswig-Holstein siehe Amrum (Insel).

NORDEN Niedersachsen 🄐🄓🄕 F 5 – 26 500 Ew – Höhe 3 m.

⛴ von Norden-Norddeich nach Norderney (Autofähre) und 🚢 nach Juist, ℘ (04931) 987124, Fax (04931) 987131.

🄱 Kurverwaltung, Dörper Weg 22, (Norddeich) ⊠ 26506, ℘ (04931) 9 86 02, Fax (04931) 986290.

Berlin 531 – Hannover 268 – Emden 44 – Oldenburg 97 – Wilhelmshaven 78.

🏨 **Reichshof** (mit Gästehäusern), Neuer Weg 53, ⊠ 26506, ℘ (04931) 17 50, Reichshof@t-online.de, Fax (04931) 17575, 🌤 – 🛗, 🌷 Zim, 🄣 🕯 🕸 🄿 – 🔬 250. 🄰🄴 ① ⑩
🆅🅸🆂🅰
Menu à la carte 35/67 (auch vegetarische Gerichte) – **35 Z** ⊂⊃ 80/100 – 160/200 –
½ P 19.

In Norden-Norddeich *Nord-West : 4,5 km – Seebad :*

🏨 **Regina Maris** ♠, Badestr. 7c, ✉ 26506, ℰ (04931) 1 89 30, *rezeption@hotelregin amaris.de*, Fax (04931) 189375, 🏤, 🚏, 🔲 – 📶, 🖐️ Zim, 📺 🅿. 🛇 *geschl. Anfang Jan. - Anfang März –* **Menu** *(geschl. ausser Saison Montag)* à la carte 35/60 – **63 Z** ⌑ 125/160 – 180/240, 6 Suiten – ½ P 27.

🏨 **Fährhaus,** Hafenstr. 1, ✉ 26506, ℰ (04931) 9 88 77, *info@hotel-faehrhaus-norddei ch.de*, Fax (04931) 988788, ≼, 🏤, 🚏, 🔲 – 📺 🅿. *geschl. 15. Dez. –* **Menu** à la carte 37/59 – **40 Z** ⌑ 100/140 – 160/200 – ½ P 33.

🏨 **Deichkrone** ♠, Muschelweg 21, ✉ 26506, ℰ (04931) 9 28 28 28, *rezeption@hote l-deichkrone.de*, Fax (04931) 9282888, 🚏, 🔲, 🌇 – 📺 🅿 – 🔬 25. 🅜🅞 🆅🅸🆂🅰 🛇 Zim *geschl. Nov. –* **Menu** à la carte 32/69 – **30 Z** ⌑ 110/140 – 220 – ½ P 28.

NORDENHAM *Niedersachsen* 🄰🄸🄵 *F 9 – 29 000 Ew – Höhe 2 m.*

🛈 *Verkehrsverein, Poststr. 4, ✉ 26954, ℰ (04731) 9 36 40, Fax (04731) 936446.*
Berlin 464 – Hannover 200 – Cuxhaven 51 – Bremen 71 – Bremerhaven 7 – Oldenburg 54.

🏨 **Am Markt,** Marktstr. 12, ✉ 26954, ℰ (04731) 9 37 20, Fax (04731) 937255, 🚏 – 📶, 🖐️ Zim, 📺 📞 🛏️ – 🔬 50. 🅰🅴 ⓞ 🅜🅞 🆅🅸🆂🅰
Menu à la carte 35/63 – **39 Z** ⌑ 138/190, 3 Suiten.

🏨 **Aits** garni, Bahnhofstr. 120, ✉ 26954, ℰ (04731) 9 98 20, Fax (04731) 9982400 – 📺 🛏️ 🅿. 🅰🅴 ⓞ 🅜🅞 🆅🅸🆂🅰
20 Z ⌑ 80/125.

In Nordenham-Abbehausen *Süd-West : 4,5 km :*

🏨 **Landhotel Butjadinger Tor** (mit Gästehaus), Butjadinger Str. 67, ✉ 26954, ℰ (04731) 9 38 80, *butjadinger-tor@t-online.de*, Fax (04731) 938888, 🏤 – 🖐️ Zim, 📺 📞 🅿. 🅰🅴 ⓞ 🅜🅞 🆅🅸🆂🅰
Menu à la carte 31/70 – **27 Z** ⌑ 85/95 – 120/130.

In Nordenham-Tettens *Nord : 10 km :*

🗙🗙 **Landhaus Tettens,** Am Dorfbrunnen 17, ✉ 26954, ℰ (04731) 3 94 24, *LANDHAU-STETTENS@t.online.de*, Fax (04731) 31740, 🏤, « Friesisches Bauernhaus a.d.J. 1737 » – 🅿.
geschl. 3. - 14. Jan., Montag – **Menu** à la carte 36/61.

NORDERNEY (Insel) *Niedersachsen* 🄰🄸🄵 *E 5 – 6 500 Ew – Seeheilbad – Insel der Ostfriesischen Inselgruppe, eingeschränkter Kfz-Verkehr.*

🛏 *Norderney, Karl-Rieger-Weg (Ost : 5 km), ℰ (04932) 92 71 56.*
✈️ *am Leuchtturm, ℰ (04932) 24 55, Fax (04932) 2455.*
🚢 *von Norddeich (ca. 1h), ℰ (04932) 9 13 13, Fax (04932) 91310.*
🛈 *Verkehrsbüro, Bülowallee 5, ✉ 26548, ℰ (04932) 9 18 50, Fax (04932) 82494.*
Ab Fährhafen Norddeich : Berlin 537 – Hannover 272 – Emden 44 – Aurich/Ostfriedland 31.

🏨 **Strandhotel an der Georgshöhe** ♠, Kaiserstr. 24, ✉ 26548, ℰ (04932) 89 80, *Info@georgshoehe.de*, Fax (04932) 898200, ≼, 🏤, Massage, 🎣, 🚏, 🔲, 🔲, 🌇, 🛇(Halle) – 📶 📺 📞 🅿. 🛇 Zim *geschl. 8. Jan. - 18. Feb., 3. - 25. Dez. –* **Menu** *(geschl. Nov. - März Montag)* à la carte 49/73 – **95 Z** ⌑ 100/225 – 250/330, 13 Suiten – ½ P 36.

🏨 **Villa Ney** Ⓜ ♠, Gartenstr. 59, ✉ 26548, ℰ (04932) 91 70, Fax (04932) 1043, 🚏 – 📶 📺 📞 🅰🅴 ⓞ 🅜🅞 🆅🅸🆂🅰
geschl. Jan. 2 Wochen, Dez. 2 Wochen – **Menu** *(nur Abendessen)* (Restaurant nur für Hausgäste) – **14 Z** ⌑ 190 – 320/380, 10 Suiten.

🏨 **Haus am Meer** ♠ garni, Kaiserstr. 3, ✉ 26548, ℰ (04932) 89 30, *info@hotel-hau s-am-meer.de*, Fax (04932) 3673, ≼, 🚏, 🔲 – 📶 🖐️ 📺 🛏️ 🅿. 🅜🅞. 🛇 ⌑ 19 – **43 Z** 105/180 – 195/280, 4 Suiten.

🏨 **Inselhotel Vier Jahreszeiten,** Herrenpfad 25, ✉ 26548, ℰ (04932) 89 40, *n-ne y@tap.de*, Fax (04932) 1460, 🏤, Massage, 🚏, 🔲 – 📶 📺 📞 🅰🅴 ⓞ 🅜🅞 🆅🅸🆂🅰
Menu à la carte 42/60 – **91 Z** ⌑ 155/190 – 270, 3 Suiten – ½ P 38.

🏨 **Inselhotel König** (mit Gästehaus), Bülowallee 8, ✉ 26548, ℰ (04932) 80 10, *info@i nselhotel-koenig.de*, Fax (04932) 801125, 🏤, 🚏 – 📶 📺 – 🔬 15. 🅜🅞 🆅🅸🆂🅰 *geschl. Ende Nov. - 18. Dez. –* **Menu** à la carte 34/64 – **95 Z** ⌑ 180 – 250/280 – ½ P 32.

🏨 **Golf-Hotel** ♠, Am Golfplatz 1 (Ost : 5 km), ✉ 26548, ℰ (04932) 89 60, *info@golf -hotel-norderney.de*, Fax (04932) 89666, ≼, 🏤, 🚏, 🔲, 🌇, 🛇 – 📺 🛏️ 🛏️ 🅿. **Menu** à la carte 34/63 – **31 Z** ⌑ 178/198 – 296/336, 3 Suiten – ½ P 35.

Strandhotel Pique ॐ, Am Weststrand 4, ⊠ 26548, ℘ (04932) 9 39 30, Hotel-Pique@t-online.de, Fax (04932) 939393, « Terrasse mit ≤ Nordsee », ≦s, ⬛ – ⇕ 📺 🅿
Menu (geschl. 6. Jan. - 15. Feb., Nov. - 26. Dez., Dienstag) à la carte 43/79 – **21 Z** ⟳ 125/195 – 255/306, 3 Suiten.

Belvedere am Meer ॐ garni (mit Appartementhaus), Viktoriastr. 13, ⊠ 26548, ℘ (04932) 9 23 90, info@hotel-belvedere.de, Fax (04932) 83590, ≤, « Ehemalige Villa a.d.J. 1870 mit individueller Einrichtung », ≦s, ⬛, ☞ – 📺 ➾ 🅿 ॐ
April - Okt. – **20 Z** ⟳ 145/230 – 270/410.

Ennen ॐ, Luisenstr. 16, ⊠ 26548, ℘ (04932) 91 50, Hotel-Ennen@t-online.de, Fax (04932) 82110, Massage, ♣, ≦s – ⇕ 📺 ॐ Zim
Menu à la carte 28/68 – **65 Z** ⟳ 100/170 – 190/250 – ½ P 20.

Friese (mit Gästehaus), Friedrichstr. 34, ⊠ 26548, ℘ (04932) 80 20, Fax (04932) 80234, ≦s – ⇕, ⅍ Rest, 📺 ॐ Zim
geschl. 15. Jan. - 28. Feb., 15. - 26. Dez. – **Menu** (geschl. 1. - 26. Dez., Mittwoch) à la carte 34/72 – **63 Z** ⟳ 102/112 – 177/235, 3 Suiten – ½ P 27.

Haus Waterkant ॐ garni, Kaiserstr. 9, ⊠ 26548, ℘ (04932) 80 01 00, haus-waterkant@t-online.de, Fax (04932) 800200, ≤, Massage, ♣, ≦s, ⬛ – ⇕ 📺 ॐ
geschl. Dez. - Jan. – **48 Z** ⟳ 125/140 – 170/250.

Lenz, Benekestr. 3, ⊠ 26548, ℘ (04932) 22 03, Fax (04932) 990745 – ⓪ ⓒⓔ
VISA
geschl. Mitte Jan. - Mitte Feb., Montag - Dienstagmittag – **Menu** (Tischbestellung ratsam) à la carte 45/79.

NORDERSTEDT Schleswig-Holstein 🔢🔢 E 14 – 71000 Ew – Höhe 26 m.
ADAC, Berliner Allee 38 (Herold-Center).
Berlin 309 – Kiel 79 – Hamburg 26 – Itzehoe 58 – Lübeck 69.

Park-Hotel Ⓜ garni, Buckhörner Moor 100, ⊠ 22846, ℘ (040) 52 65 60, Fax (040) 52656400, ≦s – ⇕ ⅍ 📺 📞 ➾ 🅿 – 🔬 100. 🄰🄴 ⓪ ⓒⓔ **VISA**
78 Z ⟳ 175/200 – 200/230.

Avalon Hotel, Segeberger Chaussee 45 (B 432), ⊠ 22850, ℘ (040) 5 29 90 00, norderstedt@avalon-hotel.de, Fax (040) 52990019, « Gartenterrasse » – ⇕, ⅍ Zim, 📺 📞 ♣ ➾ 🅿 – 🔬 30. 🄰🄴 ⓪ ⓒⓔ
Menu à la carte 39/70 – **68 Z** ⟳ 180/195 – 210/225.

Friesenhof Ⓜ garni, Segeberger Chaussee 84 a/b, ⊠ 22850, ℘ (040) 52 99 20, reservierung@hotel-friesenhof-garni.de, Fax (040) 52992100 – ⇕ ⅍ 📺 📞 ➾ 🅿 🄰🄴 ⓪ ⓒⓔ **VISA**
47 Z ⟳ 140/190 – 170/285.

Nordic Ⓜ garni, Ulzburger Str. 387, ⊠ 22846, ℘ (040) 5 26 85 80, Fax (040) 5266708, ☞ – 📺 📞 🅿 – 🔬 15. 🄰🄴 ⓪ ⓒⓔ **VISA**
29 Z ⟳ 135/145 – 165/180.

In Norderstedt-Garstedt :

Heuberg garni, Kahlenkamp 2/Ecke Niendorfer Straße, ⊠ 22848, ℘ (040) 52 80 70, hotel.heuberg@t-online.de, Fax (040) 5238067 – ⇕ ⅍ 📺 ➾ 🅿 – 🔬 15. 🄰🄴 ⓪ ⓒⓔ **VISA** **JCB**
48 Z ⟳ 120/150 – 185.

Maromme garni, Marommer Str. 58, ⊠ 22850, ℘ (040) 52 10 90, Fax (040) 5210930, ☞ – ⅍ 📺 🅿 🄰🄴 ⓪ ⓒⓔ **VISA**
18 Z ⟳ 115/135 – 150/175.

In Norderstedt-Glashütte :

Norderstedt garni, Tangstedter Landstr. 508, ⊠ 22851, ℘ (040) 52 99 90, norderstedt@ccl-hotels.com, Fax (040) 52999299 – ⇕ ⅍ 📺 📞 ♣ ➾ – 🔬 20. 🄰🄴 ⓪ ⓒⓔ
27 Z ⟳ 120/160 – 150/190.

Zur Glashütte, Segeberger Chaussee 309 (B 432), ⊠ 22851, ℘ (040) 5 29 86 60, Fax (040) 52986635, ⬛ – 📺 ➾ ⓒⓔ **VISA**
Menu (geschl. Mitte Juli - Mitte Aug., Mittwoch) (wochentags nur Abendessen) à la carte 28/58 – **16 Z** ⟳ 85/90 – 130/140.

In Norderstedt-Harksheide :

Schmöker Hof Ⓜ, Oststr. 18, ⊠ 22844, ℘ (040) 52 60 70, Fax (040) 5262231, Biergarten, ≦s – ⇕, ⅍ Zim, 📺 📞 ♣ ➾ 🅿 – 🔬 100. 🄰🄴 ⓪ ⓒⓔ **VISA**
Menu à la carte 46/69 – ⟳ 18 – **122 Z** 149/199 – 169/199, 5 Suiten.

NORDHAUSEN *Thüringen* 418 *L 16 – 47 000 Ew – Höhe 247 m.*

🏢 *Tourist-Information, Bahnhofsplatz 3a,* ✉ *99734,* ✆ *(03631) 90 21 53, Fax (03631) 902153.*

ADAC, *Grimmelallee 48 – Berlin 261 – Erfurt 74 – Göttingen 86 – Halle 91.*

🏠 **Handelshof** 🅼 *garni, Bahnhofstr. 13,* ✉ *99734,* ✆ *(03631) 62 50, Fax (03631) 625100*
– 🛗 ✸ 📺 📞 📱 – 🔬 30. ㎒ ⓞ ⓜⓢ ⓥⓘⓢⓐ ⓙⓒⓑ
40 Z ⬚ *95/115 – 135/150.*

In Werther *Süd-West : 3,5 km :*

🏠 **Zur Hoffnung,** *an der B 80,* ✉ *99735,* ✆ *(03631) 60 12 16, hotel-zur-hoffnung@t -online.de, Fax (03631) 600826,* ⬚ – 🛗, ✸ *Rest,* 📺 ♿ ⇔ 📱 – 🔬 *120.* ✽
Menu *à la carte 26/39 –* **50 Z** ⬚ *75/100 – 120.*

NORDHEIM *Bayern siehe Volkach.*

NORDHORN *Niedersachsen* 415 *I 5 – 51 000 Ew – Höhe 22 m.*

🏢 *Verkehrsverein, Firnhaberstr. 17,* ✉ *48529,* ✆ *(05921) 8 03 90, Fax (05921) 803939.*

ADAC, *Firnhaberstr. 17.*

Berlin 502 – Hannover 224 – Bremen 155 – Groningen 113 – Münster (Westfalen) 73.

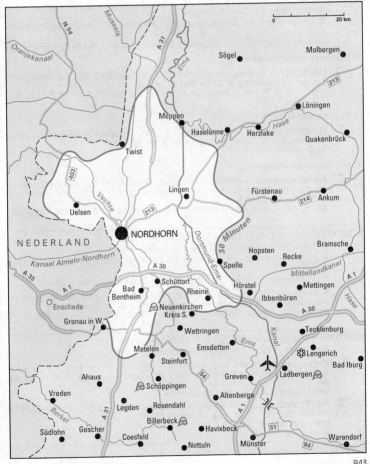

Am Stadtring, Am Stadtring 31, ✉ 48527, 𝒫 (05921) 8 83 30, info@hotel-am-sta
dtring.de, Fax (05921) 75391 – 📶, ⇔ Zim, 📺 ✆ ⇔ 🅿 – 🔏 40. 🆎 ① ◑◉ 𝗩𝗜𝗦𝗔
Menu à la carte 39/71 – **56 Z** ⊇ 79/145 – 100/205.

Eichentor, Bernhard-Niehues-Str. 12, ✉ 48529, 𝒫 (05921) 8 98 60,
Fax (05921) 77948, ⇔, 🔳 – 📶 📺 ✆ 🅿 – 🔏 80. 🆎 ① ◑◉ 𝗩𝗜𝗦𝗔
Menu (geschl. Samstag - Sonntag) (nur Abendessen) à la carte 33/64 – **47 Z** ⊇ 85/110
– 125/170.

Kleines Sandhookhaus, Sandhook 34, ✉ 48531, 𝒫 (05921) 3 29 46,
Fax (05921) 330048, ⇔ – 🆎 ① ◑◉ 𝗩𝗜𝗦𝗔
geschl. Montag – **Menu** (wochentags nur Abendessen) à la carte 40/68.

NORDRACH Baden-Württemberg **419** U 8 – 2 000 Ew – Höhe 300 m – Luftkurort.
🛈 Gäste-Info, Im Dorf 26, ✉ 77787, 𝒫 (07838) 92 99 21, Fax (07838) 929924.
Berlin 776 – Stuttgart 130 – Karlsruhe 106 – Lahr 23 – Offenburg 28 – Freudenstadt 39.

Stube, Im Dorf 28, ✉ 77787, 𝒫 (07838) 2 02, Fax (07838) 927892, ⇔ – 🅿
geschl. Jan. - Feb. 2 Wochen – **Menu** (geschl. Dienstagabend - Mittwoch) à la carte 30/60
🍷 – **11 Z** ⊇ 55 – 90/100 – ½ P 20.

NORDSTRAND Schleswig-Holstein **415** C 10 – 2 400 Ew – Höhe 1 m – Seeheilbad.
Ausflugsziele : Die Halligen★ (per Schiff).
🛈 Kurverwaltung, Schulweg 4 (Herrendeich), ✉ 25845, 𝒫 (04842) 4 54, Fax (04842)
8102.
Berlin 447 – Kiel 103 – Sylt (Westerland) 53 – Flensburg 61 – Husum 19 – Schleswig 53.

In Nordstrand-Herrendeich :

Landgasthof Kelting, Herrendeich 6, ✉ 25845, 𝒫 (04842) 3 35, Fax (04842) 8355,
⇔, ⇌ – ⇔ Rest, 📺 🅿 🆎 ① ◑◉ 𝗩𝗜𝗦𝗔, ⚡ Rest
geschl. Feb. 2 Wochen – **Menu** (geschl. Montag) à la carte 35/56 – **16 Z** ⊇ 75/80 –
100/130 – ½ P 24.

In Nordstrand-Süden :

Christiansen garni, Am Ehrenmal 10, ✉ 25843, 𝒫 (04842) 82 12, hotelchristiansen
@t-online.de, Fax (04842) 1349, ⇌ – 📺 🅿 ◑◉ 𝗩𝗜𝗦𝗔
14 Z ⊇ 85/120 – 140/150.

In Nordstrand-Süderhafen :

Am Heverstrom, Heverweg 14, ✉ 25845, 𝒫 (04842) 80 00, heverstrom@t-online
.de, Fax (04842) 7273, ⇔, « Modernisierter Gasthof mit rustikal-gemütlicher
Einrichtung » – 📺 ✆ ⚡ 🅿 ⚡ Zim
geschl. März – **Menu** (geschl. Mittwoch) à la carte 29/54 – **7 Z** ⊇ 80/85 – 120/130.

NORTHEIM Niedersachsen **417 418** K 13 – 33 000 Ew – Höhe 121 m.
🏌 Schloß Levershausen (Süd : 6 km), 𝒫 (05551) 6 19 15.
🛈 Northeim Touristik, Am Münster 6, ✉ 37154, 𝒫 (05551) 91 30 66, Fax (05551)
913067.
Berlin 317 – Hannover 99 – Braunschweig 85 – Göttingen 27 – Kassel 69.

Schere, Breite Str. 24, ✉ 37154, 𝒫 (05551) 96 90, Hotel-Schere@t-online.de,
Fax (05551) 969196, ⇔ – 📶, ⇔ Zim, 📺 ✆ ⇔ – 🔏 20. 🆎 ① ◑◉ 𝗩𝗜𝗦𝗔
Menu (geschl. Montagmittag) à la carte 29/62 – **38 Z** ⊇ 150/200 – 200/280.

NORTORF Schleswig-Holstein **415 416** D 13 – 7 000 Ew – Höhe 30 m.
Berlin 348 – Kiel 29 – Flensburg 81 – Hamburg 78 – Neumünster 16.

Kirchspiels Gasthaus, Große Mühlenstr. 9, ✉ 24589, 𝒫 (04392) 2 02 80, Karsten.
Heeschen@t-online.de, Fax (04392) 202810, ⇔ – 📺 ✆ ⇔ 🅿 – 🔏 40. 🆎 ① ◑◉ 𝗩𝗜𝗦𝗔
⚡
Menu à la carte 41/78 – **15 Z** ⊇ 70/110 – 120/170.

Alter Landkrug (mit Gästehaus), Große Mühlenstr. 13, ✉ 24589, 𝒫 (04392) 44 14,
Fax (04392) 8302 – 📺 🅿 – 🔏 150. 🆎 ① ◑◉ 𝗩𝗜𝗦𝗔
Menu à la carte 29/50 – **32 Z** ⊇ 55/65 – 110/130.

NOTHWEILER Rheinland-Pfalz siehe Rumbach.

NOTTULN *Nordrhein-Westfalen* 📖 *K 6 – 18 000 Ew – Höhe 95 m.*
Berlin 499 – Düsseldorf 106 – Nordhorn 85 – Enschede 65 – Münster (Westfalen) 19.

🏠 **Steverburg,** Baumberge 6 (Nord-Ost : 3 km), ✉ 48301, 𝒫 (02502) 94 30,
Fax (02502) 9876, 🌳, « Geschmackvolle Einrichtung » – ⇥ Zim, 📺 🅿 – 🔥 20. ① ⓦ 🗺
Menu *(geschl. Donnerstag)* à la carte 42/77 – **20 Z** ⊇ 90/110 – 160/210.

In Nottuln-Schapdetten *Ost : 5 Km :*

🏠 **Landhaus Schapdetten,** Roxeler Str. 7, ✉ 48301, 𝒫 (02509) 9 90 50, *info@land
haus-schapdetten.de, Fax (02509) 990533,* 🌳, 🌾 – ⇥ Zim, 📺 ⟵ 🅿 – 🔥 30. ⒜ ⓦ
🗺
Menu à la carte 29/60 – **19 Z** ⊇ 75/125 – 135/185.

🏠 **Zur alten Post** 🐾, Roxeler Str. 5, ✉ 48301, 𝒫 (02509) 9 91 90, *Fax (02509) 991919,*
Biergarten – 📺 ⟵ 🅿 – 🔥 15. ⒜ ⓦ. ⊗ Rest
Menu *(geschl. Dienstag)* à la carte 29/53 – **25 Z** ⊇ 70/120.

In Nottuln-Stevern *Nord-Ost : 2 km :*

XX **Gasthaus Stevertal** mit Zim, Stevern 36, ✉ 48301, 𝒫 (02502) 9 40 10,
Fax (02502) 940149, 🌳 – ⟵ 🅿 – 🔥 80
Menu *(bemerkenswerte Weinkarte)* à la carte 32/64 – **7 Z** ⊇ 75/140.

NÜMBRECHT *Nordrhein-Westfalen* 📖 *N 6 – 17 000 Ew – Höhe 280 m – Heilklimatischer Kurort.*
🛈 *Kur- und Gästeinformation, Lindchenweg 1,* ✉ *51588,* 𝒫 *(02293) 5 18, Fax (02293) 510.*
Berlin 576 – Düsseldorf 91 – Bonn 49 – Waldbröl 8 – Köln 53.

🏰 **Park-Hotel,** Parkstraße 3, ✉ 51588, 𝒫 (02293) 30 30, *info@nuembrecht.com,
Fax (02293) 303365,* 🌳, Massage, 🎄, 🏊, ⊗ (Halle) – 📱, ⇥ Zim, 📺 📞 🅿 – 🔥 200.
⒜ ① ⓦ 🗺 🗺. ⊗ Rest
Menu à la carte 43/68 – **89 Z** ⊇ 165/195 – 225/295 – ½ P 30.

XX **Oliver's Gasthaus** (Berfelz) mit Zim, Hauptstr. 52, ✉ 51588, 𝒫 (02293) 9 11 10, *o.be
✿ rfelz@ndh.net, Fax (02293) 91118,* 🌳 – ⇥ Rest, 📺 📞 🅿 ⒜ ⓦ 🗺
geschl. Feb. 1 Woche, Juli - Aug. 3 Wochen – **Menu** *(geschl. Montag - Dienstagmittag)* 69
(mittags) à la carte 88/107 – **4 Z** ⊇ 150/190 – 175/240
Spez. Pochierter Hummer mit Paprikaessenz. Kalbsfilet mit sauren Nierchen und geschmor-
tem Chicorée. Fasanenbrust im Sauerkrautblatt mit Maronen und Gänseleberauce (Saison).

NÜRBURG *Rheinland-Pfalz* 📖 *O 4 – 200 Ew – Höhe 610 m – Luftkurort.*
Sehenswert : Burg ❋★.
Ausflugsziel : Nürburgring★ *(Sammlung Mythos Nürburgring★).*
Berlin 644 – Mainz 152 – Aachen 133 – Bonn 56 – Mayen 26 – Wittlich 57.

🏰 **Dorint,** Am Nürburgring, ✉ 53520, 𝒫 (02691) 30 90, *dorint_hotel_am_nuerburgring
@t-online.de, Fax (02691) 309460,* ≤, 🌳, 🎄, 🏊 – 📱 📺 📞 ⟵ 🅿 – 🔥 300. ⒜ ①
ⓦ 🗺 🗺
Menu à la carte 43/75 – **204 Z** ⊇ 240/310 – 280/360, 3 Suiten.

🏠 **Am Tiergarten,** Kirchweg 4, ✉ 53520, 𝒫 (02691) 9 22 00, *info@am-tiergarten.de,
Fax (02691) 7911,* 🌳 – ⇥ Zim, 📺 📞 🅿 – 🔥 15. ⒜ ① ⓦ 🗺 🗺
Menu *(geschl. 23. - 28. Dez.)* (italienische Küche) à la carte 34/65 – **33 Z** ⊇ 95/120 –
150/170.

🏠 **Zur Burg** (mit Gästehaus), Burgstr. 4, ✉ 53520, 𝒫 (02691) 75 75, *HotelZurBurgDani
els@t-online.de, Fax (02691) 7711,* 🌳, 🎄 – 📺 🅿 – 🔥 20. ⒜ ① ⓦ 🗺
geschl. 20. Nov. - 25. Dez. – **Menu** à la carte 29/52 – **35 Z** ⊇ 75/120 – 120/180.

NÜRNBERG *Bayern* 📖 📖 *R 17 – 500 000 Ew – Höhe 300 m.*
Sehenswert : Germanisches Nationalmuseum★★★ JZ – St.-Sebalduskirche★ *(Kunst-
werke★★)* JY – Stadtbefestigung★ – Dürerhaus★ JY – Schöner Brunnen★ JY **C** –
St.-Lorenz-Kirche★ *(Engelsgruß★★, Gotischer Kelch★★)* JZ – Kaiserburg (Sinwellturm ≤★)
JY – Frauenkirche★ JY **E** – Verkehrsmuseum (DB-Museum★) JZ **M4.**
🛫 N-Kraftshof (über Kraftshofer Hauptstr. BS), 𝒫 (0911) 30 57 30.
🚄 Nürnberg BS, 𝒫 (0911) 9 37 00.
Messezentrum (BT), 𝒫 (0911) 8 60 60, Fax (0911) 8606228.
🛈 *Tourist-Information, im Hauptbahnhof (Mittelhalle),* 𝒫 *(0911) 2 33 61 32, Fax (0911)
2336166.*
🛈 *Tourist-Information, Hauptmarkt 18,* ✉ *90403,* 𝒫 *(0911) 2 33 61 35, Fax (0911)
204359.*
ADAC, Äußere Sulzbacher Str. 98.
*Berlin 432 ⑤ – München 165 ⑦ – Frankfurt am Main 226 ① – Leipzig 276 ⑤ – Stuttgart
205 ⑧ – Würzburg 110 ①*

NÜRNBERG

Äußere Sulzbacher Straße BS 4
Am Europakanal AS 7
Ansbacher Straße AT 14
Beuthener Straße CT 20
Bierweg BS 21
Bingstraße CS 23
Breslauer Straße CT 26
Cadolzburger Straße AS 27
Deutenbacher Straße AT 31
Dianastraße BT 32
Eibacher Hauptstraße AT 33
Eichendorffstraße BS 34
Erlanger Straße (FÜRTH) AS 36
Erlenstegenstraße CS 37
Finkenbrunn BT 40
Fischbacher Hauptstraße CT 41
Fronmüllerstraße (FÜRTH) AS 44
Fürther Straße (ZIRNDORF) AS 45
Gebersdorfer Straße AS 47
Gründlacher Straße AS 52
Hauptstraße (FEUCHT) CT 54
Hauptstraße (STEIN) AT 55
Heilstättenstraße AS 56
Hügelstraße AS 61
Julius-Loßmann-Straße BT 65
Karl-Martell-Straße AS 70
Karl-Schönleben-Straße CT 71
Katzwanger Straße BT 74
Kraftshofer Hauptstraße BS 79
Leyher-Straße AS 83
Löwenberger Straße CT 85
Minervastraße BT 94
Moritzbergstraße CS 96
Mühlhofer Hauptstraße AT 98
Nürnberger Straße (FEUCHT) CT 100
Nürnberger Straße (FÜRTH) AS 102
Nürnberger Straße (STEIN) AT 103
Otto-Bärnreuther-Straße BT 108
Poppenreuther Straße (FÜRTH) AS 115
Rednitzstraße AT 119
Reichelsdorfer Hauptstr. AT 120
Saarbrückener Straße BT 122
Schmausenbuckstraße CS 126
Schwabacher Straße (FÜRTH) AS 128
Schwabacher Straße (FEUCHT) CT 130
Schwabacher Straße (ZIRNDORF) AS 131
Seeackerstraße AS 133
Siedlerstraße CS 134
Sigmundstraße AS 135
Stadenstraße CS 136
Valznerweiherstraße CS 145
Wallensteinstraße AS 150
Weißenburger Straße AT 153
Wetzendorfer Straße AS 155
Würzburger Straße AS 159

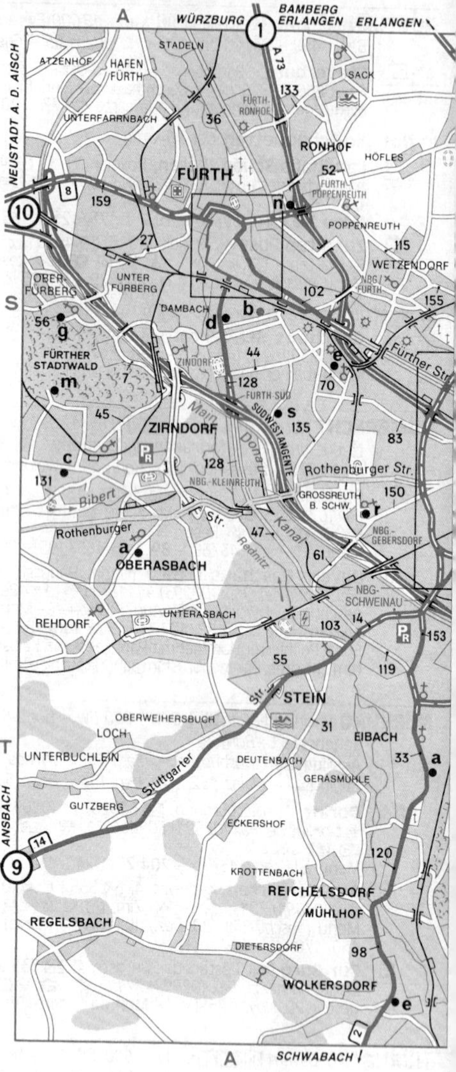

Le piante topografiche sono orientate col Nord in alto.

Le Méridien Grand-Hotel, Bahnhofstr. 1, ✉ 90402, ✆ (0911) 2 32 20, *LeMeridien @grand-hotel.de, Fax (0911) 2322444,* – , Zim, – 120. AE MC VISA JCB KZ d
Menu à la carte 52/90 – ☕ 25 – **182 Z** 240/320 – 340/420, 4 Suiten.

Maritim, Frauentorgraben 11, ✉ 90443, ✆ (0911) 2 36 30, *info.nur@maritim.de, Fax (0911) 2363851,* – , Zim, – 550. AE MC VISA JCB JZ e
Menu à la carte 55/83 – ☕ 25 – **316 Z** 255/415 – 288/472, 3 Suiten.

Atrium Hotel, Münchener Str. 25, ✉ 90478, ✆ (0911) 4 74 80, *Atrium.nbg@t-online.de, Fax (0911) 4748420,* – , Zim, Rest, – 150. AE MC VISA JCB Rest GX g
Menu *(geschl. 26. Dez. - 6. Jan.)* à la carte 53/82 – **187 Z** ☕ 175/229 – 238/298.

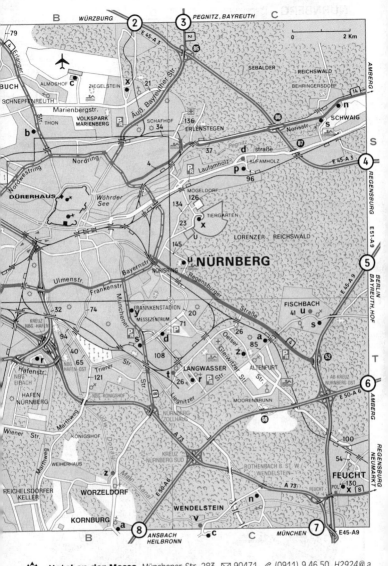

🏠 **Hotel an der Messe,** Münchener Str. 283, ✉ 90471, 𝒫 (0911) 9 46 50, *H2924@a*
ccor-hotels.com, Fax (0911) 468865, 🍴, Ⅰ₆, ≦s – 🛗, ⇔ Zim, 📺 🅿 – 🔬 120. 🆎
🐼 🆚 🛬 Rest   BT y
Menu à la carte 48/82 – **144 Z** ⊇ 198/280 – 241/330.

🏠 **Loew's Merkur,** Pillenreuther Str. 1, ✉ 90459, 𝒫 (0911) 44 02 91, *HOTELMERKUR@ t*
-online.de, Fax (0911) 459037, ≦s, 🔲 – 🛗 ⇔ 📺 ⚓ & 🅿 – 🔬 60. 🆎 ① 🐼 🆚
🃏   FX a
Menu à la carte 35/75 – **200 Z** ⊇ 190/290 – 220/380.

🏠 **Wöhrdersee Hotel Mercure,** Dürrenhofstr. 8, ✉ 90402, 𝒫 (0911) 9 94 90,
h1141@accor-hotels.com, Fax (0911) 9949444, 🍴, Ⅰ₆, ≦s – 🛗, ⇔ Zim, 🔲 📺 ⚓ &
🚗 – 🔬 100. 🆎 ① 🐼 🆚 🃏   GV a
Menu à la carte 43/70 – ⊇ 23 – **145 Z** 173/220 – 216/263.

NÜRNBERG

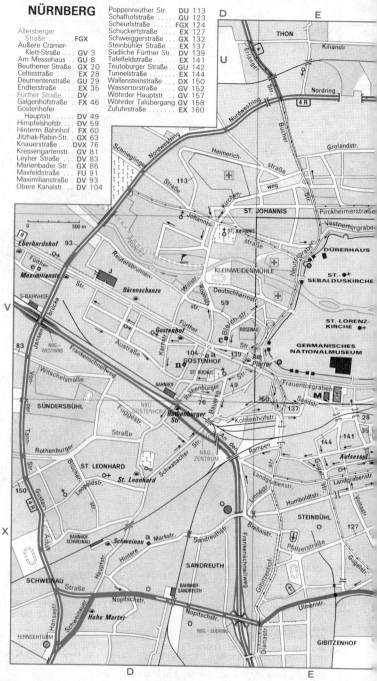

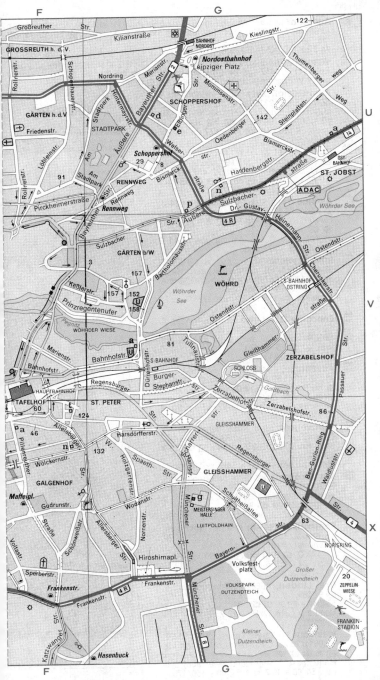

🏨 **Agneshof** Ⓜ garni, Agnesgasse 10, ✉ 90403, ✆ (0911) 21 44 40, Agneshof.nbg@t
-online.de, Fax (0911) 21444144, ⓢ – 📶 ⚡ 📺 ☎ & ⚲ – ⚕ 20. 🆎 ⓞ ⓜ⊙
VISA
74 Z ⊑ 165/265 – 198/348.　　　　　　　　　　　　　　　　　　　JY **c**

🏨 **Victoria** Ⓜ garni, Königstr. 80, ✉ 90402, ✆ (0911) 2 40 50, mail@hotelvictoria.de,
Fax (0911) 227432 – 📶 ⚡ 📺 ☎ 📞 – ⚕ 20. 🆎 ⓞ ⓜ⊙ **VISA**　　　KZ **x**
geschl. Weihnachten - Anfang Jan. – **66 Z** ⊑ 139/169 – 179/219.

🏨 **Am Heideloffplatz** garni, Heideloffplatz 9,
✉ 90478, ✆ (0911) 94 45 30, Hotel.Heideloff
platz@t-online.de, Fax (0911) 4469661 – 📶 ⚡
📺 📞 📞 – ⚕ 15. 🆎 ⓞ ⓜ⊙ **VISA** 🅹🅲🅱 FX **t**
geschl. 24. Dez. - Anfang Jan. – **32 Z** ⊑ 165/265
– 215/295.

🏨 **Dürer-Hotel** Ⓜ garni, Neutormauer 32,
✉ 90403, ✆ (0911) 20 80 91, duerer-hotel@a
ltstadthotels.com, Fax (0911) 223458, ⓢ – 📶
⚡ 📞 📞 & ⚲ – ⚕ 30. 🆎 ⓞ ⓜ⊙ **VISA** 🅹🅲🅱
105 Z ⊑ 195/250 – 225/275.　　　　　JY **r**

🏨 **Avenue** garni, Josephsplatz 10, ✉ 90403,
✆ (0911) 24 40 00, Avenue-Hotel@t-online.de,
Fax (0911) 243600 – 📶 ⚡ 📺 📞 – ⚕ 20. 🆎
ⓞ ⓜ⊙ **VISA** 🅹🅲🅱　　　　　　　　　　　　JZ **c**
geschl. Ende Dez. - Anfang Jan. – **41 Z**
⊑ 140/210 – 220/280.

🏨 **InterCityHotel** Ⓜ, Eilgutstr. 8, ✉ 90443,
✆ (0911) 2 47 80, nuernberg@intercityhotel.
de, Fax (0911) 2478999 – 📶, ⚡ Zim, 📺 📞 &
– ⚕ 50. 🆎 ⓞ ⓜ⊙ 🅹🅲🅱　　　　　　　　　JZ **d**
Menu (nur Abendessen) à la carte 32/54 – ⊑ 21
– **158 Z** 185/279 – 215/349.

🏨 **Concorde Hotel Viva** Ⓜ garni, Sandstr. 4,
✉ 90443, ✆ (0911) 2 40 00, VIVA@t-online.de,
Fax (0911) 2400499, ⓢ – 📶 ⚡ 📺 📞 & ⚲
– ⚕ 40. 🆎 ⓞ ⓜ⊙ **VISA**　　　　　　　　HZ **n**
153 Z ⊑ 195/245.

🏨 **Advantage,** Dallingerstr. 5, ✉ 90459,
✆ (0911) 9 45 50, Fax (0911) 9455200, 📠, ⓢ –
📶, ⚡ Zim, 📺 📞 📞 & ⓞ ⓜ⊙ **VISA** 🅹🅲🅱　　FX **n**
Menu (geschl. Aug., Samstag - Sonntag) (nur
Abendessen) à la carte 27/53 – **50 Z**
⊑ 139/219 – 199/225.

🏨 **Prinzregent** garni, Prinzregentenufer 11,
✉ 90489, ✆ (0911) 58 81 88, prinzregent@c
co.de, Fax (0911) 556236 – 📶 ⚡ 📺 📞. 🆎 ⓞ
ⓜ⊙ **VISA** 🅹🅲🅱　　　　　　　　　　　　　KZ **a**
geschl. 24. Dez. - 6. Jan. – **34 Z** ⊑ 145/185.

🏨 **Am Jakobsmarkt** garni, Schottengasse 5,
✉ 90402, ✆ (0911) 2 00 70, info@hotel-am-j
akobsmarkt.de, Fax (0911) 2007200, ⓢ – 📶
⚡ 📺 📞 🆎 ⓞ ⓜ⊙ **VISA**　　　　　　　　HZ **h**
geschl. 24. Dez. - 2. Jan. – **77 Z** ⊑ 158/190 – 198.

🏨 **Romantik Hotel Am Josephsplatz** garni,
Josephsplatz 30, ✉ 90403, ✆ (0911) 21 44 70,
josphsplatz@romantik.de, Fax (0911)
21447200, ⓢ – 📶 ⚡ 📺 📞. 🆎 ⓞ ⓜ⊙ 🅹🅲🅱
geschl. 24. Dez. - 6. Jan. – **36 Z** ⊑ 160/190 –
210, 4 Suiten.　　　　　　　　　　　　　JZ **k**

🏨 **Drei Linden,** Äußere Sulzbacher Str. 1,
✉ 90489, ✆ (0911) 53 32 33, Fax (0911)
554047 – 📺 📞. 🆎 ⓞ ⓜ⊙ **VISA**　　　GU **p**
Menu à la carte 32/56 – **28 Z** ⊑ 120/140 –
160/180.

🏨 **Weinhaus Steichele,** Knorrstr. 2, ✉ 90402,
✆ (0911) 20 22 80, Fax (0911) 221914, ⚲ – 📶
📺 📞. 🆎 ⓞ ⓜ⊙ **VISA**　　　　　　　　HZ **x**
Menu (geschl. Sonn- und Feiertage) à la
carte 34/60 – **49 Z** ⊑ 105/140 – 150/170.

NÜRNBERG

Maximilian M (Appartement-Hotel), Obere Kanalstr. 11, ✉ 90429, ☎ (0911) 9 29 50, *maximilian@deraghotels.de, Fax (0911) 9295610*, – |$|, Zim, TV ☎ 🚗. AE ⓓ ⓜⓒ *VISA*. Rest DV a
Menu *(geschl. Samstag)(nur Abendessen)* à la carte 31/53 – **69 Z** ☕ 180/240 – 220/280.

Marienbad garni, Eilgutstr. 5, ✉ 90443, ☎ (0911) 20 31 47, *Fax (0911) 204260* – |$| TV 🚗 P. AE ⓓ ⓜⓒ *VISA* JZ y
54 Z ☕ 125/135 – 165/265.

Findelgasse JZ 38
Grübelstraße KY 50
Hans-Sachs-Gasse JY 53
Henkersteg JY 58
Inn.-Cramer-Klett-Str. KY 62
Johannesgasse KZ 64
Kaiserstraße JZ 67
Karolinenstraße JZ
K.-Grillenberger-Straße HZ 69
Karlstraße JY 72
Katharinengasse KZ 73
Königstorgraben KZ 77
Königstraße JZ 78
Lessingstraße JZ 82
Lorenzer Str. KZ 84
Ludwigstraße HZ
Luitpoldstraße JZ 86
Marientorgraben KZ 87
Maxbrücke JY 90
Mohrengasse HYZ 95
Museumsbrücke JY 99
Obere Krämersgasse JY 105
Obere Wörthstraße JZ 106
Obstmarkt JY 107
Pfannenschmiedsgasse JZ 110
Prinzregentenufer KZ 116
Rathausplatz JY 117
Richard-Wagner-Platz JZ 121
Schlotfegergasse HZ 125
Steubenbrücke KY 138
Tafelhofstraße JZ 142
Vordere Ledergasse HZ 148
Vordere Sterngasse JZ 149
Weißgerbergasse JY 154

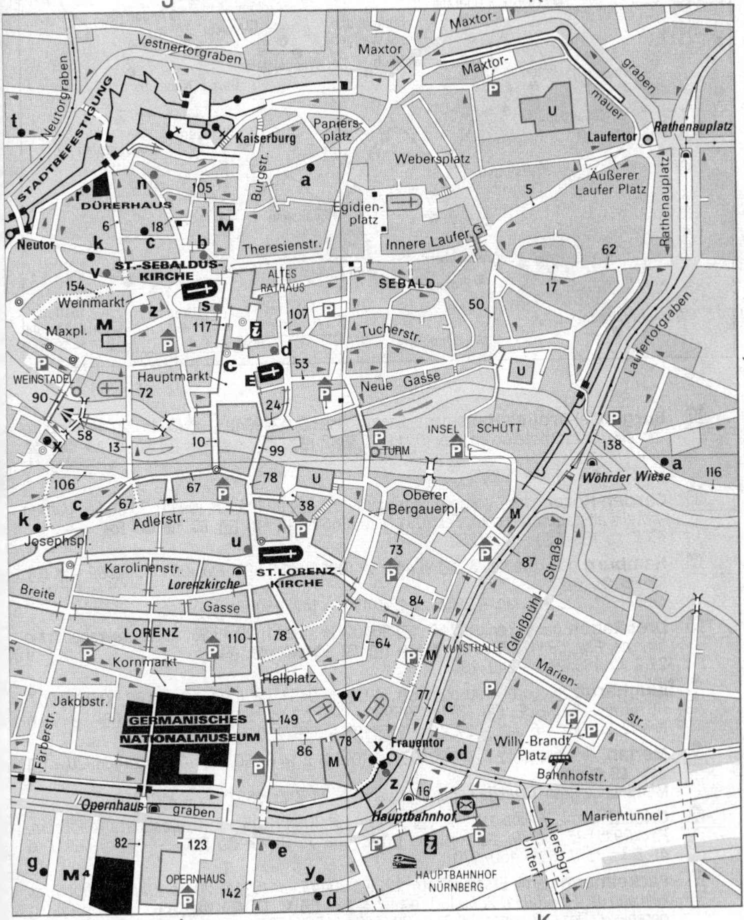

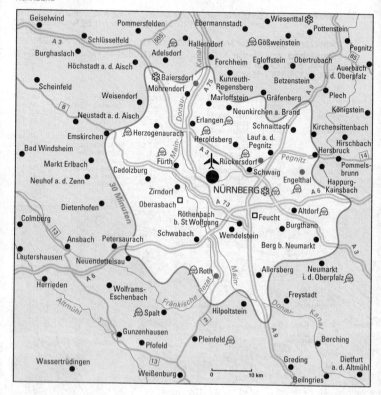

🏨 **Burghotel-Großes Haus** garni, Lammsgasse 3, ☒ 90403, 𝒞 (0911) 20 44 14, *burg -hotel@altstadthotels.com*, Fax (0911) 223882, ⇌s, 🔲 – 🛗 ↝ 📺 📞. 🆎 ⓞ ⓜⓞ 𝚅𝙸𝚂𝙰 𝙹𝙲𝙱
57 Z ⚏ 135/170 – 175/210.   JY k

🏨 **Garden-Hotel** garni, Vordere Ledergasse 12, ☒ 90403, 𝒞 (0911) 20 50 60, *garden -hotel@altstadthotels.com*, Fax (0911) 2050060 – 🛗 ↝ 📺. 🆎 ⓞ ⓜⓞ 𝚅𝙸𝚂𝙰 𝙹𝙲𝙱
33 Z ⚏ 135/150 – 200/250.   HZ v

🏠 **Hamburg** garni, Hasstr. 3, ☒ 90431, 𝒞 (0911) 31 89 90, Fax (0911) 312589 – 🛗 📺.
🆎 ⓜⓞ 𝚅𝙸𝚂𝙰   DV e
geschl. 21. Dez. - 6. Jan. – **26 Z** ⚏ 120/192 – 142/250.

🏠 **Drei Raben** garni, Königstr. 63, ☒ 90402, 𝒞 (0911) 20 45 83, *hotel-drei-raben@t-o nline.de*, Fax (0911) 232611 – 🛗 ↝ 📺. 🆎 ⓞ ⓜⓞ 𝚅𝙸𝚂𝙰 𝙹𝙲𝙱
27 Z ⚏ 160/240 – 240/280.   JKZ v

🏠 **Klughardt** 🦢 garni, Tauroggenstr. 40, ☒ 90491, 𝒞 (0911) 91 98 80, *KLUGHARDT. HOTEL@T-ONLINE.DE*, Fax (0911) 595989 – ↝ 📺 📞 🅿. 🆎 ⓞ ⓜⓞ 𝚅𝙸𝚂𝙰 𝙹𝙲𝙱 GU n
geschl. 24. Dez. - 6. Jan. – **27 Z** ⚏ 115/195 – 165/220.

🏠 **Merian,** Unschlittplatz 7, ☒ 90403, 𝒞 (0911) 2 14 66 90, Fax (0911) 21466920 – 📺
⟿. 🆎 ⓜⓞ 𝚅𝙸𝚂𝙰   JY x
Menu siehe Rest. **Opatija** separat erwähnt – **21 Z** ⚏ 165/195 – 210/250.

🏠 **Cristal** garni, Willibaldstr. 7, ☒ 90491, 𝒞 (0911) 95 11 90, *DasCristal@aol.com*, Fax (0911) 95119270, ⇌s – 🛗 ↝ 📺 📞 ⟿ 🅿. 🆎 ⓞ ⓜⓞ 𝚅𝙸𝚂𝙰 GU d
46 Z ⚏ 135/150 – 150/170.

🏠 **Fackelmann** garni, Essenweinstr. 10, ☒ 90443, 𝒞 (0911) 20 68 40, *info@hotel-fak kelmann.de*, Fax (0911) 2068460, ⇌s – 🛗 ↝ 📺 📞. 🆎 ⓜⓞ 𝚅𝙸𝚂𝙰 𝙹𝙲𝙱 JZ g
geschl. 24. Dez. - 7. Jan. – **34 Z** ⚏ 99/140 – 165/199.

Ibis-Am Plärrer, Steinbühler Str. 2, ✉ 90443, 𝄞 (0911) 2 37 10, *H0888@accor-hotels.com*, Fax *(0911) 223319* – 🛗, ✦ Zim, 📺 ⅙ ⟲ – 🏊 60. 🅰🅴 ⓪ ⓦⓢ 𝗩𝗜𝗦𝗔
HZ s
Menu à la carte 40/51 – ☐ 16 – **155 Z** 109.

Ibis-Königstor garni, Königstr. 74, ✉ 90402, 𝄞 (0911) 23 20 00, *h1069@accor-hotels.com*, Fax *(0911) 209684* – 🛗 ✦ 📺. 🅰🅴 ⓪ ⓦⓢ 𝗩𝗜𝗦𝗔 𝗝𝗖𝗕
KZ x
☐ 15 – **53 Z** 117.

Ibis-Marientor garni, Königstorgraben 9, ✉ 90402, 𝄞 (0911) 2 40 90, *H16008@accor-hotels.com*, Fax *(0911) 2409413* – 🛗 ✦ 📺 ⅙ ⟲ – 🏊 30. 🅰🅴 ⓪ ⓦⓢ 𝗩𝗜𝗦𝗔
KZ c
☐ 16 – **152 Z** 120.

Burghotel-Stammhaus garni, Schildgasse 14, ✉ 90403, 𝄞 (0911) 20 30 40, *Nuernberg@burghotel-stamm.de*, Fax *(0911) 226503*, 🔲 – 🛗 📺. 🅰🅴 ⓪ ⓦⓢ 𝗩𝗜𝗦𝗔 𝗝𝗖𝗕
JY a
22 Z ☐ 98/118 – 158/198.

Burgschmiet garni, Burgschmietstr. 8, ✉ 90419, 𝄞 (0911) 93 33 60, *Burgschmiet.@odn.de*, Fax *(0911) 9333620* – 🛗 ✦ 📺 ⟲. 🅰🅴 ⓦⓢ 𝗩𝗜𝗦𝗔
JY t
39 Z ☐ 109/169 – 159/198.

Westend garni, Karl-Martell-Str. 42, ✉ 90431, 𝄞 (0911) 93 98 60, *info@hotelwestend.de*, Fax *(0911) 3263601* – 📺 🅿. 🅰🅴 ⓦⓢ 𝗩𝗜𝗦𝗔
AS e
30 Z ☐ 99/125 – 155/185.

Essigbrätlein (Köthe), Weinmarkt 3, ✉ 90403, 𝄞 (0911) 22 51 31, *Fax (0911) 225131*, « Gasthaus a.d.J. 1550 » – 🅰🅴 ⓪ ⓦⓢ 𝗩𝗜𝗦𝗔
JY z
geschl. 24. Dez. - 2. Jan., über Ostern, Aug. 2 Wochen, Sonntag - Montag – **Menu** (Tischbestellung ratsam) 68 (mittags) 89/140 und à la carte
Spez. Makrele mit Gewürzlauch. Garnele und Kalbsschwanz mit Vanillevinaigrette. Gratinierte Curry-Nußtarte mit Eisenkrautgelee.

Da Claudio, Hauptmarkt 16, ✉ 90403, 𝄞 (0911) 20 47 52, *Fax (0911) 2059553* – 🅰🅴 ⓪ ⓦⓢ 𝗩𝗜𝗦𝗔
JY d
geschl. Sonntag - Montagmittag – **Menu** à la carte 47/80.

Quo vadis, Elbinger Str. 28, ✉ 90491, 𝄞 (0911) 51 55 53, *Fax (0911) 5109033*, 🌤 – 🅰🅴 ⓦⓢ 𝗩𝗜𝗦𝗔
GU e
geschl. Aug., Montag – **Menu** (Tischbestellung ratsam, italienische Küche) à la carte 46/74.

Opatija -im Hotel Merian, Unschlittplatz 7, ✉ 90403, 𝄞 (0911) 22 71 96, *Fax (0911) 21466920*, 🌤 – 🅰🅴 ⓦⓢ 𝗩𝗜𝗦𝗔
JY x
Menu à la carte 41/80.

Parkrestaurant Meistersingerhalle, Münchener Str. 21, ✉ 90478, 𝄞 (0911) 47 48 49, *Fax (0911) 4748420*, 🌤 – 🅿. 🏊 500. 🅰🅴 ⓪ ⓦⓢ 𝗩𝗜𝗦𝗔 𝗝𝗖𝗕
GX g
geschl. Aug. – **Menu** à la carte 30/68.

Sebald, Weinmarkt 14, ✉ 90403, 𝄞 (0911) 38 13 03, *Fax (0911) 346313*, 🌤 JY v
geschl. Sonn- und Feiertage mittags – **Menu** à la carte 64/82 – **Bistro :** Menu à la carte 34/44.

Goldenes Posthorn, Glöckleinsgasse 2, ✉ 90403, 𝄞 (0911) 22 51 53, *Fax (0911) 2418283*, 🌤, « Historische Weinstuben a.d.J. 1498 » – 🅰🅴 ⓪ ⓦⓢ 𝗩𝗜𝗦𝗔 𝗝𝗖𝗕
JY b
geschl. Jan. - Nov. Sonntag - **Menu** à la carte 35/70.

Zum Sudhaus, Bergstr. 20, ✉ 90403, 𝄞 (0911) 20 43 14, *Fax (0911) 2418373*, 🌤, « Rustikale Einrichtung » – 🅰🅴 ⓪ ⓦⓢ 𝗩𝗜𝗦𝗔
JY n
geschl. Sonntag – **Menu** à la carte 49/77.

Ishihara, Schottengasse 3, ✉ 90402, 𝄞 (0911) 22 63 95, *Fax (0911) 2059957* – 🅰🅴 ⓪ ⓦⓢ 𝗩𝗜𝗦𝗔 𝗝𝗖𝗕. ✣
HZ h
geschl. Sonntag – **Menu** (japanische Küche) à la carte 51/77.

Lambert, Bärenschanzenstr. 3, ✉ 90429, 𝄞 (0911) 2 72 67 65, *Fax (0911) 2726775* – 𝗩𝗜𝗦𝗔
DV c
geschl. Mai - Juni 3 Wochen, Sonntag - Montag – **Menu** (nur Abendessen) à la carte 53/71.

Koch und Kellner, Obere Seitenstr. 4, ✉ 90429, 𝄞 (0911) 26 61 66, *Fax (0911) 266766* – 🅿.
DV n
geschl. 24. Dez. - Mitte Jan., Mitte Mai - Mitte Juni, Sonntag - Montag **Menu** à la carte 49/76.

Nassauer Keller, Karolinenstr. 2, ✉ 90402, 𝄞 (0911) 22 59 67, *Fax (0911) 225962*, « Kellergewölbe a.d.13.Jh. » – 🅰🅴 ⓪ ⓦⓢ 𝗩𝗜𝗦𝗔
JZ u
geschl. Sonntag (ausser Messen) – **Menu** à la carte 33/61.

853

Nürnberger Bratwurst-Lokale :

Historische Bratwurstküche Zum Gulden Stern, Zirkelschmiedsgasse 26, ⊠ 90402, ℰ (0911) 2 05 92 88, info@bratwurstkueche.de, Fax (0911) 2059298, ⇪, « Historisches Gasthaus a.d.J.1419 mit rustikal-gemütlicher Einrichtung » – AE ⓞ ⓜⓞ VISA
Menu à la carte 23/32.
HZ **h**

Bratwurst-Häusle, Rathausplatz 1, ⊠ 90403, ℰ (0911) 22 76 95, Fax (0911) 227645, ⇪ – ⓜⓞ VISA
geschl. Sonn- und Feiertage – **Menu** à la carte 19/35.
JY **s**

Das Bratwurstglöcklein, im Handwerkerhof, ⊠ 90402, ℰ (0911) 22 76 25, info @bratwurstgloecklein.de, Fax (0911) 227645, ⇪ – ⓜⓞ VISA
geschl. 31. Dez. - 24. März, Sonn- und Feiertage – **Menu** à la carte 19/30.
KZ **z**

In Nürnberg-Altenfurt :

Treff Landhotel, Oelser Str. 2, ⊠ 90475, ℰ (0911) 9 84 64 90, treff-hotel-nuernb erg@t-online.de, Fax (0911) 984649500, ⇪, ⊆s – |‡|, ↤ Zim, ⓣⓥ ✇ 🅟. – 🅰 100. AE ⓞ ⓜⓞ VISA JCB, ⅍ Rest
Menu à la carte 46/65 – **70 Z** ⊇ 195/240.
CT **z**

Nürnberger Trichter garni, Löwenberger Str. 147, ⊠ 90475, ℰ (0911) 8 33 50, nuer nberger-trichter@01019freenet.de, Fax (0911) 835880, ⊆s – ↤ ⓣⓥ ✇ 🅟. AE ⓞ ⓜⓞ VISA
37 Z ⊇ 130/180 – 160/240.
CT **a**

In Nürnberg-Boxdorf über Erlanger Straße BS : 9 km :

Schindlerhof (mit Gästehaus), Steinacher Str. 6, ⊠ 90427, ℰ (0911) 9 30 20, hotel @schindlerhof.de, Fax (0911) 9302620, « Ehemaliger Bauernhof mit rustikaler Einrichtung ; Innenhof mit Grill », ⊆s – ↤ Zim, ⓣⓥ ✇ ⇐ 🅟. – 🅰 80. AE ⓞ ⓜⓞ VISA JCB
Menu à la carte 52/83 – **96 Z** ⊇ 220 – 250/280.

In Nürnberg-Eibach :

Arotel, Eibacher Hauptstr. 135, ⊠ 90451, ℰ (0911) 9 62 90, AROTEL-hotel@t-online .de, Fax (0911) 6493052, Biergarten, ⊆s – |‡|, ↤ Zim, ▤ Rest, ⓣⓥ ✇ ⇐ 🅟. – 🅰 65. AE ⓞ ⓜⓞ VISA JCB
Menu à la carte 43/72 – **72 Z** ⊇ 180/230 – 230/300.
AT **a**

Am Hafen garni, Isarstr. 37 (Gewerbegebiet Eibach), ⊠ 90451, ℰ (0911) 6 49 30 78, Fax (0911) 644778, ⊆s – ↤ ⓣⓥ 🅟. AE ⓜⓞ VISA JCB
geschl. 24. Dez. - 6. Jan. – **27 Z** ⊇ 110/135 – 155/185.
BT **r**

In Nürnberg-Erlenstegen :

Erlenstegen garni, Äußere Sulzbacher Str. 157, ⊠ 90491, ℰ (0911) 59 10 33, info @hotel-erlenstegen.de, Fax (0911) 591036 – |‡| ↤ ⓣⓥ ✇ 🅟. AE ⓜⓞ VISA
geschl. 24. Dez. - 9. Jan. – **40 Z** ⊇ 135/185.
GU **a**

In Nürnberg-Fischbach :

Fischbacher Stuben garni, Hutbergstr. 2b, ⊠ 90475, ℰ (0911) 83 10 11, Hans-Ch ristoph.Buyken@bigfoot.de, Fax (0911) 832473 – ⓣⓥ ⇐ 🅟. AE ⓞ ⓜⓞ VISA. ⅍
12 Z ⊇ 110/150 – 130/180.
CT **s**

Schelhorn, Am Schloßpark 2, ⊠ 90475, ℰ (0911) 83 24 24, Fax (0911) 9837398, ⇪, « Wechselnde Bilderausstellung » – 🅟.
geschl. Jan. 2 Wochen, Montag – **Menu** à la carte 51/67.
CT **u**

In Nürnberg-Flughafen :

Mövenpick Hotel Ⓜ garni, Flughafenstr. 100, ⊠ 90411, ℰ (0911) 3 50 10, hotel. nuernberg-airport@moevenpick.com, Fax (0911) 3501350, Ⅰ⚁, ⊆s – |‡| ↤ ⓣⓥ ✇ & ⇐ – 🅰 150. AE ⓞ ⓜⓞ VISA JCB
⊇ 24 – **150 Z** 195/250.
BS **c**

In Nürnberg-Großreuth bei Schweinau :

Romantik Hotel Landhaus Rottner Ⓜ, Winterstr. 17, ⊠ 90431, ℰ (0911) 65 84 80, info@rottner-hotel.de, Fax (0911) 65848203 – |‡|, ↤ Zim, ⓣⓥ ✇ & ⇐ 🅟. – 🅰 30. AE ⓞ ⓜⓞ VISA
geschl. 24. - 30. Dez., 1. - 9. Jan. – **Menu** siehe Rest. **Gasthaus Rottner** separat erwähnt – **37 Z** ⊇ 190/250 – 260/290.
AS **r**

Gasthaus Rottner - Romantik Hotel Landhaus Rottner, Winterstr. 15, ⊠ 90431, ℰ (0911) 61 20 32, info@rottner-hotel.de, Fax (0911) 613759, « Gartenterrasse ; Grill-Garten » – 🅟. AE ⓞ ⓜⓞ VISA
geschl. 27. - 30. Dez., 1. - 9. Jan., Samstagmittag, Sonn- und Feiertage – **Menu** (Tischbestellung ratsam) à la carte 66/96
AS **r**
Spez. Gartenkräutersalat mit Besonderem vom Geißlein (Saison). Geschmorte Rinderbacke mit Petersilienwurzelgemüse. Beerensalat mit Dickmilchsorbet (Saison).

In Nürnberg-Kornburg :

⚲ **Weißes Lamm** (mit Gästehaus), Flockenstr. 2, ⊠ 90455, ℘ (09129) 2 81 60,
Fax (09129) 281635 – 📺 🅿 ⓦⓢ 𝘝𝘐𝘚𝘈   BT a
geschl. Anfang Jan. 1 Woche, Aug. - Sept. 3 Wochen – **Menu** (geschl. Freitag) à la carte
22/43 ⚖ – **32 Z** ⊑ 60/75 – 100/112.

In Nürnberg-Kraftshof Nord : 7 km über Erlanger Straße und Kraftshofer Hauptstraße BS :

XX **Schwarzer Adler,** Kraftshofer Hauptstr. 166, ⊠ 90427, ℘ (0911) 30 58 58,
Fax (0911) 305867, 😊, « Historisches fränkisches Gasthaus a.d. 18. Jh. ; elegant-rustikale
Einrichtung » – 🖽 ⑩ ⓦⓢ 𝘝𝘐𝘚𝘈
Menu (Tischbestellung ratsam) à la carte 67/86.

X **Alte Post,** Kraftshofer Hauptstr. 164, ⊠ 90427, ℘ (0911) 30 58 63, alte.post@t-on
line.de, Fax (0911) 305654, 😊, « Altfränkischer Gasthof mit gemütlichen Stuben » – 🖽
⑩ ⓦⓢ 𝘝𝘐𝘚𝘈 𝙅𝘾𝘽
Menu à la carte 34/73.

In Nürnberg-Langwasser :

🏨 **Arvena Park,** Görlitzer Str. 51, ⊠ 90473, ℘ (0911) 8 92 20, Fax (0911) 8922115, 🛋
– 🛗, ✳ Zim, 🍽 Rest, 📺 🕭 🅿 – 🏊 300. 🖽 ⑩ ⓦⓢ 𝘝𝘐𝘚𝘈 ✳ Rest   CT r
geschl. 23. Dez. - Anfang Jan. – **Arve Menu** à la carte 52/77 – **242 Z** ⊑ 185/215 –
240/270, 4 Suiten.

🏨 **Arvena Messe** garni, Bertolt-Brecht-Str. 2, ⊠ 90471, ℘ (0911) 8 12 30, info@arve
namesse.de, Fax (0911) 8123115, 🛋 – 🛗 ✳ 📺 🕻 ⟵ 🅿 – 🏊 50. 🖽 ⑩ ⓦⓢ
𝘝𝘐𝘚𝘈   BT d
geschl. 23. Dez. - Anfang Jan. – **101 Z** ⊑ 180/199 – 235/254.

🏨 **Novotel Nürnberg-Süd,** Münchener Str. 340, ⊠ 90471, ℘ (0911) 8 12 60, H0498@a
ccor-hotels.com, Fax (0911) 8126137, 😊, 🛋, 🏊 (geheizt), 🌳 – 🛗, ✳ Zim, 📺 🕭 🅿
– 🏊 170. 🖽 ⑩ ⓦⓢ 𝘝𝘐𝘚𝘈 𝙅𝘾𝘽   BT s
Menu à la carte 31/67 – **117 Z** ⊑ 179/224.

In Nürnberg-Laufamholz :

🏠 **Park-Hotel** 🍃 garni, Brandstr. 64, ⊠ 90482, ℘ (0911) 95 07 00, sigel-park-hotel@t
-online.de, Fax (0911) 9507070, 🌳 – ✳ 📺 🕻 🅿 🖽 ⓦⓢ 𝘝𝘐𝘚𝘈   CS p
geschl. Ende Dez. - Anfang Jan. – **21 Z** ⊑ 115/150 – 150/180.

XX **Landgasthof zur Krone,** Moritzbergstr. 29, ⊠ 90482, ℘ (0911) 50 25 28,
Fax (0911) 502528, 😊, « Gemütliche Atmosphäre » – 🅿 🖽 ⑩ ⓦⓢ 𝘝𝘐𝘚𝘈 ✳   CS d
Menu (geschl. Freitagmittag) (böhmische Küche) à la carte 34/62.

In Nürnberg-Mögeldorf :

🏨 **Am Tiergarten** 🍃, Schmausenbuckstr. 166, ⊠ 90480, ℘ (0911) 54 70 71,
Fax (0911) 5441866, 😊 – 🛗, ✳ Zim, 📺 🕻 🅿 – 🏊 300. 🖽 ⑩ ⓦⓢ 𝘝𝘐𝘚𝘈   CS x
Menu (Nov. - Jan. wochentags nur Abendessen) à la carte 31/59 – **63 Z** ⊑ 135/245 –
275/375.

In Nürnberg-Reutles über Erlanger Straße BS : 11 km :

🏠 **Höfler** 🍃 (mit Gästehaus), Reutleser Str. 61, ⊠ 90427, ℘ (0911) 9 30 39 60, info@h
otel-hoefler.de, Fax (0911) 93039699, 😊, 🛋, 🏊, 🌳 – 📺 🕻 ⟵ 🅿 – 🏊 25. 🖽 ⑩
ⓦⓢ 𝘝𝘐𝘚𝘈 𝙅𝘾𝘽
geschl. Weihnachten - 6. Jan. – **Menu** (geschl. Samstag - Sonntag) à la carte 34/65 – **35 Z**
⊑ 150/200 – 180/240.

🏠 **Käferstein** 🍃 garni, Reutleser Str. 67, ⊠ 90427, ℘ (0911) 93 69 30,
Fax (0911) 9369399, 🛋, 🔲, 🌳 – ✳ 📺 🕻 ⟵ 🅿 – 🏊 15. 🖽 ⑩ ⓦⓢ 𝘝𝘐𝘚𝘈
geschl. 24. Dez. - 6. Jan. – **42 Z** ⊑ 130/200 – 170/240.

In Nürnberg-Schweinau :

X **Dal Gatto Rosso,** Hintere Marktstr. 48, ⊠ 90441, ℘ (0911) 66 68 78,
Fax (0911) 6219574, 😊, « Fachwerkhaus aus dem 17. Jh. » – 🖽 ⓦⓢ 𝘝𝘐𝘚𝘈   DX a
geschl. Samstagmittag, Sonntag – **Menu** (italienische Küche) à la carte 44/73.

In Nürnberg-Thon :

⚲ **Kreuzeck** (mit 🏨 Anbau), Schnepfenreuther Weg 1/Ecke Erlanger Straße (B 4),
⊠ 90425, ℘ (0911) 3 49 61, Fax (0911) 383304, 😊 – 📺 ⟵ 🅿 🖽 ⑩ ⓦⓢ 𝘝𝘐𝘚𝘈 𝙅𝘾𝘽
✳   BS b
Menu (geschl. 24. Dez. - 6. Jan., Sonntag) à la carte 21/36 – **30 Z** ⊑ 95/150 –
120/180.

NÜRNBERG

In Nürnberg-Worzeldorf :

XX **Zirbelstube** mit Zim, Friedr.-Overbeck-Str. 1, ✉ 90455, ℰ (0911) 99 88 20, Fax (0911) 9988220, ⬚, « Modernisiertes fränkisches Gasthaus » – 📺 🅿 ⬚ VISA
BT z
geschl. Jan. 2 Wochen, Mitte - Ende Juli – Menu (geschl. Montag) à la carte 46/72 – **8 Z** ⬚ 140/160 – 180/220.

In Nürnberg-Zerzabelshof :

🏨 **Holiday Inn** M, Valznerweiherstr. 200, ✉ 90480, ℰ (0911) 4 02 90, HlNuernberg@a ol.com, Fax (0911) 4029666, ⬚, ⛨, ⬚, ⬚, ⬚(Halle) Sportpark – |♦|, ⬚ Zim, 🛏 📺 ℰ ⬚ – 🔒 180. ⬚ ⬚ ⬚ VISA ⬚ Rest
CS u
Menu à la carte 54/77 – **152 Z** ⬚ 270/310 – 320/400.

In Nürnberg-Ziegelstein :

🏠 **Alpha** garni, Ziegelsteinstr. 197, ✉ 90411, ℰ (0911) 95 24 50, alphagarni@aol.com, Fax (0911) 9524545 – |♦| 📺 ⬚ 🅿 ⬚ ⬚ ⬚ VISA
BS x
24 Z ⬚ 115/150.

NÜRTINGEN Baden-Württemberg ⬚ U 12 – 36 700 Ew – Höhe 291 m.
Berlin 633 – Stuttgart 37 – Reutlingen 21 – Ulm (Donau) 66.

🏨 **Am Schlossberg**, Europastr. 13, ✉ 72622, ℰ (07022) 70 40, info@schlossberg.be stwestern.de, Fax (07022) 704343, ⬚, ⬚, ⛨, ⬚ – |♦|, ⬚ Zim, 🛏 📺 ℰ ⬚ – 🔒 240. ⬚ ⬚ ⬚ VISA JCB
Menu à la carte 32/61 – ⬚ 20 – **169 Z** 199/208.

🏠 **Pflum** (mit Gästehaus), Steingrabenstr. 6, ✉ 72622, ℰ (07022) 92 80, Hotel-Pflum@t -online.de, Fax (07022) 928150, ⬚, ⛨ – 📺 ℰ 🅿 ⬚ VISA
geschl. Anfang - Mitte Jan., Aug. – Menu (geschl. Samstag) à la carte 42/71 – **44 Z** ⬚ 95/120 – 140/160.

🏠 **Vetter** ⬚, Marienstr. 59, ✉ 72622, ℰ (07022) 9 21 60, Fax (07022) 32617 – |♦|, ⬚ Zim, 📺 ℰ 🅿 – 🔒 15. ⬚ VISA. ⬚ Rest
geschl. Ende Dez. - Anfang Jan. – Menu (geschl. Freitag - Sonntag) (nur Abendessen) (Restaurant nur für Hausgäste) – **39 Z** ⬚ 98/108 – 155.

In Nürtingen-Hardt Nord-West : 3 km :

XXX **Ulrichshöhe**, Herzog-Ulrich-Str. 14, ✉ 72622, ℰ (07022) 5 23 36, Fax (07022) 54940, ⬚ « Terrasse mit ⬚ » – 🅿 VISA
geschl. Jan. 3 Wochen, Aug. - Sept. 2 Wochen, Sonntag - Montag – Menu (abends Tischbestellung ratsam) 122/160 a la carte 84/128
Spez. Gänsestopfleber mit Brioche. Lammcarré mit Thymian. Soufflé von Edelbitterschokolade.

In Nürtingen-Neckarhausen West : 3 km :

🏠 **Kiefer** garni, Neckartailfinger Str. 26/1, ✉ 72622, ℰ (07022) 95 35 30, Fax (07022) 9535332 – 📺 🅿 ⬚ ⬚ ⬚ VISA
20 Z ⬚ 85/130.

In Wolfschlugen Nord-West : 4,5 km :

🏠 **Reinhardtshof** ⬚ garni, Reinhardtstr. 13, ✉ 72649, ℰ (07022) 5 67 31, reinhardt shof@t-online.de, Fax (07022) 54153 – 📺 ⬚ 🅿 ⬚ ⬚ ⬚ VISA. ⬚
geschl. Aug. 3 Wochen – **14 Z** ⬚ 110/122 – 160/168.

In Großbettlingen Süd-West : 5 km :

🏠 **Bauer**, Nürtinger Straße 41, ✉ 72663, ℰ (07022) 9 44 10, Fax (07022) 45729, ⬚ – 📺 🅿 – 🔒 15. ⬚ VISA
geschl. 1. - 10. Jan. – Menu (geschl. Samstagmittag, Sonn- und Feiertage abends) à la carte 29/48 – **16 Z** ⬚ 85 – 120/130.

Ne confondez pas :

Confort des hôtels : 🏨 ... 🏠, ⬚
Confort des restaurants : XXXXX ... X
Qualité de la table : ⬚⬚⬚, ⬚⬚, ⬚, Menu ⬚

OBERAMMERGAU Bayern 🄌🄌 🄌🄌 X 17 – 5 000 Ew – Höhe 834 m – Luftkurort – Wintersport : 850/1 700 m ≰ 1 ≴ 9 ≵.

Ausflugsziel : Schloß Linderhof★★, (Schloßpark★★), Süd-West : 10 km.

🄱 Verkehrs- und Reisebüro, Eugen-Papst-Str. 9a, ✉ 82487, ℰ (08822) 9 23 10, Fax (08822) 923190.

Berlin 678 – München 92 – Garmisch-Partenkirchen 19 – Landsberg am Lech 59.

🏨 **Wittelsbach,** Dorfstr. 21, ✉ 82487, ℰ (08822) 9 28 00, info@hotelwittelsbach.de, Fax (08822) 9280100 – 📳 📺 🆚 🗺 🄲🄱
geschl. Jan. 1 Wochen, Nov. - 20. Dez. – **Menu** (nur Abendessen) à la carte 29/51 – **46 Z** ⊆ 100/130 – 180 – ½ P 25.

🏨 **Parkhotel Sonnenhof,** König-Ludwig-Str. 12, ✉ 82487, ℰ (08822) 91 30, Sonnen hof.Oberammergau@t-online.de, Fax (08822) 3047, 🍴, 🍸, 🔲 – 📳 📺 🄿 – 🔏 20. 🄐🄴 🄞 🆚 🗺 🄲🄱. ✼ Rest
Menu (nur Abendessen) à la carte 33/71 – **60 Z** ⊆ 110/180 – 240/320 – ½ P 28.

🏨 **Böld,** König-Ludwig-Str. 10, ✉ 82487, ℰ (08822) 91 20, Hotel-Boeld@t-online.de, Fax (08822) 7102, 🍴, 🍸, 🍲 – 📳 📺 🄿 – 🔏 100. 🄐🄴 🄞 🆚 🗺 🄲🄱
Menu à la carte 35/69 – **58 Z** ⊆ 117/127 – 190/220 – ½ P 35.

🏠 **Alte Post,** Dorfstr. 19, ✉ 82487, ℰ (08822) 91 00, altepost@ogau.de, Fax (08822) 910100, 🍴 – 📳 🍸 🔲 🄿 🄐🄴 🄞 🆚 🗺 🄲🄱
geschl. Nov. - 17. Dez. – **Menu** à la carte 26/52 – **32 Z** ⊆ 85/105 – 120/160 – ½ P 22.

🏠 **Landhaus Feldmeier,** Ettaler Str. 29, ✉ 82487, ℰ (08822) 30 11, hotel.feldmeier @gaponline.de, Fax (08822) 6631, 🍴, 🍸, 🍲 – 📳 📺 🕻 🔲 🄿 ✼ Rest
geschl. Nov. - 20. Dez. – **Menu** (geschl. Dienstag) à la carte 32/52 – **22 Z** ⊆ 85/120 – 160/180 – ½ P 29.

🏠 **Turmwirt,** Ettaler Str. 2, ✉ 82487, ℰ (08822) 9 26 00, turmwirt@t-online.de, Fax (08822) 1437 – ✕ Zim, 📺 🄿 – 🔏 20. 🄐🄴 🄞 🆚 🗺 🄲🄱. ✼ Zim
geschl. 7. - 27. Jan., Nov. – **Menu** (geschl. Jan. - April Dienstag)(Montag - Freitag nur Abend essen) à la carte 34/65 – **22 Z** ⊆ 110/130 – 150/195 – ½ P 30.

🏠 **Antonia** 🦢 garni, Freikorpsstr. 5, ✉ 82487, ℰ (08822) 9 20 10, hotelantonia@t-on line.de, Fax (08822) 920144, 🍸, 🍲 – 📺 🄿 🄐🄴 🄞 🆚 🗺. ✼
geschl. Nov. – **15 Z** ⊆ 74/110 – 140/150.

🏠 **Enzianhof** garni, Ettaler Str. 33, ✉ 82487, ℰ (08822) 2 15, Fax (08822) 4169, 🍲 – 📺 🄿 🆚
geschl. nach Ostern 2 Wochen, Nov. 2 Wochen – **17 Z** ⊆ 48/65 – 84/96.

OBERASBACH Bayern 🄌🄌 🄌🄌 R 16 – 15 300 Ew – Höhe 295 m.
Siehe Nürnberg (Umgebungsplan).

Berlin 451 – München 174 – Nürnberg 15 – Würzburg 108.

🏠 **Jesch** garni, Am Rathaus 5, ✉ 90522, ℰ (0911) 96 98 60, hotel.jesch@web.de, Fax (0911) 9698699, 🛋 – 📳 ✕ 📺 🕻 🔲 🄿 – 🔏 25. 🄐🄴 🄞 🄞 🆚   AS a
35 Z ⊆ 95/119 – 119/159.

OBERAUDORF Bayern 🄌🄌 X 20 – 5 000 Ew – Höhe 482 m – Luftkurort – Wintersport : 500/1 300 m ≰ 20 ≵.

🄱 Kur- und Verkehrsamt, Kufsteiner Str. 6, ✉ 83080, ℰ (08033) 3 01 20, Fax (08033) 30129.

Berlin 672 – München 81 – Bad Reichenhall 95 – Rosenheim 28 – Innsbruck 82.

🏠 **Sporthotel Wilder Kaiser,** Naunspitzstr. 1, ✉ 83080, ℰ (08033) 92 50, WilderKa iser@t-online.de, Fax (08033) 3106, 🍴, 🛋, 🍸, 🔲, 🍲 – 📳 📺 🕻 🄿 – 🔏 45. 🄐🄴 🄞 🆚. ✼ Rest
Menu à la carte 22/50 – **97 Z** ⊆ 76/82 – 120/132 – ½ P 16.

🏠 **Ochsenwirt** 🦢, Carl-Hagen-Str. 14, ✉ 83080, ℰ (08033) 3 07 90, Ochsenwirt@t-o nline.de, Fax (08033) 3079140, Biergarten, 🍸, 🍲 – 📺 🕻 🄿 🄐🄴 🄞 🆚 🗺
geschl. Nov. – **Menu** (geschl. Mitte Sept. - Mitte Juli Dienstag) à la carte 23/58 – **24 Z** ⊆ 68/75 – 118/148 – ½ P 20.

🏠 **Bayerischer Hof** 🦢, Sudelfeldstr. 12, ✉ 83080, ℰ (08033) 9 23 50, MBWolf@aol .com, Fax (08033) 4391, 🍴, 🍲 – 📺 🄿 🄞 🆚
geschl. Nov. – **Menu** (geschl. Dienstag) à la carte 28/61 – **14 Z** ⊆ 63/69 – 110/146 – ½ P 19.

🏠 **Am Rathaus-Ratskeller,** Kufsteiner Str. 4, ✉ 83080, ℰ (08033) 14 70, Fax (08033) 4456, 🍴 – 📺 🍲
geschl. Mitte Nov. - Mitte Dez. – **Menu** (geschl. Mittwoch, im Winter Mittwoch - Donnerstag) à la carte 28/59 – **11 Z** ⊆ 70/100 – 110 – ½ P 18.

XX **Alpenhotel Bernhard's** mit Zim, Marienplatz 2, ⊠ 83080, ℰ (08033) 3 05 70, *alpenhotel-bernhards@t-online.de*, Fax (08033) 305715, ☆ – 🅣 ⟵ 🅿. 🅐🅞 𝑽𝑰𝑺𝑨
geschl. 5. - 14. Juni – **Menu** *(geschl. Donnerstag)* à la carte 38/74 – **12 Z** ⌓ 68/98 – 116 – ½ P 20.

X **Alpenrose**, Rosenheimer Str. 3, ⊠ 83080, ℰ (08033) 32 41, Fax (08033) 4623, Biergarten – 🅿. 🅐🅞 𝑽𝑰𝑺𝑨
geschl. Montag – **Menu** à la carte 39/71.

Im Ortsteil Niederaudorf *Nord : 2 km :*

🏠 **Alpenhof**, Rosenheimer Str. 97, ⊠ 83080, ℰ (08033) 10 36, Fax (08033) 4424, ≤, ☆, 🐎 – 🅣 ⟵ 🅿. 🅐🅞 𝑽𝑰𝑺𝑨
geschl. 20. Nov. - 20. Dez. – **Menu** *(geschl. Donnerstag)* à la carte 25/56 – **16 Z** ⌓ 72/90 – 132/144 – ½ P 21.

An der Straße nach Bayrischzell *Nord-West : 10 km :*

🏨 **Alpengasthof Feuriger Tatzlwurm** ⌖ (mit Gästehäusern), ⊠ 83080 Oberaudorf, ℰ (08034) 3 00 80, *Tatzlwurm@aol.com*, Fax (08034) 7170, ≤ Kaisergebirge, 🐖, 🐝, 🐎 – ⋈ 🅣 🅿 – 🔬 30. ⊙ 🅐🅞 𝑽𝑰𝑺𝑨. 🛇 Rest
Menu à la carte 32/65 – **60 Z** ⌓ 85/125 – 150/230 – ½ P 28.

OBERAULA Hessen 🄰🄸🄷 🄰🄸🄸 N 12 – 3 700 Ew – Höhe 320 m – Luftkurort.
🛈 Oberaula, Am Golfplatz, ℰ (06628) 15 73.
Berlin 425 – Wiesbaden 165 – Kassel 73 – Bad Hersfeld 22 – Fulda 50.

🏨 **Zum Stern**, Hersfelder Str. 1 (B 454), ⊠ 36280, ℰ (06628) 9 20 20, *info@hotelzumstern.de*, Fax (06628) 920235, ☆, « Garten mit Teich und Grill-Pavillon », Massage, 🐝, 🅢, 🛇(Halle) – 🔶, ⋈ Zim, 🅣 🅺 ≤ ⟵ 🅿 – 🔬 80. 🅐🅔 🅐🅞 𝑽𝑰𝑺𝑨. 🛇
Menu à la carte 29/62 – **68 Z** ⌓ 78/105 – 130/185 – ½ P 20.

OBERAURACH Bayern siehe Eltmann.

OBERBOIHINGEN Baden-Württemberg 🄰🄸🄹 U 12 – 4 500 Ew – Höhe 285 m.
Berlin 630 – Stuttgart 34 – Göppingen 26 – Reutlingen 25 – Ulm (Donau) 70.

X **Zur Linde,** Nürtinger Str. 24, ⊠ 72644, ℰ (07022) 6 11 68, Fax (07022) 61768, ☆ – 🅿
geschl. Anfang Juni 1 Woche, Aug. 1 Woche, Montag – **Menu** à la carte 32/76.

OBERDERDINGEN Baden-Württemberg 🄰🄸🄹 S 10 – 9 000 Ew – Höhe 161 m.
Berlin 633 – Stuttgart 56 – Karlsruhe 33 – Heilbronn 40 – Pforzheim 27.

X **Müllers Restaurant,** Brettener Str. 37, ⊠ 75038, ℰ (07045) 24 71, ☆
« Fachwerkhaus mit Scheunenanbau a.d.J. 1777 » – ⊙ 🅐🅞 𝑽𝑰𝑺𝑨
geschl. Anfang Jan. 1 Woche, Mitte Aug. 1 Woche, Montag, Samstagmittag – **Menu** à la carte 33/70.

OBERDING Bayern siehe Freising.

OBERELSBACH Bayern 🄰🄸🄸 🄰🄸🄾 O 14 – 3 000 Ew – Höhe 420 m – Wintersport : 🎿.
🖪 Fremdenverkehrsbüro, Am Marktplatz, ⊠ 97656, ℰ (09774) 92 40, Fax (09774) 92 41.
Berlin 410 – München 325 – Fulda 52 – Bamberg 99 – Würzburg 90.

In Oberelsbach-Unterelsbach *Süd-Ost : 2,5 km :*

🏨 **Hubertus-Diana** ⌖, Röderweg 9, ⊠ 97656, ℰ (09774) 4 32, Fax (09774) 1793, ☆, Massage, ♨, 🐝, 🅢, 🐎, 🛇(Halle) – 🅣 🅿
geschl. 10. - 31. Jan. – **Menu** *(geschl. Mittwoch) (nur Abendessen)* à la carte 32/59 – **18 Z** ⌓ 95 – 120/160, 4 Suiten – ½ P 28.

Dans les grandes villes,
certains hôtels proposent des « forfaits week-end »
à des prix intéressants.

OBERGÜNZBURG Bayern 419 420 W 15 – 6 100 Ew – Höhe 737 m.

   Berlin 695 – München 112 – Kempten (Allgäu) 19 – Memmingen 37.

   ✗ **Goldener Hirsch** mit Zim, Marktplatz 4, ⊠ 87634, ℰ (08372) 74 80, PeterSchwaig
   er@aol.com, Fax (08372) 8480, 龠 – 劇 ⊡ 卫 – 為 50
   geschl. 28. Feb. - 26. März – **Menu** (geschl. Montag) à la carte 32/68 – **5 Z** ⌸ 80/130.

OBERHACHING Bayern siehe München.

OBERHARMERSBACH Baden-Württemberg 419 U 8 – 2 500 Ew – Höhe 300 m – Luftkurort.
   🛈 Verkehrsverein, Reichstalhalle, ⊠ 77784, ℰ (07837) 2 77, Fax (07837) 678.
   Berlin 750 – Stuttgart 126 – Karlsruhe 105 – Freudenstadt 35 – Offenburg 30 – Freiburg
   im Breisgau 63.

   🏨 **Zur Stube,** Dorf 32, ⊠ 77784, ℰ (07837) 2 07, info@zur-stube.de, Fax (07837) 494,
   龠, ☞ – 劇 ✦ ⊡ 卫 – 為 80
   geschl. 8. Jan. - 8. Feb. – **Menu** (geschl. Sonntagabend - Montag) à la carte 29/61 – **46 Z**
   ⌸ 78/136 – ½ P 20.

   🏨 **Sonne,** Obertal 12, ⊠ 77784, ℰ (07837) 2 01, Fax (07837) 1556, ☞ – 劇 ⊡ ⇔ 卫
   🆎 𝗩𝗜𝗦𝗔
   geschl. Mitte Jan. - Mitte Feb., Mitte Nov. - Anfang Dez. – **Menu** (geschl. Mittwoch) à la
   carte 28/67 ⅄ – **21 Z** ⌸ 48/56 – 96/110 – ½ P 15.

   🏨 **Grünwinkel,** Grünwinkel 5, ⊠ 77784, ℰ (07837) 16 11, hotel.gruenwinkel@t-online.de,
   Fax (07837) 1613, 龠, – 劇 ⊡ ⅄ 卫 ⅋ Rest
   Menu à la carte 28/54 – **52 Z** ⌸ 70/90 – 120/160 – ½ P 25.

   🏨 **Schwarzwald-Idyll** ⅍, Obertal 50 (Nord : 4 km), ⊠ 77784, ℰ (07837) 9 29 90, Schw
   arzwald-Idyll@t-online.de, Fax (07837) 929915, 龠 – 劇, ✦ Zim, 卫 – 為 25. 🆎 ⓪ ⓪⓪
   𝗩𝗜𝗦𝗔 ⅋ Zim
   geschl. 11. - 20. Jan., 18. Nov. - 9. Dez. – **Menu** (geschl. Okt. - April Montagabend - Dienstag,
   Mai - Sept. Dienstag) à la carte 30/67 – **25 Z** ⌸ 43/74 – 80/134 – ½ P 20.

OBERHAUSEN Nordrhein-Westfalen 417 L 4 – 224 000 Ew – Höhe 45 m.
   Sehenswert : Gasometer★ X – Rheinisches Industriemuseum★ Y.
   🆗 Golfcenter, Jacobistr. 35 V, ℰ (0208) 6 09 04 05.
   🛈 Tourismus Marketing, Willy-Brandt-Platz 2, ⊠ 46045, ℰ (0208) 82 45 70, Fax (0208)
   8245711.
   ADAC, Lessingstr. 2 (Buschhausen).
   Berlin 536 ① – Düsseldorf 35 – Duisburg 10 – Essen 12 – Mülheim an der Ruhr 6.

   Stadtplan siehe nächste Seite

   🏨 **Residenz Oberhausen** ⓜ, Hermann-Albertz-Str. 69, ⊠ 46045, ℰ (0208)
   8 20 80(Hotel) 8 20 83 50(Rest.), info@residenz-oberhausen.de, Fax (0208) 8208150, ➴
   – 劇 ⊡ ❤ 卫 – 為 40. 🆎 ⓪ ⓪⓪ 𝗩𝗜𝗦𝗔   Z a
   Menu (geschl. Samstag - Sonntag) à la carte 36/63 – **97 Z** ⌸ 149/169 – 206, 8 Suiten.

   🏨 **Astron** ⓜ, Düppelstr. 2, ⊠ 46045, ℰ (0208) 8 24 40, Oberhausen@astron-hotels.de,
   Fax (0208) 8244200, 龠 – 劇, ✦ Zim, ▤ ⊡ ❤ ⅄ ⇔ – 為 200. 🆎 ⓪ ⓪⓪ 𝗩𝗜𝗦𝗔 𝗝𝗖𝗕
   Menu à la carte 45/77 – ⌸ 25 – **172 Z** 215.   Z n

   🏨 **Sol Inn,** Centroallee 280, ⊠ 46047, ℰ (0208) 8 20 20, sol.inn.oberhausen@solmelia.c
   om, Fax (0208) 8202444, 龠 – 劇, ✦ Zim, ⊡ ❤ ⅄ 卫 – 為 75. 🆎 ⓪ ⓪⓪ 𝗩𝗜𝗦𝗔
   Menu (geschl. Sonntag) à la carte 35/63 – ⌸ 20 – **140 Z** 170.   X b

   🏨 **Haus Hagemann,** Buschhausener Str. 84, ⊠ 46049, ℰ (0208) 8 57 50, hotel-haus
   -hagemann@t-online.de, Fax (0208) 8575199 – ⊡ 卫 🆎 ⓪ ⓪⓪ 𝗩𝗜𝗦𝗔 𝗝𝗖𝗕   X c
   Menu (geschl. Juli - Aug. 3 Wochen, Sonntag) (nur Abendessen) à la carte 26/52 – **23 Z**
   ⌸ 95/130 – 150/200.

In Oberhausen-Osterfeld :

   🏨 **Parkhotel,** Teutoburger Str. 156, ⊠ 46119, ℰ (0208) 6 90 20, Info@parkhotel-obe
   rhausen.bestwestern.de, Fax (0208) 6902158, 龠 – 劇, ✦ Zim, ⊡ ❤ ⇔ 卫 – 為 80.
   🆎 ⓪ ⓪⓪ 𝗩𝗜𝗦𝗔 𝗝𝗖𝗕   V s
   Menu (geschl. 24. Dez. - 7. Jan., Sonn- und Feiertage) (Anfang Juli - Mitte Aug. nur Abendessen) à la carte 46/72 – ⌸ 18 – **82 Z** 130/160 – 139/240.

In Oberhausen-Schmachtendorf Nord-West : 11 km über Weseler Straße V :

   🏨 **Gerlach-Thiemann,** Buchenweg 14, ⊠ 46147, ℰ (0208) 62 09 00, hotel@gerlach-t
   hiemann.de, Fax (0208) 62090200, 龠, 龠 – 劇, ✦ Zim, ⊡ ❤ 卫 – 為 30. 🆎 ⓪ ⓪⓪
   𝗩𝗜𝗦𝗔 ⅋ Rest
   Menu (geschl. Montagmittag) à la carte 42/68 – **21 Z** ⌸ 119/150 – 160/190.

OBERHAUSEN

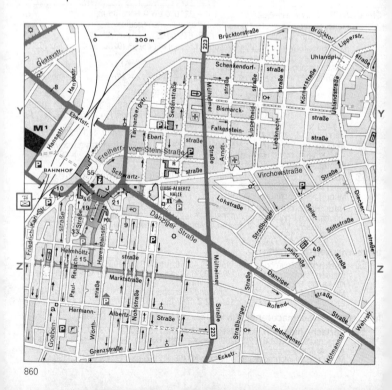

OBERHOF Thüringen 🅐🅘🅑 N 16 – 2 000 Ew – Höhe 835 m – Wintersport : 700/880 ⚡ 2, 🎿.
🛈 Oberhof-Information, Crawinkler Str. 2, ⊠ 98559, 𝒫 (036842) 26 90, Fax (036842) 26920.
Berlin 337 – Erfurt 58 – Bamberg 106 – Eisenach 53.

🏠 **Oberland,** Crawinkler Str. 3, ⊠ 98559, 𝒫 (036842) 52 00, info@hotel-oberland.de, Fax (036842) 5202202, 🍽, ⇌ – 🔟 ⅙ 🅿 – 🔏 50. 🅰🅴 ⓪ 🅾🅾 🆅🅸🆂🅰.
Menu à la carte 26/44 – **60 Z** ⊆ 91/101 – 111/146 – ½ P 20.

🏠 **Sporthotel** 🦢, Am Harzwald 1, ⊠ 98559, 𝒫 (036842) 28 60, sporthotel_oberhof @t-online.de, Fax (036842) 22595, 🍽, ⅙, ⇌, ⊶, ⅍ – 🔟 🅿 – 🔏 60. 🅰🅴 🅾🅾 🆅🅸🆂🅰.
⅍ Rest
Menu à la carte 24/49 – **63 Z** ⊆ 90 – 140/150 – ½ P 22.

In Oberschönau West : 11 km :

🏠 **Berghotel Simon** 🦢, Am Hermannsberg 13, ⊠ 98587, 𝒫 (036847) 3 03 28, Fax (036847) 33625, 🍽, ⇌, ⊶ – 🔟 ⇦ 🅿 – 🔏 20. 🅰🅴 🅾🅾 🆅🅸🆂🅰.
Menu à la carte 22/42 – **34 Z** ⊆ 68/80 – 96/120 – ½ P 18.

OBERKIRCH Baden-Württemberg 🅐🅘🅨 U 8 – 19 500 Ew – Höhe 194 m – Erholungsort.
🛈 Tourist-Information, Eisenbahnstr. 1, ⊠ 77704, 𝒫 (07802) 8 22 41, Fax (07802) 82179.
Berlin 739 – Stuttgart 140 – Karlsruhe 76 – Offenburg 16 – Strasbourg 30.

🏨 **Romantik Hotel Zur Oberen Linde,** Hauptstr. 25, ⊠ 77704, 𝒫 (07802) 80 20, obere-linde@romantik.de, Fax (07802) 3030, 🍽, ⊶, ⅍ – 🛗 🔟 🅿 – 🔏 100. 🅰🅴 ⓪ 🅾🅾 🆅🅸🆂🅰
Menu à la carte 48/76 – **37 Z** ⊆ 130/175 – 195/260 – ½ P 45.

🏠 **Pflug,** Fernacher Platz 1, ⊠ 77704, 𝒫 (07802) 92 90, Fax (07802) 929300, 🍽, ⊶ – 🛗 🔟 🅿 – 🔏 35. 🅰🅴 🅾🅾 🆅🅸🆂🅰
geschl. Mitte Jan. 2 Wochen – **Menu** (geschl. Mittwoch - Donnerstagmittag) à la carte 33/63 – **34 Z** ⊆ 85/110 – 130/160 – ½ P 30.

🏠 **Pfauen,** Josef-Geldreich-Str. 18, ⊠ 77704, 𝒫 (07802) 9 39 40, Fax (07802) 4529, 🍽 – ⅍ Zim, 🔟 ⇦ 🅿 – 🔏 20. 🅰🅴 ⓪ 🅾🅾 🆅🅸🆂🅰
geschl. Jan. 3 Wochen – **Menu** (geschl. Mittwoch) à la carte 38/70 – **10 Z** ⊆ 65/70 – 115/130 – ½ P 28.

🍴🍴 **Haus am Berg** 🦢 mit Zim, Am Rebhof 5 (Zufahrt über Privatweg), ⊠ 77704, 𝒫 (07802) 47 01, Fax (07802) 2953, ⩽ Oberkirch und Renchtal, « Lage in den Weinbergen ; große Freiterrasse », ⊶ – 🔟 🅿
geschl. Feb. 2 Wochen, Nov. 2 Wochen – Menu (geschl. Dienstag, Nov. - März Montag - Dienstag) 30/85 à la carte 41/82 – **Badische Stube** (geschl. Dienstag, Nov. - März Montag - Dienstag) **Menu** à la carte 28/59 – **9 Z** ⊆ 65/95 – 108/160 – ½ P 35.

🍴 **Schwanen,** Eisenbahnstr. 3, ⊠ 77704, 𝒫 (07802) 22 20, Fax (07802) 91252, 🍽 – 🅿. 🅾🅾 🆅🅸🆂🅰
geschl. Mitte Nov. - Anfang Dez., Montag – **Menu** à la carte 30/61.

In Oberkirch-Nußbach West : 6 km :

🏠 **Rose** 🦢, Herztal 48 (im Ortsteil Herztal), ⊠ 77704, 𝒫 (07805) 9 55 50, Fax (07805) 955559, 🍽, ⊶ – 🔟 🅿. 🆅🅸🆂🅰. ⅍ Zim
geschl. Jan. - Feb. 4 Wochen, Aug. 2 Wochen – **Menu** (geschl. Montagmittag, Dienstag) à la carte 30/65 ⅙ – **16 Z** ⊆ 65/85 – 118/156.

In Oberkirch-Ödsbach Süd : 3 km :

🏨 **Waldhotel Grüner Baum** 🦢, Alm 33, ⊠ 77704, 𝒫 (07802) 80 90, info@gruene r-baum.de, Fax (07802) 80988, 🍽, Massage, ⅙, ⇌, ▨, ⊶, ⅍ – 🛗 🔟 ⛷ ⇦ 🅿 – 🔏 50. 🅰🅴 ⓪ 🅾🅾 🆅🅸🆂🅰. ⅍ Rest
Menu à la carte 43/90 – **56 Z** ⊆ 110/160 – 180/300 – ½ P 32.

In Oberkirch-Ringelbach Nord : 4 km :

🏠 **Landhotel Salmen,** Weinstr. 10, ⊠ 77704, 𝒫 (07802) 44 29, landhotel-salmen@t -online.de, Fax (07802) 5449, 🍽, ⇌, ▨ – 🛗 🔟 🅿. ⅍ Rest
geschl. über Fastnacht 2 Wochen – **Menu** (geschl. Donnerstag) (wochentags nur Abendessen) à la carte 29/48 ⅙ – **34 Z** ⊆ 68/100 – 118/170 – ½ P 25.

OBERKOCHEN Baden-Württemberg 🅐🅘🅨 🅐🅩🅞 T 14 – 8 000 Ew – Höhe 495 m.
Berlin 566 – Stuttgart 85 – Augsburg 112 – Aalen 9 – Ulm (Donau) 66.

🏨 **Am Rathaus** 🦢, Eugen-Bolz-Platz 2, ⊠ 73447, 𝒫 (07364) 9 63 30, HotelamRathau s@gmx.de, Fax (07364) 5955, 🍽 – 🛗 🔟 ⇦ 🅿 – 🔏 100. 🅰🅴 ⓪ 🅾🅾 🆅🅸🆂🅰
geschl. 27. Dez. - 5. Jan. – **Menu** (geschl. Aug. 2 Wochen, Freitag - Samstagmittag) à la carte 31/78 – **40 Z** ⊆ 98/150 – 151/197.

OBER-MÖRLEN Hessen 417 O 10 – 6 000 Ew – Höhe 190 m.
Berlin 507 – Wiesbaden 69 – Frankfurt am Main 37 – Gießen 22.

In Ober-Mörlen-Ziegenberg Süd-West : 6 km :

🏠 **Landhaus Lindenhof Möckel** (mit Gästehaus), Usinger Str. 146 (B 275), ✉ 61239,
🖉 (06002) 99 00, LandhausLindenhofMoeckel@t-online.de, Fax (06002) 990152, 🌳, 🏡
– 📺 P – 🔥 80. 🎴 ⓪ 🎴 VISA 🛠
Menu à la carte 47/85 – 🖵 19 – **21 Z** 72/115 – 125/156.

OBERMOSCHEL Rheinland-Pfalz 417 Q 7 – 1 150 Ew – Höhe 187 m.
Berlin 620 – Mainz 63 – Bad Kreuznach 21 – Kaiserslautern 46.

🏠 **Burg-Hotel** 🐾, ✉ 67823, 🖉 (06362) 9 21 00, Fax (06362) 921013, ≤ Obermoschel,
🍴, 📺, 🌳 – 🏠 Zim, 📺 📞 🚗 P – 🔥 30. 🎴 VISA
geschl. 22. Dez. - 22. Jan. – **Menu** (geschl. Montagmittag) à la carte 28/55 💧 – **20 Z**
🖵 68/85 – 110/150.

OBERNBURG Bayern 417 419 Q 11 – 8 000 Ew – Höhe 127 m.
Berlin 569 – München 356 – Frankfurt am Main 58 – Darmstadt 47 – Würzburg 80 –
Aschaffenburg 20.

🏠 **Zum Anker** (mit Gästehäusern), Mainstr. 3, ✉ 63785, 🖉 (06022) 6 16 70, Deckelma
nn-obernburg@t-online.de, Fax (06022) 616760, 🌳, (Fachwerkhaus a. d. 16. Jh.) –
🏠 Zim, 📺 P – 🔥 20. 🎴 ⓪ 🎴 VISA
Menu (geschl. Sonntagabend) à la carte 38/67 – **31 Z** 🖵 115/160.

OBERNDORF Baden-Württemberg 419 V 9 – 13 800 Ew – Höhe 506 m.
Berlin 709 – Stuttgart 80 – Konstanz 103 – Rottweil 18 – Freudenstadt 36.

🏠 **Wasserfall** (mit Gästehaus), Lindenstr. 60, ✉ 78727, 🖉 (07423) 92 80,
🚗 Fax (07423) 928113, 🌳, 🍴 – 📺 P. ⓪ 🎴 VISA
geschl. Anfang Aug. 2 Wochen – **Menu** (geschl. Freitag - Samstagmittag) à la carte 24/63
– **35 Z** 🖵 80/110 – 120/150.

OBERNKIRCHEN Niedersachsen siehe Bückeburg.

OBERNZELL Bayern 420 U 24 – 3 750 Ew – Höhe 294 m – Erholungsort.
🚩 Verkehrsamt, Rathaus, Marktplatz 42, ✉ 94130, 🖉 (08591) 18 77, Fax (08591) 2697.
Berlin 624 – München 193 – Passau 17.

🏠 **Fohlenhof** 🐾 (mit Appartementhaus), Matzenberger Str. 36, ✉ 94130, 🖉 (08591)
91 65, fohlen-hof@t-online.de, Fax (08591) 9166, ≤, 🌳, 🍴, 📺, 🌳, 🍸 – 📺 P. 🎴
⓪ 🎴 VISA 🛠 Rest
Menu à la carte 33/51 – **32 Z** 🖵 114 – 144/178 – ½ P 25.

In Obernzell-Erlau Nord-West : 6 km :

🍴 **Zum Edlhof**, Edlhofstr. 10 (B 388), ✉ 94130, 🖉 (08591) 4 66, Fax (08591) 5 22, Bier-
🚗 garten, 🌳 – 📺 P. 🛠 Zim
geschl. Feb. – **Menu** (geschl. Dienstag) à la carte 24/46 – **15 Z** 🖵 50/80 – 85/100 – ½ P 15.

OBER-RAMSTADT Hessen 417 419 Q 10 – 15 000 Ew – Höhe 200 m.
Berlin 571 – Wiesbaden 58 – Frankfurt am Main 53 – Mannheim 56 – Darmstadt 8,5.

🏠 **Hessischer Hof,** Schulstr. 14, ✉ 64372, 🖉 (06154) 6 34 70, HessischerHof.Ober-Ra
mstadt@t-online.de, Fax (06154) 634750, 🌳, (ehemalige Zehntscheune a.d. 17. Jh.) – 🏠,
🏠 Zim, 📺 🚗 P – 🔥 50. ⓪ 🎴 VISA
geschl. 9.- 30. Juli, 27. Dez. - 5. Jan. – **Menu** (geschl. Freitag - Samstagmittag) à la carte
35/72 – **25 Z** 🖵 75/95 – 140/160.

OBERREUTE Bayern 419 420 X 13 – 1 400 Ew – Höhe 860 m.
🚩 Gästeamt, Hauptstr. 34, ✉ 88179, 🖉 (08357) 12 33, Fax (08357) 8707.
Berlin 718 – München 179 – Konstanz 95 – Lindau 31 – Bregenz 29.

🏠 **Martinshöhe** 🐾, Freibadweg 4, ✉ 88179, 🖉 (08387) 13 13, martinshoehe@aol.com,
Fax (08387) 2883, ≤, 🌳, 🍴 – 📺 🚗 P. 🎴 VISA
geschl. Nov. – **Menu** (geschl. Dienstag, Jan. - Mitte April Dienstag - Mittwoch) à la carte
26/56 💧 – **13 Z** 🖵 58/65 – 95/105 – ½ P 21.

OBERRIED Baden-Württemberg **419** W 7 – 2 600 Ew – Höhe 455 m – Erholungsort – Wintersport : 650/1 300 m ✠8 ✠.

Ausflugsziel : Schauinsland ≤★.

8 Verkehrsbüro, Klosterplatz 4, ✉ 79254, *℘* (07661) 93 05 66, Fax (07661) 930588.

Berlin 804 – Stuttgart 182 – *Freiburg im Breisgau* 13 – Donaueschingen 59 – Basel 67.

Zum Hirschen (mit Gästehaus), Hauptstr. 5, ✉ 79254, *℘* (07661) 90 29 30, Hirsche n-Oberried@t-online.de, Fax (07661) 902950, ☞ – ⊺⊽ **P.** **MO** **VISA**
geschl. November 3 Wochen – **Menu** (geschl. Donnerstag - Freitagmittag) à la carte 24/73 ✠ – **14 Z** ⌷ 72/80 – 120/140 – ½ P 28.

In Oberried-Weilersbach Nord-Ost : 1 km :

Zum Schützen ⌾, Weilersbacher Str. 7, ✉ 79254, *℘* (07661) 9 84 30, HotelSchue tzen@aol.com, Fax (07661) 984318, ☞, ☞ – ⊺⊽ ⌕ **P.** **AE** **MO** **VISA**
geschl. 20. Jan. - 20. Feb. – **Menu** (geschl. Dienstag - Mittwochmittag) à la carte 38/60 – **16 Z** ⌷ 75/85 – 100/130 – ½ P 25.

Am Notschrei Süd : 11,5 km, Richtung Todtnau :

Waldhotel am Notschrei ⌾, Freiburger Str. 56, ✉ 79254 Oberried, *℘* (07602) 9 42 00, waldhotelamnotschrei@t-online.de, Fax (07602) 9420111, ☞, ☞, ⌕, ☞ – ⊫
⊺⊽ ⌕ **P.** – ⌕ 30. **AE** **①** **MO** **VISA**
Menu à la carte 31/61 – **29 Z** ⌷ 95/130 – 170/210, 5 Suiten – ½ P 35.

OBERRÖBLINGEN Sachsen-Anhalt siehe Sangerhausen.

OBERSCHLEISSHEIM Bayern **419** **420** V 18 – 11 000 Ew – Höhe 477 m.

Sehenswert : Schloß Schleißheim★.

Berlin 575 – *München* 17 – *Regensburg* 112 – Augsburg 64 – Ingolstadt 67 – Landshut 62.

Blauer Karpfen garni, Dachauer Str. 1 (B 471), ✉ 85764, *℘* (089) 3 15 71 50, Fax (089) 31571550 – ⊫ ⊺⊽ ⌕ **P.** **AE** **MO** **VISA**
37 Z ⌷ 120/150 – 150/170.

In Oberschleißheim-Lustheim Ost : 1 km :

Kurfürst (mit Gästehäusern), Kapellenweg 5, ✉ 85764, *℘* (089) 31 57 90, Fax (089) 31579400, ☞, ☞, ⌕ – ⊫ ⊺⊽ ⌕ ⌕ **P.** – ⌕ 60. **AE** **①** **MO** **VISA**
⌘ Rest
Menu (geschl. 1. - 15. Jan., 1. - 15. Aug.) à la carte 35/76 – **95 Z** ⌷ 130/200 – 170/240.

OBERSCHÖNAU Thüringen siehe Oberhof.

OBERSTAUFEN Bayern **419** **420** X 14 – 7 100 Ew – Höhe 791 m – Schrothheilbad – Heilkli matischer Kurort – Wintersport : 740/1 800 m ✠1 ✠36 ✠.

📷 Oberstaufen-Steibis, In der Au 5, *℘* (08386) 85 29.

8 Kurverwaltung, Hugo-von-Königsegg-Str. 8, ✉ 87534, *℘* (08386) 9 30 00, Fax (08386) 930020.

Berlin 735 – München 161 – *Konstanz* 107 – Kempten (Allgäu) 37 – Ravensburg 53 – Bregenz 43.

Lindner Parkhotel, Argenstr. 1, ✉ 87534, *℘* (08386) 70 30, info.parkhotel@lindn er.de, Fax (08386) 703704, Massage, ✠, ⌕, ☞, ⌕, ☞ – ⊫, ✠ Zim, ⊺⊽ ⌕ **P.** **AE** **①** **MO** **VISA** ⌘
Menu à la carte 53/78 – **91 Z** ⌷ 170/245 – 328/368, 5 Suiten – ½ P 25.

Allgäu Sonne ⌾ (mit Gästehäusern), Stießberg 1, ✉ 87534, *℘* (08386) 70 20, info @allgaeu-sonne.de, Fax (08386) 7826, ≤ Weißachtal, Steibis und Hochgrat, ☞, Massage, ✠, ⌕, ☞, ⌕, ☞, ☞ – ⊫ ⊺⊽ ⌕ **P.** – ⌕ 25. **AE** **①** **MO** **VISA** ⌘
Menu à la carte 43/75 – **162 Z** ⌷ 155/295 – 300/470, 7 Suiten – ½ P 35.

Kurhotel Rosen Alp ⌾, Am Lohacker 5, ✉ 87534, *℘* (08386) 70 60, hotel.rosen alp@t-online.de, Fax (08386) 706435, Massage, ✠, ⌕, ⌕, ⌕, ☞ (geheizt), ⌕, ☞ – ⊫, ✠ Zim, ⊺⊽ ⌕ ⌕ **P.** – ⌕ 15. **①** **MO** **VISA** ⌘ Rest
geschl. Ende Nov. - 25. Dez. – **Menu** (Restaurant nur für Hausgäste) à la carte 44/73 – **79 Z** ⌷ 145/220 – 290/350, 7 Suiten – ½ P 25.

Löwen, Kirchplatz 8, ⊠ 87534, ✆ (08386) 49 40, *kurlaub@t-online.de*, Fax (08386) 494222, 🍴, Massage, ⇔, 🖥, 📶 – 🛗 TV 🚗 P AE ⑳ VISA JCB *Katharina's (geschl. Juli, Nov., Montag - Dienstag) (nur Abendessen)* **Menu** à la carte 51/74 – *Cafe am Markt* (auch vegetarische Gerichte) *(geschl. Nov.)* **Menu** à la carte 40/56 – **30 Z** ⊑ 137/180 – 204/274 – ½ P 25.

Concordia, In Pfalzen 8, ⊠ 87534, ✆ (08386) 48 40, *info@concordia-hotel.de*, Fax (08386) 484130, Massage, 🐟, ⨍₆, ♨, ⇔, 🖥, 📶 – 🛗 Zim, TV 🚗. 🍽 Rest **Menu** (Restaurant nur für Hausgäste) à la carte 42/65 – **59 Z** ⊑ 144/188 – 288/298 – ½ P 20.

Sonneck 🐟, Am Kühlen Grund 1, ⊠ 87534, ✆ (08386) 49 00, *Kurlaub@t-online.de*, Fax (08386) 490850, Massage, ♨, ⇔, 🖥, 📶 – 🛗 TV 🚗 P. 🍽 Rest **Menu** (Restaurant nur für Hausgäste) – **61 Z** ⊑ 129/179 – 232/246, 3 Suiten – ½ P 44.

Bayerischer Hof, Hochgratstr. 2, ⊠ 87534, ✆ (08386) 49 50, *info@bayer-hof.de*, Fax (08386) 495414, 🍴, Massage, 🐟, ⇔, 🖥, 📶 – 🛗 TV 🚗 P. AE ⑳. 🍽 Rest **Menu** *(geschl. Aug. 2 Wochen, Dienstag - Mittwochmittag)* à la carte 37/75 – **62 Z** ⊑ 100/160 – 230/320, 6 Suiten.

Kurhotel Hirsch garni, Kalzofer Str. 4, ⊠ 87534, ✆ (08386) 49 10, Fax (08386) 491144, Massage, ⇔, 🖥, 📶 – 🛗 TV 🚗 P. AE ⑳ VISA. 🍽 Rest **36 Z** ⊑ 115/150 – 220/270.

Adler (mit Gästehaus), Kirchplatz 6, ⊠ 87534, ✆ (08386) 9 32 10, *Adler.Oberstaufen @t-online.de*, Fax (08386) 4763, 🍴, Massage, ⇔, 📶 – TV P. AE ⑳ VISA *geschl. 20. Nov. - 20. Dez.* – **Menu** à la carte 36/67 *(auch vegetarische Gerichte)* – **28 Z** ⊑ 85/140 – 170/220 – ½ P 30.

Kurhotel Hochbühl 🐟 garni, Auf der Höh 12, ⊠ 87534, ✆ (08386) 9 35 40, *info @hochbuehl.de*, Fax (08386) 935499, Massage, ⇔, 📶 – TV P. **21 Z** ⊑ 105/125 – 220/240.

Kurhotel Pelz garni, Bürgermeister-Hertlein-Str. 1, ⊠ 87534, ✆ (08386) 9 30 90, Fax (08386) 4736, Massage, ⇔, 🖥, 📶 – 🛗 TV 🚗 P. 🍽 *geschl. 30. Nov. - 25. Dez.* – **30 Z** ⊑ 80/90 – 160.

Kur-und Ferienhotel Alpenhof garni, Gottfried-Resl-Weg 8, ⊠ 87534, ✆ (08386) 48 50, *alpenhof@t-online.de*, Fax (08386) 2251, Massage, ⇔, 📶 – TV P. AE ⑳ VISA. 🍽 *geschl. 1. - 25. Dez.* – **33 Z** ⊑ 79/119 – 150/224.

Posttürmle, Bahnhofplatz 4, ⊠ 87534, ✆ (08386) 74 12, Fax (08386) 1882 – ⑳ VISA *geschl. Juni 2 Wochen, Dez. 2 Wochen, Dienstag* – **Menu** *(nur Abendessen)* (Tischbestellung ratsam) à la carte 59/96.

In Oberstaufen-Buflings *Nord : 1,5 km :*

Kurhotel Engel, ⊠ 87534, ✆ (08386) 70 90, *kur-sporthotel-engel@t-online.de*, Fax (08386) 709482, ≤, 🍴, Massage, 🐟, ⨍₆, ♨, ⇔, 🖥, 📶, ✳ – 🛗 ↔ Rest, TV 🚗 P – 🅰 40. 🍽 Zim *geschl. Mitte Nov. - Mitte Dez.* – **Menu** *(geschl. Montag - Dienstag)* à la carte 29/62 – **55 Z** ⊑ 100/150 – 216/334 – ½ P 34.

In Oberstaufen-Steibis *Süd : 5 km – Höhe 860 m :*

Kurhotel Burtscher, Im Dorf 29, ⊠ 87534, ✆ (08386) 89 10, *hotel8910@AOL.com*, Fax (08386) 891317, ≤, Massage, ♨, ♨, ⇔, ♨, 🖥, 📶, ✳ – 🛗 TV 🚗 P. VISA JCB. 🍽 *geschl. Mitte Nov. - Mitte Dez.* – **Menu** (Restaurant nur für Hausgäste) – **72 Z** ⊑ 135/155 – 240/400, 6 Suiten – ½ P 25.

In Oberstaufen-Thalkirchdorf *Ost : 6 km : – Erholungsort :*

Traube 🐟, ⊠ 87534, ✆ (08325) 92 00, *Hotel.Traube@t-online.de*, Fax (08325) 92039, 🍴, « Fachwerkhaus a. d. 18. Jh. », Massage, ⇔, 📶 – TV 🍸 🚗 P. AE ① ⑳ VISA *geschl. Mitte Nov. - Mitte Dez.* – **Menu** *(geschl. Dienstag)* à la carte 32/61 – **28 Z** ⊑ 102/114 – 150/208 – ½ P 32.

In Oberstaufen-Weißach *Süd : 2 km :*

Königshof, Mühlenstr. 16, ⊠ 87534, ✆ (08386) 49 30, *info@koenigshof.de*, Fax (08386) 493125, Massage, ♨, ♨, ⇔, 🖥, 📶 – 🛗 ↔ TV 🚗 P. AE ① ⑳ VISA. 🍽 Rest **Menu** à la carte 42/77 – **64 Z** ⊑ 135/175 – 240/340 – ½ P 35.

In Oberstaufen-Willis :

Bergkristall 🐟, Willis 8, ⊠ 87534, ✆ (08386) 91 10, *wellness@bergkristall.de*, Fax (08386) 911150, ≤ Weissachtal und Allgäuer Berge, 🍴, ⇔, 🖥, 📶 – 🛗, ↔ Zim, TV 🍸 🚗 P. AE ⑳ VISA *geschl. 26. Nov. - 14. Dez.* – **Menu** à la carte 33/69 – **34 Z** ⊑ 100/140 – 210/298.

OBERSTDORF Bayern ⁴¹⁹ ⁴²⁰ X 14 – 12 500 Ew – Höhe 815 m – Heilklimatischer Kurort – Kneippkurort – Wintersport : 843/2 200 m ≼ 3 ≰ 26 ≩.

Ausflugsziele : Nebelhorn ✳★★ *30 min mit* ≼ *und Sessellift – Breitachklamm★★ Süd-West : 7 km – Fellhorn★★ ✳★★*.

≀⁹ *Oberstdorf-Gruben (Süd : 2 km),* ℘ *(08322) 9 86 95.*

🄱 *Kurverwaltung und Verkehrsamt, Marktplatz 7,* ⊠ *87561,* ℘ *(08322) 70 00, Fax (08322) 700236.*

Berlin 737 – München 165 – Kempten (Allgäu) 39 – Immenstadt im Allgäu 20.

🏨 **Parkhotel Frank** ≫, Sachsenweg 11, ⊠ 87561, ℘ (08322) 70 60, *Parkhotel-Frank@t-online.de*, Fax (08322) 706286, ≼, 🛁, Massage, ♣, ⨍₈, 🏊, ≋s, 🔲, ✍ – 🖂,
🌺 Zim, 📺 📞 ⇔ 🅿 – 🔒 50. 🌺
Menu à la carte 61/82 – **72 Z** ⇌ 230/310 – 300/460, 5 Suiten – ½ P 20.

🏨 **Exquisit** ≫, Prinzenstr. 17, ⊠ 87561, ℘ (08322) 9 63 30, *hotel.exquisit@t-online.de*, Fax (08322) 963360, ≼, Massage, ♣, 🏊, ≋s, 🔲, ✍ – 🖂 📺 🅿 – 🔒 30. 🅰 ⓞ 𝘝𝘐𝘚𝘈.
🌺 Rest
geschl. 5. Nov. - 19. Dez. – **Menu** *(geschl. Dienstag) (nur Abendessen)* (Restaurant nur für Hausgäste) 55 und à la carte – **37 Z** ⇌ 160/210 – 230/460 – ½ P 30.

🏨 **Kur- und Ferienhotel Filser** ≫, Freibergstr. 15, ⊠ 87561, ℘ (08322) 70 80, *info@filserhotel.de*, Fax (08322) 708530, 🏡, Massage, ♣, 🛁, 🏊, ≋s, 🔲, ✍ – 🖂 📺 ⇔
🅿 🌺 Rest
geschl. Mitte Nov. - 17. Dez. – **Menu** à la carte 40/57 – **98 Z** ⇌ 114/156 – 228/344, 3 Suiten – ½ P 30.

🏨 **Wittelsbacher Hof** ≫, Prinzenstr. 24, ⊠ 87561, ℘ (08322) 60 50, *info@wittelsbacherhof.de*, Fax (08322) 605300, ≼, 🏡, Massage, 🔽 (geheizt), 🔲, ✍ – 🖂 📺 ⇔
🅿 – 🔒 60. 🅰 ⓞ 🅒🅞 𝘝𝘐𝘚𝘈. 🌺 Rest
geschl. 17. April - 11. Mai, 24. Okt. - 17. Dez. – **Menu** à la carte 39/68 – **84 Z** ⇌ 125/180 – 160/244, 10 Suiten – ½ P 38.

🏨 **Adler**, Fuggerstr. 1, ⊠ 87561, ℘ (08322) 9 61 00, *adler@online-service.de*, Fax (08322) 8187, 🏡 – 📺 ⇔ 🅿 🅰 🅒🅞 𝘝𝘐𝘚𝘈
geschl. 18 Nov. - 15 Dez. – **Menu** *(geschl. Dienstag)* à la carte 32/82 – **33 Z** ⇌ 110/150 – 210/260 – ½ P 31.

🏨 **Geldernhaus** ≫ garni, Lorettostr. 16, ⊠ 87561, ℘ (08322) 97 75 70, *geldernhaus@allgaeu.org*, Fax (08322) 9775730, ≋s, ✍ – ✳ 📺 📞 ⇔ 🅿 🌺
11 Z ⇌ 150/165 – 220/240.

🏨 **Waldesruhe** ≫, Alte Walserstr. 20, ⊠ 87561, ℘ (08322) 60 10, *waldesruhe.naturhotel@t-online.de*, Fax (08322) 601100, ≼ Allgäuer Alpen, 🏡, 🛁, ≋s, 🔲, ✍ – 🖂 📺
🅿 – 🔒 20. 🅰 🅒🅞 𝘝𝘐𝘚𝘈
Menu à la carte 29/65 – **38 Z** ⇌ 95/190 – 190/250 – ½ P 25.

🏨 **Haus Wiese** ≫ garni, Stillachstr. 4a, ⊠ 87561, ℘ (08322) 30 30, Fax (08322) 3135, ≼, « Einrichtung in rustikal-gemütlichem Stil », 🔲, ✍ – 📺 🅿 🌺
12 Z ⇌ 100/140 – 170/190.

🏨 **Sporthotel Menning** ≫ garni, Oeschlesweg 18, ⊠ 87561, ℘ (08322) 9 60 90, *hotel-menning@t-online.de*, Fax (08322) 8532, ≋s, 🔲, ✍ – 🖂 📺 ⇔ 🅿
23 Z ⇌ 80/160 – 150/210.

🏨 **Landhaus Thomas** ≫ garni, Weststr. 49, ⊠ 87561, ℘ (08322) 42 47, *landhaus-harzheim@t-online.de*, Fax (08322) 8601, ≋s, ✍ – 📺 ⇔
13 Z ⇌ 75/100 – 140/180.

🏨 **Kappeler-Haus** ≫ garni, Am Seeler 2, ⊠ 87561, ℘ (08322) 9 68 60, *kappeler-haus@online-service.de*, Fax (08322) 968613, ≼, 🔽 (geheizt), ✍ – 🖂 ⇔ 🅿 🅰 ⓞ 🅒🅞 𝘝𝘐𝘚𝘈.
🌺
50 Z ⇌ 75/140 – 140/220.

🏨 **Kurparkhotel** ≫ garni, Prinzenstr. 1, ⊠ 87561, ℘ (08322) 9 65 60, *kurparkhotel-oberstdorf@oberallgaeu.cc*, Fax (08322) 965619, ≼, ≋s – 📺 🅿 🌺
geschl. 22. April - 8. Mai, Nov. - 18. Dez. – **23 Z** ⇌ 89/99 – 158/178.

✕✕ **Maximilians**, Freibergstr. 21, ⊠ 87561, ℘ (08322) 9 67 80, *info@maximilians-restaurant.de*, Fax (08322) 967843, 🏡 – 🅿
geschl. Mai - Juni 3 Wochen, Nov. 3 Wochen, Sonntag – **Menu** *(nur Abendessen)* 49/104 à la carte 70/99.

ᑎ Oberstdorf-Kornau *West : 4 km – Höhe 940 m :*

🏨 **Nebelhornblick** ≫, Kornau 49, ⊠ 87561, ℘ (08322) 9 64 20, *Silence@hotel-nebelhornblick.de*, Fax (08322) 964250, ≼ Allgäuer Berge, ≋s, 🔲, ✍ – 🖂, ✳ Rest, 📺 ⇔
🅿 🅒🅞 𝘝𝘐𝘚𝘈. 🌺 Rest
geschl. 5. Nov. - 15. Dez. – **Menu** *(nur Abendessen)* (Restaurant nur für Hausgäste) – **27 Z** ⇌ 90/110 – 160/310 – ½ P 29.

In Oberstdorf-Reute *West : 2 km – Höhe 950 m :*

🏨 **In's Panorama,** Reute 6, ⊠ 87561, ℰ (08322) 97 80 70, *Ins-Panorama@t-online. de, Fax (08322) 9780740,* ≤ Oberstdorf und Allgäuer Alpen, 🏡, 🌴 – 📺 📠 ⓦⓞ **VISA**
geschl. Mitte Nov. - Anfang Dez. – **Menu** à la carte 44/73 – **11 Z** ⊆ 80/95 – 160/190 – ½ P 35.

In Oberstdorf-Tiefenbach *Nord-West : 6 km – Höhe 900 m :*

🏯 **Alpenhotel Vollmann** ⌕, Falkenstr. 15, ⊠ 87561, ℰ (08322) 70 20, *Fax (08322) 702222,* ≤, 🏡, Massage, ⚕, ₤ð, ⊆s, ⬛, 🌴, 🛶 – 📶 📺 ⟷ 🅿 – 🏛 30. ⓦⓞ **VISA**. ⋇ Rest
Menu *(nur Abendessen)* (Restaurant nur für Hausgäste) – **82 Z** ⊆ 196/284 – 346/350, 24 Suiten.

🏨 **Bergruh** ⌕, Im Ebnat 2, ⊠ 87561, ℰ (08322) 91 90, *info@hotel-bergruh.de, Fax (08322) 919200,* ≤, 🏡, ⊆s, 🌴 – 📺 ⟷ 🅿 – 🏛 25. ⋇ Rest
Menu *(geschl. 10. Nov. - 15. Dez.)* à la carte 45/69 – **40 Z** ⊆ 75/135 – 160/190, 8 Suiten – ½ P 25.

Europe	Wenn der Name eines Hotels dünn gedruckt ist, hat uns der Hotelier Preise und Öffnungszeiten nicht angegeben.

OBERSTENFELD *Baden-Württemberg* 🔢 S 11 – 7 400 Ew – Höhe 227 m.
Berlin 600 – Stuttgart 44 – Heilbronn 18 – Schwäbisch Hall 49.

🏨 **Zum Ochsen,** Großbottwarer Str. 31, ⊠ 71720, ℰ (07062) 93 90, *Fax (07062) 939444,* 🏡, ⊆s – 📶, ⋈ Zim, 📺 ⟷ 🅿 – 🏛 30. 🏛 ⓞ ⓦⓞ **VISA**
geschl. 1. - 5. Jan. – **Menu** *(geschl. Dienstag)* à la carte 41/85 ⅄ – **30 Z** ⊆ 75/109 – 135/190.

OBERSTREU *Bayern siehe Mellrichstadt.*

OBERSULM *Baden-Württemberg siehe Weinsberg.*

OBERTEURINGEN *Baden-Württemberg* 🔢 W 12 – 4 000 Ew – Höhe 449 m – Erholungsort
🅱 Tourist-Information, St.-Martin-Platz 9 (Rathaus), ⊠ 88094, ℰ (07546) 2 99 25 *Fax (07546) 29988.*
Berlin 712 – Stuttgart 174 – Konstanz 35 – Friedrichshafen 11.

In Oberteuringen-Bitzenhofen *Nord-West : 2 km :*

🏨 **Am Obstgarten** 🅜 ⌕, Gehrenbergstr. 16/1, ⊠ 88094, ℰ (07546) 92 20, *info@ m-obstgarten.de, Fax (07546) 92288,* ≤, 🏡, ⊆s, 🌴 – 📶, ⋈ Zim, 📺 ⓦ ⅙ 🅿 – 🏛 60. 🏛 ⓦⓞ **VISA**. ⋇
Menu *(geschl. Jan., Donnerstag, Nov. - April Mittwoch - Donnerstag) (Nov.- April nur Abend essen)* à la carte 28/58 – **33 Z** ⊆ 75/128 – 128/148 – ½ P 23.

OBERTHAL *Saarland* 🔢 R 5 – 6 300 Ew – Höhe 300 m.
Berlin 710 – Saarbrücken 48 – Trier 68 – Idar Oberstein 39 – St. Wendel 9.

In Oberthal - Steinberg-Deckenhardt *Nord-Ost : 5 km :*

🍴 **Zum Blauen Fuchs,** Walhausener Str. 1, ⊠ 66649, ℰ (06852) 67 40 *Fax (06852) 81303,* 🏡 – 🅿 ⓦⓞ **VISA**
geschl. Jan. 1 Woche, Juli 1 Woche, Sept. 1 Woche, Montag - Dienstag – **Menu** *(wochentag nur Abendessen)* (Tischbestellung ratsam) 52/98 und à la carte.

OBERTHULBA *Bayern* 🔢🔢🔢 P 13 – 4 400 Ew – Höhe 270 m.
Berlin 491 – München 327 – Fulda 52 – Bad Kissingen 9,5 – Würzburg 59.

🏨 **Rhöner Land,** Zum Weißen Kreuz 20, ⊠ 97723, ℰ (09736) 70 70, *Fax (09736) 70744–* 🏡 – 📺 ⓦ ⅙ 🅿 – 🏛 40. 🏛 ⓦⓞ **VISA**. ⋇ Rest
Menu à la carte 35/54 – **27 Z** ⊆ 92/123 – 125/179.

OBERTRUBACH Bayern 420 Q 18 – 2 300 Ew – Höhe 420 m – Erholungsort.

🖂 *Touristinformation, Teichstr. 5,* ⊠ *91286,* 🖉 *(09245) 98 80, Fax (09245) 98820.*
Berlin 400 – München 206 – Nürnberg 41 – Forchheim 28 – Bayreuth 44.

🏠 **Alte Post,** Trubachtalstr. 1, ⊠ 91286, 🖉 (09245) 3 22, *info@postritter.de,*
⊕ *Fax (09245) 690,* 😀, 🍴 – 🛗, ↕ Zim, **P**
Menu *(geschl. Jan., Okt. - April Mittwoch)* à la carte 21/42 – **33 Z** ⊃ 45/60 – 85/100 –
½ P 15.

In Obertrubach-Bärnfels *Nord : 2,5 km :*

🏠 **Drei Linden** (mit Gästehaus), ⊠ 91286, 🖉 (09245) 3 25, *Fax (09245) 409,* 😀, 🍴 –
⊕ ⟸, **P**, ⊗ Zim
geschl. Nov. – **Menu** *(geschl. Mittwoch)* à la carte 18/44 – **35 Z** ⊃ 56/96 – ½ P 15.

OBERTSHAUSEN Hessen 417 P 10 – 24 000 Ew – Höhe 100 m.
Berlin 543 – Wiesbaden 59 – Frankfurt am Main 20 – Aschaffenburg 30.

🏨 **Park-Hotel,** Münchener Str. 12, ⊠ 63179, 🖉 (06104) 9 50 20, *Fax (06104) 950299,* 😀
– 📺 🌙 **P** – 🛄 40. 🖭 ⑩ 🐵 **VISA**. ⊗ Zim
Menu *(geschl. Samstagmittag, Sonntagabend)* à la carte 39/69 – **40 Z** ⊃ 128 –
189/220.

🏠 **Haus Dornheim** garni, Bieberer Str. 141, ⊠ 63179, 🖉 (06104) 9 50 50,
Fax (06104) 45022 – 📺 **P**, 🖭 🐵 **VISA**
18 Z ⊃ 95/125 – 150/220.

OBERURSEL (Taunus) Hessen 417 P 9 – 44 000 Ew – Höhe 225 m.
Berlin 533 – Wiesbaden 47 – Frankfurt am Main 14 – Bad Homburg vor der Höhe 4.

🏨 **Mövenpick** 🅼, Zimmersmühlenweg 35 (Gewerbegebiet), ⊠ 61440, 🖉 (06171) 50 00,
hotel.frankfurt@moevenpick.com, Fax (06171) 500600, 😀, *Massage,* 🦴, ⊜ – 🛗,
↕ Zim, 🗐 📺 🌙 🖐 ⟸ – 🛄 200. 🖭 ⑩ 🐵 **VISA** 🇯🇨🇧. ⊗ Rest
Menu à la carte 33/64 – ⊃ 25 – **177 Z** 229/329 – 279/499.

🏨 **Parkhotel Waldlust,** Hohemarkstr. 168, ⊠ 61440, 🖉 (06171) 92 00, *info@waldlu*
st.de, Fax (06171) 26627, 😀, « Park » – 🛗, ↕ Zim, 📺 🌙 ⟸ **P** – 🛄 90. 🖭 🐵
VISA
geschl. 24. Dez. - 1. Jan. – **Menu** *(geschl. Sonn- und Feiertage)* à la carte 39/80 – **105 Z**
⊃ 156/200 – 230/280.

🍴 **1969 - Deiana,** Am Marktplatz 6, ⊠ 61440, 🖉 (06171) 5 27 55, *Fax (06171) 623120*
72 – 🖭 ⑩ 🐵 **VISA**
geschl. Weihnachten, Ostern, Sonntag – **Menu** à la carte 73/104.

In Oberursel-Oberstedten :

🏠 **Sonnenhof** garni, Weinbergstr. 94, ⊠ 61440, 🖉 (06172) 96 29 30,
Fax (06172) 301272, 🍴 – 📺 **P**, 🐵 **VISA**. ⊗
15 Z ⊃ 120/140 – 160/180.

OBERWESEL Rheinland-Pfalz 417 P 7 – 4 600 Ew – Höhe 70 m.
Sehenswert : Liebfrauenkirche★.
Ausflugsziel : Burg Schönburg★ Süd : 2 km.

🖂 *Tourist Information, Rathausstr. 3,* ⊠ *55430,* 🖉 *(06744) 15 21, Fax (06744) 1540.*
Berlin 621 – Mainz 56 – Bad Kreuznach 42 – Koblenz 49 – Bingen 21.

🏨 **Burghotel Auf Schönburg,** Schönburg (Süd : 2 km) – Höhe 300 m, ⊠ 55430,
🖉 (06744) 9 39 30, *huettl@hotel-schoenburg.com, Fax (06744) 1613,* ≼, 😀, « Hotel in
einer 1000-jährigen Burganlage » – 🛗 📺 **P** – 🛄 20. ⑩ 🐵 **VISA**
geschl. Jan. - Ende März – **Menu** *(geschl. Montag)* à la carte 59/90 – **22 Z** ⊃ 145/245
– 270/360.

🏠 **Weinhaus Weiler** 🅼, Marktplatz 4, ⊠ 55430, 🖉 (06744) 9 30 50, *WeinhausWeiler*
@t-online.de, Fax (06744) 930520, 😀 – 📺 **P**, 🖭 🐵 **VISA**
geschl. Mitte Dez. - Mitte Feb. – **Menu** *(geschl. Dienstagabend, Donnerstag)* à la carte 37/66
🍸 – **10 Z** ⊃ 80/100 – 115/150.

🍴 **Römerkrug** mit Zim, Marktplatz 1, ⊠ 55430, 🖉 (06744) 70 91, *Fax (06744) 1677,* 😀
– 📺, 🖭 🐵 **VISA**
geschl. Jan. – **Menu** *(geschl. Mittwoch)* à la carte 38/72 🍸 – **7 Z** ⊃ 80/100 –
140/200.

In Oberwesel-Dellhofen *Süd-West : 2,5 km :*

🏠 **Gasthaus Stahl** 🦐, Am Talblick 6, ⊠ 55430, 🖉 (06744) 4 16, *estahl@rz-online.de*, *Fax (06744) 8861*, 🍴, 🍺 – 🤏🐾 Zim, 📺 ℙ. 📞 *VISA*
geschl. Mitte Dez. - Jan. – **Menu** *(geschl. Mittwoch)* (nur Eigenbau-Weine) à la carte 25/43
🍷 – **18 Z** ⌚ 70/85 – 120/140.

OBERWIESENTHAL *Sachsen* 💷💷💷 *O 22 – 3 700 Ew – Höhe 914 m – Kurort – Wintersport : 914/1214 m ≼ 1 ≸ 5 ≵.*

Ausflugsziele : *Annaberg-Buchholz (St. Annen-Kirche*★★ *: Schöne Pforte*★★*, Kanzel*★*, Bergaltar*★*) Nord : 24 km – Fichtelberg*★ *(1214 m)* 🌤*★ (mit Schwebebahn oder zu Fuß erreichbar) Nord : 3 km – Schwarzenberg : Pfarrkirche St. Georg*★ *Nord-West : 26 km.*

🛈 *Tourist-Information, Bahnhofstr. 7,* ⊠ *09484,* 🖉 *(037348) 12 80, Fax (037348) 12857.*
Berlin 317 – Dresden 125 – Chemnitz 53 – Plauen 110.

🏛 **Sachsenbaude** 🦐, Fichtelbergstr. 4 (auf dem Fichtelberg, West : 3 km), ⊠ 09484, 🖉 (037348) 13 90, *Fax (037348) 139140*, ≼, 🍴, 🍺, 🟦, 🌳, 🍽 – 🛗, 🤏🐾 Zim, 📺 ℂ
🛎 🚭 ℙ – 🔬 15. 📭 ⓪ 📞 *VISA*
Menu *(geschl. Montag - Dienstag)* (nur Abendessen) (Tischbestellung ratsam) à la carte 49/66 – **Loipenklause :** **Menu** à la carte 28/50 – **25 Suiten** ⌚ 225/275 – 345/390.

🏛 **Vier Jahreszeiten** 🦐, Annaberger Str. 83, ⊠ 09484, 🖉 (037348) 1 80, *hotelvierj ahreszeiten@t-online.de, Fax (037348) 7326*, 🍺, 🌳 – 🛗 🤏🐾 📺 ℂ 🛎 🚭 ℙ – 🔬 200.
📭 ⓪ 📞
Menu à la carte 28/65 – **100 Z** ⌚ 125 – 185/230 – ½ P 26.

🏛 **Birkenhof** 🦐, Vierenstr. 18, ⊠ 09484, 🖉 (037348) 1 40, *info@birkenhof.bestwest ern.de, Fax (037348) 14444*, ≼, 🍴, 💆, 🍺 – 🛗, 🤏🐾 Zim, 📺 ♿ ℙ – 🔬 200. 📭 ⓪ 📞
VISA, 🍽 Rest
Menu à la carte 32/51 – **184 Z** ⌚ 125/165 – 165/195, 7 Suiten – ½ P 27.

🏛 **Panorama** 🦐, Vierenstr. 11, ⊠ 09484, 🖉 (037348) 7 80, *MAIL@Panorama-Ringhot el.de, Fax (037348) 78100*, ≼, 🍴, 🛉, 🍺, 🟦, 🌳 – 🛗, 🤏🐾 Zim, 📺 ♿ ℙ – 🔬 100. 📭
⓪ 📞 *VISA*, 🍽 Rest
geschl. 25. März - 5. April – **Menu** à la carte 31/52 – **124 Z** ⌚ 130/150 – 180/200, 24 Suiten – ½ P 27.

🏠 **Fichtelberghaus** 🦐, Fichtelbergstr. 8 (auf dem Fichtelberg, West : 3,5 km), ⊠ 09484, 🖉 (037348) 12 30, *info@hotel-fichtelberghaus.de, Fax (037348) 12345*, ≼ Erzgebirge, 🍴, 💆, 🍺 – 🛗 📺 🚭 ℙ. 📭 ⓪ 📞 *VISA*
Menu à la carte 26/52 – **28 Z** ⌚ 90 – 130/150.

🏠 **Rotgießerhaus,** Böhmische Str. 8, ⊠ 09484, 🖉 (037348) 13 10, *rotgiesser
🚭 haus@t-online.de, Fax (037348) 13130*, 🍺 – 🛗, 🤏🐾 Zim, 📺 ♿. 📭 ⓪ 📞
VISA
Menu *(geschl. Nov. 2 Wochen, Mittwochmittag)* à la carte 24/46 – **22 Z** ⌚ 85/100 – 130/260 – ½ P 20.

🏠 **Am Kirchberg,** Annaberger Str. 9, ⊠ 09484, 🖉 (037348) 12 90, *hotel-am-kirchber
🚭 g@t-online.de, Fax (037348) 8486* – 🤏🐾 Zim, 📺 – 🔬 20. 📞
Menu *(nur Abendessen)* à la carte 23/47 – **25 Z** ⌚ 95 – 120/165 – ½ P 21.

OBERWOLFACH *Baden-Württemberg* 💷💷 *V 8 – 2 700 Ew – Höhe 280 m – Luftkurort.*

🛈 *Tourist Information, Sportplatz 9,* ⊠ *77709 Oberwolfach-Kirche,* 🖉 *(07834) 95 13, Fax (07834) 47744.*
Berlin 753 – Stuttgart 139 – Freiburg im Breisgau 60 – Freudenstadt 40 – Offenburg 42.

In Oberwolfach-Kirche :

🏠 **Drei Könige,** Wolftalstr. 28, ⊠ 77709, 🖉 (07834) 8 38 00, *Hotel-3Koenige@t-online .de, Fax (07834) 285*, 🍴, 🌳 – 🛗, 🤏🐾 Zim, 📺 ℂ 🚭 ℙ – 🔬 40. 📭 ⓪ 📞 *VISA* 🍽
Menu à la carte 30/58 – **56 Z** ⌚ 92/98 – 134/148, 3 Suiten – ½ P 24.

🏠 **Schacher** 🦐, Alte Str. 2a, ⊠ 77709, 🖉 (07834) 60 13, *Hotel-Cafe@HotelSchacher.de, Fax (07834) 9350*, 🌳 – 🛗 🤏🐾 ℙ. 📞 *VISA*. 🍽
Menu *(nur Abendessen)* (Restaurant nur für Hausgäste) – **14 Z** ⌚ 90 – 120/140 – ½ P 23.

In Oberwolfach-Walke :

🏨 **Hirschen,** Schwarzwaldstr. 2, ✉ 77709, ℘ (07834) 83 70, Hirschen@landidyll.de,
Fax (07834) 6775, 🛋, ☎, – 🔌 ⚡ 📺 📞 📶 – 🛠 25. 🎫 ① 📶 VISA
geschl. 9. - 13. Jan. – **Menu** (geschl. Montag) à la carte 38/66 🍷 – **42 Z** ⊑ 80/105 –
120/170 – ½ P 28.

🏨 **Zum Walkenstein,** Burgfelsen 1, ✉ 77709, ℘ (07834) 3 95, Fax (07834) 4670, 🛋,
🌳 – 🔌, ⚡ Zim, 📺 📶 📶
Menu (geschl. Dienstag) à la carte 26/50 – **30 Z** ⊑ 55/65 – 100/110 – ½ P 20.

OBING Bayern **420** V 21 – 3 500 Ew – Höhe 564 m.
Berlin 647 – München 72 – Bad Reichenhall 62 – Rosenheim 31 – Salzburg 70 – Passau 123.

🏨 **Oberwirt,** Kienberger Str. 14, ✉ 83119, ℘ (08624) 42 96, info@oberwirt.de,
Fax (08624) 2979, 🛋, Biergarten, ☎, 🏊, 🌳 – 🔌 📺 📶 📶 – 🛠 30. 📶 VISA.
🍴 Zim
Menu (geschl. 15. - 31. Okt., Mittwoch) à la carte 33/69 – **42 Z** ⊑ 70/89 – 104/140 –
½ P 30.

In Obing-Großbergham Süd-Ost : 2,5 km :

♨ **Pension Griessee** 🦽, ✉ 83119, ℘ (08624) 22 80, info@griessee.de,
🐎 Fax (08624) 2900, 🛋, 🏊, 🌳 – 📶 📶
geschl. 10. Jan. - 20. Feb. – **Menu** (geschl. Nov. - März Montag) à la carte 24/44 🍷 – **26 Z**
⊑ 52/70 – 76/100 – ½ P 24.

OBRIGHEIM Baden-Württemberg **417** **419** R 11 – 5 500 Ew – Höhe 134 m.
Berlin 594 – Stuttgart 85 – Mannheim 72 – Eberbach am Neckar 24 – Heidelberg 39 –
Heilbronn 31 – Mosbach 6.

🏨 **Wilder Mann,** Hauptstr. 22, ✉ 74847, ℘ (06261) 97 51, Fax (06261) 7803, ☎, 🖫
– 🔌 📺 📶 📶 📶
geschl. 27. Dez. - 15. Jan. – **Menu** (geschl. Freitag - Samstag) à la carte 26/47 🍷 – **36 Z**
⊑ 78/98 – 130/165.

OCHSENFURT Bayern **419** **420** Q 14 – 12 000 Ew – Höhe 187 m.
Sehenswert : Ehemalige Stadtbefestigung★ mit Toren und Anlagen.
🛈 Fremdenverkehrsbüro, Hauptstr. 39, ✉ 97199, ℘ (09331) 58 55, Fax (09331) 7493.
Berlin 497 – München 278 – Würzburg 22 – Ansbach 59 – Bamberg 95.

🏨 **Zum Bären,** Hauptstr. 74, ✉ 97199, ℘ (09331) 86 60, Fax (09331) 866405, 🛋 –
⚡ Zim, 📺 📞 📶 – 🛠 40. 🎫 ① 📶 VISA
Menu (geschl. Feb. 2 Wochen, Montag - Dienstagmittag) à la carte 35/60 🍷 – **26 Z**
⊑ 85/110 – 110/145.

🏨 **Zum Schmied,** Hauptstr. 26, ✉ 97199, ℘ (09331) 24 38, info@Hotel-Schmied.de,
Fax (09331) 20203 – 📺 📶 🎫 ① 📶 VISA
Menu (nur Abendessen) à la carte 27/58 🍷 – **19 Z** ⊑ 65/80 – 115.

Nahe der Straße nach Marktbreit Ost : 2,5 km :

🏨🏨 **Wald- und Sporthotel Polisina,** Marktbreiter Str. 265, ✉ 97199 Ochsenfurt,
℘ (09331) 84 40, info@polisina.de, Fax (09331) 7603, 🛋, Massage, ☎, 🖫, 🌳, 🍴 –
🔌 📺 📞 📶 – 🛠 120. 🎫 ① 📶 VISA
Menu à la carte 33/62 – **93 Z** ⊑ 145/170 – 200/250.

In Sommerhausen Nord-West : 6 km über die B 13 :

🏨🏨 **Ritter Jörg,** Maingasse 14, ✉ 97286, ℘ (09333) 9 73 00, Fax (09333) 973230 – 📺
📶
geschl. 27. Dez. - 17. Jan. – **Menu** (geschl. Montag) (Dienstag - Freitag nur Abendessen)
à la carte 29/59 🍷 – **22 Z** ⊑ 85/115 – 130/150.

🏨 **Zum Weinkrug** garni, Steingraben 5, ✉ 97286, ℘ (09333) 9 04 70, info@zum-wei
nkrug.de, Fax (09333) 904710 – 📺 📶 📶 📶 VISA
15 Z ⊑ 85/120 – 120/150.

🍴 **Philipp** mit Zim, Hauptstr. 12, ✉ 97286, ℘ (09333) 14 06, Fax (09333) 902250 – 📺
📶
geschl. Anfang Jan. 2 Wochen, Anfang Aug. 2 Wochen – **Menu** (geschl. Montag - Dienstag)
(Mittwoch - Freitag nur Abendessen) (Tischbestellung erforderlich) à la carte 72/82 – **3 Z**
⊑ 180/240.

OCHSENHAUSEN Baden-Württemberg 🔲🔲🔲🔲 V 13 – 7 800 Ew – Höhe 609 m – Erholungsort.
🔳 Verkehrsamt, Marktplatz 1, ✉ 88416, ℰ (07352) 92 20 26, Fax (07352) 922019.
Berlin 658 – Stuttgart 139 – Konstanz 150 – Ravensburg 55 – Ulm (Donau) 47 – Memmingen 22.

🔳 **Mohren,** Grenzenstr. 4, ✉ 88416, ℰ (07352) 92 60, Ringhotel.Mohren@t-online.de,
Fax (07352) 926100, Massage, ≋ – 📱, ↝ Zim, 📺 ⇌ 🅿 – 🏄 80. 🆑 ⑩ ⑩
𝘝𝘐𝘚𝘈
Menu à la carte 41/86 – **28 Z** ⊡ 125/165 – 210/250 – ½ P 30.

In Gutenzell-Hürbel Nord-Ost : 6 km :

🔳 **Klosterhof** ⑊ (mit Gästehaus), Schloßbezirk 2 (Gutenzell), ✉ 88484, ℰ (07352)
9 23 30, Fax (07352) 7779, ☞ – 📺 ⇌ 🅿 – 🏄 20
Menu (geschl. Montag) à la carte 27/73 – **16 Z** ⊡ 65/120.

OCHTENDUNG Rheinland-Pfalz 🔲🔲🔲 O 6 – 4 200 Ew – Höhe 190 m.
Berlin 609 – Mainz 110 – Koblenz 20 – Mayen 13.

✕✕ **Gutshof Arosa** mit Zim, Koblenzer Str. 2 (B 258), ✉ 56299, ℰ (02625) 44 71,
Fax (02625) 5261, ☞ – 📺 ⇌ 🅿 🆑 ⑩ 𝘝𝘐𝘚𝘈 ✂
geschl. Juli - Aug. 2 Wochen – **Menu** (geschl. Montag) à la carte 44/68 – **11 Z** ⊡ 85/150.

OCKFEN Rheinland-Pfalz 🔲🔲🔲 R 3 – 600 Ew – Höhe 160 m.
Berlin 742 – Mainz 173 – Trier 29 – Saarburg 5.

🔳 **Klostermühle,** Hauptstr. 1, ✉ 54441, ℰ (06581) 9 29 30, HotelKlostermuehle@t-online.de, Fax (06581) 929320, ☞, ≋, ☞ – ☰ Rest, 📺 ⑃ ⇌ 🅿 – 🏄 40
geschl. 3. - 26. Jan. – **Menu** (geschl. Dienstag) à la carte 26/53 ⑃ – **22 Z** ⊡ 68/85 – 115/128.

OCKHOLM Schleswig-Holstein siehe Bredstedt.

Si vous cherchez un hôtel tranquille,
consultez d'abord les cartes thématiques de l'introduction
ou repérez dans le texte les établissements indiqués avec le signe ⑊ ou ⑊.

ODELZHAUSEN Bayern 🔲🔲🔲🔲 V 17 – 3 000 Ew – Höhe 507 m.
🔳 Gut Todtenried, (Süd : 2 km) ℰ (08134) 9 98 80.
Berlin 590 – München 46 – Augsburg 30 – Donauwörth 65 – Ingolstadt 77.

🔳 **Schloßhotel-Schloßbräustüberl** (mit Gästehaus), Am Schloßberg 3, ✉ 85235,
ℰ (08134) 65 98 (Hotel) 9 98 71 00 (Rest.), Fax (08134) 5193, ☞, ≋, 🔳, ☞ – 📺 🅿
Menu à la carte 32/62 – **15 Z** ⊡ 135/160 – 185/220.

🔳 **Staffler** garni, Hauptstr. 3, ✉ 85235, ℰ (08134) 60 06, Fax (08134) 7737 – 📺 ☏ 🅿
🆑 ⑩ 𝘝𝘐𝘚𝘈
geschl. 20. Dez. - 10. Jan., über Pfingsten – **28 Z** ⊡ 90/120.

ODENTHAL Nordrhein-Westfalen 🔲🔲🔲 M 5 – 13 500 Ew – Höhe 80 m.
Ausflugsziel : Odenthal-Altenberg : Altenberger Dom (Buntglasfenster★) Nord : 3 km.
Berlin 553 – Düsseldorf 49 – Köln 18.

🔳 **Zur Post,** Altenberger-Dom-Str. 23, ✉ 51519, ℰ (02202) 97 77 80, awilbrand@debitel.net, Fax (02202) 9777849, ☞, « Gaststuben im bergischen Stil » – 📺 🅿 – 🏄 80. 🆑
⑩ ⑩ 𝘝𝘐𝘚𝘈
Menu (geschl. Donnerstag) à la carte 64/91 – **Postschänke** (geschl. Donnerstag)(nur Abendessen) **Menu** à la carte 40/63 – **17 Z** ⊡ 160/180 – 240/280.

In Odenthal-Altenberg Nord : 2,5 km :

🔳 **Altenberger Hof** ⑊ (mit Gästehaus Torschänke), Eugen-Heinen-Platz 7, ✉ 51519,
ℰ (02174) 49 70, altenberger-hof@t-online.de, Fax (02174) 497123, ☞ – 📱, ↝ Zim,
📺 ⑃ 🅿 – 🏄 60. 🆑 ⑩ ⑩ 𝘝𝘐𝘚𝘈
Menu à la carte 61/96 – **38 Z** ⊡ 165/225 – 225/360.

OEDERAN Sachsen siehe Flöha.

ÖHNINGEN Baden-Württemberg **409** X 10 – 3 600 Ew – Höhe 440 m – Erholungsort.

🖪 Verkehrsamt, Klosterplatz 1, ✉ 78337, ℰ (07735) 8 19 20, Fax (07735) 81930.

Berlin 800 – Stuttgart 168 – Konstanz 34 – Singen (Hohentwiel) 16 – Zürich 61 – Schaffhausen 22.

In Öhningen-Wangen Ost : 3 km :

🏨 **Residenz am See** ⬥, Seeweg 2, ✉ 78337, ℰ (07735) 9 30 00, ResidenzamSee@t-online.de, Fax (07735) 930020, ≼, « Seeterrasse », 🐾, ☞ – 🖵 🅿. 🆎 🐵 🗺. 🎾 Rest
Menu (geschl. Montag) à la carte 47/82 – **12 Z** ⌒ 130/190 – 160/220 – ½ P 45.

🍴 **Adler,** Kirchplatz 6, ✉ 78337, ℰ (07735) 7 24, Fax (07735) 8759, 🌧, 🐾 – 🖵 🅿. 🆎 🐵 🗺
Menu (geschl. Donnerstagmittag) à la carte 30/51 – **16 Z** ⌒ 75/90 – 120/140 – ½ P 18.

Erfahrungsgemäß werden bei größeren Veranstaltungen,
Messen und Ausstellungen in vielen Städten und deren Umgebung
erhöhte Preise verlangt.

ÖHRINGEN Baden-Württemberg **409** S 12 – 21 700 Ew – Höhe 230 m.

Sehenswert : Ehemalige Stiftskirche★ (Margarethen-Altar★).

🏌 Friedrichsruhe (Nord : 6 km), ℰ (07941) 92 08 10.

🖪 Hauptamt, Rathaus, Marktplatz 15, ✉ 74613, ℰ (07941) 6 81 18, Fax (07941) 68222.

Berlin 568 – Stuttgart 66 – Heilbronn 28 – Schwäbisch Hall 29.

🏨 **Württemberger Hof** ⬥, Karlsvorstadt 4, ✉ 74613, ℰ (07941) 9 20 00, info@wuertemberger-hof.de, Fax (07941) 920080, ⌸ – 🛗 🖵 📶 & ⟷ 🅿 – 🔏 100. 🆎 ⓪ 🐵 🗺
Menu à la carte 40/82 – **58 Z** ⌒ 128/138 – 155/228.

🍴 **Krone** mit Zim, Marktstr. 24, ✉ 74613, ℰ (07941) 72 78, Fax (07941) 958524 – 🖵
geschl. Jan. 1 Woche, Ende Mai - Anfang Juni – **Menu** (geschl. Samstag) à la carte 30/62 – **4 Z** ⌒ 68/76 – 124.

🍴 **Münzstube,** Münzstr. 49, ✉ 74613, ℰ (07941) 6 58 15, Fax (07941) 65816, 🌧 – 🅿
🍽 geschl. Juli - Aug. 3 Wochen, Dienstag – **Menu** à la carte 24/54 (auch vegetarische Gerichte) ♨.

In Friedrichsruhe Nord : 6 km :

🏰 **Wald- und Schloßhotel Friedrichsruhe** ⬥, ✉ 74639 Zweiflingen, ℰ (07941) 6 08 70, SchlosshotelFriedrichsruhe@t-online.de, Fax (07941) 61468, 🌧, « Park », Massage, ⌸, ☓, 🔲, 🎾, 🏌 – 🛗 🖵 🍴 ⟷ 🅿 – 🔏 60. 🆎 ⓪ 🐵 🗺
Menu (geschl. Montag - Dienstag) (bemerkenswerte Weinkarte) 145/210 à la carte 84/134 – **Jägerstube :** **Menu** à la carte 50/64 – **44 Z** ⌒ 195/310 – 295/420, 12 Suiten
Spez. Variation von Flußkrebsen. Rötlingfilet mit Bouillabaisse-Vinaigrette und gegrilltem Fenchel. Rinderfilet mit karamelisierten Perlzwiebeln und Ochsenschwanzravioli.

OELDE Nordrhein-Westfalen **417** K 8 – 27 500 Ew – Höhe 98 m.

Berlin 430 – Düsseldorf 137 – Bielefeld 51 – Beckum 13 – Gütersloh 23 – Lippstadt 29.

🏨 **Mühlenkamp,** Geiststr. 36, ✉ 59302, ℰ (02522) 9 35 60, hotel.muehlenkamp@t-online.de, Fax (02522) 935645, 🌧 – 🛗 🖵 ⟷ 🅿 🆎 ⓪ 🐵 🗺
geschl. 23. Dez. - 6. Jan. – **Menu** à la carte 41/73 – **30 Z** ⌒ 130/145 – 150/180.

🏨 **Engbert** garni, Lange Str. 24, ✉ 59302, ℰ (02522) 9 33 90, hoteloelde@aol.com, Fax (02522) 933939 – 🛗 ⊁ 🖵 ⟷ 🅿 🆎 ⓪ 🐵 🗺
geschl. Dez. - Jan. 2 Wochen – **35 Z** ⌒ 98/120 – 140/160.

In Oelde-Lette Nord : 6,5 km :

🏨 **Westermann,** Clarholzer Str. 26, ✉ 59302, ℰ (05245) 8 70 20, info@hotel-Westermann.de, Fax (05245) 870215, 🌧, 🎾 – 🛗 🖵 🅿 – 🔏 30. 🆎 🐵 🗺
🎾 Rest
Menu (wochentags nur Abendessen) à la carte 31/63 – **45 Z** ⌒ 80/90 – 140.

OELDE

In Oelde-Stromberg *Süd-Ost : 5 km – Erholungsort :*

🍴 **Zur Post,** Münsterstr. 16, ⊠ 59302, 𝒫 (02529) 2 46, Fax (02529) 7162, 🚑 – 🚗 🅿. ⬚
Menu *(geschl. Montag) (nur Abendessen)* à la carte 25/45 – **16 Z** ⊇ 60/120.

OELSNITZ (VOGTLAND) *Sachsen* 🔲🔲🔲 *O 20 – 12 000 Ew – Höhe 409 m.*
🛈 *Kultur- und Fremdenverkehrsamt, Grabenstr. 31,* ⊠ *08606,* 𝒫 *(037421) 2 07 85, Fax (037421) 20794.*
Berlin 311 – Dresden 154 – Hof 32 – Plauen 11.

🏠 **Garni Höhle,** Dr.-Friedrich-Str. 23, ⊠ 08606, 𝒫 (037421) 2 22 48, Fax (037421) 27664 – 🛗 📺 🔙 🅿. ⬚ 𝘝𝘐𝘚𝘈
21 Z ⊇ 70/110 – 90/170.

In Taltitz *Nord-West : 6 km :*

🏠 **Seeblick,** Waldweg 3, ⊠ 08606, 𝒫 (037436) 22 55, Fax (037436) 2256, ≤, 🌿, 🈺,
🐎 🚑 – 📺 🅿. – 🔙 100. ⬚ ⓞ ⬚ 𝘝𝘐𝘚𝘈 𝘑𝘊𝘉
Menu à la carte 24/35 – **41 Z** ⊇ 95/125.

OER-ERKENSCHWICK *Nordrhein-Westfalen* 🔲 *L 5 – 28 000 Ew – Höhe 85 m.*
Berlin 502 – Düsseldorf 74 – Dortmund 29 – Münster (Westfalen) 64 – Recklinghausen 5.

🏠 **Stimbergpark** 🈺, Am Stimbergpark 78, ⊠ 45739, 𝒫 (02368) 98 40, Fax (02368) 58206, ≤, 🌿, 🈺 – 🔙 Zim, 📺 🔙 🅿. – 🔙 350. ⬚ ⬚ 𝘝𝘐𝘚𝘈
Menu à la carte 34/59 – **86 Z** ⊇ 98/130 – 140/160.

🏠 **Giebelhof,** Friedrichstr. 5, ⊠ 45739, 𝒫 (02368) 91 00, Fax (02368) 910222, Biergarten, 🈺 – 🛗, 🔙 Zim, 📺 🔙 🅿. – 🔙 40. ⬚ 𝘝𝘐𝘚𝘈
Menu à la carte 29/62 – **32 Z** ⊇ 105/145 – 160/180.

In occasione di alcune manifestazioni commerciali o turistiche,
i prezzi richiesti dagli albergatori possono subire un sensibile
aumento nelle località interessate e nei loro dintorni.

OESTRICH-WINKEL *Hessen* 🔲 *P 8 – 12 200 Ew – Höhe 90 m.*
🛈 *Tourist-Information, An der Basilika 11a,* ⊠ 65375 *Oestrich-Winkel-Mittelheim,* 𝒫 *(06723) 1 94 33, Fax (06723) 995555.*
Berlin 588 – Wiesbaden 21 – Bad Kreuznach 65 – Koblenz 74 – Mainz 24.

Im Stadtteil Oestrich :

🏨 **Schwan,** Rheinallee 5, ⊠ 65375, 𝒫 (06723) 80 90, info@hotel-schwan.de, Fax (06723) 7820, ≤, « Gartenterrasse » – 🛗, 🔙 Zim, 📺 🅿. – 🔙 60. ⬚ ⓞ ⬚ 𝘝𝘐𝘚𝘈 𝘑𝘊𝘉
Menu *(geschl. 20. Dez. - 7. Jan.)* à la carte 44/78 – **44 Z** ⊇ 149/199 – 210/295.

Im Stadtteil Winkel :

🏨 **Nägler am Rhein,** Hauptstr. 1, ⊠ 65375, 𝒫 (06723) 9 90 20, hotel-naegler@t-onl ne.de, Fax (06723) 990280, ≤ Rhein und Ingelheim, 🌿, 🈺, 🈺 – 🛗, 🔙 Zim, 📺 🔙 🅿. – 🔙 100. ⬚ ⓞ ⬚ 𝘝𝘐𝘚𝘈
Menu à la carte 51/76 – ⊇ 19 – **46 Z** 130/155 – 170/250.

🏠 **F. B. Schönleber,** Hauptstr. 1b, ⊠ 65375, 𝒫 (06723) 9 17 60, info@fb-schoenlebe r.de, Fax (06723) 4759, 🌿 – 📺 🅿. ⬚ 𝘝𝘐𝘚𝘈. 🈺 Zim
geschl. 20. Dez.- 20. Jan. – **Menu** *(geschl. Montag - Dienstag)* (Weinstube ab 16 Uhr geöffnet ; kleines Speisenangebot) – **17 Z** ⊇ 95 – 140/160.

🍴 **Gutsrestaurant Schloß Vollrads,** (Nord : 2 km), ⊠ 65375, 𝒫 (06723) 52 70, BEL-GASTRONOMIEGMBH@DEBITEL.NET, Fax (06723) 998227, « Gartenterrasse » – 🅿. ⬚ 𝘝𝘐𝘚𝘈
geschl. Anfang Jan. 2 Wochen, Mitte Nov. 2 Wochen, April - Okt. Mittwoch, Nov. - März Dienstag - Donnerstag – **Menu** à la carte 48/69.

Im Stadtteil Hallgarten :

🏠 **Zum Rebhang** 🈺, Rebhangstr. 53 (Siedlung Rebhang), ⊠ 65375, 𝒫 (06723) 21 66 info@hotel-zum-rebhang.de, Fax (06723) 1813, ≤ Rheintal, 🌿, 🚑 – 📺 🅿. ⬚ 𝘝𝘐𝘚𝘈
Menu *(geschl. Mitte Jan. - Mitte Feb., Donnerstag)* à la carte 29/72 – **14 Z** ⊇ 85/100 – 150/170.

ÖSTRINGEN Baden-Württemberg 📖🔢🔢 S 10 – 10 500 Ew – Höhe 165 m.

🏌️ 🏌️ Östringen-Tiefenbach, Birkenhof (Süd-Ost : 12 km), 𝒫 (07259) 8683.

Berlin 630 – Stuttgart 97 – *Karlsruhe* 45 – Heilbronn 45 – Mannheim 44.

🏨 **Östringer Hof,** Hauptstr. 113 (B 292), ⊠ 76684, 𝒫 (07253) 2 10 87, Fax (07253) 21080 – ➪ Zim, 📺 🅿 🖭 ⓪ ⓴ 𝘝𝘐𝘚𝘈
Menu *(nur Abendessen)* (Restaurant nur für Hausgäste) – **19 Z** ⊆ 110/160.

In Östringen-Tiefenbach Süd-Ost : 12 km :

🏨🏨 **Kreuzberghof** 🦢, Am Kreuzbergsee, ⊠ 76684, 𝒫 (07259) 9 11 00, kontakt@kreu zberghof.de, Fax (07259) 911013, 🍽, ➪ – 🛗 📺 📞 🅿 – 🔬 120. 🖭 ⓪ ⓴ 𝘝𝘐𝘚𝘈. ✸ Zim
Menu à la carte 34/69 ⚖ – **36 Z** ⊆ 110 – 145/220.

🍴 **Weinforum Heitlinger,** Am Mühlberg, ⊠ 76684, 𝒫 (07259) 9 11 20, Info@heitlin ger-wein.de, Fax (07259) 911299, 🍽, (Weingut), « Kulturforum mit wechselnden Aus- stellungen und Aufführungen verschiedener Künstler » – 🅿 – 🔬 30. ⓪ ⓴ 𝘝𝘐𝘚𝘈 geschl. 23. Dez. - 6. Jan. – **Menu** *(nur Eigenbauweine)* à la carte 29/57 ⚖.

ÖTISHEIM Baden-Württemberg 📖🔢 T 10 – 4 600 Ew – Höhe 247 m.

Berlin 637 – Stuttgart 43 – *Karlsruhe* 46 – Heilbronn 69.

🏨 **Krone,** Maulbronner Str. 11, ⊠ 75443, 𝒫 (07041) 28 07, Fax (07041) 861521, 🍽 – ➪ Zim, 📺 🅿. ✸ Zim
geschl. Jan. 2 Wochen, Aug. 3 Wochen – **Menu** *(geschl. Montag)* à la carte 27/47 ⚖ – **17 Z** ⊆ 65 – 100.

🍴 **Sternenschanz,** Gottlob-Linck-Str. 1, ⊠ 75443, 𝒫 (07041) 66 67, Fax (07041) 862155, 🍽 – 🅿. ⓴
geschl. über Fasching 1 Woche, Dienstag – **Menu** à la carte 32/75.

OEVENUM Schleswig-Holstein siehe Föhr (Insel).

OEVERSEE Schleswig-Holstein siehe Flensburg.

OEYNHAUSEN, BAD Nordrhein-Westfalen 📖🔢 J 10 – 52 000 Ew – Höhe 71 m – Heilbad.

🏌️ Löhne-Wittel, 𝒫 (05228) 70 50.

🛈 Tourist-Information, Verkehrshaus, Am Kurpark ⊠ 32545, 𝒫 (05731) 13 17 01, Fax (05731) 131717.

Berlin 362 – Düsseldorf 211 – *Bielefeld* 37 – Bremen 116 – Hannover 79 – Osnabrück 62.

🏨🏨 **Königshof** 🦢, Am Kurpark 5, ⊠ 32545, 𝒫 (05731) 24 60, Fax (05731) 246105, 🍽 – 🛗 📺 🅿 – 🔬 60. 🖭 ⓪ ⓴ 𝘝𝘐𝘚𝘈 Rest
Menu *(geschl. Jan., Sonntag - Montag) (nur Abendessen)* à la carte 52/80 – ⊆ 20 – **50 Z** 80/120 – 100/170, 3 Suiten.

🏨🏨 **Mercure am Kurpark** 🅼 🦢 garni, Morsbachallee 1, ⊠ 32545, 𝒫 (05731) 25 70, H2835@accor-hotels.com, Fax (05731) 257444, 🍽 – 🛗 ➪, 🗐 Zim, 📺 📞 ⚫ 🚗 🅿 – 🔬 110. 🖭 ⓪ ⓴ 𝘝𝘐𝘚𝘈
⊆ 23 – **147 Z** 155/195 – 185/225, 3 Suiten – ½ P 35.

🏨 **Mercure** 🅼 garni, Königstr. 3, ⊠ 32545, 𝒫 (05731) 2 58 90, H2091@accor-hotels.com, Fax (05731) 258999, ➪ – 🛗 ➪ 📺 📞 ⚫ 🚗 – 🔬 30. 🖭 ⓪ ⓴ 𝘝𝘐𝘚𝘈
57 Z ⊆ 159/199 – 199/269.

🏨 **Stickdorn** (mit Gästehaus), Kaiser-Wilhelmplatz 17, ⊠ 32545, 𝒫 (05731) 1 75 70, Hote lStickdorn@t-online.de, Fax (05731) 175740, 🍽, ➪ – 📺 🚗 🅿 – 🔬 20. 🖭 ⓴ 𝘝𝘐𝘚𝘈
Menu *(nur Abendessen)* à la carte 36/66 – **48 Z** ⊆ 136/163 – ½ P 35.

Nahe der B 61 Nord-Ost : 2,5 km :

🏨 **Hahnenkamp,** Alte Reichsstr. 4, ⊠ 32549 Bad Oeynhausen, 𝒫 (05731) 7 57 40, info @hahnenkamp.de, Fax (05731) 757475, Biergarten, 🌳 – ➪ Zim, 📺 📞 🅿 – 🔬 60. 🖭 ⓪ ⓴ 𝘝𝘐𝘚𝘈
Menu à la carte 30/72 – **35 Z** ⊆ 120/160 – 200/220 – ½ P 25.

In Bad Oeynhausen-Bergkirchen Nord : 9,5 km :

🏨🏨 **Wittekindsquelle,** Bergkirchener Str. 476, ⊠ 32549, 𝒫 (05734) 9 10 00, wittekind squelle@teuto.de, Fax (05734) 910091, 🍽 – ➪ Zim, 📺 📞 🅿 – 🔬 15. 🖭 ⓪ ⓴ 𝘝𝘐𝘚𝘈. ✸ Rest
Menu à la carte 45/84 – **24 Z** ⊆ 115/140 – 190/250 – ½ P 35.

In Bad Oeynhausen-Lohe *Süd : 2 km :*

🏠 **Trollinger Hof,** Detmolder Str. 89, ✉ 32545, ✆ (05731) 7 95 70, *trollingerhof@t-online.de*, Fax (05731) 795710, 🌤 – 📺 ✆ 🅿 – 🔏 15. 🆎 ⚫ 🆚
Menu *(geschl. Donnerstag)* à la carte 38/65 – **20 Z** ⊟ 115/180 – 148/210 – ½ P 30.

🎄🎄🎄 **Die Windmühle** (Lohse), Detmolder Str. 273 (Richtung Bad Salzuflen), ✉ 32545,
✿✿ ✆ (05731) 9 24 62, Fax (05731) 96583, 🌤 – 🅿. ⚫
geschl. Anfang Feb. 2 Wochen, Ende Sept. 2 Wochen, Sonntag - Montag – **Menu** à la carte 107/141 – ***Bistro ô Cêpe* :** Menu à la carte 49/74
Spez. Lauch-Cannelloni mit geeistem Taschenkrebs gefüllt. Sauté von der Bresse-Poularde mit Langostinos und grünem Spargel. Haselnußtarte mit Walderdbeeren und Ziegenfrischkäsecrème.

OFFENBACH *Hessen* **417** *P 10 – 116 400 Ew – Höhe 100 m.*
Sehenswert : Deutsches Ledermuseum★★ Z M1.
Messehalle (Z), ✆ (069) 8 29 75 50.
🛈 *Offenbacher-Stadtinformation, Salzgäßchen 1,* ✉ *63065,* ✆ *(069) 80 65 20 52, Fax (069) 80653199.*
ADAC, *Frankfurter Str. 74.*
Berlin 543 – Wiesbaden 44 – Frankfurt am Main 8 – Darmstadt 28 – Würzburg 116.

OFFENBACH

🏛️🏛️ **ArabellaSheraton am Büsing Palais** Ⓜ, Berliner Str. 111, ✉ 63065, ✆ (069) 82 99 90, *buesingpalais@Arabellasheraton.com,* Fax (069) 82999810, 🌤, Massage, 🎔,
⚕ – 🛗, 🖙 Zim, 📺 ✆ 🔥 ⇌ – 🔏 260. 🆎 ⚫ 🆚 🆚 JCB Z C
Menu à la carte 47/94 – **221 Z** ⊑ 265/296 – 334/365.

🏛️🏛️ **Holiday Inn,** Kaiserleistr. 45, ✉ 63067, ✆ (069) 8 06 10, Fax (069) 8004797, 🖘, 🔲
– 🛗, 🖙 Zim, 📺 ✆ 🔥 ⇌ – 🔏 130. 🆎 ⚫ 🆚 🆚 JCB X S
Menu à la carte 45/68 – ⊑ 28 – **251 Z** 255/305.

OFFENBACH

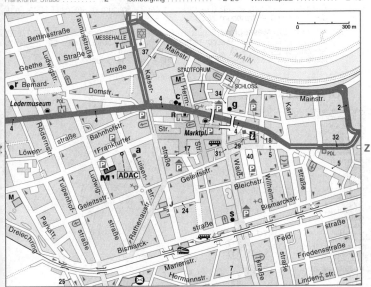

🏨 **Yimpas Hotel Bismarckhof**, Bismarckstr. 99, ✉ 63065, ℘ (069) 8 00 85 90, Fax (069) 80085999 – 🛗, ✎ Zim, 📺 ☎ – ⚫ 20 Z s (türkische Küche) – **52 Z**.

🏨 **Graf** garni, Ziegelstr. 6, ✉ 63065, ℘ (069) 8 00 85 10, info@hotel-graf.de, Fax (069) 80085151 – 🛗 ✎ 📺 ☎ – ⚫ 20. AE ① ④ VISA JCB Z g geschl. Weihnachten - Anfang Jan. – **32 Z** � 118/120 – 140/160.

🏨 **Ibis**, Kaiserleistr. 4, ✉ 63067, ℘ (069) 82 90 40, h1739@accor-hotels.com, Fax (069) 82904333 – 🛗 ✎ Zim, 📺 ☎ ఱ 🔥 ☎ – ⚫ 40. AE ① ④ VISA JCB X a Menu (geschl. Samstag - Sonntag) (nur Abendessen) à la carte 26/37 – ⊄ 15 – **131 Z** 105.

🏨 **Hansa** garni, Bernardstr. 101, ✉ 63067, ℘ (069) 82 98 50, Fax (069) 823218 – 🛗 📺 🔥. AE ① ④ VISA Z r 25 Z ⊄ 110/155 – 190/220.

🍴 **Dino**, Luisenstr. 63, ✉ 63067, ℘ (069) 88 46 45, info@ristorante-dino.de, Fax (069) 883395, ☎ – ① ④ VISA Z a geschl. 1. - 9. Jan., Samstagmittag, Sonntag (außer Messen) – Menu (italienische Küche) à la carte 43/74.

In Offenbach-Bürgel Nord-Ost : 2 km über Mainstraße X :

🏨 **Parkhotel-Lindenhof** ⧖, Mecklenburger Str. 10, ✉ 63075, ℘ (069) 9 86 45 00, Fax (069) 98645013 – 🛗, ✎ Zim, 📺 ☎ – ⚫ 20. AE ① ④ VISA Menu (geschl. Freitag) (wochentags nur Abendessen) à la carte 35/53 – **36 Z** ⊄ 98 – 140.

🍴 **Zur Post** mit Zim, Offenbacher Str. 33, ✉ 63075, ℘ (069) 86 13 37, Fax (069) 864198, ☎ – ☎ P. AE ① ④ VISA. ✎ Zim Menu (geschl. Anfang Jan. 1 Woche, Juli 2 Wochen, Sonntagabend - Montag, Samstagmittag) à la carte 38/71 – **8 Z** ⊄ 95/115 – 150/170.

Sehenswert : *Hl.-Kreuz-Kirche★* BY.

Messegelände Oberrheinhalle, Messeplatz, ✆ *(0781) 9 22 60, Fax 922677.*

🛈 *Stadt u. Touristinformation, Fischmarkt 2,* ✉ *77652,* ✆ *(0781) 82 22 53, Fax (0781) 827251 –* **ADAC,** *Gerberstr. 2.*

Berlin 744 ③ – Stuttgart 148 ③ – Karlsruhe 77 ③ – Freiburg im Breisgau 64 ③ – Freudenstadt 58 ① – Strasbourg 26 ③

🏠🏨 **Mercure am Messeplatz,** Schutterwälder Str. 19 (bei der Oberrheinhalle), ✉ 77656, ✆ (0781) 50 50, H2906@accor-hotels.com, Fax (0781) 505513, 🍴, 🛋, 🔲 – 📶, ⇌ Zim, 📺 📺 🛁 📱 – 🔬 200. 🆎 ⊙ 🆖 𝘝𝘐𝘚𝘈. 🛇 Rest AZ a
Menu à la carte 33/65 – **132 Z** ⊐ 191/201 – 244/254, 5 Suiten.

OFFENBURG

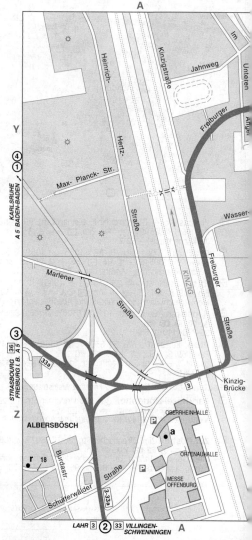

Central garni, Poststr. 5, ⊠ 77652, ℰ (0781) 7 20 04, Fax (0781) 25598 – 📺 🅿 AE
🐵 VISA
BY b
geschl. 20. Dez. - 6. Jan. – **20 Z** ⊑ 95/135 – 140/180.

Sonne, Hauptstr. 94, ⊠ 77652, ℰ (0781) 7 10 39, hotel@hotel-sonne-offenburg.de,
Fax (0781) 71033 – ✦⟵ Zim, 📺 ⟨⟩. 🐵 VISA
BZ e
Menu siehe **Beck's Restaurant** separat erwähnt – **32 Z** ⊑ 70/135 – 98/
205.

Beck's Restaurant - Hotel Sonne, Hauptstr. 94, ⊠ 77652, ℰ (0781) 7 37 88,
Fax (0781) 73798, 🏤 – AE ① 🐵 VISA
BZ e
geschl. Sonntag - Montag – **Menu** à la carte 46/72.

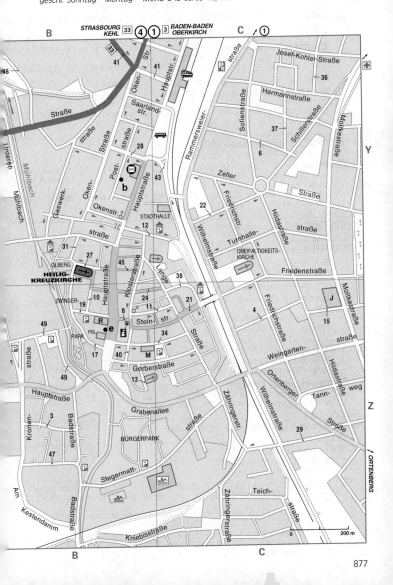

In Offenburg - Albersbösch

Hubertus, Kolpingstr. 4, ⊠ 77656, *ℰ* (0781) 6 13 50, *Fax (0781) 613535*, 🏠 – 🛗, 🕊️ Zim, 📺 📞 🅿️ – 🎿 40. 🅰🅴 ⓞ 🆎 𝘝𝘐𝘚𝘈 — AZ r
Menu à la carte 32/48 – **26 Z** ⊑ 130 – 160/190.

In Offenburg-Rammersweier *Nord-Ost : 3 km über Moltkestraße* CY – *Erholungsort :*

Blume mit Zim, Weinstr. 160, ⊠ 77654, *ℰ* (0781) 3 36 66, *Fax (0781) 440603*, 🏠 (Fachwerkhaus a.d. 18.Jh.) – 📺 🅿️. 🆎 𝘝𝘐𝘚𝘈
geschl. Jan. 1 Woche, über Fastnacht 1 Woche, Aug. 2 Wochen – Menu *(geschl. Sonntagabend - Montag)* à la carte 44/70 – **6 Z** ⊑ 90/120.

In Offenburg - Zell-Weierbach *Ost : 3,5 km über Weingartenstraße* CZ :

Rebenhof 🐾, Talweg 42, ⊠ 77654, *ℰ* (0781) 46 80, *Fax (0781) 468135*, 🏠, 🕊️🅎, 🔲 – 🛗 📺 🅿️ – 🎿 25. 🆎 𝘝𝘐𝘚𝘈
Menu *(geschl. Aug. 2 Wochen, Montag)* à la carte 34/58 🍸 – **40 Z** ⊑ 85/103 – 125/155.

Gasthaus Sonne mit Zim, Obertal 1, ⊠ 77654, *ℰ* (0781) 9 38 80, *Fax (0781) 938899*, 🏠 – 🕊️ Zim, 📺 🅿️ – 🎿 100. 🆎 𝘝𝘐𝘚𝘈. 🍴 Zim
geschl. über Fastnacht 1 Woche – Menu *(geschl. Mittwoch)* à la carte 31/72 – **6 Z** ⊑ 80/130.

In Ortenberg *Süd : 4 km über Ortenberger Straße* CZ – *Erholungsort :*

Glattfelder mit Zim, Kinzigtalstr. 20, ⊠ 77799, *ℰ* (0781) 9 34 90, *info@edys-resta urant-hotel.de, Fax (0781) 934929*, 🏠, 🍴 – 📺 🅿️. 🆎 𝘝𝘐𝘚𝘈
geschl. Ende Okt. - Anfang Nov. – Menu *(geschl. Sonntagabend - Montag)* à la carte 58/82 – **14 Z** ⊑ 55/85 – 115.

OFTERDINGEN *Baden-Württemberg* 419 *U 11 – 4 500 Ew – Höhe 424 m.*
Berlin 692 – Stuttgart 56 – Hechingen 9 – Reutlingen 20 – Tübingen 15.

Krone mit Zim, Tübinger Str. 10 (B 27), ⊠ 72131, *ℰ* (07473) 63 91, *krone.ofterding en@t-online.de, Fax (07473) 25596*, 🏠, (Fachwerkhaus a.d.J. 1715) – 📺 🚗 🅿️ – 🎿 60. 🆎 🆎 𝘝𝘐𝘚𝘈. 🍴 Zim
geschl. über Fastnacht 2 Wochen, Anfang Okt. 1 Woche – Menu *(geschl. Donnerstag)* à la carte 43/82 – **11 Z** ⊑ 80/90 – 160/180.

OFTERSCHWANG *Bayern siehe Sonthofen.*

OFTERSHEIM *Baden-Württemberg* 417 419 *R 9 – 10 600 Ew – Höhe 102 m.*
🏠 *Oftersheim, an der B 291 (Süd-Ost : 2 km), *ℰ* (06202) 5 37 67.*
Berlin 625 – Stuttgart 119 – Mannheim 21 – Heidelberg 11 – Speyer 17.

In Oftersheim-Hardtwaldsiedlung *Süd : 1 km über die B 291 :*

Landhof, Am Fuhrmannsweg 1, ⊠ 68723, *ℰ* (06202) 5 13 76, *Fax (06202) 53297*, 🏠 – 🅿️.
geschl. Dienstag – Menu *(wochentags nur Abendessen)* (Tischbestellung ratsam) à la carte 32/72.

OHLSTADT *Bayern* 419 420 *X 17 – 3 400 Ew – Höhe 644 m – Erholungsort.*
🅱️ *Verkehrsamt, Rathausplatz 1, ⊠ 82441, *ℰ* (08841) 74 80, Fax (08841) 671244.*
Berlin 658 – München 69 – Garmisch-Partenkirchen 21.

Alpengasthof Ohlstadt 🐾, Weichser Str. 5, ⊠ 82441, *ℰ* (08841) 67070, *Alpen gasthof@t-online.de, Fax (08841) 670766*, 🏠, 🕊️🅎, 🔲, 🍴 – 📺 🅿️
Menu à la carte 23/46 – **30 Z** ⊑ 75/85 – 120/170 – ½ P 25.

OHMDEN *Baden-Württemberg siehe Kirchheim unter Teck.*

OLCHING *Bayern* 419 420 *V 17 – 24 000 Ew – Höhe 503 m.*
🏠 *Olching, Feursstr. 89, *ℰ* (08142) 4 82 90.*
Berlin 595 – München 36 – Augsburg 48 – Dachau 13.

Schiller, Nöscherstr. 20, ⊠ 82140, *ℰ* (08142) 47 30, *anfrage@hotel-schiller.de, Fax (08142) 473399*, 🏠, 🅎, 🔲, 🍴 – 🛗, 🕊️ Zim, 📺 📞 🚗 🅿️ – 🎿 30. 🆎 ⓞ 🆎 𝘝𝘐𝘚𝘈 𝙅𝘾𝘽
geschl. 22. Dez. - 2. Jan. – Menu *(geschl. 21. Aug. - 3. Sept., Sonntagabend - Montagmittag)* à la carte 34/69 – **57 Z** ⊑ 100/150 – 160/185.

Am Krone-Park garni, Kemeterstr. 55 (Neu-Esting), ⊠ 82140, *ℰ* (08142) 29 20, *Fax (08142) 18706* – 🕊️ 📺 🅿️ – 🎿 20. 🆎 ⓞ 🆎 𝘝𝘐𝘚𝘈
37 Z ⊑ 105/155.

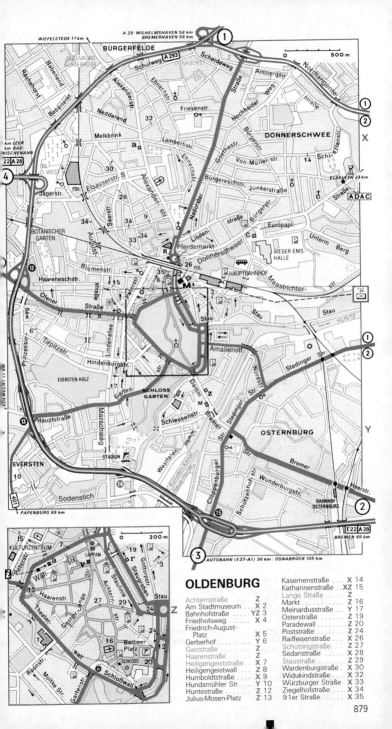

OLDENBURG

879

OLDENBURG _Niedersachsen_ 🔢 _G 8 – 155 000 Ew – Höhe 7 m._
Sehenswert : _Schloßgarten★ Y – Stadtmuseum★ X_ **M1.**
🛥 _Tweelbäke-Ost, Hatter Landstr. 34 (Süd-Ost : 7 km), ℰ (04481) 88 55._
🔋 _Verkehrsverein, Tourist Information, Wallstr. 14, ⊠ 26122, ℰ (0441) 1 57 44, Fax (0441) 2489202._
ADAC, _Donnerschweer Str. 237._
Berlin 432 ② – Hannover 171 ② – Bremen 46 ② – Bremerhaven 58 ① – Groningen 132 ④ – Osnabrück 105 ③

Stadtplan siehe vorhergehende Seite

🏨 **City-Club-Hotel,** Europaplatz 4, ⊠ 26123, ℰ (0441) 80 80, Fax (0441) 808100, 🍴, 🚬, 🔲 – 📶, 🔆 Zim, 📺 🆕 ⚒ 📞 📠 – 🔬 160. 🖭 ⓪ 🐵 𝖵𝖨𝖲𝖠 𝖩𝖢𝖡. 🦺 X c
Menu à la carte 39/66 – **88 Z** ⊇ 190/221 – 240.

🏨 **Antares Hotel** garni, Staugraben 8, ⊠ 26122, ℰ (0441) 9 22 50, Fax (0441) 9225100, 🍴 – 📶 🔆 📺 🆕 ⚒ 📞 🖭 ⓪ 🐵 𝖵𝖨𝖲𝖠 𝖩𝖢𝖡. 🦺 Z r
51 Z ⊇ 150/189 – 210, 6 Suiten.

🏨 **Alexander** garni, Alexanderstr. 107, ⊠ 26121, ℰ (0441) 9 80 20, Fax (0441) 9802100, 🍴 – 📶 📺 🆕 ⚒ 📞 – 🔬 40. 🖭 ⓪ 🐵 𝖵𝖨𝖲𝖠 𝖩𝖢𝖡. 🦺 X a
54 Z ⊇ 100/140 – 171/190.

🍴 **Le Journal,** Wallstr. 13, ⊠ 26122, ℰ (0441) 1 31 28, Fax (0441) 25292, (Bistrorestaurant) – 🖭 ⓪ 🐵 𝖵𝖨𝖲𝖠. 🦺 Z a
geschl. Sonntag – **Menu** _(nur Abendessen)_ (Tischbestellung ratsam) 64/89 und à la carte.

🍴 **Klöter,** Herbartgang 6, ⊠ 26122, ℰ (0441) 1 29 86, Fax (0441) 2488129, 🍴, « Kleines Galerie-Restaurant in einem Feinkostgeschäft » Z v
geschl. Sonntag – **Menu** _(nur Mittagessen)_ à la carte 44/71.

An der Straße nach Rastede _Nord : 6 km über Nadorster Straße_ X :

🍴🍴 **Der Patentkrug** mit Zim, Wilhelmshavener Heerstr. 359, ⊠ 26125 Oldenburg, ℰ (0441) 3 94 71, Fax (0441) 391038, 🍴 – 📺 📞 – 🔬 100. 🖭 ⓪ 🐵 𝖵𝖨𝖲𝖠. 🦺 Zim
Menu _(geschl. Sonntagabend - Montag)_ à la carte 40/72 – **5 Z** ⊇ 85/95 – 130/150.

OLDENBURG IN HOLSTEIN _Schleswig-Holstein_ 🔢🔢 _D 16 – 9 800 Ew – Höhe 4 m._
Berlin 321 – Kiel 55 – Lübeck 66 – Neustadt in Holstein 21.

🏨 **Zur Eule** garni, Hopfenmarkt 1, ⊠ 23758, ℰ (04361) 4 99 70, Fax (04361) 4997202 – 📺 📞 🖭 ⓪ 🐵 𝖵𝖨𝖲𝖠
geschl. Mitte Dez. - Anfang Jan. – **23 Z** ⊇ 98/138 – 138/165.

OLFEN _Nordrhein-Westfalen_ 🔢 _K 6 – 9 700 Ew – Höhe 40 m._
Berlin 490 – Düsseldorf 80 – Münster (Westfalen) 37 – Recklinghausen 19.

🏨 **Zum Steverstrand,** Lüdinghauser Str. 31, ⊠ 59399, ℰ (02595) 30 77, Fax (02595) 3070, 🍴 – 📶 📺 📞 – 🔬 60. 🐵 𝖵𝖨𝖲𝖠. 🦺
geschl. 1.- 14. Jan., Juli 2 Wochen – **Menu** _(geschl. Montag)_ à la carte 37/78 – **10 Z** ⊇ 90 – 160.

In Olfen-Kökelsum _Nord-West : 2 km :_

🍴🍴 **Füchtelner Mühle,** Kökelsum 66, ⊠ 59399, ℰ (02595) 4 30, Fax (02595) 430, 🍴
geschl. März - Dez. Montag - Dienstag, Jan. - Feb. Montag - Freitag – **Menu** (Mittwoch - Freitag nur Abendessen) à la carte 47/78.

OLPE / BIGGESEE _Nordrhein-Westfalen_ 🔢 _M 7 – 25 000 Ew – Höhe 350 m._
🔋 _Verkehrsamt, Rathaus, Franziskanerstr. 6, ⊠ 57462, ℰ (02761) 83 12 29, Fax (02761) 831330._
Berlin 559 – Düsseldorf 114 – Siegen 30 – Hagen 62 – Köln 75 – Meschede 63.

🏨 **Koch's Hotel,** Bruchstr. 16, ⊠ 57462, ℰ (02761) 8 25 20, KOCHS-HOTEL@ t-online.de, Fax (02761) 825299 – 📺 🆕 📞 – 🔬 80. 🖭 ⓪ 🐵 𝖵𝖨𝖲𝖠. 🦺 Rest
Altes Olpe _(geschl. Juli - Aug. 3 Wochen, Samstagmittag, Sonntag)_ **Menu** à la carte 45/77 – **26 Z** ⊇ 108/158 – 138/228.

🏨 **Zum Schwanen,** Westfälische Str. 26, ⊠ 57462, ℰ (02761) 9 38 90, Fax (02761) 938948 – 📶 📺 📞 🖭 ⓪ 🐵 𝖵𝖨𝖲𝖠. 🦺 Zim
Menu _(geschl. Sonntag)_ à la carte 37/65 – **24 Z** ⊇ 130/150 – 170/180.

In Olpe-Oberveischede _Nord-Ost : 10 km :_

🏨 **Landhotel Sangermann,** Veischeder Str. 13 (nahe der B 55), ⊠ 57462, ℰ (02722) 81 65, info@ sangermann.de, Fax (02722) 89100 – 📺 📞 – 🔬 40. 🐵
Menu _(geschl. Montagmittag)_ à la carte 33/50 – **16 Z** ⊇ 85/149.

OLSBERG Nordrhein-Westfalen **4̲1̲7̲** L 9 – 16 000 Ew – Höhe 333 m – Kneippkurort – Wintersport :
480/780 m ⊀ 3 ⸙.
🛈 Olsberg-Touristik, Haus des Gastes, Ruhrstr. 32, ⊠ 59939, ℰ (02962) 9 73 70, Fax (02962) 973737.
Berlin 479 – Düsseldorf 167 – Arnsberg 36 – Kassel 99 – Marburg 81 – Paderborn 58.

🏠 **Kurpark-Villa Egert** ⑤, Mühlufer 4a, ⊠ 59939, ℰ (02962) 9 79 70, kurparkvilla@t
-online.de, Fax (02962) 979797, 🍴, « Elegante Ausstattung », ⇆ – 📳 📺 📞 🅿 🌐.
🌿 Rest
Menu (geschl. Dienstag) à la carte 45/62 – **20 Z** ⊑ 100/190 – 200/340 – ½ P 30.

🏠 **Am See,** Carls-Aue-Str. 36, ⊠ 59939, ℰ (02962) 27 76, Fax (02962) 6836, ≤, 🍴, ⇆s,
⬛, 🐎 – 📳, ✦⊳ 📺 ⟺ 🅿 🌐. 🌿
geschl. Mitte Nov. - Mitte Dez. – **Menu** (geschl. Donnerstag) à la carte 32/62 – **25 Z** ⊑ 85
– 150/240 – ½ P 20.

In Olsberg-Bigge West : 2 km :
🗙🗙 **Schettel** mit Zim, Hauptstr. 52, ⊠ 59939, ℰ (02962) 18 32, Fax (02962) 6721, 🍴 –
📺 🅿 🆊 ① 🌐
geschl. Juli 2 Wochen – **Menu** (geschl. Dienstag) (nur Abendessen) à la carte 35/60 – **10 Z**
⊑ 70/80 – 120/140.

In Olsberg-Elleringhausen Süd-Ost : 5,5 km :
🏠 **Haus Keuthen,** Elleringhauser Str. 57, ⊠ 59939, ℰ (02962) 24 51, haus-keuthen@t
-online.de, Fax (02962) 84283, 🍴, ⇆s – 📺 ⟺ 🅿 🌿 Rest
Menu (geschl. Mitte - Ende März, Mitte - Ende Nov., Montag) à la carte 32/68 – **15 Z**
⊑ 85/105 – 150/190 – ½ P 28.

OLZHEIM Rheinland-Pfalz **4̲1̲7̲** P 3 – 380 Ew – Höhe 550 m.
Berlin 664 – Mainz 204 – Trier 65 – Bonn 89.

🏠 **Haus Feldmaus** ⑤, Knaufspescher Str. 14, ⊠ 54597, ℰ (06552) 9 92 20, info@f
eldmaus.de, Fax (06552) 992222, 🍴, « Individuelle Einrichtung ; Galerie », ⇆s, 🐎 –
✦⊳ Rest, 📺 🅿 🌐 VISA
Menu (geschl. Sonntagabend - Montag) (wochentags nur Abendessen) (überwiegend vegetarische Gerichte) à la carte 33/58 – **10 Z** ⊑ 95/170 – 150/238.

OPPENAU Baden-Württemberg **4̲1̲9̲** U 8 – 5 400 Ew – Höhe 270 m – Luftkurort.
🛈 Verkehrsamt, Allmendplatz 3, ⊠ 77728, ℰ (07804) 91 08 30, Fax (07804) 910832.
Berlin 750 – Stuttgart 150 – Karlsruhe 79 – Offenburg 26 – Strasbourg 40.

🏠 **Rebstock,** Straßburger Str. 13 (B 28), ⊠ 77728, ℰ (07804) 97 80, Reception@Rebs
tock-oppenau.de, Fax (07804) 978200, 🍴, 🐎 – 📺 🅿
Menu (geschl. Dienstag) à la carte 27/63 ⑤ – **15 Z** ⊑ 60/110 – ½ P 22.

In Oppenau-Kalikutt West : 5 km über Ramsbach – Höhe 600 m
🏠 **Höhenhotel Kalikutt** ⑤, ⊠ 77728, ℰ (07804) 4 50, info@kalikutt.de,
Fax (07804) 45222, ≤ Schwarzwald, 🍴, ⇆s, 🐎 – 📳 📺 ⟺ 🅿 – 🔬 20. 🌐. 🌿 Rest
geschl. 10. - 24. Dez. – **Menu** à la carte 38/68 – **30 Z** ⊑ 90/120 – 130/180 – ½ P 30.

In Oppenau-Lierbach Nord-Ost : 3,5 km :
🏠 **Blume** ⑤, Rotenbachstr. 1, ⊠ 77728, ℰ (07804) 30 04, Fax (07804) 3017, 🍴, ⇆s,
🐎 – 📺 ⟺ 🅿
geschl. 15. Jan. - 10. Feb. – **Menu** (geschl. Donnerstag) à la carte 30/62 ⑤ – **10 Z** ⊑ 60/70
– 100/140 – ½ P 24.

In Oppenau-Löcherberg Süd : 5 km :
🏠 **Erdrichshof,** Schwarzwaldstr. 57 (B 28), ⊠ 77728, ℰ (07804) 9 79 80, erdrichshof
@t-online.de, Fax (07804) 979898, 🍴, « Typischer Schwarzwaldgasthof », ⇆s, ⬛, 🐎
– ✦⊳ Zim, 📺 ⟺ 🅿 🆊 ① 🌐 VISA 🌐
Menu à la carte 38/78 – **13 Z** ⊑ 92/98 – 170/190 – ½ P 32.

OPPENHEIM Rheinland-Pfalz **4̲1̲7̲** **4̲1̲9̲** Q 9 – 7 000 Ew – Höhe 100 m.
Sehenswert : Katharinenkirche★.
🛈 Touristinformation, Rathaus, Merianstr. 2, ⊠ 55276, ℰ (06133) 7 06 99, Fax (06133)
2450.
Berlin 580 – Mainz 23 – Frankfurt am Main 55 – Bad Kreuznach 41 – Worms 26.

🏠 **Kurpfalz,** Wormser Str. 2, ⊠ 55276, ℰ (06133) 49 40, kurpfalz@hotel-oppenheim
.com, Fax (06133) 949494 – 📺 ⟺ 🆊 ① 🌐 VISA
Menu (geschl. Feb., Dienstag) à la carte 34/53 – **16 Z** ⊑ 85/125 – 135/155.

ORANIENBURG Brandenburg 🔲🔲🔲 H 23 – 29 000 Ew – Höhe 36 m.

🏌 Stolpe, Am Golfplatz 1 (Süd : 11 km), 𝒫 (03303) 54 90.

Berlin 38 – Potsdam 57 – Frankfurt (Oder) 112.

🏨 **Stadthotel** Ⓜ, André-Pican-Str. 23, ✉ 16515, 𝒫 (03301) 69 00, *info@das-stadtho tel.de*, Fax (03301) 690999, 😊, 🆓 – 🛗, 😊 Zim, 🔲 📺 📶 ⅙, 🅿 – 🔬 70. 🖭 🔲 🔲 🔲
Menu (geschl. Sonntag) à la carte 36/63 – **60 Z** ⊊ 120/150.

ORB, BAD Hessen 🔲🔲🔲 P 12 – 10 000 Ew – Höhe 170 m – Heilbad.

🛈 Verkehrsbüro, Am Untertorplatz, ✉ 63619, 𝒫 (06052) 10 16, Fax (06052) 3155.

Berlin 504 – Wiesbaden 99 – Fulda 54 – Frankfurt am Main 55 – Würzburg 80.

🏨 **Steigenberger** 🔁, Horststr. 1, ✉ 63619, 𝒫 (06052) 8 80, *badorb@steigenberger.de*, Fax (06052) 88135, 😊, direkter Zugang zum Leopold-Koch-Bad – 🛗 😊 📺 📶 ⟵ 🅿 – 🔬 180. 🖭 🔲 🔲 🔲 🔲 🔲 Rest
Menu à la carte 45/69 – **103 Z** ⊊ 191/301 – 301/331, 8 Suiten – ½ P 48.

🏨 **Lorösch,** Sauerbornstr. 14, ✉ 63619, 𝒫 (06052) 9 15 50, *Hotel-Loroesch@t-online.de*, Fax (06052) 6549, 😊, Massage, ♨, 🆓 – 🛗, 😊 Zim, 🔲 📶 ⟵ 🔲 Rest
geschl. Anfang Dez. 1 Woche – **Menu** à la carte 32/75 – **29 Z** ⊊ 120/170 – 200/310 – ½ P 29.

🏨 **Rheinland,** Lindenallee 36, ✉ 63619, 𝒫 (06052) 9 14 90, *hotelrheinland@t-online.de*, Fax (06052) 914988, Massage, 🆓 – 🛗 📺 ⟵ 🅿 – 🔬 25. 🖭 🔲 🔲 🔲 Rest
geschl. Mitte Jan. - Ende Feb., Mitte Nov. - Mitte Dez. – **Menu** (Restaurant nur für Hausgäste)
– **35 Z** ⊊ 85/100 – 160/190 – ½ P 20.

ORSINGEN-NENZINGEN Baden-Württemberg 🔲🔲🔲 W 10 – 2 400 Ew – Höhe 450 m.

Berlin 734 – Stuttgart 155 – Konstanz 34 – Freiburg im Breisgau 107 – Ulm (Donau) 117.

🏠 **Landgasthof Ritter,** Stockacher Str. 69 (B 31, Nenzingen), ✉ 78359, 𝒫 (07771) 21 14, *ritter.nenzingen@t-online.de*, Fax (07771) 5769, 😊, 🆓 – 🛗 📺 🅿. 🔲
🔲
geschl. über Fastnacht 2 Wochen, Nov. 2 Wochen – **Menu** (geschl. Dienstag - Mittwochmittag) à la carte 30/55 – **22 Z** ⊊ 65/80 – 130/140.

ORTENBERG Baden-Württemberg siehe Offenburg.

OSCHATZ Sachsen 🔲🔲🔲 M 23 – 17 000 Ew – Höhe 127 m.

Berlin 163 – Dresden 68 – Leipzig 58 – Meissen 33 – Chemnitz 64 – Wittenberg 91.

🏠 **Collm** garni, Striesaer Weg 9 (Gewerbegebiet), ✉ 04758, 𝒫 (03435) 9 04 30, *Hotel-Collm-Oschatz@t-online.de*, Fax (03435) 904370 – 🛗 😊 📺 📶 ⅙ 🅿 – 🔬 30. 🖭 🔲 🔲
🔲
52 Z ⊊ 89/129.

OSCHERSLEBEN Sachsen-Anhalt 🔲🔲🔲 J 17 – 17 200 Ew – Höhe 85 m.

Berlin 194 – Magdeburg 36 – Bernburg 48 – Halberstadt 22 – Wolfenbüttel 57.

🏨 **Motopark** Ⓜ, Motopark Allee 20, ✉ 39387, 𝒫 (03949) 92 09 20, *motopark.hotel@t-online.de*, Fax (03949) 920900, 😊, 🆓 – 🛗, 😊 Zim, 📺 📶 🅿 – 🔬 180. 🖭 🔲 🔲
🔲
Menu à la carte 35/62 – **95 Z** ⊊ 176 – 215/252.

OSNABRÜCK Niedersachsen 🔲🔲🔲 🔲🔲🔲 J 8 – 160 000 Ew – Höhe 65 m.

Sehenswert : Rathaus (Friedenssaal★) Y **R** – Marienkirche (Passionsaltar★) Y **B**.

🏌 Lotte (West : 11 km über ⑤), 𝒫 (05404) 52 96 ; 🏌 Ostercappeln-Venne (Nord-Ost : 19 km über ⑥ und B218), 𝒫 (05476) 2 00 ; 🏌 Gut Arenshorst (Nord-Ost : 21 km über ① und Ostercappeln), 𝒫 (05471) 9 10 78.

✈ bei Greven, Süd-West : 34 km über ⑤, die A 30 und A 1, 𝒫 (02571) 50 30.

🛈 Tourist-Information, Krahnstr. 58, ✉ 49074, 𝒫 (0541) 3 23 22 02, Fax (0541) 3232709.

ADAC, Dielinger Str. 40.

Berlin 424 ② – Hannover 141 ② – Bielefeld 50 ③ – Bremen 121 ⑥ – Enschede 91 ⑤ – Münster (Westfalen) 57 ⑤

OSNABRÜCK

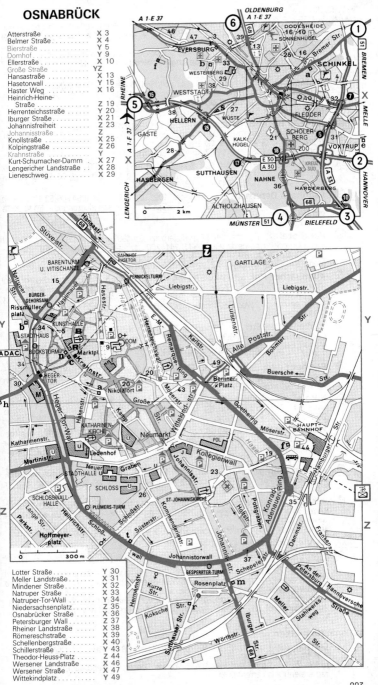

🏨🏨🏨 **Remarque** Ⓜ, Natruper-Tor-Wall 1, ✉ 49076, 𝒫 (0541) 6 09 60, info@hotelremar que.de, Fax (0541) 6096600, ☎ – |≢|, 🖎 Zim, 🍽 Rest, 📺 📞 ⇔ – ▲ 250. 🆎 ①
⑩ 𝘷𝘪𝘴𝘢
                                                                            Y b
Vila Real (geschl. 2. - 16. Jan., Juli - Aug. 2 Wochen, Sonntag - Montag) (nur Abendessen)
Menu à la carte 74/89 – **Brasserie Angers** : **Menu** à la carte 47/65 – ⇌ 25 – **156 Z**
200/220 – 225/245, 3 Suiten.

🏨🏨 **Walhalla** ♨, Bierstr. 24, ✉ 49074, 𝒫 (0541) 3 49 10, walhalla@hotel-walhalla.de,
Fax (0541) 3491144, (Renoviertes Fachwerkhaus a.d. 17. Jh.), Biergarten, ☎ – |≢|, 🖎 Zim,
📺 📞 ⇔ – ▲ 20. 🆎 ① ⑩ 𝘷𝘪𝘴𝘢
                                                                            Y n
Menu à la carte 48/70 – **66 Z** ⇌ 160/195.

🏨🏨 **Advena Hotel Hohenzollern** Ⓜ, Theodor-Heuss-Platz 5, ✉ 49074, 𝒫 (0541)
3 31 70, hohenzollern.osnabrueck@advenahotels.com, Fax (0541) 3317351 – |≢|, 🖎 Zim,
📺 📞 ⑂ 🅿 – ▲ 80. 🆎 ① ⑩ 𝘷𝘪𝘴𝘢
                                                                            Z f
Menu à la carte 38/62 – **113 Z** ⇌ 120/180 – 190/210.

🏨🏨 **Westerkamp**, Bremer Str. 120, ✉ 49084, 𝒫 (0541) 9 77 70, westerkamp@westerk
amp.de, Fax (0541) 707621, 🍴, ☎ – |≢|, 🖎 Zim, 📺 ⑂ ⇔ 🅿 – ▲ 70. 🆎 ① ⑩ 𝘷𝘪𝘴𝘢
Menu à la carte 38/63 – **47 Z** ⇌ 98/185 – 185/220.   X a

🏨🏨 **Landhaus Osterhaus** garni, Bramstr. 109a, ✉ 49090, 𝒫 (0541) 9 62 12 31, info
@Hotel-Osterhaus.de, Fax (0541) 65820, « Elegante Zimmereinrichtung « – 📺 📞 🅿 🆎
⑩ 𝘷𝘪𝘴𝘢, 🍴
14 Z ⇌ 135 – 190.   über ⑥, rechts ab Richtung Haste

🏨🏨 **Parkhotel** ♨, Edinghausen 1 (am Hegerholz), ✉ 49076, 𝒫 (0541) 9 41 40, parkhot
el.osnabrueck@t-online.de, Fax (0541) 9414200, 🍴, ☎, 🔎, ⇌ – |≢| 📺 ⇔ –
▲ 100. 🆎 ① ⑩ 𝘷𝘪𝘴𝘢 🇯🇨🇧
Menu à la carte 36/72 – **78 Z** ⇌ 100/140 – 150/200.   X b

🏨 **Kulmbacher Hof**, Schloßwall 67, ✉ 49074, 𝒫 (0541) 3 57 00, KulmbacherHof@aol
.com, Fax (0541) 357202 – |≢|, 🖎 Zim, 📺 ⑂ 🅿 – ▲ 40. 🆎 ① ⑩ 𝘷𝘪𝘴𝘢,
🍴 Rest   Z t
Menu (geschl. Juli 2 Wochen, Montag) (nur Abendessen) à la carte 35/64 – **42 Z** ⇌ 95/135
– 135/180.

🏨 **Klute**, Lotter Str. 30, ✉ 49078, 𝒫 (0541) 40 91 20, info@Hotel-Klute.de,
Fax (0541) 4091248 – 📺 🅿 🆎 ① ⑩ 𝘷𝘪𝘴𝘢, 🍴 Zim   Y h
Menu (geschl. Aug. 2 Wochen, Sonn- und Feiertage) (nur Abendessen) à la carte 39/65
– **20 Z** ⇌ 105/150 – 150/220.

🏨 **Residenz** garni, Johannisstr. 138, ✉ 49074, 𝒫 (0541) 50 52 50, Fax (0541) 5052555
– |≢| 🖎 📺 🆎 ① ⑩ 𝘷𝘪𝘴𝘢, 🍴   Z m
22 Z ⇌ 125/140 – 160/180.

🏨 **Nikolai** garni, Kamp 1, ✉ 49074, 𝒫 (0541) 33 13 00, zeidler@Hotel-Nikolai.de,
Fax (0541) 3313088 – |≢| 🖎 📺 ⑂ 🆎 ① ⑩ 𝘷𝘪𝘴𝘢   Y a
29 Z ⇌ 110/155 – 182/202.

🏨 **Welp**, Natruper Str. 227, ✉ 49090, 𝒫 (0541) 91 30 70, REZEPTION@HOTEL-WELP.de,
Fax (0541) 9130734, 🍴 – |≢| 📺 ⇔ 🅿 🆎 ① ⑩ 𝘷𝘪𝘴𝘢   X r
Menu (geschl. 23. Dez.- 1. Jan., Samstag - Sonntag) (nur Abendessen) à la carte 37/62 –
23 Z ⇌ 95/110 – 120/150.

🏨 **Westermann** garni, Koksche Str. 1, ✉ 49080, 𝒫 (0541) 98 11 40, westerkamp@w
esterkamp.de, Fax (0541) 9811466 – |≢| 🖎 📺 ⇔ 🅿 ① ⑩ 𝘷𝘪𝘴𝘢   Z r
52 Z ⇌ 90/100 – 140/150.

🏨 **Ibis**, Blumenhaller Weg 152, ✉ 49078, 𝒫 (0541) 4 04 90, H0787@accor-hotels.
com, Fax (0541) 41945, 🍴 – |≢|, 🖎 Zim, 📺 ⑂ ⑂ 🅿 – ▲ 120. 🆎 ① ⑩ 𝘷𝘪𝘴𝘢
🇯🇨🇧   X s
Menu (geschl. Samstagmittag, Sontagmittag) à la carte 29/52 – ⇌ 15 – **96 Z** 110.

🍴🍴🍴 **La Vie**, Krahnstr. 1, ✉ 49074, 𝒫 (0541) 43 02 20, Fax (0541) 432615, 🍴,
⊕ « Modernisiertes klassizistisches Stadthaus mit eleganter Einrichtung » – 🍽 ⑂ ① ⑩
𝘷𝘪𝘴𝘢   Y c
geschl. 1. - 19. Jan., Juli - Aug. 3 Wochen, Sonntag - Montag – **Menu** (nur Abendessen)
(Tischbestellung ratsam, bemerkenswerte Weinkarte) 122/160 à la carte 88/126 – **Bistro
Steinwerk** (geschl. Sonntag) **Menu** à la carte 42/64
Spez. Kaninchenvariation mit Polenta und Gewürztomaten. Gebratener Branzino mit
Auberginenravioli und Tomaten-Mozzarella-Törtchen. Crème brulée von zweierlei Scho-
kolade.

In Osnabrück-Atter :

🍴🍴 **Gensch**, Zum Flugplatz 85, ✉ 49076, 𝒫 (0541) 12 68 81, Fax (0541) 126881, ≤, 🍴
– 🅿 🆎 ① ⑩ 𝘷𝘪𝘴𝘢, 🍴   X r
geschl. Weihnachten - Jan., Juli - Aug. 3 Wochen, Donnerstagabend, Samstagmittag, Montag – **Menu** à la carte 41/80.

In Osnabrück-Voxtrup :

  🏛 **Haus Rahenkamp,** Meller Landstr. 106, ✉ 49086, ℰ (0541) 38 69 71,
    Fax (0541) 388116 – 📺 ⟹ 🅿 – 🏃 250
    X e
    Menu (geschl. Sonntag) (nur Abendessen) à la carte 34/47 – **16 Z** ⌂ 70/80 – 110.

In Belm-Vehrte über ① : 12 km :

  🏛 **Kortlüke,** Venner Str. 5, ✉ 49191, ℰ (05406) 8 35 00, info@hotel-Kortlueke.de,
  ⟹ Fax (05406) 835029, 🌿, 🍴 – 📶 📺 🅿 – 🏃 150. 🆎 ⓦ 𝘝𝘐𝘚𝘈
    Menu (geschl. Dienstag) à la carte 24/54 – **20 Z** ⌂ 85/130.

OSTBEVERN Nordrhein-Westfalen siehe Telgte.

OSTEN Niedersachsen 𝟦𝟣𝟧 E 11 – 1900 Ew – Höhe 2 m – Erholungsort.
  Berlin 377 – Hannover 206 – Cuxhaven 47 – Bremerhaven 56 – Hamburg 85 – Stade 28.

  🏛 **Fährkrug** 🌢, Deichstr. 1, ✉ 21756, ℰ (04771) 39 22, Fax (04771) 2338, ⩽,
  « Baudenkmal Schwebefähre ; Terrasse an der Oste » Bootssteg – 📺 ⟹ 🅿 – 🏃 25.
  🆎 ⓦ 𝘝𝘐𝘚𝘈
    geschl. Anfang - Mitte Jan. – **Menu** à la carte 26/61 – **12 Z** ⌂ 65/85 – 110/135 – ½ P 24.

OSTERBURG Sachsen-Anhalt 𝟦𝟣𝟨 H 19 – 9500 Ew – Höhe 36 m.
  Berlin 148 – Schwerin 114 – Magdeburg 84 – Salzwedel 55.

  🏛 **Zum Reichskanzler,** Stendaler Str. 10, ✉ 39606, ℰ (03937) 8 20 82,
  Fax (03937) 85489 – 📺 🅿 – 🏃 60. 🆎 ⓦ 𝘝𝘐𝘚𝘈 𝘑𝘊𝘉
    Menu à la carte 26/37 – **17 Z** ⌂ 70/80 – 90/120.

OSTERBURKEN Baden-Württemberg 𝟦𝟣𝟫 R 12 – 5000 Ew – Höhe 247 m.
  🔟𝟪 🔟𝟫 Ravenstein-Merchingen (Süd-Ost : 6 km) ℰ (06297) 3 99.
  Berlin 561 – Stuttgart 91 – Würzburg 66 – Heilbronn 49.

  🏨 **Märchenwald** 🌢, Boschstr. 14 (Nord-Ost : 2 km, nahe der B 292), ✉ 74706,
  ℰ (06291) 6 42 00, webmaster@hotel-restaurant-maerchenwald.de,
  Fax (06291) 642040, 🌿, 🍴, 🌳 – ⊁≼ Zim, 📺 📞 🅿 – 🏃 30. ⓦ 𝘝𝘐𝘚𝘈
    Menu (geschl. Feb. - März 3 Wochen, Sonntagabend - Montagmittag, Samstagmittag)
    à la carte 32/60 🍴 – **20 Z** ⌂ 80/95 – 135/160.

OSTERHOFEN Bayern 𝟦𝟤𝟢 T 23 – 11000 Ew – Höhe 320 m.
  Ausflugsziel : Klosterkirche★ in Osterhofen - Altenmarkt (Süd-West : 1 km).
  Berlin 579 – München 152 – Passau 38 – Deggendorf 27 – Straubing 41.

  ⛲ **Pirkl,** Altstadt 1, ✉ 94486, ℰ (09932) 12 76, Fax (09932) 4900 – 📺 ⟹ 🅿 ⓞ ⓦ
  ⟹ 𝘝𝘐𝘚𝘈
    geschl. 24. Dez. - 7. Jan., 5. - 20. Aug. – **Menu** (geschl. Montag) à la carte 24/47 🍴 – **19 Z**
    ⌂ 50/60 – 100/120.

OSTERHOLZ-SCHARMBECK Niedersachsen 𝟦𝟣𝟧 G 10 – 33000 Ew – Höhe 20 m.
  Berlin 409 – Hannover 144 – Bremen 25 – Bremerhaven 45.

  🏛 **Tivoli** (mit Gästehaus), Beckstr. 2, ✉ 27711, ℰ (04791) 80 50, hotel-tivoli@t-online.de,
  Fax (04791) 80560 – 📶, ⊁≼ Zim, 📺 🅿 – 🏃 120. ⓞ ⓦ 𝘝𝘐𝘚𝘈 🍴 Zim
    Menu (geschl. Sonntag) (nur Abendessen) à la carte 25/49 – **53 Z** ⌂ 73/80 – 115/120.

An der Straße nach Worpswede Süd-Ost : 3 km :

  ✕✕ **Tietjen's Hütte** 🌢 mit Zim, An der Hamme 1, ✉ 27711 Osterholz-Scharmbeck,
  ℰ (04791) 9 22 00, Fax (04791) 922036, « Landhaus mit gemütlich-rustikaler Einrichtung ; Gartenterrasse » Bootssteg – 📺 🅿 🆎 ⓞ ⓦ 𝘝𝘐𝘚𝘈
    Menu (geschl. Montag) à la carte 38/70 – **9 Z** ⌂ 130/200.

OSTERODE AM HARZ Niedersachsen 𝟦𝟣𝟪 K 14 – 28000 Ew – Höhe 230 m.
  🅱 Tourist-Information, Dörgestr. 40 (Stadthalle), ✉ 37520, ℰ (05522) 68 55, Fax
  (05522) 75491.
  Berlin 316 – Hannover 98 – Braunschweig 81 – Göttingen 48 – Goslar 30.

  🏛 **Tiroler Stuben,** Scheerenberger Str. 45 (B 498), ✉ 37520, ℰ (05522) 20 22,
  ⟹ Fax (05522) 920184, 🌿 – 📺 📞 🅿 – 🏃 50. 🆎 ⓞ ⓦ 𝘝𝘐𝘚𝘈
    Menu (geschl. Sonntagabend, Mittwoch) à la carte 22/37 – **12 Z** ⌂ 55 – 70/90.

In Osterode-Lerbach Nord-Ost : 5 km – Erholungsort :

🏠🏠 **Sauerbrey,** Friedrich-Ebert-Str. 129, ⊠ 37520, ℰ (05522) 5 09 30, info@hotel-saue
rbrey.de, Fax (05522) 509350, 🍴, ⊜s, 🔲, 🛋 – 🔟 📺 📞 ⇔ 🅿 – 🔬 25. 🄰🄴 ➀ 🅜🅞
🆅🅸🆂🅰

Menu à la carte 41/61 (auch vegetarische Gerichte) – **31 Z** ⊑ 140/200 – 240/290.

In Osterode-Riefensbeek Nord-Ost : 12 km – Erholungsort :

🏠 **Landhaus Meyer,** Sösetalstr. 23 (B 498), ⊠ 37520, ℰ (05522) 38 37, landhaus-me
yer@t-online.de, Fax (05522) 76060, 🍴, 🛋 – 🅿 🄰🄴 ➀ 🅜🅞 🆅🅸🆂🅰
Menu à la carte 31/55 – **9 Z** ⊑ 50/70 – 70/110.

OSTERWEDDINGEN Sachsen-Anhalt 🄰🄸🄸 J 18 – 1 300 Ew – Höhe 72 m.
Berlin 165 – Magdeburg 12 – Halberstadt 59.

🏠 **Schwarzer Adler,** Dorfstr. 2, ⊠ 39171, ℰ (039205) 65 20, Fax (039205) 6528, 🍴,
« Landhotel in einer ehemaligen Molkerei », ⊜s – 🔆 Zim, 📺 📞 🅿 – 🔬 80. 🄰🄴 🅜🅞 🆅🅸🆂🅰.
🆑

Menu (geschl. Sonntag)(nur Abendessen) à la carte 26/38 – **15 Z** ⊑ 95/120 – 120/160.

OSTERWIECK Sachsen-Anhalt 🄰🄸🄸 K 16 – 5 000 Ew – Höhe 230 m.
Berlin 235 – Magdeburg 83 – Goslar 32.

🏠 **Brauner Hirsch,** Stephanikirchgasse 1, ⊠ 38835, ℰ (039421) 79 50, Hirsch.Owieck.
RHaarnagel@t-online.de, Fax (039421) 79599, 🍴, « Renoviertes Fachwerkhaus mit
gemütlicher Einrichtung », ⊜s – 🔆 Zim, 📺 📞 🅿 🅜🅞 🆅🅸🆂🅰
Menu à la carte 32/40 – **24 Z** ⊑ 86/152.

OSTFILDERN Baden-Württemberg 🄰🄸🄹 T 11 – 28 000 Ew – Höhe 420 m.
Berlin 644 – Stuttgart 19 – Göppingen 39 – Reutlingen 35 – Ulm (Donau) 76.

In Ostfildern-Kemnat :

🏠🏠 **Am Brunnen** 🅼 garni, Heumadener Str. 19, ⊠ 73760, ℰ (0711) 16 77 70, info@h
otelambrunnen.de, Fax (0711) 1677799 – 🔟 🔆 📺 📞 ⇔ 🅿 🄰🄴 ➀ 🅜🅞 🆅🅸🆂🅰. 🆑
22 Z ⊑ 125/145 – 160/185.

🏠🏠 **Kemnater Hof,** Sillenbucher Str., ⊠ 73760, ℰ (0711) 4 51 04 50, hotel@Kemnater
hof.de, Fax (0711) 4569516, 🍴 – 🔟 📺 📞 🅿 – 🔬 25. 🄰🄴 ➀ 🅜🅞 🆅🅸🆂🅰 🅹🅲🅱
Les Oliviers (geschl. 1. - 6. Jan., Samstagmittag, Sonntagabend - Montagmittag) **Menu**
à la carte 49/82 – **28 Z** ⊑ 120/155 – 155/195.

In Ostfildern-Nellingen :

🏠🏠 **Filderhotel** 🌦, In den Anlagen 1, ⊠ 73760, ℰ (0711) 3 40 19 50, filderhotel@t-on
line.de, Fax (0711) 34019555, 🍴 – 🔟, 🔆 Zim, 🍽 Rest, 📺 🔬 ⇔ 🅿 🄰🄴 ➀ 🅜🅞 🆅🅸🆂🅰.
🆑 Zim

Menu (geschl. Aug., Freitag - Samstag) (wochentags nur Abendessen) à la carte 37/63 –
45 Z ⊑ 158/184 – 199/229.

🏠 **Adler** garni (mit Gästehaus), Rinnenbachstr. 4, ⊠ 73760, ℰ (0711) 3 41 14 24,
Fax (0711) 3412767 – 📺 🅿 🄰🄴 ➀ 🅜🅞 🆅🅸🆂🅰. 🆑
geschl. 28. Juli - 26. Aug. – **25 Z** ⊑ 110 – 120/180.

In Ostfildern-Ruit :

🏠🏠 **Hirsch Hotel Gehrung,** Stuttgarter Str. 7, ⊠ 73760, ℰ (0711) 44 13 00, info@hi
rsch-hotel-gehrung.de, Fax (0711) 44130444 – 🔟 📺 📞 ⇔ 🅿 – 🔬 30. 🄰🄴 ➀ 🅜🅞 🆅🅸🆂🅰.
🆑 Rest

Menu (geschl. Sonntag) à la carte 41/76 – **60 Z** ⊑ 118/178 – 198/228.

In Ostfildern-Scharnhausen :

🏠🏠 **Lamm,** Plieninger Str. 3a, ⊠ 73760, ℰ (07158) 1 70 60, hotel.Lamm@t-online.de,
Fax (07158) 170644, 🍴, ⊜s – 🔟, 🔆 Zim, 📺 ⇔ 🅿 – 🔬 30. 🄰🄴 ➀ 🅜🅞 🆅🅸🆂🅰
Menu à la carte 32/72 – **32 Z** ⊑ 128/178 – 188/225.

OSTHEIM VOR DER RHÖN Bayern 🄰🄸🄸 🄸🄶🄾 O 14 – 3 900 Ew – Höhe 306 m – Erholungsort.
🄱 Tourismusbüro, Im Schlößchen 5, ⊠ 97645, ℰ (09777) 18 50, Fax (09777) 3245.
Berlin 399 – München 367 – Fulda 52.

🏠🏠 **Landhotel Thüringer Hof** 🌦, Kleiner Burgweg 10, ⊠ 97645, ℰ (09777) 9 12 10,
Lhthhof@aol.com, Fax (09777) 1700, 🍴, ⊜s, 🛋 – 🔆 Zim, 📺 🔬 🅿 – 🔬 40. 🄰🄴 ➀
🅜🅞 🆅🅸🆂🅰
Menu à la carte 29/63 – **58 Z** ⊑ 76/92 – 106/142 – ½ P 20.

OSTRACH *Baden-Württemberg* 🔲 *W 12 – 5 200 Ew – Höhe 620 m.*
Berlin 700 – Stuttgart 128 – Konstanz 69 – Ravensburg 33 – Ulm (Donau) 83 – Freiburg im Breisgau 144.

🏨 **Landhotel zum Hirsch,** Hauptstr. 27, ✉ 88356, ℰ (07585) 6 01, *ermler@landhot el-hirsch.de*, Fax (07585) 3159, 😐, 🛋, – ⬛ ⬛ 🚗 🅿 ⬛ ⬛ ⬛
Menu à la carte 33/64 – **16 Z** ⬛ 85/130.

OTTENHÖFEN IM SCHWARZWALD *Baden-Württemberg* 🔲 *U 8 – 3 500 Ew – Höhe 311 m – Luftkurort.*
Ausflugsziel : *Allerheiligen : Lage★ - Wasserfälle★ Süd-Ost : 7 km.*
🛈 *Tourist-Information, Großmatt 15,* ✉ *77883,* ℰ *(07842) 8 04 44, Fax (07842) 80445.*
Berlin 736 – Stuttgart 137 – Karlsruhe 64 – Freudenstadt 35 – Baden-Baden 43.

🏨 **Pension Breig** 🔖, Zieselmatt 10, ✉ 77883, ℰ (07842) 25 65, Fax (07842) 3974, ⬛ – ⬛ 🅿 ⬛
Menu *(nur Abendessen)* (Restaurant nur für Hausgäste) – **9 Z** ⬛ 60/70 – 130/140 – ½ P 24.

OTTERBERG *Rheinland-Pfalz* 🔲 *R 7 – 5 300 Ew – Höhe 230 m.*
Berlin 644 – Mainz 76 – Saarbrücken 71 – Kaiserslautern 9.

🏨 **Otterberger Hof,** Hauptstr. 25, ✉ 67697, ℰ (06301) 71 59 59, Fax (06301) 715969, 😐 – ⬛, ⬛ Zim, ⬛ ⬛ ⬛ 🅿 – ⬛ 60. ⬛ ⬛ ⬛
Menu à la carte 27/54 – **27 Z** ⬛ 80/105 – 105/180.

OTTERNDORF *Niedersachsen* 🔲 *E 10 – 6 700 Ew – Höhe 5 m – Erholungsort.*
🛈 *Tourist-Information, Rathaus, Rathausplatz,* ✉ *21762,* ℰ *(04751) 91 91 31, Fax (04751) 919114.*
Berlin 402 – Hannover 217 – Cuxhaven 18 – Bremerhaven 40 – Hamburg 113.

🏨 **Eibsens's Hotel** garni, Marktstr. 33 (B 73), ✉ 21762, ℰ (04751) 27 73, Fax (04751) 4179 – ⬛ 🅿
19 Z ⬛ 90/110 – 130/140.

🍴 **Ratskeller,** Rathausplatz 1 (B 73), ✉ 21762, ℰ (04751) 38 11, Fax (04751) 999715, 😐 – ⬛ ⬛ ⬛ ⬛
geschl. Feb., Dienstag – Menu à la carte 37/77.

OTTOBEUREN *Bayern* 🔲 🔲 *W 14 – 8 000 Ew – Höhe 660 m – Kneippkurort.*
Sehenswert : *Klosterkirche★★★ (Vierung★★★, Chor★★, Chorgestühl★★, Chororgel★★).*
🏌 *Hofgut Boschach (Süd : 3 km),* ℰ *(08332) 13 10.*
🛈 *Touristikamt, Marktplatz 14,* ✉ *87724,* ℰ *(08332) 92 19 50, Fax (08332) 921992.*
Berlin 672 – München 110 – Kempten (Allgäu) 40 – Bregenz 85 – Ulm (Donau) 66.

🏨 **Gästehaus am Mühlbach** garni, Luitpoldstr. 57, ✉ 87724, ℰ (08332) 9 20 50, *info @garni-muehlbach.com,* Fax (08332) 8595 – ⬛ ⬛ 🚗 ⬛ ⬛ ⬛
geschl. Mitte Dez. - Mitte Jan. - **20 Z** ⬛ 88/105 – 143/155.

OTTOBRUNN *Bayern siehe München.*

OVERATH *Nordrhein-Westfalen* 🔲 *N 5 – 24 300 Ew – Höhe 92 m.*
🏌 *Schloß Auel (Süd-West : 3 km)* ℰ *(02206) 86 62 68.*
Berlin 583 – Düsseldorf 60 – Bonn 31 – Köln 25.

In Overath-Brombach *Nord-West : 10 km :*

🏨 **Zur Eiche,** Dorfstr. 1, ✉ 51491, ℰ (02207) 75 80, Fax (02207) 5303, 😐, ⬛ – ⬛ 🚗 ⬛ Zim
geschl. 24. Dez.- Mitte Jan. – Menu *(geschl. Donnerstag - Freitagmittag)* à la carte 34/55 – **10 Z** ⬛ 100/160.

In Overath-Immekeppel *Nord-West : 7 km :*

🍴 **Sülztaler Hof** mit Zim, Lindlarer Str. 83, ✉ 51491, ℰ (02204) 9 75 00, Fax (02204) 975050, 😐 – ⬛ ⬛ ⬛ ⬛ Zim
Menu *(geschl. Dienstag - Mittwochmittag)* à la carte 82/105 – **15 Z** ⬛ 130/195 – 250/280.

887

In Overath-Klef *Nord-Ost : 2 km :*

🏠 **Lüdenbach,** Klef 99 (B 55), ✉ 51491, ☏ (02206) 9 53 80, *Fax (02206) 81602,* 🏡, 🐕,
🍴 – 📺 ℰ 🚗 🅿 ❄ Zim
geschl. Juli 3 Wochen – **Menu** *(geschl. Montag) (Dienstag - Freitag nur Abendessen)* à la
carte 36/68 – **28 Z** ⊑ 120/163.

OY-MITTELBERG *Bayern* 🔲🔲🔲 *X 15 – 4350 Ew – Höhe 960 m – Luft- und Kneippkurort*
– Wintersport : 950/1200 m ≤2 ⏦.

🛈 *Tourismusbüro, Wertacher Str. 11,* ✉ 87466, ☏ (08366) 2 07, *Fax (08366) 1427.*
Berlin 710 – München 124 – Kempten (Allgäu) 23 – Füssen 22.

Im Ortsteil Oy :

🏨 **Tannenhof** 🐕, Tannenhofstr. 19, ✉ 87466, ☏ (08366) 5 52, *Fax (08366) 894,* ≤, 🏡,
Massage, ⚕, ⏦, 🏊, 🔲, 🍴 – 🛗 📺 🚗 🅿 – 🏊 30
Menu à la carte 40/61 – **28 Z** ⊑ 105/115 – 160/300 – ½ P 48.

🏠 **Löwen,** Hauptstr. 12, ✉ 87466, ☏ (08366) 2 12, *Fax (08366) 9116,* Biergarten – 📺
🚗 🅿 – 🏊 30. 🆎 ⓞ ⑩ 🆅🆂🅰
geschl. Mitte - Ende Nov. – **Menu** *(geschl. Mittwoch)* à la carte 26/58 – **17 Z** ⊑ 60/96
– ½ P 15.

Im Ortsteil Mittelberg :

🏨 **Die Mittelburg** 🐕, Mittelburgweg 1, ✉ 87466, ☏ (08366) 1 80, *info@ die-mittelb*
urg.de, Fax (08366) 1835, ≤, 🏡, Massage, ⚕, 🏊, ⏦, 🔲, 🍴 – 📺 🚗 🅿
geschl. Ende Okt. - 20. Dez. – **Menu** à la carte 33/66 – **30 Z** *(nur ½ P)* 135/170 –
170/189.

🏠 **Gasthof Rose** 🐕, Dorfbrunnenstr. 10, ✉ 87466, ☏ (08366) 9 82 00, *info@ rose-al*
🐕 *lgaeu.de, Fax (08366) 982010,* Biergarten – 📺 🅿 ⑩ 🆅🆂🅰
geschl. Anfang Nov. - Mitte Dez. – **Menu** *(geschl. Montag - Dienstagmittag)* à la carte 24/65
⏦ – **17 Z** ⊑ 72/85 – 134/150 – ½ P 20.

OYBIN *Sachsen* 🔲🔲🔲 *N 28 – 1900 Ew – Höhe 450 m – Luftkurort.*
Berlin 276 – Dresden 100 – Görlitz 42 – Bautzen 55 – Praha 145.

🏠 **Zum Berg Oybin,** Friedrich-Engels-Str. 34, ✉ 02797, ☏ (035844) 73 20,
🐕 *Fax (035844) 73299,* 🏡 – 📺 🅿 🆎 ⓞ ⑩ 🆅🆂🅰
Menu à la carte 21/45 – **21 Z** ⊑ 68/74 – 90/116 – ½ P 22.

OYTEN *Niedersachsen siehe Bremen.*

PADERBORN *Nordrhein-Westfalen* 🔲🔲🔲 *K 10 – 132000 Ew – Höhe 119 m.*
Sehenswert : Dom★ Z – Diözesanmuseum (Imadmadonna★) Z **M1** – Rathaus★ Z.
🛈🛈 *Paderborn-Sennelager (über ⑤),* ☏ (05252) 5 37 94.
✈ *bei Büren-Ahden, Süd-West : 20 km über ④,* ☏ (02955) 7 70.
🛈 *Verkehrsverein - Tourist Information, Marienplatz 2a,* ✉ 33098, ☏ (05251) 88 29 80,
Fax (05251) 882990.
ADAC, *Kamp 9.*
Berlin 429 ⑤ – Düsseldorf 167 ④ – Bielefeld 47 ⑤ – Dortmund 101 ④ – Hannover 143
⑥ – Kassel 92 ④

Stadtplan siehe gegenüberliegende Seite

🏨 **Arosa,** Westernmauer 38, ✉ 33098, ☏ (05251) 12 80, *info@ Arosa.BestWestern.de,*
Fax (05251) 128806, ⏦, 🔲 – 🛗, ✳ Zim, 🍴 📺 ℰ 🚗 🅿 – 🏊 140. 🆎 ⓞ ⑩ 🆅🆂🅰.
❄ Rest Z s
Menu 38/48 und à la carte 46/66 – ⊑ 20 – **112 Z** 130/235 – 260/321.

🏨 **StadtHaus** Ⓜ, Hathumarstr. 22, ✉ 33098, ☏ (05251) 1 88 99 10, *INFO@ HOTEL-*
STADTHAUS.DE, Fax (05251) 188991555, ⏦ – 🛗, ✳ Zim, 📺 ℰ – 🏊 15. ❄ Y n
Menu *(geschl. Samstagmittag, Sonntagmittag)* à la carte 34/60 – **20 Z** ⊑ 158/175 –
174/198.

🏨 **Gerold** Ⓜ, Dr.-Rörig-Damm 170, ✉ 33100, ☏ (05251) 1 44 50, *rezeption@ hotel-*
gerold.de, Fax (05251) 144544, 🏡, ⏦ – 🛗 📺 ℰ 🅿 – 🏊 60. 🆎 ⑩ 🆅🆂🅰.
❄ über Nordstraße Y
Menu *(geschl. 22. Dez. - 2. Jan., Sonntagabend) (nur Abendessen)* à la carte 27/56 – **40 Z**
⊑ 125/135 – 190.

PADERBORN

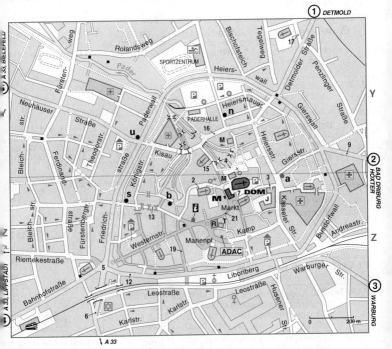

🏨 **Galerie-Hotel Abdinghof** garni, Bachstr. 1, ⊠ 33098, ℘ (05251) 1 22 40, *recepti on@ galerie-hotel.de*, Fax (05251) 122419, « Ständige Bilderausstellung » 📺 ⇦ 🅰🄴 🎰 𝚅𝙸𝚂𝙰
Z b
13 Z ⊇ 135 – 155/165.

🏨 **Ibis**, Paderwall 3, ⊠ 33102, ℘ (05251) 12 45, *h0178-gm@ accor-hotels.com*, Fax (05251) 124888 – 🛗, ⇔ Zim, 📺 ⇦ 🅿 – 🔺 60. 🅰🄴 🎰 𝙼𝙾 𝚅𝙸𝚂𝙰
Y u
Menu *(nur Abendessen)* à la carte 26/48 – ⊇ 15 – **90 Z** 122.

🍴🍴 **Balthasar** (Simon), An der alten Synagoge 1, ⊠ 33098, ℘ (05251) 2 44 48, Fax (05251) 24458
Z a
🌸 geschl. Anfang Jan. - Mitte Feb., Mitte - Ende Juli, Montag – **Menu** *(wochentags nur Abend- essen)* à la carte 76/92
Spez. Kleiner Flußkrebseintopf mit Topfenravioli und Koriander. Marinierter und gebak- kener Kalbskopf mit Rotweinzwiebeln. Lammrücken mit Balsamessig und Cassoulet von weißen Bohnen.

🍴 **Zu den Fischteichen**, Dubelohstr. 92, ⊠ 33102, ℘ (05251) 3 32 36, Fax (05251) 37366, 🍽, « Schöne Lage am Teich » – 🅿 – 🔺 80. 🅰🄴 🎰 𝙼𝙾 𝚅𝙸𝚂𝙰
geschl. Donnerstag – **Menu** à la carte 39/73.   über Fürstenweg Y

In Paderborn-Elsen über ⑤ : 4,5 km :

🏨 **Kaiserpfalz**, von-Ketteler-Str. 20, ⊠ 33106, ℘ (05254) 9 79 00, *Hotel.Kaiserpfalz@ t -online.de*, Fax (05254) 979070, 🏖 – 📺 🅿 🅰🄴 🎰 𝙼𝙾 𝚅𝙸𝚂𝙰 𝙹𝚌𝙱
geschl. Weihnachten - Neujahr – **Menu** *(geschl. Juli - Aug. 3 Wochen, Samstag) (nur Abend- essen)* à la carte 36/55 – **26 Z** ⊇ 98 – 130/150.

🏨 **Zur Heide**, Sander Str. 37, ⊠ 33106, ℘ (05254) 9 56 50, Fax (05254) 9565950 – 📺 ☎ ⇦ 🅿 – 🔺 40. 🅰🄴 🎰 𝙼𝙾 𝚅𝙸𝚂𝙰
Menu à la carte 34/58 – **22 Z** ⊇ 90/100 – 130/140.

In Paderborn-Schloß Neuhaus über ⑤ *Süd-West : 2,5 km :*

※ **Altes Zollhaus,** Schloßstr. 33, ✉ 33104, ℰ (05254) 8 52 88, *Zollhaus1@aol.com,*
Fax (05254) 942315, 🏠 – 🅿
geschl. Mitte Juli - Mitte Aug., Samstagmittag, Sonntag - Montagmittag – **Menu** à la
carte 48/73.

In Borchen-Nordborchen über Borchener Straße : 6 km :

🏠 **Pfeffermühle,** Paderborner Str. 66, ✉ 33178, ℰ (05251) 3 94 97,
Fax (05251) 399130 – 📶, ⇄ Zim, 📺 ⇨ 🅿 ⁇ ⑩ ⑩ 🆚
geschl. 19. Dez. - 8. Jan. – **Menu** *(geschl. Montagmittag, Sonn- und Feiertage)* à la carte
27/56 – **44 Z** ⇆ 90/130 – 120/160.

PÄWESIN Brandenburg 🅰🅱🅲 I 22 – 680 Ew – Höhe 31 m.
Berlin 61 – Potsdam 38 – Brandenburg 19.

In Päwesin-Bollmannsruh West : 3 km :

🏠🏠 **Bollmannsruh am Beetzsee** Ⓜ ☜, Bollmannsruh Nr. 10, ✉ 14778, ℰ (033838)
47 90, hotel.bollmannsruh@advenahotels.com, Fax (033838) 479100, 🏠, Biergarten,
« Lage am See », 🏠, 🏠, 🏠, ⇆ Zim, 📺 ⇆ 🅿 – 🔒 120. ⑩ ⑩ ⑩ 🆚
geschl. 20. Dez. - Jan. – **Menu** *(geschl. Sonntagabend) (Nov. - März Montag - Freitag nur
Abendessen für Hausgäste)* à la carte 37/66 – **79 Z** ⇆ 135/250 – 170/299.

PALLING Bayern 🅰🅱🅲 V 21 – 3 100 Ew – Höhe 531 m.
Berlin 666 – München 92 – Bad Reichenhall 49 – Rosenheim 64.

🏠🏠 **Michlwirt,** Steinerstr. 3, ✉ 83349, ℰ (08629) 9 88 10, *Michlwirt@t-online.de,*
⇆ Fax (08629) 988181 – 📶 📺 ⇆ ⇨ 🅿 ⑩ 🆚
geschl. Jan. 1 Woche, Sept. 3 Wochen – **Menu** *(geschl. Sonntag)* à la carte 22/45 – **39 Z**
⇆ 60/80 – 100/120.

PANKER Schleswig-Holstein siehe Lütjenburg.

PAPENBURG Niedersachsen 🅰🅱🅲 G 6 – 34 000 Ew – Höhe 5 m.
🔹 Papenburg-Aschendorf, Gutshofstr. 141, ℰ (04961) 9 98 00.
🔹 Fremdenverkehrsverein, Rathaus, ✉ 26871, ℰ (04961) 8 22 21, Fax (04961) 82330.
Berlin 513 – Hannover 240 – Emden 47 – Groningen 67 – Lingen 68 – Oldenburg 69.

🏠🏠🏠 **Alte Werft,** Ölmühlenweg 1, ✉ 26871, ℰ (04961) 92 00, *reception@hotel-alte-wer
ft.de,* Fax (04961) 920100, Biergarten, « Modernes Hotel mit integrierten Werfthallen a.d
19. Jh. », 🏗, ⇆ – 📶, ⇆ Zim, 📺 ⇆ ⇨ 🅿 – 🔒 550. ⑩ ⑩
Graf Goetzen *(nur Abendessen)* **Menu** à la carte 52/72 – **Schnürboden : Menu** à la carte
39/56 – **80 Z** ⇆ 144/178 – 211/346, 4 Suiten.

🏠🏠 **Stadt Papenburg,** Am Stadtpark 25, ✉ 26871, ℰ (04961) 9 18 20 (Hotel) 63
45 (Rest.), Fax (04961) 3471, 🏠, 🏠 – 📶, ⇆ Zim, 📺 🅿 – 🔒 50. ⑩ ⑩ ⑩ 🆚. ⁇ Rest
Menu à la carte 47/76 – **50 Z** ⇆ 115/165.

🏠 **Am Stadtpark,** Deverweg 27, ✉ 26871, ℰ (04961) 41 45, Fax (04961) 6881 – 📶 📺
🅿 ⑩ ⑩ ⑩
Menu *(geschl. Sonntag) (Nov. - April nur Abendessen)* à la carte 36/64 – **34 Z** ⇆ 85 –
120/140.

PAPPENHEIM Bayern 🅰🅱🅲 🅰🅱🅲 T 16 – 4 500 Ew – Höhe 410 m – Luftkurort.
🔹 Fremdenverkehrsbüro, Stadtvogteigasse 1 (Haus des Gastes), ✉ 91788, ℰ (09143)
6 06 66, Fax (09143) 60667.
Berlin 499 – München 134 – Augsburg 77 – Nürnberg 72 – Ulm (Donau) 113.

🏠 **Sonne,** Deisinger Str. 20, ✉ 91788, ℰ (09143) 8 31 40, Fax (09143) 831450, 🏠 – 📺
geschl. Ende Jan.- Anfang Feb., Ende Okt. - Anfang Nov. – **Menu** *(geschl. Sonntagabend
- Montag)* à la carte 29/52 – **12 Z** ⇆ 62 – 128/140 – ½ P 25.

PARCHIM Mecklenburg-Vorpommern 🅰🅱🅲 F 19 – 21 000 Ew – Höhe 46 m.
🔹 Stadtinformation, Lindenstr. 38, ✉ 19370, ℰ (03871) 21 28 43, Fax (03871) 212843.
Berlin 163 – Schwerin 43 – Güstrow 75.

🏠 **Stadtkrug,** Apothekenstr. 12, ✉ 19370, ℰ (03871) 6 23 00 (Hotel) 22 63 21 (Rest.),
⇆ Fax (03871) 264446, 🏠 – ⇆ Zim, 📺 ⑩ 🆚. ⁇ Rest
Menu à la carte 21/40 – **25 Z** ⇆ 75/98 – 120.

🏠 **Stadt Hamburg,** Lange Str. 87, ✉ 19370, ℰ (03871) 6 20 40, *Fax (03871) 620413*
– 📺 📞 📱 🅰🄴 🄼🄾 _VISA_
Menu à la carte 22/39 – **16 Z** 🖙 80/98 – 100/120.

🍴 **Gambrinus** mit Zim, Bauhofstr. 13, ✉ 19370, ℰ (03871) 21 25 80,
Fax (03871) 212856, Biergarten – 📺 📱 🄼🄾
Menu à la carte 29/61 – **8 Z** 🖙 68/90 – 100/135.

In Slate *Süd : 3 km :*

🏠 **Zum Fährhaus,** Fähre 2, ✉ 19370, ℰ (03871) 6 26 10, *Fax (03871) 444144,* 🏠
Bootssteg – 📺 📱 – 🏛 70. 🄾 🄼🄾 _VISA_ 🍽
Menu à la carte 28/46 – **15 Z** 🖙 90/120 – 120/150.

In Spornitz *Süd-West : 9 km :*

🏠 **Landhotel Spornitz,** An der B 191, ✉ 19372, ℰ (038726) 8 80, *landhotel-spornit*
z@m-vp.de, Fax (038726) 88490, 🏠, 🎳, 🚭 – 📵, 🍽 Zim, 🍴 Rest, 📺 📞 📱 – 🏛 120.
🅰🄴 🄾 🄼🄾 _VISA_
Menu à la carte 32/60 – **70 Z** 🖙 135/165.

PASRBERG *Bayern* 🄙🄚🄛 *S 19 – 5 800 Ew – Höhe 550 m.*
Berlin 477 – München 137 – Regensburg 47 – Ingolstadt 63 – Nürnberg 64.

🏠 **Zum Hirschen** (mit Hirschhof), Dr.-Schrettenbrunner-Str. 1, ✉ 92331, ℰ (09492)
60 60, *Ferstl@Zum-Hirschen.De, Fax (09492) 606222,* 🏠, 🚭 – 📵 📺 🚗 📱 – 🏛 50.
🄼🄾 _VISA_
Menu (*geschl. 23.- 27. Dez., Sonntagabend*) à la carte 33/60 – **91 Z** 🖙 98/142 – 130/180
– ½ P 30.

PASEWALK *Mecklenburg-Vorpommern* 🄰🄱🄲 *F 25 – 14 000 Ew – Höhe 12 m.*
🛈 *Stadtinformation, Am Markt 2,* ✉ 17309, ℰ (03973) 21 39 95, *Fax (03973) 213972.*
Berlin 134 – Schwerin 208 – Neubrandenburg 59 – Szczecin 40.

🏠 **Pasewalk** 📰 🍴, Dargitzer Str. 26, ✉ 17309, ℰ (03973) 22 20, *info@hotel-pasew*
alk.de, Fax (03973) 222200, 🚭, 🏊, 🌳 – 📵 📺 📞 📱 – 🏛 60. 🅰🄴 🄼🄾 _VISA_
Menu à la carte 28/60 – **73 Z** 🖙 110/160.

🏠 **Villa Knobelsdorff** 🍴, Ringstr. 121, ✉ 17309, ℰ (03973) 2 09 10, *kontakt@villa*
-knobelsdorff.de, Fax (03973) 209110, Biergarten, « Ehemalige Villa a.d.J. 1897 » – 📺 📱
🚗 📱 – 🏛 20. 🅰🄴 🄼🄾 _VISA_
Menu à la carte 28/48 – **18 Z** 🖙 85/100 – 130/140.

PASSAU *Bayern* 🄛🄜🄝 *U 24 – 50 000 Ew – Höhe 290 m.*
Sehenswert : Lage★★ *am Zusammenfluß von Inn, Donau und Ilz (Dreiflußeck*★) *B – Dom*
(Apsis★★) *B – Glasmuseum*★★ *B M2.*
Ausflugsziele : Veste Oberhaus (B) ≤★★ *auf die Stadt – Bayerische Ostmarkstraße ★ (bis*
Weiden in der Oberpfalz).
🏌 *Thyrnau-Raßbach (Nord-Ost : 9 km über ②),* ℰ (08501) 9 13 13.
🛈 *Passau Tourismus, Rathausplatz 36,* ✉ 94032, ℰ (0851) 95 59 80, *Fax (0851) 57298.*
ADAC, *Brunngasse 5.*
Berlin 607 ⑦ *– München 192* ⑦ *– Landshut 119* ⑤ *– Linz 110* ④ *– Regensburg 118* ⑦
– Salzburg 142 ⑤

Stadtpläne siehe nächste Seiten

🏨 **Holiday Inn,** Bahnhofstr. 24, ✉ 94032, ℰ (0851) 5 90 00, *holiday-inn.passau@t-onli*
ne.de, Fax (0851) 5900529, ≤, 🏠, 🚭 – 📵, 🍽 Zim, 🍴 📺 📞 📱 🚗 – 🏛 250. 🅰🄴
🄼🄾 _VISA_ 🍴 Rest   A   d
Menu (*nur Abendessen*) à la carte 44/67 – **129 Z** 🖙 185/262 – 204/349.

🏠 **König** garni (mit Gästehaus), Untere Donaulände 1, ✉ 94032, ℰ (0851) 38 50, *hotel*
-koenig@t-online.de, Fax (0851) 385460, ≤, 🚭 – 📵 🍽 📺 📞 📱 🚗 – 🏛 25. 🅰🄴 🄾
🄼🄾 _VISA_   A   t
61 Z 🖙 115/125 – 220/240.

🏠 **Residenz** garni, Fritz-Schäffer-Promenade, ✉ 94032, ℰ (0851) 3 50 05, *austen@t-o*
nline.de, Fax (0851) 35008, ≤ – 📵 🍽 📺 🅰🄴 🄾 🄼🄾 _VISA_ 🄹🄲🄱   B   c
geschl. Jan.- Feb. – **50 Z** 🖙 115/135 – 175/215.

🏠 **Weisser Hase,** Ludwigstr. 23, ✉ 94032, ℰ (0851) 9 21 10, *info@weisser-hase.de,*
Fax (0851) 9211100, 🚭 – 📵, 🍽 Zim, 📺 📱 🚗 – 🏛 120. 🅰🄴 🄾 🄼🄾 _VISA_ 🄹🄲🄱
geschl. 5. - 31. Jan. – **Menu** (*nur Abendessen*) à la carte 33/59 🍴 – **108 Z** 🖙 120/160
– 210/260.   A   e

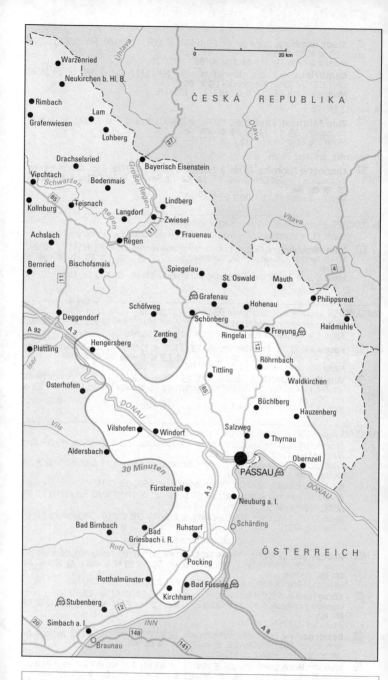

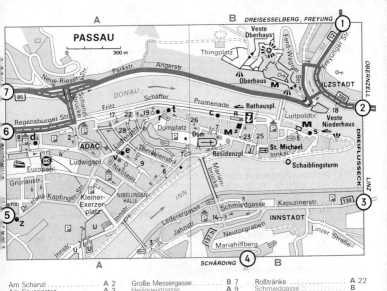

🏨🏨 **Am Fernsehturm**, Neuburgerstr. 79 (B 388/12), ✉ 94036, ✆ (0851) 9 51 80, *info @fernsehturm.bestwestern.de*, Fax (0851) 9518100, 🍽️, Biergarten, ≦s – 🛗, 🔆 Zim,
📺 🚗 🅿️ – 🔬 60. AE ① 🐵 VISA über ⑤
Menu *(nur Abendessen)* à la carte 28/49 – **64 Z** ☐ 115/155 – 160/190.

🏨🏨 **Passauer Wolf**, Rindermarkt 6, ✉ 94032, ✆ (0851) 9 31 51 10, Fax (0851) 9315150,
⇐ – 🛗 📺 ✆ 🚗 – 🔬 30. AE ① 🐵 VISA JCB A r
Menu *(geschl. Samstagmittag, Sonntag)* à la carte 46/78 – **35 Z** ☐ 125/160 – 185/280.

🏨🏨 **Wilder Mann**, Rathausplatz, ✉ 94032, ✆ (0851) 3 50 71 (Hotel), 3 50 75 (Rest.), *info @rotel.de*, Fax (0851) 31712, 🍽️, « Restauriertes Patrizierhaus ; Glasmuseum » – 🛗 📺.
AE ① 🐵 VISA B M2
Menu 44/99 à la carte 54/81 – ☐ 18 – **49 Z** 80/300 – 120/400.

🏨 **Altstadt-Hotel** 🌸 (mit Gästehaus), Bräugasse 23 (am Dreiflußeck), ✉ 94032,
✆ (0851) 33 70, *info@altstadt-hotel.de*, Fax (0851) 337100, ≤, 🍽️ – 🛗, 🔆 Zim, 📺 ✆
🚗 – 🔬 65. AE ① 🐵 VISA B s
Menu à la carte 39/66 – **57 Z** ☐ 80/142 – 120/244.

🏨 **Spitzberg** garni, Neuburger Str. 29 (B 12/388), ✉ 94032, ✆ (0851) 95 54 80, *info @hotel-spitzberg.de*, Fax (0851) 9554848, ≦s – 📺 🚗. AE ① 🐵 VISA A Z
29 Z ☐ 95/130 – 130/170.

🍴 **Heilig-Geist-Stift-Schenke**, Heiliggeistgasse 4, ✉ 94032, ✆ (0851) 26 07,
Fax (0851) 35387, « Gaststätte a.d.J. 1358 ; Stiftskeller ; Wachauer Garten » 🐵 VISA
geschl. 9. Jan. - 1. Feb., Mittwoch – **Menu** à la carte 31/63. A v

In Passau-Haidenhof über ⑤ : 3 km :

🏨 **Dreiflüssehof**, Danziger Str. 42, ✉ 94036, ✆ (0851) 7 20 40, *info@dreifluessehof.de*,
Fax (0851) 72478, 🍽️ – 🛗, 🔆 Zim, 📺 🚗 🅿️ – 🔬 15. AE ① 🐵 VISA JCB
Menu *(geschl. Sonntag - Montagmittag)* à la carte 26/54 – **67 Z** ☐ 90/100 – 130/140.

In Passau-Kastenreuth über ① : 4 km :

🏨 **Burgwald** 🌸 (mit Gästehaus), Salzweger Str. 9, ✉ 94034, ✆ (0851) 94 16 90, *info @burgwald-passau.de*, Fax (0851) 9416969, Biergarten, 🍽️ – 🔆 Zim, 📺 🅿️. AE 🐵 VISA
Menu à la carte 23/49 – **38 Z** ☐ 68/104.

In Passau-Kohlbruck über ⑤ : 3 km :

🏨🏨 **Albrecht** garni, Kohlbruck 18 (B 388/12), ✉ 94036, ✆ (0851) 95 99 60, *info@hotel -albrecht.de*, Fax (0851) 9599640 – 🔆 📺 🚗 🅿️. AE 🐵 VISA. 🛠️
37 Z ☐ 90/140.

PATTENSEN *Niedersachsen* 🔲🔲🔲 *J 13 – 14 000 Ew – Höhe 75 m.*

Berlin 290 – Hannover 12 – Hameln 36 – Hildesheim 23.

🏨 **Leine-Hotel,** Schöneberger Str. 43, ⊠ 30982, 𝄘 (05101) 91 80, Fax (05101) 13367, 🛏, ⊜ – 🖪, ⇔ Zim, 📺 📞 & ⇔ 🅿 – 🛝 60. 🖭 ⑩ 🐵 𝗩𝗜𝗦𝗔
Menu *(geschl. Sonntag) (nur Abendessen)* à la carte 45/67 – **80 Z** ⊇ 139/275 – 220/375.

🏠 **Zur Linde,** Göttinger Str. 14, ⊠ 30982, 𝄘 (05101) 9 98 70, *info@die-linde.de,* Fax (05101) 998711, 🛖 – 📺 🅿 – 🛝 100. 🖭 ⑩ 🐵 𝗩𝗜𝗦𝗔 𝗝𝗖𝗕
Menu à la carte 36/77 – **40 Z** ⊇ 100/200 – 165/270.

PEGNITZ *Bayern* 🔲🔲🔲 *Q 18 – 14 800 Ew – Höhe 424 m – Erholungsort.*

🅱 *Touristinformation, Hauptstr. 37,* ⊠ 91257, 𝄘 (09241) 7 23 11, Fax (09241) 72355.

Berlin 381 – München 206 – Nürnberg 61 – Bayreuth 27 – Bamberg 67 – Weiden in der Oberpfalz 55.

🏨 **Pflaums Posthotel,** Nürnberger Str. 14, ⊠ 91257, 𝄘 (09241) 72 50, *info@ppp.com,* Fax (09241) 80404, 🛖, « Bemerkenswerte Einrichtungen im Designer-Stil, rustikale Bauernzimmer ; Bilder- und Kunstsammlungen », Massage, 🔥, ⊜, 🔲, 🛖 – 🖪, ⇔ Zim, 📺 📞 & 🅿 – 🛝 80. 🖭 ⑩ 🐵 𝗩𝗜𝗦𝗔 𝕏 Rest
Menu *(Tischbestellung ratsam)* 145/175 – *Posthalter-Stube :* **Menu** 59 – ⊇ 35 – **35 Z** 175/295 – 295/390, 25 Suiten.

🏠 **Ratsstube,** Hauptstr. 43, ⊠ 91257, 𝄘 (09241) 22 79, Fax (09241) 8941 – 📺, 🖭 🐵 𝗩𝗜𝗦𝗔 𝗝𝗖𝗕
Menu *(geschl. Freitag)* à la carte 28/66 – **14 Z** ⊇ 70/84 – 120/140 – ½ P 25.

In Pegnitz-Hollenberg *Nord-West : 6 km :*

🛖 **Landgasthof Schatz** 🛖, Hollenberg 1, ⊠ 91257, 𝄘 (09241) 21 49, ⊜ Fax (09241) 5074, 🛖, ⊜, 🛖 – 📺 ⇔ 🅿
geschl. 2. Nov. - 5. Dez., Mitte - Ende Jan. – **Menu** *(geschl. Montag)* à la carte 21/29 – **16 Z** ⊇ 65/120 – ½ P 16.

PEINE *Niedersachsen* 🔲🔲🔲 *J 14 – 50 000 Ew – Höhe 67 m.*

🛫 *Edemissen, Dahlkampsweg (Nord : 6 km),* 𝄘 (05176) 9 01 12.

🅱 *Verkehrsverein, Bahnhofspl. 1 (im Bahnhof),* ⊠ 31224, 𝄘 (05171) 4 82 00, Fax (05171) 48201.

Berlin 249 – Hannover 45 – Braunschweig 28 – Hildesheim 32.

🏨 **Quality Hotel,** Ammerweg 1 (nahe BAB-Abfahrt Peine), ⊠ 31228, 𝄘 (05171) 99 59, *info@quality-hotel.peine.de,* Fax (05171) 995288, 🛖 – 🖪, ⇔ Zim, 🖥 📞 & 🅿 – 🛝 50. 🖭 ⑩ 🐵 𝗩𝗜𝗦𝗔 𝗝𝗖𝗕
Menu à la carte 31/52 – **98 Z** ⊇ 150/185 – 175/220.

🏠 **Am Herzberg** 🛖, Am Herzberg 18, ⊠ 31224, 𝄘 (05171) 69 90, Fax (05171) 48448, 🛖 – ⇔ Zim, 📺 ⇔ 🅿 🐵 𝗩𝗜𝗦𝗔 𝕏
Menu *(geschl. Freitag) (nur Abendessen)* (Restaurant nur für Hausgäste) à la carte 25/36 – **23 Z** ⊇ 95/135 – 150/180.

In Peine-Essinghausen *Nord-Ost : 2 km :*

🏠 **Am Steinkamp,** August-Bebel-Str. 7, ⊠ 31224, 𝄘 (05171) 7 66 80, Fax (05171) 766810 – ⇔ Zim, 📺 🅿 – 🛝 15. 🐵 𝕏
Menu *(geschl. Aug. 2 Wochen, Sonntag) (nur Abendessen)* à la carte 28/52 – **12 Z** ⊇ 95/115 – 130/175.

In Peine-Stederdorf *Nord : 3 km :*

🏨 **Schönau,** Peiner Str. 17 (B 444), ⊠ 31228, 𝄘 (05171) 99 80, Fax (05171) 998166 – 🖪, ⇔ Zim, 📺 📞 – 🛝 200. 🖭 ⑩ 🐵 𝗩𝗜𝗦𝗔
geschl. Ende Dez. - Anfang Jan. – **Menu** *(geschl. Sonntagabend, Samstag)* à la carte 35/72 – **41 Z** ⊇ 120/180 – 280/300.

In Wendeburg-Rüper *Nord-Ost : 9 km :*

🏠 **Zum Jägerheim,** Meerdorfer Str. 40, ⊠ 38176, 𝄘 (05303) 20 26, *info@jaegerheim.rueper.de,* Fax (05303) 2056, ⊜, 🔲 – 🖪, ⇔ Zim, 📺 ⇔ 🅿 – 🛝 100. 🖭 ⑩ 🐵 𝗩𝗜𝗦𝗔 𝕏 Zim
Menu *(geschl. Montag, 1.- 15. Jan.)* à la carte 29/61 – **51 Z** ⊇ 75/90 – 130/150.

PEISSEN *Sachsen-Anhalt siehe Halle.*

PEITING Bayern 📖📖 W 16 – 12 000 Ew – Höhe 718 m – Erholungsort.

  🎪 Verkehrsverein, Ammergauer Str. 2, ✉ 86971, ℰ (08861) 65 35, Fax (08861) 59140.
Berlin 626 – München 87 – *Garmisch-Partenkirchen 50 – Kempten (Allgäu) 58 – Landsberg
am Lech 30 – Füssen 33.*

  🏨 **Alpenhotel Pfaffenwinkel,** Hauptplatz 10, ✉ 86971, ℰ (08861) 2 52 60,
Fax (08861) 252627 – ❄ Zim, 📺 📞 ⇔ 🅿 ⓪ 🆚🆂🅰
Menu *(nur Abendessen)* (Restaurant nur für Hausgäste) à la carte 24/43 – **15 Z** ⊂ 80/90
– 130/150 – ½ P 20.

  🏠 **Dragoner**(mit Gästehaus), Ammergauer Str. 11 (B23), ✉ 86971, ℰ (08861)2 50 70, Hotel
@ Dragoner.Peiting.De, Fax (08861) 2507280, 🍴, ⇔ – ⫞ 📞 ⇔ 🅿 – ♨ 50. 🄰🄴 ⓪ ⓪ 🆚🆂🅰
Menu à la carte 25/47 – **51 Z** ⊂ 78/95 – 120/160 – ½ P 25.

PELLWORM (Insel) Schleswig Holstein 📖 C 9 – 1 150 Ew – Höhe 1 m – Seebad – Insel der
Nordfriesischen Inselgruppe.

  ⚓ von Nordstrand-Strucklahnungshoern (ca. 40 min). Für PKW Voranmeldung bei
Neuer Pellwormer Dampfschiffahrtsgesellschaft, ℰ (04844) 7 53, Fax (04844) 354.

  🎪 Kurverwaltung, Uthlandestr. 2, ✉ 25849, ℰ (04844) 189 40, Fax (04844) 18944..
ab Nordstrand : Berlin 449 – Kiel 111 – *Sylt 55 – Husum 23 – Schleswig 61.*

  🏠 **Kiek ut na't Schlut** 🍴 garni, Hooger Fähre 6, ✉ 25849, ℰ (04844) 90 90, Kiek
UTNF@ aol.com, Fax (04844) 90940, ⇔, ⌂ – ⫞ ❄ 📺 🅿 – **19 Z** ⊂ 78/80 – 110/140.

PENTLING Bayern siehe Regensburg.

PENZBERG Bayern 📖📖 W 18 – 14 000 Ew – Höhe 596 m.
Berlin 640 – München 53 – *Garmisch-Partenkirchen 43 – Bad Tölz 19 – Weilheim 25.*

  🏨 **Stadthotel Berggeist** Ⓜ, Bahnhofstr. 47, ✉ 82377, ℰ (08856) 80 10 (Hotel), 78
99 (Rest.), info@ hotel-berggeist.de, Fax (08856) 81913, 🍴, ⇔ – ⫞ 📺 📞 ⇔ 🅿 –
♨ 40. 🄰🄴 ⓪ 🆚🆂🅰 🍴 Zim
Menu à la carte 25/52 – **45 Z** ⊂ 124/134 – 175.

PERL Saarland 📖 R 3 – 6 500 Ew – Höhe 254 m.
Ausflugsziel : Nennig : Römische Villa (Mosaikfußboden ★★) Nord : 9 km.
Berlin 767 – *Saarbrücken 68 – Trier 45 – Luxembourg 32 – Saarlouis 47.*

  🏠 **Hammes,** Hubertus-von-Nell-Str. 15, ✉ 66706, ℰ (06687) 9 10 30, Hotelhammes@ t
-online.de, Fax (06867) 910333 – ❄ Zim, 📺 🅿 🄰🄴 ⓪ 🆚🆂🅰
Menu *(geschl. Mittwoch)* à la carte 33/58 – **12 Z** ⊂ 80/120.

In Perl-Nennig Nord : 9 km :

  🏩 **Victor's Residenz Hotel Schloss Berg** 🍴, Schloßhof 7, ✉ 66706, ℰ (06866) 7 90,
info@ ne.victors.de, Fax (06866) 79100, ≤, 🍴, « Restauriertes Wasserschloß a.d. 12. Jh.
mit eleganter Einrichtung » – ⫞ 📺 📞 ⇔ 🅿 – ♨ 45. 🄰🄴 ⓪ 🆚🆂🅰
Menu *(geschl. Jan. 3 Wochen, Juli 2 Wochen, Montag - Dienstag)* 140/180 à la carte
110/137 – **Die Scheune : Menu** à la carte 34/64 – **17 Z** ⊂ 195/330, 3 Suiten - (Hotel-
neubau : "Die Villa" 95 Z, Eröffnung Ende 2000)
Spez. Dreierlei von der Gänseleber. Steinbutt mit Tomatenkompott und Kapernjus. Taube
mit Artischocken und Sauce Rouennaise.

  🏠 **Zur Traube,** Bübingerstr. 16, ✉ 66706, ℰ (06866) 3 49, Fax (06866) 150018, 🍴 –
❄ Zim, 📺 📞 ⇔ 🅿 🄰🄴 ⓪ 🆚🆂🅰 🍴 Rest
geschl. Ende Dez. - Mitte Jan. – **Menu** *(geschl. Samstag)* à la carte 24/52 – **10 Z** ⊂ 80/100
– 110/140.

PETERSAURACH Bayern siehe Neuendettelsau.

PETERSHAGEN Nordrhein-Westfalen 📖 I 10 – 26 000 Ew – Höhe 45 m.
Berlin 355 – Düsseldorf 230 – *Bielefeld 67 – Bremen 90 – Hannover 82 – Osnabrück 78.*

  🏨 **Romantik Hotel Schloß Petershagen** 🍴, Schloßstr. 5, ✉ 32469, ℰ (05707)
9 31 30, Schloss-Petershagen@ t-online.de, Fax (05707) 2373, ≤, 🍴, « Fürstbischöfliche
Residenz a.d. 14. Jh. ; stilvolle Einrichtung », ⊼ (geheizt), ⌂, 🍴 – 📺 🅿 – ♨ 80. 🄰🄴 ⓪
⓪ 🆚🆂🅰
Menu *(Nov.- März Montag - Freitag nur Abendessen)* à la carte 39/78 *(auch vegetarisches
Menu)* – **13 Z** ⊂ 140 – 250/290.

In Petershagen-Heisterholz Süd : 2 km :

  🏠 **Waldhotel Morhoff,** Forststr. 1, ✉ 32469, ℰ (05707) 9 30 30, Fax (05707) 2207,
🍴, ⌂, 🍴 – 📺 📞 ⇔ 🅿 – ♨ 200. ⓪ 🆚🆂🅰
Menu *(geschl. Montagmittag)* à la carte 36/55 – **23 Z** ⊂ 85/100 – 135/160.

PETERSHAGEN Brandenburg 📖📖 I 25 – 5 500 Ew – Höhe 50 m.
Berlin 28 – Potsdam 59 – Eberswalde 44 – Frankfurt (Oder) 81.

In Petershagen-Eggersdorf Nord : 2 km :

🏠 **Landhaus Villago** M, Altlandsberger Chaussee 88, ✉ 15345, ✆ (03341) 46 90, info
@ villagio.de, Fax (03341) 469469, 🍴, « Aussergewöhnliche Zimmereinrichtung im
modernen Landhausstil », 🛁, ≘s, 🔲, 🐴 – 🛗 TV 📞 🚗 🅿 – 🔬 60. 🖭 🐵 💳
Menu à la carte 42/55 – **61 Z** 🛏 158/178 – 198/228.

🏠 **Landgasthof zum Mühlenteich** M, Karl-Marx-Str. 32, ✉ 15345, ✆ (03341)
4 26 60, Fax (03341) 426666, Biergarten – 🛗 TV 🅿 – 🔬 140. 🖭 🐵 💳
Menu à la carte 37/66 – **21 Z** 🛏 110/200 – 140/270.

PETERSTAL-GRIESBACH, BAD Baden-Württemberg 📖 U 8 – 3 000 Ew – Höhe 400 m –
Heilbad – Kneippkurort – Wintersport : 700/800 m ☚1 ☈.
🛈 Kurverwaltung Bad Peterstal Griesbach, Schwarzwaldstr. 11, ✉ 77740, ✆ (07806)
79 33, Fax (07806) 7950.
Berlin 737 – Stuttgart 115 – Karlsruhe 88 – Offenburg 34 – Strasbourg 48 – Freudenstadt 24.

Im Ortsteil Bad Peterstal :

🏨 **Schauinsland** ⬖, Forsthausstr. 21, ✉ 77740, ✆ (07806) 9 87 80, Fax (07806) 1532,
⬐ Bad Peterstal, ≘s, 🔲, 🐴 – 🛗 TV 🅿. 🍴 Rest
geschl. 20. Nov. - 15. Dez. – **Menu** (Restaurant nur für Hausgäste) – **25 Z** 🛏 82/95 –
162/200 – ½ P 25.

🏨 **Hubertus** garni, Insel 3, ✉ 77740, ✆ (07806) 5 95, Fax (07806) 409, ≘s, 🔲, 🐴 –
TV 🚗 🅿. 🍴
geschl. Nov. - Anfang Dez. – **17 Z** 🛏 38/50 – 80/108.

Im Ortsteil Bad Griesbach :

🏨 **Kur- und Sporthotel Dollenberg** ⬖, Dollenberg 3, ✉ 77740, ✆ (07806) 7 80,
info@ dollenberg.com, Fax (07806) 1272, ⬐, 🍴, « Parkanlage mit Gartenterrasse »,
Massage, ♨, 🛁, 🏋, ≘s, 🔲, 🐴, 🏊 – 🛗 TV 📞 🏓 🚗 🅿 – 🔬 140. 🍴 Rest
Menu 33/71 à la carte 40/80 – **Le Pavillon** (geschl. Dienstag - Mittwochmittag) **Menu**
112/136 à la carte 67/97 – **Bauernstube :** Menu à la carte 39/61 – **63 Z** 🛏 132/216
– 254/316, 3 Suiten – ½ P 28.

🏠 **Adlerbad** (mit Gästehaus), Kniebisstr. 55, ✉ 77740, ✆ (07806) 9 89 30, Hotel@ adlerbad
.de, Fax (07806) 8421, 🍴, Massage, ♨, 🛁, ≘s – 🛗 – 🛗 ✉ Rest, TV 🚗 🅿 💳 🍴 Rest
geschl. 20. Nov. - 15. Dez. – **Menu** (geschl. Mittwoch) à la carte 34/75 – **30 Z** 🛏 75/105
– 136/186 – ½ P 29.

🏨 **Café Kimmig**, Kniebisstr. 57, ✉ 77740, ✆ (07806) 99 29 90, info@ hotel-kimmig.de,
Fax (07806) 1059 – 🛗 TV 🚗 🅿. 🖭 ⓸ 🐵 💳
geschl. Mitte - Ende Jan. – **Menu** (geschl. Donnerstag) à la carte 31/62 – **12 Z** 🛏 67 –
114/126 – ½ P 23.

Außerhalb Süd-Ost : 5 km über die Straße nach Wolfach :

🏨 **Waldhotel Palmspring** ⬖, Palmspring 1, ✉ 77740 Bad Peterstal-Griesbach,
✆ (07806) 3 01, info@ palmspring.de, Fax (07806) 910788, ⬐, 🍴, ≘s, 🐴, 🏊 – TV 🅿.
🖭 🐵 💳
geschl. Anfang Jan. - Anfang Feb. – **Menu** (geschl. Dienstag) à la carte 28/58 – **16 Z** 🛏 75
– 105/152 – ½ P 27.

PETTENDORF Bayern siehe Regensburg.

PFAFFENHOFEN AN DER ILM Bayern 📖📖 U 18 – 21 000 Ew – Höhe 490 m.
🛐 Reichertshausen, Holzhof 4 (Süd : 7 km), ✆ (08137) 50 84.
Berlin 547 – München 52 – Augsburg 67 – Ingolstadt 29 – Landshut 63.

🏨 **Brauereigasthof Müllerbräu,** Hauptplatz 2, ✉ 85276, ✆ (08441) 4 93 70, hotel
@ muellerbraeu.net, Fax (08441) 493740, 🍴 – 🛗 TV 🅿 – 🔬 30. 🐵 💳
Menu à la carte 29/66 – **13 Z** 🛏 95/99 – 129.

PFAFFENWEILER Baden-Württemberg 📖 W 7 – 2 650 Ew – Höhe 252 m.
Berlin 811 – Stuttgart 213 – Freiburg im Breisgau 14 – Basel 66.

XXX **Zehner's Stube**, Weinstr. 39, ✉ 79292, ✆ (07664) 62 25, Fax (07664) 61624, (ehe-
maliges Rathaus a.d.J. 1575) – 🅿. 🐵 💳
geschl. Sept. - Juni Montag, Juli - Aug. Montag, Sonntagmittag – **Menu** à la carte 93/119
– **Weinstube** (nur Abendessen) Menu à la carte 48/63
Spez. Tempura von Gambas mit Safransauce. Saltimbocca von Wachtel und Taube mit
Gänseleberschaum. Steinbutt mit Zitronengras-Koriandersauce.

PFALZGRAFENWEILER *Baden-Württemberg* 🔢 *U 9 – 6 500 Ew – Höhe 635 m – Luftkurort.*

🛈 *Kurverwaltung, im Haus des Gastes, Marktplatz,* ✉ *72285,* ✆ *(07445) 85 90 01, Fax (07445) 859002.*

Berlin 697 – Stuttgart 76 – Karlsruhe 87 – Tübingen 57 – Freudenstadt 16.

🏠 **Thome's Schwanen,** *Marktplatz 1,* ✉ *72285,* ✆ *(07445) 85 80 70, mail@ Thome's -Schwanen.de, Fax (07445) 85807400,* 🌳 – 🛗 ✻ 📺 ✆ 🅿 – 🏛 30. 🕫
geschl. Aug. 3 Wochen – **Menu** *(geschl. Samstagmittag) à la carte 29/53 (auch vegetarische Gerichte)* 🍷 – **37 Z** 🛏 *72/95 – 130/155 – ½ P 25.*

In Pfalzgrafenweiler-Herzogsweiler *Süd-West : 4 km :*

🏠 **Sonnenschein** *(mit Gästehaus), Birkenbuschweg 11,* ✉ *72285,* ✆ *(07445) 85 80 40, Fax (07445) 8580420,* 🌳 – 📺 ⟵ 🅿
geschl. Anfang Nov. - Mitte Dez. – **Menu** *(geschl. Mittwoch) à la carte 23/44* 🍷 – **31 Z** 🛏 *58 – 110/112 – ½ P 14.*

In Pfalzgrafenweiler-Kälberbronn *West : 7 km :*

🏨 **Schwanen** 🐾, *Große Tannenstr. 10,* ✉ *72285,* ✆ *(07445) 18 80, info@ hotel-schwanen.de, Fax (07445) 18899,* 🌳, ≦s, 🔲, 🌳 – 🛗 ✻ 📺 ✆ 🅿 – 🏛 60
geschl. Anfang Nov. - Anfang Dez. – **Menu** *à la carte 35/69 (auch vegetarische Gerichte) – 60 Z* 🛏 *120/150 – 240/260 – ½ P 29.*

🏨 **Waldsägmühle** 🐾, *an der Straße nach Durrweiler (Süd-Ost : 2 km),* ✉ *72285,* ✆ *(07445) 8 51 50, Waldsaegmuehle@ -online.de, Fax (07445) 6750,* 🌳, ≦s, 🔲, 🌳 – 🛗 📺 🅿 – 🏛 40. ⓸ 🕫 🆅🆂🅰
geschl. Anfang Jan. - Anfang Feb. – **Menu** *(geschl. Sonntagabend - Montagmittag) à la carte 41/88 – 38 Z* 🛏 *90/120 – 165/210 – ½ P 38.*

PFARRWEISACH *Bayern siehe Ebern.*

PFATTER *Bayern* 🔢 *T 21 – 2 700 Ew – Höhe 325 m.*

Berlin 518 – München 142 – Regensburg 23 – Cham 59 – Straubing 20.

🏠 **Landgasthof Fischer,** *Haidauer Str. 22,* ✉ *93102,* ✆ *(09481) 3 26, stehr.K@ vr-web.de, Fax (09481) 1779,* 🌳 – 📺 🅿 🕫
geschl. 27. Dez. - 10. Jan. – **Menu** *(geschl. Sonn- und Feiertag abends, Mittwoch) à la carte 20/44 – 34 Z* 🛏 *45/54 – 84/102.*

PFINZTAL *Baden-Württemberg* 🔢 *T 9 – 16 200 Ew – Höhe 160 m.*

Berlin 651 – Stuttgart 65 – Karlsruhe 15 – Pforzheim 21.

In Pfinztal-Berghausen :

🏠 **Zur Linde** *(mit Gästehaus), An der Jöhlinger Straße 1 (B 293),* ✉ *76327,* ✆ *(0721) 94 64 90, Fax (0721) 463630 –* 📺 ✻
Menu *(geschl. Sonntagabend, Dienstagabend, Samstagmittag) à la carte 36/63 –* **18 Z** 🛏 *95/110 – 130/160.*

In Pfinztal-Söllingen :

🏨 **Villa Hammerschmiede** Ⓜ, *Hauptstr. 162 (B 10),* ✉ *76327,* ✆ *(07240) 60 10, info@ villa-hammerschmiede.de, Fax (07240) 60160,* 🌳, « *Elegantes Hotel in ehemaliger Villa ; Park »,* ≦s, 🔲 – 🛗 📺 ✆ 🔥 ⟵ 🅿 – 🏛 40. 🅰🅴 ⓸ 🕫 🆅🆂🅰
Menu *à la carte 85/123 –* 🛏 *29 –* **30 Z** *208/318 – 288/398, 3 Suiten.*

In Pfinztal-Söllingen :

PFOFELD *Bayern siehe Gunzenhausen.*

PFORZHEIM *Baden-Württemberg* 🔢 *T 10 – 116 000 Ew – Höhe 280 m.*

Sehenswert : Schmuckmuseum★ AY **M1.**

🏌 *Ölbronn-Dürrn (Nord-Ost : 9 km), Karlshäuser Hof,* ✆ *(07237) 91 00 ;* 🏌 *Mönsheim (über ② : 21 km und die A8, Ausfahrt Heimsheim),* ✆ *(07044) 58 52.*

🛈 *Touristinformation, Marktplatz 1,* ✉ *75175,* ✆ *(07231) 1 45 45 60, Fax (07231) 1454570.*

ADAC, *Julius-Moser-Str. 1, (Gewerbegebiet, über ⑤).*

Berlin 662 ⑤ – Stuttgart 53 ② – Karlsruhe 31 ⑤ – Heilbronn 82 ②

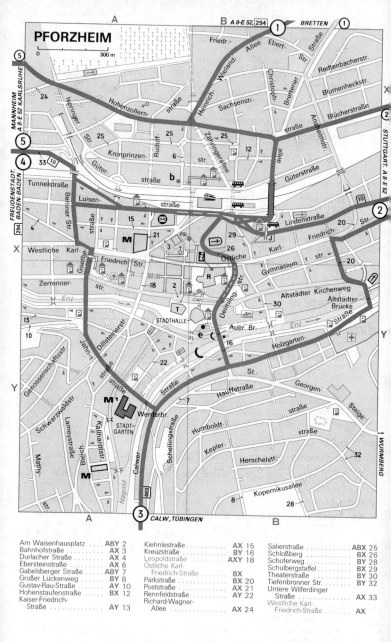

PFORZHEIM

0 _____ 300 m

Parkhotel Ⓜ, Deimlingstr. 36, ✉ 75175, ✆ (07231) 16 10, *info@parkhotel-pforzhe im.de*, Fax (07231) 161690, 🌳, Massage, ₤δ, ⇌δ – 🛗, ⇄ Zim, 🖥 📺 📞 ⑁ ☎ – 🔦 140.
АЕ ① ⑩ 🅥🅸🆂🅰️
Menu à la carte 45/77 – **144 Z** ⊃ 170/250 – 207/300.
BY e

898

🏨 **Royal,** Wilferdinger Str. 64, ✉ 75179, 𝓔 (07231) 1 42 50, *info@hotel-royal-pforzhei m.de,* Fax *(07231) 142599,* 🍽 – |‡|, 🏃 Zim, 📺 🚗 🅿 – 🏋 30. 🕮 ⑩ 🐾 𝘝𝘐𝘚𝘈 🄹🄲🄱
über ⑤
Menu *(geschl. Aug. 2 Wochen, Sonntag)* (italienische Küche) à la carte 45/60 – **43 Z** ⌷ 135/155 – 175/195.

🏨 **Residenz** garni, Stuttgarter Str. 55/Ecke Karlsruher Straße, ✉ 75179, 𝓔 (07231) 38 20, *reisdenz@telda.net,* Fax *(07231) 382382* – |‡| 🏃 📺 📞 🚗 – 🏋 55. 🕮 ⑩ 🐾
über ⑤
𝘝𝘐𝘚𝘈
118 Z ⌷ 125/140 – 183/234.

🏠 **Hasenmayer,** Heinrich-Wieland-Allee 105 (B 294), ✉ 75177, 𝓔 (07231) 31 10, *info @hotel-hasenmayer.de,* Fax *(07231) 311345* – |‡|, 🏃 Zim, 📺 📞 🅿
über ①
geschl. 23. Dez. - 4. Jan. – **Menu** *(geschl. Sonn- und Feiertage abends)* à la carte 28/48 – **44 Z** ⌷ 78/109 – 137/152.

🍴 **Goldener Bock,** Ebersteinstr. 1, ✉ 75177, 𝓔 (07231) 10 51 23 – 🕮 ⑩ 🐾 𝘝𝘐𝘚𝘈
🥘 *geschl. 27. Dez. - 10. Jan., Juli - Aug. 3 Wochen, Donnerstag - Freitagmittag* – Menu *(abends* Tischbestellung ratsam) à la carte 38/65. AX **b**

🍴 **Landgasthof Seehaus,** Tiefenbronner Str. 201 (Süd-Ost : 3 km), ✉ 75175, 𝓔 (07231) 65 11 85, *Seehaus-Pforzheim@t-online.de,* Fax *(07231) 651570,* 🍽, Bier- garten, « Lage im Wald an einem kleinen See » – 🅿 – 🏋 25. 🐾 𝘝𝘐𝘚𝘈
geschl. Montag – **Menu** à la carte 37/72. über Tiefenbronner Straße BY

In Pforzheim-Brötzingen *über* ④ *:*

🍴🍴 **Silberburg,** Dietlinger Str. 27, ✉ 75179, 𝓔 (07231) 44 11 59, Fax *(07231) 465404* –
🕮 ⑩ 🐾 𝘝𝘐𝘚𝘈
geschl. Aug., Montag - Dienstagmittag – **Menu** à la carte 68/91.

🍴🍴 **Pyramide,** Dietlinger Str. 25, ✉ 75179, 𝓔 (07231) 44 17 54, *andreas@restaurant-p yramide.de,* Fax *(07231) 467261* – ⑩ 𝘝𝘐𝘚𝘈
geschl. Jan. 2 Wochen, Aug. 3 Wochen, Montag – **Menu** *(wochentags nur Abendessen)* à la carte 59/79.

An der Straße nach Huchenfeld *über* ③ *: 4 km :*

🍴🍴 **Hoheneck,** Huchenfelder Str. 70, ✉ 75181 Pforzheim, 𝓔 (07231) 7 16 33, Fax *(07231) 767941,* 🍽 – 🅿 – 🏋 80. 🕮 ⑩ 🐾 𝘝𝘐𝘚𝘈
Menu à la carte 32/69.

In Birkenfeld *über* ④ *: 6,5 km :*

🍴🍴 **Zur Sonne** mit Zim, Dietlinger Str. 134, ✉ 75217, 𝓔 (07231) 48 98 60, Fax *(07231) 489867* – 📺 🅿 🚿 Rest
geschl. Aug. – **Menu** *(geschl. Mittwochabend - Donnerstag)* à la carte 49/75 – **4 Z** ⌷ 90/140.

In Neulingen-Bauschlott *über* ① *: 10 km :*

🏡 **Goldener Ochsen,** Brettener Str. 1, ✉ 75245, 𝓔 (07237) 2 25, Fax *(07237) 1898,* 🍽
– 📺 🚗 🅿 – 🏋 50. 🐾 𝘝𝘐𝘚𝘈
Menu *(geschl. Montagmittag)* à la carte 31/64 – **24 Z** ⌷ 65/85 – 120/140.

In Wimsheim *Süd-Ost : 12 km über St.-Georgen-Steige* BY *:*

🍴🍴 **Widmann,** Austr. 48, ✉ 71299, 𝓔 (07044) 4 13 23, Fax *(07044) 950040,* 🍽 – 🅿. 🕮
🐾
geschl. Jan. 1 Woche, Aug. 2 Wochen, Montag – **Menu** à la carte 35/60 – **Le Gourmet** *(nur Abendessen)* **Menu** à la carte 63/80.

PFRONTEN *Bayern* 🄼🄸🄰 🄼🄲🄾 X 15 – 7 800 Ew – Höhe 850 m – Luftkurort – Wintersport : 840/1 840 m ⚡1 ⚡10 🎿.

Hotels und Restaurants : Außerhalb der Saison variable Schließungszeiten.

🛈 Kur- und Verkehrsamt, Haus des Gastes, Pfronten-Ried, Vilstalstraße 2, ✉ 87459, 𝓔 (08363) 6 98 88, Fax (08363) 69866.
Berlin 664 – München 131 – *Kempten (Allgäu)* 33 – Füssen 12.

In Pfronten-Dorf :

🏨 **Bavaria** 🌿, Kienbergstr. 62, ✉ 87459, 𝓔 (08363) 90 20, *bavaria-pfronten@t-online .de,* Fax *(08363) 6815,* ⩤, 🍽, Massage, 🏥, 🍸, 🏊 (geheizt), 🎱, 🌳 – |‡| 📺 🚗 🅿 – 🏋 60. ⑩ 🐾 𝘝𝘐𝘚𝘈 🄹🄲🄱
Menu à la carte 48/70 – **48 Z** ⌷ 129/149 – 278/318, 3 Suiten – ½ P 30.

🏨 **Alpenhotel Krone** 🄼, Tiroler Str. 29, ✉ 87459, 𝓔 (08363) 6 90 50, *alpenhotel.kr one@t-online.de,* Fax *(08363) 6905555,* 🍽, Biergarten – |‡|, 🏃 Zim, 📺 📞 🚗 🅿 – 🏋 25. 🕮 ⑩ 🐾 𝘝𝘐𝘚𝘈
Menu *(geschl. Montag)* à la carte 38/89 – **32 Z** ⌷ 130/140 – 190/220 – ½ P 37.

🏠 **Christina** ⬕, Kienbergstr. 56, ⬜ 87459, 𝒫 (08363) 60 01, *Hotel-Christina@t-online*
.de, Fax (08363) 6003, 🍴, ⬱, ⬚, ⬯ – ⬰ 🅣🆅 ⬲ 🄿
Menu *(geschl. Mitte - Ende Nov., Mittwoch) (nur Abendessen)* à la carte 38/60 – **18 Z**
⬱ 95/120 – 144/180 – ½ P 27.

🏠 **Haus Achtal** ⬕ garni, Brentenjochstr. 4, ⬜ 87459, 𝒫 (08363) 83 29,
Fax (08363) 928811, ⬱, ⬯, ⬰ – 🄿
geschl. 12. Nov. - 3. Dez. – **15 Z** ⬱ 55/60 – 96/110.

In Pfronten-Halden :

🏠 **Zugspitzblick** ⬕ garni, Edelsbergweg 71, ⬜ 87459, 𝒫 (08363) 9 10 10,
Fax (08363) 910199, ≼ Zugspitze und Pfronten, ⬱, ⬚ (geheizt), ⬯, ⬰ – 🅣🆅 ⬲ 🄿
geschl. 25. März - 8. April, 22. Okt. - 15. Dez. – **50 Z** ⬱ 46/98 – 94/140.

In Pfronten-Meilingen :

🏠 **Berghof** ⬕, Falkensteinweg 13, ⬜ 87459, 𝒫 (08363) 9 11 30, *info@berghof-pfron
ten.de, Fax (08363) 911325*, ≼ Pfronten mit Kienberg und Breitenberg, 🍴, Massage, ⚕,
⛰, ⬱, ⬚ – 🔞 🅣🆅 ⚲ ⬲ – 🅐 20
geschl. Anfang Nov. - Mitte Dez. – **Menu** *(geschl. Montagmittag)* à la carte 31/70 – **44 Z**
⬱ 90/140 – 158/320 – ½ P 22.

🏠 **In der Sonne** ⬕, Neuer Weg 14, ⬜ 87459, 𝒫 (08363) 50 10, *Fax (08363) 6839*, 🍴,
Massage, ⚕, ⛰, ⬱, ⬯ – 🅣🆅 ⬲ 🄿
geschl. 5. Nov. - 15. Dez. – **Menu** *(geschl. Dienstag)* à la carte 27/50 – **20 Z** ⬱ 71/73 –
134 – ½ P 21.

In Pfronten-Obermeilingen :

🏠 **Berghotel Schloßanger-Alp** ⬕, Am Schloßanger 1 – Höhe 1 130 m, ⬜ 87459,
⬲ 𝒫 (08363) 91 45 50, *ebert@online-service.de, Fax (08363) 91455555*, ≼ Tiroler Berge,
🍴, « Malerische Voralpenlage », Ⅰ⬕, ⬱, ⬯ – ⬰ Zim, 🅣🆅 ⬲ 🄿 – 🅐 20. 🅜🅞 🆅🅸🆂🅰
Menu à la carte 33/66 – **30 Z** ⬱ 137/157 – 224/364, 3 Suiten – ½ P 30.

🏠 **Burghotel auf dem Falkenstein** ⬕, Falkenstein 1 – Höhe 1 277 m, ⬜ 87459,
𝒫 (08363) 91 45 40, *schlachter@online-service.de, Fax (08363) 9145444*, ≼ Alpen, 🍴,
« Malerische Berglage unterhalb der Burg », ⬱, ⬯ – 🅣🆅 🄿 – 🅐 25. 🄰🄴 🅞 🅜🅞 🆅🅸🆂🅰
Menu *geschl. Jan. - April Donnerstag* à la carte 37/68 – **9 Z** ⬱ 125/135 – 220/240 – ½ P 30.

In Pfronten-Ried :

🍴 **Kutschers Einkehr,** Allgäuer Str. 37 (1. Etage), ⬜ 87459, 𝒫 (08363) 82 29, 🍴
geschl. April 3 Wochen, Dienstag – **Menu** à la carte 33/58.

In Pfronten-Steinach :

🏠 **Chesa Bader** ⬕ garni, Enzianstr. 12, ⬜ 87459, 𝒫 (08363) 83 96, *Fax (08363) 8696*,
« Chalet mit rustikal-behaglicher Einrichtung », ⬱, ⬯, ⬰ – 🅣🆅 ⬲ 🄿
12 Z ⬱ 95/198, 3 Suiten.

🏠 **Pfrontener Hof,** Tiroler Str. 174, ⬜ 87459, 𝒫 (08363) 9 14 00, *Fax (08363) 914039*,
⬲ ⬰ ⬲ 🄿
geschl. Nov. - 24. Dez. – **Menu** *(geschl. Mittwoch)* à la carte 23/48 🍸 – **19 Z** ⬱ 65/67
– 100/110 – ½ P 20.

In Pfronten-Weißbach :

🏠 **Post** (mit Gästehaus), Kemptener Str. 14, ⬜ 87459, 𝒫 (08363) 9 14 60, *info@posth
otel.pfronten.de, Fax (08363) 9146222*, Ⅰ⬕, ⬱, ⬯ – 🅣🆅 ⬲ 🄿 🄰🄴 🅞 🅜🅞 🆅🅸🆂🅰
geschl. Mitte Nov. - Mitte Dez. – **Menu** *(geschl. Montag)* à la carte 31/57 – **23 Z** ⬱ 85
– 130/150 – ½ P 21.

PFULLENDORF *Baden-Württemberg* 🔠🔠🔠 *W 11 – 12 800 Ew – Höhe 650 m.*
🅱 *Verkehrsamt, Marktplatz, ⬜ 88630, 𝒫 (07552) 25 11 31, Fax (07552) 931130.*
Berlin 707 – Stuttgart 123 – Konstanz 60 – Freiburg im Breisgau 137 – Ulm (Donau) 92.

🏠 **Adler** Ⓜ (mit Gästehaus), Heiligenberger Str. 20, ⬜ 88630, 𝒫 (07552) 9 20 90, *adler
-hotel@t-online.de, Fax (07552) 9209800*, 🍴 – 🔞, ⬰ Zim, 🅣🆅 ⚲ 🄿 – 🅐 70. 🅞 🅜🅞
🆅🅸🆂🅰 🄹🄲🄱
Menu *(geschl. Sonntagabend - Montag)(wochentags nur Abendessen)* à la carte 35/72 –
48 Z ⬱ 105/125 – 160/205.

🏠 **Krone,** Hauptstr. 18, ⬜ 88630, 𝒫 (07552) 9 21 70, *hotel-krone@regiotip.de,
Fax (07552) 921734*, « Fachwerkhaus a.d.16.Jh. » – 🅣🆅 🄰🄴 🅞 🅜🅞 🆅🅸🆂🅰 🄹🄲🄱
geschl. 22. Dez. - 10. Jan. – **Menu** *(geschl. Samstagmittag, Sonntagmittag)* à la carte 40/64
– **22 Z** ⬱ 98 – 145/160.

🏠 **Stadtblick** garni, Am Pfarröschle 2/1, ⬜ 88630, 𝒫 (07552) 60 03, *Fax (07552) 4555*
– 🅣🆅 🄿 🅜🅞 🆅🅸🆂🅰 ⬮
geschl. über Fastnacht 1 Woche, Weihnachten - Anfang Jan. – **14 Z** ⬱ 87/92 – 130/155.

PFULLINGEN *Baden-Württemberg* **419** *U 11 – 16 000 Ew – Höhe 426 m.*
Berlin 680 – Stuttgart 43 – Reutlingen 4 – Ulm (Donau) 78.

🏨 **Engelhardt** 🦢 garni, Hauffstr. 111, ☒ 72793, 𝒫 (07121) 9 92 00, info@hotel-eng
elhardt.de, Fax (07121) 9920222, ☎ – |≣| 🍴 📺 ✆ 🅿 – 🔏 30. 🖭 ◑ 🐯 𝓥𝓘𝓢𝓐
57 Z ☂ 105/135 – 150/170.

PFUNGSTADT *Hessen* **417 419** *Q 9 – 24 000 Ew – Höhe 103 m.*
Berlin 579 – Wiesbaden 52 – Frankfurt am Main 46 – Darmstadt 10 – Mannheim 45.

🍴 **Restaurant VM,** Borngasse 16 (Zentrum am Rathaus), ☒ 64319, 𝒫 (06157) 8 54 40,
◍ (kleines Restaurant im Bistrostil)
geschl. Anfang Jan. 1 Woche, Mai 2 Wochen, Samstagmittag, Sonntag - Montag – Menu
(Tischbestellung ratsam) 38 (mittags) à la carte 47/81 *(auch vegetarisches Menu).*

PHILIPPSREUT *Bayern* **420** *T 25 – 850 Ew – Höhe 978 m.*
🛈 *Verkehrsamt, Hauptstr. 17,* ☒ 94158, 𝒫 (08550) 9 10 17, Fax (08550) 91019.
Berlin 513 – München 221 – Passau 48 – Grafenau 30.

🏠 **Hubertus Stuben,** Obermoldauer Str. 1 (nahe der B 12), ☒ 94158, 𝒫 (08550) 7 81,
Fax (08550) 422, �, ♨, ☎, ☞ – 📺 🅿 ⌘ Rest
10 Z.

PIDING *Bayern* **420** *W 22 – 5 000 Ew – Höhe 457 m – Luftkurort.*
🛈 *Verkehrsamt, Petersplatz 2,* ☒ 83451, 𝒫 (08651) 38 60, Fax (08651) 63447.
Berlin 718 – München 128 – Bad Reichenhall 9 – Salzburg 13.

In Piding-Högl *Nord : 4 km :*

🏨 **Berg- und Sporthotel Neubichler Alm** 🦢, Neubichl 5 – Höhe 800 m, ☒ 83451,
𝒫 (08656) 7 00 90, almhotel@accormail.de, Fax (08656) 1233, ≼ Salzburg und Berch-
tesgadener Land, �, Massage, ⅃⚡, ☎, 🖸, ☞, ⌘ ⚞, Squash – |≣| 🍴 📺 ᴪ ♣ ⇆
🅿 🐯 𝓥𝓘𝓢𝓐
Menu à la carte 32/64 – **50 Z** ☂ 140 – 196/220 – ½ P 25.

In Piding-Mauthausen :

🏠 **Pension Alpenblick** 🦢, Gaisbergstr. 9, ☒ 83451, 𝒫 (08651) 9 88 70,
Fax (08651) 988735, ☞ – 📺 🅿 ⌘. ♨
geschl. Nov. - Mitte Dez. – **Menu** *(nur Abendessen)* (Restaurant nur für Hausgäste) – **17 Z**
☂ 71/79 – 106/128 – ½ P 16.

PIESPORT *Rheinland-Pfalz* **417** *Q 4 – 2 100 Ew – Höhe 130 m.*
Berlin 693 – Mainz 135 – Trier 43 – Bernkastel-Kues 18 – Wittlich 26.

🏨 **Winzerhof** Ⓜ garni, Bahnhofstr. 8a, ☒ 54498, 𝒫 (06507) 9 25 20, hotel-winzerhof
-schanz@t-online.de, Fax (06507) 925252 – 📺 ✆ 🅿 🖭 ◑ 🐯 𝓥𝓘𝓢𝓐
geschl. 11. März - 9. April – **12 Z** ☂ 95/100 – 146/166.

PINNEBERG *Schleswig-Holstein* **415 416** *F 13 – 38 200 Ew – Höhe 11 m.*
⛳ *Pinneberg, Mühlenbergstraße 140, 𝒫 (04101) 51 18 30 ;* ⛳ ⛳ *Holm, Haverkamp 1 (Süd-
Ost : 7 km), 𝒫 (04103) 9 13 30.*
ADAC, Elmshorner Str. 73.
Berlin 305 – Kiel 89 – Hamburg 23 – Bremen 128 – Hannover 173.

🏨 **Thesdorfer Hof** garni, Rellinger Str. 35, ☒ 25421, 𝒫 (04101) 5 45 40, empfang@t
hesdorferhof.de, Fax (04101) 545454, ☎ – 📺 ✆ 🅿 – 🔏 30. 🖭 ◑ 🐯 𝓥𝓘𝓢𝓐
20 Z ☂ 130/160 – 150/200.

🏨 **Cap Polonio** 🦢, Fahltskamp 48, ☒ 25421, 𝒫 (04101) 53 30, info@cap-polonio.de,
Fax (04101) 533190, � – |≣|, 🍴 Zim, 📺 ✆ ♣ 🅿 – 🔏 120. 🖭 🐯 𝓥𝓘𝓢𝓐
Menu à la carte 48/61 – **64 Z** ☂ 120/160 – 168/208.

🍴 **Zur Landdrostei,** Dingstätte 23, ☒ 25421, 𝒫 (04101) 20 77 72, Fax (04101) 592200,
�, « Ständig wechselnde Bilderausstellung » – 🖭 🐯 𝓥𝓘𝓢𝓐
geschl. Montag – **Menu** à la carte 54/80.

PIRMASENS *Rheinland-Pfalz* **417 419** *S 6 – 49 200 Ew – Höhe 368 m.*
Messegelände Wasgauhalle, 𝒫 (06331) 6 40 41, Fax (06331) 65758.
ADAC, Schloßstr. 6.
*Berlin 683 ① – Mainz 122 ① – Saarbrücken 62 ① – Landau in der Pfalz 46 ② – Kai-
serslautern 36 ①*

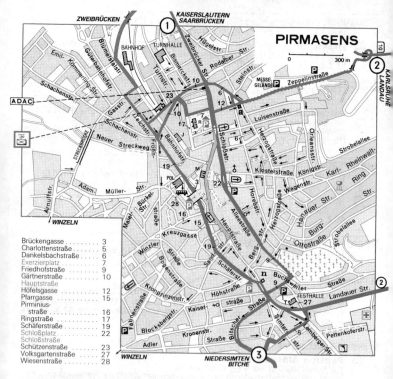

PIRMASENS

0 — 300 m

🏨 **Lindner Hotel Landauer Tor** garni, Landauer Str. 7, ⊠ 66953, ✆ (06331) 2 46 40, *info@landauertor.de, Fax (06331) 246444* – 🛗 📺 ✆ ♦ 🅿 – ⚫ 30. 🆎 ⓞ ⓜ 🆚 n
27 Z ☲ 105/150 – 150/220.

🍴🍴 **Ciccio,** Zeppelinstr. 2, ⊠ 66953, ✆ (06331) 7 54 00, Fax (06331) 77876 – 🆎 ⓞ ⓜ a
🆚
geschl. Montag – **Menu** (italienische Küche) à la carte 50/80.

In Pirmasens-Winzeln *West : 4 km über Winzler Str. oder Arnulfstr. :*

🏨 **Kunz,** Bottenbacher Str. 74, ⊠ 66954, ✆ (06331) 87 50, *info@hotel-kunz.de, Fax (06331) 875125,* 🌇, 🐴, 🏊 – ✦ Zim, 📺 ✆ ✦ 🅿 – ⚫ 100. 🆎 ⓞ ⓜ 🆚. ✦
geschl. 22. Dez. - 6. Jan. – **Menu** *(geschl. 6.- 22. Juli, Freitag - Samstagmittag)* à la carte
35/76 – **48 Z** ☲ 79/99 – 140/150.

PIRNA *Sachsen* 🗺 N 25 – 38 000 Ew – Höhe 120 m.
🛈 *Touristservice, Am Markt 7,* ⊠ 01796, ✆ (03501) 4 65 70, Fax (03501) 465715.
Berlin 213 – *Dresden 20* – *Chemnitz 91* – *Görlitz 97.*

🏨 **Romantik Hotel Deutsches Haus** 🏞, Niedere Burgstr. 1, ⊠ 01796, ✆ (03501)
44 34 40, *deutsches-haus@romantik.de, Fax (03501) 528104,* 🌇 – 🛗, ✦ Zim, 📺 ✆ 🅿
– ⚫ 35. 🆎 ⓜ 🆚. ✦ Rest
Menu *(April - Okt. Montag - Freitag nur Abendessen, Nov. - März nur Abendessen)* à la carte
30/52 – **40 Z** ☲ 116/149 – 168/183.

🏨 **Pirna'scher Hof,** Am Markt 4, ⊠ 01796, ✆ (03501) 4 43 80, Fax (03501) 44380, 🌇
– 📺. 🆎 ⓜ 🆚
Menu à la carte 31/53 *(auch vegetarische Gerichte)* – **21 Z** ☲ 100/110 – 120/140.

In Pirna-Zehista *Süd-West : 2,5 km :*

🏨 **Zur Post** Ⓜ (mit 🎿 Gasthof), Liebstädter Str. 30, ⊠ 01796, ✆ (03501) 55 00, *HOTEL.*
🍴 *ZUR.POST@t-online.de, Fax (03501) 527712,* 🌇, 🐴, 🏊 – 🛗 📺 ✆ ♦ 🅿 – ⚫ 80. 🆎
ⓞ ⓜ 🆚
Menu à la carte 19/42 – **63 Z** ☲ 90 – 175.

PLAIDT Rheinland-Pfalz ☑☑☑ O 6 – 5 500 Ew – Höhe 110 m.
Berlin 607 – Mainz 109 – Koblenz 20 – Bonn 63.

🏠 **Geromont**, Römerstr. 3a, ☒ 56637, ℰ (02632) 60 55, Fax (02632) 6066 – 📺 ☜ 🅿
– 🛦 50. ◍◍ 🆅🅸🆂🅰 ⚘ Rest
geschl. 23. Dez. - 5. Jan. – **Menu** (geschl. Sonntag) (nur Abendessen) à la carte 25/44 –
28 Z ⚏ 78/82 – 125/135.

PLANEGG Bayern siehe Gräfelfing.

PLATTLING Bayern ☑☑☑ T 22 – 12 000 Ew – Höhe 320 m.
Berlin 566 – München 134 – Passau 54 – Deggendorf 12 – Landshut 65 – Regensburg 71.

🏠 **Bahnhof-Hotel Liebl**, Bahnhofsplatz 3, ☒ 94447, ℰ (09931) 24 12, hotel-liebl@t-o
nline.de, Fax (09931) 6709, � – 📺 ☜ 🅿 🆎 ⓞ ◍◍ 🆅🅸🆂🅰
geschl. Ende Dez. - Anfang Jan. – **Menu** (geschl. Freitag) à la carte 25/63 – **22 Z** ⚏ 65/80
– 110/140.

In Plattling-Altholz Nord-Ost : 7 km Richtung Pankofen, nach der Autobahnunterführung rechts
ab :

🍴🍴 **Reiter Stuben Hutter**, Altholz 6, ☒ 94447, ℰ (0991) 73 20, Fax (0991) 382887, 🌫
– 📺 🅿 – 🛦 50. 🆎 ◍◍ 🆅🅸🆂🅰
geschl. Aug. 2 Wochen, Samstagmittag, Sonn- und Feiertage abends – **Menu** à la carte
38/66.

PLAU AM SEE Mecklenburg-Vorpommern ☑☑☑ F 20 – 6 200 Ew – Höhe 75 m – Luftkurort.
🛈 Touristinformation, Burgplatz 2, ☒ 19395, ℰ (038735) 4 56 78, Fax (038735) 41421.
Berlin 151 – Schwerin 73 – Rostock 84 – Stendal 123.

🏠🏠 **Parkhotel Klüschenberg** 🌫, Klüschenberg 14, ☒ 19395, ℰ (038735) 4 43 79, info
@Klueschenberg.com, Fax (038735) 44371, 🌫 – 🛗 📺 🅿 – 🛦 100. 🆎 ◍◍ 🆅🅸🆂🅰
Menu à la carte 39/57 – **68 Z** ⚏ 110/165 – 129/190 – ½ P 25.

In Plau-Seelust Süd : 4 km :

🏠🏠 **Seehotel Plau am See** 🌫 (mit Gästehaus), Hermann-Niemann-Str. 6, ☒ 19395,
ℰ (038735) 8 40, seehotel-plau@t-online.de, Fax (038735) 84166, ≤, 🌫, ≋ₛ, 🔲, 🔥ₛ,
🌫 – 📺 🅿 – 🛦 50. 🆎 ⓞ ◍◍ 🆅🅸🆂🅰
Menu à la carte 29/62 – **73 Z** ⚏ 99/129 – 145/178 – ½ P 30.

🏠 **Seeresidenz Gesundbrunn** 🌫, Hermann-Niemann-Str. 11, ☒ 19395, ℰ (038735)
4 68 38, Fax (038735) 41528, 🌫, ≋ – 📺 🅿 ◍◍
geschl. Feb. – **Menu** à la carte 30/55 – **18 Z** ⚏ 100/135 – 130/180 – ½ P 33.

In Plau-Quetzin Nord : 4 km :

🏠🏠 **Landhotel Rosenhof** 🌫, August-Bebel-Str. 10, ☒ 19395, ℰ (038735) 8 90, Land
hotelrosenhof@t-online.de, Fax (038735) 89189, 🌫, Biergarten, ≋ₛ, ≋ – 📺 🅿 – 🛦 20
Menu à la carte 29/50 – **31 Z** ⚏ 80/109 – 149/169 – ½ P 25.

In Bad Stuer Süd-Ost : 11 km :

🏠 **Stuersche Hintermühle** 🌫, Seeufer 6, ☒ 17209, ℰ (039924) 7 20,
Fax (039924) 7247, 🌫, ≋ₛ, ≋ – 📺 ☜ 🅿 – 🛦 50. 🆎 ⓞ ◍◍ 🆅🅸🆂🅰
Menu à la carte 26/50 – **58 Z** 100/160 – ½ P 27.

PLAUEN Sachsen ☑☑☑ ☑☑☑ O 20 – 66 000 Ew – Höhe 350 m.
🛈 Tourist-Information, Unterer Graben 1 (Rathaus), ☒ 08523, ℰ (03741) 1 94 33, Fax
(03741) 2911109.
ADAC, Schulstr. 1.
Berlin 291 – Dresden 151 – Gera 54 – Chemnitz 80 – Erfurt 144 – Bayreuth 105.

🏠🏠🏠 **Alexandra**, Bahnhofstr. 17, ☒ 08523, ℰ (03741) 22 14 14, Hotel_Alexandra@t-onli
ne.de, Fax (03741) 226747, 🌫, 🛦, ≋ₛ – 🛗, ⚘ Zim, 📺 ሌ 🅿 – 🛦 40. 🆎 ⓞ ◍◍ 🆅🅸🆂🅰
Menu à la carte 28/54 – **72 Z** ⚏ 128/134 – 174/199.

🏠🏠🏠 **Holiday Inn Garden Court** Ⓜ, Straßberger Str. 37, ☒ 08523, ℰ (03741) 25 20,
Fax (03741) 252100, 🌫 – 🛗, ⚘ Zim, 📺 ⚫ ሌ ☜ – 🛦 65. 🆎 ⓞ ◍◍ 🆅🅸🆂🅰 🅹🅲🅱
Menu à la carte 34/52 – **63 Z** ⚏ 129/169 – 150/189.

🏠🏠 **Parkhotel**, Rädelstr. 18, ☒ 08523, ℰ (03741) 2 00 60, Parkhotel-Plauen@t-online.de,
Fax (03741) 200660, (ehemalige Villa), Biergarten – 📺 ⚫ 🅿 – 🛦 20. 🆎 ◍◍ 🆅🅸🆂🅰
Menu à la carte 34/52 – **17 Z** ⚏ 85/119 – 135/155.

🏠 **City Hotel** Ⓜ, Neundorfer Str. 23, ☒ 08523, ℰ (03741) 1 52 30, info@City-Flair-Ho
☜ tel.de, Fax (03741) 152399 – 🛗, ⚘ Zim, 📺 ⚫ – 🛦 20. 🆎 ◍◍ 🆅🅸🆂🅰
Kartoffelhaus : Menu à la carte 24/47 – **23 Z** ⚏ 88/108 – 128/148.

In Plauen-Jößnitz *Nord : 6 km :*

🏨 **Landhotel zur Warth** Ⓜ, Steinsdorfer Str. 8, ✉ 08547, ℰ (03741) 5 71 10, *info*
@zurwarth.de, Fax (03741) 57115, 🌳, Biergarten, 𝄞, ⇔, ⇌ – ▯, ⇔ Zim, 📺 ✆ &
▯ – ▵ 30. Ⓐ Ⓜ Ⓥ
Menu à la carte 27/50 – **22 Z** ⊑ 108 – 139/157.

In Plauen-Neundorf *West : 4,5 km :*

🏨 **Ambiente** ⓢ, Schulstr. 23b, ✉ 08527, ℰ (03741) 13 41 02, *hotel.ambiente.plauen*
⇔ *@planet-interkom.de, Fax (03741) 134168,* Biergarten – 📺 ▯ – ▵ 25. Ⓐ Ⓜ Ⓥ
Menu à la carte 24/40 – **21 Z** ⊑ 75/100 – 136/146.

In Kauschwitz-Zwoschwitz *Nord-West : 5 km :*

🏨 **Gasthof Zwoschwitz,** Talstr. 1, ✉ 08525, ℰ (03741) 13 16 74, *landhotel@iz-plau*
⇔ *en.de, Fax (03741) 134136,* Biergarten – 📺 ✆ ▯ Ⓐ Ⓞ Ⓜ Ⓥ
Menu *(geschl. 26. Juli - 6. Aug., Sonntagabend - Montagmittag)* à la carte 24/44 – **20 Z**
⊑ 85/92 – 120/134.

PLECH *Bayern* ⁴¹⁹⁴²⁰ *R 18 – 1 200 Ew – Höhe 461 m – Erholungsort.*
Berlin 394 – München 192 – Nürnberg 50 – Bayreuth 40.

In Plech-Bernheck *Nord-Ost : 2,5 km :*

🏨 **Veldensteiner Forst** ⓢ, ✉ 91287, ℰ (09244) 98 11 11, *info@veldensteiner-fors*
t.de, Fax (09244) 981189, 🌳, ⇔, ▣, ⇌ – ▯ 📺 ⇔ ▯ – ▵ 40. Ⓜ Ⓥ. ✺
geschl. Mitte Feb. - Mitte März – **Menu** *(geschl. Montag)* à la carte 27/61 – **33 Z** ⊑ 75/95
– 136/156 – ½ P 28.

PLEINFELD *Bayern* ⁴¹⁹⁴²⁰ *S 16 – 7 300 Ew – Höhe 371 m.*
🅱 *Verkehrsbüro, Marktplatz 11,* ✉ 91785, ℰ (09144) 67 77, Fax (09144) 920050.
Berlin 473 – München 140 – Nürnberg 49 – Ingolstadt 60 – Donauwörth 49.

Zum Blauen Bock, Brückenstr. 5, ✉ 91785, ℰ (09144) 18 51, Fax (09144) 8277 –
⇔ 📺 ▯. ✺
Menu *(geschl. Mittwoch)* à la carte 20/30 – **14 Z** ⊑ 49/55 – 78/90.

✕✕ **Landgasthof Siebenkäs,** Kirchenstr. 1, ✉ 91785, ℰ (09144) 82 82,
▵ *Fax (09144) 8307,* 🌳 – Ⓜ Ⓥ
geschl. Anfang Jan. 1 Woche, Mitte - Ende Aug., Montag, Okt. - April Sonntagabend - Montag
– **Menu** 45/73 à la carte 43/73.

PLETTENBERG *Nordrhein-Westfalen* ⁴¹⁷ *M 7 – 30 000 Ew – Höhe 210 m.*
Berlin 526 – Düsseldorf 117 – Arnsberg 35 – Hagen 50 – Lüdenscheid 23 – Olpe 29.

🏨 **Haus Battenfeld,** Landemerter Weg 1, ✉ 58840, ℰ (02391) 9 28 70,
Fax (02391) 928746, 🌳, ⇌ – 📺 ✆ & ⇔ ▯ – ▵ 25. Ⓜ Ⓥ. ✺ Rest
Menu *(geschl. Montagmittag)* à la carte 33/64 – **27 Z** ⊑ 85/95 – 140.

✕✕ **Berghaus Tanneneck,** Brachtweg 61, ✉ 58840, ℰ (02391) 33 66,
Fax (02391) 3380, ❄ Plettenberg und Ebbegebirge – ▯
geschl. 2. - 18. Jan., Montagabend - Dienstag – **Menu** à la carte 38/61.

PLEYSTEIN *Bayern* ⁴²⁰ *R 21 – 2 500 Ew – Höhe 549 m – Erholungsort – Wintersport : 600/800 m*
⁴¹ ⅍.
🅱 *Tourismusbüro, Rathaus, Neuenhammer Str. 1,* ✉ 92714, ℰ (09654) 15 15, Fax
(09654) 745.
Berlin 424 – München 216 – Weiden in der Oberpfalz 35 – Nürnberg 116 – Regensburg
94.

Weißes Lamm, Neuenhammer Str. 11, ✉ 92714, ℰ (09654) 2 73, Fax (09654) 273,
⇔ ⇌ – ⇔ ▯. ✺ Zim
geschl. Nov. – **Menu** *(geschl. Dez. - Feb. Freitag)* à la carte 18/39 – **24 Z** ⊑ 48/84 – ½ P 8.

PLIEZHAUSEN *Baden-Württemberg* ⁴¹⁹ *U 11 – 6 700 Ew – Höhe 350 m.*
Berlin 672 – Stuttgart 37 – Reutlingen 8,5 – Ulm (Donau) 80.

🏨 **Schönbuch** ⓢ, Lichtensteinstr. 45, ✉ 72124, ℰ (07127) 97 50, *Hoerz@Hotel-Scho*
enbuch.de, Fax (07127) 975100, ❄ Schwäbische Alb, ⇔, ▣, ⇌ – ▯ 📺 ⇔ ▯ – ▵ 90.
Ⓐ Ⓞ Ⓜ Ⓥ
geschl. 2. - 10. Jan. Wochen – **Menu** *(geschl. Aug.- Sept. 2 Wochen, Feiertage)* à la carte
56/87 – **31 Z** ⊑ 155/200 – 230/270.

PLOCHINGEN *Baden-Württemberg* 🔢🔢🔢 *T 12 – 13 800 Ew – Höhe 276 m.*
Berlin 623 – Stuttgart 25 – Göppingen 20 – Reutlingen 36 – Ulm (Donau) 70.

🏨 **Princess,** Widdumstr. 3, ✉ 73207, 𝄞 (07153) 60 50, *hotel-princess@t-online.de,*
Fax (07153) 605499, (Restaurant im Bistrostil) – 📶 📺 ⇔ – 🔏 20. 🆎 ⓞ ⑩ 𝖵𝖨𝖲𝖠.
🦐 Rest
Menu *(geschl. Freitag - Sonntag) (nur Abendessen)* à la carte 32/42 – **45 Z** ⌑ 119/169
– 169/209.

🍴 **Brauhaus zum Waldhorn,** Neckarstr. 25, ✉ 73207, 𝄞 (07153) 7 27 00,
Fax (07153) 898815, ☞, Biergarten – 🅿.
Menu à la carte 29/63.

In Plochingen-Lettenäcker *Nord-Ost : 2 km :*

🏨 **Prisma** Ⓜ garni (Apartment-Hotel), Geschwister-Scholl-Str. 6, ✉ 73207, 𝄞 (07153)
83 08 05, *apartment.hotel.prisma@online.de, Fax (07153) 830899 –* 📶 ✦ 📺 ☎ ⇔ 🅿.
🆎 ⑩ 𝖵𝖨𝖲𝖠
⌑ 15 – **24 Z** 76/110 – 115/147.

In Plochingen-Stumpenhof *Nord : 3 km Richtung Schorndorf :*

🍴 **Stumpenhof,** Stumpenhof 1, ✉ 73207, 𝄞 (07153) 2 24 25, *stumpenhof.waegerle*
☞ *@t-online.de, Fax (07153) 76375 –* 🅿.
geschl. über Fastnacht 1 Woche, Montag - Dienstag – **Menu** (Tischbestellung ratsam) à
la carte 38/77.

In Altbach *Nord-West : 3 km :*

🏨 **Altbacher Hof** (mit Gästehaus), Kirchstr. 11, ✉ 73776, 𝄞 (07153) 70 70 (Hotel)
70 71 00 (Rest.), *webmaster@altbacherhof.de, Fax (07153) 25072,* ☞ – 📶 📺 ⇔ 🅿.
Ulrichstuben *(geschl. Freitag - Samstagmittag, Aug. 2 Wochen)* **Menu** à la carte 34/62
– **85 Z** ⌑ 75/110 – 140.

In Deizisau *West : 3 km :*

🍴 **Ochsen,** Sirnauer Str. 1, ✉ 73779, 𝄞 (07153) 2 79 45, *Fax (07153) 896035,* Biergarten
– 🅿.
geschl. 1.- 27. Aug., 27. Dez. - 10. Jan., Sonntagabend - Montag – **Menu** à la carte 27/61.

The overnight or full board prices may
in some cases be increased by the addition of a local bed tax.
Before making your reservation confirm with the hotelier
the exact price that will be charged.

PLÖN *Schleswig-Holstein* 🔢🔢🔢🔢 *D 15 – 13 000 Ew – Höhe 22 m – Luftkurort.*
Sehenswert : Großer Plöner See : Schloßterrasse ⩽★.
🛈 *Tourist Info Plön, Am Lübschen Tor 1 (Schwentinehaus),* ✉ 24306, 𝄞 (04522) 5 09 50,
Fax (04522) 509520.
Berlin 314 – Kiel 34 – Lübeck 60 – Neumünster 36 – Oldenburg in Holstein 41.

🏨 **Touristic,** August-Thienemann-Str. 1 (nahe der B 76), ✉ 24306, 𝄞 (04522) 81 32,
HTouristic@aol.com, Fax (04522) 8932, ☞ – ✦ Zim, 📺 ☎ 🅿. 🆎 ⑩ 𝖵𝖨𝖲𝖠.
🦐
Menu (Restaurant nur für Hausgäste) à la carte 26/47 – **11 Z** ⌑ 80/110 – 130/170 –
½ P 25.

PLÜDERHAUSEN *Baden-Württemberg siehe Schorndorf.*

POBERSHAU *Sachsen siehe Marienberg.*

POCKING *Bayern* 🔢🔢🔢 *U 23 – 12 000 Ew – Höhe 323 m.*
Berlin 625 – München 149 – Passau 25 – Landshut 102 – Salzburg 112.

🏨 **Pockinger Hof,** Klosterstr. 13, ✉ 94060, 𝄞 (08531) 90 70, *Fax (08531) 8881,* ☞ –
⇔ 📶 📺 🅿.
Menu à la carte 24/56 🍷 – **45 Z** ⌑ 68/75 – 86/106 – ½ P 15.

PODEWALL *Mecklenburg-Vorpommern siehe Neubrandenburg.*

PÖCKING Bayern 419 420 W 17 – 5 200 Ew – Höhe 672 m.
Berlin 618 – München 32 – Augsburg 71 – Garmisch-Partenkirchen 65.

🏠 **Kefer** garni, Hindenburgstr. 12, ✉ 82343, ℰ (08157) 9 31 70, Fax (08157) 931737, 🚗
– 📺 🅿. 🆎 ⓪⑤ 𝘝𝘐𝘚𝘈
21 Z ⇆ 75/95 – 120/148.

In Pöcking-Possenhofen Süd-Ost : 1,5 km :

🏨 **Forsthaus am See** ⬟, Am See 1, ✉ 82343, ℰ (08157) 9 30 10, forsthaus-graf@f
oni.net, Fax (08157) 4292, ≤, « Terrasse am See » Bootssteg – 🛗 📺 🚗 🅿 – 🍴 20.
🆎 ⓪⑤ 𝘝𝘐𝘚𝘈
Menu à la carte 48/88 – **21 Z** ⇆ 180/230 – 220/280.

In Pöcking-Niederpöcking Nord-Ost : 2 km :

🏨 **La Villa** ⬟, Ferdinand-von-Miller-Str. 39, ✉ 82343, ℰ (08151) 7 70 60, info@lavilla.de,
Fax (08151) 770699, ≤, « Haus im italienischen Landhausstil », ☎, 🚗 – 🛗 📺 📞 🅿 –
🍴 60. 🆎 ⓪⑤ 𝘝𝘐𝘚𝘈. ⬦
Menu (Restaurant nur für Hausgäste) 55/98 – **28 Z** ⇆ 229/329.

PÖLICH Rheinland-Pfalz siehe Mehring.

PÖSSNECK Thüringen 418 N 18 – 14 500 Ew – Höhe 220 m.
Berlin 283 – Erfurt 75 – Gera 45 – Hof 73 – Jena 36 – Saalfeld 20.

🏨 **Villa Altenburg,** Straße des Friedens 49, ✉ 07381, ℰ (03647) 42 20 01, Villa-Alten
burg@t-online.de, Fax (03647) 422002, « Villa a.d. Jahre 1928 in einer Parkanlage ;
Terrasse », ☎, 🖼 – ⬦ Zim, 📺 📞 🅿 – 🍴 25. ⓪⑤ 𝘝𝘐𝘚𝘈
Menu à la carte 27/56 – **14 Z** ⇆ 75/110 – 110/150.

POHLHEIM Hessen siehe Gießen.

POLLE Niedersachsen 417 K 12 – 1 300 Ew – Höhe 100 m – Erholungsort.
🏌 🏌 Weißenfelder Mühle, ℰ (05535) 88 42.
🛈 Verkehrsverein, Haus des Gastes, Amtsstr. 4a, ✉ 37647, ℰ (05535) 4 11, Fax (05535)
940021.
Berlin 349 – Hannover 80 – Detmold 44 – Hameln 38 – Kassel 88.

🍴 **Zur Burg,** Amtsstr. 10, ✉ 37647, ℰ (05535) 2 06, Walter.Biker@t-online.de,
Fax (05535) 8671, 🍽 – 📺 🚗 🅿. ⓪ ⓪⑤ 𝘝𝘐𝘚𝘈
geschl. Anfang - Mitte Jan. – **Menu** (geschl. Okt. - März Montag) à la carte 28/60 – **12 Z**
⇆ 56/112 – ½ P 13.

POMMELSBRUNN Bayern siehe Hersbruck.

POMMERSFELDEN Bayern 419 420 Q 16 – 2 400 Ew – Höhe 269 m.
Sehenswert : Schloß★ : Treppenhaus★.
Berlin 430 – München 216 – Nürnberg 47 – Bamberg 21 – Würzburg 74.

🏨 **Schloßhotel** ⬟, Am Schloß 1, ✉ 96178, ℰ (09548) 6 80, Hoteldorn@aol.com,
Fax (09548) 68100, 🍽, « Schloßpark », ☎, 🖼, 🚗, 🎾 – 🛗 ⬦ Zim, 📺 📞 🅿 – 🍴 100.
🆎 ⓪⑤ 𝘝𝘐𝘚𝘈
Menu à la carte 33/80 – **86 Z** ⇆ 70/120 – 100/160, 3 Suiten.

In Pommersfelden-Limbach Süd : 1,5 km :

🍴 **Volland,** Limbach 63, ✉ 96178, ℰ (09548) 2 81, Fax (09548) 921181 – 🅿.
⯇ geschl. 14. Mai - 13. Juni – **Menu** (geschl. Montag - Dienstag) à la carte 22/38 🍷 – **12 Z**
⇆ 45/48 – 60/70.

POPPENHAUSEN/WASSERKUPPE Hessen 417 418 420 O 13 – 2 700 Ew – Höhe 446 m
– Luftkurort.
🛈 Tourist-Information, Von-Steinrück-Platz 1, ✉ 36163, ℰ (06658) 96 00 13,
Fax (06658) 960022.
Berlin 462 – Wiesbaden 201 – Fulda 17 – Gersfeld 7,5.

🏨 **Hof Wasserkuppe** garni, Pferdskopfstr. 3, ✉ 36163, ℰ (06658) 98 10, HotelHofWa
sserkuppe@t-online.de, Fax (06658) 1635, ☎, 🖼 – 🅿.
18 Z ⇆ 67/83 – 123/164.

An der B 458 *Nord-Ost : 8 km : Richtung Tann :*

🏠 **Grabenhöfchen,** an der B 458, ✉ 36163 Poppenhausen, ✆ (06658) 3 16, *Fax (06658) 1698,* ⊜s, ☞ – 📺 🅿 – 🔬 25
Menu à la carte 27/47 – **18 Z** ⊃ 80/130 – ½ P 25.

PORTA WESTFALICA *Nordrhein-Westfalen* 🔢 *J 10 – 38 000 Ew – Höhe 50 m.*

🛈 *Fremdenverkehrsamt, Haus des Gastes, Kempstr. 6,* ✉ *32457,* ✆ *(0571) 79 12 80, Fax (0571) 791279.*

Berlin 356 – Düsseldorf 214 – Bielefeld 44 – Bremen 106 – Hannover 71 – Osnabrück 75.

In Porta Westfalic-Hausberge *– Kneipp-Kurort :*

🏛 **Porta Berghotel,** Hauptstr. 1, ✉ 32457, ✆ (0571) 7 90 90, *Porta.Berghotel@t-online.de, Fax (0571) 7909789,* ≤, ☞, Massage, 🔬, ⊜s, 🔲 – |⃰|, ⇥ Zim, 📺 ☎ 🅿 – 🔬 180. 🅰🅴 ① 🆐 🆅🆂🅰. ⚘
Menu à la carte 45/70 – **110 Z** ⊃ 155/210 – 250/320 – ½ P 40.

In Porta Westfalica-Lohfeld :

🏠 **Landhaus Edler,** Lohfelder Str. 281, ✉ 32457, ✆ (05706) 9 40 20, *Fax (05706) 940250,* « Individuelle Zimmereinrichtung » – ⇥ Zim, ☎ 🅿 – 🔬 50. 🆐 🆅🆂🅰
Menu *(geschl. Donnerstag)* à la carte 33/63 – **15 Z** ⊃ 120/140 – 200/220 – ½ P 27.

POTSDAM Ⓛ *Brandenburg* 🔢🔢 *I 23 – 129 000 Ew – Höhe 40 m.*

Sehenswert : *Schloß und Park Sanssouci*★★★ *AX (Neues Palais*★★, *Chinesisches Teehaus*★★, *Neue Kammern*★, *Schloß Charlottenhof*★, *Römische Bäder : Innengestaltung*★, *Friedenskirche : Mosaik*★, *Neue Orangerie : Raffaelsaal*★) *– Schloß Cecilienhof* BX *(Neuer Garten*★, *Marmorpalais*★*) – Nikolaikirche*★ – *Marstall (Filmmuseum*★ *)BY – Dampfmaschinenhaus (Moschee)*★ *AY – Holländisches Viertel*★ BX *– Brandenburger Tor*★ AXY *– Charlottenstraße*★ ABXY *– Jägervorstadt*★ *(Jägertor*★ *)AX – Russische Kolonie Alexandrowka*★ BX *– Glienicker Brücke*★ *(1 km über* ①*) – Park und Schloss Babelsberg*★★ CX.

🖼 🖼 🖼 *Kemnitz, Schmiedeweg 1 (West : 20 km),* ✆ *(03327) 6 63 70 ;* 🖼 *Tremmen/Nauen, Tremmener Landstraße (Nord-West : 27 km),* ✆ *(033233) 8 02 44 ;* 🖼 🖼 *Wildenbruch, Großer Seddiner See (Süd : 16 km),* ✆ *(033205) 73 20.*

🛈 *Potsdam-Information, Friedrich-Ebert-Str. 5,* ✉ *14467,* ✆ *(0331) 27 55 80, Fax (0331) 2755899.*

ADAC, *Jägerallee 16.*

Berlin 31 ② *– Brandenburg 38* ④ *– Frankfurt (Oder) 121* ③ *– Leipzig 141* ③

Stadtpläne siehe nächste Seiten

🏛 **Astron Hotel Voltaire** Ⓜ, Friedrich-Ebert-Str. 88, ✉ 14467, ✆ (0331) 2 31 70, *Potsdam-Voltaire@astron-hotels.de, Fax (0331) 2317100,* ☞, « Designer Hotel mit integrierter zeitgenössischer Kunst », ⊜s – |⃰|, ⇥ Zim, 📺 ☎ ☞ – 🔬 150. 🅰🅴 ① 🆐 🆅🆂🅰 🅹🅲🅱
BX c
***Hofgarten :* Menu** à la carte 55/86 – ⊃ 23 – **143 Z** 209/259 – 309/359, 5 Suiten.

🏛 **Dorint Hotel Sanssouci** Ⓜ, Jägerallee 20, ✉ 14469, ✆ (0331) 27 40, *Info. XXPPOT@Dorint.com, Fax (0331) 2741000,* ☞, Massage, 🔬, ⊜s, 🔲 – |⃰|, ⇥ Zim, 📺 ☎ ☞ – 🔬 480. 🅰🅴 ① 🆐 🆅🆂🅰 🅹🅲🅱
AX r
Menu à la carte 42/76 – **292 Z** ⊃ 230/335 – 295/400, 23 Suiten.

🏛 **Seminaris Seehotel** Ⓜ, An der Pirschheide 40 (Süd-West : 5 km), ✉ 14471, ✆ (0331) 9 09 00, *potsdam@seminaris.de, Fax (0331) 9090900,* ≤, « Terrasse am See », 🔬, ⊜s, 🔲, 🔬☞ – |⃰|, ⇥ Zim, 🍴 Rest, 📺 ☎ ☞ 🅿 – 🔬 200. 🅰🅴 ① 🆐 🆅🆂🅰 🅹🅲🅱. ⚘ Rest
über ④
Menu à la carte 44/73 – **225 Z** ⊃ 175/215 – 245/265, 10 Suiten.

🏛 **relaxa Schlosshotel Cecilienhof** ☞, Neuer Garten, ✉ 14469, ✆ (0331) 3 70 50, *cecilienhof@t-online.de, Fax (0331) 292498,* ☞, « Ehemaliges Hohenzollernschloß im englischen Landhaus-Stil », ⊜s – 📺 🅿 – 🔬 60. 🅰🅴 ① 🆐 🆅🆂🅰 🅹🅲🅱
BX
Menu à la carte 54/85 – **42 Z** ⊃ 205/350 – 295/395, 3 Suiten.

🏛 **art'otel** Ⓜ, Zeppelinstr. 136, ✉ 14471, ✆ (0331) 9 81 50, *potsdam@artotel.de, Fax (0331) 9815555,* ≤, ☞, « Teil des Persius-Getreidespeicher mit modernem Hotelanbau ; Einrichtung im Designer-Stil », 🔬, ⊜s – |⃰|, ⇥ Zim, 📺 ☎ 🅿 – 🔬 55. 🅰🅴 ① 🆐 🆅🆂🅰
über Zeppelinstraße ④
Aqua (vorwiegend Fischgerichte) **Menu** à la carte 41/77 – **123 Z** ⊃ 195/215 – 235/255.

🏠 **Steigenberger MAXX Hotel Sanssouci** Ⓜ, Allee nach Sanssouci 1, ✉ 14471, ✆ (0331) 9 09 10, *potsdam@maxx-hotels.de, Fax (0331) 9091909,* ☞, ⊜s – |⃰|, ⇥ Zim, 📺 ☎ ☞ – 🔬 80. 🅰🅴 ① 🆐 🆅🆂🅰 🅹🅲🅱
AXY n
Menu à la carte 31/66 – **137 Z** ⊃ 203/233 – 236/266.

POTSDAM

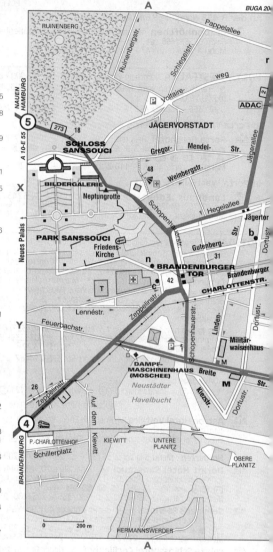

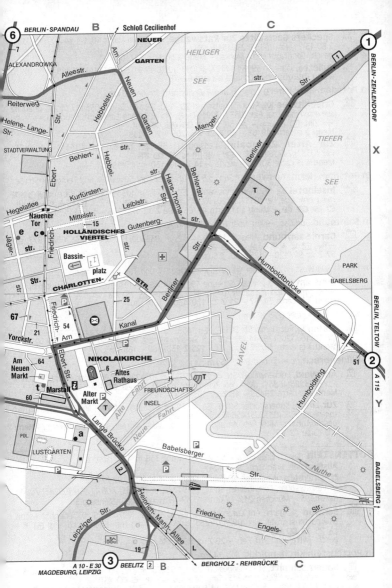

🏨	**Schloßgarten Hotel** Ⓜ garni, Geschwister-Scholl-Str. 41a, ✉ 14471, 𝒸 (0331) 97 17 00, Fax (0331) 97170404, 🌳 – ✦✕✦ 📺 🐾 🅿 ᴀᴇ ⓂⓄ 𝚅𝙸𝚂𝙰 über Geschwister-Scholl-Straße AY **17 Z** ⌚ 120/150 – 145/185.
🏨	**Mark Brandenburg,** Heinrich-Mann-Allee 71, ✉ 14478, 𝒸 (0331) 88 82 30, Fax (0331) 8882344 – 📺 🐾 🅿 ⓂⓄ 𝚅𝙸𝚂𝙰 ✦ über Heinrich-Mann-Allee BY **Menu** (geschl. Sonntag) (nur Abendessen) à la carte 31/46 – **17 Z** ⌚ 110/130 – 140/170.
🏨	**Reinhold,** Dortustr. 10, ✉ 14467, 𝒸 (0331) 28 49 90, REZEPTION@HOTEL-REINHOLD. de, Fax (0331) 2849930, �ிᴛ – 📺 ᴀᴇ ① ⓂⓄ 𝚅𝙸𝚂𝙰 ᴊᴄʙ AX b **Menu** à la carte 27/47 – **11 Z** ⌚ 115/145 – 155/175.

XXX **Speckers Gaststätte Zur Ratswaage**, Am neuen Markt 10, ⊠ 14467, ℰ (0331)
2 80 43 11, *Fax (0331) 2804319*, 🌸 BY t
geschl. Sonntagabend - Montag – **Menu** à la carte 70/100.

X **Juliette**, Jägerstr. 39, ⊠ 14467, ℰ (0331) 2 70 17 91, *Fax (0331) 2705389* BX e
Menu (französische Küche) à la carte 62/78.

In Potsdam-Babelsberg *über* ② *und R.-Breitscheid-Straße : 3 km :*

🏨 **Griebnitzsee** Ⓜ, Rudolf-Breitscheid-Str. 190, ⊠ 14482, ℰ (0331) 7 09 10, *griebnitz
see@seminaris.de, Fax (0331) 709111*, ≤, 🌸, « Schöne Lage am Griebnitzsee » – |≢|,
⇆ Zim, 🔟 ৬ 📾 – 🔏 50. 🆀🆂 🆀🆂 🆀🆂 ⁄⁄ Rest
Menu à la carte 48/63 – **40 Z** ⊆ 175/205 – 205/235.

🏨 **Zur Alten Rennbahn**, Lessingstr. 35, ⊠ 14482, ℰ (0331) 74 79 80,
Fax (0331) 7479818, 🌸, 🚗 – |≢| 🔟 ৬. 🆀🆂 🆀🆂 🆀🆂
Menu à la carte 30/50 – ⊆ 15 – **14 Z** 110/130 – 145/190.

In Potsdam-Hermannswerder *Süd : 3,5 km über Leipziger Straße* BY *und Templiner Straße :*

🏨 **Inselhotel** Ⓜ ৯, Hermannswerder, ⊠ 14473, ℰ (0331) 2 32 00, *Inselhotel.Potsda
m@t-online.de, Fax (0331) 2320100*, 🌸, 🚗, 🔲, ⁄⁄ – |≢|, ⇆ Zim, 🔟 ৬ 📾 – 🔏 120.
🆀🆂 🆀🆂 🆀🆂 🆀🆂 – **Menu** à la carte 46/66 – **88 Z** ⊆ 175/205 – 195/235, 4 Suiten.

In Saarmund *Süd-Ost : 9 km, über Heinrich-Mann-Allee* BY :

🏨 **Garni Saarmund**, Alleestr. 14, ⊠ 14552, ℰ (033200) 81 80, *Fax (033200) 81877*, 📾
– ⇆ 🔟 ৬ 📾 – 🔏 30. 🆀🆂 🆀🆂 🆀🆂
57 Z ⊆ 99/120 – 125/150, 3 Suiten.

In Ferch *Süd-West : 12 km über* ③ *Leipziger Straße* BY *und Templiner Straße :*

🏨 **Haus am See** ৯, Neue Scheune 19, ⊠ 14548, ℰ (033209) 7 09 55, *HotelHausam
See@gmx.de, Fax (033209) 70496*, 🌸 – 🔟 📾 – 🔏 25. 🆀🆂. ⁄⁄
Menu à la carte 34/57 – **21 Z** ⊆ 120/130 – 160/180.

In Michendorf *über* ③ *: 12 km :*

🏨 **Sol Inn** Ⓜ, Potsdamer Str. 96 (B 2), ⊠ 14552, ℰ (033205) 7 80, *Sol.Inn.Potsdam@t-online
.de, Fax (033205) 78444*, 🌸, 📾 – |≢|, ⇆ Zim, 🔟 ৬ 📾 – 🔏 150. 🆀🆂 🆀🆂 🆀🆂 🆀🆂 🆀🆂
Menu à la carte 32/57 – ⊆ 20 – **125 Z** 138/160 – 165/195.

In Wildenbruch *über* ③ *und B 2 : 15 km :*

🏡 **Am Wald**, Luckenwalder Str. 4, ⊠ 14552, ℰ (033225) 71 60, *HotelAWald@aol.com*,
Fax (033225)46841, 🌸 – ⇆ Zim, 🔟 ৬ 📾 – 🔏 40. 🆀🆂 🆀🆂 🆀🆂
Menu à la carte 29/58 – **18 Z** ⊆ 105/115 – 145.

X **Zur Linde**, Kunersdorfer Str. 1, ⊠ 14552, ℰ (033205) 6 23 79, *linde_wildenbruch@t
-online.de, Fax (033205) 45640*, 🌸, Biergarten – 🆀🆂
geschl. Anfang - Mitte Feb., Anfang - Mitte Nov., Jan. - März Mittwoch - Donnerstag – **Menu**
à la carte 42/62.

POTTENSTEIN *Bayern* 🄰🄰🄾 *Q 18 – 5 800 Ew – Höhe 368 m – Luftkurort.*
Ausflugsziel : Fränkische Schweiz★★.
🏌 *Pottenstein, Weidenloh 40 (Süd : 3km), ℰ (09243) 92 92 10.*
🇧 *Verkehrsbüro, Forchheimer Str. 1, ⊠ 91278, ℰ (09243) 7 08 41, Fax (09243) 70840.*
Berlin 395 – München 212 – Nürnberg 67 – Bayreuth 40 – Bamberg 51.

🏨 **Schwan** ৯ garni, Am Kurzentrum 6, ⊠ 91278, ℰ (09243) 98 10, *ferienhotel-schw
an@pottenstein.de, Fax (09243) 7351*, direkter Zugang zum Erlebnisbad – |≢| 🔟 📾 –
🔏 25. 🆀🆂 🆀🆂 🆀🆂 ⁄⁄
geschl. Mitte Jan. - 10. Feb. – **26 Z** ⊆ 86 – 134/152.

In Pottenstein-Kirchenbirkig *Süd : 4 km :*

🏡 **Bauernschmitt**, St.-Johannes-Str. 25, ⊠ 91278, ℰ (09243) 98 90, *bauernschmitt@t
📾 -online.de, Fax (09243) 98945*, 🌸, ⁄⁄ – 🔟 📾 📾 🆀🆂 🆀🆂 🆀🆂
geschl. Ende Nov. - Anfang Dez. – **Menu** (geschl. Dez.- März Donnerstag) à la carte 20/50
🍺 – **25 Z** ⊆ 56/64 – 104/108 – ½ P 18.

PREETZ *Schleswig-Holstein* 🄰🄸🄵 🄰🄸🄶 *D 14 – 15 300 Ew – Höhe 34 m – Erholungsort.*
🇧 *Tourist Information, An der Mühlenau 5, ⊠ 24211, ℰ (04342) 22 07, Fax (04342) 5698.*
Berlin 327 – Kiel 16 – Lübeck 68 – Puttgarden 82.

In Lehmkuhlen-Dammdorf *Nord-Ost : 2 km :*

🏡 **Neeth**, Preetzer Str. 1, ⊠ 24211, ℰ (04342) 8 23 74, *neeth@t-online.de*,
Fax (04342) 84749, 🌸 – ⇆ Zim, 🔟 ৬ 📾 🆀🆂 🆀🆂 🆀🆂 🆀🆂
Menu à la carte 40/75 – **13 Z** ⊆ 128/138 – 160/220 – ½ P 35.

PRENZLAU Brandenburg **406** G 25 – 21 000 Ew – Höhe 20 m.

🚉 Stadtinformation, Dominikanerkloster, Uckerwiek 813, ✉ 17291, ℰ (03984) 86 50.
Berlin 110 – Potsdam 147 – Neubrandenburg 54 – Szczecin 83.

🏨 **Uckermark,** Friedrichstr. 2, ✉ 17291, ℰ (03984) 3 64 00, hoteluckermark@t-online
.de, Fax (03984) 364299, 🍴 – 📶, ⇄ Zim, 📺 🕭 🅿 – 🔬 40. 🆎 ⓂⓄ 𝚅𝙸𝚂𝙰
Menu à la carte 25/42 – **30 Z** ⊑ 80/90 – 120/140.

🏨 **Overdiek,** Baustr. 33, ✉ 17291, ℰ (03984) 85 66 00, hotel.overdiek@t-online.de,
Fax (03984) 856666 – 🕭 📺 🅿 – 🔬 15. 🆎 ⓂⓄ 𝚅𝙸𝚂𝙰
Menu à la carte 25/46 – **27 Z** ⊑ 75/95 – 110/130.

🏨 **Wendenkönig,** Neubrandenburger Str. 66, ✉ 17291, ℰ (03984) 86 00, mail@hotel
-wendenkoenig.de, Fax (03984) 860151, 🍴, 🦅 – ⇄ Zim, 📺 🕭 🅿 – 🔬 20. 🆎 ⓂⓄ 𝚅𝙸𝚂𝙰
Menu (Montag - Freitag nur Abendessen) à la carte 27/44 – **42 Z** ⊑ 85 – 116/125.

In Röpersdorf Süd-West : 3 km :

🏨 **Schilfland,** Kirchstr. 1a, ✉ 17291, ℰ (03984) 67 48, SCHILFLAND@t-ONLINE.DE,
Fax (03984) 800837, 🍴, 🦅 – ⇄ Zim, 📺 🕭 🅿 🆎 ⓂⓄ 𝚅𝙸𝚂𝙰
Menu (geschl. Feb. 2 Wochen, Nov.- März Sonntagabend) à la carte 18/46 – **20 Z** ⊑ 99
– 115/129.

In Seehausen Süd : 17 km :

🏨 **Seehotel Huberhof** 🐾, Dorfstr. 49, ✉ 17291, ℰ (039863) 60 20, info@seehote
l-huberhof.de, Fax (039863) 60210, 🍴, 😑, 🐾, 🦅 – 📺 🅿 – 🔬 40. 🆎 ⓂⓄ 𝚅𝙸𝚂𝙰
geschl. 4. Jan. - 5. Feb. – **Menu** à la carte 33/53 – **25 Z** ⊑ 70/85 – 120/160.

PREROW Mecklenburg-Vorpommern **406** C 21 – 1 800 Ew – Höhe 3 m – Seebad.

🚉 Kur- und Tourismusbetrieb, Gemeindeplatz 1, ✉ 18375, ℰ (038233) 61 00, Fax
(038233) 61020.
Berlin 276 – Schwerin 150 – Rostock 63.

🏨 **Waldschlösschen** (mit Gästehäusern), Bernsteinweg 4, ✉ 18375, ℰ (038233) 61 70,
Fax (038233) 403, 🍴, Massage, 😑, 🔲, 🦅 – ⇄ Zim, 📺 🅿 Ⓞ ⓂⓄ 𝚅𝙸𝚂𝙰
geschl. 11. Nov. - 7. Dez. – **Menu** (Montag - Freitag nur Abendessen) (bemerkenswerte
Weinkarte) à la carte 43/83 – **33 Z** ⊑ 145 – 156/255 – ½ P 40.

In Wieck a. d. Darß Süd : 4 km :

🏨 **Haferland** 🐾, Bauernreihe 5a, ✉ 18375, ℰ (038233) 6 80, info@hotelhaferland.de,
Fax (038233) 68220, 🍴, Massage, 😑, 🦅 – 🕭 ⇄ Zim 📺 🅿 – 🔬 40. ⓄⓂⓄ 𝚅𝙸𝚂𝙰
Menu (geschl. Nov.- März Montag - Dienstag) (Nov. - März nur Abendessen) 40/71 und à
la carte – **50 Z** ⊑ 140 – 180/260.

PREUSSISCH OLDENDORF Nordrhein-Westfalen **417** J 9 – 12 000 Ew – Höhe 72 m – Luftkurort.

🚉 Verkehrsamt, Rathausstr. 3, ✉ 32361, ℰ (05742) 93 11 30, Fax (05742) 5680.
Berlin 383 – Düsseldorf 225 – Bielefeld 40 – Bremen 110 – Osnabrück 35.

In Büscherheide Süd : 4 km :

🏨 **Lindenhof,** ✉ 32361, ℰ (05742) 42 86, Fax (05742) 920223, 🍴, 🦅 – 📺 ⟷ 🅿.
🌿 Zim
Menu (geschl. Mittwoch) à la carte 27/50 – **11 Z** ⊑ 60/70 – 120/130.

PRICHSENSTADT Bayern **419** **420** Q 15 – 3 000 Ew – Höhe 278 m.

Sehenswert : Hauptstraße ★ mit Fachwerkhäusern.
Berlin 466 – München 254 – Würzburg 42 – Schweinfurt 32 – Nürnberg 82.

🏨 **Zum goldenen Adler,** Karlsplatz 10, ✉ 97357, ℰ (09383) 60 31, goldeneradler@t
-online.de, Fax (09383) 6032, Biergarten – 📺 🕭 – 🔬 60. 📺 🅿
geschl. Feb. – **Menu** (geschl. Mittwoch, Nov. - März Mittwoch - Donnerstag) à la carte 36/56
🕭 – **6 Z** ⊑ 50/60 – 86.

🏨 **Zum Storch,** Luitpoldstr. 7, ✉ 97357, ℰ (09383) 65 87, Fax (09383) 6717, 🍴, (Gasthof a.d.J. 1658) – 📺 🅿
geschl. Jan. – **Menu** (geschl. Dienstag, Nov. - März Montag - Dienstag) à la carte 26/49 🕭
– **9 Z** ⊑ 65/75 – 95/110.

In Prichsenstadt-Neuses am Sand Nord : 5 km :

🏚 Landhotel Neuses mit Zim, ✉ 97357, ℰ (09383) 71 55, Fax (09383) 6556, 🍴 – 📺
🕭 🅿 – 🔬 15
12 Z.

PRIEN AM CHIEMSEE Bayern **420** W 21 – 9 500 Ew – Höhe 531 m – Luftkurort – Kneippkurort.
Sehenswert : Chiemsee★ (Überfahrt zu Herren- und Fraueninsel) – Schloß
Herrenchiemsee★★.

🚉 Prien-Bauernberg, ℰ (08051) 6 22 15.

🛈 Kurverwaltung, Alte Rathausstr. 11, ⊠ 83209, ℰ (08051) 6 90 50, Fax (08051) 690540.
Berlin 656 – München 85 – Bad Reichenhall 58 – Salzburg 64 – Wasserburg am Inn 27 –
Rosenheim 23.

🏨 **Sport- und Golf-Hotel** ⑤, garni, Erlenweg 16, ⊠ 83209, ℰ (08051) 69 40, info@r
einhart-hotels.chiemsee.de, Fax (08051) 694100, Massage, ⓼, 🔲, ⌖ – 📶 ⁙⊱ 📺 🅿 –
🔬 30. 🕮 ⓞ ⓜⓞ 𝗩𝗜𝗦𝗔
geschl. Jan. - Ostern, 20. Okt. - Mitte Dez. – **39 Z** ⌑ 140/160 – 170/240, 4 Suiten.

🏨 **Reinhart** ⑤, Seepromenade, ⊠ 83209, ℰ (08051) 69 40 (Hotel) 40 25 (Rest.), info@rei
nhart-hotels.chiemsee.de, Fax (08051) 694100, ≼, 🏡, ⌖ – ⁙⊱ Zim, 📺 🅿 🕮 ⓞ ⓜⓞ 𝗩𝗜𝗦𝗔
geschl. Jan.- März, Nov. – **Menu** à la carte 46/73 – **23 Z** ⌑ 140/160 – 170/240 – ½ P 33.

🏛 **Bayerischer Hof,** Bernauer Str. 3, ⊠ 83209, ℰ (08051) 60 30, Hotel_Bayerischer
_Hof@t-online.de, Fax (08051) 62917, 🏡 – ⁙⊱ ⁙⊱ Zim, 📺 ⇖ 🅿 🕮 ⓜⓞ 𝗩𝗜𝗦𝗔 𝗝𝗖𝗕 ⁘⊱ Zim
geschl. 20. - 31. Jan. – **Menu** (geschl. Nov., Montag) à la carte 30/63 – **46 Z** ⌑ 96/140
– 164/175 – ½ P 30.

✕✕ **Mühlberger,** Bernauer Str. 40, ⊠ 83209, ℰ (08051) 96 68 88, Fax (8051) 309274 –
🅿 ⓜⓞ 𝗩𝗜𝗦𝗔
geschl. über Fasching 1 Woche, Dienstag - Mittwochmittag – **Menu** à la carte 62/93.

In Prien-Harras Süd-Ost : 4 km :

🏨 **Yachthotel Chiemsee** ⑤, Harrasser Str. 49, ⊠ 83209, ℰ (08051) 69 60, Infos@yach
thotel.de, Fax (08051) 5171, ≼ Chiemsee und Herrenchiemsee, « Gartenterrasse am See »,
Massage, ⚑, ⁙⊱, ⓼, 🔲, ⁙⊱, ⌖ Yachthafen – ⁙⊱ 📺 🔳 🅿 – 🔬 135. 🕮 ⓞ ⓜⓞ 𝗩𝗜𝗦𝗔
Menu à la carte 56/83 – **102 Z** ⌑ 215/260 – 285/320, 5 Suiten – ½ P 45.

PRITZWALK Brandenburg **416** G 20 – 12 000 Ew – Höhe 85 m.
Berlin 123 – Potsdam 115 – Schwerin 84 – Rostock 120.

🏛 **Pritzwalker Hof,** Havelberger Str. 59, ⊠ 16928, ℰ (03395) 30 20 04,
⇖ Fax (03395) 302003 – 📺 🅿 – 🔬 100. 🕮 ⓞ 𝗩𝗜𝗦𝗔, ⁙⊱ Zim
Menu (geschl. Sonntagabend) à la carte 24/44 – **9 Z** ⌑ 95/100 – 100/125.

🏛 **Waldhotel Forsthaus Hainholz** ⑤, Hainholz 2 (Nord-Ost : 1,5 km), ⊠ 16928,
⇖ ℰ (03395) 30 47 47, info@prignitz-hotels.de, Fax (03395) 302795, 🏡 – 📺 🅿 – 🔬 20.
ⓜⓞ 𝗩𝗜𝗦𝗔
Menu (geschl. Feb.) à la carte 21/39 – **9 Z** ⌑ 90/120.

In Falkenhagen Nord : 8,5 km :

🏨 **Falkenhagen,** Rapshagener Str. 10 (Gewerbegebiet), ⊠ 16928, ℰ (033986) 8 21 23,
Fax (033986) 82125, 🏡 – 📺 ✆ 🅿 – 🔬 50. 🕮 ⓞ ⓜⓞ 𝗩𝗜𝗦𝗔
Menu à la carte 27/44 – **45 Z** ⌑ 85/95 – 120/130.

PRONSTORF Schleswig-Holstein siehe Segeberg, Bad.

PRÜM Rheinland-Pfalz **417** P 3 – 6 000 Ew – Höhe 442 m – Luftkurort.

🛈 Tourist-Information Prümer Land, im Haus des Gastes, Hahnplatz 1, ⊠ 54595,
ℰ (06551) 5 05, Fax (06551) 7640.
Berlin 674 – Mainz 196 – Trier 57 – Köln 104 – Liège 104.

🏛 **Landhotel am Wenzelbach,** Kreuzweg 30, ⊠ 54595, ℰ (06551) 9 53 80, Landhot
el@wenzelbach.de, Fax (06551) 953839, 🏡 – ⁙⊱ Zim, 📺 🅿 🕮 ⓞ ⓜⓞ 𝗩𝗜𝗦𝗔 𝗝𝗖𝗕, ⁙⊱ Rest
geschl. Ende Okt. - Mitte Nov. – **Menu** (geschl. Donnerstag - Freitagmittag) à la carte 32/70
– **15 Z** ⌑ 85/130 – 124/160 – ½ P 30.

🏛 **Tannenhof,** Am Kurpark 2, ⊠ 54595, ℰ (06551) 1 47 70, tannenhofpruem@t-onlin
e.de, Fax (06551) 854, 🏡, ⓼, 🔲, ⌖ – 📺 🅿 🕮 ⓞ ⓜⓞ 𝗩𝗜𝗦𝗔
Menu (geschl. Sonntagabend - Montagmittag) à la carte 29/63 – **26 Z** ⌑ 70/85 – 110/120
– ½ P 25.

🏛 **Haus am Kurpark** garni, Teichstr. 27, ⊠ 54595, ℰ (06551) 9 50 20,
Fax (06551) 6097, ⓼, 🔲, ⌖ – 📺 ⇖ 🕮 ⓞ ⓜⓞ 𝗩𝗜𝗦𝗔, ⁙⊱
12 Z ⌑ 72/85 – 110/120.

In Prüm-Held Süd : 1,5 km :

🏛 **Zur Held,** Rommersheimer Held 3, ⊠ 54595, ℰ (06551) 30 16, hotel-zur-held@t-onl
ine.de, Fax (06551) 7427, 🏡, ⓼, 🔲, ⌖ – 📺 🅿 ⓜⓞ 𝗩𝗜𝗦𝗔
geschl. Juli - Aug. 2 Wochen, Okt. 1 Woche – **Menu** (geschl. Sonntagabend - Montag) à la
carte 32/64 – **9 Z** ⌑ 80/95 – 120/180.

An der B 410 *Ost : 5 km :*

🏠 **Schoos,** Baselt 7, ✉ 54597 Fleringen, 𝒫 (06558) 9 25 40, *hotel-schoos@die-eifel.de,*
Fax (06558) 925455, 🌳, Damwildgehege, ⇔s, 🔲, 🎣 – 🔟 TV 🄿 – 🔬 40. ᴀᴇ ⓸ ⓸⓸ ⱽᴵˢᴬ
ⱽᴵˢᴬ ᴶᶜᴮ
Menu *(geschl. Anfang - Mitte Jan.)* à la carte 30/65 ⅄ – **32 Z** ⊒ 100/120 – 148/164.

PUCHHEIM *Bayern siehe Germering.*

PÜTTLINGEN *Saarland* ⒋⒈⒎ *S 4 – 20 800 Ew – Höhe 310 m.*
Berlin 727 – Saarbrücken 19 – Saarlouis 17.

ⵊⵊⵊ **Zum Schwan,** Derler Str. 34, ✉ 66346, 𝒫 (06898) 6 19 74, *koschine@gasthaus-zu*
mschwan.de, Fax (06898) 61974 – ᴀᴇ ⓸ ⓸⓸ ⱽᴵˢᴬ. ⁂ Zim
geschl. Dienstag – **Menu** *(wochentags nur Abendessen)* à la carte 69/103 – *Bistro :* **Menu**
à la carte 55/72.

PULHEIM *Nordrhein-Westfalen* ⒋⒈⒎ *M 4 – 49 000 Ew – Höhe 45 m.*
𝕟₁₈ 𝕟₁₈ Pulheim-Velderhof *(Nord : 9 km über Stommeln),* 𝒫 (02238) 92 39 40 ; 𝕟₁₈ Pulheim
Gut Lärchenhof *(Nord : 7 km über Stommeln),* 𝒫 (02238) 92 39 00.
Berlin 573 – Düsseldorf 37 – Aachen 72 – Köln 13 – Mönchengladbach 43.

🏨 **Ascari** Ⓜ, Jakobstraße, ✉ 50259, 𝒫 (02238) 80 40, *cologne@hotel-ascari.de,*
Fax (02238) 804140, 🌳 – 🔟, ⁑⁂ Zim, TV 📞 🄿 ⇔ – 🔬 60. ᴀᴇ ⓸ ⓸⓸ ⱽᴵˢᴬ ᴶᶜᴮ
Menu *(geschl. Samstagmittag)* à la carte 36/65 – ⊒ 20 – **73 Z** 165/199 – 209/229.

In Pulheim-Brauweiler *Süd : 5 km :*

🏠 **Abtei-Park-Hotel** garni, Bernhardstr. 50, ✉ 50259, 𝒫 (02234) 8 10 58, *parkhotel*
@brauweiler.net, Fax (02234) 89232 – 🔟 TV. ᴀᴇ ⓸ ⓸⓸ ⱽᴵˢᴬ. ⁂
43 Z ⊒ 130/178 – 168/220.

In Pulheim-Dansweiler *Süd-West : 6 km über Brauweiler :*

ⵊⵊⵊ **Landhaus Ville** (Potthast), Friedenstr. 10, ✉ 50259, 𝒫 (02234) 8 33 45,
❀❀ Fax (02234) 208853, 🌳 – 🄿. – 🔬 20. ᴀᴇ ⓸⓸ ⱽᴵˢᴬ. ⁂
geschl. Jan. 1. Woche, Anfang - Mitte Sept., Sonntag - Montag – **Menu** *(nur Abendessen)*
(Tischbestellung ratsam) 110/165 und à la carte
Spez. Gebratener Loup de mer mit mediterraner Würze. Steinbutt mit Flußkrebsen und
Kohlrabi-Trüffelbutter. Geschmorte Blutente in zwei Gängen (2 Pers.).

Am Golfplatz *Nord : 7 km :*

ⵊⵊ **Gut Lärchenhof,** Hahnenstraße (im Golf-Club), ✉ 50259 Pulheim, 𝒫 (02238) 92 31 00,
❀ Fax (02238) 9231030, 🌳 – 🄿. ᴀᴇ ⓸⓸ ⱽᴵˢᴬ. ⁂
geschl. über Karneval – **Menu** à la carte 72/93
Spez. Weiße Tomatenmousse mit Scampi und aromatisierten Tomaten. Loup de mer mit
Brandade und Olivenmarinade. Geschmorte Kalbsbrust mit Wirsing und Palffyknödel.

PULLACH *Bayern* ⒋⒈⒐ ⒋⒉⒈ *V 18 – 8 200 Ew – Höhe 582 m.*
Berlin 598 – München 12 – Augsburg 72 – Garmisch-Partenkirchen 77.

🏨 **Seitner Hof** garni, Habenschadenstr. 4, ✉ 82049, 𝒫 (089) 74 43 20 (Hotel), 79 36 06
44 (Rest.), *info@seitnerhof.de,* Fax (089) 74432100, « Erweiterer, ehemaliger Bauernhof
mit Einrichtung im Landhausstil », ⇔s – 🔟 ⁑⁂ TV 📞 🔬 ⇔ 🄿 – 🔬 30. ᴀᴇ ⓸⓸ ⱽᴵˢᴬ
geschl. 23. Dez. - 6. Jan. – – **38 Z** ⊒ 177/216 – 235/285.

PULSNITZ *Sachsen* ⒋⒈⒏ *M 26 – 6 800 Ew – Höhe 230 m.*
🛈 Pulsnitz-Information, Haus des Gastes, Am Markt 3, ✉ 01896, 𝒫 (035955) 4 42 46, Fax
(035955) 44246.
Berlin 186 – Dresden 35 – Bautzen 33 – Cottbus 82.

In Pulsnitz-Friedersdorf *Nord-West : 2 km :*

🏠 **Waldblick,** Königsbrücker Str. 119, ✉ 01896, 𝒫 (035955) 4 52 27,
⇔ Fax (035955) 44770, 🌳, 🦌 – TV 📞 🄿 ⓸⓸ ⱽᴵˢᴬ
geschl. 2.- 12. Jan. – **Menu** à la carte 22/46 – **28 Z** ⊒ 80/130.

In Bretnig *Süd-Ost : 6 km :*

🏠 **Landhotel zur Klinke,** Am Klinkenplatz 10a, ✉ 01900, 𝒫 (035952) 5 68 32,
⇔ Fax (035952) 58874 – TV 📞 🄿
Menu à la carte 22/33 – **28 Z** ⊒ 60/75 – 90/120.

PUTBUS Mecklenburg-Vorpommern siehe Rügen (Insel).

PYRMONT, BAD Niedersachsen **417** K 11 – 23 000 Ew – Höhe 114 m – Heilbad.
Sehenswert : Kurpark★.

🏌️₁₈ Lüdge, Auf dem Winzenberg (Süd : 4 km) 🏌️ (05281) 93 20 90 ; 🏌️₁₈ 🏌️₁₈ Aerzen, Schloß
Schwöbber (Nord : 16 km) 🏌️ (05154) 98 71 24.

🗓 Touristinformation, Europa-Platz 1, ⊠ 31812, 🏌️ (05281) 1 94 33, Fax (05281) 940555.
Berlin 351 – Hannover 69 – Bielefeld 58 – Hildesheim 70 – Paderborn 54.

Steigenberger 🦢, Heiligenangerstr. 2, ⊠ 31812, 🏌️ (05281) 15 02, bad-pyrmont
@steigenberger.de, Fax (05281) 152020, 🌿, Massage, 🖐, 🔼, ⇌s, 🔲, 🎴 – 📶 🔆 📺
📞 📶 🚗 – 🚗 90. 🔳 ⓞ 🚾 🗺 ✂ Rest
Menu à la carte 56/74 – **151 Z** ☲ 245/275 – 394/435, 3 Suiten – ½ P 56.

Bergkurpark 🦢, Ockelstr. 11, ⊠ 31812, 🏌️ (05281) 40 01, info@bergkurpark.de,
Fax (05281) 4004, « Gartenterrasse », Massage, 🖐, ⇌s, 🔲, 🎴 – 📶 📺 📞 🔳 🚗 🗺
Menu à la carte 42/74 – **49 Z** ☲ 75/195 – 190/350 – ½ P 73/32.

Landhaus Stukenbrock 🦢, Erdfällenstraße (Nord : 1 km), ⊠ 31812, 🏌️ (05281)
9 34 40, info@landhaus-stukenbrock.de, Fax (05281) 934434, ≤, ⇌, ⇌s – 🔆 Zim, 📺
📞 🔳 – 🚗 15. 🔳 🚗 🗺
Menu (geschl. Montagmittag, Dienstag) à la carte 48/81 – **11 Z** ☲ 125/185 – 198/298.

Alte Villa Schlossblick, Kirchstr. 23, ⊠ 31812, 🏌️ (05281) 37 23, Fax (05281) 3695,
🏡, 🎴 – 📺 📞 🔳 🔳 🚗 🗺
geschl. 7. Jan. - 1. Feb. **Menu** (geschl. Montag) à la carte 42/74 – **13 Z** ☲ 72/105 – 144/154
– ½ P 20.

QUAKENBRÜCK Niedersachsen **415** H 7 – 12 000 Ew – Höhe 40 m.

🗓 Stadt Quakenbrück, Markt 5, ⊠ 49610, 🏌️ (05431) 90 46 49, Fax (05431) 904650.
Berlin 430 – Hannover 144 – Nordhorn 84 – Bremen 90 – Osnabrück 50.

Niedersachsen, St. Antoniort 2, ⊠ 49610, 🏌️ (05431) 9 47 70, hotelniedersachsen
@hasetal.de, Fax (05431) 947720 – 📺 🚗 🔳 🔳 ⓞ 🚗 🗺
Menu (geschl. Samstag-Sonntag) (nur Abendessen) (Restaurant nur für Hausgäste) 33/56
– **15 Z** ☲ 99/111 – 154/170.

QUEDLINBURG Sachsen-Anhalt **418** K 17 – 25 200 Ew – Höhe 122 m.
Sehenswert : Markt★ – Altstadt★ (Fachwerkhäuser) – Schloßberg★ – Stiftskirche
St.Servatius★★ (Kapitelle★, Krypta★★ mit Fresken★, Domschatz★★) – Schloßmuseum★.
Ausflugsziele : Gernrode : Stiftskirche St. Cyriak★ (Skulptur "Heiliges Grab"★) Süd : 7 km
– Halberstadt : St. Stephan-Dom★★ (Lettner★, Triumphkreuzgruppe★, Domschatz★★)
Nord-West : 14 km – Bodetal★★ (Roßtrappe★★, ≤★★★) Süd-West : 9 km.

🗓 Quedlinburg-Information, Markt 2, ⊠ 06484, 🏌️ (03946) 90 56 24, Fax (03946) 905629.
Berlin 208 – Magdeburg 56 – Erfurt 133 – Halle 76.

Schlossmühle 🅼, Kaiser-Otto-Str. 28, ⊠ 06484, 🏌️ (03946) 78 70, Schlossmuehle
@ringhotels.de, Fax (03946) 787499, 🏡, « Restaurierte Propsteimühle », ⇌s – 📶,
🔆 Zim, 📺 📞 🔳 – 🚗 70. 🔳 ⓞ 🚗 🗺
Menu à la carte 40/64 – **70 Z** ☲ 140/160 – 180/210.

Romantik Hotel Am Brühl 🦢, Billungstr. 11, ⊠ 06484, 🏌️ (03946) 9 61 80, hotelam
bruehl@t-online.de, Fax (03946) 9618246, 🏡, « Ehemalige Gutsanlage eingerichtet im
Landhaustil », ⇌s – 📶, 🔆 Zim, 📺 📞 🔳 – 🚗 50. 🔳 ⓞ 🚗 🗺 ✂
Menu (geschl. Jan. 1 Woche) (nur Abendessen) à la carte 39/67 – **47 Z** ☲ 145/175 –
190/210.

Romantik Hotel Theophano, Markt 14, ⊠ 06484, 🏌️ (03946) 9 63 00, theophan
o@t-online.de, Fax (03946) 963036, « Stilvolle Einrichung » – 🔆 Zim, 📺 🔳 🔳 🚗 🗺
Weinkeller (geschl. 7. - 31. Jan., April - Okt. Sonntag, Nov.- März Sonntag - Montag) (nur
Abendessen) **Menu** à la carte 39/60 – **22 Z** ☲ 120/180 – 160/220.

Zum Bär, Markt 8, ⊠ 06484, 🏌️ (03946) 77 70, Fax (03946) 700268, 🏡, « Individuelle
Einrichtung » – 🔆 Zim, 📺 🔳 – 🚗 40
Menu à la carte 31/52 – **50 Z** ☲ 115/145 – 165/235.

Zur goldenen Sonne, Steinweg 11, ⊠ 06484, 🏌️ (03946) 9 62 50,
Fax (03946) 962530, Biergarten – 🔆 Zim, 📺 📞 🔳 – 🚗 40. 🔳 🚗 🗺
Menu à la carte 26/59 – **27 Z** ☲ 90/105 – 140/170.

Acron 🅼 garni, Oeringer Str. 7, ⊠ 06484, 🏌️ (03946) 7 70 20, Acron-HotelQuedlinbu
rg@t-online.de, Fax (03946) 770230 – 🔆 📺 🔳 🔳 🚗 🗺
64 Z ☲ 89/119.

QUERN Schleswig-Holstein 🔢🔢 B 13 – 1350 Ew – Höhe 47 m.
  Berlin 442 – Kiel 80 – Flensburg 25 – Schleswig 48.

In Quern-Nübelfeld Nord : 3,5 km :

  XX **Landhaus Schütt** mit Zim, Nübelfeld 34 (nahe der B 199), ✉ 24972, ℘ (04632)
  8 43 18, info@landhaus-schuett.de, Fax (04632) 843131, 🏤 – 🆃🆅 📱 🆎 ① 🆖 🆅🆘🅰
  geschl. Mitte Jan. - Mitte Feb. – **Menu** (geschl. Montag - Dienstagmittag) à la carte 57/82
  – **8 Z** ⊑ 50/65 – 100/130.

QUICKBORN Schleswig-Holstein 🔢🔢 🔢🔢 E 13 – 18500 Ew – Höhe 25 m.
  🔢 Quickborn-Renzel, Pinneberger Str.81 (Süd-West : 2 km), ℘ (04106) 8 1800.
  Berlin 309 – Kiel 76 – Hamburg 33 – Itzehoe 45.

  🏰🏰 **Romantik Hotel Jagdhaus Waldfrieden,** Kieler Straße (B 4, Nord : 3 km),
  ✉ 25451, ℘ (04106) 6 10 20, waldfrieden@romantik.de, Fax (04106) 69196, 🏤,
  « Ehemalige Villa ; Park » – 🆃🆅 📞 ⇔ 📱 – 🔬 30. 🆎 ① 🆖 🆅🆘🅰
  Menu (geschl. Montagmittag) 38 (mittags) à la carte 67/82 – **24 Z** ⊑ 140/185 – 260/300.

  🏨 **Sport-Hotel Quickborn,** Harksheider Weg 258, ✉ 25451, ℘ (04106) 6 36 70,
  Fax (04106) 67195, 🏤, 🆂 – ⇔ Zim, 🆃🆅 📱 – 🔬 30. 🆎 ① 🆖 🆅🆘🅰
  Menu à la carte 51/79 – **27 Z** ⊑ 145/155 – 185.

In Quickborn-Heide Nord-Ost : 5 km :

  XX **Landhaus Quickborner Heide** (mit Gästehaus), Ulzburger Landstr. 447, ✉ 25451,
  ℘ (04106) 7 76 60, Fax (04106) 74969, 🏤 – 🆃🆅 ⅙ 📱 🆎 ① 🆖 🆅🆘🅰
  Menu (geschl. Dienstag) à la carte 51/72 – **15 Z** ⊑ 110/135 – 190/210.

RABEN STEINFELD Mecklenburg-Vorpommern siehe Schwerin.

RABENAU Sachsen siehe Freital.

RACKWITZ Sachsen siehe Delitzsch.

RADEBEUL Sachsen siehe Dresden.

RADEBURG Sachsen 🔢🔢 M 25 – 5000 Ew – Höhe 121 m.
  Berlin 173 – Dresden 22 – Meißen 18.

  🏨 **Deutsches Haus,** Heinrich-Zille-Str. 5, ✉ 01471, ℘ (035208) 95 10,
  🆘 Fax (035208) 2014, Biergarten – 🆃🆅 📞 ⇔ 📱 🆎 🆖 🆅🆘🅰
  Menu à la carte 21/38 – **18 Z** ⊑ 75/90 – 100.

  🏨 **Radeburger Hof,** Großenhainer Str. 39, ✉ 01471, ℘ (035208) 8 80,
  🆘 Fax (035208) 88450, 🏤, 🆂 – ¼ Zim, 🆃🆅 📱 – 🔬 40. 🆎 ① 🆖 🆅🆘🅰
  Menu (nur Abendessen) à la carte 22/40 – **60 Z** ⊑ 80/95 – 120/180.

RADEVORMWALD Nordrhein-Westfalen 🔢🔢 M 6 – 23800 Ew – Höhe 367 m.
  Berlin 540 – Düsseldorf 64 – Hagen 27 – Lüdenscheid 22 – Remscheid 13.

  🏨 **Park-Hotel** garni, Telegrafenstr. 18, ✉ 42477, ℘ (02195) 4 00 52, Fax (02195) 40054
  – 🆃🆅 📱 🆎 ① 🆖 🆅🆘🅰
  geschl. Ende Dez. 2 Wochen – **14 Z** ⊑ 115/130 – 165/170.

Außerhalb Nord-Ost : 3 km an der B 483, Richtung Schwelm :

  🏰🏰 **Zur Hufschmiede** 🐾 (mit Gästehaus), Neuenhof 1, ✉ 42477 Radevormwald,
  ℘ (02195) 82 38, Fax (02195) 8742, 🏤, 🆂, 🌳 – ¼ Zim, 🆃🆅 ⇔ 📱 ⌁ Zim
  geschl. Aug. 3 Wochen, 20. - 30. Dez. – **Menu** (geschl. Donnerstag - Samstagmittag) à la
  carte 39/74 – **23 Z** ⊑ 125/145 – 185/240.

RADOLFZELL Baden-Württemberg 🔢🔢 W 10 – 28500 Ew – Höhe 400 m – Kneippkurort.
  🔢 Tourist Information, Im Bahnhof, ✉ 78315, ℘ (07732) 8 1500, Fax (07732) 81510.
  Berlin 747 – Stuttgart 163 – Konstanz 23 – Singen (Hohentwiel) 11 – Zürich 91.

  🏰🏰 **Am Stadtgarten** garni, Höllturmpassage 2, ✉ 78315, ℘ (07732) 9 24 60,
  Fax (07732) 924646 – 🛗 ¼ 🆃🆅 🆎 ① 🆖 🆅🆘🅰 🆓🆒🅱
  geschl. 20. Dez. - 10. Jan. – **31 Z** ⊑ 125/140 – 175/220.

  🏨 **Zur Schmiede** garni, Friedrich-Werber-Str. 22, ✉ 78315, ℘ (07732) 9 91 40, Zur-Sc
  hmiede@t-online.de, Fax (07732) 991450 – 🛗 🆃🆅 ⇔ 📱 🆎 ① 🆖 🆅🆘🅰. 🛠
  geschl. Mitte Dez. - Anfang Jan. – **32 Z** ⊑ 110/130 – 160/180.

Auf der Halbinsel Mettnau :

⌂⌂ **Art Villa** M ⚲ garni, Rebsteig 2/2, ✉ 78315, ℰ (07732) 9 44 40, *koegel@ artvilla.de*,
Fax (07732) 944410, ≤, « Individuelle, elegante Einrichtung ; ständige Bilderausstellung »,
⬛s, ✍ – ⬛ ❄ TV ✆ ⬅ MO VISA
geschl. Jan. – **9 Z** ⬚ 180/320 – 225/370.

⌂ **Café Schmid** ⚲ garni, St.-Wolfgang-Str. 2, ✉ 78315, ℰ (07732) 9 49 80, *hotel-sc
hmid@ t-online.de*, Fax (07732) 10162, ✍ – TV ✆ ⬅ P. AE MO VISA
geschl. 18. Dez. - 10. Jan. – **20 Z** ⬚ 100/150 – 150/200.

⌂ **Iris am See** ⚲ garni, Rebsteig 2, ✉ 78315, ℰ (07732) 9 47 00, Fax (07732) 947030
– TV P. AE MO VISA ⚲
geschl. 15. Dez. - Jan. – **17 Z** ⬚ 98/160 – 174/192.

XX **Mettnau-Stube**, Strandbadstr. 23, ✉ 78315, ℰ (07732) 1 36 44, *info@ mettnaustu
be.de*, Fax (07732) 14205, ☂ – P. MO VISA
geschl. 15. Okt. - 7. Nov., Montag - Dienstagmittag – **Menu** à la carte 32/57.

In Radolfzell-Böhringen *Nord-West : 3,5 km :*

⌂ **Gut Rickelshausen** M garni, Nahe der Straße nach Singen, ✉ 78315, ℰ (07732)
98 17 30, Fax (07732) 9817327, « Park », XX – TV P. MO VISA
11 Z ⬚ 110/180.

In Radolfzell-Möggingen *Nord-Ost : 3 Km :*

X **Gasthaus zu Möggingen** mit Zim, Liggeringer Str. 7, ✉ 78315, ℰ (07732) 1 00 55,
Galerie.Vaihinger@ t-online.de, Fax (07732) 12570, ☂, « Gasthaus a. d. 18. Jh. ; integrierte
Galerie mit ständig wechselnden Kunstausstellungen » – ❄ Zim. MO
geschl. Ende Jan. - Mitte Feb. – **Menu** *(geschl. Dienstag) (wochentags nur Abendessen)*
45/65 à la carte 47/64 – **7 Z** ⬚ 80/100 – 120/140.

In Radolfzell-Güttingen *Nord : 4,5 km :*

⌂ **Adler-Gästehaus Sonnhalde** ⚲, Schloßbergstr. 1, ✉ 78315, ℰ (07732) 1 50 20,
info@ Gasthof-Adler.de, Fax (07732) 150250, ≤, ☂, ⬛s, ✍, XX – ⬛ TV P. ⚲ Zim
geschl. Jan. – **Menu** *(geschl. Dienstag)* à la carte 26/55 – **28 Z** ⬚ 65/90 – 120/160 –
½ P 22.

In Moos *Süd-West : 4 km :*

⌂ **Gottfried**, Böhringer Str. 1, ✉ 78345, ℰ (07732) 9 24 20, *Hotel.Gottfried@ T-online.de*,
Fax (07732) 52502, ☂, ⬛s, ⬛, ✍, XX – ❄ Zim, TV ⬅ P. AE MO VISA
Menu *(geschl. Jan., Donnerstag - Freitagmittag)* 42/98 à la carte 45/78 – **18 Z** ⬚ 110/140
– 170/240 – ½ P 39.

⌇ **Gasthaus Schiff** (mit ⌂⌂ Gästehaus), Hafenstr. 1, ✉ 78345, ℰ (07732) 9 90 80, *gast
haus@ schiff-moos.de*, Fax (07732) 990899, ☂ – TV ✆ P. AE MO VISA
Menu *(geschl. Okt. - Nov. 3 Wochen, Montag - Dienstagmittag)* à la carte 31/51 – **21 Z**
⬚ 58/96 – 104/148.

RAESFELD *Nordrhein-Westfalen* 4⎕7 *K 4 – 10 000 Ew – Höhe 50 m.*
Berlin 528 – Düsseldorf 75 – Borken 9 – Dorsten 16 – Wesel 23.

⌂⌂ **Landhaus Keller,** Weseler Str. 71, ✉ 46348, ℰ (02865) 6 08 50, *hotel-keller@ t-on
line.de*, Fax (02865) 608550, ☂ – ⬛ ❄ TV ✆ ⬅ P. – ⚲ 80. AE ① MO VISA
Menu *(geschl. Montag - Dienstag) (wochentags nur Abendessen)* à la carte 50/76 – **31 Z**
⬚ 135/195.

⌂ **Haus Epping,** Weseler Str. 5, ✉ 46348, ℰ (02865) 70 21, *info@ hotel-epping.de*,
Fax (02865) 1723, ☂ – TV P. – ⚲ 80. AE ① MO VISA JCB
Menu *(geschl. Montagmittag)* à la carte 32/54 – **11 Z** ⬚ 80/130.

XX **Freiheiter Hof,** Freiheit 6, ✉ 46348, ℰ (02865) 67 81, *info@ freiheiter-hof.de*,
Fax (02865) 958910, ☂ – P. AE ① MO VISA JCB
geschl. Feb. 2 Wochen, Dienstag – **Menu** à la carte 40/70.

RAHDEN *Nordrhein-Westfalen* 4⎕5 *I 9 – 14 000 Ew – Höhe 43 m.*
⌕ *Wagenfeld, Oppenweher Str. 83 (Nord : 12 km), ℰ (05444) 9 89 90.*
Berlin 370 – Düsseldorf 231 – Bielefeld 60 – Bremen 91 – Hannover 101 – Osnabrück 88.

⌂⌂ **Westfalen Hof,** Rudolf-Diesel-Str. 13, ✉ 32369, ℰ (05771) 9 70 00, *westfalen-hof
@ t-online.de*, Fax (05771) 5539, ☂, Massage, ⬛s, ⬛, XX(Halle) – ❄ Zim, TV P. –
⚲ 100. AE ① MO VISA
Menu à la carte 33/65 – **29 Z** ⬚ 109/169.

RAIN AM LECH *Bayern* 420 *T 16 – 7 500 Ew – Höhe 406 m.*
Berlin 532 – München 109 – Augsburg 52 – Ingolstadt 46 – Nürnberg 104 – Ulm (Donau) 90.

🏨 **Dehner Blumen Hotel** Ⓜ, Bahnhofstr. 19, ⊠ 86641, ℰ (09090) 7 60, Dehner.Blu menhotel@t-online.de, Fax (09090) 76400, 🏡, ɟ♨, ⇌ – ⁅ ♨ Zim, 🖵 ✆ & ⇨ ℗ – 🛏 240. 🖭 ⓪ ⓪⑩ *VISA*
Menu à la carte 45/68 – **63 Z** ⊑ 140/155 – 190/200, 3 Suiten.

RAISDORF *Schleswig-Holstein siehe Kiel.*

RAMBERG *Rheinland-Pfalz* 417 419 *S 8 – 1 000 Ew – Höhe 250 m – Erholungsort.*
Berlin 667 – Mainz 121 – Mannheim 51 – Kaiserslautern 51 – Karlsruhe 50 – Pirmasens 43.

🏨 **Landgasthof St. Laurentius** 🦢, Hermersbachstr. 4, ⊠ 76857, ℰ (06345) 9 59 90, Fax (06345) 959977, 🏡 – ♨ Rest, 🖵. ✨ Rest
Menu *(geschl. Montag) (nur Abendessen)* à la carte 26/58 ⓙ – **14 Z** ⊑ 80/90 – 120/140 – ½ P 19.

RAMMINGEN *Baden-Württemberg siehe Langenau.*

RAMSAU *Bayern* 420 *X 22 – 1 800 Ew – Höhe 669 m – Heilklimatischer Kurort – Wintersport : 670/1 400 m ⚶ 6 ⚴.*
Ausflugsziele : *Schwarzbachwachtstraße,* ≤ ★★, *Nord : 7 km – Hintersee★ West : 5 km.*
🛈 *Kurverwaltung, Im Tal 2,* ⊠ 83486, ℰ (08657) 98 89 20, Fax (08657) 772.
Berlin 732 – München 138 – Bad Reichenhall 21 – Berchtesgaden 11.

🏨 **Rehlegg** 🦢, Holzengasse 16, ⊠ 83486, ℰ (08657) 9 88 40, hotel@rehlegg.de, Fax (08657) 9884444, ≤, 🏡, ⇌, ⬛ (geheizt), 🗔, 🐎, ✨ – ♨ 🖵 ✆ ℗ – 🛏 35. ⓪ ⓪⑩ *VISA*
Menu à la carte 49/74 – **61 Z** ⊑ 149/273 – 240/298 – ½ P 42.

🏡 **Oberwirt** (mit Gästehaus), Im Tal 86, ⊠ 83486, ℰ (08657) 2 25, Fax (08657) 1381, Biergarten, – ♨ 🖵 ℗.
geschl. Nov. – 20. Dez. – **Menu** *(geschl. Montag)* à la carte 24/44 – **26 Z** ⊑ 80/130.

An der Alpenstraße *Nord : 5 km :*

🏨 **Hindenburglinde**, Alpenstr. 66 – Höhe 850 m, ⊠ 83486 Ramsau, ℰ (08657) 5 50, hindenburglinde@t-online.de, Fax (08657) 1347, ≤ Hochkalter, Watzmann, Reiter-Alpe, 🏡 – 🖵 ℗. 🖭 ⓪⑩ *VISA*
geschl. April, Nov. – **Menu** *(geschl. Dienstagmittag, Mittwoch)* à la carte 27/54 ⓙ – **16 Z** ⊑ 65/75 – 100/156 – ½ P 25.

An der Straße nach Loipl *Nord : 6 km :*

🏨 **Nutzkaser** 🦢, Am Gseng 10 – Höhe 1 100 m, ⊠ 83486 Ramsau, ℰ (08657) 3 88, hotel-nutzkaser@t-online.de, Fax (08657) 659, ≤ Watzmann und Hochkalter, 🏡, ⇌, 🐎 – ♨ 🖵 ⇨ ℗. 🖭 ⓪⑩ *VISA*
geschl. Mitte Nov. - Mitte Dez. – **Menu** à la carte 27/58 – **23 Z** ⊑ 115 – 146/226 – ½ P 28.

RAMSEN *Rheinland-Pfalz* 417 *R 8 – 2 800 Ew – Höhe 330 m.*
Berlin 630 – Mainz 57 – Mannheim 47 – Kaiserslautern 23.

🍴 **Landgasthof Forelle,** Am Eiswoog (Süd-West : 4 km), ⊠ 67305, ℰ (06356) 3 42, info@landgasthof-forelle.de, Fax (06356) 5245, ≤, 🏡 – ℗ – 🛏 15. 🖭 ⓪ ⓪⑩ *VISA*
geschl. Jan. - Feb. 2 Wochen, Montag – **Menu** à la carte 46/68.

RAMSTEIN-MIESENBACH *Rheinland-Pfalz* 417 *R 6 – 8 700 Ew – Höhe 262 m.*
Berlin 662 – Mainz 100 – Saarbrücken 56 – Kaiserslautern 19.

🏨 **Europa** Ⓜ garni, Auf der Pirsch 4 (Ramstein), ⊠ 66877, ℰ (06371) 9 65 50, Fax (06371) 965550 – ♨ 🖵 ✆ ℗. 🖭 ⓪ ⓪⑩ *VISA*
38 Z ⊑ 100 – 140/200.

🏨 **Landgasthof Pirsch,** Auf der Pirsch 12 (Ramstein), ⊠ 66877, ℰ (06371) 59 30, hotel-pirsch@t-online.de, Fax (06371) 593199 – ♨ 🖵 ℗. 🖭 ⓪ ⓪⑩ *VISA*. ✨
Menu *(geschl. Juli 3 Wochen, Sonntag) (nur Abendessen)* à la carte 29/57 – **37 Z** ⊑ 95/135 – 145/155.

🏨 **Ramsteiner Hof,** Miesenbacher Str. 26 (Ramstein), ⊠ 66877, ℰ (06371) 97 20, info@ramsteiner-hof.de, Fax (06371) 57600 – 🖵 ⇨ ℗. ✨
Menu *(geschl. Samstag, Sonntagabend)* à la carte 28/62 – **22 Z** ⊑ 100/125 – 140/180.

RANDERSACKER Bayern 417 419 420 Q 13 – 3 600 Ew – Höhe 178 m.
Berlin 498 – München 278 – Würzburg 8 – Ansbach 71.

🏨 **Bären** (mit Gästehaus), Würzburger Str. 6 (B 13), ✉ 97236, ℘ (0931) 7 05 10,
Fax (0931) 706415, 😊 – 📺 ✆ 🅿 – 🔒 20. ⑩ ⚫⚫ VISA
geschl. 5. - 28. Feb., 12. - 29. Aug. – **Menu** *(geschl. Sonntagabend)* à la carte 35/65 – **34 Z**
☒ 95/110 – 135/185.

🏨 **Zum Löwen,** Ochsenfurter Str. 4 (B 13), ✉ 97236, ℘ (0931) 7 05 50, *g-bardorf@h*
⊕ *otmail-com,* Fax (0931) 7055222, 😊 – 🕴 📺 ✆ ⇦ 🅿 🅰🅴 ⚫⚫ VISA
geschl. 20. Dez. - 8. Jan. – **Menu** *(geschl. 16. Aug. - 1. Sept., Samstag, Sonn- und Feiertage)*
à la carte 24/55 ⑧ – **31 Z** ☒ 75/110 – 125/150.

🏨 **Krönlein,** Krönlein 5, ✉ 97236, ℘ (0931) 70 28 20, *Fuhrmann-Kroenlein@T-online.de,*
Fax (0931) 708259 – 📺 ✆ ⇦ 🅿 – 🔒 15. 🅰🅴 ⚫⚫ VISA. ⚫ Rest
geschl. 20. Dez. - 14. Jan. – **Menu** *(geschl. Sonntag) (nur Abendessen)* à la carte 31/39 –
14 Z ☒ 60/85 – 98/148.

For business or tourist interest,
MICHELIN *Red Guide : EUROPE.*

RANSBACH-BAUMBACH Rheinland-Pfalz 417 O 7 – 7 000 Ew – Höhe 300 m.
Berlin 580 – Mainz 92 – Koblenz 31 – Bonn 72 – Limburg an der Lahn 31.

🏨 **Sporthotel Kannenbäckerland** 😊, Zur Fuchshohl (beim Tennisplatz), ✉ 56235,
℘ (02623) 8 82 00, *E.RHOMBERG@PRO-SPORTHOTEL.DE,* Fax (02623) 882060, 😊,
Massage, ⌀, 😊, 😊, ✕ (Halle) – ⇥ 📺 🅿 – 🔒 25. 🅰🅴 ⓞ ⚫⚫ VISA. ⚫ Rest
Menu à la carte 27/62 – **25 Z** ☒ 95/115 – 135/195.

🏨 **Eisbach,** Schulstr. 2, ✉ 56235, ℘ (02623) 23 76, *hotel-eisbach@lebensart.de,*
Fax (02623) 923092, 😊 – 📺 🅿 – 🔒 35. 🅰🅴 ⓞ ⚫⚫ VISA
Menu à la carte 31/57 – **27 Z** ☒ 69/95 – 130/139.

✕✕ **Gala,** Rheinstr. 103 (Stadthalle), ✉ 56235, ℘ (02623) 45 41, *rgala@rz-online.de,*
Fax (02623) 4481, 😊 – 🅿 – 🔒 300. 🅰🅴 ⓞ ⚫⚫ VISA
geschl. Juli - Aug. 3 Wochen, Montag – **Menu** à la carte 41/79.

RANTUM Schleswig-Holstein siehe Sylt (Insel)

RAPPENAU, BAD Baden-Württemberg 417 419 S 11 – 18 000 Ew – Höhe 265 m – Soleheilbad.
🄱 Verkehrsamt, Salinenstr. 22, ✉ 74906, ℘ (07264) 8 61 25, Fax (07264) 86182.
Berlin 605 – Stuttgart 74 – Mannheim 70 – Heilbronn 22 – Würzburg 122.

🏨🏨 **Häffner Bräu** 😊, Salinenstr. 24, ✉ 74906, ℘ (07264) 80 50, Fax (07264) 805119, 😊,
😊 – 🕴 📺 ⇦ 🅿 – 🔒 40. 🅰🅴 ⓞ ⚫⚫ VISA
geschl. 20. Dez. - 20. Jan. – **Menu** *(geschl. Freitag)* à la carte 31/63 – **62 Z** ☒ 72/138 –
214 – ½ P 28.

🏨 **Salinen-Hotel,** Salinenstr. 7, ✉ 74906, ℘ (07264) 9 16 60, Fax (07264) 916639, 😊
– 🕴, ⇥ Rest, 📺 🅿 – 🔒 35. ⚫⚫ VISA
Menu à la carte 44/64 *(auch vegetarische Gerichte)* – **34 Z** ☒ 98/140 – 178/240 –
½ P 29.

🏨 **Dominikaner,** Babstadter Str. 23, ✉ 74906, ℘ (07264) 21 00, Fax (07264) 2103, 😊
– 📺 ✆ ⚫⚫ VISA
Menu à la carte 33/64 – **11 Z** ☒ 90/110 – 150/160.

In Bad Rappenau-Heinsheim *Nord-Ost : 6 km :*

🏨🏨 **Schloß Heinsheim** 😊, Gundelsheimerstr. 3b, ✉ 74906, ℘ (07264) 9 50 30 (Hotel)
9 50 60 (Rest.), *hotelschlossheinsheim@t-online.de,* Fax (07264) 4208, 😊,
(Herrensitz a.d.J. 1721), « Park ; Schloßkapelle », ☒, 😊 – 🕴 📺 🅿 – 🔒 60. 🅰🅴 ⓞ ⚫⚫
VISA
geschl. 20. Dez. - Jan. – **Menu** *(geschl. Jan. - 15. Feb., Montag - Dienstag)* à la carte 48/76
– **42 Z** ☒ 130/170 – 160/280.

RASTATT Baden-Württemberg 419 T 8 – 50 000 Ew – Höhe 123 m.
Sehenswert : *Schloßkirche★ AY – Schloß★ AYZ.*
Ausflugsziel : *Schloß Favorite★★ (Innenausstattung★★), über ② : 5 km.*
🄱 Stadtinformation, Herrenstr. 18 (Schloß), ✉ 76437, ℘ (07222) 97 24 62, Fax (07222)
972118.
Berlin 696 ① – Stuttgart 97 ① – Karlsruhe 24 ① – Baden-Baden 13 ③ – Stras-
bourg 61 ④

918

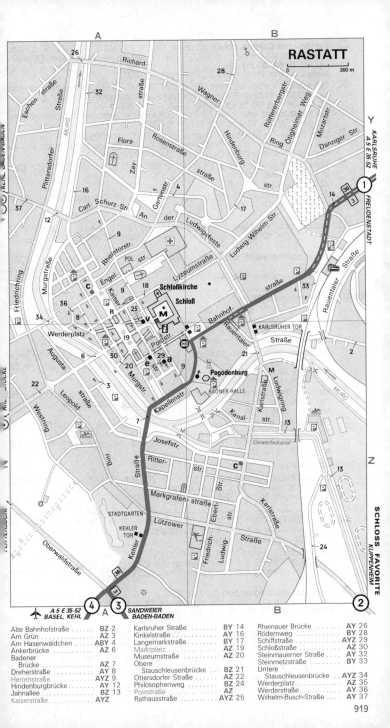

RASTATT

300 m

Holiday Inn Garden Court, Karlsruher Str. 29, ✉ 76437, ☎ (07222) 92 40, *holiday-inn-rastatt@t-online.de, Fax (07222) 924115,* – Zim, Rest, – 150. AE VISA JCB über ①
Menu à la carte 31/64 – **129 Z** 140/211 – 164/233.

Schwert, Herrenstr. 3a, ✉ 76437, ☎ (07222) 76 80, *Ringhotel.Schwert@t-online.de, Fax (07222) 768120,* (im Barockstil erbautes Haus mit modernem Interieur) – Zim, – 30. AE VISA JCB AZ a
Sigi's Restaurant *(geschl. Jan. 2 Wochen, Freitagmittag, Samstagmittag, Sonntag)* **Menu** à la carte 57/88 – **50 Z** 149/179 – 195/255.

Zum Engel (mit Gästehaus), Kaiserstr. 65, ✉ 76437, ☎ (07222) 7 79 80, *engel.rastatt@t-online.de, Fax (07222) 779877,* – Zim, AE VISA JCB
Menu *(geschl. Samstag - Sonntag)* à la carte 32/44 – **19 Z** 115/120 – 140/160. AY c

Zum Schiff garni, Poststr. 2, ✉ 76437, ☎ (07222) 77 20, *Fax (07222) 772127,* – VISA. AZ e
22 Z 95/100 – 135/140.

Am Schloß, Schloßstr. 15, ✉ 76437, ☎ (07222) 9 71 70, *KDuerrschnabel@t-online.de, Fax (07222) 971771* – AYZ v
18 Z.

Phönix garni, Dr.-Schleyer-Str. 12, ✉ 76437, ☎ (07222) 6 99 80, *Fax (07222) 924932,* – VISA über Wilhelm-Busch-Straße AY
15 Z 90/95 – 130/140.

Zum Storchennest, Karlstr. 24, ✉ 76437, ☎ (07222) 3 22 60, *Fax (07222) 32267,* – VISA BZ c
geschl. Donnerstag – **Menu** à la carte 37/62.

RASTEDE *Niedersachsen 415 G 8 – 19 600 Ew – Höhe 20 m – Luftkurort.*
Wemkendorf (Nord-West : 3 km), ☎ (04402) 72 40.
Tourist-Information, Ladestr. 29 (Bahnhof), ✉ 26180, ☎ (04402) 93 98 23, Fax (04402) 1004.
Berlin 445 – Hannover 181 – Bremen 58 – Wilhelmshaven 44 – Oldenburg 11.

Am Ellernteich garni, Mühlenstr. 43, ✉ 26180, ☎ (04402) 9 24 10, *hotel_am_ellernteich@t-online.de, Fax (04402) 924192,* « Ehemaliges Schulhaus », – – 20. AE VISA.
10 Z 90/105 – 140/160.

Hof von Oldenburg, Oldenburger Str. 199, ✉ 26180, ☎ (04402) 9 27 90, *info@Hof-v-Oldenburg.de, Fax (04402) 927912,* – – 35. VISA.
Menu à la carte 26/54 – **28 Z** 65/70 – 110/120.

Das weiße Haus mit Zim, Südender Str. 1, ✉ 26180, ☎ (04402) 32 43, *Fax (04402) 84726,* , « Ammerländer Bauernhaus a.d.Jahre 1892 » –
Menu *(geschl. Donnerstag)* (Tischbestellung ratsam) 46 (mittags) à la carte 51/85 – **3 Z** 95/130 – 140/195.

In Rastede-Kleibrok *Nord-West : 2 km :*

Zum Zollhaus, Kleibroker Str. 139, ✉ 26180, ☎ (04402) 9 38 10, *Fax (04402) 938119,* – – 50. AE VISA
Menu à la carte 34/58 – **32 Z** 88/145 – ½ P 24.

RATHEN (KURORT) *Sachsen 418 N 26 – 500 Ew – Höhe 120 m – Zufahrt nur mit Sondergenehmigung oder Zimmerreservierungsbestätigung..*
Berlin 226 – Dresden 37 – Pirna 18.

Erbgericht , ✉ 01824, ☎ (035024) 77 30, *hotel@erbgericht-rathen.de, Fax (035024) 773377,* ≤, « Terrasse über der Elbe », , – – 80. VISA
geschl. Jan. – **Menu** *(geschl. Montagmittag)* à la carte 29/53 – **40 Z** 80/105 – 140/238 – ½ P 25.

Amselgrundschlösschen , ✉ 01824, ☎ (035024) 7 43 33, *amselgrund@sachsenhotels.de, Fax (035024) 74444,* , – – 40. AE VISA
Menu à la carte 25/44 – **40 Z** 125 – 145/165 – ½ P 25.

RATHENOW *Brandenburg 416 418 I 21 – 28 000 Ew – Höhe 26 m.*
Semlin, Ferchesarer Weg (Nord-Ost : 4 km) ☎ (03385) 55 40.
Berlin 91 – Potsdam 78 – Magdeburg 85 – Brandenburg 32 – Stendal 39.

Fürstenhof, Bahnhofstr. 13, ✉ 14712, ☎ (03385) 55 80 00, *Fax (03385) 558080* – – 30. AE VISA
geschl. 23. Dez. - 2. Jan. **Menu** *(geschl. Sonntagabend) (wochentags nur Abendessen)* à la carte 34/52 – **45 Z** 95/125 – 150/210.

In Semlin *Nord-Ost : 6 km :*

🏨 **Golf und Landhotel Semlin** Ⓜ ⌲, Ferchesarer Str. 8 b, ✉ 14715, ℰ (03385) 55 40, *info@ golfhotelsemlin.de*, Fax *(03385) 554400*, 🍽, Massage, *₤₅*, 🚬, 🌳, ✕, 🌲 – 🛗, ✎ Zim, 🍴 Rest, 📺 📞 🛗 P – 🔒 60. 🅰🎫 ① 🐵 **VISA**. ✾ Rest
Menu à la carte 38/55 – **72 Z** ⌷ 165/175 – 230/250.

🏨 **Antik-Hotel The Cottage**, Dorfstr. 15, ✉ 14715, ℰ (03385) 53 00 53, *Rauxloh@ a*
🚬 *ntik-cottage.de*, Fax *(03385) 530030*, 🍴, 🌳 – ✎ Zim, 📺 P. 🅰🎫 ① 🐵 **VISA**. ✾ Rest
Menu à la carte 23/43 – **14 Z** ⌷ 90/110 – 150/190.

RATINGEN *Nordrhein-Westfalen* 🅰🅐🅧 *M 4* – *90 100 Ew* – *Höhe 70 m.*

🌳 *Ratingen-Homberg, Grevenmühle (West : 7 km),* ℰ *(02102) 9 59 50* ; 🌳 🌳 *Heiligenhaus,*
Höseler Str. 47, (Nord-Ost : 7 km), ℰ *(02056) 9 33 70.*

🅱 *Verkehrsamt, Minoritenstr. 3a,* ✉ *40878,* ℰ *(02102) 98 25 35, Fax (02102) 98398.*
Berlin 552 – Düsseldorf *13 – Duisburg 19 – Essen 22.*

🏨 **Haus Kronenthal**, Brachter Str. 85, ✉ 40882, ℰ (02102) 8 50 80 (Hotel), 8 11 20
(Rest.), *hotel.kronenthal@ t-online.de*, Fax *(02102) 850850*, 🍽 – 🛗, ✎ Zim, 📺 📞 ⌲ 🚗
P – 🔒 40. 🅰🎫 ① 🐵 **VISA**
Cedric's (geschl. Montag) **Menu** à la carte 33/71 – **30 Z** ⌷ 147/253 – 213/313.

🏨 **Altenkamp** garni, Marktplatz 17, ✉ 40878, ℰ (02102) 9 90 20, *altenkamp@ gmx.de*,
Fax *(02102) 21217* – 🛗 📺 📞 ⌲ – 🔒 30. 🅰🎫 ① 🐵 **VISA** **JCB**
26 Z ⌷ 160/190 – 220/290.

🏨 **Astoria** garni, Mülheimer Str. 72, ✉ 40878, ℰ (02102) 8 56 70, *INFO@ ASTORIA-ONLINE.*
DE, Fax *(02102) 856777* – 🛗 📺 📞 🅰🎫 ① 🐵 **VISA**. ✾
geschl. 20. Dez. - 7. Jan. – **27 Z** ⌷ 196/270 – 290/360.

🏨 **Allgäuer Hof**, Beethovenstr. 24, ✉ 40878, ℰ (02102) 9 54 10, *Allgaeuerhof-rating*
en@ t-online.de, Fax *(02102) 954123* – 🛗, ✎ Zim, 📺 🚗 P. 🔒 15. 🅰🎫 ① 🐵 **VISA**
geschl. 24. Dez. - 8. Jan. – **Menu** *(geschl. Juli 3 Wochen, Samstag)* à la carte 44/75 – **16 Z**
⌷ 125/175 – 180/230.

✕✕ **Haus zum Haus**, Mühlenkämpchen, ✉ 40878, ℰ (02102) 2 25 86,
Fax *(02102) 702508*, 🍽, « *Wasserburg a.d. 13.Jh.* » – P. 🅰🎫 ① 🐵 **VISA**
geschl. Jan. 1 Woche, Samstag – **Menu** *(nur Abendessen)* à la carte 64/85.

In Ratingen-Lintorf *Nord : 4 km :*

🏨 **Angerland** garni, Lintorfer Markt 10, ✉ 40885, ℰ (02102) 3 02 40, *reservierung@ h*
otel-angerland.de, Fax *(02102) 36415* – 📺. 🐵 **VISA**
14 Z ⌷ 100/125 – 165/180.

In Ratingen-Tiefenbroich *Nord-West : 2 km :*

🏨 **Inn Side Residence-Hotel** Ⓜ, Am Schimmersfeld 9, ✉ 40880, ℰ (02102) 42 70,
ratingen@ innside.de, Fax *(02102) 427427*, 🍽, *₤₅*, 🚬 – 🛗, ✎ Zim, 📺 📞 🛗 P – 🔒 90.
🅰🎫 ① 🐵 **VISA**
Menu à la carte 42/65 – **137 Z** ⌷ 270/440 – 335/505.

🏨 **Villa Ratingen**, Sohlstättenstr. 66, ✉ 40880, ℰ (02102) 5 40 80, Fax *(02102) 540810*
– ✎ Zim, 📺 📺 📞 🅰🎫 ① 🐵 **VISA**
Menu *(geschl. Samstag - Sonntagmittag)* (italienische Küche) à la carte 51/78 – **31 Z**
⌷ 190/245 – 245/295.

In Ratingen-West *West : 3 km :*

🏨 **relexa Hotel** Ⓜ, Berliner Str. 95, ✉ 40880, ℰ (02102) 45 80, *Duesseldorf-Ratingen*
@ relexa-hotel.de, Fax *(02102) 458599*, 🍽, 🚬 – 🛗, ✎ Zim, 🍴 Rest, 📺 📞 ⌲ 🚗 P
– 🔒 120. 🅰🎫 ① 🐵 **VISA** **JCB**
Menu à la carte 52/79 – **168 Z** ⌷ 290/390 – 340/440.

🏨 **Holiday Inn** Ⓜ, Broichhofstr. 3, ✉ 40880, ℰ (02102) 45 60, Fax *(02102) 456444*, 🍽,
🚬, ⌶ (geheizt), ▭, ✎ Zim, 📺 📺 📞 P – 🔒 150. 🅰🎫 ① 🐵 **VISA** **JCB**
Menu à la carte 42/79 – ⌷ 29 – **199 Z** 220/340.

Beim Autobahnkreuz Breitscheid *Nord : 5 km, Ausfahrt Mülheim :*

🏨 **Dorint Budget Hotel** Ⓜ, An der Pönt 50, ✉ 40885 Ratingen-Breitscheid, ℰ (02102)
91 85, *Info.DUSRAT@ dorint.com*, Fax *(02102) 918900* – 🛗, ✎ Zim, 🍴 Rest, 📺 📞 ⌲
P – 🔒 80. 🅰🎫 ① 🐵 **VISA** **JCB**
Menu à la carte 39/67 – ⌷ 21 – **118 Z** 155/175 – 175/195.

🏨 **Novotel Düsseldorf-Ratingen**, Lintorfer Weg 75, ✉ 40885 Ratingen-Breitscheid,
ℰ (02102) 18 70, *H0487@ accor-hotels.com*, Fax *(02102) 18418*, 🍽, 🚬, ⌶ (geheizt),
🌳 – 🛗, ✎ Zim, 🍴 📺 📞 P – 🔒 120. 🅰🎫 ① 🐵 **VISA**
Menu à la carte 39/81 – **116 Z** ⌷ 190/210 – 233.

RATSHAUSEN Baden-Württemberg **419** V 10 – 650 Ew – Höhe 665 m.
Berlin 725 – Stuttgart 91 – Konstanz 101 – Villingen-Schwenningen 33 – Sigmaringen 48.

Adler, Hohnerstr. 3, ⌷ 72365, ℰ (07427) 22 60, Adler-Ratshausen@t-online.de, Fax (07427) 914959, Biergarten – **P**.
geschl. Aug. - Sept. 2 Wochen, Montag - Dienstag – Menu à la carte 36/79.

RATTENBERG Bayern **420** S 22 – 1800 Ew – Höhe 570 m – Erholungsort.
🛈 Tourist-Information, Dorfplatz 15, ⌷ 94371, ℰ (09963) 94 10 30, Fax (09963) 941033.
Berlin 506 – München 153 – Regensburg 71 – Cham 25 – Deggendorf 43 – Straubing 33.

Posthotel, Dorfplatz 2, ⌷ 94371, ℰ (09963) 95 00, posthotel.rattenberg@t-online.de, Fax (09963) 950222, ☆, ⇌s, ◰, ⋈ – ⫼ 🎛 **P** – 🔬 40. 🖭 🐼 ⣍⣱
Menu à la carte 28/58 ⅄ – **54 Z** ⊐ 67/93 – 106/166 – ½ P 20.

RATZEBURG Schleswig-Holstein **415 416** E 16 – 12 500 Ew – Höhe 16 m – Luftkurort.
Sehenswert : Ratzeburger See★ (Aussichtsturm am Ostufer ⩤★) – Dom★ (Hochaltarbild★).
🛈 Ratzeburg-Information, Schloßwiese 7, ⌷ 23909, ℰ (04541) 85 85 65, Fax (04541) 5327.
Berlin 240 – Kiel 107 – Lübeck 23 – Schwerin 46 – Hamburg 68.

Der Seehof, Lüneburger Damm 1, ℰ (04541) 86 01 01, Fax (04541) 860102, ⩤, « Terrasse am See », ⇌s, 🐾, ⛵ Bootssteg – ⫼ 🎛 & **P** – 🔬 100. 🖭 ⓞ ⣍⣱
Menu à la carte 40/72 – **45 Z** ⊐ 116/229 – 149/257 – ½ P 35.

Wittlers Hotel-Gästehaus Cäcilie ⌘, Große Kreuzstr. 11, ⌷ 23909, ℰ (04541) 32 04, info@witters-hotel.de, Fax (04541) 3815 – ⫼, ⋈ Zim, 🎛 ⟷ **P** – 🔬 60. ⣍⣱ ⣍⣱
Menu à la carte 32/60 – **30 Z** ⊐ 110/130 – 160/220 – ½ P 20.

In Schmilau-Farchau Süd : 4 km :

Farchauer Mühle ⌘, Farchauer Mühle 6, ⌷ 23909, ℰ (04541) 8 60 00, Farchaue rm@aol.com, Fax (04541) 860086, ☆, ⇌s, ⛵ – ⋈ Zim, 🎛 **P** – 🔬 20. 🖭 ⣍⣱ ⣍⣱
Menu à la carte 34/61 – **19 Z** ⊐ 110/130 – 150/220 – ½ P 31.

In Fredeburg Süd-West : 5,5 km :

Fredenkrug, Lübecker Str. 5 (B 207), ⌷ 23909, ℰ (04541) 35 55, fredenkrug@t-o nline.de, Fax (04541) 4555, ☆, ⛵ – ⟷ **P** – 🔬 50. ⣍⣱ ⣍⣱
Menu à la carte 30/51 – **15 Z** ⊐ 69/80 – 108/125 – ½ P 20.

RAUENBERG Baden-Württemberg **417 419** S 10 – 6 100 Ew – Höhe 130 m.
Berlin 631 – Stuttgart 99 – Mannheim 37 – Heidelberg 22 – Heilbronn 47 – Karlsruhe 45.

Winzerhof ⌘, Bahnhofstr. 6, ⌷ 69231, ℰ (06222) 95 20, winzerhof@ringhotels.de, Fax (06222) 952350, ☆, Massage, �ϝ₅, ⇌s, ◰ – ⫼, ⋈ Zim, 🎛 ⟷ ⟷ **P** – 🔬 80. 🖭 ⓞ ⣍⣱ ⣍⣱
Menu à la carte 35/75 ⅄ – **Martins Gute Stube** (Tischbestellung erforderlich) (geschl. Sonntag - Montag, Feiertage, Jan., Aug.) (nur Abendessen) Menu 75/125 und à la carte – **70 Z** ⊐ 149/173 – 198/236 – ½ P 35.

Gutshof ⋈, Suttenweg 1, ⌷ 69231, ℰ (06222) 95 10, Fax (06222) 951100, ☆ – ⫼, ⋈ Zim, 🎛 ⟷ & **P**. ⣍⣱ ⣍⣱. ⌘
geschl. Jan. 2 Wochen, Aug. 3 Wochen – Menu (geschl. Sonn- und Feiertage) (nur Abend-essen) à la carte 32/69 – **30 Z** ⊐ 129/149 – 175/195.

Kraski, Hohenaspen 58 (Gewerbegebiet), ⌷ 69231, ℰ (06222) 6 15 70, Fax (06222) 615755, ☆, ⇌s – ⋈ Zim, 🎛 ⟷ **P** – 🔬 15. ⣍⣱ ⣍⣱. ⌘ Rest
geschl. 22. Dez. - 7. Jan. – Menu (geschl. Samstag - Sonntag) (nur Abendessen) à la carte 42/67 – **27 Z** ⊐ 135/150 – 160/189.

RAUHENEBRACH Bayern **419 420** Q 15 – 3 200 Ew – Höhe 310 m.
Berlin 431 – München 251 – Coburg 70 – Nürnberg 82 – Würzburg 59 – Bamberg 28.

In Rauhenebrach-Schindelsee

Gasthaus Hofmann ⌘, mit Zim, Schindelsee 1, ⌷ 96181, ℰ (09549) 84 98, GASTHAUS-HOFMANN@GERMANYNET.DE, Fax (09549) 5192 – 🎛 **P**.
geschl. Jan. 3 Wochen – Menu (geschl. Ostern - Okt. Dienstag, Nov. - Ostern Dienstag - Mittwoch) à la carte 23/56 – **9 Z** ⊐ 36/45 – 72/84.

RAUNHEIM Hessen siehe Rüsselsheim.

RAUSCHENBERG Hessen 🔢 N 10 – 4500 Ew – Höhe 282 m – Luftkurort.
Berlin 456 – Wiesbaden 140 – Marburg 20 – Kassel 72.

🏛 **Schöne Aussicht,** an der B 3 (Nord-West : 3,5 km), ✉ 35282, ℰ (06425) 9 24 20,
GERHARDBOUCSEIN@AOL.COM, Fax (06425) 924212, 佘, ⬛s, 🔲, ☞ – ✦ Rest, 📺 ⇔
🅿 – 🏄 100. 🝳 ⓪ ⓪ VISA. ⬥ Rest
geschl. 5. - 19. Feb., 16. - 30. Juli – **Menu** (geschl. Montag) à la carte 28/54 – **12 Z** ⇌ 75/85
– 140.

RAVENSBURG Baden-Württemberg 🔢·W 12 ∸ 46 000 Ew – Höhe 430 m.
Sehenswert : Liebfrauenkirche (Kopie der "Ravensburger Schutzmantelmadonna"★★).
🏌 Ravensburg, Hofgut Okatreute (Nord-West : 7 km), ℰ (0751) 99 88.
🄳 Tourist Information, Kirchstr. 16, ✉ 88212, ℰ (0751) 8 23 24, Fax (0751) 82466.
ADAC, Jahnstr. 26.
Berlin 696 – Stuttgart 147 – Konstanz 43 – München 183 – Ulm (Donau) 86 – Bregenz 41.

🏨 **Romantik Hotel Waldhorn** (Bouley) (mit Gästehaus), Marienplatz 15, ✉ 88212,
ℰ (0751) 3 61 20, bouley@waldhorn.de, Fax (0751) 3612100, 佘 – ▯ 📺 ✆ ⇔ – 🏄 80.
🝳 ⓪ ⓪ VISA
Menu (geschl. über Weihnachten, Sonntag - Montag) (Tischbestellung ratsam, bemer-
kenswerte Weinkarte) 60 (mittags) à la carte 88/116 – **Weinstube Rebleutehaus**
« Zunftstube a. d. 15. Jh. » (nur Abendessen) Menu à la carte 37/71 – **34 Z** ⇌ 115/210
– 210/280, 3 Suiten
Spez. Asiatisches Vorspeisenarrangement in drei Gängen. Loup de mer mit Artischocken.
Rinderfilet "Saulieu" mit Gänseleber.

🏛 **Rebgarten** Ⓜ garni, Zwergerstr. 7, ✉ 88214, ℰ (0751) 36 23 30, Hotel-Rebgarten
@t-online.de, Fax (0751) 36233110, ▮▸, ⬛s – ▯ 📺 ✆ ⇔ 🅿 – 🏄 40. 🝳 ⓪ VISA
geschl. Weihnachten - Anfang Jan. – **29 Z** ⇌ 134/145 – 174/185.

🏛 **Obertor,** Marktstr. 67, ✉ 88212, ℰ (0751) 3 66 70, mail@hotelobertor.de,
Fax (0751) 3667200, 佘, ⬛s – ✦ Zim, 📺 🅿 🝳 ⓪ ⓪ VISA
Menu (geschl. Sonntag) à la carte 38/74 – **32 Z** ⇌ 145/200 – 202/242.

RECHENBERG-BIENENMÜHLE Sachsen 🔢 N 24 – 1 200 Ew – Höhe 620 m – Erholungsort
– Wintersport : 600/805 m ⚡1 ⛷.
Berlin 242 – Dresden 51 – Altenberg 20 – Chomutov 62 – Teplice 37.

In Rechenberg-Bienenmühle-Holzhau Ost : 3 km :
🄳 Fremdenverkehrsamt, Bergstr. 9, ✉ 09623, ℰ (037327) 15 04, Fax (037327) 1619

🏨 **Lindenhof** ⬢, Bergstr. 4, ✉ 09623, ℰ (037327) 8 20, Webmaster@Lindenhof-Holz
hau.de, Fax (037327) 7395, 佘, ▮▸, ⬛s, ☞ – ▯ 📺 🅿 – 🏄 100. 🝳 ⓪ VISA
Menu à la carte 30/58 – **61 Z** ⇌ 92/140 – 144/166, 3 Suiten – ½ P 26.

🏛 **Berghotel Talblick** ⬢, Alte Str. 144, ✉ 09623, ℰ (037327) 74 16, hotel.talblick
@t-online.de, Fax (037327) 7429, ⬝, 佘, ⬛s, ☞ – 📺 🅿 – 🏄 25. 🝳 ⓪ ⓪ VISA
Menu à la carte 25/47 – **26 Z** ⇌ 90/97 – 120/140 – ½ P 22.

RECHTENBACH Bayern 🔢 Q 12 – 1 100 Ew – Höhe 335 m.
Berlin 528 – München 327 – Würzburg 63 – Aschaffenburg 29.

🏄 **Krone,** Hauptstr. 52, ✉ 97848, ℰ (09352) 22 38, Fax (09352) 2238, ☞ – ⇔ 🅿
⇔ geschl. 1. - 15. Aug. – **Menu** (geschl. Freitag) à la carte 22/33 ⓵ – **18 Z** ⇌ 34/49 – 68/98.

An der B 26 West : 3,5 km :
🗙🗙 **Bischborner Hof** mit Zim, ✉ 97843 Neuhütten, ℰ (09352) 8 71 90,
Fax (09352) 871921, 佘, Biergarten – 🅿 🝳 ⓪ ⓪ VISA
Menu à la carte 34/66 – **8 Z** ⇌ 75/95.

RECKE Nordrhein-Westfalen 🔢 I 7 – 11 000 Ew – Höhe 60 m.
Berlin 458 – Düsseldorf 183 – Nordhorn 59 – Bielefeld 73 – Bremen 140 – Enschede 70
– Osnabrück 40.

🏛 **Altes Gasthaus Greve** ⬢, Markt 1, ✉ 49509, ℰ (05453) 30 99, Fax (05453) 3689,
佘 – 📺 ⇔ 🅿 ⓪ VISA ⬥
Menu (geschl. Montag) à la carte 27/58 – **18 Z** ⇌ 68/80 – 120/135.

RECKLINGHAUSEN Nordrhein-Westfalen 🔢 L 5 – 127 000 Ew – Höhe 76 m.
Sehenswert : Ikonenmuseum★★ X **M1.**
🏌 Recklinghausen, Bockholter Str. 475 (über ⑥), ℰ (02361) 9 34 20.
ADAC, Martinistr. 11.
Berlin 508 ④ – Düsseldorf 63 ④ – Bochum 17 ④ – Dortmund 28 ③ – Gelsenkirchen 20 ④
– Münster (Westfalen) 63 ⑦

RECKLINGHAUSEN

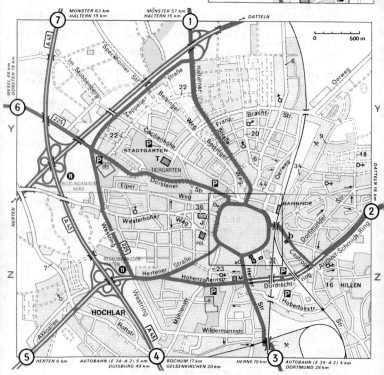

Parkhotel Engelsburg, Augustinessenstr. 10, ⊠ 45657, ℰ (02361) 20 10, Fax (02361) 201120, 🌳, « Kurfürstliches Palais a.d.J.1701 ; elegante Einrichtung », ≘s – ⫴, ⅍ Zim, 📺 ℰ ᵴ ℭ – ᵴ 40. ⅏ ⓵ ⓿ 🅥🅘🅢🅐 ⅍ Rest – **Menu** *(geschl. Samstagmittag, Sonntag)* à la carte 54/77 – **65 Z** ⊡ 165/215 – 195/255, 5 Suiten. X c

Landhaus Scherrer, Bockholter Str. 385 (Nord-West : 3 km), ⊠ 45659, ℰ (02361) 1 03 30, LandhausScherrerGmbH@t-online.de, Fax (02361) 103317, 😤 – ⅍ Zim, 📺 ℭ ℙ, ⅏ ⓵ ⓿ 🅥🅘🅢🅐 über Bockholter Str. YZ
Menu *(geschl. Samstagmittag, Sonntagabend - Montag)* à la carte 46/83 – **12 Z** ⊡ 130/160 – 190/210.

Mercure garni, Löhrhof 8, ⊠ 45657, ℰ (02361) 93 12 30, MERCURE-RECKLINGHAUSEN@T-Online.de, Fax (02361) 57051 – ⫴ ⅍ 📺 – ᵴ 40. ⅏ ⓵ ⓿ 🅥🅘🅢🅐 🅙🅒🅑 ⊡ 29 – **66 Z** 140/175 – 160/195. X a

🏠 **Albers** Ⓜ, Markt 3, ⊠ 45657, ℰ (02361) 9 51 60, Fax (02361) 951611, 斧,
« Historischer Gasthof mit modernem Hotelanbau » – 🛗, ⇔ Rest, 📺 ℰ. ⬤ *VISA*
Menu à la carte 31/58 – **16 Z** ⊂⊃ 105/160.   X e

🗙🗙 **Altes Brauhaus,** Dortmunder Str. 16, ⊠ 45665, ℰ (02361) 4 63 23,
Fax (02361) 46579 – ⚲ ⬤ *VISA*   Z b
geschl. März 2 Wochen, Juli - Aug. 3 Wochen, Samstagmittag, Montag - Dienstagmittag
– **Menu** à la carte 40/78.

REDWITZ AN DER RODACH Bayern ❹❶❽ ❹❷⓿ P 17 – 3 500 Ew – Höhe 293 m.
Berlin 362 – München 258 – Coburg 29 – Bamberg 47.

🏠 **Rösch,** Gries 19, ⊠ 96257, ℰ (09574) 6 33 20, info@hotel-roesch.de,
Fax (09574) 633233, 斧, 斧 – ⇔ Zim, 📺 ℙ. 🗇 Rest
geschl. 22. Dez. - 7. Jan. – **Menu** (geschl. Samstag - Sonntag) (nur Abendessen) à la carte
28/55 – **17 Z** ⊂⊃ 85/89 – 120/140.

REES Nordrhein-Westfalen ❹❶❼ K 3 – 21 000 Ew – Höhe 20 m.
Berlin 580 – Düsseldorf 87 – Arnhem 49 – Wesel 24.

🏠 **Rheinhotel Dresen** garni, Markt 6, ⊠ 46459, ℰ (02851) 12 55, Fax (02851) 2838,
≼ Rhein – ⇔ 📺 ⇎
12 Z ⊂⊃ 85/150.

🗙🗙🗙 **Op de Poort,** Vor dem Rheintor 5, ⊠ 46459, ℰ (02851) 74 22, Fax (02851) 917720,
≼ Rhein, 斧 – ℙ
geschl. 27. Dez. - 17. Feb., Montag - Dienstag – **Menu** (Tischbestellung ratsam) 42 (mittags)
à la carte 48/81.

In Rees-Grietherort Nord-West : 8 km :

🗙🗙 **Inselgasthof Nass** 🗇 mit Zim, Grietherort 1, ⊠ 46459, ℰ (02851) 63 24,
Fax (02851) 6015, ≼, 斧 – 📺 ℙ. 🗇
Menu (geschl. Montag) (überwiegend Fischgerichte) à la carte 42/78 – **7 Z** ⊂⊃ 70/140.

In Rees-Reeserward Nord-West : 4 km :

🗙🗙 **Landhaus Drei Raben,** Reeserward 5, ⊠ 46459, ℰ (02851) 18 52, 斧 – ℙ
geschl. Montag - Dienstag – **Menu** à la carte 45/82.

REGEN Bayern ❹❷⓿ T 23 – 12 000 Ew – Höhe 536 m – Erholungsort – Wintersport : 🎿.
🛈 Touristinformation, Schulgasse 2, ⊠ 94209, ℰ (09921) 29 29, Fax (09921) 60433.
Berlin 529 – München 169 – Passau 59 – Cham 49 – Landshut 100.

In Regen-Schweinhütt Nord-Ost : 6 km :

🏠 **Landhotel Mühl,** Köpplgasse 1 (B 11), ⊠ 94209, ℰ (09921) 95 60, LandhotelMuehl
@t-online.de, Fax (09921) 95656, 斧, ⇔ – 🛗 📺 ℙ. ⬤ ⬤ *VISA*
geschl. Nov. - 6. Dez. – **Menu** (geschl. Jan. - Feb. Dienstag) à la carte 29/50 – **26 Z** ⊂⊃ 80/98
– 130/156 – ½ P 22.

REGENSBURG Bayern ❹❷⓿ S 20 – 141 000 Ew – Höhe 339 m.
Sehenswert : Dom★ (Glasgemälde★★) E – Alter Kornmarkt★ E – Alte Kapelle★ E – Städt.
Museum★ E M1 – St. Emmeram★ (Grabmal★ der Königin Hemma) D – Diözesanmuseum★
E – St. Jakobskirche (romanisches Portal★) A – Steinerne Brücke (≼★) E – Haidplatz★
D – Altes Rathaus★ D.
Ausflugsziel : Walhalla★ Ost : 11 km über Walhalla-Allee B.
🔖 Donaustauf, Jagdschloß Thiergarten (über ② : 13 km), ℰ (09403) 5 05 ; 🔖 Sinzing
(Süd-West : 6 km über Kirchmeierstraße Y), ℰ (0941) 3 25 04.
🛈 Tourist-Information, Altes Rathaus, ⊠ 93047, ℰ (0941) 5 07 44 10, Fax (0941)
5074419.
ADAC, Luitpoldstr. 2.
Berlin 489 ⑤ – München 122 ④ – Nürnberg 100 ④ – Passau 115 ③

Stadtpläne siehe nächste Seiten

🏛 **Sorat Insel-Hotel** Ⓜ, Müllerstr. 7, ⊠ 93059, ℰ (0941) 8 10 40, regensburg
@SORAT-Hotels.com, Fax (0941) 8104444, ≼, 斧, « Ehemalige Manufaktur über einem
Arm der Donau gelegen », ⇔ – 🛗, ⇔ Zim, 📺 ℰ 🖧 ⇎ – 🔬 90. ⬤ ⬤ ⬤ *VISA*
                                                                                              A r
ᴶᶜᴮ
Brandner (geschl. 2. - 22. Aug.) **Menu** à la carte 54/70 – **75 Z** ⊂⊃ 245/250 – 285/295.

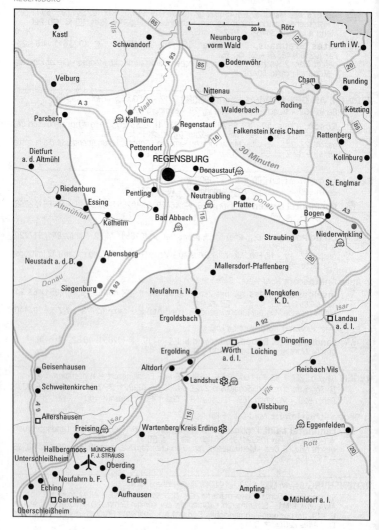

 Courtyard by Marriott Ⓜ, Bamberger Str. 28, ⊠ 93059, ℘ (0941) 8 10 10,
Fax (0941) 84047, Biergarten, ⊆s – ⧉ ⇥ ▤ TV ℰ P – ⚐ 140. AE ⓪ ⓂⓈ VISA JCB
Menu à la carte 42/69 – ⧉ 21 – **125 Z** 140/150 – 150/155.   über ⑤

Avia-Hotel, Frankenstr. 1, ⊠ 93059, ℘ (0941) 4 09 80, info@avia-Hotel.de,
Fax (0941) 42093, ⇭ – ⧉, ⇥ Zim, TV ℰ ⇦ P – ⚐ 60. AE ⓪ ⓂⓈ VISA JCB
Menu (geschl. 27. Dez. - 10. Jan.) à la carte 39/72 – **60 Z** ⧉ 167/182.   B c

Park-Hotel Maximilian, Maximilianstr. 28, ⊠ 93047, ℘ (0941) 5 68 50, Maximilian
@Donau.de, Fax (0941) 52942, « Neu-Rokoko-Fassade » – ⧉, ⇥ Zim, TV ⇦ – ⚐ 100.
AE ⓪ ⓂⓈ VISA JCB. ⅜ Rest   E f
Menu (geschl. Sonntag) à la carte 36/65 – **52 Z** ⧉ 218/238 – 278/298, 3 Suiten.

Bischofshof am Dom, Krauterermarkt 3, ⊠ 93047, ℘ (0941) 5 84 60, info@hote
l-bischofhof.de, Fax (0941) 5846146, Biergarten – ⧉, ⇥ Zim, TV, AE ⓪ ⓂⓈ VISA
Menu à la carte 30/65 – **55 Z** ⧉ 125/185 – 225/325.   E r

🏨 **Altstadthotel Arch** ⌦ garni, Am Haidplatz 4, ⌧ 93047, ✆ (0941) 5 86 60, *arch @onlinehome.de*, Fax (0941) 5866168, « Modernisiertes Patrizierhaus a.d. 18. Jh. » – 🛗
✕ 📺 – 🅰 30. 🆎 ① 🆚🆎 🆅🆂🅰 🅹🅲🅱
65 Z ⌣ 128/170 – 160/210.

D n

🏨 **Hansa Apart-Hotel** Ⓜ, Friedenstr. 7, ⌧ 93051, ✆ (0941) 9 92 90 (Hotel) 79 32 76 (Rest.), *HANSA.HOTEL@T-ONLINE.DE*, Fax (0941) 9929095, � – 🛗, ✕ Zim, 📺
📞 🚗 – 🅰 40. 🆎 ① 🆚🆎 🆅🆂🅰

A a

Il Pescatore (italienische Küche) *(geschl. Sonntag)* **Menu** à la carte 41/70 – **121 Z**
⌣ 155/190 – 170/225, 21 Suiten.

🏨 **Atrium** garni, Gewerbepark D 90, ⌧ 93059, ✆ (0941) 4 02 80, *info@atrium-regensb urg.bestwestern.de*, Fax (0941) 49172 – 🛗 ✕ 📺 📞 🚗 🅿 – 🅰 200. 🆎 ① 🆚🆎 🆅🆂🅰
🅹🅲🅱
über ①
⌣ 17 – **96 Z** 155/185 – 170/200.

🏨 **St. Georg**, Karl-Stieler-Str. 8, ⌧ 93051, ✆ (0941) 9 10 90, *st.georg@onlinehome.de*, Fax (0941) 948174, �, 🌆 – 🛗, ✕ Zim, 📺 🚗 🅿 – 🅰 55. 🆎 ① 🆚🆎 🆅🆂🅰 🅹🅲🅱
Menu *(geschl. Sonntag) (nur Abendessen)* à la carte 37/69 – **60 Z** 90/159 –
145/180.
über ④

🏨 **Kaiserhof** garni, Kramgasse 10, ⌧ 93047, ✆ (0941) 58 53 50, *info@kaiserhof-am -dom*, Fax (0941) 5853595, « Ehemalige Hauskapelle a.d. 14.Jh. » – 🛗 📺. 🆎 ① 🆚🆎 🆅🆂🅰
30 Z ⌣ 99/135 – 145/225.

E t

🏨 **Münchner Hof** ⌦, Tändlergasse 9, ⌧ 93047, ✆ (0941) 5 84 40 (Hotel) 56 00 00
⊖ (Rest.), *info@muenchner-hof.de*, Fax (0941) 561709 – 🛗, ✕ Zim, 📺 – 🅰 30. 🆎 ①
🆚🆎 🆅🆂🅰
D d
Menu à la carte 24/57 – **53 Z** ⌣ 120/140 – 165/195.

REGENSBURG

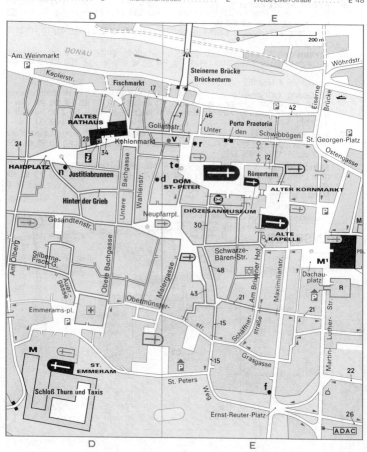

XX **Rosenpalais**, Minoritenweg 20, ⊠ 93047, ℰ (0941) 5 99 75 79, *restaurant@rosenp alais.de*, Fax (0941) 5997580, ☜, « Stadtpalais a.d. 18. Jh. » – **M©** **VISA**   B a
geschl. Weihnachten, 1.- 15. Jan., 26. Juli - 7. Aug., Sonntag - Montag – **Menu** *(nur Abendessen)* 75/105 à la carte 78/108 – **Bistro** *(geschl. Sonntag)* **Menu** à la carte 41/67.

XX **David**, Watmarkt 5 (5. Etage), ⊠ 93047, ℰ (0941) 56 18 58, Fax (0941) 51618, « Dachterrasse » – ☒, **AE** **①** **M©** **VISA**. ☜   E v
geschl. Aug., Sonntag - Montag – **Menu** *(nur Abendessen)* à la carte 61/90.

XX **Hagens Auberge**, Badstr. 54, ⊠ 93059, ℰ (0941) 8 44 13, Fax (0941) 84414, ☜ –
AE **①** **M©** **VISA**   A c
geschl. Sonntag – **Menu** *(nur Abendessen)* à la carte 43/80.

X **Brauerei Kneitinger**, Arnulfsplatz 3, ⊠ 93047, ℰ (0941) 5 24 55,
Fax (0941) 5999982, (Brauereigaststätte)   A h
Menu à la carte 19/44.

In Regensburg-Irl *über* ② : *7 km* :

🏠 **Held,** Irl 11, ✉ 93055, ℘ (09401) 94 20, *richardheld@t-online.de, Fax (09401) 7682,*
☜ 🏠, 🍴, 🖼 – 📋 🔌 📺 ☜ 🅿 – 🔥 20. 🆎 🏧 VISA
Menu *(geschl. 23. - 27. Dez.)* à la carte 24/58 ♨ – **64 Z** ☲ 95/110 – 190.

In Regensburg-Wutzlhofen *über* ① : *5 km* :

🏠 **Götzfried,** Wutzlhofen 1, ✉ 93057, ℘ (0941) 6 96 10, *service@hotel-Goetzfried.de,*
☜ *Fax (0941) 6961232,* 🍴 – 📋 🔌 Zim, 📺 🅿 – 🔥 60. 🆎 ① 🏧 VISA
Menu *(geschl. 23. - 28. Dez., Montag)* à la carte 30/57 – **53 Z** ☲ 90/110 – 135/155.

In Pentling *über* ④ : *5 km* :

🏨 **Tulip Inn,** An der Steinernen Bank 10, ✉ 93080, ℘ (09405) 3 30, *Fax (09405) 33410,*
Biergarten, 🍴, 🎾(Halle) Squash – 📋 📺 🔌 ও 🅿 – 🔥 320. 🆎 ① 🏧 VISA
Menu à la carte 36/61 – **226 Z** ☲ 120/140 – 160/180, 3 Suiten.

In Pettendorf-Mariaort *über* ⑤ : *7 km* :

🏠 **Krieger,** Heerbergstr. 3 (B 8), ✉ 93186, ℘ (0941) 8 10 80 (Hotel) 8 42 78 (Rest.),
☜ *Fax (0941) 8108180,* ≼, 🍴 – 📋 📺 ☜ 🅿 🏧 VISA
Menu *(geschl. Aug. - Sept. 2 Wochen, Mittwoch)* à la carte 24/55 – **27 Z** ☲ 60/82 – 130.

In Pettendorf-Adlersberg *über* ⑤ : *8 km* :

🍽 **Prösslbräu** 🍺, Dominikanerinnenstr. 2, ✉ 93186, ℘ (09404) 18 22, *Fax (09404) 5233,*
☜ (Brauereigasthof in einer ehemaligen Klosteranlage a.d. 13. Jh.) Biergarten – ☜ 🅿
geschl. 20. Dez. - 16. Jan. – **Menu** *(geschl. Montag)* à la carte 24/45 – **14 Z** ☲ 54/84.

In Donaustauf *Ost : 9 km, Richtung Walhalla* B :

🏨 **Forsters Gasthof Zur Post,** Maxstr. 43, ✉ 93093, ℘ (09403) 91 00, *info@hotel*
🛐 *-forsters.de, Fax (09403) 910910,* 🍴 – 📋, 🔌 Zim, 📺 🅿 – 🔥 140. 🆎 🏧 VISA JCB
Menu *(geschl. 12. Feb. - 1. März, 13. - 31. Aug., Montag)* à la carte 33/66 – **48 Z** ☲ 99/120
– 140/180.

🏨 **Kupferpfanne** 🍺, Lessingstr. 48, ✉ 93093, ℘ (09403) 9 50 40, *Fax (09403) 4396,*
🍴, 🍴, 🍽 – 📺 VISA 🏧 JCB
Menu *(geschl. Sonntagabend - Montagmittag)* à la carte 38/77 – **20 Z** ☲ 89/120 –
138/180.

🏠 **Walhalla** 🍺, Ludwigstr. 37, ✉ 93093, ℘ (09403) 9 50 60, *Fax (09403) 950613,* ≼, 🍽
– 📋 📺 ☜ 🅿 ① 🏧 VISA 🍽
Menu *(geschl. Donnerstag) (nur Abendessen)* (Restaurant nur für Hausgäste) – **21 Z**
☲ 60/70 – 98/108.

In Neutraubling *Süd-Ost : 10 km über* ② :

🏨 **Am See** Ⓜ, Teichstr. 6, ✉ 93073, ℘ (09401) 94 60, *Hotel-am-See@t-online.de,*
🛐 *Fax (09401) 946222,* 🍴 – 📋, 🔌 Zim, 📺 🔌 ও 🅿 – 🔥 100. 🆎 🏧 VISA
Menu *(geschl. Aug. 3 Wochen, Montag)* à la carte 29/67 – **30 Z** ☲ 99/115 – 175/215.

🏠 **Groitl,** St. Michaelsplatz 2, ✉ 93073, ℘ (09401) 92 27 20, *Fax (09401) 922727* – 📺 🅿
🏧 🍽 Rest
23. Dez. - 10. Jan. geschl. – **Menu** *(geschl. Sonn- und Feiertage) (nur Abendessen)* à la carte
26/47 – **25 Z** ☲ 55/72 – 110.

REGENSTAUF *Bayern* 420 *S 20 – 15 000 Ew – Höhe 346 m.*
🛈 *Fremdenverkehrsamt, Bahnhofstr. 15,* ✉ *93128,* ℘ *(09402) 50 90, Fax (09402) 50950.*
Berlin 474 – München 136 – Regensburg 19 – Nürnberg 110.

In Regenstauf-Heilinghausen *Nord-Ost : 8 km* :

🍽 **Landgasthof Heilinghausen,** Alte Regenstr. 5, ✉ 93128, ℘ (09402) 42 38,
Fax (09402) 4238, Biergarten, « Rustikale Einrichtung » – 🅿 🆎 🏧
geschl. Nov. 2 Wochen, Dienstag – **Menu** à la carte 34/60.

REHBURG-LOCCUM *Niedersachsen* 415 417 *I 11 – 9 800 Ew – Höhe 60 m.*
🏌 *Mardorf, (Nord-Ost : 5 km) Vor der Mühle 10a,* ℘ *(05036) 27 78 ;* 🏌 *Rehburg-Loccum,*
Ortsteil Hormannshausen, ℘ *(05766) 9 30 17.*
Berlin 328 – Hannover 47 – Bremen 89 – Minden 28.

🏠 **Rodes Hotel,** Marktstr. 22 (Loccum), ✉ 31547, ℘ (05766) 2 38, *Fax (05766) 7132,* 🍴
– 📺 ☜ 🅿
geschl. 20. Dez. - 10. Jan. – **Menu** *(geschl. Freitag)* à la carte 27/65 – **24 Z** ☲ 78/92 –
128/144.

REHLINGEN-SIERSBURG Saarland **4**⁅7⁆ R 4 – 10 000 Ew – Höhe 180 m.
  Berlin 736 – Saarbrücken 37 – Luxembourg 66 – Trier 63.

In Rehlingen-Siersburg - Eimersdorf Nord : 2 km, ab Siersburg :

XX **Niedmühle,** Niedtalstr. 13, ⊠ 66780, ℰ (06835) 6 74 50, Fax (06835) 6070450, ⇌
  – 𝐏. ⅋
  geschl. 1. - 7. Jan., Juni - Juli 3 Wochen, Montag, Samstagmittag – **Menu** à la carte 55/75.

In Rehlingen-Siersburg - Niedaltdorf Süd-West : 8 km, ab Siersburg :

XX **Olive - Zur Naturtropfsteinhöhle,** Neunkircher Str. 10, ⊠ 66780, ℰ (06833) 3 77,
  Fax (06833) 1730071, ⇌ – 𝐏. 𝐀𝐄 𝐌𝐎 𝐕𝐈𝐒𝐀. ⅋
  geschl. Ende Okt. - Anfang Nov., Montag, Mittwochabend – **Menu** à la carte 41/96.

REICHELSHEIM Hessen **4**⁅7⁆ **4**⁅9⁆ Q 10 – 9 200 Ew – Höhe 216 m – Luftkurort.
  🛈 Verkehrsamt, Bismarkstr. 43, ⊠ 64385, ℰ (06164) 5 08 26, Fax (06164) 50833.
  Berlin 585 – Wiesbaden 84 – Mannheim 53 – Darmstadt 36.

XX **Treusch im Schwanen,** Rathausplatz 2, ⊠ 64385, ℰ (06164) 22 26, info@ treusc
  h-schwanen.com, Fax (06164) 809, ⇌ – 𝐏. – 🏛 25. 𝐀𝐄 𝐎𝐃 𝐌𝐎 𝐕𝐈𝐒𝐀
  geschl. Mitte Jan. - Ende Feb., Donnerstag – **Menu** (Montag - Freitag nur Abendessen)
  (bemerkenswerte Weinkarte) à la carte 51/90 (auch vegetarisches Menu).

In Reichelsheim-Eberbach Nord-West : 1,5 km :

🏨 **Ferienhotel Lortz** ⤸, Ortstr. 3, ⊠ 64385, ℰ (06164) 49 69, Fax (06164) 55528, ≤,
  ⇌s, 🄲, ☞ – 𝐓𝐕 𝐏. ⅋
  geschl. Jan. - Feb. 4 Wochen, Mitte Nov. - 26. Dez. **Menu** (Restaurant nur für Hausgäste)
  – **13 Z** ⊐ 76/96 – 100/152 – ½ P 20.

In Reichelsheim-Erzbach Süd-Ost : 6,5 km :

🏨 **Berghof,** Forststr. 44, ⊠ 64385, ℰ (06164) 20 95, Fax (06164) 55298, ⇌s, 🄲 , ☞,
  ⍗ – 𝄄, ⤸⇌ Rest, 𝐓𝐕 𝐏. – 🏛 20. ⅋ Zim
  Menu (geschl. Montag) à la carte 29/64 – **28 Z** ⊐ 68/82 – 116/140 – ½ P 15.

REICHENAU (Insel) Baden-Württemberg **4**⁅9⁆ W 11 – 4 800 Ew – Höhe 398 m – Erholungsort.
  Sehenswert : In Oberzell : Stiftskirche St. Georg (Wandgemälde★★) – In Mittelzell :
  Münster★ (Münsterschatz★).
  🛈 Verkehrsbüro, Mittelzell, Ergat 5, ⊠ 78479, ℰ (07534) 9 20 70, Fax (07534) 920777.
  Berlin 763 – Stuttgart 181 – Konstanz 12 – Singen (Hohentwiel) 29.

Im Ortsteil Mittelzell :

🏨 **Seehotel Seeschau** ⤸, An der Schiffslände 8, ⊠ 78479, ℰ (07534) 2 57, seesch
  au@ mdo.de, Fax (07534) 7264, ≤, « Terrasse am See » – 𝄄 𝐓𝐕 𝒞 𝐏. 𝐀𝐄 𝐎𝐃 𝐌𝐎 𝐕𝐈𝐒𝐀
  geschl. Jan. - Feb. – **Kaminstube** Menu à la carte 42/74 – **Le Gourmet** (nur Abendessen)
  Menu à la carte 62/80 – **23 Z** ⊐ 210/260 – 330 – ½ P 48.

🏨 **Mohren,** Pirminstr. 141, ⊠ 78479, ℰ (07534) 9 94 40, hotel@ mohren-bodensee.de,
  Fax (07534) 9944610 – 𝄄 𝐓𝐕 𝐏. – 🏛 40. 𝐀𝐄 𝐎𝐃 𝐌𝐎 𝐕𝐈𝐒𝐀 𝐉𝐂𝐁
  geschl. 22. Dez. - Ende Jan. – **Menu** (geschl. Sonntag) à la carte 40/65 – **37 Z** ⊐ 95/155
  – 160/225 – ½ P 39.

🏨 **Strandhotel Löchnerhaus** ⤸, An der Schiffslände 12, ⊠ 78479, ℰ (07534) 80 30,
  strandhotel-reichenau@mdo.de, Fax (07534) 582, ≤, « Terrasse am See », 🛥,
  Bootssteg – 𝄄, ⤸⇌ Zim, 𝐓𝐕 ☞ 𝐏. – 🏛 60. 𝐀𝐄 𝐎𝐃 𝐌𝐎 𝐕𝐈𝐒𝐀 ⅋
  geschl. Jan., Feb., Nov. – **Menu** à la carte 46/72 – **42 Z** ⊐ 130/280 – 230/290 – ½ P 40.

Im Ortsteil Oberzell :

🏨 **Kreuz,** Zelleleweg 4, ⊠ 78479, ℰ (07534) 3 32, Kreuz-Reichenau@ t-online.de,
  Fax (07534) 1460, ⇌, ☞ – 𝐓𝐕 𝐏. 𝐎𝐃 𝐌𝐎 𝐕𝐈𝐒𝐀
  geschl. über Fastnacht 1 Woche, Ende Okt. - Mitte Nov., 23. Dez. - 10. Jan. – **Menu** (geschl.
  Montag, Donnerstag) à la carte 33/58 – **12 Z** ⊐ 85 – 150/160.

REICHENBACH Sachsen **4**⁅8⁆ M 28 – 3 500 Ew – Höhe 258 m.
  Berlin 217 – Dresden 96 – Görlitz 14 – Zittau 32.

🏨 **Reichenbacher Hof,** Oberreichenbach 8a (B 6), ⊠ 02894, ℰ (035828) 7 50, ringh
  otel-reichenbach@ T-online.de, Fax (035828) 75235, ⇌, Massage, ℹ️₀, ⇌s, 🄲 , ☞, ⅋
  – 𝄄, ⤸⇌ Zim, 𝐓𝐕 𝐏. – 🏛 150. 𝐀𝐄 𝐎𝐃 𝐌𝐎 𝐕𝐈𝐒𝐀
  Menu à la carte 26/45 – **47 Z** ⊐ 125/135 – 165/175.

REICHENBACH (VOGTLAND) Sachsen 418 420 O 20 – 25 000 Ew – Höhe 377 m.
Berlin 289 – Dresden 118 – Gera 45 – Plauen 26.

🏨 **Burgberg Hotel** Ⓜ 🐾, Am Burgberg 2, ✉ 08468, ✆ (03765) 78 00,
Fax (03765) 780111, 🍴, ⇔ – 🛗, ↔ Zim, TV 🅿 – 🕍 35. 🖭 ⓪ 🐵 VISA, 🛞
Menu (geschl. Sonntag) (nur Abendessen) à la carte 29/45 – **29 Z** ☂ 110/120 –
155/190.

REICHENHALL, BAD Bayern 420 W 22 – 18 000 Ew – Höhe 470 m – Heilbad – Wintersport :
470/1 600 m ⚡1 ⚡2 ⚡.

🅱 Kur- und Verkehrsverein, Wittelsbacherstr. 15, ✉ 83435, ✆ (08651) 60 63 03,
Fax (08651) 606311.
Berlin 723 ① – München 136 ① – Berchtesgaden 20 ② – Salzburg 19 ①

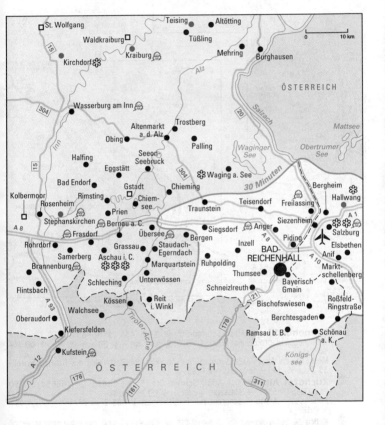

🏨 **Steigenberger Axelmannstein** 🐾, Salzburger Str. 2, ✉ 83435, ✆ (08651) 77 70,
bad-reichenhall@steigenberger.de, Fax (08651) 5932, 🍴, « Park », Massage, 🚹,
⇔, 🐾, ✂ – 🛗, ↔ Zim, TV 🕯 ⇔ 🅿 – 🕍 120. 🖭 ⓪ 🐵 VISA JCB.
🛞 Rest   AY a
Parkrestaurant (nur Abendessen) **Menu** à la carte 62/82 – **Axel-Stüberl** : **Menu** à la
carte 29/50 – **151 Z** ☂ 265/345 – 345/385, 8 Suiten – ½ P 60.

🏨 **Parkhotel Luisenbad** 🐾, Ludwigstr. 33, ✉ 83435, ✆ (08651) 60 40, Luisenbad
@parkhotel.de, Fax (08651) 62928, 🍴, « Garten », Massage, 🚹, ⇔, 🖾, 🐾 – 🛗,
↔ Rest, TV ⇔ 🅿 – 🕍 120. ⓪ 🐵 VISA   AY e
geschl. 8. Jan. - 20. Feb. – **Menu** à la carte 44/68 – **75 Z** ☂ 140/200 – 226/346 –
½ P 44.

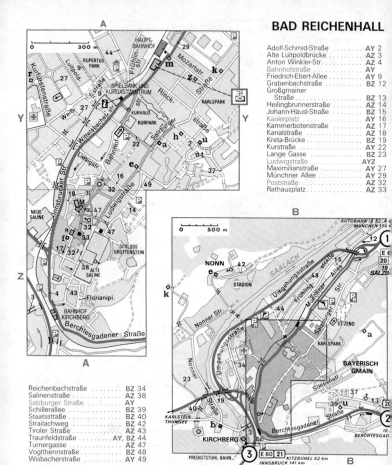

BAD REICHENHALL

ଲ୍ଲ **Sonnenbichl** ⋙, Adolf-Schmid-Str. 2, ⊠ 83435, ℰ (08651) 7 80 80, *Hotel*
@*sonnenbichlhotel.de*, Fax (08651) 780859, ⇌s, ☞ – 📳 📺 ⇌ 🅿 🆎 ① ⑩ 💳
⋙ Rest   AY h
Menu *(geschl. Nov. - Feb., Sonntag) (nur Abendessen)* (Restaurant nur für Hausgäste) –
35 Z ⇌ 85/110 – 160/170 – ½ P 25.

ଲ୍ଲ **Kurhotel Alpina** ⋙, Adolf-Schmid-Str. 5, ⊠ 83435, ℰ (08651) 97 50,
Fax (08651) 65393, ≤, Massage, ♣, ☞ – 📳 📺 🅿 ⑩ ⋙
Feb. - Okt. – **Menu** (Restaurant nur für Hausgäste) – **65 Z** ⇌ 87/140 – 157/193 –
½ P 18.   AY t

ଲ **Erika** ⋙, Adolf-Schmid-Str. 3, ⊠ 83435, ℰ (08651) 9 53 60, Fax (08651) 9536200, ≤,
« Garten » – 📳 📺 📞 ⇌ 🅿 🆎 ⑩ 💳 ⋙ Rest   AY u
März - Anfang Nov. – **Menu** *(geschl. Sonntag)* (Restaurant nur für Hausgäste) – **33 Z**
⇌ 90/130 – 159/199 – ½ P 20.

ଲ **Bayerischer Hof,** Bahnhofplatz 14, ⊠ 83435, ℰ (08651) 60 90, *info@bay-hof.de,*
Fax (08651) 609111, ☞, Massage, ⇌s, 🔲 – 📳, ↔ Rest, 📺 ੬ ⇌ 🆎 ① ⑩ 💳
⋙ Rest   AY m
Menu à la carte 30/64 – **62 Z** ⇌ 136/180 – 232/252 – ½ P 26.

ଲ **Hofwirt,** Salzburger Str. 21, ⊠ 83435, ℰ (08651) 9 83 80, Fax (08651) 983836, ☞
– 📳, ↔ Rest, 📺 🅿 ⑩ 💳   AY k
geschl. 27. Okt. - 15. Nov. – **Menu** *(geschl. Mittwoch)* à la carte 27/55 – **20 Z** ⇌ 75/95
– 140/155 – ½ P 22.

932

🏠 **Kurhotel Mozart** garni, Mozartstr. 8, ✉ 83435, 𝒫 (08651) 7 80 30, *hotel-mozart*
@ t-online.de, Fax *(08651) 62415,* 🚗 – 📶 ✦✦ 📺 🚗 🅿 ✦   AY z
März - Okt. – **26 Z** ☐ 58/103 – 131/160.

🏠 **Brauerei-Gasthof Bürgerbräu,** Waaggasse 2, ✉ 83435, 𝒫 (08651) 60 89, *HOTEL.*
🍴 *BUERGERBRAEU@ T-ONLINE.DE,* Fax *(08651) 608504,* Biergarten – 📶 📺. 🆎 ⑩ ⑩⑩
VISA   AZ f
Menu à la carte 22/55 – **32 Z** ☐ 98/130 – 180/195 – ½ P 30.

In Bad Reichenhall-Karlstein : *über Staatsstraße* BZ :

🏠 **Karlsteiner Stuben** 🛏, Staufenstr. 18, ✉ 83435, 𝒫 (08651) 98 00, *KarlsteinerSt*
uben@ t-online.de, Fax *(08651) 61250,* 🏡, « Thaigarten » – 🅿
geschl. Nov. - 6. Dez., 15. Jan. - 1. März – **Menu** *(geschl. Dienstag)* à la carte 30/45 – **48 Z**
☐ 66/85 – 120/170 – ½ P 22.

In Bad Reichenhall-Nonn :

🏨 **Neu-Meran** 🛏, ✉ 83435, 𝒫 (08651) 40 78, Fax *(08651) 78520,* ⩽ Untersberg und
Predigtstuhl, 🏡, 🚬, 🖥, 🚗 – 📺 🅿. ⑩⑩ *VISA*   BZ k
geschl. Mitte Jan. - Mitte Feb., Mitte Nov. - Mitte Dez. – **Menu** *(geschl. Dienstag - Mittwoch)*
(bemerkenswerte Weinkarte) à la carte 37/70 – **18 Z** ☐ 98/150 – 196/320, 6 Suiten –
½ P 35.

🏠 **Landhotel Sonnleiten** 🛏, ✉ 83435, 𝒫 (08651) 6 10 09, Fax *(08651) 68585,* ⩽, 🚗
– 📺 🚗 🅿. ✦ Rest   BZ e
Menu *(nur Abendessen)* (Restaurant nur für Hausgäste) – **9 Z** ☐ 105/122 – 136/
160.

Am Thumsee *West : 5 km über Staatsstraße* BZ :

🏨 **Haus Seeblick** 🛏, Thumsee 10, ✉ 83435 Bad Reichenhall, 𝒫 (08651) 9 86 30, *hote*
l-seeblick@ t-online.de, Fax *(08651) 986388,* ⩽ Thumsee und Ristfeucht-Horn, Massage,
🏋, 🚬, 🚗, ✦, 🎾, ✦ – 🅿 🚗 ✦ Rest
geschl. Anfang Nov. - Mitte Dez. – **Menu** *(geschl. Samstagmittag)* (Restaurant nur für Hausgäste) – **52 Z** ☐ 57/105 – 132/210 – ½ P 25.

🍴 **Landgasthof Madlbauer** 🛏 mit Zim, Thumsee 2, ✉ 83435 Bad Reichenhall,
𝒫 (08651) 22 96, *Madlbauer@ t-online.de,* Fax *(08651) 68920,* ⩽, 🏡, 🚗 – ✦✦ 🅿. 🆎
VISA. ✦
geschl. Nov. - Mitte Dez. – **Menu** *(geschl. Mittwoch)* à la carte 37/69 – **5 Z** ☐ 60 –
95/120.

In Bayerisch Gmain :

🏨 **Klosterhof** 🛏, Steilhofweg 19, ✉ 83457, 𝒫 (08651) 9 82 50, *Hotel.Klosterhof@ t-o*
nline.de, Fax *(08651) 66211,* ⩽, 🏡, 🚬, 🚗 – ✦✦ Rest, 📺 🅿. ⑩⑩ *VISA*   BZ a
geschl. 10. Jan. - 3. Feb., 12. - 30. Nov. – **Menu** *(geschl. Montag - Dienstagmittag)* à la carte
41/66 – **14 Z** ☐ 108/140 – 190/255 – ½ P 30.

🏠 **Amberger,** Schillerallee 5, ✉ 83457, 𝒫 (08651) 9 86 50, *amberger.hotel@ t-online.de,*
Fax *(08651) 986512,* 🚬, 🖥, 🚗 – ✦✦ Zim, 📺 🚗 🅿. ⑩⑩ *VISA*. ✦ Rest   BZ u
geschl. Nov. - 27. Dez. – **Menu** *(nur Abendessen)* (Restaurant nur für Hausgäste) – **18 Z**
☐ 57/90 – 94/170 – ½ P 22.

REICHSHOF *Nordrhein-Westfalen* 🔢🔢🔢 N 7 – 17 300 Ew – Höhe 300 m.

🚩 Hasseler Str. 2a, 𝒫 (02297) 71 31.

ℹ Kurverwaltung Reichshof, Barbarossastr. 5 (in Reichshof-Eckenhagen), ✉ 51580,
𝒫 (02265) 90 70, Fax (02265) 356.

Berlin 574 – *Düsseldorf 97* – *Bonn 87* – *Olpe 22* – *Siegen 38* – *Köln 63.*

In Reichshof-Hespert :

🍴 **Ballebäuschen,** Hasseler Str. 10, ✉ 51580, 𝒫 (02265) 93 94, Fax *(02265) 8773,* Biergarten – 🅿 *VISA*. ✦
geschl. Dienstag – **Menu** à la carte 38/68.

In Reichshof-Wildbergerhütte :

🏠 **Landhaus Wuttke,** Crottorfer Str. 57, ✉ 51580, 𝒫 (02297) 9 10 50,
Fax *(02297) 7828,* 🚬 – 📺 🅿 – 🏋 30. ⑩⑩ *VISA*
geschl. Mitte Juli - Anfang Aug. – **Menu** *(geschl. Sonntagabend)* à la carte 28/62 – **21 Z**
☐ 98/160 – ½ P 27.

REIFENSTEIN *Thüringen siehe Leinefelde.*

REIL Rheinland-Pfalz 417 P 5 – 1 300 Ew – Höhe 110 m.

Berlin 673 – Mainz 110 – Trier 62 – Bernkastel-Kues 34 – Cochem 47.

🏠 **Reiler Hof,** Moselstr. 27, ✉ 56861, ℰ (06542) 26 29, info@reiler-hof.de, Fax (06542) 1490, ≤, 🍽, ⟲, 🅿 AE ⓜⓞ VISA
geschl. Mitte Nov. - Mitte Feb. – **Menu** à la carte 27/52 ⚱ – **23 Z** ⊇ 70/75 – 110/140 – ½ P 15.

REILINGEN Baden-Württemberg siehe Hockenheim.

REINBEK Schleswig-Holstein 415 416 F 14 – 26 000 Ew – Höhe 22 m.

🕏 🕏 Brunstorf, (Ost : 14 km über B207), ℰ (04151) 9 80 20 ; 🕏 Wentorf, Golfstr. 2 (Süd : 2 km), ℰ (040) 72 97 80 66.

Berlin 272 – Kiel 113 – Hamburg 30 – Lübeck 56.

🏰 **Waldhaus Reinbek** 🌊, Loddenallee, ✉ 21465, ℰ (040) 72 75 20, waldhaus@wald haus.de, Fax (040) 72752100, 🍽, Massage, 🛁, ⟲, 🛋 – 🛗, 🛏 Zim, 🖥 TV 📞 👍 ⟲
🅿 – 🕸 100. AE ⓞ ⓜⓞ VISA. 🍴 Rest
Menu à la carte 58/94 – ⊇ 25 – **50 Z** 210/250 – 250/295, 3 Suiten.

🏰 **Sachsenwald-Hotel,** Hamburger Str. 4, ✉ 21465, ℰ (040) 72 76 10, sachsenwaldh otel@t-online.de, Fax (040) 72761215, ≊ – 🛗, 🛏 Zim, TV 👍 ⟲ – 🕸 250. AE ⓜⓞ VISA
Menu (geschl. Samstagmittag, Sonntag) à la carte 40/71 – **64 Z** ⊇ 135/195.

REINFELD Schleswig-Holstein 415 416 E 15 – 8 000 Ew – Höhe 17 m.

Berlin 291 – Kiel 66 – Lübeck 18 – Hamburg 57.

🏠 **Seeblick** garni, Ahrensböker Str. 4, ✉ 23858, ℰ (04533) 14 23, Fax (04533) 5610, ≊s, 🍽 – TV ⟲ 🅿
19 Z ⊇ 60/75 – 90/120.

🏠 **Stadt Reinfeld,** Bischofsteicher Weg 1, ✉ 23858, ℰ (04533) 20 32 03, ⟲ Fax (04533) 203251 – TV 📞 🅿 – 🕸 35. AE ⓜⓞ VISA
Menu à la carte 24/36 – **11 Z** ⊇ 85/95 – 110/140.

REINHARDSHAGEN Hessen 417 418 L 12 – 5 300 Ew – Höhe 114 m – Luftkurort.

🚩 Touristik Agentur Sallwey Reinhardshagen, Karlshafener Str. 12, ✉ 34359, ℰ (05544) 95 03 50, Fax (05544) 950325.

Berlin 375 – Wiesbaden 246 – Kassel 34 – Hann. Münden 11 – Höxter 53.

In Reinhardshagen-Veckerhagen :

🏠 **Peter,** Untere Weserstr. 2, ✉ 34359, ℰ (05544) 10 38, Fax (05544) 7216, ≤, 🍽, 🍽
– TV 🅿 ⓞ ⓜⓞ VISA
geschl. 2.- 19. Jan. – **Menu** (geschl. Donnerstag) à la carte 28/56 – **14 Z** ⊇ 69/98 – 106/138.

REINHEIM Hessen 417 Q 10 – 18 600 Ew – Höhe 160 m.

Berlin 569 – Wiesbaden 61 – Frankfurt am Main 41.

In Reinheim-Georgenhausen Nord-West : 4 km :

🏠 **Sunibel Inn** Ⓜ garni, Hirschbachstr. 46, ✉ 64354, ℰ (06162) 94 10, sunibel@aol.com, Fax (06162) 94113 – 🛗 🛏 TV 📞 ⟲ – 🕸 15. ⓜⓞ VISA
22 Z ⊇ 120/150 – 175/220.

REINSTORF Niedersachsen siehe Lüneburg.

REISBACH / VILS Bayern 420 U 21 – 7 200 Ew – Höhe 405 m.

🕏 Reisbach-Grünbach, ℰ (08734) 70 35.

🚩 Marktverwaltung, Rathaus, Landauer Str. 18, ✉ 94419, ℰ (08734) 4 90, Fax (08734) 4950.

Berlin 582 – München 112 – Regensburg 85 – Landshut 40.

🏠 **Schlappinger Hof,** Marktplatz 40, ✉ 94419, ℰ (08734) 9 21 10, Fax (08734) 921192, ⟲ Biergarten – TV ⓜⓞ VISA
geschl. 1. - 20. Jan. – **Menu** (geschl. Mittwoch) à la carte 24/62 – **26 Z** ⊇ 65/85 – 110/130.

934

REIT IM WINKL Bayern 420 W 21 – 3 500 Ew – Höhe 700 m – Luftkurort – Wintersport : 700/1 800 m ≰21 ⚡.

Sehenswert : Oberbayrische Häuser★.

🚠 Reit im Winkl-Kössen (Nord-West : 2 km, Richtung Birnbach), ℰ (0043-5375) 62 85 35.

🛈 Verkehrsamt, Rathausplatz 1, ⊠ 83242, ℰ (08640) 8 00 20, Fax (08640) 80029.

Berlin 696 – München 111 – *Bad Reichenhall 50* – Rosenheim 52 – Kitzbühel 35.

🏠 **Unterwirt,** Kirchplatz 2, ⊠ 83242, ℰ (08640) 80 10, Unterwirt@Unterwirt.de, Fax (08640) 801150, 🌺, « Garten », 🚗s, 🏊 (geheizt), 🔲, 🌱 – 📱 📺 ⟸ 🅿 – 🕍 30
Menu à la carte 42/82 – **71 Z** ⊂ 155/210 – 310/440.

🏠 **Steinbacher Hof** 🌳, Steinbachweg 10 (Ortsteil Blindau), ⊠ 83242, ℰ (08640) 80 70, info@steinbacherhof.de, Fax (08640) 807100, ≼, 🌺, Massage, 🚗s, 🔲, 🌱 – 📱 📺 ⟸ 🅿 🕮 🌼 Rest
geschl. Mitte Nov. - Mitte Dez. – **Menu** à la carte 34/73 – **54 Z** ⊂ 111/219 – 206/404 – ½ P 36.

🏠 **Gästehaus am Hauchen** garni, Am Hauchen 5, ⊠ 83242, ℰ (08640) 87 74, Fax (08640) 410, 🚗s, 🔲 – 📺 🅿 🌼
geschl. Nov. - 15. Dez. – **26 Z** ⊂ 74/151 – 147/167.

🏠 **Sonnwinkl** 🌳 garni, Kaiserweg 12, ⊠ 83242, ℰ (08640) 9 84 70, Fax (08640) 984750, 🚗s, 🔲 – 📺 🅿 🌼
geschl. Nov. - Mitte Dez., nach Ostern 1 Woche – **22 Z** ⊂ 60/95 – 120/180.

XX **Klauser's Weinstube** mit Zim, Birnbacher Str. 8, ⊠ 83242, ℰ (08640) 84 24, Fax (08640) 8464, « Gartenterrasse » – 📺 🅿
geschl. April 3 Wochen, 1. Nov. - 18. Dez. – **Menu** (geschl. Montag) (Dienstag - Freitag nur Abendessen) à la carte 42/88 – **2 Z** ⊂ 85 – 130/150.

X **Zirbelstube,** Am Hauchen 10, ⊠ 83242, ℰ (08640) 82 85, ZIRBELSTUBE@T-ONLINE.DE, Fax (08640) 5371, 🌺 – 🅿
geschl. 26. März - 18. Mai, 22. Okt. - 14. Dez. – **Menu** (abends Tischbestellung ratsam) à la carte 25/63.

REKEN Nordrhein-Westfalen 417 K 5 – 13 000 Ew – Höhe 65 m.

🚠 Reken, Uhlenberg 8, ℰ (02864) 7 23 72.

Berlin 528 – *Düsseldorf 83* – Bocholt 33 – Dorsten 22 – Münster (Westfalen) 53.

In Reken - Groß-Reken Nord : 2 km :

🏠 **Schmelting,** Velener Str. 3, ⊠ 48734, ℰ (02864) 3 11, Fax (02864) 1395, 🌺, Damwildgehege – 📺 ⟸ 🅿 🕮 🌼 🆅🆂🅰
geschl. 23. Dez. - 10. Jan. – **Menu** (geschl. 24. Juli - 8. Aug., Freitag) à la carte 25/56 – **23 Z** ⊂ 58/112.

RELLINGEN Schleswig-Holstein 415 416 F 13 – 14 000 Ew – Höhe 12 m.

Berlin 304 – Kiel 92 – *Hamburg 22* – Bremen 124 – Hannover 168.

🏠 **Rellinger Hof** (mit Gästehäusern), Hauptstr. 31, ⊠ 25462, ℰ (04101) 21 30, Fax (04101) 512121 – ⅓ Zim, 📺 🅿 🕮 🆅🆂🅰
Menu à la carte 33/61 – **44 Z** ⊂ 100/110 – 150/240.

In Rellingen-Krupunder Süd-Ost : 5 km :

🏠 **Fuchsbau,** Altonaer Str. 357, ⊠ 25462, ℰ (04101) 3 82 50, mail@hotel-fuchsbau.de, Fax (04101) 33952, « Gartenterrasse » – 📺 ⚡ 🅿 – 🕍 30. 🕮 ⑩ 🆅🆂🅰
Menu (geschl. Sonn- und Feiertage) (nur Abendessen) à la carte 39/65 – **40 Z** ⊂ 125/140 – 165/180.   siehe Stadtplan Hamburg S. 3   R b

---

REMAGEN Rheinland-Pfalz 417 O 5 – 15 300 Ew – Höhe 65 m.

🛈 Touristinformation, Kirchstr. 6, ⊠ 53424, ℰ (02642) 2 25 72, Fax (02642) 20127.

Berlin 610 – Mainz 142 – *Bonn 19* – Koblenz 38.

In Remagen-Kripp Süd-Ost : 3,5 km :

🏠 **Rhein-Ahr,** Quellenstr. 67, ⊠ 53424, ℰ (02642) 4 41 12, Fax (02642) 46319, 🚗s, 🔲 – 📺 🅿 🕮 ⑩ 🆅🆂🅰
geschl. 23. Dez. - 15. Jan. – **Menu** (geschl. Montag) à la carte 31/52 ♨ – **16 Z** ⊂ 80/95 – 130/165.

In Remagen-Rolandswerth Nord : 14 km, auf dem Rodderberg, Anfahrt über Bonn-Mehlem Richtung Wachtberg, Zufahrt für PKW Samstag und Sonntag bis 19 Uhr gesperrt

XXX **Rolandsbogen,** ⊠ 53424 Remagen, ℰ (02228) 3 72, info@rolandsbogen.de, Fax (02228) 8423, ≼ Rhein und Siebengebirge, 🌺 – 🅿 🕮 ⑩ 🆅🆂🅰
geschl. Anfang Jan. - Mitte Feb., Okt - April Montag - Dienstag – **Menu** 38 (mittags) à la carte 64/83.

REMCHINGEN Baden-Württemberg **419** T 9 – 11 000 Ew – Höhe 162 m.
Berlin 673 – Stuttgart 54 – Karlsruhe 21 – Pforzheim 14.

In Remchingen-Wilferdingen :

Zum Hirsch, Hauptstr. 23, ⊠ 75196, ℘ (07232) 7 96 36, HOTEL.HIRSCH@DEBITEL.NET, Fax (07232) 79638, ⇱ – ✕ Zim, ⊡ ⓒ P AE ⑩ VISA
Menu (geschl. Freitag) (nur Abendessen) à la carte 30/49 ⅄ – **14 Z** ⊐ 90 – 130/140.

REMSCHEID Nordrhein-Westfalen **417** M 5 – 125 000 Ew – Höhe 366 m.
🛈 Tourist-Information, Theodor-Heuss-Platz 1 (Rathaus), ⊠ 42853, ℘ (02191) 16 33 90, Fax (02191) 163286.
ADAC, Fastenrathstr. 1.
Berlin 535 ② – Düsseldorf 40 ③ – Köln 43 ② – Lüdenscheid 35 ② – Solingen 12 ③ – Wuppertal 12 ④

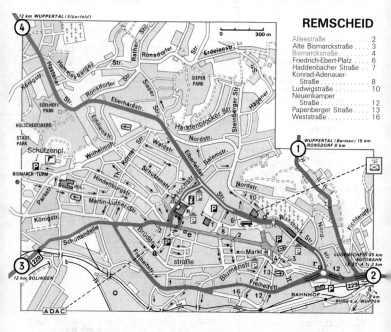

REMSCHEID

Andersen Hotel Remscheider Hof, Bismarckstr. 39, ⊠ 42853, ℘ (02191) 43 20, remscheid@andersen.de, Fax (02191) 432158 – ⮲, ✕ Zim, ⊟ Rest, ⊡ ⓒ ⇍ P –
🕮 150. AE ⑩ ⓜⓞ VISA
Menu (geschl. Juli 3 Wochen, Samstag, Sonntagabend) à la carte 34/75 – ⊐ 21 – **106 Z** 164/250 – 199/290.

Dorint Budget Hotel M, Jägerwald 4 (Industriegebiet Jägerwald, Nähe BAB-Ausfahrt Remscheid), ⊠ 42897, ℘ (02191) 6 07 10, reservierung.cgnrem@dorint. com, Fax (02191) 6071100 – ⮲, ✕ Zim, ⊡ ⓒ ⅘ ⇍ P – 🕮 95. AE ⑩ ⓜⓞ VISA
JCB   über ② : 3 km
Menu à la carte 35/55 – ⊐ 21 – **116 Z** 145/165.

Café Noll garni, Alleestr. 85, ⊠ 42853, ℘ (02191) 4 70 00, info@hotel-noll.de, Fax (02191) 470013 – ⮲ ⊡ ⇍ AE ⑩ ⓜⓞ VISA
24 Z ⊐ 110/120 – 160/180.

Concordia, Brüderstr. 56, ⊠ 42853, ℘ (02191) 29 19 41, RESTAURANT-CONCORDIA@t -online.de, Fax (02191) 21915, ⇱, « Ehemalige Villa in einem kleinen Park » – P – 🕮 50.
ⓜⓞ
geschl. Jan. 1 Woche, Juli - Aug. 4 Wochen, Samstagmittag, Sonntag - Montag – **Menu** à la carte 69/99.

An der Autobahn A 1 *Ostseite, Süd-Ost : 6 km :*

🏨 **BAB Motel Remscheid,** Talsperre 1, ✉ 42859 Remscheid, ✆ (02191) 90 30,
Fax (02191) 903333, ☆ – 🛗, ❄ Zim, 📺 📞 🅿 – 🔏 100. 🆎 ⓪ ⓶⓪ *VISA*
Menu à la carte 33/59 – **45 Z** ⊑ 139/155 – 179/195.

In Remscheid-Lüttringhausen *über ① : 6 km :*

🏨 **Fischer** (mit Gästehaus), Lüttringhauser Str. 131 (B 51), ✉ 42899, ✆ (02191) 9 56 30,
Fax (02191) 956399, ☆, ⇔ – 🛗, ❄ Zim, 📺 📞 🅿 – 🔏 20. 🆎 ⓪ ⓶⓪ *VISA*.
❄ Zim
Menu *(geschl. Dienstagmittag, Samstagmittag)* à la carte 35/65 – **47 Z** ⊑ 132/190 –
150/240.

🏨 **Kromberg** (mit Gästehaus), Kreuzbergstr. 24, ✉ 42899, ✆ (02191) 59 00 31, *hotel
-kromberg@ t-online.de, Fax (02191) 51869* – 📺 ⇔ 🅿. 🆎 ⓪ ⓶⓪ *VISA*
geschl. 27. Dez. - 7. Jan. – **Menu** *(geschl. Freitagmittag, Samstagmittag)* à la carte 31/54
– **17 Z** ⊑ 98/110 – 160.

REMSECK AM NECKAR *Baden-Württemberg* 🔢🔢🔢 *T 11 – 16 300 Ew – Höhe 212 m.*
Berlin 625 – Stuttgart 17 – Heilbronn 44 – Nürnberg 198.

In Remseck-Aldingen :

❌❌ **Schiff,** Neckarstr. 1, ✉ 71686, ✆ (07146) 9 05 40, *info@restaurant-schiff.de,*
Fax (07146) 91616 – 🅿. ⓶⓪ *VISA*
geschl. Aug. 2. Woche, Mittwoch - Donnerstag – **Menu** à la carte 40/76 *(auch vegetarische
Gerichte).*

In Remseck-Hochberg :

❌❌ **Gengenbach's Adler,** Am Schloß 2, ✉ 71686, ✆ (07146) 57 49, ☆ – 🅿. ⓶⓪
VISA
geschl. Anfang Jan. 1 Woche, Aug. 3 Wochen, Montag – **Menu** à la carte 41/74.

REMSHALDEN *Baden-Württemberg* 🔢🔢🔢 *T 12 – 13 000 Ew – Höhe 267 m.*
Berlin 615 – Stuttgart 23 – Schwäbisch Gmünd 34 – Schwäbisch Hall 58.

In Remshalden-Geradstetten :

❌❌ **Krone** mit Zim, Obere Hauptstr. 2, ✉ 73630, ✆ (07151) 7 14 85, Fax (07151) 79458
– 📺 🅿. 🆎 ⓪ ⓶⓪ *VISA*
Menu *(geschl. Dienstag) (nur Abendessen)* à la carte 48/73 – **7 Z** ⊑ 50/75 – 90/130.

In Remshalden-Hebsack :

🏨 **Lamm,** Winterbacher Str. 1, ✉ 73630, ✆ (07181) 4 06 94 36, *lamm.hebsack@ t-onlin
e.de, Fax (07181) 45410,* ☆, (Gasthaus a.d.J. 1792) – 🛗 📺 📞 🅿 – 🔏 30. 🆎 ⓶⓪ *VISA*
Menu *(geschl. über Fastnacht 1 Woche, Samstagmittag, Sonntagabend)* à la carte 44/78
– **23 Z** ⊑ 118/140 – 160/200.

RENCHEN *Baden-Württemberg* 🔢🔢🔢 *U 8 – 6 000 Ew – Höhe 144 m.*
*Berlin 731 – Stuttgart 132 – Karlsruhe 61 – Offenburg 15 – Strasbourg 29 – Baden-Baden
38.*

In Renchen-Ulm *Ost : 3 km :*

❌ **Bauhöfers Braustüberl** mit Zim, Ullenburgstr. 16, ✉ 77871, ✆ (07843) 6 95,
Fax (07843) 97017, Biergarten – 🅿. ❄ Zim
Menu *(geschl. Donnerstag)* à la carte 31/59 – **5 Z** ⊑ 65/120.

RENDSBURG Schleswig-Holstein 🔢🔢 D 12 – 31 000 Ew – Höhe 7 m.

Sehenswert : *Eisenbahnhochbrücke*★ B.

🛩 *Sorgbrück (Nord-West : 8 km über ⑤),* ℰ *(04336) 33 33.*

🅱 *Tourist-Information, Altstädter Markt,* ✉ *24768,* ℰ *(04331) 2 11 20, Fax (04331) 23369.*

Berlin 368 ③ – Kiel 36 ② – Neumünster 38 ③ – Schleswig 30 ⑤

RENDSBURG	Bismarckstraße	AB 8	Hindenburgstraße	A 12
	Eckernförderstraße	A 9	Lancasterstraße	B 21
	Flensburger Straße	A 10	Röhlingsweg	B 26

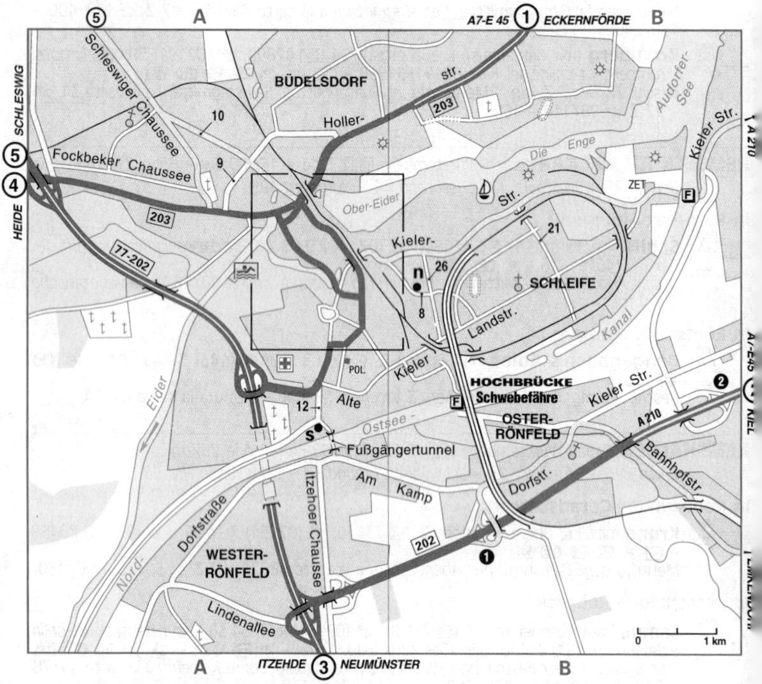

🏨 **Pelli-Hof,** Materialhofstr. 1, ✉ 24768, ℰ (04331) 2 22 16, Fax (04331) 23837, 🍴, (historisches Gebäude a.d.J. 1720) – 📺 🅿 – 🔏 80. 🆎 ① 🐵 𝚅𝙸𝚂𝙰   DZ **e**
Menu *(geschl. Sonntagabend - Montag)* à la carte 45/68 – **29 Z** � 105/120 – 170.

🏨 **ConventGarten,** Hindenburgstr. 38, ✉ 24768, ℰ (04331) 5 90 50, ConventGarten @ t-online.de, Fax (04331) 590565, ≤, 🍴 – 📳, ⇔ Zim, 📺 🅿 – 🔏 160. 🆎 ① 🐵 𝚅𝙸𝚂𝙰
Menu à la carte 35/74 – **56 Z** ⊂ 120/185.   A **s**

🏠 **Hansen,** Bismarckstr. 29, ✉ 24768, ℰ (04331) 5 90 00, hotel.hansen@ t-online.de, Fax (04331) 21647 – 📺 ⇔ 🅿 – 🔏 50. 🆎 ① 🐵 𝚅𝙸𝚂𝙰   B **n**
geschl. Mitte Juli - Mitte Aug. **Menu** *(geschl. Sonntag)* à la carte 34/65 – **25 Z** ⊂ 90 – 130/140.

In Büdelsdorf *über ① : 4 km :*

🏨 **Heidehof** Ⓜ garni, Hollerstr. 130 (B 203), ✉ 24782, ℰ (04331) 34 30, Fax (04331) 343444, 🌿, ⊜ – 📳 ⇔ 📺 📳 & 🅿 – 🔏 70. 🆎 ① 🐵 𝚅𝙸𝚂𝙰
108 Z ⊂ 130/150 – 190/310.

Am Bistensee *über ① : 13 km über Büdelsdorf-Holzbunge :*

🏨 **Seehotel Töpferhaus** 🌿 (mit Gästehaus), Am See, ✉ 24791 Alt-Duvenstedt, ℰ (04338) 9 97 10, info@ toepferhaus.de, Fax (04338) 997171, ≤ Bistensee, « Malerische Lage am See ; Terrasse », ⊜, 🌿, 🌿, ℀ – ⇔ Zim, 📺 📳 🅿 – 🔏 50. 🆎 ① 🐵 𝚅𝙸𝚂𝙰
Menu 105/128 à la carte 75/124 – **46 Z** ⊂ 155/245 – 295/345
Spez. St. Jakobsmuscheln mit marinierten Kartoffeln und Trüffel. Gebratenes Kalbsfilet mit Kartoffelschaum und Rotweinjus. Dreierlei vom Grieß.

RENDSBURG

*Une voiture bien équipée, possède à son bord
des **cartes Michelin** à jour.*

RENGSDORF *Rheinland-Pfalz* **[417]** *O 6 – 2 700 Ew – Höhe 300 m – Heilklimatischer Kurort.*
    🛈 *Kurverwaltung, Westerwaldstr. 32 a,* ✉ *56579,* ✆ *(02634) 23 41, Fax (02634) 7706.*
    Berlin 607 – Mainz 118 – Koblenz 25 – Bonn 57.

🏠 **Obere Mühle** ⑤, *an der Straße nach Hardert (Nord : 1 km),* ✉ *56579,* ✆ *(02634)*
    22 29, Fax (02634) 7577, 🍴, *« Park »,* ≘s, *🏊,* 🐎 *–* 📺 *🅿 –* 🔬 *20.* 🦟 *Zim*
    Menu *(geschl. Mitte Nov. - 24. Dez., Donnerstag) à la carte 37/62 –* **15 Z** 🛏 *70/95 –*
    140/190 – ½ P 20.

XX **Villa Hohenwald** ⊗ mit Zim, Alter Garten 1, ⊠ 56579, ✆ (02634) 9 69 90, *Villa.h
ohenwald@t-online.de, Fax (02634) 969919,* 🌧, 🍴 – 📳 📺 ✆ 🍸 📱 AE ① ⦿ VISA ⋘
geschl. über Karneval 1 Woche, Juni - Juli 2 Wochen – **Menu** *(geschl. Montag - Dienstagmittag)* à la carte 42/86 – **6 Z** ⊑ 120/130 – 180/200 – ½ P 55.

X **Lück's Landhaus** ⊗ mit Zim, Buchenweg 18, ⊠ 56579, ✆ (02634) 14 22, *Luecks
-Landhaus@t-online.de, Fax (02634) 8822,* 🌧, 🍴 – 📺 📱 ⦿ VISA
geschl. Mitte Juli 2 Wochen – **Menu** *(geschl. Dienstag, Dez. - März Dienstag - Montagmittag)*
à la carte 29/63 – **6 Z** ⊑ 75 – 130/150.

In Hardert Nord-Ost : 3 km – Luftkurort :

🏠 **Zur Post** ⊗, Mittelstr. 13, ⊠ 56579, ✆ (02634) 27 27, *Fax (02634) 2729,* 🌧,
« Garten » – ⬅ 📱
geschl. Anfang Dez. 2 Wochen, nach Karneval 2 Wochen – **Menu** *(geschl. Sept. - April
Mittwoch)* à la carte 33/60 – **11 Z** ⊑ 50/65 – 100/116 – ½ P 15.

RENNEROD Rheinland-Pfalz 🔢 O 8 – 3 800 Ew – Höhe 450 m.
　Berlin 551 – Mainz 87 – Siegen 87 – Limburg an der Lahn 28.

🏠 **Röttger,** Hauptstr. 50, ⊠ 56477, ✆ (02664) 9 93 60, *hotel-roettger@ww-touristik.de,
Fax (02664) 90453* – 📺 ⬅ 📱 AE ⦿ VISA
Menu *(geschl. Sonntagabend - Montag)* à la carte 34/67 – ***Gourmetstübchen*** *(geschl.
Sonntag - Montag)* **Menu** à la carte 47/88 – **14 Z** ⊑ 78/98 – 130/160.

X **Ratsstube** (mit Gästehaus), Hauptstr. 54 (1. Etage), ⊠ 56477, ✆ (02664) 66 35,
Fax (02664) 90156 – 📳 📺 📱 ⋘ Zim
geschl. Juli - Aug. 3 Wochen – **Menu** *(geschl. Sonntagabend, Samstag)* à la carte 27/58
– **6 Z** ⊑ 90/140.

RENNINGEN Baden-Württemberg siehe Leonberg.

REPPELIN Mecklenburg-Vorpommern 🔢 D 21 – 300 Ew – Höhe 48 m.
　Berlin 235 – Schwerin 109 – Rostock 22.

In Reppelin-Neu Wendorf Nord : 3 km :

🏠 **Gutshaus Neu Wendorf** ⊗, ⊠ 18190, ✆ (038209) 8 02 70, *eben@gutshaus-ne
u-wendorf.de, Fax (038209) 80271,* « Gutshof mit eigener Landwirtschaft », 🌧 – 📺 📱
⦿ VISA ⋘ Rest
geschl. 22. - 28. Dez. – **Menu** *(geschl. Dienstag) (nur Abendessen)* (Restaurant nur für
Hausgäste) – **8 Z** ⊑ 70/120 – 120/150 – ½ P 30.

REURIETH Thüringen 🔢 🔢 O 15 – 1 100 Ew – Höhe 380 m.
　Berlin 381 – Erfurt 89 – Coburg 39.

In Reurieth-Trostadt Nord-West : 1 km :

🏠 **Klostermühle** ⊗, Dorfstr. 2, ⊠ 98646, ✆ (036873) 2 46 90, *info@landhotel-klost
ermuehle.de, Fax (036873) 22142,* 🌧, « Modernisierte Getreidemühle a.d. 19.Jh. » –
⋘ Zim, 📺 📱 – 🏛 20
Menu *(geschl. Montag)* à la carte 25/53 – **17 Z** ⊑ 80/120.

REUTLINGEN Baden-Württemberg 🔢 U 11 – 109 000 Ew – Höhe 382 m.
　🅱 Tourist - Information, Listplatz 1, ⊠ 72764, ✆ (07121) 3 03 26 22, Fax (07121) 339590.
　ADAC, Lederstr. 102.
　Berlin 676 ④ – Stuttgart 39 ① – Pforzheim 77 ① – Ulm (Donau) 75 ①
Stadtplan siehe gegenüberliegende Seite

🏨 **Fürstenhof** garni, Kaiserpassage 5, ⊠ 72764, ✆ (07121) 31 80, *Fax (07121) 318318,*
🍴, 🖼 – 📳 ⋙ 📺 ✆ 🍸 ⬅ – 🏛 40. AE ① ⦿ VISA　　　　　　　　　　　BZ **c**
51 Z ⊑ 106/185 – 160/220.

🏨 **Fora-Hotel,** Am Echazufer 22, ⊠ 72764, ✆ (07121) 92 40, *fora.reutlingen@t-online.de,
Fax (07121) 924444,* 🌧, 🍴 – ⋙ Zim, 📺 ✆ 🍸 ⬅ 📱 – 🏛 160. AE ① ⦿ VISA
Menu à la carte 32/59 – **156 Z** ⊑ 175/195 – 205/225.　　　　　　　　　　BZ **a**

🏨 **Württemberger Hof,** Kaiserstr. 3, ⊠ 72764, ✆ (07121) 1 70 56, *Fax (07121) 44385*
– 📳 📺 📱 AE ① ⦿ VISA　　　　　　　　　　　　　　　　　　　　　　　　AY **r**
Menu *(geschl. Freitag - Sonntag) (nur Abendessen)* à la carte 37/65 – **50 Z** ⊑ 100/130
– 150/190.

X **Ratskeller,** Marktplatz 22, ⊠ 72764, ✆ (07121) 33 84 90, *RATSRT@AOL.COM,
Fax (07121) 339375,* 🌧 – AE ① ⦿ VISA　　　　　　　　　　　　　　　　　　AZ **R**
geschl. Sonntagabend - Montag – **Menu** à la carte 30/58.

REUTLINGEN

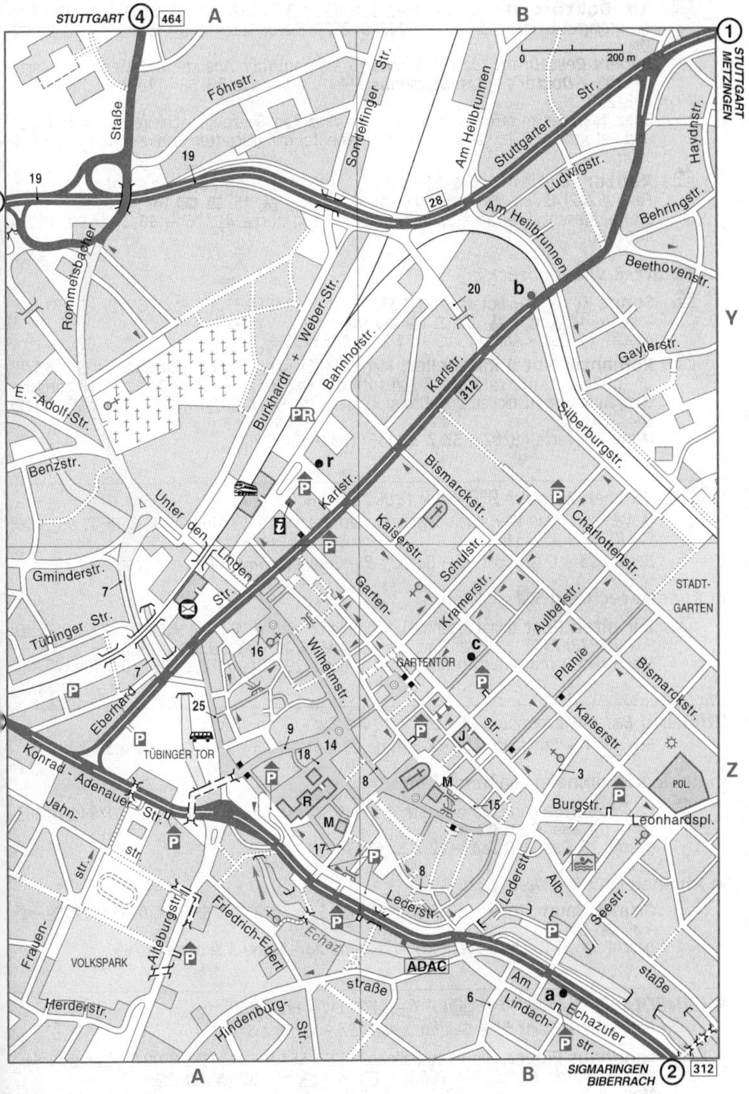

In Reutlingen-Betzingen über ③ : 4 km :

Fortuna, Carl-Zeiss-Str. 75 (nahe der B 28), ⊠ 72770, ℰ (07121) 58 40 (Hotel), 58 41 77 (Rest.), *Fortuna-reutlingen@fortuna-hotel.de*, Fax (07121) 584113, 🍴, ☎ – 🛏, ⇌ Zim, 📺 🅿 – 🔬 180. 🖭 ⓪ 🚾 🗺
Menu *(geschl. Sonn- und Feiertage)* à la carte 36/66 – **100 Z** ⊇ 126/158 – 166/192.

*Ask your bookseller for the catalogue of **Michelin publications.***

RHEDA-WIEDENBRÜCK *Nordrhein-Westfalen* 🔢 *K 8 – 38 000 Ew – Höhe 73 m.*
Berlin 418 – Düsseldorf 151 – Bielefeld 37 – Münster (Westfalen) 54 – Paderborn 36.

Im Stadtteil Rheda :

🏨 **Am Doktorplatz** Ⓜ, Berliner Str. 19, ✉ 33378, ✆ (05242) 9 42 50, *info
@ hotelamdoktorplatz.de, Fax (05242) 942579, Biergarten –* 📶 📺 💐 🅿 – 🔏 20. 🆎 🔞
🆚🆎
Büdel's Restaurant *(geschl. Sonntag - Montag) (nur Abendessen)* Menu à la carte
77/106 – **Docter's - das Wirtshaus** : Menu à la carte 36/68 – **18 Z** 🔄 120/170 –
198/240
Spez. Hummer im offenen Wan-Tan-Blatt gebacken. Seezungenschleife mit Pfifferlingen
und Petoncle gefüllt. Kalbsfilet im Strudelbeutel mit glacierten Gemüsen und Kartoffel-
soufflé.

🏨 **Reuter,** Bleichstr. 3, ✉ 33378, ✆ (05242) 9 45 20, *info@ hotelreuter.de,
Fax (05242) 42788,* 🌁 – 📶, ↔ Zim, 📺 💐 🅿 – 🔏 15. 🆎 🔞 🆚🆎
Menu *(geschl. Freitag - Samstagmittag)* à la carte 46/76 – **36 Z** 🔄 90/150 –
140/200.

Im Stadtteil Wiedenbrück :

🏨 **Sonne** Ⓜ garni, Hauptstr. 31, ✉ 33378, ✆ (05242) 9 37 10, *Fax (05242) 937171,* 🆒
– 📶 ↔ 💐 🅿 – 🔏 10. 🆎 🔞 🆚🆎
geschl. 24. Dez. - Anfang Jan. – **21 Z** 🔄 145/185.

🏨 **Romantik Hotel Ratskeller,** Markt 11 (Eingang auch Lange Straße), ✉ 33378,
✆ (05242) 92 10, *ratskeller@romantik.de, Fax (05242) 921100,* 🌁, « Historische
Gasträume mit rustikaler Einrichtung », 🆒 – 📶, ↔ Zim, 📺 🚗 – 🔏 20. 🆎 🔞 🔞
🆚🆎 🆓🆎
Menu à la carte 48/82 – **33 Z** 🔄 135/168 – 198/270.

RHEDE *Nordrhein-Westfalen* 🔢 *K 4 – 18 000 Ew – Höhe 32 m.*
🅱 *Verkehrs- und Werbegemeinschaft, Rathausplatz 9,* ✉ 46414, ✆ (02872) 93 01 00,
Fax (02872) 930451.
Berlin 553 – Düsseldorf 82 – Bocholt 8 – Enschede 54 – Münster (Westfalen) 75.

In Rhede-Krechting *Süd : 2,5 km :*

🏨 **Zur alten Post** (mit Gästehaus), Krommerter Str. 6, ✉ 46414, ✆ (02872) 9 27 30,
Fax (02872) 7562, 🌁, Massage, 🆒 – 📺 💐 🅿 – 🔏 60. 🆎 🔞 🆚🆎
Menu *(wochentags nur Abendessen)* à la carte 29/60 – **21 Z** 🔄 95 – 95/160.

RHEINAU *Baden-Württemberg* 🔢 *U 7 – 10 400 Ew – Höhe 132 m.*
Berlin 730 – Stuttgart 134 – Karlsruhe 59 – Strasbourg 23 – Offenburg 34.

In Rheinau-Diersheim *Süd-West : 3 km :*

🏨 **La Provence** garni, Hanauer Str. 1, ✉ 77866, ✆ (07844) 79 59, *Fax (07844) 47663,*
🌁 – 📺 🚗 🅿. 🆎 🔞 🆚🆎
geschl. 20. Dez. - 10. Jan. – **12 Z** 🔄 68/88 – 108/119.

In Rheinau-Linx *Süd-West : 6 km :*

🍴 **Grüner Baum,** Tullastr. 30 (B 36), ✉ 77866, ✆ (07853) 3 58, *Fax (07853) 17458,* 🌁
– 🅿. 🔞 🆚🆎
geschl. Jan. 3 Wochen, Sonntagabend - Montag – **Menu** à la carte 36/69.

RHEINBÖLLEN *Rheinland-Pfalz* 🔢 *P 7 – 3 700 Ew – Höhe 360 m.*
Berlin 622 – Mainz 52 – Bad Kreuznach 27 – Koblenz 51.

🏨 **Landhaus Elbert,** Am Alten Bahnhof 1, ✉ 55494, ✆ (06764) 90 00, *LandhausElbe
rt@t-online.de, Fax (06764) 90033 –* 📺 🅿 – 🔏 60. 🆎 🔞 🔞 🆚🆎
Menu à la carte 32/66 – **38 Z** 🔄 78/100 – 140/220.

RHEINBROHL *Rheinland-Pfalz* 🔢 *O 6 – 4 000 Ew – Höhe 65 m.*
Berlin 613 – Mainz 124 – Koblenz 31 – Bonn 37.

🍴 **Klauke's Krug,** Kirchstr. 11, ✉ 56598, ✆ (02635) 24 14, *Fax (02635) 5295,* Biergarten
– 🆎 🔞 🔞 🆚🆎
geschl. März 3 Wochen, Dienstag – **Menu** à la carte 43/69.

RHEINE Nordrhein-Westfalen **415 417** J 6 – 74 000 Ew – Höhe 45 m.

🏌18 🏌19 Rheine-Mesum, Winterbrockstraße (Süd-Ost : 8 km), ℰ (05975) 94 90.

🚩 Verkehrsverein, Bahnhofstr. 14, ✉ 48431, ℰ (05971) 5 40 55, Fax (05971) 52988.

ADAC, Tiefe Str. 32.

Berlin 470 – Düsseldorf 166 – Nordhorn 39 – Enschede 45 – Münster (Westfalen) 45 – Osnabrück 46.

🏨 **City-Club-Hotel** M, ≫, Humboldtplatz 8, ✉ 48429, ℰ (05971) 8 08 00, info@cch-rheine.de, Fax (05971) 8080155, 😊 – 🛗, 🔄 Zim, 📺 📞 🖪 – 🔬 400. 🖭 ⓪ ⑳ VISA
Menu (geschl. Sonntagabend) (Juli - Aug. nur Abendessen) à la carte 39/74 – **58 Z** ☑ 145/170 – 200/220.

🏨 **Zum Alten Brunnen** (mit Gästehäusern), Dreierwalder Str. 25, ✉ 48429, ℰ (05971) 96 17 15, KONTAKT@ZUMALTENBRUNNEN.DE, Fax (05971) 9617166, « Gartenrestaurant » – 🔄 Zim, 📺 📞 ⇌ 🖪 ⑳ VISA
geschl. 23. Dez. - 2. Jan. – **Menu** (geschl. Sonntag) (nur Abendessen) à la carte 39/82 – **15 Z** ☑ 110/165 – 160/210.

🏨 **Lücke**, Heilig-Geist-Platz 1, ✉ 48431, ℰ (05971) 1 61 80, info@Hotel-Luecke.de, Fax (05971) 161816, 🖀s – 🛗, 🔄 Zim, 📺 ⇌ 🖪 – 🔬 50. 🖭 ⓪ ⑳ VISA
Menu (geschl. 22. Dez. - 4. Jan., Samstagmittag, Sonntag) à la carte 39/65 – **39 Z** ☑ 128/165 – 175/195.

🏨 **Freye** ≫ garni, Emsstr. 1a, ✉ 48431, ℰ (05971) 20 69, Fax (05971) 53568 – 📺. 🖭 ⑳ VISA JCB. ⚒
geschl. Weihnachten - Anfang Jan. – **17 Z** ☑ 85/105 – 120/150.

In Rheine-Elte Süd-Ost : 7,5 km :

🍴 **Zum Splenterkotten** (mit Gästehäusern), Ludgerusring 44, ✉ 48432, ℰ (05975) 2 85, Fax (05975) 3947, Biergarten, « Münsterländer Bauernhaus a.d.J. 1764 » – 📺 🖪
geschl. 23. Feb. - 9. März, Anfang Okt. 1 Woche – **Menu** (geschl. Montag - Dienstag) à la carte 39/63 – **5 Z** ☑ 65/80 – 140.

In Rheine-Mesum Süd-Ost : 7 km :

🍴🍴 **Altes Gasthaus Borcharding** mit Zim, Alte Bahnhofstr. 13, ✉ 48432, ℰ (05975) 12 70, Fax (05975) 3507, 😊, « Westfälisches Gasthaus a.d.J. 1712 mit stilvoll-rustikaler Einrichtung » – 📺 🖪 – 🔬 40. ⑳ ⚒
geschl. Jan. 1 Woche, April 2 Wochen – **Menu** (geschl. Donnerstag - Freitagmittag, Samstagmittag) (bemerkenswerte Weinkarte) à la carte 41/75 – **9 Z** ☑ 80/120 – 120/170.

🍴🍴 **Mesumer Landhaus,** Emsdettener Damm 151 (B 481), ✉ 48432, ℰ (05975) 2 41, Fax (05975) 3625, 😊 – 🖪 ⑳ VISA
geschl. Montag – **Menu** à la carte 44/69.

In Spelle Nord-Ost : 12 km :

🏨 **Krone** M, Bernard-Krone-Str. 15, ✉ 48480, ℰ (05977) 9 39 20, Fax (05977) 939292 – 🛗, 🔄 Zim, 📺 📞 🕭 🖪 – 🔬 120. 🖭 ⑳ VISA
Menu (geschl. Juli 3 Wochen, Samstagmittag, Montag) à la carte 32/54 – **28 Z** ☑ 90/100 – 120/150.

RHEINFELDEN Baden-Württemberg **419** X 7 – 28 000 Ew – Höhe 283 m.

Berlin 838 – Stuttgart 284 – Freiburg im Breisgau 84 – Bad Säckingen 15 – Basel 19.

🏨 **Danner** garni, Am Friedrichplatz, ✉ 79618, ℰ (07623) 7 21 70, Fax (07623) 63973 – 🛗 🔄 📺 ⇌ 🖪 🖭 ⑳ VISA
33 Z ☑ 100/110 – 150/180.

🏨 **Oberrhein** garni, Werderstr. 13, ✉ 79618, ℰ (07623) 7 21 10, Hotel-Garni-Oberrhein@t-online.de, Fax (07623) 721150 – 🛗 🔄 📺 📞 ⇌. ⑳ VISA
21 Z ☑ 99/116 – 148.

🍴🍴 **I Fratelli**, Rheinbrückstr. 8, ✉ 79618, ℰ (07623) 3 02 54, Fax (07623) 719523, « Terrasse am Rhein » – 🖪 ⑳ VISA
geschl. Aug. 2 Wochen, Montag – **Menu** (abends Tischbestellung ratsam) (italienische Küche) à la carte 46/81.

In Rheinfelden-Eichsel Nord : 6 km :

🏨 **Landgasthaus Maien** ≫, Maienplatz 2, ✉ 79618, ℰ (07623) 7 21 50, landgasthaus-hotel.maien@t-online.de, Fax (07623) 721530, ≤, 😊, Biergarten – 🛗, 🔄 Zim, 📺 📞 ⇌ 🖪 – 🔬 60. 🖭 ⑳ VISA
Menu (geschl. 16. Feb. - 2. März, Freitag) à la carte 30/66 – **21 Z** ☑ 105/160 – 170/230.

🍴🍴 **Café Elke**, Saaleweg 8, ✉ 79618, ℰ (07623) 44 37, cafe.elke@t-online.de, Fax (07623) 40550, « Gartenterrasse mit ≤ » – 🖪 – 🔬 30. ⑳ VISA
geschl. 28. Okt. - 9. Nov., Montag - Dienstag – **Menu** à la carte 41/64 (auch vegetarische Gerichte).

In Rheinfelden-Riedmatt *Nord-Ost : 5 km :*

🏠 **Storchen,** Brombachstr. 3 (B 34), ✉ 79618, ℰ (07623) 7 51 10, *alexandras-storche nhotel@ t-online.de, Fax (07623) 7511299,* 😕 – 🛗, ✦⇔ Zim, 📺 ⇔ 🅿 – 🔬 15. ⬛⊙
Menu *(geschl. Freitag - Samstagmittag)* à la carte 41/80 – **30 Z** ⊇ 98/130 – 145/170.

RHEINSBERG *Brandenburg* 416 *G 22 – 5 500 Ew – Höhe 56 m – Erholungsort.*
Sehenswert : *Schloß Rheinsberg★.*
🚹 *Tourist-Information, Markt (Kavalierhaus),* ✉ 16831, ℰ (033931) 20 59, Fax (033931) 34704.
Berlin 88 – Potsdam 125 – Neubrandenburg 70.

🏠🏠 **Schloß-Hotel Deutsches Haus,** Seestr. 13, ✉ 16831, ℰ (033931) 3 90 59, *schlo ss.hotel@ t-online.de, Fax (033931) 39063,* 😕 – 🛗, ✦⇔ Zim, ⬛ Rest, 📺 – 🔬 30. ⬛⊙
Menu *(bemerkenswerte Weinkarte)* à la carte 41/65 – **28 Z** ⊇ 130/160 – 200/300 – ½ P 35.

🏠🏠 **Der Seehof** *(mit Gästehaus),* Seestr. 18, ✉ 16831, ℰ (033931) 40 30, *HOTEL @ SEEHOF-RHEINSBERG.COM, Fax (033931) 40399,* 😕, « *Ehemaliges Ackerbürgerhaus a.d.J. 1750 mit Landhausatmosphäre »* – 📺 ✆ – 🔬 20. ⬛ ⊙⊙ 🆅🆂🅰
Menu *(geschl. 15. Jan. - 15. Feb.)* à la carte 43/62 – **19 Z** ⊇ 120/160 – 160/250 – ½ P 35.

✂ **Ratskeller,** Markt 1, ✉ 16831, ℰ (033931) 22 64, Fax (033931) 38058, 😕 – ⬛ ⊙⊙ 🆅🆂🅰
Menu à la carte 29/57.

RHEINSTETTEN *Baden-Württemberg* 419 *T 8 – 20 000 Ew – Höhe 116 m.*
Berlin 690 – Stuttgart 88 – Karlsruhe 10 – Rastatt 14.

In Rheinstetten-Neuburgweier :

✂✂ **Zum Karpfen,** Markgrafenstr. 2, ✉ 76287, ℰ (07242) 18 73, Fax (07242) 1873, Biergarten. ⊙⊙
geschl. Ende Feb. - Anfang März, Montag - Dienstagmittag – **Menu** à la carte 34/60.

RHEINTAL *Rheinland-Pfalz* 417 *P 6, 7.*
Sehenswert : *Tal★★★ von Bingen bis Koblenz (Details siehe unter den erwähnten Rhein-Orten).*

RHENS *Rheinland-Pfalz* 417 *P 6 – 3 000 Ew – Höhe 66 m.*
🚹 *Verkehrsamt, Am Viehtor 2,* ✉ 56321, ℰ (02628) 96 05 42, Fax (02628) 960524.
Berlin 602 – Mainz 95 – Koblenz 12 – Boppard 12.

✂✂ **Königstuhl** mit Zim, Am Rhein 1, ✉ 56321, ℰ (02628) 22 44, ≤, « *Haus a.d.J. 1573 mit altdeutscher Einrichtung ; Terrasse am Rhein »* – ⇔ 🅿 – 🔬 40. ⬛ ⊙ ⊙⊙ 🆅🆂🅰
✦⇔ Rest
geschl. Jan. – **Menu** *(geschl. Montag)* à la carte 39/84 – **10 Z** ⊇ 70/110 – 145.

RHODT UNTER RIETBURG *Rheinland-Pfalz siehe Edenkoben.*

RIBNITZ-DAMGARTEN *Mecklenburg-Vorpommern* 416 *D 21 – 17 200 Ew – Höhe 8 m.*
🚹 *Stadtinformation, Am Markt 1 (Ribnitz),* ✉ 18311, ℰ (03821) 22 01, Fax (03821) 894750.
Berlin 245 – Schwerin 115 – Rostock 32.

Im Stadtteil Ribnitz :

🏠 **Zum Bodden,** Lange Str. 54, ✉ 18311, ℰ (03821) 81 35 75, Fax (03821) 813576 – ⇔ 📺 – 🔬 30. ⬛ ⊙⊙ 🆅🆂🅰
Menu à la carte 24/48 – **32 Z** ⊇ 90/110 – 125/160.

RIEDEN *Bayern siehe Füssen..*

RIEDENBURG *Bayern* 🅑🅐🅐🅐 *T 19 – 5 300 Ew – Höhe 354 m – Luftkurort.*
🛈 *Tourist-Information, Marktplatz 1,* ⊠ *93339,* 𝒫 *(09442) 90 50 00, Fax (09442) 905002.*
Berlin 510 – München 132 – Regensburg 45 – Ingolstadt 33 – Nürnberg 96.

In Riedenburg-Obereggersberg *West : 4 km :*

🏛 **Schloß Eggersberg** ⤦, ⊠ *93339,* 𝒫 *(09442) 9 18 70, Fax (09442) 918787,* ≤, ㋡,
« *Hofmark-Museum* », ☞ – 🖭 – 🛆 *30*
geschl. Jan. - Feb. – **Menu** *(geschl. Sonntagabend - Montag) à la carte 34/70 –* **15 Z** ⊐ *105/135 – 135/230.*

RIEDERICH *Baden-Württemberg siehe Metzingen.*

RIEDSTADT *Hessen* 🅐🅐🅐 *Q 9 – 23 000 Ew – Höhe 140 m.*
🏌 🏌 *Hof Hayna (Nord-West : 5 km ab Riedstadt-Goddelau),* 𝒫 *(06155) 7 91 67.*
Berlin 578 – Wiesbaden 43 – Frankfurt am Main 49 – Darmstadt 14.

In Riedstadt-Goddelau :

🏛 **Riedstern,** *Stahlbaustr. 17,* ⊠ *64560,* 𝒫 *(06158) 9 22 10, riedstern@t-online.de,*
Fax (06158) 922199 – ▐, ⇎ *Zim,* 🖭 ⏚ 🖭 – 🛆 *50.* 🖭 ⓞ ⓜⓞ 𝒱𝒾𝒮𝒜 ⅏ *Rest*
Menu *(geschl. 2. - 8. Jan., Samstagmittag) à la carte 41/69 –* **30 Z** ⊐ *115/165 – 150/198.*

RIEGEL *Baden-Württemberg* 🅐🅐🅐 *V 7 – 2 700 Ew – Höhe 183 m.*
Berlin 796 – Stuttgart 187 – Freiburg im Breisgau 27 – Offenburg 45.

🏛 **Riegeler Hof,** *Hauptstr. 69,* ⊠ *79359,* 𝒫 *(07642) 68 50, RiegelerHof@.com,*
Fax (07642) 68568, ㋡ – ⇎ *Zim,* 🖭 🖭 🖭 – 🛆 *50.* 🖭 ⓜⓞ 𝒱𝒾𝒮𝒜
Menu *(geschl. Montagmittag) à la carte 43/79* 🍷 *–* **50 Z** ⊐ *95/150.*

🏛 **Zum Rebstock,** *Hauptstr. 37,* ⊠ *79359,* 𝒫 *(07642) 10 26, rezeption@rebstockhot el.de, Fax (07642) 3766,* ㋡ – 🖭 🖭 🖭 ⓜⓞ 𝒱𝒾𝒮𝒜
Menu *(geschl. Dienstag) (nur Abendessen) à la carte 27/54 –* **16 Z** ⊐ *85/120.*

In Malterdingen *Ost : 2 km :*

🏛🏛 **Landhaus Keller** ⤦, *Gartenstr. 21,* ⊠ *79364,* 𝒫 *(07644) 13 88, Fax (07644) 4146,*
㋡, « *Geschmackvolle Zimmereinrichtung* » – ⇎ *Zim,* 🖭 🖭 ⇌ 🖭 – 🛆 *20.* 🖭 ⓜⓞ 𝒱𝒾𝒮𝒜
𝒥𝒞ℬ. ⅏ *Zim*
geschl. Juli - Aug. 3 Wochen – **Menu** *(geschl. Samstagmittag, Sonntag) à la carte 50/81 –* **16 Z** ⊐ *115/145 – 168/198.*

RIELASINGEN-WORBLINGEN *Baden-Württemberg siehe Singen (Hohentwiel).*

RIENECK *Bayern* 🅐🅐🅐 *P 12 – 2 200 Ew – Höhe 170 m – Erholungsort.*
Berlin 512 – München 325 – Würzburg 47 – Fulda 72.

🏛🏛 **Gut Dürnhof,** *Burgsinner Str. 3 (Nord : 1 km),* ⊠ *97794,* 𝒫 *(09354) 10 01, gut-due rnhof@landidyll.de, Fax (09354) 1512,* « *Gartenterrasse mit* ≤ », ⬒ₛ, ☒ , ☞, 🐎 *(Halle)*
– ⇎ *Zim,* 🖭 ⇌ 🖭 – 🛆 *25.* 🖭 ⓞ ⓜⓞ 𝒱𝒾𝒮𝒜 𝒥𝒞ℬ
Menu *à la carte 36/57 –* **28 Z** ⊐ *85/98 – 158/220 – ½ P 34.*

RIESA AN DER ELBE *Sachsen* 🅐🅐🅐 *M 23 – 48 000 Ew – Höhe 120 m.*
Berlin 192 – Dresden 65 – Leipzig 62 – Meißen 27.

🏛🏛 **Mercure,** *Bahnhofstr. 40,* ⊠ *01587,* 𝒫 *(03525) 70 90, mercure-riesa@t-online.de,*
Fax (03525) 70 99 99 – ▐, ⇎ *Zim,* ▤ 🖭 🖭 🖭 – 🛆 *60.* 🖭 ⓜⓞ 𝒱𝒾𝒮𝒜
Menu *à la carte 29/46 –* ⊐ *20 –* **104 Z** *129/219 – 169/249, 4 Suiten.*

🏛 **Sachsenhof,** *Hauptstr. 65,* ⊠ *01587,* 𝒫 *(03525) 73 36 29, Fax (03525) 730167,* ㋡
⇌ – 🖭 🖭 🖭 ⓞ ⓜⓞ 𝒱𝒾𝒮𝒜 𝒥𝒞ℬ
Menu *(geschl. Freitagmittag, Sonntagabend) à la carte 23/42 –* **14 Z** ⊐ *90/120.*

In Roederau - Bobersen-Moritz *Nord-Ost : 3,5 km :*

🏛🏛 **Moritz an der Elbe,** *Dorfstr. 1,* ⊠ *01619,* 𝒫 *(03525) 76 11 11, hotel-moritz@t-on
⇌ line.de, Fax (03525) 761114,* ㋡ – ▐, ⇎ *Zim,* 🖭 🖭 🖭 – 🛆 *15.* ⓜⓞ 𝒱𝒾𝒮𝒜 ⅏ *Rest*
Menu *(geschl. Freitag) (nur Abendessen) à la carte 22/49 –* **41 Z** ⊐ *95/105 – 148/155.*

RIESSERSEE *Bayern siehe Garmisch-Partenkirchen.*

RIETBERG Nordrhein-Westfalen 🖸🖪🖫 K 9 – 23 500 Ew – Höhe 83 m.

🚇 Rietberg-Varensell, Gütersloher Str. 127, 𝒫 (05244) 23 40.

Berlin 423 – Düsseldorf 160 – Bielefeld 44 – Münster (Westfalen) 63 – Paderborn 27.

In Rietberg-Mastholte Süd-West : 7 km :

XX **Domschenke** (Sittinger), Lippstädter Str. 1, ✉ 33397, 𝒫 (02944) 3 18, Fax (02944) 6931 – 🅿.
geschl. 1. - 8. Jan., 7. - 19. April, 26. Juli - 14. Aug., Samstagmittag, Dienstag – **Menu** (abends Tischbestellung ratsam) 38 (mittags) à la carte 77/98
Spez. Croustade von Langostinos. Poulardenbrust mit Gänseleber gefüllt. Topfenschaum mit Früchtepanachée.

RIETHNORDHAUSEN Thüringen 🖸🖫🖬 M 17 – 1 100 Ew – Höhe 192 m.

Berlin 275 – Erfurt 16 – Gotha 37 – Nordhausen 58 – Weimar 34.

🏨 **Landvogt** M, Erfurter Str. 29, ✉ 99195, 𝒫 (036204) 58 80, Fax (036204) 52513, Biergarten, 🚗 – 🔆 Zim, 📺 🅿 – 🔬 25. 🖭 🖭 𝖵𝖨𝖲𝖠
Menu (wochentags nur Abendessen) à la carte 28/49 🍷 – **16 Z** 🗌 85/95 – 120/130.

RIEZLERN Österreich siehe Kleinwalsertal.

RIMBACH Bayern 🖸🖫🖩 S 22 – 2 000 Ew – Höhe 560 m – Erholungsort.

🛈 Tourist-Information, Hohenbogenstr. 10, ✉ 93485, 𝒫 (09941) 89 31, Fax (09941) 7292.

Berlin 505 – München 202 – Passau 102 – Cham 20 – Deggendorf 53.

🏨 **Bayerischer Hof**, Dorfstr. 32, ✉ 93485, 𝒫 (09941) 23 14, Fax (09941) 2315, 😊, 🚗,
🔲, 🚗 – 🛗 📺 🅿.
Menu à la carte 24/44 – **154 Z** 🗌 80/100 – 120/160 – ½ P 22.

RIMBACH Hessen siehe Fürth im Odenwald.

RIMPAR Bayern 🖸🖪🖫🖩 Q 13 – 7 000 Ew – Höhe 224 m.

Berlin 501 – München 285 – Würzburg 13 – Nürnberg 90 – Schweinfurt 35.

X **Schloßgaststätte**, im Schloß Grumbach, ✉ 97222, 𝒫 (09365) 38 44, schlossgasts taette@schloss-rimpar.de, Fax (09365) 4193, 😊, « Ehemaliges Jagdschloß a.d.J. 1603 » geschl. Mittwoch – **Menu** à la carte 31/48 🍷.

RIMSTING Bayern 🖸🖩 W 21 – 3 200 Ew – Höhe 563 m – Luftkurort.

Sehenswert : Chiemsee★.

🛈 Verkehrsamt, Rathaus, Schulstr. 4, ✉ 83253, 𝒫 (08051) 68 76 21, Fax (08051) 687630.

Berlin 653 – München 87 – Bad Reichenhall 61 – Wasserburg am Inn 24 – Rosenheim 20.

In Rimsting-Greimharting Süd-West : 4 km – Höhe 668 m

🏨 **Der Weingarten** 🦌 (mit Gästehaus), Ratzingerhöhe, ✉ 83253, 𝒫 (08051) 17 75, o.a.weingarten@t-online.de, Fax (08051) 63517, < Voralpenlandschaft, Chiemsee und Alpen, 😊, 🚗 – 🔆 Zim, 📺 🐾 🛏 🅿, 🛁 Zim
Menu (geschl. Nov. - 15. Dez., Freitag) à la carte 25/48 – **24 Z** 🗌 60/80 – 120/150 – ½ P 20.

In Rimsting-Schafwaschen Nord-Ost : 1 km, am Chiemsee :

🏖 **Seehof** 🦌, Schafwaschen 6, ✉ 83253, 𝒫 (08051) 16 97, Fax (08051) 1698, ≤, 😊,
🛥, 🚗 – 🛏 🅿
geschl. März 2 Wochen, Nov. 3 Wochen – **Menu** (geschl. Dienstag) à la carte 28/48 🍷 –
17 Z 🗌 48/53 – 112/134 – ½ P 20.

RINGELAI Bayern 🖸🖩 T 24 – 960 Ew – Höhe 410 m – Erholungsort.

Berlin 535 – München 209 – Passau 35 – Regensburg 138.

🏨 **Wolfsteiner Ohe** 🦌, Perlesreuter Str. 5, ✉ 94160, 𝒫 (08555) 9 70 00, wolfstein er-ohe@t-online.de, Fax (08555) 8242, 😊, 🚗, 🔲, 🚗 – 📺 🅿
geschl. Nov. 2 Wochen – **Menu** (geschl. Nov. - März Montag) à la carte 24/47 🍷 – **30 Z** 🗌 57/76 – 90/104 – ½ P 22.

RINGGAU *Hessen* 💠 *M 14 – 3 600 Ew – Höhe 300 m.*
  Berlin 382 – Wiesbaden 211 – Kassel 52 – Bad Hersfeld 47 – Göttingen 65.

In Ringgau-Datterode *Nord-West : 6 km (ab Netra) :*

⋔ **Fasanenhof** 🦢 mit Zim, Hasselbach 28, ⊠ 37296, ℘ (05658) 13 14, *Fasanenhof@g*
  mx.de, Fax (05658) 8440, ☆, ☞ – ⅙ Zim, 📺 🅿. ℷ 🅰🅴 ⓞ 🆀 💳
  Menu *(geschl. Anfang - Mitte Feb., Montag)* à la carte 29/52 – **7 Z** ☞ 68/72 – 105/115.

RINGSHEIM *Baden-Württemberg* 💠 *V 7 – 2 000 Ew – Höhe 166 m.*
  Berlin 776 – Stuttgart 170 – Freiburg im Breisgau 35 – Offenburg 35.

🏨 **Heckenrose**, an der B 3, ⊠ 77975, ℘ (07822) 10 81, *info@hotelHeckenrose.de*,
  Fax (07822) 3764 – 🛏 📺 🅿. 🔏 🅰 30. 🅰🅴 ⓞ 🆀 💳
  Menu *(geschl. Montagmittag, Freitagmittag, Samstagmittag)* à la carte 36/70 – **26 Z**
  ☞ 90/110 – 140/150.

RINTELN *Niedersachsen* 💠 *J 11 – 29 000 Ew – Höhe 55 m.*
  🗓 *Tourist-Information, Marktplatz 7, ⊠ 31737, ℘ (05751) 40 31 62, Fax (05751)*
  403230.
  Berlin 342 – Hannover 60 – Bielefeld 61 – Hameln 27 – Osnabrück 91.

🏨 **Der Waldkater** 🦢, Waldkaterallee 27, ⊠ 31737, ℘ (05751) 1 79 80, *Waldkater@a*
  ol.com, Fax (05751) 179883, ☆, Hausbrauerei, ☎ – 🛏. ⅙ Zim, 📺 ☞ 🅿 – 🔏 80.
  🅰🅴 ⓞ 🆀 💳
  geschl. Jan. – **Menu** à la carte 41/71 – **31 Z** ☞ 160/210 – 210/280.

🏠 **Stadt Kassel**, Klosterstr. 42, ⊠ 31737, ℘ (05751) 9 50 40, *info@hotel-stadtkassel.de*,
  Fax (05751) 44066 – 🛏 📺 🅿. 🔏 30. 🅰🅴 ⓞ 🆀 💳
  Menu à la carte 29/55 – **44 Z** ☞ 75/120 – 130/165.

In Rinteln-Todenmann *Nord-West : 3 km – Erholungsort :*

🏨 **Altes Zollhaus**, Hauptstr. 5, ⊠ 31737, ℘ (05751) 7 40 57, Fax (05751) 7761, ≤, ☆,
  ☎ – 📺 ☞ 🅿. 🔏 50. 🅰🅴 ⓞ 🆀 💳 ⅚ Rest
  Menu à la carte 43/81 – **21 Z** ☞ 110/150 – 220 – ½ P 30.

RIPPOLDSAU-SCHAPBACH, BAD *Baden-Württemberg* 💠 *U 8 – 2 500 Ew – Höhe 564 m*
  – Heilbad – Luftkurort.
  🗓 *Tourist-Information, Kurhaus (Bad Rippoldsau), ⊠ 77776, ℘ (07440) 91 39 40, Fax*
  (07440) 9139494.
  Berlin 732 – Stuttgart 106 – Karlsruhe 97 – Offenburg 55 – Freudenstadt 15.

Im Ortsteil Bad Rippoldsau :

🏨 **Kranz,** Reichenbachstr. 2, ⊠ 77776, ℘ (07440) 91 39 00, *hotel@kranz-rippoldsau.de*,
  Fax (07440) 511, ☆, ☎, 🏊, ☞ ⅚ – 🛏 📺 ☞ 🅿 – 🔏 20. 🆀 💳
  Menu à la carte 38/70 – **26 Z** ☞ 100/125 – 195 – ½ P 30.

🏠 **Landhotel Rosengarten**, Fürstenbergstr. 46, ⊠ 77776, ℘ (07440) 2 36,
  Fax (07440) 586, ☆ – 🛏 📺 & 🅿.
  Menu *(geschl. Nov.)* à la carte 33/62 – **12 Z** ☞ 65/75 – 130/150 – ½ P 25.

🏠 **Zum letzten G'stehr**, Wolftalstr. 17, ⊠ 77776, ℘ (07440) 7 14, *Schroeder@t-onl*
  ine.de, Fax (07440) 715, ☆ – 🛏 📺 🅿.
  geschl. 10. - 31. Jan. – **Menu** *(geschl. Dienstag)* à la carte 26/54 – **18 Z** ☞ 62/75 – 116/132
  – ½ P 24.

🕯 **Klösterle Hof**, Klösterleweg 2, ⊠ 77776, ℘ (07440) 2 15, *kloesterle-hof@t-online.de*,
  Fax (07440) 623, ☆ – 📺 ☞ 🅿. 🆀 💳. ⅚
  geschl. 10. - 31. Jan. – **Menu** *(geschl. Montag)* à la carte 34/59 – **10 Z** ☞ 55/98 – 100/160
  – ½ P 25.

Im Ortsteil Schapbach *Süd : 10 km :*

🏠 **Ochsenwirtshof**, Wolfacher Str. 21 (Süd-West : 1,5 km), ⊠ 77776, ℘ (07839)
  91 97 98, *Hotel-Ochsenwirtshof@t-online.de*, Fax (07839) 1268, ☆, 🏊, ☞ – 📺 ☞
  🅿.
  geschl. Mitte Nov. - Mitte Dez. – **Menu** *(geschl. Dez. - April Dienstag)* à la carte 34/64 –
  17 Z ☞ 75/90 – 125/135 – ½ P 25.

🏠 **Sonne,** Dorfstr. 31, ⊠ 77776, ℘ (07839) 2 22, Fax (07839) 1265, ☞ – 📺 🅿. 🆀
  Menu *(geschl. Montag)* à la carte 33/55 – **16 Z** ☞ 60/70 – 110/115 – ½ P 19.

🕯 **Adler,** Dorfstr. 6, ⊠ 77776, ℘ (07839) 2 15, Fax (07839) 1385, ☞ – ☞ 🅿.
  geschl. 27. Okt. - 20. Dez. – **Menu** *(geschl. Mittwochabend - Donnerstag)* à la carte 27/46
  🍸 – **9 Z** ☞ 44/48 – 86/128 – ½ P 14.

Im Ortsteil Bad Rippoldsau-Wildschapbach *Nord-West : 3 km ab Schapbach :*

Grüner Baum, Wildschapbachstr. 15, ✉ 77776, ☎ (07839) 2 18, *Fax (07839) 919655,* – Zim
geschl. Jan. 3 Wochen – **Menu** *(geschl. Dienstag)* à la carte 29/54 – **7 Z** 50 – 80/85 – ½ P 16.

RITTERSDORF *Rheinland-Pfalz siehe Bitburg.*

RIVERIS *Rheinland-Pfalz siehe Waldrach.*

ROCKENHAUSEN *Rheinland-Pfalz 417 R 7 – 5 800 Ew – Höhe 203 m.*
Berlin 628 – Mainz 63 – Bad Kreuznach 32 – Mannheim 74 – Kaiserslautern 36.

Pfälzer Hof, Kreuznacher Str. 30, ✉ 67806, ☎ (06361) 79 68, *Fax (06361) 3733,* , – . AE VISA JCB.
geschl. 23. Dez. - 10. Jan. – **Menu** à la carte 25/44 – **15 Z** 82 – 128/130.

RODACH, BAD *Bayern 418 420 O 16 – 6 800 Ew – Höhe 320 m – Heilbad.*
Gästeinformation, Schloßplatz 5, ✉ 96476, ☎ (09564) 15 50, Fax (09564) 921106.
Berlin 368 – München 300 – Coburg 18.

Kurhotel am Thermalbad , Kurring 2, ✉ 96476, ☎ (09564) 9 23 00, *Kurhotel@kurhotel-bad-rodach.de, Fax (09564) 9230400,* , , Massage, – , Zim, – 70. AE VISA. Zim
Menu *(geschl. 7. - 21. Jan.)* à la carte 34/67 – **48 Z** 93/110 – 144/164 – ½ P 26.

In Bad Rodach-Gauerstadt *Süd-Ost : 4,5 km :*

Landgasthof Wacker, Billmuthäuser Str. 1, ✉ 96476, ☎ (09564) 9 23 84, *Fax (09564) 3211,* Biergarten, – . VISA
geschl. Ende Jan. - Anfang Feb. 3 Wochen – **Menu** *(geschl. Mittwoch)* à la carte 23/45 – **16 Z** 40/54 – 98.

In Bad Rodach-Heldritt *Nord-Ost : 3 km :*

Tannleite , Obere Tannleite 4, ✉ 96476, ☎ (09564) 7 44, *Fax (09564) 744,* – Zim,
Menu *(geschl. Mitte Nov. - Mitte Dez., Mittwoch) (nur Abendessen)* à la carte 24/32 – **13 Z** 51/53 – 85/89.

RODALBEN *Rheinland-Pfalz 417 S 6 – 7 800 Ew – Höhe 260 m.*
Tourist-Information, Am Rathaus 9, ✉ 66976, ☎ (06331) 23 41 80, Fax (06331) 234105.
Berlin 678 – Mainz 119 – Saarbrücken 71 – Pirmasens 6 – Kaiserslautern 32.

Zum Grünen Kranz, Pirmasenser Str. 2, ✉ 66976, ☎ (06331) 2 31 70, *hallo@boldskranz.de, Fax (06331) 231730,* – . AE VISA
Menu *(geschl. Donnerstag)* à la carte 36/64 – **15 Z** 68/78 – 110/150.

Pfälzer Hof, Hauptstr. 108, ✉ 66976, ☎ (06331) 1 71 23, *Fax (06331) 16389* – – 50. AE VISA.
geschl. Juli 3 Wochen – **Menu** *(geschl. Sonntagabend - Montag)* à la carte 27/56 – **8 Z** 75/120.

RODGAU *Hessen 417 P 10 – 41 000 Ew – Höhe 128 m.*
Berlin 542 – Wiesbaden 54 – Frankfurt am Main 25 – Aschaffenburg 27.

Im Stadtteil Nieder-Roden :

Weiland, Borsigstr. 15 (Industriegebiet Süd), ✉ 63110, ☎ (06106) 8 71 70, *Fax (06106) 871750,* – – 30. VISA
Menu *(geschl. Samstag, Sonntagabend) (wochentags nur Abendessen)* à la carte 31/64 – **30 Z** 130/180.

Im Stadtteil Jügesheim :

Bischoff's, Eisenbahnstr. 61, ✉ 63110, ☎ (06106) 60 05 50, *Fax (06106) 600540,* Biergarten – . VISA
Menu *(geschl. Dienstag)* (wochentags nur Abendessen) à la carte 44/61 – ***Bistro*** **: Menu** à la carte 32/47 – **11 Z** 110/180.

Haingraben garni, Haingrabenstr. 1, ✉ 63110, ☎ (06106) 6 99 90, *Fax (06106) 61960* – . AE VISA
22 Z 135/150 – 180/200.

RODING Bayern 420 S 21 – 11 500 Ew – Höhe 370 m.
  🛈 Tourismusbüro, Schulstr. 15, ✆ (09461) 94 18 15, Fax (09461) 941860.
  Berlin 486 – München 163 – *Regensburg 46* – Amberg 62 – Cham 15 – Straubing 39.

In Roding-Mitterdorf Nord-West : 1 km :

  🏠 **Hecht,** Hauptstr. 7, ⊠ 93426, ✆ (09461) 9 43 60, Fax (09461) 943636, �།, 🚗 – 📺
  ⊖ 🚗 🅿 ⑩ 𝗩𝗜𝗦𝗔
  Menu *(geschl. nach Fasching 2 Wochen, Donnerstagabend)* à la carte 21/36 – **26 Z**
  ⊊ 55/90.

In Roding-Neubäu Nord-West : 9 km :

  🏠 **Am See** ⤳, Seestr. 1, ⊠ 93426, ✆ (09469) 3 41, Fax (09469) 403, ≤, 🌞, ≋s, 🔲,
  ⊖ 🚗 – 📺 🚗 🅿 – 🔬 50. ⑩ 𝗩𝗜𝗦𝗔
  Menu à la carte 22/45 – **50 Z** ⊊ 60/80 – 90/125 – ½ P 20.

RÖBEL (MÜRITZ) Mecklenburg-Vorpommern 416 F 21 – 6 000 Ew – Höhe 85 m.
  🛈 Touristinformation, Am Hafen, ⊠ 17207, ✆ (039931) 5 06 51, Fax (039931) 50651.
  Berlin 140 – Schwerin 105 – *Neubrandenburg 64*.

  🏨 **Seelust** ⤳, Seebadstr. 33a, ⊠ 17207, ✆ (039931) 58 30, Fax (039931) 53493,
  « Terrasse am See », ≋s – 📱 📺 🅿 – 🔬 20. ⑩ 𝗩𝗜𝗦𝗔, 🛏 Zim
  Menu à la carte 29/50 – **26 Z** ⊊ 125/150 – 145/185 – ½ P 25.

  🏠 **Seestern** ⤳, Müritzpromenade, ⊠ 17207, ✆ (039931) 5 80 30, Fax (039931) 580339,
  « Terrasse am See » – 📱 📺 🅿 ⒶⒺ ⑩ 𝗩𝗜𝗦𝗔
  Menu à la carte 32/47 – **30 Z** ⊊ 88/100 – 120/170 – ½ P 28.

  🏠 **Müritzterrasse,** Strasse der deutschen Einheit 27, ⊠ 17207, ✆ (039931) 89 10, *roge*
  r.ahrent@t-onlin.de, Fax (039931) 89126, « Terrasse am See » – 📺 🅿 ⑩ 𝗩𝗜𝗦𝗔
  Menu à la carte 28/45 – **13 Z** ⊊ 90/120 – 120/150.

RÖDELSEE Bayern siehe Iphofen.

RÖDENTAL Bayern siehe Coburg.

ROEDERAU Sachsen siehe Riesa.

RÖDERMARK Hessen 417 Q 10 – 27 000 Ew – Höhe 141 m.
  Berlin 550 – Wiesbaden 54 – *Frankfurt am Main 21* – Darmstadt 25 – Aschaffenburg 30.

In Rödermark-Bulau :

  🏠 **Odenwaldblick,** Bulauweg 27, ⊠ 63322, ✆ (06074) 8 74 40, Hgensert@aol.com,
  Fax (06074) 8744140 – 🛏 Zim, 📺 📞 🅿 ⒶⒺ ① ⑩ 𝗩𝗜𝗦𝗔
  Menu *(geschl. Dienstag) (Montag - Freitag nur Abendessen)* à la carte 28/54 – **29 Z**
  ⊊ 105/128 – 150/175.

In Rödermark - Ober-Roden :

  🏨🏨 **Parkhotel,** Niederröder Str. 24 (Nord-Ost : 1,5 km), ⊠ 63322, ✆ (06106) 7 09 20, *info*
  @parkhotel-roedermark.bestwestern.de, Fax (06106) 7092282, « Gartenterrasse », ≋s,
  🔲 – 📱, 🛏 Zim, 📺 🚗 🅿 – 🔬 150. ⒶⒺ ① ⑩ 𝗩𝗜𝗦𝗔
  geschl. 23. Dez. - 2. Jan. – **Menu** à la carte 41/71 – **130 Z** ⊊ 195/210 – 225/240.

  🏨 **Eichenhof** ⤳, Carl-Zeiss-Str. 30 (Industriegebiet), ⊠ 63322, ✆ (06074) 9 40 41,
  Fax (06074) 94044, 🌞, Biergarten, ≋s – 📱 📺 🅿 – 🔬 25. ⒶⒺ ⑩ 𝗩𝗜𝗦𝗔
  Menu *(geschl. Samstagmittag)* à la carte 35/60 – **37 Z** ⊊ 135/185.

RÖHRNBACH Bayern 420 T 24 – 4 500 Ew – Höhe 436 m – Erholungsort.
  🛈 Tourismusplatz, Rathausplatz 1, ⊠ 94133, ✆ (08582) 96 09 40, Fax (08582) 960916.
  Berlin 539 – München 199 – *Passau 23* – Freyung 12.

  🏨🏨 **Jagdhof** ⤳, Marktplatz 11, ⊠ 94133, ✆ (08582) 97 00, Fax (08582) 970222, 🌞, ≋s,
  🔲 (geheizt), 🔲, 🚗 – 📱 📺 🚗 🅿
  geschl. Anfang Nov. - 20. Dez. – **Menu** à la carte 26/49 – **65 Z** ⊊ 77/90 – 130/156 –
  ½ P 14.

RÖHRSDORF Sachsen siehe Chemnitz.

RÖMERBERG Rheinland-Pfalz siehe Speyer.

RÖMHILD *Thüringen* 418 420 *O 15 – 2 100 Ew – Höhe 305 m.*
Berlin 384 – Erfurt 93 – Coburg 43.

In Römhild-Waldhaus *Ost : 4 km :*

🏡 **Waldhaus,** Am Sandbrunnen 10, ✉ 98631, ℰ (036948) 8 01 47, Fax (036948) 80148,
Biergarten – ⇔ Zim, **P.** 🆎 ⓂⓄ **VISA**
Menu *(geschl. Montagmittag)* à la carte 28/40 – **17 Z** ⊊ 70/80 – 90/130.

RÖPERSDORF *Brandenburg siehe Prenzlau.*

RÖSRATH *Nordrhein-Westfalen* 417 *N 5 – 22 000 Ew – Höhe 72 m.*
Berlin 584 – Düsseldorf 56 – Bonn 24 – Siegburg 12 – Köln 16.

XXX **Klostermühle,** Zum Eulenbroicher Auel 15, ✉ 51503, ℰ (02205) 47 58,
Fax (02205) 87868, 🍽, « Rustikale Einrichtung » – **P.** 🆎 ① ⓂⓄ **VISA**
geschl. Jan. 1 Woche, Juli - Aug. 2 Wochen, Montag - Dienstag – **Menu** (bemerkenswerte
Weinkarte) à la carte 66/93.

*Richiedete in libreria il catalogo delle **pubblicazioni Michelin**.*

ROETGEN *Nordrhein-Westfalen* 417 *O 2 – 8 000 Ew – Höhe 420 m.*
Berlin 648 – Düsseldorf 96 – Aachen 34 – Liège 59 – Monschau 15 – Köln 85.

XX **Zum genagelten Stein** mit Zim, Bundesstr. 2 (B 258), ✉ 52159, ℰ (02471) 92 09 90,
Fax (02471) 9209920, 🍽, ☞ – **TV P.** 🆎 ① ⓂⓄ **VISA** **JCB**
geschl. über Ostern 2 Wochen – **Menu** *(geschl. Sonntagabend, Donnerstag)* à la carte 68/91
– 5 Z ⊊ 125/135 – 200/220.

XX **Gut Marienbildchen** mit Zim, Münsterbildchen 3 (B 258, Nord : 2 km), ✉ 52159,
ℰ (02471) 25 23, Fax (02471) 921643, 🍽 – **TV P.** 🆎 ⓂⓄ **VISA** ✂
geschl. Mai 1 Woche, Mitte Juli - Mitte Aug. – **Menu** *(geschl. Sonntag - Montagmittag)*
à la carte 43/68 – **8 Z** ⊊ 80/110 – 110/165.

RÖTHENBACH BEI ST. WOLFGANG *Bayern siehe Wendelstein.*

RÖTZ *Bayern* 420 *R 21 – 3 600 Ew – Höhe 453 m.*
🏌 🏌 *Rötz, Hillstett 40 (West : 2 km), ℰ (09976) 1 80.*
*Berlin 459 – München 204 – Regensburg 67 – Amberg 56 – Cham 25 – Weiden in der
Oberpfalz 56.*

In Rötz-Bauhof *Nord-West : 3 km :*

🏡 **Bergfried** ≫, ✉ 92444, ℰ (09976) 9 40 00, info@hotel-bergfried.de,
Fax (09976) 9400399, ≼ Bayerischer Wald, Biergarten, ⬒s, ☞ – **TV** ⬅ **P.** 🆎 ① ⓂⓄ
VISA
geschl. Anfang Feb. 1 Woche, Mitte Nov. 1 Woche – **Menu** *(geschl. Nov.- März Samstag)*
à la carte 28/44 – **24 Z** ⊊ 55/65 – 84/94 – ½ P 10.

In Rötz-Grassersdorf *Nord : 3 km :*

🏠 **Landgasthof Alte Taverne** ≫, ✉ 92444, ℰ (09976) 14 13, Fax (09976) 1547, 🍽,
☞ – **TV** ⬅ **P**
Menu *(geschl. 1.- 12. Sept., Freitagmittag)* à la carte 19/38 🍷 – **16 Z** ⊊ 44/88.

In Rötz-Hillstett *West : 4 km :*

🏨 **Die Wutzschleife** Ⓜ ≫, ✉ 92444, ℰ (09976) 1 80, info@wutzschleife.com,
Fax (09976) 18180, ≼, 🍽, Biergarten, Massage, ⬒s, 🔲, ☞, ✺(Halle), 🏓 – 🛗, ⇔ Zim,
TV ✆ **P.** – 🅰 120. 🆎 ① ⓂⓄ **VISA**
Menu à la carte 44/72 – **76 Z** ⊊ 175/275 – 270/470 – ½ P 48.

In Winklarn-Muschenried *Nord : 10 km :*

🏡 **Seeschmied** ≫, Lettenstr. 6, ✉ 92559, ℰ (09676) 2 41, info@seeschmied.de,
Fax (09676) 1240, 🔲, ☞ – **P.** ✂
geschl. Jan. 3 Wochen – **Menu** *(geschl. Montag)* à la carte 32/62 – **15 Z** ⊊ 49/65 – 98/110
– ½ P 17.

ROHLSTORF-WARDER *Schleswig-Holstein siehe Bad Segeberg.*

ROHRDORF Bayern **420** W 20 – 4100 Ew – Höhe 472 m.
  Berlin 657 – München 69 – Bad Reichenhall 71 – Passau 178 – Rosenheim 10 – Salzburg
  73 – Innsbruck 110.

  🏠 **Zur Post** (mit 2 Gästehäusern), Dorfplatz 14, ✉ 83101, 𝒫 (08032) 18 30, hotel@po
  st-rohrdorf.de, Fax (08032) 5844, 🍴, Biergarten – 📶 📺 ♿ 🅿 – 🔬 120. 🆎 ⓞ ⓦ ⓥⓘⓢⓐ
  Menu à la carte 23/51 – **110 Z** ⌷ 70/88 – 92/118.

  🏠 **Christl** garni, Anzengruberstr. 10, ✉ 83101, 𝒫 (08032) 9 56 50, info@hotel-christl.de,
  Fax (08032) 956566 – 📺 ♿ 🅿 🆎 ⓦ ⓥⓘⓢⓐ
  27 Z ⌷ 79/84 – 112/120.

ROIGHEIM Baden-Württemberg siehe Möckmühl.

ROMANTISCHE STRASSE Baden-Württemberg und Bayern **419 420** Q 13 bis X 16.
  Sehenswert : Strecke ★★ von Würzburg bis Füssen (Details siehe unter den erwähnten
  Orten entlang der Strecke).

ROMROD Hessen siehe Alsfeld.

RONNEBURG Thüringen **418** N 20 – 7500 Ew – Höhe 380 m.
  Berlin 242 – Erfurt 97 – Gera 20 – Chemnitz 63 – Plauen 66.

  🏠 **Gambrinus,** Am Markt 40, ✉ 07580, 𝒫 (036602) 3 42 04, Fax (036602) 34206, 🍴
  – 📺 🆎 ⓦ ⓥⓘⓢⓐ
  Menu à la carte 24/42 – **25 Z** ⌷ 80/100 – 120.

RONNENBERG Niedersachsen siehe Hannover.

RONSHAUSEN Hessen **417 418** N 13 – 2700 Ew – Höhe 210 m – Luftkurort.
  🛈 Verkehrsamt, Haus des Gastes, Eisenacher Str. 20, ✉36217, 𝒫 (06622) 92 31 19, Fax
  (06622) 923120.
  Berlin 391 – Wiesbaden 189 – Kassel 65 – Bad Hersfeld 26.

  🏠 **Waldhotel Marbach** 🌳, Berliner Str. 7, ✉ 36217, 𝒫 (06622) 9 21 40, info@wald
  hotel-marbach.de, Fax (06622) 921410, 🍴, 🚣, 🗐, 🐎 – 📶, 🙌 Zim, 📺 ⟲ 🅿 – 🔬 70.
  🆎 ⓞ ⓦ ⓥⓘⓢⓐ
  Menu à la carte 27/47 – **36 Z** ⌷ 70/80 – 110/130 – ½ P 15.

ROSBACH Hessen siehe Friedberg/Hessen.

ROSENBERG Baden-Württemberg **419 420** S 14 – 2400 Ew – Höhe 520 m.
  Berlin 558 – Stuttgart 92 – Aalen 30 – Ansbach 64 – Schwäbisch Hall 28.

  ✗✗ **Landgasthof Adler** (Bauer) mit Zim, Ellwanger Str. 15, ✉ 73494, 𝒫 (07967) 5 13,
  Fax (07967) 710300, 🍴 – 🙌 Zim, 📺 ⟲ 🅿 ✸
  geschl. Jan. 3 Wochen, Aug. 3 Wochen – **Menu** (geschl. Donnerstag - Freitag) (Tischbe-
  stellung ratsam) 45/140 à la carte 59/94 – **15 Z** ⌷ 110/140 – 160/190
  Spez. Kalbskopfgelee mit Ofentomaten und geröstetem Oktopus. Ragoût und Filet vom
  Maibock mit Kartoffel-Blutwurstkloß. Passionsfruchtsoufflé mit weißem Schokoladen-
  Ingwereis.

ROSENDAHL Nordrhein-Westfalen **417** J 5 – 9500 Ew – Höhe 112 m.
  Berlin 504 – Düsseldorf 120 – Nordhorn 64 – Münster (Westfalen) 53.

In Rosendahl-Osterwick :

  🏠 **Zur Post,** Fabianus-Kirchplatz 1, ✉ 48720, 𝒫 (02547) 9 30 30, info@zurposthotel.de,
  Fax (02547) 560, 🍴 – 📺 ⟲ 🅿 – 🔬 80
  Menu (geschl. Sonn- und Feiertage abends) à la carte 24/58 – **17 Z** ⌷ 65/85 – 130.

ROSENGARTEN Niedersachsen **415 416** F 13 – 11000 Ew – Höhe 85 m.
  Berlin 298 – Hannover 140 – Hamburg 28 – Buchholz in der Nordheide 8 – Bremen 90.

In Rosengarten-Nenndorf :

  🏠 **Rosenhof** 🌳, Rußweg 6, ✉ 21224, 𝒫 (04108) 71 81, Fax (04108) 7512, 🍴,
  « Garten » – 📺 ⟲ 🅿 – 🔬 50. 🆎 ⓞ ⓦ ⓥⓘⓢⓐ
  Menu (geschl. Montag) (nur Abendessen) à la carte 39/61 – **10 Z** ⌷ 80/95 – 140/150.

In Rosengarten-Sieversen :

🏨 **Holst,** Hauptstr. 31, ✉ 21224, ✆ (04108) 59 10, *rhholst@t-online.de,* Fax (04108) 591298, 🌳, Massage, ⚕, ⊆s, 🔲, 🚿 – 📱, ⇆ Zim, 📺 ✆ 🅿 – 🔏 45. 🔤
① ⑩ 𝖵𝖨𝖲𝖠
Menu à la carte 47/83 – **72 Z** ⊑ 145/175 – 195/275.

In Rosengarten-Tötensen :

🏨 **Rosengarten,** Woxdorfer Weg 2, ✉ 21224, ✆ (04108) 59 50, Fax (04108) 1877, 🌳,
⊆s – ⇆ Zim, 📺 ✆ 🖘 🅿 – 🔏 30. 🔤 ① ⑩ 𝖵𝖨𝖲𝖠
Menu à la carte 35/64 – **30 Z** ⊑ 130 – 160/180.

ROSENHEIM Bayern 🔢🔢🔟 W 20 – 60 000 Ew – Höhe 451 m.
🔹 Tourist-Information, Münchener Straße (am Salinengarten), ✉ 83022, ✆ (08031)
3 65 90 61, Fax (08031) 3 65 90 60.
ADAC, Salinstr. 12.
Berlin 658 – München 70 – Bad Reichenhall 77 – Insbruck 108 – Salzburg 82.

🏨 **Parkhotel Crombach,** Kufsteiner Str. 2, ✉ 83022, ✆ (08031) 35 80,
Fax (08031) 33727, « Gartenterrasse » – 📱, ⇆ Zim, 📺 🖘 🅿 – 🔏 75. 🔤 𝖵𝖨𝖲𝖠
Menu (geschl. Jan. 1 Woche, Sonntag) à la carte 35/73 – **62 Z** ⊑ 148/168 – 218/248.

🏨 **Panorama Cityhotel** garni, Brixstr. 3, ✉ 83022, ✆ (08031) 30 60, *rosenheim@pa*
noramacityhotel.de, Fax (08031) 306415 – 📱 ⇆ 📺 ✆ ⏦ – 🔏 70. 🔤 ① ⑩ 𝖵𝖨𝖲𝖠 𝖩𝖢𝖡
91 Z ⊑ 160/195.

✕ **Weinhaus zur historischen Weinlände,** Weinstr. 2, ✉ 83022, ✆ (08031) 1 27 75,
Fax (08031) 37468 – 🔏 40. 🔤 ① ⑩ 𝖵𝖨𝖲𝖠
geschl. 15. Aug. - 12. Sept., Samstagmittag, Sonn- und Feiertage – **Menu** à la carte 35/65.

In Rosenheim-Heilig Blut Süd : 3 km über die B 15 Richtung Autobahn :

🏨 **Fortuna,** Hochplattenstr. 42, ✉ 83026, ✆ (08031) 61 63 63, *Fortuna.Ro@t-online.de,*
Fax (08031) 61636400, 🌳 – 📺 🖘 🅿 🔤 𝖵𝖨𝖲𝖠
Menu (geschl. Dienstag) (italienische Küche) à la carte 38/67 – **17 Z** ⊑ 95/105 – 135/160.

In Stephanskirchen-Baierbach Ost : 7,5 km :

✕ **Gocklwirt** ⟷ mit Zim, Am Weinberg 9, ✉ 83071, ✆ (08036) 12 15, *WHUBERGW@AOL.*
⟷ COM, Fax (08036) 1705, 🌳, (Gasthaus mit Sammlung von landwirtschaftlichen Maschinen
und Antiquitäten) – ⇆ Rest, 📺 📱
ab 13 Uhr geöffnet, geschl. Nov., Montag - Dienstag **Menu** (Tischbestellung ratsam) à la
carte 36/70 – **3 Z** ⊑ 75/130.

ROSSAU Sachsen 🔢🔟🔟 M 23 – 1 900 Ew – Höhe 350 m.
Berlin 241 – Dresden 58 – Chemnitz 36 – Leipzig 70.

🏨 **Rossau,** Hauptstr. 131, ✉ 09661, ✆ (03727) 21 14, *Service@Hotel-Rossau.de,*
Fax (03727) 2050, 🌳, ⊆s – ⇆ Zim, 📺 🅿 – 🔏 40. 🔤 ① ⑩ 𝖵𝖨𝖲𝖠
Menu à la carte 29/49 – **36 Z** ⊑ 85/105 – 140/150.

ROSSBACH Rheinland-Pfalz 🔢🔟🔟 O 6 – 1 400 Ew – Höhe 113 m – Luftkurort.
Berlin 619 – Mainz 132 – Bonn 65 – Koblenz 42.

🏨 **Strand-Café,** Neustadter Str. 9, ✉ 53547, ✆ (02638) 9 33 90, *info@Strand-Cafe,*
Fax (02638) 933939, 🌳, 🚿 – 📺 🅿 – 🔏 20. ⑩ ⊗ Rest
geschl. 10. Jan. - 16. Feb., 20. Nov. - 15. Dez. – **Menu** (geschl. Mittwoch) à la carte 29/62
(auch vegetarische Gerichte) – **24 Z** ⊑ 62/80 – 110/138 – ½ P 18.

🏨 **Zur Post,** Wiedtalstr. 55, ✉ 53547, ✆ (02638) 2 80, Fax (02638) 946160, 🌳, Biergarten, 🚿 – 🖘 🅿 ⑩ ⊗ Zim
geschl. Jan. – **Menu** (geschl. Feb. - Ostern Mittwoch - Donnerstag) à la carte 40/65 – **16 Z**
⊑ 46/68 – 88/100 – ½ P 13.

🏨 **Haus Tanneck,** Waldstr. 1, ✉ 53547, ✆ (02638) 52 15, Fax (02638) 6169, ≤, 🌳, 🚿
– 🖘 🅿 ⊗ Zim
geschl. Anfang Jan. - Mitte März, Anfang Nov. - Mitte Dez. – **Menu** à la carte 25/50 – **22 Z**
⊑ 60/70 – 96/114 – ½ P 13.

ROSSDORF Sachsen-Anhalt siehe Genthin.

ROSSFELD-RINGSTRASSE Bayern siehe Berchtesgaden.

ROSSHAUPTEN Bayern 419 420 X 16 – 1 800 Ew – Höhe 816 m – Wintersport : 800/1 000 m ⚡2 🎿.

🛈 Verkehrsamt, Hauptstr. 10, ⊠ 87672, ℰ (08367) 3 64, Fax (08367) 1267.
Berlin 657 – München 118 – Kempten 55 – Füssen 11 – Marktoberdorf 18.

🏠🏠 **Kaufmann** 🦢, Füssener Str. 44, ⊠ 87672, ℰ (08367) 9 12 30, *HotelKaufmann@a ol.com*, Fax (08367) 1223, ⇐, 🌲, ⇌s, 🌿 – ⇔ Zim, 📺 📞 ⇔ 🅿 – 🔏 25. 🆎 ⓜ ⓜ
geschl. Mitte Jan. - Feb. – **Menu** *(geschl. Montag)* à la carte 26/61 – **26 Z** ⊑ 71/78 –
133/224 – ½ P 25.

In Roßhaupten-Vordersulzberg *West : 4 km :*

🏠 **Haflinger Hof** 🦢, Vordersulzberg 1, ⊠ 87672, ℰ (08364) 9 84 80, *haflingerhof@t -online.de*, Fax (08364) 984828, ⇐, 🌲, « Gemütlich-rustikale Einrichtung », 🌿, 🐎 – 📺 🅿 🔏
Menu *(geschl. Dienstag)* à la carte 26/54 🍷 – **9 Z** ⊑ 75/80 – 110/135.

ROSTOCK Mecklenburg-Vorpommern 416 D 20 – 210 000 Ew – Höhe 14 m.
Sehenswert : *Marienkirche★★ (Astronomische Uhr★★, Bronzetaufkessel★, Turm ☀★) CX – Schiffahrtsmuseum★ CX **M1** – Kulturhistorisches Museum★ BX **M2** (Dreikönigs-Altar★).*
Ausflugsziele : *Bad Doberan über ⑤ : 17 km, Münster★★ (Altar★, Triumphkreuz★, Sakramentshaus★) – Fischland-Darß und Zingst★ über ① : 60 km.*
⤴ Rostock-Laage (über ③ : 30 km) ℰ (038454) 3 13 36.
🛈 *Rostock-Information, Neuer Markt 3,* ⊠ 18055, ℰ (0381) 1 94 33, Fax (0381) 3812601.
ADAC, *Trelleborger Str. 1 (Lütten-Klein).*
Berlin 222 ③ – Schwerin 89 ⑤ – Lübeck 117 ⑤ – Stralsund 69 ①

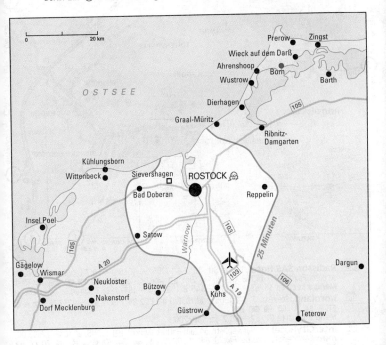

🏠🏠 **Sonne** Ⓜ, Neuer Markt 2, ⊠ 18055, ℰ (0381) 4 97 30, *info@hotel-sonne-rostock.de*, Fax (0381) 4973351, ⇌s – 📶, ⇔ Zim, 📺 📞 ♿ ⇔ – 🔏 180. 🆎 ⓞ ⓜ
🆅🆂🅰
Menu à la carte 42/66 – **124 Z** ⊑ 195/255 – 235/355, 10 Suiten.   CX r

🏠🏠🏠 **Courtyard by Marriott** Ⓜ, Kröpeliner/Schwaansche Str. 6, ⊠ 18055, ℰ (0381) 4 97 00, *courtyard-hotel-rostock@t-online.de*, Fax (0381) 4970700, 🏋, ⇌s – 📶, ⇔ Zim,
▤ 📺 📞 ♿ ⇔ – 🔏 120. 🆎 ⓞ ⓜ 🆅🆂🅰 🅹🅲🅱   BX n
Menu à la carte 38/64 – **150 Z** ⊑ 175/225 – 175/245.

953

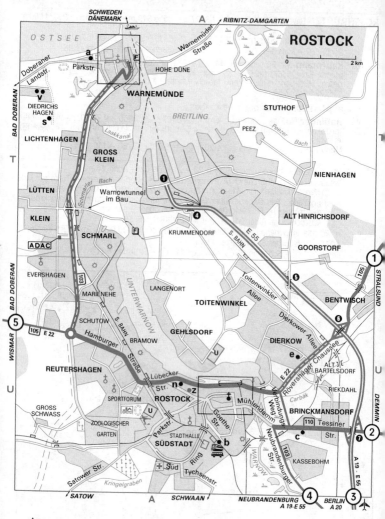

ROSTOCK

O S T S E E

SCHWEDEN
DÄNEMARK

RIBNITZ-DAMGARTEN

Warnemüder Straße

a
Parkstr.

HOHE DÜNE

Doberaner Landstr.

BAD DOBERAN

DIEDRICHS HAGEN
s

LICHTENHAGEN

WARNEMÜNDE

BREITLING

STUTHOF

PEEZ

Peezer Bach

GROSS KLEIN

Laakkanal

Schmaler Bach

LÜTTEN

Warnowtunnel im Bau

NIENHAGEN

ALT HINRICHSDORF

KLEIN

SCHMARL

KRUMMENDORF

S Bahn

E 55

GOORSTORF

ADAC

EVERSHAGEN

Toitenwinkler Allee

BENTWISCH

STRALSUND

105

MARIENEHE

LANGENORT

TOITENWINKEL

BAD DOBERAN

WISMAR

105 E 22

Hamburger

S Bahn

SCHUTOW

BRAMOW

GEHLSDORF

Dierkower Allee

DIERKOW
e

Roveshäger Chaussee

ALT BARTELSDORF

RIEKDAHL

DEMMIN

REUTERSHAGEN

Straße

Lübecker Str.

n **z**

ROSTOCK

Mühlendamm

Verbindungs Weg

Carbäk

BRINCKMANSDORF

SPORTFORUM

Goethe Str.

E 22

110 Tessiner Str.

GROSS SCHWASS

ZOOLOGISCHER GARTEN

Parkstr.

STADTHALLE

b

Neubrandenburger Str.

c

103

KASSEBOHM

A 19 - E 55

Satower Str.

SÜDSTADT

Süd

Ring

Tychsenstr.

WARNOW

SATOW

Kringelgraben

SCHWAAN

NEUBRANDENBURG
A 19 - E 55

BERLIN
A 20

🏨 **Radisson SAS Hotel,** Lange Str. 40, ✉ 18055, ✆ (0381) 4 59 70, guest@zrozh.rds as.com, Fax (0381) 4597800 – 📶, ✳ Zim, 📺 🛋 🅿 – 🔬 220. 🅰🅴 ① 🇲🅾 🆅🅸🆂🅰. ✳ Rest
   Menu à la carte 36/63 – 🛏 19 – **345 Z** 152/170 – 162/180, 7 Suiten.   BX **a**

🏨 **Nordland,** Steinstr. 7, ✉ 18055, ✆ (0381) 4 92 22 85, Fax (0381) 4923706, ☎ – 📶
   📺 – 🔬 30. 🅰🅴 ① 🇲🅾 🆅🅸🆂🅰   CX **t**

🏨 **InterCityHotel** Ⓜ, Herweghstr. 51 (am Hauptbahnhof), ✉ 18055, ✆ (0381) 4 95 00, rostock@intercityhotel.de, Fax (0381) 4950999 – 📶, ✳ Zim, 📺 ✆ 🅿 – 🔬 70. 🅰🅴 ①
   🇲🅾 🆅🅸🆂🅰. ✳ Rest   AU **b**
   Menu (geschl. Sonntagmittag) (Mitte Juni - Ende Aug. nur Abendessen) à la carte 27/52
   – 🛏 20 – **177 Z** 130/190 – 141/181.

🏨 **Ibis,** Warnowufer 42, ✉ 18057, ✆ (0381) 4 22 10, h2208@accor-hotels.com,
   Fax (0381) 24221444, Biergarten – 📶, ✳ Zim, 📺 ✆ 🛋 🅿 – 🔬 60. 🅰🅴 🇲🅾 🆅🅸🆂🅰
   Menu à la carte 32/44 – 🛏 15 – **91 Z** 99/119.   AU **n**

🍴 **Atlas,** Doberaner Str. 147, ✉ 18057, ✆ (0381) 2 00 94 01, Fax (0381) 4920315 – 🇲🅾 🆅🅸🆂🅰
   geschl. Sonntag – **Menu** (nur Abendessen) à la carte 47/66.   AU **z**

ROSTOCK

In Rostock-Brinckmansdorf *Ost : 2,5 km :*

🏨 **Trihotel-Am Schweizer Wald** Ⓜ, Tessiner Str. 103, ⌧ 18055, ℰ (0381) 6 59 70, TrihotelAmSchweizerWald@ringhotels.de, Fax (0381) 6597600, 🎭 (Kleinkunstbühne "Spot"), ⭐, 🞖 – 🛗, 🌣 Zim, 📺 ᴄ 🚗 🅿 – 🔧 140. 🖭 ⓞ 🚗 𝘝𝘐𝘚𝘈 AU c
Menu à la carte 31/54 – **101 Z** ⌸ 169/199 – 228/288.

In Rostock-Dierkow :

🏨 **Landhaus Dierkow**, Gutenbergstr. 5, ⌧ 18146, ℰ (0381) 6 58 00, Harnack@Land haus-Dierkow.de, Fax (0381) 6580100 – 🌣 Zim, 📺 ᴄ ᴄ 🅿 – 🔧 25. 🚗 𝘝𝘐𝘚𝘈 AU e
Menu (geschl. 22. - 27. Dez.) (nur Abendessen) à la carte 26/39 – **45 Z** ⌸ 99/125 – 130/149.

In Rostock-Warnemünde *Nord-West : 11 km – Seebad.*

🚹 *Tourist Information, Am Strom 59, ⌧ 18119, ℰ (0381) 5 48 00, Fax (0381) 5480030*

🏨 **Neptun**, Seestr. 19, ⌧ 18119, ℰ (0381) 77 70, info@hotel-neptun.de, Fax (0381) 54023, ⭐, 🎇, Massage, 🎿, ⭐, 🞖 – 🛗, 🌣 Zim, 📺 ᴄ 🅿 – 🔧 300. 🖭 ⓞ 🚗 𝘝𝘐𝘚𝘈. 🞖 Rest DY h
Menu à la carte 44/71 – **338 Z** ⌸ 199/290 – 299/450 – ½ P 44.

🏨 **Warnemünder Hof** 🐾, Stolteraer Weg 8 (in Diedrichshagen, West : 2 km), ⌧ 18119, ℰ (0381) 5 43 00, info@warnemuender-hof.de, Fax (0381) 5430444, 🎇, ⭐, 🞌 – 🛗, 🌣 Zim, 📺 ᴄ 🅿 – 🔧 70. 🖭 ⓞ 🚗 𝘝𝘐𝘚𝘈 AT v
Menu à la carte 37/58 – **92 Z** ⌸ 180/205 – 210/240 – ½ P 28.

🏨 **Strand-Hotel Hübner** Ⓜ, Seestr. 12, ⌧ 18119, ℰ (0381) 5 43 40, info@hotel-hu ebner.de, Fax (0381) 5434444, ⭐, Massage, ⭐ – 🛗, 🌣 Zim, 📺 ᴄ ᴄ 🚗 🅿 – 🔧 70. 🖭 ⓞ 🚗 𝘝𝘐𝘚𝘈. 🞖 Rest DY a
Menu à la carte 29/74 – **95 Z** ⌸ 198/430 – 238/470, 4 Suiten.

🏨 **Landhotel Immenbarg** 🐾, Groß-Kleiner-Weg 19 (in Diedrichshagen, West : 2 km), ⌧ 18109, ℰ (0381) 77 69 30, Fax (0381) 7769355, ⭐ – 🛗 📺 ᴄ 🚗 🅿 – 🔧 20. 🖭 🚗 𝘝𝘐𝘚𝘈 AT s
Menu à la carte 28/44 – **25 Z** ⌸ 120/150 – 180.

🏨 **Hanse Hotel** Ⓜ, Parkstr. 51, ⌧ 18119, ℰ (0381) 54 50, info@hansa-hotel.de, Fax (0381) 5453006, 🎇, ⭐, 🞌 – 🛗, 🌣 Zim, 📺 ᴄ ᴄ 🅿 – 🔧 60. 🖭 ⓞ 🚗 𝘝𝘐𝘚𝘈 AT a
Menu à la carte 27/64 – **72 Z** ⌸ 190/220 – 215/245 – ½ P 33.

WARNEMÜNDE

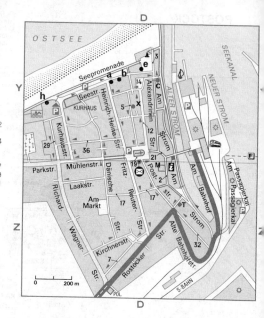

Am Leuchtturm, Am Leuchtturm 16, ⊠ 18119, ℰ (0381) 5 43 70, *Hotel-Am-Leuc
htturm@ t-online.de, Fax (0381) 548510,* ☆ – 🛗, ⇔ Zim, 📺 ₺ – 🔬 20. 🗛 ⓞ ⓜⓞ 𝗩𝗜𝗦𝗔.
✼
                                               DY e
Menu *(Jan. - Mitte April nur Abendessen)* à la carte 37/71 – **33 Z** ⊇ 210 – 230/350 –
½ P 29.

Bellevue, Seestr. 8, ⊠ 18119, ℰ (0381) 5 43 33, *Fax (0381) 5433444,* ≼ – 🛗 📺 📞
📭 – 🔬 20. 🗛 ⓞ ⓜⓞ 𝗩𝗜𝗦𝗔. ✼ Zim
                                               DY b
Menu à la carte 30/56 – **28 Z** ⊇ 140 – 160/200 – ½ P 25.

Landhaus Frommke ⋟ garni, Stolteraer Weg 3 (in Diedrichshagen, West : 2 km),
⊠ 18119, ℰ (0381) 5 19 19 04, *Fax (0381) 5191905,* ⇌ 🛐, 🔲, ☞ – 📺 📭 🗛 ⓜⓞ
𝗩𝗜𝗦𝗔
                                               AT v
9 Z ⊇ 125/140 – 165.

il Ristorante, Am Strom 107 (1. Etage), ⊠ 18119, ℰ (0381) 5 26 74, *Fax (0381) 52605*
– 🗛 ⓜⓞ 𝗩𝗜𝗦𝗔
                                               DY c
Menu *(nur Abendessen)* (italienische Küche) à la carte 46/68.

Die Gartenlaube, Anastasiastr. 24, ⊠ 18119, ℰ (0381) 5 26 61, *Fax (0381) 52661,*
☆ – ⓜⓞ 𝗩𝗜𝗦𝗔
                                               DY x
geschl. Sonntag – **Menu** *(nur Abendessen)* à la carte 62/80.

In Rostock-Markgrafenheide *Nord-Ost : 16 km, ab Warnemünde mit Fähre und über Hohe
Düne, Warnemünder Straße :*

Godewind 🅼, Warnemünder Str. 5, ⊠ 18146, ℰ (0381) 60 95 70, *info@ hotel-gode
wind.de, Fax (0381) 60957111,* ☆, ⇌ 🛐, 🔲 – 🛗, ⇔ Zim, 📺 📞 📭 – 🔬 20. ⓜⓞ 𝗩𝗜𝗦𝗔
Menu *(Nov. - März nur Abendessen)* à la carte 29/51 – **48 Z** ⊇ 130 – 145/185 – ½ P 28.

In Sievershagen *Nord-West : 8 km über ⑤ :*

Atrium Hotel Krüger 🅼 garni, Ostsee-Park-Str. 2 (B 105), ⊠ 18069, ℰ (0381)
8 00 23 43, *info@ atrium-hotel-krueger.de, Fax (0381) 8002342* – 🛗 ⇔ 📺 ₺ 📭 – 🔬 25.
🗛 ⓜⓞ 𝗩𝗜𝗦𝗔
geschl. 23. - 28. Dez. – **59 Z** ⊇ 95/105 – 120/150.

Gute Küchen

haben wir durch

Menu 🕸, ✼, ✼✼ oder ✼✼✼ kenntlich gemacht.

ROT AM SEE Baden-Württemberg **419 420** S 14 – 4 200 Ew – Höhe 419 m.

Berlin 532 – Stuttgart 132 – Würzburg 78 – Crailsheim 18 – Nürnberg 110.

Landhaus Hohenlohe ⟨S⟩, Erlenweg 24, ✉ 74585, ℰ (07955) 9 31 00, info@land
haus-hohenlohe.de, Fax (07955) 931093, 🍃, ▦ – ▥ – 🖧 30. ⓐ ⓜⓞ 𝖵𝖨𝖲𝖠.
※ Rest
Casalinga (geschl. Jan. 2 Wochen, Aug. 2 Wochen, Okt. 1 Woche, Montag - Dienstag) (nur
Abendessen) **Menu** 65/115 à la carte 52/75 – **Cafénädle** (geschl. Jan. 2 Wochen, Aug.
2 Wochen, Okt. 1 Woche, Montag) **Menu** à la carte 39/55 – **26 Z** ⊇ 80/90 – 110/130
– ½ P 30.

Gasthof Lamm, Kirchgasse 18, ✉ 74585, ℰ (07955) 23 44, Lamm-rot-amsee@t-o
nline.de, Fax (07955) 2384, 🍃 – ▥ ⇐ 🄿. ⓐ ⓜⓞ 𝖵𝖨𝖲𝖠
geschl. Mitte Okt. - Anfang Nov. – **Menu** (geschl. Donnerstag) à la carte 24/53 ♨ – **12 Z**
⊇ 62/75 – 98/110.

ROT AN DER ROT Baden-Württemberg **419 420** V 14 – 3 800 Ew – Höhe 604 m.

Berlin 667 – Stuttgart 149 – Konstanz 135 – Ravensburg 46 – Ulm (Donau) 58 – Memmingen 17.

Landhotel Seefelder, Theodor-Her-Str. 11, ✉ 88430, ℰ (08395) 9 40 00,
Fax (08395) 940050, 🍃, ⇌, 🍃 – ▥ ⇐ 🄿 – 🖧 60. ⓐ ⓞ ⓜⓞ 𝖵𝖨𝖲𝖠
Menu (geschl. Dienstag) à la carte 30/58 – **18 Z** ⊇ 94 – 130/158.

ROTENBURG/FULDA Hessen **417 418** N 13 – 14 800 Ew – Höhe 198 m – Luftkurort.

🅱 Verkehrs- und Kulturamt, Marktplatz 14 (Rathaus), ✉ 36199, ℰ (06623) 55 55, Fax
(06623) 933163.

Berlin 402 – Wiesbaden 187 – Kassel 56 – Bad Hersfeld 20.

Rodenberg ⟨S⟩, Heinz-Meise-Str. 98, ✉ 36199, ℰ (06623) 88 11 00, rodenberg@m
eirotels.de, Fax (06623) 888410, ≤, 🍃, Massage, ♀, 🛋, 🔄, ≋ (geheizt), ▦, ※(Halle)
– 🛗, ⇆ Zim, ▥ ♿ ⇐ 🄿 – 🖧 180. ⓐ ⓞ ⓜⓞ 𝖵𝖨𝖲𝖠
Zinne : **Menu** à la carte 49/84 – **98 Z** ⊇ 185/215 – 265/285, 10 Suiten – ½ P 30.

Zur Post ▥, Poststr. 20, ✉ 36199, ℰ (06623) 93 10, post@meirotels.de,
Fax (06623) 931415, 🍃 – 🛗, ⇆ Zim, ▥ ♿ 🄿 – 🖧 140. ⓐ ⓞ ⓜⓞ 𝖵𝖨𝖲𝖠
Menu à la carte 31/55 – **68 Z** ⊇ 110 – 158/188 – ½ P 25.

Kongreßzentrum ⟨S⟩ garni, Heinz-Meise-Str. 96, ✉ 36199, ℰ (06623) 88 83 00,
Fax (06623) 888403, ≤, direkter Zugang zum Felsen-Erlebnisbad und Hotel Rodenberg –
🛗 ⇆ ▥ ♿ ⇐ 🄿 – 🖧 60. ⓐ ⓞ ⓜⓞ 𝖵𝖨𝖲𝖠
88 Z ⊇ 140/170 – 220/240.

Landhaus Silbertanne ⟨S⟩, Am Wäldchen 2, ✉ 36199, ℰ (06623) 9 22 00, Hotel.
Silbertanne@t-online.de, Fax (06623) 922099, 🍃 – ⇆ Zim, ▥ ♿ 🄿 – 🖧 25. ⓐ ⓞ
ⓜⓞ 𝖵𝖨𝖲𝖠 𝖩𝖢𝖡
geschl. 1. - 25. Jan. – **Menu** (geschl. Sonntagabend) à la carte 42/66 – **26 Z** ⊇ 80/108
– 130/180 – ½ P 28.

ROTENBURG (WÜMME) Niedersachsen **415** G 12 – 21 500 Ew – Höhe 28 m.

🏌 Hof Emmen Westerholz (Nord : 5 km), ℰ (04263) 9 30 10.

🅱 Informations-Büro, Große Str. 1, Rathaus, ✉ 27356, ℰ (04261) 7 11 00, Fax (04261)
71147.

Berlin 352 – Hannover 107 – Bremen 51 – Hamburg 79.

Landhaus Wachtelhof ▥, Gerberstr. 6, ✉ 27356, ℰ (04261) 85 30, info@wach
telhof.de, Fax (04261) 853200, « Gartenterrasse », Massage, ≋, ▦, ≋ – 🛗 ▥ ♿ ⇐
🄿 – 🖧 100. ⓐ ⓞ ⓜⓞ 𝖵𝖨𝖲𝖠. ※ Rest
Menu (bemerkenswerte Weinkarte) 54 (mittags) à la carte 75/108 – **38 Z** ⊇ 270/290
– 370/390.

In Rotenburg-Waffensen West : 6 km :

Lerchenkrug, an der B 75, ✉ 27356, ℰ (04268) 3 43, Lerchenkrug@rotenburger-r
undschau.de, Fax (04268) 1546, 🍃 – 🄿. ⓐ ⓞ ⓜⓞ 𝖵𝖨𝖲𝖠
geschl. 1. - 13. Jan., 11. Juli - 1. Aug., Montag - Dienstag – **Menu** à la carte 43/68.

In Bothel Süd-Ost : 8 km :

Botheler Landhaus, Hemsbünder Str. 13, ✉ 27386, ℰ (04266) 15 17, info@both
eler-landhaus.de, Fax (04266) 1517, 🍃 – 🄿. ⓐ ⓞ ⓜⓞ 𝖵𝖨𝖲𝖠
geschl. Sonntag - Montag – **Menu** (nur Abendessen) (Tischbestellung ratsam) à la carte
64/95.

ROTENBURG (WÜMME)

In Hellwege *Süd-West : 15 km :*

🏠 **Prüser's Gasthof** (mit Gästehaus), Dorfstr. 5, ⊠ 27367, 𝒫 (04264) 99 90, *Prueser s-Gasthof@t-online.de*, Fax (04264) 99945, ⇔s, ⬛, ⚒ – ⑁, ⇔ Zim, 📺 🅿. ⑩ ⓦ **VISA** *geschl. 2. - 10. Jan.* – **Menu** *(geschl. Dienstagmittag)* à la carte 32/61 – **56 Z** ⊑ 76/90 – 125/150.

ROTH KREIS ROTH *Bayern* **419** **420** *S 17 – 24 000 Ew – Höhe 340 m.*
ⓕ₈ *Abenberg (West : 11 km), 𝒫 (09178) 9 89 60.*
🅑 *Tourist-Information im Schloß Ratibor, Hauptstr. 1, ⊠ 91154, 𝒫 (09171) 84 83 30, Fax (09171) 848333.*
Berlin 456 – München 149 – Nürnberg 32 – Donauwörth 67 – Ansbach 52.

XX **Ratsstuben im Schloß Ratibor,** Hauptstr. 1, ⊠ 91154, 𝒫 (09171) 68 87, *svenk raus@aol.com*, Fax (09171) 6854, �, Biergarten, « Schloßanlage a.d. 16. Jh. » – 🏛 80. **AE** **ⓦ** **VISA** *geschl. Jan. 1 Woche, Sonntagabend - Montag* – **Menu** à la carte 46/73.

ROTH AN DER OUR *Rheinland-Pfalz* **417** *Q 2 – 280 Ew – Höhe 220 m.*
Berlin 733 – Mainz 202 – Trier 50 – Bitburg 29 – Ettelbruck 18 – Luxembourg 47.

🏠 **Ourtaler Hof,** Ourtalstr. 27, ⊠ 54675, 𝒫 (06566) 2 18, *burger@ourtaler-hof.de*, Fax (06566) 1444, �, 🌳 – 📺 🅿. **VISA** *geschl. 22. Dez. - Anfang Feb.* – **Menu** à la carte 29/57 ♨ – **23 Z** ⊑ 60/70 – 100/125.

ROTHENBERG (ODENWALDKREIS) *Hessen* **417** **419** *R 10 – 2 500 Ew – Höhe 450 m – Erholungsort.*
Berlin 616 – Wiesbaden 118 – Mannheim 53 – Frankfurt am Main 87 – Heidelberg 31 – Heilbronn 74.

🏠 **Gasthof Hirsch,** Schulstr. 3, ⊠ 64757, 𝒫 (06275) 9 13 00, *hirsch@hirsch-hotel.de*, Fax (06275) 913016, ⌷₆, ⇔s – ⑁, ⇔ Zim, 📺 🅿 – 🏛 40. **AE** **ⓦ** **VISA** **Menu** *(geschl. Montag)* à la carte 29/54 ♨ – **30 Z** ⊑ 70/85 – 115/145.

ROTHENBUCH *Bayern* **417** *Q 12 – 2 000 Ew – Höhe 360 m.*
Berlin 542 – München 345 – Würzburg 66 – Frankfurt am Main 68.

🏠🏠 **Schloßhotel Rothenbuch,** ⊠ 63860, 𝒫 (06094) 94 40, *office@schloss-rothenbu ch.de*, Fax (06094) 944444, �, « Kurfürstliches Jagdschloß a.d. 16. Jh. », ⇔s, 🌳 – ⇔ Zim, 📺 ☎ 🅿 – 🏛 50. **ⓦ** **VISA** *geschl. Anfang Jan. 1 Woche, Mitte Aug. 2 Wochen* – **Menu** à la carte 34/70 – **38 Z** ⊑ 119/168 – 195/300.

ROTHENBURG OB DER TAUBER *Bayern* **419** **420** *R 14 – 12 000 Ew – Höhe 425 m.*
*Sehenswert : Mittelalterliches Stadtbild★★★ – Rathaus★ (Turm ⩽★) Y **R** – Kalkturm ⩽★ Z – St.- Jakobskirche (Hl.-Blut-Altar★★) Y – Spital★ Z – Spitaltor★ Z – Stadtmauer★ YZ.*
Ausflugsziel : Detwang : Kirche (Kreuzaltar★) 2 km über ④.
🅑 *Tourismus Service, Marktplatz 2, ⊠ 91541, 𝒫 (09861) 4 04 92, Fax (09861) 86807.*
Berlin 500 ② – München 236 ② – Würzburg 69 ① – Ansbach 35 ② – Stuttgart 134 ②

Stadtplan siehe gegenüberliegende Seite

🏠🏠🏠 **Eisenhut** (mit Gästehaus), Herrngasse 3, ⊠ 91541, 𝒫 (09861) 70 50, *hotel@eisenhut.c om*, Fax (09861) 70545, Biergarten, « Historisches Patrizierhaus a.d. 15. Jh ; Gartenterrasse » – ⑁, ⇔ Zim, 📺 🌳 – 🏛 45. **AE** ⑩ **ⓦ** **VISA** **JCB**. ⚒ Rest Y e *geschl. 3. Jan. - 13. Feb.* – **Menu** à la carte 62/83 – ⊑ 25 – **79 Z** 215/235 – 300/395.

🏠🏠 **Romantik Hotel Markusturm,** Rödergasse 1, ⊠ 91541, 𝒫 (09861) 9 42 80, *mark usturm@t-online.de*, Fax (09861) 2692, « Geschmackvolle, individuelle Einrichtung » – ⇔ Zim, 📺 🌳 🅿. **AE** ⑩ **ⓦ** **VISA** Y m **Menu** *(geschl. Dienstag) (nur Abendessen)* à la carte 43/72 – **25 Z** ⊑ 180/300 – 220/370.

🏠🏠 **Burg-Hotel** ⊗ garni, Klostergasse 1, ⊠ 91541, 𝒫 (09861) 9 48 90, *burghotel.rothe nburg@t-online.de*, Fax (09861) 948940, ⩽ Taubertal, « Lage an der Stadtmauer ; geschmackvolle Einrichtung » – ⇔ 📺 🌳. **AE** ⑩ **ⓦ** **VISA** **JCB** Y x **15 Z** ⊑ 160/190 – 180/320.

🏠🏠 **Tilman Riemenschneider,** Georgengasse 11, ⊠ 91541, 𝒫 (09861) 97 90, *hotel @tilman.rothenburg.de*, Fax (09861) 2979, �, ⇔s – ⑁ 📺 ⌷ 🌳 – 🏛 25. **AE** ⑩ **ⓦ** **VISA** **JCB** Y z **Menu** à la carte 37/73 – **60 Z** ⊑ 160/260 – 200/380.

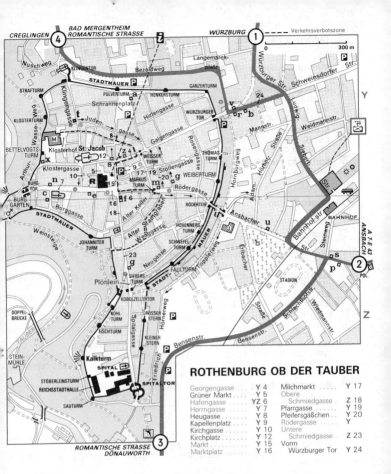

ROTHENBURG OB DER TAUBER

🏨 **Reichs-Küchenmeister** (mit Gästehaus), Kirchplatz 8, ✉ 91541, 𝒫 (09861) 97 00, hotel@reichskuechenmeister.com, Fax (09861) 970409, 🌧, ☎s – 🛗 🐾 📺 📞 ⟵ 🅿. AE M⊙ VISA JCB Y s
Menu à la carte 30/73 – **50 Z** ⊇ 120/160 – 180/250.

🏨 **Mittermeier,** Vorm Würzburger Tor 9, ✉ 91541, 𝒫 (09861) 9 45 40, info@mitter meier.rothenburg.de, Fax (09861) 945494, 🌧, ☎s, ▦ – 🛗 🐾 Zim, 📺 📞 ⟵ 🅿. AE ⓪ M⊙ VISA Y v
Menu (geschl. Sonntag) 45/98 und à la carte – **19 Z** ⊇ 100/130 – 135/290.

🏨 **Meistertrunk,** Herrngasse 26, ✉ 91541, 𝒫 (09861) 60 77, meistertrunk-hotel@t-o nline.de, Fax (09861) 1253, « Gartenterrasse » – 🛗 📺 🅿. AE ⓪ M⊙ VISA JCB Y n
Menu (geschl. 11. Jan. - 12. Feb.) à la carte 33/63 – **15 Z** ⊇ 90/120 – 160/250.

🏨 **Merian** garni, Ansbacher Str. 42, ✉ 91541, 𝒫 (09861) 30 96, Hotel-Merian-Rothenbu rg@t-online.de, Fax (09861) 86787 – 🛗 🐾 📺 🅿. AE ⓪ M⊙ VISA JCB. ✻ Z p
40 Z ⊇ 145 – 150/200.

🏨 **Glocke,** Am Plönlein 1, ✉ 91541, 𝒫 (09861) 95 89 90, Glocke.Rothenburg@t-online.de, Fax (09861) 9589922 – 📺 ⟵ – 🔬 20. AE ⓪ M⊙ VISA JCB. ✻ Rest
geschl. 22. Dez. - 7. Jan. – **Menu** (geschl. Sonntagabend) à la carte 30/66 ⅛ – **24 Z** Z g
⊇ 118/138 – 168/198.

🏨 **Zum Rappen** (mit Gasthof), Vorm Würzburger Tor 6, ✉ 91541, 𝒫 (09861) 9 57 10, info @hotel-rappen.com, Fax (09861) 6076, 🌧 – 🛗 📺 🅿 – 🔬 130. AE ⓪ M⊙ VISA JCB. ✻ Rest
Menu (geschl. Jan. - April Montag) à la carte 27/62 – **71 Z** ⊇ 70/195 – 110/240. Y r

Goldenes Fass, Ansbacher Str. 39, ✉ 91541, 🖉 (09861) 9 45 00, *goldenes-fass
@ t-online.de, Fax (09861) 8371,* Biergarten – 🔄 Zim, 📺 ✆ 🅿. 🆎 ⓪ ⓸ 𝗩𝗜𝗦𝗔
🃏
Z s
Menu *(geschl. Nov., Montagmittag, Dienstagmittag) (Jan. - März nur Abendessen)* à la carte
28/59 – **30 Z** ⊑ 95/130 – 145/220.

Bayerischer Hof, Ansbacher Str. 21, ✉ 91541, 🖉 (09861) 60 63, *Bayerischerhof.Ro
thenburg@ t-online.de, Fax (09861) 86561,* 🍴 – 📺 📺 🅿. 🆎 ⓪ ⓸ 𝗩𝗜𝗦𝗔 Z u
geschl. Jan. - Anfang Feb. – **Menu** *(geschl. Anfang Nov. 2 Wochen, Sonntagabend, Donnerstag)* à la carte 27/51 – **9 Z** ⊑ 75/100 – 120/160.

Schranne, Schrannenplatz 6, ✉ 91541, 🖉 (09861) 9 55 00, *hotel@schranne.rothen
burg.de, Fax (09861) 9550150,* 🍴 – 🛗 📺 🅿. 🆎 ⓪ ⓸ 𝗩𝗜𝗦𝗔 🃏 Y a
Menu à la carte 28/58 – **49 Z** ⊑ 75/125 – 125/195.

Spitzweg garni, Paradeisgasse 2, ✉ 91541, 🖉 (09861) 9 42 90, *markusturm@ t-onli
ne.de, Fax (09861) 1412, (Haus a.d.J. 1636 mit rustikaler Einrichtung)* – 📺 🅿. 🆎 ⓪ ⓸
𝗩𝗜𝗦𝗔 🃏 Y g
10 Z ⊑ 100/130 – 140/180.

Klosterstüble 🔆, Heringsbronnengasse 5, ✉ 91541, 🖉 (09861) 67 74, *Hotel@Klo
sterstueble.de, Fax (09861) 6474,* 🍴 – 📺 🅿. 🆎 ⓪ 𝗩𝗜𝗦𝗔 🃏 YZ c
Menu *(geschl. Jan. - Feb., Montag)* à la carte 30/54 – **13 Z** ⊑ 100 – 150/210.

Linde, Vorm Würzburger Tor 12, ✉ 91541, 🖉 (09861) 9 46 90, Fax (09861) 9469690
– 📺 🅿. 🆎 ⓪ ⓸ 𝗩𝗜𝗦𝗔 🃏 Y b
geschl. Feb. – **Menu** *(geschl. Dienstag)* à la carte 27/52 – **27 Z** ⊑ 75/95 –
100/150.

Zum Greifen, Obere Schmiedgasse 5, ✉ 91541, 🖉 (09861) 22 81, Fax (09861) 86374,
🍴 – 🅿. 🆎 ⓪ ⓸ 𝗩𝗜𝗦𝗔 YZ f
geschl. 20. Aug. - 3. Sept., 22. Dez. - 30. Jan. – **Menu** *(geschl. Sonntagabend - Montag)*
à la carte 23/49 🍴 – **16 Z** ⊑ 64/100 – 115/135.

Louvre (Reiser), Klingengasse 15, ✉ 91541, 🖉 (09861) 8 78 09, *restaurant@louvre.r
othenburg.de, Fax (09861) 4881,* 🍴, « Ständig wechselnde Bilderausstellung » – 🆎
𝗩𝗜𝗦𝗔 🔆 Y t
geschl. Sonntag - Montag – **Menu** *(nur Abendessen)* à la carte 64/97
Spez. "Crème brûlée" von Zuckerschoten mit Gänseleber und Schinken-Portweinsauce.
Zweierlei vom Lamm mit Selleriepüree und gebackener Zucchiniblüte. Gefüllte Schokoladen-
Cannelloni mit Herzkirschen und Moccaeis.

Baumeisterhaus, Obere Schmiedgasse 3, ✉ 91541, 🖉 (09861) 9 47 00,
Fax (09861) 86871, « Patrizierhof a.d. 16. Jh. » – 🆎 ⓪ ⓸ 𝗩𝗜𝗦𝗔 🃏 YZ f
Menu à la carte 34/54.

In Rothenburg-Detwang *über ④ : 3 km :*

Schwarzes Lamm, Detwang 21, ✉ 91541, 🖉 (09861) 67 27, *HotelSchwarzesLamm
@ t-online.de, Fax (09861) 86899,* 🍴 – 📺 🍴 🅿. ⓸ 𝗩𝗜𝗦𝗔
geschl. Mitte Jan. - Ende Feb. – **Menu** *(geschl. Montag)* à la carte 25/50 🍴 – **31 Z** ⊑ 85/95
– 90/130.

In Steinsfeld-Bettwar *über ④ : 5 km :*

Alte Schreinerei, Bettwar 52, ✉ 91628, 🖉 (09861) 15 41, *alte.schreinerei@ t-onlin
e.de, Fax (09861) 86710,* 🍴, 🌿 – 📺 🅿.
geschl. Jan. - Anfang Feb. – **Menu** *(geschl. Jan. - Mitte Feb., Donnerstag)* à la carte 24/57
– **12 Z** ⊑ 44/57 – 74/100.

In Steinsfeld-Hartershofen *über ① : 7 km :*

Zum Schwan, Hartershofen 39, ✉ 91628, 🖉 (09861) 33 87, *ZumSchwan-Schauman
n@ t-online.de, Fax (09861) 3087,* 🍴 – 📺 🍴 🅿. ⓸ 𝗩𝗜𝗦𝗔
geschl. Nov. 1 Woche, über Fasching 2 Wochen – **Menu** *(geschl. Dienstag)* à la carte 22/51
– **14 Z** ⊑ 50/64 – 72/98.

In Steinsfeld-Reichelshofen *über ① : 7 km :*

Landwehrbräu, Reichelshofen 8, ✉ 91628, 🖉 (09865) 98 90, *hotel@landwehr-bra
eu.de, Fax (09865) 989686,* 🍴 – 🛗 📺 ✆ 🍴 🍴 – 🅿 30. ⓸ 𝗩𝗜𝗦𝗔
geschl. Jan. – **Menu** à la carte 36/66 – **33 Z** ⊑ 105/115 – 140/170.

In Windelsbach-Linden *Nord-Ost : 7 km über Schweinsdorfer Straße Y :*

Gasthof Linden-Gästehaus Keitel 🔆, Linden 35, ✉ 91635, 🖉 (09861) 9 43 30,
Fax (09861) 943333, 🍴, 🌿 – 📺 🍴 🅿. – 🅿 25. ⓸ 𝗩𝗜𝗦𝗔
geschl. Jan. 2 Wochen, Aug. 2 Wochen – **Menu** *(geschl. Montag)* à la carte 19/45 🍴 – **16 Z**
⊑ 45/50 – 80/90.

In Windelsbach *Nord-Ost : 9 km über Schweinsdorfer Straße* Y :

XX Ⓐ **Landhaus Lebert** 🐾 *mit Zim,* Schloßstr. 8, ✉ 91635, ℰ (09867) 95 70, *info @Landhaus-lebert.de, Fax (09867) 9567,* ☞ – ⋈ Zim, 📺 🖭 🗚 ⑳ 𝗩𝗜𝗦𝗔 *geschl. Ende Feb. 1 Woche, Aug. 2 Wochen* – Menu *(geschl. Montagmittag, Donnerstag)* à la carte 36/67 – **10 Z** ⌑ 55/75 – 80/150.

ROTHENFELDE, BAD *Niedersachsen* 📶𝟏𝟕 *J 8* – *6 900 Ew* – *Höhe 112 m* – *Heilbad.*

🖪 *Kur- und Touristik, Salinenstr. 2,* ✉ 49214, ℰ (05424) 18 75, Fax (05424) 69351.
Berlin 414 – *Hannover 135* – Bielefeld 31 – *Münster (Westfalen) 45* – *Osnabrück 25.*

🏨 **Drei Birken,** Birkenstr. 3, ✉ 49214, ℰ (05424) 64 20, Fax (05424) 64289, ☞, Massage, ♨, ⇋, ⊠, � – 🛗, ⋈ Zim, 📺 ♿ 🖭 🗚 ⑳ 𝗩𝗜𝗦𝗔 Menu *(geschl. Jan. - Feb., Dienstag)* à la carte 30/60 – **42 Z** ⌑ 95/110 – 120/170 – ½ P 20.

🏨 **Zur Post,** Frankfurter Str. 2, ✉ 49214, ℰ (05424) 2 16 60, *schlippschuh@t-online.de,* Fax (05424) 69540, « *Restaurantstube im Stile einer alten Küche* », ⇋, ⊠, � – 🛗, ⋈ Zim, 📺 🖭 – 🖋 30. 🗚 ⑳ 𝗩𝗜𝗦𝗔 Menu à la carte 30/63 – **40 Z** ⌑ 102/120 – 133/210 – ½ P 31.

🏠 **Dreyer** *garni,* Salinenstr. 7, ✉ 49214, ℰ (05424) 2 19 00, *hotel-dreyer@surf2000,* Fax (05424) 219029 – 📺 🖭 ⑳ 𝗩𝗜𝗦𝗔 𝒮 *geschl. Ende Jan. - Anfang Feb.* – **16 Z** ⌑ 72/100 – 112/122.

🏠 **Parkhotel Gätje** 🐾, Parkstr. 10, ✉ 49214, ℰ (05424) 22 20, *Parkhotel.Gaetje@a kzent.de, Fax (05424) 222222,* ☞, « *Kleiner Park* », ⇋, � – 🖋 ⋈ 📺 ⓒ ⇆ 🖭 – 🖋 20. 🗚 ⑳ ⑳ 𝗩𝗜𝗦𝗔 𝗝𝗖𝗕 Menu à la carte 38/66 – **32 Z** ⌑ 80/145 – 150/170 – ½ P 25.

ROTTACH-EGERN *Bayern* 𝟒𝟐𝟎 *W 19* – *5 500 Ew* – *Höhe 731 m* – *Heilklimatischer Kurort* – *Wintersport : 740/1 700 m* ✖ 1 ✖ 3 🎿.

🖪 *Kuramt, Nördliche Hauptstr. 9 (Rathaus),* ✉ 83700, ℰ (08022) 67 13 41, Fax (08022) 671347.
Berlin 645 – *München 56* – Garmisch-Partenkirchen 81 – *Bad Tölz 22* – *Miesbach 21.*

🏨🏨 **Bachmair am See** 🐾, Seestr. 47, ✉ 83700, ℰ (08022) 27 20, *reservierung@bac hmair.de, Fax (08022) 272790,* ≤, ☞, « *Park* », Massage, ♨, 𝐼♨, ⇋, ⊠ *(geheizt),* ⊠, � – 🖋 📺 ⓒ 🏌 ⇆ 🖭 – 🖋 140. 🗚 ⑳ ⑳ 𝗩𝗜𝗦𝗔 Menu à la carte 49/88 *(auch Diät)* – **305 Z** *(nur ½ P)* 335/500, 12 Suiten.

🏨🏨 **Park-Hotel Egerner Hof** Ⓜ 🐾, Aribostr. 19, ✉ 83700, ℰ (08022) 66 60, *eghof @aol.com, Fax (08022) 666200,* ≤, �, Massage, ⇋, ⊠, 🌹 – 🖋 📺 ⇆ 🖭 – 🖋 55. 𝒮 Rest **Dichterstub'n** *(geschl. Dienstag) (nur Abendessen)* Menu à la carte 88/115 – **Hubertusstüberl-Florianstuben** : Menu à la carte 49/81 – **90 Z** ⌑ 216/269 – 330/445, 14 Suiten – ½ P 48.

🏨 **Walter's Hof** 🐾, Seestr. 77, ✉ 83700, ℰ (08022) 27 70, Fax (08022) 277154, ≤, ☞, ⇋, 🌹 – 🖋 📺 🖭 – 🖋 65. 🖭 ⑳ **Egerer Stadl** : Menu à la carte 30/63 – **36 Z** ⌑ 145/215 – 195/325, 3 Suiten.

🏨 **Gästehaus Haltmair** *garni,* Seestr. 35, ✉ 83700, ℰ (08022) 27 50, Fax (08022) 27564, ≤, ⇋, 🌹 – 🖋 📺 ⇆ 🖭 **42 Z** ⌑ 80/150 – 180/205.

🏨 **Franzen,** Karl-Theodor-Str. 2a, ✉ 83700, ℰ (08022) 9 69 50, *franzen-hotel@merkur .net, Fax (08022) 969529,* ☞, 🌹 – 📺 ⇆ 🖭 – 🖋 20. ⑳ 𝗩𝗜𝗦𝗔 **Pfeffermühle** *(geschl. 15. Nov. - 10. Dez., Dienstag - Mittwoch, Donnerstagabend)* Menu à la carte 38/73 – **15 Z** ⌑ 125/145 – 160/240 – ½ P 30.

🏠 **Reuther** 🐾 *garni,* Salitererweg 6, ✉ 83700, ℰ (08022) 2 40 24, Fax (08022) 24026, – 📺 🖭 🗚 ⑳ ⑳ 𝗩𝗜𝗦𝗔 𝒮 **28 Z** ⌑ 75/100 – 140/180.

🏠 **Seerose** 🐾 *garni,* Stielerstr. 13, ✉ 83700, ℰ (08022) 92 43 00, Fax (08022) 24846, 🌹 – 🖋 📺 🖭 *geschl. Nov. - 20. Dez.* – **19 Z** ⌑ 110 – 145/175.

An der Talstation der Wallbergbahn *Süd : 3 km :*

X **Alpenwildpark,** Am Höhenrain 1, ✉ 83700 Rottach-Egern, ℰ (08022) 58 32, Fax (08022) 95327, « *Terrasse mit* ≤ » – 🖭 *geschl. 26. März - 12. April, 28. Okt. - 15. Dez., Mittwoch - Donnerstag* – Menu à la carte 27/54.

ROTTENBUCH Bayern 🅿🅿🅿 W 16 – 1 600 Ew – Höhe 763 m – Erholungsort.
  Sehenswert : Mariä-Geburts-Kirche★.
  Ausflugsziele : Wies (Kirche★★) Süd-West : 12 km – Echelsbacher Brücke★ Süd : 3 km.
  🄱 Verkehrsverein im Rathaus, Klosterhof 36, ⊠ 82401 ℰ (08867) 14 64, Fax
  (08867) 1858.
  Berlin 644 – München 70 – Garmisch-Partenkirchen 39 – Landsberg am Lech 40.

  🏠 **Café am Tor** garni, Klosterhof 1, ⊠ 82401, ℰ (08867) 92 10 40, Fax (08867) 921040
  – 🅿
  geschl. Mitte Nov. - Mitte Dez. – **10 Z** ⇆ 60/100.

In Rottenbuch-Moos Nord-West : 2 km :

  🏠 **Moosbeck-Alm** ≫, Moos 38, ⊠ 82401, ℰ (08867) 9 12 00, hotel.moosbeck-alm@t
  -online.de, Fax (08867) 912020, « Gartenterrasse », ☒ (geheizt), ☞, ℀ – ℡ ⇆ 🅿
  geschl. Mitte - Ende Jan. 2 Wochen, Mitte - Ende Nov. 2 Wochen – **Menu** (geschl. Nov. -
  März Dienstag) à la carte 28/49 – **20 Z** ⇆ 75/90 – 140 – ½ P 28.

ROTTENBURG AM NECKAR Baden-Württemberg 🅿🅿 U 10 – 39 000 Ew – Höhe 349 m.
  🄱 Amt für Tourismus, Marktplatz 18 (Rathaus), ⊠ 72108, ℰ (07472) 91 62 36, Fax
  (07472) 916233.
  Berlin 682 – Stuttgart 55 – Freudenstadt 47 – Reutlingen 26 – Villingen-Schwenningen 76.

  🏨 **Convita** Ⓜ, Röntgenstr. 38 (im Industriegebiet), ⊠ 72108, ℰ (07472) 92 90, info@h
  🚗 otel-convita.de, Fax (07472) 929888, ☞ – ⌧, ⇆ Zim, ℡ ☏ ⇆ 🅿 – 🔏 100. ℳℰ ◑
  ℳⓄ 𝓥𝓘𝓢𝓐
  Menu (geschl. Samstagmittag) à la carte 43/63 – **67 Z** ⇆ 150/188, 3 Suiten.

  🏨 **Martinshof,** Eugen-Bolz-Platz 5, ⊠ 72108, ℰ (07472) 2 10 21, Fax (07472) 24691 –
  ⌧, ⇆ Zim, ▦ Rest, ℡ ☏ ⇆ – 🔏 120. ℳℰ ◑ ℳⓄ 𝓥𝓘𝓢𝓐. ℀ Rest
  geschl. Aug. – **Menu** (geschl. Sonntagabend - Montag) à la carte 37/67 – **34 Z** ⇆ 90/100
  – 145/150.

  🏠 **Württemberger Hof** (mit Gästehaus), Tübinger Str.14, ⊠ 72108, ℰ (07472) 9 63 60,
  Fax (07472) 43340 – ⇆ Zim, ℡ ☏ 🅿 ℳⓄ 𝓥𝓘𝓢𝓐
  Menu (geschl. Sonntagabend) à la carte 35/61 – **16 Z** ⇆ 90/95 – 150/160.

ROTTENDORF Bayern siehe Würzburg.

ROTTHALMÜNSTER Bayern 🅿🅿 U 23 – 4 400 Ew – Höhe 359 m.
  Berlin 636 – München 148 – Passau 36 – Salzburg 110.

In Rotthalmünster-Asbach Nord-West : 4 km :

  🏠 **Klosterhof St. Benedikt** ≫, Hauptstr. 52, ⊠ 94094, ℰ (08533) 20 40 (Hotel)
  🚗 18 59 (Rest.), Fax (08533) 20444, Biergarten, « Hotel in den Räumen des ehemaligen Bene-
  diktiner-Kloster a.d 11. Jh. ; Zweigmuseum des Nationalmuseums », ☞ – ℡ 🅿 – 🔏 65
  geschl. Jan. - Feb. – **Menu** (geschl. Mitte Jan. - Mitte Feb., Montag) à la carte 23/42 – **24 Z**
  ⇆ 62/85 – 98/109.

ROTTWEIL Baden-Württemberg 🅿🅿 V 9 – 25 000 Ew – Höhe 600 m.
  Sehenswert : Hauptstraße ⩤★ – Heiligkreuzmünster (Retabel★) – Dominikanermuseum
  (Orpheus-Mosaik ★, Sammlung schwäbischer Plastiken ★) – Kapellenturm (Turm★) –
  Altstadt★.
  Ausflugsziel : Dreifaltigkeitskirche★ (❋★) Süd-Ost : 20 km.
  🄱 Tourist-Information, Hauptstr. 21, ⊠ 78628, ℰ (0741) 49 42 81, Fax (0741) 494373.
  Berlin 724 – Stuttgart 98 – Konstanz 87 – Offenburg 83 – Tübingen 59 – Donaueschingen 33.

  🏨 **Johanniterbad** ≫, Johannsergasse 12, ⊠ 78628, ℰ (0741) 53 07 00, Johanniterb
  ad@ringhotels.de, Fax (0741) 41273, « Gartenterrasse » – ⌧, ⇆ Zim, ℡ ☏ 🅿 – 🔏 30.
  ℳℰ ◑ ℳⓄ 𝓥𝓘𝓢𝓐
  Menu (geschl. 2. - 17. Jan., Sonntagabend) à la carte 42/69 – **32 Z** ⇆ 105/145 – 168/194.

  🏨 **Sailer** Ⓜ garni, Karlstraße 1, ⊠ 78628, ℰ (0741) 9 42 33 66, info@hotel-sailer.de,
  Fax (0741) 9423377 – ⌧ ℡ ☏ ੬ ⇆ 🅿 ℳℰ ℳⓄ 𝓥𝓘𝓢𝓐 ℀
  geschl. 1. - 6. Jan., 7. - 27. Aug. – **18 Z** ⇆ 95/190 – 140/260.

  🏨 **Romantik Hotel Haus zum Sternen,** Hauptstr. 60, ⊠ 78628, ℰ (0741) 5 33 00,
  sternen@romantik.de, Fax (0741) 533030, ☞, (Haus a.d. 14. Jh.), « Stilvolle Einrichtung »
  – ⇆ Zim, ℡ ⇆ – 🔏 15. ℳℰ ℳⓄ 𝓥𝓘𝓢𝓐
  Menu (geschl. 1. - 4. Jan., 29. Okt. - 11. Nov., Montag) (wochentags nur Abendessen) à la
  carte 44/67 – **12 Z** ⇆ 98/150 – 185/230.

🏠 **Bären,** Hochmaurenstr. 1, ✉ 78628, 𝄢 (0741) 17 46 00, Fax (0741) 1746040, 🌤, 🛋
– |🍴| 📺 🛋 **P. MO VISA**
geschl. 22. Dez. - 6. Jan. – **Menu** (geschl. Sonntagabend, Samstag) à la carte 46/69 – **25 Z**
⊑ 115/125 – 145/175.

🏠 **Park-Hotel,** Königstr. 21, ✉ 78628, 𝄢 (0741) 5 34 30, Fax (0741) 534330, 🌤 –
↔ Zim, 📺 ✖
geschl. 23. Dez. - 6. Jan. – **Menu** (geschl. Samstag - Sonntag) à la carte 34/60 ⅃ – **15 Z**
⊑ 90/120 – 160/190.

XXX **Villa Duttenhofer-Restaurant L'Etoile,** Königstr. 1, ✉ 78628, 𝄢 (0741) 4 31 05,
Fax (0741) 41595 – **P. ① MO VISA**
geschl. Juli - Aug., Sonntag - Montag – **Menu** (nur Abendessen) (Tischbestellung erforderlich) 98 à la carte 71/96 – **Weinstube/Pavillon** : Menu à la carte 40/76.

In Deißlingen Süd : 9 km :

🏠 **Hirt,** Oberhofenstr. 5, ✉ 78652, 𝄢 (07420) 9 29 10, Fax (07420) 9291333, 🌤 – 📺 📞
⅃ 🛋 **P.** – 🛠 40. **AE ① MO VISA**
Menu (geschl. Aug. 2 Wochen, Sonntagabend) à la carte 25/52 – **35 Z** ⊑ 75/95 –
120/140.

In Zimmern-Horgen Süd-West : 7,5 km – Erholungsort :

XX **Linde Post** 🛋 mit Zim, Alte Hausener Str. 8, ✉ 78658, 𝄢 (0741) 3 33 33, LindePo
st@LindePost.de, Fax (0741) 32294, 🌤 – ↔ Zim, 📺 **P. MO VISA**
Menu (geschl. Donnerstag) à la carte 42/77 – **7 Z** ⊑ 90/138.

RUBKOW Mecklenburg-Vorpommern siehe Anklam.

RUBOW Mecklenburg-Vorpommern 416 E 18 – 200 Ew – Höhe 37 m.
Berlin 223 – Schwerin 21 – Güstrow 47 – Lübeck 82 – Rostock 67.

In Rubow-Flessenow West : 7,5 km :

🏨 **Seewisch** 🛋, Am Schweriner See 1d, ✉ 19067, 𝄢 (03866) 4 61 10,
Fax (03866) 4611166, 🌤, « Lage am See », 🛋 – ↔ Zim, 📺 **P.** – 🛠 20
Menu (geschl. Jan.) à la carte 26/44 – **23 Z** ⊑ 90/110 – 130/160 – ½ P 25.

RUDERSBERG Baden-Württemberg 419 T 12 – 9600 Ew – Höhe 278 m.
Berlin 600 – Stuttgart 43 – Heilbronn 47 – Göppingen 37.

In Rudersberg-Schlechtbach Süd : 1 km :

🏠 **Sonne** (mit Gasthof), Heilbronner Str. 70, ✉ 73635, 𝄢 (07183) 30 59 20,
Fax (07183) 30592444, 🌤, 🛋 – |🍴|, ↔ Zim, 📺 📞 **P.** – 🛠 50. **MO VISA** ✖ Rest
geschl. Feb. 2 Wochen – **Menu** (geschl. Freitag) à la carte 24/64 ⅃ – **41 Z** ⊑ 105/140
– 158.

RUDOLSTADT Thüringen 418 N 18 – 30000 Ew – Höhe 209 m.
Sehenswert : Schloß Heidecksburg★ (Säle im Rocaille-Stil★★).
🛈 Tourist-Information, Marktstr. 57, ✉ 07407, 𝄢 (03672) 42 45 43, Fax (03672) 431286.
Berlin 284 – Erfurt 48 – Coburg 79 – Suhl 65.

🏨 **Adler,** Markt 17, ✉ 07407, 𝄢 (03672) 44 03, adler.restaurant@t-online.de,
Fax (03672) 440444, 🌤, « Gasthaus a.d.J. 1601 » – ↔ Zim, 📺 **P.** – 🛠 20
Menu à la carte 25/53 – **25 Z** ⊑ 80/120 – 155/175.

🏠 **Thüringer Hof,** Bahnhofsgasse 3 (B 88), ✉ 07407, 𝄢 (03672) 41 24 22,
Fax (03672) 412423 – 📺 **① MO VISA**
Menu à la carte 19/34 – **16 Z** ⊑ 90/105 – 130.

Am Marienturm Süd-Ost : 3 km :

🏨 **Panoramahotel Marienturm** 🛋, Marienturm 1, ✉ 07407, 𝄢 (03672) 4 32 70,
info@hotel-marienturm.de, Fax (03672) 432785, ≤ Rudolstadt und Saaletal,
« Aussichtsterrasse », 🛋 – ↔ Zim, 📺 📞 **P.** – 🛠 30
Menu à la carte 31/66 – **29 Z** ⊑ 98/115 – 120/155.

In Rudolstadt-Mörla :

🏠 **Hodes** 🛋 (mit Gästehaus), Mörla Nr.1, ✉ 07407, 𝄢 (03672) 41 01 01,
Fax (03672) 424568, Biergarten – 📺 **P.** – 🛠 50. **AE ① MO VISA**
Menu à la carte 22/31 – **15 Z** ⊑ 75/85 – 110/120.

RUDOLSTADT

In Weißen *Nord-Ost : 9 km :*

🏨 **Kains Hof** ⚓, Ortsstr. 19, ✉ 07407, ✆ (036742) 6 11 30, *Fax (036742) 61011*, « Gemütlich-rustikale Einrichtung ; Innenhofterrasse » – 📺 ⚓ 🅿 🚇 VISA geschl. Jan. – **Menu** à la carte 29/44 – **15 Z** 🖵 90 – 120/140.

RÜCKERSDORF Bayern **419 420** *R 17 – 4000 Ew – Höhe 326 m.*

Berlin 422 – München 174 – Nürnberg 17 – Bayreuth 67.

🍴🍴 **Roter Ochse**, Hauptstr. 57 (B 14), ✉ 90607, ✆ (0911) 5 75 57 50, *info@roter-och* ☺ *se.de, Fax (0911) 5755751*, 🌳, « Historisches Gasthaus a. d. 17. Jh. » – 🅿 🚇 VISA geschl. Dienstag, Freitagmittag – **Menu** 45 à la carte 47/82.

RÜCKHOLZ Bayern siehe Seeg.

RÜDESHEIM AM RHEIN Hessen **417** *Q 7 – 10000 Ew – Höhe 85 m.*

Ausflugsziel : Kloster Eberbach★★ (Weinkeltern★★).

🛈 *Tourist Information, Rheinstr. 16, ✉ 65385, ✆ (06722) 90 61 50, Fax (06722) 3485.*

Berlin 592 – Wiesbaden 31 – Bad Kreuznach 70 – Koblenz 65 – Mainz 34.

🏨 **Rüdesheimer Schloss** Ⓜ, Steingasse 10, ✉ 65385, ✆ (06722) 9 05 00, *ruedeshe* *imer-schloss@t-online.de, Fax (06722) 47960*, 🌳, « Haus a.d.J. 1729 ; Zimmereinrichtung mit Designermöbeln » – 📶 📺 ⚓ & 🅿 – 🔥 40. AE ➊ 🚇 VISA JCB geschl. Weihnachten - Anfang Jan. – **Menu** *(geschl. Weihnachten - Jan.)* (bemerkenswertes Angebot Rheingauer Weine) à la carte 32/59 – **21 Z** 🖵 160/195 – 220/260.

🏨 **Central-Hotel**, Kirchstr. 6, ✉ 65385, ✆ (06722) 91 20, *centralhotel@t-online.de*, Fax (06722) 2807 – 📶, ☀️ Zim, 📺 ⚓ 🅿 – 🔥 15. AE ➊ 🚇 VISA geschl. 20. Dez. - Feb. – **Menu** *(geschl. Nov.- März Donnerstag) (wochentags nur Abend-essen)* à la carte 35/66 – **50 Z** 🖵 125/156 – 169/225.

🏨 **Trapp**, Kirchstr. 7, ✉ 65385, ✆ (06722) 9 11 40, *hotel-trapp@t-online.de*, Fax (06722) 47745 – 📶 📺 ⚓ ⚓ 🅿 – 🔥 15. AE ➊ 🚇 VISA. 🌳 Mitte März - Mitte Dez. – **Enten-Stube** *(wochentags nur Abendessen)* Menu à la carte 35/76 – **38 Z** 🖵 100/198 – 178/260.

🏨 **Zum Bären**, Schmidtstr. 24, ✉ 65385, ✆ (06722) 9 02 50, *HotelBaeren@t-online.de*, Fax (06722) 902513, ⚓ – 📶 📺 ⚓ ⚓ – 🔥 15. ➊ 🚇 geschl. Mitte Feb. - Ende März – **Menu** *(geschl. Feb., Sonntagabend, Nov. - Mai Sonn-tagabend - Montag)* à la carte 30/61 ♨ – **23 Z** 🖵 115/228 – 130/300.

🏨 **Traube-Aumüller**, Rheinstr. 6, ✉ 65385, ✆ (06722) 91 40, *hotel@traube-aumuelle* *r.com, Fax (06722) 1573*, 🌳, ⚓, ▭, – 📶, ☀️ Zim, 📺 ⚓ – 🔥 30. AE ➊ 🚇 VISA JCB. 🌳 Rest geschl. 20. Dez. - Feb. – **Menu** à la carte 29/69 – **122 Z** 🖵 110/160 – 180/280.

🏨 **Felsenkeller**, Oberstr. 39, ✉ 65385, ✆ (06722) 9 42 50, *felsenkeller@ruedesheim-r* *hein.com, Fax (06722) 47202*, 🌳 – 📶 📺 ⚓ 🅿 AE 🚇 VISA. 🌳 Rest März - Nov. – **Menu** à la carte 32/75 – **60 Z** 🖵 98/160 – 150/250.

🏨 **Rüdesheimer Hof**, Geisenheimer Str. 1, ✉ 65385, ✆ (06722) 9 11 90, *ruedesheim* *er-hof@t-online.de, Fax (06722) 48194*, 🌳 – 📶 📺 🅿 AE ➊ 🚇 VISA geschl. Mitte Dez. - 1. März – **Menu** à la carte 28/55 ♨ – **43 Z** 🖵 95/120 – 140/180.

Außerhalb *Nord-West : 5 km über die Straße zum Niederwald-Denkmal :*

🏨 **Jagdschloß Niederwald** ⚓ (mit Gästehaus), Auf dem Niederwald 1, ✉ 65385 Rüdesheim, ✆ (06722) 7 10 60, *Jagdschloss.niederwald@t-online.de*, Fax (06722) 7106666, « Gartenterrasse », ⚓, ▭, 🌳, 🌳 – 📶 📺 ⚓ 🅿 – 🔥 60. AE ➊ 🚇 VISA **Menu** à la carte 39/80 – **50 Z** 🖵 150/185 – 220/280.

In Rüdesheim-Assmannshausen *Nord-West : 5 km :*

🏨 **Krone Assmannshausen**, Rheinuferstr. 10, ✉ 65385, ✆ (06722) 40 30, *info@kr* *oneas.de, Fax (06722) 3049*, ⚓, « Historisches Hotel a.d. 16.Jh. ; Laubenterrasse », ⚓ (geheizt), 🌳 – 📶, ☀️ Zim, 📺 ⚓ ⚓ 🅿 – 🔥 60. AE ➊ 🚇 VISA JCB **Menu** (bemerkenswerte Weinkarte) à la carte 74/108 – 🖵 24 – **65 Z** 185/280 – 250/390, 12 Suiten.

🏨 **Alte Bauernschänke-Nassauer Hof**, Niederwaldstr. 23, ✉ 65385, ✆ (06722) 23 32, *altebauernschaenke@t-online.de, Fax (06722) 47912*, (Fachwerkhaus a.d.J. 1408), « Laubenterrasse » – 📶 📺 – 🔥 30. AE ➊ 🚇 VISA März - Mitte Nov. – **Menu** à la carte 32/64 – **53 Z** 🖵 110/140 – 140/200.

🏠 **Schön,** Rheinuferstr. 3, ✉ 65385, 𝒫 (06722) 9 06 66 00, *SchoenWein@aol.com,*
Fax (06722) 9066650, ≼, « *Wein-Laubenterrasse* « – |🍴|, ❄ Zim, 📺 ⟷ 🄿. 🇲🇴
🇻🇮🇸🇦
März - Okt. – **Menu** à la carte 44/69 – **25 Z** ⊑ 95/120 – 150/220.

🏠 **Unter den Linden,** Rheinallee 1, ✉ 65385, 𝒫 (06722) 22 88, *unter-den-linden@ g*
mx.de, Fax (06722) 47201, ≼, « *Laubenterrasse* » – 📺 ⟷ 🄿. 🇲🇴 🇻🇮🇸🇦
April - Anfang Nov. – **Menu** à la carte 33/50 – **28 Z** ⊑ 80/120 – 140/180.

🏠 **Ewige Lampe** (mit Gästehaus Haus Resi), Niederwaldstr. 14, ✉ 65385, 𝒫 (06722)
24 17, *Fax (06722) 48459* – ⟷
geschl. 5. Jan. - 20. Feb. – **Menu** *(geschl. Dienstag)* à la carte 34/68 ⅜ – **23 Z** ⊑ 85/100
– 120/160.

🏠 **Lamm,** Rheinuferstr. 6, ✉ 65385, 𝒫 (06722) 9 04 50, *Fax (06722) 911091,* ≼, 🏠 –
|🍴| 📺 ⟷. 🇲🇴 🇻🇮🇸🇦 🇯🇨🇧
geschl. Jan. - Feb. – **Menu** à la carte 33/59 – **41 Z** ⊑ 90/150 – 130/200.

In Rüdesheim-Presberg *Nord : 13 km :*

🏠 **Haus Grolochblick** ⌖, Schulstr. 8, ✉ 65385, 𝒫 (06726) 7 38, *Fax (06726) 81050,*
≼, 🏠 – 🄿.
Mitte Feb. - Mitte Nov. – **Menu** (Restaurant nur für Hausgäste) – **19 Z** ⊑ 45/60 – 85.

RÜGEN (Insel) *Mecklenburg-Vorpommern* � � � *C 23,24 – Seebad – Größte Insel Deutschlands,*
durch einen 2,5 km langen Damm mit dem Festland verbunden.

Sehenswert : *Gesamtbild*★ *der Insel mit Badeorten*★ *Binz, Sellin, Babe und Göhren –*
Putbus★ *(Circus*★, *Theater*★, *Schloßpark*★*) – Jagdschloß Granitz*★ *(*≼★★*) – Kap Arkona*★
(≼★★*) – Stubbenkammer : Königsstuhl*★★.

🛩 *Karnitz (Süd-West : 10 km, ab Bergen),* 𝒫 (038304) 1 24 20.
⛴ *Fährlinie Saßnitz-Trelleborg,* 𝒫 (038392) 6 41 80.

ab Bergen : Berlin 249 – Schwerin 186 – Greifswald 60 – Stralsund 28.

Stadtplan siehe nächste Seite

Altefähr – *800 Ew.*

🛈 *Touristik Service Rügen, Bahnhofstr. 28.* ✉ 18573, 𝒫 (038306) 6160, *Fax (038306)*
61666.
Nach Bergen 23 km.

🏠 **Sundblick** *garni, Fährberg 8b,* ✉ 18573, 𝒫 (038306) 71 30, *Fax (038306) 7131,* ≘,
🔳 – 📺 🇻🇮🇸🇦 🛆
10 Z ⊑ 110/120 – 150.

Baabe – *800 Ew – Höhe 25 m – Seebad.*

🛈 *Kurverwaltung, Fritz-Worm-Str. 1,* ✉ 18586, 𝒫 (038303) 14 20, *Fax (038303) 14299.*
Nach Bergen 20 km.

🏨 **Solthus am See** ⌖, Bollwerkstr. 1, ✉ 18586, 𝒫 (038303) 8 71 60, *hotel-solthus*
@t-online.de, Fax (038303) 871699, 🏠, « *Lage an kleinem Hafen zwischen Selliner See*
und Rügischer Bodden ; ≼ *; Einrichtung im Landhausstil* », *Massage,* ≘, 🔳, 🏠 – ❄ Zim,
📺 📞 ⅙ 🄿 – ⛛ 30. 🄰🄴 ◐ 🇲🇴 🇻🇮🇸🇦
geschl. Nov. – **Menu** *(Montag - Freitag nur Abendessen)* à la carte 48/64 – **39 Z** ⊑ 210
– 260/280 – ½ P 42.

🏨 **Villa Granitz** 🄼 *garni, Birkenallee 17,* ✉ 18586, 𝒫 (038303) 14 10,
Fax (038303) 14144 – 📺 ⅙ 🄿.
April - Okt. – **60 Z** ⊑ 125/135 – 140/150.

🏨 **Strandhotel,** Strandstr. 24, ✉ 18586, 𝒫 (038303) 1 50, *strandhotel@t-online.de,*
Fax (038303) 15150, 🏠, ≘ – 📺 🄿 – ⛛ 50. 🛇 Rest
Menu *(Okt. - April nur Abendessen)* à la carte 27/53 – **45 Z** ⊑ 110/120 – 150/190.

🏠 **Strandallee,** Strandstr. 18, ✉ 18586, 𝒫 (038303) 14 40, *pensionStrandallee@t-onli*
ne.de, Fax (038303) 14419, 🏠, ≘ – ❄ Zim, 📺 ⅱ 🄿. 🛇 Rest
geschl. Nov. – **Menu** à la carte 28/56 – **31 Z** ⊑ 105 – 130/180 – ½ P 22.

🏠 **Strandpavillon,** Strandstr. 37, ✉ 18586, 𝒫 (038303) 1 83, *Fax (038303) 184910,* ≘
– |🍴| 📺 🄿 – ⛛ 30
Menu à la carte 28/51 – **33 Z** ⊑ 80/120 – 160/180 – ½ P 30.

🏠 **Villa Fröhlich,** Cöhrener Weg 2, ✉ 18586, 𝒫 (038303) 8 61 91, *Fax (038303) 86190,*
🏠 – 📺 🄿
geschl. Nov. - 15. Dez., 6. Jan. - Feb. – **Menu** à la carte 28/54 – **15 Z** ⊑ 80/90 – 130/150
– ½ P 23.

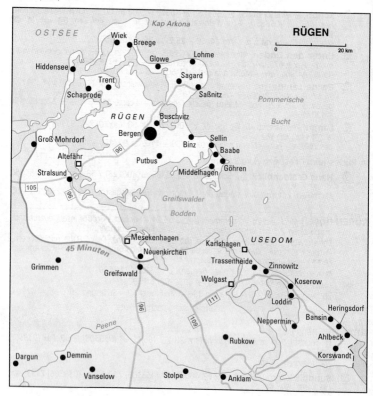

OSTSEE — Kap Arkona — Wiek — Breege — Glowe — Lohme — Hiddensee — Trent — Sagard — Schaprode — Saßnitz — RÜGEN — Buschvitz — Bergen — Sellin — Groß Mohrdorf — Binz — Baabe — Altefähr — Putbus — Göhren — Stralsund — Middelhagen — Greifswalder — Bodden — Pommerische Bucht — RÜGEN — 0 — 20 km — 96 — 105 — 96 — Mesekenhagen — Karlshagen — USEDOM — Neuenkirchen — Trassenheide — Zinnowitz — 45 Minuten — Grimmen — Greifswald — Wolgast — Koserow — 96 — 111 — Loddin — Heringsdorf — 109 — Neppermin — Bansin — Peene — Rubkow — Ahlbeck — Korswandt — Dargun — Demmin — Vanselow — Stolpe — Anklam

Bergen – 17 000 Ew – Höhe 60 m.
🛈 Touristeninformation, Markt 11, ✉ 18528, 𝄞 (03838) 25 60 95, Fax (03838) 256096.

🏨 **Treff Hotel Rügen** M, Stralsunder Chaussee 1, ✉ 18528, 𝄞 (03838) 81 50, treff
.reserv@t-online.de, Fax (03838) 815500, 🍴, 🛁, 🚭 – 🔋, 🔆 Zim, 📺 ✆ ♿ 🚗 🅿 –
🕍 150. 🆎 ⓞ ⓜ 🆚
Menu à la carte 37/56 – **154 Z** ⚏ 163/256 – ½ P 30.

🏨 **Romantik Hotel Kaufmannshof** M, Bahnhofstr. 6, ✉ 18528, 𝄞 (03838) 8 04 50,
Kaufmannshof@romantik.de, Fax (03838) 804545, Biergarten, « Modern-elegante
Zimmereinrichtung », 🚭 – 📺 ✆ 🅿 – 🕍 20. 🆎 ⓞ ⓜ 🆚
Menu à la carte 31/55 – **18 Z** ⚏ 130/160 – 180/220 – ½ P 30.

Binz – 7 000 Ew – Höhe 5 m – Seebad.
🛈 Kurverwaltung, Heinrich-Heine Str. 7, ✉ 18609, 𝄞 (038393) 3 06 75, Fax (038393)
30676.
Nach Bergen 13 km.

🏨 **Kempinski Resort Hotel Bel Air** M ⚲, Strandpromenade 7, ✉ 18609, 𝄞 (038393)
1 50, ruegen.reservation@kempinski.com, Fax (038393) 15555, 🍴, 🛁, Massage, 🚭,
🔲, 🏊 – 🔋 🔆 📺 ✆ ♿ 🚗 🅿 – 🕍 70. 🆎 ⓞ ⓜ 🆚 🆑 ❀ Rest
Ruiani Gourmet (nur Abendessen) **Menu** 57/95 – **Ruiani Terrasse** : **Menu** à la carte
52/84 – **128 Z** ⚏ 340/420 – 390/470, 4 Suiten – ½ P 54.

🏨 **Dorint Strandhotel** M, Strandpromenade 58, ✉ 18609, 𝄞 (038393) 4 30, Info.
ZSIBIN@dorint.com, Fax (038393) 43100, 🍴, « Wellnessbereich », 🛁, Massage, 🚭, 🔲,
🏊 – 🔋 🔆 🍽 📺 ✆ ♿ 🚗 🅿 – 🕍 15. 🆎 ⓞ ⓜ 🆚 🆓
Menu (nur Abendessen) à la carte 52/89 – ⚏ 30 – **63 Z** 255/275 – 255/395,
46 Suiten.

Arkona Strandhotel Ⓜ, Strandpromenade 59, ✉ 18609, ℘ (038393) 5 70, Fax (038393) 57777, ≤, 🍴, Massage, 🔽, ⊑s – 📶, ❀ Zim, 📺 ℃ ⇔ 🅿 – 🔬 135. 🅰🅴 ⓌⓄ 🆅🅸🆂🅰. 🞉 Rest
Menu à la carte 34/75 – **193 Z** ⊑ 200 – 260/410 – ½ P 38.

Seehotel Binz-Therme Ⓜ, Strandpromenade 76, ✉ 18609, ℘ (038393) 60, binz -therme@t-online.de, Fax (038393) 61500, 🍴, Massage, ⛶, ⊑s, 🔽, ⧄ – 📶, ❀ Zim, 📺 ℃ & ⇔ 🅿 – 🔬 200. 🅰🅴 ⓞ ⓌⓄ 🆅🅸🆂🅰. 🞉 Rest
Menu à la carte 42/62 – **143 Z** ⊑ 110/180 – 190/310, 6 Suiten – ½ P 32.

Vier Jahreszeiten, Zeppelinstr. 8, ✉ 18609, ℘ (038393) 5 00, hotel-vier-jahreszei ten@binz.de, Fax (038393) 50430, ⊑s, ⧄ – 📶, ❀ Zim, 📺 🅿 – 🔬 40. 🅰🅴 ⓌⓄ 🆅🅸🆂🅰. 🞉 Rest
Le Gourmet : Menu à la carte 41/83 – **77 Z** ⊑ 150/270 – 210/390, 3 Suiten – ½ P 35.

Am Meer Ⓜ, Strandpromenade 34, ✉ 18609, ℘ (038393) 4 40, hotel.am.meer.binz @t-online.de, Fax (038393) 44444, ≤, 🍴, ⊑s – 📶, ❀ Zim, 📺 ℃ & 🅿. 🅰🅴 ⓞ ⓌⓄ 🆅🅸🆂🅰
Menu à la carte 42/76 – **60 Z** ⊑ 190/260 – 260/300 – ½ P 40.

Strandhotel Lissek, Strandpromenade 33, ✉ 18609, ℘ (038393) 38 10, strandho tel-lissek@t-online.de, Fax (038393) 381430, ≤, 🍴, ⊑s – 📶 📺 🅿. 🅰🅴 ⓌⓄ 🆅🅸🆂🅰
Fischmarkt : Menu à la carte 32/66 – **40 Z** ⊑ 130/250 – 220/290 – ½ P 35.

Vineta, Hauptstr. 20, ✉ 18609, ℘ (038393) 3 90, Fax (038393) 39444, 🍴, 🔽, ⊑s – 📶 📺 & 🅿. 🅰🅴 ⓌⓄ 🆅🅸🆂🅰. 🞉 Rest
Menu (nur Abendessen) à la carte 34/54 – **38 Z** ⊑ 120/170 – 150/260 – ½ P 30.

Villa Salve, Strandpromenade 41, ✉ 18609, ℘ (038393) 22 23, Urlaub@ruegen-sch ewe.de, Fax (038393) 13629, 🍴, « Individuelle, elegante Zimmereinrichtung » – 📺 ⇔ 🅿. 🅰🅴 ⓌⓄ 🆅🅸🆂🅰
Menu à la carte 35/58 – **13 Z** ⊑ 150/180 – 210/310 – ½ P 35.

Villa Schwanebeck, Margarethenstr. 18, ✉ 18609, ℘ (038393) 20 13, villaschwan ebeck@gmx.de, Fax (038393) 31734, ⊑s – 📶 📺 🅿.
geschl. Nov. - Weihnachten – **Menu** (geschl. Nov. - Feb.) (März - Mai nur Abendessen) à la carte 27/57 – **20 Z** ⊑ 100/160 – 140/200 – ½ P 25.

Deutsche Flagge, Schillerstr. 9, ✉ 18609, ℘ (038393) 4 60, hotel-deutsche-flagge -binz@t-online.de, Fax (038393) 46299, 🔽, ⊑s – ❀ Zim, 📺 🅿.
Menu (geschl. Nov. - März) (nur Abendessen) à la carte 28/51 – **20 Z** ⊑ 150 – 180/240, 6 Suiten – ½ P 30.

Dünenhaus (mit Suiten), Strandpromenade 23, ✉ 18609, ℘ (038393) 53 00, vineta Binz@freenet.de, Fax (038393) 53033, ≤, 🍴, « Rekonstruiertes Haus im Stil der Bäder-architektur ; Suiten mit modern-eleganter Einrichtung », ⊑s – 📺 🅿. 🅰🅴 ⓌⓄ 🆅🅸🆂🅰. 🞉 Rest
geschl. Jan. – **Menu** (geschl. Nov. - März Montag) (nur Abendessen) à la carte 32/59 – ⊑ 15 – **8 Suiten** 240/290 – ½ P 35.

Orangerie Granitz, Wylichstr. 6a, ✉ 18609, ℘ ((038393) 37 73 01, orangerie-gran itz@binz.de, Fax (038393) 377301, 🍴 – 🅰🅴 ⓞ ⓌⓄ 🆅🅸🆂🅰
Menu (nur Abendessen) à la carte 45/62.

Strandhalle, Strandpromenade 5, ✉ 18609, ℘ (038393) 3 15 64, Fax (038393) 31564 – 🅰🅴 ⓞ ⓌⓄ 🆅🅸🆂🅰
Menu (geschl. Nov. - März Montag) (Nov. - März nur Abendessen) à la carte 30/58.

Breege – 900 Ew – Höhe 5 m.
Nach Bergen 40 km..

In Breege-Juliusruh Nord-Ost : 1 km :

Aquamaris ⌕, Wittower Str. 4, ✉ 18556, ℘ (038391) 4 40, Aquamaris@freenet. de, Fax (038391) 44140, 🍴, Ferienanlage mit mehreren Gästehäusern, Massage, ⛶, 🔽, ⊑s, ⧄, ⚲, 🞉 – ❀ Zim, 📺 & 🕴 🅿 – 🔬 250. 🅰🅴 ⓞ ⓌⓄ 🆅🅸🆂🅰. 🞉 Rest
Menu à la carte 40/73 – **208 Z** ⊑ 165 – 270/290, 68 Suiten – ½ P 32.

Buschvitz – 200 Ew – Höhe 20 m.
Nach Bergen 4 km.

Sonnenhaken Ⓜ ⌕, Grüner Weg 9, ✉ 18528, ℘ (03838) 82 10, Sonnenhaken@a ol.com, Fax (03838) 821199, ≤, 🍴, « Einrichtung in modernem Design », ⚲ – 📺 🅿 – 🔬 30. 🅰🅴 ⓞ ⓌⓄ 🆅🅸🆂🅰
Menu (geschl. 3. Jan. - 10. April, Nov., Okt. - Dez. Montag - Dienstag)(Okt. - Dez. wochentags nur Abendessen) à la carte 39/67 – **27 Z** ⊑ 145/170 – 160/230 – ½ P 38.

Glowe – *1400 Ew – Höhe 10 m – Seebad.*
Nach Bergen 24 km.

🏠 **Bel Air** M, Waldsiedlung 130a, ⊠ 18551, ℘ (038302) 74 70, *service@bel-air-hotels. de, Fax (038302) 747120*, 🏡, �], 🖵 – |🛗|, 🙌 Zim, 📺 📞 P – 🚗 15. AE ① ⑩ VISA
🍴 Rest
April - Okt. – **Menu** *(nur Abendessen)* à la carte 45/72 – **37 Z** ⊐ 150/210 – 190/260 – ½ P 37.

🏠 **Alt Glowe**, Hauptstr. 37a, ⊠ 18551, ℘ (038302) 5 30 59, *altglowe@t-online.de, Fax (038302) 53067*, 🏡 – 📺 P ⑩
Menu *(geschl. Jan. - Mitte Feb.)* à la carte 29/50 – **17 Z** ⊐ 80/105 – 130/150 – ½ P 20.

An der Straße nach Sagard *Süd-Ost : 4 km :*

🏠 **Schloß Spyker** 🐾, Schloßallee 1, ⊠ 18551 Spyker, ℘ (038302) 7 70, *Fax (038302) 53386*, <, 🏡, « Schloß a.d. 17.Jh. mit rustikalem Restaurant in einem Kreuz- gewölbekeller ; ständige Bilderausstellung » – 📺 P AE ⑩ VISA
Menu *(geschl. Nov. - April Montag)* à la carte 37/73 – **35 Z** ⊐ 150/170 – 180/340 – ½ P 44.

Göhren – *1600 Ew – Höhe 40 m – Seebad.*
🇧 Kurverwaltung, Schulstr. 9, ⊠ 18586, ℘ (038308) 2 59 10, Fax (038308) 25911.
Nach Bergen 24 km.

🏨 **Hanseatic** M 🐾, Nordperdstr. 2, ⊠ 18586, ℘ (038308) 5 15, *info@hotel-hanseati c.de, Fax (038308) 51600*, 🏡, « Wellnessbereich », ≤ₛ, Massage, ≘ₛ, 🖵, 🐾, 🌿 – |🛗|, 🙌 Zim, 📺 📞 & ⚗ P – 🚗 70. AE ① ⑩ VISA 🍴 Rest
Menu à la carte 42/73 – **90 Z** ⊐ 195 – 210/390 – ½ P 25.

🏠 **Stranddistel** 🐾 garni, Katharinenstr. 9, ⊠ 18586, ℘ (038308) 54 50, *Stranddistel @t-online.de, Fax (038308) 54555*, ≤ₛ, ≘ₛ – |🛗| 📺 P AE ⑩ VISA
36 Z ⊐ 120/135 – 150/220.

🏠 **Inselhotel**, Wilhelmstr. 6, ⊠ 18586, ℘ (038308) 55 50, *INSELHOTEL-RUEGEN @T-ONLINE.DE, Fax (038308) 55555*, ≘ₛ, 🌿 – |🛗|, 🙌 Zim, 📺 ⊂⇔ P. AE ⑩ VISA
🍴 Rest
Menu *(geschl. Montag - Dienstag) (nur Abendessen)* (Restaurant nur für Hausgäste) – **32 Z** ⊐ 135/160 – 180/200 – ½ P 30.

🏠 **Albatros** 🐾, Ulmenallee 5, ⊠ 18586, ℘ (038308) 54 30, *HotelAlbatros@t-online.de, Fax (038308) 54370*, 🏡, ≘ₛ – 📺 P ⑩ VISA
geschl. Nov. – **Menu** *(geschl. Dez. - März Montag)(nur Abendessen)* 29/43 à la carte 36/55 – **14 Z** ⊐ 120/140 – 160/210 – ½ P 31.

Lohme – *700 Ew – Höhe 70 m.*
Nach Bergen 25 km.

🏠 **Panorama Hotel Lohme** 🐾 (mit Gästehäuser), Dorfstr. 35, ⊠ 18551, ℘ (038302) 92 21, *Fax (038302) 9234*, < Ostsee, 🏡, « Lage über dem Steilufer », 🌿 – 📺 📞 P
Menu à la carte 38/65 – **41 Z** ⊐ 110/160 – 150/280 – ½ P 29.

In Lohme-Hagen *Süd : 2,5 km :*

✗ **Baumhaus** 🐾 mit Zim, An der Straße nach Sassnitz, Einfahrt Stubbenkammer (Süd-Ost : 1 km), ⊠ 18551, ℘ (038392) 2 23 10, *Fax (038392) 22310*, 🏡, « Gemütlich-rustikale Gasträume » – 📺 P
geschl. 10. Nov. - 24. Dez. – **Menu** *(Jan. - Feb. nur an Wochenenden geöffnet)* à la carte 32/64 – **10 Z** ⊐ 100 – 135/185.

Middelhagen – *500 Ew – Höhe 25 m.*
Nach Bergen 25 km.

In Middelhagen-Alt Reddevitz *West : 2 km :*

✗ **Kliesow's Reuse**, Dorfstr. 23a, ⊠ 18586, ℘ (038308) 21 71, *Fax (038308) 25527*, « Landgaststätte in einer ehem. Zweiständerscheune ; kleine Hausbrauerei » – *geschl. Nov.- Feb., Dienstagmittag* – **Menu** à la carte 29/54.

In Middelhagen-Lobbe *Süd-Ost : 2 km :*

🏠 **Lobber Hof**, Dorfstr. 27, ⊠ 18586, ℘ (038308) 9 10 83, *Fax (038308) 25022*, ≘ₛ – 📺 & P.
geschl. Nov. – **Menu** à la carte 28/45 – **25 Z** ⊐ 90/150 – ½ P 20.

Putbus – 5 200 Ew – Höhe 23 m.
> 🛈 Putbus-Information, Alleestr. 5, ⊠ 18581, 𝒸 (038301) 4 31, Fax (038301) 292.
> Nach Bergen 7 km.

In Putbus-Lauterbach Süd-Ost : 2 km :

🏨 Clemens, Dorfstr. 14, ⊠ 18581, 𝒸 (038301) 8 20, Fax (038301) 61381, ≤, 🍴 – 🔟 🅿.
17 Z.

In Putbus-Wreechen Süd-West : 2 km :

🏨 **Wreecher Hof** Ⓜ, 🍴, Kastanienallee 1, ⊠ 18581, 𝒸 (038301) 8 50, *wreecher-hof@mail.ndn.de*, Fax (038301) 85100, 🍴, « Hotelanlage mit mehreren Landhäusern », 🍴,
🔟 🍴 – 🔟 🅿 – 🔌 15. 🆎 ⓪ ⓂⓄ ⱽ𝐼𝑆𝐴
Menu (wochentags nur Abendessen) (Tischbestellung ratsam) à la carte 46/83 – **43 Z** ⊏ 155/205 – 240/250 – ½ P 45.

Sagard – 3 000 Ew – Höhe 8 m.
> Nach Bergen 16 km.

🏨 **Steigenberger MAXX** Ⓜ, Neddesitz 4 (Nord-Ost : 3 km), ⊠ 18551, 𝒸 (038302) 9 66 00, *ruegen@maxx-hotels.de*, Fax (038302) 96620, 🍴, Biergarten, Massage, 🍴, 🍴, ⚲(Halle) – 🔋, 🍴 Zim, 🔟 🍴 🍴 🅿 – 🔌 400. 🆎 ⓪ ⓂⓄ ⱽ𝐼𝑆𝐴. 🍴 Rest
Menu à la carte 34/64 – **145 Z** ⊏ 130/170 – 190/250, 5 Suiten – ½ P 35.

🏨 **Am Markt**, August Bebel Str. 14, ⊠ 18551, 𝒸 (038302) 37 16, Fax (038302) 3721 –
🔟 🅿. 🍴
Puszta (ungarische Küche) **Menu** à la carte 27/50 – **14 Z** ⊏ 90/120 – 130/150 – ½ P 18.

Sassnitz – 13 000 Ew – Höhe 30 m – Erholungsort.
> 🛈 Fremdenverkehrsbüro, Seestr. 1, ⊠ 18546, 𝒸 (038392) 51 60, Fax (038392) 51616.
> Nach Bergen 24 km.

🏨 **Villa Aegir** 🍴 (mit Gästehaus), Mittelstr. 5, ⊠ 18546, 𝒸 (038392) 30 20, *VillaAegir@ringhotels.de*, Fax (038392) 33046, ≤, 🍴 – 🔟 🅿 – 🔌 20. 🆎 ⓪ ⓂⓄ ⱽ𝐼𝑆𝐴
Menu à la carte 29/42 🍴 – **36 Z** ⊏ 100/145 – 150/190 – ½ P 25.

🏨 **Top Motel**, Gewerbepark 6 (an der B 96), ⊠ 18546, 𝒸 (038392) 5 10, Fax (038392) 51155 – 🍴 Zim, 🔟 🍴 🍴 🅿 – 🔌
Menu (nur Abendessen) à la carte 22/42 – **44 Z** ⊏ 95/120 – 150/170 – ½ P 23.

🏨 **Waterkant** 🍴 garni, Walterstr. 3, ⊠ 18546, 𝒸 (038392) 5 09 41, *hotel.waterkant@t-online.de*, Fax (038392) 50844, ≤, 🍴 – 🔟 🅿 ⓪ ⓂⓄ ⱽ𝐼𝑆𝐴
16 Z ⊏ 110 – 130/180.

Schaprode – 800 Ew – Höhe 5 m.
> Nach Bergen 25 km.

🏨 **Zur alten Schmiede** 🍴, Poggenhof 25 (Nord : 1 km), ⊠ 18569, 𝒸 (038309) 21 00, Fax (038309) 21043, 🍴, 🍴, 🍴 – 🔟 🅿. ⓂⓄ ⱽ𝐼𝑆𝐴
geschl. 10. Jan. - 10. Feb. – **Menu** à la carte 43/74 – **21 Z** ⊏ 150/180 – 200/260 – ½ P 34.

Sellin – 3 000 Ew – Höhe 20 m – Seebad.
> 🛈 Kurverwaltung, Warmbadstr. 4, ⊠ 18586, 𝒸 (038303) 16 11, Fax (038303) 87205.
> Nach Bergen 19 km.

🏨 **Cliff Hotel** 🍴, Siedlung am Wald 22a, ⊠ 18586, 𝒸 (038303) 84 84, *info@cliff-hotel.de*, Fax (038303) 8495, ≤, 🍴, Massage, 🍴, 🍴, 🍴, 🔟, 🍴, 🍴, ⚲ – 🔋, 🍴 Zim, 🔟 🍴 🍴 🅿 – 🔌 100. 🆎 ⓪ ⓂⓄ ⱽ𝐼𝑆𝐴 🍴 Rest
Menu à la carte 50/72 – **247 Z** ⊏ 190/200 – 260/350, 6 Suiten – ½ P 42.

🏨 **Hotel-Park Ambiance** Ⓜ, Wilhelmstr. 34, ⊠ 18586, 𝒸 (038303) 12 20, *info@hotel-ambiance.de*, Fax (038303) 122122, 🍴, « Mehrere Villen im Stil der Bäderarchitektur ; Badelandschaft », Massage, 🍴, 🔟, 🍴 – 🔋, 🍴 Zim, 🔟 🍴 🅿. 🆎 ⓪ ⓂⓄ ⱽ𝐼𝑆𝐴
Menu (nur Abendessen) à la carte 47/83 – **55 Z** ⊏ 210/260 – 260/310, 25 Suiten – ½ P 45.

Trent – 860 Ew – Höhe 5 m.
> Nach Bergen 19 km.

🏨 **Radisson SAS** 🍴, Vaschvitz 17 (Nord-West : 5 km), ⊠ 18569, 𝒸 (038309) 2 20, *guest@2512r.rdsas.com*, Fax (038309) 22599, 🍴, Massage, 🍴, 🔟, 🍴, ⚲ – 🔋, 🍴 Zim, 🔟 🍴 🍴 – 🔌 70. 🆎 ⓪ ⓂⓄ ⱽ𝐼𝑆𝐴 𝐽𝐶𝐵. 🍴 Rest
Menu à la carte 41/65 – **158 Z** ⊏ 140/250 – 200/250 – ½ P 35.

Wiek – *1300 Ew – Höhe 5 m.*
Nach Bergen 35 km.

🏨 **Herrenhaus Bohlendorf** ⌖, Bohlendorf (Süd : 2 km), ✉ 18556, ℰ (038391) 7 70,
Herrenhaus-Bohlendorf@ t-online.de, Fax (038391) 70280, 畳, « Herrenhaus a.d.J.
1794 », 🌿 – 📺 🄿 – 🛏 15. 🄰🄴 ① ⓂⓈ 𝘝𝘐𝘚𝘈
geschl. 15. Jan. - 15. Feb. – **Menu** *(geschl. Okt. - April. Montag)(Okt. - April Dienstag - Freitag*
nur Abendessen) à la carte 29/54 – **20 Z** ⊇ 90/105 – 140/155 – ½ P 28.

RÜLZHEIM Rheinland-Pfalz 👁👁👁 S 8 – 8 000 Ew – Höhe 112 m.
Berlin 661 – Mainz 117 – Karlsruhe 26 – Landau in der Pfalz 16 – Speyer 25.

🏨 **Südpfalz** garni, Schubertring 48, ✉ 76761, ℰ (07272) 80 61, Fax (07272) 75796 – 📺
🄿 🄰🄴 ① ⓂⓈ 𝘝𝘐𝘚𝘈
geschl. 20. Dez. - 3. Jan. – **25 Z** ⊇ 75/85 – 110/120.

RÜMMINGEN Baden-Württemberg siehe Binzen.

RÜSSELSHEIM Hessen 👁👁👁 Q 9 – 60 000 Ew – Höhe 88 m.
🄱 *Öffentlichkeitsarbeit, Mainstr. 7,* ✉ 65428, ℰ (06142) 83 2214, Fax (06142) 832243.
ADAC, *Marktplatz 8.*
Berlin 561 – Wiesbaden 19 – Frankfurt am Main 29 – Darmstadt 27 – Mainz 12.

🏨 **Columbia** Ⓜ, Stahlstr. 2, ✉ 65428, ℰ (06142) 87 60, ruesselsheim@ columbia-hotel
s.de, Fax (06142) 876805, 畳, 🍴, ⛶ – 🛗, ⊁ Zim, 🖥 📺 ✆ ⇔ 🄿 – 🛏 140. 🄰🄴 ①
ⓂⓈ 𝘝𝘐𝘚𝘈
Menu à la carte 34/61 – **150 Z** ⊇ 260/300 – 340/380, 10 Suiten.

🏨 **Dorint-Hotel,** Eisenstr. 54, ✉ 65428, ℰ (06142) 60 70, Info.FRARUE@ dorint.com,
Fax (06142) 607100, 畳, 🛋, 🍴 – 🛗, ⊁ Zim, 📺 🄿 – 🛏 110. 🄰🄴 ① ⓂⓈ 𝘝𝘐𝘚𝘈
🄹🄲🄱
Menu à la carte 45/72 – **126 Z** ⊇ 235/325 – 315/405.

🏨 **Domicil** Ⓜ, Karlsbader Str. 37, ✉ 65428, ℰ (06142) 94 34, domicil-hotel@ t-online.de,
Fax (06142) 943999 – 🛗, ⊁ Zim, 🖥 📺 ✆ 🛁 – 🛏 40. 🄰🄴 ① ⓂⓈ 𝘝𝘐𝘚𝘈 🄹🄲🄱
Menu *(geschl. Freitag - Samstag)(nur Abendessen)* (Restaurant nur für Hausgäste) à la
carte 28/52 – **69 Z** ⊇ 175/250 – 215/290.

🏨 **Atrium** garni, Marktstr. 2, ✉ 65428, ℰ (06142) 91 50, info@ atrium-ruesselsheim.be
stwestern.de, Fax (06142) 915111, 🍴 – 🛗 ⊁ Zim, 📺 ✆ – 🛏 25. 🄰🄴 ① ⓂⓈ 𝘝𝘐𝘚𝘈
🄹🄲🄱
84 Z ⊇ 184/199 – 205/289.

🏨 **Travellers Inn** Ⓜ, Eisenstr. 28, ✉ 65428, ℰ (06142) 85 80, Fax (06142) 858444 –
🛗, ⊁ Zim, 📺 ✆ & 🄿 – 🛏 20. 🄰🄴 ① ⓂⓈ 𝘝𝘐𝘚𝘈 🄹🄲🄱
geschl. Weihnachten - Anfang Jan. – **Menu** *(geschl. Samstag - Sonntag)(nur Mittagessen)*
à la carte 34/46 – **110 Z** ⊇ 169/235 – 219/285.

In Rüsselsheim-Bauschheim Süd-West : 5 km :

🏨 **Rüsselsheimer Residenz** Ⓜ, Am Weinfaß 133, ✉ 65428, ℰ (06142) 9 74 10 (Hotel),
97 76 94 (Rest.), Fax (06142) 72770, 🍴 – 🛗, ⊁ Zim, 📺 ✆ ⇔ 🄿 🄰🄴 ① ⓂⓈ 𝘝𝘐𝘚𝘈
Ambiente *(geschl. Anfang Aug. 3 Wochen, Samstagmittag, Sonntag)* **Menu** à la carte
57/82 – **24 Z** ⊇ 170/220 – 200/260.

In Raunheim Nord-Ost : 4 km :

🏨 **Mercure Hotel Wings** Ⓜ, Anton-Flettner-Str. 8, ✉ 65479, ℰ (06142) 7 90,
Fax (06142) 791791, 畳, 🛋, 🍴 – 🛗, ⊁ Zim, 📺 ✆ & ⇔ 🄿 – 🛏 80. 🄰🄴 ① ⓂⓈ 𝘝𝘐𝘚𝘈
🄹🄲🄱 ⋇ Rest
Charles Lindbergh : **Menu** à la carte 33/70 – ⊇ 23 – **167 Z** 176/236 – 205/265.

🏨 **Astron** Ⓜ, Kelsterbacher Str.19, ✉ 65479, ℰ (06142) 99 00, Fra-rheinmain@ astron
-hotels.de, Fax (06142) 990100, 畳, 🛋, 🍴, 🄽 – 🛗, ⊁ Zim, 🖥 📺 ✆ & 🄿 – 🛏 220.
🄰🄴 ① ⓂⓈ 𝘝𝘐𝘚𝘈 🄹🄲🄱
Menu à la carte 53/86 – ⊇ 25 – **311 Z** 275.

🏨 **City Hotel** garni, Ringstr. 107 (Stadtzentrum), ✉ 65479, ℰ (06142) 4 40 66,
Fax (06142) 21138 – 📺 🄿 – 🛏 40. 🄰🄴 ① ⓂⓈ 𝘝𝘐𝘚𝘈 🄹🄲🄱
27 Z ⊇ 125/145 – 145/165.

RÜTHEN Nordrhein-Westfalen siehe Warstein.

RUHPOLDING Bayern 420 W 21 – 6 400 Ew – Höhe 655 m – Luftkurort – Wintersport : 740/1 636 m – ⟨ 1 ⟨ 16 ⟨.

🏘 Ruhpolding-Zell, Rauschbergstr. 1a, ℘ (08663) 24 61.

🛈 Kurverwaltung, Hauptstr. 60, ⌧ 83324, ℘ (08663) 8 80 60, Fax (08663) 880620.

Berlin 703 – München 115 – *Bad Reichenhall* 30 – Salzburg 43 – Traunstein 14.

🏨 **Steinbach-Hotel,** Maiergschwendter Str. 8, ⌧ 83324, ℘ (08663) 54 40, Info@Steinbach-Hotel.de, Fax (08663) 370, 🌲, Massage, ⇌, 🔲, 🌲 – ⇌ Zim, 📺 ᕦ, 🚗 🅿 – 🔬 20. 🍽 Rest
geschl. Anfang Nov. - 20. Dez. – **Menu** à la carte 38/63 – **75 Z** ⊇ 95/140 – 170/230, 4 Suiten – ½ P 20.

🏨 **Alpina Feriendomizil** Ⓜ ⌔ garni, Niederfeldstr. 17, ⌧ 83324, ℘ (08663) 99 05, Fax (08663) 5085, ⇌, 🌲 – 📺 🅿
geschl. Nov. - Mitte Dez. – **12 Z** ⊇ 80 – 140/160.

🏨 **Europa** ⌔, Obergschwendter Str. 17, ⌧ 83324, ℘ (08663) 8 80 40, 0866388040-001@t-online.de, Fax (08663) 880449, 🌲, ⇌, 🔲, 🌲 – 📺 🅿
geschl. 1. Nov. - 20. Dez. – **Menu** (geschl. Freitag) à la carte 28/55 – **26 Z** ⊇ 85/120 – 115/185 – ½ P 25.

🏨 **Sporthotel am Westernberg,** Am Wundergraben 4, ⌧ 83324, ℘ (08663) 8 80 30, sporthotel.ruhpolding@gmx.de, Fax (08663) 638, ≤, 🌲, ⇌, 🔲, 🌲, 🍴, 🐎 (Halle) – 📺 🅿 ⒜ ① ⑳ 🆅🆂🅰 🍽 Rest
Menu (geschl. 3. Nov. - 25. Dez., Samstag - Sonntag) (nur Abendessen) à la carte 35/66 – **25 Z** ⊇ 90/150 – 145/220 – ½ P 28.

🏨 **Ortner Hof,** Ort 6 (Süd : 3 km), ⌧ 83324, ℘ (08663) 8 82 30, Hotel@Ortnerhof.de, Fax (08663) 9699, 🌲, ⇌, 🌲 – 📺 🅿
geschl. 24. März - 11. April, 22. Okt. - Nov. – **Menu** (geschl. Dienstag) à la carte 30/63 – **20 Z** ⊇ 74/104 – 158/176 – ½ P 5.

🏨 **Ruhpoldinger Hof,** Hauptstr. 30, ⌧ 83324, ℘ (08663) 12 12, Ruhpoldinger-Hof
⊜ @T-Online, Fax (08663) 5777, Biergarten, ⇌, 🔲 – 🎵 ⇌ 📺 🅿 ① ⑳ 🆅🆂🅰
geschl. Nov. - Mitte Dez. – **Menu** (geschl. Dienstag) à la carte 24/68 – **38 Z** ⊇ 90/130 – 160/180, 5 Suiten – ½ P 30.

🏠 **Landhotel Maiergschwendt** ⌔, Maiergschwendt 1 (West : 1,5 km), ⌧ 83324, ℘ (08663) 8 81 50, landhotel.ruhpolding@t-online.de, Fax (08663) 881560, ≤, 🌲, ⇌, 🌲 – ⇌ Zim, 🚗 🅿
geschl. Nov. - 20. Dez. – **Menu** à la carte 32/53 (auch vegetarische Gerichte) – **26 Z** ⊇ 95/130 – 150/200 – ½ P 15.

🏠 **Almhof** garni, Maiergschwendter Str. 5, ⌧ 83324, ℘ (08663) 8 85 80, ALMHOF@t-online.de, Fax (08663) 885828, 🌲 – 🅿 🍽
geschl. April 3 Wochen, Mitte Okt. - 20. Dez. – **17 Z** ⊇ 65 – 117/137.

🏠 **Haus Flora** garni, Zellerstr. 13, ⌧ 83324, ℘ (08663) 88 58 80, hausflora@t-online.de, Fax (08663) 8858888, ⇌, 🔲, 🌲 – 📺 🚗 🅿 🍽
geschl. Nov. - 15. Dez. – **28 Z** ⊇ 78 – 136/156.

🏠 **Alpina** ⌔, Niederfeldstr. 11, ⌧ 83324, ℘ (08663) 99 05, Fax (08663) 5085, ⇌, 🌲 – 📺 🅿
geschl. Nov. - Mitte Dez. – **Menu** (nur Abendessen) (Restaurant nur für Hausgäste) – **15 Z** ⊇ 70 – 110/130 – ½ P 16.

🏠 **Vier Jahreszeiten** garni, Brandstätter Str. 41, ⌧ 83324, ℘ (08663) 17 49, Fax (08663) 800979, ≤, 🌲 – 🚗 🅿
13 Z ⊇ 42/50 – 88.

🏠 **Fischerwirt** ⌔, Rauschbergstr. 1 (Zell, Süd-Ost : 2 km), ⌧ 83324, ℘ (08663) 17 05, Fischerwirt-Ruhpolding@t-online.de, Fax (08663) 5008, ≤, 🌲, 🌲 – 📺 🚗 🅿 ⑳ 🆅🆂🅰
geschl. 20. März - 10. April, 4. Nov. - 12. Dez. – **Menu** (geschl. Montag) à la carte 27/48 – **17 Z** ⊇ 75 – 92/110 – ½ P 25.

🏠 **Diana,** Kurhausstr. 1, ⌧ 83324, ℘ (08663) 97 05, Hotel-Diana@t-online.de, Fax (08663) 5859, 🌲 – 🅿
geschl. Nov. – **Menu** à la carte 27/57 – **20 Z** ⊇ 65/72 – 120/145 – ½ P 22.

🍴 **Berggasthof Weingarten** ⌔ mit Zim, Weingarten 1 (West : 3 km), ⌧ 83324, ℘ (08663) 92 19, Fax (08663) 5783, ≤ Ruhpolding und Trauntal, 🌲 – 🅿 🍽 Zim
geschl. 22. April - 6. Mai, Nov. - 25. Dez. – **Menu** (geschl. Montag) (Jan. - April nur Mittagessen) à la carte 25/44 – **6 Z** ⊇ 76 – 84/112 – ½ P 18.

Les bonnes tables

Nous distinguons à votre intention certains restaurants par

Menu 🏵, 🏵🏵, 🏵🏵 ou 🏵🏵🏵.

RUHSTORF *Bayern* 420 *U 24 – 6 200 Ew – Höhe 318 m.*
Berlin 622 – München 155 – Passau 23 – Salzburg 118.

Antoniushof, Ernst-Hatz-Str. 2, ✉ 94099, ✆ (08531) 9 34 90, *Antoniushof@t-online.de*, Fax (08531) 9349210, ☆, « Wellnessbereich ; Garten », Massage, ♨, ▮う, ♣, ≦s, ☒ (geheizt), ☒ – ▯, ♀ Zim, TV ✆ ⇔ 만 – ▲ 20. ☒ ① ⑩ VISA, ✵ Rest
Menu *(geschl. Montagmittag)* à la carte 31/74 – **31 Z** ⇄ 110/170 – 172/250.

Mathäser, Hauptstr. 19, ✉ 94099, ✆ (08531) 9 31 40, Fax (08531) 9314500, ☆ – ▯, ♀ Zim, TV ⇔ 만 – ▲ 20. ☒ ① ⑩ VISA
Menu *(geschl. Freitag)* à la carte 24/64 ▯ – **35 Z** ⇄ 65/86 – 105/148.

RUMBACH *Rheinland-Pfalz* 419 *S 7 – 500 Ew – Höhe 230 m.*
Berlin 704 – Mainz 150 – Karlsruhe 60 – Saarbrücken 91 – Wissembourg 19 – Landau in der Pfalz 38 – Pirmasens 31.

Haus Waldeck ♨, Im Langenthal 75, ✉ 76891, ✆ (06394) 4 94, Fax (06394) 1350, ☆, ☞ – ♀ Zim, TV ⇔ 만. 만 ⑩. ✵ Zim
Menu *(nur Abendessen)* à la carte 27/45 ▯ – **15 Z** ⇄ 58/75 – 88/110 – ½ P 19.

In Nothweiler *Süd : 3,5 km – Erholungsort :*

Landgasthaus Wegelnburg (mit Pension Kraft ♨), Hauptstr. 15, ✉ 76891, ✆ (06394) 2 84, *zur-Wegelnburg@biorop.de*, Fax (06394) 5049, ☆ – ♀ Rest, TV 만. ✵ Zim
geschl. 15. Nov. - 15. Dez. – **Menu** *(geschl. Montagmittag, Dienstag, Jan. - Mitte März Montag - Donnerstag)* à la carte 29/62 ▯ – **12 Z** ⇄ 90 – 120/150 – ½ P 20.

RUNDING *Bayern siehe Cham.*

RUNKEL *Hessen* 417 *O 8 – 10 000 Ew – Höhe 119 m.*
Berlin 562 – Wiesbaden 50 – Koblenz 64 – Frankfurt am Main 86 – Siegen 66.

In Runkel-Schadeck :

Landhaus Schaaf, Oberstr. 15, ✉ 65594, ✆ (06482) 29 80, *Landhaus-Schaaf@t-online.de*, Fax (06482) 29820, Biergarten – ▯ TV ✆ 만. – ▲ 80. ⑩ VISA. ✵
Menu à la carte 29/59 – **31 Z** ⇄ 65/95 – 98/160.

RUST *Baden-Württemberg* 419 *V 7 – 2 650 Ew – Höhe 164 m.*
Sehenswert : Europa-Park★.
Berlin 776 – Stuttgart 185 – Freiburg im Breisgau 37 – Offenburg 37.

El Andaluz und Castillo Alcazar, Storettenstr. 1 (im Europa-Park), ✉ 77977, ✆ (07822) 86 00, *hotel@europapark.de*, Fax (07822) 8605545, « Andalusischer Garten », ≦s, ☒ (geheizt) – ▯ TV 만 – ▲ 40. ☒ ① ⑩ VISA. ✵ Zim
April - Okt. – **Menu** *(Tischbestellung erforderlich)* à la carte 32/58 – **312 Z** ⇄ 200/258, 17 Suiten.

Rebstock, Klarastr. 14, ✉ 77977, ✆ (07822) 76 80, Fax (07822) 76106, ☆ – ▯ TV 만. ☒ ⑩ VISA. ✵
Menu *(geschl. Jan, Nov. - April Montag - Dienstag)* à la carte 30/60 – **40 Z** ⇄ 90/130 – 130/160.

SAALFELD *Thüringen* 418 *O 18 – 32 000 Ew – Höhe 240 m.*
Ausflugsziel : Feengrotten★, Süd-Ost : 1 km.
🛈 *Tourist-Information, Markt 6, ✉ 07318, ✆ (03671) 5 50 40, Fax (03671) 522183.*
Berlin 294 – Erfurt 59 – Coburg 73 – Suhl 65.

Anker, Markt 25, ✉ 07318, ✆ (03671) 59 90, *info@hotel-anker-saalfeld.de*, Fax (03671) 512924, ☆ – ♀ Zim, TV 만 – ▲ 30. ☒ ⑩ VISA
Zur güldenen Gans « Historischer Gewölbekeller » **Menu** à la carte 28/54 – **54 Z** ⇄ 89/95 – 140.

Tanne, Saalstr. 35, ✉ 07318, ✆ (03671) 82 60, Fax (03671) 826400, ▮う, ≦s – ▯, ♀ Zim, TV ⇔ – ▲ 60. ☒ ① ⑩ VISA
Menu *(geschl. Aug. 2 Wochen, Sonn- und Feiertage) (nur Abendessen)* à la carte 27/46 – **64 Z** ⇄ 69/105 – 110/155.

In Saalfeld-Remschütz *Nord : 2,5 km :*

Am Saaleufer, Dorfanger 1, ✉ 07318, ✆ (03671) 5 72 60, Fax (03671) 572650, ☆ – ♀ Zim, TV 만. ☒ ① ⑩ VISA
Menu à la carte 30/42 – **27 Z** ⇄ 90/110 – 120/150.

SAARBRÜCKEN Ⓛ *Saarland* **407** *S 5 – 200 000 Ew – Höhe 191 m.*

Sehenswert : Museum für Vor- und Frühgeschichte (keltisches Fürstinnengrab★★) AZ **M1**
– Ludwigsplatz und Ludwigskirche★★ AZ – St. Johannermarkt★ BZ – Basilika St.Johann★
BZ **A** *– Moderne Galerie (Gemälde des deutschen Expressionismus★) BZ* **M2** *– Stiftskirche*
St. Arnual★ (Grabdenkmäler★★, Taufstein★) X **B.**

✈ *Saarbrücken-Ensheim (Süd-Ost : 12 km, über Saarbrücker Straße X),* ℰ *(06893) 8 31.*
Messegelände (X), ℰ *(0681) 95 40 20, Fax (0681) 9540230.*

🛈 *Tourist-Information, Am Hauptbahnhof 4,* ✉ *66111,* ℰ *(0681) 3 65 15, Fax (0681)*
9053300.

🛈 *Verkehrsverein, Großherzog-Friedrich-Str. 1,* ✉ *66111,* ℰ *(0681) 3 69 01, Fax (0681)*
390353.

ADAC, *Am Staden 9.*

Berlin 710 ③ *– Bonn 212* ⑦ *– Luxembourg 93* ⑥ *– Mannheim 128* ③ *– Metz 67* ⑤ *–*
Strasbourg 124 ④ *– Wiesbaden 162* ③

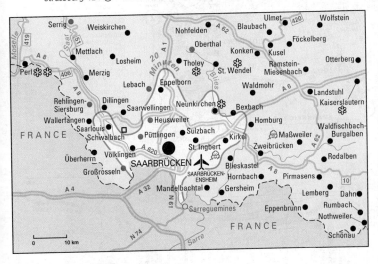

🏨 **Victor's Residenz-Hotel** Ⓜ, Deutschmühlental, ✉ 66117, ℰ (0681) 58 82 10, info
@ SB.victors.de, Fax (0681) 58821199, Biergarten, Massage, ⇔ – 🛗, ✳ Zim, 📺 📞 🔥
↝ – 🔬 40. 🆎 ⑩ ⓞⓞ 💳 ᴊᴄʙ
X d
Menu à la carte 43/77 – **Victor's Stube :** Menu à la carte 37/57 – **146 Z** ⊊ 230/280
– 270/390, 9 Suiten.

🏨 **Victor's Residenz Hotel Rodenhof** Ⓜ, Kálmánstr. 47, ✉ 66113, ℰ (0681) 4 10 20,
info@ rodenhof.bestwestern.de, Fax (0681) 43785, ☕, Massage, ⽊, ⇔, 🔲 – 🛗,
✳ Zim, 📺 📞 ↝ – 🔬 60. 🆎 ⑩ ⓞⓞ 💳
X e
Menu 45 à la carte 52/70 – **100 Z** ⊊ 220/240 – 260/280, 14 Suiten.

🏨 **La Résidence,** Faktoreistr. 2, ✉ 66111, ℰ (0681) 3 88 20 (Hotel) 39 70 39 (Rest.), info
@ la-residence.net, Fax (0681) 3882185, ⇔ – 🛗 ✳ 📺 📞 ↝ 📵 – 🔬 90. 🆎 ⑩ ⓞⓞ
💳 ᴊᴄʙ. ✗ Rest
AY x
Casablanca (geschl. Samstagmittag, Sonntag) Menu à la carte 56/85 – **142 Z** ⊊ 160/230
– 200/270, 7 Suiten.

🏨 **Mercure,** Hafenstr. 8, ✉ 66111, ℰ (0681) 3 89 00, H1307@ accor-hotels.com,
Fax (0681) 3890989 – 🛗, ✳ Zim, 📺 📞 ↝ 📵 – 🔬 80. 🆎 ⑩ ⓞⓞ 💳
AY x
Menu à la carte 32/66 – ⊊ 23 – **150 Z** 157/197 – 182/232, 5 Suiten.

🏨 **Am Triller** Ⓜ ⽊, Trillerweg 57, ✉ 66117, ℰ (0681) 58 00 00, info@ hotel-am-trille
r.de, Fax (0681) 58000303, ≤, Biergarten, ⇔, 🔲, ☕ – 🛗, ✳ Zim, 📺 📞 ↝ 📵 –
🔬 120. 🆎 ⑩ ⓞⓞ 💳
AZ a
Menu à la carte 50/73 – **110 Z** ⊊ 188/205 – 254.

🏨 **Domicil Leidinger** (mit Gästehaus), Mainzer Str. 10, ✉ 66111, ℰ (0681) 9 32 70, domi
cilsb@ aol.com, Fax (0681) 38013, Biergarten – 🛗, ✳ Zim, 📺 ↝ 📵 – 🔬 45. 🆎 ⑩
ⓞⓞ 💳 ᴊᴄʙ
BZ n
Menu (geschl. Sonntag - Montagmittag) à la carte 39/60 – **60 Z** ⊊ 149/165 – 180/220,
4 Suiten.

SAARBRÜCKEN

Novotel, Zinzinger Str. 9, ✉ 66117, ✆ (0681) 5 86 30, HO500@accor-hotels.com, Fax (0681) 5863300, 斎, ☒, ☞ – 團, ✜ Zim, 🖭 ☑ 🕻 ఉ ℙ – 🔏 150. 🖭 ⊙ 🞉 💳
Menu à la carte 34/52 – ☲ 23 – **99 Z** 140/150 – 160/170.　　X v

Crystal, Gersweiler Str. 39, ✉ 66117, ✆ (0681) 5 88 90 (Hotel) 5 89 25 96 (Rest.), Crystal@profimail.de, Fax (0681) 5889111, 斎 – 團, ✜ Zim, 🖭 ☒ ☞ ℙ – 🔏 60. 💳
Menu (italienische Küche) à la carte 33/70 – **73 Z** ☲ 99/199 – 129/230.　　X a

Ibis garni, Hohenzollernstr. 41, ✉ 66117, ✆ (0681) 9 95 70, ibissaarbruecken@planet-interkom.de, Fax (0681) 57105 – 團 ✜ 🖭 ℙ. 🖭 ⊙ 🞉 💳 🇯🇨🇧　　AY f
☲ 15 – **38 Z** 110/130.

Bruchwiese, Preussenstr. 68, ✉ 66111, ✆ (0681) 96 71 00, Bruchwiese@gmx.de, Fax (0681) 9671033, 斎 – 🖭 ☞ ℙ. 🖭 🞉 💳. ✀ Zim　　X c
Menu (geschl. 27. Dez. - 9. Jan., Samstag, Sonntagabend) à la carte 37/65 – **13 Z**
☲ 105/115 – 170/185.

XXX **La Touraine,** Am alten Hafen (Kongreßhalle, 1. Etage), ✉ 66111, ✆ (0681) 4 93 33, Fax (0681) 49003, 斎 – ℙ. 🖭 ⊙ 🞉 💳　　AY
geschl. Samstagmittag, Sonntag – **Menu** 40 (mittags) à la carte 60/90.

XXX **Kuntze's Handelshof,** Wilhelm-Heinrich-Str. 17, ✉ 66117, ✆ (0681) 5 69 20, KuntzesHandelshof@t-online.de, Fax (0681) 5847707 – 🖭 ⊙ 🞉 💳　　AZ m
geschl. Juli 2 Wochen, Samstagmittag, Sonntagabend - Montag – **Menu** 45 (mittags) und à la carte 72/98.

XX **Roma,** Klausener Str. 25, ✉ 66115, ✆ (0681) 4 54 70, Ristorante.Roma@t-online.de, Fax (0681) 4170105, 斎 – ℙ. 🖭 ⊙ 🞉 💳　　AY t
geschl. Montag – **Menu** (italienische Küche, Tischbestellung ratsam) à la carte 55/81.

XX **Casino am Staden,** Bismarckstr. 47, ✉ 66121, ✆ (0681) 6 23 64, Fax (0681) 63027, 斎 – ℙ – 🔏 60. 🖭 ⊙ 🞉 💳　　BZ e
geschl. Sonntagabend – **Menu** à la carte 46/80.

XX **Quack,** Deutschherrenstr. 3, ✉ 66117, ✆ (0681) 5 21 53, Fax (0681) 5849910, 斎 – 🞉 💳　　AZ r
geschl. 1. - 7. Jan., 25. Juni - 15. Juli, Samstagmittag, Sonntagabend - Montag – **Menu** 45 (mittags) à la carte 66/91.

XX **Bitburger Residenz,** Dudweiler Str. 56, ✉ 66111, ✆ (0681) 37 23 12, Fax (0681) 3904010, 斎 – ℙ. 🖭 🞉 💳　　BY c
geschl. Samstagmittag – **Menu** 58/80 à la carte 48/87.

XX **Il Gabbiano,** Françoisstr. 33, ✉ 66117, ✆ (0681) 5 23 73, Fax (0681) 52373 – ℙ. 🞉 💳　　X b
Menu à la carte 62/80.

XX **Gavi,** Im Ludwigspark (Saarlandhalle), ✉ 66113, ✆ (0681) 4 70 00, info@restaurant-gavi.de, Fax (0681) 44847 – ℙ. 🖭 🞉 💳　　X n
geschl. 8. - 23. Juli, Samstagmittag, Sonntagabend – **Menu** 42 (mittags) à la carte 67/86.

XX **Fröschengasse,** Fröschengasse 18 (1. Etage), ✉ 66111, ✆ (0681) 37 17 15, Fax (0681) 373423, « Dachterrasse » – 🖭 🞉 💳. ✀　　BZ a
geschl. 1. - 6. Jan., Sonntag – **Menu** à la carte 51/76.

XX **Hashimoto,** Cecilienstr. 7, ✉ 66111, ✆ (0681) 398034, Fax (0681) 376841 – 🖭 🞉 💳　　BY s
geschl. Samstagmittag, Feiertage mittags, Montag – **Menu** (japanische Küche) 25 (mittags) à la carte 46/83.

X **Zum Stiefel,** Am Stiefel 2, ✉ 66111, ✆ (0681) 9 36 45 16, Fax (0681) 9364536, 斎, (Brauereigaststätte a.d.J. 1718 mit Hausbrauerei Stiefelbräu) – 🞉 💳　　BZ s
geschl. Sonntag – **Menu** à la carte 35/65.

X **Jörg's Restaurant,** Breite Str. 47, ✉ 66115, ✆ (0681) 4 29 80, Fax (0681) 42980 – ⊙ 🞉 💳　　X s
geschl. Juli 2 Wochen, Samstagmittag, Sonntag, Montagabend, – **Menu** 43/65 à la carte 42/69.

In Saarbrücken-Bübingen Süd-Ost 10 km über die B 51 X :

Angelo, Saargemünder Str. 28, ✉ 66129, ✆ (06805) 9 30 00, mail@angelo-sb.de, Fax (06805) 930030, 斎 – 🖭 ☞ ℙ. 🖭 ⊙ 🞉 💳. ✀
Menu (italienische Küche) à la carte 40/74 – **15 Z** ☲ 110/120 – 148/165.

In Saarbrücken-Altenkessel über ⑥ : 8 km :

Wahlster, Gerhardstr. 12, ✉ 66126, ✆ (06898) 9 82 20, Webmaster@hotel-wahlster.de, Fax (06898) 982250, ☞ – 🖭. 🞉 💳. ✀ Rest
Menu (geschl. Mitte - Ende Juli, Sonn- und Feiertage) (nur Abendessen) à la carte 32/59 – **26 Z** ☲ 90/140.

In Kleinblittersdorf *Süd-Ost : 13 km über die B 51 X :*

🏠 **Zum Dom** garni, Elsässer Str. 51, ⊠ 66271, ℰ (06805) 10 35, *Fax (06805) 8659* – 📺
P. 🐕 VISA 🛇
12 Z ⊑ 95/130 – 110/175.

Die Preise	Einzelheiten über die in diesem Führer angegebenen Preise finden Sie in der Einleitung.
I prezzi	Per ogni chiarimento sui prezzi qui riportati, consultate le spiegazioni alla pagina dell' introduzione.

SAARBURG *Rheinland-Pfalz* **417** *R 3 – 6 500 Ew – Höhe 148 m – Erholungsort.*
🅱 *Tourist-Information, Graf-Siegfried-Str. 32,* ⊠ *54439,* ℰ *(06581) 1 94 33, Fax (06581) 81290.*
Berlin 743 – Mainz 176 – Trier 25 – Saarbrücken 71 – Thionville 44.

🏨 **Villa Keller,** Brückenstr. 1, ⊠ 54439, ℰ (06581) 9 29 10, *villa-keller@t-online.de*,
Fax (06581) 6695, ≤ Saarburg, 🌐, Biergarten, « Herrenhaus in schöner Lage an der Saar »
– 📺 📞 **P. AE ① 🐕 VISA**
geschl. 2. - 25. Jan. – **Menu** *(geschl. Montag)* à la carte 49/78 – **11 Z** ⊑ 90/100 –
150/180.

🏠 **Am Markt,** Am Markt 10, ⊠ 54439, ℰ (06581) 9 26 20, *HOTELAMMARKT@t-online.de*,
😋 *Fax (06581) 926262,* 🌐 – 📺 **P. AE ① 🐕 VISA**
Menu *(italienische Küche)* à la carte 24/63 – **14 Z** ⊑ 90/140 – 110/170.

🏠 **Wirtshaus Zum Pferdemarkt** 🦢, Pferdemarkt 3, ⊠ 54439, ℰ (06581) 99 39 13,
Fax (06581) 99191, 🌐 – 📺 **🐕 VISA**
Menu *(geschl. Nov. - Mai Mittwoch) (Nov. - Mai nur Abendessen)* à la carte 28/58 – **11 Z**
⊑ 95/105 – 120/150.

🏠 **Zunftstube,** Am Markt 11, ⊠ 54439, ℰ (06581) 9 18 70, *Fax (06581) 918720* – 📺
P. 🐕 VISA
geschl. Feb. 3 Wochen – **Menu** *(geschl. Donnerstag)* à la carte 34/53 🍷 – **7 Z**
⊑ 90/120.

XX **Saarburger Hof** mit Zim, Graf-Siegfried-Str. 37, ⊠ 54439, ℰ (06581) 9 28 00,
INFOS@SAARBURGER-HOF.DE, Fax (06581) 928080, 🌐 – ⥇ Zim, 📺 📞 🚗 – 🏛 25.
AE 🐕 VISA
geschl. 27. Dez. - 20. Jan. – **Menu** *(geschl. Montag - Dienstagmittag)* à la carte 55/80 🍷
– **Gaststube :** **Menu** à la carte 34/58 – **13 Z** ⊑ 95/105 – 150/170.

In Trassem *Süd-West : 4,5 km :*

🏠 **St. Erasmus** (mit Gästehaus), Kirchstr. 6a, ⊠ 54441, ℰ (06581) 92 20, *ST.ERASMUS.*
TRASSEM@t-online.de, Fax (06581) 922199, 🌐, 🅿, 🚗 – 🔰 📺 📞 **P.** – 🏛 25. **AE ①**
🐕 VISA
Menu *(geschl. Mittwoch - Donnerstagmittag)* à la carte 31/65 🍷 – **35 Z** ⊑ 65/85 –
100/168 – ½ P 27.

SAARLOUIS *Saarland* **417** *S 4 – 38 000 Ew – Höhe 185 m.*
🏌 *Wallerfangen-Gisingen (West : 10 km),* ℰ *(06837) 9 18 00.*
🅱 *Stadt-Info, Großer Markt 1,* ⊠ *66740,* ℰ *(06831) 44 32 63, Fax (06831) 443495.*
Berlin 728 ② – Saarbrücken 27 ② – Luxembourg 75 ⑤ – Metz 57 ④ – Trier 70 ⑤
Stadtplan siehe gegenüberliegende Seite

🏠 **Posthof,** Postgäßchen 5 (Passage), ⊠ 66740, ℰ (06831) 9 49 60, *Fax (06831) 9496111*
– 🔰, ⥇ Zim, 📺 **AE ① 🐕 VISA JCB** 🛇
Menu *(geschl. Sonntagabend)* à la carte 41/72 – **47 Z** ⊑ 100/190 – 185/225. B a

🏠 **Park** garni, Ludwigstr. 23, ⊠ 66740, ℰ (06831) 48 88 10, *hotels@cyberstorm.de*,
Fax (06831) 4888110, 🅿 – ⥇ Zim 📺 🚗 **P.** – 🏛 20. **AE ① 🐕 VISA JCB** B c
33 Z ⊑ 130/150 – 165/185.

X **Escargot,** Handwerkerstr. 5, ⊠ 66740, ℰ (06831) 4 13 33, *Fax (06831) 41333,* 🌐 –
VISA B r
geschl. Samstagmittag, Sonntagabend, April - Mitte Sept. Sonntag – **Menu** à la carte
55/81.

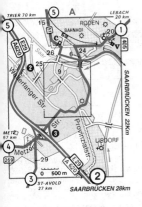

SAARLOUIS

In Saarlouis-Beaumarais *West : 3 km über Wallerfanger Straße* A :

Altes Pfarrhaus Beaumarais, Hauptstr. 2, ⌧ 66740, ℰ (06831) 63 83 (Hotel) 96 56 70 (Rest.), Fax (06831) 62898, « Ehemalige Sommer-Residenz a.d.J 1762 ; Innenhofterrasse » – 📺 ⅋ 🅿 – 🔬 35. 🆎 ⓞ 🐾 𝘝𝘐𝘚𝘈
Trampert *(geschl. Samstagmittag, Sonntag - Montagmittag)* **Menu** à la carte 65/100 –
Brasserie Hofhaus *(nur Abendessen)* **Menu** à la carte 43/56 – **36 Z** ⌧ 150/185 – 210/230.

In Saarlouis-Fraulautern :

Carat, Saarbrücker Str. 5 (B 51), ⌧ 66740, ℰ (06831) 8 83 11, Fax (06831) 88829, 🌳 – 🅿 🆎 🐾 𝘝𝘐𝘚𝘈. 🐾 Rest
A v
geschl. Juli - Aug. 3 Wochen, Samstagmittag, Sonntagabend - Montag – **Menu** à la carte 37/66.

In Saarlouis-Picard *über* ④ *: 4 km :*

Taffing's Mühle ♨, Am Taffingsweiher, ⌧ 66740, ℰ (06831) 9 44 00, Fax (06831) 944040, 🌳 – 📺 🅿 – 🔬 35. 🆎 ⓞ 🐾 𝘝𝘐𝘚𝘈
Menu *(geschl. Montagmittag)* à la carte 39/65 – **10 Z** ⌧ 95/145.

In Saarlouis-Roden :

Pannonia Ⓜ, Bahnhofsallee 4, ⌧ 66740, ℰ (06831) 98 00, info@PannoniaHotel.de, Fax (06831) 980603, Massage, 🛁, 🔥 – 🛗, ↺ Zim, 🍽 Rest, 📺 ℳ ⅋ ⇔ 🅿 – 🔬 80.
A c
🆎 ⓞ 🐾 𝘝𝘐𝘚𝘈 ﺟ𝘊𝘉
Menu à la carte 38/71 – **116 Z** ⌧ 185/250.

In Wallerfangen *West : 4 km über Wallerfanger Straße* A :

Villa Fayence mit Zim, Hauptstr. 12, ⌧ 66798, ℰ (06831) 9 64 10, VillaFayence@t -online.de, Fax (06831) 62068, 🌳, « Villa a.d.J. 1835 in einem Park » – 📺 🅿 🆎 ⓞ 🐾 𝘝𝘐𝘚𝘈. 🐾 Rest
Menu *(geschl. Samstagmittag, Sonntagabend - Montag)* 59/137 à la carte 61/96 – **4 Z** ⌧ 155/220 – 240/300.

In Wallerfangen-Kerlingen *West : 9 km über Wallerfanger Straße* A :

Scheidberg ♨, ⌧ 66798, ℰ (06837) 7 50, Hotel-Scheidberg@web.de, Fax (06837) 7530, ≼, 🌳, 🔥 – 🛗, ↺ Zim, 📺 ℳ 🅿 – 🔬 400. 🆎 🐾 𝘝𝘐𝘚𝘈. 🐾 Rest
Menu à la carte 39/56 – **78 Z** ⌧ 119/135 – 165/190.

In Wallerfangen-Oberlimberg *Nord-West : 12 km über Wallerfanger Straße A und Gisingen :*

🏨 **Hotellerie Waldesruh** ⑤, Siersburger Str. 8, ⊠ 66798, ℰ (06831) 9 66 00, *WAL-DESRUHMOUGET@ T-ONLINE.DE,* Fax (06831) 966060, 龠, Biergarten – 🔟 ⇦ 🅿 🖭 🐠 *VISA*
Menu *(geschl. Freitag, Mai - Aug. Freitagmittag)* à la carte 32/66 – **7 Z** ⊂⊃ 90/105 – 160.

SAARMUND *Brandenburg siehe Potsdam.*

SAAROW-PIESKOW, BAD *Brandenburg* 416 418 *J 26 – 4 000 Ew – Höhe 65 m.*
🏌 🏌 *Scharmützelsee, Parkallee 3 (Süd-West : 3km), ℰ (033631) 6 33 00.*
🛈 *Touristinformation, Ulmenstr.15,* ⊠ 15526, ℰ (033631) 86 80, Fax (033631) 868120.
Berlin 72 – Potsdam 88 – Frankfurt (Oder) 38 – Brandenburg 118.

🏨🏨 **Kempinski Hotel Sporting Club Berlin** Ⓜ ⑤, Parkallee 1 (Süd-West : 6 km), ⊠ 15526, ℰ (033631) 60, *reservation.saarow@kempinski.com,* Fax (033631) 62000, « Lage am See ; Seeterrasse », Massage, ⴵ, ℣₆, ≘s, ⊿, ⃞, 龠, ※(Halle), 🏌, 🦌 (Halle) Segelschule – 🛗, ⇥ Zim, 🍴 🔟 ℣ ⅍ ☆₊ ⇦ 🅿 – 🕌 80. 🖭 🐠 *VISA JCB*
Lakeside : Menu à la carte 57/85 – **201 Z** ⊂⊃ 295/355 – 335/395, 15 Suiten – ½ P 60.

🏨 **Palais am See** ⑤ garni, Karl-Marx-Damm 23, ⊠ 15526, ℰ (033631) 86 10, *info@palais-am-see.de,* Fax (033631) 86186, ≼, « Lage am Scharmützelsee ; Garten », ≘s, 🐾s, 龠 – 🔟 🅿 – 🕌 20. 🖭 🐠 *VISA* ⅍
12 Z ⊂⊃ 190/220 – 260/300.

🏨 **Villa Contessa** ⑤ garni, Seestr. 18, ⊠ 15526, ℰ (033631) 5 80 18, *villa-contessa@t-online.de,* Fax (033631) 58019, ≼, « Ehemalige Villa a. d. J. 1910 in schöner Lage am Scharmützelsee », ≘s, 龠 – ⇥ 🔟 🅿 🐠 *VISA*
8 Z ⊂⊃ 150/180 – 198/218.

🏨 **Landhaus Alte Eichen** ⑤, Alte Eichen 21, ⊠ 15526, ℰ (033631) 41 15, Fax (033631) 2058, « Schöne Lage am See ; Seeterrasse », ≘s, 🐾s, 龠 – 🔟 🅿 – 🕌 30. 🖭 🐠 *VISA*
Menu à la carte 37/54 – **39 Z** ⊂⊃ 129/260 – 160/280.

🏨 **Am Werl,** Silberberger Str. 51, ⊠ 15526, ℰ (033631) 86 90, Fax (033631) 86951, 龠, ≘s – 🔟 ⅍ 🅿 🖭 🐠 *VISA*
Menu à la carte 31/46 – **13 Z** ⊂⊃ 95/130 – 145/170 – ½ P 25.

🏨 **Pieskow** ⑤, Schwarzer Weg 6, ⊠ 15526, ℰ (033631) 24 28, Fax (033631) 3566, 龠, 龠 – 🔟 🅿 🐠 *VISA*
Menu à la carte 26/43 – **11 Z** ⊂⊃ 80/90 – 100/130 – ½ P 20.

In Neu Golm *Nord-Ost : 2,5 km :*

🏨 **Landhaus Neu Golm** *(mit Gästehäusern),* Dorfstr. 4, ⊠ 15526, ℰ (033631) 20 77, *LANDHAUS-NEU-GOLM@ t-online.de,* Fax (033631) 2069, 龠 – 🔟 🅿 🖭 🐠 *VISA*
Menu *(geschl. Sonntagabend) (Montag - Freitag nur Abendessen)* à la carte 23/42 – **22 Z** ⊂⊃ 75/85 – 125 – ½ P 17.

SAARWELLINGEN *Saarland* 417 *R 4 – 14 200 Ew – Höhe 200 m.*
Berlin 727 – Saarbrücken 38 – Lebach 14 – Saarlouis 4,5.

In Saarwellingen-Reisbach *Ost : 6 km :*

XX **Landhaus Kuntz** mit Zim, Kirchplatz 3, ⊠ 66793, ℰ (06838) 5 05, Fax (06838) 504, 龠, « Hübsche Inneneinrichtung » – 🔟 🅿 ⓪ 🐠 *VISA*
Menu *(geschl. Juli 2 Wochen, Samstagmittag, Sonntag - Montag) (bemerkenswerte Weinkarte)* à la carte 44/75 – **7 Z** ⊂⊃ 95/140.

SACHSA, BAD *Niedersachsen* 418 *L 15 – 10 000 Ew – Höhe 360 m – Heilklimatischer Kurort – Wintersport : 500/650 m ⑤3 ⑆.*
🛈 *Kurbetrieb, Am Kurpark 6,* ⊠ 37441, ℰ (05523) 3 00 90, Fax (05523) 300949.
Berlin 273 – Hannover 129 – Erfurt 100 – Göttingen 62 – Braunschweig 95.

🏨🏨 **Romantischer Winkel** ⑤, Bismarckstr. 23, ⊠ 37441, ℰ (05523) 30 40, *info@romantischer-winkel.de,* Fax (05523) 304122, 龠, « Hotel mit individueller Einrichtung und Jugendstil-Villa », Massage, ⴵ, 🐾, ≘s, ⃞, 龠 – 🛗 ⇥ 🔟 ⇦ 🅿 – 🕌 25. 🖭 🐠 *VISA* ※ Rest
geschl. Mitte Nov. - Mitte Dez. – Menu à la carte 53/86 – **74 Z** ⊂⊃ 132/200 – 240/335, 4 Suiten – ½ P 40.

🏨 **Sonnenhof** Ⓜ ⑤ garni, Glaseberg 20a, ⊠ 37441, ℰ (05523) 9 43 70, *sonnenhof.rockendorf@t-online.de,* Fax (05523) 943750, Massage, 龠 – 🛗 ⇥ 🔟 ℣ ⇦ 🅿 🐠 ※
17 Z ⊂⊃ 75/120 – 130/220.

SÄCKINGEN, BAD Baden-Württemberg **419** X 7 – 17 000 Ew – Höhe 290 m – Heilbad.

Sehenswert : Fridolinsmünster★ – Überdachte Rheinbrücke★.

🎯 in Rickenbach (Nord-Ost : 12 km), ℰ (07765) 7 77.

🏨 Kurverwaltung, Waldshuter Str. 20, ⌂ 79713, ℰ (07761) 5 68 30, Fax (07761) 568317.

Berlin 822 – Stuttgart 205 – Freiburg im Breisgau 74 – Donaueschingen 82 – Schaffhausen 67 – Zürich 58 – Basel 31.

🏨🏨 **Goldener Knopf** 🛏, Rathausplatz 9, ⌂ 79713, ℰ (07761) 56 50, hotel-goldener-knopf@bad-saeckingen.de, Fax (07761) 565444, ≤, ☞ – 🛗, 🐾 Zim, 📺 🅿 – 🔏 60. 🖭 ⓞ ⓜⓞ 𝗩𝗜𝗦𝗔
Menu (geschl. 5. - 21. Jan.) à la carte 40/70 – **70 Z** ⊇ 127/135 – 197/225 – ½ P 33.

🏨 **Zur Flüh** 🛏, Weihermatten 38, ⌂ 79713, ℰ (07761) 92 44 80, adler@hotel-flueh.de, Fax (07761) 9244824, ☞, ☎s, ☒ – 🐾 Zim, 📺 🅿 – 🔏 30. 🖭 ⓞ ⓜⓞ 𝗩𝗜𝗦𝗔
Menu (geschl. Sonntagabend) à la carte 44/75 – **35 Z** ⊇ 98/110 – 160/180 – ½ P 25.

✕✕ **Fuchshöhle,** Rheinbrückstr. 7, ⌂ 79713, ℰ (07761) 73 13, ☞, « Haus a.d. 17.Jh. » – ⓞ ⓜⓞ 𝗩𝗜𝗦𝗔
geschl. über Fastnacht 2 Wochen, Aug. 2 Wochen, Sonntag - Montag – **Menu** (Tischbestellung ratsam) à la carte 52/78.

*Our **hotel and restaurant guides**, our **tourist guides** and our **road maps** are complementary. Use them together.*

SAGARD Mecklenburg-Vorpommern siehe Rügen (Insel).

SAILAUF Bayern siehe Aschaffenburg.

SALACH Baden-Württemberg **419** T 13 – 7 000 Ew – Höhe 365 m.

Berlin 601 – Stuttgart 49 – Göppingen 8 – Ulm (Donau) 43.

🏨🏨 **Klaus,** Hauptstr. 87 b, ⌂ 73084, ℰ (07162) 9 63 00, hotelKlaus@hotel-Klaus.de, Fax (07162) 963051, ☞, ☞ – 🛗 📺 🅿 – 🔏 15. 🖭 ⓜⓞ 𝗩𝗜𝗦𝗔
Menu (geschl. Sonntag - Montag) (nur Abendessen) à la carte 45/68 – **18 Z** ⊇ 119/168 – 160/180.

In der Ruine Staufeneck Ost : 3 km :

✕✕ **Burgrestaurant Staufeneck** (Straubinger), Staufenecker Straße, ⌂ 73084 Salach,
❄ ℰ (07162) 93 34 40, info@burg-staufeneck.de, Fax (07162) 9334455, ≤ Filstal, ☞ – 🅿
– 🔏 80. 𝗩𝗜𝗦𝗔
geschl. Montag – **Menu** 79/118 und à la carte 74/116
Spez. Bouillabaisse mit geröstetem Bauernbrot. Variation vom Kalbskopf mit Bries und Hirnkroketten. Rillette von Ochsenschwanz und Entenstopfleber mit Kürbis-Chutney.

SALEM Baden-Württemberg **419** W 11 – 9 000 Ew – Höhe 445 m.

Sehenswert : Ehemaliges Kloster★ (Klosterkirche★) – Schloß★.

🏨 Reisebüro Salem, Schloßseeallee 20 (Mimmenhausen), ⌂ 88682, ℰ (07553) 9 22 10, Fax (07553) 922122.

Berlin 730 – Stuttgart 149 – Konstanz 27 – Sigmaringen 47 – Bregenz 62.

🏨 **Salmannsweiler Hof** 🛏, Salmannsweiler Weg 5, ⌂ 88682, ℰ (07553) 9 21 20,
🕮 SalmannsweilerHof@T-online.de, Fax (07553) 921225, ☞ – 🐾 Zim, 📺 📞 🅿 ⓜⓞ 𝗩𝗜𝗦𝗔.
🕮
Menu (geschl. Donnerstag) à la carte 33/60 – **10 Z** ⊇ 76/82 – 124/140.

In Salem-Neufrach Süd-Ost : 3 km :

🏨 **Gasthof Reck,** Bahnhofstr. 111, ⌂ 88682, ℰ (07553) 2 01, Fax (07553) 202, ☞ –
🕮 🛗 📺 ☞ 🅿 𝗩𝗜𝗦𝗔
geschl. über Fastnacht 2 Wochen, Okt. - Nov. 2 Wochen – Menu (geschl. Mittwochabend - Donnerstag) à la carte 40/68 – **17 Z** ⊇ 50/100 – 90/180.

🏨 **Landgasthof Apfelblüte,** Markdorfer Str. 45, ⌂ 88682, ℰ (07553) 9 21 30,
Fax (07553) 921390, ☞, ☞ – 📺 ⅙ 🅿
geschl. Jan. 2 Wochen **Menu** (geschl. Dienstag, Freitagmittag, Samstagmittag) à la carte 27/50 – **30 Z** ⊇ 68/78 – 90/130.

SALZBURG 🅛 Österreich **420** W 23 – 147 000 Ew – Höhe 425 m.

Sehenswert : ≤★★ *auf die Stadt (vom Mönchsberg)* X *und* ≤★★ *(von der Hettwer-Bastei)*
Y – *Hohensalzburg*★★ X, Z : ≤★★ *(von der Kuenburgbastei),* ⚹★★ *(vom Reckturm),*
Burgmuseum★ – *Petersfriedhof*★★ Z – *Stiftskirche St. Peter*★★ Z – *Residenz*★★ Z – *Haus*
der Natur★★ Y **M2** – *Franziskanerkirche*★Z **A** – *Getreidegasse*★ Y – *Mirabellgarten*★ V
(*Monumentaltreppe*★★ *des Schloßes*) – *Barockmuseum*★ V **M3** – *Dom*★ Z.

Ausflugsziele : *Gaisbergstraße*★★ *(*≤★*) über* ① – *Untersberg*★ *über* ② : 10 km *(mit* ⚞*)*
– *Schloß Hellbrunn*★ *über Nonntaler Hauptstraße* X.

🛫 *Salzburg-Wals, Schloß Klessheim,* ✆ (0662) 85 08 51 ; 🛬 *in Hof (über* ① : 20 km),
✆ (06229) 23 90 ; 🛬 *in St. Lorenz (über* ① : 29 km), ✆ (06232) 38 35.

Festspiel-Preise : siehe S. 6

Prix pendant le festival : voir p. 18

Prices during tourist events : see p. 30

Prezzi duranti i festival : vedere p. 42.

🛬 *Innsbrucker Bundesstr. 95 (über* ③*),* ✆ (0662) 85 12 23 - *City Air Terminal (Auto-*
busbahnhof), Südtirolerplatz V.

🚖 *Lastenstraße.*

Salzburger Messegelände, Linke Glanzeile 65, ✆ (0662) 3 45 66.

🛈 *Salzburg-Information, Auerspergstr. 7,* ✉ A-5020, ✆ (0662) 88 98 70, Fax (0662)
8898732.

ÖAMTC, *Alpenstr. 102, (über* ②*),* ✆ (0662) 63 99 90, Fax (0662) 6399945.

Wien 292 ① – *Innsbruck 177* ③ – *Bad Reichenhall 20* ③ – *München 140* ③

Die Preise sind in der Landeswährung (ö. S.) angegeben.

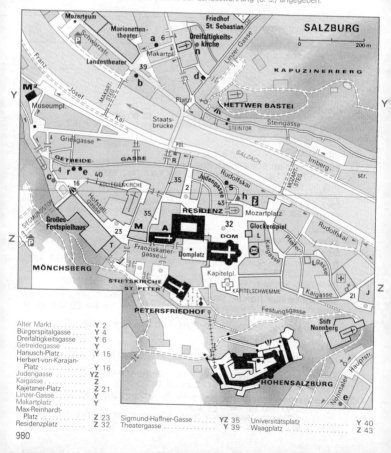

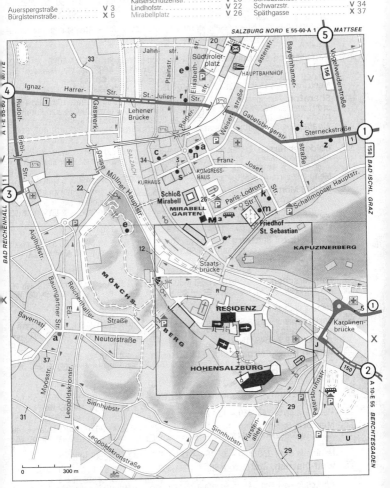

Österreichischer Hof, Schwarzstr. 5, ✉ A-5020, ☏ (0662) 8 89 77, *oehof@sache r.com,* Fax *(0662) 88977551,* « Terrassen an der Salzach mit ≤ Altstadt und Festung », Massage, ♁, ≘s – ◙, ⇄ Zim, ◼ ◻ ☎ ﬔ ⟺ – ᾝ 70. ㏂ ① ◍ 🆅🆂🅰
JCB
Zirbelzimmer : Menu à la carte 480/730 – *Salzach Grill :* Menu à la carte 280/500 – **120 Z** ⊃ 2800/3400 – 3200/6800, 7 Suiten.   Y b

Altstadt Radisson SAS, Judengasse 15, ✉ A-5020, ☏ (0662) 8 48 57 10, *radisso n-altstadt@austria-trend.at,* Fax *(0662) 8485716,* « Modernisiertes Haus a.d.J. 1377, teil-weise mit antiker Einrichtung » – ◙, ⇄ Zim, ◼ Zim, ◻ ⟺ – ᾝ 30. ㏂ ① ◍ 🆅🆂🅰
JCB
Menu *(geschl. Sonntag, ausser Festspielzeit)* à la carte 330/515 – **62 Z** ⊃ 1950/2550 – 2900/4400, 13 Suiten.   Y s

Bristol, Makartplatz 4, ✉ A-5020, ☏ (0662) 87 35 57, *hotel.bristol@salzburg.co.at,* Fax *(0662) 8735576* – ◙, ⇄ Zim, ◼ ◻ ☎ ﬔ – ᾝ 60. ㏂ ① ◍ 🆅🆂🅰 **JCB**   Y a
geschl. 5. Feb. - 5. April – **Menu** siehe Rest. *Bei Bruno* separat erwähnt – **62 Z** ⊃ 2800/3400 – 4000/5300, 8 Suiten.

981

Crowne Plaza-Pitter Ⓜ, Rainerstr. 6, ✉ A-5020, ✆ (0662) 88 97 80, *crowneplaza -pitter@salzburginfo.or.at*, Fax (0662) 878893, 🚗 – 🛗, 🔆 Zim, 📺 ✦ 🕹 – 🔬 160.
AE ① ⑩ VISA JCB ✧ Rest
  V n
Rainerstube (nur Abendessen) **Menu** à la carte 385/580 – **Auersperg** *(nur Mitta-gessen)* **Menu** 130 (Lunchbuffet) und à la carte – **197 Z** ⟷ 2050 – 2750/2940, 7 Suiten.

Renaissance Salzburg Hotel Ⓜ, Fanny-von-Lehnert-Str. 7, ✉ A-5020, ✆ (0662) 4 68 80, *rhi.szgbr.gm@renaissancehotels.com*, Fax (0662) 4688298, 🌲, Massage, ♪, 🚗, 🔲 – 🛗, 🔆 Zim, 📺 ✦ 🕹 🚗 – 🔬 500. AE ① ⑩ VISA JCB
Menu à la carte 265/431 – **257 Z** ⟷ 1650/1950.   über Kaiserschützenstraße V

Sheraton, Auerspergstr. 4, ✉ A-5020, ✆ (0662) 88 99 90, *Sheraton.Salzburg@Sher aton.com*, Fax (0662) 881776, « Terrasse im Kurpark », direkter Zugang zum Kurmittel-haus – 🛗, 🔆 Zim, 📺 ✦ 🕹 🚗 – 🔬 50. AE ① ⑩ VISA JCB ✧ Rest   V s
Mirabell (geschl. Montag - Dienstag, ausser Festspielzeit) **Menu** à la carte 400/616 – ⟷ 260 – **163 Z** 2450/2950 – 3150/3650, 9 Suiten.

Goldener Hirsch, Getreidegasse 37, ✉ A-5020, ✆ (0662) 8 08 40, *welcome@golde nerhirsch.com*, Fax (0662) 843349, « Patrizierhaus a.d.J. 1407 mit stilvoller Einrichtung » – 🛗, 🔆 Zim, 📺 ✦ 🕹 – 🔬 30. AE ① ⑩ VISA JCB   Y e
Menu à la carte 450/580 – ⟷ 330 – **69 Z** 2600/4900 – 3600/4900, 3 Suiten.

Schloß Mönchstein 🏰, Mönchsberg Park 26, ✉ A-5020, ✆ (0662) 8 48 55 50, *salz burg@monchstein.at*, Fax (0662) 848559, ≼ Salzburg und Umgebung, 🌲, « Schlößchen mit eleganter, stilvoller Einrichtung ; Hochzeitskapelle ; Park », 🌳, ✂ – 🛗 📺 🚗 🅿 🔲.
① ⑩ VISA JCB ✧ Rest   X e
Menu à la carte 470/760 – **16 Z** ⟷ 3400 – 3400/5900, 3 Suiten.

Dorint Hotel Salzburg, Sterneckstr. 20, ✉ A-5027, ✆ (0662) 88 20 31, *hotel.salz burg@dorint.rogner.com*, Fax (0662) 8820319, 🚗 – 🛗, 🔆 Zim, 📺 ✦ 🕹 🚗 – 🔬 160.
AE ① ⑩ VISA JCB ✧ Rest   V z
Menu à la carte 255/430 – **139 Z** ⟷ 1750/2340 – 2050/2640, 4 Suiten.

Zum Hirschen, St.-Julien-Str. 21, ✉ A-5020, ✆ (0662) 88 90 30, *zumhirschen@ains.at*, Fax (0662) 8890358, Massage, 🚗 – 🛗, 🔆 Zim, 📺 ✦ 🔲 – 🔬 30. AE ① ⑩ VISA JCB   V r
Menu à la carte 170/490 – **64 Z** ⟷ 1155/2380 – 2205/2520.

Carlton garni, Markus-Sittikus-Str. 3, ✉ A-5020, ✆ (0662) 88 21 91, *hotel.carlton@a stron-salzberg.at*, Fax (0662) 87478447, 🚗 – 🛗 🔆 📺 🚗 🅿. AE ① ⑩ VISA JCB   V c
⟷ 160 – **39 Z** 1340/1580, 13 Suiten.

Astron Hotel Salzburg City, Franz-Josef-Str. 26, ✉ A-5020, ✆ (0662) 88 20 41, *novotel.city@astron-salzburg.at*, Fax (0662) 874240, 🚗 – 🛗, 🔆 Zim, 📺 🕹 🚗 🔲 – 🔬 75. AE ① ⑩ VISA JCB   V k
Menu à la carte 250/480 – **140 Z** ⟷ 1420/1770.

Rosenberger, Bessarabierstr. 94, ✉ A-5020, ✆ (0662) 4 35 54 60, Fax (0662) 43951095, 🚗 – 🛗, 🔆 Zim, 📺 🚗 🔲 – 🔬 300. AE ① ⑩ VISA
Menu à la carte 245/439 – **120 Z** ⟷ 1350/1890.   über ④

Mercure, Bayerhamerstr. 14, ✉ A-5020, ✆ (0662) 8 81 43 80, *H0984@Accor-Hotels .com*, Fax (0662) 871111411, 🌲 – 🛗, 🔆 Zim, 📺 🕹 🚗 🔲 – 🔬 100. AE ① ⑩ VISA JCB   V t
Menu à la carte 230/490 – ⟷ 150 – **121 Z** 1190/1480 – 1350/1820.

Wolf-Dietrich, Wolf-Dietrich-Str. 7, ✉ A-5020, ✆ (0662) 87 12 75, *office@salzburg -hotel.at*, Fax (0662) 882320, 🌲, 🚗, 🔲 – 🛗 📺 🚗. AE ① ⑩ VISA JCB   V m
Ährlich (geschl. Feb. - März, Sonntag) (nur Abendessen) **Menu** à la carte 220/390 – **29 Z** ⟷ 890/990 – 1470/1855.

Altstadthotel Blaue Gans, Getreidegasse 41, ✉ A-5020, ✆ (0662) 84 24 91, *offi ce@blauegans.at*, Fax (0662) 8424919, « Restauriertes Gasthaus a.d.J. 1432 » – 🛗 📺 ✦.
AE ① ⑩ VISA JCB   Y r
Menu *(geschl. Dienstag, ausser Festspielzeit)* à la carte 185/425 – **40 Z** ⟷ 945 – 1250/1650.

Hohenstauffen garni, Elisabethstr. 19, ✉ A-5020, ✆ (0662) 8 77 66 90, *hohenstau ffen@nextra.at*, Fax (0662) 87219351 – 🛗 🔆 📺 🚗 🅿. AE ① ⑩ VISA JCB   V e
31 Z ⟷ 990/1490.

Markus Sittikus garni, Markus-Sittikus-Str. 20, ✉ A-5020, ✆ (0662) 8 71 12 10, *mark us-sittikus@austria.at*, Fax (0662) 87112158 – 🛗 📺 ✦ – 🔬 20. AE ① ⑩ VISA JCB   V a
39 Z ⟷ 770/1015 – 1225/1420.

Gablerbräu, Linzer Gasse 9, ✉ A-5020, ✆ (0662) 8 89 65, *hotel@gablerbraeu.com*, Fax (0662) 8896555, 🌲 – 🛗 📺 – 🔬 20. AE ① ⑩ VISA JCB   Y d
Menu à la carte 180/390 – **52 Z** ⟷ 890/1260 – 1390/1580.

XX **Alt Salzburg,** Bürgerspitalgasse 2, ⊠ A-5020, 𝒫 (0662) 84 14 76, *Fax (0662) 8414764*
– 𝔸𝔼 ⓘ ⓜⓞ 𝖵𝖨𝖲𝖠 𝖩𝖢𝖡   Y c
geschl. 11. - 18. Feb., Sonntag - Montagmittag, außer Festspielzeit – Menu (abends Tisch-
bestelltung ratsam) à la carte 310/490.

XX **Bei Bruno** -Hotel Bristol, Makartplatz 4, ⊠ A-5020, 𝒫 (0662) 87 84 17, *bruno@rest
aurant-austria.net, Fax (0662) 8735576* – 𝔸𝔼 ⓘ ⓜⓞ 𝖵𝖨𝖲𝖠 𝖩𝖢𝖡   Y a
geschl. Feb., Sonntag, ausser Festspielzeit – Menu à la carte 285/625.

XX **Riedenburg,** Neutorstr. 31, ⊠ A-5020, 𝒫 (0662) 83 08 15, *restaurant.riedenburg@u
tanet.at, Fax (0662) 843923,* 🌳 – 𝖯. 𝔸𝔼 ⓘ ⓜⓞ 𝖵𝖨𝖲𝖠   X a
geschl. Sonntag - Montagmittag, außer Festspielzeit – Menu à la carte 345/570.

XX **K+K Restaurant am Waagplatz,** Waagplatz 2 (1. Etage), ⊠ A-5020, 𝒫 (0662)
84 21 56, *kk.restaurant@kuk.at, Fax (0662) 84215633,* 🌳, « Mittelalterliches Essen
mit Theateraufführung im Freysauff-Keller (auf Vorbestellung) » – 𝔸𝔼 ⓘ ⓜⓞ 𝖵𝖨𝖲𝖠
𝖩𝖢𝖡   Z h
Menu (Tischbestellung ratsam) à la carte 305/485.

X **Perkeo,** Priesterhausgasse 20, ⊠ A-5020, 𝒫 (0662) 87 08 99, *Fax (0662) 870833,*
🌳   Y n
geschl. Samstag - Sonntag, in der Festspielzeit Sonntag – Menu à la carte 435/575.

In Salzburg-Aigen über Bürglsteinstraße X :

🏨 **Rosenvilla** garni, Höfelgasse 4, ⊠ A-5020, 𝒫 (0662) 62 17 65, *hotel.rosenvilla@salz
burg-online.at, Fax (0662) 6252308* – ⇆ 𝖳𝖵 𝖯. 𝔸𝔼
15 Z ⊑ 910/1470 – 1540/2380.

🏨 **Doktorwirt,** Glaser Str. 9, ⊠ A-5026, 𝒫 (0662) 62 29 73, *schnoell@doktorwirt.co.at,
Fax (0662) 62171724,* 🌳, ☎, ⤢ (geheizt), 🎾 – ⇆ Rest, 𝖳𝖵 ⇔ 𝖯. – 🚲 25. 𝔸𝔼 ⓘ
ⓜⓞ 𝖵𝖨𝖲𝖠 𝖩𝖢𝖡. 🛇 Rest
geschl. Feb. 2 Wochen, 16. Okt. - 26. Nov. – Menu *(geschl. Montag, Sept. - Ostern Sonntagabend - Montag)* à la carte 200/450 ♧ – **39 Z** ⊑ 875/1155 – 1295/1750.

XX **Gasthof Schloß Aigen,** Schwarzenbergpromenade 37, ⊠ A-5026, 𝒫 (0662)
62 12 84, *Fax (0662) 621284,* 🌳 – 𝖯. 𝔸𝔼 ⓘ ⓜⓞ 𝖵𝖨𝖲𝖠
geschl. Jan. - Feb. 3 Wochen, Dienstag - Mittwoch, ausser Festspielzeit – Menu à la carte
350/615.

In Salzburg-Gnigl über ① :

XX **Pomodoro,** Eichstr. 54, ⊠ A-5023, 𝒫 (0662) 64 04 38, 🌳 – 𝖯. 𝔸𝔼 ⓜⓞ 𝖵𝖨𝖲𝖠
geschl. Ende Juli - Ende Aug., Montag - Dienstag – Menu (italienische Küche, Tischbestellung
ratsam) à la carte 310/420.

In Salzburg-Itzling über Kaiserschützenstraße V :

🏠 **Auerhahn,** Bahnhofstr. 15, ⊠ A-5020, 𝒫 (0662) 45 10 52, *auerhahn@eunet.at,
Fax (0662) 4510523,* 🌳 – ⇆ Rest, 𝖳𝖵 ⇔ 𝖯. 𝔸𝔼 ⓜⓞ 𝖵𝖨𝖲𝖠
Menu *(geschl. Feb. 1 Woche, Juli 3 Wochen, Sonntagabend - Montag)* à la carte 240/420
– **14 Z** ⊑ 560/575 – 950/980.

In Salzburg-Liefering über ④ :

🏨 **Brandstätter,** Münchner Bundesstr. 69, ⊠ A-5020, 𝒫 (0662) 43 45 35, *info@hotel
-brandstaetter.com, Fax (0662) 43453590,* 🌳, ☎, 🎣, 🎾 – 🍽, ⇆ Rest, 𝖳𝖵 𝖯. – 🚲 30.
🛇 Rest
geschl. 22. - 27. Dez. – Menu *(geschl. Anfang Jan. 1 Woche, Juni 1 Woche, ausser Saison
Sonntag)* (Tischbestellung ratsam) à la carte 280/645 – **34 Z** ⊑ 880/1200 –
1250/1650
Spez. Ricotta-Schlutzkrapferl mit Paradeisern. Bauernente im Rohr gebraten mit Blaukraut
und Grießknödel. Topfensoufflé mit Himbeermus.

In Salzburg-Maria Plain über Plainstraße V :

🏨 **Maria Plain** 🛇, Plainbergweg 41, ⊠ A-5101, 𝒫 (0662) 4 50 70 10, *info@mariaplain
.com, Fax (0662) 45070119,* « Landgasthof a.d.17 Jh. ; Gastgarten mit ≼ Salzburg », 🎾
– 🍽 𝖳𝖵 ⇔ 𝖯. – 🚲 40. 𝔸𝔼 ⓘ ⓜⓞ 𝖵𝖨𝖲𝖠
geschl. Juli 1 Woche – Menu *(geschl. Dienstag - Mittwoch, ausser Festspielzeit)* à la carte
270/380 – **27 Z** ⊑ 748/880 – 1200/1500, 5 Suiten.

In Salzburg-Nonntal :

XX **Purzelbaum,** Zugallistr. 7, ⊠ A-5020, 𝒫 (0662) 84 88 43, *Fax (0662) 8443529,* 🌳
(Restaurant im Bistro-Stil) – 𝔸𝔼 ⓘ ⓜⓞ 𝖵𝖨𝖲𝖠   Z e
geschl. Sonntag, ausser Festspielzeit – Menu (abends Tischbestellung ratsam) à la carte
500/645.

Auf dem Heuberg *Nord-Ost : 3 km über ① – Höhe 565 m :*

  🏠 **Schöne Aussicht** ⑤, Heuberg 3, ⊠ A-5023 Salzburg, ℰ (0662) 64 06 08, *sch.auss icht@salzburginfo.at, Fax (0662) 6406082*, « Gartenterrasse mit ⩽ Salzburg und Alpen », ⛩s, ⊿, ☞, ℅ – ⊤⊽ ℙ – 🔏 30. 🖭 ⓞ ⓒⓞ 𝚅𝙸𝚂𝙰 𝙹𝙲𝙱
März - Okt. – **Menu** *(nur Abendessen)* à la carte 265/480 – **28 Z** ⊇ 980/1400 – 1400/1820.

Auf dem Gaisberg *über ① :*

  🏨 **Vitalhotel Kobenzl** ⑤, Gaisberg 11 – Höhe 730 m, ⊠ A-5020 Salzburg, ℰ (0662) 64 15 10, *info@hotel-Koblenzl.co.at, Fax (0662) 642238*, ☞, « Schöne Panorama-Lage mit ⩽ Salzburg und Alpen », Massage, ⓜ, ⛩s, ⊠, ☞ – ⊧, ⇆ Zim, ⊤⊽ ℙ – 🔏 40. 🖭 ⓞ ⓒⓞ 𝚅𝙸𝚂𝙰. ℅ Rest
geschl. 6. Jan. - 6. März – **Menu** à la carte 415/590 – **40 Z** ⊇ 1650/2100 – 1900/3200, 15 Suiten.

  🏨 **Romantik Hotel Gersberg Alm** ⑤, Gersberg 37 – Höhe 800 m, ⊠ A-5023 Salzburg-Gnigl, ℰ (0662) 64 12 57, *office@gersbergalm.at, Fax (0662) 644278*, ☞, ⛩s, ⊿, ☞, ℅ – ⊤⊽ ℙ – 🔏 45. 🖭 ⓞ ⓒⓞ 𝚅𝙸𝚂𝙰 𝙹𝙲𝙱
Menu *(Tischbestellung ratsam)* à la carte 330/520 – **45 Z** ⊇ 1050/2400 – 1650/3400.

Beim Flughafen *über ③ :*

  🏨 **Radisson-SAS-Airport-Center-Hotel**, Bundesstr. 4, ⊠ A-5073 Salzburg-Wals, ℰ (0662) 8 58 10, *radissonsascenterhotel@austria-trend.at, Fax (0662) 85814000* – ⊧, ⇆ Zim, ▤ ⊤⊽ � & ⟺ – 🔏 90. 🖭 ⓞ ⓒⓞ 𝚅𝙸𝚂𝙰 𝙹𝙲𝙱. ℅ Rest
Menu à la carte 230/455 – **152 Z** ⊇ 1310/1760 – 1450/2040.

  🏨 **Airporthotel**, Dr.-M.-Laireiter-Str. 9, ⊠ A-5020 Salzburg-Loig, ℰ (0662) 85 00 20, *Fax (0662) 85002044*, ⛩s – ⊧, ⇆ Zim, ⊤⊽ ⟺ ℙ – 🔏 20. 🖭 ⓞ ⓒⓞ 𝚅𝙸𝚂𝙰 𝙹𝙲𝙱
Menu *(Restaurant nur für Hausgäste)* – **39 Z** ⊇ 1090/1390 – 1690/1750.

In Siezenheim *5 km über ③ und Siezenheimer Strasse :*

  🏠 **Gasthof Kamml**, Brückenstr. 105, ⊠ A-5020, ℰ (0662) 85 02 67, *hotel@kamml.com, Fax (0662) 85026713*, Biergarten, ⊿, ☞, ℅ – ⊧ ⊤⊽ ℙ. 🖭 ⓞ ⓒⓞ 𝚅𝙸𝚂𝙰
Menu à la carte 200/320 – **50 Z** ⊇ 595/1015.

In Anif *über ② : 7 km :*

  🏨 **Friesacher**, Anifer Landesstr. 58, ⊠ A-5081, ℰ (06246) 89 77, *first@hotelfriesacher, Fax (06246) 897749*, ☞, Massage, 𝑓ⓢ, ⛩s, ☞ – ⊧, ⇆ Zim, ⊤⊽ ℙ – 🔏 25
geschl. 2. - 22. Jan. – **Menu** *(geschl. Mittwoch, ausser Festspielzeit)* à la carte 214/440 ⅃
– **53 Z** ⊇ 790/1060 – 1300/1400.

  🏨 **Schloßwirt zu Anif** (mit Gästehaus), Halleiner Bundesstr. 22, ⊠ A-5081, ℰ (06246) 7 21 75, *info@schlosswirt-anif.com, Fax (06246) 721758*, ☞, « Gasthof a.d.J. 1607 mit Biedermeiereinrichtung », ☞ – ⊤⊽ ⟺ ℙ – 🔏 30. 🖭 𝚅𝙸𝚂𝙰
geschl. Feb. 2 Wochen, Okt. - Nov. 2 Wochen – **Menu** *(geschl. Dienstag)* à la carte 320/595
– **28 Z** ⊇ 1050/1260 – 1750.

  🏨 **Hubertushof**, Neu Anif 4 (nahe der Autobahnausfahrt Salzburg Süd), ⊠ A-5081, ℰ (06246) 89 70, *hotel@hubertushof-anif.co.at, Fax (06246) 76036*, ☞, Massage, ⛩s, ☞ – ⊧ ⊤⊽ ℂ ℙ – 🔏 80. 🖭 ⓞ ⓒⓞ 𝚅𝙸𝚂𝙰
Menu *(geschl. Feb. 2 Wochen, Juli 3 Wochen, Montag)* à la carte 220/380 – **76 Z** ⊇ 980/1190 – 1480/1880.

In Bergheim *Nord : 7 km über Plainstrasse V :*

  🏨 **Gasthof Gmachl**, Dorfstr. 35, ⊠ A-5101, ℰ (0662) 45 21 24, *info@hotel-gmachl.c o.at, Fax (0662) 45212468*, ☞, « In verschiedenen Stilen eingerichtete Gaststuben ; Parkanlage », ⛩s, ⊿ (geheizt), ☞, ℅ – ⊧, ⇆ Zim, ⊤⊽ ℂ ℙ – 🔏 40. 🖭 ⓒⓞ 𝚅𝙸𝚂𝙰. ℅ Zim
geschl. Juli 2 Wochen – **Menu** à la carte 240/480 – **58 Z** ⊇ 940/1010 – 1630/2470.

In Bergheim-Lengfelden *Nord : 7 km über ⑤ :*

  🏠 **Gasthof Bräuwirt**, Lengfelden 21, ⊠ A-5101, ℰ (0662) 45 21 63, *gasthof@bra uwirt.at, Fax (0662) 45216353*, ☞ – ⊤⊽ ℂ ⟺ ℙ – 🔏 35. ⓞ ⓒⓞ 𝚅𝙸𝚂𝙰
Menu *(geschl. Juli 2 Wochen, Nov. 2 Wochen, Sonntagabend - Dienstagmittag)* à la carte 170/380 – **39 Z** ⊇ 650/880 – 970/1400.

In Hallwang-Söllheim *Nord-Ost : 7 km über ① und Linzer Bundesstrasse :*

  ✗✗ **Pfefferschiff**, Söllheim 3, ⊠ A-5300, ℰ (0662) 66 12 42, *restaurant@pfefferschiff.at,*
  ✿ *Fax (0662) 661841*, ☞ – ℙ. 🖭 ℅
geschl. Ende Juni - Mitte Juli, Anfang - Mitte Sept., Sonntag - Montag, Festspielzeit nur Montag – **Menu** à la carte 550/660
Spez. Blunzenguglhupf mit schwarzem Trüffel und Selleriepüree. Gebratenes Lammcarré mit Porrée-Erdäpfelgratin. Dessertvariation.

In Elixhausen *Nord : 8 km über* ⑤ :

🏨 **Romantik Hotel Gmachl,** Dorfstr. 14, ✉ A-5161, ✆ (0662) 4 80 21 20, *rgmachl @salzburg.co.at, Fax (0662) 48021272,* 🌤, « *Landgasthof a.d.J. 1334 ; ehemalige Taverne der Benediktiner* », Massage, ⓔₛ, ⌱ (geheizt), 🌤, ✵(Halle) – 🛗 📺 🅿 – 🕍 40. 🖭 ⓞ ⓒⓔ 𝗩𝗜𝗦𝗔
geschl. 20. - 27. Dez., 15. Juni - 7. Juli – **Menu** *(geschl. Sonntagabend - Montagmittag, ausser Festspielzeit)* à la carte 305/525 – **34 Z** ⌸ 980 – 1680/2550, 3 Suiten.

In Elsbethen-Vorderfager *über* ② : *9 km :*

🏨 **Schwaitlalm** ⚲, Vorderfager 39, ✉ A-5061, ✆ (0662) 62 59 27, *Fax (0662) 6296063,* ⩽, 🌤, ⓔₛ, ⌱, 🌤, ✵ – 📺 🅿 – 🕍 20. 🖭 ⓞ
geschl. Jan. - Feb. – **Menu** *(geschl. Dienstag, ausser Festspielzeit)* (Tischbestellung ratsam) à la carte 455/530 – **17 Z** ⌸ 1160/1750 – 1850/3100.

In Hof *über* ① : *20 km :*

🏨🏨 **Schloß Fuschl** ⚲ (mit 🏨 Gästehäusern), Vorderelsenwang 19, ✉ A-5322, ✆ (06229) 2 25 30, *info@schlossfuschl.at, Fax (06229) 2253531,* ⩽, 🌤, « *Ehemaliges Jagdschloß a.d. 15 Jh.* », Massage, ⓔₛ, ⌱, 🅰ₛ, 🌤, ✵, 🍸 – 🛗 📺 ⟿ 🅿 – 🕍 100. 🖭 ⓞ ⓒⓔ 𝗩𝗜𝗦𝗔 ✵ Rest
Menu à la carte 520/715 – ⌸ 195 – **84 Z** 2100/2300 – 2800/3000, 3 Suiten.

🏨 **Jagdhof am Fuschlsee** (mit Gästehaus), ✉ A-5322, ✆ (06229) 2 37 20, *info@jag dhof-fuschl.at, Fax (06229) 2372413,* ⩽, 🌤, (ehem. Bauernhaus a.d.J. 1783), ⓔₛ, ⌱, 🌤 – 🛗 📺 🅿 – 🕍 90. 🖭 ⓞ ⓒⓔ 𝗩𝗜𝗦𝗔 𝗝𝗖𝗕
Menu à la carte 310/460 – **57 Z** ⌸ 980/1400 – 1700/2000.

In Fuschl am See *über* ① : *26 km :*

🏨🏨 **Ebner's Waldhof** ⚲, Seepromenade, ✉ A-5330, ✆ (06226) 82 64, *Waldhof@Fus chl.com, Fax (06226) 8644,* ⩽, 🌤, Massage, ⓔₛ, ⌱, 🅰ₛ, 🌤, ✵ – 🛗 📺 🅿 – 🕍 60. ⓞ ⓒⓔ 𝗩𝗜𝗦𝗔 ✵ Rest
geschl. 15. März - 15. April, Nov. - 15. Dez. – **Menu** (Tischbestellung ratsam) à la carte 320/500 – **75 Z** ⌸ 910/1230 – 1470/2030.

✕✕ **Brunnwirt,** ✉ A-5330, ✆ (06226) 82 36, *brandstaetter@yline.com, Fax (06226) 8236,* 🌤 – 🅿. 🖭 ⓞ ⓒⓔ 𝗩𝗜𝗦𝗔
geschl. Ende Jan. - Mitte Feb., Montag, ausser Festspielzeit – **Menu** *(wochentags nur Abendessen)* (Tischbestellung erforderlich) à la carte 370/600.

Am Mondsee *über* ⑤ : *28 km, A 1 Ausfahrt Mondsee, nördliche Seeseite Richtung Attersee :*

🏨🏨 **Seehof** ⚲, ✉ A-5311 Loibichl, ✆ (06232) 50 31, *seehof@nextra.de, Fax (06232) 503151,* ⩽, « *Gartenterrasse* », Massage, ⓔₛ, 🅰ₛ, 🌤, ✵ – ✵ Rest, 📺 ⟿ 🅿 – 🕍 15. ✵
Mitte Mai - Mitte Sept. – **Menu** à la carte 340/565 – **30 Z** ⌸ 3500/5980, 4 Suiten.

In Golling *Süd : 25 km über* ② *und A10 :*

🏨 **Döllerer's Goldener Stern,** Am Marktplatz 56, ✉ A-5440, ✆ (06244) 4 22 00, *offi ce@doellerer.co.at, Fax (06244) 691242,* ⓔₛ – 📺 – 🕍 20. 🖭 ⓞ 𝗩𝗜𝗦𝗔
✿ *geschl. Jan. 2 Wochen, Juli 2 Wochen, Okt. 1 Woche* – **Menu** *(geschl. Sonntag - Montagmittag)* (bemerkenswerte Weinkarte) 395/790 à la carte 500/700 – **Bürgerstube** *(geschl. Sonntag - Montagmittag)* **Menu** à la carte 250/430 – **13 Z** ⌸ 700/805 – 1100/1900
Spez. Kalbskopf und Zunge mit getrockneten Tomaten und Ruccola. Gebratener Wolfbarsch mit Rotweinzwiebeln und Speckknödel. Geschmorte Ochsenwangerl mit Trüffel.

In Werfen *Süd : 45 km über* ② *und A10 :*

✕✕✕ **Karl-Rudolf Obauer** mit Zim, Markt 46, ✉ A-5450, ✆ (06468) 5 21 20, *Fax (06468) 521212,* « *Gartenterrasse* » – ▤ Rest, 📺 ⚡ 🅿. 🖭
✿✿✿ **Menu** *(geschl. Montag - Dienstag, Feiertage, ausser Saison und Festspielzeit)* (Tischbestellung erforderlich) 395 (mittags)/850 (abends) à la carte 520/860 – **8 Z** ⌸ 1200/1900
Spez. Topinambur-Pudding mit geräuchertem Truthahn und Trüffel. Waller mit Zitronenschalotten und Cassis. Ofenmarillen mit Mandelschlag und Kokossorbet.

SALZDETFURTH, BAD *Niedersachsen* 🔟🔠🔟 *J 14 – 15 000 Ew – Höhe 155 m – Heilbad.*
🛝₁₈ *Bad Salzdetfurth-Wesseln, In der Bünte,* ✆ (05063) 15 16.
Berlin 298 – Hannover 50 – Braunschweig 52 – Göttingen 81 – Hildesheim 16.

🏨 **relexa,** An der Peesel 1 (in Detfurth), ✉ 31162, ✆ (05063) 2 90, *relexa.badsazdetfu rth@t-online.de, Fax (05063) 29113,* 🌤, ⓔₛ, ⌱ – 🛗, ✵ Zim, 📺 🅿 – 🕍 250. 🖭 ⓞ ⓒⓔ 𝗩𝗜𝗦𝗔 𝗝𝗖𝗕
Menu à la carte 47/74 – **130 Z** ⌸ 159/370 – 199/430, 4 Suiten – ½ P 34.

SALZGITTER Niedersachsen 𝟜𝟙𝟞 𝟜𝟙𝟠 J 15 – 117 000 Ew – Höhe 80 m.

  🛏 Bad Salzgitter, Mahner Berg, ℰ (05341) 3 73 76.

  🔃 Tourist-Information, Vorsalzerstr. 11, in Salzgitter-Bad, ⊠ 38259, ℰ (05341) 39 37 38, Fax (05341) 391816.

  Berlin 261 – Hannover 68 – Braunschweig 28 – Göttingen 79 – Hildesheim 33.

In Salzgitter-Bad – Heilbad :

🏨 **Golfhotel** Ⓜ garni, Gittertor 5, ⊠ 38259, ℰ (05341) 30 10, info@golfhotel-salzgitter.de, Fax (05341) 301199 – |₿| ᶠᵉ 🆃🆅 ⎚ 🅿. 🅰🅴 🆎 🆅🆂🅰
  32 Z ⊆ 95/130 – 138/210.

🏨 **Quellenhof** Ⓜ garni, Hinter dem Salze 32, ⊠ 38259, ℰ (05341) 3 40 81, quellenhof.salzgitter@eurohotel-online.com, Fax (05341) 394828, ☎ – |₿| 🆃🆅 ⎚ 🅿 – 🅰 20. 🅰🅴 🆎
  🆅🆂🅰
  36 Z ⊆ 105/150 – 145/190.

🏠 **Ratskeller** ⌖, Marktplatz 10, ⊠ 38259, ℰ (05341) 30 13 20, RatskellerSalzgitter@t-online.de, Fax (05341) 3013242, ☞ – |₿| 🆃🆅 ⟵ 🅿 – 🅰 300. 🅰🅴 ⓞ 🆎 🆅🆂🅰
  Menu à la carte 33/63 (auch vegetarische Gerichte) – **44 Z** ⊆ 110/150 – 158/180.

🏠 **Kniestedter Hof** garni, Breslauer Str. 20, ⊠ 38259, ℰ (05341) 80 08 00, k-hof@t-online.de, Fax (05341) 800888, ☎ – |₿|, ᶠᵉ Zim, 🆃🆅 ⟵ 🅿. 🅰🅴 🆎 🆅🆂🅰
  geschl. 24. Dez. - 2. Jan. – **23 Z** ⊆ 95/140 – 140/190.

🏠 **Haus Liebenhall** ⌖ garni, Bismarckstr. 9, ⊠ 38259, ℰ (05341) 3 40 91, Pietrek@aol.com, Fax (05341) 31092, ☞ – 🆃🆅 🅿. 🆎 🆅🆂🅰. ⌖
  13 Z ⊆ 75/110 – 100/130.

In Salzgitter-Lebenstedt :

🏨 **Am See** ⌖, Kampstr. 37, ⊠ 38226, ℰ (05341) 1 89 00, HotelamSeeSalzgitter@t-online.de, Fax (05341) 1890100, ☞, ✕ – |₿|, ᶠᵉ Zim, 🆃🆅 ⎚ ⟵ 🅿 – 🅰 230. 🅰🅴 🆎 🆅🆂🅰
  Menu à la carte 38/65 – **Schänke** (wochentags nur Abendessen) (Sonntag nur Mittagessen) **Menu** à la carte 30/40 – **48 Z** ⊆ 158/198.

In Salzgitter-Bruchmachtersen :

🏠 **Kaiserquelle**, Söhlekamp 11, ⊠ 38228, ℰ (05341) 8 57 80, HotelKaiserquelle@t-online.de, Fax (05341) 58674, ☞ – 🆃🆅 🅿 – 🅰 30. 🅰🅴 ⓞ 🆎 🆅🆂🅰
  Menu (geschl. Sonntagabend) à la carte 28/65 – **31 Z** ⊆ 90/120 – 150/180.

In Salzgitter-Lichtenberg :

🏨 **Waldhotel Burgberg** ⌖, Burgbergstr. 147, ⊠ 38228, ℰ (05341) 8 59 40 (Hotel) 5 83 63 (Rest.), Fax (05341) 859420, ☞, ☎ – 🆃🆅 ⎚ 🅿
  Menu (geschl. Dienstagmittag) à la carte 39/64 – ⊆ 18 – **15 Z** 140/160 – 190/230.

In Haverlah-Steinlah Nord-West : 6 km ab Salzgitter-Bad :

🏨 **Gutshof Steinlah** ⌖, Lindenstr. 5, ⊠ 38275, ℰ (05341) 33 84 41, 05341338441-0001@T-Online.de, Fax (05341) 338442, ☞, « Ehem. Gutshof a.d. 18. Jh. mit geschmackvoller Einrichtung », ☞ – ᶠᵉ Zim, 🆃🆅 ⟵ 🅿 – 🅰 20. 🅰🅴 ⓞ 🆎 🆅🆂🅰
  ⌖ Rest
  Menu (geschl. Sonntag) (nur Abendessen) à la carte 33/65 – ⊆ 15 – **21 Z** 108/128 – 148/178.

SALZHAUSEN Niedersachsen 𝟜𝟙𝟝 𝟜𝟙𝟞 G 14 – 3 300 Ew – Höhe 60 m.
  Berlin 288 – Hannover 117 – Hamburg 55 – Lüneburg 18.

🏨 **Romantik Hotel Josthof**, Am Lindenberg 1, ⊠ 21376, ℰ (04172) 9 09 80, Josthof@romantik.de, Fax (04172) 6225, ☞, Biergarten, « Niedersächsischer Bauernhof mit typischen Gasträumen » – 🆃🆅 ⎚ 🅿 – 🅰 15. 🅰🅴 🆎 🆅🆂🅰. ⌖ Rest
  Menu (abends Tischbestellung ratsam, bemerkenswerte Weinkarte) à la carte 46/79 (auch vegetarische Gerichte) – **16 Z** ⊆ 110/145 – 179/198.

In Garlstorf West : 5 km :

🏠 **Niemeyer's Heidehof**, Winsener Landstr. 4, ⊠ 21376, ℰ (04172) 71 27, Fax (04172) 7931, ☞, ☎, ☞ – ᶠᵉ Zim, 🆃🆅 🅿. ⓞ 🆎 🆅🆂🅰
  Menu (geschl. Donnerstag) à la carte 39/68 – **12 Z** ⊆ 85/95 – 118/160.

In Gödenstorf West : 3 km :

🏠 **Gasthof Isernhagen**, Hauptstr. 11, ⊠ 21376, ℰ (04172) 87 85, Fax (04172) 8715, ☞ – ᶠᵉ Zim, 🆃🆅 ⟵ 🅿 – 🅰 30. 🅰🅴 🆎 🆅🆂🅰
  geschl. 19. März - 11. April – **Menu** (geschl. Dienstag) à la carte 28/55 – **10 Z** ⊆ 95/110 – 135/165.

SALZKOTTEN Nordrhein-Westfalen **417** K 9 – 22 000 Ew – Höhe 100 m.

 Salzkotten-Thüle, Im Nordfeld 25, ℰ (05258) 64 98.

 Verkehrsverein, Katharinenweg 13, 33154, ℰ (05258) 47 94, Fax (05258) 50727.

Berlin 433 – Düsseldorf 157 – Arnsberg 59 – Lippstadt 19 – Paderborn 12.

 Walz, Paderborner Str. 21 (B 1), 33154, ℰ (05258) 98 80, WALZ-Salzkotten@t-onl
ine.de, Fax (05258) 4849, , **⊆** – **TV** **⊱** **P.** – **⊶** 30. **AE** **⑩** **⑩** **VISA**
Menu (geschl. Samstagmittag) à la carte 33/63 – **35 Z** ⊃ 99 – 140/170.

SALZSCHLIRF, BAD Hessen **417** **418** O 12 – 3 500 Ew – Höhe 250 m – Heilbad.

 Kur- und Tourismus, Bahnhofstr. 22, 36364, ℰ (06648) 22 66, Fax (06648) 2368.

Berlin 446 – Wiesbaden 161 – Fulda 20 – Gießen 81 – Bad Hersfeld 36.

 Söderberg , Bonifatiusstr. 6, 36364, ℰ (06648) 94 20, Soederberg@t-online.de,
Fax (06648) 942211, « Gartenterrasse », – **TV** **P.** **⑩** **VISA**
geschl. Jan., Nov. – **Menu** (geschl. Montag) à la carte 32/55 – **30 Z** ⊃ 70/100 –
½ P 18.

SALZUFLEN, BAD Nordrhein-Westfalen **417** J 10 – 53 000 Ew – Höhe 80 m – Heilbad.

 Bad Salzuflen, Schwaghof 4 (Nord : 3 km), ℰ (05222) 1 07 73.

 Kur- und Verkehrsverein, Parkstr. 20, 32105, ℰ (05222) 18 31 83, Fax (05222)
17154.

Berlin 375 – Düsseldorf 191 – Bielefeld 26 – Hannover 89.

 Arminius , Ritterstr. 2, 32105, ℰ (05222) 36 60, info@hotelarminius.de,
Fax (05222) 366111, , « Restaurierte Fachwerkhäuser aus dem 16.Jh. mit intregiertem
Hotelanbau », Massage, **⊆** – **⊟**, **⊱** Zim, **TV** **⊱** – **⊶** 60. **AE** **⑩** **⑩** **VISA**.
 Rest
Menu à la carte 43/74 – **62 Z** ⊃ 155/175 – 195/220, 11 Suiten.

 Mercure Hotel Schwaghof , Schwaghof 1 (Nord : 3 km), 32108, ℰ (05222)
9 16 20, Fax (05222) 9162100, , , , – **⊟**, **⊱** Zim, **TV** **⊱** **P.** – **⊶** 180. **AE**
⑩ **⑩** **VISA**
Menu à la carte 36/72 – **86 Z** ⊃ 149/179 – 220/250 – ½ P 39.

 Altstadt Palais Lippischer Hof, Mauerstr. 1a, 32105, ℰ (05222) 53 40, hof-h
otels@lipphof.de, Fax (05222) 50571, , Massage, **⊆**, **⊠** – **⊟**, **⊱** Zim, **TV** **⊱** **P.** –
⊶ 80. **AE** **⑩** **⑩** **VISA** **JCB**. Rest
Menu (geschl. 8. - 20. Jan.) à la carte 39/91 – **Walter's Pharmacy** (geschl. 8. - 20. Jan.)
Menu à la carte 33/80 – **65 Z** ⊃ 152/195 – 220/258 – ½ P 35.

 Vitalotel Roonhof **M**, Roonstr. 9, 32105, ℰ (05222) 34 30, roonhof@ccl-hote
ls.com, Fax (05222) 343100, , Massage, **⊱**, **⊱**, **⊆**, **⊠** – **⊟**, **⊱** Zim, **TV** **⊱** **⊱** –
⊶ 25. **AE** **⑩** **⑩** **VISA** **JCB**. Rest
Menu à la carte 38/60 – **54 Z** ⊃ 150/170 – 220/260 – ½ P 25.

 Kurpark-Hotel , Parkstr. 1, 32105, ℰ (05222) 39 90, info@kurparkhotel.de,
Fax (05222) 399462, , Massage – **⊟**, **⊱** Zim, **TV** **⊱** **⊱** – **⊶** 60. **AE** **⑩** **⑩** **VISA**
JCB
geschl. 3. Jan. - 8. Feb. – **Menu** à la carte 33/63 – **74 Z** ⊃ 110/202 – 256/298 –
½ P 28.

 Antik-Hotel Eichenhof garni, Friedenstr. 1, 32105, ℰ (05222) 9 34 00, Eichen
hof@hof-hotels.de, Fax (05222) 934040, « Wohnliche Einrichtung mit Antiquitäten » –
⊱ **TV** **⊱** – **⊶** 40. **AE** **⑩** **VISA** **JCB**
26 Z ⊃ 98/195 – 140/295 – ½ P 25.

 Stadt Hamburg, Asenburgstr. 1, 32105, ℰ (05222) 6 28 10, hotel-stadt-
hamburg@t-online.de, Fax (05222) 628152, , – **⊟** **TV** **P.** **AE** **⑩** **⑩** **VISA** **JCB**.
Menu (Restaurant nur für Hausgäste) – **30 Z** ⊃ 85/98 – 120/140 – ½ P 25.

 Otto, Friedenstr. 2, 32105, ℰ (05222) 93 04 40, otto.badsalzuflen@eurohotel-onli
ne.com, Fax (05222) 58464, – **⊱** **⊱** Zim **TV** **⊱** **P.** **AE** **⑩** **⑩** **VISA** **JCB**.
geschl. Ende Nov. - Ende Jan. – **Menu** (nur Abendessen) (Restaurant nur für Hausgäste)
– **22 Z** ⊃ 105/140 – 170/190 – ½ P 25.

 Café Bauer , An der Hellrüsche 41, 32105, ℰ (05222) 9 14 40,
Fax (05222) 16781, – **TV** **P.** **AE** **⑩** **⑩** **VISA**
Menu (geschl. Montag) à la carte 35/62 – **12 Z** ⊃ 60/90 – 100/150 – ½ P 20.

 Alexandra, Untere Mühlenstr. 2, 32105, ℰ (05222) 40 05 75, Fax (05222) 638402,
, « Fachwerkhaus a.d. 16. Jh. » – **⑩** **VISA**
geschl. Anfang - Mitte Feb., Anfang - Mitte Nov., Mittwoch - Donnerstagmittag – **Menu**
à la carte 41/67.

In Bad Salzuflen-Sylbach Süd : 8 km über die B 239 Richtung Lage :

🏨 **Zum Löwen**, Sylbacher Str. 223, ⊠ 32107, ℰ (05232) 9 56 50, Fax (05232) 956565,
🍴, 🏊 – 🛏 Zim, 📺 ⛆ 🅿. 🐧 🎧 𝘝𝘐𝘚𝘈
Menu (geschl. Mitte Juli - Anfang Aug., Sonntag) (nur Abendessen) à la carte 37/68 – **35 Z**
⊑ 90/150.

SALZUNGEN, BAD Thüringen 𝟦𝟷𝟪 N 14 – 18 700 Ew – Höhe 238 m – Solebad.
🛈 Touristinformation-Kurverwaltung, Am Flößrasen 1, ⊠ 36433, ℰ (03695) 69 34 21,
Fax (03695) 693421.
Berlin 377 – Erfurt 86 – Bad Hersfeld 43.

🏨 **Salzunger Hof**, Bahnhofstr. 41, ⊠ 36433, ℰ (03695) 67 20, Salzunger.Hof@t-onlin
e.de, Fax (03695) 601700, 🍴 – 🛗, 🛏 Zim, 📺 ♿ 🐖 🅿 – 🔬 250. 𝔸𝔼 ① 🎧 𝘝𝘐𝘚𝘈
Menu à la carte 31/64 – **72 Z** ⊑ 115/145 – 165/185 – ½ P 20.

SALZWEDEL Sachsen-Anhalt 𝟦𝟷𝟻 𝟦𝟷𝟨 H 17 – 23 000 Ew – Höhe 51 m.
🛈 Tourist-Information, Neuperverstr. 29, ⊠ 29410, ℰ (03901) 42 24 38, Fax (03901)
31077.
Berlin 187 – Magdeburg 103 – Schwerin 114 – Wolfsburg 59.

🏨 **Union**, Goethestr. 11, ⊠ 29410, ℰ (03901) 42 20 97, Fax (03901) 422136, 🍴, 🥘 –
🛏 Zim, 📺 🅿 – 🔬 30. 𝔸𝔼 ① 🎧 𝘝𝘐𝘚𝘈
Menu à la carte 28/55 – **33 Z** ⊑ 90/110 – 100/135.

SALZWEG Bayern 𝟦𝟸𝟢 U 24 – 6 450 Ew – Höhe 422 m.
Berlin 614 – München 176 – Passau 7 – Regensburg 120.

🏨 **Holler**, Büchelberger Str. 1, ⊠ 94121, ℰ (0851) 94 99 60, HOTELHOLLER@T-ONLINE.DE,
Fax (0851) 41297, 🍴 – 🛗, 🛏 Zim, 📺 ♿ 🅿 – 🔬 200. 𝔸𝔼 ① 🎧 𝘝𝘐𝘚𝘈
geschl. 2. - 18. Jan. – **Menu** à la carte 26/56 – **27 Z** ⊑ 75/90 – 120/150.

SAMERBERG Bayern 𝟦𝟸𝟢 W 20 – 2 600 Ew – Höhe 700 m – Erholungsort – Wintersport :
700/1 569 m ✦ 1 ✦ 1 ✦.
🛈 Verkehrsverein, Dorfplatz 3 (Samerberg-Törwang), ⊠ 83122, ℰ (08032) 86 06, Fax
(08032) 8887.
Berlin 672 – München 82 – Bad Reichenhall 65 – Traunstein 44 – Rosenheim 16.

In Samerberg-Törwang :

🛖 **Post**, Dorfplatz 4, ⊠ 83122, ℰ (08032) 86 13, info@hotel-post-samerberg.de,
🍴 Fax (08032) 8929, 🍴, 🐾, 🏊, 🥘 – 🛗 🐖 🅿 – 🔬 20. 🎧 𝘝𝘐𝘚𝘈
geschl. Mitte Jan. – **Menu** (geschl. Dienstag, Nov. - März Dienstag - Mittwoch)
à la carte 24/52 🍴 – **25 Z** ⊑ 65/70 – 80/90.

In Samerberg-Duft Süd : 6 km ab Törwang – Höhe 800 m :

🛖 **Berggasthof Duftbräu** ⛰, ⊠ 83122, ℰ (08032) 82 26, duftbraeu@freenet.de,
🍴 Fax (08032) 8366, ⟨, 🍴 – 🛏 Rest, 📺 🐖 🅿
Menu à la carte 22/41 🍴 – **16 Z** ⊑ 55/75 – 85/130 – ½ P 25.

SANDE Niedersachsen 𝟦𝟷𝟻 F 8 – 9 500 Ew – Höhe 2 m.
Berlin 476 – Hannover 217 – Cuxhaven 104 – Oldenburg 47 – Wilhelmshaven 9.

🏨 **Landhaus Tapken**, Bahnhofstr. 46, ⊠ 26452, ℰ (04422) 9 58 60, info@landhaus
-Tapken.de, Fax (04422) 958699, 🍴 – 📺 ♿ 🅿 – 🔬 120. 𝔸𝔼 ① 🎧 𝘝𝘐𝘚𝘈 🛏 Zim
geschl. 22. - 26. Dez. – **Menu** (geschl. Freitagmittag, Samstagmittag) à la carte 28/52 –
20 Z ⊑ 93/146 – 133/183.

SANGERHAUSEN Sachsen-Anhalt 𝟦𝟷𝟪 L 17 – 28 000 Ew – Höhe 158 m.
🛈 Fremdenverkehrsverein, Schützenplatz, ⊠ 06526, ℰ (03464) 61 33 30, Fax (03464)
515336.
Berlin 224 – Magdeburg 98 – Erfurt 75 – Nordhausen 37 – Weimar 68 – Halle 53.

In Oberröblingen Süd-Ost : 5 km :

🛖 **Zum Löwen**, Sangerhäuser Str. 24 (B 86), ⊠ 06528, ℰ (03464) 67 42 62, info@zu
🍴 m-loewen-hotel.de, Fax (03464) 674230, Biergarten – 🛏 Zim, 📺 🅿. 𝔸𝔼 🎧 𝘝𝘐𝘚𝘈 🛏
Menu à la carte 20/50 – **28 Z** ⊑ 75/95 – 120/140.

ST. ANDREASBERG Niedersachsen 408 K 15 – 2 600 Ew – Höhe 630 m – Heilklimatischer Kurort – Wintersport : 600/894 m ⟨8 ⟨.

Sehenswert : *Silberbergwerk Samson*★.

🛈 *Kur- und Verkehrsamt, Am Glockenberg 12 (Stadtbahnhof),* ✉ 37444, ℘ (05582) 8 03 40, *Fax (05582) 80339.*

Berlin 279 – Hannover 122 – Braunschweig 72 – Göttingen 58.

🏠 **Tannhäuser,** Am Gesehr 1a, ✉ 37444, ℘ (05582) 9 18 80, *tannhaeuser@Kiekin-ho tels.de, Fax (05582) 918850,* ⇔s, ☞ – 📺 🄿.

geschl. Ende Nov. - Anfang Dez. – **Menu** *(geschl. ausser Saison Mittwoch)* à la carte 29/59 – **23 Z** ⇌ 65/120 – 115/165 – ½ P 21.

> *benutzenSie immer die neuesten Ausgaben*
> *der Michelin-Straßenkarten und - Reiseführer.*

ST. AUGUSTIN Nordrhein-Westfalen 417 N 5 – 56 500 Ew – Höhe 50 m.

🖤ɪ8 *St. Augustin Gut Großenbusch (Süd : 7 km über Hangelar),* ℘ (02241) 3 98 80.

Berlin 590 – Düsseldorf 71 – Bonn 6 – Siegburg 4.

🏠🏠 **Regina,** Markt 81, ✉ 53757, ℘ (02241) 86 90 (Hotel) 86 94 00 (Rest.), *info@regina hotel.de, Fax (02241) 28385,* 🏠, ⇔s – 📭, ❝⇔ Zim, 📺 ☞ – 🔬 100. 🄰🄴 ① 🄼🄾 🆅🅸🆂🅰.
⠠⠶ Rest

Menu à la carte 38/76 – ⇌ 18 – **59 Z** 99/159 – 199/265.

In St. Augustin-Hangelar :

🏠 **Hangelar,** Lindenstr. 21, ✉ 53757, ℘ (02241) 9 28 60, *Fax (02241) 928613,* ⇔s, 🔳, ☞ – ❝⇔ Zim, 📺 ☞ 🄿 – 🔬 40. 🄰🄴 🄼🄾 🆅🅸🆂🅰

Menu *(nur Abendessen) (Restaurant nur für Hausgäste)* – **44 Z** ⇌ 110/120 – 160/200.

ST. BLASIEN Baden-Württemberg 419 W 8 – 3 800 Ew – Höhe 762 m – Heilklimatischer Kneipp-kurort.

Sehenswert : *Dom*★★.

🛈 *Tourist Information, Haus des Gastes, Am Kurgarten 1,* ✉ 79837, ℘ (07672) 4 14 30, *Fax (07672) 41438.*

🛈 *Tourist Information im Rathaus Menzenschwand,* ✉ 79837, ℘ (07675) 9 30 90, *Fax (07675) 1709.*

Berlin 810 – Stuttgart 187 – Freiburg im Breisgau 51 – Donaueschingen 64 – Basel 62 – Zürich 71.

🏠 **Café Aich** garni, Hauptstr. 31, ✉ 79837, ℘ (07672) 14 29, *Fax (07672) 2062,* « *Elegante Zimmereinrichtung* » – ❝⇔ 📺 🄿 ⠠⠶

5 Z ⇌ 65/85 – 140/165.

🏠 **Dom Hotel,** Hauptstr. 4, ✉ 79837, ℘ (07672) 3 71, *Fax (07672) 4655* – 📺. 🄼🄾 🆅🅸🆂🅰

Menu *(geschl. Mittwoch)* à la carte 28/65 – **11 Z** ⇌ 70/90 – 130/160 – ½ P 28.

🍴 **Klostermeisterhaus** mit Zim, Im süßen Winkel 2, ✉ 79837, ℘ (07672) 8 48, *Hote l-Rest.Klostermeisterhaus@t-online.de, Fax (07672) 2846,* « *Ehemalige Klosterschänke a.d. 19.Jh.* » – 📺. 🄼🄾 🆅🅸🆂🅰

geschl. Jan. 2 Wochen, Nov. 2 Wochen – **Menu** *(geschl. Dienstag)* à la carte 32/61 – **8 Z** ⇌ 85/110 – 140.

In St. Blasien-Menzenschwand *Nord-West : 9 km – Luftkurort :*

🏠 **Sonnenhof,** Vorderdorfstr. 58, ✉ 79837, ℘ (07675) 9 05 60, *Fax (07675) 905650,* ⇐, 🏠, Massage, ♨, ♨, ⇔s, 🔳, ☞ – 📺 🄿 – 🔬 40. 🄼🄾
geschl. Anfang Nov. - 16. Dez. – **Menu** *(geschl. Dienstag)* à la carte 28/61 *(auch vegetarische Gerichte)* – **27 Z** ⇌ 75/85 – 110/190 – ½ P 25.

🏠 **Waldeck,** Vorderdorfstr. 74, ✉ 79837, ℘ (07675) 9 05 40, *info@menzenschwand-w aldeck.de, Fax (07675) 1476,* 🏠, ⇔s – 📺 🄿. 🄼🄾 🆅🅸🆂🅰
geschl. Mitte Nov. - Mitte Dez. – **Menu** *(geschl. Montag)* à la carte 29/68 *(auch vegetarische Gerichte)* ⠠⠶ – **19 Z** ⇌ 66/76 – 130/160 – ½ P 26.

In Ibach-Mutterslehen *an der Strasse nach Todtmoos : West : 6 km – Höhe 1 000 m – Erho-lungsort :*

🏠 **Schwarzwaldgasthof Hirschen,** Hauptstraße, ✉ 79837, ℘ (07672) 9 30 40, *info @ hotel-hirschen.de, Fax (07672) 9412,* ⇐, 🏠, ⇔s, ☞ – ❝⇔ Rest, 📺 🄿. 🄰🄴 🄼🄾 🆅🅸🆂🅰

Menu *(geschl. Dienstag)* à la carte 29/73 – **15 Z** ⇌ 80 – 138/146 – ½ P 26.

ST. ENGLMAR Bayern 420 S 22 – 1500 Ew – Höhe 850 m – Luftkurort – Wintersport : 800/1055 m ≤ 13 ☂.

🛈 Tourist-Information, Rathausstr. 6, ✉ 94379, ℰ (09965) 84 03 20, Fax (09965) 840330.

Berlin 519 – München 151 – *Regensburg 68* – Cham 37 – Deggendorf 30 – Straubing 31.

🏨 **Angerhof** ⌂, Am Anger 38, ✉ 94379, ℰ (09965) 18 60, hotel@angerhof.de, Fax (09965) 18619, ≤, 🌣, Massage, 🛁, ≦s, 🏊 (beheizt), 🔲, 🎾 Squash – 🛗 ⇄ 📺 ℰ 🅿 – 🔬 150
geschl. Mitte Nov. - Mitte Dez. – **Menu** à la carte 39/69 – **57 Z** ⊂ 113/147 – 226/274, 9 Suiten – ½ P 35.

In St. Englmar-Grün Nord-West : 3 km :

🏨 **Reinerhof,** ✉ 94379, ℰ (09965) 85 10, Hotel-Reinerhof@t-online.de, Fax (09965) 851125, ≤, ≦s, 🔲, 🎾 – 🛗 📺 ⇔ 🅿 ♻ Rest
geschl. Nov. - Mitte Dez. – **Menu** (nur Abendessen) (Restaurant nur für Hausgäste) – **40 Z** ⊂ 66/70 – 134/146 – ½ P 19.

In St. Englmar-Maibrunn Nord-West : 5 km :

🏨 **Maibrunn** ⌂ (mit 🏠 Anbau), Maibrunn 1, ✉ 94379, ℰ (09965) 85 00, info@maibrunn.com, Fax (09965) 850100, ≤, 🌣, Massage, 🏋, 🛁, ≦s, 🏊 (beheizt), 🔲, 🎾 ≤ – 🛗 ⇄ 📺 ℰ ⇔ 🅿 – 🔬 25. 🝙 ① ⑩ 🆅🆂🅰
Menu à la carte 36/67 – **52 Z** ⊂ 100/185 – 164/320 – ½ P 38.

In St. Englmar-Rettenbach Süd-Ost : 5 km :

🏨 **Romantik Hotel Gut Schmelmerhof** ⌂, Rettenbach 24, ✉ 94379, ℰ (09965) 18 90, Hotel@Gut-Schmelmerhof.de, Fax (09965) 189140, 🌣, « Rustikales Restaurant mit Ziegelgewölbe ; Garten », Massage, 🏋, 🛁, ≦s, 🏊 (geheizt), 🔲, 🎾 – 🛗 📺 ⇔ 🅿 – 🔬 25. 🝙 ⑩ 🆅🆂🅰 ♻
Menu à la carte 46/72 – **43 Z** ⊂ 88/165 – 152/290 – ½ P 38.

ST. GEORGEN Baden-Württemberg 419 V 9 – 14 100 Ew – Höhe 810 m – Erholungsort – Wintersport : 800/1000 m ≤ 5 ☂.

🛈 Tourist Information, Rathaus, Hauptstr. 9, ✉ 78112, ℰ (07724) 8 71 94, Fax (07724) 87120.

Berlin 754 – Stuttgart 127 – *Freiburg im Breisgau 71* – Schramberg 18 – Villingen-Schwenningen 14 – Offenburg 65.

🏨 **Kammerer** garni, Hauptstr. 23, ✉ 78112, ℰ (07724) 9 39 20, hotel-kammerer@t-online.de, Fax (07724) 939241 – 🛗 📺 ⇔. 🝙 ① ⑩ 🆅🆂🅰 🆓🅱
22 Z ⊂ 78/102 – 128/138.

ST. GOAR Rheinland-Pfalz 417 P 7 – 3 500 Ew – Höhe 70 m.

Sehenswert : Burg Rheinfels★★.

Ausflugsziel : Loreley ★★★ ≤★★, Süd-Ost : 4 km.

🛈 Tourist-Information, Heerstr. 86, ✉ 56329, ℰ (06741) 3 83, Fax (06741) 7209.
Berlin 627 – Mainz 63 – *Koblenz 43* – Bingen 28.

🏨 **Schloßhotel und Villa Rheinfels** ⌂, Schloßberg 47, ✉ 56329, ℰ (06741) 80 20, rheinfels.sl.goar@t-online.de, Fax (06741) 802802, ≤ Rheintal, 🌣, Massage, ≦s, 🔲 – 🛗 📺 ℰ 🅿 – 🔬 65. 🝙 ① ⑩ 🆅🆂🅰 🆓🅱
Menu à la carte 53/72 – **57 Z** ⊂ 155/210 – 240/285.

🏨 **Zum Goldenen Löwen,** Heerstr. 82, ✉ 56329, ℰ (06741) 16 74, Fax (06741) 2852, ≤, 🌣 – 📺 – 🔬 30
Menu à la carte 40/74 – **12 Z** ⊂ 95/140 – 140/230.

In St. Goar-Fellen Nord-West : 3 km :

🏨 **Landsknecht,** an der Rheinufer-Straße (B 9), ✉ 56329, ℰ (06741) 20 11, info@hotel-landsknecht.de, Fax (06741) 7499, ≤, « Terrasse am Rhein », 🎾 – 📺 ⇔ 🅿 – 🔬 20. 🝙 ① ⑩ 🆅🆂🅰
geschl. Jan. - Feb. – **Menu** à la carte 37/72 – **14 Z** ⊂ 105/150 – 130/220 – ½ P 35.

ST. INGBERT Saarland 417 S 5 – 41 000 Ew – Höhe 229 m.

Berlin 697 – *Saarbrücken 13* – Kaiserslautern 55 – Zweibrücken 25.

🍴 **Die Alte Brauerei** ⌂ mit Zim, Kaiserstr. 101, ✉ 66386, ℰ (06894) 9 28 60, NorbertLichter@t-online.de, Fax (06894) 928623, 🌣 – 📺 🅿. ⑩ 🆅🆂🅰
geschl. Dienstag, Samstagmittag – Menu à la carte 42/69 – **6 Z** ⊂ 95/110 – 140/180.

In St. Ingbert-Rohrbach *Ost : 3 km :*

🏛 **Zum Mühlehannes,** Obere Kaiserstr. 97, ✉ 66386, ℰ (06894) 9 55 60, Fax (06894) 955619 – 📺 ✦ 🄿. 🄰🄴 ⓪ 🚗
Menu *(geschl. Samstagmittag)* à la carte 27/63 – **15 Z** ☞ 58/98 – 106/156.

In St. Ingbert-Sengscheid *Süd-West : 4 km :*

🏛🏛 **Alfa-Hotel,** Zum Ensheimer Gelösch 2, ✉ 66386, ℰ (06894) 98 50 (Hotel) 98 52 60 (Rest.), alfa-hotel@t-online.de, Fax (06894) 985299, 🍴, 🕿 – 📺 🚗 🄿. – 🛗 40. 🄰🄴 ⓪ 🚗 VISA
Le jardin (geschl. Samstagmittag, Sonntagabend - Montagmittag) **Menu** à la carte 46/78 – **47 Z** ☞ 99/135 – 145/225.

🏛🏛 **Sengscheider Hof** *(mit Gästehäusern),* Zum Ensheimer Gelösch 30, ✉ 66386, ℰ (06894) 98 20, Fax (06894) 982200, 🍴, 🕿, ⤢, 🐎 – 📺 ✦ 🚗 🄿. – 🛗 15. 🚗 VISA. ✄
Menu *(geschl. Mittwochmittag, Samstag)* à la carte 58/99 🍷 – **47 Z** ☞ 95/160 – 170/250.

ST. JOHANN *Baden-Württemberg* 419 *U 12 – 5 000 Ew – Höhe 750 m – Erholungsort – Wintersport : 750/800 m ⚡2 🎿.*

🄱 *Gäste-Infostelle, Kirchgasse 1 (Upfingen),* ✉ 72813, ℰ (07122) 92 31, Fax (07122) 3679.
Berlin 674 – Stuttgart 55 – Reutlingen 17 – Ulm (Donau) 65.

In St. Johann-Lonsingen :

🏛🏛 **Albhotel Bauder - Grüner Baum** *(mit Gasthof),* Albstr. 4, ✉ 72813, ℰ (07122) 1 70, Fax (07122) 17217, 🍴, 🕿, 🐎 – 🛗, ✦ Zim, 📺 ✦ 🚗 🄿. – 🛗 50
Menu *(geschl. Ende Nov. - Anfang Dez., Montag)* à la carte 28/64 🍷 – **79 Z** ☞ 70/80 – 120/140 – ½ P 22.

In St. Johann-Würtingen :

🏛 **Hirsch** *(mit Gästehaus),* Hirschstr. 4, ✉ 72813, ℰ (07122) 8 29 80, Fax (07122) 829845, 🕿 – 🛗 📺 🕭 🚗 🄿. – 🛗 25
geschl. über Fasching 1 Woche, Anfang - Mitte Aug. – **Menu** *(geschl. Montag)* à la carte 28/59 – **29 Z** ☞ 60/80 – 90/150 – ½ P 20.

ST. JOHANN *Rheinland-Pfalz siehe Sprendlingen.*

ST. LEON-ROT *Baden-Württemberg* 417 419 *S 9 – 11 900 Ew – Höhe 100 m.*
Berlin 630 – Stuttgart 82 – Mannheim 33.

🏛🏛 **Fairway** Ⓜ garni, Opelstr. 10 (Gewerbegebiet), ✉ 68789, ℰ (06227) 54 40, Fax (06227) 544500, 🐎 – 🛗 ✦ 📺 🄿. – 🛗 40. 🄰🄴 ⓪ 🚗 VISA
☞ 18 – **77 Z** 165/210.

ST. MÄRGEN *Baden-Württemberg* 419 *V 8 – 1 950 Ew – Höhe 898 m – Luftkurort – Wintersport : 900/1 100 m 🎿.*

🄱 *Tourist-Information, Rathausplatz 1,* ✉ 79274, ℰ (07669) 91 18 17, Fax (07669) 911840.
Berlin 790 – Stuttgart 230 – Freiburg im Breisgau 24 – Donaueschingen 51.

🏛🏛 **Hirschen** *(mit Gästehaus),* Feldbergstr. 9, ✉ 79274, ℰ (07669) 94 06 80, Fax (07669) 9406888, 🍴, 🕿, 🐎 – 🛗 📺 🚗 🄿. – 🛗 60. 🄰🄴 ⓪ 🚗 VISA
geschl. 4. - 20. Dez, 15. - 28. Jan. – **Menu** *(geschl. Mittwoch)* à la carte 30/67 – **44 Z** ☞ 80/90 – 139/168 – ½ P 30.

🏛 **Neuhäusle,** Erlenbach 1 (Süd : 4 km Richtung Hinterzarten), ✉ 79274 St. Märgen, ℰ (07669) 2 71, Schlegel@Gasthaus-Neuhaeusle.de, Fax (07669) 1408, ≤ Schwarzwald, 🍴, 🕿, 🐎 – 🛗, ✦ Rest, 📺 🚗 🄿.
geschl. 20. Nov. - 20. Dez. – **Menu** *(geschl. Mittwoch)* à la carte 28/49 – **23 Z** ☞ 52/61 – 96/140 – ½ P 23.

An der B 500 *: Süd-Ost : 8 km, Richtung Furtwangen :*

🏛 **Zum Kreuz** – Höhe 1033 m, ✉ 79274 St. Märgen, ℰ (07669) 9 10 10, info@gasthaus-zum-kreuz.de, Fax (07669) 910120 – 📺 🄿.
geschl. Nov. – **Menu** *(geschl. Donnerstag)* à la carte 31/59 – **16 Z** ☞ 45/75 – 78/108.

ST. MARTIN Rheinland-Pfalz 🗺️🗺️ S 8 – 1 900 Ew – Höhe 240 m – Luftkurort.

Sehenswert : St. Martin (Doppelgrabmal★) – Altes Schlößchen★ – Alte Kellerei★.

🖪 Büro für Tourismus, In der Alten Kellerei, Kellereistr. 1, ✉ 67487, 𝄞 (06323) 53 00, Fax (06323) 981328.

Berlin 658 – Mainz 102 – *Mannheim 43 – Kaiserslautern 46 – Karlsruhe 51.*

🏠🏠 **Das Landhotel** 🦢 garni, Maikammerer Str. 39, ✉ 67487, 𝄞 (06323) 9 41 80, *wein gut.gernert@abo.ron.de, Fax (06323) 941840,* « Einrichtung in italienischem Landhausstil » – 🔄 📺 🅿️
geschl. Weihnachten, Mitte - Ende Jan. – **16 Z** �🍴 95/125 – 165/170.

🏠🏠 **Consultat des Weins**, Maikammerer Str. 44, ✉ 67487, 𝄞 (06323) 80 40, *Consula t-des-Weins@t-online.de, Fax (06323) 804426,* 😎, 🖴 – 🔌 📺 🅿️ – 🏋️ 20
geschl. 23. Dez. - 17. Jan., 17. - 27. Juli – **Menu** *(geschl. Sonn- und Feiertage abends, Montag)* à la carte 39/61 🍴 – **39 Z** ☍ 110/135 – 176 – ½ P 28.

🏠🏠 **St. Martiner Castell**, Maikammerer Str. 2, ✉ 67487, 𝄞 (06323) 95 10, *st.martiner .castell@t-online.de, Fax (06323) 951200,* 😎, 🖴 – 🔌, 🔄 Zim, 📺 📞 – 🏋️ 30
Menu *(geschl. Feb., Juli 2 Wochen, Dienstag)* à la carte 46/74 🍴 – **26 Z** ☍ 100/164 – ½ P 40.

🏠 **Landhaus Christmann**, Riedweg 1, ✉ 67487, 𝄞 (06323) 9 42 70, Fax (06323) 942727, 😎 – 🔄 Zim, 🅿️
Menu *(geschl. Jan. - Feb. 4 Wochen, Montag - Mittwoch) (nur Abendessen)* à la carte 33/60 🍴 – **7 Z** ☍ 70/80 – 110/130.

🏠 **Haus am Rebenhang** 🦢, Einlaubstr. 66, ✉ 67487, 𝄞 (06323) 9 44 30, *Hotel_Ha us_am_Rebenhang@t-online.de, Fax (06323) 944330,* ≤ St. Martin und Rheinebene, 😎, 🖴 – 📺 🅿️
geschl. Anfang Jan. - Anfang Feb. – **Menu** *(geschl. Montag - Dienstagmittag)* à la carte 32/60 🍴 – **19 Z** ☍ 90/120 – 156/160.

XX **Grafenstuben**, Edenkobener Str. 38, ✉ 67487, 𝄞 (06323) 27 98, *gasthaus-grafens tuben@touri.de, Fax (06323) 81164* – 🔘🔘 **VISA**
geschl. Feb. 2 Wochen, Montag, Nov. - März Montag - Dienstag – **Menu** à la carte 35/71 🍴.

ST. MICHAELISDONN Schleswig-Holstein siehe Brunsbüttel.

ST. OSWALD-RIEDLHÜTTE Bayern 🗺️🗺️ T 24 – 3 200 Ew – Höhe 820 m – Erholungsort – Wintersport : 700/800 m 🎿3 🎿.

🖪 Tourist-Service, Klosterallee 4 (St. Oswald), ✉ 94568, 𝄞 (08552) 96 11 38, Fax (08552) 961142.

Berlin 503 – München 188 – *Passau 43 – Regensburg 115.*

Im Ortsteil St. Oswald :

🏠 **Pausnhof** 🦢 (mit Gästehaus), Goldener Steig 7, ✉ 94568, 𝄞 (08552) 40 88 60, *paus nhof@t-online.de, Fax (08552) 4088616,* 😎, 🖴, 🌊 – 🔄 Zim, 📺 🅿️
geschl. Nov. - 25. Dez., 15. März - 15. April – **Menu** *(geschl. Montag - Dienstag) (nur Abend-essen) (Tischbestellung erforderlich)* à la carte 31/64 – **27 Z** ☍ 70/116 – ½ P 14.

Im Ortsteil Riedlhütte :

🏠 **Zum Friedl** 🦢, Kirchstr. 28, ✉ 94566, 𝄞 (08553) 9 66 80, *zumfriedl@-t-online.de, Fax (08553) 966833,* 😎, 🌲 – 🔄 Rest, 📺 🚗 🅿️
geschl. Anfang Nov. - 25. Dez. – **Menu** à la carte 26/59 – **20 Z** ☍ 60/84 – 108/120 – ½ P 15.

🏠 **Berghotel Wieshof** 🦢, Anton-Hiltz-Str. 8, ✉ 94566, 𝄞 (08553) 4 77, Fax (08553) 6838, ≤, 😎, 🖴 – 📺 🅿️
geschl. 5. Nov. - 20. Dez. – **Menu** à la carte 23/40 🍴 – **15 Z** ☍ 55/75 – 102 – ½ P 10.

ST. PETER Baden-Württemberg 🗺️ V 8 – 2 300 Ew – Höhe 722 m – Luftkurort – Wintersport : 🎿.

Sehenswert : Barockkirche (Bibliothek★).

Ausflugsziel : ≤★★ von der Straße nach St. Märgen.

🖪 Tourist-Information, Klosterhof 11, ✉ 79271, 𝄞 (07660) 91 02 24, Fax (07660) 910244.

Berlin 797 – Stuttgart 224 – *Freiburg im Breisgau 32 – Waldkirch 20.*

🏠 **Zur Sonne** (Rombach), Zähringerstr. 2, ✉ 79271, 𝄞 (07660) 9 40 10, *Sonne-St.Peter @t-online.de, Fax (07660) 940166,* 😎 – 🔄 Zim, 📺 🚗 🅿️ 🔘🔘
🌸 geschl. Mitte Jan. - Mitte Feb. – **Menu** *(geschl. Montag - Dienstag)* à la carte 52/112 – **15 Z** ☍ 78/95 – 102/180 – ½ P 39
Spez. Chicoréespitzen mit Langustinen und Thai-Marinade. Milchkalb in zwei Gängen ser-viert. Crêpes mit Limonen-Zitronengraseis.

🏠 Zum Hirschen, Bertholdsplatz 1, ✉ 79271, ☎ (07660) 2 04, *info@gasthof-hirschen.de*, *Fax (07660) 1557*, 🛱 – ⇔ Zim, 📺 ⇔ 🅿
20 Z.

🏠 **Jägerhaus** ⑤, Mühlengraben 18, ✉ 79271, ☎ (07660) 9 40 00, *Fax (07660) 940014*, 🛱, 🛲 – 📺 ⇔ 🅿
geschl. Mitte - Ende März 2 Wochen, Ende Nov. - Anfang Dez. – **Menu** *(geschl. Mittwoch, Nov. - April Mittwoch - Donnerstagmittag)* à la carte 30/52 – **13 Z** ⊐ 75/80 – 106/147 – ½ P 23.

ST. PETER-ORDING Schleswig-Holstein 415 D 9 – 5500 Ew – Nordseeheil- und Schwefelbad.
Ausflugsziel : *Eidersperrwerk*★ *Süd-Ost : 16 km.*
🏌 *St. Peter-Ording, Zum Böhler Strand 16,* ☎ (04863) 35 45.
🛈 *Kurverwaltung, St. Peter-Ording, Marleens Knoll 2,* ✉ 25826, ☎ (04863) 99 90, Fax (04863) 999180.
Berlin 428 – Kiel 125 – Sylt (Westerland) 93 – Heide 40 – Husum 50.

Im Ortsteil St. Peter-Bad :

🏰 **Vier Jahreszeiten** ⑤, Friedrich-Hebbel-Str. 2, ✉ 25826, ☎ (04863) 70 10, *Hotel-VierJahresZeiten@t-online.de*, Fax (04863) 2689, 🛱, Massage, 𝄡, ⇌, ⌧ (geheizt), 🗖, 🛲, ※ (Halle) – 🛗, ⇔ Zim, 📺 📞 ⇔ 🅿 – 🛗 30. 🕮 🌐 🆅🅸🆂🅰 ※ Rest
Menu *(geschl. Dienstagabend)* à la carte 54/84 – **62 Z** ⊐ 237 – 314/354, 8 Suiten – ½ P 58.

🏨 **Ambassador** ⑤, Im Bad 26, ✉ 25826, ☎ (04863) 70 90, *info@ambassador-stpeter.bestwestern.de*, Fax (04863) 2666, ≤, 🛱, 𝄡, ⇌, 🗖 – 🛗, ⇔ Zim, 📺 📞 ⇔ 🅿 – 🛗 250. 🕮 🆀🅴 🌐 🆅🅸🆂🅰 🅹🅲🅱 ※ Rest
Menu à la carte 53/71 – **88 Z** ⊐ 190 – 290/350 – ½ P 25.

🏨 **Landhaus an de Dün** Ⓜ ⑤ garni, Im Bad 63, ✉ 25826, ☎ (04863) 9 60 60, *Hotel-Landhaus@t-online.de*, Fax (04863) 960660, ⇌ – 📺 🅿 ※
geschl. 7. Jan. - 2. Feb., Dez. 2 Wochen – **15 Z** ⊐ 285/365 – 320/390.

🏨 **Friesenhof** Ⓜ ⑤ garni (Apart-Hotel), Im Bad 58, ✉ 25826, ☎ (04863) 9 68 60, *Fax (04863) 968676*, « Geschmackvoll gestaltete kleine Ferienwohnanlage », Massage, ⇌, 🗖 – ⇔ 📺 📞 & ⇔
19 Z ⊐ 220 – 270/350.

🏨 **St. Peter** ⑤ (mit Gästehaus), Rungholtstieg 7, ✉ 25826, ☎ (04863) 90 40 (Hotel) 98 90 (Rest.), *info@hotel-stpeter.de*, Fax (04863) 904400, 🛱, ⇌, 🛲 – 🛗, ⇔ Rest, 📺 📞 🅿
Schimmelreiter : **Menu** à la carte 34/65 – **52 Z** ⊐ 130/160 – 180/350, 3 Suiten – ½ P 28.

🏠 **Dünenhotel Eulenhof** ⑤ garni (mit Gästehäuser), Im Bad 93, ✉ 25826, ☎ (04863) 9 65 50, *st.-peter-ording.KV@t-online.de*, Fax (04863) 9655155, « Gartenanlage », ⇌, 🗖, 🛲 – 📺 🅿 🕮 🆀🅴 🆅🅸🆂🅰
36 Z ⊐ 80/140 – 190/260.

🏠 **Fernsicht** ⑤, Am Kurbad 17, ✉ 25823, ☎ (04863) 20 22, *HotelFernsicht@t-online.de*, *Fax (04863) 2020*, ≤, 🛱, ⇌ – ⇔ Rest, 📺 ⇔ 🅿 🕮 ⓪ 🆀🅴 🆅🅸🆂🅰
Menu *(geschl. 10. Jan. - Feb.)* à la carte 35/58 – **24 Z** ⊐ 100/120 – 160/200 – ½ P 25.

🏠 **Jensens Hotel Tannenhof** ⑤ garni, Im Bad 59, ✉ 25826, ☎ (04863) 70 40, *jensen.hotel.tannenhof@t-online.de*, Fax (04863) 70413, ⇌, 🛲 – 📺 🅿 ※
34 Z ⊐ 68/118 – 160/198.

Im Ortsteil Ording :

🏨 **Kölfhamm** ⑤, Kölfhamm 6, ✉ 25826, ☎ (04863) 99 50, *info@Koelfhamm.de*, *Fax (04863) 99545*, 🛱, 🛲 – 📺 & ⇔ 🅿 – 🛗 15
geschl. 22. Dez. - 10. Jan. – **Menu** *(geschl. Mittwoch)* à la carte 35/62 – **25 Z** ⊐ 130 – 180/240 – ½ P 30.

🍴🍴 **Gambrinus,** Strandweg 4, ✉ 25826, ☎ (04863) 29 77, Fax (04863) 1053, 🛱 – ⇔ 🅿
geschl. Mitte Jan. - Anfang Feb., Montag – **Menu** *(Nov. - März Dienstag - Freitag nur Abendessen)* 30 *(mittags)* à la carte 43/72.

ST. WENDEL Saarland 417 R 5 – 28 000 Ew – Höhe 286 m.
🛈 *Touristinformation, Altes Rathaus, Fruchtmarkt 1,* ✉ 66606, ☎ (06851) 9 39 55 14, *Fax (06851) 9395515.*
Berlin 699 – Saarbrücken 42 – Idar-Oberstein 43 – Neunkirchen/Saar 19.

🏠 **Dom-Hotel** ⑤, Carl-Cetto-Str. 4, ✉ 66606, ☎ (06851) 27 37, Fax (06851) 2596, 🛱 – 📺 📞 🕮 ⓪ 🆀🅴 🆅🅸🆂🅰
Menu *(griechische Küche)* à la carte 26/46 – **8 Z** ⊐ 70/85 – 100/120.

In St. Wendel-Bliesen *Nord-West : 5,5 km :*

ﾤﾤﾤ **Kunz,** Kirchstr. 22, ✉ 66606, ℰ (06854) 81 45, *Restaurant-Kunz@t-online.de,*
🕸 Fax (06854) 7254 – **P.** 🆎 ⓜ⓪ 𝚅𝙸𝚂𝙰
geschl. Juli 2 Wochen, Samstagmittag, Montag - Dienstag – **Menu** 66 (mittags)/130
(abends) à la carte 80/104 – *Pilsstube :* **Menu** à la carte 32/63
Spez. Langustine mit provençalischem Gemüse und Currysauce. Rouget barbet en papillote
mit Tomaten-Artischockenragoût. Ente vom Grill auf zwei Arten serviert (Saison).

ST. WOLFGANG *Bayern* ⁴¹³ *T 22 – 3 200 Ew – Höhe 508 m.*
Berlin 626 – München 52 – Bad Reichenhall 106 – Landshut 42 – Wasserburg am Inn 22.

🏠 **St. Georg** Ⓜ garni, Hauptstr. 28 (B 15), ✉ 84427, ℰ (08085) 9 30 30,
Fax (08085) 930343 📺 ⚒ 🐾 ⇔ **P.** ⓪ ⓜ⓪ 𝚅𝙸𝚂𝙰
14 Z ⊑ 78/108 – 98/128.

SASBACHWALDEN *Baden-Württemberg* ⁴¹⁹ *U 8 – 2 400 Ew – Höhe 260 m – Luftkurort –*
Kneippkurort.
🛈 *Kurverwaltung, Talstr. 51 (Kurhaus),* ✉ 77887, ℰ (07841) 10 35, Fax (07841) 23682.
Berlin 729 – Stuttgart 131 – Karlsruhe 58 – Freudenstadt 45 – Offenburg 30 – Baden-
Baden 37.

🏠🏠 **Talmühle** (Fallert), Talstr. 36, ✉ 77887, ℰ (07841) 62 82 90, *talmuehle@t-online.de,*
🕸 Fax (07841) 6282999, « Gartenterrasse », 🌱 – |ﾐ|, ⇔ Zim, 📺 ⇔ **P.** – ⚒ 20. 🆎 ⓪
ⓜ⓪ 𝚅𝙸𝚂𝙰 ⋙ Zim
geschl. Ende Jan. - Mitte Feb. – **Menu** à la carte 48/107 – **30 Z** ⊑ 69/180 – 166/280
– ½ P 38
Spez. Kutteln in Riesling. Gebratener Zander mit Linsen. Ragoût von Kalbskopf mit Gänseleber und altem Rotweinessig.

🏠 **Engel,** Talstr. 14, ✉ 77887, ℰ (07841) 30 00, *DECKERS-ENGEL@T-ONLINE.DE,*
Fax (07841) 26394, 🌱 – |ﾐ| **P.** – ⚒ 25. ⓜ⓪ 𝚅𝙸𝚂𝙰
geschl. 8. - 23. Jan. – **Menu** *(geschl. Montag)* à la carte 38/69 – **11 Z** ⊑ 85/90 – 146/164
– ½ P 32.

🏠 **Landhaus Hiller** ⋙ garni, Auf der Golz 5, ✉ 77887, ℰ (07841) 2 04 70,
Fax (07841) 24884, ≤, 🌱 – ⇔ 📺 **P.** ⓜ⓪ 𝚅𝙸𝚂𝙰
13 Z ⊑ 55/85 – 110/130.

SASSENDORF, BAD *Nordrhein-Westfalen* ⁴¹⁷ *L 8 – 10 500 Ew – Höhe 90 m – Heilbad.*
🛈 *Kurverwaltung, Kaiserstr. 14,* ✉ 59505, ℰ (02921) 5 01 45 07, Fax (02921) 5014848.
Berlin 456 – Düsseldorf 123 – Arnsberg 29 – Beckum 27 – Lippstadt 20 – Soest 5.

🏛 **Maritim-Hotel Schnitterhof** ⋙, Salzstr. 5, ✉ 59505, ℰ (02921) 95 20, *Reservi*
erungsas@maritim.de, Fax (02921) 952499, 🌱, ≋, 📧, 🌱 – |ﾐ|, ⇔ Zim, 📺 **P.** –
⚒ 120. 🆎 ⓪ ⓜ⓪ 𝚅𝙸𝚂𝙰 ⋙ Rest
Menu à la carte 50/78 – **142 Z** ⊑ 206/236 – 302/322 – ½ P 43.

🏠🏠 **Gästehaus Hof Hueck** ⋙ garni, Wiesenstr. 12, ✉ 59505, ℰ (02921) 9 61 40, *rese*
rvierung@hofhueck.de, Fax (02921) 961450 – 📺 **P.** 🆎 ⓪ ⓜ⓪ 𝚅𝙸𝚂𝙰 ⋙
29 Z ⊑ 105/120 – 160/180.

🏠🏠 **Gästehaus Brink's** ⋙ garni, Bismarckstr. 25, ✉ 59505, ℰ (02921) 9 61 60 – ⇔ 📺
P. 🆎 ⓪ ⓜ⓪ 𝚅𝙸𝚂𝙰 ⋙
14 Z ⊑ 120/130 – 170/190.

🏠 **Wulff** ⋙, Berliner Str. 31, ✉ 59505, ℰ (02921) 9 60 30, Fax (02921) 960335, ≋, 📧,
🌱 – 📺 **P.** ⓜ⓪ ⋙ Zim
geschl. 15. Dez. - 15. Jan. **Menu** *(nur Abendessen)* (Restaurant nur für Hausgäste) – **30 Z**
⊑ 85/145 – 170/230, 4 Suiten.

ﾤﾤ **Hof Hueck** ⋙ mit Zim, Im Kurpark, ✉ 59505, ℰ (02921) 9 61 30, Fax (02921) 961350,
🕸 🌱, « Restauriertes westfälisches Bauernhaus a.d. 17.Jh. » – ⇔ Zim, 📺 **P.** 🆎 ⓪ ⓜ⓪
𝚅𝙸𝚂𝙰 ⋙
Menu *(geschl. Montag)* à la carte 46/88 – **12 Z** ⊑ 130/140 – 210/240 – ½ P 38.

SASSNITZ *Mecklenburg-Vorpommern siehe Rügen (Insel).*

SATOW *Mecklenburg-Vorpommern* ⁴¹⁶ *E 19 – 2 100 Ew – Höhe 62 m.*
Berlin 230 – Schwerin 63 – Rostock 20.

🏠🏠 **Weide,** Hauptstr. 50, ✉ 18239, ℰ (038295) 7 50, *Hotel.Weide@t-online.de,*
Fax (038295) 78518, 🌱 – 📺 ⚒ **P.** – ⚒ 40. 🆎 ⓪ ⓜ⓪ 𝚅𝙸𝚂𝙰
Menu à la carte 30/50 – **39 Z** ⊑ 100/115 – 125/140.

SAUENSIEK *Niedersachsen* 🔲🔲 *F 12 – 1 700 Ew – Höhe 20 m.*
  Berlin 339 – Hannover 162 – Hamburg 68 – Bremen 74.

  Klindworths Gasthof, Hauptstr. 1, ✉ 21644, ℰ (04169) 9 11 00, *klindworths@ t*
  -online.de, Fax (04169) 911010, 🔲 – 📺 🅿 🝩 💳
  Menu *(geschl. Montag) (Jan. – März Dienstag - Freitag nur Abendessen)* à la carte 24/49
  – **19 Z** ⊇ 53/58 – 90/98.

SAULGAU *Baden-Württemberg* 🔲 *V 12 – 18 000 Ew – Höhe 593 m – Heilbad.*
  📯 *Wilfertsweiler-Heratskirch (Süd : 6 km), ℰ (07581) 52 74 59.*
  🅱 *Kur- und Gästeamt, Am schönen Moos (Thermalbad),* ✉ 88348, ℰ (07581) 48 39 38,
  Fax (07581) 483969.
  Berlin 686 – Stuttgart 114 – Konstanz 89 – Reutlingen 74 – Ulm (Donau) 69 –
  Bregenz 73.

  Kleber-Post, Hauptstr. 100, ✉ 88348, ℰ (07581) 50 10, *Kleber-Post@ t-online.*
  de, Fax (07581) 501461, 🍴 – 📶, 🍴 Zim, 📺 ➐ ⟷ – 🏛 60. 🝩 ⓪ 🝩 💳
  🅹🅲🅱
  Menu à la carte 56/92 – **58 Z** ⊇ 148/170 – 218/258 – ½ P 49.

  Ochsen, Paradiesstr. 6, ✉ 88348, ℰ (07581) 4 80 40, *OCHSEN@ KOMFORTHOTELS.de,*
  Fax (07581) 480466 – 📶 📺 🅿 🝩
  Menu *(geschl. Donnerstag)* à la carte 28/53 – **18 Z** ⊇ 80/90 – 130/140.

  Tassa di soggiorno
  possono alle volte maggiorare i prezzi di pernottamento e di pensione.
  Quando prenotate fatevi precisare il prezzo dall'albergo.

SAULHEIM *Rheinland-Pfalz* 🔲 *Q 8 – 6 300 Ew – Höhe 210 m.*
  Berlin 583 – Mainz 16 – Bad Kreuznach 43 – Alzey 20.

  Lehn, Neupforte 19, ✉ 55291, ℰ (06732) 9 41 00, *Fax (06732) 941033,* 🍴, 🝩 –
  ➐ Zim, 📺 ➐ 🅿 – 🏛 20. 🝩 ⓪ 🝩 💳
  Menu *(geschl. Jan. 2 Wochen, Fasching, Juli 3 Wochen, Samstag - Sonntag) (nur Abend-*
  essen) à la carte 26/51 🍷 – **17 Z** ⊇ 80/105 – 110/130.

SCHÄFTLARN *Bayern* 🔲🔲 *W 18 – 5 000 Ew – Höhe 693 m.*
  Berlin 612 – München 25 – Augsburg 84 – Garmisch-Partenkirchen 69.

In Schäftlarn-Ebenhausen :

  Gut Schwaige 🌿 garni, Rodelweg 7, ✉ 82067, ℰ (08178) 9 30 00, *info@ hotel-gu*
  tschwaige.de, Fax (08178) 4054 – ➐ 📺 🅿 🝩 💳
  18 Z ⊇ 95/125 – 155/175.

SCHAFFLUND *Schleswig-Holstein* 🔲 *B 11 – 1 600 Ew – Höhe 15 m.*
  Berlin 437 – Kiel 104 – Sylt (Westerland) 53 – Flensburg 18 – Niebüll 27.

  Utspann, Hauptstr. 47 (B 199), ✉ 24980, ℰ (04639) 9 50 50, *Fax (04639) 950521,* 🍴
  – ➐ Zim, 📺 ➐ 🅿 – 🏛 60. 🝩 🝩 💳
  Menu à la carte 37/69 – **11 Z** ⊇ 75/125.

SCHALKENMEHREN *Rheinland-Pfalz siehe Daun.*

SCHALLBACH *Baden-Württemberg siehe Binzen.*

SCHALLSTADT *Baden-Württemberg* 🔲 *W 7 – 5 000 Ew – Höhe 233 m.*
  Berlin 809 – Stuttgart 213 – Freiburg im Breisgau 11 – Basel 66 – Strasbourg 90.

In Schallstadt-Wolfenweiler :

  Ochsen *(mit Gästehaus),* Basler Str. 52 (B 3), ✉ 79227, ℰ (07664) 65 11, *familie.win*
  kler@ hotel-ochsen.de, Fax (07664) 6727, 🍴 – 📶 📺 🅿
  Menu à la carte 35/69 – **52 Z** ⊇ 60/99 – 85/148.

  Zum Schwarzen Ritter, Basler Str. 54 (B 3), ✉ 79227, ℰ (07664) 6 01 36,
  Fax (07664) 6833, 🍴, « *Kellergewölbe a.d. 15.Jh.* » – 🝩 ⓪ 🝩 💳
  geschl. über Fastnacht 2 Wochen, Sonntag - Montag – **Menu** à la carte 34/60.

SCHANDAU, BAD Sachsen 🔲🔲🔲 N 26 – 3 100 Ew – Höhe 125 m – Erholungsort.

🛈 Kurverwaltung im Haus des Gastes, Markt 11, ⊠ 01814, 𝒸 (035022) 9 00 30, Fax (035022) 90034.

Berlin 233 – Dresden 39 – Chemnitz 110 – Görlitz 78.

🏨 **Parkhotel** (mit Gästehaus), Rudolf-Sendig-Str. 12, ⊠ 01814, 𝒸 (035022) 5 20, Fax (035022) 52215, Massage, ≘s, 🐎 – 📳 📺 ⅄ 🄿 – 🔏 40. 🄰🄴 🗫 𝗩𝗜𝗦𝗔
Menu (nur Abendessen) à la carte 28/54 – **86 Z** ⊑ 130 – 120/192 – ½ P 25.

🏨 **Lindenhof**, Rudolf-Sendig-Str. 11, ⊠ 01814, 𝒸 (035022) 48 90, Fax (035022) 48912, 🕿 – 📳 📺 ⅄ – 🔏 25. 🄰🄴 🗫 𝗩𝗜𝗦𝗔
Menu à la carte 30/44 – **41 Z** ⊑ 96/120 – 162 – ½ P 20.

🏠 **Zum Roten Haus,** Marktstr. 10, ⊠ 01814, 𝒸 (035022) 4 23 43, Fax (035022) 40666
⊜ – 📺 🄿.
geschl. Jan. – **Menu** à la carte 24/42 – **12 Z** ⊑ 60/80 – 120/135 – ½ P 18.

In Bad Schandau-Ostrau Nord-Ost : 3 km :

🏨 **Ostrauer Scheibe** 𝒮, Alter Schulweg 12, ⊠ 01814, 𝒸 (035022) 48 80, hotel-ost
rauer-scheibe@igloma.net, Fax (035022) 48888, 🕿, ≘s – 📳, 💱 Zim, 📺 🄿 – 🔏 30.
🗫 𝗩𝗜𝗦𝗔. 𝒮𝒳
Menu à la carte 34/61 – **30 Z** ⊑ 130/150 – 160/260 – ½ P 25.

SCHAPRODE Mecklenburg-Vorpommern siehe Rügen (Insel).

SCHARBEUTZ Schleswig-Holstein 🔲🔲🔲 🔲🔲🔲 D 16 – 11 500 Ew – Seeheilbad.

🛈 Tourist-Information, Strandallee 134, ⊠ 23683, 𝒸 (04503) 77 09 64, Fax (04503) 72122.

Berlin 288 – Kiel 59 – Lübeck 30 – Schwerin 82 – Neustadt in Holstein 12.

🏨 **Göttsche** 𝒮, Am Hang 8, ⊠ 23683, 𝒸 (04503) 88 20, Fax (04503) 882200, <, 🕿 – 📺 🄿. 𝒮𝒳 Zim
geschl. Nov. - 25. Dez. – **Marin** (geschl. 15. - 25. Jan., 1. - 15. Nov., Sonntagabend - Montagmittag, Jan. - März Montag - Mittwoch) **Menu** à la carte 40/68 – **12 Z** ⊑ 148/164 – 170/190 – ½ P 30.

🏠 **Villa Scharbeutz** garni, Seestr. 26, ⊠ 23683, 𝒸 (04503) 8 70 90, hotel-villa-scharb
eutz@t-online.de, Fax (04503) 351240, 🐎 – 📺 ⅄ 🄿. 𝒮𝒳
22 Z ⊑ 90/100 – 147/168.

🏠 **Petersen's Landhaus** garni, Seestr. 56a, ⊠ 23683, 𝒸 (04503) 3 55 10, Fax (04503) 355115, 🔽, 🐎 – 📺 🄿.
geschl. 5. Jan. - 10. Feb., 25. Nov. - 25. Dez. – **14 Z** ⊑ 128 – 172/189.

In Scharbeutz-Haffkrug :

🏠 **Maris,** Strandallee 10, ⊠ 23683, 𝒸 (04563) 4 27 20 (Hotel) 42 28 03 (Rest.), Hotel-Ma
ris@t-online.de, Fax (04563) 427272, <, 🕿, ≘s – 📳, 💱 Zim, 📺 ⅄ ⇔ 🄿. 🄰🄴 ⓪ 🗫
𝗩𝗜𝗦𝗔
Muschel (geschl. 15. Jan. - Mitte Feb., Okt. - Mai Dienstag - Mittwochmittag) **Menu** à la carte 43/66 – **13 Z** ⊑ 150/155 – 180/210 – ½ P 28.

In Scharbeutz-Schürsdorf Süd-West : 4 km :

🍴 **Das Kleine Gesellschaftshaus Butz** 𝒮 mit Zim, Hackendohrredder 3, ⊠ 23684, 𝒸 (04524) 97 07, Fax (04524) 1365, 🕿, « Gemütliche Einrichtung » – 📺 🄿.
Menu (geschl. Feb., Montag) (Dienstag - Freitag nur Abendessen) à la carte 32/69 – **5 Z** ⊑ 110 – 140/170.

SCHAUENBURG Hessen 🔲🔲🔲 M 12 – 9 700 Ew – Höhe 320 m.

Berlin 398 – Wiesbaden 215 – Kassel 14.

In Schauenburg-Elmshagen :

🏠 **Tannenhof** 𝒮 (Hotelanlage mit 6 Gästehäusern), Jacobstr. 1, ⊠ 34270, 𝒸 (05601) 93 30, Fax (05601) 933200, ≘s, 🔽 – 📺 🄿 – 🔏 100. 🄰🄴 ⓪ 🗫 𝗩𝗜𝗦𝗔
𝖩𝖢𝖡
Menu (nur Abendessen) à la carte 28/49 – **136 Z** ⊑ 78 – 140/180.

SCHEER Baden-Württemberg siehe Sigmaringen.

SCHEESSEL *Niedersachsen* **415** *G 12 – 10 400 Ew – Höhe 30 m.*
Berlin 341 – Hannover 121 – Hamburg 68 – Bremen 54.

In Scheeßel-Oldenhöfen *Nord-West : 7 km :*

XX **Rauchfang,** Oldenhöfen 3a, ⊠ 27383, ℰ (04263) 6 02, Fax (04263) 3418, 🌤,
« Gemütliche, ehemalige Bauernkate » – **P**. **AE** **①** **◑◐** **VISA**
geschl. Anfang Feb. 1 Woche, Ende Aug. 2 Wochen, Dienstag – Menu *(wochentags nur Abendessen)* à la carte 44/73.

SCHEIBENBERG (ERZGEBIRGE) *Sachsen* **418 420** *O 22 – 2 600 Ew – Höhe 520 m.*
Berlin 308 – Dresden 121 – Chemnitz 45 – Zwickau 49.

🏠 **Sächsischer Hof,** Markt 6, ⊠ 09481, ℰ (037349) 7 90 46, Fax (037349) 79048,
« Stadthaus a.d. 16. Jh. mit modern-eleganter Einrichtung » – **⇥⇤** Zim, **TV**. **AE** **①** **◑◐**
VISA
Menu *(wochentags nur Abendessen)* (italienische Küche) à la carte 33/51 – **23 Z**
⌚ 90/125.

SCHEIBENHARDT *Rheinland-Pfalz* **419** *T 8 – 740 Ew – Höhe 120 m.*
Berlin 687 – Mainz 168 – Karlsruhe 24 – Landau in der Pfalz 32 – Wissembourg 16.

In Scheibenhardt-Bienwaldmühle *Nord-West : 5,5 km :*

X **Bienwaldmühle,** ⊠ 76779, ℰ (06340) 2 76, Fax (06340) 264, 🌤 – **P**.
geschl. Weihnachten - Anfang Feb., Ende Juli - Anfang Aug., Montag - Dienstag – Menu
à la carte 36/65.

SCHEIDEGG *Bayern* **419 420** *X 13 – 4 200 Ew – Höhe 804 m – Heilklimatischer Kurort – Kneippkurort – Wintersport : 800/1000 m ⚡2 🎿.*

🅱 *Kurverwaltung, Rathausplatz 4, ⊠ 88175, ℰ (08381) 89550.*
Berlin 720 – München 177 – Konstanz 84 – Ravensburg 40 – Bregenz 22.

🏠 **Haus Birkenmoor** ⦾, Am Brunnenbühl 10, ⊠ 88175, ℰ (08381) 9 20 00,
Fax (08381) 920030, ≤, Massage, ♨, **≋s**, **⃟**, 🌤 – **TV** ⬛⬛ **P**. ⌗
geschl. Ende Okt. - Mitte Dez. – Menu *(nur Abendessen)* (Restaurant nur für Hausgäste)
– **16 Z** (nur ½ P) 113/170 – 226.

🏠 **Gästehaus Montfort** ⦾ garni, Höhenweg 4, ⊠ 88175, ℰ (08381) 14 50,
Fax (08381) 1450, ≤, **⃟**, 🌤, ⚒ – **P**. ⌗
geschl. Nov. – **11 Z** ⌚ 70/108.

SCHEINFELD *Bayern* **420** *Q 15 – 4 700 Ew – Höhe 306 m.*
Berlin 464 – München 244 – Nürnberg 69 – Bamberg 62 – Würzburg 54.

🏠 **Posthorn,** Adi-Dassler-Str. 4, ⊠ 91443, ℰ (09162) 9 27 50, Fax (09162) 92752, 🌤 –
TV **P**. **◑◐** **VISA**
Menu *(geschl. Jan., Montag)* à la carte 33/54 – **10 Z** ⌚ 80/120.

SCHENEFELD *Schleswig-Holstein* **415 416** *F 13 – 15 500 Ew – Höhe 11 m.*
Berlin 298 – Kiel 86 – Hamburg 12.

In Schenefeld-Dorf :

🏠 **Klövensteen,** Hauptstr. 83, ⊠ 22869, ℰ (040) 8 39 36 30, Fax (040) 83936343,
🌤, 🐎 (Hallen und Schule) – ⚙, **⇥⇤** Zim, **TV** ⬛⬛ ⬛ ⬛⬛ **P** – **🔏** 70. **①** **◑◐**
VISA
Peter's Bistro : Menu à la carte 41/72 – **58 Z** ⌚ 140/160 – 180/220.

XX **Reitstall Klövensteen,** Uetersener Weg 100, ⊠ 22869, ℰ (040) 8 30 69 92,
Fax (040) 8391649, Biergarten, 🐎 (Hallen und Schule) – ▤ **P**. **AE** **①** **◑◐** **VISA**
geschl. Montag – Menu à la carte 36/66.

Check-in :
Nicht schriftlich reservierte Zimmer werden in den meisten Hotels
nur bis 18 Uhr freigehalten.
Bei späterer Anreise ist daher der ausdrückliche Hinweis
auf die Ankunftzeit oder - besser noch - schriftliche Zimmerreservierung
ratsam.

SCHENKENZELL Baden-Württemberg 🔲🔲🔲 V 9 – 2 000 Ew – Höhe 365 m – Luftkurort.
🖼 Kurverwaltung, Haus des Gastes, Landstr.2 (B 294), ✉ 77773, 🏠 (07836) 93 97 51, Fax (07836) 939750.
Berlin 732 – Stuttgart 104 – Freiburg im Breisgau 72 – Villingen-Schwenningen 46 – Freudenstadt 23.

🏠 **Sonne,** Reinerzaustr. 13, ✉ 77773, 🏠 (07836) 10 41, Fax (07836) 10 49, 🏠, 🏠, 🏠
– 📺 🅿 – 🛏 50. 🅰🅴 🅾 �🅾🅾 𝗩𝗜𝗦𝗔
geschl. 6. - 10. Jan. – **Menu** à la carte 33/76 – **38 Z** 🍽 102/112 – 144/196 – ½ P 20.

🏠 **Winterhaldenhof** 🖇, Winterhalde 8, ✉ 77773, 🏠 (07836) 72 48, *WINTERHALDEN-HOF@t-online.de, Fax (07836) 7649,* ≼, 🏠 ⇦ 🅿 🛏 🛏 ⇦ 🅿 🍽 Rest
geschl. 2. Nov. - 10. Dez. – **Menu** *(geschl. Donnerstag) (nur Abendessen)* à la carte 29/61 – **19 Z** 🍽 82/105 – 148/188 – ½ P 15.

🏠 **Waldblick,** Schulstr. 12, ✉ 77773, 🏠 (07836) 9 39 60, *brigittekilgus@hotel-waldblick.de, Fax (07836) 939699,* 🏠 – 📺 🅿 🅰🅴 🅾 �🅾🅾 𝗩𝗜𝗦𝗔
Menu *(geschl. Okt. - März Freitag)* à la carte 36/60 – **8 Z** 🍽 89 – 120/184 – ½ P 20.

SCHERMBECK Nordrhein-Westfalen 🔲🔲🔲 K 4 – 12 900 Ew – Höhe 34 m.
🏌₁₈ 🏌₉ *Steenbecksweg 12,* 🏠 *(02856) 9 13 70.*
Berlin 523 – Düsseldorf 69 – Dorsten 10 – Wesel 19.

🏠 **Haus Hecheltjen,** Weseler Str. 24, ✉ 46514, 🏠 (02853) 22 14, *Fax (02853) 1300,* 🏠
– 📺 ⇦ 🅿 🅰🅴 🅾 �🅾🅾 𝗩𝗜𝗦𝗔
geschl. 22. Dez. - 6. Jan. – **Menu** *(geschl. 15. - 30. Juli, Dienstag)* à la carte 27/53 – **14 Z** 🍽 70/110.

In Schermbeck-Gahlen *Süd : 4 km :*

🏠 **Op den Hövel,** Kirchstr. 71, ✉ 46514, 🏠 (02853) 9 14 00, Fax (02853) 914050, 🏠,
⇦ 🏠, 🔲 – 📺 📞 ⇦ 🅿 – 🛏 30
Menu *(geschl. 22. Dez. - 10. Jan., Freitag)* à la carte 21/50 – **35 Z** 🍽 60/70 – 100.

In Schermbeck-Voshövel *Nord-West : 13 km :*

🏠🏠 **Landhotel Voshövel,** Am Voshövel 1, ✉ 46514, 🏠 (02856) 9 14 00, *post@landhotel.de, Fax (02856) 744,* 🏠, 🏋, 🏠 – ⇴ Zim, 📺 🅿 – 🛏 100. 🅰🅴 🅾 �🅾🅾 𝗩𝗜𝗦𝗔
Menu à la carte 39/75 – **50 Z** 🍽 95/155 – 165/225.

SCHESSLITZ Bayern 🔲🔲🔲 Q 17 – 6 800 Ew – Höhe 309 m.
Berlin 391 – München 252 – Coburg 57 – Bayreuth 47 – Nürnberg 70 – Bamberg 14.

🏠 **Krapp,** Oberend 3, ✉ 96110, 🏠 (09542) 80 66, *HotelKrapp@t-online.de,*
⇦ *Fax (09542) 70041,* 🏠, 🏠 – 📺 🅿 – 🛏 30. 🍽 Zim
Menu *(geschl. Juli 2 Wochen, Mittwoch, Sonntagabend)* à la carte 23/50 🍷 – **30 Z** 🍽 55/75 – 90/120.

In Scheßlitz-Würgau *Ost : 5 km :*

🏠 **Brauerei-Gasthof Hartmann,** Fränkische-Schweiz-Str. 26 (B 22), ✉ 96110, 🏠 (09542) 92 03 00, *info@brauerei-hartmann.de, Fax (09542) 920309,* Biergarten – 📺 🅿 – 🛏 80. �🅾🅾 𝗩𝗜𝗦𝗔
Menu *(geschl. 23. - 30. Dez., Dienstag)* à la carte 29/64 – **9 Z** 🍽 60/65 – 100/110.

SCHIEDER-SCHWALENBERG Nordrhein-Westfalen 🔲🔲🔲 K 11 – 10 000 Ew – Höhe 150 m.
🖼 Kurverwaltung Schieder, Im Kurpark 1, ✉ 32816, 🏠 (05282) 6 01 71, Fax (05282) 60173.
Berlin 362 – Düsseldorf 209 – Hannover 80 – Detmold 22 – Paderborn 39.

Im Ortsteil Schieder *– Kneippkurort :*

🏠 **Landhaus Schieder** (mit Gästehaus), Domäne 1, ✉ 32816, 🏠 (05282) 9 80 90, *Landhaus-Schieder@t-online.de, Fax (05282) 1646,* 🏠 – 🛏 ⇴ 📺 📞 🅿 – 🛏 30. 🅰🅴 🅾 �🅾🅾 𝗩𝗜𝗦𝗔 𝗝𝗖𝗕
Menu à la carte 34/67 – **23 Z** 🍽 118/128 – 180/220 – ½ P 25.

Im Ortsteil Schwalenberg :

🏠 **Schwalenberger Malkasten,** Neue-Tor-Str. 1, ✉ 32816, 🏠 (05284) 9 80 60, *Hotel.Schwalenberger.Malkasten@T-Online.de, Fax (05284) 980666,* 🏠, 🏠 – 📺 🅿 🅾 �🅾🅾 𝗩𝗜𝗦𝗔, 🍽 Zim
geschl. 2. Jan. - 15. Feb., 23. - 26. Dez. – **Menu** à la carte 33/59 – **44 Z** 🍽 70/96 – 116/156 – ½ P 24.

🏠 **Burg Schwalenberg** 🖇, ✉ 32816, 🏠 (05284) 9 80 00, Fax (05284) 980027, ≼ Schwalenberg und Umgebung – 📺 🅿 – 🛏 50. 🅰🅴 🅾 �🅾🅾 𝗩𝗜𝗦𝗔 𝗝𝗖𝗕
geschl. 10. Jan. - 20. Feb. – **Menu** à la carte 43/77 *(auch vegetarische Gerichte)* – **15 Z** 🍽 120/160 – 180/280 – ½ P 38.

In Schieder-Glashütte *Nord-Ost : 5 km – Kneippkurort :*

🏠 **Herlingsburg,** Bergstr. 29, ⊠ 32816, ℰ (05282) 2 24, *Fax (05282) 270*, ≤, 😊, 🔥,
🍴 – 📶 📺 😊 🅿 ⊙ 🐾 𝖵𝖨𝖲𝖠
geschl. 5. Jan. - 1. Feb. – **Menu** à la carte 28/56 – **40 Z** ⊇ 80/100 – 130/150 – ½ P 20.

An der Straße nach Bad Pyrmont *Nord-Ost : 5 km ab Schieder :*

🏠 **Fischanger,** Fischanger 25, ⊠ 32816 Schieder-Schwalenberg, ℰ (05282) 2 37,
Fax (05282) 6211, 😊, ⬛s, 🍴 – 📺 😊 🅿 🐾 𝖵𝖨𝖲𝖠
geschl. Mitte Jan. - Mitte Feb. – **Menu** *(geschl. Dienstag)* à la carte 27/53 – **18 Z** ⊇ 65/70
– 110/125 – ½ P 16.

SCHIERKE *Sachsen-Anhalt* 𝟦𝟣𝟪 *K 15 – 1 100 Ew – Höhe 600 m.*
🏛 *Kurverwaltung, Brockenstr. 10,* ⊠ 38879, ℰ (039455) 3 10, *Fax (039455) 403.*
Berlin 246 – Magdeburg 92 – Braunlage 10 – Halberstadt 45.

🏨 **Parkhotel am Hohnekopf** 🅼, In Drei Annen Hohne 104 (Ost : 8 km), ⊠ 38879,
ℰ (039455) 8 40, *Fax (039455) 84199*, 😊, Biergarten, ⬛s, 🍴 – 📶 ⟶ Zim, 📺 📞 🐾
🅿
Menu *(geschl. ausser Saison Montag)* à la carte 36/75 – **42 Z** ⊇ 95/110 – 190 – ½ P 30.

🏠 **Gasthof zum Stadel,** Brockenstr. 26, ⊠ 38879, ℰ (039455) 36 70,
🐾 *Fax (039455) 36777*, 😊 – 📺 🅿 🐾 𝖵𝖨𝖲𝖠 ♨ Zim
Menu *(geschl. 20. Nov. - 20. Dez., Donnerstag)* à la carte 23/42 – **10 Z** ⊇ 80 – 120/130.

In Elend-Mandelholz *Süd-Ost : 5,5 km :*

🏨 **Grüne Tanne,** Mandelholz 1 (B 27), ⊠ 38875, ℰ (039454) 4 60, *hotel-gruene-tanne*
@ t-online.de, Fax (039454) 46155, 😊, ⬛s, 🍴 – 📶 📺 🅿 – 🔒 15
geschl. Mitte - Ende Nov. – **Menu** *(geschl. Nov. - April Montag)* à la carte 28/69 – **28 Z**
⊇ 85/90 – 130/140.

SCHIFFERSTADT *Rheinland-Pfalz* 𝟦𝟣𝟩 𝟦𝟣𝟫 *R 9 – 18 000 Ew – Höhe 102 m.*
Berlin 631 – Mainz 83 – Mannheim 25 – Speyer 9,5.

🏨 **Salischer Hof,** Burgstr. 12, ⊠ 67105, ℰ (06235) 93 10, *info@ salischer-hof.de,*
Fax (06235) 931200, 😊 – 📺 ♿ 🅿 – 🔒 20. 𝖠𝖤 🐾 𝖵𝖨𝖲𝖠
Menu *(geschl. Samstagmittag)* à la carte 45/75 – **24 Z** ⊇ 130/140 – 160/200.

🏨 **Kaufmann,** Bahnhofstr. 81, ⊠ 67105, ℰ (06235) 49 60, *Freysgastbetriebe@ t-onlin*
e.de, Fax (06235) 496299, Biergarten – ⟶ Zim, 📺 🅿 – 🔒 20. 𝖠𝖤 ⊙ 🐾 𝖵𝖨𝖲𝖠
geschl. 24. Dez. - 6. Jan. – **Menu** *(geschl. Samstag, Sonntagabend)* à la carte 40/65 – **34 Z**
⊇ 115/130 – 120/150.

🏠 **Zur Kanne,** Kirchenstr. 7, ⊠ 67105, ℰ (06235) 4 90 00, *Fax (06235) 490066*, Biergarten – 📺 🅿 𝖠𝖤 🐾 𝖵𝖨𝖲𝖠 ♨ Rest
Menu *(geschl. 28. Dez. - 5. Jan., Dienstag - Mittwochmittag)* à la carte 28/62 ♨ – **41 Z**
⊇ 85/95 – 130/150.

🍴 **Am Museum,** Kirchenstr. 13, ⊠ 67105, ℰ (06235) 51 69, « Innenhofterrasse »
geschl. Juli - Aug. 4 Wochen, Montag, Samstagmittag – **Menu** (italienische Küche) à la carte
42/80.

SCHILDOW *Brandenburg* 𝟦𝟣𝟨 𝟦𝟣𝟪 *I 24 – 2 800 Ew – Höhe 66 m.*
Berlin 17 – Potsdam 45 – Eberswalde 53.

🏨 **Schildow** 🅼 garni, Mühlenbecker Str. 2, ⊠ 16552, ℰ (033056) 8 57 00,
Fax (033056) 85750, « Ständige Ausstellung von Antiquitäten und Kunstgegenständen »
– ⟶ 📺 🅿 – 🔒 40. 𝖠𝖤 🐾 𝖵𝖨𝖲𝖠
34 Z ⊇ 90/110 – 120/180.

SCHILLINGSFÜRST *Bayern* 𝟦𝟣𝟫 𝟦𝟤𝟢 *S 14 – 2 500 Ew – Höhe 515 m – Erholungsort – Wintersport : ✼.*
Berlin 517 – München 188 – Würzburg 85 – Ansbach 28 – Heilbronn 121 – Nürnberg 86.

🏠 **Die Post,** Rothenburger Str. 1, ⊠ 91583, ℰ (09868) 95 00, *diepost@ arcormail.de,*
Fax (09868) 950250, ≤, 😊, 🍴 – ⟶ Rest, 📺 🐾 🅿 – 🔒 15. ⊙ 🐾 𝖵𝖨𝖲𝖠
Menu *(geschl. Nov. - März Montagmittag)* à la carte 29/56 ♨ – **14 Z** ⊇ 75/95 – 96/180
– ½ P 22.

🏠 **Zapf,** Dombühler Str. 9, ⊠ 91583, ℰ (09868) 98 93 90, *Hotel.Zapf@ t-online.de,*
Fax (09868) 5464, 😊, ⬛s, 🍴 – ⟶ 🅿 𝖠𝖤 ⊙ 🐾 𝖵𝖨𝖲𝖠
geschl. 10. - 31. Jan. – **Menu** *(geschl. Dienstag)* à la carte 27/46 ♨ – **25 Z** ⊇ 75/85 – 130
– ½ P 25.

SCHILTACH Baden-Württemberg **419** V 9 – 4100 Ew – Höhe 325 m – Luftkurort.
Sehenswert : Marktplatz★.
🛈 Tourist Information, Hauptstr. 5, ✉ 77761, ℰ (07836) 58 50, Fax (07836) 5858.
Berlin 740 – Stuttgart 126 – Freiburg im Breisgau 68 – Offenburg 51 – Villingen-Schwenningen 42 – Freudenstadt 27.

🏠 **Zum weyßen Rössle,** Schenkenzeller Str. 42, ✉ 77761, ℰ (07836) 3 87, Fax (07836) 7952 – 📺 🖃 🅿 🖃 🅰🅴 ⓄⓄ ⑩ 🆚🆂🅰
Menu (geschl. Sonntagabend - Montag) (Tischbestellung ratsam) à la carte 29/66 – **8 Z** ☑ 78 – 130/140 – ½ P 28.

♨ **Sonne,** Marktplatz 2, ✉ 77761, ℰ (07836) 20 02, Fax (07836) 7905, 🏤 – 📺 ⇔. 🅰🅴 Ⓞ ⑩ 🆚🆂🅰
Menu (geschl. Donnerstag) à la carte 25/49 – **8 Z** ☑ 60/80 – 82/120 – ½ P 18.

SCHKEUDITZ Sachsen **418** L 20 – 15000 Ew – Höhe 120 m.
Berlin 172 – Dresden 124 – Leipzig 13 – Halle 21.

🏠 **Globana Airport Hotel** M, Frankfurter Str. 4 (West : 2 km), ✉ 04435, ℰ (034204) 3 33 33, hotel@globana.com, Fax (034204) 33334, 🏤, 🇫🇸, ⇌s – 🕴, ⋉ Zim, 📺 ✆ 🕭 🖃 – 🔬 60. 🅰🅴 Ⓞ ⑩ 🆚🆂🅰
Menu à la carte 31/61 – ☑ 18 – **158 Z** 195/235.

🍴 **Schillerstuben,** Lindenstr. 26, ✉ 04435, ℰ (034204) 1 47 16, Schillerstuben@onlin
e.de, Fax (034204) 14716, 🏤
geschl. Montag – **Menu** (wochentags nur Abendessen) (Tischbestellung ratsam) à la carte 37/56.

SCHLANGENBAD Hessen **417** P 8 – 6700 Ew – Höhe 318 m – Heilbad.
🛈 Verkehrsbüro, Landgrafenplatz, ✉ 65388, ℰ (06129) 5 80 90, Fax (06129) 58092.
Berlin 581 – Wiesbaden 16 – Koblenz 63 – Bad Kreuznach 59 – Limburg an der Lahn 43 – Mainz 21.

🏨 **Parkhotel Schlangenbad** M ♨, Rheingauer Str. 47, ✉ 65388, ℰ (06129) 4 20, info@parkhotel.net, Fax (06129) 41420, direkter Zugang zum Thermalbewegungs- und -freibad, ⇌s – 🕴 📺 🖃 🖃 – 🔬 120. 🅰🅴 Ⓞ ⑩ 🆚🆂🅰, 🍴 Rest
Menu à la carte 60/78 – **88 Z** ☑ 185/263 – 280/350, 3 Suiten – ½ P 38.

🏠 **Russischer Hof** garni, Rheingauer Str. 37, ✉ 65388, ℰ (06129) 5 06 70, Fax (06129) 4076, 🍴 – 📺 ✆ 🖃 ⑩ 🆚🆂🅰
geschl. Jan. – **21 Z** ☑ 75/90 – 140/160.

SCHLECHING Bayern **420** W 21 – 1750 Ew – Höhe 570 m – Luftkurort – Wintersport : 600/1400 m ≰3 ✦.
🛈 Verkehrsamt, Haus des Gastes, Schulstr. 4, ✉ 83259, ℰ (08649) 2 20, Fax (08649) 1330.
Berlin 693 – München 104 – Bad Reichenhall 58 – Traunstein 34 – Rosenheim 45.

🏠 **Zur Post,** Kirchplatz 7, ✉ 83259, ℰ (08649) 12 14, HotelzurPost-Schleching@t-onlin
e.de, Fax (08649) 1332, ≤, 🏤, ⇌s – 🖃 – 🔬 25. 🅰🅴 Ⓞ ⑩ 🆚🆂🅰
geschl. 8. Jan. - 1. Feb., 2. - 9. April – **Menu** (geschl. Montag) à la carte 26/58 – **28 Z** ☑ 75/86 – 108/144 – ½ P 20.

🍴 **Gasthof Geigelstein** mit Zim, Hauptstr. 5, ✉ 83259, ℰ (08649) 2 81, Fax (08649) 654, 🏤 – 🖃
geschl. 10. - 28. April, 3. Nov. - 20. Dez. – **Menu** (geschl. Dienstag) à la carte 29/62 – **8 Z** ☑ 65/100 – ½ P 22.

SCHLEIDEN Nordrhein-Westfalen **417** O 3 – 13500 Ew – Höhe 348 m.
🛈 Touristik Schleidener Tal (Schleiden-Gemünd), Kurhausstr. 6, ✉ 53937, ℰ (02444) 20 11, Fax (02444) 1641.
Berlin 639 – Düsseldorf 103 – Aachen 50 – Düren 38 – Euskirchen 30.

In Schleiden-Gemünd Nord-Ost : 6 km – Kneippkurort :

🏠 **Katharinenhof** ♨ garni, Am Kurpark 5, ✉ 53937, ℰ (02444) 9 12 60, Fax (02444) 912893 – 📺 🖃 ⑩ 🆚🆂🅰
40 Z ☑ 75/85 – 130.

🏠 **Friedrichs,** Alte Bahnhofstr. 16, ✉ 53937, ℰ (02444) 95 09 50, mail@hotel-friedric
hs.de, Fax (02444) 950940, 🏤, ⇌s – 🕴 ⋉ 📺 ✆ ⇔ 🖃 – 🔬 40. 🅰🅴 Ⓞ ⑩ 🆚🆂🅰
Menu (geschl. Dienstag) à la carte 34/63 – **23 Z** ☑ 99/130 – 150/190 – ½ P 35.

🍴 **Kettner's Parkrestaurant,** Kurhausstr. 5, ✉ 53937, ℰ (02444) 27 76, Fax (02444) 8901, « Gartenterrasse » – 🕭
geschl. Montag – **Menu** à la carte 33/68.

SCHLEPZIG *Brandenburg* *J 25 – 640 Ew – Höhe 50 m.*
Berlin 78 – Potsdam 95 – Cottbus 66 – Frankfurt (Oder) 67.

🏠 **Landgasthof zum grünen Strand der Spree,** Dorfstr. 53, ✉ 15910, ✆ (035472)
66 20, Spreewaldbrauerei@ t-online.de, Fax (035472) 473, 🌳 – 📺 🅿 – 🔧 15. 🗚 ⓜⓞ 𝗩𝗜𝗦𝗔
Menu (geschl. Mitte Feb. - Anfang März, Anfang - Mitte Nov.) à la carte 45/60 – **25 Z**
⚏ 110/160 – 149/190.

SCHLESWIG *Schleswig-Holstein* *C 12 – 26 000 Ew – Höhe 14 m.*
Sehenswert : Schloß Gottorf : Schleswig Holsteinisches Landesmuseum★★ (Fayence- und
Porzellansammlungen★, Jugendstil Sammlung★, Renaissancekapelle★★) Y – Schloß Gottorf :
Archäologisches Landesmuseum★, Nydamm-Boot★★★ Y – Dom★ (Bordesholmer Altar★★) Z
– ≤★ vom Parkplatz an der B 76 Y – Fischerviertel ''Holm'' (Friedhofsplatz★) Z.

🏌 Güby, Borgwedeler Weg 16 (Süd-Ost : 7 km über ②) ✆ (04354) 9 81 84.

🛈 Touristinformation, Plessenstr. 7, ✉ 24837, ✆ (04621) 98 16 16, Fax (04621) 981619.
Berlin 395 ③ – Kiel 53 ② – Flensburg 33 ⑤ – Neumünster 65 ③

XX **Olschewski's** mit Zim, Hafenstr. 40, ✉ 24837, ✆ (04621) 2 55 77, Fax (04621) 22141,
🌳 – 📺 🗚 ⓜⓞ 𝗩𝗜𝗦𝗔   Z a
geschl. Mitte Jan. - Feb. – **Menu** (geschl. Montagabend - Dienstag) à la carte 44/81 (auch
vegetarisches Menu) – **7 Z** ⚏ 90/110 – 140/160.

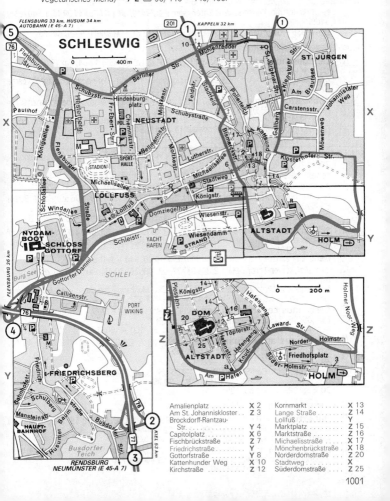

Amalienplatz	X 2	Kornmarkt	X 13
Am St. Johanniskloster	Z 3	Lange Straße	Z 14
Brockdorff-Rantzau-		Lollfuß	Y
Str.	Y 4	Marktplatz	X 15
Capitolplatz	X 6	Marktstraße	Z 16
Fischbrückstraße	Z 7	Michaelisstraße	X 17
Friedrichstraße	Y	Mönchenbrückstraße	X 18
Gottorfstraße	Y 8	Norderdomstraße	Z 20
Kattenhunder Weg	X 10	Stadtweg	X
Kirchstraße	Z 12	Süderdomstraße	Z 25

In Schleswig-Pulverholz *Süd-West : 1,5 km, Zufahrt über Brockdorff-Rantzau-Straße* Y :

🏨 **Waldschlößchen,** Kolonnenweg 152, ☒ 24837, ℰ (04621) 38 30, *reception@hotel-waldschloesschen.de,* Fax (04621) 383105, 🍴, ⬛, ⬛, 🛋 – |‡|, ⇔ Zim, 📺 ♿ 🅿 – ⚓ 300. 🖭 ⓞ ⓜ ⒱⒮⒜. ✁
Menu à la carte 39/71 – **121 Z** ⊐ 125/175 – 145/225.

In Fahrdorf *Süd-Ost : 5 km über ②* :

🏨 **An der Schlei** garni, Dorfstr. 44, ☒ 24857, ℰ (04621) 3 80 00, Fax (04621) 380038,
🛋 – ⇔ 📺 ♿ 🅿 – ⚓ 40. ⓜ ⒱⒮⒜
29 Z ⊐ 93/139.

SCHLEUSINGEN *Thüringen* 🅘🅘🅘 *O 16 – 6 000 Ew – Höhe 450 m.*
Berlin 356 – Erfurt 73 – Coburg 37 – Meiningen 35 – Suhl 15.

🏨 **Zum Goldenen Löwen,** Markt 22, ☒ 98553, ℰ (036841) 4 23 53,
⛽ Fax (036841) 41320, 🍴 – 📺 ⓜ ⒱⒮⒜
Menu (geschl. Montag) à la carte 23/42 ⅊ – **9 Z** ⊐ 65/70 – 95/105.

SCHLIENGEN *Baden-Württemberg* 🅘🅘🅘 *W 6 – 4 800 Ew – Höhe 251 m.*
🅱 *Verkehrsamt, Wasserschloss Entenstein,* ☒ 79419, ℰ (07635) 31 09 11, Fax(07635)
310927.
Berlin 836 – Stuttgart 243 – Freiburg im Breisgau 38 – Müllheim 9 – Basel 28.

In Schliengen-Obereggenen *Ost : 7 km :*

🏨 **Landgasthof Graf** 🦌, Kreuzweg 6, ☒ 79418, ℰ (07635) 12 64, Fax (07635) 9555,
🍴, 🛋 – 📺 ⇔ 🅿 ⓜ ⒱⒮⒜
geschl. Anfang Jan. - Anfang Feb. – **Menu** (geschl. Mittwoch - Donnerstagmittag) à la carte
37/70 ⅊ – **15 Z** ⊐ 70/110 – 130/150.

🏨 **Rebstock,** Kanderner Str. 4, ☒ 79418, ℰ (07635) 12 89, *rebstock-obereggenen@T-online.de,* Fax (07635) 8844, 🍴, 🛋 – 📺 🅿 ⓜ
geschl. Mitte Juni - Anfang Juli, Mitte Dez. - Ende Jan. – **Menu** (geschl. Dienstag, Nov. -
Feb. Montag - Dienstag) (nur Abendessen) à la carte 54/69 ⅊ – **12 Z** ⊐ 64/70 – 120/148.

SCHLIERSEE *Bayern* 🅘🅘🅞 *W 19 – 6 400 Ew – Höhe 800 m – Luftkurort – Wintersport :*
790/1 700 m ⚡ 2 ⚡ 16 ⚡.
Sehenswert : Pfarrkirche★.
Ausflugsziel : Spitzingsattel : Aussichtspunkt ⇔★, Süd : 9 km.
🅱 *Gäste-Information, Bahnhofstr. 11a,* ☒ 83727, ℰ (08026) 6 06 50, Fax (08026)
606520.
Berlin 652 – München 62 – Garmisch-Partenkirchen 79 – Rosenheim 36 – Bad Tölz 25.

🏨 **Schlierseer Hof am See,** Seestr. 21, ☒ 83727, ℰ (08026) 94 00, *schlierseerhof
@t-online.de,* Fax (08026) 940100, ⇔, « Gartenterrasse am See », ⇔s, ⬛ (geheizt), 🌲,
🛋 – |‡| 📺 🅿 – ⚓ 30
Menu à la carte 32/53 – **45 Z** ⊐ 140/170 – 220/340 – ½ P 35.

🏨 **Terofal,** Xaver-Terofal-Platz 2, ☒ 83727, ℰ (08026) 40 45, Fax (08026) 2676, 🍴 –
📺 🅿
Menu (geschl. Mitte Jan. - Mitte Feb., Juni - Okt. Montagmittag, Nov. - Mai Montag) à la
carte 26/61 – **23 Z** ⊐ 75/115 – 120/170 – ½ P 23.

🏨 **Gästehaus Lechner am See** garni, Seestr. 33, ☒ 83727, ℰ (08026) 9 43 80,
Fax (08026) 943899, ⇔, ⇔s, 🌲, 🛋 – |‡| 📺 🅿
geschl. Anfang Nov. - Weihnachten – **11 Z** ⊐ 85/160 – 160/170.

🏨 **Gästehaus am Kurpark** garni, Gartenstr. 7, ☒ 83727, ℰ (08026) 9 40 30,
Fax (08026) 2743, 🛋 – 📺 ⚑ ⇔ 🅿 ⓜ
26 Z ⊐ 90/100 – 120/150.

🏨 **Seeblick** garni, Carl-Schwarz-Str. 1, ☒ 83727, ℰ (08026) 6 00 60, *poeplau@hotelseeblick.de,* Fax (08026) 6006111, ⇔s, 🛋 – 📺 🅿
20 Z ⊐ 98/120 – 165/185.

In Schliersee-Neuhaus *Süd : 4 km :*

🏨 **Hubertus** garni, Bayrischzeller Str. 8, ☒ 83727, ℰ (08026) 7 10 35, *hubertus@schliersee.com,* Fax (08026) 71958, ⇔s, 🛋 – 📺 ⇔ 🅿
Menu (siehe auch Restaurant Sachs) – **20 Z** ⊐ 85/160.

XX **Sachs,** Neuhauser Str. 12, ☒ 83727, ℰ (08026) 72 38, Fax (08026) 71958, 🍴,
« Einrichtung im alpenländischen Stil » – 🅿 🖭 ⓞ ⓜ ⒱⒮⒜
geschl. Montag – **Menu** à la carte 34/69.

In Schliersee-Spitzingsee *Süd : 10 km – Höhe 1 085 m :*

🏨 **ArabellaSheraton Alpenhotel am Spitzingsee** Ⓜ ♨, Seeweg 7, ⊠ 83727, ℰ (08026) 79 80, *alpenhotel@arabellasheraton.com*, Fax (08026) 798879, ⩽, 🍴, Massage, ⛴, ⚓, 🔲 (Therme), ⚲, 🚗, ✗ – 🛗 ⤢ 📺 📞 ⅙ ⟷ 🅿 – 🔏 120. 🖭 ⓪ Ⓦⓢ ⅧⓈⒶ, ✗ Rest
Menu à la carte 41/67 – **121 Z** ⊆ 239/284 – 349/369, 11 Suiten – ½ P 51.

SCHLOSS HOLTE-STUKENBROCK *Nordrhein-Westfalen* 🗾🗾🗾 *K 9 – 23 500 Ew – Höhe 135 m.*
Berlin 403 – Düsseldorf 173 – Bielefeld 23 – Detmold 24 – Paderborn 28.

Im Ortsteil Stukenbrock :

🏨 **Westhoff**, Hauptstr. 24, ⊠ 33758, ℰ (05207) 9 11 00, Fax (05207) 911051 – 🛗 📺 ⅙ 🅿 – 🔏 35. 🖭 ⓌⓈ ⅧⓈⒶ
Menu *(geschl. Samstagmittag)* à la carte 30/62 – **32 Z** ⊆ 98/110 – 160/220.

SCHLUCHSEE *Baden-Württemberg* 🗾🗾🗾 *W 8 – 2 700 Ew – Höhe 951 m – Heilklimatischer Kurort – Wintersport : 1 000/1 130 m ⚡3 ⚡.*
Sehenswert : See★.
🅱 *Tourist Information, Fischbacher Str. 7, ⊠ 79859, ℰ (07656) 77 32, Fax (07656) 7759.*
Berlin 795 – Stuttgart 172 – Freiburg im Breisgau 48 – Donaueschingen 49 – Waldshut-Tiengen 33.

🏨 **Vier Jahreszeiten** ♨, Am Riesenbühl, ⊠ 79859, ℰ (07656) 7 00, *info@vjz.de*, Fax (07656) 70323, ⩽, 🍴, Massage, ♨, ⛴, ⚓, ⚓, 🔲 (geheizt), 🔲, 🚗, ✗ (Halle) Squash – 🛗 ⤢ 📺 ⅙ 🕴 ⟷ 🅿 – 🔏 140. 🖭 ⓪ Ⓦⓢ ⅧⓈⒶ
Bella Vista (italienische Küche) (geschl. Mittwoch) (nur Abendessen) **Menu** à la carte 49/77 – *Kachelofen (geschl. Sonntagabend, Montagabend)* **Menu** à la carte 42/59 – **212 Z** *(nur ½ P)* 235/250 – 440/490, 6 Suiten.

🏨 **Hegers Parkhotel Flora** ♨, Sonnhalde 22, ⊠ 79859, ℰ (07656) 9 74 20, *parkhotel-flora@t-online.de*, Fax (07656) 1433, ⩽, 🍴, ⛴, ⚓, 🔲, 🚗 – 📺 ⟷ 🅿 – 🔏 20. ⓪ Ⓦⓢ ⅧⓈⒶ, ✗ Rest
geschl. Dez. 3 Wochen – **Menu** à la carte 43/74 – **37 Z** ⊆ 135/145 – 185/300, 4 Suiten – ½ P 32.

🏨 **Mutzel**, Im Wiesengrund 3, ⊠ 79859, ℰ (07656) 5 56, *HotelMutzel@aol.com*, Fax (07656) 9175, 🍴, ⚓, 🚗 – 🛗 📺 ⅙ ⟷ 🅿 🖭 Ⓦⓢ ⅧⓈⒶ
geschl. Mitte Nov. - Mitte Dez. – **Menu** *(geschl. Montag)* à la carte 33/69 – **24 Z** ⊆ 80 – 130/170 – ½ P 30.

🏨 **Wochner's Hotel Sternen**, Dresselbacher Str. 1, ⊠ 79859, ℰ (07656) 2 51, Fax (07656) 1798, 🍴, ⚓, 🚗 – 🛗 📺 ⟷ 🅿 🖭 Ⓦⓢ ⅧⓈⒶ ⒿⒸⒷ
geschl. 11. Nov. - 22. Dez. – **Menu** *(geschl. Donnerstag)* à la carte 26/60 – **34 Z** ⊆ 80/85 – 140/160 – ½ P 30.

In Schluchsee-Aha *Nord-West 4 : km :*

🏨 **Auerhahn**, Vorderaha 4 (an der B 500), ⊠ 79859, ℰ (07656) 9 74 50, *Auerhahn-Aha@t-online.de*, Fax (07656) 9270, ⩽, « Saunalandschaft », Massage, 🔲, ✗ – 🛗, ⤢ Zim, 📺 ⚓ 🅿 – 🔏 40. ✗ Rest
Menu à la carte 46/75 – **70 Z** ⊆ 120/160 – 220/320 – ½ P 45.

In Schluchsee-Seebrugg *Süd-Ost : 2 km :*

🏨 **Seehotel Hubertus** (mit Gästehaus), ⊠ 79859, ℰ (07656) 5 24, Fax (07656) 261, ⩽, « Ehemaliges Jagdschloß a.d.J. 1897 ; Terrasse », ⚲, 🚗 – ⤢ Rest, 📺 🅿. ⅧⓈⒶ
Menu *(geschl. 5. Nov. - 20. Dez., Dienstag)* à la carte 46/62 – **15 Z** ⊆ 99/118 – 138/178 – ½ P 32.

SCHLÜCHTERN *Hessen* 🗾🗾 🗾🗾 *O 12 – 15 000 Ew – Höhe 208 m.*
Berlin 478 – Wiesbaden 117 – Fulda 30 – Frankfurt am Main 76 – Gießen 113.

🏨 **Elisa** ♨ garni, Zur Lieserhöhe 14, ⊠ 36381, ℰ (06661) 80 94, *Hartkopp@Hotel-Elisa.de*, Fax (06661) 8096 – 📺 🅿 ⓪ Ⓦⓢ ⅧⓈⒶ
geschl. Weihnachten - Anfang Jan. – **11 Z** ⊆ 78/86 – 104/142.

✗ **Zeppelin**, Schloßstr. 13, ⊠ 36381, ℰ (06661) 58 32, Fax (06661) 730002 – 🖭 Ⓦⓢ
geschl. Montag, Samstagmittag – **Menu** à la carte 42/68.

In Schlüchtern-Ramholz *Süd-Ost : 8 km :*

✗ **Schloss Ramholz Orangerie**, Parkstr. 4, ⊠ 36381, ℰ (06664) 91 94 00, Fax (06664) 919402, 🍴 – 🅿. 🖭 ⓪ Ⓦⓢ ⅧⓈⒶ
geschl. Montag - Dienstag, Jan. - Mitte März Montag - Freitag – **Menu** à la carte 42/68.

SCHLÜSSELFELD Bayern 419 420 Q 15 – 5 400 Ew – Höhe 299 m.

🏠 Schlüsselfeld, Schlosshof 4 (Nord-Ost : 7 km), 𝒫 (09546) 9 22 40.

Berlin 446 – München 227 – Nürnberg 59 – Bamberg 44 – Würzburg 57.

🏨 **Zum Storch** (mit Gästehaus), Marktplatz 20, ✉ 96132, 𝒫 (09552) 92 40, Gasthof.St orch@t-online.de, Fax (09552) 924100, ☆ – 📶, ⇔ Zim, 📺 ✆ ⇔ 📞 – 🔬 50. ⁂ ⑩ ⑯ **VISA**
Menu à la carte 25/47 – **57 Z** ⊐ 70/95 – 99/145.

SCHMALKALDEN Thüringen 418 N 15 – 20 000 Ew – Höhe 296 m.

🛈 Tourist-Information, Mohrengasse 1a, ✉ 98574, 𝒫 (03683) 40 31 82, Fax (03683) 604014.

Berlin 360 – Erfurt 69 – Coburg 80 – Bad Hersfeld 65.

🏨 **Henneberger Haus** Ⓜ ☞, Notstr. 33 (Süd : 3 km), ✉ 98574, 𝒫 (03683) 6 50 00, Henneberger-Haus@hotel-schmalkalden.de, Fax (03683) 6500199, ≼ Thüringer Wald, 🍴, Biergarten, ☎s, ⁂ – 📶, ⇔ Zim, 📺 ✆ & ⇔ 📞 – 🔬 40. ⁂ ⑩ ⑯ **VISA**
Menu à la carte 27/47 – **49 Z** ⊐ 100/140 – 140/190.

🏨 **Stadthotel Patrizier**, Weidebrunner Gasse 9, ✉ 98574, 𝒫 (03683) 60 45 14, Fax (03683) 604518, 🍴 – ⇔ Zim, 📺 ✆ 📞 – 🔬 25. ⁂ ⑩ ⑯ **VISA**
Menu (geschl. Jan.) à la carte 31/50 – **15 Z** ⊐ 95/110 – 140/170.

🏨 **Teichhotel**, Teichstr. 21, ✉ 98574, 𝒫 (03683) 40 01 41, Fax (03683) 401140, 🍴 –
⇔ 📺 📞 ⁂ ⑩ ⑯ **VISA**
Menu à la carte 23/43 ♨ – **14 Z** ⊐ 78 – 110/130.

🏨 **Jägerklause**, Pfaffenbach 45, ✉ 98574, 𝒫 (03683) 60 01 43, HotelJaegerklause@t -online.de, Fax (03683) 604513, Biergarten, ⁂ – 📶, ⇔ Zim, 📺 & 📞 – 🔬 30. ⑯ **VISA**
Menu à la carte 23/44 – **44 Z** ⊐ 80 – 120/130.

🍴 **Ratskeller**, Altmarkt 1, ✉ 98574, 𝒫 (03683) 6 08 60 74, Fax (03683) 6086076, 🍴
⇔ – ⁂ ⑩ ⑯ **VISA**
Menu à la carte 24/44 ♨.

Im Ehrental Nord-West : 4 km :

🏠 **Waldhotel Ehrental** ☞, ✉ 98574 Schmalkalden, 𝒫 (03683) 68 90, info@silence -waldhotel.de, Fax (03683) 689199, 🍴, ☎s, ⁂ – 📶, ⇔ Zim, 📺 📞 – 🔬 50. ⑯ **VISA**
Menu à la carte 26/57 – **50 Z** ⊐ 80/135 – 120/180.

In Struth-Helmershof Nord-Ost : 5 km :

🏠 **Zum Rennsteig** ☞, Heidenstein 51, ✉ 98593, 𝒫 (03683) 78 31 24, ⇔ Fax (03683) 783133, 🍴 – 📺 📞 – 🔬 45
Menu à la carte 22/42 – **23 Z** ⊐ 65/70 – 110/120.

🍴 **Helmerser Wirtshaus**, Hauptstr. 94, ✉ 98593, 𝒫 (03683) 78 86 34, ⇔ Fax (03683) 488287, Biergarten, ⁂ – 📺 📞 ⑯ **VISA**
Menu (geschl. Montagmittag, Dienstag) à la carte 19/35 ♨ – **10 Z** ⊐ 55/65 – 80/110.

SCHMALLENBERG Nordrhein-Westfalen 417 M 8 – 27 000 Ew – Höhe 410 m – Luftkurort – Wintersport : 480/818 m, ⚡ 15 🏂.

🏠 Schmallenberg-Winkhausen (Ost : 6 km), 𝒫 (02975) 87 45 ; 🏠 🏠 Schmallenberg-Sellinghausen (Nord : 11 km), 𝒫 (02971) 31 20.

🛈 Gästeinformation, Poststr. 7, ✉ 57392, 𝒫 (02972) 9 74 00, Fax (02972) 974026.

Berlin 513 – Düsseldorf 168 – Arnsberg 48 – Meschede 35 – Olpe 38.

🏨 **Störmann**, Weststr. 58, ✉ 57392, 𝒫 (02972) 99 90, info@hotel.stoermann.de, Fax (02972) 999124, 🍴, « Garten », ☎s, 🏊 – 📶 📺 ⇔ 📞 – 🔬 30. ⁂ ⑩ ⑯ **VISA** geschl. 4. - 30. März, 19. - 27. Dez. – **Menu** (geschl. Sonntagabend) 31 (mittags) à la carte 42/76 – **36 Z** ⊐ 105/150 – 190/260 – ½ P 32.

In Schmallenberg-Bödefeld Nord-Ost : 17 km :

🏠 **Gasthof Albers**, Graf-Gottfried-Str. 2, ✉ 57392, 𝒫 (02977) 2 13, Fax (02977) 1426, 🍴, ☎s, 🏊, ⁂ ⚡ – 📺 📞 – 🔬 30
geschl. 1. - 25. Dez. – **Menu** (geschl. Mittwoch) 25 (mittags) à la carte 39/79 – **45 Z** ⊐ 70/80 – 140/170.

In Schmallenberg-Fleckenberg Süd-West : 2 km :

🏨 **Hubertus** ☞, Latroper Str. 24, ✉ 57392, 𝒫 (02972) 50 77, GasthofHubertusFlecke nberg@t-online.de, Fax (02972) 1731, 🍴, ☎s, ⁂ – 📶 ⇔ 📺 ✆ 📞 ⑯. ⁂ Zim
geschl. 5. - 25. Dez. – **Menu** à la carte 32/67 – **25 Z** ⊐ 96/111 – 158/218 – ½ P 28.

In Schmallenberg-Bad Fredeburg *Nord-Ost : 7 km – Kneippheilbad :*

🏨 **Kleins Wiese** ⌖, (Nord-Ost : 2,5 km), ✉ 57392, ✆ (02974) 3 76, *KLEINS-WIESE@t-online.de*, Fax (02974) 5115, ㈜, ⊜s, ☞ – ↞ Zim, 📺 🅿 – ⚒ 15
geschl. 15. - 26. Dez. – **Menu** à la carte 35/64 – **20 Z** ⫴ 85/120 – 160/190 – ½ P 25.

🏠 **Haus Waltraud,** Gartenstr. 20, ✉ 57392, ✆ (02974) 9 64 40, *Kontakt@hotel-haus-waltraud.de*, Fax (02974) 964429, ☞, ☞ – ↞ 📺 ⓦⓞ 𝖵𝖨𝖲𝖠 ⅏ Zim
geschl. Mitte Nov. - Mitte Dez. – **Menu** (geschl. Donnerstag) à la carte 32/64 – **10 Z** ⫴ 72/88 – 138/188 – ½ P 26.

In Schmallenberg-Grafschaft *Süd-Ost : 4,5 km – Luftkurort :*

🏨 **Maritim Hotel Grafschaft** ⌖, An der Almert 11, ✉ 57392, ✆ (02972) 30 30, *info.sma@maritim.de*, Fax (02972) 303168, ㈜, ⊜s, ☒, ⋇, ☞ – ⫸, ↞ Zim, 📺 ☞ 🅿 – ⚒ 120. 🄰🄴 ⓞ ⓦⓞ 𝖵𝖨𝖲𝖠 ⅏ Rest
Menu à la carte 50/90 – **116 Z** ⫴ 155/175 – 226/266, 10 Suiten – ½ P 43.

🏠 **Gasthof Heimes,** Hauptstr. 1, ✉ 57392, ✆ (02972) 9 78 00, Fax (02972) 978097, ㈜, ⊜s, ☞ – ⫸, ↞ Rest, 📺 ☞ 🅿 – ⚒ 50. ⓦⓞ ⅏ Rest
geschl. Mitte Nov. - Anfang Dez. – **Menu** (geschl. Dienstag) à la carte 29/50 – **20 Z** ⫴ 58/82 – 112/138 – ½ P 23.

In Schmallenberg-Jagdhaus *Süd : 7 km :*

🏨 **Jagdhaus Wiese** ⌖, ✉ 57392, ✆ (02972) 30 62 01, *info@jagdhaus-wiese.de*, Fax (02972) 306288, ㈜, « Park », ⊜s, ☒, ☞, ⋇ – ⫸, ↞ Rest, 📺 ☏ ☞ 🅿 ⅏ Zim
geschl. 26. Nov. - 27. Dez. – **Menu** à la carte 37/73 – **66 Z** ⫴ 106/200 – 192/324, 12 Suiten – ½ P 40.

🏠 **Gasthaus Tröster** ⌖, ✉ 57392, ✆ (02972) 9 73 00, *gasthaus@troester-jagdhaus.de*, Fax (02972) 9730130, ㈜, ☞, ⋇ – ⫸, ↞ Rest, 🅿 ⅏ Zim
geschl. 20. Nov. - 27. Dez. – **Menu** à la carte 30/46 – **20 Z** ⫴ 61/110 – 126/180 – ½ P 19.

🍴 **Schäferhof** ⌖ mit Zim, Jagdhaus 21, ✉ 57392, ✆ (02972) 4 73 34, *Schaeferhof-Jagdhaus@t-online.de*, Fax (02972) 47336, ㈜, ☞ – ⊜s – 🅿
geschl. Ende März 2 Wochen, Mitte Nov. 1 Woche – **Menu** (geschl. Dienstag) à la carte 32/48 – **6 Z** ⫴ 85 – 130/160 – ½ P 20.

In Schmallenberg-Latrop *Süd-Ost : 8 km :*

🏠 **Hanses Bräutigam** ⌖, ✉ 57392, ✆ (02972) 99 00, *info@hotel-hanses.de*, Fax (02972) 990222, ⊜s, ☒, ☞ – ⫸ 🅿 ☞ ⓦⓞ 𝖵𝖨𝖲𝖠
geschl. Mitte Nov. - 25. Dez. – **Menu** à la carte 36/67 – **22 Z** ⫴ 91/140 – 190/210 – ½ P 27.

🏠 **Zum Grubental** ⌖, ✉ 57392, ✆ (02972) 97 74 40, *info@grubental.de*, Fax (02972) 9774444, ㈜, ⊜s, ⋇ – 📺 🅿
geschl. Ende Nov. - 26. Dez. – **Menu** (geschl. Montag) à la carte 37/62 – **16 Z** ⫴ 75/160.

In Schmallenberg-Nordenau *Nord-Ost : 13 km – Luftkurort :*

🏨 **Kur- und Sporthotel Gnacke** ⌖, Astenstr. 6, ✉ 57392, ✆ (02975) 8 30, *info@gnacke.de*, Fax (02975) 83109, « Caféterrasse mit ≤ », Massage, ♨, ☖, ⊜s, ☒, ☞ – ⫸ 📺 ☞ 🅿 – ⚒ 30
geschl. 25. Nov. - 25. Dez. – **Menu** à la carte 43/76 – **54 Z** ⫴ 103/164 – 196/354 – ½ P 32.

🏠 **Tommes** ⌖, Talweg 14, ✉ 57392, ✆ (02975) 9 62 20, *hoteltommes@t-online.de*, Fax (02975) 9622165, ㈜, Massage, ⊜s, ☒, ☞, ⋇ – 📺 🅿 🄰🄴 ⓞ ⓦⓞ
geschl. Mitte Dez. 2 Wochen – **Menu** à la carte 35/61 – **32 Z** ⫴ 90/130 – 170/230 – ½ P 25.

In Schmallenberg-Oberkirchen *Ost : 8 km :*

🏨 **Gasthof Schütte,** Eggeweg 2 (nahe der B 236), ✉ 57392, ✆ (02975) 8 20, *landhotel@schuette.sow.de*, Fax (02975) 82522, ㈜, « Behagliches Restaurant ; Garten », ⊜s, ☒ (geheizt), ☒, ☞, ᐤ (Halle) – ⫸, ↞ Zim, 📺 ☏ ⅙ ☞ 🅿 – ⚒ 25. 🄰🄴 ⓞ ⓦⓞ 𝖵𝖨𝖲𝖠 ⅏ Zim
geschl. 25. Nov. - 27. Dez. – **Menu** 28/42 (mittags) à la carte 45/84 – **69 Z** ⫴ 113/166 – 204/404, 4 Suiten – ½ P 35.

🏠 **Schauerte-Jostes,** Alte Poststr. 13 (B 236), ✉ 57392, ✆ (02975) 3 75, Fax (02975) 337, ㈜, ☞ – 📺 🅿 ⓦⓞ
geschl. 16. Nov. - 25. Dez. – **Menu** (geschl. Juli 2 Wochen, Montag) à la carte 28/56 – **13 Z** ⫴ 70/80 – 120/180 – ½ P 22.

In Schmallenberg-Ohlenbach *Ost : 15 km :*

🏨 **Waldhaus** ⌖, Ohlenbach 10, ✉ 57392, ✆ (02975) 8 40, *Waldhaus-Ohlenbach@t-online.de*, Fax (02975) 8448, ≤ Rothaargebirge, ㈜, ⊜s, ☒, ☞, ⋇ – ⫸, ↞ Zim, 📺 ☏ ☞ 🅿 – ⚒ 15. 🄰🄴 ⓞ ⓦⓞ 𝖵𝖨𝖲𝖠 ⅏ Zim
geschl. Mitte Nov. - Mitte Dez. – **Menu** à la carte 47/85 – **Schneiderstube :** Menu à la carte 65/95 – **50 Z** ⫴ 110/150 – 220/320 – ½ P 30.

In Schmallenberg-Rimberg *Nord-Ost : 13 km :*

Knoche, Rimberg 1 – Höhe 713 m, ✉ 57392, ☎ (02974) 77 70, *hotel-knoche-rimberg@t-online.de, Fax (02974) 77790*, ←, ⛱, 🏋, ≘s, 🏊, 🏞, 🐎 ⛷ – 🛗, ⇸ Zim, 📺 📞 🚗 🅿 – 🎪 40. Ⓜ
geschl. 16. - 26. Dez. – **Menu** à la carte 35/79 – **52 Z** ☕ 75/115 – 150/186 – ½ P 28.

In Schmallenberg-Sellinghausen *Nord : 14 km :*

Stockhausen, ✉ 57392, ☎ (02971) 31 20, *Mailbox-FS@Ferienhotel-Stockhausen.de, Fax (02971) 312102*, ⛱, 🏋, ≘s, 🏊 (geheizt), 🏊, 🏞, 🎾, 🏌18, 🐎 ⛷ ⛷ – 🛗 📺 📞 ♿ 🏃 🅿 – 🎪 80
geschl. 20. - 25. Dez. – **Menu** à la carte 40/71 – **72 Z** ☕ 118/137 – 214/230 – ½ P 26/29.

In Schmallenberg-Vorwald *Ost : 13 km :*

Gut Vorwald, ✉ 57392, ☎ (02975) 9 66 10, *info@gut-vorwald.de, Fax (02975) 966119*, ←, ⛱, (ehemaliger Gutshof a.d.J. 1797), ≘s, 🏞, 🐎 – 📺 🚗 🅿. Ⓓ Ⓜ VISA
geschl. 18. Nov. - 25. Dez. – **Menu** à la carte 26/50 – **14 Z** ☕ 84/86 – 140/154 – ½ P 18.

In Schmallenberg-Westernbödefeld *Nord-Ost : 15 km :*

Zur Schmitte, Am Roh 2, ✉ 57392, ☎ (02977) 2 68, *Fax (02977) 709091*, ⛱, ≘s, 🏞, 🎾 – 🛗 📺 🚗 🅿
geschl. Mitte Nov. - Mitte Dez. – **Menu** *(geschl. Montag)* à la carte 24/49 – **16 Z** ☕ 60 – 90/120 – ½ P 15.

In Schmallenberg-Westfeld *Ost : 12 km :*

Berghotel Hoher Knochen, am Hohen Knochen (Ost : 2 km) – Höhe 650 m, ✉ 57392, ☎ (02975) 8 50, *info@hoher-knochen.de, Fax (02975) 421*, ⛱, Massage, ≘s, 🏊, 🏞, 🎾 – 🛗, ⇸ Zim, 📺 🚗 🅿 – 🎪 60. AE Ⓓ Ⓜ VISA. ⇸ Rest
Menu à la carte 44/72 – **60 Z** ☕ 109/175 – 180/290 – ½ P 36.

Bischof, Am Birkenstück 3, ✉ 57392, ☎ (02975) 9 66 00, *bischof.h@t-online.de, Fax (02975) 966070*, ⛱, ≘s – 📺 🚗 🅿
geschl. vor Ostern 2 Wochen, Mitte Dez. 2 Wochen – **Menu** *(geschl. Mittwoch)* à la carte 28/52 – **20 Z** ☕ 64/142 – ½ P 13.

In Schmallenberg-Winkhausen *Ost : 6 km :*

Deimann zum Wilzenberg, an der B 236, ✉ 57392, ☎ (02975) 8 10, *deimann@t-online.de, Fax (02975) 81289*, ⛱, Massage, ⚕, 🏋, 🏊, ≘s, 🏊, 🏞, 🎾 – 🛗, ⇸ Zim, 📺 📞 🚗 🅿. AE Ⓜ VISA
Menu à la carte 36/82 – **47 Z** ☕ 135/225 – 200/350 – ½ P 37.

SCHMIEDEBERG, BAD *Sachsen-Anhalt* 418 *K 22 – 4 500 Ew – Höhe 90 m.*

ℹ *Tourismusinformation, Rehhahnweg 1c, ✉06905, ☎ (034925) 7 11 01, Fax (034925) 71103.*
Berlin 137 – Magdeburg 117 – Leipzig 48.

Griedel, Dommitzscher Str. 36d (über Korgauer Straße), ✉ 06905, ☎ (034925) 7 11 67, *Fax (034925) 71170* – 🛗, ⇸ Zim, 📺 🅿 – 🎪 20. AE Ⓓ Ⓜ VISA
Menu (Restaurant nur für Hausgäste) – **36 Z** ☕ 98/138 – ½ P 20.

Parkhotel, Dommitzscher Str. 3, ✉ 06905, ☎ (034925) 6 70, *info@parkhotel-bad-schmiedeberg.de, Fax (034925) 67167*, ≘s – 🛗, ⇸ Zim, 📺 🅿 – 🎪 20. AE Ⓓ Ⓜ VISA
Menu *(geschl. 1. - 23. Jan., Sonntagabend - Montag)* à la carte 31/56 – **55 Z** ☕ 115/145 – 130/180.

SCHMIEDEFELD *Thüringen* 418 420 *O 16 – 2 200 Ew – Höhe 750 m – Wintersport : 750/944 m* ⛷ 2, ⛷.

ℹ *Fremdenverkehrsamt, Suhler Str. 4, ✉ 98711, ☎ (036782) 6 13 24, Fax (036782) 61324.*
Berlin 341 – Erfurt 59 – Suhl 13.

Im Kurpark, Friedrichsweg 21, ✉ 98711, ☎ (036782) 63 60, *Fax (036782) 63645*, ⛱, ≘s, 🏞 – ⇸ Zim, 📺 🅿 – 🎪 20
Menu *(geschl. Montag) (Dienstag - Freitag nur Abendessen)* à la carte 20/31 – **15 Z** ☕ 75/80 – 105/110 – ½ P 15.

Gastinger, Ilmenauer Str. 21 (B 4), ✉ 98711, ☎ (036782) 6 17 08, *Fax (036782) 61702*, ⛱, ≘s, 🏞 – 📺 🅿. Ⓜ VISA
Menu à la carte 25/44 – **11 Z** ☕ 80/110 – ½ P 20.

Rennsteighotel Grüner Baum, Suhler Str. 3, ✉ 98711, ☎ (036782) 6 12 77, *hotel@gruener-baum-schmiedefeld.de, Fax (036782) 61749*, Biergarten – 📺 🅿
geschl. Nov. - Dez. 2 Wochen – **Menu** à la carte 25/61 – **10 Z** ☕ 80/120 – ½ P 20.

SCHMILAU Schleswig-Holstein siehe Ratzeburg.

SCHMITTEN IM TAUNUS Hessen **417** P 9 – 8 200 Ew – Höhe 534 m – Luftkurort – Wintersport : 534/880 m ⚡4 ⚘.
Ausflugsziel : Großer Feldberg : ※★★ Süd : 8 km.
🛈 Tourismus- und Kulturverein, Parkstr. 2 (Rathaus), ⊠ 61389, ℰ (06084) 4 62 30, Fax (06084) 4646.
Berlin 536 – Wiesbaden 37 – Frankfurt am Main 36 – Gießen 55 – Limburg an der Lahn 39.

🏨 **Kurhaus Ochs**, Kanonenstr. 6, ⊠ 61389, ℰ (06084) 4 80, reception@kurhaus-ochs.de, Fax (06084) 4880, 🗐, ⇌, 🔲, 🎤 – 🛗, ↮ Zim, 📺 ℰ 🚗 🅿 – 🔬 45. 🖭 🐠 🆅🆂🅰 🌕🅲🅱
Menu à la carte 42/76 – **43 Z** ⊇ 110/190 – 160/240 – ½ P 35.

In Schmitten-Oberreifenberg Süd-West : 4 km – Höhe 650 m

🏨 **Waldhotel** ⊜, Tannenwaldstr. 4 (Ost : 1 km), ⊠ 61389, ℰ (06082) 9 21 50, Info@Waldhotel.org, Fax (06082) 3469, ⯅ – 📺 🚗 🅿 – 🔬 20. 🕕 🐠 🆅🆂🅰. 🌿 Rest
Menu à la carte 34/70 – **15 Z** ⊇ 115/125 – 145/175.

🏠 **Haus Reifenberg** ⊜, Vorstadt 5, ⊠ 61389, ℰ (06082) 9 21 00, Fax (06082) 921092, ⯅, 🚿 – 📺 🚗 🅿 – 🔬 40. 🌿 Zim
Menu (geschl. 15. Nov. - 24. Dez., Dienstag) à la carte 29/68 – **25 Z** ⊇ 86/120 – 110/175 – ½ P 19.

SCHMÖLLN Thüringen **418** N 21 – 12 000 Ew – Höhe 211 m.
Berlin 236 – Erfurt 114 – Gera 27.

🏨 **Bellevue** ⊜, Am Pfefferberg 7, ⊠ 04626, ℰ (034491) 70 00, Hotel.Bellevue.Schmoelln@T-Online.de, Fax (034491) 70077, ⯇, ⯅, « Jugendstilvilla mit geschmackvoller Einrichtung » – ↮ Zim, 📺 ℰ 🝙 🚗 🅿 – 🔬 25. 🕕 🐠 🆅🆂🅰
Menu (geschl. Mitte Jan. - Mitte Feb.) à la carte 47/84 – ⊇ 15 – **15 Z** 95/135 – 135/195.

🏨 **Reussischer Hof** 🎟, Cößnitzer Str. 14, ⊠ 04626, ℰ (034491) 2 31 08, hotel-reussischer-hof@t-online.de, Fax (034491) 27758, ⯅ – 🛗, ↮ Zim, 📺 🚗 🝙 – 🔬 50. 🖭 🐠 🆅🆂🅰
Menu à la carte 31/55 – **35 Z** ⊇ 90/105 – 120/150.

🏠 **Café Baum** 🎟, Brückenplatz 18, ⊠ 04626, ℰ (034491) 36 20, Fax (034491) 36210 – ↮ Zim, 📺 🅿. 🖭 🐠 🆅🆂🅰
Menu (Restaurant nur für Hausgäste) à la carte 30/40 – **9 Z** ⊇ 70/115.

SCHNAITTACH Bayern **419 420** R 18 – 8 600 Ew – Höhe 352 m.
Berlin 409 – München 178 – Nürnberg 35 – Bayreuth 55 – Amberg 49.

🏠 **Kampfer**, Fröschau 1, ⊠ 91220, ℰ (09153) 92 92 13, info@hotel-gasthof-kampfer.de, Fax (09153) 929245, ⯅, 🚿 – 📺 🚗 🅿. 🐠 🆅🆂🅰
geschl. 20. Dez. - 10. Jan. – **Menu** (geschl. Sonn- und Feiertage abends, Freitag) à la carte 23/45 ⚘ – **26 Z** ⊇ 65/85 – 90/110.

In Schnaittach-Hormersdorf Nord-Ost : 10 km :

🏠 **Motel Hormersdorf** ⊜, Arzbühlstr. 8, ⊠ 91220, ℰ (09152) 9 29 60, motel.hormersdorf@t-online.de, Fax (09152) 929654 – 📺 🅿. 🐠 🆅🆂🅰. 🌿 Rest
Menu (nur Abendessen) à la carte 21/44 – **32 Z** ⊇ 65/96.

In Schnaittach-Osternohe Nord : 5 km – Höhe 596 m – Erholungsort – Wintersport : 480/620 m ⚡1 :

🏠 **Berggasthof Igelwirt** ⊜ (mit Gästehaus), Igelweg 6 (am Schloßberg, Ost : 1 km), ⊠ 91220, ℰ (09153) 40 60, bestellfax@igelwirt.de, Fax (09153) 406166, ⯇, ⯅ – 📺 🅿 – 🔬 35. 🐠
geschl. Mitte Aug. 2 Wochen – **Menu** (geschl. Montag) à la carte 22/52 ⚘ – **27 Z** ⊇ 66/77 – 100/115.

SCHNEEBERG KREIS AUE Sachsen **418 420** O 21 – 17 500 Ew – Höhe 487 m.
🛈 Touristinformation, Markt 1, ⊠ 08289, ℰ (03772) 2 03 14, Fax (03772) 22347.
Berlin 301 – Dresden 115 – Chemnitz 40 – Plauen 50 – Zwickau 20.

✕✕ **Büttner** (Tögel) mit Zim, Markt 3, ⊠ 08289, ℰ (03772) 35 30, Hotel-RestaurantBuettner@t-online.de, Fax (03772) 353200, ⯅ – 📺 🅿. 🐠 🆅🆂🅰
Menu (geschl. Ende Jan. 2 Wochen, Anfang - Mitte Aug., Dienstag) (wochentags nur Abendessen) à la carte 49/82 – **12 Z** ⊇ 90 – 130/145
Spez. Gänsestopfleberterrine im Baumkuchenmantel und Sauternesgelee. Steinbuttkotelett mit Pestokruste und Proseccoschaum. Schmetterlingssteak von der Taube mit Safranrisotto und Thymiansauce.

SCHNEIZLREUTH Bayern siehe Inzell.

SCHNELLDORF Bayern 🔲🔲 S 14 – 3 000 Ew – Höhe 530 m.
Berlin 515 – München 174 – Stuttgart 119 – Würzburg 90 – Nürnberg 83.

🏠 **Kellermann,** Am Birkenberg 1 (nahe BAB-Ausfahrt), ✉ 91625, 𝄞 (07950) 9 88 00, *info*
@ Kellermanns.de, Fax (07950) 988080, 🏕 – 📶 📺 📞 🛏 📠 – 🏛 60. 🅰🅴 ⓄⒹ 🅾🅾 𝚅𝙸𝚂𝙰
Menu à la carte 32/63 *(auch vegetarische Gerichte)* – **32 Z** 🛏 79/97 – 152.

SCHNEVERDINGEN Niedersachsen 🔲🔲 G 13 – 17 800 Ew – Höhe 90 m – Luftkurort.
🅱 *Tourist-Information, Schulstr. 6a,* ✉ 29640, 𝄞 (05193) 9 31 80, Fax (05193) 93184.
Berlin 339 – Hannover 97 – Hamburg 66 – Bremen 74.

🏠 **Landhaus Höpen** 🛁, Höpener Weg 13, ✉ 29640, 𝄞 (05193) 8 20, *info@ landhau*
s-hoepen.de, Fax (05193) 82113, ≼, 🏕, Massage, ≋s, 🏊, 🎾 – 📺 📞 📠 – 🏛 80.
🅾🅾
Menu à la carte 58/88 – 🛏 21 – **46 Z** 160/200 – 230/310, 3 Suiten – ½ P 70.

🏠 **Der Heide Treff,** Osterwalderweg 55, ✉ 29640, 𝄞 (05193) 80 80, *Fax (05193) 808404,*
🏕, ≋s, 🏊, 🎾(Halle) – 📶, 🛏 Zim, 📺 📞 🛏 📠 – 🏛 150. 🅰🅴 ⓄⒹ 🅾🅾 𝚅𝙸𝚂𝙰 𝙹𝙲𝙱. 🎾 Rest
Menu à la carte 42/71 – **135 Z** 🛏 140/160 – 220/240 – ½ P 35.

In Schneverdingen-Tütsberg Süd-Ost : 12 km :

🏠 **Hof Tütsberg** 🛁, im Naturschutzpark, ✉ 29640, 𝄞 (05199) 9 00, *TUETSBERG@ LAN-*
DIDYLL.DE, Fax (05199) 9050, 🏕, (Niedersächsischer Bauernhof a.d. 16. Jh.), ≋s, 📠, 🐎
– 🛏 Zim, 🛏 – 🏛 25. 🅰🅴 ⓄⒹ 🅾🅾 𝚅𝙸𝚂𝙰 𝙹𝙲𝙱
Menu à la carte 44/71 – **24 Z** 🛏 145 – 190/240, 5 Suiten – ½ P 35.

SCHOBÜLL Schleswig-Holstein siehe Husum.

SCHÖFWEG Bayern 🔲🔲 T 23 – 1 300 Ew – Höhe 800 m – Wintersport : 800/1011 m ⛷3 ⛷.
🅱 *Verkehrsamt, Rachelstr. 1, Rathaus,* ✉ 94572, 𝄞 (09908) 2 79, Fax (09908) 14 17.
Berlin 593 – München 176 – Passau 45 – Deggendorf 30 – Regensburg 98.

In Schöfweg-Sonnenwald Süd-West : 5 Km :

🏠 **Sporthotel Sonnenwald** 🛁, ✉ 94572, 𝄞 (09908) 89 10, *Fax (09908) 1019,* ≼
Bayerischer Wald und Donauebene, 🏕, ≋s, 🏊, 📠, 🎾 – 📶 📺 🛏 📠 – 🏛 40. 🅰🅴
🅾🅾 𝚅𝙸𝚂𝙰. 🎾
geschl. Ende Okt. - 20. Dez. – **Menu** *(geschl. Mittwoch)* à la carte 25/53 – **31 Z** 🛏 97/109
– 174/194 – ½ P 20.

SCHÖMBERG (Kreis Calw) Baden-Württemberg 🔲🔲 T 9 – 8 800 Ew – Höhe 633 m – Heil-
klimatischer Kurort und Kneippkurort – Wintersport : 500/700 m, ⛷1, ⛷.
🅱 *Touristik und Kur, Lindenstr. 7,* ✉ 75328, 𝄞 (07084) 1 44 44, Fax (07084) 14445.
Berlin 674 – Stuttgart 74 – Karlsruhe 47 – Pforzheim 24 – Calw 15.

🏠 **Krone,** Liebenzeller Str. 15, ✉ 75328, 𝄞 (07084) 70 77, *Krone-schoemberg@ t-online*
.de, Fax (07084) 6641 – 📶 🛏 📺 🛏 📠 – 🏛 30. 🅰🅴 ⓄⒹ 🅾🅾 𝚅𝙸𝚂𝙰
Menu à la carte 29/59 – **35 Z** 🛏 88/108 – 130/180 – ½ P 25.

In Schömberg-Langenbrand Nord-West : 2 km – Luftkurort :

🏠 **Schwarzwald-Sonnenhof,** Salmbacher Str. 35, ✉ 75328, 𝄞 (07084) 9 24 00,
Fax (07084) 924099, 🏕, 📠 – 📺 🛏 📠 – 🏛 30.
Menu à la carte 37/64 *(auch vegetarische Gerichte)* – **22 Z** 🛏 62/91 – 134/192 – ½ P 25.

🏠 **Ehrich,** Schömberger Str. 26, ✉ 75328, 𝄞 (07084) 9 24 20, Fax (07084) 924292, 🏕,
≋s, 📠 – 📶, 🛏 Zim, 📺 📠 – 🏛 30. 🅾🅾
geschl. 15. Nov. - 5. Dez. – **Menu** *(geschl. Montag)* à la carte 42/68 – **33 Z** 🛏 75/100 –
150/200 – ½ P 28.

In Schömberg-Oberlengenhardt Süd-Ost : 3 km – Erholungsort :

🏠 **Ochsen** 🛁, Burgweg 3, ✉ 75328, 𝄞 (07084) 92 79 50, *info@ landgasthof-ochsen.de,*
Fax (07084) 9279513, 🏕, 📠 – 📺 📠 – 🏛 15. 🅾🅾 𝚅𝙸𝚂𝙰
Menu *(geschl. Dienstag)* à la carte 29/60 – **11 Z** 🛏 70/90 – 120/134 – ½ P 25.

SCHÖNAICH Baden-Württemberg siehe Böblingen.

SCHÖNAU AM KÖNIGSSEE Bayern 🔲🔲🔲 X 22 – 5 600 Ew – Höhe 620 m – Heilklimatischer Kurort – Wintersport : 560/1 800 m ⚡1 ⚡6 ⚡.

Ausflugsziele : Königssee★★ Süd : 2 km – St. Bartholomä : Lage★ (nur mit Schiff ab Königssee erreichbar).

🖪 Touristinformation, Rathausplatz 1, ⊠ 83471, ℘ (08652) 17 60, Fax (08652) 4050.
Berlin 747 – München 159 – Bad Reichenhall 23 – Berchtesgaden 5 – Salzburg 28.

Im Ortsteil Faselsberg :

🏨🏨 **Alpenhof** ⌂, Richard-Voss-Str. 30, ⊠ 83471, ℘ (08652) 60 20, info@alpenhof.de, Fax (08652) 64399, ≤, 🍴, 🎧, 🔲, 🌊, 🎯 – 🛗, 🔄 Zim, 📺 🅿 – 🔏 25. 🖭 ⓪ 🐠 𝗩𝗜𝗦𝗔
geschl. Nov. - Mitte Dez. – **Menu** (Restaurant nur für Hausgäste) à la carte 33/71 – **55 Z** ⊒ 128/195 – 228/320 – ½ P 10.

Im Ortsteil Hinterschönau :

🏨 **Bärenstüberl** (mit Gästehaus), Grünsteinstr. 65, ⊠ 83471, ℘ (08652) 9 53 20, auss erstorfer@t-online.de, Fax (08652) 953227, 🍴, 🎧, 🔲 – 🔄 Rest, 📺 🅿.
geschl. 15. Nov. - 15. Dez. – **Menu** (geschl. Montag) à la carte 33/62 – **18 Z** ⊒ 65/95 – 110/200 – ½ P 20.

Im Ortsteil Königssee :

🏨🏨 **Bergheimat** 🅼 ⌂, Brandnerstr. 16, ⊠ 83471, ℘ (08652) 60 80, bergheimat@koe nigsee.com, Fax (08652) 608300, ≤, 🍴, 🎧 – 🛗 📺 🅿
geschl. 5. Nov. - 15. Dez. – **Menu** (geschl. Dez. - Mai Mittwoch) à la carte 30/59 – **40 Z** ⊒ 75/175 – 114/204 – ½ P 28.

🏨🏨 **Zur Seeklause**, Seestr. 6, ⊠ 83471, ℘ (08652) 94 78 60, Info@Seeklause.de, Fax (08652) 9478660, 🍴, 🎧 – 📺 📞 🅿. 🖭 ⓪ 🐠 𝗩𝗜𝗦𝗔. 🎯 Zim
Menu (geschl. Nov. - 23. Dez., ausser Saison Montag) à la carte 28/68 – **16 Z** ⊒ 95/130 – 145/240 – ½ P 26.

Im Ortsteil Oberschönau :

🏨🏨 **Zechmeisterlehen** ⌂, Wahlstr. 35, ⊠ 83471, ℘ (08652) 94 50, info@Zechmeist erlehen.de, Fax (08652) 945299, ≤ Grünstein, Kehlstein und Hoher Göll, Massage, 🎧, 🔳 (geheizt), 🔲, 🌊 – 🛗, 🔄 Rest, 📺 📞 🅿. 🐠 𝗩𝗜𝗦𝗔. 🎯 Rest
geschl. Anfang Nov. - 24. Dez. – **Menu** (geschl. Sonntag) (nur Abendessen) (Restaurant nur für Hausgäste) – **39 Z** ⊒ 118/180 – 236/336 – ½ P 31.

🏨🏨 **Stoll's Hotel Alpina** ⌂, Ulmenweg 14, ⊠ 83471, ℘ (08652) 6 50 90, Stolls-Hotel -Alpina@t-online.de, Fax (08652) 61608, ≤ Kehlstein, Hoher Göll, und Watzmann, 🍴, « Garten », 🎧, 🔳 (geheizt), 🔲, 🌊 – 📺 🅿. 🖭 ⓪ 🐠 𝗩𝗜𝗦𝗔
geschl. Mitte - Ende April, 4. Nov. - 20. Dez. – **Menu** (nur Abendessen) (Tischbestellung ratsam) à la carte 33/56 – **50 Z** ⊒ 90/160 – 140/240, 8 Suiten – ½ P 27.

🏨🏨 **Georgenhof** ⌂, Modereggweg 21, ⊠ 83471, ℘ (08652) 95 00, Weindl.georgenhof @t-online.de, Fax (08652) 950200, ≤ Hoher Göll, Watzmann und Hochkalter, 🎧, 🌊 – 📺 🅿. 🖭 ⓪ 🐠 𝗩𝗜𝗦𝗔. 🎯 Rest
geschl. Nov. - 15. Dez. – **Menu** (nur Abendessen) (Restaurant nur für Hausgäste) – **25 Z** ⊒ 91/102 – 162/196 – ½ P 20.

Im Ortsteil Unterschönau :

🏨 **Köppeleck** ⌂, Am Köppelwald 15, ⊠ 83471, ℘ (08652) 94 20, Fax (08652) 942222, ≤ Kehlstein, Jenner und Hoher Göll, 🍴, 🎧, 🌊 – 🛗 📺 🅿. 🖭 ⓪ 🐠 𝗩𝗜𝗦𝗔
geschl. Nov. – **Menu** à la carte 31/50 – **45 Z** ⊒ 65/95 – 130/144 – ½ P 25.

🍴 **Waldhauser-Bräu,** Waldhauserstr. 12, ⊠ 83471, ℘ (08652) 94 89 43, Fax (08652) 948945, Biergarten – 🅿.
Menu (Mittwoch - Freitag nur Abendessen) à la carte 26/50.

SCHÖNAU AN DER BREND Bayern 🔲🔲🔲 🔲🔲🔲 O 14 – 1 400 Ew – Höhe 310 m – Erholungsort.
Berlin 424 – München 324 – Fulda 47 – Bad Kissingen 37.

🏨🏨 **Im Krummbachtal** ⌂, Krummbachstr. 24, ⊠ 97659, ℘ (09775) 9 19 10, Fax (09775) 919191, 🍴, 🎧, 🔲, 🌊, 🎯 – 🔄 Zim, 📺 🅿. 🖭 ⓪ 🐠 𝗩𝗜𝗦𝗔
Menu (nur Abendessen) (Restaurant nur für Hausgäste) à la carte 39/65 – **27 Z** ⊒ 100/180 – ½ P 35.

In Schönau-Burgwallbach Süd : 3 Km :

🏨 **Gasthof Zur Linde,** Kreuzbergstr. 47, ⊠ 97659, ℘ (09775) 2 77, zurLinde@burgw allbach.de, Fax (09775) 1419, 🍴, 🎧, 🌊 – 📺 🅿
geschl. Nov. 3 Wochen – **Menu** (geschl. Donnerstag) à la carte 32/56 – **15 Z** ⊒ 65/78 – 96/120.

SCHÖNAU IM SCHWARZWALD Baden-Württemberg **419** W 7 – 2 500 Ew – Höhe 542 m – Luftkurort – Wintersport : 800/1 414 m ⬥4 ⬥.

Ausflugsziel : Belchen ⁕ ★★★, Nord-West : 14 km.

🛈 Belchenland Tourist-Information, Gentnerstr. 2, ⬜ 79677, ℰ (07673) 91 81 30, Fax (07673) 9181329.

Berlin 808 – Stuttgart 186 – Freiburg im Breisgau 39 – Donaueschingen 63 – Basel 42.

🏠 **Kirchbühl** ⬥, Kirchbühlstr. 6, ⬜ 79677, ℰ (07673) 2 40, Fax (07673) 249, ⌂, ⬥
– ⬜ 🅿 ⓘ ⬥ **VISA**. ⬥ Zim
Menu (geschl. März 2 Wochen, Mitte Nov. - Anfang Dez., Dienstag - Mittwochmittag)
à la carte 37/71 ⬥ – **10 Z** ⬄ 65/75 – 110/148 – ½ P 24.

🏕 **Vier Löwen** (mit 🏨 Anbau), Talstr. 18, ⬜ 79677, ℰ (07673) 91 81 20,
Fax (07673) 9181240, ⬥ – ⬜ 🅿 ⬥ **VISA**. ⬥
Menu (geschl. 1. - 15. Nov., Mittwoch, im Winter Dienstagabend - Mittwoch) à la carte 33/64
– **20 Z** ⬄ 75/85 – 120/146 – ½ P 20.

In Tunau Süd-Ost : 3 km :

🏕 **Zur Tanne** ⬥, Alter Weg 4, ⬜ 79677, ℰ (07673) 3 10, Fax (07673) 1000, ⬥, ⌂,
⬥ « Schwarzwaldgasthof a.d. 17.Jh. », ⬥, ⬚, ⬥, ⬥ – 🅿 ⬥ Rest
geschl. Mitte Nov. - Mitte Dez. – **Menu** (geschl. Montagabend - Dienstag) à la carte 32/68
⬥ – **13 Z** ⬄ 64/80 – 110/130 – ½ P 18.

In Aitern-Multen Nord-West : 10 km :

🏠 **Jägerstüble** ⬥, an der Straße zum Belchen – Höhe 1 100 m, ⬜ 79677, ℰ (07673)
72 55, Jaegerstueble@mail.pcom.de, Fax (07673) 7884, ⌂, ⬥ – ⬜ ⬥ 🅿
Menu à la carte 30/70 – **16 Z** ⬄ 60/70 – 120/140 – ½ P 20.

> **Europe**
> If the name of the hotel
> is not in bold type,
> on arrival ask the hotelier his prices.

SCHÖNAU (PFALZ) Rheinland-Pfalz **419** S 7 – 600 Ew – Höhe 214 m – Erholungsort.

Berlin 711 – Mainz 155 – Karlsruhe 66 – Saarbrücken 98 – Landau in der Pfalz 44 – Pirmasens 39 – Wissembourg 25.

🏠 **Zur Wegelnburg** (mit Gästehaus), Hauptstr. 8, ⬜ 66996, ℰ (06393) 9 21 20, hotel
-wegelnburg@t-online.de, Fax (06393) 921211, ⌂ – ⬜ 🅿
geschl. 10. Jan. - Fasching – **Menu** (geschl. Nov. - März Mittwoch) à la carte 27/55 – **15 Z**
⬄ 85/150 – ½ P 15.

SCHÖNAU (RHEIN-NECKAR-KREIS) Baden-Württemberg **417 419** R 10 – 4 600 Ew – Höhe
175 m.

Berlin 643 – Stuttgart 115 – Mannheim 49 – Heidelberg 18 – Mosbach 43.

In Schönau-Altneudorf Nord : 3 km :

✕✕ **Zum Pflug**, Altneudorfer Str. 16, ⬜ 69250, ℰ (06228) 82 07, Fax (06228) 8207 – 🅿
⬥
geschl. Montag – **Menu** (wochentags nur Abendessen) à la carte 39/72.

SCHÖNBACH Sachsen siehe Löbau.

SCHÖNBERG Bayern **420** T 24 – 5 000 Ew – Höhe 565 m – Luftkurort – Wintersport : 650/700 m
⬥1 ⬥.

🛈 Touristikinformation, Marktplatz 16, ⬜ 94513, ℰ (08554) 46 04 41, Fax (08554) 2610.

Berlin 552 – München 181 – Passau 34 – Cham 74 – Deggendorf 38.

🏠 **Bayerischer Hof**, Marktplatz 3, ⬜ 94513, ℰ (08554) 97 03, Fax (08554) 970455,
⬥ Massage, ⬥, ⬚ – ⬥ ⬜ 🅿 ⬥
geschl. 26. Nov. - 11. Dez. – **Menu** (geschl. Sonntagabend) à la carte 21/40 – **58 Z** ⬄ 60/68
– 104 – ½ P 16.

In Schönberg-Maukenreuth Süd : 3 km, über Mitternach :

🏠 **Landhaus zur Ohe** ⬥, ⬜ 94513, ℰ (08554) 9 60 70, landhaus-zur-ohe@t-online.de,
Fax (08554) 556, ⬥, ⌂, Massage, ⬥, ⬚, ⬥, ⬥ – ⬥, ⬥ Rest, ⬜ 🅿 ⬥ **VISA**. ⬥ Rest
geschl. 8. Nov. - 8. Dez. – **Menu** à la carte 28/49 – **52 Z** ⬄ 72/90 – 140/188 – ½ P 28.

SCHÖNBERG *Schleswig-Holstein* ▨▨▨ ▨▨▨ *C 15 – 5 500 Ew – Höhe 18 m – Erholungsort.*

🚩 *Tourist Information, Service Center, Am Schierbek 6,* ✉ 24217, ☎ (04344) 4 14 10, Fax (04344) 414114.

Berlin 348 – Kiel 26 – Lübeck 88 – Lütjenburg 22 – Preetz 19.

🏨 **Stadt Kiel,** Am Markt 8, ✉ 24217, ☎ (04344) 3 05 10, hotel-stadt-Kiel@onlinehome.de, Fax (04344) 305151, 🌤, Biergarten, ☎ – 🔟 🅿 ⚠ ⓞ 🆖 *VISA*
Menu *(geschl. Dienstag)* à la carte 38/65 – **16 Z** � 90/110 – 140/200.

🏨 **Ruser's Hotel** (mit Gästehaus), Albert-Koch-Str. 4, ✉ 24217, ☎ (04344) 20 13, Fax (04344) 2015, 🌤, ☎, 🍴 – 🛗 🔟 ⟨⟩ 🅿 🆖 ⚠
Menu à la carte 26/52 – **44 Z** ⊃ 65/95 – 110/140 – ½ P 15.

In Schönberg-Kalifornien *Nord : 5 km – Ostseebad :*

🏨 **Kalifornien** 🦐, Deichweg 3, ✉ 24217, ☎ (04344) 3 05 80, Hotel-Gasthaus-Kalifornien@t-online.de, Fax (04344) 305852, ≤, « Gartenterrasse » – 🔆 Zim, 🔟 ⟨⟩ 🏤 🅿 ⚠ ⓞ 🆖 *VISA*
Menu *(geschl. Mitte Okt. - Mitte Nov., Montagmittag, Okt. - März Montag)* à la carte 29/53 – **37 Z** ⊃ 65/90 – 120/180.

SCHÖNBORN, BAD *Baden-Württemberg* ▨▨▨ ▨▨▨ *S 9 – 10 000 Ew – Höhe 110 m – Heilbad.*

🚩 *Kurverwaltung, Kraichgaustr. 10,* ✉ 76669, ☎ (07253) 9 43 10, Fax (07253) 943114.

Berlin 636 – Stuttgart 79 – Karlsruhe 41 – Heilbronn 51 – Heidelberg 25.

In Bad Schönborn-Langenbrücken :

🏨 **Zu den Drei Königen,** Huttenstr. 2, ✉ 76669, ☎ (07253) 9 44 10, Fax (07253) 1838, 🌤, Biergarten – 🔟 🅿 – 🔏 20. ⚠ ⓞ 🆖
geschl. 27. - 30. Dez. – **Menu** *(geschl. über Fasching, Aug. 2 Wochen, Freitag) (wochentags nur Abendessen)* à la carte 28/61 ♨ – **17 Z** ⊃ 80 – 120/140 – ½ P 25.

In Bad Schönborn-Mingolsheim :

🏨 **Waldparkstube,** Waldparkstr. 1, ✉ 76669, ☎ (07253) 97 10, hotel.waldparkstube@t-online.de, Fax (07253) 97150, 🌤, ☎ – 🔆 Zim, 🔟 ⟨⟩ 🅿 – 🔏 30. 🍴 Zim
geschl. 22. Dez. - 7. Jan. – **Menu** *(geschl. Samstag - Sonntag)* à la carte 32/71 – **30 Z** ⊃ 138/148 – 185/198 – ½ P 25.

🏨 **Gästehaus Prestel** 🦐 garni, Beethovenstr. 20, ✉ 76669, ☎ (07253) 41 07, GaestehPrestel@aol.com, Fax (07253) 5322, 🍴 – 🛗 🔟 🅿 🆖 🍴
geschl. 23. Dez. - 7. Jan. – **33 Z** ⊃ 75/85 – 100/120.

SCHÖNEBECK *Sachsen-Anhalt* ▨▨▨ *J 19 – 37 000 Ew – Höhe 50 m.*

🚩 *Stadtinformation, Badepark 1, (Bad Salzelmen),* ✉ 39218, ☎ (03928) 7 60 64, Fax (03928) 705542.

Berlin 162 – Magdeburg 16 – Dessau 50 – Halberstadt 56 – Halle 71.

In Schönebeck-Bad Salzelmen *Süd-Ost : 1,5 km – Soleheilbad :*

🏨 **Am Kurpark** Ⓜ, Magdeburger Str. 1, ✉ 39218, ☎ (03928) 7 08 00, info@hotelamkurpark.de, Fax (03928) 708099, Massage, ♨, ☎, 🍴 – 🛗, 🔆 Zim, 🔟 ⟨⟩ ♿ 🅿 – 🔏 80. ⚠ 🆖 *VISA*
Menu *(Montag - Freitag nur Abendessen)* à la carte 32/57 – **46 Z** ⊃ 110/145 – 165/195 – ½ P 25.

🏨 **Elmener Hof** garni, Bornstr. 2, ✉ 39218, ☎ (03928) 78 17 00, Fax (03928) 781777 – 🛗 🔆 🔟 🆖 *VISA*
12 Z ⊃ 90/100 – 100/150.

🏨 **Tannenhof** garni, Luisenstr. 8, ✉ 39218, ☎ (03928) 6 55 65, Fax (03928) 65563, ☎, 🍴 – 🔆 🔟 🅿 🆖 *VISA*
16 Z ⊃ 90/100 – 120.

SCHÖNECK *Hessen* ▨▨▨ *P 10 – 10 700 Ew – Höhe 141 m.*

Berlin 533 – Wiesbaden 64 – Frankfurt 24 – Gießen 55 – Hanau 9.

In Schöneck-Kilianstädten :

🏨 **Lauer** garni, Frankfurter Str. 17, ✉ 61137, ☎ (06187) 9 50 10, Fax (06187) 950120 – 🔟 🅿 ⚠ 🆖 *VISA*
17 Z ⊃ 100/150.

SCHÖNEFELD KREIS KÖNIGS WUSTERHAUSEN Brandenburg – 2 000 Ew – Höhe 42 m.

Berlin 19 – Potsdam 36 – Königs Wusterhausen 16 – Cottbus 113 – Frankfurt (Oder) 78.

🏛️ **Holiday Inn Airport** Ⓜ, Hans-Grade-Allee 5, ✉ 12529, ℰ (030) 63 40 10, *info@h olidayinn-berlin.de*, Fax (030) 63401600, ₤δ, ≦s – ⧄, ⇄ Zim, 📟 📺 ❤ δ, ⇔ 🅿 – 🔬 80.
ℿ ⑨ ⓦⓢ 🆅🆂🅰 🆓
Menu à la carte 34/63 – ⚏ 25 – **189 Z** 205/285 – 255/335.

SCHÖNFELD (ERZGEBIRGE) Sachsen ⓐ⓵⓼ N 24 – 350 Ew – Höhe 650 m.

Berlin 239 – Dresden 40 – Altenberg 15 – Marienberg 61.

🏛️ **Am Rennberg** ⊱, Am Rennberg 17, ✉ 01776, ℰ (035052) 23 60, *amrennberg @aol.com*, Fax (035052) 23610, ≤, 🌲, ≦s, 🐎 – 📺 ❤ 🅿 – 🔬 25. ℿ ⑨
🆅🆂🅰
Menu à la carte 32/51 – **15 Z** ⚏ 95 – 120/140 – ½ P 25.

SCHÖNFELS Sachsen siehe Zwickau.

SCHÖNHEIDE Sachsen ⓐ⓵⓼ ⓐ⓶⓪ O 21 – 6 200 Ew – Höhe 650 m.

🛈 Informationsstelle, Hauptstr. 43, (Rathaus), ✉ 08304, ℰ (037755) 5 16 23, Fax (037755) 51629.
Berlin 316 – Dresden 151 – Chemnitz 78 – Zwickau 30.

🏛️ **Zum Forstmeister** ⊱, Auerbacher Str. 15, ✉ 08304, ℰ (037755) 6 30, Fax (037755) 6399, 🌲, ≦s, 🛠, 🦌 – 📺 🅿 – 🔬 40. ℿ ⑨ ⓦⓢ 🆅🆂🅰
geschl. 20. - 24. Dez. – **Menu** à la carte 26/50 – **50 Z** ⚏ 80/120 – 120/150.

🏛️ **Zur Post,** Hauptstr. 101, ✉ 08304, ℰ (037755) 51 30, Fax (037755) 51329, 🌲, Bier-
⊜ garten – 📺 🅿 – 🔬 20. ℿ ⑨ ⓦⓢ 🆅🆂🅰
Menu à la carte 24/44 – **13 Z** ⚏ 80/110 – 140/160.

🏛️ **Carola,** Hauptstr. 183, ✉ 08304, ℰ (037755) 43 30, Fax (037755) 4340 – 📺 ❤ 🅿 –
⊜ 🔬 150
Menu (geschl. Montagmittag, Freitag) à la carte 22/45 – **16 Z** ⚏ 55/65 – 70/90.

SCHÖNSEE Bayern ⓐ⓶⓪ R 21 – 2 700 Ew – Höhe 656 m – Erholungsort – Wintersport : 550/900 m ✓5, 🛷, Sommerrodelbahn.

🛈 Tourist-Information, Hauptstr. 25, ✉ 92539, ℰ (09674) 3 17, Fax (09674) 913130.
Berlin 454 – München 235 – Weiden in der Oberpfalz 50 – Cham 56 – Nürn-berg 136.

🏛️ **St. Hubertus** ⊱, Hubertusweg 1, ✉ 92539, ℰ (09674) 9 22 90, *st.hubertus@t-on line.de*, Fax (09674) 922929, ≤, 🌲, « Jagdmuseum », Massage, ♨, ≦s, 🔲, 🛠, 🏊(Halle) – ⧄, ⇄ Zim, 📺 ⇔ 🅿 – 🔬 70. ℿ ⑨ ⓦⓢ 🆅🆂🅰
geschl. Feb. – **Menu** à la carte 25/44 (auch vegetarisches Menu) – **75 Z** ⚏ 105/120 – 140/180, 3 Suiten – ½ P 25.

In Schönsee-Gaisthal Süd-West : 6 km :

🏛️ **Gaisthaler Hof,** Schönseer Str. 16, ✉ 92539, ℰ (09674) 2 38, Fax (09674) 8611, 🌲,
⊜ ≦s, 🔲, 🛠, 🐎 (Reitschule) – 🅿 ℿ ⑨ ⓦⓢ 🆅🆂🅰, ⇄ Zim
geschl. Nov. - Anfang Dez. – **Menu** à la carte 20/40 – **35 Z** ⚏ 64 – 91/105 – ½ P 12.

SCHÖNTAL Baden-Württemberg ⓐ⓵⓽ S 12 – 5 700 Ew – Höhe 210 m.

Sehenswert : Ehemalige Klosterkirche★ (Alabasteraltäre★★) – Klosterbauten (Ordenssaal★).
Berlin 573 – Stuttgart 86 – Würzburg 76 – Heilbronn 44.

In Kloster Schöntal :

🏛️ **Zur Post,** Hauptstr. 1, ✉ 74214, ℰ (07943) 22 26, Fax (07943) 2563, Biergarten – 📺
🅿
geschl. Feb., Mitte - Ende Nov. – **Menu** (geschl. Montag) à la carte 25/45 ⅃ – **15 Z** ⚏ 60/70 – 100/110.

🏛️ **Gästehaus Zeller** ⊱ garni, Honigsteige 21, ✉ 74214, ℰ (07943) 6 00, Fax (07943) 942400, 🛠 – ⇔ 🅿 ⇄
geschl. 20. Dez. - Mitte Jan. – **18 Z** ⚏ 60/75 – 86/102.

SCHÖNWALD Baden-Württemberg 🔢 V 8 – 2 700 Ew – Höhe 988 m – Heilklimatischer Kurort
– Wintersport : 950/1 150 m ✔3 ✔.

🔳 Tourist-Info, F.-Schubert-Str. 3, ✉ 78141, ℰ (07722) 86 08 31, Fax (07722) 860834.
Berlin 772 – Stuttgart 146 – Freiburg im Breisgau 49 – Donaueschingen 37 – Offenburg 63.

🏠 **Zum Ochsen,** Ludwig-Uhland-Str. 18, ✉ 78141, ℰ (07722) 86 64 80, RINGHOTEL
@OCHSEN.COM, Fax (07722) 8664888, ≤, ╬, ≘s, ◨, ⋌, ⋌, ☞ – ⋌⋌ Zim, ⒯⒱ ⇌
⊡ – 🔏 20. ⒜⒠ ⑥ ⑥⑨ ⱽⁱˢᵃ ᴶᶜᴮ. ⋠⋠ Rest
geschl. 10. - 24. Jan. – **Menu** (geschl. Dienstag - Mittwoch) à la carte 59/85 – **38 Z**
⋤ 108/178 – 190/250, 3 Suiten – ½ P 39.

🏠 **Dorer** ⋧, Franz-Schubert-Str. 20, ✉ 78141, ℰ (07722) 9 50 50, HOTEL-DORER-
SCHOENWALD@t-online.de, Fax (07722) 950530, ╬, ◨, ⋌, ⋌, ⋠ – ⒯⒱ ⇌ ⊡ ⒜⒠ ⑥
⑥⑨ ⱽⁱˢᵃ. ⋠⋠ Rest
Menu (Tischbestellung erforderlich) à la carte 49/76 – **19 Z** ⋤ 90/96 – 150/190, 4 Suiten
– ½ P 38.

🏠 **Silke** ⋧, Feldbergstr. 8, ✉ 78141, ℰ (07722) 95 40, info@hotel-silke.com,
Fax (07722) 7840, ≤, ⱡ⋞, ≘s, ◨, ⋌ – ⒯⒱ ⊡. ⒜⒠ ⑥⑨ ⱽⁱˢᵃ
geschl. 4. Nov. - 24. Dez. – **Menu** (nur Abendessen) à la carte 33/59 – **39 Z** ⋤ 70/80 –
110/140 – ½ P 25.

🏠 **Adlerschanze** ⋧, Goethestr. 8, ✉ 78141, ℰ (07722) 9 68 80, info@adlerschanze.de,
Fax (07722) 968829, ≤, ╬, ≘s, ⋌ – ⋌⋌ Zim, ⒯⒱ ⊡. ⒜⒠ ⑥⑨ ⱽⁱˢᵃ
geschl. Nov. 2. Wochen – **Menu** (geschl. Feb. - April Montag) (Nov. - Mai nur Abendessen)
à la carte 40/73 – **12 Z** ⋤ 90 – 120/140 – ½ P 28.

🏡 **Löwen,** Furtwanger Str. 8 (Escheck Süd : 2 km, an der B 500), ✉ 78141, ℰ (07722)
41 14, info@hotel-loewen.com, Fax (07722) 1891, ≤, ╬, ≘s, ⋌ – ⋌⋌ Rest, ⒯⒱ ⇌
⊡. ⋠⋠ Zim
geschl. Ende Nov. - Mitte Dez. – **Menu** (geschl. Mittwochabend - Donnerstag) à la carte
36/60 – **14 Z** ⋤ 70/80 – 130/150 – ½ P 25.

🏡 **Kaltenbach** ⋧, Oberort 3 (Süd-Ost : 2 km), ✉ 78141, ℰ (07722) 9 63 50, Hotel-Ka
ltenbach@t-online.de, Fax (07722) 963535, ╬, ≘s, ◨, ⋌ – ⒯⒱ ⇌ ⊡. ⋠⋠ Rest
geschl. Mitte Nov. - 24. Dez. – **Menu** (geschl. Mittwochmittag) à la carte 32/57 – **18 Z**
⋤ 79/89 – 139/144 – ½ P 29.

SCHÖPPINGEN Nordrhein-Westfalen 🔢 J 5 – 6 500 Ew – Höhe 94 m.
Berlin 502 – Düsseldorf 133 – Nordhorn 55 – Enschede 31 – Münster (Westfalen) 33 –
Osnabrück 74.

🏠 **Zum Rathaus** (mit Gästehaus), Hauptstr. 52, ✉ 48624, ℰ (02555) 93 87 50, Georg
Tietmeyer@gmk.de, Fax (02555) 938751, ╬ – ▐, ⋌⋌ Zim, ⒯⒱ ⋐ ⊕ ⊡ – 🔏 50. ⒜⒠ ⑥
⑥⑨ ⱽⁱˢᵃ. ⋠⋠ Rest
Menu (geschl. Aug. 3 Wochen, Dienstag) à la carte 36/67 – **25 Z** ⋤ 85/100 – 160/200.

🏡 **Alte-Post-Hotel,** Hauptstr. 82, ✉ 48624, ℰ (02555) 9 39 30, Kontakt@Alte-
Post-Hotel.de, Fax (02555) 939393, ╬, ≘s – ⒯⒱ ⇌ ⊡ – 🔏 100. ⒜⒠ ⑥ ⑥⑨
ⱽⁱˢᵃ
geschl. Ende Juli - Mitte Aug. 3 Wochen – **Menu** (geschl. Sonntag) à la carte 24/54 – **20 Z**
⋤ 70/95 – 120/170.

In Schöppingen-Eggerode Süd : 4 km :

🏡 **Winter,** Gildestr. 3, ✉ 48624, ℰ (02545) 9 30 90, Fax (02545) 930915, ╬ – ⊡
Menu (geschl. Juli - Aug. 2 Wochen, Montag) à la carte 26/53 – **17 Z** ⋤ 70/90 – 120/140.

✕✕ **Haus Tegeler** mit Zim, Vechtestr. 24, ✉ 48624, ℰ (02545) 9 30 30, info@hotel-te
geler.de, Fax (02545) 930323 – ⋌⋌ Rest, ⊡. ⋠⋠ Zim
geschl. über Karneval 3 Wochen – **Menu** (geschl. Dienstagmittag, Donnerstag - Freitagmittag) à la carte 40/68 – **13 Z** ⋤ 80 – 130/160.

SCHOLLBRUNN Bayern 🔢🔢 Q 12 – 800 Ew – Höhe 412 m – Erholungsort.
Berlin 547 – München 325 – Würzburg 51 – Aschaffenburg 34 – Wertheim 11.

🏡 **Benz** ⋧, Am Herrengrund 1, ✉ 97852, ℰ (09394) 80 20, HOTELBENZ@t-online.de,
Fax (09394) 80240, ≤, ≘s, ◨, ⋌ – ⒯⒱ ⇌ ⊡ – 🔏 30. ⑥⑨ ⱽⁱˢᵃ. ⋠⋠
geschl. Jan. – **Menu** (Restaurant nur für Hausgäste) – **35 Z** ⋤ 68/73 – 108/122 –
½ P 18.

🏡 **Zur Sonne,** Brunnenstr.1, ✉ 97852, ℰ (09394) 9 70 70, Fax (09394) 970767, ⋌ –
⇌ ⊡ – 🔏 40. ⑥⑨ ⱽⁱˢᵃ
geschl. Jan. 3 Wochen – **Menu** (geschl. Dienstag) à la carte 23/43 ⋌ – **30 Z** ⋤ 65/70 –
100/120 – ½ P 15.

SCHONACH Baden-Württemberg 🔢🔢🔢 V 8 – 4 200 Ew – Höhe 885 m – Luftkurort – Wintersport : 900/1 152 m ✺3 ✺.

🚹 Tourist-Information, Haus des Gastes, Hauptstr. 6, ⊠ 78136, ℘ (07722) 96 48 10, Fax (07722) 2548.

Berlin 769 – Stuttgart 143 – Freiburg im Breisgau 54 – Triberg 4 – Villingen-Schwenningen 30 – Offenburg 60.

🏠 **Bergfriede** ⊗, Schillerstr. 2, ⊠ 78136, ℘ (07722) 92 04 40, hotel-bergfriede@t-online.de, Fax (07722) 920442, ≼, ⇌s, ⊠ – 🐾 Zim, 📺 🅿 🐼 🆚🆚 🛳 Zim
Menu (nur Abendessen) (Restaurant nur für Hausgäste) – **8 Z** ⊇ 75/95 – 150/170 – ½ P 30.

🏠 **Landhotel Rebstock,** Sommerbergstr. 10, ⊠ 78136, ℘ (07722) 9 61 60, info@landhotel-rebstock.com, Fax (07722) 961656, ⇌s, 🔲, ⊠ – 📴 📺 🅿 🐼 🛡 🆚🆚 🆚🆚
geschl. März 2 Wochen, Nov. 2 Wochen – **Menu** (geschl. Dienstag) à la carte 31/69 – **25 Z** ⊇ 84/94 – 168 – ½ P 35.

SCHONGAU Bayern 🔢🔢🔢 🔢🔢🔢 W 16 – 12 000 Ew – Höhe 710 m – Erholungsort.

🚹 Tourist Information, Münzstr. 5, ⊠ 86956, ℘ (08861) 72 16, Fax (08861) 2626.

Berlin 623 – München 83 – Garmisch-Partenkirchen 53 – Kempten (Allgäu) 54 – Füssen 36 – Landsberg am Lech 27.

🏠 **Rössle** garni, Christophstr. 49, ⊠ 86956, ℘ (08861) 2 30 50, Fax (08861) 2648 – 📴 📺 ⇌ 🅿 🆎 🛡 🐼 🆚🆚
17 Z ⊇ 90/150.

🏠 **Holl** ⊗, Altenstädter Str. 39, ⊠ 86956, ℘ (08861) 2 33 10, Fax (08861) 233112, ≼ – 🐾 Zim, 📺 🗧 ⇌ 🅿 – 🔬 25. 🆎 🛡 🐼 🆚🆚 🛳 Rest
Menu (geschl. 20. Dez. - Ende Jan., Freitag - Sonntag, Feiertage) (nur Abendessen) à la carte 33/60 – **22 Z** ⊇ 80/119 – 150/180 – ½ P 35.

🏠 **Alte Post,** Marienplatz 19, ⊠ 86956, ℘ (08861) 2 32 00, Fax (08861) 232080 – 📺 🗧 ⇌ – 🔬 25
geschl. 24. Dez. - 10. Jan. – **Menu** (geschl. Samstag - Sonntag, Feiertage) à la carte 23/48 ⅋ – **34 Z** ⊇ 70/120 – 130/190.

SCHOPFHEIM Baden-Württemberg 🔢🔢🔢 X 7 – 18 700 Ew – Höhe 374 m.

🚹 Touristinformation, Am Marktplatz, ⊠ 79650, ℘ (07622) 39 61 45, Fax (07622) 396202.

Berlin 826 – Stuttgart 275 – Freiburg im Breisgau 83 – Basel 23 – Zürich 77.

🏠 **Hotel im Lus** 🅼, Hohe-Flum-Str. 55, ⊠ 79650, ℘ (07622) 6 75 00, hotel-im-lus-schopfheim@t-online.de, Fax (07622) 675050, ⇞ – 📺 🗧 🅿 – 🔬 25. 🆎 🐼 🆚🆚
Menu (geschl. Samstag, Sonntagabend) à la carte 26/60 – **31 Z** ⊇ 92 – 125/145.

🗶🗶 **Alte Stadtmühle,** Entegaststr. 9, ⊠ 79650, ℘ (07622) 24 46, Fax (07622) 672157, ⇞ ⅋ 🐼 🆚🆚
geschl. Ende Aug. - Anfang Sept., Sonntag - Montag – Menu à la carte 44/85 (auch vegetarisches Menu).

🗶 **Glöggler,** Austr. 5, ⊠ 79650, ℘ (07622) 21 67, h.gloeggler@t-online.de, Fax (07622) 668344, ⇞ – 🐼
geschl. Aug. 2 Wochen, Sonntag - Montag – **Menu** à la carte 30/72.

In **Schopfheim-Gersbach** Nord-Ost : 16 km – Erholungsort – Wintersport : 870/970 m ✺2 :

🏠 **Mühle zu Gersbach** ⊗, Zum Bühl 4, ⊠ 79650, ℘ (07620) 9 04 00, hotel@muehle.de, Fax (07620) 904055, ⇞, ⇜ – 📺 🅿 – 🔬 20. 🐼 🆚🆚
geschl. 7. Jan. - 8. Feb., Ende Okt. 1 Woche – Menu (geschl. Dienstag - Mittwochmittag) à la carte 42/80 – **16 Z** ⊇ 89/136 – 158/224 – ½ P 35.

In **Schopfheim-Gündenhausen** West : 2 km :

🏠 **Löwen,** Gündenhausen 16, ⊠ 79650, ℘ (07622) 80 12, loewen-schopfheim@t-online.de, Fax (07622) 5796, ⇞ – 📺 🅿 🆎 🐼 🆚🆚
geschl. Juni 3 Wochen – **Menu** (geschl. Donnerstag, Sonntagabend) à la carte 26/62 ⅋ – **24 Z** ⊇ 45/85 – 80/140.

In **Schopfheim-Wiechs** Süd-West : 3 km :

🏠 **Krone-Landhaus Brunhilde** ⊗, Am Rain 6, ⊠ 79650, ℘ (07622) 3 99 40, HOTEL@KRONE-WIECHS.DE, Fax (07622) 399420, ≼, ⇞, ⇌s, 🔲, ⇜ – 🐾 Rest, 📺 🗧 ⅋ 🅿 – 🔬 30. 🐼 🆚🆚 🛳 Zim
geschl. Jan. 2 Wochen – **Menu** (geschl. Montagmittag, Freitag) à la carte 29/68 ⅋ – **49 Z** ⊇ 89/95 – 150/170.

In Maulburg West : 3 km :

🏠 **Murperch** garni, Hotzenwaldstr. 1, ⊠ 79689, 𝒫 (07622) 6 78 70, MURPERCH-FR@t -online.de, Fax (07622) 678730, 🌫 – 📺 ❤ 🄿. ① ⓪ VISA
13 Z ⊑ 105/115 – 130/180.

SCHOPSDORF Sachsen-Anhalt – 220 Ew – Höhe 70 m.
Berlin 104 – Magdeburg 50 – Brandenburg 40.

🏠 **Best Hotel** Ⓜ ॐ, Heidestr. 10 (Gewerbegebiet), ⊠ 39291, 𝒫 (03921) 92 60, Fax (03921) 926253, 🌫, ※ – 🕴, ↩ Zim, 📺 ❤ & 🄿. – 🅰 40. ㏂ ① ⓪ VISA
Menu à la carte 26/40 – **74 Z** ⊑ 99/115 – 160.

SCHORNDORF Baden-Württemberg ⅏⅑⅐ T 12 – 37000 Ew – Höhe 256 m.
Sehenswert : Oberer Marktplatz★.
Berlin 605 – Stuttgart 35 – Göppingen 20 – Schwäbisch Gmünd 23.

🍴🍴 **Erlenhof**, Mittlere Uferstr. 70 (Erlensiedlung), ⊠ 73614, 𝒫 (07181) 7 56 54, 🛋 – 🄿. ⓪ VISA
geschl. Sonntag - Montag – **Menu** à la carte 41/67.

In Plüderhausen Süd-Ost : 6 km :

🍴 **Altes Rathaus,** Brühlstr. 30, ⊠ 73655, 𝒫 (07181) 98 95 65, Altes-Rathaus-Pluderh ausen@t-online.de, Fax (07181) 989566, 🛋, « Restauriertes Fachwerkhaus a.d.J. 1569 » – 🄿.
geschl. Ende Jan. - Anfang Feb. 1 Woche, Aug. - Sept. 3 Wochen, Sonntag - Montag, Feiertage – **Menu** (Tischbestellung ratsam) à la carte 56/85.

In Urbach Nord-Ost : 4 km :

🏠 **Zur Mühle** garni, Neumühleweg 32, ⊠ 73660, 𝒫 (07181) 8 60 40, info@hotel-zur-muehle-urbach.de, Fax (07181) 860480 – 🕴 ↩ 📺 ❤ ⇔ 🄿 – 🅰 15. ① ⓪
VISA
38 Z ⊑ 105/138.

In Winterbach West : 4 km :

🏨 **Holiday Inn Garden Court,** Fabrikstr. 6 (nahe der B 29), ⊠ 73650, 𝒫 (07181) 7 09 00, Fax (07181) 7090190, 🛋 – 🕴 ↩ 📺 ❤ 🄿 – 🅰 40. ㏂ ① ⓪ VISA JCB
Menu (geschl. Samstag - Sonntagmittag) à la carte 31/69 – ⊑ 22 – **63 Z** 190/210.

🏠 **Am Engelberg,** Ostlandstr. 2 (nahe der B 29), ⊠ 73650, 𝒫 (07181) 70 09 60, rece ption@hotel-am-engelberg.de, Fax (07181) 700969, ☎, ⊠ – 🕴 ↩ Zim, 📺 ⇔ 🄿 – 🅰 20. ㏂ ① ⓪ VISA. ※ Rest
geschl. Aug. – **Menu** (geschl. Samstag - Sonntag) (nur Abendessen) à la carte 29/64 – **34 Z** ⊑ 118/140 – 135/170.

SCHOTTEN Hessen ⅏⅑⅞ O 11 – 12400 Ew – Höhe 274 m – Luftkurort – Wintersport : 600/773 m ✠4 ✦.
🛢 Schotten-Eschenrod, Friedhofstr. 1 (Süd-Ost : 5 km), 𝒫 (06044) 8 00 12 00.
🅱 Tourist-Information, Vogelsbergstr. 180, ⊠ 63679, 𝒫 (06044) 66 51, Fax (06044) 6679.
Berlin 487 – Wiesbaden 100 – Frankfurt am Main 67 – Fulda 52 – Gießen 41.

🏠 **Haus Sonnenberg** ॐ, Laubacher Str. 25, ⊠ 63679, 𝒫 (06044) 9 62 10, info@ho tel-haus-sonnenberg.de, Fax (06044) 962188, ≤, 🛋, ☎, ⊠, 🌫 – 🕴 📺 🄿 – 🅰 80. ⓪ VISA
Menu à la carte 34/59 – **50 Z** ⊑ 65/95 – 130/160 – ½ P 29.

🍴🍴 **Zur Linde,** Schloßgasse 3, ⊠ 63679, 𝒫 (06044) 15 36, Fax (06044) 3093 – ㏂ ① VISA
geschl. Montag - Dienstag – **Menu** (wochentags nur Abendessen) à la carte 49/72.

In Schotten-Betzenrod Nord-Ost : 2,5 km :

🏠 **Landhaus Appel** ॐ, Altenhainer Str. 38, ⊠ 63679, 𝒫 (06044) 9 62 90, Fax (06044) 4651, ≤, 🛋, ☎ – 📺 🄿 – 🅰 30. ㏂ ① ⓪ VISA. ※
geschl. Anfang Jan. 1 Woche, Ende Juli 2 Wochen – **Menu** à la carte 29/55 (auch vegetarische Gerichte) ॐ – **29 Z** ⊑ 62/85 – 84/104 – ½ P 26.

SCHRAMBERG Baden-Württemberg **419** V 9 – 19 500 Ew – Höhe 420 m – Erholungsort.

🛈 Stadt- und Bürgerinformation, Hauptstr. 25 (Rathaus), ✉ 78713, ℘ (07422) 2 92 15, Fax (07422) 29363.

Berlin 730 – Stuttgart 118 – Freiburg im Breisgau 65 – Freudenstadt 37 – Villingen-Schwenningen 32.

🏨 **Bären,** Marktstr. 7, ✉ 78713, ℘ (07422) 9 40 60, Fax (07422) 9406100, 佘 – 📱, ⤢ Zim, 📺 ✆ ⇔ – 🔬 40. 🖭 ⓪ 🐾 𝕍𝕀𝕊𝔸
geschl. 6. - 10. Jan., Aug. 3 Wochen – **Menu** (geschl. Sonntagabend) à la carte 30/81 – **18 Z** ⌾ 102/176.

✕✕✕ **Hirsch** mit Zim, Hauptstr. 11, ✉ 78713, ℘ (07422) 2 05 30, Fax (07422) 25446 – ⤢ 📺, 🐾
geschl. über Fastnacht 1 Woche – **Menu** (geschl. Montag - Dienstagmittag) (Tischbestellung ratsam) à la carte 60/97 – **5 Z** ⌾ 100/160 – 260.

Außerhalb West : 4,5 km über Lauterbacher Straße :

✕ **Burgstüble** ⦂ mit Zim, Hohenschramberg 1, ✉ 78713 Schramberg, ℘ (07422) 9 59 50, Fax (07422) 959530, < Schramberg und Schwarzwaldhöhen, 佘 – 📺 📳 🖭 ⓪ 🐾 𝕍𝕀𝕊𝔸
geschl. 5. - 30. Nov. – **Menu** (geschl. Mittwoch - Donnerstag) à la carte 30/66 – **6 Z** ⌾ 68/120 – ½ P 20.

In Schramberg-Sulgen Ost : 5 km :

🏨 **Drei Könige** ⦂, Birkenhofweg 10 (Richtung Hardt 1,5 km), ✉ 78713, ℘ (07422) 9 94 10, Fax (07422) 994141, <, 佘 – 📱, ⤢ Zim, 📺 ✆ 📳 🐾 𝕍𝕀𝕊𝔸. ✕ Zim
Menu (geschl. Aug. 3 Wochen, Dez. 2 Wochen, Freitag) (nur Abendessen) à la carte 42/70 – **25 Z** ⌾ 95/160.

SCHRIESHEIM Baden-Württemberg **417 419** R 9 – 13 300 Ew – Höhe 120 m.

Berlin 618 – Stuttgart 130 – Mannheim 26 – Darmstadt 53 – Heidelberg 8.

🏨 **Neues Ludwigstal,** Strahlenberger Str. 2, ✉ 69198, ℘ (06203) 69 50, neues@lud wigstal.de, Fax (06203) 61208 – 📱 📺 ✆ ⇔ 📳 ⓪ 🐾 𝕍𝕀𝕊𝔸
Menu (Montag - Freitag nur Abendessen) à la carte 26/51 ⅃ – **39 Z** ⌾ 75/90 – 115/135.

✕✕✕ **Strahlenberger Hof** (Schneider), Kirchstr. 2, ✉ 69198, ℘ (06203) 6 30 76, ⨀ Fax (06203) 68590, (ehem. Gutshof a.d.J. 1240), « Innenhofterrasse » – ⓪ 🐾
𝕍𝕀𝕊𝔸
geschl. Feb. 2 Wochen, Aug. 2 Wochen, Sonntag – **Menu** (nur Abendessen) à la carte 68/81
Spez. Gebratenes Krustentier-Tatar mit Safrangraupen und Tomaten. Sauté von Freilandpoularde und Garnelen. Parfait von Nüssen mit Erdbeersuppe.

✕✕ **Strahlenburg,** Auf der Strahlenburg (Ost : 3 km), ✉ 69198, ℘ (06203) 6 12 32, Fax (06203) 68685, « Terrasse mit < Schriesheim und Rheinebene » – 📳 🖭 ⓪ 🐾
𝕍𝕀𝕊𝔸
geschl. Jan. - Feb., Montag - Dienstag – **Menu** (wochentags nur Abendessen) à la carte 41/70.

✕ **Zum goldenen Hirsch,** Heidelberger Str. 3, ✉ 69198, ℘ (06203) 69 24 37, ⨀ Fax (06203) 692439, 佘 – 🐾 𝕍𝕀𝕊𝔸
geschl. Anfang März 2 Wochen, Montag - Dienstagmittag – Menu à la carte 48/76.

In Schriesheim-Altenbach Ost : 7,5 km :

🏨 **Waldhotel Bellevue** ⦂, Röschbachstr. 1, ✉ 69198, ℘ (06220) 93 10, Waldhotel. Bellevue@T-online.de, Fax (06220) 93165, 佘, 🌳 – ⤢ Zim, 📺 ✆ 📳 ✕
Menu (nur Abendessen) à la carte 27/56 ⅃ – **30 Z** ⌾ 85/98 – 145/165.

SCHROBENHAUSEN Bayern **419 420** U 17 – 15 700 Ew – Höhe 414 m.

Berlin 549 – München 74 – Augsburg 45 – Ingolstadt 37 – Ulm (Donau) 113.

🏨 **Griesers Hotel Zur Post** garni, Alte Schulgasse 3a, ✉ 86529, ℘ (08252) 8 94 90, Griesers.Hotel.Post@t-online.de, Fax (08252) 894949 – 📱 ⤢ 📺 ✆ ⅋ ⇔ – 🔬 20. 🖭
🐾 𝕍𝕀𝕊𝔸
46 Z ⌾ 79/105 – 116/145.

In Schrobenhausen-Hörzhausen Süd-West : 5 km :

🏨 **Gästehaus Eder,** Bernbacher Str. 3, ✉ 86529, ℘ (08252) 24 15, Fax (08252) 5005, 佘, ⊜, 🎱, 🌳 – 📺 ⇔ 📳 🖭 ⓪ 🐾 𝕍𝕀𝕊𝔸
Menu (geschl. Mitte Aug. - Anfang Sept., Sonntag - Montag) (nur Abendessen) à la carte 38/69 – **14 Z** ⌾ 60/70 – 110/120.

SCHÜTTORF Niedersachsen **415** J 5 – 13 600 Ew – Höhe 32 m.
Berlin 486 – Hannover 201 – Nordhorn 19 – Enschede 35 – Osnabrück 63.

🏨 **Nickisch** M., Nordhorner Str. 71, ☒ 48465, ℰ (05923) 9 66 00, welcome@hotel-nickisch.de, Fax (05923) 966066, 🌤, 🚉 – 📳 📺 💾 🦽 🅿 – 🔬 100. 🅰🅴 ① 🐵 🆅🆂🅰.
🍽 Rest
Menu à la carte 39/70 – **35 Z** ⊊ 105/115 – 150/170.

🏨 **Am See** ⬧, Drievordener Str. 25, ☒ 48465, ℰ (05923) 52 90, hotelamsee@foni.net, Fax (05923) 2325, 🌤, 🚉, 🌳 – 🌤 Zim, 📺 🅿 🅰🅴 🐵 🆅🆂🅰
Menu à la carte 31/58 – **15 Z** ⊊ 70/90 – 140/160.

In Schüttorf-Suddendorf Süd-West : 3 km :

🏨 **Stähle** ⬧, Postweg 43, ☒ 48465, ℰ (05923) 96 70, Fax (05923) 5078, « Gartenterrasse », 🚉, 🔲, 🌳 – 📺 ⟹ 🅿 🅰🅴 ① 🐵 🆅🆂🅰
Menu à la carte 33/65 – **16 Z** ⊊ 90 – 160/190.

Michelin bringt keine Schilder
an den empfohlenen Hotels und Restaurants an.

SCHUSSENRIED, BAD Baden-Württemberg **419** V 12 – 8 000 Ew – Höhe 580 m – Heilbad.
Sehenswert : Ehemaliges Kloster (Bibliothek ★).
Ausflugsziel : Bad Schussenried-Steinhausen : Wallfahrtskirche ★ Nord-Ost : 4,5 km.
🛈 Städt. Kurverwaltung, Klosterhof 1, ☒ 88427, ℰ (07583) 94 01 71, Fax (07583) 4747.
Berlin 675 – Stuttgart 120 – Konstanz 104 – Ulm (Donau) 61 – Ravensburg 35.

🏨 **Amerika** garni, Zeppelinstr. 13, ☒ 88427, ℰ (07583) 9 42 50, info@hotel-amerika.de, Fax (07583) 942511 – 📺 ⟹ 🅿 – 🔬 40. 🅰🅴 🐵 🆅🆂🅰
46 Z ⊊ 78/118.

🏨 **Barbara** garni, Georg-Kaess-Str. 2, ☒ 88427, ℰ (07583) 26 50, Fax (07583) 4133, 🔲 – 📺 🅿 ① 🐵 🆅🆂🅰
20 Z ⊊ 70/80 – 110.

In Steinhausen Nord-Ost : 5 km :

🍴 **Zur Barockkirche**, Dorfstr. 6, ☒ 88427, ℰ (07583) 39 30, Fax (07583) 3285, 🌤 – 🅿 🐵
geschl. Feb., Donnerstagabend – **Menu** à la carte 27/54.

SCHWABACH Bayern **419 420** R 17 – 35 500 Ew – Höhe 328 m.
Berlin 447 – München 167 – Nürnberg 23 – Ansbach 36.

🏨 **Raab - Inspektorsgarten**, Äußere Rittersbacher Str. 14 (Forsthof), ☒ 91126, ℰ (09122) 9 38 80, Fax (09122) 938860, 🌤 – 📺 💾 🅿 – 🔬 30
Menu (geschl. Anfang Jan. 1 Woche, Ende Aug. 2 Wochen, Dienstagmittag, Ende Juli - Mitte Sept. Dienstag) à la carte 24/51 – **29 Z** ⊊ 95/110 – 130/150.

🏨 **Löwenhof** garni, Rosenberger Str. 11, ☒ 91126, ℰ (09122) 83 21 00, Fax (09122) 8321029 – 🌤 📺 💾 ⟹. 🅰🅴 ① 🐵 🆅🆂🅰
geschl. 23. Dez. - 10. Jan. – **20 Z** ⊊ 105/110 – 160.

🍴 **Goldener Stern**, Königsplatz 12, ☒ 91126, ℰ (09122) 23 35, Trutschel.GoldStern@t-online.de, Fax (09122) 5116, Biergarten
geschl. Montag – **Menu** à la carte 25/52.

In Schwabach-Wolkersdorf Nord : 4 km – siehe Nürnberg (Umgebungsplan) :

🏨 **Drexler**, Wolkersdorfer Hauptstr. 42, ☒ 91126, ℰ (0911) 63 00 99, Fax (0911) 635030, Biergarten – 📺 🅿 🅰🅴 🐵. 🍽 Zim
geschl. Aug. – **Menu** (geschl. Freitagabend - Sonntag) à la carte 27/48 – **35 Z** ⊊ 80/115.

SCHWABENHEIM Rheinland-Pfalz siehe Ingelheim.

SCHWABMÜNCHEN Bayern **419 420** V 16 – 11 000 Ew – Höhe 557 m.
Berlin 588 – München 75 – Augsburg 32 – Kempten (Allgäu) 77 – Memmingen 58.

🏨 **Deutschenbaur**, Fuggerstr. 11, ☒ 86830, ℰ (08232) 95 96 00, Fax (08232) 9596097 – 📺 💾 ⟹ 🅿 – 🔬 25. 🅰🅴 ① 🐵 🆅🆂🅰
geschl. 24. Dez. - 7. Jan. – **Menu** (geschl. über Pfingsten, Mitte Aug. 1 Woche, Freitag - Samstag) à la carte 27/59 – **23 Z** ⊊ 80/90 – 120/125.

In Untermeitingen *Süd-Ost : 6 km :*

🏨 **Lech Park Hotel** garni, Lagerlechfelder Str. 28, ✉ 86836, ✆ (08232) 99 80, *Fax (08232) 998100*, 🕿 – ⬍ ⟺ 📺 🚗 🅿 – 🔬 50. 🖭 ⓪ ⓪ 𝘝𝘐𝘚𝘈
59 Z ⊑ 120/135 – 160/180.

In Langerringen-Schwabmühlhausen *Süd : 9 km :*

🏨 **Untere Mühle** ⌕, Untere Mühle 1, ✉ 86853, ✆ (08248) 12 10, *info@unteremueh le.de, Fax (08248) 7279*, 🍴, 🖼, 🐎, 🎾 – ⬍ 📺 🅿 – 🔬 50. 🖭 ⓪ ⓪ 𝘝𝘐𝘚𝘈
JCB
geschl. Aug. 2 Wochen – **Menu** à la carte 38/66 – **39 Z** ⊑ 85/105 – 145/170.

SCHWÄBISCH GMÜND *Baden-Württemberg* 419 *T 13 – 63 000 Ew – Höhe 321 m – Wintersport : 400/781 m* ⳤ6 ⳤ – **Sehenswert** : *Heiligkreuzmünster*★ BZ **A.**

🛈 *Verkehrsamt, Im Kornhaus, Kornhausstr. 14,* ✉ 73525, ✆ (07171) 6 03 42 50, Fax (07171) 6034299.

Berlin 582 ② – *Stuttgart 56* ③ – *Nürnberg 151* ② – *Ulm (Donau) 68.*

SCHWÄBISCH GMÜND

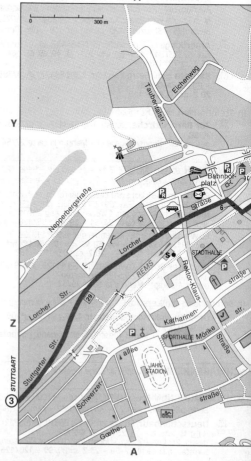

Das Pelikan, Türlensteg 9, ⊠ 73525, ℰ (07171) 35 90, *info@hotel-peli kan.de, Fax (07171) 359359* – 📶 📺 📞 🅴 🚗 🅿 – 🍽 60. ㏂ ⓞ 🆖 VISA JCB.
🍴 Rest
BY **n**
Menu *(geschl. Samstagmittag, Sonntagabend)* à la carte 42/64 – **64 Z** ⊇ 100/170 –
189/249.

Fortuna Ⓜ, Hauberweg 4, ⊠ 73525, ℰ (07171) 10 90, *fortuna-gmuend@fortuna-h otels.de, Fax (07171) 109113,* Massage, 🅵🅶, ⇔ Squash – 📶, ⇔ Zim, 📺 🅴 🅿 – 🍽 60.
㏂ ⓞ 🆖 VISA JCB. 🍴 Rest
AZ **s**
Menu *(geschl. Sonntag) (nur Abendessen)* à la carte 30/62 – **112 Z** ⊇ 114/136 –
178/188.

Fuggerei, Münstergasse 2, ⊠ 73525, ℰ (07171) 3 00 03, *fuggerei.schwaebisch.gmu end.@t-online.de, Fax (07171) 38382,* ⇔, « Restauriertes Fachwerkhaus a.d. 14. Jh. » –
🅴 🅿 – 🍽 100. 🆖 VISA
BZ **u**
geschl. Aug. 2. Wochen, Dienstag, Sonntagabend – Menu à la carte 43/75.

Brauerei-Gaststätte Kübele, Engelgasse 2, ⊠ 73525, ℰ (07171) 6 15 94,
Fax (07171) 61594 – 🆖
BY **v**
geschl. Aug. 3 Wochen, Sonntagabend - Montag – **Menu** à la carte 32/50.

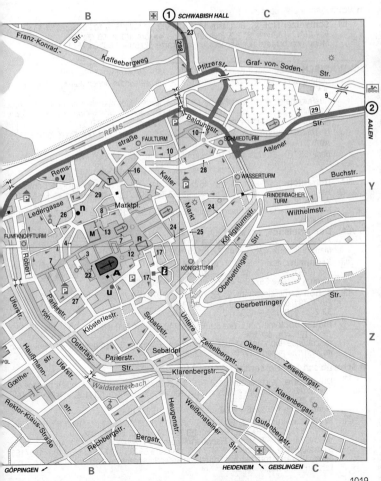

In Schwäbisch Gmünd-Hussenhofen über ② : 4,5 km :

Gelbes Haus, Hauptstr. 83, ✉ 73527, ✆ (07171) 98 70 50, info@hotel-gelbes-haus.de,
Fax (07171) 88368, 🌣 – 🛒, ✦ Zim, 📺 ✆ 🅿 AE ⓞ 🆗 VISA JCB
Menu (geschl. Aug. 3 Wochen, Samstag) à la carte 29/61 – **34 Z** ⊊ 90/100 – 140/160.

In Schwäbisch Gmünd-Straßdorf über Rechbergstraße BZ : 4 km :

Adler (mit Gästehaus), Einhornstr. 31, ✉ 73529, ✆ (07171) 4 10 41, Fax (07171) 42678,
🌣, 🛒 🅿 VISA, ✦ Zim
Menu (geschl. Aug., Montagabend) à la carte 30/62 – **22 Z** ⊊ 75/100 – 125/165.

In Waldstetten über Weißensteiner Straße CZ : 6 km :

Sonnenhof, Lauchgasse 19, ✉ 73550, ✆ (07171) 94 77 70, info@sonnenhof.de,
Fax (07171) 9477710, 🌣, Biergarten – 🛒 AE ⓞ 🆗 VISA
geschl. Montag – Menu à la carte 42/82.

In Waldstetten-Weilerstoffel über Weißensteiner Straße CZ : 8 km :

Hölzle 🔊, Waldstetter Str. 19, ✉ 73550, ✆ (07171) 4 00 50, landgasthof-hoelzle@t
-online.de, Fax (07171) 400531, 🌣 – 🛒, ✦ Zim, 📺 ✆ 🕭 ⇦ 🅿 🆗 VISA
geschl. über Fasching 2 Wochen – **Menu** (geschl. Dienstag) à la carte 25/57 – **17 Z**
⊊ 75/90 – 125/145.

In Böbingen a.d.R. über ② : 10 km :

Schweizer Hof 🔊, Bürglestr. 11, ✉ 73560, ✆ (07173) 9 10 80 (Hotel) 31 33 (Rest.),
Fax (07173) 12841, 🌣, 🏊 (geheizt), 🌣 – ✦ Zim, 📺 🅿 AE 🆗 VISA
Menu (wochentags nur Abendessen) à la carte 32/60 – **24 Z** ⊊ 75/125.

SCHWÄBISCH HALL Baden-Württemberg **419** S 13 – 36 000 Ew – Höhe 270 m.

Sehenswert : Marktplatz★★ : Rathaus★ R, Michaelskirche (Innenraum★) – Kocherufer
≤★ F.

Ausflugsziele : Ehemaliges Kloster Groß-Comburg★ : Klosterkirche (Leuchter★★★, Ante-
pendium★) Süd-Ost : 3 km – Hohenloher Freilandmuseum★ in Wackershofen, über④ : 5 km.

🏌 Schwäbisch Hall-Dörrenzimmern (Süd-Ost : 12 km), ✆ (07907) 81 90.

🛈 Touristik-Information, Am Markt 9, ✉ 74523, ✆ (0791) 75 12 46, Fax (0791) 751375.

ADAC, Daimler Str. 5.

Berlin 551① – Stuttgart 74③ – Heilbronn 53① – Nürnberg 138② – Würzburg 107①

Stadtplan siehe gegenüberliegende Seite

Hohenlohe, Weilertor 14, ✉ 74523, ✆ (0791) 7 58 70, HotelHohenlohe@t-online.de,
Fax (0791) 758784, ≤, 🌣, Massage, ≦s, 🏊 (geheizt), 🏊 – 🛒, ✦ Zim, 🛏 Rest, 📺 ✆
🕭 ⇦ 🅿 – 🔏 80. AE ⓞ 🆗 VISA, ✦ Rest   c
Menu à la carte 44/80 (auch vegetarisches Menu) – **103 Z** ⊊ 169/197 – 228/268,
4 Suiten.

Der Adelshof, Am Markt 12, ✉ 74523, ✆ (0791) 7 58 90, Adelshof@aol.com,
Fax (0791) 6036, 🌣, ≦s – 🛒 📺 ✆ 🅿 – 🔏 70. AE ⓞ 🆗 VISA JCB   e
Menu à la carte 42/71 – **47 Z** ⊊ 140/170 – 180/220.

Kronprinz, Bahnhofstr. 17, ✉ 74523, ✆ (0791) 9 77 00, hotel-kronprinz@gmx.de,
Fax (0791) 9770100, 🌣, ≦s – 🛒, ✦ Zim, 📺 ✆ 🕭 🅿 – 🔏 45. AE ⓞ 🆗 VISA   s
Menu à la carte 36/58 – **44 Z** ⊊ 98/135 – 150/180.

Scholl garni, Klosterstr. 2, ✉ 74523, ✆ (0791) 9 75 50, hotelscholl@t-online.de,
Fax (0791) 975580 – 🛒 📺 ✆. AE 🆗 VISA   h
32 Z ⊊ 110/130 – 155/170.

Blauer Bock mit Zim, Lange Str. 53, ✉ 74523, ✆ (0791) 8 94 62, Fax (0791) 856115,
🌣 – 📺 ⇦. 🆗 VISA   a
geschl. Ende Aug. - Anfang Sept. – **Menu** (geschl. Montag, Samstagmittag, letzter Sonntag
im Monat) à la carte 37/62 – **4 Z** ⊊ 80/90 – 130.

In Schwäbisch Hall-Hessental über ② : 3 km :

Die Krone, Wirtsgasse 1, ✉ 74523, ✆ (0791) 9 40 30, DieKrone@t-online.de,
Fax (0791) 940384, 🌣, « Barocksaal », ≦s, 🌣 – 🛒, ✦ Zim, 📺 ✆ 🕭 ⇦ 🅿 – 🔏 140.
AE ⓞ 🆗 VISA
Menu à la carte 32/66 – **87 Z** ⊊ 145/179 – 188/218.

Wolf, Karl-Kurz-Str. 2, ✉ 74523, ✆ (0791) 93 06 60, Hotel.Wolf@t-online.de,
Fax (0791) 93066110 – 🛒, ✦ Zim, 📺 🅿 – 🔏 40. AE ⓞ 🆗 VISA
geschl. 24. Feb. - 4. März – **Eisenbahn** (geschl. 24. Feb. - 4. März, 24. Aug. - 7. Sept.,
Samstagmittag, Montag) Menu 47/110 à la carte 59/95 – **27 Z** ⊊ 95/110 – 145/165
Spez. Gänselebertörtchen mit Trüffel und Apfel. Bauernente in drei Gängen serviert. Scho-
koladengratin mit Rumkirschen.

SCHWÄBISCH HALL

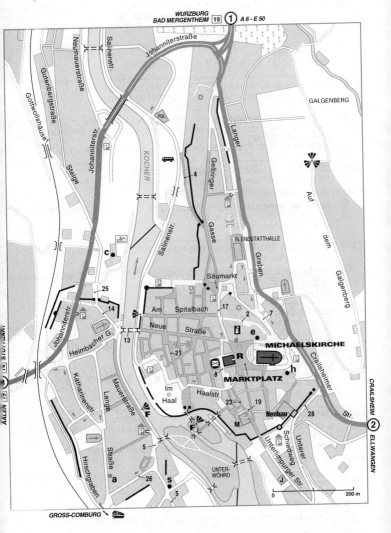

🏨 **Haller Hof,** Schmiedsgasse 9, ✉ 74523, ✆ (0791) 4 07 20, Fax (0791) 4072200 – 📺
✆ 🐾 🅿 – 🔥 40. 🆎 ⓜⓞ 𝗩𝗜𝗦𝗔
  Menu *(nur Abendessen)* (Restaurant nur für Hausgäste) – **47 Z** 🖵 93/103 – 139/155.

In Schwäbisch Hall-Weckrieden über ② : 3 km :

🏨 **Landgasthof Pflug,** Weckrieder Str. 2, ✉ 74523, ✆ (0791) 93 12 30,
🍴 Fax (0791) 9312345, Biergarten – 📺 🅿 – 🔥 20. ⓜⓞ 𝗩𝗜𝗦𝗔
  Menu *(geschl. über Fasching 2 Wochen, Montag - Dienstagmittag)* à la carte 35/71 – **14 Z**
  🖵 89/139.

SCHWAIG *Bayern* 419 420 *R 17 – 8 200 Ew – Höhe 325 m.*

Siehe Stadtplan Nürnberg (Umgebungsplan).

Berlin 429 – München 171 – Nürnberg 14 – Lauf 6,5.

In Schwaig-Behringersdorf :

Weißes Ross, Schwaiger Str. 2, ✉ 90571, ☎ (0911) 5 06 98 80, *WeissesRoss@t-online.de, Fax (0911) 50698870,* – TV P AE VISA CS s
Menu *(geschl. 1. - 12. Jan., nach Pfingsten 1 Woche, Ende Aug. - Mitte Sept., Sonntagabend - Montag)* à la carte 21/57 – **18 Z** 95/130.

Auer garni, Laufer Str. 28, ✉ 90571, ☎ (0911) 50 62 80, *Fax (0911) 5075865* – TV P VISA CS n
geschl. 20. Dez. - 10. Jan. – **16 Z** 75/90 – 120/160.

SCHWAIGERN *Baden-Württemberg* 419 *S 11 – 10 000 Ew – Höhe 185 m.*

Schwaigern-Stetten, Pfullinger Hof 1, ☎ (07138) 6 74 42.

Berlin 605 – Stuttgart 63 – Heilbronn 15 – Karlsruhe 61.

Zum Alten Rentamt mit Zim, Schloßstr. 6, ✉ 74193, ☎ (07138) 52 58, *Fax (07138) 1325,* , « Historisches Fachwerkhaus mit stilvoller Einrichtung » – TV P – 15. VISA.
Menu *(geschl. Aug., Sonntag)* à la carte 49/86 – **12 Z** 98/120 – 158/200.

SCHWALBACH *Saarland* 417 *S 4 – 19 200 Ew – Höhe 160 m.*

Berlin 726 – Saarbrücken 25 – Kaiserslautern 84 – Saarlouis 6.

In Schwalbach-Elm *Süd-Ost : 2 km :*

Zum Mühlenthal garni, Bachtalstr. 214, ✉ 66773, ☎ (06834) 9 55 90, *Fax (06834) 568511* – TV P AE
25 Z 85/130 – 120/180.

SCHWALBACH AM TAUNUS *Hessen* 417 *P 9 – 14 200 Ew – Höhe 135 m.*

Berlin 570 – Wiesbaden 34 – Frankfurt 12.

Am Rathaus garni, Marktplatz 7, ✉ 65824, ☎ (06196) 88 15 10, *info@parkhotel-ffm.de, Fax (06196) 8815150* – TV. AE VISA
42 Z 155/175 – 195/240.

SCHWALBACH, BAD *Hessen* 417 *P 8 – 10 000 Ew – Höhe 330 m – Heilbad.*

Verkehrsbüro in der Kurverwaltung, Am Kurpark 1, ✉ 65307, ☎ (06124) 50 20, Fax (06124) 502464.

Berlin 588 – Wiesbaden 18 – Koblenz 58 – Limburg an der Lahn 36 – Lorch am Rhein 32 – Mainz 27.

Eden-Parc , Goetheplatz 1, ✉ 65307, ☎ (06124) 70 40, *info@eden-parc.de, Fax (06124) 704600,* Massage, , , – , Zim, TV P – 60. AE VISA. Rest
Menu à la carte 65/92 – **80 Z** 220/320 – 300/420, 4 Suiten – ½ P 48.

SCHWALMSTADT *Hessen* 417 *N 11 – 18 000 Ew – Höhe 220 m.*

Schwalm-Touristik, Paradeplatz 7 (Ziegenhain), ✉ 34613, ☎ (06691) 7 12 12, Fax (06691) 5776.

Berlin 436 – Wiesbaden 154 – Kassel 64 – Bad Hersfeld 41 – Marburg 43.

In Schwalmstadt-Treysa :

Stadt Treysa garni, Bahnhofstr. 21, ✉ 34613, ☎ (06691) 9 63 30, *Fax (06691) 963344* – TV. VISA
14 Z 70/90 – 110/130.

In Schwalmstadt-Ziegenhain :

Zum Südbahnhof, Ascheröder Str. 1, ✉ 34613, ☎ (06691) 92 99 46, *Fax (06691) 928545,* – P AE
geschl. Feb. 2 Wochen, Montag – **Menu** *(wochentags nur Abendessen)* à la carte 43/63.

SCHWALMTAL *Nordrhein-Westfalen* 417 *M 2 – 15 000 Ew – Höhe 60 m.*

Berlin 605 – Düsseldorf 46 – Köln 77 – Roermond 25 – Venlo 22.

In Schwalmtal-Amern :

Mühlrather Mühle, Am Hariksee, ✉ 41366, ☎ (02163) 23 32, *Fax (02163) 1211,* , « Mühle a.d.J. 1447 » – TV P AE VISA. Zim
Menu à la carte 33/66 – **9 Z** 98/125 – 143/185.

SCHWANDORF Bayern **420** S 20 – 20000 Ew – Höhe 365 m.

Berlin 452 – München 167 – Regensburg 44 – Nürnberg 83 – Weiden in der Oberpfalz 46.

Zur Schwefelquelle, An der Schwefelquelle 12, ✉ 92421, ℰ (09431) 7 14 70, Schw efelquelle@t-online.de, Fax (09431) 714740, 🏤 – 📺 ৬ ☞ 🅿 – 🔬 50. 🅰🅴 ① ⑩ 🆅🅸🆂🅰 🅹🅲🅱

Menu (geschl. 6. - 18. Juni, Dienstag) à la carte 23/52 – **23 Z** �' 70/78 – 119/128.

Le carte stradali Michelin
aggiornate viaggiano con l'accordo turista.

SCHWANGAU Bayern **419 420** X 16 – 3700 Ew – Höhe 800 m – Heilklimatischer Kurort – Wintersport : 830/1720 m ⟨ 1 ⟨ 4 ⟨.

Ausflugsziele : Schloß Neuschwanstein★★★ ⟨★★★, Süd : 3 km – Schloß Hohenschwangau★ Süd : 4 km – Alpsee★ : Pindarplatz ⟨★, Süd : 4 km.

🅱 Kurverwaltung, Münchener Str. 2, ✉ 87645, ℰ (08362) 8 19 80, Fax (08362) 819825.
Berlin 656 – München 116 – Kempten (Allgäu) 47 – Füssen 3 – Landsberg am Lech 60.

Weinbauer, Füssener Str. 3, ✉ 87645, ℰ (08362) 98 60, hotel-weinbauer@t-online.de, Fax (08362) 81738 – 🛗, ⤚ Zim, 📺 🅿 – 🔬 50. ① ⑩ 🆅🅸🆂🅰
geschl. 8. Jan. - 10. Feb. – **Menu** (geschl. Mittwoch, Nov. - April Mittwoch - Donnerstag) à la carte 26/54 🍺 – **40 Z** �' 72/90 – 128/150 – ½ P 22.

Schwanstein, Kröb 2, ✉ 87645, ℰ (08362) 9 83 90, Fax (08362) 983961, Biergarten – 📺 🅿. 🅰🅴 ① ⑩ 🆅🅸🆂🅰
Menu à la carte 26/55 – **31 Z** �' 80/100 – 120/150.

Hanselewirt, Mitteldorf 13, ✉ 87645, ℰ (08362) 82 37, Gasthof-Hanselewirt@t-online.de, Fax (08362) 81738 – 📺 🅿. 🆅🅸🆂🅰
geschl. März - April 3 Wochen, Nov. – **Menu** (geschl. Dez. - April Mittwoch) à la carte 29/49 – **13 Z** �' 63/90 – 108/135 – ½ P 22.

Post, Münchener Str. 5, ✉ 87645, ℰ (08362) 9 82 18, Fax (08362) 982155 – ⤚ Zim, 📺 🅿. 🅰🅴 ① ⑩ 🆅🅸🆂🅰
geschl. Mitte Nov. - Mitte Dez. – **Menu** (geschl. Montag, Okt.- April Montag - Dienstag) à la carte 24/63 – **30 Z** �' 80/100 – 140 – ½ P 22.

In Schwangau-Brunnen :

Martini ⟨ garni, Seestr. 65, ✉ 87645, ℰ (08362) 82 57, Fax (08362) 88177, ⟨ – 📺 ☞ 🅿
geschl. März - April 2 Wochen, Nov. 2 Wochen – **16 Z** �'60/90 – 110/120.

In Schwangau-Hohenschwangau :

Müller ⟨, Alpseestr. 16, ✉ 87645, ℰ (08362) 8 19 90, info@hotel-mueller.de, Fax (08362) 819913, « Terrasse mit ⟨ » – 🛗, ⤚ Zim, 📺 🅿 – 🔬 25. ① ⑩ 🆅🅸🆂🅰 🅹🅲🅱
geschl. 3. Jan. - 28. Feb. **Menu** (bemerkenswerte Weinkarte) à la carte 33/73 – **43 Z** �' 160/240 – 220/300, 4 Suiten – ½ P 35.

Schloßhotel Lisl ⟨ (mit 🏨 Jägerhaus), Neuschwansteinstr. 1, ✉ 87645, ℰ (08362) 88 70, info@lisl.de, Fax (08362) 81107, ⟨, 🏤 – 🛗, ⤚ Zim, 📺 🅺 ☞ 🅿 – 🔬 150. 🅰🅴 ① ⑩ 🆅🅸🆂🅰 🅹🅲🅱
Wittelsbach (nur Abendessen) **Menu** à la carte 50/74 – **Lisl : Menu** à la carte 30/41 – �'19 – **47 Z** 150/210 – 252/352.

Alpenhotel Meier, Schwangauer Str. 37, ✉ 87645, ℰ (08362) 8 11 52 (Hotel) 8 18 89 (Rest.), alpenhotel@firemail.de, Fax (08362) 987028, 🏤 – 🅿.
Menu (geschl. Mitte Nov. - Mitte Dez., Dienstag) à la carte 31/57 – **15 Z** �' 90/105 – 138/150 – ½ P 25.

In Schwangau-Horn :

Rübezahl ⟨, Am Ehberg 31, ✉ 87645, ℰ (08362) 88 88, hotel-Ruebezahl@t-online.de, Fax (08362) 81701, ⟨, 🏤, « Gemütlich-rustikale Einrichtung », ⌂ – 🛗 📺 🅿. ⑩ 🆅🅸🆂🅰
geschl. Mitte Nov. - Anfang Dez. – **Menu** (geschl. Mittwoch) à la carte 47/78 – **35 Z** �' 95/150 – 160/200 – ½ P 40.

Helmerhof ⟨, Frauenbergstr. 9, ✉ 87645, ℰ (08362) 80 69, info@hotelhelmerhof.com, Fax (08362) 8437, ⟨, 🏤, ⌂, 🐎 – 📺 🅺 🅿. ⑩ 🆅🅸🆂🅰
geschl. 15. März - 6. April, 31. Okt. - 22. Nov. – **Menu** (geschl. Nov. - April Donnerstag) à la carte 30/49 – **36 Z** �' 65/80 – 140/176 – ½ P 25.

In Schwangau-Waltenhofen :

🏨 **Gasthof am See** ⊗, Forggenseestr. 81, ⊠ 87645, ℰ (08362) 9 30 30, *Hotel.Gasthof-am-See@t-online.de*, Fax (08362) 930339, ≤, 佘, ≘s, 爲 – ⋈ 🔟 ✆ 🅿. 🐵 **VISA**
geschl. Mitte Nov. - Mitte Dez. – **Menu** *(geschl. Dienstag)* à la carte 26/52 ⅋ – **22 Z** ⊑ 70 – 100/140 – ½ P 23.

🏨 **Café Gerlinde** ⊗ garni, Forggenseestr. 85, ⊠ 87645, ℰ (08362) 82 33, Fax (08362) 8486, ≘s, 爲 – 🔟 🅿.
geschl. 19. März - 5. April, 5. Nov. - 20. Dez. – **19 Z** ⊑ 85 – 100/150.

🏠 **Haus Kristall** ⊗ garni, Kreuzweg 24, ⊠ 87645, ℰ (08362) 85 94, Fax (08362) 88126, Massage, 爲 – 🔟 🅿. ✼
geschl. 10. Nov. - 15. Dez. – **11 Z** ⊑ 57/95 – 113.

SCHWANHEIM *Rheinland-Pfalz siehe Hauenstein.*

SCHWARMSTEDT *Niedersachsen* 🔢🔢🔢🔢 *H 12 – 5 100 Ew – Höhe 30 m – Erholungsort.*

🇮 *Tourist-Information, Bahnhofstr. 15, ⊠ 29690, ℰ (05071) 86 88, Fax (05071) 8689.*
Berlin 310 – Hannover 51 – Bremen 88 – Celle 33 – Hamburg 118.

🏨 **Bertram,** Moorstr. 1, ⊠ 29690, ℰ (05071) 80 80, *Ringhotel.Bertram@t-online.de*, Fax (05071) 80845, 佘 – ⋈, ⋈⊱ Zim, 🔟 ✆ ⟷ 🅿 – 🔬 80. 🆎 ⓞ 🐵 **VISA**
Menu à la carte 33/69 – **37 Z** ⊑ 130/140 – 185/200 – ½ P 40.

In Schwarmstedt-Bothmer *Nord-West : 3 km :*

🏨 **Gästehaus Schloß Bothmer** ⊗, Alte Dorfstr. 15, ⊠ 29690, ℰ (05071) 30 37, *info@SCHLOSSBOTHMER.DE*, Fax (05071) 3039, 佘, « Park » – 🔟 🅿 – 🔬 20. 🆎 🐵 **VISA**
Menu *(geschl. Jan. - Mitte Feb., Montag) (wochentags nur Abendessen)* à la carte 40/61 – **9 Z** ⊑ 150/175 – 200/280.

An der Straße nach Ostenholz *Nord-Ost : 8 km :*

🏨 **Heide-Kröpke** ⊗, Esseler Damm 1, ⊠ 29690 Essel, ℰ (05167) 97 90, *heide-kroepke@t-online.de*, Fax (05167) 979291, 佘, ≘s, ◻, 爲, ✾ – ⋈, ⋈⊱ Zim, 🔟 ✆ ⅋ ⟷ 🅿 – 🔬 60. 🆎 ⓞ 🐵 **VISA** ✼ Rest
Menu à la carte 40/84 *(auch vegetarisches Menu)* – **60 Z** ⊑ 135/175 – 198/275, 9 Suiten – ½ P 38.

SCHWARTAU, BAD *Schleswig-Holstein* 🔢🔢 *E 16 – 20 000 Ew – Höhe 10 m – Heilbad.*
🇮 *Tourist-Information, Markt 15 (im Rathaus), ⊠ 23611, ℰ (0451) 2 00 02 42, Fax (0451) 2000202.*
Berlin 274 – Kiel 72 – Lübeck 16 – Schwerin 73 – Oldenburg in Holstein 50.

🏨 **Waldhotel Riesebusch** ⊗, Sonnenweg 1, ⊠ 23611, ℰ (0451) 29 30 50, *WALDHOTEL-RIESEBUSCH@t-online.de*, Fax (0451) 283646, 佘 – 🔟 ⟷ 🅿 – 🔬 30. 🆎 🐵 **VISA**
geschl. 11. - 28. Feb. – **Menu** *(geschl. Donnerstag)* à la carte 38/66 – **25 Z** ⊑ 100/115 – 145/170 – ½ P 40.

🏠 **Elisabeth,** Elisabethstr. 4, ⊠ 23611, ℰ (0451) 2 17 81, *hotel_elisabeth@t-online.de*, Fax (0451) 283850, 佘, 爲 – 🔟 – 🔬 40. 🆎 ⓞ 🐵 **VISA** **JCB** ✼ Rest
Menu à la carte 32/58 – **23 Z** ⊑ 115/135 – 150/175 – ½ P 26.

🏠 **Haus Magdalene** garni, Lübecker Str. 69, ⊠ 23611, ℰ (0451) 28 99 90, *HausMagdalene@aol.com*, Fax (0451) 2899920 – 🔟 🅿. 🐵 **VISA** **JCB**
geschl. 23. Dez. - 3. Jan. – **10 Z** ⊑ 80/90 – 130.

SCHWARZACH *Baden-Württemberg* 🔢🔢 *R 10 – 3 100 Ew – Höhe 200 m – Erholungsort.*
Berlin 606 – Stuttgart 93 – Mannheim 68 – Heidelberg 32.

In Schwarzach-Unterschwarzach :

🏠 Landgasthof Kranz ⊗, Wildparkstr. 8, ⊠ 74869, ℰ (06262) 9 22 00, *info@landhotel-kranz.de*, Fax 06262) 922046, 佘, ≘s, ◻ – 🔟 ⟷ 🅿 – 🔬 30
26 Z.

SCHWARZACH Bayern 419 420 Q 14 – 3 100 Ew – Höhe 200 m.

Berlin 471 – München 255 – Würzburg 28 – Bamberg 47 – Gerolzhofen 9 – Schweinfurt 35.

Im Ortsteil Münsterschwarzach :

🏨 **Zum Benediktiner** ♨ garni, Weideweg 7, ☒ 97359, 𝄞 (09324) 91 20, info@zum
benediktiner.de, Fax (09324) 912900, 🐎 – 🛗 📺 ⚡ 🕭 ⇔ 🅿 – 🏥 50. AE MO VISA
geschl. 20. - 26. Dez. – **45 Z** ⊑ 98/140 – 136/190.

✗ **Gasthaus zum Benediktiner**, Schweinfurter Str. 31, ☒ 97359, 𝄞 (09324) 9 97 98,
Fax (09324) 99799, 🍴 – 🅿 AE VISA
geschl. 20. - 26. Dez. – **Menu** à la carte 32/69.

Im Ortsteil Stadtschwarzach :

🏨 **Schwab's Landgasthof**, Bamberger Str. 4, ☒ 97359, 𝄞 (09324) 12 51,
Fax (09324) 5291, 🍴 – 📺 ⚡
Menu (geschl. Feb. 2 Wochen, Aug. 2 Wochen, Montag - Dienstag) à la carte 28/59 ⚐ –
11 Z ⊑ 70/85 – 100/120.

SCHWARZENBACH AM WALD Bayern 418 420 P 18 – 6 500 Ew – Höhe 667 m – Wintersport : 🐾.

Ausflugsziel : Döbraberg : Aussichtsturm ☀★, Süd-Ost : 4 km und 25 min. zu Fuß.

Berlin 320 – München 283 – Coburg 65 – Bayreuth 54 – Hof 24.

In Schwarzenbach-Gottsmannsgrün Süd-West : 3 km :

♨ **Zum Zegasttal**, Gottsmannsgrün 8, ☒ 95131, 𝄞 (09289) 14 06, Fax (09289) 6807,
⇔ 🍴 – 🅿 MO
Menu (geschl. Mittwoch) à la carte 23/61 – **13 Z** ⊑ 50/75 – 90/110 – ½ P 17.

In Schwarzenbach-Schübelhammer Süd-West : 7 km :

🏨 **Zur Mühle**, an der B 173, ☒ 95131, 𝄞 (09289) 4 24, Fax (09289) 6717, 🍴, ≋s, 🔲
⇔ – ⇔ 🅿
geschl. Mitte Nov. - Mitte Dez. – **Menu** (geschl. Dienstag) à la carte 23/53 – **19 Z** ⊑ 65/80
– 100/120 – ½ P 15.

In Schwarzenbach-Schwarzenstein Süd-West : 2 km :

♨ **Rodachtal** (mit Gästehaus), Zum Rodachtal 15, ☒ 95131, 𝄞 (09289) 2 39,
⇔ Fax (09289) 203, 🍴, 🐎 – 📺 ⇔ 🅿 – 🏥 30
geschl. Mitte Okt. - Mitte Nov. – **Menu** (geschl. Montag) à la carte 22/55 ⚐ – **23 Z** ⊑ 65/75
– 120/140 – ½ P 18.

SCHWARZENBACH AN DER SAALE Bayern 418 420 P 19 – 8 000 Ew – Höhe 504 m.

Berlin 328 – München 278 – Hof 11 – Bayreuth 50 – Nürnberg 131.

🏨 **Jean-Paul Hotel**, Ludwigstr. 13, ☒ 95126, 𝄞 (09284) 80 70, info@jean-paul-hotel.de,
Fax (09284) 80777, 🍴, ≋s – 🛗 ⚒ Zim, 📺 ⇔ 🅿 – 🏥 80. AE MO VISA
Zur Sonne : **Menu** à la carte 40/74 – **62 Z** ⊑ 109/130 – 134/160.

SCHWARZENBERG Sachsen 418 420 O 22 – 19 000 Ew – Höhe 427 m.

🛈 Schwarzenberg-Information, Oberes Tor 5, ☒ 08340, 𝄞 (03774) 2 25 40. Fax (03774)
22540.

Berlin 300 – Dresden 125 – Chemnitz 41 – Chomutov 76 – Karlovy Vary 60 – Zwickau 36.

🏨 **Neustädter Hof**, Grünhainer Str. 24, ☒ 08340, 𝄞 (03774) 12 50, NeustaedterHof
@t-online.de, Fax (03774) 125500, Biergarten, ≋s – 🛗, ⚒ Zim, 🍽 Rest, 📺 ⚡ 🕭 ⇔
🅿 – 🏥 60. AE MO VISA. ⚒ Rest
Menu à la carte 26/60 – **77 Z** ⊑ 115/139 – 159/179.

🏨 **Ratskeller**, Markt 1, ☒ 08340, 𝄞 (03774) 1 55 70, HOTEL-RATSKELLER-
SCHWARZENBERG@T-ONLINE.DE, Fax (03774) 1557158 – 📺 – 🏥 40. ⓪ MO VISA
Menu (geschl. 20. - 31. Okt., Sonntagabend - Montag) à la carte 35/65 – **13 Z** ⊑ 115/125
– 145/165.

In Bermsgrün Süd : 4 km :

🏨 **Am Hohen Hahn** ♨, Gemeindestr. 92, ☒ 08340, 𝄞 (03774) 13 10, info@hotel-a
⇔ m-hohen-hahn.de, Fax (03774) 131150, 🍴, ≋s, 🔲, ⚘, 🐎 – ⚒ Zim, 📺 ⚡ 🕭 🅿 –
🏥 20. AE ⓪ MO VISA
Menu à la carte 24/60 – **46 Z** ⊑ 115/135 – 160/180.

SCHWARZENFELD Bayern **420** R 20 – 6 000 Ew – Höhe 363 m.

  🏌 Kemnath bei Fuhrn (Süd-Ost : 9 km), 🕿 (09439) 4 66.

  Berlin 443 – München 175 – *Weiden in der Oberpfalz 38* – Nürnberg 82 – Regensburg 53.

🏨 **Schloss Schwarzenfeld** Ⓜ, Schloss Str. 13, ✉ 92521, 🕿 (09435) 55 50, hotel @schloss-schwarzenfeld.de, Fax (09435) 555199, « Renoviertes kleines Schloß mit Hotelanbau », ₤₅, ☎ – 📶, 🔆 Zim, 🔲 📺 ✆ 🅿 – 🔬 80. 🆎 ⓪ ⑩ 💳
  🍴 Rest
  Menu à la carte 46/79 – **88 Z** ⊊ 150/160 – 200/280.

In Fensterbach-Wolfringmühle West : 7,5 km :

🏨 **Wolfringmühle** ⑤, ✉ 92269, 🕿 (09438) 9 40 20, Fax (09438) 940280, Biergarten, ₤₅, ☎, 🏊, 🌳, 🎾 – 📺 ✆ 🅿 – 🔬 90. ⑩ 💳
  Menu à la carte 24/52 – **53 Z** ⊊ 74/116.

SCHWARZHEIDE Brandenburg **418** L 25 – 9 000 Ew – Höhe 100 m.

  Berlin 143 – Potsdam 160 – *Cottbus 56* – Dresden 56 – Görlitz 101.

🏨 **Treff Page Hotel,** Ruhlander Str. 75, ✉ 01987, 🕿 (035752) 8 40, TreffHotel-Schw arzheide@t-online.de, Fax (035752) 84100, ☎ – 📶, 🔆 Zim, 📺 ☝ 🅿 – 🔬 40. 🆎 ⓪ ⑩ 💳
  Menu à la carte 30/52 – **135 Z** ⊊ 145 – 185/230.

SCHWARZWALDHOCHSTRASSE Baden-Württemberg **419** U 8 – 50 km lange Höhenstraße★★★ von Baden-Baden bis Freudenstadt – Wintersport : 700/1 166 m ⚡21 🎿.

SCHWARZWALDHOCHSTRASSE

☐ *Waldblick* . . . . .Einsam gelegenes Hotel	
■ . . . . .Einsam gelegenes Restaurant	
○ FORBACH . . . . .Ort mit Unterkunftsmöglichkeiten	
☐ *Waldblick* . . . . .Hôtel isolé	
■ . . . . .Restaurant isolé	
○ FORBACH . . . . .Localité à ressources hôtelières	
☐ *Waldblick* . . . . .Isolated hotel	
■ .Isolated restaurant	
○ FORBACH . . . . . .Town with hotels or restaurants	
☐ *Waldblick* . . . . .Albergo isolato	
■ . . . . .Ristorante isolato	
○ FORBACH . . . . . . .Localitá con risorse alberghiere	

Halten Sie beim Betreten
des Hotels oder des Restaurants
den Führer in der Hand.
Sie zeigen damit, daß Sie aufgrund
dieser Empfehlung gekommen sind.

Michelin hängt keine Schilder
an die empfohlenen
Hotels und Restaurants.

Michelin n'accroche pas
de panonceau aux hôtels
et restaurants qu'il signale.

Michelin puts no plaque or sign
on the hotels and restaurants
mentioned in this Guide.

Michelin non applica
targhe pubblicitarie agli alberghi
e ristoranti segnalati in guida.

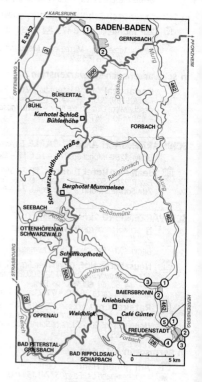

Hotels siehe unter : Baiersbronn, Bühl, Seebach und Freudenstadt

SCHWEDT Brandenburg 416 G 26 – 46 000 Ew – Höhe 15 m.

🛈 Fremdenverkehrsverein, Lindenallee 36, ✉ 16303, ℘ (03332) 2 55 90, Fax (03332) 255959.

Berlin 100 – Potsdam 136 – *Neubrandenburg 98* – Szczecin 87.

🏨 **Turm-Hotel** garni, Heinersdorfer Damm 1, ✉ 16303, ℘ (03332) 44 30, Fax (03332) 443299 – 🛗 ⇔ 📺 ✆ & 🅿 – 🔬 55. 🆎 ⓞ⓪ 𝘝𝘐𝘚𝘈
34 Z ⊑ 118/130 – 160.

🏠 **Stadtpark Hotel**, Bahnhofstr. 3, ✉ 16303, ℘ (03332) 5 37 60, Fax (03332) 537631, ☞ – 📺 🅿 ⓞ⓪ 𝘝𝘐𝘚𝘈
Menu à la carte 26/40 – **18 Z** ⊑ 90/120 – 120/150.

In Zützen Süd-West : 4 km :

🏠 **Oder-Hotel**, Apfelallee 2 (an der B 2), ✉ 16306, ℘ (03332) 26 60, hotel@oder-hote l.de, Fax (03332) 266266, ☞, 🌳 – ⇔ Zim, 📺 🅿 – 🔬 35. 🆎 ⓞ⓪ 𝘝𝘐𝘚𝘈
Menu à la carte 28/45 – **33 Z** ⊑ 80/90 – 100/120.

SCHWEICH Rheinland-Pfalz 417 Q 4 – 6 200 Ew – Höhe 125 m.

🛈 Tourist-Information, Brückenstr. 26 (Rathaus), ✉ 54338, ℘ (06502) 40 71 17, Fax (06502) 407180.

Berlin 706 – Mainz 149 – Trier 18 – Bernkastel-Kues 36 – Wittlich 24.

🏠 **Zur Moselbrücke**, Brückenstr. 1, ✉ 54338, ℘ (06502) 9 19 00, Hotel-Moeselbruek ke@t-online.de, Fax (06502) 919091, ☞, « Garten », 🌳 – 📺 ⇔ 🅿 – 🔬 25. 🆎 ⓞ
ⓞ⓪
geschl. 19. Dez. - 18. Jan. – **Menu** (geschl. Nov. - April Donnerstag) à la carte 30/66 ⅋ –
24 Z ⊑ 80/110 – 130/150.

SCHWEIGEN-RECHTENBACH Rheinland-Pfalz 419 S 7 – 1 300 Ew – Höhe 220 m.

Berlin 690 – Mainz 162 – *Karlsruhe 45* – Landau in der Pfalz 21 – Pirmasens 47 – Wissembourg 4.

🏠 **Schweigener Hof**, Hauptstr. 2 (B 38, Schweigen), ✉ 76889, ℘ (06342) 92 50, Schweigener-hof@t-online.de, Fax (06342) 925255, ☞ – 🛗 📺 & 🅿 – 🔬 20. ⓞ⓪
𝘝𝘐𝘚𝘈
Menu à la carte 28/61 ⅋ – **35 Z** ⊑ 59/98 – 89/178.

🏠 **Am deutschen Weintor** garni, Bacchusstr. 1 (B 38, Rechtenbach), ✉ 76889, ℘ (06342) 73 35, Fax (06342) 6287 – 📺 🅿
16 Z ⊑ 75/80 – 110/140.

🍴 **Weingut Leiling**, Hauptstr. 3 (Schweigen), ✉ 76889, ℘ (06342) 70 39, Fax (06342) 6351, « Gartenterrrasse »
geschl. Jan., geöffnet Freitagabend, Samstag, Sonn- und Feiertage – **Menu** (nur Eigenbauweine) à la carte 33/59 ⅋.

SCHWEINFURT Bayern 420 P 14 – 55 000 Ew – Höhe 226 m.

🛈 Schweinfurt-Information, Brückenstr. 14, Rathaus, ✉ 97421, ℘ (09721) 5 14 98, Fax (09721) 51605.

ADAC, Rückertstr. 17.

Berlin 456 ② – München 287 ② – *Würzburg 51* ② – Bamberg 57 ① – Erfurt 156 ⑤ – Fulda 85 ④

Stadtplan siehe nächste Seite

🏨 **Roß**, Postplatz 9, ✉ 97421, ℘ (09721) 2 00 10, info@hotel-ross.de, Fax (09721) 200113, ☞, 🎗, ⬛ – 🛗 ⇔ Zim, 📺 ✆ ⇔ 🅿 🆎 ⓞ ⓞ⓪
𝘝𝘐𝘚𝘈   Z r
geschl. 21. Dez. - 10. Jan. – **Menu** (geschl. Montagmittag, Sonn- und Feiertage) à la carte 37/62 – **48 Z** ⊑ 120/185 – 160/240.

🏠 **Primula**, Friedrich-Rätzer-Str. 11 (Gewerbegebiet-Süd), ✉ 97424, ℘ (09721) 77 90, info @hotel-primula.de, Fax (09721) 779200, ☞ – 🛗 ⇔ Zim, 📺 ✆ & 🅿 – 🔬 35. 🆎 ⓞ
ⓞ⓪ 𝘝𝘐𝘚𝘈   über ②
Menu (geschl. Samstag - Sonntag) à la carte 28/46 – **62 Z** ⊑ 130/144.

In Schweinfurt-Bergl über Hauptbahnhofstraße Z :

🏠 **Am Bergl** garni, Berliner Platz 1, ✉ 97424, ℘ (09721) 93 60, Fax (09721) 93699 – 🛗
⇔ 📺 ✆ 🅿 🆎 ⓞ⓪ 𝘝𝘐𝘚𝘈
42 Z ⊑ 100/150.

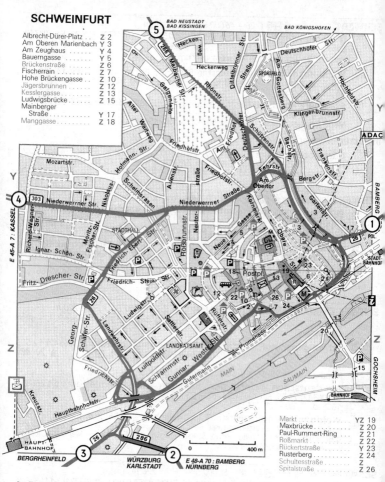

In Bergrheinfeld über ③ : 5 km :

⬚ **Weißes Roß** (mit Gästehaus), Hauptstr. 65 (B 26), ⬚ 97493, ℰ (09721) 78 97 00, Fax (09721) 789789, ⇄ – TV ℰ P – 🛆 45. AE ⓪ OO VISA
geschl. Ende Dez. - Anfang Jan., 1. - 21. Aug. – **Menu** (geschl. Montagmittag, Juni - Juli Sonntagabend - Montagmittag) à la carte 23/52 ⅃ – **58 Z** ⬚ 53/86 – 96/130.

SCHWEITENKIRCHEN Bayern 419 420 U 18 – 4 300 Ew – Höhe 537 m.
Berlin 542 – München 46 – Regensburg 81 – Augsburg 70 – Landshut 60.

In Schweitenkirchen-Aufham Süd : 5 km, ab Autobahnausfahrt Richtung Kirchdorf :

⬚ **Landgasthof Weiß** (mit Gästehaus), Otterbachstr. 42, ⬚ 85301, ℰ (08444) 8 04, Fax (08444) 91129, ⇄ – TV P
geschl. Aug. - Sept. 3 Wochen – **Menu** (geschl. Dienstag) à la carte 21/39 – **13 Z** ⬚ 49/79.

In Geisenhausen Nord-West : 5 km :

⬚⬚ **Rasthaus in der Holledau** M, An der A 9 (West : 1 km), ⬚ 85301, ℰ (08441) 80 10, info@holledau.bestwestern.de, Fax (08441) 801498, ⇄, ⬚ – 🛏, ⭾ Zim, ▦ TV ℰ ℰ 🛆
⟷ P – 🛆 40. AE ⓪ OO VISA
Menu à la carte 32/55 – ⬚ 15 – **92 Z** 110/150.

SCHWELM Nordrhein-Westfalen 417 M 5 – 31 200 Ew – Höhe 220 m.
Berlin 522 – Düsseldorf 50 – Hagen 16 – Wuppertal 9.

Am Mühlenteich, Obermauerstr. 11, ⊠ 58332, 𝄐 (02336) 9 19 00 (Hotel) 91 90 90 (Rest.), am-muehlenteich@hotel-wuppertal.de, Fax (02336) 919099 – |𝄐|, ⇔ Zim, 📺 P. – 𝄐 20. 𝄐𝄐 ⓪ 𝄐𝄐 𝗩𝗜𝗦𝗔
geschl. 24. Dez. - 2. Jan. – **Carstens** (geschl. Samstagmittag, Sonn- und Feiertage) **Menu** à la carte 54/90 – **39 Z** ⊃ 147/192 – 192/292.

Haus Wünsche ⟆ garni, Göckinghofstr. 47, ⊠ 58332, 𝄐 (02336) 8 20 30, hotel-w uensche@t-online.de, Fax (02336) 82126, ⇔, ⇔, 𝄐 – 📺 ⇔ P. – 𝄐 25. ⓪ 𝄐𝄐 𝗩𝗜𝗦𝗔
geschl. 23. Dez. - 8. Jan., über Ostern – **19 Z** ⊃ 110 – 130/160.

SCHWENDI Baden-Württemberg 419 420 V 13 – 5 300 Ew – Höhe 530 m.
Berlin 645 – Stuttgart 127 – Konstanz 138 – Ravensburg 67 – Ulm (Donau) 35 – Memmingen 36.

Oberschwäbischer Hof M, Hauptstr. 9, ⊠ 88477, 𝄐 (07353) 9 84 90, oberschw aebischer.hof@t-online.de, Fax (07353) 9849200, 𝄐, ⇔ – |𝄐|, ⇔ Zim, 𝄐 ⇔ ⇔ P. – 𝄐 100. 𝄐𝄐 𝗩𝗜𝗦𝗔 𝗝𝗖𝗕
Menu (geschl. Sonntagabend) 38/98 à la carte 48/80 – **32 Z** ⊃ 115/125 – 168/188.

SCHWEPNITZ Sachsen 418 L 25 – 2 700 Ew – Höhe 180 m.
Berlin 163 – Dresden 42 – Kamenz 16 – Cottbus 63.

Büka-Ambiente ⟆, Industriestr. 1, ⊠ 01936, 𝄐 (035797) 6 61 93, Fax (035797) 66192, Biergarten, ⇔ – ⇔ Zim, 📺 𝄐 P. – 𝄐 40. ⓪ 𝄐𝄐 𝗩𝗜𝗦𝗔. 𝄐
Menu à la carte 22/32 – **20 Z** ⊃ 88 – 65/130.

SCHWERIN L Mecklenburg-Vorpommern 416 F 18 – 116 000 Ew – Höhe 43 m.
Sehenswert : Schloß-Insel★★ (Schloß★ mit Thronsaal★, Schloßkapelle★, Schloßgarten★) CZ – Dom★ BY – Staatliches Museum★ CY.
Ausflugsziel : Ludwigslust : Schloß und Park★ Süd : 36 km.
🛈 Schwerin-Information, Am Markt 10, ⊠ 19055, 𝄐 (0385) 5 92 52 12, Fax (0385) 555094.
ADAC, Lübecker Str. 18.
Berlin 203 – Lübeck 67 – Rostock 89.

Stadtpläne siehe nächste Seiten

Crowne Plaza M, Bleicher Ufer 23, ⊠ 19053, 𝄐 (0385) 5 75 50, Crowne-Plaza-Sch werin@t-online.de, Fax (0385) 5755777, 𝄐, Massage, 𝄐, 𝄐, ⇔ – |𝄐|, ⇔ Zim, 🖥 📺 𝄐 𝄐 ⇔ – 𝄐 150. 𝄐𝄐 ⓪ 𝄐𝄐 𝗩𝗜𝗦𝗔 𝗝𝗖𝗕   AZ n
Menu à la carte 42/61 – ⊃ 23 – **100 Z** 198/220 – 230/250.

Niederländischer Hof, Karl-Marx-Str. 12, ⊠ 19055, 𝄐 (0385) 59 11 00, Hotel@Ni ederlaendischer-hof.de, Fax (0385) 59110999, « Elegant-stilvolle Einrichtung » – |𝄐|, ⇔ Zim, 𝄐 𝄐 P. – 𝄐 30. 𝄐𝄐 𝗩𝗜𝗦𝗔   BX r
Menu (geschl. Sonntag) à la carte 44/64 – ⊃ 20 – **33 Z** 155/185.

Speicher am Ziegelsee M, Speicherstr. 11, ⊠ 19055, 𝄐 (0385) 5 00 30, SPE-ZI1998@aol.com, Fax (0385) 5003111, ⇔, 𝄐, « Ehemaliger Getreidespeicher » – |𝄐|, ⇔ Zim, 𝄐 𝄐 P. – 𝄐 40. 𝄐𝄐 𝗩𝗜𝗦𝗔   T n
Menu à la carte 43/72 – **59 Z** ⊃ 150/210 – 170/250.

Elefant, Goethestr. 39, ⊠ 19053, 𝄐 (0385) 5 30 70, info@hotel-elefant.de, Fax (0385) 5307155, 𝄐 – |𝄐|, ⇔ Zim, 𝄐 𝄐 P. – 𝄐 120. ⓪ 𝄐𝄐 𝗩𝗜𝗦𝗔   BZ a
Menu (geschl. Sonntagabend) à la carte 30/55 – **33 Z** ⊃ 115/140.

InterCityHotel M, Grunthalplatz 5, ⊠ 19053, 𝄐 (0385) 5 95 00, schwerin@interci tyhotel.de, Fax (0385) 5950999 – |𝄐|, ⇔ Zim, 📺 𝄐 𝄐 – 𝄐 100. 𝄐𝄐 ⓪ 𝄐𝄐 𝗩𝗜𝗦𝗔   BX s
Menu à la carte 33/47 – **180 Z** ⊃ 171/202.

Mercure garni, Wismarsche Str. 107, ⊠ 19053, 𝄐 (0385) 5 95 50, mercure.schwerin @t-online.de, Fax (0385) 595559 – |𝄐|, ⇔ Zim, 📺 𝄐 𝄐 – 𝄐 20. 𝄐𝄐 ⓪ 𝄐𝄐 𝗩𝗜𝗦𝗔 𝗝𝗖𝗕   BY e
⊃ 23 – **47 Z** 120/150.

An den Linden garni, Franz-Mehring-Str. 26, ⊠ 19053, 𝄐 (0385) 51 20 84, Fax (0385) 512281, ⇔ – |𝄐| 📺 𝄐 𝄐𝄐 ⓪ 𝄐𝄐 𝗩𝗜𝗦𝗔   BY t
12 Z ⊃ 125 – 150/175.

Hospiz am Pfaffenteich garni, Gaußstr. 19, ⊠ 19055, 𝄐 (0385) 56 56 06, Fax (0385) 569613 – 📺 𝄐   BX z
15 Z ⊃ 70/90 – 120/130.

Weinhaus Uhle, Schusterstr. 15, ⊠ 19055, 𝄐 (0385) 56 29 56, info@weinhaus-uhl e.de, Fax (0385) 5574093, « Gewölbe a.d. 18. Jh. » – 𝄐𝄐 𝄐𝄐 𝗩𝗜𝗦𝗔   BY c
Menu à la carte 36/63.

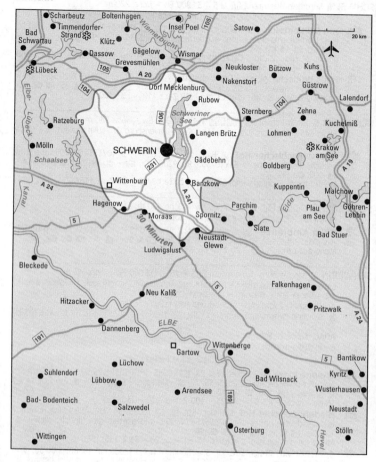

In Schwerin-Großer Dreesch *Süd-Ost : 4 km :*

Plaza M, Am Grünen Tal 39, ✉ 19063, ℰ (0385) 3 99 20, info@plaza.bestwestern.de, Fax (0385) 3992188, ⇔ – ⊟, ↔ Zim, ☺ ☎ ℙ – ⚿ 65. ⒶⒺ ⓞ ⓜⓢ 𝑉𝐼𝑆𝐴
Menu *(geschl. Samstagmittag)* à la carte 35/60 – **78 Z** 128/148 – 186.
V z

In Schwerin-Krebsförden *Süd : 4 km :*

Arte, Dorfstr. 6, ✉ 19061, ℰ (0385) 6 34 50, Fax (0385) 6345100, ⇸, ⇔ – ⊟, ↔ Zim, ☺ ☻ ℙ – ⚿ 30. ⒶⒺ ⓞ ⓜⓢ 𝑉𝐼𝑆𝐴
Fontane : Menu à la carte 44/61 – **40 Z** ⊇ 187/236.
V a

Astron M, Zum Schulacker 1, ✉ 19061, ℰ (0385) 6 37 00, Schwerin@astron-hotels.de, Fax (0385) 6370500, ⇸, ⇔ – ⊟ ↔, ▤ Rest, ☺ ☻ ℙ – ⚿ 150. ⒶⒺ ⓞ ⓜⓢ 𝑉𝐼𝑆𝐴 ⱼⒸⒷ
Menu à la carte 39/59 – **144 Z** ⊇ 165/180.
V t

De Schün garni, Dorfstr. 16, ✉ 19061, ℰ (0385) 64 61 20, Fax (0385) 6461240, ⇹ – ↔ Zim, ☺ ℙ ⓜⓢ 𝑉𝐼𝑆𝐴 ⇸
17 Z ⊇ 85/95 – 120/160.
V n

In Schwerin-Mueß *Süd-Ost : 7 km :*

Zur Mueßer Bucht, Mueßer Bucht 1, ✉ 19063, ℰ (0385) 64 45 00, info@seepark hotel-schwerin.de, Fax (0385) 6445044, Biergarten, ⇸ – ☺ ☎ ℙ – ⚿ 70. ⒶⒺ ⓞ ⓜⓢ 𝑉𝐼𝑆𝐴 ⇸ Zim – **Menu** à la carte 29/50 – **20 Z** ⊇ 90/110 – 120/160.
V s

SCHWERIN

SCHWERIN

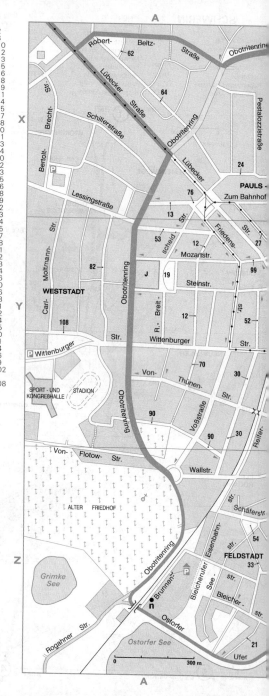

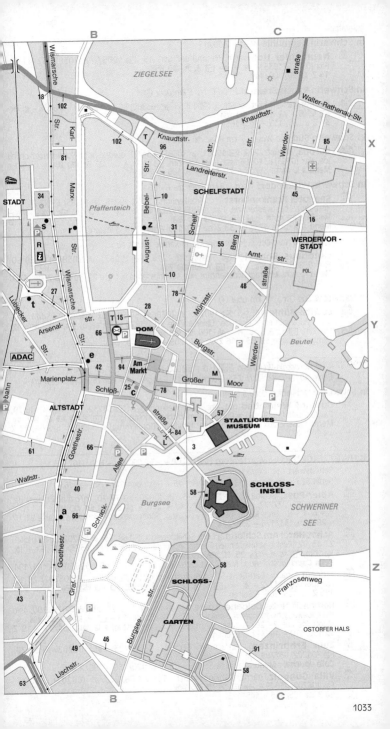

In Schwerin-Neumühle West : 2,5 km :

🏠 **Neumühler Hof** garni, Neumühler Str. 45, ⊠ 19057, ℰ (0385) 73 41 63,
Fax (0385) 719361, 🚗 – 📺 TV 🏃 P. 🟦 💳 *VISA*
14 Z � 90/100/140.
                                                                          U c

In Schwerin-Raben Steinfeld Süd-Ost : 9 km über ③ :

🏨 **Dobler** garni, Peckateler Str. 5, ⊠ 19065, ℰ (03860) 80 11, Fax (03860) 8006 – 📲 ⇆
📺 TV ℰ P. – 🛗 20. 🟦 💳 *VISA*
31 Z ⊐ 95/135 – 115/165.

In Schwerin-Süd Süd-West : 7 km über die B 321 :

🏨 **Europa**, Werkstr. 209, ⊠ 19061, ℰ (0385) 6 34 00, europa-hotel-Schwerin@ t-online
.de, Fax (0385) 6340666, ⇆ – 📲, ⇆ Zim, 📺 TV P. – 🛗 35. 🟦 ⓞ 💳 *VISA*
Menu à la carte 35/57 – **70 Z** ⊐ 119/165 – 165/190.
                                                                          V r

In Schwerin-Wickendorf Nord : 9 km über die B 106 :

🏨 **Seehotel Frankenhorst** ⟂, Frankenhorst 5, ⊠ 19055, ℰ (0385) 59 22 20, info
@seehotel.bestwestern.de, Fax (0385) 59222145, ≼, ⇪, « Park », ⇆, 🐾, ⇗ –
⇆ Zim, 📺 TV ℰ P. – 🛗 45. 🟦 ⓞ 💳 *VISA*
Menu à la carte 37/54 – **38 Z** ⊐ 150/180 – 180/210, 3 Suiten.
                                                                          T b

In Langen Brütz Nord-Ost : 14 km über ②, in Rampe rechts ab :

🏠 **Landhaus Bondzio** ⟂, Hauptstr. 21a, ⊠ 19067, ℰ (03866) 4 60 50,
⇆ Fax (03866) 745, ⇆, ⇗ – 📺 TV P. 🟦 💳 *VISA*
Menu (geschl. Montag) (wochentags nur Abendessen) à la carte 22/33 – **18 Z** ⊐ 73/80
– 105/110.

In Banzkow Süd-Ost : 16 km über ④ :

🏨 **Lewitz-Mühle** Ⓜ ⟂, ⊠ 19079, ℰ (03861) 50 50, Fax (03861) 505444, ⇪,
« Restaurant in einer Holländer Galeriemühle a.d.J. 1874 », Massage, ⇆, 🔲, ⇗ – 📲,
⇆ Zim, 📺 TV ℰ 🏃 ⇔ P. – 🛗 100. 🟦 💳 *VISA*
Menu à la carte 32/63 – **46 Z** ⊐ 115/205 – 160/310.

SCHWERTE Nordrhein-Westfalen ⬛⬛⬛ L 6 – 52 000 Ew – Höhe 127 m.
Berlin 491 – Düsseldorf 73 – Dortmund 13 – Hagen 19 – Hamm in Westfalen 40.

In Schwerte-Geisecke Ost : 5,5 km :

🍴🍴 **Gutshof Wellenbad** mit Zim, Zum Wellenbad 7, ⊠ 58239, ℰ (02304) 48 79,
Fax (02304) 45979, ⇪, « Rustikal-gemütliche Einrichtung » – 📺 TV P. 🟦 ⓞ 💳 *VISA*. ⟂
Menu (geschl. Juli 3 Wochen, Montagmittag, Donnerstag) à la carte 55/97 – **12 Z**
⊐ 140/200.

SCHWETZINGEN Baden-Württemberg ⬛⬛⬛ ⬛⬛⬛ R 9 – 22 000 Ew – Höhe 102 m.
Sehenswert : Schloßgarten★★.
Berlin 623 – Stuttgart 118 – Mannheim 18 – Heidelberg 10 – Speyer 16.

🏨 **Adler-Post**, Schloßstr. 3, ⊠ 68723, ℰ (06202) 2 77 70, Info@ adler-post.de,
Fax (06202) 277777, ⇪, ⇆ – 📲, ⇆ Zim, 📺 TV ℰ 🏃 ⇔ – 🛗 30. 🟦 ⓞ 💳 *VISA*
geschl. 1. - 10. Jan. – **Menu** (geschl. 6. - 27. Aug., Sonntagabend - Montag) à la carte 51/87
– **29 Z** ⊐ 133/175 – 236/274.

🏨 **Achat Hotel Am Schloßgarten**, Schälzigweg 1, ⊠ 68723, ℰ (06202) 20 60 (Hotel)
27 13 82 (Rest.), schwetzingen@ achat-hotel.de, Fax (06202) 206333, ⇪, ⇆ – 📲,
⇆ Zim, 📺 TV ℰ P. – 🛗 25. 🟦 ⓞ 💳 *VISA*
Bella Capri (geschl. Aug.) **Menu** à la carte 28/63 – ⊐ 17 – **69 Z** 128/161 – 161/194.

🏨 **Mercure** garni, Carl-Benz-Str. 1 (Industriegebiet), ⊠ 68723, ℰ (06202) 28 10,
Fax (06202) 281222 – 📲 ⇆ 📺 TV ℰ 🏃 ⇔ – 🛗 30. 🟦 ⓞ 💳 *VISA* 🃏
116 Z ⊐ 163/206, 6 Suiten.

🏨 **Romantik Hotel Goldener Löwe**, Schloßstr. 4, ⊠ 68723, ℰ (06202) 2 80 90, gold
ener_loewe_schwetzingen@ t-online.de, Fax (06202) 10726 – 📺 TV P. 🟦 ⓞ 💳 *VISA*
Menu (geschl. 2.- 20. August, Sonntagabend, Donnerstag) à la carte 54/77 – **19 Z**
⊐ 150/170 – 190/225, 3 Suiten.

🏠 **Zum Erbprinzen**, Karlsruher Str. 1, ⊠ 68723, ℰ (06202) 9 32 70,
Fax (06202) 932793, ⇪ – ⇆ Zim, 📺 TV ℰ. 🟦 💳 *VISA*
Café Journal : **Menu** à la carte 35/65 – **25 Z** ⊐ 120/150 – 190/280.

🏠 **Villa Guggolz** garni, Zähringer Str. 51, ⊠ 68723, ℰ (06202) 2 50 47,
Fax (06202) 25049 – ⇆ 📺 TV 🟦 💳 *VISA*
10 Z ⊐ 105/135 – 145/175.

In Ketsch Süd-West : 5 km :

🏨 **See-Hotel** ⟋, Kreuzwiesenweg 5, ✉ 68775, ℰ (06202) 69 70, seehotel@t-online.de, Fax (06202) 697199, 🍽, 🌳 – ⫍✦ Zim, 📺 ⚒ 🅿 – 🔏 50. 🆎 ⓦⓢ 𝚅𝙸𝚂𝙰
Die Ente : Menu 32 (mittags) à la carte 57/89 – **41 Z** ⊑ 115/150 – 165/225.

🍴🍴 **Gasthaus Adler,** Schwetzinger Str. 21, ✉ 68775, ℰ (06202) 60 90 04, Fax (06202) 609148, ⚒ – 🅿 – 🔏 25. 🆎 𝚅𝙸𝚂𝙰
geschl. über Fasching 1 Woche, Sonntagabend - Montag – **Menu** à la carte 55/83 – **Adler-Stuben :** Menu à la carte 38/52.

🍴🍴 **Hirsch,** Hockenheimer Str. 47, ✉ 68775, ℰ (06202) 6 14 39, Fax (06202) 609026 – 🅿. 🆎 ⓦⓢ 𝚅𝙸𝚂𝙰
geschl. 1. - 21. Aug., Dienstag – **Menu** à la carte 42/66.

SCHWÖRSTADT Baden-Württemberg 🔢🔢🔢 X 7 – 2 400 Ew – Höhe 296 m.
Berlin 829 – Stuttgart 214 – Freiburg im Breisgau 71 – Lörrach 13 – Bad Säckingen 5 – Todtmoos 26 – Basel 29.

🏨 **Schloßmatt,** Lettenbündte 5, ✉ 79739, ℰ (07762) 5 20 70, Hotel-Schlossmatt@t-online.de, Fax (07762) 809249, 🍽, 🌳 – ⫍✦ Zim, 📺 ⚒ ⟵⟶ 🅿 – 🔏 25. ⓦⓢ 𝚅𝙸𝚂𝙰
Menu (geschl. Sonntag) (nur Abendessen) à la carte 51/83 – **26 Z** ⊑ 95/130 – 145/180.

SEBNITZ Sachsen 🔢🔢🔢 N 26 – 10 500 Ew – Höhe 328 m.
🛈 Touristinformation, Schillerstr. 3, ✉ 01855, ℰ (035971) 5 30 79, Fax (035971) 53182.
Berlin 227 – Dresden 47 – Görlitz 66.

🏨 **Sebnitzer Hof,** Markt 13, ✉ 01855, ℰ (035971) 90 10, Sebnitzer-hof@t-online.de, ⟵⟶ Fax (035971) 901211 – 📶, ⫍✦ Zim, 📺 ⚒ – 🔏 20. 🆎 ⓦⓢ 𝚅𝙸𝚂𝙰. ⟋
Menu à la carte 24/42 – **37 Z** ⊑ 98/120 – 140.

🏠 **Brückenschänke,** Schandauer Str. 62, ✉ 01855, ℰ (035971) 5 75 92, ⟵⟶ Fax (035971) 57593, 🍽s – 📺 🅿. 🆎 ⓦⓢ 𝚅𝙸𝚂𝙰 𝙹𝙲𝙱
Menu (geschl. Sonntag - Montagmittag) à la carte 22/41 ⚗ – **13 Z** ⊑ 99 – 130/150.

SEEBACH Baden-Württemberg 🔢🔢🔢 U 8 – 1 500 Ew – Höhe 406 m.
🛈 Tourist-Information, Ruhesteinstr. 21, ✉ 77889, ℰ (07842) 94 83 20, Fax (07842) 948399.
Berlin 736 – Stuttgart 137 – Karlsruhe 48 – Freudenstadt 35 – Baden-Baden 43.

An der Schwarzwaldhochstraße Nord-Ost : 12 km, Richtung Baden-Baden :

🏠 **Berghotel Mummelsee** – Höhe 1 036 m, ✉ 77889 Seebach, ℰ (07842) 10 88, info @dieterle-touristik.de, Fax (07842) 30266, ≤, 🍽 – ⫍✦ Rest, 📺 🅿. 🆎 ⓞ ⓦⓢ 𝚅𝙸𝚂𝙰
Menu à la carte 28/58 – **28 Z** ⊑ 80/110 – 150/180.

SEEG Bayern 🔢🔢🔢🔢🔢🔢 X 15 – 2 800 Ew – Höhe 854 m – Luftkurort.
🛈 Verkehrsamt, Hauptstr. 39, ✉ 87637, ℰ (08364) 98 30 33, Fax (08364) 983040.
Berlin 658 – München 142 – Kempten (Allgäu) 31 – Pfronten 11.

🏠 **Pension Heim** ⟋ garni, Aufmberg 8, ✉ 87637, ℰ (08364) 2 58, pensionheim@t-online.de, Fax (08364) 1051, ≤ Voralpenlandschaft, 🍽s, 🌳 – 📺 🅿. ⟋
geschl. Nov. - 25. Dez. – **16 Z** ⊑ 75/100 – 130/150.

In Rückholz-Seeleuten Süd-West : 2 km :

🏠 **Café Panorama** ⟋, Seeleuten 62, ✉ 87494, ℰ (08364) 2 48, Fax (08364) 8469, ≤ Voralpenlandschaft, 🌳 – ⫍✦ Zim, 📺 ⟵⟶ 🅿
geschl. Nov. - 25. Dez. – **Menu** (Restaurant nur für Hausgäste) – **15 Z** ⊑ 50/80 – 100/130 – ½ P 18.

SEEHAUSEN Brandenburg siehe Prenzlau.

SEEHEIM-JUGENHEIM Hessen 🔢🔢🔢 🔢🔢🔢 Q 9 – 16 600 Ew – Höhe 140 m – Luftkurort.
Berlin 582 – Wiesbaden 56 – Mannheim 48 – Darmstadt 13 – Heidelberg 47 – Mainz 48.

Im Ortsteil Jugenheim :

🏠 **Brandhof** ⟋, Im Stettbacher Tal 61 (Ost : 1,5 km), ✉ 64342, ℰ (06257) 26 89, Fax (06257) 3523, 🍽, 🕭, 🍽s – 📺 🅿 – 🔏 40. 🆎 ⓞ ⓦⓢ 𝚅𝙸𝚂𝙰
Menu à la carte 30/68 – **45 Z** ⊑ 95/100 – 155/160.

Im Ortsteil Malchen :

🏠 **Malchen** 🦮 garni, Im Grund 21, ⊠ 64342, 𝒫 (06151) 9 46 70, Fax (06151) 946720
– ⇔ 📺 📞 ⚐ 🚗 📔 AE ① ⑩ VISA JCB
20 Z � 110/125 – 160/175.

SEELBACH Baden-Württemberg 🔢 V 7 – 4 900 Ew – Höhe 217 m – Luftkurort.
🛈 Verkehrsamt, Hauptstr.7, ⊠ 77960, 𝒫 (07823) 94 94 52, Fax (07823) 949451.
Berlin 774 – Stuttgart 175 – Freiburg im Breisgau 61 – Offenburg 33.

🏠 **Ochsen** (mit Gästehäusern), Hauptstr. 100, ⊠ 77960, 𝒫 (07823) 9 49 50, hotel@oc
hsen-seelbach.de, Fax (07823) 2036, 🌤 – 📺 📞 🚗 📔 – 🏛 60. ① ⑩ VISA
🍴 Zim
geschl. Feb. - März 3 Wochen – **Menu** (geschl. Mittwoch) à la carte 28/57 – **34 Z** ⊋ 85/110
– 140/144 – ½ P 20.

In Seelbach-Schönberg Nord-Ost : 6 km – Höhe 480 m :

🏠 **Geroldseck** garni, Kinzigtalblick 1, ⊠ 77960, 𝒫 (07823) 20 44, herbloewen@aol.com,
Fax (07823) 5500, ≤, ⇔s, 🔲, 🌤 – 📺 📔 – 🏛 25. AE ① ⑩ VISA
26 Z ⊋ 75/105 – 170/195.

✗ **Löwen,** Ludwigstr. 1 (an der B 415), ⊠ 77960, 𝒫 (07823) 20 44, herbloewen@aol.com,
Fax (07823) 5500, 🌤, (Gasthof a.d.J. 1370) – 📔 AE ① ⑩ VISA
geschl. Feb. 2 Wochen, Montag – **Menu** à la carte 41/69.

In Seelbach-Wittelbach Süd-Ost : 2,5 km :

✗ **Ochsen** mit Zim, Schuttertalstr. 5, ⊠ 77960, 𝒫 (07823) 22 57, Fax (07823) 5631, 🌤,
🌳 – 📺 📔 ⑩ VISA 🍴 Zim
geschl. Jan. 1 Woche, Sept. 1 Woche, Nov. 1 Woche – **Menu** (geschl. Montagmittag, Dienstag) à la carte 30/65 🍷 – **11 Z** ⊋ 60/70 – 100/120 – ½ P 24.

SEELOW Brandenburg 🔢 🔢 I 27 – 5 600 Ew – Höhe 20 m.
Berlin 73 – Potsdam 96 – Frankfurt (Oder) 29.

🏨 **Brandenburger Hof,** Apfelstr. 1 (B 1), ⊠ 15306, 𝒫 (03346) 8 89 40,
Fax (03346) 88942, 🌤, ⇔s, 🌳 – ⇔ Zim, 📺 📞 📔 – 🏛 40. AE ⑩ VISA 🍴 Rest
Menu à la carte 27/50 – **39 Z** ⊋ 120/140 – 140/180.

SEELZE Niedersachsen siehe Hannover.

SEEON-SEEBRUCK Bayern 🔢 W 21 – 4 950 Ew – Höhe 540 m – Erholungsort.
Sehenswert : Chiemsee★.
🛈 Verkehrsamt Seebruck, Am Anger 1, ⊠ 83358, 𝒫 (08667) 71 39, Fax (08667) 7415.
Berlin 654 – München 80 – Bad Reichenhall 55 – Wasserburg am Inn 26 – Rosenheim 39.

In Seeon-Seebruck-Lambach Süd-West : 3 km ab Seebruck :

🏨 **Malerwinkel,** ⊠ 83358, 𝒫 (08667) 8 88 00, Fax (08667) 888044, « Terrasse mit
≤ Chiemsee und Alpen », ⇔s, 🐎, 🌳 – 📺 📔
Menu (Tischbestellung ratsam) à la carte 36/81 – **20 Z** ⊋ 105/135 – 170/230.

🏠 **Landgasthof Lambach** (mit Gästehaus), Lambach 8, ⊠ 83358, 𝒫 (08667) 4 27, Lamb
achhof@t-online.de, Fax (08667) 1504, ≤, 🌤, ⇔s, 🔲, 🐎, 🌳 – ⇔ Zim, 📺 📔 –
🏛 100
geschl. Nov. – **Menu** (geschl. Dienstag) à la carte 27/59 – **33 Z** ⊋ 122/162 – 174/264.

In Seeon-Seebruck-Truchtlaching Süd-Ost : 4 km ab Seeon :

✗ **Gasthof zur Post,** Chiemseestr. 2, ⊠ 83376, 𝒫 (08667) 80 92 36,
Fax (08667) 809237, Biergarten – 📔 ⑩ VISA
geschl. Nov. 2 Wochen, März 2 Wochen, Mittwoch – **Menu** à la carte 30/66.

SEESEN Niedersachsen 🔢 K 14 – 22 500 Ew – Höhe 250 m.
🛈 Tourist-Information, Marktstr. 1, ⊠ 38723, 𝒫 (05381) 7 52 43, Fax (05381) 75261.
Berlin 294 – Hannover 78 – Braunschweig 62 – Göttingen 53 – Goslar 26.

🏨 **Goldener Löwe,** Jacobsonstr. 20, ⊠ 38723, 𝒫 (05381) 93 30, GoldenerLoewe@rin
ghotels.de, Fax (05381) 933444, 🌤 – 📶, ⇔ Zim, 📺 📞 🚗 – 🏛 70. AE ① ⑩
VISA
Anna (geschl. Samstagmittag) **Menu** à la carte 48/72 – **Brasserie : Menu** à la carte 37/65
– **40 Z** ⊋ 155/175 – 185/215.

🏛 **Zum alten Fritz**, Frankfurter Str. 2, ✉ 38723, ✆ (05381) 9 49 30, *Fax (05381) 949340*, 🌫, 🕿 – 📳 📺 ⅍ 📁 – 🔬 40. 🖭 ⓞ 🐵 𝘝𝘐𝘚𝘈
Menu à la carte 37/56 – **25 Z** ⌑ 80/100 – 120/150.

🏛 **Wilhelmsbad**, Frankfurter Str. 10, ✉ 38723, ✆ (05381) 10 35, *Fax (05381) 47590*,
Biergarten – 📺 ⇌ 📁. 🖭 ⓞ 🐵 𝘝𝘐𝘚𝘈, 🕱 Rest
Menu *(geschl. Sonntag)* à la carte 29/61 – **19 Z** ⌑ 80/135 – 105/155.

SEESHAUPT *Bayern* 🔳🔳 *W 17 – 2 900 Ew – Höhe 600 m.*
Berlin 635 – München 49 – Garmisch-Partenkirchen 46 – Weilheim 14 – Starnberg 26.

🏛 **Sterff** garni, Penzberger Str. 6, ✉ 82402, ✆ (08801) 9 06 30, *info@hotel-sterff.de*,
Fax (08801) 906340, 🌫 – 📺 ⅍ 📁. 🐵 𝘝𝘐𝘚𝘈. 🕱
geschl. 20. Dez. - 6. Jan. – **24 Z** ⌑ 90/140.

SEEVETAL *Niedersachsen* 🔳🔳 *F 14 – 40 000 Ew – Höhe 25 m.*
🏌 *Seevetal-Helmstorf, Am Hockenberg 100*, ✆ (04105) 5 22 45 ; 🏌 *Hittfeld, Am Golfplatz 24 (Süd-West : 3 km ab Fleestedt)*, ✆ (04105) 23 31.
Berlin 298 – Hannover 130 – Hamburg 26 – Bremen 101 – Lüneburg 33.

In Seevetal-Hittfeld :

🏛 **Krohwinkel**, Kirchstr. 15, ✉ 21218, ✆ (04105) 25 07, *hotel@krohwinke.de*,
Fax (04105) 53799, (Spielbank im Hause) – 📺 📁 – 🔬 25. 🖭 ⓞ 🐵 𝘝𝘐𝘚𝘈
Menu à la carte 29/62 – **16 Z** ⌑ 99/152.

In Seevetal-Maschen :

🏛 **Maack**, Hamburger Str. 6, ✉ 21220, ✆ (04105) 81 70, *Fax (04105) 817777*, 🌫 – 📳,
🕿 Zim, 📺 📁 – 🔬 55. 🖭 ⓞ 🐵 𝘝𝘐𝘚𝘈
Menu à la carte 40/66 – **85 Z** ⌑ 85/138 – 138/178.

SEEWALD *Baden-Württemberg* 🔳 *U 9 – 2 400 Ew – Höhe 750 m – Luftkurort – Wintersport : 700/900 m* 🎿.
🛈 *Kurverwaltung, Rathaus in Besenfeld, Wildbader Str. 1*, ✉ 72297, ✆ (07447) 94 60 11,
Fax (07447) 946015.
Berlin 709 – Stuttgart 76 – Karlsruhe 80 – Freudenstadt 23 – Altensteig 13.

In Seewald-Besenfeld :

🏛 **Oberwiesenhof**, Freudenstädter Str. 60 (B 294), ✉ 72297, ✆ (07447) 28 00, *Info @hotel-oberwiesenhof.de*, *Fax (07447) 280333*, 🌫, 🕿, 🔲, 🌫, 🕿 – 📳, 🕿 Zim, 📺
📁 – 🔬 60. 🕱 Rest
geschl. 7. - 23. Jan. – **Menu** à la carte 41/76 – **53 Z** ⌑ 88/102 – 160/190, 7 Suiten – ½ P 29.

🏛 **Café Konradshof** 🌫 garni, Freudenstädter Str. 65 (B 294), ✉ 72297, ✆ (07447)
9 46 40, *Hotel.Konradshof@t-online.de*, *Fax (07447) 946413*, 🌫 – 📳 📺 ⇌ 📁. 🐵
𝘝𝘐𝘚𝘈
geschl. 1. - 14. Nov. – **15 Z** ⌑ 52/75 – 90/122.

SEGEBERG, BAD *Schleswig-Holstein* 🔳🔳 *E 14 – 15 500 Ew – Höhe 45 m – Heilbad und Luftkurort.*
🏌 *Wensin, Feldscheide (Nord-Ost : 10 km)*, ✆ (04559) 13 60.
🛈 *Tourist-Info, Oldesloer Str. 20*, ✉ 23795, ✆ (04551) 9 64 90, *Fax (04551) 964915.*
Berlin 302 – Kiel 47 – Lübeck 33 – Hamburg 69 – Neumünster 26.

In Bad Segeberg-Schackendorf *Nord-West : 5 km :*

🍴 **Immenhof**, Neukoppel 1, ✉ 23795, ✆ (04551) 32 44, *Fax (04551) 4765*, 🌫 – 📁
geschl. 23. - 30. Dez., Donnerstag – **Menu** à la carte 38/64 *(auch vegetarische Gerichte).*

In Högersdorf *Süd-West : 3,5 km :*

🍴 **Landhaus Holsteiner Stuben** 🌫 mit Zim, Dorfstr. 19, ✉ 23795, ✆ (04551) 40 41,
Fax (04551) 1576, 🌫, 🌫 – 📁. 🖭 ⓞ 🐵 𝘝𝘐𝘚𝘈
geschl. Anfang - Mitte Feb. – **Menu** *(geschl. Mittwoch)* à la carte 32/61 – **6 Z** ⌑ 90/140.

In Rohlstorf-Warder *Nord-Ost : 8 km :*

🏛 **Gasthof am See** 🌫 (mit Gästehaus), Seestr. 25, ✉ 23821, ✆ (04559) 18 90, *Hotel-Gasthof-am-See@t-online.de*, *Fax (04559) 720*, ≤, 🌫, « Lage am See », 🕿, 🌫 – 📳,
🕿 Zim, 📺 ⅍ 📁 – 🔬 40. 🖭 ⓞ 🐵 𝘝𝘐𝘚𝘈
Menu à la carte 40/71 – **39 Z** ⌑ 100/150 – 165/185.

In Blunk *Nord : 8 km :*

🏨 **Landhotel Zum Schinkenkrug,** Segeberger Str. 32, ⊠ 23813, ℰ (04557) 9 97 00, *schinkenkrug.blunk@t-online.de, Fax (04557) 997020*, 🍴, 🐴 – 🦌 Zim, 📺 📱 – 🛎 80. 🖭 ⓞ ⓶ VISA
geschl. Feb. 2 Wochen, Mitte - Ende Okt. – **Menu** *(geschl. Dienstag)* à la carte 38/70 – **9 Z** ⊇ 105/115 – 150/180.

In Leezen *Süd-West : 10 km :*

🏠 **Teegen,** Heiderfelder Str. 5 (B 432), ⊠ 23816, ℰ (04552) 9 96 70, Fax (04552) 9169, 🍴, ⊆s, 🗌, 🐴 – 📺 🚗 📱 🖭 ⓞ ⓶ VISA
Menu *(geschl. Juni - Juli 3 Wochen, Montag, Okt. - April Sonntagabend - Montag)* à la carte 27/52 – **15 Z** ⊇ 75/78 – 80/130.

In Bark-Bockhorn *West : 12 km :*

🏠 **Schäfer** garni, Bockhorner Landstr. 10a (B 206), ⊠ 23826, ℰ (04558) 10 66, *info@c omfort-hotel-schaefer.de, Fax (04558) 268* – 🦌 📺 🚗 📱 🖭 ⓞ ⓶ VISA JCB
20 Z ⊇ 95/125 – 135/205.

In Pronstorf *Ost : 15 km :*

🏨 **Pronstorfer Krug** 🦢 (mit 2 Gästehäusern), Lindenstr. 2, ⊠ 23820, ℰ (04553) 9 97 90, *info@pronstorfer-Krug.de, Fax (04553) 336*, « Gartenterrasse », 🗌, 🐴 – 🦌 Zim, 📺 📱 – 🛎 40. 🖭 ⓞ ⓶ VISA
Menu *(geschl. 27. Dez. - 15. Jan.)* à la carte 36/70 – **24 Z** ⊇ 105/150 – ½ P 29.

In Pronstorf - Strenglin *Ost : 17 km :*

🏨 **Strengliner Mühle** (mit 2 Gästehäusern), Mühlenstr. 2, ⊠ 23820, ℰ (04556) 99 70 99, *StrenglinerMuehle@t-online.de, Fax (04556) 997016*, 🍴, ⊆s, 🐴, 🎱 – 🦌 Zim, 📺 ⓥ 🚗 📱 – 🛎 30. 🖭 ⓶ VISA
Menu *(Montag - Freitag nur Abendessen)* à la carte 32/62 – **35 Z** ⊇ 90/125 – 150/200.

SEHNDE *Niedersachsen* 🗺️🗺️ *J 13 – 20 000 Ew – Höhe 64 m.*
🏌️ 🏌️ *Sehnde-Rethmer (Ost : 4 km), Seufzerallee 10,* ℰ *(05138) 70 05 30.*
Berlin 269 – Hannover 23 – Braunschweig 48 – Hildesheim 38.

🏠 **Apart-Hotel Sehnde** garni, Peiner Str. 7, ⊠ 31319, ℰ (05138) 61 80, *info@apart -hotel-sehnde.de, Fax (05138) 618186* – 🛗 🦌 📺 ⓥ 🚗 📱 – 🛎 40. 🖭 ⓞ ⓶ VISA JCB
190 Z ⊇ 130/180, 6 Suiten.

In Sehnde-Bilm *Nord-West : 5 km :*

🏨 **Parkhotel Bilm** 🦢, Behmerothsfeld 6, ⊠ 31319, ℰ (05138) 60 90, *Hotel.Bilm@akzent .de, Fax (05138) 609100*, ⊆s, 🗌, 🐴 – 🛗 🦌 Zim, 📺 ⓥ 📱 – 🛎 50. 🖭 ⓞ ⓶ VISA
geschl. 23. Dez. - 2. Jan. – **Menu** *(nur Abendessen)* 34/39 *(nur Buffet)* – **50 Z** *(nur ½P)* 154/165 – 179/245.

SEIFFEN *Sachsen* 🗺️ *O 24 – 4 000 Ew – Höhe 550 m.*
🏛️ *Tourist-Information (Haus des Gastes), Hauptstr. 156,* ⊠ *09548,* ℰ *(037362) 84 38.*
Berlin 256 – Dresden 65 – Chemnitz 56 – Freiberg 36.

🏨 **Wettiner Höhe** 🦢, Jahnstr. 23, ⊠ 09548, ℰ (037362) 14 00, *wettiner.hoehe@se iffen.de, Fax (037362) 14140*, ⟨, 🍴, ⊆s – 🛗, 🦌 Zim, 📺 ⓥ 📱 – 🛎 200. 🖭 ⓞ ⓶ VISA 🍽 Rest
Menu à la carte 37/59 – **65 Z** ⊇ 150/180 – 180/280.

🏨 **Erbgericht-Buntes Haus,** Hauptstr. 94, ⊠ 09548, ℰ (037362) 77 60, *buntes-hau s@erzgebirgshotels.de, Fax (037362) 77660*, 🍴 – 🛗, 🦌 Zim, 📺 ⓥ – 🛎 120. 🖭 ⓞ ⓶ VISA JCB
Menu à la carte 25/36 – **42 Z** ⊇ 95/120 – 155/180.

🏠 **Seiffener Hof,** Hauptstr. 31, ⊠ 09548, ℰ (037362) 1 30, *Seiffener-Hof@t-online.de, Fax (037362) 1313*, 🍴 – 🛗, 🦌 Zim, 📺 ⓥ 📱 🖭 ⓶ VISA JCB 🍽 Zim
Menu à la carte 22/36 – **25 Z** ⊇ 80/95 – 120/140.

🏠 **Landhotel zu Heidelberg,** Hauptstr. 196, ⊠ 09548, ℰ (037362) 83 22, *Skrallert @aol.com, Fax (037362) 7201*, 🍴, ⊆s – 📺 📱 – 🛎 🖭 ⓶ VISA
Menu à la carte 25/45 – **28 Z** ⊇ 81/96 – 112/135.

SEILERSHOF *Brandenburg* 🗺️ *G 23 – 220 Ew – Höhe 55 m.*
Berlin 100 – Potsdam 100 – Neubrandenburg 61 – Eberswalde 71.

🏨 **Am Wentowsee,** Hauptstr. 40, ⊠ 16775, ℰ (033085) 7 02 16, *wentowsee@landid yll.de, Fax (033085) 70216*, 🍴, 🐴 – 📺 📱 – 🛎 255. 🖭 ⓞ ⓶ VISA
Menu à la carte 39/56 – **30 Z** ⊇ 85/105 – 135/155.

SELB Bayern 418 420 P 20 – 19 500 Ew – Höhe 555 m.

🛈 Verkehrsamt, Ludwigstr. 6 (Rathaus), ✉ 95100, ✆ (09287) 88 31 18, Fax (09287) 883130.

Berlin 344 – München 291 – Hof 29 – Bayreuth 62.

🏨 **Schmidt,** Bahnhofstr. 19, ✉ 95100, ✆ (09287) 9 91 60, Fax (09287) 991616, 🛋 – 📺 🅿. 🖭 ⁰⁰ 🆅🆂🅰
Menu (geschl. 1. - 20. Jan., Samstagmittag, Sonntagabend, Donnerstag) à la carte 28/48 – **17 Z** ⊊ 85/95 – 115/130.

SELBITZ Bayern 418 420 P 19 – 5 000 Ew – Höhe 525 m.
Berlin 310 – München 285 – Hof 17 – Bayreuth 56.

In Selbitz-Stegenwaldhaus Ost : 4 km über die B 173, in Sellanger rechts ab :

🏠 **Leupold** ⪥, ✉ 95152, ✆ (09280) 2 72, Fax (09280) 8164, Biergarten, 🍽 – 🚗 🅿.
Menu (geschl. Sonntagabend - Montagmittag) à la carte 23/44 – **13 Z** ⊊ 55/69 – 88/98.

SELIGENSTADT Hessen 417 P 10 – 20 000 Ew – Höhe 108 m.

🛈 Verkehrsbüro, Aschaffenburger Str. 1, ✉ 63500, ✆ (06182) 8 71 77, Fax (06182) 29477.

Berlin 540 – Wiesbaden 58 – Frankfurt am Main 27 – Aschaffenburg 17.

🏨 **Zum Ritter,** Würzburger Str. 31, ✉ 63500, ✆ (06182) 8 93 50, Fax (06182) 893537 – 📺 📞 🚗 🅿.
geschl. 24. Dez. - 6. Jan. – Menu (geschl. Samstag, Sonn- und Feiertage) (nur Abendessen) à la carte 33/55 – **20 Z** ⊊ 95/150.

🏨 **Elysée** garni, Ellenseestr. 45, ✉ 63500, ✆ (06182) 8 90 70, Fax (06182) 20280 – ✴️ 📺 📞 🚗 🅿. 🖭 ⓪ ⁰⁰ 🆅🆂🅰. ⁄⁄
geschl. 22. Dez. - 9. Jan. – **18 Z** ⊊ 88/105 – 140/150.

🏨 **Landgasthof Neubauer,** Westring 3a, ✉ 63500, ✆ (06182) 30 97, Fax (06182) 3099, 🛋 – 📺 🅿. ⁰⁰ 🆅🆂🅰. ⁄⁄
geschl. Feb. 2 Wochen, Juli - Aug. 3 Wochen, Okt. 1 Woche – Menu (geschl. Montag) (wochentags nur Abendessen) à la carte 29/66 – **13 Z** ⊊ 95/140.

🍽 **Römischer Kaiser,** Frankfurter Str. 9, ✉ 63500, ✆ (06182) 2 22 96, Pescare.RK@t -online.de, Fax (06182) 29227, 🛋, « Gemütlich-rustikale Gaststuben » – 🅿.
geschl. Anfang Okt. 2 Wochen, Donnerstag – Menu à la carte 35/71.

In Seligenstadt-Froschhausen Nord-West : 3 km :

🏠 **Zum Lamm** (mit Gästehaus), Seligenstädter Str. 36, ✉ 63500, ✆ (06182) 70 64, Fax (06182) 67482 – 📺 🅿. ⁰⁰ 🆅🆂🅰
geschl. 20. Dez. - 6. Jan. – Menu (geschl. Juli, Freitag - Samstag) (wochentags nur Abendessen) à la carte 24/42 – **27 Z** ⊊ 70/130.

SELLIN Mecklenburg-Vorpommern siehe Rügen (Insel).

SEMLIN Brandenburg siehe Rathenow.

SENDEN Bayern 419 420 V 14 – 19 000 Ew – Höhe 470 m.
Berlin 624 – München 143 – Augsburg 81 – Memmingen 48 – Ulm (Donau) 11.

🏨 **Feyrer,** Bahnhofstr. 18, ✉ 89250, ✆ (07307) 94 10, Fax (07307) 941150, 🛋 – 🛗, ✴️ Zim, 📺 🅿 – 🔬 60. 🖭 ⁰⁰ 🆅🆂🅰
Menu (geschl. Samstagmittag, Sonn- und Feiertage abends) à la carte 36/58 – **34 Z** ⊊ 110/135 – 145/165.

SENDENHORST Nordrhein-Westfalen 417 K 7 – 10 600 Ew – Höhe 53 m.
🏌 Everswinkel-Alverskirchen (Nord-West : 7 km), ✆ (02582) 2 27.
Berlin 451 – Düsseldorf 136 – Bielefeld 73 – Beckum 19 – Münster (Westfalen) 22.

In Sendenhorst-Hardt Süd-Ost : 2 km :

🏨 **Waldmutter,** an der Straße nach Beckum, ✉ 48324, ✆ (02526) 9 32 70, Fax (02526) 932727, « Gartenterrasse » – 📺 📞 🅿 – 🔬 80. ⁰⁰ 🆅🆂🅰
Menu (geschl. Montagmittag) à la carte 35/67 – **21 Z** ⊊ 98/150.

SENFTENBERG Brandenburg **418** L 25 – 28 000 Ew – Höhe 102 m.
    🛈 Tourismus-Information, Markt 19, ✉ 01968, 𝒫 (03573) 2170, Fax (03573) 2170.
    ADAC, Am Neumarkt 6.
    Berlin 143 – Potsdam 152 – Cottbus 35 – Dresden 75.

🏠 **Parkhotel**, Steindamm 20, ✉ 01968, 𝒫 (03573) 3 78 60, Fax (03573) 2074, Biergarten
    – 📺 **P.** **AE** **MO** **VISA**
    Menu à la carte 26/38 – **21 Z** ⊑ 105/125 – 160/190.

SENHEIM Rheinland-Pfalz **417** P 5 – 700 Ew – Höhe 90 m.
    Berlin 662 – Mainz 104 – Trier 81 – Koblenz 16 – Cochem 74.

🍴 **Schützen** ⤶, Brunnenstr. 13, ✉ 56820, 𝒫 (02673) 43 06, Fax (02673) 4316 – **P.** **AE**
    MO **VISA**. ⁂
    13. April - Okt. – **Menu** (geschl. Montag) (Dienstag - Freitag nur Abendessen) à la
    carte 28/53 ⚭ – **12 Z** ⊑ 75 – 100/120.

SERRIG Rheinland-Pfalz **417** R 3 – 1 400 Ew – Höhe 156 m.
    Berlin 739 – Mainz 173 – Trier 25 – Saarbrücken 71 – Luxembourg 59.

🍴 **Gasthaus Wagner**, Losheimer Str. 3, ✉ 54455, 𝒫 (06581) 22 77, Fax (06581) 6786,
    Biergarten – **VISA**
    geschl. Jan. 1 Woche, Okt. 2 Wochen, Mittwoch - Donnerstagmittag – **Menu** (Nov. - April
    Montag - Freitag nur Abendessen) 35 (mittags) à la carte 32/55.

SESSLACH Bayern **418** **420** P 16 – 4 050 Ew – Höhe 271 m.
    Berlin 395 – München 275 – Coburg 19 – Bamberg 40.

🏠 **Fränkische Landherberge** garni, Hans-Reiser-Str. 33, ✉ 96145, 𝒫 (09569) 9 22 70,
    Fax (09569) 922750 – 📺 ⚭ **P.** **AE** **MO** **VISA**
    geschl. Mitte Dez. - Mitte Jan. – **33 Z** ⊑ 70/80 – 110/130.

SIEBELDINGEN Rheinland-Pfalz **417** **419** S 8 – 1 000 Ew – Höhe 170 m.
    Berlin 666 – Mainz 115 – Mannheim 54 – Karlsruhe 41.

🏠 **Sonnenhof**, Mühlweg 2, ✉ 76833, 𝒫 (06345) 95 45 00, Fax (06345) 5316, �des – 📺
    P. **MO** **VISA**
    Menu (geschl. Donnerstag) 56/58 à la carte 44/70 – **12 Z** ⊑ 95/105 – 135.

SIEGBURG Nordrhein-Westfalen **417** N 5 – 40 000 Ew – Höhe 61 m.
    🛈 Tourist Information, Markt 46, ✉ 53721, 𝒫 (02241) 9 69 85 33, Fax (02241) 9698531.
    ADAC, Humperdinckstr. 64.
    Berlin 590 – Düsseldorf 67 – Bonn 13 – Koblenz 87 – Köln 27.

🏨 **Kranz-Parkhotel** M, Mühlenstr. 32, ✉ 53721, 𝒫 (02241) 54 70, reception@Kranz
    parkhotel.com, Fax (02241) 547444, ⚭ – ▐, ⁂ Zim, 🖥 Zim, 📺 ⚭ ⚭ ⚭ – 🕭 65.
    AE **O** **MO** **VISA** **JCB**
    Menu à la carte 47/77 – **70 Z** ⊑ 219/294 – 294/450.

🏠 **Kaspar** garni, Elisabethstr. 11 (am Rathaus), ✉ 53721, 𝒫 (02241) 5 98 30,
    Fax (02241) 598344 – ▐ 📺 ⚭ **AE** **O** **MO** **VISA**
    geschl. 22. Dez. - 5. Jan. – **25 Z** ⊑ 130 – 160/198.

🏠 **Kaiserhof**, Kaiserstr. 80, ✉ 53721, 𝒫 (02241) 1 72 30, info@kaiserhof-siegburg.de,
    Fax (02241) 172350, �des – ▐, ⁂ Zim, 📺 ⚭ **AE** **O** **MO** **VISA**
    geschl. über Weihnachten 1 Woche – **Menu** à la carte 48/79 – **30 Z** ⊑ 135/160 – 180/220.

🏠 **Siegblick**, Nachtigallenweg 1, ✉ 53721, 𝒫 (02241) 6 00 77, Clarenz@t-online.de,
    Fax (02241) 60079, �des – 📺 ⚭ **P.** **MO** **VISA**
    Menu (geschl. Sonn- und Feiertage abends) à la carte 36/63 – **23 Z** ⊑ 110/160 – 140/190.

In Siegburg-Kaldauen West : 6 km :

🏨 **Waldhotel Grunge** M ⤶, Höhenweg 1, ✉ 53721, 𝒫 (02241) 93 90, info@waldh
    otel-grunge.de, Fax (02241) 93950, �des, ⚭, 🔲 – ▐, ⁂ Zim, 🖥 📺 ⚭ ⚭ **P.** – 🕭 80.
    AE **O** **MO** **VISA**. ⁂ Rest
    Menu 39 à la carte 48/76 – **65 Z** ⊑ 215/225 – 305/315.

SIEGEN Nordrhein-Westfalen **417** N 8 – 111 850 Ew – Höhe 236 m.
    🛈 Gesellschaft für Stadtmarketing, Markt 2 (Rathaus), ✉ 57072, 𝒫 (0271) 4 04 13 16, Fax
    (0271) 22687.
    ADAC, Leimbachstr. 189.
    Berlin 564 ⑤ – Düsseldorf 130 ⑤ – Bonn 99 ⑤ – Gießen 73 ③ – Hagen 88 ⑤ – Köln 93 ⑤

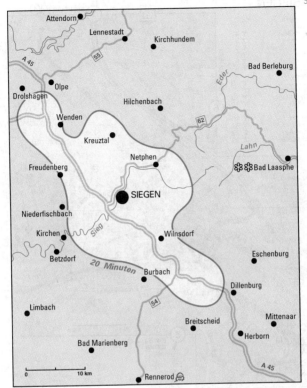

🏨 **Pfeffermühle** Ⓜ, Frankfurter Str. 261, ✉ 57074, ℰ (0271) 23 05 20, *Fax (0271) 51019*, Biergarten – 🛗, ✷ Zim, 📺 ✆ 🅿 – 🔬 200. 🄾🄾 ᴠɪsᴀ. ✷ Rest
über ②
Menu *(geschl. Samstagmittag, Sonn- und Feiertage)* à la carte 29/67 – **24 Z** 🍽 110 – 145/159.

🏠 **Berghotel Johanneshöhe**, Wallhausenstr. 1, ✉ 57072, ℰ (0271) 31 00 08, *Hoef fkes@johanneshoehe.de, Fax (0271) 315039*, ≤ Siegen, 🍴 – ✷ Zim, 📺 🚗 🅿 🄰🄴 ① 🄾🄾 ᴠɪsᴀ. ✷ Rest
über Achenbacher Straße   Z
Menu *(geschl. Sonntagabend, Jan. 2 Wochen, Aug. 2 Wochen) (wochentags nur Abend- essen)* à la carte 38/88 – **24 Z** 🍽 75/128 – 130/200.

🏠 **Bürger** garni (mit Gästehaus), Marienborner Str. 134, ✉ 57074, ℰ (0271) 6 25 51, *hote l-buerger@t-online.de, Fax (0271) 63555* – 🛗 📺 🚗 🅿 🄾🄾 ᴠɪsᴀ
über Marienborner Straße   Z
35 Z 🍽 95/100 – 135/160.

🏠 **Am Häusling** garni, Melanchthonstr. 10, ✉ 57074, ℰ (0271) 33 71 20, *schweissgut @hotel-am-haeusling.de, Fax (0271) 3307878* – 📺 ✆ 🅿 🄾🄾 ᴠɪsᴀ   Z c
10 Z 🍽 100 – 120/130.

🍴🍴 **Schwarzbrenner**, Untere Metzgerstr. 29, ✉ 57072, ℰ (0271) 5 12 21, « Haus a.d. 17. Jh. mit gemütlicher Atmosphäre » – 🄾🄾   Z u
geschl. Juli 3 Wochen, Montag – **Menu** *(nur Abendessen)* (Tischbestellung ratsam) à la carte 62/87.

In Siegen-Eiserfeld *über* ④ : *5 km* :

🏠 **Siegboot**, Eiserfelder Str. 230, ✉ 57080, ℰ (0271) 35 90 30, *siegboot@hotels-siege n.de, Fax (0271) 3590355*, 🍴, 🚬 – 🛗 📺 ✆ 🚗 🅿 🄾🄾 ᴠɪsᴀ. ✷
Menu *(wochentags nur Abendessen)* à la carte 35/73 – **29 Z** 🍽 110/125 – 150.

SIEGEN

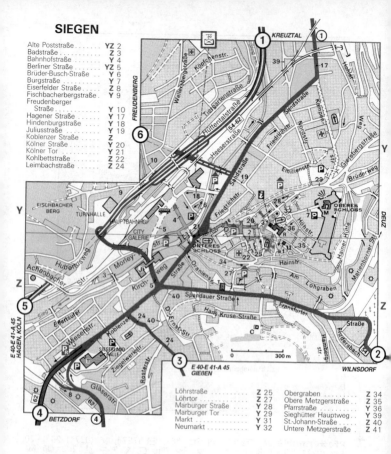

In Siegen-Sohlbach über ① : 7 km :

🏠 **Kümmel,** Gutenbergstr. 7, ⊠ 57078, ℰ (0271) 8 30 69, Fax (0271) 83368 – 📺 ⇔
🅿 AE ⓞⓞ **VISA**
Menu (nur Abendessen) (Restaurant nur für Hausgäste) – **10 Z** ⊑ 80/90 – 130.

In Wilnsdorf-Wilgersdorf über ② : 14 km :

🏠🏠 **Gästehaus Wilgersdorf** ⑤, Am Kalkhain 23, ⊠ 57234, ℰ (02739) 8 96 90, info
@Gaestehaus-wilgersdorfde, Fax (02739) 896960, ⇔, ⇔s, ◪, ㎡ – ⇔ Zim, 📺 ⇔
🅿 – 🔏 50. AE ⓞ ⓞⓞ **VISA** **JCB**
Menu (geschl. Juli - Aug. 4 Wochen, Sonntagabend) à la carte 37/71 – **35 Z** ⊑ 84/120
– 147/200.

SIEGENBURG Bayern siehe Abensberg.

SIEGSDORF Bayern **420** W 21 – 7 900 Ew – Höhe 615 m – Luftkurort.
🛈 Verkehrsamt, Rathausplatz 2, ⊠ 83313, ℰ (08662) 49 87 45, Fax (08662) 498750.
Berlin 695 – München 105 – Bad Reichenhall 32 – Rosenheim 48 – Salzburg 36 –
Traunstein 7.

🏠 **Edelweiß,** Hauptstr. 21, ⊠ 83313, ℰ (08662) 92 96, Fax (08662) 12722, ⇔ – 📺 ⇔
⇔ 🅿
geschl. Okt. – **Menu** (geschl. Donnerstag) à la carte 20/46 – **17 Z** ⊑ 35/50 – 65/95 –
½ P 18.

In Siegsdorf-Hammer *Süd-Ost : 6 km :*

Hörterer, Schmiedstr. 1 (B 306), ✉ 83313, ☎ (08662) 93 21, *Hammerwirt@hoerter er.de, Fax (08662) 7146,* Biergarten, – TV P AE VISA
geschl. Ende März - Anfang April, Nov. - Anfang Dez. – **Menu** *(geschl. Mittwoch, Jan. - April Dienstag - Mittwoch)* à la carte 34/60 – **29 Z** 65/90 – 130/160 – ½ P 15.

SIERKSDORF *Schleswig-Holstein* 415 416 *D 16 – 1 300 Ew – Höhe 15 m – Seebad.*

Kurverwaltung, Vogelsang 1, ✉ 23730, ☎ (04563) 47 89 90, Fax (04563) 4789918.
Berlin 291 – Kiel 57 – Lübeck 38 – Neustadt in Holstein 8,5.

Seehof (mit Gästehäusern), Gartenweg 30, ✉ 23730, ☎ (04563) 70 31 (Hotel) 82 40 (Rest.), *Restaurant-Seehof-Sierksdorf@t-online.de, Fax (04563) 7485,* ≤ Ostsee, , « Park », – TV P VISA
geschl. Jan. – **Menu** *(geschl. Okt. - April Montag)* à la carte 46/71 – **20 Z** 125/170 – 185/220 – ½ P 38.

In Sierksdorf-Wintershagen *Nord-Ost : 3 km :*

Gutshof Restaurant, an der Straße nach Neustadt, ✉ 23730, ☎ (04561) 20 70, *Fax (04561) 17709,* – P
geschl. Dienstag – **Menu** *(Montag - Freitag nur Abendessen)* à la carte 45/68.

SIEVERSHAGEN *Mecklenburg-Vorpommern siehe Rostock.*

SIEZENHEIM *Österreich siehe Salzburg.*

SIGMARINGEN *Baden-Württemberg* 419 *V 11 – 17 000 Ew – Höhe 570 m.*

Städt. Kultur- und Verkehrsamt, Schwabstr. 1, ✉ 72488, ☎ (07571) 10 62 23, Fax (07571) 106166.
Berlin 696 – Stuttgart 101 – Konstanz 73 – Freiburg im Breisgau 136 – Ulm (Donau) 85.

Fürstenhof, Zeppelinstr. 14 (Süd-Ost : 2 km Richtung Ravensburg, nahe der B 32), ✉ 72488, ☎ (07571) 7 20 60, *Fax (07571) 720644,* ≤, , – , Zim, TV P – 60. AE VISA JCB
Menu *(geschl. Sonntagabend) (wochentags nur Abendessen)* à la carte 38/70 – **34 Z** 108/120 – 158.

Jägerhof garni, Wentelstr. 4, ✉ 72488, ☎ (07571) 20 21, *Fax (07571) 50476,* – TV P AE VISA
18 Z 82/92 – 120.

In Scheer *Süd-Ost : 10 km :*

Donaublick, Bahnhofstr. 21 (an der B 32), ✉ 72516, ☎ (07572) 7 63 80, *info@don aublick.de, Fax (07572) 763866,* , – Zim, TV P AE VISA
Menu *(geschl. Donnerstagabend - Samstagmittag)* à la carte 34/64 – **19 Z** 69/75 – 110/130.

SIMBACH AM INN *Bayern* 420 *V 23 – 9 000 Ew – Höhe 345 m.*

Berlin 634 – München 122 – Passau 54 – Landshut 89 – Salzburg 85.

Göttler (mit Gästehaus), Pfarrkirchner Str. 24, ✉ 84359, ☎ (08571) 9 11 80, *Fax (08571) 911818,* , – TV P VISA
Menu *(geschl. Ende Aug. - Mitte Sept., Montag)* à la carte 22/39 – **15 Z** 59/89.

In Stubenberg-Prienbach *Nord-Ost : 4,5 km :*

Zur Post, Poststr. 1 (B 12), ✉ 94166, ☎ (08571) 60 00, *Hotel-post-prienbach@t-on line.de, Fax (08571) 600230,* , , – TV P
Menu *(geschl. Aug. 1 Woche, Sonntag - Montagmittag)* à la carte 32/77 – **32 Z** 80/90 – 125/150.

SIMMERATH *Nordrhein-Westfalen* 417 *O 2 – 14 800 Ew – Höhe 540 m.*

Ausflugsziel : *Rurtalsperre★ Ost : 10 km.*
Verkehrsamt, Rathaus, ✉ 52152, ☎ (02473) 60 71 39, Fax (02473) 607100.
Berlin 640 – Düsseldorf 107 – Aachen 30 – Düren 34 – Euskirchen 45 – Monschau 10.

In Simmerath-Erkensruhr *Süd-Ost : 12 km – Erholungsort :*

Nadolny's Wellness Hotel M, Erkensruhr 108, ✉ 52152, ☎ (02485) 9 55 00, *wellness-hotel@t-online.de, Fax (02485) 955050,* , , , , – , Zim, TV P – 80. VISA
Menu à la carte 55/70 – **45 Z** 140/160 – 230.

In Simmerath-Lammersdorf *Nord-West : 3 km :*

▥ **Lammersdorfer Hof,** Kirchstr. 50, ⊠ 52152, ✆ (02473) 80 41, Fax (02473) 1499,
🍽 – 📺 **P.** 🆎 ⫯⬤ **VISA**. 🛏 Zim
Menu *(geschl. Mitte - Ende August, Dienstag)* à la carte 36/44 – **9 Z** ⌷ 70/75 –
100/110.

SIMMERN *Rheinland-Pfalz* ❹❶❼ *Q 6 – 8 000 Ew – Höhe 330 m.*
Sehenswert : Pfarrkirche St. Stephan (Grabdenkmäler★).
🛈 *Tourist-Information, Rathaus, Brühlstr. 2,* ⊠ *55469,* ✆ *(06761) 83 71 06, Fax (06761)*
837120.
Berlin 634 – Mainz 67 – Bad Kreuznach 52 – Trier 87 – Koblenz 61.

▦ **Bergschlößchen,** Nannhauser Straße, ⊠ 55469, ✆ (06761) 90 00, *Hotel-Bergschlo
esschen-simmern@t-online.de, Fax (06761) 900100,* 🍽 – 🛗 📺 ⟺ **P.** – 🔏 15. 🆎 ⬤
⫯⬤ **VISA**
geschl. 11. Feb. - 18. März – **Menu** à la carte 34/59 ⚱ – **22 Z** ⌷ 85/105 – 140/180.

An der Straße nach Laubach *Nord : 6 km :*

▦ **Birkenhof** �_, ⊠ 55469 Klosterkumbd, ✆ (06761) 9 54 00, *info@silencehotel-birke
nhof.de, Fax (06761) 954050,* 🍽, ⊜⚲, ⋐ – 🛗, 🛏 Zim, 📺 📞 **P.** – 🔏 15. 🆎 ⫯⬤ **VISA**.
🛏
geschl. 3. - 30. Jan. – **Menu** *(geschl. Dienstag)* à la carte 36/73 ⚱ – **22 Z** ⌷ 90/120 –
140/175.

SIMMERTAL *Rheinland-Pfalz* ❹❶❼ *Q 6 – 1750 Ew – Höhe 182 m – Erholungsort.*
Berlin 641 – Mainz 69 – Bad Kreuznach 29 – Trier 88 – Idar-Oberstein 26.

▥ **Landhaus Felsengarten,** Banzel/Auf der Lay 2, ⊠ 55618, ✆ (06754) 91 90,
Fax (06754) 91935, 🍽, ⊜⚲ – 📺 **P.** 🆎 ⫯⬤ **VISA**
Menu *(geschl. Mittwoch)* à la carte 32/60 ⚱ – **20 Z** ⌷ 68/115 – ½ P 20.

SIMONSBERGER KOOG *Schleswig-Holstein siehe Husum.*

SIMONSWALD *Baden-Württemberg* ❹❶❾ *V 8 – 3 000 Ew – Höhe 330 m.*
🛈 *Tourist-Information, Talstr. 14a,* ⊠ *79263,* ✆ *(07683) 2 55, Fax (07683) 1432.*
Berlin 786 – Stuttgart 215 – Freiburg im Breisgau 36 – Donaueschingen 49.

▥ **Tannenhof,** Talstr. 13, ⊠ 79263, ✆ (07683) 3 25, *info@ferienhotel-Tannenhof.de,*
Fax (07683) 1466, ⊜⚲, 🔲, ⋐ – 🛗 📺 **P.** – 🔏 30. ⫯⬤ **VISA**. 🛏
geschl. 7. Jan. - März, Nov. - 20. Dez. – **Menu** *(geschl. Dienstag)* à la carte 33/45 – **36 Z**
⌷ 86/132.

▥ **Engel** (mit Gästehaus), Obertalstr. 44 (Süd-Ost : 5 km), ⊠ 79263, ✆ (07683) 2 71, *info
@hotel-engel.de, Fax (07683) 1336,* 🍽, ⊜⚲, ⋐ – 🛏 Rest, ⟺ **P.** – 🔏 30. ⬤ ⫯⬤
VISA
geschl. über Fastnacht 3 Wochen, Nov. 3 Wochen – **Menu** *(geschl. Montag - Dienstag)*
à la carte 29/73 – **34 Z** ⌷ 70/120 – ½ P 25.

✕✕ **Restaurant Hugenhof** 🌿 (mit Pension Hugenhof), Am Neuenberg 14, ⊠ 79263,
✆ (07683) 93 00 66, Fax (07683) 909258, ≤, ⊜⚲, 🔲, ⋐ – **P.**
Menu *(geschl. Montag - Dienstag) (wochentags nur Abendessen)* 64 und à la carte – **18 Z**
⌷ 55/100 – ½ P 15.

SINDELFINGEN *Baden-Württemberg* ❹❶❾ *T 11 – 59 800 Ew – Höhe 449 m.*
siehe auch Böblingen (Umgebungsplan).
Messehalle, Mahdentalstr. 116 (BS), ✆ *(07031) 79 31.*
🛈 *Galerie, Marktplatz 1,* ⊠ *71063,* ✆ *(07031) 9 43 25, Fax (07031) 94786.*
ADAC, *Tilsiter Str. 15 (Breuningerland).*
Berlin 647 – Stuttgart 20 – Karlsruhe 80 – Reutlingen 34 ① – Ulm (Donau) 97.

Stadtplan siehe gegenüberliegende Seite

▦▦ **Marriott** M 🌿, Mahdentalstr. 68, ⊠ 71065, ✆ (07031) 69 60, *stuttgartmarriott@m
arriott.com, Fax (07031) 696880,* Massage, 🎣, ⊜⚲, 🔲 – 🛗, 🛏 Zim, 🖥 📺 📞 🔥 ⟺
– 🔏 230. 🆎 ⬤ ⫯⬤ **VISA** **JCB**
BS **a**
Menu à la carte 48/80 – **257 Z** ⌷ 237/255 – 264/280, 4 Suiten.

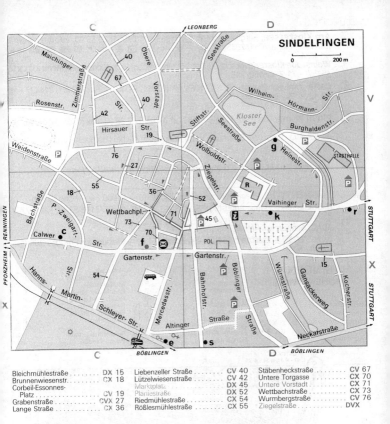

SINDELFINGEN

0   200 m

Erikson-Hotel, Hanns-Martin-Schleyer-Str. 8, ⊠ 71063, ☎ (07031) 93 50, info@erik son.de, Fax (07031) 935555, ⇌s – |≡|, ⇄ Zim, ≡ 📺 ✆ ⇔ 🅿 – 🔬 120. 🆎 ⓪ 🐵 VISA   CX e
  Menu à la carte 43/69 – **92 Z** ⊇ 204/244 – 259/279.

Novotel, Schwertstr. 65 (Ost : 2 km), ⊠ 71065, ☎ (07031) 6 19 60, H2939@accor-h otels.com, Fax (07031) 814990, Biergarten, Massage, ⇌s, 🔲 – |≡|, ⇄ Zim, ≡ 📺 ✆ ዼ 🅿 – 🔬 120. 🆎 ⓪ 🐵 VISA JCB   BS d
  Menu 46/83 – ⊇ 23 – **186 Z** 198/228.

Residence garni, Calwer Str. 16, ⊠ 71063, ☎ (07031) 93 30, Residence@swol.de, Fax (07031) 933100, « Ständig wechselnde Bilderaustellung », ⇌s – |≡| ⇄ 📺 ✆ ⇔ – 🔬 90. 🆎 ⓪ 🐵 VISA   CX c
  ⊇ 16 – **135 Z** 165/225, 5 Suiten.

Mercure, Wilhelm-Haspel-Str. 101, ⊠ 71065, ☎ (07031) 61 50, H2938@accor-hotel s.com, Fax (07031) 874981, ⇌s – |≡|, ⇄ Zim, ≡ Rest, 📺 ✆ 🅿 – 🔬 150. 🆎 ⓪ 🐵 VISA JCB   BS v
  Menu (geschl. Sonntagabend) à la carte 42/79 – ⊇ 23 – **141 Z** 199/219 – 234/254.

Berlin, Berliner-Platz 1, ⊠ 71065, ☎ (07031) 86 55, info@hotel-berlin.bestwestern.de, Fax (07031) 865600, ⇌s, 🔲 – |≡|, ⇄ Zim, ≡ Rest, 📺 ዼ ⇔ 🅿 – 🔬 55. 🆎 ⓪ 🐵 VISA JCB   BT c
  Menu (geschl. Samstagmittag, Sonntagabend und Feiertage) à la carte 46/73 – **96 Z** ⊇ 180/220 – 220/260, 3 Suiten.

Knote, Vaihinger Str. 14, ⊠ 71063, ☎ (07031) 61 10, service@hotel-Knote, Fax (07031) 611222, 🎪 – 📺 ✆ 🅿 – 🔬 20. 🆎 ⓪ 🐵 VISA   DX k
  Menu à la carte 48/84 – **40 Z** ⊇ 130/160 – 210/240.

Omega-Hotel garni, Vaihinger Str. 38, ⊠ 71063, ☎ (07031) 7 90 00, Omega@omeg a-hotel.de, Fax (07031) 790010 – |≡|, ⇄ Zim, 📺 ✆ ⇔. 🆎 ⓪ 🐵 VISA   DX r
  30 Z ⊇ 155/170 – 170/210.

Am Klostersee, Burghaldenstr. 6, ✉ 71065, ✆ (07031) 79 35 00, *info@hotel-am-klostersee, Fax (07031) 7935097,* 🏨 – |♦|, ⇔ Zim, TV ♿ 🚗 P. AE ⓓ ⓜ VISA JCB. ✗ Rest DV g
Weinstube Klösterle *(geschl. 20. Dez. - 7. Jan., Freitag) (nur Abendessen)* **Menu** à la carte 35/57 – **71 Z** ☐ 160/215.

Carle garni, Bahnhofstr. 37, ✉ 71063, ✆ (07031) 87 40 01, *Fax (07031) 814427* – |♦| TV ✆ P. AE ⓓ ⓜ VISA DX s
14 Z ☐ 135/145 – 165/185.

Piu di Prima, Gartenstr. 24, ✉ 71063, ✆ (07031) 87 88 90, *Fax (07031) 872256,* 🏨 – AE ⓓ ⓜ VISA CX f
geschl. Aug. 3 Wochen, Sonntag – **Menu** (italienische Küche) (Tischbestellung ratsam) à la carte 44/79.

Ask your bookseller for the catalogue of ***Michelin publications.***

SINGEN (HOHENTWIEL) *Baden-Württemberg* 419 *W 10 – 44 000 Ew – Höhe 428 m.*
ℹ *Städt. Verkehrsamt, August-Ruf-Str. 13,* ✉ *78224,* ✆ *(07731) 8 52 62, Fax (07731) 85263.*
ADAC, *Schwarzwaldstr. 40.*
Berlin 780 ⑤ – Stuttgart 154 ⑤ – Konstanz 34 ① – Freiburg im Breisgau 106 ⑤ – Zürich 79 ③

SINGEN (HOHENTWIEL)

Alpenstraße	B	2
Aluminiumstraße	B	3
Am Posthalterswäldle	B	5
Am Schloßgarten	A	6
Anton-Bruckner-Straße	A	7
August-Ruf-Straße	B	
Ekkehardstraße	B	
Erzbergerstraße	AB	8
Fichtestraße	B	9
Freiheitstraße	B	
Goethestraße	A	10
Herderstraße	A	12
Hilzinger Straße	A	13
Hohenhewenstraße	B	14
Hohenstoffelnstraße	A	15
Hohgarten	A	16
Holzacker	B	17
Kreuzensteinstraße	B	18
Mühlenstraße	A	20
Radolfzeller Straße	B	22
Reckholderbühl	A	23
Remishofstraße	A	25
Rielasinger Straße	B	27
Ringstraße	B	29
Scheffelstraße	AB	30
Schlachthausstraße	A	31
Waldeckstraße	B	34

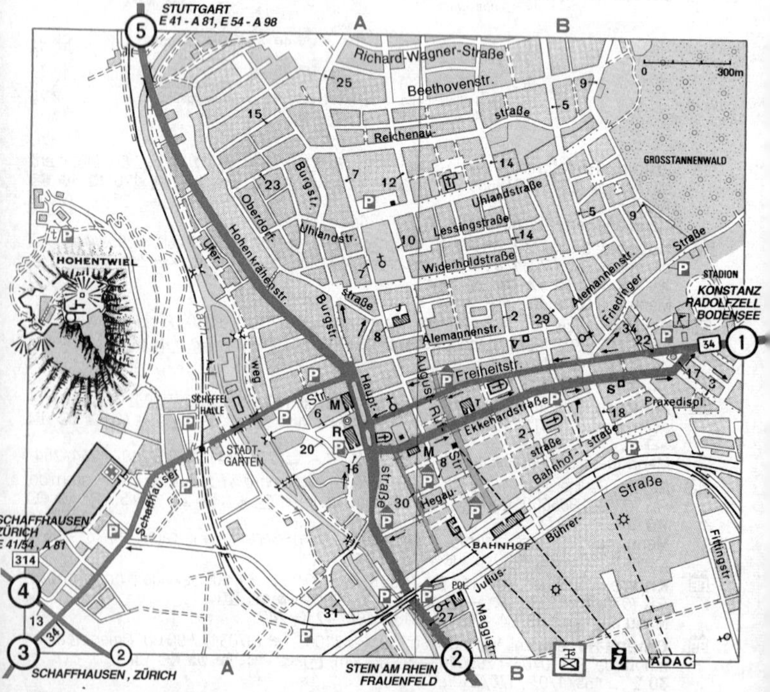

Lamm, Alemannenstr. 42, ✉ 78224, ✆ (07731) 40 20 (Hotel) 9 40 60 (Rest.), *Info @HotelLamm@.com, Fax (07731) 402200* – |‡|, ⇹ Zim, TV ♿ P – 🏛 80. AE ⓓ MC VISA B v
geschl. 14. Dez. - 7. Jan. – **Menu** *(geschl. 27. Dez. - 7. Jan., Sonn- und Feiertage) (nur Abendessen)* à la carte 33/56 – **79 Z** ☕ 123/164 – 164/184.

Jägerhaus, Ekkehardstr. 84, ✉ 78224, ✆ (07731) 6 50 97, *Fax (07731) 63338* – |‡| TV 🚗 – 🏛 40. ⓓ MC VISA B s
Menu *(geschl. Juli 3 Wochen, Sonntag) (nur Abendessen)* 33/69 à la carte 39/82 – **28 Z** ☕ 90/110 – 140/160.

Hegauhaus, Duchtlinger Str. 55, ✉ 78224, ✆ (07731) 4 46 72, *Fax (07731) 949452,* ≤ Singen und Umgebung, 🍽 – P – 🏛 30 über ⑤, Richtung Duchtlingen
geschl. Jan. 3 Wochen, Dienstag – **Menu** à la carte 34/66.

In Singen-Überlingen am Ried *über ② und Georg-Fischer-Straße : 5 km :*

Flohr's ⛰, Brunnenstr. 11, ✉ 78224, ✆ (07731) 9 32 30, *flohr@flohrs-restaurant.de, Fax (07731) 932323,* 🍽, 🌳 – TV ✆ P. AE MC VISA. ⊁ Zim
Menu *(geschl. Sonntagmittag - Montag, Nov. - April. Sonntag - Montag)* (Tischbestellung ratsam, bemerkenswerte Weinkarte) 59 (mittags) à la carte 85/111 – **8 Z** ☕ 150 – 185/220
Spez. Ragoût von Kalbskopf und Zunge mit gebratener Gänseleber. Gegrillter St. Pierre mit Blumenkohlmousseline und gerösteten Pinienkernen. Gebackener Schokoladenbisquit mit geeister Ananas.

In Rielasingen-Worblingen *über ② : 4 km :*

Krone, Hauptstr. 3 (Rielasingen), ✉ 78239, ✆ (07731) 8 78 50, *Fax (07731) 878510,* 🍽, ≘s – TV 🚗 P – 🏛 60. AE ⓓ MC VISA
geschl. Aug. 2 Wochen, 27. Dez. - 9. Jan. – **Menu** *(geschl. Sonntagabend - Montag)* à la carte 25/72 – **25 Z** ☕ 80/98 – 130/155.

Salzburger Stub'n, Hardstr. 29 (Worblingen), ✉ 78239, ✆ (07731) 2 73 49, *Salzburgerstube@gmx.de, Fax (07731) 27349,* 🍽 – P. MC
geschl. Donnerstag – **Menu** 52/98 und à la carte.

SINSHEIM *Baden-Württemberg* 417 419 *S 10 – 28 000 Ew – Höhe 159 m.*
Sehenswert : *Auto- und Technikmuseum★.*
Berlin 618 – Stuttgart 87 – Mannheim 50 – Heilbronn 35 – Würzburg 135.

Bär garni, Hauptstr. 131, ✉ 74889, ✆ (07261) 15 80, *willkommen@Hotel-Baer.de, Fax (07261) 158100,* ≘s – |‡| TV 🚗 – 🏛 15. AE ⓓ MC VISA
50 Z ☕ 100/150 – 179/199.

In Sinsheim-Dühren *Süd-West : 3 km :*

Villa Italia, Im Augrund 2 (B 292), ✉ 74889, ✆ (07261) 9 21 30, *Fax (07261) 921313,* 🍽 – TV ✆ P – 🏛 20. AE MC VISA
Menu (italienische Küche) à la carte 46/69 – **36 Z** ☕ 100/130 – 140/160.

SINZIG *Rheinland-Pfalz* 417 *O 5 – 16 000 Ew – Höhe 65 m.*
ℹ Verkehrsamt, Bad Bodendorf, Pavillon am Kurgarten, ✉ *53489,* ✆ *(02642) 98 05 00, Fax (02642) 980501.*
Berlin 613 – Mainz 135 – Bonn 22 – Koblenz 37.

Vieux Sinzig, Kölner Str. 6, ✉ 53489, ✆ (02642) 4 27 57, *info@vieux-sinzig.de, Fax (02642) 43051* – AE ⓓ MC VISA
geschl. Jan. 1 Woche, Okt. 1 Woche, Juli - Aug. 3 Wochen, Montag - Dienstagmittag – **Menu** (französische Küche) à la carte 59/95.

In Sinzig-Bad Bodendorf *Nord-West : 3 km – Thermalheilbad :*

Spitznagel ⛰, Hauptstr. 158, ✉ 53489, ✆ (02642) 4 00 00, *Fax (02642) 400040,* « Gartenterrasse », Massage, ♆, 🏃, ≘s, 🌳 – |‡|, ⇹ Rest, TV 🚗 P – 🏛 25. AE ⓓ MC VISA. ⊁ Rest
Menu *(geschl. Mittwoch)* à la carte 32/54 – **35 Z** ☕ 100/115 – 170/180 – ½ P 27.

SIPPLINGEN Baden-Württemberg **四⑲** W 11 – 2 200 Ew – Höhe 401 m – Erholungsort.

🛈 Verkehrsamt, Haus des Gastes (ehem. Bahnhof), an der B 31, ⊠ 78354, 𝒫 (07551) 80 96 29, Fax (07551) 3570.

Berlin 748 – Stuttgart 168 – Konstanz 36 – Freiburg im Breisgau 123 – Ravensburg 53 – Ulm (Donau) 142.

🏠 **Seeblick**, Prielstr. 4, ⊠ 78354, 𝒫 (07551) 6 12 27, hotel-seeblick@akzent.de, Fax (07551) 67157, ≤, ≋s, ☒ – ☒ ☒ ☒ ☒. ✵ Rest
geschl. 15. Dez. - 5. März – **Menu** (geschl. Donnerstag) (nur Abendessen) (Restaurant nur für Hausgäste) – **12 Z** � 110/160 – 180/250 – ½ P 32.

🏠 **Sternen** ⬚, Burkhard-von-Hohenfels-Str. 20, ⊠ 78354, 𝒫 (07551) 6 36 09, Fax (07551) 3169, ≤ Bodensee und Alpen, ☒, ☒ – ☒ ☒. ✵
geschl. Anfang Jan. - Anfang März – **Menu** (geschl. Dienstag) à la carte 30/56 – **18 Z** � 73 – 126/174 – ½ P 23.

SITTENSEN Niedersachsen **四⑮** G 12 – 5 300 Ew – Höhe 20 m.
🛈 Alpershausener Weg 60, 𝒫 (04282) 32 66.
Berlin 334 – Hannover 130 – Hamburg 58 – Bremen 63.

🏠 **Landhaus de Bur**, Bahnhofstr. 3, ⊠ 27419, 𝒫 (04282) 9 34 50, Fax (04282) 4142, ☒ – ☒ ☒ ☒ ☒ ☒. ✵ Rest
Menu (geschl. Donnerstag) à la carte 34/66 – **11 Z** � 85/120.

🏠 **Zur Mühle**, Bahnhofstr. 25, ⊠ 27419, 𝒫 (04282) 9 31 40, Fax (04282) 931422, ≋s – ☒ ☒ ☒ ☒ ☒ ☒
geschl. Weihnachten - Anfang Jan. – **Menu** (nur Abendessen) (Restaurant nur für Hausgäste) – **11 Z** � 90 – 130/140.

In Groß Meckelsen West : 5 km :

🏠 **Schröder** (mit Gästehaus), Am Kuhbach 1, ⊠ 27419, 𝒫 (04282) 5 08 80, info@Hotel-Schroeder.de, Fax (04282) 3535, ☒, ≋s, ☒ – ✵ Zim, ☒ ☒ ☒ – ☒ 80. ☒ ☒ ☒ ☒. ✵ Rest
Menu à la carte 31/53 – **40 Z** � 80/95 – 120/140.

In Groß Meckelsen-Kuhmühlen Nord-West : 5 km :

🦶 **Zur Kloster-Mühle**, Kuhmühler Weg 7, ⊠ 27419, 𝒫 (04282) 7 84, Fax (04282) 4725, ☒, « Ehemalige Mühle mit moderner Einrichtung » – ☒ – ☒ 20. ☒
geschl. 1.- 10. Okt., Montag – Menu (wochentags nur Abendessen) 45 und à la carte 53/69.

In Stemmen Süd-Ost : 12 km :

🏠 **Stemmer Landkrug**, Große Str. 12, ⊠ 27389, 𝒫 (04267) 9 30 40, Stemmer-Landkrug@t-online.de, Fax (04267) 1785, ☒, ≋s – ☒, ✵ Zim, ☒ ☒ ☒ – ☒ 50. ☒ ☒ ☒ ☒. ✵ Rest
Menu (geschl. Juli 2 Wochen, Montag - Dienstagmittag) à la carte 26/51 – **32 Z** � 75/125 – 110/180.

SLATE Mecklenburg-Vorpommern siehe Parchim.

SOBERNHEIM, BAD Rheinland-Pfalz **四⑰** Q 6 – 7 000 Ew – Höhe 150 m – Heilbad.
🛈 Kur- und Touristinformation, Bahnhofstr. 4, ⊠ 55566, 𝒫 (06751) 8 12 41, Fax (06751) 81240.
Berlin 631 – Mainz 64 – Bad Kreuznach 19 – Idar-Oberstein 31.

🏛 **Kurhaus am Maasberg** ⬚, am Maasberg (Nord : 2 km), ⊠ 55566, 𝒫 (06751) 87 60, info@maasberg-therme.de, Fax (06751) 876201, ☒, Massage, ♨, ↕, ♨, ≋s, ☒, ☒, ☒, ✗, ❀ – ☒ ✵ ☒ ☒ ☒ – ☒ 50. ☒. ✵ Rest
geschl. 3. - 22. Jan., 6. - 20. Dez. – **Menu** à la carte 44/81 – **86 Z** � 133/177 – 210/278, 3 Suiten – ½ P 23.

🏠 **Romantik Hotel Bollant's im Park** ⬚, Felkestraße, ⊠ 55566, 𝒫 (06751) 9 33 90, info@bollants.de, Fax (06751) 2696, « Gewölbekeller ; Innenhofterrassse ; Parkanlage » – ✵ Zim, ☒ ☒ ☒ ☒ ☒
geschl. Dez. - Jan. – **Historischer Hermannshof** (geschl., Montag - Dienstag) (Mittwoch - Freitag nur Abendessen) **Menu** à la carte 45/70 – **16 Z** � 100/200 – 200/300, 3 Suiten.

In Meddersheim Süd-West : 3 km :

🦶 **Landgasthof zur Traube**, Sobernheimer Str. 2, ⊠ 55566, 𝒫 (06751) 95 03 82, Fax (06751) 950220, « Rustikal-gemütliche Einrichtung »
geschl. 27. Dez. - Anfang Jan., Dienstagabend - Mittwoch – Menu à la carte 39/71.

🦶 **Lohmühle**, Süd-West : 3 km, an der Straße nach Meisenheim, ⊠ 55566 Meddersheim, 𝒫 (06751) 45 74, Fax (06751) 6567, ☒, « Ehemalige Mühle a.d. 15. Jh. » – ☒. ☒ ☒
geschl. Jan., Montag - Dienstag – **Menu** (Mittwoch - Freitag nur Abendessen) à la carte 31/54 (auch vegetarische Gerichte) ☒.

SODEN AM TAUNUS, BAD Hessen 🔟🔟🔟 P 9 – 20 000 Ew – Höhe 200 m – Heilbad.
  🛈 Kur- und Verkehrsbüro im Thermalbad, Kronberger Str. 5, ⊠ 65812, 𝒫 (06196) 6 70 70 70, Fax (06196) 6707080.
  Berlin 545 – Wiesbaden 31 – Frankfurt am Main 17 – Limburg an der Lahn 45.

🏨 **Treff-Parkhotel**, Königsteiner Str. 88, ⊠ 65812, 𝒫 (06196) 20 00, *info@ treff-par khotel.de*, Fax (06196) 200153, 🍽, ≘s – 🗐, 🔆 Zim, 📺 ℃ ℆ 🅿 – 🔬 500. 🖭 ⓞ 🐵
  🆅🆂🆄 🎴
  Menu 39 (Lunchbuffet) à la carte 44/71 – **130 Z** 🛏 250/340 – 315/405 – ½ P 30.

🏨 **Rheinischer Hof,** Am Bahnhof 3, ⊠ 65812, 𝒫 (06196) 56 20, Fax (06196) 562222 – 🗐 🔆 Zim 📺 ⇔ – 🔬 25. 🆅🆂🆄
  Menu *(geschl. Juli, Samstag - Sonntag) (nur Abendessen)* (Restaurant nur für Hausgäste)
  à la carte 28/54 – **61 Z** 🛏 165/240 – 290/360.

🏨 **Salina Hotel** 🕭, Bismarckstr. 20, ⊠ 65812, 𝒫 (06196) 56 40, Fax (06196) 564555, ≘s, 🎬, 🐎 – 🗐, 🔆 Zim, 📺 🅿 – 🔬 30. 🖭 🐵 🆅🆂🆄
  Menu (Restaurant nur für Hausgäste) – **47 Z** 🛏 165/265 – 225/330 – ½ P 29.

🏨 **Concorde,** Am Bahnhof 1, ⊠ 65812, 𝒫 (06196) 20 90, *info@ Hotel-Concorde.com*, Fax (06196) 27075 – 🗐, ▤ Zim, 📺 ℃ ⇔ 🅿 – 🔬 25. 🆅🆂🆄
  geschl. 23. Dez.- 2. Jan. – **Menu** *(geschl. Juli, Freitag - Sonntag, ausser Messen) (nur Abendessen)* à la carte 28/55 – **114 Z** 🛏 165 – 198/210.

🏨 **Waldfrieden** 🕭, garni, Seb.-Kneipp-Str. 1, ⊠ 65812, 𝒫 (06196) 50 28 00, *Hotel@ w aldfrieden-bad-soden.de*, Fax (06196) 5028011, ≘s, 🎬 – 📺. 🖭 ⓞ 🐵 🆅🆂🆄
  geschl. 22. Dez. - Anfang Jan. – **35 Z** 🛏 132/165 – 195/244.

🏨 **Rohrwiese** 🕭, garni, Rohrwiesenweg 11, ⊠ 65812, 𝒫 (06196) 5 02 90, Fax (06196) 63887, 🎬 – 🔆 📺 🅿. 🐵 🆅🆂🆄. 🛠
  42 Z 🛏 140/165.

SODEN-SALMÜNSTER, BAD Hessen 🔟🔟🔟 P 12 – 14 000 Ew – Höhe 150 m – Heilbad.
  🏌 Alsberg (Ost : 5 km), 𝒫 (06056) 9 15 80.
  🛈 Tourist-Information, Frowin-von-Hutten-Str. 5, ⊠ 63628, 𝒫 (06056) 74 41 44, Fax (06056) 744147.
  Berlin 494 – Wiesbaden 105 – Fulda 45 – Frankfurt am Main 61.

Im Ortsteil Bad Soden :

🏨 **Kress,** Sprudelallee 26, ⊠ 63628, 𝒫 (06056) 7 30 60, *hotel.Kress@ t-online.de*, Fax (06056) 730666, 🍽 – 🗐, 🔆 Zim, 📺 🅿 – 🔬 200. 🖭 🐵 🆅🆂🆄
  Menu *(geschl. Sonntagabend - Montag)* à la carte 35/66 – **42 Z** 🛏 90/130 – 132/172 – ½ P 25.

🏨 **Zum Heller** garni, Gerhard-Radke-Str. 1, ⊠ 63628, 𝒫 (06056) 73 50, Fax (06056) 73513, 🔲 – 📺 🅿. 🐵 🆅🆂🆄
  24 Z 🛏 68 – 89/98.

🏨 **Pension Sehn** 🕭 garni, Brüder-Grimm-Str. 11, ⊠ 63628, 𝒫 (06056) 9 15 20, *info @ pension-sehn.de*, Fax (06056) 915210, <, ≘s, 🎬 – 🔆 📺 🅿. 🐵. 🛠
  geschl. Dez. - 15. Feb. – **12 Z** 🛏 63 – 102/116.

SÖGEL Niedersachsen 🔟🔟🔟 H 6 – 5 000 Ew – Höhe 50 m.
  Berlin 486 – Hannover 220 – Nordhorn 68 – Cloppenburg 42 – Meppen 26.

🏨 **Jansen's Clemenswerther Hof** (mit Gästehaus), Clemens-August-Str. 33, ⊠ 49751, ☜ 𝒫 (05952) 12 30, Fax (05952) 1268 – 🗐 📺 🅿 – 🔬 30. ⓞ 🐵 🆅🆂🆄
  Menu *(geschl. Montag)* à la carte 24/45 – **36 Z** 🛏 80 – 110/120.

SÖMMERDA Thüringen 🔟🔟🔟 M 17 – 25 500 Ew – Höhe 150 m.
  🛈 Sömmerda-Information, Marktstr. 1, ⊠ 99610 𝒫 (03634) 35 02 41.
  Berlin 264 – Erfurt 36 – Nordhausen 58 – Weimar 37.

🏨 **Erfurter Tor** 🅼, Kölledaer Str. 33, ⊠ 99610, 𝒫 (03634) 33 20, Fax (03634) 332299, 🍽, ≘s – 🗐, 🔆 Zim, 📺 ℃ ℆ 🅿 – 🔬 50. 🖭 ⓞ 🐵 🆅🆂🆄. 🛠 Rest
  Menu *(nur Abendessen)* à la carte 32/65 – **41 Z** 🛏 90/122 – 120/155.

SOEST Nordrhein-Westfalen 🔟🔟🔟 L 8 – 50 000 Ew – Höhe 98 m.
  Sehenswert : St. Patroklidom★ (Westwerk★★ und Westturm★★) Z – Wiesenkirche★ (Aldegrevers-Altar★) Y – Nikolaikapelle (Nikolai-Altar★) Z D.
  🛈 Tourist Information, Am Seel 5, ⊠ 59494, 𝒫 (02921) 10 33 23, Fax (02921) 33039.
  ADAC, Arnsberger Str. 7.
  Berlin 457 ② – Düsseldorf 118 ③ – Arnsberg 21 ③ – Dortmund 52 ④ – Kassel 121 ③ – Paderborn 49 ②

SOEST

🏨 **Hanse,** Siegmund-Schultze-Weg 100, ⊠ 59494, 𝒞 (02921) 7 09 00, Fax (02921) 709075, 🌦 – ⤬ Zim, 📺 🚗 🅿 – 🔬 40. 🆎 ◑ 🐵 𝐕𝐈𝐒𝐀
Menu à la carte 35/59 – **45 Z** ⊇ 99/115 – 150/180.   über ③ und Arnsberger Straße

🏨 **Im wilden Mann,** Am Markt 11, ⊠ 59494, 𝒞 (02921) 1 50 71, mail@imwildenmann.de, Fax (02921) 14078, 🌦 – 📺 – 🔬 70. 🆎 ◑ 🐵 𝐕𝐈𝐒𝐀 𝐉𝐂𝐁
Menu à la carte 32/73 – **12 Z** ⊇ 95/105 – 160.   Y b

🍴 **Pilgrim-Haus** mit Zim, Jakobistr. 75, ⊠ 59494, 𝒞 (02921) 18 28, info@pilgrim haus.de, Fax (02921) 12131, 🌦, « Gasthaus a.d. 14. Jh. » – ⤬ Rest, 📺 🚗 🐵 𝐕𝐈𝐒𝐀   Z e
geschl. 24. Dez. - 2. Jan. – **Menu** (geschl. Dienstag) (Montag - Freitag nur Abendessen) à la carte 42/62 – **10 Z** ⊇ 130 - 160/180.

🍴 **Am Kattenturm,** Dasselwall 1 (Stadthalle), ⊠ 59494, 𝒞 (02921) 1 39 62, Fax (02921) 769371, 🌦, Biergarten – 🔇 🅿 – 🔬 80. 🆎 ◑ 🐵 𝐕𝐈𝐒𝐀   Z
Menu à la carte 40/60.

Ausflugsziel : *Solingen-Gräfrath : Deutsches Klingenmuseum★ 4 km über ①.*

🛈 *Stadtinformation, Mummstr. 10,* ✉ *42651,* ✆ *(0212) 2 90 23 33, Fax (0212) 2902479.*

ADAC, *Goerdelerstr. 45.*

Berlin 543 ③ – Düsseldorf 34 ⑤ – Essen 35 ① – Köln 36 ④ – Wuppertal 16 ②

SOLINGEN

Breidbacher Tor . . . . Z 2
Elisenstraße . . . . Z 3
Graf-Engelbert-
  Straße . . . . Z 5
Graf-Wilhelm-Platz . . . . . . Z 6
Hauptstraße . . . . Z
Kölner Straße . . . . Z
Konrad-Adenauer-
  Straße . . . . Y
Grünewalder Straße . . . . Z 7

Linkgasse . . . . Z 9
Marktplatz . . . . Y 12
Ohliger Tor . . . . Z 13
Potsdamer Straße . . . . . . Y 14
Schwesternstraße . . . . . Y 15
Unter St. Clemens . . . . . . Y 16
Werwolf . . . . Z 18

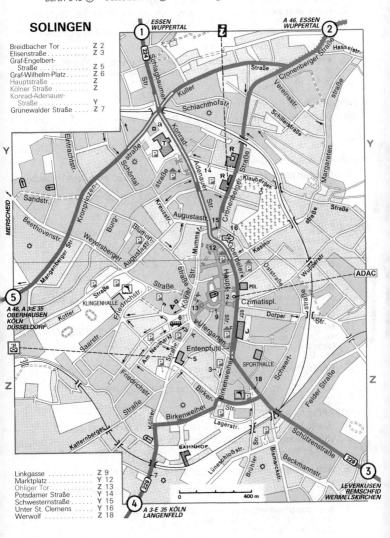

🏨 **City Club Hotel** *garni, Kronprinzenstraße,* ✉ *42655,* ✆ *(0212) 2 20 60, info@city-
club-hotel.de, Fax (0212) 2206100* – 📶 ⇔ 📺 📞 ☎ 🅿 – 🔏 30. 🆎 ⓪ 🅜🅞 𝗩𝗜𝗦𝗔
🅹🅲🅱   Y a
100 Z ⌑ 140/200 – 180/260.

🏨 **Turmhotel,** *Kölner Str. 99,* ✉ *42651,* ✆ *(0212) 22 30 70, turmhotel@t.online.de,
Fax (0212) 2230777,* ← – 📶 📺 ⇔ – 🔏 35. 🆎 ⓪ 🅜🅞 𝗩𝗜𝗦𝗔   Z v
geschl. 22. - 31. Dez. – **Menu** *(nur Abendessen) (Restaurant nur für Hausgäste) à la carte
30/60 –* **40 Z** ⌑ 140/200 – 170/300.

In Solingen-Burg über ③ : 8 km :

🏠 **Haus in der Straßen,** Wermelskirchener Str. 12, ⊠ 42659, ℰ (0212) 24 20 90, *hist hot@aol.com*, Fax (0212) 47549, �, (Gasthaus a.d.J. 1673), « Zinn- und historische Hausratsammlung » – 📺 📞 – 🛄 80. 🖭 🚾
Menu à la carte 50/98 – **28 Z** ⊇ 95/125 – 169/180.

🏠 **Haus Niggemann,** Wermelskirchener Str. 22, ⊠ 42659, ℰ (0212) 4 10 21, Fax (0212) 49175, � – 📳 📺 📞 – 🛄 60. 🖭 ① 🚾 🚾
Menu *(geschl. Mitte - Ende Juli, Dienstag)* à la carte 38/72 – **27 Z** ⊇ 95/150 – 150/200.

In Solingen-Gräfrath über ① : 6,5 km :

🏨 **Rema-Hotel Gräfrather Hof** Ⓜ ◇ garni (mit Gästehaus), Gerberstr. 2, ⊠ 42653, ℰ (0212) 25 80 00, *Graefrather-hof@remahotel.de*, Fax (0212) 25800800 – 📳 ↔ 📺
◆ 📞 – 🛄 20. 🖭 ① 🚾 🚾
60 Z ⊇ 165/250 – 250/350.

In Solingen-Ohligs über ⑤ : 7 km :

🏨 **Seidler Parkhotel** Ⓜ, Hackhauser Str. 62, ⊠ 42697, ℰ (0212) 7 06 00, *postbox@s eidler-parkhotel.de*, Fax (0212) 74662, �, ⊜s – 📳, ↔ Zim, 📺 📞 – 🛄 100. 🖭 ① 🚾
🚾 🗫 🗫 Rest
Menu *(geschl. Samstagmittag)* à la carte 56/78 – ⊇ 25 – **65 Z** 175/320 – 215/360.

In Solingen-Wald über ① : 6 km :

🏠 **Schwerthof,** Focher Str. 82, ⊠ 42719, ℰ (0212) 25 20 80, *mail@hotel-schwerthof.de*, Fax (0212) 2520844, 🌫 – ↔ Zim, 📺 📞 🖭 🚾
geschl. Juli - Aug. 4 Wochen – **Menu** *(geschl. Sonntag) (nur Abendessen)* à la carte 38/60 – **27 Z** ⊇ 115/135 – 155/185.

SOLTAU Niedersachsen 🔢🔢 H 13 – 20 000 Ew – Höhe 64 m – Erholungsort.
Sehenswert : Heide-Park Soltau★.
🏌 ┌ Soltau-Tetendorf, Hof Loh (Süd : 3 km), ℰ (05191) 1 40 77.
🚩 Soltau Touristik, Bornemannstr. 7, ⊠ 29614, ℰ (05191) 82 82 82, Fax (05191) 828299.
Berlin 320 – Hannover 79 – Hamburg 80 – Bremen 92 – Lüneburg 51.

🏨 **Heidehotel Soltauer Hof,** Winsener Str. 109, ⊠ 29614, ℰ (05191) 96 60, *soltau er-hof@t-online.de*, Fax (05191) 966466, 🌫, ⊜s, 🐎 – 📺 ◆ 🔒 📞 – 🛄 140. 🖭 ① 🚾
🚾
Menu à la carte 42/68 – **54 Z** ⊇ 120/160 – 198/260.

🏨 **Meyn** (mit Gästehaus), Poststr. 19, ⊠ 29614, ℰ (05191) 20 01, Fax (05191) 17575 – ↔ Zim, 📺 📞 ⇦ 📞 – 🛄 100. 📺 📞 🚾
Menu à la carte 45/70 – **Bürgerstube : Menu** à la carte 27/42 – **51 Z** ⊇ 95/150 – 150/190.

🏠 **Heide-Paradies** garni, Lüneburger Str. 6, ⊠ 29614, ℰ (05191) 30 86, Fax (05191) 18332 – 📺 ◆ 📞 🚾 🚾
geschl. Mitte Dez. - Anfang Jan. – **18 Z** ⊇ 90/110 – 130/150.

SOMMERACH Bayern 🔢🔢 Q 14 – 1 400 Ew – Höhe 200 m.
Berlin 471 – München 263 – Würzburg 31 – Schweinfurt 30 – Nürnberg 93.

🏠 **Villa Sommerach** garni, Nordheimer Str. 13, ⊠ 97334, ℰ (09381) 80 24 85, *Denecke-Villa@t-online.de*, Fax (09381) 802484, « Individuelle Einrichtung » – ↔ 📞 🗫
geschl. Jan. - Feb. – **6 Z** ⊇ 130/210.

🏠 **Zum weißen Lamm,** Hauptstr. 2, ⊠ 97334, ℰ (09381) 93 77, Fax (09381) 4933, 🌫
– 📺
geschl. Jan. 3 Wochen, Juli 2 Wochen – **Menu** *(geschl. Nov. - März Dienstag)* à la carte 29/53
🛇 – **14 Z** ⊇ 60/70 – 118/180.

🏠 **Bocksbeutelherberge** garni, Weinstr. 22, ⊠ 97334, ℰ (09381) 8 48 50, Fax (09381) 848522 – 📺 ◆ 📞 🗫
geschl. Dez. – **8 Z** ⊇ 64/98.

SOMMERFELD Brandenburg 🔢 H 23 – 1 050 Ew – Höhe 43 m.
Berlin 48 – Potsdam 56 – Neuruppin 28.

🏨 **Am See** Ⓜ ◇, Beetzer Str. 1a, ⊠ 16766, ℰ (033055) 9 70, *ringhotel-am-see-som merfeld@t-online.de*, Fax (033055) 97445, 🌫, Massage, ⊜s, 🔲, 🐎 – 📳, ↔ Zim, 📺
◆ 🔒 📞 – 🛄 150. 🖭 ① 🚾 🚾 🚾
Menu à la carte 39/64 – **100 Z** ⊇ 180/200 – 250.

SOMMERHAUSEN Bayern siehe Ochsenfurt.

SONDERSHAUSEN Thüringen 📖 *L 16 – 23 800 Ew – Höhe 200 m.*
🖪 *Sondershausen-Information, Alte Wache, Markt 9,* ✉ *99706,* ℰ *(03632) 78 81 11, Fax (03632) 600382.*
Berlin 262 – Erfurt 54 – Halle 91 – Nordhausen 18.

🕱 **Schloßrestaurant,** Im Schloß, ✉ 99706, ℰ (03632) 78 22 09, *Schlossrestaurant@t -online.de, Fax (03632) 702600,* – 🗜 🖭 🝪 💳
geschl. Sonntagabend – **Menu** à la carte 29/46.

The Guide changes, so renew your Guide every year.

SONNEBERG Thüringen 📖 📖 *O 17 – 25 600 Ew – Höhe 350 m.*
🖪 *Fremdenverkehrsbüro, Bahnhofstraße (Rathaus),* ✉ *96515,* ℰ *(03675) 70 27 11, Fax (03675) 742002.*
Berlin 354 – Erfurt 107 – Coburg 22.

🏨 **Parkhotel Sonne** Ⓜ, Dammstr. 3, ✉ 96515, ℰ (03675) 82 30, Fax (03675) 823333, 🍴 – ▮, 🍸 Zim, 🖭 🝪 🖭 – 🔏 40. 🖭 🝪 💳
Menu *(geschl. 1. - 15. Jan., 1. - 15. Aug., Sonntag) (Montag - Freitag nur Abendessen)* à la carte 31/47 – **36 Z** ⊑ 95/105 – 140/160.

🏨 **Schloßberg** ⬙, Schloßbergstr. 1, ✉ 96515, ℰ (03675) 7 33 00, *info@hotel-schlos sberg.de, Fax (03675) 733012,* ≤, Biergarten – 🍸 Zim, 🖭 🝪 🖭 – 🔏 35. 🖭 🝪 💳
Menu à la carte 25/48 – **17 Z** ⊑ 95 – 160/180, 3 Suiten.

🏠 **Schöne Aussicht,** Schöne Aussicht 24, ✉ 96515, ℰ (03675) 80 40 40, *hotel@bnr -son.de, Fax (03675) 804041,* 🍴, 🐎 – 🖭 🝪 🝪 💳
Menu *(geschl. Sonntagabend)* à la carte 24/46 – **12 Z** ⊑ 79/95 – 130/140.

SONNENBÜHL Baden-Württemberg 📖 *U 11 – 5 800 Ew – Höhe 720 m – Wintersport : 720/880 m ⚡3 🚠.*
🏌 *Sonnenbühl-Undingen, Im Zerg,* ℰ *(07128) 92 60 60.*
🖪 *Verkehrsbüro, Hauptstr. 8, (Rathaus Undingen),* ✉ *72820,* ℰ *(07128) 9 25 18, Fax (07128) 92550.*
Berlin 700 – Stuttgart 63 – Konstanz 120 – Reutlingen 26.

In Sonnenbühl-Erpfingen – *Luftkurort :*

🕱🕱 **Hirsch** (Windhösel) mit Zim, Im Dorf 12, ✉ 72820, ℰ (07128) 9 29 10, *Hirsch.Windho esel@t-online.de, Fax (07128) 3121,* 🍴, « Garten » – 🝪
geschl. 11. - 22. Juni, Nov. 2 Wochen – **Menu** *(geschl. Dienstag)* 56/128 à la carte 42/94 – **11 Z** ⊑ 105/125 – 135/190
Spez. Strudel von Flußkrebsen und St. Jakobsmuscheln. Blutwurstmaultäschle mit getrüffeltem Wirsing. Gebratener Zander im Rauchfischsud mit Dinkelgemüse.

SONTHOFEN Bayern 📖 📖 *X 14 – 22 000 Ew – Höhe 742 m – Luftkurort – Wintersport : 750/1 050 m ⚡3 🚠.*
🏌 *Ofterschwang (Süd-West : 4 km),* ℰ *(08321) 2 72 76.*
🖪 *Gästeamt, Rathausplatz 1,* ✉ *87527,* ℰ *(08321) 61 52 91, Fax (08321) 615293.*
Berlin 725 – München 152 – Kempten (Allgäu) 27 – Oberstdorf 13.

🏨 **Allgäu Stern Hotel** ⬙, Buchfinkenweg 2, ✉ 87527, ℰ (08321) 27 90, *info@allga eustern.de, Fax (08321) 279444,* ≤ Allgäuer Berge, 🍴, Massage, ♨, 🔥, 🔥, 🏊, 🎾, 🎳, 🔲, 🐎 – ▮ 🖭 🝪 🎿 🚗 🝪 – 🔏 400. 🖭 🝪 💳 🎿
Menu à la carte 50/69 – **450 Z** ⊑ 173/215 – 260/414, 60 Suiten.

🕱🕱 **Alte Post,** Promenadestr. 5, ✉ 87527, ℰ (08321) 25 08, Fax (08321) 68750 – 🖭
geschl. Mitte Jan. 1 Woche, Juni, Donnerstag – **Menu** à la carte 38/63.

In Blaichach-Ettensberg *Nord-West : 4 km :*

🏠 **Wolf** ⬙ garni, Schwandener Str. 21, ✉ 87544, ℰ (08321) 67 30 20, *Hotel-Pension Wolf@t-online.de, Fax (08321) 6730232,* 🔲, 🐎 – 🖭 🚗 🝪 🖭 🝪 💳
geschl. 1. - 25. Dez. – **14 Z** ⊑ 55/65 – 100/110.

In Blaichach-Seifriedsberg *Nord-West : 5 km :*

🏨 **Kühbergalp** ⬙, Kühberg 1, ✉ 87544, ℰ (08321) 6 63 90, *info@kuehbergalp.de, Fax (08321) 663999,* ≤ Allgäuer Berge, 🍴, 🏊, 🔲 – ▮ 🖭 🝪 🝪 💳
🎿 Rest
geschl. Mitte Nov. - Mitte Dez. – **Menu** à la carte 41/59 – **31 Z** ⊑ 130 – 220/250 – ½ P 35.

In Ofterschwang-Schweineberg *Süd-West : 4 km :*

🏘 **Sonnenalp** ⚜, ✉ 87527, ℘ (08321) 27 20, info@ sonnenalp.de, Fax (08321) 272242, ≼, « Außenanlagen mit Terrassen », Massage, ✚, 🛁, ♨, ≘s, 🏊 (geheizt), 🏌, 🎾, 🎿 (Halle), 🐾 ✤8, 🎿, Sportzentrum – 🛗, ✤ Rest, 📺 🏸 ⇔ 🅿 – 🔬 100. 🛶
Menu (Restaurant nur für Hausgäste) – **223 Z** (nur ½ P) 240/380 – 512/774, 23 Suiten.

🏠 **Dora** ⚜ garni, Schweineberg 20, ✉ 87527, ℘ (08321) 35 09, Hotel-Dora@ onlinehom e.de, Fax (08321) 84244, ≼, ≘s, 🏌, 🎿 – 📺 ⇔ 🅿
16 Z ⊃ 95/130 – 210/290.

In Ofterschwang-Tiefenberg *Süd : 3 km :*

🏠 **Gästehaus Gisela**, ✉ 87527, ℘ (08321) 6 69 40, gaestehaus-gisela@ onlinehome.de, Fax (08321) 669468, ≼, ≘s, 🏌, 🎿 – 📺 ⇔ 🅿 🎿
geschl. Nov. - 16. Dez. – **Menu** (geschl. Donnerstag) (nur Abendessen) (Restaurant nur für Hausgäste) – **14 Z** ⊃ 53/58 – 96/110 – ½ P 18.

SONTRA Hessen 417 418 M 13 – 9 800 Ew – Höhe 242 m – Luftkurort.
Berlin 392 – Wiesbaden 201 – Kassel 56 – Bad Hersfeld 34 – Göttingen 62.

🏕 **Link**, Bahnhofstr. 17, ✉ 36205, ℘ (05653) 6 83, Fax (05653) 8123, 🏡 – 🛗, ✤ Zim, 📺 🅿 – 🔬 80
Menu à la carte 20/39 – **34 Z** ⊃ 48/65 – 85/105.

In Nentershausen-Weißenhasel *Süd : 5 km :*

🏠 **Johanneshof**, Kupferstr. 24, ✉ 36214, ℘ (06627) 9 20 00, Fax (06627) 920099, 🏡, 🎿 – 📺 ✆ 🅿 – 🔬 45. ⴬ ⑩ ⓪⑤ 𝖵𝖨𝖲𝖠
Menu (geschl. Samstagmittag) à la carte 26/48 ♨ – **20 Z** ⊃ 80/90 – 120/165 – ½ P 15.

SOODEN - ALLENDORF, BAD Hessen 417 418 M 13 – 10 000 Ew – Höhe 160 m – Heilbad.
Sehenswert : Allendorf : Fachwerkhäuser★ (Bürgersches Haus★, Kirchstr. 29, Eschstruth-sches Haus★★, Kirchstr. 59).
🛈 Touristinformation, Landgraf-Philipp-Pl. 1, ✉ 37242, ℘ (05652) 95 87 18, Fax (05652) 958713.
Berlin 375 – Wiesbaden 231 – Kassel 52 – Bad Hersfeld 68 – Göttingen 36.

Im Ortsteil Bad Sooden :

🏘 Waldhotel Soodener Hof ⚜, Hardtstr. 7, ✉ 37242, ℘ (05652) 95 60, waldhotel@ g astland.de, Fax (05652) 956222, ≼, 🏡, ≘s, 🏌, 🎿 – 🛗, ✤ Zim, 📺 ✆ 🅿 – 🔬 35
46 Z.

Im Ortsteil Ahrenberg *Nord-West : 6 km über Ellershausen :*

🏘 **Berggasthof Ahrenberg** ⚜, ✉ 37242, ℘ (05652) 9 57 30, Ahrenberg@ landidyl l.de, Fax (05652) 1854, ≼ Werratal, 🏡, ≘s, 🎿 – 🛗, ✤ Zim, 📺 ✆ 🅿 ⴬ ⑩ ⓪⑤ 𝖵𝖨𝖲𝖠
Menu à la carte 29/62 – **25 Z** ⊃ 98/105 – 130/160 – ½ P 25.

SPAICHINGEN Baden-Württemberg 419 V 10 – 9 500 Ew – Höhe 670 m.
Ausflugsziel : Dreifaltigkeitsberg★ : Wallfahrtskirche ✳★ Nord-Ost : 6 km.
Berlin 737 – Stuttgart 112 – Konstanz 70 – Tuttlingen 14 – Rottweil 14.

🏠 **Kreuz**, Hauptstr. 113 (B 14), ✉ 78549, ℘ (07424) 59 55, Fax (07424) 503650, 🏡 – 📺 🅿 ⴬ ⑩ ⓪⑤ 𝖵𝖨𝖲𝖠
geschl. 1. - 21. Aug. – **Menu** (geschl. Sonntagabend - Montag) à la carte 30/67 – **12 Z** ⊃ 60/70 – 110/120.

In Hausen ob Verena *Süd-West : 6 km :*

🏘 **Hofgut Hohenkarpfen** ⚜, am Hohenkarpfen – Höhe 850 m, ✉ 78595, ℘ (07424) 94 50, Hofgut.Hohenkarpfen@ t-online.de, Fax (07424) 945245, ≼ Eltatal, 🏡, « Ehemaliger Bauernhof in schöner Lage », 🎿 – 📺 ✆ 🅿 – 🔬 30. ⴬ ⑩ ⓪⑤ 𝖵𝖨𝖲𝖠
Menu à la carte 43/70 – **21 Z** ⊃ 125/190.

SPALT Bayern 419 420 S 16 – 5 100 Ew – Höhe 357 m.
🛈 Tourist-Information, Rathaus, Herrengasse 10, ✉ 91174, ℘ (09175) 79 65 25, Fax (09175) 796535.
Berlin 474 – München 149 – Nürnberg 50 – Ingolstadt 70 – Ansbach 35.

🏠 **Krone**, Hauptstr. 23, ✉ 91174, ℘ (09175) 3 70, Fax (09175) 223, 🏡 – 📺 ⇔ 🅿 ⓪⑥ 𝖵𝖨𝖲𝖠
geschl. Juni 2 Wochen, Ende Dez. - Anfang Jan. – **Menu** (geschl. Dienstag) à la carte 24/46 ♨ – **15 Z** ⊃ 55/70 – 85/100.

In Spalt-Großweingarten *Süd-Ost : 3 km :*

🏠 **Zum Schnapsbrenner**, Dorfstr. 67, ⊠ 91174, ℘ (09175) 7 97 80, *PENSIONSCHNAPS-*
🍴 *BRENNER@t-online.de*, Fax (09175) 797833, 斎 – 📺 🅿. 🐵
Menu *(geschl. Sonntag) (nur Abendessen)* (Montag - Donnerstag Restaurant nur für Haus-
gäste) à la carte 18/32 – **10 Z** ⊆ 57/104.

In Spalt-Stiegelmühle *Nord-West : 5 km :*

🍴 **Gasthof Blumenthal**, ⊠ 91174, ℘ (09873) 3 32, Fax (09873) 1375, 斎 – 🅿
🍴 *geschl. Jan. 3 Wochen, Sept. 1 Woche, Montag - Dienstag* – Menu à la carte 37/61.

*Le nostre **guide alberghi e ristoranti**, **guide turistiche** e **carte stradali***
sono complementari. Utilizzatele insieme.

SPANGENBERG *Hessen* 🔲🔲🔲 *M 12 – 6 900 Ew – Höhe 265 m – Luftkurort.*
🛈 *Service-Center, Kirchplatz 4, ⊠ 34286, ℘ (05663) 72 97, Fax (05663) 930406.*
Berlin 398 – Wiesbaden 209 – Kassel 41 – Bad Hersfeld 50.

🏨 **Schloß Spangenberg** 🦢, ⊠ 34286, ℘ (05663) 8 66, *Hotel.Schloss.Spangenberg*
@t-online.de, Fax (05663) 7567, < Spangenberg, 斎, « Burganlage a.d. 13. Jh. » –
✳ Zim, 📺 🅿 – 🛗 30. 🖭 ⓞ 🐵 Rest
geschl. 3. - 12. Jan., Juli 2 Wochen – Menu *(geschl. Sonntagabend, Dienstag)* à la carte 53/87
– **24 Z** ⊆ 130/180 – 180/240.

🍴🍴 **Ratskeller**, Marktplatz 1, ⊠ 34286, ℘ (05663) 3 41, Fax (05663) 341 – 𝐕𝐈𝐒𝐀
geschl. Ende Feb. - Anfang März, Juli - Aug. 2 Wochen, Montag - Dienstagmittag – Menu
(Tischbestellung ratsam) à la carte 64/87.

SPARNECK *Bayern siehe Münchberg.*

SPELLE *Nordrhein-Westfalen siehe Rheine.*

SPEYER *Rheinland-Pfalz* 🔲🔲🔲 *S 9 – 50 000 Ew – Höhe 104 m.*
Sehenswert : Kaiserdom★★ (Krypta★★★, Querschiff★★) < ★★ vom Fuß des Heiden-
türmchens auf den Dom B **E** – *Judenbad★* B **A** – *Dreifaltigkeitskirche (Barock-Interieur★)*
B **B** – *Historisches Museum der Pfalz (Goldener Hut★ aus Schifferstadt, Wein-*
museum★, Römerwein★) B **M1** – *Altstadt (Altpörtel★)*, A – *Technik-Museum★*
(IMAX-Filmtheater★) B.
🛈 *Tourist-Information, Maximilianstr. 11, ⊠ 67346, ℘ (06232) 14 23 92, Fax (06232)*
142332.
Berlin 638 ① – Mainz 93 ① – Mannheim 33 ① – Heidelberg 21 ② – Karlsruhe 57 ② –
Pirmasens 73 ④

Stadtplan siehe nächste Seite

🏨 **Domhof** 🦢 garni, Bauhof 3, ⊠ 67346, ℘ (06232) 1 32 90, *rezeption@domhof.de*,
Fax (06232) 132990 – 📱 ✳ 📺 🕭 🚗 🅿 – 🛗 80. 🖭 ⓞ 🐵 𝐕𝐈𝐒𝐀   B v
49 Z ⊆ 165 – 195/235.

🏨 **Goldener Engel**, Mühlturmstr. 5, ⊠ 67346, ℘ (06232) 1 32 60, Fax (06232) 132695,
« Individuelle Einrichtung » – 📱 ✳ 📺 🅿 🖭 ⓞ 🐵 𝐕𝐈𝐒𝐀   A e
geschl. 23. Dez. - 2. Jan. – Menu siehe **Wirtschaft zum Alten Engel** *separat erwähnt* –
46 Z ⊆ 98/170 – 140/225.

🏠 **Graf's Löwengarten**, Schwerdstr. 14, ⊠ 67346, ℘ (06232) 62 70, *info@grafhote*
l.com, Fax (06232) 26452 – 📱 📺 🕭 🚗 🅿 – 🛗 40. 🐵 𝐕𝐈𝐒𝐀. ✸ Rest   A t
Menu *(geschl. Jan., Samstag - Sonntag) (nur Abendessen)* à la carte 25/52 – **40 Z**
⊆ 98/149 – 140/195.

🏠 **Am Technik-Museum** 🦢 garni (mit 2 Gästehäusern), Geibstr. 2, ⊠ 67346, ℘ (06232)
6 71 00, Fax (06232) 671020 – ✳ 📺 🅿 – 🛗 60. 🖭 🐵 𝐕𝐈𝐒𝐀. ✸   B a
108 Z ⊆ 89/119.

🍴🍴 **Backmulde**, Karmeliterstr. 11, ⊠ 67346, ℘ (06232) 7 15 77, *restaurant@backmuld*
e.de, Fax (06232) 629474 – 🖭 ⓞ 🐵 𝐕𝐈𝐒𝐀   A z
geschl. Mitte Aug. - Anfang Sept., Sonntag - Montag – Menu à la carte 65/99.

🍴🍴 **Kutscherhaus** mit Zim, Am Fischmarkt 5a, ⊠ 67346, ℘ (06232) 7 05 92,
Fax (06232) 620922, Biergarten – 📺 🖭 🐵 𝐕𝐈𝐒𝐀. ✸   AB s
Menu *(geschl. Mittwoch, Mai - Sept. Mittwoch - Donnerstag)* (Tischbestellung ratsam) à la
carte 36/70 – **3 Z** ⊆ 120.

SPEYER

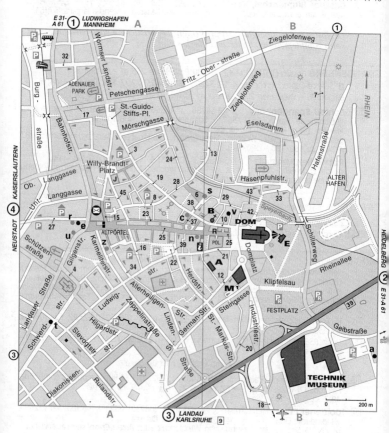

X **Zweierlei,** Johannesstr. 1, ⊠ 67346, ℰ (06232) 6 11 10, Fax (06232) 61129 – **MC**
VISA   A c
geschl. Juli - Aug. 2 Wochen, Sonntagabend - Montagmittag – **Menu** à la carte
52/70.

X **Pfalzgraf,** Gilgenstr. 26b, ⊠ 67346, ℰ (06232) 7 47 55, Fax (06232) 75596 – **AE MC**
VISA   A u
geschl. Mittwochabend - Donnerstag – **Menu** à la carte 31/58 ₰.

X **Ratskeller,** Maximilianstr. 12, ⊠ 67346, ℰ (06232) 7 86 12, Fax (06232) 71908, Biergarten – **AE MC VISA**   A n
geschl. Feb. 2 Wochen, Sonntagabend - Montag – **Menu** à la carte 31/56.

X **Wirtschaft zum Alten Engel** - Hotel Goldener Engel, Mühlturmstr. 7, ⊠ 67346,
ℰ (06232) 7 09 14, zumaltenengel@t-online.de, Fax (06232) 132695, « Altes Backsteingewölbe ; antikes Mobiliar » – **MC VISA**   A r
geschl. Sonntag – **Menu** (nur Abendessen) à la carte 34/63 ₰.

In Speyer-Binshof *über ① : 6 km (Richtung Otterstadt) :*

🏨 **Binshof** M ⌘, Binshof 1, ⌧ 67346, ℘ (06232) 64 70, *info@binshof.progros.de*, Fax *(06232) 647199*, 🍴, « Individuelle Einrichtung mit Designer Möbeln und Antiquitäten ; Therme », Massage, ♣, ₤₅, ⇔s, ☇ (geheizt), 🖳, 🐎, 🚗 – 🛗, ⇔ Zim, 🍽 Rest, ℰ ⇔ 🅿 – 🏡 60. 🖭 ⓞ 🐵 𝘝𝘐𝘚𝘈. ⋘ Rest
Menu siehe Rest. *Fresco* separat erwähnt – *Salierhof :* **Menu** à la carte 67/90 – **67 Z** ⊐ 240/330 – 390/460, 3 Suiten.

XXX **Fresco** - Hotel Binshof, Binshof 1, ⌧ 67346, ℘ (06232) 64 70, Fax *(06232) 647199*, 🍴 – 🅿 🖭 ⓞ 🐵 𝘝𝘐𝘚𝘈
geschl. Aug., Sonntag - Montag – **Menu** *(nur Abendessen)* (Tischbestellung ratsam) à la carte 69/91.

In Römerberg-Berghausen *über ③ : 3 km :*

🏨 **Morgenstern,** Germersheimer Str. 2b, ⌧ 67354, ℘ (06232) 80 01, Fax *(06232) 8028*, 🍴 – ⇔ Zim, 🖭 ⇔ 🅿 – 🏡 15. 🖭 🐵 𝘝𝘐𝘚𝘈. ⋘
Menu *(geschl. über Fasching 2 Wochen, Aug. 2 Wochen, Dienstag, Samstagmittag)* à la carte 46/66 – **21 Z** ⊐ 70/85 – 135/145.

In Römerberg-Mechtersheim *über ③ : 7 km :*

🏨 **Pfälzer Hof,** Schwegenheimer Str. 11, ⌧ 67354, ℘ (06232) 81 70, @ *loesch-pfaelze r-hof.de*, Fax *(06232) 817160*, 🍴, ⇔s – 🛗 🖭 ℰ 🅿 – 🏡 80. ⋘ Rest
Menu *(geschl. Juli 2 Wochen, Montag)* à la carte 30/60 – **48 Z** ⊐ 80/95 – 130/150.

SPIEGELAU Bayern 🄰🄼🄾 T 24 – 4 300 Ew – Höhe 730 m – Erholungsort – Wintersport : 780/830 m ⚷2 ⚿.

🛈 *Tourist-Information, Konrad-Wilsdorf-Str. 5,* ⌧ 94518, ℘ (08553) 96 00 17, Fax *(08553) 960042.*
Berlin 496 – München 193 – Passau 43 – Deggendorf 50.

🏨 **Landhotel Tannenhof** ⌘, Auf der List 27, ⌧ 94518, ℘ (08553) 97 30, *landhot el-tannenhof@t-online.de*, Fax *(08553) 973200*, ⇔s, 🖳 – ⇔ Zim, ⇔ 🅿 ⋘ Rest
geschl. Mitte Nov. - Mitte Dez. – **Menu** à la carte 25/50 – **92 Z** ⊐ 75/81 – 130/142.

🏨 **Waldfrieden** ⌘, Waldschmidtstr. 10, ⌧ 94518, ℘ (08553) 12 47, *hotel.waldfriede n@t-online.de*, Fax *(08553) 6631*, Massage, ⇔s, 🖳, 🚗 – 🅿 ⋘ Zim
geschl. Mitte März - Ende April, Mitte Okt. - 24. Dez. – **Menu** *(geschl. Mai - Okt. Dienstag) (nur Abendessen)* à la carte 22/38 – **22 Z** ⊐ 55/59 – 110 – ½ P 13.

In Spiegelau-Klingenbrunn *Nord-West : 4 km – Höhe 820 m :*

🏨 **Hochriegel,** Frauenauer Str. 31, ⌧ 94518, ℘ (08553) 97 00, *Hotel.Hochriegel@t-on line.de*, Fax *(08553) 970193*, Massage, ₤₅, ⇔s, 🖳, 🚗 – 🛗 🖭 🅿 ⋘
geschl. Nov. - 24. Dez. – **Menu** (Restaurant nur für Hausgäste) – **61 Z** (nur ½P) 84/98 – 178/199.

In Spiegelau-Oberkreuzberg *Süd : 7 km :*

🏨 **Berggasthof Grobauer** ⌘ (mit Gästehaus), Kreuzbergstr. 8, ⌧ 94518, ℘ (08553) 9 11 09, *Alois.Grobauer@t-online.de*, Fax *(08553) 91110*, ≤, ⇔s, 🖳 – 🛗 🖭 🅿 ⋘ Zim
geschl. Anfang Nov. - 20. Dez., Mitte März - 7. April – **Menu** *(geschl. Dienstagmittag, Mittwochmittag)* à la carte 18/39 – **35 Z** ⊐ 46/56 – 88/116 – ½ P 14.

SPIEKEROOG (Insel) Niedersachsen 🄰🄹🄵 E 7 – 700 Ew – Seeheilbad – Insel der Ostfriesischen Inselgruppe. Autos nicht zugelassen.
⇔ von Neuharlingersiel (40 min.), ℘ (04974) 2 14.

🛈 *Kurverwaltung, Noorderpad 25,* ⌧ 26474, ℘ (04976) 9 19 30, Fax *(04976) 919347.*
ab Hafen Neuharlingersiel : Berlin 518 – Hannover 258 – Emden 61 – Aurich (Ostfriesland) 33 – Wilhelmshaven 46.

🏨 **Inselfriede** ⌘, Süderloog 12, ⌧ 26474, ℘ (04976) 9 19 20, *inselfriede.spiekeroog @t-online.de*, Fax *(04976) 919266*, 🍴, ⇔s, 🖳, 🚗 – ⇔ Zim, 🖭 ⋘ Zim
geschl. 6. Jan. - 23. Feb., 15. Nov. - 26. Dez. – **Menu** *(geschl. Donnerstag) (wochentags nur Abendessen)* à la carte 45/72 – **26 Z** ⊐ 120/160 – 200/350 – ½ P 30.

🏨 **Zur Linde** ⌘, Noorderloog 5, ⌧ 26474, ℘ (04976) 9 19 40, *hotelzurlinde@t-online.de*, Fax *(04976) 919430*, 🍴, 🚗 – 🖭
geschl. Mitte Jan. - Ende Feb. – **Menu** *(geschl. Dienstag)* à la carte 36/64 – **22 Z** ⊐ 115/145 – 170/200 – ½ P 32.

SPITZINGSEE Bayern siehe Schliersee.

SPORNITZ Mecklenburg-Vorpommern siehe Parchim.

SPREMBERG Brandenburg 418 L 27 – 24 000 Ew – Höhe 115 m.
- 🛈 Tourist-Information, Am Markt 2, ✉ 03130, ℰ (03563) 45 30, Fax (03563) 4530.
- Berlin 143 – Potsdam 148 – *Cottbus 22* – Dresden 72.

🏠 **Zur Post**, Lange Str. 24, ✉ 03130, ℰ (03563) 3 95 50, HOTEL.ZURPOST@t-online.de, Fax (03563) 395530, Biergarten – 📶 📺 ✆ 🔥 🅿. 🆎 🌐 🅾 *VISA*
Menu *(geschl. Samstagmittag)* à la carte 25/44 – **18 Z** ⊇ 85/95 – 100/140.

🏠 **Am Berg**, Bergstr. 30, ✉ 03130, ℰ (03563) 9 17 67, Fax (03563) 94837, Biergarten, 🐴 🛋 – 🍽 Rest, 📺 🔥 🆎 🅾 🌐 *VISA*. ✑ Rest
Menu *(geschl. Nov. - April Sonntag) (Nov. - April nur Abendessen)* à la carte 23/47 – **15 Z** ⊇ 65/80 – 135/150.

SPRENDLINGEN Rheinland-Pfalz 417 Q 7 – 3 600 Ew – Höhe 95 m.
- 🛆 Golfclub Rheinhessen, auf dem Wissberg (Nord-Ost : 2 km), ℰ (06701) 81 11.
- Berlin 610 – Mainz 39 – *Bad Kreuznach 7.*

🏠 **Apart Hotel Garni**, Bahnhofstr. 39, ✉ 55576, ℰ (06701) 9 30 10, Fax (06701) 930150 – 🔄 📺 ✆ 🚗 🅿.
18 Z ⊇ 88/98 – 138/148.

In St. Johann Nord-Ost : 2 km :

🏠🏠 **Golf-Gast-Haus Rheinhessen** M ✑, auf dem Wissberg (beim Golfplatz), ✉ 55578, ℰ (06701) 91 64 50, Fax (06701) 916455, ≤ Weinberge und Golfplatz, 🏡, ≡s – 📶, ✳ Zim, 📺 ✆ 🅿 – 🔬 20. 🆎 🅾 🌐 *VISA*
Menu *(geschl. 23. - 30. Dez., Montag)* à la carte 30/55 – ⊇ 15 – **21 Z** 125/180 – 220.

SPROCKHÖVEL Nordrhein-Westfalen 417 L 5 – 25 000 Ew – Höhe 203 m.
Berlin 526 – Düsseldorf 53 – Bochum 18 – Wuppertal 16.

In Sprockhövel-Niedersprockhövel :

✕✕ **Tante Anna**, Hauptstr. 58, ✉ 45549, ℰ (02324) 7 96 12, 🏡 – 🆎 🅾 🌐 *VISA*
geschl. Montag – **Menu** *(nur Abendessen) (Tischbestellung ratsam)* à la carte 55/80.

✕ **Eggers** mit Zim, Hauptstr. 78, ✉ 45549, ℰ (02324) 7 17 80, Fax (02324) 77290, 🏡 🦢 – 📺 🅿.
geschl. Juni - Juli 2 Wochen – Menu *(geschl. Samstagmittag, Mittwoch)* à la carte 39/68 – **11 Z** ⊇ 90/95 – 140/145.

STADE Niedersachsen 416 F 12 – 47 000 Ew – Höhe 7 m.
Sehenswert : *Schwedenspeicher-Museum Stade★ (Bronze-Räder★) – Altstadt★.*
Ausflugsziel : *Das Alte Land★.*
- 🛆 Deinster Mühle (Süd : 8 km), ℰ (04149) 92 51 12.
- 🛈 Stade Tourismus GmbH, Schiffertorstr. 6, ✉ 21682, ℰ (04141) 40 91 70, Fax (04141) 409110.
- **ADAC**, Hinterm Teich 1.
- Berlin 350 – Hannover 178 – *Hamburg 59* – Bremerhaven 76.

🏠🏠 **Treff Hotel Herzog Widukind** garni, Große Schmiedestr. 14, ✉ 21682, ℰ (04141) 9 99 80, Stade@treff-hotels.de, Fax (04141) 9998444 – 📶 ✳ 📺 ✆ 🔥 🦢 🆎 🅾 🌐 *VISA*
45 Z ⊇ 179/229.

🏠🏠 **Parkhotel Stader Hof**, Schiffertorsstr. 8 (Stadeum), ✉ 21682, ℰ (04141) 49 90, info@staderhof.de, Fax (04141) 499100, 🏡, ≡s – 📶, ✳ Zim, 📺 🔥 🦢 🅿 – 🔬 600. 🆎 🅾 🌐 *VISA*
Contrescarpe *(geschl. Sonntag)* **Menu** à la carte 43/69 – **100 Z** ⊇ 120/165 – 170/210, 6 Suiten.

🏠🏠 **Treff Hotel Stade** M, Kommandantendeich 1, ✉ 21680, ℰ (04141) 9 99 70, Stade@treff-hotels.de, Fax (04141) 999711, 🏡 – 📶, ✳ Zim, 📺 ✆ 🔥 🅿 – 🔬 120. 🆎 🅾 🌐 *VISA*
Menu *(wochentags nur Abendessen)* à la carte 36/59 – **65 Z** ⊇ 179/229.

🏠 **Vier Linden** ✑, Schölischer Str. 63, ✉ 21682, ℰ (04141) 9 27 02, Info@Hotel-Vier-linden.de, Fax (04141) 2865, 🏡, ≡s, 🐴 – ✳ Zim, 📺 ✆ 🅿 – 🔬 50. 🆎 🅾 🌐 *VISA*
Menu *(geschl. Sonntagabend) (wochentags nur Abendessen)* à la carte 38/64 – **46 Z** ⊇ 99/110 – 155/165.

🏠 **Zur Einkehr**, Freiburger Str. 82, ✉ 21682, ℰ (04141) 23 25, Fax (04141) 2455, 🏡, ≡s, 🐴 – ✳ Zim, 📺 🅿 – 🔬 20. 🆎 🅾 🌐 *VISA*
Menu à la carte 29/59 – **37 Z** ⊇ 85/115 – 135/160.

XX **Knechthausen,** Bungenstr. 20, ✉ 21682, ✆ (04141) 4 53 00, *AOL.Knechthausen
@ aol.com, Fax (04141) 45370,* « Brauer-Gildehaus a.d.16.Jh. ; Innenhofterrasse » –
AE
geschl. Sonntag – **Menu** *(nur Abendessen)* (Tischbestellung ratsam) à la carte 55/79.

XX **Insel-Restaurant,** Auf der Insel, ✉ 21680, ✆ (04141) 20 31, Fax (04141) 47869, ☂
– & ₽ – 🕿 40. ⓪ VISA
Menu à la carte 35/75.

X **Ratskeller,** Hökerstr. 10, ✉ 21682, ✆ (04141) 4 42 55, *Fax (04141) 44255,* ☂,
« Historisches Rathaus ; Gotisches Kreuzgewölbe a.d. 13. Jh. » – ⓪ VISA
geschl. Montag – **Menu** à la carte 35/66.

STADECKEN-ELSHEIM *Rheinland-Pfalz siehe Mainz.*

STADTALLENDORF *Hessen* 417 *N 11 – 21 000 Ew – Höhe 255 m.*
Berlin 458 – Wiesbaden 141 – Marburg 28 – Kassel 74 – Neustadt Kreis Marburg 8 –
Alsfeld 27.

🏨 **Parkhotel,** Schillerstr. 1, ✉ 35260, ✆ (06428) 70 80, *info@ Parkhotel.Stadtallendorf
.de, Fax (06428) 708259,* ☂, ☞, XX – ⇆ Zim, 📺 ✆ ➾ ₽ – 🕿 60. AE ⓪ ⓪ VISA.
☞ Rest
Menu à la carte 34/68 – **50 Z** ⊑ 115/185 – 160/240.

In Stadtallendorf-Niederklein *Süd : 4,5 km :*

🏨 **Germania** (mit Gästehaus), Obergasse 1, ✉ 35260, ✆ (06429) 9 23 60, *Hotel-Rest.
GERMANIA@ t-online.de, Fax (06429) 923620* – ⇆ Zim, 📺 ✆ ➾ ₽. AE ⓪
VISA
Menu *(geschl. 1. - 14. Jan., Dienstag) (wochentags nur Abendessen)* à la carte 28/54 – **21 Z**
⊑ 70/75 – 100/140.

STADTHAGEN *Niedersachsen* 415 417 *J 11 – 23 100 Ew – Höhe 67 m.*
🕟 Obernkirchen (Süd-West : 4 km), ✆ (05724) 46 70.
Berlin 327 – Hannover 45 – Bielefeld 76 – Osnabrück 106.

🏨 **Gerber Hotel La Tannerie** M, Echternstr. 14, ✉ 31655, ✆ (05721) 98 60, *info
@ gerber-hotel.de, Fax (05721) 98666* – ∣₰∣, ⇆ Zim, 📺 ✆ ➾ ₽ – 🕿 20. AE ⓪ ⓪ VISA
geschl. 24. Dez. - 7. Jan. – **Gerber's Kleines Weinrestaurant** (Bistro) *(geschl. Sonntag)
(nur Abendessen)* **Menu** à la carte 34/62 – **19 Z** ⊑ 99/129 – 149/179.

XX **Torschreiberhaus,** Krumme Str. 42, ✉ 31655, ✆ (05721) 64 50, ☂, (Restaurant im
Bistro-Stil)
geschl. Jan. 3 Wochen, Okt. 1 Woche, Montag – **Menu** *(nur Abendessen)* (Tischbestellung
ratsam) à la carte 56/75.

X **Fisch-Restaurant Blanke,** Rathauspassage 5, ✉ 31655, ✆ (05721) 22 67,
Fax (05721) 72834 – AE ⓪ VISA ☞
geschl. Sonntag - Montag – **Menu** à la carte 40/63.

In Stadthagen-Obernwöhren *Süd-Ost : 5 km :*

🏨 **Oelkrug** ☞, Waldstr. 2, ✉ 31655, ✆ (05721) 80 25 25, *info@ oelkrug.de,
Fax (05721) 802550,* ☂, ☞ – ∣₰∣, ⇆ Zim, 📺 ₽ – 🕿 30. AE ⓪ ⓪ VISA
Menu *(geschl. Montag) (Dienstag - Donnerstag nur Abendessen)* à la carte 31/58 – **18 Z**
⊑ 108/158.

In Nienstädt-Sülbeck *Süd-West : 6 km :*

XX **Sülbecker Krug** mit Zim, Mindener Str. 6 (B 65), ✉ 31688, ✆ (05724) 9 55 00, *info
🐾 @ suelbeckerkrug.de, Fax (05724) 955050,* ☂ – 📺 ➾ ₽. AE ⓪ ⓪ VISA
geschl. Juli 3 Wochen – **Menu** *(geschl. Samstagmittag, Sonntagabend - Montag)* à la carte
47/81 – **12 Z** ⊑ 85 – 130/138.

STADTKYLL *Rheinland-Pfalz* 417 *O 3 – 1500 Ew – Höhe 460 m – Luftkurort.*
🛈 Tourist Information Oberes Kylltal, Burgberg 22, ✉ 54589, ✆ (06597) 28 78, Fax
(06597) 4871.
Berlin 653 – Mainz 190 – Aachen 78 – Euskirchen 48 – Mayen 64.

🏨 **Am Park** M, Kurallee 13, ✉ 54589, ✆ (06597) 1 50, *info@ hotel-am-park.de,
Fax (06597) 15250,* ☂, ☞, ☞ – ∣₰∣, ⇆ Zim, 📺 ₽ – 🕿 150. AE ⓪ ⓪ VISA. ☞ Rest
Menu à la carte 41/80 – **91 Z** ⊑ 165/255.

STADTOLDENDORF Niedersachsen 🄰🄸🄷 🄰🄸🄸 K 12 – 6 000 Ew – Höhe 227 m.
Berlin 337 – *Hannover 62* – Göttingen 71 – Hildesheim 51.

🏨 **Villa Mosler** Ⓜ, Hoopstr. 2, ⊠ 37627, ℰ (05532) 50 60, villa.mosler@t-online.de, Fax (05532) 506400, 🌇, 🚗 – 📱, 😊 Zim, 📺 🕭 📪 – 🕿 100. 🝇 ⓪ ⓪ 🝳
Topas (geschl. Sonntag)(nur Abendessen) **Menu** à la carte 51/79 – **61 Z** ⊇ 169/214, 6 Suiten.

STADT WEHLEN Sachsen 🄰🄸🄸 N 26 – 1800 Ew – Höhe 110 m – Erholungsort.
🄸 Gästeamt und Touristinformation, Markt 5, ⊠ 01829, ℰ (035024) 7 04 14, Fax (035024) 70434.
Berlin 217 – *Dresden 26* – Pirna 11.

🏨 **Strandhotel** 🖘, Markt 9, ⊠ 01829, ℰ (035024) 7 84 90, Fax (035024) 7849401, ≤, 🌇 – 📱 📺 📪 – 🕿 45
Menu à la carte 28/49 – **30 Z** ⊇ 70/120 – 100/220.

STAFFELSTEIN Bayern 🄰🄸🄸 🄰🄸🄾 P 17 – 10 500 Ew – Höhe 272 m.
Ausflugsziele : Kloster Banz : (ehem. Klosterkirche★, Terrasse ≤★) Nord : 5 km – Wallfahrtskirche Vierzehnheiligen★★(Nothelfer-Altar★★) Nord-Ost : 5 km.
🄸 Städt. Verkehrsamt, Alte Darre am Stadtturm, Bamberger Str. 25, ⊠ 96231, ℰ (09573) 41 92, Fax (09573) 4173.
Berlin 379 – München 261 – *Coburg 24* – Bamberg 26.

🏨 **Kurhotel** Ⓜ 🖘, Am Kurpark 7, ⊠ 96231, ℰ (09573) 33 30, postkasten@kurhotel-staffelstein.de, Fax (09573) 333299, 🌇, Massage, 😊, 🝈, 🌿 – 📱, 😊 Zim, 📺 🕭 🕭 🚗 📪 – 🕿 100. 🝇 ⓪ ⓪ 🝳 🖘 Rest
Menu à la carte 29/60 – **113 Z** ⊇ 122/170 – ½ P 25.

🏨 **Rödiger**, Zur Herrgottsmühle 2, ⊠ 96231, ℰ (09573) 92 60, hotel.roediger@gmx.de, Fax (09573) 926262, 🌇, 😊, 🝈, 🌿 – 😊 Zim, 📺 🝈 – 🕿 50. 🝇 ⓪ 🝳
Menu (geschl. Aug., Freitag) à la carte 30/62 – **51 Z** ⊇ 85/95 – 125/145 – ½ P 25.

🏨 **Vierjahreszeiten** 🖘 garni, Annaberger Str. 1, ⊠ 96231, ℰ (09573) 68 38, Vierjahreszeiten@planet-intercom.de, 🌿 – 😊 📺 📪 🖘
18 Z ⊇ 75/95 – 100/120.

In Staffelstein - **Grundfeld** Nord-Ost : 3 km :

🏨 **Maintal,** Alte Bundesstr. 5, ⊠ 96231, ℰ (09571) 31 66, Fax (09571) 5768, 🌇 – 😊 Rest, 📺 📪 🖘
geschl. 22. Dez. - 20. Jan. – **Menu** (geschl. Sonntagabend, Freitag) à la carte 25/49 🍷 –
19 Z ⊇ 60/75 – 100.

In Staffelstein-**Romansthal** Ost : 2 km :

🏨 **Zur schönen Schnitterin** 🖘, ⊠ 96231, ℰ (09573) 43 73, Gasthof@Schnitterin.de, 🖘 Fax (09573) 5489, ≤, 🌇 – 🚗 📪 🖘 Zim
geschl. 28. Nov. - 26. Dez. – **Menu** (geschl. Montag) à la carte 23/54 🍷 – **15 Z** ⊇ 57/75 – 90/110.

STAHNSDORF Brandenburg 🄰🄸🄶 I 23 – 6 000 Ew – Höhe 100 m.
Berlin 32 – Potsdam 13.

🏨 **Sonneneck**, Potsdamer Allee 123, ⊠ 14532, ℰ (03329) 6 38 50, Fax (03329) 638531, 🖘 🌇 – 📺 🝈 📪 ⓪ 🝳
Menu à la carte 24/42 – **15 Z** ⊇ 90/125 – 140/160.

STAPELFELD Schleswig-Holstein 🄰🄸🄵 🄰🄸🄶 F 14 – 1 500 Ew – Höhe 20 m.
Berlin 270 – Kiel 91 – *Hamburg 29* – Lübeck 47.

🏨 **Zur Windmühle,** Hauptstr. 99, ⊠ 22145, ℰ (040) 67 50 70, Fax (040) 67507299, 🌇 – 📺 📪 – 🕿 30. 🝇 ⓪ ⓪ 🝳
Menu à la carte 38/81 – **49 Z** ⊇ 115/150 – 175.

STARNBERG Bayern 🄰🄸🄾 🄰🄸🄾 V 18 – 21 300 Ew – Höhe 587 m.
🄸 Starnberg-Hadorf, Uneringer Straße, ℰ (08151) 1 21 57 ; 🄸 Starnberg, Gut Rieden, ℰ (08151) 9 07 70.
🄸 Tourismusverband, Wittelsbacher Str. 2c, ⊠ 82319, ℰ (08151) 9 06 00, Fax (08151) 906090.
Berlin 613 – München 26 – *Augsburg 82* – Garmisch-Partenkirchen 70.

🏨 **Seehof**, Bahnhofsplatz 6, ⊠ 82319, ℰ (08151) 90 85 00 (Hotel) 22 21 (Rest.), info@hotel-seehof-starnberg.de, Fax (08151) 28136, ≤, 🌇 – 📱 📺 🚗 📪 🝇 ⓪ ⓪ 🝳
Menu (italienische Küche) à la carte 45/66 – **38 Z** ⊇ 135/160 – 170/235.

🏠 **Pension Happach** garni, Achheimstr. 2, ⊠ 82319, 𝒫 (08151) 1 25 37, Fax (08151) 739712 – ⅍ 🚗
geschl. 20. Dez. - Jan. – **11 Z** ⊊ 65/85 – 90/110.

XX **Al Torchio**, Kaiser-Wilhelm-Str. 2, ⊠ 82319, 𝒫 (08151) 74 44 66, altorchio@aol.com, Fax (08151) 29831, � – **P. AE ⓪ ◐◉ VISA**
geschl. Montagmittag – **Menu** (italienische Küche) à la carte 47/78.

XX **Isola d'Elba**, Theresienstr. 9, ⊠ 82319, 𝒫 (08151) 1 67 80, 🌦 – **P. AE ⓪ ◐◉ VISA**
geschl. Montag – **Menu** (italienische Küche) à la carte 41/68.

X **Starnberger Alm - Illguth's Gasthaus**, Schloßbergstr. 24, ⊠ 82319, 𝒫 (08151) 1 55 77, 🌦, « Sammlung alter handwerklicher Geräte » – **P. AE ⓪ ◐◉ VISA**
geschl. Weihnachten - Anfang Jan., Aug. 3 Wochen, Sonntag - Montag – **Menu** (nur Abendessen) (Tischbestellung ratsam, bemerkenswertes Angebot württembergischer Weine) à la carte 26/54.

This book is not an exhaustive list of all hotels but a selection which has been limited on purpose.

STASSFURT Sachsen-Anhalt 🔢🔢🔢 K 18 – 23 400 Ew – Höhe 90 m.
🅱 Stassfurt-Information, Steinstr. 20, ⊠ 39418, 𝒫 (03925) 98 12 95, Fax (03925) 981315.
Berlin 175 – Magdeburg 38 – Dessau 59 – Halle 56 – Nordhausen 95.

🏠 **Salzland** garni, Kottenstr. 3, ⊠ 39418, 𝒫 (03925) 9 24 30, Fax (03925) 924331 – 📺 **P.**
13 Z ⊊ 75/85 – 100/120.

STAUDACH-EGERNDACH Bayern 🔢🔢🔢 W 21 – 1 100 Ew – Höhe 600 m.
🅱 Verkehrsverein, Marquartsteiner Str. 3, ⊠ 83224, 𝒫 (08641) 25 60, Fax (08641) 1808.
Berlin 683 – München 91 – Bad Reichenhall 47 – Traunstein 20 – Rosenheim 34.

Im Ortsteil Staudach :

☼ **Mühlwinkl** 🍴, Mühlwinkl 14, ⊠ 83224, 𝒫 (08641) 24 14, Fax (08641) 5656, 🌦, 🛏
– **P.**
geschl. 26. März - 5. April, Nov. - Mitte Dez. – **Menu** (geschl. Dienstag - Mittwochmittag) à la carte 26/48 – **15 Z** ⊊ 45/55 – 86/100.

STAUFEN Baden-Württemberg 🔢🔢🔢 W 7 – 7 300 Ew – Höhe 290 m – Erholungsort.
Sehenswert : Staufenburg : Lage★.
🅱 Touristik-Information, Hauptstr. 53, ⊠ 79219, 𝒫 (07633) 8 05 36, Fax (07633) 50593.
Berlin 820 – Stuttgart 222 – Freiburg im Breisgau 22 – Basel 58.

🏠 **Die Krone** 🍴, Hauptstr. 30, ⊠ 79219, 𝒫 (07633) 58 40, info@die-krone.de, Fax (07633) 82903, 🌦, « Gasthaus a.d. 18.Jh. » – 📺 **P. AE ◐◉ VISA**
geschl. Feb. - März 3 Wochen – **Menu** (geschl. Freitag - Samstag) à la carte 33/67 – **9 Z** ⊊ 90/110 – 130/150.

🏠 **Zum Hirschen** 🍴, Hauptstr. 19, ⊠ 79219, 𝒫 (07633) 52 97, Info@BreisgauCity.com, Fax (07633) 5295, 🌦 – ⌸ 📺 **P. ◐◉ VISA**, 🍴 Zim
Menu (geschl. Nov., Montag - Dienstag) à la carte 33/67 ♨ – **16 Z** ⊊ 80/95 – 120/130.

🏠 **Am Felsenkeller** 🍴, Albert-Hugard-Str. 47, ⊠ 79219, 𝒫 (07633) 62 85, felsenkeller@Breisgaucity.com, Fax (07633) 981400, 🌦 – 📺 **P.**
Menu (geschl. Aug. 2 Wochen, Montag) 56/78 und à la carte – **9 Z** ⊊ 95/105 – 145/155.

XX **Kreuz-Post** mit Zim, Hauptstr. 65, ⊠ 79219, 𝒫 (07633) 9 53 20, KreuzPost1@aol.com, Fax (07633) 953232, 🌦, « Traditionelle Markgräfler Gaststube ; Zimmereinrichtung im Landhausstil » – ⅍ Zim, 📺 ◐◉ VISA, 🍴 Zim
geschl. Jan. 2 Wochen – **Menu** (geschl. Mittwoch) à la carte 37/72 – **5 Z** ⊊ 155/165 – 175/185.

In Staufen-Grunern Süd-West : 1 km :

X **Gasthaus Rebstock zum Belchenblick** 🍴 mit Zim, Im Steiner 4, ⊠ 79219, 𝒫 (07633) 53 94, Fax (07633) 5394, 🌦 – 📺 **P.** 🍴
geschl. Anfang - Mitte Nov. – **Menu** (geschl. Montag - Dienstagmittag) à la carte 33/71 – ⊊ 15 – **4 Z** 60/110.

STAVENHAGEN (REUTERSTADT) *Mecklenburg-Vorpommern* 416 *E 22 – 7 500 Ew – Höhe 46 m.*
Berlin 166 – Schwerin 119 – Neubrandenburg 31 – Stralsund 83.

Kutzbach, Malchiner Str. 2, ✉ 17153, ✆ (039954) 2 10 96, *Fax (039954) 30838* – TV P. AE MC VISA. ✈
Menu à la carte 25/41 – **17 Z** 80/120.

In Jürgenstorf *Süd : 4 km :*

Unkel Bräsig, Warener Str. 1a (B 194), ✉ 17153, ✆ (039955) 3 80, *MinotelUnkelBraesig@t-online.de, Fax (039955) 38222,* – TV P – 100. AE MC VISA
geschl. Anfang - Mitte Jan. – **Menu** à la carte 26/43 – **18 Z** 90/95 – 130.

STEBEN, BAD *Bayern* 418 420 *O 18 – 3 700 Ew – Höhe 580 m – Heilbad – Wintersport : 585/650 m* 1 .
Info-Büro, Badstr. 31. ✉ *95138,* ✆ *(09288) 9 60 20, Fax (09288) 96010.*
Berlin 320 – München 295 – Coburg 75 – Hof 25 – Bayreuth 66.

relexa Sport- und Kurhotel , Badstr. 26, ✉ 95138, ✆ (09288) 7 20, *BadSteben@relaxa-hotel.de, Fax (09288) 72113,* , Massage, , , , , , , – , Zim, TV P – 250. AE MC VISA
Menu à la carte 36/65 *(auch Diät)* – **122 Z** 150/170 – 230/250, 7 Suiten – ½ P 33.

Klösterle M garni, Reußische Str. 7, ✉ 95138, ✆ (09288) 92 50 00, *Fax (09288) 9250010* – TV . MC
17 Z 80/90 – 110/130.

Zum Alten Bergamt, Badstr. 8, ✉ 95138, ✆ (09288) 9 72 10, *Fax (09288) 972121,* – TV P. AE MC VISA
Menu *(geschl. Nov. - März Montag)* à la carte 25/55 – **16 Z** 60/120 – ½ P 15.

In Bad Steben-Bobengrün *Süd : 3 km :*

Spitzberg mit Zim, Hauptstr. 43, ✉ 95138, ✆ (09288) 3 13, *Fax (09288) 55325,* , Biergarten, – P. MC VISA
Menu *(geschl. Dienstag)* à la carte 26/62 – **5 Z** 60/70 – 90.

In Lichtenberg *Nord-Ost : 3 km :*

Burghotel , Schloßberg 1, ✉ 95192, ✆ (09288) 51 51, *Fax (09288) 5459,* ←, Biergarten – TV P – 20. AE MC VISA. ✈ Rest
Menu à la carte 33/54 – **25 Z** 78/144 – ½ P 20.

Burgrestaurant Harmonie, Schloßberg 2, ✉ 95192, ✆ (09288) 2 46, *Fax (09288) 924541,* , « Gemütliche Gasträume » – MC VISA
geschl. 8. - 24. Jan., Dienstag – **Menu** à la carte 43/66.

STEGAURACH *Bayern siehe Bamberg*

STEGEN *Baden-Württemberg siehe Kirchzarten.*

STEIN *Schleswig-Holstein siehe Laboe.*

STEINEN *Baden-Württemberg* 419 *X 7 – 4 600 Ew – Höhe 335 m.*
Berlin 833 – Stuttgart 269 – Freiburg im Breisgau 76 – Basel 17 – Schopfheim 7.

In Steinen-Höllstein *Süd : 1 km :*

Höllsteiner Hof, Friedrichstr. 65, ✉ 79585, ✆ (07627) 9 10 80, *info@hotelhh.de, Fax (07627) 910866,* – TV P – 20. AE MC VISA
geschl. 1. - 8. Jan. – **Menu** *(geschl. Sonntag) (nur Abendessen)* à la carte 26/59 – **14 Z** 83/115 – 130.

Gli alberghi o ristoranti ameni sono indicati nella guida con un simbolo rosso.
Contribuite a mantenere la guida aggiornata segnalandoci gli alberghi e ristoranti dove avete soggiornato piacevolmente.

STEINENBRONN Baden-Württemberg **419** U 11 – 4 700 Ew – Höhe 430 m.
Berlin 658 – Stuttgart 21 – Reutlingen 33 – Ulm (Donau) 92.

🏠 **Krone**, Stuttgarter Str. 47, ✉ 71144, 𝒫 (07157) 73 30, hotel@hotel-Krone-Steinenb
ronn.de, Fax (07157) 733177, �ு , 🕾 , 🔲 – 🖂 , ⭗ Zim, 📺 📞 🚗 🅿 – 🔬 30. 🆎 ⓞ
🆗 𝘝𝘐𝘚𝘈
geschl. 24. Dez. - 6. Jan. – **Menu** (geschl. Aug. 2 Wochen, Sonntag - Montag) à la carte 44/82
– **44 Z** ⊂ 118/135 – 165/190.

🏠 **Löwen** (mit Gästehaus), Stuttgarter Str. 1, ✉ 71144, 𝒫 (07157) 5 24 40, info@wein
holzner.de, Fax (07157) 524424, 🕾 – 🖂 📺 🚗 🅿 🆎 ⓞ 🆗 𝘝𝘐𝘚𝘈
Menu (geschl. Aug. 1 Woche, Mittwoch) à la carte 39/66 – **23 Z** ⊂ 95/120 –
105/165.

STEINFURT Nordrhein-Westfalen **417** J 6 – 32 000 Ew – Höhe 70 m.
🏌 Steinfurt-Bagno, 𝒫 (02551) 83 35 50.
🟦 Verkehrsverein, Altes Rathaus, Markt 2, ✉ 48565, 𝒫 (02551) 13 83, Fax (02551) 7326.
Berlin 494 – Düsseldorf 162 – Nordhorn 55 – Enschede 39 – Münster (Westfalen) 25 –
Osnabrück 58.

In Steinfurt-Borghorst :

🏨 **Schünemann**, Altenberger Str. 109, ✉ 48565, 𝒫 (02552) 39 82, info@hotel-schue
nemann.de, Fax (02552) 61728, 🕾 – 📺 🅿 – 🔬 20. 🆎 ⓞ 🆗 𝘝𝘐𝘚𝘈
Menu (geschl. Sonntagabend) à la carte 41/78 – **33 Z** ⊂ 117/167.

🏠 **Posthotel Riehemann**, Münsterstr. 8 (Zufahrt über Alte Lindenstraße), ✉ 48565,
𝒫 (02552) 9 95 10, info@riehemann.de, Fax (02552) 62484, Biergarten – ⭗ Zim, 📺
🚗 🅿 – 🔬 30. 🆎 ⓞ 🆗 𝘝𝘐𝘚𝘈
Menu (nur Abendessen) (Restaurant nur für Hausgäste) – **15 Z** ⊂ 80/95 – 130/140.

In Steinfurt-Burgsteinfurt :

🏠 **Zur Lindenwirtin** (mit Gästehaus), Ochtruper Str. 38, ✉ 48565, 𝒫 (02551) 20 15,
Fax (02551) 4728, 🕾 – 🅿. 🆎 ⓞ 🆗 𝘝𝘐𝘚𝘈. 🛇
geschl. Mitte - Ende Juli – **Menu** (geschl. Sonntag) (nur Abendessen) à la carte 33/55 –
18 Z ⊂ 72/100 – 110/125.

STEINGADEN Bayern **419 420** W 16 – 2 700 Ew – Höhe 763 m – Erholungsort.
Sehenswert : Klosterkirche★.
Ausflugsziel : Wies : Kirche★★ Süd-Ost : 5 km.
🏌 Lechbruck (Ost : 5 km) 𝒫 (08862) 85 20.
🟦 Verkehrsamt, Krankenhausstr. 1, ✉ 86989, 𝒫 (08862) 2 00, Fax (08862) 6470.
Berlin 639 – München 103 – Garmisch-Partenkirchen 46 – Kempten (Allgäu) 65 – Weilheim
34 – Füssen 21.

In Steingaden-Wies Süd-Ost : 5 km :

🍴 **Schweiger**, Wies 9, ✉ 86989, 𝒫 (08862) 5 00, Fax (08862) 6116, �–㊤
geschl. 10. Nov. - 18. Dez., Freitag – **Menu** (bis 19.00 Uhr geöffnet) à la carte 30/55.

🍴 **Moser**, Wies 1, ✉ 86989, 𝒫 (08862) 5 03, Fax (08862) 503, �ு, Biergarten – 🅿
geschl. 8. Jan. - 15. Feb., 16. - 26. Okt. Mittwoch – **Menu** (wochentags bis 19.00 Uhr geöffnet) à la carte 25/42.

STEINHAGEN Nordrhein-Westfalen **417** J 9 – 18 600 Ew – Höhe 101 m.
Berlin 404 – Düsseldorf 166 – Bielefeld 11 – Münster (Westfalen) 67 – Osnabrück 47.

🍴🍴 **Alte Schmiede**, Kirchplatz 22, ✉ 33803, 𝒫 (05204) 70 01, Fax (05204) 89129, �ு ,
(ehemalige Schmiede a.d.J. 1843) – 🅿 🆎 ⓞ 🆗 𝘝𝘐𝘚𝘈
Menu (geschl. Sonntag) (nur Abendessen) (Tischbestellung ratsam, bemerkenswerte Weinkarte) à la carte 53/78.

STEINHAUSEN Baden-Württemberg siehe Schussenried, Bad.

STEINHEIM Nordrhein-Westfalen **417** K 11 – 12 100 Ew – Höhe 144 m.
Berlin 368 – Düsseldorf 208 – Hannover 87 – Detmold 21 – Paderborn 38.

In Steinheim-Sandebeck Süd-West : 12 km :

🏨 **Germanenhof**, Teutoburger-Wald-Str. 29, ✉ 32839, 𝒫 (05238) 9 89 00,
Fax (05238) 989090, �ு , 🕾 – 🖂 📺 📞 🚗 🅿 – 🔬 50. 🆎 ⓞ 🆗 𝘝𝘐𝘚𝘈
Menu (geschl. Feb. 2 Wochen, Dienstag) (Tischbestellung ratsam) à la carte 41/78 (auch
vegetarische Gerichte) – **23 Z** ⊂ 90/110 – 140/160.

STEINHEIM AM ALBUCH Baden-Württemberg siehe Heidenheim an der Brenz.

STEINHEIM AN DER MURR Baden-Württemberg **419** T 11 – 12 000 Ew – Höhe 202 m.
Berlin 609 – Stuttgart 32 – Heilbronn 28 – Ludwigsburg 16.

🏠 **Mühlenscheuer** 🕸 (mit Gästehaus), Mühlweg 5, ⊠ 71711, ℰ (07144) 8 27 70,
Fax (07144) 827760, ⇌ – ⇌ Zim, 📺 ℰ 🅿 – 🔏 25. 🆎 🐾 𝗩𝗜𝗦𝗔
Menu (nur Abendessen) à la carte 36/68 – **28 Z** ⊃ 98/125 – 149/169.

🎇 **Zum Lamm,** Marktstr. 32, ⊠ 71711, ℰ (07144) 2 93 90, Fax (07144) 208798 – 📺 ⬅
🅿 🐾 𝗩𝗜𝗦𝗔
Menu (geschl. Montagmittag) à la carte 27/53 ⅛ – **24 Z** ⊃ 65/80 – 98/118.

STEINPLEIS Sachsen siehe Werdau.

STEINSFELD Bayern siehe Rothenburg ob der Tauber.

STEISSLINGEN Baden-Württemberg **419** W 10 – 4 000 Ew – Höhe 465 m – Erholungsort.
🛈 Verkehrsbüro, Schulstr. 19 (Rathaus), ⊠ 78256, ℰ (07738) 92 93 40, Fax (07738)
929359.
Berlin 782 – Stuttgart 152 – Konstanz 29 – Singen (Hohentwiel) 9.

🏠 **Sättele** 🕸, Schillerstr. 9, ⊠ 78256, ℰ (07738) 9 29 00, Fax (07738) 929059, ≤, 🌲,
🌲 – ⇌ Zim, 📺 ⬅ 🅿 – 🔏 40. 🐾 𝗩𝗜𝗦𝗔
geschl. über Fastnacht 2 Wochen, Ende Juli - Mitte Aug. – **Menu** (geschl. Sonntagabend,
Donnerstag) à la carte 35/64 – **15 Z** ⊃ 72 – 138/170.

> | Europe | Se il nome di un albergo è stampato in carattere magro, chiedete al vostro arrivo le condizioni che vi saranno praticate. |

STEMMEN Niedersachsen siehe Sittensen.

STEMWEDE Nordrhein-Westfalen **415** I 9 – 12 500 Ew – Höhe 65 m.
Berlin 385 – Düsseldorf 227 – Bielefeld 50 – Minden 36 – Osnabrück 33.

In Stemwede-Haldem Nord-West : 8,5 km ab Levern :

🏠 **Berggasthof Wilhelmshöhe** 🕸, ⊠ 32351, ℰ (05474) 9 20 30, Berggasthof-Wil
helmshoehe@t-online.de, Fax (05474) 920358, 🌲, « Garten » – 📺 ⬅ 🅿 – 🔏 80. 🆎
① 🐾 𝗩𝗜𝗦𝗔 ⬞ Zim
geschl. 18. - 25. Dez. – **Menu** (geschl. Dienstag) à la carte 42/63 – **15 Z** ⊃ 70/100 –
135/165.

STENDAL Sachsen-Anhalt **416 418** I 19 – 43 000 Ew – Höhe 33 m.
Sehenswert : Dom St. Nikolai★ (Glasfenster★) – Uenglinger Tor★.
Ausflugsziele : Tangermünde★ (Rathaus★, Neustädter Tor★), Süd-Ost : 10 km – Havelberg
(Dom St. Marien★, Skulpturen★★ an Lettner und Chorschranken), Nord : 46 km (über Tan-
germünde).
🛈 Stendal-Information, Kornmarkt 8, ⊠ 39576, ℰ (03931) 65 11 93, Fax (03931)
651195.
ADAC, Rathenower Str. 16a.
Berlin 130 – Magdeburg 60 – Dessau 133 – Schwerin 135.

🏠 **Altstadt-Hotel,** Breite Str. 60, ⊠ 39576, ℰ (03931) 6 98 90, Altstadt-Hotel-Stenda
l@t-online.de, Fax (03931) 698939 – 📺 ℰ ⬅ – 🔏 30. 🆎 🐾 𝗩𝗜𝗦𝗔
Menu (geschl. Sonntagabend) à la carte 28/51 – **28 Z** ⊃ 115/135 – 150/176.

🏠 **Am Uenglinger Tor** garni, Moltkestr. 17, ⊠ 39576, ℰ (03931) 6 84 80, H.Sellent
@t-online.de, Fax (03931) 643130 – ⇌ 📺 ℰ 🅿 🐾 𝗩𝗜𝗦𝗔
17 Z ⊃ 80/90 – 110/120.

🏠 **Am Bahnhof,** Bahnhofstr. 30, ⊠ 39576, ℰ (03931) 71 55 48, Fax (03931) 715535, 🌲
– 🛗 📺 🅿 – 🔏 50. 🆎 ① 🐾 𝗩𝗜𝗦𝗔
Menu à la carte 25/39 – **29 Z** ⊃ 85/100 – 110/130.

STEPHANSKIRCHEN Bayern siehe Rosenheim.

STERNBERG Mecklenburg-Vorpommern 416 E 19 – 5 100 Ew – Höhe 65 m – Erholungsort.
🛈 Fremdenverkehrsamt, Luckower Str. 3, ⌗ 19406, 𝒫 (03847) 45 10 12, Fax (03847) 451012.
Berlin 196 – Schwerin 37 – Güstrow 27.

🏨 **Seehotel** ⌗, Johannes-Dörwald-Allee 1, ⌗ 19406, 𝒫 (03847) 35 00, SEEHOTEL-STERNBERG@T-ONLINE.DE, Fax (03847) 350166, ⌗, ⌗ – ⌗ Zim, ⌗ ⌗ – ⌗ 300. ⌗ ⌗ ⌗ ⌗
Menu à la carte 31/52 – **45 Z** ⌗ 129/139 – 178/198 – ½ P 27.

STIMPFACH Baden-Württemberg 419 420 S 14 – 2 700 Ew – Höhe 465 m.
Berlin 541 – Stuttgart 109 – Nürnberg 110 – Würzburg 111.

In Stimpfach-Rechenberg Süd-Ost : 4 km :

🏨 **Landgasthof Rössle** ⌗, Ortsstr. 22, ⌗ 74597, 𝒫 (07967) 9 00 40, landgasthof.roessle@t-online.de, Fax (07967) 1387, ⌗, ⌗, ⌗ – ⌗ Zim, ⌗ ⌗ – ⌗ 100. ⌗ Rest
Menu à la carte 28/58 – **76 Z** ⌗ 85/90 – 145/155.

STOCKACH Baden-Württemberg 419 W 11 – 16 300 Ew – Höhe 491 m.
Ausflugsziel : Haldenhof ⌗**, Süd-Ost : 13 km.
🛈 Verkehrs- und Kulturamt, Salmannsweilerstr. 1., ⌗ 78333, 𝒫 (07771) 80 23 00, Fax (07771) 802309.
Berlin 730 – Stuttgart 157 – Konstanz 34 – Freiburg im Breisgau 112 – Ulm (Donau) 114.

🏨 **Zum Goldenen Ochsen,** Zoznegger Str. 2, ⌗ 78333, 𝒫 (07771) 9 18 40, Info@Ochsen.de, Fax (07771) 9184184, ⌗, ⌗ – ⌗, ⌗ Zim, ⌗ ⌗ ⌗ ⌗ – ⌗ 35. ⌗ ⌗ ⌗ ⌗ ⌗
Menu à la carte 39/73 – **38 Z** ⌗ 129/150 – 160/210.

🏠 **Zur Linde,** Goethestr. 23, ⌗ 78333, 𝒫 (07771) 6 10 66, info@hotelzurlinde.de, Fax (07771) 61220, ⌗ – ⌗ ⌗ ⌗ – ⌗ 50. ⌗ ⌗ ⌗ ⌗ ⌗ Zim
Menu (geschl. Freitag) à la carte 40/68 – **27 Z** ⌗ 78/125 – 125/195.

In Stockach-Wahlwies Süd-West : 3 km :

⌗ **Adler** (mit Gästehaus), Leonhardtstr. 29, ⌗ 78333, 𝒫 (07771) 35 27, Fax (07771) 920012, ⌗ – ⌗ Zim, ⌗ ⌗ ⌗ ⌗
Menu (geschl. Montag - Dienstagmittag) à la carte 31/64 – **14 Z** ⌗ 45/70 – 85/95.

STOCKELSDORF Schleswig-Holstein siehe Lübeck.

STOCKHEIM Bayern siehe Kronach.

STOCKSTADT AM MAIN Bayern 417 Q 11 – 8 000 Ew – Höhe 110 m.
Berlin 550 – München 361 – Frankfurt am Main 38 – Darmstadt 36.

🏨 **Brößler,** Obernburger Str. 2, ⌗ 63811, 𝒫 (06027) 42 20, Fax (06027) 422100, Biergarten – ⌗ ⌗ ⌗ ⌗ – ⌗ 20. ⌗ ⌗ ⌗ ⌗
geschl. 1. - 9. Jan. – **Menu** (geschl. Samstag) à la carte 34/65 – **36 Z** ⌗ 100/150.

STÖLLN Brandenburg 416 H 21 – 320 Ew – Höhe 25 m.
Berlin 86 – Potsdam 75 – Schwerin 135 – Stendal 59.

⌗ **Zum 1. Flieger,** Otto-Lilienthal-Str. 7, ⌗ 14728, 𝒫 (033875) 3 00 00, Fax (033875) 30020, Biergarten – ⌗ Zim, ⌗ ⌗ ⌗
Menu (Jan. - 15. März nur Abendessen) à la carte 25/53 – **10 Z** ⌗ 60/70 – 90/120.

"Check in (all'arrivo)
Nella maggior parte degli alberghi, le camere non prenotate per iscritto,
non sono più disponibili dopo le 18.
Se si prevede di arrivare dopo tale ora,
è preferibile precisare l'orario di arrivo o,
meglio ancora, effettuare la prenotazione per iscritto."

STOLBERG (HARZ) *Sachsen-Anhalt* 408 *L 16 – 1 500 Ew – Höhe 330 m – Luftkurort.*
🛈 *Tourist-Information, Markt 2,* ✉ *06547,* 𝒫 *(034654) 4 54, Fax (034654) 729.*
Berlin 246 – Magdeburg 110 – Erfurt 91 – Göttingen 88.

🏠 **Zum Bürgergarten,** Thyratal 1, ✉ 06547, 𝒫 (034654) 81 10, Zum.Buergergarten
@t-online.de, Fax (034654) 811100, 🍽, ⇌s – ⬚⤬ Zim, 📺 📺 – 🔥 40. 🝏 ⓞ ⓦ 𝓥𝓘𝓢𝓐
𝒥𝒞𝑩
Menu à la carte 25/53 – **27 Z** ⟲ 70/110 – 100/160 – ½ P 20.

Außerhalb *Nord-Ost : 7 km :*

🏨 **Harzhotel** ⟲, Schindelbruch 1, ✉ 06547 Stolberg, 𝒫 (034654) 80 80,
Fax (034654) 808458, 🍽, Biergarten, ⇌s, 🐎 – |♦| 📺 📺 – 🔥 35. ⓦ 𝓥𝓘𝓢𝓐
Menu à la carte 30/58 – **36 Z** ⟲ 110/150 – 130/150 – ½ P 20.

STOLBERG *Nordrhein-Westfalen* 417 *N 2 – 59 000 Ew – Höhe 180 m.*
Berlin 629 – Düsseldorf 80 – Aachen 11 – Düren 23 – Monschau 36.

🏨 **Romantik Parkhotel am Hammerberg** ⟲ garni, Hammerberg 11, ✉ 52222,
𝒫 (02402) 1 23 40, hammerberg@romantik.de, Fax (02402) 123480, ⇌s, 🔳, 🐎 – ⬚⤬
📺 📺 – 🔥 15. 🝏 ⓞ ⓦ 𝓥𝓘𝓢𝓐
27 Z ⟲ 128/148 – 198/268.

🏠 **Stadthalle** garni, Rathausstr. 77, ✉ 52222, 𝒫 (02402) 2 30 56, Fax (02402) 84211 –
|♦| 📺 📺 🝏 ⓞ 𝓥𝓘𝓢𝓐
15 Z ⟲ 86/120.

✕✕ **Romantik Hotel Burgkeller** ⟲ mit Zim, Klatterstr. 8, ✉ 52222, 𝒫 (02402) 2 72 72,
burgkeller@romantik.de, Fax (02402) 27270, 🍽 – 📺. 🝏 ⓦ 𝓥𝓘𝓢𝓐
Menu (geschl. Samstagmittag) à la carte 47/83 – **5 Z** ⟲ 150/170 – 220/270.

In Stolberg-Zweifall *Süd-Ost : 6,5 km :*

🏨 **Zum Walde** ⟲ (mit Gästehäusern), Klosterstr. 4, ✉ 52224, 𝒫 (02402) 76 90, chris
ten@hotel-zum-walde.de, Fax (02402) 76910, 🍽, 🐚, ⇌s, 🔳, 🐎 – |♦| 📺 ⬚ 📺 ✓ ⟲ 📺
– 🔥 25. 🝏 𝓥𝓘𝓢𝓐
Menu à la carte 36/62 – **61 Z** ⟲ 133/154 – 193/211, 3 Suiten – ½ P 36.

In Stolberg-Vicht *Süd-Ost : 4 km :*

🏠 **Vichter Landhaus,** Münsterau 140, ✉ 52224, 𝒫 (02402) 9 89 10,
Fax (02402) 989192, 🍽, 🐎 – 📺 ⟲ 📺 – 🔥 25. 🝏 ⓦ 𝓥𝓘𝓢𝓐. ✗ Zim
Menu à la carte 30/68 – **30 Z** ⟲ 86/95 – 140/160.

STOLLBERG *Sachsen* 418 *N 22 – 14 000 Ew – Höhe 415 m.*
Berlin 280 – Dresden 94 – Chemnitz 20 – Plauen 66 – Zwickau 29.

🏠 **Goldener Adler,** Postplatz 7, ✉ 09366, 𝒫 (037296) 6 99 50, Fax (037296) 699514
⟲ – 📺 📺 🝏 ⓞ ⓦ 𝓥𝓘𝓢𝓐
Menu à la carte 22/40 ♨ – **16 Z** ⟲ 78/117.

In Stollberg-Mitteldorf *Süd-West : 3 km :*

🏠 **Zur Grünen Laube,** Hartensteiner Str. 59, ✉ 09366, 𝒫 (037296) 24 84,
⟲ Fax (037296) 3603, 🍽 – 📺 ✓ 📺 🝏 ⓞ ⓦ 𝓥𝓘𝓢𝓐
Menu à la carte 20/41 – **15 Z** ⟲ 75/89 – 95/120.

In Niederwürschnitz *Nord-West : 3,5 km :*

🏠 **Vinum,** Chemnitzer Str. 29, ✉ 09399, 𝒫 (037296) 1 51 26, Fax (037296) 15129 –
⬚⤬ Zim, 📺 ⟲ 📺 𝓥𝓘𝓢𝓐. ✗ Rest
Menu (geschl. Sonntag) (nur Abendessen) à la carte 30/56 – **13 Z** ⟲ 115/130 –
155/195.

STOLPE KREIS ANKLAM *Mecklenburg-Vorpommern* 416 *E 24 – 500 Ew – Höhe 5 m.*
Berlin 179 – Schwerin 171 – Neubrandenburg 48 – Rügen (Bergen) 103 – Stralsund 75.

🏨 **Gutshaus Stolpe** ⟲, Dorfstr. 37, ✉ 17391, 𝒫 (039721) 55 00, Info@Guts
haus-Stolpe.de, Fax (039721) 55099, 🍽, « Typische Gutsanlage a.d. 19.Jh. ;
Park mit altem Baumbestand », 🐚, ✗ – ⬚⤬ Zim, 📺 📺 ⓦ 𝓥𝓘𝓢𝓐. ✗ Rest
Menu (geschl. Montag) (nur Abendessen) à la carte 62/88 – **33 Z** ⟲ 180/210 – 220/270,
5 Suiten.

STOLPEN Sachsen 418 M 26 – 6 000 Ew – Höhe 356 m.

Berlin 207 – Dresden 27 – Bautzen 35 – Pirna 17.

🏠 **Burghotel** ⑤, Schloßstr. 12, ✉ 01833, ℰ (035973) 2 79 11, info@burghotel-stolp
en.de, Fax (035973) 27912, ≤, Biergarten – 📺 📺 📶 🖪 – 🔬 50
Menu à la carte 28/46 – **44 Z** ⇆ 95/145 – 135/180.

STORKAU Sachsen-Anhalt 416 418 I 19 – 190 Ew – Höhe 55 m.

Berlin 123 – Magdeburg 71 – Brandenburg 60 – Tangermünde 8 – Stendal 8 – Wittenberge 61.

🏠 **Schloß Storkau** �M ⑤, Im Park, ✉ 39590, ℰ (039321) 52 10, Fax (039321) 5220,
🞷 ⑳ « Schöne Lage an der Elbe », 🔏, ≘s – 🖃, ⇆ Zim, 📺 📶 🖪 – 🔬 60. 🖭 ① 🐵
🆚🆘
Menu (geschl. 2. - 21. Jan., 11. - 25. Feb., Sonntagabend - Montag) à la carte 45/73 – **94 Z**
⇆ 120/180 – 180/320.

STORKOW MARK Brandenburg 416 J 25 – 6 300 Ew – Höhe 40 m.

Berlin 63 – Potsdam 80 – Cottbus 81 – Frankfurt (Oder) 53.

🏠 **Seehotel Karlslust** ⑤, Karlsluster Str. 3 (Süd-Ost : 1 km), ✉ 15859, ℰ (033678)
64 20, Fax (033678) 73471, 🞷, 🞷, 🞷 Bootssteg – 📺 🖪 – 🔬 25. 🐵 🆚🆘
Menu à la carte 28/54 – **23 Z** ⇆ 90/140.

In Storkow-Hubertushöhe Süd-Ost : 3,5 km :

🏠 **Schloß Hubertushöhe** ⑤ (mit Seeresidenz und Kutscherhaus), Robert-Koch-Str. 1,
✉ 15859, ℰ (033678) 4 30, Schloss@Hubertushoehe.de, Fax (033678) 43100, 🞷,
« Ehemaliges Jagdschloß aus der Zeit der Jahrhundertwende ; schöne Lage im Park », 🞷,
🞷 Bootssteg – 📺 📶 🖪 – 🔬 15. 🖭 ① 🐵 🆚🆘
geschl. 2. Jan. - 8. Feb. – **Windspiel** (geschl. Montag) **Menu** à la carte 82/112 – **22 Z**
⇆ 250/400 – 290/680, 3 Suiten.
Spez. Liaison von Lachs und Zander mit Limonen-Olivenmarinade. Kalbsfilet und Bries mit
Aprikosenpolenta. Buttermilchknusper mit Cappucinoeis und Himbeeren.

In Groß Schauen Süd-West : 2 km :

🏠 **Köllnitzer Hof** ⑤, Hauptstr. 19 (B 246, West : 1 km), ✉ 15859, ℰ (033678) 69 60,
Fax (033678) 69632, ≘s, 🞷, 🞷 – 📺 🖪 🐵 🆚🆘
Menu (Mahlzeiten in den Fischerstuben) à la carte 24/53 – **11 Z** ⇆ 100/125.

STRALSUND Mecklenburg-Vorpommern 416 D 23 – 63 000 Ew – Höhe 5 m.

Sehenswert : Rathaus★ (Nordfassade★★) BY – Deutsches Meeresmuseum★ BY M –
Nikolaikirche★ BY – Marienkirche★ BZ.

🅱 Stralsund-Information, Alter Markt 9, ✉ 18439, ℰ (03831) 2 46 90, Fax (03831)
246949.

ADAC, Frankenstr. 1.

Berlin 247 ② – Schwerin 160 ④ – Rügen (Bergen) 29 ① – Rostock 71 ④ –
Greifswald 32 ②

Stadtpläne siehe nächste Seiten

🏠 **Dorint Im HanseDom** �M, Grünhufer Bogen 18, ✉ 18437, ℰ (03831) 3 77 30, dori
nt@hansedom.de, Fax (03831) 3773100, 🞷, « Bade- und Wellnesslandschaft », 🔏,
🞷, 🞷(Halle) Squash – 🖃, ⇆ Zim, 📺 📶 🖪 – 🔬 60. 🖭 ① 🐵 🆚🆘 🖯🖫🖬
🞷 Rest   über Bartherstr. AYZ
Menu à la carte 34/71 – **114 Z** ⇆ 187/202 – 243/258, 5 Suiten.

🏠 **Baltic** �M, Frankendamm 22, ✉ 18439, ℰ (03831) 20 40, Hotel-Baltic-Stralsund@t-o
nline.de, Fax (03831) 204999, 🔏, ≘s – 🖃, ⇆ Zim, 📺 📶 🖙 – 🔬 120. 🖭 ① 🐵 🆚🆘
Menu à la carte 34/55 – **135 Z** ⇆ 195 – 235/285, 5 Suiten.   CZ k

🏠 **An den Bleichen** garni, An den Bleichen 45, ✉ 18435, ℰ (03831) 39 06 75,
Fax (03831) 392153, ≘s, 🞷 – ⇆ 📺 🖪 🖭 🐵 🆚🆘   AY d
23 Z ⇆ 105/115 – 135.

🏠 **InterCityHotel** �M, Tribseer Damm 76, ✉ 18437, ℰ (03831) 20 20, stralsund@inte
rcityhotel.de, Fax (03831) 202599 – 🖃, ⇆ Zim, 📺 📶 🖙 – 🔬 210. 🖭 ① 🐵 🆚🆘
🞷 Rest   AZ a
Menu (nur Abendessen) à la carte 27/54 – **114 Z** ⇆ 142/162 – 174/194.

🏠 **Stralsund,** Heinrich-Heine-Ring 105, ✉ 18435, ℰ (03831) 36 70, Fax (03831) 367111
– 🖃 📺 🖪 – 🔬 25. 🖭 🐵 🆚🆘   über Knieperdamm AY
Herwig's Restaurant : Menu à la carte 26/60 – **74 Z** ⇆ 70/110 – 120/160.

STRALSUND

Die im Michelin-Führer
verwendeten Zeichen
und Symbole haben -
fett oder dünn gedruckt,
rot oder schwarz -
jeweils eine andere Bedeutung.
Lesen Sie daher die
Erklärungen aufmerksam durch.

In Stralsund-Grünhufe *West : 2 km über ④ und Grünhufer Dorfstraße :*

🏨 **Parkhotel** Ⓜ, Lindenallee 61, ⊠ 18437, 𝒫 (03831) 47 40, Fax (03831) 474860, ☎, ⇔ – 🛗, ⇔ Zim, 📺 ✆ & 📵 – 🔬 100. 🆎 ⓪ ◍◎ 𝐕𝐈𝐒𝐀
Menu à la carte 38/66 – **120 Z** ⊇ 155/195 – 175/215.

🏨 **Unter den Linden,** Lindenallee 41, ⊠ 18437, 𝒫 (03831) 44 20, *Hotel-Unter-den-Li nden@t-online.de,* Fax (03831) 442270, ☎, ⇔ – ⇔ Zim, 📺 📵 – 🔬 20. 🆎 ⓪ ◍◎ 𝐕𝐈𝐒𝐀 – **Menu** à la carte 25/49 – **40 Z** ⊇ 95/105 – 146/195.

In Groß Mohrdorf-Hohendorf *Nord-West : 11 km über Knieperdamm* AY :

🏨 **Schloßpark-Hotel Hohendorf** ⑤, ⊠ 18445, 𝒫 (038323) 25 00, *Schloss.Hohendorf @t-online.de,* Fax (038323) 25061, ☎, « Park », ✗ – 📺 & 📵 – 🔬 40. 🆎 ⓪ ◍◎ 𝐕𝐈𝐒𝐀
Menu *(Nov. - März Dienstag - Freitag nur Abendessen)* à la carte 38/55 – ⊇ 15 – **42 Z** 135/145 – 145/165.

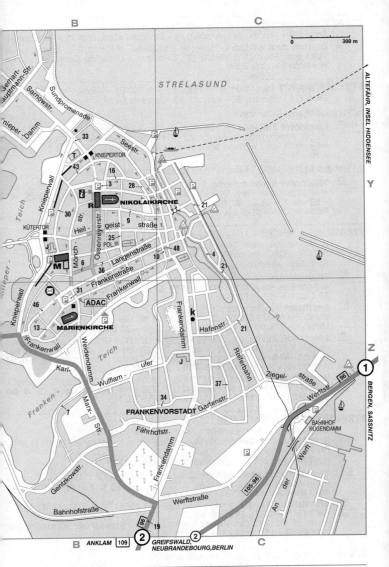

STRANDE *Schleswig-Holstein* 415 416 *C 14 – 1 700 Ew – Höhe 5 m – Seebad.*
🛈 *Touristinformation, Strandstr. 12,* ⊠ *24229,* 𝒸 *(04349) 2 90, Fax (04349) 290.*
Berlin 366 – Kiel 18 – Eckernförde 26.

🏨 **Strandhotel,** *Strandstr. 21,* ⊠ *24229,* 𝒸 *(04349) 9 17 90, strandhotel.strande@t-o*
nline.de, Fax (04349) 9179210, 🏠 ☎s – 📺 🅿 – 🔥 100. 🅰🅴 🆎🅾 *VISA*
Menu *à la carte 45/70 – 23 Z* ⊇ *155/185 – 200/260.*

🏠 **Haus am Meer** ⟆ *garni, Bülker Weg 47,* ⊠ *24229,* 𝒸 *(04349) 12 34,*
Fax (04349) 1544, ⩽ *Außenförde und Ostsee –* ⥥ 📺 🅿 🅰🅴 🆎🅾 *VISA*
10 Z ⊇ *90/120 – 126/160.*

STRASEN *Mecklenburg-Vorpommern siehe Wustrow.*

STRASSLACH *Bayern* 四1⁹ 四2⁰ *V 18 – 2 700 Ew – Höhe 590 m.*
    Berlin 619 – München 24 – Augsburg 84 – Garmisch-Partenkirchen 71 – Starnberg 24.
- ✗ **Gasthof zum Wildpark,** Tölzer Str. 2, ✉ 82064, ✆ (08170) 6 35, *gasthof-zum-wi ldpark@.de, Fax* (08170) 996220, 🌤, Biergarten, « Gemütliche Gaststuben » – ↔ 🅿 – **Menu** à la carte 28/61.

STRAUBENHARDT *Baden-Württemberg* 四1⁹ *T 9 – 11 000 Ew – Höhe 416 m.*
    Berlin 674 – Stuttgart 67 – Karlsruhe 30 – Baden-Baden 38 – Pforzheim 17.

In Straubenhardt-Schwann :
- 🏠 **Landhotel Adlerhof** ⑤, Mönchstr. 14 (Schwanner Warte), ✉ 75334, ✆ (07082) 9 23 40, *info@Adlerhof.de, Fax* (07082) 9234130, ≤, 🌤, ↔ Zim, 📺 ✔ 🅿 – 🔒 15. 🍽 – geschl. Jan. 3 Wochen – **Menu** (geschl. Montag) à la carte 32/64 – **22 Z** ⊇ 91/101 – 166.

Im Holzbachtal *Süd-West : 6 km : Richtung Marxzell, nach Langenalb links :*
- 🏠 **Waldhotel Bergschmiede** ⑤, ✉ 75334 Straubenhardt, ✆ (07248) 92 10, *info @bergschmiede.de, Fax* (07248) 921200, « Hirschgehege ; Gartenterrasse », 🈺, 🔲, 🌤 – 📺 🚗 🅿 – 🔒 20. 🆗 🆅🆂🅰
    Menu (geschl. Dienstag) à la carte 40/76 – **22 Z** ⊇ 70/85 – 120/130.

STRAUBING *Bayern* 四2⁰ *T 21 – 44 400 Ew – Höhe 330 m – Sehenswert : Stadtplatz★.*
    🛈 *Amt für Tourismus, Theresienplatz 20,* ✉ 94315, ✆ (09421) 94 43 07, *Fax* (09421) 944103 – **ADAC,** *Am Stadtgraben 44a.*
    Berlin 541 – München 120 – Regensburg 50 – Landshut 51 – Passau 79.
- 🏨 **Theresientor** garni, Theresienplatz 41, ✉ 94315, ✆ (09421) 84 90, *Thersientor @T-Online.de, Fax* (09421) 849100 – ▮🛗 📺 ⚓ 🚗. 🆎 ① 🆗 🆅🆂🅰
    33 Z ⊇ 119/199 – 169/249.
- 🏨 **Seethaler** ⑤, Theresienplatz 25, ✉ 94315, ✆ (09421) 9 39 50, *INFO@Hotel-Seeth aler.de, Fax* (09421) 939550, 🌤 – 📺 ✔ 🅿. 🆎 🆗 🆅🆂🅰
    Menu (geschl. Sonntag - Montag) à la carte 30/58 – **20 Z** ⊇ 105/120 – 170/180.
- 🏠 **Römerhof,** Ittlinger Str. 136, ✉ 94315, ✆ (09421) 9 98 20, *roemerhof@t-online. de, Fax* (09421) 998229, 🌤 – ▮, ↔ Zim, 📺 🚗 🅿 – 🔒 15. 🆎 ① 🆗 🆅🆂🅰
    🍽 Rest – **Menu** (geschl. Mitte Aug. - Mitte Sept., Samstag - Sonntag) (Montag - Freitag nur Abendessen) à la carte 28/39 – **26 Z** ⊇ 95/135 – 145/185.
- 🏠 **Wenisch,** Innere Passauer Str. 59, ✉ 94315, ✆ (09421) 9 93 10 (Hotel), 9 09 99 (Rest.), 🚲 *Hotel.Wenisch@t-online.de, Fax* (09421) 993180 – ↔ Zim, 📺 🚗 🅿. 🆎 ① 🆗
    🆅🆂🅰 – **Menu** à la carte 24/48 – **34 Z** ⊇ 50/105 – 95/145.

STRAUSBERG *Brandenburg* 四1⁶ 四1⁸ *I 25 – 28 200 Ew – Höhe 80 m.*
    🏌 🏌 *Schloß Wilkendorf (Nord-Ost : 4 km),* ✆ (03341) 33 09 60.
    🛈 *Stadt- und Tourist-Information, August-Bebel-Str. 1,* ✉ 15344, ✆ (03341) 31 10 66, *Fax* (03341) 314635.
    Berlin 44 – Potsdam 75 – Eberswalde 35 – Frankfurt (Oder) 62.
- 🏢 **The Lakeside-Hotel,** Gielsdorfer Chaussee 6, ✉ 15344, ✆ (03341) 3 46 90, *hotel @thelakeside.de, Fax* (03341) 346915, 🌤, 🈺 – ▮ 📺 ✔ 🅿 – 🔒 80. 🆎 ① 🆗
    🆅🆂🅰 – **Menu** à la carte 32/62 – **54 Z** ⊇ 148/196.
- 🏠 **Annablick,** Ernst-Thälmann-Str. 82a, ✉ 15344, ✆ (03341) 42 39 17, 🚲 *Fax* (03341) 471829 – 📺 🅿. 🆗 🆅🆂🅰
    geschl. 22. Dez. - 10. Jan. – **Menu** (geschl. Samstag - Sonntag) (nur Abendessen) à la carte 23/42 – **13 Z** ⊇ 80/90 – 120/130.

STREHLA *Sachsen* 四1⁸ *L 23 – 4 100 Ew – Höhe 104 m.*
    Berlin 156 – Dresden 61 – Leipzig 89.
- 🏠 **Ambiente** garni, Torgauer Str. 20, ✉ 01616, ✆ (035264) 9 02 24, *Fax* (035264) 90224 – 📺 🅿. 🆗 🆅🆂🅰 – **16 Z** ⊇ 63/88 – 90/110.

STROMBERG KREIS KREUZNACH *Rheinland-Pfalz* 四1⁷ *Q 7 – 3 000 Ew – Höhe 235 m.*
    🏌 *Stromberg, Buchenring 6,* ✆ (06724) 9 30 80.
    Berlin 611 – Mainz 45 – Bad Kreuznach 28 – Koblenz 59.
- 🏰 **Johann Lafer's Stromburg** ⑤, Schloßberg 1, ✉ 55442, ✆ (06724) 9 31 00, *stro mburghotel@johannlafer.de, Fax* (06724) 931090, ≤, 🌤, Biergarten – 📺 ✔ 🅿 – 🔒 80. 🆎 ① 🆗 🆅🆂🅰
    siehe **Restaurant Le Val d'Or** seperat erwähnt – **Turmstube :** **Menu** à la carte 62/89 – ⊇ 29 – **14 Z** 180/240 – 240/490.

🏨 **Land und Golf Hotel Stromberg** ⬡, Buchenring 6 (Beim Golfplatz), ✉ 55442, ✆ (06724) 60 00, info@golfhotel-stromberg.de, Fax (06724) 600433, ☂, Massage, ⬡s, ⬚, ⬡̃ – ⬡, ⬡ Zim, ☰ Rest, 📺 📞 ⬡ – ⬡ 260. ⬡ ⬡ ⬡ ⬡ ⬡ Rest
Menu à la carte 45/72 – **162 Z** ⬡ 195/245.

✕✕✕✕ **Le Val d'Or** - Johann Lafer's Stromburg, Schloßberg 1, ✉ 55442, ✆ (06724) 9 31 00, ⬡ stromburghotel@johannlafer.de, Fax (06724) 931090, ☂ – ⬡. ⬡ ⬡ ⬡ ⬡
geschl. Montag – **Menu** (Dienstag - Freitag nur Abendessen) 169/198 à la carte 101/138
Spez. Asiatische Fischvariation. Rehrücken aus dem Zitronendampf mit gebackenem Rot-
kohlknödel. Dessert-Impressionen.

STRULLENDORF Bayern ⬛⬛⬛ ⬛⬛⬛ Q 16 – 7 400 Ew – Höhe 253 m.
Berlin 412 – München 222 – Coburg 54 – Bayreuth 68 – Nürnberg 50 – Bamberg 9.

🏠 **Christel**, Forchheimer Str. 20, ✉ 96129, ✆ (09543) 44 60, Hotel-Christel@t-online.de,
Fax (09543) 4970, ☂, ⬡s, ⬚ – ⬡, ⬡ Zim, 📺 ⬡ ⬡ – ⬡ 30. ⬡ ⬡ ⬡ ⬡
geschl. 24. - 30. Dez. – **Menu** (geschl. Sonntag) à la carte 34/61 – **42 Z** ⬡ 70/80 – 110/130.

STRUPPEN Sachsen siehe Königstein.

STRUTH Thüringen siehe Mühlhausen bzw. Schmalkalden.

STUBENBERG Bayern siehe Simbach am Inn.

STÜHLINGEN Baden-Württemberg ⬛⬛⬛ W 9 – 5 000 Ew – Höhe 501 m – Luftkurort.
⬡ ⬡ Stühlingen, Am Golfplatz 3, ✆ (07703) 9 20 30.
Berlin 773 – Stuttgart 156 – Freiburg im Breisgau 73 – Donaueschingen 30 – Schaffhausen
21 – Waldshut-Tiengen 27.

🏠 **Rebstock** (mit Gästehaus), Schloßtr. 10, ✉ 79780, ✆ (07744) 9 21 20, Familie.Sarn
⬡ ow@Hotel-Rebstock.de, Fax (07744) 921299, Biergarten, ☂ – 📺 ⬡. ⬡ ⬡
Menu à la carte 24/51 – **29 Z** ⬡ 65/68 – 110/120.

In Stühlingen-Weizen Nord-Ost : 4 km :

🏠 **Zum Kreuz**, Ehrenbachstr. 70, ✉ 79780, ✆ (07744) 3 35, gasthaus-kreuz@t-online.de,
⬡ Fax (07744) 1347, ☂ – 📺 ⬡ ⬡. ⬡ ⬡ – geschl. Ende Okt. - Mitte Nov. – **Menu** (geschl.
Montag) à la carte 24/50 ⬡ – **17 Z** ⬡ 50/60 – 90/100.

In Stühlingen-Weizen - Bahnhof Nord-Ost : 3 km :

🏨 **Sonne** ⬚, Ehrenbachstr. 10, ✉ 79780, ✆ (07744) 9 21 10, Sonne-weizen@t-online.de,
Fax (07744) 921140, ☂ – ⬡ Zim, 📺 ⬡ ⬡. ⬡ ⬡ ⬡
geschl. 23. Dez. - 7. Jan. – **Menu** (geschl. April - Okt. Dienstag, Okt. - April Samstag) à la
carte 33/63 – **20 Z** ⬡ 85/140.

STUER BAD Mecklenburg-Vorpommern siehe Plau am See.

STUHR Niedersachsen ⬛⬛⬛ G 10 – 28 000 Ew – Höhe 4 m.
Berlin 390 – Hannover 125 – Bremen 9,5 – Wildeshausen 29.

In Stuhr-Brinkum Süd-Ost : 4 km :

🏨 **Bremer Tor**, Syker Str. 4, ✉ 28816, ✆ (0421) 80 67 80, BremerTor@t-online.de,
Fax (0421) 8067830, ☂ – ⬡, ⬡ Zim, ☰ Rest, 📺 ⬡ ⬡ ⬡ – ⬡ 100. ⬡ ⬡ ⬡ ⬡
Menu à la carte 34/61 – **38 Z** ⬡ 114/173.

In Stuhr-Moordeich West : 2 km :

🏨 **A 1** ⬚, Moordeicher Landstr. 79 (an der B 322), ✉ 28816, ✆ (04206) 44 90, Raensc
hGroup@t-online.de, Fax (04206) 449100, ⬡, ⬡s – ⬡, ⬡ Zim, 📺 ⬡ ⬡ ⬡ – ⬡ 120.
⬡ ⬡ ⬡ ⬡ – **Menu** à la carte 40/68 – **75 Z** ⬡ 129/225 – 174/270.

✕✕ **Nobel** mit Zim, Neuer Weg 13, ✉ 28816, ✆ (0421) 5 68 00, Fax (0421) 563648, ☂ –
📺 ⬡ – ⬡ 25. ⬡ ⬡ ⬡ ⬡ ⬡
Menu (geschl. Dienstag) à la carte 34/58 – **2 Z** ⬡ 90/120.

STUTENSEE Baden-Württemberg ⬛⬛⬛ S 9 – 20 700 Ew – Höhe 116 m.
Berlin 662 – Stuttgart 79 – Karlsruhe 15 – Heidelberg 45.

In Stutensee-Blankenloch :

✕ **Herrmannshäusle**, Hauptstr. 97, ✉ 76297, ✆ (07244) 9 44 39, Fax (07244) 94439
geschl. über Fastnacht 1 Woche, Aug. 2 Wochen, Montag - Dienstag, Samstagmittag –
Menu à la carte 55/88.

STUTTGART

Ⓛ *Baden-Württemberg* 🔟🔟🔟 *T 11 – 565 000 Ew – Höhe 245 m*

Berlin 630 ① – Frankfurt am Main 204 ② – Karlsruhe 88 ⑧ – München 222 ⑥ – Strasbourg 156 ⑧

🅱 *Tourist-Info, Königstr. 1a,* ✉ *70173,* 🞧 *(0711) 2 22 82 40, Fax (0711) 2228253*
ADAC, *Am Neckartor 2*
✈ *Stuttgart-Echterdingen* DS, 🞧 *(0711) 94 80*
City-Air-Terminal, Lautenschlagerstr. 14 LY
🚗 *in Kornwestheim*
Messegelände Killesberg GT, 🞧 *(0711) 2 58 90, Fax (0711) 2589440*

Sehenswert : *Linden-Museum*★★ KY **M¹** – *Wilhelma*★ HT *und Höhenpark Killesberg*★ GT – *Fernsehturm* (❋★) HX – *Galerie der Stadt Stuttgart (Otto-Dix-Sammlung*★) LY **M⁴** – *Schwäbisches Brauereimuseum*★ BS **M⁷** – *Altes Schloß (Rennaissance-Hof*★, *Württembergisches Landesmuseum*★ *mit der Abteilung religiöse Bildhauerei*★★) LY **M³** – *Staatsgalerie*★★ *(Alte Meister*★★) LY **M²** – *Stiftskirche (Grafenstandbilder*★) KY **A** – *Staatl. Museum für Naturkunde (Museum am Löwentor*★) HT **M⁵** – *Daimler-Benz-Museum*★ JV **M⁶** – *Porsche-Museum*★ CP – *Schloß Solitude*★ BR

Ausflugsziel : *Bad Cannstatt : Kurpark*★ JT

🆖 *Kornwestheim, Aldinger Straße (über ② : 11 km),* 🞧 *(07141) 87 13 19*
🆖 *Schwieberdingen, Nippenburg 21 (über ⑨ : 15 km),* 🞧 *(07150) 3 95 30*
🆖 *Mönsheim (Nord-West : 30 km über die A8, Ausfahrt Heimsheim),* 🞧 *(07044) 9 11 04 10*

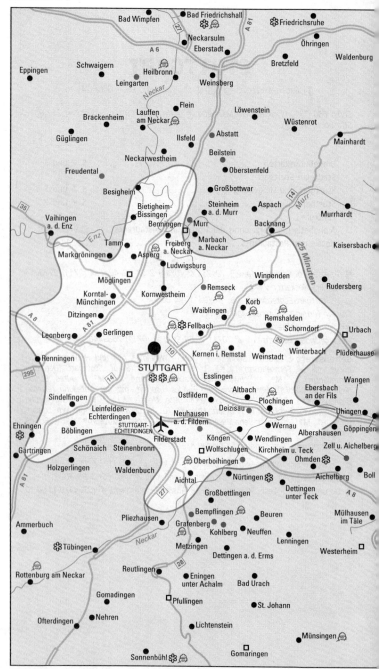

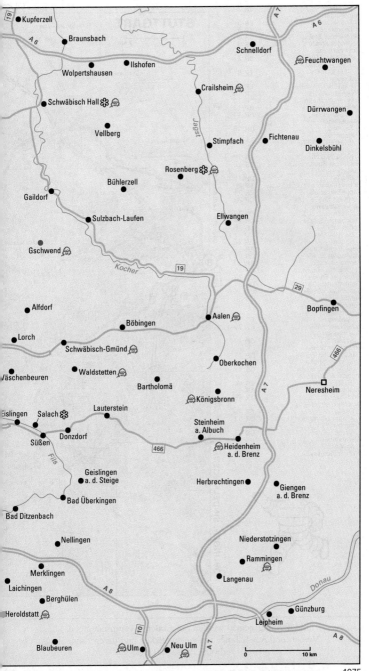

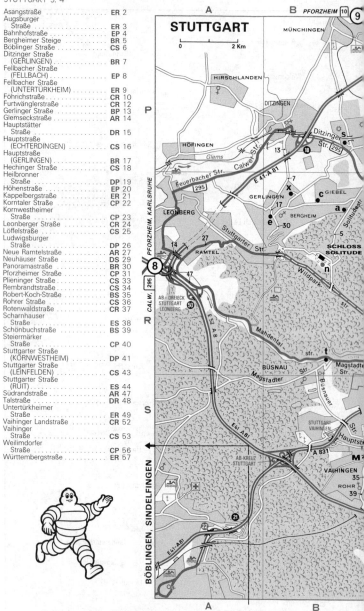

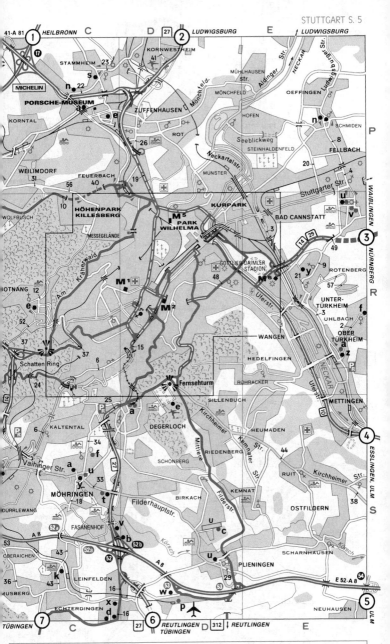

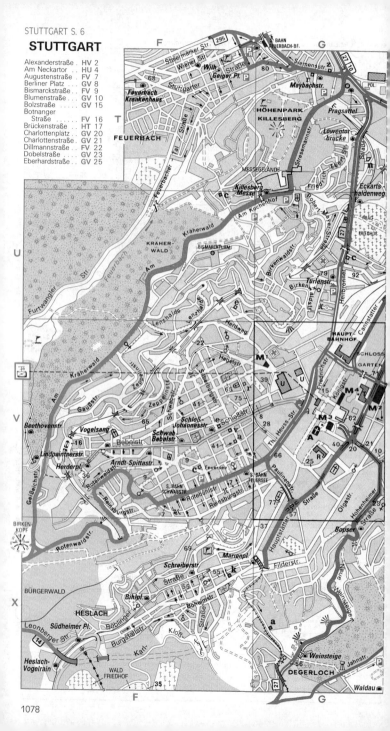

STUTTGART

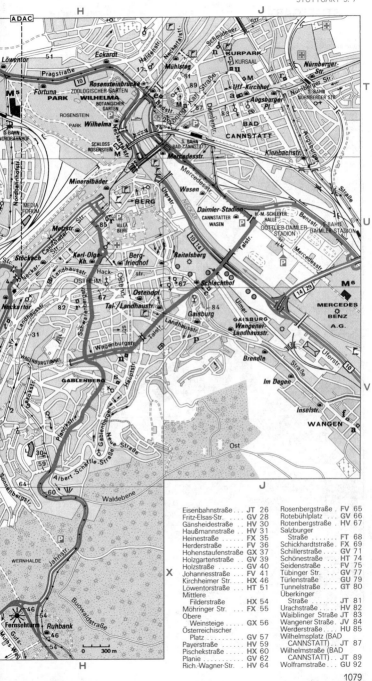

STUTTGART

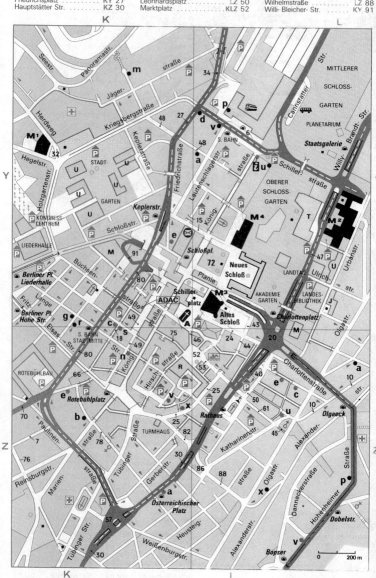

Alphabetische Liste Hotels und Restaurants Stuttgart
Liste alphabétique des hôtels et restaurants

🏨 **Steigenberger Graf Zeppelin** Ⓜ, Arnulf-Klett-Platz 7, ⊠ 70173, ℘ (0711) 2 04 80, stuttgart@steigenberger.de, Fax (0711) 2048542, Massage, 🚈s, ◻ – ⧉, 🛏 Zim, 📺 📺
🍴 🕭 ⏢ – 🔬 300. 🆎 ⓞ ⓦ 🆅🆂🅰 🅹🅲🅱. 🛇 Rest **LY** v
Graf Zeppelin (geschl. Aug., Sonn- und Feiertage, Montag) (nur Abendessen) **Menu** à la carte 76/104 – *Zeppelin Stüble (geschl. Sonn- und Feiertage)* **Menu** à la carte 39/69 – *Zeppelino's :* **Menu** à la carte 48/66 – � 32 – **195 Z** 360/460 – 380/460.

🏨 **Am Schloßgarten**, Schillerstr. 23, ⊠ 70173, ℘ (0711) 2 02 60, Schlossgarten@t-online.de, Fax (0711) 2026888, « Terrasse mit ≤ » – ⧉, 🛏 Zim, 📺 🍴 🕭 ⏢ – 🔬 100.
🆎 ⓞ ⓦ 🆅🆂🅰 🅹🅲🅱. 🛇 Rest **LY** u
Menu siehe auch Rest. *Zirbelstube* separat erwähnt*Schlossgarten-Restaurant :* **Menu** à la carte 64/88 – *Vinothek (geschl. 16. Juli - 4. Aug., Sonntag)* **Menu** 38 à la carte 52/66 – ⊇ 32 – **116 Z** 279/435 – 385/490, 4 Suiten.

🏨 **Maritim** Ⓜ, Seidenstr. 34, ⊠ 70174, ℘ (0711) 94 20, infostu@maritim.de, Fax (0711) 9421000, Massage, 🄵, 🚈s, ◻ – ⧉, 🛏 Zim, 📺 🍴 🕭 ⏢ – 🔬 500.
🆎 ⓞ ⓦ 🆅🆂🅰 🅹🅲🅱 **FV** r
Menu à la carte 45/83 – **555 Z** ⊇ 280/430 – 350/582, 46 Suiten.

🏨 **Inter-Continental**, Willy-Brandt-Str. 30, ⊠ 70173, ℘ (0711) 2 02 00, stuttgart@interconti.com, Fax (0711) 20202020, Massage, 🄵, 🚈s, ◻ – ⧉, 🛏 Zim, 📺 🍴 🕭 ⏢
– 🔬 300. 🆎 ⓞ ⓦ 🆅🆂🅰 🅹🅲🅱. 🛇 Rest **HV** t
Menu à la carte 49/78 *(auch vegetarische Gerichte)* – ⊇ 32 – **276 Z** 325/425 – 375/475, 28 Suiten.

🏨 **Dorint Budget Hotel** Ⓜ, Heilbronner Str. 88, ⊠ 70191, ℘ (0711) 25 55 80, Info. STRBUD@dorint.com, Fax (0711) 25558100 – ⧉, 🛏 Zim, 📺 📺 🍴 🕭 ⏢ – 🔬 120. 🆎
ⓞ ⓦ 🆅🆂🅰 🅹🅲🅱 **GU** c
Menu à la carte 40/58 – ⊇ 21 – **174 Z** 170/210 – 190/250.

🏨 **Royal**, Sophienstr. 35, ⊠ 70178, ℘ (0711) 6 25 05 00, royalhotel@t-online.de, Fax (0711) 628809 – ⧉, 🛏 Zim, 📺 📺 ⏢ 🄿 – 🔬 70. 🆎 ⓞ ⓦ 🆅🆂🅰 🅹🅲🅱 **KZ** b
geschl. 24. - 26. Dez. – **Menu** *(geschl. Sonn- und Feiertage)* à la carte 43/85 – **100 Z** ⊇ 195/260 – 280/480, 3 Suiten.

🏨 **Unger** garni, Kronenstr. 17, ⊠ 70173, ℘ (0711) 2 09 90, hotel_unger@t-online.de, Fax (0711) 2099109 – ⧉ 🛏 📺 🍴 ⏢ – 🔬 20. 🆎 ⓞ ⓦ 🆅🆂🅰 🅹🅲🅱 **LY** a
95 Z ⊇ 209/259 – 279/359.

🏨 **Kronen-Hotel** 🦢 garni, Kronenstr. 48, ⊠ 70174, ℘ (0711) 2 25 10, Kronenhotel@s.netic.de, Fax (0711) 2251404, 🚈s – ⧉ 🛏 📺 🍴 ⏢ – 🔬 20. 🆎 ⓞ ⓦ 🆅🆂🅰
🅹🅲🅱 **KY** m
geschl. 22. Dez. - 7. Jan. – **84 Z** ⊇ 189/250 – 254/326.

🏨 **Parkhotel**, Villastr. 21, ⊠ 70190, ℘ (0711) 2 80 10, ParkhotelamRundfunk@t-online.de, Fax (0711) 2864353, 🌳 – ⧉, 🛏 Zim, 📺 🍴 ⏢ – 🔬 60. 🆎 ⓞ ⓦ 🆅🆂🅰.
🛇 **HU** r
Menu à la carte 50/79 – **72 Z** ⊇ 195/200 – 220/260.

🏨 **Azenberg** 🦢, Seestr. 114, ⊠ 70174, ℘ (0711) 2 25 50 40, info@hotelazenberger.de, Fax (0711) 22550499, 🚈s, ◻, 🌳 – ⧉, 🛏 Zim, 📺 🍴 ⏢ 🄿 – 🔬 20. 🆎 ⓞ ⓦ 🆅🆂🅰
🅹🅲🅱. 🛇 Rest **FU** e
Menu *(geschl. Samstag, Sonn- und Feiertage) (nur Abendessen)* (Restaurant nur für Hausgäste) – **57 Z** ⊇ 150/200 – 210/260.

🏨 **Bergmeister** garni (mit Gästehaus), Rotenbergstr. 16, ⊠ 70190, ℘ (0711) 28 33 63, hobergmeis@aol.com, Fax (0711) 283719, 🚈s – ⧉ 🛏 📺 ⏢. 🆎 ⓞ ⓦ 🆅🆂🅰
🅹🅲🅱 **HV** r
46 Z ⊇ 132/159 – 179/210.

🏨 **Rega Hotel**, Ludwigstr. 18, ⊠ 70176, ℘ (0711) 61 93 40, 071161934-0001@t-online.de, Fax (0711) 6193477 – ⧉ 🛏 🍴 ⏢ – 🔬 20. 🆎 ⓞ ⓦ 🆅🆂🅰 **FV** a
Menu *(geschl. Sonntagabend)* à la carte 31/50 – **60 Z** ⊇ 185/220 – 235/260.

🏨 **InterCityHotel** Ⓜ garni, Arnulf-Klett-Platz 2, ⊠ 70173, ℘ (0711) 2 25 00, stuttgart@intercityhotel.de, Fax (0711) 2250499 – ⧉ 🛏 📺 🍴 – 🔬 25. 🆎 ⓞ ⓦ 🆅🆂🅰 🅹🅲🅱 **LY** p
112 Z ⊇ 205/215 – 255/265.

🏨 **Wörtz zur Weinsteige**, Hohenheimer Str. 30, ⊠ 70184, ℘ (0711) 2 36 70 00, Info@Hotel-Woertz.de, Fax (0711) 2367007, 🌳 – 🛏 Zim, 📺 🄿. 🆎 ⓞ ⓦ 🆅🆂🅰 🅹🅲🅱
Menu *(geschl. Jan. 3 Wochen, Aug. 3 Wochen, Montag, Sonn- und Feiertage)* (bemerkenswerte Weinkarte) à la carte 31/85 – **25 Z** ⊇ 150/220 – 160/300. **LZ** p

🏨 **Wartburg**, Lange Str. 49, ⊠ 70174, ℘ (0711) 2 04 50, hotel.wartburg.stgt.@gmx.de, Fax (0711) 2045450 – ⧉, 🛏 Zim, 📺 Rest, 📺 🄿 – 🔬 40. 🆎 ⓞ ⓦ 🆅🆂🅰 🅹🅲🅱. 🛇 Rest
geschl. über Ostern, 22. Dez. - 2. Jan. – **Menu** *(geschl. Samstag, Sonn- und Feiertage) (nur Mittagessen)* à la carte 34/51 – **80 Z** ⊇ 158/185 – 265. **KY** g

🏨 **Rema-Hotel Astoria** garni, Hospitalstr. 29, ⊠ 70174, ℘ (0711) 29 93 01, astoria@remahotels.com, Fax (0711) 299307 – ⧉ 🛏 📺 🄿 – 🔬 20. 🆎 ⓞ ⓦ 🆅🆂🅰 🅹🅲🅱 **KY** r
57 Z ⊇ 190/250.

Abalon Ⓜ ♒ garni, Zimmermannstr. 7 (Zufahrt über Olgastr. 79), ✉ 70182, 𝒸 (0711) 2 17 10, info@abalon.de, Fax (0711) 2171217 – 🖙 🕪 📺 📞 🚗. 🆎 ⓪ ⑩ 𝘝𝘐𝘚𝘈
42 Z 🛏 125/139 – 169/189.   LZ x

Central Classic Ⓜ garni, Hasenbergstr. 49a, ✉ 70176, 𝒸 (0711) 6 15 50 50, Jarek .jk@gmx.de, Fax (0711) 61550530 – 🖙 📺 📞. 🆎 ⓪ ⑩ 𝘝𝘐𝘚𝘈 𝘫𝘤ʙ. ✂
geschl. 23. Dez - 8. Jan. – **30 Z** 🛏 119/149 – 159/189.   FV c

City-Hotel garni, Uhlandstr. 18, ✉ 70182, 𝒸 (0711) 21 08 10, Fax (0711) 2369772 – 📺 🄿. 🆎 ⓪ ⑩ 𝘝𝘐𝘚𝘈 𝘫𝘤ʙ. ✂
31 Z 🛏 150/165 – 185/220.   LZ a

Rieker garni, Friedrichstr. 3, ✉ 70174, 𝒸 (0711) 22 13 11, INFO@HOTEL-RIEKER.DE, Fax (0711) 293894 – 🖙 🕪 📺 🚗. 🆎 ⓪ ⑩ 𝘝𝘐𝘚𝘈 𝘫𝘤ʙ
66 Z 🛏 178/198 – 228/298.   LY d

Ibis am Löwentor Ⓜ garni, Presselstr. 15, ✉ 70191, 𝒸 (0711) 25 55 10, h2202@a ccor-hotels.com, Fax (0711) 25551150 – 🖙 🕪 ▤ 📺 📞 ⑤. 🚗. 🆎 ⓪ ⑩ 𝘝𝘐𝘚𝘈 𝘫𝘤ʙ
🛏 15 – **132 Z** 113.   GT n

Bellevue, Schurwaldstr. 45, ✉ 70186, 𝒸 (0711) 48 07 60, Fax (0711) 4807631 – 📺 🚗 🄿. 🆎 ⓪ ⑩ 𝘝𝘐𝘚𝘈   JV p
Menu (geschl. Dienstag - Mittwoch) 25/35 à la carte 36/60 🍴 – **12 Z** 🛏 90/110 – 140/150.

Stadthotel am Wasen garni, Schlachthofstr. 19, ✉ 70188, 𝒸 (0711) 16 85 70, Fax (0711) 1685757 – 🖙 📺 🚗 🄿. 🆎 ⓪ ⑩ 𝘝𝘐𝘚𝘈
31 Z 🛏 110/140 – 150/190.   JUV e

Sautter, Johannesstr. 28, ✉ 70176, 𝒸 (0711) 6 14 30, info@hotel-sautter.de, Fax (0711) 611639, 🌳 – 🖙 📺 – 🚿 30. 🆎 ⓪ ⑩ 𝘝𝘐𝘚𝘈 𝘫𝘤ʙ   FV e
geschl. 23. Dez. - 2. Jan. – **Menu** (geschl. Samstag, Sonn- und Feiertage abends) à la carte 34/57 – **58 Z** 🛏 135/150 – 180/200.

Hansa garni, Silberburgstr. 114, ✉ 70176, 𝒸 (0711) 62 50 83, Fax (0711) 617349 – 🖙 📺 – 🚿 20. 🆎 ⓪ ⑩ 𝘝𝘐𝘚𝘈 𝘫𝘤ʙ   FV v
80 Z 🛏 125/135 – 175/185.

XXXX **Zirbelstube** - Hotel Am Schloßgarten, Schillerstr. 23, ✉ 70173, 𝒸 (0711) 2 02 68 28, ✿ schlossgarten@t-online.de, Fax (0711) 2026888, « Terrasse mit ⟨ » – 🚗. 🆎 ⓪ ⑩ 𝘝𝘐𝘚𝘈 𝘫𝘤ʙ. ✂   LY u
geschl. 1. - 15. Jan., Aug., Sonntag - Montag – **Menu** à la carte 99/131
Spez. Variation von der Gänseleber. Lasagne von St. Jakobsmuscheln und Felsenrotbarbe. Lammcarré mit Kartoffel-Schalottentarte.

XX **Délice** (Gutscher), Hauptstätter Str. 61, ✉ 70178, 𝒸 (0711) 6 40 32 22, « Gewölbekeller ✿ mit zeitgenössischer Kunst »   KZ a
geschl. Samstag, Sonn- und Feiertage – **Menu** (nur Abendessen) (Tischbestellung erforderlich, bemerkenswerte Weinkarte) 130 à la carte 84/191
Spez. Marinierte Spaghettini mit Kaviar. Gebratener St. Pierre mit Oliven-Kartoffelpürée und Trüffel. Graumohnauflauf mit Aprikosensauce und Schokoladenstreifen.

XX **Di Gennaro,** Kronprinzstr. 11, ✉ 70173, 𝒸 (0711) 2 22 96 03, Fax (0211) 22296040 – 🆎 ⓪ ⑩ 𝘝𝘐𝘚𝘈   KZ n
Gourmet-Restaurant (italienische Küche) (geschl. 31. Juli - 30. Aug., Sonntag) **Menu** à la carte 71/92 – ***Bistro*** (geschl. Sonntag) **Menu** à la carte 53/82.

XX **Da Franco,** Calwer Str. 23 (1. Etage), ✉ 70173, 𝒸 (0711) 29 15 81, Fax (0711) 294549 – 🆎. 🆎 ⓪ ⑩ 𝘝𝘐𝘚𝘈   KYZ s
geschl. Juli - Aug. 4 Wochen, Montag – **Menu** (italienische Küche) à la carte 51/74.

XX **La Fenice**, Rotebühlplatz 29, ✉ 70178, 𝒸 (0711) 6 15 11 44, Fax (0711) 6151146, 🌳 – 🆎   KZ e
geschl. 10. - 30. Juli, Montag, Samstagmittag – **Menu** (italienische Küche) à la carte 62/112.

XX **Kern's Pastetchen,** Hohenheimer Str. 64, ✉ 70184, 𝒸 (0711) 48 48 55, Kerns.Pas tetchen@t-online.de, Fax (0711) 487565   LZ v
geschl. Anfang - Mitte Jan., Aug. 3 Wochen, Sonntag - Montag – **Menu** (nur Abendessen) 85/105 und à la carte.

XX **La nuova Trattoria da Franco,** Calwer Str. 32, ✉ 70173, 𝒸 (0711) 29 47 44, Fax (0711) 294549, 🌳 – 🆎 ⓪ ⑩ 𝘝𝘐𝘚𝘈   KYZ c
Menu (italienische Küche) à la carte 49/81.

XX **La Scala,** Friedrichstr. 41 (1.Etage, 🖙), ✉ 70174, 𝒸 (0711) 29 06 07, ⬗ Fax (0711) 2991640 – ▤. 🆎 ⓪ ⑩ 𝘝𝘐𝘚𝘈   KY e
geschl. Aug. 3 Wochen, Feiertage mittags, Sonntag – Menu (italienische Küche) à la carte 47/65.

XX **Krämer's Bürgerstuben,** Gablenberger Hauptstr. 4, ✉ 70186, 𝒸 (0711) 46 54 81, Fax (0711) 486508 – 🆎 ⓪ ⑩ 𝘝𝘐𝘚𝘈   HV n
geschl. Juli - Aug. 3 Wochen, Samstagmittag, Sonntagabend - Montag – **Menu** à la carte 49/85.

XX **Alter Fritz am Killesberg** mit Zim, Feuerbacher Weg 101, ✉ 70192, ℰ (0711) 13 56 50, Fax (0711) 1356565, ☞ – 📺 ☏ ✇ FU c
geschl. Ende Dez. - Anfang Jan., Aug. 2 Wochen – **Der kleine Fritz** *(geschl. Montag, Feiertage) (nur Abendessen)* **Menu** à la carte 58/84 – **10 Z** ☷ 130/160 – 180/215.

XX **Der Goldene Adler**, Böheimstr. 38, ✉ 70178, ℰ (0711) 6 40 17 62, Fax (0711) 6499970, ☞ – 🅿 🅰🅴 📼 FX k
geschl. Anfang - Mitte Sept., Montag – **Menu** *(wochentags nur Abendessen)* à la carte 49/94.

X **Der Zauberlehrling**, Rosenstr. 38, ✉ 70182, ℰ (0711) 2 37 77 70, kontakt@zauberlehrling.de, Fax (0711) 2377775 – 🅰🅴 LZ c
geschl. Samstagmittag, Sonn- und Feiertage – **Menu** à la carte 61/97.

X **Peri**, Steinstr. 11, ✉ 70173, ℰ (0711) 2 36 80 61, Fax (0711) 2368089 – 🅰🅴 ⓞ 📶 📼 KZ v
geschl. Sonntag – **Menu** (türkische Küche) à la carte 35/62.

Schwäbische Weinstuben *(kleines Speisenangebot)* :

X **Weinstube Schellenturm**, Weberstr. 72, ✉ 70182, ℰ (0711) 2 36 48 88, Fax (0711) 2262699, ☞ – 🅰🅴 📼 ✇ LZ u
geschl. Sonn- und Feiertage – **Menu** *(nur Abendessen)* à la carte 36/61.

X **Weinstube Klösterle**, Marktstr. 71 (Bad Cannstatt), ✉ 70372, ℰ (0711) 56 89 62, Fax (0711) 558606, ☞, « Historisches Klostergebäude a.d.J.1463 mit rustikaler Einrichtung » – 📶 HJT e
geschl. Sonn- und Feiertage – **Menu** *(ab 17 Uhr geöffnet)* à la carte 31/48.

X **Kachelofen**, Eberhardstr. 10 (Eingang Töpferstraße), ✉ 70173, ℰ (0711) 24 23 78, ☞ – 📼 📼 KZ x
geschl. Sonntag – **Menu** *(ab 17 Uhr geöffnet)* à la carte 48/52.

X **Weinstube Klink**, Epplestr. 1 (Degerloch), ✉ 70597, ℰ (0711) 7 65 32 05, Fax (0711) 760307, ☞ – DS a
geschl. 19. Aug. - 8. Sept., Samstag, Sonn- und Feiertage – **Menu** *(ab 17 Uhr geöffnet)* *(Tischbestellung ratsam)* à la carte 48/84.

X **Weinstube Träuble**, Gablenberger Hauptstr. 66 (Eingang Bussenstraße), ✉ 70186, ℰ (0711) 46 54 28, Fax (0711) 4207961, ☞ – 📼 ✇ HV s
geschl. Jan. 1 Woche, Ende Mai - Anfang Juni, Sonn- und Feiertage – **Menu** *(ab 17 Uhr geöffnet)* *(nur Vesperkarte).*

X **Weinhaus Stetter**, Rosenstr. 32, ✉ 70182, ℰ (0711) 24 01 63, Fax (0711) 240193, ☞
geschl. 24. Dez. - 8 Jan., Sonn- und Feiertage – **Menu** *(geöffnet Montag - Freitag ab 15 Uhr, Samstag bis 15 Uhr)* *(bemerkenswerte Weinkarte)* *(nur Vesperkarte)* 🍷. LZ e

In Stuttgart-Botnang :

🏠 **Hirsch**, Eltinger Str. 2, ✉ 70195, ℰ (0711) 69 29 17, hotelhirsch@debitel.net, Fax (0711) 6990788, Biergarten – 🛗 📺 🚗 🅿 – 🔬 140. 🅰🅴 ⓞ 📶 📼 CR e
Menu *(geschl. Sonn- und Feiertage abends, Montag)* à la carte 39/67 – **34 Z** ☷ 96/125 – 150.

In Stuttgart-Büsnau :

🏰 **relexa Waldhotel Schatten**, Magstadter Straße (am Solitudering), ✉ 70569, ℰ (0711) 6 86 70, stuttgart@relexa-hotel.de, Fax (0711) 6867999, ☞, ☎ – 🛗, ✑ Zim, 📺 ☏ & 🚗 🅿 – 🔬 90. 🅰🅴 ⓞ 📶 📼 🅹🅲🅱 BR t
La Fenêtre *(geschl. Sonn- und Feiertage, Montag)* **Menu** à la carte 59/85 – **Kaminrestaurant** : **Menu** à la carte 46/77 – **136 Z** ☷ 170/290 – 230/350, 12 Suiten.

In Stuttgart-Bad Cannstatt :

🏰 **Pannonia Hotel** Ⓜ, Teinacher Str. 20, ✉ 70372, ℰ (0711) 9 54 00, PANNONIA-STUTTGART@t-online.de, Fax (0711) 9540630, ☞, ☎ – 🛗, ✑ Zim, 🍽 Rest, 📺 ☏ & 🚗 – 🔬 110. 🅰🅴 ⓞ 📶 📼 🅹🅲🅱 JT n
Menu à la carte 52/78 – **156 Z** ☷ 195/205 – 245/305, 5 Suiten.

🏨 **Spahr** garni, Waiblinger Str. 63, ✉ 70372, ℰ (0711) 55 39 30, Fax (0711) 55393333 – 🛗 ✑ 📺 🚗 🅰🅴 ⓞ 📶 📼 JT a
geschl. 23. Dez. - 6. Jan. – **63 Z** ☷ 150/180 – 205/280.

XX **Krehl's Linde** mit Zim, Obere Waiblinger Str. 113, ✉ 70374, ℰ (0711) 5 20 49 00, Fax (0711) 52049013, ☞ – 📺 🚗. 🅰🅴 📶 📼 JT r
geschl. Aug. 3 Wochen – **Menu** *(geschl. Sonntag - Montag)* à la carte 46/90 – **18 Z** ☷ 105/165 – 175/250.

XX **Pfund**, Waiblinger Str. 61A, ✉ 70372, ℰ (0711) 56 63 63, Fax (0711) 5006768 – 🅿 🅰🅴 ⓞ 📶 📼 JT a
geschl. 23. Dez. - 8. Jan., Freitagmittag, Samstagmittag, Sonn- und Feiertage – **Menu** 44 à la carte 46/81.

X **Alt Cannstatt**, Königsplatz 1, ✉ 70372, ℰ (0711) 56 11 15, ACannstatt@aol.com, Fax (0711) 560080, ☞, Biergarten – 🔬 300. 🅰🅴 ⓞ 📶 📼 JT u
geschl. Sonntagabend - Montag – **Menu** à la carte 40/76.

In Stuttgart-Degerloch :

🏨 **Waldhotel Degerloch** ♨, Guts-Muths-Weg 18, ✉ 70597, ℰ (0711) 76 50 17, *info @ waldhotel-degerloch.de*, Fax (0711) 76501999, 🌳, 🕿, ✵ – ⊞ �📺 ⅙ 🅿 – 🔬 120. 🆎 ⓘ ⓂⓄ 𝘝𝘐𝘚𝘈 ᴊᴄʙ
DS e
Menu à la carte 47/62 – **50 Z** ⯑ 169/188 – 225/265.

𝄇𝄇𝄇 **Wielandshöhe** (Klink), Alte Weinsteige 71, ✉ 70597, ℰ (0711) 6 40 88 48, 𝖝𝖝𝖝𝖝 ❀ Fax (0711) 6409408, 🌳, « Schöne Lage mit ≤ Stuttgart » – 🆎 ⓘ ⓂⓄ 𝘝𝘐𝘚𝘈 GX a
geschl. Sonntag - Montag – **Menu** *(Tischbestellung ratsam)* 128/188 à la carte 104/122
Spez. Hummer mit Basilikum-Kartoffelsalat. Kapaun mit Morchelrahm und Nudeln. Topfensoufflé.

𝖝𝖝𝖝 **Weber's Gourmet im Turm,** Jahnstr. 120, ✉ 70597, ℰ (0711) 24 89 96 10, *mail ❀ @ webers-gourmet-im-turm.de*, Fax (0711) 24899627, ⁎ Stuttgart und Umgebung, *(im Fernsehturm in 144 m Höhe)*, ⊞) – 🅿. 🆎 ⓘ ⓂⓄ 𝘝𝘐𝘚𝘈. ❀ HX
geschl. Aug. 2 Wochen, Jan. 2 Wochen, Sonntag - Montag – **Menu** *(abends Tischbestellung erforderlich)* à la carte 89/136
Spez. Délice von Langostinen und Seezunge mit Calamaretti. Braisierte Rinderschulter mit Perlzwiebeln und Polenta. Nougat-Eisparfait mit Champagner-Zitrusfrüchten.

𝖝𝖝 **Das Fässle,** Löwenstr. 51, ✉ 70597, ℰ (0711) 76 01 00, *info@Faessle.de*, ❀ Fax (0711) 764432, 🌳 – 🆎 ⓘ ⓂⓄ 𝘝𝘐𝘚𝘈 DS a
geschl. Sonntag - Montagmittag – **Menu** *(Tischbestellung ratsam)* à la carte 43/78.

𝖝 **Primafila,** Jahnstr. 120 (am Fuß des Fernsehturms), ✉ 70597, ℰ (0711) 2 36 31 55, *primafila@gmx.net*, Fax (0711) 2363156, 🌳, Biergarten – 🅿. 🆎 ⓘ ⓂⓄ 𝘝𝘐𝘚𝘈 HX
Menu *(italienische Küche)* à la carte 41/71.

In Stuttgart-Fasanenhof :

🏨🏨 **Mercure** 🅼, Eichwiesenring 1, ✉ 70567, ℰ (0711) 7 26 60, *h1574@accor-hotel.com*, Fax (0711) 7266444, 🌳, 🖪, 🕿 – ⊞, ✳ Zim, ▤ 📺 ✆ ⅙ ⇦ 🅿 – 🔬 120. 🆎 ⓘ ⓂⓄ 𝘝𝘐𝘚𝘈 CS v
Menu à la carte 45/76 – **148 Z** ⯑ 196/241 – 252/297.

🏨🏨 **Fora Hotel** 🅼, Vor dem Lauch 20, ✉ 70567, ℰ (0711) 7 25 50, *reservation.fasane nhof@flora.de*, Fax (0711) 7255666, 🌳, 🕿 – ⊞, ✳ Zim, 📺 ✆ ⇦ – 🔬 55. 🆎 ⓘ ⓂⓄ 𝘝𝘐𝘚𝘈 DS b
Menu à la carte 35/58 – **101 Z** ⯑ 210/240.

In Stuttgart-Feuerbach :

🏨🏨🏨 **Messehotel Europe** 🅼, Siemensstr. 33, ✉ 70469, ℰ (0711) 81 00 40 (Hotel) 8 10 04 23 55 (Rest.), *EuropeStgt@aol.com*, Fax (0711) 810042555 – ⊞), ✳ Zim, ▤ 📺 ✆ ⇦ – 𝘝𝘐𝘚𝘈 GT r
geschl. Aug. – **Landhausstuben** *(geschl. Montag) (nur Abendessen)* **Menu** à la carte 38/67 – **114 Z** ⯑ 200/250, 4 Suiten.

🏨🏨 **Kongresshotel Europe,** Siemensstr. 26, ✉ 70469, ℰ (0711) 81 00 40, *EUROPESt gt@aol.com*, Fax (0711) 810041444, 🕿 – ⊞, ✳ Zim, ▤ 📺 ✆ ⇦ – 🔬 120. 🆎 ⓘ ⓂⓄ 𝘝𝘐𝘚𝘈 GT z
Menu *(geschl. Samstagmittag, Sonntagmittag)* à la carte 47/72 – **145 Z** ⯑ 135/330 – 210/350, 4 Suiten.

In Stuttgart-Flughafen :

🏨🏨🏨 **Mövenpick-Hotel** 🅼, Randstr. 7, ✉ 70629, ℰ (0711) 7 90 70, Fax (0711) 793585, 🌳, 🕿 – ⊞, ✳ Zim, ▤ 📺 ✆ ⅙ 🅿 – 🔬 40. 🆎 ⓘ ⓂⓄ 𝘝𝘐𝘚𝘈 ᴊᴄʙ DS w
Menu à la carte 44/68 – ⯑ 28 – **229 Z** 279/305 – 319/345.

𝖝𝖝𝖝 **top air,** im Flughafen (Terminal 1, Ebene 4), ✉ 70629, ℰ (0711) 9 48 21 37, *top.air. ❀ stuttgart@woellhaf-airport.de*, Fax (0711) 7979210 – ▤ 🅿. – 🔬 40. 🆎 ⓘ ⓂⓄ 𝘝𝘐𝘚𝘈 DS p
geschl. Jan. 1 Woche, Aug., Samstag – **Menu** 68 (mittags)/170 à la carte 100/128
Spez. Variation von der Gänsestopfleber mit Sauternesgelee. Chartreuse von Hummer mit Kaviar und Artischocken-Vinaigrette. Milchkalbsmedaillons mit Trüffelkruste und Spätburgundersauce.

In Stuttgart-Hohenheim :

𝖝𝖝𝖝𝖝 **Speisemeisterei** (Öxle), Am Schloß Hohenheim, ✉ 70599, ℰ (0711) 4 56 00 37, ❀❀ Fax (0711) 4560038 – 🅿. ❀ DS c
geschl. 1. - 15. Jan., 24. Juli - 15. Aug., Sonntagabend - Montag – **Menu** *(wochentags nur Abendessen)* *(Tischbestellung ratsam)* 115/195
Spez. Mille-feuille von Gänseleber und Trüffel mit Ochsenschwanzgelee. Warmgeräucherter Meerwolf mit weißem Bohnenragoût und Meeresfrüchten. Kalbsfilet mit Champagnersauce.

In Stuttgart-Möhringen :

🏨 **Copthorne Hotel Stuttgart International** Ⓜ (mit 🏨 SI), Plieninger Str. 100, ✉ 70567, ℰ (0711) 7 21 10 50, sales.stuttgart@mill-cop.com, Fax (0711) 7212931, 🍃, Biergarten, direkter Zugang zur Schwaben Quelle – 🛗, ⇔ Zim, 🖭 🖭 📞 🕭 ⇔ – 🛗 650. 🖭 ⓪ ⓪ VISA   CS t
Menu (19 verschiedene Restaurants, Bars und Cafés) à la carte 35/75 – ⌷ 30 – **454 Z** 249/379 – 259/479.

🏨 **Fora Hotel** garni, Filderbahnstr. 43, ✉ 70567, ℰ (0711) 71 60 80, reservation.moeh ringen@flora.de, Fax (0711) 7160850 – 🛗 ⇔ ⇔. 🖭 ⓪ ⓪ VISA   CS a
geschl. Ende Dez. - Anfang Jan. – **41 Z** ⌷ 168/198.

🏠 **Körschtal** garni, Richterstr. 23, ✉ 70567, ℰ (0711) 71 60 90, Hotel-Koerschtal@t-o nline.de, Fax (0711) 7160929 – 🛗 ⇔ 🖭 📞 ⇔ 🅿. 🖭 ⓪ ⓪ VISA. 🛠   CS y
30 Z ⌷ 120/160.

🍴🍴 **Bistro Ecco,** Plieninger Str. 100 (im Spielcasino), ✉ 70567, ℰ (0711) 9 00 72 72, bist roecco@aol.com, Fax (0711) 9007273 – ⇔. 🖭 ⓪ ⓪ VISA   CS t
Menu (ab 14.30 geöffnet) à la carte 44/76.

🍴 **Landgasthof Riedsee** 🛥 mit Zim, Elfenstr. 120, ✉ 70567, ℰ (0711) 71 87 63 50, Info@riedsee.de, Fax (0711) 71876359, « Terrasse am See » – 🖭 🅿. 🖭 ⓪ ⓪ VISA
Menu (geschl. Samstagmittag) à la carte 31/66 – **6 Z** ⌷ 99/109 – 139.   CS f

🍴 **Zur Linde,** Sigmaringer Str. 49, ✉ 70567, ℰ (0711) 7 19 95 90, Joerg.Mink@t-online.de, 🍴 Fax (0711) 7199592, 🍃 – 🖭 ⓪ VISA   CS u
geschl. Samstagmittag – **Menu** à la carte 39/73.

In Stuttgart-Obertürkheim :

🏠 **Brita Hotel,** Augsburger Str. 671, ✉ 70329, ℰ (0711) 32 02 30, info@brita-hotel.de, Fax (0711) 324440 – 🛗, ⇔ Zim, 🖭 📞 ⇔ – 🛗 80. 🖭 ⓪ ⓪ VISA   ER z
geschl. 24. Dez. - 2. Jan. – **Menu** (geschl. Samstag - Sonntag) à la carte 35/49 – **70 Z** ⌷ 130/180 – 235.

🍴 **Wirt am Berg,** Uhlbacher Str. 14, ✉ 70329, ℰ (0711) 32 12 26 – 🖭 ⓪ VISA
geschl. Aug. 3 Wochen, Samstagmittag, Montagmittag, Sonn- und Feiertage, jeden 1. Samstag im Monat – **Menu** à la carte 34/62.   ER a

In Stuttgart-Plieningen :

🏠 **Romantik Hotel Traube,** Brabandgasse 2, ✉ 70599, ℰ (0711) 45 89 20, traube @romantik.de, Fax (0711) 4589220, 🍃, « Gemütliche Gaststuben im rustikalen Stil » – 🖭 📞 🅿. ⓪ ⓪ VISA   DS u
geschl. 23. Dez. - 3. Jan., Aug. 2 Wochen – **Menu** (geschl. Sonntag - Montag) (Tischbestellung ratsam) à la carte 54/104 – **19 Z** ⌷ 160/220 – 200/360.

In Stuttgart-Stammheim :

🏠 **Novotel-Nord,** Korntaler Str. 207, ✉ 70439, ℰ (0711) 98 06 20, H0501@accor-hot els.com, Fax (0711) 98062137, 🍃, 🛥, ⤢ (geheizt) – 🛗, ⇔ Zim, 🖭 🖭 📞 🅿 – 🛗 200. 🖭 ⓪ ⓪ VISA   CP n
Menu à la carte 35/62 – **113 Z** ⌷ 195/235.

🏠 **Strobel,** Korntaler Str. 35, ✉ 70439, ℰ (0711) 80 91 30 30, Fax (0711) 80913055 – 🖭 🅿. ⓪ VISA   CP s
geschl. Aug. 3 Wochen – **Menu** (geschl. Samstag - Sonntag) à la carte 31/62 – **30 Z** ⌷ 98/135.

In Stuttgart-Uhlbach :

🏠 **Gästehaus Münzmay** 🛥 garni, Rührbrunnenweg 19, ✉ 70329, ℰ (0711) 9 18 92 70, Fax (0711) 9189271, 🛥 – 🛗 🖭 ⇔ 🅿. 🖭 ⓪ VISA   ER f
geschl. 20. Dez. - 7. Jan. – **11 Z** ⌷ 130/136 – 175.

In Stuttgart-Untertürkheim :

🏠 **Petershof** 🛥, Klabundeweg 10 (Zufahrt über Sattelstraße), ✉ 70327, ℰ (0711) 3 06 40, info@hotel-petershof.de, Fax (0711) 3064222 – 🛗, ⇔ Zim, 🖭 📞 ⇔. 🖭 ⓪ ⓪ VISA JCB   ER y
geschl. 23. Dez. - 2. Jan. – **Menu** (geschl. Freitag - Samstag) (nur Abendessen) (Restaurant nur für Hausgäste) – **30 Z** ⌷ 136/155 – 170/200.

In Stuttgart-Vaihingen :

🏨 **Dorint Fontana** Ⓜ, Vollmoellerstr. 5, ✉ 70563, ℰ (0711) 73 00, INFO.STRFON@DO-RINT.COM, Fax (0711) 7302525, Massage, 🐟, 🏋, 🛥, ⤢ – 🛗, ⇔ Zim, 🖭 🖭 📞 🕭 ⇔ – 🛗 250. 🖭 ⓪ ⓪ VISA JCB 🛠 Rest   CS c
Menu à la carte 46/86 – ⌷ 29 – **252 Z** 293/388 – 323/418, 5 Suiten.

In Stuttgart-Wangen :

🏨 **Hetzel Hotel Löwen,** Ulmer Str. 331, ✉ 70327, ✆ (0711) 4 01 60, *info@hetzel-h*
🕾 *otel.de*, Fax (0711) 4016333 – 🛗, ✢ Zim, 🔟 ✆ 🅿. 🆎 ⑩ ⓦⓞ 𝖵𝖨𝖲𝖠 𝖩𝖢𝖡   JV a
   Menu à la carte 24/62 – **65 Z** ⛨ 148/168 – 198/218.

🏨 **Ochsen,** Ulmer Str. 323, ✉ 70327, ✆ (0711) 4 07 05 00, *info@ochsen-online.de*,
   Fax (0711) 40705099, Biergarten – 🛗, ✢ Zim, 🔟 ✆ 🅿. 🆎 ⑩ ⓦⓞ 𝖵𝖨𝖲𝖠
   ✽ Zim   JV f
   Menu à la carte 37/63 – **22 Z** ⛨ 148/155 – 198/235.

In Stuttgart-Weilimdorf :

🏨 **Holiday Inn** Ⓜ, Mittlerer Pfad 27, ✉ 70499, ✆ (0711) 98 88 80, *HolidayInn.Stuttga*
   rt@t-online.de, Fax (0711) 988889, Biergarten, ₭♿, 🚋 – 🛗, ✢ Zim, 🔟 ✆ ♿ 🕾 –
   ♨ 220. 🆎 ⑩ ⓦⓞ 𝖵𝖨𝖲𝖠   BP s
   Menu à la carte 33/65 – ⛨ 27 – **325 Z** 180/310 – 210/390, 4 Suiten.

🏠 **Muckenstüble** (mit Gästehaus), Solitudestr. 25 (in Bergheim), ✉ 70499, ✆ (0711)
   8 60 08 10, Fax (0711) 86008144, « Gartenterrasse » – 🛗 🔟 🕾 🅿. 𝖵𝖨𝖲𝖠   BR a
   geschl. Aug. 3 Wochen – **Menu** *(geschl. Samstagabend, Sonn- und Feiertage abends, Diens-*
   tag) à la carte 32/49 – **26 Z** ⛨ 85/140.

Beim Schloß Solitude :

🏛 **Schloss-Solitude,** Kavaliersbau Haus 2, ✉ 70197 Stuttgart, ✆ (0711) 69 20 25, *schl*
   oss-gastronomie-solitude@t-online.de, Fax (0711) 6990771, 🍽 – 🅿. – ♨ 20. 🆎 ⑩ ⓦⓞ
   𝖵𝖨𝖲𝖠 𝖩𝖢𝖡 ✽   BR n
   geschl. Sonntag - Montag – **Menu** *(nur Abendessen)* à la carte 73/85 – **Wintergarten**
   (Sonntagabend - Montag geschl.) **Menu** à la carte 51/72.

In Stuttgart-Zuffenhausen :

🏨 **Fora Hotel Residence,** Schützenbühlstr. 16, ✉ 70435, ✆ (0711) 8 20 01 00, *rese*
   rvation.zuffenhausen@flora.de, Fax (0711) 8200101, 🍽 – 🛗, ✢ Zim, 🔟 ✆ 🕾. 🆎
   ⓦⓞ 𝖵𝖨𝖲𝖠   CP e
   Menu *(geschl. Freitag - Samstag) (nur Abendessen)* à la carte 27/61 – **119 Z** ⛨ 198/228.

🏨 **Achat** Ⓜ garni, Wollinstr. 6, ✉ 70439, ✆ (0711) 82 00 80, *stuttgart@achat-hotel.de*,
   Fax (0711) 82008999 – 🛗 ✢ 🔟 ✆ 🕾. 🆎 ⑩ ⓦⓞ 𝖵𝖨𝖲𝖠   CP a
   geschl. 24. Dez. - 2. Jan. – ⛨ 22 – **104 Z** 130/178.

In Fellbach :

🏨 **Classic Congress Hotel** Ⓜ, Tainer Str. 7, ✉ 70734, ✆ (0711) 5 85 90, *classic@s*
   chwabenlandhalle.de, Fax (0711) 5859304, « Ständige Bilderausstellung », ₭♿, 🚋 – 🛗,
   ✢ Zim, 🔟 ✆ 🕾 🅿. – ♨ 55. 🆎 ⑩ ⓦⓞ 𝖵𝖨𝖲𝖠   ER u
   geschl. 23. Dez. - 6. Jan. – **Menu** siehe Rest. *Eduard M.* separat erwähnt – **149 Z**
   ⛨ 275/450 – 320/495.

🍴 **Eduard M.,** Tainer Str. 7 (Schwabenlandhalle), ✉ 70734, ✆ (0711) 5 85 94 11,
   Fax (0711) 5859427, 🍽 – 🍴. 🆎 ⑩ ⓦⓞ 𝖵𝖨𝖲𝖠   ER u
   geschl. 27. - 30. Dez. – **Menu** à la carte 45/86.

🍴 **Zum Hirschen** mit Zim, Hirschstr. 1, ✉ 70734, ✆ (0711) 9 57 93 70,
   🐛 Fax (0711) 95793710, 🍽, « Modernisiertes Fachwerkhaus a.d. 16.Jh. » – 🔟 ✆.
   𝖵𝖨𝖲𝖠   ER v
   geschl. Juni 3 Wochen – **Menu** *(geschl. Samstagmittag, Sonntag - Montag)* (Tischbestellung
   ratsam) 44 (mittags) à la carte 78/99 – **9 Z** ⛨ 120/180
   Spez. Gänseleber-Guglhupf mit Traminergelee. Wolfsbarsch im Pergament gegart. Ganzes
   Stubenküken aus dem Ofen.

🍴 **Aldinger's Weinstube Germania** mit Zim, Schmerstr. 6, ✉ 70734, ✆ (0711)
   🍷 58 20 37, *Aldinger.Germania@t-online.de*, Fax (0711) 582077, 🍽 – 🔟. ✽   ER u
   geschl. Feb. - März 2 Wochen, Aug. 3 Wochen – **Menu** *(geschl. Sonntag - Montag)* (Tischbestellung ratsam) à la carte 45/70 – **7 Z** ⛨ 85/145.

In Fellbach-Schmiden :

🏨 **Hirsch** (mit Gästehaus), Fellbacher Str. 2, ✉ 70736, ✆ (0711) 9 51 30, *Info@Hotel-Hi*
   rsch-Fellbach.de, Fax (0711) 5181065, Biergarten, 🚋, 🏊 – 🛗, ✢ Zim, 🔟 ✆ 🕾 🅿.
   – ♨ 20. 🆎 ⓦⓞ 𝖵𝖨𝖲𝖠   EP n
   geschl. Weihnachten - Anfang Jan. – **Menu** *(geschl. Freitag, Sonntag)* à la carte 38/62 –
   115 Z ⛨ 105/120 – 160/180.

🏠 **Schmidener Eintracht,** Brunnenstr. 4, ✉ 70736, ✆ (0711) 9 51 95 20,
   Fax (0711) 95195252, 🍽 – 🔟 🅿. ⓦⓞ 𝖵𝖨𝖲𝖠 𝖩𝖢𝖡   EP n
   geschl. Ende Dez. - Anfang Jan., Ende Aug. - Mitte Sept. – **Menu** *(geschl. Samstag, Sonn-*
   tagabend) à la carte 32/72 – **25 Z** ⛨ 85/98 – 120/140.

In Gerlingen :

🏨 **Krone** (mit Gästehaus), Hauptstr. 28, ⊠ 70839, ℰ (07156) 4 31 10, *Fax (07156) 436051,*
🛋, ⇌ – 📶, ⇥ Zim, 📺 ✆ ⇐ 📞 – 🅰 80. 🄰🄴 ① 🄴🄾 🆅🅸🆂🄰   BR e
Menu *(geschl. Aug. 3 Wochen, Sonntagabend - Montag)* (Tischbestellung ratsam) à la carte
46/90 – **56 Z** ⇋ 145/165 – 190/260.

🏨 **Mercure,** Dieselstr. 2, ⊠ 70839, ℰ (07156) 43 13 00, *Fax (07156) 431343* – 📶, ⇥ Zim,
📺 ✆ ⅙ ⇐ 📞 – 🅰 120. 🄰🄴 ① 🄴🄾 🆅🅸🆂🄰 🄹🄲🄱   BR c
Menu à la carte 32/58 – **96 Z** ⇋ 148/194.

🏠 **Toy Hotel** garni, Raiffeisenstr. 5, ⊠ 70839, ℰ (07156) 9 44 10, *Fax (07156) 944141*
– ⇥ 📺 ✆ ⇐ – 🅰 20. 🄰🄴 ① 🄴🄾 🆅🅸🆂🄰 🄹🄲🄱   BR x
23 Z ⇋ 115/140.

In Korntal-Münchingen *nahe der Autobahn-Ausfahrt S-Zuffenhausen :*

🏨🏨 **Mercure,** Siemensstr. 50, ⊠ 70825, ℰ (07150) 1 30, *H0685@accor-hotels.com,*
Fax (07150) 13266, 🛋, Biergarten, ⇌, 🄻 – 📶, ⇥ Zim, 🖿 📺 ✆ ⅙ 📞 – 🅰 180. 🄰🄴
① 🄴🄾 🆅🅸🆂🄰   CP c
Menu à la carte 45/70 – **200 Z** ⇋ 175/243 – 213/266, 6 Suiten.

In Leinfelden-Echterdingen :

🏨 **Am Park** 🄼, Lessingstr. 4 (Leinfelden), ⊠ 70771, ℰ (0711) 90 31 00, *HotelamPark*
@t-online.de, Fax (0711) 9031099, Biergarten – 📶 📺 ✆ 📞 – 🅰 20. 🄰🄴 ① 🄴🄾
🆅🅸🆂🄰   CS k
geschl. 24. Dez. - 10. Jan. – **Menu** *(geschl. Samstag - Sonntag)* à la carte 42/77 – **42 Z**
⇋ 140/187.

🏨 **Filderland** garni, Tübinger Str. 16 (Echterdingen), ⊠ 70771, ℰ (0711) 9 49 46,
Fax (0711) 9494888 – 📶 ⇥ 📺 ✆ ⇐ – 🅰 20. 🄰🄴 ① 🄴🄾 🆅🅸🆂🄰   CS d
geschl. 22. Dez. - 9. Jan. – **48 Z** ⇋ 104/135 – 150/170.

🏠 **Martins Klause** garni, Martin-Luther-Str. 1 (Echterdingen), ⊠ 70771, ℰ (0711)
94 95 90, *Fax (0711) 9495959* – 📶 📺 📞. 🄰🄴 🆅🅸🆂🄰   CS d
18 Z ⇋ 105/150.

🏠 **Adler** garni, Obergasse 18 (Echterdingen), ⊠ 70771, ℰ (0711) 94 75 50,
Fax (0711) 7977476, ⇌, 🄻 – 📶 ⇥ 📺 📞. 🄰🄴 ① 🄴🄾 🆅🅸🆂🄰   CS x
geschl. 24. Dez. - 6. Jan. – **18 Z** ⇋ 110/130 – 145/170.

In Leinfelden-Echterdingen - Stetten *über die B 27 DS , Ausfahrt Stetten :*

🏨🏨 **Nödingerhof,** Unterer Kasparswald 22, ⊠ 70771, ℰ (0711) 99 09 40,
Fax (0711) 9909494, ⇐, 🛋 – 📶 📺 ✆ ⇐ 📞 – 🅰 40. 🄰🄴 ① 🄴🄾 🆅🅸🆂🄰
Menu *(geschl. 2. - 6. Jan.)* à la carte 38/68 – **52 Z** ⇋ 122/132 – 185/195.

🏨 **Alber** 🄼, Stettener Hauptstr. 25, ⊠ 70771, ℰ (0711) 9 47 43, *info@hotel-alber.de,*
Fax (0711) 9474400, 🛋 – 📶, ⇥ Zim, 📺 ✆ ⇐ 📞 – 🅰 30. 🄰🄴 ① 🄴🄾 🆅🅸🆂🄰
Weihnachten - 6. Jan. geschl. – **Menu** *(geschl. Samstag - Sonntag)* à la carte 35/54 – **38 Z**
⇋ 124/144 – 174.

SÜDERLÜGUM *Schleswig-Holstein* 🄰🄸🄵 *B 10 – 2 000 Ew – Höhe 18 m.*
Berlin 467 – Kiel 129 – Sylt (Westerland) 37 – Flensburg 48 – Husum 51 – Niebüll 11.

🏠 **Landhaus Smaga** (mit Gästehäusern), Hauptstr. 20 (B 5), ⊠ 25923, ℰ (04663) 74 30,
Fax (04663) 7548, 🛋 – 📺 📞.
geschl. 27. Dez. - 10. Jan. – **Menu** *(geschl. Sept. - Mai Mittwochabend)* à la carte 27/59 –
25 Z ⇋ 70/80 – 120/160.

🏠 **Tetens Gasthof,** Hauptstr. 24 (B 5), ⊠ 25923, ℰ (04663) 1 85 80,
Fax (04663)185888, 🛋 – 📺 📞 – 🅰 40. 🄰🄴 ① 🄴🄾 🆅🅸🆂🄰
Menu *(geschl. Feb. - Mitte März, Montag - Dienstag)* (Mittwoch - Freitag nur Abendessen)
à la carte 45/69 – **13 Z** ⇋ 69/79 – 144.

SÜDLOHN *Nordrhein-Westfalen* 🄰🄸🄸 *K 4 – 7 800 Ew – Höhe 40 m.*
Berlin 538 – Düsseldorf 98 – Nordhorn 69 – Bocholt 24 – Münster (Westfalen) 64 – Win-
terswijk 12.

🏨 **Südlohner Hof,** Kirchstr. 3, ⊠ 46354, ℰ (02862) 9 98 80, *info@hotel-suedlohner-h*
of.de, Fax (02862) 998877, 🛋 – ⇥ Zim, 📺 ✆ ⇐ 📞. 🄰🄴 ① 🄴🄾 🆅🅸🆂🄰. ✂ Rest
Menu *(geschl. Montag)* à la carte 40/71 – **22 Z** ⇋ 80/90 – 135/145.

🏠 **Haus Lövelt,** Eschstr. 1, ⊠ 46354, ℰ (02862) 72 76, *Fax (02862) 7729,* 🛋 – 📺 ⇐
📞. 🄰🄴 🄴🄾 🆅🅸🆂🄰
Menu *(geschl. Freitagmittag)* à la carte 25/49 – **15 Z** ⇋ 65/120.

SÜSSEN *Baden-Württemberg* ⁤4⁤1⁤9⁤ *T 13 – 10 000 Ew – Höhe 364 m.*
Berlin 599 – Stuttgart 49 – Göppingen 9 – Heidenheim an der Brenz 34 – Ulm (Donau) 41.

🏠 **Löwen** (mit Gästehaus), Hauptstr. 3 (B 10), ⌧ 73079, ℰ (07162) 50 88, *info@loewe n-hotel.de*, Fax (07162) 8363, ⌂, ☞ – 🕴, ⇆ Zim, 📺 & 🅿. – 🏛 50. 🖭 🝐 🝊
geschl. 24. Dez. - 5. Jan. – **Menu** à la carte 27/55 *(auch vegetarische Gerichte)* – **50 Z**
⌑ 59/96 – 98/148.

SUHL *Thüringen* ⁤4⁤1⁤8⁤ ⁤4⁤2⁤0⁤ *O 16 – 50 000 Ew – Höhe 430 m – Wintersport : 650/700 m ₰.*
🛈 *Tourist Information, Friedrich-König-Str. 7,* ⌧ 98527, ℰ (03681) 72 00 52, Fax (03681) 720052.
ADAC, *Rimbachstr. 12.*
Berlin 352 – Erfurt 61 – Bamberg 94.

🏩 **Mercure Kongress** Ⓜ, Friedrich-König-Str. 1, ⌧ 98527, ℰ (03681) 71 00,
Fax (03681) 710333, ◀ Aussichts-Restaurant ; ⫷ Suhl ▸, 🛋, ⌂, 🔲 – 🕴, ⇆ Zim, ▤ 📺
📞 & ⌁ – 🏛 50. 🖭 🝐 🝊 🝊
Menu à la carte 40/56 – **133 Z** ⌑ 137/145 – 150/165, 6 Suiten.

Auf dem Ringberg *Ost : 5 km :*

🏨 **Ringberg Resort Hotel** Ⓜ ⇲, Ringberg 10, ⌧ 98527 Suhl, ℰ (03681) 38 90, *rese rvierung@ringberg.com*, Fax (03681) 389890, ◀ Suhl und Thüringer Wald, Biergarten,
Massage, 🛋, ⌂, 🔲 , ☞ – 🕴, ⇆ Zim, ▤ Rest, 📺 📞 & ⫰ 🅿. – 🏛 400. 🖭 🝐 🝊
🝊 🝐 ⅏ Rest
Menu à la carte 29/50 – **290 Z** ⌑ 135/165 – 145/185 – ½ P 25.

In Suhl-Neundorf *: Süd : 1 km :*

🏠 **Goldener Hirsch,** An der Hasel 91, ⌧ 98527, ℰ (03681) 7 95 90, Fax (03681) 795920,
⌑ ☂, ◀ Fachwerkhaus a.d.J. 1616 ▸ – 📺 🅿. 🝊 🝐
Menu *(geschl. Sonntagabend)* à la carte 23/52 – **20 Z** ⌑ 80/110.

In Hirschbach *Süd : 6,5 km :*

🏠 **Zum goldenen Hirsch,** Hauptstr. 33 (B 247), ⌧ 98553, ℰ (03681) 72 00 37,
Fax (03681) 303509, Biergarten, 🛋, ⌂ – 📺 🅿. – 🏛 80. 🖭 🝐 🝊
Menu à la carte 26/48 – **30 Z** ⌑ 80/91 – 110/130.

SUHLENDORF *Niedersachsen* ⁤4⁤1⁤5⁤ ⁤4⁤1⁤6⁤ *H 16 – 2 650 Ew – Höhe 66 m.*
Berlin 214 – Hannover 111 – Schwerin 123 – Uelzen 15.

In Suhlendorf-Kölau *Süd : 2 km :*

🏩 **Brunnenhof** ⇲ (mit Gästehäusern), ⌧ 29562, ℰ (05820) 8 80, *service@hotel-bru nnenhof.de*, Fax (05820) 1777, ⌑ ☂, ◀ Ehemaliges Bauernhaus a.d. 18. Jh. ▸, ⌂, 🔲 , ☞,
⅏, ⛢ (Halle) – 📺 🅿. – 🏛 80. 🖭 🝐 🝊 🝐 ⅏ Rest
Menu à la carte 28/58 – **43 Z** ⌑ 84/125 – 148/208, 4 Suiten.

SULINGEN *Niedersachsen* ⁤4⁤1⁤5⁤ *H 10 – 12 000 Ew – Höhe 30 m.*
Berlin 364 – Hannover 77 – Bremen 55 – Bielefeld 100 – Osnabrück 84.

🏠 **Zur Börse,** Langestr. 50, ⌧ 27232, ℰ (04271) 9 30 00, *ckenneweg@aol.com*,
Fax (04271) 5780 – ⇆ Zim, 📺 📞 ⌁ 🅿. – 🏛 60. 🖭 🝐 🝊 🝊 ⅏ Rest
Menu *(geschl. Anfang Jan. 1 Woche, Freitagabend - Samstagmittag, Sonntagmittag)* à la
carte 36/72 – **26 Z** ⌑ 95/135 – 175/195.

In Mellinghausen *Nord-Ost : 8 km über die B 214 :*

🏠 **Märtens** ⇲ (mit Gästehäusern), ⌧ 27249, ℰ (04272) 9 30 00, *hotel-maertens@arc ormail.de*, Fax (04272) 930028, ☞ – 📺 & 🅿. – 🏛 25. 🖭 🝊 🝐
Menu *(geschl. Montag)* à la carte 26/51 – **24 Z** ⌑ 75/92 – 112/130.

SULZ AM NECKAR *Baden-Württemberg* ⁤4⁤1⁤9⁤ *U 9 – 11 800 Ew – Höhe 430 m – Erholungsort.*
Berlin 701 – Stuttgart 76 – Karlsruhe 130 – Rottweil 30 – Horb 16.

In Sulz-Glatt *Nord : 4 km :*

🏩 **Kaiser,** Oberamtstr. 23, ⌧ 72172, ℰ (07482) 92 20, *info@hotelkaiser.de*,
Fax (07482) 922222, ⌑ ☂, 🛋, ⌂, 🔲 , ☞ – ⇆ Zim, 📺 📞 🅿. 🝊 🝐
Menu à la carte 33/82 – **33 Z** ⌑ 90 – 150/180.

🏠 **Zur Freystatt** ⇲, Schloßplatz 11, ⌧ 72172, ℰ (07482) 9 29 90, *info@hotel-freys tatt.de*, Fax (07482) 929933, ☞ – 📺 📞 ⌁ 🅿. 🝊 🝐
geschl. über Fastnacht – **Menu** *(geschl. Montag)* à la carte 33/61 – **16 Z** ⌑ 70/80 –
100/140 – ½ P 23.

In Sulz-Hopfau West : 7 km :

🏠 **An der Glatt,** Neunthausen 19, ✉ 72172, ℰ (07454) 9 64 10, Hotel.an.der.Glatt@ t
-online.de, Fax (07454) 964141, ⌂, ☎, 🗔, 🌳 – 🛗, ↔ Zim, 📺 ✆ ⟵ 🅿 – 🛦 60.
🖭 ⑩ ◍ 𝗩𝗜𝗦𝗔 ⚒ Rest
Menu à la carte 40/66 – **24 Z** ⊊ 95/160.

SULZA, BAD Thüringen 🟦🟦🟦 M 18 – 3 200 Ew – Höhe 150 m – Heil- und Solebad.
🛈 Gästeinformation, Kurpark 2, ✉ 99518, ℰ (036461) 8 21 10, Fax (036461) 82111.
Berlin 240 – Erfurt 57 – Leipzig 79 – Jena 25 – Naumburg 17 – Weimar 30.

🍴 **Ratskeller,** Markt 1, ✉ 99518, ℰ (036461) 2 23 22, Reinhards.s@ t-online.de,
Fax (036461) 22321, ⌂ – 🖭 ⑩ ◍ 𝗩𝗜𝗦𝗔 ⚒
geschl. Montag - Dienstagmittag – **Menu** à la carte 35/59.

Ristoranti a **Menu** 🍴, ⚝, ⚝⚝ *o* ⚝⚝⚝ : *vedere le pagine dell'introduzione.*

SULZBACH-LAUFEN Baden-Württemberg 🟦🟦🟦 🟦🟦🟦 T 13 – 2 300 Ew – Höhe 335 m – Wintersport : 🎿.
Berlin 565 – Stuttgart 77 – Aalen 35 – Schwäbisch Gmünd 29 – Würzburg 149.

🏰 **Krone,** Hauptstr. 44 (B 19)(Sulzbach), ✉ 74429, ℰ (07976) 9 85 20, reservierung
@ krone-sulzbach.de, Fax (07976) 985251, ⌂, ☎ – 📺 ⟵ 🅿 – 🛦 20. 🖭 ◍
𝗩𝗜𝗦𝗔
Menu à la carte 27/55 – **16 Z** ⊊ 89/115 – 127/167.

SULZBACH-ROSENBERG Bayern 🟦🟦🟦 🟦🟦🟦 R 19 – 20 500 Ew – Höhe 450 m.
🛈 Tourist-Info, Bühlgasse 5, ✉ 92237, ℰ (09661) 51 01 10, Fax (09661) 4333.
Berlin 422 – München 205 – Weiden in der Oberpfalz 50 – Bayreuth 67 – Nürnberg 59
– Regensburg 77.

🏠 **Villa Max,** Theodor-Heuss-Str. 2, ✉ 92237, ℰ (09661) 1 05 10, ajwcetin@ aol.com,
Fax (09661) 105194, ⌂, « Ehemalige Villa in einem kleinen Park ; ständige
Bilderaustellung » – 📺 ✆ 🅿 🖭 ◍ 𝗩𝗜𝗦𝗔
geschl. nach Ostern 2 Wochen, Anfang - Mitte Sept. – Menu (geschl. Sonntagabend -
Montag) (wochentags nur Abendessen) à la carte 42/67 – **9 Z** ⊊ 90/115 –
165/195.

🏠 **Brauereigasthof Sperber - Bräu,** Rosenberger Str. 14, ✉ 92237, ℰ (09661)
8 70 90, Info@ Sperberbraeu.de, Fax (09661) 870977 – ↔ Zim, 📺 ✆ ◍ 𝗩𝗜𝗦𝗔
Menu à la carte 17/40 – **23 Z** ⊊ 70/90 – 98/125.

In Sulzbach-Rosenberg-Feuerhof Nord : 1,5 km über die B 14 :

🏠 **Zum Bartl,** Glückaufstr. 2 (B 14), ✉ 92237, ℰ (09661) 5 39 51, Fax (09661) 51461, ≼,
⌂ – 📺 ⟵ 🅿 ◍ 𝗩𝗜𝗦𝗔
geschl. 5. - 24. Juni – **Menu** (geschl. Freitagabend, Montag) à la carte 17/32 ⚒ – **24 Z**
⊊ 60/75 – 95/110.

SULZBACH/SAAR Saarland 🟦🟦🟦 S 5 – 19 900 Ew – Höhe 215 m.
Berlin 703 – Saarbrücken 10 – Kaiserslautern 61 – Saarlouis 33.

In Sulzbach-Neuweiler Süd : 2 km :

🏠 **Paul,** Sternplatz 1, ✉ 66280, ℰ (06897) 92 39 00, hotelpaul@ t-online.de,
Fax (06897) 92390444, ⌂ – 📺 🖭 ◍ 𝗩𝗜𝗦𝗔
Menu (geschl. 23. Dez. - 1. Jan., Freitagabend - Samstag, Sonn- und Feiertage) à la
carte 33/68 – **22 Z** ⊊ 90/105 – 120/160.

SULZBACH/TAUNUS Hessen 🟦🟦🟦 P 9 – 8 200 Ew – Höhe 190 m.
Berlin 546 – Wiesbaden 30 – Frankfurt am Main 15 – Mainz 31.

🏰 **Dorint,** Am Main-Taunus-Zentrum 1 (Süd : 1 km), ✉ 65843, ℰ (06196) 76 30, Info.Fr
asulr@ dorint.com, Fax (06196) 72996, ⌂, Biergarten – 🛗, ↔ Zim, 🖭 📺 ✆ ⚐ 🅿 –
🛦 210. 🖭 ⑩ ◍ 𝗩𝗜𝗦𝗔 ⚒ ⚒ Rest
Wintergarten : Menu à la carte 45/81 – **Feldberg :** Menu à la carte 39/68 – **289 Z**
⊊ 313/475 – 361/503.

SULZBERG Bayern siehe Kempten (Allgäu).

SULZBURG Baden-Württemberg **419** W 7 – 2 500 Ew – Höhe 474 m – Luftkurort.

🛈 Tourist-Information, Am Marktplatz, ⊠ 79295, ℘ (07634) 56 00 40, Fax (07634) 560034.

Berlin 826 – Stuttgart 229 – Freiburg im Breisgau 29 – Basel 51.

🏠 **Haus am Wald** 🦢 garni, Schloßbergstr. 6, ⊠ 79295, ℘ (07634) 85 77, Fax (07634) 592087, 🌧 – **P.** 🦢
11 Z ⊇ 58/75 – 95/130.

XXX **Hirschen** (Steiner) mit Zim, Hauptstr. 69, ⊠ 79295, ℘ (07634) 82 08, Fax (07634) 6717,
✿✿ (Gasthof a.d. 18. Jh.), **« Einrichtung mit Antiquitäten und Stilmöbeln »**
geschl. 8. - 25. Jan., 23. Juli - 9. Aug. – **Menu** (geschl. Montag - Dienstag) (Tischbestellung ratsam, bemerkenswerte Weinkarte) 59 (mittags) à la carte 98/135 – **9 Z** ⊇ 120 – 160/240
Spez. Variation von der Gänseleber. Offene Ravioli mit Flusskrebsen und Kalbskopf. Wachtel mit Trüffel gefüllt.

In Sulzburg-Laufen West : 2 km :

XX **La Vigna** (Esposito), Weinstr. 7, ⊠ 79295, ℘ (07634) 80 14, Fax (07634) 69252, 🌧,
✿ **« Kleines Restaurant in einem Hofgebäude a.d.J. 1837 »** – **P.** **MO** **VISA**
geschl. 27. Dez. - 5. Jan., 25. Juni - 9. Juli, Sonntag - Montag – **Menu** (Tischbestellung ratsam, italienische Küche, bemerkenswerte ital. Weinauswahl) 52 (mittags) à la carte 60/98
Spez. Agnolotti di Pollame al Profumo di Salvia. Colombetta al Barbaresco. Delizia al Limone.

SULZFELD Bayern siehe Kitzingen.

SULZHEIM Bayern **420** Q 15 – 800 Ew – Höhe 235 m.

Berlin 451 – München 214 – Würzburg 51 – Bamberg 55 – Nürnberg 96 – Schweinfurt 15.

🍴 **Landgasthof Goldener Adler**, Otto-Drescher-Str. 12, ⊠ 97529, ℘ (09382) 70 38,
☎ Fax (09382) 7039, Biergarten – 🛏 Zim, **TV** 🦢 🛏 **P.** **①** **MO** **VISA**
geschl. 27. Dez. - 15. Jan. – **Menu** (geschl. 1. - 16. Aug., Freitag) à la carte 21/44 ⅓ – **42 Z** ⊇ 72/82 – 95/135.

In Sulzheim-Alitzheim :

🏠 **Grob**, Dorfplatz 1, ⊠ 97529, ℘ (09382) 9 72 50, Fax (09382) 287 – 🛏 Zim, **TV** 🛏
☎ **P.** – **🔥** 50. **AE** **MO** **VISA**
Menu (geschl. 27. Dez. - 7. Jan., Sonntag) à la carte 23/52 ⅓ – **31 Z** ⊇ 62/87 – 98/130.

SUNDERN Nordrhein-Westfalen **417** M 8 – 32 000 Ew – Höhe 250 m.

🏌 Sundern-Amecke (Süd-West : 6 km), ℘ (02933) 98 74 90.

🛈 Stadtmarketing, Levi-Klein-Platz 7, ⊠ 59846, ℘ (02933) 97 95 90, Fax (02933) 9795915.

Berlin 504 – Düsseldorf 111 – Arnsberg 13 – Lüdenscheid 48.

🏨 **Sunderland** **M**, Rathausplatz 2, ⊠ 59846, ℘ (02933) 98 70, sunderland@serudo.de,
Fax (02933) 987111, 🌧, Massage, ☎ – 📶, 🛏 Zim, **TV** 🦢 ઇ **P.** – **🔥** 100. **①** **MO** **VISA**
JCB
Menu à la carte 48/74 – **55 Z** ⊇ 150/225 – 195/329, 4 Suiten.

In Sundern-Dörnholthausen Süd-West : 6 km :

🏠 **Klöckener**, Stockumer Str. 44, ⊠ 59846, ℘ (02933) 9 71 50, Fax (02933) 78133, 🌧,
🔲, 🌧 – **TV** **P.** – **🔥** 20. 🦢
geschl. März 3 Wochen – **Menu** (geschl. Dienstag) à la carte 29/62 – **17 Z** ⊇ 77 – 106/134 – ½ P 18.

In Sundern-Langscheid Nord-West : 4 km – Luftkurort :

🏨 **Seegarten**, Zum Sorpedamm 21, ⊠ 59846, ℘ (02935) 9 64 60, Fax (02935) 7192, 🌧,
🔲 – 📶, 🛏 Zim, **TV** 🦢 **P.** – **🔥** 80. **①** **MO** **VISA**
Menu à la carte 38/72 – **35 Z** ⊇ 80/100 – 120/160 – ½ P 25.

🏨 **Seehof**, Zum Sorpedamm 1, ⊠ 59846, ℘ (02935) 9 65 10, Alexander-Runte@aol.com,
Fax (02935) 965130, ≤, 🌧 – **TV** **P.** – **🔥** 30. **MO**
Menu (geschl. Okt.- März Montag) à la carte 29/66 – **13 Z** ⊇ 60/95 – 120/140 – ½ P 20.

🏠 **Landhaus Pichel**, Langscheider Str. 70, ⊠ 59846, ℘ (02935) 20 33, landhaus.piche
l@cityweb.de, Fax (02935) 4943, ≤, 🌧, 🌧 – **TV** **P.** **MO** **VISA**
Menu (geschl. Donnerstag) à la carte 31/63 – **11 Z** ⊇ 90/110 – 140/200 – ½ P 30.

SWISTTAL Nordrhein-Westfalen **417** N 4 – 10 000 Ew – Höhe 130 m.

🛏 Swisttal-Miel, Rheinbacher Str. 16, 𝒫 (02226) 1 00 50, Fax (02226) 17001.
Berlin 608 – Düsseldorf 73 – Bonn 25 – Aachen 84 – Düren 43 – Köln 35.

In Swisttal-Heimerzheim :

🏠 **Weidenbrück** ⏃, Nachtigallenweg 27, ⊠ 53913, 𝒫 (02254) 60 30,
Fax (02254) 603408, 🍴 – 🛗, ⇄ Zim, 📺 🅿 – 🔏 40. 🖭
Menu (geschl. 27. Dez. - 10. Jan.) à la carte 34/65 – **41 Z** ⊆ 85/125 – 170.

SYKE Niedersachsen **415** H 10 – 19 100 Ew – Höhe 40 m.

🛏 Syke-Okel (Nord-Ost : 6 km), 𝒫 (04242) 82 30.
Berlin 376 – Hannover 89 – Bremen 31 – Osnabrück 106.

In Syke-Steimke Süd-Ost : 2,5 km :

🏠 **Steimker Hof,** Nienburger Str. 68 (B 6), ⊠ 28857, 𝒫 (04242) 9 22 20, Hotel
SteimkerHof@t-online.de, Fax (04242) 922233, 🍴 – 🛗 📺 ✆ 🅿 – 🔏 30. 🖭 ⓪ 🕮
VISA
Menu à la carte 33/64 – **12 Z** ⊆ 65/90 – 100/130.

SYLT (Insel) Schleswig-Holstein **415** B 8 – Seebad – Größte Insel der Nordfriesischen Inselgruppe
mit 36 km Strand, durch den 12 km langen Hindenburgdamm (nur Eisenbahn, ca. 30 min)
mit dem Festland verbunden.

Sehenswert : Gesamtbild★★ der Insel – Westerland★ – Keitum★ – Keitumer Kliff★ – Rotes
Kliff★.

🛏 Kampen-Wenningstedt, 𝒫 (04651) 4 53 11 ; 🛏 Westerland 𝒫 (04651) 92 71 53 ; 🛏
Sylt-Ost, Morsum, 𝒫 (04651) 89 03 87.

🚗 Westerland, 𝒫 (04651) 53 55.

🚢 Westerland und Niebüll.

🛈 Bädergemeinschaft Sylt (Westerland), Stephanstr. 6, ⊠ 25980, 𝒫 (04651) 1 94 33, Fax
(04651) 820222.

ab Westerland : Berlin 464 – Kiel 136 – Flensburg 55 – Husum 53.

Umgebungskarte siehe nächste Seite

Kampen – 600 Ew.

🛈 Kurverwaltung, Hauptstr. 12, ⊠ 25999, 𝒫 (04651) 4 69 80, Fax (04651) 469840.
Nach Westerland 6 km.

🏰 **Walter's Hof** ⏃ (mit Appartementhaus Westerheide), Kurhausstr. 23, ⊠ 25999,
𝒫 (04651) 9 89 60, walters-hof@t-online.de, Fax (04651) 45590, ≤, 🍴, Massage, ≘s,
🔲, 🚿 – 📺 ✆ 🅿 🕮 Rest
Tappe's Restaurant (geschl. Mitte Jan. - Mitte Feb., Mitte Nov - Mitte Dez.) (nur Abend-
essen) **Menu** à la carte 88/109 – ⊆ 29 – **30 Z** 350 – 350/550, 10 Suiten.

🏰 **Rungholt** ⏃, Kurhausstr. 35, ⊠ 25999, 𝒫 (04651) 44 80, hotel.rungholt@t-online.de,
Fax (04651) 44840, ≤, Massage, ≘s, 🔲, 🚿 – 📺 ✆ 🅿 🕮 Rest
Menu (nur Abendessen) (Restaurant nur für Hausgäste) – **57 Z** ⊆ 190/260 – 380/450,
10 Suiten – ½ P 38.

🏰 **Village** ⏃, Alte Dorfstr. 7, ⊠ 25999, 𝒫 (04651) 4 69 70, hotel@village-kampen.de,
Fax (0651) 469777, ≘s, 🔲, 🚿 – 🚗 📺 🅿 🖭 ⓪ 🕮 **VISA**. 🕮 Rest
Menu (geschl. Montag) (nur Abendessen) (Restaurant nur für Hausgäste) à la carte 52/88
– **14 Z** ⊆ 430 – 460/520, 4 Suiten.

🏠 **Reethüüs** ⏃ garni, Hauptstr. 18, ⊠ 25999, 𝒫 (04651) 9 85 50, reethues@t-online.de,
Fax (04651) 45278, ≘s, 🔲, 🚿 – 📺 🅿
20 Z ⊆ 295/395 – 365/425.

🏠 **Kamphörn** garni, Norderheide 2, ⊠ 25999, 𝒫 (04651) 9 84 50, Fax (04651) 984519,
🚿 – 📺 🅿
geschl. Nov. - Mitte Dez. – **12 Z** ⊆ 145/170 – 250/360.

🏠 **Ahnenhof** ⏃ garni, Kurhausstr. 8, ⊠ 25999, 𝒫 (04651) 4 26 45, info@ahnhof.de,
Fax (04651) 44016, ≤, 🚿 – 📺 🅿 🖭
geschl. 15. Jan. - 15. Feb., 20. Nov. - 20. Dez. – **13 Z** ⊆ 140/160 – 260/310.

XX **Gogärtchen,** Strön-Wai 12, ⊠ 25999, 𝒫 (04651) 4 12 42, Fax (04651) 41172, 🍴 –
🅿 🖭 ⓪ 🕮 **VISA**
geschl. Nov. - 20. Dez., 15. Jan. - 20. Feb. – **Menu** (ab 13 Uhr geöffnet) à la carte
94/119.

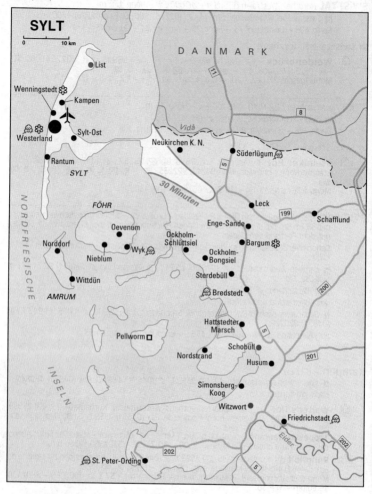

❌ **La Cucina,** Braderuper Weg 4, ⊠ 25999, ℰ (04651) 4 13 83, Fax (04651) 41383, 斎 – **P**
geschl. Mitte Nov.- Anfang März, März 2 Wochen, Okt. - März Sonntag – **Menu** (nur Abendessen) (italienische Küche) à la carte 45/72.

❌ **Il Ristorante,** Kurhausstr. 1, ⊠ 25999, ℰ (04651) 49 51, Kabani@t-online.de,
Fax (04651) 45942, 斎 – **P**
geschl. Nov. - März Dienstag – **Menu** (italienische Küche) à la carte 57/89.

❌ **Manne Pahl,** Zur Uwe Düne 2, ⊠ 25999, ℰ (04651) 4 25 10, manne-pahl@Kampen.de,
Fax (04651) 44410, 斎 – **P** **AE** **MO** **VISA** – **Menu** à la carte 59/81.

List – 2 400 Ew.

🛈 Kurverwaltung, Listlandstraße, ⊠ 25992, ℰ (04651) 9 52 00, Fax (04651) 871398.
Nach Westerland 18 km.

❌❌ **Alter Gasthof,** Alte Dorfstr. 5, ⊠ 25992, ℰ (04651) 87 72 44, altgasthof@aol.com,
Fax (04651) 871400, 斎, « Ehemaliger Bauernhof a.d. 16. Jh. mit rustikal-friesischer
Einrichtung » – **P** **AE** **MO**
geschl. Anfang Jan. - Karneval, Mitte Nov. - Weihnachten, Sept. - Juni Montag – **Menu**
à la carte 69/93.

Sylt Ost – 6 100 Ew.

🛈 *Kurverwaltung, im Ortsteil Keitum, Am Tipkenhoog 5,* ✉ *25980,* ☎ *(04651) 33 70, Fax (04651) 33737.*
Nach Westerland 5 km.

Im Ortsteil Archsum :

🏨 **Christian VIII** (mit 2 Gästehäusern), Heleeker 1, ✉ 25980, ☎ (04651) 9 70 70, *Christian VIII@ royal-companie.de, Fax (04651) 970777,* « Park », Massage, ⇌, 🎬 – 📺 ✆ 📶
🆎 ⓪ 📶 *VISA*, 🍴 Rest
Menu (Restaurant nur für Hausgäste) – **22 Suiten** ☲ 430/720.

Im Ortsteil Keitum – *Luftkurort :*

🛈 *Kurverwaltung, Am Tipkenhoog 5,* ✉25980, ☎ (04651) 3 37 33, Fax (04651) 33737

🏨 **Benen-Diken-Hof** 🐾, Süderstr. 3, ✉ 25980, ☎ (04651) 9 38 30, *info@ benen-diken-hof.de, Fax (04651) 9383183,* 🍽, Massage, ⇌, 🎬, 🍴 – 📺 ✆ ⚕ ⚡ 📶 🆎 ⓪ 📶 *VISA*
Menu (*geschl. 4. - 17. Dez., 15. Jan. - 15. Feb., im Winter Dienstag*) (nur Abendessen) (Tischbestellung erforderlich) à la carte 71/105 – **44 Z** ☲ 210/300 – 260/450, 5 Suiten.

🏨 **Aarnhoog** garni, Gaat 13, ✉ 25980, ☎ (04651) 39 90, *hotel@ aarnhoog.de, Fax (04651) 39999,* « Garten », ⇌, 🎬 – 📺 ⚕ ⚡ 🆎 📶
14 Z ☲ 290/420 – 420/660, 11 Suiten.

🏨 **Landhaus Keitumer Kliff** 🐾 garni, Munkmarscher Chaussee 30, ✉ 25980, ☎ (04651)93 99 00, *info@landhaus-keitumer-kliff.de, Fax (04651) 939901,* « Schöne Lage am Wattenmeer mit ⬿ », ⇌ – 📺 ✆ ⚡ 🆎 ⓪ 📶 *VISA*
8 Z ☲ 320/390 – 390/620, 5 Suiten.

🏨 **Seiler Hof** garni, Gurtstig 7, ✉ 25980, ☎ (04651) 9 33 40, *SeilerHof@ ringhotels.de, Fax (04651) 933444,* (modernisiertes Friesenhaus a.d.J. 1761), « Garten », ⇌ – 📺 ⚡ 🍴
11 Z ☲ 245 – 275/320.

🍽 **Karsten Wulff,** Museumsweg 4, ✉ 25980, ☎ (04651) 3 03 00, *restaurant@ karsten-wulff.de, Fax (04651) 35738,* 🍽 – ⚡
geschl. Mitte Jan. - Mitte Feb., Mitte Nov. - Mitte Dez., Montag – **Menu** (überwiegend Fischgerichte) à la carte 46/88.

🍽 **Fisch-Fiete,** Weidemannweg 3, ✉ 25980, ☎ (04651) 3 21 50, *FischFietesylt@ aol.com, Fax (04651) 32591,* « Gartenterrasse » – ⚡
geschl. Mitte Jan. - Mitte Feb., Ende Nov. - Weihnachten, Nov. und Feb. - März Mittwoch – **Menu** (*Feb., Nov. nur Abendessen)* (Tischbestellung erforderlich, bemerkenswerte Weinkarte) à la carte 59/115.

Im Ortsteil Morsum :

🍽 **Landhaus Nösse** 🐾 mit Zim, Nösistig 13, ✉ 25980, ☎ (04651) 9 72 20, *noesse.sylt@ t-online.de, Fax (04651) 891658,* 🍽, « Schöne Lage am Morsum Kliff mit ⬿ », 🌳 – 📺 ⚡ 🆎 📶 *VISA* 🍴 Zim
geschl. Montag – **Menu** (Tischbestellung ratsam) 79 (mittags) à la carte 90/121 – **Bistro Menu** à la carte 61/86 – **10 Z** ☲ 279 – 289/499 – ½ P 75.

Im Ortsteil Munkmarsch :

🏨 **Fährhaus Munkmarsch** Ⓜ 🐾, Heefwai 1, ✉ 25980, ☎ (04651) 9 39 70, *faehrhaus-sylt@ t-online.de, Fax (04651) 939710,* 🍽, 🛁, ⇌, 🎬, 🌳 – 📶, 🏊 Zim, 📺 ✆ ⚡ – 🏊 40. 🆎 📶 *VISA* 🍴 Rest
Fährhaus (*geschl. Mitte Jan. - Mitte Feb., Mitte Nov. - Mitte Dez., Nov. - April Montag - Dienstag) (nur Abendessen)* **Menu** à la carte 84/130 – **Käpt'n Selmer Stube :** Menu à la carte 61/84 – **20 Z** ☲ 280/300 – 380/420, 6 Suiten – ½ P 58.

🍽 **Moby Dick,** Munkhoog 14, ✉ 25980, ☎ (04651) 3 21 20, *moby-dick@ t-online.de, Fax (04651) 30310,* ⬿, 🍽 – ⚡ 🆎 📶 *VISA*
geschl. 20. Nov.- 20. Dez., Mittwoch -Donnerstagmittag – **Menu** (Tischbestellung ratsam) à la carte 55/93.

Im Ortsteil Tinnum :

🍽 **Landhaus Stricker,** Boy-Nielsen-Str. 10, ✉ 25980, ☎ (04651) 3 16 72, Fax (04651) 35455, 🍽, « Rustikal-elegante Einrichtung » – ⚡ 🆎 ⓪ 📶 *VISA* 🍴
Gourmet-Stube (*geschl. Dienstag) (nur Abendessen)* **Menu** à la carte 85/118 – **Tenne** (*Nov. - März Dienstag) (auch Mittagessen)* **Menu** à la carte 54/89.

Rantum – *500 Ew.*

8 *Kurverwaltung, Strandstr. 7,* ✉ *25980,* ✆ *(04651) 8 07 77, Fax (04651) 80766.*
Nach Westerland 7 km.

Dorint Söl'ring Hof Ⓜ ⍩, Am Sandwall 1, ✉ 25980, ✆ (04651) 83 62 00, Fax (04651) 8362020, ☆, « Friesenhaus in malerischer Dünenlage ; Wellnessbereich », Massage, ⇌, ☞ – ⍯ Zim, 🖵 ⍟ 🅿 🆎 ⑩ ⓶ VISA
Menu *(geschl. Ende Jan. - Mitte Feb., Sonntag)* (nur Abendessen) (Tischbestellung ratsam) à la carte 93/125 – **15 Z** ⍩ 390 – 430/1400.

Watthof ⍩ (mit Gästehaus), Alte Dorfstr. 40, ✉ 25980, ✆ (04651) 80 20, *Wattho f.Rantum@t-online.de, Fax (04651) 80222,* ←, ☆, « Friesenhaus mit moderner Einrichtung », ⇌, ☒ – ⍯ Zim, 🖵 🅿. AE
Schapers *(geschl. Dienstag)* **Menu** à la carte 62/90 – **35 Z** ⍩ 240/290 – 300/480, 11 Suiten – ½ P 48.

Alte Strandvogtei ⍩ garni, Merret-Lassen-Wai 6, ✉ 25980, ✆ (04651) 9 22 50, Fax (04651) 29157, ⇌, ☞ – 🖵 VISA
22 Z ⍩ 180/230 – 290/350, 8 Suiten.

Landhaus Rantum mit Zim, Stündeelke 1, ✉ 25980, ✆ (04651) 82 44 33 22, *geni essen@landhaus-rantum.de, Fax (04651) 82443311,* ☆ – 🖵 🅿. AE ⑩ ⓶ VISA JCB
Menu à la carte 61/90 – **4 Z** ⍩ 280/350 – ½ P 40.

Sansibar, (Süd : 3 km), ✉ 25980, ✆ (04651) 96 46 46, Fax (04651) 964647, ☆, « Restaurant in einer ehemaligen Strandhütte » – 🅿
Menu (Tischbestellung erforderlich, bemerkenswerte Weinkarte) à la carte 55/118.

Wenningstedt – *2 200 Ew – Seeheilbad.*

8 *Verkehrsverein, Westerlandstr. 1,* ✉ *25996,* ✆ *(04651) 9 89 00, Fax (04651) 45772.*
Nach Westerland 4 km.

Strandhörn ⍩, Dünenstr. 1, ✉ 25996, ✆ (04651) 9 45 00, *rezeption@strandhoer n.de, Fax (04651) 45777,* ☆, « Badelandschaft », 🅵ₐ, ⇌, ☒, ☞ – 🖵 🅿. AE. ✖ Zim
geschl. Anfang Jan. - Mitte Feb. – **Lässig** (Tischbestellung ratsam) *(geschl. Mittwoch)* (nur Abendessen) **Menu** à la carte 88/106 – **Lässig's Garten Bistro** *(geschl. Mittwoch)* (nur Mittagessen) **Menu** à la carte 36/59 – **26 Z** ⍩ 205/330 – 340/390, 15 Suiten
Spez. Kaninchen-Crépinette mit gekräutertem Waldpilzsalat und Walnußvinaigrette. Gebratener Kabeljau mit Gemüselinsen und Senfschaum. Geeister Cappuccino mit Erdbeerknödel.

Windrose ⍩, Strandstr. 21, ✉ 25996, ✆ (04651) 94 00, *info@hotel-windrose.de, Fax (04651) 940877,* ☆, Massage, ⇌, ☒, ☞ – ⫿ 🖵 🅿. – ⛓ 25. AE ⑩ ⓶ VISA
Veneto *(geschl. 22. Feb. - 18. März, 10. Nov. - 15. Dez., Dienstag, ausser Saison Dienstag - Mittwoch)* (nur Abendessen) **Menu** 84/166 – **Admirals-Stuben :** **Menu** à la carte 57/75 – **101 Z** ⍩ 215/290 – 315/420, 18 Suiten – ½ P 45
Spez. Hummer mit grünem Spargel und geeistem Kartoffelschaum. Rehrücken mit Kirsch-Schalottenconfit und Pfifferlingsravioli. Lauwarme Schokoladentarte mit Ananas-Chutney und weißem Kokoseis.

Sylter Domizil Ⓜ garni, Hauptstr. 3, ✉ 25996, ✆ (04561) 8 29 00, *sylter-domizil@t -online.de, Fax (04561) 829029,* ⇌ – ⍯ 🖵 ⍟ 🅿. AE ⓶ VISA
13 Z ⍩ 180 – 239/299.

Gartenhotel ⍩ garni (mit Gästehäusern), Lerchenweg 6, ✉ 25996, ✆ (04651) 94 54 34, *info@gartenhotel.de, Fax (04651) 946210,* ⇌, ☒, ☞ – 🖵 ⍟ 🅿. ✖
geschl. 12. Nov. - 15. Dez. – **24 Z** ⍩ 150/210 – 230/310, 5 Suiten.

Friesenhof garni, Hauptstr. 16, ✉ 25996, ✆ (04651) 94 10, Fax (04651) 941222, ⇌, ☞ – 🖵 ⍟ 🅿. ✖
April - Okt. – **14 Z** ⍩ 145/270 – 290.

Westerland – *9 000 Ew – Seeheilbad.*

8 *Fremdenverkehrszentrale, am Bundesbahnhof,* ✉ *25980,* ✆ *(04651) 99 88, Fax (04651) 998100.*

Stadt Hamburg, Ⓜ Strandstr. 2, ✉ 25980, ✆ (04651) 85 80, *hsh-sylt@t-online.de, Fax (04651) 858220,* ☆, ⇌, ☒ – ⫿ 🖵 ✖ ⇌ – ⛓ 80. AE ⑩ ⓶ VISA ✖ Rest
Menu *(nur Abendessen)* à la carte 85/121 – **Bistro** *(auch Mittagessen)* **Menu** 41 à la carte 59/71 – ⍩ 29 – **72 Z** 198/392 – 325/490, 24 Suiten – ½ P 89.

Strandhotel Sylt Ⓜ ⍩ garni, Margarethenstr. 9, ✉ 25980, ✆ (04651) 83 80, *stra ndhotel-sylt@t-online.de, Fax (04651) 838454,* 🅵ₐ, ⇌ – ⫿ 🖵 ✖ ⇌. AE ⑩ ⓶ VISA
⍩ 28 – **53 Z** 280/310 – 430/950, 45 Suiten.

Dorint M ⑤, Schützenstr. 22, ⊠ 25980, ℰ (04651) 85 00, *Info.GWTWES@dorint.com*, *Fax (04651) 850150*, 🌤, 🖴, 🔲 – ⧖ 📺 ⚡ 🅿 – 🔬 25. 🆎 ⓪ 🐵 🆅🆂🅰 �🅹🅲🅱 ✗ Rest
Menu à la carte 49/84 – ⌖ 29 – **72 Z** 395/530 – 410/725, 9 Suiten.

Miramar ⑤, Friedrichstr. 43, ⊠ 25980, ℰ (04651) 85 50, *Miramar-Sylt@t-online.de*, *Fax (04651) 855222*, ≼, 🌤, Massage, 🌤, 🔲 – ⧖ 📺 ⚡ 🅿 – 🔬 30. 🆎 ⓪ 🐵 🆅🆂🅰 �🅹🅲🅱. ✗ Rest
geschl. 20. Nov. - 19. Dez. – Menu à la carte 43/101 *(auch vegetarische Gerichte)* – **93 Z** ⌖ 295/440 – 470/680, 11 Suiten – ½ P 55.

Vier Jahreszeiten ⑤ garni, Johann-Möller-Str. 40, ⊠ 25980, ℰ (04651) 9 86 70, *Vierjahreszeiten.Sylt@t-online.de, Fax (04651) 986777* – ⧖ 📺 🅿. 🆎 🐵 🆅🆂🅰
19 Z ⌖ 220/270 – 350/390, 7 Suiten.

Wiking garni, Steinmannstr. 11, ⊠ 25980, ℰ (04651) 8 30 02, *howiking@aol.com*, *Fax (04561) 830299* – ⧖ 📺 ⟵. ✗ Rest
28 Z ⌖ 150/240 – 250/410.

Wünschmann, Andreas-Dirks-Str. 4, ⊠ 25980, ℰ (04651) 50 25, *info@hotel-wuens chmann.de, Fax (04651) 5028* – ⧖ 📺 ⟵ 🅿. 🆎. ✗
geschl. Mitte Nov. - Mitte Dez. – Menu *(nur Abendessen)* (Restaurant nur für Hausgäste)
– ⌖ 25 – **35 Z** 143/223 – 222/396.

Monbijou garni, Andreas-Dirks-Str. 6, ⊠ 25980, ℰ (04651) 99 10, *Fax (04651) 27870* – ⧖ 📺 ⟵ 🅿
30 Z ⌖ 140/245 – 240/460.

Uthland M garni, Elisabethstr. 12, ⊠ 25980, ℰ (04651) 9 86 00, *info@hotel-uthlan d.de, Fax (04651) 986060*, 🌤 – ⧖ 📺 ⚡ 🅿. 🆎 🐵 ✗
geschl. Dez. 3 Wochen – **16 Z** ⌖ 245/320 – 310/360.

Westfalen Hof garni, Steinmannstr. 49, ⊠ 25980, ℰ (04651) 80 50, *Hotel@westf alenhof.de, Fax (04651) 80588*, 🌤, 🔲, 🌳 – 📺 🅿. ✗
20 Z ⌖ 150/165 – 300/350.

Berliner Hof ⑤ garni, Boysenstr. 17, ⊠ 25980, ℰ (04651) 8 25 20, *Fax (04651) 29325*, 🌤, 🌳 – 📺 🅿. 🆎 ⓪ 🐵 🆅🆂🅰. ✗
geschl. Anfang Jan. - Mitte Feb., 5. Nov. - 25. Dez. – **30 Z** ⌖ 170/190 – 250/340.

Clausen garni, Friedrichstr. 20, ⊠ 25980, ℰ (04651) 9 22 90, *Fax (04651) 28007* – 📺 ⟵. 🆎 🐵 🆅🆂🅰
geschl. Jan. 3 Wochen – **20 Z** ⌖ 165/175 – 180/290.

XXXX **Jörg Müller** (mit Zim. und Gästehaus), Süderstr. 8, ⊠ 25980, ℰ (04651) 83 64 40, *Hote l-Joerg-Mueller@t-online.de, Fax (04651) 201471*, 🌤 – ✗ Zim, 📺 🅿 🆎 ⓪ 🐵 🆅🆂🅰.
✗
Menu *(geschl. 14. Jan. - 23. Feb., Dienstag) (nur Abendessen)* (Tischbestellung erforderlich, bemerkenswerte Weinkarte) 158/198 à la carte 99/160 – **Pesel** *(geschl. Mittwoch)* Menu à la carte 58/99 – **22 Z** ⌖ 210 – 340/580, 4 Suiten – ½ P 68
Spez. Carpaccio von Langostinos mit Fenchelsalat. Steinbutt und Hummer mit zwei Saucen. Tournedos "Rossini" mit Trüffelsauce.

XX **Webchristel,** Süderstr. 11, ⊠ 25980, ℰ (04651) 2 29 00 – 🅿
geschl. Mittwoch – Menu *(nur Abendessen)* (Tischbestellung ratsam) 47 à la carte 54/96.

XX **Franz Ganser,** Bötticherstr. 2, ⊠ 25980, ℰ (04651) 2 29 70, *FGanser1@aol.com, Fax (04651) 834980*, 🌤 – 🆎 🐵 🆅🆂🅰
geschl. 27. Feb. - 21. März, 20. Nov. - 17. Dez., Montag – Menu *(Jan. - März nur Abendessen)* à la carte 67/109.

TABARZ Thüringen 418 N 15 – 4 500 Ew – Höhe 420 m – Erholungsort – Wintersport : 800✗916 m ⚡ 1, 🎿.
🛈 Kurgesellschaft, Zimmerbergstr. 4, ⊠ 99891, ℰ (036259) 56 00, Fax (036259) 56018.
Berlin 344 – *Erfurt 53* – Bad Hersfeld 92 – Coburg 102.

Frauenberger ⑤, Max-Alvary-Str. 9, ⊠ 99891, ℰ (036259) 52 20, *Fax (036259) 522100*, ≼, 🌤, Massage, 🌤, 🔲, 🌳 – ⧖, ✗ Zim, 📺 ⚡ ⟵ 🅿 – 🔬 30. 🆎 🐵 🆅🆂🅰. ✗ Rest
Menu *(geschl. 3. - 18. März) (Montag - Freitag nur Abendessen)* à la carte 33/70 – **43 Z** ⌖ 95/125 – 160/180 – ½ P 30.

Zur Post M, Lauchagrundstr. 16, ⊠ 99891, ℰ (036259) 66 60, *hotel-tabarz@t-onli ne.de, Fax (036259) 66666*, 🌤, 🌤 – ⧖, ✗ Zim, 📺 🅰 🅿 – 🔬 70. 🆎 ⓪ 🐵 🆅🆂🅰
Menu à la carte 27/41 – **42 Z** ⌖ 95/115 – 140/180 – ½ P 25.

TALTITZ Sachsen siehe Oelsnitz (Vogtland).

TAMM Baden-Württemberg siehe Asperg.

TANGERMÜNDE *Sachsen-Anhalt* 🔳🔳🔳 / 19 – 11 000 Ew – Höhe 45 m.

Sehenswert : *Rathausfassade★ – Neustädter Tor★.*

🔳 *Tourist-Information, Marktstr. 13,* ⌧ 39590, *ℰ (039322) 37 10, Fax (039322) 43770.*
Berlin 119 – Magdeburg 63 – Brandenburg 64.

🏨 **Schloss Tangermünde** 🔾, Amt 1, ⌧ 39590, *ℰ (039322) 73 73, Schlosstangerm
uende@t-online.de, Fax (039322) 73773,* « *Teil einer Burganlage a. d. 11. Jh. oberhalb der
Elbe, Park* », 🔳 – 🔳, 🔳 Zim, 🔳 🔳 🔳 🔳.
Menu *(Montag - Freitag nur Abendessen)* à la carte 30/53 – **16 Z** ⌨ 140/160 – 200/250.

🏨 **Schwarzer Adler** (mit Gästehaus), Lange Str. 52, ⌧ 39590, *ℰ (039322) 9 60, Schw
arzerAdler@ringhotels.de, Fax (039322) 3642,* 🔳, 🔳, 🔳 – 🔳 🔳 – 🔳 60. 🔳 🔳 🔳
VISA
Menu à la carte 29/49 – **45 Z** ⌨ 95/110 – 140/250.

🏠 **Stars Inn** garni, Lange Str. 47, ⌧ 39590, *ℰ (039322) 98 70, Fax (039322) 98770 –* 🔳
🔳 🔳 – 🔳 25. 🔳 **VISA**
18 Z ⌨ 82/92 – 114/124.

TANKUMSEE *Niedersachsen siehe Gifhorn.*

TANN (RHÖN) *Hessen* 🔳🔳🔳 O 14 – 5 300 Ew – Höhe 390 m – Luftkurort.

🔳 *Verkehrsamt, Am Kalkofen 6 (Rhönhalle),* ⌧ 36142, *ℰ (06682) 16 55, Fax (06682)
8922.*
Berlin 418 – Wiesbaden 226 – Fulda 30 – Bad Hersfeld 52.

In Tann-Lahrbach *Süd : 3 km :*

🏠 **Gasthof Kehl** (mit Gästehaus), Eisenacher Str. 15, ⌧ 36142, *ℰ (06682) 3 87,
Fax (06682) 1435,* 🔳, 🔳 – 🔳 🔳 🔳 40. 🔳 Zim
geschl. 16. Okt. - 4. Nov. – **Menu** *(geschl. Dienstag)* à la carte 24/43 🔳 – **37 Z** ⌨ 49/57
– 78/94 – ½ P 16.

TANNENBERG *Sachsen* 🔳🔳🔳 O 22 – 1 200 Ew – Höhe 500 m.
Berlin 297 – Dresden 116 – Chemnitz 32 – Zwickau 46.

🏠 **Zum Hammer,** Untere Dorfstr. 21, ⌧ 09468, *ℰ (03733) 5 29 51, info@zumhamm
er.de, Fax (03733) 52951,* 🔳 – 🔳 🔳 🔳 Rest
Menu à la carte 27/40 – **17 Z** ⌨ 69/75 – 98/110.

🏠 **Am Sauwald** 🔾, Annaberger Str. 52 (Ost : 2 km), ⌧ 09468, *ℰ (03733) 56 99 90,
Fax (03733) 57124,* 🔳, 🔳 – 🔳 Zim, 🔳 🔳
geschl. März 2 Wochen – **Menu** à la carte 16/42 🔳 – **20 Z** ⌨ 70/130.

TAUBERBISCHOFSHEIM *Baden-Württemberg* 🔳🔳🔳 R 12 – 13 000 Ew – Höhe 181 m.

🔳 *Tourist-Information, Marktplatz 8,* ⌧ 97941, *ℰ (09341) 8 03 13, Fax (09341) 80389.*
ADAC, *Würzburger Str. 13.*
Berlin 529 – Stuttgart 117 – Würzburg 34 – Heilbronn 75.

🏨 **Am Brenner** 🔾, Goethestr. 10, ⌧ 97941, *ℰ (09341) 9 21 30, hotelambrenner@t
-online.de, Fax (09341) 921334,* 🔳, 🔳, 🔳 – 🔳 Zim, 🔳 🔳 🔳 – 🔳 30. 🔳 🔳 🔳 🔳 **VISA**
🔳 Rest
Menu *(geschl. Freitag - Samstagmittag)* à la carte 34/69 – **30 Z** ⌨ 89/99/120.

🏠 **Badischer Hof,** Am Sonnenplatz, ⌧ 97941, *ℰ (09341) 98 80, Fax (09341) 988200 –*
🔳 🔳 🔳 🔳 🔳 **VISA**
geschl. 15. Dez. - 15. Jan. – **Menu** *(geschl. Aug. 3 Wochen, Freitag)* à la carte 24/51 🔳 –
26 Z ⌨ 85/105 – 120/140.

🏠 **Adlerhof,** Bahnhofstr. 18, ⌧ 97941, *ℰ (09341) 94 40, Adlerhof@t-online.de,
Fax (09341) 944100 –* 🔳 Zim, 🔳 🔳 – 🔳 40. 🔳 🔳 **VISA**
Menu *(geschl. 1. - 10. Jan., 1. - 15. Aug., Sonntag) (nur Abendessen)* à la carte 32/54 –
12 Z ⌨ 79/98 – 130/149.

In Tauberbischofsheim-Hochhausen *Nord-West : 6 km :*

🏠 **Landhotel am Mühlenwörth** 🔾, Am Mühlenwörth, ⌧ 97941, *ℰ (09341) 9 55 55,
Fax (09341) 95557,* 🔳, 🔳 – 🔳 🔳
geschl. Nov., Jan. - Feb. – **Menu** *(Okt. - März Mittwoch, Freitag) (wochentags nur Abendessen)* à la carte 22/46 – **14 Z** ⌨ 52/75 – 88/130.

In Königheim *West : 7 km :*

🏠 **Schwan,** Hardheimer Str. 6, ⌧ 97953, *ℰ (09341) 9 49 60, SchwanKoenigheim@aol.c
om, Fax (09341) 949622,* 🔳, 🔳 – 🔳 🔳 🔳 🔳
geschl. 6. - 16. Jan. – **Menu** *(geschl. Montag)* à la carte 27/46 – **10 Z** ⌨ 48 – 94/98.

TAUBERRETTERSHEIM *Bayern siehe Weikersheim.*

TAUCHA KREIS LEIPZIG *Sachsen* 418 *L 21 – 12 300 Ew – Höhe 118 m.*
Siehe Stadtplan Leipzig (Umgebungsplan).
Berlin 190 – Dresden 108 – Leipzig 13.

Comfort Hotel, Leipziger Str. 125, ✉ 04425, ☎ (034298) 39 71 00, *comforthot@aol.com, Fax (034298) 397299* – |⇕|, ⇹ Zim, TV ☎ ♿ P. AE ◑ MC VISA U x
Menu *(nur Abendessen)* (Restaurant nur für Hausgäste) – **103 Z** ☕ 99/112 – 125/138.

TAUFKIRCHEN KREIS MÜNCHEN *Bayern* 419 420 *V 18 – 16 800 Ew – Höhe 567 m.*
Berlin 600 – München 12 – Augsburg 79 – Garmisch-Partenkirchen 86 – Rosenheim 60.

Limmerhof, Münchener Str. 43, ✉ 82024, ☎ (089) 61 43 20, *Fax (089) 61432333*, ☂,
≘s – |⇕| TV ☎ 🚗 P – 🏛 60. AE ◑ MC VISA
Menu à la carte 45/69 – **81 Z** ☕ 175/235 – 225/280.

TAUFKIRCHEN (VILS) *Bayern* 420 *U 20 – 8 600 Ew – Höhe 456 m.*
Berlin 581 – München 58 – Regensburg 87 – Landshut 26 – Passau 129 – Rosenheim 66 – Salzburg 126.

Am Hof garni, Hierlhof 2, ✉ 84416, ☎ (08084) 9 30 00, *Fax (08084) 930028* – |⇕| TV
☎ 🚗. AE MC VISA
17 Z ☕ 90/105 – 140/170.

In Taufkirchen-Hörgersdorf *Süd-West : 8,5 km :*

Landgasthof Forster, Hörgersdorf 23, ✉ 84416, ☎ (08084) 23 57, *Fax (08084) 258481*, ☂ – P
geschl. über Fasching 1 Woche, Ende Aug. - Anfang Sept., Montag - Dienstag – **Menu** *(Mittwoch - Freitag nur Abendessen)* à la carte 45/66.

TAUNUSSTEIN *Hessen* 417 *P 8 – 24 700 Ew – Höhe 343 m.*
Berlin 564 – Wiesbaden 12 – Frankfurt am Main 69 – Bad Schwalbach 10 – Limburg an der Lahn 38.

In Taunusstein-Neuhof :

Zur Burg, Limburger Str. 47 (B 417/275), ✉ 65232, ☎ (06128) 97 77 20, *Fax (06128) 75160* – TV P – 🏛 40. AE MC VISA
Menu *(geschl. Samstag)* à la carte 27/56 🌡 – **24 Z** ☕ 105/135 – 160/180.

TAUTENHAIN *Thüringen siehe Klosterlausnitz, Bad.*

TECKLENBURG *Nordrhein-Westfalen* 417 *J 7 – 9 000 Ew – Höhe 235 m – Luftkurort.*
Westerkappeln-Velpe (Nord-Ost : 9 km), ☎ (05456) 96 01 3 ; Wallen-Lienen (West : 3 km), ☎ (05455) 10 35.
Tecklenburg Touristik, Markt 7, ✉ 49545, ☎ (05482) 9 38 90, Fax (05482) 938919.
Berlin 442 – Düsseldorf 160 – Bielefeld 77 – Münster (Westfalen) 28 – Osnabrück 28.

In Tecklenburg - Brochterbeck *West : 6,5 km :*

Teutoburger Wald, Im Bocketal 2, ✉ 49545, ☎ (05455) 9 30 00, *HotelTeutoburgerWald@t-online.de, Fax (05455) 930070*, ≘s, 🏊, 🌳 – |⇕| TV ☎ ♿ 🚗 P – 🏛 80. AE ◑ MC VISA
Menu *(geschl. 2.- 18. Jan.)* (Restaurant nur für Hausgäste) à la carte 39/71 – **44 Z** ☕ 100/130 – 150/200.

In Tecklenburg - Leeden *Ost : 8 km :*

Altes Backhaus, Am Ritterkamp 27, ✉ 49545, ☎ (05481) 65 33, *Fax (05481) 83102*, ☂ – P. ◑ MC VISA
geschl. Anfang - Mitte Feb., Dienstag – **Menu** à la carte 43/75.

TEGERNAU *Baden-Württemberg* 419 *W 7 – 500 Ew – Höhe 444 m.*
Berlin 828 – Stuttgart 200 – Freiburg im Breisgau 83 – Basel 37 – Zürich 89.

In Tegernau-Schwand *Nord : 3,5 km :*

Sennhütte 🌿, Schwand 14, ✉ 79692, ☎ (07629) 9 10 20, *info@sennhuette.com, Fax (07629) 910213*, ←, ☂ – TV P. MC VISA. ⇹ Zim
geschl. Mitte Jan. - Ende Feb. – **Menu** *(geschl. Dienstag)* à la carte 26/67 – **11 Z** ☕ 62/72 – 116/124.

TEGERNSEE Bayern 419 420 W 19 – 4 500 Ew – Höhe 732 m – Heilklimatischer Kurort – Wintersport : 730/900 m ⚿.

🔢 Kuramt, im Haus des Gastes, Hauptstr. 2, ✉ 83684, ℰ (08022) 18 01 40, Fax (08022) 3758.

Berlin 642 – München 53 – Garmisch-Partenkirchen 75 – Bad Tölz 19 – Miesbach 18.

🏨 **Bayern** ⑊, Neureuthstr. 23, ✉ 83684, ℰ (08022) 18 20, info@hotel-bayern.de, Fax (08022) 3775, 🌧, Biergarten, « Großzügige Hotelanlage mit ⩽ Tegernsee und Berge ; Wellness », Massage, ⇌, ▨, 🔥, ☞ – ⧄ – ⧉, ⋙ Zim, 📺 & 🅿 – ⧗ 70. ◍ ◑ ◎ 𝐕𝐈𝐒𝐀
Menu à la carte 49/88 – **87 Z** ⊇ 151/235 – 250/352, 4 Suiten – ½ P 43.

🏩 **Gästehaus Fackler** ⑊ (mit Appartmenthaus), Karl-Stieler-Str. 14, ✉ 83684, ℰ (08022) 9 17 60, Hotel.Fackler@t-online.de, Fax (08022) 917615, ⩽, ⇌, ▨, 🌧 – 🅿. 🅿. ◎ 𝐕𝐈𝐒𝐀
geschl. 10. Nov. - 6. Dez. – **Menu** (nur Abendessen) (Restaurant nur für Hausgäste) – **25 Z** ⊇ 100/150 – 155/230 – ½ P 15/30.

🏩 **Bastenhaus,** Hauptstr. 71, ✉ 83684, ℰ (08022) 9 14 70, Bastenhaus@merkur.net, Fax (08022) 914747, ⩽, ⇌, ▨, 🔥, 🌧 – 📺 🅿. ◎ 𝐕𝐈𝐒𝐀, 🍴 Zim
Menu (geschl. Nov., Mittwoch) (nur Abendessen) à la carte 28/69 – **23 Z** ⊇ 95/110 – 145/190 – ½ P 25.

⚓ **Fischerstüberl am See,** Seestr. 51, ✉ 83684, ℰ (08022) 91 98 90, hotlfisch@t-online.de, Fax (08022) 9198950, ⩽, 🌁, ▨ – 📺 🅿
geschl. Mitte Nov. - 24. Dez. – **Menu** (geschl. Mittwoch, Okt. - Mai Dienstagabend - Mittwoch) à la carte 26/58 – **20 Z** ⊇ 59/130/170 – ½ P 23.

✕✕ **Der Leeberghof** (Bischoff) ⑊ mit Zim, Ellingerstr. 10, ✉ 83664, ℰ (08022) 39 66, info@leberghof.de, Fax (08022) 1720, ⩽ Tegernsee und Berge, « Schöne Lage über dem See ; Panoramaterrasse » – 📺 🅿. ◎ 𝐕𝐈𝐒𝐀
geschl. 8. Jan. - 20. Feb. – **Menu** (geschl. Montag, Nov. - April Montag - Dienstag, Feiertage) (Dienstag - Freitag nur Abendessen) (Tischbestellung erforderlich) à la carte 67/105 – **5 Z** ⊇ 220/350 – 290/450 – (Umzug Frühjahr 2001 : Schwaighofstr. 53)
Spez. Strudel von Renke und Saibling mit Salaten. Variation vom Ziegenkitz mit Feldgemüse und Polenta. Dreierlei vom Topfen mit lauwarmem Früchtesalat.

TEINACH-ZAVELSTEIN, BAD Baden-Württemberg 419 T 10 – 2 700 Ew – Höhe 392 m – Heilbad.

🔢 Kurverwaltung, Otto-Neidhart-Allee 6, (Bad Teinach), ✉ 75385, ℰ (07053) 84 44, Fax (07053) 2154.

Berlin 669 – Stuttgart 56 – Karlsruhe 64 – Pforzheim 37 – Calw 9.

Im Stadtteil Bad Teinach :

🏨 **Bad-Hotel** ⑊, Otto-Neidhart-Allee 5, ✉ 75385, ℰ (07053) 2 90, bad-hotel-bad-teinach@t-online.de, Fax (07053) 29177, 🌧, « freier Zugang zum Kurhaus, ✖ – ⧄, ⋙ Zim, 📺 🌧 🅿 – ⧗ 80. ◍ ◑ ◎ 𝐕𝐈𝐒𝐀, 🍴 Rest
Menu à la carte 52/86 (auch vegetarisches Menu) – **Brunnen-Schenke** (geschl. Samstag, Sonntagabend) **Menu** à la carte 27/52 – **58 Z** ⊇ 136/196 – 254/292, 4 Suiten – ½ P 39.

🏩 **Mühle** garni, Otto-Neidhart-Allee 2, ✉ 75385, ℰ (07053) 9 29 50, Fax (07053) 929599 – ⧄ 📺 🌧 🅿. ◎ 🍴
geschl. Nov. - 15. Dez. – **18 Z** ⊇ 62/124.

🏩 **Schloßberg** ⑊, Burgstr. 2, ✉ 75385, ℰ (07053) 9 26 90, schlossberghotel@t-online.de, Fax (07053) 926915, ⩽, 🌁 – 📺 🅿. 🍴 Zim
geschl. 22. Nov. - 24. Dez. – **Menu** (geschl. Montag) à la carte 25/56 🍷 – **14 Z** ⊇ 58/67 – 126/138 – ½ P 23.

🏩 **Lamm,** Badstr. 17, ✉ 75385, ℰ (07053) 9 26 80, Fax (07053) 926835 – ⧄ ⋙ 📺 🅿. ◎ 𝐕𝐈𝐒𝐀
geschl. Jan. - Feb. – **Menu** (geschl. Dienstag) à la carte 32/44 🍷 – **21 Z** ⊇ 71 – 122/142.

Im Stadtteil Zavelstein – Luftkurort :

🏩 **Berlin's Hotel Krone und Lamm,** Marktplatz 3, ✉ 75385, ℰ (07053) 9 29 40, Berlins-hotel-krone@t-online.de, Fax (07053) 929430 – ⧄, ⋙ Zim, 📺 🅿. ◎ 𝐕𝐈𝐒𝐀
Menu à la carte 36/74 – **28 Z** ⊇ 80/110 – 130/170 – ½ P 34.

TEISENDORF Bayern 420 W 22 – 8 200 Ew – Höhe 504 m – Erholungsort.

🔢 Tourismusbüro, Poststr. 14, ✉ 83317, ℰ (08666) 2 95, Fax (08666) 1647.

Berlin 709 – München 120 – Bad Reichenhall 20 – Rosenheim 61 – Salzburg 22.

In Teisendorf-Achthal Süd-West : 5 km :

✕ **Reiter** mit Zim, Teisendorfer Str. 80, ✉ 83317, ℰ (08666) 3 27, Fax (08666) 6696, 🌁, ⇌ – 🌧 🅿
geschl. nach Ostern 2 Wochen, Nov. 3 Wochen – **Menu** (geschl. Donnerstag) à la carte 23/42 – **9 Z** ⊇ 45/60 – 90/100 – ½ P 18.

In Teisendorf-Holzhausen *Nord : 2 km :*

🏛 **Landhotel Seidl** ⬥, ⬥ 83317, 🖉 (08666) 80 10, *info@landhotelseidl.de*, Fax (08666) 801102, ⬥, 🍴, Massage, ⬥, ⬥, ⬥, 🗔, ⬥, ⬥(Halle) – ⬥ 📺 ⬥ 🖪 –
⬥ 30. 🕐 ⬥ 𝗩𝗜𝗦𝗔
geschl. 8. Jan. - 23. Feb. – **Menu** à la carte 29/55 – **62 Z** ⬕ 110/150 – 200/260 – ½ P 20.

In Teisendorf-Neukirchen *Süd-West : 8 km :*

🏛 **Gasthof Schneck** ⬥, Pfarrhofweg 20, ⬥ 83364, 🖉 (08666) 3 56, Fax (08666) 6802,
⬥ ⬥, 🍴 – 🖪
geschl. Mitte Jan. - Mitte Feb. – **Menu** (geschl. Okt. - Juni Donnerstag) à la carte 24/57
– **12 Z** ⬕ 55/80 – 100/110 – ½ P 22.

TEISING *Bayern siehe Altötting.*

TEISNACH *Bayern* 𝟰𝟮𝟬 *S 22 – 2 800 Ew – Höhe 467 m.*
🛈 *Tourist-Information, Regenmühlstr. 2, (Geiersthal)* ⬥ 94244, 🖉 (09923) 5 62, Fax (09923) 3607.
Berlin 520 – München 168 – Passau 73 – Cham 40 – Deggendorf 24.

In Teisnach-Kaikenried *Süd-Ost : 4 km :*

🏛 **Oswald**, Am Platzl 2, ⬥ 94244, 🖉 (09923) 8 41 00, Fax (09923) 841010, 🍴, ⬥, ⬥
– 📺 🖪 ⬥ ⬥ 𝗩𝗜𝗦𝗔
geschl. 15. - 30. Jan., Nov. – **Menu** (geschl. Mittwoch) à la carte 35/55 – **15 Z** ⬕ 79/89
– 142 – ½ P 30.

TEISTUNGEN *Thüringen* 𝟰𝟭𝟴 *L 14 – 1 500 Ew – Höhe 300 m.*
Berlin 306 – Erfurt 98 – Göttingen 32 – Nordhausen 45 – Mühlhausen 39.

🏛 **Victor's Residenz-Hotel Teistungenburg** 🄼, Klosterweg 6, ⬥ 37339,
🖉 (036071) 8 40, *info@TT.VICTORS.DE*, Fax (036071) 84444, 🍴, Biergarten, direkter Zugang zur Bäderwelt, Squash – ⬥, ⬥ Zim, 📺 ⬥ 🖪 – ⬥ 150. ⬥ 🕐 ⬥ 𝗩𝗜𝗦𝗔
Menu à la carte 32/52 – **97 Z** ⬕ 130/160 – 170/250 – ½ P 33.

TELGTE *Nordrhein-Westfalen* 𝟰𝟭𝟳 *K 7 – 19 500 Ew – Höhe 49 m.*
Sehenswert : Heimathaus Münsterland (Hungertuch★).
🏌 *Telgte, Harkampsheide 5 (Ost : 3 km),* 🖉 (02504) 7 23 26.
🛈 *Stadttouristik, Markt 1,* ⬥ 48291, 🖉 (02504) 7 75 71, Fax (02504) 72015.
Berlin 446 – Düsseldorf 149 – Bielefeld 64 – Münster (Westfalen) 12 – Osnabrück 47.

🏛 **Heidehotel Waldhütte** ⬥, Im Klatenberg 19 (Nord-Ost : 3 km, über die B 51),
⬥ 48291, 🖉 (02504) 92 00, *heidehotel-waldhuette@t-online.de*, Fax (02504) 920140,
« Waldpark ; Gartenterrasse », ⬥, ⬥ – 📺 ⬥ ⬥ ⬥ 🕐 ⬥ 𝗩𝗜𝗦𝗔
geschl. 2. - 12. Jan. – **Menu** à la carte 45/73 – **31 Z** ⬕ 130/200.

🏛 **Marienlinde** garni, Münstertor 1, ⬥ 48291, 🖉 (02504) 9 31 30, Fax (02504) 931350
– ⬥ Zim, 📺 🖪 ⬥ 🕐 ⬥ 𝗩𝗜𝗦𝗔
20 Z ⬕ 92/95 – 138/145.

In Ostbevern *Nord-Ost : 7 km :*

🏛 **Beverhof**, Hauptstr. 35, ⬥ 48346, 🖉 (02532) 51 62, Fax (02532) 1688, 🍴, ⬥ –
⬥ ⬥ Zim, 📺 ⬥ 🖪 ⬥ Zim
Menu (geschl. Montag) (wochentags nur Abendessen) à la carte 21/41 ⬥ – **13 Z**
⬕ 60/100.

TELTOW *Brandenburg* 𝟰𝟭𝟲 𝟰𝟭𝟴 *I 23 – 15 100 Ew – Höhe 40 m.*
Siehe Stadtplan Berlin (Umgebungsplan).
Berlin 21 – Potsdam 16 – Frankfurt (Oder) 96 – Wittenberge 81.

🏛 **Courtyard by Marriott** 🄼, Warthestr. 20, ⬥ 14513, 🖉 (03328) 44 00, *cy.sxfcy.s ales.rep1@marriott.com*, Fax (03328) 440440, 🍴, Massage, ⬥, ⬥ – ⬥, ⬥ Zim, ⬥ 📺
⬥ ⬥ 🖪 – ⬥ 180. ⬥ 🕐 ⬥ 𝗩𝗜𝗦𝗔 🄹🄲🄱   BV e
Menu à la carte 41/66 – ⬕ 22 – **195 Z** 166.

In Teltow-Ruhlsdorf *Süd : 3 km :*

🏛 **Hammers Landhotel**, Genshagener Str. 1, ⬥ 14513, 🖉 (03328) 4 14 23,
Fax (03328) 474680, – ⬥ Zim, 📺 🖪 ⬥ Zim
Menu (Montag - Freitag nur Abendessen) à la carte 29/64 – **20 Z** ⬕ 110/145.

TEMPLIN Brandenburg 416 G 24 – 14 000 Ew – Höhe 60 m – Erholungsort.

🔼 *Tourismus-Service, Obere Mühlenstr.11, (Akzisehaus)* ✉ 17268, ✆ *(03987) 26 31, Fax (03987) 53833.*

Berlin 75 – Potsdam 127 – Neubrandenburg 81 – Neuruppin 75.

🏨 **Zum Eichwerder,** Werderstr. 38, ✉ 17268, ✆ *(03987) 5 27 00, Fax (03987) 52701,*
🚗 – 📺 🅿 – 🔬 35. Ⅿ Ⅿ Ⓥ
Menu à la carte 25/38 – **22 Z** 🛏 95/115 – 130/140.

Am Großdöllner See *Süd-Ost : 22 km :*

🏨 **Döllnsee-Schorfheide** 📞, Döllnkrug 2, ✉ 17268 Groß Dölln, ✆ *(039882) 6 30, doel lnsee@htb.de, Fax (039882) 63402,* 🌳, Massage, 🛁, 🚗, 🔲, 🏊, 🎾 – 🔌, 🔾 Zim,
🍴 Rest, 📺 🖉 🚗 🅿 – 🔬 110. Ⅿ Ⅿ Ⓥ
Menu à la carte 43/56 – **107 Z** 🛏 180/235.

TENGEN Baden-Württemberg 419 W 9 – 4 600 Ew – Höhe 610 m.

Berlin 760 – Stuttgart 131 – Konstanz 58 – Villingen-Schwenningen 25 – Winterthur 51 – Schaffhausen 23.

In Tengen-Blumenfeld *Ost : 2 km :*

🏨 **Bibermühle** 📞, Untere Mühle 1, ✉ 78250, ✆ *(07736) 9 29 30, bibermuehle@t-on line.de, Fax (07736) 9293140,* 🌳, *(Wildgehege),* **◄** Ehemalige Wassermühle mit Hotelanbau **►**, 🚗, 🎾 – 🔌 📺 🖉 🅿 – 🔬 50. Ⅿ Ⅿ Ⓥ
Menu *(geschl. über Fastnacht 2 Wochen)* à la carte 44/86 – **31 Z** 🛏 98/120 – 160/190.

TENNENBRONN Baden-Württemberg 419 V 9 – 3 900 Ew – Höhe 662 m – Luftkurort.

🔼 *Verkehrsbüro, Rathaus, Hauptstr. 23,* ✉ 78144, ✆ *(07729) 92 60 28, Fax (07729) 926050.*

Berlin 739 – Stuttgart 116 – Freiburg im Breisgau 74 – Freudenstadt 44 – Villingen-Schwenningen 24.

🛝 **Adler,** Hauptstr. 60, ✉ 78144, ✆ *(07729) 9 22 80, service@adler.tennenbronn.de, Fax (07729) 922813 –* 🅿 Ⅿ Ⓥ
geschl. Ende Nov. - Anfang Dez. – **Menu** *(geschl. Montag)* à la carte 28/53 🍴 – **14 Z** 🛏 48/80 – 88/120 – ½ P 21.

TENNSTEDT, BAD Thüringen 418 M 16 – 2 900 Ew – Höhe 144 m – Heilbad.

Berlin 286 – Erfurt 31 – Halle 113 – Mühlhausen 36 – Nordhausen 58.

🏨 **Am Kurpark** garni, Am Osthöfer Tor 1, ✉ 99955, ✆ *(036041) 37 00, Hotel-am-Kur park@web.de, Fax (036041) 3700 –* 📺 🖉 🅿 – 🔬 20
14 Z 🛏 65/76 – 98/118.

TETEROW Mecklenburg-Vorpommern 416 E 21 – 11 000 Ew – Höhe 30 m.

Berlin 182 – Schwerin 92 – Neubrandenburg 55 – Rostock 58 – Stralsund 87.

🏨 **Blücher** garni, Warener Str. 50, ✉ 17166, ✆ *(03996) 17 21 96, Fax (03996) 120295,*
🚗 – 📺 🅿 Ⅿ
17 Z 🛏 95/135.

An der Straße nach Waren *Süd : 8 km :*

🏨 **Schlosshotel Burg Schlitz** 📞, ✉ 17166 Hohen Demzin, ✆ *(03996) 1 27 00, burg -schlitz@t-online.de, Fax (03996) 127070,* 🌳, **◄** Klassizistisches Schloß a.d.J. 1823 in einer Parkanlage ; Karolinenkapelle **►** – 🔌 📺 🖉 🅿 – 🔬 20. Ⅿ ① Ⅿ Ⓥ 🍴 Rest
geschl. 3. - 31. Jan. – **Rittersaal** *(geschl. Montag) (nur Abendessen)* **Menu** à la carte 78/105 – **20 Z** 🛏 280/360 – 360/440, 5 Suiten.

TETTNANG Baden-Württemberg 419 W 12 – 17 300 Ew – Höhe 466 m.

🔼 *Tourist-Info-Büro, Montfortplatz 1/1,* ✉ 88069, ✆ *(07542) 95 38 39, Fax (07542) 939196.*

Berlin 714 – Stuttgart 160 – Konstanz 35 – Kempten (Allgäu) 65 – Ravensburg 13 – Bregenz 28.

🏨 **Rad,** Lindauer Str. 2, ✉ 88069, ✆ *(07542) 54 00, HotelRad.Tettnang@t-online.de, Fax (07542) 53636,* 🚗 – 🔌, 🔾 Zim, 🍴 Rest, 📺 🚗 🅿 – 🔬 120. Ⅿ ① Ⅿ Ⓥ
geschl. Jan. 3 Wochen – **Menu** à la carte 42/72 – **70 Z** 🛏 110/150 – 150/220.

🏠 **Torstuben** (mit Gästehaus), Bärenplatz 8, ✉ 88069, ✆ (07542) 9 38 60,
Fax (07542) 938624, 🌳 – 📶 📺 🛏 📱 🚗
Menu *(geschl. Donnerstag)* à la carte 29/55 – **15 Z** ☲ 75/100 – 120/130.

🏠 **Ritter,** Karlstr. 2, ✉ 88069, ✆ (07542) 5 30 20, *ritter.tettnang@t-online.de,*
Fax (07542) 530230, 🌳 – 📶 📺 🚗 📱 🅰 ⓪ 🟦 *VISA*
geschl. Feb. 2 Wochen, Nov. 2 Wochen – **Menu** *(geschl. Freitagmittag, Okt. - April Freitag)*
à la carte 30/67 – **25 Z** ☲ 75/110 – 120/160.

🏠 **Bären,** Bärenplatz 1, ✉ 88069, ✆ (07542) 69 45, *Fax (07542) 55618* – ⤢ Zim, 📺 🚗
📱 🅰 ⓪ ⓸ 🟦 *VISA*
geschl. 29. Okt. - 2. Nov. – **Menu** *(geschl. Mittwoch)* à la carte 30/59 – **27 Z** ☲ 70/90 –
110/140.

In Tettnang-Kau *West : 3 km Richtung Friedrichshafen, in Pfingstweide links ab :*

✕✕ **Lamm im Kau,** Sängerstr. 50, ✉ 88069, ✆ (07542) 47 34, *Fax (07542) 4734,* 🌳 –
🚗 📱 🟦 *VISA*
geschl. Montag – **Menu** *(nur Abendessen)* (Tischbestellung ratsam) à la carte 35/75.

In some towns and their surrounding areas,
hoteliers are liable to increase their prices
during certain trade exhibitions and tourist events.

TEUPITZ *Brandenburg* 🔲🔲🔲 *J 24 – 1 700 Ew – Höhe 40 m.*
Ausflugsziel : Spreewald★★ *(Kahnfahrt ab Lübbenau, Freilandmuseum Lehde*★*).*
🏌 🏌 *Motzen, Am Golfplatz 5 (Nord : 11 km),* ✆ (033769) 5 01 30.
Berlin 54 – Potsdam 70 – Cottbus 76 – Dresden 137 – Frankfurt (Oder) 70.

In Klein Köris *Nord-Ost : 8,5 km :*

🏘 **Lindengarten,** Chausseestr. 57, ✉ 15746, ✆ (033766) 4 20 63, *Fax (033766) 42062,*
🌳 – 📶 📺 📱 – 🏊 80
Menu à la carte 25/46 – **33 Z** ☲ 100/120 – 130/150.

In Motzen *Nord : 11 km :*

🏰 **Residenz am Motzener See** Ⓜ, Töpchiner Str. 4, ✉ 15741, ✆ (033769) 8 50, *info*
@hotel-residenz-motzen.de, Fax (033769) 85100, ≤, 🌳, 🍴, 🔲, 🌳 – 📶, ⤢ Zim, 📺
🚗 📱 – 🏊 60. 📱 ⓪ – **Menu** à la carte 44/65 – **60 Z** ☲ 155/195 – 195/255.

THALE *Sachsen-Anhalt* 🔲🔲🔲 *K 17 – 15 000 Ew – Höhe 170 m.*
Sehenswert : Bodetal★★ *(Roßtrappe*★★*,* ≤ ★★★*).*
🅱 *Thale-Information, Am Bahnhof,* ✉ 06502, ✆ (03947) 25 97, *Fax (03947) 2277.*
Berlin 220 – Magdeburg 68 – Halberstadt 21 – Nordhausen 48.

Auf dem Hexentanzplatz *Süd-West : 5 km – Höhe 453 m :*

🏠 **Berghotel Hexentanzplatz,** Hexentanzplatz 1, ✉ 06502, ✆ (03947) 47 30,
🚗 *Fax (03947) 47338,* ≤ Harz, 🌳 – 📺 📱 🅰 ⓸ 🟦 *VISA*
Menu à la carte 24/47 – **16 Z** ☲ 70/120 – 130/180.

THALFANG *Rheinland-Pfalz* 🔲🔲🔲 *Q 4 – 1 800 Ew – Höhe 440 m – Erholungsort – Wintersport :*
500/818 m ✚4 ✚ *(am Erbeskopf).*
Ausflugsziel : Hunsrück-Höhenstraße★*.*
🅱 *Tourist-Information, Saarstr. 3,* ✉ 54424, ✆ (06504) 91 40 50, *Fax (06504) 8773.*
Berlin 684 – Mainz 121 – Trier 35 – Bernkastel-Kues 31 – Birkenfeld 20.

🏘 **Apart-Hotel Blumenhof** Ⓜ 🌳 (mit Gästehäusern), Birkenweg 73 (Ferienpark),
✉ 54424, ✆ (06504) 91 20, *Ferienpark@t-online.de, Fax (06504) 912420,* 🌳, 🛁, 🍴,
🏐 (Halle) – ⤢ Zim, 📺 📱 🅰 ⓪ ⓸ 🟦 *VISA*
Menu à la carte 26/49 – **40 Z** ☲ 110 – 150/175 – ½ P 32.

🏠 **Haus Vogelsang** 🌳, Im Vogelsang 7, ✉ 54424, ✆ (06504) 10 88, *Fax (06504) 2332,*
🚗 🌳, 🌳 – 📺 📱 ⓸ 🟦 *VISA*. 🏐
Menu *(geschl. Nov. 1 Woche, Mittwoch) (wochentags nur Abendessen)* à la carte 24/50
🍷 – **11 Z** ☲ 54/58 – 98/112 – ½ P 19.

THANNHAUSEN Bayern 419 420 V 15 – 6 500 Ew – Höhe 498 m.
Berlin 591 – München 113 – Augsburg 36 – Ulm (Donau) 59.

🏨 **Schreiegg's Post,** Postgasse 1/ Ecke Bahnhofstrasse, ⊠ 86470, ℰ (08281) 9 95 10, hotel@schreieggs-post.de, Fax (08281) 995151, Biergarten, « Renovierter Brauerei-Gasthof », ⩟s – 📳, ⇔ Zim, 📺 ✇ ⅙ ⇔ 🅿 – 🕍 20. 🖭 🐼 𝘝𝘐𝘚𝘈.
geschl. Jan. – **Menu** (geschl. Montag - Dienstagmittag) à la carte 57/82 – **Bräustube :** (geschl. Montag - Dienstagmittag) **Menu** à la carte 44/58 – **10 Z** ⊇ 115/150 - 170/190.

🎯 **Sonnenhof,** Messerschmittstr. 1 (B 300), ⊠ 86470, ℰ (08281) 20 14, ⊖ Fax (08281) 5813, 🍴 – 📺 🅿. 🖭 🐼 𝘝𝘐𝘚𝘈
geschl. Mitte - Ende Aug. – **Menu** (Montag - Mittwoch nur Abendessen) à la carte 23/48 ⅃ – **16 Z** ⊇ 57/65 – 95/120.

THIERHAUPTEN Bayern 419 420 U 16 – 4 100 Ew – Höhe 441 m.
Berlin 550 – München 86 – Augsburg 29 – Donauwörth 27 – Ulm (Donau) 95.

🏨 **Klostergasthof,** Augsburger Str. 3, ⊠ 86672, ℰ (08271) 8 18 10, Info@hotel-klostergasthof.de, Fax (08271) 818150, 🍴, ⩟s – ⇔ Zim, 📺 ✇ ⇔ 🅿 – 🕍 35. 🖭 🐼 𝘝𝘐𝘚𝘈. 🍴 Zim
Menu (geschl. Sonntagabend) (wochentags nur Abendessen) à la carte 36/60 – **47 Z** ⊇ 130/145 – 150/170.

THOLEY Saarland 417 R 5 – 13 300 Ew – Höhe 370 m – Erholungsort.
🄱 Verkehrsamt, Im Kloster 1, ⊠ 66636, ℰ (06853) 5 08 45, Fax (06853) 30178.
Berlin 718 – Saarbrücken 37 – Trier 62 – Birkenfeld 25.

🏨 **Hotellerie Hubertus** 🅼, Metzer Str. 1, ⊠ 66636, ℰ (06853) 9 10 30, 🌸 Fax (06853) 30601, 🍴, « Individuelle Zimmereinrichtung » – 📺 ✇. 🖭 Ⓞ 🐼 𝘝𝘐𝘚𝘈. 🍴
Menu (geschl. Donnerstagmittag, Samstagmittag, Sonntagabend - Montag) (Tischbestellung ratsam) à la carte 84/126 – **Café Palazzo** (italienische Küche) (geschl. Sonntagabend - Montag) **Menu** à la carte 46/68 – **Markt-Stube Juneperus** (nur Abendessen) **Menu** à la carte 34/57 – **20 Z** ⊇ 98/120 – 180/210
Spez. Variation von Kalbsbries mit Gänseleber und Kartoffel-Lauchsalat. Gefüllte Seezungenroulade mit St. Jakobsmuscheln und Safran-Currysauce. Champagnerparfait mit Früchten.

Im Ortsteil Theley Nord : 2 km :

🏨 **Bard - Hofgut Imsbach** 🌊, (Nord : 2 km), ⊠ 66636, ℰ (06853) 5 01 40, hotelrestaurant-bard@t-online.de, Fax (06853) 501413, 🍴, 🖾, ⩟s, 🖛 – 📳, ⇔ Zim, 📺 ✇ ⅙ 🏋 🅿 – 🕍 100. 🖭 🐼 𝘝𝘐𝘚𝘈
Menu à la carte 29/62 – **37 Z** ⊇ 130/180 – ½ P 35.

THUMBY Schleswig-Holstein 415 C 13 – 550 Ew – Höhe 2 m.
Berlin 397 – Kiel 50 – Flensburg 61 – Schleswig 34.

In Thumby-Sieseby Nord-West : 3 km :

🍴🍴 **Schlie-Krog** 🌊 mit Zim, Dorfstr. 19, ⊠ 24351, ℰ (04352) 25 31, Fax (04352) 1580, 🍴 – 📺 🅿. 🍴
geschl. Mitte Jan. - Feb., Nov. 2 Wochen – **Menu** (geschl. Montag, Okt. - März Dienstag - Freitag nur Abendessen) (Tischbestellung ratsam) à la carte 67/94 – **2 Z** ⊇ 250.

THUMSEE Bayern siehe Reichenhall, Bad.

THYRNAU Bayern 420 U 24 – 3 900 Ew – Höhe 450 m.
Berlin 617 – München 202 – Passau 10 – Regensburg 128.

In Thyrnau-Kellberg Süd-Ost : 4 km – Luftkurort :

🏨 **Lindenhof** garni, Kurpromenade 12, ⊠ 94136, ℰ (08501) 80 80, Fax (08501) 80815, ⩟s, 🖛, 🍴 – 📳 ⇔ 📺 🅿. 🐼 𝘝𝘐𝘚𝘈
geschl. 21. - 26. Dez., 6. - Ende Jan. – **37 Z** ⊇ 48/68 – 88/116.

🍴 **Kellberger Weinstube,** Kurpromenade 11, ⊠ 94136, ℰ (08501) 13 15, KellbergerWeinstube@t-online.de, Fax (08501) 914306, 🍴 – 🅿. 🕍 30. 𝘝𝘐𝘚𝘈
geschl. 8. - 24. Jan., Mittwoch – **Menu** à la carte 22/54.

In Thyrnau-Raßbach *Süd-Ost : 2 km :*

🏨 **Golf-Hotel** ⬱, Raßbach 8 (Am Golfplatz), ✉ 94136, ℰ (08501) 9 13 13, *golf@rassb ach.de*, Fax (08501) 91314, ≤, 🌳, ⇌s, 🛏, – 📺 🅿 – 🛦 30. 🝏 **VISA** *geschl. Dez. - Mitte März* – **Menu** à la carte 27/52 – **15 Z** ⊃ 82/124.

TIEFENBACH *Bayern siehe Waldmünchen.*

TIEFENBRONN *Baden-Württemberg* 🌅🌅🌅 *T 10 – 4 600 Ew – Höhe 432 m.*
  Sehenswert : Pfarrkirche (Lukas-Moser-Altar★★, Monstranz★).
  Berlin 646 – Stuttgart 39 – Karlsruhe 45 – Pforzheim 15 – Tübingen 59 – Heilbronn 73.

🏨 **Ochsen-Post,** Franz-Josef-Gall-Str. 13, ✉ 75233, ℰ (07234) 9 54 50, *info@ochsenp ost.de*, Fax (07234) 9545145, 🌳, « Modernisiertes Fachwerkhaus a. d. 17. Jh. » – 📺 🅫 🅿 🝏 **VISA**
  Menu *(geschl. Mitte Jan. - Anfang Feb. 3 Wochen, Dienstag)* à la carte 42/69 – **19 Z** ⊃ 89/138 – 120/160.

In Tiefenbronn-Mühlhausen *Süd-Ost : 4 km :*

🏨 **Arneggers Adler** (mit Gästehaus), Tiefenbronner Str. 20, ✉ 75233, ℰ (07234) 95 35 30, *Arneggers-Adler@t-online.de*, Fax (07234) 9535350, 🌳, ⇌s, 🌳, – 📶 📺 🚗 🅿 – 🛦 50. 🝏 🝏 **VISA**. ⬚ Zim
  geschl. Jan. 3 Wochen – **Menu** à la carte 42/86 – **23 Z** ⊃ 93/98 – 139/152.

Im Würmtal *West : 4 km :*

🍴 **Häckermühle** (mit Gästehaus), Im Würmtal 5, ✉ 75233 Tiefenbronn, ℰ (07234) 42 46, *Info@haecker-muehle.de*, Fax (07234) 5769, 🌳, ⇌s – 📺 🅿 – 🛦 20. 🝏 🝏 **VISA**. ⬚ *geschl. Jan. 2 Wochen* – **Menu** *(geschl. Montagmittag, Dienstagmittag)* (Tischbestellung ratsam) 48 à la carte 51/100 – **15 Z** ⊃ 75/115 – 140/180.

TIETZOW *Brandenburg* 🌅🌅🌅 *H 22 – 300 Ew – Höhe 36 m.*
  🛏 🝏 Böricke/Nauen, An der B 273 (Süd-Ost : 4km), ℰ (033230) 89 40.
  Berlin 49 – Potsdam 44 – Wittstock 67.

🏨 **Helenenhof,** Dorfstr. 66, ✉ 14641, ℰ (033230) 87 70, *hotel-helenenhof@t-online.de*, Fax (033230) 50290, 🌳 – 📺 🅿 – 🛦 50. 🝏 🝏 **VISA**
  Menu à la carte 34/53 – **21 Z** ⊃ 130/140 – 160/180.

TIMMENDORFER STRAND *Schleswig-Holstein* 🌅🌅🌅 🌅🌅🌅 *E 16 – 9 000 Ew – Höhe 10 m – See-heilbad.*
  🛏 🝏 Timmendorfer Strand, Am Golfplatz 3, ℰ (04503) 51 52.
  🅱 Tourist-Service, Timmendorfer Platz 10 ✉ 23669, ℰ (04503) 3 58 50, Fax (04503) 358545.
  Berlin 281 – Kiel 64 – Schwerin 80 – Lübeck 27 – Lübeck-Travemünde 9.

🏨 **Seeschlößchen** ⬱, Strandallee 141, ✉ 23669, ℰ (04503) 60 11, *info@seeschloes schen.de*, Fax (04503) 601333, ≤, 🌳, Massage, ≞, ♨, 🝏 (geheizt), 🔲, 🎋 – 📶, ⬱ Rest, 📺 🚗 🅿 – 🛦 100. 🝏 **VISA**. ⬚ Rest
  geschl. Mitte Jan. - Mitte Feb. – **Menu** à la carte 49/95 – **140 Z** ⊃ 185/350 – 320/395, 9 Suiten – ½ P 40.

🏨 **Maritim Seehotel** ⬱, Strandallee 73b, ✉ 23669, ℰ (04503) 60 50, Fax (04503) 2932, ≤, 🌳, Massage, 🝏, ⇌s, 🝏 (geheizt), 🔲 – 📶, ⬱ Zim, 📺 🚗 🅿 – 🛦 360. 🝏 🝏 🝏 **VISA** 🝛. ⬚ Rest
  Menu siehe Rest. *Orangerie* separat erwähnt – *Seeterrassen :* **Menu** à la carte 51/62 – **241 Z** ⊃ 184/364 – 236/456, 4 Suiten – ½ P 43.

🏨 **Maritim Golf- und Sporthotel** ⬱, An der Waldkapelle 26, ✉ 23669, ℰ (04503) 60 70, Fax (04503) 2996, ≤ Ostsee, 🌳, Massage, 🝏, ⇌s, 🝏 (geheizt), 🔲, 🎋, 🝏 (Halle), 🛏 – 📶, ⬱ Zim, 📺 🝏 🝏 🚗 – 🛦 180. 🝏 🝏 🝏 🝏 **VISA** 🝛. ⬚ Rest
  Menu à la carte 50/84 – **191 Z** ⊃ 239/339 – 298/408 – ½ P 50.

🏨 **Landhaus Carstens,** Strandallee 73, ✉ 23669, ℰ (04503) 60 80, Fax (04503) 60860, « Gartenterrasse », ⇌s, 🎋 – 📺 🅿 – 🛦 30. 🝏 🝏 🝏 **VISA**
  Menu à la carte 51/82 – **27 Z** ⊃ 210 – 280/365, 3 Suiten.

🏨 **Country Inn and Suites** 🅼, Strandallee 136, ✉ 23669, ℰ (04503) 80 80, *INFO-TDF@countryinns.de*, Fax (04503) 808666, 🌳, 🝏, ⇌s – 📶, ⬱ Zim, 📺 🝏 🚗 🅿 – 🛦 80. 🝏 🝏 🝏 **VISA** 🝛
  Menu à la carte 47/65 – **93 Z** ⊃ 190/230 – 240/320, 6 Suiten – ½ P 32.

🏨 **Bellevue** garni, Strandallee 139, ☒ 23669, ℰ (04503) 6 00 30, HotelBellevue@t-onli
ne.de, Fax (04503) 600360, ≤, ≋, ▨ – ▧ ▥ ℙ.
März - Okt. – **45 Z** ☑ 190/270 – 198/285, 5 Suiten.

🏨 **Royal** garni, Kurpromenade 2, ☒ 23669, ℰ (04503) 3 59 50, royal-timmendorf@t-on
line.de, Fax (04503) 6820, ≋, ▨ – ▧ ◄►. ⨯⨯
geschl. Jan. 3 Wochen – **40 Z** ☑ 180/245 – 195/320.

🏨 **Park-Hotel** garni, Am Kurpark 4, ☒ 23669, ℰ (04503) 6 00 60, Fax (04503) 600650,
≋ – ▧ ▥ ℙ. ⬤⬤
25 Z ☑ 130/160 – 220/240.

🏨 **Princess,** Strandallee 198, ☒ 23669, ℰ (04530) 6 00 10, info@princesshotel.de,
Fax (04530) 6001500, ⇆, ≋, ▨ – ▧, ⨯⨯ Zim, ▥ ◄► ℙ – ﬩ 60. ⚠ ⓞ ⬤⬤ ▨▨▨
Menu à la carte 33/58 – **90 Z** ☑ 200/260 – 220/280 – ½ P 31.

🏨 **Gorch Fock,** Strandallee 152, ☒ 23669, ℰ (04503) 89 90, Hotel-Gorch-Fock@t-onli
ne.de, Fax (04503) 899111, ⇆, ≋ – ▥ ◄► ℙ – ﬩ 20. ⬤⬤. ⨯⨯
Menu à la carte 42/66 – **45 Z** ☑ 100/150 – 175/210 – ½ P 32.

🏨 **Villa Gropius - Villa Röhl,** Strandallee 50, ☒ 23669, ℰ (04503) 22 44, villaroehl@a
ol.com, Fax (04503) 8353, ⇆, ✿ – ▥ ℙ
Menu (geschl. Nov., Jan.- Feb., Mittwoch) (nur Abendessen) à la carte 36/67 – **44 Z**
☑ 130/170 – 200/240 – ½ P 30.

🏨 **Atlantis,** Strandallee 60, ☒ 23669, ℰ (04503) 80 90, Hotel-Atlantis@t-online.de,
Fax (04503) 5056, ⇆, « Schifferklause », ≋, ▨ – ▧ ▥ ✆ ﭏ ◄► ℙ – ﬩ 45. ⬤⬤
▨▨▨
Menu à la carte 33/63 – **47 Z** ☑ 110/135 – 170/195.

🏠 **Ancora** garni, Strandallee 58, ☒ 23669, ℰ (04503) 20 16, Fax (04503) 2018, ≋, ▨
– ▧ ▥ ◄► ℙ
21 Z ☑ 120/130 – 160/190.

🏠 **Brigitte** garni, Poststr. 91, ☒ 23669, ℰ (04503) 42 91, Hotel-Brigitte@t-online.de,
Fax (04503) 86661, ≋ – ▥ ℙ. ⨯⨯
März - Nov. – **13 Z** ☑ 99/135 – 150/180.

🏠 **Fontana** garni, Strandallee 49, ☒ 23669, ℰ (04503) 8 70 40, Fax (04503) 4819 – ▥
ℙ
Mitte März - Mitte Nov. – **11 Z** ☑ 120 – 140/200.

XXX **Orangerie** - Maritim Seehotel, Strandallee 73b, ☒ 23669, ℰ (04503) 60 55 55, info.
❀ tim@maritim.de, Fax (04503) 2932, ✿ – ▤ ℙ. ⚠ ⓞ ⬤⬤ ▨▨▨ ᴶᶜᴮ. ⨯⨯
geschl. Feb., Mitte - Ende Nov., Montag - Dienstag – **Menu** (wochentags nur Abendessen)
à la carte 78/111
Spez. Rondell und Praline von Gänseleber mit Apfel-Ingwerkompott. Steinbutt mit Lan-
gostino und Champagnersauce. Kaninchenrücken mit Kalbsleber und Knoblauchsauce.

XXX **Kleines Landhaus,** Strandallee 73, ☒ 23669, ℰ (04503) 6 08 59, Fax (04503) 60860,
✿ – ⚠ ⓞ ⬤⬤ ▨▨▨ ᴶᶜᴮ
geschl. 3. Jan. - 23. Feb., Okt. - April Montag - Dienstag – **Menu** (Okt. - April Mittwoch -
Freitag nur Abendessen) 54 (mittags) à la carte 72/98.

In Timmendorfer Strand-Hemmelsdorf Süd : 3 km :

XX **Der Zander** mit Zim, Seestr. 16, ☒ 23669, ℰ (04503) 58 50, Fax (04503) 86483, ✿
– ▥ ℙ. ▨▨▨. ⨯⨯ Zim
geschl. Mitte - Ende Jan. – **Menu** (geschl. Dienstag) à la carte 68/90 – **4 Z** ☑ 110 – 140/150
– ½ P 35.

In Timmendorfer Strand-Niendorf Ost : 1,5 km :

🏨 **Yachtclub Timmendorfer Strand,** Strandstr. 94, ☒ 23669, ℰ (04503) 80 60,
Hotel-Yachtclub@t-online.de, Fax (04503) 806110, ≋, ▨ – ▧, ⨯⨯ Zim, ▥ ℙ – ﬩ 60.
⚠ ⓞ ⬤⬤ ▨▨▨. ⨯⨯ Rest
geschl. 3. - 31. Jan. – **Menu** (nur Abendessen) (Restaurant nur für Hausgäste) – **48 Z**
☑ 250/350, 8 Suiten.

🏨 **Strandhotel Miramar,** Strandstr. 59, ☒ 23669, ℰ (04503) 80 10,
Fax (04503) 801111, ⇆, ≋ – ▧, ▥ ✆ ℙ – ﬩ 20
Menu à la carte 31/60 – **36 Z** ☑ 165/175 – 200/280 – ½ P 30.

🏠 **Friedrichsruh,** Strandstr. 65, ☒ 23669, ℰ (04503) 89 50, Hotel.Friedrichsruh@t-on
line.de, Fax (04503) 895110, ≤, ✿, ≋, ▨ – ▧ ▥ ℙ – ﬩ 40. ⬤⬤ ▨▨▨
Menu (geschl. Nov. - März Montag - Dienstag) à la carte 32/77 – **37 Z** ☑ 130/160 –
180/280 – ½ P 28.

TINNUM Schleswig-Holstein siehe Sylt (Insel).

TIRSCHENREUTH *Bayern* 🔢 *Q 21 – 10 000 Ew – Höhe 503 m.*
Berlin 388 – München 283 – Weiden in der Oberpfalz 30 – Nürnberg 131 – Bayreuth 63.

🏠 **Haus Elfi** 🦢 garni, Theresienstr. 23, ✉ 95643, 𝒫 (09631) 28 02, *Pension.HausElfi@ t*
-online.de, Fax (09631) 6420, 🛏 – 📺 🚗 🅿 🍴 𝖵𝖨𝖲𝖠. 🍽
13 Z 🛏 65 – 85/95.

TITISEE-NEUSTADT *Baden-Württemberg* 🔢 *W 8 – 12 000 Ew – Höhe 849 m – Heilklimatischer*
Kurort – Wintersport : 820/1 200 m ⟋3 🎿.

Sehenswert : *See★★.*

🚩 *Tourist-Information Titisee, Strandbadstr. 4,* ✉ *79822,* 𝒫 *(07651) 9 80 40, Fax (07651)*
980440.

🚩 *Tourist-Information Neustadt, Sebastian-Kneipp-Anlage 1,* ✉ *79822,* 𝒫 *(07651)*
20 62 50, Fax (07651) 4436.

Berlin 780 ② – Stuttgart 160 ② – Freiburg im Breisgau 33 ④ – Donaueschingen 32 ②
– Basel 74 ③ – Zürich 95 ③)

Stadtplan siehe nächste Seite

Im Ortsteil Titisee :

🏨 **Treschers Schwarzwald-Hotel** 🦢, Seestr. 10, ✉ 79822, 𝒫 (07651) 80 50, *tres*
cher@ mail.swapcom.net, Fax (07651) 8116, ≤, 🏡, Massage, ♨, 🏋, 🛏, 🔲, 🐾, 🌊,
🍽 – 📺 🚗 🅿 – 🔬 150. 🖭 ⓪ 🐵 𝖵𝖨𝖲𝖠. 🍽 Rest   **BZ** x
geschl. Nov. - 20. Dez. – **Menu** à la carte 62/88 – **86 Z** 🛏 220/320 – 290/390 – ½ P 46.

🏨 **Maritim Titisee-Hotel** 🦢, Seestr. 16, ✉ 79822, 𝒫 (07651) 80 80, *info.tis@ marit*
im.de, Fax (07651) 808603, ≤, 🏡, Massage, 🏋, 🛏, 🔲, 🐾, 🌊 – 🔔, ⇆ Zim, 📺
🚗 🅿 – 🔬 100. 🖭 ⓪ 𝖵𝖨𝖲𝖠 𝖩𝖢𝖡. 🍽 Rest   **BZ** e
Menu à la carte 48/72 – **130 Z** 🛏 198 – 213/326 – ½ P 43.

🏨 **Parkhotel Waldeck** (mit Gästehaus), Parkstr. 6, ✉ 79822, 𝒫 (07651) 80 90, *Parkh*
otel.Waldeck@ t-online.de, Fax (07651) 80999, 🏡, 🏋, 🛏, 🔲, 🌊 – 🔔, ⇆ Zim, 📺 ⚓
🚗 🅿 – 🔬 40. 🖭 ⓪ 𝖵𝖨𝖲𝖠. 🍽 Rest   **BZ** v
Menu à la carte 38/70 – **64 Z** 🛏 108/180 – 178/332, 8 Suiten – ½ P 33.

🏨 **Seehotel Wiesler** 🦢, Strandbadstr. 5, ✉ 79822, 𝒫 (07651) 9 80 90, *seehotelwies*
ler@ t-online.de, Fax (07651) 980980, ≤, ◀ Gartenterrasse ▶, 🛏, 🔲, 🐾, 🌊 – 🔔 📺
🚗 🅿 🐵 𝖵𝖨𝖲𝖠   **AZ** t
geschl. Anfang Nov. - 20. Dez. – **Menu** à la carte 37/58 – **30 Z** 🛏 125/149 – 186/212
– ½ P 33.

🏨 **Brugger am See** 🦢, Strandbadstr. 14, ✉ 79822, 𝒫 (07651) 80 10, *hotel.brugger*
@ t-online.de, Fax (07651) 8238, ≤, 🏡, Massage, ♨, 🏋, 🛏, 🔲, 🐾, 🌊, 🍽 – 🔔,
⇆ Zim, 📺 🚗 🅿 – 🔬 50. 🐵 𝖵𝖨𝖲𝖠. 🍽 Rest   **AZ** s
Menu à la carte 44/82 – **65 Z** 🛏 150/260 – 240/320 – ½ P 38.

🏠 **Sonneneck**, Parkstr. 2, ✉ 79822, 𝒫 (07651) 82 46, *HotelSonneneck@ gmx.de,*
Fax (07651) 88174, 🏡 – 📺 🅿 ⓪ 🐵 𝖵𝖨𝖲𝖠   **BZ** a
Menu à la carte 32/70 – **17 Z** 🛏 85 – 140/160 – ½ P 29.

Im Ortsteil Neustadt :

🏠 **Neustädter Hof,** Am Postplatz 5, ✉ 79822, 𝒫 (07651) 50 25, Fax (07651) 4065, 🛏
– 📺 🅿 ⓪ 🐵 𝖵𝖨𝖲𝖠. 🍽 Rest   **CZ** t
Menu à la carte 30/60 – **27 Z** 🛏 90/100 – 145 – ½ P 25.

Im Jostal *Nord-West : 6 km ab Neustadt* **AB** :

🏨 **Josen,** Jostalstr. 90, ✉ 79822 Titisee-Neustadt, 𝒫 (07651) 91 81 00, *hotel-josen@ t*
-online.de, Fax (07651) 9181044, 🏡, 🛏, 🔲, 🌊 – 🔔 📺 ⚓ 🅿 – 🔬 60. 🖭 ⓪ 🐵
𝖵𝖨𝖲𝖠
geschl. Anfang - Mitte Dez. – **Menu** *(geschl. Donnerstag - Freitagmittag)* à la carte 34/80
– **29 Z** 🛏 130/145 – 190/250 – ½ P 35.

🏠 **Jostalstüble,** Jostalstr. 60, ✉ 79822 Titisee-Neustadt, 𝒫 (07651) 91 81 60, *Jostalst*
ueble@ t-online.de, Fax (07651) 9181640, 🏡, 🛏, 🌊 – ⇆ Rest, 📺 🚗 🅿 ⓪ 🐵
𝖵𝖨𝖲𝖠
geschl. 10. Jan. - 10. Feb. – **Menu** *(geschl. Montag - Dienstagmittag)* à la carte 28/61 ♨
– **13 Z** 🛏 75/80 – 100/146 – ½ P 25.

Im Ortsteil Langenordnach *Nord : 5 km über Titiseestraße* **BY** :

🏠 **Zum Löwen "Unteres Wirtshaus"** 🦢 (mit Gästehaus), ✉ 79822, 𝒫 (07651) 10 64,
Zum-Loewen@ t-online.de, Fax (07651) 3853, 🏡, 🌊 – 📺 🚗 🅿 🐵 𝖵𝖨𝖲𝖠
geschl. Ende Nov. - Mitte Dez. – **Menu** *(geschl. Samstagmittag, Montag)* à la carte 25/66
♨ – **17 Z** 🛏 55/76 – 86/172 – ½ P 19.

TITISEE-NEUSTADT

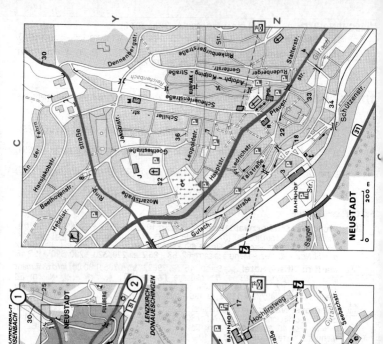

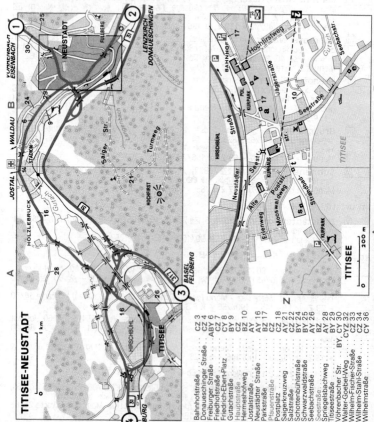

1108

Im Ortsteil Waldau Nord : 10 km über Titiseestraße BY :

🏨 **Sonne-Post** ⚘, Landstr. 13, ✉ 79822, ☎ (07669) 9 10 20, sonne-post@t-online.de,
Fax (07669) 1418, 🏤, ⬍, 🚗 – 📶 🄿 🄰🄾 VISA, ⚘ Zim
geschl. 26. März - 12. April, Mitte Nov. - Mitte Dez. – **Menu** (geschl. Montag) à la carte 25/64
– **22 Z** ⊆ 69/91 – 124/150 – ½ P 18.

🏠 **Zur Traube** ⚘, Sommerbergweg 1, ✉ 79822, ☎ (07669) 22 90, traube-waldau@t
-online.de, Fax (07669) 22929, ⬍, 🏤, « Schwarzwaldgasthof a.d. 16.Jh. », ⬌, 🚗 –
↔ Zim, 🄿 – 🄰 50. ① 🄾🄾 VISA
Menu (geschl. Dienstag - Mittwochmittag, März - April und Nov. - 24. Dez. Dienstag - Donnerstagmittag) à la carte 27/62 ⚘ – **30 Z** ⊆ 66/99 – 112/180 – ½ P 25.

TITTING Bayern 🔟🔟 🔟🔟 T 17 – 2 500 Ew – Höhe 447 m.
🛈 Markt Titting, Rathausplatz 1, ✉ 85135, ☎ (08423) 9 92 10, Fax (08423) 992111.
Berlin 485 – München 119 – Augsburg 87 – Ingolstadt 42 – Nürnberg 73 – Weißenburg
in Bayern 22.

In Titting-Emsing Ost : 4,5 km :

🏨 **Dirsch** ⚘ (mit Gästehaus), Hauptstr. 13, ✉ 85135, ☎ (08423) 18 90, info@hotel-di
rsch.de, Fax (08423) 1370, 🏤, 🖸, ⬌ – 📶 📺 🄿 – 🄰 100. 🄰🄴 🄾🄾 VISA
geschl. 23. - 28. Dez. – **Menu** à la carte 27/64 – **110 Z** ⊆ 85/115 – 135/200.

TITTLING Bayern 🔟🔟 T 24 – 38 000 Ew – Höhe 528 m – Erholungsort.
🛈 Tourist-Information im Grafenschlößl, Marktplatz 10, ✉ 94104, ☎ (08504) 4 01 14, Fax
(08504) 40120.
Berlin 604 – München 197 – Passau 22.

Am Dreiburgensee Nord-West : 3,5 km :

🏨 **Ferienhotel Dreiburgensee** ⚘, beim Museumsdorf, ✉ 94104 Tittling, ☎ (08504)
20 92, Fax (08504) 4926, 🏤, ⬌, 🖸, 🏊, 🚗 – 📶 📺 🄿 – 🄰 200. ⚘
April - Okt. – **Menu** à la carte 29/48 ⚘ – **200 Z** ⊆ 60/90 – 140 – ½ P 15.

🏠 **Seehof Tauer** ⚘ (mit Gästehaus), Seestr. 20, ✉ 94104 Tittling, ☎ (08504) 7 60,
Fax (08504) 2065, 🏤, ⬌, 🚗 – 🚗 🄿 🄾🄾 ⚘ Zim
Mitte März - Okt. – **Menu** à la carte 23/42 – **33 Z** ⊆ 50 – 80/100 – ½ P 15.

TODTMOOS Baden-Württemberg 🔟🔟 W 7 – 2 300 Ew – Höhe 821 m – Heilklimatischer Kurort
– Wintersport : 800/1 263 m ⚘4 ⚘.
Ausflugsziel : Hochkopf (Aussichtsturm ⬍★★) Nord-West : 5 km und 1/2 Std. zu
Fuß.
🛈 Kurverwaltung-Tourist-Information, Wehratalstr. 19, ✉ 79682, ☎ (07674) 9 06 00,
Fax (07674) 906025.
Berlin 817 – Stuttgart 201 – Freiburg im Breisgau 49 – Donaueschingen 78 – Basel 48.

🏠 **Löwen**, Hauptstr. 23, ✉ 79682, ☎ (07674) 9 05 50, info@hotel-Loewen.de,
Fax (07674) 9055150 50, 🏤, ⬌, 🖸, 🚗 – 📶, ↔ Zim, 📺 🄿 🄰🄴 ① 🄾🄾
VISA
geschl. Jan. 2 Wochen, März - April 4 Wochen, Nov. - 18. Dez. – **Menu** à la carte 26/59
⚘ – **52 Z** ⊆ 80/110 – 120/150 – ½ P 22.

🏠 **Wehrahof** garni, Hohwehraweg 1, ✉ 79682, ☎ (07674) 9 29 60, hotelwehrahof@h
otmail.com, Fax (07674) 929630, 🚗 – 📶 📺 🄿
19 Z ⊆ 65/75 – 116/150.

In Todtmoos-Strick Nord-West : 2 km :

🏨 **Rößle** ⚘ (mit Gästehäusern), Kapellenweg 2, ✉ 79682, ☎ (07674) 9 06 60, info@h
otel-roessle.de, Fax (07674) 8838, ⬍, (Schwarzwaldgasthof a.d.J. 1670),
« Gartenterrasse », ⬌, 🚗, ⚘ ⚘ – 📶 ↔ 📺 ⚘ 🄿 – 🄰 60. 🄾🄾 VISA
geschl. 2. Nov. - 18. Dez. – **Menu** (geschl. Dienstag) à la carte 30/69 – **28 Z** ⊆ 91/120
– 160/200 – ½ P 30.

In Todtmoos-Weg Nord-West : 3 km :

🏠 **Schwarzwald-Hotel** ⚘ (mit Gästehaus), Alte Dorfstr. 29, ✉ 79682, ☎ (07674)
9 05 30, Info@RomantischesSchwarzwaldhotel.de, Fax (07674) 905390, 🏤, ⬌, 🚗 – 📺
🚗 🄿 ① 🄾🄾 VISA
geschl. März 2 Wochen, 6. Nov. - 6. Dez. – **Menu** (geschl. Montag) à la carte 44/82 – **15 Z**
⊆ 67/90 – 120/170 – ½ P 29.

TODTNAU Baden-Württemberg **419** W 7 – 5 200 Ew – Höhe 661 m – Luftkurort – Wintersport : 660/1 388 m ≰ 21 ₰.

Sehenswert : Wasserfall★.

Ausflugsziel : Todtnauberg★ (Nord : 6 km).

🛈 Tourist-Info Todtnau, Haus des Gastes, Meinrad-Thoma-Str. 21, ⊠ 79674, ℰ (07671) 96 96 95, Fax (07671) 636.

🛈 Tourist-Info Todtnauberg, Haus des Gastes, Kurhausstr. 18, ⊠ 79674, ℰ (07671) 96 96 90, Fax (07671) 9220.

Berlin 800 – Stuttgart 179 – Freiburg im Breisgau 32 – Donaueschingen 56 – Basel 49.

🏠 **Waldeck,** Poche 6 (nahe der B 317, Ost : 1,5 km), ⊠ 79674, ℰ (07671) 2 16, Fax (07671) 747, 🏤 – 🛏 Zim, 📺 🅿 🐠 𝑉𝐼𝑆𝐴
geschl. Mitte März - Anfang April, Nov. - 20. Dez. – **Menu** (geschl. Mittwoch - Donnerstagmittag) à la carte 32/51 – **14 Z** � 80 – 110/120 – ½ P 14.

In Todtnau-Brandenberg Nord-Ost : 3,5 km – Höhe 800 m :

🏠 **Zum Hirschen,** Kapellenstr. 1 (B 317), ⊠ 79674, ℰ (07671) 18 44, Hirschen-Brandenberg@todtnau.org, Fax (07671) 8773, 🏤 – 📺 🅿 🐠 𝑉𝐼𝑆𝐴
geschl. Nov. - 10. Dez. – **Menu** (geschl. Dienstag) à la carte 31/53 ⅜ – **10 Z** ⊇ 57 – 110/120 – ½ P 20.

In Todtnau-Fahl Nord-Ost : 4,5 km – Höhe 900 m :

🏠 **Lawine,** Fahl 7 (B 317), ⊠ 79674, ℰ (07676) 3 55, hotel@lawine.de, Fax (07676) 366, 🏤, 🍴, 🛋 – 📺 🛏 🅿 🖭 🐠
geschl. 17. April - 5. Mai, 11. Nov. - 13. Dez. – **Menu** (geschl. Donnerstag) à la carte 28/58 – **17 Z** ⊇ 65/80 – 118/125 – ½ P 25.

In Todtnau-Herrenschwand Süd : 14 km – Höhe 1 018 m :

🏠 **Waldfrieden** ⌂, Dorfstr. 8, ⊠ 79674, ℰ (07674) 2 32, waldfrieden@herrenschwand.de, Fax (07674) 1070, 🏤, 🍴 – 📺 🛏 🐠 𝑉𝐼𝑆𝐴
geschl. 19. - 31. März, 5. Nov. - 14. Dez. – **Menu** (geschl. Dienstag) à la carte 28/56 ⅜ – **15 Z** ⊇ 65/68 – 106/130 – ½ P 23.

In Todtnau-Präg Süd-Ost : 7 km :

🏠 **Landhaus Sonnenhof** ⌂, Hochkopfstr. 1, ⊠ 79674, ℰ (07671) 5 38, Fax (07671) 1765, 🏤, 🍴, 🔲, 🍴 – 🛏 Zim, 📺 🅿
geschl. März 2 Wochen – **Menu** (geschl. Montag) à la carte 31/59 – **20 Z** ⊇ 80 – 160/170 – ½ P 30.

In Todtnau-Todtnauberg Nord : 6 km – Höhe 1 021 m – Luftkurort :

🏨 **Kur- und Sporthotel Mangler** ⌂, Ennerbachstr. 28, ⊠ 79674, ℰ (07671) 9 69 30, wellnesshotel@mangler.de, Fax (07671) 8693, ≤, 🏤, Massage, ♨, 🍴, 🍴, 🔲, 🍴 – 🕴 📺 🅿 ✷
geschl. 2. - 20. Dez. – **Menu** à la carte 44/65 – **32 Z** ⊇ 146/165 – 208/260 – ½ P 32.

🏨 **Engel,** Kurhausstr. 3, ⊠ 79674, ℰ (07671) 9 11 90, hotel-engel-todtnauberg@t-online.de, Fax (07671) 9119200, 🏤, Massage, 🍴, 🔲, 🍴 – 🕴, 🛏 Zim, 📺 🛋 🅿 🖭 🐠 𝑉𝐼𝑆𝐴
Menu à la carte 32/64 – **32 Z** ⊇ 105 – 146/188, 3 Suiten – ½ P 30.

🏠 **Sonnenalm** ⌂, Hornweg 21, ⊠ 79674, ℰ (07671) 18 00, Fax (07671) 9212, ≤ Schwarzwald und Berner Oberland, 🍴, 🔲, 🍴 – 📺 🅿 🐠 𝑉𝐼𝑆𝐴, ✷
geschl. 5. Nov. - 15. Dez. – **Menu** (nur Abendessen) (Restaurant nur für Hausgäste) – **14 Z** ⊇ 85/105 – 136/180 – ½ P 25.

🏠 **Arnica** ⌂, Hornweg 26, ⊠ 79674, ℰ (07671) 96 25 70, Schwarzwaldhotel-Arnica@t-online.de, Fax (07671) 962580, ≤ Schwarzwald und Berner Oberland, 🍴, 🔲, 🍴 – 📺 🛋 🅿 ✷
geschl. Nov. - Mitte Dez. – **Menu** (nur Abendessen) (Restaurant nur für Hausgäste) – **13 Z** ⊇ 65/90 – 120/180 – ½ P 25.

TÖLZ, BAD Bayern **419 420** W 18 – 16 000 Ew – Höhe 657 m – Heilbad – Heilklimatischer Kurort – Wintersport : 670/1 250 m ≰ 8 ₰.

Sehenswert : Marktstraße★.

🏌 Wackersberg, Straß 124 (West : 2 km), ℰ (08041) 99 94.

🛈 Tourist-Information, Kurverwaltung, Ludwigstr. 11, ⊠ 83646, ℰ (08041) 7 86 70, Fax (08041) 786756.

Berlin 642 – München 53 – Garmisch-Partenkirchen 54 – Innsbruck 97 – Rosenheim 52.

Rechts der Isar :

🏠 **Am Wald**, Austr. 39, ✉ 83646, ℰ (08041) 7 88 30, *HotelamWald@t-online.de*, *Fax (08041) 788330*, 🍴, Massage, ⚕, ≘s, 🔲, ✐ – 📶, ✄ Rest, 📺 🅰🅴 🏧 𝑉𝐼𝑆𝐴
✄ Rest
geschl. 7. Nov. - 20. Dez. – **Menu** *(geschl. Dienstag)* à la carte 26/61 – **34 Z** ⌑ 70/90 – 114/122 – ½ P 19.

🍴🍴 **Altes Fährhaus** ⤳ mit Zim, An der Isarlust 1, ✉ 83646, ℰ (08041) 60 30, *Fax (08041) 72270*, ≼, 🍴 – 📺 🅿 🏧
geschl. Feb. 2 Wochen, Nov. 2 Wochen – **Menu** *(geschl. Montag - Dienstag)* à la carte 81/103 – **5 Z** ⌑ 125/180.

Links der Isar :

🏨 **Jodquellenhof** ⤳, Ludwigstr. 13, ✉ 83646, ℰ (08041) 50 90, *info@jodquellenho f.com, Fax (08041) 509555*, 🍴, freier und direkter Zugang zum Kurmittelhaus und Alpa-mare-Badezentrum – 📶 📺 ✆ ⬅ 🅿 – 🔏 60. 🅰🅴 🅾 🏧 𝑉𝐼𝑆𝐴. ✄
Menu à la carte 46/72 – **71 Z** ⌑ 220/350 – 420/540 – ½ P 50.

🏨 **Alpenhof** ⤳ garni, Buchener Str. 14, ✉ 83646, ℰ (08041) 7 87 40, *hotel@alpenh of-toelz.de, Fax (08041) 72383*, 🛁, ≘s, 🔲, ✐ – 📶 ✄ 📺 ⬅ 🅿 🏧 𝑉𝐼𝑆𝐴
geschl. Ende Nov. - Mitte Dez. – **27 Z** ⌑ 110 – 150/170.

🏨 **Tölzer Hof** ⤳, Rieschstr. 21, ✉ 83646, ℰ (08041) 80 60, *Hotel-Toelzer-Hof@t-onl ine.de, Fax (08041) 806333*, 🍴, Massage, ⚕, ≘s, ✐ – 📶, ✄ Zim, 📺 ♿ ⬅ 🅿 – 🔏 40.
🅰🅴 🅾 🏧 𝑉𝐼𝑆𝐴. ✄ Rest
Menu à la carte 39/65 – **82 Z** ⌑ 168/198 – 256/276, 4 Suiten – ½ P 32.

🏨 **Bellaria** ⤳ garni, Ludwigstr. 22, ✉ 83646, ℰ (08041) 8 00 80, *Fax (08041) 800844*, Massage, ⚕, ≘s, ✐ – 📶 📺 🅿 🅾 🏧 𝑉𝐼𝑆𝐴
26 Z ⌑ 100/140 – 170/199.

🏠 **Alexandra**, Kyreinstr. 13, ✉ 83646, ℰ (08041) 7 84 30, *alexandra.hotel.bad.toelz @t-online.de, Fax (08041) 784399*, ≘s, ✐ – ✄ 📺 ⬅ 🅿 – 🔏 20. 🏧 𝑉𝐼𝑆𝐴.
Menu *(nur Abendessen)* (Restaurant nur für Hausgäste) – **23 Z** ⌑ 85/135 – 150/180.

🏠 **Kurhotel Tannenberg** ⤳ garni, Tannenbergstr. 1, ✉ 83646, ℰ (08041) 7 66 50, *Fax (08041) 766565*, Massage, ⚕, 🛁, ≘s, ✐ – 📶 ✄ 🅿 – 🔏 10. 🏧 𝑉𝐼𝑆𝐴. ✄
geschl. Nov. – **16 Z** ⌑ 90/110 – 160/180.

🏠 **Haus an der Sonne** garni, Ludwigstr. 12, ✉ 83646, ℰ (08041) 61 21, *zdenko.wos ar@t-online.de, Fax (08041) 2609*, ≘s – 📶 ✄ 📺 🅿
16 Z ⌑ 79/95 – 126/160.

In Bad Tölz-Kirchbichl *Nord : 5,5 km über Dietramszeller Strasse :*

🍴 **Jägerwirt**, Nikolaus-Rank-Str. 1, ✉ 83646, ℰ (08041) 95 48, *mail@jaegerwirt-kirchb ichl.de, Fax (08041) 73542*, 🍴 – 🅿 🏧
geschl. Montag, Donnerstag, März 2 Wochen, Mitte Okt. - Mitte Nov. – **Menu** à la carte 24/59.

TOPPENSTEDT *Niedersachsen* 415 416 *G 14 – 1 100 Ew – Höhe 50 m.*
Berlin 297 – Hannover 117 – Hamburg 54 – Lüneburg 27.

In Toppenstedt-Tangendorf *Nord : 4 km :*

🏠 **Gasthof Voßbur**, Wulfsener Str. 4, ✉ 21442, ℰ (04173) 51 36 00, *GasthofVossbu r@t-online.de, Fax (04173) 81 81*, 🍴 – 📺 ⬅ 🅿 – 🔏 30. 🅰🅴 🅾 🏧 𝑉𝐼𝑆𝐴
Menu *(geschl. 27. Dez. - 13. Jan., Donnerstag)* à la carte 31/58 – **21 Z** ⌑ 75/95 – 115/145.

TORGAU *Sachsen* 418 *L 23 – 20 000 Ew – Höhe 85 m.*

🛈 *Torgau-Informations-Center, Schloßstr. 11, ✉ 04860, ℰ (03421) 71 25 71, Fax (03421) 710280.*
Berlin 129 – Dresden 83 – Leipzig 53 – Wittenberg 49.

🏨 **Torgauer Brauhof**, Warschauer Str. 7, ✉ 04860, ℰ (03421) 7 30 00, *hotel-torgau er-brauhof@t-online.de, Fax (03421) 730017* – ✄ Zim, 📺 🅿 🅰🅴 🅾 🏧 𝑉𝐼𝑆𝐴
Menu *(geschl. Sonntagabend - Montagmittag)* à la carte 27/41 – **37 Z** ⌑ 80/100 – 110/140.

🏨 **Central-Hotel**, Friedrichplatz 8, ✉ 04860, ℰ (03421) 7 32 80, *Central-Hotel.Torgau @t-online.de, Fax (03421) 732850* – 📶 📺 🅿 – 🔏 20. 🅰🅴 🏧 𝑉𝐼𝑆𝐴
Menu *(geschl. Sonntag) (nur Abendessen)* à la carte 24/48 ⌘ – **38 Z** ⌑ 90/110 – 120/220.

TORNESCH *Schleswig-Holstein* 🔲🔲 *E 13 – 9 000 Ew – Höhe 11 m.*
Berlin 315 – Kiel 104 – Hamburg 33 – Itzehoe 35.

🏛 **Esinger Hof** garni, Denkmalstr. 7 (Esingen), ✉ 25436, ✆ (04122) 9 52 70,
Fax (04122) 952769, « Garten mit Teich » – 📺 ✆ & 🅿
27 Z ⚞ 80/120.

TRABEN-TRARBACH *Rheinland-Pfalz* 🔲 *Q 5 – 6 800 Ew – Höhe 120 m – Luftkurort.*
🛫 Lautzenhausen, (Süd-West : 17 km über Irmenach und B 50), ✆ (06543) 50 95 60.
🅸 Tourist- und Kurinformation in Traben, Bahnstr. 22, ✉ 56841, ✆ (06541) 8 39 80,
Fax (06541) 839839.
Berlin 673 – Mainz 104 – Trier 63 – Bernkastel-Kues 24 – Cochem 55.

Im Ortsteil Traben :

🏰 **Romantik Hotel Bellevue** 🦢 (mit Gästehäuser), Am Moselufer, ✉ 56841,
✆ (06541) 70 30, bellevue@net-art.de, Fax (06541) 703400, ≼, 🍽, « Um 1900 erbautes
Jugendstil-Haus », Massage, 🅳, 🔲 – 🛗, 🔄 Zim, 📺 ✆ – 🅰 30. 🅰🅴 ⓪ 🅾🅾 🆅🆂🅰 🅹🅲🅱.
🛇 Rest
Clauss Feist : **Menu** à la carte 51/85 – **60 Z** ⚞ 119/199 – 229/269, 10 Suiten –
½ P 44.

🏛 **Oase Moselschlößchen,** Neue Rathausstr. 12, ✉ 56841, ✆ (06541) 83 20, oase
@moselschloesschen.de, Fax (06541) 832255, 🍽, 🅳, 🖤 – 🛗 📺 & 🚗 – 🅰 100.
🛇 Rest
Menu (geschl. Jan.) à la carte 38/72 – **69 Z** ⚞ 177/237 – 195/305 – ½ P 38.

🏛 **Krone,** An der Mosel 93, ✉ 56841, ✆ (06541) 8 38 70, krone-hotel.traben-trabach@e
urohotel-online.com, Fax (06541) 838760, ≼, 🍽, 🖤 – 🔄 Zim, 📺 🚗 🅿 – 🅰 60. 🅾🅾
🆅🆂🅰 🛇 Rest
Menu (geschl. 3. Jan. - 15. März) (nur Abendessen) 41/52 und à la carte – **27 Z** ⚞ 90/115
– 125/175 – ½ P 40.

🏛 **Trabener Hof** 🅼 garni, Bahnstr. 25, ✉ 56841, ✆ (06541) 7 00 80, trabener-hof@n
et-art.de, Fax (06541) 700888 – 🛗 📺, 🅰🅴 ⓪ 🅾🅾 🆅🆂🅰
geschl. Jan. - Feb. – **24 Z** ⚞ 75/115 – 130/160.

🏛 **Bisenius** garni, An der Mosel 56, ✉ 56841, ✆ (06541) 68 10, info@hotel-bisenius.de,
Fax (06541) 6805, ≼, 🅳, 🔲, 🖤 – 📺 🅿 🅰🅴 ⓪ 🅾🅾 🆅🆂🅰
12 Z ⚞ 85/130 – 100/150.

Im Ortsteil Trarbach :

🏛 **Moseltor,** Moselstr. 1, ✉ 56841, ✆ (06541) 65 51, Info@Moseltor.de,
Fax (06541) 4922, 🍽 – 🔄 Zim, 📺 🚗. 🅰🅴 ⓪ 🅾🅾 🆅🆂🅰 🅹🅲🅱. 🛇 Rest
geschl. Feb., Juli 1 Woche – **Menu** (geschl. Dienstag) (nur Abendessen) (Tischbestellung
ratsam) à la carte 47/73 – **11 Z** ⚞ 118/148 – 145/200 – ½ P 40.

TRASSEM *Rheinland-Pfalz siehe Saarburg.*

TRASSENHEIDE *Mecklenburg-Vorpommern siehe Usedom (Insel).*

TRAUNSTEIN *Bayern* 🔲🔲 *W 21 – 17 600 Ew – Höhe 600 m.*
🅸 Tourist Information, Im Stadtpark, ✉ 83278, ✆ (0861) 9 86 95 23, Fax (0861)
9869524.
ADAC, Ludwigstr. 12c.
Berlin 674 – München 112 – Bad Reichenhall 35 – Rosenheim 53 – Salzburg 41.

🏛 **Park-Hotel Traunsteiner Hof,** Bahnhofstr. 11, ✉ 83278, ✆ (0861) 98 88 20, Parkho
tel-TS@t-online.de, Fax (0861) 8512, Biergarten – 🛗 📺 🚗 🅿 – 🅰 30. 🅰🅴 ⓪ 🅾🅾
🆅🆂🅰
Menu (geschl. 1. - 3. Jan., 15. Okt. - 4. Nov., Samstag) à la carte 35/60 – **59 Z** ⚞ 95/100
– 140/180.

In Traunstein-Hochberg *Süd-Ost : 5 km – Höhe 775 m :*

🏔 **Alpengasthof Hochberg** 🦢, Hochberg 6, ✉ 83278, ✆ (0861) 42 02,
🍽 Fax (0861) 1669777, ≼, Biergarten – 📺 🚗 🅿. 🅾🅾
geschl. Nov. - Anfang Dez. – **Menu** (geschl. Nov., Jan. - April Dienstag - Mittwoch, Mai -
Dez. Dienstag - Mittwochmittag) à la carte 21/53 – **18 Z** ⚞ 43/60 – 80/120 –
½ P 20.

TREBBIN *Brandenburg* 416 418 *J 23 – 4 400 Ew – Höhe 50 m.*
Berlin 56 – Potsdam 29 – Brandenburg 62 – Frankfurt (Oder) 101 – Wittenberg 68.

⛩ **Parkhotel** M, Parkstr. 5, ⊠ 14959, 𝒫 (033731) 7 10, Parkhotel-Trebbin@t-online.de, Fax (033731) 71111, 斎 – ⧫|, ⟊ Zim, 📺 ⧉ ⅙ ⟜ 🅿 – ⟁ 70. 🄰🄴 ⓪ ⓞⓞ
VISA
Menu *(geschl. Sonntagabend) (wochentags nur Abendessen)* à la carte 29/52 ⅋ – **38 Z**
⊑ 140/170.

TREBSEN (MULDE) *Sachsen* 418 *M 22 – 3 600 Ew – Höhe 130 m.*
Berlin 181 – Dresden 85 – Leipzig 36 – Chemnitz 79.

🏠 **Schloßblick,** Markt 8, ⊠ 04687, 𝒫 (034383) 60 80, Fax (034383) 42237 – ⟊ Zim, 📺 🅿 – ⟁ 30. 🄰🄴 ⓞⓞ *VISA*
Menu à la carte 26/41 – **34 Z** ⊑ 75/85 – 105.

TREBUR *Hessen* 417 *Q 9 – 11 000 Ew – Höhe 86 m.*
Berlin 571 – Wiesbaden 25 – Frankfurt am Main 38 – Darmstadt 21 – Mainz 19.

⛩ **Zum Erker,** Hauptstr. 1, ⊠ 65468, 𝒫 (06147) 9 14 80, Fax (06147) 914840, 斎 –
⟊ Zim, 📺 🅿 – ⟁ 50. 🄰🄴 ⓞⓞ *VISA*
Menu *(geschl. Sonntagabend - Montag)* à la carte 40/64 ⅋ – **26 Z** ⊑ 120 –
155/170.

In Trebur-Astheim :

⛩ **Astheimer Schlößchen,** Hans-Böckler-Str. 6, ⊠ 65468, 𝒫 (06147) 9 14 40, Fax (06147) 914444, 斎 – ⟊ Zim, 📺 ⧉ 🅿 – ⟁ 25. 🄰🄴 ⓪ ⓞⓞ *VISA*
Menu à la carte 55/77 – **21 Z** ⊑ 130/220 – 235/265.

TREFFELSTEIN *Bayern siehe Waldmünchen.*

TREIS-KARDEN *Rheinland-Pfalz* 417 *P 5 – 2 600 Ew – Höhe 85 m.*
🅱 *Verkehrsamt, Hauptstr. 27,* ⊠ 56253, 𝒫 (02672) 61 37, Fax (02672) 2780.
Berlin 633 – Mainz 100 – Koblenz 37 – Trier 104 – Cochem 12.

Im Ortsteil Karden :

⛩ **Schloß-Hotel Petry,** St.-Castor-Str. 80, ⊠ 56253, 𝒫 (02672) 93 40, Fax (02672) 934440, 斎, ⟜s – ⧫|, ⟊ Zim, 📺 ⧉ ⅙ ⟜ 🅿 – ⟁ 60. ⟊ Rest
Menu à la carte 34/65 – **Schloß-Stube** *(geschl. Feb. 2 Wochen, Juli 2 Wochen, Dienstag - Mittwoch)* **Menu** à la carte 65/76 – **74 Z** ⊑ 75/105 – 140/190 –
½ P 25.

🏠 **Brauer,** Moselstr. 26, ⊠ 56253, 𝒫 (02672) 12 11, Fax (02672) 8910, ≤, 斎 – ⟜ 🅿.
⟊
geschl. Mitte Dez. - Mitte Feb. – **Menu** *(geschl. Okt. - Ostern Mittwoch)* à la carte 29/59
– **33 Z** ⊑ 60/65 – 100/120.

In Treis-Karden-Lützbach *Ost : 4 km :*

⛩ **Ostermann,** an der B 49, ⊠ 56253, 𝒫 (02672) 12 38, Fax (02672) 7789, ≤, 斎, ⟜s, ⟥, 𝄐 – ⟊ Zim, 📺 ⟜ 🅿 – ⟁ 30. ⓞⓞ
Menu à la carte 37/62 – **22 Z** ⊑ 80/140.

In Müden *Ost : 4 km :*

🏠 **Sewenig,** Moselstr. 82, ⊠ 56254, 𝒫 (02672) 13 34, info@hotel-sewenig.de, Fax (02672) 1730, ≤, 斎, 🎴, ⟜s, 𝄐 – ⧫|, ⟊ Zim, 📺 🅿 ⓪ ⓞⓞ *VISA*
geschl. Jan. – **Menu** *(geschl. Nov. - April Dienstag)* à la carte 25/48 ⅋ – **30 Z** ⊑ 65/80
– 130.

TRENT *Mecklenburg-Vorpommern siehe Rügen (Insel).*

TREUEN *Sachsen* 418 420 *O 20 – 7 200 Ew – Höhe 470 m.*
Berlin 298 – Dresden 143 – Gera 51 – Plauen 10.

⛩ **Wettin,** Bahnhofstraße, ⊠ 08233, 𝒫 (037468) 26 90, hotel@hotel-wettin.de, Fax (037468) 4752 – 📺 ⧉ 🅿 – ⟁ 20. 🄰🄴 ⓞⓞ *VISA*
Menu à la carte 30/60 – **16 Z** ⊑ 96/116 – 132/156.

TRIBERG Baden-Württemberg 📧 V 8 – 5 750 Ew – Höhe 700 m – Heilklimatischer Kurort – Wintersport : 800/1 000 m ⚐.

Sehenswert : *Wasserfall★ – Wallfahrtskirche "Maria in der Tanne" (Ausstattung★) – Schwarzwaldbahn ★.*

🖪 *Tourist-Information, im Kurhaus, Luisenstr. 10, ⊠ 78098, ℘ (07722) 95 32 30, Fax (07722) 953236.*

Berlin 765 – Stuttgart 139 – Freiburg im Breisgau 61 – Offenburg 56 – Villingen-Schwenningen 26.

🏛️ **Romatik Parkhotel Wehrle** (mit Gästehaus), Gartenstr. 24, ⊠ 78098, ℘ (07722) 8 60 20, *Parkhotel.Wehrle@t-online.de, Fax (07722) 860290,* 🍴, « Park », 🚗s, ⬛, 🔲
– 🛗 🕼 📺 🕻 🚗 🅿 – 🔬 50. 🆎 ⓪ 🐵 *VISA* 🖼
Menu à la carte 61/98 – ***Alte Schmiede :* Menu** à la carte 39/73 – **52 Z** ⊇ 115/165 – 195/420 – ½ P 45.

🏛️ **Schwarzwald Residenz,** Bürgermeister-De-Pellegrini-Str. 20, ⊠ 78098, ℘ (07722) 9 62 30, *HotelSchwarzwald.Residenz@t-online.de, Fax (07722) 962365,* ≤, 🍴, 🚗s, 🔲
– 🛗 📺 🚗. 🆎 ⓪ 🐵 *VISA* 🖼
geschl. Nov. – **Menu** *(geschl. Montag) (nur Abendessen)* à la carte 30/53 – **41 Z** ⊇ 135/145 – 189/229.

🏚️ **Adler** garni, Hauptstr. 52, ⊠ 78098, ℘ (07722) 45 74, Fax (07722) 4556 – 📺 🅿. 🆎 ⓪ 🐵 *VISA*
10 Z ⊇ 87 – 114/144.

🏚️ **Berg-Café** 🦅, Hermann-Schwer-Str. 6, ⊠ 78098, ℘ (07722) 8 66 49 20, *info@berg cafe-triberg.de, Fax (07722) 8664910,* ≤, 🍴 – 📺 🚗
geschl. 7. - 21. Jan. – **Menu** *(geschl. Dienstag)* à la carte 30/51 – **9 Z** ⊇ 58/90 – 116 – ½ P 25.

In Triberg-Gremmelsbach *Nord-Ost : 9 km (Zufahrt über die B 33 Richtung St. Georgen, auf der Wasserscheide Sommerau links ab) :*

🏚️ **Staude** 🦅, Obertal 20 – Höhe 889 m, ⊠ 78098, ℘ (07722) 48 02, ≤, 🍴, 🚗 – 🅿
geschl. März 2 Wochen, Ende Okt. - Mitte Nov. – **Menu** *(geschl. Dienstag)* à la carte 26/63 – **14 Z** ⊇ 50/60 – 96/132 – ½ P 25.

Eine Karte aller Orte mit
Menu 🏵, 🏵, 🏵🏵 *oder* 🏵🏵🏵 *finden Sie in der Einleitung.*

TRIER Rheinland-Pfalz 📧 Q 3 – 99 000 Ew – Höhe 124 m.

Sehenswert : *Porta Nigra★★* **DX** *– Liebfrauenkirche★ (Grabmal des Domherren Metternich★)* **DX** *– Kaiserthermen★★* **DY** *– Rheinisches Landesmuseum★★* **DY** *– Dom★ (Domschatzkammer★, Kreuzgang ≤★, Inneres Tympanon★ des südlichen Portals)* **DX** *– Bischöfliches Museum ★* **DX M1** *– Palastgarten★* **DY** *– St. Paulin★* **DX** *– Schatzkammer der Stadtbibliothek★★* **DY B** *– Hauptmarkt★* **DX** *– Dreikönigenhaus★* **DX K.**

Ausflugsziel : *Moseltal★★★ (von Trier bis Koblenz).*

🖪 *Tourist-Information, an der Porta Nigra, ⊠ 54290, ℘ (0651) 97 80 80, Fax (0651) 9780888.*

ADAC, *Fahrstr. 3.*

Berlin 719 ① – Mainz 162 ① – Bonn 143 ① – Koblenz 124 ① – Luxembourg 47 ③ – Metz 98 ② – Saarbrücken 93 ①

Stadtpläne siehe nächste Seiten

🏛️ **Dorint,** Porta-Nigra-Platz 1, ⊠ 54292, ℘ (0651) 2 70 10, *Info.ZQFTRI@dorint.com, Fax (0651) 2701170 –* 🛗, 🕼 Zim, 🍽 Rest, 📺 🕻 – 🔬 80. 🆎 ⓪ 🐵 *VISA* 🖼
Menu à la carte 54/81 – ⊇ 26 – **106 Z** 190/220 – 220/260.   **DX z**

🏛️ **Mercure** 🅼, Metzer Allee 6, ⊠ 54295, ℘ (0651) 9 37 70, Fax (0651) 9377333, 🍴 – 🛗, 🕼 Zim, 🍽 📺 🕻 🕭 🚗 – 🔬 70. 🆎 ⓪ 🐵 *VISA*
Menu à la carte 40/65 – **105 Z** ⊇ 165/185 – 225/285, 3 Suiten.   **V n**

🏨 **Deutscher Hof,** Südallee 25, ⊠ 54290, ℘ (0651) 9 77 80, *info@hotel-deutscher-h of.de, Fax (0651) 9778400,* 🍴, 🚗s – 🛗, 🕼 Zim, 📺 🕻 🕭 🚗 🅿 – 🔬 110. 🆎 ⓪ 🐵 *VISA* 🖼
geschl. 20. Dez. - 15. Jan. – **Menu** à la carte 36/62 – **102 Z** ⊇ 115/145 – 175/200.   **CY g**

🏨 **Ramada,** Kaiserstr. 29, ⊠ 54290, ℘ (0651) 9 49 50, *ramada.trier@marriott.com, Fax (0651) 9495666,* 🍴 – 🛗, 🕼 Zim, 🍽 Rest, 📺 🕻 🕭 🅿 – 🔬 550. 🆎 ⓪ 🐵 *VISA* 🖼
Menu à la carte 39/60 – ⊇ 20 – **130 Z** 150/190 – 190.   **CY s**

🏠 **Villa Hügel** ॐ garni, Bernhardstr. 14, ⊠ 54295, ℰ (0651) 3 30 66, Fax (0651) 37958, ≼, « Jugendstil-Villa a.d.J.1914 », ☎s, 🖫 – ⊁ 🖵 📞 ⇔ 🅿. 🔤 ⓪ ⓪ 🚾
V s
🇯🇨🇧 **34 Z** ⊑ 125/160 – 170/245.

🏠 **Altstadt-Hotel** Ⓜ garni, Am Porta-Nigra-Platz, ⊠ 54292, ℰ (0651) 4 80 41,
Fax (0651) 41293 – |🖁| 🖵 ₺ 🅿. 🔤 ⓪ 🚾 DX v
56 Z ⊑ 130/150 – 190/210.

🏠 **Römischer Kaiser**, Porta-Nigra-Platz 6, ⊠ 54292, ℰ (0651) 9 77 00,
Fax (0651) 977099, 🖃 – |🖁| 🖵 ₺ 🅿. – 🍴 15. 🔤 ⓪ 🚾 DX u
Menu à la carte 46/73 – **43 Z** ⊑ 130/150 – 190/210.

🏠 **Alte Villa**, Saarstr. 133, ⊠ 54290, ℰ (0651) 93 81 20, Fax (0651) 9381212, 🖃, ☎s
– ⊁ Zim, 🖵 ₺. 🚾 V r
Menu à la carte 35/66 – **20 Z** ⊑ 105/130 – 160.

🏠 **Paulin** garni, Paulinstr. 13, ⊠ 54292, ℰ (0651) 14 74 00, Fax (0651) 1474010 – |🖁| ⊁
🖵 📞 ⇔ 🅿. 🔤 ⓪ ⓪ 🚾 DX e
24 Z ⊑ 120 – 165/180.

🏠 **Nell's Park Hotel**, Dasbachstr. 12, ⊠ 54292, ℰ (0651) 1 44 40, nellspark@t-online.de,
Fax (0651) 1444222, ≼, 🖃, « Park » – |🖁|, ⊁ Zim, 🖵 📞 🅿 – 🍴 100. 🔤 ⓪ ⓪
🚾 V a
Menu à la carte 38/67 – **55 Z** ⊑ 112/140 – 190/215.

🏠 **Kessler** garni, Brückenstr. 23, ⊠ 54290, ℰ (0651) 97 81 70, Hotel-Kessler.Trier@t-o
nline.de, Fax (0651) 9781797 – |🖁| ⊁ 🖵 ⇔ 🅿. 🔤 ⓪ 🚾 🇯🇨🇧 CY r
22 Z ⊑ 100/170 – 140/250.

🏠 **Casa Chiara** garni, Engelstr. 8, ⊠ 54292, ℰ (0651) 27 07 30, utreiber@aol.com,
Fax (0651) 27881 – |🖁| ⊁ 🖵 📞 🅿. 🔤 ⓪ 🚾 🇯🇨🇧 DX r
20 Z ⊑ 105/135 – 175/210.

🏠 **Zum Christophel**, Simeonstr. 1, ⊠ 54290, ℰ (0651) 9 79 42 00, info@zumchristo
phel.de, Fax (0651) 74732, 🖃 – |🖁| 🖵. 🔤 🚾 DX a
Menu à la carte 34/53 ₰ – **11 Z** ⊑ 115 – 170/175.

🏠 **Deutschherrenhof** garni, Deutschherrenstr. 32, ⊠ 54290, ℰ (0651) 97 54 20, hdhh
otel@t-online.de, Fax (0651) 42395 – ⊁ 🖵 ⇔. 🔤 🚾 CX s
15 Z ⊑ 100/130 – 140/170.

XXX **Pfeffermühle**, Zurlaubener Ufer 76, ⊠ 54292, ℰ (0651) 2 61 33, 🖃 – 🅿. 🚾.
V t
🖃 geschl. Sonntag - Montagmittag – **Menu** (Tischbestellung ratsam) (bemerkenswerte Weinkarte) 57 à la carte 71/95.

XX **Palais Kesselstatt**, Liebfrauenstr. 9, ⊠ 54290, ℰ (0651) 4 02 04, Fax (0651) 42308,
🖃 – 🔤 ⓪ ⓪ 🚾 DX c
geschl. 19. Jan. - 15. Feb., Montag – **Menu** (bemerkenswerte Weinkarte) à la carte 46/76.

XX **Schlemmereule**, Domfreihof 1b (im Palais Walderdorff), ⊠ 54290, ℰ (0651) 7 36 16,
P.S.@Schlemmereule.de, Fax (0651) 9945001, 🖃 – 🔤 ⓪ ⓪ 🚾 DX b
geschl. Dienstag – **Menu** à la carte 59/77.

XX **Quo vadis**, Neustr. 15, ⊠ 54290, ℰ (0651) 9 94 18 00, Fax (0651) 9941802 – ⓪ 🚾 CY c
geschl. über Karneval, Juli - Aug. 2 Wochen, Sonntag – **Menu** à la carte 42/66.

XX **Bagatelle**, Zurlaubener Ufer 78, ⊠ 54292, ℰ (0651) 2 97 22, Fax (0651) 27754, 🖃
– 🔤 ⓪ ⓪ 🚾 🇯🇨🇧 V c
Menu à la carte 51/81.

Auf dem Kockelsberg über ④ : 5 km :

🏠 **Berghotel Kockelsberg** ॐ (mit Gästehaus), ⊠ 54293 Trier, ℰ (0651) 8 24 80 00,
HoKoTr@aol.com, Fax (0651) 8248290, ≼ Trier, 🖃 – 🖵 🅿. 🔤 ⓪ ⓪ 🚾
Menu (geschl. Nov. - März Sonntagabend - Montagmittag) à la carte 31/71 – **32 Z** ⊑ 69/98
– 95/150.

In Trier-Ehrang über ⑤ : 8 km :

XX **Kupfer-Pfanne**, Ehranger Str. 200 (B 53), ⊠ 54293, ℰ (0651) 6 65 89,
Fax (0651) 66589, « Gartenterrasse » – ⓪ 🚾. 🖃
geschl. Samstagmittag, Donnerstag – **Menu** (Tischbestellung ratsam) à la carte 40/75.

In Trier-Euren Süd-West : 3 km über Eurener Straße V :

🏠 **Eurener Hof**, Eurener Str. 171, ⊠ 54294, ℰ (0651) 8 24 00, info@eurener-hof.de,
Fax (0651) 800900, 🖃, « Rustikale Einrichtung », ☎s, 🖫 – |🖁| 🖵 📞 ⇔ 🅿 – 🍴 30.
🔤 ⓪ 🚾
Menu à la carte 35/74 ₰ – **88 Z** ⊑ 130/158 – 188/290, 3 Suiten.

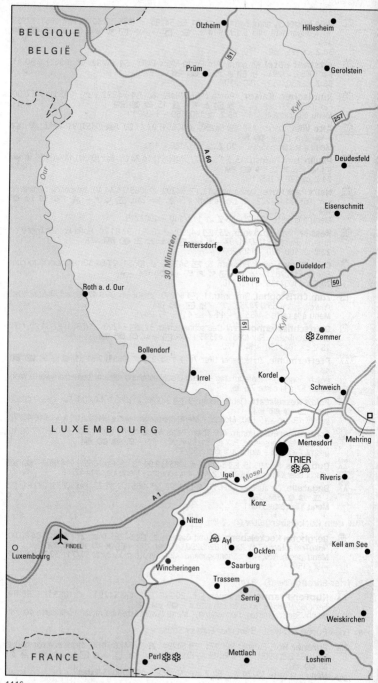

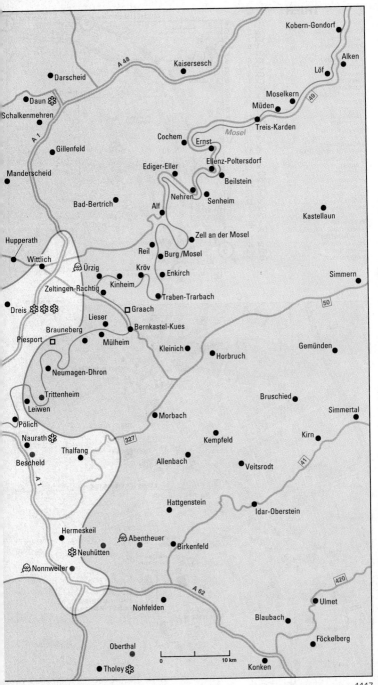

TRIER

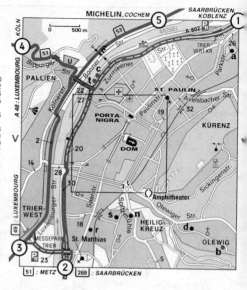

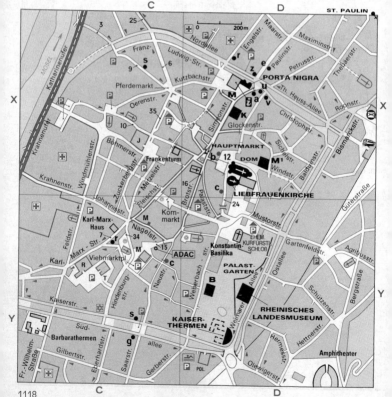

In Trier-Olewig :

🏨 **Blesius-Garten,** Olewiger Str. 135, ⊠ 54295, 𝒫 (0651) 3 60 60, *Blesius-Garten@t-o nline.de*, Fax (0651) 360633, 🍴, (ehemaliges Hofgut a.d.J. 1789), 🛏, 🗖 – 🛗 📺 📞 – V d
🏊 30. 🆎 ⓞ 🅐 VISA
Menu à la carte 39/68 – **60 Z** ⊡ 112/140 – 190/215.

🌶 **Weinhaus Becker** mit Zim, Olewiger Str. 206, ⊠ 54295, 𝒫 (0651) 93 80 80, *Weinh ausBecker@t-online.de*, Fax (0651) 9380888 – 📺. 🅐🅞 VISA. ⁒ Rest V b
Menu (geschl. 12. - 28. Feb., Juli 1 Woche, Montag) (wochentags nur Abendessen) à la carte 74/92 – **18 Z** ⊡ 80/95 – 150/160
Spez. Variation von Meeresfrüchten und gegrillten Gemüsen mit Olivenvinaigrette. Crêpi-nette vom Hirschkalbsrücken mit Rotweinsauce. Topfensoufflé mit Zitrusfrüchten und Vanilleeis.

In Trier-Pfalzel über ⑤ : 7 km :

🏨 **Klosterschenke** 🐟, Klosterstr. 10, ⊠ 54293, 𝒫 (0651) 96 84 40, Fax (0651) 9684430, 🍴, « Ehemaliges kleines Kloster a.d. 4.Jh. » – 📺 📞 🆎 🅐🅞 VISA
Menu à la carte 28/65 – **11 Z** ⊡ 100/110 – 165/170.

In Trier-Zewen Süd-West : 7 km über ③ :

🌶 **Ambiente** mit Zim, Kettenstr. 4, ⊠ 54294, 𝒫 (0651) 82 72 80, *Hotel-Ambiente-Trie r@t-online.de*, Fax (0651) 8272844, 🍴 – 📺 📞 🆎 ⓞ 🅐🅞 VISA. ⁒
Menu (geschl. Jan. - Feb. 2 Wochen, Sept. 1 Woche, Samstagmittag, Donnerstag) à la carte 50/72 – **13 Z** ⊡ 87/117 – 134/164.

🌶 **Schloss Monaise,** Schloss Monaise 7, ⊠ 54294, 𝒫 (0651) 82 86 70, *monaise@t-on line.de*, Fax (0651) 828671, 🍴, « Schloss a.d.J. 1780 » – 📞 🅐🅞 VISA
geschl. über Karneval 2 Wochen, Mitte Sept. - Mitte März Dienstag – **Menu** 45/80 und à la carte.

An der B 51 Süd-West : 5 km über ② :

🏨 **Estricher Hof,** ⊠ 54296 Trier, 𝒫 (0651) 93 80 40, *Info@Estricher-Hof.de*, Fax (0651) 309081, ≼, 🍴, Biergarten – 🛗 ⅙, 🚗 📞 – 🏊 30. 🆎 🅐🅞 VISA. ⁒ Zim
Menu (geschl. Montagmittag) à la carte 37/67 – **16 Z** ⊡ 95/105 – 140/170.

In Igel Süd-West : 8 km über ③ :

🏨 **Igeler Säule,** Trierer Str. 41 (B 49), ⊠ 54298, 𝒫 (06501) 9 26 10, *Iglersaeule@t-on line.de*, Fax (06501) 926140, 🍴, 🛏, 🗖 – 🛗, ↩ Zim, 📺 🚗 📞 – 🏊 80
Menu (geschl. 2. - 16. Jan., Montagmittag) à la carte 31/71 ⅊ – **26 Z** ⊡ 75/110 – 130/160.

In Mertesdorf Ost : 9 km über Loebstraße V :

🏨 **Weis** 🐟, Eitelsbacher Str. 4, ⊠ 54318, 𝒫 (0651) 9 56 10, *Info@hotel-weis.de*, Fax (0651) 9561150, ≼, 🍴, ⅙, ↩ Zim, 📺 📞 – 🏊 80. 🆎 🅐🅞 VISA. ⁒ Rest
Menu (geschl. 2. - 12. Jan.) à la carte 42/74 ⅊ – **53 Z** ⊡ 105/115 – 135/180.

🌶 **Grünhäuser Mühle,** Hauptstr. 4, ⊠ 54318, 𝒫 (0651) 5 24 34, *Anja.Coignard@t-on line.de*, Fax (0651) 53946, 🍴 – 📞 🆎 ⓞ 🅐🅞 VISA JCB
geschl. Juni - Juli 2 Wochen, Anfang Okt. 1 Woche, Montag - Mittwochmittag, Samstag-mittag – **Menu** à la carte 40/69.

MICHELIN-REIFENWERKE KGaA. ⊠ 54293 Trier-Pfalzel (über ⑤ : 7 km), Eltzstr. 20, 𝒫 (0651) 68 10 Fax (0651) 681234.

TRIPTIS Thüringen 🔢🔢 N 19 – 7 500 Ew – Höhe 410 m.
Berlin 256 – Erfurt 85 – Gera 41.

In Miesitz West : 1,5 km :

🏨 **Wutzler,** Ortsstr. 18 (B 281), ⊠ 07819, 𝒫 (036482) 3 08 47, Fax (036482) 30848, Bier-garten, ⁒ – 🛗 📺 📞 – 🏊 35. 🆎 🅐🅞 VISA
Menu à la carte 22/49 – **37 Z** ⊡ 90/95 – 120/140.

TRITTENHEIM Rheinland-Pfalz 🔢🔢 Q 4 – 1 300 Ew – Höhe 121 m – Erholungsort.
🅱 Tourist-Information, Moselweinstr. 55, ⊠ 54349, 𝒫 (06507) 22 27, Fax (06507) 2040.
Berlin 700 – Mainz 138 – Trier 35 – Bernkastel-Kues 25.

🌶 **Landgasthof Grans Fassian,** Moselpromenade 4, ⊠ 54349, 𝒫 (06507) 20 33, Fax (06507) 701092, 🍴 – 🅐🅞 VISA
geschl. 2. - 18. Jan., Mittwoch – **Menu** (wochentags nur Abendessen) à la carte 43/64.

In Naurath (Wald)-Büdlicherbrück Süd : 8 km oder über die A1 Abfahrt Mehring :

XXX 🏠 **Landhaus St. Urban** (Rüssel) 🦢 mit Zim, Büdlicherbrück 1, ✉ 54426, 𝒸 (06509) 9 14 00, info@landhaus-st-urban.de, Fax (06509) 914040, 🌭, « Malerische Lage im Dhrontal », 🌳 – 📺 🅿 – 🕭 30. 🆎 ⓞⓚ VISA
geschl. Jan. 3 Wochen – **Menu** (geschl. Dienstag - Mittwoch) à la carte 89/124 – **16 Z** ⌗ 120/150 – 160/220
Spez. Exotischer Couscous-Salat mit Langostinos und Orangen-Safranvinaigrette. Mille-feuille von Wachtel und Gänsestopfleber mit Honig-Limonenjus. Geräucherte Poularden-brust mit Lauchmousseline und Sauce Financière.

In Bescheid Süd : 10 km über Büdlicherbrück :

XX **Zur Malerklause,** Im Hofecken 2, ✉ 54413, 𝒸 (06509) 5 58, Malerklause@t-online.de, Fax (06509) 1082, 🌭 – 🅿 ⓞⓚ
geschl. 1. - 19. Jan., 3. - 14. Sept., Montag - Dienstag – **Menu** (wochentags nur Abendessen) (Tischbestellung ratsam) à la carte 50/106.

TROCHTELFINGEN Baden-Württemberg 419 V 11 – 6 300 Ew – Höhe 720 m – Erholungsort – Wintersport : 690/815 m ✔2 ✘.
🏢 Verkehrsamt, im Rathaus, Rathausplatz 9, ✉ 72818, 𝒸 (07124) 48 21, Fax (07124) 4848.
Berlin 702 – Stuttgart 68 – Konstanz 105 – Reutlingen 27.

🏠 **Zum Rössle,** Marktstr. 48, ✉ 72818, 𝒸 (07124) 92 50, Fax (07124) 925200, 🖘, 🖙 – 📺 🖘 🅿 – 🕭 60. ⓞⓚ VISA
geschl. Anfang Jan. 1 Woche, Anfang Aug. 2 Wochen – **Menu** (geschl. Montag) à la carte 31/59 – **28 Z** ⌗ 62/82 – 99/130 – ½ P 29.

XX **Ochsen,** Marktstr. 21, ✉ 72818, 𝒸 (07124) 22 00, Fax (07124) 931168 – ⓞⓚ
Menu (wochentags nur Abendessen) 60/98 und à la carte.

TROCKENBORN-WOLFERSDORF Thüringen siehe Neustadt an der Orla.

TRÖSTAU Bayern 420 P 19 – 2 500 Ew – Höhe 550 m.
🏢 Tröstau, Fahrenbach 1, 𝒸 (09232) 88 22 56.
Berlin 370 – München 268 – Weiden in der Oberpfalz 58 – Bayreuth 37.

🏠 **Bergcafé Bauer,** Kemnather Str. 20, ✉ 95709, 𝒸 (09232) 28 42, BauersHotel@t-o nline.de, Fax (09232) 1697, 🌭, 🌳 – 📺 🅿 ⓞⓚ
Menu (geschl. Mittwoch) à la carte 35/58 ⌗ – **11 Z** ⌗ 65/75 – 120 – ½ P 27.

In Tröstau-Fahrenbach Süd-Ost : 2 km :

🏨 **Golfhotel Fahrenbach** Ⓜ 🦢, Fahrenbach 1, ✉ 95709, 𝒸 (09232) 88 20, Fax (09232) 882345, ≤, 🌭, 🖘, 🌳, 🛏 – 🛗, 🌱 Zim, 📺 🛠 🅿 – 🕭 80. 🆎 ⓞ ⓞⓚ VISA
Menu à la carte 32/58 – **75 Z** ⌗ 105/125 – 160/180 – ½ P 30.

TROISDORF Nordrhein-Westfalen 417 N 5 – 70 000 Ew – Höhe 65 m.
Berlin 584 – Düsseldorf 65 – Bonn 12 – Siegburg 5 – Köln 21.

🏨 **Primula** Ⓜ, Am Bürgerhaus 16, ✉ 53840, 𝒸 (02241) 87 50, Info@ primula-troisdorf.de, Fax (02241) 875100, 🌭 – 🛗, 🌱 Zim, 📺 🖎 🖘 – 🕭 50. 🆎 ⓞ ⓞⓚ VISA JCB
Menu (geschl. Juli 2 Wochen, Samstag - Sonntag) (nur Abendessen) à la carte 28/58 – **72 Z** ⌗ 130/155.

🏠 **Wald-Hotel Haus Ravensberg** garni, Altenrather Str. 49, ✉ 53840, 𝒸 (02241) 9 82 40, Waldhotel-tro@t-online.de, Fax (02241) 74184, 🌭 – 🛗 🌱 📺 🅿 🆎 ⓞ ⓞⓚ VISA
24 Z ⌗ 90/160 – 120/200.

🏠 **Kronprinz** garni, Poststr. 87, ✉ 53840, 𝒸 (02241) 9 84 90, Info@ HotelKronprinz.de, Fax (02241) 984999, 🖘 – 🛗 📺 🖘 – 🕭 20. ⓞⓚ VISA
48 Z ⌗ 105/120 – 140/150.

X **Am Bergerhof,** Frankfurter Str. 82, ✉ 53840, 𝒸 (02241) 7 42 82, Fax (02241) 806095, 🌭, « Rustikale Einrichtung » – 🅿 ⓞ ⓞⓚ VISA
Menu (nur Abendessen) à la carte 39/72.

In Troisdorf-Sieglar :

🏨 Quality Hotel Ⓜ, Larstr.1, ✉ 53844, 𝒸 (02241) 99 79, Fax (02241) 997288 – 🛗, 🌱 Zim, ▤ 📺 🖎 🕭 🅿 – 🕭 50
88 Z.

In Troisdorf-Spich *Nord-West : 2 km :*

🏠 **Express by Holiday Inn** Ⓜ garni, Echternacher Str. 4 (nahe der BAB-Ausfahrt A 59),
✉ 53842, ℰ (02241) 3 97 30, *expressbyhicologne@ t-online.de*, Fax (02241) 3973555 –
🛗 ╪✕ ▤ 🆃🆅 ℰ ⅙ 🅿 – 🔬 30. 🅰🅴 ⓪ ⓜⓢ 🆅🅸🆂🅰
110 Z ⟳ 165.

Außerhalb *Nord : 2 km : über Altenrather Straße :*

💥💥 **Forsthaus Telegraph,** Mauspfad 3, ✉ 53842 Troisdorf-Spich, ℰ (02241) 7 66 49,
Fax (02241) 70494, 🍴 – 🅿 🅰🅴 ⓪ ⓜⓢ 🆅🅸🆂🅰
geschl. Jan. 1 Woche, Okt. 1 Woche, Montag – **Menu** *(wochentags nur Abendessen)* (Tischbestellung ratsam) à la carte 63/87.

*Die im **Michelin-Führer***
verwendeten Schrifttypen und Symbole haben -
*fett oder dünn gedruckt, **rot** oder **schwarz** -*
jeweils eine andere Bedeutung. Lesen Sie daher die Erklärungen aufmerk-
sam durch.

TROLLENHAGEN *Mecklenburg-Vorpommern siehe Neubrandenburg.*

TROSSINGEN *Baden-Württemberg* �419 *V 9 – 13 000 Ew – Höhe 699 m.*
🄱 *Kultur-Tourismus Stadtmarketing,* ✉ 78647, ℰ (07425) 32 68 83, Fax (07425)
326985.
Berlin 734 – Stuttgart 106 – Konstanz 81 – Rottweil 14 – Donaueschingen 27.

🌑 **Bären,** Hohnerstr. 25, ✉ 78647, ℰ (07425) 60 07, *H.J.Letters@ t-online.de*,
Fax (07425) 21395 – 🆃🆅 ℰ 🛏 🍴 🅿 🅰🅴 ⓪ ⓜⓢ 🆅🅸🆂🅰
Menu *(geschl. Aug. 3 Wochen, Freitagabend - Samstag)* à la carte 37/63 – **19 Z** ⟳ 90/110
– 130/160.

TROSTBERG *Bayern* �420 *V 21 – 11 500 Ew – Höhe 485 m.*
Berlin 660 – München 85 – Bad Reichenhall 56 – Rosenheim 43 – Salzburg 54.

🏠 **Pfaubräu,** Hauptstr. 2, ✉ 83308, ℰ (08621) 9 82 90, Fax (08621) 982999, Biergarten,
◀ *Historisches Gasthaus ; Bräustube mit spätgotischem Kreuzgewölbe* ▶ – 🆃🆅 ℰ 🅰🅴 ⓜⓢ
🆅🅸🆂🅰
Menu à la carte 28/56 – **25 Z** ⟳ 80/90 – 150.

TÜBINGEN *Baden-Württemberg* �419 *U 11 – 85 000 Ew – Höhe 341 m.*
Sehenswert : *Eberhardsbrücke ≤★ Z – Museum im Schloß Hohentübingen★*
(Vogelherdpferdchen★, Ägyptische Kultkammer★) **YZ** – *Am Markt★* **Y** – *Rathaus★* **Y R** –
Stiftskirche (Grabtumben★★, Kanzel★ Turm ≤★) **Y** – *Neuer Botanischer Garten★*
(Gewächshäuser★) **X.**
Ausflugsziel : *Bebenhausen : ehemaliges Kloster★ (Dachreiter★, Sommerrefektorium★)*
6 km über ①.
🄱 *Verkehrsverein, An der Neckarbrücke,* ✉ 72072, ℰ (07071) 9 13 60, Fax (07071)
35070.
ADAC, Wilhelmstr. 3.
Berlin 682 ⑥ *– Stuttgart 46* ② *– Freiburg im Breisgau 155* ④ *– Karlsruhe 105* ⑥ *–*
Ulm (Donau) 100 ②

Stadtplan siehe nächste Seite

🏨 **Krone** 🐾, Uhlandstr. 1, ✉ 72072, ℰ (07071) 1 33 10, *info@ krone-tuebingen.de*,
Fax (07071) 133132, ◀ *Stilvolle Einrichtung* ▶ – 🛗 ╪✕ ▤ 🆃🆅 🛏 – 🔬 40. 🅰🅴 ⓪ ⓜⓢ 🆅🅸🆂🅰
🅹🅲🅱 **Z b**
geschl. 22. - 30. Dez. – **Menu** à la carte 51/83 – **47 Z** ⟳ 175/195 – 230/290.

🏨 **Domizil** Ⓜ, Wöhrdstr. 5, ✉ 72072, ℰ (07071) 13 90 (Hotel), 13 91 00 (Rest.), *info@ h*
otel-domizil.de, Fax (07071) 139250, 🍴 – 🛗 ╪✕ Zim, 🆃🆅 ℰ ⅙ – 🔬 35. 🅰🅴 ⓪ ⓜⓢ
🆅🅸🆂🅰 ✂ Rest **Z n**
Menu *(geschl. Nov. - März Sonntag)* (italienische Küche) à la carte 40/76 – **79 Z** ⟳ 176/187
– 209, 3 Suiten.

🏨 **Stadt Tübingen,** Stuttgarter Str. 97, ✉ 72072, ℰ (07071) 3 10 71,
Fax (07071) 38245, 🍴 – 🛗 🆃🆅 🅿 – 🔬 250. 🅰🅴 ⓜⓢ 🆅🅸🆂🅰 **X a**
Menu *(geschl. 23. Dez. - 8. Jan., Sonntagabend)* à la carte 43/85 – **73 Z** ⟳ 98/160 –
155/220.

TÜBINGEN

Michelin hängt keine Schilder an die empfohlenen Hotels und Restaurants.

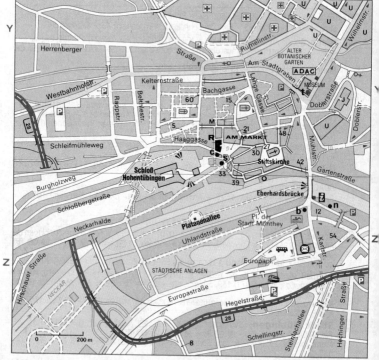

1122

🏠 **Kupferhammer** garni, Westbahnhofstr. 57, ⊠ 72070, 𝒫 (07071) 41 80, Fax (07071) 418299 – 🛬 📺 🍴 🅿 AE ⓪ VISA, 🛠 Rest   X m
17. Dez. - 6. Jan. geschl. – **20 Z** ⊇ 112/125 – 145/170.

🏠 **Am Schloss**, Burgsteig 18, ⊠ 72070, 𝒫 (07071) 9 29 40, info@ hotelamschloss.de, Fax (07071) 929410, 🍴 – 🙂 📺 🍴 🅿 AE ⓪ VISA   Y c
geschl. 2. - 21. Jan. – **Menu** (geschl. Okt. - März Dienstag) à la carte 32/62 – **37 Z** ⊇ 99/140 – 160/180.

🏠 **Hospiz**, Neckarhalde 2, ⊠ 72070, 𝒫 (07071) 92 40, Hotel.Hospiz.Tuebingen@ t-online .de, Fax (07071) 924200 – 📵 📺 🍴 AE ⓪ VISA   Y s
Menu (geschl. Juli - Aug. 3 Wochen, Samstag - Sonntag) à la carte 36/67 – **50 Z** ⊇ 110/130 – 180/220.

🏠 **Am Bad** 🦢, Am Freibad 2, ⊠ 72072, 𝒫 (07071) 7 97 40, Fax (07071) 75336 – 🛬 Zim, 📺 🍴 🅿 AE ⓪ VISA, 🛠 Rest   X f
geschl. 20. Dez. - 10. Jan. – **Menu** (nur Abendessen) (Restaurant nur für Hausgäste) à la carte 28/38 – **35 Z** ⊇ 80/102 – 176.

🍴🍴🍴 **Rosenau**, beim Botanischen Garten, ⊠ 72076, 𝒫 (07071) 6 88 66, ernst.fischer@ re staurant.rosenau.de, Fax (07071) 688680, 🍴 – 🍴 🅿 AE ⓪ ⓪ VISA
geschl. Montag – **Menu** à la carte 37/79.   über Schnarrenbergstraße   X

🍴🍴 **Museum**, Wilhelmstr. 3, ⊠ 72074, 𝒫 (07071) 2 28 28, lothar.schmid@ restaurant-mu seum.de, Fax (07071) 21429 – 🅿 🦢 250. AE ⓪ VISA   Y t
geschl. Montagabend – **Menu** à la carte 49/77.

In Tübingen-Bebenhausen über ① : 6 km :

🏨 **Landhotel Hirsch**, Schönbuchstr. 28, ⊠ 72074, 𝒫 (07071) 6 09 30, Fax (07071) 609360, 🍴, « Geschmackvolle Einrichtung im Landhausstil » – 🍴 Rest, 📺 🅿 AE ⓪ ⓪ VISA
Menu (geschl. Dienstag) à la carte 38/78 – **12 Z** ⊇ 150/180 – 250/270.

🍴🍴🍴 **Waldhorn** (Schilling), Schönbuchstr. 49 (B 464), ⊠ 72074, 𝒫 (07071) 6 12 70, info ✿ @ waldhorn-bebenhausen.de, Fax (07071) 610581, 🍴 – 🅿 AE
geschl. 3. - 9. Jan., Aug. 2 Wochen, Montag - Dienstag – **Menu** (Tischbestellung ratsam, bemerkenswerte Weinkarte) 105/165 à la carte 58/109
Spez. Variation von Gänsestopfleber. Rehrücken mit Spätzle und Wacholderrahm (Saison). Hägenmark-Eisbömble mit glacierten Apfelspalten.

In Tübingen-Lustnau :

🍴🍴 **Basilikum**, Kreuzstr. 24, ⊠ 72074, 𝒫 (07071) 8 75 49, Fax (07071) 87549, 🍴 – AE ⓪ ⓪ VISA   X s
geschl. Aug. 2 Wochen, Sonntag – **Menu** (italienische Küche) à la carte 58/73.

TÜSSLING Bayern siehe Altötting.

TUNAU Baden-Württemberg siehe Schönau im Schwarzwald.

TUNTENHAUSEN Bayern 420 W 20 – 5 800 Ew – Höhe 508 m.
Berlin 570 – München 42 – Rosenheim 94.

In Tuntenhausen-Maxlrain Süd-West : 5,5 km :

🍴 **Schloßwirtschaft Maxlrain**, Freiung 1, ⊠ 83104, 𝒫 (08061) 83 42, 🍴 Fax (08061) 6857, Biergarten – 🅿
geschl. Anfang Jan. 2 Wochen, Ende Aug. 2 Wochen, Montagabend - Dienstag – **Menu** (Tischbestellung ratsam) à la carte 33/58.

In Tuntenhausen-Ostermünchen Nord-Ost : 3 km :

🍴 **Zur Post** mit Zim, Rotter Str. 2, ⊠ 83104, 𝒫 (08067) 9 08 00, peppi@ peppi-kalteis.de, 🍴 Fax (08067) 908020, 🍴 – 🅿 AE ⓪ ⓪ VISA
Menu (geschl. Montag - Dienstag) à la carte 31/43 – **Saletti** (geschl. Montag - Dienstag) (nur Abendessen) **Menu** à la carte 62/73 – **5 Z** ⊇ 55/86.

TUTTLINGEN Baden-Württemberg 419 W 10 – 35 000 Ew – Höhe 645 m.
🛈 Touristik - und Verkehrsbüro, Hermann-Leiber-Str. 4, (Möhringen), ⊠ 78532, 𝒫 (07462) 94 82 20, Fax (07462) 7572.
Berlin 753 ① – Stuttgart 128 ④ – Konstanz 70 ③ – Freiburg im Breisgau 88 ③ – Ulm (Donau) 116 ①

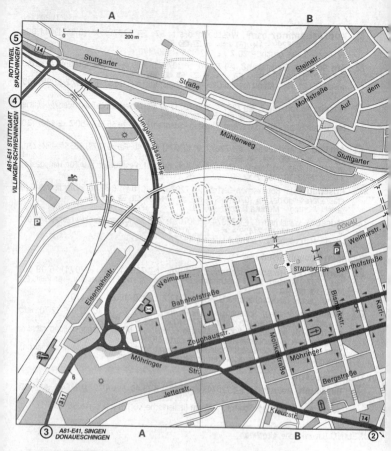

Stadt Tuttlingen (mit Gästehaus), Donaustr. 30, ⊠ 78532, ✆ (07461) 93 00, Fax (07461) 930250 – 🛗 📺 🚗 – 🕮 25. 🆎 ⓪ ⓶ 𝚅𝙸𝚂𝙰
Menu à la carte 42/69 – **80 Z** ⊇ 130/170 – 195/235.　　　　　C a

Rosengarten garni, Königstr. 17, ⊠ 78532, ✆ (07461) 9 62 70, Fax (07461) 962745 – 🛗 📺 🚗
geschl. Mitte Dez. - Mitte Jan. – **23 Z** ⊇ 87 – 105/150.　　　　C r

Engel, Obere Hauptstr. 4, ⊠ 78532, ✆ (07461) 7 86 00, Fax (07461) 15880, 🐝 – 🆎 ⓪ ⓶ 𝚅𝙸𝚂𝙰
geschl. Jan. 1 Woche, Aug. - Sept. 2 Wochen, Samstag – **Menu** à la carte 31/58.　C u

In Tuttlingen-Möhringen ③ : 5 km – Luftkurort :

Löwen (mit Gästehaus), Mittlere Gasse 4, ⊠ 78532, ✆ (07462) 62 77, Fax (07462) 7050, 🕭🅂 – 📺 🚗 🅿. ⓶ 𝚅𝙸𝚂𝙰
geschl. 20. Okt. - 18. Nov. – **Menu** (geschl. Mittwoch) à la carte 23/42 – **16 Z** ⊇ 70 – 110/130.

In Wurmlingen über ⑤ : 4 km :

Traube 🅼 garni, Untere Hauptstr. 43, ⊠ 78573, ✆ (07461) 93 80, info@hoteltraub e.de, Fax (07461) 938463, 🏋, 🅂, 🐝 – 🛗 ❄ 📺 📞 🚗 🅿 – 🕮 30. 🆎 ⓪ ⓶ 𝚅𝙸𝚂𝙰. 🌐
65 Z ⊇ 128/165 – 165/230.

Gasthof Traube, Untere Hauptstr. 40, ⊠ 78573, ✆ (07461) 83 36, Fax (07461) 6463 – 🅿. 🆎 ⓪ ⓶ 𝚅𝙸𝚂𝙰
geschl. Aug. 2 Wochen, Dienstag - Mittwochmittag – **Menu** à la carte 34/55.

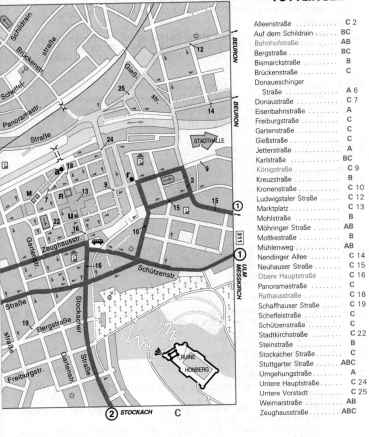

TUTTLINGEN

*Les prix de chambre et de pension
peuvent parfois être majorés de la taxe de séjour.
Lors de votre réservation à l'hôtel,
faites-vous bien préciser le prix définitif qui vous sera facturé.*

TUTZING Bayern 419 420 W 17 – 9 300 Ew – Höhe 610 m – Luftkurort.

🛪 Tutzing-Deixlfurt (West : 2 km), 𝄞 (08158) 36 00.

Berlin 627 – München 40 – Starnberg 15 – Weilheim 14.

🏠 **Zum Reschen** garni, Marienstr. 7, ⊠ 82327, 𝄞 (08158) 93 90, HotelzumReschen@t-online.de, Fax (08158) 939100 – 📺 🚗 🅿 AE ◑◐ VISA
geschl. 15. Dez. - 18. Jan., über Fasching – **19 Z** ⌷ 98/111 - 150/160.

🏠 **Am See - Lidl** ⌂ (mit Gästehaus), Marienstr. 16, ⊠ 82327, 𝄞 (08158) 9 95 00, Lidl@HotelamSee-Tutzing.de, Fax (08158) 7526, ≤, 🍴, 🐾, 🌳 – 📺 🅿 AE ◑◐ VISA.
❅ Rest
geschl. Nov. 2 Wochen – **Menu** (geschl. April - Okt. Dienstagabend, Nov. - März Dienstag) à la carte 35/65 – **29 Z** ⌷ 75/140 - 180 – ½ P 35.

XX **Forsthaus Ilkahöhe,** auf der Ilkahöhe (Süd-West : 2,5 km), ⊠ 82327, 𝄞 (08158) 82 42, Fax (08158) 2866, ≤ Starnberger See und Alpen, 🍴, Biergarten – 🅿
geschl. 23. Dez. - Jan., Montag - Dienstag – **Menu** (abends Tischbestellung ratsam) à la carte 48/81.

1125

TWIST *Niedersachsen* 🔲🔲🔲 *I 5 – 8 400 Ew – Höhe 20 m.*
Berlin 523 – Hannover 255 – Nordhorn 25 – Bremen 147 – Groningen 99.

In Twist-Bült :

⚒ **Gasthof Backers - Zum alten Dorfkrug** mit Zim, Kirchstr. 25, ✉ 49767,
     𝒫 (05936) 90 47 70, Fax (05936) 904779, 🌳 – 📺 🄿. 🌕🌕 𝚅𝙸𝚂𝙰. 🛠 Zim
     geschl. 1. - 8. Jan., Juli - Aug. 2 Wochen – **Menu** *(geschl. Samstagmittag, Dienstag)* à la carte
     42/65 – **4 Z** ⊊ 70/100.

UCHTE *Niedersachsen* 🔲🔲🔲 *I 10 – 3 000 Ew – Höhe 33 m.*
Berlin 350 – Hannover 68 – Bielefeld 79 – Bremen 75 – Osnabrück 93.

🏠 **Dammeyer,** Bremer Str. 5, ✉ 31600, 𝒫 (05763) 9 62 20, KaiDunkelmann@ gmx.de,
     Fax (05763) 962244, Biergarten – 📺 🄿. 🄰🄴 ⓞ 🌕🌕 𝚅𝙸𝚂𝙰 𝙹𝙲𝙱
     Menu à la carte 26/56 – **12 Z** ⊊ 79/129 – 129.

ÜBACH-PALENBERG *Nordrhein-Westfalen* 🔲🔲🔲 *N 2 – 23 000 Ew – Höhe 125 m.*
Berlin 629 – Düsseldorf 82 – Aachen 26 – Geilenkirchen 6.

🏠 **Weydenhof,** Kirchstr. 17 (Palenberg), ✉ 52531, 𝒫 (02451) 4 14 10, hotel-weydenh
     of@foni.net, Fax (02451) 48958 – 📳 📺 🚗 🄿. 🛁 40. 🌕🌕 𝚅𝙸𝚂𝙰
     Menu *(geschl. Sonntagabend, Freitag) (wochentags nur Abendessen)* à la carte 32/52 –
     29 Z ⊊ 50/80 – 90/140.

ÜBERHERRN *Saarland* 🔲🔲🔲 *S 4 – 11 600 Ew – Höhe 377 m.*
Berlin 743 – Saarbrücken 36 – Saarlouis 13 – Metz 52 – Pont-a-Mousson 83.

🏠🏠 **Linslerhof** 🐎 (mit Gästehäusern), über Differterstrasse (Ost : 2 km), ✉ 66802,
     𝒫 (06836) 80 70, BvonBoch@ aol.com, Fax (06836) 80717, Biergarten, « Gutshof
     a.d.12.Jh. ; elegant-rustikale Landhauseinrichtung », Massage, ⛱, 🏇 – 📳, 🛠 Zim, 📺
     ✆ 🄿. – 🛁 50. 🄰🄴 🌕🌕 𝚅𝙸𝚂𝙰
     Menu *(geschl. 1. - 6. Jan.)* à la carte 44/73 – **62 Z** ⊊ 160/175 – 205/220.

In Überherrn-Altforweiler *Nord : 5 km :*

🏠 **Häsfeld** 🐎, Comotorstr. 9 (Industriegebiet), ✉ 66802, 𝒫 (06836) 44 44,
     Fax (06836) 6444, 🌳 – 📺 ✆ 🄿. 🄰🄴 🌕🌕 𝚅𝙸𝚂𝙰
     Menu *(geschl. 1. - 15. Jan., Mittwoch) (Montag - Freitag nur Abendessen)* à la carte 27/57
     🍴 – **14 Z** ⊊ 75/80 – 130/140.

In Überherrn-Felsberg *Nord : 8 km :*

🏠 **Felsberger Hof,** Metzer Str. 117, ✉ 66802, 𝒫 (06837) 7 40 11, Fax (06837) 74014,
     🌳 – 📺 ✆ 🄿. 🄰🄴 🌕🌕 𝚅𝙸𝚂𝙰
     Menu *(wochentags nur Abendessen)* à la carte 30/69 – **27 Z** ⊊ 92/105 – 115/145.

ÜBERKINGEN, BAD *Baden-Württemberg* 🔲🔲🔲 *U 13 – 3 800 Ew – Höhe 440 m – Heilbad.*
     🏌 Oberböhringen (Nord : 8 km), 𝒫 (07331) 6 40 66.
     🄱 Kurverwaltung, Gartenstr. 1, ✉ 73337, 𝒫 (07331) 96 19 19, Fax (07331) 961999.
     Berlin 598 – Stuttgart 62 – Göppingen 21 – Ulm (Donau) 37.

🏠🏠🏠 **Bad-Hotel** (mit Gästehäusern), Otto-Neidhart-Platz 1, ✉ 73337, 𝒫 (07331) 30 20, Bad-
     Hotel-Ueberkingen@ t-online.de, Fax (07331) 30220, 🌳, 🛠 – 📳, 🛠 Zim, 📺 🄿. – 🛁 40.
     🄰🄴 ⓞ 🌕🌕 𝚅𝙸𝚂𝙰
     geschl. 24. - 30. Dez. – **Menu** à la carte 48/72 – **50 Z** ⊊ 115/156 – 198/232 – ½ P 42.

ÜBERLINGEN *Baden-Württemberg* 🔲🔲🔲 *W 11 – 21 000 Ew – Höhe 403 m – Kneippheilbad und*
Erholungsort.
     Sehenswert : Stadtbefestigungsanlagen★ **A** – Münster★ **B** – Rathaus (Ratssaal★) **B R.**
     🏌 Owingen (Nord : 5 km), 𝒫 (07551) 8 30 40.
     🄱 Tourist-Information, Landungsplatz 14, ✉ 88662, 𝒫 (07551) 99 11 22, Fax (07551)
     991135.
     Berlin 743 ① – Stuttgart 172 ③ – Konstanz 40 ② – Freiburg im Breisgau 129 ③ –
     Ravensburg 46 ① – Bregenz 63 ②

Stadtplan siehe gegenüberliegende Seite

🏠🏠 **Bad-Hotel** (mit Villa Seeburg), Christophstr. 2, ✉ 88662, 𝒫 (07551) 83 70, info@ ba
     d-hotel-ueberlingen.de, Fax (07551) 837100, ≤, 🌳, 🛠 – 📳, 🛠 Zim, 📺 🚗 🄿. – 🛁 160.
     🄰🄴 🌕🌕 𝚅𝙸𝚂𝙰. 🛠
     Menu *(Nov.- März Garni)* à la carte 45/72 – **64 Z** ⊊ 145/180 – 218/320 – ½ P 43.
     A s

🏠🏠 **Rosengarten** garni, Bahnhofstr. 12, ✉ 88662, 𝒫 (07551) 9 28 20,
     Fax (07551) 928239 – 🛠 📺 🚗 🄿. 🌕🌕 𝚅𝙸𝚂𝙰   über ③
     14 Z ⊊ 150 – 200/260.

ÜBERLINGEN

*Michelin puts
no plaque or sign
on the hotels
and restaurants
mentioned in this guide.*

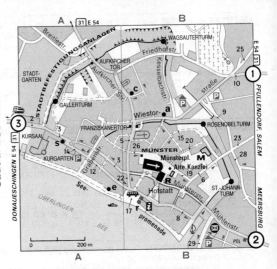

🏠 **Wiesentor** Ⓜ garni, Wiesterstr. 17, ✉ 88662, ✆ (07551) 8 30 60, *wiestor.hotelgar
ni@t-online.de, Fax (07551) 830612* – 📶 ✦ 📺 🅰🅴 ① 🕮 𝗩𝗜𝗦𝗔   B a
geschl. Dez., Jan. – **13 Z** ⌑ 120/130 – 175/220.

🏠 **Stadtgarten**, Bahnhofstr. 22, ✉ 88662, ✆ (07551) 45 22, *Fax (07551) 5939*, 🕿s, 🔲,
🔳 – 📶 📺 🅿.   über ③
Mitte März - Okt. – **Menu** *(geschl. Mittwochabend)* (Restaurant nur für Hausgäste) – **32 Z**
⌑ 75/120 – 140/200 – ½ P 25.

🏠 **Bürgerbräu**, Aufkircher Str. 20, ✉ 88662, ✆ (07551) 9 27 40, *Dorfwirt@aol.com*,
Fax (07551) 66017 – 📺 🅿. 🅰🅴 ① 🕮 𝗩𝗜𝗦𝗔   B c
geschl. Mitte - Ende März – **Menu** *(geschl. Mittwoch - Donnerstag)* à la carte 40/70 – **12 Z**
⌑ 85/95 – 140/160.

🏠 **Seegarten** 🌭, Seepromenade 7, ✉ 88662, ✆ (07551) 91 88 90, *Fax (07551) 3981*,
≤, « Gartenterrasse » – 📶 📺 🕮 𝗩𝗜𝗦𝗔   A e
geschl. Dez. - 15. Feb. – **Menu** à la carte 31/61 – **21 Z** ⌑ 90/140 – 200/270 –
½ P 32.

🍴 **Ristorante Arena**, Landungsplatz 14 (1. Etage), ✉ 88662, ✆ (07551) 91 63 26,
Fax (07551) 916327 – 🅰🅴 ① 🕮 𝗩𝗜𝗦𝗔   B r
geschl. Montag – **Menu** à la carte 48/70.

In Überlingen-Andelshofen *über ① : 3 km :*

🏛 **Romantik Hotel Johanniter-Kreuz** 🌭, Johanniterweg 11, ✉ 88662, ✆ (07551)
6 10 91, *johanniter-kreuz@romantik.de, Fax (07551) 67336*, 😗, « Rustikales Restaurant in Fachwerkhaus a.d.17.Jh. », 🍷 – 📶 📺 👓 🅿 – 🔬 40. 🅰🅴 ① 🕮
𝗩𝗜𝗦𝗔
Menu *(geschl. Montag - Dienstagmittag)* 45/85 à la carte 40/78 – **26 Z** ⌑ 105/160 –
180/280 – ½ P 46.

🏠 **Sonnenbühl** 🌭 garni, Zum Brandbühl 19, ✉ 88662, ✆ (07551) 8 30 00,
Fax (07551) 830080, 😗, 🍷 – 📺 🅿. 🔬 15. ① 🕮 𝗩𝗜𝗦𝗔
April - Okt. – **20 Z** ⌑ 98/135 – 175/210.

In Überlingen-Lippertsreute *über ① : 9 km :*

🏠 **Landgasthof zum Adler** (mit Gästehaus), Hauptstr. 44, ✉ 88662, ✆ (07553)
8 25 50, *Landgasthof-Adler-Voegele@t-online.de, Fax (07553) 825570*, 😗,
« Fachwerkhaus a.d.J. 1635 », 🍷 – 📶 📺 👓 🅿. 🕮
geschl. Ende Okt. - Anfang Nov. – **Menu** *(geschl. Mittwochabend - Donnerstag)* à la carte
36/62 – **17 Z** ⌑ 85/95 – 115/165 – ½ P 27.

🏠 **Landgasthof Brauerei Keller**, Riedweg 2, ✉ 88662, ✆ (07553) 2 23, *info@land
gasthofbrauereikeller, Fax (07553) 7488*, 😗 – 📺 🅿. 🕮
geschl. 27. Dez. - Ende Jan. – **Menu** *(geschl. Montagabend - Dienstag)* à la carte 35/51 –
15 Z ⌑ 60/80 – 100/130 – ½ P 23.

ÜBERSEE Bayern **420** W 21 – 4 400 Ew – Höhe 525 m – Luftkurort.

🛈 Verkehrsamt, Feldwieser Str. 27, ⌧ 83236, ✆ (08642) 2 95, Fax (08642) 6214.

Berlin 684 – München 95 – *Bad Reichenhall 45* – Traunstein 20 – Rosenheim 36.

In Übersee-Westerbuchberg Süd-West : 2 km :

🏠 **Alpenhof** ⬧, Westerbuchberg 99, ⌧ 83236, ✆ (08642) 8 94 00, Fax (08642) 894033,
≼, 🍴 – 📺 🅿
geschl. Nov. - Mitte Dez. – **Menu** (geschl. Dienstag - Mittwoch, 10. Jan. - März Montag -
Freitagmittag) à la carte 34/64 – **10 Z** ⌑ 90/160.

UECKERMÜNDE Mecklenburg-Vorpommern **416** E 26 – 12 000 Ew – Höhe 5 m.

🛈 Touristik-Info, Ueckerstr. 96, ⌧ 17373, ✆ (039771) 2 84 84, Fax (039771) 28487.

Berlin 167 – Schwerin 199 – *Neubrandenburg 69* – Greifswald 71.

🏰 **Pommern Mühle** Ⓜ ⬧, Liepgartener Str. 88a, ⌧ 17373, ✆ (039771) 20 00, brau
⊕ n@ pommern-muehle.viat-online.de, Fax (039771) 20099, 🍴, ☎ – ✕ Zim, 📺 🅿 –
🅰 30. ⓜⓞ 𝗩𝗜𝗦𝗔
Menu (geschl. Montagmittag) à la carte 24/46 – **30 Z** ⌑ 95/125 – 135.

🏠 **Pommernyacht,** Altes Bollwerk 1b, ⌧ 17373, ✆ (039771) 21 50,
Fax (039771) 24395, 🍴 – ✕ Zim, 📺 🅿 🅰🅴 𝗩𝗜𝗦𝗔
Menu à la carte 31/51 – **18 Z** ⌑ 115 – 145/170.

ÜHLINGEN-BIRKENDORF Baden-Württemberg **419** W 8 – 5 100 Ew – Höhe 644 m – Wintersport : 644/900 m 🎿.

🛈 Kurverwaltung Birkendorf, Haus des Gastes, ⌧ 79777, ✆ (07743) 3 80, Fax (07743)
1277.

Berlin 791 – Stuttgart 172 – *Freiburg im Breisgau 59* – Donaueschingen 46 – Waldshut-
Tiengen 21.

Im Ortsteil Birkendorf – Luftkurort :

🏠 **Gästehaus Sonnhalde** ⬧ garni, Hohlgasse 3, ⌧ 79777, ✆ (07743) 9 20 20,
Fax (07743) 5996, ☎, 🅺, 🍴 – 📶 📺 🅿 – 🅰 30. 🅰🅴 ⓜⓞ 𝗩𝗜𝗦𝗔
35 Z ⌑ 70/108 – 120/160.

✕ **Sonnenhof** mit Zim, Schwarzwaldstr. 9, ⌧ 79777, ✆ (07743) 9 20 10, hotel-sonnen
hof@ t-online.de, Fax (07743) 1789, 🍴 – 📺 ⇔ 🅿 🅰🅴 ⓜⓞ 𝗩𝗜𝗦𝗔
Menu (geschl. Donnerstagmittag, Nov.- April Donnerstag) à la carte 35/64 – **14 Z** ⌑ 60/75
– 100/115 – ½ P 27.

In Ühlingen-Birkendorf-Witznau Süd-West : 10 km :

✕ **Witznau,** Witznau 3, ⌧ 79777, ✆ (07747) 2 15, Fax (07747) 1394, 🍴 – 🅿 ⓜⓞ 𝗩𝗜𝗦𝗔
geschl. Feb. 2 Wochen, Nov. 2 Wochen, Montag – **Menu** à la carte 27/60 🍴.

UELSEN Niedersachsen **415** I 4 – 4 000 Ew – Höhe 22 m – Erholungsort.

🛈 Verkehrsverein, Am Markt (Altes Rathaus), ⌧ 49843, ✆ (05942) 14 11.

Berlin 518 – Hannover 240 – *Nordhorn 17* – Almelo 23 – Lingen 36 – Rheine 56.

🏰 **Am Waldbad** ⬧, Am Waldbad 1, ⌧ 49843, ✆ (05942) 9 39 30, info@ hotel-am-wa
ldbad.de, Fax (05942) 1952, 🍴, 🍴 – 📺 🅿 – 🅰 35
Menu à la carte 35/74 – **20 Z** ⌑ 70/150 – ½ P 30.

UELZEN Niedersachsen **415 416** H 15 – 36 000 Ew – Höhe 35 m.

🛈 Verkehrsbüro, Herzogenplatz 2, ⌧ 29525, ✆ (0581) 80 04 42, Fax (0581) 800100.

Berlin 233 – *Hannover 99* – Braunschweig 83 – Celle 53 – Lüneburg 33.

🏠 **Stadt Hamburg** garni, Lüneburger Str. 4, ⌧ 29525, ✆ (0581) 9 08 10, beckemeye
r@ hotelstadthamburg.de, Fax (0581) 9081188 – 📶 ✕ 📺 📞 🛁 ⇔ – 🅰 20. 🅰🅴 ⓜⓞ
𝗩𝗜𝗦𝗔
34 Z ⌑ 105/135 – 145/195.

🏠 **Am Stern,** Sternstr. 13, ⌧ 29525, ✆ (0581) 7 63 00, Fax (0581) 16945, ☎, 🍴 – 📶
📺 🅿 🍴
Menu (geschl. 20. Dez. - 10. Jan., Sonntag) (nur Abendessen) à la carte 31/45 – **33 Z** ⌑ 70
– 100/120.

In Uelzen-Hanstedt II Ost : 7,5 km :

🏠 **Meyer's Gasthaus,** Hanstedter Str. 4, ⌧ 29525, ✆ (05804) 97 50,
Fax (05804) 975400, 🍴, 🍴 – 📺 🅿 – 🅰 80
Menu (geschl. Sonntagabend - Montagmittag) à la carte 28/66 – **25 Z** ⌑ 65/110.

In Uelzen-Veerssen *Süd-West : 2 km :*

🏠 **Deutsche Eiche,** Soltauer Str. 14 (B 71), ✉ 29525, 𝄢 (0581) 9 05 50, *Fax (0581) 74049,* 🍴, « *Rustikal-gemütliche Einrichtung* » – ⇔ Zim, 📺 ⅃ 🅿 – 🔬 80. 🖭 ⓪ ⓶ 𝘝𝘐𝘚𝘈
Menu à la carte 36/64 – **37 Z** ⫩ 120/170.

ÜRZIG *Rheinland-Pfalz* 𝟦𝟣𝟩 *Q 5 – 1000 Ew – Höhe 106 m.*
Berlin 691 – Mainz 124 – Trier 51 – Bernkastel-Kues 10 – Wittlich 11.

🏠 **Zur Traube,** Am Moselufer 16 (B 53), ✉ 54539, 𝄢 (06532) 93 08 30, *Fax (06532) 9308311,* ⇔, 🍴 – ⇔ Zim, 📺 ⅃ 🅿 🖭 ⓪ ⓶ 𝘝𝘐𝘚𝘈 𝖩𝖢𝖡
geschl. Ende Jan. - Ende Feb. – **Menu** à la carte 29/62 – **13 Z** ⫩ 85/150 – 110/220 – ½ P 30.

🏠 **Zehnthof** garni, Moselufer 38, ✉ 54539, 𝄢 (06532) 25 19, *Fax (06532) 5131,* ⇔ – ⇐ 🅿 🌼
April - Okt. – **20 Z** ⫩ 100 – 130/160.

🍴 **Moselschild** mit Zim, Am Moselufer 14 (B 53), ✉ 54539, 𝄢 (06532) 9 39 30, ⇐ *Fax (06532) 939393,* ⇔, 🍴, ⛴ Bootssteg – 📺 ⇐ 🅿 🖭 ⓪ ⓶ 𝘝𝘐𝘚𝘈
geschl. 10. - 31. Jan. – **Menu** (bemerkenswertes Angebot regionaler Weine) 32 à la carte 37/87 – **14 Z** ⫩ 145/175 – 190/240 – ½ P 40.

UETERSEN *Schleswig-Holstein* 𝟦𝟣𝟧 𝟦𝟣𝟨 *E 13 – 18000 Ew – Höhe 6 m.*
🇫 *Gut Haseldorf (Süd-West : 8 km, über Haist),* 𝄢 (04122) 85 35 00.
Berlin 319 – Kiel 101 – Hamburg 37 – Itzehoe 35.

🏰 **Mühlenpark,** Mühlenstr. 49, ✉ 25436, 𝄢 (04122) 9 25 50, muehlenpark@t-online.de, *Fax (04122) 925510,* 🍴, « *Jugendstil-Villa mit Hotelanbau* » – 📱, ⇔ Zim, 📺 ⅃ 🅿 – 🔬 45. 🖭 ⓪ ⓶ 𝘝𝘐𝘚𝘈 🌼 Rest
Menu à la carte 51/76 – **28 Z** ⫩ 135 – 195/260.

🏠 **Im Rosarium** 🦢, Berliner Str. 10, ✉ 25436, 𝄢 (04122) 9 21 80, *Hotel-im-Rosarium* @t-online.de, *Fax (04122) 921877,* « *Gartenterrasse mit* ⇐ » – 📱, ⇔ Zim, 📺 ⅃ ⅃ ⇐ 🅿 – 🔬 20. 🖭 ⓪ ⓶ 𝘝𝘐𝘚𝘈 𝖩𝖢𝖡
Menu à la carte 38/78 – **44 Z** ⫩ 98/135 – 175.

🏠 **Deutsches Haus,** Kirchenstr. 24, ✉ 25436, 𝄢 (04122) 9 28 20, *Fax (04122) 928249* – 📺 🅿 🖭 ⓪ ⓶ 𝘝𝘐𝘚𝘈
Menu *(geschl. 26. Dez. - 13. Jan., Mittwoch) (wochentags nur Abendessen)* à la carte 27/50 – **17 Z** ⫩ 50/60 – 90/100.

UETTINGEN *Bayern* 𝟦𝟣𝟩 𝟦𝟣𝟫 *Q 13 – 1250 Ew – Höhe 230 m.*
Berlin 519 – München 294 – Würzburg 18 – Frankfurt am Main 101.

🏠 **Fränkischer Landgasthof,** Marktheidenfelder Str. 3, ✉ 97292, 𝄢 (09369) 9 08 80, ⇐ *Landgasthof.Uettingen@t-online.de, Fax (09369) 908836,* 🍴 – 📺 ⅃ ⇐ 🅿 – 🔬 30. 🌼
Menu *(geschl. Donnerstag)* à la carte 23/49 ⅃ – **9 Z** ⫩ 65/75 – 106/129.

UETZE *Niedersachsen* 𝟦𝟣𝟧 𝟦𝟣𝟨 𝟦𝟣𝟪 *I 14 – 15000 Ew – Höhe 50 m.*
Berlin 260 – Hannover 38 – Celle 24 – Uelzen 76 – Wolfsburg 47.

🍴 **Bockler - Uttensener Hof,** Kaiserstr. 29, ✉ 31311, 𝄢 (05173) 21 90, *Restaurant .Bockler@t-online.de, Fax (05173) 2190* – 🅿
geschl. Juli - Aug. 3 Wochen, Samstagmittag, Dienstag – **Menu** à la carte 51/88.

UFFENHEIM *Bayern* 𝟦𝟣𝟫 𝟦𝟤𝟢 *R 14 – 5800 Ew – Höhe 330 m.*
Berlin 494 – München 242 – Würzburg 47 – Ansbach 40 – Bamberg 88.

🏖 **Schwarzer Adler,** Adelhofer Str. 1, ✉ 97215, 𝄢 (09842) 9 88 00, *schellbach.uffen* ⇐ *heim@t-online.de, Fax (09842) 988080,* Biergarten – ⇔ Zim, 📺 ⅃ ⇐ 🅿 🖭 ⓪ ⓶ 𝘝𝘐𝘚𝘈
geschl. Feb. 2 Wochen – **Menu** *(geschl. Montag)* à la carte 20/54 ⅃ – **14 Z** ⫩ 58/68 – 84/92.

UHINGEN *Baden-Württemberg* 𝟦𝟣𝟫 *T 12 – 12000 Ew – Höhe 295 m.*
Berlin 609 – Stuttgart 35 – Göppingen 6 – Ulm 55.

🏠 **Ochsen,** Ulmer Str. 8, ✉ 73066, 𝄢 (07161) 3 20 68, *Fax (07161) 32399* – 📺 🅿 ⓶ 𝘝𝘐𝘚𝘈
Menu *(geschl. 23. Dez. - 6. Jan., Aug., Samstag - Sonntag) (nur Abendessen)* à la carte 34/62 – **14 Z** ⫩ 94/135 – 149.

UHLDINGEN-MÜHLHOFEN *Baden-Württemberg* **419** *W 11 – 7 500 Ew – Höhe 398 m – Erholungsort.*

Ausflugsziel : Birnau-Maurach : Wallfahrtskirche★, Nord-West : 3 km.

🛈 *Tourist-Information, Schulstr. 12 (Unteruhldingen),* ✉ 88690, 𝄢 (07556) 9 21 60, Fax (07556) 921620.

Berlin 736 – Stuttgart 181 – Konstanz 19 – Ravensburg 38 – Bregenz 55.

Im Ortsteil Maurach :

🏨 **Seehalde** 🦢, Maurach 1, ✉ 88690, 𝄢 (07556) 9 22 10, Fax (07556) 6522, ≤, 😊, ≦s,
🔲, 🐾, 📺 ⚓ 🅿 🍴 ℁ Zim
geschl. Ende Jan. - Anfang März – **Menu** *(geschl. Dienstag - Mittwochmittag)* 45/95 à la carte 47/81 – **21 Z** ☲ 122/135 – 198/232 – ½ P 35.

🏨 **Pilgerhof** 🦢, Maurach 2, ✉ 88690, 𝄢 (07556) 93 90, *Pilgerhof@t-online.de,* Fax (07556) 6555, 😊, ≦s, 🐾 – 📺 ⚓ 🅿 **VISA**
Menu *(geschl. Montag)* à la carte 38/69 – **36 Z** ☲ 130/150 – 190/250 – ½ P 30.

🏨 **Rebmannshof** 🦢, Maurach 2, ✉ 88690, 𝄢 (07556) 93 90, Fax (07556) 6555, ≤,
« *Restauriertes Fischerhaus a.d. 17.Jh. mit moderner Einrichtung ; Terrasse am See* », ≦s,
🐾, 🐾 – ℀ 📺 ⚓ 🅿 – 🏋 20. **VISA** ℁ Zim
Menu *(geschl. Mitte Okt. - Mitte April)* à la carte 35/63 – **8 Z** ☲ 100/240 – ½ P 30.

Im Ortsteil Mühlhofen :

🏠 **Kreuz** garni, Grasbeurer Str. 2, ✉ 88690, 𝄢 (07556) 9 33 60, Fax (07556) 933670, 🐾
– 📺 🅿 **VISA**
Mai - Mitte Okt. – **45 Z** ☲ 90/110 – 140/150.

Im Ortsteil Oberuhldingen :

🏠 **Storchen** *(mit Gästehaus)*, Aachstr. 17, ✉ 88690, 𝄢 (07556) 65 91, *info@storchen -uhldingen.de,* Fax (07556) 5348, 😊, ≦s, 🐾, ℀ – 📺 🅿
geschl. 8. Jan. - 12. Feb. – **Menu** *(geschl. Nov. - März Montag)* à la carte 30/54 – **36 Z** ☲ 70/95 – 100/135 – ½ P 25.

Im Ortsteil Seefelden :

🏨 **Landhotel Fischerhaus** 🦢 *(mit 2 Gästehäusern)*, ✉ 88690, 𝄢 (07556) 85 63, *Birk enmayer@Fischerhaus-Seefelden.de,* Fax (07556) 6063, ≤, *(Fachwerkhaus a.d. 17.Jh.),*
≦s, 🔲 *(geheizt)*, 🐾 – 📺 🅿 ℁
April - Okt. – **Menu** *(nur Abendessen)* *(Restaurant nur für Hausgäste)* – **27 Z** *(nur ½ P)* 145/250 – 280/410, 5 Suiten.

Im Ortsteil Unteruhldingen :

🏨 **Seevilla**, Seefelder Str. 36, ✉ 88690, 𝄢 (07556) 9 33 70, Fax (07556) 933770, 😊, ≦s,
🐾 – 📲 📺 ⟷ – 🏋 20. ℁
Menu à la carte 39/60 – **26 Z** ☲ 160/200 – 190/350 – ½ P 30.

🏠 **Mainaublick** *(mit Gästehaus)*, Seefelder Str. 22, ✉ 88690, 𝄢 (07556) 9 21 30, *info @hotel-mainaublick.de,* Fax (07556) 5844, 😊 – 📺 ⟷ 🅿 **VISA**
Ostern - Mitte Okt. – **Menu** à la carte 37/75 – **33 Z** ☲ 80/140 – 160 – ½ P 26.

ULM (Donau) *Baden-Württemberg* **419 420** *U 13 – 112 000 Ew – Höhe 479 m.*

Sehenswert : Münster★★★ (Chorgestühl★★★, Turm ☀★★, Sakramentshaus★) Y – Jahnufer (Neu-Ulm) ≤★★ Z – Mühlen-, Fischer- und Gerberviertel★ Z – Ulmer Museum★ Z **M1** *– Brotmuseum★ Y* **M2.**

Ausflugsziele : Ulm-Wiblingen : Klosterkirche (Bibliothek★) Süd : 5 km – Blaubeuren : Ehemalige Klosterkirche (Hochaltar★★, Chorgestühl★) West : 18 km.

🇮🇸 *Wochenauer Hof (Süd : 12 km),* 𝄢 (07306) 91 94 20.

Ausstellungsgelände a. d. Donauhalle (über Wielandstr. X), 𝄢 (0731) 92 29 90, Fax (0731) 9229930.

🛈 *Tourist-Information, Münsterplatz 50,* ✉ 89073, 𝄢 (0731) 1 61 28 30, Fax (0731) 1611641.

ADAC, *Neue Str. 40.*

Berlin 613 ① – Stuttgart 93 ⑥ – Augsburg 80 ① – München 138 ①

Stadtplan siehe gegenüberliegende Seite

🏨🏨 **Maritim** Ⓜ, Basteistr. 40 (Congress-Centrum), ✉ 89073, 𝄢 (0731) 92 30, *info.ulm @maritim.de,* Fax (0731) 9231000, ≦s, 🔲 – 📲, ℀ Zim, 📺 📞 ♿ ⟷ – 🏋 650. ◻
◻ ◻ **VISA** **JCB**
X a
Panorama ≤ Ulm und Neu-Ulm *(nur Abendessen)* **Menu** à la carte 56/83 – ☲ 24 – **287 Z** 219/299 – 247/327, 11 Suiten.

1130

ULM

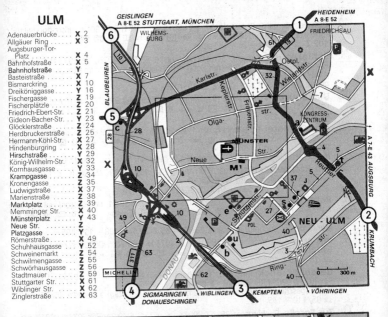

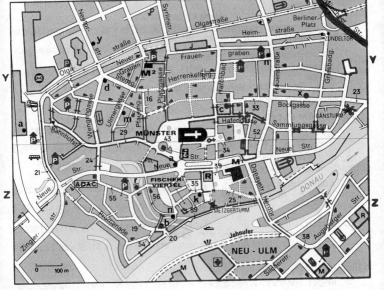

🏠   Stern, Sterngasse 17, ✉ 89073, ✆ (0731) 1 55 20, Fax (0731) 155299, 🍴, 🕿 – 📶, ⇔ Zim, 📺 ✆ ⇔ 🅿 🛇 Rest   **Y** d
     60 Z.

🏠   **Goldenes Rad** garni, Neue Str. 65, ✉ 89073, ✆ (0731) 9 69 92 50, *hotel-goldenes-r
     ad@t-online.de, Fax (0731) 96992530* – 📶 📺 AE ① ◑◐ VISA JCB   **Z** a
     25 Z ⊃ 90/145 – 155/185.

🏨 **Comfor** Ⓜ garni, Frauenstr. 51, ✉ 98073, ℰ (0731) 9 64 90, *comfort-hotel-ulm@t-online.de*, Fax *(0731) 9649499* – |⃗☰| ✦ 🆃🆅 ✆ ⇖, 🄰🄴 ① ⓜ VISA   Y   n
102 Z ⇄ 163/211 – 261, 15 Suiten.

🏨 **Schiefes Haus** garni, Schwörhausgasse 6, ✉ 89073, ℰ (0731) 96 79 30, Fax *(0731) 9679333,* « Modernes Hotel mit Designer-Einrichtung im ältesten Haus Ulms » – ✦ 🆃🆅 – 🔬 15. 🄰🄴 ⓜ VISA
geschl. 24. Dez. - 7. Jan. – **11 Z** ⇄ 195/255.   Z   n

🏨 **Blaubeurer Tor** garni, Blaubeurer Str. 19, ✉ 89077, ℰ (0731) 9 34 60, Fax *(0731) 9346200* – |⃗☰| ✦ 🆃🆅 ✆ ⇖ 🄿. 🄰🄴 ① ⓜ VISA JCB   X   c
40 Z ⇄ 140/190.

🏨 **InterCityHotel** Ⓜ, Bahnhofplatz 1, ✉ 89073, ℰ (0731) 9 65 50, *ulm@intercityhotel.de*, Fax *(0731) 9655999* – |⃗☰|, ✦ Zim, 🆃🆅 ✆ ᬀ ⇖ – 🔬 60. 🄰🄴 ① ⓜ VISA.
✹ Rest   Y   a
Menu *(geschl. Freitagabend - Sonntag)* à la carte 41/54 – ⇄ 20 – **135 Z** 175.

🏨 **Am Rathaus-Reblaus** garni, Kronengasse 10, ✉ 89073, ℰ (0731) 96 84 90, Fax *(0731) 9684949* – 🆃🆅 ✆ 🄿. 🄰🄴 ①   Z   k
geschl. 22. Dez. - 14. Jan. – **34 Z** ⇄ 80/120 – 120/170.

🏨 **Roter Löwe**, Ulmer Gasse 8, ✉ 89073, ℰ (0731) 6 20 31, *Hotel.Roter.Loewe@akzent.de*, Fax *(0731) 6021502,* ✿, ☰s, ◨ – |⃗☰| 🆃🆅 ✆ ⇖ – 🔬 20. 🄰🄴 ① ⓜ VISA JCB   Y   m
Menu *(geschl. Sonntag)* à la carte 26/57 – **35 Z** ⇄ 140/168 – 155/185.

🏨 **Ibis** garni, Neutorstr. 12, ✉ 89073, ℰ (0731) 9 64 70, *H0800@accor-hotels.com*, Fax *(0731) 9647123* – |⃗☰| ✦ 🆃🆅 ✆ & ⇖. 🄰🄴 ① ⓜ VISA JCB   Y   y
⇄ 16 – **90 Z** 109.

XX **Goldener Bock** mit Zim, Bockgasse 25, ✉ 89073, ℰ (0731) 92 03 40, Fax *(0731) 9203430* – 🆃🆅 🄰🄴 ① ⓜ VISA   Y   x
Menu *(geschl. 20. Aug. - 1. Sept., Samstagmittag, Sonntag)* à la carte 38/77 – **12 Z** ⇄ 95/110 – 135/160.

XX **Zur Forelle**, Fischergasse 25, ✉ 89073, ℰ (0731) 6 39 24, Fax *(0731) 69869,* ✿ – ① ⓜ VISA   Z   b
geschl. Nov.- März Sonntag – **Menu** à la carte 45/81.

X **Pflugmerzler**, Pfluggasse 6, ✉ 89073, ℰ (0731) 6 80 61, Fax *(0731) 68062,* « Ehemaliges Zunfthaus ; gemütlich-rustikale Einrichtung »   Y   c
geschl. 24. Dez. - 6. Jan., Ende Juli - Mitte Aug., Samstagabend, Sonn- und Feiertage – Menu (Tischbestellung ratsam) à la carte 45/73.

X **Gerberhaus**, Weinhofberg 9, ✉ 89073, ℰ (0731) 6 94 98, Fax *(0731) 9691078* – ①
ⓜ VISA   Z   r
geschl. Freitagmittag – **Menu** à la carte 32/65.

In Ulm-Böfingen über ① :

🏨 **Atrium-Hotel**, Eberhard-Finckh-Str. 17, ✉ 89075, ℰ (0731) 9 27 10, Fax *(0731) 9271200,* ✿, ☰s – |⃗☰|, ✦ Zim, 🆃🆅 ✆ 🄿 – 🔬 35. 🄰🄴 ① ⓜ VISA.
✹
geschl. 22. Dez. - 1. Jan. – **Menu** *(geschl. Sonn- und Feiertage)* à la carte 32/59 – **73 Z** ⇄ 150/170 – 195/215.

In Ulm-Grimmelfingen über ④ : 5 km :

🏨 **Adler**, Kirchstr. 12, ✉ 89081, ℰ (0731) 93 80 80, Fax *(0731) 382819,* ✿, ☰s – |⃗☰| 🆃🆅 ✆ ⇖ 🄿 – 🔬 20. 🄰🄴 ⓜ VISA
Menu *(geschl. 24. - 30. Dez., Freitagabend - Samstag)* à la carte 35/53 – **42 Z** ⇄ 130/170.

🏨 **Hirsch**, Schultheißenstr. 9, ✉ 89081, ℰ (0731) 93 79 30, Fax *(0731) 9379360,* « Gartenwirtschaft » – 🆃🆅 ⇖ 🄿. 🄰🄴 ① ⓜ VISA
geschl. 24. Dez. - Mitte Jan. – **Menu** *(geschl. Dienstag)* à la carte 31/58 – **25 Z** ⇄ 90/99 – 122/150.

In Ulm-Lehr über ⑥ : 3 km :

🏨 **Engel**, Loherstr. 35, ✉ 89081, ℰ (0731) 14 04 00, *Hotel-Engel@t-online.de*, Fax *(0731) 14040300,* ✿, ☰s – |⃗☰|, ✦ Zim, 🆃🆅 ✆ 🄿 – 🔬 35. 🄰🄴 ① ⓜ VISA
Menu à la carte 28/61 – **46 Z** ⇄ 108/148 – 120/160.

An der Autobahn A 8 - Ausfahrt Ulm-Ost über ① : 8 km :

🏨 **Rasthaus Seligweiler**, an der B 19, ✉ 89081 Ulm (Donau), ℰ (0731) 2 05 40, Fax *(0731) 2054400,* ✿, ◨ – |⃗☰| 🆃🆅 ✆ ⇖ 🄿 – 🔬 100. 🄰🄴 ① ⓜ VISA
Menu à la carte 24/46 – **118 Z** ⇄ 110/133 – 150/180.

ULMET *Rheinland-Pfalz* **417** *R 6 – 800 Ew – Höhe 185 m.*
Berlin 663 – Mainz 98 – Saarbrücken 81 – Trier 92 – Kaiserslautern 31.

🏛 **Felschbachhof** 🦢, *nahe der B 420 (West : 1 km),* ✉ *66887,* ℰ *(06387) 91 10, fels chbachhof.ulmet@t-online.de, Fax (06387) 911234,* 🛋, ⬚s, 🏊, ✗ ⌖ – ⬚ *Zim,* 📺 🄿 – ⚇ 50. 🄰🄴 🆎 **VISA**. ⋙
Menu à la carte 38/74 – **23 Z** ⮾ 75/85 – 130/148.

ULRICHSTEIN *Hessen* **417** *O 11 – 3 600 Ew – Höhe 614 m – Erholungsort.*
Sehenswert : Schloßruine ❄★.
Berlin 471 – Wiesbaden 122 – Fulda 46 – Frankfurt am Main 94 – Gießen 43 – Lauterbach 21.

♨ **Zur Traube** *(mit Gästehaus),* Marktstr. 1, ✉ *35327,* ℰ *(06645) 2 26, Fax (06645) 397,* 🏊 – 📺 🄿.
geschl. Juli - Aug. 1 Woche, Okt. 2 Wochen – **Menu** *(geschl. Montag)* à la carte 28/50 – **11 Z** ⮾ 49/62 – 86/107.

♨ **Landgasthof Groh,** Hauptstr. 1, ✉ *35327,* ℰ *(06645) 3 10, info@landgasthof-gro h.de, Fax (06645) 8002,* 🛋, ⬚s – 📺 🚗 🄿 – ⚇ 30
geschl. Mitte Feb. - Mitte März – **Menu** *(geschl. Montag)* à la carte 29/52 – **13 Z** ⮾ 58/75 – 90/115 – ½ P 18/23.

UMKIRCH *Baden-Württemberg* **419** *V 7 – 4 800 Ew – Höhe 207 m.*
Berlin 801 – Stuttgart 206 – Freiburg im Breisgau 8 – Colmar 41.

🏛 **Zum Pfauen,** Hugstetter Str. 2, ✉ *79224,* ℰ *(07665) 9 37 60, Fax (07665) 51949,* 🏊 – ⋙ *Zim,* 📺 🚗 🄿. 🄰🄴 🆎 **VISA**
Menu *(geschl. Mittwoch)* à la carte 44/73 – **19 Z** ⮾ 89/98 – 128/148.

🏛 **Heuboden** *garni,* Am Gansacker 6a, ✉ *79224,* ℰ *(07665) 5 00 90, INFO@HEUBODEN. DE, Fax (07665) 500991* – 🛗 📺 🄿 – ⚇ 90. 🄰🄴 🄾 🆎 **VISA**. ⋙
60 Z ⮾ 89/95 – 130.

UNDELOH *Niedersachsen* **415 416** *G 13 – 850 Ew – Höhe 75 m.*
Sehenswert : Typisches Heidedorf★.
Ausflugsziel : Wilseder Berg★ ⋖★ *(Süd-West : 5 km, nur zu Fuß oder mit Kutsche erreichbar).*
🄱 *Verkehrsverein, Zur Dorfeiche 27,* ✉ *21274,* ℰ *(04189) 3 33, Fax (04189) 507.*
Berlin 327 – Hannover 113 – Hamburg 64 – Lüneburg 35.

🏛 **Heiderose - Gästehaus Heideschmiede** 🦢, Wilseder Str. 13, ✉ *21274,* ℰ *(04189) 3 11, Fax (04189) 314,* 🛋, ⬚s, 🄽, 🏊 – 🛗 📺 🄿 – ⚇ 50. 🆎
Menu à la carte 31/64 *(auch vegetarische Gerichte)* – **49 Z** ⮾ 95/105 – 150/180.

🏛 **Witte's Hotel** 🦢 *(mit Gästehaus),* Zum Loh 2, ✉ *21274,* ℰ *(04189) 81 33 60, witt eshotel@t-online.de, Fax (04189) 629,* 🛋, 🏊 – 📺 🄿 🄰🄴 🆎 **VISA**
geschl. Mitte Dez. - Anfang Feb. – **Menu** *(geschl. Montag)* à la carte 33/61 – **22 Z** ⮾ 87/100 – 144/152.

🏛 **Undeloher Hof - Gästehaus Uhlchen,** Wilseder Str. 22, ✉ *21274,* ℰ *(04189) 4 57, Fax (04189) 468,* 🛋 – 📺 🄿 – ⚇ 30. ⋙ *Zim*
Menu *(geschl. 6. - 24. Nov.)* à la carte 32/58 – **24 Z** ⮾ 80/90 – 140/160 – ½ P 25.

In Undeloh-Wesel *Nord-West : 5 km :*

🏛 **Heidelust** 🦢 *(mit Gästehaus),* Weseler Dorfstr. 9, ✉ *21274,* ℰ *(04189) 2 72, Fax (04189) 672,* 🛋, ⬚s – 📺 🄿.
Menu *(geschl. Nov. - Feb. Donnerstag)* à la carte 26/61 – **22 Z** ⮾ 60/63 – 112/118.

UNKEL *Rheinland-Pfalz* **417** *O 5 – 5 300 Ew – Höhe 58 m.*
🄱 *Städt.Verkehrsamt, Linzer Str. 2,* ✉ *53572,* ℰ *(02224) 33 09, Fax (02224) 10422.*
Berlin 608 – Mainz 137 – Bonn 20 – Neuwied 28.

✗ **Weinhaus Zur Traube** *(mit Gästehaus Korf),* Vogtsgasse 2, ✉ *53572,* ℰ *(02224) 33 15, Fax (02224) 73362,* « Rebengarten » – 🚗 🄿 🆎 **VISA**
geschl. Weihnachten - Neujahr, Mitte Feb.- Mitte März – **Menu** *(geschl. Mai - Okt. Dienstag, Nov. - April Montag - Mittwoch) (Montag - Freitag nur Abendessen)* à la carte 32/73 – **12 Z** ⮾ 60/70 – 120/124.

UNNA Nordrhein-Westfalen **417** L 7 – 64 000 Ew – Höhe 96 m.

🚗 🚲 Fröndenberg, Schwarzer Weg 1 (Süd-Ost : 9 km), 𝒫 (02373) 7 00 68.
ADAC, Friedrich-Ebert-Str. 7b.
Berlin 476 – Düsseldorf 83 – Dortmund 21 – Soest 35.

🏨 **Katharinen Hof** M, Bahnhofstr. 49, ✉ 59423, 𝒫 (02303) 92 00, hotel-katharinenh
of@riepe-com, Fax (02303) 920444, 😊, 🏋, 😊 – 🛗, 🔆 Zim, 📺 🔧 🚗 – 🏛 80. 🖭
① ⓪ VISA
Menu à la carte 38/73 – **70 Z** 🍴 155/175 – 198/208.

🏠 **Kraka**, Gesellschaftsstr. 10, ✉ 59423, 𝒫 (02303) 2 20 22, Fax (02303) 2410 – 🛗 📺
📞 🚗
Menu (geschl. Sonntag) à la carte 27/57 – **36 Z** 🍴 98/120 – 150/180.

🍴🍴 **Haus Kissenkamp**, Hammer Str. 102d (Nord : 2 km), ✉ 59425, 𝒫 (02303) 6 03 77,
Kissenkamp@aol.com, Fax (02303) 63308, 😊 – 📻 ⓪ VISA
geschl. Dienstag – **Menu** à la carte 49/88.

UNTERBREIZBACH Thüringen siehe Vacha.

UNTERFÖHRING Bayern siehe München.

UNTERHACHING Bayern siehe München.

UNTERKIRNACH Baden-Württemberg **419** V 9 – 2 900 Ew – Höhe 800 m – Luftkurort – Wintersport : 800/900 m 🎿.

🗓 Verkehrsamt, Hauptstr. 5, ✉ 78089, 𝒫 (07721) 80 08 37, Fax (07721) 800840.
Berlin 750 – Stuttgart 122 – Freiburg im Breisgau 57 – Donaueschingen 25.

🍴🍴 **Rößle-Post**, Hauptstr. 16, ✉ 78089, 𝒫 (07721) 5 45 21, Fax (07721) 503026, 😊,
🔆 Rest, 📻 🖭 ⓪ ⓪ VISA
geschl. Aug. 2 Wochen, Montag - Dienstag – **Menu** (Mittwoch - Donnerstag nur Abendessen) à la carte 46/66.

UNTERMEITINGEN Bayern siehe Schwabmünchen.

UNTERREICHENBACH Baden-Württemberg **419** T 10 – 2 100 Ew – Höhe 525 m – Erholungsort.
Berlin 672 – Stuttgart 62 – Karlsruhe 40 – Pforzheim 12 – Calw 14.

In Unterreichenbach-Kapfenhardt :

🏨 **Mönchs Waldhotel Kapfenhardter Mühle** 😊, ✉ 75399, 𝒫 (07235) 79 00,
moenchs.waldhotel@t-online.de, Fax (07235) 790190, 😊, 🏋, 😊, 🔲 – 🛗, 🔆 Zim, 📺
🔧 100. 🖭 ① ⓪ VISA
Menu à la carte 36/78 – **65 Z** 🍴 105/140 – 185/235 – ½ P 37.

🏠 **Untere Kapfenhardter Mühle** 😊, ✉ 75399, 𝒫 (07235) 9 32 00,
Fax (07235) 7180, 😊, 😊 – 🔆 Zim, 📺 📞 🚗 📻 – 🏛 80. 🖭 ① ⓪ VISA
Menu à la carte 29/56 🍷 – **33 Z** 🍴 85/100 – 150/198 – ½ P 25.

🏠 **Jägerhof** 😊, Kapfenhardter Tal, ✉ 75399, 𝒫 (07235) 9 70 40, Fax (07235) 970444,
😊, « Wildgehege », 🌳 – 📺 🚗 📻 – 🏛 40. ⓪
geschl. Nov. 1 Woche – **Menu** (geschl. Montag) à la carte 38/58 – **14 Z** 🍴 70/80 – 130/140
– ½ P 25.

UNTERSCHLEISSHEIM Bayern **419 420** V 18 – 24 500 Ew – Höhe 474 m.
Berlin 570 – München 17 – Regensburg 107 – Augsburg 69 – Ingolstadt 62 – Landshut 80.

🏨 **Victor's Residenz-Hotel** M, Keplerstr. 14, ✉ 85716, 𝒫 (089) 3 21 03 09, info@M.
victors.de, Fax (089) 32103899, 😊 – 🛗 🔆 Zim, 📺 📞 🚗 📻 – 🏛 110. 🖭 ① ⓪ VISA
Menu à la carte 45/74 – **207 Z** 🍴 185/290 – 280/385.

🏠 **Mercure** garni, Rathausplatz 8, ✉ 85716, 𝒫 (089) 3 17 85 70, h0936@accor-hotels.de,
Fax (089) 3173596, 😊 – 🛗 🔆 📺 📻 – 🏛 40. 🖭 ① ⓪ VISA JCB
58 Z 🍴 170/180 – 200/220.

🏠 **Alter Wirt**, Hauptstr. 36, ✉ 85716, 𝒫 (089) 3 10 66 28, Fax (089) 3171691, Biergarten, « Stilvolle, individuelle Zimmereinrichtung » – 📺 📻 – 🏛 50. 🖭 ① ⓪ VISA JCB
Menu (geschl. Samstagmittag) à la carte 35/68 – **10 Z** 🍴 125/135 – 165.

UNTERWÖSSEN Bayern 420 W 21 – 3 000 Ew – Höhe 600 m – Luftkurort – Wintersport : 600/900 m ✔5 ★.

🛈 Tourist-Information, Rathausplatz 1, ✉ 83246, ℰ (08641) 87 50, Fax (08641) 978926.
Berlin 688 – München 99 – *Bad Reichenhall 52* – Traunstein 29 – Rosenheim 40.

🏨 **Astrid** ⌂ garni, Wendelweg 17, ✉ 83246, ℰ (08641) 9 78 00, info@astrid-hotel.de, Fax (08641) 978044, 🍴, ✍ – 🛏 ⇔ ⛔ 💤
geschl. nach Ostern 2 Wochen, Nov. - Mitte Dez. – **20 Z** ⚌ 110 – 148/190.

🏠 **Zum Bräu**, Hauptstr. 70, ✉ 83246, ℰ (08641) 9 75 60, Gasthof-zum-Braeu@t-onlin e.de, Fax (08641) 975650, 🍽 – 🛗 📺 🅿. 🚫 Zim
geschl. Anfang Nov. - Anfang Dez. – **Menu** (geschl. Montag, ausser Saison Montag - Dienstag) à la carte 29/62 – **25 Z** ⚌ 80/95 – 120/160 – ½ P 28.

UPLENGEN Niedersachsen 415 G 7 – 9 300 Ew – Höhe 10 m.
Berlin 473 – Hannover 206 – *Emden 53* – Oldenburg 38 – Wilhelmshaven 48.

In Uplengen-Südgeorgsfehn Süd : 10 km ab Remels :

XX **Ostfriesischer Fehnhof**, Südgeorgsfehner Str. 85, ✉ 26670, ℰ (04489) 27 79, Fax (04489) 3541, 🍽 – 🅿. 🚫 ① 🌐 💳
geschl. Montag - Dienstag – **Menu** (Mittwoch - Freitag nur Abendessen) (Tischbestellung ratsam) à la carte 34/65.

URACH, BAD Baden-Württemberg 419 U 12 – 12 600 Ew – Höhe 465 m – Heilbad und Luftkurort.
🛈 Kurverwaltung - Touristinfo, Haus des Gastes, Bei den Thermen 4, ✉ 72574, ℰ (07125) 9 43 20, Fax (07125) 943222.
Berlin 660 – *Stuttgart 45* – Reutlingen 19 – Ulm (Donau) 56.

🏨 **Graf Eberhard** ⌂, Bei den Thermen 2, ✉ 72574, ℰ (07125) 14 80, info@Hotel-Gr af-Eberhard.de, Fax (07125) 8214, 🍽 – 🛗 ⇔ Zim, 📺 ⇔ 🅿 – 🕍 50. 🚫 ① 🌐 💳
Menu à la carte 37/80 – **81 Z** ⚌ 120/150 – 230/290 – ½ P 34.

🏨 **Frank Vier Jahreszeiten** (mit Gästehaus), Stuttgarter Str. 5, ✉ 72574, ℰ (07125) 9 43 40, flairhotelfrank@t-online.de, Fax (07125) 943494 – 🛗 📺 🕻 – 🕍 30. 🚫 ① 🌐 💳
Menu à la carte 33/67 – **48 Z** ⚌ 110/130 – 170/195 – ½ P 28.

🏠 **Breitenstein** ⌂ garni, Eichhaldestr. 111, ✉ 72574, ℰ (07125) 9 49 50, Fax (07125) 949510, ≤, Massage, ⬆, 🍴, 🏊, 🍽 – 🛗 📺 ⇔. 🚫
geschl. Dez. 3 Wochen – **16 Z** ⚌ 85/100 – 124/164.

🏠 **Bächi** ⌂ garni, Olgastr. 10, ✉ 72574, ℰ (07125) 9 46 90, Fax (07125) 946969, 🏊 (geheizt), 🍽 – 📺 🅿. 🚫
16 Z ⚌ 70/90 – 115/125.

URBACH Baden-Württemberg siehe Schorndorf.

URSENSOLLEN Bayern siehe Amberg.

USEDOM (Insel) Mecklenburg-Vorpommern 416 E 25 – Seebad – Östlichste und zweitgrößte Insel Deutschlands, durch Brücken mit dem Festland verbunden.
Sehenswert : Gesamtbild★ der Insel mit Badeorten★ Bansin, Heringsdorf, Ahlbeck(Seebrücke★) – Mellenthin (Innenausstattung der Dorfkirche★).
🍸 Neppermin-Balm, Drewinscher Weg 1, ℰ (038379) 2 81 99.
Ab Zinnowitz : Berlin 220 – Schwerin 201 – *Neubrandenburg 81* – Rügen (Bergen) 100 – Stralsund 74 – Rostock 136.

Ahlbeck – 3 200 Ew – Seeheilbad.
🛈 Kurverwaltung, Dünenstr. 45, ✉ 17419, ℰ (038378) 2 44 14, Fax (038378) 24418.

🏨 **Romantik Seehotel Ahlbecker Hof**, Dünenstr. 47, ✉ 17419, ℰ (038378) 6 20, Fax (038378) 62100, 🍽, « Modernisiertes klassizistisches Badehotel ; Badelandschaft », Massage, 🍴, 🏊 – 🛗 📺 ⇔ 🅿 – 🕍 20. 🚫 🌐 💳. 🚫 Rest
Menu à la carte 49/79 – **Brasserie : Menu** à la carte 32/59 – **48 Z** ⚌ 170/210 – 280/360 – ½ P 50.

🏨 **Ostende** ⌂, Dünenstr. 24, ✉ 17419, ℰ (038378) 5 10, Fax (038378) 51403, ≤, 🍽, 🍴 – 📺 🕻 🅿 – 🕍 30. 🚫 🌐 💳. 🚫 Rest
geschl. 6. - 31. Jan. – **Menu** (nur Abendessen) à la carte 43/68 – **27 Z** ⚌ 130/205 – 230/285 – ½ P 38.

🏨 **Kastell** M ⌂, Dünenstr. 3, ✉ 17419, ℰ (038378) 4 70 10, Fax (038378) 470119, 🍽 – 🛗 📺 ⇔ 🅿. 🚫 ① 🌐 💳
geschl. 3. Jan. - März, Nov. - 23. Dez. **Menu** (geschl. Montag - Dienstag) (nur Abendessen) à la carte 52/66 – **5 Z** ⚌ 143/205, 19 Suiten 238/395 – ½ P 45.

🏨 **Villa Auguste Viktoria** Ⓜ, Bismarckstr. 1, ⊠ 17419, ℰ (038378) 24 10
Fax (038378) 24144, 😊, « Renovierte Jugendstil-Villa », 🖙 – 🅣🖸 🄿. 🄰🄾 *VISA*
Menu *(geschl. Nov.) (Jan. - März nur Abendessen)* (abends Tischbestellung ratsam) à la carte
33/62 – **18 Z** ⊑ 140/160 – 170/210, 6 Suiten – ½ P 35.

🏨 **Ostseehotel** 🕭, Dünenstr. 41, ⊠ 17419, ℰ (038378) 6 00, *Fax (038378) 60100,* 🖙
🖾 – 🛗 🅣🖸 ⴵ 🚗 – 🄰 60. 🄰🄴 🄾🄾 *VISA*. 🛠 Rest
Menu à la carte 37/61 – **82 Z** ⊑ 170 – 180/250 – ½ P 30.

🏨 **Strandhotel** 🕭, Dünenstr. 19, ⊠ 17419, ℰ (038378) 5 20, *Fax (038378) 30101,* ≤,
😊, Massage, *ℐₛ*, 🖙, 🖾 – 🛗, ↳ Zim, 🅣🖸 📞 🄿 – 🄰 80. 🛠 Rest
La Mer *(Montag - Freitag nur Abendessen)* **Menu** à la carte 49/75 – ***Strandrestaurant***
(geschl. Okt. - Mai) **Menu** à la carte 35/50 – **100 Z** ⊑ 157/205 – 210/285, 10 Suiten –
½ P 39.

🏨 **Villa Strandrose** 🕭 garni, Dünenstr. 18, ⊠ 17419, ℰ (038378) 2 81 82,
Fax (038378) 28194, ≤ – 🅣🖸 🚗 🄿. 🛠
19 Z ⊑ 160/200 – 180/220.

🏠 **Villa Regina** garni, Ritterstr. 7, ⊠ 17419, ℰ (038378) 23 80, *info@garni-eden.de,*
Fax (038378) 30470 – 🅣🖸 🄿. 🛠
April - Okt. – **23 Z** ⊑ 120/180 – 150/220.

🏠 **Seeperle** 🕭, Dünenstr. 38, ⊠ 17419, ℰ (038378) 25 50, *Fax (038378) 25555,* 😊 –
🅣🖸 🄿
Menu *(geschl. Nov.- Ende Dez., Anfang - Ende Jan.)* à la carte 25/51 – **14 Z** ⊑ 120/135
– 150/190 – ½ P 20.

Bansin – *2 500 Ew – Seeheilbad.*
🛈 Kurverwaltung, An der Seebrücke, ⊠ 17429, ℰ (038378) 4 70 50, *Fax (038378)*
470515.

🏨 **Zur Post,** Seestr. 5, ⊠ 17429, ℰ (038378) 5 60, *hzp_usedom@t-online.de,*
Fax (038378) 56220, 😊, « Haus im Stil der Seebäder-Architektur », 🖙 – 🛗 🅣🖸 📞 ⴵ
🚗 🄿 – 🄰 80. 🄰🄴 🄾🄾 *VISA*
Menu à la carte 30/55 – **61 Z** ⊑ 120/140 – 198/228 – ½ P 28.

🏨 **Romantik Strandhotel Atlantic,** Strandpromenade 18, ⊠ 17429, ℰ (038378)
6 05, *Fax (038378) 60600,* 😊, « Restaurierte Villa » – 🅣🖸 🚗. 🄰🄴 🄾🄾 *VISA*. 🛠 Rest
Menu à la carte 48/74 – **26 Z** ⊑ 160/180 – 220/280 – ½ P 45.

🏠 **Admiral** 🕭, Strandpromenade 36, ⊠ 17429, ℰ (038378) 6 60, *Hotel-Admiral-Usedo*
m@t-online.de, Fax (038378) 66366, 🖙 – 🅣🖸 🄿. 🛠 Rest
Menu à la carte 32/54 – **67 Z** ⊑ 120/160 – 200/260 – ½ P 28/48.

🏠 **Forsthaus Langenberg** 🕭, Strandpromenade 36 (Nord-West : 2 km, Zufahrt über
Waldstraße), ⊠ 17429, ℰ (038378) 3 21 11, *Fax (038378) 29102,* 😊, 🖙 – 🅣🖸 🄿. 🄰🄴
🄾🄾 *VISA*
geschl. Nov. – **Menu** à la carte 27/58 – **41 Z** ⊑ 115 – 150/170 – ½ P 20.

Heringsdorf – *3 500 Ew – Seebad.*
🛈 Kurverwaltung, Kulmstr. 33, ⊠ 17424, ℰ (038378) 24 51, *Fax (038378) 2454.*

🏨 **Upstalsboom Hotel Ostseestrand** Ⓜ 🕭, Eichenweg 4, ⊠ 17424, ℰ (038378)
6 30, *ostseestrand@upstalsboom.de, Fax (038378) 63444,* 😊, Massage, 💆, 🖙, 🖾 –
🛗 ↳, 🍴 Rest, 🅣🖸 ⴵ 🄿 – 🄰 100. 🄰🄴 🄾 🄾🄾 *VISA*. 🛠 Rest
Menu à la carte 47/76 – **101 Z** ⊑ 188/212 – 264/336 – ½ P 36.

🏨 **Maritim Hotel Kaiserhof** Ⓜ, Strandpromenade, ⊠ 17424, ℰ (038378) 6 50, *Info*
HER@maritim.de, Fax (038378) 65800, Massage, *ℐₛ*, 🖙, 🖾 – 🛗, ↳ Zim, 🍴 Rest, 🅣🖸
📞 ⴵ 🚗 – 🄰 250. 🄰🄴 🄾 🄾🄾 *VISA* JCB. 🛠 Rest
Menu à la carte 56/72 – **134 Z** ⊑ 200/255 – 264/348, 3 Suiten – ½ P 43.

🏨 **Strandhotel Ostseeblick** Ⓜ, Kulmstr. 28, ⊠ 17424, ℰ (038378) 5 40, *strandhot*
el-Ostseeblick@t-online.de, Fax (038378) 54299, ≤, 😊, « Panorama-Restaurant mit ≤
Ostsee ; Vineta Therme », Massage, 🖾, 🖾 – 🛗, ↳ Zim, 🅣🖸 🚗 – 🄰 30. 🄰🄴 🄾🄾 *VISA*
Menu *(Montag - Freitag nur Abendessen)* à la carte 52/84 – **61 Z** ⊑ 165/195 – 215/295,
3 Suiten – ½ P 42.

🏨 **Esplanade,** Seestr. 5, ⊠ 17424, ℰ (038378) 7 00, *HOTEL.ESPLANADE@T-ONLINE.DE,*
Fax (038378) 70400, 😊 – 🛗, ↳ Zim, 🅣🖸 📞 ⴵ 🄿. 🄰🄴 🄾🄾 *VISA*. 🛠 Rest
Menu *(nur Abendessen)* à la carte 39/71 – **40 Z** ⊑ 130/185 – 150/240 – ½ P 35.

🏨 **Oasis** 🕭, Strandpromenade/Puschkinstr. 10, ⊠ 17424, ℰ (038378) 26 50, *oasisMaih*
oefer@ad.com, Fax (038378) 26599, ≤, 😊, « Gründerzeitvilla mit modern-eleganter
Einrichtung », 🖙, 🖘 ↳ 🅣🖸 🚗 🄿. 🄰🄴 🄾 🄾🄾 *VISA*. 🛠 Rest
Menu à la carte 41/76 – **21 Z** ⊑ 170/240 – 290/350 – ½ P 42.

🏨 **Pommerscher Hof,** Seestr. 41, ⊠ 17424, ℰ (038378) 6 10, *Fax (038378) 61100* –
🛗, ↳ Zim, 🅣🖸 🄿 – 🄰 60. 🄰🄴 🄾🄾 *VISA*. 🛠 Rest
Menu à la carte 26/44 – **95 Z** ⊑ 150/160 – 210/220 – ½ P 30.

🏨 **Hubertus** ﹩, Grenzstr. 1, ✉ 17424, ℰ (038378) 2 29 71, hubertus@travelcharme. com, Fax (038378) 32310, ㈜, ⬛s – ⭤ Zim, 📺 🅿 – 🏛 25. ㏂ ⓞ ⓜⓞ 𝗩𝗜𝗦𝗔
Menu à la carte 28/44 – **25 Z** ⲷ 135/170 – 190/230 – ½ P 30.

🏨 **Fortuna** garni, Kulmstr. 8, ✉ 17424, ℰ (038378) 4 70 70, Fax (038378) 470743, « Villa a.d.J. 1890 im Stil der Seebäder-Architektur », ⬛s – ⭤ 📺 🅿 ⅚
geschl. Nov. – **21 Z** ⲷ 80/120 – 140/180.

🏨 **Wald und See** ﹩, Rudolf-Breitscheid-Str. 8, ✉ 17424, ℰ (038378) 3 14 16, Fax (038378) 22511, ⬛s – 🛗 📺 🅿 ㏂ 𝗩𝗜𝗦𝗔 ⅚ Rest
geschl. Nov. - 28. Dez., 5. Jan. - 28. Feb. – **Menu** (nur Abendessen) à la carte 29/47 – **43 Z** ⲷ 120/130 – 170/180 – ½ P 25.

Karlshagen – 3 200 Ew – Erholungsort.
🅸 Kurverwaltung, Hauptstr. 16, ✉ 17449, ℰ (038371) 2 07 58, Fax (038371) 28537.

🏨 **Nordkap**, Strandstr. 8, ✉ 17449, ℰ (038371) 5 50, Fax (038371) 55100, ⬛s – 🛗, ⭤ Rest, 📺 📞 🅿 ⓜⓞ 𝗩𝗜𝗦𝗔
Menu à la carte 25/53 – **38 Z** ⲷ 95/140 – 160/180 – ½ P 30.

Korswandt – 500 Ew.
🏨 **Idyll Am Wolgastsee**, Hauptstr. 9, ✉ 17419, ℰ (038378) 2 21 16, idyll-am-wolgas tsee@landidyll.de, Fax (038378) 22546, ㈜, ⬛s, ⭳ – 📺 🅿 ㏂ ⓞ ⓜⓞ 𝗩𝗜𝗦𝗔
Menu à la carte 27/50 – **19 Z** ⲷ 75/100 – 150/190.

Koserow – 1 650 Ew – Seebad.
🅸 Kurverwaltung, Hauptstr. 34, ✉ 17459, ℰ (038375) 2 04 15, Fax (038375) 20417.

In Koserow-Damerow Nord-West : 2 km :
🏨🏨 **Forsthaus Damerow,** Nahe der B 111, ✉ 17459, ℰ (038375) 5 60, forsthausdam erow@t-online.de, Fax (038375) 56400, ㈜, Biergarten, ⬛s – 🛗 📺 🅿 ㏂ ⓜⓞ 𝗩𝗜𝗦𝗔
Menu à la carte 34/69 – **68 Z** ⲷ 90/220.

Loddin – 1 000 Ew – Seebad.
In Loddin-Kölpinsee Nord-Ost : 2 km :
🅸 Kurverwaltung, Strandstr. 23, ✉ 17459, ℰ (038375) 2 06 12, Fax (038375) 20612
🏨🏨 **Strandhotel Seerose** Ⓜ ﹩, Strandstr. 1, ✉ 17459, ℰ (038375) 5 40, info@str andhotel-seerose.de, Fax (038375) 54199, ≤, ㈜, 𝐼𝑏, ⬛s, ⬛ – 🛗, ⭤ Zim, 📺 📞 ⅖ 🅿 – 🏛 80. ⓜⓞ 𝗩𝗜𝗦𝗔 ⅚ Rest
Menu à la carte 34/61 – **57 Z** ⲷ 150/240 – 265/325 – ½ P 30.

Neppermin – 370 Ew.
In Neppermin-Balm Nord-West : 2,5 km :
🏨🏨 **Golfhotel Balmer See** Ⓜ ﹩, Drewinscher Weg 1, ✉ 17429, ℰ (038379) 2 80, Fax (038379) 28222, ㈜, « Hotelanlage mit ≤ Balmer See », Massage, 𝐼𝑏, ⬛s, ⬛, ⅌, 🔸18, ⭤ Zim, 📺 ⅗ 🅿 – 🏛 35. ㏂ ⓞ ⓜⓞ 𝗩𝗜𝗦𝗔
Menu à la carte 52/78 – **88 Z** ⲷ 180/225 – 260/350, 5 Suiten – ½ P 39.

Trassenheide – 850 Ew – Seebad.
🅸 Kurverwaltung, Strandstr. 36, ✉ 17449, ℰ (038371) 2 09 28, Fax (038371) 20913.
🏨🏨 **Waldhof Hotel** ﹩, Forststr. 9, ✉ 17449, ℰ (038371) 5 00, Fax (038371) 20561, ㈜ – ⭤ Zim, 📺 🅿 ㏂ ⓜⓞ 𝗩𝗜𝗦𝗔 ⅚ Rest
geschl. Jan. - März – **Menu** à la carte 26/40 – **80 Z** ⲷ 125 – 170/190 – ½ P 25.

Zinnowitz – 3 700 Ew – Seebad.
🅸 Kurverwaltung, Neue Strandstr. 30, ✉ 17454, ℰ (038377) 49 20, Fax (038377) 42229.
🏨🏨 **PALACE-HOTEL** Ⓜ ﹩, Dünenstr. 8, ✉ 17454, ℰ (038377) 39 60, usedom@zinnow itz-palacehotel.de, Fax (038377) 39699, ㈜, « Wellnessbereich », 𝐼𝑏, Massage, ⬛s, ⬛ – 🛗, ⭤ Zim, ⬛ Rest, 📺 📞 ⅖ 🅿 – 🏛 35. ㏂ ⓜⓞ 𝗩𝗜𝗦𝗔
Menu à la carte 51/85 – **40 Z** ⲷ 240/280 – 340/410 – ½ P 55.

🏨🏨 **Parkhotel Am Glienberg** Ⓜ ﹩, Glienbergweg 10, ✉ 17454, ℰ (038377) 7 20, ph-glienberg@t-online.de, Fax (038377) 72434, ㈜, ⬛s – ⭤ Zim, 📺 ⅗ 🅿 – 🏛 25. ㏂ ⓞ ⓜⓞ 𝗩𝗜𝗦𝗔
geschl. 8. - 23. Jan., 11. - 26. Nov. – **Menu** (nur Abendessen) à la carte 34/71 – **28 Z** ⲷ 95/125 – 225/280, 3 Suiten – ½ P 30.

🏨🏨 **Asgard** ﹩, Dünenstr. 20, ✉ 17454, ℰ (038377) 46 70, Info@hotelasgard.de, Fax (038377) 467124, ㈜, Massage, ⬛s, ⬛ – 🛗 📺 🅿 ㏂ ⓞ ⓜⓞ 𝗩𝗜𝗦𝗔
Menu à la carte 35/66 – **34 Z** ⲷ 125/135 – 160/220.

USLAR Niedersachsen 417 418 L 12 – 17 000 Ew – Höhe 173 m – Erholungsort.
🛈 Touristik-Information, Mühlentor 1, ✉ 37170, 𝒫 (05571) 9 22 40, Fax (05571) 922422.
Berlin 352 – Hannover 133 – Kassel 60 – Göttingen 39 – Braunschweig 120.

🏨 **Romantik Hotel Menzhausen,** Lange Str. 12, ✉ 37170, 𝒫 (05571) 9 22 30, menz
hausen@romantik.de, Fax (05571) 922330, 😊, « Reich verzierte Fachwerkfassade a. d.
16 Jh. », ⇌, 🔲, 🎠 – 📺 📺 ⇌ 🅿 – 🛎 40. ⚠ ⓞ ⓚ 𝕍𝕀𝕊𝔸
Menu à la carte 50/77 – **40 Z** ⊃ 120/205 – 185/325 – ½ P 40.

In Uslar-Schönhagen Nord-West : 7 km – Erholungsort :

♨ **Fröhlich-Höche,** Amelither Str. 6 (B 241), ✉ 37170, 𝒫 (05571) 26 12,
⇔ Fax (05571) 913107, 😊, ⇌, 🎠 – 🅿 – 🛎 80
geschl. Feb. – **Menu** (geschl. Mittwoch) à la carte 23/49 – **15 Z** ⊃ 48/65 – 94/104 –
½ P 15.

In Uslar-Volpriehausen Ost : 8 km :

🏨 **Landhotel am Rothenberg** ⤴ (mit Gästehäusern), Rothenbergstr. 4, ✉ 37170,
𝒫 (05573) 95 90, Landhotel-am-rothenberg@t-online.de, Fax (05573) 959100, 😊, ⇌,
🎠 – 📶, ⇔ Zim, 📺 ✆ 🔥 🅿 – 🛎 150. ⚠ ⓚ 𝕍𝕀𝕊𝔸
geschl. 15. Dez. - 15. Jan. – **Menu** à la carte 32/53 – **74 Z** ⊃ 90/150 – 130/220 – ½ P 25.

UTTING AM AMMERSEE Bayern 419 420 V 17 – 2 900 Ew – Höhe 554 m.
Berlin 625 – München 47 – Augsburg 61 – Landsberg am Lech 24.

🏨 **Wittelsbacher Hof,** Bahnhofsplatz 6, ✉ 86919, 𝒫 (08806) 9 20 40, info@hotel-w
ittelsbacher-hof.de, Fax (08806) 2799, Biergarten, ⇌, 🔲 – ⇔ Rest, 📺 🅿 – 🛎 30
geschl. Jan. – **Menu** (geschl. Montagmittag, Mittwoch) à la carte 25/45 – **22 Z** ⊃ 110/140
– 190 – ½ P 20.

In Utting-Holzhausen :

🏨 **Sonnenhof** ⤴, Ammerseestr. 1, ✉ 86919, 𝒫 (08806) 9 23 30, Info@Sonnenhof-Ho
tel.de, Fax (08806) 2789, 😊, ⇌, 🎠 – ⇔ Rest, ▤ Rest, 📺 ✆ ⇌ 🅿 – 🛎 35
Menu (geschl. Dienstag) à la carte 29/63 – **26 Z** ⊃ 120/160 – 150/210 – ½ P 25.

VACHA Thüringen 418 N 14 – 4 000 Ew – Höhe 225 m.
🛈 Fremdenverkehrsbüro, Markt 4, ✉ 36404, 𝒫 (036962) 26 10, Fax (036962) 26117.
Berlin 391 – Erfurt 100 – Kassel 100 – Bad Hersfeld 26 – Fulda 48.

🏨 **Adler,** Markt 1, ✉ 36404, 𝒫 (036962) 26 50, Fax (036962) 26547, 😊 – ⇔ Zim, 📺
🅿 – 🛎 60. ⚠ ⓞ ⓚ 𝕍𝕀𝕊𝔸 ⨯ Rest
Menu à la carte 28/47 – **25 Z** ⊃ 85/92 – 120/180.

In Unterbreizbach-Sünna Süd-West : 5 km :

🏨 **Kelten-Wald-Hotel Goldene Aue** ⤴, (in Sünna-Ortsmitte links ab : Ost : 2 km),
⇔ ✉ 36404, 𝒫 (036962) 26 70, info@keltenhotel.de, Fax (036962) 26777, 😊, ⇌, 🎠 –
⇔ Zim, 📺 🅿 – 🛎 30. ⚠ ⓚ 𝕍𝕀𝕊𝔸
Menu à la carte 23/40 – **25 Z** ⊃ 78/120.

VAIHINGEN AN DER ENZ Baden-Württemberg 419 T 10 – 26 500 Ew – Höhe 245 m.
Berlin 633 – Stuttgart 28 – Heilbronn 54 – Karlsruhe 56 – Pforzheim 21.

🏨 **Post** garni ▥, Franckstr. 23, ✉ 71665, 𝒫 (07042) 9 53 10, hotel-post-garni@t-onlin
e.de, Fax (07042) 953144 – 📶 📺 ⇌ 🅿 ⓚ 𝕍𝕀𝕊𝔸 ⨯
geschl. 20. Dez. - 10. Jan. – **35 Z** ⊃ 98/105 – 145/155.

In Vaihingen-Horrheim Nord-Ost : 7 km :

🏨 **Lamm,** ▥, Klosterhergstr. 45, ✉ 71665, 𝒫 (07042) 8 32 20, Fax (07042) 832250, 😊
– 📶, ⇔ Zim, 📺 ✆ 🔥 ⇌ – 🛎 50. ⚠ ⓞ ⓚ 𝕍𝕀𝕊𝔸
Menu (geschl. Sonntagabend) à la carte 55/81 – **23 Z** ⊃ 105/125 – 160/195.

In Vaihingen-Roßwag West : 4 km :

🍴 **Krone,** Krongengäßle 1, ✉ 71665, 𝒫 (07042) 2 40 36, Fax (07042) 24114, 😊
geschl. über Fastnacht 1 Woche, Juli - Aug. 2 Wochen, Mittwoch - Donnerstag – **Menu**
à la carte 37/64 🍺.

VANSELOW Mecklenburg-Vorpommern siehe Demmin.

1138

VAREL *Niedersachsen* 🗺️ *F 8 – 24 300 Ew – Höhe 10 m.*
Berlin 461 – Hannover 204 – Bremen 75 – Wilhelmshaven 25 – Oldenburg 34.

※※ **Schienfatt,** Neumarktplatz 3, ⊠ 26316, ℰ (04451) 47 61, *Mannssen@schienfatt.de,*
Fax (04451) 956849, (Heimatmuseum), « Gemütliche Gaststuben mit historischer
Bildersammlung » – 🔲 *VISA*
geschl. Jan. 2 Wochen, Okt. 1 Woche, Montag – **Menu** *(wochentags nur Abendessen) à la*
carte 43/62.

In Varel-Dangast *Nord-West : 7 km : – Nordseebad :*

🏨 **Graf Bentinck** ⬡, Dauenser Str. 7, ⊠ 26316, ℰ (04451) 13 90, *Fax (04451) 139222,*
🖿 – 📱, ⇔ Zim, 🔲 ❤ 🅿 – 🔬 40. 🖭 ① 🐗 *VISA.* ❄ *Rest*
Menu à la carte 36/59 – **42 Z** ⊐ 140/220 – ½ P 30.

In Varel-Obenstrohe *Süd-West : 4,5 km :*

🏠 **Landgasthof Haßmann,** Wiefelsteder Str. 71, ⊠ 26316, ℰ (04451) 9 67 60,
Fax (04451) 967630, 🌳, Biergarten – 🔲 🅿 – 🔬 100
Menu à la carte 27/51 – **13 Z** ⊐ 65/110.

VATERSTETTEN *Bayern* 🗺️ *V 19 – 20 000 Ew – Höhe 528 m.*
Berlin 596 – München 21 – Landshut 76 – Passau 160 – Salzburg 138.

In Vaterstetten-Neufarn *Nord-Ost : 7,5 km :*

🏨 **Gutsgasthof Stangl,** Münchener Str. 1, ⊠ 85646 Neufarn, ℰ (089) 90 50 10,
Fax (089) 90501363, Biergarten, « Ehemaliger Gutshof mit Jugendstileinrichtung », 🐎 –
📱, ⇔ Zim, 🔲 ❤ 🅿 – 🔬 60. 🖭 ① 🐗 *VISA*
Menu à la carte 39/68 – **60 Z** ⊐ 125/220 – 190/280.

🏠 **Landhotel Anderschitz** garni, Münchener Str. 13, ⊠ 85646 Neufarn, ℰ (089)
9 03 51 10, *anderschitz.hotel@t-online-de, Fax (089) 9045560 –* ⇔ 🔲 🚗 🅿 🐗 ❄
geschl. 23. Dez. - 7. Jan. – **27 Z** ⊐ 95/135 – 150/180.

In Vaterstetten-Parsdorf *Nord : 4,5 km :*

🏠 **Erb** (mit Gästehaus), Posthalterring 1 (Gewerbegebiet, Nähe BAB Ausfahrt),
⊠ 85599 Parsdorf, ℰ (089) 99 11 00, *info@hotel-erb.de, Fax (089) 99110155,* 🖿 – 📱
⇔ 🔲 ❤ 🚗 🅿 – 🔬 20. 🖭 ① 🐗 *VISA*
geschl. 24. Dez. - 6. Jan. – **Menu** *(nur Abendessen)* (Restaurant nur für Hausgäste) – **99 Z**
⊐ 160 – 200/250.

VECHTA *Niedersachsen* 🗺️ *H 8 – 24 000 Ew – Höhe 37 m.*
🏌 *Welpe 2,* ℰ (04441) 8 21 68.
Berlin 412 – Hannover 124 – Bremen 69 – Oldenburg 49 – Osnabrück 61.

🏨 **Bremer Tor** 🅼 garni, Bremer Str. 1, ⊠ 49377, ℰ (04441) 9 99 90, *bremertor@t-o*
nline.de, Fax (04441) 999999 – 📱 ⇔ 🔲 ❤ 🕭 🅿 – 🔬 15. 🖭 ① 🐗 *VISA*
38 Z ⊐ 120/180.

🏠 **Schäfers,** Große Str. 115, ⊠ 49377, ℰ (04441) 9 28 30, *info@hotel-schaefers.de,*
Fax (04441) 928330 – ⇔ Zim, 🔲 ❤ 🅿 🖭 ① 🐗 *VISA*
Menu *(geschl. Montag) (wochentags nur Abendessen)* à la carte 30/49 – **17 Z** ⊐ 85/90
– 110/122.

VEITSHÖCHHEIM *Bayern* 🗺️🗺️🗺️ *Q 13 – 9 800 Ew – Höhe 178 m.*
Sehenswert : Rokoko-Hofgarten★.
🛈 *Tourist-Information, Rathaus, Erwin-Vornberger-Platz,* ⊠ 97209, ℰ (0931) 9 80 27 40,
Fax (0931) 9802742.
Berlin 506 – München 287 – Würzburg 11 – Karlstadt 17.

🏨 **Weißes Lamm,** Kirchstr. 24, ⊠ 97209, ℰ (0931) 9 80 23 00, *Fax (0931) 9802499,*
Biergarten – 📱, ⇔ Zim, 🔲 🕭 🅿 – 🔬 80. 🖭 🐗 *VISA*
Menu *(geschl. Sonntagabend)* à la carte 30/60 – **54 Z** ⊐ 110/125 – 165/185.

🏨 **Am Main** ⬡ garni, Untere Maingasse 35, ⊠ 97209, ℰ (0931) 9 80 40,
Fax (0931) 9804121, 🌳 – 🔲 🅿 🖭 ① 🐗 *VISA*
geschl. 23. Dez. - 7. Jan. – **36 Z** ⊐ 110 – 145/165.

🏨 **Café Müller** ⬡ garni, Thüngersheimer Str. 8, ⊠ 97209, ℰ (0931) 98 06 00, *hotel-c*
afe-mueller@t-online.de, Fax (0931) 9806042 – ⇔ 🔲 ❤ 🅿 – 🔬 15. 🖭 ① 🐗
VISA
21 Z ⊐ 99/110 – 145/165.

🏠 **Spundloch** ⤜, Kirchstr. 19, ✉ 97209, ✆ (0931) 90 08 40, info@spundloch.com, Fax (0931) 9008420, 🍽 – 📺 📧 – 🏊 20. 🖭 ⓪ ⓿ⓞ 𝘝𝘐𝘚𝘈
Menu à la carte 30/70 – **9 Z** ⊑ 105 – 145/155.

🏠 **Ratskeller** ⤜, Erwin-Vornberger-Platz, ✉ 97209, ✆ (0931) 98 09 40, hotel@ratske ller-veitshoechheim, Fax (0931) 9809430, 🍽 – 📺 📧 – 🏊 25. ⓿ⓞ 𝘝𝘐𝘚𝘈
Menu (geschl. Jan. 2 Wochen, Okt. - April Montag) à la carte 29/52 – **8 Z** ⊑ 99/149.

VEITSRODT Rheinland-Pfalz siehe Idar-Oberstein.

VELBERT Nordrhein-Westfalen 📖 L 5 – 90 000 Ew – Höhe 260 m.
🏌 Velbert, Kuhlendahler Str. 283, ✆ (02053) 92 32 90.
🈺 Verkehrsverein, Friedrichstr. 181a, ✉ 42551, ✆ (02051) 95 89 90, Fax (02051) 95 89 41.
Berlin 544 – Düsseldorf 41 – Essen 16 – Wuppertal 19.

🏨 **Queens Hotel Velbert** ⤜, Günther-Weisenborn-Str. 7, ✉ 42549, ✆ (02051) 49 20, velbert@queens-Hotels.com, Fax (02051) 492177, ≤, « Terrasse ; Park », 🚭 – 📳, ☒ Zim, 📺 📧 & 📧 – 🏊 60. 🖭 ⓪ ⓿ⓞ 𝘝𝘐𝘚𝘈
Menu (geschl. Sonntagabend) à la carte 43/67 – **81 Z** ⊑ 227/267.

In Velbert-Neviges Süd-Ost : 4 km :

🍴🍴 **Haus Stemberg,** Kuhlendahler Str. 295, ✉ 42553, ✆ (02053) 56 49, Fax (02053) 40785, 🍽 – 📧 🖭 ⓪ ⓿ⓞ 𝘝𝘐𝘚𝘈
geschl. März - April 2 Wochen, Juli - Aug. 3 Wochen, Donnerstag - Freitag – **Menu** (Tischbestellung erforderlich) 38/89 à la carte 52/84.

VELBURG Bayern 📖📖 S 19 – 4 700 Ew – Höhe 516 m.
Berlin 474 – München 144 – Regensburg 58 – Nürnberg 60.

In Velburg-Lengenfeld West : 3 km :

🏨 **Winkler Bräustüberl,** St.-Martin-Str. 6, ✉ 92355, ✆ (09182) 1 70, info@winkler-b raeu.de, Fax (09182) 17110, Biergarten, 🚭, ☒ – 📳 📺 & 📧 – 🏊 60. 🖭 ⓪ ⓿ⓞ 𝘝𝘐𝘚𝘈
geschl. 2. - 7. Jan., über Fasching – **Menu** à la carte 26/57 – **56 Z** ⊑ 100/123 – 140/188.

VELEN Nordrhein-Westfalen 📖 K 4 – 11 300 Ew – Höhe 55 m.
Berlin 525 – Düsseldorf 90 – Bocholt 30 – Enschede 54 – Münster (Westfalen) 52.

🏨 **Sportschloss Velen** ⤜, Schloßplatz 1, ✉ 46342, ✆ (02863) 20 30, info@sportsc hlossvelen.de, Fax (02863) 203788, 🍽, 🏂, 🚭, ☒, 🏊, 🎾(Halle) – 📳, ☒ Zim, 📺 📧 & 📧 – 🏊 110. 🖭 ⓪ ⓿ⓞ 𝘝𝘐𝘚𝘈
Menu (geschl. Sonntag) à la carte 55/77 – **Orangerie-Keller** (nur Abendessen) **Menu** 40 (nur Buffet) – **108 Z** ⊑ 215/295 – 325/390.

VELLBERG Baden-Württemberg 📖📖 S 13 – 3 900 Ew – Höhe 369 m – Erholungsort.
Sehenswert : Pfarrkirche St. Martin ≤★.
Berlin 546 – Stuttgart 88 – Aalen 49 – Schwäbisch Hall 13.

🏨 **Schloß Vellberg** ⤜ (mit Gästehäusern), Im Städtle 31, ✉ 74541, ✆ (07907) 87 60, info@hotel-schloss-vellberg.de, Fax (07907) 87658, ≤, « Schloßkapelle ; Kaminzimmer ; Rittersaal », 🚭 – 📺 📧 – 🏊 30. 🖭 ⓪ ⓿ⓞ 𝘝𝘐𝘚𝘈
Menu 46 à la carte 64/85 – **48 Z** ⊑ 110/150 – 160/195 – ½ P 48.

In Vellberg-Eschenau Süd-Ost : 1,5 km :

🍴 **Rose,** Ortsstr. 13, ✉ 74541, ✆ (07907) 22 94, Fax (07907) 8569 – 📧 ⓪ ⓿ⓞ 𝘝𝘐𝘚𝘈
geschl. über Fasching 2 Wochen, Aug. 2 Wochen, Montag – **Menu** (Dienstag - Donnerstag nur Abendessen) à la carte 37/61 (auch vegetarisches Menü) 🍷.

VERDEN (Aller) Niedersachsen 📖 H 11 – 28 000 Ew – Höhe 25 m.
🏌 Verden-Walle (Nord : 6 km), ✆ (04230) 14 70.
🈺 Tourist-Information, Holzmarkt 15, ✉ 27283, ✆ (04231) 1 23 17, Fax (04231) 12345.
Berlin 354 – Hannover 95 – Bremen 43 – Rotenburg (Wümme) 25.

🏨 **Höltje** 📉, Obere Str. 13, ✉ 27283, ✆ (04231) 89 20, hotel.hoeltje@t-online. de, Fax (04231) 892111, 🍽, 🚭, ☒ – 📳, ☒ Zim, 📺 📧 📧 – 🏊 35. 🖭 ⓪ ⓿ⓞ 𝘝𝘐𝘚𝘈
Menu à la carte 40/77 (auch vegetarische Gerichte) – **60 Z** ⊑ 170/260 – 248/341.

🏨 **Parkhotel,** Bremer Str. 48 (B 215), ⊠ 27283, ℰ (04231) 76 50, *parkhotelgmbH@t-o nline.de*, Fax (04231) 76545, 🌾 – 📱, ⇆ Zim, 📺 📞 🅿 – 🛡 350. 🖭 ⓸ ⓺ 𝘝𝘐𝘚𝘈
Menu à la carte 32/67 – **41 Z** ⊑ 125/135 – 185/205.

🏨 **Haag's Hotel Niedersachsenhof,** Lindhooper Str. 97, ⊠ 27283, ℰ (04231) 66 60, *reception@niedersachsenhof-verden.de*, Fax (04231) 64875, 🌾, ⇌ – 📱 📺 📞 🖫 🅿 – 🛡 300. 🖭 ⓸ 𝘝𝘐𝘚𝘈
Menu à la carte 33/63 *(auch vegetarische Gerichte)* – **82 Z** ⊑ 145/180.

XX **Pades Restaurant,** Anita-Augspurg-Platz 7, ⊠ 27283, ℰ (04231) 30 60,
🏕 Fax (04231) 81043
🍴 geschl. 1. - 12. Jan., 15. - 30. Aug., Sonntag - Montag – **Menu** *(nur Abendessen)* (Tisch-bestellung ratsam) à la carte 78/96 – **Bistro :** **Menu** à la carte 41/56 - (Umzug Sept. 2001 : Grüne Str. 15)
Spez. Lammschulterconfit mit Knoblauchsauté und Borlottipüree. Geeiste Tomaten-bouillon mit St. Jakobsmuscheln. Rhabarber-Tiramisu mit Waldmeister- und Holun-dersorbet.

In Verden-Dauelsen *Nord : 2 km :*

XX **Landhaus Hesterberg,** Hamburger Str. 27 (B 215), ⊠ 27283, ℰ (04231) 7 39 49, Fax (04231) 73949, 🌾, « Restauriertes Fachwerkhaus a.d. 17. Jh. » – 🅿 🖭 ⓸
geschl. Jan. - Feb. 2 Wochen, Juni - Juli 2 Wochen, Sonntag - Montagmittag – **Menu** à la carte 40/64.

In Verden-Walle *Nord : 5 km :*

🏨 **Quellengrund** garni, Waller Heerstr. 73, ⊠ 27283, ℰ (04230) 9 30 20, *info@hotel -quellengrund.de*, Fax (04230) 930233 – 📺 ⇌ 🅿 🖭 ⓸ ⓺ 𝘝𝘐𝘚𝘈
17 Z ⊑ 98 – 120/155.

VERL *Nordrhein-Westfalen* 𝟜𝟙𝟟 *K 9 –* 20 500 *Ew – Höhe 91 m.*
Berlin 413 – Düsseldorf 152 – Bielefeld 19 – Gütersloh 11 – Lippstadt 36 – Paderborn 31.

🏨 **Landhotel Altdeutsche** [M], Sender Str. 23, ⊠ 33415, ℰ (05246) 96 60, *info@al tdeutsche.de*, Fax (05246) 966299, 🌾, Biergarten, ⇌ – 📱, ⇆ Zim, 🍽 Rest, 📺 📞 🖫 🅿 – 🛡 120. 🖭 ⓸ ⓺ 𝘝𝘐𝘚𝘈
Blaue Donau *(geschl. Mitte Juli - Mitte August, Sonntag) (nur Abendessen)* **Menu** à la carte 52/70 – **Altdeutsche Gaststätte :** **Menu** à la carte 36/58 – **45 Z** ⊑ 130/165 – 195/215.

🏨 **Papenbreer** [M] garni, Gütersloher Str. 82, ⊠ 33415, ℰ (05246) 9 20 40, *Kontakt@h otelpapenbreer.de*, Fax (05246) 920420 – 📺 🅿 𝘝𝘐𝘚𝘈
18 Z ⊑ 80/100 – 120/150.

VERSMOLD *Nordrhein-Westfalen* 𝟜𝟙𝟝 𝟜𝟙𝟟 *J 8 –* 18 700 *Ew – Höhe 70 m.*
🐓 *Versmold, Schultenallee 1 (Süd-West : 2 km), ℰ (05423) 4 28 72.*
Berlin 415 – Düsseldorf 165 – Bielefeld 33 – Münster (Westfalen) 44 – Osnabrück 33.

🏨 **Altstadthotel,** Wiesenstr. 4, ⊠ 33775, ℰ (05423) 95 20, Fax (05423) 43149, ⇌ – 📱, ⇆ Zim, 📺 🅿 – 🛡 150. 🖭 ⓸ ⓺ 𝘝𝘐𝘚𝘈
Menu *(geschl. Sonntagabend)* à la carte 45/75 – **Tenne** *(nur Abendessen)* **Menu** à la carte 33/48 – **40 Z** ⊑ 136/146 – 177/212.

🏨 **Fröböse,** Gestermannstr. 15, ⊠ 33775, ℰ (05423) 9 48 20, Fax (05423) 948250, Bier-garten, ⁒ – ⇆ Zim, 📺 📞 🅿 – 🛡 30. 🖭 ⓸ ⓺ 𝘝𝘐𝘚𝘈
geschl. 23. - 31. Dez. – **Menu** *(geschl. 15. Juli - 1. Aug., Montag) (wochentags nur Abend-essen)* à la carte 29/60 – **30 Z** ⊑ 98/115 – 150.

In Versmold-Bockhorst *Nord-Ost : 6 km :*

XX **Alte Schenke** mit Zim, An der Kirche 3, ⊠ 33775, ℰ (05423) 9 42 80, Fax (05423) 942828, 🌾 – 📺 🅿 🖭 ⓺ 𝘝𝘐𝘚𝘈
Menu *(geschl. 1. - 12. Feb., 1. - 14. Juli, Montag, Juli - Okt. Montag - Dienstag geschl.) (wochentags nur Abendessen)* 40/80 à la carte 41/75 – **3 Z** ⊑ 85/170.

VETSCHAU *Brandenburg* 𝟜𝟙𝟠 *K 26 –* 9 200 *Ew – Höhe 40 m.*
Berlin 105 – Potsdam 122 – Cottbus 24 – Dresden 113 – Frankfurt (Oder) 84.

🏨 **Ratskeller** [M], Am Markt 5, ⊠ 03226, ℰ (035433) 5 10, *RatskellerVetschau@ringho tels.de*, Fax (035433) 70387, 🌾, Biergarten, ⇌ – 📱 📺 📞 🅿 – 🛡 60. 🖭 ⓸ ⓺ 𝘝𝘐𝘚𝘈. ⁒ Rest
Menu à la carte 37/52 – **39 Z** ⊑ 125/145 – 170/190.

VIECHTACH Bayern 420 S 22 – 8 800 Ew – Höhe 450 m – Luftkurort – Wintersport : 🏂.
- 🛈 Tourist-Information, Stadtplatz 1, ⊠ 94234, ℰ (09942) 16 61, Fax (09942) 6151.
- Berlin 507 – München 174 – *Passau 81* – Cham 27 – Deggendorf 31.

🏨 **Schmaus,** Stadtplatz 5, ⊠ 94234, ℰ (09942) 9 41 60, info@Hotelschmaus.de,
Fax (09942) 941630, 😊, ⇌s, 🖼 – |≡| 📺 ⇔ 🅿 – 🔬 150. 🖭 ⓪ ⓸ 𝘝𝘐𝘚𝘈 𝙹𝘾𝘉.
💈 Rest
geschl. 6. Jan. - 5. Feb. – **Menu** à la carte 35/63 – **41 Z** ⊂⊃ 99/125 – 160/200 –
½ P 35.

In Viechtach-Neunußberg *Nord-Ost : 10 km in Richtung Lam, in Wiesing rechts ab :*

🏨 **Burghotel Neunußberg und Burggasthof** 📎, Neunußberg 35, ⊠ 94234,
⇌ ℰ (09942) 80 50, info@burghotel-sterr.de, Fax (09942) 805200, ≤, 😊, Massage, ⇌s,
🖼, 📶, 🌳 – |≡| 📺 ⇔ 🅿 –
geschl. 12. - 30. Nov. – **Menu** à la carte 22/46 – **54 Z** ⊂⊃ 70/90 – 160/180 –
½ P 20.

Restaurants with the mention **Menu** 🍴, 🟢, 🟢🟢 *or* 🟢🟢🟢 *: see maps in the introduction.*

VIERNHEIM Hessen 417 419 R 9 – 32 000 Ew – Höhe 100 m.
Siehe Stadtplan Mannheim-Ludwigshafen.
- 🏌9 Viernheim, Alte Mannheimer Str. 3, ℰ (06204) 7 87 37 ; 🏌18 Heddesheim (Süd-Ost : 3 km),
ℰ (06204) 7 12 22.
- Berlin 608 – Wiesbaden 82 – *Mannheim 11* – Darmstadt 47 – Heidelberg 21.

🏨 **Continental Hotel** 🅼, Bürgermeister-Neff-Str. 12 (Rhein-Neckar-Zentrum), ⊠ 68519,
ℰ (06204) 60 90, info@continental.bestwestern.de, Fax (06204) 609222, ⇌s, 🖼 – |≡|,
↳ Zim, ≡ 📺 ᵴ 🅿 – 🔬 150. 🖭 ⓪ ⓸ 𝘝𝘐𝘚𝘈 𝙹𝘾𝘉   DU r
Menu à la carte 45/68 – **121 Z** ⊂⊃ 195/251.

🏨 **Central-Hotel** garni, Hölderlinstr. 2, ⊠ 68519, ℰ (06204) 9 64 20, central.Hotel@ju
nior-net.de, Fax (06204) 964299, ⇌s – |≡| 📺 ⇔ 🅿 – 🔬 25. 🖭 ⓪ ⓸ 𝘝𝘐𝘚𝘈   DU n
34 Z ⊂⊃ 109/155 – 155/185, 8 Suiten.

🏨 **Am Kapellenberg** garni, Mannheimer Str. 59, ⊠ 68519, ℰ (06204) 7 70 77,
Fax (06204) 65978 – ≡ 📺 🅿. ⓸ 𝘝𝘐𝘚𝘈   DU e
geschl. 23. Dez. - 2. Jan. – **18 Z** ⊂⊃ 85/94 – 110/120.

In Viernheim-Neuzenlache *über die A 659* DU, *Ausfahrt Viernheim-Ost :*

🍴🍴 **Pfeffer & Salz,** Neuzenlache 10, ⊠ 68519, ℰ (06204) 7 70 33, Restaurant@Pfeffe
rSalz.de, Fax (06204) 77035, 😊 – 🅿. 🖭
geschl. Ende Dez. - Anfang Jan., Samstagmittag, Sonntag - Montag – **Menu** (Tischbestellung
ratsam, bemerkenswerte Weinkarte) à la carte 83/118.

VIERSEN Nordrhein-Westfalen 417 M 3 – 77 000 Ew – Höhe 41 m.
Berlin 592 – *Düsseldorf 34* – Krefeld 20 – Mönchengladbach 10 – Venlo 23.

🏨 **Kaisermühle,** An der Kaisermühle 20, ⊠ 41747, ℰ (02162) 2 49 02 40, kaisermueh
le@t-online-club.de, Fax (02162) 24902424, 😊, (ehemalige Mühle) – 📺 ⇔ 🅿 🖭 ⓪
⓸ 𝘝𝘐𝘚𝘈
Menu à la carte 38/74 – ⊂⊃ 18 – **12 Z** 140/220 – 198/315.

🍽 **Stadtwappen** mit Zim, Gladbacher Str. 143 (B 59), ⊠ 41747, ℰ (02162) 3 20 11,
Fax (02162) 31414 – 📺 ⇔ 🅿. ⓸ 𝘝𝘐𝘚𝘈
geschl. Juli - Aug. 3 Wochen – **Menu** (geschl. Samstagmittag, Montag) à la carte 33/69
– **7 Z** ⊂⊃ 85/95 – 110/150.

In Viersen-Süchteln *Nord-West : 4,5 km :*

🏨 **Höhen-Hotel,** Hindenburgstr. 67, ⊠ 41749, ℰ (02162) 72 77, Fax (02162) 80359, 😊,
(ehem. Villa), ⇌s – 📺 ᵴ ⇔ 🅿. 🖭 ⓪ ⓸ 𝘝𝘐𝘚𝘈. 💈
Petit Chateau (Tischbestellung erforderlich) (geschl. Sonntag) (nur Abendessen) **Menu**
à la carte 45/70 – **14 Z** ⊂⊃ 105/130 – 140/170, 3 Suiten.

🍴🍴🍴 **Alte Villa Ling** (Teigelkamp) mit Zim, Hindenburgstr. 34, ⊠ 41749, ℰ (02162) 97 01 50,
🟢 Fax (02162) 9701510, Biergarten, « Jugendstilvilla a.d.J. 1899 » – 📺 🅿. ⓸ 𝘝𝘐𝘚𝘈.
💈 Zim
Josefine (geschl. Montag) **Menu** à la carte 84/106 – **Gaststube** (geschl. Montag) **Menu**
à la carte 49/71 – **16 Z** ⊂⊃ 155 – 180/230
Spez. Hummerkrapfen mit Papaya-Sprossensalat. Kalbstafelspitz mit Ricotta-Olivenfüllung.
"Passionata" von Schokolade und Maracuja.

VILBEL, BAD *Hessen* 🆔7 *P 10 – 25 000 Ew – Höhe 110 m – Heilbad.*
Berlin 540 – Wiesbaden 48 – Frankfurt am Main 10 – Gießen 55.

🏨 **City Hotel** M, Alte Frankfurter Str. 13, ✉ 61118, ℰ (06101) 58 80, *info@cityhotel-bad vilbel.de*, Fax (06101) 588488, ☎ – 📶, ✦ Zim, 📺 ✦ ⇦ – 🔬 20. 🆎 ⓪ ⓪ 🆅🅸🆂🅰 🅹🅲🅱
Menu à la carte 26/57 – **Toscana** (geschl. 10. Juli - 21. Aug., Samstag - Sonntag) (nur Abendessen) **Menu** à la carte 50/74 – **92 Z** ⊑ 210/325 – 250/365 – ½ P 35.

🏠 **Am Kurpark** garni, Parkstr. 20, ✉ 61118, ℰ (06101) 60 07 00, *INFO@KURPARK.DE*, Fax (06101) 600707 – 📶, ✦ Zim, 📺 🆎 ⓪ ⓪ 🆅🅸🆂🅰
geschl. Weihnachten - Anfang Jan. – **38 Z** ⊑ 108/155 – 120/195.

In Bad Vilbel-Dortelweil : *Nord : 2 km :*

🏨 **Golfclub Lindenhof** ⟐, ✉ 61118, ℰ (06101) 5 24 51 40, Fax (06101) 5245202, 🍽
– 📺 🄿 – 🔬 60. 🆎 ⓪ ⓪ 🆅🅸🆂🅰
Menu (geschl. Montagmittag) à la carte 39/69 – **20 Z** ⊑ 150/200.

In Niederdorfelden *Nord-Ost : 4,5 km :*

🏠 **Schott** ⟐ garni, Hainstr. 19, ✉ 61138, ℰ (06101) 53 66 60, Fax (06101) 5366677 –
✦ 📺 🄿 ⓪ 🆅🅸🆂🅰
geschl. 24. Dez. - 5. Jan. – **10 Z** ⊑ 90/150.

VILLINGENDORF *Baden-Württemberg* 🆔9 *V 9 – 2 400 Ew – Höhe 621 m.*
Berlin 725 – Stuttgart 89 – Konstanz 92 – Rottweil 5,5 – Schramberg 23 – Oberndorf 13.

🏠 **Kreuz**, Hauptstr. 8, ✉ 78667, ℰ (0741) 3 40 57, Fax (0741) 347217, 🍽, 🍴 – 📺 🄿
⓪ 🆅🅸🆂🅰
geschl. 1. - 15. Jan., Mitte Aug. - Anfang Sept. – **Menu** (geschl. Mittwoch - Donnerstagmittag) à la carte 32/64 – **8 Z** ⊑ 65/70 – 115/120.

✗✗ **Linde**, Rottweiler Str. 3, ✉ 78667, ℰ (0741) 3 18 43, Fax (0741) 34181, 🍽 – 🄿
geschl. Ende Juli - Anfang Aug., Montagabend - Dienstag – **Menu** 43/93 à la carte 48/87.

VILLINGEN-SCHWENNINGEN *Baden-Württemberg* 🆔9 *V 9 – 81 000 Ew – Höhe 704 m – Kneippkurort.*

🅱 *Tourist Service, Villingen, Rietstr. 8, ✉ 78050, ℰ (07721) 82 23 40, Fax (07721) 822347.*

🅱 *Tourist Service, Schwenningen, im Bahnhof, ✉ 78054, ℰ (07720) 82 12 08, Fax (07720) 821207.*

ADAC, *Kaiserring 1 (Villingen).*
Berlin 734 ③ – Stuttgart 115 ③ – Freiburg im Breisgau 77 ⑤ – Konstanz 90 ⑤ – Offenburg 79 ① – Tübingen 83 ③

Stadtplan siehe nächste Seite

Im Stadtteil Villingen :

🏨 **Rindenmühle**, Am Kneipp-Bad 9 (am Kurpark), ✉ 78052, ℰ (07721) 8 86 80, *mail@rind enmuehle.de*, Fax (07721) 886813, 🍽, 🍴 – ✦ Zim, 📺 🄿 – 🔬 Zim
Menu (geschl. Sonntagabend - Montag) à la carte 42/71 – **20 Z** ⊑ 110/117 – 156/165
– ½ P 37.   über Kirnacher Straße   **A**

🏨 **Bosse** ⟐, Oberförster-Ganter-Str. 9 (Kurgebiet), ✉ 78048, ℰ (07721) 5 80 11, Fax (07721) 58013, 🍽, 🍴 – 📺 ⇦ 🄿 – 🔬 40. 🆎 ⓪ ⓪ 🆅🅸🆂🅰 🅹🅲🅱 ✻ Rest
Menu (geschl. 3. - 9. Jan., Freitag) à la carte 55/81 – **34 Z** ⊑ 98/135 – 150/195 –
½ P 35.   über ⑥

🏠 **Bären** garni, Bärengasse 2, ✉ 78050, ℰ (07721) 5 55 41, *baerenhotel@t-online.de*, Fax (07721) 58090 – 📶 ✦ 📺 ⇦. 🆎 ⓪ 🆅🅸🆂🅰   **A** s
16 Z ⊑ 98/130 – 145/170.

✗✗ **Kapuzinerhof**, Niedere Str. 88, ✉ 78050, ℰ (07721) 3 20 95, Fax (07721) 32595, 🍽
Menu à la carte 36/76.   **A** e

Im Stadtteil Schwenningen :

🏨 **Ochsen**, Bürkstr. 59, ✉ 78054, ℰ (07720) 83 90, *info@hotelochsen.com*, Fax (07720) 839639, « Gartenterrasse » – 📶, ✦ Zim, 📺 ⇦ 🄿 – 🔬 40. 🆎 ⓪ ⓪ 🆅🅸🆂🅰
Menu (geschl. 1.- 10. Jan., Aug. 3 Wochen, Sonntag - Montag) à la carte 43/70 – **38 Z**
⊑ 105/198 – 198/270 – ½ P 40.   **B** a

🏨 **Central-Hotel** garni, Alte Herdstr. 12 (Muslen-Parkhaus), ✉ 78054, ℰ (07720) 30 30, *info@centralhotel-vs.de*, Fax (07720) 303100 – 📶 ✦ 📺 📞 ⇦ – 🔬 40. 🆎 ⓪ ⓪ 🆅🅸🆂🅰
geschl. 22. Dez. - 3. Jan. – **58 Z** ⊑ 105/130 – 155/175.   **B** c

🏠 **Neckarquelle**, Wannenstr. 5, ✉ 78056, ℰ (07720) 9 78 29, Fax (07720) 978230, 🍽
– 📺 ⇦ 🄿   **B** n
Menu (geschl. Aug. 2 Wochen, Sonntag) à la carte 30/60 – **17 Z** ⊑ 85/95 – 120/150
– ½ P 28.

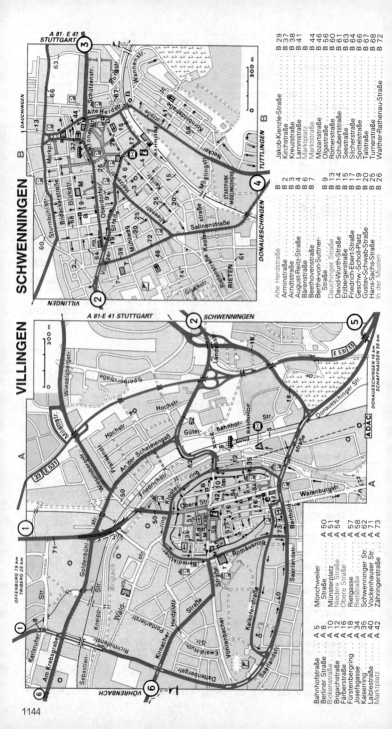

VILLINGEN

A 81· E 41 STUTTGART

SCHWENNINGEN

SCHWENNINGEN

Im Stadtteil Obereschach Nord : 5 km über Vockenhauser Str. A :

🏠 **Sonne,** Steinatstr. 17, ✉ 78052, ℰ (07721) 9 51 60, sonne-gasthaus@aol.com,
Fax (07721) 951650 – 📺 **P.** 📠 *VISA*
Menu (geschl. 8.- 30. Aug., Dienstag) à la carte 27/60 – **16 Z** ⌧ 58/65 – 90/95 – ½ P 20.

VILSBIBURG Bayern 420 U 21 – 10 500 Ew – Höhe 449 m.
🚄 Vilsbiburg, Trauterfing (Süd-Ost : 3 km), ℰ (08741) 96 86 80.
Berlin 581 – München 79 – Regensburg 81 – Landshut 21.

In Vilsbiburg-Achldorf Süd-Ost : 2 km :

🏠🏠 **Kongressissimo** M, Hauptstr. 2, ✉ 84137, ℰ (08741) 96 60, info@kongresssissim
o.de, Fax (08741) 966299, 🍺, Biergarten, ⌧, 🔲, 🏸, 🎾(Halle) Squash – 🛗, ↔ Zim,
🍽 Rest, 📺 ✆ **P.** – 🚗 60. 🅰🅴 📠 *VISA*. 🍴 Zim
Menu à la carte 28/52 – **38 Z** ⌧ 99/210 – 144/250.

VILSHOFEN Bayern 420 U 23 – 14 600 Ew – Höhe 307 m.
Berlin 585 – München 164 – Passau 23 – Regensburg 101.

🏠 **Bairischer Hof,** Vilsvorstadt 29, ✉ 94474, ℰ (08541) 50 65, Fax (08541) 6972, 🍺
– ↔ 📺 🚗 **P.** 🅰🅴 ⓞ 📠 *VISA*. 🍴 Rest
geschl. 24. Dez. - 7. Jan. – **Menu** (geschl. 10.- 27. Aug., Freitagabend - Samstag, Sonntagabend) à la carte 33/54 – **29 Z** ⌧ 75/90 – 120/140.

VISBEK Niedersachsen 415 H 8 – 4 500 Ew – Höhe 50 m.
Berlin 429 – Hannover 139 – Bremen 48 – Oldenburg 45 – Osnabrück 63.

🏠 **Wübbolt** garni, Astruper Str. 19, ✉ 49429, ℰ (04445) 9 67 70, hotel.wuebbolt@t-o
nline.de, Fax (04445) 967710 – 📺 **P.** ⓞ 📠 *VISA*
16 Z ⌧ 80/130.

VISSELHÖVEDE Niedersachsen 415 416 H 12 – 10 000 Ew – Höhe 56 m – Erholungsort.
🅱 Tourist-Information, Burgstr. 3, ✉ 27374, ℰ (04262) 16 67, Fax (04262) 2042.
Berlin 344 – Hannover 81 – Hamburg 87 – Bremen 60 – Rotenburg (Wümme) 19.

In Visselhövede-Hiddingen Nord-Ost : 3 km :

🏠🏠 **Röhrs** (mit Gästehaus), Neuenkirchener Str. 3, ✉ 27374, ℰ (04262) 9 31 80,
Fax (04262) 4435, « Garten », ⌧ – 📺 **P.** – 🚗 80. 🅰🅴 📠 *VISA*. 🍴 Zim
Menu (Montag - Freitag nur Abendessen) à la carte 29/58 – **38 Z** ⌧ 85/105 – 95/140
– ½ P 20.

In Visselhövede-Jeddingen Süd-West : 5 km :

🏠 **Jeddinger Hof** (mit Gästehaus), Heidmark 1, ✉ 27374, ℰ (04262) 93 50,
Fax (04262) 736, 🍺, 🏸 – 📺 **P.** – 🚗 120. 🅰🅴 ⓞ 📠 *VISA*
Menu à la carte 33/59 – **60 Z** ⌧ 90/100 – 135/170 – ½ P 20.

VLOTHO Nordrhein-Westfalen 417 J 10 – 19 500 Ew – Höhe 47 m.
🚄 Vlotho-Exter, Heideholz 8 (Süd-West : 8 km), ℰ (05228) 74 34.
Berlin 359 – Düsseldorf 206 – Bielefeld 43 – Bremen 116 – Hannover 76 – Osnabrück 72.

In Vlotho-Bonneberg Süd-West : 2,5 km :

🏠🏠 **Bonneberg** M 🦌, Wilhelmstr. 8, ✉ 32602, ℰ (05733) 79 30, info@bonneberg.bes
twestern, Fax (05733) 793111, 🍺, ⌧ – 🛗 📺 ✆ 🚗 **P.** – 🚗 200. 🅰🅴 ⓞ 📠 *VISA*
Menu à la carte 40/67 – **126 Z** ⌧ 139/179 – 219/269.

In Vlotho-Exter Süd-West : 8 km :

🏠 **Grotegut,** Detmolder Str. 252, ✉ 32602, ℰ (05228) 2 16, Webmaster@hotel-Grote
gut.de, Fax (05228) 1027 – 📺 🚗 **P.** 🅰🅴 ⓞ 📠 *VISA*. 🍴
Menu (geschl. Montag) à la carte 36/72 – **12 Z** ⌧ 80/90 – 140/150.

Gute Küchen

haben wir durch

Menu 🍴, ❀, ❀❀ oder ❀❀❀ kenntlich gemacht.

VÖHRENBACH Baden-Württemberg 🔢 V 8 – 4 200 Ew – Höhe 800 m – Erholungsort – Wintersport : 800/1 100 m ⚡4 🎿.

🛈 Tourist-Information, Friedrichstr. 8, ⌗ 78147, 𝒫 (07727) 50 11 15, Fax (07727) 501119.

Berlin 759 – Stuttgart 131 – *Freiburg im Breisgau 48* – Donaueschingen 21 – Villingen-Schwenningen 18.

XX **Zum Engel** (Ketterer), Schützenstr. 2, ⌗ 78147, 𝒫 (07727) 70 52, Fax (07727) 7873,
🕸 « Gasthof a.d.J. 1544 » – 𝚅𝙸𝚂𝙰
geschl. 7. - 17. Jan., Juni 3 Wochen, Jan. - Juni Montag - Dienstag, Juli - Dez. Montag - Dienstagmittag – **Menu** (Tischbestellung ratsam) à la carte 53/98
Spez. Terrine von Taubenbrust und Entenstopfleber mit Kürbis-Chutney. Wildentenbrust mit glacierten Maronen und Orangen-Pfeffersauce (Saison). Gebrannte Lavendelcrème mit Champagnereis.

In Vöhrenbach-Hammereisenbach *Süd : 7 km :*

X **Felsen,** Hauptstr. 5, ⌗ 78147, 𝒫 (07657) 4 79, Fax (07657) 479, 🏠 – 🅿.
geschl. Anfang - Mitte Juni, Ende Okt. - Anfang Nov., Dienstag – **Menu** 45 (mittags) à la carte 62/89.

An der Straße nach Unterkirnach *Nord-Ost : 3,5 km – Höhe 963 m :*

🏠 **Friedrichshöhe,** Villinger Str. 30, ⌗ 78147 Vöhrenbach, 𝒫 (07727) 2 49, Landgasth of.friedrichshoehe@t-online.de, Fax (07727) 1350, 🏠, ≋s, 🚲 – 🚗 🅿 – 🔏 25. 🐵🕥 𝚅𝙸𝚂𝙰
geschl. Nov. – **Menu** (geschl. Montag) à la carte 30/56 ⅄ – **16 Z** ⌷ 66/128 – ½ P 21.

VÖHRINGEN Bayern 🔢 🔢 V 14 – 12 900 Ew – Höhe 498 m.
Berlin 628 – München 146 – *Augsburg 86* – Kempten (Allgäu) 75 – Ulm (Donau) 22.

In Vöhringen-Illerberg *Nord-Ost : 3 km :*

XX **Burgthalschenke,** Untere Hauptstr. 4 (Thal), ⌗ 89269, 𝒫 (07306) 52 65,
🍴 Fax (07306) 34394, 🏠 – 🅿. 🅰🅴 ① 🕥 𝚅𝙸𝚂𝙰
geschl. Montag – **Menu** à la carte 41/81.

VÖLKLINGEN Saarland 🔢 S 4 – 44 300 Ew – Höhe 185 m.
Sehenswert : Alte Völklinger Hütte★ (Gasgebläsehalle★).

🛈 Stadtverwaltung, Hindenburgplatz (Rathaus), ⌗ 66333, 𝒫 (06898) 13 22 16, Fax (06898) 132110.

Berlin 722 – *Saarbrücken 14* – Saarlouis 12.

🏨 **Parkhotel Gengenbach,** Kühlweinstr. 70, ⌗ 66333, 𝒫 (06898) 91 47 00,
Fax (06898) 23655, « Kleiner Park ; Gartenterrasse » – 📺 🅿 – 🔏 20. 🅰🅴 ① 🕥 𝚅𝙸𝚂𝙰
Orangerie (geschl. 1.- 15. Jan., Samstagmittag, Montag, Sonn- und Feiertage) **Menu** à la carte 71/111 – **11 Z** ⌷ 150/200.

VOERDE Nordrhein-Westfalen 🔢 L 4 – 34 000 Ew – Höhe 26 m.
Berlin 552 – *Düsseldorf 61* – Duisburg 23 – Wesel 10.

🏨 **Niederrhein** garni, Friedrichsfelder Str. 15, ⌗ 46562, 𝒫 (02855) 96 20,
Fax (02855) 962111, ≋s – 🛗 📺 📞 🔏 🅿 – 🔏 60. 🅰🅴 ① 🕥 𝚅𝙸𝚂𝙰
55 Z ⌷ 160/210.

XX **Wasserschloß Haus Voerde,** Allee 64, ⌗ 46562, 𝒫 (02855) 36 11, ADMIN@HAUS-VOERDE.DE, Fax (02855) 3616, 🏠, « Wasserschloß a.d.16. Jh. ; Gewölbekeller » – 🅿. 🅰🅴 ① 🕥 𝚅𝙸𝚂𝙰
geschl. Samstagmittag, Montag – **Menu** à la carte 51/84.

VÖRSTETTEN Baden-Württemberg siehe Denzlingen.

VOGTSBURG IM KAISERSTUHL Baden-Württemberg 🔢 V 6 – 5 100 Ew – Höhe 220 m.
Berlin 797 – Stuttgart 200 – *Freiburg im Breisgau 31* – Breisach 10 – Sélestat 28.

In Vogtsburg-Achkarren :

🏠 **Zur Krone,** Schloßbergstr. 15, ⌗ 79235, 𝒫 (07662) 9 31 30, KRONE-ACHKARREN@T-ONLINE.DE, Fax (07662) 931350, 🏠, 🚲, 🍴 – 🍽 Zim, 📺 🚗 🅿. 🕥 𝚅𝙸𝚂𝙰
geschl. 15. - 30. Jan. – **Menu** (geschl. Mittwoch) à la carte 37/82 – **23 Z** ⌷ 75/85 – 125/160 – ½ P 30.

in Vogtsburg-Bickensohl :

🏠 **Rebstock,** Neunlindenstr. 23, ✉ 79235, 𝒫 (07662) 9 33 30, Fax (07662) 933320, 🏡 – 📺 🅿 ⬤⬤
23. Dez. - 5. Feb. – **Menu** (geschl. 23.Juli - 3. Aug., April - Nov. Montag - Dienstagmittag, Dez. - März Montag - Dienstag) à la carte 45/70 – **13 Z** ☐ 70 – 140/164 – ½ P 28.

in Vogtsburg-Bischoffingen :

🏠🏠 **Steinbuck** ⬤, Steinbuckstr. 20 (in den Weinbergen), ✉ 79235, 𝒫 (07662) 91 12 10, wernet@hotel-steinbuck.de, Fax (07662) 6079, ≤ Kaiserstühler Rebland, 🏡, 🚇, 🚗 – 📺 🚗 🅿 – 🛗 30
geschl. Mitte Jan. - Ende Feb. – **Menu** (geschl. April - Okt. Dienstag - Mittwochmittag, Nov. - März Dienstag - Mittwoch) à la carte 50/84 ⅃ – **18 Z** ☐ 95/165 – ½ P 28.

in Vogtsburg-Burkheim :

🏠 **Kreuz-Post,** Landstr. 1, ✉ 79235, 𝒫 (07662) 9 09 10, info@kreuz-post.de, Fax (07662) 1298, ≤, 🏡, 🚗 – ♿ 📺 🚗 🅿 – 🛗 25. ⬤ ⬤⬤ 𝘝𝘐𝘚𝘈
geschl. Mitte Nov. - Anfang Dez. – **Menu** (geschl. Dienstag) à la carte 32/57 ⅃ – **35 Z** ☐ 69/99 – 98/160 – ½ P 32.

in Vogtsburg-Oberbergen :

XXX **Schwarzer Adler** mit Zim, Badbergstr. 23, ✉ 79235, 𝒫 (07662) 93 30 10, Franz-Ke
🌸 ller@t-online.de, Fax (07662) 719, 🏡 – 🚗 🅿 ⬤ ⬤⬤ 𝘝𝘐𝘚𝘈 🍽 Rest
geschl. Mitte Jan. - Feb. – **Menu** (geschl. Mittwoch - Donnerstag) (Tischbestellung ratsam, bemerkenswerte Weinkarte) 95/165 à la carte 71/103 – **16 Z** ☐ 120/150 – 200/240
Spez. Unsere Gänseleber. St. Pierre mit beurre blanc. Ente aus dem Ofen.

in Vogtsburg-Schelingen :

X **Zur Sonne** mit Zim, Mitteldorf 5, ✉ 79235, 𝒫 (07662) 2 76, Fax (07662) 6043, 🏡 – 📺 🅿
geschl. 22. Jan. - 11. Feb., 1. - 18. Juli – **Menu** (geschl. Dienstag, Mitte Nov.- Feb. Dienstag - Mittwochmittag) (Tischbestellung ratsam) à la carte 37/64 ⅃ – **9 Z** ☐ 60/70 – 98/140 – ½ P 28.

VOHENSTRAUSS Bayern ⁴²⁰ R 21 – 7 500 Ew – Höhe 570 m.
🛈 Tourismusbüro, Rathaus, Marktplatz 9, ✉ 92648, 𝒫 (09651) 92 22 30, Fax (09651) 922241.
Berlin 423 – München 206 – Weiden in der Oberpfalz 17 – Cham 66 – Regensburg 87.

🏡 **Drei Lilien,** Friedrichstr. 15, ✉ 92648, 𝒫 (09651) 23 61, Fax (09651) 916181 – 🚗
⬤⬤ **Menu** (geschl. Dienstagmittag, Mittwochmittag) à la carte 19/41 ⅃ – **22 Z** ☐ 46/52 – 80/96 – ½ P 17.

VOLKACH Bayern ⁴¹⁹ ⁴²⁰ Q 14 – 9 500 Ew – Höhe 200 m – Erholungsort.
Sehenswert : Wallfahrtskirche "Maria im Weingarten" : Rosenkranzmadonna★ Nord-West : 1 km.
🛈 Tourist Information, Rathaus, Marktplatz, ✉ 97332, 𝒫 (09381) 4 01 12, Fax (09381) 40116.
Berlin 466 – München 269 – Würzburg 28 – Bamberg 64 – Nürnberg 98.

🏠🏠 **Romantik Hotel Zur Schwane,** Hauptstr. 12, ✉ 97332, 𝒫 (09381) 8 06 60, Fax (09381) 806666, « Altfränkische Stuben ; Innenhofterrasse », 🚇 – 📺 🍷 🚗 🅿 – 🛗 15. ⒶⒺ ⬤⬤ 𝘝𝘐𝘚𝘈 🍽 Rest
Menu (geschl. 20. Dez. - 20. Jan., Montag) à la carte 50/77 – **25 Z** ☐ 120/130 – 160/260 – ½ P 50.

🏠🏠 **Vier Jahreszeiten** garni, Hauptstr. 31, ✉ 97332, 𝒫 (09381) 8 48 40, VierJahreszei ten@t-online.de, Fax (09381) 848444, « Historisches Gebäude a.d.J. 1605 mit antiker Einrichtung » – 🍽 📺 🍷 🅿 – 🛗 15. ⒶⒺ ⬤⬤ 𝘝𝘐𝘚𝘈
20 Z ☐ 120 – 160/210.

🏠🏠 **Am Torturm** garni, Hauptstr. 41, ✉ 97332, 𝒫 (09381) 8 06 70, Hotel-am-Torturm @t-online.de, Fax (09381) 806744 – 🍽 📺 🍷 🚗. ⒶⒺ ⬤⬤ 𝘝𝘐𝘚𝘈
geschl. 24. Dez. - 2. Jan. – **17 Z** ☐ 100/140 – 140/180.

🏠🏠 **Rose** (mit 🏡 Gasthof), Oberer Markt 7, ✉ 97332, 𝒫 (09381) 84 00, info@rose-volk ach.de, Fax (09381) 840333, 🏡, 🚗 – ♿ 📺 🍷 🅿 – 🛗 25. ⬤⬤ 𝘝𝘐𝘚𝘈
Menu (geschl. Mitte Jan. - Mitte Feb., ausser Saison Mittwoch) à la carte 26/58 ⅃ – **30 Z** ☐ 85/100 – 140/170 – ½ P 25.

🏨 **Breitenbach** garni, Hauptstr. 2, ⊠ 97332, ℰ (09381) 80 35 33, *Fax (09381) 80353ʒ*
– 📺. ✿
17 Z ⊑ 80/120 – 140/180.

🏨 **Behringer** (mit Gästehaus), Marktplatz 5, ⊠ 97332, ℰ (09381) 81 40, *Hotel-Behring*
er@sispro.de, Fax (09381) 814299, Biergarten – 📺. AE 🐧 VISA
Menu *(gesch. Jan. - Feb.)* à la carte 28/65 – **16 Z** ⊑ 80/90 – 150 – ½ P 30.

In Volkach-Astheim *West : 1,5 km :*

🍴 **Zum Schwan,** Karthäuser Str. 13, ⊠ 97332, ℰ (09381) 12 15, *Team@zum-Schwan.de,*
Fax (09381) 6177, 🌼 – 🏛 40. AE 🐧 VISA
geschl. Anfang - Mitte Aug., Dienstag - Mittwochmittag – **Menu** à la carte 28/59 🍷.

In Volkach-Escherndorf *West : 3 km :*

🍴🍴 **Gasthaus Zur Krone,** Bocksbeutelstr. 1, ⊠ 97332, ℰ (09381) 28 50,
Fax (09381) 6082, 🌼 – 🐧 VISA
geschl. Feb. 2 Wochen, Juli 2 Wochen, Dienstag – **Menu** à la carte 43/76.

In Nordheim *Süd-West : 4 km :*

🏨 **Gasthof Markert,** Am Rain 22, ⊠ 97334, ℰ (09381) 8 49 00, *info@gasthofmarke*
⊛ *rt.de, Fax (09381) 8490400,* 🌼 – 📺 🚗 🅿 – 🏛 50. 🐧 VISA
Menu à la carte 24/55 🍷 – **24 Z** ⊑ 75/110 – ½ P 25.

🏨 **Zur Weininsel** (mit Gästehaus), Mainstr. 17, ⊠ 97334, ℰ (09381) 80 36 90, *info@Ga*
sth.Weininsel.de, Fax (09381) 803691, 🌼 – ✖ 🚗 🅿 ✿
geschl. 27. Dez. - Mitte Jan. – **Menu** *(geschl. Mittwoch)* à la carte 29/46 🍷 – **13 Z** ⊑ 60/70
– 90/120 – ½ P 24.

🍴 **Zur Sonne** mit Zim, Hauptstr. 18, ⊠ 97334, ℰ (09381) 8 07 10, *Fax (09381) 807155,*
🌼, ◆ Barockhaus a.d.J. 1780 ▶ – 📺 📟 🅿 – 🏛 25
geschl. Ende Jan. - Ende Feb. – **Menu** *(geschl. Dienstag, Nov. - März Montag - Freitag nur*
Abendessen) à la carte 32/54 – **8 Z** ⊑ 75 – 102/115 – ½ P 32.

🍴 **Zehnthof Weinstuben,** Hauptstr. 2, ⊠ 97334, ℰ (09381) 17 02, *Fax (09381) 4379,*
⊛ 🌼, ✖ Rest,
geschl. Montag – **Menu** à la carte 24/47 🍷.

In Eisenheim-Obereisenheim *Nord-West : 9,5 km :*

🏨 **Rose,** Marktplatz 5, ⊠ 97247, ℰ (09386) 9 72 20, *rose-hotel.bregenzer@t-online.de,*
Fax (09386) 972240, 🌼, 🍸 – ✖ Zim, 📺 📟 🅿 – 🏛 20
Menu *(geschl. Nov. - April Montag)* à la carte 30/52 🍷 – **28 Z** ⊑ 60/70 – 90/110 – ½ P 28.

VREDEN *Nordrhein-Westfalen* 417 J 4 – 22 000 Ew – Höhe 40 m.
🛈 *Verkehrsverein, Markt 6,* ⊠ 48691, ℰ (02564) 46 00, Fax (02564) 31744.
Berlin 537 – Düsseldorf 116 – Nordhorn 66 – Bocholt 33 – Enschede 25 – Münster (West-
falen) 65.

🏨 **Am Stadtpark,** Up de Bookholt 48, ⊠ 48691, ℰ (02564) 9 31 60, *Info@Hotel-zum*
-Stadtpark, Fax (02564) 931640 – 📺 📟 🅿 – 🏛 30. AE ① 🐧 VISA. ✿
Menu *(geschl. Sonntagabend, Dienstag)* (Restaurant nur für Hausgäste) à la carte 29/41
– **21 Z** ⊑ 75/130.

🏨 **Hamaland,** Up de Bookholt 28, ⊠ 48691, ℰ (02564) 13 22, *info@hotelhamaland.de,*
Fax (02564) 34819, 🌼 – 📺 🅿 AE ① 🐧 VISA
Menu *(geschl. Montag)* (wochentags nur Abendessen) à la carte 30/62 – **10 Z** ⊑ 65/120.

🍴🍴 **Cavallino,** Dömern 69 (Ost : 1 km), ⊠ 48691, ℰ (02564) 3 26 99, 🌼 – 🅿 AE ① 🐧
VISA
geschl. Juli 3 Wochen, Montag – **Menu** à la carte 43/67.

WACHAU *Sachsen siehe Leipzig.*

WACHENHEIM *Rheinland-Pfalz* 417 419 R 8 – 4 700 Ew – Höhe 158 m.
🛈 *Verkehrsamt, Weinstr. 16 (Rathaus),* ⊠ 67157, ℰ (06322) 95 80 32, Fax (06322)
958059.
Berlin 641 – Mainz 86 – Mannheim 27 – Kaiserslautern 35 – Neustadt an der Wein-
straße 12.

🏨 **Goldbächel** 🐾, Waldstr. 99, ⊠ 67157, ℰ (06322) 9 40 50, *Fax (06322) 5068,* 🌼, 🍸
🌼 – 📺 🅿 – 🏛 25. 🐧 VISA
Menu *(geschl. Jan. 2 Wochen, Juli 2 Wochen, Montag)* à la carte 28/66 🍷 – **16 Z** ⊑ 75/120
– 150/160.

XX **Kapellchen,** Weinstr. 29, ⊠ 67157, ✎ (06322) 6 54 55, *kuechenchef@ kapellchen.de,*
Fax (06322) 66068 – 🖭 ⓞ ⓒⓞ *VISA*. ⚹⚹
geschl. Feb. 1 Woche, Juli - Aug. 3 Wochen, Samstagmittag, Sonntagabend - Montag –
Menu à la carte 42/72.

X **Alte Münze,** Langgasse 2a, ⊠ 67157, ✎ (06322) 6 52 19, *Fax (06322) 61413,* 🍴,
(Weinstube) – 🖪
geschl. Juni 2 Wochen, Montag - Dienstag – **Menu** *(wochentags ab 17.00 Uhr geöffnet)*
à la carte 38/47.

In Gönnheim *Ost : 4,5 km :*

XX **Lamm** mit Zim, Bismarckstr. 21, ⊠ 67161, ✎ (06322) 9 52 90, *Fax (06322) 952916,* 🍴,
🔁 – ⚯⚯ 🖭 🖪
geschl. Feb. 2 Wochen, Juli 1 Woche, Ende Aug. 1 Woche – **Menu** *(geschl. Montag, Nov.*
- April Sonntagabend - Montag) (Dienstag - Freitag nur Abendessen) à la carte 50/74 –
8 Z ⊑ 110/140.

	Si le nom d'un hôtel figure en petits caractères
Europe	demandez, à l'arrivée,
	les conditions à l'hôtelier.

WACHTBERG *Nordrhein-Westfalen* 🔢 *O 5 – 19 000 Ew – Höhe 230 m.*
 🛏 *Wachtberg-Niederbachem, Landgrabenweg,* ✎ *(0228) 34 40 03.*
Berlin 609 – Düsseldorf 99 – Bonn 17 – Koblenz 67 – Köln 52.

In Wachtberg-Adendorf :

XXX **Kräutergarten,** Töpferstr. 30, ⊠ 53343, ✎ (02225) 75 78, *Fax (02225) 702801,* 🍴
🖪
geschl. Anfang - Mitte Okt., Samstagmittag, Sonntag - Montag – **Menu** (Tischbestellung
ratsam) à la carte 79/88.

WACKEN *Schleswig-Holstein* 🔢 *D 12 – 1 500 Ew – Höhe 40 m.*
Berlin 358 – Kiel 76 – Hamburg 75 – Itzehoe 17.

XX **Landgasthof Zur Post,** Hauptstr. 25, ⊠ 25596, ✎ (04827) 22 83, *info@ landgast*
hof-wacken.de, Fax (04827) 2676, 🍴 – 🖫 🖪 – 🖄 40. 🖭 ⓞ ⓒⓞ *VISA*
Menu à la carte 30/62.

WACKERSBERG *Bayern* 🔢 *W 18 – 3 100 Ew – Höhe 745 m.*
Berlin 648 – München 56 – Garmisch-Partenkirchen 56.

In Wackersberg-Arzbach *Süd : 3 km :*

🏠 **Benediktenhof** ⚲ garni, Alpenbadstr. 16, ⊠ 83646, ✎ (08042) 9 14 70, *info@ be*
nediktenhof.de, Fax (08042) 914729, « Einrichtung im alpenländischen Stil », 🍵, 🍴 – ⚯⚯
🖫 🖪 ⚹⚹
11 Z ⊑ 94/130 – 121/176.

WADERSLOH *Nordrhein-Westfalen* 🔢 *K 8 – 11 000 Ew – Höhe 90 m.*
Berlin 432 – Düsseldorf 153 – Bielefeld 52 – Beckum 16 – Lippstadt 11.

🏛 **Bomke,** Kirchplatz 7, ⊠ 59329, ✎ (02523) 9 21 60, *bomke@ ringhotels.de,*
⚭ *Fax (02523) 1366,* 🍴, 🍔 – ⚯⚯ Zim, 🖫 🕻 🖪 – 🖄 25. 🖭 ⓞ ⓒⓞ *VISA*. ⚹⚹ Zim
Menu *(geschl. Anfang Jan. 1 Woche, Juli - Aug. 3 Wochen, Samstagmittag, Donnerstag)*
(Tischbestellung ratsam, bemerkenswerte Weinkarte) 44 (mittags) à la carte 52/105 – **20 Z**
⊑ 115/150 – 180/210
Spez. Lachstartar mit Bärlauchschaum und Kaviar. Spanferkel mit Stielmus und Kartoffel-
Blutwurstknödel. Geflämmte Kaffeecrème mit Ananas und Kokosmilcheis.

WÄSCHENBEUREN *Baden-Württemberg* 🔢 *T 13 – 3 500 Ew – Höhe 408 m.*
Berlin 598 – Stuttgart 53 – Göppingen 10 – Schwäbisch Gmünd 16.

In Wäschenbeuren-Wäscherhof *Nord-Ost : 1,5 km :*

🏠 **Zum Wäscherschloß** ⚲, Wäscherhof 2, ⊠ 73116, ✎ (07172) 73 70,
Fax (07172) 22340, 🍴, 🍔 – 🖫 ⬡ 🖪
Menu *(geschl. Montag - Dienstag)* à la carte 26/52 – **18 Z** ⊑ 70/80 – 120/140.

WAGING AM SEE Bayern 🔲🔲🔲 W 22 – 5 900 Ew – Höhe 450 m – Luftkurort.

🅸 Verkehrsbüro, Salzburger Str. 32, ✉ 83329, ℰ (08681) 3 13, Fax (08681) 9676.

Berlin 679 – München 124 – *Bad Reichenhall 47* – Traunstein 12 – Salzburg 31.

🏠 **Wölkhammer** (mit 🏠 Anbau), Haslacher Weg 3, ✉ 83329, ℰ (08681) 40 80, *info@hotel-woelkhammer.de*, Fax (08681) 4333, 🌇, 🗗, ⊜s, 🐎 – ⫯ 📺 🅿 – 🔏 40. 🏊 Zim
geschl. Jan. 3 Wochen, Nov. 3 Wochen – **Menu** (geschl. Freitagabend) à la carte 26/56 – **47 Z** ☲ 70/130 – 120/240 – ½ P 23/26.

🏵🏵🏵 **Kurhausstüberl** (Schuhbeck), Am See 1 (Nord-Ost : 1 km), ✉ 83329, ℰ (08681) 🌿 40 09 12, Fax (08681) 400925, ⇐ – 🅿. 🄰🄴 ⓪ ⓶ 𝗩𝗜𝗦𝗔
geschl. 8. Jan. - Ende Feb., Montag - Dienstag – **Menu** 149 à la carte 91/119 – **Wirtshaus am See** (geschl. Okt. - Mai Montag - Dienstag) **Menu** à la carte 30/59
Spez. Regionale Fischsuppe. Renkenfilet mit Rettich-Linsengemüse und brauner Zitronenbutter. Bauernente in zwei Gängen serviert.

🗶 **Landhaus Tanner** mit Zim, Aglassing 1, ✉ 83329, ℰ (08681) 6 97 50, *tanner-hotels@t-online.de*, Fax (08681) 697549, 🌇, « Einrichtung im Landhausstil », ⊜s, 🐎 – ⫯ 📺 🕭 🅿. 🄴 ⓶ 𝗩𝗜𝗦𝗔
geschl. Feb. - März 2 Wochen, Nov. 2 Wochen – **Menu** (geschl. Dienstag) à la carte 31/60 – ☲ 15 – **7 Appart.** 120 – 140/160.

WAHLSBURG Hessen 🔲🔲🔲 🔲🔲🔲 L 12 – 2 700 Ew – Höhe 150 m.

Sehenswert : *in Lippoldsberg : Klosterkirche★*.

🅸 Verkehrsamt, Am Mühlbach 15, ✉ 37194, ℰ (05572) 937811, Fax (05572) 937827.

Berlin 362 – Wiesbaden 265 – *Kassel 50* – Hann. Münden 30 – Höxter 35.

In Wahlsburg-Lippoldsberg – *Luftkurort* :

🏠 **Lippoldsberger Hof** 🏖, Schäferhof 16, ✉ 37194, ℰ (05572) 3 36, *Lippoldsberger-Hof@t-online.de*, Fax (05572) 1327, 🐎 – ⧈ Zim, 📺 ⟷ 🅿
geschl. Mitte - Ende März – **Menu** (geschl. Mittwoch) à la carte 27/40 – **19 Z** ☲ 54/75 – 90/110 – ½ P 15.

WAIBLINGEN Baden-Württemberg 🔲🔲🔲 T 11 – 51 000 Ew – Höhe 229 m.

🅸 Stadtinformation, Marktgasse 1, ✉ 71332, ℰ (07151) 5 00 14 23, Fax (07151) 5001446.

ADAC, Bahnhofstr. 75.

Berlin 609 – *Stuttgart 19* – Schwäbisch Gmünd 42 – Schwäbisch Hall 57.

🏠🏠 **Koch**, Bahnhofstr. 81, ✉ 71332, ℰ (07151) 95 83 20, Fax (07151) 55976 – ⫯ 📺 ⟷ 🅿. 🄰🄴 ⓪ ⓶ 𝗩𝗜𝗦𝗔
geschl. 22. Dez. - 6. Jan. – **Menu** (geschl. Samstagmittag, Sonntagabend) à la carte 35/66 – **52 Z** ☲ 125/135 – 160/190.

🏠 **Adler** garni, Kurze Str. 15, ✉ 71332, ℰ (07151) 5 39 39, *HotelAdler@online.de*, Fax (07151) 562779 – ⧈ 📺 📞 🅿. 🄰🄴 ⓪ ⓶ 𝗩𝗜𝗦𝗔
geschl. 22. Dez. - 7. Jan. – **28 Z** ☲ 108/160 – 165/180.

🗶🗶 **Remsstuben**, An der Talaue 4 (im Bürgerzentrum, 1. Etage), ✉ 71334, ℰ (07151) 2 10 78, Fax (07151) 24206, 🌇 – ⫯ 🅿 – 🔏 350. 🄰🄴 ⓪ ⓶ 𝗩𝗜𝗦𝗔
geschl. Aug. 3 Wochen, Montag – **Menu** la carte 41/75.

🗶🗶 **Ambiente**, Neustädter Str. 28, ✉ 71334, ℰ (07151) 2 97 92, *ambinjo@s-web.net*, Fax (07151) 23236, 🌇
geschl. 30. Juli - 20. Aug., Samstagmittag, Sonntag – **Menu** à la carte 45/77.

In Korb *Nord-Ost : 3 km* :

🏠🏠 **Rommel**, Boschstr. 7 (Gewerbegebiet), ✉ 71404, ℰ (07151) 93 10 (Hotel) 3 43 73 (Rest.), *hotel@rommel-hotels.de*, Fax (07151) 931240 – ⫯ ⧈ Zim, 📺 📞 🅿 – 🔏 20. ⓶ 𝗩𝗜𝗦𝗔
geschl. 23. Dez. - 6. Jan. – **Menu** (geschl. Aug. 2 Wochen, Mittwoch) (wochentags nur Abendessen) (italienische Küche) à la carte 32/63 – **47 Z** ☲ 115/129 – 149/179.

In Korb-Steinreinach *Nord-Ost : 3,5 km* :

🗶 **Zum Lamm**, Buocher Str. 34, ✉ 71404, ℰ (07151) 3 25 77 🅿
geschl. Jan. 3 Wochen, Aug., Montag - Dienstag – **Menu** à la carte 32/63 🍷.

WAISCHENFELD *Bayern* 420 *Q 18 – 3 300 Ew – Höhe 349 m – Luftkurort.*
　　Ausflugsziel : Fränkische Schweiz★★.
　　🛈 *Städt. Tourist-Information, Marktplatz 58,* ✉ *91344,* 🕿 *(09202) 96 01 17, Fax (09202) 960129.*
　　Berlin 391 – München 228 – Coburg 73 – Bayreuth 26 – Nürnberg 82 – Bamberg 48.

Im Wiesenttal, an der Straße nach Behringersmühle :

🏠 **Café-Pension Krems** ॐ, *Rabeneck 17 (Süd-West : 3 km),* ✉ *91344 Waischenfeld,* 🕿 *(09202) 2 45, pension.krems@waischenfeld.de, Fax (09202) 972491,* ≼, *♨,* 🚲 *– ⇔ ₧.* ℛ*Rest*
　　geschl. Mitte Nov. - 20. Dez. – **Menu** *(geschl. Dienstag) (Restaurant nur für Hausgäste) –* **16 Z** ⊊ *45/60 – 74/100 – ½ P 17.*

🏠 **Waldpension Rabeneck** ॐ, *Rabeneck 27 (Süd-West : 3 km),* ✉ *91344 Waischenfeld,* 🕿 *(09202) 2 20, waldp.rabeneck@waischenfeld.de, Fax (09202) 1728,* ≼, 🏡, *♨ – ₧.* 🕮🕮
　　geschl. Feb. – **Menu** *à la carte 29/44 –* **20 Z** ⊊ *56/60 – 82/112 – ½ P 17.*

In Waischenfeld-Langenloh *Süd-Ost : 2,5 km :*

🏠 **Gasthof Thiem** ॐ, *Langenloh 14,* ✉ *91344,* 🕿 *(09202) 3 57, gasthof.thiem@waischenfeld.de, Fax (09202) 1660,* 🏡, *♨ –* 📺 *⇔ ₧.* ॐ *Zim*
　　geschl. Nov. - 25. Dez. – **Menu** *(geschl. Dienstag, Jan. - März Montag - Samstag) à la carte 19/39* ⓛ *–* **10 Z** ⊊ *45/55 – 54/90 – ½ P 14.*

WALCHSEE *Österreich siehe Kössen.*

WALDACHTAL *Baden-Württemberg* 419 *U 9 – 5 900 Ew – Höhe 600 m – Wintersport :* ⛷.
　　🛈 *Gäste-Information, in Lützenhardt, Hauptstr. 18,* ✉ *72178,* 🕿 *(07443) 96 34 40, Fax (07443) 30162.*
　　Berlin 697 – Stuttgart 83 – Karlsruhe 126 – Tübingen 64 – Freudenstadt 17.

In Waldachtal-Salzstetten :

🏨 **Vital- und Wellnesshotel Albblick** ॐ, *Tumlinger Weg 30,* ✉ *72178,* 🕿 *(07486) 98 00, info@albblick.de, Fax (07486) 980103, Massage,* ≘s, *♨,* ⁅(Halle) – ⇔ *Zim,* 📺 *₧.* 🕮🕮 ॐ *Zim*
　　Menu *(nur Abendessen) à la carte 37/59 –* **37 Z** ⊊ *85/160, 7 Suiten – ½ P 30.*

WALDBRONN *Baden-Württemberg* 419 *T 9 – 12 500 Ew – Höhe 260 m.*
　　🛈 *Kurverwaltung, Bergstr. 32,* ✉ *76337,* 🕿 *(07243) 5 65 70, Fax (07243) 565758.*
　　Berlin 683 – Stuttgart 71 – Karlsruhe 15 – Pforzheim 22.

In Waldbronn-Busenbach :

🏠 **La Cigogne - Zum Storch,** *Ettlinger Str. 97,* ✉ *76337,* 🕿 *(07243) 5 65 20, info@la-cigogne.de, Fax (07243) 565256 –* ⁅ 📺 🕿 *⇔ ₧.* 🅰🅴 ⓸ 🕮 *VISA*
　　geschl. Aug. 3 Wochen – **Menu** *(geschl. Mittwoch) (wochentags nur Abendessen) à la carte 32/66 –* **11 Z** ⊊ *102/160.*

In Waldbronn-Reichenbach *– Luftkurort :*

🏠 **Weinhaus Steppe** *(mit Gästehaus), Neubrunnenschlag 18,* ✉ *76337,* 🕿 *(07243) 5 65 60, Fax (07243) 565656,* 🏡, *– ⇔ Zim,* 📺 🕿 *₧ –* ▵ *40.* 🕮 *VISA*
　　Menu *(geschl. 1. - 8. Jan., Aug., Mittwoch, Sonntagabend) à la carte 32/62* ⓛ *–* **25 Z** ⊊ *95/110 – 150 – ½ P 28.*

🏡 **Krone,** *Kronenstr. 12,* ✉ *76337,* 🕿 *(07243) 5 64 50, Fax (07243) 564530,* 🏡, ≘s, *♨ –* 📺 *⇔ ₧.* ⓸ 🕮 *VISA*
　　geschl. Mitte Juli - Anfang Aug. – **Menu** *(geschl. Mittwoch, Samstagabend) à la carte 32/76* ⓛ *–* **18 Z** ⊊ *55/95 – 90/160 – ½ P 28.*

WALDECK *Hessen* 417 *M 11 – 7 500 Ew – Höhe 380 m – Luftkurort.*
　　Sehenswert : Schloßterrasse ≼★.
　　🛈🛈 *Domänenweg,* 🕿 *(05623) 9 98 90.*
　　🛈 *Edersee Touristic, Sachsenhäuser Str. 10,* ✉ *34513,* 🕿 *(05623) 9 99 80, Fax (05623) 999830.*
　　Berlin 436 – Wiesbaden 201 – Kassel 54 – Korbach 23.

🏨 **Schloß Waldeck** ॐ, ✉ *34513,* 🕿 *(05623) 58 90, schlosswa@aol.com, Fax (05623) 589289,* ≼ *Edersee und Ederhöhen,* 🏡, ≘s, ⁅, *♨ –* ⁅ 📺 *₧ –* ▵ *50.* 🅰🅴 ⓸ 🕮 ॐ *Rest*
　　geschl. 5. Jan. - 15. Feb. – **Menu** *à la carte 62/102 –* **40 Z** ⊊ *170/200 – 270/290 – ½ P 65.*

🏨 **Roggenland,** Schloßstr. 11, ✉ 34513, ℰ (05623) 99 88, *info@roggenland.de,*
Fax (05623) 6008, 🍴, Massage, **₣₆**, **≋**, **⊠** – ⃒ 📺 **℄** **℉** – **🎿** 80. **AE ⓪ ⓶ VISA**
geschl. 18. - 26. Dez. – **Menu** *(geschl. Sonntagabend)* à la carte 36/60 – **65 Z** ⊇ 125/160
– 166/240 – ½ P 30.

🏨 **Belvedere** garni, Bahnhofstr. 2, ✉ 34513, ℰ (05623) 99 90, *familotel-belvedere@t
-online.de, Fax (05623) 999199 –* 📺 **℉**. 🛇
geschl. Jan. – **18 Z** ⊇ 82/95 – 160/198.

🏨 **Seeschlößchen** 🍴, Kirschbaumweg 4, ✉ 34513, ℰ (05623) 51 13, *hotel-seeschlo
esschen@t-online.de, Fax (05623) 5564,* ≤, **≋**, **⊠**, 🍴 – 📺 **℉**. 🛇 Rest
geschl. 10. Nov. - 15. Dez. – **Menu** *(nur Abendessen)* (Restaurant nur für Hausgäste) – **23 Z**
⊇ 64/80 – 124/196 – ½ P 21.

Am Edersee *Süd-West : 2 km :*

🏨 **Waldhotel Wiesemann** 🍴, Oberer Seeweg 2, ✉ 34513 Waldeck, ℰ (05623) 53 48,
waldhotel-wiesemann@t-online.de, Fax (05623) 5410, ≤ Edersee, 🍴, **≋**, **⊠**, 🍴 –
🎿 Zim, 📺 **℄** 🚗 **℉**. 🛇 Rest
geschl. Jan. 2 Wochen, Nov. 2 Wochen – **Menu** *(geschl. Okt. - April Donnerstag)* à la carte
36/62 – **14 Z** ⊇ 80/120 – 110/200 – ½ P 28.

In Waldeck - Nieder-Werbe *West : 8 km :*

🏨 **Werbetal,** Uferstr. 28, ✉ 34513, ℰ (05634) 9 79 60, *Werbetal@aol.com,*
Fax (05634) 979695, 🍴, 🍴 – 📺 🚗 **℉**. – **🎿** 80. **AE ⓪ ⓶ VISA**. 🛇
geschl. Mitte Dez. - 1. März – **Menu** à la carte 31/55 – **26 Z** ⊇ 79/105 – 138/180 – ½ P 28.

WALDENBUCH *Baden-Württemberg* **419** *U 11 – 8 000 Ew – Höhe 362 m.*
Berlin 662 – Stuttgart 25 – Tübingen 20 – Ulm (Donau) 94.

🏨 **Landgasthof Rössle,** Auf dem Graben 5, ✉ 71111, ℰ (07157) 73 80,
Fax (07157) 20326 – 🛗, 🎿 Zim, 📺 **℉**. – **🎿** 20. **AE ⓪ ⓶ VISA**
geschl. Anfang Jan. 1 Woche – **Menu** *(geschl. Aug. 2 Wochen, Dienstag)* à la carte 37/66
– **35 Z** ⊇ 98/125 – 160/180 – ½ P 30.

✂ **Gasthof Krone,** Nürtinger Str. 14, ✉ 71111, ℰ (07157) 40 88 49,
Fax (07157) 408854, 🍴 – **⓶ VISA**
geschl. Mitte - Ende Jan., Aug. 2 Wochen, Mittwoch – **Menu** à la carte 48/79.

WALDENBURG *Baden-Württemberg* **419** *S 12 – 3 200 Ew – Höhe 506 m – Luftkurort.*
🛈 *Tourist-Information im Rathaus, Hauptstr. 13,* ✉ *74638,* ℰ *(07942) 10 80, Fax (07942)*
10888.
Berlin 558 – Stuttgart 88 – Heilbronn 42 – Schwäbisch Hall 19.

🏨 **Panoramahotel Waldenburg,** Hauptstr. 84, ✉ 74638, ℰ (07942) 9 10 00, *pano
ramahotel.waldenburg@t-online.de, Fax (07942) 9100888,* ≤, 🍴, Massage, **₣₆**, **≋**, **⊠**
– 🛗, 🎿 Zim, 🍽 Rest, 📺 **℄** 🛗 🚗 **℉**. – **🎿** 80. **AE ⓪ ⓶ VISA**. 🛇 Rest
Menu à la carte 43/76 – **69 Z** ⊇ 145/187 – 195/249, 4 Suiten – ½ P 45.

🏨 **Bergfried,** Hauptstr. 30, ✉ 74638, ℰ (07942) 9 14 00, *Fax (07942) 914045,* ≤, 🍴,
🍴 – 📺 **℄** **℉**. 🛇
geschl. 27. Dez. - Mitte Jan. – **Menu** *(geschl. Mittwoch)* à la carte 40/58 – **15 Z** ⊇ 80/90
– 125/135 – ½ P 18.

🏨 **Mainzer Tor** garni, Marktplatz 8, ✉ 74638, ℰ (07942) 9 13 00, Fax (07942) 913030
– 📺 **℉**
12 Z ⊇ 60/85 – 120/140.

WALDENBURG *Sachsen siehe Glauchau.*

WALDERBACH *Bayern* **420** *S 21 – 1 000 Ew – Höhe 360 m.*
Berlin 478 – München 161 – Regensburg 39 – Amberg 55 – Cham 28.

🏨 **Rückerl** (mit Gästehaus), Am Prälatengarten 2, ✉ 93194, ℰ (09464) 95 00, *hotel-ru
🚗 eckerl@t-online.de, Fax (09464) 1224,* 🍴, « Gasthof in ehemaligem Zisterzienser-Kloster
a.d. 12.Jh. » – 📺 **℉**
geschl. Nov. – **Menu** à la carte 21/45 – **18 Z** ⊇ 60/110.

WALDESCH *Rheinland-Pfalz* **417** *P 6 – 2 300 Ew – Höhe 350 m.*
Berlin 603 – Mainz 88 – Koblenz 12 – Bingen 56.

🏨 **König von Rom** 🍴, Hübingerweg 73a, ✉ 56323, ℰ (02628) 9 61 10, *INFO@KOENIG-
VON-ROM.DE, Fax (02628) 961146,* ≤, 🍴, 🍴 – 📺 🚗 **℉**. – **🎿** 30. **AE ⓪ ⓶ VISA**
Menu *(geschl. Dienstag)* à la carte 41/71 – **19 Z** ⊇ 95/140 – 130/210 – ½ P 28.

WALDFISCHBACH-BURGALBEN *Rheinland-Pfalz* **417** *S 6 – 5 700 Ew – Höhe 272 m.*
Berlin 670 – Mainz 110 – Saarbrücken 70 – Pirmasens 14 – Kaiserslautern 26.

🏠 **Zum Schwan,** Hauptstr. 119, ✉ 67714, 𝒫 (06333) 9 24 20, Fax (06333) 924292, Biergarten, ☞ – ⅙ Zim, 📺 🅿. 🐵 💳
Menu (geschl. Donnerstag) à la carte 23/55 ⅙ – **20 Z** ☟ 70/110.

WALDKIRCH *Baden-Württemberg* **419** *V 7 – 20 000 Ew – Höhe 274 m – Luftkurort.*
Sehenswert : Elztalmuseum★ – Pfarrkirche St. Margaretha (Innenausstattung★).
Ausflugsziel : Kandel ⩽★ Süd-Ost : 12 km.
🅱 Tourist-Information, Kirchplatz 2, ✉ 79183, 𝒫 (07681) 1 94 33, Fax (07681) 404107.
Berlin 778 – Stuttgart 204 – Freiburg im Breisgau 26 – Offenburg 62.

In Waldkirch-Buchholz *Süd-West : 4 km :*

🏠 **Hirschen-Stube - Gästehaus Gehri** ⧖, Schwarzwaldstr. 45, ✉ 79183, 𝒫 (07681)
47 77 70, Fax (07681) 4777740, ☞, 🗃, ☎s, ☞ – 📺 ⊶ 🅿. 🐵 💳. ⅙ Rest
Menu (geschl. Mitte Jan. - Anfang Feb., Sonntagabend - Montag) à la carte 28/73 – **24 Z**
☟ 80/95 – 125/150 – ½ P 30.

🏠 **Landgasthof Löwen,** Schwarzwaldstr. 34, ✉ 79183, 𝒫 (07681) 98 68,
Fax (07681) 25253, ☞ – ▐ 📺 ⅙ ⅙ 🅿. – 🅰 30. ⅙ Zim
geschl. 1. - 18. Jan. – **Menu** (geschl. Mittwoch) à la carte 28/61 ⅙ – **22 Z** ☟ 80/95 – 130
– ½ P 20.

In Waldkirch-Kollnau *Nord-Ost : 2 km :*

🏠 **Kohlenbacher Hof** ⧖, Kohlenbach 8 (West : 2 km), ✉ 79183, 𝒫 (07681) 88 28, hote
l-restaurant@kohlenbacherhof.de, Fax (07681) 5237, ☞, ☞ – 📺 🅿. – 🅰 15. 🅰 ① 🐵
💳
Menu (geschl. Dienstag) à la carte 31/62 – **18 Z** ☟ 85/95 – 140 – ½ P 25.

WALDKIRCHEN *Bayern* **420** *T 24 – 10 500 Ew – Höhe 575 m – Luftkurort – Wintersport :*
600/984 m ⅙.
🎿18 🎿9 Dorn (Süd-Ost : 3 km), 𝒫 (08581) 10 40.
🅱 Tourismusbüro, Ringmauerstr. 14, (Bürgerhaus), ✉ 94065, 𝒫 (08581) 1 94 33, Fax
(08581) 4090.
Berlin 542 – München 206 – Passau 26 – Freyung 19.

🏠 **Vier Jahreszeiten** ⧖, Hauzenberger Str. 48, ✉ 94065, 𝒫 (08581) 20 50,
Fax (08581) 205444, ⩽, ☞, ☎s, ☞ direkter Zugang zum Bäderpark Karoli – 📺 ⅙⅙ 🅿.
🅰 ① 🐵 💳. ⅙ Rest
Menu à la carte 27/50 – **112 Z** ☟ 77/95 – 142/164 – ½ P 26.

🏠 **Gottinger** (mit Apparthotel), Hauzenberger Str. 10, ✉ 94065, 𝒫 (08581) 98 20, Hote
l.Gottinger@t-online.de, Fax (08581) 982444, ⩽, Biergarten, ☎s, ☞ – ⅙ Zim, 📺 🅿 –
🅰 30. 🅰 ① 🐵 💳
Menu à la carte 25/48 – **57 Z** ☟ 71/83 – 120/144 – ½ P 22.

WALDKRAIBURG *Bayern* **420** *V 21 – 25 000 Ew – Höhe 434 m.*
Berlin 649 – München 71 – Bad Reichenhall 81 – Passau 107 – Rosenheim 64.

🏠 **City-Hotel** garni, Berliner Str. 35, ✉ 84478, 𝒫 (08638) 9 67 50, Fax (08638) 967550
– ⅙⅙ 📺 ⅙ 🅿. 🅰 ① 🐵 💳
27 Z ☟ 100/120 – 160/230, 3 Suiten.

WALD-MICHELBACH *Hessen* **417** **419** *R 10 – 12 300 Ew – Höhe 346 m – Erholungsort – Wintersport : 450/593 m ⅙1 ⅙.*
🅱 Verkehrsamt, In der Gass 17, (Rathaus) ✉ 69483, 𝒫 (06207) 94 71 33, Fax (06207)
947170.
Berlin 599 – Wiesbaden 101 – Mannheim 56 – Darmstadt 61.

In Wald-Michelbach - Aschbach *Nord-Ost : 2 km :*

✕✕ **Vettershof,** Waldstr. 12, ✉ 69483, 𝒫 (06207) 23 13, vettershof@t-online.de,
Fax (06207) 3971 – 🅿. 🅰 ① 🐵 💳
geschl. Juli 2 Wochen, Montag – **Menu** à la carte 41/82 – **Kleiner Vetter :** **Menu** à la
carte 32/48.

Auf der Kreidacher Höhe *West : 3 km :*

🏠 **Kreidacher Höhe** ⧖, ✉ 69483 Wald-Michelbach, 𝒫 (06207) 26 38, Hotel-Kreidach
er-Hoehe-Metz@t-online.de, Fax (06207) 1650, ⩽, ☞, ☎s, ⅃ (geheizt), 🏊, ☞, ✕ –
▐ 📺 🅿 – 🅰 30. 🅰 🐵
Menu à la carte 41/81 – **33 Z** ☟ 135/165 – 205/250 – ½ P 40.

WALDMOHR Rheinland-Pfalz 💶 R 6 – 5 400 Ew – Höhe 269 m.
  Berlin 677 – Mainz 127 – Saarbrücken 38 – Kaiserslautern 36.

🍴 **Le marmiton,** Am Mühlweier 1, ⊠ 66914, ✆ (06373) 91 56, Fax (06373) 9156, 🏤
  – 🅿️.
  geschl. Feb. 2 Wochen, Montag - Dienstagmittag – **Menu** à la carte 54/80.

In Waldmohr-Waldziegelhütte Nord-West : 2 km :

🏠 **Landhaus Hess** 🦮, Haus Nr. 35, ⊠ 66914, ✆ (06373) 90 81, Fax (06373) 20402, 🏤
  – 📺 🅿️. 🐶 💳
  geschl. Anfang Juni 2 Wochen – **Menu** (geschl. Mittwoch) à la carte 28/55 – **15 Z** ⊇ 68/78
  – 100/110.

WALDMÜNCHEN Bayern 💶 R 22 – 7 700 Ew – Höhe 512 m – Luftkurort – Wintersport :
  750/920 m ⚞2 🎿.
  🅱 Tourismusbüro, Marktplatz 16, ⊠ 93449, ✆ (09972) 3 07 25, Fax (09972) 30740.
  Berlin 473 – München 210 – Weiden in der Oberpfalz 69 – Cham 21.

🏨 **Bayerischer Hof** 🦮, Torweiherweg 5, ⊠ 93449, ✆ (09972) 95 00 01,
  Fax (09972) 950455, 🏤, 🔥, 🚕 – 🛗, 🍴 Zim, 📺 🅿️ – 🔬 60. 🐶 🐶 💳
  Menu (Montag - Freitag nur Abendessen) à la carte 27/57 – **168 Z** ⊇ 80 – 120/140 – ½ P 25.

In Tiefenbach Nord-West : 13 km Richtung Schönsee :

🏠 **Gasthof Russenbräu,** Irlacher Str. 2, ⊠ 93464, ✆ (09673) 2 04, Fax (09673) 1808,
  🏤 – 📺 🚕 🅿️. 🐶 💳
  Menu à la carte 22/51 – **13 Z** ⊇ 39/50 – 72/90 – ½ P 12.

In Treffelstein-Kritzenthal Nord-West : 10 km Richtung Schönsee, nach 8 km rechts ab :

🏠 **Katharinenhof** 🦮, ⊠ 93492, ✆ (09673) 93 00, Fax (09673) 930100, 🏤, 🚞, 🖻,
  🚞 – 📺 🔌 🅿️ – 🔬 60. 🐶 🐶 💳
  geschl. Jan. - Feb. – **Menu** à la carte 34/55 – **48 Z** ⊇ 60 – 85/105 – ½ P 24.

WALDRACH Rheinland-Pfalz 💶 Q 4 – 2 200 Ew – Höhe 130 m.
  Berlin 718 – Mainz 163 – Trier 13 – Hermeskeil 22 – Wittlich 36.

In Riveris Süd-Ost : 3 km :

🏡 **Landhaus zum Langenstein** 🦮, Auf dem Eschgart 11, ⊠ 54317, ✆ (06500) 2 87,
  zum.langenstein@t-online.de, Fax (06500) 7579, 🏤, 🚞 – 🅿️. 🚫 Rest
  geschl. 26. Dez. - 20. Jan. – **Menu** (geschl. Montag) à la carte 24/46 🔥 – **22 Z** ⊇ 50/70
  – 90/110 – ½ P 23.

WALDSASSEN Bayern 💶 P 20 – 8 000 Ew – Höhe 477 m.
  Sehenswert : Stiftsbasilika★ (Chorgestühl★, Bibliothek★★).
  Ausflugsziel : Kappel : Lage★★ – Wallfahrtskirche★ Nord-West : 3 km.
  🅱 Tourist-Information, Johannisplatz 11, ⊠ 95652, ✆ (09632) 8 81 60, Fax (09632) 5480.
  Berlin 370 – München 311 – Weiden in der Oberpfalz 43 – Bayreuth 77 – Hof 55.

🏠 **Bayerischer Hof,** Bahnhofstr. 15, ⊠ 95652, ✆ (09632) 12 08, Fax (09632) 4924, 🏤,
  🚞 – 🍴 Zim, 📺 🅿️. 🐶 💳
  geschl. April 1 Woche, Nov. 1 Woche – **Menu** (geschl. Mittwoch) à la carte 26/62 – **15 Z**
  ⊇ 50/65 – 86/100.

🏠 **Königlich-Bayrisches Forsthaus,** Basilikaplatz 5, ⊠ 95652, ✆ (09632) 9 20 40,
  Fax (09632) 920444, 🏤 – 📺
  Menu à la carte 25/41 – **25 Z** ⊇ 55/65 – 95.

🏠 **Zrenner,** Dr.-Otto-Seidl-Str. 13, ⊠ 95652, ✆ (09632) 12 26, Fax (09632) 5427,
  « Innenhofterrasse » – 📺 🚕
  Menu (geschl. Anfang Feb. 2 Wochen, Freitag) à la carte 29/61 – **21 Z** ⊇ 50/75 – 90/130.

🍴 **Prinzregent Luitpold,** Prinzregent-Luitpold-Str. 4, ⊠ 95652, ✆ (09632) 28 86,
  Fax (09632) 5439, « Ehemaliger Bauernhof ; Innenhofterrasse » – 🐶
  geschl. Feb. 2 Wochen, Dienstag – **Menu** à la carte 26/52.

In Waldsassen-Kondrau Süd-West : 2 km :

🏠 **Pension Sommer** garni, Wirtsgasse 8, ⊠ 95652, ✆ (09632) 9 22 00, info@pensio
  n-sommer.de, Fax (09632) 922040, 🚞, 🚞 – 🍴 📺 🅿️. 🚫
  19 Z ⊇ 48/58 – 74/84.

🏠 **Kondrauer Hof,** Alte Str. 1 (B 299), ⊠ 95652, ✆ (09632) 9 21 40, Fax (09632) 921444
  – 📺 🚕 🅿️
  Menu (geschl. Nov. 3 Wochen, Donnerstag) (nur Abendessen) à la carte 19/29 – **12 Z** ⊇ 50
  – 80/85.

WALDSEE, BAD *Baden-Württemberg* 🔲🔢🔢 *W 13 – 18 600 Ew – Höhe 587 m – Heilbad – Kneipp-kurort.*

Sehenswert : *Stadtsee*★.

🅱 🅱 *Hofgut Hopfenweiler (Nord-Ost : 1 km),* 🖉 *(07524) 4 01 70.*

🅱 *Städt. Kurverwaltung und Gästeamt, Ravensburger Str. 1,* ✉ *88339,* 🖉 *(07524) 94 13 42, Fax (07524) 941345.*

Berlin 676 – Stuttgart 154 – Konstanz 61 – Ulm (Donau) 66 – Ravensburg 21.

🏨 **Hotel im Hofgut** Ⓜ, Hopfenweiler (Nord-Ost : 3 km), ✉ 88339, 🖉 (07524) 4 01 70, info@waldsee-golf.de, Fax (07524) 4017100, 🍴, 🚲, 🌳, 🅱 🅱 – 🛗, ✹ Zim, 📺 📞 🅿
– 🔺 20. 🅰🅴 ⓞ ⓜⓔ 𝗩𝗜𝗦𝗔
geschl. Jan. – **Menu** à la carte 44/79 – **40 Z** ⊇ 125/140 – 200/230 – ½ P 35.

🏨 **Altes Tor** Ⓜ garni, Hauptstr. 49, ✉ 88339, 🖉 (07524) 9 71 90, info@altestor.de, Fax (07524) 971997, 🚲 – 🛗 📺 📞 🅰🅴 ⓜⓔ 𝗩𝗜𝗦𝗔
geschl. 23. Dez. - 6. Jan. – **27 Z** ⊇ 99/125 – 150/170.

🏨 **Kur-Parkhotel,** Badstr. 30 (Kurgebiet), ✉ 88339, 🖉 (07524) 9 70 70, Fax (07524) 970775, Massage, ♨, 🚲, 🌳 – 🛗 ✹ 📺 🅿. ⓞ ⓜⓔ 𝗩𝗜𝗦𝗔. ✼
Menu (nur Abendessen) (Restaurant nur für Hausgäste) – **54 Z** ⊇ 60/110 – 120/200 –
½ P 20.

🏠 **Grüner Baum,** Hauptstr. 34, ✉ 88339, 🖉 (07524) 9 79 00, info@baum-leben.de, Fax (07524) 979050, 🍴 – 📺 🅿. 🅰🅴 ⓜⓔ 𝗩𝗜𝗦𝗔
geschl. 22. Dez. - 4. Jan. – **Menu** (geschl. Mittwoch) à la carte 29/67 – **15 Z** ⊇ 95/105
– 145/180 – ½ P 32.

🏠 **Gästehaus Rössle** garni, Wurzacher Str. 30, ✉ 88339, 🖉 (07524) 4 01 00, Fax (07524) 401040 – 📺 📞 🅿
12 Z ⊇ 73/95 – 105/120.

In Bad Waldsee-Gaisbeuren *Süd-West : 4 km :*

🏨 **Adler** Ⓜ, Bundesstr. 15 (B 30), ✉ 88339, 🖉 (07524) 99 80, HOTELADLER@t-online.de, Fax (07524) 998152, 🍴, Biergarten – 🛗 📺 📞 🅿 – 🔺 140. 🅰🅴 ⓞ ⓜⓔ 𝗩𝗜𝗦𝗔
geschl. 16. Feb. - 2. März – **Menu** (geschl. Donnerstag) à la carte 33/59 – **31 Z** ⊇ 93/115
– 132/172 – ½ P 31.

WALDSHUT-TIENGEN *Baden-Württemberg* 🔲🔢🔢 *X 8 – 22 500 Ew – Höhe 340 m.*

Sehenswert : *Altstadt*★.

🅱 *Tourist-Information, Wallstr. 26,* ✉ *79761,* 🖉 *(07751) 83 31 99, Fax (07751) 833126.*
Berlin 793 – Stuttgart 180 – Freiburg im Breisgau 75 – Donaueschingen 57 – Basel 56 – Zürich 45.

Im Stadtteil Waldshut :

🏨 **Waldshuter Hof,** Kaiserstr. 56, ✉ 79761, 🖉 (07751) 8 75 10, Hotel@Waldshuter-hof.de, Fax (07751) 875170 – 🛗 📺 🍴. ⓜⓔ 𝗩𝗜𝗦𝗔
Menu (geschl. Sonntagabend - Montag) à la carte 41/79 – **23 Z** ⊇ 105 – 150/155.

Im Stadtteil Tiengen :

🏨 **Bercher,** Bahnhofstr. 1, ✉ 79761, 🖉 (07741) 4 74 70, hotel@bercher.de, Fax (07741) 4747100, 🍴 – 🛗, ✹ Zim, 📺 📞 🍴 🅿 – 🔺 80. ⓜⓔ 𝗩𝗜𝗦𝗔
Menu (geschl. Anfang - Mitte Jan., Samstagmittag, Sonntag) à la carte 30/69 – **40 Z**
⊇ 79/140 – 140/270.

🏨 **Brauerei Walter,** Hauptstr. 23, ✉ 79761, 🖉 (07741) 8 30 20, rezeption@brauerei walter.de, Fax (07741) 830240, 🍴 – 📺 🍴 🅿. ⓜⓔ 𝗩𝗜𝗦𝗔
Menu (geschl. Aug., Samstagabend - Sonntag) à la carte 28/70 – **26 Z** ⊇ 65/90 – 125/160.

Im Stadtteil Breitenfeld *Nord-Ost : 3 km ab Tiengen :*

🏠 **Landgasthof Hirschen** 🦌, Breitenfeld 13, ✉ 79761, 🖉 (07741) 6 82 50, Hirschen-Breit@t-online.de, Fax (07741) 682568, 🍴, 🚲, 🌳 – 🛗 📺 🍴 🅿 – 🔺 40. ⓜⓔ 𝗩𝗜𝗦𝗔
geschl. 15. Jan. - 1. Feb. – **Menu** à la carte 30/60 🍷 – **25 Z** ⊇ 66/75 – 120/138.

In Lauchringen-Oberlauchringen *Süd-Ost : 4 km ab Stadtteil Tiengen :*

🏠 **Gartenhotel Feldeck,** Klettgaustr. 1 (B 34), ✉ 79787, 🖉 (07741) 8 30 70, hotel-feldeck@t-online.de, Fax (07741) 830750, 🍴, 🚲, ▣, 🌳 – 🛗, ✹ Zim, 📺 🍴 🅿 –
🔺 30. ⓜⓔ 𝗩𝗜𝗦𝗔
Menu (geschl. Samstag) à la carte 27/58 🍷 – **36 Z** ⊇ 70/95 – 130/150.

WALDSTETTEN *Baden-Württemberg siehe Schwäbisch Gmünd.*

WALLDORF Baden-Württemberg **417 419** S 9 – 13 200 Ew – Höhe 110 m.

Berlin 636 – Stuttgart 107 – Mannheim 32 – Heidelberg 15 – Heilbronn 54.

Holiday Inn, Roter Straße (Süd-West : 1,5 km), ⊠ 69190, ℰ (06227) 3 60, Fax (06227) 36504, 佘, Massage, ℩ᴓ, ≘ᴤ, ⍣ (geheizt), ⧄, ⍺, ⍨ – ☷, ⍭ Zim, ☲ ☵ ⎙ ⇃ ᴘ. – ᴀᴥ 100. ⍸ Rest
158 Z.

Vorfelder, Bahnhofstr. 28, ⊠ 69190, ℰ (06227) 69 90, Hotel-Vorfelder@t-online.de, Fax (06227) 30541, 佘, Biergarten, ≘ᴤ, ⍺ – ☷, ⍄ᴤ Zim, ☲ ☵ ⇃ ᴘ – ᴀᴥ 50. ᴀᴇ ⍥ ⍣ᴥ ᴏᴏ ⍸ Rest
Tiffany (geschl. Sonntagabend) **Menu** à la carte 56/84 – **Bauernstube** (geschl. Sonntag) (nur Abendessen) **Menu** à la carte 37/58 – **65 Z** ⊑ 140/195 – 220/390, 3 Suiten.

Ambiente, Am neuen Schulhaus 4, ⊠ 69190, ℰ (06227) 69 70, info@astralis.de, Fax (06227) 697400, 佘, ℩ᴓ, ≘ᴤ – ☷, ⍄ᴤ Zim, ☲ ☵ ⇐ ᴘ – ᴀᴥ 70. ᴀᴇ ⍥ ⍣ᴥ
⌐ᴤᴀ
Menu (geschl. Freitagabend - Samstag) à la carte 45/65 – ⊑ 25 – **72 Z** 196/398 – 265/450.

WALLDÜRN Baden-Württemberg **417 419** R 12 – 11 800 Ew – Höhe 398 m – Erholungsort.
☉₁₈ ☉₉ Walldürn-Neusaß, Mühlweg 7, ℰ (06282) 73 83.
🛈 Tourist Information, Rathaus, Hauptstr. 27, ⊠ 74731, ℰ (06282) 6 71 07, Fax (06282) 67103.
Berlin 554 – Stuttgart 125 – Würzburg 59 – Aschaffenburg 64 – Heidelberg 93.

Zum Ritter, Untere Vorstadtstr. 2, ⊠ 74731, ℰ (06282) 60 55, Fax (06282) 6058 – ☲ ᴘ. ᴏᴏ ⌐ᴤᴀ
geschl. Aug. 3 Wochen, Weihnachten - Anfang Jan. 2 Wochen – **Menu** (geschl. Freitag, Sonntagabend) à la carte 23/54 ᛤ – **12 Z** ⊑ 85 – 120/130 – ½ P 18.

In **Walldürn-Reinhardsachsen** Nord-West : 9 km :

Frankenbrunnen ᐦ, Am Kaltenbach 3, ⊠ 74731, ℰ (06286) 9 20 20, Hotel-Fran kenbrunnen@t-online.de, Fax (06286) 1330, 佘, ℩ᴓ, ≘ᴤ, ⍺ – ⍄ᴤ Zim, ☲ ☵ ⇐ ᴘ – ᴀᴥ 60. ᴀᴇ ⍥ ⍣ᴥ ⌐ᴤᴀ ᴊᴄʙ ⍸ Rest
Menu à la carte 31/75 – **28 Z** ⊑ 130/145 – 200 – ½ P 30.

WALLERFANGEN Saarland siehe Saarlouis.

WALLERSTEIN Bayern **419 420** T 15 – 3 300 Ew – Höhe 430 m.
Berlin 521 – München 139 – Augsburg 78 – Ansbach 62 – Würzburg 131.

Zum goldenen Löwen, Obere Bergstr. 1 (Am Schloss), ⊠ 86757, ℰ (09081) 2 76 60, Fax (09081) 27666, Biergarten – ⍸
geschl. Mitte - Ende Jan., Mitte Sept. 1 Woche, Dienstag – **Menu** à la carte 28/63.

WALLGAU Bayern **419 420** X 17 – 1 300 Ew – Höhe 868 m – Erholungsort – Wintersport : 900/1 000 m ⍪1 ⍳.
☉₅, Risser Straße, ℰ (08825) 21 83.
🛈 Verkehrsamt, Mittenwalder Str. 8, ⊠ 82499, ℰ (08825) 92 50 50, Fax (08825) 925066.
Berlin 680 – München 93 – Garmisch-Partenkirchen 20 – Bad Tölz 47.

Parkhotel, Barmseestr. 1, ⊠ 82499, ℰ (08825) 2 90, parkhotel@wallgau.de, Fax (08825) 366, 佘, Massage, ≘ᴤ, ⧄, ⍺ – ☷ ☲ ⇐ ᴘ – ᴀᴥ 40
geschl. April 2 Wochen, Nov. - 20. Dez. – **Menu** (Tischbestellung ratsam) à la carte 47/79 – **46 Z** ⊑ 123/176 – 246/252, 14 Suiten – ½ P 25.

Post, Dorfplatz 6, ⊠ 82499, ℰ (08825) 91 90, posthotel-wallgau@t-online.de, Fax (08825) 91999, 佘, ≘ᴤ – ☷ ☲ ⇐ ᴘ. ᴏᴏ
Menu à la carte 33/69 – **29 Z** ⊑ 82/154 – 144/194 – ½ P 25.

Alpenhof, Mittenwalder Str. 28, ⊠ 82499, ℰ (08825) 20 90, Alpenhof@wallgau.de, Fax (08825) 2017, ≘ᴤ, ⍺ – ☲ ⇐ ᴘ. ⍸
geschl. Ende Okt. - 20. Dez. – **Menu** (geschl. Mittwoch) (nur Abendessen) (Restaurant nur für Hausgäste) – **16 Z** ⊑ 60/70 – 120/140 – ½ P 25.

Wallgauer Hof ᐦ, Isarstr. 15, ⊠ 82499, ℰ (08825) 9 21 00, wallgauer-hof@oberl and.net, Fax (08825) 921047, ≘ᴤ, ⍺ – ☲ ⇐ ᴘ
geschl. 15. Nov. - 15. Dez. – **Menu** (geschl. Donnerstag) à la carte 34/64 – **18 Z** ⊑ 75/120 – 125/140 – ½ P 25.

WALLUF Hessen **417** P 8 – 6 000 Ew – Höhe 90 m.

Berlin 573 – Wiesbaden 10 – Bad Kreuznach 49 – Koblenz 71 – Limburg an der Lahn 51 – Mainz 13.

Zum neuen Schwan ⑤, Rheinstr. 3, ☒ 65396, ✆ (06123) 9 95 90 (Hotel) 7 22 75 (Rest.), Fax (06123) 995950, « Terrasse am Rhein » – 📺 🅿 – 🏊 25. 🖭 ⓞ 🖭 𝗩𝗜𝗦𝗔
geschl. Dez. - Jan. 3 Wochen – **Rheinpavillion** (geschl. Mitte Nov. - Mitte Feb., Donnerstag)
Menu à la carte 31/77 – ☲ 14 – **26 Z** 96/136 – 130/175.

Ruppert, Hauptstr. 61 (B 42), ☒ 65396, ✆ (06123) 9 97 10, Fax (06123) 997110 – 📺
⇔ – 🏊 25. 🖭 𝗩𝗜𝗦𝗔
Menu (geschl. Sonntagabend - Dienstag) à la carte 23/59 ⅄ – **34 Z** ☲ 60/100 – 100/140.

Schwan, Rheinstr. 4, ☒ 65396, ✆ (06123) 7 24 10, Fax (06123) 75442 – 🅿. 🖭 ⓞ 🖭
𝗩𝗜𝗦𝗔
geschl. Samstagmittag, Dienstag – **Menu** à la carte 60/86.

Zum Treppchen, Kirchgasse 14, ☒ 65396, ✆ (06123) 7 17 68, Fax (06123) 75973, « Rustikal-gemütliche Weinschänke in einem Fachwerkhaus a.d. 18.Jh. » – 🖭 𝗩𝗜𝗦𝗔
geschl. Juli - Aug., Sonntag – **Menu** (nur Abendessen) à la carte 36/65.

WALSRODE Niedersachsen **415 416** H 12 – 24 000 Ew – Höhe 35 m – Erholungsort.

Ausflugsziel : Vogelpark★ Nord : 3 km.

⌊₈ Walsrode-Tietlingen, ✆ (05162) 38 89.

🅱 Tourist-Information, Lange Str. 20, ☒ 29664, ✆ (05161) 1 94 33, Fax (05161) 73395.
Berlin 329 – Hannover 70 – Bremen 61 – Hamburg 102 – Lüneburg 76.

Landhaus Walsrode ⑤ garni, Oskar-Wolff-Str. 1, ☒ 29664, ✆ (05161) 9 86 90, Land hausWa@aol.com, Fax (05161) 2352, (ehem. Bauernhaus in einer Parkanlage), ⌧ (geheizt),
🞑 – 📺 🌜 ⇐ 🅿 – 🏊 20. 🖭 🖭 𝗩𝗜𝗦𝗔
geschl. Mitte. Dez. - Anfang Jan. – **18 Z** ☲ 110/240 – 185/335.

Holiday Inn Garden Court 🄼 garni, Gottlieb-Daimler-Str. 11, ☒ 29664, ✆ (05161)
60 70, Fax (05161) 607444 – ⇶ 📺 🌜 & 🅿 – 🏊 30. 🖭 ⓞ 🖭 𝗩𝗜𝗦𝗔 🗔
79 Z ☲ 136 – 155/207 – ½ P 32.

Beim Vogelpark Nord : 3 km :

Luisenhöhe, Am Vogelpark, ☒ 29664 Walsrode, ✆ (05161) 9 86 20, luisenhoehe.de
@t-online.de, Fax (05161) 2387, 🞧, 🞑 – 🖁, ⇶ Zim, 📺 🌜 & 🅿 – 🏊 150. 🖭 ⓞ 🖭
𝗩𝗜𝗦𝗔
Menu à la carte 31/60 – **47 Z** ☲ 150/180 – 185/298, 3 Suiten – ½ P 35.

Beim Golfplatz Ost : 9 km :

Sanssouci ⑤, ☒ 29664 Walsrode-Tietlingen, ✆ (05162) 30 47, Fax (05162) 6742, « Gartenterrasse », 🞑 – 📺 🅿. 🖭 🖭 𝗩𝗜𝗦𝗔
geschl. Feb. – **Menu** (geschl. Nov. - März Donnerstag) à la carte 36/63 – **11 Z** ☲ 90/140 – 150 – ½ P 20.

In Walsrode-Hünzingen Nord : 5 km :

Forellenhof ⑤ (mit Gästehaus), ☒ 29664, ✆ (05161) 97 00, forellenhof@landidyll.de,
Fax (05161) 970123, 🞧, ⇔s, 🞑, 🞕 – 📺 🌜 🅿 – 🏊 400. 🖭 ⓞ 🖭 𝗩𝗜𝗦𝗔
Menu à la carte 35/69 – **64 Z** ☲ 90/145 – 150/190 – ½ P 30.

WALTENHOFEN Bayern **419 420** W 14 – 8 000 Ew – Höhe 750 m.

🅱 Verkehrsamt, Rathaus, Immenstädter Str. 7, ☒ 87448, ✆ (08303) 7 90, Fax (08303) 7930.
Berlin 704 – München 131 – Kempten (Allgäu) 6 – Bregenz 73 – Ulm (Donau) 97.

In Waltenhofen-Martinszell Süd : 5,5 km – Erholungsort :

Landgasthof Adler (mit Gästehaus), Illerstr. 10, ☒ 87448, ✆ (08379) 92 07 00, adle r.martinszell@allgaeu.org, Fax (08379) 920727, 🞧, Biergarten – 📺 ⇐ 🅿 – 🏊 80. 🖭
𝗩𝗜𝗦𝗔
geschl. 8. - 21. Jan. – **Menu** à la carte 33/58 – **29 Z** ☲ 71/129.

WALTERSDORF Sachsen **418** N 27 – 1 600 Ew – Höhe 570 m – Erholungsort :.
Berlin 269 – Dresden 93 – Görlitz 46 – Bautzen 47.

Rübezahlbaude ⑤, Hauptstr. 165, ☒ 02799, ✆ (035841) 33 90, Ruebezahlbaude
⇔ @t-online.de, Fax (035841) 33999, ≤, 🞧, ⇔s, 🞕, 🞒, 🞑 – 📺 🅿. 🖭 🖭 𝗩𝗜𝗦𝗔
Menu à la carte 21/58 – **24 Z** ☲ 90 – 110/130 – ½ P 19.

WALTERSHAUSEN Thüringen 🔢🔢🔢 N 15 – 13 000 Ew – Höhe 325 m.

🔹 Stadtinformation, Markt 1 (Rathaus), ⊠ 99880, ℰ (03622) 63 01 48, Fax (03622) 902555.

Berlin 338 – Erfurt 47 – Eisenach 23.

🏨 **Landgraf,** Gothaer Str. 1, ⊠ 99880, ℰ (03622) 6 50 00, landgraf@wunsch-hotel.de, Fax (03622) 650065, Biergarten, ⇔ – 📱, ⇔ Zim, 📺 ὁ 🖭 – 🔬 70. 🖭 ⓪ ⑩ 🖭

Balthasar : Menu à la carte 30/50 – **68 Z** ⊑ 100 – 120/140.

🔹 **Waldhaus** ⊗, Zeughausgasse 5, ⊠ 99880, ℰ (03622) 6 90 03, Fax (03622) 902249, ⇐, 🖭 – 📺 🖭 🖭 ⓪ ⑩ 🖭
geschl. 29. Jan. - 20. Feb. – **Menu** (Okt. - April Montag - Freitag nur Abendessen) à la carte 25/36 – **10 Z** ⊑ 80/120.

WALTROP Nordrhein-Westfalen 🔢🔢🔢 L 6 – 30 000 Ew – Höhe 60 m.

Berlin 494 – Düsseldorf 74 – Münster (Westfalen) 50 – Recklinghausen 15.

🏨 **Haus der Handweberei** garni, Bahnhofstr. 95, ⊠ 45731, ℰ (02309) 9 60 90, Hotel-Kaufhold@t-online.de, Fax (02309) 75899 – 📺 🖭 ⑩ 🖭 ⊗
24 Z ⊑ 75/80 – 135/145.

🍴🍴 **Gasthaus Stromberg,** Dortmunder Str. 5 (Eingang Isbruchstrasse), ⊠ 45731, ℰ (02309) 42 28, Fax (02309) 920317 – 🖭 🖭 ⓪ ⑩ 🖭
geschl. Montag – **Menu** à la carte 36/71.

WANDLITZ Brandenburg 🔢🔢🔢 H 24 – 3 000 Ew – Höhe 67 m.

🔹 Tourismusverein, Prenzlauer Chaussee 157, ⊠ 16348, ℰ (033397) 6 61 31, Fax (033397) 66131.

Berlin 33 – Potsdam 61 – Brandenburg 103 – Frankfurt (Oder) 118 – Eberswalde 35.

🏨 **SeePark Kurhotel am Wandlitzsee** 🅼, Kirchstr. 10, ⊠ 16348, ℰ (033397) 7 50, Fax (033397) 75199, 🖭, « Modern-elegante Einrichtung ; Lage am See ; Park », ⇔, 🖭, 🖭 – ⇔ 📺 🖭 – 🔬 30. ⑩ 🖭 ⊗
Menu à la carte 58/81 – **50 Z** ⊑ 135/190.

🏨 **Zur Waldschänke,** Zühlsdorfer Chaussee 14 (Süd-West : 3,5 km), ⊠ 16348, ℰ (033397) 35 50, Fax (033397) 355355, 🖭 – 📱 📺 ὁ 🖭 ⑩ 🖭
Menu à la carte 28/54 – **19 Z** ⊑ 85/100 – 140.

WANGELS Schleswig-Holstein 🔢🔢🔢🔢🔢🔢 D 16 – 2 200 Ew – Höhe 5 m.

Berlin 327 – Kiel 45 – Lübeck 73 – Oldenburg in Holstein 11.

In Wangels-Weißenhäuser Strand Nord : 5 km :

🏨 **Strandhotel** ⊗, Seestr. 1, ⊠ 23758, ℰ (04361) 55 27 71, weissenhaeuserstrand@t-online.de, Fax (04361) 552710, ⇐, 🖭, Massage, ♨, ⇔, 🖭 – 📱 📺 ὁ 🖭 – 🔬 120. 🖭 ⓪ ⑩ 🖭, ⊗
geschl. 5. Nov. - Dez. – **Menu** à la carte 31/61 – **184 Z** ⊑ 123/137 – 200/228 – ½ P 25.

WANGEN Baden-Württemberg siehe Göppingen.

WANGEN IM ALLGÄU Baden-Württemberg 🔢🔢🔢 W 13 – 25 500 Ew – Höhe 556 m – Luftkurort.
Sehenswert : Marktplatz★.

🔹 Gästeamt, Rathaus, Marktplatz, ⊠ 88239, ℰ (07522) 7 42 11, Fax (07522) 74214.
Berlin 701 – Stuttgart 194 – Konstanz 37 – Ravensburg 23 – Bregenz 27.

🏨 **Romantik Hotel Alte Post,** Postplatz 2, ⊠ 88239, ℰ (07522) 9 75 60, AltePost@t-online.de, Fax (07522) 22604, « Einrichtung im Barock- und Bauernstil » – ⇔ Zim, 📺 ⇔ – 🔬 40. 🖭 ⓪ ⑩ 🖭 ⊗ Rest
Menu (geschl. Nov., Sonntag - Montag) à la carte 35/66 – **19 Z** ⊑ 100/145 – 175/215 – ½ P 42.

🏨 **Romantik Hotel Postvilla** garni, Schönhalde 2, ⊠ 88239, ℰ (07522) 9 74 60, Fax (07522) 29323, ⇐, « Villa mit eleganter Einrichtung », 🖭 – 📱 📺 🖭 🖭 ⓪ ⑩ 🖭
geschl. 8. - 20. Jan. – **10 Z** ⊑ 100/130 – 175/195.

🏨 **Vierk,** Bahnhofsplatz 1, ⊠ 88239, ℰ (07522) 9 31 10, Fax (07522) 931188, 🖭, ⇔ – 📱 📺 🖭 ⑩ 🖭
Menu (geschl. Sonntagabend - Montag) à la carte 40/77 – **29 Z** ⊑ 100/130 – 150/180.

🏠 **Engelberg** garni, Leutkircher Str. 47, ✉ 88239, ℰ (07522) 70 79 70, *Birk-Hotel@gm x.de*, Fax (07522) 7079710 – 📺 📞 🚗 🅿. 🆖 *VISA*
geschl. Mitte Dez. - Anfang Jan. – **9 Z** 🛏 85/100 – 140/160.

🏠 **Rössle** garni, Ebnetstr. 2, ✉ 88239, ℰ (07522) 40 71, Fax (07522) 4319 – 📺 🚗 🅿.
🆎 ⓪ 🆖 *VISA*
8 Z 🛏 89/98 – 145/175.

In Wangen-Neuravensburg *Süd-West : 8 km :*

🏨 **Mohren,** Bodenseestr. 7, ✉ 88239, ℰ (07528) 95 00, Fax (07528) 95095, ☎, 🔲, 🍴
– 📺 🚗 🅿. 🆎 ⓪ 🆖 *VISA*
Menu *(geschl. Nov. 2 Wochen, Montag - Dienstagmittag) (Okt. - April nur Abendessen)* à la carte 31/65 – **29 Z** 🛏 85/110 – 165 – ½ P 25.

🏠 **Waldgasthof zum Hirschen** 🍴, Grub 1, ✉ 88239, ℰ (07528) 9 51 40, *info@w aldgasthof-hirschen.de*, Fax (07528) 951414, 🍴, 🌳, 🍴 – 🔲 Zim, 🔥 🅿
Menu *(geschl. Montag)* à la carte 29/61 🍷 – **9 Z** 🛏 90/100 – 130/180.

In Wangen-Primisweiler *Süd-West : 6 km :*

🍴 **Landgasthaus Neue Welt,** Tettnanger Str. 59, ✉ 88239, ℰ (07528) 70 62,
Fax (07528) 7062, 🍴 – 🅿
geschl. über Fastnacht 2 Wochen, Aug. 3 Wochen, Montagabend - Dienstag – **Menu** à la carte 45/65.

WANGERLAND Niedersachsen 🔢 F 7 – 10 000 Ew – Höhe 1 m.
🅱 *Wangerland Touristik GmbH, Zum Hafen 3 (Horumersiel)*, ✉ 26434, ℰ (04426) 98 70, Fax (04426) 987187.
Berlin 496 – Hannover 242 – Emden 76 – Cuxhaven 123 – Oldenburg 72 – Wilhelmshaven 21.

In Wangerland-Hooksiel – *Seebad :*

🍴 **Zum Schwarzen Bären,** Lange Str. 15, ✉ 26434, ℰ (04425) 9 58 10, *herbert.klo stermann@t-online.de*, Fax (04425) 958129, 🍴 – 🅿. 🆎 ⓪ 🆖 *VISA*
geschl. Jan. 3 Wochen, Mittwoch – **Menu** à la carte 43/77.

In Wangerland-Horumersiel – *Seebad :*

🏨 **Leuchtfeuer** 🅼, Pommernweg 1, ✉ 26434, ℰ (04426) 9 90 30, *Leuchtfeuer@hor umersiel.de*, Fax (04426) 9903110, 🍴, ☎ – 📶, 🔄 Zim, 📺 📞 🔥 🅿 – 🔏 25. 🆎 ⓪ 🆖
VISA 🍽 Rest
Menu à la carte 37/58 – **34 Z** 🛏 118 – 156/196 – ½ P 25.

🏨 **Schmidt's Hoern** 🍴 garni, Heinrich-Tiarks-Str. 5, ✉ 26434, ℰ (04426) 9 90 10,
Fax (04426) 990132, ☎ – 📺 🅿. 🆖
17 Z 🛏 77/88 – 154/168.

In Wangerland-Schillig – *Seebad :*

🏨 **Upstalsboom Hotel am Strand** 🍴, Mellumweg 6, ✉ 26434, ℰ (04426) 8 80, *hote lamstrand@upstalsboom.de*, Fax (04426) 88101, 🔄, Massage, ☎ – 📶 🔄 📺 📞 🔥 🅿 –
🔏 30. 🆎 ⓪ 🆖 *VISA* 🍽 Rest
Menu à la carte 34/65 – **69 Z** 🛏 124/134 – 198/218 – ½ P 32.

WANGEROOGE (Insel) Niedersachsen 🔢 E 7 – 1 400 Ew – Seeheilbad – Insel der Ostfrie-sischen Inselgruppe. Autos nicht zugelassen.
🚢 von Wittmund-Harlesiel (ca. 1 h 15 min), ℰ (04464) 94 94 11.
🅱 Verkehrsverein, Pavillon am Bahnhof, ✉ 26486, ℰ (04469) 9 48 80, Fax (04469) 948899.
ab Fährhafen Carolinensiel : Berlin 512 – Hannover 256 – Cuxhaven 144 – Emden 72 – Aurich/Ostfriesland 36 – Wilhelmshaven 41.

🏰 **Strandhotel Upstalsboom** 🅼 🍴, Strandpromenade 21, ✉ 26486, ℰ (04469) 87 60, *strandhotel@upstalsboom.de*, Fax (04469) 876511, 🔄, 🍴, Massage, ♨, ☎, 🔲
– 📶, 🔄 Zim, 📺, 🆎 ⓪ 🆖 🍽 Rest
Menu à la carte 47/72 – **79 Z** 🛏 168/250 – 280/320, 10 Suiten – ½ P 36.

🏠 **Hanken** 🍴, Zedeliusstr. 38, ✉ 26486, ℰ (04469) 87 70, *hotel-hanken@t-online.de*,
Fax (04469) 87788 – 📶 📺 🔜 🔏 20. 🆎 ⓪ 🆖 *VISA* 🍽 Zim
geschl. 6. Jan. - 15. März – **Menu** *(geschl. Nov. - 15. März, Donnerstag)* à la carte 33/48
– **46 Z** 🛏 115/150 – 198/250 – ½ P 35.

🍴 **Gerken,** Strandpromende 21, ✉ 26486, ℰ (04469) 18 01, *Strandrestaurant-Gerken @t-online.de*, Fax (04469) 1464 – 🆎 ⓪ 🆖 *VISA*
geschl. 6. Jan. - Ende März, Nov. - 20. Dez. – **Menu** à la carte 50/84.

WARBURG Nordrhein-Westfalen **407** L 11 – 25 500 Ew – Höhe 205 m.

🔹 *Fremdenverkehrsamt, Altes Rathaus, Zwischen den Städten,* ✉ 34414, ✆ (05641) 9 25 55, Fax (05641) 92583.

Berlin 403 – Düsseldorf 195 – Kassel 34 – Marburg 107 – Paderborn 42.

🏠 **Romantik Hotel Alt Warburg,** Kalandstr. 11, ✉ 34414, ✆ (05641) 42 11, alt-w arburg@romantik.de, Fax (05641) 60910, « Restauriertes Fachwerkhaus a.d. 16. Jh. » – 📺 📞 – 🅿 70. 🅰🅴 ⓪ 🆚🆂🅰 𝐉𝐂𝐁
Menu (geschl. Anfang Jan. 1 Woche, Juli 1 Woche, Sonntag) (Montag - Freitag nur Abend-essen) à la carte 74/96 – **20 Z** ⊇ 120 – 180/195.

In Warburg-Germete Süd : 2 km :

🏠 **Landgasthof Deele,** Zum Kurgarten 24, ✉ 34414, ✆ (05641) 7 88 90, Fax (05641) 4164, ☆ – 📺 📞 🅿. 🅰🅴 ⓪ 🆚🆂🅰
Menu à la carte 33/70 – **13 Z** ⊇ 85/95 – 140/170.

WARDENBURG Niedersachsen **415** G 8 – 14 300 Ew – Höhe 9 m.

Berlin 444 – Hannover 156 – Bremen 56 – Oldenburg 13.

🏠 **Wardenburger Hof,** Oldenburger Str. 255, ✉ 26203, ✆ (04407) 9 21 00, wardenb urger.hof@t-online.de, Fax (04407) 20710, Biergarten – ⇔ Zim, 📺 ⅚ ⇔ 🅿. 🅰🅴 ⓪ 🆚🅾 🆚🆂🅰
Menu à la carte 31/60 – **24 Z** ⊇ 90/105 – 135/165.

WAREN (Müritz) Mecklenburg-Vorpommern **416** F 22 – 22 000 Ew – Höhe 80 m.

Sehenswert : *Müritz-Nationalpark*★.

🔹 *Waren (Müritz) - Information, Neuer Markt 21,* ✉ 17192, ✆ (03991) 66 61 83, Fax (03991) 664330.

Berlin 162 – Schwerin 102 – Neubrandenburg 42 – Hamburg 212 – Rostock 81.

🏠 **Kleines Meer** Ⓜ, Alter Markt 7, ✉ 17192, ✆ (03991) 64 80, info@kleinesmeer.com, Fax (03991) 648222, ☆ – ⇔ – 💈, ⇔ Zim, 📺 📞 ⇔ – 🅿. 🅰🅴 ⓪ 🆚🅾 🆚🆂🅰
Menu (geschl. 3. - 24. Jan.) (Montag - Freitag nur Abendessen) à la carte 57/70 – **30 Z** ⊇ 155/160 – 195/280 – ½ P 45.

🏠 **Villa Margarete,** Fontanestr. 11, ✉ 17192, ✆ (03991) 62 50, VillaMargarete@ring hotels.de, Fax (03991) 625100, ☆, ⇔, ☞ – 📺 🅿 – 🅰 25. 🅰🅴 ⓪ 🆚🅾 🆚🆂🅰
Menu à la carte 35/63 – **31 Z** ⊇ 135/190 – 170/230 – ½ P 33.

🏠 **Ingeborg** Ⓜ garni, Rosenthalstr. 5, ✉ 17192, ✆ (03991) 6 13 00, Fax (03991) 613030 – ⇔ 📺 🅿. 🅰🅴 ⓪ 🆚🅾 🆚🆂🅰 ☆
geschl. 1. - 28. Dez. – **28 Z** ⊇ 111/120 – 148/168.

🏠 **Am Yachthafen** garni, Strandstr. 2, ✉ 17192, ✆ (03991) 6 72 50, AmYachthafen @aol.com, Fax (03991) 672525 – 💈 📺 🅿
März - Okt. – **19 Z** ⊇ 95/120 – 150/170.

🏠 **Paulshöhe,** Falkenhäger Weg, ✉ 17192, ✆ (03991) 1 71 40, Fax (03991) 171444, ☆ – 📺 🅿. 🅰🅴 ⓪ 🆚🅾 🆚🆂🅰
Menu à la carte 27/49 – **14 Z** ⊇ 110 – 140/150 – ½ P 25.

🏠 **Für Dich,** Papenbergstr. 51, ✉ 17192, ✆ (03991) 6 44 50, Fax (03991) 644555 – 📺 🅿
Menu à la carte 25/45 – **15 Z** ⊇ 100/120 – 140.

🏠 **Gasthof Kegel,** Große Wasserstr. 4, ✉ 17192, ✆ (03991) 6 20 70, info@Gasthof-Ke gel.de, Fax (03991) 620714 – 📺 🅿. 🅰🅴 ⓪ 🆚🅾 🆚🆂🅰
Menu à la carte 26/45 – **16 Z** ⊇ 95/135 – 145 – ½ P 25.

In Klink Süd-West : 7 km :

🏠 **Schloßhotel Klink** ☞, Schloßstr. 6, ✉ 17192, ✆ (03991) 74 70, info@schlosshot el-klink.de, Fax (03991) 747299, ≤, ☆, « Schöne Lage an der Müritz », ⇔, 🅻, ☞ – 💈, ⇔ Zim, 📺 🅿. 🅰🅴 ⓪ 🆚🅾 🆚🆂🅰 ☆ Rest
Garten Eden : Menu à la carte 32/69 – **Ritter-Artus-Keller** : Menu à la carte 45/69 – **110 Z** ⊇ 135/150 – 220/250, 5 Suiten.

In Groß Plasten Nord-Ost : 12 km :

🏠 **Schloss Groß Plasten** ☞, Dorfstr. 43, ✉ 17192, ✆ (039934) 80 20, Fax (039934) 80299, « Herrensitz a.d.J. 1751 ; Terrasse am See », ⇔, 🅻, ☞ – 📺 ⇔ 🅿 – 🅰 50. 🅰🅴 🆚🅾 🆚🆂🅰 ☆ Rest
Menu à la carte 47/78 – **31 Z** ⊇ 120/150 – 170/240 – ½ P 40.

Im Müritz-Nationalpark Süd-Ost : 12 km :

🏠 **Kranichrast** ☞, Schwarzenhof, ✉ 17192 Waren, ✆ (03991) 6 72 60, Fax (03991) 672659, ☆, ⇔ – ⇔ Zim, 📺 🅿 – 🅰 30. 🆚🅾
Menu à la carte 31/58 – **31 Z** ⊇ 100/150 – ½ P 28.

WARENDORF Nordrhein-Westfalen **417** K 7 – 38 000 Ew – Höhe 56 m.
  Ausflugsziel : Freckenhorst : Stiftskirche★ (Taufbecken ★) Süd-West : 5 km.
  🛫 Warendorf, Vohren 41 (Ost : 8 km), ℰ (02586) 17 92.
  🛈 Verkehrsverein, Emsstr.4, ✉ 48231, ℰ (02581) 78 77 00, Fax (02581) 787711.
  Berlin 443 – Düsseldorf 150 – Bielefeld 50 – Münster (Westfalen) 27 – Paderborn 63.

🏨 **Im Engel** ⌂, Brünebrede 35, ✉ 48231, ℰ (02581) 9 30 20, Fax (02581) 62726, 🍴,
  ⭤ – 🛗, ⭲ Zim, 📺 🅿 – 🔬 120. 🆑 ① 𝖵𝖨𝖲𝖠
  Menu (geschl. Donnerstag) (bemerkenswerte Weinkarte) à la carte 38/84 – **22 Z**
  ⌑ 95/135 – 155/225 – ½ P 30.

🏨 **Mersch,** Dreibrückenstr. 66, ✉ 48231, ℰ (02581) 6 37 30, mersch@ringhotels.de,
  Fax (02581) 637340, ⭤ – 🛗 – 🛗, ⭲ Zim, 📺 🕻 ⬄ – 🔬 60. 🆑 ① 𝖵𝖨𝖲𝖠
  geschl. Juli - Aug. 2 Wochen **Menu** (geschl. Sonntag) (nur Abendessen) à la carte 49/72
  – **24 Z** ⌑ 120/135 – 170/195 – ½ P 40.

🏠 **Landhaus Wiesenhof,** Gröblingen 52, ✉ 48231, ℰ (02581) 92 30,
  Fax (02581) 923200, « Gartenterrasse » – 📺 ⭳ 🅿 – 🔬 15. 🆑 ① 𝖵𝖨𝖲𝖠
  Menu à la carte 39/65 – **16 Z** ⌑ 80/145.

WARMENSTEINACH Bayern **420** Q 19 – 3 000 Ew – Höhe 558 m – Luftkurort – Wintersport :
  560/1 024 m ⚡ 7 (Skizirkus Ochsenkopf) 🎿.
  🛈 Verkehrsamt, Freizeithaus, ✉ 95485, ℰ (09277) 14 01, Fax (09277) 1613.
  Berlin 372 – München 253 – Weiden in der Oberpfalz 73 – Bayreuth 24 – Marktredwitz 27.

🏨 **Krug** ⌂, Siebensternweg 15, ✉ 95485, ℰ (09277) 99 10, krug@hotel-krug.de,
  Fax (09277) 99199, « Terrasse mit ⭪ », ⭤, 🔲, 🖌 – 🛗, ⭲ Zim, 📺 🅿 – 🔬 25
  geschl. 1. - 15. Dez. – **Menu** (geschl. Montag) à la carte 28/76 – **30 Z** ⌑ 90/175 – 150/270
  – ½ P 26.

🏠 **Gästehaus Preißinger** ⌂, Bergstr. 134, ✉ 95485, ℰ (09277) 15 54, PensionPrei
  ssinger@t-online.de, Fax (09277) 6289, ⭪, ⭤, 🔲, 🖌 – 🅿 ⭌ Rest
  geschl. Nov. – **Menu** (nur Abendessen) (Restaurant nur für Hausgäste) – **35 Z** ⌑ 55/70
  – 110/130 – ½ P 12.

In Warmensteinach-Fleckl Nord-Ost : 5 km :

🏠 **Sport-Hotel Fleckl** ⌂, Fleckl 5, ✉ 95485, ℰ (09277) 99 90, Sporthotel-Fleckl@w
  armensteinach.de, Fax (09277) 99999, ⭤, 🔲, 🖌 – 📺 ⭌ 🅿 ⭌ Rest
  geschl. nach Ostern 2 Wochen, Anfang Nov. – 20. Dez. – **Menu** (nur Abendessen) (Restaurant
  nur für Hausgäste) – **19 Z** ⌑ 85/100 – 148/180, 3 Suiten.

🏠 **Berggasthof** ⌂, Fleckl 20, ✉ 95485, ℰ (09277) 2 70, Fax (09277) 1353, 🍴, 🖌 –
  ⭌ 🅿
  geschl. Nov. - Mitte Dez. – **Menu** à la carte 24/41 – **14 Z** ⌑ 45/50 – 94 – ½ P 16.

In Warmensteinach-Oberwarmensteinach Ost : 2 km :

🏡 **Goldener Stern,** ✉ 95485, ℰ (09277) 2 46, Goldener-Stern@warmensteinach.de,
  ⭌ Fax (09277) 6314, Biergarten, 🖌 – ⭌ 🅿 ⭌ Rest
  geschl. Nov. – **Menu** (geschl. Mittwoch) à la carte 23/41 – **21 Z** ⌑ 45/50 – 74/84 – ½ P 15.

WARPE Niedersachsen siehe Bücken.

WARSTEIN Nordrhein-Westfalen **417** L 9 – 29 000 Ew – Höhe 300 m.
  Berlin 466 – Düsseldorf 149 – Arnsberg 32 – Lippstadt 28 – Meschede 28.

🏠 **Hölter,** Siegfriedstr. 2, ✉ 59581, ℰ (02902) 24 40, Fax (02902) 51795, 🍴 – 📺 ⭌
  🅿 ⭗ ⭌
  geschl. Juli – Aug. 2 Wochen – **Menu** (geschl. Samstagmittag, Montag) à la carte 31/59
  – **8 Z** ⌑ 60 – 110/130.

✕✕ **Domschänke,** Dieplohstr. 12, ✉ 59581, ℰ (02902) 25 59, info@domschaenke.de,
  Fax (02902) 881409, Biergarten, « Sauerländer Fachwerkhaus » – 🆑 ① ⭗ 𝖵𝖨𝖲𝖠 𝖩𝖢𝖡
  geschl. Samstagmittag – **Menu** à la carte 44/72.

In Warstein-Allagen Nord-West : 11 km über die B 516 :

🏠 **Haus Püster** ⌂ (mit Gästehäusern), Marmorweg 27, ✉ 59581, ℰ (02925) 9 79 70,
  info@hotel-puester.de, Fax (02925) 979767, 🍴, Biergarten, ⭤, 🔲 – 📺 🕻 🅿 – 🔬 20.
  🆑 ⭗
  Menu (nur Abendessen) à la carte 29/58 – **30 Z** ⌑ 87/103 – 140/170.

In Warstein-Hirschberg Süd-West : 7 km – Erholungsort :

🏠 **Landhotel Cramer,** Prinzenstr. 2, ✉ 59581, ℰ (02902) 98 80, Fax (02902) 988260,
  🍴, (Fachwerkhaus a.d.J. 1788), « Gemütliche Gaststube » – 📺 🅿 – 🔬 30. 🆑 ① ⭗ 𝖵𝖨𝖲𝖠
  Menu à la carte 32/60 – **30 Z** ⌑ 90 – 140/160.

In Rüthen-Kallenhardt *Ost : 6 km :*

🏨 **Romantik Hotel Knippschild,** Theodor-Ernst-Str. 3, ⊠ 59602, 🖉 (02902) 8 03 30,
knippschild@romantik.de, Fax (02902) 803310, 🍴, ⇌s, 🌧, ‑✕ Zim, 📺 🚗 🅿 – 🔬 30.
🖭 ① 🐵 VISA
Menu *(geschl. Donnerstag - Freitagmittag)* à la carte 32/64 – **22 Z** ⊑ 95/180.

WARTENBERG KREIS ERDING *Bayern* **420** *U 19* – *3 600 Ew* – *Höhe 430 m.*
Berlin 577 – München 58 – Regensburg 92 – Landshut 27.

🏛 **Antoniushof** 🦮 garni, Fichtenstr. 24, ⊠ 85456, 🖉 (08762) 7 31 90, antoniushof
@erding.com, Fax (08762) 731955, ⇌s, 🌐, 🌧, ‑ ⧄ ✕ 📺 🖉 🅿. 🖭 🐵 VISA. 🛠
17 Z ⊑ 95/160 – 160/200.

🏛 **Reiter-Bräu,** Untere Hauptstr. 2, ⊠ 85456, 🖉 (08762) 7 35 80, Fax (08762) 735850
⇌ – ⧄ 📺 🖉 🚗 🅿. 🖭 ① 🐵 VISA
Menu *(geschl. Aug. 3 Wochen, Donnerstag) (Montag - Freitag nur Abendessen)* à la carte
24/57 – **34 Z** ⊑ 90/140.

🍴🍴🍴 **Bründlhof** (Garnier), Badstr. 44, ⊠ 85456, 🖉 (08762) 35 53, Fax (08762) 3247, 🍴 –
🅿. 🖭 ① 🐵 VISA. 🛠
geschl. 27. Dez. - 5. Jan., 6. - 30. Aug., Dienstag - Mittwoch – **Menu** à la carte 69/105
Spez. Marinierter Thunfisch mit Kaviar. Seeteufelmedaillon mit Vanillesauce. Hochrippe vom
Milchkalb mit Waldpilzen und glacierter Kartoffel.

WARTMANNSROTH *Bayern siehe Hammelburg.*

WARZENRIED *Bayern siehe Eschlkam.*

WASSENBERG *Nordrhein-Westfalen* **417** *M 2* – *13 000 Ew* – *Höhe 70 m.*
🏌 Wassenberg-Rothenbach (Nord-West : 5 km) 🖉 (02432) 49 05 14.
🛈 Tourist-Service, Kirchstr. 26, ⊠ 41849, 🖉 (02432) 9 60 60, Fax (02432) 960619.
Berlin 613 – Düsseldorf 57 – Aachen 42 – Mönchengladbach 27 – Roermond 18.

🏨 **Burg Wassenberg,** Kirchstr. 17, ⊠ 41849, 🖉 (02432) 94 90, BurgWassenberg@t-o
nline.de, Fax (02432) 949100, ⇌, « Hotel in einer Burganlage a.d. 16.Jh. », 🌐,
‑✕ Zim, 📺 🖉 🚗 🅿 – 🔬 100. 🖭 🐵 VISA
geschl. Anfang Jan. - Anfang Feb. **Menu** à la carte 62/92 – **31 Z** ⊑ 140/190 – 260/390.

🍴🍴 **Lucie's,** An der Windmühle 31, ⊠ 41849, 🖉 (02432) 23 32, Fax (02432) 49763, 🍴 –
🅿 – 🔬 100. 🖭 ① 🐵 VISA JCB
geschl. Montag – **Menu** à la carte 39/79.

In Wassenberg-Effeld *Nord-West : 6 km :*

🏨 **Haus Wilms,** Steinkirchener Str. 3, ⊠ 41849, 🖉 (02432) 30 71, Fax (02432) 5982, 🍴
– ⧄ 📺 🚗 🅿 – 🔬 15. 🐵 VISA. 🛠 Zim
Menu à la carte 40/69 – **14 Z** ⊑ 95/105 – 140/170.

WASSERBURG AM BODENSEE *Bayern* **419** *X 12* – *3 000 Ew* – *Höhe 406 m – Luftkurort.*
🛈 Verkehrsamt, Rathaus, Lindenplatz 1, ⊠ 88142, 🖉 (08382) 88 74 74, Fax (08382)
89042.
Berlin 728 – München 185 – Konstanz 74 – Ravensburg 27 – Bregenz 15.

🏨 **Zum lieben Augustin am See** 🦮 (mit Gästehäusern), Halbinselstr. 70, ⊠ 88142,
🖉 (08382) 98 00, hotel-lieber-augustin@t-online.de, Fax (08382) 887082, ≤, 🍴,
Massage, ⇌s, 🌐, 🐾, 🌧 – 📺 🚗 🅿
geschl. Mitte Jan. - Feb. – **Menu** à la carte 37/68 *(auch vegetarische Gerichte)* – **40 Z**
⊑ 150/250, 19 Suiten – ½ P 35.

🏨 **Walserhof,** Nonnenhorner Str. 15, ⊠ 88142, 🖉 (08382) 9 85 60, Fax (08382) 985610,
🍴, ⇌s, 🌐, 🌧 – ⧄ 📺 🅿
geschl. Mitte Jan. - Mitte Feb. – **Menu** à la carte 30/63 – **28 Z** ⊑ 79/120 – 126/168 – ½ P 29.

🏨 **Lipprandt** 🦮, Halbinselstr. 63, ⊠ 88142, 🖉 (08382) 9 87 60, Hotel.Lipprandt
@t-online.de, Fax (08382) 887245, 🍴, ⇌s, 🌐, 🐾, 🌧 – 📺 🚗 🅿. 🐵 VISA
Menu à la carte 44/68 – **35 Z** ⊑ 100/140 – 178/220 – ½ P 30.

🏨 **Kraft** garni, Dorfstr. 11, ⊠ 88142, 🖉 (08382) 9 86 10, info@hotel-kraft.de,
Fax (08382) 986130, 🌧 – 📺 🅿
geschl. Nov. – **11 Z** ⊑ 78/95 – 132/152.

🏛 **Pfälzer Hof,** Lindenplatz 3, ⊠ 88142, 🖉 (08382) 98 85 30, 08382887422@t-online.de,
Fax (08382) 9885313, 🍴 – 📺 🚗 🅿. 🐵 VISA JCB
Menu *(geschl. Nov. - Ende März, Mittwoch)* à la carte 26/55 🍴 – **10 Z** ⊑ 65/70 – 110/130
– ½ P 21.

In Wasserburg-Hege *Nord-West : 1,5 km :*

🏠 **Gierer,** ✉ 88142, ✆ (08382) 9 87 20, *info@hotel-gierer.de*, Fax (08382) 987213, �,
☎, 🖂, – 📞 📺 ⇔ 📧 – 🏊 70
Menu à la carte 36/70 – **58 Z** ☑ 94/114 – 118/184 – ½ P 29.

WASSERBURG AM INN *Bayern* 420 V 20 – 10 500 Ew – Höhe 427 m.
  Sehenswert : Inn-Brücke : ⇌★ – *Heimatmuseum★.*
  📷 📷 Pfaffing (West : 7 km), Köckmühle, ✆ (08076) 9 16 50.
  🗊 *Fremdenverkehrsamt, Marienplatz 2 (Rathaus), Eingang Salzsenderzeile,* ✉ 83512,
  ✆ (08071) 1 05 22, Fax (08071) 10570.
  Berlin 629 – München 53 – *Bad Reichenhall* 77 – Rosenheim 31 – Salzburg 88 – Landshut 64.

🏠 **Fletzinger,** Fletzingergasse 1, ✉ 83512, ✆ (08071) 9 08 90, *Fletzinger@t-online.de*,
⇔ Fax (08071) 9089177, Biergarten – 📞 📺 ⇔ – 🏊 30. 🆎 🍽 VISA JCB
Menu à la carte 31/52 – **40 Z** ☑ 130/150 – 180/220.

🍴🍴 **Herrenhaus,** Herrengasse 17, ✉ 83512, ✆ (08071) 28 00, « Spätgotisches Bürgerhaus
🍷 a.d.14.Jh. mit Fassadenmalerei » – 🍽 VISA
geschl. Aug., Sonntagabend - Montag – **Menu** à la carte 46/92.

🍴🍴 **Weisses Rössl,** Herrengasse 1, ✉ 83512, ✆ (08071) 5 02 91, 🌳 –
🍷 geschl. über Pfingsten 2 Wochen, Aug. 2 Wochen, Sonntagabend - Dienstag – **Menu** 23
(mittags) à la carte 46/62.

An der B 15 *Süd : 8 km :*

🍴🍴 **Fischerstüberl** mit Zim, Elend 1, ✉ 83512 Wasserburg-Attel, ✆ (08071) 25 98, *Fisc*
herstueberl@t-online.de, Fax (08071) 51135, 🌳 – ⇌← Rest, 📺 📧
geschl. Ende Mai - Mitte Juni – **Menu** *(geschl. Dienstagmittag)* (überwiegend Fischgerichte)
à la carte 30/55 *(auch vegetarische Gerichte)* – **8 Z** ☑ 65/110.

WASSERTRÜDINGEN *Bayern* 419 420 S 15 – 6 000 Ew – Höhe 420 m.
  Berlin 494 – München 154 – *Nürnberg* 67 – Nördlingen 26 – Ansbach 34.

🏠 **Zur Ente,** Dinkelsbühler Str. 1, ✉ 91717, ✆ (09832) 8 14, *HZEhummel@aol-com*,
⇔ Fax (09832) 1095, 🌳, ☎ – ⇌← Zim, 📺 ⇔ 📧 – 🏊 20. 🍽 VISA
Menu à la carte 24/45 *(auch vegetarische Gerichte)* – **28 Z** ☑ 72/112 – 110/180.

WASUNGEN *Thüringen* 418 O 15 – 4 000 Ew – Höhe 280 m.
  Berlin 373 – *Erfurt* 82 – Eisenach 40 – Meiningen 13.

🏠 **Burg Maienluft** 🌿, ✉ 98634, ✆ (036941) 78 40, Fax (036941) 78450, ⇇, 🌳 – 📺
⇔ 📧 – 🏊 40. 🌿 Zim
Menu *(geschl. 6. - 20. Jan., 7. - 21. Aug., Montag)* à la carte 26/54 – **13 Z** ☑ 68/90 –
125/185.

WEDEL *Schleswig-Holstein* 415 416 F 13 – 32 000 Ew – Höhe 2 m.
  Sehenswert : Schiffsbegrüßungsanlage beim Schulauer Fährhaus ⇇ ★.
  Berlin 304 – Kiel 106 – *Hamburg* 19 – Bremen 126 – Hannover 170.

🏠 **Kreuzer,** Rissener Str. 195 (Ost : 1 km, B 431), ✉ 22880, ✆ (04103) 12 70, *info@h*
otel-kreuzer.de, Fax (04103) 12799, 🌳, ☎, 🖂 – 📞, ⇌← Zim, 📺 🌿 ㄴ 📧 – 🏊 60. 🆎
🍽 VISA
Menu *(geschl. Sonntag) (nur Abendessen)* à la carte 45/83 – **50 Z** ☑ 130/165 –
180/220.

🏠 **Wedel** garni (mit Gästehäusern), Pinneberger Str. 69, ✉ 22880, ✆ (04103) 9 13 60,
⇔ Fax (04103) 913613, ☎ – 📞 📺 🌿 ⇔ 📧 🆎 🍽 VISA
geschl. 23. Dez. - 2. Jan. – **27 Z** ☑ 116/129 – 160/188, 10 Suiten.

🏠 **Diamant** garni, Schulstr. 4, ✉ 22880, ✆ (04103) 70 26 00, *info@hoteldiamant.de*,
⇔ Fax (04103) 702700 – 📞 ⇌← 📺 🌿 ㄴ ⇔ – 🏊 20. 🆎 🍽 🍽 VISA JCB
39 Z ☑ 145/165 – 180/195.

🏠 **Freihof am Roland,** Am Marktplatz 6, ✉ 22880, ✆ (04103) 12 80, Fax (04103) 3294,
🌳, ☎ – 📞, ⇌← Zim, 📺 📧 – 🏊 20. 🆎 🍽 🍽 VISA
Menu *(Montag - Freitag nur Abendessen)* à la carte 43/69 – ☑ 12 – **44 Z** 90/125 –
130/160.

WEGBERG Nordrhein-Westfalen 🄰🄱🄷 M 2 – 26 000 Ew – Höhe 60 m.

🛏 *Schmitzhof (West : 7 km),* 𝒞 *(02436) 3 90 90 ;* 🛏 *Wegberg-Wildenrath, Friedrich-List-Allee, (Süd-West : 8 km),* 𝒞 *(02432) 8 15 00.*

Berlin 605 – Düsseldorf 46 – Erkelenz 9,5 – Mönchengladbach 16.

🏨 **Burg Wegberg,** Burgstr. 8, ✉ 41844, 𝒞 (02434) 9 82 20, Fax (02434) 9822222, Biergarten, 🛋 – 🖭 📺 📎 – 🔏 120. 🄰🄴 ⓞ ⓦⓞ 𝘝𝘐𝘚𝘈
Menu *(geschl. Montag) (wochentags nur Abendessen)* à la carte 37/68 – **27 Z** ☲ 145/245
– 205/305.

🍴 **Ophover Mühle,** Forst 14, ✉ 41844, 𝒞 (02434) 2 41 86, Fax (02434) 24317, 🍴,
« *Ehemalige Mühle a.d. J. 1659* » – 📎
geschl. Samstagmittag, Dienstag – **Menu** à la carte 44/68.

In Wegberg-Rickelrath *Nord-Ost : 3 km :*

🍴🍴 **Molzmühle** 🦢 mit Zim, Im Bollenberg 41, ✉ 41844, 𝒞 (02434) 2 43 33, molzmueh
le@yahoo.de, Fax (02434) 25723, 🍴, « *Ehemalige Ölmühle a.d.J. 1627 mit ursprüngli-chem Dekor* » – 📺 📎 🄰🄴 ⓞ ⓦⓞ 𝘝𝘐𝘚𝘈
geschl. Feb. 3 Wochen – **Menu** *(geschl. Montag - Dienstag)* 42 à la carte 57/72 – **8 Z**
☲ 165/280 – 195/280.

In Wegberg-Tüschenbroich *Süd-West : 2 km :*

🍴🍴🍴 **Tüschenbroicher Mühle,** Gerderhahner Str. 1, ✉ 41844, 𝒞 (02434) 42 80, *Servi*
ce@tueschenbroicher-muehle.de, Fax (02434) 25917, 🍴 – 📎 – 🔏 30. 🄰🄴 ⓞ ⓦⓞ
𝘝𝘐𝘚𝘈
geschl. Feb. 3 Wochen, Montag – **Menu** 39 (mittags) à la carte 45/89.

Wenn Sie ein ruhiges Hotel suchen,
benutzen Sie die Übersichtskarte in der Einleitung
oder wählen Sie im Text ein Hotel mit dem Zeichen 🦢 *bzw.* 🦢.

WEHINGEN Baden-Württemberg 🄰🄱🄹 V 10 – 3 100 Ew – Höhe 777 m.
Berlin 731 – Stuttgart 100 – Konstanz 83 – Villingen-Schwenningen 40 – Sigmaringen 46.

🏨 **Café Keller,** Bahnhofstr. 5, ✉ 78564, 𝒞 (07426) 9 47 80, info@hotelkeller.de,
Fax (07426) 947830, 🍴, 🥢 – 📺 🚗 📎 🄰🄴 ⓦⓞ 𝘝𝘐𝘚𝘈
Menu *(geschl. Freitag, Samstagabend, Sonntagabend)* à la carte 28/56 – **30 Z** ☲ 70/105
– 120/150.

WEHR Baden-Württemberg 🄰🄱🄰 X 7 – 13 600 Ew – Höhe 365 m.
🄱 *Kultur- und Verkehrsamt,* Hauptstr. 14, ✉ 79664, 𝒞 (07762) 8 08 88, Fax (07762)
80873.
Berlin 832 – Stuttgart 216 – Freiburg im Breisgau 64 – Lörrach 22 – Bad Säckingen 11
– Todtmoos 17 – Basel 31.

🏨 **Landgasthof Sonne** 🦢 (mit Gästehaus), Enkendorfstr. 38, ✉ 79664, 𝒞 (07762)
5 31 10, info@hotelkeller.de, Fax (07762) 7321, 🍴, 🥢 – 📺 📎 ⓦⓞ 𝘝𝘐𝘚𝘈
geschl. 1. - 14. März, 1. - 14. Nov. – **Menu** *(geschl. Montag)* à la carte 34/58 – **20 Z** ☲ 60/70
– 110.

🏨 **Klosterhof** 🦢, Frankenmatt 8 (beim Schwimmbad), ✉ 79664, 𝒞 (07762) 5 20 90,
klosterhof.wehr@arcormail.de, Fax (07762) 520915, 🍴 – 🛗, 🥢 Zim, 📺 📎
Menu *(geschl. Sonntagabend)* à la carte 34/69 – **40 Z** ☲ 65/95 – 110/140.

WEHRHEIM Hessen 🄰🄱🄷 P 9 – 9 000 Ew – Höhe 320 m.
Ausflugsziel : Saalburg★ *(Rekonstruktion eines Römerkastells) Süd : 4 km.*
Berlin 525 – Wiesbaden 57 – Frankfurt am Main 30 – Gießen 46 – Limburg an der Lahn 46.

🏨 **Zum Taunus,** Töpferstr. 2, ✉ 61273, 𝒞 (06081) 51 68, Fax (06081) 57987 – 📺 🚗.
ⓦⓞ
geschl. Weinachten - Anfang Jan., Ende Juli - Anfang Aug. – **Menu** *(geschl. Freitag) (nur*
Abendessen) à la carte 29/48 – **16 Z** ☲ 60/90 – 120/150.

WEIBERSBRUNN Bayern 🄰🄱🄷 Q 12 – 2 000 Ew – Höhe 354 m.
Berlin 558 – München 337 – Würzburg 59 – Aschaffenburg 19.

🏨 **Brunnenhof,** Hauptstr. 231, ✉ 63879, 𝒞 (06094) 3 64, brunnenhof.weibersbrunn
@euro-hotel.de, Fax (06094) 1064, 🍴, 🥢 – 🛗 📺 📎 – 🔏 80. 🄰🄴 ⓦⓞ 𝘝𝘐𝘚𝘈
Menu à la carte 37/67 – **50 Z** ☲ 70/110 – 126/150.

An der Autobahn A 3 *Ausfahrt Rohrbrunn* :

🏠 **Rasthaus und Motel im Spessart - Südseite,** ⌧ 63879 Rohrbrunn, ℰ (06094)
94 10, Fax (06094) 941252, 🏛 – 📶, 🔄 Rest, 📺 🅿 – 🛎 60. 🆎 ⓌⒸ 🆅🆂🅰
Menu à la carte 30/55 – ⌴ 19 – **34 Z** 100/132 – 148/160.

WEICHERING *Bayern* 🔢🔢🔢 T 17 – *1 500 Ew* – *Höhe 372 m.*
Berlin 532 – München 91 – Augsburg 64 – Ingolstadt 14.

🏠 **Landgasthof Vogelsang** 🔄, Bahnhofstr. 24, ⌧ 86706, ℰ (08454) 20 79, *vogels*
ang@weichering-web.de, Fax (08454) 8171, 🏛 – 📺 🅿 – 🛎 110. 🔄
geschl. 1. - 5. Jan. – **Menu** *(geschl. Donnerstag)* à la carte 22/49 – **14 Z** ⌴ 55/90.

WEIDA *Thüringen* 🔢🔢 N 20 – *9 900 Ew* – *Höhe 312 m.*
Berlin 257 – Erfurt 91 – Gera 12 – Chemnitz 89 – Plauen 44.

In Wünschendorf *Nord-Ost : 5 km* :

🏠 **Zur Elsterperle,** Wendenplatz 7, ⌧ 07570, ℰ (036603) 84 20, Fax (036603) 84220
– 🔄 Zim, 📺 🅿 – 🛎 80. ⓌⒸ 🆅🆂🅰
Menu à la carte 24/41 🍴 – **14 Z** ⌴ 70/80 – 110.

In Wünschendorf-Pösneck *Nord-Ost : 8 km* :

🏠 **Pension Müller** 🔄 garni, Pösneck 12, ⌧ 07570, ℰ (036603) 84 00,
Fax (036603) 84010 – 🔄 📺 ♿ 🅿
10 Z ⌴ 60/70 – 90/100.

WEIDEN IN DER OBERPFALZ *Bayern* 🔢🔢 Q 20 – *43 000 Ew* – *Höhe 397 m.*
🛈 Tourismusbüro, Dr.-Pfleger-Str. 17, ⌧ 92637, ℰ (0961) 4 80 82 77, Fax (0961)
4808251.
ADAC, *Bürgermeister-Prechtl-Str. 21.*
Berlin 406 ① – München 243 ④ – Bayreuth 64 ① – Nürnberg 100 ④ – Regensburg 82 ③

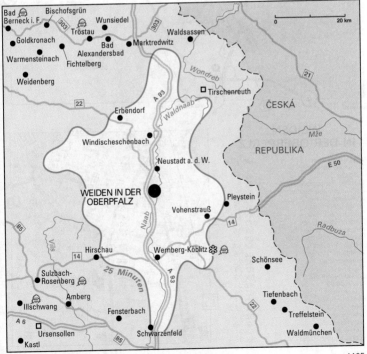

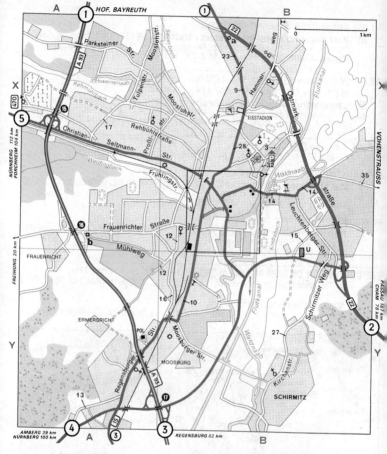

WEIDEN
IN DER OBERPFALZ

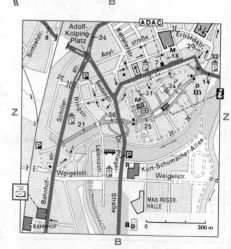

Admira Ⓜ, Brenner-Schäffer-Str. 27, ⊠ 92637, ℰ (0961) 4 80 90, Fax (0961) 4809666,
🚗 – 📶, 🛏 Zim, 📺 ✆ 🔥 ⇔ 🅿 – 🔏 35. 🝙 ⑩ ⑭ 𝕍𝕀𝕊𝔸 𝗝𝗖𝗕
BZ **a**
Menu *(geschl. Samstagmittag)* à la carte 45/67 – **104 Z** ⊑ 145/270 – 185/280.

Klassik Hotel am Tor garni, Schlörplatz 1a, ⊠ 92637, ℰ (0961) 4 74 70, mail@Kl
assikhotel.de, Fax (0961) 4747200, 🚗 – 📶 🛏 📺 ✆ 🔥 🅿 – 🔏 10. 🝙 ⑭ 𝕍𝕀𝕊𝔸
40 Z ⊑ 117/137 – 157/227.
BZ **m**

Europa, Frauenrichter Str. 173, ⊠ 92637, ℰ (0961) 67 07 10, Fax (0961) 6707114 –
📶 📺 🚗 🅿 ⑭ 𝕍𝕀𝕊𝔸
AX **b**
Menu *(geschl. Sonn- und Feiertage, Montagmittag)* à la carte 47/69 – **26 Z** ⊑ 85/99 –
130/160.

Advantage-Hotel, Neustädter Str. 46, ⊠ 92637, ℰ (0961) 38 93 00, advantage-ho
tel@t-online.de, Fax (0961) 3893020, 🌭 – 📺 ⇔ 🅿 🝙 ⑩ ⑭ 𝕍𝕀𝕊𝔸 🛏 Zim
Menu *(geschl. Sonn- und Feiertage) (nur Abendessen)* à la carte 29/58 – **18 Z** ⊑ 92/115
– 130/160.
BX **a**

In Weiden-Oberhöll über ② : 7 km :

Hölltaler Hof 🌲, Oberhöll 2, ⊠ 92637, ℰ (0961) 4 30 93, Fax (0961) 45339, 🌭, 🌾
– 🛏 Zim, 📺 ✆ ⇔ 🅿 🝙 ⑩ ⑭ 𝕍𝕀𝕊𝔸
geschl. 15. - 30. Aug., 20. - 30. Dez. – **Menu** *(geschl. Sonntag - Montagmittag)* à la carte
24/55 – **24 Z** ⊑ 65/100 – 100/160.

WEIDENBERG Bayern 𝟜𝟚𝟘 Q 19 – 5 400 Ew – Höhe 463 m.
Berlin 368 – München 244 – Weiden in der Oberpfalz 53 – Bayreuth 15.

Landgasthof Kilchert, Lindenstr. 14, ⊠ 95466, ℰ (09278) 99 20, info@landgast
hof-kilchert.de, Fax (09278) 992222, 🌾 – 🛏 Zim, 📺 🅿
geschl. Ende Okt. - Ende Nov. – **Menu** *(geschl. Montag)* à la carte 26/56 🍴 – **16 Z** ⊑ 50/65
– 110/130.

WEIDHAUSEN Bayern 𝟜𝟙𝟠 𝟜𝟚𝟘 P 17 – 3 200 Ew – Höhe 289 m.
Berlin 369 – München 286 – Coburg 19 – Bayreuth 53 – Bamberg 51.

Braunes Ross, Kappel 1, ⊠ 96279, ℰ (09562) 9 82 80, braunes-ross@t-online.de,
Fax (09562) 982888 – 📶 📺 ✆ 🅿 ⑭ 𝕍𝕀𝕊𝔸
Menu *(geschl. Dienstagabend)* à la carte 23/46 🍴 – **18 Z** ⊑ 69/105.

WEIGSDORF-KÖBLITZ Sachsen 𝟜𝟙𝟠 M 27 – 3 200 Ew – Höhe 400 m.
Berlin 213 – Dresden 78 – Görlitz 40 – Bautzen 13.

Alter Weber, Oberlausitzerstr. 13, ⊠ 02733, ℰ (035877) 2 52 36,
Fax (035877) 28244, Biergarten, 🚗, ⬛, 🌾, 🍽 – 📶, 🛏 Zim, 📺 ✆ 🔥 🅿 – 🔏 45. 🝙
⑩ ⑭ 𝕍𝕀𝕊𝔸
Menu à la carte 26/49 – **43 Z** ⊑ 90/98 – 120/156.

WEIKERSHEIM Baden-Württemberg 𝟜𝟙𝟡 𝟜𝟚𝟘 R 13 – 8 000 Ew – Höhe 230 m – Erholungsort.
Sehenswert : Schloß (Ausstattung★★, Rittersaal★★).
🛈 Kultur- und Verkehrsamt, Marktplatz 7 (Rathaus), ⊠ 97990, ℰ (07934) 1 02 55,
Fax (07934) 10258.
Berlin 522 – Stuttgart 128 – Würzburg 40 – Ansbach 67 – Heilbronn 86.

Laurentius, Marktplatz 5, ⊠ 97990, ℰ (07934) 9 10 80, Kochkunst@t-online.de,
Fax (07934) 910818, 🌭, « Restaurant im Gewölbekeller aus dem 17. Jh. » – 📶, 🛏 Zim,
📺 ✆ 🅿 🝙 ⑩ ⑭ 𝕍𝕀𝕊𝔸
Menu *(geschl. 10. Feb. - 10. März, Dienstag - Mittwochmittag)* 50/135 und à la carte –
Brasserie *(geschl. Nov.)* Menu à la carte 40/53 – **11 Z** ⊑ 98/120 – 165/175 – ½ P 40/54.

Grüner Hof, Marktplatz 10, ⊠ 97990, ℰ (07934) 2 52, Fax (07934) 3056, 🌭 – ⑭
𝕍𝕀𝕊𝔸 🛏 Zim
geschl. 15. Jan. - Feb. – **Menu** *(geschl. Montag)* à la carte 27/52 – **22 Z** ⊑ 90/100 – 85/140
– ½ P 28.

In Tauberrettersheim Nord-Ost : 4 km :

Zum Hirschen, Mühlenstr. 1, ⊠ 97285, ℰ (09338) 3 22, Fax (09338) 8217, 🌭, 🚗,
🌾 – ⇔ 🅿
geschl. 4. - 28. Feb. – **Menu** *(geschl. 26. Nov. - 8. Dez., Mittwoch)* à la carte 35/54 – **13 Z**
⊑ 52/65 – 98/120.

WEIL Bayern 419 420 V 16 – 2 900 Ew – Höhe 573 m.
Berlin 605 – München 54 – Augsburg 34 – Landsberg am Lech 10.

In Weil-Pestenacker Nord-Ost : 7 km :

Post ⚓, Hauptstr. 22, ✉ 86947, ℰ (08195) 2 77, Fax (08195) 1677, Biergarten, ☞ – ⚓ 🅿.
geschl. 23. Dez. - 10. Jan., 25. Aug. - 10. Sept. – **Menu** (geschl. Montag - Dienstag) à la carte 18/39 – **16 Z** ⊑ 35/45 – 60/80.

WEIL AM RHEIN Baden-Württemberg 419 X 6 – 26 000 Ew – Höhe 260 m.
Berlin 860 – Stuttgart 261 – Freiburg im Breisgau 67 – Basel 7,5 – Lörrach 5.

Atlas Hotel, Alte Str. 58 (nahe der BAB-Abfahrt Weil am Rhein), ✉ 79576, ℰ (07621) 70 70, Fax (07621) 707650, ⭐s – 🛗, ✥ Zim, 🖥 Zim, 📺 📞 🅿 – 🔬 80. 🖭 ① 🐵 🆅🆂🆀
Menu à la carte 50/78 – **160 Z** ⊑ 195/369 – 251/369.

Schwanen, Hauptstr. 121, ✉ 79576, ℰ (07621) 7 10 47, Fax (07621) 793065, ☞ – 📺 📞 🅿 – 🔬 100. 🐵 🆅🆂🆀
Menu (geschl. Mittwoch - Donnerstag) à la carte 42/74 – **19 Z** ⊑ 110 – 140/160.

Ott's Hotel Leopoldshöhe, Müllheimer Str. 4, ✉ 79576, ℰ (07621) 9 80 60, Fax (07621) 9806299, ☞, ⭐s, 🔳 📞 ⚓ 🅿 🖭 ① 🐵 🆅🆂🆀
Menu (geschl. Anfang Jan. 2 Wochen, Sonntag - Montagmittag) (bemerkenswerte Weinkarte) à la carte 41/85 – **40 Z** ⊑ 105/115 – 170/210.

Adler (Wöhrle) (mit Gästehaus), Hauptstr. 139, ✉ 79576, ℰ (07621) 9 82 30, Fax (07621) 75676, ☞ – 📺 🅿 🐵 🆅🆂🆀
Menu (geschl. Anfang Jan. 2 Wochen, Anfang Aug. 2 Wochen, Sonntag - Montag) (Tischbestellung ratsam, bemerkenswerte Weinkarte) 53 (mittag) à la carte 82/139 – **Spatz** (geschl. Anfang Jan. 2 Wochen, Anfang Aug. 2 Wochen) **Menu** à la carte 41/75 – **20 Z** ⊑ 110/150 – 170/250
Spez. Gänseleber-Guglhupf mit Muskatellergelee. Hummer mit getrüffeltem Kartoffelsalat und Chablisschaum. Steinbutt und Rotbarbe mit Senfmelange und Meeresalgen.

Zur Krone (mit Zim. und Gästehaus), Hauptstr. 58, ✉ 79576, ℰ (07621) 7 11 64, Fax (07621) 78963, (Landgasthof a.d.J. 1571) – 📺 🅿 🖭 ① 🐵 🆅🆂🆀
Menu (geschl. Montagabend - Dienstag) (Tischbestellung ratsam) à la carte 38/94 – **12 Z** ⊑ 70/140 – 100/180.

In Weil-Haltingen Nord : 3 km :

Rebstock ⚓, Große Gaß 30, ✉ 79576, ℰ (07621) 96 49 60, rebstock-haltingen@t-online.de, Fax (07621) 9649696, ☞ – ✥ Zim, 📺 ⚓ 🅿 🆅🆂🆀 ✥ Zim
Menu à la carte 42/89 – **16 Z** ⊑ 105/135 – 170/220.

Krone (mit Gästehaus), Burgunderstr. 21, ✉ 79576, ℰ (07621) 6 22 03, Krone-Haltingen@t-online.de, Fax (07621) 63354, ☞, ☞ – ✥ Zim, 📺 📞 ⚓ 🅿 🐵 🆅🆂🆀
Menu (geschl. Dienstag - Mittwochmittag) à la carte 33/78 – **26 Z** ⊑ 95/115 – 160/190.

In Weil-Märkt Nord-West : 5 km :

Zur Krone mit Zim, Rheinstr. 17, ✉ 79576, ℰ (07621) 6 23 04, Kronemaerkt@t-online.de, Fax (07621) 65350, ☞ – 📺 🅿
geschl. Feb. 2 Wochen, Sept. 2 Wochen – **Menu** (geschl. Montag - Dienstag) à la carte 39/83 – **9 Z** ⊑ 85/95 – 130/140.

WEILBACH Bayern 417 419 Q 11 – 2 100 Ew – Höhe 166 m.
Berlin 573 – München 353 – Würzburg 76 – Frankfurt am Main 79 – Heilbronn 87 – Mannheim 84.

In Weilbach-Ohrnbach Nord-West : 8 km :

Zum Ohrnbachtal ⚓, Ohrnbach 5, ✉ 63937, ℰ (09373) 14 13, ohrnbachtal-gasthof@untermain.de, Fax (09373) 4550, ☞, ⭐s, 🔳, ☞, ✖ – ⚓ 🅿 🐵
geschl. 15. - 31. Jan. – **Menu** (geschl. Mittwoch, Nov. - März Dienstagabend - Mittwoch) à la carte 28/66 🍴 – **23 Z** ⊑ 70/95 – 110/140.

Besonders angenehme Hotels oder Restaurants
sind im Führer rot gekennzeichnet.

Sie können uns helfen, wenn Sie uns die Häuser angeben,
in denen Sie sich besonders wohl gefühlt haben.

Jährlich erscheint eine komplett überarbeitete Ausgabe
aller Roten Michelin-Führer.

🏨🏨🏨 ... 🏡

ХХХХХ ... Х

WEILBURG Hessen **417** O 8 – 13 500 Ew – Höhe 172 m – Luftkurort.

Sehenswert : Lage★.

🛈 Tourist-Information, Mauerstr. 6, ✉ 35781, ℰ (06471) 3 14 67, Fax (06471) 7675.

Berlin 530 – Wiesbaden 72 – *Frankfurt am Main 61* – Limburg an der Lahn 22 – Gießen 40.

🏨 **Schloßhotel Weilburg** ⟩, Langgasse 25, ✉ 35781, ℰ (06471) 3 90 96, info@sc hlosshotel-weilburg.de, Fax (06471) 39199, 🌿, 😑, 🔲 – 🛗, ↯ Zim, 📺 🚗 🅿 – 🔬 120. 🆎 ❶ 💳 🗾

Menu à la carte 45/61 – **43 Z** � 139/159 – 235/265 – ½ P 45.

🍴🍴 **Joseph's La Lucia,** Marktplatz 10, ✉ 35781, ℰ (06471) 21 30, Fax (06471) 2909, 🌿 – 🆎 ❶ 💳. 🛠

geschl. Montagmittag, im Winter auch Freitagmittag **Menu** à la carte 39/71.

In Löhnberg Nord : 3,5 km :

🏨 **Zur Krone,** Obertor 1, ✉ 35792, ℰ (06471) 60 70, Fax (06471) 62107, Biergarten, 😑 – 🛗 📺 ↯ 👌 🅿 – 🔬 50. 🆎 ❶ 💳

Menu (geschl. Samstagmittag) à la carte 33/78 – **45 Z** ⊞ 95/105 – 138/158 – ½ P 32.

In Mengerskirchen-Probbach Nord-West : 12 km :

🏨 **Landhaus Höhler** ⟩, Am Waldsee, ✉ 35794, ℰ (06476) 80 31, Landhaushoehler@t-o nline.de, Fax (06476) 8886, ≤, 🌿, 😑, 🔲, 🛲 – 📺 🅿 – 🔬 30. 🆎 ❶ ❶ 💳. 🛠 Rest

Menu (geschl. Montag) à la carte 37/58 – **22 Z** ⊞ 85/135 – 140/180 – ½ P 39.

WEILER-SIMMERBERG IM ALLGÄU Bayern **419 420** X 13 – 6 000 Ew – Höhe 631 m – Luftkurort – Wintersport : 630/900 m ≤5 ♨.

🛈 Kur- und Gästeamt, Hauptstr. 14 (Weiler), ✉ 88171, ℰ (08387) 3 91 50, Fax (08387) 39153.

Berlin 715 – München 179 – *Konstanz 83* – Ravensburg 42 – Bregenz 32.

Im Ortsteil Weiler :

🏨 **Sport-, Kur- und Tennishotel Tannenhof** ⟩, Lindenberger Str. 33, ✉ 88171, ℰ (08387) 12 35, hotel@tannenhof.net, Fax (08387) 1626, 🌿, Massage, ♨, ⅙, ♨, 😑, 🔳, 🔲, 🛲, ✕ und (Halle) – 🅿 – 🔬 25. 🆎 🛠 Rest

Menu à la carte 40/65 – **50 Z** ⊞ 125/220 – 220/330 – ½ P 25.

🍴 **Zur Traube,** Hauptstr. 1, ✉ 88171, ℰ (08387) 9 91 20, Fax (08387) 99121, 🌿 – 🅿. ❶ 💳

geschl. März 2 Wochen, Ende Aug. - Anfang Sept., Sonntagabend - Montag – **Menu** à la carte 36/63.

WEILHEIM Bayern **419 420** W 17 – 20 500 Ew – Höhe 563 m.

🛈 Pähl (Nord : 9 km), Gut Hochschloß, ℰ (08808) 13 30.

Berlin 637 – *München 51* – *Garmisch-Partenkirchen 45* – Landsberg am Lech 37.

🏨 **Bräuwastl,** Lohgasse 9, ✉ 82362, ℰ (0881) 9 47 70, Fax (0881) 69485, 🌿, 😑 – 🛗 📺 ♿ 🚗 🅿 – 🔬 40. 🆎 ❶ 💳

Menu (geschl. Samstag - Sonntag) (Restaurant nur für Hausgäste) – **48 Z** ⊞ 138/148 – 178/198.

🏨 **Vollmann** ⟩, Marienplatz 12, ✉ 82362, ℰ (0881) 42 55, Fax (0881) 63332, 🌿 – 📺 🅿 – 🔬 70. ❶ 💳

Menu (geschl. Jan. 1 Woche, Aug. 2 Wochen, Samstagabend - Sonntag) à la carte 32/52 – **38 Z** ⊞ 95 – 120/150.

WEILROD Hessen **417** P 9 – 6 300 Ew – Höhe 370 m – Erholungsort.

🛈 Weilrod-Altweilnau, Merzhäuser Straße, ℰ (06083) 95 05 10.

Berlin 532 – Wiesbaden 42 – *Frankfurt am Main 47* – Gießen 51 – Limburg an der Lahn 33.

In Weilrod-Neuweilnau :

🏨 **Sporthotel Erbismühle** ⟩, ✉ 61276, ℰ (06083) 28 80, info@erbismuehle.de, Fax (06083) 288700, 🌿, ⅙, 😑, 🔲, 🛲, ✕ – 🛗 📺 ♿ 🅿 – 🔬 150. ❶ 💳

geschl. 27. Dez. - 8. Jan. – **Menu** à la carte 41/72 – **74 Z** ⊞ 150/270 – 190/295 – ½ P 35.

WEIMAR Thüringen **418** N 18 – 60 000 Ew – Höhe 208 m.

Sehenswert : Stadtschloß (Cranachsammlung★★)BZ – Goethehaus★★ BZ – Schillerhaus★ BZ – Deutsches Nationaltheater (Doppelstandbild★★ von Goethe und Schiller) AZ **T** – Goethes Gartenhaus★★ BZ – Stadtkirche (Cranachaltar★★, Renaissance-Grabmäler★) BY – Nietzsche-Archiv (Bibliothek★) AZ.

🛈 Tourist-Information und Kongress-Service, Markt 10, ✉ 99421, ℰ (03643) 2 40 00, Fax (03643) 240040.

Berlin 285 ③ – *Erfurt 22 ④* – Chemnitz 132 ③

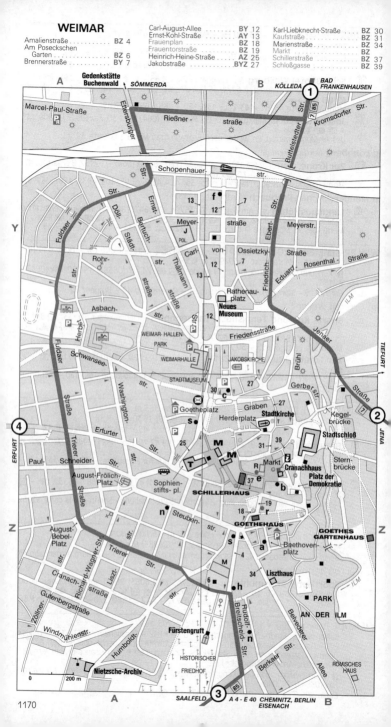

WEIMAR

1170

Hilton Ⓜ, Belvederer Allee 25, ✉ 99425, ℰ (03643) 72 20, *Hilton.Weimar@t-online.de*, Fax (03643) 722741, 斎, Massage, ⬄, ◩ – ▯, ⟵Zim, ▤ ⅢⅤ ℰ ⅁ ⬌ 🅿 – ⚤ 280. ☒ ⑤ ◍ VISA JCB over Belvederer Allee BZ
Menu à la carte 44/61 – ☲ 29 – **294 Z** 310/360 – 375/425, 6 Suiten.

Russischer Hof, Goetheplatz 2, ✉ 99423, ℰ (03643) 77 40, *russischerhof@deragh otels.de*, Fax (03643) 774840, « Historisches Hotel a.d.J. 1805 mit eleganter Einrichtung », 𝄃ℴ, ⬄ – ▯, ⟵Zim, ▤ ℰ ⅁ ⬌ – ⚤ 75. ☒ ⑤ ◍ VISA AZ s
Menu à la carte 34/69 – **126 Z** ☲ 208/340 – 240/395, 7 Suiten.

Elephant, Markt 19, ✉ 99423, ℰ (03643) 80 20, Fax (03643) 802610, « Gartenterrasse ; Einrichtung im Bauhaus- und Art-Deco-Stil » – ▯, ⟵Zim, ⅢⅤ ℰ 🅿 – ⚤ 170. ☒ ⑤ ◍ VISA JCB ℰ Rest BZ b
Menu (geschl. Sonntagabend) à la carte 30/85 – ☲ 31 – **102 Z** 280/360 – 330/410, 4 Suiten.

Dorint am Goethepark Ⓜ, Beethovenplatz 1, ✉ 99423, ℰ (03643) 87 20, *info.e rfwei@dorint.com*, Fax (03643) 872100, 斎, Massage, 𝄃ℴ, ⬄ – ▯, ⟵Zim, ⅢⅤ ℰ ⅁ ⬌ – ⚤ 190. ☒ ⑤ ◍ VISA JCB BZ a
Menu 88 und à la carte 48/72 – ☲ 30 – **143 Z** 255/265 – 285/295, 6 Suiten.

InterCityHotel Ⓜ, Carl-August-Allee 17, ✉ 99423, ℰ (03643) 23 40, Fax (03643) 234444, 斎 – ▯, ⟵Zim, ⅢⅤ ℰ ⅁ ⬌ – ⚤ 90. ☒ ⑤ ◍ VISA JCB BY f
Menu à la carte 31/42 – ☲ 20 – **134 Z** 130/160 – 140/180.

Villa Hentzel ⬞, garni, Bauhausstr. 12, ✉ 99423, ℰ (03643) 8 65 80, *hotel-villa-he ntzel@t-online.de*, Fax (03643) 865819 – ⟵ ⅢⅤ ℰ 🅿 ☒ ⑤ ◍ VISA BZ n
13 Z ☲ 130/170 – 180/190.

Alt Weimar, Prellerstr. 2, ✉ 99423, ℰ (03643) 8 61 90, *info@alt-weimar.de*, Fax (03643) 861910, 斎 – ⅢⅤ 🅿 ☒ ⑤ ◍ VISA AZ n
Menu à la carte 38/52 – **17 Z** ☲ 140/150 – 185/195.

Amalienhof garni, Amalienstr. 2, ✉ 99423, ℰ (03643) 54 90, *amalienhof.weimar@t -online.de*, Fax (03643) 549110 – ▯ ⅢⅤ 🅿 ☒ ⑤ ◍ VISA BZ s
31 Z ☲ 130 – 180/200.

Zur Sonne, Rollplatz 2, ✉ 99423, ℰ (03643) 80 04 10, *hotel-zursonne@weimar-cs.de*, Fax (03643) 862932 – ⅢⅤ ☒ ⑤ ◍ VISA BZ c
Menu à la carte 21/36 – **21 Z** ☲ 100/130 – 150/160.

Am Stadtpark, Amalienstr.19, ✉ 99423, ℰ (03643) 2 48 30, *AmStadtparkWeimar @t-online.de*, Fax (03643) 511720 – ⅢⅤ ⅁ 🅿 ☒ ⑤ ◍ VISA BZ h
Menu (geschl. Feb., Sonntagabend - Montag) (wochentags nur Abendessen) à la carte 27/34 (auch vegetarische Gerichte) 𝄃 – **12 Z** ☲ 110 – 150/180.

Apart-Hotel garni, Berkaer Str. 75, ✉ 99425, ℰ (03643) 81 23 00, *Apart-Hotel@We imar-cs.de*, Fax (03643) 812500 – ⟵ ⅢⅤ ℰ 🅿 ☒ ⑤ ◍ VISA JCB ☲ 15 – **40 Z** 79/95 – 115/130. over Berkaer Str. und ③ BZ

✕ **Gasthaus zum weißen Schwan**, Frauentorstr. 23 (Am Frauenplan), ✉ 99423, ℰ (03643) 25 21, Fax (03643) 202575, 斎 – ⑤ ◍ VISA BZ r
Menu à la carte 33/57.

✕ **Shakespeares**, Windischenstr. 4, ✉ 99423, ℰ (03643) 90 12 85, *shakespeares@we imar.de*, Fax (03643) 901285, 斎, (Modernes Restaurant im Bistro-Stil, Theater im Haus) – ☒ ⑤ ◍ VISA JCB BZ e
Menu (Montag - Donnerstag nur Abendessen) à la carte 43/59.

In Weimar-Gelmeroda Süd-West : 4 km über ③, nahe der BAB-Abfahrt Weimar :

Schwartze, Im Dorfe 65a, ✉ 99428, ℰ (03643) 5 99 50, Fax (03643) 512614, 斎 – ⟵ Zim, ⅢⅤ 🅿 ☒ ◍ VISA ℰ Rest
Menu (nur Abendessen) à la carte 25/30 – **30 Z** ☲ 120/160.

In Weimar-Legefeld Süd-West : 6 km über ③ :

Treff Hotel, Kastanienallee 1, ✉ 99438, ℰ (03643) 80 30, *Treff-Hotel-Weimar@t-o nline.de*, Fax (03643) 803500, 斎, ⬄, ◩ – ▯, ⟵Zim, ⅢⅤ ℰ ⅁ 🅿 – ⚤ 200. ☒ ⑤ ◍ VISA JCB
Menu à la carte 36/59 – **194 Z** ☲ 185/225 – 225/275, 4 Suiten.

In Weimar-Schöndorf Nord : 4 km über ① :

Dorotheenhof ⬞, Dorotheenhof 1, ✉ 99427, ℰ (03643) 45 90, *info@dorotheen hof.com*, Fax (03643) 459200, 斎, ⬄, 斎 – ▯, ⟵Zim, ⅢⅤ ℰ ⅁ 🅿 – ⚤ 60. ☒ ⑤ ◍ VISA ℰ Rest
Menu à la carte 35/56 – **60 Z** ☲ 125/165 – 180/260.

In Ballstedt Nord-West : 12 km über Ettersburger Straße AY :

Zur Tanne, Im Dorfe 29, ✉ 99439, ℰ (036452) 7 23 60, Fax (036452) 70857, 斎, ⬄ – ⅢⅤ 🅿 ☒ ⑤ ◍ VISA ℰ Rest
Menu (geschl. 24. - 30. Juli, Sonntagabend) à la carte 21/29 – **24 Z** ☲ 74/79 – 116/126.

WEIMAR Hessen siehe Marburg.

WEINÄHR Rheinland-Pfalz siehe Nassau.

WEINBÖHLA Sachsen siehe Meissen.

WEINGARTEN Baden-Württemberg 🔢🔢🔢 W 12 – 25 000 Ew – Höhe 458 m.
Sehenswert : Basilika★★.

🇹 Städt. Kultur- und Verkehrsamt, Münsterplatz 1, ⊠ 88250, 𝒫 (0751) 40 51 25, Fax (0751) 405268.

Berlin 692 – Stuttgart 143 – *Konstanz* 48 – Ravensburg 4 – Ulm (Donau) 85 – Biberach an der Riß 43.

🏛 **Mövenpick Hotel** Ⓜ, Abt-Hyller-Str. 37, ⊠ 88250, 𝒫 (0751) 50 40, hotel.weingart en@moevenpick.com, Fax (0751) 504400, 🍴 – 🛗, ✺ Zim, 📺 📞 🚗 – 🔒 500. 🖭 ⓪ ⓞⓞ 𝐕𝐈𝐒𝐀
Menu à la carte 38/65 – 🖙 23 – **72 Z** 165/185 – 205/215.

🏛 **Altdorfer Hof** (mit Gästehaus), Burachstr. 12, ⊠ 88250, 𝒫 (0751) 5 00 90, Hotel.Al tdorferHof@akzent.de, Fax (0751) 500970 – 🛗, ✺ Zim, 📺 📞 🚗 🅿 – 🔒 30. 🖭 ⓪ ⓞⓞ 𝐕𝐈𝐒𝐀 𝐉𝐂𝐁
geschl. 20. Dez. - 10. Jan. – **Menu** (geschl. Sonntagabend - Montag) à la carte 42/70 – **49 Z** 🖙 135/150 – 165/210.

🏠 **Bären,** Kirchstr. 3, ⊠ 88250, 𝒫 (0751) 56 12 00, baeren-weingarten@t-online.de, Fax (0751) 5612050 – ✺ Zim, 📺 🚗 🅿 🖭 ⓪ ⓞⓞ 𝐕𝐈𝐒𝐀
Menu (geschl. März 1 Woche, Juli - Aug. 3 Wochen, Montag) à la carte 31/59 – **17 Z** 🖙 85 – 125/140.

🏠 **Sonne,** Liebfrauenstr. 26, ⊠ 88250, 𝒫 (0751) 56 07 90, info@Sonnehotel.de, Fax (0751) 54691 – ✺ Zim, 📺 📞 🚗 🅿 ⓞⓞ 𝐕𝐈𝐒𝐀
Menu (geschl. Dienstag) à la carte 28/56 – **26 Z** 🖙 82/92 – 130/159.

In Wolpertswende-Mochenwangen Nord : 7,5 km :

🏡 **Rist** (mit Gästehaus), Bahnhofstr. 8, ⊠ 88284, 𝒫 (07502) 9 22 20, Fax (07502) 2884 –
🚗 📺 🚗 🅿 ⓞⓞ 𝐕𝐈𝐒𝐀
Menu (geschl. 12. - 25. Aug., Freitag, Sonntagabend) à la carte 24/38 – **19 Z** 🖙 48/70 – 78/110.

WEINGARTEN KREIS KARLSRUHE Baden-Württemberg 🔢🔢🔢 S 9 – 8 200 Ew – Höhe 120 m.
Berlin 664 – Stuttgart 88 – *Karlsruhe* 17 – Heidelberg 46.

🏛 **Walk'sches Haus** (mit Gästehaus), Marktplatz 7 (B 3), ⊠ 76356, 𝒫 (07244) 7 03 70, info@walksches-haus.de, Fax (07244) 703740, « Restauriertes Fachwerkhaus a.d.J. 1701 ; Hofterrasse » – 📺 🅿 – 🔒 40. 🖭 ⓪ 𝐕𝐈𝐒𝐀
Menu (geschl. 1. - 10. Jan., Juli - Aug. 2 Wochen, Samstagmittag, Dienstag) à la carte 67/96 – **27 Z** 🖙 90/120 – 160/200.

🏠 **Zum Kärcher,** Bahnhofstr. 150, ⊠ 76356, 𝒫 (07244) 23 57, Fax (07244) 5190, 🍴 – 📺 🅿 🖭 ⓪ ⓞⓞ 𝐕𝐈𝐒𝐀
Menu (geschl. über Ostern 1 Woche, Mittwoch, Freitagmittag, Samstagmittag, Sonntaga bend) à la carte 36/77 – **15 Z** 🖙 70/80 – 120.

WEINHEIM AN DER BERGSTRASSE Baden-Württemberg 🔢🔢🔢 🔢🔢🔢 R 10 – 42 000 Ew – Höhe 135 m.
Sehenswert : Exotenwald★.

🇹 Verkehrsverein, Bahnhofstr. 15, ⊠ 69469, 𝒫 (06201) 99 11 17, Fax (06201) 991135.
Berlin 609 – Stuttgart 137 – *Mannheim* 28 – Darmstadt 45 – Heidelberg 20.

🏛 **Astron** Ⓜ, Breslauer Str. 52 (Weststadt), ⊠ 69469, 𝒫 (06201) 10 30, Weinheim@a stron-hotels.de, Fax (06201) 103300, 🍴, 🔽, 🚏 – 🛗, ✺ Zim, 📺 📞 🚗 🅿 – 🔒 220. 🖭 ⓪ ⓞⓞ 𝐕𝐈𝐒𝐀
Menu à la carte 40/62 – 🖙 23 – **187 Z** 218/235.

🏛 **Ottheinrich** Ⓜ 🍴, Hauptstr. 126, ⊠ 69469, 𝒫 (06201) 1 80 70, Weinheim-Otthein rich@astron-hotels.de, Fax (06201) 180788 – 🛗 📺 🚗 – 🔒 25. 🖭 ⓪ ⓞⓞ 𝐕𝐈𝐒𝐀 𝐉𝐂𝐁
Menu siehe Rest. **Grüne Gans** separat erwähnt – 🖙 23 – **25 Z** 235/335.

🏛 **Fuchs'sche Mühle,** Birkenauer Talstr. 10, ⊠ 69469, 𝒫 (06201) 1 00 20, fuchss_ch e_muehle@t-online.de, Fax (06201) 100222, 🍴, 🚏, 🔽 – 🛗 📺 🚗 🅿 ⓪ ⓞⓞ 𝐕𝐈𝐒𝐀 🌺
Menu (geschl. 10. Jan. - 1. Feb., Sonntagabend - Dienstagmittag) à la carte 45/79 – **18 Z** 🖙 140/180.

🏨 **Ebert Park Hotel** garni, Freiburger Str. 42 (Weststadt), ✉ 69469, 🖋 (06201) 10 50, Eber
t-park-hotel-weinheim@ t-online.de, Fax (06201) 105401 – 🛗 ✤ TV P. AE ① ❷❸ VISA JCB
geschl. 24. Dez. - Anfang Jan. – **70 Z** ⊂⊃ 120/140 – 140/160.

🏨 **Haus Masthoff,** Lützelsachsener Str. 5, ✉ 69469, 🖋 (06201) 9 99 60,
Fax (06201) 16735, 🍴, 🔲 – TV ⇔ – 🔏 15. AE ❷❸ VISA
Menu (geschl. Montag) à la carte 37/57 – **14 Z** ⊂⊃ 120/170.

🍴🍴 **Grüne Gans** - Hotel Ottheinrich, Haupstr. 126, ✉ 69469, 🖋 (06201) 18 07 68, Grue
ne.Gans@ t-online.de, Fax (06201) 180788 – AE ① ❷❸ VISA
geschl. Aug. 3 Wochen, Montag – **Menu** (Dienstag - Freitag nur Abendessen) à la carte 69/98.

🍴🍴 **Schloßparkrestaurant,** Obertorstr. 9, ✉ 69469, 🖋 (06201) 9 95 50, info@ schlos
spark-restaurant.de, Fax (06201) 995524, 🍴 – 🔏 40. AE ① VISA
geschl. 19. Feb. - 9. März, Dienstag – **Menu** à la carte 40/76.

In Weinheim-Lützelsachsen Süd : 3 km :

🍴🍴 **Winzerstube,** Sommergasse 7, ✉ 69469, 🖋 (06201) 5 22 98, Fax (06201) 56520, 🍴
– P. AE ❷❸ VISA
geschl. 27. Dez. - 15. Jan., Sonntag - Montag, Feiertage – **Menu** (nur Abendessen) à la carte
49/79.

WEINSBERG Baden-Württemberg 👁👁👁 S 11 – 10 000 Ew – Höhe 200 m.
Berlin 588 – Stuttgart 53 – Heilbronn 6 – Schwäbisch Hall 42.

Außerhalb Süd-Ost : 2 km :

🏨 **Rappenhof,** ✉ 74189 Weinsberg, 🖋 (07134) 51 90, Rappenhof@ t-online.de,
Fax (07134) 51955, ≤, 🍴, 🐾 – 🛗, ✤ Zim, TV 📞 🐾 – 🔏 30. AE ① ❷❸ VISA
geschl. 22. Dez. - 10. Jan. – **Menu** à la carte 37/71 – **38 Z** ⊂⊃ 140/170 – 180/210.

In Eberstadt Nord-Ost : 4 km :

🏨 **Krone,** Hauptstr. 47, ✉ 74246, 🖋 (07134) 9 86 00, hotel.krone.eberstadt@ t-online.de,
Fax (07134) 986030, 🍴 – TV P. – 🔏 55. ① ❷❸ VISA
Menu (geschl. 24. Dez. - 7. Jan.)(wochentags nur Abendessen) à la carte 31/50 – **15 Z**
⊂⊃ 80/130.

In Obersulm-Sülzbach Ost : 3,5 km :

🍴🍴 **Alter Klosterhof,** Eberstädter Str. 7, ✉ 74182, 🖋 (07134) 1 88 55,
Fax (07134) 901135, 🍴, (Fachwerkhaus a.d. 17.Jh.) – P. AE ❷❸
geschl. Anfang Jan. 2 Wochen, Juli - Aug. 3 Wochen, Sonntag - Montag – **Menu** (nur Abendessen) à la carte 61/97.

WEINSTADT Baden-Württemberg 👁👁👁 T 12 – 23 900 Ew – Höhe 290 m.
Berlin 616 – Stuttgart 24 – Esslingen am Neckar 13 – Schwäbisch Gmünd 38.

In Weinstadt-Baach :

🍴 **Adler** 🦢 mit Zim, Forststr. 12, ✉ 71384, 🖋 (07151) 6 58 26, Fax (07151) 66520, 🍴,
Biergarten – ⇔ P. ❄ Zim
geschl. Feb. 2 Wochen, Juli 2 Wochen – **Menu** (geschl. Montag - Dienstag) (Sonntag - Donnerstag nur Mittagessen) à la carte 44/72 – **5 Z** ⊂⊃ 65/110.

In Weinstadt-Beutelsbach :

🏨 **Krone-Weinstadt-Hotel,** Marktstr. 39, ✉ 71384, 🖋 (07151) 99 70 10,
Fax (07151) 9970111, 🍴 – 🛗, ✤ Zim, TV 📞 🐾 ⇔ – 🔏 15. AE ① ❷❸ VISA ❄ Zim
Menu (geschl. Mittwoch) à la carte 35/68 – **32 Z** ⊂⊃ 105/165.

In Weinstadt-Endersbach :

🏨 **Gästehaus Zefferer** garni, Strümpfelbacher Str. 10, ✉ 71384, 🖋 (07151) 6 08 60 20,
Fax (07151) 60860211 – TV 📞 P. ❷❸
16 Z ⊂⊃ 88/92 - 130/140.

🍴 **Weinstube Muz,** Traubenstr. 3, ✉ 71384, 🖋 (07151) 6 13 21, Fax (07151) 61131 –
AE ❷❸
geschl. 7. - 23. Aug., Sonn- und Feiertage – **Menu** (nur Abendessen) à la carte 37/79.

In Weinstadt-Strümpfelbach :

🍽 **Lamm,** Hindenburgstr. 16, ✉ 71384, 🖋 (07151) 96 76 36, Lamm.weinstadt-stuempfe
lbach@ t-online.de, Fax (07151) 967638, 🍴 – TV ⇔ P.
Menu (geschl. Jan. 2 Wochen, Aug. 2 Wochen, Montag - Dienstag) à la carte 40/75 – **14 Z**
⊂⊃ 57/70 – 105/125.

🍴 **Zum Hirsch,** Hauptstr. 3, ✉ 71384, 🖋 (07151) 6 11 03, Fax (07151) 961998 – ❷❸
geschl. Dienstag - Mittwoch – **Menu** à la carte 31/68.

WEISENDORF Bayern 419 420 R 16 – 5 500 Ew – Höhe 300 m.
  Berlin 445 – München 204 – Nürnberg 35 – Bamberg 53 – Würzburg 86.

🏠 **Jägerhof** (mit Gästehaus), Auracher Bergstr. 2, ⊠ 91085, ℘ (09135) 71 70,
  Fax (09135) 717444 – 📺 📞 – 🍴 25. ⓞ 🎫 𝘝𝘐𝘚𝘈
  geschl. Aug. 3 Wochen, Weihnachten - 6. Jan. – **Menu** (geschl. Freitag - Samstagmittag)
  à la carte 32/59 – **33 Z** ⊂⊃ 95 – 120/150.

In Großenseebach Ost : 4 km :

🏠 **Seebach,** Hauptstr. 2, ⊠ 91091, ℘ (09135) 71 60, Fax (09135) 716105 – 📺 📞 🚗
  📞 – 🍴 15. ⅏ Rest
  Menu (geschl. 27. Dez. - 5. Jan., Freitagabend) à la carte 32/52 – **22 Z** ⊂⊃ 98/120 –
  130/180.

WEISENHEIM AM BERG Rheinland Pfalz 417 R 8 – 1 800 Ew – Höhe 120 m.
  Berlin 639 – Mainz 78 – Mannheim 29 – Kaiserslautern 41 – Neustadt an der Weinstraße 22.

XX **Admiral,** Leistadter Str. 6, ⊠ 67273, ℘ (06353) 41 75, gast@restaurant-admiral.de,
  Fax (06353) 989325, 🌳 – 📞 🎫 𝘝𝘐𝘚𝘈
  geschl. 1. - 15. Jan., Montag - Dienstag – **Menu** (wochentags nur Abendessen) à la carte
  60/77.

WEISKIRCHEN Saarland 417 R 4 – 6 500 Ew – Höhe 400 m – Heilklimatischer Kurort.
  🅱 Kurverwaltung - Tourist-Information, Kirchenweg 2, ⊠ 66709, ℘ (06876) 7 09 37, Fax
  (06876) 70938.
  Berlin 725 – Saarbrücken 59 – Trier 37 – Birkenfeld 39 – Merzig 19.

🏨 **Parkhotel** 📺 🌿, Kurparkstr. 4, ⊠ 66709, ℘ (06876) 91 90, parkhotel-weiskirchen
  @t-online.de, Fax (06876) 919519, 🌳, Massage, ♣, 🔥, ≘s, 🏊, 🛶 – 🛗, ⅏ Zim, 📺
  📞 ♿ 📞 – 🍴 180. 🅰🅴 ⓞ 🎫 𝘝𝘐𝘚𝘈
  Menu à la carte 50/76 – **125 Z** ⊂⊃ 129/159 – 179/209.

In Weiskirchen-Rappweiler Süd-West : 2 km :

XX **La Provence,** Merziger Str. 25, ⊠ 66709, ℘ (06872) 43 26, Fax (06872) 887818. 🎫
  𝘝𝘐𝘚𝘈 ⅏
  geschl. Juli - Aug. 3 Wochen, Samstagmittag, Montag - Dienstagmittag – **Menu** à la carte
  45/82.

WEISSEN Thüringen siehe Rudolstadt.

WEISSENBURG IN BAYERN Bayern 419 420 S 16 – 18 000 Ew – Höhe 420 m.
  Sehenswert : Römermuseum (Bronze-Statuetten★) und Römische Thermen★.
  Ausflugsziel : Ellingen (Schloß : Ehrentreppe★) Nord : 4 km.
  🅱 Amt für Kultur und Touristik, Martin-Luther-Platz 3 (Römermuseum), ⊠ 91781,
  ℘ (09141) 90 71 24, Fax (09141) 907121.
  Berlin 483 – München 131 – Nürnberg 59 – Augsburg 82 – Ulm (Donau) 119.

🏠 **Wittelsbacher Hof,** Friedrich-Ebert-Str. 21, ⊠ 91781, ℘ (09141) 8 51 60, info@w
  ittelsbacher-hof.de, Fax (09141) 851650, Biergarten – ⅏ Zim, 📺 🚗 📞 – 🍴 35. 🅰🅴
  🎫 𝘝𝘐𝘚𝘈
  Menu à la carte 27/53 – **25 Z** ⊂⊃ 85/110 – 130/160.

🏠 **Am Ellinger Tor,** Ellinger Str. 7, ⊠ 91781, ℘ (09141) 8 64 60, ellingertor@web.de,
  Fax (09141) 864650, 🌳 – ⅏ Zim, 📺 📞 🚗. 🅰🅴 ⓞ 🎫 𝘝𝘐𝘚𝘈
  Menu (geschl. Sonntagabend - Montag) à la carte 28/58 – **27 Z** ⊂⊃ 79/130 – 118/178.

🏠 **Goldener Adler,** Marktplatz 5, ⊠ 91781, ℘ (09141) 8 55 60, Fax (09141) 855633, 🌳
  – 📺. 🅰🅴 🎫 𝘝𝘐𝘚𝘈
  Menu à la carte 26/45 – **11 Z** ⊂⊃ 80 – 110/120.

🏠 **Schwarzer Bär,** Marktplatz 13, ⊠ 91781, ℘ (09141) 8 68 80, Fax (09141) 86888 –
  🚗 ⅏ Zim, 📺 📞 🚗 – 🍴 15. 🎫 𝘝𝘐𝘚𝘈 ⅏ Zim
  Menu (geschl. Samstag, Mai - Okt. Samstagmittag) à la carte 24/54 – **12 Z** ⊂⊃ 80/90 –
  130/140.

WEISSENFELS Sachsen-Anhalt 418 M 19 – 35 000 Ew – Höhe 100 m.
  🅱 Stadtinformation, Nicolaistr. 37, ⊠ 06667, ℘ (03443) 30 30 70, Fax (03443) 303070.
  Berlin 201 – Magdeburg 122 – Leipzig 42 – Halle 34.

🏨 **Parkhotel Güldene Berge** 📺 (mit Gästehaus), Langendorfer Str. 94, ⊠ 06667,
  🚗 ℘ (03443) 3 92 00, Gueldene-Berge@t-online.de, Fax (03442) 392020, Biergarten,
  « Park » – 🛗 📺 📞 🚗 📞 – 🍴 25. 🅰🅴 🎫 𝘝𝘐𝘚𝘈
  Menu à la carte 23/46 🍴 – **26 Z** ⊂⊃ 125 – 155/165.

WEISSENHORN *Bayern* 419 420 *V 14 – 11 000 Ew – Höhe 501 m.*
Berlin 591 – München 146 – Augsburg 67 – Memmingen 41 – Ulm (Donau) 22.

Zum Löwen (mit Gästehaus), Martin-Kuen-Str. 5, ✉ 89264, ✆ (07309) 9 65 00, *loewen@weissenhorn.de, Fax (07309) 5016* – TV ✆. AE MC VISA
Menu *(geschl. Sonntag)* (Tischbestellung ratsam) à la carte 37/69 – **24 Z** 80/110 – 130/150.

WEISSENSBERG *Bayern siehe Lindau im Bodensee.*

WEISSENSEE *Thüringen* 418 *M 17 – 4 200 Ew – Höhe 157 m.*
Berlin 261 – Erfurt 33 – Nordhausen 56 – Weimar 43.

Promenadenhof (mit Gästehaus), Promenade 16, ✉ 99631, ✆ (036374) 22 20, *info@promenadenhof.de, Fax (036374) 22244,* – TV P – 30. AE MC VISA. Rest
Menu *(nur Abendessen)* à la carte 33/56 – **25 Z** 89/95 – 119/125.

WEISSENSTADT *Bayern* 418 420 *P 19 – 4 000 Ew – Höhe 630 m – Erholungsort.*
Tourist-Information, Kirchplatz 5, ✉ 95163, ✆ (09253) 9 50 30, Fax (09253) 95039.
Berlin 349 – München 265 – Hof 28 – Bayreuth 36.

Zum Waldstein, Kirchenlamitzer Str. 8, ✉ 95163, ✆ (09253) 2 70, *Fax (09253) 8676* –
geschl. Ende Feb. - Mitte März – **Menu** *(geschl. Montag)* à la carte 26/50 – **14 Z** 40/70 – 60/100.

Egertal (Rupprecht), Wunsiedler Str. 49, ✉ 95163, ✆ (09253) 2 37, *egertal@t-online.de, Fax (09253) 500,* – P. MC VISA
geschl. Jan. - Feb. 3 Wochen, Dienstag – **Menu** *(Montag - Freitag nur Abendessen)* (Tischbestellung ratsam) à la carte 71/82 – ***Prinz-Rupprecht Stube*** *(nur Abendessen)* **Menu** à la carte 41/60
Spez. Kalbskopf und Zunge mit Basilikum-Vinaigrette. Zander mit Speck und Frankenweinsauce. Kalbsfilet mit Taube und Gänseleber.

WEISSWASSER *Sachsen* 418 *L 27 – 33 000 Ew – Höhe 116 m.*
Touristinformation, Schillerstr. 4, ✉ 02943, ✆ (03576) 20 71 26, Fax 242712.
Berlin 166 – Dresden 97 – Cottbus 45.

Kristall, Karl-Liebknecht-Str. 34, ✉ 02943, ✆ (03576) 26 40, *info@hotelkristall.de, Fax (03576) 264102,* – TV P – 20. AE MC VISA
Menu *(nur Abendessen)* à la carte 27/50 – **57 Z** 130/160.

Prenzels Hotel, Straße des Friedens 11, ✉ 02943, ✆ (03576) 2 78 20, *Fax (03576) 278240* – TV P. AE MC VISA
Menu à la carte 22/48 – **18 Z** 75/120 – 100/140.

WEISWEIL *Baden-Württemberg* 419 *V 7 – 1 600 Ew – Höhe 173 m.*
Berlin 783 – Stuttgart 181 – Freiburg im Breisgau 36 – Offenburg 39.

Landgasthof Baumgärtner, Sternenstr. 2, ✉ 79367, ✆ (07646) 3 47, *Fax (07646) 1347* – P
geschl. Aug. 3 Wochen, Montag – **Menu** *(wochentags nur Abendessen)* à la carte 44/74.

WEITENBURG (Schloß) *Baden-Württemberg siehe Starzach.*

WEITERSTADT *Hessen siehe Darmstadt.*

WEMDING *Bayern* 419 420 *T 16 – 5 700 Ew – Höhe 460 m – Erholungsort.*
Tourist-Information, Mangoldstr. 5, ✉ 86650, ✆ (09092) 82 22, Fax (09092) 969050.
Berlin 511 – München 128 – Augsburg 70 – Nördlingen 18 – Nürnberg 93.

Weißer Hahn, Wallfahrtstr. 21, ✉ 86650, ✆ (09092) 9 68 00, *info@Weisser-hahn.de, Fax (09092) 968044,* , Biergarten, – Zim, TV P – 30. AE MC VISA JCB
Menu *(geschl. Nov., Donnerstag)* à la carte 28/57 – **27 Z** 75/110 – 130/140 – ½ P 18/25.

Meerfräulein (mit Gästehaus), Wallfahrtsstr. 1, ✉ 86650, ✆ (09092) 9 69 40, *Meyersepp@aol.com, Fax (09092) 9694200,* , – TV – 80. AE MC VISA
Menu *(geschl. Sonntagabend, Dienstag)* à la carte 28/49 – **40 Z** 90/110 – 120/180 – ½ P 20.

WENDEBURG *Niedersachsen siehe Peine.*

WENDELSTEIN Bayern 🔢🔢 R 17 – 15 000 Ew – Höhe 340 m.
Siehe Nürnberg (Umgebungsplan).
Berlin 439 – München 157 – Nürnberg 15 – Ingolstadt 84 – Regensburg 100.

🏠 **Zum Wenden,** Hauptstr. 32, ⊠ 90530, ℰ (09129) 9 01 30, Fax (09129) 901316, 🍴
– 🛏 Zim, 📺 🔶 – 🔒 20. 🆎 ⓄⓇ 🔵🔵 🆚🆚   CT c
Menu *(geschl. Montag)* à la carte 53/72 – **20 Z** ⊂ 99/149 – 165/198.

🍴🍴 **Ofenplatt'n,** Nürnberger Str. 19, ⊠ 90530, ℰ (09129) 34 30, 🍴 – 📍   CT v
geschl. Samstagmittag, Sonntag – **Menu** *(Tischbestellung ratsam)* à la carte 42/88.

In Röthenbach bei St. Wolfgang *Nord-Ost : 2 km :*

🏠 **Kübler Hof,** In der Lach 2, ⊠ 90530, ℰ (09129) 90 00, Fax (09129) 900292, 🍴 – 🔆
🔶 📺 📍 🔵🔵 🆚🆚 🔅   CT n
geschl. Weihnachten - 6.Jan., 15. - 30. Aug. – **Menu** *(geschl. 22. Dez. - 6. Jan., Samstagabend
- Sonntag)* à la carte 24/48 🍷 – **48 Z** ⊂ 90 – 130/140.

WENDEN Nordrhein-Westfalen 🔢🔢 N 7 – 18 500 Ew – Höhe 360 m.
🔢 *Wenden-Ottfingen,* ℰ (02762) 9 76 20.
Berlin 565 – Düsseldorf 109 – Siegen 21 – Köln 72 – Olpe 11.

An der Straße nach Hünsborn *Süd : 2 km :*

🏰 **Landhaus Berghof** 🔆, ⊠ 57482 Wenden, ℰ (02762) 50 88 (Hotel) 52 66 (Rest.),
Landhaus-Berghof@t-online.de, Fax (02762) 3708, 🍴, 🌿 – 📺 🔶 📍 🆎 🔵🔵 🆚🆚 🔅
Menu *(geschl. Montag)* à la carte 34/65 – **15 Z** ⊂ 80/100 – 145/155 – ½ P 28.

In Wenden-Brün *West : 5,5 km über Gerlingen :*

🏰 **Sporthotel Landhaus Wacker,** Mindener Str. 1, ⊠ 57482, ℰ (02762) 69 90, *Spor
thotel-Wacker@t-online.de,* Fax (02762) 699399, 🍴, 🔶, 🔲, 🌿, 🔅, 🐎 (Halle) – 🔳,
🛏 Zim, 📺 🔶 📍 – 🔒 120. 🆎 ⓄⓇ 🔵🔵 🆚🆚
Menu à la carte 53/79 – **75 Z** ⊂ 95/185 – 160/250 – ½ P 30.

WENDLINGEN AM NECKAR Baden-Württemberg 🔢🔢 T 12 – 14 800 Ew – Höhe 280 m.
Berlin 626 – Stuttgart 30 – Göppingen 28 – Reutlingen 31 – Ulm (Donau) 69.

In Wendlingen-Unterboihingen :

🏠 **Löwen** (mit Gästehaus), Nürtinger Str. 1, ⊠ 73240, ℰ (07024) 94 90,
Fax (07024) 94999, 🍴 – 🛏 Zim, 📺 🔶 📍 – 🔒 30
Menu *(geschl. Aug. 2 Wochen, Samstag, Sonntagabend)* à la carte 30/65 – **35 Z** ⊂ 80/130
– 120/180.

WENNINGSTEDT Schleswig-Holstein siehe Sylt (Insel).

WENTORF BEI HAMBURG Schleswig-Holstein 🔢🔢 F 14 – 8 700 Ew – Höhe 22 m.
Berlin 278 – Kiel 101 – Hamburg 22 – Hannover 186 – Lüneburg 42.

🏰 **Jungclaus** Ⓜ garni, Hamburger Landstr. 21 (B 207), ⊠ 21465, ℰ (040) 7 20 00 90,
Hotel.Jungclaus@t-online.de, Fax (040) 72000910 – 🛏 📺 📍 🔵🔵 🆚🆚
20 Z ⊂ 140/150 – 180.

WERBELLINSEE Brandenburg siehe Joachimsthal.

WERBEN Brandenburg siehe Burg/Spreewald.

WERDAU Sachsen 🔢🔢 N 21 – 23 000 Ew – Höhe 234 m.
🔢 Stadtinformation, Markt 10 (Rathaus) ⊠08412, ℰ (03761) 59 43 10, Fax (03761)
594333.
Berlin 263 – Dresden 123 – Gera 41 – Zwickau 9.

🏰 **Katharinen Hof** garni, Katharinenstr. 18, ⊠ 08412, ℰ (03761) 55 19,
Fax (03761) 3601, *(restaurierte Jugendstilvilla a.d.J. 1906)* – 📺 📍 – 🔒 25. 🆎 ⓄⓇ 🔵🔵 🆚🆚
18 Z ⊂ 95/110 – 125/140.

🏠 **Friesen** Ⓜ, Zwickauer Str. 58 (B 175), ⊠ 08412, ℰ (03761) 8 80 00, *Hotel.Friesen@t
-online.de,* Fax (03761) 880050, 🍴 – 🛏 Zim, 📺 🔶 📍 – 🔒 45. 🆎 🔵🔵 🆚🆚
Menu à la carte 23/40 – **20 Z** ⊂ 85 – 110/130.

In Steinpleis *Süd-Ost : 2,5 km :*

  🏠 **In der Mühle** 🕭, Mühlenweg 1, ⊠ 08432, ℰ (03761) 5 83 05, *Fax (03761) 58307,*
  🕭 ☕, (ehemalige Mühle), 🚗 – �📺 🅿 – 🔬 20. ₳ℇ ⓞ ⑩ 𝑽𝑰𝑺𝑨
    Menu *(geschl. Freitag) (nur Abendessen)* à la carte 24/43 – **21 Z** ⌑ 90/100 –
    120/135.

WERFEN *Österreich siehe Salzburg.*

WERL *Nordrhein-Westfalen* 🗺 *L 7 – 28 100 Ew – Höhe 90 m.*
  🕭 *Werl, Wickeder Str. 100, ℰ (02377) 63 07.*
  Berlin 470 – Düsseldorf 103 – Arnsberg 30 – Dortmund 37 – Hamm in Westfalen 17 –
  Soest 15.

  XX **Parkhotel Wiener Hof** mit Zim, Hammer Str. 1, ⊠ 59457, ℰ (02922) 26 33,
  Fax (02922) 6448, « Gartenterrasse » – �📺 🚗 🅿 – 🔬 40. ₳ℇ ⓞ ⑩ 𝑽𝑰𝑺𝑨. ⋇⋇
    Menu *(geschl. Montag)* 40 à la carte 50/67 – **8 Z** ⌑ 90/110 – 150/170.

Pour tirer le meilleur profit de ce guide, lisez les pages explicatives de
l'introduction.

WERMELSKIRCHEN *Nordrhein-Westfalen* 🗺 *M 5 – 37 000 Ew – Höhe 310 m.*
  Berlin 541 – Düsseldorf 50 – Köln 34 – Lüdenscheid 38 – Wuppertal 30.

  🏠 **Zum Schwanen,** Schwanen 1 (B 51), ⊠ 42929, ℰ (02196) 71 10, *Fax (02196) 711299,*
  ⇆ – ☰, ⋇ Zim, �📺 ⋌ 🚗 🅿 – 🔬 40. ⋇⋇ Zim
    Menu *(geschl. Mitte - Ende Aug.)* à la carte 43/71 – **40 Z** ⌑ 125/180 – 200/260.

  🏠 **Zur Eich,** Eich 7 (B 51), ⊠ 42929, ℰ (02196) 7 27 00, *HotelZurEich@t-online.de,*
  Fax (02196) 727070, Biergarten – �📺 🚗 🅿 – 🔬 30. ₳ℇ ⓞ ⑩ 𝑽𝑰𝑺𝑨
    Menu *(geschl. Juli 3 Wochen)* à la carte 39/59 – **40 Z** ⌑ 98/122 – 165/198.

In Wermelskirchen-Dabringhausen *Süd-West : 5 km :*

  🏠 **Zur Post,** Altenberger Str. 90, ⊠ 42929, ℰ (02193) 5 10 00, *Fax (02193) 510079 –*
  ⋇ Zim, �📺 ⋌ 🅿 – 🔬 20. ⑩ 𝑽𝑰𝑺𝑨
    Menu à la carte 36/70 – **22 Z** ⌑ 95/135 – 140/187.

In Wermelskirchen-Stumpf *Süd : 4 km :*

  🏠 **Große Ledder** 🕭 (Hotelanlage mit 7 Gästehäusern), ⊠ 42929, ℰ (02193) 2 20, *Tagu*
  ngscentrum.grosseledder@t-online.de, Fax (02193) 22222, ☕, « Park », ⇆ – �📺 ⋌ 🅿
  – 🔬 50. ⑩ 𝑽𝑰𝑺𝑨
  geschl. 27. Dez. - 2. Jan. – **Menu** *(geschl. Sonntagabend)* à la carte 32/67 – **86 Z**
  ⌑ 138/165.

WERNAU *Baden-Württemberg* 🗺 *T 12 – 11 400 Ew – Höhe 255 m.*
  Berlin 622 – Stuttgart 26 – Göppingen 21 – Reutlingen 34 – Ulm (Donau) 67.

  🏠 **Maître** 🅼, Kirchheimer Str. 83, ⊠ 73249, ℰ (07153) 9 30 00, *Hotel-maitre@t-online.de,*
  Fax (07153) 36835, ☕ – ☰ �📺 ⋌ 🅿 – 🔬 15. ₳ℇ ⓞ ⑩ 𝑽𝑰𝑺𝑨
    Menu *(geschl. Freitag - Samstagmittag)* à la carte 48/75 – **26 Z** ⌑ 107/185 –
    147/225.

WERNBERG-KÖBLITZ *Bayern* 🗺 *R 20 – 5 000 Ew – Höhe 377 m.*
  🕭 *Luhe-Wildenau, Konrad-Adenauer-Allee 1 (Nord-West : 10 km), ℰ (09607) 9 20 20.*
  Berlin 425 – München 193 – Weiden in der Oberpfalz 20 – Nürnberg 95 – Regensburg 71.

  🏠 **Burg Wernberg** 🕭, Schloßberg 10, ⊠ 92533, ℰ (09604) 93 90, *hotel@burg-wer*
  nberg.de, Fax (09604) 939139, ⋜, ☕, « Burganlage a.d. 13. Jh. ; barocke Burgkapelle »,
  🎣, ⇆, 🕭 – ☰, ⋇ Zim, �📺 ⋌ 🅿 – 🔬 50. ₳ℇ ⑩ 𝑽𝑰𝑺𝑨. ⋇⋇ Rest
  Kastell *(geschl. Montag - Dienstag) (wochentags nur Abendessen)* **Menu** à la carte 92/118
  – *Burgkeller* : **Menu** à la carte 50/62 – **30 Z** ⌑ 140/260 – 290/360
  Spez. Wan Tan von der Gänsestopfleber mit Kartoffel-Trüffelmousseline. Steinbutt mit
  Langustinen und Ochtentomaten. Dessertvariation.

  🏠 **Landgasthof Burkhard,** Marktplatz 10, ⊠ 92533, ℰ (09604) 9 21 80, *hotel.burkh*
  ard@t-online.de, Fax (09604) 921850 – ☰ �📺 ⋌ 🅿
    Menu *(geschl. Jan. 3 Wochen, Donnerstagabend, Sonntagabend)* à la carte 32/42 – *Kamin-*
  stube *(geschl. Jan. 3 Wochen, Donnerstagabend, Sonntagabend)* **Menu** à la carte 56/84
  – **17 Z** ⌑ 95/140 – 170/190.

🏌 Werne-Schmintrup (Nord-West : 3 km) ℘ (02389) 53 90 60.

🚹 Verkehrsverein, Markt 19 (Stadtsparkasse), ⊠ 59368, ℘ (02389) 53 40 80, Fax (02389) 537099.

Berlin 483 – *Düsseldorf 104* – Dortmund 25 – Hamm in Westfalen 15 – Münster *(Westfalen) 40*.

🏨 **Baumhove Hotel Am Kloster** Ⓜ garni, Kurt-Schumacher-Str. 9, ⊠ 59368, ℘ (02389) 98 95 90, HotelAmKloster@Baumhove.de, Fax (02389) 98959120 – 🛗 ↔ 📺 ✆ & ⇌ – 🛐 60. 🅰🅴 ⓪ ⓸ 🆅🅸🆂🅰 🆓🅲🅱
54 Z ⊇ 130/170 – 150/180.

🏠 **Ickhorn** (mit Gästehaus), Markt 1, ⊠ 59368, ℘ (02389) 9 87 70, Fax (02389) 987713, 🍽 – 📺 🅿 🅰🅴 ⓪ ⓸ 🆅🅸🆂🅰
Menu à la carte 28/68 – **23 Z** ⊇ 80/100 – 130/150.

🏠 **Baumhove Hotel Am Markt,** Markt 2, ⊠ 59368, ℘ (02389) 98 95 90, HotelAm Markt@Baumhove.de, Fax (02389) 98959422, (Fachwerkhaus a.d.J. 1484), « Restaurant mit rustikaler Einrichtung » – 🛗 📺 🅰🅴 ⓪ ⓸ 🆅🅸🆂🅰
Menu *(geschl. Sonntagabend - Montagmittag)* à la carte 32/66 – **17 Z** ⊇ 95/100 – 150.

🏠 **Am Solebad** garni, Lünener Str. 2, ⊠ 59368, ℘ (02389) 9 88 00, Fax (02389) 988099 – 📺 🅿 ⓸ 🆅🅸🆂🅰. ⌇⌇
16 Z ⊇ 85/95 – 120/150.

In Werne-Stockum *Ost : 5 km :*

🏠 **Stockumer Hof,** Werner Str. 125, ⊠ 59368, ℘ (02389) 9 50 70, Info@Stockumer Hof.de, Fax (02389) 950799, 🍽 – 📺 🅿 ⓸ 🆅🅸🆂🅰
Menu *(geschl. 27. Dez. - 7. Jan.)* (wochentags nur Abendessen) à la carte 26/60 – **20 Z** ⊇ 75/120.

Berlin 468 – München 295 – *Würzburg 27* – Schweinfurt 13.

🏨 **Krone-Post,** Balthasar-Neumann-Str. 1, ⊠ 97440, ℘ (09722) 50 90, Kronepost@we rneck.de, Fax (09722) 509199, 🍽 – 🛗, ↔ Zim, 📺 & 🅿 – 🛐 40. 🅰🅴 ⓪ ⓸ 🆅🅸🆂🅰. ⌇⌇ Rest
Menu *(geschl. Montagmittag)* à la carte 33/49 – **52 Z** ⊇ 99/125 – 145/175.

Sehenswert : Rathaus★★ – Fachwerkhäuser★★.

Ausflugsziele : Rübeland (Hermannshöhle★) Süd-Ost : 14 km.

🚹 Tourist-Information, Nikolaiplatz 1, ⊠ 38855, ℘ (03943) 63 30 35, Fax (03943) 632040.

Berlin 229 – *Magdeburg 78* – Braunschweig 88 – Erfurt 145 – Göttingen 98.

🏨 **Gothisches Haus,** Marktplatz 2, ⊠ 38855, ℘ (03943) 67 50, gothisches.haus@t-on line.de, Fax (03943) 675555, 🍽, 😄 – 🛗, ↔ Zim, 📺 & 🅿 – 🛐 30. 🅰🅴 ⓪ ⓸ 🆅🅸🆂🅰. ⌇⌇ Rest
Menu à la carte 37/62 – **128 Z** ⊇ 180/200 – 235/290.

🏨 **Weißer Hirsch,** Marktplatz 5, ⊠ 38855, ℘ (03943) 60 20 20, info@Hotel-Weisser-Hi rsch.de, Fax (03943) 633139, 🍽, 😄 – 🛗, ↔ Zim, 📺 ⇌ – 🛐 100. 🅰🅴 ⓸ 🆅🅸🆂🅰
Menu à la carte 34/63 – **55 Z** ⊇ 138/165 – 199/265, 6 Suiten – ½ P 30.

🏨 **Treff Hotel** Ⓜ, Pfarrstr. 41, ⊠ 38855, ℘ (03943) 94 10, treffwerni@aol.de, Fax (03943) 941555, 🍽 – 🛗, ↔ Zim, 📺 ✆ & ⇌ – 🛐 350. 🅰🅴 ⓪ ⓸ 🆅🅸🆂🅰 🆓🅲🅱. ⌇⌇ Rest
Menu à la carte 30/55 – **258 Z** ⊇ 185/240 – ½ P 35.

🏨 **Erbprinzenpalais** Ⓜ ⌇, Lindenallee 27, ⊠ 38855, ℘ (03943) 5 40 50, Fax (03943) 540599, 🍽, ⌇ – 🛗 📺 & 🅿 – 🛐 20. 🅰🅴 ⓸ 🆅🅸🆂🅰
Menu à la carte 30/64 – **31 Z** ⊇ 150/160 – 180/220 – ½ P 30.

🏠 **Johannishof** ⌇ garni, Pfarrstr. 25, ⊠ 38855, ℘ (03943) 9 49 40, info@hotel-joha nnishof.de, Fax (03943) 949449 – 🛗 ↔ 📺 ✆ & 🅿 ⓸ 🆅🅸🆂🅰
25 Z ⊇ 85/95 – 135/155.

🏠 **Am Anger** ⌇ garni, Breite Str. 92, ⊠ 38855, ℘ (03943) 9 23 20, info@hotel-am-a nger.com, Fax (03943) 923250, « Ehemaliges Gehöft » – ↔ 📺 🅿 ⓸ 🆅🅸🆂🅰
29 Z ⊇ 90 – 140/160.

🍴 **Ratskeller,** Am Marktplatz 1, ⊠ 38855, ℘ (03943) 63 27 04, Fax (03943) 905485, 🍽
Menu à la carte 27/50.

WERSHOFEN Rheinland-Pfalz **[417]** O 4 – 960 Ew – Höhe 497 m.

Berlin 648 – Mainz 176 – *Aachen 97* – Adenau 19 – Bonn 53.

🏠 **Landgasthaus Pfahl** (mit Gästehaus), Hauptstr. 76, ⊠ 53520, ℰ (02694) 2 32, Hote
l@ Landgasthaus-Pfahl.de, Fax (02694) 530, ≼, ⇌s, 📺 🅿 – ⚘ 35. 🖭 ⓶ 🚾
geschl. Jan. 3 Wochen – **Menu** (geschl. Dienstag) à la carte 31/51 – **22 Z** ⊑ 80/120 –
110/140.

WERTACH Bayern **[419][420]** X 15 – 2 800 Ew – Höhe 915 m – Luftkurort – Wintersport :
915/1 450 m ⥱4 ⥲.

🛈 Touristikinformation, Rathausstr. 3, ⊠ 87497, ℰ (08365) 2 66, Fax (08365) 1538.

Berlin 715 – München 127 – *Kempten (Allgäu)* 27 – Füssen 24.

🏠 **Alpengasthof Hirsch**, Marktstr. 21, ⊠ 87497, ℰ (08365) 7 02 00, *INFO@ HIRSCH-*
WERTACH.DE, Fax (08365) 702030, 🏡 – ⭲ Rest, 📺 🅿 ⓵ ⓶ 🚾
Menu (geschl. Okt. - Juni Donnerstag) à la carte 31/63 – **10 Z** ⊑ 75/120 – ½ P 20.

WERTHEIM Baden-Württemberg **[417][419]** Q 12 – 21 700 Ew – Höhe 142 m.

Sehenswert : Stiftskirche (Grabdenkmäler★★).

Ausflugsziel : Bronnbach : Klosterkirche★ Süd-Ost : 9,5 km.

🛈 Tourist-Information, Am Wenzel Platz, ⊠ 97877, ℰ (09342) 10 66, Fax (09342) 38277.

Berlin 537 – Stuttgart 143 – *Würzburg 38* – Aschaffenburg 47.

🏠🏠 **Schwan** (mit Gästehaus), Mainplatz 8, ⊠ 97877, ℰ (09342) 9 23 30, *Hotel-Schwan-We*
rtheim@ t-online.de, Fax (09342) 21182, 🏡 – 📺 – ⚘ 20. 🖭 ⓵ ⓶ 🚾
geschl. 22. Dez. - 22. Jan. – **Menu** (geschl. Nov. - März Sonntagabend) à la carte 39/75 –
30 Z ⊑ 95/120 – 140/280, 3 Suiten.

In Wertheim-Bestenheid Nord-West : 3 km :

🏠🏠 **Bestenheider Stuben** Ⓜ, Breslauer Str. 1, ⊠ 97877, ℰ (09342) 9 65 40, *info@ b*
⬧ *estenheider-stuben.de*, Fax (09342) 966444, 🏡 – 📺 ⏃ 🅿 – ⚘ 30. 🖭 ⓶ 🚾
geschl. Jan. 1 Woche – **Menu** à la carte 37/71 – **20 Z** ⊑ 95/130 – 160/180.

In Wertheim-Bettingen Ost : 10 km :

🏠🏠🏠 **Schweizer Stuben** ⬦, Geiselbrunnweg 11, ⊠ 97877, ℰ (09342) 30 70, *info@ sch*
❀ *weizer-stuben.de*, Fax (09342) 307155, 🏡, « Hotelanlage in einem Park », Massage, ⇌s,
🏊 (geheizt), ⬜, 🌿, ⬚ (Halle) – 📺 ⏃ 🅿 – ⚘ 30. 🖭 ⓵ ⓶ 🚾
Menu (geschl. Jan., Montag - Dienstag) (Tischbestellung ratsam) 160/195 à la carte 83/172
– **Taverna La vigna** und **Schober** separat erwähnt – **33 Z** ⊑ 150/490 – 200/540,
3 Suiten
Spez. Guglhupf von der Gänsestopfleber mit Essigkirschen. Hummer mit marinierten Gemüsen und Olivennudeln. Lammrücken mit Sesamkruste und Szechuanpfefferjus.

XXX **Taverna La Vigna** - Hotel Schweizer Stuben, Geiselbrunnweg 11, ⊠ 97877, ℰ (09342)
❀ 30 70 (über Schweizer Stuben), *info@ schweizer-stuben.de*, Fax (09342) 307155 – 🅿 🖭
⓵ ⓶ 🚾
geschl. Feb., Sonntag - Montag – **Menu** (Tischbestellung erforderlich) (italienische Küche)
130 à la carte 70/105
Spez. Kichererbsenpfannkuchen mit Tintenfisch und Pilzen. St. Petersfisch mit Bottarga-
kruste und Kirschtomaten. Cassata von Panettone mit marinierten Erdbeeren.

XX **Landgasthof Schober** - Hotel Schweizer Stuben, Geiselbrunnweg 11, ⊠ 97877,
⬧ ℰ (09342) 30 70 (über Schweizer Stuben), *info@ schweizer-stuben.de*, 🏡 – 🅿 🖭 ⓵ ⓶
🚾
geschl. Jan., Mittwoch - Donnerstag – **Menu** à la carte 42/72.

In Wertheim-Reicholzheim Süd-Ost : 7 km – Erholungsort :

🏠 **Martha** ⬦, Am Felder 11, ⊠ 97877, ℰ (09342) 78 96, *Hotel.Martha@ t-online.de*,
Fax (09342) 6655, ≼, 🏡, ⇌s, ⬜, 🌿 – 🅿 🚾 ⬧ Zim
Menu à la carte 28/59 ⬧ – **10 Z** ⊑ 70/85 – 120/130 – ½ P 35.

In Kreuzwertheim Bayern - auf der rechten Mainseite :

🏠🏠 **Herrnwiesen,** In den Herrnwiesen 4, ⊠ 97892, ℰ (09342) 9 31 30,
Fax (09342) 931311, 🌿 – 📺 ⏃ ⬌ 🅿 🖭 ⓵ ⓶ 🚾 🥫
Menu (geschl. Samstag - Sonntag) (nur Abendessen) (Restaurant nur für Hausgäste) – **22 Z**
⊑ 85/120 – 140/170.

🏠🏠 **Lindenhof,** Lindenstr. 41 (Nord-Ost : 2 km), ⊠ 97892, ℰ (09342) 10 41,
Fax (09342) 4353, 🌿 – ⭲ 📺 ⏃ ⬌ 🅿 ⬧ Rest
Menu à la carte 49/78 – **15 Z** ⊑ 120/165 – 165/240.

WERTHER Nordrhein-Westfalen siehe Halle in Westfalen.

WERTHER *Thüringen siehe Nordhausen.*

WERTINGEN *Bayern* 419 420 *U 16 – 7 000 Ew – Höhe 419 m.*
Berlin 538 – München 90 – Augsburg 34 – Donauwörth 24 – Ulm (Donau) 74.

🏠 **Hirsch,** Schulstr. 7, ✉ 86637, ℘ (08272) 80 50, mail@hotel-zum-hirsch.de, Fax (08272) 805100, 🌳 – 🍴 📺 🅿 – 🔏 80. 🆔 🌐 🕪 *VISA*
Menu *(geschl. 23. Dez. - 6. Jan., Freitagabend - Samstag)* à la carte 23/43 ⅚ – **28 Z** ☷ 72/74 – 125/135.

WESEL *Nordrhein-Westfalen* 417 *L 3 – 62 500 Ew – Höhe 25 m.*
🖪 *Weseler Verkehrsverein, Großer Markt 11,* ✉ 46483, ℘ (0281) 2 44 98, Fax (0281) 14053.
ADAC, *Schermbecker Landstr. 41.*
Berlin 557 – Düsseldorf 64 – Bocholt 24 – Duisburg 31.

🏨 **Welcome Hotel Rheinresidenz** Ⓜ 🕭, Rheinpromenade 10, ✉ 46487, ℘ (0281) 3 00 00, info@rheinresidenz-wesel.com, Fax (0281) 3000333, ≼, 🌳, 🎰, 🖘 – 🛗, 🍴 Zim, 📺 📞 🅿 – 🔏 70. 🆔 🌐 🕪 *VISA* 🕩 🕭 Rest
Menu à la carte 44/71 – **104 Suiten** ☷ 235/264 – 303/333.

🍴 **ART,** Reeser Landstr. 188 (Nord-West : 3 km), ✉ 46487, ℘ (0281) 9 75 75, *Restauran* tART@t-online.de, Fax (0281) 97577, « Modernes Restaurant mit Terrasse am See » – 🅿
geschl. Samstagmittag, Dienstag – **Menu** à la carte 54/74.

🍴 **Lippeschlößchen,** Hindenburgstr. 2 (Süd-Ost : 2 km), ✉ 46485, ℘ (0281) 44 88, *Lipp* eschloesschen@t-online.de, Fax (0281) 4733, 🌳 – 🅿 🆔 🌐 🕪 *VISA* 🕩
geschl. Dienstag – **Menu** à la carte 49/72.

🍴 **Bacco,** Kornmarkt 1, ✉ 46483, ℘ (0281) 1 57 58, 🌳 – 🆔 🌐 🕪 *VISA* 🕩
geschl. Montag – **Menu** (italienische Küche) à la carte 37/65.

In Wesel-Büderich *Süd-West : 4 km :*

🏠 **Wacht am Rhein,** Rheinallee 30, ✉ 46487, ℘ (02803) 3 02, Fax (02803) 1741, ≼, 🌳 – 📺 🅿 🕭 Rest
geschl. 22. Dez. - 6. Jan. – **Menu** *(geschl. Dienstag)* à la carte 30/58 – **29 Z** ☷ 75/115 – 125/170.

In Wesel-Feldmark *Nord : 3 km über Reeser Landstraße :*

🏨 **Waldhotel Tannenhäuschen** 🕭, Am Tannenhäuschen 7, ✉ 46487, ℘ (0281) 9 66 90, info@tannenhaeuschen.de, Fax (0281) 64153, 🌳, Massage, 🖘, 🖾, 🎠 – 🛗, 🍴 Zim, 📺 📞 ⇔ 🅿 – 🔏 45. 🆔 🌐 🕪 *VISA*
Menu à la carte 55/86 – **46 Z** ☷ 128/280 – 170/330, 4 Suiten.

In Wesel-Lackhausen *Nord : 2 km :*

🏨 **Haus Duden,** Konrad-Duden-Str. 99, ✉ 46485, ℘ (0281) 9 62 10, *HOTEL.* HAUSDUDEN@T-ONLINE.DE, Fax (0281) 9621100, 🌳, « Renoviertes Geburtshaus von Konrad Duden », 🖘 – 🍴 Zim, 📺 📞 🅿 – 🔏 50. 🆔 🌐 🕪 *VISA* 🕭 Rest
Menu à la carte 49/73 – **63 Z** ☷ 155/260 – 210/315.

An der Autobahn A 3 *Süd-Ost : 10 km :*

🏠 **Autobahnrestaurant und Waldhotel Hünxe Ost,** ✉ 46564 Hünxe, ℘ (02858) 91 20, J.Vahl@t-online.de, Fax (02858) 912110, 🌳 – 🍴 Zim, 📺 📞 🖾 🅿 – 🔏 20. 🆔 🌐 🕪 *VISA*
Menu à la carte 35/60 – **23 Z** ☷ 95/109 – 149/179.

In Hamminkeln-Marienthal *Nord-Ost : 14 km :*

🏨 **Romantik Hotel Haus Elmer** 🕭, An der Klosterkirche 12, ✉ 46499, ℘ (02856) 91 10, haus-elmer@romantik.de, Fax (02856) 91170, « Gartenterrasse », 🖘 – 📺 📞 🅿 – 🔏 50. 🆔 🌐 🕪 *VISA* 🕭 Zim
Menu à la carte 49/77 – **30 Z** ☷ 140/195 – 198/330.

WESENBERG *Mecklenburg-Vorpommern* 416 *G 22 – 3 200 Ew – Höhe 82 m.*
Berlin 114 – Schwerin 128 – Neubrandenburg 44.

🏨 **Romantik Hotel Borchard's Rookhus am See** 🕭, Am Großen Labussee (Nord : 4,5 km), ✉ 17255, ℘ (039832) 5 00, info@rookhus.de, Fax (039832) 50100, ≼, 🌳, 🖘, 🐾, 🎠 – 🍴 Zim, 📺 📞 🅿 – 🔏 40. 🆔 🌐 🕪 *VISA*
Fürst Nikolaus *(geschl. 3. - 31. Jan.)* **Menu** à la carte 44/70 – **Storchennest** (nur Abendessen) **Menu** 35/58 – **45 Z** ☷ 150/205 – 250, 5 Suiten.

WESSELING Nordrhein-Westfalen **417** N 4 – 33 000 Ew – Höhe 51 m.
Berlin 583 – Düsseldorf 55 – *Bonn 20* – Köln 12.

🏨 **Pontivy,** Cranachstr. 75 (im Ortsteil Keldenich), ⊠ 50389, ℰ (02236) 94 31 10, *pont ivyKoeln@eurohotelt-online.com*, Fax (02236) 40738, Biergarten, ⇔ – ⇔ Zim, 📺 📯 – 🛓 30. ⓐⓔ ⓞⓓ ⓜⓞ 🆅🆂🅰
Menu *(geschl. Samstagmittag, Sonntag)* à la carte 43/63 – **26 Z** ⊑ 128/150 – 175/199.

🏠 **Haus Burum** garni, Bonner Str. 83, ⊠ 50389, ℰ (02236) 94 39 10, Fax (02236) 9439127 – 🗐 📺 ⇔ 📯
geschl. 20. Dez. - 2. Jan. – **24 Z** ⊑ 85/105 – 125/180.

WESSLING Bayern **419 420** V 17 – 4 600 Ew – Höhe 596 m.
Berlin 607 – *München 26* – Augsburg 75 – Landsberg am Lech 33 – Fürstenfeldbruck 27.

🏠 **Seehof,** Seeweg 4, ⊠ 82234, ℰ (08153) 93 54 55, *office@hotelseehof.de*, Fax(08153) 935435, 🛖, ⇔, 🌊 (geheizt), 🐎 – 🗐, ⇔ Zim, 📺 ⇔ 📯 – 🛓 30. ⓐⓔ ⓜⓞ 🆅🆂🅰
Menu à la carte 32/64 – **42 Z** ⊑ 175/248 – 255/335.

WESSOBRUNN Bayern **419 420** W 17 – 1 200 Ew – Höhe 701 m.
Sehenswert : Benediktinerabtei (Fürstengang★).
Berlin 647 – München 64 – *Garmisch-Partenkirchen 55* – *Kempten (Allgäu) 73* – Augsburg 66 – Weilheim 10.

🍴 **Zur Post** mit Zim, Zöpfstr. 2, ⊠ 82405, ℰ (08809) 2 08, *info@Gasthof-Wessobrunn.de*, Fax (08809) 813, 🛖 – 📺 ⇔ 📯
Menu *(geschl. Okt. - April Dienstag)* à la carte 28/58 – **10 Z** ⊑ 50/60 – 80/100.

WESTERBURG Rheinland-Pfalz **417** O 7 – 5 600 Ew – Höhe 380 m.
Berlin 561 – Mainz 88 – *Koblenz 54* – Siegen 43.

In **Westerburg-Stahlhofen** Nord-Ost : 4,5 km :

🏨 **Lindner Hotel und Sporting Club Wiesensee** Ⓜ ⚞, Am Wiesensee, ⊠ 56457, ℰ (02663) 9 91 00, *info.wiesensee@lindner.de*, Fax (02663) 991199, ≼, 🛖, Biergarten, Massage, 🔧, ⇔, 🌊, ▱, 🐎, ✄, 📇 – 🗐, ⇔ Zim, 📺 ⇔ ૐ 📯 – 🛓 100. ⓐⓔ ⓞⓓ ⓜⓞ 🆅🆂🅰 ✄ Rest
Menu à la carte 52/75 – **105 Z** ⊑ 185/245 – 185/320, 30 Suiten.

WESTERHEIM KREIS ALB-DONAU Baden-Württemberg **419** U 12 – 2 500 Ew – Höhe 800 m – Luftkurort.
Berlin 643 – *Stuttgart 62* – Göppingen 33 – Ulm 40.

🏠 **Gästehaus Gartenstrasse** ⚞ garni, Gartenstr. 1, ⊠ 72589, ℰ (07333) 30 33, Fax (07333) 3035, ⇔, 🐎 – 📺 📯
geschl. 24. - 28. Dez. – **12 Z** ⊑ 62/72 – 90/110.

WESTERLAND Schleswig-Holstein siehe Sylt (Insel).

WESTERSTEDE Niedersachsen **415** G 7 – 21 500 Ew – Höhe 13 m – Erholungsort.
🛈 Verkehrsverein, Am Markt 2, ⊠ 26655, ℰ (04488) 1 94 33, Fax (04488) 5555.
Berlin 460 – Hannover 195 – *Emden 58* – Groningen 110 – Oldenburg 24 – Wilhelmshaven 42.

🏨 **Voss,** Am Markt 4, ⊠ 26655, ℰ (04488) 51 90, *Info@voss-hotel.de*, Fax (04488) 6062, 🛖, Massage, ⇔, 🌊 – 🗐, ⇔ Zim, 📺 ⇔ 📯 – 🛓 200. ⓐⓔ ⓞⓓ ⓜⓞ 🆅🆂🅰
Menu à la carte 34/65 – **58 Z** ⊑ 110/136 – 160/185 – ½ P 28.

🏨 **Altes Stadthaus** (mit Gästehaus), Albert-Post-Platz 21, ⊠ 26655, ℰ (04488) 8 47 10, Fax (04488) 847130, 🛖 – 📺 ⓜⓞ 🆅🆂🅰
Menu *(geschl. Samstagmittag, Montag)* à la carte 27/59 – **17 Z** ⊑ 95/160.

🏠 **Busch,** Lange Str. 2, ⊠ 26655, ℰ (04488) 8 47 60, *Info@HotelBusch.de*, Fax (04488) 847660, 🛖 – ⇔ Zim, 📺 – 🛓 30. ⓐⓔ ⓜⓞ 🆅🆂🅰 ⓙⓒⒷ
Menu *(geschl. Mittwoch)* à la carte 27/65 – **14 Z** ⊑ 95 – 140/200.

🏠 **Waldhotel am Wittenheimer Forst,** Burgstr. 15 (Nord-Ost : 1,5 km), ⊠ 26655, ℰ (04488) 8 38 20, Fax (04488) 72829, 🛖, 🐎 – ⇔ Zim, 📺 📯 ⓜⓞ 🆅🆂🅰 ✄ Rest
geschl. 27. Dez. - 8. Jan. – **Menu** *(geschl. außer Saison Montag)* à la carte 28/63 – **19 Z** ⊑ 85/105 – 140/180 – ½ P 28.

WESTFEHMARN Schleswig-Holstein siehe Fehmarn (Insel).

WETTENBERG Hessen siehe Giessen.

Berlin 487 – Düsseldorf 160 – Nordhorn 50 – Enschede 32 – Münster (Westfalen) 37 – Osnabrück 59.

Zur Post, Kirchstr. 4 (B 70), ⌂ 48493, ℘ (02557) 9 37 20, Fax (02557) 937240, Biergarten – TV P. M©
Menu (geschl. Sonntag) (nur Abendessen) à la carte 29/52 – **24 Z** ⊂ 75/130.

WETZLAR Hessen 417 O 9 – 54 000 Ew – Höhe 168 m.

⏸ Tourist-Information, Domplatz 8, ⌂ 35573, ℘ (06441) 9 93 38, Fax (06441) 99339.

Berlin 510 ② – Wiesbaden 96 ② – Frankfurt am Main 68 ② – Limburg an der Lahn 42 ⑧ – Siegen 64 ⑧ – Gießen 17 ②

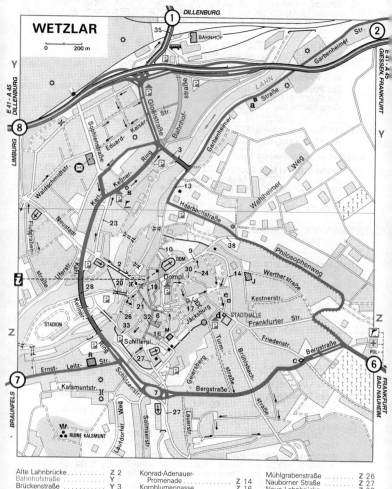

Mercure, Bergstr. 41, ✉ 35578, ℰ (06441) 41 70, H0782@accor-hotels.com, Fax (06441) 42504, 🖾, ⬥s, 🔲 – 🛗, ⤫ Zim, 🗹 🚗 🅿 – 🔏 280. 🆎 ⓪ ⓪⓪ VISA
Z c
Menu à la carte 38/67 – 🖵 23 – **144 Z** 164/175.

Quality Hotel 🅼, Karl-Kellner-Ring 40, ✉ 35576, ℰ (06441) 90 60, ghwetzlar@gm x.de, Fax (06441) 906111, 🏤 – 🛗, ⤫ Zim, 🗹 ⚹ 🚗 – 🔏 60. 🆎 ⓪ ⓪⓪ VISA. ⚹⚹ Rest
Y s
Menu (geschl. Samstag - Sonntag) à la carte 41/83 – **68 Z** 122/147 – 150/175.

Blankenfeld, Im Amtmann 20, ✉ 35578, ℰ (06441) 78 70, Fax (06441) 787200, 🏤 – 🛗, ⤫ Zim, 🗹 ⚹ 🚗 🅿 – 🔏 60. 🆎 ⓪⓪ VISA 🖵 95/130 – 140/170.
über ⑥
Menu (nur Abendessen) à la carte 37/70 – **38 Z** 95/130 – 140/170.

Bürgerhof, Konrad-Adenauer-Promenade 20, ✉ 35578, ℰ (06441) 90 30 (Hotel) 4 28 01 (Rest.), hotel@buergerhof-wetzlar.com, Fax (06441) 903100 – 🛗 🗹 ⚹ 🚗 🅿. 🆎 ⓪ ⓪⓪ VISA. ⚹⚹ Zim
Z e
Der Postreiter (geschl. Juli - Aug. 2 Wochen, Donnerstag) **Menu** à la carte 40/68 – **62 Z** 🖵 100/140 – 160/180.

Wetzlarer Hof, Obertorstr. 3, ✉ 35578, ℰ (06441) 90 80, info@wetzlarer-hof.de, Fax (06441) 908100, 🏤 – 🛗 🗹 ⚹ 🅿 – 🔏 40. 🆎 ⓪ ⓪⓪ VISA
Z d
Menu à la carte 37/68 ⚹ – **44 Z** 🖵 130/140 – 160/190.

Schnittlik, Garbenheimer Str. 18, ✉ 35578, ℰ (06441) 4 25 51, Fax (06441) 42551, 🏤 – 🅿. ⓪⓪
Y a
geschl. 1. - 16. Jan., Juli 2 Wochen, Sonntag - Montag – **Menu** (nur Abendessen) (Tischbestellung ratsam) à la carte 60/84.

In Wetzlar-Naunheim über ① : auf der Brücke rechts abbiegen : 3 km :

Landhotel Naunheimer Mühle ⚞, Mühle 2, ✉ 35584, ℰ (06441) 9 35 30, naun heimer-muehle@t-online.de, Fax (06441) 935393 – 🛗 ⤫ 🗹 ⚹ 🅿 – 🔏 20. 🆎 ⓪⓪ VISA
Menu à la carte 32/69 – **31 Z** 🖵 96/140 – 172/230.

In Lahnau-Atzbach über ② : 7,5 km :

Bergschenke Atzbach, Bergstr. 27, ✉ 35633, ℰ (06441) 9 64 30, Fax (06441) 964326, ⬍, 🏤 – 🅿. ⓪⓪ VISA
geschl. Samstagmittag – **Menu** à la carte 46/73 – **Bürgerstube :** Menu à la carte 32/66.

WEYARN Bayern 👓👓👓 W 19 – 2 900 Ew – Höhe 654 m.
Berlin 627 – München 38 – Garmisch-Partenkirchen 83 – Salzburg 104 – Innsbruck 124.

Alter Wirt, Miesbacher Str. 2, ✉ 83629, ℰ (08020) 90 70, Hotel.Alter-Wirt@t-onlin e.de, Fax (08020) 1515, Biergarten – 🗹 ⚹ 🚗 🅿 – 🔏 40. ⓪⓪ VISA
Menu à la carte 29/62 – **42 Z** 🖵 110/140 – 150/170 – ½ P 25.

Im Mangfalltal Nord-West : 2,5 km :

Waldrestaurant Maxlmühle, ✉ 83626 Valley, ℰ (08020) 17 72, 🏤, Biergarten – 🅿. ⓪ ⓪⓪ VISA
geschl. Feb. - März, Mittwoch, Donnerstag – **Menu** à la carte 27/57.

WEYHAUSEN Niedersachsen siehe Wolfsburg.

WEYHE Niedersachsen 👓👓👓 H 10 – 24 500 Ew – Höhe 9 m.
Berlin 396 – Hannover 104 – Bremen 25 – Syke 10 – Verden (Aller) 36.

In Weyhe-Kirchweyhe :

Koch, Bahnhofstr.2, ✉ 28844, ℰ (04203) 8 14 70, Fax (04203) 814739, Biergarten – 🗹 🅿 – 🔏 100. 🆎 ⓪ ⓪⓪ VISA
Menu (geschl. Sonntagabend) à la carte 38/59 – **21 Z** 🖵 82/88 – 120/130.

In Weyhe-Leeste :

Leeste, Alte Poststr.2, ✉ 28844, ℰ (0421) 80 26 06, Akzent.Hotel.Leeste@t-online.de, Fax (0421) 892265, 🏤, ⬥s, 🔲 (geheizt) – ⤫ Zim, 🗹 ⚹ 🅿 – 🔏 20. 🆎 ⓪ ⓪⓪ VISA. ⚹⚹ Rest
Menu (geschl. 24. Dez. - 10. Jan., Sonntag) (nur Abendessen) à la carte 34/54 – **35 Z** 🖵 119/149 – 165/195.

Les **cartes Michelin** sont constamment tenues à jour.

WEYHER *Rheinland-Pfalz siehe Edenkoben.*

WICKEDE (RUHR) *Nordrhein-Westfalen* 417 *L 7 – 11 600 Ew – Höhe 155 m.*

Berlin 478 – Düsseldorf 103 – Arnsberg 27 – Dortmund 38 – Meschede 42.

Haus Gerbens mit Zim, Hauptstr. 211 (B 63, Nord-West : 2 km), ✉ 58739, ☎ (02377) 10 13, *Kontakt@Haus-Gerbens.de, Fax (02377) 1871*, Biergarten, – TV P. AE VISA

geschl. 1. - 14. Jan., 9. - 23. Juli – **Menu** *(geschl. Samstagmittag, Montag)* à la carte 53/85 – **13 Z** 95/110 – 160/220.

WIECK AUF DEM DARSS *Mecklenburg-Vorpommern siehe Prerow.*

WIEDEMAR *Sachsen* 418 *L 20 – 600 Ew – Höhe 110 m.*

Berlin 162 – Dresden 130 – Leipzig 26 – Halle 21.

Belmondo, Junkerstr. 1 (Gewerbepark), ✉ 04509, ☎ (034207) 45 90, *Fax (034207) 45988*, , – , Zim, TV P – 120. AE VISA

Menu à la carte 28/68 – **108 Z** 145/195 – 170/245.

WIEDEN *Baden-Württemberg* 419 *W 7 – 600 Ew – Höhe 850 m – Erholungsort – Wintersport : 850/1 100 m, 2, .*

Kurverwaltung, Rathaus, Kirchstr. 2, ✉ 79695, ☎ (07673) 3 03, Fax (07673) 8533.

Berlin 813 – Stuttgart 246 – Freiburg im Breisgau 44 – Basel 50 – Todtnau 11.

Moosgrund , Steinbühl 16, ✉ 79695, ☎ (07673) 8 88 70, *info@moosgrund.de, Fax (07673) 1793*, , , , , – TV P. VISA. Rest

geschl. Mitte Nov. - Anfang Dez. – **Menu** à la carte 29/62 – **21 Z** 75/83 – 96/154 – ½ P 30.

Hirschen, Ortsstr. 8, ✉ 79695, ☎ (07673) 8 88 60, *Hotel-Hirschen@t-online.de, Fax (07673) 888637*, , , , , – TV P – 15. VISA

geschl. Mitte Nov. - Mitte Dez. – **Menu** *(geschl. Dez. - April Montag)* à la carte 31/77 – **30 Z** 60/110 – 100/200 – ½ P 32.

An der Straße zum Belchen *West : 4 km :*

Berghotel Wiedener Eck – Höhe 1 050 m, ✉ 79695 Wieden, ☎ (07673) 90 90, *info@wiedener-eck.de, Fax (07673) 1009*, , , , , – TV P – 20. VISA

Menu *(geschl. Nov. - April Dienstag)* à la carte 32/60 – **32 Z** 87/100 – 148/210 – ½ P 35.

WIEFELSTEDE *Niedersachsen* 415 *G 8 – 13 400 Ew – Höhe 15 m – Erholungsort.*

Fremdenverkehrsverein, im Haus des Gastes, Kleiberg 10, ✉ 26215, ☎ (04402) 96 51 50, Fax (04402) 69381.

Berlin 452 – Hannover 188 – Bremen 66 – Bad Zwischenahn 14 – Oldenburg 13.

In Wiefelstede-Metjendorf *Süd-Ost : 10 km :*

Trend Hotel, Jürnweg 5, ✉ 26215, ☎ (0441) 9 61 10, *info@trendhotel-ol.de, Fax (0441) 9611200* – Zim, TV P. AE VISA.

Menu *(geschl. Freitag - Sonntag) (nur Abendessen)* à la carte 30/42 – 12 – **34 Z** 74/114.

WIEHL *Nordrhein-Westfalen* 417 *N 6 – 24 600 Ew – Höhe 192 m.*

Verkehrsamt, Rathaus, Bahnhofstr. 1, ✉ 51674, ☎ (02262) 9 91 95, Fax (02262) 99247.

Berlin 570 – Düsseldorf 82 – Bonn 71 – Siegen 53 – Waldbröl 17 – Köln 48.

Zur Post, Hauptstr. 8, ✉ 51674, ☎ (02262) 79 00, *info@hotel-zur-post-wiehl.de, Fax (02262) 92595*, Biergarten, , , – TV P – 100. AE VISA

Menu à la carte 41/86 – **57 Z** 160/210 – 220/260.

Platte, Hauptstr. 25, ✉ 51674, ☎ (02262) 90 75, *Fax (02262) 97876*, – P – 20. AE VISA

geschl. Juli – **Menu** à la carte 37/65 – **20 Z** 120/180.

WIEK Mecklenburg-Vorpommern siehe Rügen (Insel).

WIENHAUSEN Niedersachsen siehe Celle.

WIESBADEN Ⓛ Hessen ⁴¹⁷ P 8 – 270 000 Ew – Höhe 115 m – Heilbad.

Sehenswert : Kurhaus★ BY – Kurpark und Kuranlagen★ BY – Museum Wiesbaden (Jawlensky-Kollektion★)BZ **M1** – Nerobergbahn★ AY.

Ausflugsziel : Schloß Biebrich★ – Kloster Eberbach★★ (Weinkeltern★★) West : 18 km.
🛪 Wiesbaden-Delkenheim (Ost : 12 km), ℰ (06122) 5 25 50 ; 🛪 Wiesbaden-Frauenstein (West : 6 km), ℰ (0611) 82 38 89 ; 🛪 Chausseehaus (Nord-West : 5 km), ℰ (0611) 46 02 38.
Ausstellungs- und Kongreßzentrum Rhein-Main-Halle (BZ), ℰ (0611) 14 40, Fax (0611) 144118.

🛈 Tourist Information, Marktstr. 6, ⊠ 65183, ℰ (0611) 1 72 97 80, Fax (0611) 1729798.
ADAC, Grabenstr. 5.

Berlin 567 ① – Bonn 153 ① – Frankfurt am Main 40 ① – Bad Kreuznach 49 ② – Mannheim 89 ①

Stadtpläne siehe nächste Seiten

🏨 **Nassauer Hof** ⌂, Kaiser-Friedrich-Platz 3, ⊠ 65183, ℰ (0611) 13 30, verkauf2@n assauer-hof.de, Fax (0611) 133632, ⇔, Massage, ⇔s, 🏊 (Thermal) – |♯|, ✳ Zim, 🍽 Rest,
📺 📞 ⅙ 🚗 – 🛄 120. ℼ Ⓞⅅ ⑩ 𝘝𝘐𝘚𝘈. ⅍
BY g
Menu siehe Rest. **Ente** separat erwähnt – **Orangerie :** Menu à la carte 58/94 – ⚏ 30 – 198 **Z** 365/415 – 495/580, 9 Suiten.

🏨 **Radisson SAS Schwarzer Bock,** Kranzplatz 12, ⊠ 65183, ℰ (0611) 15 50, info @ uwezh.rdsas.com, Fax (0611) 155111, « Einrichtung teils mit wertvollen Antiquitäten ; Innenhofterrasse », Massage, ♣, ƒ₆, ⇔s, 🏊 (Thermal) – |♯|, ✳ Zim, 🍽 Zim, 📺 📞 –
🛄 100. ℼ Ⓞ ⑩ 𝘝𝘐𝘚𝘈
BY a
Capricorne : Menu à la carte 58/81 – ⚏ 32 – **142 Z** 310/464 – 350/504, 6 Suiten.

🏨 **Aukamm Hotel** Ⓜ ⌂, Aukamm-Allee 31, ⊠ 65191, ℰ (0611) 57 60, AUKAMM-HOTEL@t-online.de, Fax (0611) 576264, ⇔, ƒ₆, ⇔s – |♯|, ✳ Zim, 🍽 Zim 📺 📞 🚗 🅿 –
🛄 230. ℼ Ⓞ ⑩ 𝘝𝘐𝘚𝘈 𝙅𝘾𝘽
über Bierstadter Str. BYZ
Marchesa (geschl. Samstag) (nur Abendessen) **Menu** à la carte 61/82 – **Kartoffel-Bistro :** Menu à la carte 47/69 – **158 Z** ⚏ 296/367 – 367/422, 14 Suiten.

🏨 **Crowne Plaza** Ⓜ, Bahnhofstr. 10, ⊠ 65185, ℰ (0611) 16 20, CP_Wiesbaden@com puserve.com, Fax (0611) 304599, ƒ₆, ⇔s, 🏊 – |♯|, ✳ Zim, 🍽 📺 📞 ⅙ 🚗 – 🛄 120.
ℼ Ⓞ ⑩ 𝘝𝘐𝘚𝘈 𝙅𝘾𝘽
BZ s
Menu à la carte 42/65 – ⚏ 35 – **228 Z** 312/393 – 352/433.

🏨 **Ramada,** Abraham-Lincoln-Str. 17, ⊠ 65189, ℰ (0611) 79 70, rhi.uweal.dos@marriot t.com, Fax (0611) 761372, ⇔, ƒ₆, ⇔s, 🏊 – |♯|, ✳ Zim, 🍽 📺 📞 🅿 – 🛄 200. ℼ Ⓞ
⑩ 𝘝𝘐𝘚𝘈 𝙅𝘾𝘽. ⅍ Rest
über Berliner Str. CZ
Menu à la carte 40/64 – ⚏ 25 – **205 Z** 165/280 – 165/280.

🏨 **Dorint,** Auguste-Viktoria-Str. 15, ⊠ 65185, ℰ (0611) 3 30 60, Info.UWE194@ dorint.com, Fax (0611) 33061000, ⇔, ⇔s – |♯|, ✳ Zim, 📺 📞 🅿 – 🛄 320. ℼ Ⓞ ⑩ 𝘝𝘐𝘚𝘈 𝙅𝘾𝘽. ⅍ Rest
Menu à la carte 37/64 – ⚏ 35 – **200 Z** 273/415 – 304/475 – (Erweiterung : 100 Z bis Frühjahr 2001).
BZ e

🏨 **Klee am Park,** Parkstr. 4, ⊠ 65189, ℰ (0611) 9 00 10, klee-am-park@t-online.de, Fax (0611) 9001310, ⇔ – |♯|, ✳ Zim, 📺 📞 🅿 – 🛄 30. ℼ Ⓞ ⑩ 𝘝𝘐𝘚𝘈 𝙅𝘾𝘽
BY q
Menu à la carte 53/69 – ⚏ 24 – **60 Z** 178/265 – 248/335.

🏨 **Oranien,** Platter Str. 2, ⊠ 65193, ℰ (0611) 1 88 20, info@ hotel-oranien.de, Fax (0611) 1882200, ⇔ – |♯|, ✳ Zim, 📺 📞 ⅙ 🚗 🅿 – 🛄 100. ℼ Ⓞ ⑩ 𝘝𝘐𝘚𝘈 𝙅𝘾𝘽
Menu (geschl. Juli 3 Wochen, Sonn- und Feiertage) à la carte 45/75 – **80 Z** ⚏ 175/230 – 260/295.
AY r

🏨 **Fontana** garni, Sonnenberger Str. 62, ⊠ 65193, ℰ (0611) 18 11 60, info@ fontana.de, Fax (0611) 1811666 – |♯| ✳ 📺 📞 🅿 – 🛄 15. ℼ Ⓞ ⑩ 𝘝𝘐𝘚𝘈 𝙅𝘾𝘽
geschl. Weihnachten - Anfang Jan. – ⚏ 21 – **25 Z** 178/228.
über Sonnenberger Str. BY

🏨 **De France** garni, Taunusstr. 49, ⊠ 65183, ℰ (0611) 95 97 30, deFrance@ gmx.de, Fax (0611) 9597374 – |♯| ✳ 📺 📞 🅿 – 🛄 50. ℼ Ⓞ ⑩ 𝘝𝘐𝘚𝘈 𝙅𝘾𝘽
AY n
geschl. 23. Dez. - 4. Jan. – **37 Z** ⚏ 150/180 – 198/250.

🏨 **Hansa Hotel,** Bahnhofstr. 23, ⊠ 65185, ℰ (0611) 3 99 55, hansa-hotel@ info-wiesb aden.de, Fax (0611) 300319, ⇔ – |♯| 📺 📞 – 🛄 50. ℼ Ⓞ ⑩ 𝘝𝘐𝘚𝘈
BZ c
geschl. 24. Dez. - 5. Jan. – **Warsteiner Stuben** (geschl. Sonntag) **Menu** à la carte 34/63 – **80 Z** ⚏ 165/200 – 220/240.

🏨 **Admiral** garni, Geisbergstr. 8, ⊠ 65193, ℰ (0611) 5 86 60, Fax (0611) 521053 – |♯| 📺
🚗, ℼ Ⓞ ⑩ 𝘝𝘐𝘚𝘈 𝙅𝘾𝘽
BY c
28 Z ⚏ 175/195 – 215.

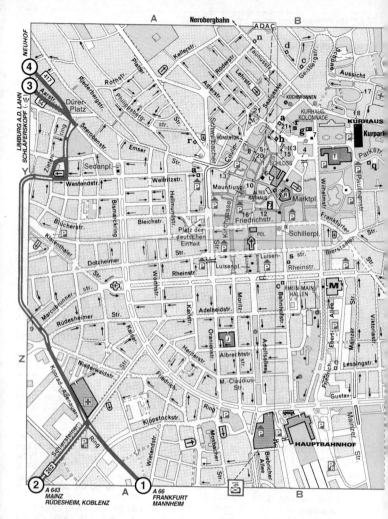

Bären garni, Bärenstr. 3, ✉ 65183, ✆ (0611) 30 10 21, *mailbox@baeren-hotel.de,*
Fax (0611) 301024, Massage, 🔲 (Thermal) – 📶 📺 AE ① M© VISA   ABY **h**
58 Z ⫶ 160/220 – 220/250.

Maxi-Hotel Ⓜ garni, Wellritzstr. 6, ✉ 65183, ✆ (0611) 9 45 20, *Fax (0611) 945277* –
📶 📺 P AE ① M© VISA   AY **a**
41 Z ⫶ 130/170.

Klemm garni, Kapellenstr. 9, ✉ 65193, ✆ (0611) 58 20, *HOTEL-KLEMM@t-online.de,*
Fax (0611) 582222 – 📶 📺 AE ① M© VISA JCB ⚙   BY **d**
56 Z ⫶ 150/180 – 190/220.

Ente - Hotel Nassauer Hof, Kaiser-Friedrich-Platz 3, ✉ 65183, ✆ (0611) 13 36 66, *ente*
@nassauer-hof.de, Fax (0611) 133632 – ▤, AE ① VISA JCB ⚙   BY **g**
geschl. Anfang Jan. 1 Woche – **Menu** (Tischbestellung ratsam, bemerkenswerte Weinkarte)
65 (mittags)/175 (abends)
Spez. Steinbutt und Gänseleber mit Apfel. Lammrücken mit italienischer Salami. Himbeer-
Topfensoufflé mit Holunderblüteneis.

WIESBADEN

XX **Käfer's Bistro,** Kurhausplatz 1 (im Kurhaus), ℰ 65189, ℰ (0611) 53 62 00, Fax (0611) 536222, 😊 – 🆎 🐵 𝗩𝗜𝗦𝗔   BY
Menu à la carte 50/88.

In Wiesbaden-Alt Klarenthal Nord-West : 5 km über Klarenthaler Str. AYZ :

XX **Landhaus Diedert** 😊 mit Zim, Am Kloster Klarenthal 9, ☒ 65195, ℰ (0611) 1 84 66 00, Fax (0611) 18466030, « Einrichtung im französischen Landhausstil ; Gartenterrasse », 😊 – 📺 🅿 – 🛎 15. 🆎 ⓞ 🐵 𝗩𝗜𝗦𝗔
Menu (geschl. Samstagmittag, Montag) à la carte 56/78 – **14 Z** ⌂ 165/185 – 200/250.

In Wiesbaden-Biebrich Süd : 4,5 km, über Biebricher Allee AZ :

🏨 **Hotel am Schlosspark** Ⓜ 😊 garni, Armenruhstr. 2, ☒ 65203, ℰ (0611) 60 93 60, Hotel-AmSchlosspark@t-online.de, Fax (0611) 6093660 – 📳 😊 📺 & 😊 – 🛎 15. 🆎 ⓞ 🐵 𝗩𝗜𝗦𝗔
60 Z ⌂ 130/150 – 150/210.

🏨 **Zum Scheppen Eck** garni, Rathausstr. 94, ☒ 65203, ℰ (0611) 67 30, ZumSchepenEck@t-online.de, Fax (0611) 673159 – 📳 😊 📺. 🆎 ⓞ 🐵 𝗩𝗜𝗦𝗔 𝗝𝗖𝗕. 😊 geschl. Weihnachten - Anfang Jan. – **21 Z** ⌂ 130/160 - 160/210.

X **Weihenstephan,** Armenruhstr. 6, ☒ 65203, ℰ (0611) 6 11 34, Fax (0611) 603825, Biergarten – 🆎 ⓞ 🐵 𝗩𝗜𝗦𝗔
geschl. Samstag – **Menu** à la carte 37/76.

In Wiesbaden-Erbenheim über ② : 4 km :

🏨🏨 **Domäne Mechtildshausen** 😊, nahe Army Airfield, ☒ 65205, ℰ (0611) 73 74 60, Fax (0611) 737479, 😊, « Lage in einem Gutshof », 😊 – 📺 🅿 – 🛎 40. 🆎 𝗩𝗜𝗦𝗔
Menu (geschl. 27. Dez. - 17. Jan., Sonntagabend - Montag) à la carte 51/80 – **15 Z** ⌂ 150/250.

🏨 **Toskana** garni, Kreuzberger Ring 32, ☒ 65205, ℰ (0611) 7 63 50, miKado.hotel@t-online.de, Fax (0611) 7635333 – 📳 😊 📺 😊. 🆎 ⓞ 🐵 𝗩𝗜𝗦𝗔
52 Z ⌂ 150/220 - 170/240.

In Wiesbaden-Nordenstadt Ost : 10 km über Berliner Straße und die A 66, Ausfahrt Nordenstadt :

🏨🏨 **Treff-Hotel,** Ostring 9, ☒ 65205, ℰ (06122) 80 10, Fax (06122) 801164, 😊 – 📳, 😊 Zim, 📺 🅿 – 🛎 150. 🆎 ⓞ 🐵 𝗩𝗜𝗦𝗔
Menu à la carte 34/58 – **144 Z** ⌂ 215/275 - 265/325.

🏨 **Stolberg** garni, Stolberger Str. 60, ☒ 65205, ℰ (06122) 99 20, Fax (06122) 992111 – 📺 😊 🅿 – 🛎 50. 🆎 ⓞ 🐵 𝗩𝗜𝗦𝗔 𝗝𝗖𝗕
geschl. Weihnachten - Anfang Jan. – **48 Z** ⌂ 130 - 150/160.

🏨 **Merkur** garni, Borsigstr. 1, ☒ 65205, ℰ (06122) 91 70, info@merkur-stolberg.de, Fax (06122) 917300 – 📳 📺 😊 🅿 – 🛎 30. 🆎 🐵 𝗩𝗜𝗦𝗔
79 Z ⌂ 120/140 - 160/180.

| Europe | Si le nom d'un hôtel figure en petits caractères demandez, à l'arrivée, les conditions à l'hôtelier. |

WIESENSTEIG Baden-Württemberg 419 U 12 – 2 500 Ew – Höhe 592 m – Erholungsort – Wintersport : 370/750 m ≰3, ≴.

Ausflugsziel : Reußenstein : Lage★★ der Burgruine ≼★, West : 5 km.

Berlin 614 – Stuttgart 61 – Göppingen 27 – Ulm (Donau) 45.

In Mühlhausen im Täle Nord-Ost : 3 km :

🏨 **Bodoni,** Bahnhofstr. 4, ✉ 73347, ℰ (07335) 9 62 50, Fax (07335) 962529, ⇌s – 📺 ℙ – 🏖 20. 🖭 🐠 𝘝𝘐𝘚𝘈

Menu (geschl. Samstag, Sonntagabend) (wochentags nur Abendessen) à la carte 29/51 – **15 Z** ⊃ 100 – 135/150.

WIESENTHEID Bayern 419 420 Q 15 – 5 Ew – Höhe 270 m.

Berlin 471 – München 252 – Würzburg 42 – Nürnberg 83.

🏠 **Landgasthof zur Brücke,** Marienplatz 2, ✉ 79353, ℰ (09383) 9 99 49, Fax (09383) 99959, 👫 – 📺 ℃ ℙ. 𝘝𝘐𝘚𝘈
geschl. 1. - 22. Jan. – Menu (geschl. Mittwoch) à la carte 32/60 🍺 – **10 Z** ⊃ 80/85 – 120/130.

WIESENTTAL Bayern 420 Q 17 – 2 800 Ew – Höhe 320 m – Luftkurort.

🛈 Verkehrsamt, Forchheimer Str. 8, (Rathaus in Muggendorf), ✉ 91346, ℰ (09196) 1 94 33, Fax (09196) 929930.

Berlin 409 – München 226 – Nürnberg 58 – Bayreuth 53 – Bamberg 38.

Im Ortsteil Muggendorf :

🏨 **Feiler,** Oberer Markt 4, ✉ 91346, ℰ (09196) 9 29 50, info@hotel-feiler.de,
❀ Fax (09196) 362, « Gemütlich-stilvolle Gaststuben ; Innenhofterrasse » – ⇌≠ Rest, 📺 ⇌
ℙ. 🖭 ① 🐠 𝘝𝘐𝘚𝘈
Menu (geschl. April - Okt. Montagmittag, Nov. - März Montag - Donnerstag) 46 (mittags)/109 à la carte 62/94 – **15 Z** ⊃ 130/150 – 195/205 – ½ P 45
Spez. Bachsaiblingsfilet im Strudelteig mit Hummer-Champagnersauce. Rehmedaillons mit Pilzkruste. Variation von der Limone.

🏠 **Goldener Stern,** Marktplatz 6, ✉ 91346, ℰ (09196) 9 29 80, goldener-stern@t.online.de, Fax (09196) 1402, ㄹ, ⇌s – 📺 ℙ. 🐠 𝘝𝘐𝘚𝘈
geschl. Jan. - Feb. – Menu à la carte 28/55 🍺 – **20 Z** ⊃ 70/85 – 120/170 – ½ P 25.

WIESLOCH Baden-Württemberg 417 419 S 10 – 24 000 Ew – Höhe 128 m.

🏌 Wiesloch-Baiertal, Hohenhardter Hof, ℰ (06222) 7 20 81 ; 🏌 🏌 St.Leon-Rot, Opelstr. 30 (Süd-West : 7 km), ℰ (06227) 8 60 80.

Berlin 633 – Stuttgart 102 – Mannheim 40 – Heidelberg 14 – Heilbronn 49 – Karlsruhe 48.

🏨 **Palatin,** Ringstr. 17, ✉ 69168, ℰ (06222) 5 82 01, info@hotel-palatin.de, Fax (06222) 582555, ⅃ぅ, ⇌s – 📶, ⇌≠ Zim, 📺 ℃ & ⇌ – 🏖 420. 🖭 ① 🐠 𝘝𝘐𝘚𝘈 ᴊᴄʙ. ❀ Rest
Menu à la carte 45/71 – **115 Z** ⊃ 240/311 – 270/371.

🍴🍴 **Freihof** (mit Gästehaus), Freihofstr. 2, ✉ 69168, ℰ (06222) 25 17, info@restaurant-freihof-hotel.de, Fax (06222) 51634, ㄹ, (historisches Weinrestaurant) – ℙ. 🖭 ① 🐠 𝘝𝘐𝘚𝘈
Menu à la carte 58/83 – **10 Z** ⊃ 128/148 – 168.

🍴 **Langen's Turmstuben,** Höllgasse 32, ✉ 69168, ℰ (06222) 10 00, Fax (06222) 2032, ㄹ – ℙ. 🖭 🐠 𝘝𝘐𝘚𝘈
geschl. Okt., Mittwoch – Menu à la carte 27/61 🍺.

WIESMOOR Niedersachsen 415 F 7 – 12 500 Ew – Höhe 10 m – Luftkurort.

🏌 Wiesmoor-Hinrichsfehn, Fliederstr. 1 (Süd : 4,5 km), ℰ (04944) 64 40.

🛈 Fremdenverkehrsverein, Hauptstr. 199, ✉ 26639, ℰ (04944) 9 19 80, Fax (04944) 919899.

Berlin 493 – Hannover 222 – Emden 52 – Oldenburg 51 – Wilhelmshaven 36.

🏠 **Friesengeist,** Am Rathaus 1, ✉ 26639, ℰ (04944) 9 22 20, Fax (04944) 922239, ㄹ, ⇌s, ⅃ – 📶, ⇌≠ Zim, 📺 ℙ. 🖭 ① 🐠 🏖 60. 🖭 ① 🐠 𝘝𝘐𝘚𝘈 ❀ Rest
Menu à la carte 31/53 – **38 Z** ⊃ 87/165 – 175/260 – ½ P 32.

🏠 **Am Ottermeer** ⑊, Uferstr. 1, ✉ 26639, ℰ (04944) 9 29 30, hotel-am-ottermeer@t-online.de, Fax (04944) 929394, ㄹ, ⇌s, ⅃ , ⇌ – 📺 ℃ ℙ. – 🏖 30. 🖭 ① 🐠 𝘝𝘐𝘚𝘈
Menu à la carte 32/56 – **30 Z** ⊃ 85/150 – ½ P 19.

🏠 **Zur Post** ⑊ (mit Gästehaus), Am Rathaus 6, ✉ 26639, ℰ (04944) 9 10 60, Fax (04944) 910666, ㄹ – 📺 & ⇌ ℙ.
Menu (geschl. Montag) à la carte 35/58 (auch vegetarische Gerichte) – **16 Z** ⊃ 65 – 80/130.

In Wiesmoor-Hinrichsfehn *Süd : 4,5 km, ca. 3,5 km über die Straße nach Remels, dann rechts ab :*

🏠 **Blauer Fasan** 🐾, Fliederstr. 1, ✉ 26639, 𝒫 (04944) 9 27 00, *blauer.fasan@planet -interkom.de, Fax (04944) 927070,* 🍴, « Gaststuben im Ostfriesischen Stil ; Blumengarten », 🛌, 🛏 – 🔟 📞 🅿 – 🔬 60. 🆎 🌐 🖲 *VISA geschl. 2. Jan. - 22. Feb. –* **Menu** *(geschl. Nov. - Dez. Montag)* à la carte 49/75 – 🍽 19 – **26 Z** 105 – 165/180.

Se cercate un albergo tranquillo,
oltre a consultare le carte dell'introduzione,
rintracciate nell'elenco degli esercizi quelli con il simbolo 🐾 o 🐾.

WIESSEE, BAD *Bayern* 419 420 *W 19 – 5 000 Ew – Höhe 730 m – Heilbad – Wintersport : 730/880 m ✂2 🎿.*

🛏 *Bad Wiessee, Robognerhof, 𝒫 (08022) 87 69.*

🛈 *Tourist Information, Kuramt, Adrian-Stoop-Str. 20, ✉ 83707, 𝒫 (08022) 8 60 30, Fax (08022) 860330.*

Berlin 643 – München 54 – Garmisch-Partenkirchen 76 – Bad Tölz 18 – Miesbach 19.

🏠 **Lederer am See** 🅼 🐾, Bodenschneidstr. 9, ✉ 83707, 𝒫 (08022) 82 90, *hotel@l ederer.com, Fax (08022) 829200,* ≤, 🍴, « Park », 🛌, 🔲, 🐾, 🌳, 🍴 – 🛗 🔟 🅿 – 🔬 50. 🆎 🌐 🖲 *VISA* 🇯 🕸 Rest *geschl. Nov. - Mitte Dez. –* **Menu** à la carte 40/68 – **97 Z** 🍽 118/208 – 164/372 – ½ P 35/40.

🏠 **Romantik Hotel Landhaus Wilhelmy** 🐾, Freihausstr. 15, ✉ 83707, 𝒫 (08022) 9 86 80, *wilhemy@romantik.de, Fax (08022) 9868233,* 🍴, « Geschmackvolle Einrichtung im Landhausstil », 🌳 – ⇸ Zim, 🔟 📞 🅿 – 🔬 15. 🌐 🖲 *VISA* 🕸 Rest **Menu** *(nur Abendessen)* (Restaurant nur für Hausgäste) – **22 Z** 🍽 125/240 – 240/280.

🏠 **Terrassenhof** (mit Gästehaus), Adrian-Stoop-Str. 50, ✉ 83707, 𝒫 (08022) 86 30, *info @terrassenhof.de, Fax (08022) 81794,* ≤, « Gartenterrasse », Massage, 🇫, 🛌, 🔲, 🌳 – 🛗, 🕸 Rest, 🌳 – 🔬 150. 🖲 **Menu** à la carte 35/67 – **98 Z** 🍽 135/220 – 285/405, 4 Suiten – ½ P 30.

🏠 **Toscana** 🐾, Freihausstr. 27, ✉ 83707, 𝒫 (08022) 9 83 60, *Hotel.Toscana.Bad.Wiess ee@t-online.de, Fax (08022) 983650,* « Garten », Massage, 🛌 – 🔟 🌳 🅿 – 🔬 20. 🖲 *VISA* 🕸 Rest **Menu** *(geschl. Dez. 3 Wochen) (nur Abendessen)* (Restaurant nur für Hausgäste) – **18 Z** 🍽 90/150 – 198/220 – ½ P 32.

🏠 **Landhaus Midas** 🐾 garni, Setzbergstr. 12, ✉ 83707, 𝒫 (08022) 8 11 50, *hotelmi das@aol.com, Fax (08022) 99577,* 🌳 – 🔟 ♿ 🌳 🅿 *geschl. 7. - 28. Jan., 2. - 22. Dez. –* **11 Z** 🍽 93/130 – 166/186.

🏠 **Rex**, Münchner Str. 25, ✉ 83704, 𝒫 (08022) 8 62 00, *Fax (08022) 8620100,* 🍴, « Park », 🌳 – 🛗 🔟 🖲 🕸 Rest *April - Okt. –* **Menu** à la carte 32/52 – **57 Z** 🍽 92/130 – 184/224 – ½ P 23.

🏠 **Parkhotel-Resi von der Post** 🐾, Zilcherstr. 14, ✉ 83707, 𝒫 (08022) 9 86 50, *Fax (08022) 986565,* 🍴, 🇫, 🛌, 🌳 – 🛗 🔟 🌳 🅿 🆎 🌐 🖲 *VISA* **Menu** à la carte 30/48 – **27 Z** 🍽 105/195 – ½ P 28.

🏠 **Jägerheim** 🐾 garni, Freihausstr. 12, ✉ 83707, 𝒫 (08022) 8 60 70, *Fax (08022) 83127,* 🛌, 🔲, 🌳 – 🔟 🅿 🕸 *Mitte März - Okt. –* **21 Z** 🍽 78/90 – 136/170.

🕇🕇 **Freihaus Brenner**, Freihaus 4, ✉ 83707, 𝒫 (08022) 8 20 04, *bvero.freihaus@t-on line.de, Fax (08022) 83807,* ≤ Tegernsee und Berge, 🍴, « Rustikales Berggasthaus » – 🅿 🖲 *VISA* **Menu** (Tischbestellung erforderlich) 42/45 à la carte 42/79.

WIETZE *Niedersachsen* 415 416 417 418 *I 13 – 7 500 Ew – Höhe 40 m.*

🛈 *Touristinformation, Schwarzer Weg 7, ✉ 29323, 𝒫 (05146) 91 93 97, Fax (05146) 919398.*

Berlin 294 – Hannover 51 – Bremen 98 – Celle 18.

🏠 **Wietzer Hof**, Nienburger Str. 62, ✉ 29323, 𝒫 (05146) 9 88 88, *Fax (05146) 98889,* 🍴 – 🔟 🌳 🅿 🆎 🌐 🖲 *VISA* **Menu** à la carte 28/50 – **20 Z** 🍽 100/110 – 120/160.

In Wietze-Hornbostel *Nord : 1 km :*

🏠 **Wildland** 🕊️, Am Moorberg 6, ✉ 29323, 𝒞 (05146) 9 89 30, *wildland@ t-online.de*, Fax (05146) 92237, 🍴, « Ehemaliges Gehöft mit mehreren im historischen Stil erbauten Häusern », 🌳 – 📺 📱 – 🏋 30
Menu *(geschl. Montag) (wochentags nur Abendessen)* à la carte 48/70 – **22 Z** ⌾ 165 – 210/240.

WIGGENSBACH *Bayern* 𝟜𝟙𝟡 𝟜𝟚𝟘 *W 14 – 4 300 Ew – Höhe 857 m – Erholungsort – Wintersport : 857/1 077 m ⚡1 ✗.*

🐴 *Wiggensbach, Hof Waldegg,* 𝒞 (08370) 9 30 73.
🚉 *Verkehrsamt, Kempter Str. 3,* ✉ 87487, 𝒞 (08370) 84 35, Fax (08370) 379.
Berlin 698 – München 133 – Kempten (Allgäu) 11 – Augsburg 112 – Ulm (Donau) 87.

🏠 **Goldenes Kreuz,** Marktplatz 1, ✉ 87487, 𝒞 (08370) 80 90, Fax (08370) 80949, 🍴, « Gasthof a.d.J. 1593 mit gemütlicher Einrichtung », 🛋 – 📱 📺 ⚟ ⚐ ⟵ 📱 – 🏋 120.
🅰🅴 ⓸ ⓶ 𝘝𝘐𝘚𝘈
Menu *(Montag geschl.)* à la carte 42/74 *(auch vegetarische Gerichte)* – **23 Z** ⌾ 125/145 – 250 – ½ P 35.

WILDBAD IM SCHWARZWALD, BAD *Baden-Württemberg* 𝟜𝟙𝟡 *T 9 – 10 500 Ew – Höhe 426 m – Heilbad – Luftkurort – Wintersport : 685/769 m ⚡2 ✗.*

🚉 *Reise- und Verkehrsbüro, König-Karl-Str. 7,* ✉ 75323, 𝒞 (07081) 1 02 80, Fax (07081) 10290.
Berlin 681 – Stuttgart 76 – Karlsruhe 52 – Pforzheim 26 – Freudenstadt 39.

🏠 **Valsana am Kurpark** 🕊️, Kernerstr. 182, ✉ 75323, 𝒞 (07081) 15 10, Fax (07081) 15199, 🍴, ♨, 🏊, 🛋, 🔲 – 📱 📺 ⚟ ⟵ 📱 – 🏋 30. ⓸ ⓶
𝘝𝘐𝘚𝘈
geschl. 15. Nov. - 20. Dez. – **Menu** *(geschl. Montag)* à la carte 34/56 – **35 Z** ⌾ 110/150 – 150/210 – ½ P 35.

🏠 **Bären,** Kurplatz 4, ✉ 75323, 𝒞 (07081) 30 10, Fax (07081) 301166, 🍴 – 📱, ✂ Zim, 📺 ⚟ ⟵ – 🏋 35. ✂ Rest
Menu à la carte 50/78 – **44 Z** ⌾ 95/128 – 180/226 – ½ P 36.

🏠 **Alte Linde,** Wilhelmstr. 74, ✉ 75323, 𝒞 (07081) 92 60, Fax (07081) 926250 – 📱, ⟵ ✂ Rest, 📺 ⚟ ⟵ 📱 ⓶ ✂ Zim
geschl. 25. Okt. - 10. Dez. – **Menu** *(geschl. Montag)* à la carte 24/49 ♨ – **29 Z** ⌾ 67/100 – 130/144 – ½ P 20.

🏠 **Sonne** (mit Gästehaus), Wilhelmstr. 29, ✉ 75323, 𝒞 (07081) 9 25 70, *HotelSonne-Ba dWildbad@ t-online.de,* Fax (07081) 925749, 🍴 – 📱 📺 📱.
geschl. Anfang Jan. - Anfang Feb. – **Menu** *(geschl. Mittwoch)* à la carte 29/55 – **43 Z** ⌾ 65/100 – 150/160 – ½ P 23.

🏠 **Rothfuß** 🕊️, Olgastr. 47, ✉ 75323, 𝒞 (07081) 9 24 80, *info@ t-onlinehotelrothfuss.de,* Fax (07081) 924810, ≤, 🛋, 🌳 – 📱, ✂ Zim, 📺 ⟵ 📱 – 🏋 25. ✂
geschl. Ende Nov. - 20. Dez. – **Menu** *(nur Abendessen)* (Restaurant nur für Hausgäste) – **30 Z** ⌾ 89/100 – 140/200.

WILDBERG *Baden-Württemberg* 𝟜𝟙𝟡 *U 10 – 10 000 Ew – Höhe 395 m – Luftkurort.*
Berlin 674 – Stuttgart 52 – Karlsruhe 69 – Nagold 12 – Calw 15.

In Wildberg-Schönbronn *West : 5 km – Erholungsort :*

🏠 **Löwen,** Eschbachstr. 1, ✉ 72218, 𝒞 (07054) 9 26 10, Fax (07054) 5021, 🍴, 🛋, 🌳 – 📱 📺 ⚟ 📱 – 🏋 60
geschl. Juni 2 Wochen – **Menu** à la carte 29/57 ♨ – **40 Z** ⌾ 85/100 – 170/200 – ½ P 30.

WILDEMANN *Niedersachsen* 𝟜𝟙𝟠 *K 14 – 1 400 Ew – Höhe 420 m – Kneippkurort – Wintersport : ✗.*

🚉 *Tourist-Information, Bohlweg 5,* ✉ 38709, 𝒞 (05323) 61 11, Fax (05323) 6112.
Berlin 274 – Hannover 97 – Braunschweig 82 – Goslar 28.

🏠 **Waldgarten** 🕊️, Schützenstr. 31, ✉ 38709, 𝒞 (05323) 9 68 00, *waldgarten@ harz.de,* Fax (05323) 968050, 🏊, 🛋, 🔲, 🌳 – 📺 📱 ✂
Menu *(nur Abendessen)* (Restaurant nur für Hausgäste) – **29 Z** ⌾ 75/115 – 158/194 – ½ P 12.

WILDENBRUCH *Brandenburg siehe Potsdam.*

WILDESHAUSEN Niedersachsen 四I6 H 9 – 17 000 Ew – Höhe 20 m – Luftkurort.

Sehenswert : Alexanderkirche (Lage★).

Ausflugsziel : Visbeker Steindenkmäler★ : Visbeker Braut★, Visbeker Bräutigam★ (4 km von Visbeker Braut entfernt) Süd-West : 11 km.

🛫 Wildeshausen, Spasche 5 (Nord-West : 6 km), ℘ (04431) 12 32.

🎫 Verkehrsverein, Historisches Rathaus, Am Markt, ✉ 27793, ℘ (04431) 65 64, Fax (04431) 929264.

Berlin 417 – Hannover 149 – Bremen 37 – Oldenburg 37 – Osnabrück 84.

🏨 **Huntetal,** Im Hagen 3, ✉ 27793, ℘ (04431) 94 00, qualityhotelhuntetal@t-online.de, Fax (04431) 94050, 🌴 – 🕭 Zim, 📺 📞 🅿 – 🔏 30
Menu à la carte 35/62 – **32 Z** ⊊ 100/120 – 140/160 – ½ P 25.

🏠 **Landhaus Thurm-Meyer** 🌿 (mit Gästehaus), Dr.-Klingenberg-Str. 15, ✉ 27793, ℘ (04431) 9 90 20, info@THURM-MEYER.de, Fax (04431) 990299, 🌴 – 📺 🅿 🖭 ① 🐧 🆅🆂🅰
Menu (geschl. Sonntag) (nur Abendessen) (Restaurant nur für Hausgäste) – **25 Z** ⊊ 80/90 – 110/130.

🏠 **Am Rathaus** garni, Kleine Str. 4, ✉ 27793, ℘ (04431) 43 56, Fax (04431) 2161 – 📺 📞, 🖭 🐧 🆅🆂🅰
21 Z ⊊ 75/85 – 120.

🏠 **Lindenau** garni, Dr.-Klingenberg-Str. 1a, ✉ 27793, ℘ (04431) 9 40 94, Fax (04431) 94050, 🌴 – 🕭 📺 ♿ 🅿 🖭 ① 🐧 🆅🆂🅰
10 Z ⊊ 75/95 – 110/130.

An der Straße nach Oldenburg Nord : 1,5 km :

🏨 **Gut Altona** (mit Gästehäusern), Wildeshauser Str. 34, ✉ 27801 Dötlingen, ℘ (04431) 95 00, info@gut-altona.de, Fax (04431) 1652, 🍽, 🚲, ❅ – 🕭 Zim, 📺 📞 ♿ 🚬 🅿 – 🔏 150. 🖭 ① 🐧 🆅🆂🅰
Menu à la carte 33/58 – **53 Z** ⊊ 90/120 – 130/190 – ½ P 25.

WILDFLECKEN Bayern 四I7 O 13 – 2 900 Ew – Höhe 380 m.

Berlin 421 – München 338 – Fulda 39 – Bad Neustadt a.d.S. 27 – Würzburg 84.

🏠 **Landgasthof Wildflecken,** Bischofsheimer Str. 2, ✉ 97772, ℘ (09745) 15 20, Fax (09745) 1756, 🌴, « Renovierter Rhöngasthof » – 📺 🅿 🖭 ① 🐧 🆅🆂🅰 🅹🅲🅱
Menu à la carte 25/50 – **15 Z** ⊊ 70/90 – 140.

WILDUNGEN, BAD Hessen 四I7 M 11 – 18 000 Ew – Höhe 300 m – Heilbad.

Sehenswert : Evangelische Stadtkirche (Wildunger Altar★★).

🛫 Wildungen, Talquellenweg, ℘ (05621) 37 67.

🎫 Tourist Information, Langemarckstr. 2, ✉ 34537, ℘ (05621) 70 41 13, Fax (05621) 704126.

Berlin 422 – Wiesbaden 185 – Kassel 40 – Marburg 56 – Paderborn 108.

🏰 **Maritim Badehotel** 🌿, Dr.-Marc-Str. 4, ✉ 34537, ℘ (05621) 79 99, info.WIL@ma ritim.de, Fax (05621) 799799, 🌴, Massage, ♨, 🍽, ≘s, 🔲, 🌴 – 📳, 🕭 Zim, 🍽 Rest, 📺 📞 🚬 🅿 – 🔏 450. 🖭 ① 🐧 🆅🆂🅰 🍴 Rest
Menu à la carte 48/75 – **245 Z** ⊊ 205/275 – 260/300, 13 Suiten – ½ P 43.

🏰 **Treff Hotel Quellenhof** 🅼, Brunnenallee 54, ✉ 34537, ℘ (05621) 80 70, Treff-h otel-Quellenhof@t-online.de, Fax (05621) 807500, 🌴, Massage, ♨, ≘s – 📳, 🕭 Zim, 📺 ♿ 🚬 🅿 – 🔏 100. 🖭 ① 🐧 🆅🆂🅰
Menu à la carte 37/61 – **112 Z** ⊊ 155/230 – ½ P 30.

🏠 **Allee-Schlößchen,** Brunnenallee 11, ✉ 34537, ℘ (05621) 7 98 00, Fax (05621) 798080, 🌴 – 📺 🅿 🐧
Menu à la carte 33/65 – **10 Z** ⊊ 69/98 – 148/178 – ½ P 19.

🏠 **Bellevue** 🌿 garni, Am Unterscheid 10, ✉ 34537, ℘ (05621) 20 18, Hotel-Bellevue @Wildungen.net, Fax (05621) 72091, ≤, 🌴 – 🕭 📺 📞 🅿 🐧 🆅🆂🅰 🍴
geschl. Jan. - Feb. – **21 Z** ⊊ 78/90 – 124/150.

🏠 **Birkenstern,** Goeckestr. 5, ✉ 34537, ℘ (05621) 7 08 00, Birkenstern@t-online.de, Fax (05621) 708030, ≘s – 🕭 📺 📞 🚬 🅿 🍴
Menu (Restaurant nur für Hausgäste) – **20 Z** ⊊ 78/85 – 128/156 – ½ P 15.

🏠 **Villa Heilquell** 🌿 garni, Hufelandstr. 15, ✉ 34537, ℘ (05621) 23 92, info@villa-he ilquell.de, Fax (05621) 4776 – 🕭 📺 🅿 🐧 🆅🆂🅰 🍴
geschl. Jan. - 15. März – **18 Z** ⊊ 80/90 – 100/130, 3 Suiten.

In Bad Wildungen-Reinhardshausen *Süd-West : 4 km über die B 253 :*

🏨 **Schwanenteich** Ⓜ, Hauptstr. 4, ⊠ 34537, 𝒫 (05621) 78 60, *Schwanenteich@t-on line.de*, Fax (05621) 786160, ☂, direkter Zugang zum Kur-Centrum, ☎ – ⧊, ⤬ Zim, 📺 ✆ ♿ 🅿 – 🔏 130. 🄰🄴 ⓪ ⓦⓒ 𝚅𝙸𝚂𝙰
Menu à la carte 37/65 – **53 Z** ⊑ 100/145 – 165/210 – ½ P 25.

🏠 **Haus Orchidee und Haus Mozart** garni, Masurenallee 13, ⊠ 34537, 𝒫 (05621) 7 09 80, *amatuschek@aol.com*, Fax (05621) 709833, ☞ – 📺 ✆ 🅿
17 Z ⊑ 65/95.

Europe	Wenn der Name eines Hotels dünn gedruckt ist, hat uns der Hotelier Preise und Öffnungszeiten nicht angegeben.

WILGARTSWIESEN *Rheinland-Pfalz* 🗺️ *S 7 – 1 200 Ew – Höhe 200 m – Erholungsort. Berlin 682 – Mainz 122 – Mannheim 70 – Kaiserslautern 60 – Landau 22 – Pirmasens 24.*

🏨 **Am Hirschhorn,** Am Hirschhorn 12, ⊠ 76848, 𝒫 (06392) 5 81, *hotel@landhausam hirschhorn.de*, Fax (06392) 3578, ☂, Biergarten, ☎, ⧈ – 📺 🅿 – 🔏 20
geschl. Anfang - Mitte Jan. – **Menu** *(geschl. Jan. - April Dienstag)* à la carte 32/68 – **19 Z** ⊑ 95 – 126/168 – ½ P 35.

🏠 **Wasgauperle,** Bahnhofstr. 1, ⊠ 76848, 𝒫 (06392) 12 37, Fax (06392) 2727 – 📺 🅿 ⬡ ⤬ Zim
geschl. Ende Feb. - Anfang März – **Menu** *(geschl. Mittwoch)* à la carte 23/51 ⅄ – **9 Z** ⊑ 68 – 84/114 – ½ P 24.

WILHELMSFELD *Baden-Württemberg* 🗺️ *R 10 – 3 500 Ew – Höhe 433 m – Luftkurort – Wintersport : 🎿.*
🅱 *Bürgermeisteramt, Rathaus, Johann-Wilhelm-Str. 61, ⊠ 69259, 𝒫 (06220) 50 90, Fax (06220) 50935.*
Berlin 626 – Stuttgart 117 – Mannheim 34 – Heidelberg 17 – Heilbronn 66.

🍴 **Talblick** 🐾 mit Zim, Bergstr. 38, ⊠ 69259, 𝒫 (06220) 16 26, Fax (06220) 5564, ≤, ☂, ☞ – ⇐ 🅿 ⓦⓒ 𝚅𝙸𝚂𝙰
geschl. Nov. – **Menu** *(geschl. Montag)* à la carte 39/59 ⅄ – **2 Z** ⊑ 60/100 – ½ P 18.

WILHELMSHAVEN *Niedersachsen* 🗺️ *F 8 – 94 000 Ew.*
🛫 *An der Raffineriestraße, 𝒫 (04425) 13 22.*
🅱 *Wilhelmshaven-Information, Ebertstr.110, ⊠ 26382, 𝒫 (04421) 91 30 00, Fax (04421) 9130010.*
ADAC, *Ebertstr. 110.*
Berlin 485① – Hannover 228① – Cuxhaven 110① – Bremerhaven 70① – Oldenburg 58①

Stadtplan siehe gegenüberliegende Seite

🏨 **Am Stadtpark,** Friedrich-Paffrath-Str. 116, ⊠ 26389, 𝒫 (04421) 98 60, *rezeption @hotal-am-stadtpark.de*, Fax (04421) 986186, ⌚, ☎, ⧈ – ⧊, ⤬ Zim, 📺 ✆ ♿ 🅿 – 🔏 120. 🄰🄴 ⓪ ⓦⓒ 𝚅𝙸𝚂𝙰   über Friedrich-Paffrath-Straße   A
Menu *(nur Abendessen)* à la carte 40/75 – **62 Z** ⊑ 159/169 – 199.

🏨 **City Hotel Valois** Ⓜ, Valoisstr. 1 (Eingang Ebertstrasse), ⊠ 26382, 𝒫 (04421) 48 50, *info@city-hotel-valois.de*, Fax (04421) 485485, ⌚, ☎ – ⧊, ⤬ Zim, 📺 ✆ ⇐ 🅿 – 🔏 30. 🄰🄴 ⓪ ⓦⓒ 𝚅𝙸𝚂𝙰   B a
Portofino à la carte (italienische Küche) **Menu** à la carte 38/75 – **61 Z** ⊑ 98/255 – 155/285, 4 Suiten.

🏨 **Residenz** garni, Kopperhörnerstr. 7, ⊠ 26384, 𝒫 (04421) 9 32 20, *residenz.hotel@t -online.de*, Fax (04421) 932266 – ⧊ ⤬ 📺 ✆ 🅿 – 🔏 20. 🄰🄴 ⓪ ⓦⓒ 𝚅𝙸𝚂𝙰   B c
23 Z ⊑ 128/148 – 178/215.

🏠 **Keil** garni, Marktstr.23, ⊠ 26382, 𝒫 (04421) 9 47 80, *reservierung@hotel-keil.de*, Fax (04421) 941355 – ⤬ 📺 ✆ ⇐. 🄰🄴 ⓪ ⓦⓒ 𝚅𝙸𝚂𝙰   B b
17 Z ⊑ 75/110 – 130/210.

Am Ölhafen *Nord-Ost : 5 km über Ölhafendamm* C :

🏨 **Nordsee-Hotel Wilhelmshaven** 🐾, Zum Ölhafen 205, ⊠ 26384 Wilhelmshaven, 𝒫 (04421) 96 50, *Nordseehotel@t-online.de*, Fax (04421) 965280, ≤, ☎ – ⧊, ⤬ Zim, 📺 ✆ 🅿 – 🔏 50. 🄰🄴 ⓪ ⓦⓒ 𝚅𝙸𝚂𝙰 ⤬ Rest
Menu à la carte 36/62 – **50 Z** ⊑ 80/170 – 140/240.

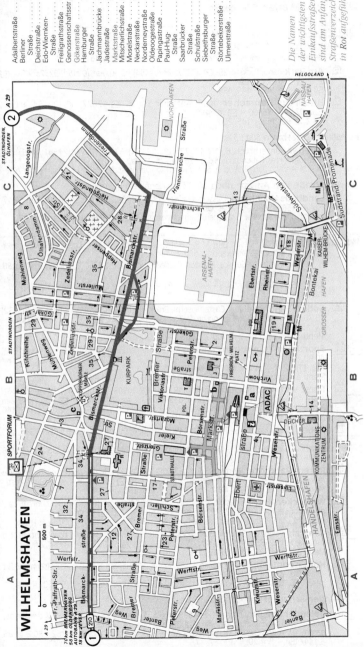

WILHELMSHAVEN

Die Namen der wichtigsten Einkaufsstraßen sind am Anfang des Straßenverzeichnisses in Rot aufgeführt.

WILKAU-HASSLAU Sachsen siehe Zwickau.

WILLANZHEIM Bayern siehe Iphofen.

WILLICH Nordrhein-Westfalen █�◻▊ M 3 – 41 000 Ew – Höhe 48 m.
⌘ Willich, Hardt 21 (Ost : 3 km), ℘ (02159) 9 15 95 61.
Berlin 583 – Düsseldorf 24 – Krefeld 8 – Mönchengladbach 16.

🏠 **Am Park** garni, Parkstr. 28, ⊠ 47877, ℘ (02154) 92 30, Fax (02154) 92323 – ⇔ 📺
🅿 – 🛁 20. 🅰🅴 🐝 𝘝𝘐𝘚𝘈
50 Z ⊆ 99/149 – 149/189.

🏠 **Hubertus Hamacher** garni, Anrather Str. 4, ⊠ 47877, ℘ (02154) 91 80,
Fax (02154) 918100 – 📺 🅿. ⌗
29 Z ⊆ 99/160 – 145/200.

In Willich-Schiefbahn Süd : 3 km :

✗ **Stieger,** Unterbruch 8, ⊠ 47877, ℘ (02154) 57 65, Fax (02154) 7418, 🏡,
« Restauriertes Bauernhaus a.d.J. 1765 » – 🅿. 🅰🅴 🐝
geschl. Anfang Jan. 1 Woche, Samstagmittag, Donnerstag – **Menu** à la carte 46/79.

An der Straße von Anrath nach St. Tönis Nord-West : 9 km :

✗✗ **Landhaus Hochbend,** Düsseldorfer Str. 11, ⊠ 47918 Tönisvorst, ℘ (02156) 32 17,
Fax (02156) 40585, 🏡 – 🅿. 🐝 𝘝𝘐𝘚𝘈
geschl. über Karneval 2 Wochen, Samstagmittag, Montag – **Menu** à la carte 61/81.

WILLINGEN (Upland) Hessen █◻▊ M 9 – 8 500 Ew – Höhe 550 m – Kneippheilbad - Heilkli-
matischer Kurort – Wintersport : 560/843 m ⚡7 ⚲.
🄱 Kur- und Touristik-Service, Rathaus, Waldecker Str. 12, ⊠ 34508, ℘ (05632) 40 11 80,
Fax (05632) 401150.
Berlin 467 – Wiesbaden 208 – Arnsberg 61 – Kassel 81 – Lippstadt 62 – Marburg 88 –
Paderborn 64.

🏰 **Göbel's Landhotel** (mit Gästehäusern), Briloner Str. 48 (B 251), ⊠ 34508, ℘ (05632)
98 70, goebels.Landhotel@t-online.de, Fax (05632) 987198, 🛋, 🏊, 🌲 – 🛗 📺 ℃ 🅿 –
🛁 150. 🅰🅴 ⑩ 🐝 𝘝𝘐𝘚𝘈. ⌗ Rest
Menu à la carte 35/72 – **100 Z** ⊆ 131 – 212/254 – ½ P 26.

🏨 **Sporthotel Zum hohen Eimberg** 🦢, Zum hohen Eimberg 3a, ⊠ 34508, ℘ (05632)
40 90, SporthotelzumHohenEimberg@t-online.de, Fax (05632) 409333, 🏡, 🛋, 🏊, 🌲
– 🛗 📺 ℃ 🅿 – 🛁 90. 🐝 𝘝𝘐𝘚𝘈. ⌗ Rest
Menu à la carte 36/59 – **71 Z** ⊆ 105/146 – 190/272 – ½ P 29.

🏨 **Fürst von Waldeck,** Briloner Str. 1 (B 251), ⊠ 34508, ℘ (05632) 9 88 99, Hotel-Fu
erst-von-Waldeck@t-online.de, Fax (05632) 988988, 🛋, 🏊, 🌲 – 🛗 📺 ⇔ 🅿. ⌗ Zim
geschl. 25. Nov. - 15. Dez. – **Menu** (geschl. Donnerstag) à la carte 26/57 – **29 Z** ⊆ 105/140
– 190/240 – ½ P 15.

🏨 **Göbel,** Waldecker Str. 5 (B 251), ⊠ 34508, ℘ (05632) 4 00 90, Fax (05632) 6884, 🛋,
🏊 – 🛗 📺 ⇐ 🅿
geschl. 22. Nov. - 18. Dez. – **Menu** (geschl. Donnerstag) à la carte 30/57 – **35 Z** ⊆ 95/98
– 176/188 – ½ P 22.

🏨 **Rüters Parkhotel,** Bergstr. 3a, ⊠ 34508, ℘ (05632) 98 40, ruetersparkhotel@t-o
nline.de, Fax (05632) 984200, 🏡, 🛋, 🏊, 🌲 – 🛗 📺 ℃ ⇐ 🅿 – 🛁 40. ⌗ Rest
Menu à la carte 36/67 – **48 Z** ⊆ 99/148 – 176/236 – ½ P 18.

🏨 **Waldecker Hof,** Waldecker Str. 28 (B 251), ⊠ 34508, ℘ (05632) 98 80, info@wald
ecker-hof.de, Fax (05632) 988360, 🏡, 🛋, 🏊, 🌲 – 🛗 📺 🅿. 🐝 𝘝𝘐𝘚𝘈
geschl. 1. - 15. Dez. – **Menu** à la carte 32/62 – **38 Z** ⊆ 105 – 190/210 – ½ P 20.

🏨 **Central,** Waldecker Str. 14 (B 251), ⊠ 34508, ℘ (05632) 9 89 00, hotel.central@t-o
nline.de, Fax (05632) 989098, 🛋, 🏊 – 🛗 📺 🅿 – 🛁 20. 🅰🅴 🐝 𝘝𝘐𝘚𝘈. ⌗ Zim
Menu à la carte 35/66 – **28 Z** ⊆ 101/110 – 150/180 – ½ P 19.

🏠 **Hof Elsenmann,** Zur Hoppecke 1, ⊠ 34508, ℘ (05632) 6 90 07, Hof-Elsenmann@t
-online.de, Fax (05632) 6480, 🏡 – 🛗 📺 🅿. 🐝 𝘝𝘐𝘚𝘈
geschl. 30. Nov. - 20. Dez. – **Menu** à la carte 28/55 – **20 Z** ⊆ 80/100 – 160/200 – ½ P 19.

In Willingen-Schwalefeld Nord-Ost : 3,5 km :

🏠 **Upländer Hof,** Uplandstr. 2, ⊠ 34508, ℘ (05632) 9 81 23, uplaender-hof@t-online.de,
Fax (05632) 69052, 🏡, 🛋, 🌲 – 🛗 📺 ⇐ 🅿 – 🛁 20. 🐝 𝘝𝘐𝘚𝘈
geschl. 19. Nov. - 7. Dez. – **Menu** (geschl. Nov. - April Montag) à la carte 34/62 – **30 Z** ⊆ 85
– 144/184 – ½ P 20.

In Willingen-Stryck *Süd-Ost : 3,5 km :*

🏨 **Romantik Hotel Stryckhaus** ⌂, Mühlenkopfstr. 12, ✉ 34508, ℰ (05632) 98 60, *stryckhaus@romantik.de, Fax (05632) 69961*, ☆, « Garten », Massage, ☎s, ⧖ (geheizt), ⬚, ☞ – ⧫ 📺 📞 ⟐ 🅿 – 🕍 40. 🆎 ⓞ ⓦⓢ 𝘷𝘪𝘴𝘢 ⟐ Rest
Menu à la carte 49/79 – **61 Z** ⌂ 130/185 – 250/370 – ½ P 33.

In Willingen-Usseln *Süd-Ost : 4,5 km :*

🏨 **Post-Hotel Usseln,** Korbacher Str. 14 (B 251), ✉ 34508, ℰ (05632) 9 49 50, *Posth otel-Usseln@t-online.de, Fax (05632) 949596*, ☆, ☎s, ⬚, ☞ – ⧫, ⟐ Zim, 📺 📞 ⟐ 🅿 – 🕍 30. 🆎 ⓞ ⓦⓢ 𝘷𝘪𝘴𝘢 ⟐
Menu à la carte 34/72 – **40 Z** ⌂ 109/145 – 176/210, 15 Suiten – ½ P 24.

🏠 **Berghof** ⌂, Am Schneppelnberg 14, ✉ 34508, ℰ (05632) 94 98 98, *Berghof@Uss eln@t-online.de, Fax (05632) 949894*, ☆, ☎s, ⬚, ☞ – ⧫ 📺 ⟐ 🅿 🆎 ⓦⓢ 𝘷𝘪𝘴𝘢 ⱼⒸⒷ
Menu à la carte 28/63 – **27 Z** ⌂ 90/105 – 155/210, 4 Suiten – ½ P 25.

🏠 **Henkenhof,** Hochsauerlandstr. 23 (B 251), ✉ 34508, ℰ (05632) 18 17, *Henkenhof -Usseln@t-online.de, Fax (05632) 7748*, ☎s, ⬚, ☞ – ⧫ 📺 ⟐ 🅿 ⓦⓞ
geschl. 1. - 20. Dez. – **Menu** (Restaurant nur für Hausgäste) – **48 Z** ⌂ 75/95 – 130/140 – ½ P 20.

WILLSTÄTT *Baden-Württemberg* 🔢 *U 7 – 8 800 Ew – Höhe 142 m.*
Berlin 739 – Stuttgart 136 – Karlsruhe 70.

🍴🍴 **Kinzigbrücke** mit Zim, Sandgasse 1, ✉ 77731, ℰ (07852) 22 80, Fax (07852) 5276, ☆ – ⟐ Zim, 📺 🆎 ⓞ 𝘷𝘪𝘴𝘢
geschl. 27. Dez. - 9. Jan., 24. Mai - 5. Juni – **Menu** (geschl. Samstagmittag, Sonntagabend - Montag) à la carte 41/82 – **8 Z** ⌂ 65/75 – 120/140.

WILNSDORF *Nordrhein-Westfalen siehe Siegen.*

WILSDRUFF *Sachsen* 🔢 *M 24 – 3 800 Ew – Höhe 275 m.*
🛬 *Herzogswalde (Süd-West : 8 km)* ℰ (0172) 7 97 07 10.
Berlin 203 – Dresden 17 – Chemnitz 55 – Meißen 16.

An der Autobahn A 4 *Ost : 5 km, Richtung Dresden (Südseite) :*

🏠 **Autobahnraststätte und Motel Dresdner Tor-Süd** Ⓜ, ✉ 01723, ℰ (035204) 90 50, *service@dresdner-tor.de, Fax (035204) 90566*, ☆ – ⟐ Zim, 📺 📞 & ⟐ 🅿 – 🕍 40. 🆎 ⓦⓞ 𝘷𝘪𝘴𝘢
Menu à la carte 25/42 – **65 Z** ⌂ 95 – 135.

WILSNACK, BAD *Brandenburg* 🔢 *H 19 – 2 800 Ew – Höhe 30 m.*
🛈 *Stadtinformation, Am Markt 1,* ✉ 19336, ℰ (038791) 26 20, Fax (038791) 999199.
Berlin 132 – Potsdam 117 – Schwerin 95 – Perleberg 23.

🏨 **Ambiente** Ⓜ, Dr.-Wilhelm-Külz-Str. 5a, ✉ 19336, ℰ (038791) 7 60, *ambiente @KMG-GESUNDHEIT.DE, Fax (038791) 76400*, ☆, ☎s, ☞ – ⧫, ⟐ Zim, 📺 📞 & ⟐ 🅿 – 🕍 80. 🆎 ⓞ ⓦⓞ 𝘷𝘪𝘴𝘢 ⱼⒸⒷ
Menu à la carte 37/60 – **45 Z** ⌂ 135 – 195, 3 Suiten.

In Bad Wilsnack-Groß Lüben *West : 2 km :*

🏠 **Erbkrug** ⌂, Dorfstr. 36, ✉ 19336, ℰ (038791) 27 32, Fax (038791) 2586, ☆, ☞ – 📺 & 🅿 ⓦⓞ
Menu (geschl. Montagmittag) à la carte 27/50 – **20 Z** ⌂ 75 – 90/100.

WILTHEN *Sachsen* 🔢 *M 27 – 7 800 Ew – Höhe 300 m.*
🛈 *Fremdenverkehrsamt, Bahnhofstr. 8,* ✉ 02681, ℰ (03592) 38 54 16, Fax (03592) 385499.
Berlin 216 – Dresden 81 – Görlitz 49 – Bautzen 13.

In Wilthen-Tautewalde *West : 2 km :*

🏨 **Landhotel Erbgericht,** Tautewalde 61, ✉ 02681, ℰ (03592) 3 83 00, *erbgericht @tautewalde.de, Fax (03592) 383299*, ☆, Biergarten, ☎s, ☞, 🍴 – ⟐ Zim, 📺 📞 🅿 – 🕍 50. 🆎 ⓞ ⓦⓞ 𝘷𝘪𝘴𝘢
Menu à la carte 45/63 – **32 Z** ⌂ 120 – 140/160.

WIMPFEN, BAD *Baden-Württemberg* ▨▧▨ *S 11 – 6 600 Ew – Höhe 202 m – Heilbad.*

Sehenswert : Wimpfen am Berg★★ *: Hauptstraße*★ *– Wimpfen im Tal : Stiftskirche St. Peter (Kreuzgang*★★*).*

Ausflugsziel : Burg Guttenberg★ *: Greifvogelschutzstation Nord : 8 km.*

🖪 *Tourist-Information, Carl-Ulrich-Str. 1, (Gästezentrum Alter Bahnhof),* ✉ *74206,* ℘ *(07063) 9 72 00, Fax (07063) 972020.*

Berlin 598 – Stuttgart 69 – Heilbronn 16 – Mannheim 73 – Würzburg 113.

🏨 **Am Rosengarten** ⌂, Osterbergstr. 16, ✉ 74206, ℘ (07063) 99 10, *rosengarten @online.de, Fax (07063) 9918008,* �, Massage, ♨, ⇌s, ⤳, ▨ , 🐎 – 🛗, ⇌ Zim, 📺 ℡ 🕭 ⇌ 🅿 – 🕍 150. ⚿ ⓞ ⓸ 𝖵𝖨𝖲𝖠, ⅍ Rest
Menu à la carte 40/58 – ⇌ 20 – **60 Z** 130 – 180 – ½ P 30.

🏨 **Am Kurpark** ⌂ garni, Kirschenweg 16, ✉ 74206, ℘ (07063) 9 77 70, *amkurpark @aol.com, Fax (07063) 977721,* ⇌s, 🐎 – 📺 ℡ ⇌ 🅿 ⓸ 𝖵𝖨𝖲𝖠
geschl. Mitte Dez. - Mitte Jan. – **9 Z** ⇌ 80/130 – 170/190.

🏠 **Sonne** (mit Gästehaus), Hauptstr. 87, ✉ 74206, ℘ (07063) 2 45, Fax (07063) 6591, � – 📺 ℡. ⓸ 𝖵𝖨𝖲𝖠
geschl. 21. Dez. - 18. Jan. – **Menu** (geschl. Sonntagabend, Donnerstag) à la carte 51/78 – **18 Z** ⇌ 95 – 160.

WIMSHEIM *Baden-Württemberg siehe Pforzheim.*

WINCHERINGEN *Rheinland-Pfalz* ▨▧▨ *R 3 – 1 400 Ew – Höhe 220 m.*

Ausflugsziel : Nennig (Mosaikfußboden★★ *der ehem. Römischen Villa) Süd : 12 km.*

Berlin 751 – Mainz 189 – Trier 33 – Luxembourg 34 – Saarburg 13.

✕✕ **Haus Moselblick** mit Zim, Am Mühlenberg 1, ✉ 54457, ℘ (06583) 2 88, *Haus@ Mo selblick.de, Fax (06583) 1538,* ⪡ Moseltal, � – 🅿 ⓸ 𝖵𝖨𝖲𝖠
geschl. Anfang Jan. 2 Wochen, Anfang Nov. 2 Wochen – **Menu** (geschl. Dienstag) à la carte 38/69 ♨ – **4 Z** ⇌ 60 – 100.

WINDECK *Nordrhein-Westfalen* ▨▧▨ *N 6 – 20 100 Ew – Höhe 95 m.*

🖪 *Verkehrsverein, Rathausstr. 12 (Rosbach),* ✉ 51570, ℘ (02292) 1 94 33, Fax (02292) 601294.

Berlin 592 – Düsseldorf 114 – Bonn 62 – Limburg an der Lahn 71 – Koblenz 77.

In Windeck-Mauel :

🏠 **Gasthof Willmeroth,** Preschlinallee 11, ✉ 51570, ℘ (02292) 9 13 30, Fax (02292) 913333, Biergarten, ⇌s – 📺 ℡ 🅿 – 🕍 20. ⓸ 𝖵𝖨𝖲𝖠
geschl. Okt. – **Menu** (geschl. Mittwoch) à la carte 29/50 – **25 Z** ⇌ 65/75 – 118/125.

In Windeck-Rosbach :

✕ **Zur Post,** Hauptstr. 13, ✉ 51570, ℘ (02292) 51 51, Fax (02292) 67203 – 🅿 ⅍
geschl. Juli - Aug. 3 Wochen, Montag - Dienstag – **Menu** à la carte 40/77.

In Windeck-Schladern :

🏠 **Bergischer Hof,** Elmoresstr. 8, ✉ 51570, ℘ (02292) 22 83, *info@ bergischer-hof.de, Fax (02292) 930535,* 🐎 – 📺 ⇌ 🅿 – 🕍 40. ⚿ ⓸ 𝖵𝖨𝖲𝖠
Menu (geschl. Juli, Sonntagabend - Montag) à la carte 30/55 – **19 Z** ⇌ 75/90 – 124/132 – ½ P 20.

WINDELSBACH *Bayern siehe Rothenburg ob der Tauber.*

WINDEN *Baden-Württemberg* ▨▧▨ *V 8 – 2 700 Ew – Höhe 320 m – Erholungsort.*

🖪 *Tourist-Information, Bahnhofstr. 1 (Rathaus),* ✉ 79297, ℘ (07682) 63 95, Fax (07682) 6399.

Berlin 771 – Stuttgart 192 – Freiburg im Breisgau 35 – Offenburg 46.

In Winden-Oberwinden :

🏨 **Elztal-Hotel Schwarzbauernhof** ⌂, Rüttlersberg 5 (Süd : 2 km, über Bahnhof-strasse), ✉ 79297, ℘ (07682) 9 11 40, *elztalhotel@ t-online.de, Fax (07682) 911499,* ⪡, « Freizeit- und Außenanlagen », Massage, ₤å, ⇌s, ▨ , 🐎, ✕ – 🛗 📺 ℡ ⚿⚿ ⇌ 🅿 – 🕍 25. ⅍ Rest
geschl. Mitte Nov. - Mitte Dez. – **Menu** (Restaurant nur für Hausgäste) – **70 Z** ⇌ 125/165 – 220/390 – ½ P 20.

🏠 **Lindenhof** (mit Gästehaus), Bahnhofstr. 14, ⬜ 79297, 𝄢 (07682) 3 69,
Fax (07682) 544, 🌲, 🐴, 🗗, 🚗 – 📺 🚗 🅿. 🏧 *VISA*
Menu *(geschl. Dienstag)* à la carte 35/72 🍴 – **23 Z** ⌂ 70/80 – 130/140 – ½ P 22.

🏠 **Waldhorn**, Hauptstr. 27 (B 294), ⬜ 79297, 𝄢 (07682) 91 82 10, Hotel@gasthof-wa
ldhorn.via.t-online.de, Fax (07682) 6635, 🌲 – 📺 🚗 🅿. 🏧 *VISA*. 🍴 Rest
geschl. 19. Feb. - 1. März, 16. - 28. Aug. – **Menu** *(geschl. Donnerstag)* à la carte 26/63 –
23 Z ⌂ 70 – 89/110 – ½ P 17.

WINDHAGEN Nordrhein-Westfalen siehe Honnef, Bad.

WINDISCHESCHENBACH Bayern 🔢🔢 Q 20 – 6 200 Ew – Höhe 428 m.
🔹 Tourist-Information, Hauptstr. 34, ⬜ 92670, 𝄢 (09681) 40 12 40, Fax (09681) 401100.
Berlin 392 – München 261 – Weiden in der Oberpfalz 21 – Bayreuth 49 – Nürnberg 115.

🏠 **Weißer Schwan**, Pfarrplatz 1, ⬜ 92670, 𝄢 (09681) 12 30, Fax (09681) 1466, 🐴 –
🚗 🏧
Menu à la carte 21/45 – **20 Z** ⌂ 50 – 85.

WINDORF Bayern 🔢🔢 U 23 – 4 300 Ew – Höhe 306 m.
Berlin 587 – München 181 – Passau 26 – Regensburg 104 – Straubing 72.

In Windorf-Rathsmannsdorf Nord-Ost : 4,5 km :

🏠 **Zur Alten Post**, Schloßplatz 5, ⬜ 94565, 𝄢 (08546) 10 37, Fax (08546) 2483, 🌲 –
🅿 – 🛁 60. 🖭 🏧 *VISA*
Menu *(geschl. Nov. - März Montag)* à la carte 26/54 – **32 Z** ⌂ 48/81 – 96/162.

WINDSHEIM, BAD Bayern 🔢🔢🔢🔢 R 15 – 12 500 Ew – Höhe 321 m – Heilbad.
🔹 Am Weinturm 2, 𝄢 (09841) 50 27.
🔹 Kur-, Kongreß- und Touristik-Information, Erkenbrechtallee 2, ⬜ 91438, 𝄢 (09841)
40 20, Fax (09841) 40299.
Berlin 475 – München 236 – Nürnberg 68 – Bamberg 72 – Ansbach 33 – Würzburg 57.

🏰 **Reichsstadt**, Pfarrgasse 20, ⬜ 91438, 𝄢 (09841) 90 70, Hotel.Reichsstadt@faxvia.
net, Fax (09841) 7447, 🌲, 🛁, 🐴 – 📶, 🏊 Zim, 📺 🎧 🛁 🚗 – 🛁 50. 🖭 🕦 🏧 *VISA*
🃏
Menu à la carte 40/62 – **110 Z** ⌂ 135 – 175, 4 Suiten – ½ P 35.

🏰 **Kurhotel Residenz** 🐴, Erkenbrechtallee 33, ⬜ 91438, 𝄢 (09841) 9 10, hotel@re
sidenz-bad-windsheim.de, Fax (09841) 912663, 🌲, Massage, ♨, 🐴, 🗗, 🚗 – 📶 🏊
📺 🎧 🛁 – 🛁 300. 🖭 🕦 🏧 *VISA*
Menu à la carte 34/52 – **116 Z** ⌂ 144/214 – 163/233 – ½ P 26.

🏠 **Goldener Schwan**, Rothenburger Str. 5, ⬜ 91438, 𝄢 (09841) 50 61, Hoenicka@t
-online.de, Fax (09841) 79440 – 📺 🅿. 🏧 *VISA*
Menu *(geschl. 2. - 25. Jan., Mittwoch)* à la carte 26/58 – **22 Z** ⌂ 72/79 – 98/122 – ½ P 20.

🏠 **Zum Storchen**, Weinmarkt 6, ⬜ 91438, 𝄢 (09841) 66 98 90, Hotel.Storchen@t.on
line.de, Fax (09841) 6698930, 🌲 – 🏊 Zim, 📺 🎧 🛁 🖭 🕦 🏧 *VISA*
Menu *(geschl. Montag)* à la carte 34/52 – **20 Z** ⌂ 80/125 – 130/178 – ½ P 25.

WINGERODE Thüringen 🔢🔢 L 14 – 1 200 Ew – Höhe 290 m.
Berlin 305 – Erfurt 90 – Göttingen 47 – Nordhausen 43 – Mühlhausen 47.

🏠 **Keppler's Ecke**, Hauptstr. 52, ⬜ 37327, 𝄢 (03605) 50 16 66, Fax (03605) 501668 –
🚗 📺 🅿
Menu à la carte 24/48 – **15 Z** ⌂ 59/85 – 95/110.

WINGST Niedersachsen 🔢🔢🔢 E 11 – 3 500 Ew – Höhe 25 m – Luftkurort.
🔹 Kurverwaltung, Hasenbeckallee 1, ⬜ 21789, 𝄢 (04778) 8 12 00, Fax (04778) 812029.
Berlin 383 – Hannover 218 – Cuxhaven 39 – Bremerhaven 54 – Hamburg 97.

🏠 **Peter**, Bahnhofstr. 1 (B 73), ⬜ 21789, 𝄢 (04778) 2 79, Fax (04778) 7474, 🚗 – 🏊 Zim,
📺 🛁 🅿. 🏧 *VISA*
geschl. Mitte Jan. - Mitte Feb. – **Oehlschläger-Stube** *(geschl. Juli 2 Wochen, Mittwoch -
Donnerstag) (wochentags nur Abendessen)* **Menu** à la carte 28/51 – **34 Z** ⌂ 72/100 –
124/150.

WINKLARN Bayern siehe Rötz.

WINNENDEN Baden-Württemberg **419** T 12 – 21 600 Ew – Höhe 292 m.
  Berlin 599 – Stuttgart 26 – Schwäbisch Gmünd 44 – Schwäbisch Hall 48.

In Winnenden-Bürg Nord-Ost : 4,5 km :

🏠 **Burghotel Schöne Aussicht** ⅁, Neuffenstr. 18, ⊠ 71364, 𝒫 (07195) 9 75 60,
  Fax (07195) 975619, ≼ Winnenden und Umgebung, 🏠 – 📺 🅿 🗚 ⬤◑ 𝚅𝙸𝚂𝙰
  Menu (geschl. Montag) à la carte 34/78 ⅃ – **16 Z** ☲ 105 – 155.

In Winnenden-Hanweiler Süd : 3 km :

🍴 **Traube** mit Zim, Weinstr. 59, ⊠ 71364, 𝒫 (07195) 33 10, 🏠 – 📺 🅿
  geschl. über Fastnacht 2 Wochen, Ende Juli - Mitte Aug. – **Menu** (geschl. Dienstag - Mittwoch) à la carte 30/57 – **6 Z** ☲ 70 – 120.

In Berglen-Lehnenberg Süd-Ost : 6 km :

🏠 **Blessings Landhotel**, Lessingstr. 13, ⊠ 73663, 𝒫 (07195) 9 76 00, info@blessing
  s-landhotel.de, Fax (07195) 976040, ≼, 🏠 – ✠ Zim, 📺 🅿 – 🕍 40. 🗚 ⬤◑ 𝚅𝙸𝚂𝙰
  geschl. Jan. 2 Wochen – **Menu** (geschl. Donnerstag) à la carte 34/68 ⅃ – **23 Z** ☲ 105/115
  – 128/168.

WINNINGEN Rheinland-Pfalz **417** P 6 – 2 700 Ew – Höhe 75 m.
  🛈 Verkehrsamt, Rathaus, August-Horch-Str. 3, ⊠ 56333, 𝒫 (02606) 22 14, Fax (02606)
  347.
  Berlin 612 – Mainz 111 – Koblenz 13 – Cochem 38.

🏠 **Moselblick**, an der B 416, ⊠ 56333, 𝒫 (02606) 92 08 10, Fax (02606) 9208157, 🏠,
  Biergarten – ⃓❘, ✠ Zim, 📺 🅿 – 🕍 40. 🗚 ⬤ ⬤◑ 𝚅𝙸𝚂𝙰
  Menu (geschl. Nov.- März Sonntagabend) à la carte 37/66 – **37 Z** ☲ 110/130 – 180/200.

WINSEN (LUHE) Niedersachsen **415 416** F 14 – 30 000 Ew – Höhe 8 m.
  🏌 Radbrucher Straße 200 (Süd-Ost : 3 km) 𝒫 (04178) 78 22 41.
  Berlin 285 – Hannover 132 – Hamburg 36 – Bremen 118 – Lüneburg 24.

🏠 **Storchennest**, Tönnhäuser Weg 3, ⊠ 21423, 𝒫 (04171) 88 80, Hotel-Storchennes
  t@t-online.de, Fax (04171) 888222, 🏠, 🚃 – 📺 📞 ⅃ 🅿 – 🕍 20. 🗚 ⬤ ⬤◑ 𝚅𝙸𝚂𝙰
  Menu (geschl. Samstag - Sonntag) (nur Abendessen) à la carte 29/48 – **25 Z** ☲ 128/135
  – 158/165.

WINTERBACH Baden-Württemberg siehe Schorndorf.

WINTERBERG Nordrhein-Westfalen **417** M 9 – 15 000 Ew – Höhe 700 m – Heilklimatischer Kurort
  – Wintersport : 672/841 m ⅍ 51 ⅍.
  🏌 Winterberg, In der Büre (Nord-West : 3 km), 𝒫 (02981) 17 70.
  🛈 Tourist-Information, Am Kurpark 6, ⊠ 59955, 𝒫 (02981) 9 25 00, Fax (02981) 925024.
  Berlin 482 – Düsseldorf 186 – Arnsberg 56 – Marburg 60 – Paderborn 79 – Siegen 69.

🏠 **Leisse** Ⓜ, Am Waltenberg 2, ⊠ 59955, 𝒫 (02981) 73 64, Hotelleisse@gmx.de,
  Fax (02981) 3199, 🏠 – 📺 🚗 ⬤◑
  Menu à la carte 31/62 – **15 Z** ☲ 90 – 156/180, 3 Suiten – ½ P 24.

🏠 **Astenblick**, Nuhnestr. 5, ⊠ 59955, 𝒫 (02981) 9 22 30, info@astenblick.de,
  Fax (02981) 92235, 🏠, ⅃⅁, ⅀ – ⃓❘ 📺 ⅃ 🚗 ⬤◑ 𝚅𝙸𝚂𝙰
  Menu (geschl. 1. - 15. Juni, Dienstag) (nur Abendessen) à la carte 46/73 – **24 Z** ☲ 90/95
  – 150/170 – ½ P 25.

🏠 **Waldhaus** ⅁, Kiefernweg 12, ⊠ 59955, 𝒫 (02981) 20 42, Fax (02981) 3670, ≼, 🏠,
  Massage, ⅀, ⅂, 🚃 – ⃓❘ ✠ Zim, 📺 🅿 🗚 ⬤ ⬤◑
  Menu (Montag - Donnerstag nur Abendessen) à la carte 52/80 – **20 Z** ☲ 90 – 130/220
  – ½ P 38.

🏠 **Engemann-Kurve**, Haarfelder Str. 10 (B 236), ⊠ 59955, 𝒫 (02981) 9 29 40, Hotel.
  Engemann.Kurve@t-online.de, Fax (02981) 929449, 🏠, ⅀, ⅂ – 📺 🚗 🅿 ⅍ Rest
  Menu à la carte 34/50 – **18 Z** ☲ 80/100 – 130/170 – ½ P 28.

🏠 **Steymann**, Schneilstr. 4, ⊠ 59955, 𝒫 (02981) 70 05, Hotel.Steymann@t-online.de,
  Fax (02981) 3619, 🏠, ⅀, ⅂, 🚃 – ⃓❘ 📺 ⅃ 🅿 ⬤ ⬤◑ 𝚅𝙸𝚂𝙰 ⅍ Rest
  Menu à la carte 37/61 – **34 Z** ☲ 75/77 – 150/154 – ½ P 25.

In Winterberg-Altastenberg West : 5 km :

🏠 **Berghotel Astenkrone** Ⓜ ⅁, Astenstr 24, ⊠ 59955, 𝒫 (02981) 80 90, bergho
  tel@astenkrone.de, Fax (02981) 809198, ≼, 🏠, Massage, ⅃⅁, ⅀, ⅂ – ⃓❘ ✠ 📺 ⅃
  🚗 🅿 – 🕍 50. ⬤◑ 𝚅𝙸𝚂𝙰 ⅍ Rest
  Menu à la carte 51/87 – **39 Z** ☲ 150/200 – 230/320.

🏨 **Sporthotel Kirchmeier** 🦌, Renauweg 54, ✉ 59955, 𝄞 (02981) 80 50, *info@ho tel-Kirchmeier.de, Fax (02981) 805111*, ≤, 🌳, Biergarten, ⊜s, 🖳, ✘ (Halle) – 🛗 📺 🅿
– 🏊 210. 🆎 ⓞ 🏧 *VISA* *JCB*. ✘ Rest
geschl. Juli – **Menu** à la carte 29/67 – **109 Z** ⊑ 96/130 – 192/220 – ½ P 40.

🏨 **Haus Clemens** 🦌, Renauweg 48, ✉ 59955, 𝄞 (02981) 9 24 10, *Fax (02981) 924150*,
⊜s, 🖳, 🌳 – 📺 🚗 🅿
geschl. 4. Nov. - 30. Dez. – **Menu** à la carte 30/79 – **13 Z** ⊑ 70 – 110/160 – ½ P 24.

In Winterberg-Hildfeld *Nord-Ost : 7 km :*

🏨 **Heide Hotel** 🦌, Am Ufer 13, ✉ 59955, 𝄞 (02985) 80 30, *Fax (02985) 345*, ≤, 🌳,
⊜s, 🖳, 🌳 – 📺 🅿 – 🏊 25. 🆎 🏧 *VISA*
Menu à la carte 33/60 – **42 Z** ⊑ 105/115 – 210 – ½ P 25.

In Winterberg-Niedersfeld *Nord : 8,5 km :*

🏨 **Cramer,** Ruhrstr. 50 (B 480), ✉ 59955, 𝄞 (02985) 9 79 22, *info@hotel-cramer.de,
Fax (02985) 979222*, 🌳, ⊜s, 🖳, 🌳 – 📺 🚗 🅿 – 🏊 20. 🆎 ⓞ 🏧 *VISA*. ✘ Rest
geschl. 18. - 25. Dez. – **Menu** *(geschl. Montag)* à la carte 38/60 – **26 Z** ⊑ 85/95 – 150/210
– ½ P 25.

In Winterberg-Silbach *Nord-West : 7 km :*

🏨 **Büker,** Bergfreiheit 56, ✉ 59955, 𝄞 (02983) 9 70 50, *bueker@Landhotel-bueker.de,
Fax (02983) 970510*, 🌳, ⊜s, 🖳, 🌳 – 📺 🅿 – 🏊 20. 🆎 ⓞ 🏧 *VISA*
geschl. 31. März - 20. April, 22. Nov. - 26. Dez. – **Menu** *(geschl. Mittwoch)* à la carte 30/54
– **19 Z** ⊑ 73 – 136/146 – ½ P 21.

WINTERSTEIN *Thüringen* 🅰🅱🅲 *N 15 – 950 Ew – Höhe 360 m.*
  Berlin 347 – Erfurt 56 – Eisenach 21 – Schmalkalden 30.

🏨 **Wintersteiner Hof,** Liebensteiner Str. 1, ✉ 99891, 𝄞 (036259) 56 10, *hotel-winte
rsteinerhof@t-online.de, Fax (036259) 56110*, 🌳, ⊜s, 🌳 – 🖙 Zim, 📺 🅿 – 🏊 35. 🆎
ⓞ 🏧 *VISA*
Menu à la carte 26/48 – **24 Z** ⊑ 80/130.

WINTZINGERODE *Thüringen siehe Worbis.*

WIPPERFÜRTH *Nordrhein-Westfalen* 🅰🅱🅲 *M 6 – 23 000 Ew – Höhe 275 m.*
  Berlin 550 – Düsseldorf 72 – Köln 50 – Lüdenscheid 27 – Remscheid 20.

✘✘ **Christian's Restaurant,** Marktstr. 8, ✉ 51688, 𝄞 (02267) 8 26 66, 🌳
geschl. 5. - 19. März, Samstagmittag, Montag – **Menu** à la carte 48/69.

In Wipperfürth-Neye *Nord-West : 1 km :*

🏨 **Neye-Hotel,** Joseph-Mäurer-Str. 2, ✉ 51688, 𝄞 (02267) 8 86 20, *Fax (02267) 886231*,
🌳 – 🛗 📺 🅿 – 🏊 50. 🏧 *VISA*
geschl. Jan. 2 Wochen – **Menu** *(geschl. Dienstag) (wochentags nur Abendessen)* à la carte
39/62 – **14 Z** ⊑ 80/100 – 120/150.

In Wipperfürth-Stüttem *Süd : 4 km an der Straße nach Lindlar :*

🏨 **Landgut Stüttem,** Stüttem 1, ✉ 51688, 𝄞 (02267) 88 18 40, *landgut-stuettem@t
-online.de, Fax (02267) 8818444*, 🌳, 🌳 – 📺 📞 🅿 – 🏊 120. 🆎 🏧 *VISA*
Menu *(geschl. Montag) (wochentags nur Abendessen)* à la carte 50/84 – **17 Z** ⊑ 105/125
– 145/175.

In Wipperfürth-Wasserfuhr *Nord-Ost : 4 an der Straße nach Halver :*

🏨 **Haus Koppelberg,** ✉ 51688, 𝄞 (02267) 50 51, *Fax (02267) 2842*,
« Gartenterrasse », 🌳 – 📺 🅿 – 🏊 60. 🆎 🏧 *VISA*
Menu *(geschl. Montag)* à la carte 29/54 – **18 Z** ⊑ 70/95.

In Wipperfürth-Wipperfeld *Süd-West : 8 km :*

🏨 **Landhotel Napoleon** (mit Gästehaus), Lamsfuß 12 (an den B 506), ✉ 51688,
𝄞 (02268) 9 14 10, *Fax (02268) 914159*, 🌳 – 🖙 Zim, 📺 📞 🅿 ✘ Zim
Menu *(geschl. Montagmittag, Dienstagmittag)* à la carte 31/54 – **16 Z** ⊑ 80/90 –
120/140.

WIRGES *Rheinland-Pfalz siehe Montabaur.*

WIRSBERG Bayern ⁴¹⁸ ⁴²⁰ P 18 – 2 000 Ew – Höhe 355 m – Luftkurort.
🏨 *Gäste-Information, Sessenreuther Str. 2, ⊠95339, ℰ (09227) 9 32 20, Fax (09227) 93290.*
Berlin 341 – München 250 – Coburg 60 – Hof 41 – Bayreuth 21.

🏯 **Reiterhof Wirsberg** ⑊, Sessenreuther Str. 50 (Süd-Ost : 1 km), ⊠ 95339, ℰ (09227) 20 40, *info@reiterhof-wirsberg.de, Fax (09227) 7058,* ≼, 🍴, *Massage,* 🔟, 🈺, 🔟, *,* 🏊 ✖, 🐎 (Halle) – |🛗| 🔟 🐾 ⟵ 🅿 – 🔬 60. 🅰🅴 🅾 🆎 🆅🅸🆂🅰 🄹🄲🄱
Menu à la carte 41/70 – **51 Z** ☲ 130/198 – 245/278 – ½ P 50.

🏯 **Herrmann's Romantik Posthotel,** Marktplatz 11, ⊠ 95339, ℰ (09227) 20 80, *posthotel@romantik.de, Fax (09227) 5860,* 🍴, 🔟, 🈺, 🔟 – |🛗|, 🍃 Zim, 🔟 🅿 – 🔬 35. 🅰🅴 🅾 🆎
Menu 45 à la carte 52/72 – **Gourmet-Restaurant** *(geschl. Sonntag) (nur Abendessen)*
Menu à la carte 82/90 – **47 Z** ☲ 125/155 – 170/230, 8 Suiten – ½ P 55.

🏠 **Hereth,** Hauptstr. 15, ⊠ 95339, ℰ (09227) 9 41 90, Fax (09227) 941919, Biergarten
🐾 – 🔟 🅿
geschl. Mitte - Ende Jan. – **Menu** *(geschl. Mittwoch)* à la carte 23/44 – **15 Z** ☲ 66 – 102/122 – ½ P 18.

WISMAR Mecklenburg-Vorpommern ⁴¹⁵ ⁴¹⁶ E 18 – 52 000 Ew – Höhe 14 m.
Sehenswert : Marktplatz★ – Nikolaikirche★ (Altar der Krämergilde★) – Wasserkunst★ – Schabbelhaus★.
Ausflugsziel : Neukloster★ Süd-Ost : 18 km.
🏌 *Hohen Wieschendorf (Nord-West : 14 km), ℰ (038428) 6 60.*
🏨 *Tourist-Information, Am Markt 11, ⊠ 23966, ℰ (03841) 1 94 33, Fax (03841) 251819.*
Berlin 234 – Schwerin 32 – Rostock 52 – Lübeck 59.

🏨 **Stadt Hamburg** Ⓜ, Am Markt 24, ⊠ 23966, ℰ (03841) 23 90, *info@hotel-stadt-h amburg-wismar.de, Fax (03841) 239239,* 🍴, 🈺 – |🛗|, 🍃 Zim, 🔟 🕊 ⟵ – 🔬 90. 🅰🅴 🅾 🆎 🆅🅸🆂🅰
Menu à la carte 29/66 – **104 Z** ☲ 155/195 – 195/245.

🏨 **Alter Speicher,** Bohrstr. 12, ⊠ 23966, ℰ (03841) 21 17 46, Fax (03841) 211747, 🍴, 🈺 – |🛗|, 🍃 Zim, 🔟 🐾 ⟵ 🅿 – 🔬 50. 🅾 🆎 🆅🅸🆂🅰 🄹🄲🄱 ✖ Rest
geschl. 23. - 27. Dez. – **Menu** à la carte 31/74 – **75 Z** ☲ 110/150 – 160/300.

🏨 **Willert** garni, Schweriner Str. 9, ⊠ 23970, ℰ (03841) 2 61 20, Fax (03841) 210059 –
🔟 🅿 🅰🅴 🅾 🆎 🆅🅸🆂🅰
17 Z ☲ 100/130 – 145/175.

🏠 **Altes Brauhaus** garni, Lübsche Str. 37, ⊠ 23966, ℰ (03841) 21 14 16, Fax (03841) 283223 – 🔟 🕭 🅰🅴 🆎 🆅🅸🆂🅰
16 Z ☲ 110/120 – 140/160.

🏠 **Reingard,** Weberstr. 18, ⊠ 23966, ℰ (03841) 28 49 72, Fax (03841) 213497, « Individuelle Einrichtung » – 🔟 🅿 🅰🅴 🆎 🆅🅸🆂🅰 ✖ Rest
Menu *(Restaurant nur für Hausgäste)* – **12 Z** ☲ 110/145 – 130/185.

in Wismar-Wendorf, Bad Nord-Ost : 2 km :
🏨 **Seeblick** ⑊, Ernst-Scheel-Str. 27, ⊠ 23968, ℰ (03841) 6 27 40, *HotelSeeblickHW@a ol.com, Fax (03841) 6274466,* 🍴 – 🍃 Zim, 🔟 🕊 🅿 – 🔬 100. 🅰🅴 🆎 🆅🅸🆂🅰 ✖
Menu à la carte 28/50 – **40 Z** ☲ 110/130 – 130/190.

In Gägelow Nord-West : 7 km :
🏨 **Treff Hotel** Ⓜ, Bellevue 15 (Industriegebiet), ⊠ 23968, ℰ (03841) 66 00, Fax (03841) 660500, 🍴, 🈺, 🔟 – |🛗|, 🍃 Zim, 🔟 🕊 🕭 🅿 – 🔬 250. 🅰🅴 🅾 🆎 🆅🅸🆂🅰 🄹🄲🄱
Menu à la carte 31/59 – **180 Z** ☲ 130/150 – 190/220.

WISSEN Rheinland-Pfalz ⁴¹⁷ N 7 – 9 000 Ew – Höhe 155 m – Luftkurort.
Berlin 588 – Mainz 127 – Bonn 69 – Limburg an der Lahn 67 – Siegen 39 – Köln 82.

🏠 **Ambiente** garni, Hockelbachstr. 2, ⊠ 57537, ℰ (02742) 9 32 40, Fax (02742) 932417, 🍴 – 🔟 🅿 🅰🅴 🅾 🆎 🆅🅸🆂🅰 🄹🄲🄱
8 Z ☲ 95/100 – 130/150.

🏠 **Nassauer Hof,** Nassauer Str. 2, ⊠ 57537, ℰ (02742) 9 34 00, Fax (02742) 934099, Biergarten – 🍃 Zim, 🔟 🕊 ⟵ 🅿 🅰🅴 🅾 🆎 🆅🅸🆂🅰
Menu *(geschl. Sonntagabend) (wochentags nur Abendessen)* à la carte 33/64 – **16 Z** ☲ 90/100 – 120/130.

WITTDÜN Schleswig-Holstein siehe Amrum (Insel).

THE CALL OF THE NEW

As the 21st century beckons with its promise of major advances in technology, the Michelin Group is well positioned to take on the challenge of innovation. With a business presence in more than 170 countries, Michelin is world leader in tyre technology, as evidenced by the new Pax System, probably the most radical development since Michelin launched the radial during the late 1940's. Today 80 manufacturing plants in 19 countries produce over 830,000 tyres a day across a broad product range for all types of vehicles from mountain bikes to the NASA Space Shuttle. Michelin's route to the future is based on "the capacity to listen, the audacity to innovate and the passion for demonstration" where "dialogue is the very essence of progress applied to an activity that constitutes a technological, financial and, above all, a human challenge."

THE CHALLENGES OF FORMULA 1

Michelin has thrown down the gauntlet. After many years of speculation and rumour in the press, the company has announced that it will bring its formidable tyre technology to Formula 1 racing in 2001.

It was in 1977 that Michelin first made its impact with the kind of innovation that alters the nature of a sport forever and for the better. That great leap forward was witnessed at the Silverstone British Grand Prix when Renault took to the starting grid in mid-season. The bright yellow 1.5 litre V6 turbocharged car was equipped with what was to become the most radical development since the invention of the pneumatic tyre - the radial! Not only did the radial design quickly come to dominate racing, it also became the norm for all cars and trucks on the road.

Between 1978 and 1984, Michelin equipped teams won no fewer than 59 Grand Prix races - eleven more than the company's nearest rival. The victory tally included three drivers' and two manufacturers' World Championship titles.

The teams partnered with Michelin this year are Williams-BMW and Jaguar Racing. In 2002, Toyota will enter the fray on Michelin. Much of the year 2000 was spent track testing and developing new compounds, reflecting Michelin's philosophy of developing technology in the heat of competition as well as in the cool of the laboratory. To quote Edouard Michelin: "This sport has evolved considerably in the past 15 years. That's why we say we are entering, not re-entering. Automotive technology has changed and the tyres have changed too. It's going to be a challenge and at Michelin we love challenges."

EVERYTHING WILL CHANGE

Pax System - the future now

Thanks to a revolutionary new design concept from Michelin, there is now a tyre that tells you when it needs more air and can continue to be driven for a long period after a puncture. The Michelin PAX System is an integrated tyre-and-wheel assembly that, at the very least, offers noticeable improvements in cornering, braking, fuel consumption and ride comfort. More significantly, an indicator on the dash board linked to a pressure loss detector in the wheel tells the driver of any sudden change. In the event of a puncture, PAX will continue to run safely for up to 200km at 80km/h.

The difference is in the design

Modern radial tyres offer extremely high levels of performance and safety. Because of their design, however, there is a limit to the extent of product improvement that can be achieved. The PAX System offers all the benefits of the radial and much more. It has a tyre that cannot come off the rim, a flexible inner support ring and, of course, the all-important pressure loss detector.

RADIAL TYRE

① The bead, which is extremely rigid, anchors the tyre to the rim by means of air pressure and provides the link between the highly flexible tyre sidewall and the tyre rim.

② The sidewall permits the flexibility needed for comfort and roadholding.

③ The crown area provides grip and braking power.

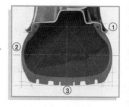

PAX SYSTEM

① A flexible injected-elastomer run-flat support ring incorporates a pressure loss detector.

② The tyre is locked to the rim by the use of clips, giving better security.

③ The sidewalls are short and rigid, offering a lower profile and improved handling.

④ There is a choice of a one-piece steel or alloy wheel.

Travelling with space comes of age

As an innovation, the PAX System opens up new horizons for car designers, enabling them to develop cars that are more spacious, comfortable, manoeuvrable and arguably more stylish.

Metrocubo is the first vehicle to be designed specifically around Michelin's radical PAX System. Pininfarina, the legendary Italian design house that created the metrocubo concept, describes PAX as "a genuine technological revolution with immense innovative potential that inspired us to create a city car that is as revolutionary in its architecture as it is in the way that it is used." The result is a car with front wheels that are smaller in diameter than those at the rear, minimising the size of the front of the vehicle bodywork, which makes driving in town easier by reducing the turning circle. Moreover, both cabin and luggage space are increased because there is no need to carry a spare tyre and, despite its compactness, the car can accommodate five passengers.

Pax momentum

In daring to re-invent the tyre, Michelin has remained faithful to its reputation as a leader in technology. As in the case of the radial, PAX will evolve and create its own impetus for the development and improvement of automotive design and technology.

A NEW RANGE OF GUIDES
FOR INDEPENDENT TRAVELLERS

Roughing it in exotic places is not everyone's cup of tea, which is why Michelin Travel Publications have launched a new series of guides called NEOS with the discerning independent traveller in mind. The ever-expanding range of titles covers Cuba, Guatemala, Belize, Réunion, Mauritius, Seychelles, Syria, Jordan, Tunisia and Turkey. Carrying the Michelin hallmark of reliability, depth of information and accuracy, each NEOS guide takes a personal approach to the region concerned and is written by authors who have travelled in the country over a period of time. This detailed research enables NEOS to provide a wide selection of where to stay, what to see and where to eat while catering for all budgets and tastes. The guides are illustrated with unique watercolour paintings and stunning colour photography and there are fully comprehensive colour maps, town and site plans.

N ew – In the NEOS guides emphasis is placed on the discovery and enjoyment of a new destination through meeting the people, tasting the food and absorbing the exotic atmosphere. In addition to recommendations on which sights to see, we give details on the most suitable places to stay and eat, on what to look out for in traditional markets and where to go in search of the hidden character of the region, its crafts and its dancing rhythms. For those keen to explore places on foot, we provide guidelines and useful addresses in order to help organise walks to suit all tastes.

E xpert – The NEOS guides are written by people who have travelled in the country and researched the sites before recommending them by the allocation of stars. Accommodation and restaurants are similarly recommended by a ☙ on the grounds of quality and value for money. Cartographers have drawn easy-to-use maps with clearly marked itineraries, as well as detailed plans of towns, archeological sites and large museums.

⊙ pen to all cultures, the NEOS guides provide an insight into the daily lives of the local people. In a world that is becoming ever more accessible, it is vital that religious practices, regional etiquette, traditional customs and languages be understood and respected by all travellers. Equipped with this knowledge, visitors can seek to share and enjoy with confidence the best of the local cuisine, musical harmonies and the skills involved in the production of arts and crafts.

S ensitive to the atmosphere and heritage of a foreign land, the NEOS guides encourage travellers to see, hear, smell and feel a country, through words and images. Take inspiration from the enthusiasm of our experienced travel writers and make this a journey full of discovery and enchantment.

CAPITAL COVERAGE FOR TOURISTS AND DRIVERS

Michelin now has a map covering central London to complement its range of European city plans. Probably one of the best maps available for tourists visiting the city centre on foot as well as for drivers, the 1:8000 scale map offers an extremely high level of detail, including bridge heights and weight restrictions. There is essential information on the likes of one-way streets, car parks, railway stations, taxi ranks, shopping centres, landmarks and police stations. The Plan also lists telephone numbers for emergency services, doctors, chemists, credit card providers, 23 embassies, airports, coach and train stations. With its colourful, easy-to-read mapping, the Plan covers from Regent's Park to Denmark Hill and from Shepherd's Bush to Tower Bridge. It is available from bookshops in three formats: a standard folded map, a folded map with street index and a small spiral bound edition. To help when looking up street names or places in the index, the map reference is printed in each grid square.

WITTEN *Nordrhein-Westfalen* 𝟒𝟏𝟕 *L 6 – 106 000 Ew – Höhe 80 m.*

🗗 *Verkehrsverein, Ruhrstr. 43,* ✉58449, 𝒫 *(02302) 1 22 33, Fax (02302) 12236.*
Berlin 510 – Düsseldorf 59 – Bochum 10 – Dortmund 21 – Hagen 17.

🏨 **Parkhotel,** Bergerstr. 23, ✉ 58452, 𝒫 *(02302) 58 80, parkhotel-witten@riepe.com,*
Fax (02302) 588555, 🍴, Massage, ⬛, 🔲 – |🛗| 📺 📠 – 🄰 45. 🄰🄴 ① 🌐 𝖵𝖨𝖲𝖠
Menu à la carte 40/70 – **65 Z** ⌑ 149/176 – 189/220.

In Witten-Annen :

🏨 **Mercure** Ⓜ ⊗, Kreisstraße 20, ✉ 48453, 𝒫 *(02302) 2 02 10, Fax (02302) 2021142*
– |🛗|, ↪ Zim, 📺 📞 & 📠 – 🄰 90. 🄰🄴 ① 🌐 𝖵𝖨𝖲𝖠 𝖩𝖢𝖡
***Rheinischer Esel :* Menu** à la carte 47/72 – ⌑ 21 – **88 Z** 150/180 – 200/220,
69 Suiten.

WITTENBECK *Mecklenburg-Vorpommern siehe Kühlungsborn.*

WITTENBERG (LUTHERSTADT) *Sachsen-Anhalt* 𝟒𝟏𝟖 *K 21 – 53 000 Ew – Höhe 65 m.*
Sehenswert : *Markt★ – Lutherhalle★ – Schloßkirche★ – Stadtkirche*
(Reformations-Altar★).
Ausflugsziel : *Wörlitz : Wörlitzer Park★★, Schloß Wörlitz★, Gotisches Haus★ (Schweizer*
Glasmalereien★) (West : 20 km).

🗗 *Wittenberg-Information, Schloßplatz 2,* ✉06886, 𝒫 *(03491) 49 86 10, Fax (03491)*
498611.
Berlin 108 – Magdeburg 87 – Leipzig 66 – Dresden 151 – Dessau 36.

🏨 **Stadtpalais Wittenberg,** Collegienstr. 56, ✉ 06886, 𝒫 *(03491) 42 50, info@sta*
dtpalais.bestwestern.de, Fax (03491) 425100, 🍴, ⬛ – |🛗|, ↪ Zim, 📺 📞 & 📠 🚗 📠 –
🄰 50. 🄰🄴 ① 🌐 𝖵𝖨𝖲𝖠 𝖩𝖢𝖡
Menu à la carte 40/69 – ***Taverne :* Menu** à la carte 34/52 – ⌑ 20 – **78 Z** 145/175 –
165/175.

🏨 **Park Plaza** Ⓜ, Neustr. 7, ✉ 06886, 𝒫 *(03491) 46 10, piwittenberg.parkhts@t-onlin*
e.de, Fax (03491) 461200 – |🛗|, ↪ Zim, 📺 📞 & 🚗 📠 – 🄰 100. 🄰🄴 ① 🌐 𝖵𝖨𝖲𝖠
𝖩𝖢𝖡
Menu à la carte 26/50 – **171 Z** ⌑ 155/185 – 185/230.

🏨 **Art Hotel,** Puschkinstr. 15b, ✉ 06886, 𝒫 *(03491) 46 73 10, info@art-hotel.com,*
Fax (03491) 467328, ⬛ – ↪ Zim, 📺 📞 📠 🄰🄴 ① 🌐 𝖵𝖨𝖲𝖠 Rest
geschl. 20 Dez. - 10. Jan. – **Menu** *(Restaurant nur für Hausgäste)* – **17 Z** ⌑ 110/120 –
160/170.

🏨 **Acron** garni, Am Hauptbahnhof 3, ✉ 06886, 𝒫 *(03491) 4 33 20, ACRON-Hotel-Witte*
nberg@t-online.de, Fax (03491) 433218 – |🛗| ↪ 📺 & 📠 – 🄰 20. 🌐 𝖵𝖨𝖲𝖠
62 Z ⌑ 79/89 – 109/119.

In Wittenberg-Apollensdorf *West : 6 km :*

🏨 **Sorat,** Braunsdorfer Str. 19, ✉ 06886, 𝒫 *(03491) 64 00, wittenberg@SORAT-Hotels.*
com, Fax (03491) 640640, 🍴, ⬛ – |🛗|, ↪ Zim, 📺 📞 📠 – 🄰 70. 🄰🄴 ① 🌐 𝖵𝖨𝖲𝖠
𝖩𝖢𝖡
Menu *(geschl. Samstag - Sonntag) (nur Abendessen)* à la carte 35/50 – **72 Z** ⌑ 140/150
– 170/190.

In Wittenberg-Piesteritz *West : 3 km :*

🍴 **Klabautermann** mit Zim, Dessauer Str. 93, ✉ 06886, 𝒫 *(03491) 66 21 49,*
Fax (03491) 662149, 🍴 – 📺 📠 🄰🄴 ① 🌐 𝖵𝖨𝖲𝖠
Menu *(überwiegend Fischgerichte)* à la carte 36/75 – **7 Z** ⌑ 85/95 – 120.

In Wittenberg-Reinsdorf *Nord-West : 4 km :*

🏨 **Grüne Tanne** ⊗, Am Teich 1 (im OT Braunsdorf West : 2 km), ✉ 06896, 𝒫 *(03491)*
62 90, info@gruenetanne.de, Fax (03491) 629250, 🍴, ⬛, ⇌ ↪ Zim, 📺 📠 – 🄰 20.
🄰🄴 ① 🌐 𝖵𝖨𝖲𝖠 Rest
Menu *(Montag - Freitag nur Abendessen)* à la carte 28/45 – **40 Z** ⌑ 78/85 – 110/120.

WITTENBERGE *Brandenburg* 𝟒𝟏𝟔 *G 19 – 25 000 Ew – Höhe 24 m.*
Berlin 150 – Potsdam 138 – Schwerin 89 – Stendal 51.

🏨 Am Stern, Turmstr. 14, ✉ 19322, 𝒫 *(03877) 98 90, Fax (03877) 989100* – |🛗|, ↪ Zim,
📺 📞 & 🚗 📠
33 Z, 3 Suiten.

WITTENBURG Mecklenburg-Vorpommern 416 F 17 – 5 700 Ew – Höhe 90 m.
Berlin 209 – Schwerin 35 – Lübeck 54 – Rostock 113.

🏠 **Schwanenhof** garni, Bahnhofstr. 12, ☒ 19243, ℰ (038852) 61 80, info@hotel-a24.
de, Fax (038852) 61830 – 📺 🅿 🐝 𝘝𝘐𝘚𝘈
23 Z 🖙 85/90 – 120/140.

WITTICHENAU Sachsen 418 L 26 – 6 100 Ew – Höhe 120 m.
Berlin 173 – Dresden 63 – Cottbus 51 – Görlitz 72.

In Wittichenau-Spohla Nord-Ost : 4 km :
XX **Im Schweinekoben** 🐷 mit Zim, Spohla 14, ☒ 02997, ℰ (035725) 75 20,
Fax (035725) 752104, « Ehemaliger Bauernhof ; Innenhofterrasse », 🌠 – 📺 🅿 – 🏛 35.
🏛 🐝 𝘝𝘐𝘚𝘈
geschl. Anfang - Mitte Jan. – **Menu** (geschl. Sonntag - Montagmittag) à la carte 35/65 –
🖙 15 – **12 Z** 60/95 – 120.

WITTINGEN Niedersachsen 415 416 H 16 – 12 000 Ew – Höhe 80 m.
Berlin 265 – Hannover 93 – Schwerin 149 – Celle 50 – Lüneburg 64 – Braunschweig 65.

🏨 **Wittinger Tor,** Salzwedeler Str. 4, ☒ 29378, ℰ (05831) 2 53 00, Fax (05831) 253010,
Biergarten, « Restauranteinrichtung im Stil der Jahrhundertwende » – 📺 📞 🅿 🏛 🐝 𝘝𝘐𝘚𝘈
Menu (wochentags nur Abendessen) à la carte 34/59 – **16 Z** 🖙 130 – 170/190.

WITTLICH Rheinland-Pfalz 417 Q 4 – 17 300 Ew – Höhe 155 m.
🔢 Moseleifel Touristik, Neustr. 6, ☒ 54516, ℰ (06571) 40 86, Fax (06571) 6417.
Berlin 681 – Mainz 129 – Trier 41 – Koblenz 91.

🏠 **Well** garni, Marktplatz 5, ☒ 54516, ℰ (06571) 9 11 90, hotel-well@t-online.de,
Fax (06571) 911950 – �(stuff) ⤢ Zim 📺 ⇌. 🏛 ⓞ 🐝 𝘝𝘐𝘚𝘈
21 Z 🖙 80/90 – 95/150.

In Hupperath Nord-West : 5 km :
🏠 **Eifeler Hof,** Wittlicher Str. 16 (B 50), ☒ 54518, ℰ (06571) 9 74 70,
🍴 Fax (06571) 974747, 🌠, 🌠 – ⤢ Zim, 🅿 – 🏛 50. 🐝 𝘝𝘐𝘚𝘈
Menu (geschl. Dienstag) à la carte 23/45 🍷 – **21 Z** 🖙 75 – 90/130.

In Dreis Süd-West : 8 km :
XXXX **Waldhotel Sonnora** (Thieltges) 🐷 mit Zim, Auf dem Eichelfeld, ☒ 54518, ℰ (06578)
✿✿✿ 9 82 20, Fax (06578) 1402, ≼, « Garten » – 📺 🅿 🏛 🐝 𝘝𝘐𝘚𝘈. 🌠
geschl. Jan. - Anfang Feb., 1. - 18. Juli – **Menu** (geschl. Montag - Dienstag) (Tischbestellung
ratsam) 165/210 à la carte 107/144 – **20 Z** 🖙 100/130 – 160/300
Spez. Hummermedaillons in gelierter Tomatenessenz mit Gurkensauerrahm. Frikassée von
Seezunge und Langustinen mit glaciertem Chicorée. Wachtel mit Taubenbrust gefüllt auf
Balsamico-Linsen.

WITTMUND Niedersachsen 415 F 7 – 21 000 Ew – Höhe 8 m.
🔢 Tourist-Information, Am Markt 15 ☒ 26409, ℰ (04462) 21 81, Fax (04462) 2182.
Berlin 496 – Hannover 237 – Emden 50 – Oldenburg 67 – Wilhelmshaven 26.

🏨 **Residenz am Schloßpark,** Am Markt 13, ☒ 26409, ℰ (04462) 88 60, Residenz.Wi
🍴 ttmund@t-online.de, Fax (04462) 886123, 🌠, ⫘ – �(stuff), ⤢ Zim, 📺 ⇌ 🅿 – 🏛 400.
🏛 ⓞ 🐝 𝘝𝘐𝘚𝘈 𝘑𝘊𝘉
Menu à la carte 36/58 – **50 Z** 🖙 115/135 – 160/220.

WITTSTOCK Brandenburg 416 G 21 – 14 000 Ew – Höhe 66 m.
🔢 Fremdenverkehrsbüro, Markt 1 (Rathaus), ☒ 16909, ℰ (03394) 43 34 42, Fax (03394)
433442.
Berlin 108 – Potsdam 116 – Neubrandenburg 95 – Rostock 115 – Brandenburg 110.

🏨 **Stadt Hamburg,** Röbeler Str. 25, ☒ 16909, ℰ (03394) 44 45 66, Fax (03394) 444566,
🍴 🌠 – �(stuff), ⤢ Zim, 📺 🅿 – 🏛 70. 🏛 ⓞ 🐝 𝘝𝘐𝘚𝘈
Menu à la carte 23/49 – **44 Z** 🖙 80/120.

🏠 **Deutsches Haus,** Kirchgasse 1 (Marktplatz), ☒ 16909, ℰ (03394) 44 43 63,
🍴 Fax (03394) 444365 – ⤢ Zim, 📺 🅿 🐝 𝘝𝘐𝘚𝘈
Menu (geschl. Feb.) à la carte 21/43 – **18 Z** 🖙 80/120.

WITZENHAUSEN Hessen 417 418 L 13 – 18 700 Ew – Höhe 140 m.

🖪 Tourist-Information, Ermschwerder Str. 2, ✉ 37213, 𝒫 (05542) 6 00 10, Fax (05542) 600123.

Berlin 365 – Wiesbaden 248 – *Kassel 36* – Göttingen 26.

🏠 **Zur Burg,** Oberburgstr. 10, ✉ 37213, 𝒫 (05542) 25 06, Fax (05542) 3200, ⊆s, 🔲 –
📺
Menu *(nur Abendessen)* à la carte 24/37 – ⏦ 13 – **30 Z** 69 – 98/200.

In Witzenhausen-Dohrenbach *Süd : 4 km – Luftkurort :*

🏠 **Zur Warte** 🦢, Warteweg 1, ✉ 37216, 𝒫 (05542) 30 90, Hotel.ZurWarte@t-online.de,
Fax (05542) 6681, 🈂, ⊆s, 🔲, 🛋 – 🛏 Zim, 📺 🎬 P – 🕍 40. 🖭 🐵 💳
Menu *(geschl. Donnerstagmittag)* à la carte 26/53 – **20 Z** ⏦ 73/90 – 120/130.

WITZHAVE Schleswig-Holstein 415 416 F 15 – 1 200 Ew – Höhe 45 m.
Berlin 260 – Kiel 98 – *Hamburg 29* – Lübeck 51.

🏠 **Pünjer,** Möllner Landstr. 9, ✉ 22969, 𝒫 (04104) 9 77 70, info@hotel-puenjer.de,
Fax (04104) 977755, 🈂, 🛋 – 📺 🎬 P
geschl. 24. Dez. - 3. Jan. – **Menu** *(geschl. Samstag) (nur Abendessen)* à la carte 29/44 –
35 Z ⏦ 75/105 – 115/135.

WITZWORT Schleswig-Holstein siehe Husum.

WÖHRDEN Schleswig-Holstein 415 D 10 – 1 300 Ew – Höhe 10 m.
Berlin 396 – Kiel 86 – *Cuxhaven 119.*

🎏 **Gasthof Oldenwöhrden** 🦢, Große Str. 17, ✉ 25797, 𝒫 (04839) 9 53 10, gasth
of@oldenwoehrden.de, Fax (04839) 953118, 🈂, ⊆s, 🛋 – 📺 P. 🖭 🅞 🐵
💳
Menu *(geschl. Anfang Nov. 2 Wochen)* à la carte 34/60 – **19 Z** ⏦ 70/85 – 115/165 –
½ P 25.

WÖLLSTEIN Rheinland Pfalz 417 Q 7 – 4 100 Ew – Höhe 130 m.
Berlin 605 – Mainz 36 – *Bad Kreuznach 10* – Kaiserslautern 60 – Mannheim 73.

🍴 **Wöllsteiner Weinstube,** Eleonorenstr. 32, ✉ 55597, 𝒫 (06723) 96 19 33, 🈂,
« Gemütlich-rustikale Einrichtung »
geschl. 27. Dez. - 12. Jan., Montag – **Menu** *(nur Abendessen)* à la carte 35/62.

WÖRISHOFEN, BAD Bayern 419 420 V 15 – 14 700 Ew – Höhe 626 m – Kneippheilbad.
🛝 Rieden, Schlingener Str. 27 (Süd-Ost : 8 km), 𝒫 (08346) 7 77 ; 🛝 🛝 Türkheim, Augs-
burger Str. 51 (Nord : 9 km), 𝒫 (08245) 33 22.
🖪 Gäste-Information, Hauptstr. 16 (Kurhaus), ✉ 86825, 𝒫 (08247) 96 90 55, Fax (08247)
32323.
Berlin 612 – München 80 – *Augsburg 62* – Kempten (Allgäu) 53 – Memmingen 43.

🏨 **Kurhotel Residenz,** Bahnhofstr. 8, ✉ 86825, 𝒫 (08247) 35 20, Fax (08247) 352214,
Massage, ♨, 𝑓ₛ, 🔬, ⊆s, 🛁 (geheizt), 🔲, 🛋 – 🛗, 🛏 Zim, 📺 🔄 P – 🕍 40.
🍽 Rest
geschl. 15. Nov. - 18. Dez. – **Menu** à la carte 41/61 – **110 Z** ⏦ 145/275 – 290/590,
13 Suiten – ½ P 25.

🏨 **Kneipp-Kurhotel Fontenay** 🦢, Eichwaldstr. 10, ✉ 86825, 𝒫 (08247) 30 60, font
enay@t-online.de, Fax (08247) 306185, Massage, ♨, 𝑓ₛ, 🔬, ⊆s, 🛁, 🔲, 🛋 – 🛗 🛏
📺 🔄, 🖭 🐵 💳, 🍽
Menu *(Tischbestellung erforderlich)* à la carte 58/89 – **60 Z** ⏦ 180/300 – 300/480,
4 Suiten – ½ P 45.

🏨 **Kneipp-Kurhotel Edelweiß** 🦢, Bürgermeister-Singer-Str. 11, ✉ 86825, 𝒫 (08247)
3 50 10, Hotel-Edelweiss@t-online.de, Fax (08247) 350175, Massage, ♨, 𝑓ₛ, 🔬, ⊆s, 🔲,
🛋 – 🛗 🛏 📺 🔄 P. 🍽
geschl. Ende Nov. - Anfang Jan. – **Menu** *(Restaurant nur für Hausgäste)* – **52 Z** ⏦ 90 –
170/190 – ½ P 18.

🏨 **Kurhotel Sonnengarten** 🦢, Adolf-Scholz-Allee 5, ✉ 86825, 𝒫 (08247) 30 90,
Fax (08247) 309444, 🈂, Massage, ♨, 𝑓ₛ, 🔬, ⊆s, 🔲, 🛋 – 🛗, 🛏 Zim, 📺 🔄 🔄
P. 🕍 60. 🖭 🐵 💳. 🍽 Rest
Menu à la carte 29/60 – **78 Z** ⏦ 110/180 – 215/315 – ½ P 33.

Kurhotel Eichinger ⑤, Hartenthaler Str. 22, ✉ 86825, ℰ (08247) 3 90 30, *Fax (08247) 390388*, Massage, 🔺, ≘s, 🔲, 🛏, – 🛎 ⇦ 🅿 ✽
geschl. Mitte Nov. - Mitte Dez. – **Menu** (Restaurant nur für Hausgäste) – **43 Z** ⊊ 75/100 – 150/200 – ½ P 15.

Kurhotel Eichwald ⑤, Eichwaldstr. 20, ✉ 86825, ℰ (08247) 60 94, *Fax (08247) 6679*, 🍽, Massage, 🔺, ≘s, 🔲, 🛏 – 🛎 📺 ⇦ 🅿 ✽ Rest
Menu *(geschl. Mitte Nov. - Mitte Dez.)* à la carte 36/66 *(auch Diät)* – **52 Z** ⊊ 90/110 – 180/190 – ½ P 35.

Kurhotel Brandl ⑤, Hildegardstr. 3, ✉ 86825, ℰ (08247) 3 90 90, *Kurhotel-Brandl@t-online.de*, *Fax (08247) 390990*, Massage, ♨, 🔺, ≘s, 🔲 – 🛎 📺 ✆ ⇦ ✽ Rest
geschl. Ende Jan. – **Menu** (Restaurant nur für Hausgäste) – **22 Z** ⊊ 101/144 – 218/260 – ½ P 30.

Brauereigasthof Löwenbräu, Hermann-Aust-Str. 2, ✉ 86825, ℰ (08247) 9 68 40, *hotel-Loewenbraeu.forster@t-online.de*, *Fax (08247) 32051*, 🍽 – 🛎, ⇥ Zim, 📺 ✆ ⇦ 🅿
geschl. Mitte Dez. - 7. Jan. – **Menu** *(geschl. Montag)* à la carte 26/62 – **31 Z** ⊊ 72/120 – 120/172.

Allgäuer Hof, Türkheimer Str. 2, ✉ 86825, ℰ (08247) 9 69 90, *Fax (08247) 969960*, 🍽 – 🛎 📺 🅿 🆎 ⓪ ⓪ 𝘝𝘐𝘚𝘈 ✽ Rest
Menu *(geschl. Sonntag) (nur Abendessen)* à la carte 31/61 – **32 Z** ⊊ 89/98 – 129/149.

Alpenhof, Gammenrieder Str. 6, ✉ 86825, ℰ (08247) 3 00 50, *alpenhof.buchner@t-online.de*, *Fax (08247) 300568*, Massage, 🔺, ≘s, 🛏 – 🛎 📺 🅿 ✽
geschl. Mitte Nov. - Mitte Jan. – **Menu** *(geschl. Sonntag)* (Restaurant nur für Hausgäste) – **24 Z** ⊊ 75/85 – 150/150 – ½ P 18.

Adler, Hauptstr. 40, ✉ 86825, ℰ (08247) 20 91, *HotelAdler@Trommer@t-online.de*, *Fax (08247) 2095*, 🍽 – 🛎 📺 ⇦ 🅿 🆎 ⓪ ⓪ 𝘝𝘐𝘚𝘈
Menu *(geschl. Freitag)* à la carte 21/48 🍷 – **52 Z** ⊊ 72/80 – 90/145.

Sonnenbüchl ⑤, mit Zim, Sonnenbüchl 1, ✉ 86825, ℰ (08247) 95 99 00, *Sonnenbuechel@t-online.de*, *Fax (08247) 959909*, 🍽 – 📺 🅿 🆎 ⓪ 𝘝𝘐𝘚𝘈
geschl. 7. Jan. - 7. Feb., Nov. 1 Woche – **Menu** *(geschl. Sonntagabend - Montag, Dienstagabend)* à la carte 41/72 *(auch vegetarische Gerichte)* – **4 Z** ⊊ 85/90 – 150/170 – ½ P 35.

In Bad Wörishofen-Schlingen *Süd-Ost : 4 km :*

Jagdhof, Allgäuer Str. 1, ✉ 86825, ℰ (08247) 48 79, *Fax (08247) 2534*, 🍽 – 🅿 🆎 ⓪
geschl. Jan.- 7. Feb., Montag - Dienstag – **Menu** à la carte 39/76.

WÖRLITZ *Sachsen-Anhalt* **4**|**1**|**8** *K 21 – 1 900 Ew – Höhe 63 m.*
Sehenswert : *Schloß und Park* ★★.

🄱 *Wörlitz-Information, Neuer Wall 103,* ✉ *06786,* ℰ *(034905) 2 17 04, Fax (034905) 20216.*

Berlin 114 – Magdeburg 78 – Leipzig 75 – Wittenberg 21 – Dessau 36.

Zum Stein, Erdmannsdorffstr. 228, ✉ 06786, ℰ (034905) 5 00, *Zum.Stein@t-online.de*, *Fax (034905) 50199*, ≘s, 🔲, ⇥ Zim, 📺 🅿 – 🏄 100. 🆎 ⓪ ⓪ 𝘝𝘐𝘚𝘈 𝘑𝘊𝘉
Menu à la carte 40/66 – **87 Z** ⊊ 130/160 – 190/240.

Landhaus Wörlitzer Hof, Markt 96, ✉ 06786, ℰ (034905) 41 10, *info@woerlitzer-hof.de*, *Fax (034905) 41122*, Biergarten, ≘s – 🛎, ⇥ Zim, 📺 ♿ 🅿 – 🏄 35. 🆎 ⓪
𝘝𝘐𝘚𝘈
Menu à la carte 29/55 – **50 Z** ⊊ 125/145 – 175/250.

Parkhotel, Erdmannsdorffstr. 62, ✉ 06786, ℰ (034905) 2 03 22, *Parkhotel@t-online.de*, *Fax (034905) 21143*, Biergarten – 📺 🅿 – 🏄 40. 🆎 ⓪ ⓪ 𝘝𝘐𝘚𝘈
Menu à la carte 25/57 – **16 Z** ⊊ 125 – 160/170.

WÖRRSTADT *Rheinland-Pfalz* **4**|**1**|**7** *Q 8 – 6 700 Ew – Höhe 192 m.*
Berlin 591 – Mainz 23 – Kreuznach, Bad 24 – Mannheim 63.

Wasseruhr 🅼, Keppentaler Weg 10, ✉ 55286, ℰ (06732) 91 30, *Fax (06732) 913113* – 🛎, ⇥ Zim, 📺 ✆ 🅿 – 🏄 40. ⓪ 𝘝𝘐𝘚𝘈
Menu à la carte 29/60 – **40 Z** ⊊ 98/130 – 130/145.

WÖRTH AM RHEIN *Rheinland-Pfalz* **4**|**1**|**9** *S 8 – 18 400 Ew – Höhe 104 m.*
Berlin 681 – Mainz 129 – Karlsruhe 14 – Landau in der Pfalz 23 – Speyer 39.

In Wörth-Maximiliansau *Süd-Ost : 1,5 km :*

Zur Einigkeit, Karlstr. 16, ✉ 76744, ℰ (07271) 44 44, *Fax (07271) 49339*, 🍽
geschl. Anfang Jan. 1 Woche, Ende Juli - Anfang Aug., Samstag - Montag – **Menu** à la carte 72/105.

WÖRTH AN DER ISAR Bayern 420 U 21 – 2200 Ew – Höhe 360 m.
Berlin 596 – München 94 – Regensburg 75 – Landshut 22 – Straubing 56.

🏠 **Wörth** M garni, Luitpoldpark 1 (nahe der BAB, im Autohof), ✉ 84109, ℰ (08702) 92 00, info@hotel-woerth.de, Fax (08702) 920400, ≦s – 📱 ⁑ 📺 ℰ ⌂ 📵 – ⚙ 20. 🝆 ⓞ ⓜⓞ 𝗩𝗜𝗦𝗔
76 Z ☞ 98/125 – 142/166.

WÖRTHSEE Bayern 419 420 V 17 – 4000 Ew – Höhe 590 m.
🏌 Gut Schluifeld, ℰ (08153) 93 47 70.
Berlin 622 – München 37 – Augsburg 55 – Garmisch-Partenkirchen 75.

In Wörthsee-Etterschlag :

🏠 **Geierhof** garni, Inninger Str. 4, ✉ 82237, ℰ (08153) 88 40, Fax (08153) 88488, ☒ , ☞ – 📺 📵 ⓜⓞ 𝗩𝗜𝗦𝗔 ⁑
geschl. Weihnachten - Neujahr – **34 Z** ☞ 70/95.

WOLFACH Baden-Württemberg 419 V 8 – 6100 Ew – Höhe 262 m – Luftkurort.
Sehenswert : Dorotheen-Glashütte★.
🛈 Tourist-Info, Rathaus, Hauptstr. 41, ✉ 77709, ℰ (07834) 83 53 53, Fax (07834) 835359.
Berlin 750 – Stuttgart 137 – Freiburg im Breisgau 57 – Freudenstadt 38 – Offenburg 40.

🏠 **Kreuz,** Hauptstr. 18, ✉ 77709, ℰ (07834) 3 20, Fax (07834) 47615, ☞ – 📺 ⓞ ⓜⓞ 𝗩𝗜𝗦𝗔
geschl. Nov. 3 Wochen – **Menu** (geschl. Mittwochmittag, Donnerstag) à la carte 32/58 ⅛ – **21 Z** ☞ 70/85 – 130/160 – ½ P 28.

🏠 **Schwarzwaldhotel** ⚘ garni, Kreuzbergstr. 26, ✉ 77709, ℰ (07834) 40 11, Fax (07834) 4011, ☞ – 📺 📵
geschl. 20. Okt. - 15. Dez. – **10 Z** ☞ 75/98 – 120/150.

In Wolfach-Kirnbach Süd : 5 km :

🏠 **Sonne** ⚘, Talstr. 103, ✉ 77709, ℰ (07834) 69 55, Hotel@Sonne-Kirnbach.de, Fax (07834) 4696, ☞, Wildgehege – 📱 📺 📵 🝆 ⓞ ⓜⓞ 𝗩𝗜𝗦𝗔
Menu (geschl. Montag) à la carte 31/58 – **23 Z** ☞ 80 – 98/130 – ½ P 25.

In Wolfach-St. Roman Nord-Ost : 12 km – Höhe 673 m :

🏠🏠 **Adler** ⚘ (mit Gästehaus), ✉ 77709, ℰ (07836) 9 37 80, info@silencehotel-adler.de, Fax (07836) 7434, ☞, Wildgehege, ≦s, ☞, ⁑ – 📱 📺 ⌂ 📵 – ⚙ 35. ⓜⓞ 𝗩𝗜𝗦𝗔
geschl. 8. - 26. Jan. – **Menu** à la carte 30/63 – **29 Z** ☞ 90/105 – 132/168 – ½ P 24.

WOLFEN Sachsen-Anhalt 418 L 20 – 45000 Ew – Höhe 65 m.
Berlin 138 – Magdeburg 82 – Leipzig 55 – Dessau 28.

🏠🏠 **Rema-Hotel Excelsior,** Straße der Republik 4, ✉ 06766, ℰ (03494) 3 31 42, Fax (03494) 22388 – 📱 ⁑ Zim, 📺 📵 – ⚙ 40. 🝆 ⓞ ⓜⓞ 𝗩𝗜𝗦𝗔 ⱼⒸⒷ
Menu à la carte 31/40 – **132 Z** ☞ 150/170 – 200/250.

🏠 **Deutsches Haus,** Leipziger Str. 94, ✉ 06766, ℰ (03494) 4 50 25, Fax (03494) 44166, Biergarten – ▤ Rest, 📺 ℰ 🝆 ⓜⓞ 𝗩𝗜𝗦𝗔
Menu à la carte 25/49 – **24 Z** ☞ 83/115.

WOLFENBÜTTEL Niedersachsen 416 418 J 15 – 55000 Ew – Höhe 75 m.
Sehenswert : Stadtbild★★ – Fachwerkhäuser★★ ABYZ – Stadtmarkt★ AZ – Schloß (Turm★) AZ.
🏌 Kissenbrück, (Süd-Ost : 7,5 km) ℰ (05337) 9 07 03.
🛈 Tourist-Information, Stadtmarkt 7, ✉ 38300, ℰ (05331) 29 83 45, Fax (05331) 298347.
Berlin 240 ① – Hannover 74 ① – Braunschweig 12 ① – Goslar 31 ③

Stadtplan siehe nächste Seite

🏠🏠 **Parkhotel Altes Kaffeehaus,** Harztorwall 18, ✉ 38300, ℰ (05331) 88 80, Fax (05331) 888100, ☞, ₲, ≦s – 📱 ⁑ Zim, 📺 ℰ 📵 – ⚙ 60. 🝆 ⓞ ⓜⓞ 𝗩𝗜𝗦𝗔
BZ a
Menu (wochentags nur Abendessen) à la carte 30/57 – **75 Z** ☞ 135/155 – 180/240.

🏠🏠 **Treff Hotel** M, Bahnhofstr. 9, ✉ 38300, ℰ (05331) 9 88 60, Fax (05331) 988611, ☞, (wechselnde Bilderausstellung) – 📱 ⁑ Zim, 📺 ℰ 📵 – ⚙ 140. 🝆 ⓞ ⓜⓞ 𝗩𝗜𝗦𝗔
über Bahnhofstraße AZ
Menu (nur Abendessen) à la carte 29/48 – **48 Z** ☞ 159/199.

WOLFENBÜTTEL

🏨 **Landhaus Dürkop** ⚗ garni, Alter Weg 47, ⊠ 38302, ℰ (05331) 70 53, *Landhaus -Duerkop@t-online.de*, Fax (05331) 72638, ⇌ – ⇥ Zim, 📺 ⇔ 🅿. 🆎 🌑
VISA   über ①
30 Z ⊇ 99/115 – 160/190.

🏨 **Waldhaus,** Adersheimer Str. 75, ⊠ 38304, ℰ (05331) 4 20 21, Fax (05331) 904150,
🎇 – ⇥ Zim, 📺 🅿. 🆎 ① 🌑 VISA   über ④
Menu à la carte 27/64 – **24 Z** ⊇ 115/150 – 170/200.

*Make the most of this Guide, by reading the explanatory pages
in the introduction.*

WOLFHAGEN Hessen 𝟜𝟙𝟟 M 11 – 14 000 Ew – Höhe 280 m.
   Berlin 415 – Wiesbaden 238 – Kassel 32 – Paderborn 68.

🏛 **Altes Rathaus,** Kirchplatz 1, ⊠ 34466, ℰ (05692) 80 82, Fax (05692) 5953,
   « Restauriertes Fachwerkhaus a.d. 17. Jh. » – 🛗, ⇥ Zim, 📺 ℰ. 🆎 ① 🌑 VISA
   geschl. Anfang März 2 Wochen – **Menu** *(geschl. Dienstag - Mittwochmittag)* à la carte 45/69
   – **12 Z** ⊇ 80/100 – 110.

🏖 **Zum Schiffchen,** Hans-Staden-Str. 27, ⊠ 34466, ℰ (05692) 9 87 50,
   Fax (05692) 987511, (Fachwerkhaus a.d. 16. Jh.) – 📺 ⇔. 🆎 ① 🌑 VISA
   Menu *(geschl. Sonntagabend - Montagmittag)* à la carte 21/48 – **12 Z** ⊇ 55/65 –
   100/120.

WOLFRAMS-ESCHENBACH Bayern 🔢🔢 S 16 – 2 800 Ew – Höhe 445 m.
  Berlin 473 – München 177 – Nürnberg 49 – Nördlingen 54 – Ansbach 16.

🏠 **Alte Vogtei** (mit Gästehaus), Hauptstr. 21, ✉ 91639, ℰ (09875) 9 70 00, Alte.Vogt
  ei@t-online.de, Fax (09875) 970070, « Haus a.d. 14. Jh. » – 📺 🎙 – 🔏 20
  geschl. 24. - 30. Dez. – **Menu** (geschl. Montag) à la carte 24/58 – **27 Z** ☑ 60/65 – 108/120.

🏠 **Sonne,** Richard-Wagner-Str. 2, ✉ 91639, ℰ (09875) 9 79 70, Fax (09875) 979777, 🖙
  – 🎙 Zim, 📺 🎙
  Menu (geschl. 4. - 11. Nov., Mittwochabend) à la carte 19/30 ⅃ – **27 Z** ☑ 60/100.

🏠 **Pension Seitz** 🦢, Duchselgasse 1, ✉ 91639, ℰ (09875) 9 79 00, Hotel.Seitz@t-on
  line.de, Fax (09875) 979040, 🖙, ⌷ (geheizt), 🖙 – 🎙 Zim, 📺 🖙 🎙 – 🔏 30. 🎙 Rest
  Menu (geschl. Sonntag) (nur Abendessen) (Restaurant nur für Hausgäste) – **20 Z** ☑ 62/65
  – 100/110.

WOLFRATSHAUSEN Bayern 🔢🔢 W 18 – 17 000 Ew – Höhe 577 m.
  🏌 Wolfratshausen, Bergkramerhof 8 (West : 2 km), ℰ (08171) 4 19 10 ; 🏌 Egling-Riedhof
  (Ost : 3 km), ℰ (08171) 21 95 10.
  Berlin 622 – München 39 – Garmisch-Partenkirchen 57 – Bad Tölz 23 – Weilheim 31.

🏠 **Thalhammer** garni, Sauerlacher Str. 47d, ✉ 82515, ℰ (08171) 4 21 90,
  Fax (08171) 421950, 🖙 – 📺 🎙 🖙 🎙 🅰🅴 🆎 VISA
  23 Z ☑ 100/120 – 140/175.

🏠 **Märchenwald** 🦢, garni, Kräuterstr. 39, ✉ 82515, ℰ (08171) 2 90 96,
  Fax (08171) 22236 – 🎙 📺 🎙 🆎 VISA 🎙
  geschl. Mitte Dez. - Mitte Jan. – **14 Z** ☑ 80/90 – 130.

🌳 **Humplbräu,** Obermarkt 2, ✉ 82515, ℰ (08171) 71 15, Fax (08171) 76291 – 📺 🖙
  🎙 🅰🅴 🆎 VISA
  Menu (geschl. Juni, Sonntagabend - Montag) à la carte 24/45 – **32 Z** ☑ 85/95 – 120/145.

🍴🍴 **Patrizierhof** (Maiwert), Untermarkt 17, ✉ 82515, ℰ (08171) 2 25 33,
🌸 Fax (08171) 22438, 🖙 – 🎙 🆎
  geschl. Mitte Jan. - Anfang Feb., Montag - Dienstag – **Menu** 85/105 à la carte 49/86 –
  Andreas-Stube (nur Mittagessen) **Menu** à la carte 41/60
  Spez. Carpaccio von Lachs und St. Jakobsmuscheln mit Limonenvinaigrette. Steinbutt mit
  Oliven und Basilikum. Lammcarré mit Kräuterkruste und Bohnen-Paprikagemüse.

WOLFSBURG Niedersachsen 🔢🔢🔢 I 16 – 126 000 Ew – Höhe 60 m.
  🏌 Bockendorf, (Nord-West : 15 km über ④), ℰ (05366) 12 23.
  🛈 Infopavillon, Porschestr. 47a, ✉ 38440, ℰ (05361) 28 28 28, Fax (05361) 282550.
  ADAC, Am Mühlengraben 22.
  Berlin 222 ③ – Hannover 91 ③ – Magdeburg 83 ③ – Celle 80 ③ – Braunschweig 33 ③

Stadtplan siehe nächste Seite

🏨 **The Ritz-Carlton** Ⓜ, Stadtbrücke (Autostadt), ✉ 38435, ℰ (05361) 60 70 00,
  Fax (05361) 608000, « Designer-Hotel mit modernster Technologie », 🖙 – 🎙, 🎙 Zim,
  🗏 📺 🎙 🎙 🖙 🎙 – 🔏 115. 🅰🅴 ⓞ 🆎 VISA JCB 🎙   X a
  Aqua (geschl. Sonntag) **Menu** 55 mittags à la carte 58/109 – **Vision** : **Menu** à la carte
  44/62 – ☑ 36 – **174 Z** 395/670 – 395/670, 21 Suiten.

🏨 **Holiday-Inn,** Rathausstr. 1, ✉ 38440, ℰ (05361) 20 70, reservation.HIWolfsburg@Qe
  eunsgruppe.de, Fax (05361) 207981, 🖙, 🖙, ⌷ – 🎙, 🎙 Zim, 📺 🎙 🖙 – 🔏 90. 🅰🅴
  ⓞ 🆎 VISA JCB   Y a
  Menu à la carte 43/67 – ☑ 28 – **207 Z** 230 – 435.

🏠 **Global Inn** Ⓜ, Kleistr. 46, ✉ 38440, ℰ (05361) 27 00 (Hotel) 27 01 92 (Rest.),
  Fax (05361) 270150 – 🎙, 🎙 Zim, 📺 🎙 🎙 🎙 – 🔏 30. 🅰🅴 ⓞ 🆎 VISA   Y e
  Fellini : **Menu** 45 und à la carte 57/75 – **226 Z** ☑ 105/135 – 150/165.

🏠 **Alter Wolf** 🦢, Schloßstr. 21, ✉ 38448, ℰ (05361) 8 65 60, info@alter-wolf.de,
  Fax (05361) 64264, « Gartenterrasse » – 📺 🎙 – 🔏 80. 🅰🅴 ⓞ 🆎 VISA   X s
  Menu (geschl. Sonntagabend) à la carte 30/65 – **28 Z** ☑ 110/140 – 160.

🍴 **Walino,** Porschestr. 53, ✉ 38440, ℰ (05361) 2 55 99, Fax (05361) 861029 – 🅰🅴 ⓞ 🆎
  VISA   Y c
  geschl. Montag – **Menu** à la carte 50/72.

In Wolfsburg-Brackstedt Nord-West : 8 km über ① :

🏠 **Brackstedter Mühle,** Zum Kühlen Grunde 2 (Nord : 1 km), ✉ 38448, ℰ (05366) 9 00,
  BrastMuehl@aol.com, Fax (05366) 9050, 🖙, « Ehemalige Mühle a.d. 16. Jh. » – 🎙 Zim,
  📺 🎙 🖙 – 🔏 150. 🅰🅴 ⓞ 🆎 VISA
  Menu à la carte 45/75 – **50 Z** ☑ 105/145 – 195/230.

WOLFSBURG

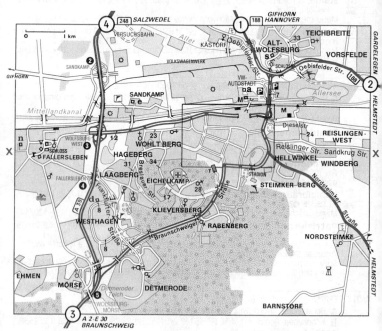

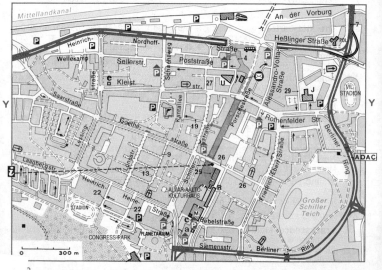

B

In Wolfsburg-Fallersleben

ⅰⅰⅰ   **Ludwig im Park,** Gifhorner Str. 25, ✉ 38442, ℘ (05362) 94 00, *info@ludwig-im-p*
ark.de, Fax *(05362) 940400*, 斎, « Stilvolle Einrichtung » – |₿| 📺 🅿 – 🔏 30. 🏧 ⑩ ⓶
  X n
🚇   💳 Rest
La Fontaine *(geschl. Sonntag) (nur Abendessen)* **Menu** à la carte 72/104 – **41 Z**
⚌ 180/230
Spez. Salat mit Spargel und Hummer. Rinderfilet mit Meerrettichkruste und Schalotten-
Rotweinsauce. Geeister Cappuccino mit eingelegten Zitrusfrüchten.

ⅰⅰⅰ   **Fallersleber Spieker** Ⓜ garni, Am Spieker 6, ✉ 38442, ℘ (05362) 93 10, *Uwe.Sc*
humacher@t-online.de, Fax *(05362) 931400* – 🍴 📺 ⚐ 🅿 🏧 ⓶ 💳   X v
geschl. Weihnachten bis Neujahr – **48 Z** ⚌ 135 – 190.

ⅰ   **Neue Stuben,** Bahnhofstr. 13, ✉ 38442, ℘ (05362) 9 69 00, Fax *(05362) 969030*, 斎
– 📺 ⚐ 🅿 ⓶ 💳   X v
Menu *(geschl. Samstagmittag)* 38 à la carte 44/56 – **20 Z** ⚌ 100/135 – 150/180.

ⅰ   **Hoffmannhaus,** Westerstr.4, ✉ 38442, ℘ (05362) 30 02, Fax *(05362) 64108*, 斎 –
📺 🅿 – 🔏 30. 🏧 ⓶ 💳 🅹🅲🅱   X r
Menu à la carte 31/66 – **23 Z** ⚌ 135 – 180.

In Wolfsburg-Hattorf *Süd-West : 10 km über ③ :*

ⅰ   **Landhaus Dieterichs** (mit Gästehäusern), Krugstr. 31, ✉ 38444, ℘ (05308) 40 80,
Fax *(05308) 408104* – 📺 ⚐ 🅿 💳
geschl. 23. Dez. - 1. Jan. – **Menu** *(geschl. Freitag - Sonntag) (nur Abendessen)* à la carte
28/40 – **60 Z** ⚌ 65/95 – 110/150.

In Wolfsburg-Neuhaus *Ost : 5 km über Dieselstr.* X :

ⅰⅰⅰ   **An der Wasserburg** 🐾, An der Wasserburg 2, ✉ 38446, ℘ (05363) 94 00, *an-d*
er-wasserburg@t-online.de, Fax *(05363) 71574*, 斎, 🐎s, 🏊 – 🍴 Zim, 📺 ⚐ 🅿 – 🔏 100.
🏧 ⓶ 💳
Menu *(geschl. Samstagmittag)* à la carte 31/59 – **58 Z** ⚌ 135/165 – 165/225.

In Wolfsburg-Sandkamp :

ⅰⅰⅰ   **Jäger,** Eulenweg 3, ✉ 38442, ℘ (05361) 3 90 90, Fax *(05361) 390944* – 📺 🅿 ⓶ 💳
Menu *(Restaurant nur für Hausgäste)* – **42 Z** ⚌ 110/138 – 180/210.   X e

In Wolfsburg-Westhagen :

ⅰ   **Strijewski,** Rostocker Str.2, ✉ 38444, ℘ (05361) 8 76 40, Fax *(05361) 8764410*, 斎
– |₿| 📺 🅿
Menu *(geschl. Samstagmittag, Sonntagabend)* à la carte 31/61 – **51 Z** ⚌ 134/175 –   X d
175/195.

In Weyhausen *Nord-West : 9 km über ① :*

ⅰⅰⅰ   **Alte Mühle,** Wolfsburger Str. 72 (B 188), ✉ 38554, ℘ (05362) 9 80 00,
Fax *(05362) 980060*, 斎, « Rustikales Restaurant », 🐎s, 🏊 – |₿| 📺 🅿 – 🔏 50. 🏧 ⑩
⓶ 💳
Menu à la carte 62/86 – **50 Z** ⚌ 230 – 280.

WOLFSCHLUGEN *Baden-Württemberg siehe Nürtingen.*

WOLFSTEIN *Rheinland-Pfalz* 🔢 *R 6 – 2500 Ew – Höhe 188 m.*
    Berlin 658 – Mainz 83 – Bad Kreuznach 50 – Kaiserslautern 23 – Saarbrücken 90.

In Wolfstein-Reckweilerhof *Nord : 3 km :*

ⅰ   **Reckweilerhof,** an der B 270, ✉ 67752, ℘ (06304) 6 18, Fax *(06304) 1533*, 🐎s, ☔
🚇 – 🍴 Zim, 📺 ⚐ 🅿 🏧 ⑩ ⓶ 💳
Menu *(geschl. Montagabend)* à la carte 24/54 ♨ – **20 Z** ⚌ 58/68 – 98/110.

WOLGAST *Mecklenburg-Vorpommern* 🔢 *D 25 – 15400 Ew – Höhe 5 m.*
    🅱 *Wolgast-Information, Rathausplatz 6,* ✉ *17438,* ℘ *(03836) 60 01 18, Fax (03836)*
600118.
    Berlin 210 – Schwerin 193 – Rügen (Bergen) 90 – Greiswald 34.

ⅰ   **Peenebrücke** garni, Burgstr. 2, ✉ 17438, ℘ (03836) 2 72 60, Fax *(03836) 272699* –
📺 🅿 – 🔏 25. ⓶ 💳
20 Z ⚌ 100/130 – 130/180.

WOLMIRSTEDT Sachsen-Anhalt 416 418 J 18 – 12 000 Ew – Höhe 50 m.
Berlin 152 – Magdeburg 14 – Gardelegen 50 – Stendal 47 – Wolfsburg 84.

🏠 **Wolmirstedter Hof,** August-Bebel-Str. 1, ⊠ 39326, 🌮 (039201) 2 27 27,
Fax (039201) 22728 – 📺 🅿.
Menu à la carte 24/40 – **20 Z** ⊐ 75/110 – 130/140.

🏠 **Ambiente** garni, Damaschkestr. 25, ⊠ 39326, 🌮 (039201) 5 61 30,
Fax (039201) 56134 – 📺 🅿 🖭 ⓓ 🖭
10 Z ⊐ 90 – 110.

WOLPERTSHAUSEN Baden-Württemberg 419 420 S 13 – 1 300 Ew – Höhe 400 m.
Berlin 540 – Stuttgart 97 – Crailsheim 21 – Schwäbisch Hall 12.

In Wolpertshausen-Cröffelbach Süd-West : 2,5 km :

🏨 **Goldener Ochsen,** Hauptstr. 4, ⊠ 74549, 🌮 (07906) 93 00, Hotel-Gasthof.Ochsen
@ t-online.de, Fax (07906) 930200, 🌧, 🖘 – 📳, 🖙 Zim, 📺 📞 🛏 🅿 – 🔬 80. 🖭 ⓓ
🖭 🖭 🗲ᴃ ⅍ Rest
Menu (geschl. Montag) à la carte 26/48 🍴 – **28 Z** ⊐ 99/129 – 139/159.

WOLPERTSWENDE Baden-Württemberg siehe Weingarten.

WOLTERSDORF Brandenburg 416 418 I 25 – 5 000 Ew – Höhe 40 m.
Berlin 31 – Potsdam 80 – Eberswalde 65 – Frankfurt an der Oder 75.

🏠 **Kranichsberg,** An der Schleuse 3, ⊠ 15569, 🌮 (03362) 79 40, Fax (03362) 794122,
🌧, Massage, 🖘 – 📳 📺 📞 🅿 – 🔬 35. 🖭 🖭
Menu à la carte 28/40 – ⊐ 15 – **42 Z** 99/124 – 130/180.

WORBIS Thüringen 418 L 15 – 4 000 Ew – Höhe 420 m.
🗓 Informationszentrum, Kirchstr. 19, ⊠ 37339, 🌮 (036074) 9 48 56, Fax (036074)
94858.
Berlin 295 – Erfurt 83 – Göttingen 45 – Nordhausen 35.

🏨 **Drei Rosen,** Bergstr. 1, ⊠ 37339, 🌮 (036074) 97 60, hotel.@ 3rosen.de,
Fax (036074) 97666, 🌧, 🖘 – 📳, 🖙 Zim, 📺 🛏 🅿 – 🔬 20. 🖭 ⓓ 🖭 🖭
Menu à la carte 31/55 – **42 Z** ⊐ 98/128 – 148.

In Wintzingerode Nord-West : 4 km :

🏨 **Landhotel Gerdes** 🌢, Schloßstr. 9, ⊠ 37339, 🌮 (036074) 3 50, Fax (036074) 35199,
« Gartenterrasse », 🌣, 🌧 – 📳, 🖙 Zim, 📺 🅿 – 🔬 45
geschl. 10. Jan. - 15. Feb. – **Merlan** : (wochentags nur Abendessen) Menu à la carte 42/60
– **40 Z** ⊐ 85/95 – 110/150.

WORMS Rheinland-Pfalz 417 419 R 9 – 82 000 Ew – Höhe 100 m.
Sehenswert : Dom★★ (Westchor★★, Reliefs aus dem Leben Christi★) A – Judenfriedhof★
A – Kunsthaus Heylshof★ Gemäldesammlung★ A M1.
🗓 Touristinfo, Neumarkt 14, ⊠ 67547, 🌮 (06241) 2 50 45, Fax (06241) 26328.
ADAC, Friedrich-Ebert-Str. 84.
Berlin 607 ② – Mainz 45 ① – Mannheim 25 ③ – Darmstadt 43 ② – Kaiserslautern 53 ③

Stadtplan siehe gegenüberliegende Seite

🏨 **Asgard** Ⓜ garni, Gutleutstr. 4, ⊠ 67547, 🌮 (06241) 8 60 80, info@ asgard-hotel.de,
Fax (06241) 8608100, 🖘 – 📳 🖙 📺 📞 🛏 🖘 – 🔬 40. 🖭 ⓓ 🖭 🖭 🗲ᴃ
64 Z ⊐ 128/148 – 168/188.   über Speyerer Str.   A

🏨 **Dom-Hotel,** Obermarkt 10, ⊠ 67547, 🌮 (06241) 90 70, Dom-Hotel@ t-online.de,
Fax (06241) 23515 – 📳 📺 🖘 🅿 – 🔬 80. 🖭 ⓓ 🖭 🖭   A X
Menu (geschl. Juli 2 Wochen, Samstagmittag, Sonn- und Feiertage) à la carte 53/68 – **58 Z**
⊐ 115/150 – 170/220.

🏠 **Kriemhilde,** Hofgasse 2, ⊠ 67547, 🌮 (06241) 9 11 50, Fax (06241) 9115310, 🌧 –
📺. ⓓ 🖭 🖭   A C
Menu (geschl. Samstag) à la carte 30/65 – **18 Z** ⊐ 80/95 – 120/130.

🏠 **Central** garni, Kämmererstr. 5, ⊠ 67547, 🌮 (06241) 6 45 70, central-hotel@ indis.de,
Fax (06241) 27439 – 📳 🖙 📺 🖘. 🖭 ⓓ 🖭 🖭   A S
geschl. 22. Dez. - 14. Jan. – **19 Z** ⊐ 98/110 – 145/165.

🍴🍴 **Tivoli,** Adenauer-Ring 4b, ⊠ 67547, 🌮 (06241) 2 84 85, SNFort@ t-online.de,
Fax (06241) 426111, 🌧 – 🖭 🖭 ⅍   A V
geschl. Juli - Aug. 2 Wochen, Montag – Menu (italienische Küche) à la carte 41/71.

WORMS

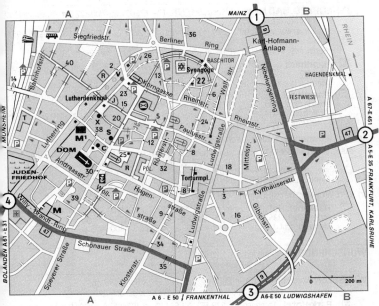

In Worms-Rheindürkheim über ① : 9 km :

XX **Rôtisserie Dubs,** Kirchstr. 6, ☒ 67550, ℰ (06242) 20 23, Fax (06242) 2024 – AE ◉ ⓦⓞ VISA
geschl. Jan. 2 Wochen, Juli - Aug. 2 Wochen, Samstagmittag, Dienstag – **Menu** (Tischbestellung erforderlich, bemerkenswerte Weinkarte) à la carte 66/88.

WORPSWEDE Niedersachsen ⁴¹⁵ G 10 – 9 300 Ew – Höhe 50 m – Erholungsort.
[18] Vollersode, Giehlermühlen (Nord : 18 km), ℰ (04763) 73 13.
🏛 Worpsweder Touristik GmbH, Bergstr. 13, ☒ 27726, ℰ (04792) 95 01 21, Fax (04792) 950123.
Berlin 383 – Hannover 142 – Bremen 26 – Bremerhaven 59.

🏛🏛 **Eichenhof** ⤴, Ostendorfer Str. 13, ☒ 27726, ℰ (04792) 26 76, eichenhof-hotel@t-online.de, Fax (04792) 4427, ⌂s, ≈, ⤸ Zim, TV P – ▵ 15. AE ◉ ⓦⓞ VISA
Menu (geschl. Montag) (nur Abendessen) à la carte 65/76 – **20 Z** ⌷ 150/195 – 240/315.

🏛 **Buchenhof** ⤴ garni, Ostendorfer Str. 16, ☒ 27726, ℰ (04792) 9 33 90, Hotel-Buchenhof@t-online.de, Fax (04792) 933929, « Renovierte Jugendstilvilla des Künstlers Hans am Ende » – ⤸ TV ℰ P – ▵ 15
11 Z ⌷ 75/135 – 140/230.

🏛 **Am Kunstcentrum** ⤴ (mit Gästehaus), Hans-am-Ende-Weg 4, ☒ 27726, ℰ (04792) 94 00, Hotelamkunstcentrum@t-online.de, Fax (04792) 3878, ⏚, ⌂s, ☒, ≈ – ⤸ Zim, TV ℰ ⬢ P – ▵ 20. AE ⓦⓞ VISA ⸱⸱
geschl. 23. Jan. - 17. Feb. – **Menu** (geschl. Dienstag) (nur Abendessen) à la carte 32/53 – **30 Z** ⌷ 120/145 – 160/190 – ½ P 25.

XX **Kaffee Worpswede,** Lindenallee 1, ☒ 27726, ℰ (04792) 10 28, Fax (04792) 310235, ⌂, « Backsteinensemble a.d.J. 1925 gestaltet von Bernhard Hoetger » – AE ⓦⓞ VISA
geschl. Ende Feb. - Mitte März, Ende Okt. - Mitte Nov., Montag - Dienstag – Menu à la carte 44/74.

WREMEN Niedersachsen 𝟦𝟣𝟧 F 9 – 1 600 Ew – Höhe 2 m – Seebad.
Berlin 419 – Hannover 199 – Bremerhaven 16 – Cuxhaven 30.

※ **Gasthaus Wolters - Zur Börse,** Lange Str. 22, ☒ 27638, ℘ (04705) 12 77,
Fax (04705) 810077 – **M⊙** **VISA**
geschl. Anfang März 2 Wochen, 1. - 20. Nov., Dienstag - Mittwochmittag – **Menu** à la carte
39/60.

WÜNNENBERG, BAD Nordrhein-Westfalen 𝟦𝟣𝟩 L 10 – 12 200 Ew – Höhe 271 m – Kneippheilbad
und Luftkurort.

🛈 Kurverwaltung, Touristik Service, Im Aatal 3, ☒ 33181, ℘ (02953) 80 01, Fax (02953)
7430.
Berlin 449 – Düsseldorf 169 – Arnsberg 61 – Brilon 20 – Paderborn 28.

🏨 **Jagdhaus** ⑤, Schützenstr. 58, ☒ 33181, ℘ (02953) 70 80, Fax (02953) 70858, 😊,
⇔s, ☒, 🐎 – 🔟 ⇔ 🅿 – 🛔 50. 🆎 ⓞ **M⊙** **VISA**
Menu à la carte 30/68 – **42 Z** ⊒ 98/115 – 180/192 – ½ P 19.

🏨 **ParkHotel** Ⓜ ⑤, Hoppenberg 2, ☒ 33181, ℘ (02953) 83 49, parkhotel-hegers@t
-online.de, Fax (02953) 7774, 😊, 🐎 – 🔟 ✆ 🅿, **M⊙** **VISA**
Stilleben (geschl. Juli - Aug. 3 Wochen, Montag) Menu à la carte 36/70 – **10 Z** ⊒ 75/85
– 120/160 – ½ P 17.

In Bad Wünnenberg-Bleiwäsche Süd : 8 km :

🏨 **Waldwinkel** Ⓜ ⑤, (mit Gästehaus), Roter Landweg 3, ☒ 33181, ℘ (02953) 70 70,
info@waldwinkel.de, Fax (02953) 707222, ≼, « Gartenterrasse », Massage, 🛖, 🌡, ⩚,
⇔s, ☒, 🐎 – 🔋, 🔟 ✆ 🅿 – 🛔 40. 🆎 ⓞ **M⊙** **VISA**
Menu à la carte 34/71 – **68 Z** ⊒ 100/145 – 180/280 – ½ P 38.

In Bad Wünnenberg-Haaren Nord : 7,5 km :

🏨 **Haarener Hof,** Paderborner Str. 7, ☒ 33181, ℘ (02957) 9 89 80, HaarenerHof@ao
l.com, Fax (02957) 989879, 😊, ⇔s – 🔋 🔟 ✆ 🅿 – 🛔 50. 🆎 **M⊙**
Menu (geschl. Montag) à la carte 38/69 – **34 Z** ⊒ 90/100 – 150 – ½ P 30.

WÜNSCHENDORF Thüringen siehe Weida.

WÜRSELEN Nordrhein-Westfalen 𝟦𝟣𝟩 N 2 – 33 600 Ew – Höhe 180 m.
Berlin 635 – Düsseldorf 80 – Aachen 9 – Mönchengladbach 47.

🏨 **Park-Hotel,** Aachener Str. 2 (B 57), ☒ 52146, ℘ (02405) 6 90 00, Parkhotel.Goettge
ns@t-online.de, Fax (02405) 690070 – 🔋, ⇔ Zim, 🔟 ⇔ 🅿. ⋇
Menu (geschl. Samstagmittag, Sonntagmittag) à la carte 26/53 – **40 Z** ⊒ 95/125 –
125/170.

※ **Rathaus-Restaurant,** Morlaix-Platz 3, ☒ 52146, ℘ (02405) 51 30,
Fax (02405) 18540, 😊 – 🆎 ⓞ **M⊙** **VISA**
geschl. über Karneval, Montag – **Menu** à la carte 40/75.

WÜRZBURG Bayern 𝟦𝟣𝟩 𝟦𝟣𝟫 𝟦𝟤𝟢 Q 13 – 130 000 Ew – Höhe 182 m.
Sehenswert : Residenz★★ (Kaisersaal★★, Hofkirche★★, Treppenhaus★★, Hofgarten★,
Martin-von-Wagner-Museum★ : Antikensammlung★ mit griechischen Vasen★★) Z – Haus
zum Falken★ Y D – Mainbrücke★ Z – St.-Kilian-Dom : Apostelaltar mit
Riemenschneider-Skulpturen★, Grabmale★ der Fürst-Bischöfe Z – Festung Marienberg★ X :
Mainfränkisches Museum★★ X M1, Fürstengarten ≼★ X – Käppele (Terrasse ≼★★) X.
Ausflugsziele : Romantische Straße★★ (von Würzburg bis Füssen) – Bocksbeutelstraße★
(Maintal).

🛈 Congress u. Tourismus Zentrale, Am Congress Centrum, ☒ 97070, ℘ (0931) 37 23 35,
Fax (0931) 373652.

🛈 Verkehrsamt, Pavillon vor dem Hauptbahnhof, ℘ (0931) 37 24 36 und Marktplatz (Haus
zum Falken), ☒ 97070, ℘ (0931) 37 23 98.

ADAC, Sterngasse 1.
Berlin 500 ① – München 281 ① – Darmstadt 123 ② – Frankfurt am Main 119 ② –
Heilbronn 105 ② – Nürnberg 110 ①

Stadtpläne siehe nächste Seiten

🏨 **Maritim** Ⓜ, Pleichertorstr. 5, ☒ 97070, ℘ (0931) 3 05 30, info.wur@maritim.de,
Fax (0931) 3053900, ⇔s, ☒ – 🔋, ⇔ Zim, 🍽 🔟 ⅚ ⇔ – 🛔 1000. 🆎 ⓞ **M⊙** **VISA** **JCB**.
⋇ Rest   Y k
Menu 45 (nur Lunchbuffet) – **Viaggio** (geschl. Sonntag) (nur Abendessen) **Menu** à la carte
52/72 – **287 Z** ⊒ 312/382 – 370/440, 5 Suiten.

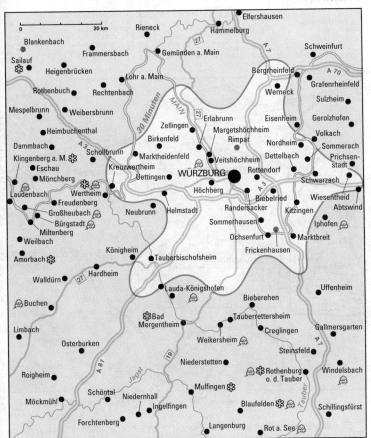

Rebstock, Neubaustr. 7, ⊠ 97070, ℰ (0931) 3 09 30, *rebstock@rebstock.com*, Fax (0931) 3093100, « Rokokofassade a.d.J. 1737 » – 🛗, ✘ Zim, 🍴 Rest, 📺 ✆ ↔ – 🔬 60. 🅰🅴 ⑩ 🄼🄾 VISA JCB
         Z v
Menu *(geschl. Aug., Sonntag - Montag, Feiertage) (nur Abendessen)* à la carte 68/85 –
Wintergarten *(geschl. Sonntagmittag)* **Menu** à la carte 36/62 – **72 Z** ⊇ 194/234 – 360/400.

Dorint, Ludwigstraße/Ecke Eichstraße, ⊠ 97070, ℰ (0931) 3 05 40, *Info.QWUWUE@d orint.com,* Fax (0931) 3054423, 🐜, Massage, ⇌ₛ, ⬜ – 🛗, ✘ Zim, 🍴 Rest, 📺 ✆ ఉ ⇔ – 🔬 110. 🅰🅴 ⑩ 🄼🄾 VISA JCB
         Y f
Menu à la carte 47/76 – ⊇ 25 – **166 Z** 208/258 – 248/298.

Pannonia Hotel am Mainufer Ⓜ, Dreikronenstr. 27, ⊠ 97082, ℰ (0931) 4 19 30, *H1697@accor-hotels.com,* Fax (0931) 4193460 – 🛗, ✘ Zim, 📺 ✆ ఉ ⇔ 🅿 – 🔬 60. 🅰🅴 ⑩ 🄼🄾 VISA
         X a
Menu à la carte 37/62 – **129 Z** ⊇ 188/208 – 231/251.

Walfisch, Am Pleidenturm 5, ⊠ 97070, ℰ (0931) 3 52 00, *walfisch@hotel-walfisch .com,* Fax (0931) 3520500, ≼ Main und Festung – 🛗 🍴 📺 ✆ ⇔ – 🔬 36. 🅰🅴 ⑩ 🄼🄾 VISA. ✾
         Z b
Menu *(geschl. Sonntagabend)* à la carte 38/66 – **40 Z** ⊇ 165/225 – 245/285.

Amberger garni, Ludwigstr. 17, ⊠ 97070, ℰ (0931) 3 51 00, *topamberger@t-onlin e.de,* Fax (0931) 3510800 – 🛗 📺 ✆ ⇔ – 🔬 40. 🅰🅴 ⑩ 🄼🄾 VISA JCB
         Y t
geschl. 23. Dez. - 7. Jan. – **70 Z** ⊇ 160/175 – 180/320.

WÜRZBURG

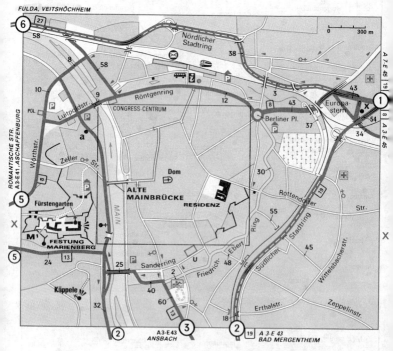

Würzburger Hof garni, Barbarossaplatz 2, ⊠ 97070, ℰ (0931) 5 38 14, *rezeption @hotel-wuerzburgerhof.de, Fax (0931) 58324* – ⧗ 🔟 ✆ ⇔. 🅰🅴 ⓪ 🆆🆂 𝘝𝘐𝘚𝘈   Y r
geschl. 20. Dez. - 8. Jan. – **34 Z** ⌿ 140/190 – 200/265, 3 Suiten.

Residence garni, Juliuspromenade 1, ⊠ 97070, ℰ (0931) 5 35 46, *Fax (0931) 12597*
– ⧗ 🔟 ✆ – 🔏 20. 🅰🅴 ⓪ 🆆🆂 𝘝𝘐𝘚𝘈   Y v
52 Z ⌿ 110/165 – 150/220.

Till Eulenspiegel, Sanderstr. 1a, ⊠ 97070, ℰ (0931) 35 58 40, *Nichtrauch-hotel.eu lenspiegel@t-online.de, Fax (0931) 3558430* – ⇔ Zim, 🔟 ✆ 🅿. ⅙ Zim   Z c
Weinstube *(geschl. Aug. Sonntag - Donnerstag) (nur Abendessen)* **Menu** à la carte 29/38
– **19 Z** ⌿ 122/133 – 166/229.

Strauss, Juliuspromenade 5, ⊠ 97070, ℰ (0931) 3 05 70, *Anfrage@Hotel-Strauss.de, Fax (0931) 3057555* – ⧗ 🔟 ⇔ 🅿. – 🔏 40. 🅰🅴 ⓪ 🆆🆂 𝘝𝘐𝘚𝘈   Y v
geschl. 22. Dez. - 7. Jan. – **Menu** *(geschl. 22. Dez. - 31. Jan., Dienstag)* à la carte 33/59
🍴 – **78 Z** ⌿ 115/125 – 145/165.

Zur Stadt Mainz, Semmelstr. 39, ⊠ 97070, ℰ (0931) 5 31 55, *info@stadtmainz.de, Fax (0931) 58510*, « Altfränkische Gaststuben » – 🔟 ⇔. 🅰🅴 🆆🆂 𝘝𝘐𝘚𝘈 𝖩𝖢𝖡   Y p
Menu *(geschl. Sonntagabend) (Tischbestellung ratsam)* à la carte 34/68 – **15 Z** ⌿ 110/150
– 170/190.

Schönleber garni, Theaterstr. 5, ⊠ 97070, ℰ (0931) 1 20 68, *Fax (0931) 16012* – ⧗
🔟. 🅰🅴 ⓪ 🆆🆂 𝘝𝘐𝘚𝘈. ⅙   Y n
geschl. 20. Dez. - 6. Jan. – **32 Z** ⌿ 70/130 – 110/170.

Ratskeller, Langgasse 1, ⊠ 97070, ℰ (0931) 1 30 21, *Fax (0931) 13022*, 🍴 – 🅰🅴 ⓪
🆆🆂 𝘝𝘐𝘚𝘈   Z R
Menu à la carte 30/68.

WÜRZBURG

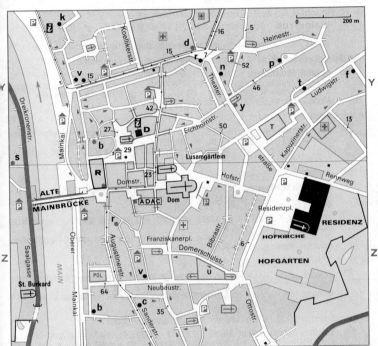

✗ **Backöfele,** Ursulinergasse 2, ✉ 97070, ☎ (0931) 5 90 59, *mail@backoefele.de,*
Fax (0931) 50274 – 𝖠𝖤 ⑩ 𝖵𝖨𝖲𝖠   Z r
Menu à la carte 41/68.

✗ **Schiffbäuerin,** Katzengasse 7, ✉ 97082, ☎ (0931) 4 24 87, Fax (0931) 42485 Y s
geschl. 1. - 9. Jan., Mitte Juli - Mitte Aug., Sonntagabend - Montag – **Menu** (überwiegend
Fischgerichte) à la carte 43/71.

Fränkische Weinstuben :

✗ **Weinhaus zum Stachel,** Gressengasse 1, ✉ 97070, ☎ (0931) 5 27 70, *webmaste*
r@weinhaus-stachel.de, Fax (0931) 52777, « Innenhof "Stachelhof" » – 𝖵𝖨𝖲𝖠   Y b
geschl. Sonntagabend – **Menu** (Tischbestellung ratsam) à la carte 36/67.

✗ **Bürgerspital,** Theaterstr. 19, ✉ 97070, ☎ (0931) 35 28 80, Fax (0931) 3528888, ☙
geschl. Aug. – **Menu** à la carte 26/60 ♨.   Y y

✗ **Juliusspital,** Juliuspromenade 19, ✉ 97070, ☎ (0931) 5 40 80, Fax (0931) 571723
geschl. Juli 3 Wochen, Mittwoch – **Menu** à la carte 29/52 ♨.   Y d

In Würzburg-Grombühl :

🏨 **Ambassador Hotel am Europastern** garni, Urlaubstr. 6, ✉ 97076, ☎ (0931)
25 04 00, *info@ambassador-hotel.de,* Fax (0931) 2504077 – 🕆 📺 ✆ ⇐ 🅿 𝖠𝖤 ⑩ ⑩ 𝖵𝖨𝖲𝖠
geschl. 24. Dez. - 10. Jan. – **24 Z** ⊇ 130/150 – 180/210.   X x

In Würzburg-Heidingsfeld über ② : 3 km :

🏨 **Rema-Post Hotel,** Mergentheimer Str. 162, ✉ 97084, ☎ (0931) 6 15 10, *REMA-Post-ho*
tel@t-online.de, Fax (0931) 65850, ☙ – 🕆, ⇆ Zim, 📺 ✆ ⇐ 🅿 – 🛄 70. 𝖠𝖤 ⑩ ⑩ 𝖵𝖨𝖲𝖠
geschl. Dez. **Menu** (geschl. Aug. 3 Wochen) à la carte 31/55 – **70 Z** ⊇ 140/180 – 180/340.

In Würzburg-Zellerau ⑤ : *2 km über Wörthstraße :*

🏨 **Wittelsbacher Höh** ⑄, Hexenbruchweg 10, ✉ 97082, 𝒫 (0931) 4 20 85, *hotel-w ittelsbacherhoeh@t-online.de*, Fax (0931) 415458, ⩽ Würzburg, « Gartenterrasse », ⓢ – ⒯⒱ Ⓟ – 🅰 65. 🅰🅴 ⓞ ⓜⓢ 𝐕𝐈𝐒𝐀
Menu à la carte 37/70 – **74 Z** ⌙ 148/178 – 198/255.

Im Steinbachtal *Süd-West : 5 km über Mergentheimer Str.* X :

XX **Waldesruh,** Steinbachtal 82, ✉ 97082 Würzburg, 𝒫 (0931) 8 76 25, Fax (0931) 781731, 🍴 – Ⓟ
geschl. Jan. 2 Wochen, Montagmittag, Dienstagmittag, Mittwoch – **Menu** à la carte 31/59.

Auf dem Steinberg *über* ⑥ : *6,5 km, schmale Zufahrt ab Unterdürrbach :*

🏨 **Schloß Steinburg** ⑄, Auf dem Steinberg, ✉ 97080 Würzburg, 𝒫 (0931) 9 70 20, *hotel@steinburg.com*, Fax (0931) 97121, ⩽ Würzburg und Marienberg, « Gartenterrasse », ⓢ, ▨, 🍴 – ⒯⒱ 📞 ⟳ Ⓟ – 🅰 80. 🅰🅴 ⓞ ⓜⓢ 𝐕𝐈𝐒𝐀 𝐉𝐂𝐁
Menu à la carte 50/79 – **52 Z** ⌙ 150/210 – 210/290.

In Höchberg *über* ⑤ : *4 km :*

🏨 **Zum Lamm,** Hauptstr. 76, ✉ 97204, 𝒫 (0931) 40 90 94, *lamm-hoechberg@t-online .de*, Fax (0931) 408973, 🍴 – ▐, ✁ Zim, ⒯⒱ 📞 ⟳ – 🅰 40. 🅰🅴 ⓜⓢ 𝐕𝐈𝐒𝐀
geschl. 27. Dez. - 11. Jan. – **Menu** *(geschl. Mittwoch)* à la carte 30/55 – **37 Z** ⌙ 99/140 – 150/199.

In Rottendorf *über* ① : *6 km :*

🏨 **Zum Kirschbaum,** Würzburger Str. 18, ✉ 97228, 𝒫 (09302) 9 09 50, Fax (09302) 909520 – ▐ ⒯⒱ 📞 Ⓟ – 🅰 30. ⓜⓢ 𝐕𝐈𝐒𝐀
Menu à la carte 31/52 – **46 Z** ⌙ 96/100 – 132/150.

XX **Waldhaus,** nahe der B 8, ✉ 97228, 𝒫 (09302) 9 22 90, *info@Waldhaus-Leonhardt.de*, Fax (09302) 922930, 🍴 – Ⓟ
geschl. Mitte - Ende März, Mitte Aug. - Anfang Sept., über Weihnachten 1 Woche, Donnerstag – **Menu** à la carte 34/58.

In Margetshöchheim *über* ⑥ : *9 km :*

🏨 **Eckert** Ⓜ ⑄, Friedenstr. 41, ✉ 97276, 𝒫 (0931) 4 68 50, *eckert@ccl-hotels.com*, Fax (0931) 4685100, ⓢ – ▐, ✁ Zim, ⒯⒱ 📞 ⟳ Ⓟ – 🅰 40. ⑄ Rest
Menu *(geschl. Freitag - Sonntag) (nur Abendessen) (Restaurant nur für Hausgäste)* – **36 Z** ⌙ 119/169 – 175/265.

In Biebelried *über* ① : *12 km, nahe der Autobahnausfahrt A 3 und A 7 :*

🏨 **Leicht,** Würzburger Str. 3 (B 8), ✉ 97318, 𝒫 (09302) 91 40, *info@hotel-leicht.de*, Fax (09302) 3163, 🍴, « Altfränkische Gaststuben », ⓢ – ▐ ⒯⒱ 🅶 ⟳ Ⓟ – 🅰 35. 🅰🅴 ⓜⓢ 𝐕𝐈𝐒𝐀
geschl. 23. Dez. - Anfang Jan. – **Menu** *(geschl. Sonntagmittag)* à la carte 42/77 – **72 Z** ⌙ 105/180 – 170/250.

In Erlabrunn *über* ⑥ : *12 km :*

🏨 **Weinhaus Flach** ⑄ (mit Gästehaus), Würzburger Str. 14, ✉ 97250, 𝒫 (09364) 13 19, *Hotel-Weinhaus-Flach@t-online.de*, Fax (09364) 5310, 🍴, 🍴 – ▐, ✁ Zim, ⒯⒱ 📞 ⟳ Ⓟ – 🅰 40. ⓜⓢ 𝐕𝐈𝐒𝐀
geschl. 13. Jan. - 8. Feb., 20. - 30. Aug. – **Menu** *(geschl. Dienstag)* à la carte 28/54 🅶 – **43 Z** ⌙ 80/110 – 120/160.

WÜSTENROT Baden-Württemberg 𝟒𝟏𝟗 S 12 – 5 900 Ew – Höhe 485 m – Erholungsort.
Berlin 573 – Stuttgart 67 – Heilbronn 27 – Schwäbisch Hall 24.

🏨 **Waldhotel Raitelberg** ⑄, Schönblickstr. 39, ✉ 71543, 𝒫 (07945) 93 00, *Konfer enzhotel@t-online.de*, Fax (07945) 930100, 🍴, ⓢ, 🍴 – ✁ Zim, ⒯⒱ 📞 Ⓟ – 🅰 100. 🅰🅴 ⓜⓢ 𝐕𝐈𝐒𝐀
Menu à la carte 35/54 – **40 Z** ⌙ 108/128 – 168/188.

🏨 **Am Spatzenwald** ⑄ (mit Gästehaus), Wesleystr. 11, ✉ 71543, 𝒫 (07945) 9 13 30, Fax (07945) 913399, 🍴, 🍴 – ▐, ✁ Zim, ⒯⒱ 🅶 Ⓟ – 🅰 40. 🅰🅴 ⓜⓢ 𝐕𝐈𝐒𝐀
Menu à la carte 31/49 – **48 Z** ⌙ 89/110 – 148/168.

WULKOW (BEI SEELOW) Brandenburg siehe Müncheberg.

Jährlich eine neue Ausgabe,
Aktuellste Informationen, jährlich für Sie !

WUNSIEDEL Bayern **420** P 20 – 10 700 Ew – Höhe 537 m.

Ausflugsziel : Luisenburg : Felsenlabyrinth★★ Süd : 3 km.

🖪 Verkehrsamt, Jean-Paul-Str. 5 (Fichtelgebirgshalle), ⊠ 95632, 𝄞 (09232) 60 21 62, Fax (09232) 602169.

Berlin 353 – München 280 – *Weiden in der Oberpfalz 55* – Bayreuth 48 – Hof 36.

🏛 **Wunsiedler Hof,** Jean-Paul-Str. 1, ⊠ 95632, 𝄞 (09232) 9 98 80, *wunsiedler-hof@h otel-wunsiedler-hof.de*, Fax (09232) 2462, 綿, ⇔ – 🛗, ⇔ Zim, 📺 📞 ⇔ – 🛦 350. ☒ ⑩ 🌃 𝖁𝖨𝖲𝖠
Menu à la carte 27/59 – **40 Z** ⊑ 80/90 – 120/125.

🏛 **Kronprinz von Bayern,** Maximilianstr. 27, ⊠ 95632, 𝄞 (09232) 35 00, *KRON-PRINZ@KRONPRINZ-VON-BAYERN.DE*, Fax (09232) 7640 – 📺 📭 🌃 𝖁𝖨𝖲𝖠
Menu (geschl. Montag) à la carte 30/60 – **25 Z** ⊑ 65/79 – 124/134.

In Wunsiedel-Juliushammer Ost : 3,5 km Richtung Arzberg :

🏛 **Juliushammer** ⊗, ⊠ 95632, 𝄞 (09232) 97 50, *HotelJuliushammer@t-online.de*, Fax (09232) 8147, ⇔s, ⬜, 綿, ※ – 📺 📭 – 🛦 30. ⑩ 🌃 𝖁𝖨𝖲𝖠
Menu à la carte 35/62 – **30 Z** ⊑ 90/95 – 140/145.

Bei der Luisenburg Süd-West : 2 km :

🞨🞨 **Jägerstueberl** ⊗ mit Zim, Luisenburg 5, ⊠ 95632 Wunsiedel, 𝄞 (09232) 21 03 (Hotel) 44 34 (Rest.), Fax (09232) 1556, 綿, « Geschmackvolle, individuelle Zimmereinrichtung » – 📺 📭 ☒ ⑩ 🌃 𝖁𝖨𝖲𝖠
geschl. 12. - 25. Feb. – **Menu** (geschl. Sonntagabend - Montag) (wochentags nur Abend-essen) (Tischbestellung ratsam) 69/98 und à la carte – **7 Z** ⊑ 85 – 170/190.

WUNSTORF Niedersachsen **415 417 418** I 12 – 40 000 Ew – Höhe 50 m.

🖪 Verkehrsbüro Steinhude, Meerstr. 2, ⊠ 31515, 𝄞 (05033) 9 50 10, Fax (05033) 950120.

Berlin 306 – *Hannover 24* – Bielefeld 94 – Bremen 99 – Osnabrück 124.

🏛 **Wehrmann-Blume,** Kolenfelder Str. 86, ⊠ 31515, 𝄞 (05031) 1 79 11, Fax (05031) 179133 – 📳 📺 📭 ☒ ⑩ 🌃 𝖁𝖨𝖲𝖠 ※ Zim
geschl. Juli 3 Wochen, 24. - 31. Dez. – **Menu** (geschl. Sonn- und Feiertage) (nur Abendessen) à la carte 26/46 – **25 Z** ⊑ 85/95 – 140/150.

In Wunstorf-Großenheidorn : Nord- West : 8 km :

🏛 **Landhaus Burgdorf** ⊗, Strandallee 1a, ⊠ 31515, 𝄞 (05033) 83 65, Fax (05033) 2483, 綿 – ※ Zim, 📺 📭 ☒ Zim
geschl. Nov. 2 Wochen, Jan. 2 Wochen – **Menu** (geschl. Montag) (wochentags nur Abend-essen) à la carte 44/80 – **6 Z** ⊑ 140/185 – 190/250.

In Wunstorf-Steinhude Nord-West : 8 km – Erholungsort

🏛 **Haus am Meer** ⊗, Uferstr. 3, ⊠ 31515, 𝄞 (05033) 9 50 60, *Haus_am_Meer@t.on line.de*, Fax (05033) 950666, ⇐, Bootssteg, « Gartenterrasse » – 📺 📞 📭 ☒ ⑩ 🌃 𝖁𝖨𝖲𝖠
Menu à la carte 41/69 – **25 Z** ⊑ 110/150 – 170/260.

🞨 **Schweers-Harms-Fischerhus,** Graf-Wilhelm-Str. 9, ⊠ 31515, 𝄞 (05033) 52 28, *info @fischerhus.de*, Fax (05033) 3408, 綿, « Altes niedersächsisches Bauernhaus » – 📭 ☒ 🌃 𝖁𝖨𝖲𝖠 𝖩𝖢𝖡
Menu (geschl. Nov. - März Montag) à la carte 33/68.

WUPPERTAL Nordrhein-Westfalen **417** M 5 – 380 000 Ew – Höhe 167 m.

Sehenswert : Von-der-Heydt-Museum★ Z **M1**.

🖩 Siebeneickerstr. 386 (AX), 𝄞 (02053) 71 77 ; 🖩 Frielinghausen 1, (Nord-Ost : 11 km), 𝄞 (0202) 64 82 20.

🖪 Informationszentrum, Wuppertal-Elberfeld, Pavillon Döppersberg, ⊠ 42103, 𝄞 (0202) 1 94 33, Fax (0202) 5638052.

ADAC, Bundesallee 237 (Elberfeld).

Berlin 522 ② – *Düsseldorf 40* ⑦ – Dortmund 48 ② – Duisburg 55 ⑦ – Essen 35 ⑨ – Köln 56 ④

Stadtpläne siehe nächste Seiten

In Wuppertal-Barmen :

🏨 **Lindner Golfhotel Juliana,** Mollenkotten 195, ⊠ 42279, 𝄞 (0202) 6 47 50, *info.j uliana@lindner.de*, Fax (0202) 6475777, « Terrasse mit ⇐ », Massage, 🎏, ⇔s, ⬜, 綿 – 📳, ※ Zim, 📺 📞 ⇔ 📭 – 🛦 120. ☒ ⑩ 🌃 𝖁𝖨𝖲𝖠 𝖩𝖢𝖡   BX u
Menu (nur Abendessen) à la carte 57/75 – ⊑ 26 – **132 Z** 205/400 – 224/420, 3 Suiten.

WUPPERTAL

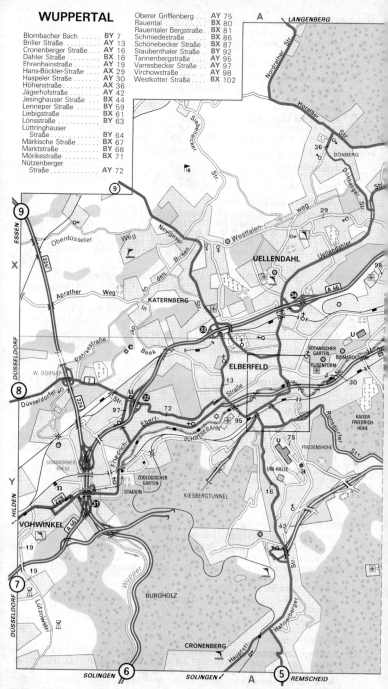

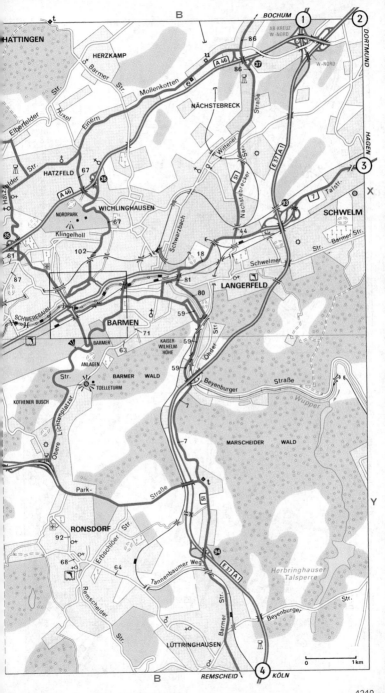

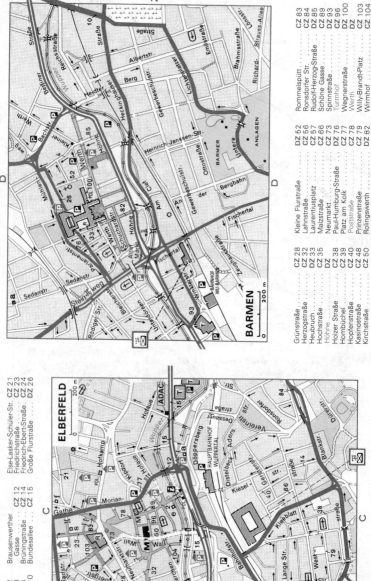

ELBERFELD

BARMEN

200 m
0   200 m

XX **Schmitz Jägerhaus,** Jägerhaus 87, ⊠ 42287, ℰ (0202) 46 46 02, *Schmitz-Jaegerh aus@t-online.de, Fax (0202) 4604519,* ✿ – 🅿. 🆊 ⓪ ⓶ *VISA*
BY t
geschl. Anfang Jan. 1 Woche, 9. - 22. Juli, Dienstag – **Menu** à la carte 61/89.

XX **Jagdhaus Mollenkotten,** Mollenkotten 144, ⊠ 42279, ℰ (0202) 52 26 43, *Brem e@avunet.de, Fax (0202) 524431,* ✿ – 🅿. 🆊 ⓪ ⓶ *VISA*
BX e
geschl. Jan. 1 Woche, Juli 3 Wochen, Montag - Dienstag – **Menu** à la carte 36/64.

X **Galerie Palette,** Sedanstr. 68, ⊠ 42281, ℰ (0202) 50 62 81, *palette@wtal.de, Fax (0202) 2501241,* « Innenhofterrasse ; rustikal-gediegene Einrichtung » – 🆊 ⓪ ⓶ *VISA*
geschl. Juli - Aug. 3 Wochen, Sonntag - Montag – **Menu** *(nur Abendessen)* (Tischbestellung ratsam) à la carte 52/67.
DZ a

In Wuppertal-Elberfeld :

🏨 **Mercure** Ⓜ, Auf dem Johannisberg 1 (Nähe Stadthalle), ⊠ 42103, ℰ (0202) 4 96 70, *H2828-GM@accorhotels.com, Fax (0202) 4967177* – 🛗, ⇜ Zim, 🖭 📺 ⓥ ⓺ 🖙 – 🕍 50. 🆊 ⓪ ⓶ *VISA*
CZ b
Menu à la carte 39/64 – **130 Z** � 208/320 – 261/395, 13 Suiten.

🏨 **InterCityHotel,** Döppersberg 50, ⊠ 42103, ℰ (0202) 4 30 60, *wuppertal@intercity hotel.de, Fax (0202) 456959,* ☎ – 🛗, ⇜ Zim, 🖭 Rest, 📺 ⓥ ⓺ 🖙 – 🕍 120. 🆊 ⓪ ⓶ *VISA*
CZ a
Menu *(geschl. Freitag - Samstag) (nur Abendessen)* à la carte 45/65 – ⊏⊐ 20 – **160 Z** 219/239 – 282/302.

🏨 **Rathaus-Hotel** garni, Wilhelmstr. 7, ⊠ 42105, ℰ (0202) 45 01 48, *Fax (0202) 451284*
CZ s
– 🛗 ⇜ 📺 🖙. ⓪ ⓶ *VISA*
33 Z ⊏⊐ 138/198 – 199/285.

🏨 **Astor** garni, Schloßbleiche 4, ⊠ 42103, ℰ (0202) 45 05 11, *astorwuppertal@aol.com, Fax (0202) 453844* – 🛗 ⇜ 📺. 🆊 ⓪ ⓶ *VISA*
CZ e
geschl. Weihnachten - Neujahr – **44 Z** ⊏⊐ 105/135 – 140/170.

🏨 **Rubin** garni, Paradestr. 59, ⊠ 42107, ℰ (0202) 24 83 80, *Fax (0202) 2483810,* « Sammlung alter Werkzeuge » – 🛗 📺 🖙 🅿. 🆊 ⓪ ⓶ *VISA*
CZ f
16 Z ⊏⊐ 85/135.

XX **Am Husar,** Jägerhofstr. 2, ⊠ 42119, ℰ (0202) 42 48 28, *Fax (0202) 437986,* ✿ – 🅿.
AY a
geschl. Mittwoch – **Menu** *(nur Abendessen)* (Tischbestellung ratsam) à la carte 52/74.

In Wuppertal-Schöller über ⑧ : 9 km an der B 7, Richtung Mettmann :

🏨 **Gut Drinhausen,** Kleindrinhausen 2, ⊠ 42327, ℰ (02104) 1 30 60, *hotel@gutdrinh ausen.de, Fax (02104) 16234,* ✿ – ⇜ Zim, 📺 ⓥ 🅿. 🆊 ⓪ ⓶ *VISA*
Menu *(geschl. Samstagmittag, Mittwoch)* à la carte 32/59 – **15 Z** ⊏⊐ 115/150 – 160/200.

In Wuppertal-Varresbeck :

🏨 **Waldhotel Eskeshof** ⚘, Krummacherstr. 251, ⊠ 42115, ℰ (0202) 2 71 80, *Wald hotel-Eskeshof@t-online.de, Fax (0202) 2718199,* ✿, ☎, ⊠ – ⇜ Zim, 📺 ⓥ 🅿. – 🕍 50. 🆊 ⓪ ⓶ *VISA* 🅹🅲🅱
AY c
Menu à la carte 32/64 – **63 Z** ⊏⊐ 159/199.

🏨 **Novotel,** Otto-Hausmann-Ring 203, ⊠ 42115, ℰ (0202) 7 19 00, *H0789@accor-hote ls.com, Fax (0202) 7190333,* ✿, ☎, ⊒ – 🛗, ⇜ Zim, 📺 ⓥ 🅿. – 🕍 240. 🆊 ⓪ ⓶ *VISA* 🅹🅲🅱
AY u
Menu à la carte 38/65 – ⊏⊐ 23 – **128 Z** 160/185.

In Wuppertal-Vohwinkel :

XXX **Scarpati** mit Zim, Scheffelstr. 41, ⊠ 42327, ℰ (0202) 78 40 74, *INFO@SCARPATI.DE, Fax (0202) 789828,* ✿, « Jugendstilvilla mit Restaurant-Anbau » – 📺 🅿. 🆊 ⓪ ⓶ *VISA* ✿
AY n
Menu *(geschl. Montag)* à la carte 79/109 – **Trattoria** *(geschl. Montag)* **Menu** à la carte 54/71 – **7 Z** ⊏⊐ 150/210.

WURMLINGEN *Baden-Württemberg siehe Tuttlingen.*

WURZACH, BAD *Baden-Württemberg* 🔢🔢 *W 13 – 14 100 Ew – Höhe 652 m – Moorheilbad.*
🆔 *Städt. Kurverwaltung, Mühltorstr. 1,* ⊠ 88410, ℰ (07564) 30 21 50, *Fax (07564) 302154.*
Berlin 681 – Stuttgart 159 – Konstanz 121 – Kempten (Allgäu) 47 – Ulm (Donau) 68 – Bregenz 66.

🏨 **Adler,** Schloßstr. 8, ⊠ 88410, ℰ (07564) 9 30 30, *Fax (07564) 930340,* Biergarten – 📺 🖙 🅿. ⓶
geschl. 25. Dez. - 3. Jan., Aug. 2 Wochen – **Menu** *(geschl. Montag)* à la carte 35/61 – **18 Z** ⊏⊐ 78/81 – 125/130 – ½ P 25.

WUSTERHAUSEN *Brandenburg* 🔢 *H 21 – 4 500 Ew – Höhe 50 m.*
Berlin 90 – Potsdam 77 – Schwerin 121 – Brandenburg 67.

🏠 **Mühlenhof,** Kyritzer Str. 31, ✉ 16868, ℰ (033979) 8 43 00, Fax (033979) 14731, 🌧, « Ehemaliges Mühlengebäude » – 📺 🕭 🅿 – 🔬 30. 🖭 🐽 𝑽𝑰𝑺𝑨
Menu à la carte 28/62 – **27 Z** 🖙 85/95 – 98/129.

WUSTROW *Mecklenburg-Vorpommern* 🔢 *C 21 – 2 400 Ew – Seebad.*
🅱 *Fremdenverkehrsverein, Strandstr. 10,* ✉ *18347,* ℰ *(038220) 2 51, Fax 253.*
Berlin 255 – Schwerin 133 – Rostock 42.

🏨 **Dorint** Ⓜ, Strandstr. 46, ✉ 18347, ℰ (038220) 6 50, *Dorint-Reservierung-Wustrow* @ t-online.de, Fax (038220) 65100, 🌧, « Badelandschaft », Massage, ⇌, 🔲, 🅰 – 📳, 🌫 Zim, 📺 🕭 🕭 🕸 ⬅ – 🔬 100. 🖭 ⓞ 𝑽𝑰𝑺𝑨 𝑱𝑪𝑩. 🕸 Rest
Menu à la carte 51/80 – 🖙 29 – **101 Z** 165/215 – 235, 28 Suiten.

🏠 **Sonnenhof** 🏡, Strandstr.33, ✉ 18347, ℰ (038220) 61 90, *sonnenhof-wustrow@ t -online.de,* Fax (038220) 61955, 🌧, ⇌, 🔲, 🌫 – 📺 🅿, 🖭 ⓞ 🐽 𝑽𝑰𝑺𝑨
Menu à la carte 25/54 – **14 Z** 🖙 110/170.

WUSTROW KREIS NEUSTRELITZ *Mecklenburg-Vorpommern* 🔢 *G 22 – 750 Ew – Höhe 50 m.*
Berlin 108 – Schwerin 135 – Neubrandenburg 50.

In Wustrow-Grünplan *Süd-West : 7 km :*

🏠 **Heidekrug** 🏡, Dorfstr. 14, ✉ 17255, ℰ (039828) 6 00, Fax (039828) 20266, 🌧, ⇌, 🅰, 🌫 – 📳 📺 🅿 – 🔬 25. 🖭 🐽 𝑽𝑰𝑺𝑨
Menu à la carte 30/52 – **27 Z** 🖙 130/140 – 165/180.

In Strasen *Süd-Ost : 3 km :*

🏠 **Zum Löwen** 🏡, Schleusengasse 11, ✉ 17255, ℰ (039828) 2 02 85, Fax (039828) 20391, 🌧, ⇌ – 📺 🅿 – 🔬 20. 🖭 🐽 𝑽𝑰𝑺𝑨
Menu à la carte 23/43 – **23 Z** 🖙 70/90 – 100/120.

WYK *Schleswig-Holstein siehe Föhr (Insel).*

XANTEN *Nordrhein-Westfalen* 🔢 *L 3 – 20 000 Ew – Höhe 26 m – Erholungsort.*
Sehenswert : Dom St. Viktor★.
🅱 *Tourist-Information, Rathaus, Karthaus 2,* ✉ *46509,* ℰ *(02801) 77 22 98, Fax (02801) 772209.*
Berlin 574 – Düsseldorf 68 – Duisburg 42 – Kleve 26 – Wesel 16.

🏠 **Van Bebber,** Klever Str. 12, ✉ 46509, ℰ (02801) 66 23, *hotel.van.bebber@ t-online.de,* Fax (02801) 5914, Biergarten, « Stilvoll eingerichtetes Restaurant » – 📳, 🌫 Zim, 📺 🅿 – 🔬 60. 🖭 🐽 𝑽𝑰𝑺𝑨
Menu *(geschl. Montagmittag)* à la carte 45/78 – **35 Z** 🖙 160/280 – 250/300 – ½ P 30.

In Xanten-Obermörmter *Nord-West : 15 km über die B 57 :*

XXX **Landhaus Köpp,** Husenweg 147, ✉ 46509, ℰ (02804) 16 26, Fax (02804) 910187 – 🅿 🖭
❀ *geschl. 2. - 26. Jan., Samstagmittag, Sonntagabend - Montag –* **Menu** *(Tischbestellung erforderlich)* 79/130 à la carte 80/104
Spez. Steinbutt mit Orangennudeln. Lammrücken mit fritierten Kartoffelstreifen. Schokoladenvariation.

ZEHNA *Mecklenburg-Vorpommern* 🔢 *E 20 – 500 Ew – Höhe 45 m.*
Berlin 186 – Schwerin 66 – Güstrow 10 – Rostock 54 – Wismar 75.

🏠 **Motel Zehna,** Neue Ringstr. 1, ✉ 18276, ℰ (038458) 30 30, Fax (038458) 30311 – 📺 ❀ 🕭 🅿 – 🔬 30. 🐽 🕸 Rest
Menu *(nur Abendessen)* à la carte 21/37 – **15 Z** 🖙 70/95.

ZEIL AM MAIN *Bayern* 🔢 *P 15 – 5 300 Ew – Höhe 237 m.*
Berlin 428 – München 270 – Coburg 70 – Schweinfurt 27 – Bamberg 29.

🏠 **Kolb,** Krumer Str. 1, ✉ 97475, ℰ (09524) 90 11, Fax (09524) 6676, 🌧 – 📺 ⬅ 🅿 ❀ – 🔬 40. 🐽 𝑽𝑰𝑺𝑨
geschl. Anfang Jan. 2 Wochen, Ende Aug. 1 Woche – **Menu** à la carte 22/56 🕭 – **20 Z** 🖙 60/80 – 125.

ZEISKAM Rheinland-Pfalz siehe Bellheim.

ZEITZ Sachsen-Anhalt 𝟜𝟙𝟠 M 20 – 35 000 Ew – Höhe 200 m.
　🛈 Zeitz-Information, Altmarkt 16, (Gewandhaus), ✉ 06712, 𝒫 (03441) 8 32 91, Fax (03441) 83331.
　Berlin 216 – Magdeburg 136 – Gera 21.

🏨　**Am Wasserturm** Ⓜ, Geußnitzer Str. 73 (B 180), ✉ 06712, 𝒫 (03441) 6 17 20, Fax (03441) 617212, 🏡 – 📺 **P** – 🛗 20. 🕸 Rest
　Menu (geschl. Sonntag- und Feiertage abends) à la carte 27/54 – **20 Z** 🖙 98/130 – 150.

🏨　**Drei Schwäne**, Altmarkt 6, ✉ 06712, 𝒫 (03441) 21 26 86, Fax (03441) 712286 – 📺 – 🛗 40. 𝔸𝔼 𝕄𝕆 𝕍𝕀𝕊𝔸. 🕸
　Menu à la carte 27/43 – **36 Z** 🖙 70/110 – 120/180.

ZELL AM HARMERSBACH Baden-Württemberg 𝟜𝟙𝟡 U 8 – 7 600 Ew – Höhe 223 m – Erholungsort.
　🛈 Verkehrsbüro, Alte Kanzlei, ✉ 77736, 𝒫 (07835) 63 69 47, Fax (07835) 636950.
　Berlin 769 – Stuttgart 168 – Karlsruhe 99 – Freudenstadt 43 – Offenburg 22 – Freiburg im Breisgau 55.

🏨　**Sonne,** Hauptstr. 5, ✉ 77736, 𝒫 (07835) 6 37 30, Fax (07835) 637313, 🏡 – 📺 🚗 **P.** 𝔸𝔼 𝕄𝕆 𝕍𝕀𝕊𝔸
　geschl. Mitte Jan. - Mitte Feb. – **Menu** (geschl. Donnerstag - Freitagmittag) à la carte 33/62 – **19 Z** 🖙 95/150 – ½ P 25.

🏨　**Zum Schwarzen Bären**, Kirchstr. 5, ✉ 77736, 𝒫 (07835) 2 51, HHaseidl@t-online.de, Fax (07835) 5251, Biergarten – 📶 📺 🚗 **P** – 🛗 50. 𝕍𝕀𝕊𝔸
　Menu (geschl. 7. - 21. Jan., 1. - 8. Nov., Montagmittag, Mittwoch) à la carte 31/67 (auch vegetarische Gerichte) 🍷 – **25 Z** 🖙 74/120 – 115/125 – ½ P 16.

🛖　**Gasthof Kleebad** 🦢, Jahnstr. 8, ✉ 77736, 𝒫 (07835) 33 15, Fax (07835) 5187, 🌳 – 🛗 **P.** 🕸
　Menu (Restaurant nur für Hausgäste) – **21 Z** 🖙 60/76 – 112/130 – ½ P 18.

In Zell-Unterharmersbach Ost : 3 km :

🏨　**Rebstock,** Hauptstr. 104, ✉ 77736, 𝒫 (07835) 39 13, Fax (07835) 3734, 🏡, 🌳 – 📺 **P.** ⓞ 𝕄𝕆 𝕍𝕀𝕊𝔸
　geschl. 5. - 23. Feb., 2. - 24. Nov. – **Menu** (geschl. Dienstag) à la carte 26/56 – **17 Z** 🖙 62/108 – ½ P 17.

ZELL AN DER MOSEL Rheinland-Pfalz 𝟜𝟙𝟟 P 5 – 5 000 Ew – Höhe 94 m.
　🛈 Tourist-Information, Rathaus, Balduinstr. 44, ✉ 56856, 𝒫 (06542) 7 01 22, Fax (06542) 5600.
　Berlin 665 – Mainz 105 – Trier 72 – Cochem 39.

🏨　**Zum grünen Kranz,** Balduinstr. 13, ✉ 56856, 𝒫 (06542) 9 86 10, Fax (06542) 986180, ≤, 🏡, 🈺, 🔲 – 📶 📺 𝔸𝔼 ⓞ 𝕄𝕆 𝕍𝕀𝕊𝔸
　Menu (geschl. Jan.) à la carte 27/59 🍷 – **27 Z** 🖙 85/125 – 160/200.

🏨　**Zur Post,** Schloßstr. 25, ✉ 56856, 𝒫 (06542) 42 17, Fax (06542) 41693, 🏡 – 📶 📺 **P.** ⓞ 𝕄𝕆 𝕍𝕀𝕊𝔸
　geschl. Feb. – **Menu** (geschl. Montag) à la carte 26/48 🍷 – **16 Z** 🖙 60/80 – 120/140.

🏨　**Haus Notenau** garni, Notenau 7, ✉ 56856, 𝒫 (06542) 50 10, haus-notenau@t-online.de, Fax (06542) 5280 – 📺 **P.** 𝕄𝕆. 🕸
　13 Z 🖙 60/75 – 80/110.

ZELL IM WIESENTAL Baden-Württemberg 𝟜𝟙𝟡 W 7 – 6 700 Ew – Höhe 444 m – Erholungsort.
　🛈 Zeller Bergland Tourismus, Schopfheimer Str. 3, ✉ 79669, 𝒫 (07625) 92 40 92, Fax (07625) 13315.
　Berlin 819 – Stuttgart 196 – Freiburg im Breisgau 50 – Donaueschingen 73 – Basel 32.

🏨　**Löwen,** Schopfheimer Str. 2, ✉ 79669, 𝒫 (07625) 9 25 40, hotel-loewen-zell@mail.p com.de, Fax (07625) 8086, Biergarten – 📺 📞 **P.** ⓞ 𝕄𝕆 𝕍𝕀𝕊𝔸
　Menu (geschl. Donnerstagabend - Samstagmittag) à la carte 30/75 🍷 – **36 Z** 🖙 60/75 – 85/120 – ½ P 25.

In Zell-Pfaffenberg Nord : 5,5 km – Höhe 700 m

🏨　**Berggasthof Schlüssel** 🦢, Pfaffenberg 2, ✉ 79669, 𝒫 (07625) 92 48 61, info @berggasthof-schluessel.de, Fax (07625) 924862, ≤, « Terrasse », 🌳 – **P.** 𝕄𝕆 𝕍𝕀𝕊𝔸. 🕸 Zim
　geschl. Mitte Jan. - Mitte Feb. – **Menu** (geschl. Montag - Dienstag) à la carte 37/71 (auch vegetarische Gerichte) 🍷 – **11 Z** 🖙 58 – 96/100 – ½ P 27.

ZELL UNTER AICHELBERG Baden-Württemberg – 2 600 Ew – Höhe 330 m.

Berlin 617 – Stuttgart 46 – Göppingen 12 – Kircheim unter Teck 13 – Ulm (Donau) 56.

X **Schäferhof**, Bollerstr. 4, ✉ 73119, ℘ (07164) 1 43 67, Fax (07164) 14368, 🏡 – 🍽
🚗 🅿 – 🔒 80
geschl. 3. - 10. Sept., Samstagmittag, Montag – **Menu** à la carte 39/69.

ZELLA-MEHLIS Thüringen 418 O 16 – 13 000 Ew – Höhe 500 m.

🛈 Tourist-Information, Louis-Anschütz-Str. 28, ✉ 98544, ℘ (03682) 48 28 40, Fax (03682) 487143.

Berlin 346 – Erfurt 55 – Coburg 58 – Suhl 6.

🏠 **Waldmühle**, Lubenbachstr. 2, ✉ 98544, ℘ (03682) 8 98 90, hotel-waldmuehle@t-o
🚗 nline.de, Fax (03682) 898111, 🏡, 🏖 🅿 – 🔒 40. 🆎 🚗 VISA. ✍ Rest
Menu à la carte 23/46 – **37 Z** 🛏 80/90 – 115 – ½ P 20.

🏠 **Stadt Suhl**, Bahnhofstr. 7, ✉ 98544, ℘ (03682) 4 02 21, Fax (03682) 41931, Bier-
🚗 garten – 📺 🚗 🅿 🆎 🚗 VISA
Menu (geschl. Sonntagabend) à la carte 23/36 – **13 Z** 🛏 58/89 – 100/132.

ZELLINGEN Bayern 417 419 420 Q 13 – 5 800 Ew – Höhe 166 m.

Berlin 507 – München 296 – Würzburg 19 – Aschaffenburg 60 – Bad Kissingen 53.

In Zellingen-Retzbach :

🏠 **Vogelsang**, Untere Hauptstr. 9, ✉ 97225, ℘ (09364) 80 50, ivogelsang@hotel-vogelsan
g.de, Fax (09364) 805222, Biergarten, 🏖, 🔲 – ✆ Zim, 📺 🅿 – 🔒 130. 🆎 🚗 🚗 VISA
Menu à la carte 25/48 🍷 – **33 Z** 🛏 90 – 125/180.

ZELTINGEN-RACHTIG Rheinland-Pfalz 417 Q 5 – 2 500 Ew – Höhe 105 m – Erholungsort.

🛈 Verkehrsbüro, Zeltingen, Uferallee 13, ✉ 54492, ℘ (06532) 24 04, Fax (06532) 3847.

Berlin 688 – Mainz 121 – Trier 49 – Bernkastel-Kues 8 – Koblenz 99 – Wittlich 10.

Im Ortsteil Zeltingen :

🏠 **St. Stephanus**, Uferallee 9, ✉ 54492, ℘ (06532) 6 80, Fax (06532) 68420, ≤, 🏡,
🏖, 🔲 – 🛗, ✆ Zim, 📺 🚗 🅿 – 🔒 50. 🆎 🚗 🚗 VISA. ✍ Rest
Le Petit (geschl. Mittwoch) **Menu** à la carte 63/86 – **46 Z** 🛏 129/165 – 258/280 – ½ P 35.

🏠 **Nicolay zur Post**, Uferallee 7, ✉ 54492, ℘ (06532) 9 39 10, info@hotel-nicolay.de,
Fax (06532) 2306, ≤, 🏡, 🏖, 🔲 – 🛗, ✆ Zim, 📺 🚗 🅿 🚗 VISA. ✍ Rest
geschl. Jan. 3 Wochen – **Menu** (geschl. Montag - Dienstagmittag) à la carte 52/84 – **38 Z**
🛏 95/125 – 170/210 – ½ P 35.

Im Ortsteil Rachtig :

🏠 **Deutschherrenhof** (mit Gästehaus), Deutschherrenstr. 23, ✉ 54492, ℘ (06532)
93 50, Hotel.Deutschherrenhof@t-online.de, Fax (06532) 935199, ≤, 🏡 – 🛗 📺 🅿 –
🔒 30. 🚗 VISA
geschl. 2. - 22. Jan. – **Menu** (geschl. Nov. - März Dienstag) (Nov. - März wochentags nur
Abendessen) à la carte 31/63 🍷 – **49 Z** 🛏 75/190 – ½ P 35.

ZEMMER Rheinland-Pfalz siehe Kordel.

ZENTING Bayern 420 T 23 – 1 300 Ew – Höhe 450 m – Wintersport : 600/1 000 m ⚡.

🛈 Verkehrsamt, Schulgasse 4, ✉ 94579, ℘ (09907) 2 82, Fax (09907) 1093.

Berlin 596 – München 172 – Passau 35 – Cham 89 – Deggendorf 30.

In Zenting-Ranfels Süd : 4 km :

🏠 **Zur Post** 🦶 (mit Gästehaus), Schloßbergweg 4, ✉ 94579, ℘ (09907) 2 30,
🚗 Fax (09907) 1209, Biergarten, 🏖 – 🅿
geschl. Nov. - 20. Dez. – **Menu** (geschl. Mittwoch) à la carte 24/35 – **16 Z** 🛏 46/82.

ZERBST Sachsen-Anhalt 418 K 20 – 16 000 Ew – Höhe 68 m.

🛈 Informations- und Verkehrsbüro, Schloßfreiheit 12, ✉ 39261, ℘ (03923) 23 51,
Fax (03923) 760179.

Berlin 133 – Magdeburg 43 – Dessau 30.

🏠 **von Rephuns Garten**, Rephunstr. 2, ✉ 39261, ℘ (03923) 6 16 05,
🍴 Fax (03923) 61607, 🏡 – 📺 🅿 – 🔒 20. 🆎 🚗 VISA
Menu (geschl. 17. Juli - 4. Aug.) à la carte 40/56 – **14 Z** 🛏 98/148.

XX **Park-Restaurant Vogelherd**, Lindauer Str. 78 (Nord : 2,5 km), ✉ 39261, ℘ (03923)
🍴 78 04 44, Fax (03923) 780447, 🏡, « Kleiner Teich und Pavillon mit Grill » – 🅿 🆎 🚗 VISA
geschl. Montag - Dienstag – **Menu** à la carte 35/67.

ZETEL *Niedersachsen* **415** *F 7 – 10 500 Ew – Höhe 10 m.*
Berlin 477 – Hannover 189 – Bremen 89 – Wilhelmshafen 21.

In Zetel-Neuenburg *Süd-West : 4 km :*

🏠 **Neuenburger Hof,** Am Markt 12, ⊠ 26340, ℰ (04452) 2 66, Fax (04452) 7806, 🌤,
🔄 🖙, 🚗 – 📺 🕳 📞 🅿 ⑩ 🆑 **VISA**
Menu *(geschl. 15. - 30. Juli, Mittwochmittags, Freitagmittags)* à la carte 23/42 – **16 Z**
⊊ 60/100.

ZEULENRODA *Thüringen* **418** *O 19 – 15 000 Ew – Höhe 425 m.*
🅸 *Fremdenverkehrsverein, Schuhgasse 7,* ⊠ *07937,* ℰ *(036628) 8 24 41, Fax (036628)*
89291.
Berlin 267 – Erfurt 109 – Gera 31 – Greiz 20.

🏠🏠 **Goldener Löwe,** Kirchstr. 15, ⊠ 07937, ℰ (036628) 6 01 44, hotel@goldenerloewe
.de, Fax (036628) 60145, 🌤, Massage, 🔄 – 🖙 Zim, 📺 📞 🚗 🅿 – 🔏 25. 🆎 ⑩
VISA
Menu à la carte 33/57 – **32 Z** ⊊ 80/120 – 130/160.

ZEUTHEN *Brandenburg* **416** *I 24 – 8 000 Ew – Höhe 50 m.*
Berlin 32 – Potsdam 57 – Frankfurt (Oder) 74.

🏠🏠🏠 **Seehotel,** Fonteneallee 27, ⊠ 15738, ℰ (033762) 8 90, INFO@SEEHOTEL.NET,
Fax (033762) 89408, 🌤, Massage, 🔄 – 📶, 🖙 Zim, 🍽 Rest, 📺 📞 🅿 – 🔏 180. 🆎 ⑩
⑩ **VISA** **JCB**
Menu à la carte 38/70 – **142 Z** ⊊ 140/220 – 180/240, 4 Suiten.

ZEVEN *Niedersachsen* **415** *G 11 – 14 500 Ew – Höhe 30 m.*
Berlin 350 – Hannover 147 – Bremen 58 – Bremerhaven 60 – Hamburg 74.

🏠🏠 **Paulsen,** Meyerstr. 22, ⊠ 27404, ℰ (04281) 94 10, Paulsen@ringhotels.de,
Fax (04281) 94142 – 📶, 🖙 Zim, 📺 📞 🅿 – 🔏 50. 🆎 ⑩ ⑩ **VISA**
Menu *(geschl. Sonn- und Feiertage)* à la carte 34/64 – **38 Z** ⊊ 115/155 – 150/220.

🏠 **Central,** Alte Poststr. 2, ⊠ 27404, ℰ (04281) 9 39 10, hotelcentral@t-online.de,
Fax (04281) 939191, 🌤 – 📺 📞 🚗 🅿 🆎 ⑩ ⑩ **VISA**. 🍽 Rest
Menu *(geschl. Freitag) (nur Abendessen)* à la carte 35/54 – **20 Z** ⊊ 90/95 –
135/140.

🏠 **Spreckels,** Altbremer Str. 2, ⊠ 27404, ℰ (04281) 9 37 20, Fax (04281) 6537 – 📺 🚗
🅿 ⑩ **VISA**. 🍽
Menu *(geschl. Juni, Samstagmittag, Sonntagabend)* à la carte 27/53 – **23 Z** ⊊ 85/90 –
125/130.

🏠 **Landhaus Radler** garni, Kastanienweg 17, ⊠ 27404, ℰ (04281) 30 22, hotel@Lan
dhaus-radler.de, Fax (04281) 3411, 🌱 – 🖙 📺 📞 🅿 🆎 ⑩ ⑩ **VISA**
16 Z ⊊ 82/89 – 113/129.

In Gyhum-Sick *Süd : 10 km :*

🏠🏠 **Niedersachsen-Hof,** Sick 13 (an der B 71), ⊠ 27404, ℰ (04286) 94 00, info@nie
dersachsenhof.de, Fax (04286) 1400, 🌤, 🔄 – 🖙 Zim, 📺 📞 🚗 🅿 – 🔏 35. ⑩ ⑩
VISA
Menu *(geschl. 1. - 7. Jan., Freitag)* à la carte 34/62 – **37 Z** ⊊ 70/90 – 117/150.

ZIMMERN *Baden-Württemberg siehe Rottweil.*

ZINGST *Mecklenburg-Vorpommern* **416** *C 22 – 3 500 Ew – Seebad.*
🅸 *Haus des Gastes, Seestr. 57,* ⊠ *18374,* ℰ *(038232) 8 15 21, Fax (038232) 81525.*
Berlin 284 – Schwerin 143 – Rostock 71 – Stralsund 42.

🏠🏠 **Meerlust** 🅼 🏊, Seestr. 72, ⊠ 18374, ℰ (038232) 88 50, Hotel-Meerlust@t-online.de,
Fax (038232) 88599, 🌤, « Bade- und Wellnesslandschaft », 🔄, 🔲, 🌱 – 📶 🖙 📺 📞
🚗 🅿 ⑩ **VISA**. 🍽 Rest
Menu à la carte 43/67 – **31 Z** ⊊ 185/220 – 210/340 – ½ P 35.

🏠🏠 **Steigenberger Esprix Aparthotel** 🅼 🏊, Seestr. 52, ⊠ 18374, ℰ (038232) 8 50,
Fax (038232) 85999, 🌤, 🔄 – 📶, 🖙 Zim, 📺 📞 ♿ 🚗 – 🔏 50. 🆎 ⑩ ⑩ **VISA** **JCB**.
🍽 Rest
Menu à la carte 32/57 – **103 Z** ⊊ 170/275 – 226/364 – ½ P 30.

🏠 **Marks** ⌕, Jordanstr. 7, ✉ 18374, ✆ (038232) 1 61 40, *hotel-marks@t-online.de*, Fax (038232) 16144, 🛋, 🍴 ⇔ Zim, 📺 ✆ 🅿 – 🔒 30. ㏂ ㏖
Menu à la carte 27/53 – **24 Z** ⊑ 110/160 – 160/195 – ½ P 25.

🏠 **Am Strand** ⌕, Birkenstr. 21, ✉ 18374, ✆ (038232) 1 56 00, *hotel@AmStrand.de*, Fax (038232) 15603, 🛋, ⇔ – 📺 🍴 Zim
geschl. Jan. – **Menu** *(Nov. - April nur Abendessen)* à la carte 27/42 – **19 Z** ⊑ 130/146 – 150/180, 6 Suiten – ½ P 25.

🏠 **Meeresrauschen** ⌕, Seestr. 51, ✉ 18374, ✆ (038232) 13 01, Fax (038232) 80184, 🛋, « Wechselnde Kunstausstellung », 🖤 – 📺 🅿. ✆ 🛋
geschl. Anfang Nov. - Mitte Dez. – **Menu** *(Dez. - März Montag - Freitag nur Abendessen)* à la carte 27/40 – **13 Z** ⊑ 100/150, 5 Suiten – ½ P 25.

🏠 **Boddenhus** ⌕, Hafenstr. 9, ✉ 18374, ✆ (038232) 1 57 13, *JRich19693@aol.com*, Fax (038232) 15629, 🛋 – 📺 🅿. ㏂ ㏖ ㏖ ㏚ 𝗩𝗜𝗦𝗔
Menu *(Dez. - März Montag - Freitag nur Abendessen)* à la carte 30/53 – **20 Z** ⊑ 90/118 – 128/178 – ½ P 19.

ZINNOWITZ *Mecklenburg-Vorpommern siehe Usedom (Insel).*

ZIRNDORF *Bayern* 419 420 *R 16 – 21 000 Ew – Höhe 290 m.*
Siehe Stadtplan Nürnberg (Umgebungsplan).
Berlin 452 – München 175 – Nürnberg 16 – Ansbach 35.

🏠🏠 **Rangau** M, Banderbacher Str. 27, ✉ 90513, ✆ (0911) 9 60 10, *Akzenthotel.Rangau @t-online.de*, Fax (0911) 9601100, 🛋, 🍴 – ⧉, ⇔ Zim, 📺 ✆ 🔒 🅿 – 🔒 40. ㏂ ㏖ 𝗩𝗜𝗦𝗔. ✿ Rest
AS c
Menu *(geschl., Sonn- und Feiertage abends, Montag)* à la carte 38/67 – **20 Z** ⊑ 138/175 – 188/228.

🏠 **Kneippkurhotel** ⌕, Achterplätzchen 5, ✉ 90513, ✆ (0911) 60 90 03, Fax (0911) 603001, 🛋 – 📺 ⇐ 🅿
AS m
Menu *(geschl. 28. Dez. - 5. Jan., Sonntag - Montagmittag)* à la carte 28/51 – **18 Z** ⊑ 75/85 – 100/110.

ZITTAU *Sachsen* 418 *N 28 – 29 000 Ew – Höhe 242 m.*
Sehenswert : Grüner Born★ – Oybin : Bergkirche★, Burg- und Klosteranlage★ ≤★ Süd-West : 8 km – Großschönau : Deutsches Damast- und Frottiermuseum★ West : 12 km.
🅱 Tourist-Information, im Rathaus, Markt 1, ✉ 02763, ✆ (03583) 75 21 37, Fax (03583) 752161.
Berlin 246 – Dresden 99 – Görlitz 34.

🏠🏠 **Drei Ländereck** M, Bautzner Str. 9, ✉ 02763, ✆ (03583) 55 50, *info@hotel-dle.de*, Fax (03583) 555223, 🛋 – ⧉, ⇔ Zim, ⇐ – 🔒 60. ㏂ ㏚ ㏖ 𝗩𝗜𝗦𝗔. ✿ Rest
Menu à la carte 36/63 – **45 Z** ⊑ 105/159.

🏠 **Dresdner Hof** (mit Gästehaus), Äußere Oybiner Str. 9, ✉ 02763, ✆ (03583) 5 73 00, Fax (03583) 573050, 🛋, 🍴 – ⧉ 📺 ✆ 🅿 – 🔒 20. ㏖ 𝗩𝗜𝗦𝗔
Menu à la carte 25/44 – **29 Z** ⊑ 90/100 – 120/130.

🏠 **Zum Weberhof**, Äußere Weberstr. 46, ✉ 02763, ✆ (03583) 5 73 70, ⇐ Fax (03583) 573750 – ⇔ Zim, 📺 ✆ ⇐. ㏖ 𝗩𝗜𝗦𝗔
Menu *(wochentags nur Abendessen)* à la carte 24/32 – **30 Z** ⊑ 77/86 – ½ P 18.

In Hörnitz *West : 4 km :*

🏠🏠 **Schloßhotel Althörnitz** ⌕, Zittauer Str. 9, ✉ 02763, ✆ (03583) 55 00, *hotel@s chlosshotel-althoernitz.de*, Fax (03583) 550200, 🛋, « Schloß a.d. 17.Jh. mit Park und Hotelanlage », Massage, ⇔, 🍴 – ⧉, ⇔ Zim, 📺 ✆ 🔒 🅿 – 🔒 60. ㏂ ㏖ 𝗩𝗜𝗦𝗔 ㏚㏚
Menu *(Montag - Freitag nur Abendessen)* à la carte 33/57 – **78 Z** ⊑ 130/160 – 220/250.

ZOELLNITZ *Thüringen siehe Jena.*

ZORGE *Niedersachsen* 418 *L 15 – 1 800 Ew – Höhe 340 m – Luftkurort.*
🅱 Tourist-Information, Am Kurpark 4, ✉ 37449, ✆ (05586) 96 60 70, Fax (05586) 966060.
Berlin 262 – Hannover 137 – Erfurt 98 – Göttingen 70 – Braunlage 15.

🏠 **Wolfsbach**, Hohegeißer Str. 25, ✉ 37449, ✆ (05586) 4 26, Fax (05586) 971246, 🍴 – 📺 🅿. ✿
geschl. 20. März - 11. April, Nov. - 15. Dez. – **Menu** *(Restaurant nur für Hausgäste)* – **17 Z** ⊑ 53/62 – 97/116 – ½ P 14.

ZORNEDING Bayern 420 V 19 – 7500 Ew – Höhe 560 m.

Berlin 599 – München 24 – Wasserburg am Inn 34.

🏠 **Neuwirt,** Münchner Str. 4 (B 304), ✉ 85604, 𝒫 (08106) 2 42 60, Fax (08106) 2426166, 🍴 – 📺 📠 📞 📠 – 🛎 30. AE ① ◐ VISA
Menu à la carte 26/65 – **30 Z** 🍴 115/150.

ZOSSEN Brandenburg 416 418 J 24 – 8000 Ew – Höhe 40 m.

Berlin 34 – Potsdam 55 – Königs Wusterhausen 17.

🏠🏠 **Berlin,** Bahnhofstr. 28 (B 96), ✉ 15806, 𝒫 (03377) 32 50, Fax (03377) 325100 – 🛗, ✳ Zim, 📺 📞 📠 – 🛎 30. AE ① ◐ VISA JCB
Menu (nur Abendessen) à la carte 32/44 – **59 Z** 🍴 90/110 – 130/140, 9 Suiten.

🏠🏠 **Reuner,** Machnower Chaussee 1a (B 96), ✉ 15806, 𝒫 (03377) 30 13 70,
Fax (03377) 301371, 🍴, 🌳 – 📺 📞 📠 – 🛎 20. AE ① ◐ VISA
Menu à la carte 24/52 – **17 Z** 🍴 110/130 – 130/180.

Verwechseln Sie nicht ✗ und ⊛ :

✗ kennzeichnet den Komfort des Restaurants,
⊛ kennzeichnet die überdurchschnittliche Qualität der Küche.

ZSCHORLAU Sachsen 418 420 O 21 – 5000 Ew – Höhe 530 m.

Berlin 303 – Dresden 117 – Chemnitz 42 – Karlovy Vary 63 – Plauen 53 – Zwickau 23.

In Zschorlau-Burkhardtsgrün Süd : 4 km :

🏠 **Landhotel Am Alten Zollhaus,** Hauptstr. 19, ✉ 08321, 𝒫 (037752) 62 00, AmAltenZollhaus.Erzgebirge@t-online.de, Fax (037752) 6206, 🍴, 🚬, 🔲 – ✳ Zim, 📺 📠 – 🛎 20. AE ① ◐ VISA
Menu à la carte 25/45 – **18 Z** 🍴 85/95 – 100/160.

ZÜTZEN Brandenburg siehe Schwedt.

ZUSMARSHAUSEN Bayern 419 420 U 15 – 4700 Ew – Höhe 466 m.

Berlin 575 – München 98 – Augsburg 25.

🏠🏠 **Die Post,** Augsburger Str. 2, ✉ 86441, 𝒫 (08291) 1 88 00, webmaster@hotel-die-post.de, Fax (08291) 8363, 🍴, Massage, 🕌, 🚬, 🔲 – 🛗, ✳ Zim, 📺 📞 📠 📠 – 🛎 60. ① ◐ VISA
Menu 45 à la carte 59/91 – **25 Z** 🍴 85/117 – 164/184.

ZWEIBRÜCKEN Rheinland-Pfalz 417 S 6 – 37500 Ew – Höhe 226 m.

🛈 Büro für Fremdenverkehr, Herzogstr. 1, ✉ 66482, 𝒫 (06332) 87 11 23, Fax (06332) 871145.

ADAC, Poststr. 14.

Berlin 691 – Mainz 139 – Saarbrücken 40 – Pirmasens 25.

🏠🏠 **Europas Rosengarten** 🚬, Rosengartenstr. 60, ✉ 66482, 𝒫 (06332) 97 70, Rosengarten@othello.de, Fax (06332) 977222, 🍴 – 🛗, ✳ Zim, 📺 📠 – 🛎 40. AE ① ◐ VISA
Menu à la carte 37/65 – **48 Z** 🍴 122/150 – 174/180.

✗ **Hitschler,** Fruchtmarktstr. 8, ✉ 66482, 𝒫 (06332) 7 55 74 – ◐ VISA
geschl. Mitte - Ende Juli, Mittwochabend - Donnerstag, Samstagmittag – **Menu** à la carte 31/59.

Außerhalb Ost : 3 km :

🏠🏠🏠 **Romantik Hotel Fasanerie** 🚬, Fasanerie 1, ✉ 66482 Zweibrücken, 𝒫 (06332) 97 30, fasanerie@romantik.de, Fax (06332) 973111, 🍴, Biergarten, « Park », 🚬, 🔲 – ✳ Zim, 📺 📠 – 🛎 100. AE ① ◐ VISA
Tschifflik (geschl. März - April 2 Wochen, Juli - Aug. 3 Wochen, Sonntag - Montag) **Menu** 89/155 und à la carte – **Orangerie :** Menu à la carte 65/78 – **Landhaus** (wochentags nur Abendessen) **Menu** à la carte 39/56 – **50 Z** 🍴 189/227 – 267/343.

ZWESTEN BAD Hessen 📟 M 11 – 4 300 Ew – Höhe 215 m – Heilbad – Luftkurort.
> 🅱 Kurverwaltung, Rathaus, Ringstr. 1, ✉ 34596, 𝒫 (05626) 7 73, Fax (05626) 999326.
> Berlin 424 – Wiesbaden 171 – *Kassel 40* – Bad Wildungen 11 – Marburg 50 –
> Paderborn 115.

🏠 **Zum kleinen König,** Hauptstr. 4, ✉ 34596, 𝒫 (05626) 84 11, Fax (05626) 8360, 🏡
— 📺 🆎 ⓞ ⓜⓞ **VISA**
Menu *(geschl. Montag)* à la carte 29/58 – **7 Z** ⇄ 68/88 – 120/140.

🏠 **Landhotel Kern,** Brunnenstr. 10, ✉ 34596, 𝒫 (05626) 99 70, *hotelkern*
@aol.com, Fax (05626) 997222, 🏡, 🚭, 🔲, 🌳 – 🛗 🅿 – 🔏 30. 🆎 ⓞ ⓜⓞ **VISA**.
🐾 Rest
geschl. 10. Jan. - 20. März – **Menu** *(geschl. Dienstagabend, Mittwochabend)* à la carte 27/58
– **58 Z** ⇄ 78/85 – 140/156.

🏠 **Altenburg,** Hardtstr. 1a, ✉ 34596, 𝒫 (05626) 8 00 90, *Hotel-Altenburg@freenet.de*,
Fax (05626) 997439, 🏡, 🕍, 🚭, 🌳 – 🛏 Zim, 📺 🕭 🅿 – 🔏 60. 🆎 ⓞ ⓜⓞ **VISA**
geschl. 15. Jan. - 15. Feb., 15. - 30. Nov. – **Menu** *(geschl. Sonntagabend - Montag)* à la carte
26/56 – **46 Z** ⇄ 65/105 – 120/190 – ½ P 19.

ZWETHAU Sachsen 📟 L 23 – 1 100 Ew – Höhe 82 m.
> Berlin 123 – Dresden 96 – *Leipzig 59* – Wittenberg 53.

🏠 **Wenzels Hof,** Herzberger Str. 7, ✉ 04886, 𝒫 (03421) 7 31 10, *WenzelsHof@t-onlin*
e.de, Fax (03421) 731125, « Gartenterrasse », 🚭 – 🛏 Zim, 📺 🅿 – 🔏 50. 🆎 ⓞ ⓜⓞ
VISA
Menu à la carte 27/45 – **22 Z** ⇄ 95/115 – 120/155.

ZWICKAU Sachsen 📟 N 21 – 105 000 Ew – Höhe 434 m.
> **Sehenswert :** Dom St. Marien★ DZ (Hauptaltar★★, Beweinung Christi★, Heiliges Grab★,
> Kanzel★) – 🎦 Zwickau, Reinsdorfer Str. 29 (V), 𝒫 (0375) 2 04 04 00.
> 🅱 Tourist-Information, Hauptstr. 6, ✉ 08056, 𝒫 (0375) 83 52 70, Fax (0375) 293715.
> **ADAC,** Äußere Schneeberger Str. 4.
> Berlin 263 ① – Dresden 105 ① – *Chemnitz 42 ②* – Leipzig 80 ①

Stadtpläne siehe nächste Seiten

🏛 **Holiday Inn** 🅼, Kornmarkt 9, ✉ 08056, 𝒫 (0375) 2 79 20, *hotel@holiday-inn-zwick*
au.de, Fax (0375) 2792666, 🏡, 🚭 – 🛗, 🛏 Zim, 🍽 Rest, 📺 🕭 🕀 🚘 – 🔏 100. 🆎
ⓞ ⓜⓞ **VISA** ᴊᴄʙ   DZ s
Pavillon *(geschl. Aug., Sonntag - Montag)* *(nur Abendessen)* **Menu** à la carte
56/75 – **Confetti :** **Menu** à la carte 30/58 – **127 Z** ⇄ 165/185 – 199/235,
4 Suiten.

🏛 **Airport Hotel** 🅼, Olzmannstr. 57, ✉ 08060, 𝒫 (0375) 5 60 20, *info@airport-zwick*
au.bestwestern.de, Fax (0375) 5602151, 🏡, Biergarten, 🚭 – 🛗, 🛏 Zim, 📺 🕭 🕀 🅿
– 🔏 120. 🆎 ⓞ ⓜⓞ **VISA**   AV a
Menu à la carte 34/60 – **124 Z** ⇄ 99/155 – 140/195, 9 Suiten.

🏠 **Merkur** garni, Bahnhofstr. 58, ✉ 08056, 𝒫 (0375) 29 42 86, Fax (0375) 294288 – 📺
🅿. 🆎 ⓞ ⓜⓞ **VISA**. 🐾   CZ b
27 Z ⇄ 68/110 – 130/140.

✕✕ **Drei Schwäne,** Heinrich-Heine-Str. 69, ✉ 08058, 𝒫 (0375) 2 04 76 50,
Fax (0375) 2047650, 🏡 – 🆎 ⓞ ⓜⓞ **VISA**   BU u
geschl. Sonntagabend - Montag – **Menu** à la carte 60/75.

In Zwickau-Eckersbach *Nord-Ost : 3 km :*

🏠 **Park Eckersbach,** Trillerplatz 1, ✉ 08066, 𝒫 (0375) 47 55 72, *ParkEckersbach@t*
🚭 *-online.de*, Fax (0375) 475801, Biergarten – 📺 🅿. 🆎 ⓜⓞ **VISA**   BV d
Menu *(Montag - Freitag nur Abendessen)* à la carte 20/58 – **16 Z** ⇄ 115/125 –
155/165.

In Zwickau-Oberhohndorf *Süd-Ost : 4 km :*

🏠 **Gerisch** garni, Wildenfelser Str. 20, ✉ 08056, 𝒫 (0375) 21 29 40, *ThGerisch@t-onlin*
e.de, Fax (0375) 294451 – 🛏 📺 🅿. 🐾   BV e
15 Z ⇄ 85/110 – 120/140.

In Zwickau-Pölbitz *Nord : 2,5 km :*

🏛 **Achat** 🅼, Leipziger Str. 180 (B 175), ✉ 08058, 𝒫 (0375) 87 20 (Hotel), 30 20 37 (Rest.),
zwickau@achat-hotel.de, Fax (0375) 872999, 🏡 – 🛗, 🛏 Zim, 📺 🕭 🚘 🅿 – 🔏 30. ⓜⓞ **VISA**
Menu à la carte 25/50 – ⇄ 18 – **145 Z** 120/160 – 142/182, 4 Suiten.   BU f

ZWICKAU

Am Bauernweg . . . . BV 6
Bürgerschachtstr. . . . . BV 9
Erlmühlenstr. . . . . BU 10
Friedrich-Engels-Str. . . . . BUV 12
Gochtstr. . . . . AU 13

Heinrich-Braun-Str. . . . . . . AV 16
Helmholtzstr. . . . . BV 18
Innere Zwickauer Str. . . . . AV 21
Lerchenweg . . . . BV 24
Muldestr. . . . . BV 31
Olzmannstr. . . . . AV 36
Oskar-Arnold-Str. . . . . BV 37

Pölbitzer-Str. . . . . BU 42
Schedewitzer Str. . . . . BV 45
Scheffelstr. . . . . BU 46
Steinpleiser Str. . . . . AV 51
Sternenstr. . . . . BU 52
Thurmer Str. . . . . BU 55
Untere Kohlenstr. . . . . BV 57

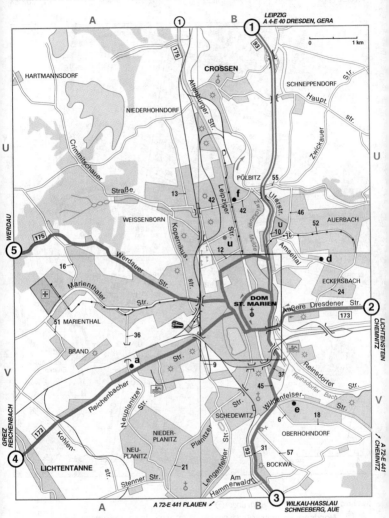

In **Schönfels** *Süd-West : 6 km über* ④ :

🏠 **Landgasthaus zum Löwen** ≫, Zwickauer Str.25, ⊠ 08115, ✆ (037600) 7 01 45,
HOTEL-SCHOENFELS@T-ONLINE.de, Fax (037600) 70152, ☃ – 📺 🅿 – 🔺 100
Menu à la carte 23/34 – **15 Z** ⊊ 90/130.

In **Wilkau-Hasslau** *Süd-Ost : 7 km über* ③ :

🍴 **Laurentius,** Kirchberger Str. 6, ⊠ 08112, ✆ (0375) 67 10 37, Fax (0375)
671521
geschl. Dienstag – **Menu** à la carte 28/52.

ZWICKAU

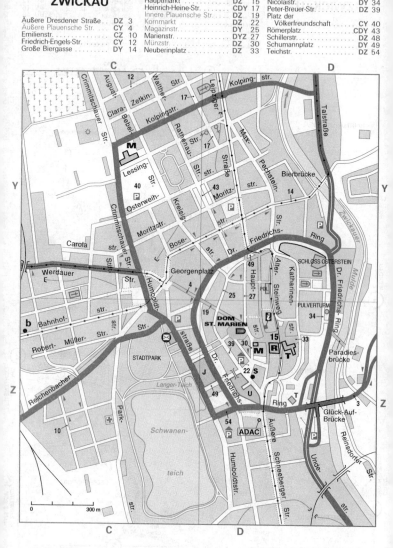

In **Niedermülsen** Nord : 8 km über ① :

Nordsee, Hauptstr. 45, ⊠ 08138, ℰ (037604) 26 60, Hotel-Nordsee-Zwickau@t-onli
ne.de, Fax (037604) 2667, ⇌, ※ – ⊡ 🅿. 🅰🄴 ⓜ⑤ 𝚅𝙸𝚂𝙰.
Menu (nur Abendessen) (italienische Küche) à la carte 30/52 – **50 Z** ⊇ 70/95 – 115/125.

ZWIEFALTEN Baden-Württemberg 🔢 V 12 – 2 300 Ew – Höhe 540 m – Erholungsort.
Sehenswert : Ehemalige Klosterkirche★★ – Berlin 669 – Stuttgart 84 – Konstanz 105 –
Reutlingen 43 – Ulm (Donau) 50 – Ravensburg 63.

Zur Post, Hauptstr. 44 (B 312), ⊠ 88529, ℰ (07373) 9 20 70, gasthof.post@t-onlin
e.de, Fax (07373) 2360, 🍴, 🐎 – 🔁 Zim, ⊡ 🛏 🅿. ⓜ⑤ 𝚅𝙸𝚂𝙰 – geschl. 10. - 24. Jan. –
Menu (geschl. Dienstag) à la carte 26/46 – **18 Z** ⊇ 48/60 – 70/98 – ½ P 25.

ZWIESEL Bayern **420** S 23 – 10 500 Ew – Höhe 585 m – Luftkurort – Wintersport : 600/700 m
🚠1 🎿 – 🏌 Lindberg, Zwiesel Winkel (Süd-Ost : 3 km), 𝒫 (09922) 23 67.
🅱 Kur- und Touristikinformation, Stadtplatz 27 (Rathaus), ⊠ 94227, 𝒫 (09922) 13 08, Fax (09922) 5655.
Berlin 476 – München 179 – *Passau 62* – Cham 59 – Deggendorf 36.

🏨 **Zur Waldbahn,** Bahnhofplatz 2, ⊠ 94227, 𝒫 (09922) 85 70, zurwaldbahn@gmx.de, Fax (09922) 857222, 🌤, « Garten », ⇌s, 🔲, 🐎 – ⇄ 🅿 – 🔬 20. ⬢❾ Zim
geschl. 16. April - 6. Mai – **Menu** à la carte 32/47 – **28 Z** ⊃ 110 – 150/190 – ½ P 25.

🏠 **Glas Hotel Bergfeld** ⊗, Hochstr. 45, ⊠ 94227, 𝒫 (09922) 85 40, info@glashote
l-bergfeld.de, Fax (09922) 854100, ≼, Massage, 🏊, ⇌s, 🔲, 🐎 – ⇄❾ 📺 ⟺ 🅿 ❾
geschl. 24. März - 9. April, 4. Nov. - 20. Dez. – **Menu** (geschl. Sonntag) (Restaurant nur für Hausgäste) – **21 Z** ⊃ 70/95 – 140/180 – ½ P 25.

🏠 **Kapfhammer,** Holzweberstr. 6, ⊠ 94227, 𝒫 (09922) 8 43 10, Fax (09922) 6546, ⇌s
– 📺 🅿. ❾
geschl. Nov. - Mitte Dez. – **Menu** à la carte 27/51 – **46 Z** ⊃ 75/80 – 130/135 – ½ P 15.

🍴 **Marktstube,** Angerstr. 31, ⊠ 94227, 𝒫 (09922) 62 85, Fax (09922) 4638, 🌤 – ⬢❾
geschl. 13. - 24. Juni, Dienstag – **Menu** à la carte 36/52.

In Lindberg-Lehen Nord-Ost : 4 km :

🏨 **Kur- und Sporthotel Ahornhof,** Lehen 35a, ⊠ 94227, 𝒫 (09922) 85 30,
Fax (09922) 853500, ≼, 🌤, Massage, ℒ⑤, ⇌s, 🔲 (geheizt), 🔲, 🐎 – ⇥|, ⇄❾ Zim, 📺
⟺ 🅿 – 🔬 80. 🄰🄴 ⓞ ⬢❾ 𝘝𝘐𝘚𝘈 ❾ Rest
Menu à la carte 32/63 – **156 Z** ⊃ 80/130 – 160/220 – ½ P 29.

🏠 **Riesberghof** ⊗, Riesweg 4, ⊠ 94227, 𝒫 (09922) 85 20, riesberghof
@bayerischerwald.de, Fax (09922) 852100, ≼, ⇌s, 🐎 – ⇄❾ Zim, 📺 ⟺ ⬢❾ 🅿. 𝘝𝘐𝘚𝘈
geschl. Nov. - 15. Dez. **Menu** (nur Abendessen) à la carte 27/44 – **63 Z** ⊃ 77 – 98/124
– ½ P 17.

In Lindberg-Zwieslerwaldhaus Nord-Ost : 10 km – Höhe 700 m – Wintersport : 🎿

🏠 **Zwieseler Waldhaus** ⊗, Zwieseler Waldhaus 28, ⊠ 94277, 𝒫 (09925) 90 20 20,
Gasthaus.Zwieselerwaldhaus@bnv-regen.de, Fax (09925) 902021, Biergarten, ⇌s, 🐎 –
⇄❾ Zim, 📺 🅿
geschl. 5. Nov. - 16. Dez. – **Menu** à la carte 25/48 – **48 Z** ⊃ 58/63 – 96/106 –
½ P 18.

🏕 **Waldhotel Naturpark** ⊗, ⊠ 94227, 𝒫 (09925) 9 41 10, Hotel-Naturpark@bnv-r
egen.de, Fax (09925) 941149, 🌤, ⇌s, 🐎 – 📺 🅿
geschl. nach Ostern 1 Woche, Nov. - 20. Dez. – **Menu** à la carte 24/45 – **17 Z** ⊃ 55/65
– 110/120 – ½ P 15.

ZWINGENBERG Hessen **417 419** Q 9 – 6 300 Ew – Höhe 97 m.
Berlin 586 – Wiesbaden 61 – *Mannheim 43* – Darmstadt 23 – Heidelberg 45 – Mainz 62.

🏨 **Zur Bergstraße** garni, Bahnhofstr. 10, ⊠ 64673, 𝒫 (06251) 1 78 50, info @hotel
-zur-bergstrasse.de, Fax (06251) 178555 – ⇥| 📺 📞 & 🅿. 🄰🄴 ⓞ ⬢❾ 𝘝𝘐𝘚𝘈. ❾
geschl. 24. Dez. - 5. Jan. – **21 Z** ⊃ 155 – 175/190.

🍴🍴 **Freihof** mit Zim, Marktplatz 8, ⊠ 64673, 𝒫 (06251) 7 95 59, Fax (06251) 76712, 🌤
– 📺 🅿. 🄰🄴 ⬢❾ 𝘝𝘐𝘚𝘈. ❾
Menu (geschl. Sonntag) (italienische Küche) à la carte 40/79 – **10 Z** ⊃ 95/110 –
140.

ZWISCHENAHN, BAD Niedersachsen **415** G 8 – 24 500 Ew – Höhe 11 m – Moorheilbad.
Sehenswert : Parkanlagen★.
🏌 Elmendorferstr. (Nord-West : 3 km), 𝒫 (04403) 6 38 66 – 🅱 Kurverwaltung, Auf dem
Hohen Ufer 24, ⊠ 26160, 𝒫 (04403) 5 90 81, Fax (04403) 61158.
Berlin 453 – Hannover 185 – *Bremen 67* – Oldenburg 17 – Wilhelmshaven 53.

🏨 **Haus am Meer** Ⓜ ⊗, Auf dem Hohen Ufer 25, ⊠ 26160, 𝒫 (04403) 94 00, hote
l@hausammeer.de, Fax (04403) 940300, 🌤, « Moderne Einrichtung », ⇌s – ⇥|, ⇄❾ Zim,
📺 📞 & ⟺ 🅿 – 🔬 200. 🄰🄴 ⓞ ⬢❾ 𝘝𝘐𝘚𝘈. ❾ Rest
Deters : **Menu** à la carte 38/67 – **71 Z** ⊃ 130/265.

🏨 **Seehotel Fährhaus** ⊗, Auf dem Hohen Ufer 8, ⊠ 26160, 𝒫 (04403) 60 00, Seeh
otel@nwn.de, Fax (04403) 600500, ≼, « Terrasse am See », Massage, ⇌s, 🔲 Bootssteg
– ⇥| 🅿 – 🔬 150. 🄰🄴 ⓞ ⬢❾ 𝘝𝘐𝘚𝘈. ❾ Zim
Menu à la carte 43/66 – **56 Z** ⊃ 112/168 – 172/323 – ½ P 30.

🏨 **Kopenhagen,** Brunnenweg 8, ⊠ 26160, 𝒫 (04403) 5 90 88, Fax (04403) 64010, 🌤,
⇌s – 📺 🅿. 🄰🄴 ⓞ ⬢❾ 𝘝𝘐𝘚𝘈
Menu à la carte 31/63 – **12 Z** ⊃ 130/140 – 150/230 – ½ P 30.

🏠 **Haus Ammerland** 🌳, Rosmarinweg 24, ⊠ 26160, ℰ (04403) 92 83 00, Fax (04403) 928383, 🐎 – 📺 **P.** 🕮⊚
Menu *(geschl. Samstag) (nur Abendessen)* (Restaurant nur für Hausgäste) – **34 Z** ⌷ 95/135 – 160/190 – ½ P 17.

🍴 **Der Ahrenshof**, Oldenburger Straße, ⊠ 26160, ℰ (04403) 39 89, restaurant@der -ahrenshof.de, Fax (04403) 64027, « Ammerländer Bauernhaus a.d. Jahre 1688 ; Gartenterrasse » – **P.** ⊙ 🕮⊚ 🆅🆂🅰
Menu à la carte 36/65.

In Bad Zwischenahn-Aschhauserfeld *Nord-Ost : 4 km Richtung Wiefelstede :*

🏨 **Romantik Hotel Jagdhaus Eiden** 🌳, ⊠ 26160, ℰ (04403) 69 80 00, Jagdhaus eiden@romantikhotels.com, Fax (04403) 698398, (Spielcasino im Hause), « Gartenterrasse », ⇌ร, 🔲, 🐎 – 🛗, ½ Zim, 📺 **P.** – ⚒ 60. 🕮⊚ 🆅🆂🅰
Menu siehe Rest. – *Jäger- und Fischerstube :* **Menu** à la carte 46/83 – **70 Z** ⌷ 128/168 – 187/245 – ½ P 36.

🏨 **Amsterdam**, Wiefelsteder Str. 18, ⊠ 26160, ℰ (04403) 93 40, info@Hotel-Amster dam.de, Fax (04403) 934234, 🏡, ⇌ร, 🐎 – 🛗, ½ Zim, 📺 📞 ⚒ **P.** – ⚒ 25. 🕮 ⊙ 🕮⊚ 🆅🆂🅰 🅹🅲🅱. ½ Rest
Menu *(Nov. - Ostern nur Abendessen)* à la carte 36/65 – **40 Z** ⌷ 99/125 – 165/179 – ½ P 32.

🏠 **Pension Andrea** garni, Wiefelsteder Str. 43, ⊠ 26160, ℰ (04403) 47 41, Fax (04403) 4745, 🐎 – ½ 📺 ⚒ **P.** 🕮 ⊙ 🕮⊚ 🆅🆂🅰
15 Z ⌷ 80/90 – 130/170.

🍴🍴🍴 **Apicius** - Romantik Hotel Jagdhaus Eiden, ⊠ 26160, ℰ (04403) 69 84 16, jagdhausei ✿ den@romantikhotels.com, Fax (04403) 698398 – **P.** 🕮⊚ 🆅🆂🅰. ½
geschl. 7. - 29. Jan., 15. - 30. Juli, Sonntag - Montag – **Menu** *(nur Abendessen)* (Tisch- bestellung ratsam, bemerkenswerte Weinkarte) à la carte 76/98
Spez. Gebackene Austern mit Sauerkraut. Felsenbarbe mit Basilikum und Tomaten. Rük- kenmedaillons und geschmorte Haxe vom Reh.

🍴🍴 **Goldener Adler**, Wiefelsteder Str. 47, ⊠ 26160, ℰ (04403) 26 97, Fax (04403) 58152, 🏡, « Ammerländer Bauernhaus a.d. Jahre 1705 mit gemütlich eingerichteten Stuben » – **P.** ⊙ 🕮⊚ 🆅🆂🅰 🅹🅲🅱
geschl. Jan., Dienstag – **Menu** *(wochentags nur Abendessen)* à la carte 43/72.

In Bad Zwischenahn-Aue *Nord-Ost : 6 km Richtung Wiefelstede :*

🍴 **Klosterhof** mit Zim, Wiefelsteder Str. 67, ⊠ 26160, ℰ (04403) 91 59 90, Restauran t@Klosterhof-Aue.de, Fax (04403) 9159925, 🏡, « Ammerländer Bauernhaus » – 📺 **P.** 🕮⊚ 🆅🆂🅰. ½ Zim
geschl. Montag – **Menu** à la carte 32/62 – **7 Z** ⌷ 59/78 – 104 – ½ P 26.

In Bad Zwischenahn-Dreibergen *Nord : 7 km Richtung Wiefelstede :*

🏨 **Seeschlößchen Dreibergen** Ⓜ, Dreiberger Straße 21, ⊠ 26160, ℰ (04403) 98 70, info@seeschloesschen.com, Fax (04403) 987155, ≤, 🏡, Massage, ♨, ℉⑤, ⇌ร, 🐎 – 🛗, ½ Zim, 📺 **P.** – ⚒ 80. 🕮 **P.** – ⚒ 80. 🕮 🕮⊚ 🆅🆂🅰 🅹🅲🅱. ½ Rest
Menu à la carte 47/70 – **62 Z** ⌷ 145/175 – 210/260 – ½ P 37.

In Bad Zwischenahn-Meyerhausen *Nord : 7,5 km Richtung Wiefelstede :*

🏨 **Hof von Bothmer** Ⓜ garni, Dreiberger Str. 27, ⊠ 26160, ℰ (04403) 9 36 30, info @hof-von-bothmer.de, Fax (04403) 936310, « Ehemaliger Bauernhof mit moderner Landhaus-Einrichtung », ⇌ร, 🐎 – ½ Zim, 📺 📞 ⚒ **P.** – ⚒ 20. ⊙ 🕮⊚ 🆅🆂🅰
13 Appart. ⌷ 160/190 – 220/250.

In Bad Zwischenahn-Rostrup *Nord-West : 2 km*

🏨 **HisjeHof** Ⓜ 🌳, Seestr. 2, ⊠ 26160, ℰ (04403) 9 79 10, info@hisjehof.de, Fax (04403) 979119, « Reetgedeckter, ehemaliger Bauernhof », Massage – ½ Zim, 📺 **P.** – ⚒ 35. 🕮⊚ 🆅🆂🅰
Menu *(geschl. Sonntag - Montag) (nur Abendessen)* 49/59 – **30 Z** ⌷ 89/169 – 198/238 – ½ P 29.

ZWOENITZ Sachsen ⓸⓵⓷ O 22 – 10 000 Ew – Höhe 525 m.
Berlin 289 – Dresden 110 – *Chemnitz* 30 – Chomutov 79 – Karlovy Vary 63 – Zwickau 29.

🏨 **Stadt Zwönitz** Ⓜ, Am Mühlengraben 10, ⊠ 08297, ℰ (037754) 7 20, info@Hotel -Stadt-Zwoenitz.de, Fax (037754) 72404, 🏡, ℉⑤, ⇌ร – 🛗 📺 **P.** – ⚒ 25. 🕮 🕮⊚ 🆅🆂🅰
Menu à la carte 26/61 ½ – **39 Z** ⌷ 90/99 – 132/147.

🏠 **Roß**, Markt 1, ⊠ 08297, ℰ (037754) 22 52, Fax (037754) 77533, Biergarten – 📺 **P.** 🖾 🕮 🕮⊚ 🆅🆂🅰 – **Menu** à la carte 24/42 – **21 Z** ⌷ 70/80 – 110/120.

ZWOTA Sachsen siehe Klingenthal.

Ferientermine
(Angegeben ist jeweils der erste und letzte Tag der Ferien)

Vacances scolaires
(Premier et dernier jour des vacances)

School holidays
(Dates of holidays)

Vacanze scolastiche
(Primo ed ultimo giorno di vacanza)

Land	Ostern 2001	Sommer 2001	Weihnachten 2001-20002
Baden-Württemberg	9.4. – 20.4.	26.7. – 8.9.	22.12. – 5. 1.
Bayern	9.4. – 21.4.	26.7. – 10.9.	24.12. – 5. 1.
Berlin	14.4. – 30.4.	19.7. – 1.9.	22.12. – 5. 1.
Brandenburg	17.4. – 30.4.	19.7. – 1.9.	24.12. – 31.12.
Bremen	26.3. – 17.4.	28.6. – 11.8.	24.12. – 5. 1.
Hamburg	5.3. – 17.3.	19.7. – 29.8.	24.12. – 5. 1.
Hessen	9.4. – 20.4.	21.6. – 3.8.	24.12. – 11. 1.
Mecklenburg-Vorpom.	9.4. – 18.4.	19.7. – 29.8.	19.12. – 2. 1.
Niedersachsen	2.4. – 17.4.	28.6. – 8.8.	24.12. – 5. 1.
Nordrhein-Westfalen	9.4. – 21.4.	5.7. – 18.8.	24.12. – 5. 1.
Rheinland-Pfalz	5.4. – 20.4.	28.6. – 10.8.	21.12. – 4. 1.
Saarland	9.4. – 28.4.	21.6. – 1.8.	21.12. – 5. 1.
Sachsen	12.4. – 21.4.	28.6. – 8.8.	22.12. – 2. 1.
Sachsen-Anhalt	17.4. – 30.4.	28.6. – 8.8.	20.12. – 5. 1.
Schleswig-Holstein	9.4. – 24.4.	19.7. – 1.9.	24.12. – 5. 1.
Thüringen	9.4. – 21.4.	28.6. – 8.8.	21.12. – 5. 1.

Entfernungen

Einige Erklärungen

In jedem Ortstext finden Sie Entfernungen zur Landeshauptstadt und zu den nächstgrößeren Städten in der Umgebung.
Die Kilometerangaben der Tabelle ergänzen somit die Angaben des Ortstextes.
Da die Entfernung von einer Stadt zu einer anderen nicht immer unter beiden Städten zugleich aufgeführt ist, sehen Sie bitte unter beiden entsprechenden Ortstexten nach. Eine weitere Hilfe sind auch die am Rande der Stadtpläne erwähnten Kilometerangaben.
Die Entfernungen gelten ab Stadtmitte unter Berücksichtigung der günstigsten (nicht immer kürzesten) Strecke.

Distances

Quelques précisions

Au texte de chaque localité vous trouverez la distance de la capitale du « Land » et des villes environnantes. Les distances intervilles du tableau les complètent.
La distance d'une localité à une autre n'est pas toujours répétée en sens inverse : voyez au texte de l'une ou l'autre.
Utilisez aussi les distances portées en bordure des plans.
Les distances sont comptées à partir du centre-ville et par la route la plus pratique, c'est-à-dire celle qui offre les meilleures conditions de roulage, mais qui n'est pas nécessairement la plus courte.

Distances

Commentary

The text on each town includes its distances to the "land" capital and to its neighbours.
The distances in the table complete those given under individual town headings for calculating total distances.
To avoid excessive repetition some distances have only been quoted once, you may, therefore, have to look under both town headings.
Note also that some distances appear in the margins of the town plans.
Distances are calculated from centres and along the best roads from a motoring point of view – not necessarily the shortest.

Distanze

Qualche chiarimento

Nel testo di ciascuna località troverete la distanza dalla capitale del « land » e dalle città circostanti. Le distanze tra le città della tabella le completano.
La distanza da una località ad un'altra non è sempre ripetuta in senso inverso : vedete al testo dell'una o dell'altra.
Utilizzate anche le distanze riportate a margine delle piante.
Le distanze sono calcolate a partire dal centro delle città e seguendo la strada più pratica, ossia quella che offre le migliori condizioni di viaggio, ma che non è necessariamente la più breve.

Entfernungen zwischen den größeren Städten
Distances entre principales villes
Distances between major towns
Distanze tra le principali città

Karlsruhe - Stuttgart: 76 km

	Aachen	Augsburg	Bamberg	Berlin	Bonn	Braunschweig	Bremen	Darmstadt	Dresden	Düsseldorf	Essen	Frankfurt am Main	Frankfurt an der Oder	Freiburg	Hamburg	Hannover	Karlsruhe	Kassel	Kiel	Koblenz	Köln	Konstanz	Leipzig	Lübeck	Mannheim	München	Nürnberg	Osnabrück	Regensburg	Rostock	Saarbrücken	Stuttgart	Trier	Ulm	Wiesbaden
Augsburg	577																																		
Bamberg	469	201																																	
Berlin	637	568	407																																
Bonn	94	493	373	598																															
Braunschweig	413	557	400	230	374																														
Bremen	373	687	530	394	338	170																													
Darmstadt	272	329	216	572	175	364	477																												
Dresden	652	444	283	194	559	318	482	490																											
Düsseldorf	80	555	435	561	71	336	291	238	584																										
Essen	116	579	453	530	95	306	252	262	562	34																									
Frankfurt am Main	247	316	215	541	150	333	446	33	459	213	237																								
Frankfurt an der Oder	701	632	471	101	663	295	458	636	179	625	594	605																							
Freiburg	457	278	409	807	390	600	713	243	683	470	494	272	871																						
Hamburg	484	715	558	284	449	173	124	521	481	402	364	490	383	757																					
Hannover	354	569	412	288	315	63	128	375	376	278	247	344	352	611	156																				
Karlsruhe	355	226	279	677	264	469	582	112	553	339	363	142	741	134	627	481																			
Kassel	309	411	254	385	270	152	282	218	355	233	210	187	449	454	309	163	323																		
Kiel	569	810	653	345	534	268	209	616	542	487	449	585	444	852	96	251	722	404																	
Koblenz	153	429	336	604	62	396	397	139	522	131	155	114	669	334	509	375	209	224	594																
Köln	72	518	398	575	29	351	315	201	576	39	72	176	640	432	426	292	302	247	511	93															
Konstanz	585	224	411	790	502	676	807	338	667	564	588	367	855	126	834	688	235	530	929	438	527														
Leipzig	573	407	245	183	479	210	374	411	113	505	483	380	247	646	377	267	516	239	496	443	497	630													
Lübeck	543	771	614	263	508	230	183	578	460	461	423	547	362	814	67	212	683	366	78	567	485	890	414												
Mannheim	296	285	270	619	204	411	524	54	537	285	305	83	683	199	568	422	69	265	663	149	243	294	458	625											
München	638	66	231	588	556	615	760	391	464	619	643	398	652	352	787	641	288	484	882	491	581	251	427	819	347										
Nürnberg	484	140	62	439	387	461	591	231	315	450	474	230	503	380	619	473	249	315	714	351	413	363	278	675	241	168									
Osnabrück	261	580	423	423	226	199	120	365	511	179	141	334	488	601	231	140	471	180	316	286	203	696	403	290	412	652	484								
Regensburg	582	144	160	486	485	514	689	329	350	548	572	328	522	467	717	571	337	413	812	449	511	366	325	718	328	123	103	582							
Rostock	667	756	595	221	632	298	308	702	417	585	547	671	319	938	192	337	808	490	200	692	609	979	371	125	749	777	628	414	675						
Saarbrücken	250	363	393	716	236	504	572	172	634	300	330	188	781	209	662	516	137	358	757	202	261	308	555	718	133	424	364	461	452	843					
Stuttgart	410	160	236	634	326	502	632	162	510	389	413	192	698	200	659	513	76	356	754	263	352	179	473	716	119	221	207	521	294	823	213				
Trier	155	435	400	721	166	513	473	189	639	194	231	192	785	303	585	451	209	341	669	132	159	402	560	643	176	496	412	361	499	767	96	285			
Ulm	510	79	215	615	426	538	668	262	491	489	513	292	679	203	695	549	159	392	790	363	452	146	453	752	219	140	187	560	217	803	297	94	368		
Wiesbaden	238	363	248	571	141	362	441	46	489	204	228	40	635	277	520	374	147	216	615	72	166	372	409	576	94	431	263	330	361	701	156	197	156	296	
Würzburg	375	202	101	501	278	363	493	122	377	341	365	121	565	315	521	375	185	217	616	242	304	317	340	577	176	285	116	386	214	689	294	142	306	183	154

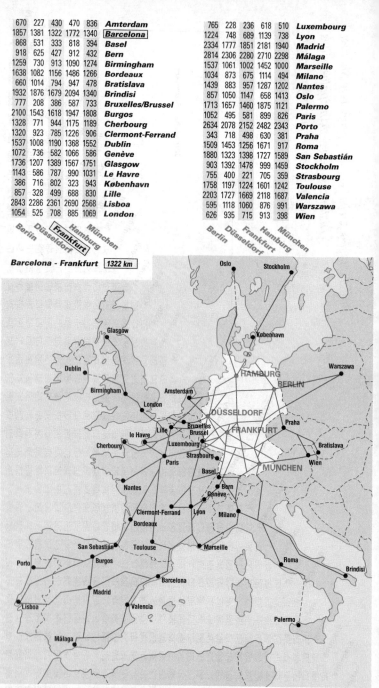

					City
670	227	430	470	836	*Amsterdam*
1857	1381	1322	1772	1340	*Barcelona*
868	531	333	818	394	*Basel*
918	625	427	912	432	*Bern*
1259	730	913	1090	1274	*Birmingham*
1638	1082	1156	1486	1266	*Bordeaux*
660	1014	794	947	478	*Bratislava*
1932	1876	1679	2094	1340	*Brindisi*
777	208	386	587	733	*Bruxelles/Brussel*
2100	1543	1618	1947	1808	*Burgos*
1328	771	944	1175	1189	*Cherbourg*
1320	923	785	1226	906	*Clermont-Ferrand*
1537	1008	1190	1368	1552	*Dublin*
1072	736	582	1066	586	*Genève*
1736	1207	1389	1567	1751	*Glasgow*
1143	586	787	990	1031	*Le Havre*
386	716	802	323	943	*København*
857	328	499	688	830	*Lille*
2843	2286	2361	2690	2568	*Lisboa*
1054	525	708	885	1069	*London*

					City
765	228	236	618	510	*Luxembourg*
1224	748	689	1139	738	*Lyon*
2334	1777	1851	2181	1940	*Madrid*
2814	2306	2280	2710	2298	*Málaga*
1537	1061	1002	1452	1000	*Marseille*
1034	873	675	1114	494	*Milano*
1439	883	957	1287	1202	*Nantes*
857	1050	1147	658	1413	*Oslo*
1713	1657	1460	1875	1121	*Palermo*
1052	495	581	899	826	*Paris*
2634	2078	2152	2482	2343	*Porto*
343	718	498	630	381	*Praha*
1509	1453	1256	1671	917	*Roma*
1880	1323	1398	1727	1589	*San Sebastián*
903	1392	1478	999	1459	*Stockholm*
755	400	221	705	359	*Strasbourg*
1758	1197	1224	1601	1242	*Toulouse*
2203	1727	1669	2118	1687	*Valencia*
595	1118	1060	876	991	*Warszawa*
626	935	715	913	398	*Wien*

Berlin · Düsseldorf · **Frankfurt** · Hamburg · München

Barcelona - Frankfurt | 1322 km |

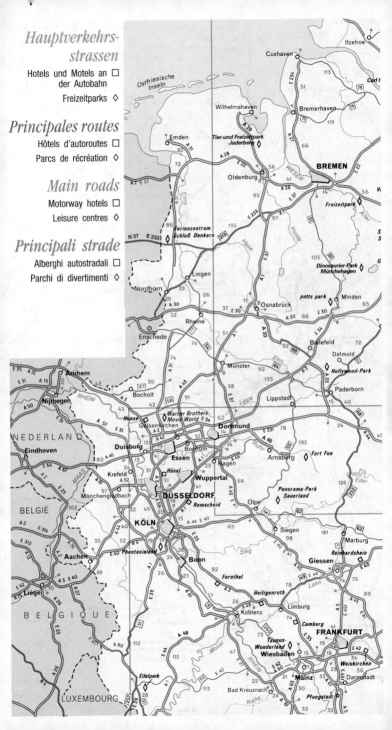

Hauptverkehrs-strassen

☐ Hotels und Motels an der Autobahn

◇ Freizeitparks

Principales routes

☐ Hôtels d'autoroutes

◇ Parcs de récréation

Main roads

☐ Motorway hotels

◇ Leisure centres

Principali strade

☐ Alberghi autostradali

◇ Parchi di divertimenti

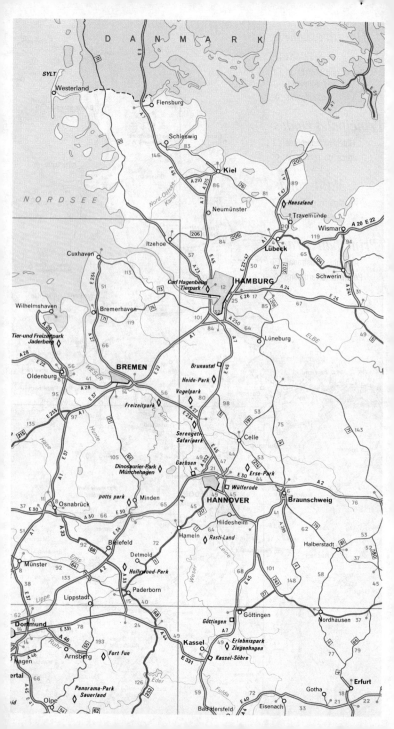

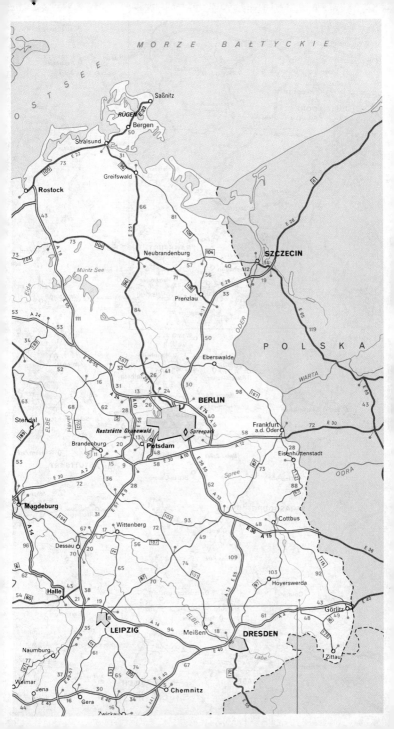

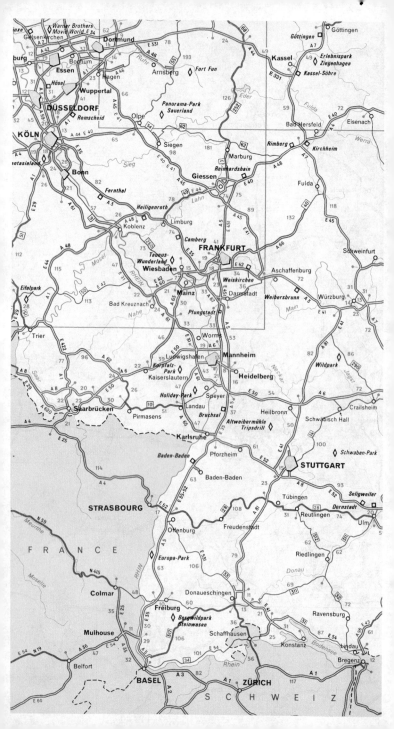

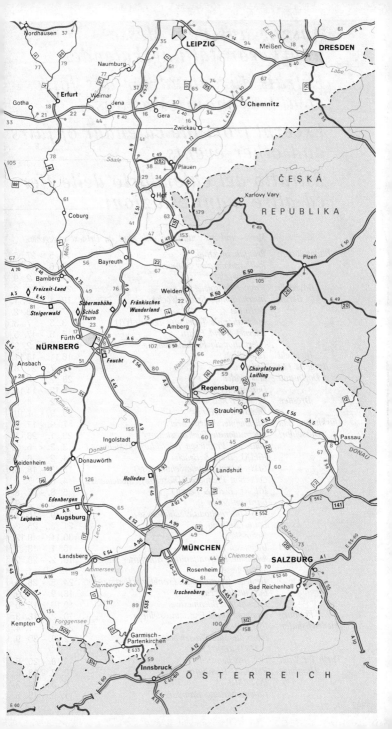

Auszug aus dem Messe- und Veranstaltungskalender

Extrait du calendrier des foires et autres manifestations

Excerpt from the calendar of fairs and other events

Estratto del calendario delle fiere ed altre manifestazioni

Messe- und Ausstellungsgelände sind im Ortstext angegeben.

Baden-Baden	Frühjahrsmeeting	19. 5. - 27. 5.
	Philharmonischer Sommer	20. 6. - 15. 7.
	Große Woche	24. 8. - 2. 9.
Bayreuth	Wagner-Festspiele	25. 7. - 28. 8.
Berlin	Internationale Grüne Woche	19. 1. - 28. 1.
	Berlinale	7. 2. - 18. 2.
	Internationale Tourismus-Börse (ITB)	3. 3. - 7. 3.
	Internet World Berlin	15. 5. - 17. 5.
	Internationale Funkausstellung	25. 8. - 2. 9.
Bielefeld	Touristik	16.11. - 18.11.
Bregenz (A)	Festspiele	18. 7. - 21. 8.
Dortmund	Motorräder	28. 2. - 4. 3.
	Dortmunder Herbst	5.10. - 14.10.
Dresden	Dresdner Reisemarkt	2. 2. - 4. 2.
	Dresdner Herbst	29. 9. - 7.10.
Dürkheim, Bad	Dürkheimer Wurstmarkt	7. 9. - 17. 9.
Düsseldorf	Internationale Bootsausstellung	20. 1. - 28. 1.
	Collection Premieren Düsseldorf (Modemesse)	3. 2. - 6. 2.
	IGEDO (Body & Beach)	4. 2. - 6. 2.
	GDS (Internationale Schuhmesse)	15. 3. - 18. 3.
	Collection Premieren Düsseldorf (Modemesse)	4. 8. - 7. 8.
	IGEDO (Body & Beach)	5. 8. - 7. 8.
	Caravan Salon	25. 8. - 2. 9.
	GDS (Internationale Schuhmesse)	12. 9. - 16. 9.
Essen	Reise/Camping	21. 3. - 25. 3.
	Motor-Show	30.11. - 9.12.
Frankfurt	Heimtextil	10. 1. - 13. 1.
	Ambiente Internationale Frankfurter Messe	16. 2. - 20. 2.
	Musikmesse	7. 3. - 11. 3.
	Tendence Internationale Frankfurter Herbstmesse	24. 8. - 28. 8.
	IAA-Nutzfahrzeuge	13. 9. - 23. 9.
	Frankfurter Buchmesse	10.10. - 15.10.
Freiburg	Camping- und Freizeitausstellung	10. 3. - 18. 3.
Friedrichshafen	IBO - Messe	24. 3. - 1. 4.
	Internationale Wassersportausstellung (INTERBOOT)	22. 9. - 30. 9.
Furth im Wald	Der Drachenstich	10. 8. - 20. 8.
Hamburg	REISEN - Hamburg	10. 2. - 18. 2.
	INTERNORGA	9. 3. - 14. 3.
	Hafengeburtstag Hamburg	11. 5. - 13. 5.

	German open (Tennis)	14. 5. - 20. 5.
	Hanseboot	27.10. - 4.11.
Hannover	ABF (Ausstellung Auto-Boot-Freizeit)	3. 2. - 11. 2.
	Hannover Messe CeBIT	22. 3. - 28. 3.
	Hannover Messe INDUSTRIE	23. 4. - 28. 4.
Hersfeld, Bad	Festspiele	13. 6. - 5. 8.
Kempten i.A.	Allgäuer Festwoche	11. 8. - 19. 8.
Kiel	Kieler Woche	16. 6. - 24. 6.
Köln	Internationale Möbelmesse	15. 1. - 21. 1.
	Domotechnica	7. 3. - 10. 3.
	Popkomm.	16. 8. - 18. 8.
	Anuga	13.10. - 17.10.
	Reisemarkt Köln	30.11. - 2.12.
Landshut	Landshuter Hochzeit	30. 6. - 22. 7
Leipzig	Haus-Garten-Freizeit	24. 2. - 4. 3.
	Buchmesse	22. 3. - 25. 3.
	Auto Mobil International	21. 4. - 29. 4.
	TC - Touristik + Caravaning	21.11. - 25.11.
Mannheim	Maimarkt	28. 4. - 8. 5.
München	ISPO-Winter	4. 2. - 7. 2.
	C - B - R (Caravan - Boot - Reisemarkt)	17. 2. - 25. 2.
	Internationale Handwerksmesse	8. 3. - 14. 3.
	BAUMA	2. 4. - 8. 4.
	ISPO-Sommer	21. 7. - 24. 7.
	Oktoberfest	22. 9. - 7.10.
Nürnberg	Internationale Spielwarenmesse	1. 2. - 6. 2.
	Freizeit -Touristik	24. 2. - 4. 3.
	Consumenta	27.10. - 4.11.
	Christkindlesmarkt	30.11. - 24.12.
Offenburg	Oberrhein-Messe	28. 9. - 7.10.
Potsdam	Bundesgartenschau	21. 4. - 7.10.
Rothenburg o.d.T.	Historische Festspiele	1. 6. - 4. 6.
Saarbrücken	Internationale Saarmesse	30. 3. - 8. 4.
Salzburg (A)	Osterfestspiele	7. 4. - 16. 4.
	Barockfestival	1. 6. - 4. 6.
	Sommerfestspiele	23. 7. - 31. 8.
Stuttgart	CMT -Ausstellung für Caravan, Motor, Touristik	20. 1. - 28. 1.
	Cannstatter Volksfest	22. 9. - 30. 9.
Trier	Europavolksfest	24. 5. - 4. 6.
Ulm	Leben-Wohnen-Freizeit	31. 3. - 8. 4.
	Fischerstechen	23. 7.
Villingen - Schwenningen	Südwest-Messe	9. 6. - 17. 6.
Wunsiedel	Luisenburg Festspiele	29. 5. - 21. 8.

MICHELIN REIFENWERKE KGaA

Reise-Verlag

Michelinstraße 4, 76185 KARLSRUHE

Tel. 0721/5 30 13 33 – Fax 0721/5 30 12 35

Telefon-Vorwahlnummern international

Wichtig : bei Auslandsgesprächen darf die Null (0) der Ortsnetzkennzahl nicht gewählt werden (ausser bei Gesprächen nach Italien).

Indicatifs Téléphoniques Internationaux

Important : pour les communications internationales, le zéro (0) initial de l'indicatif interurbain n'est pas à composer (excepté pour les appels vers l'Italie).

von \ nach	Ⓐ	Ⓑ	ⒸⒽ	ⒸⓏ	Ⓓ	ⒹⓀ	Ⓔ	ⒻⒾⓃ	Ⓕ	ⒼⒷ	ⒼⓇ
A Österreich		0032	0041	00420	0049	0045	0034	00358	0033	0044	0030
B Belgien	0043		0041	00420	0049	0045	0034	00358	0033	0044	0030
CH Schweiz	0043	0032		00420	0049	0045	0034	00358	0033	0044	0030
CZ Tschechische Rep.	0043	0032	0041		0049	0045	0034	00358	0033	0044	0030
D Deutschland	0043	0032	0041	00420		0045	0034	00358	0033	0044	0030
DK Dänemark	0043	0032	0041	00420	0049		0034	00358	0033	0044	0030
E Spanien	0043	0032	0041	00420	0049	0045		00358	0033	0044	0030
FIN Finnland	0043	0032	0041	00420	0049	0045	0034		0033	0044	0030
F Frankreich	0043	0032	0041	00420	0049	0045	0034	00358		0044	0030
GB Großbritannien	0043	0032	0041	00420	0049	0045	0034	00358	0033		0030
GR Griechenland	0043	0032	0041	00420	0049	0045	0034	00358	0033	0044	
H Ungarn	0043	0032	0041	00420	0049	0045	0034	00358	0033	0044	0030
I Italien	0043	0032	0041	00420	0049	0045	0034	00358	0033	0044	0030
IRL Irland	0043	0032	0041	00420	0049	0045	0034	00358	0033	0044	0030
J Japan	00143	00132	00141	001420	00149	00145	00134	001358	00133	00144	00130
L Luxemburg	0043	0032	0041	00420	0049	0045	0034	00358	0033	0044	0030
N Norwegen	0043	0032	0041	00420	0049	0045	0034	00358	0033	0044	0030
NL Niederlande	0043	0032	0041	00420	0049	0045	0034	00358	0033	0044	0030
PL Polen	0043	0032	0041	00420	0049	0045	0034	00358	0033	0044	0030
P Portugal	0043	0032	0041	00420	0049	0045	0034	00358	0033	0044	0030
RUS Russ. Föderation	81043	81032	81041	810420	81049	81045	*	810358	81033	81044	*
S Schweden	00943	00932	00941	009420	00949	00945	00934	009358	00933	00944	00930
USA	01143	01132	01141	011420	01149	01145	01134	01358	01133	01144	01130

* Automatische Vorwahl nicht möglich   ** Pas de sélection automatique*

International Dialling Codes

Note : when making an international call, do not dial the first "0" of the city codes (except for calls to Italy).

Indicativi Telefonici Internazionali

Importante : per le comunicazioni internazionali, non bisogna comporre lo zero (0) iniziale dell'indicativo interurbano (escluse le chiamate per l'Italia).

(H)	(I)	(IRL)	(J)	(L)	(N)	(NL)	(PL)	(P)	(RUS)	(S)	(USA)	
0036	0039	00353	0081	00352	0047	0031	0048	00351	007	0046	001	**A Österreich**
0036	0039	00353	0081	00352	0047	0031	0048	00351	007	0046	001	**B Belgien**
0036	0039	00353	0081	00352	0047	0031	0048	00351	007	0046	001	**CH Schweiz**
0036	0039	00353	0081	00352	0047	0031	0048	00351	007	0046	001	**CZ Tschechische Rep.**
0036	0039	00353	0081	00352	0047	0031	0048	00351	007	0046	001	**D Deutschland**
0036	0039	00353	0081	00352	0047	0031	0048	00351	007	0046	001	**DK Dänemark**
0036	0039	00353	0081	00352	0047	0031	0048	00351	007	0046	001	**E Spanien**
0036	0039	00353	0081	00352	0047	0031	0048	00351	007	0046	001	**FIN Finnland**
0036	0039	00353	0081	00352	0047	0031	0048	00351	007	0046	001	**F Frankreich**
0036	0039	00353	0081	00352	0047	0031	0048	00351	007	0046	001	**GB Großbritannien**
0036	0039	00353	0081	00352	0047	0031	0048	00351	007	0046	001	**GR Griechenland**
	0039	00353	0081	00352	0047	0031	0048	00351	007	0046	001	**H Ungarn**
0036		00353	0081	00352	0047	0031	0048	00351	*	0046	001	**I Italien**
0036	0039		0081	00352	0047	0031	0048	00351	007	0046	001	**IRL Irland**
00136	00139	001353		001352	00147	00131	00148	001351	*	00146	0011	**J Japan**
0036	0039	00353	0081		0047	0031	0048	00351	007	0046	001	**L Luxemburg**
0036	0039	00353	0081	00352		0031	0048	00351	007	0046	001	**N Norwegen**
0036	0039	00353	0081	00352	0047		0048	00351	007	0046	001	**NL Niederlande**
0036	0039	00353	0081	00352	0047	0031		00351	007	0046	001	**PL Polen**
0036	0039	00353	0081	00352	0047	0031	0048		007	0046	001	**P Portugal**
81036	*	*	*	*	*	81031	81048	*		*	*	**RUS Russ. Föderation**
00936	00939	009353	00981	009352	00947	00931	00948	009351	0097		0091	**S Schweden**
01136	01139	011353	01181	011352	01147	01131	01148	011351	*	01146		**USA**

* Direct dialing not possible   * Selezione automatica impossibile

Der Euro

1999 war das Jahr der Einführung der einheitlichen europäischen Währung : der Euro.

Elf Länder der europäischen Vereinigung haben den Euro eingeführt : Deutschland, Österreich, Belgien, Spanien, Finnland, Frankreich, Irland, Italien, Luxemburg, die Niederlande und Portugal.

Die Preise werden in diesen Ländern in der nationalen Währung und in Euro ausgezeichnet.

Banknoten und Münzen in Euro sind jedoch erst ab 2002 erhältlich. Die Bezahlung in Euro kann bis zu diesem Zeitpunkt nur per Scheck oder per Kreditkarte erfolgen.

Aus diesem Grund haben wir uns entschieden in dieser Ausgabe, die Preise in der nationalen Währung anzugeben.

Die folgende Tabelle zeigt die festgelegte Parität zwischen dem Euro und den europäischen Währungen.

L'Euro

1999 a vu l'avènement de la monnaie européenne commune : l'EURO.

Onze pays de l'Union Européenne ont d'ores et déjà adopté l'EURO : l'Allemagne, l'Autriche, la Belgique, l'Espagne, la Finlande, la France, l'Irlande, l'Italie, le Luxembourg, les Pays-Bas et le Portugal.

Dans ces pays, les prix sont désormais affichés en monnaies nationales et en euros.

Toutefois, les billets de banque et pièces en euros n'étant disponibles qu'en 2002, seuls les réglements par chèques bancaires ou cartes de crédit pourront être libellés en euros.

Dans cette édition, nous avons choisi de mentionner les prix dans la monnaie nationale.

Le tableau ci-après indique la parité fixe entre l'euro et les devises européennes.

The Euro

1999 saw the launch of the European single currency : the EURO.

11 countries in the European Union are already using the EURO : Austria, Belgium, Finland, France, Germany, Ireland, Italy, Luxembourg, Netherlands, Portugal and Spain.

In each of these countries, prices will today be displayed in the local currency and in Euros.

However, as Euro notes and coins will not be available until 2002, payment in Euros is currently only possible by bank or credit cards.

We have therefore retained the local currency prices only for entries in this year's guide.

The following table shows the fixed rates between the Euro and other European currencies.

L'Euro

Il 1999 ha segnato l'avvento della moneta unica europea : l'EURO

Undici paesi dell'Unione Europea hanno già adottato l'EURO : Austria, Belgio, Finlandia, Francia, Germania, Irlanda, Italia, Lussemburgo, Paesi Bassi, Portogallo e Spagna.

In questi paesi i prezzi sono indicati nella moneta nazionale ed in euro. Non essendo tuttavia disponibili le banconote e le monete in euro che dal 2002,

saranno possibili i pagamenti in euro solo tramite assegni o carte di credito.

In questa edizione abbiamo scelto di indicare i prezzi nella moneta nazionale.

La tabella che segue indica la parità fissa tra l'euro e le valute europee.

1 € = 13,7603 ATS	A	1 ATS = 0,0726728 €
1 € = 40,3399 BEF	B	1 BEF = 0,0247893 €
1 € = 1,95583 DEM	D	1 DEM = 0,5112918 €
1 € = 166,386 ESP	E	1 ESP = 0,0060101 €
1 € = 6,55957 FRF	F	1 FRF = 0,152449 €
1 € = 5,94573 FIM	FIN	1 FIM = 0,1681879 €
1 € = 1936,27 ITL	I	1 ITL = 0,0005164 €
1 € = 0,787564 IEP	IRL	1 IEP = 1,269738 €
1 € = 40,3399 LUF	L	1 LUF = 0,0247893 €
1 € = 2,20371 NLG	NL	1 NLG = 0,4537802 €
1 € = 200,482 PTE	P	1 PTE = 0,0049879 €

Manufacture française des pneumatiques Michelin
Société en commandite par actions au capital de 2 000 000 000 de francs
Place des Carmes-Déchaux – 63 Clermont-Ferrand (France)
R.C.S. Clermont-Fd B 855 200 507

Michelin et Cie, propriétaires-éditeurs, 2001
Dépôt légal Décembre 2000 – ISBN 2-06-000300-8

Jede Reproduktion, gleich welcher Art, welchen Umfangs
und mit welchen Mitteln, ohne Erlaubnis des Herausgebers ist untersagt.

Made in France, 02/2001/1

Compograveur-imprimeur : MAURY Imprimeur S.A., Malesherbes

Relieur : A.G.M., Forges-les-Eaux

Illustrations de l'introduction : Cécile Imbert/MICHELIN
Illustrations de la nomenclature : Rodolphe Corbel